实录
毛泽东

1

早年奋斗史
1893—1927

李捷　于俊道　主编

北京联合出版公司

总目录

• 第一卷 •

第一编 "恰同学少年,风华正茂"
  一、韶山少年
  二、乡间私塾
  三、初到长沙
  四、峥嵘岁月
  五、新民学会
  六、在"五四"激流中
  七、成为马克思主义者

第二编 "问苍茫大地,谁主沉浮"
  一、建党前后
  二、在清水塘
  三、领导湖南劳工运动
  四、在国共合作的洪流中
  五、农民运动之王
  六、心潮逐浪高

·第二卷·

第三编 "星星之火，可以燎原"
  一、"红旗卷起农奴戟"
  二、非凡的创举
  三、"红旗跃过汀江"
  四、"横扫千军如卷席"
  五、来自"左"的排斥
  六、伟大的历史转折
  七、"三军过后尽开颜"
  八、迎接抗日救亡高潮

第四编 "兵民是胜利之本"
  一、统筹全局
  二、养精蓄锐
  三、高瞻远瞩

• **第三卷** •

第五编 "天翻地覆慨而慷"
  一、为"和平、民主、团结"而斗争
  二、"一切反动派都是纸老虎"
  三、扭转乾坤的决战
  四、将革命进行到底

第六编 "一唱雄鸡天下白"
  一、出访苏联
  二、"谈笑凯歌还"
  三、创造新世界
  四、新的追求与探索

• 第四卷 •

第七编 "桃花源里可耕田"
    一、从整风到反右
    二、在"大跃进"中
    三、反思与自责
    四、庐山会议
    五、主权之争
    六、"乱云飞渡仍从容"
    七、重提阶级斗争

第八编 "烈士暮年，壮心不已"
    一、发动"文化大革命"的失误
    二、惊心动魄的斗争
    三、开创外交新格局
    四、重病的日子里

附　录
    毛泽东生平大事年表

第一编 "恰同学少年，风华正茂"

一、韶山少年
韶山冲 ……………………… 3
家世 ………………………… 4
农民的儿子 ………………… 9

二、乡间私塾
南岸私塾 …………………… 11
井湾里私塾 ………………… 12
辍学务农 …………………… 13
复学以后 …………………… 13
东山高等小学堂 …………… 15

三、初到长沙
湘乡驻省中学 ……………… 22
投笔从戎 …………………… 24
求学与自学 ………………… 25

四、峥嵘岁月
第四师范 …………………… 31
进入湖南一师 ……………… 36
良师益友 …………………… 39
时事与人生 ………………… 47

健全的体魄 …………………………… 52
　　"游学先生" …………………………… 58
　　接办工人夜学 ………………………… 66

五、新民学会
　　征友启事 ……………………………… 76
　　创立新民学会 ………………………… 78
　　组织赴法勤工俭学 …………………… 85

六、在"五四"激流中
　　湘江的怒吼 …………………………… 109
　　发起驱张运动 ………………………… 125
　　湖南自治运动 ………………………… 144

七、成为马克思主义者
　　思想的激变 …………………………… 160
　　创办文化书社 ………………………… 167
　　树立马克思主义信仰 ………………… 183

第二编　"问苍茫大地，谁主沉浮"

一、建党前后
　　湖南的新曙光 ………………………… 215
　　出席中共"一大" …………………… 221

二、在清水塘
　　首任中共湖南支部书记 ……………… 227
　　湖南自修大学 ………………………… 231
　　清水塘畔 ……………………………… 237

三、领导湖南劳工运动

中国劳动组合书记部湖南分部主任 ……… 242
推动劳动立法运动 …………………………… 249
"哀兵必胜" ……………………………………… 253
长沙在怒吼 ……………………………………… 257

四、在国共合作的洪流中

参加中共"三大" ……………………………… 268
出席国民党"一大" …………………………… 273
在国民党上海执行部 ………………………… 276
中共中央局秘书 ……………………………… 280
出席国民党"二大" …………………………… 283
代理国民党中央宣传部长 …………………… 287

五、农民运动之王

韶山火种 ……………………………………… 300
主持农民运动讲习所 ………………………… 304
考察湖南农民运动 …………………………… 320

六、心潮逐浪高

失败前夕的较量 ……………………………… 333
分歧与思索 …………………………………… 342
出席"八七"会议 ……………………………… 350

第一编
"恰同学少年,风华正茂"

一、韶山少年

公元1893年12月26日，毛泽东诞生于湖南省湘潭县韶山冲南岸上屋场。按照中国的传统纪年，这一天是清光绪十九年十一月十九。

韶山冲

萧三写道：

在中国的中南地区，在浩浩荡荡的长江（扬子江）的南岸，有一个很大的湖泊——洞庭湖。湖的南面，伸展着一块美丽的大地：流着湘、资、沅、澧四条江河（它们都流入洞庭湖，又转汇入长江）；蜿蜒着五岭山脉、雪峰、武陵，以及衡山山脉——这里有中国著名的五岳之一的南岳衡山。在这块大地上，覆盖着密密的树木、竹子、茶山、果树……散落着整齐的稻田、棉、麻、菜园……住着3000多万人——现在增加到4800万了。

这就是湖南省，中国美丽而又富饶的省份之一。

在湖南省湘江流域的湘潭县韶山冲，有一座大山，叫韶山。山上有韶峰，韶峰高达两三千米，是南岳七十二峰之一。这山好像一座锦屏，一起一伏，绵亘约20里长。这个地带原就叫作韶山冲。一般说，冲长十里。

在这个山清水秀的冲里，有一些稀稀落落的房屋，住着毛、李、钟、周、邹、彭、庞等几姓人，其中姓毛的最多。他们大都是种地的农民和手工业者，忠厚、朴实、勤劳、善良的老百姓。

韶山的落脉处是一座不高但草木茂盛的山，叫韶山嘴。韶山冲有一条小溪顺着韶山，经韶山嘴，弯弯曲曲向东南缓缓地流过去。在韶山嘴的对面，在那山环水抱的南岸，有一栋半瓦半茅的朴素的房屋，叫上屋场。那时候在这所房子里住着两家人，堂屋正中为界。公元1893年12月26日（清光绪十九年十一月十九），这所房子里的毛家诞生了一个男孩子。他就是毛泽东，后来成为中国人民伟大的领袖和导师，我们的毛主席。[1]

家世

高菊村等在《青年毛泽东》一书中写道：

毛氏家族源远流长。据《韶山毛氏二修族谱》记载，韶山毛氏原籍江西。元末明初，农民起义，王朝迭兴。由于战争灾难连年不断，其始祖太华公不能立足，于元朝至正年间（公元1341年—1368年），从江西吉州龙城（今江西省吉水县内）迁徙至云南澜沧（今云南省澜沧拉祜族自治县内），娶王氏，生八子。明洪武十三年（公元1380年），太华公因军功封官入湖南，长子清一、四子清四随其父母一道来湘，居住在湘乡县城北门外绯紫桥。十余年后，清一、清四移至湘潭县七都七甲定居，在这个荒僻的山乡，白手起家，垦荒务农。从此，毛氏宗族便在韶山一带繁衍生息，用自己辛勤的劳动和汗水，共同创造了这里的经济和文化。太华公就成为韶山毛氏家族的第一代祖先。

从第1代至第6代，毛氏家族没有固定的谱系。清乾隆二年（公元1737年），韶山毛氏第一次修族谱时，制定了从第七代开始的固定谱系：

立显荣朝士，文方运际祥；

祖恩贻泽远，世代永承昌。

清光绪七年（公元1881年），二修族谱，因恐原订谱系不够，于是又续订了20个：

孝友传家本，忠良振国光；

起元敦圣学，风雅列明章。

以后，毛氏族谱经历三修、四修，均未再续谱系。毛氏从第7代开始严格按照上列谱系取名。

从始祖太华公算起，毛泽东是第20代子孙。目前韶山毛氏最晚的辈系，已是第二十四五代了。

毛氏家规颇严。据族谱记载，有家训十则："培植心田""品行端正""孝养父母""友爱兄弟""和睦乡邻""教训子孙""矜怜孤寡""婚姻随宜""奋志芸窗""勤劳本业"。还有家戒十则，即戒"游荡""赌博""争讼""攘窃""符法""酗酒"等。当然，在封建时代，起主要作用的还是"三纲五常"。[2]

《韶山毛氏族谱》共十五卷，附首一卷，前后修过四次：创修于清乾隆二年（公元1737年），二修于光绪七年（公元1881年），三修于宣统三年（公元1911年），四修于民国三十年（公元1941年）。内容包括传赞、祠堂图记、契文、墓图、家训、家规、任事录、世系表等，是研究毛泽东家世的珍贵资料。据《韶山毛氏族谱》（四修）西河堂民国三十年活字印本，毛泽东的家世如下表[3]：

一派	始祖	太华	元至正年间，避乱由江西吉州迁云南之澜沧卫。
	妣	王氏	生子八。明洪武十三年庚申，以军功拨入楚省，唯长子清一、四子清四与之偕。解组，侨居湘乡北门外绯紫桥10余年。没葬五里牌道士山后。清一、清四二公卜居湘潭三十九都，今之七都七甲韶山家焉。开种韶山铁陂、乌塘、东塘等处，共田400余亩。编为一甲民籍
二派	华公子二 长	清一	生，没。葬向。（按：原谱空而未填，今照录，以下如是）
	配	昌氏	生，没。葬向。子二：有恭、有信
三派	清一子二 长	有恭	吏材，载邑乘。生，没。葬向
	配	金氏	生，没。葬向。子三：震、铎、瓒
四派	有恭子三 长	震	生，没。葬本邑七都七甲韶山木梓山隤内，倒地木星午山子向。有碑、墓图、传
	配	彭氏	生，没。葬湘乡县北门外顿皮甸罗风桥边卯山西向。子三：从文、从武、从昌
五派	震公子三 长	从文	生，没。葬本邑七都七甲韶山震公房祠后梓山隤内，倒地木星丁山癸向。有墓
	配	张氏	生，没。葬韶山羊楼坪，今名羊楼瑕，屋对门山金盆架上右边，庚山甲向。有碑。子一：珊
六派	从文子一	珊	生，没。葬本邑韶山流江冲口马鞍冲住屋后元武山隤中峡，壬山丙向。
	配	匡氏	生，没。葬本邑七都七甲韶山羊楼坪对门金盆架上衬姑冢，庚山甲向。有墓图。丈界载禁约契据。子五：立尧、立舜、立继、立雍、立熙
七派	珊公子五 长	立尧	字竹溪。生，没。葬本邑七都七甲韶山冲塘㘭，癸山丁向
	配	何氏	生，没。葬本邑七都七甲韶山马鞍冲屋后隤右峡，乾山巽向。丈禁有契碑。子一：显旸（抚弟立舜次子为嗣）
八派	立尧子一	显旸	字栗山。明嘉靖二十七年戊申五月二十九午时生，没葬宗祠后木梓山，未山丑向。
	配	李氏	生，没。葬木梓山隤，震祖坟下，子山午向。子四：荣楚、荣汉、荣项、荣理
九派	显旸子四 三	荣项	字湘泉，生，没。葬韶山焦山冲上窑隤山勒马山下，辛山乙向
	配	彭氏	生，没。葬韶山焦家冲上窑隤山勒马山。子二：朝岳、朝巍
十派	荣项子二 次	朝巍	字汉宇。明万历四十四年丙辰十一月二十九亥时生，康熙三十七年戊寅五月二十六辰时没
	配	郑氏	明万历四十七年己未七月初一卯时生，康熙四十五年丙戌三月初九午时没。葬房祠对门何家园，辛山乙向。有碑。子七：士翔、士翊、士翰、士翱、士翅、士翩，馗保殇
十一派	朝巍子六 四	士翱	字客卿。顺治四年丁亥四月初五未时生，康熙四十九年庚寅八月十六丑时没
	配	谢氏	顺治六年己丑四月初五卯时生，康熙四十四年乙酉九月初五未时没。葬何家园衬姑冢。子一：文邦；女二：长适张，次适周

十二派	士翱子一	文邦	字伟才。康熙二十年辛酉十月初二辰时生,乾隆十七年壬申六月初六亥时没
		配 廖氏	康熙三十年辛未十月初七巳时生,乾隆三十一年丙戌六月初五未时没。葬何家园祔姑谢氏冢左,辛山乙向。有碑。子五:方淳、方潜、方沛、方洙、方溪;女三:长适周、次适赵、三适周
十三派	文邦子五 长	方淳	字子朴。康熙四十六年丁亥十二月初一丑时生,乾隆二十九年甲申四月初六申时没
		配 贺氏	康熙五十八年己亥七月十五日巳时生,乾隆二十一年丙子二月巳时没。葬李伯冲冬茅塘老屋后,酉山卯向。有碑。禁界上齐岘,下抵塝,左抵伟才丈界外山,右抵壕。子三:运遂、运选、运逮(出抚弟方溪承桃);女一:适周
十四派	方淳子二 次	运选	字世儒,原名如。乾隆十二年丁卯十一月丑时生,乾隆四十七年壬寅八月三十午时没
		配 庞氏	乾隆十三年戊辰六月十二未时生,乾隆五十六年辛亥四月初九辰时没。葬震公祠对门茅隤仓,今名禁山仓,辛山乙向。有碑墓。子二:际耀、际彩;女二:长适杨、次适汤
十五派	运选子二 长	际耀	字光前,行一。乾隆三十五年庚寅二月二十九酉时生,道光二十九年己酉三月十七戌时没
		配 庞氏	乾隆三十五年庚寅十二月初七午时生,道光二十二年壬寅五月初九戌时没。子四:祥焕、祥麟、祥彦、祥玕;女二:长适何、次适周
十六派	际耀子四 长	祥焕	字其有,行一。乾隆五十九年甲寅十月初九卯时生,道光十九年己亥三月二十四戌时没
		配 张氏	嘉庆七年壬戌十月二十二子时生,道光十二年壬辰七月初九巳时没。葬合夫冢右,同向。子一:祖人;女二:长适文、次适赵
十七派	祥焕子一	祖人	字四端。清道光三年癸未九月三十申时生,光绪十九年癸巳十月初三辰时没
		配 周氏	清嘉庆二十五年庚辰十月十二卯时生,光绪二年丙子五月初十辰时没。葬韶山滴水冲铁子山穿坳,丁癸兼丑未向。有碑、墓志。子二:恩农、恩普;女一:适沈
十八派	祖人子二 次	恩普	字寅宾,号翼臣。清道光二十六年丙午四月二十七辰时生,光绪三十年甲辰十月十七寅时没。葬韶山滴水冲大石鼓,辛山乙向
		配 刘氏	清道光二十六年丙午八月初二未时生,光绪十年甲申四月二十六戌时没。葬韶山东茅塘回阴隤尖峰下瑞房坟侧,丑山未向。有碑墓。子一:贻昌;女二:长适张、次适贺
十九派	恩普子一	贻昌	字顺生,号良弼,行一。清同治九年庚午九月二十一辰时生,民国八年己未十二月初三辰时没。葬韶山南岸楠竹隤,卯山酉向
		配 文氏	清同治六年丁卯正月初八辰时生,民国八年己未八月十二辰时没。葬合夫冢,同向。子五:长、次殇,三泽东、四泽铭、五泽覃;女二,殇

廿派	贻昌子三	长	泽东	闳中肆外，国而志家。字咏芝，行三。清光绪十九年癸巳十一月十九辰时生
		元配	罗氏	清光绪十五年己丑九月二十六丑时生，宣统二年庚戌正月初二寅时没。葬韶山南岸土地冲楠竹塝，酉山卯向。子一：远智（承夫继配杨氏子为嗣）
		继配	杨氏	随夫在外，生没候归录。子四：长远仁、次远义、三远智（与夫原配为嗣）、四远怀（出抚弟泽铭为承桃）
		继娶	贺氏	随夫在外，生年候归录
		次	泽铭	琳玠齐名。字咏莲，行四。清光绪二十二年丙申二月二十一未时生
		娶	王氏	清光绪二十一年乙未十二月二十二未时生。子四：长、次、三殇，四怀远（承抚兄泽东四子为嗣）；女三：长、次殇，三适王
		三	泽覃	中学毕业。字咏菊，行六。清光绪三十一年乙巳八月二十七戌时生，民国二十四年乙亥阵亡于江西瑞金
		娶	周氏	清光绪三十一年乙巳十月十一辰时生。子一：远大
廿一派	泽东子三	长	远仁	字岸英，随父在外，生年候归录
		次	远义	字岸青，随父在外，生年候归录
		三	远智	字岸龙，随父在外，生年候归录
	泽铭抚子		远怀	字式谷，民国十二年癸亥二月初二辰时生
	泽覃子一		远大	字楚雄，民国十六年丁卯八月十三未时生
廿二派				（按：此谱止于第二十二派，因与毛泽东家属无直接关系，故从略）

毛泽东的父亲叫毛贻昌，字顺生，号良弼，公元1870年生，1920年1月23日卒。早年读过几年私塾，从17岁开始当家理事。

1936年冬，毛泽东回忆说：

我父亲是一个贫农，年轻的时候，因为负债过多而被迫当兵。他当了很多年的兵。后来，他回到我出生的村子，通过做小买卖和别的营生，用心节约，积下一点钱，买回了他自己的田地。

这时我家成了中农，拥有15亩田地。这些田地每年可以收60担谷。一家5口，每年食用共35担——每人7担左右——有25担剩余。利用这个剩余，我父亲又积蓄了一点钱，过了一段时间又买了7亩地，这就使我家具有"富"农的地位了。我们当时每年可以收84担谷。

我10岁时家中有15亩地，一家5口人，我父亲、母亲、祖父、弟弟和我。我家买了外加的7亩地后，我的祖父去世了，但是又添了一个弟弟。然而我们每年仍然有49担谷的剩余，依靠这剩余我父亲就不断地兴旺起来了。

当我父亲还是一个中农的时候，他开始做贩运谷子的买卖，从而赚了一些钱。他成为"富"农之后，就把他的大部分时间用在做这个买卖上。他雇了一个长工，并且让孩子们和妻子都到地里劳动。我6岁就开始干农活了。我父亲并没有开店，他只是从贫农们那里把粮食买下来，然后运到城里卖给商人，在那里他可以得到较高的价钱。在冬天碾米的时候，他便加雇一个短工在地里劳动。所以这个时候我家就有7口人吃饭了。我们家吃得很节省，不过总是够吃的。

……

我则识了几个字，我父亲就让我开始记家里的账。他要我学珠算。由于我父亲对这事很坚持，我就开始在晚间记账。他是一个严厉的监工，看不得我闲着，如果没有账可记，他就叫我去干农活。他是一个脾气暴躁的人，常常打我和我的弟弟。他一文钱也不给我们，而且给我们吃最次的饭菜。他对雇工们做了让步，每月逢十五在他们吃饭时给鸡蛋吃，可是从来不给肉吃。对于我，他既不给肉也不给蛋。[4]

毛泽东的母亲文氏，公元1867年生于湖南省湘乡四都唐家圫，与韶山冲相距十余华里，仅一山之隔；辛于1919年10月5日。文氏原名文素勤，因排行第七，因此又名文七妹。文家世代务农，家境小康，因祖先葬在韶山冲，每年总要拜扫坟墓，想在当地找个落脚点，便将文氏许配给毛贻昌。

文氏生下五男二女，但长子、次子和两个女儿都不幸夭折。毛泽东出生后，文氏唯恐出现意外，便将他寄居在外祖父家，拜当地龙潭的一块巨石为"干娘"，以保平安。因此，毛泽东的乳名叫"石三伢子"。

文氏在毛泽东的心目中留下了美好的记忆。1936年冬，毛泽东回忆说：

我母亲是个仁慈的妇女，为人慷慨厚道，随时都愿意接济别人。她同情穷人，并且当他们在荒年里前来讨米的时候，常常送米给他们。但是，如果我父亲在场，她就不能这样做了。我父亲是不赞成施舍的。我家为了这事曾经多次发生争吵。

我家分成两"党"。一个就是我父亲，是执政"党"。反对"党"由我、我母亲和弟弟组成。有时甚至于连雇工也包括在内。可是在反对党的"统一战线"内部，存在着意见分歧。我母亲主张间接打击的政策。她批评了任何公开动感情和公开反对执政党的企图，说这不是中国人的做法。

……

我父亲早年和中年都不信神，可是我母亲却是一个虔诚的佛教徒。她向自己的孩子们灌输宗教信仰，我们都曾因父亲不信佛而感到伤心。我9岁的时候，曾经同母亲认真地讨论过我父亲不信佛的问题。以后，我们试过很多办法想让他信佛，可是没有成功。他只是咒骂我们，我们被他的攻击所压倒，只好退让，另想新的办法。但他总是不愿意信神。

可是，我看的书逐渐对我产生影响，我自己也变得越来越怀疑神、佛了。我母亲开始为我感到忧虑，责备我对于敬神拜佛的仪式漠不关心，可是我父亲不表示意见；后来，有一天，他出门去收一些款子，路上遇见一只老虎。老虎突然遇见人，立刻逃跑了。然而对此更加感到惊异的却是我父亲。事后他对自己这个奇迹般的脱险思考得很多。他开始怀疑自己是不是冒犯了神明。从此，他对佛教比较尊重了，间或也烧些香。然而，当我变得越来越不信神的时候，老头儿也并不干涉。他只是在自己处境不顺当的时候，才祷告一番。[5]

农民的儿子

毛泽东是农民的儿子。父亲的吃苦耐劳、精明能干，母亲的通情达理、从容镇静，这些淳朴农民的优良品质，都融入了他的身心。后来成为文学家的毛泽东少年时代的好友萧三在《毛泽东的青少年时代》一书中写道：

毛泽东在六七岁的时候，便开始在田地里劳动了。到13岁时，他白天要在地里做一个成年人所做的工作，晚上还要帮父亲记账，因为这时候他已经是全家"最有学问"的人了，就是说，识字最多。此外，他父亲常在夏天月亮底下教他和弟弟打算盘，要他们学会用两只手同时打。但他们吃的只有糙米饭和蔬菜，逢每月的初一、十五，家里给雇工们吃点鸡蛋和鱼之类（很少吃肉），他和母亲、弟弟是没有份的。

从小就耕种田地，从小就受了劳动的锻炼，所以毛泽东深深地知道中国农民群众生活的痛苦与要求。毛泽东自己就是农家出身——这个出身，这个环境，使得他从小时候起就和农民群众有密切的联系。

……

乡间传说着几个这样的故事：

有一年，秋收时节，农民们把稻谷打了下来，都摊在坪里晒着。忽然，天下起雨来了。大家忙着收谷子。幼年的毛泽东没有急着收自己家里的谷子，而先帮助一家佃户去收。父亲生气了。泽东说：人家家里很苦，还要交租，损失一点就不得了；我们自己家里的，自然不大要紧些……

一个冬天，泽东离家去学校读书。路上遇着一个穷苦的青年，他在风雪的冷天里只穿着一件单衣，冷得打战。泽东和他谈了几句话之后，就脱下自己一件夹衣给了他。及至假期回家，家里检查他的衣服时，发现少了一件，质问泽东，泽东照实地说了出来。

又有一次，旧历年底，父亲叫泽东去别人家里取回一笔猪钱。在回家的路上，碰见了一些衣衫褴褛的可怜人，他就把手中的现钱都给了他们。

还有一个很有意义的，足以启发我们读者深思的故事：一天，泽东的父亲叫他和他弟弟去收田里的拖泥豆。弟弟调皮，选豆子长得稀的地方拾，豆子稀，拾起来容易些，面积也宽些。泽东却选了一块豆子长得密的地方，老老实实地一颗一颗地摘、拾。这样，时间要得多，但面积却比较小。父亲来了，随便一看，竟称赞弟弟而责备哥哥。但泽东拿篮子里所得豆子的数量给父亲看，父亲也就不说话了。

从这个故事，可以看出泽东从小做事就是踏踏实实的。他小时就具有一种忠厚诚实和朴素的品质。

也是姓毛的一个邻人，把自己的猪卖给了泽东的父亲。说好了价，也交了些钱，但是没有赶猪回家。过了十来天，猪价也涨了，父亲叫泽东把猪赶回来。泽东到了邻家。邻家说："猪价涨了；我又喂了十多天，现在我是不卖的了。"泽东说："是呀！你又喂了十多天，还是说好了的那些钱，你当然不卖了。"泽东空手回到家里……

韶山冲的人们到现在还都传说着这些故事。"润芝（毛泽东的字）先生从小就是很讲礼性（讲理）的。"他们说。[6]

注　释

〔1〕萧三：《毛泽东同志的青少年时代和初期革命活动》，中国青年出版社1980年7月版，第5—6页。

〔2〕高菊村等：《青年毛泽东》，中共党史资料出版社1990年3月版，第2—3页。

〔3〕宋平生：《新发现的〈韶山毛氏族谱〉叙略及毛泽东家族史事考订》，《中国人民大学学报》1990年第2期，第74—78页。

〔4〕埃德加·斯诺：《西行漫记》，生活·读书·新知三联书店1979年12月版，第105—107页。

〔5〕埃德加·斯诺：《西行漫记》，生活·读书·新知三联书店1979年12月版，第107—110页。

〔6〕萧三：《毛泽东的青少年时代》，湖南大学出版社1988年8月版，第6—9页。

二、乡间私塾

南岸私塾

从1902年春天起,毛泽东开始在韶山南岸私塾读书,塾师是邹春培先生。毛泽东先读《三字经》,继而读《幼学琼林》《论语》《孟子》《诗经》等。这些书都是中国传统启蒙教育的基本教材。

关于毛泽东在南岸私塾读书的情况,王淑兰(毛泽民的妻子)回忆说:

邹春培先生对我母亲说:三伢子有些特别,他读书从不读出声来,我给他点书,他就说:春培阿公,你老人家不要点,省得费累。邹先生就说,你特来读书,不点书何理要得?他就讲,你不要点,我都背得。原来,先生没有点的书,他也能认得、懂得,因为他开始学会翻《康熙字典》。还有填红蒙字,他就不填,要自己放手写。他写的比一般学生照着填的还要好些。由于他天资聪颖,不需要先生劳神,大家给他起了个诨名,叫"省先生"。他在家里,除了劳动,就是看书。热天,晚上蚊子多,他就在床头放一条凳,凳上放一盏灯,头伸到帐子外面看书;冷天,就干脆不放帐子,困在床上看。[1]

毛宇居(毛泽东的族兄)也回忆起了这样一段往事:

他在南岸读书时,一次,和一些小朋友跑到一个农民的菜园里去摘黄瓜吃。主人发现了,别的小孩一个个跑了,他却不走,忙给主人赔不是。主人倒很赞赏他,说他是个诚实的孩子。还有一次,邹春培先生的母亲晒盐姜,小朋友好玩,喜欢拿点吃。她就把盐姜放到屋顶上晒,然后把梯子搬走,并生气地说,看你们哪个还能吃。毛泽东轻声地笑着说,我们不吃多的啰。他叫同学们拿来一根长线和一根竹竿,自己捉来一只螳螂,把它系到线上,又把线扎在竹竿上,手举着竹竿一攘,螳螂被抛到姜盘里,再轻轻地一拉,螳螂锯齿般的脚便将片片盐姜带了下来。[2]

还有人回忆说:

毛泽东从小酷爱游泳。有一次,邹春培先生因事外出,嘱咐学生们温书。书读熟以后,毛泽东和几个同学便到私塾前的池塘戏水。邹先生回来,见此情景,非常生气，要学生对对子，对不出就要用楠竹板打手心。对子出的是"濯足"，毛泽东不假思索，对以"修身"，先生不禁连连点头。[3]

1904年秋天，毛泽东离开南岸私塾，到韶山关公桥私塾读书，塾师是毛咏生。

1905年春天起，他又到韶山桥头湾、钟家湾私塾读书，师从周少希。

井湾里私塾

1906年秋天，毛泽东转到韶山井湾里私塾读书，塾师是毛宇居。在此前后，毛泽东开始研习书法，初习欧（阳询）体，后学钱（南园）体，为他后来博采各家之长、偏重于怀素狂草，打下了基础。

当年毛泽东的同学刘授洪、郭梓材回忆说：

毛泽东的记忆力特强，过目不忘。老师出破题文章要大家做，他做得很快，总是交头卷，还常常帮别人做。他对人很有礼貌，但是对无聊捣蛋的人，则力主治服。他常常对人说："逢恶就莫怕，逢善就莫欺。"[4]

毛宇居先生回忆说：

毛泽东在这里读的是《公羊春秋》《左传》等经史书籍。他最爱看的是《精忠传》《水浒》《隋唐嘉话》[5]《三国演义》和《西游记》等中国古典小说。当时私塾里的规矩，认为小说是杂书，不准学生看。因此，他总是偷着看，见我来了，就把正书放在上面。后来我发觉了，就故意多点书，叫他背，但他都背得出来。[6]

毛泽东在回忆从韶山南岸私塾直至井湾里私塾的5年读书生活时，这样说道：

我8岁那年开始在本地一个小学堂读书，一直读到13岁。早晚我到地里干活。白天我读孔夫子的《论语》和《四书》。我的国文教员是主张严格对待学生的。他态度粗暴严厉，常常打学生。因为这个缘故，我10岁的时候曾经逃过学。但我又不敢回家，怕挨打，便朝县城的方向走去，以为县城就在一个山谷里。乱跑了3天之后，终于被我家里的人找到。我这才知道我只是来回兜了几个圈子，走了那么久，离家才8里路。

可是，我回到家里以后，想不到情形有点改善。我父亲比以前稍微体谅一些了，老师的态度也比较温和一些。我的抗议行动的效果，给了我深刻的印象。这次"罢课"胜利了。

……

我父亲读过两年书，认识一些字，足够记账之用。我母亲完全不识字。两人都是农民家庭出身。我是家里的"读书人"。我熟读经书，可是不喜欢它们。我爱看的是中国旧小说，特别是关于造反的故事。我很小的时候，尽管老师严加防范，还是读了《精忠传》《水浒传》《隋唐》《三国》和《西游记》。这位老先生讨厌这些禁书，说它们是坏书。我常常在学堂里读这些书，老师走过来的时候就用一本正经书遮住。大多数同学都是这样做的。许多故事，我们几乎背得出，而且反复讨论了许多次。关于这些故事，我们比村里的老人知道得还要多些。他们也喜欢这些故事，常常和我们互相讲述。我认为这些书对我影响很大，因为是在容易接受的年龄里读的。[7]

辍学务农

1907年秋至1909年夏，毛泽东停学在家。白天参加繁重的体力劳动，晚上帮父亲记账。他还坚持自学，经常在小油灯下读书至深夜。据王淑兰回忆，凡是在韶山冲能够借到的书，他都借来了，连和尚的经书也读。

1936年冬，毛泽东回忆辍学在家的往事时说：

我13岁时，终于离开了小学堂，开始整天在地里帮长工干活，白天做一个全劳力的活，晚上替父亲记账。尽管这样，我还是继续读书，如饥似渴地阅读凡是我能够找到的一切书籍，经书除外。这叫我父亲很生气，他希望我熟读经书，尤其是在一次打官司时，由于对方在法庭上很恰当地引经据典使他败诉之后，更是这样了。我常常在深夜里把我屋子的窗户遮起，好使父亲看不见灯光。就这样我读了一本叫作《盛世危言》的书，这本书我非常喜欢。作者是一位老派改良主义学者，以为中国之所以弱，在于缺乏西洋的器械——铁路、电话、电报、轮船，所以想把这些东西传入中国。我父亲认为读这些书是浪费时间。他要我读一些像经书那样实用的东西，可以帮助他打赢官司。

……

《盛世危言》激起我想要恢复学业的愿望。我也逐渐讨厌田间劳动了。不消说，我父亲是反对这件事的。为此我们发生了争吵，最后我从家里跑了。我到一个失业的法科学生家里，在那里读了半年书。以后我又在一位老先生那里读了更多的经书，也读了许多时论和一些新书。[8]

这次辍学，不但没有使毛泽东沉沦下去，反而激发起他继续发愤读书的渴望。他对周围的小朋友说，我长大了也要写书，写农民的书。

复学以后

1909年秋天，在毛泽东的再三要求下，父亲终于同意他复学了。他来到韶山乌龟井私塾，拜毛岱钟为师。这位塾师，便是毛泽东在同斯诺的回忆中提到的那位"失业的法科学生"。

毛岱钟又名毛简臣，毕业于法政学堂，以讼笔著称于韶山一带。

这时，韶山冲清溪李家屋场回来一位教师，经常向乡亲们讲述在外地的见闻和爱国维新故事。他就是李漱清。毛泽东慕名而至，十分赞同他的主张，他们很快便成为志同道合的师友。

1910年春，毛泽东又到韶山东茅塘私塾读书。塾师是毛泽东的堂叔，名叫毛钟麓。他是一位颇有思想而又见多识广的秀才，曾在云南蔡锷将军麾下供职。后来，他力主毛泽东进新式学堂，还说服了毛泽东的父亲，让毛泽东到东山小学堂读书。

在东茅塘私塾，毛泽东在毛钟麓先生的指导下，读了《纲鉴合纂》《史记》《日知录》等，还接触到一些时论和新书。

这一时期，湖南也和全国一样，正处在辛亥革命前夜，政局动荡不安，社会矛盾危机四伏，几件重大的事件，在少年毛泽东的记忆里留下永难磨灭的印象。1936年冬，他说：

这时，湖南发生了一件事情，影响了我的一生。在我读书的那个小学堂外边，我们学生看到许多豆商从长沙回来。我们问他们为什么都离开长沙。他们告诉我们城里闹了大乱子。

那年发生了严重的饥荒，长沙有成千上万的人挨饿。饥民派了一个代表团到抚台衙门请求救济。但抚台傲慢地回答他们说："为什么你们没有饭吃？城里有的是。我就总是吃得饱饱的。"抚台的答复一传到人们的耳朵里，大家都非常愤怒。他们举行了群众大会，并且组织了一次游行示威。他们攻打清朝衙门，砍断了作为官府标志的旗杆，赶走了抚台。这以后，一个姓庄的布政使骑马出来，晓谕百姓，说官府要采取措施帮助他们。这个姓庄的说话显然是有诚意的，可是皇上不喜欢他，责他同"暴民"勾结。结果他被革职，接着来了一个新抚台，马上下令逮捕闹事的领袖，其中许多人被斩首示众，他们的头被挂在旗杆上，作为对今后的"叛逆"的警告。

这件事在我们学堂里讨论了许多天，给我留下了深刻的印象。大多数学生都同情"造反的"，但他们仅仅是从旁观者的立场出发。他们并不懂得这同他们自己的生活有什么关系。他们单纯地把它看作一件耸人听闻的事而感兴趣。我却始终忘不掉这件事。我觉得造反的人也是些像我自己家里人那样的老百姓，对于他们受到冤屈，我深感不平。

不久以后，在韶山，秘密会社哥老会里的人同本地一个地主发生了冲突。这个地主到衙门里去控告他们。因为他有钱有势，所以很容易胜诉。哥老会的人败诉了。但是他们并没有屈服，他们起来反抗地主和政府，撤到本地一个叫作浏山的山里，在那里建立了一个山寨。官府派兵去攻打他们，那个地主散布谣言说，哥老会举起义旗的时候，曾经杀死一个小孩祭旗。起义的领袖，是一个叫作彭铁匠的人。最后他们被镇压下去了，彭铁匠被逼逃走，后来终于被捕斩首。[9]但是在学生眼里，他是一个英雄，因为大家都同情这次起义。

第二年青黄不接的时候，我们乡里发生了粮荒。穷人要求富户接济，开始了一个叫作"吃大户"的运动。我父亲是一个米商，尽管本乡缺粮，他仍然运出大批粮食到城里去，其中有一批被穷苦的村民扣留了，他怒不可遏。我不同情他，可是我又觉得村民们的方法也不对。

这时还有一件事对我有影响，就是本地的一所小学来了一个"激进派"教师。说他是"激进派"，是因为他反对佛教，想要去除神佛。他劝人把庙宇改成学堂。大家对他议论纷纷。我钦佩他，赞成他的主张。

这些事情接连发生，在我已有反抗意识的年轻心灵上，留下了磨灭不掉的印象。在这个时期，我也开始有了一定的政治觉悟，特别是在读了一本关于瓜分中国的小册子以后。我现在还记得这本小册子的开头一句："呜呼，中国其将亡矣！"这本书谈到了日本占领朝鲜、中国台湾的经过，谈到了越南、缅甸等地的宗主权的丧失。我读了以后，对国家的前途感到沮丧，开始意识到，国家兴亡，匹夫有责。

我父亲决定送我到湘潭一家同他有来往的米店去当学徒。起初我并不反对，觉得这也许是有意思的事。可是差不多就在这个时候，我听说有一个非常新式的学堂，于是决心不顾父亲反对，要到那里就学。学堂设在我母亲娘家住的湘乡县。我的一个表兄就在那里上学，他向我谈了这个新学堂的情况和"新法教育"的改革。那里不那么注重经书，西方"新学"教得比较多。教学方法也是很"激进"的。

我随表兄到那所学堂去报了名。我说我是湘乡人，以为这所学堂只收湘乡人。后来我发现这所学堂招收各地学生，我就改用湘潭的真籍贯了。我缴纳1400个铜元，作为5个月的膳宿费和学杂费。我父亲最后也同意我进这所学堂了，因为朋友们对他说，这种"先进的"教育可以增加我赚钱的本领。这是我第一次到离家50里以外的地方去。那时我16岁。[10]

东山高等小学堂

毛泽东所说的那所非常新式的学堂，就是湘乡县立东山高等小学堂。1910年秋，毛泽东挑着简单的行李，开始了第一次远行。临行前，他改写了日本著名政治改革家西乡隆盛的一首诗[11]，悄悄地夹在父亲精心保管的账簿里。改写后的诗是这样的：

孩儿立志出乡关，
学不成名誓不还；
埋骨何须桑梓地，
人生无处不青山！

在东山高等小学堂，毛泽东结交了两位要好的同学，这两位同学便是萧三弟兄俩。哥哥叫萧子升（萧瑜），后来投入国民党营垒，1972年在乌拉圭病逝。弟弟即萧三，当时的名字叫萧子暲，后来成为国际著名的诗人、杰出的无产阶级文化战士。他们的父亲是东山高等小学堂的物理教师，由于这个缘故，兄弟二人也进了这所新式学堂，同毛泽东结下了一段不解之缘。他们三人后来都成为中国现代史上有影响的人物。

萧三在《毛泽东同志的青少年时代和初期革命活动》一书中回忆说：

从湘乡县"望春门"出城，步下石梯，坐上渡船，过一道河（涟水），走过一条不很整齐的石块铺成的路，就看见前面右边一座树木葱茏、非常秀丽的山——"东台山"。距"龙城"[12]共六七里地的东岸坪，离山麓不远，有一所整洁堂皇的房屋，围着一道圆的、用烧砖砌成的高墙，前后有两道各两扇很厚的黑漆大门，这就是"东山书院"，这时改为"湘乡县立东山高等小学堂"。

在毛泽东交了入学考试卷子——一篇题为《言志》的作文之后，学校的校长李元圃对同事们说："今天我们取了一个建国才！"毛泽东同志进了这个"洋学堂"。

黄昏时候，圆锥形的东台山，和尖尖的白色的七宝塔的影子，倒插在围绕着校舍的圆池里。

几个小同学和新来的毛泽东同志站在石桥上，靠着石栏杆说话。他们一时望望桥下的水和在水中游动的鱼，一时看看操场上一些同学在打秋千，跨木马，跑的跑，笑的笑……

已经好几天了，在一群小学生中间，在出进"东斋""西斋""后斋"（自修室和教室、寝室）的时候，同学们看到泽东一个明朗的面孔，和善有神的眼光，瘦长的身材，穿着青大布的短褂子和裤子。他不像别的同学（大多是地主的子弟）穿得那么阔气：有时是长袍子，白的绿的丝腰带，从青马褂后面靠左一点露出几寸来，青缎子薄皮底的鞋子；有时是时髦的学生装……不，泽东只有一套比较体面的粗衣服。听他的口音不是湘乡人，他说：家本在湘潭，但母亲是湘乡人，外祖父家姓文，这次就是和文表兄一道来的，……大家都认得这姓文的同学，他去年就来了，绰号"笔刻子"。讲起这些关系时，有几个人笑了，笑"笔刻子"那股寒酸气，也笑毛泽东的穿着等是个"乡巴佬"，……再则毛泽东既不是湘乡人，自然不属于湘乡的上、中、下任何一里（县以下分里，等于区乡）。上里人和下里人常常斗争，而毛泽东总是守中立。于是三方面的人都不当他为自己人。为了这事，他精神上曾感觉痛苦。但有少数同学和他很好，那就是家境也贫苦，穿着也不阔气，而认真求学上进的；再则是说话的口音和大多数湘乡人稍微不同。比如说"我"，而不说湘乡人特有的土音"嗯邛"。

……

毛泽东说话慢慢的，态度很谦虚、诚恳、大方。在学校里他进步很快，教员们都喜欢他，特别是教经学和国文的教员们，因为他的古文写得很好，经学也有根底。

这个学校每个星期天的上午都要由教员出题目，由学生各自做一篇文章，做完后整天休息。毛泽东每次都认真为文，成绩很好，他写的《言志》《救国图存论》《宋襄公论》，全校有名。

每天早上，学校里集合学生们点名的时候，校长（最初叫作"监督"）常向同学们训话，有时讲一点中国日益贫弱、遭受列强欺侮的时事……小学生们听了，大都愤激。学校里有几个教员是从日本留学回来的，讲起日本自从明治维新以后的富强，和它及其他列强对中国的侵略野心。泽东听了，更为中国忧虑。

在东山学堂里，毛泽东也是自己找书读的时候多。他最喜读中国历史，也读了些外国历史、地理的书。此外有人送给他两种书，一种是说康有为的维新运动——戊戌变法的；一种是梁启超的《新民丛报》，他就读了又读，差不多都能背诵得出来。那时候他非常崇拜康梁，因为他们谈的都是救中国的问题，梁启超的文章写得也好……虽然他们都是改良主义者。

有一次，也是黄昏时候，游戏完了，到了上自修的时间。摇铃了。一群小学生经过操场，蜂拥而入自修室去。一个同学和泽东一起也向着学校第二道大门走。他看见那个小朋友手里有一本书。

"你那是什么书？"泽东和蔼地问。

"《世界英杰传》。"

"借给我读一读……"

过了几天，他很客气地、像犯了错误似的还书给那个小朋友：

"对不住，我把书弄脏了！"

那个同学打开一看，整册书都用墨笔画了许多圈点。圈得最密的是华盛顿、拿破仑、彼得大帝、叶卡捷琳娜女皇、惠灵顿、格莱斯顿、卢梭、孟德斯鸠和林肯这些人的传记。

毛泽东说："中国也要有这样的人物。我们应该讲求富国强兵之道，才不致蹈安南、高丽、印度的覆辙。你知道，中国有句古话：'前车之覆，后车之鉴。'而且我们每个国民都应该努力。顾炎武说得好：'天下兴亡，匹夫有责。'"

停一会儿，他又说："中国积弱不振，要使它富强、独立起来，要有很长的时间。但是时间长不要紧。你看！"他翻开书里面的一页，指着说，"华盛顿经过了八年艰苦战争之后，才得到胜利，建立了美国……"[13]

毛泽东在东山高等小学堂学习的情况，还可以从高菊村等著《青年毛泽东》一书中略见一斑：

这所学校，当时实行"新法教育"，不那么注重经书。西方"新学"教得比较多。教学方法也很激进。他在这里学到了很多中外文学、历史、地理和自然科学，能写一手好古文，教员们很喜欢他。他在这里写过《救国图存论》《宋襄公论》等作文，国文老师阅后批道："视似君身有仙骨，寰视气宇，似黄河之水，一泻千里。"

他在这里特别爱读康有为、梁启超的文章，如《饮冰室文集》。"还书便条"中提到的《新民丛报》，为梁启超主编，1902年创刊于日本横滨，初期连载过梁的《新民说》，广泛介绍西方资产阶级的学术与政治思想，宣传维新，抨击清廷顽固派，对当时知识界曾有较大的影响。1903年后，因坚持立宪保皇，反对孙中山领导的资产阶级民主革命，曾受到中国同盟会机关报《民报》的批判。1907年停刊，共出96期，有汇编本。当他在这里从表兄手中借阅《新民丛报》后，从内容到文体，颇感新鲜，读了又读，直到可以背出来。这时，他开始"崇拜康有为和梁启超"。

毛泽东读过的那本《新民丛报》原件，保留了他许多手迹。他在第4号《论说》部分关于"国家"问题处批写道："正式而成立者，立宪之国也，宪法为人民所制定，君主为人民所拥戴；不以正式而成立者，专制之国家也，法令为君主所制定，君主非人民所心悦诚服者。前者，如现今之英、日诸国；后者，如中国数千年来盗窃得国之列朝也。"关于这段话，人们都认定为毛泽东批于1910年下半年，现通观全书批注，似可否定，因批注中还有涉及后一两年之事的内容。[14]

东山高等小学堂的经历，给毛泽东留下了深刻的印象。他在1936年冬回忆说：

在这所新学堂里，我能够学到自然科学和西学的新学科。另外一件事值得一提，教员中有一个日本留学生，他戴着假辫子。很容易看出他的辫子是假的。大家都笑他，叫他"假洋鬼子"。

我以前从没有见过这么多孩子聚在一起。他们大多数是地主子弟，穿着讲究；很少农民供得起子弟上这样的学堂。我的穿着比别人都寒酸。我只有一套像样的短衫裤。学生是不穿大褂的,只有教员才穿,而洋服只有"洋鬼子"才穿。我平常总是穿一身破旧的衫裤,许多阔学生因此看不起我。可是在他们当中我也有朋友,特别有两个是我的好同志。其中一个现在是作家,住在苏联。

人家不喜欢我也因为我不是湘乡人。在这个学堂,是不是湘乡本地人是非常重要的,而且还要看是湘乡哪一乡来的。湘乡有上、中、下三里,而上下两里,纯粹出于地域观念而殴斗不休,彼此势不两立。我在这场斗争中采取中立的态度,因为我根本不是本地人。结果三派都看不起我。我精神上感到很压抑。

我在这个学堂里有了不少进步。教员都喜欢我,尤其是那些教古文的教员,因为我写得一手好古文。但是我无心读古文。当时我正在读表兄送给我的两本书,讲的是康有为的变法运动。一本是《新民丛报》,是梁启超编的。这两本书我读了又读,直到可以背出来。我崇拜康有为和梁启超,也非常感谢我的表兄,当时我以为他是很进步的,但是他后来变成了反革命,变成了一个豪绅,在1925年到1927年的大革命中参加了反动派。

许多学生因为假辫子而不喜欢那个"假洋鬼子",可是我喜欢听他谈日本的事情。他教音乐和英文。他教的歌中有一首叫作《黄海之战》的日本歌,我还记得里面的一些动人的歌词:

麻雀歌唱,

夜莺跳舞,

春天里绿色的田野多可爱,

石榴花红,

杨柳叶绿,

展现一幅新图画。

这首歌是歌颂日本战胜俄国的。我当时从这首歌里了解并且感觉到日本的美,也感觉到一些日本的骄傲和强大。我没有想到还有一个野蛮的日本——我们今天所知道的日本。

我从假洋鬼子那里学到的就是这些。

我还记得我是在那个时候第一次听说光绪皇帝和慈禧太后都已死去——虽然新皇帝宣统(溥仪)已经在朝两年了。那时我还不是一个反对帝制派;说实在的,我认为皇帝像大多数官吏一样都是诚实、善良和聪明的人。他们不过需要康有为帮助他们变法罢了。中国古代帝王尧、舜、禹、秦皇、汉武的事迹使我向往,我读了许多关于他们的书。同时我也学了一些外国历史和地理。在一篇讲美国革命的文章里,我第一次听到美国这个国家,里面有这样一句:"华盛顿经八年苦战始获胜利遂建国家。"在一部叫作《世界英杰传》的书里,我也读到了拿破仑、俄国叶卡捷琳娜女皇、彼得大帝、惠灵顿、格莱斯顿、卢梭、孟德斯鸠和林肯。

  我开始向往到长沙去。长沙是一个大城市，是湖南省的省会，离我家120里。听说这个城市很大，有许许多多的人，不少的学堂，抚台衙门也在那里。总之，那是个很繁华的地方。那时我非常想到那里去，进一所专为湘乡人办的中学。那年冬天，我请我的一位高小教员介绍我去，他同意了。我步行到长沙去，极其兴奋，一面又担心不让我入学，我几乎不敢希望真能进这所有名的学堂。出乎意料，我居然没有遇到困难就入学了。但是政局迅速发生变化，我后来在那里只待了半年。〔15〕

注　释

  〔1〕韶山毛泽东同志故居纪念馆整理：《韶山老人座谈会纪要》（1960年4月）。

  〔2〕韶山毛泽东同志故居纪念馆整理：《韶山老人座谈会纪要》（1960年4月）。

  〔3〕韶山毛泽东同志故居纪念馆整理：《韶山老人座谈会纪要》（1960年4月）。

  〔4〕韶山毛泽东同志故居纪念馆整理：《韶山老人座谈会纪要》（1960年4月）。

  〔5〕应为《隋唐演义》。

  〔6〕韶山毛泽东同志故居纪念馆整理：《韶山老人座谈会纪要》（1960年4月）。

  〔7〕埃德加·斯诺：《西行漫记》，生活·读书·新知三联书店1979年12月版，第106、108页。

  〔8〕埃德加·斯诺：《西行漫记》，生活·读书·新知三联书店1979年12月版，第108—110页。

  〔9〕关于彭铁匠率领哥老会会众起义一事，回忆中的时间、地点有误。经查实，这次起义发生在1866年，地点在湘潭另地。

  〔10〕埃德加·斯诺：《西行漫记》，生活·读书·新知三联书店1979年12月版，第110—112页。

  〔11〕西乡隆盛的诗原文如下："男儿立志出乡关，学不成名死不还。埋骨何须桑梓地，人生无处不青山。"

  〔12〕湘乡县城的街道都是用鹅卵石铺的，象征龙鳞，故又名"龙城"。——原注

  〔13〕萧三：《毛泽东同志的青少年时代和初期革命活动》，中国青年出版

社1980年7月版，第23—26页；参阅萧三：《毛泽东的青少年时代》，湖南大学出版社1988年8月版，第19—23页。

〔14〕高菊村等：《青年毛泽东》，中共党史资料出版社1990年3月版，第18、19页。

〔15〕埃德加·斯诺：《西行漫记》，生活·读书·新知三联书店1979年12月版，第112—115页。

三、初到长沙

湘乡驻省中学

毛泽东来到长沙，考入湘乡驻省中学，得力于东山高等小学堂一位老师的热情推荐。其时正值1911年春，震惊中外的辛亥革命爆发前夕。

与偏僻闭塞的韶山和东台山相比，长沙又是一番景象。各种各样针砭时弊的报纸杂志广为传播，形形色色的街谈巷议不绝于耳。种种迹象使毛泽东有一种"山雨欲来风满楼"之感，他再也难以平静地读书了，而将更多的精力去关心校园以外那广阔的世界。

1936年冬，毛泽东回忆说：

在长沙，我第一次看到报纸——《民力报》[1]，那是一份民族革命的报纸，刊载着一个名叫黄兴的湖南人领导的广州反清起义和七十二烈士殉难的消息。我深受这篇报道的感动，发现《民力报》充满了激动人心的材料。这份报纸是于右任主编的，他后来成为国民党的一个有名的领导人。这个时候，我也听说了孙中山这个人和同盟会的纲领。当时全国处于第一次革命的前夜。我激动之下写了一篇文章贴在学堂的墙上。这是我第一次发表政见，思想还有些糊涂。我还没有放弃我对康有为、梁启超的钦佩。我并不清楚他们之间的差别。所以我在文章里提出，把孙中山从日本请回来当新政府的总统，康有为当国务总理，梁启超当外交部长。

由于修筑川汉铁路而兴起了反对外国投资的运动。立宪成为广大人民的要求。皇帝的答复只是下旨设立一个资政院。在我的学堂里，同学们越来越激动。为了发泄排满情绪，他们反对留辫子。我的一个朋友和我剪去了我们的辫子，但是，其他一些相约剪辫子的人，后来却不守信用。于是我的朋友和我就出其不意强剪他们的辫子，总共有十几个人成了我们剪刀下的牺牲品。就这样，在一个很短的时间里，我从讥笑假洋鬼子的假辫子发展到主张全部取消辫子了。政治思想是能够改变一个人的观点呵！

在剪辫子事件上，我和一个在法政学堂的朋友发生了争论，双方就这个问题提出了相反的理论。这位法政学生引经据典来论证自己的看法，说身体发肤受之父母，不可毁伤。但是，我自己和反对蓄辫子的人，站在反清的政治立场上，提出了一种相反的理论，驳得他哑口无言。〔2〕

关于毛泽东在长沙湘乡驻省中学的情况，周世钊在《毛主席青年时期的故事》一书中做了详细的叙述。周世钊后来在湖南省立第一师范学校读书，成为毛泽东的同学和好友。

他写道：

1911年的春天，毛泽东离开了他读了半年书的东山小学，自己挑着行李，由湘乡走到湘潭，又由湘潭搭上湘江里的小火轮，到了长沙。

这是他第一次到长沙。

这时，他是17岁的少年，从来没有远离过家乡。他家里的人也不很同意他离家远出。这回离家180里，来到陌生的长沙，完全是出于要求学习、要求进步的迫切愿望。

初次来到长沙，使他感到到处新奇。他觉得长沙的人多，地方大，市面繁华，比他生活了十多年的韶山村不同多了，就是比他读过半年书的湘乡县也不同多了。特别使他感觉惊奇的是长沙城里热闹的街道，开满了五花八门的洋货铺；长沙城外的湘江中，排列着耀武扬威的外国兵舰。这些现象，给他心理上的刺激最深，过了好多日子还不能平静下来。

他到长沙不久就考取了一个中学。这是湘乡县办在省会的中学，叫作湘乡驻省中学。他在这里读了五六个月的书。

他除认真学好学校的功课以外，头一爱好就是看报。他每天要看的报纸，一是《湘报》，一是《民立日报》。他从这些报纸上学到了许多学校功课里所没有教给他的新知识、新思想。

这时报纸上最引他注意的有几件大事：一是那年3月19日广州黄花岗七十二烈士为了反抗清朝而壮烈牺牲的事件。二是孙中山先生所领导的同盟会的革命纲领。〔3〕他又钦佩，又兴奋，即刻写了一篇表示自己政见的文章，贴到学校的墙壁上，主张从日本召回孙中山做政府的总统，康有为做内阁总理，梁启超做外交部长。这时他还不知道孙中山和康、梁主张不同，只觉得他们都是讲革命、讲维新的领袖，是应该结合在一起来反对清朝统治和皇帝制度的。

这年上半年，国内接连发生了不少的大事情。3月间广州黄花岗起义之后，接着4月间清朝又宣布把筑铁路的权利出卖给外国人的"铁路国有"政策，引起人民的愤慨和反对。直隶（河北）、河南、湖北、四川、广东、湖南各省的人民都举行了抗税、罢市、罢课、罢工表示抗议。四川、广东的群众，还成立了保路会，和各地清朝政府驻防军进行斗争。声势越来越大。

湖南是开办新式学校最早的一省。参加以"排满革命"为目的的华兴会的骨干人物，也多半是湖南人。后来华兴会加入了同盟会，接受孙中山的领导。有些在长沙的同盟会会员，时常到学校向学生宣传孙中山的革命主张，一时学校里充满了"排满革命"的空气。反对"铁路国有"的运动在湖南开展以后，学生和教师也是运动中的"急先锋"，态度也最激烈。

毛泽东在这一系列的革命风暴影响下，反对清朝政府的意志更加坚决了。他在班上提议把各人留在头上的辫子剪掉，以表示反对清朝政府的决心。[4]

投笔从戎

1911年10月10日，辛亥革命首先在武昌爆发。起义的消息很快传到长沙，湖南革命党人的活动，更加紧张起来；有些人在策动新军起义，响应武汉；有些人向青年学生宣传，鼓动"排满革命"。

辛亥革命同样使毛泽东受到极大的鼓舞，他决心投笔从戎。毛泽东说：

黎元洪领导的武汉起义发生以后，湖南宣布了戒严令。政局迅速改观。有一天，一个革命党人得到校长的许可，到中学来做了一次激动人心的演讲。当场有七八个学生站起来，支持他的主张，强烈抨击清廷，号召大家行动起来，建立民国。会上人人聚精会神地听着。那个宣传革命的演说家是黎元洪属下的一个官员，他向兴奋的学生演说的时候，会场里面鸦雀无声。

听了这次讲演以后四五天，我决心参加黎元洪的革命军。我决定同其他几位朋友到汉口去，我们从同学那里筹到了一些钱。听说汉口的街道很湿，必须穿雨鞋，于是我到一个驻扎在城外的军队里的朋友那里去借鞋。我被防守的卫兵拦住了。那个地方显得非常紧张。士兵们第一次领到子弹，他们正涌到街上去。

起义军当时正沿着粤汉路逼近长沙，战斗已经打响。在长沙城外已经打了一个大仗。同时，城里面也发生起义，各个城门都被中国工人攻占了。我穿过一个城门，回到城里。进城后我就站在一个高地上观战，最后终于看到衙门上升起了"汉旗"。那是一面白色的旗子，上面写着一个"汉"字。我回到学校，发现它已经由军队守卫了。

第二天成立了都督府，哥老会的两名首领焦达峰和陈作新被推举为都督和副都督。新政府设在省咨议局的旧址，议长谭延闿被免职了。省咨议局本身也被撤销。革命党人所发现的清廷文件中，有几份请求召开国会的请愿书。原稿是由现在的苏维埃政府教育人民委员徐特立用血书写的。当时他切断指尖，表示诚意和决心。他的请愿书是这样开头的："为吁请召开国会，予（为本省赴京代表）断指以送。"

新都督和副都督在职不久。他们不是坏人,而且有些革命要求。但他们很穷,代表被压迫者的利益。地主和商人都对他们不满。过了没有几天,我去拜访一个朋友的时候,看见他们已经横尸街头了。原来代表湖南地主和军阀利益的谭延闿组织了一次叛乱推翻了他们。

这时,有许多学生投军。一支学生军已经组织起来,在这些学生里面有唐生智。我不喜欢这支学生军,我认为它的基础太复杂了。我决定参加正规军,为完成革命尽力。[5] 那时清帝还没有退位,还要经过一个时期的斗争。

我的军饷是每月7元——不过,这比我现在在红军所得的要多了。在这7元中,我每月伙食用去2元。我还得花钱买水。士兵用水必须到城外去挑,但是我是一个学生,不屑挑水,只好向挑夫买水。剩下的饷银,我都用在订报纸上,贪读不厌。当时鼓吹革命的报刊中有《湘江日报》[6],里面讨论到社会主义,我就是从那里第一次知道社会主义这个名词的。我也同其他学生和士兵讨论社会主义,其实那只是社会改良主义。我读了江亢虎写的一些关于社会主义及其原理的小册子。我热情地写信给几个同班同学,讨论这个问题,可是只有一位同学回信表示同意。

在我那个班里,有一个湖南矿工和一个铁匠,我非常喜欢他们。其余的都是一些庸碌之辈,有一个还是流氓。我另外又劝说两个学生投了军,我同排长和大多数士兵也交上了朋友。因为我能写字,有些书本知识,他们敬佩我的"大学问"。我可以帮助他们写信或诸如此类的事情。

革命这时还没有定局。清朝还没有完全放弃政权,而国民党内部却发生了争夺领导权的斗争。湖南有人说战事不可避免要再起。有好几支军队组织起来反对清朝,反对袁世凯。湘军就是其中之一。可是,正当湘军准备采取行动的时候,孙中山和袁世凯达成了和议,预定的战争取消了,南北"统一"了,南京政府解散了。我以为革命已经结束,便退出军队,决定回到我的书本子上去。我一共当了半年兵。[7]

求学与自学

1912年春,毛泽东退出新军,继续求学。这时,学校和未来职业的选择,便成为他面临的迫切问题。他后来回忆说:

我开始注意报纸上的广告。那时候,办了许多学校,通过报纸广告招徕新生。我并没有一定的标准来判断学校的优劣,对自己究竟想做什么也没有明确主见。一则警察学堂的广告,引起我的注意,于是去报名投考。但在考试以前,我看到一所制造肥皂的"学校"的广告,不收学费,供给膳宿,还答应给些津贴。

这则广告很吸引人、鼓舞人。它说制造肥皂对社会大有好处，可以富国利民。我改变了投考警校的念头，决定去做一个肥皂制造家。我在这里也交了1元钱的报名费。

这时候，我有一个朋友成了法政学生，他劝我进他的学校。我也读到了这所法政学堂的娓娓动听的广告，它许下种种好听的诺言，答应在3年内教完全部法律课程，并且保证期满之后马上可以当官。我的那位朋友不断向我称赞这个学校，最后我写信给家里，把广告上所答应的一切诺言重述一遍，要求给我寄学费来。我把将来当法官的光明图景向他们描述了一番。我向法政学堂交了1元钱的报名费，等候父母的回信。

命运再一次插手进来，这一次采取的形式是一则商业学堂的广告。另外一位朋友劝告我，说国家现在处于经济战争之中，当前最需要的人才是能建设国家经济的经济学家。他的议论打动了我，我又向这个商业中学付了1元钱的报名费。我真的参加考试而且被录取了。可是我还继续注意广告。有一天我读到一则把一所公立高级商业学校说得天花乱坠的广告。它是政府办的，设有很多课程，而且我听说它的教员都是非常有才能的人。我决定最好能在那里学成一个商业专家，就付了1块钱报名，然后把我的决定写信告诉父亲。他听了很高兴。我父亲很容易理解善于经商的好处。我进了这个学校，但是只住了1个月。

我发现，在这所新学校上学的困难是大多数课程都用英语讲授。我和其他学生一样，不懂得什么英语，说实在的，除了字母就不知道什么了。另外一个困难是学校没有英语教师。这种情况使我感到很讨厌，所以到月底我就退学了，继续留心报上的广告。[8]

在求学和谋职上的犹豫不决，反映了毛泽东对自己未来的认真思考，这在当时的青年学生中也是很典型的。经过一段时间的举棋不定，他终于决定报考湖南全省高等中学。这所学校创办于1912年2月，同年下半年即改名为湖南省立第一中学。

毛泽东回忆这段往事时说：

我下一个尝试上学的地方是省立第一中学。我花1块钱报了名，参加了入学考试，发榜时名列第一。这个学校很大，有许多学生，毕业生也不少。那里的一个国文教员对我帮助很大，他因为我有文学爱好而很愿意接近我。这位教员借给我一部《御批通鉴辑览》，其中有乾隆的上谕和御批。

大致就在这个时候，长沙的一个政府火药库发生爆炸，引起大火。我们学生却感到很有趣。成吨的枪弹炮弹爆炸着，火药燃烧成一片烈焰，比起放爆竹来要好看得多了。过了1个月左右，谭延闿被袁世凯赶走，袁现在控制了民国的政治机器。汤芗铭接替了谭延闿，开始为袁筹备登基。

我不喜欢第一中学。它的课程有限，校规也使人反感。我读了《御批通鉴辑览》以后，得出结论，还不如自学更好。我在校6个月就退学了，订了一个自修计划，每天到湖南省立图书馆去看书。我非常认真地执行，持之以恒。[9]

在湖南省立第一中学读书期间，毛泽东曾写过一篇作文，题为《商鞅徙木立信论》。这是目前见到的毛泽东早年的唯一的作文，文章从取信于民入手，着力抨击中国数千年封建专制统治。全文如下：

吾读史至商鞅徙木立信一事[10]，而叹吾国国民之愚也，而叹执政者之煞费苦心也，而叹数千年来民智之不开、国几蹈于沦亡之惨也。谓予不信，请罄其说。

法令者，代谋幸福之具也。法令而善，其幸福吾民也必多，吾民方恐其不布此法令，或布而恐其不生效力，必竭全力以保障之，维持之，务使达到完善之目的而止。政府国民互相倚系，安有不信之理？法令而不善，则不惟无幸福之可言，且有危害之足惧，吾民又必竭全力以阻止此法令。虽欲吾信，又安有信之之理？乃若商鞅之与秦民适成此比例之反对，抑又何哉？

商鞅之法，良法也。今试一披吾国四千余年之记载，而求其利国福民伟大之政治家，商鞅不首屈一指乎？鞅当孝公之世，中原鼎沸，战事正殷，举国疲劳，不堪言状。于是而欲战胜诸国，统一中原，不綦难哉？于是而变法之令出，其法惩奸宄以保人民之权利，务耕织以增进国民之富力，尚军功以树国威，孥贫怠以绝消耗。此诚我国从来未有之大政策，民何惮而不信？乃必徙木以立信者，吾于是知执政者之具费苦心也，吾于是知吾国国民之愚也，吾于是知数千年来民智黑暗国几蹈于沦亡之惨境有由来也。

虽然，非常之原，黎民惧焉。民是此民矣，法是彼法矣，吾又何怪焉？吾特恐此徙木立信一事，若令彼东西各文明国民闻之，当必捧腹而笑，噭舌而讥矣。呜呼！吾欲无言。

国文教师阅过这篇作文，极为赞赏，评了100分，还做了7处眉批和文末总评。

湖南省立图书馆，坐落在长沙城内离新安巷大约3里路的定王台。它创建于清朝末年，藏书丰富。图书馆分上下两层，楼上是藏书房，楼下为阅览室。院落里面还有花园和一个不大的金鱼池。

1936年冬，毛泽东向斯诺谈起他在省立图书馆自学的情景时，说道：

我这样度过的半年时间，我认为对我极有价值。每天早晨图书馆一开门我就进去。中午只停下来买两块米糕吃。这就是我每天的午饭。我天天在图书馆读到关门才出来。

在这段自修期间，我读了许多的书，学习了世界地理和世界历史。我在那里第一次看到一幅世界地图[11]，怀着很大的兴趣研究了它。我读了亚当·斯密的

《国富论》、达尔文的《物种起源》和约翰·穆勒的一部关于伦理学的书。我读了卢梭的著作,斯宾塞的《逻辑》和孟德斯鸠写的一本关于法律的书。〔12〕我在认真研读俄、美、英、法等国历史地理的同时,也阅读诗歌、小说和古希腊的故事。

我那时住在湘乡会馆里。许多士兵也住在那里,都是"退伍"或者被遣散的湘乡人。他们没有工作,也没有什么钱。住在会馆里的学生和士兵总是吵架。一天晚上,他们之间的这种敌对爆发成为武斗了。士兵袭击学生,想要杀死他们。我躲到厕所里去,直到殴斗结束以后才出来。

那时候我没有钱,家里不肯供养我,除非我进学校读书。由于我在会馆里住不下去了,我开始寻找新的住处。同时,我也在认真地考虑自己的"前途",我差不多已经做出结论,我最适合于教书。〔13〕我又开始留意广告了。这时候湖南师范学校的一则动听的广告,引起我的注意,我津津有味地读着它的优点:不收学费,膳宿费低廉。有两个朋友也鼓励我投考。他们需要我帮助他们准备入学考试的作文。我把我的打算写信告诉家里,结果得到他们的同意。我替那两位朋友写了作文,为自己也写了一篇。3个人都录取了——因此,我实际上是考取了3次。那时候我并不认为我为朋友代笔是不道德的行为,这不过是朋友之间的义气。〔14〕

毛泽东就这样结束了在湖南省立图书馆自学的生活,跨入湖南省立第四师范学校的大门。这时,正是1913年的春天。半年的自学虽然短暂,却在毛泽东的记忆里留下了美好的回忆。

1951年秋天,周世钊等几位当年湖南的老同学在北京见到了毛泽东。这时,毛泽东已成为中华人民共和国中央人民政府主席。他们不禁回忆起青年时代在长沙读书的情景。毛泽东十分高兴,竟兴奋地提起他在湖南省立图书馆第一次见到世界地图的情景:

说来也是笑话,我读过小学、中学,也当过兵,却不曾看见过世界地图,因此就不知道世界有多大。湖南图书馆的墙壁上,挂有一张世界大地图,我每天经过那里,总是站着看一看。过去我认为湘潭县大,湖南省更大,中国自古就称为天下,当然大得了不得。但从这个地图上看来,中国只占世界的一小部分,湖南省更小,湘潭县在地图上没有看见,韶山当然更没有影子了。世界原来有这么大!

世界既大,人就一定特别多。这样多的人怎样过生活,难道不值得我们注意吗?从韶山冲的情形来看,那里的人大都过着痛苦的生活,不是挨饿,就是挨冻。有无钱治病看着病死的;有交不起租谷钱粮被关进监狱活活折磨死的;还有家庭里、乡邻间,为着大大小小的纠纷,吵嘴、打架,闹得鸡犬不宁,甚至弄得投塘、吊颈的；至于没有书读，做一世睁眼瞎子的就更多了。在韶山冲里，我就没有看见几个生活过得快活的人。韶山冲的情形是这样，全湘潭县、全湖南省、全中国、全世界的情形，恐怕也差不多！

我真怀疑，人生在世间，难道都注定要过痛苦的生活吗？绝不！为什么会有这种现象呢？这是制度不好，政治不好，是因为世界上存在人剥削人、人压迫人的制度，所以使世界大多数的人都陷入痛苦的深潭。这种不合理的现象，是不应该永远存在的，是应该彻底推翻、彻底改造的！总有一天，世界会起变化，一切痛苦的人，都会变成快活的人、幸福的人！

世界的变化，不会自己发生，必须通过革命，通过人的努力。我因此想到，我们青年的责任真是重大，我们应该做的事情真多，要走的道路真长。从这时候起，我就决心要为全中国痛苦的人，全世界痛苦的人贡献自己全部的力量。[15]

注　释

[1] 应为《民立报》，著名同盟会会员宋教仁、于右任主编。下同。

[2] 埃德加·斯诺：《西行漫记》，生活·读书·新知三联书店1979年12月版，第115—116页。

[3] 公元1905年8月，在孙中山的倡议和领导下，兴中会、光复会、华兴会等资产阶级革命小团体，在日本东京联合组成资产阶级革命组织——"中国同盟会"，推孙中山为总理，提出了"驱除鞑虏，恢复中华，建立民国，平均地权"的革命政治纲领，作为革命斗争目标。同盟会是领导辛亥革命的一个由资产阶级、小资产阶级和部分反清士绅联合的革命政党。——原注

[4] 周世钊：《毛主席青年时期的故事》，中国少年儿童出版社1977年6月版，第1—4页。

[5] 1911年10月，毛泽东加入湖南新军，编入新军第25混成协第50标第1营左队。

[6] 一说为《湘汉新闻》。见高菊村等《青年毛泽东》，中共党史资料出版社1990年3月版，第20页。

[7] 埃德加·斯诺：《西行漫记》，生活·读书·新知三联书店1979年12月版，第116—118页。

[8] 埃德加·斯诺：《西行漫记》，生活·读书·新知三联书店1979年12月版，第118—119页。

[9] 埃德加·斯诺：《西行漫记》，生活·读书·新知三联书店1979年12月版，第119—120页。

[10] 参见《史记·商君列传》。

〔11〕据萧三在《毛泽东同志的青少年时代和初期革命活动》（中国青年出版社1980年7月版）中说，这幅世界地图的名称是《世界坤舆大地图》。

〔12〕据考证，这批著作包括：亚当·斯密的《原富》、约翰·穆勒的《穆勒名学》、卢梭的《民约论》、斯宾塞的《群学肄言》、孟德斯鸠的《法意》。至于达尔文的《物种起源》，很可能是赫胥黎《天演论》的误记。因为当时只能看到这部著作的前五章（单行本）。见龚育之、逄先知等《毛泽东的读书生活》第89页注2。

〔13〕耐人寻味的是，1970年12月18日毛泽东会见斯诺时，曾表示"四个伟大"讨嫌，总有一天要统统去掉，只剩下一个Teacher，就是教员。因为他历来是当教员的，现在还是当教员。其他的一概辞去。

〔14〕埃德加·斯诺：《西行漫记》，生活·读书·新知三联书店1979年12月版，第120—121页。

〔15〕周世钊：《毛主席青年时期的几个故事》，载于《新苗》1958年第9期。

四、峥嵘岁月

第四师范

1913年春,毛泽东以优异成绩考入湖南省立第四师范学校预科,在这里度过了勤奋学习的一年。

据《新湘评论》编辑部的资料说:

毛泽东在学习上一贯刻苦、勤奋。还在他刚踏入第四师范时,这一特点就给人们留下了深刻的印象。那时,学校各方面的条件都比较差,既无图书、仪器,又无宽敞的活动场所,校舍是几栋破烂的旧房,居住十分拥挤。同学们聚在一起时,常把学校设备差作为话题,牢骚、怪话不断。毛泽东从不参与这种议论。有一次,他对同学说,学习当然要有适当的条件,但最重要的还是自己的努力。假如自己没有认真学习的打算,没有刻苦钻研的精神,纵然学校设备再好,学习条件再优越,也得不到什么收获。古人不是有"囊萤"[1]"映雪"[2]的故事吗?他们学习条件虽差,仍然学得很好。我们现在有房屋住,有教师讲课,已具备了学习的基本条件,就看我们自己如何努力了。假如一定要等到学习条件十分完善,才去认真学习,那就会白白地糟踏最宝贵的时间。[3]

在第四师范,有两位老师对毛泽东产生了重要的影响。一位名叫袁仲谦,是预科的国文、习字教员。另一位是杨昌济,在预科教修身课。

谈起这两位老师,毛泽东回忆说:

学校里有一个国文教员,学生给他起了"袁大胡子"的绰号。他嘲笑我的作文,说它是新闻记者的手笔。他看不起我视为楷模的梁启超,认为他半通不通。我只得改变文风。我钻研韩愈的文章,学会了古文文体。所以,多亏袁大胡子,今天我在必要时仍然能够写出一篇过得去的文言文。

给我印象最深的教员是杨昌济,他是从英国回来的留学生,后来我同他的生活有密切的关系。他教授伦理学,是一个唯心主义者、一个道德高尚的人。他对自己的伦理学有强烈信仰,努力鼓励学生立志做有益于社会的正大光明的人。我在他的影响之下,读了蔡元培翻译的一本伦理学的书。[4]我受到这本书的启发，写了一篇题为《心之力》的文章。那时我是一个唯心主义者，杨昌济老师从他的唯心主义观点出发，高度赞赏我的那篇文章。他给了我100分。[5]

毛泽东在第四师范期间，听课十分认真，还记下大量的笔记。现在能够见到的笔记只有47页，是乡人从灰烬中抢救出来、珍藏下来的。笔记用直书九行纸本，前11页是手抄的屈原《离骚》和《九歌》，后36页主要是听课笔记，也有一些读书札记，并冠以《讲堂录》。这些笔记，经考证，约形成于1913年10月至12月间。其中修身课和国文课记录的便是杨昌济和袁仲谦两位老师讲授的内容。这两部分内容，在《讲堂录》中占了绝大部分，从中可见两位老师在毛泽东心目中的重要地位，以及毛泽东当时的兴趣所在。

以下是《讲堂录》的节录：

11月1日　修身

人情多耽安佚而惮劳苦，懒惰为万恶之渊薮。人而懒惰，农则废其田畴，工则废其规矩，商贾则废其所鬻，士则废其所学。业既废矣，无以为生，而杀身亡家乃随之。国而懒惰，始则不进，继则退行，继则衰弱，终则灭亡。可畏哉！故曰懒惰万恶之渊薮也。

奋斗。夫以五千之卒，敌十万之军，策罢乏之兵，当新羁之马，如此而欲图存，非奋斗不可。

朝气。少年须有朝气，否则暮气中之。暮气之来，乘疏懈之隙也，故曰怠惰者，生之坟墓。

药文弱。文弱者多，国用不振，吾国是也，坐此而不能与外竞。夫兵者，国之卫也，非强悍有力者不胜其任，尤非多受教育者不能有功。吾国士人既甚弱矣，则兵出于召募，而无赖鲜识之徒充其选，驱之临战，不待交而先溃，历年国受巨创者以此。游乎日本，则大不然者。有主教育者演说曰：日本立乎世界竞争之涡，诸强挟全势以临我，危乎殆哉！非兵不立，则身体之锻炼其急矣，云云。其在日本，学校最重运动，其运动之法有诸种：庭球、野球、蹴球、弓拔、击剑、柔道、短艇、游泳、徒步、远足会皆是。西国亦然。如远足会之事，以期举校远行，先择佳地，既至，则集众演说，莫敢不至者。凡此皆所以药文弱之道也，勉矣后生。

勤务。勤务之益，一以医偷惰，二以药文弱。有地板之室，不应用帚扫，致扬尘，必以布揩之。

倪宽为弟子都养，承宫为诸生执苦。[6]

国文　1时

谨言慎行即是学。古者为学，重在行事，故曰行有余力，则以学文；夫子以好学称颜回，则曰不迁怒，不贰过。不迁怒，不贰过，盖行事之大难者也。徒众三千，而仅以好学称颜回；称颜回而仅曰不迁怒不贰过，此其故可以思矣。

人之为人，以贤圣为祈向，而孝义廉耻即生焉。然曾参孝矣，不识小受大逃之义；申生孝矣，不知陷亲不义之道；陈仲子则亦廉哉，则有讥其太矫；冉子好义，而不知周急不继富为君子之道；原宪知耻，辞粟不以与于邻里乡党之中。是何也？学有不足也。

知觉类化。解甲物而有通乎己，思此理而有会乎彼。及其至也，大宇之内，万象之众，息息而相通，是谓知觉类化。

闭门求学，其学无用。欲从天下国家万事万物而学之，则汗漫九垓，遍游四宇尚已。

游之为益大矣哉！登祝融之峰，一览众山小；泛黄勃之海，启瞬江湖失；马迁览潇湘，泛西湖，历昆仑，周览名山大川，而其襟怀乃益广。

读《游五姓湖记》，则见篇中人物，皆一时之豪；吾人读其文，恍惚与之交矣。游者岂徒观览山水而已哉，当识得其名人巨子贤士大夫，所谓友天下之善士也。

选文当重直观主义，以切时令为贵。

《与翁止园书》，戒淫也。淫为万恶本，而意淫之为害，比实事尤甚，当懔懔然如在深渊，若履薄冰。

才不胜今人，不足以为才；学不胜古人，不足以为学。

天下无所谓才，有能雄时者，无对手也。以言对手，则孟德、仲谋、诸葛而已。

人之议之者尊之也。天下惟庸人不惹物议，若贤者则时为众矢之的，故曰事修而谤兴，德高而毁来。

程子曰：货色两关打不破，其人不足道也。

恶事终有露布之一日，故曰若要人不知，除非己莫为。

十月初三　国文

伊尹道德、学问、经济、事功俱全，可法。伊尹生专制之代，其心实大公也。尹识力大，气势雄，故能抉破五六百年君臣之义，首倡革命。

作文有法，引古以两宗为是。一则病在气单。

《书》乃唐、虞、夏、商、周之史。

文章须蓄势。河出龙门，一泻至潼关。东屈，又一泻至铜瓦。再东北屈，一泻斯入海。当其出伏而转注也，千里不止，是谓大屈折。行文亦然。作史论当认定一字一句为主，如《范蠡论》重修身而贵择交句，《伊尹论》之任字是。

拿得定，见得透，事无不成。

惟明而后可断，既明而断矣，事未有不成者，伊尹是也。

人心即天命，故曰天视自我民视。天命何？理也。能顺乎理，即不违乎人；得其人，斯得天矣。然而不成者，未之有也。

能文写字。文贵颠倒簸弄，故曰做；字宜振笔直书，故曰写。俗话之演成，必经几多研究，认为合理而真，始克流传不朽，颠扑不破，此类是也。

11月15日　修身

王船山：有豪杰而不圣贤者，未有圣贤而不豪杰者也。圣贤，德业俱全者；豪杰，歉于品德，而有大功大名者。拿翁，豪杰也，而非圣贤。

孔子尝言志矣，曰：志于道，著于德，依于仁，由于义。曰：老者安之，少者怀之，朋友信之。曰：士志于道，而耻恶衣恶食者，未之有也。孟子尝言志矣，曰：志至也，气次也。持其志，毋暴其气。曰：夫天未欲平治天下也，如欲平治天下，当今之世，舍我其谁也。曰：乃所愿则学孔子也。曰：我亦欲正人心，定邪说，距诐行，以承三圣者。

孟子所谓豪杰，近于圣贤，曰：陈良楚产也，悦周公、仲尼之道，北学于中国。北方之学者未能或之先也，乃所谓豪杰之士也。曰：待文王而后兴者凡民也。若夫豪杰之士，虽无文王犹兴之类是也。

高尚其理想（立一理想，此后一言一动皆期合此理想）。

理想的人物。理想者，事实之母也。

心之所之谓之志。

程子曰：小人不合小了，他本不是恶。

万物并育而不相害，道并行而不相悖。庶几道德之理想矣。

我之界当扩而充之，是故宇宙一大我也。

孟子曰：体有贵贱，有小大。养其小者为小人，养其大者为大人。一个之我，小我也；宇宙之我，大我也。一个之我，肉体之我也；宇宙之我，精神之我也。

《管子》：不偷取一世。人之爱情，通于过去现在未来三世界。现在之群，固致其爱情，不待言矣。然而千载以上之人，千载以下之人，其致其爱情，亦犹是焉。不观乎人心乎，其读史也，则尝思慕忠贤；其置产也，则务坚其契约，故曰人无有不善也。

某氏曰，吾观古之君子，有杀身亡家而不悔者矣。[圣贤救世实有如此，如孔子（在陈匡），耶稣（磔死十字架），苏格拉底（以故毒死）。]

语曰，毒蛇螫手，壮士断腕，非不爱腕，非去腕不足以全一身也。彼仁人者，以天下万世之身。而以一身一家为腕。惟其爱天下万世之诚也，是以不敢爱其身家。身家虽死，天下万世生，仁人之心安矣。（天下生者，仁人为之除其痛苦，图其安全也。）

中国固自由也，人民与国家之关系，不过讼狱、纳赋二者而已，外此无有也。故曰：日出而作，日入而息，凿井而饮，耕田而食，帝力何有于我哉！惟无关系也，故缺乏国家思想、政治思想。中国自由，西国专制；中国政法简，租赋轻，西国反之（满清不专制）。

被征服的民族不自由，言其近例，台湾朝鲜是也。

中国待属国甚宽，苞茅贡聘之外，余均听其自治，越南、高丽是也。越南归法，五人聚语者有禁，藏兵器者有禁，夜不得闭户，便巡察也。高丽归日，事事听其主治，而民戢戢如群羊矣，盖其苦尤有甚于台湾者也。

11月23日　修身

张子曰：为天地立心，为生民立道，为往圣继绝学，为万世开太平。为生民立道，相生相养相维相治之道也；为万世开太平，大宗教家之心志事业也。

有办事之人，有传教之人。前如诸葛武侯范希文，后如孔孟朱陆王阳明等是也。

宋韩范并称，清曾左并称。然韩左办事之人也，范曾办事而兼传教之人也。

帝王一代帝王，圣贤百代帝王。

在上者为政教，在下者为风俗。变之自上者，效速而易迁；变之自下者，效迟而可久。（在上者虽有圣君贤相，然人亡而政息，效虽速而易迁。）刚字立身之本，有嗜欲者不能刚。豢龙氏所以能豢龙者，龙虽神而不能脱夫嗜欲也。

惟安贫者能成事，故曰咬得菜根，百事可做。

乐利者，人所共也，惟圣人不喜躯壳之乐利（世俗之乐利），而喜精神之乐利，故曰饭疏食饮水，曲肱而枕之，乐亦在其中矣。不义而富且贵，于我如浮云。

光武曾游于太学，习《尚书》。古太学以经分科。

严光，东汉气节之士也。光武既立，征之，不就。访之，以安车迎至。帝坐匡床请出，光卧应曰：尧舜在上，下有巢由。当光之至也，大司徒（首相也）侯霸（光学友）迎之。光与书曰：君房足下，致信鼎足，甚善。怀仁辅义天下悦，阿谀顺指要领绝。侯以书览帝，帝曰：狂奴故态也。后世论光不出为非。不知光者，帝者之师也。受业太学时，光武受其教已不少。故光武出而办天下之事，光即力讲气节，正风俗而传教于后世。且光于专制之代，不屈于帝王，高尚不可及哉。

中国学术发达有三期。一能动的发达期，周末是也。二受动的发达期，佛教大兴，经典甚盛，上下趋之，风靡一时，隋唐是也。三能动而兼受动的发达期，朱、程、张、周诸人出，性理之学大明。然其始也，咸崇佛学，由佛而返于六经，故为能动而兼受动的发达期，宋元是也。

进入湖南一师

1914年二三月间,湖南省立第四师范学校合并于省立第一师范学校,毛泽东被编入预科第三班。因为湖南四师是春季升学,而一师是秋季升学,毛泽东在预科多读了半年,直到这一年秋季,才编入本科第八班。毛泽东在湖南省立第一师范学校读了4年多,1918年6月毕业。

《新湘评论》编辑部的资料写道:

第一师范的前身,原来是南宋理学家张栻[7]讲学的城南书院。清朝末年,这里办起了师范学堂。辛亥革命后的第二年,改为湖南省立第一师范学校。改名后,第一师范的《校章》上明确提出,"特采最新民本主义(民主主义)规定教育方针。所谓民本主义教育,包括三个方面:一、道德实践。二、身体活动。三、社会生活(包括智育及课程教育)以及职业训练(包括智能实习和各种学生会活动)"。"时时以国耻唤醒学生之自觉心","各种教授应提倡自动主义"。那时的公立学校,大都是被守旧派控制,一师虽然好一点,但是由于旧的影响一时难以清除,所以在对学生的管理方面,还带有许多烦琐的封建色彩。如学生应该遵守的"秩序"一项,就规定了28个"不得":"不得经管一切非关学术之事业""不得入一切非学术之党社及教育会""不得干预外事,扰乱社会秩序""非经校长认可,不得私自开会演说""不得讴吟俚曲,调弄俗乐,及购置一切有损无益之书籍",等等。但不管怎样,第一师范毕竟还有一些思想开明、诲人不倦的教员,加之不少学生来自比较贫寒的家庭,生活朴实,勤于攻读,学习氛围较好。毛泽东决定利用这个环境,扎扎实实地多学点知识,打下一个坚实的基础。

……

当时,第一师范的课程非常繁杂,有近20门学科,毛泽东把它比作一个"杂货摊"。繁杂的课程,与他追求真理的目的发生了冲突。他觉得在这样的学校里,长此以往,宝贵的时间必将白白地流逝。他为此而痛心,曾几次想退学。有一次,甚至已经走到了校长室的门口,他转念一想,读书总得有个地方,于是又退了回来。当时,社会上流行着科学救国、实业救国等思想,这在半殖民地半封建的社会里,只不过是一些不切实际的空想。在当时的条件下,要救国,就只有革命。因此毛泽东根据寻求革命真理的需要,自己制订了一个学习计划,把学习的重点放在哲学、史地、文学等社会科学的研读上,对于其他的课程,不花过多的时间和精力。例如上哲学课,一般同学因听不懂,多昏昏欲睡;毛泽东则用心听讲,认真做笔记,深入思考。课余和自修时间,还在孜孜不倦地钻研。他对文学也非常爱好，曾精心研读过《昌黎先生集》〔8〕《昭明文选》〔9〕以及《诗经》〔10〕《楚辞》〔11〕等，对屈原的《离骚》《九歌》尤为喜爱，曾十分工整地抄在自己的笔记本上。因而无论是古文，还是浅近文言文，都做得很好。他还爱好诗词，但不常作，偶一下笔，即成佳句。"自信人生二百年，会当水击三千里"就是毛泽东当年所写的一首诗中的两句，抒发了一个革命青年的伟大志向和广阔胸怀，曾被同学们广泛传诵着。

为了满足自己的求知欲望，毛泽东想方设法找书看。他常到城里的书店和旧书铺去，看到合适的书，就买下来。第一师范藏书丰富的图书馆，更是他常去的地方。图书馆里有关社会科学方面的书籍，许多他都借阅过。尤其是司马光的《资治通鉴》〔12〕和顾祖禹的《读史方舆纪要》〔13〕，他读得十分仔细。由于借书频繁，他与图书管理员熊光楚成了好朋友。

在学习上，毛泽东还养成了好问的习惯。他常对同学说，我们称某人有学问，是指他好学好问，学与问是不能分开的，只有好学好问的人，才可能有学问。在学习中，他不去探究无关重要的奇闻逸事，而喜欢和同学们讨论各种学术问题，切磋琢磨，互资裨益。也常列出学习上的疑难和社会改造的问题，向老师请教。〔14〕

毛泽东的同学萧三回忆说：

毛泽东考入第一师范时，编入戊班，即第五班。入校以后，他仍是非常好学的，但还是以自修为主。他经常读书不倦。同学们很快就都佩服他的天才，他的严肃治学的精神，他的朴实、诚恳、谦虚的态度。他的作文一出，全校轰动，教员把它贴在学监室的对面走廊墙壁上，课余时，那里围满了人，在读着传观的文章。但毛泽东并不自恃聪明，或者骄傲自满。相反，他的求知欲非常之强，肯用苦功。晚上学校规定的自修时间短了，他就在寝室里继续读书。学校吹号熄灯了，他就自备一盏灯，下面用一节竹筒垫起，坐在床上看书，有时通宵不眠。

毛泽东在学校里虽也照例上课，但他有自己的读书计划，他注重自修。当抓住一个中心问题时，即专门研究它，一切别的乱杂功课就都不管了。他喜欢社会科学，根本不理其他不切实用的功课（这与他特别关心社会政治问题有关系。后来他又曾专心研究自然科学，认为不应当把马克思主义和自然科学孤立起来）。他那时的主意是：只要一两门功课考取100分，其余纵是得零分，但平均能得60分，可以及格就得了。有一个时期毛泽东专门研究中国历史，把所有关于中国历史的书，无论新的旧的都找了来，于是连续不断、一本一本地研究。在教室里上那些毫无意义的功课的时候，不管讲台上教员在讲什么，他总是看他自己带来的书。为了"顾全大局"和教员的面子，他把讲的教科书摆在上面，下面盖着他自己要读的书。有时候就直接选择不上课。因为当时的教育制度非常混乱。

学与用常是脱节的,形式主义的教学方法,实属误人子弟。但泽东同志那时也只能采用一种消极的办法,以抵抗那种不合理的教育制度。此外,他主要是靠自己奋发求学,以补学校教育之不足,以满足自己的求知欲望。举凡古今中外的一切名著——诸子百家、诗词歌赋、稗官小说、近人文集以及外国人著作的翻译、哲学、文学……他无不浏览。他那时读书常做笔记,本子上写得满满的,洋洋洒洒,俱见思想之驰骋纵横。这种笔记本后来堆满了一网篮。

在任何环境内能自己读书的习惯,泽东是养成了的——他曾故意蹲在人们来往嘈杂的城门口看书,以锻炼在闹中求静的本领。

学校行政方面不喜欢毛泽东之"破坏校规",但又爱他的有才能。有几次行政方面为顾及自己的"威信",讨论开除他出校的问题。这时一个很有威望和信仰的教员杨昌济先生说道:"毛泽东是一个特别学生,你们不懂得他,不能拿寻常校规来论!"

有一次,校方又要开除他,那是因为他领导同学们反抗腐败的学校行政。教国文的袁仲谦先生出来担保,又得以留下。袁先生很器重毛泽东,但起初不赞成他的"梁启超式"的文章,说那只是半通,要他攻韩愈等唐宋八大家……"谢谢袁大胡子,必要时,我现在还可以作一篇清通的古文。"——毛泽东后来对人笑说。

第三次学校要开除他而没有实行,是因为有名的数学教员王立庵先生给说保了。毛泽东那时并不喜欢数学,甚至交过白卷,但王先生仍是器重他。学校放假期间,泽东不回家去,留住在长沙城时,还曾在王家住过,也并不是学数学,王先生却供给他食宿。

……

史学文学之外,泽东对哲学是最醉心研究而很有心得的。

毛泽东的求知欲是非常强的。在第一师范时,除在校自修及找本校的教员问学外,长沙城里不时有所谓名流学者从外省来的,泽东常一个人去拜访他们,向他们虚心请教,想从他们那里得到一些新的知识。访问回来之后,他又常向同学们谈论他对于被访问者的印象,并加以自己对他们的评判。

长沙城里曾有人举办过"船山学社",每星期日设座讲学,讲王船山的种种,泽东也去听讲。王夫之之民族意识特别引起他的注意。

他常对人说,"学问"二字连起来成一个名词是很有意义的,我们不但要好学,而且要好问。[15]

在湖南省立第一师范学校的经历,对青年毛泽东来说是有重要意义的。他回忆说:

我在师范学校读了5年书,抵住了后来一切广告的引诱。最后,我居然得到了毕业文凭。我在这里——湖南省立第一师范度过的生活中发生了很多事情，我的政治思想在这个时期开始形成。我也是在这里获得社会行动的初步经验的。

这所新学校有许多校规，我赞成的极少。例如，我反对自然科学列为必修课。我想专修社会科学。我对自然科学并不特别感兴趣，我没有好好地去学，所以大多数这些课程我得到的分数很低。我尤其讨厌一门静物写生必修课。我认为这门课极端无聊。我往往想出最简单的东西来画，草草画完就离开教室。记得有一次我画了一条直线，上面加上一个半圆，表示"半壁见海日"〔16〕。又有一次，在图画考试时，我画了一个椭圆形就算了事，说这是蛋。结果图画课得了40分，不及格。幸亏我的社会科学各课得到的分数都很高，这样就扯平了其他课程的低分数。

......

我在长沙师范学校的几年，总共只用了160块钱——里面包括我许多次的报名费！在这笔钱里，想必有1/3花在报纸上，因为订阅费是每月1元。我常常在报摊买书、买杂志。我父亲责骂我浪费。他说这是把钱挥霍在废纸上。可是我养成了读报的习惯，从1911年到1927年上井冈山为止，我从来没有中断过阅读北京、上海和湖南的日报。〔17〕

良师益友

毛泽东在湖南省立第一师范学校结识了不少良师益友。在老师中，有杨昌济、徐特立、袁仲谦、黎锦熙、方维夏、王季范等。在同学中，有罗学瓒、周世钊、蔡和森、陈章甫、张昆弟、萧三、萧子升等。其中，又以杨昌济和黎锦熙对他的影响最大，联系也最多。

在1915年4月15日杨昌济的日记中有这样的记载：

毛生泽东，言其所居之地为湘潭与湘乡连界之地，仅隔一山，而两地之语言各异。其地在高山之中，聚族而居，人多务农，易于致富，富则往湘乡买田。风俗淳朴，烟赌甚稀。渠之父先亦务农，现业转贩，其弟亦务农，其外家为湘乡人，亦农家也，而资质俊秀若此，殊为难得。余因以农家多出异材，引曾涤生、梁任公之例以勉之。毛生曾务农两年，民国反正时又曾当兵半年，亦有趣味之履历也。〔18〕

关于杨昌济对毛泽东的影响，萧三回忆说：

杨昌济（号怀中）先生对毛泽东和许多同学影响很大。杨先生是长沙人，在第一师范教伦理学、心理学、教育学、哲学。他曾在日本留学6年，又在英国留学4年，但始终不离中国的理学传统，喜讲周、程、朱、张，喜讲康德、斯宾塞和卢梭的《爱弥儿》……杨先生并不善于辞令，也不装腔作势，但他能得听讲者很大的注意与尊敬，大家都佩服他的道德学问。他的讲学精神，使得在他的周围，形成了认真思想、认真求学的学生之一群——毛泽东，蔡和森（泽东在第一师范的挚友，湘乡人，家贫好学，后去法国，在勤工俭学的学生及华工中组织共产主义的团体，回国后，在中共中央做宣传工作，成为中国革命一个优秀的领导者。1931年在香港被捕，引渡到广州，反革命刽子手把他的四肢摊开，钉在壁上活活打死，胸脯被刺刀戳得稀烂），陈昌（号章甫，浏阳人，也是泽东的好友，长于演说，后入共产党，在大革命失败以后，英勇地牺牲了）……每逢星期日，他们相约到杨先生家里去讲学问道。杨先生是诲人不倦的，也很器重毛、蔡、陈等几个学生。杨先生曾说，"人要有理想"，"没有哲学思想的人便很庸俗"……他对他们讲中国及西洋哲学，讲青年的前途，人们应有的人生观、世界观或宇宙观……。他的哲学基础是唯心论，那时对毛泽东等的影响颇大。

……

杨怀中先生对学生们的影响不仅在讲学上，在生活规则或规则生活上的影响也颇深。他反对封建的腐朽生活，提倡民主的科学的新生活。他废止朝食，行深呼吸，主张静坐，常年行冷水浴，冬天也不间断。年轻热情的毛泽东、蔡和森等也模仿他。有一年多，他们都不曾吃早饭。一个暑假期内，毛、蔡和张昆弟（益阳人，号芝圃，后来是共产党内做工人运动的重要干部，大革命失败后英勇地牺牲了）三人同住长沙对河岳麓山上，爱晚亭读书、休养，每天吃新蚕豆饭一顿，既废朝食，也不晚餐——这当然也有节省的意思在内，因为他们都穷呵！在那里他们每天清早在山上打坐，然后下来去塘里或河里洗冷水澡。这样持续到假期满后回校，到冬天11月里还不停止。毛泽东更扩大浴的范围：在太阳下面、在大风里、在大雨下，赤着让身体晒、让吹、让淋。泽东叫这作"日浴""风浴""雨浴"。那时他们又常去水陆洲——湘江里游泳。凡此一切，目的在锻炼身体。他们又去山中"练嗓子"，对着树木大声讲话，朗诵唐诗；在长沙城墙上天心阁一带对着风大声叫喊……这些行动，不期然而然地正合乎现在大家所知道的日光浴、空气浴、淋浴等疗养卫生的好方法。

在爱晚亭住的时候，他们只各有一条面巾，一把雨伞和随身的衣服。泽东常着的一件"土地袍子"（灰布长褂），给人的印象最深。

岳麓山上有一副对联："西南云气来衡岳，日夜江声下洞庭。"在这山上，在这背景下，毛泽东等一天早晚是体操、静坐、读书、看报、谈论和思考问题。

夜里他们露宿，睡草地上，彼此离得远远的，怕呼吸空气不好……回校后他们就在操场露宿，直到打霜以后。

关于上面所举的一切，毛泽东那时在自己的日记里写道：

与天奋斗，其乐无穷！

与地奋斗，其乐无穷！

与人奋斗，其乐无穷！

这也可见他青年时代的抱负了。〔19〕

杨昌济先生之子杨开智也回忆说：

1913年春天到1918年夏天，毛泽东在湖南省立第一师范学习。在同一时期，我的父亲杨怀中先生也在该校任教。他敬佩毛泽东的卓越学识和伟大的抱负，毛泽东也非常尊敬这位老师，师生之间一直保持着十分密切的交往（在1937年2月1日延安各界为徐特立同志60寿辰举行的庆祝会上，毛泽东曾说：我在湖南第一师范求学时，最敬佩的两位老师，一位是杨怀中先生，一位是徐老）。

……

1916年暑假，怀中先生在板仓家中度假。暑假期间的一天，毛泽东风尘仆仆，一把雨伞、一双草鞋，从长沙城出发，步行了120华里，来到当时还是穷乡僻壤的板仓杨家下屋我们家中。这是毛泽东第一次来板仓。毛泽东在板仓期间，曾以很大的兴趣浏览了我父亲的藏书，特别是所订阅的新书报刊，和我父亲讨论了一些学术问题和社会问题。有一次，我的父亲跟他谈到，距板仓40多里路的地方住着一位从日本留学归来的柳午亭先生（后来为革命牺牲了的柳直荀同志的父亲），是一位体育运动的热心倡导者和实践者。那时，体育问题是毛泽东悉心研究的问题之一。第二天，他就由一位农民带路，去访问了柳午亭先生。柳先生非常高兴地接待了毛泽东，他们进行了广泛的交谈。毛泽东回来时跟我父亲谈到了此行的印象，称赞柳先生在体育的研究和实践上有较高的造诣，许多地方值得效法。

毛泽东在一师期间的学习实践和初期的革命活动对我父亲的思想有十分重要的影响。我们经常听到父亲讲述毛泽东青年时期的革命故事，印象最深的是他那超人的革命胆略。

1915年时，湖南第一师范的校长名叫张干，是一个昏庸腐朽的守旧顽固派。他对军阀政府逢迎献媚，对进步学生仇视压制，一心想把学校办成为帝国主义、封建势力服务的孔家店。那时学校礼堂里挂着"大总统"袁世凯的"训令"。每当在礼堂集合学生时，他总要对着"训令"念念有词，妄图以此作为禁锢学生的精神枷锁。他官气十足，到校上下班都要坐着三人抬的大轿。学生的举动稍不顺他的心，动辄要遭训斥，甚至挂牌除名。因此进步师生早就对这位校长侧目而视了。1915年6月，张干为了讨好军阀政府当局，竟规定每个学生要额外交10元钱的杂费。许多工农子弟无力交纳，眼看有失学之虞。一时校内外舆论哗然，一个赶走反动校长的群众运动有一触即发之势。这时，毛泽东挺身而出，因势利导地积极领导了这场斗争。他看到一些同学草拟的驱张文告,只侧重于讲校长增加学费的不应该,或者只是列举了张干私德方面的一些劣迹,觉得没有抓住要害,就对他们说:既要赶走校长,就要集中揭露他的办学无方,贻误青年。于是他在学校后山的君子亭亲自起草了一篇4000余字的驱张宣言,历数张干办学无方、贻误青年的种种罪行,同时对整个封建主义的教育制度进行了有力的揭露和批判,文章理直气壮,深得进步师生的赞同。当晚就被一些同学拿到印刷局印刷出来,广为散发了。张干看到"宣言",吓得发抖,恼羞成怒,竟叫嚣要查办为首"闹事"的学生,要开除毛泽东等学生的学籍。消息传出,群情更加激愤,一些进步教师也为此愤愤不平。杨怀中、徐特立等教师为此发起和召集了一个全校教职员工会议,抗议张干的反动措施,支援进步同学的革命行动。怀中先生还很有感慨地在教室黑板上写了"强避桃源作太古,欲栽大木柱长天"的对联,以表示自己的义愤。在群众的压力面前,张干不得不收回成命,最后终于滚出了学校。[20]

关于驱逐校长张干一事的始末,更为准确的说法是这样的:

驱逐校长的斗争更是一件轰动全校的事。那是1915年上学期快要结束的时候,省议会颁发了一项新规定:从本年秋季起,师范学校学生每人缴纳10元学杂费。对大多数穷学生来说,这是一个不小的数目。大家都议论纷纷,群起反对。有人说这个规定是第一师范校长张干为了讨好当局而向政府建议的,提出要赶走张干;加之,原四师的部分同学对合校后要多读半年书,早有不满情绪,于是一场驱逐校长的学潮发生了。在第9班同学的发动下,全校很快就罢课了。同学们四处散发传单,揭露张干不忠、不孝、不仁、不悌之类的一些事实。毛泽东认为这没有击中要害。他对同学说,我们不是反对他当家长,而是反对他当校长,要把他从校长的宝座上拉下来,就要揭发他对上阿谀奉承、对下专横跋扈、办学无方、贻误青年的事实。大家认为很有道理。于是毛泽东在学校后山君子亭又起草了一个传单,经与罢课发起人商量后,立即派人坐守在印刷局连夜印刷,清晨带回学校,广为散发。省教育司派督学来校调处,要学生复课。学生不同意,纷纷用纸条写上"张干一日不出校,我们一日不上课"之类的话,由各班值周生收交督学。督学没法,只好答复说,这个学期快完了,你们还是上课,下学期张干不来了。张干怒不可遏。有一个学生告密,说传单是毛泽东写的。张干从笔力雄浑的文风中,也断定是毛泽东写的,要挂牌开除包括毛泽东在内的17名同学。后遭到王季范、袁仲谦等教师的反对,没有成为事实。

事隔35年后的1950年10月,徐特立、谢觉哉、王季范、熊瑾玎和周世钊等去看望毛泽东,谈到张干仍在长沙当中学教员时,毛泽东说:张干这个人,原来我不高兴他。当时他只有三十几岁,很有能力,很会说话,我估计他一定要向上爬。结果没有向上爬,现在还在画粉笔,算他有操守,难能可贵。又说:现在看起来，当时赶张干是没有多大必要的，多读半年书有什么不好呢！[21]

1915年3月，毛泽东的同班同学易昌陶不幸在衡山家中病逝，这个消息使毛泽东陷入深深的痛惜之中。他在致友人的信中写道：

"同学易昌陶君病死，君工书善文，与弟甚厚，死殊可惜。"

易昌陶，又名易咏畦，是一位博学多识的学生。消息传来，由校长张干、学监王季范、教员杨昌济发起，于5月23日召开全校追悼会。随后，又将师生致送的挽诗挽联256首（副），编印成册，题名《易君咏畦追悼录》。其中，收录了毛泽东的一副挽联和一首挽诗，如今已成为珍贵的历史资料。

悼友人易咏畦（1915年5月）

胡虏多反复，千里度龙山，腥秽待湔，独令我来何济世；
生死安足论，百年会有役，奇花初茁，特因君去尚非时。

挽易昌陶

去去思君深，思君君不来；
愁杀芳年友，悲叹有馀哀。
衡阳雁声彻，湘滨春溜回；
感物念所欢，踯躅南城隈。
城隈草萋萋，涔泪侵双题；
采采馀孤景，日落衡云西。
方期沆瀁游，零落匪所思；
永诀从今始，午夜惊鸣鸡。
鸣鸡一声唱，汗漫东皋上；
冉冉望君来，握手珠眶涨。
关山蹇骥足，飞飚拂灵帐；
我怀郁如焚，放歌倚列嶂。
列嶂青且茜，愿言试长剑；
东海有岛夷，北山尽仇怨。[22]
荡涤谁氏子，安得辞浮贱；
子期竟早亡，牙琴从此绝。
琴绝最伤情，朱华春不荣；
后来有千日，谁与共平生？

望灵荐杯酒，惨淡看铭旌；

惆怅中何寄，江天水一泓。〔23〕

　　毛泽东对湖南省立第一师范学校的环境感到满意，并学习和接触到不少新鲜知识和新的事物。他回想起过去几年的读书生活，认识到自己过去是太强调自学了。他重新思考，为自己定下新的为学之道。

　　1915年6月25日，毛泽东在写给湘生的信中说道：

湘生足下：

　　初一日接君书，今二十五日矣，未作复者，吾夏假住处未定也。前友人招往浏阳，继吾不欲往，寓省城又无钱，故只有回家一法。学校试验今日完，吾于课程荒甚。从前拿错主意，为学无头绪，而于学堂科学，尤厌其繁碎。今闻于师友，且齿已长，而识稍进。于是决定为学之道，先博而后约，先中而后西，先普通而后专门。质之吾兄，以为何如？前者已矣，今日为始。昔吾好独立蹊径，今乃知其非。学校分数奖励之虚荣，尤所鄙弃，今乃知其不是。尝见曾文正〔24〕家书有云：吾阅性理书时，又好做文章；做文章时，又参以他务，以致百不一成。此言岂非金玉！吾今日舍治科学，求分数，尚有何事？别人或谓退化，吾自谓进化也。阅足下所定课程及为学之功，使愧惶无地。不知足下之意，学校与自修果已定否？看君欲学英文、数学，又似预备进学校。如言自修，吾举两人闻君。其一康有为。康尝言：吾四十岁以前，学遍中国学问；四十年以后，又吸收西国学问之精华。其一梁启超，梁固早慧，观其自述，亦是先业词章，后治各科。盖文学为百学之原，吾前言诗赋无用，实失言也。足下有志于此乎？来日之中国，艰难百倍于昔，非有奇杰不足言救济，足下幸无暴弃。同学陈子〔25〕，有志之士，余不多见。屠沽贾炫之中，必有非常之人，盍留意焉！人非圣贤，不能孑然有所成就，亲师而外，取友为急，以为然乎？读君诗，调高意厚，非我所能。……

　　又《明耻篇》一本，本校辑发，于中日交涉，颇得其概，阅之终篇，亦可得新知于万一也。

泽东顿首

六月二十五日

　　复启者，适得高等师范信，下期设招文史两科，皆为矫近时学绝道丧之弊。其制大要与书院相似，重自习，不数上讲堂，真研古好处也。吴校长，即作训学生辞者，教习闻皆一时名宿。阅其招学通告，固自与他（校）不同，吾意与足下宗旨相合，可来考乎？寄上通告一纸，伏乞详（察）。

泽东又及

　　信中提到《明耻篇》一书，是1915年夏天，湖南省立第一师范学校的学生集资刊印的，目的是揭露袁世凯卖国求荣的卑鄙行径。1915年1月，日本国政府令其驻中国公使向袁世凯提出旨在独占中国的二十一条后，5月7日，又发出最后通牒，限48小时内答复。5月9日，袁世凯对日本的要求，除声明第5号一部分"容日后协商"外，其余一概加以承认。因此，中国人民将5月7日作为国耻纪念日。

《明耻篇》全书辑有七篇文章和一个附件。文章为：（一）救国刍言；（二）中日交涉之前后状况；（三）已签字之中日新约及交换照会；（四）请看日本前此计灭朝鲜之榜样；（五）日本祸我中国数十年来之回顾；（六）高丽亡国后归并日本之惨酷情形；（七）越南亡国惨状略述。附件为：中日贸易出入额之比较。卷首有一师教习石润山写的《感言》。书中揭露日本侵略中国、灭亡朝鲜，法国灭亡越南以及袁世凯卖国的罪行；并陈述了救国方法，力图唤起人们不忘国耻，奋起挽救民族危机。毛泽东阅读该书时，加了许多圈点和着重号，并在多处写有批语。在该书的目次第二、三、四、五和附件的篇名上方，毛泽东均画了圈，并写有"圈出五篇为最紧要者，其余不阅可也"。

毛泽东还在《明耻篇》封面上题书：

五月七日，

民国奇耻；

何以报仇？

在我学子！

他还在卷首《感言》后题志：

此文为第一师范学校教习石润山先生作。先生名广权，宝庆人。当中日交涉解决之顷，举校愤激，先生尤痛慨，至辍寝忘食，同学等爰集资刊印此篇，先生则为序其端而编次之，云云。

《救国刍言》亦先生作。

这一时期，毛泽东依然是康有为、梁启超的崇拜者。在湖南一师读书期间，他再一次向表兄文咏昌借阅了《新民丛报》《盛世危言》等书刊。至今还保留着毛泽东1915年2月24日写给文咏昌的还书便条：

咏昌先生：

书十一本，内《盛世危言》[26]失布匣，《新民丛报》[27]损去首叶，抱歉之至，尚希原谅。

泽东敬白

正月十一日

又国文教科（书）二本，信一封。

从1915年夏至冬，毛泽东、徐特立、杨昌济、黎锦熙等，在一师校内外的反袁斗争活动，一直未停。据黎锦熙回忆，这年暑假，许多爱国师生仍在做宣传救国的工作,毛泽东大部分时间住在长沙,不停地演说、写文章。

高菊村等在《青年毛泽东》一书中写道:

这年秋冬之际,全国反对袁世凯当皇帝的斗争达到高潮。鼓吹帝制的"筹安会"按照袁世凯的旨意,图谋变更国体。湖南汤芗铭首起响应,设立筹安会湖南分会,电劝袁世凯复辟帝制。湖南拥袁和反袁斗争炽热化,长沙小吴门附近的"船山学社",成了公开进行反袁演说的场所。毛泽东和一师进步师生经常到此处参加活动。他还将汤化龙、康有为、梁启超三人有关对当时形势表示不满的文章编印成册,并于1915年12月12日写信给萧子升,请他题写书名:"汤康梁三先生之时局痛言。"

这个反袁小册子编印出来以后,他组织并参加同学们在校内外的散发宣传活动,向友人寄赠。陈昌曾在日记中写道:"上午八时接润之兄书,并承赐《汤康梁三先生之时局痛言》一本。夫康氏素排议共和,今又出而讥帝制,其所谓时中之圣。斯人若出,民国亦云幸矣!"[28]

这里提到毛泽东致信萧子升,请他为《汤康梁三先生之时局痛言》题写书名。原信无写作年月,据考证,写信时间应在1915年冬,而有的学者则进一步推论为1915年12月。萧子升在湘乡东山高等小学堂时,就与毛泽东是同学。随后,两人又同在湖南省立第一师范学校读书,过往甚密,并常有书信往来,交流学习心得,探讨人生社会哲理。这封信的原文如下:

子升学长执事:

日昨会面遽卒,欲谈未畅。思信《君宪救国论》[29]一阅,兄处既无此,以后随意觅之可也。所谓五段课程,实用功至浅,前以劝陈君[30]课余宜以学文,遂随及之。言先于行,良滋惭愧。晨读英文,午前八时至午后三时上讲堂,四时至晚饭国文,明灯至熄灯温习各门功课,熄灯后以一时运动。所谓五段者如此。近校中印发汤康梁[31]三先生书文,封面当签署"汤康梁三先生之时局痛言"十一字,仰吾兄翰赐书为幸,长以此信笺之长减半寸为限,大小真草,随兄为之。须此甚急,可否明天上午赐来?不一。

弟　泽东白
十二日

毛泽东与萧子升还有一段有趣的交往。1917年夏,萧子升订了一个读书札记本,题名为《一切入一》。他请毛泽东在扉页上题词,毛泽东慨然允诺,欣然命笔,抒发了他对博与精问题的看法:

君既订此本成,名之曰《一切入一》,命予有以书其端。予维庄生有言:吾生也有涯,而知也无涯。今世学问之涂愈益加辟,文化日益进步,人事日益蕃衍,势有不可完诘者。惟文化进矣,人之知慧亦随而进,则所以完诘之者,仍自有道也。顾完诰也同。而有获有不获，则积不积之故也。今夫百丈之台，其始则一石耳，由是而二石焉，由是而三石四石，以至于万石焉。学问亦然。今日记一事，明日悟一理，积久而成学。高以下基，洪由纤起，在乎人之求之而已。等积矣，又有大小偏全之别，庇千山之材而为一台，汇百家之说而成一学，取精用宏，根茂实盛，此与夫执一先生之言而姝姝自悦者，区以别矣。虽然，台积而高，学积而博，可以为至矣，而未也。有台而不坚，有学而不精。无以异乎无台与学也。学如何精，视乎积之道而已矣。积之之道，在有条理。吾国古学之弊，在于混杂而无章，分类则以经、史、子、集，政教合一，玄著不分，此所以累数千年而无进也。若夫西洋则不然，其于一学，有所谓纯正者焉，有所谓应用者焉，又有所谓说明者焉，有所谓规范者焉，界万有之学而立为科。于一科之中，复剖分为界、为门、为纲、为属、为种，秩乎若瀑布之悬岩而振也。今而有志于学，不遵斯道焉，固未可以蕲其精矣。虽然，犹未也。博与精，非旦暮所能成就，必也有恒乎？曰，日行不怕千万里。将适千里，及门而复，虽矻矻决不可及，恒不恒之分也。君之为此本也，意果存乎是，而欲尽其力以致之欤！此本之将以为积，审矣。搜罗万有，以博其心胸，抑又无疑。惟是札砭兼收，小大毕聚，虽美于目，而未必可悦于心，则宜有以条理之，挈其瑰宝，而绝其淄磷焉。又持之以久远，不中途而辍。诚若是，则固百丈之台之基矣，而予又奚疑！

民国六年夏　同学弟毛泽东

时事与人生

毛泽东在湖南省立第一师范学习期间，始终关心着天下大事，认真思考着人生的理想和道路问题。他对时事与人生的兴趣，并没有因为湖南一师安逸的学习条件而有丝毫的削减。

萧三回忆当时的情景时说：

自从他到了长沙，看到报纸以后，他就是一个最勤最忠实的读报者。在第一师范的自修室里，楼上楼下灯光之下，人们都在咿唔念书的时候，你只要到那时学校里设在一头的阅报室去，总可以遇到毛泽东在那里看报。他注意的是国内外的政治、军事形势。

第一师范的校舍后面有操场（前面街对面还有另一个操场），有不高的山丘。出学校的大门，往左边不远，有修好不久的粤汉铁路的一段——长株路。晚饭过后，同学们常到山上或者顺着铁路去散步。看火车开过去。有时他们往前面走到湘江的岸边，看水陆洲，看打鱼的划子、渡船……在散步的时候，毛泽东对同伴们讲述中国以及世界的新闻，有条有理，了如指掌。

那是第一次帝国主义世界大战的年代。毛泽东就好像是给同学们做每周以来国际国内的军事政治的时事报告：奥国的太子怎样在塞尔维亚被杀死，德国威廉二世怎样出兵，德俄、德法、德英如何宣战，凡尔登如何难攻，英法如何联盟，美国如何"参战"发财，日本如何趁火打劫，提出灭亡中国的二十一条……

"你的脑子真特别，"同学们惊叹地说，"我们同样也看了报的，为什么我们不如你分析得清楚呢？"

是的，毛泽东的政治头脑在这时候已经很发达了。他善于分析，善于总结、概括、归纳——这又是科学的头脑，学者的头脑。他给同学说时事问题的时候，常常联系到中国的历史，以及近年来中国的事变。

第一师范订了上海和长沙的两份报纸，人数多，报纸少。毛泽东乃自己订阅一份。把新闻从头到尾看了之后，他裁下报纸两边或四周的白纸条，用绳线订好。在那些不宽的、长长的纸条上，他把在报上所见到的地理名字一个个都写上，然后对着地图看。写的是英文。同学们问他："你这是做什么呢？"

毛泽东回答说："我学着写英文，再则，我把世界各国所有城市、港口、海洋、江河、山岳的名称记熟。还有，最重要的，报纸是活的历史，读它又可以增长许多知识。"

的确，在上井冈山以前，泽东没有间断过看上海、北京、长沙的报纸，而且看得都很仔细。有时一张报纸，他可以看几个小时。报纸旁边一本中国地图，一本世界各国地图，每个地名都查得很仔细。直到现在，你随便提什么地名，他都可以立即告诉你，那是在中国哪一省，哪一县；在世界哪一国哪一个角落。

有一个时期，毛泽东专门研究地理。和专门研究历史时一样的办法——抓住中心，旁征博引，不离其宗，一直到有了相当的成绩，才告一个段落。

由于从小就有这样"学而不厌"的精神，从青年时代就养成了这种刻苦治学的习惯和方法，毛泽东成了博古通今的人。他是非常博学的，同时他的学问又是很渊深的。

和世界历史的巨人马克思、恩格斯、列宁、斯大林一样，伟大的革命家毛泽东是宣传家、组织家、兵士，但首先还是学者。[32]

中共湖南省委宣传部曾经邀请湖南省哲学社会科学研究所、韶山毛泽东旧居陈列馆、长沙市毛泽东革命纪念地办公室、湘乡县委宣传部的部分同志，从1977年5月起，查阅了大量的原始文献，访问了许多当事人，经过两年多的准备，形成《毛泽东同志的青少年时代》这部资料性著作。书中记载说：

毛泽东非常关心时事，十分认真地阅读报章杂志。他认为，要改造国家，改造社会，必须了解社会的现状，了解国内外局势的发展和变化。当时长沙的《公言》杂志，以很大篇幅刊载了第一次世界大战的消息，毛泽东是每期必读的；还有一种《甲寅》杂志，其中刊载了不少反对帝制的文章，他也常到朋友那里借阅。最能帮助他了解国内外大事的，还是学校阅报室的每日报纸。

第一师范的阅报室里，湖南、上海、北京等地有名的报纸，每天都安置在报架上，去看报的同学也不少，而每天必到，一看就是一两个钟头的，却只有毛泽东一人。他看报很仔细、认真，有时把地图带去，看看报纸，又查查地图；有时把文章中提到的世界各国的城市、山岳、河流、港口等记下来，然后再查出英文名称。他对同学说，这是一举三得：了解时事，熟悉地理，学习英文。他的同班同学周世钊回忆说："第一师范的同学都称他是'时事通'。如果有不明了的时事问题，找他一谈就解决了；如果在自习室、运动场找他不见，常常在阅报室可以找见他。晚饭后，星期天，他喜欢和班上同学沿着铁路散步，大家看到麓山夕照，湘水归帆，心神轻松开朗。就在这时，他每每为我们分析中国和世界的政治、军事形势，是那么详尽，那么明晰，那么有根有据，特别是谈到列强如何侵略中国，中国为什么被侵略而不能抵抗，青年对救国应负的责任时，同学们的情绪，随着他有感情、有鼓动力的谈话，时而兴奋，时而激昂，时而愤怒。因此，同学们都赞誉他'身无半文，心忧天下'。"

1917年11月7日（俄历10月25日），俄国爆发了伟大的十月革命，上海《民国日报》在11月10日，湖南《大公报》在11月17日先后做了报道。尽管资产阶级的报纸站在反动立场上，歪曲事实真相，诋毁这次革命，但是，俄国的工农兵夺取了政权这一铁的事实，是无论如何掩盖不了的。毛泽东从报道的字里行间，看出了这场革命是世界上的一件大事，以非常兴奋的心情，和同学们展开了热烈的讨论。

毛泽东阅读报纸，从不间断。为了便于随时阅读，他宁可别的东西不买或少买，每月紧打紧算，省出一块钱来，自己订了一份报纸。后来他回忆说：我在第一师范学校的几年中，总共用了160块钱，在这个数目中，有1/3花在报纸上，因为每月订一份报纸，就是一块钱。我还常常在书摊上买些书和杂志。父亲责骂我这是浪费，把钱白白地花在废纸上头。可是我养成了读报的习惯，从1911年到1927年，就是在走上井冈山以前，我从没有停止阅读北京、上海和湖南的每日报纸。

在学习上，毛泽东善于汲取他人的长处，从不放过获得新知识的机会。学校有个国文教员，课教得不好，同学们都不满意。毛泽东了解到这位教员曾经办过报，便常去找他讨论时事问题，并对同学们解释说，我们看一个人，要多看他的长处，只有虚心地学习人家的长处，才能弥补自己的不足。那时长沙常有外省的学者名流前来讲学，毛泽东总是前去拜访，虚心求教，并和他们建立通信联系。

长沙小吴门附近的船山学社,也是毛泽东常去的地方。船山学社于1915年开办,是湖南一些文人学士为纪念明末清初的思想家王船山[33]、专门讲演王船山学术思想的场所。袁世凯称帝时,这里是少有的能够公开听到反袁呼声的地方。毛泽东常邀集一些同学,到这里来听讲。当时,他正专心研究王船山的学说,这些讲演,对他的研究也有一定的帮助。

1915年,陈独秀主编的《新青年》杂志出版了。经杨昌济先生的介绍,毛泽东成了它最热心的读者。

《新青年》是当时宣传新文化运动的著名刊物。从创刊号起,就鲜明地树起了科学与民主两面大旗,以介绍西欧新思想、批判中国旧思想为职志。陈独秀在《新青年》上发表了许多文章,反复论证封建礼教与民主政治势不两立。他把思想上反对封建礼教与政治上主张民主制度结合起来,猛烈地抨击封建主义。李大钊同志也是《新青年》的主要撰稿人。他在该刊发表的《青春》等文章,热情号召青年"冲决过去历史之网罗,破坏陈旧学说之囹圄",为中国的"回春再造"而努力。他那些富有哲理的政论文章,除了贯穿反对封建主义的思想外,还用初步的辩证观点和充沛的革命乐观主义,热情地教育和鼓舞人民。这些充满战斗激情的文章,把毛泽东的思想引入到一个新的境界。他一边读,一边思考,常把文章中的精辟论述,整段地抄在自己的笔记本上,并加上自己的见解;也常和朋友们谈论这些文章的观点和问题;还曾将自己的文章送给《新青年》发表[34]。

毛泽东读了《新青年》之后,思想更加开阔了。陈独秀、李大钊一类先进人物,成了他心目中的崇拜对象,康有为、梁启超则早已被他抛弃。他认为"康似略有本源(按:指哲学、宇宙真理),然细观之,其本源究不能指其实在何处,徒为华言炫听,并无一杆树立、枝叶扶疏之妙"。[35]他觉得陈独秀、李大钊等人的思想,较之康、梁的思想进步得多,这种新思想代表了时代的声音,而康、梁的思想则成了时代的阻力。[36]

毛泽东在给同学的信中,经常纵论他对天下大势的看法,内容涉及国内外。这里仅录1916年7月25日毛泽东致萧子升的信,便可从中了解大概:
升兄足下:

十二日由湘潭发一函,十八日由校发一函,皆详述时事,不知有遗落否?盼复不至,曷胜延企。国局自上月三十日约法、国会、内阁三大问题[37]解决后,南方相继取消独立,撤除军务院,渐趋统一。此由于南部诸英之深明大义,及段氏[38]之中枢斡运,黎公[39]之至诚感人,其力尤多。……

前言附和帝制者,不可穷惩,虽然,其诸罪魁祸首,为塞后患、励廉耻起见,又何可不治,庶几震竦天下之耳目,而扫绝风霾腥秽之气。故拿办八人令[40]下,人心奇快。阅报至此,为之惊骇。此衮衮诸公,皆曰势焰熏灼,炙手可热,而今乃有此下场！夫历史，无用之物也。居数千年治化之下，前代成败盛衰之迹岂少，应如何善择，自立自处？王莽、曹操、司马懿、拿破仑、梅特涅之徒，奈何皆不足为前车之鉴？史而有用，不至于是。故最愚者袁世凯，而八人者则其次也。此次惩办，武人未及，如段芝贵、倪嗣冲、吴炳湘等，皆不与于罪人之数，舆论非之，即八人者，闻亦多逃矣。

近日朝野有动色相告者一事，曰"日俄协约"。此约业已成立，两国各尊重在满之权利外，俄让长春滨江间铁路及松花江航权，而日助俄以枪械弹药战争之物。今所明布者犹轻，其重且要者，密之不令人见也。驻日公使有急报归国，《大公报》登之，足下可观焉。大隈[41]阁有动摇之说，然无论何人执政，其对我政策不易。思之思之，日人试我国劲敌！感以纵横万里而屈于三岛，民数号四万万而对此三千万者为之奴，满蒙去而北边动，胡马駸駸入中原，况山东已失，开济之路已为攫去，则入河南矣。二十年内，非一战不足以图存，而国人犹沉酣未觉，注意东事少。愚意吾侪无他事可做，欲完自身以保子孙，止有磨砺以待日本。吾之内情，彼尽知之，而吾人有不知者；彼之内状，吾人寡有知者焉。吾愿足下看书报，注意东事，祈共勉之，谓可乎？

西人似无大烈之战，据经济家从经济上观察，战事[42]不能再延一年。现在德、奥始终未败，鞑旦海峡始终未破，塞、比、门三国[43]已亡，自去冬罗马尼亚加入后，同盟国声威更振，协约方面则屡思耸动葡萄牙、希腊，然至今未动云。

墨乱[44]未已，美以兵力干涉，喧传已久，然未见实行，反有墨乱徒侵入美南部，恣杀民人之事。威尔逊任期已满，正在选举中。候补者[45]威尔逊、许士、罗斯福[46]。有举威者，芝加高则举许。许，大理院长，主和平与威同。美人忌罗氏雄杰。罗亦自知不胜，乃宣告让许。吾意美人既不愿加入欧战，又扩张兵备之事，舆论尚未成熟，故此次非威即许，政策既不变，则威不妨联任。至罗当民国元年与塔虎脱竞争，由共和党裂为进步党，以此使民主党之威尔逊坐收渔人之利。犹忆其往某处演说，怨家刺之，血流肠溃，犹从容演说毕乃就医，未尝不叹其勇且壮！闻其春秋盛，雄奇迈往之气未衰。愚意此刻非彼用武之时，欧洲非彼用武之地。彼之时，乃十年以后；其地，则太平洋耳。日美战争之说，传之已久。十年之后，中国兴会稽之师[47]，彼则仗同袍之义，吾攻其陆，彼攻其海。既服三岛，东西两共和国亲和接近，欢然为经济食货之献酬，斯亦千载之大业已。今之退让，殆亦有见于此乎！

湘城报纸近无虑七八家，《大公报》[48]殊有精神，以厌于篇幅，不能多载新闻。《湖南公报》[49]纯系抄录，然新闻为多。近日海上诸名流演说，如孙中山之地方自治等，长哉万言，殊可益智，《湖南公报》载之，而《大公报》不见。又如《时报》[50]著名访员之通函，该报亦向不录，为可惜也。此数日载有天坛宪法草案[51]原稿，此可摘下，而议会之议事录，亦可注意焉。

书此既竟，接足下及暲兄[52]大示，始知前两书均未达览，承寄银市信[53]，亦未奉到。盖初九日在家动身，正兄言旋不久，尚在途中耳。在校颇有奋发踔励之概，从早至晚，读书不休，人数稀少，天气亦佳，惟甚畏开学上课。暲兄在原地教学甚善。望时惠箴规，借益愚陋。现在兵已退去，前所以能住，升兄知之也。余意不尽，敬颂

日绥。

弟　泽东白
七月二十五日灯下

这封长信，集中体现了毛泽东心忧天下大事，以民族大业为己任的胸怀。其中预言，中日之间"二十年内，非一战不足以图存"，并告诫要"注意东事"，堪称唤起国人的警句。而在当时，毛泽东不过23岁。

健全的体魄

毛泽东在湖南省立第一师范学校读书期间，十分注意体育锻炼。他对体育的重要性有特殊的认识，把它视为磨砺意志和品行的工具，以求身心并完之效。他在1916年12月9日写给黎锦熙的信中这样写道：

劭西仁兄大人阁下：

去冬曾上一函，所言多不是[54]，得书解责，中心服之。前之所言，诚自知其不当。袁氏笼络名士，如王、梁、章、樊诸人[55]，均堕其术中。以此联想及兄。其实兄尚非今之所谓名士也。事务之官，固不同乘权借势之选，而兄之所处，不过编书，犹是书生事业，并事务官而无之，于进退之义何有？此弟之甚妄言也。……今乃有进者：古称三达德，智、仁与勇并举。今之教育学者以为可配德智体之三言。诚以德智所寄，不外于身；智仁体也，非勇无以为用。且观自来不永寿者，未必其数之本短也，或亦其身体之弱然尔。颜子[56]则早夭矣；贾生[57]，王佐之才，死之年才三十三耳；王勃、卢照邻[58]或早死，或坐废。此皆有甚高之德与智，一旦身不存，德智则随之而躏矣！夫人之一生，所乐所事，夫曰实现。世界之外有本体，血肉虽死，心灵不死，不在寿命之长短，而在成功之多寡。此其言固矣。然苟身之不全，则先己不足自乐于心，本实先拔矣。反观世事，何者可欤？观卢升之[59]集，而知其痛心之极矣。昔者圣人之自卫其生也，鱼馁肉败不食，《乡党》一篇[60]载之详矣。孟子曰：知命者不立夫岩之下。有身而不能自强，可以自强而故暴弃之，此食馁败而立岩墙也，可惜孰甚焉！兄之德智美矣，

惟身体健康一层，不免少缺。弟意宜勤加运动之功。弟身亦不强，近以运动之故，受益颇多。闻之至弱之人，可以进于至强。东西大体育家，若罗斯福，若孙棠，若嘉纳，[61] 皆以至弱之身，而得至强之效。弟始闻体魄、精神不能并完，且官骸肌络及时而定，不复再可改易，今乃知其不然。心身可以并完也，而官骸亦无时不可改易也。愚意如此，不知合兄之心否？余不多言，

敬请

教安！

小弟　泽东谨上
十二月九日

在众多的体育项目中，毛泽东最喜欢游泳和郊游、爬山、风浴。在这些活动中，毛泽东接触社会，接触大自然，从中领受到无穷的乐趣。

在张昆弟的日记中，记述了1917年9月间同毛泽东的一次郊游活动：

9月16日

今日星期，约与蔡和森、毛润之、彭则厚作一二时之旅行。早饭后，彭君过河邀蔡君同至渔湾市会伴，余与毛君先到渔湾市。稍久，彭君一人来，蔡君以值今日移居不果行。此议发自蔡君，余诺之，并商之彭毛二君也。事之难合，诚莫能料。三人遂沿铁道行，天气炎热，幸风大温稍解。走十余里休息于铁路旁茶店，饮茶解渴，稍坐又行。过十余里，经大托铺，前行六里息饭店，并在此午饭。饭每大碗五十文，菜每碗二十文，三人共吃饭五大碗，小菜五碗。饭后稍息，拟就该店后大塘浴，以水浅不及股止，遂至店拿行具前行。未及三里寻一清且深之港坝，三人同浴，余以不善水甚不自由。浴后，行十四里至目的地下，时日将西下矣。遂由山之背缘石砌而上，湘水清临其下，高峰秀挹其上，昭山其名也。山上有寺，名昭山寺，寺有和尚三四人。余辈（告）以来意，时晚，欲在该寺借宿。和尚初有不肯意，余辈遂有作露宿于丛树中之意。和尚后允借宿，露宿暂止。晚饭后，三人同由山之正面下，就湘江浴。浴后，盘沙对语，凉风暖解，水波助语，不知乐从何来也。久之，由原路上，时行时语，不见山之倒立矣。和尚待于前门，星光照下，树色苍浓，隐隐生气勃发焉。不久进寺，和尚带余辈至一客房，指旷床为宿处，并借余辈小被一块。房外有小楼一间，余辈至小楼纳凉，南风乱吹，三人语笑称善者久之。谈语颇久，甚相得也，毛君云，西人物质文明极盛，遂为衣食住三者所拘，徒供肉欲之发达已耳。若人生仅此衣食住三者而已足，是人生太无价值。又云，吾辈必想一最容易之方法，以解经济问题，而后求遂吾人理想之世界主义。又云，人之心力与体力合行一事，事未有难成者。余甚然其言。且人心能力说，余久信仰，故余有以谭嗣同《仁学》可炼心力之说，友鼎丞亦然之。彭君以清夜之感，久有为僧之志，且云数年后邀余辈同至该

邑名山读书，余与毛君亦有此志，毛君之志较余尤坚。余当时亦有感云，风吹树扰声天籁，欲报无从悟弃形。但未出以相示。夜深始睡。

十七日补

9月23日

昨日下午与毛君润芝游泳。游泳后至麓山蔡和森君居。时将黄昏，遂宿于此。夜谈颇久。毛君润芝云，现在国民性惰，虚伪相崇，奴隶性成，思想狭隘，安得国人有大哲学革命家、大伦理革命家，如俄之托尔斯泰其人，以洗涤国民之旧思想，开发其新思想。余甚然其言。中国人沉郁固塞，陋不自知，入主出奴，普成习性。安得有俄之托尔斯泰其人者，冲决一切现象之网罗，发展其理想之世界。行之以身，著之以书，以真理为归，真理所在，毫不旁顾。前之谭嗣同，今之陈独秀，其人者，魄力颇雄大，诚非今日俗学所可比拟。又毛君主张将唐宋以后之文集诗集，焚诸一炉。又主张家族革命，师生革命。革命非兵戎相见之谓，乃除旧布新之谓。

今日早起，同蔡毛二君由蔡君居侧上岳麓，沿山脊而行，至书院后下山，凉风大发，空气清爽。空气浴，大风浴，胸襟洞澈，旷然有远俗之概。归时十一句钟矣。

由麓山归，作家书一封。下午送信晋城，托胡君带归。

这段往事，同样给毛泽东留下了难忘的记忆。1936年冬，他对斯诺提起在湖南省立第一师范学校的学习和生活时，兴奋地说道：

……

但是，我逐渐地团结了一批学生在我的周围，形成了一个核心，后来成为对中国的国事和命运产生广泛影响的一个学会。这是一小批态度严肃的人，他们不屑于议论身边琐事。他们的一言一行，都一定要有一个目的。他们没有时间谈情说爱，他们认为时局危急，求知的需要迫切，不允许他们去谈论女人或私人问题。我对女人不感兴趣。我14岁的时候，父母给我娶了一个20岁的女子，可是我从来没有和她一起生活过——后来也没有。我并不认为她是我的妻子，这时也没有想到她。在这个年龄的青年的生活中，议论女性的魅力通常占有重要的位置，可是我的同伴非但没有这样做，而且连日常生活的普通事情也拒绝谈论。记得有一次我在一个青年的家里，他对我说起要买些肉，当着我的面把他的用人叫来，谈买肉的事，最后吩咐他去买一块。我生气了，以后再也不同那个家伙见面了。我的朋友和我只愿意谈论大事——人的天性，人类社会，中国，世界，宇宙！

我们也热心于体育锻炼。在寒假当中，我们徒步穿野越林，爬山绕城，渡江过河。遇见下雨，我们就脱掉衬衣让雨淋，说这是雨浴。烈日当空，我们也脱掉衬衣，说是日光浴。春风吹来的时候，我们高声叫嚷，说这是叫作"风浴"的体育新项目。在已经下霜的日子，我们就露天睡觉，甚至到11月份，我们还在寒冷的河水里游泳。这一切都是在"体格锻炼"的名义下进行的。这对于增强我的体格大概很有帮助，我后来在华南多次往返行军中，从江西到西北的长征中，特别需要这样的体格。[62]

1925年间，毛泽东来到长沙，漫步湘江，当年的往事重又浮现眼前。他追昔抚今，受激昂情绪的鼓舞，吟成《沁园春·长沙》。诗中再现了毛泽东在湖南一师期间与同学友人畅游湘江、针砭时弊的情景：

沁园春
长 沙

独立寒秋，
湘江北去，
橘子洲头。
看万山红遍，
层林尽染；
漫江碧透，
百舸争流。
鹰击长空，
鱼翔浅底，
万类霜天竞自由。
怅寥廓，
问苍茫大地，
谁主沉浮？

携来百侣曾游。
忆往昔峥嵘岁月稠。
恰同学少年，
风华正茂；
书生意气，
挥斥方遒。
指点江山，
激扬文字，

粪土当年万户侯。

曾记否，

到中流击水，

浪遏飞舟？

1958年12月，毛泽东在广州重读这首词时，曾写下这样的文字，也是对当年的追忆：

"那时初学，盛夏水涨，几死者数。一群人终于坚持，直到隆冬，犹在江中。当时有一篇诗，都忘记了，只记得两句：自信人生二百年，会当水击三千里。"〔63〕

关于毛泽东游泳的情况，高菊村等在《青年毛泽东》一书中写道：

1918年3月，毛泽东协助学校请上海《教育》杂志主编李石岑来校讲演。李既是当时的一名学者，又是一位游泳专家。据一师七班学生李泽荣回忆：李石岑在校演讲后，毛泽东请他到湘江现场教授游泳技术。那时，大约是清明前后，还穿着棉衣，毛泽东带着30多人，到橘子洲头练习游泳。李石岑先生下水做示范，毛泽东和我们也就一鼓作气地跳下水去，游了三四十分钟。〔64〕

《新湘评论》编辑部的资料也写道：

第一师范前面的湘江，江宽水深，是游泳的好场所。毛泽东经常邀集同学，到湘江中的橘子洲头附近和南湖港一带游泳。由于他从小就喜爱游泳，所以技术好、胆量大、坚持力强。他不但能横渡湘江，还能从猴子石游到相距近十里的牌楼口去。他也能在别人穿棉衣的天气，在江中游泳。有一次他和罗学瓒等几个同学，不顾北风呼啸，天气寒冷，毅然去江中游泳。……不过，也发生过危险。有一次，毛泽东游泳将要达到对岸时，被大浪冲入木簰下，幸好被一个同学救了出来。解放后，与老同学谈及此事时，他诙谐地说：那次如果不是亏了一个同学搭救，我险些"出了洋"。虽然如此，但他并不像有些人那样，"一朝被蛇咬，十年怕井绳"，而是总结经验教训，坚持锻炼。〔65〕

毛泽东还酷爱冷水浴。高菊村等《青年毛泽东》一书中写道：

一师浴室旁有一口水井，毛泽东每天清晨蒙蒙亮起身，第一件事是到这里进行冷水浴。他脱去上衣，将水一桶一桶地吊上来，先是用水擦身，擦了淋，淋了擦，这样反复做上一二十分钟，直到全身发红发热为止。他常对同学们说：冷水浴有两大好处：第一，它可以促进血液循环，增强身体的抵抗力，并能强壮筋骨；第二，它可以培养勇猛无畏的气魄和战胜困难的精神。有同学问他为何能如此坚持，他回答说：在冬季坚持冷水浴确实不容易，但只要下定决心，难关是可以突破的。根据我的经验，一切锻炼身体的活动，不论是复杂的，还是简单的，也不论是花时间多的，还是花时间少的，要把它坚持到底，都不是容易的事情。关键问题在于一个人有没有决心和毅力。只要有决心和毅力，就会坚持到最后，就可以习惯成自然，不会感到有什么困难了。所以重要的问题，在于持之以恒。〔66〕

登山，也是毛泽东经常性的运动项目。《新湘评论》编辑部的资料写道：

与第一师范隔江相望的岳麓山，踏满了他和他的朋友们的足迹。有一次，当黎明即将来临的时候，他和蔡和森等健步登上了山巅。不久，突然冷风四起，空气清新，他们趁机做"空气浴"，和"大风浴"。极目远眺，四面起伏的绿浪，天际灿烂的彩霞，江上往来的白帆，大自然的瑰丽风光，尽收眼底。这时，他们想起山顶云麓宫前望江亭上的一副对联"西南云气来衡岳，日夜江声下洞庭"，体味着其中的意境，顿觉胸怀开阔，旷然有凌云之慨。还有一次，在一个电闪雷鸣、狂风大作、暴雨倾盆的夜晚，毛泽东鼓起勇气，顶风冒雨，登上岳麓山，然后又从山顶跑下来，遍体湿淋淋地来到了山下蔡和森的家里。蔡伯母问他这是怎么回事，他说这是为了体会《书经》上"纳于大麓，烈风雷雨弗迷"这句话的情趣，并借以锻炼身体和意志。

野外露宿是一种锻炼勇敢和胆量的好办法。毛泽东经常邀集朋友，到学校后山的君子亭，岳麓山的爱晚亭、白鹤泉和湘江中的橘子洲头等处露宿。当夜幕降临，游人散尽的时候，他们还在那里高谈阔论，直至夜阑，大家都疲倦了，才各自找个地方，相隔一定的距离，露宿到天明。有一天早晨，几个游人来到岳麓山，见庙旁露天底下一条长板凳上睡着一个人，头脚都用报纸盖着。游人吵醒了他，他动了一动，翻过身，收拾好报纸，起身就走了。这个人就是毛泽东。原来，山上夏夜蚊子多，他只好用报纸盖着身子睡觉。这种露宿活动，甚至到了下霜的日子，他们还在坚持。〔67〕

毛泽东非常注意德、智、体全面发展。据当年在湖南省立第一师范学校第八班读书的贺果回忆说：

学校将一些爱好球类和田径的同学，组成"选手队"，一心为了在全省学生运动会上夺锦标，得名次。我们这些人也简直成了运动迷，上课不专心，学习不发愤，光想着比赛。体育运动究竟为了什么？我们谁也没有去想这个问题。毛泽东总是耐心地启发诱导我们，他曾对我说，你有锻炼的兴趣，这是可贵的，但不要只偏重一两项，搞畸形发展，还应该懂得运动的目的，是为了增强体质，以便有充沛的精力去搞好学习，担负起改造社会的大任。〔68〕

1917年6月，湖南省立第一师范学校开展德智体优秀"人物互选"活动，毛泽东成为全校学生的佼佼者。《毛泽东同志的青少年时代》一书写道：

"人物互选"是当时学校考查学生学业和操行的一种办法。互选的条件包括德育、智育、体育三个方面。德育方面的内容有敦品、自治、好学、克己、俭朴、服务等项；智育方面的内容有才具、言语、文学、科学、美育等项；体育方面的内容有胆识、卫生、体操、竞技等项。选举的办法是：各班同学在本班教室举行，每人最多投3票，每票只能选举一人，被选对象不限本班，列举项目必须名实相符。全校11个班400多人参加选举，当选者34人，其中毛泽东得票最多。其他当选者只有德智体3项中的一项或两项得票，而毛泽东3项都得票。在德智体3个方面所包括的细目中，毛泽东得票也最多，有敦品（敦廉耻、尚气节、慎交友、屏外诱之类）、自治（守秩序、重礼节、慎言笑之类）、文学（长于国文词章之类）、言语（长于演讲、论辩、应对之类）、才具（应变有方、办事精细之类）、胆识（冒险进取、警备非常之类）6项[69]；而其他当选者只有两人达到4项，多数都只在一个方面得票。"才具"一项，只有毛泽东和另一个同学得票；而"胆识"和"言语"两项，则为毛泽东所独具。

　　选举结束，同学们议论开了。有的说："毛泽东得票最多，的确是应该的。"有的说："我们的毛伟人真有'咬菜根'的精神，不讲吃，不讲穿，心里想的，口里谈的，都是怎样改造国家社会的大事。可惜人物互选的项目，就没有哪一项包括得了。"[70]

萧三回忆起毛泽东在一师时的品格时说：

　　在湖南第一师范时，毛泽东的好学和为人，他的思想、言论、品行，他的自求进步，富有自信力和不可屈辱，勇于反抗不合理的事物的精神和谦虚诚恳的态度，他的俭朴的生活，豁达而又踏实的作风，引起同学们衷心的钦佩。不少人受了他的影响也力求上进，向他看齐。他和同学好友们都以至诚相处，晤谈时只讨论学问文章道德品行和人民生活、民族命运等天下国家的大事，从不涉及个人生活琐事。他高高的身材，微微有点弓的背，脚步大而坚定；有魄力，但按部就班，又无表面铺张和个人出风头意思的活动；他的勤勉有恒的博览，精细深入的钻研；他的从容的、清楚的谈吐，略低着或偏着头听别人的谈话，而自己只"嗯""是的"地回答，在倾听对方说完之后，他有条有理地给对谈者分析，提出要点，做成结论。他的话并不多，但每一句都很中肯，都能启发人再往前进，再往远处大处着想。你有什么疑问，只要和他一谈，便一切迎刃而解，一切都明朗化，都有了办法。他的办法、主意之多，他的异乎寻常人的丰富的创造性，他的无穷尽的毅力、智慧，他的异乎常人的明确和敏捷的判断力与推测力，他的大刀阔斧而又精细的气魄与风度……得到全校师生的爱戴。[71]

"游学先生"

　　《新湘评论》编辑部的资料写道：

1917年7月，学校放暑假了，同学们纷纷离校回家。毛泽东也回韶山看望双亲，但他很快就返回长沙，邀请在楚怡小学教书的老同学萧子升，利用暑假这段时间，一同到农村做调查。

　　一个晴朗的早晨，毛泽东来到楚怡学校。他穿着一件白色旧上衣，带着一把旧雨伞和一个布包，布包里有一套换洗衣服、毛巾、笔记本、毛笔和墨盒。他和萧子升从楚怡出发，过湘江后，换上草鞋，踏上了去宁乡的石板路。

　　这次"长途旅行"，他们有意识地不带一文钱，而采用"游学"的办法。"游学"，本来是旧社会某些知识分子，用以寻师求学的一种方法，但是也有一些潦倒落拓的文人，没有出路，又不愿从事生产劳动，于是就以"游学"为名，到处流浪，靠给人家写字作对联糊口，实际上是一种变相的行乞行为。毛泽东给这种旧形式，注入了新的内容，运用它来进行农村调查，既新鲜，又很有意义，一路上遇到学校、商店、庙宇等，他们就写一副对联送去，人家给几个钱，就用来作为路上的费用。萧子升爱面子，只写不送。毛泽东则利用送对联的机会，广泛地接触社会各阶层人士，调查当地的历史、地理、民情、风俗等情况，从中了解社会世态，熟悉风土习尚，获得新的知识。

　　7月的农村，骄阳似火，气候炎热。毛泽东走在农村的小路上，满目田野风光，心里只觉得既舒畅，又亲切。他每到一个地方，就和贫苦农民拉家常，或者一起劳动。开始时，农民们觉得很奇怪：看他的装束，不像当地的农民；听他谈吐，又丝毫不像旧日的"游学"先生。毛泽东那土生土长的农民语言，那温和平易的态度，那关心体贴农民疾苦的思想感情，很快就取得了贫苦农民的信赖。农民们对这两个远道而来的青年人非常喜爱，留他们吃饭，让他们住宿，打开长年压抑着的心扉，向他们倾吐苦水，诉说不平。

　　一天，毛泽东和萧子升来到宁乡枸子冲访问友人何叔衡，受到了热情的接待。经何叔衡介绍，毛泽东到了一个农民的家里。夜，已经很深了，他还和那位农民围坐在一盏清淡的桐油灯下，促膝谈心。主人以忧郁的心情告诉毛泽东，他作贩田（佃田），交的"三七租"，不分白天黑夜卖力气，种出的谷子，七成交给了东家，自己终年劳累，却不得温饱。毛泽东听了这些诉说，英俊坚毅的脸上，充满着对农民的深厚同情和对地主的极大愤慨。

　　毛泽东来到宋家潭，在一所茅屋里，同一位老农和一位青年农民谈话。这两个农民上无片瓦，下无寸地，是当地受苦很深的两户佃农。毛泽东从他们眼前的生活，问到他们所受的痛苦：你们种谁的田？种了多少田？每年收多少谷？交了多少租？家里有多少人？生活怎么过法？东家的态度怎样？毛泽东的话，句句问到了农民的心坎上。两个农民先后诉说了自己苦难的家史和东家的狠毒，详细地回答了毛泽东提出的问题。毛泽东从这样的调查中，得到了对阶级剥削和阶级压迫的感性认识。

在何家住了两晚，毛泽东和萧子升又继续上路了。临行时，何家好意地送钱给他们做路费，他们坚持不要。此后，毛泽东决意不再去拜访同学和朋友，因为不愿意再受到像何家那样优厚的待遇。在他看来，艰苦的环境，可以磨炼战胜困难的意志。

他们向着沩山走去。途中经过一座不知名的山，山坡上有棵古老的松树，两人在树下睡了一觉，起来又走。走了一段，发现路旁有户人家，看家的是个老头，他们就进屋去与老人拉家常。那个老人姓王，曾经在县衙里当过门房，以为他们是要饭的，问他们为什么出来要饭？毛泽东说，我们想旅行，想看看农村的情况，又没有钱，只好"游学"。老人说：要饭的人并不坏，他们往往是最正直、最老实的。只有那些当官的最不正直，我在衙门里当门房时看到，谁想打赢官司，就得送钱给县官，谁给的钱多，县官就帮谁说话。这就叫作"衙门八字开，有理无钱莫进来"。毛泽东听后愤怒地说：这是什么世道！对衙门官吏的恨，加深着他对人民的爱；而对人民的爱，又加深着他对官吏的恨。爱与恨交织在一起，使他的心情久久无法平静。告别老人后，他还在愤懑地想着这世上不公平的事情。

不久，沩山隐约出现在面前，沩山曾是佛教史上的名山，山上有个很大的佛寺，里面住着很多和尚。毛泽东想了解佛教和佛教徒的生活，于是上了山。在佛寺里，他们听了方丈对于佛经的讲解，了解了佛教徒的生活，还和方丈讨论了老子、庄子的经典。

接着，他们不顾酷暑，跋山涉水，来到了安化。在安化县城参观了紫云山、东华阁、培英堂、孔庙、北宝塔等名胜古迹，毛泽东还兴致勃勃地在宝塔上挥笔题词：洢水拖兰，紫云反照，铜钟滴水，梅岭寒泉。

在调查途中，他们克服了生活中的种种困难。有时候口渴了，就在路旁喝几捧凉水；走累了，就到塘里洗洗澡；有时走到前不挨村、后不着店的地方，就在野外露宿。一次，他们沿着一条大河走去，河床很宽，但河水小。晚上，月亮出来了，照着他们的身影，乍看起来，好像有四个人在沙堤上行走。他们决定在沙滩上睡觉。大自然给他们增添了无穷的乐趣，他们风趣地说：沙滩是床，蓝天是帐，月亮当灯，星星做伴。毛泽东还指着岸边一棵老树说，这就是我们的衣柜。说着，顺手把布包、雨伞挂在树枝上。睡觉没有枕头，他们又找了两块石头，石头太高，就把一半埋在沙地里。就这样，他们欣赏着山乡夏夜的自然风光，舒舒服服地入睡了。

向社会实践学习的强烈欲望，和自觉寻找困难、战胜困难的决心，驱使他们不断向前。接着，毛泽东又调查了益阳、沅江两县的情况。在沅江时，正值湖区涨水，道路被淹，与外面的交通也断了。眼看暑假即将过去，他们便乘船返回长沙。

历时一个多月的农村调查，足迹遍及长沙、宁乡、安化、益阳、沅江五县的许多地方，行程达900余里。在调查过程中，他们每天都接触一些新问题，获得一些新知识。回长沙的路上，当他们回顾、总结自己的收获时，毛泽东深有体会地说，这次调查，使我们获得了比较丰富的社会知识，对农村情况有了进一步的了解，而且锻炼了克服困难的能力，知道了困难不是不可以战胜的。我们的目的完全达到了。

这年冬天，毛泽东又到浏阳县文家市铁炉冲一带去做调查。他住在友人陈绍休[72]家里，广泛了解了这一带农村的情况，向农民宣传了反对封建、反对迷信的革命道理。他没有一点架子，和农民们一起挑水、种菜。针对这里有的农民没有栽果树的习惯，毛泽东指着山上的果树说：前辈人不栽树，你们哪有果子吃？他还亲手栽了几棵板栗树，并且意味深长地说：前人种树，后人吃果。附近的农民知道铁炉冲来了个很好的"毛先生"，都高兴地来找他谈心。每天晚上，陈绍休家里挤满了贫苦的农民。在这普通的农舍里，毛泽东听到了贫苦农民的呼声。

通过调查，毛泽东进一步熟悉了社会，了解了农民。他感到"今之天下纷纷，就一面而言，本为变革应有事情"。应该用真理去教育群众，"变换全国之思想"，以便改造社会。因此，他在继续关心农民问题的同时，又不断接触工人群众，了解他们的疾苦和要求，启发他们的觉悟。[73]

关于这段有趣的游学经历，毛泽东回忆说：

一位姓唐的教员常常给我一些旧《民报》看，我读得很有兴趣。从那上面我知道了同盟会的活动和纲领。有一天我读到一份《民报》，上面刊载两个中国学生旅行全国的故事，他们一直走到西藏边境的打箭炉。这件事给我很大的鼓舞。我想效法他们，可是我没有钱，所以我想应当先在湖南旅行一试。

第二年夏天，我开始在湖南徒步旅行，游历了5个县。一个名叫萧瑜的学生与我同行。我们走遍了这5个县，没有花一个铜板。农民们给我们吃的，给我们地方睡觉；所到之处，都受到款待和欢迎。和我一同旅行的萧瑜这个家伙，后来在南京在易培基手下当国民党的官。易培基原来是湖南师范的校长，后来成了南京的大官，他给萧瑜谋到北京故宫博物院管理的职位。萧瑜盗卖了博物院里一些最珍贵的文物，于1934年卷款潜逃。[74]

在这次游学之前，毛泽东还于1916年暑假同蔡和森游历湖南数县。他的同学萧三回忆说：

1916年夏天，毛泽东利用暑假期间，邀同好友蔡和森一道，游历湖南几县。他们从长沙动身，各带一把雨伞。伞把上缠一条毛巾，脚穿一双草鞋，徒步游历了浏阳、湘阴、岳阳，绕洞庭湖半个圈而返，历时一个多月才回家。他们动身的时候，几乎不带一文钱，但走遍了许多地方。他们的办法是：遇到机关、学校、商店，他们就作一副对联，用红纸写好送去；人们就给他们吃饭，或打发几个钱，天黑了就留他们住宿。这在旧社会叫作"游学"。——没有出路的"读书人"，又不肯从事体力劳动生产，就靠写字作对联送人，"打秋风"以糊口。善于利用某些旧的形式来做新的事业的毛泽东却用这个办法来游历乡土，考察农民生活，了解各处风俗习惯，——这是他这个举动的现实主义的一面，也是主要的一面。农民问题在他脑子里，是从小以来就没有一刻放松过的呵。他一向反对死读书，主张活读书，即不光是书本上的学问，天下国家万事万物都要学习。他向往着古人"周览名山大川……襟怀日广"的说法。他也很有意周游全国，但是他没有旅费，于是用变相的行乞方法，先游湖南。——我们说，这是毛泽东青年时代罗曼蒂克的一面。

这次远行的路上，毛泽东写过几篇通讯，寄湖南《通俗日报》，用很深刻和明白晓畅而又幽默的文字，暴露社会上各种现象，如有一篇述说他们在湘阴参观一个女子学校，校长、教员都蓄有胡子。毛泽东写道："胡子之作用大矣哉！"

在路上他们到一处，吃一处，遇着寺庙，就进去和和尚谈天，给人家送字。有的农民起初有些怀疑，见他们又不像平常游学先生，又不大像叫花子，还有的说他们是算八字的……但毛泽东等和农民一接近，农民就很欢迎，好好地款待他们。沿途他们了解各县农民的风俗习惯，农民的生活状况，地主、佃户如何收租、送租的，贫农的痛苦等。农民给他们饭吃，给他们提供住宿。万一找不到食宿的处所时，他们就露宿，吃山楂子、蔷薇果等东西。

1917年夏天，毛泽东和另一个同伴萧子升从长沙出发，徒步去旅行，他们经宁乡，特别访问了何叔衡的老家，备受款待。经何叔衡的介绍，毛泽东到一位贫苦农民家里，和这位农民促膝谈心。在何家留宿，然后继续出发，参观了宁乡有名的沩山寺，向和尚借宿，再前进，走安化。路远天黑，走不到县城，他们就露宿河堤，第二天才进安化县城。从安化又走益阳、沅江。一路上也是送对联、"打秋风"。在沅江时，因涨大水，就乘民船返回长沙了。他们不带一个钱，身边只有一把雨伞、一条毛巾和一双草鞋，但用乞食的办法，走遍各地回到长沙，还剩下一路上人们帮助他们的很少的"路费"。

1917年冬天，毛泽东一人从长沙步行到浏阳文家市铁炉冲陈绍休同学家里，他和当地农民共同挑水种菜，对农民宣传反对封建、破除迷信的道理。他平易近人，语言通俗，没有一点架子，远近的农民都来找他。他针对当地农民没有栽树的习惯说："前人栽树，后人乘凉"，"前人栽树，后人食果"，你们为什么不替后人想想呢？他自己就在铁炉冲栽了几棵板栗树。每天晚上陈家挤满了农民，他们都愿意和"毛先生"谈心。毛泽东在这里住了几天才又步行回长沙去。

毛泽东沿途吟诗、题词甚多。至今还有人能忆起下面两首：

  骤雨东风过远湾，

  滂然遥接石龙关；

  野渡苍松横古木，

  断桥流水动连环。

  ××××××

  ××××××

  客行此去遵何路？

  坐眺长亭意转闲。

（据我弟萧子风回忆）

  泙水拖蓝，

  紫云反照，

  铜钟滴水，

  梅岭寒泉。

（在安化参观紫云山等地题词）[75]

一师学友会

高菊村等在《青年毛泽东》一书中写道：

1915年秋，毛泽东开始任一师学友会[76]文牍。1917年10月8日，一师学友会改选，毛泽东被选为总务兼教育研究部部长。在此之前，总务和各部部长均由学监和教员充任，他开创了学生在其职的先例。

毛泽东在一师学友会工作期间，表现出极大的工作热情和出色的组织才能，为促进一师同学德育、智育、体育的全面发展做了大量工作。这些，在一师校志中有大量记载。

1917年10月13日和14日，毛泽东在学友会职员会议上，提出六项提案，并被通过：第一，征集会金；第二，确定各部开演和学生参加各部的办法，聘定各部指导教员及每周活动的次数等；第三，编制预算；第四，公布成绩，设立学生成绩展览处；第五，学友会和各部详做工作记录，建立记事录制度；第六，设立图书室。

1918年2月19日，毛泽东和代会长方维夏召集学友会庶务、会计、文牍和各部部长、组长开会，商讨本期会务进行计划。他向会议提出学友会各部活动计划、校运动会、办刊、夜校和经费等问题，"经众磋议许久"，均为会议通过。[77]

至今还保存着毛泽东的一份学友会记事录,写于1918年5月29日,追记他在10日学友会交接会上的发言。

五月十日,职员毛泽东等,将本会一切会金器物图书及簿据等,移交审计喻恒、皮文光二君,代理保存。一年会务,即以此日结束,前任职务终了。先是,本期始业,二月十九日开职员会议,会务赓续进行。大体计划为:一、各部照旧进行;二、夜学另举副主任,作一种学校形式办去;三、筹备运动会及成绩展览会;四、附于校中之报告书,发表成绩(因缺经费,停止杂志);五、本会图书室添置图书;六、修改会章等项。进行不逾一月,即因战事影响,南军退守衡水,北军进驻本校,同学星散,存者不过百余,不能再行研究,本会遂与校中各事,同归停顿。至是,三级以下各班,因校中伙食不继,将放假出校,四级亦因毕业已届,将出,急谋收束之法,遂召集留校各职员自会长以降会议,除公决以会务移交喻、皮二君及会长外,并由毛泽东等提及数事。

接着,毛泽东提出两项建议:"一则本会经费之扩充也,一则宜加设交际一部也。"关于加设交际部的理由,他说:

而以本会现状而论,分部一十有五,可图与毕业生联络者无一焉,仅一教育研究部,亦不能举联络之实。似此偏重肄业生,而遗却毕业生,毕业生虽有甚爱母校之心,亦无实地表现之处。东西各国学校,师生之间,同学相互之间,感情极重,联络之心至切,联络之机会亦至多,所以一校之设,既有毕业,则毕业者从而维持之,推广之,同学之间,虽在异地,犹能互相汲引,勉学竞业,即如美国雅礼大学,其分校及于我省[78],是其明证。而我国学校之情况反是,学生仅在校内有机械之关系,一经毕业,即不过问,毫无联络团结,既无由生其爱惜母校同组事业之心,此则甚为可惜者也。抑本校之地位则师范也,其须联络之情,较之其他学校尤切。教育办事,重在互相比较参观,交换其知识,而讨论其方法。本校立在省会,为全省国民教育之枢纽,诚使联络得法,研究有方,不难使全省教育焕然改观。今如第一联合中学等校,尚能组织校友会,调查毕业生,作成图表张览,一见即动其寻旧思故之心,引其向上发展之志。愚昔曾至长郡校友会,晤其干事黎君,询问办法,归而颇思仿其办法,设立交际一部,拟以此意陈之诸办事人及同学之前,因循未果。今愚等又将去矣,惟有望后来同学诸兄,竭力以图其成而已。至其大体办法,亦可草拟于下。

交际部细则

第一条 本部专为联络毕业生,图教育之改良及普及而设。

第二条 本部设部长一人,选举居近省城之毕业生充任,干事若干人,选举毕业生每班一人及肄业生二人充任。

第三条　本部事务如下：

一　筹备本会会所；

二　调查毕业生过去及现在之状况；

三　接洽旅省之毕业生；

四　刊发报告书。

第四条　凡毕业生每年负通函一次以上之义务，报告己身及所在地从前及现在之状况，以便刊发报告书。其报告己身状况之事项如下：

一　姓名；

二　别号；

三　年龄；

四　籍贯；

五　住所；

六　通信处；

七　经过状况；

八　现在状况。

第五条　报告书即根据各毕业生之报告排列成表，附以本会近时进行各种办法及状况，刊而发之毕业生。

第六条　毕业生每年每人照章缴纳会费银二角，所得捐百分之一，以直接或付托他人或邮局汇寄之方法交到。

第七条　本细则有未尽者，随时修改。

七年〔79〕五月二十九日　毛泽东

又据《毛泽东同志的青少年时代》记载：

1917年下学期至1918年上学期，毛泽东担任第一师范学友会总务（实际负责人）兼教育研究部部长。他主要倡导两件事：一是学术研究，一是体育锻炼。这时，学友会设立15个部，其中属于体育方面的有拳术、剑术、足球、游泳、竞技等八部。以前，各部部长均由教师兼任，大多徒挂空名。毛泽东提出改由四、五年级学生担任，教师从旁加以辅导，以便发挥学生的特长，培养他们办事的能力。这个建议得到了校方的同意。鉴于过去各部的活动没有记载，时日一久，无从稽考，毛泽东决定各部增设录事（文书）一人，详细记载本部活动进展情况，以便于总结经验，不断提高。

为了把体育活动开展起来，毛泽东想了很多办法，提了很多好的建议。由于他办事有方，善于发动和组织群众，终于使学校的课外体育活动搞得生气勃勃。

针对学校雨天没有运动场，晚上不能开展运动的情况，毛泽东倡导大家开展乒乓球运动。《第一师范学友会纪事录》这样记载说："本会有各种室外运动而缺少室内运动,便于晴朗而不便于风雨,便于日间而不便于夜间。室内运动如打弹子等,本最优美之游戏法,但因房屋缺少不能实行。盖本会之困难有二:一曰经费,一曰房屋,以致诸事不能充分进行。此则关于房屋者也,惟乒乓一事轻而易举,随处设席,无需专室,运动既和疾适度,而置备复易。乃做木架12个,竹布网12片,每班各一,由每班一人具名领取,球及拍子自备,指定本会事务室、礼堂、会客室、洋楼上诸处为击球地点。于是乒乓之声一时聒耳,或谓之乒乓狂云。"

　　为了给同学们提供更多的运动机会,毛泽东还把自己创造的一种"六段运动"介绍给同学们。六段运动集体操、拳击等各种运动之长,涉及手、足、躯干、头部及拳击与跳跃等动作共6段27节。这种运动能够活动全身各个器官,既不受时间、场地的限制,又不需要任何器械,随时随地都可以做,同学们纷纷效法进行。

　　过去,课余时间,有的同学对于体育锻炼和学术研究,往往只偏重一项,不能二者兼顾;有的对于体育活动,往往是"三天打鱼,两天晒网",不能坚持下去。毛泽东根据自己的实践,给同学们讲了三点体会:第一要持之以恒,不论春夏秋冬,晴雨风雪,都不要间断;第二要全神贯注;第三要有蛮拙精神。当时,还有一些同学效法杨昌济先生,实行"静坐法"。毛泽东对自己最尊敬的老师的有些做法也是不苟同的。他认为"天地盖唯有动而已",也就是生命在于运动的意思,靠所谓静坐法是不能收到强身之效的。他的见解和行动终于使那些同学开始活动在运动场上。

　　……1951年秋天的一个夜晚,毛泽东接见几位在北京的湖南教育界人士时,又谈到了自己当年在第一师范时锻炼身体的好处。他说:你们办学校应该注意一个问题,就是要重视青年学生的体育锻炼。我认为有志参加革命的青年,必须锻炼身体;不能锻炼身体的人,就不配谈革命。大家不是读过《红楼梦》吗?《红楼梦》中两个主角,我看都不太高明。贾宝玉是阔家公子,饮食起居都要丫头照料,自己不肯动手;林黛玉多愁善感,最爱哭泣,只能住在大观园的潇湘馆中,吐血、闹肺病。这样的人,怎么能革命呢?你们办学校,不要把我们的青年培养成贾宝玉、林黛玉式的人。我们不需要这样的青年。我们需要坚强的青年,身体和意志都坚强的青年。[80]

接办工人夜学

　　湖南省立第一师范学校工人夜学,创办于1917年上半年。起初由师范、高小两部教职员开办,逐渐由盛而衰。同年10月,学友会改选,毛泽东当选学友会总务以后，接手续办工人夜学。

据《新湘评论》编辑部的资料说：

第一师范附近，有铜元局、黑铅炼厂、电灯公司等工厂，聚居着很多工人、人力车夫、蔬菜小贩和其他劳动者。他们过着饥寒交迫的生活，没有机会受教育，绝大多数是文盲和半文盲。毛泽东看到了这一问题的严重性，觉得应该赶快设法改变这种状况。

1917年下学期，毛泽东担任第一师范学友会总务兼教育研究部部长，他以课余的主要精力，满腔热情地主办了一个工人夜学。夜学设在第一师范附近的国民学校内。关于夜学艰巨而光荣的经历，毛泽东精心办学的辛勤劳动，在当时的《夜学日志》和1918年编纂的《一师校志》里，都留下了珍贵的记载。

那是新学期刚刚开始的时候。有一天，毛泽东召集学友会负责人开会，研究、制订工作计划。在会上，毛泽东倡议主办工人夜学，并提出了四条理由：（一）我国现状社会之中坚，实为大多数失学之国民；（二）欧美社会普及教育很有成效，我国国民虽然境遇不同，但人人应有受教育的机会；（三）可作为师范三、四年级学生实习的场所；（四）可借以打破社会与学校鸿沟分明、相隔相疑的局面。他认为，"现时学校大弊，在与社会打成两橛，犹鸿沟之分东西。一入学校，俯视社会犹如登天；社会之于学校，亦视为一种神圣不可捉摸之物"。而通过办工人夜学，能加强学生与工农群众的联系。毛泽东还提出了这样一个理想，即将来要做到"社会之人，皆学校毕业之人。学校之局部，为一时之小学校；社会之全体，实为永久之大学校"。他在上面讲到的"大多数失学之国民"，主要是指因贫困上不起学的广大工农群众。如果说，他在1915年读《明耻篇》写"何以报仇，在我学子"的时候，还认为拯救国家主要是依靠青年学生的话，那么现在他已经开始认识到工农群众是社会的中坚了。

毛泽东的提议，获得了学友会全体负责人的一致赞同。主办工人夜学的倡议通过后，学友会立即采取行动，写了招生广告，张贴在来往行人最多的街道上，并函托警察分发。这个广告，通篇洋溢着真挚、深厚的阶级感情，用具体生动、通俗易懂的白话文，说出了工人们的心里话：

"列位大家来听我说句白话。列位最不便益的是什么，大家晓得吗？就是俗语说的，讲了写不得，写了认不得，有数算不得。都是个人，照这样看起来，岂不是同木石一样？所以大家要求点知识，写得几个字，认得几个字，算得几笔数，方才是便益的。虽然如此，列位做工的人，又要劳动，又无人教授，如何能到这样真是不易得的事。现今有个最好的法子，就是我们第一师范办了一个夜学。这个夜学专为列位工人设的，从礼拜一起至礼拜五止，每夜上课两点钟，教的是写信、算账，都是列位自己时刻要用的。讲义归我们发给，并不要钱。夜间上课又于列位工作并无妨碍。若是要来求学的,就赶快于一礼拜内到师范的号房报名。列位大家想想,我们为什么要如此做?无非是念列位工人的苦楚,想列位个个写得算得。列位何不早来报个名,大家来听听讲。有说时势不好,恐怕犯了戒严的命令,此事我们可以担保,上学以后,每人发听讲牌一块,遇有军警查问,说是师范夜学学生就无妨了。若有为难之处,我替你做保,此层只管放心。快快来报名,莫再耽搁。"

可是,广告贴出后,报名的寥寥无几。学友会又将招生广告用大张纸书写,张贴在显要处。但报名的仍然不多,前后两次仅有9人报名。这个意外的情况,使大家感到很诧异。毛泽东召集有关的同学分析原因,认为:第一,工人夜学不要钱,请工人来读书,这是个新鲜事,不容易使人们相信;第二,仅仅把广告张贴在街上,是不会引起人们注意的;第三,要警察分发广告也不妥,他们是否分发已属疑问,即算发了,警察代表官厅,人民望而生畏,反而增添了疑惧。总之,不是工人不愿上学,而是对夜学不了解。原因找到之后,毛泽东组织一批同学,带着广告,深入到工人宿舍区和车间,边发边宣传,当面向工人解释广告内容,大受群众的欢迎。从铜元局周围,铁路两旁,到洪恩寺一带,左自大椿桥,右至社坛岭、天鹅塘等地,一共发了600多张。广告像春风一样,吹暖了工人的心,他们奔走相告,都说:"读夜书去!"不到3日,报名的达到102人。两天以后,又增至120余人。

经过毛泽东的精心筹备。工人夜学开学了!1917年11月9日晚,第一师范旁边的国民学校教室里,灯光明亮,气象一新。工人们兴高采烈地涌来,毛泽东和夜校教职员们亲切地把一批批衣服褴褛的工人领进教室。为着教学的方便,夜校对工人的文化水平进行了摸底测验。测验的结果,有的能写清全部测验内容,有的能写出所住街道名称和自己的名字,有的连自己的名字也写不出来。试卷评定后,毛泽东按照工人的文化程度分为甲乙两班,以便分班上课。接着,举行开学仪式。在开学仪式上,毛泽东带着喜悦的心情走上讲台,亲切地说:今夜开学了,分了班,你们就是这夜学的学生了,再过两天,到下礼拜一便要上课。接着,将《上课说明书》逐条逐句地向工人们详细解释:"每次上课,衣服听便,不必求好";每周上课三晚,每晚两点钟,7点起9点止;"每次上课须带笔墨";"每人发听讲券一张";……工人们聚精会神地倾听着,感到格外亲切。他们从阴暗的车间,来到这通明透亮的教室,就像由冰封雪冻的冬季,来到了温暖明媚的春天!

根据工人的需要,夜学课程有国文、算术和常识三门。国文内容分认字、写字、短文、便条和写信;算术以珠算为主,稍加笔算;常识包括历史、地理、经济、物理等。所有课程,都由夜学教员结合实际自编讲义。毛泽东讲授历史课,向工人们讲述"历代之大势及近年关系最巨之事迹",揭露帝国主义的侵略和封建主义反动统治的罪行,歌颂劳动人民英勇斗争的革命精神,以培养工人"历史的观念及爱国心",启发他们的思想觉悟。

为了使工人学习得更好,毛泽东经常利用课余时间,找工人谈心,耐心地听取他们的意见和要求,结合实际,不断研究和改进教学方法。旧学校的教学方法,是教员"灌",学生"吞";教员贪多,学生"嚼不烂";一方照本宣科,一方死记硬背。毛泽东不满意这种方法,他比较注意采用启发式,工人们最爱听他讲课。他也很关心其他教员的教学,总是团结他们一道实践,不断总结经验,提高讲授水平。经过几天的实践,他在《夜学日志》上进行了初步的小结:"实验三日矣,觉国文似太多太深。太多宜减其分量,太深宜改用通俗语(介乎白话与文言之间)。常识分量亦嫌太多(指文字),宜少用文字,其讲义宜用白话,简单几句标明,初不发给,单用精神演讲。将终,取讲义略读一遍足矣。本日历史即改用此法,觉活泼得多。"有一天,毛泽东听物理课教学,发现教员讲得过于枯燥,工人听不懂,大都低头闷坐,情绪低落。他感到,长此下去,不仅教员白费力,而且很可能由此使工人们感到厌倦,产生退学的思想。为了引起大家的学习兴趣,也帮助教员改进方法,课毕,毛泽东告诉工人们:物理一科,极有趣味,方才所讲,只是开始。将来如电灯之所以能发亮,轮船火车之所以能奔跑,其中的道理都要讲给大家听。这些通俗易懂、循循善诱的话语,不仅引起了工人们求知的欲望,而且对那位教员改进教学方法,也是一个很大的启示。教员们都认为:"此亦足以引起追求的兴味,其法大可采也。"

"毛先生是我们的贴心人!"这是工人们异口同声的心里话。的确,毛泽东对工人的学习和生活非常关心,许多细枝末节都想到了。课前,他常和一师的厨工一道,为夜学准备茶水;课间,找工人谈心,了解他们的学习和生活情况;雨天,就告诉大家"雨具自置椅下看管";发现教室灯光不足,就及时在《夜学日志》上注明,"教室洋油灯四盏,有二盏不明,灯在四角,中间颇暗,应添一盏";课毕,则细心地布置作业。有一次,他告诉工人们:"今次有未带笔墨的,下次要带来。学习纸带回去写好,下次带来定甲乙记分。"当夜深人静、万籁无声的时候,他还在总结教学经验,填写《夜学日志》。毛泽东对工人的关怀体贴,如同春雨一般,一点点,一滴滴,滋润着工人们的心田。

毛泽东善于以自己的热情,鼓励周围的人们,并用自己的实际行动,推动大家工作。尽管当时反动军阀傅良佐和谭浩明的军队,出入长沙,时局很不稳定,晚上经常戒严,给工人上学造成很大困难,但是,工人们仍然坚持学习,教员们继续坚持上课。1918年上学期,夜学继续开办。为了扩大社会影响,推动其他学校也办工人夜学,毛泽东还向湖南《通俗教育报》投稿,详细介绍主办工人夜学的情况和经验。通过这一系列的实践，毛泽东对工人有了初步了解，同他们建立了真挚的感情，也取得了联系工人的一些经验。同时，把彻底改造旧社会的革命火种，撒到了工农群众这个"社会中坚"的浩荡队伍之中！[81]

注 释

〔1〕晋朝人车胤，家贫，经常没有灯油。夏天，他用小白布袋盛数十个萤火虫，晚上借萤光读书。——原注

〔2〕晋朝人孙康，性敏好学，家贫无油。冬天，他常在晚上借着雪光读书。——原注

〔3〕《新湘评论》编辑部：《毛泽东同志的青少年时代》，中国青年出版社1979年10月版，第36—37页。

〔4〕指德国哲学家、伦理学家泡尔生著《伦理学原理》。后来杨昌济在湖南省立第一师范学校讲修身课时，曾以此作为教材。

〔5〕埃德加·斯诺：《西行漫记》，生活·读书·新知三联书店1979年12月版，第121—122页。

〔6〕倪宽，通作儿宽，西汉时人。据《汉书》卷五十八载，他"治《尚书》，事欧阳生。以郡国赞诣博士，受业孔安国，贫无资用，尝为弟子都养"。颜师古注："都，凡众也；养，主给烹炊也。"承宫，字少子，东汉时人。据《后汉书》卷二十七载，他少孤，年八岁为人牧豕。乡里徐子盛以《春秋经》授诸生数百人，他路过息庐下，乐其业，因就听经，遂请留门下。"为诸生拾柴，执苦数年，勤学不倦。经典既明，乃归家教授。"

〔7〕张栻，南宋人，号南轩，居衡阳。他提倡孔孟儒学，从事于讲学授徒，著有《论语解》《孟子说》等。——原注

〔8〕昌黎先生，即唐代著名的文章家韩愈。他的文章，融会各家风格，自成一家，世称韩文。——原注

〔9〕《昭明文选》，南北朝梁昭明太子萧统所编，选录秦汉以迄当时的诗文，凡60卷，为中国历史上有名的文选。——原注

〔10〕《诗经》，是我国最早的诗歌总集，共有305篇，分为风、雅、颂三部分。——原注

〔11〕《楚辞》，汉朝人刘向集屈原、宋玉所作诸赋而成。——原注

〔12〕司马光，北宋人，官至宰相时，受命撰中国历代编年史，自战国写至五代，即《资治通鉴》。——原注

〔13〕顾祖禹，明朝末年人，精通史地。明亡后，隐居山中，专心著述。所著《读史方舆纪要》，详载中国地域形势，山川险夷，及古今战守、攻取、成败

得失的事迹。——原注

〔14〕《新湘评论》编辑部：《毛泽东同志的青少年时代》，中国青年出版社1979年10月版，第35—39页。

〔15〕萧三：《毛泽东的青少年时代》，湖南大学出版社1988年8月版，第43—47页。

〔16〕李白的一首名诗中的话。——原注

〔17〕埃德加·斯诺：《西行漫记》，生活·读书·新知三联书店1979年12月版，第121—126页。

〔18〕杨昌济：《达化斋日记》，湖南人民出版社1981年1月版。

〔19〕萧三：《毛泽东的青少年时代》，湖南大学出版社1988年8月版，第45—48页。

〔20〕杨开智：《粪土当年万户侯》，载于1977年9月7日《文汇报》。

〔21〕《新湘评论》编辑部：《毛泽东同志的青少年时代》，中国青年出版社1979年10月版，第63—64页。

〔22〕岛夷，原指我国古代东南沿海一带居民，此处借指日本。北山，古指今甘肃省西部边境，或指吉林一带，此处泛指东北一带。当时日本和沙俄互相勾结，侵略满蒙；袁世凯承认日本提出的二十一条，激起全国人民的无比愤怒。——原注

〔23〕这首诗录自毛泽东致湘生信。1915年《易君咏畦追悼录》中收录的这首诗，与这封信中的诗有四字不同。一是"方期沆瀁游"的"沆"字为"沅"字，一是"子期竟早亡"的"期"字为"渊"字，一是"后来有千日"的"日"字为"里"字，一是"飞飚拂灵帐"的"灵"字为"云"字。——原注

〔24〕曾文正，即曾国藩（1811—1872），字涤生，湖南湘乡人。清末湘军首领。道光进士。1853年初为镇压太平天国革命，以吏部侍郎身份在湖南办团练，后扩编为湘军。1865年调任钦差大臣，对捻军作战，战败去职。与李鸿章、左宗棠创办江南制造局等军事工业。有《曾文正公全集》，文中提到的"曾文正家书"，俱收录其中。——原注

〔25〕陈子，指陈昌（1894—1930），字章甫，湖南浏阳人。新民学会会员。中共党员。湖南省立第一师范学校学生，与毛泽东同学。1915年毕业后，任长沙县五美小学教师。1917年在一师附小任教。后从事工人运动，1926年任水口山铅锌矿工会主任。1927年大革命失败后，继续坚持斗争。1929年去上海，被派往湘西贺龙部工作，途经澧县时被捕，1930年在长沙就义。——原注

〔26〕《盛世危言》，清末郑观应（1842—1922）著。书名及内容编排屡经变更，1893年始定此名出版。该书批评顽固派的泥古不化、甘心愚陋，指责洋务

派学习西方技术而不从事本国政治改革,是"遗其体而求其用","遗其精义而袭其皮毛"。主张变革以御外侮,要求设立议院,广办学校,发展工商业,实行"商战",以抵制侵略,挽回权利。毛泽东在1936年与斯诺谈话时说,他少年时阅读此书,"非常喜欢"。——原注

〔27〕《新民丛报》半月刊,梁启超主编,1902年创刊于日本横滨。初期连载梁启超的《新民说》,广泛介绍西方资产阶级的学术与政治思想,宣传维新,抨击清廷顽固派,对当时知识界曾有较大的影响。1903年以后,因坚持立宪保皇,反对孙中山领导的资产阶级民主革命,受到中国同盟会机关报《民报》的批判。1907年年终停刊,共出96期,有汇编本。毛泽东于1910年下半年在湘乡东山高等小学堂读书时借阅过,并在该报第4号《新民说》"论国家思想"第3段末批写道:"正式而成立者,立宪之国家,宪法为人民所制定,君主为人民所拥戴;不以正式而成立者,专制之国家,法令为君主所制定,君主非人民所心悦诚服者。前者,如现今之英、日诸国;后者,如中国数千年来盗窃得国之列朝也。"1936年毛泽东在与斯诺谈话时说,第一次看到《新民丛报》,从内容到文体,颇感新鲜,因此"读了又读",并开始"崇拜康有为和梁启超"。——原注

〔28〕高菊村等:《青年毛泽东》,中共党史资料出版社1990年3月版,第64页。

〔29〕《君宪救国论》,为筹安会重要成员杨度所著,旨在为袁世凯称帝制造舆论。——原注

〔30〕陈君,指陈昌。——原注

〔31〕汤,指汤化龙(1874—1918),袁世凯为大总统后,曾任临时参议院副议长、众议院议长、教育总长等职。康,指康有为(1858—1927),辛亥革命后,曾任孔教会会长。梁,指梁启超(1873—1929),曾任袁氏政府司法总长。3人均对袁世凯复辟帝制表示不满,发表过一些言论。——原注

〔32〕萧三:《毛泽东的青少年时代》,湖南大学出版社1988年8月版,第51—53页。

〔33〕王船山:名夫之,湖南衡阳人。抗清失败后,隐居衡阳石船山,世称船山先生,是明末清初著名的唯物主义思想家,政治上反对复古,提倡奋斗精神,在湖南思想界有很大的影响。——原注

〔34〕毛泽东在《新青年》上发表的文章,题目是《体育之研究》,见《新青年》第3卷第2期。——原注

〔35〕1917年8月给黎锦熙的信。——原注

〔36〕《新湘评论》编辑部:《毛泽东同志的青少年时代》,中国青年出版社1979年10月版,第42—45页。

〔37〕指1916年6月6日袁世凯死后，黎元洪继任大总统，宣布恢复民国元年临时约法，重开国会，恢复国务院，以段祺瑞为国务总理。——原注

〔38〕段氏，指段祺瑞（1865—1936）。——原注

〔39〕黎公，指黎元洪（1864—1928）。——原注

〔40〕1916年7月14日，黎元洪下令惩办洪宪帝制祸首杨度、孙毓筠、顾鳌、梁士诒、夏寿田、朱启钤、周自齐、薛大可八人。——原注

〔41〕大隈，指日本首相大隈重信。——原注

〔42〕指1914年7月爆发的第一次世界大战。战争于1918年11月以同盟国战败而告结束。——原注

〔43〕指当时的塞尔维亚、比利时、门的内哥罗（黑山）三国。——原注

〔44〕墨乱，指在1910年至1917年墨西哥资产阶级民主革命期间多次发生的全国政权更迭事件。——原注

〔45〕候补者，即今称候选人。——原注

〔46〕许士，即查尔斯·伊万斯·休斯，美国最高法院陪审法官。罗士福，即西奥多·罗斯福（1858—1919），曾在威尔逊之前就任美国总统。——原注

〔47〕会稽之师，典故。公元前494年，越王勾践为吴王夫差打败，遂卧薪尝胆，于公元前473年攻灭吴国。会稽，为越国都城。后常借喻兴兵报仇雪耻。——原注

〔48〕指长沙《大公报》，1915年9月创刊。——原注

〔49〕《湖南公报》，1912年4月在长沙创刊，后成为进步党人的报纸。——原注

〔50〕《时报》，1904年6月在上海创刊，得到康有为、梁启超等人的支持和资助。——原注

〔51〕指1913年在北京天坛祈年殿拟订的《中华民国宪法草案》，规定政府采用内阁制，限制总统权力。后被袁世凯废弃。——原注

〔52〕暲兄，指萧子暲，即萧三。——原注

〔53〕银市信，指寄至湘潭县银田寺转毛泽东的信。1916年暑假，毛泽东曾回家照料病重的母亲，6月下旬返乡，7月中旬回到长沙。银田寺，镇名，离韶山冲约30里。——原注

〔54〕1915年9月，黎锦熙赴北京任教育部教科书编纂处主持人。同年11月9日，毛泽东写信给他，劝他莫为袁世凯所利用，并说："方今恶声日高，正义蒙塞，士人丁此大厄，正当龙潜不见，以待有为，不可急图进取。"——原注

〔55〕王、梁、章、樊，指王闿运、梁启超、章炳麟（太炎）、樊增祥。四人曾在袁世凯政府任职。——原注

〔56〕颜子,即颜渊,孔子高徒,好学有德,但身体虚弱,31岁去世。——原注

〔57〕贾生,即贾谊,西汉名士,曾为梁怀王太傅,死时方32岁。——原注

〔58〕王勃,初唐四杰之一,有文才,因渡海溺水,受惊而死,时方28岁。卢照邻,初唐四杰之一。后为风痹症所苦,投颖水而死。——原注

〔59〕卢升之,即卢照邻。——原注

〔60〕指《论语·乡党》。其中说:"鱼馁而肉败不食,色恶不食,臭恶不食,失饪不食,不时不食,割不正不食,不得其酱不食。"——原注

〔61〕罗斯福,即西奥多·罗斯福,酷爱运动,卸总统任后,曾到非洲东部探险。孙棠(Sando),德国铁路哑铃操的普及者。嘉纳,日本东京大学教授,讲道馆馆长。曾将日本柔术改良为柔道。——原注

〔62〕埃德加·斯诺:《西行漫记》,生活·读书·新知三联书店1979年12月版,第121—124页。

〔63〕《毛泽东诗词集》,中央文献出版社1996年9月版,第9页。

〔64〕高菊村等:《青年毛泽东》,中共党史资料出版社1990年3月版,第51页。

〔65〕《新湘评论》编辑部:《毛泽东同志的青少年时代》,中国青年出版社1979年10月版,第51—52页。

〔66〕高菊村等:《青年毛泽东》,中共党史资料出版社1990年3月版,第53页。

〔67〕《新湘评论》编辑部:《毛泽东同志的青少年时代》,中国青年出版社1979年10月版,第52—53页。

〔68〕转引自高菊村等:《青年毛泽东》,中共党史资料出版社1990年3月版,第53页。

〔69〕这六项的得票情况是:敦品11,自治5,文学9,言语12,才具6,胆识6,共49票。——原注

〔70〕《新湘评论》编辑部:《毛泽东同志的青少年时代》,中国青年出版社1979年10月版,第65—66页。

〔71〕萧三:《毛泽东的青少年时代》,湖南大学出版社1988年8月版,第57—58页。

〔72〕陈绍休,第一师范学生,新民学会会员,1920年赴法勤工俭学,后病逝于法国。——原注

〔73〕《新湘评论》编辑部:《毛泽东同志的青少年时代》,中国青年出版社1979年10月版,第67—71页。

〔74〕埃德加·斯诺：《西行漫记》，生活·读书·新知三联书店1979年12月版，第122页。

〔75〕萧三：《毛泽东同志的青少年时代和初期革命活动》，中国青年出版社1980年7月版，第48—51页。

〔76〕学友会创立于1913年秋，初名"技能会"。1914年改称自进会。1915年秋定名学友会。学友会设会长一人（校长兼），总务一人，各部部长各一人，庶务、会计、文牍各一人。宗旨为"砥砺道德，研究教育，增进学识，养成职业，锻炼身体，联络感情"。——原注

〔77〕高菊村等：《青年毛泽东》，中共党史资料出版社1990年3月版，第67—68页。

〔78〕指长沙雅礼大学和湘雅医学专门学校。

〔79〕指民国七年，即1918年。

〔80〕《新湘评论》编辑部：《毛泽东同志的青少年时代》，中国青年出版社1979年10月版，第55—57页。

〔81〕《新湘评论》编辑部：《毛泽东同志的青少年时代》，中国青年出版社1979年10月版，第71—76页。

五、新民学会

征友启事

毛泽东在1915年9月27日致萧子升的信中写道：

近以友不博则见不广，少年学问寡成，壮岁事功难立，乃发内宣，所以效嘤鸣而求友声，至今数日，应者尚寡。兹附上一纸，贵校有贤者，可为介绍。

同年11月9日，毛泽东致信黎锦熙，也提到征友一事。信中说：

弟在学校，依兄所教言，孳孳不敢叛，然性不好束缚。终见此非读书之地，意志不自由，程度太低，俦侣太恶，有用之身，宝贵之时日，逐渐摧落，以衰以逝，心中实大悲伤。昔朱子谓："不能使船者嫌溪曲。"弟诚不能为古人所为，宜为其所讥，然亦有"幽谷乔木"之训。如此等学校者，直下下之幽谷也。必欲弃去，就良图，立远志，渴望兄归，一商筹之。生平不见良师友，得吾兄恨晚，甚愿日日趋前请教。两年以来，求友之心甚炽，夏假后，乃作一启事，张之各校，应者亦五六人。近日心事稍快惟此耳。

这里提到的征友启事，毛泽东后来回忆说：

我这时感到心情舒畅，需要结交一些亲密的同伴。有一天我就在长沙一家报纸上登了一个广告，邀请有志于爱国工作的青年和我联系。我指明要结交能刻苦耐劳、意志坚定、随时准备为国捐躯的青年。我从这个广告得到的回答一共有三个半人。一个回答来自罗章龙，他后来参加了共产党，接着又转向了。两个回答来自后来变成极端反动的青年。"半"个回答来自一个没有明白表示意见的青年，名叫李立三。李立三听了我说的话之后，没有提出任何具体建议就走了。我们的友谊始终没有发展起来。[1]

罗章龙回忆这段往事时说：

1912年，我由浏阳至长沙求学，就读于长沙第一联合中学，于1917年上期毕业，其间我结识了毛泽东。

1915年5月中旬某日，我赴司马里第一中学（校址为南宋时辛弃疾练飞虎营遗址）访友，于该校会客室门外墙端，偶见署名"二十八画生征友启事"一则[2]，启事是用八裁湘纸油印的,古典文体,书法挺秀。我驻足浏览,见启事引句为《诗经》语:"愿嘤鸣以求友,敢步将伯之呼。"内容为求志同道合的朋友,其文情真挚、辞复典丽可诵,看后颇为感动。返校后,我立作一书应之,署名纵宇一郎。逾三日而复书至,略云:接大示,空谷足音,跫然色喜,愿趋前晤教云云。旋双方订于次星期日至定王台湖南省立图书馆见面。是日,适逢久雨初晴,丽日行空,空气清新宜人。同学陈君圣皋[3]也欣然同往。

定王台位于长沙东城,乃汉长沙定王发所筑。昔人诗尝以潭州马定王台并列,如"定王虚旧业,潭郡古雄州"。北宋时朱晦庵登定王台诗云:

寂寞藩王后,光华帝子来。千年余故国,万事只空台。

日月东西见,湖山表里开,从知爽鸠乐,莫作雍门哀。

定王台表里湖山,风物开廓可观。上午9时左右,我们到达定王台省立图书馆。但见阅览者熙攘杂,人数众多。在走廊处有一少年仪表端庄,器宇轩昂,心知即所欲晤见之人。我们乃趋前为礼,彼此互通姓名,方知少年姓毛名泽东,字润之。二十八画乃其名字的笔画数。略谈数语后,圣皋则去阅览室看书,润之建议到院内觅一僻静处倾谈。进得院内,寂静无哗,我们就坐在一长条石上,直谈到图书馆中午休息时止。

谈话内容涉及很广,包括国内外政治、经济以至宇宙人生等等。而对于治学方针与方法,新旧文学与史学的评价等,谈论尤多。谈到音韵改革问题,主张以曲韵代诗韵,以新的文学艺术代替"高文典册"与宫廷文学。在旧文学著作中,我们对于《离骚》颇感兴趣,曾主张对《离骚》赋予新评价。

关于治学问题,润之认为,对于宇宙,对于人生,对于国家,对于教育,均属茫然!因此主张在学问方面用全部力量向宇宙、国家社会做穷原竟委的探讨,研究有得,便可解释一切。关于生活方面所涉及较少。临别,润之表示"愿结管鲍之谊",并嘱以后常见面。[4]

我归后翌日,适一师同学彭道良来访,谈话中提到定王台事,彭乃询其详,我以实告。彭笑道:"昨日之事可称三奇会。"我问何故?彭云:"圣皋与兄为联中二奇,益以毛奇,岂非三奇?"时黄昆吾同学在侧,因问毛奇之名何自来?彭从容解说道:"我与二十八画生同班同学,颇知其为人品学兼优,且具特立独行之性格。他常语人:'丈夫要为天下奇(此乃宋王廷珪送王邦衡诗句),即读奇书、交奇友、著奇文、创奇迹,做个奇男子。'伊本人近所写日记,亦有惊人语,如云:'力拔山兮气盖世,猛烈而已!不斩楼兰誓不还,不畏而已!八年于外,三过其门而不入,忍耐而已!'(后发表于1917年4月1日《新青年》三卷二号。)合而观之,此君可谓奇特之士,因此同学中戏称为毛奇,且语意双关。"(毛奇(Molkt)系德意志建国时普鲁士著名将领,在普法战争中功绩卓著。)

后我又以彭所语往询同乡陈赞周（圣皋之弟，亦在一师肄业）。赞周道："润之气质沉雄，确为我校一奇士，但择友甚严，居恒骛高远而卑流俗，有九天俯视之慨。观其所为诗文戛戛独造，言为心声，非修养有素不克臻此！直谅多闻，堪称益友！"我闻赞周语后，心益释然！乃写诗纪其事：

定王台晤二十八画生

白日东城[5]路，娜嬛[6]丽且清，风尘交北海[7]，空谷[8]见庄生。策[9]喜长沙傅，骚[10]怀楚屈平，风流期共赏，同证此时情。

自定王台谈话后，每遇周末，我们两人经常约定到天心阁、城南书院、长郡中学、韩玄墓、板仓杨寓等处晤谈。或到郊外云麓宫、自卑亭、水陆洲、漾湾市、猴子石、东南渡等处远足游览。

天心阁为长沙东城古堡，地势高峻，俯瞰全城，极形胜。天心阁有古铁炮百余尊。联云：拔地千寻，四面云山齐首俯，距天一尺，九霄日月正肩摩。

板仓杨寓位于河西，岳麓山自卑亭迤北。有稻田数十亩，均为长沙东乡杨氏祀田，庄前有古樟林高数十尺，广荫数亩，前有小溪，自山麓流入湘江。其后平原即岳麓书院。

一次，我与润之一起步行去韶山，走到长沙与湘潭之间，离长沙三四十里处，甚为乏累，就在路边休息。见一位老农在茅屋边打草鞋，润之就与他攀谈家常，边谈边帮他锤草、搓绳、编织，织好后又帮他把草鞋锤平。我见润之对打草鞋的工序很熟练，便问，你会打草鞋？他说，我会，走路很费鞋子，大家都应该学会打草鞋。

在长沙，我陪润之到过许多地方。长沙附近有个拖船埠，那里有座禹王碑，传说禹王曾在此拖过船，古史说："大禹治水，栉风沐雨，八年于外三过家门而不入。"润之对他颇有兴趣。认为禹王是个劳动人民，对他怀有好感。

对于湖南历史上先进人物的遗迹，如：楚国屈原的故居（玉笥山），汉朝贾太傅祠，岳麓山上的崇德寺（唐朝诗人杜甫流浪时曾在此寺住过），长沙的飞虎营（南宋文学家辛稼轩将军在长沙练兵的地方），以及王夫之的家乡等地，我们都同去访问过。[11]

创立新民学会

征友启事之后，在毛泽东周围逐渐团结起一批学生。他们聚在一起，议论天下大事：人的天性，人类社会，中国，世界，宇宙。共同的理想和追求，使他们越来越感到有成立一个共同组织的必要。

毛泽东回忆说：

我同住在其他大小城市的许多学生和朋友建立了广泛的通信关系。我逐渐认识到有必要建立一个比较严密的组织。1917年，我和其他几位朋友一道，成立新民学会。学会有七八十名会员，其中许多人后来都成了中国共产主义和中国革命史上的有名人物。参加过新民学会的较为知名的共产党人有：罗迈，现任党的组织委员会书记；夏曦，现在在二方面军；何叔衡，中央苏区的最高法院法官，后来被蒋介石杀害；郭亮，有名的工会组织者，1930年被何键杀害；萧子暲，作家，现在在苏联；蔡和森，共产党中央委员会委员，1927年被蒋介石杀害；易礼容，后来当了中央委员，接着"转向"国民党，成了一个工会的组织者；萧铮，党的一个著名领导人，是在最早发起建党的文件上签名的6人之一，不久以前病逝。新民学会的大多数会员，在1927年反革命中都被杀害了。

大约就在这个时候，湖北成立了另外一个团体，叫作互助社，同新民学会性质相近。它的许多社员后来也成了共产党人。其中有它的领袖恽代英，在反革命政变中被蒋介石杀害。现在的红军大学校长林彪也是社员。还有张浩，现在负责白军工作。北京也有一个团体叫作辅社，它的一些社员后来也成了共产党员。在中国其他地方，主要是上海、杭州、汉口、天津[12]，一些激进的团体由富有战斗精神的青年组织起来，开始对中国政治产生影响。

这些团体的大多数，或多或少是在《新青年》影响之下组织起来的。《新青年》是有名的新文化运动的杂志，由陈独秀主编。我在师范学校学习的时候，就开始读这个杂志了。我非常钦佩胡适和陈独秀的文章。他们代替了已经被我抛弃的梁启超和康有为，一时成了我的楷模。

在这个时候，我的思想是自由主义、民主改良主义、空想社会主义等思想的大杂烩。我憧憬"19世纪的民主"、乌托邦主义和旧式的自由主义，但是我反对军阀和反对帝国主义是明确无疑的。

我在1912年进师范学校，1918年毕业。[13]

1920年冬，毛泽东起草了《新民学会会务报告（第一号）》。报告对新民学会的缘起做了说明：

新民学会的发起，在民国六年之冬。发起的地点在长沙，发起人都是在长沙学校毕业或肄业的学生。这时候这些人大概有一种共同的感想：就是"个人及全人类的生活向上"，如何使个人及全人类的生活向上，乃成为一个迫待讨论的问题。这时候尤其感到的是"个人生活向上"的问题，尤其感到的是"自己生活向上"的问题。相与讨论这类问题的人，大概有十五人。有遇必讨论，有讨论必及这类问题。讨论的情形至款密，讨论的次数大概在百次以上。至溯其源，这类问题的讨论，远在民国四五两年，至民国六年之冬，乃得到一种结论，就是"集合同志，创造新环境，为共同的活动"。于是乃有组织学会的提议，一提议就得到大家的赞同了。这时候发起诸人的意思至简单，只觉得自己品性要改造，学问要进步，因此求友互助之心热切到十分。——这实在是学会发起的第一个根本原因。又这时候国内的新思想和新文学已经发起了，旧思想旧伦理和旧文学，在诸人眼中，已一扫而空，顿觉静的生活与孤独的生活之非，一个翻转而为动的生活与团体的生活之追求。——这也是学会发起的一个原因。还有一个原因，则诸人大都系杨怀中先生的学生。与闻杨怀中先生的绪论，作成一种奋斗的和向上的人生观，新民学会乃从此产生了。[14]

1918年3月间，毛泽东等根据大家长期议论的结果，草拟出新民学会章程，还制订了一个赴日求学计划。他们将这些草案分发给大家传阅，征求意见。据《萧三日记》记载：

3月31号（日）晴（阴历二月十九日）

……二兄[15]来坐已久，交阅润之所草新学会简章。二兄意名为新民会云。又述润之等赴日本求学之计划。

4月8号（一）雨（阴历二月二十七日）

……接二兄手书，力主予出洋。付来润之所重草新学会简章。

4月13号（六）晴（阴历三月初三日）

……夜润之来。明日新民学会开成立会。……[16]

1918年4月14日，新民学会正式成立。关于新民学会成立日期，史学界过去曾有过争论，当事人的回忆等也说法不一。《萧三日记》的记载为我们提供了可靠的依据：

4月14号（日）晴（阴历三月初四日）

……新民学会今日成立，开成立会于对河溁湾寺侧刘家台子蔡君林彬[17]寓。到会者：二兄及余、何叔衡、陈赞周、毛润之、邹彝鼎、张昆弟、蔡林彬、邹蕴真、陈书农、周明谛（名弟）、叶兆桢（以上皆第一师范同学）、罗璈阶[18]（长郡中学毕业）诸君。未及到者：陈章甫、熊焜甫、周世钊、罗学瓒、李和笙[19]、曾以鲁、傅昌钰（现在日本东京高工）、彭道良诸君。以上皆基本会员。是日议决简单，选举职员，写会友录等事。关于本会之规律，所定为：一不虚伪；二不懒惰（此项余所主张加入者）；三不浪费；四不赌博；五不狎妓。会章俟后录。职员：二兄被举为总干事；毛泽东、陈书农为干事。蔡君家备午饭。自上午11时到齐，议事至下午5时后始闭会。一同渡河归校，惟罗君他去。二兄及蔡君晚饭于此。二兄亦去。蔡君宿此。[20]

对新民学会成立会的情况，毛泽东起草的《新民学会会务报告（第一号）》

追述得更为详细：

现在述新民学会的第一次会——就是新民学会的成立会。民国七年四月十七日新民学会成立，在湖南省城对河岳麓山刘家台子蔡和森家开会。到会的人如下：蔡和森、萧子升、萧子暲、陈赞周、罗章龙、毛润之、邹鼎丞[21]、张芝圃[22]、周晓三[23]、陈启民[24]、叶兆桢、罗云熙[25]。通过会章。会章系鼎丞、润之起草，条文颇详；子升不赞成将现在不见诸行事的条文加入，颇加删削；讨论结果，多数赞成子升。于是表决会章的条文如此：

第一条　本会定名为新民学会。

第二条　本会以革新学术，砥砺品行，改良人心风俗为宗旨。

第三条　凡经本会会员5人以上之介绍及过半数之承认者，得为本会会员。

第四条　本会会员须守左之各规律：

　　一、不虚伪；

　　二、不懒惰；

　　三、不浪费；

　　四、不赌博；

　　五、不狎妓。

第五条　会员对于本会每年负一次以上通函之义务，报告己身及所在地状况与研究心得，以资互益。

第六条　本会设总干事一人，综理会务；干事若干人，协助总干事分理会务；任期三年；由会员投票选充之。

第七条　本会每年于秋季开常年会一次；遇必要时，并得召集临时会。

第八条　会员每人于入会时纳入会费银一元，每年纳常年费银一元；遇有特别支出，并得由公决征集临时费。

第九条　本会设于长沙。

第十条　会员有不正行为，及故违本简章者，经多数会员之决议，令其出会。

第十一条　本简章有不适用时，经多数会员决议，得修改之。

会章表决，推举子升任总干事。是日叙餐。餐毕，讨论会友出省出国诸进行问题，至下午散会。天气晴明，微风掀拂江间的绿波和江岸的碧草，送给到会诸人的脑里一种经久不磨的印象。[26]

新民学会的成立，在中国现代史上是一件有深远意义的事情，也给与会者留下难以忘怀的记忆。

据李维汉本人回忆说：

新民学会从不自我标榜，但由于它的乾乾不息的前进运动，在实际上，成为我国在俄国十月革命以后成立的影响最大的革命社团之一。它的主要发起人是毛泽东和蔡和森。

我于1916年春考入湖南省立第一师范学校第二部，1917年暑期毕业后，即在附小教书。那时，毛泽东、张昆弟、邹彝鼎等在第一师范第一部读书。蔡和森于1913年考入第一师范，在1914年至1915年与毛泽东同学，此时已转至高等师范学习。已毕业的同学何叔衡和萧子升在楚怡小学教书，陈绍休等在一师附小教书。他们常在一起讨论个人和社会如何进步的问题，深感有建立一个组织之必要。经过多次酝酿，大约在1917年冬，决定"集合同志，创造新环境，为共同活动"（《新民学会会务报告》），乃有组织学会之议，取名"新民学会"。我因邹彝鼎、张昆弟的联系，也参加在内。

1918年4月的一个星期天，在长沙岳麓山刘家台子（后叫周家台子）蔡和森家中召开了成立会。参加会的有：毛泽东（润之）、蔡林彬（和森）、萧旭东（子升）、萧植藩（子暲）、陈绍休（赞周）、罗璈阶（章龙）、邹彝鼎（鼎丞）、张昆弟（芝圃）、邹蕴真（泮清）、周名弟（晓三）、陈书农（启民）、叶瑞龄（兆桢）、何瞻岵（叔衡）、李维汉（和笙）等14人。会上讨论通过了会章，选举了干事。会章规定学会的宗旨是"革新学术，砥砺品行，改良人心风俗"（《新民学会会务报告》）。会章还规定会员须遵守如下纪律：一、不虚伪；二、不懒惰；三、不浪费；四、不赌博；五、不狎妓。会议选举萧子升为总干事，毛泽东、陈书农为干事。中午，在蔡和森家吃的午饭，饭后继续讨论了会员向外发展的问题，至下午散会。学会成立后，总部一直设在长沙。由于萧子升不久即去法国，会务由毛泽东主持。至同年8月，罗学瓒（云熙）、周世钊（惇元）、熊楚雄（瑾玎）、熊光楚（焜甫）、陈昌（章甫）、傅昌钰（海涛）、曾以鲁（星煌）、彭道良（则厚）等相继入会。会员增至20余人。

从新民学会通过的会章，可以看出学会开始只是一个小资产阶级知识分子要求"向上""互助"的团体。会员们绝大多数是青年人，都抱着要革新，求进步的热烈愿望。但是对于怎样革新，如何进步，尚在摸索中，并不明确，学会的宗旨由开始的"革新学术，砥砺品行"，到后来修改为"改造中国与世界"，其间有一个发展过程。"改造中国与世界"的宗旨是毛泽东平日所主张，而为1920年7月留法会员在蒙达尼集会和1921年1月国内会员在长沙集会所一致通过。这个宗旨的变化是新民学会历史发展的一个转折，是新民学会大多数会员在五四运动以后，接触到马克思主义和劳动运动，因而在思想上发生重大变化的一个标志。[27]

另一位成立会的参加者陈书农，生前留下这样一段回忆：

新民学会成立前有个酝酿的过程。二三年前，毛泽东还在第一师范读书，为了寻找朋友，发表了一篇"嘤鸣求友"启事，内容记不清了，解放后有一个记载，周世钊可能记得。罗章龙就是见启事而认识毛泽东的，李立三也算半个朋友，以前在校内早就有联系往来。

新民学会成立我记得是1918年（民国七年）4月7日，星期日，我的一篇日记有过记载，有的人说是7月份，那是完全错误的，我清楚地记得开会时，蔡林彬门口一棵桃树开满了花。开会前是口头通知，分头去的。有13人参加了会议：毛泽东、蔡和森、萧三、张昆弟、罗学瓒、陈昌、熊光楚、萧子升、罗章龙、邹蕴真、陈书农、何叔衡，还有一个记不起来了。会上通过了章程，章程的宗旨记不清了，大体是探讨学术、商量国家大事、做人的方法等。这些都是有文字记载的，章程不太长，是毛泽东起草的，事先和大家商量了的，因此在通过时没有发生争论，只做了一些文字修改，就一致通过了。当时我也是学会干事之一，萧子升是总干事。从此，新民学会正式成立了。

后来发展会员，只要本人申请，彼此同意，由领导机构批准即可入会，发展的速度是较快的。1919年11月16日周南女校会议，欢迎新会员入会，会员都是学联会中较积极优秀的同学。会后照相留影共41人，我认识28人：贺延祜、易克穟、李思安、任寿鹏、蒋竹如、周敦祥、李云杭、唐耀章、陶斯咏、毛泽东、陈纯粹、周世钊、魏璧、熊梦飞、钟国陶、陈书农、黄胜白、劳启荣、匡日休、喻恒、彭璜、熊瑾玎、何叔衡、罗宗翰、夏曦、钟秀、张怀、萧青野。

……

1921年夏季，新民学会自行解散，在解散之先，毛泽东与萧子升曾发生过争论。毛泽东对萧子升说："你跟我们走，还是要当一辈子绅士？"毛泽东主张解散新民学会，萧子升不同意。

新民学会解散之前，就有了社会主义青年团的组织。[28]

邹蕴真于1979年8月回忆说：

我们在湖南第一师范读书的那几年，正是辛亥革命由胜利走向失败，袁氏称帝，军阀割据，全国极端混乱的时期。人民生活日益艰苦，外强侵略日益猖獗。这种岌岌可危的国势，使我们深刻认识到，只有把全国有志、有为、有远见、不屈不挠、不自私的爱国人士组织团结起来，群策群力，共同奋斗，实行彻底的革命，才是救民建国的正确途径和有效方法。于是，便产生了组织新民学会的动机。我们一些要求进步的青年，在课余饭后，假日星期，偶有空闲，即共同研讨有关学会各方面的种种问题：如学会的根本目的，实现目的的有效方法，我国的实际情形，人民的迫切要求，世界的民主运动和革命思潮，等等。这样深入研究，反复酝酿了一段时间，最后在十月革命胜利的鼓舞下，乃正式组成新民学会，并假同学蔡和森住宅，举行成立大会，公开表示我们为中华民族生存发展而奋斗终生的决心！

蔡和森家住长沙市对河岳麓山东北山脚下一个不大不高的黄土丘陵半腰中，当地人叫作周家台子，又叫二里牌或二里半，与一师隔河相望。正屋向南，紧接着正屋阶级和正门出路两旁，各围着一个竹篱小菜圃，因房屋有些破旧，四周树木，不多不高，有时阳光可从壁缝瓦隙中射进来，映成斑点。前后左右并无邻居，房屋环境显得僻静。

记得开成立会的日期，是1918年4月的一个星期日。那天风和日暖，我起床很早，和毛泽东同志在学校吃过早饭后，从离校门口不远的朱张渡（也叫灵官渡）过河，到位于湘江中流的水陆洲东侧。洲的西侧还有一道河，因未发水，灰白细沙的河床高出水面，没有渡船，我们只好徒步走过去。由于河沙又细又松，走起来很费力费时，到和森家已是9点过了，但来开会的人还到得不多。我们向蔡伯母请了安，但未见蔡伯父。等到10点左右，大家便围坐在两张旧方桌连接成的长方会议桌周围，开始进行会议。当时是否推选主席和推选何人为主席，现都忘了。仅记得学会的宗旨是："联络感情""砥砺品节""研究学术""改良社会"四项。入会资格很简单，只是"纯洁""向上"两条四字。会员守则大致是："不虚伪""不懒惰""不浪费""不赌博""不狎妓"等带有消极限制性的五条。至于那天到会的人数和姓名，因当时未写笔记，平素又不会社交，故都记得不大清楚了。大概有毛泽东、蔡和森、何叔衡、陈章甫、萧子升、李维汉、萧子暲、罗章龙、邹鼎丞、罗学瓒、熊光楚、张昆弟、陈书农、邹蕴真等十多人。此外，曾参加筹备会多次，而因其他缘故没参加成立会的人，还有好几个，如周名第等（已留学日本）。在会议过程中，大家的态度都比较严肃认真，不苟同别人，也不固执己见，实事求是，以理服人，从未发生激烈的争吵。自始至终，大家兴趣很浓，一个接着一个发言，没有间断，中间也没有休息。

兴趣缩短了时间，大家谈着谈着，不觉已到中午。蔡伯母出于一片母爱，煮了一锅饭，做了几样菜，叫我们垫垫饥，再把会开好开完。我们也就毫不客气地领意了。事后，我曾向毛泽东、何叔衡说：和森家境并不宽裕，一家生活全靠他妈一人菲薄的小学教薪维持，我们吃的饭菜，理应如数付钱才是。他们却同声回答说：这有什么关系，小气人呀！[29]

蔡和森的妹妹蔡畅回忆起新民学会筹备情况时说：

1917年6月我的三哥蔡和森在湖南高等师范文科毕业。这时，我们一家，以母亲葛健豪为首，都住在长沙岳麓山下周家台子的"沩痴寄庐"。母亲已经在长沙的女子教员养成所毕业，一时找不到工作。大姐庆熙还在自治女校学刺绣，她的女儿、我的外甥女刘昂也在小学念书。家中只有我一人，于1916年夏在周南女校音乐体育科毕业后,留校当体育教员,每月挣八块钱,加上母亲剩余的一点首饰,勉强维持生活。为什么和森没有找工作呢?一方面当然是在长沙找工作确实困难,另一方面主要是因为他和毛泽东同志等进步同学,正在酝酿组织新民学会。他们正在反复讨论、琢磨,如何把解决个人出路问题与整个社会的改造问题结合起来。

当时,湖南是北洋军阀与南方资产阶级革命势力争夺之地,但革命势力的武装力量都是南方军阀的部队。连年征战,兵荒马乱,民不聊生。毛泽东、蔡和森等有志青年,正是在资产阶级无力把革命进行到底,封建军阀又一味倒行逆施,百般蹂躏老百姓的多灾多难的历史环境之下,举起改造中国的革命大旗的。

从1917年秋季起,毛泽东以及张昆弟、罗学瓒、邹鼎丞、何叔衡、陈章甫、萧子升等进步青年更为频繁地来往我们家中。他们多数是第一师范的学生,而第一师范的校址几乎正和我家的住处隔岸相对。由我家去杨怀中先生所住的饮马堂也只有三四里路。每逢远远望见毛泽东来临时,我的外甥女就高兴地喊叫:"润之先生来了。"还在那时和森就已非常钦佩毛泽东,说他品德非凡,文章出众。在我们家中他俩经常促膝长谈,纵论天下事。有时他俩和其他知心朋友同出郊游,一面欣赏大自然的美好风光,一面筹划革命活动的前景。这时俄国两次革命胜利的消息已经曲折传来,陈独秀、李大钊等革命先行者已通过《新青年》杂志在国内进行最早的社会主义宣传。所有这些都吸引了他们的强烈兴趣。

1918年春,毛泽东回湘潭度寒假,带着他母亲来长沙治扁桃腺炎(那时叫"蛾子",还是难治之症),就住在我们家里,由庆姊日夜照护。不久,和森就和毛泽东到洞庭湖滨去旅游了半个多月,实际上大概就是详细商谈组织新民学会的大政方针吧。这样大的旅游毛泽东已与萧子升进行过一次。1918年4月17日终于在我们家中召开了新民学会的成立大会。我这时由于年小还没有参加这些活动,但是还隐约地记得那天中午会餐的情景,因为这次简单的午饭是庆姐、我和母亲几个人亲手做的。[30]

组织赴法勤工俭学

新民学会成立后的一项重要决定,便是组织赴法勤工俭学。在做出这项决定之前,新民学会曾派罗章龙等3人去日本留学。

罗章龙回忆说:

新民学会成立后,讨论最多的一个问题是会员出省出国的问题。当时的情况是：大部分会员先后毕业，现实的问题是升学或就业。新民学会的会员都是有理想有抱负的青年，他们觉得仅仅在长沙学习或工作还不能满足。而湖南在当时较其他省份闭塞，交通又不方便，文化政治处于比较落后状态，因此大多数会员有出省求学的意思。加之当时中国和外国相比，科学也较落后，所以要求出国学习的思想也比较强烈。那时出国留学多在两个方面，一个是去南洋，因为这些国家华侨多，地域广；另外就是到那些资本主义较发达的国家去留学。当时的苏联还没有为广大青年所认识，对苏联没有明确的概念，加上反动派的阻挠，能知道苏联革命真相就不容易了。当时留学最流行的是到日本，因为那时有种看法，认为日本是辛亥革命的策源地，孙中山先生组织兴中会、同盟会和武昌起义都受到日本的影响；其次日本是东方和西方科学文化的桥梁地带，维新早，接受西方的科学技术早。当时在日本留学的有上万人，湖南人就不少，因此新民学会干事会开会决定派人到日本去。并决定傅昌钰、周晓三、罗章龙等3人去日本（傅昌钰是先一年去的）。我是愿意去的，但家庭经济条件困难，而又不好当着大家的面说。会后我同何叔衡和润之谈了。润之说：这不是你个人的事，有困难大家想办法。何先生说：你有困难是实情，我们几个人一定设法送你去。其他同志也从道义上、经济上支援我，我自己也筹集了一些钱，会员们帮了一半，就决定动身了。在做准备时，我说我有个老师周频卿，到过日本。润之说那我们去见见他吧！于是我们一块去见周，他是同盟会的第一批会员。他说日本搞革命的人很多，他去那里深受影响。他是反袁的，是湖南派去炸袁世凯的几个人中的一个，只是由于他们投弹技术不熟练没有把袁炸死。润之听了这些很感动。在我临行前他说，相信前面会有困难，但如果有充分的准备就会好些。为了送我远行，学会在长沙北门外的平浪宫举行聚餐，大家鼓励我，消除顾虑，润之还用"二十八画生"的笔名为我写了一首诗相赠，诗云：

送纵宇一郎东行

云开衡岳积阴止，天马凤凰春树里。
年少峥嵘屈贾才，山川奇气曾钟此。
君行吾为发浩歌，鲲鹏击浪从兹始。
洞庭湘水涨连天，艨艟巨舰直东指。
无端散出一天愁，幸被东风吹万里。
丈夫何事足萦怀，要将宇宙看秭米。
沧海横流安足虑，世事纷纭何足理。
管却自家身与心，胸中日月常新美。

> 名世于今五百年，诸公碌碌皆余子。
> 平浪宫前友谊多，崇明对马衣带水。
> 东瀛濯剑有书还，我返自崖君去矣。

这首诗是1918年春写的。又瞻岵[31]临别赠言，书短句云："若金发砺，若陶在钧，进德修业，光辉日新！"

到了上海，我即预订了一张去日本的船票。忽然发生了一件事，1918年5月7日，日本反动政府对东京的中国留学生进行殴打，采取高压手段，迫使他们回国，留学生予以反抗，发生冲突，还有流血牺牲的。这个消息传到上海，上海各界人士组织了支援日本的中国留学生运动，我也参加了，并接待了一些从日本回来的同学。我见到他们愤愤不平地揭露日本军政当局的暴行，即决定：现在不能到日本去了。在接待的过程中，我认识了一些学生，有几个和我谈得很好，其中有一个叫黄日葵的对我说：莫去日本了，日本不能容纳我们这些人。我们是中国人，可在本国学习，如果要搞革命也可以在中国搞。他并告诉我，他准备转学到北京大学。黄还告诉我《新青年》的出版中心在上海。我们就找到了上海群益图书公司，这个公司是湖南人开的。他们讲，编辑部已不在上海了，负责人都到北京去了，我们这里是发行机关。他们并送了我们一些《新青年》杂志和书籍，其中有的是廉价的。为了征得学会的同意，我从上海回到湖南，将此情况向毛润之和何叔衡讲了。他们认为，既然日本的情况如此，我们就不必去了，并同意我去北京。从此后，新民学会就决定不再派人到日本，而是到北京去从事开辟工作。[32]

关于毛泽东赠诗送别的情形，罗章龙在《椿园载记》一书中补充说：

平浪宫聚会，"大家热情洋溢，并赋诗赠别。我遂乘华盛轮船东行赴沪。启程前，润之到码头送行，当面交给我一个信封，说内有诗一首相赠。启封一看，系题为'送纵宇一郎东游'的七言古风"。[33]

新民学会正式决定组织赴法勤工俭学，是在1918年6月下旬。《新民学会会务报告（第一号）》中记载：

自民国七年四月十七日学会成立至这年八月，4个月中，有两件可记的事：一、加入新会友。学会自开过成立会后，随即加入的会友，为下列九人：周惇元[34]、何叔衡、李和笙、邹泮耕[35]、熊瑾玎、熊焜甫[36]、陈章甫[37]、傅昌钰、曾星煌。二、发起留法运动。此事以前尚有人发起，没有成。至是长沙方面之最初发起者，为蔡和森与萧子升。时子升在楚怡任课，和森就居楚怡，日夕筹议。何叔衡、毛润之、陈赞周等时复加入讨论。是时其他会友亦有几人行将外出，遂于六月尽间，在第一师范附属小学陈赞周、萧子暲处（陈、萧在此任课）开一会议。计到会者：何叔衡、萧子升、萧子暲、陈赞周、周惇元、蔡和森、毛润之、邹鼎丞、张芝圃、陈启民、李和笙等。因事未到者几人。这次讨论，集中"会友向外发展"一点，对于留法运动认为必要，应尽力进行。是日叙餐。自此，留法一事，和森和子升专负进行之责。不久，和森赴京。

此时湖南政局乱极，汤芗铭、刘人熙、谭延闿、傅良佐、谭浩明、张敬尧，互相更迭，教育摧残殆尽，几至无学可求。和森至京，与李石曾、蔡子民[38]二先生接洽结果，知留法俭学及留法勤工俭学颇有可为。乃函告子升、润之、赞周、鼎丞等，从事邀集志愿留法之同志。起初愿往极少。至八月十九日，始有25人由湘到京。自此往者渐众。此时会友往北者：和森、子升、子暲、赞周、焜甫、芝圃、星煌、鼎丞、和笙、云熙、润之、章龙十二人。除章龙在北大文科，润之在北大图书馆外，余均在留法预备班（芝圃、和笙、星煌在保定班；和森在布里村班；子升、子暲、赞周、焜甫、鼎丞、云熙在北京班）。此事在发起时并未料到后来的种种困难，大家都望着前头的乐园，本着冲动与环境的压迫，勇往前进。此事的结果，无论如何，总有一些好的影响。但在中间，会友所受意外的攻击和困难实在不少，但到底没有一个人灰心的。

会友在京，曾请蔡子民、陶孟和、胡适之三先生各谈话一次，均在北大文科大楼。谈话形式，为会友提出问题请其答复。所谈多学术及人生观各问题。

会友在京，初系散居。后来集居一处，地点在后门内三眼井胡同7号。同居的人如下：子升、云熙、赞周、润之、焜甫、章龙、玉山（欧阳玉山于此后一年入会），和森亦由布里村搬来加入。八个人聚居三间很小的房子里，隆然高亢，大被同眠。子暲与望成（刘望成于此后一年入会）则住于胡同之第8号。到八年[39]一月，子升赴法。二月润之回湘，萧子暲赴沪。赞周诸人因法文班课堂由马神庙北大理科迁入西城翼教寺法文馆，居所事实上不得不变易，章龙亦改寓他处，三眼井胡同的同居生活遂散。赞周等既至西城上课，乃改寓北长街99号福佑寺后院，又是一个新的同居生活。此时，子暲已由沪归，比在三眼井，便只缺了润之、章龙与子升，同居还有8个人。同时在保定的芝圃、和笙、星煌3人与其余预备留法诸君40余人，则同居于育德中学。预备期满，京、保诸会友，便陆续赴法去了。[40]

在新民学会会友准备赴法勤工俭学期间，有两位会友竟不幸早逝，其中一位还是赴法勤工俭学的积极参加者。不幸的消息，使毛泽东深为痛惜。他在《新民学会会务报告（第一号）》中追述道：

这里要述两件极不幸的事，即民国七年七月会友叶瑞龄之去世，及民国八年四月会友邹鼎丞之去世。

叶君名兆桢，益阳人，湖南省立第一师范毕业，为人和平中正，有志向学。于毕业归家的途次遇热，抵家即故。

邹君名彝鼎，湘阴人，与叶君同学同班。好学有远志，持身谨严而意志坚毅。七年十月赴北京留法预备班。因历年积劳得病，至此迸发。八年一月回湘，四月竟死。所作日记及论文数十本，朋友们想替他刊出其警要。但现在还没有刊。凡与他接近过的人，大概没有不觉得他是一个可敬可爱的人。他有一个极爱念的未婚妻，临死寄给她一封信，可惜没有第三人看见不能将他的遗墨存留。他是发起学会的一个重要人。他于学会之发起，既认为有必要，便毫不游移。他于学会抱有极大的希望。他丝毫不料他自己之不幸短命。他之从善如流，他之改过不吝，他之胸怀坦白、毫无城府，他之爱人如己，他之爽快，他之勇敢，他之真诚，他之好学，他之对于道义之热情——这些都是曾经和他见过面，或曾经和他相处较久的人所知道的。[41]

1918年8月19日，毛泽东第一次来到北京，这意味着他从湖南走向全国的政治和文化中心。此刻的北京，正是新文化运动的前沿，许多新文化运动的宿将和新秀都聚集在这里。新的思潮，新的人物，使毛泽东眼界大开。他回忆说：

我在学校的最后1年，母亲去世了，这样我更不想回家了。那年夏天，我决定到北平去。当时湖南有许多学生打算用"勤工俭学"的办法到法国去留学。法国在世界大战中曾经用这种办法招募中国青年为它工作。这些学生打算出国前先去北京学法文。我协助组织了这个运动，在一批批出国的人里面有许多湖南师范学校的学生，其中大多数后来成了著名的激进分子。徐特立也受到这个运动的影响，他放弃了湖南师范学校的教席到法国去，这时他已经40多岁了。不过他到1927年才参加共产党。

我陪同一些湖南学生去北京。虽然我协助组织了这个运动，而且新民学会也支持这个运动，但是我并不想去欧洲。我觉得我对自己的国家还了解得不够，我把时间花在中国会更有益处。那些决定去法国的学生从现在任中法大学校长的李石曾那里学习法文，我却没有这样做。我另有打算。

北京对我来说开销太大。我是向朋友们借了钱来首都的，来了以后，非马上就找工作不可。我从前在师范学校的伦理学教员杨昌济，这时是国立北京大学的教授。我请他帮助我找工作，他把我介绍给北大图书馆主任。他就是李大钊，后来成了中国共产党的一位创始人，被张作霖杀害。李大钊给了我图书馆助理员的工作，工资不低，每月有八块钱。

我的职位低微，大家都不理我。我的工作中有一项是登记来图书馆读报人的姓名，可是对他们大多数人来说，我这个人是不存在的。在那些来阅览的人当中，我认出了一些有名的新文化运动头面人物的名字，如傅斯年、罗家伦等等，我对他们极有兴趣。我打算去和他们攀谈政治和文化问题，可是他们都是些大忙人，没有时间听一个图书馆助理员说南方话。

但是我并不灰心。我参加了哲学会和新闻学会，为的是能够在北大旁听。在新闻学会里，我遇到了别的学生，例如陈公博，他现在在南京当大官了；谭平山，他后来参加了共产党，之后又变成所谓"第三党"的党员；还有邵飘萍。特别是邵飘萍，对我帮助很大。他是新闻学会的讲师，是一个自由主义者，一个具有热烈理想和优良品质的人。1926年他被张作霖杀害了。

我在北大图书馆工作的时候，还遇到了张国焘〔42〕——现在的苏维埃政府副主席；康白情，他后来在美国加利福尼亚州加入了三K党；段锡朋，现在在南京当教育部次长。也是在这里，我遇见而且爱上了杨开慧。她是我以前的伦理学教员杨昌济的女儿。在我的青年时代杨昌济对我有很深的影响，后来在北京成了我的一位知心朋友。

我对政治的兴趣继续增长，我的思想越来越激进。我已经把这种情况的背景告诉你了。可是就在这时候，我的思想还是混乱的，用我们的话来说，我正在找寻出路。我读了一些关于无政府主义的小册子，很受影响。我常常和来看我的一个名叫朱谦之的学生讨论无政府主义和它在中国的前景。在那个时候，我赞同许多无政府主义的主张。

我自己在北京的生活条件很可怜，可是在另一方面，故都的美对于我是一种丰富多彩、生动有趣的补偿。我住在一个叫作三眼井的地方，同另外7个人住在一间小屋子里。我们大家都睡到炕上的时候，挤得几乎透不过气来。每逢我要翻身，得先同两旁的人打招呼。但是，在公园里，在故宫的庭院里，我却看到了北方的早春。北海上还结着坚冰的时候，我看到了洁白的梅花盛开。我看到杨柳倒垂在北海上，枝头悬挂着晶莹的冰柱，因而想起唐朝诗人岑参咏北海冬树挂珠的诗句："千树万树梨花开。"北京数不尽的树木激起了我的惊叹和赞美。〔43〕

在与毛泽东同行赴京的新民学会会友中，也留下了许多关于他组织赴法勤工俭学活动的回忆。

直接参与过湖南赴法勤工俭学的李维汉回忆说：

新民学会会员的活动主要分为两支：一支在国内，主要在湖南；一支在国外，主要在法国。积极倡导留法勤工俭学运动是学会成立后在国内首先开展的一项重要活动，是学会讨论会员向外发展的一个主要措施。

留法运动始于1912年，由蔡元培、李石曾、吴稚晖、汪精卫、张继等人发起，吴玉章同志也是发起人之一。留法学生包括官费、俭学和勤工俭学三部分人。第一次世界大战前去法的不多。战后，发展甚速。法国巴黎和国内的北京、上海都建立了华法教育会，有的省如四川、广东建立了分会，主持留法勤工俭学事宜。新民学会成立后，会员深感向外寻求新思想新文化的必要。1918年6月，在长沙第一师范附小召开的一次会员会上，确定进行留法运动，由萧子升和蔡和森负责进行。在此之前，已有湖南学生罗喜闻等在进行留法的准备，互通一些消息。新民学会的这次会后不久，蔡和森受学会委托赴北京和蔡元培、李石曾联系赴法的准备工作。毛泽东在湖南则进行号召和组织工作。在这个过程中湖南也成立了华法教育会分会。是年8月，毛泽东同我们准备留法的二十几个人到北京。在北京的会员至此增至十二人，有毛泽东、蔡和森、萧子升、萧子暲、陈绍休、熊光楚、张昆弟、曾以鲁、邹蕴真、李维汉、罗学瓒、罗章龙。同来北京的青年还有李富春、贺果、任理、侯昌国、唐灵运等。我们二十几个人从汉口乘火车北上，到了河南郾师（今郾城），因郾师以北铁路被大水冲断，在郾师城郊停留一天一夜，第二天步行到许昌，再搭车到北京。在郾师耽搁的时间里，毛泽东和有些同学三三两两地在附近和老乡们交谈，了解风土人情。到北京后，毛泽东开始是住在豆腐池9号杨怀中先生家里，后来搬到地安门内三眼井吉安东夹道7号，和蔡和森、罗学瓒等八人住在一起，"隆然高亢，大被同眠"（《新民学会会务报告》），过着清苦的生活。杨怀中先生来北大教书前是湖南省立第一师范和高等师范的伦理学教员，思想开明、进步，为人刚正、真诚。新民学会的成立以及我们思想的"向上"，都同他对我们的影响有关。对于留法运动，他也十分赞成，亲自出面联系，帮助筹措费用。

毛泽东当时经杨怀中先生介绍在北大图书馆做助理员工作。其他会员除罗章龙在北大学习外，则分别在北京、保定、蠡县布里村的留法预备班学习。萧子升、萧子暲、陈绍休、熊光楚、邹蕴真、罗学瓒在北京班；蔡和森在布里村班；张昆弟、李维汉、曾以鲁与李富春、贺果、任理等在保定育德中学留法预备班。在保定的同学一面学习法语，一面学习机械学、机械制图。每人学一种工艺（钳工、木工、铸工等）。机械学和制图课的教员是刘仙洲〔44〕。我在保定留法预备班只学习半年。1919年初，邹蕴真病重，我和张昆弟护送他回湖南，不久，就病故了。他也是学会发起人之一，曾和毛泽东一起起草新民学会章程。他和后来留法、于1921年病故的陈绍休都是极好的同学。他们的夭折是一件很不幸的事情。我和张昆弟送邹返湘后未再回保定。我自己是在为筹措赴法用费和安家奔走（我们1919年赴法的一批全是自备用费。我主要靠第一师范教员朱炎先生〔45〕帮助100元）。〔46〕

罗章龙后来考入北京大学，未赴法勤工俭学。他回忆说：

我从上海回到湖南，在带回的一些书报材料中，发现《新青年》第10期登有华法教育会的文件，号召中国青年到法国勤工俭学，干事会就开始讨论。〔47〕毛润之、萧子升、蔡和森、何叔衡等，一致主张到法国勤工俭学。我们先写信给在北京的杨昌济先生，杨先生很忙，尚未回信。于是干事会就决定先派蔡和森到北京去。蔡和森到京见了杨先生，说明来意，杨先生很赞成，并通过杨先生找到李石曾进行交涉。和森给长沙写信：事已有了眉目，大家可以来京群策群力将留法运动开展起来。随即由润之率领首批会员二十来人，从长沙坐火车前往北京。当火车到河南郾城县，因沙河涨水，铁路淹了十几公里，我们在漯河车站宿了一夜。第二天，毛润之、我、陈绍休坐临时车子到了许昌，在那里停留一二天。润之对许昌很感兴趣，许昌是三国的魏都，但旧城已荒凉。他建议去看看，我们就向当地一些农民了解了魏都的情况，知道旧址在郊外，乃步行前往凭吊魏都旧墟，并作诗纪行。前几年，河南有同志来谈，还提及当地农民记得这件事。

　　新民学会会员到北京以后，我们分散住在几个会馆里，润之是湘潭人，就住湘乡会馆。因为会馆多半离城较远，进城交通不便，后来我们就集中住在城内。我们在北京大学找了三间很小的房子，这就是三眼井吉安所夹道7号。

　　吉安清朝时叫作梓宫，是停放皇帝棺材的地方，等墓造好了，再把棺材运进去。这个地方很大，有宫殿，有住房，清朝垮台后成了一片废墟，但宫殿还在，没有占用。附近有一条小巷叫吉安所东夹道，地方偏僻，房租也便宜。我们由萧子升出面，以北大学生的名义租了三间房子，房东是已经没落的满族人。同住的有萧子升、陈绍休、毛润之、陈焜甫、罗章龙、欧阳玉山等七个人，后来又有蔡和森，共八个人。润之在《新民学会会务报告》里说："八个人居三间很小的房子里，隆然高炕，大被同眠。""大被同眠"这句话有个典故，唐朝有个姓张的人，是个大家庭，张公倡议全家人住在一个屋里，盖一个大被子。我想，这可能是象征一家人团结的意思。润之的这句话，是形象思维的话。有人曾问我："你们是否盖一床大被？"当时的情况是：炕上从左面算起，睡觉的顺序是：陈绍休、萧子升、毛泽东、罗章龙，每个人只能占有一块方砖这样宽的地方，湖南人的被子大，摊不开，有的被子垫在底下，不能各人盖各人的被子，多余的被子压在上面，大家保暖。由于人多炕窄，挤得骨头发酸，晚上有事起来时，还要轻声招呼左右的人。从1918年秋到1919年春，润之在这里住了六七个月。

　　开始，我们在外面小馆子里吃饭，因为饭费贵，生活上也不习惯，后来大家商议，自己起火。北京买大米困难，为了经济起见，我们吃面。但是，南方人不会做面食，又闹出种种笑话。有一天，我买了个脸盆，萧子升就用这个脸盆做了一盆糨糊，大家外出工作了一天，肚子很饿，但谁也吃不下。我们的房东是个腼腆的中年妇女，平时很少出来，只是从窗户里望着我们，有事情让她的八九岁的小女孩出来说话。她见我们不会做面食，很好笑，就走出来教我们做面食。一个送水的山东人老侯，也愿意帮忙，他说：我不要你们的工钱，我做好了和你们一起吃就可以了。他见我们什么炊具也没有，就把自己的一套炊具搬来放在院子里，每天为我们做饭，和我们一起吃馍、吃咸菜。他是个劳动人民，同我们的感情很好。房东慢慢地熟悉了，常帮助我们缝补。她的男人当差从河南回来了，问我们是干什么的？我们告诉他，我们要到法国留学。他说："得要许多钱呀！"我们说：是公费。他对我们很好。我后来在河南搞工运，在关键时刻他还帮过我们的忙。

当时生活很苦，但从中得到些锻炼：北方很冷，每人只有一件旧棉衣，因此，有好几个人病倒了，没有病的更得到锻炼。我们一面工作，一面集中学习，非常紧张。我们还走了许多地方，都是步行游历。交结了许多工农朋友。北大图书馆馆藏丰富，古今中外的书籍很多，据说清代公家藏书几百万册都集中在北大，教师也多，不少有学问的人，南方、北方的学生都有，我们从中交了许多朋友，其中多数成为以后的同志。当时，工作学习紧张，物质生活上的困难就不在意了！

1918年8月19日，由湖南到北京的新民学会会员，有和森、子升、子暲、赞周、煜甫、芝甫、星煌、鼎丞、和笙、云熙、润之、章龙12个人。除润之在北大图书馆，我在北大文科学习外，其余都到留法预备班。

赴法勤工俭学是新民学会会员北上的一个重要任务。为什么会有勤工俭学运动呢？到北京后，经过多方了解，我们逐渐知道了事情的内幕。我们见到了李石曾，前后谈过很多次话。李的祖父是前清的宰相，叫李高阳，他父亲也是相当于省级的大官。李石曾的祖传遗产很多，是个官僚地主，同时是资本家。在欧洲大战前期和中期（1914年左右），他到过法国，对法国的社会、官僚很熟悉，在法国的外交界有地位，对中国的官场也很熟悉，法文讲得很好。他在法国经营了一些工厂、企业，较大的是巴黎豆腐公司。他找了些会做豆腐的人，在巴黎出售几十种豆制品。当时，在巴黎的报纸上，有些人写文章提倡素食主义，果然很赚钱。他从中国引了许多同乡到法国做工（前后有成百人），其中河北蠡县的人最多，现在还有北方侨乡之称。欧洲大战发生后，法国男子从军，工厂、农村缺乏劳动力，法国政府同中国政府订了个合同，要中国政府招募华工30万到法国做工。当时北京政府组织了一个惠民公司，借此机会在中国招募工人，办理上船，运到法国，安排在法做工等事宜，从中谋利。据说当时去法的华工超过了预定数字，来来去去共几十万人。到1918年第一次世界大战结束后，对这些华工，法国认为需要的就留下，不需要的就送回国。招募与遣送华工回国，中国官厅都有利可图。这件事发生在勤工俭学之前。李石曾参加了招募华工这项活动，从中得到了好处。他是个很有心计的人，看到华工不能继续去法，这件事已无前途，他就很想在政治上活动。他家资很富，但没有青年拥护他，他想借个名义插手到教育界中去，以取得政治地位。为了达到这个目的，李石曾伙同吴稚晖等人在巴黎办了个《旅欧杂志》，宣传无政府主义，表示个人清高，想做个名流，借以在教育界抬高他的地位。这时发生了另一件事，欧战结束，中国国际地位提高（因中国是参战国，参加了协约国一方，打败了同盟国）。各国为了交好中国，退还一部分庚子赔款，李想活动一笔法国的庚子赔款由他来支配，以便私图。他是华侨，不是中国的正式官员，活动此事比较有利。他通过法国一位退职总理的赞助，得到法国政府同意，退还一笔款给中国。李即对中国政府说：这笔钱是我们想法搞来的，要组织个委员会管理，作为中华教育基金。这笔钱数目不小，计划在法国办一个大学。法国是陆续退还的，李还办了一个银行，把钱存在该银行。李为了争取群众的拥护和支持，即宣传勤工俭学。李的这个方案我们是事后才知道的。我们当时认为不管他的动机如何，但同意中国青年去法勤工俭学肯定是对的，就帮助他开展工作。

李很重视湖南青年。一次，李在北京香山别墅，招待我们谈话、吃饭，有子升、和森、润之和章龙四个人。他显出道貌岸然的样子，自称不做官，吃素不吃荤，穿着也很朴素。他的别墅是富丽堂皇的，招待筵席丰盛，但他不吃荤菜，坐在一旁殷勤陪客。我们从西山回来后，认为这事很需要，就公推润之执笔，写了个勤工俭学的具体实施方案。子升修改文字后，送到李石曾手里，李很同意按此计划动员湖南和全国的青年参加勤工俭学运动。于是湖南、四川掀起了一个高潮，我们觉得李石曾这个人不可靠，后来他果然在里昂大学把留法同学撇开了。萧子升后来当了赴法勤工俭学组织的秘书，李很器重他，认为他能干，萧最后与我们分开了。

新民学会会员有几个在法国去世了，其中有陈绍休和杨怀中先生的一个侄儿杨楚。

法国的庚子赔款，在这个运动中慢慢地退还了。李石曾是法国大学毕业的，学生物专业，他当时以教授学者的身份活动。"四一二"以后掌握了北方政权，做了蒋介石底下的大官，提拔萧子升做了农政部次长。

新民学会会员许多人家里很穷，家境都不宽裕，要留法一个人得几百元旅费，先后几批来京的会员，只有25人取得了一笔路费，这是我们通过留京湘绅和华法教育会活动的结果。1920年在上海半淞园集会后赴法的一批新民学会会员全都是公费。在公费名单中，有润之和我的名字，但我们俩没去，把公费让给别的会员了。还有的人是自己想办法筹借旅费或采取互相帮助的方法解决的。

后来新民学会会员大部分都走了，只有润之和我两人留在北京，为什么呢？开始准备都去，后来详细商量，润之主张不要都去，北京比长沙好，我们留下来是需要的，如果北京没有一两个人，新民学会在北京就是个空白。当年杨怀中先生在学界很有誉望，在湖南教育界、政界都有威信。杨是中国第一批去英国的留学生，他在北大任教授，也希望我们留在身旁，我考入北大后，润之也通过杨先生的关系，进了北大图书馆工作。

在第一批会员留洋后，船到马赛时，云熙、玉生、绍休等联名来信，敦促我出国，我当时向润之说：大家都去了，他们也希望我动身，你留下吧，我去欧洲。他说：不然，我们留下来是有理由的，我进北大是职员，活动范围受限制，你是学生身份，最好活动，范围更广泛些。工作方面是需要你的。于是我就决定留在北大不走了。我在学生中积极活动，他在教职员中做联系工作。这些做法后来都实现了。第二年春天，润之决定回湖南去，临行时向我说：我们的工作今后一定会发展下去，望努力前进，多多通信，注意身体。不久何叔衡从长沙来信，也说到北方地区重要，一举一动影响全国，千万不要离开，好自为之！北方的革命工作也逐步持续开展起来了。〔48〕

除在上述记载之外，至今还保留着为数不多的珍贵文献资料。细读这些文献资料，并和当事人的回忆相对照，更可以使人们对毛泽东第一次北京之行和组织湖南赴法勤工俭学的活动有更深入的了解。

蔡和森对赴法勤工俭学态度最为积极，是这个运动的急先锋。1918年6月25日，他先期到达北京，便连连发信，催促会员尽速来京。正是在蔡和森的再三敦促下，毛泽东终于下了赴京的决心。

在《新民学会会员通信集》第一集里，保存有蔡和森当时写给毛泽东的4封信。第一封写于6月30日夜：

润之兄：

弟二十日开船，二十四日在汉口搭车，二十五日晚抵京，共经三日三夜，晴雨参半，一路颇适。兄事已与杨师〔49〕详切言之，师颇希望兄入北京大学。弟以一面办报一面入学为言，师甚然之。……大学蔡校长〔50〕，弟会见一次，伊正谋网罗海内人才，集中一点，弟颇羡其所为。觉吾三人〔51〕有进大学之必要，进后有兼事之必要，可大可久之基，或者在此。储养练习，或可同时并得。望兄细与子升讨论研究，定其行止，复我一函，是所至盼！顺问

近祉！

弟　彬肃
七年六月三十夜在北京〔52〕

7月21日，蔡和森又致信毛泽东，催促他下决心来京。信是这样写的：

润之兄：

前覆一片，未尽所怀，今补呈之。……至兄之行止，尚待自为斟酌，私心以为兄有来此之必要者数端：（一）既不往东，又不往南，自以来京为最宜。（二）吾辈须有一二人驻此，自以兄在此间为最好。（三）自由研究以兄为之，

必有多少成处，万不至无结果。至现在情形，杨师自是喜兄来寓，每日可以学习英日文。弟事殊不好计，故亦望兄来指教。至佃屋请工二事，亦祈兄斟酌弟之家情，为我主张，实不胜感激盼祷也。顺叩

暑安。不具。

弟　彬白[53]

7月26日，毛泽东给蔡和森写了一封回信，议论才、财、学三事，表示愿意从事国民教育，"失此不为，后虽为之，我等之地位不同，势不顺而机不畅，效难比于此日矣"。不久，蔡和森又致信毛泽东等，详细说明他力主赴法勤工俭学的理由。

赞、暲诸兄转升、润二兄[54]：

……润兄七月二十六日之信，已经收到，所论才、财、学三事，极合鄙意。究竟我们现所最急者，是一财字；而才次之；而学则无处不有，无时不可以自致。然非学无以广才，非才无以生财；此所以学会之会员，为须加以充足的物色与罗致，不当任其自然发展也（中国万恶万罪，及不进化，皆起于任自然）。兄自由研究及私塾之说，是弟中层之目的。……来书"失此不为，后虽为之，我等之地位不同，势不顺而机不畅，效难比于此日矣"，弟深以为然。三年以来，每觉胡林翼之所以不及曾涤生者，只缘胡夙不讲学，士不归心，影响只能及于一时，故弟住刘家台时，未尝不想当教员也。……吾兄颇以去长沙为遗恨，弟则久思所以补救之方；其方若曰：如得鼎兄出以挥霍旁通之才，广联高小中学专门之学生，而且介绍京湘之常常通信，实无异亲炙也。前于楚怡诸生，欲其通信，即是此意。前将起程时，与家母商议，谓三年之内，必使我辈团体，成为中国之重心点。并且要使女界同时进化，是以舍妹有邀友自读之意，弟又有决意留京四年，每年回长沙一次，以与各界联络之宣言；故其置重长沙之处，亦复大略与兄相同。前与升兄书，谓恨行时不及将种种善后方法与商，即指此等。……[55]

不久，毛泽东经过认真思考，终于决心前往北京，组织赴法勤工俭学。蔡和森得悉这个消息，欣喜万分。他在信中说：

润之兄：

昨夜奉读来示，极忠极切！本以待兄主张然后定计，今计定矣。只要吾兄决来，来而能安，安而能久，则弟从前所虑种种，皆不成甚问题；盖所仰赖于兄者，不独在共学适道，抑尤在与立与权也。大规模之自由研究，最足动吾之心，慰吾之情，虽不详说，差能了解，兄之"梦呓"，尤是弟之兴经，通我智核，祛我情瞽，其为狂喜，自不待言。前者对于大学之兴味，全在制造友生，对于往法兴味，全在团结工人；二皆不适，亦既耿耿于心。只以事不称意，遂思超脱原计，另辟一路；实则又入网罗，此运思不缜密之过也。自由研究社，略分内容与

外延。今兄于外延已略揭其端，远矣大矣，只有巴黎一处，当加矣！至其内容，弟尝思非财力差厚不举，非通一二外国文字不行。故前有虑其太早之说，又有往法做三五年工即行回国开馆延朋之想，由今思之，此亦似太早计。着手办法，惟有吾兄所设之"乌托邦"为得耳。……兄之行止，幸已确定，无犹夷，前书斟酌之说，实无所用其斟酌也！熊希龄氏若抵湘，请兄为往法事往会之，问其答应筹款若何，其详在致升兄书中，请查阅。谨此顺问行期。

蔡林彬
八年七月二十四日[56]

毛泽东在长沙加紧做赴京的准备。在此期间，他于8月11日致信罗学瓒，建议他从事小学教育。信中说：

荣熙学长鉴：

接蔡君信，知兄已发函复我到京。赴法二百元能筹，旅保一百元无著是一问题。旅保费，俟弟至京与蔡商量筹借，或有著未可知，有著之时再函知兄前来可也。文凭须即寄来，由邮双挂号不误。弟又有一言奉商者，兄予从事工艺似乎不甚相宜，而兄所宜乃在教育。弟与蔡君等往返商议，深以同人多数他往，无有几个从事小学教育之人，后路空虚，非计之得。近周君世钊就修业[57]主任之聘，弟十分赞同欣慰。前闻兄有担任黄氏[58]讲席之说，不知将成事实否？往保固是一面，然不如从事教育之有大益。性质长此，一也；可便研究与性相近之学，如文科等，二也；育才作为会务之后盾，三也。有此诸层，似宜斟酌于远近去住之间，而不宜贸然从事（南洋亦系教育，暂息以候南信亦是一法）。以后与兄商量之处尚多，此亦其一也。余不具。

弟　泽东
八月十一号

罗学瓒收到这封信后，并没有改变赴法勤工俭学的决心。他很快来到长沙，会同毛泽东等20余人，于8月15日登上赴京的路程。

毛泽东在离开长沙之前，最放心不下的是慈母的病情。他特地给在唐家坨务农的七、八舅父写了一封信，恳请他们代为照料。

七、八二位舅父[59]大人座下：

前在府上拜别，到省忽又数日。定于初七日开船赴京，同行有十二三人[60]。此行专以游历为目的，非有他意。家母在府上久住，并承照料疾病，感激不尽。乡中良医少，恐久病难治，故前有接同下省之议。今特请人开来一方，如法诊治，谅可收功。如尚不愈之时，到秋收之后，拟由润连[61]护送来省，望二位大人助其成行也。

甥叩

1918年8月15日（农历七月初九），毛泽东一行离开长沙，几经周折，于8月19日（七月十三日）到达北京。

一到北京，毛泽东便忙碌起来，四处为赴法勤工俭学的同学们联系，帮助解决住宿、学习及赴法经费等问题。

另外，在1920年华法教育会广东分会刊印的《留法俭学报告书》中，刊登有署名"湖南学生"的一篇《留法勤工俭学会湖南会员纪事录》。其中记述了蔡和森、毛泽东等先后来京组织赴法勤工俭学的活动，还为我们提供了湖南赴法勤工俭学运动的背景情况。

留法勤工俭学会湖南会员纪事录（节录）
湖南学生

湖南留法勤工俭学预备学生其始不过三四人，以私人单独进行。以后至于成立预备班五处，来学者三百余人，先后赴法者百数十人。在湘准备来京入预校者，尚不可以数计。其影响不云不大。今闻同乡诸公，嘉学生之能以精诚谋借款，苦力求学识，遂争设分会，共相提挈，共相扶助，使全体学生得早达赴法以工求学之目的，此不特学生等之幸，实吾湘全省之幸；又不独吾湘幸，使各省教育界之先进尽如吾同乡诸公见义勇为，则庞然蠢然之中华民国一转眼间必脱胎换骨而为法兰西，再转眼间必鹤立鸡群而为世界主人翁，则诸公驾彩云而洒甘露，受施者实遍大千世界，岂仅此数百怅然无依之苦学生耶。惟学生等所经过之情形，诸公庸有未知，爰缕晰记之，呈览于诸公大会一堂之际，以为要求助力拜见之资云耳。

湖南留法勤工俭学预备最初之萌芽

民国六年十月，罗承鼎、戴勋二君（以下简称罗君或戴君）在广州得识广东留法俭学会会长黄强，遂起留法俭学之念。斯时广州军事正急，黄以广东工艺局局长总办兼援闽总司令部副官长及兵站部长之职，无暇筹备留法预校，遂介绍罗、戴二君入京师预校。二君得介绍书即兼程还湘。既抵湘，适南北战线正在岳鄂之交，行旅不敢飞渡。二君留居湘垣，以由广携回之章程散发湘中各校，并奉书蔡子民、李石曾二先生，询问预校情形。

就湘组织预校未成之议

蔡、李二先生复罗、戴函谓：如果湘省人数众多，可与湘教育会商议就省组织预校，教员可由本会介绍，凡须本会协助之处，当竭力赞助云云。罗君持蔡先生函请之教育会长陈润霖[62]。陈以大兵驻省，经费、校舍均难设法，未允所请。罗又欲退而至南县组织，赞成者虽有数十人之多，终以无款而止。

罗君等来京与蔡、李二先生接洽之初步

七年二月北军入长沙，罗君在省组合预备来京之数十人皆星散避命，罗遂与段振襄、戴勋、周楚善、高风四君来京。初谒李石曾先生云：曾有信至长沙，属暑假后来京。盖保定预校前班尚未毕业，寄宿舍不能容纳。今既来京，寄居旅馆太不经济，惟租房自炊，日间至大学旁听，夜晚入大学法文班习法文，暑假后再入保定预校。继谒蔡先生，陈述专靠借款而来之意。蔡先生云：章程所定借款一条，本属一种计划，后以各方面阻力，未能实行。今君既来，自当设法使必达目的而后可。

罗君上书熊秉三、章行严二先生[63]
及与章先生面谈之结果

四月上旬，李石曾先生自天津回，招罗君至其寓云：在津会晤熊先生言及此事，熊先生极端赞成。回京与章行严先生言，章亦如之。湘省既得熊、章二先生之赞助，借款不难筹集。欲乘此机会为湘专开一班，人数须在三十以上，君可一面函湘邀集学生来京，一面上书熊、章二先生要求代筹川资借款。于是罗君之书由李先生转达。李又介绍罗君承鼎、段君振襄面谒章先生，言所允川资如能作靠，则可入预备学校肄业；万一稍有变动，则预备期满，一介寒酸断无力自费赴法，不如早求李先生设法介绍以华工应招赴法。章先生言：应招工作粗重，与教育无关，又非学生所宜，汝等可放胆入预校。我已与熊先生商议，明年毕业赴法，即公家无款可筹，私人亦当为力。万不可稍怀犹豫，轻于应招。

国内借款说之由来

罗君等居京数月，客囊久空，举火为奇，杜于皇[64]之穷愁复见。罗君因事间一两日必往见李先生。李先生至大学亦必招罗谈，每见必以旅居生活状态相询。罗君稍稍露其穷相，李先生必尝以数十元济之。一日，李先生在大学招罗告之曰：昨日下午在教员休息室与章先生谈及君等窘状，章言：兵祸连年，湘人早已十室九空，加以纸币低落，即稍有余力，又安所得现洋而汇寄。章言：如此数君等在法旅费，极愿设法补助。我亦曾极力为君等求之。

与侨工局接近之起源

章行严先生因事突然南下，罗君等皇皇如有失。屡向李石曾先生要求介绍

入北京某某工厂做工，欲实行勤工俭学于国内。李先生亦向某某数工厂交涉，均不能就。罗君遂求李先生探询侨工局招募之事。适侨局有事约李先生是日下午赴会。次日李先生告罗曰：已与侨工局商议，在法国组织华工学校。先在国内由侨工局设一预备学校，收纳如君等资格情形之人。一年或三年毕业，兼习工作。毕业后即由侨工局送赴法国。日间则做工或求学，夜晚或星期则尽力于华工教育。此举彼此均有利益。

侨工局借款之成立

久之，侨工局预校之议不能实行。李先生最后遂云：侨工局已允对于入华法教育会预校之学生为借款之补助。国内旅费有家庭万分不能接济者，侨工局亦允借给。但学生必须本诸良心，先尽私人之财力。私力既竭，然后求借款补助。如蓄其私力，专恃借款，则不但失此项借款之性质，且与华法教育会之本旨大相背谬。此次款额只限二十五名。付款手续必须湖南在京任事之人经理，侨工局不与学生直接交涉。于是李先生属罗君要求教育部视学员李宝圭（李曾充第二师范教员），出为经理。罗君谓以穷学生之资格求人以经理款项之事恐不见信，遂未果行。后数日，石曾先生言：已与王子刚先生商及经理款项之事，王欣然诺之。

同学之来京

六月底[65]，湖南省立第一师范学生蔡君林彬（此人未入预校）至。初谒李先生，李遣人引至罗君处接洽。罗以经过一切情形相告，并嘱其速函至湘，招邀同学。蔡君居省城久，对于各校学友相识甚多，一纸至湘，影响颇大。未几日鲁君其昌、张君宪武、郭君兴汉等十四人，自沪以欲入预校之意函告罗君。不数日，熊君世麟等七人至。又数日，张君宪武至保定。鲁君其昌、郭君兴汉均自沪至京。七月十九日[66]，毛君泽东（此人未入预校）等十二人亦自湘来京，而留法之形体遂具。

在华法教育会开会之情形

同学到京之时，李先生正避暑西山，遂函请返京。李先生既返，亟亟以得人经理借款为谋。先是李先生闻蔡君林彬与杨怀中先生有师生之谊，欲杨先生出为经理。遂请蔡子民先生函商杨先生。杨又函商王少荃、胡子靖两先生，均慨然允诺。七月二十六日下午，集会于华法教育会。蔡子民、李石曾、彭志云三先生外，湖南则有胡子靖、杨怀中、王子刚、王少荃四先生。是日所磋商者，学生分校之办法（是时分长辛店、保定、天津三处），借款经理之手续。各先生均出席

演说,历三点钟始散。湖南经理借款之干事会遂雏形于此时。李先生演说借款一节略述于下:

（上略）侨工局为什么借款给我们华法教育会的人呢？因为现在在法国的华工有十多万,若不设法施点教育给他们,他们在国外必有种种不正当的行为,惹起外国人苛待或逐出国境。回到国内不但不能为社会上的良善分子,而且行奸行诈的手段越发高,那不于社会更有害吗？于今想对他们施一种相当的教育。政府既不能拿出好多款资造成多数的教材送到法国,组织华工教育学校,那最简便最经济的办法,就只有借点川资让我们这班学生到法国去,一面自己可以求学,一面又可以教导华工。我们对于华工智识上要算是先进,这种义务是应当尽的。况既受了侨工局借款的优待,这个责任就更不容辞了。借款的办法怎样呢？侨工局经济力也是有限,我们学生如果人数太多,只好一班一班地赴法。比方第一班三十人领这项借款到法国,五个月内还过来,第二班又去。这样子轮流一年,可以去两班人。（下略）

开会后干事之进行

开会后,胡、杨、王、王四干事在熊公馆会议。所议决之事,即成立湖南华法教育分会,一在长沙,一驻北京;及学生借款保证之办法。侨工局方面由熊先生接洽。后8月29日,李先生又邀集侨工局长张弧先生与湖南各干事先生在华法教育会为初次之接洽。借款额遂扩充至七十余名。

在北京期间,毛泽东还多次同老师黎锦熙会面。据《黎锦熙日记》记载:

6月30日

至怀中[67]宅,晤蔡和森（林彬,湘乡人,一师校同学,改入岳麓山高师校国文专修科;他6月25日到京,进行京保两处开留法预备班事）,因得萧子暲函。

8月29日

至石驸马大街督办河工处赴"华法教育会湖南分会"之筹备会,晤怀中、振翁、陈荩青、李偑君、子靖等。议决先起章程、函稿,为工读学生赴保预备者四五十人筹资三千元,拟向侨工事务局函借也。

9月8日

下午3时至子靖处,并晤润之、子升,稍话。……至湘乡馆,晤子暲及润之、子升等,谈学。

11月2日

至北京大学赴"湖南留法预备科"学生欢迎会之约。晤子靖、怀中、少潜。先照相。余演说东西哲学文化之关系及国语之重要。

12月10日

萧子升至。晚饭后,久谈学事及留法问题。

12月16日

子升、和森至,久商旅费及工场事。

12月17日

又商借款赴法事。

12月20日

纯弟由长沙来京,组织留法预备也。

12月29日

晚归,润之至,谈报事及世界问题。^{〔68〕}

在北京期间,毛泽东和蔡和森等还于10月上旬前往保定,迎接由陈赞周、邹鼎丞带领的长沙初级班30余名学员。随后,蔡和森同他们一起,前往保定蠡县布里村留法工艺实习学校学习。毛泽东为他们送行,随后回到北京。

关于毛泽东保定之行的情况,在贺果的日记里有简要记载。贺果,字培真,是毛泽东在湖南一师的同学,当时在保定育德中学附设留法高等工艺预备班学习。他在日记中写道:

9月4日　七月二十九日^{〔69〕}

余于四日前由京搭车来此,入育德中学之留法高等工艺预备班。其宗旨本勤工俭学会之初意,假勤工以留学法国,使贫寒学生不致有向隅之叹。余本一师范生也,然余之初志不愿以师范生终此一生。今此既有预备班,且以高等工艺之名以冠其上,余之工业生活或可于此发轫,以至于高造,亦未可逆料也。余须以毅力为之可也。

9月27日　八月二十三日

上午上机械制图两小时、法文两小时。下午往商务馆,和笙君买法文一部。星煌^{〔70〕}君长沙付来洋三十元,代毛润之还余十元。以两元还李长极君,和笙君借两元,余六元。发家兄12号名片一张、毛泽东君名片一张,寿五兄名片一张,系催保证书;彭道良君名片一张。

10月6日　九月二日

是日下午,长沙初级班三十余人到此。余等在此同学多到站欢迎,搬运行李。分寓第一栈、泰安栈。陈君赞周、邹君鼎臣(丞)护送到此。萧君子升、毛君润之、蔡君和森自北京来。

10月7日　九月三日

下午湖南全体学生在莲池摄影。本班与初级班及北京数人济济一时。晚与和笙君、芝圃君往第一栈,与毛、蔡、萧诸君谈一时许。归时已十时矣。

（后略）

10月27日　九月二十三日

今日画图一张。晚，写家信第十五号，发毛润之一片。预定发寿五兄一片，此可缓数日；袁伯谐一片亦可稍缓数日。予近日精神似已复原，甚为充足，虽终日劳作亦不为苦。惟目力因用过甚，不免有损耳。然须设法保护也。

12月15日　十一月十三日

近日温度平均二十四五度（华）（午），早晨低至16度。曾[71]从京归，带来毛润之、罗荣熙[72]信各一函。[73]

在北京期间，毛泽东必须自谋生计。他经杨昌济介绍，认识了北京大学图书馆主任李大钊。他被安排在北京大学图书馆做助理员，负责新来杂志报刊的管理，登记前来阅览者的姓名。这使毛泽东每月挣得八块银元的工资。

1919年1月25日，北京大学哲学研究会成立。毛泽东为了便于到北京大学旁听，报名参加了研究会。

同年2月19日，北京大学新闻学研究会召开改组大会。毛泽东也出席了这次大会。

在新闻学研究会，毛泽东结识了《京报》社长邵飘萍，听他讲授《新闻工作的理论与实践》，还多次拜访过邵飘萍。他终于获得了北京大学"听讲半年"的证明书。

然而此刻，毛泽东已不在北京大学。

1919年3月间的一天，毛泽东突然得知母亲文氏病危消息，又值一批赴法勤工俭学的湖南青年要到上海登船，他便匆匆忙忙地结束了第一次北京之行，绕道上海，回乡服侍。

毛泽东回乡后在给舅父母的信里写道：

七、八两位舅父大人暨舅母大人尊鉴：

甥自去夏拜别，匆匆经年，中间曾有一信问安，知蒙洞鉴，辰维兴居万福，履瞩多亨，为颂为慰。家母久寓尊府，备蒙照拂，至深感激。病状现已有转机，喉蛾十愈七八，疹子尚未见效，来源本甚深远，固非多日不能奏效也。甥在京中北京大学担任职员一席，闻家母病势危重，不得不赶回服侍，于阳（历）3月12号动身，14号到上海，因事逗留二十天，4月6号始由沪到省，亲侍汤药，未尝废离，足纾廑念。肃颂福安！各位表兄表嫂同此问候。

四、五、十舅父[74]大人同此问安，未另。

愚甥　毛泽东禀

四月二十八

在上海逗留的20余天里，毛泽东一一送走了湖南赴法勤工俭学的同学和朋友们。

3月15日,环球中国学生会召开赴法留学学生欢送会。毛泽东也参加了这次会议。

毛泽东送走了湖南赴法勤工俭学的青年,自己却决定暂时留在国内。这不仅是因为经费拮据,他的外文程度还不过关,更重要的还是因为他预感到中国伟大变动的年代即将来临。

萧三回忆说:

毛泽东决定自己不出国,留在国内从中国现实中探索救国救民的道路。他觉得,中国有许多事物需要深入地研究、调查。中国处在伟大的变动中,自己不能离开这个战斗的环境。

……

1919年春天,毛泽东由北京经天津、山东、浦口、南京,一段一段地借钱买票,来到了上海。在上海送别了一批去法国的同学、青年之后,毛泽东决定回湖南去。他经常惦念着这块土地,他是在这里生长的,是在这里求学和开始社会活动的。这里还有许多新民学会的会员,有会务需要发展。他要回到故乡去,结合同志,继续研究学问;团结人民,和压迫者做斗争。[75]

周世钊曾经这样评价毛泽东参与领导的湖南赴法勤工俭学运动:

这一运动的收获,不仅在于使湖南几十个青年得到到法国勤工俭学的机会,也不仅在于使这群勤工俭学的学生成为革命斗争中的中坚分子,而最主要的是它在湖南知识分子的思想革新上和革命斗争的开展上有着巨大深刻的影响:(一)打破了湖南知识分子蹈常守故,安于习俗的思想,掀起了向西洋学习新思想、新科学的高潮。像年将半百、教书几十年的徐特立同志,也受了这次运动的影响,而接着赴法去做老留学生,就是一个很显明的例子。(二)毛泽东由于亲自到了北京,和北京各大学的进步教师和学生有了一定的接触和联系,对于北京青年学生的学术活动和政治活动能够互通声息。这样,就为他于五四运动时期在长沙开展革命活动创造了有利条件。[76]

注 释

〔1〕埃德加·斯诺:《西行漫记》,生活·读书·新知三联书店1979年12月版,第122—123页。

〔2〕二十八画生征友启事时间,约在1915年夏秋之间,有关征友动机可从毛泽东致黎邵西信中见到(1915年9月),信中云:"人谁不思上进,而当其求涂不得,歧路彷徨,其苦有不可胜言者!"——原注

〔3〕陈圣皋,湖南浏阳人,联中学生,学冠侪辈,倜傥多异行。1927年前

后，陈任里仁小学校长，后辞职隐沦以终。——原注

〔4〕斯诺著《西行漫记》内称毛自述："征友初得三个半人，第一个为罗章龙，另外还有两个。"据所知其中一个为湘阴黄焕，即黄铭功老师的侄子，亦联中学生，体弱多病，早逝了。所谓半个人指李隆郅。后邹彝鼎提到此事云：按通俗解释，一个人是完全的人，半个是残缺不全的意思，含有贬义。但按古典此语亦有所本。昔符坚谓仆射权翼曰："吾以十万之师取襄阳，唯得一人半耳。"翼问："谁耶？"坚曰："释道安一人，习凿齿半人也。"（见《高僧传》。）——原注

〔5〕东城，指长沙东城，定王台所在地，当时晤二十八画生处。——原注

〔6〕娜嬛，见伊世珍《娜嬛记》，传说中的神仙洞府，藏书甚富。——原注

〔7〕北海，指唐李邕。长沙定王台图书馆藏有李北海书写的麓山寺碑文。——原注

〔8〕空谷，即空谷足音，比喻极难得的音信或事物。作者见到二十八画生的"征友启事"，立即投函询问，旋得回信，中有"空谷足音，跫然色喜"，语出庄子《徐无鬼》篇："夫逃虚空者……闻人足音跫然而喜矣。"跫（qióng穷）然：行人之声。庄生：指庄周。——原注

〔9〕策，指汉贾谊上文帝的《治安策》。贾太傅即贾谊，曾为长沙王太傅。——原注

〔10〕骚，指楚屈原所作的《离骚》。屈平即屈原。——原注

〔11〕罗章龙：《椿园载记》，东方出版社1989年6月版，第1—4页。

〔12〕在天津。领导激进青年的组织是觉悟社。周恩来是创始人之一。此外还有：邓颖超（后为周恩来夫人）；马骏，1927年在北京被处死；谌小岑，担任国民党广州市委书记。——原注

〔13〕埃德加·斯诺：《西行漫记》，生活·读书·新知三联书店1979年12月版，第124—125页。

〔14〕《新民学会资料》，人民出版社1980年9月版，第2页。

〔15〕二兄，指萧子升。

〔16〕《新民学会资料》，人民出版社1980年9月版，第166页。

〔17〕蔡林彬，即蔡和森。

〔18〕罗璈阶，即罗章龙。

〔19〕李和笙，即李维汉。

〔20〕《新民学会资料》，人民出版社1980年9月版，第166—167页。

〔21〕邹鼎丞，即邹彝鼎。

〔22〕张芝圃，即张昆弟。

〔23〕周晓三，即周明谛。

〔24〕陈启民，即陈书农。

〔25〕罗云熙，又作罗荣熙，即罗学瓒。

〔26〕《新民学会资料》，人民出版社1980年9月版，第3—4页。

〔27〕李维汉：《回忆新民学会》，《新民学会资料》，人民出版社1980年9月版，第455—458页。

〔28〕陈书农：《回忆新民学会情况》，《新民学会资料》，人民出版社1980年9月版，第445—447页。

〔29〕邹蕴真：《新民学会成立会和1921年新年会议概况》，《新民学会资料》，人民出版社1980年9月版，第541—543页。

〔30〕蔡畅：《回忆新民学会会员的活动》，《新民学会资料》，人民出版社1980年9月版，第567—568页。

〔31〕瞻岵，即何叔衡。——原注

〔32〕罗章龙：《回忆新民学会（由湖南到北京）》，《新民学会资料》，人民出版社1980年9月版，第508—510页。

〔33〕罗章龙：《椿园载记》，东方出版社1989年6月版，第6页。

〔34〕周惇元，即周世钊。

〔35〕邹泮耕，即邹蕴真。

〔36〕熊焜甫，即熊光楚。

〔37〕陈章甫，即陈昌。

〔38〕蔡子民，即蔡元培。

〔39〕指民国八年，即1919年。

〔40〕《新民学会资料》，人民出版社1980年9月版，第4—6页。

〔41〕《新民学会资料》，人民出版社1980年9月版，第6—7页。

〔42〕张国焘，1938年叛党，投靠蒋介石国民党。——原注

〔43〕埃德加·斯诺：《西行漫记》，生活·读书·新知三联书店1979年12月版，第126—128页。

〔44〕刘仙洲，字振华。解放前任清华大学教授。解放后加入中国共产党，任清华大学副校长。已故。——原注

〔45〕朱炎，字采亮。湖南高等师范毕业，在第一师范教博物课。解放后曾任长沙市人民代表大会代表。已故。——原注

〔46〕李维汉：《回忆新民学会》，《新民学会资料》，人民出版社1980年9月版，第458—460页。

〔47〕一说为杨昌济从北京来信，介绍赴法勤工俭学的情况。见高菊村等

《青年毛泽东》，中共党史资料出版社1990年3月版，第87—88页。

〔48〕罗章龙：《回忆新民学会（从湖南到北京）》，《新民学会资料》，人民出版社1980年9月版，第510—516页。

〔49〕杨师，指杨昌济，时在北京大学任教。

〔50〕蔡校长，指蔡元培，时任北京大学校长。

〔51〕指毛泽东、蔡和森、萧子升。

〔52〕《新民学会资料》，人民出版社1980年9月版，第43—44页。

〔53〕《新民学会资料》，人民出版社1980年9月版，第57—59页。

〔54〕赞，指陈赞周。暗，指萧子暗。升，指萧子升。润，即毛泽东（润之）。

〔55〕《新民学会资料》，人民出版社1980年9月版，第49—51页。

〔56〕原文如此。信的确切时间待考，载《新民学会资料》，人民出版社1980年9月版，第56—57页。

〔57〕修业，指长沙修业学校。

〔58〕黄氏，指湘潭黄氏族校。

〔59〕七舅父，文正兴（1853—1920）。八舅父，文正莹（1859—1929）。

〔60〕后有变化，毛泽东一行于七月初九（8月15日）离开长沙，同行者为20余人。

〔61〕润连，即毛泽民。

〔62〕即陈凤荒（凤芳）。

〔63〕熊秉三，即熊希龄；章行严，即章士钊，号秋桐。

〔64〕即杜浚，明末湖北黄冈人，明亡隐居不出，宁饿死亦不事清，长期为反清人士所推崇。

〔65〕据1918年6月30日蔡和森致毛泽东信中称，他于6月25日抵北京。

〔66〕此处记载有误，据罗学瓒家信记述，毛泽东、罗学瓒等20余人于1918年8月19日（农历七月十三日）下午抵北京。

〔67〕怀中，即杨昌济。

〔68〕据黎锦熙回忆，毛泽东当时不想在北京久留，要回去搞运动，并打算办一个小报。后来回湖南就办了《湘江评论》。"世界问题"是当时欧洲第一次世界大战结束，巴黎和会的中国地位问题。

〔69〕此日期为农历，下同。

〔70〕星煌，即曾以鲁，湖南武冈人，新民学会会员。

〔71〕曾，指曾以鲁。

〔72〕罗荣熙，即罗学瓒。

〔73〕张允侯等：《留法勤工俭学运动》（1），上海人民出版社1980年10

月版,第168—186页。

〔74〕四舅,文正儒(1844—1919),号玉善;五舅,文正美(1847—1922),号玉里;十舅,文正华(1864—1930),号玉森。均为毛泽东的堂舅,在湖南湘乡务农。

〔75〕萧三:《毛泽东同志的青少年时代和初期革命活动》,中国青年出版社1980年7月版,第73、74页。

〔76〕周世钊:《湘江的怒吼》,《新民学会资料》,人民出版社1980年9月版。第397页。

六、在"五四"激流中

湘江的怒吼

1919年4月6日,毛泽东回到长沙。他一面照料重病的母亲,一面广泛联络各界人士。5月上旬,北京学生爆发五四爱国运动的消息传到长沙,毛泽东立即行动起来,组织新民学会在湘会员,联络长沙各校学生骨干和新闻界、教育界的代表,在湖南掀起反帝反封建的革命浪潮。40年后,周世钊回忆这段往事时,这样评价说:

五四运动在长沙,从一开始就是和毛泽东的革命活动分不开的,没有毛泽东在长沙的革命活动,五四运动在长沙也就无声无色了。

周世钊继续回忆说:

当毛泽东陪送湖南第一批留法勤工俭学学生到上海时,大家认定他也会到法国去。但是法国邮船将要从上海放洋的前几天,毛泽东告诉大家:他决定不去法国。这使大家惊奇了。七八个月来,他的全部时间和精力都耗费在留法勤工俭学的宣传、组织和准备的工作上。今万事俱备,就要启程,却做出这样的决定,是很难令人理解的。"这是为什么呢?"大家这样问他。他说:"我觉得我们要有人到外国去,看些新东西,学些新道理,研究些有用的学问,拿回来改造我们的国家。同时也要有人留在本国,研究本国问题。我觉得关于自己的国家,我所知道的还太少,假使我把时间花费在本国,则对本国更为有利。"

这时,报纸上天天传来巴黎和会中我国外交失败的消息。北京、上海和全国各地的青年学生正酝酿争回青岛、反对北洋军阀政府卖国外交政策的运动。毛泽东送别了去法的朋友们,就回到长沙,以更多的时间研究时事,并向长沙的教育界、新闻界和青年学生进行各种联络活动,推动湖南学生爱国运动。

一天,毛泽东来修业小学找我,他对我说:"北京、上海等地的学生正在因外交失败消息而悲痛和愤怒,正在酝酿开展爱国运动,湖南也应该搞起来。我想在这方面做些工作。"当我知道他还没有确定居住的地方时,就劝他住到修业小学来,这地方适宜,便于与外面联系,且可以在学校里教几点钟课。他同意了。

过了几天,他将他的简单行李搬到修业学校,在高小部每周教6小时的历史课,其余时间,完全可以自由运用。

从新民学会成立后,陆续吸收了一些进步的大中学生和中小学教员做会员。长沙几个主要学校的教师和学生中差不多都有新民学会的会员。毛泽东这时分别走访了他们,讲述几个月来他个人在北京、上海的经历,并向他们介绍他所接触的一些值得敬佩的人物。谈到国内外形势时,他认为由于外交问题的影响,全国的人心都很不安,青年学生更将有具体的表示。我们新民学会会员决不可站在旁边看热闹,要立即行动起来。他又约集所有在长沙的会员到楚怡小学何叔衡那里开了半天的会。他在会上对欧战后的世界局势,南北军阀混战的情况,张敬尧在湖南所造的罪恶,以及在新思潮的激荡下全国人民的觉悟逐渐提高的事实,都做了详细的分析和说明。他还对如何组织青年学生的力量,如何与张敬尧进行斗争,也提出了他的意见。参加会议的人都觉得有很大的启发,因而增强了在长沙开展爱国运动的信心。

北京五四运动的消息传到长沙后,毛泽东除紧密和新民学会会员及各学校学生骨干分子联系外,又广泛和新闻界、教育界人士交换对时局的看法和湖南人民支援北京学生、反对卖国外交的具体意见。这些人正因受张敬尧的严密控制,爱国运动搞不起来,心情十分苦闷。听了毛泽东的话,大家觉得头脑开朗多了,都表示愿意按照他所指出的奋斗目标去努力。[1]

1919年5月中旬,邓中夏受北京学生联合会委派来到长沙。他找到毛泽东、何叔衡,向他们介绍了北京学生运动的情况,还商量重组湖南学生联合会。经过毛泽东等人的热心筹划,5月28日,新的湖南学生联合会宣告成立,由彭璜任会长。会址设在长沙落星田商业专门学校。又据萧三回忆,在此期间,毛泽东还写了一份字数不多、热情奋发的传单,号召大家行动起来。传单用几个学校学生会的名义发出。他只记得传单的头一句是:"同胞们,起来!"[2]

蒋竹如在湖南学生联合会里担任干事部部长。他回忆说:

我当时是湖南第一师范的学生,并已参加了毛泽东发起组织的新民学会。5月23日晚上,我正在一师十三班的自习室里复习功课,忽然毛泽东把我叫了出去,并告诉我:北京学生派来了两个代表——邓仲澥[3]和×××(现已记不起姓名),要求湖南学生起来罢课,和北京学生采取一致行动。两代表暂住在楚怡小学何叔衡那里。我们现在要商量一下怎样响应北京的学生运动。于是,他邀我和陈书农、张国基等几个人,到一师后山操坪里,在月光下商谈了一阵。决定通过新民学会会员的活动,每个学校推举一个或两三个代表,于25日上午到楚怡小学开会。第二天,我们便分途进行,通知各校推派代表。

5月25日上午,我和陈书农很早就到了楚怡小学。随后,各校推举的学生代表也陆续来了,其中有湖南商专的易礼容、彭璜,湖南工专的柳敏,湖南法专的夏正猷、黎宗烈,明德中学的唐耀章,雅礼学校的李振南,周南女校的魏璧、劳启荣,楚怡工业学校的朱后郑,长沙师范的缪瑞祥、高标,妙高峰中学的何培元等,共计20多人。毛泽东介绍双方的代表见面后,就请北京来的两位代表报告五四运动发生的经过情况。接着,两代表相继发言,汇报北京学生和市民群众游行示威的经过和继续罢课的目的。希望湖南学生实行总罢课,声援北京学生的爱国斗争,要求惩办曹汝霖、章宗祥、陆宗舆三个卖国贼,拒签巴黎和会通过的对德和约。大家聚精会神地听到两代表介绍天安门前5000群众集会的热烈情况,都很激动兴奋;听到火烧赵家楼(曹汝霖住宅)、痛殴章宗祥,莫不击掌称快,连说:"烧得好!""打得好!"两代表报告完毕,毛泽东便提出罢课的问题,征求大家的意见。结果一致主张罢课,和北京学生采取一致行动。随即做出决议:一、成立湖南学生联合会,作为发动罢课和统一各校学生行动的领导机构;二、到会代表散会回校后,抓紧传达北京两代表的报告内容和会议的决议事项;三、全省学联成立后,立即实行罢课。会上还酝酿讨论了全省学联的章程,主要内容是:设正副会长各一人;分评议、干事两部,各设部长一人,评议员和干事各若干人,评议员由各校派出的代表一人充当,干事部分设总务、交际、社会服务、编辑四股,各设股长一人。两天以后,各校学生代表都正式推举出来,章程也草拟好并油印出来。

5月28日上午,各校代表齐集省教育会,举行湖南学生联合会成立大会。首先逐条讨论通过了章程,然后进行选举。选举结果:法专代表夏正猷、商专代表彭璜分别当选为正副会长,商专代表易礼容当选为评议部长(干事部长姓名记不起了)。同时通过了罢课宣言。

学生联合会的会址设在落星田湖南商专,它的办事人员大多是新民学会的会员。毛泽东有时也住在商专里面,就近指导学联的各项活动。可以说,他是这个富有战斗性的新的学生组织的实际领导者。

学联成立后,曾将章程、宣言和成立大会的新闻稿,分送长沙《大公报》和其他报纸,请予刊载。结果除《大公报》把章程作为"来件"登出外,其余都被检查员扣留了,没有登出来。

学联成立的第一个任务,就是发动各校实行罢课,和北京学生采取一致行动。当时长沙各校学生的思想并不一致,大多数学生极力主张罢课;一部分学生模棱两可,采取徘徊观望的态度;少数学生反对罢课。学联开了好几次会动员酝酿,没有取得一致意见。直到6月2日召开全市学生大会,才通过决议,定于6月3日举行总罢课,并发布宣言。宣言略称:"……夫学生之求学,以卫国也。国如不存,学于何有?我湖南学生出于良心之感发,鉴于时势之要求,决议自6月3日起,全体罢课,力行救国之职责,誓为外交之后盾。"

6月3日,大多数学校罢课了,只有明德、法专和几个女学校没有罢课。法专代表黎宗烈、邱惟勤对罢课坚持甚力,带领部分同学手持木棒站岗,不许上课,终于达到了罢课的目的。经过毛泽东的耐心说服,明德也随即罢课了。法专代表夏正猷身为学联会长,而自己的学校不能带头实行学联的决议,引起了各校学生的不满,遭到攻击。他不久便辞职了,学联改选彭璜为会长,湘雅代表应元岳为副会长,长郡代表彭光球为评议部部长。在这次改选中,我被选为干事部部长。这时,五四运动的风暴席卷全国。各省重要城市工商学界,纷纷举行罢工、罢市、罢课,到处游行示威,掀起了反帝爱国斗争的高潮。[4]

1919年6月中下旬,长沙各校相继放假。毛泽东和湖南学生联合会负责人住在商业专门学校,共同商议,指导学生运动。7月9日,在毛泽东的推动下,湖南学生联合会发起成立湖南各界联合会。

在指导学生运动中,毛泽东决心将早已萌发的创办刊物的计划付诸实行。

周世钊回忆说:

从湖南的学生爱国运动进入高潮后,毛泽东常和学联的主要负责人研究提高群众觉悟、巩固革命热情的办法。认为除了加强群众的基层组织外,必须以正确的革命思想武装群众的头脑,才能推动爱国运动的继续前进。因此,有发行一种有高度政治思想性的刊物的必要。

他的意见,很快就得到大家的赞同,决定由湖南学生联合会出版一种评论性质的定期刊物,并推他负主编责任。在他紧张筹备10多天之后,一个形式内容略如当时风行全国的《每周评论》的《湘江评论》第一期于7月14日出版了。

毛泽东在他写的《创刊宣言》中说明了《湘江评论》发行的宗旨。他说:现在世界革命的潮流,是任何力量所不能阻挡的。世界上最强大的力量是全体人民联合的力量,人民应当团结起来为自己的彻底解放向强权统治作斗争。《湘江评论》的职责,就在于研究、传播和推行当前世界革命的新高潮。

创刊号的内容有西方大事述评、东方大事述评、世界杂评、湘江杂评、新文艺等等。差不多全部文章都是毛泽东写的。每篇文章都发挥着反封建、反军阀统治的思想,都洋溢着不妥协的反抗精神,读起来使人感到痛快和有力量。由于这些文章不但揭露了反动统治阶级的罪恶,而且为人民指出了斗争的方向和途径,读过这些文章之后,大家觉得累积在心头的焦虑和苦闷得到解除,眼前出现了光明和希望。有人说:"《湘江评论》就是湘江的怒吼。"有人说:"《湘江评论》就是湖南人民的声音。"有人说:"《湘江评论》才算得真正代表人民说话的刊物。"

第一期的《湘江评论》印2000份,一天就卖光,加印2000份,不到3天也卖光。从第二期起印5000份，还不能满足外地读者的需要。当时一个地方的报刊发行到这种数量，是很难的。长沙、湖南全省和武汉、广州、成都等地的青年学生、进步教师，多成了《湘江评论》的好朋友。每期出版，争相阅读。北京的《每周评论》曾在第36期上做了介绍，说："武人统治之下，能产生我们这样的一个好兄弟，真是我们意外的欢喜。""《湘江评论》的长处是在议论的一方面。《湘江评论》第2、3、4期连续登载的《民众大联合》一篇大文章，眼光很远大，议论也很痛快，确是现今的重要文字。"

毛泽东在《民众大联合》这篇文章里，指出："陆荣廷的子弹永世打不倒曹汝霖等一班奸人。而我们起而一呼，奸人就要站起来发抖，就要舍命飞跑。这是欧洲各国被压迫的人民的斗争方式；采取这种革命办法的首领，是德国的马克思。我们应该起而仿效，我们应该进行我们的大联合。"接着他又指出，"民众大联合最根本的是农民和工人的组织。农民们应该结成一个联合的组织，以谋我们种田人的种种利益。我们种田人的利益必须由我们自己去求。工人们同样要结成一个联合的组织，以谋我们工人的种种利益。其他如学生、妇女、教员……都应该根据切身的利益和要求，组织起来，进行各种改革和斗争。民众大联合必须这样建立在全国工人、农民为主体，各阶层人民都分别组织起来的基础上，才能有力量，才能胜利地进行革命斗争。"他最后还指出，"俄国十月革命成功，全世界为之震动，因而推动了欧亚两洲人民革命运动，因而发生了中国伟大的五四运动。五四运动的规模空前深广。在极短的时间内，旌旗南向，过黄河而到长江，黄浦汉皋、洞庭闽水，更起高潮。天地为之昭苏，奸邪为之辟易。由此全国人民觉醒起来：天下者我们的天下，国家者我们的国家。我们不起而斗争，谁起而斗争？刻不容缓的民众大联合，我们应该积极进行。"

《湘江评论》只编写了5期，每期绝大部分的文章都是毛泽东自己写的。刊物要出版的前几天，预约的稿子常不能收齐，只好自己动笔赶写。他日间事情既多，来找他谈问题的人也是此来彼去，写稿常在夜晚。他不避暑气的熏蒸，不顾蚊子的叮扰，挥汗疾书，夜半还不得休息。他在修业小学住的一间小楼房和我住的房子只隔一层板壁。我深夜睡醒时，从壁缝中看见他的房里灯光荧荧，知道他还在那儿赶写明天就要付印的稿子。文章写好了，他又要自己编辑、自己排版、自己校对，有时还自己到街上去叫卖。这时，他的生活仍很艰苦，修业小学给他的工资每月只有几元，吃饭以外就无余剩。他的行李也只有旧蚊帐、旧套被、旧竹席和几本兼作枕头用的书。身上的灰布长衣和白布裤，穿得很破旧。朋友想借钱给他添置点必要的衣物，都被他谢却。劝他晚上早点休息，他又总以约稿未齐、出版期迫、不得不多写几篇、少睡几点钟没有关系来回答。

当时热烈欢迎《湘江评论》的人虽多，但恨《湘江评论》骂《湘江评论》的人也不少。他们认为《湘江评论》提倡男女平权、劳工神圣、反对旧礼教、批评孔夫子，是邪说异端、大逆不道。长沙有一家报纸骂《湘江评论》是怪人怪论。

以张敬尧为首的军阀统治集团，则以《湘江评论》正面与他们为敌，公开地批评他们，反对他们，千方百计加以摧毁。他们造出了欺骗群众的谣言说："过激派到了湖南，不得了！"派军警到承印《湘江评论》的湘鄂印刷公司检查、捣乱。等到第五期还在印刷时，就横暴地封闭了湖南学生联合会和《湘江评论》。

《湘江评论》虽然只出版了四期，刊行时间也只1个多月，但它的影响却很深远：不但启发了人民的革命思想，鼓舞了青年的革命斗志，也为各学校、团体办刊物开辟了道路，树立了榜样，使它们如雨后春笋一样地产生出来。在《湘江评论》和各种各样刊物宣传鼓舞下，湖南人民的觉悟提高了，青年斗争的方向逐渐明确了，因此更进一步开展了爱国运动，为此后的驱张运动、工人运动打好了思想基础。[5]

蒋竹如也回忆说：

学联在开展上述种种活动之外，还掀起了反对旧礼教提倡新文化运动。1919年6月10日，学联发行的《救国周刊》在长沙出刊了。除登载有关反日爱国活动的新闻报道外，并著文抨击旧礼教，宣扬新文化。为了巩固群众的革命热情，提高群众的政治觉悟，推动反帝反封建斗争的进一步发展，在毛泽东的提议下，学联通过决议，创办《湘江评论》，推毛泽东负责主编。《湘江评论》创刊号于7月14日出版，好些文章都是毛泽东一手写成的。他那时在修业小学教三班历史课，常在深夜为刊物写稿，每期稿件都由我去接取付印。第1、2期各印2000份，3期3000份，4期5000份。除留少部分赠阅、交换和保存外，大部分由学联组成的卖报小组拿到街头叫卖。每份售价双铜元1枚。

《湘江评论》是当时长沙出版的各种刊物中思想性最高、战斗力最强的一种，在全国范围内博得好评。北京《每周评论》著文介绍，说："《湘江评论》的长处是在议论一方面。第2、3、4期的《民众大联合》，是一篇大文章；眼光很远大，议论很痛快，确是现今的重要文字。"这篇长篇论文，就是毛泽东撰写的。由于《湘江评论》宣传了彻底的不妥协的反帝反封建反军阀统治的思想，使得张敬尧大为震惊，坐立不安，于是，又拿出他那套查禁封锁的老办法来了。8月中旬，第5期刚刚印好，还未来得及发行，张敬尧派来了军警，闯进商专，封闭了学联和《湘江评论》。我们事先得到了风声，把学联的文件、印章和未卖完的各期《湘江评论》，一篮一箩地转移到河西的湖南大学筹备处去了。学联虽被封闭了，但我们并未被军阀张敬尧的淫威所吓倒。从此以后，毛泽东和学联其他负责人搬到湖大筹备处，继续进行革命活动，对张敬尧的黑暗统治，进行揭露和抨击。[6]

唐耀章回忆说：

7月中旬的一天，毛泽东负责主编、以学联名义发行的《湘江评论》在长沙创刊了。这是湖南思想界升起的一面贯彻着"五四"反帝反封建革命精神的鲜艳红旗，开辟了湖南新文化运动的新纪元。《湘江评论》完全用白话，从内容到形式都显示出崭新的战斗姿态。广大群众热烈欢呼《湘江评论》的创刊，各校青年争先购读，奔走相告。记得我当时从落星田学联领取50份《湘江评论》到街头叫卖，刚走到东长街就抢购一空。在《湘江评论》创刊前后，传播新思潮的小型白话刊物纷纷出现，《明德旬刊》也紧接着出版，由我与何硕曼主编。我在旬刊第一期写了一篇《欢呼〈湘江评论〉出刊》的文章，开头有这样一段："《湘江评论》出刊了，太阳升起来了，照亮了我们的眼睛；警钟响起来了，震动了我们的耳鼓；启聋发聩，指示了我们前进的方向。我们要向强权作斗争，我们要摔掉吃人的礼教的枷锁。奴隶般的教育，我们不要了。湖南的青年们站起来了，在《湘江评论》的启发下，做推动新文化、新思潮的先锋，一齐奔向反帝反封建的前线。"这番话应说是当时广大青年共同的心声。其他各校先后出版的刊物有10余种，以湘雅医专的《新湖南》、周南女校的《女界钟》为最突出，蔚成新风。《湘江评论》的发行部设在商专的三楼，由李凤池负责。各地读者争相订阅，每期销数在5000份以上。出到第5期，触怒了张敬尧，认为是宣传"过激主义"，大逆不道，并趁机大打出手，派武装军警到商专查封，同时封闭了湖南学联。各校学生会发行的周刊曾成立一个独立的联合会。各派代表1名参加，我是《明德旬刊》的代表；在毛泽东领导下，每周开会一次，安排内容，力求步调一致，以增加宣传的力量。不久，这些生气勃勃的周刊也陆续被张敬尧所扼杀。这样，这个凶恶的军阀统治者也就引火自焚了。[7]

易礼容也是新民学会的早期会员。他回忆毛泽东创办《湘江评论》的情景时说：

1919年4月毛泽东从北京回到长沙，当时商业专门学校学生彭璜任湖南学生联合会会长，由他出面商请毛泽东主编湖南学生联合会会刊，定名《湘江评论》。学联会设在长沙落星田商专校内，学校头门墙壁上高高挂起木刻湖南学生联合会会牌。毛泽东住宿在商专教员宿舍内。记得一天早上我去他的住室看望他，朝阳正照在他的夏布蚊帐上，他还未睡醒（当然是夜间工作误了睡眠），我揭开他的帐子看，不料惊动了几十只臭虫，它们在他用作枕头的暗黄色线装书上乱窜，每一只都显得肚皮饱满。想来，不止一夜、十夜臭虫饱尝了主编《湘江评论》的人的血！《湘江评论》只出版了5期就被张敬尧勒令印刷厂停止印刷而停刊了，它就陪伴着会牌被打碎的湖南学生联合会，不能公开活动了！[8]

《湘江评论》是一张小型的四开四版的报纸，报头旁边写着"发行所湖南学生联合会"，是该会的周报。设有"东方大事述评""西方大事述评""世界杂评""湘江大事述评""湘江杂评""放言""新文艺"等栏目。《湘江评论》前后共出5号，第2号附有"临时增刊"。毛泽东在前4号和临时增刊上共发表文章41篇。

《湘江评论》以"宣传最新思潮为主旨"。1919年7月14日，毛泽东在第1号上发表《〈湘江评论〉创刊宣言》，明确申明这一主旨。

《湘江评论》创刊宣言（1919年7月14日）

自"世界革命"的呼声大倡，"人类解放"的运动猛进，从前吾人所不置疑的问题，所不遽取的方法，多所畏缩的说话，于今都要一改旧观，不疑者疑，不取者取，多畏缩者不畏缩了。这种潮流，任是什么力量，不能阻住。任是什么人物，不能不受他的软化。

世界什么问题最大？吃饭问题最大。什么力量最强？民众联合的力量最强。什么不要怕？天不要怕，鬼不要怕，死人不要怕，官僚不要怕，军阀不要怕，资本家不要怕。

自文艺复兴，思想解放，"人类应如何生活"成了一个绝大的问题。从这个问题，加以研究，就得了"应该那样生活""不应该这样生活"的结论。一些学者倡之，大多民众和之，就成功或将要成功许多方面的改革。

见于宗教方面，为"宗教改革"，结果得了信教自由。见于文学方面，由贵族的文学，古典的文学，新兴的文学，变为平民的文学，现代的文学，有生命的文学。见于政治方面，由独裁政治，变为代议政治。由有很（限）制的选举，变为没限制的选举。见于社会方面，由少数阶级专制的黑暗社会，变为全体人民自由发展的光明社会。见于教育方面，为平民教育主义。见于经济方面，为劳获平均主义。见于思想方面，为实验主义。见于国际方面，为国际同盟。

各种改革，一言蔽之，"由强权得自由"而已。各种对抗强权的根本主义，为"平民主义"（兑莫克拉西。一作民本主义，民主主义，庶民主义）。宗教的强权，文学的强权，政治的强权，社会的强权，教育的强权，经济的强权，思想的强权，国际的强权，丝毫没有存在的余地。都要借平民主义的高呼，将他打倒。

如何打倒的方法，则有二说，一急烈的，一温和的。两样方法，我们应有一番选择。（一）我们承认强权者都是人，都是我们的同类。滥用强权，是他们不自觉的误谬与不幸，是旧社会旧思想传染他们遗害他们。（二）用强权打倒强权，结果仍然得到强权。不但自相矛盾，并且毫无效力。欧洲的"同盟""协约"战争，我国的"南""北"战争[9]，都是这一类。

所以我们的见解，在学术方面，主张彻底研究。不受一切传说和迷信的束缚，要寻着什么是真理。在对人的方面，主张群众联合，向强权者为持续的"忠告运动"。实行"呼声革命"——面包的呼声，自由的呼声，平等的呼声——"无血革命"。不至张起大扰乱，行那没效果的"炸弹革命""有血革命"。

国际的强权，迫上了我们的眉睫，就是日本。罢课，罢市，罢工，排货，种种运动，就是直接间接对付强权日本有效的方法。

至于湘江，乃地球上东半球东方的一条江。他的水很清。他的流很长。住在这江上和他邻近的民族，浑浑噩噩。世界上的事情，很少懂得。他们没有有组织的社会，人人自营散处。只知有最狭的一己，和最短的一时，共同生活，久远观念，多半未曾梦见。他们的政治，只知道私争。他们被外界的大潮卷急了，也辨（办）了些教育，却无甚效力。一班官僚式教育家，死死盘踞，把学校当监狱，待学生如囚徒。他们的产业没有开发。他们中也有一些有用人才，在各国各地方学好了学问和艺术。但没有给他们用武的余地，闭锁一个洞庭湖，将他们轻轻挡住。他们的部落思想又很厉害，实行湖南饭湖南人吃的主义，教育实业界不能多多容纳异材。他们的脑子贫弱而又腐败，有增益改良的必要，没人提倡。他们正在求学的青年，很多，很有为，没人用有效的方法，将种种有益的新知识新艺术启导他们。咳！湘江湘江！你真枉存在于地球上。

时机到了！世界的大潮卷得更急了！洞庭湖的闸门动了，且开了！浩浩荡荡的新思潮业已奔腾澎湃于湘江两岸了！顺他的生。逆他的死。如何承受他？如何传播他？如何研究他？如何施行他？这是我们全体湘人最切最要的大问题，也是"湘江"出世最切最要的大任务。

1919年8月18日，《湘江评论》被张敬尧查封，《湘江评论》第5号全部被当局没收。然而，政治高压并不能阻挡进步思潮的传播。在毛泽东的主持和影响下，湘雅医学专科学校的《新湖南》、女子中学的《女界钟》等继续发挥着重要作用。为了统一各校周刊的宣传，毛泽东还提议成立学生周报联合会，由他和《岳麓周刊》主编曹典琦、《甲工周刊》主编符狄梁、《明德周刊》主编唐耀章、《新湖南》主编龙伯坚组成。

《新湖南》，原是长沙湘雅医学专科学校学生自治会会刊。《湘江评论》查封不久，毛泽东应龙伯坚的邀请，出任《新湖南》总编辑。

1919年9月5日，毛泽东写信给黎锦熙，信中说：

邵西先生：

来示敬悉，承奖甚愧。《湘江评论》出至第5号被禁停刊。第5号已寄来尊处，谅经接到。此间有一种《新湖南》，第7号以后归弟编辑，现正在改组，半月后可以出版,彼时当奉寄一份以就指正。《民铎》六号所登大著《国语学之研究》〔10〕,读之益我不少,与同号《俄罗斯文学思潮之一瞥》同可谓近数年来不多见的大文章。国语这个问题,弟亦颇想研究。我是学教育的一个人,谈到教育,可便说非将国语教科书编成,没有办法。要想研究,难的又是材料搜集。关于"国语"的材料,先生遇着,千万惠给一点。长沙的留法班有成立的希望。留法一事,算是湖南教育界一个新生命,先生原是注意这事的。再《平民》已收到了好几份。

泽东
一九一九年九月五日从修业学校寄

周世钊回忆说:

和全国各地一样,在五四运动的影响下,湖南省内以推动爱国和新文化运动为目的的小型刊物风起云涌地在各级学校刊行。中学的有《明德周刊》《岳云周刊》《女界钟》等,大学的有高工的《岳麓周刊》、湘雅医学院的《新湖南》等,不下数十上百种。大学的刊物以《新湖南》的刊行有着特别的意义。

湘雅医学院是美帝国主义在中国办的学校。它一贯向中国学生进行亲美、崇美的奴化教育,使其为它的殖民主义服务。多数学生受这种教育的熏染既久,除开读点死书,为个人的名利打算外,从来不大关心国家大事,对政治斗争、社会改革更不感兴趣。但是,五四运动这股汹涌澎湃的浪潮,很快就冲进了湖南,冲进了湘雅。这个平静得像古井似的殖民主义教育场所,也泛起了壮阔的波澜,一些参加了当时爱国运动的学生,居然也办起反对旧礼教、提倡新文化的刊物来了。

1919年1月15日,他们的《新湖南》创刊号出版。他们在发刊词里提出的六项宗旨是:一、反对旧礼教、提倡新道德;二、改造家族制;三、提倡男女平权;四、提倡劳工、反对分利坐食;五、提倡平民教育、反对阶级制度;六、灌输卫生常识。创刊号的几篇文章,主要谈了妇女解放、劳工神圣、废除遗产制度、促进平民教育几个问题。这是他们改革社会的主张,也是他们"新湖南以新中国"的理想。

从来不关心国家社会问题的学生,能够像这样提出改革社会的要求和建设新湖南的理想,应该说是难能可贵的了。

但是他们虽然提出了改革社会的口号,却又在征稿启事中要求来稿的言论不涉及政治。他们想脱离政治来改造社会,显然是一种糊涂思想!

不久,学院放了暑假,没有几个人能继续替《新湖南》写稿。

这时,《湘江评论》已被禁止发行,湘雅学生自治会负责人征得毛泽东同意,从第7期起由他主持编辑。他决心把这个刊物办好,在第7期上写了一篇刷新宣言，说："本报第7期以后的宗旨是：一、批评社会，二、改造思想，三、介绍学术，四、讨论问题。第七期以后的本报，同人尽其力之所能，本着这四个宗旨去做：'成败利钝'，自然非我们所顾。因为我们的信条是：什么都可以牺牲，惟宗旨绝对不能牺牲！"

他为了使《新湖南》周刊能够继承《湘江评论》的精神，每期都写一篇较长的政治论文。同时，对张敬尧的横暴统治做正面的抨击；对当时国际、国内和本省一些重大问题，写出些分析批判的评论和杂感，使读者得到极大的启发和教育。

第7期的重要文章有：《社会主义是什么？无政府主义是什么？》《评新中国杂志》《哭每周评论》《工读问题》等。内容和形式都与第六期以前迥然不同。大家觉得《湘江评论》复活了！

张敬尧对于反对他的报刊是不允许存在的，所以毛泽东主编的《新湖南》才出了5期，就被迫停刊。虽然只是短短的5期，但已替《新湖南》周刊增添了永不磨灭的光彩，给当时的湖南大学生指出了奋斗的途径。[11]

《女界钟》也是五四时期湖南的一家进步刊物。主编周敦祥回忆说：

那是60年前的钟声，是五四运动在湖南省的轰鸣，它的创刊是根据新民学会以革新学术、砥砺品行、改良人心、风俗为宗旨，由我和劳君展、魏璧三会友办起来的。它作为《湘江评论》的补充，发出了湖南女界自己争平等、求解放的怒吼。

……

一天我们议论着这件事，有人说："《湘江评论》停刊了，我们不能换个名字出版吗？"

"对，我们就出个女子的刊物吧！"

这个意见很快就得到大家的赞同。起个什么刊名呢？我们七嘴八舌地议论开了，一个同志提议，叫《女界钟》吧！钟声是唤起人们的声音，女界钟又是唤醒妇女的声音，这是多么合适的名字啊！事后大家推选我当总编辑，可是我还是个学生！学历浅，没有经验，心里总感到害怕，总怕办不好。

有一天我放了学回家，正在为办《女界钟》发愁，不想毛泽东听说我办刊物还有些胆怯，特意前来鼓励我。他说："你怕什么，好好搞吧，我们支持你呢！"《女界钟》有了这个有力的支持，我的胆子壮起来了，大约在10月中下旬终于出版了，这是湖南省妇女界的第一声呐喊，它在长沙城里长鸣！

从此《女界钟》就担负起向妇女传播新思想、新文化的任务，唤起更多的妇女冲破孔孟之道、"三纲五常"、"三从四德"的藩篱，走上为自由解放而斗争的道路，毛泽东不仅勉励我树立信心，而且还给这个周刊写文章，支持把它办好。记得他给《女界钟》写的第一篇文章的中心思想，是论述妇女要实现经济独立,这篇文章是为赵五贞自杀事件而出特刊写的。

赵五贞是一位年轻姑娘,在五四运动倡导的新思想、新文化的熏陶下,她不满于封建包办婚姻,在被迫出嫁时,坐在花轿里自杀了。当时我们从调查中知道,她在出嫁前曾经对她嫂子说过:"女子在家从父,出嫁从夫,夫死从子,做女子真是背时呵!"过门那天,她请求花轿要从住在远一点的南门外的姐姐家门口过。终于,她怀着对婚姻自由的憧憬,在花轿里用剃刀自刎而死。这是对封建包办婚姻的反抗,用鲜血控诉了孔孟之道的罪恶。

这件悲愤的事情发生以后,毛泽东建议《女界钟》出一特刊附于《女界钟》第4期,陈启民帮我编辑,陶毅、周世钊等写了文章,主张改革父母包办的封建婚姻制度,代之以婚姻自主、自由恋爱。湖南《大公报》也展开了讨论,在先后发表的20多篇文章中,有的不仅提出了要改革婚姻制度,而且涉及改革社会制度这一根本问题,因此在长沙市引起了很大的震动。

《女界钟》在湖南敲响了捣毁"孔家店",砸碎"三纲五常""三从四德"的枷锁的钟声。它提倡科学和民主,反对男尊女卑,要求男女平权,教育平等,婚姻自主,社交公开,主张妇女经济独立,同时,反对蓄婢缠足,向社会上展开宣传教育。记得我们还对一些财主家的婢女做过宣传,结果有一个婢女逃出了火坑,同她心爱的人结婚去了。

妇女解放斗争的钟声,使敌人胆战心惊,《女界钟》大概出了4至5期,就被军阀下令封闭了。但是斗争的钟声却是他们封锁不住的,妇女们越来越多地走上了求解放的道路。有的女同学因为参加争取妇女解放活动而被学校当局"默退"后毫不畏惧地冲出男女分校的规范,到男校去读书;一些女同学还参加了新民学会……[12]

1919年八九月间,毛泽东曾设想成立一个问题研究会,以研究现代人生诸问题。这个设想因种种原因,未能实现。他曾将自己的想法写成《问题研究会章程》,并寄给邓中夏征求意见。同年10月23日,邓中夏在《北京大学日刊》第467号上发表启事,全文刊登了这个章程。这份珍贵的历史文献也因此而得以保存下来。

邓康启事

我的朋友毛君泽东,从长沙寄来《问题研究会章程》一余张。在北京的朋友看了,都说很好。有研究的必要,各向我要了一份去。现在我只剩下一份,要的人还不少,我就借本校日刊登出,以答关心现代问题解决的诸君的雅意。

问题研究会章程

第一条 凡事或理之为现代人生所必需,或不必需,而均尚未得适当之解决，致影响于现代人生之进步者，成为问题。同人今设一会，注重解决如斯之问题，先从研究入手，定名问题研究会。

第二条 下列各种问题及其他认为有研究价值续行加入之问题，为本会研究之问题。

（一）教育问题——

（1）教育普及问题（强迫教育问题）；（2）中等教育问题；（3）专门教育问题；（4）大学教育问题；（5）社会教育问题；（6）国语教科书编纂问题；（7）中等学校国文科教授问题；（8）不惩罚问题；（9）废止学校问题；（10）各级教授法改良问题；（11）小学教师知识健康及薪金问题；（12）公共体育场建设问题；（13）公共娱乐场建设问题；（14）公共图书馆建设问题；（15）学制改订问题；（16）大派留学生问题；（17）杜威教育说如何实施问题。

（二）女子问题——

（1）女子参政问题；（2）女子教育问题；（3）女子职业问题；（4）女子交际问题；（5）贞操问题；（6）恋爱自由及恋爱神圣问题；（7）男女同校问题；（8）女子修饰问题；（9）家庭教育问题；（10）姑媳同居问题；（11）废娼问题；（12）废妾问题；（13）放足问题；（14）公共育儿院设置问题；（15）公共蒙养院设置问题；（16）私生儿待遇问题；（17）避妊问题。

（三）国语问题（白话文问题）

（四）孔子问题

（五）东西文明会合问题

（六）婚姻制度改良及婚姻制度应否废弃问题

（七）家族制度改良及家族制度应否废弃问题

（八）国家制度改良及国家制度应否废弃问题

（九）宗教改良及宗教应否废弃问题

（十）劳动问题——

（1）劳动时间问题；（2）劳工教育问题；（3）劳工住房及娱乐问题；（4）劳工失职处置问题；（5）工值问题；（6）小儿劳作问题；（7）男女工值平等问题；（8）劳工组合问题；（9）国际劳动同盟问题；（10）劳农干政问题；（11）强制劳动问题；（12）余剩均分问题；（13）生产机关公有问题；（14）工人退职年金问题；（15）遗产归公问题（附）。

（十一）民族自决问题

（十二）经济自由问题

（十三）海洋自由问题

（十四）军备限制问题

（十五）国际联盟问题

（十六）自由移民问题

（十七）人种平等问题

（十八）社会主义能否实施问题

（十九）民众的联合如何进行问题

（二十）勤工俭学主义如何普及问题

（二一）俄国问题

（二二）德国问题

（二三）奥匈问题

（二四）印度自治问题

（二五）爱尔兰独立问题

（二六）土耳其分裂问题

（二七）埃及骚乱问题

（二八）处置德皇问题

（二九）重建比利时问题

（三十）重建东部法国问题

（三一）德殖民地处置问题

（三二）港湾公有问题

（三三）飞渡大西洋问题

（三四）飞渡太平洋问题

（三五）飞渡天山问题

（三六）白令英吉利直布罗陀三峡凿隧通车问题

（三七）西伯利亚问题

（三八）斐律宾[13]独立问题

（三九）日本粮食问题

（四十）日本问题

（四一）朝鲜问题

（四二）山东问题

（四三）湖南问题

（四四）废督问题

（四五）裁兵问题

（四六）国防军问题

（四七）新旧国会问题

（四八）铁路统一问题（撤销势力范围问题）

（四九）满洲问题

（五十）蒙古问题

（五一）西藏问题

（五二）退回庚子赔款问题

（五三）华工问题——

（1）华工教育问题；（2）华工储蓄问题；（3）华工归国后安置问题。

（五四）地方自治问题

（五五）中央地方集权分权问题

（五六）两院制一院制问题

（五七）普通选举问题

（五八）大总统权限问题

（五九）文法官考试问题

（六十）澄清贿赂问题

（六一）合议制的内阁问题

（六二）实业问题——

（1）蚕丝改良问题；（2）茶产改良问题；（3）种棉改良问题；（4）造林问题；（5）开矿问题；（6）纱厂及布厂多设问题；（7）海外贸易经营问题；（8）国民工厂设立问题。

（六三）交通问题——

（1）铁路改良问题；（2）铁路大借外款广行添筑问题；（3）无线电台建设问题；（4）海陆电线添设问题；（5）航业扩张问题；（6）商埠马路建筑问题；（7）乡村汽车路建筑问题。

（六四）财政问题——

（1）外债偿还问题；（2）外债添借问题；（3）内债偿还及加募问题；（4）裁厘加税问题；（5）盐务整顿问题；（6）京省财权划分问题；（7）税制整顿问题；（8）清丈田亩问题；（9）田赋均一及加征问题。

（六五）经济问题——

（1）币制本位问题；（2）中央银行确立问题；（3）收还纸币问题；（4）国民银行设立问题；（5）国民储蓄问题。

（六六）司法独立问题

（六七）领事裁判权取消问题

（六八）商市公园设建问题

（六九）模范村问题

（七十）西南自治问题

（七一）联邦制应否施行问题

第三条　问题之研究，须以学理为根据。因此在各种问题研究之先，须为各种主义之研究。下列各种主义，为特须注重研究之主义——

（一）哲学上之主义

（二）伦理上之主义

（三）教育上之主义

（四）宗教上之主义

（五）文学上之主义

（六）美术上之主义

（七）政治上之主义

（八）经济上之主义

（九）法律上之主义

（十）科学上之规律

第四条　问题不论发生之大小，只须含有较广之普遍性，即可提出研究，如日本问题之类。

第五条　问题之研究，有须实地调查者，须实地调查之，如华工问题之类。无须实地调查，及一时不能实地调查者，则从书册、杂志、新闻纸三项着手研究，如孔子问题及三海峡凿隧通车问题之类。

第六条　问题之研究，注重有关系于现代人生者。然在未来而可以预测之问题，亦注意之问题。在古代与现代及未来毫无关系者，则不注意。

第七条　问题研究之方式分为三种——

（一）一人独自之研究

（二）二人以上开研究会之研究

（三）二人以上不在一地用通函之研究

第八条　问题研究会，只限于"以学理解决问题"。"以实行解决问题"，属于问题研究会以外。

第九条　不论何人有心研究一个以上之问题，而愿与问题研究会生交涉者，即为问题研究会会员。

第十条　会与会员间，会员与会员间，只限于"问题研究"之一点，有关此外之关系，属于问题研究会以外。

第十一条　问题研究会，设书记两人，办理会中事务。

第十二条　问题研究会，于中华民国八年西历1919年9月1日成立。问题研究会章程，即于是日订定，且发布。

1966年4月20日，周世钊回忆说：问题研究会"是拟划中的东西，它没有会员、组织，也没有开过什么会"。会章"是毛泽东草拟的"，所列问题"全由毛泽东提出"。尽管如此，它毕竟表示了毛泽东当时对国际、国内大事的思考。

发起驱张运动

五四爱国运动后期，毛泽东在湖南发起驱张运动，将反帝反封建的爱国民主运动再次推向高潮。在领导驱张运动期间，毛泽东第二次来到北京，他的思想深处正酝酿着一次根本性的变化，酝酿着一次飞跃。

张敬尧是湖南督军兼省长，字勋臣，安徽霍邱人。曾任过北洋军第七师师长，苏鲁豫皖四省边境剿匪督办，是一位典型的封建军阀。

1919年12月2日，新组建的湖南学生联合会联合各界，在省教育会坪举行第二次焚毁日货示威大会，被张敬尧派其弟张敬汤率兵驱散。一场声势浩大的驱张运动由此揭开帷幕。

萧三回忆说：

张敬尧在湖南的统治愈加横暴、凶恶，剥削压迫愈加残酷，湖南人的反抗就愈加激烈。10多万北兵在湖南各县"清乡"，杀人、放火、掳丁、派伕、强奸妇女、抢劫牲畜、财物……使得人民叫苦连天，全省各阶层的人都痛恨"张毒"。

湖南的某些士绅阶级、政界名流，早就在省外——上海等地进行过反对张敬尧的活动，但是他们没有本省人民群众运动做基础，所以只起了点宣传的作用。

那时，在五四运动的影响之下，在毛泽东主编的《湘江评论》《新湖南》等报刊的启发和号召之下，全省的人民群众，首先是知识青年学生群众和文化教育界都动员起来了，反张运动渐渐成为真正的群众行动。

湖南学生联合会和《湘江评论》等期刊虽然已被封禁，但一批积极分子仍然在毛泽东领导之下做秘密的活动——首先是驱张运动。

11月里，湖南学联发出"再组宣言"，继续公开活动。12月初又在长沙教育会坪举行了一次焚毁日货的示威大会。这次除学生外，工人、店员也参加了。张敬尧的四弟张敬汤骑着马，带着一营队伍来镇压。他破口大骂男女学生为男女土匪，湖南人都是土匪，并且叫兵士把台上的人拖下地来，要他们跪下，打他们的耳光……

这是对学生、教育界以及全湖南人一种很大的侮辱。人们已经到了忍无可忍的程度！

这时候北洋军阀内部，直系和皖系起了激烈的冲突。直系的吴佩孚在进攻湖南时本是很出力而有"功劳"的，但湖南省长兼督军的位置却被皖系张敬尧占去了，吴佩孚只被派驻衡阳，心里很不高兴。驻在常德的冯玉祥对张敬尧也表示不满。

毛泽东分析了这种情况，认为张敬尧已处于孤立的地位，驱逐他出湖南的时机已经成熟。现在只要人民组织起来，行动起来，就可以达到驱张的目的。首先就是学生和教育界的有组织的行动。

焚毁日货时，湖南人受了很大的侮辱，这是一个导火线。毛泽东领导新民学会的会员们和学联的积极分子，商量发动全省学校总罢课，联络省内省外的力量开展驱逐张敬尧的运动。经过他们的日夜紧张活动，全省各学校的学生一致罢课表示反张。湖南学联用中等以上学校13 000个学生的名义发出宣言："张毒一日不去，学生一日不返校。"

这一行动得到全省各界的同情。〔14〕

周世钊的回忆更为详细生动：

提起张敬尧，湖南人民没有一个不切齿痛恨的。一般人谥他为毒，比他为虎，恨他更远在汤芗铭、傅良佐一些统治湖南的北洋军阀之上。他从1918年的夏天打败谭浩明，做了湖南督军兼省长之后，没有做过一件好事情。他放纵他所带来的"北兵"到处奸淫、掳掠、放火、杀人。他们到哪里，哪里的商人就得停止营业，农民就逼得不敢种田。纵在风雨之夜，也要藏躲到深山密林中去；如果没有躲藏得及，落入了他们的手中，就一定要受到凌辱、劫夺和种种难以想象的痛苦。常常弄得几十里内空无人烟。长沙城内城外和附近郊区，也常常发生商店被抢劫、妇女被轮奸、居民被惨杀的案件，见之于长沙报纸上记载的一年之间不下五六十起。他想尽一切办法刮钱，除大量贩运鸦片、巧立名目加收盐税之外，还设立裕湘银行、日新银号，滥发纸币。单以铜元票来说，就发出1万万串以上，银元票发行量也极大。纸币既不兑现，自然就一再贬值，1钱买不到3根油条。教育经费常拖欠五六个月不发，公立学校的师生，常至断炊。弄得学生退学，教师罢课，学校纷纷关门。他的3个兄弟敬舜、敬禹、敬汤，倚仗兵势，助桀为虐，招权纳贿，横行霸道。人民群众这样形容他们："堂堂乎张，尧舜禹汤。一二三四，虎豹豺狼。"大家发出悲痛的呼声："张毒不除，湖南无望。"

毛泽东看到张敬尧的罪恶与日俱增，人民的痛苦到了不可再忍的程度，于是在《湘江评论》被封后就开始进行驱逐张敬尧的秘密活动。他领导被封复组的湖南学生联合会，借检查日货，以坚持反日爱国运动，并与张敬尧对抗。到了1919年12月2日，因张敬尧张敬汤兄弟压迫人民的爱国运动，阻止焚烧日货，侮辱学生代表，于是大规模公开的驱张运动爆发了。

早几天，湖南国货维持会学生调查组在火车站起获了同仁裕等各家所购进日货布匹、南货，数量很多。经评议部议决，于12月2日举行游行示威后，将所起获的日货全部焚毁。

  这天天气晴朗。修业学校的中小学的学生和教师，刚吃过早饭就急忙整队出发，去参加示威游行。冬天的太阳照在年轻人绯红的脸上，照出他们内心的愤怒和兴奋。学校的队伍跟着游行大队，走过东长街、青石桥、八角亭、坡子街、西长街，向教育会坪前进。大队的前面，由军乐队引导。一些身强力壮的纠察队员抬着要焚烧的日货走在军乐队后面。男女学生约5000人走在纠察队后面。大队的两边，学生用手挽着用日货布匹联成的长布条，正像出丧时送葬人执绋一样。队伍走过洋货店门口时，"抵制日货""打倒奸商"的口号叫得特别响亮。洋货店悬挂放盘赠彩、七折八扣等旗帜的，都被取掉。下午1时，游行示威的队伍已经齐集在教育会坪。一大堆日货摆放在坪中央，学生和旁观的将达万人，围绕着日货站成多层的圈圈，等候着日货的焚毁。

  正当学联负责人和各校学生代表站在特设的台上讲演焚毁日货的意义时，张敬尧的参谋长张敬汤穿着长袍，骑着马，带领一营兵，一连大刀队，冲进坪中，指挥他的兵从内外两面将学生紧紧围住。他自己往台上一站，破口大骂："放火、抢东西，就是土匪；男学生是男土匪，女学生是女土匪。对土匪还要讲道理吗？打啦，办啦，就是道理！"讲到这里，他叫大刀队压着在台上的学生代表跪下，并打他们的耳光。他又在台上顿足大呼："坪中的学生都回去，不许停留！"几百个兵立即用枪上的刺刀对着学生的胸膛，逼着他们离开会场。全体学生带着愤怒的心情回到学校。大家觉得今天受了极大的侮辱，难堪到了极点；但不知怎么办才好。

  当天晚上，毛泽东约集了学联负责人和一部分学校的学生代表商量发动全省学校总罢课，联络省内省外的力量开展驱逐张敬尧的运动。他向大家分析了当时的形势，认为驱张已经具备了有利条件：青年学生的愤怒，全湖南省人民的愤怒，全国舆论的抨击，直皖两系狗咬狗的斗争，都使张完全陷入孤立，陷于四面楚歌之中，这回的压迫爱国运动，侮辱学生，更是引火自焚的举动。我们必须利用这个有利时机，坚决把张敬尧赶走，从水深火热中救出湖南3000万人的生命。

  学联的干部连日四处活动，酝酿学校总罢课。但有一部分教师和学生对罢课、驱张抱着怀疑观望的态度；有的主张驱张，但不主张罢课。针对这种情况，毛泽东认为第一步要说服教师，第二步要说服学生。于是，他和湖南健学会一些骨干分子如陈润霖、张孝敏、易培基、赵鸿钧等商量，由健学会召集会员开会，统一对罢课驱张的认识。健学会的会员多半是各校比较有威望的校长、教师，由他们发动其他教师，进一步发动学生，容易发生效果。他又在学联召开的各校学生代表会上讲了话。他说："反对张敬尧的斗争，就是反对帝国主义的斗争，就是反对卖国政府、封建军阀的斗争，也就是此时此地的具体的爱国行动。平时大家都赞成爱国，赞成改造社会，现在就到了实际行动的时候了！"他激动的感情，坚定的语气，使大家感动，对表决总罢课起了决定性的作用。除福湘、艺芳两女校外，长沙全体专科学校、中学、师范和一部分小学相继罢课，学联代表中学以上的学校的13 000多名学生发布了"张毒一日不出湘，学生一日不返校"的宣言。[15]

1919年12月3日左右，毛泽东做出组织赴北京等地驱张请愿代表团的决定。12月6日，赴京请愿代表团离开长沙北上。

蒋竹如回忆说：

12月3日下午，毛泽东和新民学会会员周世钊等都在白沙井枫树亭易培基家里开会，我也参加了。毛泽东是会议主持人，对形势做了透彻的分析。决议发动各校学生长期罢课，组织驱张请愿代表团，分赴北京、衡阳、常德三地活动，利用各方面力量驱逐张敬尧。会后，毛泽东嘱我立即去学联布置全市学生罢课运动，尽先组织赴京代表团。我到学联没有找到徐庆誉、张国基，便和评议部长彭光球商量好，马上发出通知，请各校学联代表于4日上午到学联开会。届时，各校代表到齐了，正副会长及各部负责人都到了。会上，我提出了枫树亭的决议。接着彭光球发言，他慷慨陈词，赞成罢课。随后各校代表相继发言，意见有分歧，但绝大多数是赞成罢课的。最后通过决议：一、组织驱张学生请愿代表团赴北京请愿，要求撤惩张敬尧；二、各校在12月6日一律罢课，同学自动回家，不许走漏消息；三、长期罢课，张敬尧不离湖南，学生不回校；四、各校学联代表向学校当局交涉退还伙食费，作为学生回家旅费。

我回到第一师范，当晚即召开了全校学生大会，通过学联的决议。并由大会推举我和钟秀两人为赴京请愿代表团代表。会后，我向一师当局交涉，退出学生入学时所交押金，作为罢课后回家的旅费。12月6日，一师学生全体罢课，各人捆好行李回家去了。其他学校学生，绝大多数也都罢课回家了。张敬尧对学生的行动是很注意的，防范严密。学联怕走漏消息，影响代表行动，便通知各校参加请愿的代表，于6日下午起分批出发，尽快离开长沙。

先是，在学联决定长期罢课的那天晚上，派了易礼容代表先赴汉口明德大学商借两间房子，作为代表团在汉口停留的地方。因为毛泽东在长沙布置后方工作和组织赴衡阳、常德的请愿代表团，不能同我们去京的代表一道行动，我们需要在汉口等他，这是他亲自布置的。

我们自长沙出发前，毛泽东还邀集大家谈了一次话，主要是如何检点行动，避开张敬尧的耳目。因此，我们分作好几批出发，每批二三人或三四人不等，彼此不打招呼。我们到汉口后住在明德大学，和旅鄂湘籍学生取得了联系，得到他们的同情和支持。随后，毛泽东来了，于12月17日继续乘车北上。到京后，全体

代表住在马神庙北京大学寄宿舍,毛泽东和由沪来京的傅熊湘等则住在相隔不远的毗卢寺。〔16〕

张国基回忆说:

驱张运动既已表面化,毛泽东就召集各公团代表开联席会议,布置下一步的工作。他说首先要利用军阀与军阀之间的矛盾,展开联合斗争运动。1918年初,南北军阀混战时,南败北胜。北军打头阵进入湖南的是吴佩孚。吴是北军大将,且立首功,应该获得湖南督军兼省长的位置。可是掌握北洋军政大权的段祺瑞,是皖系的头目,所以他把湖南省的这个肥缺,给了皖系的张敬尧,反叫吴佩孚冷冷清清地驻军衡阳,为他保卫长沙的南大门,以监视驻在郴州的谭延闿的南军。吴心怀不满,且与张敬尧有隙。其次是冯玉祥,他虽是安徽人,可是属于直系。当时他虽只是个旅长,可他在北洋军阀中有善战的声誉,他也不被重视,叫他驻在常德,为张敬尧守卫西门,以拒桂军。因此冯也久怀怨望。还有李根源,率一个师驻长沙任卫戍司令,看到张氏兄弟的横行霸道,也很不满意。当时毛泽东把军阀之间的这些矛盾分析得清清楚楚,于是就决定以湖南省各公团联合会的名义,派出代表分途游说,请他们协助驱张。会上指定我去衡阳找吴佩孚;石盛祖去常德找冯玉祥;蒋竹如、陈纯粹去郴州找谭延闿;长沙的李根源另找人去联络。

布置一定,马上分途出发。我拿着公团代表证和介绍函件,从长沙乘轮船到湘潭(因湘江水落,不能乘小火轮直达衡阳),在湘潭住易礼容亲戚家两天,然后雇小舟去衡阳,住在衡阳市西湖的教育会里。先通过联络,见到吴的参谋长,说明来意,请他与吴佩孚商约会见时间。过了三天之后,参谋长即来西湖教育会,接我去吴的司令部办公室,坐不一会,吴就出来接见我。坐定寒暄之后,他就屏退左右侍卫,连参谋长也叫走了。待我把张敬尧治湘秕政陈述之后,他就说:这些情况,早有所闻,不过我是政府任命的军人,不便出面直接干预政治。湖南人民所受苦难与不满,我也知道和同情。你回长沙后,请你转达各公团,叫他们忍耐一下。我虽无法协助,但你们的意见,待有机会时,我会反映上去的。还有长沙方面的李司令,他会就近加以保护。说到这儿,我就乘机请他写一信给李根源司令,他应允了。我们密谈约一个小时,他起立送客,仍由参谋长送我回西湖教育会,嘱我安心等候吴的亲笔信。两天以后,参谋长把吴的亲笔信送来。我把吴的信收妥后,就离衡阳回长沙。回到长沙,我先把吴的信交给毛泽东,并做了详细汇报。接着常德郴州的代表也相继回到长沙,工作都进行得顺利。不过长沙城里形势紧张,张敬尧正在做垂死挣扎,到处抓人。因此我们白天只能开秘密会议,晚上还要雇小舟睡在橘子洲畔的江面上。

由于张敬尧不发教育经费,1919年秋季,学校都开不了学。经过示威、请愿等大小斗争，才获得少量经费，迟迟于10月开学。学生一到校，革命声势又高涨起来，到11月下旬，反对日本帝国主义、反对勾结日帝的卖国贼、焚烧日货的大示威又一齐爆发。张敬尧看到革命潮流来势凶猛，他就狗急跳墙。12月初的一天，当长沙成千上万的工人、农民、学生和知识分子举行声势浩大的示威游行时，张派来大批荷枪实弹的军警向革命群众进行疯狂镇压。参加游行示威的群众，不怕流血牺牲，同敌人展开了英勇斗争。

张敬尧镇压革命群众的残酷暴行，激起了长沙各界人士的极大愤慨。这天晚上，毛泽东又召集新民学会和学联紧急会议，讨论如何把驱张运动推向新高潮。会上毛泽东特别强调：现在最重要的问题是如何把工农群众、青年学生发动起来，与张敬尧进行坚决斗争。并决定了新民学会和学联下一步的行动。

为了在全国范围内掀起一场声势浩大的驱张运动，毛泽东决定组织驱张代表团，分赴北京、上海、武汉、广州以及衡阳、常德、郴州等地活动，争取全国的同情和支持。许多会员都参加了代表团。毛泽东和会员李思安等经武汉赴北京，这是毛泽东第二次赴北京。在北京，他联合湖南在京各界，组织了旅京湖南各界驱张委员会，并在北京办了一个"平民通讯社"，专门报道驱张活动。彭璜、易礼容、何叔衡、夏曦等人从1919年下半年起先后赴上海、武汉、衡阳活动。彭璜等人在上海办了《天问》杂志，宣传驱张。到1920年5月，北洋军阀中的直系首领冯国璋、曹锟与皖系首领段祺瑞、徐树铮利害冲突激烈，战争即将爆发，因此吴佩孚急着要撤兵北上，以加强直系力量，压制皖系。这时吴在衡阳的北军又与在郴州的谭延闿的南军取得默契，从5月下旬起，吴佩孚率所部由衡阳撤军，顺湘江而下，经长沙径去武汉。吴军北退一步，谭军跟着前进一步。张敬尧所部皖军人数虽多，但因军纪松弛，毫无战斗力，在南军随吴军拥至时，张敬尧就不战而溃。1920年6月11日，张敬尧仓皇逃出长沙，南军随后追赶。到6月底，张敬尧部队全部被赶出湖南，驱张运动获得全胜。[17]

李思安回忆说：

张敬尧的残暴统治，激起了湖南人民的痛恨和反对。毛泽东早在1919年春夏就以新民学会为核心，积极组织驱张运动，为使湖南驱张运动在全国造成声势，获得全国人民的支持，毛泽东决定派驱张代表团分途前往北京、上海等地活动，他亲赴北京。

出发之前，毛泽东选择了一个较为隐蔽的小学（正在修建，可能是楚怡）开会，毛泽东亲自规定以"人格"为口号，与会者要回答口号才准入会场。毛泽东之所以拟定以"人格"做口号，是因为1919年12月2日在教育坪烧日货时，张敬汤骂学生做"土匪"，伤了我们的"人格"，意思是激励大家到会，积极从事驱张运动。当时，驱张代表团思想不统一，以毛泽东为代表的多数人很坚决，主张立即罢课,直到张敬尧滚出湖南为止;也有少数人摇摆不定,怕误功课,不同意罢课。针对这种情况,毛泽东鼓励大家满怀信心,勇敢战斗,不要中途而废。

我们1919年12月7日(可能是17,只记得有个"7"字)分途去武汉。毛泽东提议路上看到熟人不要打招呼,到汉口再集合,这样,免被张敬尧的走狗发觉。记得我和徐瑛在长沙上车,到霞岭(注:可能是霞泥)见到蒋竹如上车。出发之前,毛泽东就同既是长沙明德中学校长,又是汉口明德大学校长的胡子靖联系好了,我们到汉口就住明德大学。在汉口,毛泽东布置我们分途做宣传发动工作,动员旅鄂湖南学生同我们一道驱张,并串联湖北学生支持我们的驱张运动。这样做,不仅使湖南驱张运动声势浩大,而且也促进了湖北学生的反帝反封建运动。[18]

12月上旬,请愿代表团在武汉会合,商定赴北京请愿计划。

汪国霖回忆说:

毛泽东在代表到达后,召开联席会议,正式组织两个代表团,开始活动。首先发表宣言,数张敬尧祸湘十大罪状。向武汉各校学生会联系,得到武汉学联发表宣言,支持驱张斗争,并电责张敬尧摧残爱国运动。

湖南学生、乡民代表团在汉口举行新闻记者招待会。由毛泽东将张敬尧罪恶做了简明报告,并说明驱张是全国人民的责任,要打倒卖国头子段祺瑞,首先要驱张,剪除段的羽翼。希望新闻界主持正义,挽救中华民族的命运。[19]

另据李伯刚回忆:

毛泽东搞驱张运动来武汉,住在武昌利群书社近一星期,和恽代英见过几次面并谈了话。恽代英也没有对我们传达,只是在和我们交换意见的时候,对今后的具体做法谈到了毛泽东的3点意见:一、毛泽东在湖南创办文化书社,与利群书社紧密联系,互相支援,文化书社没有和外界挂钩时,其书由利群书社寄湘。二、毛泽东建议湖北派几名进步学生到湖南第一师范学习,接受新思想,因为第一师范当时比较进步。三、在湖南办一个织布厂,因为轻工业工人多,联合工人,毛泽东认为是个好办法。后来这3件事都办到了。

毛泽东发"驱张宣言"是在利群书社,住了两天以后才交给我发的。毛泽东把"驱张宣言"交给我,信已经封好了,是印刷品,封面也写好了,是寄给各省的大报馆和各社会团体的,他交给我说:"这些文件,请你拿到汉口去寄,不要在武昌报邮。""宣言"大概有百份左右,我拿到汉口去是一处一封分散寄的,这样敌人发现也只发现一封。主席给我发"驱张宣言"的时候,是快要离开的前二三天,住了二三天才给我的。[20]

12月18日,湖南驱张代表团到达北京。毛泽东到北京之后,立即投入驱张的组织和宣传工作中去。

李思安回忆说：

在汉口大概停留10天，我们便一同上北京。记得是严寒天，我们在北京过春节，男生住在北大三院附近的马神庙，我们女生开始住在同学的亲戚家里，后也搬到马神庙。北京是五四运动策源地，学生觉悟都较高，他们对我们驱张代表团热烈欢迎并积极支持。到京之初，我们到新华门当时的徐世昌总统府请愿。我记得，大雪天，我们从一个安了很多电灯的大桥经过，来到总统府前，哨兵的枪都上了刺刀。我们一点也不怕，向他们讲述张敬尧的罪行，争取他们的同情。总统府不接见，我们一连去了好几天。路上，我们议论纷纷，毛泽东也时而插两句中肯的话，时而讲两句诙谐的话。经过几天的斗争，内阁总理靳云鹏的秘书长才不得已答应公民、教职员、学生各派代表2人谈判。毛泽东是公民代表，教职员代表是杨遇夫，我和柳敏为学生代表。记得杨遇夫声色俱厉，拍桌打椅质问秘书长：湖南学生离乡背井，来这么多人，你们为什么不接见？湖南闹得这么凶，你们为什么不解决？秘书长被骂得哑口无言。直到1951年毛泽东接见我们时，还问我："你还记得那次到新华门坐冷板凳吗？"

请愿解决不了什么问题，还得靠群众自己起来斗争。在毛泽东的布置下，我们在湖南会馆召开在京湖南学生大会，还把躲在北京的13个湖南议员拖到会场，要他们签名同意我们驱张。记得毛泽东当时身穿黄呢子大衣，揭露了张敬尧的罪恶，讲了湖南人民的痛苦，并表示坚决跟张敬尧斗争到底，直到张滚出湖南。彭璜接着发言，我第三个讲话，本要我讲张敬尧烧株洲的罪行，因我讲话不喜欢别人限制，要求不出题目。毛泽东说，那好吧，就随便讲。我上台发了一通议论，台下好多人还流了泪。1951年毛泽东接见我时，还谈及此事："你还记得那次在湖南会馆讲话时，慷慨激昂，义愤陈词吗？"

在北京，我们举行了驱张示威游行，参加的人很多，队伍前列有许多揭露张敬尧罪行的大牌子，记得有"祸国害民的张敬尧""贩卖鸦片的张敬尧"等，还把在武汉车站拍摄的张敬尧贩卖鸦片的照片拿出示众，使张声名狼藉。

毛泽东在北京组织了一个平民通讯社，宣传驱张运动，以此大造舆论，使张敬尧在全国比狗屎还臭，真成为过街老鼠。[21]

周世钊回忆毛泽东第二次来北京的情景时说：

在北京的一段时间，恰是冰雪满街、寒风凛冽的天气。毛泽东和代表们每日奔走各处，联络湖南学生、湖南议员和湖南在京的名流、绅士，向他们宣传驱张的意义。最后才在湖南会馆开了一次大会，使大家在驱张请愿书上签了名。但当他们向北洋军阀内阁总理请愿时，被拒绝接见，毛泽东和代表们好几次在新华门前坐了几个钟头的冷板凳。

毛泽东觉得向军阀政府请愿，绝不会发生实际效果，他们来北京请愿，不过是向全国人民揭露张敬尧的罪恶，表示湖南人民驱张的决心，以取得舆论的支持而已。这个任务完成之后，他分派一部分代表南往衡阳、郴州，利用军阀间的矛盾，促吴佩孚、谭延闿驱张。他自己于1920年4月到了上海，联络旅居上海的湖南人，要把驱张运动进行到底。这时候，他的生活很艰苦，靠接洗衣服吃饭。但接送衣服要坐电车，洗衣服所得又半耗于电车费。他不以此为意，除日夜做驱张活动外，还和在上海的新民学会会员商讨了改革会务的问题。

这年6月间，张敬尧迫于群众的压力，又因吴佩孚从衡阳撤兵，谭延闿的湘军长驱直下，不能在湖南立足，于是仓皇逃去。驱张运动至此胜利结束。[22]

《新湘评论》编辑部在根据大量文献资料和访问记录写成的《毛泽东同志的青少年时代》一书中，详细记叙了毛泽东在北京领导驱张运动的情况。书中写道：

毛泽东到达北京后，组织了一个"平民通讯社"，亲自担任社长。通讯社从22日开始，向全国一些主要报刊发稿。"每日发之稿件百五十余份，送登京、津、沪、汉各报。"毛泽东当时住在北长街99号一个名叫福佑寺的喇嘛庙里。大殿中一张长长的香案上，放着油印机和一些文具、书籍、稿件，这就是他工作的地方。白天，他组织和领导驱张运动，奔波忙碌；晚上，就坐下来编写稿件。北京的隆冬，寒风呼啸，大雪纷飞，福佑寺东墙外的故宫护城河已经结冰。不知有多少个寒气袭人的夜晚，毛泽东坐在香案旁，在昏黄的灯光下，时而凝神沉思，时而振笔疾书。他通过这一篇篇稿件，把张敬尧祸湘的罪恶和各地驱张运动的消息，传布到全国，教育和鼓舞了广大群众，推动了驱张运动的发展。与此同时，他和代表们奔走呼号，联络湖南在京的学生、议员、名流学者和绅士等，向他们宣传驱张的意义。28日，在前门外的湖南会馆召开了千人大会，由赴京代表报告了驱张的形势，控诉了张敬尧的罪恶，明确而坚定地表示驱张的决心，获得了到会的各界人士的同情和支持。

在此期间，毛泽东与"辅社"建立了密切联系。"辅社"即"辅仁学社"，取名于"以文会友，以友辅仁"的意思。它原是湖南长沙长郡中学的一个以学生为基础的学术团体，成员有30余人，成立略早于新民学会。到五四运动前后，由于大多数成员或出国留学，或到北京等地读书，该社逐渐停止了活动。毛泽东到北京后，主动与辅社在京的成员联系，动员他们参加驱张运动，使他们成了驱张的一支重要力量。1920年1月18日，毛泽东和邓中夏及在京的辅社成员，在陶然亭商讨驱张斗争，并合影留念。

1920年1月28日，雪花飞舞，北风劲吹。中午12时，湖南驱张代表团和北京部分革命群众组成的游行队伍，在毛泽东的率领下，手执写着控诉张敬尧罪恶的小旗子，迎着寒风，踏着积雪，分别从前门、后门、西华门出发，浩浩荡荡地涌向伪总理府新华门，向北洋军阀政府请愿。一路上口号声此起彼落，愤怒的群众,同仇敌忾,斗志昂扬,把往日军警戒备森严的新华门,变成了革命人民声讨军阀的战斗阵地。在向军阀政府示威之后,群众队伍又冲向总理私宅。在这里,毛泽东率领其他五名代表,同反动官僚进行了面对面的斗争,历数了张敬尧祸湘虐民的20多条罪状,表达了3000万湖南人民的战斗意志。最后,他们将游行群众手执的写有张敬尧罪状的旗子,收拢了一大捆,交给反动政府的代表,以示抗议。2月4日,毛泽东再一次率领驱张代表团到伪总理府请愿。北洋军阀政府的官员龟缩在新华门内,不敢露面。

在驱张运动中,自始至终都贯穿着尖锐复杂的思想斗争和政治斗争。新民学会会员中,有人曾提出意见:"我们既相信世界主义和根本改造,就不要顾及目前的小问题、小事实,就不要'驱张'。"针对这种错误思想,毛泽东对驱张运动的意义进行了讲解,他指出,驱张运动虽然"只是应付目前环境的一种权宜之计,决不是我们的根本主张,我们的主张远在这些运动之外";但是,"反抗张敬尧这个太令人过意不下去的强权者","也是达到根本改造的一种手段,是对付'目前环境'最经济最有效的一种手段"。[23]

当时,社会上有一股反动势力,千方百计地对驱张运动进行破坏和捣乱。他们网罗了一些反动的官僚、议员、绅士和所谓"社会名流",七拼八凑地组织了"旅京湘事维持会"和"湖南旅京各界联合委员会"。有的公开保张,有的摆出一副貌似公正的姿态,表面上假惺惺地喊着"驱张",实际上干着明反暗保的勾当。当阴谋被揭露以后,他们又利用报纸杂志,煽阴风,放暗箭,诬蔑攻击驱张运动。毛泽东对这两个保张团体,进行了坚决的抨击。他第一个署名的《湖南驱张代表电讨保张团》的电文,一方面控诉了张敬尧的罪恶,指出:"三年以来,湘民之困苦颠连,九死一生,家无应门之童,野有自缢之女,何一非张敬尧之所赐?"一方面又一针见血地揭露"旅京湘事维持会"是卖身投靠反动军阀的"保张团""卖乡党",他们"受张多金,纠合三数私党,为骗钱计,不惜卖乡媚敌,都中同乡,差与为伍"。对于保张集团在社会上散布传单,"以伪乱真,浮词耸听"的罪行,也一一给予痛斥。电文还重申了湖南人民要以"驱张除奸为职志",坚决和"保张团""卖乡党"斗争到底的决心,号召大家起来"共击卖乡保张之贼"。[24]经过毛泽东和驱张代表团的坚决斗争,保张团体终于土崩瓦解了。

粉碎了反动势力的破坏捣乱,纠正了内部少数人的错误思想和糊涂认识后,驱张运动迅速地扩展。京、津、沪、汉等地的报刊,连续登载了有关湖南人民的驱张活动及各界团体声讨张敬尧的文章。去上海的代表团和原在上海的反张组织"湖南善后协会",出版了《天问》《湖南》等刊物,宣传驱张。《天问》周刊明确宣告:"宗旨以排去张毒为初步,铲除军阀为究竟。"京、津报纸发表了

《政府尚不撤办张敬尧耶！》《张敬尧可以已矣！》的时评。全国各地许多学生团体，纷纷发表要求惩办张敬尧的宣言、通电，全国各界联合会发表《声讨张敬尧通电》，全国学生联合会致书张敬尧，请他"引咎自退"，走为上计。甚至在国外留学的湖南学生也通电讨张。去衡阳的代表团利用直皖军阀的矛盾，要求吴佩孚派兵驱张。吴佩孚是直系军阀的大将，1918年直皖联军攻入湖南时，他的"战功"最大，但是皖系军阀张敬尧捷足先登，爬上了湖南督军兼省长的宝座，而他却被投闲置散地派驻衡阳，以监视湘军头目谭延闿，保护张敬尧。吴佩孚对张敬尧早已心怀不满，因此当代表团要求他派兵驱张时，他即答应设法。何叔衡等同志趁机将衡阳的学生组织起来，并出版了《湘潮》周刊，大力宣传驱张。

1920年4月11日，在驱张斗争胜利发展的大好形势下，毛泽东离开北京去上海。在上海，他住在哈同路民厚南里29号（今安义路63号），用"湖南改造促成会"的名义，同支持驱张斗争的各界人士进行联络，指导驱张刊物《天问》的编辑工作，并亲自为7月4日发行的《天问》第23号撰写了《湖南人民的自决》一文。毛泽东在上海期间，同往常一样，生活还是那样艰苦朴素。当时住在一起的5个人，自己煮饭，轮流值班，吃的大都是油盐蚕豆拌大米煮成的饭。随同毛泽东来上海的两名公民代表住在亭子间里，一位女学生代表住在灶披间，毛泽东和另一位学生代表住在前楼，床上铺的盖的都是自己带来的蓝底印花土布被褥。而床头上，桌子上，则大堆大堆地放着长沙、北京、天津和上海等地出版的书刊。为了推动驱张斗争进一步向前发展，毛泽东常常工作到深夜。

驱张运动的烈火越烧越旺，张敬尧在省内外一致声讨的情况下，惶惶不可终日，像热锅上的蚂蚁，坐立不安。为了进行垂死挣扎，他加紧了镇压活动：明令查办何叔衡同志等教育界驱张代表，通告全国把何叔衡同志等从教育界开除，"永不叙用"；通令各校开除学生代表，强指学生代表"是过激党"，公开公布名单，下令军警通缉；并强令各校开课，三令五申地严禁学生组织社会活动。但是，道高一尺，魔高一丈。针对张敬尧的倒行逆施，各校学生采取了巧妙的斗争手段，如利用旅馆、茶楼做活动场所；发表宣言，劝阻学生入校，另设各种临时补习学校；组织剧团，编演反帝反封建的新剧；暗中为代表团筹款，等等。这样，尽管张敬尧的警察厅采取了各种恫吓手段，也无法把学生的驱张活动镇压下去。

这时，直系军阀和皖系军阀的矛盾已接近爆发，驻湖南的直军急欲撤兵北上以集中力量。1920年5月，吴佩孚部由衡阳北撤，湘军头目谭延闿、赵恒惕得到吴佩孚的默契，跟在他的后面，步步紧逼长沙。张敬尧处在舆论和军事的双重压力下，孤立无援，不得不于6月间仓皇逃离湖南。毛泽东等领导的驱张运动，经过10个月的艰苦奋战，终于取得了胜利。它有力地揭露和打击了封建军阀，教育和发动了人民群众，推动了全国的反军阀运动。〔25〕

在北京期间，毛泽东多次见到湖南一师时的老师黎锦熙。黎锦熙回忆说：

1919年底，毛泽东第二次来到北京。这年5月在北京兴起的五四运动，标志着"中国反帝反封建的资产阶级民主革命已经发展到了一个新阶段"。在这革命风云激荡的重要历史时期，毛泽东于7月在长沙创办了《湘江评论》，积极热情地宣传马克思主义，歌颂十月革命的伟大胜利，抨击帝国主义和封建主义，同时，又领导了湖南人民驱逐军阀张敬尧的斗争。张敬尧自1918年3月率军进驻湖南当了督军兼省长以来，伙同他的3个兄弟，横行霸道，无恶不作，弄得民不聊生，怨声四起。湖南人民愤怒地控诉说："堂堂乎张，尧舜禹汤，一二三四，虎豹豺狼"，"张毒不除，湖南无望"。面对张敬尧的残酷压迫和统治，毛泽东发动和领导了长沙各校总罢课，组织了以革命团体新民学会会员为骨干的"湖南驱张请愿代表团"，分赴北京、上海、广州、衡阳、常德、郴州等地。毛泽东率领的驱张代表团，于年底到达北京，组织了声势颇大的请愿斗争。1920年1月4日，毛泽东与北洋军阀政府进行了面对面的斗争，历数了张敬尧祸湘虐民的20余条罪状，表达了3000万湖南人民不屈不挠的战斗决心和驱张的坚强意志。

为了扩大驱张宣传，组织革命力量，毛泽东在领导驱张斗争的同时，在北京创办了以揭露张敬尧的罪恶，进行社会主义思想宣传为宗旨的"平民通讯社"。社址在当时北长街99号的一个大喇嘛庙（福佑寺）内，由旁门出入。毛泽东在这里工作的条件是很艰苦的。"办公室"设在正殿里，办公桌系以一个长条香案代替，案上右边放着马克思主义经典著作和各种有关宣传社会主义思想的小册子及报刊。1920年1月4日下午，我到通讯社拜晤毛泽东时，在桌上发现一本毛泽东研读过的《共产党宣言》。案左放着油印机和通讯稿。从1919年12月22日起，"平民通讯社"开始向全国一些主要报刊发稿，每期页数不等，多则10页左右，少则两三页，其中有毛泽东撰写的揭穿"湘事维持会"黑幕及其阴谋破坏"米盐公股"等文章。"湘事维持会"是个拥张的御用组织，它极力破坏和企图瓦解驱张斗争，并阴谋搞垮"米盐公股"。"米盐公股"是湖南历年的公共积蓄，当时湖南留法勤工俭学学生出国旅费等贷金即从此出。毛泽东这些重要文章，深刻地揭露了张敬尧的卑劣阴谋，教育了广大群众，对于推动驱张斗争，起了重大作用。从1920年2月1日起，在上海发行的《天问》周刊，和"平民通讯社"是有密切关系的。

"平民通讯社"与毛泽东创办的《湘江评论》在立场和革命方向上是一致的，它始终贯彻了彻底的不妥协的反对帝国主义、反对封建主义的精神，它发出的文电，被许多报纸采用，在当时产生过广泛而深刻的革命影响。

……

毛泽东在北京从事革命活动的同时，还指导着上海等地的革命斗争。3月

17日夜《湖南改造促成会宣言》改定后，4月1日在上海即成立了"湖南改造促成会"，会址在当时法租界八仙桥永乐里全国各界联合会处。不久，毛泽东离京南下，沿途在天津、济南、泰山、浦口、南京等地进行25天社会调查后，到达上海。[26]

此外，在黎锦熙1920年的日记中，还有这样的记载：

1月4日

下午，至北长街后19号，晤润之。

2月19日

午后，润之至，谈文化运动方法。

3月10日

下午，润之来，久话解放与改造事。

3月17日

灯下，润之至，商湘事善后问题，话近代哲学派别。

在第二次到北京期间，曾发生过一件不幸的事，令毛泽东悲伤不已。这就是毛泽东所崇敬的老师杨昌济先生病逝。

1919年12月初，杨昌济的病情转重，便由西山转入北京德国医院治疗。这年12月，毛泽东等人为驱逐统治湖南的军阀张敬尧来到北京，并且多次到医院看望杨昌济。这时，他虽然身患重病，但仍然十分关心湖南，勉励毛泽东等努力和恶势力进行斗争。他躺在病床上十分乐观，根本没有想到死，相反却在认真盘算病愈后的学习和工作计划。他对前去看望的友人说，自信可以活100岁，还剩50年的工作时间，并且准备5年之后，移家游巴黎，准备学习和研究法、德两国的文字。

1920年1月17日上午5时，病魔终于夺去了杨昌济这位勤奋学者的宝贵生命。他临终前还在与友人谈话，说："吾意正畅。"说罢，便溘然长逝。时年虚数50岁。

……

1月22日，杨开智、杨开慧在《北京大学日刊》刊登《杨昌济教授讣告》。

1920年1月22日，在《北京大学日刊》上，还刊登一则启事，毛泽东也署了名：

敬启者：湖南杨怀中先生以本年1月17日午前五时病殁于北京德国医院。先生操行纯洁，笃志嗜学，同人等闻其逝世，相与悼惜。溯自先生留学日本东京弘文学院及高等师范学校，复留学于英国苏格兰大学，既毕业，赴柏林考察教育，亦逾一年。辛亥冬季，全国兴革命之师，先生于是时归国，即回长沙任高等师范及第一师范各校教授，雍容讲坛，寒暑相继，勤恳不倦，学生景从，如是者七年有余。戊午岁，长沙被兵事，师范学校亦驻兵，教育事业将隳弃无可为，先生乃来北京，任国立大学伦理学教授。参稽群籍，口讲之暇，复有译述，精神过劳，因遂致病。始为胃病，继以泛肿，养疾西山，逾夏秋两季。入冬以后，病势日剧，居德国医院受诊治。医者谓其脏腑俱有伤损，医疗匪易，而先生之病亦竟以不治。以吾国学术之不发达，绩学之士寥落如晨星，先生固将以嗜学终其身。天不假年，生平所志，百未逮一，为教育、为个人均重可伤也！先生既无意于富贵利达，薪资所储仅具薄田数亩，平日生计仍恃修俸，殁后遗族尚无以自存。先生服务教育，亦近十年，揆诸优待教员及尊重学者之意，同人等拟对其遗族谋集资以裨生活。积有成数，或为储蓄，或营生产，俾其遗孤子女略有所依恃，伏冀诸君子知交慨加赒助，此则同人等所感盼者也。诸位亮察。不尽。

  梁焕彝 胡 迈 刘棣蔚 黎锦熙 梁焕奎 方 表
  薛大可 朱剑凡 章士钊 李 穆 廖名缙 陈润霖
  蔡元培 陈 介 张缉光 陈衡恪 范源濂 李 傥
  范治焕 陶履恭 杨 度 范 锐 向瑞芝 胡元倓
  周大烈 周 超 王志群 毛泽东 熊崇煦同启

如蒙赙赠，请寄送宣外贾家胡同达子营16号湘潭李偶君，或宣内什八半截西口中沈箆子胡同3号胡彦远代收。

这则讣告，还在同年2月1日至3月14日，在长沙《大公报》上以《代讣》为题连日刊载。

3月22日，杨昌济在长沙的生前友好在兴汉门衡粹女校举行隆重的追悼仪式，悼念这位为教育事业而献出了毕生精力的辛勤学者。从该校大厅至图画教室，挂满了哀词和挽联，对杨昌济一生事业、学问和人品做了高度评价。如有的挽联说他"学术合中西""教泽被乡国""自归国后，即授徒讲学，宫墙方竣起，顿教桃李泣春风"。其中方扩军的挽联说："记我公曰赞三呼：努力，努力，齐努力；恨昊天不遗一老，无情，无情，太无情。"追悼仪式从上午9时起至下午5时结束。据当时报纸记载："是日天雨连绵，春气惨然，来会者，皆黯然神伤。"

杨昌济虽然逝世了，但他精心培养的一大批学生，其中特别是参加新民学会的许多学生，却像早春的蓓蕾，含苞待放。杨昌济生前，特别寄希望于毛泽东、蔡和森。在他逝世前不久写给章士钊的信中，曾经恳切地说："吾郑重语君，二子海内人才，前程远大，君不言救国则已，救国必先重二子。"李肖聃发表在《北京大学日刊》上的文章中也说：杨昌济"在长沙五年，弟子著录以千百计，尤欣赏毛泽东、蔡林彬"。

1920年4月11日，毛泽东离开北京，前往上海。他准备在上海同彭璜商议驱张运动后期的方向问题，并送新民学会会员萧三等人赴法勤工俭学。

6月7日，毛泽东在上海致信黎锦熙，信中记述了他从北京到上海的行踪："京别以来，在天津、济南、泰山、曲阜、南京等处游览一晌，二十五天才到上海,寓哈同路民厚南里29号[27],同住连我四人。"

1936年,毛泽东在同斯诺的谈话中,也兴致勃勃地回忆起登泰山、游曲阜的经历。但在这次谈话中,他将这段经历误记为第一次在北京时的事情了。

关于毛泽东在上海的活动,上海市文物保管委员会根据大量调查记载道:

在毛泽东的领导下,当时主要由新民学会和长沙学联干部组成的驱张代表团,曾分别在北京、上海、衡阳、常德、郴州、广州等地进行请愿活动和扩大驱张宣传。1919年底,毛泽东亲自率领驱张代表团到达北京。

毛泽东先期派驱张代表彭璜来到上海,组织了一个"平民通讯社",发行了一种名为《天问》的周刊。这个刊物在上海《湖南》月刊上刊登的广告说:"宗旨以排去张毒为初步,铲除军阀为究竟。"为斗争指出了明确的方向。5月初,毛泽东又从北京来到上海。他在致黎邵西先生的信上写明:寓哈同路民厚南里29号。这个地址,经过调查勘实,就是今天安义路63号,坐落在路南一所一楼一底的临街房屋。

在这所简陋的房屋里,毛泽东居住了约两个月。毛泽东用"湖南改造促成会"的名义,同支持驱张斗争的各界人士进行联络,指导驱张刊物《天问》的编辑工作,并亲为7月4日发行的《天问》第23号撰写了《湖南人民的自决》一文。《天问》号召群众联合起来,发扬"如去年'五四'之所以对付卖国贼者"的战斗精神。特别是列宁领导的苏俄政府要求与中国建立平等外交关系的文告突破军阀政府的封锁披露出来后,《天问》表示了热烈的响应,从而又提出中国人民应"和俄国农民、工人阶级、红军相提携,为自由而奋战,先竭力打破国内军阀的强权,再竭力打破各国的强权"。表示了和《湘江评论》完全一致的反帝反封建的立场。

毛泽东在上海期间,过着非常艰苦朴素的生活。据有关同志的回忆,当时民厚南里29号寓所的陈设是极其简单的。楼下正间被用来开会和吃饭,除一张方桌、几只凳子之外,就是放在楼梯口的小行灶和楼梯下面的炭篓,别无他物。同住五人轮流司炊,油盐蚕豆拌米煮饭。随同毛泽东来上海的两名公众代表住在亭子间内,一位学生女代表住在灶披间。毛泽东同另一位学生代表住在前楼,北向临街有阳台,阳台里面的门窗下横放一张木栏单人板床,是毛泽东的铺位。另一张床紧靠着西面墙壁。两张床上铺着湖南带来的褥子、棉被和床单,都是用蓝底印花的土布。室中放一张方桌,四只方凳,桌上摆着粗瓷茶壶、茶杯和笔砚文具。一张藤躺椅,通常是靠东面墙壁背光放着。床头、桌上、藤躺椅的扶手上,常常是堆放着长沙、北京、天津和上海等地出版的书刊。在寓所内,毛泽东以看书报的时间为多。有时在室内来回踱步,思考问题。由于他在青年和学生中间的威望,大家总是喜欢追随在他的左右。按照湖南习惯,青年们尊敬地称呼他为毛先生。

毛泽东在上海期间，除了组织驱张活动之外，还召集当时留在上海和准备去法国勤工俭学的新民学会会员在上海城南黄浦江边的半淞园（今半淞园路）开过一次会，明确规定了新民学会的宗旨为"改造中国与世界"，并对学会活动方法、会员条件、入会手续等做了详尽讨论。毛泽东认为学会应当脚踏实地，有根有叶，不事喧哗，多做基础工作。大家都极同意毛泽东的这些主张。同年冬出版的《新民学会会务报告》，刊载了这一次集会的经过，描叙与会人员的心情时说："这日的送别会，完全变成一个讨论会了。天晚，继之以灯。但各人还觉得有许多话没有说完。中午的雨中拍照，近览淞江半水，绿草碧波，望之不尽。"毛泽东还访问了霞飞路渔阳里（在今淮海中路成都路口）内的"外国语学社"。这是上海共产党早期组织为便利自身活动而设置的公开机关，也是稍后的中国社会主义青年团中央机关。在渔阳里略东的花园里口便是《天问》出版社的所在，毛泽东曾多次到那里指导驱张的宣传工作。〔28〕

同毛泽东住在一起的李思安回忆说：

1920年2月，毛泽东派我同柳敏、陈纯粹去广州，希望孙中山用武力支持我们的驱张运动。当时粤汉路不通，我们只得绕道由上海再到广州。刚到上海，我们收到北京的信，说上海即将召开全国第三届学生代表大会，要我们不去广州，参加全国学代会，并要我们在会议期间，抓紧时机，努力活动，控诉张敬尧的罪行。出席全国学生代表大会的都是全国学生运动的领导者。第三届学代会未结束，毛泽东也到了上海，立即邀请全国学生代表，留法预备团和驱张代表团到松社（蔡松坡读书地方）举行茶话会。毛泽东在会上讲了话，希望全国青年继五四运动后，能像湖南驱张运动一样，立即掀起一个反帝、反封运动高潮，并鼓励大家不要怕，勇敢斗争，回去好好干。还劝勉赴法学生好好学习别国经验，回国后更好地革命。我记得，会后，我们几百人围成半圆形坐在草地上摄影留念。

在上海半淞园举行了在沪新民学会会员大会，讨论了新民学会的宗旨及今后活动。会后我们也照了相，就是我家里挂的那个半淞园照片。

毛泽东在上海住安南路民厚里29号，他常到环龙路44号医院里找孙中山交谈，也找过廖仲恺。

我记得，当时上海傅君健办了一个《天问》周刊，毛泽东在该刊上曾发表过好几篇关于驱张敬尧的文章。解放后，我送了11份《天问》给湖南省博物馆。

由于毛泽东的正确领导，新民学会广泛的活动，湖南各界人民的英勇斗争，全国人民的大力支持，驱张运动终于取得了胜利。1920年6月张敬尧滚出湖南。

我从上海回到湖南后不久，便同萧道五等4人，去南洋工作。临行前，毛泽东在周南女校为我们举行了欢送会，并请我们吃饭。他说：去南洋很好，到那里很好地干。以后毛泽东还同我们有联系，寄过一些进步刊物给我们，要我们努力学点新东西。我是1920年8月去南洋的。1925年回国参加大革命。在长沙还听了毛泽东关于农民运动的讲演。记得他脚穿草鞋，身穿白布褂，一条浅蓝色便短裤，完全是农民打扮。毛泽东讲话声音洪亮，振振有词。〔29〕

毛泽东在上海还送走了一批赴法勤工俭学的新民学会会员。劳君展回忆说：

我是在周南学校时参加新民学会的，是由陶斯咏介绍的，时间大概是1919年。新民学会在周南开过一次会议，是在会议室开的，内容是欢迎新会员和女会员入会，毛泽东参加了会议，并讲了话，讲话的内容我记不清楚了。开完会还照了相、吃了饭。

我们在周南办了《女界钟》，宣传反帝、反封建、反军阀，宣传妇女解放，反对娶童养媳。陈启民老师是主编，毛泽东很支持，他在《女界钟》上写过文章、诗。周敦祥、魏璧都写过文章。赵五贞女士自杀，我们写了很多文章，还出了一个专辑。我们1919年离开长沙（在上海待了1年）去法国，就停办了。

我们在周南还办了一个平民学校，学生都是从菜园里（指近郊菜农）招来的，大部分是女的。

毛泽东领导的驱张运动，开过很多会，先是新民学会会员开小会，然后再开大会。开大会时很多是新民学会会员发言，重大事情毛泽东都亲自参加，他总是让大家先发言，最后他做总结发言。

1919年我离开长沙去上海，是准备到法国去的，因为没有赶上船，又等了1年（我是同魏璧两人去的），1920年，新民学会在上海半淞园开过两次会。第一次是新民学会会员和少年中国学会会员参加，有一二百人，还坐成圆圈照了相。第二次是十几个新民学会会员，在松坡图书馆开会，是欢送我们去法国；讨论如何改造中国，如何改造世界的问题，具体内容我记不清楚了。吃了中饭还去照相，照相时还下雨，站一横排。这张照片我一直保存着，抗日战争时期被炸，才损坏了。那个时候，魏璧很年轻，也很活跃。我记得在会快结束时她说："今日不热闹，我打个滚给你看。"她真的在草坪上打了个滚，大家都笑起来了。

这两次会，毛泽东都参加了，并讲了话，意思是要我们把眼光放远些，不要只管自己的事情，要关心国家大事。我们新民学会的同志每到一个地方都要发挥作用。这次会开得很活跃。当时毛泽东生活艰苦，喜欢穿灰布长衫，比较瘦，但是他吃饭睡觉都是想的如何把中国搞好。

我们赴法上船时，毛泽东亲自把同学们送到船上，还到船上看了每个人的房间（床位），当时黄浦江里外国船很多，我们坐邮船，就是货船。男同志坐四等舱，女同志坐三等舱，走40多天，经中国香港、新加坡、地中海到马赛。到法国后，男同志进工厂做工，女同志补习法文。郭隆真进了工厂，我们都进学校，因为女的进工厂有失国体。我们共去20到30个女的,向警予是最积极的。我们这批留法勤工俭学生搞了一笔补助费,刚刚够生活。[30]

当时准备赴南洋的张国基还回忆起这样一段往事:

就在我们快要启程出国的前夕,为了欢送留法勤工俭学的同志和去南洋群岛的一批教员,并借以联络新民学会和少年中国学会的感情,沟通两会会员的革命意志,毛泽东特举办联欢会。当时去法国留学和去南洋教书的都有两会的会员多人。记得联欢会是在农历三月初三旧俗称"踏青节"日,阳历是4月21日举行的。假法租界霞飞路松社,松社是纪念蔡锷的,因蔡锷别号松坡,故名松社。到会的七八十人。新民学会到的有毛泽东、彭璜、李思安、张国基、陈纯粹、欧阳泽等;少年中国学会到会的我认识的有康伯情、王光祈、魏嗣銮、涂开舆、左舜生等。其他还有去南洋的教员姜心培、郭鹿岑、王人统等。毛泽东和康伯情各代表自己的学会讲了话,会场是设在嫩绿如茵的青草坪上,围坐成一个圆圈,还照了一张12英寸的大照片做纪念。这张照片,我保存到1928年,因不便携带,寄存在上海邓脱路的一位孤老太太的家,因世变沧桑,老人久已不在人间,这张珍贵的纪念照已不知其下落,真是很可惜。在开会的那天,还有一个给我印象很深的插曲,就是中午散会后,我们乘电车回去,当电车行驶到毕勒路站,电车尚未停稳,参加联欢会中最年轻的张文亮就急于下车,致跌倒昏迷。我们把他救护到他的住所,这一跌使他受了脑震荡,对文亮脑部一直都有影响。

松社联欢会不几天,当我们去南洋和留法同志们同乘法国邮船panl leat号离开上海的时候,毛泽东亲自送我们到船上。他到每一个人的房间握手作别。临别时他还亲切地握着我的手,谆谆教导说:你要牢牢记住"改造中国与世界"。我们学会宗旨,去切实执行。你们除教好自己同胞的子女和当地原居民亲善合作以外,还要多多地协助他们建国……待到邮轮汽笛长鸣,快要起锚时,他才依依不舍地下了轮船,和我们挥手作别。[31]

关于上海半淞园会议的情况,以及欢送赴法勤工俭学的新民学会会员的过程,毛泽东在《新民学会会务报告》(第1号)中有详细的记载。报告写道:

九年[32]的春夏,毛润之、李钦文[33]等,因湘事由京到沪,赞周、焜甫、子暲、望成、玉生、百龄[34],分由北京、天津、长沙到沪,候船赴法。韫厂、君展、肫如[35],由湘到沪,练习法文,准备赴法。此时会友在沪计十二人。因赞周等五人赴法期近,遂于五月八日,在上海半淞园开一送别会,在沪会员均到。讨论很长,大要如下:

1. 学会态度:

潜在切实,不务虚荣,不出风头。润之主张学会的本身不多做事,但以会友各个向各方面去创造各样的事。

2. 学术研究：

都觉会友少深切的研究，主张此后凡遇会友三人以上，即组织学术谈话会，交换知识，养成好学的风气。

3. 发刊会报：

赞周、子暲都谓会友相互间应有一种联络通气的东西，则会报甚为要紧，主张急切出版，但为非卖品，除相知师友外，不送与会外之人，大众无不赞成。拟就在上海发刊，推赞周担任征集在法会友的文稿，润之担任在上海付印。后因湘事解决，会友归湘，遂缓发刊。

4. 新会友入会：

都觉介绍新会员入会，此后务宜谨慎，否则不特于同人无益，即于新会友亦无益。议决介绍新会友宜有四条件：（一）纯洁；（二）诚恳；（三）奋斗；（四）服从真理（后来长沙会友决议将奋斗与服从真理合为"向上"）。入会手续如下：（一）旧会友五人介绍；（二）评议部审查认可；（三）公函通告全体会员，以昭审慎。

5. 会友态度：

大概谓会友间宜有真意；宜恳切；宜互相规过；勿漠视会友之过失与苦痛而不顾；宜虚心容纳别人的劝诫；宜努力求学。

6. 不设分会：

学会前有在会友较多的地方设立分会之议，是日讨论，觉无设立的必要，设分会反有分散会友团结力之嫌。如巴黎等会友较多之处，可组织学术谈话会，定期会集。

这日的送别会，完全变成一个讨论会了。天晚，继之以灯。但各人还觉得有许多话没有说完。中午在雨中拍照。近览淞江半水，绿草碧波，望之不尽。

毛泽东在《新民学会会务报告》（第1号）中还记载道：

赞周，子暲，煜甫，望成，百龄，玉生六人，以九年五月十一日由沪起身赴法，在沪会友，握手挥巾，送之于黄浦江岸。

这时张敬尧尚据湖南，会友于是有两种团体之发起，一为驱张后谋所以改造湖南者：为"湖南改造促成会"；一为与同志共同修学者：为"自修学社"；均在上海民厚里。六月，张敬尧给湘军赶去。会友之奔走京、沪及衡、永者，陆续回湘，一直到是年冬尽，长沙各会友的情形，略如下列：

陈启民　在周南任课，

陶斯咏　在周南任事，

钟楚生　在周南任课，

何叔衡　在通俗书报编辑所任事，
周惇元　在通俗报馆任编辑，
熊瑾玎　在通俗书报编辑所任事，
毛润之　在第一师范附小任事，
张泉山　在第一师范附小任课，
刘继庄　在第一师范附小任课，
蒋集虚　在第一师范修学，
易阅灰　在第一师范修学，
夏蔓伯　在第一师范修学，
姜竹林　在第一师范修学，
谢维新　在第一师范修学，
李承德　在湘雅医学专门修学，
唐文甫　在明德中学修学，
邹泮耕　在修业任课，
彭荫柏　在文化书社自修，
易礼容　在文化书社任事，
任培道　在文化书社任事。

此时长沙会友所做的事，其具体可见的：蒋集虚、易粤徽[36]、夏蔓伯等，尽力于第一师范之革新；何叔衡、周惇元、熊瑾玎等，尽力于通俗教育，办一种内容完好的通俗报；陈启民、陶斯咏、钟楚生等，尽力于周南女校之革新。

此时在长沙之会友尚有两种努力：一为创办文化书社，一为发起自治运动，均很得各方面同志的同情。此时蔡咸熙（畅）、熊作莹（季光）、熊作磷（叔彬）、任振予（培道）、吴德庄（家瑛）五人入会。[37]

湖南自治运动

还在上海停留之时，毛泽东即与彭璜等人商议，将来驱张以后，湖南政局该向何处去的问题。随后，他们草拟了《湖南建设问题条件商榷》，分发各方征求意见。在这个文件里，他们提出废督裁兵、地方自治等奋斗目标，作为对湖南前途的设想。

1920年3月12日，毛泽东写信给黎锦熙，向他征求对《湖南建设问题条件商榷》的意见。信中写道：

邵西先生：

奉上"湖南建设问题条件"二份，有好些处尚应大加斟酌。弟于吾湘将来究竟应该怎样改革,本不明白。并且湖南是中国里面的一省,除非将来改变局势,地位变成美之"州"或德之"邦",是不容易有独立创设的。又从中国现下全般局势而论,稍有觉悟的人,应该就从如先生所说的"根本解决"下手,目前状况的为善为恶,尽可置之不闻不问,听他们去自生自灭。这样枝枝节节地向老虎口里讨碎肉,就使坐定一个"可以办到",论益处,是始终没有多大的数量的。——不过,这一回我们已经骑在老虎背上,连这一着"次货"——在中国现状内实在是"上货"——都不做,便觉太不好意思了。

先生是很明白湖南事情的人,敬请将各条斟酌,或要增减修正,见示,以便持赴沪上,从事进行,不胜感盼!

乡弟　毛泽东
一九二〇,三,一二

毛泽东随信寄去《湖南建设问题条件商榷》共2页,这篇文章后来在同年6月14日的上海《申报》上发表。征求意见稿的全文是这样的:

湖南建设问题条件商榷

(一)军政

(1)废"督军",设"军务督办"驻岳阳。

(2)军队以一师为最高额,分驻岳阳、常德、衡阳。

省城治安,以隶属省长之警察维持之,绝对不驻兵。

各县治安,以隶属县知事之警察维持之,废除警备队及镇守使名目。

(3)军费支出总额,至多不得超过省收入总额十二分之二。

(二)财政

(1)银行民办。银行发行纸币基金,由省议会监督存储。基金额与纸币发行额之比例,由省议会议定。

(2)举办遗产税、所得税及营业税。减轻盐税。废除两年来新加各苛税。

(3)民办"湖南第一纺纱厂"。

(三)教育经费

(1)恢复民国二年教育经费原额,以后应时增加。

(2)确定来源。

(3)保管权属之由省立各学校组织而成之"教育经费保管处"。

(四)自治

(1)恢复并建设县、镇、乡自治机关。

(2)成立并公认县、镇、乡工会。

(3)成立并公认县、镇、乡农会。

（五）完全保障人民集会、结社、言论、出版之自由

（六）在最快期内，促进修竣粤汉铁路之湖南线。

　　提出者：湖南改造促成会

　　通信处：上海法租界八仙桥永乐里全国各界联合会彭璜

在第2页的左上方，毛泽东还特地注明：

"——怀疑的地方，或者明后天的晚上来尊处领教。"

1920年6月，张敬尧被驱逐出湖南的消息一传到上海，毛泽东立即抓住时机，提出了"废去督军，建设民治"的口号，6月11日，上海《时事新闻》刊登署名泽东的文章《湖南人再进一步》：

据报南军有攻下长沙之讯。果然，湖南人消极方面的驱张运动总算将要完了。湖南人应该更进一步，努力为"废督运动"。怎样废去督军，建设民治，乃真湖南人今后应该积极注意的大问题。

废督论倡了几年，督总不曾废掉。卢永祥、唐继尧的废督论，可断其于实际影响很少。但湖南此刻如张敬尧确去，却大有废督的机会。（一）湖南人驱张，出于自决，不受何种黑暗势力的牵制。果真觉悟到督军要废，自己举足踢去就是。（二）湘南湘西军队各征粮至七八年，现虽得了长沙，早如一块石田。一面湖南银行巳（已）倒亏了五六千万，官家财政和民间经济，一齐破产，军队不解散也要解散。军队解散，督军无军可督，最好取消。（三）谭延闿对于督军滋味与曾尝过。此次驱张，原只能将功赎罪，要他丢下这根光骨，总该愿意。湖南人有驱汤芗铭、驱傅良佐、驱张敬尧的勇气，何不拿点勇气把督军废去。湖南人素来有一点倔强性、反抗性和破坏性，可惜太缺乏了一点建设的才。假如这回又把好机会轻轻逸过，那真正冤枉极了！依我的观察，中国民治的总建设，20年内完全无望。20年只是准备期。准备不在别处，只在一省一省的人民各自先去整理解决（废督裁兵、教育实业）。假如这回湖南人做了一个头，陕西、福建、四川、安徽等有同样情形的省随其后，十几年二十年后，便可合起来得到全国的总解决了。我愿湖南人望一望世界的大势，兼想一想八九年来自己经过的痛苦，发狠地去干这一着。

1920年9月3日，长沙《大公报》在第二版开辟"湖南建设问题"专栏。毛泽东在当天的专栏里，发表题为《湖南建设问题的根本问题——湖南共和国》的时评：

乡居寂静，一卧兼旬。九月一号到省，翻阅《大公报》，封面打了红色，中间有许多我所最喜欢的议论，引起我的高兴，很愿意继着将我的一些意思写出。

我是反对"大中华民国"的，我是主张"湖南共和国"的。有什么理由呢？

大概从前有一种谬论，就是"在今后世界能够争夺的国家，必定是大国

家"。这种议论的流毒,扩充帝国主义,压抑自国的小弱民族,在争海外殖民地,使半开化未开化之民族变成完全奴隶,窒其生存向上,而惟使恭顺驯屈于己。最著的例是英、美、德、法、俄、奥,他们幸都收了其实没有成功的成功。还有一个就是中国,连"其实没有成功的成功"都没收得,收得的是满洲人消灭,蒙人回人藏人奄奄欲死,十八省乱七八糟,造成三个政府,三个国会,二十个以上督军王巡按使王总司令王,老百姓天天被人杀死奸死,财产荡空,外债如麻。号称共和民国,没有几个懂得"什么是共和"的国民,四万万人至少有三万九千万不晓得写信看报。全国没有一条自主的铁路。不能办邮政,不能驾"洋船",不能经理食盐。十八省中像湖南、四川、广东、福建、浙江、湖北一类的省,通变成被征服省,屡践他人的马蹄,受害无极。这些果都是谁之罪呢?我敢说,是帝国之罪,是大国之罪,是"在世界能够争存的国家必定是大国家"一种谬论的罪。根本地说,是人民的罪。

现在我们知道,世界的大国多半瓦解了。俄国的旗子变成了红色,完全是世界主义的平民天下。德国也染成了半红。波兰独立,捷克独立,匈牙利独立,尤(犹)太、阿拉伯、亚美尼亚,都重新建国。爱尔兰狂欲脱离英吉利,朝鲜狂欲脱离日本。在我们东北的西伯利亚远东片土,亦建了三个政府。全世界风起云涌,"民族自决"高唱入云。打破大国迷梦,知道是野心家欺人的鬼话。摧(推)翻帝国主义,不许他再来作祟,全世界盖有好些人民业己(已)醒觉了。

中国呢?也醒觉了(除开政客官僚军阀)。9年假共和大战乱的经验,迫人不得不醒觉,知道全国的总建设在一个期内完全无望。最好办法,是索性不谋总建设,索性分裂,去谋各省的分建设,实行"各省人民自决主义"。22行省三特区两藩地,合共二十七个地方,最好分为二十七国。

湖南呢?至于我们湖南,尤其三千万人个个应该醒觉了!湖南人没有别的法子,唯一的法子是湖南人自决自治,是湖南人在湖南地域建设一个"湖南共和国"。我曾着实想过,救湖南,救中国,图与全世界解放的民族携手,均非这样不行。湖南人没有把湖南自建为国的决心和勇气,湖南终究是没办法。

谈湖南建设问题,我觉得这是一个根本问题。我颇有点意思要发表出来,乞吾三千万同胞的聪听,希望共起讨论这一个顶有意思的大问题,今天是个发端,余俟明日以后继续讨论。

两天以后,9月5日,毛泽东又在长沙《大公报》上发表《打破没有基础的大中国建设许多的小中国从湖南做起》一文。文章写道:

固有的四千年大中国,尽可以说没有中国,因其没有基础。说有中国也只是形式的中国,没有实际的中国,因其没有基础。我在湖南改造促成会答曾毅书中说:"中国四千年来之政治,皆大架子大规模大办法,结果外强中干,上实下虚，上冠冕堂皇，下无聊腐败。民国成立以来，名士伟人，大闹其宪法国会总统制内阁制，结果只有愈闹愈糟。何者？建层楼于沙渚，不待建成而楼巳（已）倒矣……"实是慨乎言之。凡物没有基础，必定立脚不住。政治组织是以社会组织做基础，无社会组织决不能有政治组织，有之只是虚伪。大国家是以小地方做基础，不先建设小地方，决不能建设大国家。勉强建设，只是不能成立。国民全体是以国民个人做基础，国民个人不健全，国民全体当然无健全之望。以政治组织改良社会组织，以国家促进地方，以团体力量改造个人，原是一种说法。但当在相当环境相当条件之下，如列宁之以百万党员，建平民革命的空前大业，扫荡反革命党，洗刷上中阶级，有主义（布尔什维克），有时机（俄国战败），有预备，有真正可靠的党众，一呼而起，下令于流水之源，不崇朝而占全国人数十分之八九的劳农阶级，如响斯应。俄国革命的成功，全在这些处所。中国如有彻底的总革命，我也赞成，但是不行（原因暂不说）。所以中国的事，不能由总处下手，只能由分处下手。我的先生杨怀中说："不谋之总谋之散，不谋之上谋之下，不谋之己谋之人。"谋之总，谋之上，谋之己，是中国四千年来一直至现在的老办法，结果得了一个"没有中国"。因此现在唯一的办法，是"打破没有基础的大中国，建设许多的小中国"。

我主张中国原有的二十二省三特区两藩地，合共二十七个地方，由人民建设二十七个国。这是各省各地方人民都要觉悟的。各省各地方的人民到底觉悟与否，我们不能必，所以只能单管我们自己的湖南。湖南人呵！应该醒觉了！大组织到底无望，小组织希望无穷。湖南人果有能力者，敢造出一个旭日瞳瞳的湖南共和国来！打破没有基础的大中国，建设许多的小中国，"从湖南做起"。

同年9月26日，毛泽东还在长沙《大公报》上发表《"湖南自治运动"应该发起了》一文。他在文章里强调实际运动的作用，而不满足于湖南自治只停留在理论上、口头上。文章说：

无论什么事有一种"理论"，没有一种"运动"继起，这种理论的目的，是不能实现出来的。湖南自治，固然要从"自治所以必要""现在是湖南谋自治的最好机会""湖南及湖南人确有自立自治的要素与能力"等理论上加以鼓吹推究，以引起尚未觉悟的湖南人的兴趣和勇气。但若不继之以实际的运动，湖南自治，仍旧只在纸上好看，或在口中好听，终究不能实现出来。并且在理论上，好多人从饱受痛苦后的直感中，业已（已）明白了。故现在所缺少的：只有实际的运动，而现在最急需的便也只在这实际的运动。

我觉得实际的运动有两种：一种是入于其中而为具体建设的运动，一种是立于外而为促进的运动，两者均属重要，而后者在现在及将来尤为必须，差不多可说湖南自治的成不成好不好都系在这种运动的身上。

我又觉得湖南自治运动是应该由"民"来发起的。假如这一回湖南自治真个办成了，而成的原因不在于"民"，乃在于"民"以外，我敢断言这种自治是不能长久的。虽则具了外形，其内容是打开看不得，打开看时，一定是腐败的，虚伪的，空的，或者是干的。

"湖南自治运动"，在此时一定要发起了。我们不必去做具体的建设运动，却不可不做促进的运动。我们不必因为人数少便不做。人数尽管少，只要有真诚，效力总是有的。什么事情，都不是一起便可成功，一起便可得到多数的同情与帮助，都是从近及远从少至多从小至大的。颇有人说湖南民智未开交通不便自治难于办好的话，我看大家不要信这种谬论。[38]

谈到湖南自治运动，萧三在《毛泽东同志的青少年时代和初期革命活动》一书中写道：

在这时期，毛泽东在长沙革命活动的范围一天天更加扩大，更加多方面，更加深入了。

为了有一个立脚点，要有一个社会职业。毛泽东受聘做了第一师范附属小学的主事（校长）。同时他兼做第一师范校友会（包括已毕业的旧同学）的会长。不久以后他又破例地被聘请做了第一师范一个班的级任兼国语教员。

从1920年夏天起，毛泽东在长沙进行了一连串的社会的、政治的活动。

首先是恢复湖南学生联合会的公开活动。接着就做湖南自治运动——将湖南造成一个较好的环境。

张敬尧被驱逐出湖南之后，湖南人民很希望和平，希望从此再不受北洋军阀的统治和蹂躏了，而由湖南人自己来管理自己的事情。谭延闿、赵恒惕利用这种民情，投机地宣布"湖南自治"，并且提出中国"联省自治"的主张。但这完全是统治阶级的一种欺骗政策。因此在《湖南全体学生终止罢课宣言》里便警告人们说，湘局虽侥幸解决了，但将来的困难还很多，我们"当用自觉的精神来创造一切环境……应有彻底的觉悟……凡事须靠自己，不再做无谓的周旋，向老虎嘴里讨食……"。

为了一面组织和扩大人民的民主运动与革命力量，一面揭破统治者欺骗政策的本质，毛泽东约集了一些朋友和新闻界、教育界人士发起成立一个"湖南改造促成会"。这个会主张废督裁兵，建设民治，希望谭、赵"亦自认为平民之一，往后举措，一以三千万平民之公意为从违……钱不浪用，教育力图普及，三千万人都有言论出版之自由……"。[39]

毛泽东曾归纳这个运动的总的方针和口号是："由湖南革命政府召集湖南人民宪法会议制定湖南宪法以建设新湖南。"

同时毛泽东继续他的新闻政论工作。他在长沙的一家报纸上一连发表了10篇文章,评论湖南自治运动。这些论文引导人民要求真正的民主,主张由人民(工人、农民、商人、学生……)自己来讨论和制定"省自治法"和"湖南宪法"。

中国古代有句名言:"坐而言,起而行。"毛泽东就正是又"言"又"行"的人。而且他的行动总是和群众紧密联系的。这时期他除发表论文外,发动、组织湖南各界各人民团体集会讨论改造旧湖南,建设新湖南的问题。10月10日又举行了万人的游行示威,喊出"召集人民宪法会议""建设新湖南"的口号;扯下过时了的、军阀官僚的代表机关旧省议会的旗帜……

不久之后,赵恒惕推倒了谭延闿,取得了湖南政权。他仍然在"湘人治湘"的口号下,制定什么"省宪"。

毛泽东在"省宪法草案"发表时,就在报纸上写文章,公开批评它。他着重指出,这个"草案"的最大缺点之一是关于劳动的事项,如工人的工作时间、工钱、休假、教育、卫生等等以及组织工会的权利,根本没有规定。

他一面批评这个"省宪"、这种"自治",一面又发动广大群众,利用统治阶级这个虚伪的、为自己谋利益的假幌子,做有益于劳苦人民大众的事,拿它作为进行合法斗争的工具。正如古语说的"以子之矛,刺子之盾"〔40〕,使得统治者无话可说。不然,就把他虚伪的面目完全揭破。〔41〕

《毛泽东同志的青少年时代》一书对毛泽东在湖南自治运动中的活动是这样记述的:

1920年7月7日,毛泽东回到湖南。随后,担任了第一师范附属小学主事。他以这一社会职业为掩护,积极着手进行"改造中国与世界"的实际工作,他决心首先"将湖南造成一个较好的环境,我们好于这种环境之内,实现我们具体的准备工作"。〔42〕

还在这年春天,毛泽东在北京和上海的时候,就同彭璜等人,研究过将来驱逐张敬尧以后,如何促进湖南局势朝着有利于革命方面发展的问题。他们草拟了一个题为《湖南建设问题条件商榷》的材料,明确提出,要废除军阀统治,民办银行、实业,发展交通运输,废除苛捐杂税,普及义务教育,建立县、乡自治机关,成立工会、农会,保障人民集会、结社、言论、出版的自由。当时毛泽东在写给黎锦熙的信中,对这一主张特别做了说明。在他看来,湖南是中国的一个省,中国的问题没有从根本上解决,湖南当然不容易有独立的改变;有觉悟的革命者,应该从事"根本解决"中国问题的工作,不能做改良派,"枝枝节节地向老虎口里讨碎肉"。但是,"根本解决"的工作,应该从实际入手。而《湖南建设问题条件商榷》,就是从湖南的实际出发提出来的蓝图。

……

为了使运动朝着有利于人民的方向发展,从1920年9月3日至10月3日,毛泽东在湖南《大公报》上发表了10篇评论文章。他坚定地站在人民一边,以人民的利益为依归,批判各种错误意见,并进一步透彻地阐述了湖南究竟需要一种什么样的自治运动,从而拨开了层层迷雾,提高了各界人士的认识,对于揭穿谭、赵之流的欺骗宣传,壮大革命的力量,起了重要作用。

谭延闿、赵恒惕之流,企图用"湘人治湘"的口号,蒙蔽群众。毛泽东在《湘人治湘与湘人自治》一文中,运用阶级分析的方法,对谭、赵进行了彻底的揭露。他指出:所谓"湘人治湘",是对"非湘人治湘"而言,"仍是一种官治,不是民治"。因为,如果驱逐张敬尧的目的只是排去"非湘人",搞换汤不换药的"湘人治湘",那么,奉天(今辽宁)的张作霖,直隶(今河北)的曹锟,都是本省人,正是"奉人治奉","直人治直",他们比那"非湘人治湘"的张敬尧,"非鄂人治鄂"的王占元,又有什么区别呢?我们根本反对"湘人治湘"这句含有不少恶意的话,因为它"把'少数特殊人'做治者,把一般平民做被治者;把治者做主人,把被治者做奴隶"。文章最后说:我们不仅不愿被外省的"少数特殊人"来统治,也不愿被本省的"少数特殊人"来统治。我们所主张所欢迎的,不是"湘人治湘",而是"湘人自治"。

针对着社会上有人企图由官绅包办自治运动的情况,毛泽东提出,自治运动应该以"民"为主体,即以种田的农人、做工的工人、从事贸易的商人以及努力向学的学生等为主体。假如不是这样,即使有了"自治"的形式,其内容是打开看不得的,打开一看,一定是虚伪的、腐败的、空洞的。

在各界人士中,还有这样一派议论,说湖南自治这个问题太大,怕开得口。还有些人认为,制定"自治法"非同小可,只有学了政治法律的人,才有资格谈论。毛泽东在《释疑》这篇文章中指出,这些人"还是认(为)政治是一个特殊阶级的事,还是认(为)政治是脑子(里)头装了政治学、法律学,身上穿了长褂子一类人的专门职业。这大错而特错了。春秋时候,子产治郑,郑人游于乡校以议执政。这些郑人,都是学过政治法律的吗?意、英、法、美的劳动者,口口声声'要取现政府而代之'。这些劳动者,都是学过政治法律的吗?俄国的政治全是俄国的工人、农人在那里办理,俄国的工人、农民,都是学过政治法律的吗"?为了让那些长期受反动统治阶级正统思想影响的人们打开眼界,他以通俗而明快的语言接着写道:第一次世界大战而后,"政治易位,法律改观。从前的政治法律,现在一点都不中用。以后的政治法律,不装在穿长衣的先生们的脑子里,而装在工人们农人们的脑子里。他们对于政治,要怎么办就怎么办;他们对于法律,要怎么定就怎么定"。毛泽东号召全体人民起来,与闻政治法律,过问国家大事。他这样写道:"你不去议政治法律,政治法律会天天来议你;你不去办政治法律,政治法律会天天来办你。"他认为湖南自治是一件至粗极浅的事,毫没有什么精微奥妙。制定"自治法",也不一定要根据哪一部法典,可以大多数人来议、来制定,而且只有大多数人议出来、制出来的才有用。不论是工人、农民、商人、学生、教员、兵士、警察、乞丐、妇女等等,都有发言权,都应该发言,也一定能够发言。他甚至在文章中指出:我们但造我们湖南自治的事实,不要自治法,也未尝不可以。

湖南自治的舆论已经造成,但是一般人还停留在空发议论的状态。毛泽东曾反复说明这样一个道理:办一桩事业,有了理论根据,若没有一种运动继起,理论的目的是不能实现的。因此,他一面宣传民主运动的理论,一面从事实际运动。在毛泽东的号召和组织下,长沙的广大市民首先行动起来。1920年9月下旬至10月初,以学生联合会为骨干,长沙各界、各团体都在讨论"省自治法"如何制定的问题。

9月13日,谭延闿召集官绅开会,决定由省政府10人、省议会11人共同起草省宪法（自治法）,企图包办制定"自治法"的工作。省议会也忙着讨论起草问题。社会上议论纷纷,有的主张除省政府、省议会外,要有教、农、工、商等公法团体和学联、报联参加;有的主张开长沙市民大会起草;有的主张由个人动议,联名起草。毛泽东和他的战友们,反对政府包办制宪,但认为当前谭延闿还打着"自治"的招牌,这是个稍纵即逝的机会,不能久事拖延,应该趁热打铁,通过一个省宪法,造成一个"紧箍咒",加在"湖南省长"头上,这对人民、对推进革命运动是有好处的。

于是,在毛泽东领导下,新民学会的会员、学联的干部和各界进步人士,以广大学生群众为基础,联合推动教育、新闻、工商各界人士,开始商讨"制宪"的具体步骤。在10月4日的各界联合会上,大家同意毛泽东的意见,不采取那种理论上虽完善,而手续太烦琐的做法,应该就让谭延闿这个"革命政府"（谭后来发表谈话,不满意"革命"的称号）,召集人民宪法会议,这样既在道理上说得过去,实际上也能做得到。

第二天,毛泽东和何叔衡、彭璜、朱剑凡（教育界著名人士）、龙兼公（《大公报》主编）等377人联名,在长沙报纸上发表《由湖南革命政府召集湖南人民宪法会议制定湖南宪法以建设新湖南之建议》书,主张会议代表应是直接的、平等的、普遍的选举产生;宪法起草与公布之权,应属于人民宪法会议;最后根据《省宪法》,产生湖南正式的议会和省、县、区、乡自治政府,以此来反对谭延闿官办的制宪活动。

当时,长沙最有威信的群众团体是湖南学生联合会。10月6日,学联向各团体发出信件说,实现湖南自治,"此际实是唯一最好之时机,千钧一发,稍纵即逝,优游岁月,后悔莫及！今省内外上下人士之所主张者,或则徒托空言,或则各执己见，或则存心敷衍"。信中要求各团体选派代表开会，讨论举行自治运动游行请愿问题。同日，学联发给各校的通知则明白指出："双十节举行市民游行大会，一以警告政府，一以唤醒同胞，庶几人民宪法会议早日实现。"7日，参加学联召开的各界会议的代表极为广泛，各种群众性的、私人的、官办的、进步的、中间的、落后的团体，都有代表参加，大家一致同意10月10日游行请愿，并公推毛泽东等起草《请愿书》。

连日来，在制宪建议书上签名的已增至436人（代表36个团体）。8日，200多个签名者在教育会幻灯场开大会，毛泽东担任大会主席。大会讨论了自治运动进行方法，并通过了宪法会议的选举法和组织法要点，还推举15个代表与政府交涉，要求按此制定人民宪法会议条例。

10月10日，省城各界举行万人游行示威。那天，大旗前导，乐队随行，旌旗猎猎，鼓角喧天。每人胸佩白绫徽章，手执写有标语的白布小旗，秩序井然，极为壮观。虽然天下着雨，但群众情绪一直很高，工界同胞"都是短衣赤足，戴笠游行，尤足表现劳动界的精神"。[43] 他们高呼"打倒旧势力""解散旧省议会""湖南自治"和"建设新湖南"等口号，沿途散发20余万份传单，要求政府立即召开人民宪法会议，实现真正的自治。游行队伍行至督军署后，谭延闿假惺惺地满口表示"允纳人民意见"。但是，当队伍到达省议会时，游行群众出于对旧省议会的义愤，扯下了议会的旗子，谭延闿、赵恒惕一伙，立刻撕下了自己的伪装，露出了与人民为敌的狰狞面目。

原来，旧议会的议员，都是军阀指派的地主豪绅，又已超过任期，群众对他们的一派"官治"，早已不满。现在抬头一看，省议会的旗帜仍在迎风招展，惹起了心头的怒火：旧议会这"过去之客"，为什么要据"不散之筵"，包办起制宪工作来呢？于是，在"解散旧省议会"的口号声中，有些人跑上前去，把旧省议会的旗子扯了下来，把那些胡说八道的对联、匾额一一摘掉，丢在一边。

游行群众这一自发的革命行动，得到了人们的热烈喝彩，也吓慌了统治者，触怒了谭延闿。谭延闿发出布告威胁市民说："切勿轻信游词，盲从晕行"，不然"远则危及大局，近则害及一身"。旧省议会告状，谭延闿回复说："其他借题鼓吹侮辱议会之言论，如果仍不觉悟，触犯刑章，政府自当依法取缔。"谭延闿凶相毕露，把他自我标榜的"顺应民情""提倡自治"一类谎言，撕得粉碎。

扯旗事件之后，谭、赵政府传出一种流言，说旗子是毛泽东扯下来的。随后，他们又放出风声，说省议会接到告密信，信中说毛泽东"在图书馆邀集各公团代表开会，运动某军队，捣毁省议会"。警察厅还将毛泽东召去诘问。毛泽东大义凛然，据实辩诬。他特地向警察厅长写了一封公开信，发表在湖南《大公报》上，光明正大地郑重声明："一、泽东前为湖南制宪问题，不满意于省议会，是'有'的。二、扯旗及谋捣毁省议会是'没有'的。"他抗议对他进行人身迫害，要求惩办造谣诽谤的人。毛泽东的坚决斗争，使得谭、赵军阀政府无可奈何，只好不了了之。[44]

经过一段时间的斗争，毛泽东开始意识到自治运动的局限性，这种运动尽管对揭露地方军阀的反动本性有一定作用，但不可能给湖南带来光明的前途。1920年11月25日，毛泽东在致远在法国的向警予的信中，表达了他的焦虑心情：

警予姊：

来信久到，未能即复，幸谅！湘事去冬在沪，姊曾慷慨论之。一年以来，弟和荫柏等也曾间接为力，但无大效者，教育未行，民智未启，多数之湘人，犹在睡梦。号称有知识之人，又绝无理想计划。弟和荫柏等主张湖南自立为国，务与不进化之北方各省及情势不同之南方各省离异，打破空洞无组织的大中国，直接与世界有觉悟之民族携手，而知者绝少。自治问题发生，空气至为黯淡。自"由湖南革命政府召集湖南人民宪法会议制定湖南宪法以建设新湖南"之说出，声势稍振。而多数人莫名其妙，甚或大惊小怪，诧为奇离。湖南人脑筋不清晰，无理想，无远计，几个月来，巳（已）看透了。政治界暮气巳（已）深，腐败已甚，政治改良一途，可谓绝无希望。吾人惟有不理一切，另辟道路，另造环境一法。教育系我职业，顿湘两年，业巳（已）决计。惟办事则不能求学，于自身牺牲太大耳。湘省女子教育绝少进步（男子教育亦然），希望你能引大批女同志出外，多引一人，即多救1人，此颂

进步！

健豪伯母及咸熙姊[45]同此问好。

弟　泽东
九年十一月二十五日[46]

1920年8月，毛泽东收到李思安的来信，信是从新加坡坤成女校寄来的。信中劝他"在这时候快些做几篇文章，将改造湖南的意见大大地发表。乘得一班伟人们的势子尚未十分巩固。不然，时机一失，难再得了"。毛泽东在11月25日回信说：

钦文姊：

你这信我8月里就接到了。后来还接到你在新加坡寄来的一封长信，并一些印刷物。很感你的厚意。我因事忙，没有即答，想能厚（原）谅我罢。湘江[47]尚未出版。湖南须有一些志士从事实际的改造，你莫以为是几篇文章所能弄得好的。大伟人虽没有十分巩固，小伟人（政客）却很巩固了。我想对付他们的法子，最好是不理他们，由我们另想办法，另造环境，长期地预备，精密

地计划。实力养成了，效果自然会见，到不必和他们争一日的长短。你以为然么？你事务谅是忙的，我劝你总要有时间看一点新书报。并且希望你能够继续省察自己，能够知道自己的短处。你前信嘱转集虚[48]，巳（已）转他看了。有暇望告我以近状。

弟 泽东
十一月二十五日[49]

1920年底，毛泽东着手编辑《新民学会会员通信集》。首先编成第1、第2两集，共收入会员通信43封，其中有毛泽东致新民学会会员的信10封。另有毛泽东起草的前言、序、启事、评述共4篇。毛泽东在1920年6月30日易礼容致他和彭璜的信后加写了一段文字，明确提出"驱张"和"自治"不是他们的根本主张。

易礼容的来信是关于湖南自治运动的，他当时还在武昌。他写道：
泽东、殷柏：

今天在报上看见你们答曾毅的信，很满意。但刚同恽代英君谈，他批评湖南人的缺点，我也觉得很对，特就感想所及，写给你们这封信。早几天读你们所发表的改造促成会宣言，后面添了一段，说"实行政治运动，还要靠热心的政治家……"是去年稿子上所没有的。我看了之后，就同廖焕星君说，这是他们受了刺激斲转柂了，觉得要预备充分的能力，这两年的运动，效力还不十分大。今日所提出的"主张"，似乎又较前坚强，有跃跃欲动之势。我是一个懦弱的学生，不但不能直接运动，并且说都不晓得说；但是我觉得你们这次的主张，若是不能实现，则并非理想之罪，只怪得先无充分预备。什么是我之所谓充分预备呢？曰，你们的"同志"太少，湖南的少年界、绅士界，都很少有能力的人；有亦未必尽与你们联络，你们的意见书上所说的一些事，你们到底叫谁去做？我恐怕不是时髦人物学了你们的去讨饭碗，就是给人家作茶余酒后的谈话资料。你们若是自己起来做，则谁可助力？建设的条件这么多，湖南有七十五县，一时如何布置得来叫唤得醒？若说这番鼓吹，自有相当的效力，我也承认，不过较先有预备，取"分工作用"，能实行贯彻你们的主张，那好处就更多了。

我们到底要如何预备起来的问题，我晓得我现在所写的，一定是你们时常所想的，不过还未进行就是了。或者，已经进行了，我不晓得。我觉得你们急急要回到湖南去，采一种最和平、最永久的法子，造成一个好环境，锻炼一班好同志。（中略）我是一个没有十分觉悟的人，上面的话，不过就我的直觉，推论几句，你们若以为不中肯，请将你们的计划，尽情告我，使我放心。若以为尚有可采之处，则请再进一步讨论如何实行。（下略）

易礼容
六月三十晚二点四十二分在武昌⁽⁵⁰⁾

毛泽东在按语中说：

礼容这一封信，讨论吾人进行办法，主张要有预备，极忠极切。我的意见，于致陶斯咏姊及周惇元兄函中己（已）具体表现，于归湘途中和礼容也当面说过几次。我觉得去年的驱张运动和今年的自治运动，在我们一班人看来，实在不是由我们去实行做一种政治运动。我们做这两种运动的意义，驱张运动只是简单地反抗张敬尧这个太令人过意不下去的强权者。自治运动只是简单地希望在湖南能够特别定出一个办法（湖南宪法），将湖南造成一个较好的环境，我们好于这种环境之内，实现我们具体的准备工夫。彻底言之，这两种运动，都只是应付目前环境的一种权宜之计，决不是我们的根本主张，我们的主张远在这些运动之外。说到这里，诚哉如礼容所言，"准备"要紧，不过准备的"方法"怎样，又待研究。去年在京，陈赞周即对于"驱张"怀疑，他说我们既相信世界主义和根本改造，就不要顾及目前的小问题小事实，就不要"驱张"。他的话当然也有理，但我意稍有不同，"驱张"运动和自治运动等，也是达到根本改造的一种手段，是对付"目前环境"最经济最有效的一种手段。但有一条件，即我们自始至终（从这种运动之发起至结局），只宜立于"促进"的地位。明言之，即我们决不跳上政治舞台去做当局。我意我们新民学会会友，于以后进行方法，应分几种：一种是巳（已）出国的，可分为二，一是专门从事学术研究，多造成有根柢的学者，如罗荣熙萧子升之主张；一是从事于根本改造之计划和组织，确立一个改造的基础，如蔡和森所主张的共产党。一种是未出国的，亦分为二，一是在省内及国内学校求学的，当然以求学储能做本位；一是从事社会运动的，可从各方面发起并实行各种有价值之社会运动及社会事业。其政治运动之认为最经济最有效者，如"自治运动""普选运动"等，亦可从旁尽一点促进之力，惟千万不要沾染旧社习气，尤其不要忘记我们根本的共同的理想和计划。至于礼容所说的结合同志，自然十分要紧。惟我们的结合，是一种互助的结合，人格要公开，目的要共同，我们总不要使我们意识中有一个不得其所的真同志就好。

泽 东⁽⁵¹⁾

注 释

〔1〕周世钊：《湘江的怒吼》，《新民学会资料》，人民出版社1980年9月版，第397—401页。

〔2〕萧三：《毛泽东同志的青少年时代和初期革命活动》，中国青年出版

社1980年7月版。第76页。

〔3〕邓仲澥，即邓中夏。

〔4〕蒋竹如：《湖南学生的反日驱张斗争》，《新民学会资料》，人民出版社1980年9月版，第580—583页。

〔5〕周世钊：《湘江的怒吼》，《新民学会资料》，人民出版社1980年9月版，第405—409页。

〔6〕蒋竹如：《湖南学生的反日驱张斗争》，《新民学会资料》，人民出版社1980年9月版，第584—585页。

〔7〕唐耀章：《湖南学界驱张运动前后》，《新民学会资料》，人民出版社1980年9月版，第595—596页。

〔8〕易礼容：《有关新民学会的史料几则》，《新民学会资料》，人民出版社1980年9月版，第535页。

〔9〕1917年6月北洋军阀皖系首领段祺瑞解散国会后，孙中山在广州组织护法军政府，维护《临时约法》，反对北京政府。次年孙中山受军政府中滇、桂系军阀排挤去职。不久，北洋军阀与南方滇、桂、黔系军阀之间为争权夺利爆发了战争，持续至1919年2月，此即作者所称"南""北"战争。

〔10〕《国语学之研究》，是黎锦熙于1918年10月和1919年1月在武昌、太原国语讲习班的讲稿。

〔11〕周世钊：《湘江的怒吼》，《新民学会资料》，人民出版社1980年9月版，第416—418页。

〔12〕周敦祥：《女界钟》，《新民学会资料》，人民出版社1980年9月版，第522—524页。

〔13〕斐律宾，今译菲律宾。

〔14〕萧三：《毛泽东同志的青少年时代和初期革命活动》，中国青年出版社1980年7月版，第82—83页。

〔15〕周世钊：《湘江的怒吼》，《新民学会资料》，人民出版社1980年9月版，第420—423页。

〔16〕蒋竹如：《湖南学生的反日驱张斗争》，《新民学会资料》，人民出版社1980年9月版，第587—588页。

〔17〕张国基：《新民学会及在南洋的活动情况》，《新民学会资料》，人民出版社1980年9月版，第555—558页。

〔18〕李思安：《回忆驱张运动》，《新民学会资料》，人民出版社1980年9月版，第575—576页。

〔19〕汪国霖：《驱张运动史话——毛泽东同志在"五四"时期的革命活

动》,第80页。

〔20〕李伯刚的回忆（1969年2月）。

〔21〕李思安：《回忆驱张运动》，《新民学会资料》，人民出版社1980年9月版，第576—578页。

〔22〕周世钊：《湘江的怒吼》，《新民学会资料》人民出版社1980年9月版，第423—424页。

〔23〕《新民学会会员通信集》第2集。

〔24〕1920年3月25日北京《晨报》。

〔25〕《新湘评论》编辑部：《毛泽东同志的青少年时代》，中国青年出版社1979年10月版，第125—129页。

〔26〕黎锦熙：《在峥嵘岁月中的伟大革命实践》，1977年9月14日《光明日报》。

〔27〕即现在上海安义路63号。同住者有李凤池、李思安、陈书农等。

〔28〕上海市文物保管委员会：《忆往昔峥嵘岁月稠》，1977年9月14日《文汇报》。

〔29〕李思安：《回忆驱张运动》，《新民学会资料》，人民出版社1980年9月版，第578—579页。

〔30〕劳君展：《新民学会的有关情况》，《新民学会资料》，人民出版社1980年9月版，第448—449页。

〔31〕张国基：《新民学会及在南洋的活动情况》，《新民学会资料》，人民出版社1980年9月版，第559—561页。

〔32〕九年，指民国九年，即1920年。——原注

〔33〕李钦文，即李思安。——原注

〔34〕赞周，即陈赞周。焜甫，即熊光楚。子暲，即萧三。望成，即刘明俨。玉生，即欧阳泽。百龄，即张怀。——原注

〔35〕韫厂，即魏璧。君展，即劳君展。肫如，即周敦祥。——原注

〔36〕易粤徽，即易阅灰。——原注

〔37〕《新民学会资料》，人民出版社1980年9月版，第10—11页。

〔38〕长沙《大公报》1920年9月26日。

〔39〕见《湖南改造促成会对于"湖南改造"之主张》。

〔40〕《韩非子》里面的话。

〔41〕萧三：《毛泽东同志的青少年时代和初期革命活动》，中国青年出版社1980年7月版，第88—89页。

〔42〕《新民学会会员通信集》第2集。

〔43〕《市民自治运动大会记盛》,《湖南通俗报》1920年10月12日。

〔44〕《新湘评论》编辑部:《毛泽东同志的青少年时代》,中国青年出版社1979年10月版,第133—141页。

〔45〕咸熙姊,即蔡畅。

〔46〕《新民学会资料》,人民出版社1980年9月版,第75—76页。

〔47〕指当时拟议复刊的《湘江评论》。

〔48〕集虚,即蒋竹如。

〔49〕《新民学会资料》,人民出版社1980年9月版,第104—105页。

〔50〕《新民学会资料》,人民出版社1980年9月版,第90—91页。

〔51〕《新民学会资料》,人民出版社1980年9月版,第91—92页。

七、成为马克思主义者

思想的激变

1920年7月7日，毛泽东回到长沙。第二次北京之行给毛泽东留下深刻的印象，也使他的思想产生了某种重要的变化。

毛泽东领导驱张运动期间，政治空气比较活跃。列宁领导的苏维埃政府发表的废除帝俄时代同中国订立的不平等条约、建立中苏平等关系的宣言，突破军阀政府的封锁，公布出来了。各界人民对此反应十分强烈，全国31个社会团体发了热情洋溢的谢电。《天问》周刊发表文章热烈响应，明确提出中国人民应"和俄国农民、工人阶级、红军相提携，为自由而奋战，先竭力打破国内军阀的强权，再竭力打破各国的强权"。列宁领导下的共产国际已派代表来中国，先后与李大钊、陈独秀等取得联系，交换了关于中国革命问题的意见，研究了发起建立中国共产党的问题。报纸杂志上介绍俄国革命和宣传、讨论社会主义的文章日益增多，有些进步报刊摘译了一些马克思主义著作的部分章节，发表了马克思、恩格斯、列宁等人的简要传记，出版了马克思主义经典著作《共产党宣言》的中文译本，还出版了一些介绍和解释马克思主义的著作。这就使毛泽东有更多的机会进一步接触马克思主义。

在第二次北游期间，毛泽东广泛地接触了各方面的人士，特别是与信仰、宣传马克思主义的李大钊、陈独秀有了密切的联系。在北京，他与李大钊同志经常在一起讨论有关共产主义的理论和赴俄留学等方面的问题。在上海，与陈独秀讨论了他所读过的马克思主义书籍，研究了在湖南开展革命活动的问题。当时，李大钊和陈独秀对毛泽东都产生过较大的影响。

毛泽东认真地观察了多方面的情况，深入地思索了各种问题，并及时地把自己的见闻和想法，写信告诉新民学会会员。他认为，要改造中国，就要避免空发议论、空谈改造，而要研究改造的目的、改造的方法和目前从何处下手等最切实的问题；要组织团体进行共同的研究，避免个人单独冥思苦想，因为这种"人自为战"的"浪战"，是"用力多而成功少"，是"最不经济"的办法。当他得知赴法勤工俭学的一些新民学会会员发起组织了"工学世界社"的消息后,十分关切,立即给罗学瓒写信说:"请你将组织、进行、事务等,告我一信。"他主张在长沙办一个"自修大学",以便研究马克思主义和各国革命运动,培养革命干部。还主张组织一个"留俄队",赴俄勤工俭学,实地考察俄国情形,学习俄国的革命经验。[1]

在第二次到北京期间,毛泽东经过反复考虑,终于下定暂不出国的决心。这是他思想上的一个重要变化。

1920年3月14日,毛泽东从北京北长街99号寓所寄出一封信,信是写给在湖南的周世钊的。信中写道:

惇元吾兄:

接张君文亮的信,惊悉兄的母亲病故!这是人生一个痛苦之关。像吾等长日在外未能略尽奉养之力的人,尤其发生"欲报之德,昊天罔极"之痛!这一点我和你的境遇,算是一个样的!

早前承你寄我一个长信。很对不住!我没有看完,便失掉了!但你信的大意,已大体明白。我想你现时在家,必正绸缪将来进行的计划,我很希望我的计划和你的计划能够完全一致,因此你我的行动也能够一致。我现在觉得你是一个真能爱我,又真能于我有益的人,倘然你我的计划和行动能够一致,那便是很好的了。

我现极愿将我的感想和你讨论,随便将它写在下面,有些也许是从前和你谈过来的。

我觉得求学实在没有"必要在什么地方"的理,"出洋"两字,在好些人只是一种"迷"。中国出过洋的总不下几万乃至几十万,好的实在很少。多数呢?仍旧是"糊涂",仍旧是"莫名其妙",这便是一个具体的证据。我曾以此问过胡适之和黎邵西两位,他们都以我的竟(意)见为然,胡适之并且作过一篇《非留学篇》。

因此我想暂不出国去,暂时在国内研究各种学问的纲要。我觉得暂时在国内研究,有下列几种好处:

1. 看译本较原本快迅得多,可于较短的时间求到较多的知识。

2. 世界文明分东西两流,东方文明在世界文明内,要占个半壁的地位。然东方文明可以说就是中国文明。吾人似应先研究过吾国古今学说制度的大要,再到西洋留学才有可资比较的东西。

3. 吾人如果要在现今的世界稍为尽一点力,当然脱不开"中国"这个地盘。关于这地盘内的情形,似不可不加以实地的调查,及研究。这层工夫,如果留在出洋回来的时候做,因人事及生活的关系,恐怕有些困难。不如在现在做了,一来无方才所说的困难；二来又可携带些经验到西洋去，考察时可以借资比较。

老实说，现在我于种种主义，种种学说，都还没有得到一个比较明了的概念，想从译本及时贤所作的报章杂志，将中外古今的学说刺（刺）取精华，使他们各构成一个明了的概念。有工夫能将所刺（刺）取的编成一本书，更好。所以我对于上列三条的第一条，认为更属紧要。

以上是就"个人"的方面和"知"的方面说。以下再就"团体"的方面和"行"的方面说：

我们是脱不了社会的生活的，都是预备将来要稍微有所作为的。那么，我们现在便应该和同志的人合力来做一点准备工夫。我看这一层好些人不大注意，我则以为很是一个问题，不但随便无意地放任地去准备，实在要有意地有组织地去准备，必如此才算经济，才能于较短的时间（人生百年）发生较大的效果。我想：（一）结合同志；（二）在很经济的可能的范围内成立为他日所必要的基础事业。我觉得这两样是我们现在十分要注意的。

上述二层（个人的方面和团体的方面），应以第一为主，第二为辅。第一应占时间的大部分，第二占一小部分。总时间定三年（至多），地点长沙。

因此我于你所说的巴黎南洋北京各节，都不赞成，而大大赞成你"在长沙"的那个主张。

我想我们在长沙要创造一种新的生活，可以邀合同志，租一所房子，办一个自修大学（这个名字是胡适之先生造的）。我们在这个大学里实行共产的生活。关于生活费用取得的方法，约可定为下列几种：

（1）教课。（每人每周6小时乃至10小时。）

（2）投稿。（论文稿或新闻稿。）

（3）编书。（编一种或数种可以卖稿的书。）

（4）劳力的工作。（此项以不消费为主，如自炊自濯等。）

所得收入，完全公共。多得的人，补助少得的人，以够消费为止。我想我们两人如果决行，何叔衡和邹泮清或者也会加入。这种组织，也可以叫作"工读互助团"。这组织里最要紧的是要成立一个"学术谈话会"，每周至少要为学术的谈话两次或三次。

以上是说暂不出洋在国内研究的话。但我不是绝对反对留学的人，而且是一个主张大留学政策的人。我觉得我们一些人都要过一回"出洋"的瘾才对。

我觉得俄国是世界第一个文明国。我想两三年后，我们要组织一个游俄队。这是后话，暂时尚可不提及他。

出杂志一项，我觉很不容易。如果自修大学成了，自修有了成绩，可以看情形出一本杂志。（此间的人，多以恢复《湘江评论》为言。）其余会务进行，留待面谈，暂不多说，有暇请简复一信。

弟　泽东[2]

毛泽东在北京，回想起自上次来京以后的历历往事，深感新民学会处在社会的变动之中，时而组织赴法勤工俭学，时而投身五四运动，时而奋起驱张，固然轰轰烈烈，声势浩大，但毕竟在研究问题方面未免有些肤浅。因此，他在给周世钊的信中，明确提出"应该和同志的人合力来做一点准备工夫"。而这个念头，早在2月间给陶毅的信中，便已萌发出来。

陶毅，又名陶斯咏，是毛泽东的同乡，在长沙周南女校毕业后，即留校任事。她也是新民学会会员。毛泽东在给她的信中写道：

斯咏先生：

（上略）[3]

我觉得我们要结合一个高尚纯粹勇猛精进的同志团体。我们同志，在准备时代，都要存一个"向外发展"的志。我于这问题，颇有好些感想。我觉得好多人讲改造，却只是空泛的一个目标。究竟要改造到哪一步田地（即终极目的）？用什么方法达到？自己或同志从哪一个地方下手？这些问题，有详细研究的却很少。在一个人，或者还有；团体的，共同的，那就少了。个人虽有一种计划，像"我要怎样研究""怎样准备""怎样破坏""怎样建设"，然多有陷于错误的。错误之故，因为系成立于一个人的冥想。这样的冥想，一个人虽觉得好，然拿到社会上，多行不通。这是一个弊病。还有第二个弊病。一个人所想的办法，尽管好，然知道的限于一个人，研究准备进行的限于一个人。这种现象，是"人自为战"，是"浪战"，是"用力多而成功少"，是"最不经济"的。要治这种弊，有一个法子，就是"共同的讨论"。共同的讨论有两点：一、讨论共同的目的；二、讨论共同的方法。目的同方法讨论好了，再讨论方法怎样实践。要这样的共同讨论，将来才有共同的研究（此指学问）、共同的准备、共同的破坏和共同的建设。要这样才有具体的效果可睹。"浪战"是招致失败的，是最没效果的。共同讨论，共同进行，是"联军"是"同盟军"，是可以操战胜攻取的左券的。我们非得力戒浪战不可。我们非得组织联军共同作战不可。

上述之问题，是一个大问题。于今尚有一个问题，也很重大，就是"留学或做事的分配"。我们想要达到一种目的（改造），非讲究适当的方法不可，这方法中间，有一种是人怎样分配。在现在这样"才难"的时候，人才最要讲究经济。不然，便重叠了，堆积了，废置了。有几位在巴黎的同志，发狠地扯人到巴黎去。多扯一班人到巴黎去是好事；多扯同志去，不免错了一些。我们同志，应该散于世界各处去考察，天涯海角都要去人，不应该堆积在一处。最好是一个人或几个人担任去开辟一个方面。各方面的"阵"，都要打开，各方面都应该去打先锋的人。

我们几十个人，结识得很晚，结识以来，为期又浅（新民学会是七年四月才发生的），未能将这些问题彻底研究（或并未曾研究）。即我，历来很懵懂，很不成材，也很少研究。这一次出游，观察多方面情形，会晤得一些人，思索得一些事，觉得这几种问题，很有研究的价值。外边各处的人，好多也和我一样未曾研究，一样的睡在鼓里，很是可叹！你是很明达很有远志的人，不知对于我所陈述的这一层话，有什么感想？我料得或者比我先见到了好久了。

以上的话还空，我们可再实际一些讲。

新民学会会友，或旭旦学会[4]会友，应该常时开谈话会，讨论吾侪共同的目的，及达到目的之方法。一会友的留学及做事，应该受一种合宜的分配，担当一部分责任，为有意识的有组织的活动。在目的地方面，宜有一种预计：怎样在彼地别开新局面？怎样可以引来或取得新同志？怎样可以创造自己的新生命？你是如此，魏周劳[5]诸君也是如此，其他在长沙的同志及已出外的同志也应该如此，我自己将来，也很想照办。

以上所写是一些大意，以下再胡乱写些琐碎：

会友张国基君安顿赴南洋，我很赞成他去。在上海的萧子暲君等十余人准备赴法，也很好！彭璜君等数人在上海组织工读互助团[6]，也是一件好事！

彭璜君和我，都不想往法，安顿往俄。何叔衡想留法，我劝他不必留法，不如留俄。我们一己的计划，一星期外将赴上海。湘事平了，回长沙，想和同志成一"自由研究社"（或径名自修大学），预计一年或二年，必将古今中外学术的大纲，弄个清楚，好作出洋考察的工具（不然，不能考察）。然后组一留俄队，赴俄勤工俭学。至于女子赴俄，并无障碍，逆料俄罗斯的女同志，必会特别欢迎。"女子留俄勤工俭学会"，继"女子留法勤工俭学会"[7]而起。也并不是不可能的事。这桩事（留俄），我正和李大钊君等商量。听说上海复旦教授汤寿军君（前商专校长）也有意去。我为这件事，脑子里装满了愉快和希望，所以我特地告诉你！好像你曾说过杨润馀君入了我们的学会，近日翻阅旧的《大公报》，看见他的著作，真好！不知杨君近日作何生活？有暇可以告诉我吗？今日到女子工读团[8]，稻田[9]新来了四人。该团连前共八人，湖南占六人，其余一韩人一苏人，觉得很有趣味！但将来的成绩怎样？还要看他们的能力和道德力如何，也许终究失败［男子组大概可说巳（已）经失败了］。北京女高师，学生方面很有自动的活泼的精神，教职方面不免黑暗。接李一纯君函，说将在周南教课，不知巳（已）来了否？再谈。

毛泽东。
九年二月在北京[10]

同年6月7日，毛泽东在上海写给黎锦熙的信中，也表达了自己决心将各种学说研究一番的迫切愿望。信中说：

邵西先生：

京别以来，在天津、济南、泰山、曲阜、南京等处游览一晌，二十五天才到上海，寓哈同路民厚南里29号，同住连我四人，工读团殊无把握，决将发起者停止，另立自修学社，从事半工半读。同住都有意往俄，我也决去，暂且自习，一年半或两年后，俄路通行即往。想找一俄人，学习俄语，此时尚未找到。我一生恨极了学校，所以我决定不再进学校。自由研究，只要有规律，有方法，未必全不可能。外国语真是一张门户，不可不将他打通，现在每天读一点英语，要是能够有恒，总可稍有所得。我对于学问，尚无专究某一种的意思，想用辐射线的办法，门门涉猎一下。颇觉常识不具，难语专攻，集拢常识，加以条贯，便容易达到深湛。斯宾塞尔最恨国拘〔11〕，我觉学拘也是大弊。先生及死去了的怀中先生，都是弘通广大，最所佩服。可惜我太富感情，中了慨慷的弊病，脑子不能入静，工夫难得持久，改变也很不容易改变，真是不得了的恨事呵！文字学、言语学和佛学，我都很想研究，一难得书，二不得空时，懈怠因循，只好说"今日不学又有明日"罢了。希望先生遇有关于言语文字学及佛学两类之书，将书名开示与我，多余的印刷物，并请赐寄。收聚了书，总要划一个时间，从事于此。我近来功课，英文、哲学、报，只这三科。哲学从"现代三大哲学家"〔12〕起，渐次进于各家；英文最浅近读本每天念一短课；报则逐日细看，剪下好的材料。我外国文还在孩子时代，不能直接看书。我只想于未出国去的两三年内，用我已经得到的国文一种工具，看新出的报、杂志、丛书及各译本，寻获东方及世界学术思想之大纲要目，以为出国研究的基本。近来国内到处发了丛书热，不管他动机和内容怎样，总于我这种"知识荒"的人多少有些益处。旅京学会〔13〕出报的事可实现否？只是这种混合的团体，很不容易共事，不如另找具体的鲜明的热烈的东西，易于见效，兴味较大。我觉得具体、鲜明、热烈，在人类社会中无论是一种运动，或是一宗学说，都要有这三个条件，无之便是附庸，不是大国，便是因袭，不是创造，便是改良派，不是革命派。我想做一篇"具体，鲜明，热烈，与新运动"的文章，无闲暇构思的机会，恐怕不能做了出来。先生能指挥日常生活，将"上衙门""下私宅""作事""读书"支配得那样圆满得当，真不容易。我因易被感情驱使，总难厉行规则的生活，望着先生，真是天上。北京此时想是很热，上海也热起来了。余话后谈。敬问近安。

毛泽东
六，七

1920年底，毛泽东在长沙撰写《新民学会会务报告》（第1号）。他回首3年来的往事，感慨万千，更增添了自己在国内研究各种问题的信心和决心。他在报告开头写道：

新民学会会务报告，乃新民学会的一种生活史。新民学会是一个生活体，新民学会的会员乃这个生活体的各细胞。新民学会有性命已三年了，会员由十几人加到五十几人，会员的足迹由一地及于国内国外各地，所做的事也由一件加到若干件。会员虽然现在大都在修学储能时代，但这个时代已很可贵。这3年中的经历，在会是一种新环境，在会员是一种新生活，我们几十个人，在这种新环境里共同或单独营一种比前不同的新生活，是我们最有意义的事。第一期会务报告的职务，是将这三年中会及会员的生活择要叙述出来，做我们会及会员生活全史的头一段。

毛泽东在会务报告的结尾，还逐一分析了3年来新民学会的优点和缺点：

我们学会很有些优点，然也有些缺点。优点是哪些呢？我们学会无形中有几种信条：像"不标榜""不张扬""不求急效"和"不依赖旧势力"皆是。

这些信条，都在无形中，只存在彼此的观摩和讨论中，没有明白地标举过。因"不标榜"，多数会友彼此间从少面誉，"言必及义"，自歉和勉励的话，总较多于高兴和得意的话。因"不张扬"，学会虽则成立了三年，社会上除开最少数相知的人朋友以外，至今还不知有我们学会的名字。因"不求急效"，会友无论求学做事，只觉现在是"打基础"，结果都在将来；要将来结果好和结果大，就应该将基础打得好，打得大。因"不依赖旧势力"，会友便都觉得我们的学会是创造的，不是因袭的；属于这个学会的各员，现在或将来向种种方面所做出来的种种的事，也是创造的，不是因袭的。因此：我们学会从来没有和旧势力发生过关系，也没有邀过旧势力的人入会。——此外，我们学会会友还有几种好处：第一是头脑清新，多数会友没有陈腐气，能容纳新的思想。第二是富奋斗精神。多数会友大概都有一点奋斗力，积极方面，联合好人，做成好事；消极方面，排斥恶人，消减恶事。于改革生活，进修学问，向外进取各点，均能看出会友的奋斗精神。第三是互助及牺牲的精神。会友间大概是能够互助，并且有一种牺牲精神的。

学会虽有以上各种优点，但也有好多缺点：第一，学术根浅柢薄。会友大概多是中等学校毕业或肄业的学生，升学或毕业在专门以上学校的，还只有最少数，其学术的根柢自然是十分浅薄。第二，思想及行为幼稚。会友的思想，大概均不免幼稚。有一部分会友，于事不免率尔发起，率尔赞成，其行为陷于幼稚。第三，一部分会友做事多于求学。会友在现时本不是全力做事时代，因计划上及事势上之必要，不能不在此时做出相当的基础事。然如现在情形，则有一部分会友大概已在专门做事，牺牲未免太大了。第四，一部分会友间，尚无亲切之联络与了解。此点颇失学会精神,以后宜设法由不相认识和不甚了解的会友,互相认识而且了解起来才好。[14]

创办文化书社

毛泽东回到长沙,便以主要精力创办文化书社。1920年7月31日,湖南长沙《大公报》刊登了由毛泽东起草的《发起文化书社》,全文如下:

湖南人在湖南省内闹新文化,外省人见了,颇觉得稀奇。有些没有眼睛的人,竟把"了不得"三字连在"湖南人"三字之下。其实湖南人和新文化,相去何止十万八千里!新文化,严格说来,全体湖南人都不和他相干。若说这话没有根据,试问三千万人有多少人入过学堂?入过学堂的人有多少人认得清字,懂得清道理?认得清字、懂得清道理的人有多少人明白新文化是什么?我们要知道,眼里、耳里随便见闻过几个新鲜名词,不能说即是一种学问,更不能说我懂得新文化,尤其不能说湖南已有了新文化。彻底些说吧,不但湖南,全中国一样尚没有新文化。全世界一样尚没有新文化。一枝新文化小花,发现在北冰洋岸的俄罗斯。几年来风驰雨骤,成长得好,与成长得不好,还依然在未知之数。诸君,我们如果晓得全世界尚没有真正的新文化,这倒是我们一种责任呵!什么责任呢?"如何可使世界发生一种新文化,而从我们住居的附近没有新文化的湖南做起。"这不是我们全体湖南人大家公负的一种责任吗?文化书社的同人,愿于大家公负的责任中划出力所能胜的一个小部分,因此设立这个文化书社。(此外研究社、编译社、印刷社亦急待筹设。)我们认定,没有新文化由于没有新思想,没有新思想由于没有新研究,没有新研究由于没有新材料。湖南人现在脑子饥荒实在过于肚子饥荒,青年人尤其嗷嗷待哺。文化书社愿以最迅速、最简便的方法,介绍中外各种最新书报杂志,以充青年及全体湖南人新研究的材料。也许因此而有新思想、新文化的产生,那真是我们馨香祷祝、希望不尽的!

文化书社由我们一些互相了解完全信得过的人发起。不论谁投的本永远不得收回,亦永远不要利息。此书社但永远为投本的人所共有。书社发达了,本钱到了几万万元,彼此不因以为利;失败至于不剩一元,彼此无怨,大家共认地球之上,长沙城之中,有此"共有"的一个书社罢了呵!

在1920年8月25日长沙《大公报》上,还刊登了毛泽东起草的《文化书社组织大纲》。大纲规定:

(一)本社以运销中外各种有价值之书报杂志为主旨。书报杂志发售,务期便宜、迅速,庶使各种有价值之新出版物,广布全省,人人有阅读之机会。关于在外埠出版之书籍,本社与各书店及各丛书社订定专约,每出一种,即尽速寄湘，以资快览。关于各有价值之日报，本社视阅者较多，即与订约，代办分馆。关于各有价值之杂志，本社与各杂志社订约，代办分发行所。

（二）本社资本全额无限。先由发起人认定开办费，从小规模起，以次扩大。以后本社全部财产为各投资人所公有。无论何人，与本社旨趣相合，自一元以上均可随时投入。但各人投入之资本，均须自认为全社公产，投入后不复再为投资人个人所有，无论何时不能取出，亦永远不要利息。

（三）本社由投资人组织议事会，推举经理一人，付与全权，经营本社一切业务。为经营业务起见，经理得雇请必要之助理人。经理及助理人应支取相当之生活费及办事费，其数由议事会决定。

（四）经理每日、每月均须分别清结账目一次，每半年总清结一次，报告于议事会。议事会每半年开会一次（三月、九月），审查由经理所报告之营（业）状况，并商榷进行。

（五）本社设总社于省城。设分社于各县。分社俟经费充足时举办。

（六）本社在社内设立书报阅览所，陈列书报，供众阅览。此项阅览所，俟经费充足，更须分设。

（七）本社营业公开。每月将营业情形宣告一次。平时有欲知悉本社情形者，可随时来社或投函询问，当详举奉告。

（八）本社议事会细则及营业细则另行规定。

1920年8月2日，文化书社在长沙楚怡小学召开成立会。8月3日，长沙《大公报》刊登题为《文化社昨日开会》的报道。报道说：

昨日文化社发起人假楚怡小学开会。到者赵运文、朱剑凡、李抱一、王正枢、匡日休、熊梦飞、张平子、杨绩荪、朱让枏、龙寿彝、彭璜、易礼容、林韵源、左礼振、吴锦纯、王季范、毛泽东等。赵运文主席。通过组织大纲后，推定筹备员易礼容、彭璜、毛泽东三人担任起草议事会及营业部细则，觅定房屋通信外埠订购书报等事。俟筹备妥帖，即行开议事会，推选经理，正式开幕云。

毛泽东为创办文化书社，还特地请在武汉明德大学任职的易礼容回湘，担任书社经理。社址选在长沙潮宗街56号，并于9月9日正式开业。后来，文化书社还在平江、浏西、武冈、宝庆、宁乡、溆浦等地设有分社。在毛泽东主持下，文化书社成为传播新思想、新文化，宣传马克思主义的文化阵地。

易礼容回忆说：

毛泽东联络各方于1920年6月把张敬尧驱逐出湖南后，7月回湘，继续从事革命活动。创办长沙文化书社，就是他在最短的时间里办成的一件事。

8月2日，毛泽东召集发起人在长沙楚怡小学何叔衡同志处开会，8月20日租定长沙潮宗街56号湖南湘雅医学校三间房屋做社址，9月9日正式开始营业，使初步收集到的中、外（译文）新文化书刊同湖南群众见面。整个书社从筹备到开业只用了两个月的时间，可谓赶忙了。

毛泽东很早就提出要创办文化书社，用新思想、新文化来启发、提高群众的觉悟。他曾在新民学会会务报告中反复强调：要努力"创办文化书社""文化书社经济有效""拟注力文化书社之充实与推广"……半个世纪后重理旧籍，令人深切怀念，他那种高度重视文化书社这一事业的革命精神，犹如同当年在他领导下进行工作一样，感到十分亲切。

应该说，文化书社是1918年4月毛泽东和蔡和森等组织新民学会的革命精神的继续。新民学会会员中的中坚分子，立志"改造中国与世界"，他们中的不少人是文化书社的发起者和支持者。当时参加发起的学会会员，除毛泽东外，还有何叔衡、彭璜、熊瑾玎、陈章甫、陶毅、方维夏、罗宗翰等不少人。在文化书社成立以前赴法勤工俭学的会员，如蔡和森、罗学瓒、蔡畅、李维汉、向警予、熊季光等，也赞成文化书社的宗旨。可以说，新民学会的得力人物，就是文化书社的得力人物。难道不能说文化书社是完完全全地继承了新民学会精神的一桩事业吗？同时，文化书社亦是毛泽东主编的《湘江评论》的革命精神的继续，只要我们重新学习《湘江评论》的重要文章，这道理就容易明白。

文化书社的任务和作用有以下几方面：

第一，尽最大的可能迅速地、全面地搜集国内外新文化书籍、杂志和报纸，并把它送到湖南一部分群众，尤其是学生、工人的手里，使他们逐渐明了中国和世界的革命形势。

当时湖南的社会政治状况，可以用一句话来概括："糟透了！"日本帝国主义侵略中国，成了湖南军阀政府的太上皇，日货充斥市场，人民痛苦不堪。自1912年至1920年6月，8年间湖南一直为南北军阀的混战场所，尤以北洋军阀为祸剧烈！张敬尧自1918年2月占据长沙附近各县至1920年6月退出湖南，他所干的"好事"，是大肆抢劫财物，"扶乩""卜卦""算命"，修建庙宇，亲赴城隍庙拈香、供祭孔圣等等。而湘潭劣绅叶德辉却竭力颂扬他，起草通电，宣称："张督仁政迈乎唐汉，武功过于汤武，学生过激，等于吠尨"……诸如此类与张、叶合流的其他人物的恶言恶行，就无须一一列举了。试想一下，当年的湖南是一个怎样的世界！

在这样的形势下，文化书社适时地起着传播新思想，帮助群众前进的作用。当时，往往一种新书、一种杂志、一份报纸可以影响和启发若干人。记得文化书社曾发卖过一种三个铜板一份的新刊物，许多学生、工人常准确按出版日期，一星期、一个月、一年至几年，一次、十次、百次至几百次，持续不断地来书社购买这刊物，他们对精神食粮的需求是多么如饥似渴呵！我还记得起当年不少先进人物来社买此类刊物时的音容笑貌，真是至可尊敬的形象！因而可以说文化书社在群众中的作用是十分可观的。

第二，文化书社对于团结社会各界，争取他们对革命事业的同情和支持，起了重要作用。

在毛泽东的影响下，湖南一部分文教界和社会人士，如姜济寰（长沙县长，北伐战争时任江西省建设厅长）、左益斋（长沙商会会长，一直连任到全国解放后）、朱剑凡（周南女学校长，后来他的女儿成了党的干部）、赵运文（湘雅医学校秘书，后来不少好医生都毕业于此校）、易培基（第一师范学校校长，颇负盛誉），还有其他一些人，都成了文化书社的社员、投资人，他们称赞毛泽东，说文化书社的好话，扩大了它在社会上的影响。社会各界的同情、支持，使毛泽东领导的早期革命事业在湖南有了"人缘"，为冲破长期统治人民的封建堡垒，发展湖南革命运动，奠定了基础。

第三，建党初期，文化书社是党在国内外的秘密联络机关。

在军阀横行、反动势力猖獗的年代里，党的交通工作只能在秘密的情况下进行，文化书社在当时就起了这样的作用。我记得有一次张太雷和第三国际某负责人，来省视察工作，就是由书社引见毛泽东的。平时，党、团机关有事联系，或同志们来信来访，也都是经过文化书社的。直到党在全国建立了交通系统以后，书社才减轻了联络和传达的责任。

毛泽东十分重视文化书社的工作，文化书社的缘起、组织大纲和社务报告等文件，都是职员们提供一些材料，由他亲自起草制订的。他事无巨细，以身作则，积极主动带领大家埋头苦干。记得有一次我向他说及，社内账目有些不清楚，他听了后，立即让我们把社里的四张桌子拼在一起，一丝不苟地同几个人一道用了几天时间算了一次总账，最后把账目弄得一清二楚。1924年冬，他由上海中央机关请假回湘养病，曾特地与省委书记李维汉同志商量，拨款800元为书社清理债务。1926年初，毛泽东、夏曦和我3人代表国共合作的国民党湖南省党部出席在广州召开的国民党第二次全国代表大会时，毛泽东还同我商量，由我出面写信给国民革命军第二军军长谭延闿，请求拨款维持文化书社业务。后来谭拨了400元毫洋给书社作为活动经费。

书社创办初期是十分困难的。当时由我经手向赵运文借款20元做日常开支。由于无钱买铁炉子，我和陈子博用黄泥小火炉，架着瓦钵做饭，这样撑持了一两个月。书社有几个职员。毛泽东自任"特别交涉员"，其他人如李庠（商业专门学校毕业）、许文亮（后来留苏学习）、冯福生（贫农出身）、刘大身（商专）等都是好党员。李、许两人以后受尽敌人的严刑逼供，临危不惧，是可歌可泣的烈士！冯被捕入狱后受刑反抗，后来同难友趁军阀混战打出牢狱，继续为党工作。刘在游击战争中为党牺牲。书社的成绩，就是由这些品德高尚的坚强战士做出的。

李锐在《毛泽东同志的初期革命活动》一书中，对毛泽东创办文化书社做了高度评价，他说："1920年7月，毛泽东回到湖南展开广泛的革命活动时，在传播马克思主义和新文化运动方面，做了许多工作；其中影响最大并与建党有密切关系的事，是创办了文化书社。"这个评价是符合实际的。[15]

易礼容在1979年5月17日的另一次谈话中，还回忆说：

长沙文化书社，有一份由毛泽东主稿的"社务报告"的文件，存在中国革命博物馆，有些重要情况那上头都写了。

文化书社是在1920年8月由毛泽东号召新民学会一些会员和长沙社会文教界若干人开办的。最初只有陈子博和我两个人工作，开办的经费只有20块钱，是由赵运文手借来的。有人说开办时才400多元钱，其实当时400多元银洋是一笔大的钱。

……

长沙文化书社没有直接从事过工人运动。书社的主要任务有四项：一、做新文化传播工作。只要不是宣统皇帝、袁世凯的东西，不问社会主义或无政府主义，几乎都算是"新"的，后来渐渐能加以辨别。然而，胡适的文章，邵力子办的"觉悟"，经过许多时候还算是好的。二、为了打进社会，打开政治局面，毛泽东为书社邀集了四五十个文教界的人做社员，如长沙商会会长左益斋（他交股金200元）。还有长沙县长姜济寰都是社员。还有校长、教员一大堆。文化书社的人可以跟省里的有名人物平起平坐。毛泽东领导的革命事业与长沙社会多少有联系了。三、作为党的秘密联络机关。记得张太雷和第三国际的代表来湖南见毛泽东，是通过文化书社；周佛海代表中央来湖南也是通过文化书社的，如此等等。中央给湘区党每月60元活动费，是经过日本邮局寄文化书社的。四、书社可安置几个人，维持生活。但当时，我们除吃饭外没有工资。后来，办了湖南自修大学，有人兼职，才算有了工资收入。

关于新民学会，前不久李维汉发表了一篇文章，多方面都讲到了。新民学会是于1918年4月，由毛泽东、蔡和森发起成立的。它是受了俄国十月革命的影响。新民学会有两条宗旨，一条要做到不吸烟、不喝酒、不嫖、不赌、不说假话，更要相亲相爱。再一条是"改造中国与世界"。这在当时是进步的主张。

有人以为长沙文化书社是直接受五四运动的影响，我认为不是这样。从时间上看，文化书社是创办在"五四"之后。事实上"五四"影响没有这么快，它是新民学会精神的产物。文化书社的主要社员，都是新民学会的会员。十月革命一声炮响，使毛、蔡积聚了新民学会这个力量，"五四"只是加强了这个力量。文化书社的创立不能忘记新民学会的特殊作用。

1919年7月14日创刊的《湘江评论》是湖南学生联合会的会刊，它不是独立门面的刊物。湖南学生运动于1915年"二十一条"国难时期就搞起来了。到商专学生彭璜任湖南学生联合会会长，由他出面商请毛泽东主编《湘江评论》。他就住在商专教员宿舍里做编辑工作。后来也有人认为，是《湘江评论》推动湖南学生联合会组织成立，这不符合事实。

在文化书社之前，恽代英在湖北曾经创办"利群书社"。对新文化运动有影响。

在湖南驱张（敬尧）运动成功后，毛泽东由北京，经上海回湘。关于上海的"半淞园会议"，我看过中国革命博物馆保存的一张照片上面记载了时间和"辅社"同人等字样。"辅社"似不是毛泽东组织的，会议似不是他领导召开的，他是被邀参加的一人，那年7月，毛泽东由上海经武汉邀我一同回湖南，一路上他似没有提到这个会议。

成立了新民学会，又创办了文化书社，并搞了一系列新生事物后，毛泽东在湖南的声名大得很了！那时，有许多人敬佩他，也有人害怕他，说他是"怪物"。

当年搞成的留法勤工俭学运动，使许多人到国外去了。这个运动为国家为党造就了很多人才。毛泽东本人虽然没有出国，但对此运动做出了重大贡献。[16]

沈均一也是新民学会会员，当时在长沙修业学校中学部即将毕业。他回忆说：

大概是1920年上半年，毛泽东办了一个文化书社，这个书社记不清是不是用新民学会的名义办的，反正书社和学会关系很密切，是可以肯定的。易礼容同志任经理。有一次，听说文化书社到了很多新书，我想去看看书，并且想买一部李季译的《社会主义史》（原著人忘记了）。在一个星期日，我到书社去了，易礼容同志正在忙于清理书籍，有些一捆一捆的新书还没有解捆，我帮着解了几捆。这时，毛泽东来了，先同易礼容谈了一些大概是有关文化书社的问题，随即坐下对我说："近来工作比较忙，连读书看报的时间都挤掉了，以后要坚持每天读两小时的书，读一小时的报。"这几句话，给我的印象很深。[17]

萧三谈起毛泽东创办文化书社的往事，这样写道：

五四运动后，新文化的宣传、鼓动，很快就在全国各地蓬勃展开；新的报刊、书籍的发行和销售，数量大大增长。而湖南在张敬尧统治时期，一切新思想和新事物都被禁遏、摧残，新书新报很不容易输入。同时，张敬尧兄弟又求神打醮，大修庙宇，公开提倡迷信。湖南青年笼罩在这种乌烟瘴气下面，思想觉悟自然不容易提高。

毛泽东在北京、上海开展驱张斗争时就计划张敬尧驱走后，要在湖南大力开展新文化运动。1920年7月他由上海回到湖南后，认为驱张运动已胜利结束，当时最迫切的工作是创办书店集中贩卖新书报，向全省青年传播新思想和新文化。他立即大力筹划了这件事情。为了筹集资金和扩大影响，他争取当时长沙教育界、新闻界、工商界一些有声望的人物共同发起创办一个文化书社。

毛泽东亲自写了一个"发起文化书社缘起"送到报纸刊出。他说："没有新文化，由于没有新思想；没有新思想，由于没有新研究；没有新研究，由于没有新材料。湖南人现在脑子饥荒，实在过于肚子饥荒，青年人尤其嗷嗷待哺。文化书社愿以最迅速最简便的方法，介绍中外各种新杂志，以充青年及前进的湖南人研究的材料。"

开办书社的资金是不容易解决的问题。毛泽东与一些新民学会会员和长沙教育界上层人物商量，大家同意每人投资10元，第一次共筹集了400余元。不久又向各方筹集了一点，共达到1000元。由于资金不多，书社最初一段时间内经售的书不到两百种，杂志40多种，报几种。都是随到随完，远不足以满足买书人的需要。

书社为了积累资金，扩大营业，极力节省开支，只用两个营业员。营业员的工资也很微薄，实际上只够吃饭。所租潮宗街三间做社址的房子也花钱不多。社里的账目随时清理结算，毛泽东常亲自协助核算，使它丝毫不乱。由于采取了这些措施，社里逐渐有了一点积累，营业的范围也逐渐扩大。1920年至1921年春，与省内外发生书报营业关系的达六七十处。当时与省外营业来往最多的，有北京的晨报社、北大出版部、北京学术讲演会、上海的泰东图书馆、亚东图书馆、广东的新青年社、武昌的利群书社。后来营业更加发达，全国各地出版的新书新报，特别是共产党、青年团的机关刊物如《向导》周报、《中国青年》《先驱》等以及新青年社出版的马克思列宁主义书籍，更是大量推销。

这时期销售最多的书是《马克思资本论入门》《社会主义史》《新俄国之研究》《劳农政府与中国》《晨报小说》等；销售最多的杂志是《劳动界》《新青年》《新教育》《新生活》等；销售的报纸只有《北京农报》和《时事新报》，每天也达到四五十份。为了便利买书人，在平江、浏阳、衡阳、邵阳、宁乡、武冈、溆浦等处设了文化书社的分社。长沙城内则在一师、楚怡、修业诸校设了代销处。负责创设分社或代销处的，多半是新民学会会员。

文化书社被人称道的特点有三：一是贩运迅速。由于书社与京沪各地书报业联系紧密，所以国内书报很快就能运到长沙，送到读者手中。二是购书便利。书社营业员虽少，但常将书报送上读者的门。很多学校的学生也因为到处有代销处，每每不出校门就可买到所需要的书刊。三是工作人员服务态度好。除耐烦细心为读者服务外，还常代人向外埠购买所指定购买的新书。因此，全省广大知识青年、革命工人和各界进步人士多半都到文化书社买过书，有过往来。

文化书社从1920年9月开始营业，直到1927年马日事变时才被国民党反动派所捣毁。在这期间，它搬了几次家，头一次由潮宗街迁到贡院东街，第二次由贡院东街迁到水风井。它的创设和发展，是湖南人民文化生活和政治生活上一件大事。它对于在湖南境内广泛地传播马克思主义思想和推动新文化运动，起了极其重大的作用。国民党反动派虽然能够摧毁它的躯壳，但对于它在宣传革命思想，推动革命事业所取得的辉煌成就是永远也摧毁不了的。[18]

毛泽东在创办文化书社的过程中，还为我们留下了4篇重要文献，从中可以看到文化书社在传播进步思潮方面所做的种种努力。1987年6月7日，易礼容曾经回忆说：

"《文化书社通告好学诸君》《文化书社敬告买这本书的先生》《读书会的商榷》和《文化书社第一次营业报告》，这四篇都是当时真实文件，也全是毛泽东执笔起草的。"

《文化书社第一次营业报告》，形成于1920年10月22日，详细说明文化书社发起和筹备的情况，以及近期的经营情况。以下为全文：

文化书社第一次营业报告报告筹备及临时营业期内的情形

依照《文化书社组织大纲》第七条："本社营业公开，每月将营业情形宣告一次。"今将筹备及临时营业期内关于本社经过一切情形，择要报告于下：

（一）发起及筹备之情形

本社发起于本年七月内，发起人鉴于世界新思潮之必须研究，而研究必须有良好材料，则新出版物之介绍机关，必不可少，遂相与共谋书社之发起，八月二日，假楚怡学校开成立会，议决组织大纲八条，推定易礼容君彭璜君毛泽东君三人为筹备员，其职务为筹备书社成立，起草议事会细则及营业细则。关于"筹备成立"一节，可分下列三项：

1. 房屋 初拟在长治路及省教育会等适中地点觅定，仓促不就，始从湘雅医学校赁定潮宗街门牌第56号湘雅旧址房屋之一部，于八月二十日由发起人赵运文君介绍，订定租约。

2. 资本 本社既为公共组织，出资作为公产，亦无利息，则股本收入，事势上只能以同情于本社宗旨，并互相了解之人为限。从八月二号成立会起截至十月二十二号第一次议事会止，投资者有姜济寰、左学谦、朱矫、杨绩荪、方维夏、易培基、王邦模、毛泽东、朱剑凡、匡日休、熊梦非、何叔衡、吴毓珍、易礼容、林韵源、周世钊、陶毅、陈书农、郭开第、彭璜、邹蕴真、赵运文、潘实岑、熊楚雄、刘驭皆等二十七人[19]，共收银五百一十九元。

3. 与外埠交涉　除各杂志社外，正式约定与本社为出版物之交易者，有上海泰东图书局，亚东图书馆，中华书局，群益书社，时事新报馆，新青年社，北京大学出版部，新潮社，学术讲演会，晨报社，武昌利群书社等十一处。因经李石岑、左舜生、陈独秀、赵南公、李大钊、恽代英诸君为信用介绍，各店免去押金。而初时交易，多须现款，本社为稳固信用起见，亦不愿向人赊欠，因此本钱太少，周转颇难。往返商订，经时一月之久。至九月九号，书报杂志陆续到社，即于是日开始营业。三筹备员中推易礼容君为临时经理，进行一切，并约定罗宗翰君为本社驻京总代表，毛飞君为本社驻沪总代表。

（二）销售书报杂志之略计

本社营业范围，为书，杂志，日报三类。书计一百六十四种，杂志计五十四种，日报计三种。今略计从九月九号至十月二十号一个月零十二天临时营业期内重要书报杂志之销数开列如左：

罗素政治理想	三十份
女性论	二十份
赫克尔一元哲学	二十份
达尔文物种原始	十份
罗素社会改造原理	二十五份
旅俄六周见闻记	十份
爱的成年	五份
杜威"五大"讲演	五份
西洋论理学史	五份
哲学概论	八份
论理学之根本问题	五份
克鲁泡特金的思想	三十份
新俄国之研究	三十份
劳农政府与中国	三十份
新标点水浒	三十份
胡适尝试集	四十份
胡适短篇小说	三十份
科学方法论	三十份
迷信与心理	二十份

新青年八卷一号	一百六十五份
八卷二号	一百五十五份
新潮二卷四号	二十五份
改造三卷一号	三十份
新教育三卷一号	二十份
民铎二卷一号	三十五份
少年中国二卷一号	十份
二卷二号	二十份
二卷三号	二十份
少年世界一卷七，八，九号	各十五份
劳动界一号至九号	各一百三十份
新生活三十九号至四十号	各一百五十份
家庭研究第一号	四十份
时事新报　最初	二十八份
现销	六十五份
晨报　最初	十二份
现销	四十二份

（三）消耗及赢利之情形

（甲）消耗

开办器具及杂项	二十四元
房租	八元
伙食	二十二元
邮汇	二十五元
印刷	十三元
纸类	九元
合共一百零一元	

（乙）赢利

　　　一百三十六元

（丙）赢利减消耗实余

　　　三十五元

　　（注）办事人临时经理一人、营业员一人、送报二人、煮饭及走杂一人均未支薪。

　　右系筹备及临时营业期内的大略情形，俟第一次议事会开会推举正式经理以后，即归正式经理负责。此报告系从八月二号成立会起至十月二十号止。

即希公鉴

九年十月二十二日文化书社筹备员

易礼容、彭璜、毛泽东[20]

文化书社还设有书报阅览处，为关心时事、寻求新思潮又无力购买的青年人提供便利。文化书社还在长沙《大公报》和《湖南通俗报》上刊登各种形式的广告，在出售的书刊里夹上各种宣传品，以扩大自己的影响。1920年11月8日，在长沙《大公报》上发表的《文化书社通告好学诸君》，就是这样一篇广告性的宣传品。

文化书社通告好学诸君

（一）本社为社会所公有，目的专经售新出版物。

（二）本社书报杂志售价至多比出版原店一样，有些比原店更便宜，仅以取到相当之手续费及邮汇费为限。

（三）本社经售各出版物的种数：

1. 书——一百六十四种；
2. 杂志——四十五种；
3. 日报——三种。

（四）书之重要者：罗素政治理想、罗素社会改造原理、马克思资本论入门、杜威"五大"讲演、赫克尔一元哲学、达尔文物种原始、社会主义史、女性论、旅俄六周见闻记、爱的成年、科学方法论、迷信与心理、欧洲政治思想小史、托尔斯尔（泰）传、胡适中国哲学史大纲、欧洲文学史、心理学大纲、印度哲学概论、国际联盟讲评、人类学、波斯问题、科学的社会主义、欧美各国改造问题、革命心理、创化论、近代思想、柏拉图之理想国、中国人口论、新道德论、生物之世界、孙文学说、科学通论、现代思潮批评、近世经济思想史论、近世社会学、胡适短篇小说、吴稚晖上下古今谈、新式标点的水浒、三叶集、俄罗斯名家小说、克鲁泡特金的思想、新俄国之研究、吴稚晖胐庵客座谈话、劳农政府与中国、心灵现象论、实验主义、杜威现代教育的趋势、杜威美国民治的发展、现代心理学、天文学、西洋新派画、社会与伦理、社会与教育、动的新教授、蔡元培伦理学原理、蔡元培中国伦理学史、婚姻哲嗣学、杨怀中西洋伦理学史、杨怀中伦理学之根本问题、新闻学、哲学概论、周作人译点滴。

（五）杂志之重要者：新青年、新教育、中华教育界、新潮、改造、少年中国、少年世界、新生活、劳动界、劳动者、劳动潮、奋斗、民铎、科学家庭研究、音乐杂志。

（六）日报之重要者：时事新报、晨报。

要买以上各书报杂志者,请向省城潮宗街56号本社。[21]

《文化书社敬告买这本书的先生》也是毛泽东起草的,曾被文化书社铅印出来,随书刊散发。如今保留下来的原件,曾被夹在文化书社出售的《新青年》第八卷第一期里,后被发现。下面是宣传品的全文:

先生买了这一本书去,予先生的思想进步上一定有好多的影响,这是我们要向先生道贺的。倘若先生看完了这本书之后,因着自己勃不可遏的求知心,再想买几本书看——到这时候,就请先生再到我们社里来买,或者通信来买,我们预备着欢迎先生哩!

我们社里所销的东西,曾经严格的选择过,尽是较有价值的新出版物(思想陈旧的都不要)。书——一百二十四种,报——四种,杂志——五十种(月刊三十三种,半月刊两种,季刊两种,周刊十三种)。我们的目的——湖南人个个像先生一样思想得了进步,因而产生出一种新文化。我们的方法——至诚恳切的做介绍新书报的工(作),务使新书报普播湖南省。

我们很惭愧自己的能力薄弱,不能担负这传播文化的大责,希望各界有心君子予以援助。先生若能帮我们费一点口舌介绍之劳,那我们是特别感激先生的。本社印有很多的书目,先生或先生的朋友要看,函索即寄(不要邮费)。本社经理员易礼容君,营业事项由他负责。他天天在社,无论哪位先生要书,要报,要杂志,要书目,以及其他事项,写信来问,都由他手复,绝不延搁。敬祝先生天天健康!

文化书社同人
(长沙潮宗街56号) [22]

《读书会的商榷》也是毛泽东起草的广告宣传品,同上一篇《文化书社敬告买这本书的先生》一起被发现。

读书会的商榷(文化书社同人)

近来有许多人提倡"读书会",我们觉得这个办法实在很好。其好处有三:1.一个人买书看,出一元钱只看得一元钱的书。若合五个人乃至十个人组织一个读书会买书看,每人出一元钱便可以看得十元钱的书,经济上的支出很少,学问上的收入很多。2.中国人的"关门研究法",各人关上各人的大门躲着研究,绝不交换,绝不批评,绝不纠正,实在不好。最好是邀合合得来的朋友组织一个小小读书会,做共同的研究。就像你先生看完了这本书,一定有好多的心得,或好多的疑问,或好多的新发明,兀自想要发表出来,或辨明起来,有了一个小小的读书会,就有了发表或辨明的机关了。3.报是人人要看的东西,是"秀才不出门,全知天下事"的好方法。现在学校里的学生诸君,也有好多不看报的,是因为学校不能买许多报,报的份数太少的缘故。最好是"每班"组织一个读书会,每月各人随便出几角钱,合拢起来钱就不少。除开买书之外便可多订几份报,至少也可以订一种。那么,便立刻变成不出门知天下的"秀才"了,岂不很好,上列的好处,如你先生觉得还不错,"读书会"这东西,何妨就从你先生组织起呢?若要备新出版新思想的书,报,杂志,则敝社应有尽有,倘承采索,不胜欢迎。[23]

1925年9月,长沙《大公报十周年纪念特刊》出版。其中有这样一篇文章,回忆湖南近年来的新文化运动,特别指出:

八月文化书社成立,专以介绍新文化书籍为务,于是全国新文化书籍销行最多者,首推湖南与四川。故湖南新文化运动发轫于健学会,见效于罢课驱张。杂志影响最巨者为《新青年》,销行新出版物最力者为文化书社。皆由学界倡首,浸淫及于政界、工界,而政治、文学、教育、宗教、劳动、妇女及社会主义皆成问题,且呈纷争之象。

毛泽东在指导文化书社的同时,还热情帮助《湖南通俗报》改进宣传。这些对于传播进步思想,都起到了重要的作用。

周世钊回忆毛泽东协助办《湖南通俗报》的情况时说:

湖南通俗教育馆发行的《湖南通俗报》,从辛亥革命后创刊到1920年止,已有好多年的历史。它是当时的省政府粉饰门面,表示关心民众教育的东西。办报的人并没有明确目的和方针。每天除登载一些政府的文告和陈腔滥调、空洞无物的讲演、评论之外,还从大报上剪剪贴贴,抄抄摘摘,填满空白,应付出版而已,从内容到形式都没有引人注意的地方。发行的份数既少,阅读的人更不多。但自从何叔衡同志于1920年9月接任馆长后,这种情况就大大改变了。

何叔衡是宁乡的老秀才,和姜梦周、王凌波、谢觉哉三同志是老同学,也是好朋友。他们曾同在云山小学教书,提倡学生学科学,作应用文,遭到一群守旧分子的激烈反对。1912年何叔衡入第一师范讲习科学习,认识了毛泽东。两年毕业后到长沙楚怡小学教书,与毛泽东往还加密,相知渐深。毛泽东组织新民学会时,他是最早被邀参加的一人,也是会员中年纪最大的一个。他极佩服毛泽东,曾向谢觉哉同志说:"毛润之是个了不起的人物。"毛泽东开展新民学会活动,常和他商量;毛泽东推动长沙教育界的知识分子组织健学会,他极力奔走联系;毛泽东发动驱张运动,他挺身而出,当请愿代表。他是毛泽东初期革命活动时期的直接参加者和坚决支持者。

张敬尧被赶走后,驱张代表先后回到长沙。何叔衡被省教育委员会派充通俗教育馆馆长。他决心要把《通俗报》办好,使它成为提高人民思想觉悟的有力工具。但他邀到馆担任经理和编辑的人如谢觉哉、熊瑾玎和我,都是小学教员,全没有办报的经验。在这种情形下面，何叔衡和我们很自然地想到要请毛泽东来做指导。他的事情虽然很多，但仍挤出了不少时间替《通俗报》出主意、订计划。他出席了第一次编辑会议。在这次会议上，他深刻分析了当时湖南政治、社会各方面的情况之后，提出《通俗报》宣传的任务和主要内容。他说："报纸主张什么，反对什么，态度要明朗，不可含糊。"又说，"《通俗报》是向一般群众进行教育的武器，文字必须浅显生动，短小精悍，尤其要根据事实说话，不可专谈空洞的大道理。"他这些主张，被参加会议的人全部接受下来，成为这一时期《通俗报》的工作纲领。隔不上几天，他总要到馆里来一次，随时对编辑工作提出建设性的意见，使编辑质量得以不断提高。

在他这样热情帮助下，湖南《通俗报》出现了新面貌，形式和内容都和过去的报纸截然不同。大多数读报的人都觉得《通俗报》敢于说话，敢于提出别人不敢提出的问题。他们常从《通俗报》上读到劳工神圣、妇女解放、文学革命、民众联合起来，以及反对吃人的礼教、反对贪官污吏、反对军阀的文章，感到新鲜、痛快，思想认识也大大提高。他们最感兴趣的还是谢觉哉同志在《小批评》《随感录》中写的那些揭露政治上、社会上一些怪象丑态的讽刺短文。这些文章，说话不多，句句搔着痒处，打中要害，使被批评的人赖不掉，躲不脱，反辩不得。读者觉得这些短文道出了自己心中想说、口里说不出的话。熊瑾玎写的《新字课》，也是文化水平不高的读者喜爱的东西。因为他在用注音符号教人认字的同时，用几句很通俗的话，结合实际，向读者进行了思想教育。我也写一些抨击旧社会、宣传新文化的评论和杂感。这样一来，《通俗报》的发行数量大大增加。有些中小学把它作为学生课外必读的读物；工人和市民读它的人一天天增多；连没有看报习惯的农民也有订阅它的了。

这时毛泽东和何叔衡已在长沙开展建党的准备工作，常在馆里约集新民学会会员和建党有关的人谈问题。以何叔衡同志为中心，新民学会会员为骨干的湖南通俗教育馆，成了革命活动的联络站。毛泽东看到《通俗报》办得还不错。觉得对革命运动有帮助，常向我们几个新民学会会员打气，说这一阶段的《通俗报》，是湖南有《通俗报》以来的新页，希望我们更求进步，使它对推动湖南文化运动起一定的作用。

但社会上一些思想顽固的人，说《通俗报》宣传"过激主义"。馆里也有这样的人。一个赵恒惕的同乡，被我们叫作"油炸豆腐"的蒋某，常跑到赵恒惕那里说何叔衡同志的坏话。他说："何胡子专听毛泽东的主张，尽用新民学会会员做干部，这些人都是过激派，天天在报纸上对政府的措施进行冷嘲热骂……"赵恒惕的左右亲信也对赵恒惕说："政府自己办的报纸专门骂政府；本来是教育民众的通俗报，变成了宣传过激主义的刊物，真是岂有此理！"有人告诉何叔衡，要他提防。他说:"怕什么,撤职查办也不是大不了的事情!"

到1921年5月,赵恒惕政府竟以宣传过激主义的罪名撤了何叔衡馆长的职务,委派益阳人龚某接替。新民学会的会员也都离开了通俗报馆,有几个到了毛泽东所主持的一师附小教书。以后大家在一起谈到《通俗报》时,毛泽东总是说:"这一年的《通俗报》办得很不错。"[24]

发起俄罗斯研究会,是毛泽东继创办文化书社之后又一重要活动。五四运动前后,俄国十月革命在中国产生了越来越重要的影响。毛泽东对俄国革命经验开始关注起来,先是提倡留俄勤工俭学,继而又开始研究俄国革命。在他的积极倡导下,组织起长沙俄罗斯研究会。

关于俄罗斯研究会成立始末,《毛泽东同志的青少年时代》一书记载说:

在创办文化书社的同时,毛泽东还与何叔衡一起,联合教育界、新闻界进步人士方维夏等,发起组织了湖南俄罗斯研究会,公开研究、宣传俄国十月革命和马克思列宁主义。

1920年8月21日,毛泽东和何叔衡等二十余人,借长沙县知事公署为会场,召开了成立湖南俄罗斯研究会的筹备会议。会议推选毛泽东、何叔衡和彭璜等4人为筹备员,进行准备工作。

9月16日,在文化书社正式成立了湖南俄罗斯研究会。当时,在北洋军阀政府和赵恒惕的反动统治下,马克思主义被称为"过激主义",列宁的故乡被诅咒为"饿死人的地方",社会上一般人对新生的苏维埃政权也不太了解。正因为如此,在成立会上,大家一致认为,"研究俄罗斯学术精神及其事情",向人们澄清事实,辨明是非,是"十分必要的"。会议选举了毛泽东为书记干事;讨论通过了研究会的简章。简章规定:本会"以研究关于俄罗斯之一切事情为主旨,凡经会员三人介绍者得入会研究";会务包括:(一)以研究所得,发行俄罗斯丛刊;(二)派人赴俄从事实地调查;(三)提倡留俄勤工俭学。

研究会的会员,在报纸上发表了一些文章,号召大家来研究俄罗斯,并介绍了俄国的一些情况。彭璜在《对于发起俄罗斯研究会的感言》一文中写道:"近来有了马克思的经济学出世,俄国人见了毫不惊奇,大家研究起来,尽吸其精华。至今俄国的革命,还是马克思经济学的产物。'他山之石,可以攻玉。'这是中国人的古训。可爱的俄人,早有了这种谦虚的态度。现在中国人,不也应该有这种态度来研究俄罗斯吗?"文章在谈到俄国的政治、经济情况时说:十月革命后的俄国,"有几个显而易见的特点,如(一)废除土地私有制;(二)各种大企业收归国有;(三)公布劳动义务。即此数端,已足见俄国人权利、义务的分配均匀,无阶级产业上的区别,大有'贵则皆贵,富则皆富'的表征。诚使全人类都能秉'创造'与'互助'的本能,努力向物质与精神两方面的文明上去发展"。[25]

当时，苏维埃政府发表了对华友好声明，中国人民表示热烈欢迎，但也有些反动分子攻击"声明"怀有"恶意"，"带有传播主义的性质"。彭璜在文章中对那些诬蔑之词进行了严厉驳斥。文章说，"俄国人硬欲争回自己的平等、自由，同时又很尊敬并希望各国人民均能平等、自由。所以劳农政府对外的方针，（一）排斥秘密外交，与各国人民谋亲善；（二）废除殖民政策，民族有同等的待遇"。劳农政府声明："凡俄旧政府在满洲、蒙古及其他省内的一切权利，一并无代价、无条件地退还于中国，难道这也是对中国有恶意吗？"至于说什么"传播主义"，"不错，我们在他们的通牒中，确看出他的主义是：反对强权，提倡人道，主张民族自治，不惜牺牲最少数人，以来收回最大多数人固有的幸福，要创建一个大同世界，创建一个永远和平的世界。这就是他们通牒中传播给我们中国人的一个主义，使我们永远不会忘记的"。

俄罗斯研究会还将各地报刊的重要文章，介绍给长沙的报纸转载。如上海《共产党》月刊上刊登的《俄国共产党的历史》《列宁的历史》与《劳农制度研究》等文章，都在湖南《大公报》上转载过。这些文章，对湖南的进步青年产生了重大的影响。

在十月革命的影响下，湖南许多青年向往俄国，很想到俄国去。早在1920年初，毛泽东还在北京的时候，就认为"俄国是世界第一个文明国"，要"组一留俄队，赴俄勤工俭学"，并与李大钊同志商量过此事。俄罗斯研究会成立后，毛泽东介绍了一批进步青年到上海外国语学校学习俄语，然后，转赴俄国。任弼时和萧劲光就是其中的两个。

萧劲光回忆当时的情况说："有一天，弼时（当时17岁）从街上回来，样子极高兴，一进门就对我说：'有办法了！'我问什么办法，回答是'到俄国去！''到俄国去！'这在当时对我们是一个多么大的激动！对于俄国，我们知道得并不多，那里不是彻底推翻了旧社会建立了新社会么！这个'彻底推翻旧社会'的'彻底'，对于当时像我们那样对帝国主义和卖国政府充满仇恨的青年，乃是全部革命意义的集中表现。弼时毫不迟疑地下定了决心。经过了毛泽东所领导的革命组织的介绍，我们一同到达上海去学俄文。就在这个时候，弼时和我一同参加了社会主义青年团。"后来赴俄时，他们两个人分在一个组，一个扮作理发工人，一个扮作缝纫工人，在路上还装作互不相识，以便躲过敌人耳目。当年赴俄勤工俭学的，都是经过许多波折，克服了重重困难，才达到目的地。他们回国后，大都成了党的优秀干部。在毛泽东的引导下，许多青年先后走上了革命道路。1920年冬至1921年春，毛泽东又把自己的一家人都动员起来，投入革命的大熔炉。[26]

树立马克思主义信仰

1920年秋冬时节,毛泽东经过一段时间的认真思考,终于确立起对马克思主义的信仰。他后来说,从此,他的信仰再也没有动摇过。

1936年冬,毛泽东同斯诺谈起这段曲折变化的思想过程时说:

张敬尧被谭延闿推翻了,长沙建立了新政权。大致就在这个时候,新民学会开始分成两派——右派和左派,左派坚持进行深刻的社会、经济、政治改革的纲领。

1919年我第二次前往上海。在那里我再次看见了陈独秀。我第一次同他见面是在北京,那时我在国立北京大学。他对我的影响也许超过其他任何人。那时候我也遇见了胡适,我去拜访他,想争取他支持湖南学生的斗争。在上海,我和陈独秀讨论了我们组织"改造湖南联盟"的计划。接着我回到长沙着手组织联盟。我在长沙一边当教员,一边继续我在新民学会的活动。那时新民学会的纲领要争取湖南"独立",所谓独立,实际上是指自治。我们的团体对于北洋政府感到厌恶。认为湖南如果和北京脱离关系,可以更加迅速地现代化,所以主张同北京分离。那时候,我是美国门罗主义和门户开放的坚决拥护者。

谭延闿被一个叫作赵恒惕的军阀赶出湖南,赵利用"湖南独立"运动来达到他自己的目的。他假装拥护这个运动,主张中国联省自治。可是他一旦当权,就大力镇压民主运动了。我们的团体曾经要求实行男女平权和代议制政府,一般地赞成资产阶级民主纲领。我们在自己办的报纸《新湖南》上公开鼓吹进行这些改革。我们领导了一次对省议会的冲击,因为大多数议员都是军阀指派的地主豪绅。这次斗争的结果,我们把省议会里张挂的胡说八道和歌功颂德的对联匾额都扯了下来。

冲击省议会这件事被看成湖南的一件大事,吓慌了统治者。但是,赵恒惕篡夺控制权以后,背叛了他支持过的一切主张,特别是他凶暴地压制一切民主要求。因此,我们的学会就把斗争矛头转向他。我记得1920年的一个插曲,那年新民学会组织了一个示威游行,庆祝俄国十月革命3周年。这次示威游行遭到警察镇压。有些示威者想要在会场上升起红旗,警察禁止这样做。示威者指出,依照宪法第12条,人民有集会、结社和言论自由的权利,但是警察听不进去。他们回答说,他们不是来上宪法课,而是来执行省长赵恒惕的命令的。从此以后,我越来越相信,只有经过群众行动取得群众政治权利,才能保证有力的改革的实现。

1920年冬天,我第一次在政治上把工人们组织起来了,在这项工作中我开始受到马克思主义理论和俄国革命历史的影响的指引。我第二次到北京期间，读了许多关于俄国情况的书。我热心地搜寻那时候能找到的为数不多的用中文写的共产主义书籍。有3本书特别深地铭刻在我的心中，建立起我对马克思主义的信仰。我一旦接受了马克思主义是对历史的正确解释以后，我对马克思主义的信仰就没有动摇过。这3本书是：《共产党宣言》，陈望道译，这是用中文出版的第一本马克思主义的书；《阶级斗争》，考茨基著；《社会主义史》，柯卡普著。到了1920年夏天，在理论上，而且在某种程度的行动上，我已成为一个马克思主义者了，而且从此我也认为自己是一个马克思主义者了。同年，我和杨开慧结了婚。〔27〕

李维汉在谈到毛泽东在建党前夕的活动时说：

1920年7月，毛泽东回到湖南。他和在湘会员在参加和领导湖南地区反帝反封建政治运动的同时，以很大的精力学习和宣传马克思主义，传播新思想新文化。他们团结教育界、新闻界的知名人士组织俄罗斯研究会，发起留俄运动。任弼时、萧劲光就是在这个运动中去苏联学习的。在传播新思想方面，除了上面提到的《湘江评论》《天问》《湘潮》以外，毛泽东于1919年参加主编过一段时间的《新湖南》周刊，以何叔衡为馆长，谢觉哉、周世钊、邹蕴真为编辑的湖南《通俗报》，龙兼公主编的湖南《大公报》等，都起过不同程度的积极作用。而影响最大，与建团建党工作关系最密切的则莫过于创办"文化书社"这件事。

"文化书社"于1920年9月由毛泽东亲手创办，书社的《发起缘起》和《社务报告》都为毛泽东亲自撰写。书社经理是易礼容。书社不仅是宣传新思想新文化、宣传马克思主义的一个重要阵地，而且是我们留法会员与国内会员、湖南的具有初步共产主义思想的先进分子与国内其他省区具有初步共产主义思想的先进分子的联络站。它的创办对马克思主义在湖南的传播起了很大作用，在全国也很有影响。参加发起和投资的除新民学会许多会员外，还包括教育等各界许多上层人士。书社销售的书有160余种。营业后的半年中，全国与之发生联系的书报社和文化团体就有60家，书社除在长沙设总社外，还在平江、浏西、武冈、宝庆、衡阳、宁乡、溆浦等地设分社，在一些学校设贩卖部，负责人大多是新民学会会员以及和新民学会有联系的进步分子。书社一直办到1927年马日事变后被许克祥封闭为止。

1920年下半年，毛泽东在上述一系列活动中都联系着考虑和酝酿建党建团的问题。随后，在新民学会的会议上和国内外会员的通信中对这个问题展开了讨论。1921年，在长沙的会员一连开了3天会，讨论学会的目的、达到目的须采取什么方法以及如何即刻着手进行等问题。毛泽东在会上报告了上年5月上海半淞园会议以及7月我们在法会员召开的蒙达尼会议的情况(蒙达尼会议的情况,将在下一部分详细论述)。这次会议在改造中国与世界的道路问题上展开了和我们在法国蒙达尼会议相类似的争论。一部分会员如毛泽东、何叔衡、陈子博、彭璜、陈昌、易礼容等主张用俄国十月革命的方法来改造中国和世界。另一些会员则反对布尔什维主义,主张用温和的教育的方法来实现资产阶级民主革命。也有的会员犹疑动摇于二者之间。这是一种根本性的革命道路问题的争论。由于它在学会生活中还是初次出现,矛盾还未展开,故没有影响学会在组织上的统一。这次会议还决定把"组织社会主义青年团"作为学会的一项活动。这种思想信仰的分化,随着前进的运动而日益加深,最后引导到学会会员在组织上的分化,以至整个学会(包括留法部分)的消亡。事实上以后参加社会主义青年团的,只有一部分会员;而当时有少数会员在实际上形成的共产党早期组织,则已成为学会活动的核心。1921年7月,毛泽东和何叔衡代表它参加了在上海举行的中国共产党第一次全国代表大会,参与了中国共产党的创建。此后,新民学会实际上就停止了活动。[28]

1920年7月5日至10日,赴法勤工俭学的新民学会会员在蒙达尼公学举行会议,集中讨论了改造中国与世界的问题。不久,蔡和森将这次会议的结果写信告诉毛泽东。这对毛泽东产生了重要影响。李维汉回忆说:

新民学会会员中,毛泽东、蔡和森接受马克思主义和十月革命道路最早。他们在五四运动前夕,就在李大钊影响下,开始学习和研究十月革命和马克思主义书刊。和森在出国前的一年半时间里,学习了法文,也阅读了一些社会主义著作。1920年2月,和森等到了法国,住在蒙达尼公学。他没有上课,"日惟手字典一册,报纸两页"。以"蛮看"报章杂志为事。在短时间内收集了大量关于马克思主义和各国革命运动的小册子,择其重要急需者"猛看猛译"。当时我和他相隔很远,仅有通信联系。工学励进会的情况就是由我告诉他,他又写信回国告诉毛泽东的。和森是学会领导者之一。他到来后,新民学会在法会员的中心很快就移到了蒙达尼。他和在国内的毛泽东有密切的通信联系,使国内国外两部分会员联成一个整体。

1920年6月中旬,前后分批抵达法国以及在法入会的新民学会会员已有16人,有的在克勒佐、勒阿佛尔、圣伯尼等地工厂做工;有的在蒙达尼、枫丹白露等地学校补习法文。刚刚到法国的萧子暲、陈绍休等从国内带来半淞园会议情况的消息。根据半淞园会议关于"巴黎等会员较多之处可组织学术谈话会,定期召集"的意见,我们商定在蒙达尼举行一次聚会。7月5日,会员从各地来到蒙达尼。从6日到10日,在蒙达尼公学的教室开了5天会。与会者有蔡和森、向警予、陈绍休、萧子暲、张昆弟、罗学瓒、蔡畅、李维汉、熊光楚、熊季光、熊叔彬、欧阳泽以及萧子升（当时在华侨协社任职）等13个会员。一些外省的工学励进会会员也参加了这个会，共20余人。

这次会议最主要的成绩是确定了新民学会的方针为"改造中国与世界"。但会上对于改造中国与世界的方法的看法出现了分歧。一种意见是蔡和森提出的，主张激烈的革命，组织共产党，实行无产阶级专政，即仿效俄国十月革命的方法；另一种意见是萧子升提出的，主张温和的革命，即无政府主义的蒲鲁东的方法，实质上是资产阶级改良主义。和森提出的主张，对于多数与会者，特别是临开会前才到达蒙达尼的人们来得比较骤然，缺乏充分考虑的时间，因此对于两种相对立的主张，在会上没有能展开讨论。会议乃决定将两种意见写信告诉毛泽东，希望听取国内会员的意见。和森在给毛泽东的信中，详述了他对马克思主义的认识和组织共产党的主张。他明确地说，"社会主义真为改造现世界对症之方，中国也不能外此"，而"社会主义必要之方法"为"阶级战争——无产阶级专政"，"我以为先要组织'党'——共产党。因为它是革命运动的发动者、宣传者、先锋队、作战部，以中国现在的情形看来，须先组织它，然后工团、合作社，才能产生有力的组织。革命运动，劳动运动，才有神经中枢"。和森是我们留法会员中的先驱者。如前所述，我当时虽已经初步认识到改造的最终目标是要消灭人剥削人、人压迫人的制度，实现无阶级的共产主义社会。但是，对于改造的道路，还没有跳出小资产阶级工学主义的幻想。集中到一点，就是对于要以革命暴力战胜反革命暴力，以无产阶级专政代替资产阶级专政，还缺乏认识。我在会后写给毛泽东的信中说："俄国式的革命，我根本上有未敢赞同之处。"现在回忆起来，就是反映了当时对这一根本点缺乏认识。接着又说，"但也不反对人家赞成它，或竟取法它，说来很长，且待研究……要多读书，多考察，多与友人研究后，再说"，表现出思想的可变性。

蒙达尼会议开得很活跃，在辩论了改造中国与世界的目标和道路之后，还谈论了个人感想、会务进行和求学方法。从人生观到宇宙观，从个人理想到人类的未来，差不多都说遍了。最后一天更进行个性的批评与介绍。大家都知无不言，言无不尽，各自并互相谈了个人的优缺点，思想和个性的极强处和极弱处，以互励互勉，取长补短。对于留在国内的会员，也由相知者向新会员做介绍。毛泽东对这次会议的召开表示欣赏。他来信说："诸君感于散处不便，谋合居一处，一面做工，一面有集会机缘，时常可以开共同的研究会，极善。"

会后，有些在其他地方勤工或俭学的会员搬到了蒙达尼。在校会员采取共同研究及分门研究两个方法，以主义为纲，以书报为目，分别阅读，互相交换。我和几个迁来的会友在附近一个胶鞋厂做工，在工余学习。约在8月至9月的时间内，我有机会集中阅读了和森以"霸蛮"精神从法文翻译过来的《共产党宣言》

《社会主义从空想到科学的发展》《国家与革命》《无产阶级革命与叛徒考茨基》《共产主义运动中的"左派"幼稚病》和若干关于宣传十月革命的小册子。此外，我同和森做了多次长谈，涉及范围很广，包括欧洲革命斗争形势、俄国十月革命经验、布尔什维克与孟什维克的区别、共产国际的性质与任务、第三国际与第二国际的决裂等等内容。通过阅读和谈话，我深知只有走十月革命的道路才能达到"改造中国与世界"的目的。

同年8月，"工学励进会"改名"工学世界社"，社员发展到三十多人。鉴于"工学主义"是工学世界社社员中带普遍性的倾向，我同和森商定召集全体社员到蒙达尼开会，请他出席并参加讨论。约在九十月间，工学世界社开了三天会，住蒙达尼的新民学会会员也大都参加。经过热烈的辩论，大多数社员赞成以信仰马克思主义和实行俄国式的社会革命为工学世界社的宗旨。记得出席会议的社员有：张昆弟、李富春、罗学瓒、李维汉、贺果、李林、颜昌颐、张增益、任理、萧子暲、唐灵运、陈绍常、傅烈、王人达、侯昌国、郭春涛、欧阳钦、刘明俨、汪泽楷、尹宽、萧拔、薛世纶、郑延谷、成湘等三十多人。此外，李慰农、余增生等个别社友因事未能参加，后来对于会议决议也都表示赞成。至此，工学世界社和新民学会的宗旨已趋一致。它和新民学会一道很快成为勤工俭学学生的领导力量之一。和森没有参加工学世界社，但他对于工学世界社宗旨的改变起着相当作用。

毛泽东得知上述蒙达尼会议的争论后，于1920年12月1日写了数千言的长信给我们，对两种意见做了详尽的分析。他认为无政府主义、德谟克拉西主义在今天行不通，用平和的手段、教育的方法来改造社会也做不到，而对和森的主张"表示深切的赞同"。并在随后给和森的信中明确指出"唯物史观是吾党哲学的根据"，还说："党一层陈仲甫先生（陈独秀——引者）等已在进行组织。出版物一层上海出的《共产党》，你处谅可得到，颇不愧'旗帜鲜明'四字。"毛泽东不仅希望我们留法会员继续做深入的学习和研究，而且在1921年新年时，与何叔衡一起召集长沙会员聚会三天，进行了郑重而热烈的讨论。毛泽东旗帜鲜明的主张和深入浅出的说理，更加坚定了我们大多数会员对马克思主义的信仰。以参加蒙达尼会议的十三名新民学会会员为例，后来就有8人先后加入中国共产党。萧子升则继续沿着错误的道路滑下去，最后堕落为反动官僚。

蔡和森接读毛泽东来信后，曾和我们商谈，打算联络新民学会会员、少年中国学会会友、工学世界社社友等开一次讨论会，如在"无产阶级专政"和"国际主义"两点上取得一致，则准备成立一个共产党。后来因为忙于参加和领导求学运动的斗争，未能实现。

毛泽东一向主张新民学会的本身不多做事，"但以会友各个向各方面去创造各样的事"。在他得知工学世界社成立的消息后,寄予关怀。他给罗学瓒写信说:"请你将组织、进行、事务等,告我一信。"工学世界社成立后,除了学习马克思主义外,还组织了一个工学世界通讯社,由罗学瓒负责,向国内发稿,报道留法勤工俭学和华工运动的情况。蔡和森、李富春、向警予以及其他一些新民学会会员、工学世界社社员都曾经往国内报刊投过稿。大部分稿件都经毛泽东转递。毛泽东很赞扬工学世界社这种形式的活动。他在1921年10月的一次欢送留俄学生的会上说:"在法同学组织的工学世界社——革命团体——那办法很好。"[29]

毛泽东在确立马克思主义信仰的过程中,曾经同一些非马克思主义思想流派做过认真的思想斗争。《毛泽东同志的青少年时代》一书记述说:

与建党问题相联系,新民学会会员在1920年夏至第二年初,就中国革命走什么道路的问题,展开了热烈的讨论。

五四运动初期,具有初步共产主义思想的知识分子、革命的小资产阶级知识分子和资产阶级知识分子结成了统一战线,对封建复古主义进行了激烈的斗争。但在1919年6月底以后,中国政府被迫拒绝在"巴黎和约"上签字,大规模的政治运动已经过去。这时斗争的特点是:马克思主义在中国的传播,已经比较广泛和深入,文化统一战线开始分化,围绕着要不要马克思主义的问题展开了一场激烈的论战。资产阶级右翼的代表胡适,叫嚣"多研究些问题,少谈些主义",反对传播马克思主义。梁启超、张东荪等人,一面伪装成所谓懂得中国国情的"社会主义者",一面偷运改良主义的货色。无政府主义者也乘机扩大他们的影响。这些错综复杂的思想斗争、政治斗争,反映到新民学会内部来,便是在中国革命走什么道路问题上,出现了明显的分歧,引起了激烈的争论,发生了严重的分化。

1920年7月,赴法勤工俭学的新民学会会员蔡和森、向警予、罗学瓒、蔡畅、李维汉和萧子升等十余人,齐集在蒙达尼开会。会议虽然一致同意以"改造中国与世界"为学会的方针,但对如何实现这一方针,各持己见。概括起来,会上有革命与改良两种截然不同的主张。蔡和森说:"我对于中国将来的改造,以为完全适合用社会主义的原理和方法。"萧子升等人则"主张温和的革命,以教育为工具的革命",说这种革命的"好处"是"比较和而缓,虽缓然和"。这派人强调中国的情况和俄国不同,在俄国获得成功的暴力革命的方法,不见得适用于中国。他们说:"一个社会的病,自有它的特别的背景,一剂单方可医天下人的病,我很怀疑。"所以,他们公开宣称:"不认俄式——马克思式——革命为正当。"8月间,蔡、萧等人都写信给毛泽东,陈述自己的观点,请他发表意见。由于路途遥远,信件寄到国内时,离他们开会已经很久了。

与此同时，新民学会在国内的会员在同一问题上，也发生了严重的分歧。这年10月，英国资产阶级唯心主义哲学家罗素来华，张东荪等人陪同他到湖南、江苏、北京等地讲演。罗素说他主张共产主义，但反对劳农专政。他认为"宜用教育方法使有产阶级觉悟，可不至要妨碍自由，兴起战争，革命流血"[30]，而"以武力为革命的方法"，是"俄国共产党最大的错误"[31]。张东荪等人"很以罗素先生的话为然"，极力为他叫卖推销。当罗素在长沙讲演时，毛泽东曾组织一批新民学会会员去听讲，他自己还详细地做了记录。对罗素的观点，会员中有的人赞同，有的人反对，他们展开了"极详之辩论"。

毛泽东对罗素这些观点的看法是："事实上做不到。"他认为萧子升等人的观点，与罗素、张东荪的观点完全一致，都是想"用教育的方法"改造社会，而这是不可能办到的。经过深思熟虑，他于12月1日，给在法国的会友回了一封长信[32]，明确表示"深切赞同""俄国式的方法"，不同意"温和革命"的改良主义道路，并透彻地阐明了为什么"用教育的方法"改造社会行不通。

首先，办教育一要有钱，二要有人，三要有机关。而现在世界上，钱尽在资本家手中；主持教育的人，尽是一些资本家，或者是他们的代理人；学校和报馆这两种最重要的教育机关，也都是由资本家掌握。总而言之，现在世界的教育，是一种资本主义的教育，是为巩固资产阶级的统治服务的。毛泽东尖锐地指出，资产阶级之所以掌握教育权，是因为他们有议会、政府、法律、军队和警察等国家机构，占有银行、工厂和各种文化教育机关，控制着一切权力。在这种情况下，"共产党人非取政权，且不能安息于其宇下，更安能握得其教育权"？

其次，纵然掌握一两个学校和报馆，也不能触动资本主义的毫末，使资本家"回心向善"。为什么呢？毛泽东说，从历史发展来观察，"要资本家信共产主义，是不可能的事"，"人心不知足，得陇又望蜀"，"小资本家必想做大资本家，大资本家必想做最大的资本家"，剥削阶级的本性，决定着他们对金钱、享乐的无止境的欲望。因此，要资本家放弃剥削，只能是荒唐的梦想。他还精辟地指出："历史上凡是专制主义者，或帝国主义者，或军国主义者，非等到人家来推倒，决没有自己肯收场的。""俄国式的革命，是无可如何的山穷水尽诸路皆走不通了的一个变计，并不是有更好的方法弃而不采，单要采这个恐怖的方法。"这就是说，暴力革命是推翻剥削阶级唯一正确的方法。

再者，革命者不仅要抱有理想，尤其要看清现实。毛泽东针对改良派"虽缓然和"的谬论，用退一步的口吻反问道：用和平的方法去达到共产的目的，即使能够达到，又要何日才能成功？假如要一百年，那么，无产阶级还要在资本家鱼肉下，再宛转呻吟一百年，革命者又"其何能忍"！重要的是现在无产者觉悟到自己应该有产，从而要求革命。这已成为一种"不能消灭"的事实，他们"是知了就要行的"。

毛泽东坚决反对"用教育的方法"去解决改造社会的问题，极力主张走俄国十月革命的道路，通过暴力革命，推翻反动统治阶级，对旧中国和旧世界实行根本改造的这封长信，由于说理充分，给新民学会的会员以极大的教育和鼓舞。

毛泽东和蔡和森在讨论中国革命道路的时候，还对修正主义思想进行了批判，捍卫了马克思主义的无产阶级专政理论。

由于中国的社会经济条件不同，当时还没有形成一个修正主义思想流派，但是，资产阶级改良主义者在披着"社会主义"外衣向马克思主义进攻的时候，也贩卖过一些修正主义的货色。比如，张东荪就把修正主义说成是对马克思主义的补充和发展，叫喊"从唯物主义移到精神主义"。玄学鬼张君劢极力赞扬出卖无产阶级革命的德国社会民主党[33]，宣扬"劳工阶级与资产阶级之调和"。我国早期的马克思主义者对这些谬论，进行了有力的驳斥。

1920年8月，蔡和森在给毛泽东的信中说："阶级战争——无产阶级专政。我认为（这是）现世界革命唯一制胜的方法。"9月，他在另一封给毛泽东的信中说，"研究学问，宜先把唯理观与唯物观分个清楚，才不致堕入迷阵"，而"修正派改良派（染了有产阶级唯理主义的毒）的考茨基、伯恩施坦等好胆大，又把中产阶级的唯理主义拿来驳唯物史观"，为资本家寻找"劳资调和的办法，故他们最终的结果，主张改良而不主张革命"。

毛泽东完全同意蔡和森的意见，除了指出"唯物史观是吾党哲学的根据"外，还进一步强调了无产阶级取得政权的重要性。他说："非得政权则不能发动革命，不能保护革命，不能完成革命。"这就是说，无产阶级必须在马克思主义指导下，推翻资产阶级的反动统治，夺取政权，建立无产阶级专政的国家。只有这样，才能进一步发动、保卫和最后完成社会主义革命事业。毛泽东和蔡和森把马克思主义同修正主义的斗争，归结为世界观的分歧和对待无产阶级专政的态度，这就从根本上划清了同修正主义的界限，保卫了马克思主义的纯洁性。

毛泽东和蔡和森等还开展了对无政府主义的批判，从另一个方面捍卫了无产阶级专政的理论。

无政府主义这种小资产阶级的社会政治思潮，在中国小资产阶级知识分子中流行颇广，是各种冒牌社会主义中影响较大的一种。在马克思主义广为传播的年代里，无政府主义者集中攻击无产阶级专政的理论，力图表明无政府主义是真正的社会主义学说。因此，要深入宣传马克思主义，建立中国无产阶级的政党，就必须踢开无政府主义这个绊脚石。

1920年8月，蔡和森在给毛泽东的信中，谈到了他对无政府主义的看法，并着重讲了无产阶级专政的意义。他说："无产阶级革命后不得不专政的理由有二：无政权不能集产，不能使产业社会公有，换言之，即是不能改造经济制度；无政权不能保护革命，不能防止反革命，打倒了的阶级倒而复起，革命将等于零。因此我以为现世界不能行无政府主义，因为现世界显然有两个对抗的阶级存在，打倒有产阶级的狄克推多（按：'专政'一词的译音），非以无产阶级的狄克推多压不住反动，俄国就是个明证。"毛泽东在回信中，也明确指出，那种没有权威、没有组织的社会状态是不可想象的，绝对自由主义、无政府主义，都是"理论上说得好听，事实上是做不到的"，那些倡导无政府主义的人，如果不是"故为曲说"，便是"愚陋不明事理"。

当时，长沙的无政府主义者很活跃。他们组织"明社"、湖南劳工会等团体，宣传无政府主义的那一套。第一师范教员中也有人向学生灌输无政府主义思想。毛泽东利用在第一师范工作的有利条件，发动萧述凡、郭亮、夏曦等一部分思想进步的学生，组织了一个约200人参加的"崇新学社"，采取出墙报、开辩论会或讲演会等形式，学习和宣传马克思主义，以教育、争取那些受无政府主义思潮影响的青年。

当时长沙的一些新民学会会员，多分散在各单位工作或学习，集合在一起的时间不多，大家都感到这是个缺陷。后来根据毛泽东的建议，组织"星期同乐会"，使会员们每周有一次聚会的机会。开始时限于会员，不久，各人又有意识地邀请一些受无政府主义思想影响的青年参加。每到星期天，他们就到长沙市区的一些名胜之地如天心阁、望湘亭、开佛寺、橘子洲头等处聚会，或在青草地上席地而坐，在林荫道上并肩漫步，或在皓月当空、轻风拂面的夜晚，缓缓地绕着湘江中的橘子洲泛舟漫游，讨论对马克思主义的学习和宣传中的各种问题，交流工作经验和思想情况。在毫无拘束、畅所欲言的交谈中，会员们对马克思主义的认识不断提高，那些受无政府主义思想影响的青年，也受到很大的启发，思想逐渐发生变化，后来不少人转为信仰马克思主义了。

湖南劳工会是一个受无政府主义影响的工人组织，成立于1920年11月。它的会员中有些人谩骂马克思主义者是"长尾巴的"，意思是说马克思主义者要推翻现在的政府，又要建立无产阶级专政的政权，革命不彻底，"长"了一个多余的"尾巴"。劳工会的领导人黄爱、庞人铨，是湖南甲种工业学校毕业的学生，曾在工厂工作过，对工人的疾苦有所了解，具有一定的反帝反封建的革命思想。但是他们没有找到正确的道路，把无政府主义当作工人争取解放的途径。他们在湖南工人中有一定的威信，要肃清无政府主义在工人中的影响，就必须设法争取他们转变立场。毛泽东一方面支持他们反抗资本家和军阀的斗争，鼓励他们从事工人运动；一方面批评他们只做经济斗争，没有严密组织和远大政治目标，不研究马克思主义，只谈工会，只想用炸弹和手枪干掉政府里的要人等糊涂思想。同时，还邀请他们一道深入工厂进行调查，实地了解工人的情况和要求，并指定同志与他们保持联系。在毛泽东耐心细致的帮助下，黄、庞二人都抛弃了无政府主义，加入了社会主义青年团。

毛泽东全面而深刻地批判各种反马克思主义思潮，是在1921年1月新民学会的新年大会上。

元旦那天，长沙大雪纷飞。虽是新年，却到处关门闭户，人稀车少，一幅凄凉景象。毛泽东踏着皑皑白雪，来到文化书社。这时，书社不太宽敞的房间里，挤满了十多个新民学会会员。他们从1日至3日，连续开会，热烈地讨论着学会的方针和实现这一方针的方法等问题。

在讨论"改造中国与世界"的方法问题时，毛泽东将当时世界上解决社会问题的方法，概括为社会政策（改良主义）、社会民主主义（第二国际的修正主义）、激烈方法的共产主义（马克思列宁主义）、温和方法的"共产主义"（罗素的假共产主义）和无政府主义五种，并将在法国的新民学会会员讨论的情况转告大家，引导大家展开讨论。何叔衡第一个发言，他说：我主张激烈方法的共产主义。"一次扰乱，抵得二十年教育"，我深信这些话。其他会员，在认真思考、分析之后，也都各抒己见。会上争论得十分激烈。

毛泽东在会上做了极其精辟的发言。他说："社会政策，是补苴罅漏的政策，不成办法。社会民主主义，借议会为改造工具，但事实上议会的立法总是保护有产阶级的。无政府主义否认权力，这种主义，恐怕永世都做不到。温和方法的共产主义，如罗素所主张极端的自由，放任资本家，亦是永世做不到。"毛泽东在尖锐地批判了社会民主主义、资产阶级改良主义和无政府主义等的反动本质后，斩钉截铁地说："激烈方法的共产主义，即所谓劳农主义，用阶级专政的方法，是可以预计效果的，故最宜采用。"

在毛泽东的引导、启发下，通过3天的热烈讨论，大多数会员对学会的方针和实现这一方针的方法等重要问题，取得了一致的认识。大会临近结束时，正值雪霁天晴，湘江两岸，红装素裹，分外妖娆。参加大会的人们，都觉得会议开得很成功，他们走出文化书社，心情像万里晴空一样，异常开朗。这次会对提高会员觉悟，纠正错误思想，引导会员走上正确的革命道路，起了极为重要的作用。

新年大会前后，毛泽东鉴于会员分散在国内外各地，为了使会员能了解会务进展情况，交流政治思想，亲自主编了《新民学会会务报告》和《新民学会会员通信集》，印发给会员人手一册。《会务报告》记述了会务状况和一些重要会议，共出版两辑。《通信集》选编了会员之间涉及学会活动和政治思想的信件，是"会员发抒所见相与商榷讨论的场所"，先后出版了3集。其中第3集，主要是毛泽东与蔡和森之间关于讨论共产主义和建党问题的信件。这些闪耀着马克思列宁主义光辉的信件，为中国共产党的成立，做了部分的思想准备。[34]

对于毛泽东树立马克思主义信仰的确切时间，学术界尚无完全一致的意见。多数学者主张1920年冬天的说法，其标志是1920年12月1日毛泽东致蔡和森、萧子升并转在法诸会友的一封信。在这封信里，毛泽东明确表示赞成无产阶级革命和无产阶级专政的道路，并同意先要建立共产党的组织。

1921年新年及其后不久，毛泽东组织在长沙的新民学会会员连续开会，讨论学会的目的等问题。会上，毛泽东根据自己对马克思主义的理解，深入发表了意见。

毛泽东亲自撰写的《新民学会会务报告》（第二号）详细记载了会议的发言情况：

这一本会务报告乃专记十年一月长沙会友三次会议情况。这三次会议，头一次是新年大会，在一月一、二、三号。第二次是本年一月常会，在一月十六号。第三次是本年二月常会，在二月二十号。这三次讨论，极为详尽，分记于次：

新民学会长沙会友因湖南政局影响，好久没有开会。九年年尽，长沙政局略定，会友在此者亦达二十余人，遂谋聚会一次。此时评议员任期（一年）已满，不能开会。遂由职员何叔衡、周惇元、毛润之、熊瑾玎、陶斯咏等，先期商定开会手续，发出一张通告：

我们学会久应开会，因种种原因没有开成，今定从十年一月一号起接连开会三天，为较长期的聚会，讨论下列各种问题：

1．新民学会应以什么做共同目的；
2．达到目的须采用什么方法；
3．方法进行即刻如何着手；
4．会友个人的进行计划（自述）；
5．会友个人的生活方法（自述）；
6．学会本体及会友个人应取什么态度；
7．会友如何研究学术；
8．会章之修正及会费之添筹；
9．新会友入会的条件及手续（附出会问题）；
10．会友室家问题；
11．个性之介绍及批评；

12. 会友健康及娱乐问题；
13. 学会成立纪念问题；
14. 临时提议。

上列各项问题，或为巴黎会友所提议，或为此间同人所急待解决，请各人先时研究准备，以便于开会时发表意见，而期得到一种适当的解决。开会地点：潮宗街文化书社。开会时间，第一日，上午九时半至十一时半；第二日，上午九时至下午二时（各带餐费二角）；第三日，上午九时半至十一时半。务希拨冗到会，风雨无阻；并请严守时刻。

新民学会启

十年一月一日，在文化书社开会，到会者十余人。是日大雪满城，寒光绚烂，景象簇新。十时开会，何君叔衡主席。主席请毛润之报告开会理由及学会经过。毛君说：我们学会久应开会，去年以前。因种种变故，故未开成，现在算是不能再缓了，趁在新年，各处都放了假，特为较长期的集会，讨论同人认为最急切的各种问题。至于本学会经过情形，可大略报告。遂将两年来学会会友在国内国外各方面做事求学情形，大略报告一遍。毛君报告毕，主席将要讨论的各问题提出。陈启民以开始三问题内容重大，主张压下到明日讨论，圈出其余问题之几个，在今日讨论；毛润之谓，因其重大，今日宜略加讨论，但不表决。众赞成。于是开始讨论下面三个问题：

"新民学会应以什么做共同目的？"

"达到目的须用什么方法？"

"方法进行即刻如何着手？"

三问题有连带关系，故连带讨论。毛润之云：我可将巴黎会友对于上列问题讨论的结果，报告大众。巴黎会友讨论的结果，对于（一）主张以"改造中国与世界"为共同目的；对于（二）一部分会友主张用急进方法，一部分则主用缓进方法；对于（三）一部分会友主张组织共产党，一部分会友主张实行工学主义及教育改造；均见巴黎来信。熊瑾玎言：目的之为改造中国与世界，新民学会素来即抱这种主张，已不必多讨论了。毛润之不以为然，谓第一问题还有讨论的必要，因为现在国中对于社会问题的解决，显然有两派主张：一派主张改造，一派则主张改良。前者如陈独秀诸人，后者如梁启超、张东荪诸人。彭荫柏云：改造世界太宽泛，我们说改造，无论怎样的力量大，总只能及于一部分，中国又嫌范围小了，故我主张改造东亚。物质方面造成机器世界，精神方面尽能力所及使大多数得到幸福。陈启民赞成改造东亚。谓欧洲有欧洲的改造法，我们不能为他们代庖。惟澳洲宜包括在东亚里，非洲我们也应负责。至于"改造""改良"，我主张前者。因资本主义，积重难返，非根本推翻，不能建设，所以我主张劳农专政。太自由不能讲改造，为的是讲自由，结果反不得自由。谈到方法，则此目的非二十年内所能实现。现在要用力的，不在即时建一个非驴非马的劳农政府，而在宣传。东亚一方面，尤重在促成工业革命。毛润之云：改良是补缀办法，应主张大规模改造。至用"改造东亚"，不如用"改造中国与世界"，提出"世界"，所以明吾侪的主张是国际的；提出"中国"，所以明吾侪的下手处"东亚"无所取义。中国问题本来是世界的问题；然从事中国改造不着眼及于世界改造，则所改造必为狭义，必妨碍世界。至于方法，启民主用俄式，我极赞成。因俄式系诸路皆走不通了新发明的一条路，只此方法较之别的改造方法所含可能的性质为多。讨论良久，主席宣告本日对此三问题（目的、方法、进行）暂停讨论。

主席请众讨论下面的问题：

"学会本体及会友个人应取什么态度？"

毛润之报告会友在上海半淞园讨论的结果，主张学会取潜在进行态度。所谓"潜在"，并不是"不活动"（巴黎来信言我们学会好处在稳健，不好处在不活动），只是防止声闻过情，至于会友个人相互间的态度，主张"互助""互勉"，众赞成上海的决议。（态度问题解决。）主席提出"会友如何研究学术"的问题。毛润之报告巴黎会友对于共同或分别研究学术的进行（见萧子升来信）。并主张规定研究的对象，宜提出几种主义（如共产主义、无政府主义、实验主义等）定期逐一加以研究，较之随便泛泛看书，有益得多。陈启民云：我觉得环境每把人扯之向下，所以会友集合一处，同居共学，是必要的。集合多人力量去改造环境，要容易些。熊瑾玎谓：同居，开会，两个办法，都是必要。何叔衡主张开办平民饭店。易礼容云：只要能住在一起，即职业不同，亦可以常相聚合。毛润之云：须组织一种公共职业才能同居；现在且讨论怎样研究学术的问题。李承德云：我们不但要研究社会主义，哲学、科学、文学、美学……都要研究。朱子有言：从大处着想，从小处着手，会友也要采这种态度，我们不妨用种种的手段，去达到目的。毛润之云：各种普通或专门学术，当让会友去自由研究，现会中所特要研究者，必为会友所共同注意且觉为现在急须（需）的。主张单研究主义，如社会主义、实验主义等。陈启民主张规定一个计划，在本年内研究几个主义，定期得到结果。毛润之主张暂作半年预算，研究五六个主义。何叔衡君主张每月聚会一次，研究有得的可来谈，其余的可来听。彭荫柏谓社会主义、哲学、文学、政治、经济皆有研究的必要，不赞成专研究主义。毛润之申明云：所谓研究主义是研究哲学上文学上政治上经济上以及各种学术的主义，当然没有另外的主义。

以下又讨论如何看书：有主张单独看书以其心得来讲演者；有主张共同看

一种书开会时各述所见者,尚未完全决定。惟每月开会一回专讨论学术,则已决定。未决定者,主张俟下次开会再决。新年大会不议。(研究学术问题大体解决。)

于是进行讨论"会章之修正及会费之添筹"。

本来学会会章,久应修正了,前此多人主张把会章改成简略些,巴黎来信亦主此说。但是日忙于讨论各种问题,要将会章即行修正,实做不到。毛润之主张推定起草员,草定后由长沙方面会友开会表决,再征求巴黎及各地会友的同意。众主张即委职员起草。至于会费的添筹,为刷制会务报告和通讯集,主张每年加收一元。(会章及会费问题解决。)

对于"新会友入会条件及手续并出会"的问题,是日讨论决定如下:

新会友入会的条件(为会友的信条):(一)纯洁;(二)诚恳;(三)向上。

新会友入会的手续:五人介绍,通过全体会员(省去由评议部通过,因是日主张不设评议部之故)。

会员出会问题,因有些名义上是会员实质上非会员的。决定:(一)在会务报告内登一启事(见下);(二)会友录里不列名;(三)开会时不约。通过启事如下:

"敬启者:本会会员结合,以互助互勉为鹄,自七年夏初成立,至今将及三年,虽形式未周,而精神一贯。惟会员对于会的精神,间或未能了解,有牵于他种事势不能分其注意之力于本会者;有在他种团体感情甚洽因而对于本会无感情者;有缺乏团体生活的兴味者;有毫无向上之要求者;有行为不为多数会友满意者。本会对于有上述情形之人,认为虽曾列名为会友,实无互助互勉之可能。为保全会的精神起见,惟有不再认其为会员。并希望以后介绍新会员入会,务求无上列情形者,本会前途幸甚!

新民学会启 十年一月二日"

(以上会员入会出会问题解决。)

一月二号为聚会的第二日。大雪越深,到会者10余人(昨日到会者今日均到),因有昨天未到今天到会的人。主席(何叔衡)将昨天讨论及议决过的问题,大略报告一番。继续讨论昨天未完的第一个问题:

"学会应以什么做共同目的?"

用循环发言法,从主席起,列席诸人自左至右依次发言:

何叔衡:学会共同目的应为"改造世界"。

毛润之:应为"改造中国与世界"。

任培道:应为"改造中国与世界"。

陶斯咏：应为"改造中国与世界"。

易阅灰：应为"改造中国与世界"。

易礼容：应为"改造中国与世界"。

邹泮清：我对于改造两字极为怀疑，一般人都以为我们要根本改造，要根本推翻从前一切来重新建设，其实是做不到的。世界无论什么事，不可一跃而几（成），是渐渐进化的。新民学会不宜取改造的态度，宜取研究的态度，将各种主义方法彻底研究，看哪一种主义方法适宜。东西民族不同，人类病痛极杂，决非一剂单方可以治好。邹君发言极长。

陈章甫：言改造世界，范围较大，可以世界为家，心意愉快得多；故我赞成用"改造中国及世界"。

张泉山：我另有一个主张今可不提，单就方才所说讨论，不宜以中国与世界并举，宜用"改造中国并推及世界"。

陈子博：现社会为万恶的，改良两字和缓不能收效，宜取急进态度，所以我主张改造，但中国是世界的一部分，故我主张删去中国二字用"改造世界"。

钟楚生：我们目的不妨大点，主用"改造世界"。

贺延祜：同钟。

彭荫柏：主张用"改造中国与世界"，自愿抛弃昨日"改造东亚"的话。

熊瑾玎：主张用"改造世界"。

刘继庄：同熊。

李承德：主张用"促使社会进化"。

周惇元：同李。

都发言毕，相互略有批评。主席云：昨日曾言不取表决形式，但事实上无表决则不能明白分别某种主张的多数少数。众赞成表决，主席说：主用"改造中国及世界"为共同目的的起立！起立的如下：陶斯咏、易礼容、毛润之、钟楚生、周惇元、任培道、陈启民、易阅灰、陈章甫、彭荫柏（十人）。主席说：主张用"改造世界"为共同目的的起立！起立的如下：熊瑾玎、刘继庄、陈子博、何叔衡、贺延祜（五人）。以上二种主张，文字上虽稍异，实质是一致。于是主席又说：主张用"促社会进化"的起立！起立的如下：李承德、周惇元（两人）。周惇元声明云：我于"改造中国与世界"与"促社会进化"两都赞成。此外声明不作表决者有邹泮清、张泉山两人。（目的问题解决。）

讨论方法问题：

"达到目的须采用什么方法？"

首由毛润之报告巴黎方面蔡和森君的提议。并云：世界解决社会问题的方法大概有下列几种：

1. 社会政策；
2. 社会民主主义；
3. 激烈方法的共产主义（列宁的主义）；
4. 温和方法的共产主义（罗素的主义）；
5. 无政府主义；

我们可以拿来参考，以决定自己的方法。

于是依次发言（此时陈启民到会）：

何叔衡：主张过激主义：一次的扰乱，抵得20年的教育，我深信这些话。

毛润之：我的意见与何君大体相同，社会政策，是补苴罅漏的政策，不成办法。社会民主主义，借议会为改造工具，但事实上议会的立法总是保护有产阶级的。无政府主义否认权力，这种主义，恐怕永世都做不到。温和方法的共产主义，如罗素所主张极端的自由，放任资本家，亦是永世做不到的。急（激）烈方法的共产主义，即所谓劳农主义，用阶级专政的方法，是可以预计效果的。故最宜采用。

任培道：我也赞成何毛二位的主张。但根本着手处，仍在教育，如人民都受了教育，自然易于改造。

陶斯咏：从教育上下手，我从前也做过这种梦想，但中国在现在这种经济状况之下，断不能将教育办好。我的意见，宜与兵士接近，宣传我们的主义，使之自起变化，实行急进改革。

陈启民：赞成俄国办法。因为现在世界上有许多人提出改造方法，只有俄国所采的办法可受试验的缘故。其余如无政府主义、工团主义、行会主义等，均不能普遍见诸施行。

易礼容：社会要改造，故非革命不可，革命之后，非有首领专政不可。但专政非普通所谓专政，要为有目的的专政。但在今日要有准备，要多研究，多商量，不可盲然命令别个。

易阅灰：声明对此无研究。

邹泮清：理论上无政府主义最好，但事实上做不到。比较可行，还是德谟克拉西。主张要对症下药。时间上积渐改进，空间上积渐改进；物质方面的救济，开发实业；精神方面的救济，普及并提高教育。惟教育如何增进速效？实业如何使资本不集中？尚是问题。

陈章甫：从前单从平民方面看，以为社会政策亦可，但后来从各方面看，知道社会政策不行，所以我现在也主张波尔塞维克主义[35]。

张泉山：第一步采过激主义，因俄国人的自由因平等而牺牲，所以第二步要采用罗素基尔特社会主义。

陈子博：第一步激烈革命，第二步劳农专政。

钟楚生：主张过激主义，中国社会麻木，人性堕落，故须采过激方法。中国社会无组织，无训练，须用专制。但往后宜随时变更。

贺延祜：主张推翻一切资本家及官僚。

彭荫柏：相信多数派的好，采革命的手段。吾人有讲主义之必要，讲主义不是说空话，中国现尚无民主主义，但这主义已过时不能适用。不根本反对无政府主义，但无政府主义是主观的，天下不尽是克鲁泡特金[36]托尔斯泰也。物质文明不高，不足阻（促）社会主义之进行。试以中国的国情与德英美法各国逐一比较，知法之工团主义，英之行会主义，美之IWW，德之社会民主主义，均不能行之于中国。中国国情，如社会组织、工业状况、人民性质，皆与俄国相近，故俄之过激主义可以行于中国。亦不必抄袭过激主义，惟须有同类的精神，即使用革命的社会主义也。学会中宜有一贯精神，共同研究，较为经济。

熊楚雄：主张现在只要破坏，不要建设。不必言主义，只做破坏工夫。

刘继庄：于主义无研究，不谈。赞成熊君破坏说，惟建设亦须预筹。

李承德：对于采用俄国劳农政府的办法非常怀疑，主张用罗素的温和办法，先从教育下手，作个性之改造。俟大多数人都了解，乃实行全体改造。

周惇元：无政府主义不能行，因人性不能皆善，中国目下情形非破坏不行。惟于过激主义不无怀疑，束缚自由，非人性所堪。宜从教育入手，逐渐进步，步步革新。吾人宜先事破坏，破坏后建设事业宜从下级及根本上着手。

陈启民：言教育，言实业，须有主义，须有劳农主义。诊病须从根本入手，一点一滴，功迟而小。

循环讨论后，相与自由讨论。彭荫柏谓：一点一滴的改造，亦须趋向共同的目的。任培道赞成陈启民诊病须从根本入手的话。惟谓病后宜有补剂，教育其补剂也。邹泮清仍反对改造说，引人心惟危，道心惟微之言。谓人有人心道心，不能尽善，故须点滴改革。何叔衡云：建设亦须随时着手，随时变更，意不赞成熊瑾玎单要破坏之说。又云：不必说主义，但要人人做工。毛润之谓：人人做工，就是一种主义，所谓泛劳动主义。周惇元不赞成泛劳动主义，谓劳农势力之下，摧残天才。主张须有从事科学艺术之自由，不必人人做工。

方法问题讨论至两点钟之久，主席付表决，赞成波尔失委克主义[37]者十二人：何叔衡、毛润之、陶斯咏、易克穗、易礼容、陈章甫、张泉山、陈子博、钟楚生、贺延祜、彭荫柏、陈启民。赞成德谟克拉西者两人：任培道、邹泮清。赞成温和方法的共产主义者一人：李承德。未决定者三人：周惇元、刘继庄、熊瑾玎。（方法问题大体解决）

以上第二日完。中午叙餐。

一月三号，为集会第三日。首先讨论"方法进行即刻如何着手"问题。仍依次发表意见。

何叔衡：一方面成就自己，多研究；一方面注重传播，从劳动者及兵士入手。将武人政客财阀之腐败专利情形，尽情宣布；鼓吹劳工神圣，促进冲突暴动，次则多与俄人联络。如陈炯明之类，亦宜接洽。

陈启民：研究宜重比较，取精用宏。宣传宜兼重智识阶级，使无弃才。遇有机会，宜促使实现，故有组党之必要，所以厚植其根基。

周惇元：从下级入手、宜渐进，重普遍，立脚宜稳，点滴做去。学校和饭店，皆吾人着手处。研究宜深。

熊瑾玎：先研究，而后从事下手之法。下手之法，宜重传播。学校以自办的为好。再则从事普遍之宣传，办报亦其一法。事实上有组党之必要。多联络，不惜大牺牲，事先宜厚筹经济。发财不是为自己而发财，只要有目的，有组织。

彭荫柏：研究、传播、组织、联络，四者都不可缺。研究宜方面多，科学、文学、哲学、经济、政治，不偏废。各以所得互相交换。传播宜重智识阶级。组党劳动党有必要，因少数人做大事，终难望成；分子越多做事越易。社会主义青年团，颇有精神，可资提挈。联络，则个人、团体，宜兼顾，如少年中国学会，其可联络者。

贺延祜：研究、传播甚要；尤宜自己投身到劳动界去。

陈子博：自己到劳动界去多发小册子，语言无妨激烈一点。组党分都市、乡村两方面，洪会可利用。

易阅灰：社会主义青年团可资取法。

姜瑞瑜：发展个人特殊能力，利用机会。教育宜着重。

张泉山：主客两方面宜兼重，客观方面分三种方法。（1）宣传；分为三：（a）学校；（b）小册子；（c）秘密演讲。（2）组织；（3）联络；分为三：（a）个人；（b）小团体；（c）大团体，如俄国。主观方面宜增高个人能力。

陈章甫：研究宜即时着手。宣传如文化书社最有效力。我县自浏西文化书社成立，教育人员发生极大之忏悔，即其例。须从市民运动入手，多讲演，多联络，联络可仿颜习斋医病教（救）人办法。饭铺、茶店，最好着手。组织菜园，实行从劳动界入手。夜学要多办。联络要自己到劳动界去，并宜及于女界。

邹泮耕：世界是积渐进化的，宜点滴改造，宜温和，从现时现地做起。注重教育实业。办教育实业要资本，但借外资，仍宜反对。宣传着重劳动阶级，为长时之宣传。教育是基本事业，从学校制造同志最为坚强有力。一个真同志，抵得若干泛人。募捐办学校，由小学而中学大学，由长沙而各省各国，积渐前进，久而可靠。办报注重通俗。

蒋集虚：做事要钱，筹钱要从事实业，望各人分工进行。

易礼容：过激主义本不可怕，不研究自然怕他。研究要深切。宣传以诚恳态度出之必有成效。宣传组织宜一贯，即组织，即宣传，即宣传，即组织。要造成过激派万人，从各地传播。艺术家以暗示的方法行之。

陶斯咏：我所要说者，宜云："我个人即刻如何着手？"我的答是："我个人要即刻读书"。

任培道：从自己读书做起。

毛润之：诸君所举各种着手办法：研究、组织、宣传、连（联）络、经费、事业、我都赞成。惟研究底下，须增"修养"。连（联）络可称"联络同志"，因非同志，不论个人或团体，均属无益。筹措经费可先由会友组织储蓄会。我们须做几种基本事业：学校、菜园、通俗报、讲演团、印刷局、编译社，均可办。文化书社最经济有效，望大家设法推广。

依次发言毕，相互讨论，对于所举各种着手方法，多谓宜以必要而且切实可行者为主。主席遂将上面各人所述着手方法，综合序列如下：

着手方法：

1. 研究及修养：

A. 主义；

B. 各项学术。

2. 组织：

组织社会主义青年团。

3. 宣传：

A. 教育；

B. 报及小册；

C. 演说。

4. 连（联）络同志。

5. 基本金：

组织储蓄会。

6. 基本事业：

A. 学校（又夜学）；

B. 推广文化书社；

C. 印刷局；

D. 编辑社；

E. 通俗报；

F. 讲演团；

G. 菜园。

于是主席以赞成上面六项各节为会友进行着手方法付表决，全体起立。（着手方法问题解决。）

次讨论会友室家问题：

陈章甫报告巴黎会友来信的内容。并谓会友多感室家的苦痛，急宜设法解决。

毛润之谓这是一个极大的问题。现在青年有室家痛苦的极多，会友中亦大多数有此痛苦，此时不求解决，将来更无办法。相继自述有室家痛苦者多人，有主张组织"夫人改造学校"者，有主张组织"工厂"者，有主张组织"女子工读学校"者，结果照巴黎来信，先组织"妇女成美会"，推举陶斯咏、易礼容、陈章甫、任培道为筹备员。究用何种救济方法，请四人筹商后得有结果，再行商决。

（以上室家问题解决。）

次讨论"学会纪念日问题"：

一致主张以四月十七日为学会成立纪念日，各地会员是日分别集会叙餐。

次讨论"会友健康及娱乐问题"。

大家认此为重要问题。惟"增进健康"一项，如早起、运动、沐浴、节劳、戒烟酒等，不便表决规定，应由会友个人去斟酌力行。但表决"增进娱乐"的各种集会如下：

1. 游江会：阴历五、七、八三月择期举行三次以上。
2. 游山会：春夏秋三季择期举行三次。
3. 踏青会：三月三日。
4. 聚餐会：每月一次，于每月例会日举行，每餐各备铜元二十枚。
5. 踏雪会：遇雪临时集会。
6. 毬会：各会员自由组合。

（以上健康及娱乐问题解决。）

此外尚有"会友个人的进行计划""会友个人的生活方法"及"个性之介绍及批评"三个问题，因时促不能讨论，等本年一月常会解决。

第三日自上午十时起讨论，至下午二时方散。是日全体至草潮门外河干拍照，大雪拥封，照后不现。

一月十六日，为长沙会友十年一月常会期，仍在文化书社开会。到会者二十一人。何叔衡主席，报告：今天系继续讨论新年大会未决之问题。问题凡三：（一）会友个人的进行计划；（二）会友个人的生活方法；（三）个性之介绍及批评。请大家先讨论第一个问题：

"会友个人的进行计划"。

列席二十一人，依次发言：

何叔衡：我的计划狭小，将来仍当小学教员，想在我的本乡办一学校。在三年以内要往国内各地调查一次，同时不忘看书研究。从前想学外国文，但现觉年纪大了，不能学好。然还想学习日本文，以能看日本书为主。做事从最小范围起。

周惇元：目的在研究学术，想于文学及哲学上用一点功。将来事业则在教育。现在进行：想在两年学好英文。前想进学校，今觉中国学校无可进了。想在近筹一点钱赴日本，惟不易办。赴日虽不甚好，但一，可绝外缘，免去在国内时的纷扰；二，日本虽无独立文化，但感受最快，并非无学可求。筹款困难时，或要借助官费。

彭荫柏：从前本想终身站在实业界，所以进了商业学校。后知商业不适个性，便把他丢掉了。从前我有一种野心：学好数国文字；对于形而上学也想懂得一点大概；又想于实业上有所贡献，于海外贸易有所进行。但是现在变更了，觉得要使社会改造，非于经济政治上有所改造不可。前想留美，因无钱打止；后又想到法国去；去年以来，又想赴俄；现仍想由法赴俄。在长沙，至多不过两年了。在长沙，除解决自己生活之外，还想帮助劳动组织。求学方面，还是初心，但文字只想学英俄两国了。

钟楚生：我自己觉得只能在教育界生活，并且愿意只在教育界生活。我从前本已进了中学，因故改入师范。师校毕业，因本省高等师范不好，不愿去，因此做了教员。因循至今，随便又是几年。将来仍想在教育上用功，想筹钱到日本去一次。

陈子博：俟中学毕业后再定计划。在长沙时，一面对于社会上做点事，对兵与工，宣传我们的主义，一面将自己的功课，预备一番。

谢南岭：我认为改造社会，应当从最下级——乡村——做起，所以乡村教育，极愿尽力。师校毕业后，决定升学，或西南大学，或高师，或高工。升学毕业后，决在乡村中做事，改变普通人做便宜事做高贵事的心理态度。

张泉山：我从前只有求学上的计划，去年以来，又有事业上的计划了。我对于学问，想从数学、物理学、化学下手。现在有闲就读英文。我于自身生活以外，担负一个老弟的学费，因此当在长沙再留一年半，仍从事教员生活。

蒋集虚：想做一个教育者，从事小学中学的教育事业。师校毕业后，教书、积钱，再入高等师范，然后往外国留学。从事教育时，拟集合同志，自办学校。

毛润之：觉得普通知识要紧，现在号称有专门学问的人，他的学问，还止算得普通，或还不及。自身决定三十以内只求普通知识，因缺乏数学、物理、化学等自然的基础科学的知识，想设法补足。文学虽不能创作，但也有兴会；喜研究哲学。应用方面，研究教育学及教育方法等。做事一层，觉得"各做各事"的办法，毫无效力，极不经济，愿于大家决定进行的事业中担负其一部分，使于若干年后与别人担负的部分合拢，即成功了一件事。去年在上海时，曾决定在长沙顿住两年，然后赴俄，现在已过了半年，再一年半，便当出省。在长沙做的事，除教育外，拟注力于文化书社之充实与推广。两年中求学方面，拟从译本及报纸了解世界学术思想的大概。惟做事则不能兼读书。去年下半年，竟完全牺牲了（这是最痛苦的牺牲）。以后想办到每天看一点钟书，一点钟报。

罗耻迂：终身事业：教育。教育是为人类的，为社会的，所以对于社会学欲有所研究。研究的方法不能确定，或自修，或学校，或国内，或国外。至于目前，从阴历明年正月起，读英文。在五年以内，要使英文学到可以看书。

夏蔓伯：深信工学并行，与脑体共用之理，想一面研究教育，一面学习工艺，这是目的。方法：第一决定在师范毕业，毕业后任教员几年，教书时并兼从事研究与练习工艺。十年后，再出洋。

邹泮耕：我的计划筹想了多年，几经修正，现在似乎有一点把握了。我意一个人的事业不外研究与发表两节。我个人想研究文学及哲学（广义的），拟以一年温习曾学过的各种自然科学，再以两年习文学，再以一年习英文。这四年中附带教课（不当主任），无课则事研究。四年后往日本，至少住一年，惟不愿进学校，因我从来反对他。此后再以五年求学，详细不能悬拟，或竟赴西洋亦难定。以上是我的十年研究计划，此后再从事发表。至我不赞成学校，因学校不足成学。

易粤徽：我近来认定我自己最后要做一个教育者。预备工夫，先学外国文，至少学好英文、法文、日文，注重英文。将教育学与学外国文合为一起，看英文教育学。我又认学校无进的必要，决定在年半以内从事教书的工作。每天做四小时工，读六小时书。

陈启民（发言很长，记其大要）陈云：我个人计划，一是终身的，为终身读书计划。这是根据我自己的宇宙观和个性来决定的。我觉宇宙只是空间时间二者。时间是直线，空间是整块，都不是破碎的。我个性则是喜欢多方面。因此，觉得宇宙间人之所欲学，皆吾之所欲学；宇宙间人之所曾论思，皆吾之所欲论思。文学、哲学、科学，皆吾之所欲学。我愿做一个学术界的托拉斯。学问暂时不能定系统，升学不升学，出洋不出洋，觉得皆不成问题。因学校不足以范围我，我可以利用学校，所以或者再入学校。至于出洋，世界上学问分两大支，一支属亚，一支属欧。我从前有一种见解，对亚洲想集中研究中国的学问，推及印度、日本。对欧洲，则不能说集中哪一国，所以想先研究亚洲学。这是我从前的想法。后来又想用西方的方法，求东方的学问。现在则想东西并进。至将来到外国去，以一国为常驻，以各国为游行，作一个学术界的猎夫。我于升学，不定在哪一年和哪个学校。至读书的时间，原无穷尽，死而后已。以上说终身的计划。再说目前的计划，为经济压迫，不能外出，但这正是成全我，因为我想在这个时候研究中国学。中国学的下手注重周秦，周秦以下，无学可说；宋受佛学影响，当别论；清为复古时代，自当研究。我想以历史的方法治中国的学问而集中于哲学和文学二面。我以为冷静方面的学问当在后，人事方面如政治、经济等当在先。而西方的政治、经济均大规模有组织，所以我对于西方学拟集中于政治、经济的方面。我从前有两年学好三国文字的计划，因事实阻碍，近又订了三年学好两国文字的计划。英文而外，法文和日本文都是要学的。

贺延祜：我的计划随时变易，前学师范，无甚计划。毕业后教了几年课，想进高师，未果。现拟学医，因此想学英文、化学、生理学等。因经济不能独立，拟做两年事，集一点钱，再进医校，医系一种职业，可以救人。做事时兼学英文、化学。

吴毓珍：想到法国勤工俭学，但因无钱恐不能去，现在还是筹钱。一面筹钱，一面读点英文。

陶斯咏：陈先生想做一个学问上的托拉斯，我只好做一个捡煤炭的小孩子。我在师范毕业后，因经济不能升学，就想教课数年，储金升学，不料至今还是原样。久想邀伴自读，几经设法无成。去年想入北高，未果。去夏至南高想入又未果。以后仍只在周南，一边做事，一边研究，从心理学、教育学和英文入手。同时想联络省城各处女友，我觉求友不一定要求胜（己），诸凡有志，即当联络。

任培道：从前许多计划都失败了。先前本想升学，后因经费及地点的困难未能。因决计当小学教员，一求增进经验，一求储积费用。在溆浦数年，亦无成效。去年想到法国去，也因无钱未成。因力辞校事，想在长沙专门对于学问用一点功，既到长沙，也不能实现。现在仍只好一面求所以解决生活，一面学习英文，再等机会升学。

吴家瑛：在学生时代计划和希望很大，及入社会经历数年，从前计划打消好多了！现亦无具体的计划可说。惟对于学问事业两面，总是抱一种（向）前进行的意思罢了。

唐文甫：陈君以为宇宙是整然的，因此作成他的宇宙观而立定其计划。我的计划，也立于我的宇宙观，我觉得宇宙只是"美"。我觉得世界没有不美的。凡能引起我的美感的，我就喜欢去研究。文学是能够表美的，诗歌尤是文学上表美的要品。因此，我欲于诗歌有所研究和创作。不是求名，也不是求利，也不管人人说好说歹，只求满足自己的要求就是。此外哲学也想研究。凡求学一要有识，二要有胆，而胆第一，无胆则不能成学。吾愿勘破一切，做一个学问上的"冒失鬼"。年半内不出省，一面做一点事，解决生活，一面学英文及日文。年半后或入北大，或进南高，暂不定。自揣个性近于文学，将来想专力于此。

熊瑾玎：我觉要做事，就要有钱，因此，我就早有发财的念头，常常找些《十大富豪》《货殖传》……看。常觉在中国这种社会底下发财有两条路：一是做官，二是经商。做官要钻营，不愿干。经商我也试验了一下，因他种原因停了。现在想从生产事业下手，从前与萧子升等商量到东三省垦荒，因各种困难未成，现正在筹度他种方法。我觉私利可以不要，团体资本是该要的；增进我们的资本，方能发展我们的事业。苟可发财，不必择术。

以上个人的进行计划发表完。从前的朋友们，多将自己的计划看作秘密，不肯把他公开出来。因此别人不晓得他的计划，他也不晓得别人的计划，各人都打入闷葫芦里，要互助也无从互助，要结合同目的的人共做一样事也无从结合。这种"各想各""各做各"的现象之结果，一、自己的计划如果偏了或错了，因无从得到纠正，便一直偏错到老死，所志无成，徒增怨悔。这类情形，是我们常时看见的；二、自己的计划虽未偏错，而孤行无助，终归不能达到。这类也是常有的事。长沙同人鉴于此种弊失，乃有各述计划之举。各地会友均能同样举行，各述自己计划，以其结果刊登会务报告，大家看了，当可得到种种益处。

上面个人计划述完，休息二十分钟，继续讨论第二个问题：

"会友个人的生活方法。"

这问题也是很重要的。大概从前的读书人，是照例不研究生活方法的；因此，竟弄成凡读书人社会就是无恶不作的坏人社会。吃饭问题，本来不容易解决，加以不研究，更不得不寻些糊涂方法去解决了。新民学会长沙会友讨论这个问题的结果，除开一二人因别种理由，不主张注重生活问题之外，其余对此问题都觉很为重要。讨论情形特记如次：

何叔衡：自身个人的生活很简单，容易解决。惟须兼筹子女的教育费。自己拟作教育上的事业，期得到低额的报酬，以资生活。至于别的不正当的发财法子，无论如何，不愿意干。

彭荫柏：常有三个问题，即求学，做事与生活，都难解决。但我觉得人只要有勇气，不应计及生活问题上去。罗素说"应当想生活问题以外的事"，我很相信。我们只要把求学做事的问题解决，生活不成问题。但我们生活，也要定一方向。许多方面的生活，如做官之类，我们不可去。只有教育界（除开别的新组织新生活）和做工，为我们所可采的方面。做工也有为难的地方，因为劳动界太无识了。所以我们做事，当有新组织才行。

唐文甫：在我们求学时，专心去解决生活问题，恐怕会要堕落，解决不了，便生烦闷。我现在在民治日报帮编新闻，一面不费多的时间，一面可以得到少许报酬，用以生活并买书报。将来拟从事这一类，一面可资生活，一面便于研究的事。

陈子博：虽略有遗产，但父亲专制，不能容我自主。要脱离此种痛苦，非独立生活不可。现学未成，仍然困难。寒暑假中拟在文化书社服务，以所得工钱，供给学费。毕业后生活方法，要俟将来决定。

周惇元：暂任报馆事，解决生活，将来很想一切事不做，专门读书。但款须另筹。

张泉山：以教员为职业。

钟楚生：以教员为职业。

谢南岭：家寒，但能耐苦，物质上的生活很易解决。然无钱买书。将来升学，也很为难。近来想组织一个小小的工场，或印刷所，来解决生活。

夏蔓伯：我自己现在是一个寄生虫，不惟自己，身上又有了两个寄生虫——妻、女。将来个人的生活方法，想从事手工业。现在师校尚未毕业，拟于年内着手办一小印刷局，以所获供给用项。毕业后以教员维持生活。家里有一父、二妹、一妻、一女；除父母外，通是不生产者。故家庭生活，甚是危险。

易阅灰：我于消费，主张适当，不太奢，亦不太啬。饭取可口，衣取章身，房子求卫生通光气。至取得生活费的方法，暂为教员月薪，支出恐怕要以买书费为多。

贺延祜：生产暂时尚无方法。计划想学医，不能之时，仍在教育上做事，半工半读。消费不主太简，食住总以能卫生为好。衣以保暖为宜。

熊楚雄：单是一个人的生活不成问题。我们生活所以难解决者就是除了自己，还有别人——子弟。生活的方法，要想法子开辟。例如："送灰面""添洋油"两件小事，从前没有人干，经人开辟了，就是很好的生活方法。我们如果没有一点事做，也可以自己开辟途径。我对于生活费的使用，不大喜欢俭啬。因为生活奢一点，欲望必定也大一点，做事必定也勇一点。

毛润之：我所愿做的工作：一教书，一新闻记者。将来多半要赖这两项工作的月薪来生活。现觉专用脑力的工作很苦,想学一宗用体力的工作,如打袜子、制面包之类,这种工作学好了,对世界任何地方跑,均可得食。至于消费赞成简单,反对奢泰。

罗耻迀:生产方面:在教育上生活。消费方面:量入为出,不必俭。除自己解决生活外,还要解决家庭生活。

蒋集虚:物质生活,不外衣、食、住三项。现我决定家产一点不要,师校毕业后以教员为职业,与相知之数友同居生活,生活费互助,轮流升学。衣则十年内决定只穿布衣,食则每日一餐也可,住屋更可随便。至精神生活,则急要读书。我从前觉得人生无味,盖进化无已,没有底境,使人迷茫,觉得无味。近受杜威、罗素的影响,将凡事之无希望的方面,黑暗的方面,坏的方面,不去着想,专想有希望的方面,光明的方面,故觉颇有生趣。

邹泮耕:因要读书,生活问题也不得不计及一番。以我家论,本可自给。但能自己给书报费则更好。至于将来完全读书时期,便为难了。

陶斯咏:现在的生活:教书、学校办事。教书和办事的生活难靠,则烹饪、裁缝、编物。物质生活不困难;但自己不善理财,有钱不能储蓄。精神生活是一难事,因为要有学问才行。精神如鱼,学问如水,有学问精神才得愉快。

陈启民:精神生活,先前所说可以见大概,不重述。物质生活非个人所能解决,所以社会主义、共产主义,都是革生活的命。生活上太枯焦,太刻苦,必影响于心理。所以我们身体上所需,必不可故意刻减。饮食衣服住居,都要达到一个相当的程度,虽不要奢,总要"备"。生活的全体,非个人所能解决,个人只能尽力之所能去做。

任培道:现时生活,可以教书解决,衣食能安淡泊。

此时,吴德庄因事先去,各人依次述生活方法毕。互有讨论。周惇元云:劝善规过,最是要紧,我常感觉到虽时常有朋友谈论,总多闲谈,少有用诚恳的态度来讨论修学立身的问题的。希望会友注意此点,会面不为闲谈,劝善规过,讨论问题。又觉得我们在此时应该注重"自己改造",不应加入团体太多,致牵涉许多事务,妨碍自己的进修。蒋集虚极赞周君的话,说:"应该如此。"陶斯咏云:我总加入了七八个会,以后当辞去四五个。何叔衡云:朋友会面,宜多批评。至生活的切实方法,还须大加研究。毛润之不赞成熊瑾玎之消费主张,谓生活奢了,不特无益,而且有害,主张依科学的指导,以适合于体内应需的养料,身上应留的温度,和相当的房屋为主,这便是"备",多的即出于"备"之外,害就因此侵来。此时何叔衡提议:想一个公众的生产方法,谓刚才有人提议办印刷局,我以为可以商议进行。毛润之云:文化书社有此计划,因"书社"只是发行一部,还要组织一个印刷局,及一个编译社。夏蔓伯谓:如有人帮助组织,愿任进行。大家认此事甚属要紧,结果,决定另行筹议。"个性之介绍及批评",因时间不早,未议散会。[38]

这次新民学会新年大会的意义是极深远的。从此,长沙也和北京、上海等地一样,逐渐形成一批共产主义者结成的小组,开始筹备创建中国共产党的全国性组织。而毛泽东,就是其中的佼佼者。

注 释

[1]《新湘评论》编辑部:《毛泽东同志的青少年时代》,中国青年出版社1979年10月版,第129—131页。

[2]《新民学会资料》,人民出版社1980年9月版,第62—65页。

[3] 原文如此。

[4] 旭旦学会,1920年1月在湖南长沙成立的进步女学生团体。成员多为长沙周南女校和湖南省立第一女子师范学校的学生。——原注

[5] 魏,指魏璧(1897—1969)。周,指周敦祥(1898—1980)。劳,指劳君展(1900—1976)。

[6] 1920年初,彭璜与陈独秀等人在上海发起组织工读互助团,以"实行半工半读互相协助为宗旨"。彭璜任该团临时会计。——原注

[7] 湖南女子留法勤工俭学会,由向警予、蔡畅等发起,1919年12月在湖南长沙成立。——原注

[8] 指北京女子工读互助团,1920年初成立,宗旨为"实行女子工学互助"。——原注

[9] 稻田,指湖南省立第一女子师范学校,因校址设在长沙古稻田得名稻田女子师范学校。——原注

[10]《新民学会资料》,人民出版社1980年9月版,第59—62页。

[11] 斯宾塞尔,今译斯宾塞。"国拘"一语,出自严复译《群学肄言》(斯宾塞所著《社会学研究》一书的摘译),意为一国狭隘范围所限。——原注

[12] 指法国唯心主义哲学家柏格森(1859—1941),英国逻辑学家、唯心主义哲学家罗素(1872—1970),美国哲学家、教育家杜威(1859—1952)。——原注

[13] 旅京学会,即旅京湖南学会,成立于1920年春,同年秋后停止活动。主要会务是假日请名人讲演或进行学术研究。毛泽东为该会编纂干事之一。——原注

[14]《新民学会资料》,人民出版社1980年9月版,第1、13—14页。

[15] 易礼容:《毛泽东创办长沙文化书社》;《新民学会资料》,人民出

〔16〕易礼容：《关于文化书社的一次谈话》；《新民学会资料》，人民出版社1980年9月版，第530—533页。

〔17〕沈均一：《我加入新民学会的过程和其他情况》；《新民学会资料》，人民出版社1980年9月版，第452—453页。

〔18〕萧三：《湘江的怒吼》；《新民学会资料》，人民出版社1980年9月版，第427—430页。

〔19〕这27人除姜济寰、左学谦外，均为当时湖南文化教育界人士，其中12人为新民学会会员。姜济寰（1879—1935），当时任湖南省财政厅长。左学谦（1876—1951），当时任湖南商会会长。

〔20〕《新民学会资料》，人民出版社1980年9月版，第255—259页。

〔21〕《新民学会资料》，人民出版社1980年9月版，第260—261页。

〔22〕《新民学会资料》，人民出版社1980年9月版，第277页。

〔23〕《新民学会资料》，人民出版社1980年9月版，第278页。

〔24〕周世钊：《湘江的怒吼》，《新民学会资料》，人民出版社1980年9月版，第430—433页。

〔25〕《对于发起俄罗斯研究会的感言》，署名荫柏，载1920年8月27日、28日湖南《大公报》。——原注

〔26〕《新湘评论》编辑部：《毛泽东同志的青少年时代》，中国青年出版社1979年10月版，第158—161页。

〔27〕埃德加·斯诺：《西行漫记》，读书·新知·生活三联书店1979年12月版，第130—131页。

〔28〕李维汉：《回忆新民学会》，《新民学会资料》，人民出版社1980年9月版，第469—471页。

〔29〕李维汉：《回忆新民学会》，《新民学会资料》，人民出版社1980年9月版，第476—482页。

〔30〕《新民学会会员通信集》第3集。

〔31〕《新潮》第3卷第2号《布尔什维克主义》。

〔32〕《新民学会会员通信集》第3集。

〔33〕德国社会民主党，原是1869年在马克思、恩格斯的帮助下建立的。马克思、恩格斯逝世后，蜕变为改良党。在第一次世界大战期间，站在本国资产阶级的立场上，拥护帝国主义战争。——原注

〔34〕《新湘评论》编辑部：《毛泽东同志的青少年时代》，中国青年出版社1979年10月版，第142—153页。

〔35〕波尔塞维克主义，即布尔什维克主义。——原注

〔36〕克鲁泡特金，是俄国无政府主义者。他反对一切形式的国家，反对阶级斗争，反对无产阶级专政。——原注

〔37〕波尔失委克主义，即布尔什维克主义。——原注

〔38〕《新民学会资料》，人民出版社1980年9月版，第15—41页。

第二编
"问苍茫大地,谁主沉浮"

一、建党前后

湖南的新曙光

毛泽东在成为马克思主义者之后，并没有停止对真理的追求，而是开始了新的努力。他要寻觅有共同理想的同志，还要创建将这理想付诸实行的组织。毛泽东的努力是富有成效的。不久，长沙共产党早期组织便同全国其他先进地区的共产党早期组织一样，在东方地平线上冉冉升起，为湖南带来新的希望。

有关毛泽东创建长沙共产党早期组织的情况，迄今为止考证得较为充分的是中共湖南省委党史资料征集研究委员会撰写的《长沙共产主义小组综述》一文。

该文写道：

毛泽东由沪返湘后，与陈独秀、李达等联系密切。文化书社创立时，请陈担任"信用介绍"。由于陈独秀的帮助，上海《新青年》社、泰东图书局、亚东图书馆、中华书局、群益书社、时事新报社等，免去押金，优先卖书报给文化书社。[1]10月中旬，又建议省教育会邀陈独秀来长沙讲学，陈"不愿偕罗素同来"，没有启程。[2]12月，毛泽东再次邀陈来长沙参加社会主义青年团成立大会，后因陈赴广东，也未实现。[3]但陈独秀、李达等把建党情况，中国共产党宣言的起草情况都及时告诉了毛泽东，委托毛泽东在长沙建党，并寄来了《共产党》月刊、青年团章程。据周佛海回忆，1920年夏，他从日本回上海，在环龙路渔阳里2号会见陈独秀，共产国际代表维经斯基也在座，共同商议建党问题。"经过几次会商之后，便决定组织起来，南方由仲甫负责，北方由李守常负责"，"预备在一年之中，于北平、汉口、长沙、广州等地先成立预备性质的组织，然后于第二年夏天，开各地代表大会，正式成立"。[4]这段回忆，说明在1920年夏，长沙已列入了陈独秀的建党计划。李达回忆，"这个组织（共产党）发起后，由陈独秀、李汉俊找关系"，"在湖南由毛泽东负责"。[5]毛泽东在筹建长沙共产主义小组过程中，同上海、北京小组成员有着广泛联系。早在1918年下半年，毛泽东就认识了李大钊，并在他领导下担任北京大学图书馆管理员；在他帮助下，开始接受马克思主义。毛泽东创办文化书社时，李大钊担任文化书社的"信用介绍",协助书社打通了北京大学出版社、新潮社、学术讲演会及《晨报》社的关系,免去押金供应书报。上海、北京共产主义小组成员李启汉、林伯渠、李中(李声澥)、陈公培、周佛海、邓中夏、何梦雄、罗章龙、缪伯英等,也同长沙小组保持联系。

……

关于长沙共产主义小组成立的环境、情况、成员、时间等情况,小组的主要创始人毛泽东都有回忆。1945年4月21日,他在《"七大"工作方针》中提到:"苏联共产党是由小组到联邦的,就是说由马克思主义的小组发展到领导苏维埃联邦的党。我们也是由小组经根据地到全国。""我们开始的时候,也是很小的小组。这次大会发给我一张表,其中一项要填何人介绍入党。我说,我没有介绍人。我们那时候就是自己搞的,知道的事也并不多。"1956年9月,毛泽东在"八大"代表证上亲笔写入党时间是1920年。1960年6月21日,毛泽东接见日本文学代表团谈到自己的经历时说:"后来是客观环境逼得我同周围的人组织共产党早期组织,研究马列主义。"1969年4月1日,毛泽东在"九大"开幕式上,再次谈到他和何叔衡是长沙共产主义小组参加"一大"的代表。

参加"一大"的代表,除李汉俊、何叔衡、王尽美、邓恩铭在1936年以前牺牲或逝世外,其余代表均有回忆。李达多次谈道:"6月初旬,马林和尼可洛夫由第三国际派到上海来,和我们结识了以后,他们建议我们应及早召开全国代表大会,宣告党的成立。于是由我发信给各地党小组,各派代表二人到上海开会。""6月下旬,到达上海开会的各地代表共12人。长沙——毛泽东、何叔衡。"[6]陈公博在1924年写的《共产主义运动在中国》,是所有"一大"代表中最早撰写的回忆文章。他说"中国共产党第一次全国代表大会于1921年7月20日在上海召开。这是中国共产党的生日,大会代表12人,代表7个地区——广州、北京、湖南、上海、山东、汉口,以及在日本的"党员。陈潭秋、董必武在1936年的回忆中,也明确肯定湖南长沙的共产主义小组代表是毛泽东、何叔衡。

长沙共产主义小组成立时间,据彭述之回忆:"1920年9月,我抵长沙时,湖南共产党早期组织是个什么模样呢?……根据贺民范的叙述,湖南共产主义小组同上海的大不相同,它当时在组织上还没有正式形成,而上海的共产党早期组织已经成了中国拥护苏俄式革命分子的核心,并且是他们的先驱组织。然而,湖南共产主义小组的存在是不可置疑的。"包惠僧回忆是9、10月间,同武汉共产主义小组成立时间大体相同。张国焘回忆是11月。这些回忆大体符合历史实际。1920年8月上海共产主义小组成立后,向北京、武汉、长沙等地发信,毛泽东接信后,开始着手筹建长沙小组。据萧子升回忆:"1920年,新民学会出现了分裂,在毛泽东领导下,那些热衷共产主义的人,形成了一个单独的秘密组织。"[7]

……

长沙共产主义小组的人数及其成员，据毛泽东回忆，在正式发起建党文件上签名的有6人。至"一大"召开时，李达回忆有10人，张国焘回忆约有10人。这就是说，由初创时的6人，发展到"一大"时的10人。在这些回忆中提到的人，除毛泽东、何叔衡外，尚有彭璜、贺民范、萧铮、陈子博、夏曦、彭平之等。根据现有资料可以肯定的是有毛泽东、何叔衡、彭璜。[8]

关于长沙共产党早期组织成立以后的主要活动，该文继续写道：

在湖南，军阀统治非常残暴，不容许"过激派"的宣传，更不容许共产党的存在。恶劣的政治环境使得长沙共产主义小组必须采取极隐蔽的活动方式。小组成立后，是以群众团体或个人名义领导和参加各项活动的。

1. 向湖南《大公报》《劳工》月刊推荐上海共产主义小组《共产党》月刊、《中俄通讯社》的重要文稿。毛泽东与湖南《大公报》主笔龙兼公、张平子是同乡，交往密切。据张平子回忆，毛泽东常向他们推荐马克思主义的文章。在毛泽东介绍或影响下，《大公报》上刊登了李大钊的《由经济上解释中国近代思想变动的原因》，《中俄通讯社》的《布尔什维克略史》，《共产党》月刊第一号《俄国共产党的历史》《列宁的历史》。《劳工》月刊刊载了《中俄通讯社》关于欧洲工人罢工的消息。

2. 开办湖南第一师范民众夜校和失学青年补习班。支持黄爱、庞人铨创建湖南劳工会。1920年冬，毛泽东在湖南第一师范附小任教时，创办了民众夜校和失学青年补习班，招收附近工厂工人学习文化，通俗讲解马克思主义的剩余价值学说和社会发展史。他解释"工人"二字联起来就是"天"字，生动地阐明了"全世界无产者联合起来"，力量大于天。12月5日，湖南《大公报》发表了一篇署名"泽人"的论文《怎样做才有真正的劳工团体出现》，提出："劳工是社会的台柱子，劳工问题不解决，社会怎样能够安宁呢？"要解决劳工问题，改善工人生活，提高工人的社会地位，就只有工人联合起来结成坚固的团体，"扎硬寨，打死仗，自己起来奋斗"。这年秋，黄爱、庞人铨回到长沙从事工人运动。黄爱原在天津协助周恩来领导过学生运动，在北京见过李大钊，参加了北京工读互助团，在上海陈独秀主编的《新青年》做过缮写，同陈独秀讨论过劳工问题。黄、庞筹备湖南劳工会时，得到了何叔衡、彭璜的支持，何叔衡还是劳工会的名誉会员。11月21日，湖南劳工会正式成立，开办了两所工人夜校，一所平民阅览室，还设立了女子职业学校，举办了工人读书会、星期讲演会，成立了女子新剧组，创办了《劳工》月刊，积极开展对工人的思想、文化教育，鼓励工人团结起来，为改造万恶的半殖民地半封建的社会制度而斗争。

3. 帮助湖南劳工会开展"五一"纪念活动。1921年3、4月,湖南劳工会发动了湖南第一纱厂公有运动。湖南第一纱厂原是官办产业,后由省政府租给了华实公司。湖南劳工会要求华实公司废除租约,交湖南第一纱厂工人自己管理。他们曾发动工人游行示威,押着华实公司董事到省政府去废约,结果遭到军警镇压,捕去代表四人。4月28日黄爱为营救被捕代表,前往省署交涉,亦遭逮捕。这时,长沙街头,军警密布,四处戒严,湖南劳工会还准备组织游行示威。长沙共产主义小组自劳工会成立后,就给予支持与批评帮助,支持他们创办工人夜校,举办读书会,从事工人生活状况调查等活动;同时批评他们没有严密组织,偏重经济斗争,没有远大政治目的和不顾主客观条件的鲁莽行为;批评他们的无政府工团主义观点;建议将"五一"游行大会改为游艺会,避免流血牺牲。劳工会接受了长沙共产主义小组的建议,"五一"那天,千余工人在湖南第一师范大礼堂举办了游艺会。这是湖南工人首次纪念自己的节日。

4. 筹备湖南自修大学。毛泽东、彭璜等早有组织"自修学社"的志趣。小组成立后,他们积极进行准备。1921年4月27日,发表了《湖南自修大学组织大纲》,9月,利用船山学社的社址、经费开办湖南自修大学,使之成为学习、宣传马克思主义的一个阵地。

5. 组织社会主义青年团。1920年10月,开始发展社会主义青年团员。刘少奇、彭平之、张文亮等首批加入社会主义青年团。毛泽东多次叮嘱张文亮:"青年团此时宜注意找真同志,只宜从缓,不可急进。"12月2日,毛泽东告知张文亮,"青年团等仲甫来再开成立会"。后因陈独秀赴广东,青年团成立会,一直延到次年元月13日正式举行。在长沙共产主义小组领导下,社会主义青年团稳步健康发展。据1923年和1924年的统计,1921年7月以前入团者39人,其中1920年入团者16人。由于当时青年团员流动性大,还有许多人未统计在内。

6. 组织中韩互助社。1921年3月17日,毛泽东、何叔衡等28人发起组织"中韩互助社",支持朝鲜人民反对日本帝国主义侵略、争取民族独立的斗争。毛泽东、何叔衡、贺民范分任该社通讯部、宣传部、经济部的中方主任,朝鲜黄永熙、李基彰、李愚珉任朝方各部主任。[9] 这是湖南人民与朝鲜人民较早建立深厚友谊关系的一个史实,也是长沙共产主义小组创建时即忠实于国际主义的体现。

长沙共产主义小组的活动,为湖南党组织的发展,奠定了坚实的基础。据李达回忆:在中国共产党第一次代表大会期间,"代表们在住所互相交换意见,报告各地工作的经验。当时党的工作,很注意宣传与工人运动两项……长沙小组宣传与工运都有了初步的成绩。看当时各地小组的情形,长沙的组织是比较统一而整齐的"。[10]

在组建长沙共产党早期组织的同时，毛泽东还进行了组建社会主义青年团的工作。《毛泽东同志的青少年时代》一书写道：

1920年8月，上海开始出现社会主义青年团的组织。10月，毛泽东接到北京方面寄来的团章以后，立即着手建团工作。他深入到第一师范、第一中学和商业专门学校中，发现和培养积极分子，把团章送给他们看。在提高政治思想觉悟的基础上，个别吸收入团。第一师范学生张文亮，接受了建团任务，他在11月和12月的日记中，曾有这样的记载：

11月19日。接泽东一信，送来青年团章程十份，宗旨在研究而实行社会改造；约我星期日上午去会他，并托我寻觅同志。

11月21日。会见泽东，云不日将赴醴陵考察教育，并嘱此时青年团宜注重找真同志；只宜从缓，不可急进。

12月2日。泽东来时，……嘱我多找真同志。

12月15日。接泽东复信：师范素无校风，你应努力结一些同志做中坚分子，造成一种很好的校风。青年团你可努力在校寻找团员，尽可能在本学期开一次会。

12月16日。泽东来此。青年团将于下周开成立会。

12月27日。泽东送来《共产党》九本。

从这些极其珍贵的记载中，我们可以窥知：毛泽东当时对建团工作是如何的费心、操劳。特别是他反复强调要积极而慎重地吸收团员，更是极其难能可贵的创见。当时，上海、北京等地的社会主义青年团，由于缺乏经验，注意质量不够，成员比较复杂。团员中，信仰马克思主义、无政府主义、基尔特（行会）社会主义和工团主义的人都有，以致到1921年5月，不得不宣告暂时解散（11月间整顿后恢复）。而长沙的团组织，在毛泽东积极慎重、"找真同志"的正确建团方针指导下，避免了这段弯路。

长沙的社会主义青年团员中，有不少是新民学会的会员。新民学会原是五四时期湖南人民反帝反封建斗争的领导核心，随着革命斗争的不断发展，虽然有些人落伍了，有些人图谋个人的发展，走上了与革命分离的道路，有的后来甚至变成了反革命；但是，很多会员，都有过较长期的革命思想准备，参加过许多实际斗争，现在又坚定地信仰马克思主义。因此，毛泽东和他的战友认为，这些经过斗争考验的会员，只要自愿，都可以加入青年团。陈子博、谢南岭等新民学会会员，就是在这种情况下，成为长沙社会主义青年团的早期团员的。到中国共产党成立时，长沙的团员已发展到38人，是全国团员较多的地区之一。除长沙外，衡阳也很早建立了团的组织。1921年春，衡阳省立第三师范学生蒋先云等先进分子组织的革命团体"心社"的成员，全部转为社会主义青年团员。随后，衡阳省立三中、三甲工和三女师,都建立了团的组织。[11]

毛泽东不仅指示张文亮在第一师范物色和发展社会主义青年团员,还尽量把新民学会中的优秀分子都吸收到青年团里,高菊村等在《青年毛泽东》一书中写道:

据萧子升回忆,他1921年3月初到长沙见毛泽东时,"他是第一师范附小的主事,但他大多数活动是秘密地指挥共青团的组织"。新民学会的很多成员都成了C.Y.的团员,"C.Y.的诞生使原来的新民学会走到了尽头"。萧子升不赞成这种做法,他希望新民学会仍能成为一个实行无政府共产主义主张的团体。毛泽东的朋友、新民学会会员陈昌尖锐地批评萧子升说:"我们所有的朋友都已秘密成为C.Y.的成员了,把他们拉回来是很难的。你知道,新民学会的目的是用一种抽象的方法改造中国,它既无政治观点,又无固定的行动计划。他们现在认为,要达到实际效果只有一条出路,就是遵循俄国的榜样,努力宣传列宁的学说。"毛泽东也直截了当地向萧子升指出:"很多人都不满现状,如果我们要进行改造,就必须来场革命!如果我们要革命成功,上策便是学习俄国!列宁的共产主义是最适合我们的制度,而且是最容易学习的。我们面前只有一条路!"[12] 毛泽东反对萧子升在新民学会内进行无政府共产主义的宣传,他要求C.Y.的团员同志不要听信那些好听的话,要坚定共产主义的信仰。

通过毛泽东和长沙共产党早期组织的积极努力,长沙的建团工作取得显著成效。1920年入团者有16人,1921年7月前入团者达36人。

1921年1月13日,长沙社会主义青年团成立,毛泽东任书记。毛泽东十分注意从思想、组织各个方面采取多种形式教育团员,提高团员的思想理论素质。他根据青年的特点,倡议举办了星期同乐会,组织团员和青年到湘江游泳,到天心阁、开佛寺、碧浪湖、望湘亭等名胜古迹游览。通过这些活动,他们既加深了彼此间的了解,同时也交流了各自对于政治时事问题、特别是对于有关马克思主义的认识。他们还特别注意团结和争取受各种思潮影响的青年,争取他们成为马克思主义的信仰者。

……

1921年春节期间,为了动员亲人投身革命,毛泽东从长沙回到韶山。当时毛泽东已经父母双亡,小弟泽覃、堂妹泽建已去长沙读书。大弟泽民在家理事。2月中旬的一个晚上,毛泽东和泽民、泽覃、泽建等人在厨房火炉旁,一边烤火一边拉家常。泽民告诉哥哥,自那年家里起火后,第二年冬天修屋,不久又遭败兵勒索和坏人抢劫,家事已是"王老二过年,一年不如一年"。毛泽东听后,开导他说:这不只是我们一人、一家的事,"国乱民不安生"。启发他们要想到祖国的前途,民族的命运,人民的痛苦,要舍家为国,舍己为民。他要泽民把家里的事安排好，跟他一起到长沙去边工作边学习。[13]

有关长沙社会主义青年团的初期情况，材料不多。易礼容在《党的创立时期湖南的一些情况》一文中，保存了一些零星的回忆。他说：

社会主义青年团我没有参加，我是直接参加共产党的。但是回忆1920年下半年，陈独秀把社会主义青年团的团章寄来了，内容是苏联式的。毛那时任第一师范附小主事，在接到陈寄的团章后，就开始发展团员。毛是团的书记。以后罗君强、萧述凡、田波扬先后当过书记。团员还有何叔衡、夏曦、郭亮等人。以后有些青年团员转入共产党。记得萧三曾被派到湖南做团的工作。

黄爱，学生出身，有无政府主义色彩。他做工人运动，挂着劳工会的招牌，名声很大。当时第一纱厂是湖南最大的工业，黄爱在那里领头开展工人运动。1921年底，毛对我说，我们要找黄爱谈谈。我就去约了黄爱。一天黄爱来找我的时候，下雨。他穿青布对襟衫，地点在朝宗街文化书社。我说润之要找你谈谈，他同意。我和他约定了时间，并通知了毛。过了几天，我问毛，谈得怎么样。他说谈得很好，黄爱愿意同我们一道干。谈过之后，只有十几天，黄爱就殉难了。黄爱加入青年团，接受了党的指示。我没有和庞人铨联系过，毛和他联系过没有，我不知道。黄、庞观点是一致的。青年团当时有不少活动。[14]

出席中共"一大"

1921年6月，各地共产党早期组织先后收到上海共产党发起组的来信，要他们各派两名代表前往上海开会。这揭开了中国现代史上的重要一幕。

同年6月29日，毛泽东和何叔衡作为湖南代表启程前往上海。

谢觉哉（《湖南通俗报》主编）在当天的日记里记下了这具有历史意义的一页："午后六时，叔衡往上海，偕行者润之，赴全国〇〇〇〇〇之招。"[15]

后来，谢觉哉回忆说：

"一个夜晚，黑云蔽天做欲雨状，忽闻毛泽东和何叔衡即要动身赴上海，我颇感到他俩的行动'突然'，他俩又拒绝我们送上轮船。后来知道，这就是他俩去参加中国共产党第一次代表大会——伟大的中国共产党诞生的大会。"[16]

又据谢觉哉的夫人王定国说：

"对于这样一个重大的历史事件，由于湘江上空乌云翻滚，反动势力猖獗，谢老既怕忘掉，又不能详细记载，只好在这天日记上，画了一大串圆圈。"[17]

1936年，毛泽东在陕北对埃德加·斯诺谈起这段往事时，回忆说：

1921年5月，[18]我到上海去出席共产党成立大会。在这个大会的组织工作中，起领导作用的是陈独秀和李大钊，这两个都是当时中国知识界最出色的领导人。我在李大钊手下担任国立北京大学图书馆助理员的时候，曾经迅速地朝着马克思主义的方向发展。我在这方面发生兴趣，陈独秀也有帮助。我第二次到上海去的时候，曾经和陈独秀讨论我读过的马克思主义书籍。在我一生中可能是关键性的这个时期，陈独秀表明自己信仰的那些话给我留下了深刻的印象。

在上海这次具有历史意义的会议（党的第一次全国代表大会）上，除了我以外，只有一个湖南人[19]。其他出席会议的人有张国焘、包惠僧和周佛海等[20]。我们总共是12个人。当年10月，共产党的第一个省委在湖南组织起来了。我是委员之一。接着其他省市也建立了党组织。在上海的党中央机构工作过的有：陈独秀、张国焘、陈公博、施存统、沈玄庐、李汉俊（1927年在武汉被杀）、李达和李启汉。在湖北的党员有董必武（现任保安党校校长）、许白昊、施洋。在陕西的党员有高岗和一些著名的学生领袖。在北京是李大钊、邓中夏、张国焘、罗章龙、刘仁静（现为托洛茨基派）和其他一些人。在广州是林伯渠，现任苏维埃政府财政部长和彭湃（1929年被杀害）。山东省委的创始人中有王尽美和邓恩铭。

同时在法国，许多勤工俭学的人也成立了中国共产党组织，它几乎是同中国国内的组织同时建立起来的。那里的党的创始人中有周恩来、李立三和蔡和森的妻子向警予。罗迈（李维汉）和蔡和森也是法国支部的创始人。在德国也组织了中国共产党支部，只是时间稍后一些；其成员有高语罕、朱德（现任红军总司令）和张申府（现任清华大学教授）。在莫斯科，支部的创始人有瞿秋白等。在日本是周佛海。[21]

1945年4月21日，毛泽东在中共"七大"预备会议上，面对着经历了长期革命斗争锻炼的党的精华，曾经无限感慨地说：

1921年，我们党开第一次代表大会。在12个代表中，现在活着的还是共产党员的（叛变了的如张国焘之流不算），一个是陈潭秋，现在被国民党关在新疆牢监里[22]，一个是董必武，现在飞到旧金山去了[23]，我也是一个。12个代表中现在在南京当汉奸的就有两个，一个是周佛海，一个是陈公博。会是在7月间开的，我们现在定7月1日为党的周年纪念。本来是在上海开的，因为巡捕房要捉人，跑到浙江嘉兴南湖，是在水上开的。发了宣言没有？我不记得了。当时马克思主义有多少，世界上的事如何办，也还不甚了了。所谓代表，哪有同志们现在这样高明，懂得这样，懂得那样。什么经济、文化、党务、整风等等，一样也不晓得。当时我就是这样，其他人也差不多。当时陈独秀没有到会，他在广东当教育厅长。我们中国《庄子》上有句话说："其作始也简，其将毕也巨。"现在我们还没有"毕"，已经很大。联共党史开卷第一页第一行说，苏联共产党是由小组到联邦的，就是说由马克思主义的小组发展到领导苏维埃联邦的党。我们也是由小组经根据地到全国，现在还是根据地，还没有到全国。我们开始的时候，也是很小的小组。这次大会发给我一张表，其中一项要填何人介绍入党。我说我没有介绍人。我们那时候就是自己搞的，知道的事也并不多，可谓年幼无知，不知世事。但是这以后二十五年就不得了，翻天覆地！整个世界也是翻天覆地的。中国是翻天覆地的二十五年，世界是翻天覆地的二十八年。这二十八年是俄国共产党胜利后的二十八年。中国共产党的二十五年也是大不相同的二十五年。这一点是要使广大人民知道的。[24]

参加中共"一大"的代表不少人都对"一大"做了回忆。董必武1937年在陕甘宁边区会见美国作家尼姆韦尔斯时回忆了党的"一大"，他谈道：

中国共产党中心建立于1921年5月，那时陈独秀为此目的同李大钊到了上海。我没有出席这次会议，但是我参加了1921年7月在上海召开的第一次代表大会。每个省派出两个代表。从日本回国的学生派一个代表——周佛海。他后来叛变参加了国民党。湖北省派陈潭秋和我。湖南派何叔衡和毛泽东。北京派张国焘和刘仁静。刘仁静现在是一个托洛茨基分子。上海派李汉俊和李达，李汉俊1927年在汉口被杀，李达现在是一个自由职业者，他成了一个大学教授。广东派陈公博和包惠僧，陈公博后来叛变成为南京政府的工业部长，包惠僧后来也成为国民党内政部官员。山东派邓恩铭和王尽美——后来两个人都被杀了。来自共产国际的两个代表也出席了这次会议。一个是荷兰人，在中国我们都叫他马村。另一个是俄国人，他的名字我已经忘记了。

原来陈独秀要参加会议并确定为这次会议的主席。但是，那时他必须在广东，于是张国焘代替他。关于这次会议的所有记载都丢失了。我们决定制定一个反对帝国主义、反对军阀的宣言。但是，党的这个最早的文件，我们一份也没有了。我记得辩论的一个观点，是党员可以不可以当官和做技术工作。一些人反对这样做。通过的决议是一个"关门"政策，保持党员的秘密和"纯洁"。我们还决定党员不能加入任何别的政党。包括孙中山的党。我们的主要工作是发展党。我记得会上选出的中央委员会委员，包括陈独秀、李大钊、张国焘、李汉俊等人。[25]

陈潭秋在《回忆党的"一大"》一文中写道：

中共第一次代表大会是在7月底开的。大会的组织非常简单。张国焘被选为主席，秘书为毛泽东和周佛海。大会开幕就在上面所说的学校内举行，而大会本身的工作，则在李汉俊的家里进行。大会共开了4天，讨论以下的问题：目前政治状况、党的基本任务、党章和组织问题。

在讨论这些问题时，发生了争论，一部分是对党的基本任务和组织原则问题。一方面以李汉俊为首表示公开的"马克思主义者"，认为中国无产阶级尚很幼稚，不了解马克思的思想，需要长期的宣传教育工作。在这一基础上，李汉俊认为无须建立真正的无产阶级政党，反对无产阶级专政，拥护资产阶级民主。他认为就是在资产阶级民主范围内，亦可以公开地组织和教育无产阶级，用不着组织职工会，最好还是用一切力量去发展学生运动和文化教育工作。李汉俊主张首先应真正地组织知识分子，用马克思理论把他们武装起来，然后，当知识分子已掌握了马克思主义时，才能有力地组织和教育工人。因此他认为无产阶级的党，用不到有纪律的战斗的党，主张党应是联合知识分子的、公开的组织和和平的政党，成为研究马克思主义的组织。由此他得出结论：凡承认和宣传马克思主义原则的都可为党员。参加党的某一组织和在里面进行实际工作，他认为是不必要的。当时拥护李汉俊的观点的，还有李达和陈公博。

另外是一种极"左"的观点。以刘仁静为首，认为无产阶级的专政是党斗争的直接目标，反对任何公开形式的工作，一切知识分子都为资产阶级思想的代表者，他认为应拒绝知识分子入党。同意他的观点的有包惠僧。

大会大部分的代表都反对这两个不正确的观点，终于通过了一个共同方针，即党的基本任务是为争取无产阶级专政而斗争。在规定目前时期斗争的策略时，指出党不仅不拒绝，而相反，必须积极号召无产阶级参加和领导资产阶级民主运动。通过了方针，要求党成为有战斗能力及有纪律性的无产阶级政党。发展职工运动为共产党工作的中心任务。关于工作能否采取公开形式的问题，则指出，如有利于无产阶级的则党应当利用它。至于党的组织原则和接受新党员的条件，则采取俄国布尔什维克的经验。

刘仁静的回忆则与董必武、陈潭秋的回忆略有出入：

第一次党代会的人数是12人。包惠僧不是代表。

有的历史书上说，第一次党代会上有过反对"左"、右两种倾向的斗争，胡华的书说我是"左"派的代表，主张无产阶级专政等等，并无其事。在"一大"上，没有什么"左"、右派，也没有什么"斗争"，就我的情形说，当时还很年轻，对共产主义懂得很少，不可能形成"左"的系统，成为一"派"；另一方面，毛泽东在"一大"会上，很少发言，因为他刚离开湖南，对马克思主义知道得也不多，加上他很慎重，所以大会上，并没有什么"斗争"。大会关于知识分子的问题，略有争论，有人认为知识分子动摇、不可靠，在吸收他们入党时，应特别慎重，一般不容许他们入党。

"一大"在选举中央委员时，张国焘有过一些小组织活动，结果他认为应选上的人都被选上了，像李汉俊这样的人（在《星期评论》写文章，懂得马克思主义较多）却没有选上。

党内政治上的分歧，直至1923年第三次党代表会时，在国共合作问题上，才表现得比较明显。一方面是陈独秀，主张一切归国民党，国民革命应由国民党来领导，认为孙中山是天然的国民革命的领袖。另一方面，毛泽东主张应该依靠工人、贫农，认为中农和富农是靠不住的，有工农联盟的思想。但毛泽东在会上没有以自己的意见驳斥陈独秀的意见，会后曾同我谈起上述的主张。陈独秀的意见在会上占了统治地位。毛泽东的意见同陈独秀的意见间的矛盾，有如苏联布尔什维克同孟什维克之间的斗争。当时党内对陈独秀的错误思想没有看得很清楚，使革命受到损失。〔26〕

中共"一大"于7月23日召开，8月初结束。大会通过了《中国共产党党纲》，将党的名称正式定为"中国共产党"。党纲规定党的奋斗目标是"以无产阶级革命军队推翻资产阶级"，"采用无产阶级专政，以达到阶级斗争的目的——消灭阶级"，"废除资本私有制"。大会还选举出党的最高领导机构——中央局，由陈独秀任书记，李达、张国焘分管组织和宣传工作。

会后，毛泽东来到南京，见到了好友周世钊等人。他还游览了风光秀丽的杭州。8月中旬，毛泽东一回到长沙，便投入紧张的工作。

注 释

〔1〕《新民学会资料》第256页。——原注

〔2〕湖南《大公报》（1920年10月20日）。——原注

〔3〕张文亮日记（1920年12月2日）。——原注

〔4〕周佛海：《扶桑笈影溯当年》。——原注

〔5〕李达：《中国共产党的发起和第一次、第二次代表大会经过的回忆》。——原注

〔6〕李达：《中国共产党的发起和第一次、第二次代表大会经过的回忆》。——原注

〔7〕萧子升：《毛泽东的青年时代》（英文版）。——原注

〔8〕中共中央党史资料征集委员会编：《共产党早期组织》下册，中共党史资料出版社1987年9月版，第471—475页。

〔9〕杨昭全：《中朝友谊关系的开端》，《世界历史》1975年第三期。——原注

〔10〕中共中央党史资料征集委员会编：《共产党早期组织》下册，中共党史资料出版社1987年9月版，第476—479页。

〔11〕《新湘评论》编辑部：《毛泽东同志的青少年时代》，中国青年出版社1979年10月版，第167—169页。

〔12〕萧瑜：《我和毛泽东的一段曲折经历》，昆仑出版社1989年6月版，第162页。——原注

〔13〕高菊村等：《青年毛泽东》，中共党史资料出版社1990年5月版，第

151页。

〔14〕《"一大"前后》（二），人民出版社1980年8月版，第281—282页。

〔15〕《谢觉哉日记》上册，人民出版社1984年4月版，第49页。

〔16〕谢觉哉：《第一次会见毛泽东同志》，《谢觉哉杂文选》，人民文学出版社1980年4月版，第330—331页。

〔17〕王定国：《万古之霄春意旋》，载《工人日报》1978年12月23日。

〔18〕据查是阴历，阳历应是6月。

〔19〕何叔衡，毛泽东的老朋友，和他一起创办了新民学会，1935年被国民党杀害。——斯诺注

〔20〕出席中国共产党第一次全国代表大会的代表还有：董必武、陈潭秋、李达、李汉俊、刘仁静、王尽美、邓恩铭、陈公博，一共13人。但据董必武、李达同志的回忆，包惠僧不是作为正式代表参加会议的。——原注

〔21〕埃德加·斯诺：《西行漫记》，生活·读书·新知三联书店1979年12月版，第40—42页。

〔22〕陈潭秋，1939年任中共驻新疆代表和八路军新疆办事处主任。1942年被军阀盛世才逮捕，1943年9月被秘密杀害。由于情况隔绝，这里还说他"现在被国民党关在新疆牢监里"。——原注

〔23〕指1945年4月董必武作为中共代表参加中国代表团，出席在美国旧金山召开的联合国宪章制宪会议。——原注

〔24〕毛泽东：《"七大"工作方针》，人民出版社1981年7月版，第6—7页。

〔25〕《"一大"前后》（二），人民出版社1980年8月版，第292—293页。

〔26〕《"一大"前后》（二），人民出版社1980年8月版，第116—117页。

二、在清水塘

首任中共湖南支部书记

毛泽东一回到长沙,便按照中共"一大"的要求,着手组建中共湖南支部。他首先找到易礼容等,同他们商量成立党组织的事宜。据易礼容回忆说:

毛泽东参加"一大"后,大约8月回到长沙。他回来后不久到朝宗街文化书社找了我。当时因为社里人很多,谈话不方便,他把我邀出来,在书社对面的竹篱笆旁边谈话。他说:要成立共产党。我说:我听说俄国1917年列宁领导的革命死了3000万人。中国现在要成立共产党,要是死30个人,救20个人,损失太大,我就不干。他说:你错了。社会主义革命,是瓜熟蒂落。我说:瓜熟蒂落,就干吧。又过了几天,他找了我和何叔衡,在现在的清水塘后面的协操坪(协操坪的来历是:清朝的官制,文官有制、府、藩、臬、道;武官有提、镇、协、参、游。"协"相当于旅,协操坪是满清时"协"的军队练兵的地方),这个操坪很大,有几亩地,中间有一个大草皮堆子。当时我们怕被敌人发现,没有坐在那里开会,一边走,一边谈,这样,我们3人在那里决定了要成立党。有材料说湖南有个3人小组,这是实实在在的,就是我们3个人,不过那时不叫作3人小组。时间是1921年9、10月,即在文化书社正式营业后不久。第一批发展的党员名单我记不清了,当时新民学会的一些骨干都参加了。有陈子博、彭璜、许文煊(丁玲说她是湖南第一批的一个女党员)等。[1]

关于中共湖南支部的成立过程,在萧三和周世钊的回忆里,有更为详细的记载。萧三在《毛泽东同志的青少年时代和初期革命活动》一书中写道:

一个秋凉的日子,在长沙城外协操坪旁边的一个小丛林里,有几个人在散步。他们一时沉默地站在树丛和石碑的中间,一时在丛林里的小路上走动。彼此热烈地谈论。在高高身材、脚步郑重的毛泽东的旁边,走着宽肩膀、矮矮身材、一口黑胡子的何叔衡。

还是在夏天就开始筹备,到现在"三十节"(1921年即中华民国十年10月10日,10月10日通常称为"双十节"。这年为民国十年,故曾戏称为"三十节")

那一天，湖南省的共产党组织就正式成立了。毛泽东被选为书记。他慎重地吸收学生和工人中的先进分子入党。渐渐地长沙城里，首先是在一些学校里（第一师范、岳云中学、第一中学、甲种工业等）都有了支部。在铁路工人、造币厂、黑铅炼厂、第一纱厂、电灯公司工人以及各手工业工人中间也发展了党员。后来湖南各县（如平江、衡阳、水口山铅矿、炭塘子锰矿等）也有了党的组织。中国共产党湖南地委（现在的省委）成立了，毛泽东任书记（地委后来改为湘区委，因为也包括江西省萍乡的安源）。地委的机关设在小吴门外清水塘——一栋简陋的房屋里。那是在小吴门外教场坪的后面，那里有一片菜园，有稀稀落落的一些房屋。

这里附带叙述一个细节：那时地委每个月的经费仅30元。所有的工作人员，毛泽东也一样，都得自己维持生活。[2]

周世钊在《毛主席青年时期的故事》一书中回忆说：

1921年秋天，毛泽东和何叔衡住在自修大学的时间很多。为了找个僻静的地方研究开展党的活动问题，他们常常借着晚饭后散步之便，走出小吴门，来到清水塘。他们边走边谈，商量怎样在湖南建立党的组织，怎样在学生和工人中间进行革命宣传活动。有时他们迎着初升的月亮，走入树林深处，到初更时候才回去。

几个月后，他们对清水塘这块地方，不但熟悉，而且喜爱。他们觉得党的第一届湖南省委员会不适宜设在自修大学，也不适宜设在文化书社，更不适宜设在一师附小。这个距离自修大学不太远，又不为人注意的清水塘，却是很适宜的地方。于是，毛泽东决定向这里的菜园主人唐姓兄弟租菜园中的几间房子，作为才建立的中国共产党湖南省委员会的会址。

当时，毛泽东还在第一师范附属小学当校长，他向房主说明租这所房子作为第一师范附属小学教职员住宅。租约上面署了一师教员毛石三的名，并写定租赁期为7年。

从1921年的冬天到1923年4月，毛泽东离开长沙，这一年半中，他经常往来于自修大学、一师附小、文化书社和工人群众中间，直到夜深才回家。外面的人，只知道他们是普通住家的，却不知道这里设有领导革命的司令部。

为了开展建党建团工作和工人罢工运动，毛泽东常约集有关的同志在这里开会。开会时间，一般都在晚上。到会的人，有工人，有农民，有学生，有教师，也有店员、学徒和机关干部。长衣、短褂、木屐、草鞋，穿着是极不整齐的。开会时，主要是大家提意见、想办法，详细讨论后，就由毛泽东做些指示，有时宣传一点革命理论。散会常在深夜。到会的人，先后离开，有个别回去不便的，就住宿在这里早已预备了的客房里。

毛泽东住在清水塘的一段时间，他的工作比以前任何时期都要忙。一师附小、自修大学、湘江中学的工作要抓；文化书社的工作要抓；建党建团的工作更要抓。这些工作都要付出很多的时间和精力，而付出时间、精力更多的则是领导工人运动。那时，粤汉铁路工会、安源矿工会、水口山矿工会、长沙市黑铅炼厂、铜元局和各种手工业的工会，都在毛泽东的推动、领导下先后成立。[3]

中共湖南支部成立后，毛泽东即着手发展党员，在长沙以外积极筹建党的地方组织。

衡阳地区经过五四运动的洗礼，社会主义思潮在青年中较有影响，特别是在湖南省立第三师范里，由蒋先云等组织的"心社"团结了一批进步青年。毛泽东通过夏明翰、贺恕等了解到这些情况，便在夏明翰的陪同下来到衡阳。

据屈子健回忆：

1921年10月中旬，毛泽东与夏明翰赴衡阳找湖南省立第三师范的进步教师和学生谈话，开座谈会，在第三师范的一间教室里，讲演历史上农民的造反行动。以前人们只听说黄巢、李自成都是"贼子""犯上作乱"，而毛泽东却肯定东汉末年黄巾之乱，明朝张献忠、李自成之乱，实际上都是代表农民反抗封建王朝的压迫，都是农民革命。毛泽东还分析了历代农民起义其所以失败原因在于没有先进阶级和政党的领导，并以俄国十月革命取得胜利为例说明工人阶级的领导和无产阶级革命的必要。当时学生听了，感到很新奇。[4]

在传播马列主义的基础上，毛泽东还积极发展觉悟分子，在三师进步学生组织中发展了蒋先云、黄静源、唐朝英、蒋啸青4人入党，建立了湖南第一个党小组——衡阳三师小组，由黄静源任组长。同时，从三师进步学生组织"心社"中发展了一批青年团员，建立了社会主义青年团三师支部。

1922年4月29日，毛泽东再次到衡阳。他在衡阳三师发表了题为《社会主义》的讲演，就什么是社会主义、为什么要实行社会主义、怎样实行社会主义等问题，向听众做了深入分析。他指出，社会主义是最好最正确的理想。无政府主义、基尔特主义、工团主义等反马克思主义思潮，都是资产阶级和小资产阶级的理论；只有马克思主义才是科学的社会主义，实现了科学的社会主义，才能消灭人压迫人、人剥削人的社会制度。5月1日，毛泽东在衡阳学联会议厅召集党团员骨干和进步师生，做了马克思的生平及其艰苦奋斗简史的报告，使大家对马克思的伟大业绩有了清楚的了解。在毛泽东的宣传、组织和发动下，衡阳三师学生中的不少进步青年秘密参加了共产党和青年团。1922年5月，中共衡阳三师支部成立。5月1日，衡阳社会主义青年团地方委员会成立。

5月3日，中共中央要求全国在5月5日召开纪念马克思诞辰104周年大会。毛泽东从衡阳赶回长沙。[5]

毛泽东十分注意在产业工人中发展党员。高菊村等在《青年毛泽东》一书中写道：

1921年10月，毛泽东第一次到安源煤矿考察，了解工人生产、生活情况及其革命要求，准备开辟安源的工作。

这年11月，中共中央局通告要求上海、北京、广州、武汉、长沙五区"早在本年内至迟亦须于明年7月"都能发展党员"30人，成立区执行委员会，以便开大会时能够依党纲成立正式中央执行委员会"。为此，毛泽东进行了许多艰苦深入的工作。

1921年12月，毛泽东第二次到安源，"先以朋友的关系与各工友接洽，渐谈及工人受痛苦受压迫及有组织团体之必要等情况，于是大得工友欢迎"。[6] 据同行者张理全回忆：毛泽东这次"还到修配车间、八方井、洗煤台、炼焦炉等处找工人谈了话，向他们了解情况，并对他们进行了组织起来的宣传教育"。回长沙后，派李隆郅（李立三）等去安源办工人补习学校。李立三回忆说：年底，"派我们到安源去做工人运动的时候，他对于如何在工人中进行工作，如何把工人逐渐组织起来进行斗争，已经是胸有成竹。现在我还模糊记得他当时告诉我们的话：安源工人众多，受到种种残酷剥削，生活特别痛苦，是工人运动可能很快开展的地方。但是应当看到，反动统治势力的强大和社会环境的黑暗，要开展革命工作并不是很容易的。首先应当利用一切合法的可能，争取公开活动，以便和工人群众接近，发现他们当中的优秀分子，逐渐把他们训练和组织起来，建立党的支部，作为团结广大群众的核心"。1922年1月，安源办了一个工人补习学校。2月，成立了湘区最早的产业工人党支部——中共安源支部。当时只有6个人。[7]

在此前后，长沙的湖南自修大学、湖南省立第一师范学校、衡阳的湖南省立第三师范学校等处，都建立了中共支部，发展了一批党员。

5月5日，毛泽东和中共湖南支部，根据中共中央关于纪念马克思诞辰104周年的部署，通过"长沙马克思学说研究社"发起，在第一师范学校礼堂举行了纪念大会，参加者有千余人。在这次大会上，他先后"讲演共产主义"和"共产主义与中国"。[8]

5月间，湘区（包括江西萍乡安源）共有中共党员30人，正式成立了中共湘区委员会。毛泽东任书记，何叔衡、易礼容、李隆郅为委员（不久增加郭亮），区委机关设在长沙小吴门外清水塘22号。[9]

毛泽东还根据中共中央局的指示，积极在湖南发展社会主义青年团组织，先后吸收黄爱、庞人铨、张理会等优秀人物入团。到1922年5月，在长沙已有团员50余人。毛泽东还兼任长沙团执委书记职务。

湖南自修大学

毛泽东在出席中共"一大"后回到长沙不久，便同何叔衡创办了湖南自修大学，以此作为培训党的干部的基地。湖南自修大学位于船山学社社址，得到船山学社董事会总理仇鳌和社长贺民范的积极支持。贺民范还出任自修大学校长，毛泽东担任指导主任。1922年4月，贺民范辞职后，毛泽东又继任校长。

萧三在《毛泽东同志的青少年时代和初期革命活动》一书中回忆说：

毛泽东非常重视革命理论的学习。而学习的方法，他一贯是主张独立思考、自动钻研和共同讨论的。中国共产党成立了之后，毛泽东立即在长沙着手创办一个自动学习马克思列宁主义的学校。这在中国是一个创举，谁也完全没有这样的经验。从什么地方去找经费、校址、教员、教材等等呢？在反动军阀统治下的湖南，如何能公开地办这样的学校呢？再则，主要的，这种学校的教学制度应该是怎样的呢？

毛泽东于是利用当时湖南某些文人学士所办的"船山学社"的地址和每月400元的经费，创办了一个"自修大学"。

毛泽东素来不满意那时中国一般学校所施行的封建的和资产阶级的、盲目地模仿欧美日本的、学与用脱节的所谓教育。他也不赞成那种盲目的或只为取得资格，即所谓"镀金式"的"出洋"留学。他觉得，应先研究中国古今学说制度的大要，再到西洋留学才有可资比较的东西。1920年3月他曾从北京写信给长沙的朋友说："吾人如果要在现今的世界稍为尽一点力，当然脱不开中国这个地盘。关于这地盘内的情形，似不可不加以实地的调查及研究……"他计划在长沙邀合同志，租一所房子，"办一个自修大学……也可以叫作'工读互助团'。最要紧的是要成立一个'学术谈话会'，每周至少要为学术的谈话（按：即座谈讨论）两次或三次。以上是说暂不出洋在国内研究的话。但我不是绝对反对留学的人……我觉得俄国是世界第一个文明国，我想两三年后，我们要组织一个游俄队……"

关于教学制度，在上述毛泽东办工人夜校及在第一师范做教育工作时，已经尽可能在教学方面进行了一些新的改革。关于自由研究，毛泽东现在更实现自己的理想来办自修大学，"采取古代书院与现代学校二者之长，取自动的方法，研究各种学术……招生只凭学历，不限资格；学习方法以自由研究，共同讨论为主。教师负提出问题、订正笔记、修改作文等责任。学生不收学费，寄宿者只收膳费"。〔10〕

这里还应说明"不收学费"一项的重要性。当时中国的大学，学费都是很贵的。许多有志升学而又有才能的青年，只是"望洋兴叹"，"莫敢问津"。毛泽东办自修大学的方针，除反对机械式的教育、提倡自动的学习，反对为求毕业文凭的虚荣心、提倡实际的学问之外，还有反对贵族学校、提倡平民学制的意义在内。

自修大学成立时，湖南的进步知识分子、党和团的干部，连毛泽东自己在内，都作为自修大学的学生。

自修大学内设一个图书馆，凡是当时能够收集到的进步书刊报纸都找了来，供给学习者阅读。

自修大学的教学制度，注重自修；没有上课的时间，各人自由研究，或开会讨论。研究和讨论的题目都是马克思列宁主义的各种问题。学生每天做读书笔记，作文一篇。

自从《湘江评论》被封禁后，湖南的知识青年经常怀念它，盼望它能恢复出版。毛泽东现在觉得，自修大学师生研究的成绩，可以出一本理论性的杂志。1923年初，一个公开的期刊——《新时代》出世了，里面发表了毛泽东和他的同志们的关于马克思主义研究讨论的文章。

自修大学曾几次举行公开的马克思学说的讲演大会。

后来（1922年9月）自修大学内附设补习班及初中班，这可说是那时的初级党校。校内指导主任为毛泽东（何叔衡、夏明翰分别担任主事和校务主任）。青年知识分子及青年工人来学的有200多人。补习班和初中班的功课，大体和一般学校的差不多，但由于当教员的大半是共产党的干部，因此在教国文、公民、历史等课时很容易进行马克思主义的思想教育。

这些学生有不少成为共产党员或青年团员。

1923年冬赵恒惕封闭了自修大学。但就在那时，湖南党组织所筹备的另一所中学——"湘江学校"就正式开课了。原来在自修大学补习班和初中班的大批学生都转到了湘江学校。

……

湘江学校一直存在到第一次国内革命战争时期——1927年3月由湖南党组织自动停办，师生都参加了大革命。[11]

周世钊在回忆中，也提供了较为详细的情况：

湖南自修大学，是毛泽东于1921年8月，在湖南船山学社的地址创办起来的。

毛泽东还在第一师范念书的时候，就不满意当时的学校制度。他认为一个人只要达到一定的年龄，有了一定的文化基础，自修自学，是研究学问最有效的方法。可是当时的学校完全不注重学生的自修自学，总是先生讲，学生听，蛮填强灌，死记硬背。这样一来，学生可以不开动脑筋，不习惯于独立思考，他们的智力也不能得到充分的发展。这种学校制度是应该改革的。

当时，毛泽东曾经把他的设想告诉周围的同学：最好把古代书院和现代学校结合起来，吸取书院、学校的优点，去掉书院、学校的缺点，创设一种新型的学校。这种学校，必须让学生有较多的自修自学时间和课外活动时间，必须使学生不完全依靠老师的教导，而能独立思考问题，独立做好工作，并且成为德育、智育、体育全面发展的人。当时有人提出"自修大学"的名称，毛泽东认为这名称很好，很符合他素来怀抱的理想。

1914年到1916年间，湖南一些研究王船山学说[12]的人，在辛亥革命以后建立的船山学社这个地方，每隔两周讲学一次。当时毛泽东还在第一师范念书，常和同学们一道去听讲，渐渐熟识了社里管事的几位老先生。他在第一师范毕业后，还和他们有些往来。

1921年7月间，毛泽东参加党的第一次全国代表大会后回到湖南，积极开展建党建团的工作，想用有效的方法，提高党员、团员的马克思主义思想水平；还想利用一种合法的社会机构，掩护革命活动的开展。他和几个同志商量，决定办一个他设想了很久的自修大学。

这时，船山学社已经没有人在那里讲学了，房屋全部空着。新选出来的社长和驻社干事，又是毛泽东的老熟人。毛泽东找他们商量，要求他们支持他利用船山学社创办自修大学，他们同意了。于是，一个崭新的湖南自修大学，就在船山学社的旧址建立起来了。

毛泽东草拟了自修大学组织大纲，在报纸上刊出。他提出：招生只凭学历，不限资格；学生不收学费，寄宿的只收伙食费；学习方法，以自由研究，共同讨论为主；教师负提出问题、订正笔记、修改作文的责任。报名入学的学生，大多是毛泽东进行革命活动初期的一些战友、共产党员和新民学会会员。此外，还有少数思想进步、无力升入大学的青年学生。学生每天必须做读书笔记，写作业表；每周作文一篇，或记述学习心得，或讨论社会问题、时事问题和中国革命问题。

毛泽东在迁居清水塘以前，和何叔衡都住在这里，主持校务。他们是自修大学的先生，也是自修大学的学生。他们常和学生在一起讨论、交谈，对学生进行一些帮助和鼓励。

自修大学的学生不多，学习都特别认真，有时各人埋头读书，有时三五个人在一起谈谈笑笑，有时展开争辩，也许争辩几个钟头，还没有得出大家都同意的结论。写日记成了大家的习惯，不写的人很个别。他们从藏书丰富的图书馆借来书报、杂志，见到精彩的地方，就摘抄要点。有的人笔记已合装成一厚册。

有时，毛泽东和何叔衡召集他们举行座谈会，讨论中国革命问题和马克思列宁主义的各种问题。当冬夜围炉向火、夏夜月下乘凉时，他们常围绕在毛泽东的身边，听他分析国际国内形势、解释一些大家了解不透的理论问题，一直到深夜。有一次，大家坐在院子里，听毛泽东讲述俄国十月革命的斗争过程，一直讲到深夜2点钟以后，大家听得出神，都不觉得疲倦，也不觉得蚊子叮扰、夜露沾衣了。

为了扩大马克思主义的宣传，1922年自修大学举办了几次公开的马克思学说讲演大会，影响了不少听众。1923年春天，又决定以自修大学的名义，创办《新时代》月刊。

《新时代》月刊是系统地宣传马克思列宁主义和深入地讨论中国革命问题的刊物。创刊号于1923年4月15日出版，第一篇文章是毛泽东写的《外力、军阀与革命》。他认为帝国主义与军阀互相勾结以统治中国的局面，必然会激发全国人民的革命意志，增进人民的组织能力；革命派分子必然一天天增加，统一战线必然一天天巩固；最后，革命派战胜了军阀反动派，中国的民族民主革命才能最后完成。他在这篇文章里指出：中国这个时期的革命，是反帝反封建的民族民主革命；革命斗争的发展和胜利，依靠人民的觉醒、人民的团结，也依靠一切反帝反封建的力量，构成广泛强大的统一战线。这种看法，不但规定了《新时代》宣传的主要内容，也指明了中国革命前进的方向。

后来，《新时代》虽然只出了很少的几期，就被赵恒惕反动政府所扼杀，但它是湖南省内公开地、系统地宣传马克思主义的第一个刊物，对于革命青年和劳动群众的影响特别大；引导他们走上革命斗争的正确道路，也鼓舞了他们反对军阀、反对帝国主义的信心和斗志。所以有人说："《新时代》就是新时代的号角。"它的确是新时代的号角！

毛泽东又利用自修大学多余的房子，办了一个自修大学补习学校。课程和当时一般中学差不多，但课程的内容却有分别，主要是讲授革命理论，以武装青年学生的头脑。语文课的教材，都是宣传革命斗争的文章。课外时间，还组织学生阅读进步书刊；经常举行时事报告会，以启发学生的革命思想。

补习学校的教师多数由自修大学学生担任，还请了几个外面的兼课教师。这个学校没有固定的经费，住校的教职员不支工资，学校只供给他们伙食。兼课教员连饭都不供给。但教职员都认真工作，热情很高。

有一个曾在补习学校教课的教员，回忆当时的情形说："当时我在长沙一个小学教书。一天，自修大学补习学校约我教一个班的语文，每周五个钟点课，不送工资。我觉得还有余力可以兼顾，就答应下来了。教课期间，我看见那里的教职员都是勤劳认真、干劲十足的；毛泽东也常来找教师们研究教学上的问题。

学生努力学习,进步很快,使我不能不认真来教好这些学生,一学期没缺过课。到学期结束时,学校为了酬谢我们的劳动,请我们会了一次餐,送了每人一双鞋子。那天,毛泽东也参加了会餐,向我们讲了话,他极力表扬我们的工作热情。"

后来,这些补习学校的学生,经教职员介绍,有的入了党,有的入了团;在大革命时期,很多人都成了革命斗争中的骨干分子。

由于毛泽东的艰苦奋斗,竭力经营,到1923年,自修大学和它的补习学校已经有了一定的规模,并逐步向前发展。但社会上反对自修大学的人比赞成自修大学的人多得多!教育界真心支持这个学校的人也很少,而批评、谩骂这个学校的顽固派却遍于省内外。湖南自修大学的简章在报纸上刊出后,湖南教育界有些人就纷纷议论说:"自修大学是不伦不类、无根无叶的东西。"湖南反动军阀赵恒惕则更痛恨自修大学,认为它是专门和他作对的不法组织,想方设法加以摧残。1923年4月,他下令通缉毛泽东。到11月又发出"自修大学所倡学说不正,着即取消"的手谕。

自修大学从创办到封闭,历时2年零3个月。[13]

湖南自修大学很快在省内外产生了广泛的影响,受到进步知识界的关注。据《青年毛泽东》载:

自修大学的影响不仅于省内,在北京、上海等地反应也很强烈。著名教育家蔡元培在上海《新教育》杂志上发表了《湖南自修大学的介绍与说明》,赞扬自修大学是"合吾国书院和研究所之长而活用之","可以为各省的模范","他们的主义,实在是颠扑不破的"。教育界名流李石曾也写了《祝湖南自修大学之成功》的文章,称湖南自修大学是一种新的教育制度,创立了"新教育制度之纪元",是"高等教育普及之先导"。[14]

自修大学创办后,社会上一些守旧人物造谣攻击,企图唆使湖南省政府停止供给船山学社的活动经费。他们声称船山中学停办了,400元光洋也无须再供应。为继续获得这笔经费,同时为满足失学青年的要求,毛泽东、何叔衡于1922年9月又开办了自修大学附设补习学校,公开招生。据湖南《大公报》报道,补习学校"十一日开学,十五日开讲。学生报名者,已达百二十余人。校内设主事一人,为何叔衡;指导主任一人,为毛泽东;教务主任一人,为(夏)明翰;事务主任一人,为易礼容。教员十余人"。该校"暂设学科五门——国文、英语、数学、历史、地理,分三班教授,采用选科及学科制"[15]。补习学校国文教材之一《告中国的农民》,详细地分析了湖南农村各阶级的社会经济状况和土地日渐集中的原因,指出农村有"大财主""中等农民""下级农民""穷光蛋"等四个阶级存在,号召广大农民起来进行反封建斗争,从地主手中夺回土地。《向导》和《中国青年》等党、团刊物，被列为学生的课外必读书。补习学校招来的学员中，有进步的知识青年，也有青年工人中的先进分子。学生中的优秀分子由教员介绍入党、入团，如贺尔康是补习学校一位优秀的社会主义青年团员，后又转入了中国共产党。

1922年11月，毛泽东写信给李达，邀请他来长沙任湖南自修大学学长。12月，李达夫妇带着一个出生不久的女孩子到长沙，12月23日湖南《大公报》发表《自修大学新聘学长到湘》，消息说："该校自修生于昨晚开会欢迎，并讨论进行办法，拟于寒假期内聘请学者举行学术讲演大会。"

为了加强对中国革命问题的研究和系统地宣传马克思主义，1923年4月10日，湖南自修大学创办了《新时代》月刊。《新时代》发刊词写道："本刊和普通校刊不同，普通校刊兼收并列，是文字的杂货店，本刊却是有一定主张和一定宗旨的，同人自信都有独立自强的精神，都有坚苦不屈的志气，只因痛感着社会制度的不良和教育机关的不备，才集合起来，组织这个学问上的'亡命之邦'，努力研究致用的学术，实行社会改造的准备。""将来，国家如何改造，政治如何澄清，帝国主义如何打倒，武人政治如何推翻，教育制度如何改革，文字艺术及其他学问如何革命，如何建设等等问题，本刊必有一种根本的研究和具体的主张贡献出来。"

创刊号第一篇文章即是毛泽东写的《外力、军阀与革命》。这是中国共产党第二次代表大会后毛泽东公开发表的极其重要的政治论文。毛泽东的这篇文章阐明了反对帝国主义和军阀势力必须建立以中国共产党和国民党为核心的革命民主统一战线。他说："把国内各派势力分析起来，不外三派：革命的民主派，非革命的民主派，反动派。革命的民主派主体当然是国民党，新兴的共产派是和国民党合作的。非革命的民主派，以前是进步党，进步党散了，目前的嫡派只有研究系。""反动派的范围最广，包括直奉皖三派。""前二派在稍后的一个期内是会要合作的，因为反动势力来得太大了，研究系知识派和商人派都会暂放弃他们非革命的主张去和革命的国民党合作，如同共产党暂放弃他们最急进的主张，和较急进的国民党合作一样。所以以后中国政治的形势将成为下式：一方最急进的共产派和缓进的研究系知识派商人派都为了推翻共同敌人和国民党合作，成为一个大的民主派；一方就是反动的军阀派。"毛泽东认为，在目前帝国主义正在协调侵略中国的步骤，中国的社会经济仍然是自给自足的农业经济，广大农民仍处在蒙昧状态中，这种政治经济情况有益于军阀的统治。但军阀的统治是不会长久的，按照历史辩证法，"政治愈反动愈混乱的结果，是必然要激起全国国民的革命观念，国民组织的能力也会一天进步一天。""民主派分子是一天一天增加，组织一天一天强固。结果是民主派战胜军阀派。"

《新时代》共出版了4期。1923年11月省长赵恒惕以"所倡学说不正,有害治安"为由封闭了湖南自修大学及附设补习学校。自修大学及附设补习学校培养了来自湖南34个县和外省4个县的200多名青年,许多学生后来成为中国革命的骨干和著名社会活动家。[16]

清水塘畔

1921年秋到1923年冬,毛泽东在长沙清水塘度过了两个秋冬。同他相伴的,还有夫人杨开慧。在这里,他们的生活是充实的,为双方留下了甜蜜的回忆。

张琼是毛泽东同杨开慧这段生活的见证人。她在《清水塘畔的亲切教诲》一文里回忆说:

我认识开慧姐是在1920年初。那时,杨怀中先生在京病逝,开慧姐同全家一道,回到长沙。她剪了短发,在长沙福湘女中读书。福湘女中是一所教会办的学校,开慧姐不顾一切地热情宣传五四运动反帝反封建的新思想,猛烈地抨击封建礼教和封建道德。当时,开慧姐在湖南学生联合会负责宣传工作,她在毛泽东的直接领导下,朝气蓬勃,废寝忘食地进行反帝反封建的宣传鼓动。

……

1922年4月,我同一位女青年离开了衡阳三女师来到长沙。当时,我早就同家庭脱离关系,那位女青年是个童养媳,我们俩在长沙举目无亲,无家可归,开慧姐就热情地把我们带到他们家里——清水塘。

我们一到清水塘,开慧姐带我们两个"小鬼"去见老外婆(杨老太太),笑眯眯地说:"妈,给你两个女儿。"老外婆也挺欢喜,笑着说:"好啊,就住在我对面的房间吧。"顿时,一股暖流涌上我的身上。我生长在剥削阶级家庭,从来没有得到家庭的温暖。如今,开慧姐和老外婆对我们这么好、这么亲,使我感到革命路上处处有亲人。这年暑假,毛泽东的堂妹毛泽建和弟弟毛泽覃也住到清水塘。毛泽东和开慧姐十分关心我们的学习。白天,我们在自修大学上初级班;晚上,毛泽东就让我们学习他自己写的文章。有时,毛泽东在吃饭时特地放下饭碗,给我们圈定学习内容,还叫开慧姐督促、帮助我们学习。凡我们有不清楚之处,开慧姐就一字一句地给我们解释。

开慧姐不愧是毛泽东亲爱的夫人和亲密的战友。她在生活上无微不至地关心体贴毛泽东,使毛泽东有更充沛的精力考虑和处理革命大事。那时,毛泽东常常通宵达旦写文章,寒冬腊月天也这样。一到晚上八九点钟,开慧姐就把取暖的用具给毛泽东准备好。老外婆有一只取暖的"烘笼",开慧姐每天晚上等老外婆睡了,加旺炭火,取来给毛泽东暖脚。有时,见毛泽东衣服穿得单薄,就给披上棉袄，还要看看热水瓶里的水热不热。深夜一二点钟，开慧姐常常起床给毛泽东送临睡前暖在锅里的"点心"，有时毛泽东忙得顾不上吃，她就等在旁边，待毛泽东吃完后她才去睡。那时候，毛泽东夜里经常只睡两三个小时。清早，毛泽东出去工作，她就去整理毛泽东昨夜写的东西。在毛泽东的草稿本上，凡写"定稿"二字的，她就誊写到另一本簿子上去。那时，他们已有了孩子岸英。开慧姐在帮毛泽东抄写文件时，常常把岸英的摇篮放在身旁，一边抄，一边用脚摇摇篮。

清水塘是毛泽东创建的中共湘区委员会的机关所在地。此时，开慧姐已加入中国共产党，在中共湘区委员会担任机要和交通联络工作。她为了毛泽东及中共湘区委领导同志的安全，严格地做好保密保卫工作。在清水塘毛泽东住处的客堂后壁上挂着一面大镜子，镜子里可以清晰地看到大门外的动静。那时，我与毛泽覃等都还小，不清楚镜子的用意，只见开慧姐一天要照好几回镜子，觉得挺好奇的，就对开慧姐说："慧姐，你怎么一天就要照几回镜子，我一个星期也照不上一回呢？"开慧姐笑笑说："毛丫子你懂啥！"后来，我们才知道她是在当"观察哨"，监视敌情。有一次，开慧姐在镜子里看到门外一个人歪戴一顶草帽，东张西望，立即警觉起来，叫我与毛泽覃去打水洗衣（观察情况）。我们一出门，那个人就溜走了。后来，当我们"逮住"那人时，原来他是开慧姐的一位亲戚，是来开玩笑的，他要看看开慧姐的"戒严"工作做得怎样。这事被毛泽东知道了，毛泽东、开慧姐既严肃又热情地批评了他。开慧姐保密保卫工作做得很出色。那时清水塘我们住处的大门上有两个大铁环，人们进出会发出响声，有时风吹门环响，开慧姐就十分警觉。她还同住在清水塘附近蔬菜园的贫苦农民关系十分亲密，左邻右舍一见陌生人，就向开慧姐报告。开慧姐的警惕性很高。有一次，当时是"二七"惨案发生后，有位同志的爱人为了躲避军阀的追捕，逃到长沙，到自修大学来找毛泽东，遇到了开慧姐。开慧姐担心她后面跟有敌人盯梢，没有让她住到清水塘，将她安置在"文化书社"的宿舍。在开慧姐的努力下，清水塘的警戒工作做得很严密，清水塘真是一池"清水"啊！

开慧姐对同志满腔热情。一次，她到自修大学来，发现一些男同学睡的地铺上没有草垫，只有一条草席，就约了新民学会、学生联合会的同学弄来稻草给铺上。我们同开慧姐住在一起，好像是一家人。她比我们的亲姐姐还要亲。她体贴我们，关心我们，我们永远也忘记不了。有年冬天，我们在自修大学念书时，由于寒冷，声音也发抖了，这一情景被开慧姐发觉了。她看到我们只穿着夹袄，没有棉袄，晚上等我们睡后，就悄悄地将我们的夹袄拿走，和老外婆一起，用了一个通宵给我们的夹袄铺上棉花。第二天清早，我看到夹袄已变成了棉袄，激动得久久说不出话来。和我住在一起的那位女青年"哇"的一声哭了。她颤抖着声音说：我是个苦水中泡大的童养媳，有谁关心我，有谁给我一点温暖？开慧姐待我这样亲，革命队伍里的同志比爹亲、比娘亲。她当天就把这一事记在日记里。可是，开慧姐却对我们说：这是我应该做的事情，我是为革命关心你们的，希望你们能为革命多做些工作。毛泽东知道了，同我们开玩笑说：去，给外婆磕头。老外婆说，我爱你们，也是为了革命。后来，这件事在我们党内传开了，大家都称赞开慧同志是一个品质高尚的共产党人。

  毛泽东和开慧姐引我们走上革命路，花费了许许多多心血！一次，和我住在一起的那位女青年突然想起家来。开慧姐就做她的思想工作，对她说：闹革命还怕没有家？我们不就是一个大家庭吗？一个人钻在家里，就像钻在螺蛳壳里做道场，你想，在螺蛳壳里做道场舒服不舒服。一个革命者不能沉溺在家里面。开慧姐的一番话，说得她心里热乎乎的，使她振奋精神，坚强起来。那时，我、毛泽建、毛泽覃和那位女青年几个是够淘气的。我还清楚地记着那个"枕头箱"的事呢。开慧姐有个"枕头箱"，白天放在身边，晚上当枕头睡，外出前，开慧姐总要理理头发，然后把"枕头箱"取出来，在里面拿点什么东西，塞进包袱中间。我们对那个"枕头箱"很感兴趣，想揭开它的"秘密"。有一次，我们趁开慧姐不在家就偷偷地把它藏了起来，试试开慧姐会怎样。开慧姐回家后，马上就发现"枕头箱"失踪了，立即过来追问我们几个"小鬼"。我们看到开慧姐那紧张的神情，只好老实"交代"了。当晚，开慧姐就给我们开会，严肃地批评我们说：你们都是青年团员，也是有组织的。要弄清楚为什么要革命，革命可不是开玩笑的。她又告诉我们"枕头箱"里是党的机密文件，比宝贝更宝贝，比生命更珍贵，要是被坏蛋弄去，会造成什么样的结果呢？开慧姐说得很严肃，也很恳切，句句入情入理，使我们懂得了不少革命道理。从此我们又提高了一些认识，增强了保密观念。

  1922年冬，我光荣地参加了中国共产党，开慧姐是我的入党介绍人之一，入党宣誓是在自修大学举行的，与我一起宣誓的共有七八个同志。面对着印着铁锤镰刀的鲜红的党旗，我的心跳得很厉害。我想，毛泽东和开慧姐待我亲又亲，把我领上革命路，我一定要跟党干革命，经受党的考验。宣誓完毕，毛泽东叫我留下，语重心长地对我说：你是剥削阶级家庭出身的，做个C.P.不容易，要把一切都交给党。毛泽东的话句句像铁锤似的撞击着我的心房。开慧姐在一旁说：你大哥对你要求高，希望大，要你在革命熔炉里好好锤炼，经受考验。还叮嘱我要永远记住这一天。我听了很感动，点点头表示一定要永远记住这一天。以后，开慧姐又对我说："要派你工作啦！"我兴奋地抢着问："上哪儿？"开慧姐说："到水口山去！"

  那是1923年，为了广泛地开展工人运动，毛泽东派一位同志带领我与毛泽覃到水口山铅锌矿搞工人运动。临行前夜，开慧姐煮了几个蛋给我们送行。毛泽东教育我们说：到水口山去，不要下车伊始，指手画脚，要老老实实拜工人为师。毛泽东特地向我们指出，要到最艰苦的地方去锻炼，每个星期天要到敲砂棚去敲矿。毛泽东说，这活儿是艰苦的，但可以磨炼人。也要下"窿"（矿）去看看。工人是怎样拿性命换回几个铜板的，这才能弄懂今天我们为什么要革命的道理。开慧姐也热情鼓励我们好好锻炼，经受考验。我们到了水口山，开慧姐经常写信给我们，寄《向导》等党的刊物来给我们阅读，还把刊物上重要文章的一些话画下来，要求我们反复领会。

毛泽东和开慧姐的话是我们力量的巨大源泉，是我们干革命的思想武器。在水口山铅锌矿区，反动矿警把我推倒在地，踢得我几乎丧命，我没有屈服；后来在宝庆，反动派把我的孩子杀害了，我没有退缩。这就是因为我心中永远记住毛泽东和开慧姐的亲切教诲。[17]

注　释

〔1〕《"一大"前后》（二），人民出版社1980年8月版，第282—283页。

〔2〕萧三：《毛泽东同志的青少年时代和初期革命活动》，中国青年出版社1980年7月版，第100—101页。

〔3〕周世钊：《毛主席青年时期的故事》，中国少年儿童出版社1977年6月版，第81—83页。

〔4〕屈子健：《回忆在毛主席领导下的第三师范初期革命活动》，1963年4月30日。

〔5〕黎永泰：《毛泽东与大革命》，四川人民出版社1991年5月版，第91—92页。

〔6〕刘少奇、朱少连：《安源路矿工人俱乐部略史》，见《安源路矿工人俱乐部罢工胜利周年纪念册》，1923年出版。——原注

〔7〕《看了"燎原"以后》，原载1963年8月4日《北京日报》，转引自《刘少奇与安源工人运动》，中国社会科学出版社1981年2月版，第145页。——原注

〔8〕见1922年5月13日上海《民国日报》及5月5日《谢觉哉日记》。——原注

〔9〕高菊村等：《青年毛泽东》，中共党史资料出版社1990年3月版，第154—156页。——原注

〔10〕《湖南自修大学组织大纲》第一章："宗旨及定名"。——原注

〔11〕萧三：《毛泽东同志的青少年时代和初期革命活动》，中国青年出版

社1980年7月版,第104—107页。

〔12〕王船山就是王夫之,湖南衡阳人,是明、清时重要的唯物主义思想家。一生坚持爱国主义和唯物主义,学术上成就很大。他晚年居衡阳的石船山,所以称他为船山先生。——原注

〔13〕周世钊:《毛主席青年时期的故事》,中国少年儿童出版社1977年6月版,第73—80页。

〔14〕见《新时代》第1卷第1号,1923年4月10月出版。——原注

〔15〕《省城各校现况调查记》,载1922年9月21日湖南《大公报》。——原注

〔16〕高菊村等:《青年毛泽东》,中共党史资料出版社1990年3月版,第162—165页。

〔17〕张琼:《清水塘畔的亲切教诲》,载1977年9月13日《解放日报》;又载《怀念毛主席》(上),新疆人民出版社1977年10月版,第900—905页。

三、领导湖南劳工运动

中国劳动组合书记部湖南分部主任

中共"一大"刚刚闭幕,1921年8月11日,中国劳动组合书记部就在上海成立。这是中国共产党对工人运动的领导机构,在北京、武汉、湖南、广东、上海等地设有分部。毛泽东任湖南分部主任。

在积极发展党的地方组织的同时,毛泽东以极大的精力投入到湖南劳工运动之中。这对他深入了解中国社会的各阶级状况,有很大的帮助。

1936年,毛泽东对美国记者埃德加·斯诺回忆起这段往事时说:

到1922年5月,湖南党——我那时是书记——已经在矿工、铁路工人、市政职员、印刷工人和政府造币厂工人中组织了20多个工会。那年冬天,展开了蓬蓬勃勃的劳工运动。那时共产党的工作主要集中在学生和工人身上,在农民中间工作做得非常少。大部分大矿的工人都组织起来了,学生几乎全数组织了起来。在学生战线和工人战线上,进行了多次的斗争。1922年冬天,湖南省长赵恒惕下令处决两个湖南工人——黄爱和庞人铨,这引起了广泛的反对赵恒惕的宣传运动。被杀死的两个工人之一黄爱,是右派工人运动的一个领袖,以工业学校学生为基础,是反对我们的。可是在这次事件以及其他许多斗争中,我们都是支持他们的。无政府主义者在工会当中也很有势力,这些工会那时候已经组织成为湖南全省劳工会。但是我们同无政府主义者达成妥协,并且通过协商,防止了他们许多轻率和无益的行动。

我被派到上海去帮助组织反对赵恒惕的运动。那年(1922年)冬天,第二次党代表大会在上海召开,我本想参加,可是忘记了开会的地点,又找不到任何同志,结果没有能出席。我回到湖南,大力推动工会的工作。第二年春天,湖南发生多次罢工,要求增加工资,改善待遇和承认工会。大部分罢工都是成功的。5月1日湖南举行了总罢工,这标志着中国工人运动的力量已经达到空前的地步。[1]

湖南的工人运动已有一定的基础。早在1921年"五一"节,长沙工人曾同部分学生联袂在湖南省立第一师范学校举行劳动节游艺会，提出了"劳工神圣""不做工者不得食"的口号。但从总体来说，工人的觉悟还很落后，组织极为松散。摆在毛泽东面前的，是一个颇为复杂、困难的局面。

李锐在《毛泽东的早期革命活动》一书中写道：

在中国共产党成立以前，毛泽东已开始注意工人运动。他设法接近工人群众，了解工人生活的具体情况，常去参观、考察一些由学校和社团举办的工人义务学校。那时长沙有无政府主义者组织的"劳工会"，他们在工人中进行了一些缺乏明确政治方向的活动。毛泽东很注意这个组织，认为他们的道路不对头。经过长时间的耐心的工作和事实的教训，这些受无政府主义影响的长沙各业工人中的积极分子终于被毛泽东争取过来；"劳工会"的领导者黄爱、庞人铨在被赵恒惕屠杀之前，也参加了社会主义青年团。

"中国共产党的成立和劳工运动的真正开始是在1921年。"中国共产党第一次代表大会后，为了统一领导全国工人运动，成立了公开从事工人运动的总机关——中国劳动组合书记部，即中华全国总工会的前身；毛泽东被任为书记部湖南分部的主任。他参加党的第一次代表大会回到湖南以后，集中力量领导了湖南的工人运动。正如他自己回忆所说："我回到湖南，猛烈地推动工会的工作。"他将党的重要骨干分派到安源、水口山、粤汉铁路和长沙各重要产业与手工业中，去开辟这块处女地。他自己带头深入到工人群众中去，向工人宣传马克思主义的根本道理；初期人手少时，他曾担任过8个工会的秘书，直接领导工人的罢工斗争。并且亲自当工人的代表同赵恒惕当面做说理斗争。因此，在1922年至1923年初，随着全国工人运动的高涨，湖南工人运动有极大的发展。安源、水口山、粤汉铁路、长沙的产业工人和各行业手工业工人都普遍组织起来了，并且普遍地进行了胜利的罢工斗争，一共建立了20多个工会，有组织的工人达四五万人。在罢工斗争过程中，培养了大批优秀的工人干部；在有些工会组织中逐渐发展了青年团员和共产党员，建立了团和党的支部。被派去参加领导工人运动的知识分子干部，则得到极大的锻炼和迅速的提高，使他们学到的初步的马克思列宁主义理论，能够同中国工人运动的实际结合起来。

1922年11月1日，在胜利的斗争和坚实的群众基础上，成立了全省工人的统一组织——湖南省工团联合会，毛泽东任工团联合会的首任总干事。这是继湖北之后，全国成立的第二个全省性的工会组织。

1923年"二七"惨案之后，全国工人运动转入低潮时，只有湖南的工人运动仍在继续向前发展；到1924年时，全国城市工人依产业而组织的公开工会，只有湖南是全部存在的；全国各矿区的工人，也只有安源和水口山两处被全部组织起来。虽然后来赵恒惕曾采取各种各样的手段破坏工人运动，如郭亮在《湖南工人运动的过去与现在》一文中所说,"集会结社概被禁止,水口山矿工会及长沙各工会多被封闭,工人遭惨杀,工人运动遭受巨创;但革命的湖南工人运动并未因此而低落,公开的斗争、秘密的组合,从不稍停。五卅运动突起,全国工人阶级与帝国主义肉搏血战,湖南工人一致奋斗,工人组织数量增至7万余人"。五卅运动以后,赵恒惕的迫害进一步加紧,"如安源、水口山工人之遭惨杀,工会被解散,第一纱厂工人被拘囚,长沙铅印工人罢工受压迫等。但在此情形下,尚能扩大秘密组织,全省参加工会工人增至11万人"。[2] 北伐战争中,安源、株萍路、粤汉路、长沙、醴陵、平江、湘潭等地的工人,努力参战,巩固后方,有巨大的贡献。1927年初,全省有组织的工人达40万人。1927年革命失败后,安源和水口山的工人都曾进行过猛烈的武装斗争;毛泽东带上井冈山的工农革命武装中,就有几百个安源、水口山和长沙的工人。

毛泽东最初接近工人是下过一番苦功夫的。他常赤脚穿草鞋,戴草帽,穿粗布短褂,以便跟工人接近。譬如为了了解粤汉铁路工人的情况,他曾在长沙北站的茶馆中,同一些铁路工人、搬运工人一连许多天一起喝茶,亲切谈心,终于交到了朋友。他交到的第一个铁路工人朋友是广东人陈地广;陈在机务段做机修工,技术熟练,在工人中有威信。

毛泽东能够同工人打成一片,也由于他真正做到了语言的大众化。毛泽东说过:"我们是革命党,是为群众办事的,如果也不学群众的语言,那就办不好。""语言这东西,不是随便可以学好的,非下苦功不可。第一,要向人民群众学习语言。人民的语汇是很丰富的,生动活泼的,表现实际生活的。"毛泽东自幼在农村长大,同农民有深厚的关系;在第一师范办夜校时,又接近过工人。因此他向来熟悉和重视人民的丰富而生动的语言,这时为开展工人运动,自然就更加注意学习工人群众的语言。据当时最接近毛泽东的人回忆,他的通俗生动、深入浅出、简明有力、形象亲切、富于幽默,特别具有中国民族风格和地方特性的语言,有莫大的吸引力。这种情况从当时罢工运动中的许多宣言、传单和有关文件中,可以得到证明。这些宣言、传单和文件有许多是毛泽东亲自执笔或者参加修改的。

毛泽东那时身体比较瘦弱,他自己的物质生活水平也同普通工人差不多。他常到工人区域中去,广泛地同各行业的工人接触,工人积极分子包括黄爱和庞人铨也常到船山学社等处来找他。与工人群众相交之后,他就觉得自己面前展开了一个无限广阔的新世界。他一方面深入了解工人的生活、思想、感情和要求;另一方面,他又以极其谦虚恭谨的态度向工人群众学习,用群众的智慧、创造、勇敢和力量,来鼓舞自己、丰富自己,从而使自己的人生观和世界观不仅从理性上而且从感性上获得根本的改造。他在中国革命的最初时期,就与那些坐而论道、关在房子里发指示、满口马克思主义的陈独秀、张国焘等人根本不同。"是一个假马克思主义者还是一个真马克思主义者,只要看他和广大的工农群众的关系如何,就完全清楚了。"这个颠扑不破的真理,是他最初从事革命活动时,实践得来的亲身体会。毛泽东后来曾讲到同工农群众结合之后,他自己思想感情上发生变化的情况。不深刻了解这种情况——一开始革命活动,毛泽东就同工人、农民交朋友,既当先生,又当学生,从思想感情上同他们打成一片——我们就不能真正理解20多年后,他在延安整风运动时讲的这个真理:"革命了,与工人农民和革命军的战士在一起了,我逐渐熟悉他们,他们也逐渐熟悉了我。这时,只有在这时,我才根本地改变了资产阶级学校所教给我的那种资产阶级的和小资产阶级的感情。这时,拿未曾改造的知识分子和工人农民比较,就觉得知识分子不干净了,最干净的还是工人农民,尽管他们手是黑的,脚上有牛屎,还是比资产阶级和小资产阶级知识分子都干净。这就叫作感情起了变化,由一个阶级变到另一个阶级。"

要将工人组织起来,从何着手呢?

1921年,北京和上海的党组织开展工人运动的经验,都是首先在工人区办夜校。在第一师范读书时,毛泽东自己就有办工人夜校的经验。1920年下半年,他在一师附小任主事时,也曾主办过工人夜校。1921年下半年至1922年,他派出许多党员、团员干部,在安源、粤汉铁路、水口山和长沙的产业工人中,在泥木、制笔业、人力车等行业中,创办了许多所工人夜校。工人最初不免有怀疑和犹豫,不大肯来。如安源就是先办工人子弟的日班;通过工人子弟,跟他们家长有了进一步的联系,日班巩固了之后,工人夜校就好办了。起初,租用校舍、油印讲义、纸张笔墨等少数经费,都由党组织出。每所夜校开始大体配一个干部,教课、编讲义等全部由这一个人负责。工人运动大规模开展之后,参加夜校的工人多了,工会也组织起来了,夜校才由工会接办,一切经费也由工会筹划。这时,党就动员大批干部去当教员了。有的地方,如安源、水口山罢工胜利后,迫使矿局出钱为工人盖校舍,每月供给经常的费用。

编讲义是一个很大的问题。当时没有现成的有革命思想内容的通俗教材可用,毛泽东特别着意解决这个问题。最初为了说明"劳工神圣"的意义,他要教员利用中国旧的历史课本上的材料,由巢居穴处进到茅棚窗室、由茹毛饮血进到取火烹饪、由披挂树叶兽皮进到蚕丝棉织衣服、由渔猎畜牧进到农业手工业、由石器铁器进到机器等事例,来说明劳工神圣的意义和资本家剥削工人血汗及贫富悬殊之不合理,以启发工人的阶级觉悟。工人夜校增多之后,迫切感到有编辑统一教材的必要。

1922年下半年,湖南有一部分教育界人士(其中有思想进步的分子)积极推行所谓"平民教育"运动，准备开办大批平民补习学校。五四运动以后，出现过资产阶级改良主义的"教育救国"和"平民教育"的思潮。"平民教育"这个口号看由谁来利用，在马克思主义者手里，完全可以成为一个在工农群众中开展工作的合法工具。这时，个别有社会地位的党员参加了平民教育运动的领导。毛泽东即指示他们很好地利用这个运动，来帮助党开展工人夜校的工作。1923年正式成立了湖南平民教育促进会，有好几十个县都成立了分会，都有一定的经费。后来各地党的组织在毛泽东指示下，都很好地通过"平民教育"来开展工人运动和农民运动。

这时主要的问题就是缺乏通俗的课本。在毛泽东的领导和鼓励下，主持"平民教育"工作的李六如编出《平民读本》4册，在《湖南通俗报》上发表，并于1922年10月出版。不到一年，发行4版，销了几万册。

这4册读本的编法是由浅入深，由短而长，文字通俗，每课由几十字到三四百字不等。内容方面包括与日常生活有关的问题、社会文化、科学知识和国内国际大事；特别重要的是介绍了马克思主义的粗浅知识和俄国十月革命的方向。例如在第1册"衣食住的由来"一课中这样说道："人们的衣、食、住，无一桩不是由农工们创造出来的。但是，这些耕田做工的同胞，反倒没有好衣穿，没有饱饭吃，没有房子住，真是太不平等呵！"第2册的"分工互助"课，认为人类社会生活应该是"大家各尽所能，各取所值，切不可像那些吃百姓的官僚、军阀、资本家，坐得人家现成的东西"。第3册除"人民之权利""平等""集会"等课外，还有关于组织农工联合会的两课。"约朋友组织农工联合会的信"中这样鼓动地说："世界上最辛苦的，莫过于我们农工，虽拼命地创造一些东西出来，却自己享受不到一点，简直替人家做一生牛马罢了。如果大家不赶快觉悟，团结起来，恐怕埋在十八重地狱底下，永没有翻身日子。"第4册以6课篇幅介绍了各派社会主义，对共产主义——马克思创始的科学社会主义及其对世界的影响，并对俄国共产党（布尔什维克）的胜利及其基本政策，都做了简单扼要的介绍。很显然，这4册富有思想内容和革命鼓动意义的《平民读本》，对于当时广大的工人群众是有很大的思想启蒙作用的。这样的读本能够教育工人群众认识自己的力量，鼓舞他们起来做革命斗争，引导他们走马克思主义和俄国革命的道路。有些工人出身的老同志，现在还清晰地记得《平民读本》的讲授，对他们当时参加革命所起的巨大影响。如当时在株萍铁路当工人的王震，上工人夜校时，就读过这个课本。

除了用工人夜校的方式，对工人群众进行马克思列宁主义的教育，启发他们的思想觉悟外，毛泽东还常组织有社会地位的党员和进步人士，利用他们的合法地位向工人群众做有意义的讲演。

这种工人夜校的方式，在当时确是革命知识分子与工人相结合得好的和最有效的方式。湖南党组织的许多知识分子干部，在毛泽东领导下，有计划地一批一批地被派遣到各地工人群众中去办夜校，从而领导工人运动。如李立三、刘少奇、蒋先云、毛泽民、黄静源等到安源，毛泽覃等到水口山，郭亮等到粤汉铁路，夏曦、夏明翰、罗学瓒等到铅印活版、人力车等行业。这样做不但轰轰烈烈地开展了湖南的工人运动，而且使得党的重要骨干一开始就深入下层，从而得到改造自己和提高自己的机会，同时也使得党和革命运动在正确的坚实的道路上（马克思主义的普遍真理同中国革命实际相结合的道路）前进。

从1922年到1923年初，毛泽东领导下的湖南各地工人的大小罢工斗争，共达10多次。罢工人数最多的如安源近2万人，最少的如长沙笔业、铅印业等各有二三百人；时间最长的如长沙理发工人前后坚持一年多，最少的五六天、十多天不等。这些斗争大都取得了胜利。胜利的原因，除了当时正处在全国罢工运动的高潮等以外，主要是由于毛泽东和他的战友领导得正确。[3]

当时，无政府主义在湖南传布很广，在工人和青年学生中有很大的影响。毛泽东在组织和领导湖南工人运动中，首先遇到的便是如何争取受无政府主义影响的湖南劳工会。

高菊村等在《青年毛泽东》一书中写道：

湖南劳工会是黄爱、庞人铨于1920年11月21日在长沙组织的劳工团体，拥有7000名会员。这个组织的宗旨是"改造'物质的生活'，增进'劳工的智识'"。湖南劳工会的组织原则"系合议制、铲除领袖的"。[4] 绝对打破领袖观念和男女界限，这是受无政府工团主义影响的体现。同时，会内确也混进了几个无政府主义者。

劳工会有一定的群众基础，黄爱、庞人铨在工人中也有相当的威信，因此毛泽东要将劳工会的人争取过来，不是一件容易的事情。但也有许多有利于争取的因素：黄爱、庞人铨都是五四运动、"驱张"运动中的激进分子，黄爱还先后受过李大钊、陈独秀的影响，并曾征得陈独秀的支持由上海回湘创办湖南劳工会；劳工会领导湖南第一纱厂工人反对省政府把纱厂租给华实公司的斗争遭到失败，正需要人帮助，指明出路。毛泽东仔细了解了劳工会的内部情况，将劳工会中真正的工人群众跟他们的上层分子区别开来；在他们的上层人物中，又将黄爱、庞人铨等纯洁、正直、勇敢和具有一定反帝反封建思想的青年跟挂羊头卖狗肉的野心家区别开来；对一般工人会员进行具体分析，弄清谁是进步的谁是落后的。对劳工会的先进分子，毛泽东是重点培养，紧紧依靠。他多次找黄爱、庞人铨等人谈心，热情赞扬他们反抗资本家和军阀的勇敢精神，同时对他们没有严密的组织，只做经济斗争，没有远大的政治目标的运动方针进行了批评。

1921年11月21日，劳工会成立一周年，毛泽东在《湖南劳工会周年纪念特刊号》上发表了《所希望于劳工会的》文章，他指出："劳工会这一年来的艰难缔造，在湖南劳动运动史上已写完了头一页，现在要开始写第二页了。我愿这第二页上写的要大不同于第一页：材料更丰富，意义更新鲜，章法组织更美备。"紧接着，他针对劳工会前段工作中存在的问题，提出了三点意见："（一）劳动组合的目的，不仅在团结劳动者以罢工的手段取得优益的工资和缩短工作时间，尤在养成阶级的自觉，以全阶级的大同团结，谋全阶级的根本利益。""（二）组织上宜一依西洋工会组织，由代表会议产生相当名额之委员付与全权组织委员会执行会务。旧的行会式的组织固然要不得，职员太多，分部太繁，权力太分也要不得。""（三）工会是工人组织的，所以工人应该自己养活工会。更进则准备罢工基金和选举基金。现在不能遽言及此，我以为无论如何第一步要办到凡入会的工人每人必出至低限度的月捐，少至一个铜元都可；第二步办到自己养活工会。"

根据毛泽东的建议，劳工会进行了改组，将过去的八部改为书记、组织、宣传三部，并请毛泽东助理会务。接受毛泽东"小组织大联合"的主张，改组了基层组织，成立了土木、机械、印刷等十多个工会。会员也交会费了。

1921年冬，毛泽东曾邀劳工会领导人之一张理全去安源，考察安源工人的生活状况和要求。中央局通知，派人去莫斯科参加远东各国共产党和民族革命团体第一次代表大会时，毛泽东给劳工会分配了一个代表名额。

12月中旬，第三国际代表马林在张太雷的陪同下，去桂林与孙中山进行会商，在长沙稍作停留。毛泽东接待了他，进行了长时间的交谈，介绍他与黄爱、庞人铨等接触，请他"花了一个晚上"的时间，给黄、庞和部分工人群众"讲阶级斗争"，介绍"俄国革命"的情况及经验。[5]

12月25日，根据中共中央局指示，毛泽东通过湖南劳工会、湖南省学生联合会发动长沙1万多工人和市民、学生，举行示威反对日、美、英、法等帝国主义召开的损害中国主权的太平洋会议。后来，陈独秀在总结这次活动时说，除上海外，全国各地反对太平洋会议运动中，以"湖南工人最猛烈"。

毛泽东除自己经常帮助、教育劳工会的骨干成员外，还指定中共党员同他们保持联系。毛泽东后来回忆说："在许多斗争中，我们都是支持他们的"，"并且通过协商，防止了他们许多轻率和无益的行动"。[6]

1921年冬，黄爱、庞人铨经过毛泽东的耐心说服和帮助，接受了马克思主义，参加了中国社会主义青年团。邓中夏在《中国职工运动简史》中写道：

"1921年共产党湖南党部成立之后，便着手与黄、庞携手合作。黄、庞那时候曾倾向共产党，在他们被杀之前2月，确曾介绍过加入社会主义青年团。"

1922年1月16日，黄爱、庞人铨遭到军阀赵恒惕的逮捕，翌日凌晨即被绑赴浏阳门外秘密杀害。陈独秀曾在给共产国际的报告中写道："因反对太平洋会议，鼓吹承认苏维埃俄罗斯的示威游行及参加纱厂罢工，青年团团员黄爱、庞人铨二人被督军所杀。"[7]

黄、庞被杀后，毛泽东极为悲愤，立即召开会议，布置对赵恒惕的斗争和稳定工人的情绪。在毛泽东亲自主持下，工人群众在船山学社召开了两次黄、庞追悼会，并发行纪念特刊。

赵恒惕害怕群众舆论谴责，将湖南各地报纸严密封锁，不准刊登与此事有关的任何报道。毛泽东根据过去领导"驱张"运动的经验，派李立三到常德动员黄爱的父亲，同去上海，控诉赵恒惕的罪行。不久，毛泽东自己也经武汉到上海，帮助组织反赵恒惕运动。毛泽东参加了上海社会主义青年团召开的追悼黄、庞会议，会上他报告了黄、庞事件的经过，号召人们向黄、庞学习。[8]

春夏之交，毛泽东回到湖南，途经武汉时，会见了陈潭秋、黄负生、陈荫林、刘子道、李汉俊、丁默村、包惠僧等人，与他们讨论了党务、宣传、组织和劳工运动等情况，拟回湘后大力开展工人运动。[9]

推动劳动立法运动

在连年的南北混战中，国会议员受军阀的操纵，导演出制宪的闹剧。中国劳动组合书记部决定利用这个时机，于1922年8月，在全国组织劳动立法运动。毛泽东积极担负起运动的领导责任，并把重点放在发动工人组织起来、逐步实现全省工人大联合上，将湖南的工人运动推向新水平。

早在1921年4月，毛泽东在揭露湖南军阀赵恒惕假"省宪"的斗争中，就实际提出了劳动立法的主张。据高菊村等著《青年毛泽东》载：

赵恒惕为了愚弄人民，巩固既得地位，于1921年4月在长沙各报刊公布了《湖南省宪法草案》，假惺惺地征求民意。许多政客为之捧喝，唯独湖南《大公报》开辟了"省宪草案讨论"专栏，毛泽东撰写了《省宪法草案的最大缺点》载于4月25日至27日的专栏内。文章指出：省宪草案"第一个最大缺点，是人民的权利规定得不够"。他认为，"人民不分男女，均有承受其亲属遗产之权"，"有自由主张其婚姻之权"，"有依其自由意志求得正当职业之权"。这三项中，以"第三项则尤其紧要，现在无业及失业的人如此之多，这样重大的社会问题，宪法上不规定解决办法，真是岂有此理"！求得正当职业之权，即工人、农民、商人、知识分子的劳动权。这是人生最起码的权利，没有劳动权也就会失去生存权。毛泽东不仅主张把劳动权、生存权写入省宪法，而且主张省宪法应当明确规定唯有有正当职业的人，才能参加政治，才有选举权和被选举权，使"将来的政治成为一种职业政治"，而不是现在无正当职业之人当权的"游民政治"。省宪法草案第二个最大的缺点是"无正当职业之人也有被选举权，和关于劳动的事项全没有规定"。如果这样，将来"事实上仍然是有钱的人当选，无钱的人落空"，"仍然是一种不利于平民的政治"。因此，他主张对省宪法草案要做根本性质的修改。

毛泽东提出的修改意见，除了应加入上述财产继承权、婚姻自主权、求得正当职业之权和有正当职业者的选举权和被选举权外，还着重提出劳动立法问题。他建议，省宪法至少要在"行政"章之"实业"一款里，明白加入下列两条：（一）无论公私营业，对于劳动之时间、工值、红利、娱乐、卫生、教育及年龄、性别等项，以省法律定之；（二）省政府对于与刑事法典不相抵触之各种劳动组合，须保护之。只有这样，各种同业公会乃能有组织发展之余地。随后，李六如、易礼容、陈子传、陶斯咏相继撰文揭露省宪法草案的虚伪性，要求写入保护劳工利益的条文。

毛泽东等人这些批评意见，赵恒惕政府没有接受，也不可能接受。但是赵恒惕的假民主，却为毛泽东首倡劳动立法提供了客观条件和时机。

赵氏经过一场自演自吹的双簧戏后，不顾民意于1922年元旦悍然颁布了具有浓厚军阀割据色彩的《湖南省宪法》。3月，据这个宪法，改选了省议会。接着，又表演了"民选省长"的丑剧。赵恒惕正在得意间，毛泽东又利用这一假民主，再一次发起劳动立法运动。

1922年五一国际劳动节那天，毛泽东又在湖南《大公报》发表了《更宜注意的问题》，幽默风趣地说："自治省的湖南，以全民政治相号召的湖南，若全然撇开劳工，岂非笑话！"如果说劳工不能撇开，则应注意到劳工的三件事：一、劳工的生存权；二、劳工的劳动权；三、劳工的劳动全收权。所谓生存权，即有劳动能力的人和没有劳动能力的老年人、小孩子都应获得能维持生命的最低限度的食物的权利。所谓劳动权，即有劳动能力的人，应该把工给他做；社会无事可做时，社会应该本着罪不在工人的理由而给予他们平常的工资。所谓劳动全收权，即工人所产生的东西全部价值，除去成本、固定资产折扣外，应完全归工人。强调生存权和劳动权，呼吁"湖南现在有多少人饿死"，"有多少人失业"，提醒人们对省宪法不要抱幻想。"省宪法虽则冠冕堂皇，可惜全没有涉及这几点！美其名曰全民政治，实际上抛弃了至少99%的劳工！"劳工是社会的台柱子，是不可抛弃的"'殷鉴不远'，俄罗斯的资产阶级、贵族阶级就是个榜样,他们现在是已经悔之不及了"!

　　毛泽东这些劳动立法观点比中国劳动组合书记部请愿书中提出的《劳动立法大纲十九条》要早1年零5个月,从《更宜注意的问题》算起,也早了4个月。毛泽东不愧为我国劳动立法运动的首倡者。[10]

　　全国劳动立法运动开始后,毛泽东成为运动的积极推动者。《青年毛泽东》一书继续写道:

　　1922年8月16日,邓中夏等人向北京参众两院提交《中国劳动组合书记部请愿书》,毛泽东代表湖南分部参加联署。中国劳动组合书记部向国会提出《劳动法案大纲》,要求国会制定劳动法案。《劳动法案大纲》十九条,第一至四条系承认劳动者之集会结社权、同盟罢工权、团体契约缔结权、国际联合权。五、六条是各类工人,包括从事夜工、18岁以下的童工、农业工人的工作时间问题。第十三、十四条为工人最低限度的工资、劳动组合等问题,第十九条为工人补习教育问题。这十九条的内容与毛泽东早已倡导的劳动立法内容大体一致,故毛泽东积极拥护这十九条,并于9月6日领导中国劳动组合书记部湖南分部、长沙土木工会、新河粤汉铁路工人俱乐部、工友协进社、长沙理发工会、安源路矿工人俱乐部等团体举行劳动立法运动大会,组织湖南劳动立法大同盟、湖南各公团联合会,并以各工会、各公团名义致电北京参众两院,要求从速通过劳动法案大纲十九条,务使劳动者"获得政治自由""改良经济生活""参与产业管理""得受补习教育"四项基本权利。通电提醒议员们:若劳动法案未能通过,则"请君不啻自绝于民众,我全国劳动者不得不奋其神圣之威权,起为一致之团结,为自由而战,为生存而战,为取得应有之权利而战"。[11]其观点之鲜明,态度之坚决,为当时各省劳动立法运动之冠。

　　虽然《劳动法大纲》被北洋军阀政府的国会否决,但争取工人的生存权、劳动权、劳工组合权的呼声,已深入人心,成为第一次工运高潮中工人为之奋斗的目标。

　　毛泽东在倡导劳动立法时,就着手工人的组织,把基点立在工人的大团结、自己解放自己上。毛泽东很注意做铁路工人的工作。他的第一个铁路工人朋友是广东人陈地广。陈是火车头修理厂的修理工,技术熟练,在工人中很有威信,毛泽东常到陈地广家去"拉话",从而使陈感到这个人很亲切。经过陈地广介绍,他又认识了许多工人。很多工人都主动地来找毛泽东,谈他们的生活、要求等心里话,把毛泽东当作他们的知心朋友。不久,毛泽东派了党的干部到新河站办工人夜校,成立了粤汉铁路工人俱乐部,粤汉铁路岳州工人俱乐部亦于8月中成立,郭亮任秘书。

　　……

毛泽东不仅重视产业工人，而且重视手工业工人，把手工业工人组织起来进行罢工斗争，这是他省工人运动所没有的特点。长沙是手工业工人聚集的城市，手工业不下数十百种，工人多达10万人。其中以码头、泥木、人力车、织造工人为多。毛泽东和中共湖南支部从1921年始，用很大的力量在这些手工业工人中进行教育和组织工作。

当年长沙的手工业工人中，以泥木工人人数最多，也最有斗争精神，从1917年以来斗争未曾停息过。毛泽东依靠一批积极分子，经过两三个月的努力，以"十人团"的形式把工人组织在一起，到1922年9月初已组织108团，达1000多人。5日成立了长沙泥木工会。任树德被选为总务股主任（即委员长），易礼容被聘为秘书。毛泽东亲自起草的长沙土木工会章程18条，章程规定该会的宗旨是：改进工人生活，拥护工人权利；工会的主要工作是：办补习学校、消费合作社、卫生保险、失业互济；基本组织为十人团，会员每10人联成一团，选举代表一人，由代表大会选举37人组成委员会，任期一年，委员会下设总务、文牍、会议、庶务、交际五股，进行日常工作。聘请秘书办理本会一切事务。各工会的秘书都由共产党员担任，代表党组织领导各工人俱乐部。

在长沙泥木工会的影响下，各种手工业工人纷纷组织起来。10月8日，长沙人力车工会成立，罗学瓒任秘书，毛泽东亲临大会演说。同月下旬，长沙笔业工会成立，毛泽民任秘书，毛泽东出席演讲。至1923年初，湖南一共建立了20多个产业工会与行业性工会，有组织的工人达四五万人。

为了加强工人阶级的战斗力，毛泽东积极筹划成立湖南全省工人的统一组织。1922年11月1日，粤汉铁路总工会在长沙新河总站开成立大会，大会由毛泽东主持，全省各工会都派了代表参加。在粤汉铁路总工会成立大会开完之后，株萍路的工人代表提出成立全省工团联合会的建议，各工会代表一致赞成。随即在新河粤汉铁路总工会内开工会联合会代表会议。"列席者：粤汉铁路总工会代表卢士英、毛子任（毛泽东——编者）；岳州铁路工会代表王俊岭、黎有德；安源路矿工人俱乐部代表朱少连、李涤生；长沙泥木工会代表黄志信、任树德；理发工会代表童继发、阳秋生；笔业工会代表郑应奎、贺佳；人力车工会代表黄德仲、张长生；缝纫工会代表张汉藩。当推毛子任为主席。一致表决下列三项：（一）凡产业工会及职业工会均有加入本联合会的资格；（二）推粤汉铁路总工会起草简章；（三）推粤汉铁路总工会负召集第二次代表会议之责（以本日为第一次代表会议），即由第二次代表会议议决简章，然后再定期开成例会。"[12]

会议之后，毛泽东参加起草了全省工团联合会的章程。在11月5日召开的各工会第二次代表会议上，毛泽东被选为湖南全省工团联合会干事局总干事，郭亮为副总干事。任树德、罗学瓒、朱少连等任各部正副主任。同时发布宣言通告全国：

湖南全省工人的统一组织——湖南全省工团联合会已正式成立。这是当时中国共产党领导的全国"两大地方组合"之一（另一为湖北省工团联合会）。从此，湖南工人运动有了自己的公开司令部。遇到重要问题需要解决时，他们往往说："找工团联合会去！""我们听工团联合会的命令！"[13]

"哀兵必胜"

1922年9月，安源路矿工人罢工胜利，是毛泽东领导工人运动的得意之笔。为此，他曾经6次到安源，同那里的工人结下了不解之缘。

李锐在《毛泽东同志的初期革命活动》一书中写道：

安源属江西省的萍乡县，离湖南很近，又因有株萍铁路，和湖南有密切的联系。在矿山和铁路上工作的工人也以湖南人为最多。所以安源地方的工作始终是归湖南党领导的。

安源矿业在当时就已是有约30年历史的新式大企业，有工人12 000人，每天出煤2000多吨，焦煤约七八百吨，是张之洞、盛宣怀所办的"汉冶萍公司"的一部。汉冶萍公司是中国有名的钢铁企业，把大冶的铁，用安源的煤，运到汉阳去炼。因为曾先后向德国和日本借款，所以公司的实权落在帝国主义者的手里。

安源路矿工会是由党的湘区委员会先后派李立三、刘少奇等同志去进行工作，逐渐发展起来的中国工人运动中一支非常雄厚的力量。但其基础的最初奠立者是毛泽东，后来的工作，毛泽东也时常直接指导。

毛泽东在长沙做工人运动时，就注意到安源矿工这一大块"未开垦的处女地"。长沙城里的工运刚略有布置后，他便邀了那时还正待教育、争取的黄爱、庞人铨和其他3个人共6人亲自到安源去。经过长沙的及株萍铁路的工人的介绍，他身穿旧的蓝布衣裤，背着雨伞，来到安源"参观"。他亲自深入矿井，又看了窿内窿外（厂）和铁路。在这里他住了一个星期，结识了许多矿工朋友。开始他也是提议给他们办工人夜校，以便宣传并组织起来。矿工们觉得这个参观的客人诚诚恳恳，处处为工人打算，是个够朋友的人，便同意办工人补习学校。毛泽东大喜，回到长沙后，立即派从法国勤工俭学回来不久的李立三（那时名隆郅）去主持。

关于办工人夜校的事，毛泽东指示，要取得合法地位，才能顺利进行。因此立三同志到安源时，就用当时已经组织了的"湖南平民教育会促进会"的名义，向萍乡县知事去了一个信，说明办平民学校的宗旨……县知事看了，很表赞成。立三同志又联络了一些醴陵等地的绅士，请他们吃了一顿饭，他们也表示赞助。

平民学校于是成立了。

平民学校的学生都是工人的子弟。立三同志做教员。按照一般小学的惯例，学校经常邀请学生的家长来开"恳亲会"，这样就和工人们渐渐接近了。

1922年1月，安源平民学校附设的工人补习夜校也成立了，李立三等人亲自教课，对工人做宣传鼓动的工作，并逐渐把他们组织起来，进行斗争。

安源工人的生活状况原是非常惨的：他们受着帝国主义、官僚资本和封建势力的几重压迫。工钱很少，工作时间有的达十四五小时。工人住的、吃的、穿的，真是恶劣到了极点。特别坏的是矿井设备不好，常有工人死亡的事发生。在夜校里工人们受了阶级的教育，慢慢觉悟起来，懂得要自己组织起来才能改善生活的道理。经过两三个月，就开始筹备工人俱乐部（工会）。"五一"节那一天，正是全国第一次劳动大会在广州开幕的日子，"安源路矿工人俱乐部"正式成立了。当时会员只有300人左右。

5月里，毛泽东从长沙又陆续派来了一批重要的干部到安源工作，内中有刘少奇、蒋先云、毛泽民等。安源路矿工人中也出现了朱少连等积极分子。

这一年湖南以及全国发生了很多的罢工斗争。特别是这年的7月汉阳钢铁厂工人罢工胜利的消息传到安源来，因为是同属一个企业，这消息对安源的工人有非常大的影响。9月里粤汉铁路武长段又罢工，在岳州发生军队打死打伤罢工工人几十人的事件……安源的工人听了很是激动。

引起安源工人起来斗争的直接原因，是安源的路矿当局害怕工人组织的力量，于是和萍乡县政权勾结，要解散工人俱乐部这个所谓"乱党"的组织。工人们听了，非常愤慨。再则，路局和矿局拖欠工人的工钱几个月不发，工人的生活难以为继。工人们个个都摩拳擦掌，准备斗争。

就在这个时候，毛泽东来到了安源。他研究了当时各方面的情况，和同志们讨论，觉得现在是发动工人斗争的时候了。临别时，他又向同志们做了重要的指示，然后回长沙，并派了刘少奇等人来到安源，参加罢工斗争的领导。

……

13日的夜里，工人俱乐部发出罢工命令。第二天早上，矿工路工共17 000人一齐罢工。信号是：路工放汽筒，矿工切电线。

毛泽东曾写信指示说，这是安源工人第一次罢工，我们事先必须周密地研究形势，估计各方面的条件。没有把握，就不发动；一旦发动，就务必达到胜利的目的。他又指示：工人阶级跟资本家斗争，发出的口号，务必要能得到社会的同情，才能取得工人阶级自己的胜利。——我们认为，这是毛泽东同志做革命的统一战线策略的萌芽。在领导泥木工人罢工及其他工人斗争时，他都英明地运用了这个策略。

根据毛泽东的这些指示，安源路矿全体工人的罢工宣言写得既简短，又恳切动人：

"各界的父老兄弟姊妹们呵，请你们看：我们的工作何等地苦呵，我们的工钱何等地少呵！我们时时受人家的打骂，是何等地丧失人格呵！我们所受的压迫已经到了极点！所以我们要求改良待遇、增加工资、组织团体……

"我们要命，我们要饭吃；现在我们饿着了，我们的命要不成了，我们于死中求活，迫不得已以罢工为最后的手段……

"……我们不做工，不过是死；我们照从前一样做工，做人家的牛马，比死还要痛苦些……"

此外，在安源各处的墙壁上贴了许多标语，其中"我们从前是牛马，现在要做人"这一条，成为当时家喻户晓的口号，极得社会各界的同情。

工人俱乐部宣布了罢工纪律，组织了工人纠察队。在罢工的日子里，工人没有赌博的，没有进鸦片烟馆的，没有打架的——过去在此地几乎每天都打死人，流氓横行霸道，现在秩序却特别好。因此社会上大多数人都很称赞，对工人都另眼相看了。

工人们团结一致，阵容坚强，声势浩大。路矿两局先请驻在萍乡的赣西镇守使派大兵来镇压，没有效果。后来阴谋陷害李立三和刘少奇，由于工人们多方的保护，也没有做到。罢工坚持了5天之后，两局只得全部承认工人的13条要求。

罢工完全胜利了。工人俱乐部门前广场里的庆祝大会上，真是欢声震动了天地。将近两万工人大喊"工人万岁""工人俱乐部万岁"等口号。

罢工胜利之后，工人俱乐部再事整顿自己的组织。公举李立三为俱乐部总主任，刘少奇为特派员。

……

1922年11月毛泽东又来到安源巡视工作，指示同志们在矿工路工中发展了党员、团员。1923年安源已有13个党的支部，成立了党和团的地方委员会。

工人运动由安源发展到"汉冶萍总工会"。

由安源派了干部到水口山等处发展工人运动，成立工会。

"二七"惨案发生后，全国各地的工会都被封闭了，但广东、湖南两省及安源除外。广东是革命政府所在地。湖南及安源工运之所以没有受到挫折，是因为有毛泽东的正确领导和灵活的策略的缘故。

毛泽东看见"二七"惨案后全国各地工运都遭受了打击，就做出保全安源一块地区的决定。——也可以说，这是他后来的革命根据地思想的开始吧。[14]

关于毛泽东6次到安源的情况，高菊村等著《青年毛泽东》一书，又根据长期积累的丰富材料，做了补充：

当时安源是中国南方较大的矿山之一，约有12 000多工人，株萍铁路约4500人。安源路矿工人特别是煤矿工人受着帝国主义、封建势力和官僚买办资本的三重压迫，生活非常艰苦。压迫愈重，反抗愈大。这里蕴藏着很大的革命力量，所以毛泽东一直非常重视。1921年冬，毛泽东先后两次到安源，深入矿井，了解工人生产、生活情况，启发工人觉悟。他向工人讲了许多革命道理，使工人懂得受压迫受剥削的原因和求得解放的道路。据当时的老工人回忆，毛泽东曾打了一个比喻：路上有一块石子，大老板看到，随便用脚踢一下，就踢开了。但要是把许多小石子掺入石灰、沙石结成团，就会坚如磐石，大老板搬也搬不动了。〔15〕工人们听了，心里豁然开朗，要求毛泽东帮助他们。毛泽东满口答应，说：就请李先生来辅导你们吧。

李先生即李立三，毛泽东第二次去安源时，他也去了。

1922年初，李立三按照毛泽东"先办起夜学，启发工人的觉悟，然后把他们组织起来"〔16〕的意见，携带湖南省教育会和湖南平民教育促进会的公函去安源，通过萍乡县政府取得了合法地位，并办了安源第一所工人补习学校。有学员60余人。李立三等"于教课之中，即略事宣传'工人在世界上之地位，只有联合起来，组织团体与资本家斗争，以减少痛苦，解除压迫之必要与可能'。并常与各处工友接洽联络。两月之久，工友因此而觉悟者甚多；且辗转传播，来与李等谈者日众。最后，乃共集议组织俱乐部"。5月1日，安源路矿工人俱乐部正式成立。〔17〕这时，毛泽东又增派蒋先云去安源参加俱乐部的领导工作。同时，他自己亦到安源，召开中共安源路矿支部会，总结前段工作的经验教训。针对工人中某些人不注意斗争策略的行动，毛泽东告诫大家：不要着急把共产党的旗子打出去，像走路一样，步子要稳当，盖房子要把基础砌好。要注意公开工作和秘密工作相结合，防止过早暴露党组织。安源党组织在1922年2月中旬成立，到罢工前已发展到30多人，成为工人俱乐部的坚强领导核心。

9月初，毛泽东第四次来到安源。此时，李立三"已去长沙"，毛泽东与蒋先云、朱少连等安源党支部的同志研究了当时的情况，认为罢工的时机已成熟，目前最重要的是做罢工的各种具体准备。据老工人回忆，毛泽东在牛角坡一间小平房里召开了党支部会议，向大家介绍了各地罢工运动的大好形势，尤其是粤汉铁路工人大罢工的发展趋势，分析了路矿两局内部职员分有派系，有空隙可利用；同时指出工人不能孤军作战，要争取社会上绝大多数人的同情，争取社会舆论的支持。他强调最根本的一条，是要将绝大多数工人充分发动，严密地组织起来，防止敌人分裂工人的队伍。只有坚决罢工到底，敌人才会退让。共产党员必须坚决站在斗争的最前面，绝不动摇，进行"义无反顾"的斗争，群众自然会跟着领头人走。

毛泽东离开安源时,还给李立三写了一封信,告诉他安源罢工形势已箭在弦上,要求他立刻回安源,领导俱乐部的工作。同时指出要"非常注意罢工战术问题","必须运用'哀兵必胜'的道理,提出哀而动人的罢工口号"。毛泽东"特别关心的事情是加强领导",因为"这样一次有10 000多人参加的大罢工,在当时湘区还是第一次,没有强有力的领导是不行的"。9月11日,即派刘少奇"到安源来了"。[18]

9月14日,安源路矿17 000工人举行大罢工。工人们发布了罢工宣言,高呼"从前是牛马,现在要做人",向路矿两局提出了17项政治、经济要求。经过5天的激烈斗争,工人俱乐部"未伤一人,未败一事,而得到完全胜利"。[19]

罢工胜利后,安源工人俱乐部为工人办了许多事情。教育股办了7个工人补习学校,白天开有子弟班,日夜班共有近2000人上课。毛泽东又从长沙请来许多进步教员,帮助安源工人俱乐部开展工人文化生活。

这年冬天,毛泽东再次到安源巡视工作,亲自找工人谈话,了解他们罢工后思想的变化,并参加了代表会议,在会上做了全国工运情况及今后要继续加强团结的报告。毛泽东指示安源党组织,应趁罢工胜利后,发展一批党员,将罢工斗争中最优秀的工人吸收到党里来。

1923年"二七"惨案发生后,毛泽东召集包括安源在内的同志到长沙开会。他具体分析了当前敌我形势,指出应采取稳重步骤,不要轻易举行罢工,但要摆出"弯弓待发"之势,做好罢工的充分准备。毛泽东说,只有这样才最为有利,才能立于不败之地。安源的同志根据毛泽东的指示,一方面找矿局谈判,严词指明局方有请派军队解散工人俱乐部的阴谋,如果这样做,势必引起工人再度罢工,整个矿区将遭到破坏。同时在工人中紧急动员,号召大家做好充分准备,因而使矿局限于被动,终于不敢有所动作。

4月,毛泽东又到安源,指示中共安源地委要把工人运动和农民运动结合起来,在守势中取攻势,在退却中寻找进攻的道路。[20]

长沙在怒吼

长沙是当时湖南手工业中心,工人在2万左右,行业不下数十种。手工业工人劳动条件差,劳动时间长,工资却十分微薄,尤以泥木工人最为典型。早在1919年,泥木工人因工价太低,曾自发罢工,遭到当局压制。

1922年10月,长沙泥木工人举行大罢工,取得增加工资和营业自由的成果,这是长沙工人罢工斗争的首次胜利。这次罢工得力于中国劳动组合书记部湖南分部的直接领导,也是毛泽东积极努力的结果。

据中共长沙市委宣传部《毛主席领导长沙泥木工人大罢工》一文记述:

长沙有6000泥木工人,人数虽多,但没有固定的工场。他们分布在全城南北四门各个角落。要把他们组织起来,团结一心进行阶级斗争,确实十分困难。

泥木工人把封建把头赶下台后,毛泽东立即让任树德约几个工人骨干,去船山学社商量下一步的斗争部署。任树德和几个工人骨干来到船山学社,围着毛泽东谈话,研究组织的方法和措施。根据泥木工人多、居住不集中、做工分散的特点,毛泽东指示他们采取十人一团,由小到大的组织方法。毛泽东说:你们戳穿了封建把头的花样,把工人兄弟团结到身边来了,这是胜利的第一步。要趁热打铁,加紧"十人团"的活动,进一步组织起来,酝酿一场大规模的罢工请愿斗争。经过3个多月的艰苦工作,"十人团"发展到108个。

毛泽东为了把更多的泥木工人组织起来开展罢工斗争,还针对工人群众中受无政府主义思潮影响的现象,进行深入细致的思想工作。有些泥木工人曾经加入过无政府主义团体——湖南劳工会,毛泽东帮助他们认识无政府主义是小资产阶级的空想,并指出:无政府主义道路是走不通的。只有马克思主义,只有列宁开创的道路,才是中国革命唯一正确的道路。通过毛泽东耐心细致的思想工作,受无政府主义影响的泥木工人,转而信仰马克思主义,接受共产党的革命主张,纷纷要求参加"十人团"。

"十人团"的活动在全市各区蓬勃发展起来以后,毛泽东又因势利导,和任树德等工人骨干一道,多次在修业学校、湘乡会馆、船山学社开会,商量筹备建立真正的工人组织——泥木工会。毛泽东亲自草拟了泥木工会章程18条。章程非常鲜明地提出了泥木工会以"改进工人生活,拥护工人权利"为宗旨。从工会的组织原则到日常工作,从会员的权利到义务,毛泽东都以极其精练的文字,一条一条地做了简要明确的规定。1922年9月5日,长沙泥木工会成立了,任树德当选为工会委员长。毛泽东亲自派党的干部担任驻会秘书。工会庄严宣告:"我们是生产者,是创造世界的主人,应该是世界的主宰。……我们要解放自己,不可假手他人,非自己团结起来不可。我们若要组织真正的工会,非是拿斧子拿砌刀的工人不能加入。必须如此,会员方有相同的利益,一致奋斗下去,不致使资本家再吮我们的血了。"

泥木工人成立了工会,斗争的阵势更加坚强了。根据毛泽东的指示,工会要反映工人的迫切要求,进一步组织斗争。工会在全城散发坚决要求调整工价的传单,扩大社会影响,造成舆论,以逼迫长沙县知事接受工人要求三角四分工价的条件。工人们的革命行动,得到各兄弟行业的大力支援。当城厢内外贴出一批长沙县署的告示,污蔑工人要求调整工价是"蔑视官厅定案","自由行动",并勒令从即日起,恢复原来的工价时,工人们怒不可遏,一个晚上,就把全城布告撕个精光,换上了工会的传单。对警察的无理干涉和殴打工人的行为,工人们进行了反抗斗争。形势立即紧张起来。第二天,巡官警察四处巡视,严密监视工人的活动。工人们个个怒火万丈,到了一触即发的程度。于是,毛泽东亲自召开紧急会议,帮助工会骨干研究了当时的形势,周密地分析了各方面的情况,认为目前时机已经成熟,可以立即宣布罢工。毛泽东这一指示,得到工会的一致拥护。根据毛泽东的建议,成立了罢工委员会,议决了六项具体措施。

10月6日,泥木工会宣布罢工!顿时,所有建筑工地,冷冷清清,见不到一个泥木工人的影子。正在施工的伪省长公署、伪第一师司令部和伪县衙庆祝"双十节"的牌楼,全都停顿下来。

……

毛泽东在发动和领导泥木工人罢工斗争的同时,积极为争取社会同情和支援而奔走,并且向全国发出通电,发动全国各地工人声援长沙泥木工人罢工。中国劳动组合书记部湖南分部首先发电声援。长沙各行各业工人,也纷纷发出支持泥木工人罢工的声明。在长沙的湖北、江西、上海等省、市的泥木工人,也纷纷起来和当地的封建把头斗争,投入到长沙泥木工人大罢工的浪潮。粤汉铁路、安源煤矿、北京长辛店等全国各地的声援电,也像雪片似的飞来。

罢工进至第5天,有很多学校、机关、商店,纷纷来信要求复工,表示只要工人去做工,一定按照工人提出的调整工价发给工钱。随着罢工的持续,承认调整工价的单位越来越多。这时,有少数生活负担较重的工人,向罢工委员会提出,是否可以到那些愿意接受调整工价的雇主那里去做工。毛泽东及时帮助泥木工人认识这场罢工斗争,不光是为增加几个工钱的经济斗争,而是两个阶级的激烈搏斗,是一场政治斗争。毛泽东指出,一些雇主承认调整工价,只是因为他们看到天气转冷,急待修理房屋;而长沙县署并未收回成命,仍不承认工人有营业和工作的自由权利。如果部分工人上工,势必影响整个斗争的胜利。他号召工人群众,克服困难,把罢工斗争坚持到底。毛泽东在考虑工人长远利益的同时,也顾及到他们的现实困难。对于有些家里硬是揭不开锅盖的阶级兄弟,通过各方面的设法,给予了适当的物质援助。这样,罢工就继续坚持下来了。

罢工坚持到10月16日,长沙县署仍未接受罢工的条件。罢工委员会又遵照毛泽东的指示,向长沙县知事周瀛干发出了通牒:"如十月十七日尚无解决希望,即将于十九日举行游行示威。"通牒发出后,周瀛干着慌了,于是软硬兼施:一方面派出所谓"公正绅商"出面"调停",要工人们谅解政府,不要游行请愿;另一方面,周瀛干又抛出一篇《奉劝泥木工人》的信,公开在长沙的《大公报》

上发表，并在四城张贴，说什么"切莫听那些少数人的拨弄是非"，图谋破坏工人的团结；同时还威胁说："被少数不良分子的利用，扰乱社会秩序，可能要遭到法律制裁"，"如果始终不听，是你们自己受苦"。有少数工人因此动摇，害怕发生流血事件。毛泽东了解了这些情况，及时召集罢工委员会成员在船山学社开了个紧急动员会。会上，毛泽东揭穿了周瀛干的种种花招和虚弱本质，正确分析了当时的形势，勉励大家坚持斗争，不为欺骗、恐吓所屈服，坚持到底就是胜利。毛泽东还说：游行时我们都来，外面援助的事有专人管，你们放心同周瀛干干到底！

10月23日，乌云笼罩着长沙城，4000多泥木工人一大早就集合在省教育会坪。任树德同志报告了这次示威请愿的目的。大家推选了16个代表，然后开始游行。毛泽东身穿工人服装，带着口哨，参加了示威请愿的工人行列。这时，大雨滂沱，工人们周身淋得透湿。但是，大家看到毛泽东精神抖擞，步履矫健，走在队伍中间，个个迈开大步，直奔长沙县署。县署门口，刀枪林立，戒备森严，正门中间摆着一张方桌，桌上插着两张杀人"大令"。但是，泥木工人毫不畏惧，浩浩荡荡地开进了县衙门围墙里。

毛泽东带领工人呼口号，要长沙县知事周瀛干出来答话。工人们在毛泽东指挥下战斗，情绪十分高涨。口号声像滚滚惊雷，响彻长空。县衙官吏一个个吓得面如土色，周瀛干始终不敢出来。任树德等8个代表进去跟周瀛干谈判。周瀛干借口"各公团商绅不同意调整工价，本知事也不便参加"，企图搪塞并拖延谈判以涣散军心。工人们见第一次交涉没有结果，全体高呼："今天不解决，今天不出衙门；明天不解决，明天不出衙门！"接着又派第二批代表进去谈判。第二批代表进去好久，时已过午还毫无消息。毛泽东便在工人队伍中鼓动说：第二批代表去了这么久，还不见消息，人也不见出来，周瀛干又在耍阴谋，想把我们内外隔绝。如果等一会儿再没有消息，我们大家就一起进去找周瀛干讲理。说完，又带领大家呼口号，极大地鼓舞了工人们的斗志。

这时，两个穿便衣的家伙，贼头贼脑地要来抓捕毛泽东。毛泽东完全把个人安危置之度外，大义凛然地继续屹立在工人队伍中间。工人们把毛泽东团团护住，使便衣无从下手。

傍晚时，长沙市各业工人纷纷赶来慰问请愿工人。造币厂、电灯公司、缝纫店、织造厂、理发店、印刷厂的工人们送来了大饼、茶水，还送来了灯笼、油布、草纸等，准备泥木工人露宿用。阶级兄弟的支援，更加鼓舞了泥木工人的斗争信心。

泥木工人坚持斗争，使反动派心惊肉跳。湖南军阀赵恒惕企图镇压工人的斗争，派来一连军队包围工人。工人们在毛泽东指挥下继续战斗，毫不屈服。于是，赵恒惕又变换策略，改用缓兵之计，派参谋长出来"调解"，答应"三天之内解决"。工人代表们坚定不移地回答："什么时候解决问题，什么时候回去。"工人们不屈不挠，迫使省政务厅厅长吴景鸿不得不答应次日下午2时召开公团协商会议，请工人代表出席协商。这时，已是下半夜3点钟了。几千双眼睛都望着毛泽东，等待着他做出决断。毛泽东见工人群众熬了一天一夜，也够累了，于是和任树德等工人代表商量，叫大家暂时回去休息，养好精神，以利明天再战。

10月24日，毛泽东亲自担任泥木工人的首席代表，率领工人代表，进了伪省政务厅。当吴景鸿摆着一副官架子，指责罢工队伍不听从县署关于停止游行示威的指令时，毛泽东理直气壮地进行了面对面的斗争，质问道："商家涨价（指资本家提高煤米价钱）是否也是听了官家的怂恿？！"

吴景鸿瞠目结舌，呆了半天，才从鼻子里哼了一声："你、你……这是什么话？"

毛泽东从容不迫地反击道："这是根据厅长刚才自己的话说的！"

"你、你这是非法行为，有意跟官厅为难。"吴景鸿大为恼怒。

毛泽东翻开带来的"省宪法"，利用反动政府粉饰门面的民主招牌，据理辩驳说："不，我们完全依法办事！省宪法第十六条明文规定：'人民对于政府有上书请愿及请求救恤灾难之权。'如今物价上涨，生活困难，工人拼一天阳寿还养不活老小，6000多泥木工人和2万多家属就要饿死，提出增加工资，这犯了什么法呢？"工人代表们紧紧靠在毛泽东身旁，横眉怒视吴景鸿。吴景鸿老鼠般的眼光里流露着惊慌和恐惧。但吴景鸿毕竟是个久经宦途、老奸巨猾的家伙，立即故作姿态地问道：

"先生贵姓，是不是工人？"

毛泽东朗声回说："先生问我的资格，我就是工人代表。如果要审查履历，最好改日再谈。今天我以泥木工人代表的资格，要求解决工价问题。"毛泽东的答复，又呛得吴景鸿哑口无言。

经过激烈的反复的斗争，反动派终于不得不承认工人"营业自由，调整工价政府不能过问"的正义要求。罢工委员会根据毛泽东的指示，当即写了呈文，给省长公署当面批准。可是，吴景鸿老奸巨猾，又在批词上玩弄花样，写了"其工价尤应随时协定，不能由工人等一方面加以限制"。毛泽东当即指出：此句万不可存！责令吴景鸿将它删掉。吴景鸿又以"批文需要交省长过目签字生效"，借故拖延。毛泽东采取对策，组织工人骨干连夜通知长沙各行各业的工人，第二天去开大会。25日，各行各业近2万人汇成一股强大的革命洪流，像冲决堤岸的怒潮，向伪省政务厅涌去。反动当局见势不妙，赶紧在批文上签字盖章。

坚持20天的泥木工人罢工,在毛泽东领导下终于胜利了。全市2万多工人欢声雷动,整队游行。游行队伍经过长沙县衙时,一个工人点了一挂万子鞭,跑到县衙的大堂上鸣放。在鞭炮声中,群众高呼"罢工胜利万岁""劳工神圣"!整个长沙城,就像一锅滚开的水,沸腾起来了。[21]

粤汉铁路工人罢工在(湖南)省内外的相互声援下,也取得了胜利。

高菊村等在《青年毛泽东》一书中写道:

粤汉铁路在1920年12月、1921年3月及10月曾举行过三次罢工。中国劳动组合书记部湖南分部及武汉分部都很重视粤汉铁路武长段的工人工作。1921年秋,两个分部分别在武昌徐家棚和长沙新河办工人夜校。1922年5月,徐家棚、新河又分别成立了工人俱乐部,8月,岳州亦有工人俱乐部。

在全国罢工高潮和粤汉铁路前次罢工的打击下,粤汉铁路武长段局长王世埁深感工人组织起来所带来的巨大威胁,千方百计破坏工人之间的团结,阻扰工人运动。王世埁是天津人,他利用同乡关系,拉拢部分工人在徐家棚组织"天津同乡会",企图将外省工人尽力排出,用他的同乡亲信担任要职。还暗地指使爪牙行车监工张思荣、员司(翻译)苗凤鸣多方刁难外省工人,迫使他们离开路局。张、苗二人依官仗势,一面纠合少数未觉悟的同乡工人,组织"工人研究所"和"粤汉铁路职工联合会",结成帮派;一面大肆造谣惑众,声言"俱乐部是不法团体,工人加入的要送官厅重办",妄图借此分化瓦解工人,破坏工人运动。他们还收买一批流氓,无故向工人挑衅;因敲诈不遂,给工人强加罪名,任意开除工人等。在1922年9月,工人群众的愤怒与反抗情绪,已经到了无法遏制的地步。根据上述情况,郭亮认为罢工时机已经成熟。

毛泽东这时直接领导长沙新河站的工人工作,他得到郭亮的报告后,同意这个估计,便立即与武汉党组织联系,动员徐家棚工人起而响应,并迅速统一粤汉铁路工人的组织,以便行动。在毛泽东的指导下,岳州工人俱乐部联合全粤汉铁路工人于9月5日,拍电报给交通部,限三日内撤办张、苗二人,若不做出圆满的答复,则实行全路总罢工。9月6日,粤汉铁路新河、岳州、株萍、徐家棚的工人俱乐部,发起成立粤汉铁路工人俱乐部联合会,向路局提出了6条政治、经济要求,准备罢工。三天过去了,交通部和路局均无动静。8日,俱乐部联合会举行会议,决定全体罢工。9日,全路车辆停驶,锅炉熄火,工厂停工,罢工开始。

为了分化瓦解敌人。他们利用军阀之间的矛盾,把罢工斗争的锋芒指向鄂段路局和盘踞湖北的北洋军阀萧耀南。根据毛泽东的意见,新河工人俱乐部呈文赵恒惕,"说明罢工原委",声明湖南境内除客、煤车停驶外,"军事专车,仍照常开驶,请其勿来干涉"。[22] 从而使得湖南军阀赵恒惕在这次罢工中一定程度上保持了中立。

10日晚,王世埙唆使"工人研究所"部分工人接手开车,并武装押运。郭亮即率领罢工工人在岳阳做卧轨斗争,遭到军警镇压。毛泽东得到岳州惨案的消息后,即派何叔衡速赴武汉,找湖北党组织和劳动组合书记部,共商营救被捕工人和把罢工斗争进行到底的问题。他自己则迅速赶到新河车站继续组织工人进行斗争。[23] 新河工人俱乐部根据毛泽东的建议,13日召开工人大会,请岳州工人俱乐部工人代表报告卧轨截车的英雄事迹,控诉军阀残杀工人的罪行。同时还派出3个代表到徐家棚工人俱乐部协助工作。

在安源、武汉及京汉铁路的援助下,粤汉铁路工人19天的罢工终于获得胜利。[24]

毛泽东还成功地领导了长沙铅印工人大罢工。

1922年9月21日,铅印活版工会在长沙成立。工会的成立,得到毛泽东的帮助,他还亲自担任了工会的秘书。

同年11月19日,铅印活版工会决定,要求报馆提早发稿时间,增加薪水,减少工时。在征得毛泽东的意见后,铅印工人于11月25日正式罢工。顿时,长沙城内无报可阅,引起强烈的社会震动。

参加过这次罢工的廖仲坤回忆说:

当时毛泽东正在长沙领导和组织工人运动。代表我们自己利益的长沙铅印活版工会在取得毛泽东的帮助下,派人与伪省政府和资方协商,主要是向伪省政府要求减少工作时间至8小时,增加工资到12块光洋。但是协商来协商去,伪省政府秘书处只答应增加1元工资,工作时间还是照旧。其他的资方看见伪省政府如此,自然是跟着走。协商得不到结果,激起了我们的愤怒,于是决定罢工。不过大家觉得罢工是一件马虎不得的事,就决定去找毛泽东帮忙。后来得到毛泽东的指示,他说:"要罢工,一定得有充分的准备,以对付在罢工时可能发生的事情;比如像吃饭问题,住的问题,事前都得好好地计划解决,罢工斗争才不会失败。"铅印活版工会做了充分准备后,即在1922年11月25日,开始举行全市铅印工人罢工。复工的条件还是在协商时所提出来的,即实行8小时工作制,增加工资到12块光洋。

坚持八九天后,伪政府的头子们看见我们还没有复工,心里慌了,遂摆出穷凶极恶的面目来。一方面派军警来强迫我们复工;一方面又联合印刷厂的资方,把印刷品转至湘潭付印,来恐吓和要挟我们。一小部分工人怕打碎了自己的饭碗,便动摇起来。工会马上把这种情况反映给毛泽东,毛泽东及时告诉大家说:"坚持斗争就是胜利!如果中途妥协了,以后就永远再莫想获得胜利了。军警虽然强迫我们复工，但是只要我们奋力坚持，他们还是无可奈何。至于说把所有印刷品转到湘潭付印，事实上不可能，湘潭的工人也不会接受。"这样，动摇的工人才稳定下来，我们的力量更坚强了。

罢工继续到十四五天，伪省政府的老爷们眼看威胁是不行的了，不得不向我们屈服。他们要求我们派代表去协商。结果，伪省政府完全答应了我们的要求，并且同意预付一个月的工资。其他印刷厂看见伪省政府同意了，也只有同意。[25]

罢工期间，毛泽东为维护工人利益，曾多次出面调停。11月27日，即罢工第3天，毛泽东以中国劳动组合书记部湖南分部书记身份，邀请长沙《大公报》负责人张平子从中调停。长沙《大公报》1922年12月13日的报道这样写道：

越二日，劳动组合（书记）部毛君泽东邀本报张君平子从中调停，磋商良久，毛君只允将齐稿时间改为中外新闻午后五时，本省新闻午后九时，余均不能退让，张君当将修改条件转交印刷同业会与报界联合会，印刷同业会以条件既未退让，无调停之可言。报界联合会亦以限定交稿时间，与新闻原则相违背，万国报界无此办法，当然不能承认，调停于是中止。

经过一番斗争之后，12月9日，毛泽东再次出面调停，使罢工以胜利告终。1922年12月13日长沙《大公报》的报道写道：

又数日，毛泽东又发起调停，参加调人之列者，除毛君外，有报界之张慎庵、陶孝宗[26]、张平子；铁路界之娄子英；机械界之王麓生；石印界之朱菊和、程和清、刘自安，邀集印刷同业会代表十三人（每家一人），铅印活版工会十三人，于九日下午公开谈判于省教育会。公推张慎庵为主席，同业会推刘维汉为总代表，工会推盛仲屏为总代表，将工人要求条件逐条讨论。自午后一时起，至十二时止，始得结果。除齐稿时间一条完全取消外，余均有所修改，当由双方签订草约。……前日，签订正约。工人即于昨日[27]上工。各报亦即于今日出版。

关于12月9日的劳资谈判，在1922年12月23日北京《晨报》刊载的《长沙印刷工人罢工始末记》中，还有这样的记载：

铅印罢工风潮，自上月二十五日起，至十日止，计经过十七日之久，各方争执不决，工人方面，大有难于支持之势，于是遂有十日之调停会议。该项会议，系劳工书记部主任毛泽东所发起，邀集报界之张平子、陶绿叶、张慎庵三人，及工党六人，联名致函各印刷公司代表及工人代表等，三方面在省教育会直接谈判，俨如对等议和形势。……经过极长时间之讨论，遂请印刷公司代表签字。是时公司代表，以工人大获胜利，虽未发反对之言论，心中不以为然，故而签字之际，代表都悄悄逃席。十三家印刷业，签字者仅湘鄂、吟章、彰文、汇同四家。……工人本有宣言，如有一公司不肯签字，一报纸不肯出版，和议虽成，亦不上工。后经毛泽东示意，签字者一律于十二日开工（各报可于十三日出版），盖亦知要资本家方面全体屈服，虽再坚持至于一年，必无效果。实则湘省印刷业之所谓资本家，可怜已极。除湘鄂一家有数万元之资本外，余皆不满数千。营业状况，尤多有绌无盈者，实不得当资本家之头衔也。工人都以毛之意见为从违，毛之所可，工人亦从而可之。故此项毫无办法之工潮，居然有解决之道。

为巩固罢工斗争成果，毛泽东还以湖南全省工团联合会总干事的身份，与粤汉铁路总工会、泥木工会等11个工团的代表，同长沙和湖南省当局交涉。

1922年12月13日，在长沙《大公报》上有这样的报道：

昨十二号正午十二时，工界联合会与理发、泥木、机械工、铅印、石印、笔业、缝纫、粤汉铁路、靴鞋业、人力车等工会代表二十一人，赴省长公署请见吴（景鸿）政务厅长，陈述意旨。吴厅长延见各代表于政务厅办公室。首由毛泽东发言。略谓：近月罢工问题层出不辍，有因劳资关系拖延数月猷不能解决者（如理发工等）。政府与工界上下隔阂，外间且传政府将对工界施以压抑手段。代表恐生双方误会，因于昨日要求石（成金）警厅长、周（瀛干）长沙知事介绍晋见厅长，请赐知政府对工界真意。吴厅长当答复以政府迭据密报，有一些人专事罢工运动，一业罢工，他业援助。……政府方面尚认为一种谣言，正在慎重考察。如对工界采压抑政策，早已干涉在前矣。毛又问政府对于一般普通工人，是否采取保护主义。吴答政府对一般普通纯洁工人，完全采取保护主义，并希望各业自行发展。毛又云政府与工人间，发生种种谣言，纯系两方隔阂所致。希望政府以后随时接见工人方面代表，免为一方面所蒙蔽。吴答政府甚愿得知工人生活状况及内容，以为处理之张本。惟望所举代表，能真实代表大多数工人之公意云云。嗣毛又与吴谈及省宪法集会结社自由问题颇久，最后毛又提理发工新铺发封事，人力车立案事，机械工会立案事，吴厅长均允查案办理。最后毛请吴厅长介绍见赵（恒惕）省长陈述意旨。吴厅长先允代达，并云省长事忙，不能作如此之长谈，毛乃约定以半句钟为限，坚请吴厅长电询赵省长允于本日十二时，在总部内接见。该代表方辞别离署云。

经过这场说理斗争，揭穿了赵恒惕政府"省宪法"的真相，为工人争得了某些合法权益。事后，赵恒惕对部下说，湖南再来一个毛泽东，我便不能立足了。

注 释

〔1〕埃德加·斯诺：《西行漫记》，生活·读书·新知三联书店1979年12月版，第133—134页。

〔2〕郭亮：《湖南工人运动的过去与现在》。这个小册子于1927年2月在长沙出版，载于《湖南历史资料》1958年第1期。——原注

〔3〕李锐：《毛泽东的早期革命活动》，湖南人民出版社1980年2月版，第350—358页。

〔4〕1920年10月27日黄爱致陈独秀信，原载《劳动界》第13册，1920年11月7日出版，见《湖南工运史资料选编》第1册第7—8页。——原注

〔5〕1935年8月19日《马林赴华回忆》，见《"一大"前后》第570页。——原注

〔6〕《西行漫记》第134页。——原注

〔7〕《党务、政治宣传、劳动运动情况及今后计划》，1922年6月30日。——原注

〔8〕谌小岑的回忆，1977年3月16日。——原注

〔9〕高菊村等：《青年毛泽东》，中共党史资料出版社1990年3月版，第165—168页。

〔10〕高菊村等：《青年毛泽东》，中共党史资料出版社1990年3月版，第169—170页。

〔11〕《劳动各团体致参众两院电》，见1922年9月10日湖南《大公报》。——原注

〔12〕《湖南全省工团之大联合》，见1922年11月3日湖南《大公报》。——原注

〔13〕高菊村等：《青年毛泽东》，中共党史资料出版社1990年3月版，第171—175页。

〔14〕李锐：《毛泽东同志的初期革命活动》，湖南人民出版社1957年版，第121—128页。

〔15〕《毛主席和安源工人》，载《回忆毛主席》，人民文学出版社1977年版。——原注

〔16〕李六如：《六十年的变迁》第2卷，作家出版社1963年版。——原注

〔17〕刘少奇、朱少连：《安源路矿工人俱乐部略史》，1923年8月10日。原载《安源路矿工人俱乐部罢工胜利周年纪念册》；见《刘少奇与安源工人运动》，中国社会科学出版社1981年2月版。——原注

〔18〕李立三：《看了"燎原"以后》。——原注

〔19〕《安源路矿工人俱乐部略史》。——原注

〔20〕高菊村等：《青年毛泽东》，中共党史资料出版社1990年3月版，第172—178页。

〔21〕中共长沙市委宣传部：《毛主席领导长沙泥木工人大罢工》。

〔22〕《粤汉铁路大罢工纪实》，见1922年9月10日湖南《大公报》。——

原注

〔23〕《工人运动史上的光辉一页——学习毛主席领导粤汉铁路工人罢工的伟大实践》,见1978年《新湘评论》第2期。——原注

〔24〕高菊村等:《青年毛泽东》,中共党史资料出版社1990年3月版,第182—184页。

〔25〕廖仲坤:《坚持斗争就是胜利——回忆毛主席领导长沙铅印活版工人罢工斗争》,载于1951年7月1日《长江日报》;又见《湖南工运史料选编》第2卷第1册,第264—266页。

〔26〕陶孝宗,即陶菊隐。

〔27〕昨日,即12月12日。

四、在国共合作的洪流中

参加中共"三大"

1922年8月,中共中央在杭州举行特别会议,就同国民党合作问题进行了热烈的讨论,会议基本接受共产国际的决定,同意和国民党采取党内合作的形式,共同推动中国革命。西湖会议后,中共领导人陆续以个人身份加入国民党,开始从事帮助国民党改组和建立统一战线的工作。毛泽东也在随后以个人名义加入了国民党。

1923年4月中旬,中共中央决定调毛泽东到中央工作。4月下旬,毛泽东到达上海。6月上旬,离开上海去广州,会同共产国际代表马林及陈独秀、蔡和森、向警予、瞿秋白、张太雷等,参加中共"三大"的各项筹备工作。

毛泽东与斯诺谈到他在这个时期的情况时说:

1923年,共产党第三次代表大会在广州举行,大会做出了有历史意义的决定:参加国民党,和它合作,建立反对北洋军阀的统一战线。我到上海去,在党中央委员会中工作。第二年(1924年)春天,我前往广州,出席国民党第一次全国代表大会。3月,我回到上海,在共产党执行局工作的同时,兼任国民党上海执行部的委员。其他执行委员,有(后任南京政府行政院长)汪精卫和胡汉民。我和他们共事,协调共产党和国民党的行动。那年夏天,黄埔军官学校成立了。加伦担任该校顾问,其他苏联顾问也从俄国来到。国共合作开始具有全国革命运动的规模。[1]

参加"三大"的江浙区代表徐梅坤回忆说:

"三大"会址是在恤孤院路的西侧(按:原东山恤孤院后街31号,现恤孤院路3号)。从庙前街到恤孤院路的地势是由高至低的斜坡路,至开会的地点,马路转为平路。会址的四周比较空旷,北边有"逵园",是华侨女青年读书的地方;南边走一点路就是"春园";西边有一片荒草地和一个鱼塘;东边是"简园"。

会址是一幢砖木结构的普通楼房,两间两层。是临时租来的。楼下南边一间是会议室，北边一间是饭厅。楼上两间是宿舍，一部分代表就住在这里。屋内灰白色的墙壁，已经很旧很脏了，看上去这房子已有很长时间没人住了。

会议室当中摆放一张西餐式的长方台子，西边是一列长条凳，前后两端是小方凳。

我记得出席"三大"的代表有20多人，他们是：

北方区：李大钊、邓培；

两湖区：毛泽东（湖南）、陈潭秋（湖北）；

江浙区：徐梅坤、王振一；

广东区：谭平山、冯菊坡、阮啸仙、刘尔崧（阮、刘二人是列席代表）；

中央：陈独秀、张国焘、张太雷；

京汉铁路：王俊、孙云鹏（孙是京汉铁路"二七"罢工的代表）；

津浦铁路：沈茂坤（浦镇铁路工厂工人）；

杭州支部：于树德、金佛庄（两人是列席代表，是由我报告中央同意他们去的）；

法国回国：蔡和森、向警予；

苏联回国：瞿秋白；

刘仁静以中共出席共产国际"四大"代表的身份列席了会议。

会议记录是广东区委工作人员罗绮园，他不是代表。

共产国际代表马林自始至终参加了会议。

到会代表穿的衣服不一样。穿长衫的有：李大钊、毛泽东和我。毛泽东衣着很朴素，穿一件很旧而且打了补丁的湖南蓝布长衫。我和李大钊穿北京蓝布长衫。我们三人都穿黑布鞋。穿西装的有：蔡和森、陈独秀、瞿秋白、张太雷、马林。穿学生装的有：罗绮园、王振一、谭平山、陈潭秋、冯菊坡。穿短衣的有：王俊、孙云鹏、沈茂坤、阮啸仙、邓培。

会议期间，马林、毛泽东、张太雷、瞿秋白、蔡和森、向警予等住在"春园"，并在"春园"吃饭；其他外地代表沈茂坤、于树德、王振一、徐梅坤、金佛庄、王俊、孙云鹏、陈潭秋等住在会址楼上，吃饭在楼下。广东代表都在家住，吃饭在会址。谭平山回家吃饭。

"三大"前，党中央已由上海迁到广州。为了召开"三大"，陈独秀、毛泽东、蔡和森、向警予、瞿秋白、张太雷以及马林等提前来到广州，进行筹备工作。具体事务性工作由广东区谭平山、阮啸仙、刘尔崧、罗绮园等负责。

"三大"会议由陈独秀主持召开，没有举行开幕仪式。第一天上午，首先由陈独秀代表中央做工作报告。他着重谈了"二大"以来的革命形势和党的发展情况。

下午，马林报告国际形势与国际工运问题。他英语讲得很好，张太雷做翻译。

第二天，讨论陈独秀的报告。

第三天，各地代表汇报工作。瞿秋白简短地介绍了共产国际"四大"的情况。张国焘报告铁路工会的情况。陈潭秋做了京汉铁路"二七"惨案报告，其中谈到烈士施洋，讲了他的家庭情况，孩子小、生活苦等等。孙云鹏讲京汉铁路大罢工被捕工人的救济工作。他带来的《京汉工人流血记》在会上散发，每人一册，是32开本，封面上印着红色字体。

第四天是大会发言。我在会上谈了农运情况。毛泽东发言主张党的工作重点应放在城市工人运动上，同时也应特别注意农民运动。他以1922年长沙第一纱厂和1923年京汉罢工为例，说明工人是有觉悟的。他还说到历史上农民斗争的力量是很大的。

"三大"的主要议题是讨论国共合作、共产党员加入国民党的问题。关于国共合作问题，开会以前在党内有过酝酿，共产国际也做过指示。根据共产国际的指示，才召开"三大"专门进行讨论。这个问题争论得很激烈，一个多星期中，大部分时间是辩论这个问题。会上，陈独秀发言认为，我们的党员不多，力量不强，工人没有文化，觉悟不高，不懂革命，也没有革命理论，甚至有些流氓习气。所以他主张要在国民党里去发展共产党，可以暂时不要共产党的独立工作，整个党参加到国民党那里去，中国革命应该由国民党来领导。会上只有他一个人提出这种主张。但没有听他公开讲过"一切工作归国民党"这样的话。

张国焘发言反对国共合作，尤其反对全体共产党员加入国民党。支持他的有蔡和森和王振一。他们只要知识分子和工人的联合，认为这样就可以完成中国革命。

张国焘发言后，我接着发言骂了张国焘，而且骂得很凶，气得我站起来拍桌子，骂他不是共产党员。他不但反对国共合作，还搞小宗派活动，所以我主张开除张国焘。会上，马林支持我的观点。张国焘见势不妙，参加了几次会，大约在第四天就偷偷溜走了。他走后蔡和森成了反对加入国民党的主要发言人。向警予也反对蔡和森的观点，他们夫妻在会上会下吵得很厉害。

李大钊在会上讲话不多，他只汇报了北京工作情况。开会期间，他的活动也不多。

张太雷在会上发言很激烈，主张国共合作。

毛泽东在开会期间很活跃，多次发言，提出许多理由，主张国共合作，他利用休息时间经常到"简园"去。湖南军阀谭延闿当时就住在"简园"。我问过毛泽东经常到"简园"干什么去。他告诉我，他和谭延闿主要谈国共合作问题，谭有兵权,耐心做谭的工作,想把他争取过来。李大钊、张太雷和我也都去过"简园"见谭延闿。

会议的最后一天,上午通过各项决议案,下午通过党章和国共合作问题决议案及宣言。

制定党纲、党章是"三大"的另一项重要议题。党章是事先写好的,由毛泽东、蔡和森、张太雷、陈独秀、瞿秋白以及马林参加起草。其他决议案是开会时才提出来的,边讨论边起草决议案。关于共产国际"四大"决议案及"三大"宣言,由马林起草;农民问题决议案由毛泽东、谭平山起草;妇女问题决议案由向警予起草;关于国共合作决议案由毛泽东起草;青年运动决议案由张太雷、刘仁静起草;劳动运动决议案是集体起草的。

在举手表决国共合作问题决议案时,蔡和森和王振一没有举手,他们是少数,遭到大多数代表的反对。张国焘没有参加表决。

关于日本和爪哇反动政府当局逮捕共产党这件事,当时听说过,但未在大会上进行专门讨论,而是以大会名义发出了支持声明,因为这种问题无须拿到全体大会上去讨论。

马林的理论水平较高,"三大"通过的宣言及各项决议,他的贡献不小。他自己带来一部打字机,他把会议讨论的意见集中整理后,打成英文,然后再由张太雷、瞿秋白翻译成中文,发下来讨论。

通过决议后,全体代表到黄花岗烈士墓举行悼念活动,马林也参加了,由瞿秋白领着大家唱会议期间刚学会的《国际歌》。之后,宣布会议闭幕。

"三大"选出了新的中央执行委员会。选举前,提出几个人征求代表们的意见,然后举手表决。我记得当选"三大"中央委员的有:陈独秀、李大钊、毛泽东、谭平山、蔡和森、向警予、张太雷、瞿秋白等;候补中央委员有3人:邓培、徐梅坤,还有一个名字想不起来了。

"三大"还选出五人组成的中央局,那时不叫常委,有陈独秀、毛泽东、瞿秋白、蔡和森,还有一个记不清了。陈独秀任书记,毛泽东负责组织,瞿秋白负责宣传(后由蔡和森接替)。

开完"三大",代表们陆续离开广州,也有些代表停留了几天。这期间,陈独秀、李大钊、毛泽东等曾到廖仲恺家谈国共合作,我也跟他们一起去谈过两次。

我们回到上海以后,立即向江浙区的党员传达了中共"三大"的经过和决议。为了党的工作需要,我们以个人身份加入了国民党。虽然规定全体党员加入,但有的参加,有的不参加;有的公开,有的秘密,大部分是参加了,当时叫跨党分子。我们是单个而不是集体加入的,只是口头说一声,没有介绍人,没有履行什么手续，也没有举行什么仪式。

"三大"后，大约七八月间，毛泽东、蔡和森、向警予来到上海，也把杨开慧带到了上海。蔡和森负责主编《向导》周报，毛泽东也参加过一段编辑工作。过了一年，毛泽东第二次从湖南来上海后，主要是在国民党上海执行部工作。[2]

1923年9月，毛泽东从上海回到湖南，筹组国民党湖南地方组织。

高菊村等著《青年毛泽东》一书写道：

……9月10日《中共中央通告》第五号说："中局组自迁沪后略有更动，即派平山同志驻粤，而加入荷波同志入中局。又润之同志因事赴湘，秘书职务由会计章龙同志兼代。"11月24日至25日的《第一次中央执行委员会开会纪要》也记载："到会者中局委员四人，驻京、驻鄂委员各一人，SY代表一人，特别招待同志一人，共八人。驻湘、驻粤委员未到；中局委员一人因事赴湘亦未到。"

毛泽东到达长沙时，谭赵战争正酣。谭延闿于同年7月由孙中山任命为湖南省长兼湘军总司令。赵恒惕是所谓"民选省长"兼湘军总司令，依附直系军阀吴佩孚。是年8月发生谭、赵争夺湖南统治权的战争。先是谭胜赵逃，后因赵得吴佩孚援助，赵于9月23日重返长沙。在谭赵战争期间，毛泽东和中共湘区执行委员会支持谭延闿，反对赵恒惕。9月28日，毛泽东在《致林伯渠、彭素民的信》中写道："弟十六日到长沙，政局忽又变化。赵于二十三日由平江入省，大张布告恢复省政府；北军一部业已到岳州，前途如何尚难逆料。惟谭军现占优势，长沙以下压湘水而阵，长沙以上则掩有醴陵之半，使北军仅据岳州，如前年张福来故事不图进攻，则谭赵必议和，而赵仍站不住。"不久，因谭延闿的"讨贼军"进一步失利，加之孙中山急调谭延闿部队归粤，以击破陈炯明部队对广州的包围，乃于11月14日退向粤境。

毛泽东这次回湘的主要任务，是贯彻中共"三大"关于国共合作的决议，指导中共湘区委员会筹组国民党湖南地方组织。他任中共湘区委书记时，就开始委托夏曦、刘少奇负责筹组国民党的工作。中共"三大"时，他主张在工人中发展国民党员，并曾捎信给当时中共湘区委员会委员长李维汉，要注意在安源产业工人中发展国民党组织。湘区委接受他的建议，委派何叔衡、夏曦、刘少奇与国民党元老覃振、邱维震组织筹备组。这次，他以国民党中央党部派往湖南的筹备员名义来长沙，指导中共湘区委与国民党湖南筹备组筹建国民党湖南总支部，所以，他在9月28日给时任国民党总务部部长彭素民、副部长林伯渠的信中写道："关于本党在湘发展，虽在军事时代仍应努力进行，昨与夏曦同志（夏曦极能做事，在学生界有力量）商议分三步办法：第一步组织长沙支部；第二步组织常德衡州及其他可能的分支部；第三步再组织湖南总支部。关于长沙支部，现决定即日租定房子成立筹备机关（秘密的），多邀信仰三民主义及有活动能力的人入党,然后开成立会推出候补支部长,呈请本部委任。""在沪时请本部委我以筹备员名义(夏曦为筹备主任),以便与各方面接头,请早日寄到为荷!"在他的指导下,10月初,国民党长沙支部成立。次年4月,组织了湖南临时省党部;1925年10月,正式建立了国民党湖南省党部。

1923年下半年,杨开慧仍住长沙小吴门外清水塘22号。开慧上有老母,下有小孩,负担极重,生活清贫;又因毛泽东曾遭赵恒惕的通缉,常有敌特监视和兵警搜扰,使她苦情难数,度日如年。此次毛泽东回湘,开慧分外高兴,孤苦之感一扫而光。特别是岸青出生仅几天,很需要毛泽东的照料,自然使开慧感到无限温暖。开慧坚贞、纯洁的爱情,不畏艰难、任劳任怨的性格,对丈夫事业全力支持的精神,使毛泽东深为感激、尊重。可是,仅居两月,泽东又要赴广州,准备出席国民党第一次全国代表大会。离别时,开慧挽手相送,泽东强抑感情,赋诗安慰:

挥手从兹去。更那堪凄然相向,苦情重诉。眼角眉梢都似恨,热泪欲零还住。知误会前番书语。过眼滔滔云共雾,算人间知己吾与汝。人有病,天知否?今朝霜重东门路,照横塘半天残月,凄清如许。汽笛一声肠已断,从此天涯孤旅。凭割断愁丝恨缕。要似昆仑崩绝壁,又恰像台风扫寰宇。重比翼,和云翥。

毛泽东途经衡阳、韶关等地赴粤。在衡阳时,曾听了夏曦关于湖南省立第三师范学潮情况的汇报,并参加了三师的党团员会议,做了团结多数,深入工农的指示。

11月底或12月初,毛泽东再次到达广州。[3]

出席国民党"一大"

1924年1月中旬,毛泽东在上海乘上南下的轮船,同国民党部分代表前往广州,参加具有历史意义的国民党第一次全国代表大会。会议期间,毛泽东被指定为章程审查委员之一,还当选为国民党中央执行委员会候补委员。

这是毛泽东政治生涯的新起点。

罗章龙在《椿园载记》中回忆说:

1923年10月成立国民党改组委员会,经过一段时间的筹备,国民党第一次全国代表大会于1924年1月20日正式召开。此次会议,中共方面全力以赴,动员党内大部人力协助筹备大会诸事。中共中央决定自中央到地方派遣多数干部参加国民党"一大"中央工作。派遣干部时,曾经过详细讨论,决定原则如下:

(一)李大钊、张国焘、韩麟符、毛泽东、高语罕、恽代英、谭平山、瞿秋白、于树德等参加国民党"一大"中委会,为跨党党员。

(二)原有国民党籍之加入中共党员,由中共方面提名参加国民党"一大"中委会,人名为:林伯渠[4]、沈玄庐[5]、邵力子等。上述名单是党中央向国民党提出的。

(三)省、市党部委员由国共双方经地方党部决定。人名为:夏曦、董必武、宛希俨、于方舟、侯绍裘、江浩、李锡九、谢晋等。作为跨党党员得当选为国民党机构委员。

(四)领导工人运动的中共中央委员及各级工运干部,原则上不参加国民党。如罗章龙、王荷波、项德隆,上海总工会负责人李震瀛、何今亮,北方工运负责人何孟雄、王仲一、张昆弟、邓培、孙云鹏、安幸生、康景星、李宝成,湖北工会负责人林育南、许白昊,江苏工会负责人朱宝庭、孙津川、姚佐唐、佘立亚,浙江工会负责人沈干城、朱阿堂、赵济猛,江西工会负责人陈赞贤、王凤飞、袁孟冰,广东工会负责人阮啸仙、刘尔嵩等,均不加入国民党。

独秀对于我党领导工人运动的中委不参加国民党中委会的意见开始不同意,但是中共中央大多数中委都不同意独秀的主张,所以结果仍然决定领导工人运动的中委不参加国民党中委会。

(五)向三民主义注入革命因素。在国民党第一次代表大会上,中共中央提出大会决议草案及宣言内容,决议主要包含下列几点:

(1)对三民主义注入革命因素,重新做解释。

(2)提出联俄、联共与扶助农工的政策。

(3)国民党组织从总理制改革为委员制。

(4)选举时尽量引进国民党左派进入新中央委员会。

因此,国民党"一大"政治路线与组织路线体现着两党平等精神,从理论上奠定了名实相符的合作基础,两党联合会议决定了国民政府的施政总方针。[6]

高菊村等在《青年毛泽东》一书中写道:

1923年冬,毛泽东从湖南到广州后,即参与中国国民党第一次代表大会的筹备工作。

在共产国际和中国共产党的帮助下,孙中山于1924年1月20日—30日在广州主持召开了国民党"一大",确立了联俄、联共、扶助农工的政策。毛泽东出席了这次大会。他在会上的席位是39号。会议期间,他有多次发言。20日下午,讨论组织国民政府之必要性时,毛泽东说明:"此案为《组织国民政府之必要》,还不是说明怎样组织政府及何时组织政府。怎样组织政府及何时组织政府,是待议问题。因此,表决也仅限于《组织国民政府之必要》。"大会同意毛泽东等人的意见,顺利通过了这项议案。[7]

22日上午，毛泽东等19人由大会主席指定为《中国国民党章程草案》审查委员会委员。在讨论国民党章程时，国民党广州特别区代表方瑞麟攻击共产党，提出党中不能有党，要求将国民党党员不能加入其他政党的条文写进章程。李大钊在大会上阐述共产党对国共合作的主张，驳斥方的谬论，国民党左派廖仲恺等人亦反对方的主张。毛泽东抓着赞成国共合作，呼声高涨的有利时机，适时地提议停止讨论，"请付表决"。结果，大会否决了方瑞麟的提案。[8]

25日上午讨论《出版及宣传问题》案，毛泽东就审查结果做了说明，并"请主席以审查结果全文付表决"，"众谓无异议"。[9]

29日上午，大会讨论《本党设立研究会》议案时，有人提出，凡关于本党策略和对于国内外各种重要问题做出决定之前，应聘有关专门学识者组织研究部进行研究；已确定应研究的问题，未经研究部研究就不得执行，已经研究之问题其执行与否由执行部决定。毛泽东表示："本席反对本案，因本案根本意思把实行与研究分开；但本党为革命党不能如此。本席意思，本案精神可以成立，条文则不能成立。"在毛泽东等的反对下，大会决定此提案"应交中央委员会酌情办理"。[10]

大会在国共合作问题上，始终充满斗争。关于是否同意"请采比例选举制为大会政纲之一"的议案即是最激烈的一例。提案人在大会上说："比例选举制，可以打破现在选举的流弊，因为现代选举制总是以多数压服少数，而比例选举制则各能如其势力以发展毫无冲突之处。"毛泽东立即反驳："现时比例选举制系少数党所运动出来的结果。本党为革命党，凡利于革命的可采用，有害于革命的即应摒弃。比例制有害于革命党，因少数人当选即有力量可以破坏革命事业，是予少数派以机会也。本席根本反对本案，以为不能讨论，不能表决。"在辩论中他还说："比例选举制虽为社会党所赞成，但当其未成功时固是如此，若成功后即不尽然。此制很有害于革命之本身，盖以自由给予反对党，革命事业便十分危险。"由于毛泽东等的坚决反对，这一提案未能被大会通过。[11]这里说的比例选举制，亦称"比例代表制"或"哈尔投票法"，即根据各政党在选区所得选票，按其总数中的比例来分配各政党议员席位名额的制度。它是资本主义国家选举制度之一。1899年比利时首先采用，以后通行于资本主义各国。德国社会民主党、法国社会党处在非执政党地位时，也曾赞成这制度，以求在议会获得几个席位。毛泽东"根本反对"此案，当然是从中国当时各派力量的对比和对革命是否有利出发的。

30日上午，大会选举中央执行委员、候补执行委员和监察委员，毛泽东是由孙中山亲手书列的名单之一，会上被选为候补执行委员。

31日，毛泽东以国民党中央候补执行委员身份，参加了孙中山主持召开的中央执行委员会首次全会。会议决定中央执行委员会设广州,"其余特别区,如上海、汉口、哈尔滨、四川,皆派遣中央执行委员到各该地执行部,指挥监督各该地党务之进行"。[12]毛泽东被派往上海执行部工作。[13]

在国民党上海执行部

在国民党上海执行部,毛泽东担任组织部秘书,代理文书科主任。

当时曾在国民党上海执行部任职的罗章龙在《椿园载记》里回忆说:

国共合作具体执行时,中共曾多次郑重地进行讨论,各次会议均有国际代表参加。中央局会议曾做出决定,对于国共合作问题中共中央采取下列原则,即:

(一)中共保持独立自主原则,中共党报及中共各级刊物对国民党施政得自由批评,不受限制。

(二)中共领导的工农群众组织不受国民党及其政府干涉,工会、农会享有集会、结社、罢工、纠察自卫之自由。

(三)中共党员(包括团员)加入国民党,在国民党任群众工作,但一般不做国民政府官吏。工人运动领导者及中共所属工会会员不得加入国民党。

(四)在组织方面,自1923年7月起,中共中央由仲甫代表中共出席国民党最高会议。党组织自中央到省市各级按系统派遣党员分别协助国民党进行改组工作,包括在全国范围内建立党部及基层组织,训练干部,整饬宣传机构,协助国民党工作,扭转该党在民众中的不良影响,帮助国民党改善军事教育训练,建立革命军队等。

根据上述原则,中共中央政治局派政治局委员(时称中央局常委)王荷波、毛泽东、罗章龙三人参加国民党执行部,协助国民党进行改组事宜,后又续派中委李守常、谭平山等协助国民党在北方及广东的改组工作。中共各省委、市委分别派遣中共党员参加当地国民党省市委会的改组工作及军队改建工作。

1924年1月,国民党中央决定设置国民党执行部于上海法租界环龙路44号,作为国民党最高执行机构。执行部内主要设立组织、宣传、工人农民等部及秘书处。国民党派定胡汉民、汪精卫、戴季陶、于右任、叶楚伧、茅祖权等分任各部部长。中共方面由中央政治局决定毛泽东、罗章龙、王荷波、恽代英四人参加指导执行部工作(恽代英系代表团中央参加执行部工作),遇有特别重大问题则由国民党总理孙中山与中共中央书记陈独秀协商决定。同时,中共中央又决定派干部沈泽民、邵力子、瞿秋白、施存统、邓中夏、向警予、杨贤江、沈玄庐、张秋人、李成、刘伯伦等参加执行部各部门宣传与组织的基层工作。当时上海社会传称环龙路44号为"国共群英会"。

1924年5月5日,是孙中山就任非常大总统三周年纪念日,上海执行部国共两党工作人员齐集莫里哀路孙中山的住宅举行纪念活动,并在孙寓的花园中合影留念。当时参加者每人都有一张。60年后,仅中国革命博物馆馆藏一张,但仍然清晰可见。

在这张相片中,国民党人有胡汉民、汪精卫、张继、茅祖权、叶楚伧、叶纫芳、戴季陶、林焕廷、孙铁人、喻育之、王陆一、周雍能、何世桢、葛建时、陈德徵和向昆等16人。中共方面有毛泽东、王荷波、罗章龙、恽代英、向警予、邵力子、沈泽民、刘伯伦、韩觉民(团员)和张廷灏(团员)等11人。总计27人。相片是由一家广东人开设的"王开照相馆"拍摄的。上海国民党执行总部全体工作人员只30多人,而参加合影的居其中大多数,且都是双方的主要主持人。因而这张相片也就成为当年国民党与年轻的中国共产党实行合作的真实写照,珍贵的历史见证。不仅如此,在党的"六大"以前,中共中央的同志如此众多齐集一起留影的相片也是绝无仅有的。

在第一次国共合作期间,中共中央以国家民族利益为重,告诫全党党员,不计较权位,不营求私利,努力实干,相忍为国,把完成国民革命视为当前的迫切任务,耿耿此心,薄海皆知。[14]

罗章龙还同一些人谈起有关国民党上海执行部的情况:

1924年2月25日,上海执行部举行第一次会议(有会议记录原件可查)。这次会议主要是成立机构,决定人选。在人事安排方面,国民党中有三个主要人物参加:胡汉民、汪精卫、叶楚伧。

胡汉民、汪精卫是孙中山的左右手。叶楚伧在国民党里不是很重要的人物,但叶楚伧是上海《民国日报》的主编,同他打交道的人比较多。他又是江浙人,为照顾上海地区,让他来参加。他对国共合作表面中立,内心非常抵触,我们那时不把他当左派。其次是于右任,他代表西北国民党的势力,是执行部内部的左派。他当时支持国共合作,将工人部交给我们。他曾到苏联去过,把在苏联写的歌颂十月革命的诗拿给我们看,表白他内心是拥护苏联和共产党的。他在上海大学当校长时,将整个权力交给中共同志。谢持代表国民党西部力量,辛亥革命时是四川省省长,是右派代表人物。孙中山让他参加工作,不过表示团结的意思。茅祖权是长江中部同盟会负责人,当过安徽省省长,在执行部任农民部负责人。他说,农民运动我们不懂,请C.P.做,我只是摆个样子。中共党员刘同志当秘书。以后,戴季陶、朱执信、张继、廖仲恺、邓演达等也先后参加上海执行部。

共产党方面代表有:毛泽东,中共"三大"中央常委;王荷波,中共"三大"中央常委;恽代英,共青团中央书记;罗章龙,中共"三大"中央秘书、常委、宣传部长。还有瞿秋白、邓中夏、向警予等也参加了上海执行部有关部门的工作。

国民党方面的领导人是胡汉民。胡汉民是仅次于孙中山的第二号人物，如孙中山离职时，大元帅就由胡汉民代理，人们都叫他"胡代帅"。他抓组织部，曾对陈独秀说：我们改组国民党，你们要派得力的干部来。当时中央派毛泽东当组织部的秘书，我到组织部当指导干事，具体执行两党的政策。我们三人组成组织部，在一起办公。胡汉民地位高，本是非常骄傲的人，但由于孙中山对他有交代，所以胡汉民对共产党比较有礼貌，执行改组国民党的政策也比较坚决，大刀阔斧地排除国民党右派，服从共产党的安排，按照苏联共产党的经验改组国民党。国民党员一律重新进行登记，胡、汪、于亲自到组织部带头报到，填表谈话。当时这里面也有许多曲折和复杂的斗争。

……

当时组织部有一个决策，凡是国民党老党员都要重新登记谈话，每人必须填一张表，经审查同意后，才是改组后的国民党员，发给党证。一天，一个人冲到楼上，胡汉民、汪精卫都起来打招呼，我和毛泽东不认识那人。那人说：我从同盟会开始，革命几十年还要填表？可不可以免填？这个人是谢持。胡说：这是新规定，先生（孙中山）也同意要我们这样做的。此人将桌子一拍，就是不肯填。汪精卫也出来说：上有总理，下有组织。意思是要他向我们说。他到我们这里说了一遍，大家都不以为然，说：党员人人都要填，胡汉民、汪精卫也填了。要尊重孙中山先生的意见。此人一怒而去。毛泽东说：派人送张表去，要秘书好好解释一下，可以放宽点。后来谢持还是填了表，但心里是很不舒服。

经过一段时间的工作后，准备召开一个会议，成立上海第四区国民党党部。四区就是环龙路所在的法租界地区，有许多下野的国民党政客住在那里。有的当过军长、师长、部长、省长，大约有千把人。审查后发了党证，同时还清洗了好多。他们在审查时一下子送来许多表，企图蒙混过去。这个成立会是国民党左、右派斗争的表面化。右派酝酿要争得更多选票，争取区党部的多数。他们自己估计没有把握，准备采取两种方法：一是合法地争取多数，请孙中山先生出来说；二是如果办不到，就破坏选举。他们纠集了一些流氓，如陈群、杨虎之流，准备在会上抢主席台，制造武斗，以破坏选举。我们知道这个情况以后，认为会一定要开好。毛泽东说：我们全体同志，党、团员及同情我们的左派都要出席会议，保证会议胜利开好。右派曾去请示孙中山，孙没有表态，他和右派斗争很激烈。胡汉民、汪精卫说：开会那天除极少数办公外其余的人都去，让新闻记者去看看。当时上海有许多外报记者。毛泽东说：这个会最主要的是要组织好，主席台不能乱。万一他们武斗，我们要制止，使他们斗不起来。为此，成立了纠察队，严格控制会场，制止武斗。由王荷波领导组织了一个很强大的纠察队，从主席台到门口都站岗。布置好了以后，毛泽东对我说：可以了，他们如在外头闹，我们就在外头制止他们。中共中央决定让我担任区大会主席。第二天我们开会，右派在外面捣乱。我们内外配合把会场控制得很严。流氓想进来，纠察队就把他们赶走。右派头子高冠吾多次捣乱都失败了。这一次斗争，右派失败了。他们不服气，在上海各报纸上写文章，大肆攻击我党中央，并攻击四区大会会场主席，当时上海《申》《新》等报，曾记其事。

在召开了国民党"一大"以后，他们又搞了一个后天宫事件，是在一次大会上，右派冲进大会会场，打死了中共党员黄仁同志。

在统一战线问题上，当时有人说何必花这么多力量搞。毛泽东说：我们要认真地对待，不要瞧不起他们。对合作大小事都要做，每次会都要参加，要多动脑筋搞好两党合作。他亲自给我谈过一桩事，开始建立执行部时，中共内部认为不要都去，有的同志不想去。他认为应认真对待这项工作。孙中山当时是欢迎中共派人去的，认为多多益善。虽然我们中有些人在社会上并不知名，孙中山还是完全信任的。〔15〕

在国民党上海执行部里，同样存在着尖锐的斗争。高菊村等在《青年毛泽东》一书中写道：

1924年11月17日，孙中山应冯玉祥邀请北上和谈路经上海，毛泽东等共产党人谒见了他，向他阐述了中共对北上和谈的看法，并呈送了《中国共产党第四次对于时局之主张》，希望孙中山本着国民党"一大"宣言、政纲及他自己的北上宣言的精神和原则，与北京政府谈判。同时，呈交上海执行部文书科主任毛泽东、组织部秘书张廷灏、宣传部秘书恽代英、组织部指导干事罗章龙等14人写的信。信中说："上海执行部自8月起经费即未能照发，近来内部更无负责之人，一切事务几乎停滞，职员等薪金积压4月之久，拮据困苦不言可知。务乞总理速派负责专员进行部务，并设法筹款，清理欠薪，实为公便。"这封信，实质上是揭露国民党上海执行部常委戴季陶、叶楚伧等破坏国共合作的右派行径。

当时在执行部里，以毛泽东、恽代英等共产党员为一方，与国民党右派的斗争非常激烈。如负责组织的毛泽东，在进行国民党党员重新登记时，有些国民党老党员以不向"毛头小伙"交代履历为借口拒绝登记。毛泽东等共产党员，团结国民党左派与那些实际上反对改组的右派进行针锋相对的斗争，明确宣布：凡不登记者就除名。这是纪律，没有纪律，无法革命。那些以"老党员"自诩的右派乖乖就范了。国民党上海第四区党部成立时，斗争更是白热化。上海第四区党部范围内，居住着国民党内的许多高级将领。区党部成立前，国民党右派酝酿了两个方案：一是合法地争取领导权，请孙中山出来为他们说话；二是破坏选举。第一方案遭到孙中山拒绝后，他们雇用流氓、打手，混入会场，企图制造武斗。

毛泽东得知这一情况后，动员共产党员、团员和国民党左派，由王荷波组织纠察队，控制会场，制止流氓混入，保证了会议顺利进行。

这年8月1日，在叶楚伧的策划下，一些国民党右派在上海南方大学召开代表会议，讨论所谓"处置共产分子问题"，当时激起左派的反对，造成武斗。越日，右派分子又闯入上海执行部，殴打邵力子。事件发生后，由毛泽东领衔，恽代英、施存统、邓中夏、沈泽民、韩觉民、王基永、杨之华、李成、刘伯伦等联名上书孙中山，控告叶楚伧"主持不力，迹近纵容"的破坏国共合作罪行。此后，毛泽东与叶楚伧的斗争公开化。毛泽东成为共产党在上海执行部的中心人物，对叶的分裂行径予以及时的揭露。因此叶楚伧最恨毛泽东。由于叶的排挤、打击，独断专行，许多共产党员离开了上海执行部，致使上海执行部的工作无形停顿。毛泽东等14人致孙中山的信，也说明了国民党上海执行部瘫痪情况。

由于国民党上海执行部被右派篡夺，也由于在国共合作统战策略上毛泽东与陈独秀的观点已有一定差距，加之他工作劳累，身体虚弱，睡眠不佳，乃于1924年12月底离开上海，回湖南"养病"，直到1925年9月。[16]

中共中央局秘书

在上海期间，毛泽东的另一项重要工作，是担任中共中央局秘书。在《中国共产党中央执行委员会组织法》中规定："秘书负本党内外文书及通信及开会记录之责任，并管理本党文件。本党一切函件须由委员长及秘书签字。"

高菊村等著《青年毛泽东》一书写道：

国民党"一大"后，毛泽东于1924年2月中旬从广州到上海。他同蔡和森、向警予、罗章龙等，住在闸北香山路三曾里中共中央机关内，以主要精力从事中共中央局秘书工作。5月10日至15日，中共中央执行委员会扩大会议在上海召开，毛泽东参加了会议。会议肯定了国共合作5个月以来的成绩，同时指出中共三届二次执委会对国民党右派"取敬而远之的态度"和"一切工作归国民党"的方针有右倾偏向。会议通过了《共产党在国民党内的工作》等决议案，纠正了我们党只注重国民党的组织工作，忽视宣传工作，忽视共产党组织的独立性的错误；强调共产党要在国民革命运动的根本问题上指责国民党右派政策的错误；要对国民党不断加强反帝反封建的宣传，使之扶助工农运动；要介绍革命分子加入国民党，增强左派的势力；要注意把国民党与共产党的组织分开，共产党是独立的秘密的组织，共产党的主要负责人不兼任国民党组织的主要领导。会议强调以国民党"一大"宣言中的革命政纲为标准区分国民党左右派。会议提出共产党要加强自身的教育、组织工作。会议指出产业工人是共产党的阶级基础，要在产业工人中大力发展共产党的组织,建立和扩大工会组织,发展劳动运动,坚持党对工人运动的绝对领导权,防止国民党右派插手工人运动。这次会议正式决定中共中央分设宣传、组织、工农、妇女部,毛泽东任中共中央组织部长。

会后,毛泽东为贯彻这次会议精神,起草了一系列文件。毛泽东担任中央局秘书期间,由他起草或与陈独秀联合签署的文件至今找到的有:《中共中央通告》第13号(1924年4月19日)、第14号(5月19日)、第15号(7月21日)、第17号(9月10日)、第21号(11月1日)。以党中央代号"钟英"签署发的有《为召开第四次全国代表大会准备意见给各地的通知》(8月31日)、《中共中央关于召开第四次全国大会的通知》(9月15日)、《各地委分配及推销中央机关报办法》(9月25日)等文件。

中共中央通告第13号是《关于"五一""五四""五五""五七"之纪念与宣传》。《通告》指出,今年的"五一"由于中国工人阶级正在严重的压迫之下,除广州外,不可能有大规模的示威运动,但应在可能的范围之内,召集工人讲演会,讲演"五一"的历史及中国国民革命与集会结社之自由的关系。"五四"纪念则"须发挥五四运动两个重要的意义:(一)恢复国权运动;(二)新文化运动"。"五五"纪念应集合C.P及SY同志开一纪念会。"五七"纪念日,务努力联合工商学生做大规模的示威运动。口号是:不但否认二十一条及收回旅大,并要按照中俄协定,取消各国的租界、租借地、兵营、领事裁判权、庚子赔款,及废除不平等条约改订平等的条约。

第14号通告是号召全党反对军阀吴佩孚、萧耀南镇压国民党左派的运动。1924年5月13日,由于工贼告密,国民党汉口执行部机关遭破坏,中共汉口地方执行委员会委员、国民党汉口执行部组织部秘书许白昊,中共汉口地方执行委员会委员、国民党汉口执行部工人农民部部长刘芬等7人被捕,随即押往郑州,直至这年10月,第二次直奉战争中吴佩孚失败,萧耀南倒台,许、刘等才获释。通告愤怒谴责吴佩孚、萧耀南破坏革命,充当列强破坏中国民族运动的帮凶。

第15号通告是与国民党右派斗争的问题。在这份通告内毛泽东第一次使用了"国民党右派"一词。国共合作统一战线从开始形成的那天起,就存在着斗争。国民党右派分子千方百计排斥共产党,分裂国共合作。1924年6月1日,孙科等提出"制裁共产党分子案"。18日,国民党中央监察委员张继、邓泽如、谢持等又提出《弹劾共产党案》。第15号通告针对这些情况指示全党同志,一方面要注意革命势力的联合,不要使分离的言论与事实出于我方;另一方面"为国民党革命的使命计",对于国民党右派的分裂政策,"不可隐忍不加以纠正"。号召全党揭露右派摧残工运、农运,反对联俄、联共的罪行;同时应"努力获得或维持指挥工人农民学生市民各团体的实权在我们手里,以巩固我们在国民党左翼之力量，尽力排除右派势力侵入这些团体"；"各地急宜组织'国民对外协会'"，形成反帝国主义联合战线的中坚力量，以利形成国民党左翼或未来的新国民党组织。这个协会吸收成员应严格注意质量，以不满意国民党右派主张为重要标准。这个"国民对外协会"是一个独立团体，不可与国民党团体混合，尤不可受国民党支配，唯在国民党不能公开地方，完全由我们组成国民党党部，可用协会名义，对外公开。从毛泽东起草的这个通告看，当时中央有些同志打算组织"国民对外协会"，建立以国民党左派为核心的统一战线，以对付国民党右派的分裂。后因孙中山、廖仲恺等国民党左派坚持联俄联共扶助农工政策，并在国民党一届二次执委会上申明国民党有集中全国革命分子之必要，不问其平日属何派别，唯以言论行动能否依该党之主义政纲及党章为断，从而击退了右派的进攻。因此，"国民对外协会"也未组织。

第17号通告是反对江浙军阀战争问题。1924年9月初，直系军阀江苏督军齐燮元，为夺取皖系军阀浙江督军卢永祥控制下的上海发动战争，导致了第二次直奉战争的爆发。9月10日，中共中央发表了《第三次对于时局的主张》，同时，陈独秀、毛泽东签发了第17号通告。《通告》指出：此次江浙战争，显然是军阀争夺地盘与国际帝国主义操纵中国政治的一种表现；无论对于参加战争的任何一方，若有偏袒的言动，都是牺牲人民利益来为军阀势力张目。我们对于此次战争的态度只有暴露其实在性质，借之使人民了解在双重宰制之下中国和平之无望，每一次军阀战争的结果，只有加增人民的痛苦及被奴役的地位；人民对任何军阀战争不能存丝毫希望，可希望解救中国的唯有国民革命。

第21号通告是关于加强党务工作问题。《通告》说：加强党务工作，有益于加强党员的组织性、纪律性，提高党组织的战斗力；有益于沟通上下情况，了解实情，指挥得当；尤在斗争尖锐、复杂的环境下，更需要加强党务建设。但是"有的地方许久没有报告，有的虽寄报告，不是漫无系统，便是失之简略，不能看出工作的进步"。为此，《通告》要求各地党小组及地方委员会的组织生活应照例举行不得间断；开会时应常常提出具体的政治问题讨论，以教育各个同志；应做出工作规划，分配各同志，训练各同志，便成为真能行动的党员；各级党组织每次接到中共中央的文告后，应即提交会议讨论，并尽力执行，执行时有无障碍及其结果，均应随时报告中央。

毛泽东任中共中央局秘书期间，对社会主义青年团的工作十分重视。1923年9月6日他亲笔起草了《钟英致社会主义青年团中央执行委员会信》（钟英为中央局的代号）。信中说：中共中央议决"出席贵会会议代表为委员长与秘书，请于开会时通知此二人中之一人"。毛泽东经常代表中央出席团的会议，指导团的工作。1924年9月27日毛泽东手稿《钟英致社会主义青年团中央局的信》曾针对团中央个别领导闹独立的倾向提出批评，强调团中央的人事安排，必须与党中央取得联系。信中说：SY中央局，来示质问三点答复如下。第一点，和森同志患病，在病愈以前推项德隆（项英）同志出席团中央会议。第二点，中共中央有自由调遣党员的权力。至于张伯简同志是否留中共中央局长期做事，俟稍后决定了通知团中央，但现时并未正式决定。第三点，赵世炎同志到京接办政治生活，刘仁静即可返沪任团中央委员长，并未变更前议。〔17〕

毛泽东在上海工作期间，仍在关注长沙文化书社，继续做着"特别交涉员"的工作，为书社采购书刊。1924年3月16日他给上海民智书局账房夏先生的信中写道："昨日承兄替长沙文化书社所配的书，应请扎成大包，上面写明松兴公寄至汉口顺丰转运公司，转交长沙贡院西街十一号文化书社易礼容收字样。"民智书局是国民党在1921年创办的出版机构，1922年秋开始营业，1924年已属国民党上海执行部管辖。松兴公是上海一所民办信局，设法租界法大马路（今金陵东路）附近。为避免反动政府检查，扣留邮件，中国共产党常通过此信局寄递书刊。

为协助毛泽东工作，1924年6月，杨开慧携小孩毛岸英、毛岸青从长沙来上海。她在党中央机关从事文书誊写、收发工作外，还常在晚上到上海小沙渡工人夜校上课。〔18〕

出席国民党"二大"

1925年8月下旬，为躲避赵恒惕的追捕，毛泽东匆匆结束养病，从韶山来到长沙。9月，又转赴广州。在广州，他因身体极度虚弱，住进东山医院。9月28日，国民党"二大"重要议案委员会第一次会议决定，由汪精卫、陈孚木、毛泽东3人负责宣传问题议案的起草。这样，毛泽东又抱病参与国民党"二大"的筹备工作。

高菊村等在《青年毛泽东》一书中写道：

1925年11月13日，毛泽东在广州参加了国民党中央执行委员会议，被推定为国民党第二次全国代表大会代表资格审查委员会五个成员之一。此后，他以很大精力进行国民党"二大"的筹备工作。据国民党"二大"秘书长吴玉章回忆：国民党第二次代表大会的一切筹备工作都是依靠我党进行的。那时毛泽东和周恩来、聂荣臻、萧楚女等都在广东工作，陈延年是中共广东区委书记。还有董必武、林伯渠、恽代英、张太雷等。大会的筹备工作，就是由我和上述这些同志商量，分头进行的。〔19〕

11月27日，毛泽东出席了国民党中央执行委员会议。会议发表"致各级党部电"，驳斥林森等国民党右派提出"在北京西山开第四次中央执行委员会全体会议"问题。毛泽东以国民党候补中央执行委员身份签名。电文说："就法理而言，既经第三次中央执行委员会全体会议议决，全国代表大会及中央执行委员会全体会议须在广州开会，无论何人不得违反决议；就事势而言，中央执行委员会全体会议，属于公开性质，若在北京开会，外则受军阀压迫，内则有反动分子利用军阀从中作梗"，势必受到破坏，无法进行。故毛泽东等一面警告林森等"勿持异端，致生纠纷"速来广州开会，一面要求全党一致尊重三中全会之决议"竭其全力以拥护实行"。[20]

在这次会上还决定毛泽东执笔起草《中国国民党对全国及海外全体党员解释革命策略之通告》。《通告》深刻地阐述了由孙中山奠定的国民党的"联俄、联共、扶助农工"三大政策的正确性，必须采取联合国际及国内各派革命势力，坚持实行国共合作的统一战线策略的必要性。电文写道："今日之革命，乃世界上革命与反革命两大势力做最后决斗之一幕，与历史上一切革命异其性质"，因此，"革命之进行，亦当然异其策略"。如果"吾党之革命策略不出于联合苏俄，不以占大多数之农工阶级为基础，不容纳主张农工利益的共产派分子，则革命势力陷于孤立，革命将不能成功"。"彼帝国主义、军阀正惟吾今日所采革命策略之可畏，乃多方离间破坏。""西山会议派"的出现，就是这种破坏的一个"明证"。毛泽东在这里第一次提出，要以"农工阶级"作为统一战线的基础，是对当时中国共产党的关于统一战线理论的一个新发展。《通告》还解释了延缓召开中国国民党第一届四次中央执行委员会和第二次全国代表大会的原因。原来国民党一届三次中央执行委员会决议11月在广州召开第二届全国代表大会，在大会召开前十日，召集第四次全体中央执行委员会议。现因出现国民党右派——西山会议派进行反共分裂活动，国民党各级党部应一致通电声讨西山会议派，电文最后郑重向全党宣布，决定1926年元旦在广州召开第二次全国代表大会。[21] 毛泽东将自己起草的这个策略通告，在1925年12月4日国民党中央执委第一百二十五次会议上提议"请公决"，获得会议的一致通过。[22]

12月11日，毛泽东出席了在广州召开的国民党中央执行委员、监察委员、各部部长第一百二十六次联席会议。会议再次指出："西山会议"是非法的。西山会议取消李大钊、毛泽东等9位中央执行委员和候补中央执行委员的国民党党籍，是分裂国共合作的反动行为。会议通过了《中国国民党召集第二次全国代表大会宣言》。

经过吴玉章、毛泽东、周恩来、陈延年、沈雁冰等人周密的筹备，国民党第二次全国代表大会于1926年元旦在广州召开，出席代表278名，其中共产党员和国民党左派计168人，中派65人，右派45人。共产党人吴玉章任大会秘书长。毛泽东、夏曦、易礼容作为国民党湖南省代表出席。毛泽东的座位是13号。

8日下午，毛泽东代表国民党中央宣传部做《宣传报告》。《报告》共分6部分。第1部分为"文字宣传"。当时国民党在各地办的日报计有：上海《民国日报》，广州《民国日报》《国民新闻》，香港《晨报》《新闻报》，北京《民报》。其中广州《民国日报》归中央宣传部管理，《国民新闻》已由中央宣传部移交广东省党部。至于上海《民国日报》已蜕变为西山会议派的机关报。香港《晨报》后叛投陈炯明。香港《新闻报》、北京《民报》已被香港英政府和奉系军阀张作霖封闭。党办周报周刊有《中国国民党周刊》《党声周刊》《评论之评论》《浙江周刊》《新民》周报、《中国国民》《武汉评论》《政治周报》等；其中《党声周刊》《政治周报》属中央宣传部主办，《评论之评论》属上海执行部宣传部主持，《新民》周报由湖南省党部主办，《中国国民》属上海各区党部联合会出版。还有广东各军及各军校的周刊、半月刊，其中有黄埔军校的《黄埔潮》，国民革命军第二军的《革命》半月刊，第四军的《军声》等。以社团名义出版的刊物则有：学生团体的《中国学生》，工人团体的《工人之路》，军人团体的《中国军人》《革命军》《青年军人联合会周刊》及烟台的《新海军》等都由国民党同志主办。月报有《新建设》《新民国》、中央农民部主办的《中国农民》。通讯社有"中央通讯社"，由国民党中央宣传部直接管理。中央宣传部出版的书约30种，共发行393 959册。另外，中央宣传部散发传单达83种。

《宣传报告》的第2、3、4部分分别为"图画宣传""口头宣传""两年来14件重大事件"（国民党改组、收回粤海关、沙面罢工、商团事件、中俄协定、反直战争、孙中山总理北上、国民会议促成运动、孙中山逝世追悼运动、五卅运动、廖仲恺被害案件、反奉战争、反基督教运动及军队中平时教育、战时政治宣传）。第5部分是"敌人的宣传"。第6部分检查了在宣传工作中存在的缺点。[23]

国民党改组后，各方面的工作都有新气象。尤其在宣传工作方面，由于有毛泽东等共产党人的主持或支持，更是生气勃勃。正如毛泽东在《宣传报告》结束语中说的："两年来在革命宣传与反革命宣传相对抗之中，革命宣传确是取一种攻势；这种攻势，在五卅运动中特别地表现出来。反革命宣传却始终是一种守势，为了招架不住，才抬出'反共产''赤色帝国主义'这两块挡箭牌来。这种对抗攻守的现象，乃中国革命势力日益团结进取，而反革命势力日益动摇崩溃的结果。"[24]

16日，毛泽东参加起草的《关于宣传决议案》在大会上获得通过。《决议案》写道："各个群众虽说因为社会地位的不同而异其需要，但是他们要求国民革命的实现，确是一致的。中国的解放和统一，是大多数人所要求的。所以大多数的民众就是国民革命的基础。""国民党扶助农民减租,取消苛捐杂税,也是一个必要的政策,因为农民所受的压迫愈减轻,国民革命完成的时期愈迫近。"因此,"我们如果想促成国民革命的成功,必须要拥护农民的利益。宣传部应当正式指示,凡是赞成中国农民的解放运动的,就是忠实的革命党员,不然就是反革命派"。《决议案》还说:"一个党的成功,须赖有党的重心。中国国民革命的重心,就隐伏在大多数受剥削的农民群众。宣传部应时常指示各党员,并且命令他们趋重于这个重心。"〔25〕

18日,毛泽东向大会宣读参加起草的《宣传报告决议案》。《决议案》认为,自第一次全国代表大会发布本党宣言及政纲,明揭国民革命的目标及方法之后,党内外视听为之一变。在党外,民众渐知国民党领导国民革命之目标,是推翻国际帝国主义及其一切附属物,为民众利益而奋斗。在党内将全党党员统一于一个共同目标与共同方法之中。不足之处是未能将本党革命目标及方法,深入占全国人口最大多数之工农小商群众中。未能建立一具体的教育党员计划,使全党党员革命化。"应按照新的宣传计划,切实正改之。"〔26〕

同日,大会在讨论《党务报告决议案》关于言论限制条款时,有人主张言论限于小册子,毛泽东表示不同意,说:"本席以为未尽完妥,如林森此次在京之演说词,字数虽少",也未成小册子,但"关系却很大。所以专限小册子也是不行的"。在讨论"决议案"中有关中国共产党和国民党关系内容时,有人提出了对原案进行修改的不当意见,毛泽东说:"仍请维持原案,不必删改。"接着,袁同畴发言:"以为这个问题应该从根本上解决。"并提出了三条具体办法:"一、共产党员加入中国国民党时,声明自己是共产党;二、共产党员要将在国民党内的活动公开;三、中国国民党党员加入共产党时,要得该地党部之许可。"张国焘、毛泽东先后发言。

毛泽东说:"袁同志提出这个问题,很可讨论。张同志所说的是事实也要注意的。而且这三种条件,我们也都是不怕的。""如果怕声明自己是共产主义者,也绝不是真正共产党员了。但是共产党在中国还算是一个秘密组织,与俄国共产党执政可以公开活动不同。在中国共产党一日未能取得法律地位,是不能不秘密的。如在上海等地,也要声明,便马上要受枪毙了。""在共产党的友党中国国民党势力之下公开是可以的,但在他处,也要公开,就马上要给人解散消灭,这便是以使国民革命中一部分力量受一个重大打击,也于国民革命前途是不利的。无论何党,党员出党入党应有绝对自由,实在不必有任何的限制。"袁同畴在受到毛泽东和其他共产党人发言驳斥后,表示"本席可以收回前时的提议"。〔27〕

这一天,大会主席还报告了第二届中央执行、监察各委员决选结果,参加投票者211人，毛泽东以173票连续当选为候补执行委员。

19日，大会主席汪精卫在讨论纪律提案第三项时说：关于第三项覃振、石瑛、茅祖权三人，原案主张加以警告，限于1月份声明脱离"北京同志俱乐部"〔28〕，且须致函中央党部报告，否则除名，大家以为如何？毛泽东紧接发言："本席主张改为两月，因一则交通不便，一个月消息来往实不够；二则要使他们知道决议案慎重的真意；三则我们还且希望他们再走回革命之路的。"大会接受毛泽东的建议，将原决议条文改为"覃振、石瑛、茅祖权亦列名北京同志俱乐部，应予以警告，限两个月内向中央党部声明脱离"。〔29〕

国民党"二大"闭幕后，于23日召开了二届一中全会，汪精卫当选为国民党中央宣传部长。2月5日国民党中央第二次常务会议上，汪精卫推荐毛泽东继续代理中央宣传部长，并为会议通过。毛泽东接受这一任命，并对部务做了进一步的整顿。〔30〕

代理国民党中央宣传部长

在国民党"二大"召开前，国民党中央党部常务会议即于1925年10月5日推荐毛泽东代理汪精卫的中央宣传部长一职。此后，毛泽东在参与筹备国民党"二大"的同时，即到职视事。

关于毛泽东在代职期间的工作，高菊村等在《青年毛泽东》一书中写道：

1925年10月，直系军阀孙传芳带兵反奉。11月22日，在直系将领冯玉祥策划下，奉系将领郭松龄倒戈。自此，北京等地各群众团体举行反对奉系军阀扶植的段祺瑞临时执政府的大示威。毛泽东认为，这种大示威的性质为反英日帝国主义的民族革命；国民党各地党部应指挥同志做广泛的宣传。于是，中国国民党中央党部委托毛泽东起草反奉宣传大纲。27日，中国国民党召开中央执行委员、监察委员、各部部长第一百二十三次联席会议，毛泽东向会议提交了《中国国民党之反奉战争宣传大纲》。

《大纲》首先分析了在这次反奉战争中帝国主义、军阀、政派、国民军、国民政府、民众各方面的势力。在分析民众的力量时说："此次反奉运动的主体，应该是全国的革命民众，直系之发动，仅仅是一支先发队，不能算作主体。""全国民众之反奉，即反英日帝国主义。"反奉的胜利，即反英、日胜利，这与广东民众讨伐陈炯明，即攻击英国帝国主义，东征胜利即罢工胜利的观念是一样的。

《大纲》的第二部分是"我们的宣传及准备"。根据上面的分析，提出了九个方面的宣传和准备，其基本观点是，"人民于敌友之分辨，全看其与帝国主义有无关系。无论何人何时一与帝国主义发生关系，人民即不认之为友"。

毛泽东起草的《反奉战争宣传大纲》在这次联席会议上顺利通过。宣传部还在会上提出了将孙中山总理遗嘱谱为歌曲的问题。会议决定交汪精卫审定。

12月3日，中国国民党公布了《反奉战争宣传大纲》。该大纲刊载于《政治周报》创刊号，发行2万份，另印发单行本2万份，分送各地党部。广州《国民新闻》等报刊都以醒目标题转载。

同一天，毛泽东又以国民党"中央执行委员会宣传部代部长"名义，向各地宣传部发出了《中央宣传部对反奉宣传之通告》。《通告》要求"全国各地高级党部亟宜指挥所属全体同志为广大之宣传，引起民众之革命的热潮"，以夺取"中国国民革命"的"部分成功进而至于全部成功"。[31]

反奉《宣传大纲》和"中宣部"《通告》发出后，全国各地掀起了反奉高潮。12月20日广州举行了反段大示威，反对奉系军阀张作霖支持的北京段祺瑞政府。毛泽东以"石山"的笔名写了一篇综合报道。文章说，广东为中国革命之先驱，当此革命基础巩固，全国反奉潮流高涨的时候，自应急起直追，领导全国国民做统一全国的大革命运动。因此中华全国总工会、省港罢工委员会、工人代表会、省农民协会、青年军人联合会、革命青年联合会、广州学生联合会、新学生总社、香港学生联合会、广州市商会等各大人民团体，联请国民党中央执行委员会发起反段示威游行，并督促国民政府准备出兵北伐，以打倒卖国殃民的段政府，建立全国统一的国民政府，废除一切不平等条约，使国民革命在短时间内得告完成。示威大会发布了反段示威宣传大纲。大纲的中心内容是号召人民武装起来，夺取政权，"如人民现时不急起直追，抢夺政权于自己手中，则军阀必将继续其统治于中国，而延长中国人民之压迫与痛苦"。人民要夺取政权，要取得国民革命之成功，就必须加强"全国革命势力之团结与国民党之左倾"。[32]

在这段时间，毛泽东还主持了中国国民党选派学生赴莫斯科孙文大学学习事宜。莫斯科孙文大学，全称是"孙中山中国劳动大学"，即莫斯科中山大学，创于1925年9月。其宗旨是"以容纳中国信仰孙先生主义的革命青年使为深切之研究，以养成国民革命之领导人才"。拟定招生500名，其中在广东拟招150名。第一批取147名。毛泽东为此写了一篇报道，简略地介绍了中苏人民之间、特别是孙中山与列宁之间的友谊，学校宗旨、课程设置等，并且公布了录取学生名单。[33]这批学生于12月中旬奔赴莫斯科。

这年12月，毛泽东还兼任了国民党中央党部宣传员养成所所长。当年宣传员养成所学员谢华回忆：所长原是廖仲恺。廖被刺后，一段时间无所长。毛泽东任宣传部代理部长后，即由他兼任，约有3个月。学习的课程有《帝国主义》《共产主义》《农民运动》等。毛泽东经常来所讲演。[34]该所学员毕业后，绝大多数分配到国民革命军担任政治宣传干部和营、团党代表。

这段时间,毛泽东还组织和参加了各项纪念活动,进行革命宣传。

1926年2月28日他参加了中国国民党政治讲习班第一期开学典礼,并发表演说。政治讲习班是国民党中央党部主办的,谭延闿、程潜、林伯渠、陈嘉佑、鲁涤平、毛泽东、李富春任理事。谭延闿任理事长,谭不在,由毛泽东代理。李富春是班主任。第一期学员全是湖南人,专门培育从事军队和地方工作的政治工作人员。毛泽东讲演的中心内容是"革命分子团结起来"。他说:"我觉得政治讲习班这个团体,表示了一个很大的意义,即是革命分子团结起来了。"并且举了许多例子。他还说:"这回从湖南来此地的同志,我相信都是彻底的革命者。即此地先后投考者约千余人,取录者仅二百余人,其取录标准,绝对不是重文字的工拙,完全看他的思想是否是革命的。"我们的敌人对革命采取了联合行动,"我们非团结起来为之奋斗不行"!诸位都是来此做革命工作的,"绝对不是抱升官发财的希望而来。望诸位忍苦耐劳,大家联合起来,努力国民革命"。〔35〕

3月18日,他在中国国民党政治讲习所纪念巴黎公社55周年大会上发表《纪念巴黎公社应注意的几点》的讲演,他说:"今天是中国民众纪念巴黎公社的第一次。巴黎公社事件的发生,距今已55年了,为什么到今日我们才知道纪念?因为中国从前的革命是少数人包办的,及到革命潮流渐渐增长,革命运动才跟着由少数人扩张到多数人,到现在已有多数的农工民众参加,并且有左派的国民党党员做指导,有工农阶级专政的国家苏维埃俄罗斯做模范,所以中国民众才知道有今天的纪念。"纪念巴黎公社的意义或应注意的几点,毛泽东做了高度概括:一、巴黎公社是工人阶级的第一次的革命运动。二、巴黎公社是开的光明的花,俄国革命是结的幸福的果,俄国革命是巴黎公社的继承者。三、现时国内颇有些人怀疑或反对阶级斗争,这是不了解人类进化史的缘故。四、巴黎公社失败有两个主要原因:1.没有一个统一的集中的有纪律的党做指导。我们欲革命成功,必须劳力集中行动一致。所以有赖于一个有组织有纪律的党来发号施令。当时巴黎公社,因为没有一个统一的政党,以致内部意见分歧,势力分散,而予敌人有可乘之机;2.对敌人太妥协太仁慈。我们对敌人仁慈,便是对同志残忍。各同志要鉴往知来,惩前毖后,千万不要忘记"我们不给敌人以致命的打击,敌人便给我们以致命的打击"这两句话。〔36〕

他还在政治讲习班讲授《农民运动》,每周一至两次。

5月7日广州各界集会,纪念"五七"国耻日。毛泽东、缪斌、陈其瑗、褚民谊代表国民党中央党部参加了大会,并被选为主席团成员。会后,他们联名给国民党中央执行委员会写了一个《五七国耻纪念报告》,详述拥护西山会议派的国民党广州市党部青年部、广东总工会欺骗群众,挑起事端,破坏集会的经过。10日,毛泽东、陈其瑗等出席国民党中央执行委员会党务委员会第二十七次会议,向会议提交了《五七国耻纪念报告》。毛泽东通过这些活动,宣传和维护了国共合作的统一战线,批判和回击了国民党右派破坏国共合作的行径。[37]

在代理国民党中央宣传部长期间,毛泽东参与了同"西山会议派"的斗争,创办《政治周报》。这使他的政治影响迅速扩大。

高菊村等在《青年毛泽东》一书中写道:

五卅运动后,大地主大买办阶级进一步与帝国主义封建军阀勾结,向革命势力反扑,统一战线内部的斗争日趋激化。谢持、邹鲁、冯自由等从孙中山改组国民党之日起,就开始反对孙中山联俄、联共、扶助农工的政策,这时更加嚣张。他们勾结国民党中央执监委员林森、叶楚伧、吴稚晖、张继等在北京西山碧云寺孙中山灵前召开所谓国民党第一届第四次中央执监委员会议,实行反共,通过"取消共产党员在国民党中之党籍"等反动议案。这些国民党老右派,史称"西山会议派"。

为了反击西山会议派的反共宣传,巩固国共合作统一战线,中国国民党中央宣传部代理部长毛泽东创办了《政治周报》,并任主编。

1925年12月5日《政治周报》创刊号问世。毛泽东在《"政治周报"发刊理由》一文中劈头写道:"为什么出版《政治周报》?为了革命。为什么要革命?为了使中华民族得到解放,为了实现人民的统治,为了使人民得到经济的幸福。""我们为了革命,得罪了一切敌人——全世界帝国主义,全国大小军阀,各地买办资产阶级,土豪劣绅,安福系、研究系、联治系、国家主义派等一切反动政派。……彼辈怨愤之余,凡所以咒诅、诬蔑、中伤我们者无所不用其极。京津沪汉各地反革命派宣传机关,惶然起哄,肆其恶嘴毒舌,凡所以咒诅、诬蔑、中伤我们者亦无所不用其极。""我们现在不能再放任了。我们要开始向他们反攻。'向反革命派宣传反攻,以打破反革命的宣传。'"反攻敌人的方法,"并不多用辩论,只是忠实地报告我们革命工作的事实。敌人说:'广东共产。'我们说:'请看事实。'敌人说:'广东内讧。'我们说:'请看事实。'"《政治周报》的体裁,"十分之九是实际事实之叙述,只有十分之一是对反革命派宣传的辩论"。

《政治周报》从1925年12月至1926年6月共出版14期。在第一期上,毛泽东针对反革命派在宣传中的反"共产"、反"赤色帝国主义"两面黑旗,写了《三三三一制》《杨坤如的布告与刘志陆的电报》《如果讨赤志同、仇雠亦吾良友》《颂声来于万国》《反共产中国国民军大同盟万岁》《共产章程与实非共产》《邹鲁与革命》。在第二期上写有《赤化原来如此》等杂文。这些短小精练的杂文，有如锋利的匕首，刺破了"反共产"的实质是："一般反革命党以国民革命指为共产革命，以国民党指为共产党，以国民政府指为共产政府，以国民革命军指为共产军，无非承了帝国主义意旨，制造几个简单名词散布出来，企图打破国民革命中各阶级合作的联合战线。"〔38〕

特别值得重视的是《政治周报》发表的一批分析资产阶级各派及我们对其政策的文章。其中《向左还是向右》《北京右派会议与帝国主义》《帝国主义最后的工具》《右派的最大本领》《上海民国日报反动的原因及国民党中央对该报的处置》《国民党右派分离的原因及其对于革命前途的影响》等，都是出于毛泽东的手笔。他在这些文章中，阐述了下述基本观点：

1. 在革命与反革命的搏斗中，中间派必然要分化。这个观点，毛泽东在国民党广东省第一次代表大会上从理论上做过全面的阐述。在《向左还是向右》一文里，又进一步用客观事实加以论证。他说：中间派只有两条路走，或者向右跑入反革命派，或者向左跑入革命派，万万没有第三条路。譬如说广东，"左就是广州，右就是香港"。陈炯明率领反革命派军人、政客、买办阶级、土豪劣绅站在香港旗帜之下，国民党左派率领工农兵学商各种革命民众一齐站在广州旗帜之下，两派用大炮互轰。"在这互轰中不能有中间派，他有，也只有藏头掩面躲在一派旗帜之下，用低声发言，用轻步走路。"〔39〕

2. "西山会议派"就是国民党右派，就是资产阶级右翼的政治代表。1926年3月前，毛泽东把西山会议派视为资产阶级右翼的政治代表。西山会议派在研究系、安福系、联治系、国家主义派等代表大地主、大官僚、大买办阶级的反动政团败阵后，继而举起"反共产、反苏俄"的黑旗，为帝国主义、封建军阀张目，成为帝国主义反对中国国民革命的最后工具。他们的最大本领，就是能在军阀帝国主义面前公开开会，按照帝国主义军阀的旨意实行"巢里反"。〔40〕他们的舆论喉舌是上海的《民国日报》。

上海《民国日报》从前是叶楚伧等人的私人报。"去年第一次全国大会后才收归党办，但是自始即不能作为国民党的言论机关。"该报常常不登或删反帝国主义反军阀的文字，替帝国主义军阀隐恶扬善；对国民党国民政府的革命策略丝毫不做宣传，江浙战争时，该报完全丢掉国民党地位做了安福系卢永祥的机关；南洋烟草公司压迫数千工人流离失业时，该报为资本家大登其压迫工人有理的广告，……凡此皆该报反动的预兆。由此可以论定，划分左派、右派的标准，乃在于对待帝国主义和军阀的态度，对待国共合作的统一战线的态度，对待工农的态度。〔41〕

3. 国民党右派分离出去"是一种必然的现象"，是历史发展的必然趋势。毛泽东从国内外资产阶级革命性质、对象、任务、目的、结果、时代特征及国民党自身的历史发展等六个方面剖析了国民党右派分离的原因。

第一，他分析了18世纪末期至19世纪中期欧美日本资产阶级反抗封建贵族阶级的民主革命，与19世纪末期至20世纪初期殖民地半殖民地的小资产阶级、半无产阶级、无产阶级合作反抗帝国主义及其工具官僚军阀买办地主阶级的国民革命，是两种"性质完全不同"的革命。由于性质完全不同，革命的对象、目的、策略、结果也就大不相同。前者，"乃资产阶级一阶级的革命；其对象是国内的封建贵族；其目的是建设国家主义的国家，即资产阶级一个阶级统治的国家；其所谓自由平等博爱乃当时资产阶级用以笼络欺骗小资产、半无产阶级、无产阶级使为己用的一种策略；其结果是达到了他们的目的，建设了国家主义的国家；其终极是发展了全世界的殖民地半殖民地，造成了国际资本帝国主义"。后者，"乃小资产阶级、半无产阶级、无产阶级这三个阶级合作的革命"。"其对象是国际帝国主义；其目的是建设一个革命民众统治的国家；其终极是要消灭全世界的帝国主义，建设一个真正平等自由的世界联盟（孙先生所主张的人类平等世界大同）。"

第二，辛亥年的革命，虽然其本质应该是反对国际帝国主义，然因当时多数党还没有看清此点，一班右倾的领袖只知道国内的满清贵族阶级是敌人，革命的口号变成简单的"排满"；国际的局面是几个强国霸占了全世界，只有压迫阶级反革命的联合，没有被压迫阶级革命的联合，现在的局面与辛亥年完全两样；革命的目标已转换到国际资本帝国主义；党的组织逐渐严密完备起来，因为加入了工农阶级的分子，同时工农阶级形成了一个社会的势力；已经有了共产党；在国际上又突现了一个无产阶级国家的苏俄和一个被压迫阶级革命联合的第三国际，做了中国革命有力的后援。以此之故，在辛亥年参加革命的人，现在只剩下了少数革命意志强固的还主张革命，大多数都因为畏惧现在的革命把革命事业放弃了，或者跑向反革命队伍里同着现在的国民党作对。因此，老右派新右派依着革命的发展和国民党的进步，如笋脱壳、纷纷分裂。

第三，随着国民党的历史发展，它所代表的阶级属性也在变化。"兴中会的组织，完全是收集游民无产阶级的会党；同盟会的组织，一部分是海外华侨工人，一部分是内地的会党，另一部分则为小地主子弟出身的留学生，小地主子弟出身的内地学生及自耕农子弟出身的内地学生。总之同盟会的成分，乃无产阶级（会党）、半无产阶级（侨工）、小资产阶级（一部分内地学生）、中产阶级（留学生及一部分内地学生）这四个阶级的集合体。"辛亥革命初成，同盟会中代表小地主的一派即不赞成孙先生平均地权节制资本见之于实行，结果解散革命的同盟会，改组为不敢革命的"国民党"，合并了许多代表小地主阶级利益的政团，使小地主阶级在国民党中成了绝对多数的支配者。孙中山因此大愤，决志改组为中华革命党。中华革命党改成中国国民党时,又加入了一批中产阶级的非革命派,此时而且有一部分代表买办阶级的分子混了进来,他们站在党的支配地位,孙先生及少数革命派领袖乃于去年1月毅然召集第一次党的全国大会,明确决定拥护工农阶级的利益,从工农阶级中扩张国民党的组织,并且容纳了共产派分子入党。然而此举首先得罪了代表买办阶级的领袖们,冯自由、马素等首先与帝国主义军阀勾结脱离了国民党,另外组织同志俱乐部,国民党左派为了拥护工人的团结与罢工,得罪了帝国主义买办阶级;为了拥护农民的团结与减租,得罪了地主阶级,为了保护革命根据地,用严厉手段对付反动派,得罪了帝国主义工具买办地主阶级的代表魏邦平、陈炯明、熊克武一班人,于是又出现了"西山会议派"这些新右派。[42]

4. 中国民族资产阶级具有两面性:革命性和妥协性。中国现在已到了短兵相接的时候,一面是帝国主义为领袖统率买办阶级大地主官僚军阀等大资产阶级组织反革命联合战线,站在一边;一面是革命的国民党为领袖,统率小资产阶级(自耕农、小商、手工业主)、半无产阶级(半自耕农、佃农、手工业工人、店员、小贩)、无产阶级(产业工人、苦力、雇农、游民无产阶级)组织革命联合战线,站在一边。那些站其中间的中产阶级(小地主、小银行家及钱庄主、国货商、华资工厂主),其欲望本系欲到大资产阶级的地位,为了帝国主义买办阶级大地主官僚军阀的压迫使他们不能发展,故需要革命。然因现在的革命,在国内有本国无产阶级的猛勇参加,在国外有国际无产阶级的积极援助,他们对之不免发生恐惧,又怀疑各阶级合作的革命。中国的中产阶级许多人到现在还梦想前代西洋的民主革命,还在梦想由中产阶级一个阶级领袖不要外援欺抑工农的"独立"的革命,还在梦想其自身能够于革命成功后发展成壮大的资产阶级建设由一个阶级独裁的国家。[43]

5. 中国民族资产阶级不能建立一个阶级独裁的国家。首先,"他们革命的出发点,与其余阶级革命的出发点完全不同;他们的革命是为了发财,其余阶级的革命是为了救苦;他们的革命是为了准备做新的压迫阶级,其余阶级的革命是为了要得到自己的解放,并且使将来永无压迫自己的人"。这种阶级利己主义,必然"疑忌工农阶级之兴起",必然"疑忌国内及国际无产阶级政党之援助,他们丢弃了群众,丢弃了帮手,在20世纪半殖民地内外强力高压的中国,绝没有做成革命的道理",绝没有建立中国资产阶级独裁国家的环境、条件。[44]

6. 国民党右派的分裂不足以妨碍国民党的发展。国民党右派代表资产阶级的右翼,而右翼的人数在全国总人口上占极小的比重。当年四万万人中买办大地主、官僚、军阀等大资产阶级至多每四百个人里有一个,小地主、国货工商业家等中产阶级,大约每百个人里头有一个,此外的数目都属其余的阶级。这就是说，中国为了救苦，为了自求解放的革命民众有三万万九千五百万，占百分之九八点七五。其敌人只有一百万，占百分之零点二五。中间派也只有四百万，占百分之一。"在这种情形之下，我们可以毫不犹豫地断定：代表中产阶级的国民党右派之分裂，并不足以妨碍国民党的发展，并不足以阻挠中国的国民革命。他们的分裂，是基于他们的阶级性，是基于现在特殊的时局，使他们不得不分裂，并不是为了什么左派的操切。"〔45〕

毛泽东上述观点，集中了中共"四大"以来党内许多同志对中国资产阶级的分析，是毛泽东在《政治周报》中发表的一系列政治文章的基本观点。

《政治周报》在毛泽东的主持下，从理论上、事实上揭批了国民党右派——西山会议派分裂国共合作的行径，教育了国民党左派、争取了中间派。各地革命党员纷纷起来反对北京右派会议——西山会议派。毛泽东将各地党部反对西山会议派的电文汇集，以《革命派党员群起反对北京右派会议》《反对右派会议者遍于全国》的醒目标题摘要刊登，有力地反击了西山会议派，维护了国共合作的统一战线，迎来了北伐战争的胜利进军和轰轰烈烈的农民运动。〔46〕

在国民党中央党部的会议记录里，保留着一批珍贵的历史资料。其中，也记录了毛泽东在担任代理中央宣传部长职务期间的活动。据《青年毛泽东》一书载：

1926年2月8日，国民党中央执行委员会召开第三次常务委员会议。毛泽东列席。"宣传部提出沈雁冰为秘书，顾谷宜为指导干事，吴求哲、陈曙风为编辑干事，萧楚女、朱则、赖特才、朱稚零为检阅干事"等人事问题，得到会议决议通过。〔47〕据沈雁冰回忆，毛泽东代理宣传部长后，陆续调进了一些共产党员和共青团员，"实际上宣传部的工作都是共产党做的"。毛泽东"首重人才"，宣传部"人才济济，一时有人才内阁之称"。

2月16日，毛泽东因病，请求休假两星期，并提议休假期间部务由沈雁冰代理。国民党中央党部第五次常务会议，同意他的请求和提议，决定"宣传部代部长毛泽东同志因病请假两星期，部务由沈雁冰同志代理"。〔48〕

3月初，毛泽东病愈，回到国民党中央宣传部，主持日常工作。

3月16日，国民党中央执行委员会常务委员会召开第十二次会议，毛泽东列席，并以中央宣传部代理部长身份提出多项提案，并做说明，其中一项是对付京沪等地孙文主义学会问题，主张严加取缔。孙文主义学会是1925年12月黄埔军校内的右派分子贺衷寒、缪斌等在蒋介石、戴季陶支持下成立的。他们出版《国民革命》《孙文主义丛刊》等，打着信仰、研究、宣传孙文主义的旗帜，进行反共活动。他们不仅在广州，而且在上海、北京、天津等地发展孙文主义学会，与西山会议派结合，开展反共活动。毛泽东的提议，获得部分通过。即在北京、上海等地不准发展孙文主义学会。4月23日，第二十二次常务会议，毛泽东、杨匏安等又提出"训令全体党员不得认反动分子为党员，不准加入各地未经本会批准擅自设立孙文主义学会案"。会议决定，除广东外，未经本会批准，不得认为本会附属团体。

由于陈独秀、张国焘的妥协退让，丧失了国民党"二大"中左派占优势的大好形势，造成中央执行委员会及监察委员会内右派占优势、左派陷于孤立的困局。二届中央执委和候补中央执委共60人，共产党员仅14人，中央监察委员12人，共产党员仅1人。"二大"后，蒋介石一方面继续充当"中派"，另一方面制造事端，试探中国共产党的态度和国民党左派的势力。3月18日，蒋介石借黄埔军校驻广州办事处名义，命令海军代理局长、共产党员李之龙，调派中山舰到黄埔候用。19日，李之龙向军校驻广州办事处索补调派兵舰的公函到海军局编号存案。经蒋介石允许"电舰返省"。20日，蒋介石谎称共产党人指挥中山舰炮轰黄埔，共产党人要暴动，宣布戒严，逮捕李之龙等共产党人，包围省港罢工委员会和苏联顾问办事处。毛泽东、陈延年得知后，即往苏联军事顾问代表团团长季山嘉处商量对策。毛泽东提出，动员所有在广州的国民党中央执、监委员到叶挺独立团驻地肇庆开会，通电讨蒋，削其军权，开除党籍；利用蒋介石与其他各军的矛盾，声讨蒋介石。当时在广东的国民革命军有六个军，除第一军外，其他各军军政首脑都反对蒋介石，而且在第一军内，政治骨干大部分都是共产党员。建议遭到季山嘉为首的苏联军事代表团的反对，乃请示陈独秀，又遭陈的冷遇。于是，毛泽东、周恩来建议把从第一军中被迫退出的共产党员派到其他军队中去，建立叶挺独立团式的军队。陈独秀又拒绝了这一正确主张。

4月2日，毛泽东出席了国民党中央执行委员会常务委员、各部部长及中央监察委员联席会议。在会上，毛泽东代表宣传部提出了"畸岭书社假冒先总理名义，发行《社会主义论》小册应否禁止案"，并说明："这种冒名孙总理遗著"的事件，"显系贪利市侩所为，若不严加取缔"，那些"行见射利之徒、反革命之辈"，将"淆惑社会听闻，有妨本党前途甚大"。会议接受了这一提案，并做了相应的决议。[49] 会议还听取和通过了中国共产党广东区执行委员会声明中国共产党对于国民革命所取之态度，中国国民党中央政治委员会函送湖南省党部关于该省最近政治状况等几个报告。

5月15日至22日，国民党在广州召开二届二中全会。毛泽东出席了会议，并在20日的会议上做了《宣传部工作报告》，"将本年2月1日起，截至5月15日止"的宣传工作情形做了简要概括。他说：本部自从第二次全国代表大会闭会以后，即于2月初间，派定职员，分配工作，一切规划设施，均依照第二次代表大会之宣传决议案，依次进行。

1．开办党报。计有汉口《楚光日报》、长沙《湖南民报》、北京《国民新报》、广州《政治周报》。另外，上海《民国日报》变成西山会议派的喉舌后，乃于1926年4月由上海特别市党部负责人出面，顶受《中华新报》的财产，改称《国民日报》出版，"经费之决定及人员之委任，均属中央常务会议、宣传部担任执行"。据5月12日《国民党中央执行委员会常务委员会公函》称："案据本会宣传部部长毛泽东同志转据'上海特别市党部'来函，略谓党报极宜开办。现因中华新报停刊，故即将其机器及余物顶受，价洋3600元，另需开办费3800元，两项共计7400元，开办后每月经常费4600元。组织方面，分经理、编辑两部，拟请任张静江同志为正经理，张廷灏同志为副经理，柳亚子同志为编辑部正主笔，沈雁冰同志为副主笔，侯绍裘、杨贤江、顾谷宜三同志为编辑委员。"

2．发布宣传大纲。计有"二大"宣传大纲；孙中山逝世周年纪念宣传大纲；"五四"纪念宣传大纲等。

3．设立检阅会议，检阅党内外出版物。

4．设立上海交通局，沟通中央与全国各地的关系。自2月至5月发送北方及长江流域之宣传品41种，共计221 284份。

5．设立宣传委员会，讨论全国宣传事项，以汪精卫、顾孟余、陈公博、甘乃光、胡汉民、林祖涵、彭泽民、陈其瑗、邵力子、毛泽东等10人为委员。

6．加强中央宣传部与各省宣传部之间的联系。

7．设立了宣传材料储藏机关——宣传部图书室。

8．接办国民通讯社。国民通讯社仅次于国闻通讯社之第二家大通讯社，等等。

《宣传部工作报告》还对今后宣传工作做了具体的规划。第一，津贴各地报纸，扩大宣传。全国各省除边疆数处外，均有了国民党组织。在有国民党的地方就应有公开宣传机关。然到处办报实为人力财力所不许，若采用津贴报纸方法则所费不多，收效颇大。如全国重要地点以20处计，平均每处津贴报纸一家，每家津贴200元计，每月共费津贴洋4000元，仅抵一家党报之经费，然收效已遍全国。此等津贴之报纸，"其条件至少消极方面不攻击本党及国民政府，能办到适当地拥护本党及国民政府，自为我们之目的"。第二，计划编印国民运动丛书。在上海设立征稿处，任命沈雁冰为驻沪编纂干事，"其责任为征集丛书稿件，寄到中央宣传部，经审定后寄返上海印刷发行"。预计每月出书10种，半年内可出60种。宣传计划还具体列出编纂书目64种。〔50〕

在国民党二届二中全会上，蒋介石提出了旨在限制共产党、篡夺国民党党权的《整理党务案》，规定"凡他党党员加入本党者，不得充应本党中央机关之部长"等条文。中共中央派张国焘、彭述之指导出席这次全会的中共党团。在党团会上讨论是否接受《整理党务案》时，大家意见不一致，讨论7天毫无结果。最后，张国焘按照他同陈独秀商定的让步方针，要大家签字接受。毛泽东拒绝签字，主张"坚决顶住"。在国民党二届二中全会上表决所谓《整理党务案》时，就没举手。"当时没有举手的还有国民党内的两个人，一个何香凝，一个柳亚子。"[51] 由于陈独秀、张国焘采取退让方针，致使《整理党务案》通过了。从此，在国民党中央党部任职的共产党员全部辞职。毛泽东也就离开了国民党中央宣传部。[52]

注　释

〔1〕埃德加·斯诺：《西行漫记》，生活·读书·新知三联书店1979年12月版，第134—135页。

〔2〕《徐梅坤回忆中共"三大"》（1980年3月），《"二大"和"三大"——中国共产党第二、三次代表大会资料选编》，中国社会科学出版社1985年8月版，第674—679页。

〔3〕高菊村等：《青年毛泽东》，中共党史资料出版社1990年3月版，第194—196页。

〔4〕林祖涵（1886—1960），字伯渠，湖南临澧县人，常德师范毕业，东渡赴日本留学，1909年归国在吉林巡抚陈昭常处任吏员，其兄林建藩（修梅）曾任零陵镇守使，曾起义，与国民党有渊源。林子1921年加入中国共产党。1923年任国民党本部总务部副部长，并参加改组国民党工作。——原注

〔5〕沈玄庐，原名定一，浙江萧山人，家资豪富，有沙田千顷，清末以捐款报效得任云南霑益知县，任满家居，有妻妾仆婢甚多，后在衙前做农民运动，借此与我党接近，随于1922年加入中国共产党，旋因其媳他恋迁怒于党，遂脱离党，后积极参加国民党清共工作，任国民党中委及浙江省政府委员。——原注

〔6〕罗章龙：《椿园载记》，东方出版社1989年6月版，第295—296页。

〔7〕见1924年1月20日《中国国民党全国代表大会会议录》。——原注

〔8〕〔9〕〔10〕见1924年1月22日《中国国民党全国代表大会会议录》。——原注

〔11〕见1924年1月29日《中国国民党全国代表大会会议录》。——原注

〔12〕见1924年1月31日《中国国民党全国代表大会会议录》。——原注

〔13〕高菊村等：《青年毛泽东》，中共党史资料出版社1990年3月版，第201—203页。

〔14〕罗章龙：《椿园载记》，东方出版社1989年6月版，第294—295，296—297页。

〔15〕《"二大"和"三大"》，中国社会科学出版社1985年8月版，第691—695页。

〔16〕高菊村等：《青年毛泽东》，中共党史资料出版社1990年3月版，第206—208页。

〔17〕蔡和森、项德隆都是三届中央委员；张伯简在中共中央宣传部负责《向导》周报出版发行工作，后任中共中央出版部书记、团中央候补执行委员。赵世炎刚从苏俄回国，旋即派任中共北京地委书记、北方区委宣传部长，接办《政治生活》。刘仁静当时任团中央执行委员，9月29日在团二届一次执委会上，当选为团中央委员长。——原注

〔18〕高菊村等：《青年毛泽东》，中共党史资料出版社1990年3月版，第196—201页。

〔19〕吴玉章：《第一次大革命的回忆》（1961年）。——原注

〔20〕〔21〕见1925年12月5日《政治周报》第1期。——原注

〔22〕见1925年12月4日《国民党第一百二十五次会议记录》。——原注

〔23〕〔24〕见1926年4月10日《政治周报》第6、7期合刊。——原注

〔25〕见1926年1月《中国国民党第二次全国代表大会会议记录》。——原注

〔26〕《中国国民党第二次全国代表大会宣言及决议案》，1926年2月，国民党中央执行委员会印行。——原注

〔27〕均见《中国国民党第二次全国代表大会会议记录》。——原注

〔28〕北京同志俱乐部属西山会议派，是国民党右派组织。——原注

〔29〕见《中国国民党第二次全国代表大会会议记录》。——原注

〔30〕高菊村等：《青年毛泽东》，中共党史资料出版社1990年3月版，第229—234页。

〔31〕见1925年12月13日广州《国民新闻》。——原注

〔32〕《十二月二十日，广州的反段大示威》，见1926年1月10日《政治周报》第4期。——原注

〔33〕《中国国民党选派学生赴莫斯科孙文大学》，见1925年12月13日《政治周报》第2期。——原注

〔34〕参见1974年9月18日谢华的回忆。——原注

〔35〕《理事毛泽东演说》，见1926年2月28日《中国国民党政治讲习班旬刊》第1期。——原注

〔36〕见1926年3月31日《中国国民党政治讲习班旬刊》第2期。——原注

〔37〕高菊村等：《青年毛泽东》，中共党史资料出版社1990年3月版，第

〔38〕《共产章程与实非共产》，见1925年12月5日《政治周报》第1期。——原注

〔39〕见1925年12月13日《政治周报》第2期。——原注

〔40〕《帝国主义最后的工具》，见1925年12月20日《政治周报》第3期。——原注

〔41〕《上海〈民国日报〉反动的原因及国民党中央对该报的处置》，见1925年12月20日《政治周报》，第3期。——原注

〔42〕《国民党右派分离的原因及其对于革命前途的影响》，见1926年1月10日《政治周报》第4期。——原注

〔43〕〔44〕〔45〕《国民党右派分离的原因及其对于革命前途的影响》，见1926年1月10日《政治周报》第4期。——原注

〔46〕高菊村等：《青年毛泽东》，中共党史资料出版社1990年3月版，第222—229页。

〔47〕《国民党中央党部第三次常务会议录》。——原注

〔48〕《国民党中央党部第五次常务会议录》。——原注

〔49〕见1926年4月2日中国国民党《中央执行委员会常务委员会第十七次会议录》。——原注

〔50〕见1926年5月20日《中国国民党第二次中央执行委员全体会议记录》。——原注

〔51〕邓颖超的回忆（1971年8月11日）。——原注

〔52〕高菊村等：《青年毛泽东》，中共党史资料出版社1990年3月版，第235—239页。

五、农民运动之王

韶山火种

1925年2月6日,毛泽东回到韶山养病,直至这年8月才离开。这期间,中国政治舞台发生巨大变化,爆发了震惊中外的五卅运动。在这场斗争中,湖南农民突然变得富有战斗性了,长期压抑着的怒火一下迸发出来。韶山也不例外。毛泽东从中看到了农民的力量。

高菊村等在《青年毛泽东》一书里写道:

1924年12月底,毛泽东自上海回到湖南。在长沙时,他与中共湘区委员会书记李维汉交换了情况,对于国民运动、农民运动"做了详细的谈话和讨论"。随后,偕杨开慧、毛岸英、毛岸青到长沙东乡板仓过春节。1925年2月6日(正月十四)偕妻孩回到韶山,同行者还有毛泽民。在此前后,还有一批共产党员、社会主义青年团员、进步知识分子如毛福轩、谭熙春、柳季刚、贺尔康、毛新梅等陆续回到或调来韶山。

毛泽东回家后,前来探望的乡亲川流不息。时值春节,农民常三五人不等聚在一起打麻将、玩骨牌。毛泽东亦参与玩乐,借此与乡亲们交谈,了解情况。他还利用农村结婚、丧葬、寿宴等机会向群众做宣传。有一次,松树滩办丧事,毛泽东借吊唁机会,向群众宣讲孙中山的三民主义。他常邀合毛福轩、贺尔康等走亲串友,与贫苦农民促膝谈心。他用农民们亲身的事实,以通俗易懂的语言和生动的比喻,给农民讲述国内外的政治形势,说明农民遭受穷苦并非命定,而是"洋财东"(帝国主义)和"土财东"(地主阶级)互相勾结剥削、压迫所致,动员大家团结起来,进行革命斗争。

当时湖南省省长兼湘军总司令赵恒惕,为了装饰门面,推行《湖南省宪法》,搞"平民教育"。毛泽东则以普及平民教育为由,依靠杨开慧、庞叔侃、柳季刚、李耿侯等进步知识分子,先后在毛氏宗祠、李氏祠堂、庞氏祠堂等处,利用原有族校设备,开办了二十来所农民夜校。他们通过教识字、学珠算,向农民进行马克思主义的启蒙教育。如讲"手""脚"二字时,即对农民说:人人都有手和脚，农民的手脚一年到头不停地劳动，可是吃不饱，穿不暖；地主有手不劳动，可是吃的鱼和肉，穿的绫和绸，有脚不走路，出门还要坐轿子，这原因在哪里？合不合理？从而启发农民的阶级觉悟。

在艰苦深入的思想发动的基础上，毛泽东团结了一批赤贫农民和贫苦的知识分子，于1925年春天，即开始组织秘密农民协会。据1926年《湘潭县农民运动报告》记载：韶山"农民所受压迫日重"，于1925年"二三月间即起组织"乡秘密农协，不久即发展到20余个。[1]

"五卅惨案"后，湖南成立援助青沪惨案的群众组织雪耻会，开展了声势浩大的反帝爱国运动。毛泽东以秘密农协为中心，在建立了雪耻会的基础上，成立了湘潭西二区上七都雪耻会，在成立会上，毛泽东讲述"五卅惨案"真相，揭露帝国主义侵略我国的罪行，号召大家联合起来，共同反对英、日帝国主义。……

雪耻会还组织部分进步教师和从长沙、湘潭等地回乡休假的学生及有觉悟的农民，成立宣传队、开讲演会、编演文明戏、散发传单和小册子、举行游行示威，并派出纠察队守在一些关卡上，检查洋货，禁止销售。

在组织农民的过程中，毛泽东十分注重在农村建立中共的基层组织。他在初步实践中，发现和培养了一批积极分子，发展了毛新梅、李耿侯、钟志申、庞叔侃等韶山第一批党员，于6月中旬，秘密地举行了新党员入党宣誓仪式，建立了中共韶山支部，毛福轩为支部书记。当时的誓词是：努力革命，阶级斗争；服从组织，牺牲个人；严守秘密，永不叛党。他还在韶山建立了中国社会主义青年团组织。在此同时，他还注意发展积极分子加入国民党，并选择一些地方上有一定威望的开明绅士、小学教师参加，建立国民党的基层组织。据贺尔康日记记载：7月5日，"民校[2]今日到韶山李氏祠开会。我到会时才八点钟，……到下午七点钟闭会，共开会四次，讨论有三项：一、党务问题；二、反帝国主义问题；三、乡的教育问题"。12日，"再到汤氏祠，九点钟国校[3]开会，成立第四区分部"。25日，"到唐氏祠找了国校开会的地点"。27日，"又到熊家冲、汤家湾开会，会了毛润之，约定初九日（指阴历六月初九——编者）来这边区分部开成立会"。8月1日，"晚饭后，邀集国校同志到吉新堂开第一次成立区分部大会。到会者同志十人，有区党委员三人，由润之主持。到十一点钟才散会"。毛泽东在韶山地区建立的国民党区分部，仅据贺尔康残缺的日记记载，就有7处。当时湖南尚处在赵恒惕的残暴统治之下，这些国民党基层组织都是秘密的。

毛泽东当年在韶山发动和组织农民的工作，十分艰苦。对此，贺尔康的日记曾有多处记载。如7月12日，毛泽东在汤家祠主持开会，从白天到夜晚一连开了几个会，至深夜一时一刻，"润之忽要动身回家去歇。他说，因他的神经衰弱，今日又说话太多了，到此定会睡不着。月亮也出了丈多高，三人就动身走，走了两三里路时,在半途中就越走越走不动,疲倦得很了,后就到汤家湾歇了"。

毛泽东在韶山建立党组织后,领导韶山人民发展了政治、经济和文化教育方面的初步斗争。7月间,韶山大旱,田地龟裂,青黄不接,饥民遍野。土豪劣绅却囤积居奇,高抬谷价。大土豪成胥生、何乔八乘机闭粜,把谷米运往湘潭等地,牟取暴利。毛泽东得知这一情况后,和中共韶山支部研究,决定采取"先礼后兵"的策略,一面派人与成胥生商议平粜,一面发动群众奔赴银田寺阻止谷米起运。在农民们的团结和巧妙斗争下,成胥生被迫开仓平粜,其他地主更不敢闭粜。这就是韶山历史上一次有名的"阻禁平粜"斗争。

与此同时,韶山还开展了夺取教育权的斗争。当时,韶山地区的教育权掌握在绅士唐默斋等人手里。他们坚持旧学,反对新学,贪污学款,克扣薪饷,还暗中破坏群众革命斗争,不准办农民夜校,甚至不准雪耻会向农民和学校师生宣传爱国。毛泽东和韶山党支部的同志们几次秘密开会,决定利用赵恒惕颁布的教育法令关于地方教育机构负责人任职年限的规定,发动师生改选教委会、学委会,以夺取教育权。这一史实,贺尔康日记做了记载。他在7月24日的日记中说:"午后到石洋庞氏开会,是为改组教育会和学委会而秘密进行的一个弄(论)讨。"7月30日又记道:"下午到郭家亭郭氏祠,教育会开会员大会,重新改组教育会和学务委员会。到会者有四十人,三时许才摇铃开会。因时间的短促,就只讨论通过两会章程和两会的职员完事,也是到晚十时才闭会。"经过激烈的辩论、斗争,终于夺取了教育行政管理权和财政权,共产党员庞叔侃、李耿侯、蒋梯空等分别当选为教委会和学委会成员。随后,韶山地区各公立学校和族校校长,都改为进步教师担任。

韶山初期农民运动,是毛泽东在农村中开展艰苦细致工作的成果,是无产阶级政党领导农民斗争、坚持统一战线中领导权的尝试。在韶山农民运动中,毛泽东以孙中山的三民主义号召群众,公开组织雪耻会,秘密组织国民党,将农村知识分子和农民先吸收在国民党内,经过考验,再将中坚分子吸收到共产党或青年团内。韶山农民运动的经验表明,党的国共合作的统一战线政策,为中国共产党人深入农村搭起了一道桥梁。韶山农民运动为毛泽东撰写《中国社会各阶级的分析》提供了宝贵素材,为以后党领导全国农民运动,摸索了经验。

毛泽东身在山村,心系全党全国。为了加强与中共中央、国民党中央党部、中共湘区委员会的联系,他派遣共产党员钟志申在湘潭银田寺办起"合作书店",作为秘密联络点。书报、文件通过"合作书店"源源不断地传递到毛泽东手里。中共湘区委遵照中央通知,选派贺尔康、庞叔侃等人去广州第五届农民运动讲习所学习,都是毛泽东推荐的。[4]

张琼回忆说:

1925年2月，毛泽东回韶山冲边养病，边搞湖南农民运动，开慧姐跟随毛泽东回到韶山冲。那时，我在衡阳的湖南区委工作，我们区委的一位同志到韶山冲看望毛泽东，回来后他告诉我：开慧姐除了细心照顾毛泽东身体健康外，常常穿上草蒲鞋，深入韶山地区各个冲，到贫苦农民家里去串门、谈心，启发农民群众的阶级觉悟，提高他们的斗争勇气。后来毛泽东身体健康稍有好转，就到农村中去访贫问苦、调查研究。开慧姐跟随毛泽东在韶山冲附近的毛震公祠、毛氏公祠、李家祠堂等处做了大量的群众工作，在毛泽东的组织和发动下，韶山地区很快地办起了二十几所农民夜校。开慧姐在夜校里教书，宣传革命道理，每天要跑四五所夜校。有的农民要进夜校没有时间，她就进行思想动员，还发动大嫂子、大娃娃帮助邻居带小孩，让青年们上夜校。毛泽东和开慧姐在群众中享有很高的威信，有的农民连家里发生纠纷也来找毛泽东，毛泽东就叫开慧姐帮他们解决。农民夜校办起来了，毛泽东和开慧姐经常给农民讲课。当时韶山有的农民认为自己苦是"命苦"，穷是"命穷"，是什么"生辰八字不好"。在毛泽东的指导下，开慧姐编了顺口溜教他们唱。我还记得有一首是："农民苦，农民苦，打了粮食交地主；年年忙，月月忙，田里场里仓里光。"当讲到"洋油"这个词时，开慧姐就讲述帝国主义对我们的侵略、压榨，深入浅出地揭露帝国主义的反动本质。当讲到"手""脚"两个字时，开慧姐就说：我们农民有两只手，什么都要做；地主也有两只手，却什么也不会干。我们农民有两只脚，会上山砍柴，下泥作田；地主也有两只脚，却要我们用轿子抬着走。她启发大家团结起来打倒地主阶级。开慧姐还教农民唱歌谣："今天望，明天望，只望老天出太阳，太阳一出照四方，大家喜洋洋！"由于开慧姐讲课通俗生动，有时讲到农民受苦的情景，不少老太太都淌下眼泪。这期间，由于毛泽东的亲自领导，开慧姐不辞劳苦地工作，韶山地区相继建立了秘密的农民协会和公开的群众性革命组织——雪耻会。1925年6月，建立了我党在农村中最早的支部之一——中共韶山支部。后来，由于反动军阀赵恒惕要通缉毛泽东，毛泽东从韶山来到衡阳，以后又到上海。1925年8月，毛泽东到广州。毛泽东离开韶山后，开慧姐仍留在韶山搞农民运动，她还是废寝忘食地工作，收集了不少有关农民运动的重要材料。同年10月，开慧姐根据毛泽东指示，带着整理好的许多关于农民运动的材料来到广州，毛泽东审阅这些材料后，就将《中国社会各阶级的分析》等两文在广州定稿。开慧姐真是毛泽东的得力助手啊！〔5〕

在韶山养病期间，毛泽东第一次遇险。

据当年雪耻会会员郭运泉回忆："郭麓宾在县长办公桌上看到了赵恒惕的密电，上写着'立即逮捕毛泽东，就地正法'。他看后退出县长办公室，写信交给侄郭士奎（在此县当炊事员），叫他连夜送给毛主席。主席拆开信看，我也在旁边看到，信上写着：'泽东兄，事急，省里密电拿你，务希在今晚离开韶山。'"

毛泽民的夫人王淑兰也回忆说："那天下午，泽东同志在潭佳冲开会，县里郭麓宾派人送信到家里，派来的人是竹山湾张满姑的崽，姓郭。送来信后，家里人就派人去潭佳冲喊了他。他接到信，又用开水泡点饭吃，轿子是我给他请的。泽东同志先给他们讲好，抬的谁，抬的郎中。送轿子的人，只一天一夜就回来了。团防局隔了几天才来捉泽东同志，因泽东同志没在家，只开了些钱就了事。"

毛泽东就这样结束了韶山养病的日子，回到长沙，不久又赴广州。湖南农民中蕴藏着的力量，给他以深刻的印象，也唤起他对农民问题的重视。

主持农民运动讲习所

1926年3月19日，国民党中常会第十三次会议，批准毛泽东为第六届农民运动讲习所所长。在此之前，毛泽东已经在为创办农讲所紧张工作着。

高菊村等在《青年毛泽东》一书中写道：

1926年2月5日，国民党中央农民部发出第一号通告，指出："本部为实行本党政纲及指导全国农民运动起见，提议中央设立农民运动委员会，并拟定组织大纲及委员名单。"经国民党中央第二次常务委员会决议照准，陈公博、毛泽东、甘乃光、宋子文、谭植棠、萧楚女、林祖涵、阮啸仙、罗绮园为农民运动委员会委员。

同日，农民部还决定开办广州第六届农民运动讲习所，扩充名额，全国各省党部送学生300名来粤训练。次日，农民部发出招生通告。招生条件是：1. 决心做农民运动，并无他项思想者；2. 中学程度，文理通顺；3. 年龄18岁以上，28岁以下，身体强健无疾病；4. 富有勇敢奋斗精神；5. 不招女生。随即，向各省党部汇去学生来粤旅费。[6] 据罗明回忆，毛泽东于2月上旬开始筹办农讲所，罗被派往福建招收学员。[7]

8日，毛泽东出席国民党中央执行委员会第三次常务会议，讨论农民部提出的农民运动讲习所会址问题，选定广州市番禺学宫为农讲所地址。[8]

3月16日，毛泽东出席国民党中央农民部农民运动委员会第一次会议，讨论农民运动讲习所问题。首由罗绮园报告第六届农讲所招生经过。接着讨论农讲所人选，决定所长一职"请毛泽东同志担任"，呈报国民党党部批准。[9] 教员拟请汪精卫、林祖涵、陈公博、甘乃光、张太雷、萧楚女、熊锐、黄平、邓中夏、刘一声、高语罕、张伯简、谭植棠、阮啸仙、罗绮园担任。余各办事员由所长负责请人充任。国民党中央农民部部长林祖涵（林伯渠）大力支持毛泽东的工作。26日，国民党中央党部召开第十三次常务会议，林伯渠提出"农民运动讲习所经费7980元，请由中央设法拨给"；"请任毛泽东同志为农民运动讲习所所长"。[10]林伯渠两个提案，都得到会议通过。

3月30日，农民部农民运动委员会召开第二次会议，毛泽东提出三项提案：一、任命高语罕为农民运动讲习所政治训练主任。二、变更在广西招生办法。他说，前次会议确定在广西招收学生40名，其中30名由南宁广西省党部选定，旅费均自给。昨天接到李血泪、杨文焰的报告，据称：宣传员养成所学生系广西各县平均派送，而广西农民运动宜从梧州附近数县着手，请将前次决议略为变更。三、民众运动与政治有密切的关系，目前各省农民运动，应以全力注意将来革命军北伐时经过之区域，如赣、直、鲁、豫诸省。三项提案都得到通过。

经过周密的筹备，20个省的学生于3月底陆续来粤。4月间，举行入学考试，录取学生327人，5月3日开学。因农讲所课堂为广东省第二次全省农民代表大会借用，延至15日正式开课。[11]

农讲所开设功课25门，授课4个多月，其中有两个星期赴海丰实习，理论讲授实际为13个星期。25门课，共授252小时，其中毛泽东讲授的《中国农民问题》课时最多，达23小时。他还担任了《农村教育》《地理》课教员。萧楚女是农民讲习所的教务主任，专任教员，讲授《帝国主义》《中国民族革命运动史》《社会问题与社会主义》等理论，并指导学生开展理论研究。当年发给学生的课外参考书31种，多是毛泽东、萧楚女搜集的。重要的书刊，由专任教师列出重点，提出问题，找出答案，交教师审阅。专任教师从答卷中选出数份加以改正，然后缮写标准答案，公布于众。然后又将学生习作发还，令其对照标准答案，自行纠正错误。这种以自学为主、教师指导为辅的学习方法，效果很好。

毛泽东一贯注重学生自学，更提倡学生从事实际问题的调查研究。7月间，他曾组织50多个学生赴韶关实习一星期。8月，又组织全体师生赴海丰实习两星期。据《第六届农民运动讲习所办理经过》记载："赴海丰实习在将毕业之时，学生于上课已久，接受各种理论之后，亲入革命的农民群众中，考察其组织，而目击其生活，影响学生做农民运动之决心极大。"农讲所还将学生按地区组成13个农民问题研究会，每星期开会一至两次。

农民问题研究会，由陆沉负责指导。研究的问题有：1. 租率；2. 主佃的关系；3. 抗租减租平粜等风潮；4. 利率；5. 拖欠逼账及烂账等情形；6. 田赋；7. 抗粮情形；8. 厘金、杂税及临时捐；9. 自耕农、半自耕农、佃农、雇农数目之比较；10. 地主的来源；11. 货物价格与农产品价格之比较；12. 工价；13. 失业情形；14. 祠堂组织及族政情形；15. 地方公会组织及财产状况；16. 地方政治组织；

17.地方政治情形；18.会党及土匪；19.团防情形；20.教育状况；21.销售何种洋货，影响如何；22.兵祸及影响；23.天灾及其影响；24.贪官污吏及其影响；25.烟赌偷抢各种情形；26.出产什么及其销售地；27.妇女的地位；28.农民的观念及感想；29.从前与现在地价之比较；30.从前与现在农产品价格之比较；31.农村组织状况；32.地质之肥硗；33.宗教之信仰状况；34.度量衡；35.民歌；36.成语。这些调查题，范围广泛，内容丰富，政治、经济、文化、阶级关系、宗教信仰、风俗习惯等等，都在调查研究之列。

毛泽东通过农民问题研究会的活动方式，一方面训练学生观察和解决实际问题的能力；另一方面获得了研究全国各地政治、经济状况和阶级关系的资料。毛泽东还将学生提供的调查报告、审核、修改后，编入《农民问题丛刊》正式出版，供全国从事农民运动的同志参考。原拟出版52种，至1926年11月，出版了17种，后来还陆续出版了一些。农讲所这些教学方法，是湖南自修大学教学方法的继承和发展。

尤为值得注意的是，毛泽东很重视学生的军事训练。农讲所设有军事课，聘请赵自选任专职军事教官。据记载：全所学生分为两队，每队分为6区队，设总队长1人，队长2人，区队长6人。于5、6、7三个月内，实行正规军事训练，共计训练10星期，上操128小时。由总队长赵自选、队长黄征沣、罗焕荣，区队长马天恨、毛华达、杨汉池、张士表、胡珌、田中杰等负责训练责任。[12]

农讲所师生关系平等，革命情深。课余或磋商问题、漫步交谈，或拳击习武、弈棋赛球，生动活泼。毛泽东爱和学生散步，交流思想。"他有的是强烈的求知欲，有的是甘当小学生的谦逊态度而毫无架子，和蔼可亲，所以同学们都乐意接近他。"[13]

在农讲所工作期间，毛泽东代表农讲所出席各种会议。8月14日至18日中华农学会在广州举行九届年会。在开幕式上，毛泽东代表农讲所致祝词：诸位在广东开会，请顶要紧的，不要忘记了80万以上的农民[14]。农民是农业的根本。诸位参观，最好就下乡去，直接指导农民，唤醒他们，抛去守旧的劣根性，从根本上救治农业。本地在农业学校毕业的学生很多，从外国回来者亦不在少数，但都是受农民梗阻——到今仍没有好多效果。现在农村经济非常苦涩，农民生活非常困难。因此，广东农民问题，当是诸位开会的一个问题，在大家更希望这个问题有完满的解决。[15]

9月11日，第六届农民运动讲习所学员举行毕业考试。随后，毛泽东在结业式上做了长篇讲话，总结上届农讲所开办以来的工作，指明当前农民运动的迫切任务，勉励学员"拜农民为老师，同农民做朋友，脱掉知识分子的皮服，放下臭架子；敢于同反动势力做斗争，不怕艰苦，不怕牺牲，为农民求解放，为农民谋利益,这才是我们的好学生"。[16]至10月5日第六届农讲所学员除3人因病未出所外,"所有学员均已遣送回籍,从事工作"[17]。据王首道回忆,"9月结业,同学们立即分别秘密地回到各地参加实际斗争。有些同学从香港乘船绕道回到北方各省,我和许多同志当时是沿着北伐军由广东往湖南前进的道路,沿途做些宣传工作而回到了湖南的"。

学员们回到各省,有如播下的革命种子,迅速发芽、开花、结果,推动了农民运动迅猛发展。周恩来曾评价说:"1925年五卅运动以后,工人运动、农民运动在全国得到了空前的大发展,规模之大是过去所从来没有的。从这个运动中,能看到革命的发展是走向农民的革命战争,能看到革命发展这个全局的在我们党内的代表是毛泽东同志。他接办农民运动讲习所,进行农民土地问题的调查研究,出了二十几种小册子。历届讲习所的学生后来分散到湖南、湖北和其他各地,发动了广大的农民运动。"[18]各地农民运动中的骨干分子,多是农讲所学生。农讲所被誉为"革命的摇篮"。

毛泽东任农讲所所长的同时及前后,还在国民党中央党务宣传员养成所、国民党中央政治讲习班、国民革命军第二军军官学校第二期、国民党广东省党部青年部训育员养成所、广东大学附属中学、国民党广东青年部夏令营讲习班等处,讲授过《中国农民问题》《农民运动》《农工政策》《农民问题》和《对农民的宣传教育问题》等课程。此外,1926年5月15日,毛泽东出席广东省第二次农代会闭幕会,并在会上做了《关于农民之经济斗争与政治斗争之关系》的演说[19];9月3日,在黄埔军官学校讲演国民革命与农民运动的关系[20]。

农民问题是中国新民主主义革命的中心问题。因为这个问题关系到无产阶级的领导权,关系到无产阶级革命的同盟军,关系到民主革命的成败。毛泽东在广州农民运动讲习所讲授的《中国农民问题》,对此做了最精辟的分析。

《中国农民问题》是农讲所的主课,在1926年5、6月间由毛泽东讲授,据农讲所的学员金绍绩、冯文江、周凯的听课笔记记载,全文共分五编。

第一编是"中国农民问题与中国革命"。

毛泽东说:中国农民问题,在以前是没有人研究过,远自文武周公,近至现在各学校都没有人研究它。现在中国能代表一般民众的利益的党,有两个,一是共产党,一是国民党。共产党对于农民问题,比较注意些。而国民党对于此问题,两年前才开始注意。在国民革命时候应该注意农运了。辛亥革命的失败,政权落于军阀之手,完全是未得三万万二千万农民的帮助和拥护。国民革命,就是工农商学兵联合起来的革命。唯有把农民动员起来,参加革命,国民革命才能成功。现在有两种错误观念,一种是只讲"商学联合",另一种只谈"农工兵联合"。这两种观念,都使自己变成孤军了。且农民一支军,占全国人口80%以上，尤不可抛弃。

接着，毛泽东详尽、透彻地论述了"农民问题在国民革命中的位置"。

第一，从人口上论，中国人口四万万，农民占80％，当有三万万两千万以上。

第二，从生产上论，中国现在的经济还是农业经济，而大部分之生产还是农业生产，"故经济中心还在农业"。自帝国主义商品侵入中国农村后，受帝国主义压迫最惨的就是农民。现在农村中的农民无田耕、没饭吃、无衣穿等大问题，是国民革命要解决的大问题。

第三，从革命力量上说，没有农民，就没有革命。毛泽东从陈胜、吴广起义，到洪秀全领导的农民战争，从义和团运动到白朗的反袁斗争，从广东农民帮助东征军平定陈炯明，到打倒杨希闵、刘震寰，全面地论证了农民的革命力量。他说：倘若国民革命能将农民组织起来，就能打倒帝国主义与军阀。

第四，从革命胜败关系看，毛泽东认为上海五卅运动失败，奉系军阀的武力镇压，民族资产阶级的软弱、妥协是失败的原因，但还有一个最大的原因，就是全国生产主力军——农民未有起来，而让工人孤军奋斗了。

第五，从革命的目的说，国民革命的目标不仅是打倒帝国主义及军阀，而且是使中国一般人民，在政治上、经济上得有自由平等。要达到这个目标，首先要解决农民问题。因为，"中国国民革命是农民革命"，"中国革命的中心问题是农民问题"。

毛泽东1926年9月1日发表的《国民革命与农民运动》和12月《在湖南全省第一次工农代表大会上的讲话》二文最精辟、最全面地阐述了农民问题是国民革命的中心问题，可以视为《中国农民问题》第一编整理后的文字。

《国民革命与农民运动》是毛泽东为《农民问题丛刊》写的一篇序言。核心思想是"农民问题乃国民革命的中心问题。农民不起来参加并拥护国民革命，国民革命不会成功，农民运动不赶速地做起来，农民问题不会解决；农民问题不在现在的革命运动中得到相当的解决，农民不会拥护这个革命"。毛泽东提出了这一重大命题，而且分析了它的根据。毛泽东说：经济落后的半殖民地，帝国主义和封建统治阶级压迫榨取的对象是农民。他们能够实现其压迫与榨取则全靠那封建地主阶级给他们以死力的拥护，否则无法行其压榨。所以经济落后的半殖民地的农村封建阶级，乃是国内统治阶级国外帝国主义之唯一坚实的基础。不动摇这个基础，便万万不能动摇这个基础的上层建筑物。中国的军阀是这些乡村封建阶级的首领，说要打倒军阀而不要打倒乡村的封建阶级，是不知道轻重本末。明显的例子在广东：哪个县的土豪劣绅贪官污吏比较敛迹，哪个县必定是农民运动已经做起来，广大的农民群众加入农民协会，因此，中国革命的形势只能是这样：

不是帝国主义军阀的基础——土豪劣绅、贪官污吏镇压住农民，便是革命势力的基础——农民起来镇压住土豪劣绅、贪官污吏。中国的革命，只有这一种形势，没有第二种形势。因此，乃知凡属不重视甚至厌恶农民运动之人，他实际上即是同情土豪劣绅贪官污吏，实际上即是不要打倒军阀，不要反对帝国主义。

当时有人认为"买办阶级之猖獗于都市，完全相同于地主阶级之猖獗于乡村"，否定农民问题是国民革命的中心问题。毛泽东驳斥道："这话说猖獗对，说完全相同不对。"买办阶级集中的区域，全国不过香港、广州、上海、汉口、天津、大连等沿海沿江数处，不若地主阶级分布在整个的中国各省各县各乡。政治上，全国大小军阀都是地主阶级（破产的小地主不在内）挑选出来的首领，这班封建地主首领，利用城市买办阶级以拉拢帝国主义；财政上，军阀政府每年几万万元的消耗，百分之九十都是直接从地主阶级驯制下之农民身上刮得来。"故我总觉得都市的工人、学生、中小商人应该起来猛击买办阶级，并直接对付帝国主义，进步的工人阶级尤其是一切革命阶级的领导，然若无农民从乡村中奋起，打倒宗法封建的地主阶级之特权，则军阀与帝国主义势力总不会根本倒塌。"[21]

曾在第六届农讲所当过学员的王首道回忆说：

1926年1月，毛泽东出席了国民党在广州召开的第二次全国代表大会。会议根据毛泽东等共产党人的建议，通过了农民运动问题的决议案，设立了农民运动委员会，以毛泽东、林伯渠、萧楚女等9人为委员。为推动全国农村大革命高潮的到来，1926年5月，毛泽东在广州主办了第六届农民运动讲习所，并亲任所长，扩大了招生范围，为全国培养农民运动干部。

毛泽东主办农讲所的消息，像春风吹遍了全国各地，也传到了湖南。我们听到这个消息，高兴极了。当时，我们一些参加学生运动的进步青年，响应党的号召，在城里开办平民夜校，到乡间演文明戏，化装讲演，开展各种宣传活动。那时，我们进步青年多么渴望能在党的直接领导下，学到更多的革命道理，进行更多的革命工作啊！1926年3月，湖南党组织秘密通知我和其他35位进步青年到广州毛泽东主办的农讲所学习。我内心无比激动，怀着寻求真理的强烈愿望，从长沙经武汉、上海前往广州。经过长途跋涉，几经转折，终于来到了毛泽东主办的农讲所，来到了培养干部的革命摇篮。

这届农讲所，招收学员327人，来自全国20个省、区。他们大多是农民运动中的积极分子和有志于农民运动的进步青年学生。按照农讲所学员的条件，他们必须是决心从事农民运动、富于勇敢奋斗精神、身体强健无疾病和具有一定文化程度的进步青年。3月各地学员陆续到校，4月举行了入学考试，5月3日正式开学。我们学习的课程共有25门，主要是农民问题，也包括了中国革命各个方面的基本知识。毛泽东亲自讲授《中国农民问题》《农村教育》《地理》三门课程。许多教员都是由我党负责实际工作的领导同志兼任。同年9月毕业后，学员们秘密回到全国各地，从事农民运动的组织领导工作。

毛泽东为反对当时党内以陈独秀、张国焘为代表的右倾和"左"倾机会主义，在1926年3月发表了《中国社会各阶级的分析》，在农讲所亲自向我们做了专题讲授。毛泽东在这篇光辉文献里首先提出"谁是我们的敌人？谁是我们的朋友？这个问题是革命的首要问题"。他运用马克思主义阶级分析的方法，全面地具体地分析了中国社会各阶级的地位，相互关系及对革命的态度，正确地解决了关于中国革命的对象、动力、任务等一系列的根本问题，高举了民族民主革命的旗帜，提出了新民主主义革命的正确路线。

我还深深地记得，毛泽东讲授这篇光辉文献的基本观点时，常常采用他亲自调查得来的丰富材料和群众语言，讲得通俗易懂，深入浅出，形象生动，使学员听后，留下极其深刻的印象，经久不忘。例如他在讲到地主的产生时指出：地主的土地和钱不是天上落下来的，也不是命里注定就有的，是从佃户、雇农身上剥削来的。他具体分析了中国近代社会地主土地的来源，大体上有：前清的官僚和现在的政客、军阀，以其刮地皮所得之金钱购买土地，成为大地主；劣绅、匪首等，用霸占、抢夺取得金钱和土地；族长、会首、教长等利用祠堂、庙宇及各种地方公会以祀祖祀神等方法集资购买土地；城市及乡村商人与其他自由职业者积资购买土地；等等。毛泽东指出："在经济落后的半殖民地的中国，地主阶级和买办阶级完全是国际资产阶级的附庸，其生存和发展，是附属于帝国主义的。这些阶级代表中国最落后的和最反动的生产关系，阻碍中国生产力的发展。他们和中国革命的目的完全不相容。特别是大地主阶级和大买办阶级，他们始终站在帝国主义一边，是极端的反革命派。"

毛泽东用很多生动的事例，说明中国农民（中农、贫农和雇农）受的剥削最多，受的压迫最厉害。

他说，帝国主义对中国农民的剥削花样很多，而且非常严重：一是倾销商品，近五十多年来（1870—1925）中国对外贸易年年都是大量入超，致使我国大量的白银外流，加速了农村手工业和家庭副业经济的破产；二是帝国主义从中国农村廉价收购农产品的工业原料；三是中国反动政府借的大量外债及其利息，主要是农民负担的；四是战争赔款，如《南京条约》《马关条约》《辛丑条约》的赔款，也是落在农民身上。

讲到军阀对中国农民的剥削，就有：田赋、附加税、临时捐、军事特捐、厘金、盐税、正杂税等，直接的、间接的剥削，真是名目繁多，层出不穷。

至于地主对农民的残酷剥削，除了重租（农民要把租种地主土地所得收入的40%～70%交给地主)、重息(借地主和高利贷的钱粮,年息一般为36%～100%)、重捐(如田亩捐、丁捐、猪牛捐、民团费……)等经济剥削外,还有各种超经济的剥削,如敲诈勒索、贪污舞弊、无偿劳役、强迫送礼,以至公然抢掠……

毛泽东通过极有说服力的分析,向我们指出:农民辛辛苦苦终年劳动,过着牛马不如的生活;农民活不下去了,一定要起来闹革命,农民是中国革命的一支主力军,是中国无产阶级的最广大和最忠实的同盟军。这就从理论和实际上解决了实现无产阶级领导权必须依靠农民同盟军这个革命的中心问题。

讲到中国社会的阶级关系时,毛泽东把阶级压迫形象地比作一座多层的宝塔。他一面讲一面就在黑板上画出来,指着宝塔说:你们看,最下层是塔基,有工人、农民,还有小资产阶级,人数最多,受压迫和剥削最深,生活最苦;压在他们上面的一层,是地主阶级、买办阶级,人数不多;再上一层是贪官污吏、土豪劣绅,人数更少;更高一层是军阀;塔顶是帝国主义。毛泽东同志说:压迫、剥削阶级虽然很凶,但人数很少。只要大家齐心,团结紧,劳苦大众起来斗争,压在工农身上的几重大山就可推翻。百姓齐,泰山移,何愁塔之不倒乎!

毛泽东深刻地分析了中国社会各阶级的情况之后,做出科学的结论说:"一切勾结帝国主义的军阀、官僚、买办阶级、大地主阶级以及附属于他们的一部分反动知识界,是我们的敌人。工业无产阶级是我们革命的领导力量。一切半无产阶级、小资产阶级,是我们最接近的朋友。那动摇不定的中产阶级,其右翼可能是我们的敌人,其左翼可能是我们的朋友——但我们要时常提防他们,不要让他们扰乱了我们的阵线。"毛泽东同志谆谆教导我们,只有"团结我们的真正的朋友,以攻击我们的真正的敌人",革命才能取得胜利。

在毛泽东的教育下,我们开始懂得了马克思主义关于阶级和阶级斗争的学说;开始懂得在阶级社会里,每个人都是依附于一定的阶级,他的言论和行动都受他所属的阶级所支配;开始懂得观察和解决问题必须运用马克思主义阶级分析的方法。这对我们进行长期革命斗争是一门基本功。

毛泽东这篇光辉著作,指引着中国革命的胜利航程。毛泽东对中国社会进行阶级分析的方法,提出分清敌我"是革命的首要问题"的科学论断,是指导我们夺取革命胜利的光辉指南。

在农讲所,毛泽东经常教导我们:农民问题乃国民革命的基本问题,农民不起来参加并拥护国民革命,国民革命不会成功;农民运动不迅速地发动起来,农民问题不会解决;农民问题不在现在的革命运动中得到相当的解决,农民就不会拥护这个革命。但是,对这个关系到无产阶级革命成败的重大问题,当时在党内许多人中没有得到正确解决。以陈独秀为代表的右倾机会主义者,一味迁就资产阶级，只注意同资产阶级的合作，而忘记了农民这个最主要的同盟军，以张国焘为代表的"左"倾机会主义者，只注意工人运动，同样忘记了农民。右倾和"左"倾机会主义者都感到工人阶级力量单薄，但都不知道到哪里去取得最广大的同盟军。毛泽东在讲授"中国农民问题"和"农村教育"的课程中，深刻分析了农民问题在中国革命中的地位和作用，正确地解决了这个问题。

那时，毛泽东反复教导我们：在我们这样的国家里，农民占大多数，农民问题是中国革命的基本问题。但以前没有人研究过，而这是一个很重要、很复杂的问题。共产党对于农民问题比较注意些，但是，现在还有一些同志不肯到乡下去做农民运动工作，在党内存在这种思想，是错误的。

为了帮助我们加深认识，毛泽东就农民问题在中国革命中的地位和作用，进行了详细的非常令人信服的分析。他从中国社会性质和革命性质来说明农民的作用。他说，中国人民要反对帝国主义，而反帝不和反封建结合，则帝国主义是反不掉的。要在反帝反封建的民族民主革命中得到胜利，就一定要有农民这支主力军参加。他说，革命是要联合大多数人才能取得成功的，农民约占中国人口80%以上，所以一定不能抛掉农民这一支大军。他还着重指出：中国现在的经济主要还是农业，社会上绝大部分的东西，是农民生产出来的。中国革命如果没有生产的主力军——农民的参加，就不能成功。他批评了当时党内许多人认为"农民无知识，又不集中"，怀疑农民的革命力量的错误看法。他举了许多事例来说明，俄罗斯的无产阶级革命，如果没有得到农民之竭力拥护，是不能成功的。1925年和1926年春，广东省的农民帮助革命军队平定刘震寰、杨希闵的叛乱，消灭陈炯明……都出了很大的力。还有我国历史上的广州三元里平英团、太平天国农民军、义和团等，这些革命斗争，都是在农民还没有得到革命政党的正确领导时，就表现出这样伟大的力量。如果有了党对农民的领导，则农民力量之大是可以意料的。在反复阐明上述基本看法之后，毛泽东进一步指出：从革命的目的看，帝国主义和军阀不打倒，工人阶级要得到解放是不可能的。而要打倒帝国主义，打倒军阀，推翻地主的封建制度，没有农民参加是不可能的。总之，假如农民问题不能解决，则工农商学兵的问题都不能解决。所以，结论是：中国革命的基本问题就是农民问题。

这是多么深刻，多么透彻的分析啊！

我还清楚地记得，毛泽东在讲授"农村教育"这门课程时的一段既通俗又深刻的话。他在讲了农村存在地主豪绅和劳苦农民两大对抗阶级后，接着说，孔孟之道说什么"士农工商，以士为贵"，"万般皆下品，唯有读书高"。但我们在乡下看到的总是"上品人"很少，"下品人"很多。"上品人"只占农村人口的百分之五，是闲人、有钱人，是压迫、剥削阶级；"下品人"占农村大多数，是穷人，是被压迫、被剥削阶级。"下品人"在政治上、经济上、文化上遭受压迫剥削，起来造反，却又屡遭失败。现在，我们要进行农村教育，就是教育"下品人"，要发动广大的劳苦农民大众组织起来，进行斗争。工农商学兵联合一致，推翻列强和反动军阀及其在农村的基础封建地主阶级，农民问题才能解决，中国革命才能取得胜利。毛泽东的精辟论述和科学分析，使我们这些来自农村、做过农运的年轻人，思想豁然开朗，对农民在中国革命中的历史地位和伟大作用，有了更明确的认识和深入的理解。

毛泽东在农讲所始终坚持以武装的革命反对武装的反革命的思想教育学员，他用简单明了的语言向我们指出，搞革命就要刀对刀、枪对枪；要推翻地主武装团防局，必须建立农民自己的武装，刀把子不掌握在自己人手里，就会出乱子。他还说，农民占中国人口的大多数。但是，现在他们没有土地，没有教育，没有武装，中国革命还不能成功。所谓国民革命，就是要工农商学兵联合起来，要把广大农民组织起来，建立农民协会，建立农民武装，这样才能迫使地主阶级向农民减租减捐减息，进而推翻封建地主阶级，赶走帝国主义，取得革命的胜利。

为加深学员对武装斗争重要性的认识，毛泽东引导我们把学习军事知识和当时的阶级斗争实际紧密结合起来，组织我们调查研究"地方政治组织""团防情形""兵祸及其影响"等问题。为了使学员毕业后回到农村能文能武，成为农民武装斗争的组织者和指挥者，能够经受艰苦生活环境的考验，农讲所把军事训练作为一个重要的学习内容，训练时间占全课程的1/3。农讲所设立了一个军事训练部，专门负责军事训练工作。全体学员编为一个总队，两个中队，6个区队，共产党员赵自选同志任军事教官兼总队长。赵自选同志在黄埔军校毕业后，曾任"铁甲车队"军事教官，协助过广宁等农民自卫军进行政治军事训练，后任第五届农讲所的军事教官，具有丰富的军事经验。他根据毛泽东的指示，带领我们进行各种严格的训练。每天清晨，军号声一响，学员们就起床，在五分钟内就穿好军装，戴好军帽，打好绑腿，背起汉阳造步枪，精神抖擞，歌声嘹亮，到东校场进行操练。……

我们还经常到附近的黄花岗、白云山等地进行徒手队列操练，学习射击、刺杀和各种战术动作。在军事演习打野外时，不论是在沼泽地还是荆棘丛中前进，一听到"卧倒"的命令，就要立即卧倒，要求很严。经过一段时间练习，掌握基本动作以后，全体学员就到广州石井的广东兵工总厂进行实弹射击。记得1926年夏的一天，骄阳似火，东校场上，杀声震天，农讲所的学员们全副武装，龙腾虎跃，正进行着紧张的军事训练。这时，毛泽东来到了练兵场上，亲自指导学员演练，勉励我们要抓好枪杆子，练好杀敌本领，打倒地主和军阀。毛泽东的亲临指导，给了我们极大的鼓舞。除训练外，学员都要轮流站岗放哨，有时还进行夜间紧急集合。学员外出,必须请假销假,过着严格的军事化生活。通过严格的军事训练,培养了学员吃苦耐劳的精神和英勇顽强的革命意志,使学员成为既能宣传组织群众,又能领导武装斗争的革命干部。

……

毛泽东将全体学员按20个不同省、区组织了湖南、湖北、江西、两广等13个"农民问题研究会",由教务部负责指导,学员推举干事、书记若干人,自己主持会务。提出了租率、田赋、地主来源、主佃关系、抗租减租平粜等风潮、地方政治组织、团防、妇女的地位等36个调查项目,引导学员对各省农村的政治、经济、军事等各方面情况进行调查。"研究会"每星期开会一至两次。此外,还经常印发一些调查表,要学员把家乡的情况按调查项目如实填写。每人发几张纸把自己熟悉的民歌和民间成语记录下来。通过这些调查,既获得了极为丰富的带有全国性的宝贵调查材料,又提高了学员研究分析问题的能力。有一次,提出对宗祠的看法的题目交学员解答,我们几位湖南学员经过研究讨论,一致认为,宗祠是土豪劣绅利用家族关系麻痹农民以进行压迫剥削的工具,必须彻底砸烂这个束缚劳动人民精神的枷锁。我们的解答受到了赞扬。毛泽东对学员的这些调查材料极为重视,亲自做了认真的修改,把一部分编进《农民问题丛刊》正式出版,以指导全国的农民运动。他在《农民问题丛刊》的序言中曾对这些材料做了介绍和评价,指出:各省农村情况调查一部分,乃农民运动讲习所第六届学生300余人所做,在学生们分别组织的各该省农民问题研究会内提出讨论,又经过相当的审查才付印的。他们以前多没有农民状况的详细调查,故所述只属大略,然从前连大略都没有,今有了一点,便也觉得可贵。我们应当拿了这一点大略,在不久时期内,从各地的实际考察中,引出一个详细的具体的全面的调查来。

在学习过程中,毛泽东还组织我们到广东农村调查实习。有一批学员曾到粤北韶关农村实习一星期。我们全体学员在毕业之前,专赴海丰县实习两个星期。我们从广州乘船到达汕尾登陆,然后连夜行军到海丰。当地的农会会员给我们提灯送水,敲锣打鼓,舞狮子,表示热烈欢迎。在那里,彭湃同志给我们介绍了海丰农民运动的情况,我们分头到农民协会和农民自卫军,进行访问参观,做宣传工作,调查了解农民的要求和思想,学习农民运动的经验,增加了感性知识,把理论与实际结合起来,增强了我们从事农民运动的决心和信心。

毛泽东还经常组织我们参加各种社会活动,在斗争中学习。刚开学的时候,广东省第二次农民代表大会正在广州举行,毛泽东就组织我们参加了这次大会,向代表们学习农民运动的经验。6月23日纪念"沙基惨案"一周年那天,毛泽东亲自率领全体学员冒着大雨参加了反帝示威游行。当我们的队伍从沙面东桥头沿着堤岸向西桥头行进的时候,大家举臂高呼"打倒帝国主义!""坚决收回一切租界"等口号,使盘踞在沙面租界的帝国主义者吓破了胆,大长了中国人民的志气,大灭了帝国主义者的威风。

毛泽东对我们的生活也做了深入的了解,给予我们无微不至的关怀,教导我们要保持艰苦朴素的作风,才能同广大农民打成一片,才能适应今后艰苦的斗争环境。他有时在学员饭堂里和学员一起吃饭,了解学员的伙食情况。开始的时候,伙食办得不好。毛泽东发现事务主任有贪污行为,就坚决把他撤掉,指示学员成立"膳食管理委员会",发动群众对伙食实行民主管理,组织学员轮流外出购买东西,使伙食大有改善。为了照顾南北方学员的不同饮食习惯,学员分为吃面食和大米两组。为了照顾少数民族学员的饮食习惯,还专门设有回民学员用餐的桌席。

毛泽东不仅在坚持理论联系实际、深入调查研究方面,给我们以深刻的教育,而且在密切联系群众、保持艰苦奋斗作风方面,也是我们永远学习的榜样。每当学员外出调查归来,他总要仔细询问调查情况,帮助学员总结提高。他一有空,就同学员促膝谈心,了解学员思想情况和各地农村情况。他既是我们的师长,又是同学们的知心朋友。他有甘当小学生的谦虚态度,毫无架子,和蔼可亲。毛泽东的生活非常俭朴,穿的是粗布衫,住宿兼办公用的是一间小小的东耳房,睡的是用两条长凳架成的木板床,上面铺着陈旧的草席和白被单,床头放着一对湖南制的方形竹笼,里面盛衣物,上面堆放书报杂志。室内还有几把木椅和一张办公桌,桌上放着笔墨砚台之类。就在这样一间陈设极其简陋的小小耳房里,毛泽东夜以继日、孜孜不倦地工作着。为了备课,为了阅批学员的习作,为了编写指导全国革命斗争的刊物,为了劳苦大众的解放事业,毛泽东在这里不知送走了多少个漫长的夜晚,迎来了多少个战斗的黎明。至今回想起来,我仿佛还看到那东耳房里的灯光,透过窗台,迎接着东方拂晓的晨曦,指引着出发操练的学员队伍勇往直前。[22]

高布泽博是蒙古族人。他回忆起初到第六届农讲所时发生的一段往事:

1926年的初夏,我离开广州黄埔军官学校,坐船经上海回到北京,向党中央北方局汇报了情况之后,就住下休息。过了几天,赵世炎忽然来找我,说毛泽东在广州举办了一所农民运动讲习所,有十几位蒙古族同志要去学习,让我去送他们。他最后对我说:"你若是想留在那里学习,也可以。"

……

我们到讲习所以后,首先去值星室报到,萧楚女听说我们来了,就从里间走出来,热情地接待了我们。……

傍晚的时候,值星室的同志来找我们,说所长请我们去。……

我们赶紧出了宿舍往前走,这时毛泽东已经迎在门口,我紧走了几步,上前握住他的手。因为很激动，连他向我们问候的话，我都没有听清楚。毛泽东领我们进了东耳房，让我们坐下，亲自给我们倒水，并且拿出香烟来，问我们会不会吸，我们都说不会。他自己点了一支烟，坐在桌后的木圈椅上。

这间房子，是很狭小的，屋里除了一张床、一套办公桌椅以外，还有一对湖南方形竹篓和一个小书橱，别无他物。毛泽东就是在这间简陋的房间里工作的。

他非常平易近人，和蔼可亲！……那时，我对民族问题认识得还不是那么清楚，所以当毛泽东问起我们那里的情况时，我就说："我们那里的蒙汉关系不大好，汉族压迫蒙古族很厉害。"接着我们又把军阀欺压老百姓的种种情况，以及土匪很多、生活不安定、灾情严重、穷人活不下去、饿死的、逃荒的和卖儿卖女的情形告诉了他。

毛泽东听了以后，慢慢地从椅背上抬起身子，很沉痛地说："是啊！我们人民的生活很苦。你们到这里来，主要就是学习人民为什么不能安然生活的道理，再就是怎样才能使人民过好生活。我们人民不仅有地方军阀压迫，还有洋鬼子在后面支持军阀，叫中国人打中国人，他们渔人得利。我们以后就一课一课地讲清楚。"他停了一下，笑了笑，接着又亲切地说，"要使各民族人民都解放，就得团结起来，不要分汉人蒙古人。其实，汉族的地主、官僚不仅欺压你们蒙古族，也一样欺压汉族；你们蒙古族的王公也同样不仅压迫、剥削汉族，也压迫、剥削你们蒙古族人民。汉族的地主、军阀跟蒙古族的王公们有勾结，他们是一家，我们蒙汉的人民又是一家，所以蒙古族人民要解放，就一定要跟汉族的穷苦农牧民联合起来，共同打倒他们。"说到这儿，他探着身子问我们，"我说的话，你们听懂听不懂？"我们说："听得懂，就是广东的本地话听不懂。"他又笑着对我们说："这里也有其他少数民族的同学，要使民族解放，就得有本民族的干部。你们要好好地学习，回去好向群众宣传。"

……

大家闷了多少年的问题，忽然豁然开朗了。

毛泽东给我们上课的情形，我永远也不会忘记。

那时，正是炎热的夏天。为了照顾大家，有时就在院子里上课。大成殿前面的庭院，满铺的是茸茸绿草，当中一条通大成门的砖甬路，两边长着一些树木，特别有几棵很高大的木棉树，把整个院子都遮得阴凉凉的。同学们就散坐在地上。在大成殿的前面摆上一张桌子，一套粗瓷茶壶茶碗，毛泽东就站在台阶上讲课。他那时还很清瘦，身材高高的，留着中分头，经常穿着一身竹布大褂和布鞋。他讲课慢慢的，一句一句，声音并不高，但即使坐最后边也能听得一清二楚。他讲得深入浅出、通俗易懂，特别能引导同志们联系实际。记得他给我们讲阶级分析的时候，谈了谁是我们的敌人、谁是我们的朋友以后，指出：农民在我们中国人口中的人数最多,他们是我们革命最广大、最可靠的朋友,应该团结他们一道反对我们的敌人。他进一步分析说:农民中也有好几种农民,有一部分是有余粮剩米的;有一部分是大体上可以自给的;有的需要租别人的田地,或者出卖一部分劳动力,经营小商,以资弥补。这一部分人每到春夏之间,青黄不接的时候,往往得高利向别人借贷,重价向别人籴粮维持生活;还有一部分是完全靠出卖劳动力维持生活的。讲到这里,他问我们:"你们那里的农民怎么样?"我站起来说:"……我们家乡流传这么一首歌:'借一斗还斗半,八斗九年三十石;簸箕簸扇子扇,二十五年整一万;小斗出大斗盘,升升合合还不算。'只要借上债,就再也还不清了。还有的就是专靠当长工生活,受剥削很厉害。我们那里有个村叫毛岱,全村几乎都是在外面当长工的,他们有两句话:'算盘子一响捆铺盖,两眼流泪回毛岱。'干一年活儿,结果啥也剩不下。"毛泽东说:"对,地主和高利贷的剥削是很厉害的。那些没有土地的农民才最有革命性,他们要求吃饱穿暖,参加革命很坚决,他们才是我们革命的真正朋友,革命就应该团结、依靠他们。"接着,毛泽东又给我们仔细地讲了富、中、贫、雇农的经济情况和他们对革命的态度,使我们深刻地懂得了团结农民的重要性,懂得了应该依靠谁、团结谁和反对谁。[23]

1926年10月,毛泽东在第六届农讲所结束后,离开广州去上海,担任中共中央农民运动委员会书记。不久,他起草《目前农运计划》,提出在武昌开办一所农讲所。同年12月,他到达当时北伐革命的中心武汉,着手筹划创办农讲所。

1927年3月,国民党中央农民运动委员会第一次会议,正式批准中央农民运动讲习所章程,还推定邓演达、毛泽东、陈克文为该所常务委员。4月4日,中央农民运动讲习所在武汉举行隆重的开学典礼。

中央农民运动讲习所是由国民党左派和共产党人联合创办的。毛泽东是实际负责人。

对这段历史情况,曾在中央农讲所工作的张国基有详细的回忆:

1926年12月下旬,我从印尼回国。事先曾写信给毛泽东,说我决定回国。回国后,即到长沙清水塘去见毛泽东。记得当时毛泽东一见到我,就亲切地对我说:你回来了,好,什么时候回来的?有了工作没有?我一一做了回答,并交谈了国内情况和海外情况。毛泽东说:我过几天将去湘潭、湘乡、衡山、醴陵、长沙等县去做农村考察。毛泽东问我住在哪里。当时我住在一位医院朋友的家里,并常到我的一位姓王的老师家去。王老在长沙办了一所中学,约我去教书,并已决定让我去教语文兼训育主任。当然我是很高兴在王老领导下工作的。但那时正放寒假,尚未开学。一个月以后,我接到毛泽东从武汉拍来的一封电报,叫我立即去武汉。我拿着电报去找王老商量。王老说:"你还是去武汉吧,润之那里需要你，我这里可以另请人。"我到武汉见到毛泽东，毛泽东告诉我说：广州农民讲习所停办以后，现在武汉创办了一个中央农民运动讲习所，请你来帮助教务主任办事，具体工作是接洽教师和编排课表。其实教员多半是毛泽东事先亲自约定好了，叫我去和约定好了的教师商谈，确定讲课日期、科目，把编排的课表送去。因此，我每天都要和毛泽东商量一两次。

武汉农民讲习所在筹备期间，最初定名为"湘鄂赣农民运动讲习所"，招收名额450人，湖南、湖北、江西三省各150人；经费由这三个省分担。后来，考虑到革命形势发展的需要，和其他各省的要求，又加以扩充，改名为"中国国民党中央农民运动讲习所"。当时，毛泽东是中国国民党中央执行委员会委员，负责农村工作。筹备农讲所时，由毛泽东、邓演达、陈克文三人组成学校执行委员会，毛泽东是主任委员，邓演达是政治部主任，下设教务、总务、训导三个处。由周以栗任教务主任，季刚任总务主任，陈克文任训导主任。专职教员少，只有恽代英、张太雷、李达、李汉俊、邓初民等人，大多数教员是临时约请的，因此，每周要变动三五次课表。除上述三处外，另设军事教育委员会。军事教育是主要课，每天要出操演习三四个小时，军事教官多是黄埔军校来的。学生都发军衣和真枪。另外，有一个特别班，学员多是河南等省来的，有100多人。

毛泽东每天都亲自到所视察一两次，每次到所都问我教员是否能按时授课等情形。毛泽东还在百忙中亲自给学员讲课，著名的《湖南农民运动考察报告》就是最早在这里公开发表的。担任讲课的还有：于树德（农村合作）、邓初民（政治常识）、李立三（中国职工运动）、陈克文（中国农民运动之现状与趋势）、李一纯（革命歌曲）、钟皿浪（军事教官）等。周恩来也来校做过讲演，彭湃、方志敏等都来农讲所讲过农民问题。苏联大使馆的鲍罗廷、约尔克也来所讲过话。还有彭泽民（当时他是海外部长）、谭平山（农业部长）都来讲过。也请过瞿秋白多次，他都答应了，但到上课时常不来。

学员刘征回忆说：

1927年2月的一天，是我终生难忘的一天。那天，风和日暖，春光明媚，农讲所通知我们去进行口试。开始我的心情是紧张的，因为前几天，我们已经进行了笔试。我虽然写了六七张纸，但能否录取，心中并没有底。按考试程序，笔试后还要进行口试，并听说农讲所的领导人要亲自主持口试。我正担心：像我们这样出身贫苦农民家庭的青年，读的书不多，又没有见过大场面，能够考取吗？当我们进入考场坐下之后，毛泽东来了，他身穿长衫，健步走到讲台后面坐下，和蔼可亲地环顾了大家之后，亲自一个一个地叫名字，一份一份地批阅试卷。当叫到我的名字时，我立即走到讲台前端端正正地站着。毛泽东面带笑容地问：你是哪里人？

我答：直隶省（河北省）玉田县人。

毛泽东又问：你家有多少田？

我答：没有地，我家是佃农。

毛泽东还问：你原来干什么？你们那里农民运动搞得怎么样？……

我答：我是师范讲习所毕业，是小学教员。我们那里农民运动正在兴起，迫切需要农运干部，另外，还有些农运的道理搞不清楚。

毛泽东听了很高兴，看了一下我的试卷和组织介绍，亲笔在我的试卷上画了一个"C"字（共产党员的代号）。最后，毛泽东亲切地对我说：好，就这样吧。过了一两天，我们去看榜，一瞧，我的名字是第15名，我们直隶省来的十人都录取了。

农讲所于1927年3月7日开始上课，4月4日才举行开学典礼。学生共800多名，来自全国各省，湖南、湖北、江西最多。从学生的成分看，有实践经验的工农（特别是农民）占了很大的比重，这就保证了学生的政治质量，符合培养农运骨干的要求。

毛泽东亲自主持全所工作，制定教育方针和教学计划。明确规定创办农讲所的目的，是培养"领导农村革命人才"，"实行农村革命，推翻封建势力"。毛泽东还亲自选聘教职员。在教职员中，很多是共产党员。夏明翰等党的干部，都担任了农讲所的职务。中共中央委员恽代英、彭湃以及全国农协执行委员方志敏等也到农讲所讲过课。这样，农讲所就坚持了共产党的领导和无产阶级的政治方向。

……

当时正是革命与反革命、投降与反投降斗争十分尖锐激烈的时期，而这场斗争反映在对待轰轰烈烈的农民运动的态度方面。面对空前的农村大革命，广大革命人民无不拍手称快，同声赞好。而中层以上社会特别是国民党右派，却恶毒攻击农民运动"糟得很"。党内的右倾机会主义者，也跟在蒋介石的后面嗥叫。一时街头巷尾，议论纷纷。这种议论，在农讲所的学生中，也引起了不同的反应。多数学生对"糟得很"的滥调非常气愤，但也有部分学生认识模糊。为了痛斥敌人的无耻污蔑，提高学生的思想认识，在春末夏初，毛泽东亲自给我们讲授了《湖南农民运动考察报告》。讲课的那天，800多名学生和教职员工很早就到了教室。毛泽东手拿讲稿，英姿焕发地登上讲台。首先，他启发式地问大家："农民运动是好得很还是糟得很？"

我们异口同声地回答："好得很！"

毛泽东接着又问："为什么说农民运动好得很？"

我们一时答不上来。毛泽东便从他考察的大量事实，慷慨激昂地说：农民运动的兴起,"这是四十年乃至几千年未曾成就过的奇勋","农民的举动,完全是对的,他们的举动好得很"!讲到"好得很"三个字时,毛泽东的声音拖得很长,提得很高,对农民革命充满了深厚的无产阶级感情。教室里鸦雀无声,我们一个个都全神贯注地聆听和记录着毛泽东的教诲。毛泽东还讲了农民在土豪劣绅的小姐少奶奶的床上打滚,衡山白果的女子一屁股坐在祠堂里吃酒这些过去闻所未闻的奇事,热情地赞扬农民运动,讲得生动形象,风趣幽默,讲堂里不时腾起一阵阵掌声。

接着,毛泽东痛斥了国民党右派和陈独秀右倾机会主义者攻击农民运动"过分"的谬论,用简明生动的比喻来说明"矫枉必须过正"的道理,他说:一根弯竹子,要想把它弄直,总要几次扭过头,才能使它变直。毛泽东挥动巨手说:"'好得很'是农民及其他革命派的理论","糟得很""明明是反革命的理论"。他教导我们要坚定地站在农民运动的前头,到乡间去,实行农村大革命!原来认识模糊的同学,心胸也豁然开朗了,他们说:"毛泽东的报告,使我们的头脑开了窍。"在学习期间,毛泽东还给我们讲过《中国社会各阶级的分析》,教导我们要团结真正的朋友,以攻击真正的敌人。

……

"到农村去,实行农村大革命!"这是我们农讲所学生的战斗口号。经历3个多月的紧张学习、战斗之后,1927年6月18日,农讲所举行了毕业典礼。每个学生发有一枚铜质五角星证章,在证章上嵌有"农村革命"金光闪闪的四个字,标志着农讲所正确的革命方向。我在农讲所毕业之后,党组织分配我回冀东搞农运工作。[24]

考察湖南农民运动

1926年12月左右,毛泽东来到武汉,在当时的革命中心武汉设立中共中央农委办事处。不久,杨开慧带着岸英、岸青也来到了武汉。1927年4月4日,毛泽东的第三个儿子岸龙在武汉出生。可惜的是,岸龙只活到4岁,1931年初夏因病在上海广慈医院去世。

毛泽东一家在武汉时,陈玉英在他家做保姆。她回忆说:

1926年12月,我很幸运地来到长沙望麓园一号毛泽东和杨开慧的家里当保姆。当时,开慧即将生第三个小孩,岸英只有4岁,岸青还只有两岁多,家里需要人照料。那天我一进门,就看到毛泽东在房里看书,开慧在写字。他俩一见到我,都含笑地站起身来,表示欢迎。我想可能是我当时没有包小脚,剪掉了辫子,冲破了封建礼教的束缚,才被他们看上了吧。开慧很满意地对我说:"你跟我们帮忙，我们彼此不分上下，不分什么你我，我们是一场朋友。"我心想，给人做了10多年女工，哪个主人不是把我当下等人，而今天这两位主人，却说我们不分彼此，不分上下，这真是世界上最好的人啊！

在望麓园期间，毛泽东经常到乡下去考察农民运动，一把雨伞，一双布鞋，风尘仆仆，有时一连几天都不回来。毛泽东每次回来时，总是忙碌紧张地写材料。当时，开慧身怀小孩不常出门，多半在家里帮助毛泽东整理和抄写材料。有时一些同志来家里开会，开慧也一起参加。在望麓园住了一个多月，毛泽东就到武昌去了。10天以后，开慧的母亲杨老太太、岸英、岸青和我一道坐火车也到了武昌，毛泽东还到车站来接我们。我们就来到了武昌都府堤四十一号，住在靠左边的房子里，开慧同志带岸龙睡在前面房里，我和杨老太太、岸英、岸青睡在后面房里。

都府堤四十一号住过很多革命同志，有毛泽民、毛泽覃、彭湃、蔡和森、夏明翰等。他们经常在这里开会，吃饭，十几个人围一圆桌，站的站，坐的坐，毛泽东和开慧也和大家一起吃饭。

毛泽东那时在农讲所讲课，还要写文章，一天到晚忙不停，经常很晚才回家。但就是这样忙，毛泽东还经常给我们讲革命道理。他说：搞农民运动，要发动农民起来革命，和地主阶级做斗争，推翻反动派的统治，要把他们打倒在地，农民才能翻身。我们的工作不要怕麻烦，干革命就不要怕苦，不要怕死。这些话，对我们的教育是极为深刻的。

那时，毛泽东经常写材料到深夜。我总是看见毛泽东房里的灯光很晚还亮着。一些革命同志也工作到很晚。毛泽东对他们很关心，有时叫我去买包子、面条之类的普通点心回来。毛泽东还很关心地叫我也吃一份。晚上，我见毛泽东和开慧深夜还在煤油灯下写文章，就悄悄地伴在他们旁边给小孩缝补衣服，做点针线活。可是，毛泽东和开慧总是催促我早些去睡，关切地对我说："孙嫂（我婆家姓孙），你先去睡吧，白天累了一天都没有休息一下，明天还要做事，身体不是铁打的，要爱护呵！"我听了他们这些亲切的话语，只得先去睡了。但他们房里的灯光，却久久地还亮着。毛泽东和开慧为了革命，常常是通宵熬夜啊！

毛泽东工作很辛苦，生活也很艰苦朴素。当时他只有两件汗衫，一件白衬衣，一件灰布长衫。出去上课他一般是穿白衬衣。有一天，我看见毛泽东的衬衣脏了，就拿去洗了。正巧毛泽东那天要去上课，就对开慧说："我今天没衣穿了。"开慧马上说："你的衣脏了，孙嫂给你洗了，我去给你借一件来。"毛泽东说："不用借，还是穿长袍子算了。"我当时很不安，但毛泽东连一句重话都没有说。开慧和毛泽东一样衣着简单，没有多余的衣服。但他俩对劳动人民却十分关怀，在武昌居住时，毛泽东和她一起找其他革命同志凑了20块钱送给一个贫苦老太婆安葬了儿子。一次我失手打破了一个热水瓶,开慧还一个劲地宽慰我。

　　毛泽东讲话轻言细语,待人体贴入微。刚到武昌不久,有次我在街上走错了路,因我不识字,又是宁乡口音,费了好大劲才回来。毛泽东知道了这件事后,很细心地用毛笔在一块白布条子上面写着"武昌都府堤四十一号"。毛泽东对我说:"发个符号给你,以后上街把这个布条子放在口袋里,如果走错了路,拿出来问过路的人,别人就会告诉你怎么走的。"毛泽东和杨开慧对我还很信任,他们拿钱叫我去买东西时,从不要我算细账,而我呢,因为是苦水里泡大的,用钱也比较精打细算。有次,我听到毛泽东对开慧说:"孙嫂真是你的好当家人,很把细。"开慧对毛泽东说:"孙嫂人忠厚老实,我信得过她。"

　　1927年4月4日,开慧去医院生小孩,是我陪她一道去的。第4天,毛泽东到医院来探望。他亲切地对开慧说:"开慧,这么多天了,我都没有来看望你,真对不起。"开慧诚恳地对毛泽东说:"这不要紧的,你在工作。我生小孩,你在这里我要生,你不在这里我也要生,你工作要紧,孙嫂在这里,对我照顾很好,你放心好了。"我抱着出世4天的岸龙给毛泽东看,毛泽东接过毛毛,很喜欢很疼爱地看着,风趣地说:"没有哪个把我的毛伢子换去吧。"我和开慧都笑了起来。一个星期后,毛泽东到医院来接了开慧、岸龙和我一起回家了。

　　毛泽东很关心开慧,开慧也很体贴毛泽东。有时毛泽东在外面开会,开慧就叫我把饭菜热在灶上,以免冷了。有时有点好些的菜,她自己不吃,留着给毛泽东吃。毛泽东工作时如果孩子在旁边吵闹,开慧就哄开他们,让毛泽东安静地工作。

　　在武昌住了4个多月,到7月15日,汪精卫叛变革命,国民党反动派四处捕捉革命同志。记得有一天,毛泽东回到家里对我们讲:"今天好险啊!差点儿被人抓去了。我在汉口街上走,碰着两个人从我对面走来,问我看见毛泽东没有?我指着旁边的小巷子说:看见了,刚从这里过去。敌人就朝我指的方向追去了。"毛泽东就这样机智地斗过了敌人,从从容容地回到了家里。

　　毛泽东为了挽救党、挽救革命,决定离开武汉,深入农村,开展武装斗争。他和开慧给长沙东乡板仓杨秀生写了一封信。不久,杨秀生找到武昌来接我们,接了岸青和我及11件行李,先回板仓。10天后毛泽东和开慧、杨老太太、岸英、岸龙也回板仓了。毛泽东很快就走了,去组织和发动了秋收起义,以后上了井冈山。〔25〕

　　张琼回忆说:

　　我和开慧姐最后一次见面是在长沙望麓园。那是1927年初的一天,当时毛泽东从武汉回到长沙考察农民运动。我到望麓园看他们的时候,开慧姐正在怀孕,她还是整天忙来忙去,有时连吃饭的时间都忘了,人瘦多了。我看了很心疼。但开慧姐精神显得很好,十分乐观。这时,她正在忙于将毛泽东从湘潭、湘乡、衡山、醴陵、长沙等县调查得来的材料,加以选择、综合和整理。后来,毛泽东就根据这些有价值的材料,写了《湖南农民运动考察报告》这篇光辉著作。我清楚地记得,那一次毛泽东在我们面前夸奖开慧姐说,我这个秘书,抄写起来比打字机还快!谁知这一次与开慧姐的见面,竟成了我们终生的永诀![26]

在武汉期间,毛泽东同陈独秀等发生意见分歧。这使他下决心要到湖南去考察农民运动,回答党内外对农民运动的种种责难。

高菊村等著《青年毛泽东》一书写道:

毛泽东接到中共中央通知,旋即离开广州,乘船赴上海,出任中共中央农民运动委员会书记。杨开慧、毛岸英随同前往。

中共中央政治局和国际代表联席会议拟定的《中国共产党关于农民政纲的草案》结尾所附说明有这么一段记载:"中央农民运动委员会,自去年扩大会议决设立后,因种种困难原因,组织迄未完备。11月中毛泽东来任中央农委书记后,始正式决定以阮、彭、易、陆、萧、CY7人[27]合作共组成中央农委,以委员一人常以驻局办事,另在汉口设办事处,就便指导湘、鄂、豫、赣、川农运工作。"[28]所以,毛泽东后来回忆说:他"在上海指导共产党农部的工作"。方志敏也曾在回忆录中写道:江西省农民协会召开第一次全省代表大会时,AB团想夺权,擅自圈定省农协委员。于是,"我电问中央农委——中央农委书记毛泽东同志,如何对付;得复电;须坚决反对,宁可使农协大会开不成功,不可屈服于圈定办法"。[29]

1926年11月,毛泽东到达上海后,便立即起草《目前农运计划》。计划规定了大力发展农运的地方必须具备的条件,提出了"在目前情况之下,农运发展应取集中的原则"。并指出:"省城及其他重要城市之近郊农民,须特为组织'近郊农民协会'。此等城市之国民党党部或特别市党部,均须设立农民部指导近郊农民运动。"计划还决定"在武昌开办农民运动讲习所"。[30]

为实现这一计划,毛泽东于11月下旬亲赴长江一带视察农运情形,联络江西、湖南、湖北三省国民党省党部,拟在武昌合办农讲所。[31]林伯渠当时正随国民革命军第六军驻江西南昌。他在日记中记录:11月26日,"晚开会晤润之。归寓已十二时点"。27日"早起润之来,同访润安谈事。旋至政委会,又到军部西餐。六时郭沫若召饮"。[32]

12月,毛泽东到达武汉,以中共中央农委书记身份参加了中共中央在汉口召开的特别会议。会议根据陈独秀的政治报告做出决议,错误地认为当前主要的危险是民众运动勃起并日益"左"倾,蒋介石因恐惧民众运动而日益向右,"左"右倾距离日远,会破裂联合战线而危及整个国民革命运动。根据这一错误形势分析，会议规定当时党的主要策略是：限制工农运动发展，反对"耕地农有"，以换取蒋介石由右向左，同时扶持汪精卫取得国民党中央、国民政府和民众运动的领导地位，用以制约蒋介石的军事势力。实际上就是不惜牺牲工农群众的根本利益去迁就蒋介石的反动要求。陈独秀还在会议上斥责湖南工农运动"过火""幼稚""动摇北伐军心""妨碍统一战线"等等。陈独秀的意见得到共产国际代表吴庭康（维经斯基）、鲍罗廷的支持。据李维汉回忆：他当时以中央委员和湖南区委书记名义参加了这次会议，毛泽东"在会上主张土地革命，并支持湖南区委关于实行土地革命的建议"。但陈独秀说："鲍罗廷说，'中国没有土地问题'"，"搞土地革命，缺乏干部"，不能搞。毛泽东不同意陈独秀的看法，但讨论没有展开下去。

　　毛泽东对于陈独秀的右倾投降主义很不满意，打算实地考察湖南工农运动。是时，正值湖南全省第一次工农代表大会召开，电邀他回湘指导。电文说："湖北省农民协会转毛润之先生鉴：敝会已于本日开幕，现正讨论各案。先生对于农运富有经验，盼即回湘，指导一切，无任感祷！敬祝旅祺！"

　　12月17日，毛泽东偕杨开慧等回到了长沙。

　　1926年冬，湖南农运在北伐胜利进军的形势的推动下，有如暴风骤雨，席卷全省，进入了革命时期。据这年11月统计，全省5县中，有55县建立了农协组织，农会会员计1367 727人。凡有农协的地方，农民已对土豪劣绅、不法地主进行减租、减息、清算、罚款等斗争，从政治、经济、文化等方面打击了封建势力，动摇了帝国主义、封建军阀的基础。

　　为深入农民革命，制定斗争策略，湖南省农民协会与湖南省总工会于12月1日至28日召开第一次工人和第一次农民代表大会，并于大会开幕后电请毛泽东回湘指导工作。

　　毛泽东由武汉回到长沙后，湖南全省第一次工农代表大会于20日联合举行盛大欢迎会，并发出通告："毛先生泽东奔走革命，卓著勋绩。对于农民运动，尤为注意。去岁回湘养疴，曾于湘潭韶山一带，从事农民运动。湘省之有农运，除岳北农会外，实以此为最早。后为赵恒惕所知，谋置先生于死地，先生闻讯，间道入粤。在粤历任中国国民党中央党部要职。此次革命军势力北展，先生为发展全国农运，奠定革命基础起见，遂于前月离粤赴长江一带视察农运情形。农民代表大会开幕时，曾电请先生回湘，指导一切。现已抵湘，农大会定于本日午后二时在幻灯场开会欢迎。"[33] 在欢迎大会上，除参加大会的300多名代表外，旁听者尤为踊跃，座无虚席。大会主席刘惊涛介绍说：今日下午我们欢迎两个人，第一个是毛润之先生。毛先生是湖南湘潭人，是中国革命的领袖，而对于农民运动尤为注意，此次系专为考察农运而回。我们非常欢喜。随即，毛泽东

演说。〔34〕

毛泽东的演说要点，刊登在1926年12月22日出版的《湖南全省第一次工农代表大会日刊》第21期上：

我去湘仅一年，而今年和去年的情形大不相同。在去年是不会有这种大会的。在去年是军阀赵恒惕的政府，今年是较能与人民合作的政府。去年农民运动仅是萌芽，今年已有1 200 000有组织的农民了。这是各同志努力的结果。我今日的题目是工农商学联合的问题。国民革命是各阶级联合革命，但有一个中心问题，国民革命的中心问题，就是农民问题。一切都要靠农民问题的解决。国民革命中工人的要求，要原料充足，生产品丰富。能解决这个问题的，就只有农民。国民革命的商人问题有两种：一种是工业家，一种是商业家。工业品的市场，是在乡村，购买工业品的是农民。商人货物的原料，是从农村中运来的。商人货物的销场，也在农村中。商人若想货物畅销，就要农民问题解决，有余钱可以购用品。国民革命中的学生，有做农工运动的。他们有学工业的，有学商业的，为什么不去从事于工业商业，就是农民问题没有解决。所以各国学生都反革命，而中国学生尤多从事于革命运动的。中国的学生多半是很苦的，并且毕了业出来无处可用，故不得不革命。中国的学生是很重要的，但不是唯一的重要的，譬如是一座三层的洋楼，上层是帝国主义者军阀土豪劣绅，下层是工农阶级，中层是学生。有上去与军阀帝国主义接头，有下去与工农接头的，还有些上不得、下不得的。中国学生的现象，革命的是少数，反革命的也是少数，不革命的最多。我们现在还不是打倒地主的时候，我们要让他一步，在国民革命中是打倒帝国主义军阀土豪劣绅，减少租额，减少利息，增加雇农工资的时候。这都是属于农民问题的。将农民问题解决了，其余工人、商人、学生、教职员……的问题都解决了。说毕已至4时，主席宣告休息5分钟。卜礼慈先生已到，即由先生继续报告。

关于会议情况，高菊村等在《青年毛泽东》一书中继续写道：

工农代表大会期间，代表们提了很多问题，由省农协委员长易礼容整理，请毛泽东解答。毛泽东侃侃而谈，代表们听得津津有味，解决了心中的疑团，鼓舞了斗争的勇气。大会通过了四十个决议案，肯定农民以暴力打击土豪劣绅是"革命斗争中所必取的手段"，指出当时中心任务是"根本铲除土豪劣绅的封建政权，建立农民政权"。毛泽东曾参加大会"议案起草委员会"，共同"商量起草各种决议案"，认为"此次决议各案大体还算切实"。〔35〕

12月27日，湖南全省第一次工农代表大会举行闭幕典礼，毛泽东出席会议，并做了关于革命联合战线问题的讲演。他指出："反革命方面已有国际、全国和全省的联合战线组织，革命方面也应该联合起来抵抗他们。"他严厉驳斥"惰农运动"之类对农民的诬蔑和"帝国主义没有打倒以前，我们内部不要闹事"的反动论调。他说:"过去军阀政府时代只准地主向农民做加租加息的斗争,现在农民向地主要求减点租、减点息就是'闹事'了吗?"他指出:"这种只准地主向农民压榨,不准农民向地主做斗争的人,就是站在帝国主义、反革命一方面,就是破坏革命的人。"毛泽东还特别提醒代表们注意:"现时湖南虽然由'国民政府'所统治,但是实际上还是'国民政府'与赵恒惕共同的统治,因为赵恒惕虽然不在湖南了,然而赵的余孽——土豪劣绅、贪官污吏在湖南还有很大的势力。"[36]使代表们进一步认识了同军阀、土豪劣绅做斗争的艰巨性。

工农代表大会后,中共湖南区委将代表中的共产党员留下,办了一个短期训练班,邀请毛泽东"做了三次关于农民问题及调查方法的报告"。[37]毛泽东鼓励共产党员多做社会调查,运用马克思主义观点,解决农民运动中的实际问题。[38]

关于这次大会后毛泽东考察湖南农民运动的情况,高菊村等在《青年毛泽东》一书里有详细的叙述:

为了回答党内外对农民运动的怀疑和指责,毛泽东以国民党中央候补执行委员身份视察湖南农民运动。毛泽东下乡前,国民党湖南省党部召开常务会议,决定派省党部监察委员戴述人陪同考察,并议定将"巡视重要意义六项"通告各县党部,要求协助做好考察工作。这六项是:1.考察各种纠纷之原因,指导解决方法;2.宣传农工运动之重要;3.解释开放米禁问题;4.指示解决民食问题的方法;5.注重全国的革命问题;6.宣传国民党中央各省联席会议决议案。[39]根据这一通告,毛泽东每到一县,各县国民党县党部都派人陪同视察,并做了详细汇报。

1927年1月4日至2月5日,毛泽东在戴述人等人陪同下,身着蓝布长衫,脚穿草鞋,手拿雨伞,考察了湘潭、湘乡、衡山、醴陵、长沙五县的农民运动。行经的路线是:1月4日乘船到湘潭县城,5日达银田镇,6日抵韶山,10日经杨林到湘乡县大坪。11日至湘乡县城,14日至横铺萧家冲,15日至衡山白果,17日抵福田,18日至宋桥(世上冲),20日至23日在衡山县城,24日返省。27日赴醴陵县城,31日至礼陵东富寺,2月1日(正月初一)上午回县城,下午至龙凤庵,2日至渌口,3日返回长沙。5日到长沙东乡板仓。[40]在湘潭、湘乡、衡山三县调查后,"回到区委向负责同志做了一次详细的报告,在党校、团校各做了一次报告"。在醴陵、长沙二县调查后,"又在区委做了一次报告"。[41]毛泽东在长沙期间,还出席了长沙郊区农协代表座谈会,了解农民禁烟、禁赌情况;到中共长沙县地方执行委员会解释孙中山"耕者有其田"的内容。[42]

毛泽东考察湖南农民运动,历时32天,行程700公里。他每到一处,都认真听取共产党地方委员会,国民党县、区党部、工会、农协、妇女、青年、商会等群众团体的汇报，邀集有代表性的农民及农运同志开调查会，还找懂得"三教九流"的下层人士、县衙门的小职员、开明绅士等交谈。他在衡山曾找在县监狱当过职员、时任县农协秘书的谭汉卿调查旧监狱的腐败情况。他以甘当小学生的精神向农民请教，按事先列出的提纲并灵活掌握，口问手记，展开同志式的讨论。他细心倾听群众的呼声，观察农运实情，及时解决农运中的问题。他在湘潭县银田寺的调查会上，听到宁乡高露乡农民揭发这个乡的国民党区分部实行的是"二民主义"，便立即插问：什么"二民主义"？农民回答：他们取消平粜米，还将领导我们争取平粜米斗争的鞋匠欧二保关进县监狱，就是不要"民生主义"。毛泽东连连点头，说：这个"二民主义"的区分部，不但把民生主义丢了，而且把孙中山的联俄、联共、扶助农工政策中的"扶助农工"也丢了。我赞成你们的意见，到县政府去示威，要求释放欧二保，实行平粜米。并对坐在一旁的戴述人说：国民党宁乡县党部最近开县代表大会，你去出席，揭露那"二民主义"的区分部破坏农运的错误。继之，银田寺乡农协负责人汇报原团防局长汤峻岩杀了两个叫花子开张的大冤案。汤是杀人不眨眼的屠夫，在其任内，杀了50余人。当时又组织保产党，破坏农运，农民恨之入骨，一致要求法办。毛泽东赞同大家的意见，指示说：对那些残酷杀害农民的大土豪劣绅，枪毙一个，全县震动，于肃清封建余孽，极有效力；汤峻岩不诛，不足以平民愤。在毛泽东支持下，宁乡高露乡争取平粜米、银田寺人民镇压土豪汤峻岩的斗争均获胜利。

毛泽东考察各地，针对农民的要求和农运中的问题做了许多重要指示，概括起来有：

一、鼓励农民解放思想，自己解放自己。他在韶山特别区第三四乡农协欢迎会上说：民国十四年开展农运以前，人家说我们八字不好，现在农运搞得轰轰烈烈，只几个月光景，我们忽然走运，大家坟山都贯气，这个巧得很！如果不要农会，只要关圣帝君、观音大士，能打倒土豪劣绅吗？现在你们想减租，有什么法子呢？信神呀，还是相信农民协会呢？只有靠农会，靠团结，靠斗争。

二、赞扬农民运动"好得很"，支持农民的革命行动。他以农运"好得很"的事实，驳斥农运"糟得很"的议论。以"贫农乃革命先锋"的事实，批判"痞子运动""惰农运动"的谬言。以从来没有什么联合战线的事实，驳斥农协破坏了联合战线的责难。他在衡山白果座谈时，表扬岳北人民像孙大圣钻进铁扇公主肚里一样，敢于在军阀赵恒惕的胞衣盘里闹革命，并且鼓励岳北农运干部要把南岳衡山的革命烽火引燃其他各"岳"，让革命风暴席卷全国。中共衡山地方执行委员会汇报农会会员成分，贫农占90%，他听了高兴地说："没有贫农，便没有革命。"这个贫农领导是非常之需要。湘乡、衡山的县知事打击贫农、关押基层农协干部是错误的。指出农运必须经过组织时期、革命时期、建设乡村联合战线时期。无论何地，必须经过革命时期，始能达到建立乡村联合战线时期。

三、农民必须推翻地主武装，建立农民武装；推倒封建地主阶级的统治，建立乡村联合战线的自治机关，即委员制的农民、小资产阶级联合战线的乡村民主政权。毛泽东考察期间，湘中地区农民与土豪劣绅的斗争非常激烈。土豪劣绅组织"保产党""富绅联合会"等，煽动团防残杀农民。湘乡县一个土豪劣绅逃到长沙，说什么"乡里农民协会办得一团糟，我们那里的喜四伢子是一个一字不识的黑脚杆，翻开脚板皮有牛屎臭，也当了区农协委员长，晓得搞么子，非把这些人杀掉不可"。有些土豪则伪装开明，企图躲过风险，等待时机。醴陵南二区三星里乡有大土豪易萃轩，原是"乡里王"，农会起来后，他见农协干部就低头作揖，给乡农会送了"革故鼎新"的金匾，并把儿子送到何键部。毛泽东听到这些情况后，反复教育干部，无论是气焰嚣张、公开对抗，还是伪装降服、表面老实的，作为一个阶级，他们不会甘心失败。他们的后面还有帝国主义、军阀。农民要坐稳江山，就要建立农民武装，建立乡村自治机关。他在湘乡县考察时，指示县农协迅速夺取团防局武装，建立农民自卫军常备队，你们没有军事人才，我就请省里派一个来，帮你们培养。不久，省农协果真派了一位黄埔军校的学生到湘乡，帮助培训农民自卫军。

四、农民问题实质是土地问题，减租、减息、阻禁、平粜，都是农民要求土地的表现。毛泽东指出，当前阻止谷米出境的，是占人口绝大多数的贫农。孙中山的"耕者有其田"不是宣传的问题，而是要立即实行的问题了。当前要引导农民极力做好政治斗争，集中精力破坏地主阶级的政治权力，并随即开展经济斗争，减租、减息、减押，直到没收地主阶级的土地分配给贫苦农民。

五、要大力发展中国共产党的组织，扩大国共合作的统一战线。毛泽东认为湖南农民的革命情绪，尤其是贫农"简直很迫切地要进行另一个革命"，而"我们党在许多地方都是表示不与群众的革命情绪相称，KMT[43]更不消说"。他每到一地，都接见了共产党和国民党组织的负责人，建议他们大力发展党的组织，扩大统一战线。他指出，湖南在6个月内共产党员由现在6000人应发展到2万人，凡有农民协会会员2万人以上的县均须建立共产党的地方组织。要在农民中，尤其在贫农中大力发展国民党员。湖南现有国民党员8万，其中农民党员仅14 000余，与农运发展很不相称，农村中的各种冲突，都必须用国民党的招牌去解决，万不可马上用共产党的旗号。这样做，有益于巩固农村统一战线。

毛泽东考察后，中共湖南区委制订了在农民中发展党组织的计划，发出了关于如何实现乡村民主政权的通告和对湖南农民运动的宣言、国民党湖南省党部、湖南省农民协会也先后发出训令贯彻毛泽东的指示，纠正农运中的错误。中共湖南区委1927年2月关于湘区1月份农民运动给中央的报告说："在此社会群向农民进攻之包围中，我们亦自认现在农运的确是太左稚，于是通告禁止农协罚款、捕人等事，而且限制区乡农协执行委员，皆须现在耕种之农民担任，对于发动罚款、逮捕之人，皆须扫除，几乎不自觉地站到富农、地主方面而限制贫农。自润之同志自乡间视察归来，我们才感贫农猛烈之打击土豪劣绅，实有必要。非如此不足以推翻现在乡村建立之政治。"〔44〕3月间，省农协委员长易礼容做《湖南农民运动现状》的报告，特别声明"我们是根据毛泽东同志调查湖南各地的农民问题的报告"讲的。〔45〕省农协还发出了"第642号训令"，果断地停止和批判了打击贫农的"洗会运动"，规定不得打击失业农民，"区乡协会，失业农民可当选为执委"，"罚款游团等事，如豪劣罪有应得，不得强抑"，"各地土豪劣绅如向农民进攻，须决绝地对他们施以打击"。毛泽东的考察，推动湖南农民运动进到了建立农民自卫军，夺取县、区政权，农民自动分配土地的新阶段。

2月12日，毛泽东由长沙到武汉。16日，给中共中央写了《视察湖南农民运动的报告》，说明三四月内写出详细的考察报告送给党中央。接着，毛泽东便赶写了《湖南农民运动考察报告》。3月5日，中共湖南区委机关报《战士》周刊第35、36期首次刊载了《湖南农民运动考察报告》第一章，第二章一、二节；第38、39期连载了第二章第三节。3月12日，中共中央机关报《向导》第191期发表了第一章，第二章一、二节。《湖南民报》、汉口《中央日报》副刊均先后连载。4月，瞿秋白以《湖南农民革命》为题，出版了《考察报告》的单行本，由长江书店印发。他为该书写了一个序言。序言说："中国革命家都要代表三万万九千万农民说话做事，到战线去奋斗；毛泽东不过开始罢了。中国的革命者个个都应该读一读毛泽东这本书，和读彭湃的《海丰农民运动》一样。"1927年5月27日和6月12日，共产国际执委会机关刊物《共产国际》先后用俄文和英文转载了《湖南农民运动考察报告》一文。这是该杂志反映中国人自己观点的第一篇论文。上世纪40年代，该文被编入《六大以前》《两条路线》和根据地、解放区出版的毛泽东文集或选集。1951年10月，该文被收入《毛泽东选集》第一卷。文章在各次出版时，几乎都有不同程度的改动。

《战士》周报第38期连载完此文第二章第一、二节后，文末没有"未完待续"字样；《向导》周报转载其内容及情况全同，但加有"2月16日长沙通信"的附题。毛泽东2月16日给中央报告中说："详细情形，当从明日起三四日内写出一个报告送兄处察核，并登导报。"由此可见，该文第一章和第二章前两节即是他所写的"详细情形"，而《战士》周报刊载的第二章第三节，则是稍后加写的内容。它既可作为全文的一节，也可独立成章。在《湖南农民革命（一）》单行本中，则将它改为第三章，并对"农民与农民协会"所做24件大事，在文字上有不少改动。特别对第九件大事中提到的"中国的剪刀差问题"，在提法上有所改动，并回避了这一名词。毛泽东在1945年4月《"七大"工作方针》一文中说："1927年我写过一篇文章，有马克思主义的观点，但是在经济问题上缺乏马克思主义的观点，所以经济问题写错了。"其所指很可能就是这个问题。收入《毛泽东选集》时，在单行本的基础上，又对这个问题的论述做了修改，并在各章节中进行了不少删节和改动。

此外，还必须提出的是，《战士》版本和单行本在叙述"经济上打击地主"一节中，两处都有"还待后面再说""详细当待后段论列"这类字句，特别是《战士》周报第39期文末还有"第三节完，全篇未完"字样，可知毛泽东当时拟续写，但从未见刊出。[46]

注　释

〔1〕见1926年12月11日《湖南全省第一次工农代表大会会刊》第11期。——原注

〔2〕民校，指国民党。——原注

〔3〕国校，指国民党。——原注

〔4〕高菊村等：《青年毛泽东》，中共党史资料出版社1990年3月版，第240—245页。

〔5〕张琼的回忆，载1977年10月5日《文汇报》。

〔6〕《农民部工作报告》，转引《大革命时期广东工农青妇运动参考资料》，广东党史研究会编。——原注

〔7〕罗明回忆（1974年7月9日）。——原注

〔8〕见1926年3月17日广州《民国日报》。——原注

〔9〕《农民部农民运动委员会第一次会议记录》，载《中国农民》第4期，1926年4月出版。——原注

〔10〕《中央党部第十三次常务会议记录》，载于1926年3月26日广州《民国日报》。——原注

〔11〕见1926年11月《中国农民》第9期《第六届农民运动讲习所办理经过》。——原注

〔12〕《第六届农民运动讲习所办理经过》，见1926年11月《中国农民》第9期。——原注

〔13〕王首道：《革命的摇篮》。——原注

〔14〕指广东省农协会员数字。——原注

〔15〕参见1926年8月《中华农学会报》第52期。——原注

〔16〕亢维恪回忆（1965年6月20日）。——原注

〔17〕《第六届农民运动讲习所办理经过》。——原注

〔18〕周恩来：《关于一九二四年至一九二六年党对国民党的关系》。——原注

〔19〕见《粤省农民代表大会之经过》，载1926年5月广州《时事新报》。——原注

〔20〕见《本校5月3日改组以来大事记》，载黄埔军校《小丛书》第二种。——原注

〔21〕高菊村等：《青年毛泽东》，中共党史资料出版社1990年3月版，第246—254页。

〔22〕王首道：《怀念集》，湖南人民出版社1983年11月版，第99—110页。

〔23〕高布泽博：《忆农民运动讲习所的学习生活》，载于《中国民族》1962年7月号；又见《广州农民运动讲习所资料选编》，人民出版社1987年11月版，第342—347页。

〔24〕刘征：《在武昌中央农讲所》，载于1977年3月18日《光明日报》。

〔25〕陈玉英：《难忘的岁月 深切的怀念》，载于《怀念毛主席》，新疆人民出版社1977年版，第909—913页。

〔26〕张琼的回忆，载于1977年10月5日《文汇报》。

〔27〕指阮啸仙、彭湃、易礼容、陆沉、萧人鹄及团中央2人共7人。——原注

〔28〕见《中共中央政治报告选辑》（1922—1926），中共中央党校出版社1981年版，第150页。——原注

〔29〕方志敏：《我从事革命斗争略述》（1935年在狱中）——原注

〔30〕《中共中央政治报告选辑》（1922—1926），第151—153页。——原注

〔31〕见1926年12月22日《湖南全省第一次工农代表大会日刊》第21期。——原注

〔32〕《林伯渠日记》（1926年7月—1927年6月），中共中央党校出版社1981年版第48页。——原注

〔33〕见1926年12月20日《湖南全省第一次工农代表大会日刊》第19期。——原注

〔34〕高菊村等：《青年毛泽东》，中共党史资料出版社1990年3月版，第263—266页。——原注

〔35〕毛泽东：《视察湖南农民运动给中共中央的报告》，1927年2月16日。——原注

〔36〕原载1927年1月29日《湖南民报》。——原注

〔37〕毛泽东：《视察湖南农民运动给中共中央的报告》，1927年2月16日。——原注

〔38〕高菊村等：《青年毛泽东》，中共党史资料出版社1990年3月版，第266—267页。

〔39〕见1926年12月28日湖南《大公报》。——原注

〔40〕毛泽东考察湖南农运行经路线，说法不一，到达湘乡县城、醴陵东富寺的时间这里采用的系其中一说。——原注

〔41〕毛泽东：《视察湖南农民运动给中共中央的报告》。——原注

〔42〕赵楚湘：傅学群的回忆（1984年4月）。——原注

〔43〕毛泽东：《视察湖南农民运动给中共中央的报告》，"KMT"是"国民党"的英文缩写。——原注

〔44〕《湘区一月份农民运动报告》，见《湖南革命历史文件汇集》甲第5集第60页，1984年中央档案馆、湖南档案馆编印。——原注

〔45〕见1927年3月25日《湖南民报》。——原注

〔46〕高菊村等：《青年毛泽东》，中共党史资料出版社1990年3月版，第268—274页。

六、心潮逐浪高

失败前夕的较量

1927年"四一二"事变前夕的武汉，同样大有"山雨欲来风满楼"之势。在大革命的危急关头，毛泽东联合国民党左派，同蒋介石等国民党新右派展开针锋相对的斗争。国民党中央全会及其土地委员会，就是这场殊死较量的政治舞台。

高菊村等在《青年毛泽东》一书中这样写道：

1927年3月10日至17日，国民党二届三中全会在汉口南洋大楼召开。国民政府迁都武汉后，在汉国民党中央委员与国民政府委员组织了一个有共产党员、国民党左派参加的临时中央党政联席会议，代行最高职权，拟定3月1日召开二届三中全会。因蒋介石在南昌另立中央，与武汉临时中央党政联席会议对抗，迟迟不到，全会乃推到7日；7日蒋介石未来，乃改为预备会。在预备会上，谭延闿提出继续推迟，迁就蒋介石。毛泽东、吴玉章、于树德等强烈反对，遂决定8日开提案委员会，9日开审查委员会，10日正式开幕。针对蒋介石把持政务委员会政治会议的情况，毛泽东还向大会提议："现当在开全体会议期间，政治会议暂不开会，遇有重要事件发生，应授权主席团全权办理，但须向大会报告。"他还提议："因提案甚重，必有精细之讨论，讨论似属提案之责，而提案委员会之产生，由常务委员会之推举，可否再加新同志而得新意见。"这两项提议均被大会通过。[1]

3月10日国民党二届三中全会开幕，毛泽东以国民党候补中央执行委员身份出席会议。13日，国民党中央农民部农民运动委员会常务委员毛泽东、邓演达、陈克文向全会提交了《土地问题案》（后改为《农民问题案》）。14日，他们又联合提出《对农民宣言案》。15日，全会确定毛泽东、邓演达、恽代英、吴玉章、詹大悲、顾孟余、徐谦、王法勤、邓懋修组成审查委员会审定《对农民宣言案》及《农民问题案》。16日，全会通过了《对农民的宣言》和《关于农民问题决议案》。

《宣言》阐述了建立农民政权、农民武装、解决农民土地问题的极端重要性。提出："中国国民革命最大部分的目标在于使农民得到解放；农民如不得到解放，国民革命断不能抵于完成。"

因此，革命需要一个农村的大变动，必须使土豪劣绅不法地主及一切反革命派的活动，在农民威力之下完全消灭，使农村政治从土豪劣绅不法地主及一切反革命手中，转移到农民的手中，在乡村中建设农民领导的民主的乡村自治机关。这是完成民主政治的唯一道路。

《宣言》又指出：农民应有自卫的武装组织。封建地主阶级的武装，如民团、保卫团及团防局等均须解除，交予农民。同时，应设法使农民廉价购得武器，使农民有足以保卫其自己利益的武器。这是农村民主势力推翻封建势力的确实保障。

《宣言》强调中国的农民问题，其内容即是一个贫农问题。贫农问题不解决，一切纷扰变乱都不会平息，革命亦得终久没有完成之日。"贫农问题的中心问题，就是一个土地问题。"现在"广东湖南湖北农民运动发展的地方，贫农对于土地的要求已甚迫切"，如果"不使农民得到土地，农民将不能拥护革命至于最后之成功"。

《农民问题案》是《对农民宣言》的具体实施纲要。在讨论《农民问题案》时，毛泽东支持夏曦关于乡村骚动不安是革命的现象，不应由党和政府去加以所谓"改善"的观点，认为"夏同志理论甚确，应写到提案中去"。要杜绝农村骚动不安现象，唯有满足农民的土地要求，进行土地革命。因此，《关于农民问题决议案》特别指出："北伐胜利之结果，已有好几省在国民政府统治之下，加入农民协会之农民已有四百万，正在为自己之解放而努力奋斗。"但是"农民的敌人也以全力遏制农民运动之发达及阻碍本党决议之实现。这些农民的敌人，所谓乡村把持政权者，同时亦即国民革命之敌人"，一定要竭力保障农民，铲除敌人。"如果本党不能这样做，国民革命将发生很大的危险。"[2]

17日，国民党二届三中全会闭幕。毛泽东自始至终参加了会议。会议通过了二十项议案，决定组织中央土地委员会。1927年4月2日，国民党中央土地委员会，经国民党中央常务委员会第五次扩大会议议决成立。由邓演达、谭平山、毛泽东、徐谦、顾孟余五人组成。其任务是调查研究中国的土地分配状况，提出解决土地问题的方案，呈送中央执行委员会核准后，交农政部执行。

这年四五月间，国民党中央土地委员会在武汉召开了二次委员会，四次扩大会，二次审查委员会（亦即扩大会）。每一次会议讨论得很热烈和详细，经常从下午7时后，一直到深夜一两点。毛泽东往往成为会议发言的中心人物之一，讨论的问题大多为他所提出和阐述。

4月12日，土地委员会召开第二次会议。毛泽东出席并任记录。他在会上提出了没收地主土地的主张。他说："所谓土地没收，就是不纳租，并无须别的办法。现在湘鄂农民运动已经到了一个高潮，他们已经自动地不纳租了，自动地夺取政权了。中国土地问题的解决，应先有事实，然后再用法律去承认它就得了。"[3]

土地委员会经过两次开会讨论，觉得这个问题太重大、太复杂，非征集各方面的材料和意见，很难得到一个确切的解决办法，决计召开扩大会，邀请中央委员，各省区党部，各省区农民运动负责人，各军军长、师长、军政治部主任等参加。出席者所代表的省份有湖南、湖北、广东、河南、直隶、山东、安徽、江苏、浙江、福建、热河、奉天、察哈尔、吉林、山西十五省。扩大会议中的报告有：谭平山的《全国土地分配状况》，俄人岳尔克《苏俄解决土地问题之经过》，林伯渠、夏曦、凌炳《湖南最近之土地问题》，湖北、广东、福建、直隶、热河都有土地问题的发言。讨论的中心是如何顾及农民的需要和全国的政治环境及农民本身的力量来解决农民的土地问题。

4月19日下午，毛泽东出席土地委员会第一次扩大会，向与会者报告第一、二次土地委员会开会经过。在讨论农民政权时，毛泽东多次发言，指出："政权问题，不过是形式的问题。我们切实实现本党的决议已经够了，即是能够扩大农民协会的组织，则农民的政权是不成问题的。"解决土地问题应有一个纲领，即：（1）确认并大力宣传解决土地问题的意义。（2）确定没收土地的标准及如何分配土地的方案。（3）建立农民的政权以便进行土地的没收和分配。（4）规定禁止买卖土地和土地国有问题。（5）解决地税问题，即如何征收田税的问题。

关于解决土地问题的意义，毛泽东概括为六点：（1）解放农民。"废除地主及一切压迫阶级的剥削和压迫。"这"实为本题的主要意义"。（2）增强农业的生产力。土地问题不解决则"不能解决农民的生活痛苦，不能改良土地"，也就不能增加生产力。（3）保护革命。"革命势力目前虽见发展，但亦到了一个危机，此后非有一支生力军必归失败。"要获得生力军，"非解决土地问题不可"。因为土地问题解决了，"农民要保护他们的土地，必勇敢作战"。（4）废除封建制度。（5）发展中国工业。（6）提高文化。[4]会议赞同毛泽东的意见，并责成他和谭平山、顾孟余起草《解决土地问题的意义的决议案》。后来，虽然由于毛泽东生病，未能参加起草《决议案》，但5月6日最后一次扩大会议所通过的《决议案》基本上就是这六条。

在讨论政权问题时，毛泽东赞成邓演达的意见。邓认为：农民政权宜从下层着眼，消灭封建势力，建设乡村自治机关；建设乡村自治机关，须有农民武力的保障，解决农民武装问题。毛泽东对邓的意见做了进一步的发挥和补充。他说："国民政府农政部应即设乡村自治委员会，专门管理乡村自治机关的事项"；农民政权有两个阶段："在农村革命的时候，政权集中在农民协会"；"革命过后，乡村政府应在国民政府一个系统之下"，实行区乡村自治。这就需要各省有"几个中心的县份做榜样。湖南已经颁布过区乡自治条例，湖北亦可开始"。"现在我们需要承认农民的政权，并且促进农民的政权。"[5]

这次会议决定：国民政府农政部应组织一个委员会拟定乡区县自治机关组织条例；推促各省党部、省政府实行本党决议；由中央组织农民武装委员会，在军事委员会之下分配武器于农民，并由中央下令，在汉阳兵工厂拨出50%的产品给农民。

4月20日上午，毛泽东出席土地委员会第二次扩大会议，会议参加者26人，讨论《解决土地问题的纲要》。会议开了四个多小时，意见不一。毛泽东乃提议"没收土地问题为解决土地问题的中心问题"。这样的重要问题，不应仓促行事，主张暂时休会，"可指定少数同志，在明日休会时，提出大体方案，如关于没收标准、没收机关、禁止买卖等项，皆可先行规定大体方案。至于地税问题则比较复杂，可随后再讨论"。大会采纳了毛泽东的意见，决定由毛泽东、邓演达、岳尔克、陆沉、易礼容组织起草委员会，负责对这些问题意见的起草。[6]

4月22日上午，毛泽东出席土地委员会第三次扩大会议。参加会议者45人。会议主要讨论毛泽东参加起草的《关于土地问题七项决议草案》。首先由邓演达宣读决议草案，并做了八项说明：（1）政治没收，没收政治上仇敌的土地，即大地主大军阀的土地。（2）分配，以人口为标准，顾及年龄。（3）原则上以乡为单位进行分配，亦可以区为单位。（4）区乡自治机关派员没收土豪劣绅土地，分配给无地少地的贫农。土地委员会是区乡自治机关的一部分，负责土地没收，分配责任。（5）县、省、国家的土地委员会要有各级农协代表参加。（6）土地税，在没收大地主、军阀的土地后，对农民的税收亦应减轻。（7）土地归土地委员会管理，禁止买卖。（8）讨论后如能通过，即规定法令。

邓演达发言后，毛泽东做了极重要的补充，提出了四点：第一，解决土地问题必须分两步进行。第一步政治没收。"现在所决定为政治的没收，如土豪劣绅军阀等等的土地。"第二步经济没收。"凡自己不耕种而出租于他人的田，皆行没收。"先实行政治没收，是合适的。如果要求全国一步做到经济没收，则是空想。第二，解决土地问题必须因地制宜，根据不同地区的不同情况，实行不同的土地没收政策。经济没收在湖南已不成问题，农民正在自行分配土地。但是"湖北不能与湖南比，河南又不能与湖北比，其解决当然不同"。因此，除了上述的《土地问题决议草案》之外，还必须制定个别地区的土地没收政策。第三，在条件成熟的地区，必须实行经济没收。"湖南农民的口号是平均地权，实在是平分佃权"，即没收地主和富农出租的土地。不这样，革命在湖南是"无出路的"，将"立遭失败"。第四，没收的办法，就是农民"不缴租给地主"，并非没收一律"归国家"。[7]

毛泽东的这些主张，是从实际出发，在方法、步骤和没收标准等方面，提出了解决土地问题的正确方案，它既反对了不分地区、步骤，要求全国"一步做到经济没收"的"左"的倾向；又反对了不敢发动群众去彻底消灭封建剥削的右的倾向。

在毛泽东补充说明之后，会议对《土地问题决议草案》进行了初步讨论，并决定组织一个审查委员会，对草案进行审查。毛泽东被指定为审查委员会成员。由于何键、谭延闿等人也是审查委员会委员，因此，使问题变得更为复杂了。

4月24日下午，毛泽东出席土地委员会第四次扩大会议，出席会议者15人。会议通过汪精卫、何键等人提出的《革命军人土地保障条例草案》，打着保障革命军人利益的旗号，保护混进革命队伍的军阀们的土地。在讨论此案时，毛泽东多次发言，强调《革命军人土地保障条例》，应当保障革命战士有获得土地的权利。革命军人之无土地者，复员后，应由政府给予土地。"此是分配问题，分配即将地主剥削农民那部分取消，以剩余那一部分的土地分给农民。""分配是年年变更的，并不是分配一次便成永远的。"革命战士分配土地的时间，是"革命战争终了时"，因现时尚须作战。

鉴于军人有土地保障条例，随之，夏曦提出"应马上规定保障佃农的条例"，维护贫苦农民的利益。毛泽东支持夏曦的意见，提议定出保障佃农的办法，如免减租税，田主不得虐待等等。在4月26日土地审查委员会会议上，毛泽东又多次发表修正意见。如对第二条关于佃农缴纳租额占租地收获量40%的规定，是"最高的数目"，"各地方的党和政府按照地方情形酌量减少"。邓演达要求大家讨论这规定究竟"对地主有利些，抑对佃农有利些"。于是，毛泽东再次发言："（1）有利于地主，抑有利于农民，要看政府是什么政府；（2）'政府'应规定'地方政府'，不必指明省政府或县政府。"在讨论第9条"包佃及包租制应即废止"时，毛泽东又指出"包佃制名词不适用于长江上下游，应改换为包田制"。会议接受了毛泽东的意见，通过了《佃农保护法决议案》。

5月6日，土地委员会举行最后一次扩大会议，继续讨论《解决土地问题决议案》，陈独秀、鲍罗廷都参加了。陈独秀主张没收大地主的土地，鲍罗廷侈谈解决土地问题是乡村自治机关建立以后的事情。陈、鲍发言后，毛泽东重申"政治没收"和"经济没收"土地的意见。又针对谭延闿以"逆产处分委员会"名义分配土地的意见，坚持以"分配土地委员会"作为土地革命的办事机构。这不是名词之争，而是要不要解决土地问题的争论。

讨论的结果是："在革命过程中土地私有制是不能完全消灭的"，"现时全国的政治环境并不一致，农民的力量也随处有别，即此规定一般的具体的解决办法是不可能的，但是解决的原则是可以规定的"。一般的原则"只能做到政治没收"，"小地主及革命军人的土地均应加以保障"〔8〕。会议通过了《解决土地问题之纲领》《解决土地问题之意义》《农民政权与解决土地问题》《佃农保护法》《革命军人土地保障条例》《处分逆产条例》《解决土地问题》等决议案，呈报国民党中央执行委员会审查。

5月9日，毛泽东、邓演达、谭平山、徐谦、顾孟余五位委员写出了《土地委员会报告》。毛泽东、谭平山还向中国共产党中央写了《土地委员会工作报告》。然而这个很不彻底的《解决土地问题决议案》，在5月12日国民党中央执行委员会政治委员会第20次会议上被否决了。在4月27日至5月6日中国共产党第五次代表大会上，毛泽东提出"广泛地重新分配土地"的建议和"要求迅速加强农民斗争的方法"，也为陈独秀所拒绝，没有加以讨论。〔9〕

毛泽东在全国农民运动中负有盛名，特别在湘鄂农民中享有威望。3月5日湖北全省农民代表大会举行预备会，决定聘请毛泽东等人为大会名誉主席。〔10〕3月底，国民党湖北省党部农民部聘请毛泽东为湖北省农民运动委员会委员。

当时，农民运动已遍及全国17个省区，计有粤、湘、鄂、赣、桂、闽、皖、川、浙、苏、豫、直、鲁、陕、热、察、绥，已正式成立省农民协会者有粤、湘、鄂、赣四省。有组织的农民达800余万人，内中以湘省最多，计500余万。在此形势下，全国农民运动需要有统一的农协组织。湖南全省第一次农民代表大会早就通过了《请求成立全国农民协会的决议案》，议定"本大会应即联合广东、湖北、江西、河南之省农民协会，在最短期间，召集全国农民代表大会，成立全国统一的农民协会，以确定会后全国农民运动的方针，统一全国革命的农民之行动"。〔11〕

3月27日国民党中央农民部农民运动委员会扩大会议，将筹组全国农民协会列入了农民部的工作计划。28日，中央农民部部长邓演达，农民运动委员会委员毛泽东、陈克文，湖南省农民协会执行委员周以栗、易礼容，湖北省农民协会执行委员陆沉，江西省农民协会执行委员方志敏、陆智西，河南武装农民代表大会执行委员陈子林、宋英、孔寅初聚会，由湘鄂赣三省农民协会执行委员会与河南武装农民代表大会执行委员会于本月30日开联席会议，推举临时执行委员会委员，委员人数定11人。全国农民协会临时执行委员会，有临时执行全国农民协会的职权及筹备全国农民代表大会诸事宜。并确定1927年"五一"节召开全国农民代表大会，代表总数为510名，以农民协会会员多寡为选派代表标准。〔12〕

3月30日，湘鄂赣豫四省农协代表在湖北省农协开会。讨论结果，全国临时农协执委会由11人增至13人，由广东彭湃、湖南易礼容、江西方志敏、湖北陆沉、河南萧寅谷和国民党中央委员毛泽东、邓演达、谭平山、孙科、徐谦、张发奎、谭延闿、唐生智组成临时执行委员会，以邓演达、毛泽东、谭平山、陆沉、谭延闿为常委，改定5月15日召开全国农民代表大会。〔13〕

4月9日，中华全国农民协会临时执行委员会委员发表就职通电，宣布"就职视事"，互推邓演达为宣传部长、毛泽东为组织部长、彭湃为秘书长。由于邓演达肩负国民革命军总政治部主任、国民党中央党部农民部长、湖北省政府主席等重任，全国农协临时执委会的日常工作主要落在毛泽东身上。

至此，无论在中国共产党内，或在中国国民党内，或全国农协临时执委会内，毛泽东都肩负了领导全国农民运动的重任。他为发展各地农会组织、培训农运干部、扩大农民武装、建立农民革命政权、着手解决土地问题等，付出了巨大而辛苦的劳动。

全国农协临时执委会刚组成，就面临严峻的形势，时局艰难。4月12日，蒋介石在上海发动了反革命政变。18日，蒋介石在人民的血泊中建立了南京国民政府，与武汉国民政府对立。22日，在武汉的包括毛泽东在内的国民党中央执监委员、国民政府委员、军事委员会委员40人联名签发"讨蒋通电"，声讨蒋介石勾结帝国主义，纠集新老军阀，屠杀革命民众的罪行，号召全国人民，尤以武装部队，共同"去此总理之叛徒，本党之败类，民众之蟊贼"。〔14〕

4月26日下午，毛泽东出席国民党中央农民运动委员会第五次扩大会议，提议"北方农民运动应该积极注意"。第二期北伐期间，"北方农运是十分重要的。如不得北方农民的同情，北伐军是孤军奋斗的。所以直、鲁、豫农协应早日成立"。〔15〕这个提案得到通过。为加强北方农民运动的指导，4月29日国民党中央农民部、全国农协临时执委会、国民革命军总政治部联合组织"战区农民运动委员会"，随北伐军进击河南，指导战区的农民运动。毛泽东是战区农民运动委员会常委。他从农讲所选拔了熟悉北方情形，并能吃苦耐劳、善于做宣传组织工作者百余人，赶赴河南战区做农运宣传。5月5日战区农民运动委员会成员及农讲所部分学员前往河南，毛泽东以全国农协代表身份参加欢送会，勉励他们努力工作。〔16〕

在全国农协临时执委会指导下，全国农民运动有了深入的发展。据1927年6月武汉政府农民部调查，河南有农协会员245 500人、湖北2 502 600人、陕西705 160人、广东700 000人、江西382 617人、四川33 200人、福建28 415人、山西17 050人、广西8144人、安徽6600人、热河5423人、察哈尔600人、直隶360人、山东284人，湖南居全国首位，会员有600余万人，遍布65个县。农民武装也迅猛发展，全省有农民自卫军7000余人枪，另有数十万的梭镖队。许多地方建立了区乡民主自治政权。长沙市已召开了市民代表会议，选举国民党左派朱剑凡为市长。国民党湖南省县市特别区党部联席会议已确定6月1日召开省民会议，选举民主自治的省政府。在农运组织健全的县，开始着手分配土地。浏阳、醴陵、湘潭等农民清丈田亩，插标分田，长沙霞凝乡已按人口和劳力正式分配土地了。

在全国农民运动蓬勃发展的重要时刻，革命的危急关头，中国共产党第五次全国代表大会，于4月27日至5月6日在汉口召开，毛泽东出席了这次大会。并在会上提出了支持农民开展土地革命，猛烈发展农民武装，建立农村民主自治政权的提案。但是大会在陈独秀、彭述之把持下，毛泽东的意见没有引起大会注意。很多同志尚没有认识陈独秀已形成了一条右倾机会主义路线。毛泽东、瞿秋白、周恩来、蔡和森等人对这条右倾机会主义路线，虽已有所察觉或认识，但处在少数，不可能彻底改变当时中央的路线。斯时，蒋介石已经叛变了革命，南京、上海、广州已落入反动派手中，但汪精卫、唐生智尚未分共，冯玉祥还在"革命"，武汉国民政府正在进行第二期北伐，因此多数共产党员尚未察觉大革命有失败的危险。这次大会上陈独秀继续当选为党的总书记，毛泽东仅被选为中央候补委员。

善于洞察秋毫的毛泽东，从"四一二""四一五"惨案中已预感风云将变，而中共第五次代表大会仍然不能改弦更张，纠正党的错误路线，他"心情苍凉，一时不知如何是好"。他独步长江岸，彷徨黄鹤楼，吟诗一首："茫茫九派流中国，沉沉一线穿南北。烟雨莽苍苍，龟蛇锁大江。黄鹤知何去？剩有游人处。把酒酹滔滔，心潮逐浪高！"面对滔滔的长江，心潮澎湃，思绪万千，毛泽东决心与蒋介石新军阀和陈独秀右倾机会主义者斗争到底。

5月31日，全国农协及湖北省农协在汉口普海春饭店欢宴太平洋劳动会议代表。宴会由毛泽东主持。在欢迎词中，他论述了"中国革命是世界革命的一部分"。他说，这个命题在过去"只能有空洞之口号，然在今天欢迎会上已充实了此口号的内在性"。他再一次强调中国农民"是革命进程中主要之力量"，无产阶级是农民的领导者，中国农民运动"深赖工人运动之影响与指导，其有益于革命前途，实在无可限量"[17]。这个论述对当时陈独秀放弃无产阶级对农民的领导权，特别是对武装的领导权，迁就资产阶级的右倾投降主义，无疑是一深刻的批判。

在毛泽东发表加强无产阶级对农民领导的演说的前一天，全国农协临时执行委员会发出了《对湘鄂赣三省农协重要训令》。"训令"充分肯定农民革命的重要性和打倒土豪劣绅的必要性。"训令"说：农民是遭受帝国主义和封建势力的政治和经济压迫最酷烈的阶级之一；农民为解除剥削和压迫，热烈参加革命，成为国民革命的主力军;农民协会的责任,在于领导农民参加国民革命,打倒帝国主义及封建势力的统治,建立民主政权,实现耕者有其田,进而解放全国民众,"使中国经济之生产力及工商业得有自由充分发展之可能";农民向土豪劣绅猛烈反攻,实在是"尽其国民革命主力军之主要任务",是"农民解放运动初步的必要手段,亦即国民政府实行初步民权之必要手段"。可是"农民方面反因未能及时得到国民政府之强有力的帮助,而受残酷的袭击"。

"训令"也实事求是地分析了湘鄂赣农民运动中的一些偏差,如少数农民有侵犯军人利益的行为,从而给土豪劣绅、蒋介石等反动派以造谣、挑拨离间的借口。又由于各地农民的斗争,有些限于地方性,没有处理好局部和整体的关系,不利于巩固统一战线。鉴于此,全国农协临时执委会训令湘鄂赣农民,必须"创设区乡县的自治机关,建立区乡县的民主自治政府"。这种民主自治政府,"以大多数农民为中心,其他中等阶级、小地主、中小商人、知识分子及一切非土豪劣绅非反革命派的人群,均得充分参加"。"训令"认为继续发展农协组织及创设乡区县自治机关,是农运发展到新阶段的新政策,并提出了乡区县自治机关的七项任务。因此,这个"训令",实质上是全国农协临时执委会在夏斗寅、许克祥相继叛变的情况下指导全国农民运动的纲领。

为实现这个纲领,"训令"要求各地农协,"在目前必须严密农民协会的组织,整肃农民运动的步骤,势使地方农民运动与全国革命过程,合而为一"。唯有这样做,才能"巩固革命的联合战线,造成整个的打倒帝国主义及一切反动势力之森严的革命壁垒,以保障已得的革命胜利,力求耕地农有之实现,而达到解放全中国民众的目的"。[18]

农民夺取土地的斗争,震撼了新旧军阀和整个地主阶级。继蒋介石、夏斗寅、许克祥叛变后,江西又发生了遣送共产党员出境、屠杀工农的事件。湖北土豪劣绅尤其猖獗,仅距武汉国民政府十里之遥的汉阳农村,也发生了土豪劣绅残杀农民的事实。在6月上旬,湘鄂赣三省都处在白色恐怖中,共产党员、国民党左派、工人农民牺牲者"不下一万数千人"[19]。在此情况下,全国农民代表大会无法召开,全国农协没有正式成立。

在血雨腥风中,毛泽东、蔡和森团结国民党左派邓演达等,力挽狂澜。毛泽东、蔡和森多次接见逃亡武汉的工农干部,详细了解"马日事变"真相,邓演达多次听取湖北农民的申诉。6月13日,毛泽东出席武汉国民政府军事委员会会议,讨论马日事变的处理问题。他以大量事实驳斥"军工冲突""军农冲突"的谎言,澄清事实真相。他说:马日事变完全是潜伏在北伐军队伍里的反动军阀策动的叛乱,是许克祥的部队向湖南省农协进攻,向省总工会袭击,缴工农的枪,屠杀工农群众。这时,汪精卫集团尚没有公开叛变,力主"不用武力解决"。唐生智的主力部队远在河南，也不敢撕下伪装，"并愿亲自到长沙去走一趟"。中共中央在陈独秀把持下，亦采取"农军不得进攻长沙，湖南问题静候武汉国民政府解决"的方针。会议决定派唐生智回湖南处理马日事变。

毛泽东、蔡和森等力主以革命的两手对付反革命的两手，一方面争取和平解决马日事变，团结邓演达等，于当天以全国农协临时执行委员会名义，发出《临字第四号训令》，号召各级农民协会一致请求武汉国民政府，明令保护工农组织及工人纠察队和农民自卫军，惩办一切屠杀工农、扰乱北伐后方的反动派；明令惩办许克祥等叛军，解散其"救党委员会"，恢复湖南省农协、省总工会、国民党湖南省党部；明令禁止江西朱培德部驱逐共产党员及工农领袖；肃清湖北各县土豪劣绅、逆军、土匪，镇压蒋介石的奸细。另一方面，号召各省农协，努力团结农民，严密农会组织，迅速动员工农武装，反击土豪劣绅及反动军队的武装袭击。蔡和森还向中共中央提出了夺取湖南，建立两湖根据地的计划。毛泽东在汉口日租界一旅社召集驻汉的湖南同志会，要大家"回到原来的岗位，恢复工作，拿起武器，山区的上山，滨湖的上船，坚决与敌人做斗争，武装保卫革命"。[20]

鉴于汪精卫、冯玉祥、蒋介石先后在徐州会晤，预料汪精卫即将叛变，7月7日，毛泽东又以中华全国农民协会临时执行委员会名义签发"讨蒋通电"，揭露蒋介石到徐州是"谋反前敌武装同志及国民政府"，"加紧勾结帝国主义出兵华北"，对武汉实行经济封锁。指出"此贼不除，革命民众无幸存之理，国民革命亦无成功之望"。号召"全国民众及一切革命势力团结一致，共赴同仇，消灭蒋逆"。[21] 这个通电，实际上是通告全国人民，汪精卫即将叛变革命。[22]

分歧与思索

中国政局到了1927年7月，汪蒋合流的危险已迫在眉睫。中国革命已到了最后关头。在毛泽东心中，一个积蕴在脑际的思想，越来越清晰可见。7月初，他在一次中共中央常委扩大会上，明确地表述了这一思想："上山可造成军事势力的基础。"

历史过了很久，人们才明白，这是一条崭新道路的初始点。

1936年，毛泽东对斯诺谈起这段往事时说：

以前我没有充分认识到农民中间的阶级斗争的程度，但是，在"五卅惨案"以后，以及在继之而起的政治活动的巨浪中，湖南农民变得非常富有战斗性。我离开了我在休养的家，发动了一个把农村组织起来的运动。在几个月之内，我们就组织了20多个农会，这引起了地主的仇恨，他们要求把我抓起来。赵恒惕派军队追捕我，于是我逃到广州。我到达那里的时候，正逢黄埔学生打败云南军阀杨希闵和广西军阀刘震寰。广州市和国民党内部弥漫着一片乐观气氛。孙中山在北京逝世之后，蒋介石被任命为第一军总司令，汪精卫任国民政府主席。

我在广州担任《政治周报》的主编，这是国民党宣传部出版的一个刊物。后来它在抨击和揭露以戴季陶为首的国民党右派时，起了非常积极的作用。我还负责训练农民运动组织人员，为此目的，开办了一个讲习所，参加学习的来自21个不同省份的代表，包括从内蒙古来的学生。我到广州不久，便任国民党宣传部长和中央候补委员。林祖涵那时是古国民党农民部长，另一个共产党员谭平山是工人部长。

我那时文章写得越来越多，在共产党内，我特别负责农民工作。根据我的研究和我组织湖南农民的经验，我写了两本小册子，一本是《中国社会各阶级的分析》，另一本是《赵恒惕的阶级基础和我们当前的任务》。陈独秀反对第一本小册子里表示的意见，这本小册子主张在共产党领导下实行激进的土地政策和大力组织农民。陈独秀拒绝在党中央机关报刊上发表它。后来它在广州《农民月刊》和在《中国青年》杂志上刊出了。第二篇论文在湖南出了小册子。大致在这个时候，我开始不同意陈独秀的右倾机会主义政策。我们逐渐地分道扬镳了，虽然我们之间的斗争直到1927年才达到高潮。

我继续在广州国民党内工作，大概一直到1926年3月蒋介石在那里发动他的第一次政变的时候。在国民党左右两派达成和解，国共团结得到重申以后，我于1926年春天前往上海。同年5月国民党第二次全国代表大会在蒋介石主持下召开。我在上海指导共产党农民部的工作，接着被派到湖南去担任农民运动的视察员。同时，在国共两党结成统一战线的情况下，1926年秋天开始了具有历史意义的北伐。

在湖南我视察了长沙、醴陵、湘潭、衡山、湘乡五个县的农民组织和政治情况，并向中央委员会做了报告，主张在农民运动中采取新的路线。第二年初春，我到达武汉的时候，各省农民联席会议正在举行。我出席会议并讨论了我的文章中提出的建议——广泛地重新分配土地。出席会议的还有彭湃、方志敏等人和约克、沃伦两个俄国共产党员，会议通过了决议，采纳我的主张并提交共产党第五次代表大会考虑。但是，中央委员会把它否决了。

党的第五次代表大会1927年5月在武汉召开的时候，党仍然在陈独秀支配之下。尽管蒋介石已经发动反革命政变，在上海、南京开始袭击共产党，陈独秀却依旧主张对武汉的国民党妥协退让。他不顾一切反对，执行小资产阶级右倾机会主义政策。对于当时党的政策，特别是对农民运动的政策，我非常不满意。我今天认为，如果当时比较彻底地把农民运动组织起来，把农民武装起来，开展反对地主的阶级斗争,那么,苏维埃就会在全国范围早一些并且有力得多地发展起来。

但是,陈独秀强烈反对。他不懂得农民在革命中的地位,大大低估了当时农民可能发挥的作用。结果,在大革命危机前夜举行的第五次代表大会,没有能通过一个适当的土地政纲。我要求迅速加强农民斗争的主张,甚至没有加以讨论。因为中央委员会也在陈独秀支配之下,拒绝把我的意见提交大会考虑。大会给地主下了个定义,说"有五百亩以上土地的农民"为地主,就没有再讨论土地问题。以这个定义为基础来开展阶级斗争,是完全不够和不切实际的,它根本没有考虑到中国农村经济的特殊性。然而,大会以后,还是组织了全国农民协会,我是第一任会长。

到1927年春天,尽管共产党对农民运动采取冷淡的态度,而国民党也肯定感到惊慌,湖北、江西、福建,特别是湖南的农民运动已经有了一种惊人的战斗精神。高级官员和军事将领开始要求镇压农运,他们把农会称作"痞子会",认为农会的行动和要求都过火了。陈独秀把我调出了湖南,认为那里发生的一些情况是我造成的,激烈地反对我的意见。

4月间,反革命运动已经在南京和上海开始,在蒋介石指使下对有组织的工人的大屠杀已经发生。在广州也采取了同样的措施。5月21日,湖南发生了许克祥的叛乱,许多农民和工人被反动派杀害。不久以后,在武汉的国民党"左"派,取消了它和共产党的协议,把共产党员从国民党和政府中"开除"出去,而这个政府本身很快也就不存在了。

许多共产党领导人这时得到党的命令,要他们离开中国,到俄国去或者到上海和其他安全的地方去。我奉命前往四川,但我说服陈独秀改派我到湖南去担任省委书记,十天以后,他又命令我立刻回去,指责我组织暴动反对当时在武汉当权的唐生智。这时,党内情况处于混乱状态。几乎人人反对陈独秀的领导和他的机会主义路线。不久之后,武汉的国共合作瓦解,陈独秀也就垮台了。

我[23]问毛泽东,在他看来,对于1927年共产党的失败,武汉联合政府的失败,南京独裁政权的整个胜利,谁应负最大的责任。毛泽东认为陈独秀应负最大的责任,陈独秀的"动摇的机会主义,再继续妥协显然意味着灾难的时刻,使党失去了决定性的领导作用和自己的直接路线"。

他认为仅次于陈独秀,对于失败应负最大责任的是俄国首席政治顾问鲍罗廷。毛泽东解释说,鲍罗廷完全改变了他的立场,他在1926年是赞成大规模重新分配土地的,可是到了1927年又竭力反对,对于自己的摇摆没有提出任何合乎逻辑的根据。"鲍罗廷站在陈独秀右边一点点,"毛泽东说,"他随时准备尽力去讨好资产阶级,甚至于准备解除工人的武装,最后他也下令这样做了。"共产国际的印度代表罗易,"站在陈独秀和鲍罗廷两人左边一点点,可是他只是站着而已"。据毛泽东说,他"能说,而且说得太多了,却不提出任何实现的方法"。毛泽东认为,客观地来说,罗易是个蠢货,鲍罗廷是个冒失鬼,陈独秀是个不自觉的叛徒。

陈独秀实在害怕工人,特别害怕武装起来的农民。武装起义的现实终于摆在他面前的时候,他完全失掉了他的理智。他不能再看清当时的形势。他的小资产阶级的本性使他陷于惊惶和失败。

毛泽东说,在那个时候,陈独秀是中国共产党的彻头彻尾的独裁者,他甚至不同中央委员会商量就做出重大的决定。"他不把共产国际的命令给党的其他领导人看",据毛泽东说,"甚至于不和我们讨论这些命令"。但是,到头来还是罗易促成了同国民党的分裂。共产国际发给鲍罗廷一个电报,指示党开始没收地主的土地。罗易得到了一个抄件,马上拿给汪精卫看。汪精卫那时是国民党左派武汉政府的主席。这种轻率的做法的结果[24]是大家都知道的。武汉政权把共产党人从国民党中开除出去,它自己的力量就垮了,不久就被蒋介石所摧毁。

看来共产国际在1927年提供给中国共产党的不是什么"意见",而是干脆发的命令,中国共产党显然甚至无权不接受。当然,武汉的大失败,后来成了俄国国内在世界革命性质问题上的斗争的焦点。在这个阶段以后,俄国反对派被摧毁,托洛茨基的"不断革命"理论被弄臭,苏联开始认真"在一国建设社会主义"——它由此出发,今天成了世界和平砥柱的地位。

即使共产党在和国民党分裂以前采取了比较积极的政策,从工人和农民中创建了党的军队,毛泽东也并不认为反革命在1927年会被打败,"但是,苏维埃就可能在南方大规模展开,就可能有一个后来无论如何不会被消灭的根据地……"。[25]

白色恐怖很快蔓延到长沙。1927年5月21日,许克祥在长沙发动反革命政变,共产党组织、省农协遭到极大破坏。毛泽东紧急回到湖南,部署各级组织迅速转入地下。

高菊村等著《青年毛泽东》一书写道:

"马日事变"后,湖南处在白色恐怖下。至6月底,工会农协干部及国民党左派被杀者500人以上。原来从事工运、农运、统一战线的共产党员无法立足,原中共湖南省委主要成员已隐蔽转移,群龙无首,急需强有力的领导;又基层党员对原省委在事变后畏缩犹豫极为不满,纷纷要求毛泽东回湘。6月下旬,毛泽东自告奋勇,征得中央批准回湖南任临时省委书记。暂避武汉的湘省工会农协干部,亦大批回湘,转入地下工作。

毛泽东回湘后,冒着生命危险,在长沙、湘潭、衡山农村奔走,了解工农情绪、工农武装情况，恢复党、工会、农协组织，并将党、工会、农协的工作转入地下。

6月26日，唐生智回长沙。欢迎他的既有何键特使余湘三等策动的歹徒，也有中共长沙市基层支部组织的工农群众。唐到长沙，即被余湘三、张翼鹏、王东原等所左右，不几日，唐生智在余湘三等豪绅政客支持下，悍然致电武汉国民政府："工农运动领导失人，横流溃决，迭呈恐怖，到处抽捐罚款，肆意侮辱，甚至加以杀害，日言工农商学兵大联合，则日事拆散联合战线，提倡阶级斗争，务使各不相容。"明令取消工农团体，停办中等以上学校，取缔"二五减租"，公开反对共产党，默认长沙市公安局逮捕共产党员数十名，杀害五人，并企图危害毛泽东。在这种情况下，毛泽东为首的中共湖南省委毅然举起了反对唐生智政权的旗帜，制定了《中共湖南省委目前工作计划》，提出"一切民众的宣传和组织，一切经济的和政治的斗争，一切口号的鼓动，都以推翻唐生智的统治为目的"；建立以徐特立为首的国民党秘密省党部；指出"我们的总策略是坚决地留在国民党内奋斗，发展并领导左派群众，与其动摇分子或右派领袖奋斗"；重组全省总工会、全省农民协会，使广大工农团聚在秘密工会、农协之下；恢复各地党组织，健全领导力量，党的组织发展要深入群众，特别是农村；要洗刷动摇变节分子，提拔"马日事变"以来的坚定分子到各级领导岗位；在工农武装不能公开存在的地方，要设法保存武装，"首先编成合法的挨户团，次之则上山，再次之则将枪支分散埋入土中"。〔26〕

省委根据毛泽东主持制订的"工作计划"，确定"我们的人力、财力应集中于重要的县份，如长沙、湘潭、醴陵、湘乡、平江、浏阳、岳阳、湘阴、宁乡、安化、益阳、常德、南县、华容、衡阳、衡山、耒阳、郴州、宜章、汝城、宝庆等县，首先在这些地方重新组织县委或中心县委。对工农武装根据不同情况做出三种安排：已经暴露了的工人纠察队、农民自卫军，如湘潭、湘乡、宁乡、浏阳、平江、醴陵的工农组织，'上山学匪'，准备长期奋斗；尚在灰色或潜伏状态中的工农武装仍保持合法团体——挨户团名称，待到起义时，再打出自己的旗帜；力量弱小组织又不甚健全的工农武装，则把枪支埋于土内，人员分散隐蔽，或投入贺龙、叶挺部，或潜入国民党军队、反动团防，设法制造兵变，夺取枪支。同时，工农要用种种方法，如夺取溃军、团防的枪支，或集资购买，并且秘密地从事武装训练"。还要利用各派军阀的冲突做分化工作，特别要用种种方法破坏唐生智的军队。省委做出如上部署后，又曾"不下数十次"通知，告各地党组要求认真贯彻执行，而且派了许多人下去督促执行。据潘心源报告记载："我们在浏阳县城时（6月10日至7月1日），省委又派郭静茄（郭亮）由平来浏，……他主张我们退到浏阳与江西边界当大王，对平江也一样的主张。"〔27〕夏明翰派往安源，纠正安源工人武装领导人刘义顶着国民政府中央委员的招牌大吹大擂的错误，除将所有警兵改为工人，排长改同志外，还找了一灰色同志充当安源煤矿保安科长；毛简青被派回平江任县委书记，把县农民自卫军和工人纠察队合编为工农义勇队，由余贲民率领，开往离县城百余里的幕阜山区整训；湘潭西乡农军由县农协委员长郭咏泉率领撤往韶山宁乡边境山区；宁乡农军由喻东生、谢南岭统率撤到沩山，并于6月29日发动了沩山起义；宜章、郴州、资兴农军由陈东日、武文元指挥，先后撤至汝城县，与汝城农军及广东惠潮梅农军会合；醴陵全部工农武装撤至安源，与安源工人武装会合。这样，湖南保存了大量工农武装，约有两千支枪。集中在安源的工农武装和湘赣边的平江、浏阳农军，后来成了秋收起义的基本队伍；宜章、郴州、资兴、汝城、桂东、耒阳、安仁等地农军，成了湘南起义的重要力量。

毛泽东在湖南组织推翻唐生智的活动，引起了唐生智的嫉恨。唐急电武汉国民政府主席汪精卫，请求处置办法。陈独秀得知消息，命令毛泽东速回武汉。毛泽东与斯诺谈话时曾追忆："许多共产党领导人这时得到党的命令，要他们离开中国，到俄国去或者到上海和其他安全的地方去。我奉命前往四川，但我说服陈独秀改派我到湖南去担任省委书记。十天以后，他又命令我立刻回去，指责我组织暴动反对当时在武汉当权的唐生智。"〔28〕

毛泽东对湖南的工作做出全盘规划，特别是对工农武装做出安置后，于7月初去武汉参加4日召开的中共中央常委扩大会议。出席会议的还有：陈独秀、李维汉、邓中夏、蔡和森、柳直荀、周恩来、戴述人、张国焘等。会议在讨论湖南问题时，毛泽东曾有多次发言。当陈独秀提出国民党中央农民部派人改组农协时，毛泽东认为"派一左派同志为好"。在讨论工农武装的出路时，陈独秀提出省党部应特别注意已经叛变革命或即将叛变革命的"各军招兵问题"，"我们可以不客气地多将群众送给他们"。毛泽东针对陈独秀的这一错误主张，指出：这可不行。工农武装"改成安抚军合法保存，此条实难办到"。应该"上山"，"上山可造成军事势力的基础"。"不保存武力，则将来一到事变，我们即无办法。"为此，毛泽东还主张办军事"训练班"。在这次会议上，蔡和森也主张"农民自卫军上山"和"迅速发展乡村中党"。〔29〕这两位老同学、老战友在挽救革命危机的紧要关头，思想认识完全一致。〔30〕

这次湖南之行，使毛泽东痛切地感受到，革命已经暂时走向低潮，当务之急是如何保存革命力量，以待东山再起。这促使他在中共中央的会议上，提出"上山"的思想。

黄少群、张培林在《毛泽东的独特创造》一书中写道：

据老同志回忆和有关历史文献记载，大革命失败前夕，毛泽东在有关谈话和党的会议上曾有三次提出农民自卫武装"上山"的问题。

第一次:"马日事变"后,湖南一些工作同志跑到汉口,向党中央农委书记毛泽东痛诉机会主义政策的错误,因为不让大力发展工农武装,致遭受许克祥等反革命屠杀时无力还击,力陈今后一定要以革命的武装反击反革命的武装。[31]毛泽东此时刚邀集彭湃、方志敏等各省农协负责人在武汉开完了联席会议。这个会议针对当前的险恶形势,积极主张深入开展农民土地革命,领导群众进行坚决的斗争;提出建立农民武装和工农政权是解决土地问题的先决条件,制订了普遍解决农民土地问题的方案,并把它送交党中央和即将召开的党的"五大"(这个提案在党的"五大"上被陈独秀否决了)。湖南同志的反映和他的思想完全一致。所以他听了以后立即表示,完全赞成他们武装工农的主张。他在和他们谈到工农武装现时的出路时,提出了"靠山的上山,滨湖的上船"[32]的响亮口号。这最早提出的"上山下湖"的思想,是与他自1925年以来所一贯主张的开展农民土地革命,发展农民武装斗争的思想相一致的,可以看作是他的关于将党的工作重心从城市移向农村的天才的、创造性构想的初步萌芽。

第二次:6月下旬,毛泽东受中共中央任命回湖南任省委书记。他针对当时武汉政府收缴工农自卫军枪械、解散工农武装的情况,对湖南工农武装的去向问题做出三种安排:一种是改成挨户团,用合法形式保存下来;一种是已经暴露的(不能以合法形式存在的)就上山;一种是主观力量不足,把枪支埋下来。对这三种办法,毛泽东虽未加区分,但从他一个月前刚号召"上山下湖"、这次又提出"上山"的思想来看,无疑他是侧重于工农武装要走"上山之路"的。

第三次:毛泽东任湖南省委书记仅10天,就又奉调回中央。7月4日出席中央政治局常委扩大会议。这次会议着重讨论湖南省农民协会和农民自卫武装应当如何对付敌人的搜捕和屠杀。毛泽东在会上再次明确提出"上山"思想,将"上山"作为农民自卫武装最好的出路之一加以强调,认为"上山可造成军事势力的基础"。

对这次中央政治局常委扩大会议,我想进一步做点剖析。

这次会议的出席者有9人:仲(仲甫,即陈独秀)、罗(罗迈,即李维汉)、毛(泽东)、中(邓中夏)、和(蔡和森)、柳(何人不详,疑为柳直荀)、周(恩来)、述之(彭述之)、特立(张国焘)。会议录有5人次发言,都出现了好几种主张。现将5人次发言顺录如下:

仲甫:省党部应特别注意各军招兵问题,他们要办工会和农会,我们可以不客气地多将群众送给他们,但要保存着与农会的关系,以维持其阶级性革命性。……

毛:省农协二策略:1.改成安抚军合法保存,此条实难办到。2.此外尚有两路线：a. 上山；b. 投入军队中去。上山可造成军事势力的基础，给养可以卖炮。

特立：以为可以上山，但不必与C.P发生关系，可以打富济贫。

仲甫：不能如此。枪藏不了的可以上山，招兵工作省党部应用大力来做。

毛：不保存武力，则将来一到事变，我们即无办法。

这次会议未见有正式结论，但从开会记录中可以看出，毛泽东的主张和陈独秀、张国焘的主张有明显的不同。陈独秀的本质思想是将农民武装交给国民党新军阀或藏枪解散队伍，共产党的手里不要再保存武力。他两次发言都着重强调各省党部要"特别注意"和"用大力来做"招兵工作。这正是他"二次革命论"思想的反映；所谓"维持其阶级性革命性"，在队伍已交出去的情况下，也只是"等待下次革命"的同义语。在这次会议前的一周，即6月28日，他刚刚迫使湖北省总工会下令解散了工人纠察队，向武汉汪精卫政府交出了所有枪械，这一行动正是他在这次会议上的思想的一个注脚。他虽然也说了"可以上山"的话，但那是在进不了国民革命军、枪又"藏不了"的情况下的勉强同意一种迫不得已的办法，完全是一种消极的避战主义，不含任何的积极因素。张国焘则更"彻底"，他干脆主张农民武装脱离共产党（C.P）的领导，"上山"去当"打富济贫"的"山大王"，连陈独秀也连声反对："不能如此。"总之可以看出，陈独秀、张国焘的主张，都是取消党对农民武装力量领导权的右倾机会主义主张。

毛泽东的发言，没有正面批驳陈独秀和张国焘，他只是着重论证他自己的设想，他提出农民武装的出路有"两策略"，但在提出第一策略时随即加以否定，认为"此条实难办到"；第二策略他提出可以有"两路线"，但也将"上山"作为第一路线加以肯定，并对"上山"的优点做了言简意赅的论证，实际上就否定了他下面提出的第二路线："投入军队中去"，同时也在实质上反对了陈独秀和张国焘的错误主张。毛、陈、张的发言中都有"上山"的提法，但毛与陈、张的主张都有明显的不同。毛泽东的主张是：1. 武装"上山"；2. 上山的农民武装必须在共产党的领导下；3. 上山不是消极避战，更不是去"打富济贫"，而是为了"造成军事势力的基础"，准备将来进行更大的斗争。

我们从毛泽东的发言中，还可以看出他在思想认识上的发展：一是他已经敏锐地看出武汉汪精卫政府会搞阴谋"事变"，所以他极力主张党的手里一定要"保存武力"，要做好准备，以便汪精卫一旦发动"事变"时，好有"办法"对付之，他强调说："不保存武力，则将来一到事变，我们即无办法。"这既是对会议的提醒，也是对陈独秀、张国焘主张的批评，表明毛泽东的头脑十分清醒。二是正因为他看出了汪精卫会搞"事变"，所以他对农民武装的出路问题，也改变了他10天前任湖南省委书记时的安排，即认为"改成安抚军合法保存"也已经是"实难办到",而"把枪埋下来"也不是办法。最好的战略路线就是"上山"。这个思想已可看得十分清楚。当然,此时由于陈独秀还把持着党中央的领导大权,武汉政府也还未公开树起叛旗,所以党中央不可能提出武装暴动的主张,毛泽东一时也不能或不便提出这样的主张。[33]

出席"八七"会议

1927年7月15日,汪精卫在武汉公开叛变革命。在此之前,7月12日,中共中央改组了领导核心,停止陈独秀、彭述之等的领导职务,由张国焘、周恩来、李维汉、李立三、张太雷组成中央政治局临时常委会。7月20日,临时常委会发出《中央通告农字第九号——目前农民运动的总策略》,明确提出中国革命已"进到一个新阶段——土地革命的阶段"。

毛泽东率先响应通告的精神。

7月底,毛泽东起草了《中共湖南省委关于湘南运动的大纲》(简称《湘南暴动大纲》),8月1日得到了中央常委的批准。在这个文件中,毛泽东表述了下列意见:

"一、湘南特别运动以汝城县为中心,由此中心进而占领桂东、宜章、郴州等四五县,成一政治形势,组织一政府模样的革命指挥机关,实行土地革命,与长沙之唐政府对抗,与湘西之反唐部队取联络;此湘南政府之作用有:(1)使唐在湖南本来未稳定的统治更趋于不稳定,激起唐部下之迅速分化;(2)为全省农民暴动先锋队,造成革命力量之中心,以达推翻唐政府之目的。"

因此,毛泽东在中共中央"八七"紧急会议上,成为武装反抗国民党、实行土地革命新方针的积极倡导者和执行者。高菊村等在《青年毛泽东》一书中写道:

1927年8月7日,在共产国际的帮助下,中共中央在汉口召开了紧急会议,即"八七"会议。出席会议的有中央委员,候补中央委员,监察委员,共青团代表,上海、湖南、湖北代表和军委代表,共计21人,毛泽东参加了会议。会议总结了大革命失败的经验教训,彻底结束了陈独秀右倾投降主义在中共中央的统治,确定了土地革命和武装反抗国民党反动派的总方针,并把发动农民举行秋收起义作为当前党的最主要任务。毛泽东在会上做了重要发言。他揭露了陈独秀在革命统一战线中自动放弃领导权,使大革命遭到失败的严重错误,阐明了革命的统一战线必须由我党领导,由工农大众做主人的道理。他说:国民党关系问题,在吾党是很长久的问题,直到现在还未解决。首先是加不加入的问题,继又发生什么人加入的问题,产业工人应不应该加入的问题。当时我党实际上不仅对产业工人,即对农民都无决心令其加入。"大家的根本观念都以国民党是人家的,不知它是一架空房子等人去住。其后像新姑娘上花轿一样勉强挪到此空房子去了，但始终无当此房子主人的决心。我认为这是一大错误。其后有一部分人主张产业工人也加入，闻湖北亦有此决定，但仅是纸上空文，未能执行。过去群众中有偶然不听中央命令的抓住了国民党的下级党部，当了此房子的主人，但这是违反中央意思的。直到现在，才改变了策略，使工农群众进国民党去当主人。"在谈到农民问题时，毛泽东批判了陈独秀右倾投降主义者反对农民革命的错误，主张没收地主的土地以满足农民的要求。他指出："农民要革命，接近农民的党也要革命，但上层的党部则不同了。当我未到长沙之先，对党完全站在地主方面的决议无由反对，及到长沙后仍无法答复此问题。直到在湖南住了30多天，才完全改变了我的态度。我曾将我的意见在湖南做了一个报告，同时向中央也做了一个报告，但此报告在湖南产生了影响，对中央则毫无影响。广大的党内党外群众要革命，党的指导却不革命，实在有点反革命的嫌疑。这个意见是农民指挥着我成立的。我素以为领袖同志的意见是对的，所以结果我未十分坚持我的意见。"在讨论土地问题时，毛泽东说：（1）大中地主标准一定要定，不定则不知何为大中地主，我意可以50亩为限，50亩以上不管肥田瘦田通通没收。（2）小地主问题是土地问题的中心问题，困难的是在不没收小地主土地，则有许多没有大地主的地方，农协则要停止工作。所以，要根本取消地主制，如此方可以安民。（3）自耕农问题。富农与中农的地权不同，农民要向富农进攻了，所以要确定方向（划定中农与富农的标准）。（4）土匪问题是非常大的问题。因为这种会党、土匪非常之多，我们应讲究策略。有些同志以为只可以利用他们，这是中山的办法，我们不应如此。只要我们实行土地革命，那一定是能领导他们的，我们应认他们是我们自己的弟兄，不应看作客人。在谈到武装斗争问题时，他说："从前我们骂中山专做军事运动，我们则恰恰相反，不做军事运动专做民众运动。蒋唐都是拿枪杆子起的，我们独不管。现在虽已注意，但仍无坚决的概念。比如秋收暴动非军事不可，此次会议应重视此问题，新政治局的常委要更加坚强起来注意此问题。湖南这次失败，可说完全由于书生主观的错误，以后要非常注意军事。须知政权是由枪杆子中取得的。"[34]毛泽东的发言，是在党领导革命的根本性问题上，不但总结了以往的经验教训，而且提出了对尔后具有重要意义的方针。会议通过了《中共"八七"会议告全党党员书》《最近农民斗争决议案》《最近职工运动决议案》及《党的组织决议案》等，并选举了临时中央政治局，毛泽东被选为政治局候补委员。

8月9日，毛泽东出席由瞿秋白主持召开的临时中央政治局第一次会议。会议进一步讨论了湘、鄂、赣、粤四省秋收起义问题和各地党的工作。在讨论湖南问题时，还有人提出由湘南工农武装，编成一师与南昌起义部队配合共同取粤，看轻湘省暴动。毛泽东表示反对。他指出:"组织一师往广东是很错误的。大家不应只看到一个广东,湖南也是很重要的。"他认为:"湖南民众组织比广东还要扩大,所缺的是武装,现已适值暴动时期,更需要武装。前不久我起草经常委通过的一个计划,要在湘南形成一师的武装,占据五六县,形成一政治基础,发展全省的土地革命。纵然失败也不用去广东而应上山。现在的省委是在事变后收拾残局的,成立不到两月,它在恢复湖南组织上是建立了一点功劳。以后省委应增加工农同志的指导是很对的,以前党内群众对党的负责人是不满的。"[35]在会议进行中,瞿秋白提议毛泽东去上海党中央工作。毛泽东回答:"我要跟绿林交朋友,我定上山下湖,在山湖之中跟绿林交朋友。"[36]会议结束后,毛泽东立即回到湖南,领导湘赣边界的秋收起义。[37]

关于"八七"会议的情况,当时任中央政治局五人临时常委之一的李维汉回忆说:

"八七"会议是1927年8月7日在汉口召开的。参加这次会议的人数,我过去回忆是二十几个人。现据"八七"会议记录记载,出席会议的中央委员,候补中央委员,监察委员,共青团代表,上海、湖南、湖北代表和军委代表,共计21个人。瞿秋白、张太雷、邓中夏、任弼时、苏兆征、顾顺章、罗亦农、陈乔年、蔡和森、李震瀛、陆沉、毛泽东、杨匏安、王荷波、李子芬、杨善南、陆定一、彭公达、郑超麟、王一飞、罗迈(就是我)等人参加了会议。同时,参加会议的还有邓小平。当时,他任党中央秘书处长。此外,国际代表罗明纳滋和其他两个俄国同志也出席了会议。虽然出席会议的人不多,但因环境险恶,中央内部交通却花了3天工夫,将他们一个一个地带进会场。一进一出前后花了6天工夫。

"八七"会议的会场,设在汉口市原三教街41号(现在是鄱阳街139号)。这是一座公寓式的房子,会场选在楼上的一间房内。当时我对会场的安全负有责任,对这个地方的环境和条件很注意,因而留下了比较深刻的印象。邓小平、陆定一也都认定这个地方是"八七"会议会场所在,因而现在中共武汉市委决定在这里陈列会议有关文物,开馆展览。

由于环境险恶,"八七"会议由上午到晚上只开了一天。

会议由我担任主席。我代表常委首先向大家报告会议酝酿和筹备的经过,随后宣布这次会议的三项议程:

第一项议程——由共产国际代表罗明纳滋做报告。他在报告中首先指出了召开中央紧急会议的重要性和迫切性,以及这次紧急会议所要解决的问题。而后他就《中共"八七"会议告全党党员书》(以下简称《告党员书》)草案的主要内容做了长篇发言。由于国际代表的报告很长,加上他讲一段还得由瞿秋白替他翻译一段,这样他的报告就花去了将近一个上午的时间。国际代表报告完毕,我随即向大家指出：国际代表的报告中包括几个重要问题：一、阶级斗争与国民革命；二、工人问题；三、农民问题；四、对国民党的关系问题；五、对国际的关系问题。并向大家说明：这个报告常委已经接受，现在各同志可以发言。

毛泽东首先发言，着重讲了四个问题：第一是国民党问题，批评党的领导对共产党员加入国民党不是去做主人而只是去做客人的错误。第二是农民问题，指出他的《湖南农民运动考察报告》在湖南发生了影响，但对中央则毫无影响，广大的党内党外的群众要革命，党的指导却不革命，实在有点反革命的嫌疑。第三是军事问题，批评不做军事运动专做民众运动的错误，指出湖南这次失败可说完全由于书生主观的错误。他强调说，秋收起义非军事不可，要求新政治局常委要更加坚强起来注意此问题，"须知政权是由枪杆子中取得的"。第四是组织问题，指出以后上级机关应尽心听下级的报告，然后才能由不革命的转入革命的。

随后发言的中夏、和森、亦农、弼时等都指出，五次大会后党中央机会主义领导的中心在于强调联合小资产阶级，拒绝执行大会关于土地革命的决议。所谓联合小资产阶级，实际只看见上层，却不见群众（中夏并指出：甚至把谭延闿等等地主买办军阀都看成为小资产阶级了）。为了向上层让步，把国民革命引向深入发展阶段的关键——土地革命束之高阁。亦农还指出党不注意为夺取政权而掌握武装。和森还指出：过去一切错误都无五次大会后的错误那样厉害，并自我批评说，他是过去政治局的一员，应负此错误的责任。弼时还指出机会主义者不但未深入领导民众，而且还要抑制群众的斗争。党要改变过去的错误，非有新的领导机关不可。秋白只对《告党员书》提了几点需要补充的意见。

发言者都表示拥护国际代表的报告，同意改组中央领导机构，都着重地揭发和批判以陈独秀为代表的投降主义领导的错误。由于大家的意见比较一致，我便建议停止讨论，由国际代表做结论。接着，国际代表对鲍罗廷、罗易、魏金斯基的错误问题，领导机关的工人成分问题，目前形势的估计问题和民族革命中的几个矛盾问题，发表了结论性的意见，并提议对《告党员书》在原则上付诸表决。这个《告党员书》，是由国际代表罗明纳滋起草的，并由瞿秋白在8月6日晚上连夜翻译成中文。在会上，瞿秋白把它念了一遍，大家就在原则上一致通过了。并决定以瞿秋白、我和苏兆征三人组成委员会进行文字修改。

第二项议程——瞿秋白代表常委做党的新任务的报告。秋白不是5人常委的成员，为什么却能代表常委向"八七"会议做报告？这是因为秋白在7月中旬由武汉赴庐山，下旬已从庐山回到武汉，参加了中央常委的领导工作，并主持了"八七"会议的筹备工作。秋白在报告中，首先分析了当时的形势和任务。随后，他又根据当时的形势提出了党的策略是独立的工农阶级斗争。为了使这一斗争策略付诸实现，他提出了三条具体方针。第一，要更加注意与资产阶级争夺领导权；第二，为了纠正过去的错误，要由下而上地注意争取群众；第三，要在暴动中组织临时的革命政府。最后，秋白提出将《最近职工运动议决案》《最近农民斗争议决案》和《党的组织问题议决案》交会议讨论通过，同时要求会议对1927年7月《中国共产党中央执行委员会致中国国民党革命同志书》予以追认。

接着，我依次将常委与国际代表起草的三个议决案，即《最近职工运动议决案》《最近农民斗争议决案》和《党的组织问题议决案》，一一提请大家讨论。在讨论这三个议决案时，都是先由秋白宣读议决草案全文，经大家发表意见后，由秋白做结论或由国际代表答复问题。会议决定，三个议决案的文字修改权交临时政治局，政治局应将会议讨论通过的新政策发布各地。

第三项议程——选举临时中央政治局。开始，先由国际代表提议政治局委员7人，候补委员5人，并提出候选人名单付诸讨论。讨论中，我和蔡和森等主张让毛泽东加入政治局，而毛泽东却一再提出，他准备去参加秋收起义，不能加入政治局。后来，国际代表认为可将名单付表决。表决前决定正式委员和候补委员各增两名。表决结果，选出临时政治局正式委员9人，候补委员7人。9名正式委员是：苏兆征、向忠发、瞿秋白、罗亦农、顾顺章、王荷波、罗迈、彭湃、任弼时；7名候补委员是：邓中夏、周恩来、毛泽东、彭公达、张太雷、张国焘、李立三。

选举完毕，我宣布会议圆满结束。

会议结束以后，8月9日，由秋白主持，召开临时中央政治局第一次会议，选举秋白、兆征、罗迈为临时中央政治局常委。决定由秋白兼管农委、宣传部并任党报总编辑，兆征兼管工委，我兼管组织部和秘书厅。[38]

从此，中国历史又跨入一个新的阶段。

注　释

〔1〕见1927年3月8日汉口《民国日报》。——原注

〔2〕《中国国民党第二届中央执行委员会第三次全体会议宣言及议决案》，1927年国民党中央印发。——原注

〔3〕《土地委员会第二次扩大会议记录》。——原注

〔4〕〔5〕《土地委员会第一次扩大会议记录》。——原注

〔6〕《土地委员会第二次扩大会议记录》。——原注

〔7〕《土地委员会第三次扩大会议记录》。——原注

〔8〕陈克文：《土地委员会开会经过》，见1927年6月《中国农民》第2卷第1期。——原注

〔9〕斯诺：《西行漫记》。——原注

〔10〕《湖北全省农民代表大会之第二日》，见1927年3月6日汉口《民国日报》。——原注

〔11〕《湖南革命史资料集》第二卷（下），第377页。——原注

〔12〕《全国农协之筹备》，1927年3月30日汉口《民国日报》。——原注

〔13〕《全国总农民协会将成立》，1927年4月2日汉口《民国日报》。——原注

〔14〕见1927年4月22日汉口《民国日报》。——原注

〔15〕1927年4月26日《武汉中央农民运动委员会扩大会议记录》。——原注

〔16〕《战区农民运动委员会成立》，1927年4月29日汉口《民国日报》；《今日欢送战区农运委员》，1927年5月5日汉口《民国日报》。——原注

〔17〕《国省两农协欢宴太平洋劳动会议代表》，见1927年6月6日汉口《民国日报》。——原注

〔18〕1927年6月4日《农民运动》第26期。——原注

〔19〕《全国农协临字第四号训令》，1927年6月15日、17日汉口《民国日报》。——原注

〔20〕袁任远：《石门南乡的起义》，见《星火燎原》第1集，人民出版社1964年版。——原注

〔21〕1927年7月8日汉口《民国日报》。——原注

〔22〕高菊村等：《青年毛泽东》，中共党史资料出版社1990年3月版，第280—295页。

〔23〕即美国记者埃德加·斯诺。

〔24〕从国民党左派观点来看的这个事件和这个时期的一个有趣的叙述，见唐良礼（译音）著《中国革命内幕史》（1930年伦敦）。——原注

〔25〕埃德加·斯诺：《西行漫记》，生活·读书·新知三联书店1979年12月版，第135—139页。

〔26〕《中共湖南省委目前工作计划》，见《湖南革命历史文件汇集》1927年甲第5集，第104—112页。——原注

〔27〕潘心源：《湘东各县综合性的报告》，1927年7月2日。——原注

〔28〕埃德加·斯诺：《西行漫记》，第137—138页。——原注

〔29〕1927年7月4日中共中央常委会扩大会议记录。——原注

〔30〕高菊村等：《青年毛泽东》，中共党史资料出版社1990年3月版，第296—299页。

〔31〕〔32〕据何长工回忆。——原注

〔33〕黄少群、张培林：《毛泽东的独特创造》，河北人民出版社1991年5

月版,第2—5页。

〔34〕《毛泽东著作选读》（上册），第23—24页。——原注

〔35〕毛泽东在"八七"会议上的发言。——原注

〔36〕何长工:《秋收起义和井冈山时期毛主席的伟大实践》。——原注

〔37〕高菊村等:《青年毛泽东》，中共党史资料出版社1990年3月版，第301—303页。

〔38〕李维汉:《回忆与研究》（上），中共党史资料出版社1986年4月版，第162—165页。

实录
毛泽东

2

崛起挽狂澜
1927—1945

李捷　于俊道　主编

第三编 "星星之火，可以燎原"

一、"红旗卷起农奴戟"

在长沙 ………………………………………… 3
"霹雳一声暴动" …………………………… 8
三湾改编 …………………………………… 15

二、非凡的创举

跃上井冈山 ………………………………… 23
争取"山大王" ……………………………… 25
水口分兵 …………………………………… 30
红旗不倒 …………………………………… 33
朱毛会师 …………………………………… 43
工农割据 …………………………………… 50
"黄洋界上炮声隆" ………………………… 52

三、"红旗跃过汀江"

出击赣南闽西 ……………………………… 58
古田会议 …………………………………… 63
实践出真知 ………………………………… 75

四、"横扫千军如卷席"

直捣湘和鄂 ………………………………… 80
第一次反"围剿" …………………………… 90

第二次反"围剿" ································ 99
第三次反"围剿" ································ 103

五、来自"左"的排斥
被剥夺军权 ······································ 112
调查研究 ·· 119
在瑞金 ·· 121

六、伟大的历史转折
力挽狂澜 ·· 134
遵义会议 ·· 139
四渡赤水出奇兵 ·································· 150
新的考验 ·· 157

七、"三军过后尽开颜"
北上与南下之争 ·································· 164
奠基陕北 ·· 183
直罗镇大捷 ······································ 191

八、迎接抗日救亡高潮
"三位一体"的新局面 ······························ 201
东征和西征 ······································ 206
三大主力会师 ···································· 215
时局转换的枢纽 ·································· 216

第四编　"兵民是胜利之本"

一、统筹全局
指导独立自主的山地游击战 ························ 229

主持扩大的六届六中全会 …………… 236
艰辛的理论创作 …………………… 242
皖南事变前后 ……………………… 247

二、养精蓄锐

大生产运动和精兵简政 …………… 259
领导延安整风运动 ………………… 267
文艺工作的方向 …………………… 287
机构调整与审干运动 ……………… 305

三、高瞻远瞩

主持起草历史问题决议 …………… 317
召开中共七大 ……………………… 329
中美苏之间 ………………………… 339

第三编
"星星之火,可以燎原"

一、"红旗卷起农奴戟"

在长沙

"八七"会议后,毛泽东于1927年8月12日以中共中央特派员的身份回到长沙。这已是毛泽东一年之中第三次到长沙。第一次是在1927年一二月间,为了回答陈独秀等人对农民运动的责难,他回到湖南考察农民运动。第二次是在长沙马日事变后,毛泽东奉命回湘,重新组建湖南省委。如今,在白色恐怖下,毛泽东第三次回长沙,以便发动一场惊天动地的农民土地革命。

据当时在湖南省委主持工作的易礼容回忆说:

"八七"中央紧急会议之后,毛泽东是哪天回长沙的,我记得清清楚楚,是七月十五日中元节那天,阳历是8月12日,长沙人们正在祭祖烧包。他到长沙就找到我。这个日子没错,我可以负责。

毛泽东在长沙活动后是哪一天离开的?不是8月30日,就是31日,或9月1日。我记得,他离开长沙是到浏阳乡下去。头一晚,我和他谈了一个通宵,他告诉我是去浏阳,他临走时穿农民衣服。那时,我们都很善于化装。毛泽东刚刚下乡,同部队没有很好联系,同我们的联系也少,所以我知道的情况不多。

我是被中央开除的干部,没有工作,在长沙等安排。1927年12月,瞿秋白"左"倾路线在党中央占了统治地位。这时,我找过几次省委书记王一飞。我向他要求去安源上井冈山找毛泽东一道打游击。他答复两条:"第一,我同意你上井冈山;第二,你自由走,一切后果你自己负责。"结果发给我30块大洋作路费。于是我在1928年春节那天离开长沙,前去安源。为什么要选这一天?因程潜西征军在这天打到长沙,特务混乱,军队惊慌。我趁此良机,离开长沙,坐火车从株萍至醴陵。在醴陵的滕代远迎接我时说:"现在是省委代替中央,县委代替省委。"当时也的确如此。我在安源住一个矿工家,首先找到了安源市委宣传部长李润钧,看他的态度不好,就避开他。在安源,我派人去井冈山茅坪找到了毛泽东。毛看到我的信后即回了信。大意说:我到农村6个月,斗争6个月,中央、省委没有一个与我联系。今接来信,我很高兴,你是头一个同我联系的人，真是空谷足音。——空谷足音，这是原话。他还说："我们昨天晚上开会，决定由你担任行委书记，我任前委书记，希望你快些来。"信是由交通员带回来的。那个送信的交通员对我说，从井冈山回来，看见沿途的屋墙糊了黄泥，农民说这是赤化。

当我接到毛泽东的回信时，恰好中央连续来了两个命令：一是调我任长江局书记（当时长江局书记是罗亦农）；另一个命令是调我去江苏任省委书记兼农民部长。我历来主张打游击，但由于上级的命令，只好告诉那个交通员，说我不能去井冈山了。[1]

另据当时在湖南省委协助工作的中央委员罗章龙回忆：

1927年，革命处于高潮时，藏在革命队伍里的国民党右派蒋介石、汪精卫突然叛变。在此严重关头，党中央有个部署，就是把在武汉的中共中央委员调到一些重要省份，以加强地方工作。中央本来决定毛泽东到四川，毛泽东认为四川没有基础，坚持要回湖南，中央同意了。我本来是决定回北方去的。有一天，我和毛泽东从中央开会出来，一路步行到毛泽东住处，他邀我到湖南去工作，组织对敌进攻。我们二人请示了中央，中央同意了我们的意见，于是我以五届中委的身份，巡视和指导湖南省委的工作。

毛泽东先离开武汉赴长沙，临行前，他对我说："你找一个有作战经验的军事干部一道来湖南。"我说："这里很难找到既熟悉湖南情况又有武装斗争经验的军事干部。"毛泽东说："只要你认为可以就行。"之后，经过物色，与中央商量的结果，加派了一个蔡以忱。

毛泽东回湖南的主要任务是整顿党的组织，改组省委和县委，如浏阳、平江、衡阳、郴州等都重新派人组织起来。湖南省的班子也重新恢复起来。自马日事变之后，湖南省委涣散，通过毛泽东活动之后，成立了新省委：毛泽东为书记，夏明翰为组织部长，望三为秘书；曹典琦为宣传部长，秘书龚际飞；军事部长易礼容（毛泽东不在时，代理省委书记），秘书李子骥；农民部长彭公达，秘书禁林；工人部长罗章龙，秘书蒯去病；妇女部长熊季光；民众部长何资深。

我这次到长沙，主要是以中央委员身份去帮助湖南省委，对马日事变进行善后和开辟新的工作局面。我没有正式参加省委，只是分担了职务，但因安排曹典琦做宣传部长，他坚决不干，离职而去，因此，我又兼宣传工作。还有工人部，原来的主任是蒯去病，他自觉工作困难，说压不了台，于是我也就负责工人部的工作，蒯就当了秘书。

新省委中有些是从下面提拔上来的，例如彭公达。我记得在省委的一次小型会议上，大家不认识彭，毛泽东特地介绍了几句。

不久，由长江局转来一个中央通知，让湖南派人到武汉，参加党的紧急会议，我们商量的结果，决定让毛泽东和彭公达参加。

……

"八七"会议后，毛泽东、彭公达回到长沙，随即召开省委会议，传达了中央紧急会议精神，明确指出了在秋收季节组织武装暴动。这次传达会是在长沙市北郊沈家大屋召开的。参加会议的有夏明翰、易礼容、林蔚、曹典琦、彭公达、何资深、罗章龙、熊季光、龚际飞、罗学瓒、滕代远、谢觉哉、李子骥等。

根据党中央的指示精神，湖南省委进行了改组。新省委是彭公达（书记）、毛泽东、易礼容、夏明翰、贺尔康、毛福轩、向钧、谢觉哉、何资深。

关于秋收起义，省委进行了讨论，大家一致认为，不以国民党的名义举行，也不借重邓演达、陈仁友等国民党左派，会上决定要与国民党彻底决裂，以共产党名义领导起义。

为了加强对秋收起义的领导，决定成立前委和行委的组织机构，即中共湖南省委行动委员会和中共湖南省委前敌委员会，前委在行委领导之下，行委又在湖南省委领导之下。

毛泽东和我们共同研究了前方、后方的作战部署，他对我说：把浏阳打下来，就向长沙进军，部队打到离长沙只有40里的黄花市时，我就派人送信给你们。再往前打，就是离长沙10多里的东屯渡。这时，你们就动员近郊农民和城里的工人、居民暴动响应。

毛泽东离开长沙时，正值8月炎夏。他身体不大好，有点清瘦，大家不放心。我问他："你身体还行吗？"他说不要紧。我还是不放心，找夏明翰商量，找个可靠的同志送他，于是决定派毛泽东之弟毛泽民护送。为了安全，我们和毛泽民商量，走路时，要和毛泽东保持一段距离，否则一出事就都被捕了。毛泽民把毛泽东送到浏阳张家坊才回来，并且还报告了毛泽东在张家坊脱险的情况。

我们留在长沙后方的任务，是我们的部队打下萍、浏、平、醴后，围攻长沙时，来个城市暴动，里应外合，占领长沙。

……

关于攻打长沙的计划，是湖南省委和行委作出的决定。当时，毛泽东同意打长沙，大家满怀信心要把长沙拿下来。在这个问题上没有争论。当时估计，如叶、贺顺利发展，湖南的国民党军队就会调离应战，本省空虚，我们就可以冲击长沙。只要拿下长沙，别的地方马上就可以响应。但是后来，秋收起义部队攻占浏阳后轻敌被围，只好撤出县城，在过南市街渡口时，遇到敌人一个团的封锁，我军强渡，伤亡重大，损失不少。1团、3团也失利。毛泽东就给省委送来一封信，大意说：我们不准备进攻长沙，长沙暴动的计划停止吧！省委同意了。停止长沙暴动的事,受到了中央的批评。中央派任弼时来长沙进行检查,认为湖南省委犯了严重错误,又进行了改组。[2]

1927年8月18日、30日,湖南省委先后召开会议。会议情况,据湖南省哲学社会科学研究所的资料记载,是这样的:

8月中旬的一天,毛泽东和杨开慧等秘密地由武昌搭乘火车星夜赶到长沙,住在北门外福寿桥沈家大屋。这时的长沙,已处在严重的白色恐怖之中,反革命鹰犬在城乡四处活动,搜捕和杀害共产党员和革命者。我党已被迫转入地下活动。根据临时中央政治局的决定,中共湖南省委进行了改组。

……

新省委由夏明翰、贺尔康、毛福轩等9人组成。毛泽东到达长沙后,住在省委秘密机关。为了组织好秋收起义,他日夜紧张地工作,出席会议,起草文稿,找人谈话,派人外出搞枪支弹药,晚上经常工作到深夜,甚至彻夜不眠。他有时提着篮子装作买菜的,或者扮成军官,机智沉着,亲自深入市内进行调查。8月18日,毛泽东以中央特派员的身份,出席了省委会议,传达了临时中央政治局的新精神,主持讨论和制订秋收起义计划。

会议在讨论起义中如何解决农民土地问题时,出现了两种错误主张:一种主张只没收大地主及反革命分子的土地,认为如没收小地主土地,就会增加敌人,对革命不利;另一种则主张没收一切土地,包括自耕农的土地,统一分配和使用。毛泽东坚决反对了上述两种错误主张。在没收地主土地问题上,毛泽东强调指出:中国大地主少、小地主多,我们必须没收一切地主的土地,才能满足农民的要求;对于被没收土地的地主,须有适当的安排,给予生活出路。同时强调在解决农民土地问题过程中,必须宣布废除反动政府盘剥农民的各种苛捐杂税,只收农业税。这就为解决农民土地问题制定了正确的方针,为发动广大农民群众参加秋收起义作了重要的政治准备。

关于起义的军事问题。毛泽东再次阐述了枪杆子里面出政权的伟大思想,分析了武装斗争和土地革命的关系。他认为秋收起义固然必须发动农民,解决土地问题,但发动起义,必须有军事力量的帮助。我们党以前的错误就是忽略了军事,现在应以主要精力注意军事运动,用枪杆子夺取政权,保卫政权。这一论述有力地驳斥了忽视武装斗争的机会主义观点。

关于起义的区域问题。会议在第一天开始讨论的时候,有的人主张湘东以长沙为中心,湘南以衡阳为中心,湘西以常德为中心,在西南之间以宝庆(今邵阳)为中心,同时在全省发动暴动。当时党中央的意见也是如此。毛泽东对于这种不顾客观条件而分散使用力量的错误意见始终持反对态度。他耐心地说服大家缩小范围,集中力量,搞一个中心,即在反动统治比较薄弱、群众基础较好,并保存有部分革命武装的湘东赣西发动秋收起义。经过反复讨论，绝大多数同志终于同意了毛泽东的正确主张，决定在以长沙为中心包括湘潭、宁乡、醴陵、浏阳、平江、安源、岳州等地的湘赣边界组织秋收起义。

会议还讨论和解决了有关秋收起义的其他重要问题。关于政权问题，大家认为，这次起义应竭力宣传和建立工农政权，恢复农民协会，乡村政权归农协，县以上以革命委员会的名义组织政府。关于起义的领导机关，会议决定，湖南指挥暴动的机关分为两个：一个是前敌委员会，以毛泽东为书记，各军事负责人为委员；一个是行动委员会，以各县负责同志为委员。对于起义的军事行动计划，省委也作了大略的部署，决定9月9日开始破坏粤汉和株萍铁路，11日各县起义，16日长沙暴动。

8月30日，省委会议结束。毛泽东肩负着在湘东赣西组织起义的重任，当晚从长沙出发，经株洲前往安源。[3]

中国革命举什么旗帜，在当时是一个重要问题。八一南昌起义向国民党反动派打响了第一枪，但那时举的仍然是国民党左派的旗帜。在湖南省委会上，毛泽东坚决主张举起共产党的红旗，从此开创了一个新的局面。参加过南昌起义的陈毅，在1929年8月向上海中央汇报红四军情况时，曾以称赞的口吻说："秋收暴动最先挂了红旗。"

黄允升在《略论湘赣边界秋收起义》一文中说：

毛泽东到长沙，经过实地调查，接触工农群众，觉得秋收起义举"左派国民党旗帜"是个大问题。8月18日，他向湖南省委传达"八七"会议精神，引导大家联系湖南实际讨论秋收暴动问题。共产国际代表马也尔也参加会议，透露共产国际新电令：我们制造的国民党不是简单的政党，是一鸡蛋壳子，由此蛋壳造成苏维埃的儿子出来；制造此蛋壳不能，则实行苏维埃，"主张在中国立即实行工农兵苏维埃"。大家讨论秋收暴动举什么旗问题，议论纷纷，认为武汉国民党中央无力惩办制造马日事变的那些暴徒，表明那时的国民党已经死了；汪精卫等叛变革命，说明国民党不但死了，而且臭了，不但臭了，并且臭气闻于天下；从蒋介石到汪精卫、唐生智，甚至到张作霖，新、旧军阀无一不拿国民党这块招牌来作他们欺压民众、屠杀民众的工具，国民党已变成军阀的旗帜；而受压迫的工农民众，对国民党已普遍存在唾弃的心理。所以，湖南省委讨论决定，秋收暴动不举"左"派国民党旗帜，也不用任何国民党名义来组织政府，而是用共产党红旗来号召工农民众起来暴动。

8月20日，毛泽东以中共湖南省委名义向中共中央写报告说：到湖南来这几天，看到唐生智控制的国民党湖南省党部已与工农群众对立，压迫工农群众，镇压工农运动，而工农群众对国民党则已另眼相看，认定"国民党旗帜已成军阀的旗帜，只有共产党旗帜才是人民的旗帜"。于是，向中央建议："我们不应再打国民党的旗帜。我们应高高打出共产党的旗帜，以与蒋、唐、冯、阎等军阀所打的国民党旗帜相对（立）。"应该"立刻坚决地竖起红旗，至于小资产阶级，让它完全在红旗领导之下，客观上也必定在红旗领导之下"。报告还同意共产国际关于在中国立即实行工农兵苏维埃的新指示，认为"工农兵苏维埃完全与客观环境适合，我们此刻应有决心立即在粤、湘、鄂、赣四省建立工农兵政权"，并建议先在湖南实行。

中央及时得到湖南省委口头和书面的报告，但未能采纳来自斗争第一线的正确建议，反而在8月23日的复函中批评说："中国现在仍然没有完成民权革命，仍然还在民权革命第二阶段。此时我们仍然要以国民党名义来赞助农工的民主政权……你们以为目前中国革命已进到第三阶段，可以抛去国民党的旗帜，实现苏维埃的政权，这是不对的。"中央复函强调指出：中央从各方面来证明政治决议案是正确的，你们务须依此决议执行。

毛泽东指导湖南省委讨论了中央的指示和批评，认为中国革命现在已经到了俄国的1917年10月，但在这中间，重要的过程是土地革命，其政权是工农的，不是纯粹无产阶级的。他们从革命实际需要出发，坚持打共产党红旗，号召广大工农兵参加秋收暴动。在安源张家湾军事会议上，毛泽东要求工农革命军第1团、第2团、第3团举红旗起义。秋收暴动前夜，仅工农革命军第一师师部就赶制了100面有镰刀铁锤的红旗。湘赣边界秋收起义，就是举着共产党红旗向国民党反动派进攻的。毛泽东当时写的《西江月·秋收起义》中就提到："军叫工农革命，旗号镰刀斧头。匡庐一带不停留，要向潇湘直进。"秋收起义部队受挫转兵，把共产党红旗插到井冈山。[4]

"霹雳一声暴动"

在8月30日的省委会议上，确定成立领导秋收起义的前敌委员会，以毛泽东为书记。这是毛泽东革命军事生涯的开端。

在此之前，毛泽东要杨开慧回到长沙东乡板仓，领导农民武装斗争。他们谁也没有想到，这竟是夫妻的永诀。

会后，毛泽东乘着夜色离开长沙，前往安源。途中，他先在株洲下车。当时情况危急，毛泽东化装成司炉，坐在火车头的锅炉旁。

在株洲，他指示当地党组织策应秋收起义，炸断易家湾铁路桥，制止敌人从长沙增援，确保安源等地暴动。

据当时在株洲的陈永清回忆说：

关于毛泽东由长沙去安源途经株洲的时间，大约是1927年9月初，具体日期记不清楚了。我记得毛泽东到株洲，先找朱少连。朱当时是株洲镇委宣传委员，社会职业是株萍转运局局长，是一个有名望的人。我是湘潭县东一区区委书记。那天，朱少连找我去，我是在朱少连的办公室里见到毛泽东的。

毛泽东问我们：株洲对武装起义做了些什么准备工作？农民协会恢复得怎样？铁路上的工作做得如何？我向他汇报了：农民协会恢复才个把月，马日事变后影响比较大，原来的负责人汪其凤还没有回来；铁路上的工作刚恢复，车站餐宿处党支部也刚恢复；青年团的工作才开始做；没有武装，只有纠察队，人也是最近才慢慢回来的。

毛泽东听了汇报以后说：现在要搞秋收起义，搞武装暴动，敌人打我们，我们要还击。株洲是个重要地方，要把这个地方的工作抓紧恢复起来。首先要解决团防局，同时要破坏白石港的铁路桥。我说我调来不久，人还认得不多，又没有搞军事的，希望派个搞军事的人来。毛泽东答应了这一要求，离开株洲四五天后，从安源派来了涂正楚同志，他是搞武装的。[5]

毛泽东又赶到安源。9月初，他在安源张家湾召开军事会议，部署起义，组成工农革命军第1军第1师，下辖3个团。随后，他又赶往铜鼓，亲自率领第3团起义。

据湖南省哲学社会科学研究所的资料说：

毛泽东到达安源后，在张家湾召集部分起义地区党的负责人和军事负责人召开会议，传达了党中央"八七"会议的精神和湖南省委关于秋收起义的计划。在毛泽东充分地阐明了这次起义的意义之后，由潘心源（曾随平浏工农义勇队行动，刚来安源向省委请示工作的浏阳县委书记）详细报告湘东赣西革命武装情况。接着，毛泽东和大家充分讨论了如何组织秋收起义的军事行动和平、浏、醴、安各地的暴动准备工作，并确定了秋收起义部队的编制，部署了进军路线。

参加这次起义的部队统一编为工农革命军第1军第1师，下辖第1、2、3团，统一由毛泽东为书记的前敌委员会指挥。

第1团由前武昌国民政府警卫团和湘东平江以及鄂南崇阳、通城的农民武装组成。警卫团的基础，是北伐时我党直接领导的叶挺独立团的一部分。后来招收了一批新兵，其中不少是安源工人和湖南、湖北工农运动的骨干分子。这个团的指战员中，很多是共产党员和共青团员。团长卢德铭是黄埔军校第一期毕业，共产党员。这个团奉党的指示，8月初由武昌前往南昌。行抵南昌附近的奉新县城时，得知南昌起义部队已经南下，追赶不及，卢德铭决定自己去党中央请示，部队则折向西进，到湘鄂赣边境的修水去休整。警卫团进驻修水，先后遇到平江和崇阳、通城转战到此的农民军，这时便和他们合编为第1团。

第 2 团以安源工人武装为骨干，加上聚集在这里的附近各县的农民武装组成。安源是毛泽东在建党初期所开拓的湘、赣两省工人运动的策源地。这里有一支我党直接培育起来的 600 多人的工人纠察队，还有一支为我党所控制的矿警队。马日事变后，湖南醴陵农民自卫军一二百人、衡山农民军百余人，以及江西萍乡、安福、莲花的农民军先后来到这里，这时便和安源工人武装合编为第 2 团。

第 3 团以浏阳农民自卫军为基础，加上警卫团和平江农民自卫军各一部分组成。马日事变后，浏阳和平江的工农义勇队继续坚持战斗。南昌起义前夕，党中央将他们改编为独立团，归贺龙率领的 20 军管辖，开赴南昌参加起义。8 月 5 日，行抵涂家埠，被敌堵截，无法通过。浏阳农民军撤至铜鼓待命。这时便和抽调前来的一部分平江农民自卫军以及警卫团的少数同志合编为第 3 团。

这次会议决定，起义部队在各地工农武装的配合下，分三路进军，夺取长沙。进军路线是：第 2 团自安源进击萍乡、醴陵，与醴陵、株洲的农民暴动相结合，向长沙取包围之势；第 1 团由修水出发，向平江进攻，发动平江农民暴动，夺取平江后，再向长沙进击；第 3 团由铜鼓向浏阳进攻，发动浏阳农民在四乡暴动，直逼长沙。三路紧密配合，待各路得手后，再以长沙工农暴动为内应，相机攻克长沙。毛泽东对于攻打长沙力持慎重态度。他针对省委中个别同志的"左"倾盲动情绪，于 9 月 5 日自安源写信给省委，强调指出：长沙不可轻举妄动，必须在起义部队攻克株洲后，方能举行暴动。同时写信给第 3 团，告以安源会议的决定，要他们准备起义，并要他们通知第 1 团。

安源会议后，各路工农革命军立即投入起义前的紧张准备工作。毛泽东决定与潘心源一起去铜鼓，直接指挥第 3 路的工作。毛泽东途经浏阳张家坊时，被地主武装团防逮捕，随即机智脱险，于 9 月 10 日到达铜鼓，当即向第 3 团的主要干部讲述了秋收起义的意义，宣布了秋收起义的领导机构和军事行动计划，并同他们一起研究了进军路线。接着，团部集合排以上干部，在肖家祠堂举行中秋节会餐。饭前，毛泽东讲话，十分亲切地慰问大家，赞许他们坚持革命、艰苦斗争的精神，接着向他们阐述了当前的形势和任务，号召大家振奋革命精神，迎接秋收起义。饭后，各连分别向全体战士传达了毛泽东的指示。毛泽东还亲自下到一个连队了解情况，向战士们问寒问暖。他特地拿过一个战士手中的枪进行检查，赞许这个战士的枪保护得好，指示大家要紧握手中枪。毛泽东的到来，以及他对部队的正确指示和亲切关怀，给全团指战员以极大的鼓舞。广大指战员积极地投入到出发前的准备工作。[6]

1936 年，毛泽东在同斯诺的谈话中，详细回忆了他在浏阳张家坊遇险的情形：

当我正在组织军队、奔走于汉阳矿工和农民赤卫队之间的时候，被一些同国民党勾结的民团抓到了。那时候,国民党的恐怖达到顶点,好几百共产党嫌疑分子被枪杀。那些民团奉命把我押到民团总部去处死。但是我从一个同志那里借了几十块钱,打算贿赂押送的人释放我。普通的士兵都是雇佣兵,我遭到枪决,于他们并没有特别的好处,他们同意释放我,可是负责的队长不允许。于是我决定逃跑。但是直到离民团总部大约200码的地方,我才得到了机会,挣脱出来,跑到田野里去。

我跑到一个高地,下面是一个水塘,周围长了很高的草,我在那里躲到太阳落山。士兵们追捕我,还强迫一些农民帮助他们搜寻。有好多次他们走得很近,有一两次我几乎可以碰到他们。虽然有五六次我已经放弃希望,觉得我一定会再被抓到,可是我还是没有被发现。最后,天黑了,他们放弃了搜寻。我马上翻山越岭,连夜赶路。我没有鞋,我的脚损伤得很厉害。路上我遇到一个农民,他同我交了朋友,给我地方住,又领我到了下一乡。我身上有7块钱,买了一双鞋、一把伞和一些吃的。当我最后安全地走到农民赤卫队那里的时候,我的口袋里只剩下两个铜板了。

新师成立以后,我担任党的前敌委员会书记,原武汉警卫团的一个指挥员余洒度,任第1军军长。[7] 余多少是因部下的态度而被迫就任的,不久他就逃到国民党那里去了。现在他在南京给蒋介石工作。

这支领导农民起义的小小队伍,穿过湖南向南转移。它得突破成千上万的国民党部队,进行多次战斗,经受多次挫折。当时部队的纪律差,政治训练水平低,指战员中有许多动摇分子,部队开小差的很多。余洒度逃跑以后,部队到达宁都时进行了改编。陈浩被任命为剩下来大约一团兵力的部队的指挥员,后来他也"叛变"了。但是,在这个最早的部队中,有许多人始终忠心耿耿,直到今天还在红军中,例如现任第1军团政委的罗荣桓,现任军长的杨立三。这支小队伍最后上井冈山的时候,人数总共只有1000左右。

由于秋收起义的纲领没有得到中央委员会批准,又由于第1军遭受严重损失,而且从城市观点来看,这个运动好像是注定要失败的,因此中央委员会这时明确地批评我。我被免去政治局和党的前委的职务。湖南省委也攻击我们,说我们是"枪杆子运动"。尽管这样,我们仍然在井冈山把军队团结起来了,深信我们执行的是正确的路线。后来的事实充分地证明了这一点。部队补充了新兵,这个师人员又充实了,我担任了师长。[8]

毛泽东亲临第3团,使军心为之一振。许多战士还是第一次见到毛泽东,他给他们留下了深刻的印象。直到新中国成立后,他们中的幸存者已成长为党、政、军的高级领导干部后,回首往事,还抑制不住心中的兴奋。

当时在第3团任参谋的吴开瑞回忆说:

1927年9月，快要过中秋节时，毛泽东经过艰难险阻来到了铜鼓。毛委员来，首先要与全团干部见面，于是就布置了这样一个仪式：全团排级以上干部参加中秋节聚餐会，欢迎毛委员。筵席上摆了黄牛肉。在聚餐会上，毛委员作了重要讲话，传达了党中央"八七"会议精神以及省委、安源市委有关秋收暴动的部署，并宣布我们部队改编为工农革命军第1军第1师第3团。团长苏先俊，党代表潘心源，由于潘未到职，由徐麒代理，参谋长黄坚，参谋吴开瑞，团部党委书记徐麒[9]，组织委员张启龙，宣传委员张子清。第1营营长张子清，第2营营长汤采芝，第3营营长伍中豪。全团共有1000人。

次日，部队出发前，集合在铜鼓大沙洲上，毛委员检阅部队，向全体指战员作了动员，号召秋收暴动。随后，我们第3团浩浩荡荡向浏阳进发。

途中，经过浏阳县境的白沙镇、东门市。在东门市盘踞第8军的两个营，在白沙的是敌人一个连。由铜鼓到白沙有一天路程，由于大家精神振奋，不感到累，连摆子病也没发。到了距白沙镇8里的壕溪，就分三路前进，一举攻下白沙，歼敌一部分，残敌溃逃至东门市。在白沙，毛泽东住在学校里，住房是对山开的窗户，蛮优雅的。他表扬了第3团的全体指战员作战勇敢，旗开得胜，马到成功。[10]

又据当时编在第3团的陈伯钧回忆说：

20军独立团，是由党领导的平江、浏阳等县的工人纠察队和农民自卫军组成的……

我们独立团在铜鼓休整近一月。这期间，八一起义后从武汉赴九江途中在黄石港上岸的警卫团，转移到武宁、修水，和我们联系上了。

正在这个时候，部队中发生了一件激奋人心的大事情：毛委员——中国共产党中央委员毛泽东，从安源来到了我们部队！毛委员的头发很长，上身穿白线褂子，下身穿白细布长裤，脚穿草鞋，手里还拿着一件短上衣。听说，毛委员在来铜鼓途中，曾经遇险，一度被敌人扣留，所幸身上带了几块钱，才设法得以脱身，来到部队。记得正是旧历八月十五中秋节，团部召集排以上干部，在肖家祠堂举行会餐。饭前，毛委员和全体干部见了面，并且讲了话，说党很怀念大家，关心大家，他特地来看望大家。毛委员接着为我们阐述了当前形势和党的任务，号召我们举行秋收起义。

过了中秋节，我们就出发了。部队正式改编为中国工农革命军第1军第1师，下辖4个团：原警卫团改编为第1团，安源的工人和萍乡、醴陵的农民自卫军改编为第2团，我们独立团改编为第3团，第4团则是收编军阀夏斗寅的残部。部队的任务是总攻长沙，计划是：1、4团由修水出发，先打平江，再攻长沙；2团自萍乡、醴陵先打浏阳，再攻长沙；3团从铜鼓出发，与2团同时打浏阳，会攻长沙。

3团首战攻克白沙市。这时天刚拂晓，老百姓还没有起床，街旁商店门前的煤油灯仍然闪烁着暗淡的微光。毛委员从湖南来部队时，长途奔波，历尽艰险，脚被草鞋磨烂了，不能行走。我们临时找张椅子，绑上两根杠子抬着他走。这时已是9月中旬，天气渐凉，毛委员身上那件细布短褂自然抵不住仲秋的晨露，只好披上一条白布夹被御寒。3团顺利地占领了白沙市，毛委员非常高兴，称赞我们旗开得胜，马到成功，给了我们热情的鼓励。

在强大的训练有素的敌人面前，秋收起义部队先后失败。这说明，起义原定的攻打长沙的方针，明显地脱离了实际情况。毛泽东从中强烈地感到，中国革命必须要有一套特殊的办法。9月14日，他在浏阳东乡上坪召开紧急会议，决定改变攻打长沙的计划，命令部队迅速到文家市集中。9月19日，他又在文家市召开前敌委员会会议，重新审议原定的起义计划。经过激烈争论，毛泽东终于说服了大家，决定撤离湘东地区，向南转移。革命的有生力量因此得以保存下来。

关于这段情况，黄允升在《略论湘赣边界秋收起义》一文中写道：

工农革命军严重受挫，主要在于夺取长沙中心城市的首攻方向的错误。在当时革命低潮形势下，中心城市或交通要道的工农群众还没有恢复起来，军事运动与民众运动很难结合得好，经不起强大敌军的反扑、追击，不能不受挫。正因为有毛泽东这样有正确思想的领导，部队没有完全溃散，主攻方向错了也容易扭转；加上他早就提出武力"上山可造成军事势力的基础"；在制定军事部署时还提出"无论如何，不能放弃萍（乡）安（源），使敌人断绝我们的退路"。这一切，都成为他能够率领起义部队由进攻城市转到进军农村、山区的思想基础。

毛泽东非常重视这次严重挫折，9月19日在文家市主持中共前敌委员会会议，总结经验教训，确定工农革命军的行动方向。师长余洒度等仍主张攻打中心城市，提出"取浏阳直攻长沙"。毛泽东认为，革命处于低潮，强敌占据中心城市，若再攻长沙恐无把握，主张放弃湖南省委原定以夺取长沙为中心的计划，把工农革命军转移到敌人力量薄弱的农村、山区，同农民群众相结合，开展革命斗争。总指挥卢德铭等各委员赞成毛泽东的主张。会议决定，工农革命军经萍乡向南转移，到反动势力薄弱的农村、山区找落脚点，"以保存实力"，继续革命斗争，这是符合列宁关于在帝国主义世界的薄弱环节搞革命的原则的。

毛泽东代表前委向全体工农革命军宣布前委决定，并作了动员。9月22日，同卢德铭率领部队沿罗霄山脉向南转移。毛泽东从张家湾军事会议得到井冈山有支农民武装的信息（由王兴亚汇报提供），告诉总指挥卢德铭，而卢德铭在回答对部队行动疑问时，将此情况转告了军事参谋。[11]

湖南省哲学社会科学研究所的资料也详细记述了这一过程：

9月14日黄昏，毛泽东率工农革命军第3团自东门撤至上坪。当晚，召开了连以上干部紧急会议。毛泽东根据各路起义军连续受挫的情况，认为当时敌强我弱，在城市已无取得胜利的可能，于是果断地决定放弃原定进攻长沙的军事行动。为了统一整个起义部队的思想和行动，毛泽东以前委书记名义，命令各路起义部队到文家市会师。与此同时，毛泽东还把工农革命军主力在平浏受挫，三路会攻长沙的计划已无法实现的情况，写信告诉湖南省委，要求省委相应地停止毫无胜利希望的省城暴动。上坪会议适时地改变了不切实际的攻打长沙的军事计划，在实践上开始扭转了只注意城市不重视农村的错误指导思想，为工农革命军向农村进军的伟大战略决策作了准备。

9月15日，3团指战员在毛泽东率领下，向文家市进发。于19日中午，进抵文家市。1团于金坪失利后，余洒度不顾形势变化，将部队屯扎于平江龙门附近大山中，派人调3团前去并力反攻长寿，进取平江，拒不执行到文家市会师的命令。直到毛泽东去信，严厉批评，他才勉强接受命令，南下向3团靠拢，于19日到达文家市。2团在浏阳失败后，部队大部散失，仅有少数战士在一个连长的带领下参加了文家市会师。此外，由60名安源工人组成的2团炸弹队，由党代表兼队长杨明率领，奉命自安源直接赶到了文家市。

……

9月19日晚，由毛泽东主持，在里仁学校后栋的教室里，召开了有师团主要负责人参加的前委会议。会议围绕着起义部队去向——这个关系中国革命前途和道路的重大问题，展开了激烈的斗争。

当时，毛泽东根据中国社会的特点和当前政治形势，考虑到革命已经处于低潮时期，在敌大我小、敌强我弱的情况下，大城市和交通要道是敌人重兵把守的地方，我们在城市暂时没有取得胜利的可能。但是，中国幅员辽阔，广大农村则是敌人统治力量薄弱的地方。据此，他提出了放弃继续攻打长沙的军事行动，转向湘、赣、粤三省交界的农村进军，在那里建立革命根据地，开展土地革命，积蓄和壮大革命力量的正确主张。

会议经过激烈争论，前委大多数同志坚决拥护毛泽东的正确主张，拒绝了余洒度不顾当时形势，顽固坚持"夺取浏阳，直攻长沙"的错误意见，确定了向湘、赣、粤边界农村进军的伟大战略方针。

9月20日清晨，工农革命军1、2、3团的指战员共1000多人，集合在里仁学校的操场上，急切地等待毛泽东的来临。当主持会议的人宣布请中央来的毛委员讲话时，大家的心情激动万分。毛泽东向大家亲切地挥手致意，请同志们坐下来，然后开始讲话。毛泽东首先指出，我们是工农革命军，是为工农打仗的，接着，精辟地阐明了当前的形势和任务。他说，大革命已经失败，蒋介石、汪精卫正在疯狂地屠杀工农,革命处在低潮时期,但是,革命高潮肯定还会到来。过去我们的失败,就是吃了没有抓住枪杆子的亏。现在我们有了自己的武装,事情就好办多了。毛泽东号召大家,为了反对国民党的血腥屠杀,完成反帝反封建的革命任务,一定要紧握手中枪,和敌人斗争到底。他还满怀信心地指出,这次秋收起义,虽然打了几个败仗,受了点挫折,这算不了什么。失败是成功之母,重要的是我们要从失败中总结出经验教训。这次长沙虽没有打下来,但是我们打了土豪,分了谷子给穷人,这个事我们还要继续干下去。我们并不孤立,我们的事业受到湘、鄂、赣、粤四省广大工农和全国人民的支持。我们的力量是伟大的。反动派并不可怕,只要我们团结得紧,继续勇敢地战斗,最后胜利一定是我们的。讲到这里,他打了个比喻,说,我们好比一块小石头,蒋介石好比一口大水缸。我们这块小石头总有一天会打烂蒋介石那口大水缸的。中国有句古话:"万事开头难。"要革命嘛,就不能怕困难,只要我们咬咬牙,挺过这一关,革命总有出头的一天。最后,毛泽东向大家阐明了向农村进军的伟大战略决策。他说,秋收起义计划打长沙,同志们也想打进长沙去。但是,目前敌大我小、敌强我弱,长沙这样的中心城市还不是我们待的地方。我们必须改变方针,到敌人统治力量薄弱的农村去,发动群众进行土地革命,建立农村革命根据地,发展和壮大革命武装,然后夺取城市,取得全国革命的胜利。

毛泽东的讲话刚一结束,会场顿时活跃起来。战士们都说毛委员的话句句说到了心坎里,都感到革命有了方向、有了奔头,决心紧跟毛委员革命到底。

9月20日早餐后,工农革命军在毛泽东亲自率领下,离开文家市,沿罗霄山脉南下,开始了向井冈山的伟大战略进军。[12]

三湾改编

部队南进途中,处境十分困难。在江西萍乡芦溪遭到敌人伏击,总指挥卢德铭壮烈牺牲。这给部队以不小的震动,不少人情绪低落,意志薄弱者干脆开了小差。

9月29日,部队来到江西永新县三湾村。毛泽东决定对部队进行改编,由一个师缩编成一个团,确立党的支部建在连上的制度,以及实行官兵平等的民主管理制度。这使秋收起义部队逐步摆脱旧军队的不良影响,成长为无产阶级领导的新型人民军队。

据湖南省哲学社会科学研究所的资料说:

工农革命军离开文家市以后,为了甩脱敌人的追击和堵截,沿着湘、赣两省边界,抄小路、翻高山、涉溪水,于23日下午进抵芦溪。第二天清晨,部队出发时，遭到敌军朱培德部两个团的伏击，总指挥卢德铭为了掩护部队撤退，亲自率部堵击敌人，英勇牺牲。为了使部队脱离险境，毛泽东率领工农革命军翻山越岭，向敌人力量薄弱的莲花县挺进。25日中午，在该县广大工农的配合下，毛泽东指挥工农革命军，一举攻克莲花县城，守城的保安队100多人，全部被我缴械，并救出被关押的共产党员和革命群众100多人。当晚，毛泽东召开了莲花县党组织负责人会议，指示他们尽快地恢复和发展地方党组织，开展武装斗争和土地革命。

9月29日，工农革命军到达永新县的三湾村。

部队自起义以来，战斗频繁，几经失利，加之生活艰苦，疾病流行，严峻的斗争环境，考验着每一个指战员。坚定的革命战士拖不垮，打不散。但也有些投机分子，消极动摇，散布悲观情绪，甚至开了小差。为了及时整顿好这支部队，毛泽东召开党的前敌委员会，分析部队的政治思想情况，总结党在大革命时期领导军队的经验教训，提出了改编工农革命军的计划。接着，部队在毛泽东领导下进行了有名的三湾改编。

首先改编了军队的组织。由于部队严重减员，到达三湾时已经不足1000人，于是将原来的一个师缩编为一个团，名为工农革命军第1军第1师第1团。原来的第1团编为第1营，第3团编为第3营，第2团人不多，编为特务连。全团共7个连。整编后多余的军官编成军官队，伤病员和医务人员合编成卫生队，都直属团部领导。并重新任命了全团干部。

加强党对军队的领导，是这次整编的主要内容。秋收起义部队不管是从国民革命军中分化出来的，还是工农暴动武装力量，都是一个团只有一个党支部。毛泽东认为要保证党对军队的坚强领导，就必须把"支部建在连上"。改编后，连队建立党支部，班排有党小组，营团设党委，重大问题必须经过党委讨论决定。全团各级党组织由毛泽东为书记的前敌委员会统一领导。这样就在军队中建立和健全了党的各级组织，充分发挥了党组织在部队中的战斗堡垒作用，确立了党对军队的绝对领导，保证了工农革命军的无产阶级性质，从政治上、组织上奠定了新型人民军队的基础。

为了清除从旧军队中沿袭下来的腐败制度和一切不良影响，毛泽东决定在军队内部实行民主集中制的原则，强调官兵一致，宣布官兵在政治上平等，军官不准打骂士兵，废除烦琐礼节，士兵有开会说话的自由。连以上各级建立士兵委员会，委员由选举产生，主席由有威信的士兵或班长担任。它代表士兵利益，又是党的助手，有权监督各级军官。士兵委员会是实行民主集中制的一种组织形式，对改造军队起了积极作用。实行经济公开、由士兵管理伙食、官兵待遇平等，也是建立部队民主制度的重要措施。以前，军官每顿饭四菜一汤，和士兵的待遇悬殊。改编后,官兵吃一样的饭菜,穿一样的衣服。这就进一步密切了官兵关系。

三湾改编是在激烈的斗争中进行的。余洒度、苏先骏等少数投机革命的军官,留恋旧军官的特殊待遇,害怕同士兵一起过艰苦生活,在改编过程中散布怀疑悲观情绪,反对党对军队的领导。余洒度和苏先骏等人坚持反动立场,后来终于堕落成可耻的叛徒。为了鼓舞战士们的斗志,毛泽东在改编大会上严肃地驳斥了余洒度散布的悲观论调。他从容地登上一块大石板,以坚定的声音,充满信心地对大家说:"敌人只在我们后面放冷枪,这有什么了不起!大家都是娘生的,敌人有两只脚,我们也有两只脚。贺龙同志两把菜刀起家,现在当军长,带了一军人。我们现在不只有两把菜刀,我们还有两营人,还怕干不起来吗?你们都是起义出来的,1个可以当敌人10个,10个可以当他100个。我们现在有这样几百人的队伍,还怕什么?"毛泽东的话,给战士们增添了无限的信心和力量。会后,大家都兴奋地议论开了:"有毛委员领导,我们还怕什么?""贺龙同志两把菜刀能起家,我们几百人还不能起家吗?"部队的革命情绪迅速高涨起来。

10月3日,改编后的工农革命军和扶老携幼前来送行的群众共1000多人,在三湾东南头的枫树坪,召开了军民大会。毛泽东在会上作了重要的讲话。他指出工农革命军是中国共产党领导的部队,是为穷人打天下的,号召三湾人民团结起来,跟着共产党闹革命。接着他向部队发出了继续进军的命令。一支经过改编后的全心全意地为中国人民服务的新型人民军队,以崭新的战斗姿态,迈开雄伟的步伐,离别依依不舍的三湾群众,精神焕发地朝着新的征途进发。〔13〕

罗荣桓元帅是三湾改编的见证人。他回忆说:

毛泽东在文家市收集了余部,决定向罗霄山脉中段的井冈山进军,建立农村革命根据地。这是一个伟大的战略进攻,部队从此踏上了毛泽东所指出的正确的道路。南进途中,在芦溪又受到敌人的伏击,部队一共剩下不到1000人,到达江西永新县境的三湾,便立刻进行整顿。

首先是整顿组织,一个师缩编成一个团,改称为工农革命军第1军第1师第1团,实际上只有2个营7个连。整编后,干部多余了。这些干部,大多是投笔从戎的知识分子,其中有些人在这一连串的挫折面前,在这危险、艰苦的斗争面前,惊慌失措、灰心动摇起来,少数人已经不告而别了。如果不迅速地处理他们,势必会动摇军心。毛泽东采取了坚决的措施,根据自愿,要留则留,要走的就发给5块钱路费,疏散到农村去。整顿后留下来的是经过战斗和艰苦生活考验的革命者,人虽少,却精悍得多。

接着,毛泽东开始在部队中建立党的各级组织,班有小组,连有支部,营团建立党委，在连以上各级设置了党代表。并且成立了党的前敌委员会，毛泽东担任书记。于是，这支部队便开始完全处在党的绝对领导之下。

为了扫清军队的一切不良制度和习气，毛泽东果断地采取了许多革命的措施。例如，士兵委员会就是这时候产生的。为了反对旧军队那一套带兵方法，实现政治上的官兵平等，建立新式的带兵方法，这就需要进行民主改革。士兵委员会就是实现民主的一个组织形式。那时，士兵委员会有很大的权力，军官要受士兵委员会的监督，做错了事，要受士兵委员会的批评，甚至制裁。表面看来，这样做似乎是会鼓励极端民主化和平均主义的思想，但当时的主要问题是必须坚决废掉旧军队的一套带兵方法，奠定新型的官兵关系——阶级的团结。部队的实际情况是民主不够，而不是什么极端民主化和平均主义的问题。因此，只有这样做，才能更彻底更有效地肃清军阀残余。有了民主，才能提高群众觉悟，才能建立巩固的集中。农民的极端民主化和平均主义思想是容易克服的。记得，起初甚至没收地主的一个鸡蛋，也要由士兵委员会来平分。后来由于干部处处以身作则，作风民主，士兵受到感动，他们从实践中也知道了无法绝对平均，觉得那样做没有什么好处，便逐渐改变过来，在自觉的基础上爱护干部、听从指挥了。

改善官兵关系的措施，贯彻到各个方面，也表现在物质待遇的变化上。秋收起义以前，军官每顿饭都是四菜一汤，和士兵的待遇悬殊。三湾改编以后，因为斗争很艰苦，那时最需要的是官兵艰苦与共，因而待遇改成完全一致，干部和士兵吃一样的饭菜，穿一样的衣服。这是一个了不起的改革。它更加密切了官兵关系，对干部的考验和改造也起了积极的作用。当然，今天的条件已经不同，因而官兵之间、上下级之间的生活待遇上有某些差别，在目前还是合理的，也是必要的。

南进到达宁冈古城后，毛泽东召集了古城会议，总结了秋收起义的经验教训，派人与中央及省委联系，并继续整顿部队内部。这时，由于地方党组织的帮助，还建立了一个后方。[14]

三湾改编给部队带来的新生，也许只有亲身经历者才能有更深的感受。谭政大将回忆说：

远在1927年的秋天，秋收暴动失败以后，部队从战场上收拾下来。每天总是从天未明就出发，一直走到黄昏以后才宿营。经过平浏、铜鼓、萍乡到达莲花的三湾，休息了三天，着手改编部队，这算是红军发展史上的一个难关。自从长寿街战斗失败以后，湖南的敌人拼命地跟在我们后面跑，总想把我们这个种子一下弄个精光。民团、保卫团也来欺负我们，沿途不准我们借路。真像"老鼠子过街，人人喊打"的神气。没有经过锻炼的"小娃娃"，哪能经得起这样的风波？

自然，疲劳、困苦、饥饿、惊慌的情绪，充满了部队。加上疟疾、痢疾传遍了每个战士，在晨光熹微的草丛中，不到几步，就有人躺在那里，用微微的声音在那里颤颤地发抖。离开宿营地的头四五里路，每天总是嗅着一种难闻的腥气。已经到达宿营地准备宿营的时候，还要更动几处地方。

到了三湾的第二天，听说师长要集合部队讲话。在悲愁苦闷中，倒想听他讲讲话。队伍集合好了，远远地看着师长走来，只见他愁眉紧锁，一肚皮不舒服的样子。他说什么话呢？第一宣布改编命令；第二就发了一场牢骚："我们的部队好像打了几十个败仗的样子……现在人员减少了，部队要缩编，从一个师改编为一个团，一个团还不足，改编为两个营……"听不下去了，只看到全场的人，大家都瞪着眼睛，呆呆地望着他，好像失了魂一样。忽然由新任团长介绍毛先生出来讲话。从人丛中跑出一个又高又大的人来，脑上蓄着两三寸长的头发，身上穿着一件老百姓的烂棉袄，脚上却打着一双绑腿，套着一双草鞋。听说他是第二次向部队讲话，可我是第一次见着他。他以和蔼的态度、含笑的脸色，跑到部队前面，顿时会场沉寂的空气突然呈现紧张的色彩，大家笑容可掬地在那里鼓掌。"同志们，敌人只是在我们后面放冷枪，这有什么了不起？……大家都是娘生的，敌人他有两只脚，我们也有两只脚……贺龙同志两把菜刀起家，现在当军长，带了一军人。我们现在不只有两把菜刀，我们还有两营人，还怕干不起来吗？……你们都是暴动出来的，1个可以当敌人10个，10个可以当他100个，我们现在有这样几百人的队伍，还怕什么？……没有挫折失败，就不会有成功……"大家咻咻地忍不住笑，表现出特别兴奋的样子。队伍解散以后，只看到一群一群的人在那里议论着："毛先生他都不怕，我们还怕什么？""贺龙同志两把菜刀能够起家，我们几百人还不能起家吗？"

三湾的改编，毛主席的这番讲话，对于当时部队恐慌失望情绪的转变，起了很大的作用。不仅如此，当他来到这个部队的时候，已经是在秋收暴动失败部队形成溃乱状态以后，他能够以很短的时间，在一个和他毫无社会关系的部队中建立他的信仰，用民主主义的工作方法，团结了下层干部及其广大群众。在改编部队中，毛泽东宣布了前敌委员会的组织，取得了公开的、合法的地位，开始建立党的领导的基础，把一些动摇、不可挽救而企图逃跑的上层分子，以适当的方法，使之自动地离开部队，这些都表现出他伟大的特色与本领。三湾改编以后，使脆弱的、缺乏党的领导的工农武装，走上了新的游击战争的发展阶段。[15]

赖毅是三湾改编后毛泽东亲自发展的第一批中共党员。他回忆说：

芦溪受挫以后，部队中弥漫着一股消沉的情绪，许多知识分子和旧军官出身的人，看到失败似乎已成定局，纷纷不告而别。有些小资产阶级出身的共产党员，也在这时背弃了革命，走向叛变或者消极的道路。1营1连的一个排，就在排长带领下,利用放哨的机会全部逃跑了,并且带走了所有的武器。那时,逃亡变成了公开的事,投机分子们互相询问:"你走不走?""你准备到哪儿去?"这真是一次严重的考验。革命部队正在烈火中经受着锤炼!

就在这支革命部队的生死存亡关头,毛泽东展开了最紧张的工作。那时,我是1营2连1班的班长。每天行军,我都看到他那魁梧的身体,出现在战士们的行列中,今天在这个连,明天又在另一个连。他和战士们谈话,问他们在家是做什么的,是怎样参加革命队伍的,问他们对革命的认识,对目前形势的看法。

最初,1连有些同志不认识他,以为是老百姓,便要拉他挑担子。毛泽东笑着说:"我给你们挑了好几天了,今天你们连长叫我休息休息。"见过他的战士便说:"他是中央派来的毛委员呀!"那些战士都惊奇地围到他身边,看着他那和蔼的笑容,谁都从心里和他更亲近了,纷纷向他诉说自己的经历。

……

毛泽东自从在文家市组织秋收起义的部队开始向井冈山进军以来,每天不倦地找战士们谈话,正是为了了解部队情况,考虑如何保存、巩固和发展这支革命武装。

……

毛泽东通过深入、细致地工作,调查研究了部队的政治和思想情况,察觉到问题的症结,采取了坚定的措施,那就是开始在连队中建立党的基层组织,并且在工农出身的战士中大力发展党员。

就在芦溪受挫后的一次行军途中,副班长刘炎和我谈话,问我家庭的情况和个人经历。我猜想他是党员,便告诉他,我原是造纸工人,在搞工会工作时加入了共青团,后来从家乡逃出来,到修水找到了这支革命队伍。他听完我的叙述就说:"好吧,我们找找看。我想党代表一定是党员,去向他要求入党吧。"后来,连党代表果然把我找去,对我说:"你要求入党,那很好。毛委员指示,要发展一批工农骨干入党。今后你要更好地工作,努力争取入党!"

没隔几天,党代表又找我谈话,这次叫我填写了入党志愿书。

部队开到酃县的水口休息下来。第二天下午,党代表就秘密地通知我:晚上跟他一路去团部开会。

会议的地点选在靠近水口街的一个大祠堂里。我和5班班长李恒同志跟着党代表上了阁楼,屋里已经有十几个人,各连的党代表都来了,其余的大都是各连的班长。毛泽东也来了,正在和几个同志低声谈话。房间里放着几条长板凳,靠北墙有一张四方桌,桌上放一盏煤油灯,桌边上压着两张下垂的长方形红纸,一张上写着入党誓词,另一张上写着3个弯弯曲曲的外国字。我知道要举行入党宣誓了,心不禁剧烈地跳动起来,一生中最光荣最难忘的时刻终于来到了。

等人来齐了,毛泽东便站到方桌旁边宣布开会。

先由各个入党介绍人(都是各连党代表)分别介绍了各个新党员的简历。接着,毛泽东走到排列在最前面的6个新党员面前,依次询问了很多问题。当他走到我面前时,我心中又紧张又激动。他问我为什么要加入共产党。

"要翻身,要打倒土豪劣绅,要更坚决地革命!"

毛泽东点了点头。

接着,毛泽东又把那3个大家从没有见过的外国字作了解释。原来这几个字念"西西皮"(CCP),就是中国共产党的意思。接着,他又详细地解释了入党誓词。

会场上充满严肃的气氛。毛泽东举起握着拳头的右手,亲自带领我们宣誓。他读一句,我们跟着读一句:"牺牲个人,服从组织,严守秘密,永不叛党……"洪亮、庄严的声音,在这间破旧的小阁楼中回荡。

宣誓结束了,会场里活跃起来。同志们互相勉励,老党员谆谆嘱咐,都使我十分感动。特别是毛泽东讲的话:从现在起,你们都是光荣的共产党员了。今后要团结群众,多做宣传,多做群众工作;要严格组织生活,严守党的秘密……这许多嘱咐,都深深地印入了我的心底。

临走时,毛泽东又叮嘱各连党代表:回去后要抓紧发展工作。以后,各连都要像今天这样,分批举行新党员入党宣誓仪式。[16]

注　释

〔1〕易礼容:《湖南省委和秋收起义》。

〔2〕罗章龙:《湖南省委领导秋收起义的回忆》。

〔3〕《怀念毛主席》,江西人民出版社1978年2月版,第87—88页。

〔4〕黄允升:《略论湘赣边界秋收起义》,载《党史研究资料》1991年第1期,第2—3页。

〔5〕陈永清:《毛泽东在株洲部署秋收起义情况》。

〔6〕《怀念毛主席》,江西人民出版社1978年2月版,第89—91页。

〔7〕应是第1师师长。

〔8〕埃德加·斯诺:《西行漫记》,生活·读书·新知三联书店1979年12月版,第141—142页。

〔9〕根据张启龙回忆,3团团部党委书记是彭商仁。——原注

〔10〕吴开瑞:《工农革命军第三团在秋收起义中》。

〔11〕黄允升:《略论湘赣边界秋收起义》,载《党史研究资料》1991年第1期。

〔12〕《怀念毛主席》，江西人民出版社1978年2月版，第95—98页。

〔13〕《怀念毛主席》，江西人民出版社1978年2月版，第98—101页。

〔14〕罗荣桓：《秋收起义与我军初创时期》，选自《伟大的历程——回忆战争年代的毛主席》，人民出版社1977年8月版，第36—38页。

〔15〕谭政：《三湾改编》，载《中国青年》第2卷第9期，第55—57页。

〔16〕赖毅：《毛委员在连队建党》。

二、非凡的创举

跃上井冈山

三湾改编后,毛泽东率领部队继续南下,经过认真调查,最终选定罗霄山脉中段即井冈山地区作为部队的落脚点。

据熊寿祺回忆说:

在三湾,毛泽东指出:部队不能乱跑了,乱跑就肯定要遭到失败。毛泽东还说,在芦溪我们垮了不少,如果再乱跑,剩下来这些人也要全部垮掉,这样还革什么命?

在三湾时,毛泽东说袁文才在茅坪打圈圈,敌人8年来都没有把他们消灭,王佐在井冈山也是这样,敌人没有办法搞垮他们。毛泽东又讲,我们要和地方结合起来,要取得地方的支持,一方面我们把伤病员交给他们,他们可以把我们的伤病员安置好;另一方面我们可以发枪给他们,帮助他们发展起来,这样我们就不会被敌人打垮。虽然那时毛泽东还没有提到"根据地"3个字,但是讲话的内容却是"根据地"的内容。概念是逐步发展起来的,是经过斗争实践发展起来的,这中间有个过程。毛泽东在三湾讲话的意思可以肯定是"根据地"的意思,三湾改编的意义是伟大的,但其中还有一个伟大的意义,即在于毛泽东提出了"根据地"的思想。

为了建立根据地,在三湾的时候,毛泽东还派人与袁文才、王佐进行联系。

关于根据地问题,在井冈山上听毛泽东讲过多回。毛泽东经常对我们讲,要做群众工作,并经常对我们讲建立根据地,一是要有群众,二是要有粮食。毛泽东讲的这两个条件,井冈山都具备。

1927年10月初,毛泽东在江西宁冈县古城召开前敌委员会扩大会议,初步总结秋收起义的经验教训,研究建立根据地,以及如何改造井冈山地区两支农民武装的问题。

何长工回忆说:

三湾改编后,部队向宁冈前进。宁冈有新城和古城两个城,我们在古城开了一个会,叫作古城会议。这个会,找不着存档,我反复地讲才有人记起来,毛泽东不说,没人知道。这个会我参加了。古城会议有四个内容:

(1)总结了秋收起义的教训。毛泽东说:"秋收暴动布置上有点毛病。分兵作战,不是各个击破敌人,而是被敌人各个击破;不应该攻打大城市;炎天暑热,我们以疲惫之师去打击敌人,敌人以逸待劳,我们怎么能打赢?"秋收起义时,毛泽东没赶到指挥部,因而毛泽东采取团结的方针,有些意见没多说,没有过多地指责批评,只是很婉转地说了这几点。

(2)派遣活动。派人四处联络,沉浮在你,顺水流舟,自我淘汰。表现好的将来还是朋友。当时有些动摇的人,吃不了苦,部队规定可以"请假",以后愿意来再来。走了50多人。走了也好,少几个没决心革命的。当时,蒋介石还放风说:绝不杀黄埔学生。因黄埔学生救过他的命。所以一些黄埔学生因当时部队缩小了,又没有官做,走了。余洒度这人后来也走了,蒋介石还给他官做了。后来借口说他贩毒,还是给杀掉了。

(3)派人与中央、省委和县委联系。与地方党组织取得联系后,建立了一个后方。另外,还派人出去广泛联络,建立统一战线。我记得与我们联系的有宁冈县委。县委书记龙超清,他父亲是江西省议会的议长,他借着世家子弟的身份做共产党的工作,外边的人也不怀疑他。

(4)还做一些统一战线工作。为了争取王佐、袁文才,曾送了几十条枪给他们。他们答应我们在茅坪设立一个留守处、一个后方医院。虽说是医院,病员来了多是休息,没有西药,中药也不多。

古城会议后,部队开始进行游击活动。"游击"这个词是后来用的。当时我们叫行动。毛泽东的建党、建军、统一战线三大法宝的思想也开始体现出来。毛泽东经常组织一些工作队、工作小组,做群众工作,亲自领导,经常听取我们的汇报。这样,我们就慢慢积累了一些经验。

……

进军井冈山,这是一个严重的斗争,这是一个由城市到农村的大转变。当时人们的思想很不容易转这个弯,很多黄埔出身的同志想不通,说:"过去轰轰烈烈,现在冷冷清清。"毛泽东分析了当时的形势,说明能不能正确适应这个转变,就是能不能胜利的问题,以此说服了大家。这个大转变,接受了大革命的教训,保存了革命的骨干,没有这些骨干是困难的。[1]

何长工还回忆起这样一段往事,尽管时间和地点难免有误差,但读来很耐人寻味。

当部队到文家市前后,不少同志还在醉心于如何攻取大城市的时候,我从和毛泽东的接触就已经看出他有找一个地方落脚的打算。还是在大革命时期,毛泽东就十分注重农民运动，举办农讲所，培养农运干部。他说过，中国革命在大城市里没有希望，希望在农村。据说，他从广州回家乡"养病"时，还特地去过井冈山呢。这一次，在部队打了几个败仗之后，我亲耳听到了毛泽东讲到这个问题。他说，在国际资本处于战后的相对稳定时期，在帝国主义和国民党相勾结共同对付革命的形势下，特别是国内蒋、汪合流，组成反革命联盟，这个时候如果我们走交通要道，去打城市，那就有全军覆没的危险。只有把革命引向敌人不注意的地方去发展，胜利才有希望。

我记得他的这个思想，在准备"引兵井冈"之前，有一次他在一个小学校里召开的营以上干部会议上讲得更具体了。会前他让人画了一张标有罗霄山脉的地形图，开会时用几根木棍支在会场前面。毛泽东站在地图前，边讲边看图。他首先讲了秋收起义的形势，然后说现在敌人集中力量打我们，我们没有打好，这不要紧，我们还留有队伍。留得青山在，不怕没柴烧。只要我们总结经验教训，新的胜利一定会取得的。因为有一条，天下穷人要闹革命，这就是我们获得胜利的因素。他转过身子指着地图说：我们有一个罗霄山脉，可以休养生息，地图上像眉毛一样的这个地方我们可以去（当时还不知道井冈山这个名字）。接着他分析了在井冈山发展的可能性。他说：这个地方处于罗霄山脉中段。在湘、赣两省边界，是反动派统治薄弱的环节，又离两省省会较远。毛泽东又分析了敌人内部的情况，他说，在国民党反动派内部，派系林立，尔虞我诈，同床异梦，各保实力。因此省与省、部队与部队之间极不统一。两省敌人你来我不来，你挨打我不救；"会剿"也往往是剿而不会，会而不剿。现在我们目标不大，可以依靠这个地方发展革命力量。为了鼓舞士气，他还举了一个生动的事例。他说，大家都知道，历史上每一个朝代里都有山大王，可从来没听说有谁把山大王彻底剿灭过。山大王没有什么主义，可我们是共产党，既有主义又有政策，山大王和我们比不上。那么，敌人怎么能消灭我们呢？最后，毛泽东向大家详细地谈了井冈山的地形和五条有利条件：（1）有很好的党；（2）有很好的群众；（3）有相当力量的红军；（4）有便于作战的地形；（5）有足够给养的经济力。[2]

争取"山大王"

这时的井冈山，有两支农民武装占据着，一个头目叫袁文才，一个头目叫王佐。他们是劫富济贫的"绿林英雄"，并受到大革命的影响。毛泽东深知，要在井冈山站稳脚跟，必须取得他们的真心合作。

据湖南省哲学社会科学研究所的资料说：

工农革命军要进入井冈山，首先遇到的就是如何正确对待袁文才、王佐两支地方武装的问题。他们两人在大革命时期曾分别担任赣西农民自卫军正、副总指挥；马日事变后，凭着井冈山的有利地形，各保持了60支枪，坚持和豪绅地主作斗争。毛泽东在三湾时曾派人与袁文才部进行联系，袁文才也表示愿意合作。对这两支武装，有人认为他们名义上是农民自卫军，实质上是土匪部队，主张武力消灭。毛泽东严厉地批评了这种错误意见，强调对袁、王的部队要作阶级分析，两支部队成员大多数是受剥削受压迫的农民，虽然有"绿林"习气、地方主义等缺点，但只要有了共产党的领导，是可以改造的，应该主动和他们搞好关系，团结他们一道革命。大多数同志拥护毛泽东的正确主张，决定了对袁、王部队采取团结改造的方针。

古城会议后，毛泽东于10月6日亲自到大仓村会见袁文才，和他进行了亲切诚挚的谈话，给他指明了革命的前途，并送给他100多支枪，鼓励他扩大队伍闹革命。袁文才十分高兴，答应马上送500银元给工农革命军解决给养问题，并激动地说："我袁文才没有话说，工农革命军吃的粮食、伤病员的安置都包在我身上。"袁文才和王佐曾歃血为盟，关系密切，因此，毛泽东通过袁文才去做王佐的工作。后来王佐也同意了工农革命军进入井冈山。

10月7日，毛泽东亲自率领工农革命军到达茅坪，袁文才带领农民自卫军和当地群众热情欢迎，他们为工农革命军腾房子、送粮食、送干柴、送蔬菜，工农革命军帮助群众扫地、治病，进行政治宣传。工农革命军在攀龙书院设立了后方医院，安置好了伤病员，在象山庵设立了留守处。毛泽东还在攀龙书院接见了宁冈、酃县在茅坪避难的部分党员，介绍了秋收起义的情况，指示他们回去发动和组织群众，配合根据地的斗争。[3]

为了取得袁文才的信任，毛泽东还专门派陈伯钧等先走一步，到井冈山做袁的工作。

陈伯钧回忆说：

井冈山上有两股地方武装，他们为首的一个是王佐，一个是袁文才。袁文才过去是个中学生，大革命时当过赣西农民自卫军的总指挥，大革命失败后退居宁冈一带，编了一个营的武装，自立为王。毛委员经过研究，认为袁文才参加过大革命，和统治阶级有矛盾，可以争取和改造他们。于是给袁文才的部队补充了100条步枪，决定把伤病员留在宁冈休养。几天后，毛委员率领我们离开宁冈的古城砦市，向湖南酃县之水口地方前进。

在水口，部队一面休整，一面发动群众打土豪。毛委员对于我们这支小红军要找个立足之地，时时刻刻悬念在心。这时，他决定派游雪程、徐彦刚和我3个人，到袁文才的部队担任连长、副连长、排长职务，帮助他们练兵，培养革命干部，借此打下后方根据地的基础，便于红军的游击活动。临离开部队时，我们去见毛委员。那是在一个祠堂里，神龛脚下铺着稻草，毛委员坐在地铺上，简单地向我们交代了几句：到那里要好好同人家合作，要搞好关系，听袁（文才）营长的话。注意了解当地情况，传播革命种子。

我们随着袁文才派来的交通员，身上带着武器，经过两三天的行军，到达袁文才的营部所在地"步云山"。

"步云山"是一座大庙，位于半山腰上，可以住下一个营。庙门前有一块大坪，可作练兵的操场。大坪的下面就是阶梯式的水田。这里距茅坪3里路，仅有一条道路通行，路的一旁是水田，一旁是山。山上松、杉成林，茅草丛生，不易攀登。庙后直通山上。这里确实是个"安营扎寨"、便于警戒的好地方，从山下来的人，离很远我们就可以发现，若想接近庙宇，必须在大坪前面绕很大的弯，才能上来。如果发现敌人，我们守可以居高临下打击敌人，退可以掩护主力从庙后登山。而且一有敌情，老百姓会及时通知我们。这正是井冈山附近群众与当地军队关系密切的具体表现。

我们刚到"步云山"，还没有正式到连上去工作，山下就传来国民党反动军队进攻的消息。袁文才营部的人领我们来到一个更加荒僻的山沟茅屋"打埋伏"。"打埋伏"，这还是我们第一次听到的新名词。在敌强我弱的形势下，为了应付敌人，敌人一来，我们就暂时躲避一下；待敌人走后，我们再出来活动。这在当时就叫作"打埋伏"。此番，我们"埋伏"在一个贫苦农民的家里，没有地方睡，四个人挤在一张木床上。10月间，山区正是秋收时节，早晨起来，喝一碗米酒（江西人用糯米蒸的酒），吃过早饭，就拿根棍子随房东老头到打谷场上。房东老头除了供给我们吃喝外，什么话也不问我们，这大概是袁营长预先交代过的吧。敌人走后，我们回到"步云山"，当即集合人马，操练队伍，以待时机。〔4〕

毛泽东在争取到袁、王二人的支持后，还有一个更长远的考虑，就是要把这两支农民武装改造成无产阶级的革命部队。1928年年初，他把改造王佐部队的任务交给了何长工。

何长工回忆说：

1928年年初，毛泽东指挥工农革命军在遂川大坑，消灭了肖家璧的反动民团，乘胜占领了遂川城，迎来了井冈山第一个胜利的春天。我从粤北联系南昌起义部队返回不久，一天吃饭的时候，毛泽东向我说："决定派你上山，去做王佐的工作，怎么样？"我问："去多少人？"毛泽东笑笑说："又不是去打仗，要许多人去干什么？你先去做'长工'。人还是要派去的，只是现在不是时候。你的工作，就是要他们请我们的人上山。"

听说要我自己上山，心里真有几分犹豫。王佐是井冈山上的一支武装，他和袁文才,一文一武,是土、客籍的两个领袖,如今虽然打的是农民自卫军的旗号,反抗旧势力,但这支武装,阶级观念模糊、流寇思想、游民习气很重,纯粹是靠着封建的红帮关系维持他们的内部,完全是闯江湖的一套。我单独一人,怎能完成这一艰巨任务呢?

"不要怕。"毛泽东看出我有顾虑,便鼓励我说,"去了以后,困难是有的,要边工作,边学习。不入虎穴,焉得虎子!"

参谋长张子清在一旁说:"毛委员的意思是要迅速改造这支部队。他们在山上,我们在山下,如果山上出了问题,我们就有后顾之忧。毛委员已经直接做了许多工作,宁冈县委也跟袁文才谈妥了。你去吧,只要按照毛委员的指示去做,一定成功。"

毛泽东给了我许多指示,他特别强调指出,把他们争取过来改造好了,不仅使"北门的拳头越打越多"(毛泽东常说的一句话),巩固我们的后方;同时还为今后改造旧军队摸索一些经验。另外,边界各县土、客籍之间矛盾很深,我们可以通过团结王佐、袁文才,去团结广大群众。

我接受了毛泽东的指示,带着他亲笔写给王佐的信,背起一个小包袱就出发了。

井冈山,是罗霄山脉中段的一座高峰,方圆550里。周围有7个县、15个市镇,山上有一片平地和许多梯田。王佐带领一支队伍,就住在山区的中心——茨坪;袁文才带领一支队伍住茅坪。他们一个山上,一个山下,把守了通向井冈山的七条道路,特别是五大哨口。

工农革命军开始进入井冈山地区的时候,他们对我们不了解,有戒心,不愿意接受我党的领导。1927年10月3日,在古城会议讨论对袁、王部队的方针时,有人曾提议解除他们的武装。毛泽东严厉批评了这种思想,强调指出,不能采取大鱼吃小鱼的吞并政策;对他们只能用文,不能动武,要积极地争取改造他们,使他们变成跟我们一道走的真正革命的武装。为此便通过地方党的关系,对王佐、袁文才进行了说服教育,并且送给了他们一些枪弹。毛泽东的名字,王、袁是早已熟悉了的。因此我上山来,一说是毛泽东派来的,王佐便以宾客相待。

……

打完尹道一,王佐提出要扩充部队。我根据毛泽东的指示,建议王、袁两支部队合编一个团。

王佐也有此心,便说去和他们"老庚"商讨。

他所说的"老庚",就是袁文才。这人是个知识分子,参加过大革命,思想比王佐进步些。他是客籍的领袖。毛泽东和宁冈县委书记龙超清曾对他做过一些争取工作。王佐既然愿意改编，他那一关就不难通过了。

一切条件成熟以后，1928年2月上旬便在宁冈大陇举行庆祝合编大会，正式宣布改称中国工农革命军第1军第1师第2团。毛泽东到了会，并作了重要讲话。根据他们自己的提议：袁文才为团长，王佐为副团长（实际上领兵的是他）。党任命我为该团党代表。宁冈、遂川县委发动了当地群众，对他们进行了热烈慰问。袁文才、王佐带头举行了宣誓：拥护共产党，接受共产党的领导。并提出口号：向第1团学习。

这时井冈山四周，群众的革命情绪高涨，党的影响日益扩大，形势很好。在这种情况下，王佐要求给他们派遣干部。就在这个进步的基础上，毛泽东又派了徐彦刚、游雪程等二十几个干部，先后来到这个新生的团队，徐彦刚任参谋长，游雪程任政治部主任，其余同志分别担任各营、连长和党代表。团里成立了党代表办公室，以及工农运动委员会（后改为政治处）。从此，党的政治工作便在这支部队里生了根，加强了部队革命化的建设。

毛泽东对改造这支部队，是费了不少心血的。他利用一切机会，亲自和袁文才、王佐谈话，给他们讲解形势，讲阶级观点、群众观点，并借古喻今以教育他们。王佐最高兴和毛委员谈话。记得有一次毛泽东从茨坪路过，和王佐谈了多半夜。事后王佐兴冲冲地向我说："毛委员是最有学问的人，跟他谈上一次，真是胜读十年书啊！"

对于他们的工作，毛泽东的指示很及时、很具体，经常给他们指出工作中的重点和处理问题的方法。部队改编为工农革命军第2团后，毛泽东又指示说：不能满足已有的成绩，要继续加强部队的政治工作。摆在我们面前的政治任务，就是如何使这支少数人掌握的武装，变为党绝对领导的武装；使绿林作风、游民习气很重的部队，变为有组织、有纪律、有战斗力的部队；在部队的内部关系方面，要以革命的上下级关系、同志关系来代替封建的雇佣关系；如何加强无产阶级思想的教育，等等。

第1团来的二十几个同志，都是优秀的政治干部。我们根据毛泽东的指示，分析研究了部队的特点，做出了工作计划。首先通过开展文娱活动，发现士兵中的积极分子，进行党的发展工作；接着建立了政治课、文化课的制度。通过新、旧事物的对比教育、环境（即时事）教育启发广大士兵的阶级觉悟。连队的一切制度和建设，都以第1团为榜样。并组织下级军官和士兵去第1团参观。第1团是毛泽东领导的。这支秋收起义的部队，经过三湾改编，树立了良好的革命秩序，官兵平等、经济公开和群众的关系密切，部队思想觉悟很高。去参观的人无不羡慕，甚至有的士兵参观后都不想回来了。

王佐虽然没有去参观（他是不轻易下山的），但听得他手下人称赞第1团，他也说:"咱们向他们学习,他们怎么做,咱们就怎么做。"于是,士兵委员会、纪律检查组便先后组织起来。

士兵们开始了新的生活,剃去了长发,换上了新军衣,学唱歌、学演戏,茨坪山上充满了新的气象。王佐看到这一切,感慨地说:"共产党真是会领兵、会做群众工作,深得群众拥护,照这样下去,怎能不打胜仗。"[5]

水口分兵

在安置好伤病员和留守机关后,毛泽东没有马上上井冈山,而是在井冈山周围分兵开展游击活动,搞社会调查,并扩大政治影响。10月13日,毛泽东率领部队来到位于井冈山西麓的湖南酃县水口。前一天,他在十都部署了一个重要行动,要何长工向湖南省委汇报秋收起义情况,打听南昌起义部队的下落。这为后来的朱毛会师提供了契机。

何长工的回忆,尽管时间记得不准确,却为我们留下了不可多得的资料。

毛泽东一直非常关心周恩来以及朱德、贺龙、叶挺、刘伯承等领导的南昌起义。上山不久,就叫我去找湖南省委及衡阳特委联系,并且要我打听南昌起义部队的下落,相机和邻近地区革命力量取得联系。

10月5日我自井冈山出发,10日到达长沙。到长沙后,遵照毛泽东的指示,将秋收起义经过向省委作了报告。当时,省委指示不必再去找衡阳特委了,由他们联系,而要我绕道粤北去联系革命力量。我遵照省委的指示,于12月中旬辗转来到了广州,准备由那儿经由粤北返回井冈山。正巧又赶上广州起义。敌人被革命的声势吓坏了,马上调江西、湖南的队伍向广东集中,进行镇压。从广州到韶关的火车也不通了,情况非常混乱。我在旅馆老板的掩护下,躲过反革命的搜捕,10天后,方搭上火车,夜间来到了韶关。

几个月的奔波,身上脏得很,一下车住进旅馆,就忙着去洗澡。韶关驻扎着云南军阀范石生的第16军。恰好有几个军官和我在一起洗澡,水汽蒙蒙的,谁也看不清谁。只听见他们在谈论:"王楷的队伍到犁铺头了。听说他原来叫朱德,是范军长的老同学。"另一个说:"同学是同学,可是那是一支暴徒集中的部队。我们对他有严密的戒备。"这个无意中听到的消息,使我兴奋极了。真是踏破铁鞋无觅处,得来全不费工夫。南昌起义保留下的部队,原来在这里!我匆忙洗完澡,结了账,看看钟,已经是下半夜1点了。心急如火,顾不得天黑路远,马上离开韶关向西北走去。

犁铺头在韶关和乐昌之间,离韶关40多里。我穿着西装、黄呢子大衣、黄皮靴,装得像个小康之家的子弟,手里挟着一包便衣,沿公路急匆匆地走着。幸好是深夜,一路上没有碰到什么人盘问与检查,安全地到达了犁铺头。

朱德部队的哨兵把我转送到司令部。最先接见我的是一个两肩披着长发、一脸大胡子的年轻人。他带我进到里边屋里,我一眼就看见了蔡协民,不由得大喊一声,扑上去和他握手:"老蔡,想不到在这儿碰到你!"蔡协民也吃了一惊,嚷道:"老何,你怎么来了?"原来我们在湘西洞庭湖一起做过秘密和公开工作,处得很熟。经他介绍,我才知道那位年轻人就是朱德的参谋长王尔琢。我开玩笑说:"你这把胡子,简直像马克思。"蔡协民说:"王尔琢立了誓,革命不成功,就不剃头不刮胡子呢。"

大家正谈得热闹,从里间屋里走出一个人来,精神饱满,和蔼的笑容,全身严整的军人打扮。蔡协民把我介绍给他。他和我紧紧地握了握手,轻声而谦和地道了自己的姓名:朱德。同时巧逢在巴黎就熟悉的陈毅。

我把毛泽东上井冈山,直到我这次由广州脱险,意外地找到此地来的经过,向他报告了。朱德高兴地说:"好极了。从敌人报纸上看到了井冈山的消息。我们跑来跑去,也没有个地方站脚,正要找毛泽东呢,前些天刚派毛泽覃(毛泽东的胞弟)到井冈山去联系了。"接着他详细地询问了秋收起义、广州起义的情况,问井冈山的环境怎样,群众多不多……谈话中,不断有人来找他,一会儿是县委书记,一会儿是赤卫队队长,人们出出进进,川流不息,看样子将要有什么大的行动。我们的谈话时断时续。朱德不时地回过头来,向我抱歉地笑笑,后来就叫陈毅招呼我休息。

第二天,朱德给了我一封介绍信和一部分盘缠,握着我的手说:"希望你赶快回到井冈山,和毛泽东联系。我们正在策动湘南暴动。"〔6〕

在水口,毛泽东一面加紧发展新党员,一面指挥部队分兵做群众工作。

赖毅回忆说:

1927年深秋,我们跟随着毛泽东到了井冈山附近地区——江西永新县属的三湾,把部队整编好了。但那里没有什么根基,住下来之后,立即要着手建立根据地。毛泽东派特务连、军官队和一部分伤员到井冈山区去开辟工作;其余的分成三路,到井冈山附近的宁冈、永新、遂川、莲花、茶陵、万安、酃县等地去活动。临行之前,毛委员召集我们开会,指示我们:要向群众做宣传,扩大革命影响,并让他们知道,我们工农群众的军队并没有被敌人消灭,还有很大的力量。他还要我们用郭亮的名义出布告。

我所在的2连和3连,由团长和党代表率领,开往酃县、安仁、茶陵一带。

一路上,我们按照毛泽东的指示,用郭亮的名义,在街头巷尾到处张贴布告,又用工农革命军名义张贴"打倒土豪劣绅""打倒蒋介石""打倒许克祥""打倒帝国主义""工农革命军是穷人的军队""共产党万岁"等标语。起初,群众看到我们这些颈上系着红布带的军人,摸不清我们的来路,不敢出来。后来知道是共产党的部队回来了,人们便走出家门,拥到布告、标语下面,看着、念着。[7]

正在这时,从茶陵开来敌军,企图在水口附近与起义部队决战。毛泽东率队进入遂川,却遭到地主武装袭击,部队被打散。毛泽东带第4连向井冈山转移。这个突如其来的事件,打乱了原定的分兵计划,使毛泽东于10月24日上了井冈山。

据当时在水口一带做地方工作的周里回忆说:

1927年10月中旬,毛泽东率领秋收起义部队经过三湾,来到酃县七都水口。党支部决定派我去接头,我走到袁树坳看见了部队,就随部队到了水口,在朱家祠堂见到毛泽东,向他汇报了农民运动的有关情况。他指示说,要赶快扩大党的组织,扩大农民协会,发动农民群众,组织武装暴动。毛泽东又指示我去茶陵方向侦察一下敌情。我走到茶陵县城里探知敌人派两个团开拔酃县,并且分两路:一路由塘田经黄茅顿;一路由县城经袁树坳侵犯水口。我获得这些情况后,立即赶向酃县水口报告了毛泽东。他当机立断,立即分两路退出水口:一路由宛希先率领一个连,从水口出发,经安仁攻打茶陵县城,袭击敌人的后方,打破敌人的计划;一路由毛泽东率领的主力离开水口,经酃县的八都雷仙坳、下村,江西荆竹山,进驻五井(即大井、小井、上井、下井、中井),直到宁冈的茅坪。

宛希先率领一个连,神速地袭击茶陵县城,捣毁了县衙门,打开监狱,张贴布告。这些行动使敌人十分惊慌,急忙将两个团从酃县调回茶陵。这时,宛希先带领部队经宁冈上到井冈山。[8]

在部队混乱之际,毛泽东再次显示出他的胆略,及时稳定了部队。罗荣桓回忆说:

当年10月初,毛泽东带领部队向遂川方向展开游击活动。那时,天气已经逐渐寒冷,战士们还是穿着破烂的单衣,给养十分困难,并且也没有休整的机会。可是由于党在部队中做了艰苦的政治思想工作,战士们情绪始终高涨,在极度疲劳的行军以后,还去四处张贴布告,向老百姓宣传。

为了解决部队的冬衣和给养,我们进驻到遂川城西的大汾镇。刚住下不久,就遭到挨户团的突然袭击。部队因毫无准备,仓促应战,只好分散撤退。当时4连有两个排,随着毛泽东跑到黄坳,便停下来收集失散人员,并担负掩护1营集结的任务。这时,3营向湖南桂东方向撤走了。

4连一共剩下30多个人,稀稀落落地散坐在地上。肚子饿了,要煮饭吃,炊事担子也跑丢了,只好到老百姓家里找一点剩饭和泡菜、辣椒。没有碗筷,毛泽东和大家一起,伸手就从饭箩里抓着吃。

等大家吃饱了,毛泽东站起来,朝中间空地迈了几步,双足并拢,身体笔挺,精神抖擞地对大家说:"现在来站队!我站第一名,请曾连长喊口令!"他的坚强、镇定的精神,立刻强有力地感染了战士们。他们一个个都抬起头来,鼓起战斗的勇气,充满信心,提着枪就站起队来,向着他那高大的身躯看齐。接着1营就赶上了,队伍向井冈山进发。3营撤退到桂东一带活动,一个月后,在我们从茶陵退出时,也终于会合了。[9]

红旗不倒

毛泽东率起义部队上井冈山不久,局势发生重大变化。新军阀李宗仁与唐生智混战,湘、赣边界敌人守备空虚。这是发展根据地的大好时机。11月中旬,毛泽东作出部队下山攻打茶陵的决定。他因脚上有伤,行动不便,没有随军行动。

赖毅回忆说:

11月中旬,突然接到出发的命令。我们走到大井,1、3连也赶到了。这时才听说毛委员要我们下山去打茶陵,大家兴奋极了。

第二天下午,我们到了大陇。等整理好队伍之后,毛委员就给我们讲话。他首先分析了当前的形势,指出现在宁汉军阀混战,反动军队都拉走了,山下县城空虚,正是开展革命工作的好机会。接着便命令我们向茶陵方向行动。他说:"你们马上就要出发了。我是很想跟大家一起去闹革命的。"说到这里,毛委员用手指了指脚,脸带微笑,诙谐地说,"可是我的脚不让我革命,这真叫没办法。"原来,他的脚上长了疮,行动不便。

我们又一次离开毛委员,下山去了。

一路上很顺利,打茶陵也没有遇到对手,一下就占领了。没几天就成立起县人民委员会。并且把原在茶陵搞过工农运动的人找了出来,恢复了工会和农民协会。这是第一次搞政权工作,也不知怎样搞,只好一切都按照旧政府的样子,升堂审案,收税完粮……

部队在城里住下来,仍沿用旧式带兵的方法,每天除了三操两讲两点名、站岗放哨以外,很少进行政治活动。虽然也曾派人打过几家土豪,但只是为了改善部队生活,并没有去做发动和组织群众的工作。部队的给养,也像旧军队一样,通过商会向各商铺摊派。这一段时间,部队乱得很。

我们在茶陵的所作所为,很快传到了毛委员那里。他写来指示:立即撤销县人民委员会,组织工农兵政府,派谭震林同志任工农兵政府主席。并指示要在部队中加强政治工作。

毛委员的指示下来之后，县政府大衙门的样式去掉了，动员和组织工农群众的工作也活跃起来了。湘、赣边界的第一个工农兵政权在茶陵诞生了。〔10〕

谭震林是第一个红色政权——茶陵县工农兵民主政府主席。他回忆说：

记得1927年11月工农革命军攻占茶陵，开始只由部队派谭梓生去担任县长，其他人员还是用旧的办法，仍然坐堂审案，派款派捐还靠商会，群众十分不满。毛泽东得知后，立即指示改变做法。后来，茶陵县工农兵民主政府成立，我被选为主席，遵照毛泽东的指示，分派人员到城郊农村发动群众，打土豪，组织赤卫队，但没有来得及分田地。不久，敌军压境，我军撤退，茶陵县重被敌人占领，当地赤卫队200多人也只好上了井冈山。在茶陵，我们取得了打碎旧政权、建立新政权的经验。但茶陵的经验也告诉我们，没有正规部队和广大地方武装的配合，就不能战胜敌人，土地革命便无法开展，农民群众也不可能充分动员起来支持革命，已经占领的地方既保不住，到头来即使建立了红色政权，也站不住脚。而没有巩固的根据地，武装斗争也就失去了可靠的后方和依托。所以，后来我们攻占遂川、宁冈、永新等县，建立县工农兵民主政府后，就着手抓土地革命，满足农民的土地要求；成立县、区、乡各级地方武装；建立健全各级党组织和政权；发展生产，开办学校（小学）；帮助群众战胜国民党的经济封锁，解决生活上的困难。1928年1月遂川县工农民主政府成立时，毛泽东还主持制定了施政大纲三十条，相当完整地体现了党在民主革命时期的方针和任务，集中反映了广大人民的要求和愿望，成为井冈山地区和后来赣南、闽西等根据地建设的初步蓝本。〔11〕

毛泽东待脚伤基本痊愈后，在陈伯钧等陪同下，也赶上了部队。陈伯钧回忆说：

毛委员由于长途跋涉，脚被草鞋打坏，脚背上烂了一个洞，一直没有痊愈，不能够随军去茶陵，留在井冈山上一面养伤，一面研究创建革命根据地和领导革命战争问题。他对山上的袁文才、王佐做了许多工作；并向中共宁冈县委书记以及被敌人赶到井冈山上来避难的中共永新县委的同志了解情况，交换意见，把土、客籍的共产党员团结在一起；经过调查研究，他还指示要在一定条件许可下开展地方工作。毛委员利用一切空闲时间，阅读了很多中国历史和中国文学书籍。我们连回到井冈山以后，毛委员经常深入到我们连队里，和战士们一起交谈。在我们操练空闲的时候，毛委员还开玩笑地对我们说："《封神榜》里有个土行孙，还有个哪吒，他们都会腾云驾雾、上天入地，为什么你们没有那样的本事呀？"我们领会毛委员的意思，他是鼓励我们学习本事练好兵，积极壮大革命力量，更有力地打击敌人。总之，以井冈山为中心的工农武装割据，罗霄山脉中段政权的创造和扩大，已经在毛委员的头脑中形成了。

待脚背上的创口略有好转，后方的工作又有了一定的安置，毛委员当即决定下山，赶上红军大队，抓住时机坚决地和敌人作斗争，巩固和发展红色区域。

记得是12月的一天，毛委员亲自找我谈话，说他要下山到茶陵去赶大队，要我负责护送。能够和毛委员在一起，而且是到前方去，我的心情非常兴奋，当即带了一个班的战士，随毛委员出发了。同行的还有毛泽覃[12]等。

……

我们赶到水口，天已黄昏。部队正在休息。当晚，毛委员就召集各负责同志开会，讨论部队的行动问题。毛泽覃和我在另一个屋子里，只听到会议争论得很激烈，具体内容就不大清楚了。紧接着，毛委员下令部队向后转，折回井冈山，向着宁冈县的砻市开拔。

……

到砻市不久，召开了全体党员大会，总结了经验教训，宣布前敌委员会成立，毛泽东任前委书记。从此党、军队和地方组织取得了统一的行动。[13]

团长陈浩等人的叛变行为，使部队上下大为震惊。毛泽东于12月27日及时赶到茶陵湖口，又使部队化险为夷。

韩伟回忆说：

撤离了茶陵，到湖口整点一下部队，人员损失不少，仅我们排就伤亡了七八个人，弹药也消耗很多。休息了一会儿，部队突然改变了前进方向，向南走下去了，行军速度也猛然加快。我们心里不由一阵嘀咕："南面是广东，有敌人的重兵，为什么要连夜向南呢？"正在疑惑，忽然传来了命令，"毛委员来了，部队返回湖口宿营！"翌日清晨，我们集合在湖口南的一个大草坪上，心里估计，可能有重要指示，昨晚的闷葫芦也可以揭开了。大家都怀着紧张的心情，静静地等待着。

毛委员站在队伍前边，炯炯的目光向四周环视一下，首先说明我们队伍里有许多动摇分子被白色恐怖吓倒了。接着，严肃地指出：我们团的团长、副团长、参谋长欺上瞒下，想带着队伍投降军阀方鼎英去。这一情况使我们万分震惊，队伍里立刻骚动起来。这时我们才明白：为什么部队向南走，为什么毛委员连夜赶来。大家都愤恨地唾骂那些叛徒。毛委员当即宣布撤销他们的职务，并逮捕交革命法庭审判。然后，把部队带回井冈山的砻市。[14]

谭家述回忆说：

占领茶陵不久，国民党反动派派大批兵力打来了，在敌强我弱的情况下，部队决定暂时撤出茶陵城。就在这时，团长陈浩、副团长韩昌剑、参谋长徐庶等一小撮阶级异己分子，想乘此机会企图把部队带到桂东去投降国民党13军方鼎英（方鼎英原是黄埔军校教育长，陈浩是黄埔军校的学生），他们不向东，不向毛泽东所在的革命根据地井冈山方向撤退,而向南面的桂东方向撤退。部队已由茶陵城撤到了茶陵的湖口,在这万分危急的时刻,毛泽东从井冈山赶来了,赶上了部队。毛泽东当晚就住在湖口墟背王其生家里,第二天清早毛泽东在湖口墟走坑口这端的坪里(坪边有两丘旱田,禾收割了,禾蔸还在田里,下丘田大,上丘田小)集合了部队开会。毛泽东头戴八角帽,身穿灰色军装,脚打绑带,穿草鞋,从湖口墟背王其生家里走来,站在部队跟前的一条田埂上,面朝南,向部队讲话。毛泽东一方面正确地分析了革命的形势,指明了前途,鼓舞了全体指战员的革命信心;另一方面宣布了陈浩、韩昌剑、徐庶是叛徒,揭穿了他们叛变投敌的阴谋,当场把陈浩等叛徒逮捕了。讲话后,毛泽东把部队带回到了宁冈的砻市,在砻市把叛徒处决了。[15]

在砻市,毛泽东认真总结这次下茶陵的经验教训,使部队上下受到深刻的教育。

赖毅回忆说:

有一天,毛委员又来到我们这里,召集大家讲话。他开头先表扬了我们茶陵战斗打得勇敢。接着又指出,部队在茶陵没有做群众工作、没有筹款,是这次行动很大的缺点。

这时,毛委员开始给我们详细地讲解了工农革命军的任务。记得大意是说:中国有历史以来,官兵都是骑在老百姓头上的。现在老百姓见到我们和颜悦色,就像皇帝开了恩。我们是工农革命军,只是对群众态度好还不够;我们每个人是战士,也是宣传员,不仅要打仗,还要向群众宣传我们的主张,组织群众,武装群众。只要我们和群众团结一起,革命胜利就有把握了。

讲到这里,毛委员停了一下,随即伸出双手,用右手一个一个地扳着左手手指,逐条宣布了工农革命军的三大任务:第一,打仗消灭敌人;第二,打土豪筹款子;第三,宣传群众、组织群众、武装群众,组织革命委员会,组织游击队、赤卫队。

这段话,一针见血地指出了我们在茶陵所犯错误的老根子,明确了革命军队的性质和任务,像黑夜里的一盏明灯,把前进的道路照得透亮。从此,我们就不再像以前那样糊涂了。

在砻市那次讲话中,毛委员还再次向我们讲解了三大纪律,要我们严格遵守,谁也不得违犯。后来,我们都把三大纪律背得滚瓜烂熟,并且认真地照着它做。连的党支部还把它当作检查行动的标准。[16]

韩伟也回忆说:

在砻市,毛委员先安定部队情绪,说我们作战勇敢顽强,这很好。接着问我们这仗该打不该打。我们想,弄出这样的结局,看起来是打错了,可是不该打又打怎么办呢？心里没有底。毛委员接着说，战无常法，要善于根据敌我情况，在消灭敌人保存自己的原则下，抛掉旧的一套，来个战术思想转变。打仗也像做买卖一样，赚钱就来，蚀本不干。现在敌强我弱，不能用过去那套战法，想一口吃成胖子。他还讲到走路的问题，说：走路，连两三岁小孩也会。可是联系到打仗，走路是一门好大的学问哩！他举了个例子，从前井冈山上有个老土匪，和"官兵"打了几十年交道，总结了一条经验：不要会打仗，只要会打圈。毛委员说打圈是个好经验，当然土匪打圈是消极的。我们要改它一句：既要会打圈，又要会打仗。打圈是为了避实击虚，歼灭敌人，使根据地不断巩固扩大。强敌来了，先领他兜个圈子，等他的弱点暴露出来，就要抓得准、抓得狠，要打得干净利落，要有缴获。最后他笑着说：打得赢就打，打不赢就走，赚钱就来，蚀本不干，这就是我们的战术。〔17〕

1928年1月，新年刚过，毛泽东亲自率领部队二下井冈山，攻打遂川。随后，又攻克宁冈。

韩伟回忆说：

记得几天之后，一个风和日丽的日子，部队集合在碛市向阳的山坡上，晒着暖洋洋的太阳，听毛委员交代任务。他说：井冈山这边是湖南，那边是江西。俗话说"没江西人不成买卖，没湖南人不成军队"，可见湖南兵多，土生土长，力量较强。而江西多是客军，与当地反动武装有矛盾，战斗力也弱些。我们来他个"雷公打豆腐——专拣软的欺"，到江西遂川去活动。

遂川和遂川以西的大汾镇，驻的都是反动民团。我们在大汾镇打垮了民团三四百人，消灭了一部分，接着就顺利地占领了县城。根据毛委员的指示，部队分散开来，以连排为单位，到四乡去开展群众工作。我带一个排在城郊和藻林一带活动。每天以班排为单位，打着红旗，挨村逐镇地展开宣传，打土豪筹款，组织革命政权。并按毛委员教导的办法，抽出枪支和好战士，去帮助地方党组织赤卫队。这是我们第一次做群众工作。看到了广大群众高涨的革命热情，我们受到了很大的鼓舞。

过了阴历年没多久，大约是1928年2月间，又像上次在茶陵一样，敌人调集优势兵力向遂川压来，企图把我们歼灭。毛委员迅速把分散的兵力集中起来，带回井冈山中心区域。这时朱培德部的一个营，趁我们在遂川之际，进占了井冈山根据地的北面大门宁冈。这股敌人孤军深入红色根据地，开始还谨慎小心，不敢乱动。宁冈县委根据毛委员的指示，组织赤卫队不分昼夜地袭扰，使他们一日数惊，坐卧不宁。后来敌人发现我方尽是赤卫队，没有主力，便骄傲松懈了。毛委员根据以上情况，决定使用优势兵力（1团全部，2团一个营）吃掉这股敌人。深夜，毛委员亲自带着部队，赶到宁冈，作好了一切战斗准备，天才大亮。敌人和往日一样，正在城东的操场上练操。毛委员带我们隐藏在距操场不远的地方，等敌人架好枪支，做徒手体操时，命令我们一排子枪打过去。敌人大乱，有的连枪都顾不得拿就逃向城里。第1连连长带着战士们，扛着梯子，背着稻草，跟踪追到东门。转眼间，梯子搭上城墙，突击班沿梯而上；接着城门洞里冒出一股浓烟，烧城门的也得手了。我们高喊着"冲啊""杀啊"，穿过浓烟烈火，冲进城去。攻南门的3营也冲了进来。敌人在城里四处乱碰，企图突围，都被我们顶回去了，最后只好逃出西门。出城不远，是片稻田，又遭到我们2团一个营的伏击。我们前后夹击，一场歼灭战就在这片洼地上展开了。

战斗打得干净利落。没到晌午，敌人一个正规营和一部分民兵团，外加一个县公署，都被我们收拾了。

傍晚，我们开了个祝捷大会，然后浩浩荡荡胜利回山。这真是凯旋，很多人扛着双枪，身后是一长列俘虏。行列里，时时发出愉快的笑声和歌声。这时我们不由得想起在茶陵吃败仗的情况，大家纷纷议论起来：

"这才叫打仗，不打便罢，一打就来个干净彻底，又抓俘虏又缴枪。"

"这就是蚀本不干，赚钱就来！"

"……"

宁冈战斗，是秋收起义以来我们第一次在毛委员亲自率领下进行的战斗，也是秋收起义以来军事上的第一次大胜利。这次战斗不仅歼灭了敌人，弹药装备得到了补充，巩固和扩大了根据地，而且它的全部进程也是一堂生动实际的军事课：湖南敌人来进攻了，我们便巧妙地转到江西遂川，分散兵力，积极发动群众。等敌人重兵赶来，又迅速集中兵力休整，命赤卫队袭扰宁冈敌人。我们休整好了，敌人的弱点也暴露出来了，于是便集中绝对优势兵力，把敌人彻底歼灭。毛委员的"分兵以发动群众，集中以应付敌人"的作战原则，通过这次战斗，生动活泼地体现出来了。同时，也使我们较深刻地体会到，在敌强我弱的情况下，应该如何用兵作战。

1928年春，正是敌人内部暂时稳定时期，湘、赣两省反动派不断派兵"会剿"我们，战斗十分频繁。在这个情况下，毛委员的指导思想是：在敌人内部尚未发生破裂时，我们的战略必须是逐步推进的。这时在军事上最忌分兵冒进。在地方工作方面（包括分配土地、建立政权、发展党、组织地方武装），最忌把人力分布四处，而不注意建立中心区域的坚实基础。正因为我们照这样做了，所以在敌人不断"会剿"的情况下，不仅没有受到损失，反而连续取得胜利。根据地日益扩大，土地革命日趋深入，红军和赤卫队也发展了，战术水平也提高了。

在1928年井冈山斗争期间及其以后一个时期，毛委员为了教育部队，把过去的作战经验作了系统的总结，概括为："分兵以发动群众，集中以应付敌人"和

"敌进我退，敌驻我扰，敌疲我打，敌退我追"的16字诀，以及"固定区域的割据，用波浪式的推进政策。强敌跟追，用盘旋式的打圈子政策"。这是当时作战原则的概括；是以弱小的红军战胜强大敌人的唯一正确的作战原则；是毛泽东根据马克思列宁主义原则，结合当时的敌我情况，在军事上的伟大创造。[18]

在这次进军遂川前后，还诞生了"六项注意"。

陈正人回忆说：

1928年1月我在遂川城已经听到六项注意了。这六项注意是："上门板、捆禾草、说话要和气、买卖要公平、借东西要还、打烂东西要赔。"那时也听到过三大纪律。毛泽东很强调六项注意，部队每到一地，都要检查执行六项注意的情况。六项注意的每句话，都是老百姓的话，非常通俗、易懂。毛泽东在井冈山每到一个地方，一方面搞社会情况的调查研究，同时也熟悉、了解地方语言。在遂川县工农兵政府成立的时候，我们起草了一个工农兵政府的政纲，有三十多条，请毛泽东审阅时，毛泽东都用一些通俗易懂的群众语言作了修改。如"不虐待儿童"改为"不准大人打小孩"，又如"废除买卖婚姻"改为"讨老婆不要钱"。这样群众就容易懂了。在遂川，毛泽东曾经先后两次在群众大会上讲过话，一次是遂川县工农兵政府成立大会，另一次是遂川县赤卫队的成立大会（两次会都是1928年1月在遂川县城召开）。在前一次大会上，毛泽东讲我们要打倒国民党反动政府，老百姓才能自由，不受压迫，不受剥削。毛泽东还讲我们工人、农民要相信自己的力量，我们是能够坐天下的。最后毛泽东号召大家团结起来，打土豪、分田地，要自己拿起枪来，和工农军队一起跟敌人作斗争。毛泽东每次讲话，时间都不长，只有十几分钟，内容很扼要，语言群众都听得懂，道理却极深刻。毛泽东虽然是湖南人，但在会上也讲了许多遂川地方语言。毛泽东总是和群众心连心，是最能体会群众的思想感情的，所以毛泽东讲的话，群众都能懂。

毛泽东上井冈山以后，就提出了宽待俘虏这样一个政策（在遂川时，也听到对于敌人的俘虏不能杀）。那时，俘虏愿意回家的，就发给路费；愿意留下的，就欢迎当红军。当然对于一些兵痞，我们是不要的，对他们做过政治工作，进行宣传教育以后，发路费让他们回家；对于一些年轻的，成分又好的，我们让他留下来。毛泽东领导的工农军队里有一条是讲民主，士兵组织士兵委员会，还有一条是讲官兵平等。所以，国民党的俘虏来到我们部队里感到很奇怪，为什么在我们的军队里士兵有说话的自由，还可批评长官？这些，对他们触动很大，他们很快也就接受了我们的影响。[19]

到1928年2月，井冈山革命根据地初具规模。3月上旬，湘南特委的代表周鲁来到井冈山，传达中央指示，指责毛泽东"烧杀太少""工作太右"。同时还宣布中央给毛泽东以开除政治局候补委员、撤销湖南省委委员的处分，取消前敌委员会。此后，毛泽东改任师长。在传达中，周鲁把中央决定误传为"开除党籍"，这给毛泽东带来不小的压力。

毛泽东回忆说：

井冈山时期一个误传消息来了，说中央开除了我的党籍，这就不能过党的生活了，只能当师长，开支部会我也不能去。后头又说这是谣传，是开除出政治局，不是开除党籍。啊呀，我这才松了一口气！那个时候，给我安了一个名字叫"枪杆子主义"，因为我说了一句"枪杆子里头出政权"。他们说政权哪里是枪杆子里头出来的呢？马克思没有讲过，书上没有那么一句现成的话，因此就说我犯了错误，就封我一个"枪杆子主义"。的确，马克思没有这么讲过，但是马克思讲过"武装夺取政权"，我那个意思也就是武装夺取政权，并不是讲步枪、机关枪那里头就跑出一个政权来。

谭震林也是这重要一幕的见证人。他回忆说：

1928年3月，湖南省委取消前委，解除毛泽东前委书记的职务，要他随军挺进湘南，策应湘南暴动，造成了边界根据地的大部被敌人攻占和破坏。同年6月底，正当红四军成立后，连续打胜仗，边区红色区域发展到全盛的时期，湖南省委又派杜修经到井冈山，勒令红军向湘东湘南挺进。结果又造成了湘南"八月失败"。这两次毛泽东都事先提出正确意见，从实际情况出发，指出湘敌兵力强大，不可轻动，而赣敌比较孱弱，红军应该着重向江西发展。特别是6月30日于永新召开的前委、军委和各县负责人的联席会议，在毛泽东的领导下，决定抵制湖南省委的错误指示，并由毛泽东亲自起草信件，向省委申述正确的意见，主张红军留在湘、赣边界，坚持工农武装割据，继续巩固和扩大以宁冈为中心的井冈山革命根据地。但由于杜修经一意孤行，趁红军主力到了湖南酃县，而毛泽东又远在永新之际，导扬红29团不安心经营边界根据地、思返湘南家乡的错误意见，强迫军委领军南下攻取郴州，结果造成红29团惨败，红28团团长王尔琢牺牲。早在湘南暴动时期，"左"倾盲动主义者便提出"杀杀杀，杀尽一切反动派的头颅；烧烧烧，烧尽一切反动派的房屋"的口号，鼓吹要把"小资产阶级变为无产者，然后强迫他们革命"。湘南暴动在湘南特委推行这条路线的影响下，一度乱烧乱杀，严重脱离群众。毛泽东在井冈山地区就坚决抵制了上述盲动主义的主张，没有乱烧乱杀。杜修经来到砻市，责怪我们何以没有把砻市烧掉。毛泽东说：房屋可以住人，为什么要烧掉呢？因此，始终没有烧。为了粉碎敌人的封锁，繁荣根据地的经济，毛泽东还颁布了保护中小工商业的政策。草林圩和大陇的圩场，在交流物资、活跃经济上，当时就起了重大作用。这样就有利于争取和团结中间阶层。在党内生活中，毛泽东说："我的话不管正确与否，多数不同意就按多数人的意见办。"在井冈山时期与党内机会主义路线的斗争中，毛泽东既坚持正确意见，绝不盲从错误的领导，但又遵守党的纪律，是少数服从多数、下级服从上级、全党服从中央的典范。[20]

在1928年前后，毛泽东曾经多次到过永新。据胡页朵在《毛泽东十四次到永新》一文介绍说：

永新是一个革命老根据地。毛泽东上井冈山后，曾14次来到永新进行革命活动。

第一次：1927年9月29日，毛泽东率领工农革命军进驻永新县三湾村，当即召开了前委会议，决定对部队进行改编（即三湾改编），将3个团缩编为一个团，称工农革命军第1军第1师第1团，团长陈浩，党代表何挺颖，辖1、3两营，一个特务连，一个卫生队和一个辎重队，共计700余人。在军队实行民主制度，连以上成立士兵委员会，把党的支部建在连上，连以上设党代表，确立了党对军队的绝对领导，为建立新型的人民军队奠定了基础。毛泽东特别强调部队要遵守纪律，做好群众思想政治工作，搞好军民关系。10月3日，毛泽东在三湾枫树坪向经过改编的部队发表了激动人心、鼓舞士气的讲话。三湾改编标志着我军的新生，在我军的历史上有着重大意义。同时，毛泽东还在三湾访贫问苦、检药、掘"红双井"。群众都说喝水不忘掘井人。

第二次：1928年2月底3月初，毛泽东同志率领工农革命军来到永新南乡秋溪一带。当即在秋溪召开了群众大会，发动群众打土豪分田地，斗恶霸地主龙德善，并帮助秋溪乡成立了工农兵政府，建立秋溪党支部。一天晚上，在三湾村的祠堂里，由党代表蔡会文主持召开了秘密会议，决定成立边界第一个暴动队"秋溪暴动队"，第一个党支部"秋溪党支部"。毛泽东说："暴动队始于永新。"

第三次：1928年5月中旬，毛泽东率领红4军31团来到永新西乡，在西乡进行了大量的革命活动和社会调查。有一天在大屋村召开了永新县委和圹边村的党员会议，亲手建立了圹边党支部和厚幽、南城苏维埃政府和夏幽特别党支部。并且在圹边办起了一所有7个工人、两座铁炉的兵工厂。毛泽东还亲手制定了分田临时纲领十七条，并召开党员大会宣传执行。为赤卫队的发展壮大，还提出了赤卫队的五条任务：（一）要打土豪，镇压反革命；（二）要带路做向导，配合红军作战；（三）要消灭挨户团等反动地方武装；（四）要保卫赤色政权，保卫司令部；（五）要白天参加生产劳动，晚上去打击敌人。在毛泽东的亲自领导下，西乡的高溪、鄱阳、梅花、下雨、田南、石市、夏幽、三房、南边、株圹、汤溪、沙市等地也都建立了工农兵政权。

第四次：1928年5月下旬，毛泽东率领红4军31团来到永新秋溪，主要任务是摸清龙源口战斗的地形和敌情，随时准备与敌人作战。这时，毛泽东与朱德首先分析了当时的敌情，决定一方面由毛泽东率领31团进攻；另一方面由朱德、陈毅率红28、29两个团佯攻遂川，以侧翼攻敌81团，相机占领永新城。经过激战数小时，将敌全部击溃，第一次占领了永新。此次战斗缴械300支。这是当时红4军反"会剿"的第一个大胜仗。

第五次：1928年6月下旬，毛泽东率领红4军来到永新南乡的秋溪前，在宁冈新城召开了红4军连以上干部参加的军事会议，对龙源口战斗作了细致的分析和周密的部署。毛泽东详细分析了敌我双方的情况，他说：江西敌军屡遭我军打击，士气低落，况且又是在烈日炎炎的情况下长途行军，拖得疲惫不堪。而我们以逸待劳，有地方武装协助和人民群众的支援，还可以利用天然屏障七溪岭这样很好的地形，我们一定能克敌制胜。毛泽东的分析得到了军事会议全体同志的赞同。这次战斗由朱德同志任总指挥。红军以不足两个团的兵力，于1928年6月23日配合永新、宁冈、莲花等县的地方游击队战士在龙源口大桥附近击溃了赣敌杨池生、杨如轩两师兵力，取得了以少胜多的光辉胜利，第二次攻克了永新城。

第六次：1928年6月24日，毛泽东率领红4军来到永新，在县城原禾川中学即永新中学（现为任弼时中学）的校办楼上主持召开了红4军连以上干部会议，地方武装负责同志和永新地方党的负责同志也参加了会议。毛泽东在会议上讲了话，并研究了部署分兵发动群众、组织群众，深入开展土地革命等问题，并写出了这次代表的决议案，决定第二次在永新分兵前往边界各地发动群众。会后，毛泽东率领31团1营前往永新西乡一带发动群众打土豪、分田地。

第七次：1928年6月28日，毛泽东率领红4军1连来到永新西乡圹边村。这次到圹边的任务就是领导和发动群众打土豪、分田地，并帮助群众建立工农兵政府，壮大暴动队组织、儿童组织和妇女会，办起了夜校识字班。毛泽东到圹边的第二天，就召集贫苦老表开会，把村里的大土豪徐美山镇压了，还宣布说要分田。饱受压迫和剥削的贫苦老表，高兴地放了两箩爆竹。这段时间具体调查了圹边村的土地、农户等问题。调查结果，毛泽东说，圹边48户贫苦农，才只有43亩土地，地主1户却有191亩，占了土地的81%。并说田是农民开的，但被豪绅地主占去了，这不公平，要夺回来。这时毛泽东住在圹边固春姬家里，并为这孤老婆婆挑水、种菜和夏收挑谷子。

第八次：1928年6月下旬，毛泽东率红4军来到永新。6月30日晚上在县城商会楼上主持召开了湘赣边界特委、红4军军委和永新县委联席会议。毛泽东用摆事实、讲道理的方法，指出了湖南省委及红军冒进湘南的盲动主义错误，坚决反对把红军拉往湘南，认为红军必须留在湘赣边界，坚持斗争。并陈述了6个方面的理由。7月4日，特委、军委根据6月30日的联席会议精神，在毛泽东的亲自主持下,向湖南省委写了《中共湘赣边界特委和红四军军委给湖南省委的报告》。报告按会议提出的六点理由申述了红军大队不执行省委关于"立即冲往湘南"的错误主张,要求省委重新讨论,根据目前形势,予以新的决定。这次会议是关系到井冈山革命根据地存亡的重要会议。

第九次:1928年7月中旬,红军主力去湘南后,毛泽东率31团来到永新东乡石灰桥指挥游击战争。这次红军以不足一个团的兵力,在毛泽东和宛希先等领导下,运用灵活机动的战略战术,在广大群众的支持配合下,将敌11个团围困在永新城附近30里内达25天之久。这次困敌,大长了根据地人民的志气,显示了人民群众潜在的革命力量。

第十次:1928年8月中旬,毛泽东率领红4军31团来到永新西乡一带。在高溪九陂村召开了连以上干部紧急会议,决定不执行湖南省委的错误决定。会议期间,红军大队在柳州失利的消息传来,当即决定留31团1营坚守井冈山根据地,毛泽东率领31团3营往湖南接应红军大队。

第十一次:1928年11月9日,毛泽东率领红4军31团,从宁冈古城来到永新龙源口。这次红4军的31团部队是从宁冈茅坪出发,直奔新城。部队来到新城城外时,天刚蒙蒙亮。朱德即命令部队迅速散开,为占据城外高地作好战斗准备。早晨敌人照常出操,根本不知道红军来到城边。红4军31团乘敌不备,发起猛攻,敌招架不住,仓皇退向城南窜上新七溪岭,在山口架起数挺机枪向红军扫射。红4军几次冲锋都未成功。因而这次未进永新县城就返回宁冈茅坪。

第十二次:1928年11月中旬,毛泽东来到永新西乡厚田村,当即在厚田村召开了群众大会,发动群众进行土地革命斗争。土豪劣绅打倒以后,紧接着开展了轰轰烈烈的插标分田运动。因当时田里都已插上禾苗,因此,土地委员会决定分青苗。那时提出的口号是,没收一切土地实行平均分配。

第十三次:1928年12月,毛泽东来到西乡九陂参加中共永新县委会议,号召群众继续坚持游击战争,打击敌人,保卫红色政权。毛泽东说:"我们虽然快要离开了,但是,大家不要担心,党组织还在,地方武装还在。井冈山的人民是英雄的人民,有和敌人作斗争的宝贵经验。不管敌人有多少,不管敌人有多凶,只要我们继续坚持斗争,敌人终究是一定要失败的。革命最后一定要胜利,胜利一定是属于我们的。"[21]

朱毛会师

1928年4月24日前后,朱德率领的南昌起义余部和湘南农军1万余人,同毛泽东领导的部队在宁冈砻市会师。这使井冈山根据地的力量更加强大。会师后,成立了工农革命军第4军,朱德任军长,毛泽东任党代表,王尔琢为参谋长。后来,又改称红军第4军。

何长工是这次会师的联络人。他回忆说:

回到砻市两天,朱德和陈毅带着一部分直属部队也进了山,分住在砻市附近的几个小村庄里。4月28日,毛泽东率领第1团回来了;朱德的主力部队,也从安仁、茶陵一带开来了。宁静的山中平原顿时显得热闹起来。

1928年4月28日,这天天气十分晴朗,巍峨的井冈山像被水洗过一样,显得特别清新。满野葱绿的稻田,散发着清香;太阳喜洋洋地挂在高空,照得溪水盈盈闪光。这是一个多么美好的日子!我们跟在毛泽东的身后,注视着他那高大稳健的身影,大家心潮澎湃。是他在大革命失败以后,在井冈山建立了第一个农村革命根据地,树立起了第一面鲜艳的红旗,照亮了中国革命的航程。今天,两支革命武装胜利会师了!革命的力量将要在这个坚实的基础上更加壮大,革命根据地将进一步巩固发展,革命的浪潮将要从这里更有力地推向全国……

毛泽东和朱德会见地点是在宁冈砻市的龙江书院。朱德、陈毅先到了龙江书院,当毛泽东到来时,朱德赶忙偕同陈毅等到门外来迎接。我远远看见他,就报告毛泽东说:"站在最前面的那位就是朱德,左边是陈毅。"毛泽东点点头,微笑着向他们招手。

快走近龙江书院时,朱德抢前几步,毛泽东也加快了脚步,早早把手伸出来。他们两只有力的手掌就紧紧地握在一起了,使劲地摇着对方的手臂,是那么热烈、那么深情。

进了龙江书院屋里,毛泽东把我们介绍给朱德,朱德也将他周围的干部给毛泽东作了介绍。

毛泽东带着祝贺的口吻说:"这次湘、粤两省的敌人竟没有能整到你!"

朱德说:"我们转移得快,也全靠你们的掩护。"

谈了一阵军情以后,毛泽东热情地说:"趁'五四'纪念日,兄弟部队和附近群众开个热闹的联欢大会,两方面的负责同志和大家见见面。"说着,转过身对我说,"何长工,你负责准备一下吧。"他详细地指示了该准备些什么,最后特别强调说,"要多发动些群众来参加!"

等他指示完毕,我们几个跟他来的同志就告辞出来,让毛泽东和朱德可以安静地商谈更重要的事情。

……

山明水秀的砻市,今天更加美丽可爱,山茶花更红、油菜花更黄、溪水更清、秧田更绿。在砻市南边的一个草坪上,有一个用门板和竹竿搭起来的主席台,被无数的云霞似的红旗簇拥着。主席台两旁插满了写着"庆祝两支革命部队胜利会师""打倒国民党反动派"的标语板。

一清早,人们就川流不息地向会场走来,不到10点钟,离这20里外的部队也都赶到了。会场挤满了人,部队和湘南农军1万余人,群众也不少,人山、旗海、歌声、笑语,汇成了喧闹的浪潮。

10点钟,由党、政、军、工、农各界组成的主席团,走上了主席台。我担任大会司仪,宣布:"大会开始!放鞭炮!"从树顶直挂到地面的鞭炮立刻响起来,经久不绝;排列在主席台前的成百个司号员一齐吹响军号,号音整齐嘹亮,威武雄壮,响彻云霄,远近的山峰都传来回音。

军乐奏完,大会执行主席陈毅讲话了。他说:"今天是'五四'纪念日,我们今天来开大会庆祝两个部队的胜利会师,是有特别重要的意义的……"接着他宣布,"根据红4军军委的决定,全体部队改编为工农革命军第4军,军长是朱德,党代表是毛泽东……"

朱德接着讲话。他说:"我们党领导的两支革命武装的会合,意味着中国革命的新起点。参加这次胜利会师大会的同志,一定都很高兴。可是,敌人却在那里难过。那么,就让敌人难过去吧,我们不能照顾他们的情绪,我们将来还要彻底消灭他们呢!这次胜利会师,我们的力量扩大了,又有了井冈山作为根据地,我们就可以不断地打击敌人,不断地发展革命。"最后他希望两支部队会师后,要加强团结;他又向群众保证,红军一定保卫红色根据地,保护群众分田的利益。他的话刚结束,就响起了热烈的掌声。

接着,毛泽东讲话。他指出这次会师是有历史意义的,同时分析了红军部队的光明前途。他说:"我们红军不光要打仗,还要发动群众,组织群众。现在我们虽然在数量上、装备上不如敌人,但是我们有马列主义,有群众的支持,不怕打不败敌人。敌人并没有孙悟空的本事,即使有孙悟空的本事,我们也有办法对付他们,因为我们有如来佛的本事。他们总逃不出如来佛的手掌!我们要善于找敌人的弱点,然后集中兵力专打这一部分。10个指头有长短,荷花出水有高低,敌人也是有弱有强,兵力分布也难保没有不周到的地方。我们抓住敌人的弱点,狠狠地打一顿,打胜了,立刻分散躲到敌人背后去玩'捉迷藏'。这样,我们就能掌握主动权,把敌人放在我们手心里玩。"毛泽东这一番话,把大家说得心花怒放,信心倍增。全场响起了暴风雨般的掌声和热烈的欢呼声。[22]

萧克是湘南暴动后随朱德上井冈山的。他回忆说:

在开国第19年欢度"五一"节那一天,在雄伟壮丽的天安门城楼上,毛泽东忽然看见了我,高兴地笑着说:"我们是在龙溪洞会面的。"并问我,"那时候,你们有多少人,多少枪?"我立即意识到毛泽东指的是我们那支宜章农民起义武装,就说:"老小加在一起500多人,60多条枪,300多根梭镖。"毛泽东点点头说:"揭竿而起!揭竿而起!"

那是40年前的4月。

……

4月20日左右,在前进中,我迎面碰见了毛泽东领导并直接指挥的工农革命军,会了1团1连连长陈毅安。久离上级的梭镖营,真像孤雁得群,人群沸腾了!"见到毛师长的队伍了!"我向陈毅安谈了简单的情况,并接着问毛师长在哪里。陈毅安热情地安排了部队就地宿营,便领了我们十几个同志去见毛泽东。走了几里,路上遇到师部派来的通信员,他把我们领到前面村落中有几间铺子的小街上。这里就是湖南资兴县东南三四十里的龙溪洞地区,分上、中、下三洞,有十几个村庄。当时通信员大声招呼:"宜章独立营来了。"铺子两边许多人跑出来欢迎。我问:"毛师长在哪里?"一个同志对我说:"这就是。"群众中一位身材魁梧、满面笑容的红军领导人过来和我们握手,他就是我们盼望着要找的毛泽东。同毛泽东一起的,还有师政委何挺颖。毛泽东的出现,一股对革命创始人的敬仰之情,使我兴奋得一时说话都有点结巴。毛泽东亲切、详细地询问了我们的情况,并告诉我们朱德的队伍向东转移了,还把今后的行动方向告诉了我们,要我们一起行动。

1928年4月28日,毛泽东和朱德率领的部队在宁冈砻市胜利会师后,部队进行了整编,成立了红4军,毛主席任红4军党代表,朱德任军长,陈毅为军委书记。梭镖营归还宜章农军建制,全县农军编为红军第10师29团。这个团和梭镖营一样,枪少梭镖多,不同的是有两门迫击炮。[23]

朱毛会师的时间,学术界一直众说纷纭,至少有三种说法,即1928年4月上旬说、中旬说、下旬说。陈士榘在《关于朱毛会师的几点回忆》一文中,从见证人的角度提出自己的看法。

秋收起义后,毛泽东率部队经过三湾改编上了井冈山,创建了中国第一个革命根据地,但他一直关心周恩来、朱德、贺龙、叶挺、刘伯承等领导的南昌起义的部队。当时南昌起义、秋收起义均告失败,革命处于低潮,白色恐怖笼罩全国。"国难思良将",上山不久,毛泽东就委派何长工去和湖南省委及衡阳特委联系,打听南昌起义部队的下落,寻找朱德,相机也同附近地区的革命力量取得联系。

何长工和我当初同是卢德铭警卫团的战士,我们俩又是同班战友,他当我的班长。参加秋收起义后又一起跟随毛泽东上了井冈山。何长工接受任务后,曾先后两次下山联系,三次见到朱德和陈毅等。第一次是1927年10月上旬从井冈山出发,到达长沙同湖南省委取得联系。根据省委指示,他又绕道粤北,于12月中旬辗转到达广州。由于赶上广州起义,湘、赣两省敌军大都向广东集中,镇压起义。他在群众的掩护下到了韶关。在澡堂洗澡时,不经意间从两个敌兵的对话中得到了朱德在犁铺头的消息。老何便星夜赶往犁铺头,见到了朱德、陈毅,还有蔡协民和朱德的参谋长王尔琢。

何长工作为毛泽东派遣的联络员,第一次见到朱德、陈毅等,时间大约在1927年12月下旬。何长工向朱德报告了来意,并将朱德也正要找毛泽东、已派毛泽覃(毛泽东胞弟)去井冈山联系和将要举行湘南暴动的消息,于1928年1月上旬带回了井冈山。

毛泽东得到这一消息后,十分高兴,遂于1928年3月上旬,决定兵分两路去迎接朱德、陈毅上山,一路由何长工带领2团(即收编的王佐、袁文才的部队),经彭公庙向资兴前进;一路是毛泽东亲率1团作为左翼,入桂东、汝城之间。那时我正在1团任副连长(即副大队长)。当时的背景是不令毛泽东乐观的。湖南省委和湘南特委连续派来代表周鲁、杜修经等,批评毛泽东"右"了,即不执行所谓"以红色恐怖对抗白色恐怖"的大烧大杀的"左"倾盲动主义政策。毛泽东根本就不认同,并做了耐心的说服工作。怎奈两位代表态度傲慢,不予理睬。毛泽东很生气,在部队集合队前讲话时,他气愤地说道:"我们犯了个大错误,没有执行烧杀政策。我们这次下湘南要大烧(房子)大杀!……"果然在从遂川撤回井冈山向湘南出发时,沿途写的标语都是"烧!烧!烧!烧净一切土豪劣绅的房子!""杀!杀!杀!杀净一切土豪劣绅!"真是一片烧杀的气氛。当时我们都疑虑重重,觉得中国的革命这样烧杀下去能够成功吗?但谁也不敢流露真言,否则就有被梭镖杀死的可能。当时子弹奇缺,为节省子弹,平常杀人时多用梭镖执行。但一些受"左"倾盲动思想影响严重的同志却不以为然,在经过酃县、中村镇到桂东的路上,连烧了几把大火。到了桂东,毛泽东执意看了看八面山,这是他率部上井冈山后经常提到的地方。八面山地处罗霄山脉南端,地跨湘赣粤,距广东东江和潮汕海口较近,东江地区有革命基础,也可以取得海外联系。这里地形地势险要,也是个适于军事割据、建立根据地的好地方。在桂东得知朱德率湘南暴动的部队已经离开,便决定原路返回,也为朱德的部队断后掩护。当部队回到中村镇时,连住的房子也找不到了,那正是我们部队去桂东时自己烧掉的。面对一片断壁余烬的惨状,毛泽东就以这一事实教育大家,他说:"你们看,我们比兔子还蠢。兔子还不吃窝边草哩,我们竟把自己的窝都给烧掉了!"这使一些有"左"倾盲动思想的同志受到一次生动的教育。途中获悉何长工已回到彭公庙,毛泽东指示,要他立即撤回井冈山,由毛泽东率1团在后掩护朱德。

这次长工同志带领2团行动比较顺利,到达资兴附近时,就碰到朱德的一支部队,即以邓允庭为师长的第7师。两军合并统一指挥,掩护朱德率领的暴动总指挥部撤退,在经旧县滁口时同范石生的第16军遭遇后,迅速北撤摆脱了范部的追击。北撤中意外地在资兴附近遇到了由郴州退回的陈毅率领的部分暴动农军和湘南特委机关的同志,他们共同商议到资兴以北的彭公庙,开会研究下一步的行动。无奈湘南特委的负责同志"左"得厉害,拒不上山,也因井冈山是江西省地区,不愿离开湖南,不久便被敌人包围残酷杀害,留下了惨痛的教训。在彭公庙,何长工接到毛泽东要他撤回井冈山的指示,遂同陈毅率领部队到达郴县,在沔渡就见到了朱德和他率领的部队。会面后,朱德急忙问到毛泽东的情况,何长工一一向朱德作了报告。吃过饭,何长工便先行回到宁冈,为两军会师做准备工作去了。湘南暴动组建的部队经过茶陵县,随后也来到了宁冈。

二次下山,何长工一会陈毅,二见朱德,时间相近,都在4月中下旬。4月24日,何长工率2团回到砻市。两天后,朱德、陈毅等率领部分直系部队也进山来到砻市。我们到达沔渡时,得到朱德业已上山的消息,时隔两三天,我随毛泽东率领的1团赶回砻市,朱德的主力部队也从安仁、茶陵一带开进山来。当时我听说有的部队开始不愿意进山,后经朱德、陈毅等再三做工作,而且朱、陈率先进了山,主力部队便随后跟来了。但朱德并未去茶陵,而是经郴县的沔渡直接上山的。

何长工虽有两次下山,三次会见朱德、陈毅的情况,但都不能称作会师。第一,何长工是作为毛泽东派遣的联络员,任务很明确,去寻找朱德、陈毅及其部队的。我从未听何长工说过他是会师的代表,而且还有这么几次会师。既然历史如此,后人就无须再委加其任了。第二,如果把同朱德、陈毅等的会面和其所属部队的偶然相遇都说成是会师,那么,这种会师就不下五六次了。因何长工第二次下山,还带部队于资兴一带见到了朱德所部第7师。毛泽东率1团在资兴的龙溪洞与萧克独立营相会,随即分手。倘若把时间再往前推,即1927年9月三湾改编后,毛泽东率工农革命军第1师第1团南去八面山时,经遂川大汾突遭敌民团袭击,其中3营由营长伍中豪率领继续南下,不期与朱德、陈毅率领的南昌起义后收容下来的部队会合,并得到部分武器弹药和军需物资的补充。不久,1团团部和1营占领茶陵县城后,于10月中旬又返回茶陵的途中再次同他们相遇。不到一个月,仅1团就同这支收容的部队相遇两次,这种偶然的相会在当时是经常出现的。像这样,见面即会师,会师即见面,是否把会师这一严肃而重大的军事行动理解得太简单、太轻率了。以此类推,那这会师也就太多了。第三,第二次下山是由毛泽东、何长工分别率部去迎接并掩护朱德、陈毅及其部队上山的,故当何长工与陈毅在彭公庙偶然相遇后,毛泽东就派人指示他速返井冈山,以提前做会师的准备工作。如果毛泽东说:"何长工,你那儿会师完了,赶快回来再准备会师。"这岂不成了笑话。因为会师的目标地点是十分明确的,就是井冈山,而不是别的什么地方。所谓沔渡会师,也是查无实据。当时的酃县县委书记张平化虽也见过朱德、毛泽东,但他从未得到过朱、毛打算在酃县沔渡会师的消息。如果朱德和毛泽东拟在沔渡会师,当朱德率部先抵沔渡并从何长工那里知道毛泽东率部正在其身后掩护他们的时候,我相信,朱德决不会不等毛泽东而匆忙离开沔渡。因为那样做,对与毛泽东会面渴望已久的朱德来说,是不可思议的,也是不可能的。

何长工4月24日返回井冈山,大约两天后,朱德率直属部队上了山;大约又晚两三天,毛泽东率1团、朱德所部主力部队也都分别赶到井冈山来了。因此,朱德、毛泽东及其所率部队正式会师的时间应该是4月28日左右,或者说就是1928年4月底的一天。

我清楚地记得,这天天气很好,砻市披上了春日的盛装。翠绿的井冈山碧清如洗,充满生机,显得格外巍峨壮观。稻田葱绿滴翠,在春风吹拂中散发出诱人的清香。暖暖的太阳高悬苍穹,照得溪水粼粼闪光,照得林中的鸟儿亮声歌唱。干部战士们一见面就像久别重逢的老朋友一样,欢声笑语,喜泪涌流,宁静的山中平原显得十分热闹。就在宁冈砻市,朱德和毛泽东两双巨手紧紧地握在了一起,两支革命队伍历经艰难波折,终于胜利会师了!

这就是我所经历和了解的朱德、毛泽东井冈山会师的基本过程、基本情况,以及我个人的看法。如果要补充的话,那就是根据毛泽东的提议,1928年5月4日上午,在砻市东边广场,即红4军教导队操场,召开了隆重的会师庆祝大会。大会由陈毅主持,朱德、毛泽东、王尔琢及党政军各界代表都分别讲了话。根据前敌委员会的决定,会上宣布全体部队进行改编,成立了中国工农红军第4军,毛泽东任党代表,朱德任军长,陈毅任教导大队长。还有一条大会没有宣布的消息,就是毛泽东兼第11师师长,朱德兼第10师师长。毛泽东第一次挎上了匣子枪,显得非常兴奋,诙谐地说道:"背上驳壳枪,师长见军长。"可见,会师既给军民增强了信心和力量,也给人们带来了欢乐和喜悦。但毛泽东很快就把驳壳枪交给了警卫员。从此,我再也没见过他身上带过枪。最早提出"枪杆子里出政权"的著名论断、通晓兵法、运筹帷幄的军事大家毛泽东,却并不喜欢带枪,这倒很有意思。也许这就是这位巨人性格的一大特征。[24]

1993年12月,中共中央文献研究室编辑出版了《毛泽东年谱(1893—1949)》。这部权威性的著作,将朱毛会师的时间确定为1928年4月24日前后。这一十分重要但又争论不休的历史悬案,大致有了定论。

工农割据

1928年10月4日至6日,毛泽东在茅坪步云山主持召开了中共湘赣边界第二次代表大会。

据参加这次大会的陈正人回忆说:

湘赣边界党的第二次代表大会,也是在毛泽东亲自主持领导下召开的。在会上,毛泽东根据几个月来收集的时事材料,分析了当时的形势(在井冈山,毛泽东非常重视收集报纸,以了解国内外的情况。有一次,毛泽东专门派了31团第1营去打大军阀谭延闿的家乡高陇,收集到了不少报纸)。毛泽东认为国民党的反动统治,即新、旧军阀的统治是不稳定的,内部有着许多不能克服的矛盾。毛泽东特别发现新、旧军阀之间有不可调和的矛盾,有争权夺利的斗争,而且斗争越来越厉害。毛泽东认为,分析当时的国内形势,估计要爆发蒋桂战争(后来证明毛泽东的预见是非常英明、正确的,1929年春果真爆发了蒋桂战争)。毛泽东又认为,军阀混战爆发以前,敌人必定会对井冈山发动新的"围剿"。因为红军在井冈山已经打了很多胜仗,产生了极大的影响,这对国民党反动派的统治是个大威胁,特别是对湘、赣、鄂的反动统治而言是个极大的直接威胁。所以,军阀混战未爆发以前,敌人为了保持其反动统治,必定会"围剿"井冈山,企图解除我们对他们的威胁。根据毛泽东当时对形势的英明分析,大会确定湘赣边界特委的中心任务,就是准备打破敌人的第三次"围剿",保卫井冈山根据地。为此,大会以后,井冈山军民拼命运粮、削竹钉、修工事,从思想上、政治上、军事上、组织上做好各种准备工作。

会议还讨论了毛泽东亲自起草的《井冈山土地法》。在这以前,曾讨论过一次。在这个土地法中,提出了以乡为单位分配土地,还提出了"抽多补少"。但尚未提出"抽肥补瘦"("抽肥补瘦"这一条是在毛泽东主持的赣西南"二七"会议上提出来的)。当时井冈山的口号是"没收一切土地,平分一切土地"。口号虽是这样,实际上没收和分掉的还是地主的土地。在井冈山上,当时,永新的土地革命经验最丰富。由于永新人口多,分田地区比较广大,毛泽东当时亲自领导31团、28团和29团在永新集中力量搞了一个多月,创造了永新的工农割据。

会议还讨论了《工会组织法》,这次大会后,谭震林任特委书记。因为"八七"会议有个规定,党的领导机关都要由工人出身的党员担任有关职务,那时党中央的总书记是工人出身的向忠发。其实,他只是名义上的,大权掌握在瞿秋白手里,后来又掌握在李立三手里。

会议还讨论了党的组织等问题,讨论怎样整顿党的组织,把混入党内的地主、富农分子、投机分子清洗出去，巩固党的组织。在斗争很激烈的时候，有些不坚定的分子经不起考验，这些人也要清洗出去。〔25〕

1928年10月、11月，毛泽东先后写了《中国的红色政权为什么能够存在》（《中国共产党湘赣边界第二次代表大会决议案》的第一部分）、《井冈山的斗争》，提出"工农武装割据"的重要思想，阐明中国红色政权发生、存在的原因和条件，回答了"红旗到底打得多久"的疑问。

毛泽东从事理论创作的生活和工作条件极为艰苦。据邹文楷、马夏姬提供的资料说：

在创建井冈山根据地的艰苦岁月里，是毛泽东亲手培育了井冈山革命精神。他老人家不仅提出了正确处理革命队伍内部人与人相互关系的根本原则，而且处处以身作则，身体力行，带头实践这些原则，为我们树立了伟大的榜样。

毛泽东率领部队上井冈山时，和战士穿着一样，身背斗笠，脚穿草鞋。在井冈山一年零三个月的战斗历程中，冬天，毛泽东穿的是两件单衣，睡的是硬板床，垫的是稻草，盖的是薄线毯。白天指挥战斗，晚上彻夜工作。夜里天寒，就披上毯子工作。毛泽东吃的也是红米饭、南瓜汤和野菜。一次毛泽东和战士们一起吃野菜时，对战士们说，这野菜是苦的，但有政治营养，吃了后我们干革命就不怕苦。那时，由于反动派的封锁，井冈山灯油缺少。为了节约用油，红军规定，连以上单位晚上办公，一盏油灯可以用三根灯芯，部队查哨则用一根灯芯。按这个规定，毛泽东晚上工作可以用三根灯芯，但毛泽东坚决只用一根灯芯。后来，打土豪缴来一盏马灯，战士们把它送给毛泽东。可是，毛泽东只在开会和访贫问苦时使用，自己办公仍用一根灯芯的油灯。就是在一根灯芯的小油灯下，毛泽东写下了《中国的红色政权为什么能够存在》和《井冈山的斗争》等光辉著作。

在井冈山时期，毛泽东始终以一个普通战士的姿态出现。为了粉碎敌人的封锁，解决粮食问题，毛泽东脚穿草鞋，常和战士们一道翻山越岭，去宁冈挑粮，往返100多里。有一次，挑粮战士在黄洋界槲树下休息的时候，毛泽东问战士："站在这里，能看到什么地方？"战士们回答："能看到湖南、江西两省。"毛泽东说："应该看得更远，要看到全中国、全世界。我们挑粮上山，就是为了把中国革命和世界革命进行到底。"给战士们以极大的鼓舞和深刻的教育。

毛泽东自己过着简朴的生活，对战士、群众却非常关心。毛泽东经常深入群众，访贫问苦，教育群众，关心群众生活。毛泽东亲自给井冈山群众写过几十块"分田牌"，带领红军战士给九陇山区群众打过水井，还给永新塘边村贫农老大娘挑过水。1928年四五月间，正值青黄不接的时候，毛泽东发动干部和战士，节约粮食，支援当地贫苦缺粮户。边界党的第一次代表大会闭幕后，毛泽东深入群众，进行土地革命的思想发动工作。一次，茅坪的群众捕获了一条狗鱼送给毛泽东。毛泽东指着狗鱼问大家："它吃什么，怎么长得这么大？"群众答："它专吃鱼虾。"毛泽东风趣地说："原来它是鱼中的恶霸，是吃鱼的鱼，正像土豪劣绅是吃人的人一样。我们要打倒土豪劣绅，打倒人间的狗鱼！"毛泽东的话，极大地鼓舞了广大贫苦农民的革命斗志。[26]

"黄洋界上炮声隆"

1928年7月中旬，湖南省委代表不顾毛泽东等人反对，引导红4军第28、29团向湘南冒进，导致"八月失败"。毛泽东闻讯，急忙引兵接应。这时，湘军营长毕占云率100余人起义，壮大了革命力量，给遭受挫折的部队带来新的生机。

何长工回忆说：

1928年8月失败以后，我带28团一个营在桂东县左安、大汾一带做群众工作。这时，毕占云起义投奔我们来了。这就是毛泽东在《井冈山的斗争》一文中所说的："此时湘敌驻桂东的阎仲儒部有126人投入我军，编为特务营，毕占云为营长。"

毕占云原系川军向成杰部，后来调湖南临时归湘军何键指挥，当营长。他在大革命的影响下，对我军有一定认识，尤其是在朱德、陈毅对他做了一定的工作之后，他同红军打起仗来并不积极。我记得在一次战斗中，我们俘虏了他一个连。根据毛泽东优待俘虏的政策和瓦解敌军的原则，我们杀了一头猪款待他们一番，经三天教育又将他们放回。他们回去后，就当了我们的宣传员，大讲红军的好处，有的还规劝毕占云反水到我们这边来。当时，毕占云受湘军歧视，早已心怀不满，但对一下子到红军这边来还举棋不定。这时，朱德、陈毅指示我们要给毕写封信，申明大义，晓以利害，劝其早日起义，站到人民这边来。毕接到信的第三天，就带一个营的人马起义参加了红军。不久滇军张渭从江西的樟树镇也带了一个营起义，后来编为红4军的独立营。

对于他们起义之举，我们当然热烈欢迎，但是怎样才能把他们由"白"变"红"，着实有些发愁。

他们在旧军队里沾染了不少恶习，特别是吸鸦片成风，不少人都是"双枪兵"。毛泽东、朱德、陈毅决定彻底改造他们，并把这个任务交给了我。毛泽东找我去，说："过去你在洞庭湖区搞农民自卫军时，改造过湖匪武装，上井冈山后又改造王佐部队，有点经验，这次的任务还是得由你来完成喽。"我两手一摊说："不好办，王佐的部队是绿林好汉，底子素，好改造。而毕占云部下的这些人经多见广，坏毛病编成辫，难改造。"毛泽东笑了笑说："难是自然，事在人为嘛!"

几天以后,毛泽东、陈毅来到我们营地。一见面,我就叫起苦来,说:"这些兵油子到底要不要?我还是那句话,难改造。"毛泽东听后严肃地说:"怎么不要?人家是梳妆打扮送上门来的,起义是义举嘛,不要就不好了。不要是消极的,要积极改造,若改造不好证明我们没本事。马克思曾经讲过,改造社会的同时还要改造人,这是与我们所进行的伟大事业相一致的。当然改造是艰巨的,可是要记住,中国有三山五岳,地方部队、山大王多得很,对这部分人的工作做好了可影响一大片。改造这支部队的经验,将来,以致全国解放后,都是有用的。"

我思想上通是通了,但怎样改造呢?我建议说:"把这伙烟鬼关他20天,烟枪缴掉算了。"毛泽东摇了摇头说:"那还行?那样办说明我们和国民党的军队没什么区别了。是说服还是压服,两种办法,两个前途。"于是他坐了下来跟我商量说,"你要当所长(戒烟所长),从戒烟着手,在思想上打通,动员军官带头,讲明我们无产阶级军队只要紧握手中钢枪,不要自杀的毒枪,鸦片枪是不能战胜敌人的,而只能被敌人打败。我们一定要从戒烟入手,转变他们的立场和世界观。"这时,站在一旁的陈毅插话说,要采取"偷梁换柱"的办法,弄点烟叶子,逐渐取而代之,同时多搞点文体活动。

"是说服还是压服,两种办法,两个前途。"毛泽东的话,时刻激励着我去完成改造旧军队的任务。我按照毛泽东的教导和过去的经验,开始了戒烟改造工作。开头一段还好,过了些日子,不少人的大烟瘾犯了,哭声连天,喊叫不已。有些烟瘾特大的,还跑到我面前苦苦哀求:"让我吸一口大烟,死了也不冤枉。"我说:"死要死得光荣,为人民而死,虽死犹生,不能带着烟鬼的臭名死掉。现在觉得苦,等以后成为一名真正的红军战士而受到人民的欢迎时,就会觉得甜了。这一难关一定要突破!"我们把住戒烟这一关的同时,还注意改善伙食,增加文体活动时间,特别是加强了政治思想教育工作。这样一来,整个部队的精神面貌就大变样了,不少因吸食鸦片而面黄肌瘦的人都逐渐胖了起来,而且红光满面。

这时,毛泽东指示我们把部队拉出去,在行动中改造、在斗争中锻炼、在群众中受教育。这样内外夹攻,上下结合,使其加速革命化。1928年11月,毛泽东指示我带这支部队去莲花的黄坡九都,迎接平江起义的彭德怀、滕代远率领的5军军部及其第4纵队上井冈山与红4军会师。于是我们利用部队经过毛泽东亲手开创的井冈山革命根据地来教育大家。部队每经过一个地方,我们都把这支特殊部队的情况告知地方党组织和群众,让他们帮助、教育这支部队。当经过三湾时,群众争相慰问,犒劳部队。有的群众还讲述了他们以3岁伢子去换五斗谷的悲惨事例，启发和教育我们的部队，勉励我们保卫好红色政权。人民群众语重心长的话语，滋润着每个战士的心田。广大干部、战士也深感红军和白军的本质不同，于是他们自觉地扔掉鸦片枪，逐渐克服了各种恶习。

接着，在莲花县的路口打了一仗，首战获捷，消灭了永新北乡和莲花的反动武装靖卫团300余人。之后，接到了彭德怀、滕代远率领的队伍，他们挥师井冈，与毛泽东、朱德、陈毅会合。[27]

1928年8月下旬，湘、赣两省敌军乘红4军主力远在湖南之际，以四个团的兵力向井冈山发动第二次"会剿"。8月30日，井冈山军民取得黄洋界保卫战的重大胜利。

刘型回忆说：

黄洋界哨口，是井冈山的险要哨口之一，它与小八面山、双马石、朱砂冲、桐木岭四大哨口相配合，构成井冈山的全面防御系统。这次作战，其他四大哨口都有王佐部队和赤卫队警戒，各个哨口都筑有防御工事。就拿黄洋界来说，指挥阵地的工事就筑在哨口后山顶上，这次作战，营的指挥阵地就在那里。在山下源头村上来的一条山埂上，茅草丛里，插有削尖了的并用火烤过的坚韧的竹钉。在这条蛇形的小道上，不是熟悉的人，没有不踏上竹钉的。哨口防御工事，是按坡度筑成前低后高几条不规则的堑壕，壕墙很厚，子弹穿不过，且是垛形，便于隐蔽和射击。每一个工事里，可以容一班至两班散兵，互为掎角。工事都用石块和土坯筑成，高出地面80厘米至100厘米，非常坚固。工事前面，有自然生长的草丛荫蔽，地形陡峭，并埋有竹钉。我军可依托着工事俯瞰射击敌人，敌人则无法接近我军堑壕。

8月30日，云雾散后，敌人开始发动进攻。由于地形限制，敌兵只能一个一个地向上爬，战斗队形呈鱼贯式的散兵线匍匐行进，每一个兵又保持着一定的距离，否则无法射击。所以敌虽以一师之众企图偷袭井冈山，但用在火线上的却只能是少数。我军以两个连的兵力，进入阵地后，又加固了工事，做了许多单兵掩体，还捡了些石块作投掷用。前沿堑壕里是一个排，另两个排分布在其侧后的堑壕里，这是第1连。第3连则在山后休息。敌人进攻无效，便用机枪射击掩护前进，然而低射则妨碍自己的士兵前进，高射则子弹在空中呼啸，无明确的射击目的与弹着点。待敌人接近我军有效射程距离，我军便一声令下"打"，弹无虚发，叫敌人个个去见阎王。为了节省子弹，石块也成了我们有力的射击武器。敌人一次、二次、三次、四次冲锋，都无非是送来武器弹药留下尸体。下午4时许，我们把28团留在茨坪修械厂修理的一门较好的迫击炮也抬来了，安放在我军指挥阵地附近。我们向敌人发了三发炮弹，第三发正落在敌人的指挥所驻地——腰子坑爆炸了。敌人原以为主力红军不在山上，听见炮响，又以为我主力红军已经回到井冈山，吓得魂飞魄散。夜间，敌人利用云雾弥漫我军无法下山追击的时刻，逃之夭夭，溜到酃县境内去了。

敌人这次袭击井冈山既不明了我军情况，又不熟悉地形，士兵则不知为何而打仗，且进入早已坚壁清野的宁冈，无粮、无柴、无菜，加以我赤卫队和袁文才部的游击战，敌军既找不到向导，又派不出侦察，哨兵被摸掉，两眼漆黑，两耳又聋，陷入我人民战争的汪洋大海之中，徒呼奈何！我军则有高度的政治觉悟，都知道"为土地""为政权""为工农解放"而战，上下一致、军民一致，"早已森严壁垒，更加众志成城"，焉有不胜之理。

我军的装备比起敌人来是差的。每个战士只有三至五发子弹，一个班只有三四条破旧的军毯或夹被。进入阵地后，只在30日早晨雾未散前吃过一餐早饭。山上既无哨棚更无房屋，为了防寒，我们就割些茅草盖着垫着。经过一天的激战，我军无一伤亡，只是由于高山夜寒，有些人得了感冒，夜间有猴子来捣乱，弄得我们睡不好而已。31日晨，云开雾散，山上静悄悄的。我们便沿着敌人的来路下山搜索，可是敌人已无影无迹了。群众见到我军红旗一到，便踊跃回村，烧茶水、洗衣服，热烈拥护红军收复失地。

9月13日，我28团击败刘士毅，缴枪数百，接着，占领遂川。16日，毛泽东和朱德同志率领红军主力，回到了井冈山，胜利会师了。〔28〕

9月，毛泽东为庆贺胜利作《西江月·井冈山》词：

山下旌旗在望，山头鼓角相闻。敌军围困万千重，我自岿然不动。

早已森严壁垒，更加众志成城。黄洋界上炮声隆，报道敌军宵遁。

注　释

〔1〕何长工：《秋收起义和引兵井冈山》，选自《回忆井冈山斗争时期》，江西人民出版社1979年12月版，第357—359页。

〔2〕何长工：《伟大源于实践》，载《红旗》1979年第12期。

〔3〕《怀念毛主席》，江西人民出版社1978年2月版，第102—103页。

〔4〕陈伯钧：《毛主席率领我们上井冈山》，选自《回忆井冈山斗争时期》，江西人民出版社1979年12月版，第98—99页。

〔5〕何长工：《改造王佐部队》，载《解放军文艺》1978年第8期。

〔6〕何长工：《伟大的会师》，选自《伟大的历程——回忆战争年代的毛主席》，人民出版社1977年8月版，第60—63页。

〔7〕赖毅：《毛委员教我们发动群众》，选自《伟大的历程——回忆战争年代的毛主席》，人民出版社1977年8月版，第50页。

〔8〕周里：《水口分兵》。

〔9〕罗荣桓：《秋收起义与我军初创时期》，选自《伟大的历程——回忆战争年代的毛主席》，人民出版社1977年8月版，第38—39页。

〔10〕赖毅：《毛委员教我们发动群众》，选自《伟大的历程——回忆战争年代的毛主席》，人民出版社1977年8月版，第112—113页。

〔11〕谭震林：《井冈山斗争的实践与毛泽东思想的发展》，选自《回忆井冈山斗争时期》，江西人民出版社1979年12月版，第22—23页。

〔12〕毛泽覃当时受朱德、陈毅的委派，于1927年12月上旬来到宁冈茅坪，同毛泽东取得联络。

〔13〕陈伯钧：《毛主席率领我们上井冈山》，选自《回忆井冈山斗争时期》，江西人民出版社1979年12月版，第39、40、42页。

〔14〕韩伟：《毛委员教导我们用兵作战》，选自《回忆井冈山斗争时期》，江西人民出版社1979年12月版，第69页。

〔15〕谭家述：《回忆毛主席在茶陵的革命活动》，选自《回忆井冈山斗争时期》，江西人民出版社1979年12月版，第449—450页。

〔16〕赖毅：《毛委员教我们发动群众》，选自《伟大的历程——回忆战争年代的毛主席》，人民出版社1977年8月版，第53—54页。

〔17〕韩伟：《毛委员教导我们用兵作战》，选自《回忆井冈山斗争时期》，江西人民出版社1979年12月版，第69页。

〔18〕韩伟：《毛委员教导我们用兵作战》，选自《回忆井冈山斗争时期》，江西人民出版社1979年12月版，第78—80页。

〔19〕陈正人：《毛泽东同志创建井冈山革命根据地的伟大实践》，选自《回忆井冈山斗争时期》，江西人民出版社1979年12月版，第319—320页。

〔20〕谭震林：《井冈山斗争的实践与毛泽东思想的发展》，选自《回忆井冈山斗争时期》，江西人民出版社1979年12月版，第28—29页。

〔21〕胡页朵：《毛泽东十四次到永新》，载《党史文汇》1990年第5期。文中所述毛泽东第十四次到永新发生在新中国成立以后，这里从略。

〔22〕何长工：《伟大的会师》，选自《伟大的历程——回忆战争年代的毛主席》，人民出版社1977年8月版，第67—71页。

〔23〕萧克：《永铭在心的亲切教诲》，选自《怀念毛主席》，山西人民出版社1978年2月版，第133—135页。

〔24〕陈士榘：《关于朱毛会师的几点回忆》，载《党的文献》1989年第3期。

〔25〕陈正人：《毛泽东同志创建井冈山革命根据地的伟大实践》，选自《回忆井冈山斗争时期》，江西人民出版社1979年12月版，第331—333页。

〔26〕邹文楷、马夏姬：《井冈山精神永放光芒》，载《历史研究》1975年第3期。

〔27〕何长工：《伟大源于实践》，载《红旗》1979年第12期。

〔28〕刘型：《黄洋界保卫战回忆》，选自《回忆井冈山斗争时期》，江西人民出版社1979年12月版，第395—397页。

三、"红旗跃过汀江"

出击赣南闽西

1929年新年刚过,湘、赣两省国民党军再次对井冈山发动新的军事"会剿"。1929年1月4日至7日,毛泽东在宁冈柏露村召开前委、特委、红4军和红5军军委及各县负责人联席会议,传达中共六大决议,并决定率红4军主力向外线出击,红5军和红4军一部留守井冈山。

红5军是1928年12月10日到达井冈山和红4军会师的。彭德怀回忆说:

在莲花城北约40里处,红4军前委毛泽东派何长工率二三百人,先我到达该地,在道侧两翼大山埋伏。花了一个多小时,彼此才沟通好,他们才知道我们是红5军派来联络的部队,他们的任务是要北进同5军取得联络。莲花城有白军一个团驻守,我们于夜间从莲花县城西绕过,直插砻市(即现在宁冈县城),到达该地是在广暴纪念前几日。先在砻市会见了朱德军长,第二日到茨坪会见了毛党代表。他说:"你也走到了我们一条路来了,中国革命条件是成熟的,社会主义革命不胜利,民主革命也要胜利。"我想,这个问题我们还没有弄清楚,我们5军内有些同志就是把两个革命不加区别地混在一起,把消灭地租剥削和消灭资本剥削当作一回事。我当时在这个问题上虽感觉不妥,但理解不深,所以没有发言权。

过了几天,4、5两军开联欢会和广暴纪念大会。搭起的台子,搭得不稳固,人一上去讲话时,就垮下来了。有人觉得不吉利,朱德军长讲:"不要紧,垮了台,搭起来再干吧!"又把台搭起来开会。在会上,朱军长、毛党代表讲了话,我也讲了话,内容都记不起了。

又过了两三天,党的六次代表大会决议送到了。红4军前委召集了扩大会议,5军军党委常委均参加了这次会议。红4军前委书记毛泽东主持会议,逐段详细地讨论了这个决议。我对这次会议印象很深,认识了中国革命形势是处在两个革命高潮之间,而不是什么不断高涨;对民主革命的性质、任务,党的十大纲领[1]等有了比较深刻的认识。前委对反对盲动主义解释得很详细。平江起义后，我对于乱烧、乱杀的盲动主义很反感，觉得把房子烧了，人民住到哪里去？红军也没有房子住。反革命的是人而不是房子。占领修水时，渣津、马坳一带群众已被初步发动，我军转移后，平江游击队狗队长（老百姓这样称呼）把那块地方烧光了。半个月后红军再去，农民挂白带子，对我们打土炮，封锁消息。当时盲动主义者说这些群众反水，对反水群众不是争取而是镇压，完全不检查自己的错误，反而把错误当作真理，把执行错误政策的人说成是坚决革命，把反对错误政策的同志说成是对革命不坚决，军阀出身靠不住。六大解决了这些问题，是使人高兴的。毛泽东在那次会议上，讲了烧房子脱离群众。他讲了在遂川（井冈山南）的故事，说开始农民都围拢来很亲近，当把洋火一拿出来要烧房子时，群众就跑开，站在旁边看了。你再去接近他们一点，他们又跑远一点。他又讲到红4军对宁冈反水的群众，采取一系列办法去争取他们回家。我当时听了这些，印象是特别深刻的。这次直接接触了毛泽东，使我对他更加敬仰。

这次会议正是我30周岁时开的，是我半生受教育最大的一次。

这次会议有王佐、袁文才两人参加。他们曾是当地两个绿林部队的首领，已加入了共产党。前委照顾他们的政治情况，把六大决议上关于争取绿林部队的策略——大意是争取其群众，孤立其头子——删去未传达。这件事以后被袁文才发现了，出了乱子。

在会议期间，湘、赣两省反动军队正在调动部署，准备"围剿"井冈山。当时红4军还是草鞋单衣，冬服未解决，无盐吃，每天3分钱的伙食也难解决，只有离开井冈山到白区打土豪才能解决。可是伤病残人员无法安置，又不可能带走，似此，势必派队留守。当时，红4军全部也不过五六千人，如分散，力量会更加单薄。为这些问题，红4军前委开会讨论了多次，我也参加了这些会议。最后决定由红5军5个大队七八百人留守井冈山，并让我任红4军副军长，保护井冈山伤病员及一些家属小孩。我知道这是一个严重而又危险的任务。我回去同代远谈了，他当时是5军党委书记，由他召集了5军党委会议。参加会议的有我、邓萍、李灿、贺国中，可能还有李光。讨论时有两种意见：一种意见认为，我们是来联络的，任务已完成，应立即回湘鄂赣边区，传达六大决议。如果我们长期留在井冈山，就会影响湘鄂赣边区的发展。一种意见是接受前委指示，保卫井冈山后方，使红4军主力安全脱离敌军包围，向白区发展。如果红5军不承担这项任务，红4军离开后，湘赣边区政权也可能受到损失，甚至搞垮。故我们应当承担起来。第一种意见是大多数人的，第二种意见是我和代远的。我们说服了不同意见的同志，准备牺牲局部，使主力安全向外发展。

红4军离开井冈山时，计划转移到敌后，也就是敌之外翼，配合守山部队，寻找战机夹击敌军,以打败敌军的"围剿"。他们从小行洲向遂川及以南前进时,江西敌军之谢文彬旅即尾随其后。如果部署得好,是可能歼灭或击溃该敌的。我红4军进至大余、南康,遭受谢文彬旅袭击,经赣南安远、寻邬向闽西南转进了,这就完全脱离了井冈山。坚守井冈山的5军,5个连分守5条路,成为孤军奋战了。[2]

陈正人也参加了柏露会议。他回忆说:

敌人准备第三次"会剿"时,我们曾开过几次会研究过这个问题,从讨论形势到部署兵力。柏露会议最后讨论决定了保卫井冈山的军事力量以及红军行动计划。在柏露会议上,主要是反对保守主义,地方党组织生怕红军主力走掉后,敌人来了,他们会遭到损失,怕井冈山守不住。所以,柏露会议上主要和右倾机会主义作斗争,克服右倾机会主义的思想,树立保卫湘赣边界政权的信心。井冈山斗争时期,在1927年冬到"八月失败"前,机会主义表现为"左"倾盲动,大烧大杀。那时主要和"左"倾盲动主义作斗争。根据地搞起来了以后,主要与右倾机会主义作斗争,与保守主义、流寇思想作斗争。这个斗争是长期的。在柏露会议上,毛泽东还看到了统治阶级要破裂、新的军阀混战要开始,讲到了要促进全国革命高潮的到来。

柏露会议后,广泛动员群众保卫井冈山,向群众宣传保卫井冈山的有利条件,还谈到了红军主力要在外围运动中消灭敌人。至于到哪里去,怎样的意图,具体的战略部署,在群众中就不讲了。[3]

毛泽东在敌人大兵压境的关头,预见到新的军阀混战即将开始,表现出战略家的远见。对此,陈毅也有过回忆:

毛泽东认为:虽然革命由于国民党的叛变而遭受了失败,但是,引起1925年到1927年大革命的一切矛盾一个也没有解决,国民党绝不能解决这些矛盾,国民党的反革命政策只是促进这些矛盾更加深化。而且在各帝国主义的操纵之下,国民党的统治不会稳定,一定会发展成为长期性的军阀混战,这就给我党和中国人民以复兴革命运动的机会。另外,毛泽东认为:革命失败后党的队伍遭受了很大的打击,党的政策应该重新检讨,重新制定。根据这样的政治分析,毛泽东得出了结论,指出必须反对"左"倾盲动主义和右倾机会主义,而选定在有群众运动基础的边区农村开展游击战争,以抵抗白色恐怖,逐步积蓄力量,促进全国革命高潮。记得在1928年冬到1929年春,毛泽东分析当时的政治情况,预断新的军阀混战将要再起,可是那时国民党军阀正在加紧围攻井冈山,看不出有因内讧而退兵的痕迹,党内外有不少人怀疑军阀混战必起的论点。毛泽东经常要为此问题作解释,直至1929年春蒋桂战争爆发,才证实了毛泽东的论断正确。对于局势发展的论断的准确性,是领导群众的首要条件,毛泽东正是能掌握此种准确性的能手。当时有些同志的意见，认为国民党军阀混战不会爆发，主张缩小游击队，甚至认为毛泽东和朱德应离队到大城市做地下工作。此主张如真正实行起来，其对于第二次国内革命战争时期整个革命领导的影响将是难以设想的。[4]

毛泽东下山的意图是在外线调动敌人，配合内线粉碎敌人"会剿"。但是下山的路是艰难曲折的。1929年1月24日，部队在大余首战失利。由于没有群众基础，得不到准确的情报，部队未及集中，便仓促应战，导致失利。

随后，敌军紧追不舍，部队只好在龙南、全南、定南"三南"地区转战。原先的外线出击计划难以实现。直到2月10日至11日取得大柏地战斗的胜利后，才重新掌握了主动权。

江华（当时叫黄琳）回忆说：

下山意图是想打破敌人的"围剿"，一部分守山，一部分出击，从外面调动敌人，结果却适得其反，在大余打了一个败战。一打败就回不来，转到"三南"了。所以，毛泽东讲要慎重初战，初战必胜。一打败，就两头不好。出去的第一仗在大余打不好，调动不了敌人，对"围剿"井冈山的敌军影响不大，从而与井冈山失去联系了。[5]

1929年6月1日，毛泽东在闽西永安向中共中央详细汇报了出击赣南、闽西的情况。报告说：

我军现在永定，分兵各县游击，帮助革命群众发展组织的工作，并去发动群众开拓斗争的新区域，消灭民团势力。闽西党有相当的群众基础，各县斗争日益发展，前途希望很大。

我军4月1日退出汀州，到瑞金，雩都，赣州东乡、兴国，宁都，5月15日再到瑞金。每到一县一地，把队伍分散到各乡，分散到各乡的队伍再分成小队，这样分散，易于争取群众，对付敌人，发展亦不致偏于一隅，与中央指示的"分开游击，统一指挥"相合。现在闽西边是这样。

在赣南游击45天，由工会农会等代表组织。赣南地主势力很弱，前有刘士毅、赖世琮（赖世璜之弟）两部土著军队，十分为害。刘被红军二次击溃，残部调往上海；赖部于红军攻克宁都时，被完全消灭，赖世琮被俘。此两部既不存在，朱培德部队又绝不敢长驻偏僻之赣南，故赣南的前途亦很有希望，因赣南的发展又可与赣西宁冈等6县、赣东方志敏部红军取得联络。

我们在宁都时，广东东江特委曾来信说，东江准备暴动，要红军分兵去帮助。前敌委员会复信，不赞成此时举行总暴动，此时只能发动游击战争，红军实不能分兵去助，因彼处反动势力大，且路途很远。到闽西后，又去一信要他们做群众工作，红军在闽西工作一个时期后，有向东江游击一个时期的可能。

红军在大余失败时稍受损失，3个月来逐渐补充，人数枪数均有增加。汀州宁都龙岩坎市四役，共得枪800支（发给地方赤卫队300多支），子弹数千发。唯外间宣传超过此数甚远。红军是从最困难的反革命高潮中创造出来的，大体可说是有相当战斗力的正式军队，但不好过分估量红军的力量，现在主要的任务仍是把群众发动起来，红军方能与之协力奋斗，以获得最后的胜利。

报纸所载我们怎样杀人放火的消息，全与事实不合。如在汀州17天，仅向大商人筹款2万，向豪绅地主筹款3万，彼等却宣传筹去几十万；仅杀5人，都是郭凤鸣的最反动的死党，彼等却宣传杀数千人，总之全是胡说，不足为信。杀人烧屋，除非是群众对反动派直接的制裁行为，军队单纯的烧杀是没有的。

这之前，守卫井冈山的红5军主力突出重围，向赣南转移。1929年4月初，红5军主力也来到瑞金，同红4军会合。据彭德怀回忆说：

我们得到红4军的确实情况后，即改变了打回井冈山的原定计划，经会昌进占瑞金县城，向古田、汀州靠近。数日后，红4军从长汀经古田来瑞金第二次会合。此时，红5军由300人发展到七八百人。毛泽东将中央2月来信给我看，来信对当时时局估计有些过于顾虑，为了减少目标，要朱、毛离开红军，把红军分散在农村。我写了一封信给中央，大意是时局紧张，主要负责人不能离开部队。有共产党领导，有正确的政策，红军是能坚持的。当年北方有一个白朗[6]到处流窜，以他为比说，他尚能坚持，我们为什么不能坚持？信是由红4军前委转的，原稿留毛泽东处。

这是我第一次直接写信给中央。我向红4军前委汇报了撤出井冈山的经过。毛党代表说："这次很危险，不应该决定你们留守井冈山。"

在瑞金，我们住了约一星期。红4军到后，住了两天即开雩都。在途中某地，没收钟姓地主谷物分给当地贫民。不知是地主同姓的狗腿子还是受蒙蔽的群众阻拦分谷，在分谷时，就发生了械斗（赣南地主操纵的姓氏斗争很严重）。红4军司令部一个负责人，未经调查研究，即令将拦阻分谷的人枪毙了两个。红军不在当地停留，只是路过该地，此事很容易被反动地主利用，造成械斗，模糊阶级斗争。午饭时，我和朱军长、毛党代表一起吃午饭。那时的午饭，各自用洗脸手巾包一碗饭，到休息时就地吃，也没有什么菜，吃冷饭，喝冷水。在午饭时，毛泽东得知此事，当时对乱杀人这件事以严肃的批评，没有留任何情面。对人民群众如此认真，给我的印象很深。我觉得这是一种好作风，是一种正确的政治态度。这次是直接给我的第二次印象（在井冈山是第一次）。

到达雩都县城附近时，我提出率部打回井冈山去，恢复湘赣边区政权，当即得到红4军前委同意。[7]

古田会议

在转战赣南、闽西的过程中,红4军党内领导者之间产生了意见分歧。1929年6月19日,红4军第三次攻克福建龙岩城,消灭了地方军阀陈国辉部。同月下旬,红4军在龙岩召开党的第七次代表大会。大会在有关党的领导、思想政治工作、农村根据地、红军任务等问题上发生争论。

江华回忆说:

1929年6月22日在福建龙岩县城召开了中共红4军第七次代表大会,围绕着要不要设立军委的问题发生了一场争论。当时,我任红4军政治部秘书长。

1. 在湖雷开始了争论

七大的争论,其实从永定县湖雷的前委会议上就已开始,争到上杭县的白沙、连城的新泉,又争到龙岩七大。分歧的由来更久,从井冈山朱、毛红军会师以来,随着红军的扩大和革命根据地的发展,对红军和根据地建设的问题,在红4军党内以及主要领导者之间即有一些不同意见,并且在行动上也常有所表现。所以,七大的争论,实质上并非单纯为军委这一机构是否设立的问题,而是关系到党对军队的领导,关系到红军建设的一系列原则问题。

为了说明争论的问题,先从争论的焦点"军委问题"说起。

1928年4月,朱德、毛泽东在井冈山会师成立了红4军,朱德任军长,毛泽东任党代表,并成立了红4军军事委员会,毛泽东任军委书记。5月20日,湘赣边界党的第一次代表大会选举产生了湘赣边界特委,毛泽东任特委书记。红4军军委书记改由陈毅担任。6月4日,中央给红4军的指示信中指定,由毛泽东、朱德和一工人同志、一农民同志、前委所在地党部书记等五人组成前敌委员会,毛泽东为前委书记,统辖红4军军委和湘赣边界特委。前委是红军游击活动期间的特殊组织,是共产党中央的代表机构,它的组织成员是由中央指定的,它统一领导和指挥红军及其游击活动地区、农村根据地的地方工作。6月下旬,湖南省委派杨开明代理湘赣边界特委书记。11月初,根据中央的指定,经前委提名报中央批准,宋乔生(工人)、毛科文(农民)、谭震林(湘赣边界特委书记)为前委委员。同月中旬,红4军六大选举了新的军事委员会,朱德接替陈毅担任军委书记,陈毅改任红4军士兵委员会秘书长。那时,红4军未建政治部,只有工农革命运动委员会,主任毛泽东,副主任谭震林,它实际上是政治部的前身。1929年1月,红4军下井冈山后,每日行军打仗,形势严峻,常要开会讨论军情和部队行动问题。这样,军委和前委机构就显得重叠,开了军委会又要开前委会,或者开了前委会还要开军委会,而大多是同样一些人,大家都感到"颇生麻烦"。为应付恶劣环境，减少领导层次，便于机断，在项山整编时，前委决定，军委暂时停止办公，权力集中于前委。同年3月，打下汀州后，部队整编，取消了工农革命运动委员会，改建为红4军政治部。政治部从建立之始，即是在前委领导下的代表党的工作机关，除军内的政治工作外，如发动群众、扩大党的宣传、建立地方武装和苏维埃政权等工作，统由政治部负责，即所谓"前委指挥，政治部对外号召和联系"。

5月间，由于赣南、闽西根据地的扩大，军队和地方工作多了，前委既管军队工作，又管地方工作，感到兼顾不过来，为了便于领导，前委临时决定，组织军的最高党委，成立了红4军临时军委，由刘安恭任临时军委书记。刘安恭，四川人，曾入云南讲武堂，后去苏联留学，1929年春由党中央派来红4军工作。他曾经讲过关于苏联黑暗面的话，听来令人很反感。他刚由苏回国不久，不了解中国红军发展历史和斗争情况，就主张搬用苏联红军的一些做法，并在他主持的一次军委会议上作出决定：前委只讨论行动问题，不要管其他事。这个决定限制了前委的领导权，使前委无法开展工作。显而易见，这个决定是错误的，是不利于革命斗争的，自然引起许多同志的不满。这时，原来在井冈山时期即存在的关于红军建设问题又开始议论起来，一些不正确的非无产阶级思想也颇有表露。为了解决这些问题，毛泽东利用战斗和行军的空隙，采取各种措施，做了不少工作，并多次召开前委扩大会议进行讨论。5月底，湖雷前委会议上对党的工作范围、支部工作等问题进行争论，意见未能统一。6月8日，在白沙又召开前委扩大会议，继续讨论争论的问题。这次会议虽然以绝对多数（41人参加会议，36票赞成，5票反对）通过了取消临时军委的决定，但争论的根本问题却仍未解决，而且这些分歧意见在党内以致红军战士、军官中日益发展起来。

由于红4军党内对一些原则问题认识不尽一致，毛泽东认为前委不好工作，于是，他在白沙会议上提出了一份书面意见，列举了红4军党内存在的主要问题。书面意见有四条：一、出现前委、军委分权现象，前委不好放手工作，但责任又要担负，陷于不生不死的状态。二、根本分歧在前委、军委。三、反对党管一切（党管得太多了，权太集于前委了），反对一切归支部（支部只是教育同志的机关），反对党员的个人自由受限制，要求党员有相当自由（一支枪也要问过党）。这3个最大的组织原则发生动摇，成了根本上的问题——个人自由主义与无产阶级组织性纪律性斗争的问题。四、对于决议案没有服从的诚意，讨论时不切实争论，决议后又要反对，且归咎于个人，因此前委在组织上的指导原则根本出现问题（同时成了全党的问题），完全做不起来。最后，毛泽东提出，他不能担负这种不生不死的责任，请求马上更换书记，让他离开前委。

当天夜里，林彪给毛泽东送来一封急信，主要是表示不赞成毛泽东离开前委，希望他有决心纠正党内的错误思想。我当即将此信送给毛泽东，他看了一下，对我说："放在这里吧，没有别的事了，你休息去吧。"回屋后，我一直不能入睡。第二天得知，毛泽东也一夜辗转未眠。这些天来，他常为解决争论、纠正党内各种非无产阶级思想而焦急思虑。

白沙前委会议通过了撤销临时军委的决定，刘安恭的军委书记自然免职。但是，在前委之下要不要设立军委这一组织，军内及主要领导人之间仍有不同意见。尤其是刘安恭更是到处游说，坚持要成立军委，事实上是主张"分权主义"，并说什么红4军党内分成派别等，散布了许多挑拨红4军主要领导之间的关系和攻击毛泽东的言论。他的这种"不调查清楚事实状况"就"偏于一面"的"轻率发言"，起了很坏的作用，造成了军内官兵思想混乱，助长了党内领导者认识上的分歧，而且使争论复杂化了。后来，陈毅向中央的报告中也提到，刘安恭来红军后的一些言行，是造成党内和领导间争论的一个主要原因。

6月中旬，国民党地方军阀陈国辉部由广东潮、梅地区窜回龙岩城。前委由新泉移住到小池，准备三打龙岩，彻底消灭陈国辉部。在小池发生了一件事：在研究部署三打龙岩的作战计划时，没有通知毛泽东参加，只通知谭震林参加，由谭传达。在这次战斗中，毛泽东、谭震林、我和前委、政治部的工作人员随同新由闽西地方游击队编成的红4军支队张鼎丞部行动。这样重要的会议以及如此重要的行动，不通知党代表毛泽东参加，是很不妥当的。

三克龙岩后，部队在龙岩整训20余天。很明显，在当时敌强我弱、不断被敌"围剿"、战斗十分紧张的环境中，革命队伍内部尤其是领导人之间存在着日益严重的分歧和争论，对革命是不利的。于是，前委决定利用这一短暂稳定的时间，召开红4军党的第七次代表大会。大会是在龙岩城内的一所中学校园里召开的，我负责会议的秘书事务工作。原计划会议通过总结过去斗争的经验，统一思想认识，解决红军建设中存在的各种问题，以进一步提高红军的政治素质和战斗力，更好地担负起创建并发展农村根据地的伟大革命斗争任务。会议开了一天，虽然通过了决议案，选举了新的前委会，但从七大前就开始争论的主要问题，仍未得到解决。

2. 争论的主要问题

毛泽东在6月14日的一封亲笔信中，对争论的问题列举了十四条：一、个人领导与党的领导；二、军事观点与政治观点；三、小团体主义与反对小团体主义；四、流寇思想与反对流寇思想；五、罗霄山脉中段政权问题；六、地方武装问题；七、城市政策与红军军纪问题；八、对时局的估量；九、湘南之失败；十、科学化、规范化问题；十一、红4军军事技术问题；十二、形式主义与需要主义；十三、分权主义与集权；十四、其他腐败思想。他还指出，近日两种不同的意见，最明显的莫过于军委问题的争论；争论的焦点是军委要不要的问题。

关于军委要不要的不同意见，概括起来，主要是：

一种意见认为：既有红4军，就要有军委；建立军委是完成党的组织系统；并且指责前委"管得太多"，"权力太集中"，"包办了下级党部的工作"，"代替了群众组织"，等等，甚至攻击前委领导有"家长制"的倾向，是"书记专政"。其言外之意，只有成立了军委，才能改变如其所说的这种状况。

反对设立军委的意见认为：现在红4军只是有4000多人的一个小部队，又处在游击不定、频繁行军作战的环境里，"军队指挥需要集中而敏捷"，因此，有前委直接领导和指挥更有利于作战，不必要在前委之下、纵委之上硬生生地插进一个军委；而且人也是这些人，事也是这些事，这是十分明白的，在实际上是不需要的；并认为，坚持设立军委是"形式主义"，"实际弄得不好，形式上弄得再好看又有什么用处呢"。所谓前委"管得太多"等说法，只不过是"为成立新的指导机关——军委，便不得不提出旧的理由，攻击旧的指导机关——前委，以至支部"。这实际上是"分权主义"，而这种分权主义是"与无产阶级的斗争组织（无论是无产阶级的组织——工会与无产阶级先锋队的组织——共产党，或其他武装组织——红军）不相容的。军委、前委分权形式之所以不能存在，就是这个理由"。

最后，七大否定了在前委之下再设立一个军委的意见，认为这确系机关重叠，无再设军委之必要。在七大决议中还指出："党代替群众组织，完全不是事实"；说前委包办了下级党部的工作，"失于武断，不合事实"；所谓前委领导有"家长制"倾向、"书记专政"问题，是"纯属偏见"。

要不要军委的争论虽然解决了，但是在这个问题背后的关于党和军队关系问题的争论，仍未得到完全解决。所谓党和军队的关系问题，主要是由于当时红军建设不久，其大部分是从旧式军队中脱胎出来的，而且是从失败环境中拖出来的，旧军队的旧思想、旧习惯、旧制度都带到了红军队伍中来。因而，一部分人习惯于旧军队的领导方式，对党领导军队不赞成、有怀疑。他们强调"军官权威"，喜欢"长官说了算"，相反认为现在是"党太管事了"，"党代表权力太大"，提出"党不应管理一切"，"党所过问的范围是要受限制的"，"党支部只管教育同志"；并主张"司令部对外"，政治部只能"对内"，对军队只能指导，不能领导，等等。这些都严重影响了党对军队绝对领导权的建立。

在这场争论中，军内存在的单纯军事观点、流寇思想、极端民主化和军阀主义残余思想等非无产阶级思想有所抬头。在井冈山时期，毛泽东就提出了红军的三大任务：打仗消灭敌人，打土豪、筹款子；宣传群众、组织群众、武装群众、帮助群众建立革命政权；创立正规红军、地方红军、地方赤卫队三级体制的人民军队体系。并且明确指出，红军是一个执行革命政治任务的武装集团。在当时，革命的政治任务主要就是：深入进行土地革命，实行武装割据，建设农村革命根据地和革命政权。但是，一部分人总是格格不入，他们主张"军队只管打仗"，建立和巩固根据地是地方党组织的事；主张扩大红军用"招兵买马""招降纳叛"的办法；并且热衷于"流动游击""走州过府"，打大城市；而不注意发展地方武装，不积极做群众工作，不愿意艰苦地建立根据地，做人民政权的斗争；甚至忽视宣传队的重要性，意图取消宣传工作，还说什么宣传兵是"吃闲饭"的，"妨碍行军"，等等。对改造旧军队问题，毛泽东积极倡导在军队内部实行民主主义制度，发扬政治、军事、经济三大民主，废除打骂士兵和枪毙逃兵的旧制度，实行官兵一致，待遇平等，士兵有开会说理的自由，士兵管理伙食，经济公开；并在连以上建立士兵委员会，代表士兵利益，做政治工作和群众工作。军内的民主主义，对破坏封建雇佣军队的旧思想、旧习惯、旧制度起了积极作用，对军阀主义残余思想是极大的冲击。但是，这也引起了一部分习惯于旧军队领导方式的人的抵制。另一方面，由于红军的大部分成分是农民和其他小资产阶级，将小资产阶级的自由散漫和极端民主化思想带到军内，因而一部分人反对自上而下的军队内部民主制度，主张实行"自下而上的民主集中制"，"事无大小，先交下级讨论，再由上级决议"；甚至有的人对党内应有的严格纪律也感到"受拘束""不自由"；有的领导同志对破坏军纪的问题，反对从严，主张从宽，认为只要打仗胜利了，军纪破坏一点，城市政策破坏一点，也没有什么要紧的，没把军纪问题作为一个很大的政治问题来抓。上述种种非无产阶级思想的表现，极大地妨碍了军队的改造和执行正确的革命政治任务。

由于七大未能统一认识，毛泽东向大会提出的关于坚持和加强党对军队的绝对领导，克服红军中正在滋长的单纯军事观点、极端民主化、流寇思想等各种非无产阶级思想的正确主张，一时未被大多数代表接受。大会在最后改选前委时，原中央指定的前委书记毛泽东只当选为前委委员，而没有被选为前委书记。

这里附带说一下，那时毛泽东对于干部要求高、要求严，批评人也是很严厉的。对一些营团级负责干部的缺点错误，他也毫不留情地当面批评、训斥，常常令人难以接受，下不来台，因而有些同志对他是很有意见的。

3. 离开前委到蛟洋

七大以后，毛泽东离开了红4军前委领导岗位，去帮助闽西特委召开闽西党的第一次代表大会。7月8日，毛泽东、贺子珍和我一起到了闽西特委所在地上杭县的蛟洋。7月，陈毅去上海向中央报告工作之前，曾到蛟洋同毛泽东交换意见，两人在交谈中又争论起来，各执己见，未能统一。

党中央在周恩来、李立三主持下，先研究了红4军七大决议和附件（包括毛泽东6月14日的来信），后听取了陈毅的汇报，写出了对红4军的指示信（即"九月来信"），充分肯定了红4军两年来的斗争经验和对中国革命的重大贡献，充分肯定了毛泽东关于"工农武装割据"的思想和建党建军的基本原则，正确解决了红4军党的第七次代表大会有争议的主要问题。11月，陈毅根据中央指示亲自到蛟洋邀请毛泽东返回红4军复职，主持前委工作。12月，在上杭的古田召开了红4军党的第九次代表大会（即古田会议），传达讨论了中央九月来信，总结了经验教训，一致通过了《关于纠正党内的错误思想》等多项决议，改选了前委，选举毛泽东为书记。[8]

红4军七大后，毛泽东离开部队，到闽西休养，并指导地方工作。在此之前，他对闽西的工作就十分关心。

当时在闽西特委工作的邓子恢、张鼎丞回忆说：

那时，闽西特委设在上杭城水南。红4军打下长汀后，住了半个月。特委派子恢去找毛泽东，中途听说红4军已去江西，乃折回。特委将闽西党群组织、斗争情况及敌我情况，写了一份详尽的书面报告，派人送给毛泽东，并要求红4军再来闽西活动。不久，特委就接到毛泽东的回信，说红4军将要再度入闽。特委接到信后，立即通知各县，准备暴动响应。

5月间，红4军第二次来到闽西。当时陈国辉、张贞等匪军正和广东军阀打仗。红4军便迅速占领了龙岩城。在城里展开了宣传活动，街上贴满了标语、布告。毛泽东亲自在龙岩第九中学向学生讲话。又拨了一二百条步枪给龙岩县委，装备龙岩游击队。这样一来，龙岩地方武装实力便空前地增加了，更有力地配合主力展开了活动。

当天，红4军又顺利地攻占了坎市，第二天进驻湖雷，第三天进入永定城。在永定城南门坝召开了群众大会，毛泽东又亲自向群众演说。会上，群众纷纷控诉反动派的罪行，情绪激愤。

红4军一到永定，陈国辉匪军一部便从广东撤回，回到了龙岩。红4军立刻回戈进击，谁知陈匪见势不佳，悄悄撤走了。不久，陈国辉部队全部返回，上杭卢新铭匪军也进驻白沙。为诱敌计，红4军从龙岩城撤退，转向上杭进发，迅速消灭了白沙的卢新铭一个团。白沙战斗一结束，红4军立即回头攻打龙岩城。陈国辉部3000多人全部覆灭，陈匪只带了几十个随从逃脱。从此闽西局面大定，闽西的革命运动也进入了新的时期。

打下龙岩后，毛泽东指示我们：闽西局面已经大定，特委对各地工作要有个纲领才好。

按照毛泽东的指示，特委根据闽西各地，主要是溪南里的经验，起草了一个土地革命斗争纲领，其中包括：取消租债，分配土地，分青苗，男女平等，婚姻自由，保护商店，肃清反革命，建立革命委员会、赤卫队、少先队。这个纲领当即印发各县，对开展各地工作起了很大的作用。

……

8月间，闽西党在毛泽东的指导下，在蛟洋召开了具有历史意义的第一次党代表大会，会上总结了过去的斗争经验，指出闽西党在斗争中发动群众、组织群众，抓住重点向四周波浪式地发展，引导群众投入土地革命斗争，在低潮时期有组织有计划地退却等，都取得了不少成绩。

毛泽东讲话时，赞扬了闽西的革命斗争。他在指出闽西党今后的基本任务是巩固和发展闽西红色根据地以后，便高声地向全场代表问道：

"能不能巩固？"

大家都满怀热情地回答："能！"

毛泽东又侧着头问道："有什么条件？"这一问，把大家问住了，会场上一片沉寂。

这时，毛泽东拿起粉笔，在主席台的黑板上写下了这样6个条件：

闽西根据地已有80万群众，经过长期斗争，暴动起来了；

闽西各县有了共产党，这个党与群众建立了亲密的联系；

闽西各县已建立了人民武装——红军、赤卫队；

闽西的粮食可以自给；

闽西处于闽、粤、赣三省边沿，山岭重叠，地形险阻，便于与敌人作战；

敌人内部有矛盾，可以利用。

接着，他又告诉大家巩固根据地的三条基本方针，这就是：一、深入地进行土地革命；二、彻底消灭民团土匪，发展工农武装，有阵地地波浪式地向外发展；三、发展党，建立政权，肃清反革命。

毛泽东的指示，方向明确，问题深刻，大大提高了闽西党的水平，也鼓舞了大家的斗争信心。

会后，毛泽东派了许多有经验、有能力的军事政治干部，参加建设闽西红军的工作。8月，正式成立了红4军第4纵队（红4军初入闽时，只有3个纵队），下辖两个支队：一支队是由上杭的蛟洋及龙岩、白土等地的游击队编成；二支队由永定的溪南里、金丰、湖雷等地的游击队编成。[9]

1929年9月下旬，红4军在福建上杭召开党的第八次代表大会。会上，许多人对当时状况不满，要求毛泽东回红4军复职。这时，陈毅也在上海向中共中央汇报红4军情况。李立三、周恩来明确表示支持毛泽东的意见，在9月指示信里提出，毛泽东"仍应为前委书记"。这为顺利召开红4军九大（即古田会议）创造了条件。11月，毛泽东回到红4军主持工作，积极为开好红4军九大作准备。

中共龙岩地委党史资料征集研究委员会的资料写道:

1929年9月28日,以李立三(宣传部长)、周恩来(组织部长、军事部长)等为领导的中共中央,根据陈毅(中共红4军前委书记)关于红4军情况的口头和书面汇报,经研究决定之后,给红4军前委发了一封具有重大历史意义的指示信,即1929年9月28日《中共中央给红军第4军前委的指示信》(此信是陈毅按照周恩来多次谈话和中共中央会议的精神代中央起草并经周恩来审定的)。指示信肯定了毛泽东关于"工农武装割据"的思想,指出中国革命是先有农村红军,后有城市政权;支持毛泽东关于红军行动的策略和建设一支坚强的无产阶级军队的正确主张。同时指出,党的领导主要是政治领导,不要包办代替党领导下的其他组织机构的工作。特别强调红4军内部要加强团结,要维护毛泽东和朱德的领导,提高领导机关的威信,团结一致,努力与敌人作斗争,以实现红军所担负的任务。中央九月来信为开好古田会议打下了可靠的基础。

1929年11月,遵照党中央和周恩来的指示,陈毅在全国军事工作联席会议结束后,迅即返回闽西,在上杭官庄召开了红4军前委会议,传达了中央九月来信全文,会上决定由陈毅前往苏家陂请毛泽东回红4军复职。11月26日,毛泽东在福建省委巡视员谢汉秋(即谢景德)陪同下,经蛟洋到达汀州,仍任红4军前委书记。28日,毛泽东在长汀主持召开前委扩大会议,讨论红4军的整训计划,并决定召开红4军党的第九次代表大会。接着,毛泽东在汀州召开工人座谈会,征求他们对红军的意见。12月3日,毛泽东、朱德率领红4军进驻连城新泉。毛泽东、朱德、陈毅一起住在望云草室,分别主持进行了为期10天的政治、军事整训(即后通称的"新泉整训")。毛泽东、陈毅为了了解部队的真实情况,冒着严寒深入各连队召开座谈会,与到会同志展开讨论,大家无拘无束,畅所欲言。毛泽东还到新泉邻村官庄报一公祠召开农民座谈会,征求他们对红军的意见。朱德则主持举办基层军事干部训练班,在全军开展军事技术、战术的训练,并主持制订红军的各种条例、条令,从而提高了红军指战员的军事知识和技术水平。在望云草室的厅堂石灰墙壁上留下了"军事政治训练""加强少先队"等红军标语,它是新泉整训的历史见证。

12月中旬,红4军进驻上杭古田镇,一方面继续军事政治训练;另一方面则继续为召开古田会议作思想上和组织上的准备。毛泽东在军司令部驻地主持召开了纵队、支队、部分大队的党代表和支队以上的书记、组织委员和宣传委员的联席会议。在会上,毛泽东作了报告。他首先讲了会议的意义,是为了彻底肃清存在于红4军党内的各种不正确倾向,使红军建设成为一支真正的人民军队。接着,他以大量的事实列举了存在于红4军党内的各种非无产阶级思想和不正确的倾向。然后,他又激励大家打消顾虑,充分发表意见。代表们听完报告后,便分组讨论，对各种错误思想和错误倾向进行了充分揭发和批判。毛泽东等深入各个小组跟大家一起讨论。他一面听发言，一面做记录，并不时地提出一些问题。如问：你们那里有多少人有这种思想？这是什么思想？这种思想应当怎样纠正？等等。每当代表们回答不出来的时候，毛泽东便耐心地进行分析、解释，启发大家认识这些错误思想产生的根源及其危害性，从而提高了大家的认识水平和政治思想觉悟。经过十多天的学习讨论，大家对错误思想产生的根源及其危害性取得了一致认识，找到了纠正的方法。接着，代表们便回到各纵队、支队、大队去召开党委或支部会议，传达党代表联席会议的精神，并对本单位存在的问题作初步检查。

为了更进一步为古田会议作准备，毛泽东还主持在联席会议上分组起草大会的各种提案，由前委审查后提交大会。

12月28日，在毛泽东、朱德、陈毅主持下，有120多名代表参加的红4军党的第九次代表大会在古田曙光小学庄严开幕了。

大会秘书长陈毅主持会议。会上，毛泽东代表红4军前委，作了关于红4军党的第九次代表大会决议案的报告；朱德作了军事报告；陈毅传达了中央九月来信和中共中央关于反对托洛茨基陈独秀取消派的决定，并作了关于废止肉刑和枪毙逃兵问题的报告。全体代表热烈地讨论了中央的指示信和大会的各项报告，共同总结了经验教训，进一步统一了思想认识，一致通过了《中国共产党红军第4军第九次代表大会决议案》（通称《古田会议决议》）。大会改选了前委，选举毛泽东、朱德、陈毅、李任予、黄益善、罗荣桓、林彪、任永豪、谭震林、宋裕和、田桂祥11人为前委正式委员，杨岳彬、熊寿祺、李长寿3人为前委候补委员，毛泽东为前委书记。

这次大会，由于中共中央（主要是周恩来）的正确领导和红4军前委（主要是毛泽东）在会前做了充分的调查研究和准备工作，各方面条件成熟，所以，只开了两天就圆满地结束了。它是一个坚持在马克思列宁主义基础上的团结、胜利的大会。正如后来红4军前委代表在向党中央所写的《红4军部队情况报告》中所说的："九次大会正确地明显地决定接受中央指示，纠正极端民主化的领导倾向，一切问题要集体领导，因此九次大会的各种提案都在大会前由前委召集支队以上的书记、宣传、组织委员开会起草、前委审查以后提交大会。大会选举，也事先准备意见。提出具备'政治观念正确，工作积极，有斗争历史'3个条件的人才当选，反对从前那种分割式的以各纵队为条件的办法，并事先提出名单，提交给大会。这样一来，九次大会便有精神了，只开了两天，决定了很多工作路线，绝不像八次大会时无组织状态地开了三天毫无结果。从此会后，自前委直到支部各级指导机关的指导路线就改变过来了。"〔10〕

赖传珠当时是红4军2纵队12大队党代表，亲身参加了古田会议。他回忆说：

1929年11月，红4军由广东返回闽西，12月开到上杭的古田。当时我在2纵队4支队12大队任党代表。

……

我们开到古田后的一天，忽然接到通知，要我到军部开会。

到了军部一看，各支队、纵队的党代表全到了。此外还有一部分大队部的党代表。一打听，才知道这是毛党代表召开的一次联席会，要了解部队里存在着哪些不良倾向，准备召开红4军第九次党的代表大会。

果然，毛党代表主持开会了。他首先讲了这次会议的意义，指出：这次会议是为了彻底肃清红4军党内存在着的各种不正确倾向，把红4军建成一支真正的人民军队。他列举了存在于红4军党内的非无产阶级意识和不良倾向之后，鼓励大家打消顾虑，充分发表意见。毛党代表讲话之后，便分组讨论。我参加了研究如何克服非组织观点的小组。

听了毛党代表的讲话，大家一致认为这是英明的决定。因此大家对各种不良倾向和错误思想进行了充分揭发和批判。

在我们分组讨论时，毛党代表不断深入到各个小组，具体指导。他一面听我们发言，一面还做记录，并不时向我们提出一些问题：你们那里有多少人有这种思想？这是什么思想？这种思想应该怎样纠正？……当时，我们的水平还很低，虽然知道这些思想不对，却不能提高到理论上来认识和分析。每当我们回答不出来的时候，毛党代表便耐心地进行分析、解释，启发大家认识这些错误思想产生的根源及其危害性，提高大家的认识，指出克服的办法。

在毛党代表亲自领导下，经过十多天的讨论，大家不但对错误思想产生的根源及其危害性取得了一致的认识，而且找到了纠正的方法。这次会议虽然才开了十多天，但是我却感到就像进了一次学校，各方面有了很大的提高。我回到12大队之后，立即召开了支部委员会，传达了会议的精神，对本大队存在的问题做了初步检查，并决定以支部委员会的名义向全大队重申不许打骂士兵等纪律。

在此期间，毛党代表根据调查及两年来丰富的建军经验，为红4军第九次党的代表大会起草了一个决议。这就是著名的《关于纠正党内的错误思想》文件。12月底，在毛党代表的亲自主持下，红4军召开了第九次党的代表大会（即古田会议）。毛党代表在大会上作了报告。经过热烈讨论，全体代表一致通过了这个决议。这次大会，由于毛党代表在会前作了充分的调查研究，发扬了民主，使党内取得了思想上的统一，因此正式会议只开了几天。会议时间虽短，但它具有伟大的历史意义。就是这个会议，总结了毛泽东的一整套建军经验，奠定了中国人民军队中党的工作和政治工作的基本路线，使其完全建立在马克思列宁主义的基础之上，得以肃清一切旧军队的影响，使红4军成为一支新型的人民军队。

……

古田会议后，毛党代表非常重视部队对大会决议的贯彻执行，不断地、适时地给予许多宝贵的指示。最使我难忘的是下面的两件事情：

记得我们2纵队在毛党代表亲自率领下向江西进军的途中，一天，部队在闽赣交界的一个庄子里休息，我有事到纵队部去。刚到那里不久，我们大队派向清流、宁化方向游击的一个排便与敌人打起来了。敌人是福建的卢新铭部，是我们的手下败将，于是我便立刻向纵队首长建议坚决打击和歼灭来犯之敌。这时候，毛党代表却要我不要急。还说要开个会研究研究，看看是打好还是不打好，要我也参加。

毛党代表那种镇静自如的态度立刻感染了我。坐下后，他要我把主张打的理由讲一讲。我说："敌人是块烂豆腐，不顶打。一打，保缴他的枪。"毛党代表听了，心平气和地进行了分析，大意是：你的信心很足，这很好！我们现在的任务是要赶快赶到藤田去和主力会合。打，可能把敌人消灭，但是打了马上还会走，必定要耽误时间，还可能有伤亡，这都会给我们的行动增加困难。如果因此而影响到按时完成与主力会合的任务，那就因小失大了。他的分析既简单又明确，就像谈家常一样通俗易懂。最后，他又要我说说是打好还是不打好，打有利还是不打有利。

听了毛党代表的分析，我立即感到刚才考虑得太简单了，于是急忙表示同意不打。毛党代表又转身征求在座的其他同志的意见，大家也都同意不打。

毛党代表又转向我，仍用商量的口吻说："大家都同意不打，下一步应该怎样行动呢？"

我理解了他的意思，仔细想了想，才回答："我看应该掩护转移，继续前进。"

"对！我同意你的意见。立刻去布置吧！"

毛党代表微笑着作了决定。

毛党代表完全采用说服教育、以理服人的态度，而且还要我参加会议一起讨论。这种高度的民主作风，不但启发我认识了缺点，而且使我学会了应该如何分析问题。通过这件事情，使我进一步懂得了以平等态度对待同志的深远意义。

1930年5月，我们2纵队开到寻邬。这时候，正是贯彻古田会议决议高潮时期。旧的一套破了，新的一套还没有树立起来。特别是在管理教育方面，军阀主义的管教方法被废掉以后，一部分干部对部队的管理教育表现得缩手缩脚，更多的人则感到不知应该从何处着手。正在这个时候，毛党代表专门召开了一次大队以上的干部会，详细地讲解了如何对部队进行管理教育的问题。

毛党代表在这个报告里，反复强调我们是共产党领导的部队，是无产阶级的武装，与历史上所有的军队有根本的区别。他指出，国民党和一切反革命军队内部，都存在着不可克服的阶级矛盾。统治阶级为了暂时缓和这个矛盾，迫使广大士兵为他们卖命，不得不采用欺骗、麻痹和镇压的手段。我们的军队则恰恰相反。我们是由许多有觉悟的劳动人民为了共同的目标而组成的一个革命大家庭，在这个大家庭里，不论干部、战士，在政治上是一律平等的，都是革命战士，都是阶级弟兄，因此，必须以革命军队的管教方法来代替旧军队的管教方法。接着毛党代表又把革命军队的管理教育方法归纳成七条，大意是：第一，干部要深入群众，要群众化。他指出，当了干部就高人一等，那是旧军队的作风。只有深入群众，群众化了，才能和战士真正打成一片，战士才敢接近你，才能把心里话告诉你，才敢大胆地向你提出意见。只有这样，才能真正了解战士的思想问题和困难，适时地、有的放矢地予以解决。毛党代表强调指出，干部群众化，是做好管理教育工作的先决条件。他号召到会的全体干部放下架子，深入到战士中去。第二，干部要时刻关心战士、体贴战士。毛党代表指出，这是检验每个革命干部有没有群众观点的标准。我们的干部要时刻关心战士的疾苦，解决战士的困难。只有这样，才能使我们的部队真正成为一个充满着阶级友爱、阶级感情的革命大家庭，才会使我们团结得像一个人，成为不可摧毁的力量。第三，干部要处处以身作则，做战士的表率。毛党代表强调指出，这是做好管理教育工作的重要因素。我们的干部必须是执行纪律、服从命令的模范。"只许官家放火，不许百姓点灯"，知法违法，这是统治阶级的作风，必须坚决根除。第四，干部要学会发动战士自己教育自己、管理自己，走群众路线。毛党代表再三告诫我们要相信群众的力量，相信广大群众中有英雄。他说，我们的战士是有丰富的斗争经验和勇于创造的人。我们要充分地运用群众的斗争经验、创造性来教育自己、管理自己。第五，说服教育重于惩罚。毛党代表谆谆地教导我们必须懂得革命要靠自觉，不能靠强迫命令。他反复指出，我们的战士是最懂得道理的人，只要把道理讲清，他们就会自觉地遵守纪律，勇往直前，所向无敌。我们当干部的责任就是要提高战士的革命自觉性，也就是提高战士的思想觉悟。提高思想觉悟最有效的办法是加强政治思想工作，加强说服教育。在必须以纪律制裁的时候，也要使被处分的人能认识错误，改正错误。一切不教而诛的做法都是错误的，必须坚决反对。第六，宣传鼓动重于指派命令，反对命令主义。讲这个问题时，毛党代表特地给大家讲了三国时黄忠老将大败夏侯渊的故事。他说，黄忠本来年迈、体衰，很难取胜夏侯渊。可是诸葛亮使用了

"激将法"，把黄忠的勇气鼓动起来了。于是黄忠立下军令状，如不斩夏侯渊于马下，提头来见。结果，黄忠果然杀了夏侯渊。毛党代表指出，我们的战士是有高度阶级觉悟的，我们用不着"激将法"，但是我们却要学习诸葛亮善于做宣传鼓动工作，用宣传鼓动提高战士的阶级觉悟，启发大家的革命英雄主义。把道理讲清、任务讲明，战士们就可以排除万难，勇往直前。专靠指派命令，不做宣传鼓动，就是执行了命令，也不会得到更大的成绩。第七，赏罚要分明。应赏必赏，该罚则罚。应赏不赏，应罚不罚，是赏罚不分明；有赏无罚，或者有罚无赏，也是片面的、不对的。执行赏罚的时候，最好的办法是通过群众公议组织批准。这样，既能教育个人，又能教育全体。毛党代表讲得既通俗又易懂，而且简明、生动，听了以后长久难忘。毛党代表的这个报告，不仅对贯彻古田会议决议起了重大作用，而且一直指导着我军的建设，成为我军建军原则的重要组成部分。

古田会议以后，红4军在毛党代表的直接领导下，沿着古田会议指出的道路，不断地同各种非无产阶级意识和不良倾向进行斗争，迅速地成为一支真正的人民军队。在短短半年中，不但取得了多次战斗的胜利，而且使根据地大大扩大了，部队也发展了。1930年6月，红4军在闽西长汀进行整编，正式组成了红1军团。2纵队改编为11师。同年10月，红4军攻克吉安，再返赣南的时候，我所在的4支队在古田会议前的许多不良倾向已经基本肃清了。这时候，每个排都能够独立执行战斗、发动群众等重要任务，部队士气空前旺盛，战斗力有了显著提高，工作异常活跃，面貌焕然一新。在以后反"围剿"战争中，4支队又成了"模范红5团"的一部分。〔11〕

实践出真知

1929年年底至1930年，是毛泽东在理论上卓有建树的时期。从秋收暴动开始，毛泽东在复杂的斗争中，积累起相当丰富的经验，继古田会议决议，为人民军队规定了基本建军原则之后，毛泽东又写了《星星之火，可以燎原》长信，初步形成了农村包围城市、武装夺取政权的思想。到1930年5月，他又写成《调查工作》（后名为《反对本本主义》）著名著作，提出实事求是、群众路线、独立自主思想的基本雏形。这些思想，都离不开实践。

中共龙岩地委党史资料征集研究委员会的资料写道：

古田会议期间，蒋介石策划了闽、粤、赣三省军队"围剿"闽西革命根据地。1930年元旦，即古田会议刚刚开完之后，身为1纵队司令员的林彪写了一封元旦贺信给毛泽东，提出了"红旗到底打得多久"的疑问。1月5日，毛泽东就在古田赖坊协成店住地写下了《星星之火，可以燎原》这篇给林彪的长信，针对林彪等的右倾悲观思想，进行了严肃的耐心的教育。信中批评了那种不愿经过艰苦工作创建农村革命根据地的错误倾向，指出只有中国工农红军和红色区域的建立和发展，才是"促进全国革命高潮的最重要因素"，星星之火，必将燎原。那种先争取群众然后再举行全国武装起义夺取政权的理论，"是于中国革命的实情不适合的"。毛泽东在这封信中，实际上已开始形成了以农村包围城市，在农村地区先建立和发展红色政权，待条件成熟时再夺取全国政权的关于中国革命道路的思想。这是对于马克思列宁主义关于武装夺取政权的理论的重大发展。

为了粉碎敌人的"围剿"，前委决定红4军全部"离开闽西"转战江西，以求达到粉碎敌之"围剿"而后"巩固闽西"之目的。1月3日，朱德率领1、3、4纵队，从古田出发，经庙前向连城开进，后经清流长校、宁化安远，到达江西广昌；毛泽东指挥2纵队到龙岩小池完成阻击闽敌刘和鼎所部之后，于7日离开古田，经贴长（今步云乡）、梅村至连城姑田，再经清流洞口、林畲、宁化泉上，到江西广昌，后于宁都东韶与主力部队会合。

红4军大部队一走，敌军失去"围剿"目标，加之闽西各地开展了广泛的、群众性的游击战争，敌军处处挨打。因而，广东敌军陈维远所部陈兵闽粤边境，裹足不前；江西敌军金汉鼎所部仓皇撤退；闽敌刘和鼎部遭龙岩赤卫队及各区中队袭击，始终固守岩城、龙门、小池一线，后因闽北土著军阀卢兴邦与杨树庄争夺省政权，发生福州事变，刘部连夜撤回福州。嚣张一时的"三省会剿"就这样黯然收场。

红4军转移到赣南后，掀起了贯彻古田会议决议的热潮，各部队都组织了对古田会议决议的学习，并按照决议逐条检查了本部队、本支部存在的问题。检查以后，各支部又把检查的结果向全体人员公布，发动大家讨论，提出改进措施，自下而上掀起了一个反对不良倾向的群众运动。同时，在部队中建立了许多重要制度，加强了政治工作，加强了党的领导。

1930年4月间，毛泽东在信丰针对1纵教导队中存在的问题，向教导队全体同志发表了一次极为生动的讲话，着重阐述了红军官兵关系和反对单纯军事观点问题。他指出："红军官兵都是革命同志，完全不同于白军的官兵关系。你们现在是教导队的学员，结业以后回去当长官。长官同士兵在政治上是平等的，因此，要讲道理，要说服教育，不要打人骂人。"毛泽东以婆媳关系比喻说，"婆婆折磨媳妇，媳妇最不满意。但自己当了婆婆之后，又去折磨媳妇，媳妇满意不满意呢？你们将来不要打骂士兵，不然，士兵也会不满意你们，那还怎么团结一致去打倒国民党军阀呢？"

5月间，毛泽东在寻邬县马蹄岗召开红4军大队以上干部会议，总结贯彻古田会议决议的经验，总结了革命军队管理教育的七条原则：一、干部要处处以身作则，做战士的表率；二、干部要深入群众；三、干部要时刻关心战士、体贴战士；四、干部要学会发动战士自己教育自己、管理自己；五、说服教育重于惩罚；六、宣传鼓动重于指派命令；七、赏罚要分明。

为了贯彻古田会议决议，红4军政治部于4月在会昌发布了《宣传员工作纲要》，对宣传员的职责作了具体的规定。〔12〕

1930年5月2日，红4军攻克寻邬城。毛泽东一面部署部队在附近地区分兵发动群众，一面抓紧时间调查研究，写成8万余字的《寻邬调查》。同月，他又写了《调查工作》一文，提出"没有调查，没有发言权"的著名论断。

徐特立回忆说：

红军打下寻邬县城时，毛泽东以为红军不单是打江山的军队，还是群众的军队，应该改造群众的生活。打下一个城很容易，改造群众生活就是一个历史问题，就要有一个历史的了解，要有一个长期的耐烦的工作。首先就来一个彻底的调查。除集中力量向群众调查外，毛泽东还亲自和寻邬的商会会长谈了一天，与寻邬县衙门六科的人员谈了一天，还找了一个老秀才谈了一天，他写有《寻邬调查》，我曾经看过一次。

毛任中央政府主席时，曾经和兴国长冈乡、上杭才溪乡两个乡主席谈了七天，写了一个小册子，后来在《斗争》上发表了。这次的谈话，得到了改造乡苏维埃的具体材料，这种材料是历史上没有的。毛泽东从最下级的乡主席那里得到了过去人类没有发现的财宝。

我是1930年年底到江西的。这时江西还是游击区域，政权在区乡。毛泽东认为游击区域应当有带游击性的教育，要我编识字运动的办法。其中有一个小问题他和我讨论了两次，一直到彻底得到解决才中止讨论。这一问题就是怎样教文盲写字，模范字怎样写。这一小问题，本不值得他过问，而他丝毫不放松。因为文盲是广大群众问题，我们放松了一点，就是广大群众受了损失，就不是小问题了。〔13〕

刘显义回忆说：

毛泽东非常重视调查研究。有一次我们打到进贤后，毛泽东在第二天召集我们开了一个会。会上毛泽东问大家寻邬县城有几家卖豆腐的、几家卖布的。毛泽东还问大家寻邬县城有几家卖杂货的、几家卖猪肉的。毛泽东问我们，大家都说不知道。毛泽东问团长，团长也说不知道。毛泽东问政委，政委也说不知道。后来毛泽东问地方工作的同志（那时每个团政治部里面都有这样的同志，专门做社会工作，专门搞社会调查）。可是对毛泽东提出来的问题，他们也回答说不知道。后来还是毛泽东替我们回答了这些问题。毛泽东把每个问题都讲得非常清楚、非常具体，使我们每个人都感到惊奇，也感到非常敬佩。毛泽东是怎样知道这些情况的呢？原来，当我们打进寻邬后，毛泽东也来到寻邬，并且立即找了几个人来调查，所以毛泽东很快就把寻邬各方面的情况都搞得一清二楚。〔14〕

注　释

〔1〕十大纲领，即1928年中国共产党第六次全国代表大会提出的十条政纲：一、推翻帝国主义的统治；二、没收外国资本的企业和银行；三、统一中国，承认民族自决权；四、推翻军阀国民党的政府；五、建立工农兵代表会议（苏维埃）政府；六、实行八小时工作制，增加工资、失业救济和社会保险等；七、没收地主阶级的一切土地，耕地归农；八、改善兵士生活，给兵士以土地和工作；九、取消一切苛捐杂税；十、联合世界无产阶级和苏联。——原注

〔2〕《彭德怀自述》，人民出版社1981年12月版，第13—16页。

〔3〕陈正人：《毛泽东同志创建井冈山革命根据地的伟大实践》，选自《回忆井冈山斗争时期》，江西人民出版社1979年12月版，第336页。

〔4〕陈毅：《学习毛主席的马克思列宁主义的创造作风》，载《星火燎原》，战士出版社1979年11月版，第137—138页。

〔5〕江华：《井冈山斗争时期几事的回忆》，选自《回忆井冈山斗争时期》，江西人民出版社1979年12月版，第367页。

〔6〕白朗（1873—1914），河南宝丰人，民国初年农民起义军首领。1911年10月在宝丰组织农民武装，反抗帝国主义和封建地主的压迫和剥削。1912年提出"打富济贫"的口号，在河南积极参加反对袁世凯统治的斗争。1913年年底，他领导的起义军转战安徽、湖北、陕西、甘肃，一度称为"公民讨贼军"。1914年夏回师河南，8月在宝丰、临汝间的突围战斗中牺牲。——原注

〔7〕《彭德怀自述》，人民出版社1981年12月版，第126—127页。

〔8〕江华：《关于红军建设问题的一场争论》，载《党的文献》1989年第5期。

〔9〕邓子恢、张鼎丞：《闽西的春天》，福建人民出版社1979年12月版，第161—164页。

〔10〕《闽西革命根据地史》，华夏出版社1987年9月版，第90—93页。

〔11〕赖传珠：《古田会议前后》，载《解放军文艺》1977年第1期。

〔12〕《闽西革命根据地史》，华夏出版社1987年9月版，第96—98页。

〔13〕徐特立：《毛主席的实际精神》，载《中国青年》第2卷，第9期，第

59—60页。

〔14〕刘显义:《谈井冈山斗争时期的几件事》,载《星火燎原》,战士出版社1979年12月版,第457—458页。

四、"横扫千军如卷席"

直捣湘和鄂

1930年5月,就在毛泽东开展寻乌调查之时,国民党新军阀蒋介石和阎锡山、冯玉祥、李宗仁之间爆发了规模巨大的中原大战。双方投入兵力达100万人以上,历时半年之久。这为红军和根据地的大发展提供了极为有利的时机。

然而也就在此刻,在上海实际主持中共中央工作的李立三等头脑开始发热,6月11日通过由他起草的《新的革命高潮与一省或几省的首先胜利》(即《目前政治任务的决议》),提出了"左"倾冒险主义主张。随后,他又提出要各路红军"会师武汉,饮马长江"。在一次政治局会议上,李立三还严厉地指名批评毛泽东,称:"他有一贯的游击观念,这一路线完全与中央的路线不同。"这对毛泽东形成了巨大的压力。

6月中旬起,红4军前委和闽西特委召开联席会议,即"南阳会议"(也称"汀州会议")。会议原定讨论毛泽东审改的《富农问题》和《流氓问题》等决议。中央特派员涂振农中途到会,使会议议题骤然改变。涂振农传达了中央的新精神,要求整编红军,要红4军先攻吉安,再打南昌、九江,改变了红4军原定的向赣东游击、进攻抚州的计划。

这次会议决定,把红4军、红6军(不久改称红3军)和红12军整编为第1路军(不久改称第1军团),朱德任总指挥,毛泽东任政治委员,并兼总前敌委员会书记。从此,红军第1路军开始了直捣湘和鄂的大战。

1936年,毛泽东向斯诺回忆起这段往事:

红军最重要的一个战术,过去是,现在仍然是,在进攻时集中主力,在进攻后迅速分散。这意味着避免阵地战,力求在运动中歼灭敌人的有生力量。红军的机动性和神速而有力的"短促突击战",就是在上述战术的基础上发展起来的。

在扩大苏区时,红军一般采取波浪式或潮水式的推进政策,而不是跳跃式的不平衡的推进,不去深入地巩固既得地区。这种政策同上面说过的战术一样,是切合实际的,是从许多年集体的军事经验和政治经验中产生出来的。这些战术,遭到李立三的激烈批评,他主张把一切武器集中到红军中去,把一切游击队合并到红军中。他只要进攻,不要巩固;只要前进,不要后方;只要耸动视听地攻打大城市,伴之以暴动和极端的行动。那时候李立三路线在苏区以外的党组织中占统治地位,其声势足以强迫红军在某种程度上违反战地指挥部的判断而接受它的做法。它的一个结果是进攻长沙,另一个结果是向南昌进军。但是在这两次冒险中,红军并没有停止游击队的活动或把后方暴露给敌人。

1929年秋天,红军挺进江西北部,攻占了许多城市,多次打败了国民党军队。1军团在前进到离南昌很近的时候,突然转向西方,向长沙进发。在进军中,1军团同彭德怀会师了,彭德怀曾一度占领长沙,但为避免遭受占极大优势的敌军包围而被迫撤出。彭德怀在1929年4月曾不得不离开井冈山到赣南活动,结果他的部队大大地增加了。1930年4月,他在瑞金同朱德和红军主力重新会合,接着召开了会议,决定彭德怀的3军团在湘赣边界活动,朱德和我则转入福建。1930年8月,3军团和1军团再次会师,开始第二次攻打长沙。1、3军团合并为一方面军,由朱德任总司令,我任政委。在这种领导下,我们到达长沙城外。

大致在这个时候,中国工农革命委员会成立了,我当选为主席。红军在湖南有广泛的影响,几乎和在江西一样。湖南农民都知道我的名字。因为悬了很大的赏格,不论死活要缉拿我、朱德和其他红军领导人。我家在湘潭的地被国民党没收了。[1] 我的妻子和我的妹妹,还有我的兄弟毛泽民、毛泽覃两个人的妻子和我自己的儿子,都被何键逮捕。我的妻子和妹妹被杀害了,其余的后来得到释放。红军的威名甚至扩展到湘潭我自己的村里,因为我听到一个故事,说当地的农民相信我不久就会回到家乡去。有一天,一架飞机从上空飞过,他们就断定飞机上坐的是我。他们警告那时种我家地的人,说我回来看我的地了,看看地里有没有树木被砍掉。他们说,如果有砍掉的,我一定会向蒋介石要求赔偿。

但是第二次打长沙失败了。国民党派来大批援军,城内有重兵防守;9月间,又有新的军队纷纷开到湖南来攻打红军。在围城期间,只发生过一次重大的战斗,红军在这次战斗中消灭了敌军两个旅。但是,最终没有占领长沙城,几星期以后就撤到江西去了。

这次失败有助于摧毁李立三路线,并使红军不必按照李立三所要求的那样对武汉作可能招致惨败的进攻。红军当时的主要任务是补充新的兵员,在新的农村地区实行苏维埃化,尤其重要的是在苏维埃政权的坚强领导下巩固红军攻克的地区。为了这些目的,没有必要打长沙,这件事本身含有冒险的成分。然而如果第一次的占领只是一种暂时的行动,不想固守这个城市,并在那里建立政权的话,那么,它的效果也可以认为是有益处的,因为这对全国革命运动所产生的反响是非常大的。企图把长沙当作一个根据地，而不在后面巩固苏维埃政权，这在战略上和战术上都是错误的。

……

但是李立三既过高估计了那时候红军的军事力量，也过高估计了全国政局的革命因素。他认为革命已经接近胜利，很快就要在全国掌握政权。当时助长他这种信心的，是蒋介石和冯玉祥之间的旷日持久、消耗力量的内战，这使李立三认为形势十分有利。但是在红军看来，敌人正准备内战一停就大举进攻苏区，这不是进行可能招致惨败的盲动和冒险的时候。这种估计后来证明是完全正确的。

由于湖南事件，红军撤回江西，特别是占领吉安以后，"李立三主义"在军队里被克服了。而李立三本人在被证明是错误的以后，很快就丧失了党内影响。[2]

郭化若回忆说：

红军在汀州整编后，于1930年6月22日发出向广昌集中的命令，命令内称："本路军有配合江西工农群众夺取九江、南昌，以建立江西政权之任务，拟于7月5日以前全路军开赴广昌集中。"这里把党中央给予的夺取九江、南昌这一任务传达了，但并未作进一步的部署和说明。红4军、红12军到江西后拟同红3军会合（毛泽东诗词《蝶恋花·从汀州向长沙》中所说的"偏师借重黄公略"即指此），正式成立红军第1路军（不久就改称红军第1军团）。

红1军团由福建开到江西广昌集中后，再到兴国地区集结。红3军则就地整编，并未开来集中。7月11日由兴国集结地发出向樟树推进的命令时，只说"进略樟树，窥袭南昌"。只发了一个推进计划表，后面附有一张行军路线图（用油印套色绘印的）。在向北推进中，红军于7月20日进入永丰城。20日午后7时30分发出第二期推进计划。当时行动命令都是在毛泽东授意下由朱参谋长主持，在参谋处起草，然后送呈毛泽东审查修改后才发出的。当时命令措辞和使用推进计划表方式，是经过考虑有意安排的。占领永丰后向七琴前进。七琴守敌较多，七八百人，有电话等通信设备，被我军顺利地击溃，大部就歼。接着，我军继续向樟树前进。7月24日顺利地占领了樟树镇，击破敌两个营，缴枪约200支，俘虏敌兵100余人。

在打七琴时，从缴获敌军的作战文件（包括电稿）中，对江西省内的蒋匪军的配置情况大体都了解了。当时附近敌军的布置是：抚州地区一个旅（旅长朱耀华），吉安北阜田地区一个旅（旅长戴岳），南昌地区一个旅（两个团，分散的）。以上3个旅都属张辉瓒的18师，这是能机动的。此外，在吉安的邓英师3个团和赣州的守敌是不能机动的。

我军一到樟树，毛泽东立即召集各军首长开会，讨论行动问题。会议开得比较顺利，很快就决定了全军团西渡赣江，就是说并不乘胜北上打南昌，也不在樟树附近等待由抚州、阜田两处可能来增援南昌之敌。这是一个伟大英明的决策，我军既不去地形不利的白色区域攻打大城市，也不去打容易逃跑的抚州之敌。决定渡江后，司令部参谋人员还未进房子，就马上转去收集船只，动员船工，准备渡江。只是因为要在樟树进行群众工作和筹款，指挥机关和部队才在樟树驻扎了两三天。第三天司令部于黄昏时分就随前委渡过了赣江，经过高安，于7月30日到达万寿宫、石子凌、生米街，离南昌约30里一带地区，派出一部兵力进迫南昌对岸之牛行车站。8月1日派少数兵力向牛行车站打枪示威，以纪念"八一"南昌起义。敌人未还一枪，更不敢出击。我军完成"八一"示威任务后，遂向奉新、安义散开工作，进行宣传，发动群众并筹款。

红1军团指挥机关进驻万载时，搜集到上海7月底8月初的报纸，知道我红3军团曾一度打进长沙，后被敌军反攻，又退了出来。据报，敌何键部正向红3军团前进，为了配合红3军团在运动战中歼灭敌军，红1军团决定向湖南西进。在西进路上得到情报，湘赣边的文家市有敌一个旅，军团决定于8月20日拂晓，以突然强袭包围歼灭之。战斗胜利了，全歼了文家市之敌，战后清查，电台已被破坏。当时我军的通信器材很缺乏，毛泽东很关心这件事，在打文家市的作战命令中，专门写了注意事项，要求保管好缴获的无线电台。然而没有引起各级干部注意，甚至缴获的国民党发行的纸币好几箱，也被焚烧了。这就是游击主义的破坏性。经验证明，要制止战争中的破坏行为，非经过长期深入的教育不可。

打下文家市，毛泽东不顾连日行军作战的疲劳，当天就率领前委机关赶到永和市去，3军团亦由长寿街来集中。1、3军团在永和会师后，成立了红一方面军及其领导机关——总前委、总司令部、总政治部。毛泽东任总前委书记、红一方面军总政治委员。总司令部、总政治部由原红1军团司令部、政治部组成，并仍兼红1军团司令部、政治部。此外，还组织了中国工农革命委员会统一指挥红军和地方政权，委员35人，毛泽东为主席。[3]

1930年8月23日，毛泽东、朱德率领的红1军团和彭德怀率领的红3军团在湖南浏阳永和市会合。

彭德怀回忆说：

约在8月中旬，5、8两军集结长寿街及其附近，准备整训一个星期。刚到两三天，某晚接到万载县委来信说，1军团从南昌对岸的牛行车站转移到万载县境。我们当即派军团政治部主任袁国平前往联络、报告情况和请示。我们接到袁国平带回的指示信，1军团前委要我们向永和市之敌进攻，他们准备向文家市之戴斗垣旅进攻。由长寿街到万载往返需四天，我们得信后立即出动，到达永和市时，敌人已先两天退向长沙去了。

第三天，朱、毛率直属队到达永和市，我们又第三次会合了。当日开了1、

3军团前委联席会议，3军团前委同志提议成立第一方面军和总前委。我提议3军团之5、8军编为一方面军建制，便于统一指挥。当时，5军七八千人，8军五六千人，军团部直辖特务团、炮兵团、工兵营约3000人，共一万五六千人。16军2000人为湘鄂赣边区地方主力军。1军团辖4、3、12军，人数与3军团大体相等。号称一方面军，实际上不过3万余人，和退守长沙之何键部兵力相等。会议一致同意朱德为总司令、毛泽东为总政委和方面军总前委书记。从此以后，我即在毛泽东为首的总前委领导之下进行工作了。

会议还讨论了进攻长沙的问题，我未发言。从3军团本身来说，迫切需要短期整训。从1929年11月起，到1930年8月，部队扩大了六倍，从5月开始一直没有得到休整。有些连队不但没有党的支部，连党员也没有，只有士兵会而没有核心。这次打长沙和第一次是不同的。那次是迅速各个击破敌军，迅雷不及掩耳地给敌以袭击。这次追击之敌4个旅，1军团在文家市全歼了戴斗垣旅，其他3个旅安全退回长沙，原在长沙还有一个旅未出动。我军进迫长沙时，敌人有五六天的时间准备，野战工事做好了，这就使我军失去进攻的突然性，变成正规的阵地进攻战。攻城能否速胜，难以肯定。结果，围攻月余未克。

第二次攻长沙未克，其军事原因是我军宜于运动战、突然袭击，缺乏正规阵地战进攻技术训练；政治原因是蒋、冯、阎军阀战争已经结束，蒋介石开始调兵向长沙增援，使守敌增加了信心。

围攻月余未下，总前委决定撤出长沙战斗，转移至江西宜春地区，准备在湘江、赣江两江间机动作战，这是完全正确的。又决定以1军团去取吉安，3军团布置于袁水以北，威胁南昌，阻击援敌，并决定在湘赣边界反复作战歼灭敌军，这是对的。取得吉安，更有利于我军在湘赣两江间机动。当时3军团方面有人提出打南昌，也有人反对。反对者的理由是：长沙既未打开，又去打南昌。南昌守敌虽不及长沙多，但工事不弱，且城周多水池、湖泊，地形不利于进攻，而利于防御；蒋、冯、阎军阀战争已停止，敌军将要向我军进攻，我军应准备在赣、湘两江之间，各个歼灭敌人。至于打南昌或打长沙，那时再看具体情况。另一派说，在湘、赣两江之间进行机动作战，是打拳战术，打来打去胡子都白了，还取不到湘、赣两省政权。这一派也就是立三路线的继续，被毛泽东同志说服了。[4]

吴吉清是毛泽东的警卫员，参加了向长沙的远征。他回忆说：

1930年5月，我们跟随毛委员从寻邬出发，先后经过福建的武平、河田，而后到汀州（今长汀）。毛委员每到一处，都要做大量的宣传群众、组织群众、武装群众的工作，因而使得革命根据地不断巩固和扩大，革命武装力量不断发展和壮大。那时，赣南的游击队、赤卫队发展成为红军第3军；闽西的游击队、赤卫队发展成为红军第12军。在汀州，我们住了近一个月，红军进行了整编，红3

军、红12军和红4军合编为红军第1军团。红1军团在毛委员的亲自率领下,经瑞金、兴国、吉水、永丰、新干,在樟树打了个胜仗。

当时,立三路线提出:"打到南昌、九江去!会师武汉!"毛委员不主张打大城市。因此,绕开南昌,从樟树渡赣江,经过高安,到了南昌西山附近的万寿宫。

李立三"左"倾机会主义路线的领导者,指示彭德怀率红3军团孤军攻打长沙。[5] 为了接应红3军团,毛委员带领红1军团也向长沙挺进。

……

那天晚上,没有星星,没有月亮,天黑漆漆的。我们翻山越岭,走过许多泥路、石板路、山间卵石路,约莫2点钟时,来到文家市东南面的一座山坡上。山坡上有个亭子,亭子靠文家市那面用石头堵着作堡垒。毛委员就在这里指挥文家市的战斗。

这时,只见红军和赤卫队从我们前面浩浩荡荡地向前沿开去。

文家市东西两面是山,整个镇子成一长形狭带。国民党戴斗垣部以3个团、一个营和当地地主武装共4000余人的重兵把守着文家市,虎视眈眈地对着我们苏区。

红军在毛委员的英明决策下,分三面向敌发动进攻。毛委员亲临战场指挥正面的战斗。

拂晓,毛委员掏出怀表,从容地看着。4时整,红军的攻击战打响了。立刻,枪声、爆炸声响成一片。我头一次在毛委员身边参加这样大的战斗,十分担心毛委员的安全,心里突突地跳。但一见毛委员是那样从容不迫地指挥战斗,我也轻松了许多。这时传令兵穿梭般地跑来跑去,或去传达毛委员的命令,或来报告战斗进行情况。

战斗打响后1小时左右,从山前跑来一个传令兵向毛委员报告:"我军在正面战斗中,两个排先后两次冲锋,都被敌人的重机枪压下来了。"

毛委员当机立断地告诉传令兵:"命令部队,组织突击队,集中短枪、手榴弹,匍匐前进!夺取敌人机枪!"

敌人的机枪怪叫着,我红军的火力却听不到。看着这情景,急得我们这些警卫员在那里干跺脚。

毛委员向我们摆摆手,心平气和地说:"你们不要急嘛!"

不一会儿,传令兵又来向毛委员报告:"柯武东纵队长命令我向毛委员报告,他已在前沿阵地召开了会议,传达了您的命令,决定'不消灭敌人,决不收兵'。前沿指挥员也纷纷表示:'一定要夺下山头!'柯纵队长现已亲自带领80名短枪队员出发了。"

毛委员微笑着说:"好!"

这时,我红军突击队在密集火力的掩护下,已和敌人短兵相接,无数手榴弹在敌阵地上爆炸,火光冲天,硝烟弥漫。敌人的重机枪哑了。略停片刻,红军夺取敌人重机枪后便调转方向朝敌人扫去。同时,振奋人心的冲锋号也吹响了。霎时间,我英勇红军战士、赤卫队员,杀声震天,如潮水般地向敌人冲去。红旗在前进,部队在前进,九峰寺岭被我们所攻占。控制了制高点后,红军以泰山压顶之势,迅猛地把敌人往下压。与此同时,两翼红军也从山后夹攻过来。正面、左面、右面三路红军,像赶湖鸭子一样,把敌人赶出了阵地。兵败如山倒,从山上败退下来的残敌,逃窜到文家市街上企图顽抗,但不到半小时,也被红军全部歼灭。

枪声停止了。

毛委员掏出怀表看了看,正是清晨7点整。文家市这场激战,从拂晓4时接火,只用了3小时光景,便胜利地结束了。

过了一会儿,前沿派人来向毛委员汇报:"这次战斗,共歼灭敌军两个团和两个中队;缴获轻重机枪、步枪、短枪2000余支;敌旅长戴斗垣在文家市自杀毙命。激战中,纵队长柯武东同志组织突击队,腰挂手榴弹,手持马刀和驳壳枪,始终带头冲锋,在九峰寺岭攻坚时,冲至半山腰,不幸中弹,身负重伤,但柯纵队长说:'不要管我,坚决冲锋,拿下山头!'他带伤坚持指挥战斗。战士们在柯纵队长的鼓舞下,以锐不可当之势前仆后继,英勇向前,终于夺取了制高点。现在,柯纵队长已用担架抬送慈化医院抢救。"

毛委员听完汇报,焦急地在地上踱了几步。他指示前沿来的同志:"请你告诉医院负责同志,一定要尽全力抢救柯武东同志。"前沿派来的同志听完毛委员的嘱咐,敬了个礼,便赶紧走了。由于柯武东同志伤势太重,抢救无效,后来他在医院里牺牲了。

这时,毛委员抬起头来,凝视着前方文家市。晨风吹拂着他的头发和衣襟。在晨风中,他站了好一会儿。然后,才下山向文家市走去。[6]

毛泽东的另一个警卫员陈昌奉也参加了这次行动。他回忆说:

我在家的时候,连梅江河都没有走到头过,觉得人世间怕没有比梅江河再大的河了;到过一次宁都县城,也觉得大得不得了。参加了红军,特别是到毛委员身边工作以后,整天行军打仗。到1930年夏天,听说我们的根据地都快有20多个县了,比我们梅江河不知大多少倍的赣江东南边这一大片都"红"了,比我们宁都县城大老多老多的一些县城我都去过了。革命形势这样好,心里真高兴。当时特别想打大城市。因为大城市土豪多,还有电灯,给毛委员准备办公的东西很方便,搞吃的东西也容易。

1930年的秋天，毛委员带我们由樟树西渡赣江。有的部队到了离南昌很近的新建县的万寿宫，在这里隔赣江打枪都可以打到南昌城。但是毛委员并没有带我们去打南昌，也从未对我们讲过打南昌的事，而是带我们经奉新、高安、上高到了离南昌老远的万载。记得在上高县城一个破旧的教堂里，前委总部的机关干部开过一个大会，毛委员作了报告。我们当勤务员的，出出进进，报告听不全，也听不懂，只断断续续地听毛委员讲，红军力量还不大，不能去打南昌。那一段时间，我也听个别人风言风语地讲什么要打下南昌、九江、长沙，会师武汉，饮马长江，我那时想进大城市的心思又动了。从万载进入湖南，在文家市消灭了湖南军阀何键的一个旅，打了一个大胜仗。文家市战斗后，听说有的部队已经围住了长沙。我想：长沙一定很大，什么都有。要是真能打开，我什么都不要，就给毛委员找一个饭盒子，好代替那个"三层饭缸"。听说大城市里有用皮子做的箱子，可以盛很多东西，也要搞一个。毛委员那个九层挂包已经塞得满满的了，可有些东西还是没处放。但是又一想，毛委员讲南昌都不能打，那长沙能打吗？心里又嘀咕开了。在文家市没怎么停，接着又出发，走了三四天的样子，就跟毛委员到了离长沙不远（有三四十里路）的一个叫白天铺的小村子。我的心又活动了：也许真要打长沙了吧？但转念一想又不那么对。根据过去在江西的经验，每当要去打一个地方，行军路上毛委员总要给我们讲一讲那个地方的特点，交代一下打开以后要注意的问题，有时还会给我们讲几个那个地方的历史故事，可是这一次毛委员什么都没有给我们讲，打长沙的事更是一个字也没有提，我那个心呀，七上八下的好不自在。

　　到了白天铺，毛委员住在一个祠堂里。我出去找门板搭铺的时候，看到有的战士同志弄来一些水牛，在牛身上绑上鞭炮棉花再淋上煤油。我看着很好玩，便问一个战士："你们这是要干什么？"那战士很不满意地看了看我，他像有满肚子气，粗声粗气地说："干什么？打长沙！"他这一说我糊涂了。"怎么还用水牛打呢？"我问。另一个战士看我是真不懂，便说："敌人有电网，我们人靠不上去，攻城的时候把这牛身上的棉花点着，让它去打头阵！""这能行吗？"我问。那两个战士都不答话。那个粗声粗气的同志，一边赶着牛，一边嘟嘟囔囔地说："天天打长沙，天天吃南瓜……"走了。看他们那神态，根本不像在根据地打仗时兴高采烈的样子了。"这是搞的什么名堂？"我心里更疑惑起来。扛门板回祠堂打好铺，我向毛委员讲了这件事。毛委员神态很严肃地听我讲完，但是没有说话。那些天，毛委员让"前委"秘书长古柏同志请一些干部来谈话。在他住的地方谈，有时也到阵地上谈。谈的内容我听不明白，只是记着他反反复复地告诉那些干部，现在不能打长沙。

　　我们到白天铺没几天，忽然来了一个人找毛委员。这人很年轻，中等个头，长长的脸，显得很瘦，穿一件对襟中式褂子，挺整齐，满利索。开初我以为他是当地的教书先生，可是见毛委员对他特别热情，像是老早就认识似的，不但让他和我们住在一起，还给他专门派了个警卫员。这个人是谁呢？是干什么的呢？秘书长古柏告诉我，他叫周以栗，是中央派来的特派员。毛委员在武昌办农民运动讲习所的时候，他是讲习所的教导主任。后来又听说他是来传达中央什么指示的。那时，我只晓得红军是毛委员、朱总司令领导的，这是哪里来的"中央"呢？自己不懂，又不好去问毛委员，心里憋闷得要死。周特派员一住下，就和毛委员谈起来。他老是站着，谈起话来两只手一会儿伸出来一会儿缩回去。他谈的什么我不懂，但断断续续地听那意思，好像是让红军打长沙的。头一天，他谈得很起劲，谈了好久好久，直到我去给毛委员收拾铺了，他还没有谈完。毛委员也不打断他，只是听他说。后来是毛委员给他讲，我进去的时候还碰到他插话，好像问什么。再后来进去，他就坐在毛委员对面听毛委员讲，已经不像刚来那天的样子了，他听着毛委员的话，不时地点头，好像很赞成毛委员讲的话。就这样搞了三四天，毛委员告诉我们说，长沙不打了，我们准备走！

不打长沙，我那个搞饭盒的计划也实现不了啦。我一边收拾东西，一边对毛委员说："我还想到长沙去给您搞个饭盒呢！"

毛委员笑着说："你呀！就只晓得那个饭盒，我们那个缸子不错嘛！"

离开白天铺的时候，那位周以栗特派员和我们一起走。我有些奇怪地问古柏秘书长说："他也同我们一起走吗？"古秘书长笑着说："他从武昌就跟毛委员一起走的嘛！"后来我才知道：错误路线的领导要周以栗当代表，来说服毛委员同意打长沙；但周以栗不但被毛委员说服了，而且同意了毛委员的正确主张，跟毛委员走了。

从株洲经醴陵，我们到了江西的萍乡。本来说要在萍乡休息几天，但是第二天我们还没有起床，毛委员就亲自来叫我们，并且告诉我们今天要提前出发，不坐运煤的小火车，要步行到安源。那天毛委员特别兴奋，完全不像去长沙的样子，一路上给我们讲安源工人大罢工的故事，告诉我们安源是个好地方，有很多很多的工人。还是毛委员在井冈山的时候，安源的工人同志就想方设法给红军送盐、送药品，那里的工人对革命贡献大着呢。他还告诉我们安源出煤，煤可以炼钢、造枪、造炮，只是那里有帝国主义分子、军阀官僚，压迫得工人喘不过气来。萍乡到安源虽然好几十里路，但这天我们走起来一点也不感到累，好像不一会儿的工夫就到了。

快到安源的时候，连长何振云对我们说："小鬼们，安源这地方毛委员熟得很，来过好几次了。大前年（1927年）为了准备秋收起义，毛委员在安源住了好些日子呢！这次到安源你们要有准备，保准有毛委员的许多工人朋友来看他呢！"

何振云真不愧是秋收起义就跟着毛主席的警卫员,说得真准。

毛委员对安源就是熟,到了那里不用带路就住到了煤矿工人宿舍区里。毛委员刚住下,工人同志们就来了。他热情地接待他们,问他们这个人还在不在,那个人还在不在,工人夜校办得怎么样了,工人赤卫队有多少枪……像回了老家一样,热闹极了。后来人越来越多,毛委员的房子不用说坐,站都站不下了。他看着大家,征求意见似的问:"到咱们的工人俱乐部去好不好?"

"好!"工人们齐声回答。

工人同志们簇拥着毛委员,边笑边谈,边说边走,来到了安源工人俱乐部。

毛委员在安源工人俱乐部里和大家座谈起来。参加座谈的有老工人、青年工人,也有工人家属,还有几个教师模样的女先生。人们找座位的时候,毛委员对我说:"陈昌奉,去告诉何振云,让他们多做些饭,搞点肉。做好了挑到这里来,我们同大家一起吃。"我答应着,飞快地向警卫连驻地跑去。何连长一见我就问:"是不是要多做些饭,还要搞点子肉?"我说:"你会算呀!"何连长笑着说:"老经验了,每次来都是这样的。"他一边说一边领我到伙房,啊呀!那么多肉和菜。何连长说:"我让你们准备好,自己就不准备吗?"说罢我们俩都笑了。

……

开过饭,参加座谈会的安源发电厂的工人同志,请毛委员去参观发电厂。毛委员说:"我们去看看工人同志们。"

……

从发电厂出来,毛委员又要去看望采煤工人。

……

毛委员这次在安源住了三四天,除了开座谈会和直接到工人群众中去,还参加了一个在学校的广场上开的群众大会。

在离开安源继续行军的路上,我说:"毛委员,这回咱们回江西到安源真是走对了,扩大了多少红军呀!要是还在长沙那里,死那么多牛不说,不但扩大不了红军,还会伤亡那么多好同志。"

……

离开安源没几天,毛委员便到了袁州(即今宜春),在这里召开了一个会。会议结束后,我们到了吉安。

一进吉安,附近几个还没有"红"的县城的敌人也都跑了,这一片就都"红"了。吉安一带好红火、好热闹,好多附近县的农会、赤卫队都赶到吉安来抓当地逃到吉安的土豪劣绅。因为吉安比较大,东西又多,部队便在这里筹款、筹粮、搞布匹做军衣、搞西药,还搞了不少纸张。这些东西都运到赣江以东我们的老根据地去了。更使人高兴的是在这里红军又扩大了，我们的力量更强大了。[7]

第一次反"围剿"

1930年10月至1931年1月，毛泽东指挥红一方面军痛快淋漓地打败国民党军的第一次"围剿"。他回忆说：

这时南京已被江西苏维埃的革命潜力所震惊，并在1930年年底开始对红军进行第一次"围剿"。总数超过10万的敌军在鲁涤平的总指挥下，兵分五路进犯苏区。当时红军可以动员起来抗击敌军的部队约有4万人。我们巧妙地运用运动战战术，迎击并战胜了第一次"围剿"，取得巨大的胜利。我们贯彻执行了迅速集中和迅速分散的战术，以我主力去各个击破敌军。我们诱敌深入苏区，然后集中优势兵力，对孤立的国民党部队发动突然袭击，取得主动地位，使我们能够在一个短时间里包围他们，从而把数量上占巨大优势的敌人所享有的总的战略优势扭转过来。

到了1931年1月，第一次"围剿"完全被打败了。我认为如果红军没有在"围剿"开始前不久创造的3个条件，就不可能取得这次胜利。第一，第1军团和第3军团在集中的指挥下统一起来了；第二，清算了李立三路线；第三，党战胜了红军内和苏区内的AB团（刘铁超等）及其他现行反革命分子。[8]

郭化若回忆说：

在袁水流域工作到10月29日，红一方面军发出命令："本方面军拟仍在原地延长工作三天，至11月2日止。"三天很快就过去了，遵照毛泽东指示，总部再下通知，准备再延长三天。通知才写好，还没有发出去，就发现敌人进攻的情况。据报，敌军10月已开始向我军前进。这就是蒋介石发动的对中央红区的第一次反革命"围剿"的开始。总前委立即在罗坊召开了紧急会议。当夜3军团来参加会议的只有滕代远、何长工。因为路远，没有叫彭德怀和袁国平过来，派周以栗去传达说服，周以栗以中央长江局代表的身份，代表总前委传达紧急会议的精神较为妥当，周以栗完成了说服任务。

罗坊会议讨论的主要问题是行动问题。这时，客观形势提出的问题，已经不是打不打南昌和九江的问题，而是在哪里打敌人的问题：是前进打，是就地打，还是后退打？也就是在白区打还是在红区打的问题。有人主张前进到白区去打（包括前进到南昌、九江去打），也就是要"御敌于国门之外"，反对战略退却，理由是：（一）退却丧失了土地；（二）危害人民（所谓"打烂坛坛罐罐"）；（三）对外也会产生不良影响。他们不了解：退却，退到红军根据地内，可以取得根据地人民的援助；可以选择自己所欲的有利阵地，使进攻之敌不得不就我范围；可以最大限度地集中兵力；可以察明敌军的行动，看出其行动规律；可使敌人分散、疲惫；可以发现敌人弱点和造成敌人的过失。及时退却，使自己完全立于主动地位，这对于到达退却终点以后，整顿队势，以逸待劳地转入反攻，有极大的影响。毛泽东反复说明了退一步以取得主动权的道理。对于惧怕丧失土地的问题，毛泽东用"将欲取之必先与之"的道理，说明只有丧失才能不丧失，以一时丧失土地才能换得消灭敌人，然后再收回失去的土地。毛泽东要求干部不忘井冈山的经验，要造成"敌疲我打"的形势，实行战略退却。他后来回忆说："由于没有经验而不相信战略退却的必要，莫过于江西第一次反'围剿'的时候。当时吉安、兴国、永丰等县的地方党组织和人民群众无不反对红军的退却。"虽然困难很大，毛泽东终于说服了干部，使大家同意了向根据地退却。接着的问题是战场选在赣江西岸好，还是东岸好。毛泽东考虑到往后的发展，认为赣江东岸比西岸好。这是井冈山斗争中被实践证明了的正确结论的延伸和发展，即主要的发展方向不是向湖南，而是向敌人统治力量薄弱的闽、浙、赣边界。从江西一省说，赣江西岸同东岸地区大小虽差不多，但东岸连接福建、浙江边界广大山区，比起西岸回旋余地却大得多。于是首先决定了方面军立即收拢部队，渡过赣江，开向樟树、抚州、永丰地区，边工作，边筹款，边备战（东渡赣江的命令是11月1日下达的，当时还写着"相机略取樟树……相机略取抚州"字句）。另一个问题是，退到边沿区还是退到中心区？当时因为有立三路线和AB团两个问题，所以毛泽东经过深思熟虑认为退到中心区更有把握战胜敌人，提出的口号是"诱敌深入"。罗坊会议后，我军即按毛泽东的意见转移到赣江东岸，首先到达樟树、抚州、永丰地区，使向袁水流域进攻的敌军扑了一个空。不久，又经过一次会议讨论后，总部再下令向南（偏西一点）移动，移到红区边沿，又使渡赣追来的敌军第二次扑空。接着红军第三次下命令到黄陂、小布地区集结待机，使敌军第三次扑空。至此，我军完成了集中主力进行战略反攻的准备。

各方面军经吉安及其以北地区东渡赣江时，总部是在峡江渡江的。毛泽东亲自从峡江绕道到吉安城去布置江西地方反"围剿"斗争的工作。对赣江以西地区坚持斗争的工作（包括吉安等城市的撤退工作），在路线、方针、方法、政策、策略等方面，都作了极为详尽周密的指示和部署。

1930年冬，我军退到小布、黄陂一带集结。在小布开了个动员大会。毛泽东亲自写了一副对联：敌进我退，敌驻我扰，敌疲我打，敌退我追，游击战里操胜算；大步进退，诱敌深入，集中兵力，各个击破，运动战中歼敌人。这是毛泽东英明的战略指导思想的高度概括。在动员大会上，毛泽东作了富有说服力和振奋人心的动员报告，详细说明了我军反"围剿"的有利条件，也反复说明了"诱敌深入"的必要和好处。

从永和会师,经过二打长沙,近郊"散开",移到萍、攸、醴待机,在该三县工作12天,沿株萍路回师攻吉,到吉安、峡江,以至罗坊会议,决定了"诱敌深入"的战略方针;再经东渡赣江,向红区边沿区退却,直到小布、黄陂集中,这就是毛泽东团结、争取和诱导3军团回到江西,在战略上集中兵力,准备好粉碎敌军"围剿"的曲折过程,也是毛泽东领导中央红军和中央红区同立三路线作激烈的曲折的胜利的斗争的过程。这一斗争的胜利,保证了反"围剿"斗争的胜利。

第一次反"围剿"时,敌我双方力量对比仍然是敌强我弱。当时敌军情况是,蒋、冯、阎军阀混战初告结束,蒋介石指使武汉行营主任何应钦拼凑了杂牌军8个师约10万人,任命伪江西省主席兼第9路军总指挥鲁涤平担任"围剿"军总司令、张辉瓒为前敌指挥,向我江西红区进行第一次"围剿"。敌人处于外线作战地位,进行战略进攻,其指导方针不外是"分进合击,长驱直入",也叫"并进长追"。

战役前夕敌军的分布情况是:最西头是罗霖的77师在吉安,隔在赣江之西。最东头是刘和鼎的56师在福建之建宁,不一定入赣。两头相距800里。这800里的中间,敌军分两大路:敌之右路军是张辉瓒的18师、谭道源的50师和公秉藩的28师共3个师;敌之左路军是朱绍良指挥的毛炳文的第8师和许克祥的24师两个师。在我军集结地北面的敌军,实际上只有3个师分占三处:右边张师进占我东固、南垅,公师在它后面的富田(后来又调回吉安);中间谭师进到源头,先头团进到头陂;左边许师进至洛口,毛师进到广昌,其先头部队进到头陂。敌军分散、疲惫,士气低落。

我军的情况是:我军主力1、3军团两个军团加总部直属队,此时只有3.3万余人,把由22军缩编的64师(师长粟裕、政委高自立)计算在内,共4万人左右,集结在黄陂地区。武器虽差,但士气很高。内部的意见分歧,在我们伟大统帅毛泽东的英明领导下,经过一系列斗争,至罗坊会议决定"诱敌深入"的方针后,已统一在毛泽东的正确路线下。

战区的地形基本上是山地,交通不发达,敌军左右联络不便,后方补给困难。我军集结在根据地的中心区,有广大人民群众的掩护和支援,又有地方武装的配合。

我们的战略方针是"诱敌深入"。在战略防御中,采取战役进攻。集中尽可能多的兵力,各个歼灭敌人,逐步壮大自己。反"围剿"的准备工作,做得相当理想。红军1、3军团主力已经集中整训,政治动员工作做得比较普遍深入,财粮已有相当的征集准备。总之,反"围剿"的准备工作既没有轻敌放松,也没有惊慌失措的现象。

在主攻方向的选择上，考虑到正面三处敌军中，张、谭是"围剿"的主力军，如果打掉了张、谭，就把敌军"800里连营"切断，使之成为远距离之两群，敌人的"围剿"就被打破了。从兵力上讲，张、谭两师各约1.4万人，我军则有3万多人，13个团的兵力，一次打他一个师，兵力上占优势，有把握。如先打毛、许，则因：第一，地区居民条件不够好；第二，打了后再向西，则张、谭、公三师势必靠拢集中，不易取胜，战役不易解决。因此决定先打张辉瓒或谭道源。

为了达到全歼敌人的目的，最好是歼灭敌人于运动中。这里有一个慎重对待初战的问题。许多资产阶级军事家都主张慎重初战，毛泽东改造和发展了旧的军事学，主张没有准备好不打、没有把握不打。怎样才算有把握呢？主要是等待敌人产生错觉，等待敌人兵力分散、离开工事，等待和调动敌人进入于我有利的地形，也就是说等待在运动中歼灭敌人。12月24日，我们在黄陂得到情报，谭道源大肆拉夫，准备出发，向小布前进，这是个好机会。小布地形有利于设伏。我军当即于26日拂晓前轻装向北前进，在小布埋伏。严格规定：白天不许煮饭，前线指挥员都不许带马，以求隐蔽。可是我军从早晨等到黄昏，等了一整天，敌人没有来。当晚撤回黄陂。第二天半夜又去，从拂晓一直等到天黑，仍未见到敌人，只好再次撤回。这时候，有些怪话出来了。有的人不懂得在反攻中必须慎重初战，尤其是第一次反"围剿"更为重要。初战"必须打胜。必须敌情、地形、人民等条件，都利于我，不利于敌，确有把握而后动手。否则宁可退让，持重待机"。毛泽东就是这样坚持慎重的态度，忍耐着，等待着。"机会总是有的，不可率尔应战。"后来在歼灭了谭道源一部后，在清查敌军作战文件时，查明谭师确曾下令向小布前进。经询问俘虏，才弄清谭道源全师原已经集合好队伍，准备向小布前进，其先头部队已出发，但因有一个反革命分子逃跑出去告密，说小布埋伏了许多红军，谭怕得要死，立即下令停止出发，并把已经走了相当远的尖兵叫了回去。事实证明，在小布设伏是正确的。

小布设伏未能打到敌人，便决定改换目标横扫在我军左翼之敌。我军遂于12月29日转移到黄陂西面君埠及其以北一带，隐蔽集结。

移到君埠地区后，当天黄昏得到情报，东固敌张辉瓒率师部和两个旅同日已进到龙冈（另一个旅尚在东固）。预料该敌次日可能向君埠前进（东固东20里为南垄，南垄东20里是龙冈，龙冈东20里即君埠）。龙冈、君埠之间有个黄竹岭，敌军东进必须仰攻该山。这时谭道源师仍在源头。毛炳文师则移到洛口、平田、东山坝一带。毛泽东听到这一情报，非常高兴，认为敌人已被调动，立即下定决心，抓住战机，在敌人前进中消灭他们。当时我们没有详细的军用地图，就马上调查，制成略图，下达命令，围攻张师于龙冈。因为我军刚向君埠及其以北地区移动，当晚我们尚未接到3军团和红4军的宿营报告，还不了解他们驻扎的具体地点。因此，立即派遣参谋长朱云卿到君埠以北上固以东去寻找3军团和红4军传达命令，并告知3军团和红4军攻击前进的道路。作战的部署是：第3军任正面攻击。该军以7师任正面，拂晓前进占黄竹岭前面木坑以北地区和亭子岭主要阵地，迎击东进之张师先头。3军的其余两个师，紧接7师向龙冈东和东北攻击前进。12军（缺35师、包括64师）任左路，提前于30日4时前出发，经表湖向龙冈西南方攻击前进。要求该军以一部兵力占领龙冈南端、水西西端之盲公山；主力则截断龙冈西面通南垄的大道，从兰石、茅坪向东打，即从张敌后面打龙冈（龙冈正南是大山密林，无路可通）。又令红4军和3军团由现驻地选路前进，如上固无敌，则向龙冈之西北端还铺、张家车之线攻击前进，到达时立即与3军取得联络，向总部报告。并令他们以小部兵力向下固源头警戒，如龙冈之敌未前进，我军即向龙冈攻击。总攻时间定在上午10时。作战时总司令部指挥所设在黄竹岭后面之小别山上，毛泽东就在那里指挥战斗。

第二天拂晓，我军担任正面迎击敌军之红3军7师进到了预定的阵地。毛泽东率领总部极少数人员到了指挥所。天色还早，满山是雾，只见群峰雾锁，枫叶霜红，曙光初照，落叶满山。"雾满龙冈千嶂暗"写的就是此时的景色。不久，旭日东升，群山雾散。前线部队居高临下，看得很清楚。敌军张辉瓒部早饭后即从龙冈出发，向东前进。正在他们的先头部队艰难登山时，受到我军的迎头痛击。这时我军正面只有一个师（实即一个团的兵力），是由江西地方武装升级整编的红3军主力师，装备差，火力也弱。敌军轻视我们，不断向我军猛冲，战斗大约在9时打起，到中午前后，敌军逐步展开了两个团兵力，向我军猛攻。战斗激烈起来了，战况一时吃紧，这时总部指挥所附近只有一个连的警卫兵力，并已分散担任警戒和掩护大小行李，没有兵可以派出增援，于是派了一个参谋处长去看。朱总司令解释说："凡是部下请求增援，就必须派兵去，多少总要派。没有兵就派将。"参谋处长到了第一线师指挥所位置，据师长说："有个新俘虏不久的班长，企图率领一班人投敌，当即被班里战士打死，前线已经稳定。"战斗到下午3时许，敌张辉瓒率领的4个团完全展开，多路向我军猛攻，我12军则向敌侧后攻击，战斗发展到非常激烈的程度。也正在这时候，我红4军和红3军的部队已从龙冈北面高山上跑步冲下山来，敌军全线崩溃，一片混乱。参谋处长跑回总部指挥所报告毛泽东，毛泽东随即从黄竹岭下山，沿大路向龙冈走去，沿途听到许多通信人员和后勤人员高兴地喊着："捉到张辉瓒啦！""前面捉到张辉瓒啦！"《渔家傲·反第一次大"围剿"》中的诗句"齐声唤，前头捉了张辉瓒"，正是此时此景的写真。

正在夕阳无限好的时候，毛泽东健步走到了龙冈大坪上，只见已经放下武装的一堆俘虏集合在大坪的一边，站成正方形队。这时有人把张辉瓒捆绑着带过来，他换上士兵穿的灰布棉军衣军裤，帽子不见了。送他来的人说，他才被俘虏时，想隐瞒身份，说是个书记官，当场就被一起的俘虏揭发。他一路走，一路有人发出叫打声。他走过来时，俘虏队中立刻有两个人走了出来，猛打了他两个耳光，口里还说："你压迫我们够了！现在我们不怕你了！"我们劝阻了，并给他松了绑。张辉瓒一见毛泽东就鞠躬敬礼，口称"润之先生"，说他们过去怎么见过面，说了些别后钦佩景仰的话。毛泽东叫他一起就地坐下，简单地对他谈了些革命道理和革命形势，又问了一些敌军内部的情况。张辉瓒还表示，情愿捐款、捐药、捐枪、捐弹，请求免他一死。毛泽东交代要好好看管他，不要杀。但后来有人没经过毛泽东同意，把他交给地方杀了。

这次战斗中，红3军猛冲到龙冈张辉瓒师部所在地时，张的警卫营营长原是黄公略同志的部下。他早把全营集合好，等黄军长到来时，号兵吹敬礼号，全营举枪敬礼。他还毕恭毕敬地向黄军长报告，然后将缴出的枪整整齐齐地摆好。连他随身佩挂的蒋介石授予的"自杀刀"也一并缴了。

在这次战斗中，有一部分敌人往西向南垄逃命，等到他们跑到龙冈、南垄之间的大山时，正好遇到我军早已等在那里的独立行动的一个师，结果一个人也没有逃脱。

龙冈战斗全胜了。我们英勇的红军在毛泽东的英明领导下，一举全歼了张辉瓒的第18师师部和两个旅，俘敌9000余人，取得了第一次反"围剿"的首次全胜。全军振奋，附近人民无不欢欣鼓舞。

这一次战前，我们鉴于文家市战斗中破坏了缴获的无线电台的教训，在命令中规定了注意事项，参谋处又专门发了通报。结果敌人的无线电队人员全部被我军俘虏了，可是缴获的无线电仍然没有保存好，发报机受到破坏，只剩下一台收报机，我们就用它作为我军建立无线电通信和技术侦察的基础。

龙冈战斗结束后，我军立即在龙冈附近抓紧时间休整，并继续侦察敌情。第三天部队即移向小布一带，准备再打谭道源。第四天晚上得悉，谭道源师因张师惨败，惊慌失措，已向东逃窜，一部经源头、中村向南北坑败去，其后头部队被我"二路军"（我军专门派出迷惑敌人的部队）截击，缴获甚多。该敌主力则经南团向东韶逃去。他们希望逃到东韶，向毛炳文、许克祥靠拢。哪知许师于龙冈战斗后即由洛口逃往头陂，与毛师靠拢。当时毛泽东判断敌军有全线退去的模样，总部即于当夜10时下令，于翌晨追击东韶之敌，计划歼灭谭师于东韶附近，然后，消灭朱绍良所属之许（两团）、毛（两旅）两师，以树政治上之声威。令12军任正面，经南团、林池向东韶逃敌攻击前进。令3军团任左路，经头陂向东韶攻击前进。令3军任右路，限于明天12时进至田营，以主力钳制住洛口敌许师，阻其增援，以一部迂回到东韶东端山下坪北端之高地，向东韶之敌攻击。红

4军为总预备队。命令下达后,各军多提早出发乘胜进军。上午,12军先头部队即与敌接战。我主力军陆续赶到,相继合围,各部向敌猛攻。龙冈战斗的第五天,谭师才到东韶,虽曾依山布防,但未及完成工事,次日我军即赶到。敌军闻张师惨败,已如惊弓之鸟,再经我猛攻,伤亡惨重,全线不支。谭道源率残部突围,向宜黄东南逃窜,逃回抚州。东韶一战,谭师溃不成军,我军歼敌数千,缴枪千余。五天打两仗,俘获万余人。毛、许两敌则在我进攻东韶时由头陂经广昌向南丰北逃。这样,就胜利地结束了第一次反"围剿"。[9]

彭德怀指挥红3军团,在第一次反"围剿"中也立下了赫赫战功。他回忆说:

1930年九十月间,蒋、冯、阎军阀战争大体停止,敌军已开始准备大举进攻。同时,总前委得到可靠材料,证明立三路线已被揭露。

在1军团占领吉安后,总前委改变在湘江、赣江之间机动作战的计划,要在赣江以东、大海以西的广大地区创造根据地,采取诱敌深入的战略方针,谨慎地争取粉碎敌军的第一次"围剿",准备长期斗争。从战略全局着眼,这一意见比前者更全面、更正确。当时,我对这个方针是完全拥护的,没有什么犹豫。

1930年12月上旬,敌第一次"围剿"开始,蒋介石命鲁涤平为总司令。红军第3军团从赣江西渡到赣江东。在3军团渡江之前,因3军团之5军和16军大多数是平江、浏阳人,8军大多数是阳新、大冶人,地方主义者利用这一点来反对过江,主张1、3军团分家,夹江而阵;1军团位于赣江以东,3军团位于赣江以西。认为这样既可以集中消灭敌大部队,也可以团为单位分散于湘赣边、湘鄂赣边、鄂东南区进行游击战,对将来夺取湘、鄂、赣三省政权都有利。从坚持长期战争这方面看,这些同志也还是有些理由的,因此他们就得到相当一部分人的拥护,但实际上1、3军团在战斗中一次要各消灭敌军一个师(6个团的师)是很勉强的,如果两个军团合起来消灭敌人一个师就比较轻松。为了消灭敌人,必须反对地方主义,在政治上以朱、毛为旗帜,集中统一红军,1、3军团不能分开。我这一票在当时是相当重要的一票,站在哪一方面,哪一方面就占优势。我说:"1、3军团分开,两军团夹江而阵,这对于目前准备粉碎蒋介石的大举进攻不利。"不少同志担心3军团过江东以后,湘、赣两江之间谁人坚持,苏区不是白搞了几年!这是3军团带群众性的意见,也是正确地提出问题,必须重视。我说:"湘鄂赣边区可扩大16军;鄂东南已有5个小团,准备成立9军(1930年冬成立,约3000人。1931年春,他们过长江以北,编归第四方面军,军长陈祁以下的绝大多数干部,被张国焘当作改组派[10]杀了);湘赣边区已有独立师,可再加扩大。"说明这些布置之后,他们的顾虑减少了。要坚持根据地,红军要有地方性,但又要反对地方主义,这是复杂的问题,需要时间逐步去解决。我说:"有意见到河东讨论,但不能妨碍行动,更不能说1、3军团分家。"这些问题总算是大体得到解决，但在思想上的认识并不深刻。

这时总前委派周以栗以中央代表名义，到3军团传达指示。周到后，我将上述情况告诉了他，大问题是没有了。周问："其他准备工作呢？"我说："就是船还没有准备好，我去搞船去。"以此表示过江的决心。会议从上午开到黄昏，大家都同意了。我带了一个连把船搞好，回军部时还未散会。有几个团级干部，记得其中有个杜中美，说："为什么两个军团不能夹江而阵，一定要两个军团过东岸？我们有意见。"这就是地方主义，还有人支持，它还有一定力量，还需要做工作。我说了几句，要集中兵力，大量消灭当前蒋介石进攻之敌，有意见到江东去讨论吧，我是一定要过江的，总前委这个决定是正确的。红军要打遍全中国，不要地方主义。我问："还有意见吗？"他们说："没有意见了。"我说："明天拂晓开始渡河，船已准备好了。"经过激烈的争论，才说服了不同意见的同志。以当时的政治思想水平，已是很不简单了。可是，在1959年庐山会议及其后在北京开的军委扩大会议上，有人说，这是彭德怀的阴谋，反对过赣江，是预先布置好的。一个人预先说不要过河，最后又说要过河。难道一万几千人的武装部队，尽是一些木头，可以随某一个人搬来搬去的吗？能够这样出尔反尔吗？我看是不行的。这是一种主观主义的不合情理的、没有根据的推测。真正的教训是当时思想工作没做透。

3军团在峡江、樟树之间东渡赣江之后，根据毛泽东提出的粉碎敌军（10万）第一次围攻的军事方针，"放开两手，诱敌深入"，把敌人引到苏区根据地内来打。这是一个深谋远虑、稳当可靠的战略方针。在没有大规模作战的经验以前，第一次对付这样大的敌人的进攻，需要取得作战经验。

但是，当3军团逐步向永丰以南之黄陂、小布地区收缩时，越转向苏区中心地带，越见不到群众，甚至连带路的向导也找不到。部队普遍怀疑这不是什么根据地，还不如白区。原来是江西省总行动委员会（省委）对"放开两手，诱敌深入，大量消灭敌人"的方针提出异议，说这是右倾机会主义，是退却路线，而不是进攻路线。他们的方针是"打到南昌去"，同总前委的决定是针锋相对的。他们始则对红军进行封锁、欺骗，控制群众，不要群众和红军见面；继则散发传单，发表什么告同志书，写出大字标语"拥护朱彭黄，打倒×××"。这就不单是党内路线斗争，而是分裂党、分裂红军了；由党内路线斗争转移为敌我斗争了，这当然会被AB团所利用。大敌当前，如不打破这种危险局面，就不易战胜敌人。这时，3军团驻在东山坝，总前委驻在黄陂，相距六七十里，敌军已分路进入苏区边境，3军团处在一个关键地位。

正在考虑如何打破这种危险局面时，1930年12月中旬某日夜半，3军团前委秘书长周高潮突然送来毛泽东亲笔写给古柏（毛泽东秘书）的一封信（毛字另成体，别人很难学）。信中大意是：要在审讯AB团（反革命组织）中，逼供出彭德怀也是AB团，我们的事情就好办了。另有近万字的告同志和民众书。我现在还记得头一句，就是"党内大难到了！！！×××叛变投敌"。一大串所谓罪状，其内容无非是右倾机会主义啦、投降路线啦。我边看边对周高潮说："送信的人呢？"他说："在外面。"我说："是一个什么人呢？"他说："是一个普通农民青年。"我说："请他进来。"

我看了信和传单，还未见周进来。我想这封信送给我，其目的在分裂1、3军团，拉3军团拥护省行动委员会。看样子不只送给我一个人，还可能送给朱德和黄公略等同志。如果真的送给了他们，这是一个最大的阴谋，处理稍有不慎，也可能产生一个最大的不幸！当时在我的脑中回想着毛泽东同志建设工农革命军，建设井冈山根据地，传达六大决议，争取袁、王联盟，严肃批评乱杀两个群众的事；关于当时不应该留5军守井冈山的自我批评；特别是古田会议决议，这一切都是正确的方针、政策和政治家风度。毛泽东绝不是一个阴谋家，而是一个无产阶级政治家。这封信是伪造的，这是分裂红军、分裂党的险恶阴谋。

约过半小时，周才来说："送信人走了，追也追不到了。"我想，这样重大的事件，不派重要人来进行商谈，而派这样一个普通送信人员，既不要回信，又不要收条，这才怪咧！更证明是阴谋。如果有人把敌人阴谋信以为真，可能造成无可补偿的损失。周在桌上拿起伪造信看着，我问："你看怎样？"周答："为什么这样阴险呀！"我说："明天9点召开紧急前委会议讨论这件事，除前委同志外，团长、政委、主任、参谋长都参加。"周说："已经2点了，是今天9点吧？"我说："是今天9点。"立时把滕代远、袁国平、邓萍同志请来，把信给他们看了，说明这信是阴谋，他们一致同意这个看法。代远说："好危险啊！这是一个大阴谋。"我们和总前委相距有六七十里，请示来不及，怕发生意外事变，我当即写了一个不到200字的简单宣言，大意是：富田事变是反革命性质的；打倒毛××，拥护朱彭黄，这就是阴谋分裂红军，破坏总前委粉碎白军进攻的计划；1、3军团在总前委领导下团结一致，拥护毛泽东同志，拥护总前委领导。代远叫我："吃饭哪！"我说："还有几个字没完。"写完后，我把宣言给他们看了，他们都同意我的看法。

一会儿，开会的人到齐了，我把那封伪造信和告党员及民众书，先给到会人看，读给他们听，又把昨晚送信的情况，同滕、袁、邓谈了（当时对周高潮有怀疑。对周进行了分析：周是大约十天前由行动委员会介绍来的，不过不是AB团，是立三路线者），决定派一个班把3军团的宣言和那封假信送到黄陂总前委去。此事交给邓萍办了。我和代远、国平到会场，大家正议论纷纷，有的激动紧张，有的怀疑。一进门，杜中美这个"张飞"说："好大的阴谋！"我说："是呀！"周高潮宣布开会，要我先讲。我说："富田事变是反革命的暴动，伪造信件，陷害同志，企图分裂1、3军团，破坏总前委粉碎白军进攻的计划，公开宣传打倒毛××，拥护朱彭黄，这不是党内路线争论，而是反革命的行为，是AB团的阴谋毒计。省行委是AB团统治的，其中有立三路线者同它结成同盟。这封假信是富田事变的头子丛永中写的，他平日学毛体字，学得比较像，但是露出了马脚——毛泽东写信，年、月、日也是用汉字，不用罗马字和阿拉伯字。"

我讲这段话时，黄公略来了，大概听了10来分钟就走了。会后我问邓萍，公略来干吗？邓说："他没说别的，只说老彭还是站在毛这边的。他就走了。"

我继续说："从战略方针来看，我赞成3军团编为第一方面军的建制，统一指挥，这是革命的需要。从长沙撤退后，我赞成在湘、赣两江间机动。现在军阀战争停止，蒋介石、鲁涤平以10万大军来进攻，为粉碎它，就必须谨慎而又有把握地打败它。诱敌深入，利用山地，依靠群众，增加自己战胜敌人的有利条件，这是完全正确的，我完全拥护这一方针。如果违抗这个方针而坚持自己的错误方针，总前委即可撤销我的工作，何须用阴谋办法呢？我们对邓乾元也不过是撤销了他的职务吧？"我还说了毛泽东在传达六大决议时的认真态度，由瑞金到零都间，对有人错误地杀了两个群众进行严肃批评的事情。讲了这些话以后，到会同志的情绪转变过来了，把愤恨转到对富田事变，并进行了宣言：反对反革命的富田事变，打倒AB团；拥护总前委，拥护毛政委；1、3军团团结一致粉碎国民党进攻。通过这件事，提高了部队的思想觉悟。

第二天，我们将3军团开到小布，离黄陂总前委15里。我亲自去请毛政委来3军团干部会上讲话，使3军团干部第一次看到毛政委。这一切都是为了反对富田事变，巩固总前委的领导。3军团前委宣言发布以后，过了几天，反动的省行动委员会过了赣江，到永新去了。因为这个阴谋挑拨失败了。那次他们也写了同样的假信给朱德，他也把假信拿出来了。白军前线指挥张辉瓒发生了错觉，以为红军内部分裂了，迅速进到龙冈，结果全师被消灭，他本人被俘。"前头捉了张辉瓒"，成了今天豪壮的诗篇。张辉瓒是主力师，他被俘之后，敌全军动摇，给了我军顺次各个击破敌人的良好机会。第一次反"围剿"胜利了，被欺骗的群众觉悟了，立即替红军带路、运伤兵。毛泽东的战略方针胜利了，建立了人民群众对红军的信任。〔11〕

第二次反"围剿"

这次反"围剿"的胜利，同样极为神速。毛泽东回忆说：

仅仅经过4个月的休整，南京就以当时的军政部长何应钦为总指挥，发动了第二次"围剿"。此次的兵力超过20万,分七路进犯苏区。当时红军的处境被认为是非常危险的。苏维埃政权管辖的地区很小,资源有限,装备奇缺,敌人的物质力量在各方面都大大超过红军。但是,红军仍然坚持赖以制胜的战术来对付这次进攻。我们放各路敌军深入苏区,然后集中主力突然攻打敌第二路,打败了好几个团,摧毁了他们的进攻力量。紧接着我们迅速地相继进攻第三路、第六路和第七路敌军,依次击败他们。第四路不战而退,第五路被部分地消灭。在15天内,红军打了5个仗,走了8天路,结果得到了决定性的胜利。蒋光鼐和蔡廷锴指挥的1路军,在其他6路被打败或退却以后,没有认真打一仗就撤退了。〔12〕

彭德怀回忆说:

1931年1月粉碎第一次"围剿"后,蒋介石在3月又开始第二次"围剿",这次总司令是何应钦,他的战术是"齐头并进,步步为营,稳扎稳打"的堡垒主义,使用的兵力比第一次多一倍,西起赣江,东至福建之建宁,连营700里。到4月下旬,敌已逐步推进至富田、广昌、建宁之线。当时兴国还为敌军占据,红军主力1、3军团由龙冈开至东固,离兴国60华里。有人说,这是钻牛角。毛泽东约我到东固(3军团驻地)富田之间山上去看地形,我们饱吃了刺梅,才议这一仗如何打法。在龙冈讨论时,已决定在战役上选定歼灭由富田向东固前进的这路敌军(此敌,系北方队伍,初到南方不习惯,又没有同红军作过战,记不起是上官云相,还是罗霖军〔13〕),但是伏击地选在什么地方,才最有利于我军歼击,这个战术问题尚未确定。我们到东固后也讨论了这个问题,几次难以肯定。这次到实地侦察,解决了如何打的战术问题。决定1军团之3、4两军在离东固约15里处布置阻击和伏击阵地;3军团绕至敌之右侧背,是一个背水(背赣江)阵。毛泽东问,有无危险?我说,无危险,敌人意识不到我军会侧敌侧水进攻。

接触不到两三个小时,敌就被1军团击溃,3军团未赶到预定地点,使敌逃脱了一部分。此役一胜,势如破竹,从西向东逐次击破,最后一役是在建宁歼灭刘和鼎师。15天横扫700里,3.5万红军,击破20万白军,是以弱胜强、各个击破敌人之典范,内线和外线相结合之典范,创造了红军战争之军事辩证法。

我在这次战役中学到一些东西:毛泽东对战役部署,是异常细心地反复思考、力求无缺,对战术问题也是异常细心地反复推究,特别是不耻下问,虚心听取别人的意见。此役集中优势兵力,"伤敌十指,不如断敌一指",他对此运用得最熟练。〔14〕

陈昌奉回忆说:

第一次反"围剿"的胜利,是我参加红军一年多来遇到的第一个大胜利。消灭了那么多敌人,缴获了从来没见过的"无线电",连敌人的"总指挥"张辉瓒都活捉了不说,老根据地更巩固了,还扩大了许多新根据地,好多部队的梭镖换上了汉阳造步枪。心里那个高兴劲儿，简直没法说了。

但是，我们胜利刚刚一个多月，正是秧苗儿猛长、春笋儿冒尖的时候，首长们上政治课的时候讲，白军头子蒋介石不服输、不死心，又派了20多万人马来进攻我们，领头的是何应钦（何应钦是个拐子腿，我们叫他"拐子指挥"）。采取的战术叫什么"稳扎稳打，步步为营"。

……

过了些日子，听说敌人到一个地方就修一些碉堡。我和不少同志一样，有点担心了：敌人修这么多碉堡，又占了我们不少地方，怎么办呢？老觉得这些碉堡对我们威胁太大。但是上政治课的时候首长不这样讲。首长说："毛委员讲了，敌人修的碉堡越多，他的兵力越分散，因为修了碉堡就要有人守，不然碉堡起什么作用？反正碉堡自己不会打枪。所以敌人碉堡修多了是件好事，不是件坏事。"这一说，我们的思想明朗了。

后来敌人离我们越来越近，马夫老余几乎每天夜里都起来喂马，准备打出去。可是又等了好几天，也没有看出要打的意思。我们的心里又不踏实了。打不打呢？

那一段时间毛委员很忙，除了开军队的会，记得还找来了兴国、于都、宁都等好几个县的地方干部来开会。直到在青塘开了一个不少军长、政委都来参加的会议（后来才知道叫"青塘会议"）后，毛委员才告诉我们又要打仗了。但是在哪里打他没有讲。离开青塘的那天，我以为是要去打宁都城（因为宁都离我们很近很近，敌人也不多），结果出了青塘背着宁都的方向直往西走。我以为要去打吉安，便偷偷地对老余（他是吉安人）说："老余，这回大半要打你们家了。"老余正在喂马（他总是这样，一天到晚除了学习、睡觉，有时饭都和马一块吃），他看了我一眼说："你那个大半不一定准。"真叫老余说着了，走了三四天，到了吉安的东固一带便停下来了。

到东固一带住下，事情可就多了。这东固也是老根据地，群众对我们熟得很。我们一到，他们就说："敌人王金钰的第5路军已经到了富田（离我们四十几里）；郭华宗的那个师也到了水田、白沙一带（离我们十多里），占了我们不少地方，怎么还不打啊？"有些红军干部战士听说家乡让敌人占了，心里急得不行。有些认识我的干部就问："小鬼，没听说什么时候打吗？"我笑着说："你急什么，反正早晚要打的。"那干部火气蛮旺地说："还不急呀！离敌人这么近，都钻到牛角尖里来了。糯米团子黏芝麻，你过后想甩也甩不掉了。"我觉得这话挺有意思，回到住处就告诉了毛委员。

"我们不是芝麻，"毛委员听罢笑着说，"敌人那个糯米团子黏不上我们，我们还要吃掉他那个糯米团子，钻通他那个牛角尖呢！"

……

一天夜里，毛委员带我们出发了。我刚要点马灯，他说："不要点。今天要打仗了。"

走了好一阵，爬上一座山，来到一个大庙里。到了这里，毛委员还是不让我们点灯，并且告诉我们不要出去，不要满山跑。我心里急得不行，这是到了什么地方？问老余，他气喘吁吁地刚把马拉上来，摇着头表示不知道。正巧，庙里有一个老和尚，我便悄悄地问他："老人家，这是什么地方呀？"那和尚说："这里叫白云山。"我又问："这里有国民党的军队吗？"那老和尚战战兢兢地说："山下住着可不少呢！白天还在修碉堡、抢东西，闹腾得可凶了！你们是怎么上来的，没有碰到吗？"我没有回答他，心里顿时紧张起来，几次走到庙门的门楼底下想听听下面的动静。因为我们这次行军，毛委员没带多少人，一路上又没有看到我们的部队在什么地方，听老和尚讲山下敌人很多，怎么能不紧张呢？听了好大一会儿，什么也听不到。环顾一下四周，只见白云山很是高大，周围连成一片，连绵起伏。由于山高，夜里从山上往下看，只看到深深的峡谷，别的什么也看不清。

拂晓的时候，山下不远处突然响起了一阵激烈的枪声，不一会儿又停下来了。根据过去的惯例，我马上去报告毛委员。

毛委员看了看我，不大相信似的问："是吗？"

"真的。"我说，"我在庙门口听到的。"

他沉思了一会儿，说："好，我们下去看看。"他带我们刚走到半山腰，朱总司令带着警卫连上来了。

朱总司令一见毛委员，指着身后的部队，笑着说："和敌人遭遇了，我当了一回侦察连长！"

毛委员也笑着说："是你这个'侦察连长'搞的火力侦察、打的枪呀！"

他们二人一边说一边来到了白云山的庙里。

刚进庙门不一会儿，3军军长黄公略同志来了。这一下我愣了，3军什么时候到这里来的？黄公略军长进门没站稳就急促地问："开始打吧？"

毛委员和朱总司令交换了一下眼色，坚定地说了一个字："打！"黄公略军长听到这个"打"字，停也没停，转身飞也似的跑了。

这一切都是在一瞬间发生的，打谁？打哪里？山下都是敌人，我们的部队在哪里？我们真糊涂了。

黄公略军长走了也就十几分钟，突然，在我们的左前方响起了嘹亮的冲锋号声，接着冲锋声又从四面八方传来。"冲呀！""杀呀！"的喊声和枪声，震动得白云山头的云彩都立起来了一样。

由于我们在山上，敌人在山沟沟里，又万万没有想到山上会有红军，而且这么多一下子冲下去,所以他们东跑一阵,西跑一阵,挤成了一团,有的连枪都没有放就晕头转向地当了俘虏。最早一批押上山来的俘虏,一见我们就说:"你们是从哪里来的?是从天上飞来的吗?"

看着他们那个狼狈相,我心里想:"叫你们说对了,我们就是爬山越河多少日子,'飞'到这里来的!"

白云山一仗打罢,毛委员停都没有停,又走在部队的前面继续前进了。记得是当天晚上就进入了富田地区。那些原来因为家乡被敌人暂时占了而有些情绪的干部,看着敌人修的那些碉堡说:"何拐子不错,把碉堡都给我们修好了,少先队员再放哨不用爬树了。"

从富田向水南进军的路上,几乎是赶着敌人跑。一路上只见敌人丢的成袋成袋的面粉、成箱成箱的子弹和横七竖八的枪支,真是捡都捡不净。由于部队行进太快,一仗接着一仗打,几乎连做饭的时间都没有。再加上我们带的米很少,虽然敌人丢下了那么多面粉,可我们又不会做,吃饭都成问题了。肚子有点饿,但吃了敌人这个"糯米团子",钻通了敌人这个牛角,心里真痛快。怎么也没有想到一下子会消灭这么多敌人呀!

……

毛委员从水南带我们一直东进,到广昌打死敌人的师长胡祖钰,接着又往东走,一直打到了福建的建宁县。"15天中(1931年5月16日至30日),走700里,打5个仗,缴枪2万余支,痛快淋漓地打破了'围剿'。"

第二次反"围剿"胜利了,但胜利后发生了一件当时我怎么也不明白的事:我们的警卫连长何振云,在后方被人以"AB团"嫌疑分子为借口杀害了。

若干年以后我才知道,这是王明打着"百分之百的布尔什维克"的旗号,推行"左"倾机会主义路线的结果。我们的连长何振云——这位参加过秋收起义,跟毛委员上井冈山、下井冈山、南征北战的老战士,武装的敌人没能动他半根毫毛,却死在了当时还是我们的"同志"的人手里!何振云同志的牺牲给了我深深的印象。[15]

第三次反"围剿"

粉碎第二次"围剿"后,毛泽东率领红一方面军在建宁、泰宁、黎川等地发动群众,筹集资材。

在遭受两次惨败后,蒋介石决定亲自上阵,指挥30万国民党军发起第三次"围剿"。敌人来势汹汹,红军则远在建宁一带分散活动。这阵势对红军极为不利。但是,毛泽东以其大智大勇,依然取得了第三次反"围剿"的胜利。从此,中央革命根据地进入了全盛时期。

毛泽东回忆说：

一个月以后，蒋介石亲自统率30万军队，企图"最后扑灭""赤匪"。协助他的有他最得力的将领陈铭枢、何应钦和朱绍良，每人负责一路大军。蒋介石指望用长驱直入的办法占领苏区——迅速地"扫荡赤匪"。他一开始就每天进军80里，深入苏区的腹地。这为红军提供了最有利的作战条件，很快就证明蒋介石的战术犯了严重错误。我军主力当时只有3万人，依靠一系列巧妙的机动行动，在五天之中进攻了五路敌军。第一仗红军就俘虏了许多敌军，缴获了大批弹药、枪炮和装备。到9月间，蒋介石就不得不承认第三次"围剿"已失败，10月间撤退了他的军队。

这时候红军进入一个比较和平的成长时期。发展是非常迅速的。第一次苏维埃代表大会于1931年11月7日[16]召开，建立了中央苏维埃政府，我担任主席，朱德当选为红军总司令。在12月，发生了宁都暴动，国民党第26路军有1万多人起义[17]，参加了红军。他们是由董振堂和赵博生率领的。赵后来在江西作战牺牲，董今天仍然是红5军团的司令员——第5军团就是由宁都暴动后过来的部队建立的。

红军现在发动自己的攻势了。1932年，我军在福建漳州打了一个大仗，占领了这个城市。在南面，红军在南雄进攻了陈济棠，而在对着蒋介石的战线上，红军猛攻乐安、黎川、建宁和泰宁。还攻打了赣州，但没有占领。从1932年10月起，直到长征开始，我把自己的时间几乎都用在苏维埃政府的工作上，军事指挥工作交给了朱德和别的同志。[18]

彭德怀回忆说：

在第二次"围剿"以后，不出两月，蒋军进行第三次"围剿"。蒋介石亲自指挥，兵分几路记不清了，约30万人，以陈诚、卫立煌、罗卓英、蒋鼎文、赵观涛、熊式辉等为各路总指挥，长驱直入，齐头并进，将我苏区县城尽占。我方面军仅三万二三千人，被迫绕道闽西之将乐、连城到瑞金，经兴国至老营盘，打算从赣江边之富田突破敌之薄弱部分，被敌发觉。我军改从良村突破，进攻黄陂。两役消灭敌3个师，吸引蒋军向黄陂回击，我军从间隙中转回兴国境内。待敌发觉，再向兴国时，我军已取得半月休整。敌军是肥的拖瘦，瘦的拖死，精疲力竭，减员1/3，不能不撤退。乘其撤退时，消灭蒋鼎文一个旅，在东固、白水地区消灭某师（似韩德勤师），结束了第三次反"围剿"战。

这次战役的特点是，充分发挥了毛泽东灵活机动之战略战术方针。3个月的艰苦战斗，战胜了十倍之敌。以相对劣势装备和绝对劣势兵力，无后方接济的作战，取得了伟大胜利，粉碎敌人的"围剿"，创造了古今中外没有过的一套崭新的战略战术，这是马克思列宁主义武库中新的发展——毛泽东的军事辩证法。这就是我们人民解放军常讲的毛泽东军事思想的基本内容。

在粉碎三次"围剿"后，1931年11月下旬，3军团奉总前委指示，分布在会昌、安远、寻邬、信丰及零都以南地区，中心是放在会昌、安远。从1931年11月第一次苏维埃代表大会到1932年1月，两个多月的成绩还是不小的：消灭地主武装，肃清民团；做群众工作，分配土地，创造新苏区；成立了一个赣南独立师，一千五六百人，黄云桥为师长。每个新成立的团都是从3军团中抽一个连为骨干扩大起来的，很快就有了战斗力。这个经验运用到抗日战争中也是好的。3军团本身由一万五六千人东渡，经过三次反"围剿"战役，只剩1万人左右。现又争取了约4000人作为补充，建立了安远、会昌、寻邬、信丰4个县的政权，并建立了一些县、区的地方武装，近半数地区分配了土地。我当了三年多红军，这时才学会分田。对毛泽东的三大任务——打仗、做群众工作、筹给养——才体会到：只有做群众工作，从发动群众到建立政权、分配土地，群众才把红军看成是自己的军队；军队中的阶级觉悟就迅速提高，就能自觉遵守群众纪律；筹款、筹给养时，也不会把富农当地主打。也就是对红军的三大任务是三位一体的任务有了体会。〔19〕

毛泽东的警卫员吴吉清回忆说：

第二次反"围剿"胜利结束后，1931年6月，毛委员和朱总司令率领红军，以福建建宁为中心，分布在泰宁、黎川、南丰、宜黄地区，开展发动群众、扩大苏区、筹集资财的工作。

当时，毛委员住在建宁城西门外的天主教堂里。住了个把星期后，又来到了江西南丰康都镇。在这里得知了蒋介石乘红军分散在赣东、闽西一带发动群众，后方空虚之机，妄图切断红军退回根据地的道路，并向中央革命根据地发动了第三次大"围剿"。

这次"围剿"情况相当严重。蒋介石亲任总司令，调集了30多万匪军，以10万嫡系部队为主力，还随带了一群美、英、日、德帝国主义军事顾问为帮凶。他们兵分三路，中路何应钦，与蒋介石同驻南昌；右路陈铭枢，驻吉安；左路朱绍良，驻南丰。敌人杀气腾腾地向中央苏区扑来，并以其中约半数兵力的靖卫团，分区设防，实行白色恐怖。而且在战略上，也大不同于第二次"围剿"时的"稳扎稳打，步步为营"，而是采取了"长驱直入"的战略方针，妄图一下子占领我们中央苏区全部县城，压迫和消灭我红军于赣江东岸。

那时，红军在第二次反"围剿"苦战后，由于投入了开辟新苏区的群众工作，既没有得到休息，也没有得到补充，仍然是3万多人。大敌当前，强弱悬殊，硬打硬拼是不行的，为了保存兵力，消灭敌人，毛委员决定采取"诱敌深入"的方针，即让敌人主力深入赣南根据地，置于无用武之地，而后我红军再回师北向，打其虚弱。利用根据地的有利条件，创造不利于敌人的条件，待机痛击敌人，粉碎敌人的新"围剿"。因此，毛委员和朱总司令率领着红军，避开强敌，绕道千里，冒着7月的酷暑炎热，从建宁出发，经归化、清流、宁化、石城、瑞金等，绕过了整个中央苏区的南部。

　　几天的行军路上，毛委员和红军战士一样，顶着烈日，跋山涉水，艰苦地步行着。我们警卫连的同志和"总部"的首长们，经常劝毛委员骑一会儿马，但是毛委员不但不去骑马，反而帮一些红军战士扛枪，而且边走边向一些干部、战士反复讲解，不要怕打烂坛坛罐罐，不要怕丢失根据地，不要怕苦怕累。他说，我们今天多走路，就是为下一步打胜仗创造条件，一切的"走"都是为了"打"，我们的战略方针是建立在"打——消灭敌人有生力量"的基点上。

　　红军战士们根据第一、二次反"围剿"斗争中的经历，想想毛委员讲的这番道理，更坚定了胜利的信心。整个队伍士气高昂，"胜利在脚，走出胜利"的口号四处传遍。仅用了七天时间，于7月中旬便回到了兴国。

　　回到兴国，敌人就直逼面前了：上官云相的47师和郝梦龄的54师又进驻富田，敌人的飞机也不断地在头上嗡嗡乱叫，侦察红军的动向。

　　毛委员和朱总司令在回师途中就曾召开过一连串的会议，这时候，更是白天黑夜连轴转地开会，研究敌情。毛委员根据敌人这次"围剿"的特点，详尽地分析了当前形势，鉴于上官云相和郝梦龄的两个师，和第二次"围剿"时王金钰的第5路军一样，也是北方部队，不适应南方的山地作战，战斗力较弱，于是就决定：红军首先突破富田这一弱点，然后由西向东，朝敌人的侧后联络线上横扫过去，从而把敌人深入根据地的主力置于无用武之地；等到敌人回头向北，根据地人民和赤卫队就实行截敌、阻敌、困敌、扰敌、袭敌、诱敌、毒敌，敌人必定吃尽苦头，饥疲沮丧，红军就可以乘机消灭其中一部，粉碎敌人的整个"围剿"。

　　这样，"总部"于25日，就由寅田圩向富田出发了。第二天上午9时许，到达了于都河的长沙渡口。当时，敌军赵观涛的第6师和卫立煌的第10师已进驻宁都县的青塘村了，先头部队离长沙渡口只有20里地。情况十分紧张，但红军在毛委员规定的"避敌主力，打其虚弱，胜后再追"方针指导下，悄悄地从这里穿过去，避开了强敌。

　　……

　　当路过兴国的江背洞时，已是入夜时分，毛委员让我们口头往前传达命令：夜间行军不许点火、打手电和发出响声。因为前面的高兴圩虽然还没有被敌人占领，但已是两面受敌了：东南有蒋鼎文的第9师、韩德勤的52师和独立旅；北面有蔡廷锴的第19路军。红军就从这里由朱总司令先导、毛委员督后，秘密地穿过了敌人的间隙，当夜经过老营盘北上，到达了泰和县的沙村。

一到沙村，毛委员立即连夜召集了紧急军事会议。我们则忙着烧水做饭，约莫到半夜光景，我们把饭菜都做好了，却听到传令排一个同志说："红12军派人送来了敌人的两个密探，毛委员和朱总司令正在审问呢。"我们明知道这一天，毛委员只是在出发前吃过一顿早饭，可眼下又不便打搅，直到审问完毕，带走了俘虏，我们才把又热过的饭菜端了上去。

这时，会议将要结束，只见毛委员和朱总司令指着地图，讲述着改变了的作战计划。计划的改变，是因为从俘虏嘴里得到的敌情，进一步证实了我红军侦察排获得的情报：红军在向富田开进时，敌人的飞机侦察到红军迂回其侧后的意图，蒋介石便马上调动陈诚和罗卓英的两个主力师，增援富田。因此，毛委员立即命令红军连夜折返老营盘，走高兴圩，再次穿过敌人之间40里的间隙，改向兴国的莲塘、永丰的良村、宁都的黄陂一线实行"中间突破"。

8月5日下午，我们跟着毛委员一到莲塘附近，"总部"就在一个小山边的大古松下召开了会议。接着毛委员指示部队，召开了战斗动员大会，动员群众和地方武装赤卫队配合红军作战，准备歼灭向莲塘开来的上官云相部的47师。第二天上午，3军团就在莲塘北山上和敌人打上了。战斗打得异常激烈，每争夺一个山头，都要经过激烈的苦战。在这种情况下，毛委员立刻调一军团前来会战，直打到7日黎明，才消灭了北麓的敌人，并打死了敌人的一个旅长。

7日上午，毛委员命令红军向良村方向打去。红军不顾疲劳，连续作战，向良村急进。我们跟着毛委员顺山沟出发后，沿途看见敌人的尸首、枪支弹药到处都是。老表的房屋被白狗子烧成了一片废墟，稻田被糟蹋得不像样子。翌日凌晨3点左右，我们听到良村方向枪声密集。等天明到达前线，郝梦龄的54师已经溃退了。他们向龙冈的大路逃跑，像一群折断了翅膀的蝗虫，狼狈不堪。毛委员望着敌人那副可怜相，就让我们同部队一道去抓俘虏。这可把我们高兴坏了。大家一边追，一边喊："快追呀！上官云相挨了打，郝梦龄也别让他跑掉！"

良村一战胜利后，我们来到了约溪。在这里，毛委员和朱总司令商量了一下，然后命令红军进军龙冈。第二天一早，毛委员就带着我们出发了。

龙冈，是第一次反"围剿"时活捉张辉瓒的地方，这时驻着周浑元的第5师。当郝梦龄带着丢盔弃甲的残部跑来后，周浑元吓得简直魂飞魄散了，连夜在龙冈前后的山头上加修工事。可是，红军在毛委员的指挥下，只派黄公略军长率领红3军，佯攻这个有准备的敌人。1军团、3军团和红12军以三天急行军，出其不意地打了占据黄陂的毛炳文的第8师。

那一天，天气特别燥热，战士们在掩体里，动一动就是满身大汗。可是当下午1点发起总攻后，陡然间下起了瓢泼大雨，这一下可凉快透啦！就在这时，"总部"司号连的全部号兵同时吹起冲锋号。立时，枪炮声、喊杀声汇集一处，响彻云霄。红军战士冒雨冲击，像山洪急流一样，一下子就淹没了敌人的阵地。毛炳文的第8师溃不成军，四处奔命。我红军迅速地冲到黄陂街上，占领了敌师部。接着，我们又乘胜追击了一程，歼灭敌人4个团。这一胜仗，缴获的战利品不计其数。

当蒋介石发现红军主力在黄陂一带后，立即把向南向西的敌军主力皆调转向北向东，集中视线于黄陂，采取密集大包围姿势，猛力向红军进逼。

毛委员决定跳出包围圈。于是，一面命令罗炳辉军长率领红12军向小布、宜黄、乐安方向前进，在北线完成钳制和吸引敌军主力的任务；一面则带领红军主力，连夜从旸斋村出发，向南向西行进。这样，我们就和所有向北向东的敌军主力完全背道而驰了。当走到永丰、宁都、兴国三县交界的地方时，"总部"命令部队稍稍休息一下。毛委员利用这个短暂的机会，和朱总司令、刘伯承总参谋长、叶剑英参谋长、黄公略军长等首长，又开起了出发前没开完的会议。

这个会开得简单极了。首长们都坐在沙滩上，围着一盏马灯和一张地图。我们在附近警卫，听见毛委员低声说：

"这边的敌人离这里15里，那边的敌人离这里也是15里，只有兴国方向有个20里的缺口，我们可以穿插过去。"

说完，不一会儿，就由叶剑英参谋长发布命令：不准点火、打手电和发出响声，立即出发。

红军接到命令后，星夜连续行军。一路上，几万人马，没有一点响动地飞越过直插云霄的尖脑岭，神不知鬼不晓地来到了兴国境内的枫边、白石、良村一带隐蔽休整，以逸待劳，准备反击。

毛委员一路上走得很累，我们几次劝他骑马，他都没有同意，还帮助战士们背枪、背米。可是，一来到良村，也不说休息一下，就忙着到"总部"电台了解红12军的情况去了。

红12军按照毛委员的调虎离山计，扬旗鸣号，大张声势地向北行进，果然把敌军主力调去了。当敌人在黄陂一带的包围圈中扑空以后，立即就跟在红12军背后紧紧追赶。特别是看到他们一路上到处书写的标语，各军路标，各单位打前站的、号房子的以及收容队人员的各种留言和番号，还有挖的炉灶，就完全误以为咬住了红军主力。就这样，敌人一直穷追不放地跟了半个多月，才搞清红军主力原来在良村一带，于是又回头向西赶来。然而，毛委员为了迫使敌人疲惫，叫敌人摸不着红军的踪迹，又带领红军从兴国城南20多里的地方穿插过去，进至兴国、赣县、万安、泰和交界的大山区继续休整，弄得敌人在良村一带又扑了空。

敌军深入根据地以来，在崇山峻岭中连续扑空，三番五次寻找红军主力决战，想找找不到，想打打不着，处处受到地方武装和赤卫队的扰乱袭击。加上人民群众的"坚壁清野"，敌人连饭都吃不上，净水也喝不着。两个多月来，敌人被拖得疲劳到了极点。官兵发怨言说："胖的拖瘦，瘦的拖垮。"蒋介石这个常败将军更是无可奈何，只好偃旗息鼓，偷偷地退却。但是敌人的行踪是瞒不过我们的耳目的，红军侦察员、地方赤卫队、苏维埃政府都活跃起来了，跑来向"总部"送情报说，兴国城内蒋鼎文的第9师和独立旅企图逃往吉安，韩德勤的52师也将同蒋鼎文一道逃窜。

毛委员听到这个消息很高兴，便立即决定挥师出山，打敌人尾后一个师。于是，经过一天又半夜的强行军，于9月初的一天，红3军埋伏在老营盘、高兴圩一带，等待敌人经过。不巧的是，敌人刚过了两个营，我们一个战士把枪弄走了火，因此敌军像受惊的乌龟一样，马上又缩回兴国城里去了。红3军只在老营盘歼灭了蒋鼎文的一个旅。战斗刚刚结束，红军侦察员又送来了情报：敌19路军蒋光鼐、蔡廷锴的两个师也撤往吉安。当敌人退到高兴圩时，恰遇毛委员事先布置埋伏在这里的重兵——3军团和1军团。

这一仗，打得激烈异常，从7日上午一直到8日黄昏。

当时，"总部"的指挥所设在高兴圩西面的山顶上，红军每进行一次冲锋，毛委员和朱总司令都让"总部"的号兵也同时一齐吹冲锋号，给战士们助阵。我们这些警卫员也都大喊着："同志们，冲啊！打垮敌人！"

我们看得非常清楚，3军团把冲锋枪、机枪都集中起来向敌军扫去，红军战士排山倒海地向敌人冲去，把敌人撵过一道峡谷又一道山口。但敌人抵抗得也很顽固，我们每攻占敌人的一个工事、一座山头，都要经过反复的争夺。在战斗中，子弹打光了，红军战士就用石头砸、大刀砍，把敌人打死打伤近半。敌军红了眼，就把军官集中起来，向红军已经占领了的阵地反扑，他们一连冲了十几次，都没有得到一点站脚的地方。就这样打到最后，白狗子蜷缩到高兴圩进行垂死挣扎。敌人凭借村镇房屋顽抗。地形于我红军不利，加上红军子弹打得没有多少了，一时半会儿也很难攻克，所以只歼敌一半。蒋光鼐和蔡廷锴带着残部，改道逃往赣州。

毛委员和朱总司令了解到，1军团跟3军团的情况一样，在激战中，大部分子弹都打光了，便立即下令转移到泰和、万安、赣县、兴国交界的地方休整。这个地方对于红军追歼敌人极为有利。毛委员一面派人到第二次反"围剿"时作战的地方——东固、富田以及刚战罢的高兴圩、老营盘等地，去搜集子弹；一面亲自写信给江西省苏维埃政府，要他们通知各地尽快收集子弹送来。第二天，1、3军团就补充上了许多弹药。

箭在弦上，弹已上膛。正当红军战士们因为没有能够全歼敌19路军而憋着一肚子气的时候，一天晚上，一位鬓发斑白的老交通送来了情报。他一见到毛委员，就激动得用拳头捶着左手的掌心说："好机会啊，毛委员！兴国城的白狗子又要逃跑了。他们不敢再走高兴圩、老营盘，想偷偷地走崇贤、东固到富田，逃回吉安。"说罢，目不转睛地看着毛委员，等待着毛委员的回答。

毛委员斩钉截铁地说："不管敌人从哪条路逃跑，我们都不能饶过他们！"

那个老同志听了，非常高兴，道别后，拔起脚就跑，忙着向老表们报告好消息去了。

毛委员于是连夜召集了"总部"首长会议，立刻下达了追歼敌人的命令。

部队战士们精神振奋地出发了，走一会儿，就跑步前进，那个轻快利索劲儿，就像一阵疾风，只听见"沙沙沙"的脚步声。当追到天蒙蒙亮时，就把敌人的尾巴抓住了。紧接着在方石岭来了一个大围歼，干净彻底地消灭了韩德勤的52师。师长韩德勤被我红军俘虏后，因为战士们不认识他，他又化装成伙夫逃跑了。这一仗还歼灭了敌人一个运输团，缴获了上千匹骡马和很多枪支弹药。同志们都高兴得拍打着马背，打趣地说："好啊！你帮着'运输大队长'算是完成任务了！"跟着就是大家一阵又一阵胜利后的欢笑。

到此，红军在根据地人民的支援和配合下，根据毛委员提出的"你打你的，我打我的""打得赢就打，打不赢就走"的游击运动战原则，把蒋介石亲自出马、声势浩大的第三次大"围剿"全线击溃了，敌人被赶出了中央革命根据地。我们跟着毛委员，于9月16日，参加了在兴国龙冈头的水头庄召开的庆祝第三次反"围剿"胜利的大会。[20]

方石岭战斗，是第三次反"围剿"的最后一仗，歼敌一个多师。战斗结束后，红3军军长黄公略在指挥部队转移中，突遇敌机袭击，不幸牺牲。

黄公略是毛泽东喜爱的一员战将。他曾吟出"偏师借重黄公略"的诗句，表达对黄公略的倚重。

1931年9月17日下午，红3军在兴国莲塘附近的水头庄，举行黄公略军长追悼大会，毛泽东满怀哀痛，亲笔撰写了一副挽联，悬挂于会场两侧：

广州暴动不死，平江暴动不死，如今竟牺牲，堪恨大祸从天降；

革命战争有功，游击战争有功，毕生何奋斗，好教后世继君来。

注　释

〔1〕毛泽东在大革命中曾把这些地的地租用于湖南农民运动。——原注

〔2〕埃德加·斯诺：《西行漫记》，生活·读书·新知三联书店1979年12月版，第149—152页。

〔3〕郭化若:《红军从游击战到运动战的伟大战略转变》,载《星火燎原》,战士出版社1979年12月版,第53—56页。

〔4〕《彭德怀自述》,人民出版社1981年12月版,第157—159页。

〔5〕《彭德怀自述》:红3军团第一次打长沙,取得了一些胜利,"但这些胜利并不能掩盖立三路线的错误,挽救不了立三路线的失败"。"由于红3军团攻占长沙的胜利,对于立三路线也起了支援作用。"——原注

〔6〕吴吉清:《在毛主席身边的日子里》,江西人民出版社1983年10月版,第25—33页。

〔7〕陈昌奉:《跟随毛主席长征》,解放军文艺出版社1986年9月版,第17—28页。

〔8〕埃德加·斯诺:《西行漫记》,生活·读书·新知三联书店1979年12月版,第153—154页。

〔9〕郭化若:《红军从游击战到运动战的伟大战略转变》,载《星火燎原》,战士出版社1979年12月版,第63—76页。

〔10〕改组派,是20年代末期到30年代初期的国民党派系之一。1927年"七一五"反革命政变后,武汉汪精卫的国民党和南京蒋介石的国民党合流。汪精卫、陈公博、顾孟余等不满蒋介石独揽权力,1928年年底在上海成立"中国国民党改组同志会",形成了国民党中的"改组派"。——原注

〔11〕《彭德怀自述》,人民出版社1981年12月版,第160—167页。

〔12〕埃德加·斯诺:《西行漫记》,生活·读书·新知三联书店1979年12月版,第154页。

〔13〕当时在富田地区的敌军中的北方队伍是王金钰军。

〔14〕《彭德怀自述》,人民出版社1981年12月版,第167—168页。

〔15〕陈昌奉:《跟随毛主席长征》,解放军文艺出版社1986年9月版,第44—54页。

〔16〕原文误为1931年12月11日。——原注

〔17〕原文误为第28路军,2万多人。——原注

〔18〕《毛泽东一九三六年同斯诺的谈话》,人民出版社1979年12月版,第69—70页。

〔19〕《彭德怀自述》,人民出版社1981年12月版,第171—173页。

〔20〕吴吉清:《在毛主席身边的日子里》,江西人民出版社1983年10月版,第66—77页。

五、来自"左"的排斥

被剥夺军权

1936年,毛泽东对斯诺谈起:"从1933年10月起,直到长征西北开始,我本人几乎用全部时间处理苏维埃政府工作,军事指挥工作交给了朱德和其他的人。"而实际过程,远比这复杂得多。

1931年1月在上海召开了中共扩大的六届四中全会。王明等人借助共产国际的支持,逐步取得中央领导权,开始了时间最长、危害最大的"左"倾教条主义统治。在中央苏区,他们把矛头指向了毛泽东。

在四中全会前后,项英作为中央代表来到中央苏区。1931年1月,撤销以毛泽东为书记的红一方面军总前委,成立苏区中央局,周恩来任书记,未到职前由项英代理。还成立中央革命军事委员会,项英任主席,毛泽东为副主席兼总政治部主任、红一方面军总政委。4月,由任弼时、王稼祥、顾作霖组成的中央代表团到达中央苏区,更给毛泽东的工作造成巨大的困难。

1931年11月初,根据中共中央指示,在中央代表团主持下,在江西瑞金召开中共苏区第一次代表大会(简称"赣南会议")。会议经过激烈的争论,通过了《政治决议案》等文件,指责苏区领导思想犯了"狭隘的经验论",土地改革执行了"富农路线",红军"没有完全脱离游击主义的传统"。尽管没有点名,但明显是针对毛泽东等人的。

在会后召开的第一次全国苏维埃代表大会上,毛泽东当选为临时中央政府主席。此前,组成了中央革命军事委员会,以朱德为主席,王稼祥、彭德怀为副主席。红一方面军总部被撤销,部队归中革军委指挥,毛泽东的红一方面军总政委职务也随之撤销。

1932年1月9日,中共临时中央作出《关于争取革命在一省与数省首先胜利的决议》。中央红军为贯彻这一方针,于二三月间攻打赣南重镇赣州。毛泽东坚决反对这一做法,但在苏区中央局里只居少数。结果,红军围城33天,遭受很大伤亡,只好撤围。随后,毛泽东提议向赣东北方向发展,却被断然拒绝,认为这是

"右倾机会主义"。

会后，中央红军分成西路军和中路军，毛泽东率中路军在赣江东岸活动。不久，临时中央又要中路军改称东路军，进入福建，巩固闽西。

彭德怀回忆说：

从赣州撤围后，集结江口地区，中央局赶到前方来开会，毛泽东也来了。当时，会上有两种意见：中央局主张3军团出赣江以西，占领上犹、崇义，发展苏区，使遂川以及泰和、万安、河西部分地区和湘赣苏区连成一片；毛泽东的意见是，3军团向北发展，占领资溪、光泽、邵武地区，和赣东北打成一片。我没有支持毛泽东的正确意见，而同意了中央局多数人的意见。当时我如支持毛泽东的意见，中央局可能会重新考虑。

当时我为什么同意中央局意见，而未同意毛泽东意见？也还是前面所叙对攻占赣州的想法。除此以外，我当时并没有认识四中全会（王明路线）实际是立三路线的继续。当时四中全会的中央，把它称为国际路线，是布尔什维克化的。至于它同样是反毛泽东人民战争思想的，是反对农村包围城市的战略方针的，也即是依靠红军打天下的单纯军事路线，我当时完全没有这样去想。一个共产党员凡事要问一个为什么，而当时自己仅仅是服从中央决定，带有极大的盲从性。

江口会议后，3军团进到上犹、崇义、桂东、营前地区。毛泽东率1军团占领漳州，后出广东在南雄以东某地和粤军十余团打了一个相持战，3军团赶到时，敌我都已退出战斗。像手足一样的两个军团，分开都没有打好仗。如果1、3军团不分开，那次战斗也是可以歼灭敌军的。这证明，1、3军团分开作战是不利的。

3军团到广东南雄地区同1军团会合时，毛泽东还在随第1军团指挥。6月中下旬，1、3军团会合后同时北进，3军团经雩都、兴国向宜黄，又东转广昌向南丰前进。这时，前方总司令部已改组，朱德仍为总司令，周恩来为总政委，刘伯承为总参谋长，毛泽东离开了部队。

1932年8月下旬或9月上旬，3军团奉命夺取南丰[1]。该城是蒋介石预备进攻基地，自二次"围剿"被粉碎以后，就开始设防，有坚固工事。蒋介石把南丰看作江西东面进攻苏区的军事据点，称战略支撑点，有毛炳文6个团驻守。我军强攻两天未克，伤亡约千人，3师师长彭遨阵亡。这时，方面军领导来了，有朱总司令、周恩来总政委（原任中央局书记，当时似乎不再兼了）、刘伯承总参谋长，唯不见毛泽东。我问刘："毛主席未来？"刘答："政府事忙。"这时，军团内的行政管理、党委领导、政治工作制度等，王明路线还未完全统治得了，大体还是照旧。[2]

这时，周恩来来到中央苏区。他和朱德一道，运用毛泽东一贯提倡的战略战术，取得粉碎国民党军第四次"围剿"的重大胜利。6月下旬，红一方面军番号重新恢复。8月8日，毛泽东重新担任红一方面军总政委，处境有所好转，并与周恩来、朱德、王稼祥配合，取得乐安、宜黄两战两胜的成绩。

这以后，在如何应敌的问题上，苏区中央局在前线与在后方的负责人发生意见分歧。为解决红军行动方针的分歧，1932年10月上旬，苏区中央局在宁都举行了全体会议。会议在毛泽东是否继续留在前方指挥作战的问题上，发生激烈的争论。周恩来主张毛泽东仍留在前线，朱德、王稼祥也不同意解除毛泽东的军队领导职务。这些意见没有被会议接受。会后，毛泽东被调回后方，接着又被解除了红一方面军总政委的职务。

黄允升在《宁都会议始末》一文中写道：

宁都会议的召开，从根本上说，是在敌强我弱、敌大我小情况下，王明"左"倾盲动主义的"积极进攻战略"同毛泽东为代表的"积极防御战略"斗争的总爆发。斗争的发展有个过程，既有开会的近因，又有开会的远因。

1. 宁都会议前奏——赣南会议

1931年春夏，毛泽东、朱德坚持积极防御战略，采取"诱敌深入"方针，指挥中央根据地军民粉碎了敌军第二、第三次"围剿"。但是，中共中央9月1日给苏区中央局并红军总前委的指示信，虽然笼统地肯定"中央苏区是获得了它的伟大的成功"，但在根据地与红军、土地问题、政权问题上却采取否定的态度，指责中央苏区犯了"缺乏明确的阶级路线与充分的群众工作"的严重错误，要求红军抛弃"游击主义传统"，在土地革命中实行"地主不分田、富农分坏田"的"阶级路线"。11月初，中央代表团为贯彻中央指示信，在江西南部瑞金主持召开苏区党第一次代表大会，即"赣南会议"，推行王明"左"倾盲动主义的"进攻路线"，批评毛泽东为代表的正确路线和战略战术原则。会议决定设立中央革命军事委员会，"取消第一方面军总司令和总政委的名义及其组织"。这样，在实际上取消了毛泽东在中央苏区红军中的领导地位。

但是，中共临时中央还嫌不够，认为中央代表团未能完全贯彻中央的"进攻路线"和"反右倾"纲领。1932年5月20日在给苏区中央局的指示电中批评指出："两条路线的斗争尤其非常薄弱，大会上以反对所谓狭隘的经验论，代替了反对机会主义的斗争。这些都是党代会最主要的错误与缺点。"指示电还批评周恩来（"赣南会议"后才到中央苏区）贯彻中央"进攻路线"不力，"伍豪同志到苏区后，有些错误已经纠正，或部分的纠正"，"但是……一切工作深入下层的彻底的转变，或者还未开始，或者没有达到必要的成绩"。最后，临时中央提出要求：苏区中央局应采取一切必要的方法，来改善领导工作。

苏区中央局为贯彻中央这个指示电，于6月中旬开会讨论，17日作出决议，承认中央的批评是正确的，是"犯了不可容许的右倾机会主义的动摇"的错误，提出"采取更积极的进攻策略""夺取赣河流域的南昌、九江"等中心城市,并又一次批评中央苏区过去一些正确的政策。但是,临时中央仍不满意,在7月21日给苏区中央局及闽、赣两省委发出长信指示,进一步批评"赣南会议"及会后的文件和报告,"中央责成中局根据中央的指示来严格与切实地检查各部门的工作,并进行彻底的转变",以执行"积极进攻路线"。

可见,临时中央接二连三地督促苏区中央局在中央根据地全面实行"进攻路线"和"反右倾""改造充实各级领导机关"的错误纲领,就是要开一个比"赣南会议"反对正确路线更甚的会议。

2. 解决红军行动问题的分歧

王明"左"倾教条主义主张同毛泽东为代表的正确主张,从政治战略上的分歧发展为红军行动问题上的分歧。

苏区中央局8月上旬在兴国举行会议,讨论红军沿赣江北上消灭敌人的行动计划,接受毛泽东的建议,决定从赣江东岸北上,先消灭乐安、永丰、宜黄方面敌人。会议采纳周恩来坚持的意见,决定毛泽东任红一方面军总政委。会议还决定,前方组成以周恩来为主席,毛泽东、朱德、王稼祥参加的"最高军事会议",领导前方的一切军事行动;后方中央局同志分工做地方群众工作,以积极配合前方军事行动。周恩来、毛泽东、朱德、王稼祥部署、指挥红一方面军采取极秘密、极迅速的行动,从8月17日至22日,一周之内连克乐安、宜黄、南丰三城,歼敌5000多,给抚州、南昌、樟树敌军以极大震动。敌军立即调整驻防部署,在南城集中了17个团的兵力,构筑工事,以图固守。面对敌情变化,对于红军打不打南城的问题,前方与后方的中央局同志开始产生了分歧。

红一方面军按原计划准备攻打南城,于8月24日开到南城近邻。鉴于敌情发生了重大变化,前方"最高军事会议"决定改变进攻南城计划。周恩来写信给苏区中央局,指出:"敌情已起大变化","我们仍固执原定计划去攻打南城,便犯了不机动的错误"。中央局不同意前方军事行动,认为不打南城是个错误,指出"我主力不宜在南丰、南城、宜黄间久待"。这种军事行动上的分歧越来越大,到9月下旬已发展到非开会解决不可的程度。中央局9月25日给前方的电报提出:"我们不同意你们分散兵力,先赤化南丰、乐安,逼近几个城市来变换敌情,求得有利群众条件来消灭敌军",要求红一方面军"攻城打援"。同日,周、毛、朱、王复电中央局,再次表示:"在目前敌情与方面军现有力量条件下,攻城打增援,部队是无把握的。"于是,前方周、毛、朱、王在9月25日、26日、30日三次致电后方中央局,提议在前方开苏区中央局全体会议,讨论"红军行动方针与发展方向"等问题。

周、毛、朱、王从前线的实际出发,来部署红军的行动。9月26日,毛泽东和朱德签发《在敌人尚未大举进攻前部队向北工作一时期的训令》，准确地分析了敌人第四次"围剿"的战略方针、主攻方向和策略步骤，对红军反"围剿"作了正确部署。但是，后方同志指责这个《训令》是完全离开中央"进攻战略"原则的，是"极危险的布置"，于29日晚电令前方："中央局决定暂时停止行动，立即在前方开中央局全体会议。"他们不仅带人替换前方指挥员，而且还带去了可以压倒前方的"尚方宝剑"——中央关于红军行动指示电。这样，在前方召开的苏区中央局全体会议，即宁都会议，就会改变前方同志提议的初衷。

1932年10月上旬（3日至8日之间），在宁都召开中共苏区中央局全体会议。出席会议的有来自后方的任弼时、项英、顾作霖、邓发和在前方的周恩来、毛泽东、朱德、王稼祥，会议由中央局书记周恩来主持。这次会议没有留下记录和决议，只有一份由中央局起草的送到前方征求周、朱、王意见的《苏区中央局宁都会议经过简报》。我们从《简报》和其他材料中可以看出，宁都会议竭力推行"积极进攻路线"和批评"积极防御战略"，在政治上讨论临时中央长信指示和红军行动指示电，在组织上讨论毛泽东调回后方主持中央政府工作等问题。

会议"一致同意中央长信指示"从"左"倾盲动的"积极进攻"战略出发，总结同年2月攻打赣州以来的工作，对几次战役作出错误估计，并错误地批判毛泽东不赞成打赣州和红军主力早应向赣东北发展的正确主张。

关于攻打赣州问题。在宁都会议前8个月，苏区中央局执行中央"进攻路线"，曾部署红一方面军主力攻打赣州，毛泽东一开始讨论时就不赞成。后来知道前线红军久攻不下，后被敌人援军反包围，伤亡严重时，他又顾全大局，中止休养，抱病下山，建议起用红5军团，并日夜兼程，奔赴前线共商解围之策。在红5军团的猛力进攻下，红军主力安全撤围。攻赣严重受挫，事实已经说明，夺取强敌防守的中心城市的"进攻战略"是错误的。宁都会议在讨论这个问题时，毛泽东明确表示不该攻打赣州。但大多数与会者认为，攻打赣州"依据当时情况是绝对需要的"，并非战略方针有错，"攻赣本有克城可能，唯因对敌必坚守中心城市的估计不足，遂未坚决布置，解决增援敌人。在轻敌之下，造成增援之敌已入城不能攻，以及爆炸技术有缺点，致未能克城而撤围"。这样，把未攻克赣州、反受严重损失的责任，归于毛泽东等不执行"进攻路线"而"遂未坚决布置"上了。

关于如何估计攻克漳州问题。赣州之役结束后不久，1932年春，周恩来在长汀组织领导、毛泽东在前线指挥红军东路军攻克敌人防守力量薄弱的漳州。这一仗打乱了蒋介石调动粤军进犯中央苏区的军事部署，筹集了大批款项和物资。实践证明，打漳州是正确的。可是，中央长信指示却说："在漳州占领的一个月内，红军中的政治领导同志没有能够充分地利用这个时机与良好环境进行充分的群众工作，而集中一切注意于筹款，这种教训必须深刻地注意到。"宁都会议主要从战略方向上提出指责，如《简报》所说："进占漳州曾获胜利，有很大政治影响，但来往延缓了北上任务之实现。"

关于发展战略方向问题。毛泽东早在3月中旬赣县江口苏区中央局会议上就主张，沿武夷山脉向赣东北方苏区逐步前进，发展闽、浙、赣三省之交的大块地区，然后向浙西皖南发展，造成较为巩固的阵地，准备对付蒋介石的第四次"围剿"。而会议未予采纳。但毛泽东仍坚持这个发展战略方向，后来在给项英的信中曾提出早应向赣东北发展的意见。项英在讨论中揭发批判了这个问题，一些人也指责这是"向偏僻区域发展""上山主义""东北路线"等。会议《简报》是这样写的，"会议中批评泽东同志认为早应北上、过去7个月都错误了之不正确观点，指出这是动摇并否认过去胜利成绩，掩盖了领导上所犯的错误"。

会议还批评前线同志从实际出发，在取得乐安、宜黄胜利后不硬攻南城而改为发动群众的正确部署。

会议经过讨论，"一致接受中央行动方针的指示电"，指责前方同志以准备为中心的观念，批判毛泽东是"专去等待敌人进攻的右倾主要危险"。

会议开始讨论中央关于军事行动方针指示电时，意见并不一致。周恩来结合前线实际作如何贯彻中央指示的报告，解释前方致后方的电报是符合中央"进攻路线"的。毛泽东坚持《在敌人尚未大举进攻前部队向北工作一时期的训令》的基本观点，这是从"敌强我弱"这个实际出发的，是符合前线客观情况的。事实上，敌军对中央苏区的大举进攻，也是在4个月以后的事。

但是，后方来的同志认为，前方同志表现出对革命胜利与红军力量估计不足，提出以准备为中心的主张；不同意周恩来在报告中"以准备为中心"的精神来解释中央指示电，并且说他的报告连"积极进攻"的字眼都没有。后方同志更集中地反对毛泽东的所谓"等待敌人来进攻的主张"，指责他公开反对中央关于行动方针的指示电，并且把红一方面军在历次反"围剿"中克敌制胜的"诱敌深入"方针斥之为"守株待兔"，会议"集中火力反对这种错误"。周恩来在发言中也承认前方同志确有以准备为中心的观念，也温和地批评了毛泽东，同时指出了后方同志对毛泽东的过分批评。

周恩来作会议结论，中央局全体会议"一致接受中央指示信"和"一致接受中央行动方针的指示电"。指出前方同志确有"以准备为中心的观念，泽东表现最多，对中央电示迅速击破敌人一开始不同意，有等待倾向"；后方同志"对于敌人大举进攻认识不足，因之对于动员的准备缺少注意"，但"集中主要火力反对等待观念是对的"。会后，后方同志对周恩来的意见表示不满，"在结论中不给泽东错误以明确的批评，反而有些地方替他解释掩护，这不能说只是态度温和的问题"。

会议还"开展了中央局从未有过的反倾向的斗争"。毛泽东被指责为犯了"不尊重党领导机关与组织观念的错误"。后方同志以"战争领导必须求得专一独断,迅速决定问题"为由,"提出由恩来同志负战争领导总责,泽东同志回后方负中央政府工作责任"。周恩来提出:"泽东积年的经验多偏于作战,他的兴趣亦在主持战争","如在前方则可吸引他贡献不少意见,对战争有帮助",坚持毛泽东留在前方。为此提议取消"最高军事会议制",提出可供选择的两种方案:"一种是由我负主持战争全责,泽东仍留前方助理;另一种是泽东负指挥战争全责,我负责监督行动方针的执行。"会上,王稼祥、朱德也不同意调毛泽东回后方。会议经过相当困难的讨论,因大多数人认为毛泽东"承认与了解错误不够,如他主持战争,在政治与行动方针上容易发生错误";毛泽东也因不能取得中央局的全权信任,坚决不赞成后一种办法。会议通过周恩来提出的第一方案,最后批准毛泽东"暂时请病假"回后方,"必要时到前方"。

会后,周恩来去看望即将离开前方的毛泽东。毛泽东表示服从组织决定,将去长汀福音医院疗养,并说:"前方何时电召便何时来。"

宁都会议开完才几天,苏区中央局依据中共临时中央指示就改变会议决定,调毛泽东回后方主持中央临时政府工作。10月12日,由中革军委发出通令:"红一方面军总政治委员毛泽东,为了苏维埃工作的需要,暂回中央政府主持一切工作,所遗总政治委员一职,由周恩来代理。"同月26日,临时中央正式任命周恩来兼任红一方面军政治委员。这样,就解除了毛泽东在红一方面军的领导职务。

毛泽东尽管不断受到指责、排挤和打击,但仍坚持正确原则,不赞成"左"倾盲动主义的"进攻路线"。苏区中央局在答复临时中央询问时说:"现在对进攻路线,除毛同志最近来信仍表现有以准备为中心的意见外,并无其他反对与抵抗,不过在地方上进攻路线还未深刻了解与坚决执行。"可见,在中央苏区推行"左"倾"进攻路线"也不是轻而易举的。

于是,临时中央把毛泽东坚持正确原则提高到"路线"上来批,并进一步从组织上剥夺他的一切工作权利。11月发的《关于军事路线给苏区中央局的指示》,把毛泽东在长期斗争中尤其在三次反"围剿"战争中形成的一套正确的积极防御战略,歪曲为"纯粹防御路线"加以批判,要"公开讨论泽东的观点";把执行积极防御战略的指挥员和干部指责为"纯粹防御路线的拥护者",要加以排挤和打击,以扫清推行"进攻路线"的障碍。"指示"还特别明确说,"我们反对现在将他召回",否则"将给红军与政府以极严重的影响"。这就是说,临时中央不仅否定宁都会议决定毛泽东"必要时到前方"助理军事指挥,而且又否定中革军委通令中调毛泽东回后方"中央政府主持一切工作"的决定,剥夺了他的工作权利,撂在长汀福音医院里闲了起来。

临时中央被迫于1933年年初从上海迁到中央苏区,会同苏区中央局一起全面推行王明"左"倾教条主义"进攻路线"。对毛泽东采取既使用又批判的方针,即"对于毛泽东同志,需要最大限度的忍耐,并由同志们影响他,给他以充分的可能在中央和中央局的领导之下,担任负责的工作"。对于所谓"纯粹防御路线的拥护者",他们采用反"罗明路线"和反邓、毛、谢、古的办法,进行残酷斗争、无情打击。

1933年6月上旬,博古在宁都主持召开中共中央局会议(也可说第二次宁都会议),总结前段工作。毛泽东出席会议,认为上次宁都会议确定红军主力北上、粉碎敌军于"进剿"合围之前的进攻任务并未实现,而红军第四次反"围剿"恰恰是在受猛力攻击的"训令"中在预定战场上取胜的,于是在会上对前次宁都会议提出批评,对自己受到不公正的对待提出申诉。但是,博古在作结论时重申前次宁都会议是正确的。这样,毛泽东有根有据的申诉被否定,仍然处在挨批的位置上,心情沉重,又一次病倒。宁都会议后,王明"左"倾教条主义进攻路线,进一步打击坚持毛泽东的正确主张的党、政、军干部,造成了严重的后果。[3]

在被解除军职的日子里,毛泽东度过了一段受压抑的岁月。在以武装斗争为中心的革命战争年代,离开部队,不能将已经初步形成的一套独创性的战略战术贯彻下去,这对毛泽东来说是十分痛苦的。

调查研究

毛泽东被迫离开部队,到后方专做中央政府工作。他以大局为重,任劳任怨地干好组织上分配的政府工作。同时,又利用时间从事社会调查工作,写成了《才溪乡调查》《长冈乡调查》等调查报告。这些调查,使他对中国社会问题有了最基础的认识,得到了"很多闻所未闻的知识"。

吴吉清回忆说:

为了把马克思列宁主义和中国革命的具体实践相结合,为了有力地抵制和批判"左"倾机会主义路线的错误,为了支援战争,发展生产,主席[4]在第四次反"围剿"胜利后,就来到上杭才溪乡,开始了调查研究工作。当时,群众的生产热情非常高涨,主席每到一个村庄,都住在贫雇农家里,和群众同吃同住。并且天天都是黎明即起,带着我们下地去帮助群众生产,从来不允许村苏维埃政府对他的生活有一点特殊照顾。他的调查研究工作,大都是利用饭前饭后、地头田畔休息时间来做。因此每当收工回来,还没等主席放下饭碗,就有好多老表来找主席聊天。特别是那些老年人,他们和主席谈得实在是心投意合,每天夜里守着一盏油灯，一说起来就是半夜。他们在背地里都夸奖毛主席对人谦虚，劳动是一把能手。

夸奖主席对人谦虚，是因为主席在调查研究工作中非常善问。这一点，给了地方干部和群众特别深刻的印象。他们都说："主席问的事情真多、真详细啊！"其实，善问、多问是主席一贯的工作作风，他在任何一件事情上，都再三再四地强调"没有调查就没有发言权"。其他工作是如此，调查研究工作更是如此。就以才溪乡的情况来说，主席每到一个村庄，都必先访问干部、访问群众。而且在问干部、问群众时，一问不明再问，追根究底地问，直到把情况彻底问明为止。这种勇于向人民群众求教的谦虚态度，和那些自以为比谁都高明的主观主义者和不从实际情况出发的教条主义者，真是鲜明的对照啊！主席在一个村里，往往少则三天，多则五天，就把这个村的全部情况吃透了，同时能窥一斑而见全豹，把它提高为党的理论，制定出党的方针政策，指导中国革命。所以老表们都说："毛主席是最好问、最好学、最有学问的人！"[5]

陈昌奉回忆毛泽东在长汀深入调查时的情况说：

这次在长汀，主席的调查方法除了开调查会，更多的是深入到群众中间去。

有一次主席带我一个人到长汀一家斗笠合作社去（主席到群众中去调查都只带很少的人，而且不准我们带枪）。斗笠社的工人同志不认得主席，见来了几个红军在看斗笠，还以为我们是来买斗笠的，便问："红军同志要买斗笠吗？"

主席拿着一个斗笠笑眯眯地坐到正在编斗笠的工人中间（那时候作坊和买东西都在一起），问他们斗笠合作社多少人，工资怎么算，能不能够养家。工人们见主席问得仔细，又不像买斗笠的，便都围上来，问："你这位红军有事吧？"

主席笑着说："我不会编斗笠，可是想同你们商量件事，你们看行不行？"

那时候长汀生产的斗笠顶子很尖，四周打着高高的一圈竹枇子，中间隔雨的是厚厚的棕草。

主席拿着斗笠，问："你们这斗笠什么人买的多？"

工人们回答说："红军和种田的人。有钱的人都戴文明帽、打洋伞，不买这东西。"

主席点点头，说："你们看这斗笠顶这么尖，红军战士和种田人要垫在屁股底下一坐，搞不好要扎他们一下子呢！"

工人们笑了。

主席又指着斗笠边的竹枇子和中间的棕草说："这么硬的竹篾子坐下去也好不自在，这棕草是为了遮雨的吧，可是落上雨沉得很，边上的竹篾子那么高，水就流不下来。碰上雨天戴这样的斗笠走路，可就越走越重了。"

有个工人瞅着主席说："你这位红军在家打过斗笠的吧？"

主席笑着说:"没有,没有。咱们商量商量,把尖顶子改成圆的,把四周的竹篾子改低一点,把中间的棕草换成油纸行不行?那样,红军战士和种田人戴起来可是轻快多了。"

工人们你看看我,我看看你,一时都说不上话来。那眼神里好像都在说:"这位红军是干什么的,怎么为红军战士和种田人想得这么周到?"

我见他们都不说话,便问:"你们看行不行嘛?"

主席站起来笑着对工人说:"别忙,你们先试验试验看行不行,过几天我们再来看。"

主席放下斗笠走了。我回头一望,工人们都聚集在门口望着主席七嘴八舌地议论着什么。

路上,我对主席说:"主席,他们这一改,红军战士可是高兴了。"

主席说:"试试看。你们不是还吵着没有菜、没有盐吗,隔天我们再去找找种菜的人、卖盐的人问问看,好吗?"

"好!"我愉快地答应着。

又过了几天,主席带我们访问过菜农和卖盐的商人后,又来到了那个斗笠合作社。那里的斗笠全按主席说的那个样子改了。我拿了一个往头上一戴,好轻快![6]

在瑞金

毛泽东被剥夺军权后,集中很大精力,指导苏区政权建设和根据地建设,积累了丰富的经验。这对他后来系统提出新民主主义革命理论有很大的帮助。毛泽东在个人处于逆境之时,也总能泰然处之,把挫折变为好事。

中共龙岩地委党史资料征集研究委员会的资料写道:

1931年到1934年,以王明为代表的"左"倾机会主义者窃据了党中央的领导权,夺了毛泽东的党权和军权,毛泽东一度受到了排挤和打击。邓小平等许多同志为捍卫毛泽东的革命路线,也遭到了排斥和打击。这期间,毛泽东始终坚持马克思列宁主义的原则立场,同王明"左"倾机会主义路线进行了坚决的斗争,胜利地领导了中央根据地的政治、经济和文化建设。

毛泽东亲自在中央工农民主政府所在地叶坪搞试点,发动和领导轰轰烈烈的查田运动。1933年6月,毛泽东召开了石城、会昌、瑞金、于都、宁都等八县查田运动大会。毛泽东患病初愈,仍然在会上作了长达10个小时的报告,强调指出:只有在党的领导之下,解决土地问题,把农村中阶级斗争的火焰烧到最大程度,才能发动广大农民群众起来参加革命斗争,建设巩固的根据地,争取革命更大的发展和胜利。这次大会既批判了包庇地主富农的右倾错误,又反对了侵犯中农利益、消灭富农的过"左"政策,从而促进了查田运动的胜利开展。同年10月,毛泽东写了《怎样分析农村阶级》一文,用马克思列宁主义的阶级分析方法,提供了科学划分农村阶级成分的标准,进一步纠正了王明"左"倾机会主义者在划分农村阶级成分问题上的错误,指导了土地革命的深入发展。

……

王明一伙在根据地建设方面,推行了一条极其错误的"左"倾机会主义路线。他们只要战争,不要经济建设;谁谈经济建设,就给谁扣上"右倾"的帽子。针对王明的错误路线,毛泽东于1933年8月和1934年1月,先后发表了《必须注意经济工作》和《我们的经济政策》两篇光辉著作,阐明了根据地经济建设与革命战争的辩证关系,提出了根据地经济建设的理论、路线、方针和政策。毛泽东及时总结和推广了瑞金武阳区石水乡革命和生产的经验,亲自将"春耕模范"的奖旗赠给武阳区和石水乡。毛泽东号召全体军民自力更生,艰苦奋斗,节省每一个铜板,用于战争和革命事业。毛泽东身体力行,生活非常俭朴,吃红薯,穿草鞋,穿粗布衣,和群众一起开荒种菜、熬制硝盐。由于毛泽东的正确领导,根据地内,供销合作社、消费合作社、粮食合作社、犁牛合作社、生产合作社、信用合作社等各类合作社普遍建立;兵工厂、织布厂、被服厂、草鞋厂、造纸厂、农具厂、煤炭厂等到处兴起。"春风吹来百花鲜,多少细妹学犁田,女子赛过男子汉,多打粮食上前线。""多铲草皮多开荒,粮丰林茂人畜旺;自种棉花自织布,自造枪炮熬硝盐;赤色农民总动员,支援红军把敌歼。"中央根据地蓬勃兴旺的经济建设事业,有效地打破了敌人的经济封锁,支援了持久的革命战争,改善了群众生活,对革命政权的巩固和发展起了重大的作用。

中央工农民主政府领导经济建设的同时,又兴办了各种文化教育事业。瑞金开办了红军大学、苏维埃大学等十几所高等和中等专业学校,其他各地也普遍开办了列宁小学、农民夜校和识字班,用一切办法提高工农群众的政治文化水平,培养出大批领导干部和各种建设人才。中央根据地的文艺、新闻、体育、卫生等事业,也有很快的发展。

……

1933年11月,毛泽东又长途跋涉来到兴国长冈乡,和干部、群众促膝谈心,总结经验,写出了《长冈乡调查》。毛泽东亲自作农村调查的光辉实践和他在这期间所写的著作,是对王明大搞唯心主义、形而上学的有力批判,也是对全党的一次思想和政治路线教育。在瑞金召开的第二次全国工农代表大会上,毛泽东把长冈乡等调查报告发给到会的全体代表,称赞兴国县广大干部创造了第一等的工作,授予长冈乡模范奖旗,并号召要造成几千个长冈乡、几十个兴国县,把革命发展到全国去。在会上，毛泽东作了《关心群众生活，注意工作方法》的总结报告。毛泽东把经济建设和关心群众生活同革命战争有机地结合起来，教育广大干部关心群众的切身利益，把群众团结在党的周围，动员群众参加革命战争，形成真正的铜墙铁壁，巩固和发展革命根据地。

毛泽东始终和人民群众心连心。在中央革命根据地，毛泽东经常为老太婆穿针引线，帮烈军属挑水劈柴、莳田割禾，和群众一道车水抗旱、整地种菜。毛泽东率领沙洲坝人民开挖水井，指示乡干部把坏了的樟树塘小桥修好，亲自把自己身穿的棉衣脱下来，披在站岗放哨的儿童团员身上。广大干部以毛泽东为光辉榜样，处处以党和人民的利益为重，时刻关心人民群众的利益，深受人民群众的爱戴。群众赞扬说："红区干部好作风，自带干粮去办公，日着草鞋干革命，夜走山路访贫农。"

1933年9月，蒋介石以100万军队向中央苏区发起第五次"围剿"。在李德、博古等人的指挥下，红军采取"御敌于国门之外"的被动战法，战况日益吃紧。毛泽东注视着前方战局，心急如焚。

毛泽东回忆说：

为了他的第五次，也就是最后一次"围剿"，蒋介石动员了将近100万人，并且采取了新的战术和战略。蒋介石根据德国顾问们的建议，在第四次"围剿"时就已经开始采用堡垒主义。在第五次"围剿"中，他就完全依赖这个了。

在这个时期，我们犯了两个重大的错误：其一是没有在1933年福建事变中同蔡廷锴的部队联合；其二是放弃了我们以前的机动战术，而采用错误的单纯防御的战术。用阵地战对付占巨大优势的南京军队，是一个严重的错误，因为红军无论在技术上还是在精神上都不善于打阵地战。

由于犯了这些错误和蒋介石在"围剿"中采用的新战略战术，加上国民党军队在数量上、技术上的压倒优势，到了1934年，红军就不得不竭力改变江西迅速恶化的处境。另外，全国的政治形势也促使我们决定将主要的活动中心转移到西北去。随着日本入侵东北和上海，苏维埃政府早在1932年4月就已经正式对日宣战。但由于国民党军队对苏维埃中国的封锁包围，这一宣战自然没法生效。接着，苏维埃政府又发表宣言，号召全国所有的武装力量组成统一战线，抵抗日本帝国主义。1933年年初，苏维埃政府宣布愿在下列基础上同任何白军合作：停止内战，停止进攻苏区和红军；保障民众的自由和民主权利；武装人民进行抗日战争。

第五次"围剿"于1933年10月开始。1934年1月，在苏维埃首都瑞金召开了第二次全国苏维埃代表大会，总结革命的成就。我在会上作了长篇报告，大会选出了中央苏维埃政府——就是现在的这批人员。不久以后，我们就准备长征了。[7]

彭德怀回忆说:

8月,红军进到离闽侯不到200里处,蒋光鼐和蔡廷锴[8]派代表陈××(名字记不起来了)[9]前来试探。我们在闽西行动时,对他们是有争取也有批评。说他们抗日是对的;来闽"剿共"是错误的,也是蒋介石的阴谋——即"剿共"和消灭蒋光鼐、蔡廷锴,对蒋介石都有利。把这些意思和"八一宣言"中的三条[10]向陈谈了。陈说:"他们要反蒋抗日,不反蒋就不能抗日。"我说:"对!抗日必须反蒋,因为蒋执行的是'攘外必先安内'的卖国政策。只有抗日才能停止内战。"请他们吃了饭,大脸盆猪肉和鸡子,都是打土豪来的。宿了一晚。我给蒋光鼐、蔡廷锴写了信,告以反蒋抗日大计,请他们派代表到瑞金,同我们中央进行谈判。把上述情况电告中央,中央当即回电,说我们对此事还不够重视,招待也不周。我想还是重视的。招待吧,我们就是用脸盆盛菜、盛饭,用脸盆洗脚、洗脸,一直沿袭到抗美援朝回国后,才改变了这种传统做法。不久陈××到瑞金谈判,中央又说第三党[11]比国民党还坏,对民众带有更多的欺骗性。我虽然不同意他们这种关门主义的看法,但又觉得自己提不出什么理由来。这时我有一种自卑感,觉得知识分子总是有他的歪道理。如上次来电责备招待不周、不够重视吧,现在又说第三党比国民党还坏。这才是不够重视呢!他反蒋抗日对我们有什么不好呢?当时我要是读了《中国社会各阶级的分析》这本书,就会批判他们,可是那时我根本没有马克思主义的任何批判能力。我入党前,就只看过一本《共产主义ABC》,看过一本《通俗资本论》,当时我也是第6年的党员了,马克思主义列宁主义还没有摸边,多么需要革命理论武器!革命的热情嘛,自问还是有的。

在这以后一两个月,接到毛主席寄给我的一本《两个策略》,上面用铅笔写着(大意):此书要在大革命时读过,就不会犯错误。在这以后不久,他又寄给我一本《"左派"幼稚病》(这两本书都是打漳州中学时得到的),他又在书上面写着:你看了以前送的那一本书,叫作知其一而不知其二;你看了《"左派"幼稚病》才会知道"左"与右同样有危害性。前一本我在当时还不易看懂,后一本比较易看懂些。这两本书,一直带到陕北吴起镇,我随主席先去甘泉15军团处,某同志清文件时把它们烧了,我当时真痛惜不已。[12]

吴吉清回忆说:

第五次反"围剿"开始时,主席住在沙洲坝,工作十分繁忙。因为工作忙,平时主席的电话,特别是主席不在时,就由我和班长胡昌保等同志来接。那时,主席派我们送往各地的亲笔信和机密文件也比往常多。

……

10月中旬的一天清晨,早霞刚刚退去,空气显得格外清新。我正在外面打扫院子，突然听到电话铃响，就急忙跑进房间。原来是博古给毛主席打来的电话，说他有要事商量，请主席速到中央局。接过电话后，我急忙报告了主席。

主席听说中央局有要事，就对我说："这里到中央局不远，时间也还早，我们现在就去吧！"

……

到中央局"独立房"后，主席参加了会议。开完会，我又跟着主席回到了沙洲坝。原来。中央局请主席去，是研究第二天同19路军谈判的问题。

第二天一早，等几位同行的首长一来，主席换上为他谈判专做的新衣服，骑上马，带着我们向瑞金出发了。

这次谈判进行得很顺利，只一个上午的工夫，我们苏区中央政府和红军革命军事委员会，便与国民党19路军签订了《反蒋抗日协定》。

紧接着，福建人民革命政府，于11月20日正式宣告成立了。

福建人民革命政府的成立和《反蒋抗日协定》的签订，是对国民党反对统治集团的一个很大打击。蒋介石为了镇压福建人民革命政府和19路军，在福建人民革命政府成立的第二天，就惊慌失措地派亲日分子去请日本帝国主义出兵协助，并急调"围剿"中央苏区的敌军主力从闽赣间东进，向19路军发动了进攻。

主席知道敌情的变化之后高兴极了，认为机不可失，时不再来，这是扭转整个战局的良机，要抓住它。因为，当时红军反"围剿"将近两个月，"左"倾机会主义者抛弃了前四次反"围剿"正确的游击战和运动战的战略战术，开棋第一步，在黎川不胜，就丧失了主动权。事实已经证明红军于根据地内击破"围剿"的可能性是很小的了，那么就应该使红军主力突破敌军的围攻线，转入苏区之外线即敌人之内线去击破"围剿"。

因此，主席建议红军主力乘敌东进之隙突进到以浙江为中心的苏、浙、皖、赣地区去，纵横驰骋于杭州、苏州、南京、芜湖、南昌、福州之间，将战略防御转变为战略反攻，威胁敌人的腹地，向广大无堡垒地带寻求战机。同时用这种方法，就能迫使进攻江西南部和福建西部的敌人回援其腹地，粉碎敌人向江西根据地的进攻，并援助福建人民和19路军——这种方法必定能够粉碎敌人的"围剿"，并有力地援助福建人民革命政府。

但是，王明"左"倾教条主义路线的代表者不采纳主席的建议，也不另图他策与福建人民革命政府和19路军合作，而是在所谓中间派别是中国革命"最危险的敌人"的错误论断下，调动红军在苏区内打"土围子"，消灭苏区的白点。眼看着敌人调兵去镇压19路军，而红军却按兵不动，继续在山头上挖工事、筑碉堡，搞"左"倾教条主义路线所谓"碉堡对碉堡"的错误战略，以致错失良机。并且在这以后，王明"左"倾教条主义路线通过临时中央于1934年1月召开的党的六届五中全会，在党内取得了完全的统治地位，不但依然错误地认为"中国革命危机已到了新的尖锐的阶段——直接革命形势在中国存在着"，而且实行了一系列"左"倾政策和错误主张，完全排斥了毛主席早已制定的正确的党的政治路线，违背了服务于党的政治路线的军事路线和组织路线。

那时，主席的心情很沉重。可我们这些警卫战士并不知道以毛主席为代表的正确路线同"左"倾教条主义路线斗争的具体情况，也不知道在福建事变时，主席有这样的建议。因此，我们谁也猜不透为什么主席的心情这样沉重。只觉得主席自第五次反"围剿"以来，工作异常繁忙，同时，为筹备中华苏维埃第二次全国代表大会，夜以继日地忙碌着。

1934年1月下旬，在瑞金召开了中华苏维埃第二次全国代表大会。毛主席在大会上作了两次报告，这就是有名的《我们的经济政策》和《关心群众生活，注意工作方法》。大会选举毛主席继续担任临时中央政府主席。会后，主席在沙洲坝又主持召开了财经会议，并在这次会议后，又投入了调查研究工作。

他带着我们先是在中央苏区生产模范区——瑞金县的武阳镇住了一些时候，然后来到了南线粤赣省委所在地——会昌。

那时，正是第五次反"围剿"最紧张的阶段。自从敌人打垮了19路军，于3月初向中央苏区重新合围以来，红军虽然进行过许多顽强战斗，但是，由于王明"左"倾教条主义路线的统治，红军总不免在数倍于我的敌人兵力的压迫下，丧失根据地的土地和损失红军的有生力量[13]。特别是在广昌防御战中，红军浴血奋战做出了重大牺牲后，不得不采取新的退却。到此，本应改变战略，让红军在不利条件下暂时转移，以保存有生力量，待有利条件出现时，再转入反击与进攻。可是王明"左"倾教条主义路线并没有进行这样的改变，而是从这时起，又实行了防御中的保守主义，主张"分兵把口""处处设防""堡垒对堡垒"，同敌人"拼消耗"，企图以"短促突击"的战术手段完成其战略任务。这样，王明"左"倾教条主义路线就把革命引导到完全被动和十分不利的境地了！

毛主席就是在这种情况下来到苏区南线的。虽然，当时我们并不知道主席到南线来的目的，但明显的事实告诉我们，主席是在和王明"左"倾教条主义路线进行坚持不懈的斗争。毛主席力图把党和红军从当时的处境中拯救出来，使党和红军走向正确的方向。因此，一到会昌，主席就住在粤赣省委驻地文武坝，召集了一连串的调查会议，了解和解决工作中存在的重大问题，纠正由于贯彻执行"左"倾教条主义路线而在工作中造成的偏向。特别是，当主席知道了南线掩护中央苏区后方的红军22师，在闽、粤敌军的强大压力下，被迫退出筠门岭，正在站塘的李官山召开连以上干部会议，总结筠门岭战斗时，他刻不容缓地赶到粤赣省委，给红22师首长打电话，了解部队的情况。

……

我们在李官山一住下,主席就不辞劳苦地在房东家的堂屋里,连夜请来了红22师前线部队的首长,这使我们也在招待首长们的同时,听到了前线一系列新的变化。

……

主席指示他们,对党的事业、人民的事业要忠心耿耿。为革命要不惜自己的生命,前面哪怕是刀山火海,也要闯过去。因为我们是红军战士的指挥员,战士们在看着我们。要带头认真学习,研究情况,从出现的问题中提高认识问题和解决问题的能力。要善于深入细致地总结成功的经验与失败的教训,从中明辨是非,坚持真理。这样胜利就一定会属于我们的。

接着,主席又分析了当前南线与北线的敌情,指示了红22师的行动方针。会议一直开到第二天凌晨4点钟,首长们才一个个怀着兴奋与惜别的心情,在晨光下和主席告别了。

这以后,主席在站塘的李官山又住了十来天,而后回到文武坝,了解这一带的情况和动向,指导苏区的地方工作和斗争。同时,继续调查各地区红军和游击队、赤卫队的情况。在第五次反"围剿"的严重紧张时刻,毛主席风里来、雨里去,足迹遍布苏区南线,把心血洒在人民和红军指战员的心田里。每到一处,主席的谆谆教导,就像夜空中的火把,照亮和温暖了红军及苏区人民的心。会昌一带的工作都按照毛主席的指示重新开展起来,形势一天好似一天。

不久,中央局送来急信,告知主席速回瑞金。

这时,正是1934年的6月底。第五次反"围剿"战况日益恶化,清流、连城局势危急。敌人的飞机也天天不停地在中央苏区上空乱飞,把大量的炸弹疯狂地倾泻在我们可爱的红色土地上,而王明"左"倾机会主义者对此惊慌失措,束手无策,仍然让红军"堡垒对堡垒"地硬顶,并准备调红军主力赶赴清流、连城与敌决战。[14]

何长工是毛泽东1934年会昌之行的见证人。

何长工回忆说:

那是1934年晚春,在一个风和日丽、百花争艳的日子里,毛泽东来到了他和朱德、陈毅等共同开创的赣南根据地会昌。

会昌,距红都瑞金不远,它是中央革命根据地的南方门户,战略地位十分重要。

毛泽东来会昌的事,我事先知道。当时我是粤赣军区司令员兼政治委员。在第五次反"围剿"中王明的"左"倾机会主义路线达到了顶峰,先后排斥了毛泽东对党和军队的正确领导,从战略部署一直到具体工作,都是"水坑里照人——

倒立着"。过去在毛泽东正确指挥下,粉碎了蒋介石对中央革命根据地发动的一、二、三次反革命"围剿";在第四次反"围剿"中,毛泽东虽然被剥夺了发言权,但在朱德、周恩来的指挥下,仍然取得了胜利。可是,这第五次反"围剿"就不一样了,蒋介石集中了100万军队,采取"碉堡推进,步步为营"的新战略。如果我们利用敌占区抗日反蒋运动的大好形势,执行以毛泽东为代表的军事路线,还是可以取得第五次反"围剿"胜利的。然而,以王明为代表的"左"倾机会主义者反其道而行之,在敌强我弱的情况下和蒋介石兵对兵、将对将、碉堡对碉堡地拼起消耗来。这样,我军所在之处,碉堡林立,占地除禾,劳民伤财,大失人心。堡垒主义不仅没有挡住敌人的进攻,相反竟弄得鸡飞蛋打,中央革命根据地的北方门户广昌陷落,敌军分兵6路向我们进攻,形势十分紧急。在我南方战线上,"左"倾机会主义者也要这样干。正在这个节骨眼上,毛泽东来到了会昌,军民的心情是多么高兴啊!

为了毛泽东工作的方便,我和他住在一起。那时,他虽然身体不好,又处在艰难困苦的环境下,但从他的言谈和行动中却看不到一丝一毫的愁闷和不快,他总是那样情绪饱满、豪爽乐观。白天,他不是置身于群众之中,就是到粤赣省委了解情况,晚上还要找战士谈话或是伏案写作。为了中国革命事业,他不知熬过了多少个不眠之夜。

毛泽东来到会昌后,特别注意我们的反"围剿"工作。我记得,一天午饭方罢,我们陪同毛泽东在暖融融的阳光下漫步,当登上一座小山包时,毛泽东双手扳着腰,一面观赏会昌的景色,一面风趣地问我:

"长工,乌龟壳怎么没爬到会昌来?"

我立即意识到这是说筑碉堡的事。我和其他同志一起向毛泽东汇报了我们粤赣军区反"围剿"的情况。我说:

"对面敌人不同,我们当然要灵活处置,敌人没修,我们当然不修;敌人若修,我们也不修。"

听到这里,毛泽东又高兴地问道:

"为什么?"

我说:"我们还是搞人民战争,家家是堡垒,户户是哨所,修那玩意儿没必要。在乌龟壳里怎么能打游击?"接着我们又分析了一下陈济棠和蒋介石的矛盾。

陈济棠原系粤军,地方军阀,曾三次反蒋。在这次"围剿"中,陈虽被蒋封为南路总司令,但在蒋一再催战的情况下,他一直觊觎韶关,采取消极态度。因为他已识破"红尘",蒋要他进攻红军乃是"借刀杀人",目的在于实现其"一石两鸟"的阴谋。所以陈采取"外打内通"、明打暗和的策略,并派出总参谋长黄育民等三人为谈判代表到寻邬附近找我党和谈,借以偏安广东。我党及时掌握了陈济棠这一情况,周恩来指示我们和陈济棠搞和谈,指定我为谈判代表、潘汉年为副代表。经过三天会议,确立了反蒋四项协议。蒋虽然怒斥陈"借寇自重",但因疲于"围剿"之中,他也就无可奈何了。

毛泽东深沉的目光里闪射出满意的神采,他说:"我们要吸取福建事件的教训,要利用陈、蒋矛盾,壮大我们的力量。可是我们要提高警惕,军阀毕竟是军阀,我们要听其言、观其行。"当晚,毛泽东要我跟他到战地前沿。在茫茫的夜色里,他巡视了各个战位,当看到绿油油的稻田和山林里的战士们严阵以待的情形,观察了敌方阵地上淡淡的灯光、平静的气氛以后,才放心地回到营地。

在深入调查研究的基础上,毛泽东和我们一起制订了切实可行的作战计划和部署,并且对当时的形势作了详尽的分析。他说:"目前仍是敌强我弱、敌大我小,我们不能按教条主义者的先生们坐在城市楼房里设计出来的那套洋办法办,什么以碉堡对碉堡,这叫以卵击石。我们要从实际出发,不能拼消耗,要采取游击战和带游击性的运动战的打法,还要牵着敌人的鼻子兜圈子,把它肥的拖瘦、瘦的拖垮。农村是海洋,我们红军好比鱼,广大农村是我们休养生息的地方。要爱护民力,兵民一心是我们胜利的本钱。"〔15〕

1934年4月广昌失守后,粉碎敌人五次"围剿"的希望荡然无存。5月,中央书记处将红军主力撤离中央苏区的决定电告共产国际。不久,共产国际复电同意。

战略转移的准备工作在极少数领导人中秘密进行。为此,成立了博古、李德、周恩来组成的"三人团",而实际大权在博古、李德手中。

1934年10月10日晚,中共中央、中革军委率中央红军主力等共8.6万余人,分别从瑞金、于都地区出发,实行战略大转移。这就是举世闻名的二万五千里长征。

长征前夕,毛泽东重病一场,拖着虚弱的身体参加了长征。

吴吉清回忆说:

8月初,红3军团第5师和红5军团第13师,在高虎垴、万年亭与逼进的敌人展开了"短促突击""节节抗击"的阵地战。敌人的兵力虽多于我守军数倍,但红军战士个个非常勇敢,杀伤了敌军三四千人。但当时由于我们严重地缺乏弹药,火力不强,致使红军的伤亡也很大,不得不撤到驿前。

这时,敌机向沙洲坝一带疯狂轰炸,中央政府和"军委"搬到瑞金以西的岩背梅坑,主席也搬到高围云石山。由于形势更加紧迫,主席要去于都。在离开高围云石山的那天,贺大姐和小毛〔16〕为我们送行。小毛喊道:"爸爸,带我一块儿去。清清背我!"主席亲切地抱起小毛说:"爸爸那边有工作,你跟妈妈在这里!"讲完亲了亲小毛,把孩子交给贺大姐,又嘱咐了几句,就带着我们出发了。

到了于都，主席继续不辞劳苦地调查，了解敌情，了解苏区红军情况。8月中下旬，敌军采用"堡垒推进"的办法发动了新的进攻，在敌机滥炸、炮火狂轰、匪兵冲击之下，先突破我红军宝峰山地区。防守在那里的红4师、红5师不得不撤离。敌人又拼命地向石城压来。红3军团只好又放弃驿前，退守到石城东北边的小松地区。石城的形势也很危急了。

主席知道这一情况后，紧锁着双眉，天天密切注视着战况变化，了解敌军调动情况。只要有从敌占区和敌人刚攻陷地区来到于都的商人、老表以及我们的同志，主席都要找他们谈谈。

在几个月前，组织上为了照顾主席的健康，派总务厅袁福清厅长和傅连暲院长来征求主席的意见，打算让陈炳辉医生来担任主席的护理工作。可是由于当时医生缺少，主席不同意。袁厅长和傅院长知道主席的脾气，也就没再坚持，只好从中央医务学校毕业生中挑选来一位医助——共青团员钟福昌同志，主席这才同意了。

9月初，在紧张繁忙的工作中，主席病倒了。得病的第二天，发高烧到41℃！这时，钟福昌同志、主席的秘书黄祖炎同志和我们警卫班的同志都急得团团转，眼看着主席一夜的时间两眼就深陷下去，嘴唇也干裂了，脸烧得通红，可就是想不出好办法。小钟虽然给主席吃过奎宁，打了针，也给主席的额头上敷着冷手巾，还是一点不见退烧。

黄祖炎让赶快给中央政府汇报，我急忙跑到粤赣省政府去，和刚搬到瑞金梅坑的苏维埃中央政府机关通了电话，向首长们报告了主席的病情。首长们一听也很着急，立即告诉我：

"你们好好照顾毛主席，这里马上派傅连暲医生尽快赶到于都给主席治疗。"

我把这话报告给主席。黄祖炎和大家都非常高兴。可是一想到路途遥远，交通不便，不知在傅院长赶来途中，主席的病情又会有什么变化。想到这儿，我们就坐立不安，一个个寸步不离地轮流守护在主席床前，看着主席茶喝不下，饭吃不进，忍受极大病痛的样子，感到焦急难过。幸好傅院长在主席病后的第三天傍晚终于骑着骡子赶到了，我们这才稍稍松了一口气。当时，我们都高兴极了，急忙迎傅院长进屋，全部希望都寄托在他的身上了。

……

让人高兴的是，傅院长来到的第二天，主席的病情就开始好转了，随着体温降低，主席睡得安稳了。我们注意观察主席的动静，以便在他醒来时送水、送药、换手巾。直到第八天拂晓，我们刚想睡一会儿的时候，听见有人慢步走到床前来，温和地说："这几天，你们都辛苦了！"

……

9月下旬的一天，吃过午饭，我和班长胡昌保正在院子里打草鞋，听见主席在叫班长和我，我们忙把稻草收拢了，就到了主席房间。主席脸色非常严肃，他左手放在桌子上，右手从桌角上拿起一封信来交给我，然后一字一句地强调说："这是一封非常重要的急信。你们两个务必于明天上午10点钟前送到中央局，交给博古。信送到后，立刻打电话告诉我。信不能耽误，你们俩现在就去粤赣省政府，找朱开铨审视员开一张特别通行证。拿到通行证后马上出发。到黄龙和小密一带时，你们要特别注意，那里有地主武装活动。出发前带好火柴和汽油，若是发现敌情的话，胡昌保掩护，吴吉清用汽油烧信。这信无论如何不能落到敌人手里。知道了？"

"知道了！保证完成任务！"我们俩坚决地回答道。

我和班长拿到特别通行证后，渡过于都河，向瑞金行进。于都离瑞金有180多里路。任务重，路途远，时间紧。我们俩顾不上那么多，只管往前紧赶。

……

早上7点多钟，我和班长把主席交给的这封极其重要的信件送给了博古。可是博古的态度很冷淡，只是漫不经心地接了信，也没说什么。

周副主席、朱总司令一见我们，就立刻询问主席的病情，再三指示我们一定要好好照顾主席，让主席早日恢复健康，并让我们转达他们对主席的问候。我们记住首长的指示，就打电话向主席报告，"信已于早晨7时半送到！"主席让我们在瑞金休息三五天再回于都。去打电话时，"总部"通信连指导员康克清同志见到我们，她很关心地问主席病好了没有。我们说，主席病刚好，就忙工作了。康克清同志嘱咐我们，要好好保卫毛主席。

我和班长完成任务后，从梅坑赶到云石山，去看望贺子珍同志和小毛。这时贺大姐也接到主席的信，正准备去于都。

三四天后，我俩回到毛主席身边。这时，石城、宁都、兴国又相继失守，苏区更小了，情况非常紧迫。主席严肃地告诉我们多打草鞋，多准备干粮，他自己则仔细、认真地清理着文件。一坐下来工作，就是几个小时不离桌子。

10月中旬的一天晚上，主席办公休息时，叫班长和我陪他到河边去看看。

踏着星光，主席背着手，拿着帽子，迎着吹来的阵阵秋风，慢步向西门走去。我和胡昌保班长紧跟在主席的后面。到了于都河边一看，啊呀，那么宽阔的于都河上，船连着船，架起了一座浮桥。一队队红军战士排着队向河那边开去。我和班长打听后才知道，是红3军团的同志去打新田、古陂。

主席站在河边，望着浮桥若有所思，轻声地说："红军什么时候都要靠老百姓支援哪！"他向一位红军干部问了一下搭桥的情况，然后回住处又忙工作了。

早晨，当我和班长到城边集市上采买东西时，只见河面上空空的，昨晚千军万马渡河的情景好像没发生过似的。我们问了问周围的同志，得知原来是红军渡河，为防敌人的飞机来轰炸，就在黄昏时分，几百条船从各处汇集到于都城边，连妇女、老人都来了，帮助红军抢架浮桥。当天快亮时，停止渡河，老表们又帮助红军把船只分散隐蔽起来。我忽然想起昨夜主席说的话，真是千真万确啊！就这样，经过两三个晚上，红3军团主力渡过了于都河，向西南挺进。这时，红1军团也从会昌一带向西南进军。

1934年10月16日前后，这是中国工农红军史上，也是中国革命史上难忘的时刻！就在这个时候，中央红军分别从瑞金、会昌、兴国、宁都、福建汀州等地出发。18日这天，毛主席带着我们，从于都迈开了史无前例的震撼世界的二万五千里长征的第一步。〔17〕

注　释

〔1〕红军夺取南丰城是在1933年2月。——原注

〔2〕《彭德怀自述》，人民出版社1981年12月版，第175—177页。

〔3〕黄允升：《宁都会议始末》，载《党的文献》1990年第2期。

〔4〕1931年11月27日，毛泽东当选为中华苏维埃共和国中央执行委员会主席。

〔5〕吴吉清：《在毛主席身边的日子里》，江西人民出版社1983年10月版，第125—126页。

〔6〕陈昌奉：《跟随毛主席长征》，解放军文艺出版社1986年9月版，第72—79页。

〔7〕埃德加·斯诺：《西行漫记》，生活·读书·新知三联书店1979年12月版，第156—157页。

〔8〕蒋光鼐，当时任国民党第19路军总指挥。蔡廷锴，当时任国民党第19路军副总指挥。——原注

〔9〕当时19路军派到红3军团来的代表是陈公培。——原注

〔10〕中华临时苏维埃政府、工农红军革命军事委员会发表为反对日本帝国主义侵入华北愿在三条件下与全国各军队共同抗日宣言，时间是1933年1月17日。——原注

〔11〕1927年汪精卫等在武汉发动"七一五"反革命政变后，邓演达等国民党左派分子在上海组织中国国民党临时行动委员会，也称第三党。他们反对蒋介石控制的国民党，同时也不赞成中国共产党。1935年，该党改名为中华民族解放行动委员会，响应中国共产党关于各党派合作抗日、共赴国难的号召，积极参加

抗日活动。1941年参加发起中国民主政团同盟。1947年改称农工民主党。1949年参加中国人民政治协商会议第一届全体会议。中华人民共和国成立后，农工民主党拥护中国共产党的领导，是参加社会主义革命和社会主义建设的民主党派之一。——原注

〔12〕《彭德怀自述》，人民出版社1981年12月版，第182—183页。

〔13〕这时王明路线统治的中央，另组临时司令部，博古为政委，共产国际派来的顾问李德实际上为总司令，指挥红军。——原注

〔14〕吴吉清：《在毛主席身边的日子里》，江西人民出版社1983年10月版，第137—156页。

〔15〕何长工：《伟大源于实践》，载《红旗》1979年第12期。

〔16〕小毛，毛泽东和贺子珍之子，长征前夕寄养在当地老乡家，后下落不明。

〔17〕吴吉清：《在毛主席身边的日子里》，江西人民出版社1983年10月版，第160—169页。

六、伟大的历史转折

力挽狂澜

1934年10月初,长征开始前夕,毛泽东在得到周恩来、朱德赞同的情况下,明确地提出了向湖南中部前进,调动江西敌人到湖南消灭之的建议。路线是将红军主力"全部集中于兴国方向突围,攻万安,渡赣江,经遂川以北的黄坳,走井冈山南麓,越过罗霄山脉中段——万洋山,迅速进入湖南境内。再攻鄢县、茶陵、攸县,在衡山附近跨过粤汉路,到有农民运动基础的白果一带休整和补充兵源。而后,再取永丰、攻兰田或宝庆。在这一地区消灭'围剿'之敌后,返回江西南部、福建西部去"。这是打破敌人第五次"围剿"的一个正确建议,可惜,"左"倾领导者拒绝了这一建议。

当长征红军开始集结转移,到达会昌地区后,考虑到蒋介石已在湘粤边境组织封锁线,毛泽东又一次提出:"红军主力应取高排,渡濂江,经龙布西北,直下南康、崇义、麟潭,越过湘赣边界的诸广山,进入湖南。再攻资兴、耒阳,越过粤汉路到有工人运动基础的水口山休整和补充兵源。"周恩来也主张红军主力"向湖南中部发展"。但是,这个正确建议,"左"倾领导者又一次拒绝了。

"左"倾领导者选择的突围方向是向根据地西南,沿着赣粤边境前进,最后达到和红2、红6军团会合的目的。这个战略意图,在转移之初即被蒋介石察觉,预先作好充分的准备。照此机械执行,只会给中央红军造成更加严重的损失。力挽狂澜的重任落在毛泽东的肩上。

李维汉回忆说:

第五次反"围剿"斗争,由于博古等人推行以王明为代表的"左"倾教条主义,使中央革命根据地的军民虽经一年的艰苦斗争,终于1934年10月失败而被迫长征。在第五次反"围剿"斗争中,在军事路线上,他们反对积极防御,实行消极防御。反"围剿"开始时,他们搞"御敌于国门之外";遇到挫折后,他们搞保守主义,分兵把守,打阵地战;在被迫作战略转移时,他们又搞逃跑主义的大搬家。这是王明"左"倾错误在中央根据地的最大恶果。

当中央红军在广昌保卫战失利后,各路敌军开始向中央苏区的中心区全面进攻,形势已对我军十分不利。红军在内线破敌的可能性已经不存在的时候,1934年七八月间,博古把我找去,指着地图对我说:"现在中央红军要转移了,到湘西洪江建立新的根据地。你到江西省委、粤赣省委去传达这个精神,让省委作好转移的准备,提出带走和留下的干部名单,报中央组织局。"他还说,因为要去建立新苏区,需要选择一批优秀的地方干部带走,也让省委提出名单。听了博古的话,我才知道中央红军要转移了。根据博古的嘱咐,我分别到江西省委、粤赣省委去传达。那时,江西省委书记是李富春,粤赣省委书记是刘晓。传达后我又回到瑞金。

长征的所有准备工作,不管中央的、地方的、军事的、非军事的,都是秘密进行的,只有少数领导人知道,我只知道其中的个别环节,群众一般是不知道的。当时我虽然是中央组织局局长,但对红军转移的具体计划根本不了解。第五次反"围剿"的军事情况,他们也没有告诉过我。据我所知,长征前中央政治局对这个关系革命成败的重大战略问题没有提出讨论。中央红军为什么要退出中央苏区?当前任务是什么?要到何处去?始终没有在干部和广大指战员中进行解释。这些问题虽属军事秘密,应当保密,但必要的宣传动员是应该的。

我回到瑞金后,开始进行长征的编队工作。

按照中央指示,将中央机关编成两个纵队。第1纵队,又名"红星纵队",是首脑机关,也是总指挥部。博古、洛甫、周恩来、毛泽东、朱德、王稼祥、李德,还有其他负责同志,都编在这个纵队。邓颖超、康克清以及电台、干部团也编在这个纵队。干部团的前身是红军大学,学员都是从部队调来的连排级干部,他们都经历过多次战斗。干部团人数虽不多,但战斗力强,实际上是首脑机关的警卫部队,在长征中起过很大的作用。长征开始时,毛泽东身体不好,一直坐在担架上。王稼祥在苏区负伤,不能行走,也只好坐担架。在长征路上,他们两人经常在一块讨论问题,交换意见。那时毛泽东不管事,管事的是博古、洛甫、周恩来。第2纵队,又名"红章纵队",由党中央机关、政府机关、后勤部队、卫生部门、总工会、青年团、担架队等组成,有1万多人。中央任命我为第2纵队司令员兼政委,邓发为副司令员兼副政委,张宗逊为参谋长。纵队的编组工作,邓发花的力量大,我花的力量小。遵义会议后,红3军团的一位团长牺牲了,张宗逊被调往红3军团任团长,第2纵队参谋长由邵式平接任。李富春是总政治部代主任,也在第2纵队。第2纵队司令部有4个女同志随军行动,他们是蔡畅、陈惠英(邓发夫人)、刘群先(博古夫人)、阿金(金维映)。司令部下面还有几个单位:一、干部团或干部连(也叫工作队),有100多人,李坚真是指导员。这个干部团不是打仗的,是做地方工作和安排伤病员的。二、干部休养队,也有100

多人,徐老(特立)、谢老(觉哉)等都在休养队。他们不担任工作,只要身体好,能随军走就行。三、警卫营(营长姚喆)。四、教导师(师长张建武),担任后卫,约5000人,是1934年红五月扩红时参加红军的新兵,才成立15天就出发了。他们虽是后卫,但没有打过仗,因为第2纵队是由别人保卫的。配属第2纵队领导的还有100多名地方干部,他们对政权建设有经验,准备去新区建立政权。中央党校的一部分学员,也编在第2纵队。此外,还有运输队,挑夫很多,任务很重。党中央机关的文件、资料之类的东西不多,但中央政府机关的东西很多。[1]

刘伯承回忆说:

开始长征时,由于"左"倾路线在军事行动中的逃跑主义错误,继续使红军受到重大损失。当时中央红军第5军团,自离开中央根据地起,长期成为掩护全军的后卫,保护着骡马、辎重,沿粤桂湘边境向西转移。全军8万多人马在山中羊肠小道行进,拥挤不堪,常常是一夜只翻一个山坳,非常疲劳。而敌人走的是大道,速度很快,我们怎么也摆脱不掉追敌。

我军经过苦战,突破敌人三道封锁线后,蒋介石急调40万大军,分成三路,前堵后追,企图消灭我军于湘江之侧。

面临敌人重兵,"左"倾路线的领导更是一筹莫展,只是命令部队硬攻硬打,企图夺路突围,把希望寄托在与2、6军团会合上。在广西全县以南湘江东岸激战达一星期,竟使用大军作甬道式的两侧掩护,虽然突破了敌人第四道封锁线,渡过湘江,却付出了惨重的代价,人员折损过半。

广大干部眼看反五次"围剿"以来,迭次失利,现在又几乎濒于绝境,与反四次"围剿"以前的情况对比之下,逐渐觉悟到这是排斥了以毛泽东为代表的正确路线、贯彻执行了错误的路线所致,部队中明显地滋长了怀疑不满和积极要求改变领导的情绪。这种情绪随着我军的失利日益显著,湘江战役达到了顶点。

这时,2、6军团为了策应中央红军,在川黔湘边界展开了强大攻势。蒋介石为了阻挡我军会师,忙调重兵堵截、追击。如果我们不放弃原来的企图,就必须与五六倍的敌人决战。但部队战斗力又空前减弱,要是仍旧采用正面直顶的笨战法,和优势的敌人打硬仗,显然就有覆没的危险。

正是在这危急关头,毛主席挽救了红军。他力主放弃会合2、6军团的企图,改向敌人力量薄弱的贵州前进,争取主动,打几个胜仗,使部队得以稍事休整。他的主张得到大部分同志的赞同。于是,部队在12月占领湖南西南边境之通道城后,立即向贵州前进,一举攻克了黎平。当时,如果不是毛主席坚决主张改变方针,所剩2万多红军的前途只有毁灭。[2]

陈昌奉回忆说：

我们通过广西的苗族区重入湖南，由湖南的通道县出发，随主席进入了对我们来说完全陌生的贵州省。

主席到贵州的第一个县城是黔东的黎平。到达黎平不久，主席便带我们到了总司令部（那时也叫军委）住的地方。我们原以为是去看看的，但到这里一看，首长们来的很多，像是要开什么重要会议的样子，而且那天一直搞到夜很深了主席才回到住处。

中央政治局黎平会议，是长征途中一次很重要的会议。那时候，王明路线的领导，在敌人前堵后追的形势下，已经是一筹莫展，只是要部队死拼硬打，把希望寄托在难以实现的夺路突围到湘西与2、6军团会师上。如果按他们的办法干下去，前景是很危险的。正是在这个关系到红军存亡的危急关头，毛主席力主放弃与2、6军团会师的计划，而改向敌人力量薄弱的贵州前进。毛主席经过多方面的耐心工作，教育、说服了自己的同志，从而挽救了红军。

这些情况当时我们并不知道，但是，主席参加黎平会议，而且会议开得时间这么长，我们警卫人员便有一些猜测。因为从"宁都会议"之后，我们感觉主席一直是在做政府方面的工作，军委这边的事似乎管得不多。为什么今天在这里待这么长时间？联系到听说这次进贵州是主席的主张，心里想的就更多了。说实在的，五次反"围剿"开始到离开江西这一段，我们心里是窝着不少火的。什么"大会战""不丧失苏区一寸土地"，到头来还不是仓仓促促地全部离开了中央革命根据地！离开江西之后就是走，走，走！我们是不怕走路的，从福建建宁千里回师到赣南，天热路远，又几乎天天急行军，大伙走得是多么带劲呀！可这一次这个走法……心里憋着气没处说，主席在这一方面对我们要求又特别严，连私下里发几句牢骚都不能让他听见。这一次主席来军委开会，而且开了这么长时间，好像有了希望，嘴上不说，心里可真是高兴！

心里有了希望，情绪也高了，劲头也大了。从黎平到剑河，从剑河到台拱，从台拱到黄平，几乎一天一个县城，翻山越岭也不觉得那么累了。待我们到达瓮安县境的时候，正好是1934年的岁末。1935年的新年来到了。离开江西中央根据地两个多月以来，一直处在敌人前堵后追空中炸的险境中，听说要在离瓮安不远的猴场过新年，心里真有说不出的高兴。

……

猴场这地方虽然不是很大，但市面很活跃。不少群众聚拢在路上好奇地望着我们打前站的同志们。

……

一切准备停当，天已经很黑了。我和小曾提上马灯高高兴兴地去接主席。到了会场，会议还在进行。

……

接近午夜了，会议才结束。我看主席在披大衣，就提着马灯迎了上去。路上，主席问我们："住的地方离这儿远吗？"

我说："不算远，有一二里地，过一条小河就到了。"

……

走了好大一会儿，走过那条小河上窄窄的木头便桥后，主席才对我们说："我们不能在这里休息，还有比过年更要紧的事情啊！"

"什么事？"我惶惑地问了一句。

"我们要争取时间突破天险，打过乌江去！"主席说到这里，拍着我和小曾的肩膀说："我们是红军。什么事情对红军来说最要紧？现在就是打仗、消灭敌人。突破乌江很重要，是一件大事。你们觉得这猴场就是个大地方了？不，大地方咱们中国多得很。乌江那边的遵义就比这里大，还有比遵义更大的。等我们突破乌江，打开遵义，在那里过年才有味道呢！"

接着，主席边走边给我们简单地讲了当时的形势：蒋介石派了薛岳、周浑元等几个纵队，紧紧地跟在我们后边，我们必须以最快的速度抢渡乌江，把敌人远远地甩开。

……

那天晚上其他首长没到主席这里来，原来说要开的庆祝会也没有开。我想起主席的话，心里明白了：首长和同志们都忙着准备过乌江呢！

第二天清晨4点多钟，主席还在工作的时候，就传来了好消息：先头部队已到达乌江。主席指示我们准备向乌江出发。〔3〕

1935年元旦，中共中央政治局在乌江南岸的猴场召开的会议上，作出《关于渡江后新的行动方针的决定》。决定重申黎平会议精神，提出首先在遵义为中心的黔北地区，然后向川南创建川黔边新根据地。在军事指挥上，会议改变一切由"三人团"（实际上是李德、博古）包办的局面，规定"关于作战方针以及作战时间与地点的选择，军委必须在政治局会议上作报告"。这样，就把军事的最后决定权收归政治局，为遵义会议的召开提供了组织基础。否则，在"三人团"把持一切的情况下，遵义会议便难以成功。在促成政治局作出这一决定的过程中，毛泽东的说服工作无疑起了很大作用。而在客观上，一连串的惨败，也使"三人团"的指挥难以为继，威信一落千丈。

猴场会议以后，红军以迅雷不及掩耳之势渡过乌江，1月7日进占黔北重镇遵义城。

吴吉清回忆说：

红军深入贵州，吓坏了贵州军阀王家烈、侯之担。他们立刻调集其亲信林秀生陈重兵于乌江江边，把守住乌江各个重要渡口，企图利用天险乌江把红军阻止在南岸，然后会同尾追而来的匪军薛岳纵队围歼红军于乌江畔。

乌江两岸悬崖绝岸，江水滔滔拍打江岸，急流滚滚，飞流直下。红军赶到乌江边江界河渡口时，林秀生匪徒已烧毁了南岸村子，抢掳了所有船只，逃窜江北设防去了。

情况急迫，毛主席、朱总司令、周副主席和刘伯承总参谋长亲自在前线指挥，给红军很大鼓舞。红军先遣团经过激战，打垮了北岸敌人，强渡了乌江。随后，工兵同志们排除千难万险，奋力在湍急的乌江江面上架起了浮桥。

夜幕降临了，我们跟随主席来到浮桥边，主席看看那用浮桶、毛竹架起的浮桥，看看红军大队人马正在踏过浮桥的雄壮阵容，再看看水急浪大奔腾咆哮的江水，于是脸上浮现出满意的笑容，赞叹地说：

"红军是不可战胜的！"

……

我明显地感觉到，自从红军转战贵州，尤其渡过乌江天险以来，主席的心情似乎舒畅多了。红军队伍的士气也高涨起来。广大干部也越来越清楚地认识到，只有遵循毛主席的正确领导，革命才能胜利。在井冈山，在四次反"围剿"中，已经得到证明。如今按主席的建议，转战贵州，屡战屡捷，又是有力的证明。因此，在红军广大指战员中，要求改变党和红军的最高领导的呼声，越来越高，越来越迫切。到达遵义时，这种呼声发展到了最高潮。[4]

遵义会议

1935年1月7日，中央红军进占黔北重镇遵义城。毛泽东随中共中央进驻遵义城，即着手筹备遵义会议。

毛泽东住在遵义新城黔军旅长易怀之的公馆里。为了便于交换意见，准备会议发言，他特意同最先从"左"倾错误中觉悟过来的王稼祥、张闻天住在一起。

1935年1月15日至17日，中共中央政治局扩大会议在遵义举行。这是一次具有历史转折意义的会议，在历史的紧急关头，挽救了党，挽救了革命。会议在同共产国际失去电讯联系的情况下，独立自主地解决党内重大问题，充分表现出党在政治上和组织上的成熟。会议确立以毛泽东为代表的中共中央正确领导，纠正了王明"左"倾教条主义在军事上的错误，为日后系统清算王明"左"倾教条主义的政治路线错误奠定了基础。

为了遵义会议的成功，毛泽东付出了巨大的精力。早在长征初期，他就开始做说服工作，使这次会议收到瓜熟蒂落、水到渠成之效。

遵义会议的参加者伍修权回忆说：

毛泽东在长征途中，利用一切可能的机会，向有关干部和红军指战员进行说服教育工作，用事实启发同志们的觉悟，使大家分清什么是正确的，什么是错误的。这一切都为遵义会议的召开创造了必要的条件，打下了思想基础。此外，客观形势也促成了遵义会议的召开。

在进遵义以前，王稼祥最早提出了召开中央政治局扩大会议（即遵义会议）的倡议。他首先找张闻天同志，谈了毛泽东的主张和自己的看法。他认为，应该撤换博古和李德，改由毛泽东来领导。张闻天也在考虑这些问题，当即支持了他的意见。接着，王稼祥又利用各种机会，找了其他一些负责同志，一一交换了意见，并取得了这些同志的支持。聂荣臻因脚伤坐担架，在行军途中听取并赞同了王稼祥的意见。周恩来和朱德等历来就尊重毛泽东，在临时中央打击排斥毛泽东时，他们也未改变对他的态度，这次也毫不犹豫地支持了王稼祥的意见。正是在此大势所趋、人心所向的形势下，再加上毛泽东、王稼祥做了大量的工作，召开遵义会议的条件已经成熟。

1935年1月上旬，红军胜利攻占黔北的重镇遵义。不久，中共中央在遵义旧城一个军阀柏辉章的公馆二层楼上，召开了中央政治局扩大会议，这就是具有伟大历史意义的遵义会议。参加这次会议的有中央政治局委员博古、周恩来、毛泽东、朱德，张闻天、陈云和刘少奇，政治局候补委员王稼祥，邓发和凯丰（即何克全），总参谋长刘伯承，总政治部代主任李富春。会议扩大到军团一级干部，有1军团长林彪、政委聂荣臻；3军团长彭德怀、政委杨尚昆；5军团政委李卓然因为战事在会议开始后才赶到；邓小平以党中央秘书长身份参加了会议。李德也被通知出席，我作为翻译，也列席了会议。会议中途，彭德怀和李卓然因为部队又发生了战斗，提前离开了。9军团长罗炳辉、政委蔡树藩因为部队没有渡过乌江，未能参加会议。

会议一般都是晚饭后开始，一直开到深夜。因为中央政治局和军委白天要处理战事和日常事务。会场设在公馆楼上一个不大的房间里，靠里面有一个带镜子的橱柜，朝外是两扇嵌着当时很时兴的彩色花玻璃的窗户，天花板中央吊着一盏旧式煤油灯，房间中间放着一张长条桌子，四周围着一些木椅、藤椅和长凳子，因为天冷夜寒，还生了炭火。会场是很简陋狭小的，然而正是在这里决定了党和红军的命运。

会议开始还是由博古主持。他坐在长条桌子中间的位置上，别的参加者也不像现在开会，有个名单座次，那时随便找个凳子坐下就是了。会议开了多次，各人的位置也就经常变动。开会以后，首先由博古作了总结第五次反"围剿"的主要报告。他也看出了当时的形势，对军事错误作了一定的检讨，但是也强调了许多客观原因，为临时中央和自己的错误作了辩护和解释。接着，由周恩来作了关于第五次反"围剿"军事问题的副报告。第三个发言的是张闻天，他作了一个反对"左"倾军事错误路线的报告，是批评博古的，因此被后人称为"反报告"。

之后，毛泽东作了重要发言。像通常一样，他总是慢慢地先听听人家的意见怎么样，等他一发言就几乎是带结论性的了。他讲了一个多小时，同别人的发言比起来，算是长篇大论了。他发言的主要内容是说当前首先要解决军事问题，批判了"左"倾教条主义的"消极防御"方针和它在各个方面的表现，如防御时的保守主义、进攻时的冒险主义和转移时的逃跑主义。他还尖锐地批评了李德的错误军事指挥，只知道纸上谈兵，不考虑战士要走路，也要吃饭，也要睡觉，也不问走的是山地、平原还是河道，只知道在略图上一画，限定时间打，当然打不好。又用一、二、三、四次反"围剿"胜利的事实，批驳了用敌强我弱的客观原因为第五次反"围剿"失败作辩护的观点。他指出，正是在军事上执行了"左"倾教条主义的错误主张，才导致了第五次反"围剿"的失败，造成了红军在长征中的重大牺牲。毛泽东的发言反映了大家的共同想法和正确意见，受到与会绝大多数同志的热烈拥护。

紧接着发言的是王稼祥。他旗帜鲜明地支持毛泽东的意见，严厉地批判了李德和博古在军事上的错误，拥护由毛泽东来指挥红军。朱德接着也表示了明确态度，支持毛泽东的意见。朱德历来谦逊稳重，这次发言时，却声色俱厉地追究临时中央领导的错误，谴责他们排斥了毛泽东，依靠外国人李德，弄得丢掉根据地，牺牲了多少同志！他说："如果继续这样的领导，我们就不能再跟着走下去！"周恩来在发言中也坚决支持毛泽东对"左"倾军事错误的批判，全力推举毛泽东参加中央核心领导。他指出，只有改变错误的领导，红军才有希望，革命才能成功。他的发言和倡议得到了与会绝大多数同志的积极支持。

会上的其他发言，我印象比较深的是李富春和聂荣臻。他们对李德那一套很不满，对"左"倾军事错误的批判很严厉。彭德怀的发言也很激烈，他们都是积极支持毛泽东的正确意见的。其他同志也大都支持毛泽东的意见。

林彪本来是支持李德那一套的，会上被批判的"短促突击"等，也是林彪所热心鼓吹的。1934年6月，他还写了《论短促突击》的文章，推销李德的那一套，行动上他更是积极执行王明在军事上的"左"倾错误主张。会议上虽然没有指名道姓地批判他，但是在第五次反"围剿"的"左"倾错误中，他确是一员干将。他在会上实际上也处于被批判的地位，所以基本是一言不发。聂荣臻长期与他共事，对他早就有所认识，那时就看出了他的毛病。

会上被直接批判的是博古，批判博古实际上就是批判李德。因此，会议一开始，李德的处境就很狼狈。当时，别人大都是围着长桌子坐，他却坐在会议室的门口，完全是处在被告的地位上。我也坐在他旁边，别人发言时，我一边听一边翻译给李德听。他一边听一边不断地抽烟，垂头丧气，神情十分沮丧。由于每天会议的时间都很长，前半段会我精神还好，发言的内容就翻译得详细些，后半段会议时精力不济了，时间也紧迫，翻译就简单些。会议过程中，李德也曾为自己及王明在军事上的"左"倾教条主义错误辩护，不承认自己的错误，把责任推到客观原因和临时中央身上。不过这时他已经理不直、气不壮了。事后有人说他在会上发脾气，把烤火盆都踢翻了，把桌子也推翻了，这我没见到。当时会议的气氛虽然很严肃，斗争很激烈，但是发言还是说理的。李德本人也意识到已是"无可奈何花落去"，只得硬着头皮听取大家对他的批判发言。

会议前后共开了三四次，开会的具体日期，我印象是在1月15日左右。遵义会议决议上印的日期是1月8日，我看不准确，可能是1月18日之误。因为1月8日部队刚进遵义，还没来得及召开会议，决议不会那么早就作出来。

会议的后期，委托张闻天起草了《中央关于反对敌人五次"围剿"的总结决议》，即遵义会议决议。《决议》指出，博古和李德（用华夫代名）等人"在反对五次'围剿'战争中，以单纯防御路线（或专守防御）代替了决战防御，以阵地战、堡垒战代替了运动战，并以所谓'短促突击'的战术原则来支持这种单纯防御的战略路线。这就使敌人持久战与堡垒主义的战略战术达到了目的。使我们的主力红军受到一部分的损失，并离开了中央苏区根据地。应该指出，这一路线，同我们红军取得胜利的战略战术的基本原则是完全相反的"。《决议》还就博古、李德等在组织路线、领导作风上及利用敌人内部冲突等问题，一一作了结论。这个《决议》由中央正式通过了。

遵义会议集中全力解决当时具有决定意义的军事问题和组织问题，改组了党和军队的领导，推举毛泽东同志为政治局常委。会后解除了博古的总书记职务和李德的军事顾问职务，选举张闻天为总书记。接着，又在随后的战斗行军中，成立了以毛泽东为首，有周恩来、王稼祥参加的三人军事指挥小组，作为最高统帅部，负责指挥全军行动。全党信服毛泽东同志，把当时最有决定意义的、关系到我党我军生死存亡的军事指挥大权托付给他，从而开始确立毛泽东在红军和党中央的领导地位。这是遵义会议的最大成就，是中国党内最有历史意义的伟大转折。

遵义会议的成功，表现出了毛泽东杰出的领导才能与政治智慧。他在会议上只批判临时中央在军事问题上的错误，没有提政治问题上的错误，相反还在决议中对这个时期的政治路线说了几句肯定的话。这是毛泽东的一个英明的决策。在会议上，曾经有人提出批判和纠正六届四中全会以来的政治错误，毛泽东明智地制止了这种做法。正是这样，才团结了更多的同志，全力以赴地解决了当时最为紧迫的军事问题。会后，曾有同志问毛泽东，你早就看到王明那一套是错误的，也早在反对他，为什么当时不竖起旗帜同他们干，反而让王明的"左"倾错误统治了四年之久呢？毛泽东说，那时王明的危害尚未充分暴露，又打着共产国际的旗号，使人一时不易识破他们，在这种情况下，过早地发动斗争，就会造成党和军队的分裂，反而不利于对敌斗争。只有等到瓜熟蒂落、水到渠成时，才能提出和解决这个问题。毛泽东还注意把推行"左"倾错误的头头同仅仅执行过这一错误决定的人严格区别对待。在遵义会议上，他只集中批判博古和李德，对别的同志则进行耐心的说服帮助，争取他们转变立场。毛泽东这种对党内斗争的正确态度和处理方法，也是促成遵义会议成功的重要原因。

正由于这样，原来曾经支持过王明"左"倾错误的王稼祥、张闻天等在遵义会议这一历史转折关头，都转而支持了毛泽东。这里特别值得一提的是王稼祥。毛泽东曾说，在遵义会议上，王稼祥投的是"关键的一票"。又说，他是第一个从王明的教条小宗派中脱离出来的。周恩来也说，王稼祥在遵义会议上是有功的。张闻天也起了很好的作用。博古虽然是会上主要批判对象之一，但是他的态度也是比较端正的。他主持会议，却不利用职权压制不同意见，表现了一定的民主作风和磊落态度。会后，他又坚决服从和执行中央的决定，并严正地拒绝了别人的挑拨性意见。直到十年以后党的第七次全国代表大会上，他还作了认真的自我批评。这些都体现了一个共产党人的应有品质。[5]

聂荣臻当时是红1军团政治委员，列席了遵义会议。他回忆说：

会议召开之前，经过了紧张的酝酿。毛泽东亲自在中央领导集团中做了一些思想工作。先是王稼祥通了。前面说了，我和王稼祥一路走，一路扯。他和我的意见是一致的，坚决主张请毛泽东出来领导。他说，他参加第二次、第三次反"围剿"，两次都取得了那样大的胜利，完全是毛泽东采取诱敌深入、隐蔽部队、突然袭击、先打弱敌、后打强敌、各个击破等一系列战略战术原则指挥的结果。他赞成毛泽东出来统率部队。对博古、李德，王稼祥十分不满。用他自己当时的话来说："到时候要开会，把他们'轰'下来！"周恩来是个好参谋长，他那个时候行军时往往坐在担架上睡觉，一到宿营地，不管白天晚上，赶快处理电报。他从长期的实践中，已经认识到毛泽东的见解是正确的，也赞成毛泽东出来领导。周恩来、王稼祥他们两个人的态度对开好遵义会议起了关键的作用。

听说要开会解决路线问题，教条宗派主义者也想争取主动，积极向人们做工作。会前和会议中，凯丰（即何克全），当时的政治局候补委员、共青团书记，三番两次找我谈话，一谈就是半天，要我在会上支持博古，我坚决不同意。我后来听说，凯丰向博古汇报说，聂荣臻这个人真顽固！

会议还是开得很紧张的。除了个别同志处理作战指挥方面的事,临时告假以外,其他人一律到会。那时,我的脚还没有好,每天坐担架去。

会议的名称就叫遵义政治局扩大会议,共开了三天。出席会议的,除了政治局委员和候补委员毛泽东、周恩来、王稼祥、张闻天、朱德、刘少奇、陈云、博古、邓发、凯丰以外,还有刘伯承、李富春、彭德怀、杨尚昆、李卓然、邓小平,我和林彪也出席了会议。李德也列席了会议,伍修权给他当翻译。会议由博古主持——他既是会议的主持人,同时在路线方面又处于被审查的地位。博古在会上作了主报告——关于第五次反"围剿"的总结,他一再强调客观原因,强调不可能粉碎这次"围剿"。副报告是周恩来作的,因为他是军委主要负责人。

在会上,多数人集中批判了王明的先是"左"倾教条主义,以后又发展为右倾保守主义,以及在长征中消极避战,只顾夺路去湘西的错误军事路线;集中批判了王明路线在中央的代理人博古的错误。这方面遵义会议的决议已经讲得很清楚……会上大多数人拥护毛泽东出来领导,只有博古、凯丰出来反对。博古后来作了检讨,但没有彻底地承认错误。凯丰甚至很狂妄地对毛泽东讲:"你懂得什么马列主义?你顶多是看了些《孙子兵法》!"并且对会议表示保留意见。李德是列席的,遵义会议文件中的"华夫同志"指的就是他。他没有正式座位,坐在屋里靠门口的地方,经常一言不发,只是一个劲地抽烟,情绪十分低落。但对会上大家对他的批评,他在发言中,一概不承认自己有错误,态度十分顽固。我在会上一提起李德的瞎指挥就十分生气。他对部队一个军事哨应放在什么位置、一门迫击炮放在什么位置——这一类连我们军团指挥员一般都不过问的事,都横加干涉。我记得在会上,林彪没有发什么言。

对于今后行动方向,伯承和我在会上建议,我们打过长江去,到川西北去建立根据地,因为四川条件比贵州要好得多。依我到贵州看到的情况,这里人烟稀少,少数民族又多,我们原来在贵州又毫无工作基础,要想在这里建立根据地实在是太困难了。而在四川,一来有四方面军的川陕根据地可以接应我们;二来四川是西南首富,人烟稠密,只要我们能站稳脚跟,就可以大有作为;三来四川对外交通不便,当地军阀又长期有排外思想,蒋介石想往四川大量调兵不容易。会议接受了我们的建议。只是后来由于川军的顽强堵击,张国焘又不按中央指示,擅自放弃了川陕根据地,使敌人可以集中全力来对付我军渡江,这个设想才未能成为现实。

会议选举毛泽东为中央政治局常委。会后,在常委分工上,由张闻天代替博古负总责,主持党中央的日常工作。在行军途中,又组织了由毛泽东、周恩来、王稼祥三位同志组成的军事领导小组,负责指挥军队。

关于遵义会议的传达,由于经常处在军情紧急状态,我们只能先用电报或个别告诉等形式向团以上干部打招呼，正式传达是在二渡赤水回来，第二次攻克遵义后，在遵义由中央召集团以上干部开会传达的。会上，张闻天、周恩来都讲了话。一些过去受过王明路线打击的干部，一提起过去的错误领导和它给革命带来的损失时，就气得又捶桌子又打板凳。我给连以上干部传达，是在仁怀县一个叫什么场的镇子里，在一家地主的场院里进行的。传达的那天正下着小雨，谭政还帮我撑着伞。干部们都很集中精力听，传达了几个小时，无人走散避雨。大家都拥护毛泽东出来领导。[6]

李卓然也是遵义会议的见证人。他回忆说：

遵义会议前，我担任红5军团政治委员。当时，5军团担任长征的后卫任务，主要是保证前面中央机关的安全和阻截后面的追敌。我和董振堂同志带领红5军团，从长征开始后一直在后边打阻击战，和中央相距一两天的路程。中央用电报指挥军事行动路线，部署军事行动。

……

记得那是1935年刚过了旧历年的第三天，5军团到了贵州的桐梓一带，在那里集结待命。到达的当晚，我就接到了周恩来副主席发来的电报，要我迅速赶到遵义城去参加政治局扩大会议。我记得电报是发给我和刘少奇的。少奇当时是中央驻5军团的代表。董振堂的宿地不和我在一起，我记得他没有去参加遵义会议。我接到中央的电报，午夜过后便从桐梓出发了。当我带着两名警卫员日夜兼程赶到遵义城时，会议已经开始了。开会的两层小楼坐落在遵义城内一个比较高的山坡上，山坡下面是环城的小街道。参加会议的人都分住在小楼里。记得我是和少奇住在一间房子里。

我到遵义后，毛泽东当天就在他的卧室里接见了我。我记得很清楚，他当时正患感冒，头上裹着一条毛巾，尽管是在病中，但他仍然专注地倾听我的汇报。当我谈到部队已经怨声载道时，他笑笑说："怨声载道咯，对领导不满意啦？"我说："是的。"他又说："那你明天在会议上讲一讲，好不好？"毛泽东肯定了我反映的情况很重要，并要我在会议上发个言。

在第二天的会议上，我发了言，其他同志也讲了讲，我们的发言，实际上是对王明"左"倾错误的批判。[7]

陈昌奉回忆说：

会议期间，主席很少回穆家巷吃饭。我们把饭弄好送进会场，有时热几次，主席都没有时间吃，只是招呼我们多搞些木炭，把盆火烧旺些。他几乎每天都是凌晨两三点钟才回穆家巷。有时回到穆家巷天就亮了，主席也不休息，而是披着大衣站在屋外宽宽的走廊上，眺望着远处红花冈上冉冉升起的红日……

我们当时虽然不知道会议的内容，但不少迹象告诉我们，这次会议是很重要的。那时候天气冷，我们警卫人员大都依在会议室外的长廊上休息。参加会议的人讲话的声音有时很高，有时很低，有的人像吵架一样大叫，但当主席讲话后，又都静了下来……我们还深深感到全军上下都在关心着这次会议。那些天，很多认识我们的干部一碰到我们便问："小鬼，会议开得怎么样？毛主席怎么说的？"有的说："怎么？那么好的根据地都让他们搞丢了，他们还不服输吗？"这些话的内涵，我们当时不太明白，但全军上下关心着这次会议的心情，我们是感觉到了。[8]

遵义会议决议形成的时间，一直是不解之谜，最早是1935年1月8日说，后来又定为1月17日（或18日）。据中央档案馆殷子贤、史纪辛考证，较为可信的说法应为2月8日。

他们在《〈中共中央关于反对敌人五次"围剿"的总结决议〉时间考证》一文中说：

《中共中央关于反对敌人五次"围剿"的总结决议》（以下简称《决议》）收入《遵义会议文献》（人民出版社1985年1月版）中的通过时间为1935年1月17日；收入《六大以来》（人民出版社1981年2月版）中的通过时间为1935年1月8日。《中共党史大事年表》则称，《决议》是在遵义会议上通过的。

1984年9月，中共中央党史资料征集委员会《关于遵义政治局扩大会议若干情况的调查报告》确定：遵义会议召开时间为1935年1月15日至17日。陈云的《遵义政治局扩大会议传达提纲》中说："扩大会最后作了下列的决定：……（二）指定洛甫同志起草决议，委任常委审查后，发到支部中去讨论。"这说明，《决议》是遵义会议后由张闻天起草的，它的成文时间只能在1月17日以后。1月8日和1月17日以及遵义会议通过之说是不能成立的。

那么，《决议》究竟是何时何地在什么会议上通过的呢？我们对此进行了调查研究。在中央档案馆馆藏档案中，我们发现了一份印有"1935年2月8日政治局会议通过"和"2月16日印"的《决议》油印稿。经研究，我们初步判定这个时间是准确的，其依据是：

一、据档案记载，1935年2月上旬曾召开过政治局会议，作过若干重要决定，具有通过《决议》的可能性。陈云的《遵义政治局扩大会议传达提纲》中记载："在由遵义出发到威信的行军中，常委分工上，决定以洛甫同志代替博古同志负总的责任。"据中央征委会的调查报告，这一决定是1935年2月5日前后作出的。1935年2月5日中央书记处在给项英转中央分局的电报中说："政治局及军委讨论了中区的问题。"1935年2月7日19时中革军委在给各军团的电报中说："根据目前情况，我野战军原定渡河计划已不可能实现，现党中央及军委决定，我野战军应以川、滇边境为发展地区。"

二、《决议》反映了1935年2月7日党中央及军委重要决定的内容，因而必然通过于2月7日之后。《决议》中说："中央红军在云、贵、川三省广大地区中创造出新的苏区根据地。"这一说法来源于中央2月7日的决定。同时，由于它对遵义会议确定的渡江北上的战略方针作了重大改变，所以它不可能是遵义会议通过的。

三、据《红军长征日记》（档案出版社1986年版）记载，1935年2月10日中央军委在扎西召开营、科长以上干部会议，由张闻天传达《决议》，因此《决议》又必然通过于2月10日之前。

四、从纸张、油墨等文件制成材料上看，印有"1935年2月8日政治局会议通过"和"2月16日印"的《决议》版本与同期的手稿文件基本一致，而且与中央1935年2月8日发布的《告红色指战员》油印稿的刻写笔迹出自同一人之手。档案鉴定人员认为，这一版本确是1935年印制的文件正本，是目前发现的《决议》最早的、最可靠的版本。

综上所述，我们认为《决议》的成文经过大致如下：遵义会议后，张闻天遵照会议决定，在1935年2月7日至2月8日间完成了《决议》的起草工作，2月8日中央政治局在云南扎西附近召开会议，正式通过了《决议》。

那么，"1月8日通过""1月17日通过"和"遵义会议通过"的说法又是如何产生的呢？我们的看法是：

一、档案中保存有写有"1935年1月8日政治局会议通过"的《决议》版本，没有写印制时间，但是从纸张等制成材料判断，其印制时间要晚于前面提到的那个版本，有的甚至是到陕北以后才印制的。其时间的错误可能是由于翻印刻写中的笔误造成的。而《六大以来》一书恰恰选用了这个时间有误的版本。

二、"1月17日通过"的说法没有文献档案依据，其编者在注释中已说明这个时间是推论而来的。"遵义会议通过"的说法也是如此产生的。[9]

在《遵义会议文献》一书中，还收录了《毛泽东有关遵义会议的部分论述》（1945年5月—1964年3月）。现录于后：

三次"左"倾机会主义路线都是在十年内战时期产生的。……第三次是王明路线，时间最长，统治全党达四年之久。这条路线是共产国际制造的。当时，王明发展了李立三的错误，在军事、政治、组织等一系列问题上，坚持错误的冒险主义，结果把南方根据地丢掉了，只好两条腿走路。1.25万公里的长征是光荣的，但实际上是由于犯了路线错误，被敌人追赶得不得不走的。

（1961年6月21日同外宾的谈话）

在长征途中的遵义会议上，才开始批评这些错误[10]，改变路线，领导机构才独立考虑自己的问题。我们采取的方针，是帮助犯错误的同志改正错误。采取帮助的态度，所以我们团结了党的绝大多数。除个别的人跑到敌人那里去之外，另有个别的人死不承认错误,如王明。

(1963年4月17日同外宾的谈话)

大家学习党史,学习路线,知道中国共产党历史上有两个重要关键的会议。一次是1935年1月的遵义会议,一次是1938年的六中全会。

遵义会议是一个关键,对中国革命的影响非常之大。但是,大家要知道,如果没有洛甫、王稼祥两个同志从第三次"左"倾路线分化出来,就不可能开好遵义会议。同志们把好的账放在我的名下,但绝不能忘记他们两个人。当然,遵义会议参加者还有别的好多同志,酝酿也很久,没有那些同志参加赞成,光他们两个人也不行;但是,他们两个人是从第三次"左"倾路线分化出来的,作用很大。从长征一开始,王稼祥同志就开始反对第三次"左"倾路线了。

遵义会议以后,中央的领导路线是正确的,但中间也遭过波折。抗战初期,十二月会议[11]就是一次波折。十二月会议的情形,如果继续下去,那将怎么样呢?有人说他奉共产国际命令回国,国内搞得不好,需要有一个新的方针。所谓新的方针,主要是在两个问题上,就是统一战线问题和战争问题。在统一战线问题上,是要独立自主还是不要或减弱独立自主?在战争问题上,是独立自主的山地游击战还是运动战?六中全会是决定中国之命运的。六中全会以前虽然有些著作,如《论持久战》,但是如果没有共产国际指示,六中全会还是很难解决问题的。共产国际指示就是王稼祥同志从苏联养病回国带回来的,由王稼祥同志传达的。

(1945年6月10日在七大关于选举问题的讲话)

我们在10个年头之内——从1935年1月的遵义会议到1945年5月现在的七次大会,中央是一种什么样的状况呢?中央主要的成分,是四中全会选举的、五中全会选举的,不是六次大会选的;六次大会选的现在只剩下4个。25个人[12]里头,绝大多数是四中全会、五中全会选的,就是翻筋斗的两次会[13]选的。我们和这样一个中央里面的这些同志一道共事;恰恰在这10年中,筋斗翻得少了一点,乱子闹得少了一点,我们的工作还算有进步。这一条经验是不是很重要的经验?是一条很重要的经验。1935年1月遵义会议,就是积极领导或拥护四中全会的一部分人,也就是在第三次"左"倾路线中犯过路线错误的一部分人,出来和其他同志一道反对第三次"左"倾路线。现在大家把这个账挂在我身上。我声明一下,没有这些同志以及其他很多同志——反"左"倾路线的一切同志,包括犯过第三次"左"倾路线错误的一些很重要的同志,没有他们的赞助,遵义会议的成功是不可能的。

(1945年5月24日在七大关于选举问题的讲话)

为什么我们过去虽然犯了许多错误,把南方的根据地统统失掉,被迫举行

1.25万公里的长征，但是没有被消灭掉，保存了一部分力量，继续搞革命，最后取得胜利呢？有两个方面的原因：一个是封建剥削、帝国主义剥削很厉害，这是客观原因，是经常存在的；另一个是主观原因，就是要是不克服1934年以前那种在党内占统治地位、把革命引向失败的教条主义的话，我们的革命早就垮台了。经过遵义会议，我们改变了错误的路线。终于我们这些人从少数变成了多数，党没有发生分裂。张国焘搞分裂，另外成立了一个中央委员会，当时就有了两个中央委员会，但我们终于还是克服了张国焘路线。红军原来有30万人，经过万里长征，剩下不到3万人，不足1/10。党员最初也有30万左右，经过长征，只剩下几万。但是，这时我们不是更弱而是更强了，因为我们取得了经验教训，我们的路线比较正确了。我们总结了1927年犯右倾机会主义错误遭受失败的经验，也总结了1934年前几年间三次"左"倾路线把革命引向挫折、不得不举行万里长征的经验。挫折、失败也有好的一面，教育了我们总结历史经验。

（1963年3月6日同外宾的谈话）

在长征路上，我们开始克服王明"左"倾路线。1935年1月在贵州遵义开会，但未完全解决问题。抗日初期又出现了王明路线，但这次是右的。之后我们用了三年半时间进行整风运动，研究党的历史，学习两条路线，终于说服了犯过错误的同志，然后才能在1945年召开的七次大会上团结了全党。一些犯过错误的同志，仍被选为中央委员。这些同志大多数改好了。只有王明，虽然现在还是中央委员，但是不承认错误。他现在住在莫斯科。

（1961年6月21日同外宾的谈话）

从遵义会议到六中全会，这时第三次"左"倾路线已被清算，但没有彻底。凡是一个东西不搞彻底，就总是不能最后解决问题，因此又出了一些乱子。从六中全会到七大这个时期彻底地清算了。

（1945年5月24日在七大关于选举问题的讲话）

有先生有好处，也有坏处。不要先生，自己读书，自己写字，自己想问题。这也是一条真理。我们过去就是由先生抓着手学写字。从1921年党成立到1935年，我们就是吃了先生的亏。纲领由先生起草，中央全会的决议也由先生起草，特别是1931年的，使我们遭到了很大的损失。从那之后，我们就懂得要自己想问题。我们认识中国，花了几十年时间。中国人不懂中国情况，这怎么行！真正懂得独立自主是从遵义会议开始的。这次会议批判了教条主义。教条主义者说苏联一切都对，不同中国的实际相结合。

（1963年9月3日同外宾的谈话）

我们得到一条经验，任何一个党的纲领或文件，只能由本国党来决定，不能由外国党决定。

我们在这个问题上吃过亏。我们为什么走了2.5万里,军队由30万人变成2.5万人,南方根据地全部丧失,白区的党几乎损失百分之百?这就是由于王明路线。1931年我们党的四中全会决议,就是共产国际给我们起草的,并强加于我们。这个决议也是从俄文翻译过来的。之后我们独立自主。在长征路上,我们批判了"左"倾冒险主义。从那时起,即从1935年1月起到1945年的10年中,我们进行过整风,用说服的方法把全党团结起来。我们的军队又由2.5万人发展到120万人,根据地的人口有1000万。

(1964年3月23日同外宾的谈话)

我们是用马克思列宁主义普遍真理结合本国现实情况的。这一点,我想是适用于一切国家的。你们也是一样,马克思列宁主义的普遍真理必须同你们国家的具体情况相结合。我们犯过教条主义的错误。结果,南方的根据地全部丢失,经过万里长征,30万军队剩下不到3万人。这是不根据本国情况,机械搬用别国经验的结果。之后,我们接受了教训。从1935年起,开始总结经验,在抗日战争初期又认真地总结了一次经验,制定出一套适合中国情况的总路线——军事的、政治的、经济的、文化的路线。有了总路线,还要有一整套具体政策,没有具体政策,是不能成功的。具体政策要经过实践才能使我们取得成功的和失败的经验。没有成功和失败的经验,是不能取得真正的经验的。

(1962年9月30日同外宾的谈话)[14]

四渡赤水出奇兵

四渡赤水战役,是遵义会议之后,毛泽东亲自指挥的一个决定性战役。毛泽东一反"左"倾领导者军事指挥上的死板做法,以自己特有的远大战略眼光,一切从实际出发,灵活地指挥3万余人的红军,与10倍于自己的敌人周旋。东西驰骋千里,南北往返数次;忽南忽北,声东击西,调动敌人;妙趣横生,生龙活虎,矫若游龙,屡用奇兵,震撼敌军;终于使我军从被动转化为主动,摆脱了数十万敌军的围追堵截,取得了长征以来的第一个伟大胜利。

1936年,毛泽东向斯诺讲述了四渡赤水的全部经过。下面是斯诺的转述。应当说明的是,其中也采用了一些别人提供的具体材料,还夹着斯诺本人的评论,但基本内容还是根据毛泽东的叙述。

蒋介石预计红军会试图渡过长江进入四川,于是从湖北、安徽和江西抽调了数以万计的军队,急急忙忙地把他们向西运送,想从北面来切断红军的进路。所有的渡口都用重兵把守,一切渡船都被拖到长江北岸去,所有的道路都被封锁起来,大片地区的粮食被搜刮一空。成千上万的南京军队源源开进贵州,增援军阀王家烈的抽鸦片的地方部队（这支军队最后几乎被红军打得土崩瓦解）。还有一些军队被派到云南边境，在那里设置障碍。因此红军在贵州遇上了由几十万军队组成的"接待委员会"，一路上处处受到堵截。这使红军有必要在川、黔、滇进行两次大规模的回旋行军和一次环绕贵州省会的大迂回。

在川、黔、滇的运动用了4个月的时间。在这段时间里，红军摧毁了敌人5个师，攻占了贵州省军阀王家烈的司令部，占了他在遵义的洋式宫殿，补充了约2万兵员，到过该省大部分城镇，到处召开群众大会，并在青年中培养共产党干部。这时他们的损失是比较小的，但是他们仍然面临着如何渡过长江的问题。蒋介石通过迅速地把军队集中在川、黔边境上，已经巧妙地堵住了直通长江的近路。此时他把消灭红军的主要希望寄托在阻止红军在任何地点渡江，指望把红军逼到边远的西南地区或者西藏的荒野里去。他打电报给他的各级司令官们和各省军阀们说："党国命运系于围歼赤党于长江以南。"

1935年5月初，红军突然掉头往南，进入云南，这是中国同缅甸和印度接壤的地方。红军经过四天速度惊人的行军，出现在离省会昆明不到30里的地方，军阀龙云慌忙把所有能调动的军队集结起来进行防卫。这时候，蒋的增援部队尾随红军从贵州进入云南。耽在昆明的蒋介石本人和宋美龄却慌慌张张地从滇越铁路逃跑了。一大队南京轰炸机天天在红军头上下蛋，但红军仍不断前进。可是不久，惊慌消失了。人们发现红军挺进昆明只是一种少数部队所进行的佯攻。红军主力正在向西推进，显然是打算在龙街渡渡江——这里是长江上游很少几个通航点之一。

在高山纵横的云南境内，长江流经巨大的峡谷，水深流急，有些地方两边悬崖夹峙，长达1英里以上，峻峭的岩壁几乎垂直地矗立在两岸。那很少数的几个渡口，早已被政府军队全部占领。蒋介石这时很得意。他下令把所有的船只拖到长江北岸去烧掉。接着，他调动他自己的和龙云的军队，对红军展开包抄行动，指望在这条历史上有名的波涛汹涌的江边，一下子把红军永远消灭掉。

红军似乎没有意识到自己的命运似的，继续分三路朝着龙街渡飞速西进。那里的船只都早已被烧毁，南京的飞机驾驶员报告说，红军一支先头部队已经开始搭竹桥了。蒋变得更加放心了，因为搭桥需要好几个星期的时间。但是，有一天晚上，一个营的红军突然不声不响地掉转了它的方向。在一次神速的急行军中，他们一昼夜走了85英里，傍晚来到了皎平渡——附近唯一可能过江的另一个渡口。这一营红军穿着缴获的南京军服，在黄昏时候没有引起人们的注意，就进入这个地方，并且悄悄地解除了守军的武装。

船只已经被撤到北岸，可是没有被毁掉。（国民党军可能是这样想的：为什么要糟蹋船只呢？红军还在好几百里以外，而且根本没有向这里来呀！）可是怎样才能把一条船搞到南岸来呢？天黑以后，红军带着村长来到河边，要他向对岸的卫兵喊话，说来了一些政府军队，需要一只船。对岸没有起疑，就把一只船放了过来。一小队这种"南京"士兵挤进船里，很快就登上北岸——终于到了四川了。他们很镇静地走进哨所，发现守军正在安闲无事地打麻将，他们的枪支安然地靠墙放着。当红军命令他们举起双手并缴了他们的武器的时候，他们只是瞪着眼睛，张口发愣。过了很久，他们还明白不过来，为什么成了他们以为还远在至少三天路程以外的"赤匪"的俘虏。

同时，红军主力进行了一次大规模的回旋行军，到了第二天中午，先头部队到达这个渡口。现在，渡河是一件简单的事了。6只大船川流不息地忙了9天，整个红军没有损失一人就进入了四川。运送工作一完成，红军就立即把船只毁掉，然后躺下睡觉。两天以后，蒋军到达河边时，红军的后卫部队乐呵呵地从北岸招呼他们过河，说游泳可舒服呢。蒋介石军队不得不绕道200多英里到最近的一个渡口去，这样红军就把他们甩在后面了。蒋介石大动肝火，飞到四川，在那里集了新的军队，来阻拦前进的红军队伍，指望能在另一条处于战略地位的河流——大渡河边把他们截住。

渡大渡河是长征途中最关键的事件。如果红军在那里失败了，就很可能被消灭。这种命运，在历史上早有先例。在遥远的大渡河两岸，"三国"时代的英雄们和后来的许多武士遭到了失败；19世纪时，太平天国的最后一支叛军——翼王石达开统率的10万大军，就在这些峡谷里被曾国藩指挥的清朝军队包围和全歼。蒋介石现在打电报给他在四川的同盟者军阀刘湘和刘文辉以及指挥政府追击部队的他自己的将领们，勉励他们重演太平天国时候的历史。他满以为，红军在这里将会不可避免地遭到毁灭。

但是红军也知道石达开的故事，知道石达开失败的主要原因是致命的延误时机。翼王石达开到达大渡河岸以后，曾经停留了三天来庆祝他的儿子——一位王子诞生。这几天的休息使他的敌人有机会集中兵力对付他，在他后面快速行军，切断了他的退路。等到翼王发觉自己的错误，已经太晚了。他试图冲破敌人的包围，但在这种狭窄的峡谷地带没法实施机动，结果他被敌人从地球上抹掉了。

红军决心不重犯他的错误。他们迅速地从金沙江北上，深入四川，不久就进入好战的土著部落的地区——四川彝族[15]居住的地区。这些强悍的彝族人从来没有被居住在他们周围的汉人所征服和同化过，他们多少世纪以来一直占据着四川境内这个山多林密的马蹄形的地区，它的边界西挨西康，东靠长江，往南形成一个大弓形。蒋介石有信心地指望红军会在这里长期耽搁并受到削弱，使他得以在大渡河北岸集中兵力。彝族人过去一向仇恨汉人，汉人军队进入他们的境内，很少有不遭受重大损失或者不被消灭的。

但是，红军却有办法。他们已经安全地通过了贵州、云南的土著居民苗族人和瑶族人的部落地区，并且赢得了他们的友谊，甚至还从这些部落中吸收了一些兵员。这时，他们派出使者先去和彝族人谈判。他们在行军途中攻占了邻近的彝族居住地区的几个城镇，在那里发现一些被汉人地方军阀当作人质而拘禁起来的彝族头人。红军释放了他们，把他们送回去，这些人自然是称赞红军的。

在红军先遣部队里有指挥员刘伯承，他曾经在四川军阀的军队里当过军官。刘了解部落人民的情况，了解他们的内部争执和不满。他特别了解他们对汉人的仇恨，而且会说一点彝族话。他接受了同彝族人商谈缔结友好联盟的使命，进入了他们的地区，同他们的头人会谈。他说，彝族人反对军阀刘湘、刘文辉和国民党，红军也反对他们。彝族人要保持自己的独立，红军的政策是赞成中国一切少数民族实行自治。彝族人仇恨汉人，因为他们受到汉人压迫；但是汉人有"白"的和"红"的之分，一贯屠杀和压迫彝族的是"白"汉人。难道"红"汉人和彝族人民不应该团结起来反对共同的敌人"白"汉人吗？彝族人听得很有兴趣。他们机灵地要求红军为他们提供武器和弹药，以保卫他们的独立，并帮助"红"汉人打"白"汉人。使他们惊讶的是，这两样红军居然都给了他们。

结果是一条能迅速、安全并愉快地通过的道路被打开了。成百的彝族人参加了"红"汉人的队伍，挺进到大渡河攻打共同的敌人。其中有些彝族人一直走到了西北。刘伯承当着彝族大头人的面喝了一碗滴了公鸡血的酒，那个大头人也喝了，他们按照部落的仪式歃血为盟结成兄弟。红军在誓言中宣称，谁违反了盟约的条款，谁就像那只刚被宰的公鸡。

这样，红军第1军团的一个先遣师在林彪率领下到达了大渡河。在最后一天行军中，他们从彝族地区的森林里（茂密的树叶使南京的飞机驾驶员完全找不到他们的踪迹）走出来，突然来到河边的小镇安顺场，就像他们曾经出其不意地到达皎平渡一样。先遣队由彝族人带路通过狭窄的山道，悄悄地来到这座小镇，他们从高处俯视河岸，惊喜地看到三只渡船中的一只还拴在南岸！这一下他们又一次交了好运。

这是怎么一回事呢？原来对岸只有四川省的两个独裁者之一刘文辉将军的一团人。其他四川军队和南京的增援部队，还在慢条斯理地走向大渡河。当时这一团人看来是足够的。要是全部船只都停泊在北岸，只用一个班也就行了。但是那个团的团长是本地人，他很了解红军必须经过的那些地方，也了解他们穿过那些地方来到河岸需要多少时间。他告诉他的士兵说，红军还要过很多天才能到这里呢。他的妻子是安顺场本地人，他必须过河到南岸去探亲访友，同他们吃吃喝喝。结果红军出其不意地占领了这个小镇，俘虏了团长和他的船，夺得了他们到北岸去的通道。

5个连的红军，每连有16个人主动请求乘第一只船过河去把那两只船带回来。同时，红军在南岸的山坡上架起机关枪，组成掩护火力网，集中扫射对岸敌人的暴露阵地。当时是5月，山洪暴发，河流湍急，河面比长江还宽。渡船从上游出发，用了2个小时才到达小镇对岸。安顺场的村民在南岸屏气凝神地注视着，怕这些人会被消灭掉！但是别着急。他们看到过河的人几乎就在敌人的枪口下上了岸。接着他们又想这些上岸的人肯定要完蛋了。然而……红军的机枪不停地吼着。他们看到这一小队人爬上了岸，迅速地隐蔽起来，接着缓慢地攀登一座可以俯瞰敌人阵地的峭壁。在峭壁上，他们架起了自己的轻机关枪，向沿河的敌人工事发射出暴雨般的枪弹和手榴弹。

突然，白军停止了射击，从他们的工事里跑出来，退到第二道防线，接着又退到第三道防线。南岸的人大声议论起来，叫好声飘过河面传到已经夺得了渡口的那一小队人耳朵里。这时，第一只船回来了，还拖回另外两只船。第二次渡河，每只船都载80个人。敌人完全逃跑了。当天和第二天、第三天，安顺场的这三只渡船日夜来回运人，直到最后把将近一师人全部运送到了北岸。

但是，河水越流越急，摆渡变得越来越困难了。到了第三天，运一船人过河需要4个小时。按这个速度，把全军人马和给养运过河去，需要好几个星期的时间。在运送工作远没有完成以前，他们就会被敌人包围。这时第1军团已经拥进安顺场，后面是侧翼部队、辎重队和后卫部队。蒋介石的飞机已经发现了这个目标，进行猛烈的轰炸。敌军正在从东南方向赶来，其他敌军则从北面进逼。林彪急忙召开了一次军事会议。这时，朱德、毛泽东、周恩来和彭德怀已经到达河岸。他们作出了决定，并立即贯彻执行。

在安顺场以北约400里的地方，山峡高峙，两岸狭窄，水流既深且急。那里有一座有名的铁索吊桥，名叫泸定桥。这是西康以东大渡河上最后一个可能渡过的渡口。赤着脚的红军，现在沿着峡谷里一条曲折的小道向这个地点推进，他们有时往上爬几千尺，有时又向下走到涨水的河边，在齐腰的泥浆中跋涉前进。如果他们能夺取泸定桥，全军就能够进入四川中部。如果失败，他们就得从原路折回，经过彝族地区重入云南，向西打到邻近西康的丽江——这样得绕道1000英里，就没有多少人可以指望活下来。

当红军主力部队沿着西岸向北推进的时候，已经在北岸的那个红军师也在向北推进。有时他们之间的峡谷非常狭窄，两路红军可以彼此隔河呼应；但有时他们之间的间隔如此之大，以致他们担心大渡河将会把他们永远分离，于是他们就加快了步伐。夜间，当他们的长龙队形沿着峭壁蜿蜒前进的时候，他们的上万支火把射出一道道火光，斜映到挡在他们面前的黑暗而又不可捉摸的河水上。白天黑夜，这些先头部队以加倍的速度向前疾进，只停留短短的十来分钟，坐下休息和吃饭。休息时，疲惫不堪的政治工作人员就给战士们讲话，反复说明这个行动的重要性，勉励他们每个人要在当前的考验中献出最后一滴血，拿出最后一股劲儿去争取胜利。这里一丝一毫不容许松懈、疲沓，不容许半心半意。胜利则生，失败必死。

第二天，在右岸的先头部队落后了。四川的军队在路上构筑了阵地，发生了小规模的遭遇战。在西岸的部队更加坚韧不拔地向前推进。不久，对岸出现了新的部队，红军用望远镜看出那是白军增援部队，正在急忙向泸定桥赶去！两支军队沿着河岸赛跑了整整一天，可是，红军先头部队——红军的精华，逐渐把疲乏的敌军士兵甩到后面了。敌军休息的时间越来越长，次数也越来越多了，他们好像更加精疲力竭，而且他们毕竟不急于去为一座桥送死。

泸定桥是几百年前建筑的，其构造方式同中国西部深水江河上所有其他的桥一样。16条长100米左右的粗铁链横跨河面，两头埋置在两岸石砌的桥头下面用水泥胶接的大石堆里。铁链上捆着厚木板，构成通行的桥面，但在红军到达的时候，他们发现这些木板有一半给抽掉了，从岸边到河中心只剩下光溜溜的铁链。在东岸的桥头，敌人的一个机关枪阵地正对着他们，后面是由一团白军把守的阵地。这座桥当然是应该被毁掉的。但是四川人对他们极少的几座桥很有感情；重建不容易，而且又费钱。单说这座泸定桥，据说是由"十八省捐款兴建的"。而且无论如何谁能想到红军会发疯似的试图从光铁链上过河呢？可是红军却偏偏这样做了。

不容耽误，必须在敌人增援部队到达以前拿下这座桥。这一次也号召自动报名。红军战士一个个站了出来，准备牺牲自己的生命。从这些报名的人中，挑选了30人。他们把手榴弹和毛瑟枪捆在背上，用两只手交替抓住铁链，摇摇晃晃地向前移动，很快就蹿到了奔腾的河流之上。红军的机关枪嗒嗒地向着敌人的工事怒吼，子弹倾泻在桥头堡上。敌人也用机关枪回击，狙击手对着高悬在水面上逐渐向他们逼近的红军战士射击。头一个战士中了枪，掉到下面的水流里，第二个也掉下去了，接着是第三个。但是，其他战士越来越接近桥中心，那些没有被抽掉的桥板多少起到保护这些敢死队员的作用，敌人的大多数子弹从他们身边擦过去，或者打到对岸的悬崖上了。

四川人过去也许从来没有见过这样的战士——他们当兵不仅仅是为了混饭吃！他们是随时准备献出自己的生命去争取胜利的青年！这些迷信的四川人在想：他们是人吗？还是疯子或者是神呢？白军士兵本身的士气是否受到了影响？也许他们放枪不是为了打死对方吧？也许他们当中有些人还暗中祝愿这些红军达到目的吧？最后，一名红军战士从桥板上爬过去，打开一个手榴弹，十分准确地把它扔到敌人的工事里。白军军官急了，下令把残存的桥板抽掉，但已经太晚了。更多的红军战士爬到他们面前来了。敌人把煤油扔到桥板上,桥板开始燃烧起来。这时,大约有20名红军战士用双手和膝盖匍匐前进,把手榴弹一个接一个地扔进敌人的机关枪阵地。

突然,南岸的同志们开始欢呼起来。"红军万岁!革命万岁!30位大渡河英雄万岁!"这时,敌人乱成一团,正在仓皇逃跑。突击的战士们全速跑过残存的桥板,穿过烧向他们的火焰,敏捷地跳进敌人的工事,掉转敌人丢弃的机关枪,向敌人扫射。

这时,更多的红军拥到铁索上来,赶过去救火和更换桥板。没有多久,在安顺场过河的那个红军师也出现了,他们从侧面攻击残存的敌人阵地。白军一会儿就全跑了,也就是说,或者逃跑,或者投降红军;约有100名川军在这里放下武器,转而加入红军。一两个小时以后,整个红军兴高采烈地高歌迈进,跨过了大渡河,进入四川内地。蒋介石的飞机在高空中气愤而又无可奈何地咆哮着,红军则欣喜若狂地大声叫喊,向它们挑战。当共产党部队蜂拥过河时,这些飞机企图轰击铁索桥,但炸弹只不过在河里溅起了许多美丽的水花!

安顺场和泸定桥的英雄们,由于突出的英勇而被授予中国红军的最高奖章——红星奖章。后来我在宁夏见到他们之中的一些人。我对他们年岁之轻感到惊奇,因为他们全都在25岁以下。〔16〕

在大军渡金沙江的时候,毛泽东度过了许多不眠之夜。这给陈昌奉留下了深刻的印象。陈昌奉回忆说:

进入云南以来,主席一直同陈赓、宋任穷同志带领的干部团一起,走在部队的前面。往往是干部团的一个营在前,主席带我们在中,干部团的其他部队在后。主席与各部队的通信联络也大都是用干部团的电台。

当我们随主席到达金沙江边的时候,真有点出乎意料——这江这么大呀!真是我们突破乌江以来碰上的第一条大江。江水奔腾,激流飞泻,凶龙般地翻腾着。我们的船只很少,部队很多,又听说蒋介石已经"醒过来了",知道我们要渡过金沙江,进入四川,所以调兵赶来,形势又有些严峻了。

但是,遵义会议以后的部队,在毛主席指挥下已经变了样子,江大船少部队多,大家虽然也很着急,但和长征开始时的情绪已经完全不同了。

毛主席一到江边,就同朱总司令、周副主席、刘伯承总参谋长一起研究渡江问题。

……

金沙江对岸的几万部队,一直过了几天几夜,主席也几天几夜没有离开那张他亲自搭起来的"办公桌"。毛主席就是在金沙江畔这样一个石洞里,这样一张"办公桌"前,指挥着英勇的红军跳出了数十万敌人围追堵截的圈子,实现了渡

江北上的战略意图,取得了长征中的又一个伟大胜利!⁽¹⁷⁾

新的考验

四渡赤水再次证明,只有毛泽东的领导才能够使党和红军转危为安。但是,这个道理在当时并不是立刻就能体会得到的。

由于四渡赤水是一场运动战,实行大规模的迂回机动,难免有时要多走一些路,也不可能保证每战必胜。因此,中央红军领导层中,有的对毛泽东指挥我军取得的胜利,既不服气,也不服输。聂荣臻回忆当时的情况说:"四渡赤水以后到会理期间,在中央红军领导层中,泛起一股小小的风潮,算是遵义会议后一股小小的余波。遵义会议以后,教条宗派主义者们并不服气,暗中还有不少活动。忽然流传说毛泽东同志指挥也不行了,要求撤换领导。林彪就是起来带头倡议的一个。"

鉴于这种情况,当时党中央领导同志认为,我军虽然取得了四渡赤水战役的胜利,但敌情仍然是严重的;毛泽东在全党全军的领导地位确立不久,亟须维护和加强;党和军队高级干部对战略方针的不同意见,需要进一步统一,以便团结一致,战胜强敌,克服面临的严重困难,开创革命的新局面。同时,中央红军已全部渡过金沙江,需要进一步确定新的行动方针。因此,召开一次政治局扩大会议是非常必要的。这就是会理会议。

彭德怀回忆过会理会议前后的一些情况:

军委派刘少奇来3军团任政治部主任,原主任袁国平调军委另行分配工作。在遵义会议时,毛主席向我介绍:这是刘少奇,很早加入党,中央委员。以前我不认识刘少奇,他来3军团工作,我表示欢迎。我和他谈过以下的话:现在部队的普遍情绪,是不怕打仗阵亡,就怕负伤;不怕急行军、夜行军,就怕害病掉队,这是没有根据地作战的反应。遵义会议决定在湘鄂川黔边建立根据地,大家都很高兴,但传达讨论不深入。我们曾想在打败吴奇伟军后,争取三五天休息,讨论遵义会议决议,克服对敌作战的犹豫情绪。现在部队比较疲劳,特别是打娄山关那一战。王家烈所部,是上午八九时从遵义出发的,想先占娄山关(该关离桐梓和遵义各45里)。我们11时许才接到军委告诉的上述情况和要我们相机袭占遵义的命令,即刻跑步前进。武装长途跑步,消耗体力很大,几天都没有恢复起来。我先头部队到娄山关分水线(制高点)时,王家烈部队只隔两三百米,如果他们先占领,我军处仰攻态势,就会增加伤亡和困难。那天因为我军居高临下,王家烈部战斗力也不强,我们伤亡不大,只有百人,就把敌人5个团打败了,但因正面突击,没有截断敌军退路,故缴获也不多。我还同他谈:湖南敌军战斗力也比以前弱。蒋桂战争时，湖南吴尚第8军一部投桂军，一部溃散。红军两次进攻长沙何键部，损失也不少。红军到达郴州、宜章间时，我曾向中央建议：第3军团向湘潭、宁乡挺进，威胁长沙；中央率主力迅速进占溆浦为中心的地区，发动群众准备战场；3军团尽可能在宁乡、湘潭、湘乡、益阳地区同敌周旋一个时期。博古他们未采纳，其实这个意见是可以考虑的。蒋介石部队也很疲劳，目前滇军和川军还是生力军。我军应摆脱堵、侧、追四面环敌的形势，选择有利的战机打一两个胜仗，转入主动，实现遵义会议决议，靠近二方面军，创造新根据地，就好办了。这是我和刘少奇谈话的内容。

过了两天，刘少奇加上自己的意见和别人的意见，写了一个电报给中央军委，拿给我和杨尚昆签字。我觉得与我的看法不同，没有签字，以刘、杨名义发了。

当时中央军委命令，从3军团抽调三四百人，派得力干部率领，在川、滇、黔边创新根据地，我们照办了。抽选了400余人，派师政治委员徐策率领，在军委指定地区进行游击战，创造新根据地。徐是1930年鄂东南特委组织部长，派来3军团做政治工作的。1966年3月我到珙县视察煤矿工作，就调查徐策所部下落，才知他们当年转战至五六月间，只剩数十人，被敌包围，全部壮烈牺牲，没有一人投降。

刘少奇到3军团任政治部主任时，正是蒋介石在贵阳城指挥他数十万军队欲消灭我军之时。在毛主席的英明指导下，我军采取穿插战术，从贵阳城之西北绕至城东，然后又从南向西进，摆脱敌四面包围的形势，把所有敌军抛在我军后面。我军胜利地渡过金沙江，进入会理地区，这是一个很大的胜利。我对这一段穿插、渡江是敬佩和高兴的，并没有什么"右倾动摇"。

大概是5月中旬，中央在会理召开了一次会议，名曰"会理会议"。这时有前述刘少奇和杨尚昆给中央军委的电报，又有林彪写给中央军委的一封信。林信大意是，毛、朱、周随军主持大计，请彭德怀任前敌指挥，迅速北进与四方面军会合。在会议时我看了这封信，当时也未介意，以为这就是战场指挥呗，1、3军团在战斗中早就形成了这种关系：有时1军团指挥3军团，有时3军团指挥1军团，有时就自动配合。如第二次占领遵义的第二天，打吴奇伟军的反攻，1、3军团就完全是自动配合把敌人打败的。这次，毛主席在会议上指出，林彪的信是彭德怀鼓动起来的，还有刘、杨电报，这都是对失去中央苏区不满的右倾情绪的反映。我当时听了也有些难过，但大敌当前，追敌又追近金沙江了，心想人的误会总是有的，以为林彪的信是出于好意，想把事情办好吧。我既没有同林彪谈过话，而同刘少奇谈话内容也是完全正当的，我就没有申明，等他们将来自己去申明。我采取了事久自然明的态度，但作了自我批评，说：因鲁班场和歪水两战未打好，有些烦闷,想要如何才能打好仗,才能摆脱被动局面。烦闷就是右倾。我也批评了林彪的信:遵义会议才改变领导,这时又提出改变前敌指挥是不妥当的;特别提出我,则更不适当。林彪当时也没有说他的信与我无关。

到1959年庐山会议时,毛主席又重提此事,林彪庄严申明了:那封信与彭德怀无关,他写信彭不知道。

我记得刘少奇未参加会理会议。会议决定立即北进,与四方面军会合(靠拢),建立川、陕、甘边苏区。当时我想,电报与信和我完全无关,竟落到自己头上,今后可要注意些,可是事一临头,就忘记了。

在这24年中,主席大概讲过4次,我都没有去向主席申明此事,也没有同其他任何同志谈过此事。从现在的经验教训来看,还是应当谈清楚的好,以免积累算总账;同时也可避免挑拨者利用(之后张国焘利用会理会议来进行挑拨,我说是小事情,是我的不对)。像会理会议,我没有主动向主席说清楚,是我不对。

会理会议后,张国焘分裂和反张国焘分裂的斗争又来了,我站的位置不容我有任何犹豫。[18]

会理会议后,部队继续北进。路途上虽然没有国民党军的围追堵截,但仍然充满着艰险。在化林坪(又作"花岭坪"),毛泽东遇到敌机轰炸。随后,又翻越终年积雪、人烟罕至的夹金山。但这与长征初期面临的险境已经不可同日而语。

陈昌奉回忆说:

战胜了大渡河之后,部队在花岭坪又打了一个胜仗。我们也随主席在花岭坪这个不小的镇子上住了几天。这天,又从花岭坪出发,听说要走一天,赶到前面宿营的水子地。

……

我们随主席到了一个上下10多里的山间。这里小竹子特别多,那时都长得青青的,很是旺盛。我们正走着,忽然,几架"黄膀子"敌机疯狂地向我们冲来。胡长保向我使了个眼色,自己跑到了主席的前边,我按照胡长保的意思,跟在主席的后边,同主席拉开距离继续前进。

主席那时手里拿着一本书,敌机来了,他理也不理,仍然在行进,像在思考问题,有时偶尔抬起头来看看。

我们几个人非常紧张。胡长保一直仰着脸,观察着敌机的动向。

往日的敌机总是转一阵子才投弹、扫射,今天却完全不同,冲下来没再转弯,接着就传来了刺耳的啸叫声。我立刻意识到是敌机投弹了,猛喊了一声:"主席!"几乎是同时,听胡长保班长喊:"陈昌奉!主席!"话虽简单,但我完全明白了他让我保护主席的意思,而且看见他像腾空飞起,向主席身旁扑来。我也急忙往主席身边奔去。可是刚跑出几步,几颗炸弹带着尖厉的啸叫声,在我们身边和面前爆炸了。我被爆炸的气浪推倒,主席和胡长保也被烟雾罩住了。

我从地上爬起来,一眼便看到主席满身是土,正蹲在一个负伤的同志身边。一见主席没有负伤,心就像从半空中落下来了一样,我不由自主地伸手擦了擦前额上的汗水和灰尘。我跑到主席身边一看,负伤的原来是我们的班长胡长保,我的心突然像被什么吊到了嗓子眼……[19]

吴吉清也回忆说:

1935年6月,红军飞夺泸定桥后,在汉源击溃了四川军阀4个团,旋经天全、芦山、宝兴等地,进入雪山地区,来到了长征途中的第一座大雪山——夹金山下。夹金山的位置在宝兴的西北、懋功的南面,它高耸入云,经常不见山峰。

我们从云南转战进入四川的时候,气候十分闷热,火辣辣的太阳晒在身上,加上一路赶着行军,真是汗流浃背,口渴难熬,整个身子像在蒸笼里一样,使人透不过气来。主席走在前面,手里拄着一根木棍子,他走得很劳累,但依旧坚持不骑马,不坐担架。我们深深地知道,主席越是在困难的时候,越是不肯比同志们多一点照顾和特殊的地方。我们冒着酷热,迈着艰难的步伐,向着早已看到的雪山前进。

……

前面红军的大队人马,已沿着蜿蜒崎岖的山径向上爬去。漫长的行列一望无际,一队红军,又一队红军;一面红旗,又一面红旗,向前缓缓地移动着。就要爬大雪山了,主席看了看我们每人都只穿一套单军衣,便说:

"穿得太少了!"

其实,当时主席也不比我们多穿一件衣裳。这时,炊事员给我们每人喝了一碗热乎乎的辣椒水。然后,我们就向雪山上登去。只听得两旁红军"啦啦队"的喊声、战马嘶鸣声、人们的歌声笑语响成一片,在山谷中回荡。越往上爬山越陡,爬到半山腰后,就像进入了冬天。淡淡的太阳照在雪山上面,银光闪闪,一阵阵冷风吹来,夹杂着无数细细的、比沙子还坚硬的小冰粒,像无数根针扎到脸上、打在身上。手开始发痛发麻,穿着草鞋的脚也麻木得不听使唤了。山上没有道路,没有树木,没有花草,没有人迹。若是说有过道路的话,那也是前面的红军大部队踏出来的。红军的足迹留在了皑皑的雪山上。虽然,人过去了,道路又被风雪埋住了,但是,自从开天辟地以来,这座巍峨的雪山上,还是第一次走过去这么多人,第一次被英勇无畏的红军所压倒、所征服。

我们沿着许多人踩过的雪路,继续向上爬着。那小路,又陡、又硬、又尖、又滑，简直像立起来一样难走。道路两旁和中间，常常可以看到，走脱了带子的草鞋，被风刮掉的被子、干粮袋，还有一些因为实在带不上去，不得不丢掉的担架、背包、箱子、行军饭锅等。我们就沿着这样一条雪中道路向山上爬着。再往上走，山势更加陡峭，道路更加崎岖狭窄，要是一步走不稳滑下去，那就再没办法爬上来。

主席在这样恶劣气候的行军中，依然拄着那根木棍子艰难地走着，有时我们想搀扶他一下，也都被他谢绝了。他说：

"这种路，你们自己走得也很吃力啦！"

本来主席有一匹黄骠马，大家劝他说："主席，您不骑马，那就拉着马尾巴走吧，这样安全，也省劲多了！"

主席微笑着说："马，首先应该让给伤病员和体弱的女同志。多有一个同志爬过这雪山，就为革命多保存了一分力量啊！"

主席不但自己不要我们照顾，还时时关心照顾周围的同志。我们一脚深、一脚浅地走在雪里，有时候，陷入过膝没腰的深雪里，用力拔着脚。这时，只要是主席看见了，他总是伸出有力的大手给拉上来，并且提醒大家，紧靠路边走，不要往外偏，那样容易掉进雪里出危险！

这次过雪山，我有生以来第一次见到这样大的雪，这样高的雪山，走这样又陡又滑又险的路。

……

又爬了一段路，一阵凉风吹来，我好像感到稍微舒适了一些，抬起头来看看，离山顶就差几十步了。这时，我看到主席正用力向山顶走。"啊！就要到山顶啦！"我们怀着胜利的喜悦，加了一把劲，往上冲。

就在这时，主席忽然兴奋地说："你们看！红旗插到了山顶呢。大家快上吧！"我抬头一看，可不是嘛！红日当空，一幅奇异的景象出现在我们面前，山顶上插着一面迎风飘扬的镰刀、斧头红旗，在漫天皆白的雪山衬托下，显得分外鲜艳夺目、庄严美丽。我觉得，这是我一生中见到的最美丽最动人的图景了。"红旗！"大家异口同声地喊着。我们浑身上下一下子增添了许多力量，加快脚步冲向山顶。

戴天福这时也睁开了眼睛，看到了红旗，感到欢欣鼓舞，他从我肩上用力滑下来说："吉清同志，我自己来走！"

于是，我搀扶着戴天福，跟着主席向上登去。

精神的力量是多么大啊！这时我觉得，空气也不那样憋闷了，风也小多了。我们终于走过了最困难的路程，爬到了雪山之巅。

毛主席健步登上雪山，迎着瑟瑟的凉风，站在山顶上，很有兴致地俯瞰着祖国大地的瑰丽景色,表现了伟大的无产阶级革命领袖的广阔胸怀和蓬勃的革命朝气!这对我们这些年轻的革命战士,是多么有力的鼓舞和教育啊![20]

注　释

〔1〕李维汉:《回忆长征》,载《党史通讯》1985年第1期。

〔2〕刘伯承:《回顾长征》,人民出版社1985年12月版,第4—5页。

〔3〕陈昌奉:《跟随毛主席长征》,解放军文艺出版社1986年9月版,第127—140页。

〔4〕吴吉清:《在毛主席身边的日子里》,江西人民出版社1983年10月版,第190—193页。

〔5〕伍修权:《回忆与怀念》,中共中央党校出版社1991年5月版,第120—127页。

〔6〕《聂荣臻回忆录》,战士出版社1983年8月版,第246—249页。

〔7〕李卓然:《纪念遵义会议五十周年》,载《星火燎原》1985年第1期。

〔8〕陈昌奉:《跟随毛主席长征》,解放军文艺出版社1986年9月版,第148页。

〔9〕殷子贤、史纪辛:《〈中共中央关于反对敌人五次"围剿"的总结决议〉时间考证》,载《党的文献》1988年第3期。

〔10〕指王明"左"倾错误。——原注

〔11〕指1937年12月中共中央政治局会议。——原注

〔12〕4个、25个人,都是指中央委员。4个是指当时在延安的毛泽东、周恩来、任弼时、关向应。——原注

〔13〕《中国共产党中央委员会关于若干历史问题的决议》中,对六届四中全会、五中全会作了评价。六届四中全会于1931年1月7日在上海召开。上述历史决议指出:"这次会议的召开没有任何积极的建设的作用,其结果就是接受了新的'左'倾路线,使它在中央领导机关内取得胜利,而开始了土地革命战争时期'左'倾路线对党的第三次统治。"六届五中全会于1934年1月由中共临时中央在江西瑞金召开。上述历史决议指出,这次会议"是第三次'左'倾路线发展的顶点"。——原注

〔14〕《遵义会议文献》,人民出版社1985年1月版,第16—22页。

〔15〕当时称"倮倮人"。——原注

〔16〕《西行漫记》,生活·读书·新知三联书店1979年12月版,第165—174页。

〔17〕陈昌奉:《跟随毛主席长征》,解放军文艺出版社1986年9月版,第

171、177页。

〔18〕《彭德怀自述》,人民出版社1981年12月版,第196—200页。

〔19〕陈昌奉:《跟随毛主席长征》,解放军文艺出版社1986年9月版,第201—203页。

〔20〕吴吉清:《在毛主席身边的日子里》,江西人民出版社1983年10月版,第245—251页。

七、"三军过后尽开颜"

北上与南下之争

1935年6月14日,红一方面军先头部队与红四方面军一部在四川西部的达维镇会师。自遵义会议以来确定的同红四方面军会合的战略方针,经过几个月来的反复周折,终于实现。

消息传来,全军上下欢呼雀跃。毛泽东、朱德立即向张国焘、陈昌浩、徐向前及红四方面军指战员发出贺电,祝贺这一空前的伟大胜利。人们完全有理由相信,这两支主力红军的会合,将会使创建新的革命根据地的斗争进入一个新的更大规模的阶段,中央的北上方针将会更加完满地得到实现。

然而,作为红四方面军领导人的张国焘却另有打算。开始,他对两大主力的会师也抱有很大希望,一再表示会合以后,红一方面军人多枪多,事情就好办了。然而会师以后,他看到红一方面军疲惫不堪、给养匮乏、战斗减员极大,便萌发了夺权的野心。他对能否执行北上方针表示怀疑,把红一方面军退出江西看成是红军战争的彻底失败。他还认为,尾追红一方面军的国民党嫡系部队将很快大举入川,红军肯定招架不住,不如早些退向西部人烟稀少的新疆、青海、西康地区。后来,他又改变主张,要求红军南下。

一场重大的、关系红军生死存亡的特殊斗争,摆在毛泽东和中共中央面前。

1935年6月13日,红一方面军与红四方面军在四川之懋功胜利会师。6月26日,党中央在懋功县属的两河口召开了政治局扩大会议(通称两河口会议),制定了在川陕甘建立革命根据地的新的战略方针。李云龙在《介绍两河口会议》一文中说:

这次会议,距今已49年,它的会议记录完好地珍藏在中央档案馆,这是党在长征的艰苦岁月中保存下来的档案,成为我们研究党史和军史的宝贵文献。记录共25页,8000余字,记载着会议的报告、讨论发言、结论和决议事项。会议记录反映出这次会议的到会人有:毛泽东、朱德、周恩来、刘伯承、王稼祥、洛甫、博古、刘少奇、凯丰、邓小平、林彪、彭德怀、聂荣臻、张国焘、林伯渠、李富春。会议于当日结束。

会议首先由周恩来作《目前战略方针的报告》。他在回顾了红一方面军离开中央苏区9个月来战略方针几度变化之后，着重地谈了以下3个问题：

（一）关于战略方针

《报告》指出：一、四方面军会合前，四方面军决定西去懋功向西康，一方面军决定到岷山东岸。战略方针两个方面军是不同的。现在两个方面军都是离开了苏区，都在新的地区创建新的根据地。现在在什么地区建立苏区？其条件应力求：（1）便利我们的作战。现在一、四方面军会合了，力量大了，应是地区大，好机动。松潘、理番、懋功等地区虽大，但多是狭路，敌易封锁我，使我不易反攻。敌人正想在这些地方逼死我。（2）群众条件，要人口较多、有利于红军本身发展、能大批扩大红军的地方。而松潘、理番、懋功、温川、抚边等地方，多数为少数民族地区，人口只有20万，这些地方是不能成为根据地的。（3）经济条件，能解决军队供给的比较优裕的地方。而这一带粮食缺少，牛羊有限，衣着之布匹也不易解决，军事上的补充更困难。因此，在这岷江西岸懋、松、理地区是不利于建立根据地的，如陷在这里就没有前途。我们应迅速向前，在川陕甘建立革命根据地。

（二）关于战略行动

《报告》说：一、四方面军转移，向南不可能；向东过岷江，敌在东岸有130个团，对我不利；向西北是广大草原。现只有转向甘肃，向岷山山脉以北，背向西，争取这一地域。这里道路比较多，人口多，山少。在此必会遇到敌人，我可用运动战消灭他们。敌进慢，我可得这一大的地区，可向陕西迎击敌人，再向北行动背向西发展。南可以青海一部分作依靠。四川方面，现地区可成为游击区。拟到的地区是否再扩大，要看到那地区后再决定。我们现在是反攻，是无后方的运动战，这性质是不可久的。我们要勇猛果敢、巧妙机动、毫不迟疑地打击敌人。消灭蒋介石的主力是我们的主要任务。

转移计划是战略的主要计划，实现战略计划的原则：第一，向松潘与胡宗南作战，向松北转移，基本条件要迅速。敌人会首先阻我向西北，我主要任务是与敌作战。第二，高度机动。现敌先我部署，因此我应高度机动，使敌对我估计发生动摇，使其部署赶不上我。我们不要被敌牵制，不要因此妨碍我们的机动，这样才能消灭敌人。第三，坚决统一意志。两个方面军部队大，要特别坚决地统一指挥，遇到困难，也要统一意志来克服。这3个条件是最高原则，必须实现。

在地域布置上，分左、中、右3个纵队。中央纵队6个团。右纵队进攻松潘，佯动主要在东岸，使敌不会集中松潘。现地域不好，而我主要力量在东岸，应早点过来。在南边需4个团兵力牵制敌人。3个纵队的部署指挥需统一。战争指挥：第一，需在前线，主要都应在左纵队。各部队最终需平行地走，主力需力争过去。游击区留小部队在此活动。第二，走到北边，或还需过草地，在此夏天一般能克服过去；如不力争迅速过去，到冬天更困难。第三，万一不能过向西，或许困难更多，因而这条退路需保留。

（三）关于战争指挥

指挥问题的最高原则：第一，应集中统一，指挥权要集中军委；第二，为使作战更有力量，需组成左、中、右3个纵队，游击支队，另专门讨论决定；第三，实现战略计划要有政治的保证，当前的一些困难需从政治工作的加强来克服。

周恩来报告之后，会议进行了充分的讨论，有13人相继发言。发言的次序为：张国焘、彭德怀、林彪、博古、毛泽东、王稼祥、邓小平、朱德、刘伯承、聂荣臻、凯丰、刘少奇、洛甫。

张国焘在发言中说："恩来已说过，我以为政治局〔应〕通过战略方针，主要在陕〔甘〕南怎样实现，政治局来布置。"继而在讲了一些两军会合前的情况之后，又说，"在懋功一、四方面军会合了，消灭敌人当更有把握。现在怎样打？现接近我的是胡宗南与刘湘，其他为配角，如战略向南向成都，打这些敌人是不成问题。若消灭了他，成都蒋会加军力，向东打受地势的限制。现发展方向，西边青海是过草原，冬天过，没帐篷冷得很；夏天雨期长途行军会大减员。""发展条件是甘南于我有利，但一定要把胡宗南打下。如他来打，可消灭他；如他不来，也不便多时去打。但一定会有后来追我〔之敌〕，兵力至少会有15个团，他有20个团一定来牵制我，还有蒋。我们去甘南还是立足不稳的，还是要移动地区，还是要减员。所以，要向甘南，一定要取得主力打下胡敌，至少打下他几个团，才能立稳运动战中，各个击破敌人。现以消灭胡敌为重点。如有同志有这观点，可毋庸下打胡敌，是没这道理的。两个主力会合，力量增强，指挥统一，经验增加。另方面〔敌人〕不会让我们很易占领大的区域，只要有一个地方有一个月的根据地，就可消灭敌人。政治局应决定在甘南建立根据地。至于怎样打，军委应作具体计划。许多军事计划不容慢，要快，有错随时可改。政治局与军委又接近。政治局应赶快决定，迅速地定下。"

彭德怀作了简短的发言，对战略方针表示同意，认为报告对形势的分析向东、向南、向西都说得清楚，指出战术只能临时决定。

林彪发言中说："恩来报告国焘发言是同意的，根据这方针定出以后的行动。战略方针的实现，靠打胜仗，消灭敌人有生力量，不然没法扩大红军，创造根据地。作战方式，应采取运动战。在战役中应尽可能控制广大地区。应把主力拿前面去与敌人作战，拿少数部队去扩大红军，征集资材。"他发言说道："再后在新疆打通苏联,蒙古包括进去。这些计划上应提到。"

博古发言中指出:"红一、四方面军会合后,战略方针应有新的决定。力求到达经济、居民、政治、军事条件上比现在好的地区,这要依靠两个方面军消灭敌人来实现。我们必须有一定地区成为根据地,并做出模范来影响全国。现在川陕甘首先在甘南,依靠群众工作,游击战争,这就能影响全国。这是我们的战略方针。夺取松潘,打击胡敌,是实现战略方针的枢纽。今后应努力做到不像从前那样没有后方的作战。现在战争性质与前不同,每个大战役都应建立临时后方,并由游击区发展成根据地。"

毛泽东在会上作了重要发言。他首先表示:"周报告国焘等发言我同意。"接着谈了以下5点:

(一)根据地问题。为什么弄到这〔川陕甘〕区域来?这区域有它的好处:把苏维埃运动放在更加巩固的基础上,一、四方面军会合也在此。大家懂得这是向前,在四方面军应作解释,因他们是打成都。

(二)战争性质,不是决战防御,不是跑。是什么?是进攻。根据地的建立是依靠进攻的。我们过山战胜胡宗南,占取甘南东,迅速向前。前面打退敌人后建立根据地。

(三)我没根据地,蒋介石高度机动。我应看到哪些地方他是致我命的,应先打破。我需高度机动,这就有走路问题、掉队问题。蒋介石军队与四川军是不同的,如不好走的路他也能走,如我迟缓他即占了先机。

(四)要集中兵力,把主力集中在主攻方面。胡敌是会集中兵力的。敌与我打野战,我有20个团以上是够的;敌不与我打野战,守堡垒,这一个一定要打破。如实在打不破,就要估计好距离打。现迅速地就是打破胡敌向前,今天决定,明天即须行动。这地区条件太坏,后退不利,应力争6日突破,经松潘到决定地区去。

(五)统一指挥问题,责成常委军委解决。

王稼祥在发言中指出:"(一)一、四方面军会合后力量大了,甘、陕、川又有好的条件,这地区能使我建立根据地。但能否成为根据地,就靠我们能否消灭敌人。如认为一面无敌,后退无穷,这就错了,这是躲避斗争。我们把苏维埃扩大到全国,主要不是打通苏联,而是坚决斗争,扩大苏区,主要是消灭敌人。

(二)战争怎样打?敌采取堡垒战对我,因此,我应有大区域、好机动,以运动战去消灭敌人。如我取堡垒战,是不能取胜的。现我没有后方,还是带游击战争的形势。中央苏区的经验告诉我们不能全采取正规战争,应正确地运用过去的经验。

(三)这区域条件坏,它能使我与四方面军会合,因敌不易来;但会合了,这地区对我即不利。敌想陷我在此,逼到草地。我应迅速打出,到甘川陕广大地区。

从松潘打出去是一个关键,动作如快,困难即少,慢即更难打。蒋介石很机动,但机动的红军总是超过他。只要指挥正确、坚决、迅速,我们能战胜困难,战胜敌人。"

邓小平的发言,除同意周恩来的报告和其他发言外,还指出,一、四方面军会合,红军主力在这里,党的力量也在这里,发展前途是推动中国革命的前途。我们现在向前打去,不是打通苏联,而是向前,向甘南发展。这里的后方需要整理,应组织委员会来缩编,大的机关单位,如政治部和医院要缩编,闲杂人员补充到战斗部队。1、3军团应补充。要进行大的政治动员,消灭对雪山、草原的恐惧。

朱德发言说:"同意报告。背靠西北,面向东南,总的方针应决定下来。要迅速打出松潘,进占甘南,打下敌人,建立根据地。要调动敌人,在野战中消灭敌人。目前建立临时后方,在大战中是必要的,它很快就可变成真的根据地。两主力会合增加很大力量,同时统一指挥,一致行动,更有利于打击敌人。我们还需要用很大力量从政治上来保障胜利。"

刘伯承说:"报告、发言对战略说得很清楚。在战略上,中心向东南发展,引起时局变化,使蒋介石兵力分散。对胡宗南,最好在松潘消灭他,如不可能,就在岷江消灭他。要通过作战,增强我有生力量,消灭敌有生力量。现在这个区域,要建立党的工作,开展游击战争,特别是民族问题的正确解决,都对我整个行动有利。"

聂荣臻说:"两主力会合,部队很兴奋。对口号,政治部应改变过来。此前四方面军的口号是'打到成都去',一方面军的口号是'赤化全四川',这些口号在部队中很有力量。现在是相反的走向,应向部队解释。"

凯丰的发言,除同意大家意见外,还指出,实现这一战略方针,首先打胡宗南是主要关键,应坚决向前。这一战略方针的实现,将使苏维埃运动成为领导全国的革命运动。我们从甘南向川陕发展,把苏区巩固在此。要坚决,如不坚决,就要向西走,使敌人更易封锁我,虽有苏联帮助,也不易出来。应向部队解释,中心是进攻松潘。

刘少奇的发言,首先表示同意战略方针。指出要很好地向部队解释敌情,解释为何不能向成都去,去川陕甘好的条件也要解释清楚。我们坚决通过松潘,但有些部队万一不能通过,应交代以后的工作,应在此区域成立特委。

洛甫发言说:"战略方针大家一致意见,应一致来实现。这战略方针,是前进的、唯一正确的。要实现这战略方针,首先进攻和控制松潘。困难是可能发生的,我们应想法来克服,但不是转变。放弃这一方针是错误的。创造川陕甘苏区,只有依靠决战胜利。减员等方式我认为没必要。这地区窄狭,不能以大的运动战消灭敌人,故不好。争取前进,前有广大地区,建立苏区意义比其他区域大。保持后面的路也是一个条件。这区域要尽量发展游击战争,成为游击区,安插病员与笨重的东西。"最后他指出,"(一)组织上应统一;(二)依照战斗部队组织队伍;(三)缩小政治部以及大的机关,干部的调剂、人员的调剂要有具体商量。"

会议讨论发言后,由周恩来作了结论。他说:"各同志都是同意的意见。(一)战争性质,现方针当然是进攻的。我们过去在路上讨论过战争性质问题,那时是无后方的运动战,现在不同,是转入反攻,建立根据地,进到大的地区,须与敌战斗。(二)在甘肃南部更便利消灭敌人。对胡宗南,一般求在野战中消灭他,有可能时就在工事中消灭他,也有可能他在堡垒中,我们不易打他,但并不是不消灭他,我们就不能前进。当然他会尾追、切断我,我可用隐蔽、高度机动来处理变化的情况。"

自两主力会合开始到到达预定地区的口号是:赤化川甘陕。通过新的战略方针,司令部应有战役计划,政治部须有政治训练口号发出。两个方面军都要行动,粮食计划等都应在明天弄好。

会议记录的最后部分,记载着此次会议的决议事项:"全体通过恩来的战略方针;政治部作训令(博古);政〔治〕局写一个决定(洛甫)。"

1935年6月28日,根据两河口会议的精神,中央政治局发出了《关于一、四方面军会合后战略方针的决定》。内容有以下5点:

(一)在一、四方面军会合后,我们的战略方针是集中主力向北进攻,在运动战中大量消灭敌人,首先取得甘肃南部,以创造川陕甘苏区根据地,使中国苏维埃运动放在更巩固更广大的基础上,以争取中国西北各省乃至全中国的胜利。

(二)为了实现这一战略方针,在战役上必须首先集中火力消灭胡宗南军,夺取松潘与控制松潘以北地区,使主力能够胜利地向甘南前进。

(三)必须派出一个支队,向洮河、夏河活动,控制这一地带,使我们能够背靠甘、青、新、宁四省的广大地区,有利地向东发展。

(四)大小金川流域,在军事、政治、经济上均不利于大红军的活动与发展,但必须留下小部分力量发展游击战争,使这一地区变为川陕甘苏区之一部。

(五)为了实现这一战略方针,必须坚决反对战争退却逃跑以及保守偷安停止不动的倾向,这些右倾机会主义的动摇是目前创造新苏区的斗争中的主要危险。

以上就是两河口会议的基本情况和关于到川陕甘建立革命根据地的新的战略方针产生的过程。

张国焘在其所著《我的回忆》第三册《懋功之会》一章中,对两河口会议的史实作了任意篡改。下面我们征引张著的原文来作些考辨。

张国焘说："上午9时,毛泽东、朱德、周恩来、张闻天、秦邦宪和我6个政治局委员以及参谋长刘伯承,齐集在毛泽东的住所举行军事会议。首先由毛泽东提出了向甘北宁夏北进的军事计划。他说共产国际曾来电指示,要我们靠近外蒙古,现在根据我们自身的一切情况,也只有这样做。我当即发问:'共产国际何时有这个指示?'张闻天起而答复,在他们没有离开瑞金以前(约10个月前),共产国际在一个指示的电报中,曾说到中国红军在不得已时可以靠近外蒙古。中央离开江西苏区后,即与共产国际失去联系,现在无法通电报。

"毛泽东谈笑风生地说下去。他说他打开地图一看,西北只有宁夏是富庶的区域,防守那里的马鸿逵部,实力也比较薄弱。莫斯科既有这样的指示,虽然事隔多时,相信仍会从外蒙古方面来策应我们,那我们也不怕外蒙古与宁夏之间那片广大沙漠的阻隔了。

"他自己问自己:'为什么我们要到宁夏去?'他自己答复说:'主要是蒋介石的飞机和大炮厉害,现在蒋介石得意,我们倒霉。他耀武扬威地找我们打,我们不中他的诡计,偏不和他打。我们不动声色地跑到宁夏,背靠着外蒙古,看他还有什么办法。'他继续说,我们的同志们不肯老老实实地承认飞机大炮的厉害,现在我们只有变个戏法,也到外蒙古去弄点飞机大炮,来回敬蒋介石。如果没有飞机大炮,那就再不要说'打倒蒋介石'这句话了。

"他加重语气继续说:'打开窗子说亮话,我们是有被消灭的危险的。'他说到宁夏去必须由四方面军担负掩护的责任,这样,在最恶劣的情况下,也可以掩护中共中央和多数干部安全到达宁夏地区。如果在宁夏再不能立足,至少中共中央和一部分干部也可以坐汽车通过沙漠到外蒙古去,留下这些革命种子,将来还可以再起。他还说这是他的冷静想法,也许被人视为右派,但他请求我们慎重考虑他所提出来的计划。"

查当时的会议记录,如上文所述,会议乃是由周恩来作的报告,是周恩来"首先发言"。周恩来提出的是到川陕甘建立革命根据地的战略方针,而不是"向甘北宁夏北进的军事计划"。毛泽东发言是在张国焘之后,是讨论发言的第五位,他的发言内容与张国焘的《我的回忆》所写的并无共同之处。可知张著作伪。

张国焘说:"我继起发言,将我所知的西北情况和我的想法报告出来,供同志们参考。我说我们在西北的活动,可能有3个计划:一是以现在我们所占领的地区为起点,向川北甘南至汉中一带发展,以西康为后方,可以名之为'川甘康计划';二是移到陕甘北部行动,夺取宁夏为后方,以外蒙古为靠背,这就是毛泽东所提出来的'北进计划';三是移到兰州以西的河西走廊地带,以新疆为后方，可以名为'西进计划'。我提出资料，阐释这3个计划的优点和缺点。我说着的时候，大家都一边听一边在翻阅地图。"张国焘接着用了2000多字的篇幅絮絮叨叨地描绘他如何陈述所谓的"3个计划"，那些文字这里已无征引之必要。

查会议记录，如前所述，（一）张国焘除同意周恩来的战略方针之外，并未提出任何不同的"计划"；（二）历史事实上根本没有所谓的"毛泽东所提出来的'北进计划'"，没有"首先由毛泽东提出……"这个事实。会议记录上记载的张国焘的发言，明白地是说"政治局应决定在甘南建立根据地"，又足以证明张著作伪。

历史事实是，在会上张国焘表面上同意红军北上，但在会后又暗中酝酿南下，这是在玩两面派手法。后来他在《我的回忆》中的说法，是蓄意伪造历史，为自己的两面派行为作辩解。

张国焘说："参加会议的同志们多表示现在我们的着重点是避开战争，找寻一个能有较长时间休养生息的地方，到什么地方都好，只是不喜欢这个吃糌粑的区域。他们虽然大多数表示支持毛的主张，但也没有否定我的西进意见。"

遍查与会者所有的发言，有一点点张国焘所说的影子吗？周恩来在报告中指出：为实现战略方针，我们要勇猛果敢、巧妙机动、毫不迟疑地打击敌人。消灭蒋介石的主力是我们的主要任务。毛泽东在发言中更加明确地指出：战争的性质不是决战防御，不是跑，而是进攻。根据地是靠进攻去创建的。这里根本没有如张国焘所诬陷的见飞机大炮就怕、就跑；没飞机大炮就休言打倒蒋介石的意思。王稼祥在发言中说：那种认为一面无敌，后退无穷，是躲避斗争。要把苏维埃扩大到全国，就要坚决斗争。扩大苏区，主要是消灭敌人。邓小平发言中说：红军主力在这里，党的力量也在这里，发展前途是推动中国革命的前途。朱德指出：要迅速打出松潘，进占甘南，打下敌人建立根据地。其他与会人在发言中也都反映了同样的思想和决心，也根本没有任何类似张国焘编造的言论。这又足以证明张著是伪，是污蔑和诽谤。

张国焘说："会议一连开了3个多钟头，并未达成确定的结论。到了吃午饭的时候，毛泽东以主席的身份宣布：'这个问题关系重大，我们再从长研究吧！'不料毛的这句'从长研究'并未兑现，我们以后一直没有再开会讨论这个问题，毛的北进主张便当作多数赞成，开始实施。"

亦如前述，会议结论是由周恩来作的。会议有明确的决定："全体通过恩来的战略方针。"而张国焘在会上的发言，开头是"我以为政治局〔应〕通过战略方针，主要陕〔甘〕南怎样实现，政治局来布置"；结尾又是"政治局应决定在甘南建立根据地"，"政治局应赶快决定，迅速地定下"，等等。所以，周恩来的结论一开头便说：各同志都是同意的意见。这些又足以证明张著作伪。

至此，我们可以清楚地看到：张国焘对会议的描述，自始至终，通篇都是谎话。

但是，还有一点值得澄清一下：即张国焘所说的"后来事实说明中共中央在我未到抚边前，即已决定了北进，可是并没有告诉我"。这段话依然是扯谎。

实际情况是：在中央政治局两河口会议之前的第十天——6月16日，中央即发电给张国焘，提到"为把苏维埃运动之发展，放在更巩固更有利的基础上，今后我一、四方面军总的方针是占领陕、甘、川三省，建立三省苏维埃政权。"同时指出张国焘的川康计划，正是敌人所希望的，"主力出此似非长策"。最后告张国焘有何意见乞复为盼。6月17日，张国焘复电反对。复电说："川北一带地形给养均不利大部队行动"，而"敌已有准备"，不宜过岷江东打。他提出了"集中主力"西进"青海、新疆"或南下川、康的退却方针。6月18日和20日，中央两次电示张国焘，指出他向西或向南发展方针的错误。18日电指出："目前形势须集中火力首先突破平武，以为向北转移枢纽。"并针对张国焘的错误，指出："兄我如此大部队经阿坝与草原游牧区域入甘、青，将感绝大困难，甚至不可能。向雅（安）、名（山）、邛（崃）、大（邑）南出，即一时得手，亦少继进前途。因此力攻平武、松潘，是此时主要一着，望即下决心为要。"由于中央北进方针遭到张国焘的抵制，中央20日电末尾遂通知张国焘"宜立即赶来懋功，以便商决一切"。

中央在五天内给张国焘连发三电，张国焘也曾回电，而且看到最后一电后才有懋功之行和他所说的"懋功之会"。这足以证明：张国焘《我的回忆》中所称中央的北进计划事先没有告诉他，又是一大谎言。[1]

两河口会议以后，中革军委于6月29日制订了松潘战役计划，准备趁国民党军胡宗南部立足未稳之机，以红一、红四方面军协同歼灭胡宗南部，控制松潘地区，打开北上甘南的通道。这是关系到中央北上方针的重大战役步骤。

随后，中共中央率红一方面军自懋功一带北上，翻越梦笔山、长板山、打鼓山等终年积雪的大山，克服重重困难，于7月10日前后到达松潘附近的毛儿盖。

正在这时，张国焘却横生枝节，反对北上，主张南下，向四川、西康边境退却。他还自恃枪多人多，向中央争权，借口"统一指挥"和"组织问题"，策动一部分人提出改组中革军委和总司令部，要求由张国焘任军委主席，给予"独断决行"的大权。

中共中央为争取张国焘，团结红四方面军一道北上，进行了极为克制的说服工作。

在向毛儿盖进发的途中，中共中央政治局曾经在黑水县芦花召开两次会议，争取张国焘一道北上。但张国焘一意孤行，争取工作未能奏效。

1935年8月下旬，毛泽东随右路军离开毛儿盖，穿越茫茫草地，向班佑进发。同时还致电张国焘，催促他尽快率左路军向班佑靠拢。过草地之前，他还部署红1军团4团任先遣团。

杨成武回忆说：

8月17日清晨，我正在与团里的几个干部开会，商量一些事情。突然，接到军团首长通知，要我火速骑马赶到毛儿盖，说毛主席、党中央十分关心先遣团进入草地的行动，4团担任先遣，要我直接到中央军委毛主席那里去领受任务。军团首长还指示我们，最近周副主席病得很厉害，接受了主席的指示以后，一定要去看看周副主席。

去军委开会，过去有过，我在会议上也见过毛主席，但单独到军委，从毛主席那里当面接受任务，这还是第一次，心中不免有点激动。

我怀着兴奋的心情，带着骑兵侦察排，从驻地波罗子附近，飞奔党中央的驻地毛儿盖。十几匹快马像一股疾风，忽儿飞上高坡，忽儿驰下山谷，在一起一伏的高原上，扬起阵阵烟尘。由于急于听取毛主席的指示，我还是嫌马儿跑得太慢。

几十里路，很快就到了。

到了毛儿盖，进入党中央的所在地，我们就直趋毛主席的住处。

毛主席与周副主席住在一起，他们住的房子是藏民用木头架起来的普通房子，分上、下两层，按照藏族人民的习惯，底层关牲口，楼上住人。在楼外空地上，我首先碰到保卫局局长邓发同志，邓发同志热情地与我握手，然后引我进楼去见毛主席。

我们一前一后，登上了通往楼上的小木梯，踏上楼板，听说周恩来副主席住在西屋，现在他病了。邓发同志领着我穿过中间的屋子。这屋子中间有一块大石头，上面架着个三角架，三角架下面吊了个锅子，这是藏区常见的炊事用具。除此外，有一张铺。据邓发同志说，这是他的住处。邓发同志指着北面一间屋子说：

"毛主席就住在里面！"

我抑制住内心的激动，整了整军衣，喊了声报告。

毛主席正俯身观看一张地图，闻声后回过头来，瞅着我说："你来了，很好！"随即与我握手，并指指旁边的木头墩子，要我坐下。

毛主席看出我的激动，有意缓和气氛说："坐下来，慢慢说。"他态度和蔼，脸上露出了笑容。

"主席，军团首长要我直接到你这里接受任务！"我虽坐下了，但仍按捺不住内心的激动。

"对，这一次你们红4团还是先头团！"毛主席点了点头，铿锵有力地说。

"是！"我站了起来。

毛主席说:"原想要6团去,但试了一下,没有奏效。"

接着,毛主席总结了6团没奏效的3个原因,这就是:粮食准备不足,思想准备不充分,加上国民党反动派和藏族上层反动武装骑兵的伏击。

毛主席一手叉腰,一手指着地图,说:"要知道草地是阴雾腾腾,水草丛生、方向莫辨的一片泽国,你们必须从茫茫的草地上走出一条北上的行军路线来。"

稍顿了一下,毛主席又指着地图继续说道:"北上抗日的路线是正确的路线,是中央研究了当前的形势后决定的。现在,胡宗南在松潘地区的漳腊、龙虎关、包座一带集结了几个师,东面的川军也占领了整个岷江东岸,一部已占领了岷江西岸的杂谷脑;追击我们的刘文辉部已赶到懋功,并向抚边前进;薛岳、周浑元部则集结于雅州。如果我们掉头南下,就是逃跑,就会断送革命。"

他说到这里,右手有力地向前一挥,道:"我们只有前进。敌人判断我们会东出四川,不敢冒险横跨草地,北出陕、甘。但是,敌人是永远摸不到我们的底的,我们偏要走敌人认为不敢走的道路。"

接着,毛主席又详细地告诉我过草地可能遇到的困难。他说草地不见人烟,连树林也没有;行人走过,有时水可浸到膝盖;夜间寒冷多雨露,就是白天,也气候多变,忽儿烈日,忽儿阴天,有时飘来雨雪,必须做好最坏的打算……然后,他又具体指示解决困难的办法。说完这些,他又强调说:"克服困难最根本的办法,是把可能碰到的一切困难向同志们讲清楚,把中央为什么决定要过草地北上抗日的道理向同志们讲清楚。只要同志们明确了这些,我相信没有什么困难能挡得住红军指战员的。"

之后,毛主席又询问了部队的思想情况和过草地的物资准备情况。

我向毛主席报告说,部队的情绪很高,大家一致坚决拥护中央过草地北上抗日的决定,只要中央军委、毛主席一下命令,我们就坚决向草地进军。我们有过草地的思想准备,前些日子省吃俭用剩下了一些粮食,沿途再摘些野菜,估计可以挨过草地。只是衣服成问题,每人只有两套单衣,恐怕抵御不了草地的严寒。

"要尽量想办法多准备些粮食和衣服,减少草地行军的困难!"毛主席恳切地、着重地嘱咐我这两句话,然后问我是否已找到向导。

我说:"已找到一个藏族通司,地形他很熟悉,只是年纪大了,60多岁!"

"路上走不动怎么办?"毛主席着急地问。

"主席,我们已准备了8个同志用担架抬着他为我们带路!"

"这样好!"毛主席高兴地说,"要告诉抬担架的同志稳当些,要教育大家尊重少数民族,团结好少数民族。"他思索了片刻,又继续说,"一个向导解决不了大部队行军的问题,你们必须多做一些'由此前进'并附有箭头的路标,每逢岔路,插上一个,要插得牢靠些,好让后面的部队跟着路标,顺利前进。"

我仔细地听着，而且掏出随身带的小本子记下毛主席的指示。

"还有一个很重要的问题，"毛主席以严肃的口吻对我说，"四方面军的294团已经编到你们4团了！"

"是的！"我点点头说。

毛主席接着说："你们必须搞好团结。团结是党的事业胜利的保证，你们搞好了整编后的团结，就是一、四方面军亲密团结的标志。"

最后，毛主席叫我在墩子上坐下。他亲切地问：

"看看，你们还有什么困难？"

我说："我们一定遵照主席的指示去做，有困难我们依靠大家想办法解决！"

毛主席高兴地说："很好！"

我急忙站起来告辞。

毛主席一边与我握手，一边叮咛道："到徐总指挥那里去一下，去接受具体指示。"

"是！"

毛主席又说："去了以后，你再回来这里一下！"

我说："好！"随即走出房门。

从毛主席那里出来，我就径直往徐向前总指挥那里去了。

徐总指挥热情地接待了我，我按照毛主席的指示，把4团接受中央军委交与的先头任务作了汇报。他又向我交代了一些具体注意事项。

从徐总指挥那里出来，我又赶紧去看望周副主席。我想从周副主席那里接受一点指示，但是医生劝阻说，周副主席病重，要我暂时不要探望，以免惊动正睡着的周副主席。我只见到了邓颖超，她详细地告诉我周副主席的病况，并要我转告同志们不要惦念。当时环境艰苦，粮食极度困难，尤其药物更是奇缺。眼看就要向草地进军，周副主席病重，委实叫我们担心，我们多么希望他快点恢复健康！

离开邓颖超的时候，已近黄昏，按照毛主席的指示，我又返回到他的住处，以便看看还有什么事。邓发一见我，就问："吃饭了没有？"经他一问，这才想起今天还没有顾上吃东西，而且还要走几十里才能回到我们团部的新驻地，我便说还没有吃饭。邓发听了，出去了一趟，又到了主席房里，不一会儿便端出来一个土盘子，盘子里盛着6个小鸡蛋般大的青稞面馒头。他一边递给我，一边说：

"毛主席说，你一天没吃饭，还要赶几十里夜路，叫我把他的晚饭给你吃，吃饱了好回去工作。"

我一听说这6个青稞馒头是毛主席省下来的一顿晚饭，心里十分激动，一时不知如何是好。我知道，眼前粮食十分缺乏，部队都勒紧裤带，把数得出的一点粮食省下来，准备过草地之用。邓发找不到饭才告诉毛主席，现在，毛主席要邓发把他的那一份饭端给我吃，我怎么能吃得下啊！我望着这6个乌黑的小馒头发愣。是啊，这岂止是6个馒头，这是毛主席对下属的一片心啊！我不能吃！我想，毛主席操劳着全军的事情，工作那么忙，一顿饭才吃这么一点东西，本来就吃不饱，如果我再把它吃了，毛主席就要饿肚子。想到这里，我真后悔，不该在邓发面前说没有吃饭，便下决心不吃这6个小馒头。但又一转念，不吃，毛主席会不高兴的，只好吃了2个。邓发还要我再吃，我坚决谢绝了。

这时候，毛主席从房里走了出来，笑呵呵地对我说："怎么不吃了，不吃饱不好工作啊！"

"我吃饱了！"

毛主席以慈爱的眼光看了我一会儿，紧紧地握着我的手说："你看到徐总指挥了吧。好，没有别的事了，望你们完成任务！"

我向毛主席敬过礼，便离开毛主席住处，飞身上马，率领骑兵侦察排向驻地奔去。〔2〕

8月31日，走出草地的右路军一举攻克包座，打开了向甘南进军的门户，保证了中共中央北上方针顺利实施。但在这时，张国焘却多次擅令右路军负责人陈昌浩、徐向前等率部南下，酿成一场分裂红军的悲剧。

徐向前回忆说：

这时，陈昌浩改变了态度，同意南下。我不愿把四方面军的部队分开，也只好表示南下。他去中央驻地反映我们的意见，回来很不高兴，说是挨了一顿批评。

当天，中央致电张国焘："陈谈右路军南下电令〔3〕，中央认为是不适宜的。中央现在恳切地指出，目前方针，只有向北才是出路，向南则敌情、地形、居民、给养都对我极端不利，将要使红军陷于空前未有之环境。中央认为：北上方针绝对不应该改变，右路军应速即北上，在东出不利时，可以西渡黄河，占领甘、青、宁、新地区，再行向东发展。"晚上，毛主席亲自来到我的住处，站在院子里问我："向前同志，你的意见怎么样？"我说："两军既然已经会合，就不宜再分开，四方面军如分成两半恐怕不好。"毛主席见我是这种态度，便没再说别的，要我早点休息，遂告辞而归。

毛主席和党中央决定，单独带1、3军团北上，速出甘南。他们于10日夜间开拔，第二天凌晨，我们才知道。那天早晨，我刚刚起床，底下就来报告，说叶剑英不见了，指挥部的军用地图也不见了。我和陈昌浩大吃一惊。接着，前面的部队打来电话，说中央红军已经连夜出走，还放了警戒哨。何畏当时在红军大学，他跑来问："是不是有命令叫走？"陈昌浩说："我们没下命令，赶紧叫他们回来！"发生了如此重大的意外事件，使我愣了神，坐在床板上，半个钟头说不出话来。心想这是怎么搞的呀，走也不告诉我们一声呀，我们毫无思想准备呀，感到心情沉重，很受刺激，脑袋麻木得很。前面有人不明真相，打电话来请示："中央红军走了，还对我们警戒，打不打？"陈昌浩拿着电话筒，问我怎么办。我说："哪有红军打红军的道理！叫他们听指挥，无论如何不能打！"陈昌浩不错，当时完全同意我的意见，作了答复，避免了事态的进一步恶化。他是政治委员，有最后决定权，假如他感情用事，下决心打，我是很难阻止的。在这点上，不能否认陈昌浩同志维护团结的作用。那天上午，前敌指挥部炸开了锅，人来人往，乱哄哄的。我心情极坏，躺在床板上，蒙起头来，不想说一句话。陈昌浩十分激动，说了些难听的话，还给张国焘写了报告。

"男儿有泪不轻弹。"然而，那两天我想来想去，彻夜难眠，忍不住偷偷哭了一场。我的内心很矛盾。一方面，几年来自己同张国焘、陈昌浩共事，一直不痛快，想早点离开他们。两军会合后，我对陈昌浩说，想去中央做点具体工作，的确是心里话。我是左思右想，盘算了很久，才说出来的。另一方面，右路军如单独北上，等于把四方面军分成两半，我自己也舍不得。四方面军是我眼看着从小到大发展起来的，大家操了不少心，流了不少血汗，才形成这么一支队伍，真不容易啊！分成两半，各走一方，无论从理智上或感情上说，我都难以接受。这也许是我的弱点所在吧。接着，中央又来电报要我们带着队伍北上，并说：中央已另电朱、张取消8日南下电令。陈昌浩的态度很坚决，骂中央是什么"右倾机会主义"啦、"逃跑主义"啦，决心南下。我想，是跟着中央走还是跟着部队南下呢？走嘛，自己只能带上个警卫员，骑着马去追中央。那时，陈昌浩的威信不低于我，他能说会写，打仗勇敢，又是政治委员。他不点头，我一个人是带不动队伍的，最多只能悄悄带走几个人。想来想去，还是决定和部队在一起，走着看吧！这样，我就执行了张国焘的南下命令，犯了终生抱愧的错误。

党的北进方针，不是随心所欲的决定，而是基于一定的历史环境和党所面临的任务而形成的马克思主义的方针。当时，正是日本帝国主义加紧侵略我国，中华民族同日本侵略者的民族矛盾日益上升，并且国内阶级关系发生变动的时期。日本帝国主义者继武装侵占我东北三省、河北北部、察哈尔省北部后，进而制造"华北事件"，发动所谓"华北五省自治运动"和冀东"自治"，公然声称要独霸全中国。"落后"的北方，一扫万马齐喑的局面，掀起抗日救亡的怒涛。蒋介石的不抵抗主义和"攘外必先安内"的反动政策，不仅被广大人民所反对，同时也引起了统治阶级营垒内部一些爱国人士的不满。党中央和毛泽东从粉碎蒋介石的灭共计划，保存和发展红军力量，使党和红军真正成为全民族抗日斗争的领导力量和坚强支柱这一基本目的出发，确定北进川陕甘地区，创造革命根据地，进而发展大西北的革命形势，是完全正确的。

毛泽东在分析建立川陕甘根据地的条件时，就明确指出：第一，在政治上，能够利用陕北苏区及通南巴游击区取得协同配合，短期内形成巩固的根据地，迅速形成在西北地区和全国的革命领导中心。第二，在敌情上，这个地区的敌人分属几个系统，互相之间存在着矛盾和冲突，战斗力一般较薄弱，并远离其政治军事中心，便于红军各个击破。尤其是东北军张学良部，反对与不满蒋介石的情绪日增，正是红军开展争取工作的有利条件。第三，在居民条件上，由于连年不断的深重农业危机、普遍的饥荒、沉重的捐税和土地在地主手里的高度集中，农民土地革命的要求和斗争正迅速生长着。第四，在物质条件上，川陕甘边是西北比较富庶的区域，能够保证红军现有力量及今后发展的需要。基于上述条件，党和红军集中兵力，乘间北进，在川陕甘边立脚，建立起可靠的前进阵地，就一定能够影响全国革命形势的发展，把民主革命和民族革命推进到一个崭新的阶段。与此相反，张国焘的南下方针，虽然从战术上看，无可取之处，但从战略上看，这一方针不仅会使党和红军退处川康边的偏僻之地，失去迅速发展壮大的机会，而且更重要的是，会使党的力量远远脱离全国抗日图存的革命高潮，无法负担自己对全国革命的领导重任。张国焘反对北进，坚持南下，是同他对整个革命形势的右倾悲观估计，即革命处在两个高潮之间的错误观点分不开的。

……

毛泽东说过，南下是绝路。后来的事实完全证明了这一正确论断。"吃一堑，长一智"。我对毛主席的远大战略眼光和非凡气魄，是经过南下的曲折，才真正认识到的。[4]

彭德怀回忆说：

我完成任务后，回到芦花军团部时，军委参谋部将各军团互通情报的密电本收缴了，连1、3军团和军委毛主席通报密电本也收缴了。从此以后，只能与前敌总指挥部通报了，与中央隔绝了，与1军团也隔绝了。

这次北进，3军团走在右翼纵队的最后面，最前面是1军团，中间是红四方面军之4军、9军、30军和前敌总指挥部。当时我感觉到张国焘有野心，中央似乎没有察觉。毛主席、张闻天随前敌总指挥部一起，先一两天到达上下包座（松潘西北百余里）。3军团后一两天才到达阿西、巴西，离前敌总指挥部约15里至20里。我到宿营地时，立即到前敌总部和毛主席处，其实我只是为了到毛主席处去，才去前总的。这时周恩来、王稼祥均害病住在3军团部。在巴西住了四五天，我每天都去前总，秘密派第11团隐蔽在毛主席住处不远，以备万一。在前敌参谋长叶剑英处，得知1军团到了俄界地区，找不到向导，问不到路。没有地图，茫茫草原，何处是俄界呢？这时杨尚昆已调去做其他工作，3军团政委是李富春。3军团准备了电台，另编了密本，也只能说是要与1军团联络，而未说是为了防止突然事变。派武亭同志（朝鲜同志）带着指北针寻找1军团走过的行踪，务把电台密本送给林、聂。正好送到林彪处，这天，事情就发生了。

某日午前到前总，还在谈北进。午饭后再去，陈昌浩完全改变了腔调，说阿坝比通南巴（川东北）还好。一个基本的游牧区，比农业区还好，这谁相信呢？全国政治形势需要红军北上抗日的事，一句也不谈了。我没吭声，只是听了就是。这无疑是张国焘来了电报，改变了行动方针。我即到毛主席处告知此事，并问毛主席，我们坚持北进，拥护中央，他们拥护张国焘南进方针，1军团已向前走了两天，四方面军如解散3军团怎么办？为了避免红军打红军的不幸事，在这种被迫的情况下，可不可以扣押人质？主席想了一会儿，答曰："不可。"当时我难过：如强制3军团南进，1军团不能单独北进了；中央不能去，1军团单独北进也起不了作用。一同南进，张国焘就可能仗着优势军力，采用阴谋手段，将中央搞掉。这时，黄超的话就说出来了，他说，实际主事人是毛而不是张闻天（当时张闻天是总书记，他们并没有放在眼里）。这话当然不是一个年不满30的黄超所能理解的，而是老奸巨猾的张国焘口里吐出来的。扣押人质的意见是不对的，可是，我没有向第三者讲过，只是在处境危急的时刻，向毛主席提出供考虑，以便求得一个脱身之计。

向毛主席报告后不到两小时，叶剑英秘密报告：张国焘来电南进。毛主席亲到徐、陈处商谈行动方针，陈谈，张总政委（张国焘）来电要南进。毛主席即说："既然要南进嘛，中央书记处要开一个会。周恩来、王稼祥同志病在3军团部，我和张闻天、博古去3军团司令部就周、王开会吧。"陈昌浩同意了，他们未想到是脱身之计。我和叶剑英商量，如何偷出地图和2局，在明晨拂晓前到达3军团司令部北进，叶示意想办法。毛主席脱险来到3军团司令部，发了电给林、聂，说行动方针有变，叫1军团在原地等着。天明还未见叶到，我以为出了问题。正怀疑之际，叶率2局（局长曾希圣）连地图都拿来了。陈昌浩布置的监视，全被叶摆脱了，幸甚！

3军团北进，毛主席和我走在后尾之10团（即杨勇团）中。在路上走时，我问毛主席，如果他们扣留我们怎么办？毛主席说，那就只好一起跟他们南进了。他们总会觉悟的。四方面军之李特（留苏生，四方面军的参谋长），不许红军第一方面军干部回第一方面军，进行野蛮的镇压。可是李德在中央苏区犯了错误，这次表现很好，站在正确的方面，放回一方面军干部。毛主席同李特说了一些很感动人的话，也劝我不要同他闹了。陈昌浩送信给我，要我停止北进。毛主席说，打个收条给他，后会有期。听说陈昌浩要派兵追击我们，徐向前说，岂有此理，哪有红军打红军的道理！这句话起了决定作用，陈未来追击。

第二天到了俄界，会合第1军团，真是比亲人还亲。我在这里真正体会到阶级友爱高于一切友情。

毛主席在同张国焘的斗争中，表现了高度的原则性和灵活性。在黑水寺开中央会议时（我没参加），张国焘要当总政委，洛甫提议把总书记交给张国焘，毛主席不同意。宁愿交出总政委，不能交总书记。张国焘当时不要总书记，他说："总书记你们当吧，现在是打仗呗。"如果当时让掉总书记，他以总书记名义召集会议，成立以后的伪中央，就成为合法的了。这是原则问题。

一、四方面军分裂后，一、三军团到俄界会合，当晚中央召集了会议。有人主张开除张国焘党籍，毛主席不同意。说，这不是他个人问题，应看到四方面军广大指战员。你开除他的党籍，他还是统率几万军队，还蒙蔽着几万军队，以后就不好见面了。在张国焘成立伪中央时，又有人要开除他的党籍，毛主席也不同意。如果当时开除了张国焘的党籍，以后争取四方面军过草地，就会困难得多。就不会有以后二、四方面军在甘孜的会合，更不会有一、二、四方面军在陕北的大会合了。上述做法是在党内路线斗争中原则性和灵活性结合的典范。[5]

李维汉回忆说：

过了草地我们就到了班佑。班佑有一座大寺庙，前敌总指挥徐向前、政委陈昌浩、参谋长叶剑英等已经先住在庙里。我也住进去了。毛泽东带着干部团、3军团住在离班佑大概不到10里路的巴西。

这时中央机关由凯丰负责，政府机关由林伯渠、曹菊如负责，总政治部由杨尚昆负责。上述单位都归我管。没有粮食吃，我们就到老百姓地里割青稞麦。芦花、黑水地方有一个寨子，那里有粮食，每个部队都先到黑水、芦花打粮，然后才到班佑。在藏族地区打粮，经常找不到人，割了青稞就在地里插个牌子，写明割的数量、单位，这是总政治部规定的。我们到老百姓地里割青稞，那是不得已的事。为了红军不致饿死，为了革命事业，只有这样。我们后勤部队是由白载昆带着收割，割后都插上木牌。据说老百姓回来，见到木牌很感动，有的把它保存起来，一直存放到解放后，作为珍贵的纪念。

在班佑时，有一次博古、洛甫对我说，两河口会议决定北上，但张国焘耍两面派，表面上同意，心里是不同意的。后来在毛儿盖附近沙窝召开政治局会议，决定分兵两路北上，张国焘在会上同意了，但会后他又不执行北上的方针。到了阿坝后，他借口噶曲河涨水和粮食困难，要南下到天全、芦山去。他还违背政治局会议的决定，密电要右路军立即南下。右路军是徐向前任总指挥，陈昌浩任政委。右路军有四方面军的两个军——4军、30军，30军是四方面军的主力。洛甫告诉我，张国焘有电报说，如果毛泽东、洛甫、博古、周恩来等不同意南下，就把他们软禁起来。洛甫告诉我上述情况后，叫我负责把党中央机关、政府机关、总政治部等单位在次日凌晨带到巴西，会同党中央一路北上，并要我仍回中央机关担任中央组织部长。洛甫叮咛我上述决定要绝对保守秘密。我接受指示后，就立即分别通知了凯丰、林伯渠、杨尚昆，叫他们第二天凌晨就走。对下只说到黑水打粮，叫各单位负责人准备好。这天晚上，我到街上走了两趟，看看有没有人发现我们要北上的动静。我见四方面军的人没有发现我们北上的意图，就放心了。第二天凌晨，我站在路口上等候他们，中央机关、总政治部都走了，唯有中央政府机关还没走出来，他们有银行、辎重，事情多。我见前面部队都走了，心中很焦急，就亲自跑到政府机关办公的院子里去看，他们还在打包。我说："你们不用打包了，把东西丢掉些，要带的东西驮在牲口上，马上出发。"他们就按这个办法，很快出发了，我随后也走了，安全地到达了巴西。一到巴西，部队立即出发。后来四方面军的特务队长李特带部队来追党中央。但3军团在山上警戒，担任后卫，如果李特攻击我们，我们就自卫还击。后来李特走了，没有打成。我们终于脱险了。《毛泽东选集》第2卷中《中国共产党在民族战争中的地位》一文有一条注释说中央"脱离危险区域"，就是指的这件事。前两年杨尚昆与我说起这件事时还问我："你当时站在路口做什么？我们都走过了，你还站在路口等。"我说："等你们。不等你们走完，我怎么能走呢？"我也问他："你怎么那时还在巴西呢？"他说："我下午还在巴西，想向有关的人了解些情况。有人对我说，你回去问罗迈就知道了。"当年的紧急情况，我们都还记得起来。

从巴西到了俄界，9月12日，中央政治局在俄界召开扩大会议，讨论以后的行动方针，批判张国焘分裂主义的错误。会议是当天上午11时开始的。到会的政治局成员有毛泽东、张闻天、博古、王稼祥、何凯丰、刘少奇、邓发。此外，参加的还有蔡树藩、叶剑英、林伯渠、杨尚昆和我，也有李德。1军团的林彪、聂荣臻、朱瑞、罗瑞卿，3军团的彭德怀、李富春、袁国平、纯青，也出席了会议。

会议首先听取了毛泽东关于与四方面军领导者的争论及今后战略方针的报告。毛泽东在报告中主要讲了以下几个问题：

第一，关于红军今后向北行动的问题。毛泽东说，我们坚持北上方针，但张国焘却反对，坚持机会主义方针。一、四方面军会合后，张国焘起初是按兵不动。7月中旬，党中央指示红军集中，结果由于张国焘从中阻挠而未能实现。张国焘到芦花时，中央政治局决定他任红军总政委，他才调动红四方面军北上，但未到毛儿盖又动摇了。到了阿坝后便不愿北上，而要右路军南下。这时，中央政治局的几个同志在周恩来处开了一个非正式会议，决定给张国焘发电报，要他北上。张国焘公然抗拒中央的决定，拒不执行北上的方针，这是不对的。毛泽东说，张国焘坚持南下是没有出路的，因为南面地形不好，又是少数民族地区，给养无法解决，红军作战只有减员，没有补充来源，战略退路也没有，如果不迅速北上，部队会大部被消灭。很明显，中央不能把1、3军团带去走这条绝路。

第二，关于在何处建立革命根据地的问题。毛泽东说，由于一、四方面军已经分开，张国焘南下，使中国革命受到相当严重的损失，所以1、3军团必须变更建立川陕甘根据地的计划，以游击战争来打通国际联系，靠近苏联，在陕甘广大地区求得发展。毛泽东分析了陕甘一带的地势、居民和敌我双方的情况，认为只要我们团结一致，又有正确的领导，依靠游击战争，是可以战胜敌人达到目的的。

第三，关于张国焘错误的性质和处理办法问题。毛泽东指出，张国焘在通（江）南（江）巴（中）苏区时已经犯了部分严重的错误；在粉碎四川敌人的六路进攻退出通南巴苏区后，便形成了一条错误路线。当一、四方面军会合后，中央曾想了许多办法来纠正张国焘的军阀主义倾向，但没有结果。张国焘的错误发展下去，可能成为军阀主义，或者反对中央，叛变革命。同张国焘的斗争，是两条路线的斗争，应采取党内斗争的方法处理。最后作组织结论是必要的，但现在还不能做。我们要尽可能地做工作，争取他们北上。

会议对毛泽东的报告，进行了认真的讨论。在会上先后发言的有彭德怀、邓发、李富春、王稼祥、聂荣臻、杨尚昆、林彪、博古、张闻天等。大家一致拥护党中央的北上方针，严厉批判张国焘抗拒中央、企图分裂党的严重错误，并且指出同张国焘的斗争是路线斗争。有的同志甚至说如果张国焘坚持错误，他的前途将是另立中央与党对立。我在会上也作了发言，完全同意党中央的北上方针和对张国焘的批判。我说我们党同张国焘的斗争是路线斗争，张国焘惧怕敌人，对在中国本部创造苏区无信心，这与他过去轻易退出鄂豫皖和通南巴是有联系的，这完全是他机会主义错误的表现。他还有一个特点，就是在党内搞小组织活动，公开在下层反对党、侮辱党。自六届四中全会以来，除罗章龙外，还没有第二个像张国焘这样分裂党的人。我同意在陕甘广大地区建立根据地并打通国际路线，对白区工作应有布置。

与会同志一致同意毛泽东对张国焘要有步骤地处理的意见。会议通过了《关于张国焘同志错误的决定》，这个决定只在中央委员中公布，不再往下传达。

会议还同意彭德怀关于缩小部队编制的意见。会议决定：一、成立中国工农红军陕甘支队，由彭德怀任司令员，毛泽东任政治委员，林彪任副司令员，王稼祥任政治部主任，杨尚昆任副主任；二、成立由毛泽东、周恩来、王稼祥、彭德怀和林彪组成的五人团，作为全军的最高领导核心；三、成立编制委员会，以李德为主任，叶剑英、邓发、蔡树藩、李维汉为委员，负责部队的编制工作。会议还决定召开营以上干部会议，向干部说明当时的战略方针和迅速行动的必要性。

俄界会议是同张国焘作斗争的一次重要会议。当时中央对张国焘错误的批判和处理意见都是正确的。后来事实的发展证明了这一点。张国焘无视中央多次令其北上的电示和左路军广大干部、战士北上与党中央会合的要求，率军南下，打出了反党旗帜，成立了伪中央。后来，由于中央的不断斗争和挽救，由于朱德、刘伯承等同志的斗争，特别是由于南下后到处碰壁，广大指战员更加不满，张国焘才被迫取消了伪中央，同意北上。当在甘孜与红2、6军团会合后，又在任弼时、贺龙、关向应等的坚决斗争下，张国焘被迫继续北上，但他一直心怀鬼胎，不可救药，终于在1938年只身投向国民党特务机关，叛党而去。[6]

奠基陕北

1935年9月12日，中央红军主力从俄界出发，继续北上。经过一个多月的艰苦行军，到达陕甘根据地的吴起镇，胜利结束历时一年的长征。

这段时间，毛泽东大多是在部队的前面，亲自部署侦察敌情、道路、整顿部队纪律，指挥红军攻克天险腊子口，越过岷山，突破敌人封锁线，并将革命大本营定在陕北。

1935年9月22日，中央在哈达铺的一座关帝庙里召集全军团以上干部开会，毛泽东在会上作了关于形势和红军整编问题的报告。

杨成武回忆说：

会议开始了。毛泽东与其他中央领导走进会场，顿时响起热烈的掌声。我们仔细一瞧，他们也显得格外精神。

毛主席挥挥手要大家坐下，然后，笑笑说："同志们，今天是9月22日，再过几天是阳历10月，自从去年我们离开瑞金，过了于都河，至今快一年了。一年来，我们走了2万多里路，打破了敌人无数次的追、堵、围、剿。尽管天上还有飞机，蒋介石连做梦也想消灭我们，但是我们过来了，过了江西、湖南、广西、贵州、云南、四川，过了金沙江、大渡河、雪山、草地，过了腊子口，现在坐在哈达铺的关帝庙里，安安逸逸地开会了。这本身是个伟大的胜利！"毛主席激动人心的讲话，使会场上又一次响起热烈的掌声。

稍稍停顿了一下，毛主席又说："但是，在胜利面前，我们必须冷静地分析形势，估计形势。"接着，他介绍说，"我们战胜了自然界的种种险阻，粉碎了敌人数不清的堵截、追击，也顶住了天上敌人飞机的轰炸，但现在在甘肃等待我们和准备截击我们的国民党'中央军'和东北军、西北军还有30多万人，朱绍良（伪甘肃省主席）、毛炳文、王钧等部在甘肃；张学良的东北军、杨虎城的西北军在陕甘；在宁夏、青海、甘肃边境还有'四马'[7]的骑兵和步兵。至于蒋介石，态度仍很顽固，他不顾当前的民族危机，一直不肯接受我党1933年1月17日提出的中国工农红军愿在3个条件下与国民党军队共同抗日的主张，仍醉心于打内战，妄想再次用他的优势兵力，消灭他们认为'经过长途跋涉疲惫不堪'的红军。"

毛主席说："国民党反动派把三四十万兵力部署在陕西、甘肃一带，追堵我们，对红军北上抗日，不能不说是严重威胁。所以，北上抗日的任务还是十分艰巨的。"

毛主席在形势分析中还谈到四方面军与张国焘。

毛主席说："张国焘看不起我们。他对抗中央，还倒打一耙，反骂我们是机会主义。我们要北上，他要南下；我们要抗日，他要躲开矛盾。究竟哪个是退却，哪个是机会主义？我们不怕骂，我们要抗日，首先要到陕北去，那里有刘志丹的红军。"

讲到张国焘闹分裂对抗中央时，毛主席还特别提到："在关键时刻，叶剑英是立了大功的！"

毛主席说到这里，略略停顿了一下，然后诙谐地说："感谢国民党的报纸，为我们提供了陕北红军的比较详细的消息：那里不但有刘志丹的红军，还有徐海东的红军，还有根据地！"

听到这里，同志们按捺不住内心的激动，热烈地鼓起掌来。

毛主席又挥挥手，要大家安静，接着说："我和同志们都惦念着还在四方面军的朱总司令、刘伯承参谋长。我们也都在惦念着四方面军的同志们和5、9军团的同志们，相信他们是赞成北上抗日这一正确方针的。总有一天，他们会沿着我们北上的道路，穿过草地，北上陕甘，出腊子口与我们会合，站在抗日的最前线的，也许在明年这个时候。"

此时掌声雷动，大家的心里热乎乎的。毛主席又笑笑说："同志们，我代表中央，宣布一个重要的决定。"

顿时，同志们都静了下来。

毛主席接着又说："为了适应新的形势，中央决定部队改编，组成中国工农红军陕甘支队，由彭德怀当司令员，我兼政委，下属3个纵队。"

于是在掌声中，毛主席宣布陕甘支队编成3个纵队，即第1纵队由红1军团改编，第2纵队由红3军团改编，军委直属部队改编为第3纵队。

毛主席接着又说："同志们，我们目前只有8000多人，人是少了一点，但少有少的好处，目标小，作战灵活性大。人少，更不用悲观，我们现在比1929年年初红四军下井冈山时的人数还多哩！胜利是一定属于我们的！"

毛主席说完，举起一个指头，笑着说："现在要提醒大家一点，就是在松潘地区，我们是没收反动土司的粮食、牛羊和购买藏民的粮食。现在我们应该坚持以打土豪、筹粮筹款为主，不能侵占工农的利益。这是人民军队的一条重要纪律。"

毛主席最后用洪亮的声音号召大家:"经过2万多里的长征,久经战斗、不畏艰苦的红军指战员一定能够以自己的英勇、顽强、灵活的战略战术、战斗经验,来战胜北上抗日途中的一切困难!你不要看着我们现在人少,我们是经过锻炼的,不论在政治上、体力上、经验上,个个都是经过了考验的,是很强的,我们1个可以当10个,10个可以当100个。特别是有中央直接领导我们,这是我们胜利的保证。"

　　"同志们,朝着胜利前进吧,到陕北只有七八百里了,那里就是我们的目的地,就是我们的抗日前进阵地!"毛主席挥舞着拳头结束了鼓舞人心的讲话。

　　"拥护中央北上抗日的正确路线!"

　　"到陕甘根据地去!"

　　"前进!前进!"

　　"和25军、27军会师!"

　　一时间口号阵阵,此起彼伏。

　　毛主席的指示,坚定了我们胜利的信心,增添了我们斗争的勇气。[8]

　　中央红军主力面对的最后一道封锁线,位于渭河沿岸。这里驻扎着国民党军第三军王均等部,在兵力上占有绝对优势,又是凭险而守,以逸待劳。这对弱小而又经过长途跋涉的红军来说,似乎是难以克服的障碍。

　　为了突破渭河封锁线,毛泽东决定采取声东击西、避实就虚的战术。还在哈达铺休整时,就派出一部兵力向东佯动,造成进攻天水的假象。这一招果然奏效,敌人纷纷向天水调动,准备与我决战。

　　毛泽东见时机成熟,果断地下达了渡过渭河的命令。

　　9月26日拂晓,支队司令部发出命令,限上午9时以前全部渡过渭河。

　　杨成武回忆说:

　　我们紧接着攻占了渭河之滨的陇西,缴获了不少东西,战斗一结束,就把这些东西移交给来接防的2纵队10大队黄祯大队长和杨勇政委。他们看到那么多东西,非常高兴。

　　我们又继续前进,忽然正前方远处传来了哒哒哒的机枪声。

　　这时,3纵队——中央直属队在陕甘支队参谋长兼纵队司令叶剑英和纵队政委邓发的率领下从后面赶上来了,走在前面的是毛主席。再一看,彭德怀司令员早就立在山坡上拿着望远镜在观察了。

　　毛主席看了看远方,又仔细听了听远处传来的枪声。

　　不一会儿,在急骤的枪炮声中,可以听出哪些是步枪、机枪声,哪些是手榴弹、迫击炮弹的爆炸声了。

　　毛主席十分镇静,仿佛登临一个风景点,正在欣赏周围的山山水水。

一会儿，彭德怀走了过去，问道："主席，你看怎么样？"

毛主席笑笑，说："我看不是敌人的主力，随便派两个连出去，放几枪，吓吓他们，他们不敢怎么样的。"

果然，不出毛主席所料，我们的小部队才放几枪，敌人的枪炮声顿时停了，两翼刚才噼噼啪啪响得正起劲的声音，几乎同时哑了。

"毛主席真是料敌如神啊！"

"看，毛主席一句话，就把敌人制住了。"

津津乐道的战士们一边走着，一边盛赞着。

毛主席的指挥才干我们真是佩服极了！自遵义会议以后，又和第一、二、三次反"围剿"一样，率领我们红军攻关守隘，冲破重重险阻，夺取一个个胜利，哪次战斗毛主席不是高瞻远瞩！"四渡赤水"可说是个典型的例子了。当时，敌人仗着人多势众，耀武扬威，恨不得一口吃掉我们。毛主席对此了如指掌，带领红军扬长避短，几个来回，就把敌人搞得七零八落，成了战争史上的奇观。当然这是毛主席真正做到了知己知彼，掌握了战争的规律，把马克思主义的军事辩证法和中国革命战争的实践结合起来的缘故。所以，毛主席在红军中享有很高很高的威信。跟随毛主席北上抗日，我们始终充满了胜利的信心。

我们大摇大摆地过了漳县，巍巍的六盘山遥遥在望了。

六盘山地跨宁夏、陕西两省。

进了六盘山，风光、气候、居民着装、住房都迥然不同了。

首先见到的田野，是一片连一片的黄土，见不到砖砌的房屋。当地群众全在山边挖个土洞，后来我们才知道这就是窑洞。在集镇上偶尔见到一排排房屋，也都是黄土垒的。无论树枝、房屋，都蒙上了一层厚厚的黄土。放眼一看，到处都是黄的，色彩单调极了。但是，走进这样暖和的窑洞，对我们这些穿着单衣的红军来说，可以说得上是一种享受了，尤其那热烘烘的土炕，真叫我们这些南方战士感到新奇和满意。至于那黄黄的小米，吃起来不像大米那么习惯，可总比在雪山、草地上吃野菜、青稞面强过不知多少倍。总之，西北高原留给我们的印象是：豪放、单调、庄严。

……

10月7日下午2点，我们的队伍正向六盘山进发，通信员策马奔来，迫不及待地在马上报告说：

"队长、政委，纵队首长请你们马上到前面山上去！"

我与王开湘立即跳上战马，快速向前，越过一个山坡，只见纵队首长站在那里，聂政委手里拄着一根棍子，凝视着前方；聂政委左边站着的是林彪；左参谋长正举着望远镜在细细观察。啊，再一看，毛主席也站在山坡上，昂首远望。他穿着一件蓝布长袍子，连日奔波疲劳，脸庞显得消瘦多了。他手里握着一根细细的棍子，在空中点着说什么。他的旁边站着1大队大队长杨得志、政委肖华，5大队大队长张春山和政委赖传珠。

我们知道，自从离开哈达铺以来，毛主席和我们纵队首长一起，总是带着1、4、5这三个大队走在前面，每天的行军、作战、宿营都是毛主席和纵队首长亲自指挥的。我们几乎天天都可以看到毛主席。

我与王开湘下马敬礼报告。

毛主席这时回过头来笑笑说："好，都来了，现在说一说。"然后，他指着远方又说，"都看到了吧，隘口下边有个村子叫青石嘴，据确切情报，那里驻扎着敌人东北军骑兵第7师的一个团，有几百匹马，别小看他们，我们要消灭这股敌人，不然他们拦着我们的去路。"

毛主席这时转过身来，从警卫员手里接过两块饼子，一边把它分成几块，一边问："都还没吃午饭吧？"

大家点点头。

毛主席爽朗地笑笑，说："那好，分而食之，打下了青石嘴，再吃好饭！"说完将饼子分给大家。

我们每人从毛主席手里接过一小块，而且都高高兴兴地吃了起来。

毛主席一边嚼着饼子，一边说："一定要消灭他们，搬开拦路石！1大队、5大队左右迂回，记住，一定要迂回，由4大队直接冲锋！"然后他又转过脸来，看看我与王开湘，又说，"4大队是有名的英勇冲锋的红4团嘛，要发扬你们的特点，动作要快、要猛、要狠！"

"是，一定遵照毛主席指示，猛打猛冲！"

这时，毛主席从警卫员手中接过水壶，拧开壶盖，倒了一点水在壶盖里，递给我们，说："你们每个人喝一口吧。喝完了，就去打！"

"是！"我们接过壶盖，仰起脖子，将盖子里的水一饮而尽。

待我们一个个喝完，我望望纵队首长，问："首长还有什么交代的吗？"

纵队首长摇摇头，说："没有，照毛主席的命令执行。"

毛主席痛快地说："那好，交代完毕，分头执行，我在这里看着你们打！"

我们辞别毛主席，骑上马。虽然西北高原的秋风尖厉，可心里暖洋洋的，挥鞭策马，一会儿便回到了大队。

同志们一听说有仗打，而且是毛主席亲自指挥，还听说毛主席特意提到了我们是有名的英勇冲锋的红4团，鼓励我们发扬过去优良的战斗作风，大家的情绪可高了。在我们召开的动员会上，大家纷纷表示：一定要打好青石嘴这一仗，决不辜负毛主席的期望。

不用我们再多说什么，部队便斗志昂扬地投入了战斗。我们以飞快的速度，悄悄翻过隘口，正面接近隘口下的村庄青石嘴。

这时，1大队也以迅雷不及掩耳之势从北边迂回插进青石嘴后边，5大队也迂回到南边，截断平固公路，形成了一个钳形包围，敌人骑7师的这个团[9]便成了瓮中之鳖。

一声枪响，我们大队分路出击，一齐压向敌人。伴随着千百人的喊杀声和枪炮声，一刹那，我们就冲进了青石嘴这个山村，这时敌人正在开饭，几百匹马系在村头来不及解，他们就被我们打死的打死、缴枪的缴枪了。那膘肥、高大的战马，自然也就成了我们的战利品。

战斗不到半个小时，我们3个大队胜利会合了，与缴获的花名册一对照，人员、马匹，一点不少。我们大队一清点，还发现多出了十多辆马车的子弹和军装，还有大批的布匹。原来，这是"西北剿总"送来的东西，这里的敌人刚刚收到，没想到，他们还未来得及享用，就全部"移交"给我们红军了。这些马匹，后来按照毛主席和纵队首长的指示，我们把一部分交给1纵队侦察连，大部分交给了纵队，由纵队组建了红军的骑兵侦察连。我们的骑兵侦察连有了那么多马匹，"气"可"粗"了，以后又逐步扩建，组成了一个骑兵营。至于那些军装、布匹，我们留下一小部分外，其余的都按照纵队首长指示上缴和发给了伤病员。至于那些俘虏，经过政治思想教育，说明我们红军的宗旨，凡是觉悟过来了的也都高高兴兴地自动参加了红军。

战斗结束以后，刚打扫完战场，军委就指示我们大队前进20里宿营，并命令我们第二天向环县方向前进。我们又立即出发了。战士们举着的红旗在迎风招展，我们的队伍像奔腾的铁流涌向前方。此情此景，真是壮观万分，我们的心情也实在难以用语言表达。正像毛主席后来写的这首诗[10]：

  天高云淡，
  望断南飞雁。
  不到长城非好汉，
  屈指行程二万。

  六盘山上高峰，
  红旗漫卷西风。
  今日长缨在手，
  何时缚住苍龙？[11]

在登上六盘山之前，中共中央政治局还在榜罗镇召开常委会，正式决定把落脚点放在陕北。会议的日期是1935年9月28日。

关于这次会议的文字材料至今尚未发现，但从中央红军到陕北后，10月下旬党中央政治局在陕北召开的一次会议中可以了解到榜罗镇会议的情况。毛泽东在这次会议上的报告中说：

"俄界会议与张国焘决裂，那时的口号是打到陕北去，以游击战争与苏联发生联系。榜罗镇会议（由政治局常委同志参加），改变了俄界会议的决定，因为那时得到了新的材料，知道陕北有这样大的苏区与红军，所以改变决定，在陕北保卫与扩大苏区。在俄界会议上，想在会合后，带到接近苏联的地区去，那时，保卫与扩大陕北苏区的观念是没有的，现我们应批准榜罗镇会议的改变，以陕北苏区来领导全国革命。"

1935年10月19日，中央红军到达了吴起镇。在吴起镇，我军根据当时的敌情、部队的需要和当地物质条件的可能，决定在这里休整七天，进行政治军事方面的整训。在政治工作方面，深入解释到达陕北苏区抗日新阵地及与陕北红军会合的重大意义，宣告中央红军二万五千里长征的胜利结束，动员为保卫陕北苏区而战。在军事工作方面，训练新兵、刷擦武器、调整弹药、整顿军容。在物质方面，补充服装、草鞋、洗澡、洗衣、理发、整顿内务。

彭德怀回忆初到吴起镇首战告捷，说：

经过20余天的艰苦奋斗，才由哈达铺到达吴起镇，即陕北根据地的边境。刚停脚一天，敌骑5个团又追到。毛主席说，打退追敌，不要把敌人带进根据地。此役胜利了，结束了红军英勇伟大的二万五千里长征。在哈达铺整编时1.4万余人，到吴起镇只剩7200人。

有人说："在1935年党的遵义会议确立了毛泽东在全党全军的领导地位以后，彭德怀在大部分时期仍然反对毛泽东的领导，并且在党内、军队内进行分裂活动。"这些莫须有的罪名，究竟有什么事实作根据呢？是完全没有事实作根据的。相反，在红军到达陕北吴起镇时，击败追敌骑兵后，承毛泽东给以夸奖："山高路险沟深，骑兵任你纵横，谁敢横枪勒马，惟我彭大将军。"（标点是我加的）我把最后一句改为"惟我英勇红军"，将原诗退还毛主席了。从这首诗中也可以看出，不仅没有什么隔阂，还表现了相互信赖。[12]

聂荣臻也回忆说：

10月18日部队到达吴起镇附近，10月19日我们正式进了吴起镇。这时，宁夏二马（马鸿逵、马鸿宾）和毛炳文的骑兵又跟上来了，紧追在我们的后边不放。行军掉队的战士吃他们的亏不少。我们到达吴起镇时，已经是下午了。1纵队还在抗击气势汹汹的骑兵的攻击。毛泽东认为，让敌人的骑兵一直跟进陕北，对我们很不利,总是被动。他给我们交代,要想办法打一下他们,要我到前面去看看情况再下决心。当天下午我们跑到前边阵地上看了看,看究竟打得赢打不赢。我心想,把敌人带到陕北去也确实不好呀!傍晚回来,我向毛泽东作了汇报,我说,我们应该出击。敌人骑兵也就是几千人,别看他们在马上气势汹汹,真正打起来,他们就不行了。他们一定要下马和我们作战,还要招呼马匹,战斗力就会下降。毛泽东同意第二天早晨出击。10月21日,2纵队在左翼,1纵队在正面,向正迂回吴起镇西北部的敌35师骑兵团的2000多骑兵出击,果然,我们出击不久,敌人就垮了。随后,我们在杨城子以西,在齐桥、李新庄间,分别阻击敌32师和36师的两个骑兵团,又将敌人击溃。敌人骑兵这次垮了以后,一段时间再没有敢来侵犯。我们将先后俘获的敌人的马术教官、兽医以及会钉马掌修马鞍具的工人都补充了骑兵队伍,我们的骑兵连就更充实了。

我们初进吴起镇,看到一间窑洞的门口挂着工农民主政府的牌子。我们到了陕北根据地了!从此,我一方面军正式结束了长征。长征以来,我们做梦也想找一个落脚点,现在总算有一个落脚点了。我们开始把伤兵安置在后方,长征以来一直使我们苦恼的这个问题,现在解决了。我们在吴起镇休息了几天。知道徐海东领导的红25军也到达陕北了,还派了人来和我们联络,真是令人高兴。11月6日,在甘泉南边的象鼻子湾,我们中央红军和徐海东领导的25军、刘志丹领导的26军、27军胜利会师了。

11月7日是俄国十月革命节,我们在甘泉县驻地套塘口开运动大会,全面检查了部队的军事、政治、文化和体育训练素质。这是我们从中央根据地就有的传统做法,那时多是选在"五一"或"八一"开,长征以来没有机会开,所以这次开得很热闹,把开展革命竞赛的风气带到了陕北高原。在这次运动会以前,奉中央军委命令,恢复1军团建制,仍由林彪任军团长,我任政委,左权任参谋长,朱瑞任政治部主任。这个新恢复的1军团,实际上是1、3军团的合并,为了继承从南昌起义到井冈山会师的光荣传统,保留和沿用了1军团的番号。新恢复的1军团,下属2师和4师、第1团和第13团。一个月以后,又恢复了1师的建制。这次运动会结束时,我站在一个八仙桌上,面对全军团的部队讲了一次话,对比赛作了讲评,并强调要互相学习,特别要注意向4师和13团的同志们学习,他们过去是3军团和红7军的,他们有许多好作风,原1军团的同志要好好学习。

两天以后,中央在象鼻子湾召开全军干部会议。毛泽东和周恩来、张闻天、彭德怀等先后到达会场。毛泽东对长征作了总结。他首先对大家说:"同志们,辛苦了!"引起会场上一片热烈的掌声。接着,他说:"我们从瑞金算起,总共走了367天。我们走过了赣、闽、粤、湘、桂、黔、滇、川、康、甘、陕,共11个省,经过了五岭山脉、湘江、乌江、金沙江、大渡河以及雪山、草地等万水千山，攻下许多城镇，走了2.5万里。这是一次真正的前所未有的长征。敌人总想消灭我们，我们并没有被消灭。现在，长征以我们的胜利和敌人的失败而告结束。长征，是宣言书，是宣传队，是播种机。它将载入史册。我们中央红军从江西出发时，是8万人，现在只剩下1万人了，留下的是革命的精华。现在又与陕北红军胜利会师了，今后，我们红军将要与陕北人民团结在一起，共同完成中国革命的伟大任务！"〔13〕

历时一年、行程达2.5万里的长征结束了。一年后，毛泽东在保安窑洞对斯诺回首往事时，感慨地说：

红军经历了无数艰难险阻；横渡中国最长、最深、最危险的江河，越过中国最高和最险峻的山口，通过强悍的土著居民地区，跋涉荒无人烟的草地，经受严寒酷暑、风霜雨雪。在占全中国白军半数的敌人的追击下，通过了所有这一切天然险阻，并且突破了湘、粤、桂、黔、滇、川、康、甘、陕各省地方军队的堵截，终于在1935年10月到达了陕北，并在中国的大西北扩大了现在这个根据地。

红军的胜利行军，以及胜利到达甘陕并保存自己的有生力量，首先是由于共产党的正确领导；其次是由于苏维埃人民的骨干的伟大才能、勇气、决心以及几乎超人的忍耐力和革命热情。中国共产党过去、现在、将来都忠于马列主义，并将继续进行斗争，反对一切机会主义倾向。红军之所以不可战胜和必然取得最后胜利，其原因之一就在于这种决心。〔14〕

直罗镇大捷

中央红军主力到达陕北，并甩掉了紧追不舍的尾巴，但是对陕甘根据地来说，真正的威胁并没有解除。国民党军三面包围着红军，正在进行第三次"围剿"。打破这次"围剿"是毛泽东必须首先解决的问题。

为打好这一仗，毛泽东和中共中央作了充分的准备。

1935年11月3日，成立西北革命军事委员会，毛泽东任主席，周恩来、彭德怀任副主席，统一整个陕北地区红军的指挥。同时成立第一方面军，彭德怀任司令员，毛泽东任政治委员，统辖红1军团（由中央红军主力组成）和红15军团（由红25军和陕甘、陕北红军组成）。

11月5日，在象鼻子湾举行会议，毛泽东、彭德怀和两军团负责人研究作战方案，决定将敌人放进直罗镇，再乘敌立足未稳，突然发起攻击。会后，毛泽东、彭德怀、周恩来还带领军团首长仔细察看地形。

徐海东当时是红15军团军团长。他回忆说：

1935年11月下旬，陕北已经进入了寒冬。红15军团在"打胜仗迎接中央红军"的口号下，一鼓作气，攻下了张村驿，打开了东村，接着扫清了附近的两个小据点。战斗结束后，毛主席率中央红军来到了东村一带。从此，红15军团与中央红军会师了。红15军团的全体同志，都为这个光荣的会师欢欣鼓舞。大家日夜盼望着的中央红军，现在来到我们身边了。

红军长征胜利到达陕北，宣告了帝国主义和蒋介石消灭红军计划的破产；预示着中国革命新高潮的到来。为了把中国革命的大本营安放在大西北，毛主席一到陕北，即拟定了一个大的歼灭战计划，这就是直罗镇战役。

陕北的战局当时是这样：陕北红军取得劳山榆林桥胜利后，敌人以5个师组织新的进攻，东边一个师沿洛川、鄜县（今富县）大道北上；西边4个师由甘肃的庆阳、合水沿葫芦河向陕北鄜县方面前进。为粉碎敌人的进攻，毛主席决定集中会师陕北的红军，在直罗镇一带，给敌人一个迎头痛击。并指示要我们到那边看看地形，再作具体的布置。

按照主席的指示，这一天中央红军和红15军团团以上干部，在张村驿以西会合后，前往直罗镇去看地形。

从出发地到直罗镇，30余里，一个小时不到，就赶到了。大家下马后，首先登上了直罗镇西南面的一座高山。直罗镇就在脚下。它是个不过百户人家的小镇，三面环山，一条从西而来的大道，像一条白色的带子铺在镇子的中央，穿镇而过。镇子东头，有座古老的小寨，里面的房屋虽然倒塌，石头砌的寨墙却大部完好；镇的北半面，是一条流速缓慢而平静的小河。我们将几十架望远镜举在眼前，从左到右，从东到西，细心地观察着道路、山头、村庄和河流。一个小山包、一棵小树、一条小沟、一家独立房屋，都是指挥员们观察研究的对象。大家都深深了解，在战前观察时疏忽一条小沟、漏掉一个山头，说不定在战斗中会增加想不到的困难。同志们一面观察，一面小声地交谈着：

"这一带的地形，对我们太有利了！"

"敌人进到直罗镇，真如同钻进了口袋。"

边走边观察，边观察边研究，从一个山头转移到另一个山头，结论得出了——把敌人放进直罗镇，再消灭他们。为了防止敌人利用镇东头的寨子作固守的据点，大家商讨后，决定把它预先拆掉。部署确定后，当天晚上，红15军团派出一个营，连夜去拆那个小寨子。这时战斗命令虽然还没有下达，但战士们凭着自己的经验会猜测到，将会在这里打仗。战士们深深懂得平时多流汗，战时少流血的道理。因此不分昼夜，不顾疲劳，一气把寨墙拆完。有些新解放来的战士，悄悄问老战士："敌人真的会来吗？"老战士回答说："会来的，这是毛主席算好了的。"

为了迎接这个大胜利，打好会师第一仗，红15军团除留一个排在直罗镇警戒外，主力集结在张村驿一带，养精蓄锐，积极地投入了战前准备工作。各级干部层层深入，具体进行战斗组织。15军团提出口号："打胜仗庆祝会师！""以战斗的胜利欢迎毛主席！""在战斗中向中央红军学习！"

红军情绪高涨，以逸待劳。一切准备就绪后，第三天下午，敌109师师长牛元峰带着部队在6架飞机掩护下，果然来到了直罗镇。

晚上，毛主席下达了命令。按照已经确定的部署，中央红军从北向南，红15军团从南向北，连夜急行军，在拂晓前包围了直罗镇。毛主席、周恩来副主席亲临前线指挥。主席的指挥所设立在距直罗镇不远的一个山坡上。战斗打响之前，主席就特别指示各部队负责同志，一定要打歼灭战，战斗发起后，主席又一再嘱咐说："要的是歼灭战！"

天刚亮，两路红军像两只铁拳，从直罗镇南北高山上砸了下去。敌人虽有防备，却没想到我军会如此迅速，乃至发觉被包围后，直罗镇两边的山岭已被我军占领。南面一响枪，敌人立刻向北撤；北边一响枪，他们又反过来向南扑。109师被夹击在两山之中一条川里。山谷中到处是枪声、喊杀声。109师是东北军的部队，是红军的老"运输队"了。有不少士兵和军官曾经做过红军的俘虏，有的还不止交过一次枪，在我军猛攻之下，纷纷瓦解，交枪投降。一些拼命顽抗的，丧生于刀枪之下。

战斗不到两个小时，红军两路会攻，占领了敌人的师部所在地直罗镇。最后牛元峰逃到镇东头的小寨里，指挥着一个多营负隅顽抗，死不投降。

这个小寨虽被我军事先拆毁，但敌人昨天下午到达后又连夜改修，加上地形复杂，易守不易攻。我们派了一支小部队攻了一次，没能打上去。正组织第二次猛攻时，通信员报告说："周副主席来了。"

这时太阳已升起老高了。我们向山上看去，只见周副主席同其他同志从山上走下来。他们都拿着望远镜，边走边向敌人固守的小寨子观察。等走到我们近前时，周副主席和干部们一一握手，详细地询问了第一次攻击的情况。最后周副主席指示，敌人已经成了瓮中之鳖，不好攻暂且围着算了。寨子里既没粮，又没水，他们总是要逃跑的，争取在运动中消灭他们。

枪声渐渐地平息下来。两边的山坡上、镇子里，到处堆积着缴获的枪支弹药，到处聚集着俘虏兵。胜利的喜悦洋溢在每个红军战士的心里。经过二万五千里长征的战士，在讲述着爬雪山过草地的故事。来自鄂豫皖根据地的战士和陕北的战士，都倾吐着渴望会见老大哥的心情。欢乐和友情笼罩着战场。

109师师长牛元峰蹲在寨子里，一个电报接一个电报，要求董英斌解围。他哪里知道，董英斌派的106师还没到直罗镇，就被红军击溃了，并且在黑水寺被红军歼灭了一个整团。

晚上，牛元峰待援无望，趁黑夜率领残部突围向西逃跑，我75师的战士随即跟踪追击。战士们说："一定要把这条'牛'追回来。"

一气追了25里，追到直罗镇西南一个山上，牛元峰和他率领的残部一个多营最后覆灭了，牛元峰被抓住了。

"击溃战，对于雄厚之敌不是基本上决定胜负的东西；歼灭战，则对任何敌人都立即起了重大的影响。对于人，伤其十指不如断其一指；对于敌，击溃其10个师不如歼灭其1个师。"直罗镇战役，又一次证明了毛主席伟大的、正确的军事思想。109师全师和106师的一个团覆灭，彻底打乱了敌人进攻陕北的部署。迫使敌108师、111师不得不退回了甘肃境内；东路侵入杨泉源的117师也退出了鄜县。陕北根据地出现了一个新的局面。

直罗镇战役胜利结束后，部队携带着胜利品，押解着俘虏，撤离了战场。晚上，当我们路过毛主席住的村庄时，只见主席住的窑洞里还点着灯。这些天来，主席够辛苦的了，天这么晚了，怎么还点着灯呢？

我怀着一种崇敬的心情，走到主席住的窑洞门口，问门口的警卫员同志："主席还没睡吗？"

"主席晚上是不睡觉的。"警卫员同志说着把我引进门去。

主席披着件蓝布旧大衣，点着盏油灯，正精神奕奕地工作着。桌上放着那张1∶300000的旧地图。可以看出，主席又在考虑新的行动，策划新的战役了。

主席放下手里的铅笔，亲切地伸出大而有力的手，微笑着说："辛苦了！"

我说："天这么晚了，主席还没休息？"

主席说："这样习惯了。怎么样，部队都撤下来了？"

主席简要地讲了讲这次胜利的意义和当前的敌人动向，然后，关切地询问着部队的伤亡情况和伤员的安置。最后嘱咐要好好地组织部队休息，让战士们都洗洗脚。主席对战士那种无微不至的关怀，具体细致的作风，给我留下了难忘的印象。

我从主席住的窑洞走出来，夜已经很深了。跨上马走了老远，回头望去，主席窑洞里那盏灯还亮着。

部队移住到杨泉源一带，举行了祝捷大会。中央红军和15军团都相互派了参观访问团，进行参观和访问。

11月30日，在东村举行了干部大会。毛主席在会上作了"直罗镇战役同目前形势与任务"的报告。主席讲到直罗镇战役的意义，说：这次胜利，彻底粉碎了敌人对陕北的三次围攻，为党中央和红军在西北建立广大的根据地，推动全国抗战，举行了奠基礼。主席讲到胜利的原因，指出：一、两个军团的会合与团结（这是基本的）；二、抓住了战略与战役的枢纽（葫芦河与直罗镇）；三、战斗准备得充足；四、群众与我们一致。

我们说，还要补充一个最重要的原因：那就是主席正确的军事思想和主席英明的指挥。

主席在报告中还详细地分析了国际形势与国内局势。主席说：目前日本帝国主义正进攻华北并吞全中国；国民党正在南京开卖国大会。我们的胜利，告诉日本帝国主义，我们不许你这个日本帝国主义灭亡我们的华北和全中国；我们的胜利也告诉国民党，我们不允许你们卖国。红军要同全国人民携手，用我们的枪炮与热血，打倒日本帝国主义……

主席洪亮的声音，明确生动的言词，句句印在每个红军干部心里。主席的声音，就是全国人民的呼声，它代表每个红军战士抗日救国的意愿。[15]

当时任红1军团政治委员的聂荣臻回忆说：

这是一个严寒的冬天，而1军团当时尚缺2000多套棉衣补给不上，部队在陕北透骨钻心的寒风中致病送医院的先后达千余人次。部队靠士气旺盛御寒，寄希望于打一个胜仗解决棉衣等军需、给养问题。

毛泽东亲自指挥红15军团和1军团打了这一漂亮的歼灭战。11月5日，毛泽东就要我和林彪到象鼻子湾军委总部开会，确定了打直罗镇战役的总决心，开始研究制订战役计划。战役发起的前两天，毛泽东即组织15军团和1军团团以上的干部在张村驿会合，到直罗镇西南面的小山头上看地形，研究具体部署。直罗镇是一个不到百户人家的小镇子，三面环山，镇子的北面有一条小河流过。镇子的东头有座古老的破寨子。大家认为把敌人放进直罗镇歼灭，地形对我十分有利。

20日下午，在我们小部队节节抗击下，敌人进了直罗镇。先开进直罗镇的是敌人的109师的3个团和111师的1个团，后面的106师开到黑水寺附近，就不太敢向前进了。于是109师就成为我们先歼灭的对象。

规定接敌的那一天晚上，我们1军团走错了路，毛泽东同志比我们还先到。我们带着部队到达时，他说："哎呀，我等你们好久了，你们怎么现在才到。"于是，赶紧按预先划分的任务，开进接敌。

整个行动是按毛泽东同志"要的是歼灭战"的指导思想部署的。15军团基本上是由南向北，1军团是由北向南，当天夜间从四面八方包围了直罗镇。

1军团的2师和4师都参加了这次战斗。当时进到直罗镇的敌人部署是，在河北面的是109师的两个团和师直属队，另两个团在河南面。我军的大体部署是这样的：13团配合15军团从药埠头以北地区，由南向北拦头突击敌人，4师一个团直插黑水寺，一方面堵住敌人的退路，一方面钳制黑水寺的敌人。2师、第1团及4师另两个团由北向南直接攻击直罗镇的敌军。

毛泽东的指挥所设在北山坡吴家台北端高地几个破窑洞附近，直接观察战场情况，指挥战斗。彭德怀司令、徐海东军团长则指挥15军团和13团，我和林彪跟随1军团主力，直接指挥作战。11月21日拂晓前5时半，我们已部署完毕，拂晓发起战斗。冲锋号一响，山鸣谷应，千军万马直冲敌人营垒，冲杀拼刺之声震天。打到上午11时左右，2师已攻入直罗镇，15军团也将敌人设在南面山上的阵地攻破。敌人在天上虽然有6架飞机耀武扬威，但是地面的指挥体系已被打乱。不过敌人还想垂死挣扎。打到中午，忽然上来一股敌人，约莫有一团人的样子，直向1军团指挥部所在的山头上冲来，企图向西突围出去。敌人向我们越逼越近。这个阵地，原来我们是命令2师陈光带一个团来占领的。可是他们还没有到达，敌人就上来了，我们只得带着直属部队，面对面地阻击敌人。我们当时身边只有一个警卫排，将警卫连派去保卫毛泽东了。我们命令这个警卫排就地死守，左权参谋长叫通信员赶紧把侦察连、工兵连调上来，还命令直属队所有的人都拿起枪进入阵地，保证不叫敌人冲出去。可是直属部队没有充足的子弹，每人才只有4发，而且警卫排又没有长枪，只能用驳壳枪射击敌人。战斗打得十分艰苦。我的一个老警卫员叫孙起锋，差不多是从江西瑞金参军以后就跟着我的，这次就在离我不远的阵地上，冲锋时中弹牺牲了。直到后来，还是警卫连上来了，我才带着这个连将冲上来的敌人压下山去。为了表彰孙起锋的英勇，我将他牺牲时背的一只带血的图囊一直保存着，直到进北京交给了军事博物馆。直罗镇上的战斗，打到当天中午，敌人河北面109师的两个团和其师直属队被我军全部歼灭，无一漏网。镇子东头那座破土寨子等地的敌人，23日突围，也被我15军团在追击途中消灭。

　　在这次战斗中，4团代政委黄苏同志英勇牺牲了。他是省港罢工的纠察队长，参加过广州起义，当过敢死队队长，任过8军团政委，牺牲的时候是中央委员。军委本已决定：或者将他调到一个新单位去任政委，或者到中央去工作。他本人也知道马上就要离任，可是他坚决要求等打完这一仗再去就任新职。他是一位很好的同志，这次不幸中弹，为革命过早地献出了自己的生命。此外，2团团长李英华同志也在这次战斗中光荣牺牲。

　　解决直罗镇之敌以后，我们回头北进，想消灭黑水寺的106师。106师得知直罗镇109师被歼，立即逃跑。林彪有事，毛泽东命我带1军团追击。当时雪大路滑，我一直跟着前面的部队，追到了太白镇，消灭了敌人一个团。106师师长沈克过去跟我们有些关系，毛泽东要我在前线释放几个俘虏军官，并捎话，只要东北军同意反蒋抗日，与红军停战，我们俘虏的人枪，日后可以如数归还。在太白附近，通过106师我地下党员在中间传话，与沈克谈判几次，沈克吞吞吐吐，始终不予明确答复。毛泽东认为再谈无益，我们1军团就奉命撤回。这次战役，俘房的敌人真不少。后来我们对这些俘虏进行教育后,将他们都放回去了。这对于日后争取东北军建立抗日民族统一战线起了好的作用。

整个直罗镇歼灭战的结果是:敌109师被歼灭,师长牛元峰被击毙,还捉住了敌人的好几个营长和团长。我军共俘虏敌人5300多名,打死打伤敌1000多人,缴获枪3500多支、轻机枪176挺、迫击炮8门、无线电台2架、子弹22万多发,大大地改善了红军的装备。

受此惨重打击,敌106师的残部和董英斌的另外两个师不得不退回甘肃合水县、敌东路的117师也不得不退出鄜县。

直罗镇战役结束以后,11月30日,毛泽东在一方面军营以上干部大会上,对直罗镇战役胜利的经验和意义作了详细的总结,大家很受鼓舞。之后毛泽东在评价这次战斗时又说:"长征一完结,新局面就开始。直罗镇一仗,中央红军同西北红军兄弟般的团结,粉碎了卖国贼蒋介石对陕甘边区的'围剿',给党中央把全国革命大本营放在西北的任务,举行了一个奠基礼。"[16]

当直罗镇战役正在紧张部署的时候,毛泽东听到了徐海东和陕北苏区干部与群众对肃反情况的反映,得知一个多月前,刘志丹、习仲勋、马文瑞等大批负责干部被捕,有的甚至被杀害了。广大干部群众对这件事反映强烈,非常义愤,希望党中央、毛主席公道处理。毛泽东立即指示:"刀下留人,停止捕人。"他说:"我们刚刚到陕北,仅了解到一些情况,但我看到人民群众的政治觉悟很高,懂得许多革命道理,陕北红军的战斗力很强,苏维埃政权能巩固地坚持下来,我相信创造这块根据地的同志们是党的好干部,请大家放心,中央会处理好这个问题。"[17]

为了及时纠正肃反扩大化的错误,党中央决定成立由董必武同志负责的五人领导小组,负责调查处理肃反问题。党中央和毛泽东主席立即派当时在国家保卫局工作的王首道和刘向三等到瓦窑堡去,接管陕甘边区保卫局的工作,以控制事态的发展。

在王首道等去瓦窑堡之前,毛泽东在下寺湾的一次干部会上,语重心长地说:"杀头不能像割韭菜那样,韭菜割了还可以长起来,人头落地就长不拢了。如果我们杀错了人,杀了革命的同志,那就是犯罪的行为。大家要切记这一点,要慎重处理。"[18]他又对王首道等嘱咐说,"要谨慎,要做好调查研究工作,不能马虎从事。"

直罗镇战役结束后,毛泽东、周恩来来到瓦窑堡,与张闻天一起,亲自过问和处理肃反扩大化的问题。王首道等将审查刘志丹"案件"的情况向党中央、毛泽东作了详细汇报,党中央充分肯定了他们的看法,并严肃指出:逮捕刘志丹等同志是完全错误的,是莫须有的诬陷,是机会主义"疯狂病",应予立即释放。

不仅如此，毛泽东还解决了鄂豫皖肃反中遗留下来的问题。一天，徐海东向毛泽东汇报了鄂豫皖苏区肃反的情况，说至今还有300多个同志受冤枉，被打成了"改组派""第三党""AB团""反革命嫌疑犯"。毛泽东询问了事情的真实情况之后，当即指示说："要立刻给他们摘掉帽子。党员恢复党籍，团员恢复团籍。"又说，"这些同志都跟着长征一路，吃了许多苦，为什么还当反革命？"毛泽东让徐海东亲自去解释、安慰他们。

徐海东说：

我按照毛主席的指示，向300多个被冤枉的同志宣布了恢复他们的党团关系。300多个同志全哭了，我也流了泪。从这件事，我又一次感受到，毛主席是最实事求是的。如果不是毛主席，那些同志不知还要被冤枉多久呢！[19]

这样，王明"左"倾机会主义路线造成的肃反扩大化解决了，陕北苏区内部的严重危机消除了，党中央在陕北站稳了脚跟。吴黎平说得好："毛泽东同志挽救了中央红军，也挽救了陕北革命根据地。"[20]

习仲勋是刘志丹事件的见证人。他回忆说：

不幸，王明"左"倾机会主义路线也影响到陕北。他们不调查研究，不了解陕甘革命历史，不了解敌情、我情，全凭主观臆断。强调对外是一切斗争，否认联合；对内凡不同意他们错误观点的，就残酷斗争，无情打击。他们指责刘志丹等只分川地，不分山地（陕甘边某些地方土地多，光川地平均每人就有几亩、几十亩，群众只要川地不要山地），不全部没收富农的东西，不在游击区分配土地，是"不实行土地革命"；指责我们纠正一些人违犯纪律的土匪行为是"镇压群众"；还说我们同杨虎城有联系，是"勾结军阀"。他们无中生有，无限上纲，先说我们"右倾"，继而说我们"右倾取消主义"，进而又说我们是"右派"。诬陷我是"右派前线委员会书记"，诬蔑刘志丹"和杨虎城有勾结"，是"白军军官"。当时，蒋介石正对陕甘边区进行第三次"围剿"。于是出现了这样一种怪现象：红军在前方打仗，抵抗蒋介石的进攻，不断地取得胜利；"左"倾机会主义路线的执行者却在后方先夺权后抓人，把刘志丹等一大批干部扣押起来，红26军营以上的主要干部、陕甘边县以上的主要干部，几乎无一幸免。白匪军乘机大举进攻，边区日益缩小。"左"倾机会主义路线的执行者的倒行逆施，引起了群众的极大疑虑；地主、富农乘机挑拨煽动，以致保安、安塞、定边、靖边等几个县都"反水"了。根据地陷入严重的危机中。

我被扣押了。起初关在王家坪，后又押到瓦窑堡，和刘志丹等一起被关在一个旧当铺里。"左"倾机会主义路线的执行者搞法西斯审讯方式，天气很冷，不给我们被子盖；晚上睡觉绑着手脚，绳子上都长满虱子；一天只放两次风，有人拿着鞭子、大刀，看到谁不顺眼就用鞭子抽，用刀背砍。在莫须有的罪名下，许多人被迫害致死。

千里雷声万里闪。在这十分危急的关头，党中央派的先遣联络员带来了令人无比高兴的喜讯——毛主席来了！1935年10月，毛主席率领中央红军进入陕甘边的吴起。他立即向群众和地方干部进行调查。当时陕甘边特委龚逢春同志去迎接毛主席，向毛主席汇报了陕北苏区和红军胜利发展的情况，又汇报了当时乱搞"肃反"，把刘志丹等红26军的干部抓起来的问题。毛主席马上下达指示：立即停止任何逮捕，所逮捕的干部全部交给中央处理，并派王首道等去瓦窑堡办理此事。我们这100多个幸存者被释放了。毛主席挽救了陕北的党，挽救了陕北革命，以致出现了团结战斗的新局面。[21]

注　释

〔1〕李云龙：《介绍两河口会议——兼辨张国焘〈我的回忆〉之伪》，《党史通讯》1985年第3期，第17—23页。

〔2〕《杨成武回忆录》（上），解放军出版社1987年6月版，第213—220页。

〔3〕根据中共中央文献研究室编《毛泽东年谱（1893—1949）》，这句话是这样的："阅致徐、陈右路军南下电令。"见该书上卷第471页。

〔4〕徐向前：《历史的回顾》，解放军出版社1985年10月版，第452—457页。

〔5〕《彭德怀自述》，人民出版社1981年12月版，第201—204页。

〔6〕李维汉：《回忆长征》，《党史通讯》1985年第1、2期。

〔7〕即马鸿逵、马鸿宾、马步芳、马步青。——原注

〔8〕《杨成武回忆录》，解放军出版社1987年6月版，第275—277页。

〔9〕即敌人东北军骑兵第7师的王牌——骑兵第19团。——原注

〔10〕即《清平乐·六盘山》，作于1935年10月。——原注

〔11〕《杨成武回忆录》，解放军出版社1987年6月版，第280—287页。

〔12〕《彭德怀自述》，人民出版社1981年12月版，第206—207页。

〔13〕《聂荣臻回忆录》，战士出版社1983年8月版，第292—295页。

〔14〕埃德加·斯诺：《西行漫记》，生活·读书·新知三联书店1979年12月版，第157页。

〔15〕徐海东：《奠基礼》，载《星火燎原》第4集；又见：《伟大的历程——回忆战争年代的毛主席》，人民出版社1977年8月版，第141—147页。

〔16〕《聂荣臻回忆录》，战士出版社1983年8月版，第296—300页。

〔17〕王首道：《怀念集》，湖南人民出版社1983年11月版，第25页。

〔18〕王首道：《怀念集》，湖南人民出版社1983年11月版，第25页。

〔19〕《徐海东生平自述》。

〔20〕《人文杂志》，1981年庆祝中国共产党诞生60周年专刊。

〔21〕习仲勋：《红日照亮了陕甘高原》，载《星火燎原》，战士出版社1980年11月版，第21—23页。

八、迎接抗日救亡高潮

"三位一体"的新局面

正当中央红军主力将立脚点放在陕北的同时,中国政局也发生了前所未有的重大变化。在日本帝国主义吞并东北后,又将目光集中在华北的形势下,中日民族矛盾日益尖锐,逐渐成为中国社会的主要矛盾。

在华北事变的刺激下,北平发生了著名的"一二·九"运动。中国人民长期孕育又被压抑的爱国情绪,猛烈地爆发出来,对蒋介石"攘外必先安内"的国策表示强烈不满。与此同时,国民党统治集团内部的政治态度也开始分化,社会各界停止内战、一致对外的呼声越来越高。

毛泽东和中共中央把握历史时机,顺应民族救亡的历史潮流,从1935年12月17日开始,在陕北瓦窑堡召开具有历史转变意义的中共中央政治局扩大会议,确定了抗日民族统一战线的战略和策略方针。

会上,毛泽东作了关于军事问题的报告,并起草《中央关于军事战略问题的决议》,明确提出:以坚决的民族战争反对日本帝国主义进攻,把国内战争同民族战争结合起来。会后,他又在党的活动分子会议上作了《论反对日本帝国主义的策略》的报告,进一步阐明会议通过的《关于目前政治形势与党的任务决议》。

关于毛泽东在瓦窑堡会议前后的活动情况,陈昌奉回忆说:

直罗镇战役的胜利,彻底地粉碎了敌人对陕甘根据地的第三次"围剿"。当时有的同志想,下一步可能要集中兵力把在陕北地区的国民党全部赶出去了。但是,主席告诉我们,他要到瓦窑堡去开会。

当时,从东村到瓦窑堡这一路,并不完全都是根据地。而跟主席从东村走的,就是我们这些警卫、勤杂人员。这一带情况我们不熟,心里不是那么踏实。经富县、道左铺、高桥,绕过当时还被东北军占着的延安,我们来到了安塞县。

安塞虽然是根据地,但离延安比较近。一进城,县苏维埃军事部和安塞独立营的同志,一再坚持我们不能住城内,理由是住延安的东北军可能出来扰乱,安全没有保证。他们的态度很恳切、很严肃。我们也劝主席离开城里。结果,那天晚上我们宿在了离安塞城八九里地的一个小村子里。

住下之后，主席对我们说："安塞的同志很认真、很负责。其实，这一带是东北军，张学良的队伍是不会出来的。"

张学良的队伍为什么不出来，对我们来说是一个谜。

那时，毛主席根据两次国内革命战争的基本经验和国内外的状况，已经预见到了由于日本帝国主义要变中国为它的殖民地，民族危亡严重地威胁着全国人民的生存，蒋介石坚持卖国反共的政策已不得人心，全中国不愿做亡国奴的各阶层人民响应我党关于"停止内战，一致抗日"的主张的呼声越来越高，中国的"政治形势已经发生了很大的变化"。

在这样的情况下，毛主席带我们来到了瓦窑堡。

……

1935年12月17日，具有伟大历史意义的"瓦窑堡会议"在毛主席主持下开始了（当时我们还不知道是政治局会议）。27日，毛主席在瓦窑堡党的活动分子会议上，作了著名的《论反对日本帝国主义的策略》报告。

毛主席作罢报告之后，部队的同志、宣传队的同志，在瓦窑堡的大街上书写了好多大标语：

停止内战，一致抗日！

全国人民联合起来，打倒日本帝国主义！

中国人不打中国人！

欢迎张（学良）杨（虎城）抗日！

中国共产党万岁！

毛主席万岁！

……

那些天，我们乃至整个部队，都在进行着热烈的学习和讨论。有时候在吃饭中、睡觉前也不停嘴。

毛主席在《论反对日本帝国主义的策略》这部光辉著作中，分析到中央红军长征到达陕北后，全国政治形势的特点时，曾指出："目前是大变动的前夜。党的任务就是把红军的活动和全国的工人、农民、学生、小资产阶级、民族资产阶级的一切活动汇合起来，成为一个统一的民族革命战线。"这个民族统一战线，在毛主席的领导下形成了！伟大的抗日民族解放战争的烈火，由毛主席亲自点燃，在陕北、在全国烧起来了！而且越烧越旺，越烧越旺……[1]

瓦窑堡会议后，在毛泽东的亲自主持和部署下，抗日民族统一战线工作在半年多时间里取得了很大进展，初步形成了红军同东北军、西北军"三位一体"的新局面。

郑广瑾、方十可在《中国工农红军长征记》中写道：

张学良的东北军和杨虎城的西北军，与蒋介石是有矛盾的。这两支军队绝大部分官兵厌恶内战，要求抗日，特别是东北军，抗日要求更加强烈。党决定把争取东北军和西北军的工作，作为建立抗日民族统一战线，实现全民抗日的重大步骤。

我军对在劳山、榆林桥、直罗镇等战役中俘虏的东北军官兵，生活上给予优待，政治上向他们宣传抗日救国的道理。党中央领导亲自对他们做工作。党中央有一次把所有被俘的东北军军官集中在一起，召开了一个热烈的宴会，毛泽东、周恩来等中央领导同志亲自出席，并作了热情、亲切、生动的讲话，向他们讲形势，宣传停止内战、一致抗日的主张。这使他们深受感动，反对内战、要求抗日的情绪更加高涨。

叶剑英是北伐将领，在国民党军队中有声望，中央派他去做这批俘虏军官的工作。伍修权也给他们上了几次政治课。彭德怀亲自对东北军团长高福原做工作。高福原系北平的大学生，曾任张学良的卫队营长，与张学良关系密切，有相当强烈的抗日要求。我军待之如宾，彭德怀亲自和他谈了两天一夜，进行教育。高福原要求去被围在甘泉的110师，彭德怀同意了。几天后他从甘泉回来，对彭德怀说："抗日救亡大事依靠共产党和红军。红军与人民的关系，表现了共产党是真正爱国爱民。"一个晚上，他主动找彭德怀，谈到张学良、王以哲等都要求抗日，东北军要求打回东北去是普遍的，关键在张学良。如张能了解红军的真实情况，在抗日问题上是可以合作的。彭德怀根据瓦窑堡会议决议和毛泽东报告精神，果断地决定说："你就回西安去，做这件工作。"他高兴极了，说："你们真敢放我回去吗？我若回去，一定不辜负红军对我的优待。"彭德怀说："你什么时候去都可以。"高福原说："明早？"彭德怀热情地说："好吧！欢送你。"并送给他200元，又派骑兵送他到王以哲的防线内。

高福原回到东北军后，先说服他的上司王以哲，又把红军托他捎的话告诉张学良，他说服张学良放弃进攻红军，与红军联合抗日。红军的强大战斗力，震撼了张学良；红军的主张和政策，感动了张学良。一星期后，高福原乘运送给养的飞机到甘泉，在我军司令部附近，投下了报纸刊物。从此，红军即同东北军搭起了抗日民族统一战线的桥。之后，张学良第二次派高福原来根据地，毛泽东、周恩来亲自接见了他，与他的关系开始改善了。

1936年春节前夕，毛泽东指示围攻甘泉的红军：主动停止攻击，让开大路，纵敌南归。当时被困在甘泉的东北军110师，缺粮缺柴，马匹已杀光吃光，桌椅板凳门窗都已烧光，既少接济，又无援兵，处境危殆。我军纵敌南归时，在路旁列队唱歌，烧茶送饭，欢送他们，这使东北军官兵深受感动。他们流着眼泪，发誓再也不来攻打红军了。

为了争取东北军，1936年1月25日，我党以毛泽东、周恩来、彭德怀、叶剑英、聂荣臻、刘志丹、徐海东等的名义，发表了《红军为愿意同东北军联合抗日致东北军全体将士书》，指明了抗日反蒋是东北军的唯一出路。1936年6月20日，党中央制定了《关于东北军工作的指导原则》，明确地提出"争取东北军到抗日战线上来是我们的基本方针"。党中央成立了以周恩来为书记的北方白区工作委员会，专门领导做东北军的工作。

我军积极开展争取东北军下层的工作，进行战场联欢。红军与东北军阵地相接，随着我军释俘工作的进行，宣传工作的深入，东北军士兵要求停止内战、共同抗日的呼声越来越强烈。在前线常常出现这样的情况，白天两军严阵以待，向天空鸣枪开炮，摆出一副真打的架势；晚上互相联欢，各自在阵地的一边唱着《救亡三部曲》《打回老家去》等歌曲。每当红军高唱"我的家在东北松花江上……"的时候，东北军士兵往往低声配合，有的甚至泣不成声。这就争取了越来越多的东北军下层官兵。

我军还大力开展争取东北军上层人士的工作。毛泽东亲自给东北军67军军长王以哲、51军军长兼国民党甘肃省政府主席于学忠写信。同时，毛泽东、周恩来亲自给张学良写信，建议停止内战，共同抗日。这对争取张学良和东北军到抗日战线上来起了重要作用。

张学良在日本帝国主义的"教训"下，在蒋介石的排挤下，在全国人民抗日热潮推动下，在我们党的争取教育下，在"围剿"红军中连连败北，损失两个师长、7个团长、步骑兵3个多师的情况下，认识到和红军作战是没有出路的。张学良"剿共"的决心开始动摇，他想另找出路。1936年1月，他到上海找与我党有关系的进步人士杜重远，想和我党拉关系。回到西安后，他又要有抗日进步思想的王以哲军长到前线去设法改善与红军的关系。高福原捎回去的红军关于停止内战、共同抗日的主张，正中张学良的下怀。这样，张学良与我军开始搭上了关系。1936年二三月间，党中央派李克农到洛川会见王以哲，通过友好谈判，定了互不侵犯、通商和交通3个口头协定。3月中旬，上海地下党组织应张学良之请，派刘鼎到西安与张学良联系。张学良问刘鼎：红军为什么能以长征疲惫之师打败装备精良的东北军？是什么力量使红军在任何艰难困苦的环境中也不溃败？刘鼎回答说：那是因为红军中有共产党的组织领导，以及红军指战员有坚强的政治信念和高度的阶级觉悟。双方决定举行高级会谈。1936年4月9日，在延安天主教堂，周恩来与张学良举行了会谈。我方参加会谈的有李克农和刘鼎同志，东北军方面有王以哲。谈判达成了联合抗日的协议。这次谈判的成功，对争取东北军迈出了决定性的一步。此后，双方派出代表建立了正式关系，我党在东北军设立了电台。张学良从此走上了联共抗日的道路，我党与张学良东北军的统一战线关系开始正式形成。

杨虎城领导的西北军（17路军），也是我党统一战线的重要对象。杨虎城是一个有民族意识的将领，主张抵抗日寇入侵。1933年日军侵略热河时，他曾向蒋介石提出请求，愿率17路军全部开赴华北抗日。在蒋介石的眼中，杨虎城是个有才干的雄心勃勃的将领，17路军是一支有抗日要求的、愈来愈难以驾驭的地方势力。他害怕杨虎城力量的增长，他做梦也想排除他。我们党分析了杨虎城和西北军的情况，决定利用蒋、杨矛盾，争取和西北军建立抗日民族统一战线。

1935年10月，中共北方局联络局负责人南汉宸（曾在西北军中工作，与杨虎城有深厚友谊）在天津派申伯纯去找杨虎城，向他说明当前的形势和我们党的主张，传达《八一宣言》精神，建议他改善与红军的关系，与陕北红军订立抗日友好互不侵犯协定，杨虎城基本同意。

1935年11月，毛泽东写了亲笔信，派汪锋前去联络杨虎城。行前，毛泽东亲自向他交代任务，说："西北军是典型的地方势力，他们要扩大实力，控制地盘，对抗国民党中央，同国民党中央军胡宗南部的矛盾必然会日益突出。杨虎城先生和他的中下级军官多有反蒋抗日的思想，我们提出联合一切抗日力量的方针，一定会在这些部队中产生影响，我们的口号应当是'西北大联合'。"[2] 汪锋到西安后，三次会见杨虎城，转交了毛泽东的亲笔信，坚定了杨虎城联共抗日的决心。

1936年4月1日，党中央派王炳南与杨虎城谈判，达成了4点协议：一、在共同抗日的原则下，红军与17路军订立友好互不侵犯协定；二、双方互派代表，在杨虎城处建立电台秘密联系；三、17路军在适当地方建立交通站，帮助红军运送必要物资、掩护人员；四、双方同时做抗日救亡工作。这样，我们党和西北军的统一战线关系也建立起来了。

之后，杨虎城思想有过动摇，我们党又及时做了工作。1936年8月13日，毛泽东写信给爱国民主人士、杨虎城的总参议杜斌丞，请他给杨虎城做工作，以坚定杨虎城参加联合战线的决心。同一天，毛泽东又写信给杨虎城，一方面赞扬他："先生同意联合战线，盛情可感。"另一方面又批评他："全国各派联合抗日渐次成熟，而先生反持冷静态度——若秘密之联系，暗中之准备，皆所不取，甚非敝方同志所望于先生者也。"[3] 在我们党的积极推动下，红军与西北军终于建立了比较稳固的统一战线关系。[4]

关于毛泽东亲自做杨虎城的工作，申伯纯在《西安事变纪实》一书中写道：

1935年11月下旬，陕西长武县城外的大路上，有一个商人模样的中年人，由一个老乡带路，从北向南而来。

第三编 "星星之火，可以燎原" | 205

这个人就是汪锋。那时他是中共陕西地下省委兼军委成员,又兼红26军的政委,曾领导17路军中的地下党员。他这次由陕北出来,是受党中央毛主席的派遣,代表红军去西安同17路军谈判,争取他们同红军互不进攻、联合抗日。当时正是直罗镇战役以后,毛主席和前总住在鄜县西边的套通塬东村。毛主席为了开辟对17路军的统战工作,特由瓦窑堡调汪锋同志到前总驻地,当面向他交代了这项任务,并且详细地分析了当前的形势和西北军(17路军)的情况。主席说,西北军和东北军都不是蒋介石的嫡系部队,由于蒋介石力图排斥和削弱这些杂牌军,他们间的矛盾是不可调和的。东北军要求打回老家去的愿望很强烈;西北军是典型的地方势力,他们要扩大实力,控制地盘,对抗中央,同中央军胡宗南部的矛盾必然会日益突出。杨虎城先生和他的中下级军官多有反蒋抗日思想,我们提出联合一切抗日力量的方针,一定会在这些部队中产生影响。我们的口号应当是"西北大联合"。主席指出,这次谈判成功的可能性是很大的,但谈得不好,也是有一定危险的,要汪在精神上有所准备。[5]

1936年9月1日,中共中央根据蒋介石在抗日问题上的态度变化,以及国共双方谈判的进展等情况,发出了《关于逼蒋抗日问题的指示》。这进一步推动了"三位一体"联合抗日局面的形成。

申伯纯在《西安事变纪实》一书中写道:

党中央决定逼蒋抗日的方针以后,就电召刘鼎去陕北。刘鼎乘坐张学良的飞机到延安,然后由延安进入苏区,到达安塞,见到了毛主席、周副主席和李克农。毛主席要刘鼎将中央决定"联蒋抗日"的方针转告张学良,请张今后大力劝蒋抗日。刘鼎还带回来张学良所提的一个新问题,就是"万一东北军与蒋介石决裂时,东北军是否可以同红军合在一起去打游击,去抗日?"对于这个问题,毛主席指出,现在大家都要团结抗日,东北军同蒋介石,在停止内战、一致抗日的原则下也要团结,不要破裂。

刘鼎很快就由陕北返回西安,向张学良传达了党中央关于逼蒋抗日的政策和毛主席对他的期望。张学良听了非常高兴,他认为这是中共虚心接受了他的意见,是中共对他最大的信任,并表示愿以最大的勇气和最有力的办法来劝蒋,一定以劝蒋联共抗日为己任。关于东北军万一与蒋决裂的问题,他也接受了毛主席的意见。[6]

东征和西征

在初到陕北的日子里,生存和发展成为红军面临的最大问题。陕北地区贫瘠荒凉,交通极为不便,使红军的给养和供给产生极大困难。

毛泽东提出"以发展求生存"的方针，首先把发展的目光投向黄河东岸。

在黄河东岸，是阎锡山盘踞的山西。它是通向华北抗日前线的战略跳板，资源丰富，交通比较发达，对于红军的发展具有极大的战略价值。

为了充分作好东渡黄河的准备，毛泽东从1936年1月起，就集中精力督造船只，整训部队，扫清沿河据点，侦察对岸敌情。他还亲自到黄河沿岸选择渡口，了解敌情和地形。

气势恢宏的诗词《沁园春·雪》，就是毛泽东在这时一气呵成的。

2月中旬，毛泽东和彭德怀下达渡河命令。20日，红一方面军主力一举突破黄河天险，迅速攻克沿河要地。晋军慌作一团，纷纷溃逃。以闭守山西著称的阎锡山为红军的勇猛所震惊，慌忙向蒋介石发去求援的电报，甘冒"引狼入室"的风险。

当时和毛泽东共同指挥东征战役的彭德怀回忆说：

粉碎国民党对陕北的第三次"围剿"以后，部队的物资给养等仍然很困难。这些实际问题，也就经常使我们考虑红军的行动方向问题。

陕北是小红军的好根据地、大红军的落脚点，但经济落后，交通不便。东侧黄河，北靠沙漠，西面荒凉，人烟稀少，虽不易形成白军四面"围剿"的局面，但红军本身的发展也有困难。向南发展，就要同东北军和西北军打仗；且陈诚于洛阳及其以西控制3个军，放在机动位置，这是专门对付我军的；向南发展就会把蒋军嫡系引进西北，加强对西北的控制。这些，对于当时的发展和总的局势都不利。东渡黄河开展吕梁山根据地，再向晋中和晋东南发展比较理想。东征可以把抗日主张发展到华北去，可以解决给养问题、补充兵员问题，以及筹款和其他物资问题。但是，东征必须保证部队和陕北根据地的联系。

1936年，大约是1月中旬，接毛主席电报，决定东渡黄河，夺取吕梁山脉，开辟新根据地。我接到军委这个指示后，是拥护毛主席这一决定的，但是内心有两点顾虑：一是怕渡不过去。当时红军在大疲劳之后，体质还很弱，且人数也少，包括刘志丹、徐海东两部分才1.3万余人，如受挫而强渡不成，那就不好。二是东渡黄河后，在蒋军大增援下，要保证能够撤回陕北根据地。在这一点上，也是不能大意的。因此，我除复电同意外，还就自己的上述看法，提出东渡黄河是必要的，但须绝对保证同陕北根据地的联系。我这种想法，反映了当时红军体质弱的实际情况以及长征中没有根据地的痛苦教训。这引起了主席的不高兴，他说："你去绝对保证，我是不能绝对保证的。"

我随毛主席到无定河以北之大相村后，即率电台去无定河口上下游各数十里，详细侦察渡河点。我用了7个晚上侦察了1军团和15军团的两处渡河点，也侦察了敌情。不仅了解了敌人表面的工事构筑、兵力火力配备，而且掌握了敌人的纵深配备，以求既保证东渡取得胜利，又准备形势万一变化，能安全撤回陕北。我到预定渡河点时，才造好15只船，每船乘30人，来往一次需要80分钟。全军1.4万人，还有行李、伙食担子、马匹等，这样少的船只，是无法保证东渡胜利和万一情况变化需回师的安全的。即决心组织地方党、政、民全力以赴，根据掌握的每渡一次来回的时间，星夜赶造百只船。每船配备三四个船工，对船工加强政治动员和组织训练。这才有了东渡的胜利保证和必要时返回西渡的安全，不然绝对保证同陕北根据地的联系就成了空话。1军团和15军团渡点正面守敌各不到一个营，其纵深也只有留誉镇、石楼各一个营，都离河岸30里至40里。待敌纵深部队到达河岸时，我之战斗部队即可全部渡完。

我在黄河边做了一个多月这样的准备工作，还做了详细的侦察工作，把对岸每一个碉堡敌人的兵力、火力配备及预备队位置都弄清楚了；选择了适当的渡河点，大体保证了渡河的准确性。这样细致的组织、侦察工作，对那次东渡的保证是有帮助的。在我军火力弱，尤其无炮火掩护下，作为一个高级指挥员，在执行军委指示时，亲自详细侦察，进行各种渡河准备，是非常重要的。我回到大相村，向主席汇报了各项准备工作的情况，渡河地点、时间得到了批准。强渡很顺利，两处渡点部队均已登岸，几乎没有什么伤亡。主席随15军团到石楼，我随1军团到留誉镇。

东渡黄河后，我军胜利占领吕梁山之隰县、石楼、吉县，逼退了敌军进占绥德、米脂的两个师。这对于陕北根据地可以减少威胁，有利于陕北根据地的发展。阎锡山花了数十万元修建的沿黄河的堡垒，一点也没有起到阻拦红军东渡的作用。

敌人迅速集结12个团于兑九峪，准备向大麦郊推进。如乘敌前进时，首先消灭其先头两个团（一个旅）是可能的。当时没有这样打，而是对兑九峪三面包围攻击。此役口张得太大，战斗一天成了相持状态。毛主席又即改变了计划，乘晋军后方空虚，以15军团向北挺进文水、交城，威胁太原，后又挺进到静乐县，宣传北进抗日；1军团进占孝义，向灵石、介休北扩张，威胁平遥、榆次、太谷、太原。这就使兑九峪晋军退守太原，阎锡山原进入陕北绥德、米脂的两个师，星夜东调回晋，使无定河两岸苏区连成一片；迫使陈诚3个军不敢从潼关北渡黄河入晋，而绕道郑州、石家庄乘火车集结榆次、太谷地区，然后逐步南压。待阎、陈主力集结向我军进攻时，我军争取了一个多月时间休整，做群众工作。1军团在灵石、介休、临汾之线，发动群众打土豪，筹得现金数十万元，扩兵数千人（河南、山东人多），收缴民团武装、弹药不少。15军团因行动时间多，扩兵筹款成绩少些，但他们回师时经岚县、柳林，在柳林以南歼敌军一个整团。当敌军进迫河岸，我军早已准备大量船只胜利地安全地撤回陕北。

当阎、陈集中兵力向吕梁山进攻时,我们以红军抗日先锋军名义发表了宣言,通电国民党政府、全国海陆空军、各公法团体学校,并写专函给阎锡山,说明抗日主张,不愿同室操戈(从这时起对蒋介石、阎锡山等均称阎氏、蒋氏);说明我们北进抗日,他们既不能原谅,奉中国红军革命军事委员会命令,将红军抗日先锋军暂时撤回陕北,请他们派代表前来共商救国大计等。

东征意义甚大:消灭敌军约3个团,共缴获了几十万发子弹;动员群众参加红军竟达5000人,还有俘虏参加红军,共约7000人;筹了40万元左右的现金;扩大了陕北苏区。这次行动宣传了中共中央1935年12月会议的抗日主张,对平津、太原学生救亡运动起了积极支援作用。全军指战员都看出了以毛主席为首的党中央政治路线的正确。政治、军事由被动转入主动,向敌人开展了战略上的进攻。

在毛主席的正确领导下,粉碎了国民党军对陕北根据地的第三次"围剿",进军山西,扩大宣传抗日主张,从此共产党夺取了抗日领导权,这是红军到达陕北后的第二个伟大胜利。这次,毛主席是以军委主席兼抗日先锋军政治委员亲自出征的,一切措施都是他决定的。灵活机动,所耗甚少,收获很大。我是抗日先锋军司令员,在他的领导下,做一点点微不足道的具体工作。

东征胜利结束后,红军回师陕北。1936年,约在5月下旬或6月上旬,中央机关驻瓦窑堡,在瓦窑堡以东地区开了全军干部会议,毛主席讲了话。讲到东征的伟大胜利,反对了1军团不愿调出新兵补充15军团的本位主义。组织了西征军及其指挥部,任务是扩大抗日根据地,接援二、四方面军出草地。以我为司令员,没有指定政治委员,但以刘晓为政治部主任。从部队中抽调大批干部成立了红军学校,林彪为校长。[7]

当时任红15军团政治委员的程子华回忆说:

陕北历来是个贫困的地区,在4万多平方公里的土地上,人口只有150多万,交通闭塞,经济落后,当时除瓦窑堡外,大小城镇都被敌人占领着,延安到西安的公路是通往外界的唯一交通命脉,也被敌军封锁。当时陕北根据地又被敌人切断成陕甘和陕北两块地区,中央红军经过二万五千里长征后,部队减员很大,体质和装备也很差,急需休整补充,但陕北这块地瘠民贫的地区,群众连穿衣吃饭都成问题,根本无力供养大批部队和机关,有的地方甚至连人畜吃水都无法满足。敌人碉堡林立,我军又不能攻坚。怎样巩固和扩大现有力量,怎样发展和扩大苏区,怎样挑起抗日救国的重任,使陕北苏区成为中国革命的大本营和抗日的出发点,成为亟待解决的问题。

围绕着这一重大课题,产生了好几种不同的意见:一种意见是确保陕北,向西发展,向敌人力量比较薄弱的宁夏、甘肃等地区发展;一种意见是立足陕北,向北发展,出兵绥远、内蒙、察哈尔等地,向蒙古人民共和国靠拢,以便打通与苏联的联系,取得国际支援。毛泽东提出了他的看法,认为不宜向西或向北发展,而应该是东渡黄河,打到山西去开辟吕梁山根据地,再进一步通过河北或察哈尔开赴抗日前线,从而把国内战争和民族抗日战争结合起来。当时正是"一二·九"学生抗日救亡运动以后,我们东征山西,从政治上来说,可以推动华北乃至全国的抗日救亡运动。从军事上来说,不仅可以避免同东北军和西北地方实力派的武装冲突,有助于和张学良的东北军和杨虎城的西北军建立统一战线;同时可以使阎锡山把晋军撤回山西,保护他的老巢,不战而解除陕北苏区东边绥德一带的威胁。从经济方面看,山西比较富足,便于我军筹款、扩军和补充物资。

毛泽东的主张得到大多数同志的支持,但那个洋李德却反对,他在写给中央的《对战略的意见书》中,提出了反对红军主力东征、死守陕甘苏区的主张。李德在中央苏区时搞的就是单纯防御作战方针,现在反对东征也还是他那老一套。但是这时情况不同了,1935年1月的遵义会议建立了以毛泽东为首的新的中央领导,改变了过去"左"倾机会主义领导,解决了当时最迫切的军事问题和组织问题。但因限于战争情况,未能总结政治上的问题,红军长征到达陕北之后才有了可能。中共中央于1935年12月17日到25日,在瓦窑堡召开了中央政治局会议。会议通过了《中央关于目前政治形势与党的任务决议》。于12月27日又召开了党的活动分子会议,会上毛泽东同志作了《论反对日本帝国主义的策略》报告,还通过了《中央关于军事战略问题的决议》,统一了关于渡河东征的思想,且规定了在当时形势下红军作战的基本原则:1.正确地估计敌我力量,红军作战的主要目标是汉奸卖国贼的军队;2.猛烈扩大红军;3.红军主力部署的基础应放在"打通抗日路线与巩固、扩大现有苏区"这两个任务上。此外,系统地说明了政治策略上的问题,全面地阐述了党的抗日民族统一战线的策略,从思想上理论上统一了全党的认识,保证了东征的顺利进行。

瓦窑堡会议后,开始了东征的准备工作。在军事上,中央军委决定重新建立红一方面军,由彭德怀任司令员、毛泽东兼总政委、叶剑英任参谋长,下辖红1军团和15军团2个军团,共1.3万多人。此外,将陕北安定的第1纵队、游击队等整编为红28军,共3个团1200多人,由刘志丹任军长、宋任穷任政治委员、唐延杰任参谋长。同时组建了红29军,由萧劲光任军长、甘渭汉任政委。当时革命军事委员会副主席周恩来同志除了担任巩固陕北根据地的任务外,还亲自领导为东征主力红军进行各项后勤准备工作。周恩来同志对东征部队的编制、干部的配备、游击队的配合、造船和船工的征调、兵站和医院的设置、被服军鞋的供给等都作了周密的布置。

1936年1月15日，毛泽东、周恩来和彭德怀共同签发了红军东进抗日的命令，命令指出：抗日红军愿意同一切革命人民联合起来，不问什么人，只要是愿意打日本、打汉奸卖国贼的都要同他讲团结。我们只打日本和汉奸卖国贼，欢迎一切敌方官兵到抗日红军中来。命令还要求黄河两岸游击队和民众，夺取敌人的船只，替红军主力运伤兵、运粮食、运枪械。按照命令，部队隐蔽地到达预定地区待命。红1军团驻于延长以南临真镇一带，我们15军团进抵延长以西沙滩坪、郑庄地区，红29军分布在宜川河以北担任警戒，红28军作为北路军集结于安定地区。方面军总部在无定河口上、下游侦察，选择渡河地点。1936年1月底，毛泽东在延长县城亲自主持召开了军委会议，进一步研究了东征的行动路线和作战方针，部署了兵力，调整了干部，正式组成了"中国人民红军抗日先锋军"，由彭德怀任总指挥、毛泽东任总政委、叶剑英任总参谋长、杨尚昆任总政治部主任。总部下辖左、中、右三路大军，红1军团为中路、红15军团为右路、红28军为左路。黄河游击师随同出征，除配合主力作战外，负责与后方的交通联络，并协助地方工作团开展地方工作。

……

黄河对岸山西阎锡山晋军的情况：自中央红军到达陕北就开始加强河防，构筑工事。修碉堡1000多个，每个碉堡驻兵一两个班，重要渡口驻兵一个排以上，并配备有机关枪、迫击炮等火器。碉堡封锁线外，还挖了深、宽各1丈的外壕。阎锡山任命24军军长杨爱源为前敌总指挥，以70师师长杨耀芳为晋西警备司令，以69师师长杨澄源为晋南警备司令，凭借黄河天险和吕梁山的山隘层层设防。

据我军在渡河前的侦察和河东送来的情报判明：东岸中阳县三交镇、碛口、军渡一带，驻有孙楚所部约4个旅的兵力，作跨河守备。在中阳县至石楼县之间的河防线上，有晋军71师所属温玉如一个旅的兵力担任防守，这一段河面比较狭窄，虽水流湍急，摆渡较难，但河床弯曲，沟汊纵横，便于隐蔽集结部队和发起突击，我方还可以就近造船，是较为理想的渡河突破地点。

1936年2月20日，总部正式下达渡河命令，红1军团在中阳县三交镇附近的坪上村登陆。与此同时，红15军团的渡河地点选在了对岸石楼县的贺家凹渡口。本来黄河已结冰，但到20日却突然解冻，要从冰上过去已不可能，好在毛泽东早已准备了两手，涉冰不成就用船渡。15军团渡河突击队由75师223团各连选拔的40多名战士组成，本来是偷渡，但被东岸守敌发现，只好由偷渡改为强渡。75师参谋长毕士悌同志指挥后续部队继突击队之后登上东岸，向敌发动猛攻时不幸中弹英勇牺牲。毕士悌同志是朝鲜人，1925年加入中国共产党，参加过南昌起义和广州暴动，也参加过二万五千里长征，他为中国革命事业献出了生命，使我们深为哀悼。部队歼敌一个连，占领了贺家凹村。拂晓时223团全部渡河，接着我15军团渡河占领义牒镇,并一直追到石楼城下。我军以小部围攻石楼县城,大部队绕过石楼向隰县前进,在隰县西北蓬门一带与敌203旅一营遭遇。我78师和81师经一昼夜激战,歼敌500多人,并俘敌营长以下200多人。在这之前,红1军团在中阳县关上村歼敌1个团,后进至孝义县的兑九峪以西的大麦郊地区。我15军团奉总部命令也向大麦郊开进,准备配合红1军团重创敌军。3月初,两个军团在大麦郊地区会师。这时阎锡山召集紧急会议,决定在汾阳、孝义之间集结两个纵队共8个旅、2个山炮团、1个野炮营的兵力,由总指挥杨爱源坐镇孝义,直接指挥与红军对抗。

3月6日至8日,在大麦郊召开了中共中央政治局扩大会议,出席的有毛泽东、周恩来、彭德怀及中央其他负责人和各军团的领导人等。会议分析了渡河以来的政治、军事形势,调整了东进抗日的战略部署,并具体研究了兑九峪战斗的部署,决定集中兵力在这一带重创晋军。3月8日下达了作战命令,15军团主力75师、78师为右翼,集结于兑九峪东南的鱼湾、仲家山地区;红1军团主力为左翼,布防于兑九峪西北的张家庄、碾头村、下堡一带,与15军团形成南北夹击之势,对集结于兑九峪正面的敌军,形成了一个半月形的包围圈。3月9日,下大雪,天很冷。敌左翼杨效欧第2纵队向兑九峪以西之大麦郊、双池镇推进,同时敌右翼李生达第3纵队也协同动作,经三泉镇到达下堡一带,准备于10日拂晓时配合杨效欧部向我军发动袭击。红军部署了下一步的行动,决定兵分三路,进一步发动群众,扩军筹款,创立河东根据地,积蓄抗日力量。具体行动方案是:彭德怀、毛泽东、叶剑英指挥总部特务团和黄河游击师作为中路军,转战于隰县、交口、石楼、永和一带,牵制晋西方面的孙楚、杨效欧等部;徐海东和我指挥15军团的75师、78师为左路军,挥师北上直逼太原,以牵制和调动晋军主力保守太原,并向晋西北行动,拟创建根据地;红1军团为右路军长驱南下,扩大红军和筹款,发动群众,相机分兵挺进河北抗日前线。15军团的81师的241团和243团归总部指挥保卫总部,其余部队随1军团行动。

……

红军东征后,1936年时全国的形势是:日本帝国主义已实际上侵占华北,进一步侵吞全国的危机迫在眼前。在西北地区,张学良在3月到洛川与我党代表李克农会谈,并表示希望与我党主要负责人会晤;同时西北军杨虎城也已与我党进行了联系。4月9日,周恩来与张学良在延安进行了谈判,紧接着周恩来到山西永和县向毛泽东汇报。在这之前,阎锡山怕自己抵挡不住红军,已要求蒋介石派兵入晋援助。蒋介石早就想染指山西,当即派陈诚带10个师进入山西,同晋军合起来打红军。这样,中共中央军委主席毛泽东、副主席周恩来和彭德怀、叶剑英等开会,认为敌军力量太强,在山西创建根据地是不可能了,派一部分部队去河北省抗日也不可能了。于是在4月5日发出了要求南京政府停战议和、一致抗日的通电，同时决定将"渡河东征，抗日反蒋"的方针改变为"回师西渡，逼蒋抗日"。红军总部即向红1军团和红15军团发出回师陕北的命令。[8]

毛泽东在结束东征后，曾希望国民党方面做出积极的反响，停止内战，一致对外。

然而，蒋介石仍然坚持"剿共"政策，调集兵力，准备发动新的"进剿"。他还搬出堡垒主义政策，调晋绥军等由山西入陕，又将宁夏部队置于陕甘宁边界地区，并督促东北军和第17路军由南向北进攻。如果红军不及时采取对策，将有被困死在陕甘地区的危险。

毛泽东充分意识到处境的危险。他一贯主张灵活机动的战略战术，决不能让红军坐以待毙。毛泽东在冷静分析敌情之后，决定先发制人，向陕、甘、宁三省交界的敌人薄弱地区出击，发起了西征战役。事后证明，此举对促成敌人营垒的分化，加速张、杨同蒋介石矛盾的激化，有重要的作用。

1936年5月18日，中革军委下达西征战役计划，任命彭德怀为西方野战军司令员兼政治委员、叶剑英为参谋长，率红一方面军主力西征。

西征取得了重大战果，开辟了纵横400余里的新根据地，同原有的陕甘根据地连成一片，奠定了陕甘宁根据地的基础。红军的生存与发展问题，至此初步得到解决。

毛泽东没有随主力西征，在部署就绪后，回到了瓦窑堡，度过了一段相对稳定的时期。

当时任毛泽东的警卫员的贺清华回忆说：

1936年5月，毛主席率领红军东征返回陕北后，在延川县送走了西征的部队，便率领我们返回瓦窑堡。

瓦窑堡是陕北的一个大镇，里外三道城墙，约1800户人家。1935年12月17日起，党中央政治局在这里举行过一次有历史意义的会议，决定了党的抗日民族统一战线的策略，通过了《目前形势与党的任务》决议。12月27日，毛主席在党的活动分子会议上作了《论反对日本帝国主义的策略》报告。从此，瓦窑堡这地方就出名了。

这次主席回到瓦窑堡，住在三道城里河滩上一座砖砌的窑洞里。当时，瓦窑堡的街头上，满是"团结抗日，枪口对外""打倒日本帝国主义"的标语。主席每天写文章、开会、和干部们谈话，给红大讲《中国革命战争的战略问题》的课，常常工作到深夜。

窑洞里，所有的家具，除了一个三屉桌，还有两只白铁皮箱子。它是主席的文件箱，又是主席的办公桌、写字台。每天夜深人静，主席就坐在那箱子旁，点着一盏小油灯写作。他的行李极为简单,甚至连枕头也没有。每天入睡时,不是把棉衣卷起来枕着,就是拿几本书垫在包袱下当枕头。吃饭,也是和我们一样,顿顿是小米干饭,菜是不多的。我们几个警卫员,虽想尽办法给主席弄点好吃的东西,但因为菜金少,东西难买,经常是干着急办不到。

过了些日子,转移到保安县城后,主席更是夜以继日地开会、谈话、写文章,仍时常到红军大学去作报告,夜深才回来。我们4个警卫员都为主席的健康担心,大家商议一定想办法给主席改善一下生活。

这天,我们听说几十里路以外的永宁山一带,老乡家里养着鸡,便瞒着主席到永宁山去了。结果不但买到两只鸡,还买到一些主席最喜欢吃的辣椒。

有了鸡,4个警卫员就忙起来了,有的烧火,有的杀鸡,班长大显身手,做了个白斩鸡。吃饭时,主席见了奇怪地问:"哪里来的鸡?"我们把经过告诉了主席。主席说:"大家的生活都很苦嘛,我应该和大家一样,不应该特殊。下次再不准这样做了。"

几天后的一个傍晚,我们跟随主席在外边散步,来到一片荒地里。主席停住脚步,指着一种枝秆很高、长着圆叶、开着蓝花的野草,对我们说:"这叫冬苋菜,可以吃。往后买不到菜,就吃这个吧!"

从这以后,每逢买不到菜,我们就去采冬苋菜。主席看到这菜,高兴地说:"这是很好的菜嘛!"[9]

在瓦窑堡,以及以后的一段时间,毛泽东以很大精力抓了干部的培养问题。

杨成武回忆说:

到陕北以后,在延水地区的大乡寺召开团以上干部会,总结东征战斗的经验。这时整个形势很好,抗日的局面逐渐成熟,陕北根据地已经成为抗日的前线。会议决定抽调大批有经验的连、营、团、师包括军团这一级的干部,到红军大学学习。这所大学,为抗日高潮的到来做了十分及时、十分宝贵的干部准备工作。红大后来改名为"抗大",并在抗日前线成立了分校,数以千万计的干部从这所学校毕业,走上抗日前线,成长为我军的优秀指挥员。抗大在伟大的抗日战争中有着特殊的历史功勋。

当时从红1师调到红大学习的有耿飚、谭政和我;红2师有刘亚楼;红4师有陈光、彭雪枫、黄永胜、王平等。我们到瓦窑堡集中,听了毛主席的报告。毛主席讲了形势任务,号召同志们迎接抗日战争大好形势的到来;传达了共产国际第七次代表大会关于国际反法西斯统一战线的情况报告。在红大,毛泽东同志任校务委员会主席,林彪任校长。学员分为3个科:军团一级、师一级的干部为一科,科长陈光、政治委员罗荣桓,他们本身也是学员,参加操课;团、营职干部为二科,科长周建平、政治委员谭政;三科多是连、排职干部,都是老红军,罗瑞卿任教务长，负责具体工作。一科的课程比较重，讲马列主义，讲联共（布）党史，讲战略学，讲战役学等。毛主席亲自任教，讲中国革命战争战略问题，讲哲学。洛甫讲中国革命问题，也讲哲学、政治经济学。林彪讲战役学。李德讲战术学等。还有凯丰、吴亮平等，老师很多。开头，我们一科对讲课有些意见，毛主席给我们做工作说，你们应该尊重老师，已经换了几个老师，你们还有意见……总之，他们比你们强，再不要提意见了。我们这个科一共三十来个人。

我们在红大学习期间，中央红军西征，三大主力会师。

不久发生了西安事变，我们准备迎接新任务：红军与张学良、杨虎城两将军的部队联合起来，准备粉碎亲日派何应钦打内战和破坏国共合作的阴谋，以争取西安事变的和平解决，争取国共合作、共同抗战，赶走日本帝国主义，挽救中华民族。

我们作为红大的第一期学员毕业了。在奔赴抗日前线之前，突然听说中央军委打算让我回到1师当师长。我当时想，自己过去一直当政委，还是干老本行吧，最好不要改我的行，便要求领导来考虑一下这个问题，说我不一定能当好师长。林彪和罗荣桓向中央反映了我的要求。但是，中央军委经过全面的考虑决定了，毛主席定了，朱总司令定了，周副主席定了，还是叫我当师长。[10]

三大主力会师

在红一方面军主力西征的胜利捷报中，迎来了三大主力会师。这对毛泽东来说，是件盼望已久的大事。他为这一天的到来，尽了最大的努力。

张国焘在南下以后，虽然取得了一些胜利，但很快局势急转直下，陷入了原先未曾料想到的困境。这使张国焘的权威面临危机。

这时，红2、6军团在甘孜等地同红四方面军会师，增强了同张国焘分裂主义斗争的力量，对红四方面军北上起了重要的推动作用。1936年6月6日，张国焘不得不宣布取消第二"中央"。

1936年7月上旬，红二、四方面军从甘孜出发，途经阿坝、包座等地，越过雪山草地，于8月到达甘肃南部。9月上旬，红四方面军又攻占通渭、岷县、临洮等地，为三大主力会师打开了道路。

在此期间，毛泽东和中共中央多次致电红二、四方面军，对三大主力早日会师表示关切。

郑广瑾、方十可在《中国工农红军长征记》一书中写道：

红二、四方面军共同北上，党中央非常高兴，不断地给予指示。6月25日，毛泽东、周恩来、彭德怀致电朱德、张国焘，询问二、四方面军"何日开始北上？经何路？何日可达何处？敌情如何？我陕甘应如何策应？均请见告。"并指示，二、四方面军"如能迅出甘南，对时局助益匪浅"。7月13日，毛泽东、周恩来、彭德怀致电朱德、张国焘、任弼时，指示二、四方面军北出草地后，应迅速攻占岷州，强调此举将使红军在"战略上大占优胜"。7月22日，党中央再次向二、四方面军指示行动方针："我们正动员全部红军并苏区人民粉碎敌人之进攻，迎接你们北上。""二、四方面军以迅速出至甘南为有利。待你们进至甘南适当地点时，即令一方面军与你们配合南北夹击，消灭何柱国、毛炳文等部，取得3个方面军的完全会合，开创西北的伟大局面。"7月27日，中央批准西北局成立，任命张国焘为书记、任弼时为副书记。这对贯彻中央正确路线，抵制张国焘错误路线，起了重要作用。7月28日，毛泽东等电询二、四方面军："不知粮食够用否？目前确在何地？8月中旬可出甘南否？"强调指出："3个方面军会合之后，即能引起西北局面大变化。"8月1日，四方面军走出草地到达包座地区后，党中央即来电祝贺："接占包座捷电，无任欣慰。"并指示："四方面军到包座略作休息，宜迅速北进；二方面军随后跟进到哈达铺后再大休息，以免敌人封锁岷西线，北出发生困难。"同一天，朱德、任弼时等复电中央，说明俟兵力稍集结后即向洮、岷、西固前进。约8月中旬，主力可向天水、兰州大道出击。(11)

1936年10月21日，贺龙、任弼时、关向应、刘伯承在甘肃平锋镇，同红一方面军1军团代理军团长左权、政治委员聂荣臻会面。随后，红2军团和红6军团分别在将台堡和兴隆镇同红一方面军会师。在此之前，10月9日，红四方面军指挥部到达会宁，同红一方面军会合。至此，中国革命的三大主力胜利完成了长征，开始了中国革命的新阶段。

毛泽东对张国焘分裂红军、另立中央的错误，始终采取弄清是非、团结挽救的方针。同年12月7日，还任命张国焘为中革军委副主席和中国工农红军总政治委员。同时，对他的错误也进行了严肃的批评教育。

1937年3月，中共中央政治局在延安举行扩大会议，除讨论政治形势，还集中揭发和批判张国焘分裂党和红军的严重错误，作出《关于张国焘同志错误的决定》。

在毛泽东等的提议下，仍由张国焘担任陕甘宁边区政府副主席，给他以改正错误的机会。但张国焘拒绝教育和挽救，终于走上了绝路。1938年4月，他只身逃出陕甘宁边区，当了可耻的叛徒。

时局转换的枢纽

1936年下半年，中国的时局到了即将发生重大变动的前夜。这时，一位西方记者来到保安，试图向全世界介绍这块神秘的地方，以及那些充满传奇色彩的人物。他就是斯诺。

1936年7月16日起，斯诺多次访问了毛泽东。毛泽东除了向他讲述个人的经历外，还向他详尽地说明了中国共产党人的抗日民族统一战线政策，并且对未来的抗日战争作了预言。其中也包含着持久战思想的萌芽。下面是斯诺与毛泽东的谈话：

斯诺问：如果日本被打败，并被赶出中国，你是否认为外国帝国主义这个主要问题大体上在中国得到了解决？

毛泽东答：是的。如果别的帝国主义国家不像日本那样行动，如果中国打败了日本，这将意味着中国人民大众已经觉醒了，已经动员起来，并已取得了独立。因此，帝国主义的主要问题也就得到解决了。

问：中国苏维埃政府发表了许多呼吁和宣言，主张建立一个由各党各派和各方面的军队等组成的统一战线，对日本帝国主义进行誓死斗争，把日本军队从中国赶出去。它是否相信中国目前能单独打败日本——也就是说，在没有任何外国支援的条件下打败日本？

答：让我先提醒你，无论是中国还是日本，都不是孤立的国家；东方的和平与战争问题是一个世界性问题。日本有它潜在的盟国，例如德国与意大利。中国想要成功地反对日本，也必须争取别国的支援。但是，这并非说，没有外援，中国就无法和日本进行战争。也不是说，我们必须等到有了同外国的联盟才能开始抗日。

中国蕴藏着极其巨大的潜力，这些力量，在一个伟大的斗争时期是能够组织起来投到强大的抗日战线上去的。在1927年以来反革命发动的长期内战中，中国人民早已对这股力量有了很多认识，并且找到了一个依靠共产党来领导它斗争的好办法。中国人民大众在其长期的政治经验中，已经掌握了反对敌人的非常有效的武器。

今天，特别是从1931年9月18日以来，卖国贼的欺骗宣传已经破产了，已经没有什么人会上他们的当了。人民群众越来越清楚地认识到是谁代表他们的真正利益。连某些国民党员都已经参加或是打算参加抗日运动了。

我们深信，中国人民是不会向日本帝国主义屈服的。我们深信，他们会把他们的巨大潜力动员起来，投到抗日的战场上去的，他们会全力以赴地去对付侵略者的挑战。在这场斗争中，最后胜利必定属于中国人民。如果中国单独作战，相对地说，牺牲就会大些，战争的时间也会拖得长些，因为日本是一个充分武装的强国，而且它还有盟国。为了在尽可能短的时期内以最小的代价赢得对日本帝国主义的胜利，中国必须首先实现国内的统一战线；其次，还必须努力把这条统一战线推广到所有与太平洋地区和平有利害关系的国家。

问：在什么条件下，中国能战胜并消灭日本帝国主义的实力呢？

答：要有3个条件：第一是中国抗日统一战线的完成；第二是国际抗日统一战线的完成；第三是日本国内人民和日本殖民地人民的革命运动的兴起。就中国人民的立场来说，3个条件中，中国人民的大联合是主要的。

问：你想，这个战争要延长多久呢？

答：要看中国抗日统一战线的实力和中日两国其他许多决定性因素如何而定。即是说，除了主要看中国自己的力量之外，国际间所给中国的援助和日本国内革命的援助也很有关系。如果中国抗日统一战线有力地发展起来，横的方面和纵的方面都有效地组织起来，如果认清日本帝国主义威胁他们自己利益的各国政府和各国人民能给中国以必要的援助，如果日本的革命发展得快，则这次战争将迅速结束，中国将迅速胜利。如果这些条件不能很快实现，战争就要延长。但结果还是一样，日本必败，中国必胜。只是牺牲会大，要经过一个很痛苦的时期。

问：从政治上和军事上来看，你以为这个战争的前途会如何发展？

答：日本的大陆政策已经确定了，那些以为同日本妥协，再牺牲一些中国的领土主权就能够停止日本进攻的人们，他们的想法只是一种幻想。我们确切地知道，就是扬子江下游和南方各港口，都已经包括在日本帝国主义的大陆政策之内。并且日本还想占领菲律宾、暹罗、越南、马来半岛和荷属东印度，把外国和中国切开，独占西南太平洋。这又是日本的海洋政策。在这样的时期，中国无疑会处于极端困难的地位。可是大多数中国人相信，这种困难是能够克服的。只有各大商埠的富人是失败论者，因为他们害怕损失财产。有许多人想，一旦中国海岸被日本封锁，中国就不能继续作战。这是废话。为反驳他们，我们不妨举出红军的战争史。在抗日战争中，中国所占的优势，比内战时红军的地位强得多。中国是一个庞大的国家，就是日本能占领中国一万万至二万万人口的区域，我们离战败还很远呢。我们仍然有很大的力量同日本作战，而日本在整个战争中需要时时在其后方作防御战。中国经济的不统一、不平衡，对于抗日战争反而有利。例如将上海和中国其他地方割断，对于中国的损害，绝没有将纽约和美国其他地方割断对于美国的损害那样严重。日本就是把中国沿海封锁，中国的西北、西南和西部，它是无法封锁的。所以问题的中心点还是中国全体人民团结起来，树立举国一致的抗日阵线。这是我们早就提出了的。

问：如果发生中日战争，你认为日本会发生革命吗？

答：日本人民的革命，不仅是可能的，而且是肯定的。它是不可避免的。

问：你认为苏俄与外蒙会卷入这场战争并支援中国吗？在什么情况之下会这样？

答：当然，苏联也不是一个孤立的国家。它不能对远东的事态漠不关心，采取消极的态度。它会坐视日本征服全中国，把中国变成进攻苏联的战略基地呢，还是会帮助中国人民反对日本侵略者，赢得独立，与苏联人民建立友好的关系呢？我们认为苏联是会选择后一条道路的。

一旦中国人民有了自己的政府，开始抗战，并且愿意与苏联和其他友好国家建立友好同盟，我们相信，苏联将会站在与我们握手的国家的前列。反对日本帝国主义的斗争是一个世界性的任务，作为世界一部分的苏联和英美一样，是无法继续保持中立的。

问：中国的迫切任务是从日本手中收复所有的失地呢，还是仅仅把日本从华北与长城以外的中国领土上赶出去？

答：中国的迫切任务是收复所有失地，而不仅仅是保卫我们在长城以南的主权。这就是说，东北必须收复。这一点同样适用于台湾。至于内蒙，那是汉族与蒙古族人民共同居住的地区，我们要努力把日本从内蒙赶出去，帮助内蒙建立自治。当我们光复中国的失地之后，如果朝鲜人民希望挣脱日本帝国主义的枷锁，我们将对他们的独立斗争提供热情的援助。

问：假如战争拖得很长，日本没有完全战败，共产党能否同意讲和，并承认日本统治东北？

答：不能。中国共产党和全国人民一样，不容许日本保留中国的寸土。

问：在实际行动中，共产党政府和红军怎么能与国民党军队合作共同抗日呢？就是说，在一场对外战争中，必须将所有的中国军队置于统一的指挥之下。如果红军在最高军事委员会中享有代表权，红军同意服从最高军事委员会的军事和政治决定吗？

答：是的。只要这样一个委员会是真正抗日的，我们的政府将衷心服从它的决定。

问：红军是否同意除非得到最高军事委员会的同意或命令，不把它的部队开进国民党军队占领的地区，也不调动它的部队指向这些地区？

答：是的。我们当然不会把我们的军队开进抗日军队占领的任何地区去——一段时期以来，我们也没有这样做过。红军是不会采取机会主义的办法来利用任何战争局势的。

问：作为这种合作的报答，共产党会提出什么要求呢？

答：共产党会坚持要求对日本的侵略展开决定性的、最后的抗战。此外，它还会要求实施我们在建立民主共和国与国防政府的呼吁中所提出的主张。（苏维埃政府和红军最近向国民党发出的几个宣言中论述了这些主张。——斯诺）

问：为了进行抗日战争，红军需要多大的基地，需要外界的多少支援？

答：不论基地大小，红军都能进行战争。但是，基地越大，它能动员的抗日力量自然也就越强大。如果我们有三四个省，我们就能把一支比南京的全部兵力还要大、还更有效率的抗日队伍投入到战争中去。至于外援，我们非常需要，而且越多越好，但是即使没有任何外援，我们也能对付得很好。在没有任何援助的情况下，我们已经进行了10年的革命斗争了。

问：怎样才能最好地武装、组织和训练人民，使他们参加到这样一场战争中来呢？

答：人民必须享有组织与武装自己的权利。在北平、上海和其他地方，尽管有严厉的镇压，学生们已经开始组织起来，并使自己在政治上有了准备，但学生与革命的抗日群众仍然没有自由，不能得到动员、训练和武装。如果情况与此相反，人民群众能享有经济、社会与政治的自由，那么他们的力量将能成百倍地增长，国家的真正力量将显示出来。

红军通过自己的斗争，从军阀手中赢得了自由，成为一支不可战胜的力量。抗日义勇军从日本压迫者手中赢得了自由，并以同样的方式武装了自己。如果中国人民都得到训练、武装和组织，他们也同样能成为一支战无不胜的力量。

问：照你的意见，这次解放战争，主要的战略方针是什么？

答：我们的战略方针，应该是使用我们的主力在很长的变动不定的战线上作战。中国军队要胜利，必须在广阔的战场上进行高度的运动战，迅速地前进和迅速地后退、迅速地集中和迅速地分散。这就是大规模的运动战，而不是深沟高垒、层层设防、专靠防御工事的阵地战。这并不是说要放弃一切重要的军事地点，对于这些地点，只要有利，就应配置阵地战。但是转换全局的战略方针，必须是运动战。阵地战虽也必需，但是属于辅助性质的第二种方针。在地理上，战场这样广大，我们作最有效的运动战，是可能的。日军遇到我军的猛烈活动，必得谨慎。他们的战争机构很笨重，行动很慢，效力有限。如果我们集中兵力在一个狭小的阵地上作消耗战的抵抗，将使我军失掉地理上和经济组织上的有利条件，犯阿比西尼亚的错误。战争的前期，我们要避免一切大的决战，要先用运动战逐渐地破坏敌人军队的精神和战斗力。

除了调动有训练的军队进行运动战之外，还要在农民中组织很多的游击队。须知东三省的抗日义勇军，仅仅代表了全国农民所能动员抗战的潜伏力量的一小部分。中国农民有很大的潜力，只要组织和指挥得当，能使日本军队一天忙碌24小时，使之疲于奔命。必须记住这个战争是在中国打的，这就是说，日军要完全被敌对的中国人所包围；日军要被迫运来他们所需的军用品，而且要自己看守；他们要用重兵去保护交通线，时时谨防袭击；另外，还要有一大部力量驻扎满洲和日本内地。

在战争的过程中，中国能俘虏许多日本兵，夺取许多武器弹药来武装自己；同时，争取外国的援助，使中国军队的装备逐渐加强起来。因此，中国能够在战争的后期从事阵地战，对于日本的占领地进行阵地攻击。这样，日本在中国抗战的长期消耗下，它的经济行将崩溃；在无数战争的消磨中，它的士气行将颓靡。中国方面，则抗战的潜力一天一天地奔腾高涨，大批革命民众不断地倾注到前线去，为自由而战争。所有这些因素和其他的因素配合起来，就使我们能够对日本占领地的堡垒和根据地作最后的致命的攻击，驱逐日本侵略军出中国。

被我们俘虏和解除武装的日军官兵将受到优待。我们不会杀死他们，而是会像兄弟那样对待他们。我们将采取一切措施，使得与我们并无冲突的日本无产阶级出身的士兵站起来反对他们自己的法西斯压迫者。我们的口号将是："团结起来，反对共同的压迫者法西斯头子。"反法西斯的日本军队是我们的朋友，我们彼此的目的是一致的。〔12〕

1936年12月12日，爆发了震惊中外的西安事变。消息传来，陕北军民极为兴奋。多年的宿敌蒋介石被张、杨二将军扣押，杀蒋的呼声自然是异常强烈的。毛泽东在作出和平解决西安事变的决策后，反复说明我们要以民族利益为重，认清眼下最主要的敌人不是蒋介石，而是日本侵略者。中国革命已到了一个新的转折点，不能再以国内革命战争时期的观点对待当前的政治局面了。为了举国一致抗战，蒋介石确实不能杀。

杨成武回忆说：

当时，我最关心的有两点：一是放蒋回去后，他会不会撕毁抗战协定，重开内战？二是我们什么时候开赴抗战前线？形势发展这么快，我估计我们快要离开红大回部队了。

果然，过完阳历年，中央就决定了红大学员提前毕业，回部队准备上前线。我也接到了通知，回红1师由政委改任师长。

紧接着，红大在保安的旧戏台上举行了毕业典礼，毛主席也来了。我长时间地注视着他，发现这些日子来他消瘦多了：颧骨微凸，两眼有些下陷，身上的棉袄也显得宽松。听说，自从西安事变发生以后，他每日只休息几个小时，文稿、电报、会议一下子增加了几倍，百忙之中，还三天两头地了解我们红大学员的各种情况。但是，毛主席一开口，我就感到，他心情很好，仿佛有什么喜事，声音洪亮有力，笑容满面，举止洒脱。他刚刚走上主席台，就朝我们大家扬手道："祝贺同志们从红军大学毕业，我代表中央来给大家送行！"然后，他高兴地和我们一起鼓掌。

掌声一停，主席又着重讲了西安事变的意义和形势发展的趋向。他说："西安事变带来了两个可能,一是国民党加剧内战;二是促使蒋介石抗日,形成民族统一战线。现在看来,情况往好的方面发展。我听说,蒋介石被张学良、杨虎城抓住后,红大里头不少同志主张杀蒋。请同志们说说,杀一个蒋介石好,还是形成一个抗日民族统一战线好?现在还有不同意放蒋的同志没有?站起来发表你的主张嘛,我可以把这个讲台让给你。"

　　主席幽默的问话唤起满场笑声,主席也亲切地笑了。最后,主席说:"现在大家要到前线去了,我希望你们回去以后,一定同张学良、杨虎城将军的部队搞好联合。要知道,你们联合得越好,对抗日就越有利。希望你们那里将来都有一个很大的发展。希望发展以后,我们中央和你们用无线电联系,而不是用骑兵通信员联系!同志们,抗战到底,前途光明!"

　　主席最后一段话给了我非常深刻的印象,使我感觉到我们的任务异常艰巨,同时又信心十足。是啊,抗战到底,前途光明![13]

　　贺清华回忆说:

　　1936年冬天,蒋介石不顾民族危亡,坚持内战,调动大批军队逼近陕西潼关,并且亲自坐飞机到了西安,威胁、强迫张学良的东北军和杨虎城的17路军进攻陕北红军。形势突然紧张起来了。

　　一天晚上,轮到我值夜班。夜深人静,主席正在聚精会神地工作,秘书同志送来一份电报。我去给主席送开水,主席看完了电报对我说:"张学良和杨虎城在西安把蒋介石扣住了。"

　　我高兴得几乎跳了起来。蒋介石这个祸国殃民的坏蛋,也有这么一天,当了俘虏。我扭身要走,打算把这个消息告诉同志们。主席看到我慌忙的样子,笑着招呼我说:"不要走,不要走,还有事情呢。你赶快去请周副主席、朱总司令、博古同志到这里来。"

　　我跑回到住处就喊叫起来:"喂,醒醒,把蒋介石抓住了!"

　　正在睡觉的同志们被我喊醒了,从炕头上爬起来,莫名其妙地对着我直眨眼。我也顾不上解释什么,就去找首长们。

　　西安事变的消息冲破了黑夜的寂静,各单位住的窑洞里都透出了灯光,人们心情激动,议论纷纷。我们几个警卫员也沉浸在欢乐的气氛里,围着地上的火堆直嚷嚷,有的说,要把蒋介石关起来。有的说,关着干什么?宰掉算了!还有的说,不行,那太便宜他了,还是把他捆起来,戴着高帽子游街,边区所有的村子都得游一遭……

　　主席窑洞里的会议,直开到天亮。不一会儿,我们得到通知说,要在保安修飞机场,地点在红军大学前面的平地上。我心里想,修飞机场,这一定是要用飞机把蒋介石送到保安来。

飞机，在当时是个新鲜稀罕的东西，这一次飞机要落在保安，说不定要把老蒋捆来呢！大家的情绪非常高涨。机关干部、红大学生以及老乡们，背着筐子，拿着锄头、铁锹，欢欢喜喜地在平场地砍树、抬石头。正干得起劲，忽然传来"嗡嗡"的声响，转眼飞机来到我们的头顶上，转过来转过去，一会儿高一会儿低，机场还没有修好，它哪里落得下来？飞机在天空转悠了一会儿，只好返回去了。第二天，机场虽然修得差不多了，可是机场附近的山沟太窄，飞机还是落不下来。第三天一早，周副主席便离开了保安城。

飞机场停工了。人们再也听不到飞机发动机的轰响。这是怎么回事呢？我心里糊糊涂涂的，遇到一个机会，就问主席："主席，飞机场怎么不修了？不把蒋介石送来啦？"

主席明白我的意思，爽朗地笑了，然后说："嗬，不是那么回事，不是把蒋介石弄到保安来关窑洞。修飞机场，是张学良、杨虎城的飞机来接我们的代表。周副主席已经到西安去了，要和平解决西安问题。只要蒋介石能够停止内战，一致抗日，我们不但不主张杀他，还主张放掉他呢！"

怎么？要放掉蒋介石？我感到十分惊奇。

"是啊，放掉他，一切为了抗日嘛。"接着，主席耐心地对我们解释说，"现在不能把蒋介石关窑洞，更不能杀他。亲日派何应钦正想利用西安事变搞掉蒋介石，挑起全国范围的内战。杀了一个蒋介石，还有第二个蒋介石。民族危亡，抗日救国第一……"

在毛主席的教导下，我们认识到了党的抗日统一战线政策的英明和伟大。后来听说，西安事变一发生，当时有许多人的头脑是发热的。号称"左"倾的人们，都主张"打出潼关去"或"杀掉蒋介石"。张国焘就是最积极的一个。主席高瞻远瞩，坚持党的正确主张，极为英明地处理了西安事变，使中国的抗日斗争出现了一个新的局面。[14]

西安事变后不久，毛泽东和中共中央于1937年1月10日由保安迁往延安，13日到达延安。从此，毛泽东在延安度过了他的思想和事业蓬勃发展的最为关键的10年。

贺清华回忆说：

西安事变和平解决后，1937年1月，我们跟随主席迁往延安。一路上主席很少骑马，走在队列里，跟大家说说笑笑。快到延安的时候，主席嘱咐我们说，延安过去长期在反动派统治下，群众还不了解我们，到了那里一定要很好地联系群众，注意群众纪律，多做宣传工作。

延安的人民听说毛主席到了，纷纷跑到城外欢迎。从大砭沟口到城门排满了人，有城里的市民，有机关干部、红军战士和学生，还有从甘泉、鄜县赶来的农民。毛主席走到哪里,哪里就响起狂欢的呼声。"共产党万岁!""毛主席万岁!"的口号声,以及锣鼓声震荡着山谷和平静的延河。

自从党中央、毛主席来到延安,延安——这座庄严雄伟的古城,就成了指引全国人民革命方向的灯塔。党和毛主席的光辉,照耀着全国人民的心,照亮着漫长的道路……

延安城东约40里,有个拐峁村,驻着我们的野战医院。一天,从黄河东岸转来了一位伤员,子弹打在他的胸部,伤势很重。在当时极端困难的环境下,医生们虽然用尽一切办法,但是,伤员的生命看来很难挽救了。

伤员时常处在昏迷状态。他不时张动着嘴唇,吃力地微弱地呼唤着:"毛主席,毛主席……"像有一桩重大的心愿未了。这是怎么回事呢?当他偶尔清醒的时候,医生们才弄清楚,原来他参加革命几年,从来没有见过毛主席,他多么渴望着能见到敬爱的领袖,哪怕只见一面、看一眼也好啊!

医院的同志们一面安慰伤员,一面商议着:主席工作非常忙,住得离这里又远,恐怕没有时间来。可是,伤员的伤势垂危,想见主席的心情殷切,怎么办呢?最后,医院决定给主席打个电话,就是来不了,让主席知道一下也好。

清早,秘书接听了医院打来的电话,便走进窑洞,告诉毛主席。这时主席刚起床,当即决定到医院去探望这个伤员,并吩咐我们:"赶快搞饭吃,伤员很危险,不知能不能看到他。"

我们4个警卫员立刻忙了起来,收拾东西,打洗脸水、端饭、备马。主席草草吃了几口饭,就带我们出发了。

按平时的习惯,主席总是出了城才骑马,而且走得很平稳。这次一出门,主席就跨上了小黄马。出了东门,过了延河,就上了平坦的东关飞机场大道,主席迎着寒风,放马奔跑起来,不一会儿,便到达医院。小黄马已经浑身淌汗,气喘吁吁了。

主席走进医院,同志们感到十分意外,忙招呼主席休息,报告伤员的伤势和抢救经过。主席水都没有喝,说道:"赶快去看看他吧。"

医生们陪着主席进了沟口,向山坡上的病房走去。

窑洞里,伤员闭着眼睛,平静地躺在床上。主席在门口停了一下,示意大家不要惊动伤员,然后轻轻地走近床边。这时,有一个小护士抑制不住内心的激动,兴奋地对伤员说:"同志,你不是想看看毛主席吗,毛主席来了!"

伤员猛睁开眼睛,看到毛主席站在他床边。他用尽力气,想坐起来。主席连忙弯下身去,精心地扶着他,要他安静地躺着。伤员伸出双手,紧紧地握住主席的手,激动得两眼闪出泪花。

站在旁边的人看到这一情景,也深受感动,眼眶不由得也湿润了。

伤员脸上浮现着幸福的笑容。他无力地垂下双手，缓慢地合上眼睛，停止了呼吸。

"同志，安息吧！"寂静的、被悲痛笼罩着的窑洞里，回荡着我们伟大领袖毛主席洪亮、坚强的声音。"你是我们党的好同志，我们永远不会忘记你。"

埋葬烈士的工作，医院里事先有所准备。入殓时，主席默默地站在一旁，等收殓完毕，主席又随着烈士的灵柩来到山上的陵地。主席和同志们一起，站在烈士墓前，倾听着医院代表介绍烈士的生平事迹。直到开完了追悼会，主席才回到医院里。

毛主席来到拐峁的消息，迅速地传遍了野战医院，能动的伤病员纷纷走出窑洞，站在山坡上看望毛主席；躺在床上不能动的重伤员，也急得要求护士背他们前去看毛主席。主席知道了这个情况，就对医院的负责同志说，请伤病员同志回自己的窑洞，他要到每个病房里去看望大家。主席不顾劳累，走遍了野战医院的全部病房，和伤病员们一一握手，慰问他们。伤病员们十分感动，能够见到毛主席，和毛主席握手、谈话，是多么幸福和光荣啊！

太阳西斜，我们跟随主席走出了拐峁村。一路上，主席沉思不语，任凭小黄马漫步走去。从早晨到现在，主席没休息一会儿，也没吃一点东西。〔15〕

从战士临终前质朴的渴望中，我们感受到了一种民族的伟大情感。这情感集中于中国共产党人的领袖毛泽东。在他的身上，凝聚着中华民族救亡图存的希望。

注　释

〔1〕陈昌奉：《跟随毛主席长征》，解放军文艺出版社1986年9月版，第267—275页。

〔2〕吴黎平：《毛泽东同志挽救了中央红军，也挽救了陕北革命根据地》。——原注

〔3〕《毛泽东书信选集》，人民出版社1983年12月版，第38页。——原注

〔4〕郑广瑾、方十可：《中国工农红军长征记》，河南人民出版社1987年6月版，第681—684页。

〔5〕申伯纯：《西安事变纪实》，人民出版社1979年11月版，第48—49页。

〔6〕申伯纯：《西安事变纪实》，人民出版社1979年11月版，第69页。

〔7〕《彭德怀自述》，人民出版社1981年12月版，第209—214页。

〔8〕《程子华回忆录》，解放军出版社1987年12月版，第110—125页。

〔9〕贺清华：《随从毛主席在陕北》，选自《伟大的历程——回忆战争年代的毛主席》，人民出版社1977年8月版，第152—154页。

〔10〕《杨成武回忆录》（上），解放军出版社1987年6月版，第324—325页。

〔11〕郑广瑾、方十可：《中国工农红军长征记》，河南人民出版社1987年6月版，第756页。

〔12〕《毛泽东一九三六年同斯诺的谈话》，人民出版社1979年12月版，第107—117页。

〔13〕《杨成武回忆录》（上），解放军出版社1987年6月版，第343—344页。

〔14〕贺清华：《随从毛主席在陕北》，选自《伟大的历程——回忆战争年代的毛主席》，人民出版社1977年8月版，第154—156页。

〔15〕贺清华：《随从毛主席在陕北》，选自《伟大的历程——回忆战争年代的毛主席》，人民出版社1977年8月版，第156—159页。

第四编
"兵民是胜利之本"

一、统筹全局

指导独立自主的山地游击战

1937年7月7日,日本帝国主义以制造卢沟桥事变为起点,发动了灭亡全中国的侵略战争。中国共产党在卢沟桥事变的第二天,即向全国发出通电,指出只有全民族实行抗战,才是中国的出路,号召全国人民、军队和政府团结起来,筑起民族统一战线的坚固长城,抵抗日寇的侵略。

7月23日,毛泽东发表《反对日本进攻的方针、办法和前途》一文,指出对付日本的进攻有两种方针和两套办法,也有两个前途。一个是坚决抗战的方针,一个是妥协退让的方针。在坚决抗战的方针下,必须实行全国军队和人民的总动员以及革新政治等一整套办法。在妥协退让的方针下,那就会实行相反的一套办法,即不动员军队和人民群众,不给人民以民主自由,不改良人民生活,保持官僚买办豪绅地主的专制政府,破坏抗日民族统一战线,等等。实行前一套办法,其前途就一定是驱逐日本帝国主义,使中华民族得到自由解放。如果实行后一套办法,那就不可能坚持抗战,结果必定得到日本帝国主义占领全中国、中国人民做牛马当奴隶的前途。毛泽东代表中国共产党人表示:"愿同国民党人和全国同胞一道为保卫国土流最后一滴血,反对一切游移、动摇、妥协、退让,实行坚决的抗战"。[1]

8月22日至25日,中共中央在陕北洛川冯家村召开中央政治局扩大会议。会上,毛泽东作了军事问题和国共两党关系问题的报告。关于军事问题,他分析了中日战争中敌强我弱的形势和当时敌人用兵的战略方向(以夺取华北为主),指出抗日战争是一场艰苦的持久战。红军在国内革命战争中已经发展成为能够进行运动战的正规军,但在新的形势下,在兵力使用和作战原则方面,必须有所改变。红军的基本任务是:创造根据地,牵制消灭敌人,配合友军作战(主要是战略配合),保存和扩大红军,争取共产党对民族革命战争的领导权。红军的作战方针是:独立自主的山地游击战争,包括在有利条件下集中兵力消灭敌人兵团,以及向平原发展游击战争。独立自主是相对的,是在共同抗日的统一战略目标下的独立自主的指挥；游击战的作战原则是，游与击结合，打得赢就打，打不赢就走，分散发动群众，集中消灭敌人；着重于山地，是考虑便于创造根据地，建立起支持长期作战的战略支点。关于国共两党关系问题，毛泽东指出，要坚持统一战线，巩固扩大统一战线；同时要保持共产党在政治上、组织上的独立性，汲取1927年革命失败的教训。总之，必须坚持统一战线中的无产阶级领导权。[2]

洛川会议通过了毛泽东起草的《中国共产党抗日救国十大纲领》。其要点是：1.打倒日本帝国主义；2.全国军事的总动员；3.全国人民的总动员；4.改革政治机构；5.抗日的外交政策；6.战时的财政经济政策；7.改良人民生活；8.抗日的教育政策；9.肃清汉奸卖国贼亲日派，巩固后方；10.抗日的民族团结。这是实行全面抗战路线的纲领，它把实行抗日同争取民主紧密地结合起来，争取抗日民族解放战争朝着有利于人民胜利结局的方向发展。

关于洛川会议，徐向前在《历史的回顾》一书中写道：

洛川会议于8月22日召开，25日结束，会址在洛川城外的冯家村。这是一次政治局扩大会议，出席会议的有：张闻天、毛泽东、周恩来、朱德、任弼时、博古、关向应、凯丰、张国焘、彭德怀、刘伯承、贺龙、徐向前、张浩、林彪、聂荣臻、萧劲光、罗瑞卿、李富春、林伯渠、徐海东、周建屏，共22人。会议议程有三项：（一）政治任务问题；（二）军事问题；（三）国共两党关系问题。后两项议程，涉及党和红军的战略方针及行动部署，讨论很热烈，是主要议题。

毛泽东的发言，给我的印象最深刻。他强调在国共合作抗战的新形势下，我党一方面要团结国民党、中央军及地方实力派，积极推动他们拥蒋抗日；另一方面，要提高警惕，坚持统一战线中的独立自主原则，在政治上、组织上保持我党的独立性，以免被蒋介石吃掉，重蹈第一次国共合作失败的覆辙。鉴于抗日战争的持久性、艰苦性，以及蒋介石企图驱使红军开赴前线充当炮灰的险恶用心，毛泽东提出了独立自主的山地游击战方针。因为没有独立自主，就会失去党对红军的领导权、指挥权，前途可想而知；不是着重于山地，红军便没有可靠的依托和周旋余地，充分发挥自己的战术特长，发展壮大自己；离开了游击战为主的作战形式，以几万红军去同几十万日军硬拼，那就等于送上门去被敌人消灭，这正是蒋介石求之不得的。有人主张以运动战为主要作战形式，红军兵力全部出动，开上去多打几个漂亮仗。毛泽东认为，根据现时的敌情我力，还不能那样干，他主张只出动2/3的兵力，留下1/3，保卫陕甘根据地，防止国民党搞名堂。这些基本思想，表现出毛泽东的远大战略眼光及把握革命航向的非凡能力。

我和与会绝大多数同志都同意毛泽东的意见。会议一致通过了《关于目前形势与党的任务的决定》《为动员一切力量争取抗战胜利而斗争》的提纲（其中包括"抗日救国十大纲领"），还组成了新的中央军事委员会，成员为朱德、彭德怀、任弼时、林彪、贺龙、刘伯承、徐向前、毛泽东、叶剑英、周恩来等人，毛泽东任主席，朱德、周恩来任副主席。

洛川会议期间，叶剑英从南京来电，说国民党政府已同意红军改编为国民革命军第八路军。闭会那天，正式宣布了改编的命令。八路军总指挥朱德，副总指挥彭德怀，参谋长叶剑英，副参谋长左权，总政治部主任任弼时，副主任邓小平，下辖115师、120师、129师3个师。115师师长林彪，副师长聂荣臻；120师师长贺龙，副师长萧克；129师师长刘伯承，副师长徐向前。129师辖385旅、386旅2个旅，另1个教导团、5个直属营，共1.3万余人。我和刘伯承在长征期间相处，对他有所了解。他为人处世光明磊落，豁达大度，熟思断行，军事理论和指挥能力都相当强。再次与他共事，我是很高兴的。

根据会议确定的出师2/3的原则，党中央令八路军总指挥部率115师、120师先赴山西抗战；129师暂不出动，保卫陕甘宁边区。我主力部队向山西挺进，行进路线、活动地区、作战原则、指挥关系、后勤保障等一系列问题，需同阎锡山具体谈判，协商解决。党中央和毛泽东决定，委派我跟随周恩来去完成这一任务。我是山西人，与阎锡山同乡，又在他办的太原师范读过书，晋军中有些熟人，便于开展统一战线工作。中央派我去参加谈判，有这种考虑在内。[3]

聂荣臻元帅作为参加会议的亲历者，也对洛川会议做了如下回忆：

洛川，当时是陕甘宁边区和国民党管辖区相交接的地方，北距延安城90公里，南距国民党统治区10多公里。会址之所以选在洛川，主要是为便于军队的负责同志参加。因为参加这次会议的，除了中央政治局委员之外，扩大到军队的主要负责同志。当时，我们和兄弟部队大多驻在西安附近。洛川是延安与西安间比较适中的地方。毛泽东、周恩来和中央其他领导同志，从延安往这边来，我们部队的同志则往北赶，从两边集合到洛川。周恩来、朱德、叶剑英、邓小平是8月上旬到南京参加国防会议的。周恩来、朱德刚刚从南京飞回延安，就赶来参加会议。

……

在这次会议上，讨论时间比较长、议论比较多的，是八路军出征以后的作战方针问题。在讨论这个问题时，曾经出现过不同的意见。

毛泽东在发言中说，对日本帝国主义，我们不能低估它、看轻它。同日本侵略军作战，不能局限于同国民党军队作战的那套老办法，硬打硬拼是不行的。我们的子弹和武器供应都很困难，打了这一仗，打不了下一仗。由于蒋介石奉行错误的政策，和日本帝国主义的力量暂时处于优势地位，因此，我们必须开展独立自主的山地游击战争，准备坚持持久抗战。毛泽东还说，要充分发动群众，广泛建立抗日民族统一战线，不断壮大我们的力量。那个时候，毛泽东已经想到了更长远的目标，打败了日本帝国主义以后，我们还要建立新民主主义的新中国。只有争取了群众，扩大了武装力量，才能取得抗日战争的胜利，并为革命的深入发展奠定坚实的基础。

林彪不同意打游击战。他在会上说，要以打运动战为主，搞大兵团作战。他的思想还停留在同国民党军队作战的那套经验上，觉得内战时期我们已经可以师整师地歼灭国民党军队了，日本侵略军有什么了不起！他对日本帝国主义的力量估计太低。当时的情况是，红军长征到达陕北才一年多的时间，部队还没有大的发展，后勤供应方面，武器弹药、粮秣、被服都非常缺乏。这样一个现状，到前方同日本帝国主义硬拼，能拼出什么名堂来，非吃大亏不可！另外，我们开赴抗日前线，根据我军当时的能力和特长，只能是发展游击战争，牵制敌人，拖住敌人，使敌人进攻时有所顾虑，阻止他们长驱直入，以支持正面作战，振奋全国人民的抗日热情，进而抑制一下弥漫于国民党上层的失败主义情绪。如果只想到前方同日本侵略军拼几下，不重视发动群众建立根据地，壮大人民的力量，怎么能够起到这样的作用呢？

洛川会议从8月22日到25日，一共开了4天，讨论来，讨论去，最后还是统一到毛泽东提出的作战方针上来了。不过，毛泽东也考虑到讨论中的不同意见，把关于作战方针的提法做了一些变更，使之更全面、更科学了。这就是：基本的是独立自主的山地游击战，但不放松有利条件下的运动战。当然只提山地游击战，似乎也窄了一点。所以，我们出师华北之后不久，又改成了：基本的是游击战，但不放松有利条件下的运动战。历史事实证明，毛泽东在洛川会议上提出的战略方针，符合实际情况，是认真分析了敌我双方力量对比而提出的正确方针。

我在洛川会议上讲得不多，作了两次比较短的发言，表示赞成毛泽东提出的作战方针，开展游击战争，配合正面作战。我之所以笼统地提游击战争，是因为考虑到华北那个地方还有不少的平原地带。我还讲到，出征之后，我们要注意发动群众，依靠群众，争取得到群众的密切配合，壮大人民的力量。因为秋季即将来临，出征的部队还穿着单衣、草鞋，过冬的服装尚无着落，我想到了部队的供应问题。我发言说，我军到抗日前线作战，士气是高的，这没有问题；但是，在经费和武器弹药等物资供应方面问题很大，这是我们面临的最大困难。所以我提出，要尽量多筹一些款。毛泽东说，我们正在同国民党方面谈判，但他们一味拖延，鉴于当前的条件和出征的紧迫，不能把希望寄托在蒋介石身上，解决这个问题的办法，还是靠我们自己，一切靠我们自己。

经过洛川会议的讨论，对出征以后究竟怎么办的问题，思想上更为明确了。所以，在部队匆匆出征的时候，尽管前方战局混乱，我们对胜利还是很有信心的。

……

平型关大战之后，115师转回到五台。八路军总部也来到五台，总部驻在五台山下的南茹村。我们的师部设在五台城东的一个小村子里，准备在这里略事休整。

在五台，我看到了毛泽东发来的关于坚持独立自主的山地游击战争的几个电报。在八路军出师华北之后，毛泽东就这个问题连续发了一系列电报。这些电报，有的是单独发给八路军总部领导同志的，有的是同时发给八路军各师和北方局负责同志的。有些电报，我们在北进的路上就传阅过，有的是从平型关下来才看到的。毛泽东在这些电报中，再三强调要坚持独立自主的山地游击战争这一基本的战略方针。因为，在洛川会议上讨论作战方针时，曾出现过不赞同游击战而主张打运动战的分歧意见，他担心部队挺进前线后，一些同志蛮干。他认为，当前红军的拿手好戏是真正独立自主的山地游击战。他说，今日红军在决战问题上不起任何决定作用，而有自己的一种拿手好戏，在这种拿手好戏中一定能起决定作用。因此，就要分散兵力，以创造根据地发动群众为主，而不是以集中打仗为主。他指出，集中打仗则不能做群众工作，做群众工作则不能集中打仗，二者不能并举。只有分散做群众工作，才能决定地制胜敌人，援助友军。他又指出，目前应全力布置恒山、五台、管涔三大山脉的游击战争，而重点在五台山脉。整个华北工作，应该以游击战争为唯一方向。一切工作，例如兵运、统一战线等等，都应环绕于游击战争。河北党应全力发展游击战争，借着红军抗战的声势，动员群众，收编散兵散枪，普遍地但是有计划地组成游击队，以备在敌人整个占领华北后，我们能坚持广泛有力的游击战争。

看到毛泽东的这些电报后不久，就接到党中央决定我留在五台山区创建抗日根据地的命令。受命之际，读到毛泽东的这些电报，感到很重要、很亲切，特别是对深入敌后，创建抗日根据地，开展游击战争，坚持长期抗战的思想，更为明确了，同时也觉得，他的这些电报，对洛川会议所确定的战略方针是坚定不移的，唯恐在行动中由于思想不统一而出现偏差。[4]

近年来出版的权威性传记中，也披露了有关洛川会议发言及意见分歧的情况。

《任弼时传》写道：

会上，毛泽东首先就军事问题和国共两党关系问题作了报告。他指出红军的基本任务是：创造根据地，钳制与消灭敌人，配合友军作战（战略支援任务）；保存与扩大红军，争取民族革命战争领导权。在作战中，要发挥红军的特长，实行"独立自主的山地游击战争，包括有利条件下消灭敌人兵团与在平原发展游击战争,但着重于山地",作战的原则是"分散发动群众,集中消灭敌人",不同敌人打阵地战、硬拼。在处理两党关系上,毛提出"统一战线与政治警觉性"的问题,告诫:党的阶级的独立性应引起全体党员注意。

任弼时在发言中说:国共两党谈判交涉是不同阶级之间的斗争,最近中央采取的立场是对的。在谈判中,能争到的应该力争。红军出动抗战是全国人民的切望,出动前《宣言》最好要求用国共两党名义发表,"蒋或者还想拖延,用修改来拖延",但《宣言》如不发表,红军主力是否就不出动呢?"这要估计到人民对红军出动是切望的,这在全国政治影响上有些损失,国民党还可以造些谣言"。另一方面,如果修改得坏一些,"就会损失独立立场,因此要国民党完全承认我们宣言发出去,在今天还困难。我意由我们自己发",另外可从别的途径公开,如办报问题,"使全国都看到国共合作的事实,把现在军部亦可以公开活动,逼迫国民党承认,争得公开合法地位"。对于抗战问题,任弼时说,这"是长期的战争,红军要保持战争的领导,一方面要发挥我们特长,一方面要保持我们的力量,基本上用此原则保持我们持久的模范。因此队伍的补充是很大工作。后方要努力于争取有几万人的补充",但后方扩兵与国民党交涉"希望还少","最主要的还要靠前方",要抓紧在战区扩红。部队的使用要争取独立自主,两方面指挥,万一蒋的命令下来,使我们自主范围很小,这就要求在山西"我们有得力军事代表,能共同解决问题"。部队出动后,要"不失时机地在有利条件下,集中力量消灭敌人,增强我们的领导及扩大部队"。"所以,还是独立自主的山地、运动、游击战。"

……

洛川会议结束后,朱德、彭德怀、任弼时同时离开冯家村,同行的还有傅钟。傅曾任红四方面军政治部主任、中国人民抗日军政大学政治部主任,这次大军出动,任弼时特请他担任政治部民运部长。他对傅钟说:这是很重要的一个部,专门负责对外宣传,做居民和友军的工作,面很广,党政、军事、外事都要做。

任弼时一行,行抵离洛川不远的桥山镇时,稍事停留,因为这里是中华民族的元祖轩辕黄帝陵所在地,陵墓坐落在"百里荒原青一点"的森森古柏丛中。4月清明时,毛泽东、朱德派林伯渠为代表,和国民党的代表一起前来祭扫黄陵。轩辕庙内的供案上,毛泽东手书的祭文还陈列着,文中写道:"……东等不才,剑屦俱备,万里崎岖,为国效命。频年苦斗,备历险夷,匈奴未灭,何以为家。各党各界,团结坚固,不论军民,不分贫富。民族阵线,救国良方,四万万众,坚决抵抗。民主共和,改革内政,亿兆一心,战则必胜。还我河山,卫我主权;此物此志,永矢勿谖。经武整军,昭告烈祖,实鉴临之,皇天后土。尚飨!"任

弼时等一边阅读，一边交谈，说"这是我们开赴前线的《出师表》哩！"〔5〕

《彭德怀传》写道：

1937年8月22日到25日，彭德怀出席了中国共产党在陕西省洛川县冯家村举行的政治局扩大会议，这次会议通过了中国共产党向全国民众提出的著名的《抗日救国十大纲领》和向全党提出的《关于目前形势及党的任务的决定》，会议还讨论确定了红军在抗日战争中的任务和作战方针。

根据敌强我弱的抗战形势，洛川会议提出了进行持久战的抗日战略。决定红军只留少数兵力驻守陕甘宁边区，主力3.2万人开赴晋绥前线，和国民党军共同支持华北。万一国民党军队放弃黄河以北，红军仍然要拖住日军，坚持华北抗战，挽救危亡。

这时，北平、天津已相继沦陷，进攻华北的日军达到5个师团、10万人以上。以3万余红军而决心支撑华北，说起来，这是一个难以令人置信的要求。红军将如何去实现这个战略要求呢？

8月22日晚，毛泽东在冯家村头一个权充会场的私塾小学的土窑洞内，从容道出他的深谋远虑：

"红军的作战地区在晋察冀之交，受阎锡山节制，红军的基本任务应当是：1.创造根据地；2.牵制与消灭敌人；3.配合友军作战；4.保存与扩大红军；5.争取民族革命战争的领导权。"

关于红军的作战方针，毛泽东提出：红军要"进行独立自主的山地游击战——包括有利条件下消灭敌人兵团与在平原发展游击战争——但着重于山地"。

毛泽东关于红军的任务和作战方针的意见，引起了大家的讨论。红军前敌总政治委员任弼时在发言中提出红军应当采用独立自主的山地、运动、游击战。

彭德怀即将身赴前线，正思索着红军怎样以3万之众，在广阔的华北战场上打开局面，实现毛泽东提出的红军的基本任务。他接着发表意见说："红军出去，基本是打胜仗，树立声威，开展统一战线。只有这样，才能提高党与红军的地位，也可使资产阶级增加抗战的决心。"关于红军的战略问题，他说："我基本上同意毛泽东同志的报告。"对任弼时提出的运动战、游击战的问题，他说："一般说，运动战的可能减少了一些，但发动群众，麻痹敌人，调动敌人是可能的，游击战与运动战是密不可分的。"

会议进行到深夜，气氛严肃而热烈，大家畅所欲言。关于红军的作战原则，有了三种意见：独立自主的山地游击战；独立自主的游击运动战；独立自主的运动游击战。由于出师紧迫，这个问题在会上没有进一步展开讨论。〔6〕

洛川会议后，八路军迅即挺进山西抗日前线，不久取得平型关大捷，有利地配合了国民党军第二战区的忻口会战。

太原失守后，国民党军纷纷溃退。毛泽东亲自指导八路军在晋东北、晋西北、晋东南、晋西南实行战略展开，创建了多块敌后抗日根据地，为持久抗战打下了战略基地。

正在八路军发展顺利之时，王明奉共产国际和斯大林之命回国，对毛泽东的正确指导提出挑战。

在1937年12月中共中央政治局会议上，王明抹杀全面抗战路线与片面抗战路线的原则区别，要求"一切服从统一战线"，"一切经过统一战线"，遭到毛泽东等的抵制。但由于王明自称是传达共产国际的指示，使不少与会者难以分辨是非。

此后，毛泽东等在实际工作指导中，通过各种方式抵制王明右倾投降主义的影响，并在1938年2月27日至3月1日召开的中央政治局会议上，作出派任弼时赴莫斯科向共产国际汇报中国情况的决定。这些措施，为召开中共六届六中全会，解决中国共产党以毛泽东为核心的团结统一问题铺平了道路。

主持扩大的六届六中全会

为了总结全民族抗战以来的经验教训，确定中国共产党在抗战新阶段的基本方针任务，统一全党的认识和步调，1938年9月29日至11月6日，中国共产党在延安召开扩大的第六届中央委员会第六次全体会议。参加这次会议的有中央委员和中央候补委员17人，中央各部门和各地区领导干部30余人。这是自党的第六次全国代表大会以来出席人数最多的一次中央全会。在这次全会上，毛泽东作《论新阶段》的政治报告，这是会议的中心议题。

中共六届六中全会的召开，同任弼时到共产国际进行的工作有密切关系。1938年4月14日，任弼时代表中共中央向共产国际提出《中国抗日战争的形势与中国共产党的工作与任务》的书面报告大纲；5月17日，他在共产国际会议上对报告大纲作了说明。任弼时在口头说明中，对国共重新合作的特点、阻碍以及八路军在抗战中的地位和作用，作了较详细的解释。6月11日，共产国际执委会主席团根据中共代表的报告作出决议，确认中国共产党的政治路线是正确的，赞同加紧巩固和扩大八路军、新四军，继续大力开展敌后游击运动，坚持统一战线中共产党在政治上组织上的独立性。在王稼祥回国前夕，季米特洛夫接见了王稼祥和任弼时，他表示，在中共中央内部应支持毛泽东的领导地位，王明缺乏实际工作经验，不应争当领袖。

8月初，王稼祥从莫斯科回到延安。9月14日，中共中央政治局举行会议，由王稼祥传达共产国际的决定和季米特洛夫的意见：中共一年来建立了抗日民族统一战线，政治路线是正确的。中共在复杂的环境和困难的条件下真正运用了马克思列宁主义，在中共中央领导机关中，要以毛泽东为首解决统一领导问题，中央领导机关要有亲密团结的空气。这些意见对六中全会的顺利召开，起了好的作用。

王稼祥曾回忆过这段难忘的往事，他写道：

我在莫斯科治伤之后，季米特洛夫把我留在共产国际工作，接替康生任中国共产党代表。一年后，我回延安之前，共产国际讨论了中国党的报告，报告由任弼时带来，同时由他接替我的工作。在讨论这个报告的会议上，我补充发言，讲了中国党目前的第二次统一战线和第一次统一战线的区别。会议同意了我的意见，讨论后通过了一个支持中国抗战的公开文件，另外还有内部文件要我带回国，呈交党中央、毛主席。临动身时，季米特洛夫向我和任弼时说了一番语重心长的话，主要内容是："应该告诉全党，应该支持毛泽东同志为中国共产党的领导人，他是在实际斗争中锻炼出来的领袖。其他的人如王明，不要再争领导人了。"我当时很高兴，毛主席的威信已使共产国际的最高领导人信服了。我带了这个十分重要的文件，还有一些援助物资，回到了延安党中央。

王明当时在武汉工作。他心怀鬼胎，一听说我回国带了共产国际的文件，盘算不知对他是凶是吉。当毛主席指定我在六届六中全会上传达共产国际的文件，并且打电报叫王明回延安参加六届六中全会，听取共产国际的文件时，王明不服从，又耍起花招来，竟然蛮不讲理，反而要毛主席、党中央到他那儿——汉口或西安召开党的六届六中全会。这是一个狂妄的阴谋，他是要以国民党统治地区作为开会的地点，而不以我党自己的根据地延安为党的开会地点。不难看出，王明仍一心要抬高国民党蒋介石的统治地位，妄想把无产阶级革命政党随时随地奉送给蒋介石，连我党中央的重要会议也要在国民党统治区开。不仅如此，王明还妄想拉拢我个人，要我去武汉向他单独透露共产国际讨论问题的经过和传达文件内容，以及在莫斯科谈话的情形。我及时看穿了他的诡计，没有上他这一圈套。我打了电报，告诉他速来延安，听取共产国际季米特洛夫同志的重要意见，应服从毛主席的领导，否则后果由他自己负责。

在会上，大家批判了王明"左"倾机会主义路线。[7]

曾经担任过六届六中全会警卫工作的蒋秦峰回忆了保卫六届六中全会的情况。他写道：

1938年9月底，秋风拂扫着原野，海洋似的一片无际的谷穗，在耀眼的阳光下，泛起金色的波浪，散发出阵阵扑鼻清香。延安周围的农民们喜气盈盈、成群结队，满山遍野地为收割忙碌起来了。在火红热闹的劳动中，不时有人放开嗓子唱起优美动听的陕北民歌。

正在这秋高气爽、五谷丰收的时节，我们周副主席、林老、董老、吴老、邓颖超等首长都从大后方回到了延安；朱总司令、贺龙、罗荣桓诸首长也从华北回到了延安；刘伯承、陈毅诸首长也从遥远的江南前线回来了，他们都分别住在王家坪、杨家岭、蓝家坪等地。这时，我们大队的保卫工作就更繁忙起来，不是从西安乘汽车护送首长回来，就是从黄河对岸骑马接首长回来。途中护送、回到延安后的驻地、随身警卫都由我们全部担负。这时，我们的人员已增加到100多人，又加强了武器配备，还组织了一个骑兵班专门担负护送任务。

当中央各首长从各地先后回到延安时，我们都纷纷猜测着：中央首长都回到延安来干什么？汇报工作吗？看来不像，以往都是个别回来汇报。休息治病？更不是，有很多首长是从遥远的前线和敌后回来的。一定是中央召开什么会议吧！猜来猜去，谁也不知道到底是干什么。

9月20日，王首道秘书长召集我大队干部开会，告诉我们说，现在抗日战争将要转入相持阶段，中央决定最近召开扩大的六中全会，总结15个月以来的经验，更好地领导中国伟大的革命运动。中央教导大队应集中最大的力量保卫毛主席和参加会议的中央首长的安全，全大队要作好政治思想动员，提高革命警惕性，防止特务汉奸的阴谋破坏，还要注意防空、防毒、防特……

会后，全大队开动员会，通过讨论，大家一致表示坚决完成任务。大队首长又把警卫力量加以调整充实。三天后，吴大队长亲自率领我们30余人，携带全副武装，背起背包，来到延安东关外7华里的桥儿沟。这里是鲁迅艺术学院的所在地。扩大的党的六中全会会场就设在这里。

桥儿沟是延安附近一个比较大的村庄，有五六十户人家。在一大片星罗棋布的窑洞里，耸立着一座高大华丽的西式楼房。楼前面有着宽阔的拱形大门，门两旁竖立着四层高塔形的高楼，像是钟楼，两侧整齐地排列着两层楼房，中央夹着一个富丽堂皇的大礼堂。原来这是旧时的教堂。扩大的党的六中全会会场，就设在这座大楼的旁边。紧靠它的墙壁，用木杆、苇席搭起一个宽敞的大棚。棚内前壁上挂着马恩列斯的巨幅画像和党旗，棚中间整齐地排列着一排一排的普通桌椅。桌上摆着成行的有盖搪瓷缸，这是供全会的首长们喝水用的。除了有些长期在延安工作的首长每天回去住宿外，大部分与会的首长都住在这座大楼和周围的窑洞里。

10月10日，具有重大历史意义的扩大的第六届中国共产党中央委员会第六次全体会议，就在这抗战艰苦的日子里，在极其简单朴素的会场里开幕了。会议第一天，毛主席代表中央政治局作了政治报告——抗日民族自卫战争与抗日民族统一战线发展的新阶段。在《解放日报》上发表时，题目是《论新阶段》。报告总结了15个月抗日战争的基本经验；进一步批判了"亡国论"和"速胜论"的错误；分析了抗日战争即将转入相持阶段的新形势；阐明了中华民族的紧急任务，规定了中国共产党必须认真负起领导抗日战争的重大历史任务。随后，朱总司令、周副主席、林老、吴老、董老等分别作了军事工作、统战工作和组织工作等报告。罗荣桓、关向应等作了地方工作报告。

会议前一阶段，都是报告和讨论。我们在值勤时，有时听到首长们发言很热闹活跃，有说有笑；有时批评很尖锐，斗争也很激烈。他们到底批评争论什么问题？我们也听不出什么名堂来。加之，我们警卫人员的纪律规定：不应该知道的绝不去听，万一听到了要自动避开，绝不泄露秘密。这样我们就更加莫名其妙了。事后才明白是批判统一战线中的右倾投降主义的错误。

会议期间，晚上首长们都是休息，或观看文艺晚会。鲁艺和西北战地服务团的歌舞、评剧团的京戏、民众剧团的秦腔都专门为会议演出。每天晚饭后，是最活跃、最热闹的时候，首长们都同我们大伙一起参加各种体育活动。有的打篮球，有的打排球，年老体弱和有病的就到田间、河边散步。毛主席工作十分繁忙劳累，他那慈祥的面庞显得有点清瘦。常常在发笑时，两颊的颧骨就微微地凸起；在作报告或谈话时，也常常有一两声咳嗽。但他的精神仍然充沛，每天晚饭后，他都要到山头、田间或延河边去散步。这已成为他的生活习惯。在田野里散步时，他总是同农民们亲切地攀谈，仔细询问他们生活、生产和学习各方面的情况。谈话中还谦虚地向老乡们征询对我党政机关和军队的意见和要求。

这天下午，我们最荣幸的日子来到了。我们敬爱的领袖毛主席在朱总司令、周副主席和王首道秘书长的陪同下，来到会场前面我们住的地方。毛主席走进我们的宿舍，见我们向他敬礼，便频频点头说："同志们，你们辛苦了！"接着又和我们一一亲切地握手。在仔细看过我们的被盖、棉衣和枪支后，关怀地问道："你们的衣被都很单薄，晚上很冷吧？"

我们立刻回答说："不冷！"

班长李登文连忙接着说："对，不冷。我们保卫党中央、保卫毛主席，浑身上下都是热乎乎的，一点也不冷！"引得毛主席、周副主席、朱总司令都笑了。

周副主席笑着说："你说得很有道理。冷还是冷一点，不过你们积极负责地保卫中央和毛主席，工作起来就不怕冷或者不感觉到冷了。人的精神作用也很大嘛！"

接着毛主席又问："你们有木炭火烤吗？"

余区队长回答说："有，炭早已背来了，等下雪的时候再烤火。"

毛主席笑了笑说："不要为了节约，把人冻病了啊！现在晚上可以烤烤火嘛。"

"晚上睡觉的时候，要防着炭气中毒啊！"朱总司令笑眯眯地叮咛说。

"是啊,这是很危险的,一定要小心。夜里睡觉时不要添黑炭,窗户上留个孔让空气流通流通。"毛主席说完又问,"你们夜间放哨有没有大衣和棉鞋啊?"

"我们每个人都有一件老羊皮大衣,还有公用的几双毡靴子。"吴大队长回答说。

毛主席连连点头,笑着说:"这就很好。如果没有这些东西,在冰天雪地里放哨,就会冻坏人啊!"

毛主席带着满意的神情,又来到我们的厨房。他见到炊事员刘维楼,笑呵呵地说:

"你辛苦了,大师傅同志。"

刘维楼先是拘束不安,见毛主席倒先问起他来,便大胆地笑嘻嘻地回答:

"主席,您好!"

"你做的饭菜,可不可以让我们参观参观呢?"毛主席笑着问。

"好,好。"刘维楼忙回答说。立刻打开了锅盖、盆盖,请毛主席、朱总司令、周副主席观看。

毛主席拿起锅铲,在热气腾腾的小米饭上轻轻地挑起一铲看了看,又回头在菜盆里挑起半铲豆腐白菜看了看。笑着说:

"大师傅的手艺不错,饭菜做得又鲜又香嘛!"

"我不会做。这是主席的夸奖,我还要好好学习。"刘维楼嘿嘿地笑着说。

朱总司令说:"做饭炒菜也是一门技术啊,需要努力学习才能提高。"

随后毛主席详细问我们每天吃多少粮、多少油、多少菜,多久吃一次肉。朱总司令问我们有没有病号等。当吴大队长和我们一一向毛主席、朱总司令回答清楚以后,毛主席点点头,笑着说:

"这次我们开会,没有你们辛辛苦苦的工作,这个会也是开不好啊!我们这些人都很感谢你们咯!"毛主席说到这里,转向王秘书长笑着说,"你们当秘书长的同志,应该照顾他们一下吧!改善改善他们的生活,好不好?"

"这没问题,明天就能办!"王秘书长说。

"我完全同意。请秘书长作会议的全权代表吧。"朱总司令说。

"这完全应该照顾他们一下,我举双手赞成!"周副主席也笑着说。

毛主席看了看大家:"我们走吧,开饭的时间到了。"

毛主席、朱总司令、周副主席都笑呵呵地向我们频频点头而去。

第二天上午,王秘书长派总务处王处长亲自给我们送来猪肉40斤、鸡蛋100个,还有几斤烧酒,每人两盒哈德门香烟。我们大队长很恳切地向王处长说:

"我们大家都感谢中央和毛主席的关怀和爱护。这次会议中,首长对我们的生活照顾得很多了。请你把这些东西拿回去,给毛主席他们保养身体。毛主席日夜操劳革命的大事，身体又不好，生活也很苦。只要毛主席健康，我们再苦再累心里也高兴！"

王处长笑着说："慰劳你们这点东西，是中央、毛主席的心意。毛主席看到你们日日夜夜、风里雨里保卫中央，也很辛苦的。当然，你们都很热爱和关心毛主席，同我们的心情一样，这点东西很少，意义重大啊！你们还是收下吧！"他说完就飞快地走了。

这次扩大的六中全会开了一个多月，直到11月6日才胜利闭幕。毛主席在11月5日、6日作了会议的总结报告，解决了两个重大问题：一个是关于统一战线中的独立自主问题，另一个是关于战争和战略问题。6日下午，扩大的六中全会根据毛主席的报告，通过了一个政治决议案。全会批准了以毛主席为首的中央政治局的关于抗日战争和抗日民族统一战线的路线。确定了在贯彻党的统一战线中，必须坚持独立自主的原则，和有斗争、有团结，以斗争求团结的方针。还确定把党的主要工作任务放在战区和敌区：放手发动群众，武装群众，扩大人民军队和抗日根据地。会议一致通过了开除叛徒张国焘的党籍。同时，会议鉴于党内右倾机会主义分子违犯组织纪律的事实，还通过了几个组织建设方面的文件："关于各级党委暂行组织的决定"，"关于各级党部工作规则的决定"。其中强调党员认真遵守个人服从组织、少数服从多数、下级服从上级、全党服从中央的民主集中制的根本原则。反对任何自由主义的言论和行动。"关于中央委员会工作规则与纪律的决定"中，规定各中央委员，没有中央委员会、中央政治局及中央书记处的委托，不得以中央名义向党内外发表言论及文件；各中央委员不得在中央委员会外，对任何人发表与中央委员会决定相反的意见，亦不得有任何违反的行动；各中央局、中央分局须完全执行中央委员会、中央政治局、中央书记处的决议和指示。另外还发出告全国同胞、将士和全党书。

在会议期间，在毛主席的报告中，会议的讨论中，政治决定案中，都批判了新的右倾投降主义的错误和危险；批判了统一战线中把领导权让给国民党的无原则的迁就主义和尾巴主义的错误，即所谓"一切经过统一战线，一切服从统一战线"；批判了那种把战胜日本帝国主义寄托于国民党军队，把人民命运寄托在国民党反动统治下的合法运动的错误。这时右倾投降主义的错误路线是以王明为代表的，但在会议上并没有直接指名批判他。这都是毛主席从团结的愿望出发，治病救人，等待他们和某些群众觉悟的方针。由于有了毛主席为首的党中央的英明坚强的领导，制定了正确的决议和政治路线，纠正了右倾投降主义的错误和危险，从而奠定了抗日民族解放战争胜利的基础。六中全会的胜利和成功，正是毛泽东思想在我党历史上的光辉创造，是马列主义的新发展。

全会结束这天，正逢十月革命佳节，为了欢庆六中全会的胜利和十月革命胜利21周年，举行了会餐和晚会。下午，毛主席和中央首长同我们为会议服务的工作人员一起会餐。毛主席、朱总司令、周副主席都亲自来到我们工作人员较多的席间，轮流向我们祝酒致谢。毛主席满面笑容、兴致勃勃地举起酒杯，以洪亮的声音亲切地说：

"同志们！今天六中全会胜利地闭幕了！为全会工作的同志们，你们也有一份功劳，也很辛苦。我们为了庆祝伟大的十月革命21周年和六中全会的胜利，并向大家致谢，我们共同喝一杯酒。"

全场起立，热烈鼓掌。我们都兴高采烈地举起酒杯，一饮而尽。

当晚，鲁迅艺术学院的师生组织了专场晚会，演了许多新排的精彩节目，其中最动人的是冼星海新创作的《黄河大合唱》。毛主席、周副主席、朱总司令都坐在银光闪闪的汽灯下观看。毛主席眼神专注地看着舞台上的表演，在节目最精彩的地方连连点头，热烈地鼓掌赞赏，有时也发出爽朗的笑声，或同坐在旁边的首长交谈、称赞。

晚会结束时，毛主席和其他中央首长都站在台前热烈鼓掌。最后，毛主席、周副主席到后台去接见全体演员。这时，舞台上掀起了一阵阵热烈的掌声和欢呼声：

"毛主席万岁！"

"中国共产党万岁！"

有些演员激动得跳跃起来，有些演员激动得热泪滚滚。毛主席笑吟吟地亲切地同演员们一一握手，还不住地说：

"你们演得好啊！谢谢你们！"

毛主席最后向他们挥手告别时，全体演员又是一阵欢呼和热烈的鼓掌，一直把毛主席送出大礼堂的门口，还久久地在那儿张望着。

扩大的六中全会胜利闭幕后，很多中央首长很快就要赶回前线、敌后或大后方去了。我们的任务立即繁忙起来，先后分批地护送各位首长平安回到原来的工作地点。这时，全大队一面执行繁重的保卫任务，一面热烈学习毛主席在六届中央全会上的报告——《论新阶段》。

延安解放社出版的《解放周刊》，第1页上就是毛主席亲笔书写的红色醒目的大字标题《论新阶段》。延安各机关、部队、学校、工厂……都普遍地掀起了学习热潮，轰轰烈烈地讨论着毛主席的报告和六中全会的政治决议。[8]

艰辛的理论创作

全民族抗战爆发后，党中央和毛泽东同志特别重视加强党的思想理论建设，提高干部的马克思列宁主义水平，用马克思列宁主义的普遍原理和中国革命的具体实践相结合的思想武装全党，清除主观主义特别是教条主义的影响，以便使党能够在国共合作抗战的复杂环境中正确地解决各种问题。毛泽东在这个时候用大力进行理论研究工作，着重从思想路线的高度总结党的历史经验。

新中国成立以后，毛泽东曾应美国记者埃德加·斯诺的要求，回忆了写作《实践论》《矛盾论》的一些情况。斯诺记录下了他们的谈话内容：

"当你在中国进行一场革命的同时，你也革了外国的'中国学'的命，现在出现了毛派和北京学派的各种派别。不久前我曾出席过一个会议，教授们在争论着你对马克思主义究竟有没有任何首创性的贡献。会后我问一位教授，如果能够表明毛从未自己宣称有过任何创造性的贡献，那么这对他们的争论有没有影响？那位教授不耐烦地回答说：'没有，的确没有影响。那完全是题外的问题。'"

毛笑了起来。他说，2000多年前，庄周写了一篇关于老子的不朽著作（《庄子》），于是出现了100家学派，争论《庄子》的意义。

"1960年，我上一次见到你的时候，我曾问你是否写过自传和有没有写的打算。你回答说，除了已对我讲过的有关你生平的一些事情外，你没有写过。但是有些教授已发现了你写的'自传'。当前教授们在研究的一个问题是，你的有名的哲学论文《矛盾论》和《实践论》，是否如《毛泽东选集》里所说，真的是在1937年夏天写的，还是实际上是在又过了几年以后写的。我自己好像记得，在1938年夏天曾看到过这两篇未出版的手抄的翻译稿。你可以告诉我这两篇文章究竟是在什么时候写成的吗？"

他说，确实是在1937年夏天写的。在卢沟桥事变[9]前后的几个星期里，他在延安有一段暂时空闲的时间。军队开赴前线了，毛腾出时间来收集准备在（延安）抗大讲课用的基本哲学教学材料。在3个月的短期课程中，一些简单而基本的教材，对于受训的青年学生来说，作为他们今后政治上的行动指南还是需要的。在党的坚持要求下，毛总结了中国革命的经验，写成《矛盾论》和《实践论》，把马克思主义的原理同中国的具体的日常实例结合起来。毛说，他大都在夜里写，白天睡。他花了几个星期写成的东西，讲课时两小时左右就讲完了。毛还说，他自己认为《实践论》是比《矛盾论》更重要的一篇文章。

"西方研究毛泽东的专家们把一篇没有收入《毛泽东选集》的题为《辩证唯物主义》的文章当作是你的著作[10]。你写过这样一篇文章吗？"

毛要我把问题再说一遍。他回答说，他从没有写过题为《辩证唯物主义》这样一篇文章。他认为如果他写过的话，他是会记得的。

"从1927年起，你就为学习战争的艺术而非常忙碌。在1937年以前，你是否有时间读过黑格尔的著作？"

毛说，他读过黑格尔的著作，在这以前还读过恩格斯的著作。他还说（也许想到了他的美国批评家们），他从来没有读过美国的马克思主义理论家的书。美国有优秀的马克思主义理论家吗？我问他在青年时代是否听到过索尔斯坦·维布伦写的《有闲阶级论》。即使有过中译本，毛也没有看过。我举了爱德华·贝拉米著的《向后看》一书，它对19世纪美国的空想社会主义者有过很大影响，它的预言性今天读起来仍是非常有趣味的。我还举了现代美国马克思主义思想家保罗·斯威齐著的《资本主义发展论》。毛说，遗憾的是，这些书他都没有读过。⑾

原中国人民解放军军事科学院副院长郭化若，在延安时曾在毛泽东身边工作。他回忆道：

毛主席一到延安就搜集马列主义的书，挤出时间，不分昼夜，发愤攻读。后来他在一次谈话中讲到：有一位同志给我一顶"狭隘经验主义"的帽子，这才逼得我发愤读书。

记得是在王明路线进入江西初期，刚开始反对毛主席时，周以栗同志（原长江局军事部长）就站出来说"山沟里有马克思主义"，横眉冷对王明路线的围攻。陈毅同志在七大前也对我说过："毛主席的唯物论辩证法思想，早在井冈山时期，就已经基本上建立了一个初步完整的体系。好比砌房子，已经有了栋梁、墙壁、屋顶、楼板、楼梯、门窗……而后来则是粉刷、油漆、装饰、布置家具、室内摆设等，使之更加完美罢了。"他是来到我住的土窑洞内讲的，讲得直爽、诚恳、明确，给我很深的印象。他还讲他和毛主席坦率地谈了井冈山的争论问题，毛主席说，井冈山的争论不属路线问题。这就消除了那些说陈毅同志不那么佩服毛主席甚至反对毛主席的不实之词。历史证明，在第三次反"围剿"胜利之后，毛主席就把马列主义和中国革命实践结合起来，不但创造性地为我党我军制定了一条马列主义的政治路线，而且也制定出一条马列主义的军事路线。

虽然这样，毛主席并不自满，他到延安后的确是发愤读书。有一次我在毛主席办公室内，看到桌面上放着一本《辩证法唯物论教程》，翻开一看，天头和其他空白处都有墨笔小字的旁批，内容全是中国革命中路线斗争的经验教训。这使我初步了解到毛主席是用马列主义的立场、观点、方法来分析中国革命的实际问题，并把中国革命的实际经验提高到理论水平上来充实和发展马列主义。他这些旁批，后来就逐步发展成为他的光辉著作《实践论》。

到延安不久，在一次小型会议上，毛主席向我们讲："李达同志给我寄了一本《社会学大纲》，我已经看了10遍。我写信请他再寄10本来，让你们也可以看看。"接着他又说，"李达还寄给我一本《经济学大纲》，我现在已读了3遍半，也准备读它10遍。"后来延安译成中文的马列主义的书逐渐多了起来，毛主席在百忙中以刻苦钻研的精神、对革命负责的态度，联系革命实际，认真地研究阅读。马、恩、列、斯的著作他都读，他自己说较多地读列宁的著作。这大概是要在列宁著作中，找到关于帝国主义时代无产阶级在半殖民地半封建国家中对民主革命和由此转变到社会主义革命过程中的基本指导思想，以便和中国革命的实践相结合。他对斯大林的著作也很尊重。他在一个干部会上讲过："《联共党史》是本好书，我已读了10遍。奉劝各位也多读几遍！"

毛主席理论上多方面发展马列主义的成就，是和他在学习中联系实际、刻苦钻研、深入研究分不开的。

1937年八九月间，我从庆阳到延安，毛主席教哲学的高潮已经过去。我所听到的反映是，主席讲哲学深入浅出，讲得非常生动、活泼、有趣，许多听众不断发出笑声，有时则哄堂大笑。有一次，我到主席处谈到这些反映，并以我不在延安为憾。毛主席幽默地说："我折本了。"我不大理解，有点诧异。主席解释说："我花了四夜三天的时间，才准备好了讲课提纲，讲矛盾统一法则，哪知只半天就都讲完了。岂不折本了吗？"

正是由于毛主席作了深入精细的研究，所以他才能发展辩证法的许多方面。特别是他创造性地提出"矛盾的特殊性"问题。他的杰出的命题是"不同质的矛盾，只有用不同质的方法才能解决"，"用不同的方法去解决不同的矛盾，这是马克思列宁主义者必须严格地遵守的一个原则"。例如武装夺取政权问题，这是马列主义的普遍真理，但是由于各国社会情况、历史情况不同，所走的具体道路也各不相同，所以毛主席后来说：我们不要求兄弟党都照中国革命的办法做，只要求他们把马克思列宁主义的普遍真理同各国革命的具体实际相结合。

毛主席所说的"折本"当然是开玩笑，他历来是把学而不厌和诲人不倦两句成语统一起来，看作教学相长的。他自己学了就向干部讲，把讲课前的准备和上课时的讲解，作为加深研究的方法。在陕北公学讲了哲学课后，又应红军大学（后改为抗日军政大学，简称"抗大"）的请求，讲了唯物论和辩证法。总政治部把讲课的记录稿整理了出来，经过毛主席同意，打印若干份，分给我们学习。后来毛主席根据记录稿，选出辩证唯物论中的《实践论》和唯物辩证法中的《矛盾统一法则》两节，整理加工成为现在我们所看到的《实践论》和《矛盾论》。《实践论》《矛盾论》和后来写的《关于正确处理人民内部矛盾的问题》与《人的正确思想是从哪里来的》4本哲学著作，就成为当代马列主义哲学发展的新成果。

一段时间，在杨家岭毛主席办公的窑洞里，每到星期三夜晚，总有七八个人围在一支蜡烛前，漫谈马列主义的新哲学。这个会是毛主席组织的，每次他都亲自主持。事先指定一个报告人，准备好发言提纲，首先发言，然后大家发表意见。开始谈的几个人都是毛主席秘书处的秘书或干事，谈的只是哲学的一般常识或通俗讲话。随后逐渐扩大，也有高级干部和理论家参加，人数增加了，座谈的内容也有所发展，地点移到了中央组织部大而深的土窑洞内，中央组织部还准备了简单的面食招待。因为毛主席的号召适应了广大干部的迫切需要，因此参加的人都踊跃积极。这是毛主席传播马列主义唯物论辩证法的一种方式，引起了许多高级干部学习马列主义哲学的兴趣。

毛主席认真实行把哲学从哲学家的书本和讲堂上解放出来，交给广大干部和工农群众。他不断地竭尽心思、想方设法，把唯物论辩证法这一无产阶级的宇宙观，用通俗、易懂、易记的语言传播出来。如"实事求是""从实际出发""调查研究""点的试验，面的推广""总结经验，提高认识""从群众中来，到群众中去""一分为二""要抓住主要矛盾""物质变精神，精神变物质"，等等。这样就把哲学思想和实际工作密切地结合起来了。

党政军干部学习哲学的热潮初步形成了。毛主席很高兴，进一步提出成立"新哲学会"，由艾思奇、何思敬等同志主持，具体工作叫我做。新哲学会用什么形式宣布成立呢？毛主席提出筹备召开新哲学年会。艾思奇、何思敬同志都表示拥护。于是分别去请人作报告，并邀请各方人士到会。愿意来听报告的人不少，起码在200人左右，而作报告或讲话的人则你推我让，最后请了几位同志来讲演，新哲学年会毕竟开成了，开了三四个半天。开完会，我向毛主席汇报时，主席高兴得立即定于第二天在西北饭馆庆祝。

第二天在西北饭馆摆了几桌酒菜，费用是毛主席用自己的稿费交付的。人们都满面笑容而来。毛主席首先举杯庆祝新哲学年会的成功，并宣布新哲学会的成立，号召大家积极学习马列主义的新哲学，把传播新哲学的活动进一步扩大。毛主席还走到每一桌去敬酒，并和每个人碰杯，大家都受到极大鼓舞。[12]

延安时期，是毛泽东理论创作的高峰期。除了《实践论》《矛盾论》这两部毛泽东哲学思想的奠基作之外，毛泽东在新民主主义革命理论、军事理论、政策和策略理论以及党的建设理论等方面，都有系统的、富于创造性的建树。许多闪烁着马克思主义原理同中国革命具体实际相结合的精神的名篇，如《〈共产党人〉发刊词》《新民主主义论》《抗日游击战争的战略问题》《论持久战》《战争和战略问题》《目前抗日统一战线中的策略问题》《中国共产党在民族战争中的地位》等，都是在这一时期问世的。其中，凝聚了毛泽东对中国革命规律和马克思主义真理的执着追求，体现着他对中国民族战争和中国政局发展的非凡驾驭能力和卓越的领导才能。尤其在中共扩大的六届六中全会以后，他的思想及其多方面的领导才能逐渐为全党所充分认识和接受，并在中共七大上得到了最终的确认。

皖南事变前后

1939年冬到1940年春，国民党顽固派的反共活动迅速扩大。他们由制造小规模的军事摩擦，发展到在几个地区向根据地军民发动较大规模的武装进攻，掀起第一次反共高潮。

毛泽东针锋相对，提出一系列重要的策略思想，指导抗日根据地军民击退了国民党顽固派的第一次反共高潮。

陈枫在《皖南事变本末》一书中写道：

第一次反共高潮集中在华北地区：一是在陕甘宁边区，二是在山西，三是在冀南和豫北。

为了击退国民党军的进攻，1939年2月中共中央就发出"中央关于河北等地摩擦问题的指示"，指出"对非理进攻，必须反击，决不能轻言让步"。1939年6月30日，毛泽东在《反对投降活动》一文中，就坚决地斥责了那些公开的汪精卫和暗藏的汪精卫辈们所制造的反共罪恶行径。1939年7月7日，中共中央在纪念抗战三周年对时局发表的宣言中就提出了向一切投降、分裂、倒退的活动进行斗争的口号。9月16日，毛泽东在同中央社、《扫荡报》和《新民报》记者谈话时就明确表示："人不犯我，我不犯人；人若犯我，我必犯人。"

各地军民坚决响应党中央和毛泽东的号召，坚决击退蒋介石发动的第一次反共高潮。

第一次反共高潮被击退，毛泽东于1940年3月11日在延安党的高级干部会上作了题为《目前抗日统一战线中的策略问题》的报告。这个报告总结了抗日战争开始以来，特别是击退国民党第一次反共高潮以来，我们党同国民党建立统一战线的全面经验。毛泽东在报告中指出：

"抗日战争胜利的基本条件，是抗日统一战线的扩大和巩固，而要达此目的，必须采取发展进步势力、争取中间势力、反对顽固势力的策略。"

毛泽东说，发展进步势力，"就是发展无产阶级、农民阶级和城市小资产阶级的力量，就是放手扩大八路军新四军，就是广泛地创立抗日民主根据地，就是发展共产党的组织到全国，就是发展全国工人、农民、青年、妇女、儿童等的民众运动，就是争取全国的知识分子，就是扩大争取民主的宪政运动到广大人民中间去。只有一步一步地发展进步势力，才能阻止时局的逆转，阻止投降和分裂，而为抗日胜利树立坚固不拔的基础。但是，发展进步势力，这是一个严重的斗争过程，不但要同日本帝国主义和汉奸作残酷的斗争，而且还要同顽固派作残酷的斗争。因为对于发展进步势力，顽固派是反对的，中间派是怀疑的。如不同顽固派作坚决的斗争,并收到确实的成效,就不能抵抗顽固派的压迫,也不能消释中间派的怀疑,进步势力也就无从发展"。

毛泽东说,争取中间势力,"就是争取中等资产阶级,争取开明绅士,争取地方实力派"。争取中间势力,必须在一定条件下才能完成这个任务。这些条件就是:"(一)我们有充足的力量;(二)尊重他们的利益;(三)我们对顽固派作坚决的斗争,并能一步一步地取得胜利。"

毛泽东在报告中提出了我党同顽固派斗争的三项著名原则。"第一是自卫原则。人不犯我,我不犯人;人若犯我,我必犯人。这就是说,绝不可无故进攻人家,也绝不可在被人家攻击时不予还击。这是斗争的防御性。对于顽固派的军事进攻,必须坚决、彻底、干净、全部地消灭之。第二是胜利原则。不斗则已,斗则必胜,绝不可举行无计划无准备无把握的斗争。应懂得利用顽固派的矛盾,绝不可同时打击许多顽固派,应择其最反动者首先打击之。这就是斗争的局部性。第三是休战原则。在一个时期内把顽固派的进攻打退之后,在他们没有举行新的进攻之前,我们应该适可而止,使这一斗争告一段落。在接着的一个时期中,双方实行休战。这时,我们应该主动地同顽固派讲团结,在双方同意之下,和他们订立和平协定。绝不可无止境地每日每时地斗下去,绝不可被胜利冲昏自己的头脑。这就是每一斗争的暂时性。在他们举行新的进攻之时,我们再用新的斗争对待之。这3个原则,换一句话来讲,就是'有理、有利、有节'。坚持这种有理、有利、有节的斗争,就能发展进步势力,争取中间势力,孤立顽固派,并使顽固派尔后不敢轻易向我们进攻,不敢轻易举行大内战。这样,就有争取时局走向好转的可能。"

毛泽东这个总结,为我党今后扩大与巩固抗日民族统一战线,为击退蒋介石国民党在抗日战争中再次掀起的反共高潮,在理论上和实践上提供了锐利的斗争武器。[13]

1940年夏秋,国民党顽固派在华北进行的第一次反共高潮被打退以后,又把反共中心转向华中,策划以武力进攻新四军。

1940年9月初,中共中央得到周恩来、叶剑英从重庆发回的报告,获悉国民党军司令部已向顾祝同发出命令,扫荡长江南北的新四军。中共中央军委即电令叶挺、项英、刘少奇准备自卫,叮嘱"皖南尤须防备"。陈毅根据这一指示,于10月初取得黄桥之战的重大胜利,有力地打击了苏北顽军的反共气焰。

10月19日,国民政府军事委员会正副参谋总长何应钦、白崇禧发出致朱德、彭德怀和叶挺的《皓电》,要求大江南北的八路军、新四军在一个月内全部开赴黄河以北,要求将50万八路军、新四军缩编为10万人。同时,还密令汤恩伯、李品仙、韩德勤、顾祝同等部准备向新四军进攻。

第二次反共高潮迫在眉睫。

陈枫在《皖南事变本末》一书中继续写道：

何、白《皓电》把抗战以来国共军事摩擦的根源归结于八路军、新四军的四条"罪状"。《皓电》说："综观过去陕甘冀察晋绥鲁苏皖等地历次不幸事件，及所谓人多饷少之妄说，其症结所在，皆缘于第十八集团军及新四军所属部队：一、不守战区范围自由行动；二、不遵编制数量自由扩充；三、不服从中央命令破坏行政系统；四、不打敌人专事并吞友军。以上四端，实为所谓摩擦事件发生之根本。"为此，《皓电》把中央提示案以正式形式下达，说什么"兹奉谕将前经会商并奉核定之中央提示案正式抄达，关于第十八集团军及新四军之各部队，限于电到一个月内，全部开到中央提示案第三问题所规定之作战地境内，并对本问题所示其他各项规定切实遵行，静候中央颁发对于执行提示案其他各问题之命令。至周副主任委员恩来所提调整游击区域及游击部队办法三种[14]，其第一、第三两种，决难照办，其第二种应俟开到规定境内后，再行酌办，特并附达，盼复"。

何、白《皓电》实际是发动内战的"檄文"。

《皓电》发出后，毛泽东及时科学地分析了形势，正确论断了蒋介石国民党的反共阴谋。毛泽东指出，英美集团与德意日集团，一个月来在中国的相互斗争，是十分激烈的。英美集团要求蒋介石加入他们的同盟，德意日集团要求蒋介石放弃中日战争，加入德意日同盟。他们间的这一斗争，目前已达到白热化。"蒋介石现在是待价而沽"，他一方面准备加入英美联盟，一方面准备加入德意日联盟。蒋介石发动第二次反共高潮，就是准备加入德意日联盟的严重步骤。因为日本要南进太平洋，就需要一个巩固的后方，而共产党"已成了破坏日本这个后方的最严重的因素"。蒋介石表示，愿意替日本担负起巩固后方的这一职务，以此求得日本对他的让步。所以蒋介石企图用武力把新四军、八路军驱逐到老黄河以北，以置我军于死地，"这一计划是下了决心的"。

根据对形势的科学分析和正确论断，毛泽东提出了党所面临的严重任务：

"我们一方面要坚持华北、华中各根据地，一方面要打破蒋介石的进攻，这就是我所处的严重局面。"

毛泽东11月15日在对党内的指示中提出我党对蒋介石进攻所采取的全面对策，"对于蒋介石此次反共进攻，对皖南取让步政策（即北移），对华中取自卫政策，而在全国则发动大规模反投降、反内战运动，用以争取中间势力，打击何应钦亲日派的阴谋挑衅，缓和蒋介石之反共进军，拖延抗日与国共合作时间，争取我在全国之有理有利地位。"

华中的自卫政策，针对汤恩伯大军准备东开的情况，毛泽东指示周恩来，汤军之是否移动,"这是蒋介石是否有决心进攻华中抗日根据地的表现。在汤部只作移动准备尚未实行移动以前,应设法使其不动。"毛泽东请周恩来向国民党代表张冲表示,如汤军东进,则国共战争难免,皖南我军北移也难免发生波折,我党均不负责任;如汤军向我进逼,则我军即动手"解决"韩德勤。毛泽东指出这是蒋介石的利害问题。毛泽东要周恩来向国民党代表张冲作以上适当表示,以延缓蒋介石进攻。

毛泽东又电告项英、叶挺,请叶挺会见顾祝同时,向顾提出要求,要他致电蒋介石,停止汤恩伯、覃连芳两军东进,否则引起战事,由彼方负责。当时覃连芳的两个师已到河南商城、固始,覃及各师长均集安徽立煌,计划攻皖东;汤恩伯9个师在南阳准备东开,形势十分危急。毛泽东请叶挺质问顾祝同,一面令我皖南部队北移,一面又派20万大军东进,是何用意?是否彼方已准备决裂?叶挺同顾祝同谈判时,指出"这是第一位问题"。

……

由于蒋介石的反共内战存在着以上种种制约和困难,所以关于粉碎蒋介石的反共阴谋,11月21日毛泽东在致周恩来的电文中指出:

其一,"只要蒋介石未与日本妥协,大举剿共是不可能的,他的一切做法都是吓我让步"。发表《皓电》是吓,何应钦在纪念周发表反共演说是吓,汤、李军东进也是吓,胡宗南集中4个师打关中也是吓,命令李克农撤销桂林办事处也是吓。蒋介石还有可能再做出其他吓人之事。除"吓"以外,还有一个法宝,即封锁,此外再无其他可靠办法(当然进攻新四军张云逸、彭雪枫部是可能的)。许多中间派被蒋介石吓倒了,纷纷要求我党让步,"我须善为说词以释之"。我党除《佳电》中表示缓和及皖南作一点点小小让步外(实际上我早要北移),其他是寸土不让,有进攻者必粉碎之。"我们已准备了一个铁锤,只待政治条件成熟,即须给他重重一棒。目前我们的一切宣传文章,都是为了成熟这个政治条件。"

其二,除何应钦另有挑拨内战阴谋外,蒋介石必把他吓共产党让步的法宝密告了白崇禧。故白崇禧如此煞有介事,实际是不想打的,他很怕真打起来。"我们却应利用这个弱点去吓白,除白以外一切吓我之人,我应以我之法宝转吓之。"这些法宝就是,八路军、新四军下级官兵对反共内战如何愤激,他们请求南调支援新四军;我们已14个月未发子弹;华北灾荒部队没有饭吃;汤、李军东进必引起大冲突,苏北和平也必破裂;陕北今年灾荒甚重,饥民要求迁地就食,等等。这些政治攻势,"也应向着那些天真烂漫的中间派,引起他们着急,去影响蒋介石"。

其三,胡宗南已对28师、24师、预3师、第8师下令,准备进攻宜君、淳化、正宁三点间葫芦地带。朱德总司令一面已电告胡宗南叫他制止,一面又准备了一部分兵力打击之。只待胡宗南发动进攻,我军在苏北发动一个局部战斗以报复。为隔断韩德勤、霍守义部打通皖苏之目的,我军攻占淮阴、宝应间之一块地方,如得手,霍必好转,韩必就范。其直接的理由是霍守义打我军彭明治部,莫德宏打我军张云逸部,我不得不报复之。

毛泽东在致周恩来的电文中最后说:"只有软硬兼施,双管齐下,才能打破蒋介石的诡计,制止何应钦的投降,争取中间派的向我,单是一个软或单是一个硬,都达不到目的。"

据此,毛泽东于11月30日就科学地论断了蒋介石的中心战略和提出了党的斗争方针:

此次蒋介石、何应钦、白崇禧串通一气,用《皓电》、调兵、停饷、制造内战空气、威胁我军办事处等手段,"全为吓我让步,并无其他法宝"。他只有吓人一法,对日本是吓,对我们也是吓。除了这个流氓手段外,他是一筹莫展。蒋现在的特点是内外危机交迫,在他统治下,军政、财经、文化、人心一概不稳固,其危机在蒋历史上是空前的,这是其内部不稳固;对敌对我没有防线,这是其外部不稳固。为挽救危机稳固内外防线起见,结成蒋、白、何联盟(大资产阶级的反共统一战线,而何、白却另有目的),"其中心战略是攻势防御,以攻势之手段,达防御之目的。绝非全部战略攻势,因为这是不可能的"。其一切对我恐吓手段及可能的局部进攻,都是攻势,而以沿泾水、渭水、黄河、淮河、淮南路筑封锁线达其巩固外部防线之目的,以造成反共空气,缩小我之活动,组织反共联盟(以蒋、白、何联盟为基础)达其巩固内部防线之目的。这两件事是他能够办到的,总之是达到防御目的。"本质上蒋与过去一样,依然未变,仍是又抗日又反共的两面政策,而其对日则是绝对防御(毫无攻势),对我则是攻势防御。所以,(一)不稳固;(二)两面政策;(三)攻势防御。这三点就是蒋目前的全部实质。"在此情况下,"我之方针是表面和缓,实际抵抗,有软有硬,针锋相对。缓和所以争取群众,抵抗所以保卫自己,软所以给他面子,硬所以给他以恐怖"。而真正的军事调动,只有八路军115师两个团南下华中,支援新四军,其他部队一律不动。但各地仍需积极准备,除对付蒋介石的局部进攻外,随时可以调动7万以上精兵,给敢于大举进犯者以猛重的打击。因我军愈有准备,彼方愈不敢进攻,这是有备无患的道理。所谓惹急了他会撕破脸皮乱打,这是被蒋介石吓倒了的话。其实蒋是精于计算人的,他只用以吓人,并不用以决定政策。〔15〕

1941年1月4日,奉命北移的新四军军部及其所属皖南部队9000余人,从云岭驻地出发北上。6日,在泾县茂林地区突遭顾祝同、上官云相指挥的国民党顽军8

万余人的包围袭击。新四军将士浴血奋战7昼夜,终因寡不敌众,大部被俘、失败或牺牲。这就是震惊中外的皖南事变。

1月17日,蒋介石反诬新四军"叛变",宣布取消新四军番号,将军长叶挺"交付军法审判",把第二次反共高潮推向顶点。

毛泽东和中共中央关心着新四军将士的命运和安危,同国民党顽固派进行了针锋相对的斗争。

陈枫在《皖南事变本末》一书中写道:

事变期间,中共中央所在地延安、周恩来所在地重庆、刘少奇所在地盐城、叶挺所在地茂林地区,通过电台,频频联系,作出决策和指挥。皖南新四军根据党中央的指示,浴血奋战,突出重围,坚决完成北移任务。

1月5日,我军北移行至茂林地区,军部决定就地休息一天。7日,毛泽东、朱德即致电叶挺、项英:

你们在茂林不宜久留,只要宣城、宁国一带情况明了后,即宜东进,乘顽军布置未就,突过其包围线为有利。

1月9日晨,情况极为紧张,我军处境危殆,项英等带领小队武装企图冲出包围圈,私自离开了军部指挥岗位。叶挺、饶漱石即致电毛泽东:

今(9)日晨北进、又受包围,现在集全力与敌激战,拟今晚分批突围北进。项英、国平于今晨率小部武装上呈而去,行方不明,我为全体安全计,决维持到底。

中共中央中原局刘少奇接到叶挺等报告以后,当即指示:

项、袁不告而去,脱离部队,甚为不当,即在以前他们亦有许多处置不当,违反中央的指示,致造成目前困难局面。望你们极力支持,挽救危局,全力突围走苏南,已直令苏南二支队接应。

同日,刘少奇把叶、饶的急电又报告给毛泽东等,并向中央提议:

项、袁在紧急关头已离开部队,提议中央明令撤项英职,并令小姚(即饶漱石)在政治上负责,叶在军事上负责,以挽危局。

项英等离开部队以后又折回石井坑军部。10日,项英向中央报告了离队的经过,并请中央处罚:

今日已归队,前天突围被阻,部队被围于大鏖山中,有被消灭极大可能,临时动摇,企图带小队穿插绕小道而出,因时间快要天亮,曾派人请希夷(即叶挺)来商计,他在前线未来,故临时只找着国平等同我走,至9日即感觉不对,未等希夷(叶挺)及其他同志开会并影响甚坏。今日闻5团在附近,即赶队到与军部会合。此次行动甚坏,以候中央处罚。我坚决与部队共存亡。

毛泽东等请刘少奇、陈毅转给叶挺、饶漱石的指示称:

希夷（叶挺）、小姚（饶漱石）的领导是完全正确的，望全党全军服从叶、饶指挥，执行北移任务。你们的环境虽困难，但用游击方式保存骨干，到达苏南是可能的。

同一天，毛泽东等又将项英等离队情况通报了周恩来：

据叶挺、小姚（饶漱石）9日报告称，今9日北进，又受包围，现集全力与敌激战，分批突围北进。项、袁今晨率一部不告而别，去向不明。我为全军安全计，决维持到底。

12日，中共中央作出新四军由叶挺、饶漱石负总责的决定：

中央决定一切军事、政治行动均由叶军长、饶漱石二人负总责，一切行动决心由叶军长下。项英同志随军行动北上。

中央将此决定向部队干部宣布。

叶挺等在被重围期间，对敌情我情及所取对策迅速报告了毛泽东等。

1月10日，叶挺、饶漱石向毛泽东、朱德、王稼祥的报告称：

支持4日夜之自卫战斗，今已濒绝境，干部全部均已准备牺牲。请即斟酌实情，可否由中央或重庆向蒋（介石）交涉立即制止向皖进攻，并按照原议保障新四军安全移江北及释放一切被捕军部工作人员。

同日，叶挺等又给毛泽东等报告：

我全军被围于泾县茂林以南，准备固守，可支持一星期。请以党中央及恩来名义，速向蒋（介石）、顾（祝同）交涉，以不惜全面破裂威胁，要顾（祝同）撤围，或可挽救。上下一致，决打到最后一人一枪，我等不足惜。一周后如无转机，则将全部覆没。

同日，叶挺、饶漱石又致电刘少奇、陈毅：

我1纵队傅秋涛两个团已打到泾县、宁国间，我军其余均被围于茂林附近山地，敌大我五六倍，突围困难，死守硬拼到最后一人，唯粮弹不济，恐守不住，请中央设法以全面分裂胁蒋（介石），或能挽救，并示方针。二支队应即向苏皖边积极行动，苏北能同样行动以为声援更佳。

11日，叶挺等向中共中央报告了敌军情况及我军行动方针：

顽敌40、144、79、52、108各师，已于今日合围，预计明晨会总攻。

顾并已下生擒我等之命令。

我们方针：缩短防线，加强工事，以少数牵制多数，控制一个团以上强力，选择弱点，俟机突击，给以大打击后，再走第二步，能突破当更好。

现士气尚佳，唯粮弹不齐，不能久持。

毛泽东、朱德、王稼祥接叶挺等报告后，迅速作出重要指示。

12日，毛泽东等指示叶挺、饶漱石应速谋突围：

你们当前情况是否许可突围，如有可能，似以突围出去分批东进或北进（指定目标，分作几个支队分道前进，不限时间，以保存实力、达到任务为原则、为有利，望考虑决定为盼）。因在重庆交涉恐靠不住。同时应注意与包围部队首长谈判，并盼将情形告知。

同日，中共中央致电周恩来、叶剑英，望向国民党交涉撤围：

新四军全军东进，行至太平、泾县间之茂林，被国民党军队重重包围已6天，突不出去，据云尚可固定7天，望向国民党军提出严重交涉，即日撤围，放我东进北上；并向各方面呼吁，证明国民党有意破裂，促国民党改变方针，否则有全军覆灭危险。

13日，毛泽东、朱德、王稼祥又致电周恩来、叶剑英，应向国民党当局提出最严重交涉：

叶挺军部率6个团仍在泾县以南茂林地区围困中，并没有出来，现粮尽弹绝，处境极危，有全军覆没之可能。虽有傅秋涛2个团突出至宁国山地，亦未突出大包围线外，请严重向重庆提出交涉，并向全国呼吁求援等语。请向当局提出最严重交涉，如不立即解围，我们即刻出兵增助，破裂之责由彼方担负。我们今日发出之通电，望立即散发。

朱德、彭德怀、叶挺、项英于13日发出《通电》，严重抗议国民党围歼我江南新四军。《通电》称：

我江南新四军军部及部队万人遵令北移，由叶挺等率领行至泾县以南之茂林地区，突被国军7万余人重重包围，已血战7昼夜，死伤惨重，弹尽粮绝。挺等率部遵令北移，不意全是诱我聚歼之计。在战斗中据所获包围军消息，此次聚歼计划，蓄谋已久，布置周密，全为乘我不备，诱我入围，其所奉上峰命令有一网打尽、生擒叶项等语。德等远在华北，未悉命令移防底蕴，迄今始知聚歼计划。今不问对敌行动如何，但对我则是聚歼，何、白两总长《皓电》《齐电》所称之仁义道德何在？所谓破坏抗战、破坏团结者究属何人？所谓军政军令军纪者究在何处？似此滔天罪行，断不能不问责任。同时全国正准备大批逮捕、大批杀人，与袭击八路军备办事处，在西北则修筑万里长城之封锁线，在华中则派遣20余师正规军实行大举进攻，国内局面顿改常态。我八路军新四军前受日寇之扫荡，后受国军之攻击，奉命移防者则遇聚歼，努力抗战者则被屠杀，是而可忍，孰不可忍！特电奉达，敬恳中央立解皖南大军之包围，开放挺等北上之道路，撤退华中之剿共军，平毁西北之封锁线，停止全国之屠杀，制止黑暗之反动，以挽危局，以全国命。

在朱、彭、叶、项发出《通电》的同时，新四军华中将领陈毅、张云逸、彭雪枫、罗炳辉、邓子恢、粟裕、李先念，为叶、项军长暨皖南部队被包围致电华中、华南我军全体指战员：

叶、项军长遵照中央命令，于本月4日由皖南泾县北移，准备经苏南渡江。7日行至茂林，即由顾祝同派遣大军重重包围，激战7昼夜，迄未停止，军部及我二三支队殆陷绝境，请各部队立即在驻扎地向各友党友军友好士绅及一切文人居士，说明军部遵命北移被围的险状，吁请各方主张公道；并向中央当局请求迅予制止顾祝同破坏抗战合作的分裂行为。我新四军将士应一致团结，坚决表示：如叶、项军长及其被围部属，竟陷于不救境地，则我华中华南新四军全体将士，不仅不考虑北移命令，即对一切命令皆不再有执行之考虑。尔后华中抗战破坏，合作破坏，不论于国家民族前途产生任何影响，其责任应由顾祝同的分裂行为担负之。同时，我新四军将士应知叶、项军长为我们直属官长，患难生死多年与共，竟因遵命北移而被歼，则我等自无生存余地，除准备一切牺牲斗争到底，外无他途！时机危殆万分，不容迟疑，请迅速准备行动为要！

面对皖南我军被严重包围的局势，1月12日，刘少奇、陈毅关于在苏、鲁发动攻势，以与国民党交换，向毛泽东等建议：

我江南军部叶、项、袁、周等共约9个团，遵令北移至茂林附近，被顾祝同层层包围，多次未冲出，已激战6昼夜，死伤已重，弹尽粮绝，已致绝境。他们准备拼至最后一人，望你们速向重庆严重交涉，停止包围，请让我安全北移。请朱、陈、罗准备包围沈鸿烈，我们准备包围韩德勤，以与国民党交换。是否有当，请毛、朱、王立复并直告朱、陈、罗执行。

13日，毛泽东、朱德、王稼祥对于皖南事变中我之对策给刘少奇、陈毅发出通报：

我们已向当局提出最严重之抗议。申明如不撤围，破裂之责在彼。

同日，毛泽东等发出关于在苏、鲁发动攻势以答复皖南事变的指示：

同意刘少奇、陈毅12日意见，苏北准备包围韩德勤，山东准备包围沈鸿烈，限10天内准备完毕，待命攻击。以答复蒋介石对我皖南1万人之聚歼计划。

为应付严重事变，重庆、桂林、西安、洛阳各办事处，应即刻准备好对付蒋介石袭击。

同日，周恩来、叶剑英关于向国民党交涉情况给毛泽东作了报告：

本日晨与三战区参谋长用无线电话谈新四军情形，据说，新四军北移不遵照指定路线，自行向相反的方向（东南），因与友军"误会"。其冲突地点是在太平地区，从6日起直至今日止，仍未结束，详情不明。我们责以友军对新四军北移，不但不予以帮助，反借口狙击，江南如此，则华北、华中问题更难解决。他答复不能"负责"。

我们今日已动员党的干部向各方揭发国民党狙击新四军阴谋，并向蒋、何、白抗议,要求立即制止围攻新四军行动,否则,江南摩擦,我们不负责。

同日,周恩来、叶剑英关于与蒋介石交涉情况给中共中央报告:

本日公开告诉刘为章[16]说:(一)叶(挺)、项(英)等及其主力,已经突出重围,进至泾县、宁国间,有一小部后方,尚在茂林山中被围。(二)请蒋(介石)、何(应钦)立令顾解除茂林包围,并让出去苏南的道路来,否则新四军主力虽北上,其被围部队势将被迫分散,江南局面仍不能解决。(三)我华北、华中将士得四军恶讯,气愤填膺,几不可遏,只有迅速解除对新四军围攻,才能免危机于万一。

刘为章说:我今天可负责答复,蒋已令贺耀祖(侍从室)用电话直告顾(祝同),只要新四军确实北渡,他们应予帮助,不应为难。至于冲突,因估计双方都在严密戒备情况下,自然容易发生误会。

我们又提出北上必经苏南,皖北绝对走不通。刘(为章)允再给顾一电,并嘱其执行。

刘为章顷接何应钦家来电竟说:本日谈话后,我即报告委座。委座答复说:(一)关于茂林方面不要继续打的问题,我昨夜(12日夜)已由(贺耀祖)下了命令,此事不成问题。(二)新四军今后所走路线,可走苏北,但须执行两条件:部队过江后,不得打韩德勤;且过江后不得盘踞,须遵命继续到河北去。(三)刘为章今晚即用电话向顾传达蒋的意见。(四)望我们即告前方。

蒋介石佯称已直令顾祝同对北移我军"应予帮助,不应为难"的当天,即1月12日拂晓,顾祝同、上官云相已根据蒋介石生擒叶、项的手令对我全线发动第二次总攻。佯称对我军北撤"应予帮助"的第二天,即1月13日下午,蒋军全线又对我发动第三次总攻。与此同时,何应钦以急电致国民党各部队,谓"连日来各战区进剿匪军颇为顺利,匪首叶挺、项英均先后被擒","各部队须严为戒备,勿为匪乘"。

对此,1月15日,毛泽东致电周恩来:

(一)蒋介石一切仁义道德都是鬼话,千万不要置信。

(二)中央决定发动政治上的全面反攻,军事上准备一切必要力量粉碎其进攻。[17]

皖南事变发生后,党内"左"的倾向开始抬头。一些人认为,这是1927年"四一二"政变的重演,国共破裂迫在眉睫。毛泽东认真分析了国内外局势,提出在中日民族矛盾依然是主要矛盾的情况下,应当继续坚持又联合又斗争、以斗争求团结的政策,在军事上严守自卫,在政治上坚决反击。

在毛泽东的正确指导下,中国共产党利用国民参政会、驻重庆办事处及《新华日报》等合法斗争手段,取得了初步成效。国民党顽固派空前孤立,不得不有所收敛。民主党派及国民党的有识之士目睹了皖南事变前后的种种事实，也深为中国共产党人忍辱负重、深明民族大义的立场所折服。蒋介石大大地失了分。

中国政局开始出现有利于中国共产党方面的微妙变化。

注　释

〔1〕毛泽东：《反对日本进攻的方针、办法和前途》，选自《毛泽东选集》第2卷，1991年第2版，第346页。

〔2〕1937年8月27日，毛泽东在中央政治局常委会上再次强调提出，在统一战线中，有一个共产党吸引国民党，还是国民党吸引共产党的问题，也就是说，是把国民党提高到共产党所主张的全面抗战呢，还是把共产党降低到国民党的片面抗战？

〔3〕徐向前：《历史的回顾》，解放军出版社1984年7月版，第571—573页。

〔4〕《聂荣臻回忆录》，战士出版社1984年12月版，第339—343、359—360页。

〔5〕中共中央文献研究室编：《任弼时传》，中央文献出版社、人民出版社1994年4月版，第401—403页。

〔6〕《彭德怀传》，当代中国出版社1993年4月版，第165—166页。

〔7〕王稼祥：《回忆毛主席革命路线与王明机会主义路线的斗争》，载《红旗飘飘》（18），中国青年出版社1979年11月版，第58、59页。

〔8〕蒋秦峰：《毛主席在延安的几个故事》，载《红旗飘飘》（17），中国青年出版社1979年6月版，第32—38页。

〔9〕日本入侵长城以南中国的起始地点，这一事件毛早已预见到；他的准确性大大增加了他作为一个党内和全国的领袖人物的威信。——原注

〔10〕见《中国季刊》，第19期，1964年7—9月，伦敦。——原注。

〔11〕埃德加·斯诺：《记毛泽东回忆写作〈实践论〉〈矛盾论〉》，载《漫长的革命》，上海人民出版社1975年4月版，第208—211页。

〔12〕郭化若：《在毛主席身边工作的片断——纪念毛主席八十五诞辰》，载1978年12月28日《解放军报》。

〔13〕陈枫编著：《皖南事变本末》，安徽人民出版社1984年12月版，第29—31页。

〔14〕一、扩大第二战区至山东全省及绥远一部；二、按照第十八集团军新四军及各地游击队全数发饷；三、各游击部队留在各战区，划定作战界线，分头击敌。——原注。

〔15〕陈枫编著：《皖南事变本末》，安徽人民出版社1984年12月版，第

49—65页。

〔16〕刘为国民党军令部次长。——原注

〔17〕陈枫编著：《皖南事变本末》，安徽人民出版社1984年12月版，第154—161页。

二、养精蓄锐

大生产运动和精兵简政

1938年10月，抗日战争进入相持阶段。由于日军作战逐步转向敌后解放区战场和国民党实行消极抗日积极反共的政策，陕甘宁边区和敌后各抗日根据地在财政经济上日益困难。在这种形势下，中共中央于1939年2月2日在延安召开生产动员大会，毛泽东在会上发出了"自己动手"的号召。1941年，针对当时面临的经济上的严重困难，中共中央再次强调走生产自救的道路。各抗日根据地的党、政、军学人员和人民群众响应号召，掀起了大规模的生产运动。大生产运动首先在陕甘宁边区展开。边区政府成立生产委员会，采取有效措施，鼓励生产，要求在原有基础上扩大耕地面积，提高粮食产量，并号召种植经济作物，特别是纺织原料。这年年初，中共中央下令八路军359旅开赴荒无人烟但土质肥沃、适于开垦的南泥湾。这支部队在缺乏资金、工具的极端困难的条件下，发扬自力更生、艰苦奋斗的精神，一面动手开挖窑洞解决住宿问题，一面勘察开荒地区，学习耕作技术，制作生产工具。从旅长王震到公勤人员、随军家属，人人动手，开荒种地，经过不长时间就使南泥湾变成了"陕北的好江南"。与此同时，在延安的党政军学各方面数万人，都投入大生产高潮中。毛泽东、朱德、周恩来等党政军负责人，带头参加生产劳动，他们亲手开荒、种菜，经常利用休息时间去劳动。

曾任毛泽东警卫员的贺清华回忆道：

1939年的春天来到了。革命圣地——延安，到处是一片新生气象。宝塔山和清凉山下，南川和北川里，出现了一排排崭新整齐的窑洞。傍晚，人们经过一天紧张的工作、劳动之后，在平静的延水两岸散步、休息。山谷和田野间，荡漾着雄壮的抗日歌声和那悠扬的、激动人心的《延安颂》。

这时候，延安各机关、部队、工厂、学校，响应党中央和毛主席的号召，掀起了轰轰烈烈的大生产运动。我们单位也不例外，警卫员、勤务员、通信员上山背柴、烧木炭，积极准备开荒种地。

在一个天气晴朗的日子里，我们坐在山坡下开生产动员大会，忽然看到主席从窑洞里走出来了,同志们立刻热烈鼓掌,欢迎主席讲话。主席微笑着问:"是开生产动员大会?这很好嘛。"他走到我们面前,接着说,"党中央号召我们,要开展生产运动,克服目前的经济困难,减轻边区人民的负担。"主席停了一下,望着两旁的山坡说,"杨家岭山上的土地很多,我们可以种瓜、种菜,还可以养些猪,解决自己的穿衣、吃饭问题。如果能搞起一个合作社,帮助大家解决日常的生活用品,那就更好了……"

主席讲的话,又具体,又明了,大大地鼓舞了我们的生产干劲。会后,我们很快地组织了生产队伍,制订生产计划,分片开荒种地。主席还和大家一起凑了些钱,在杨家岭沟口开设了一个机关合作社。

主席看到我们每天轮流上山开荒,就对我们说:"我不能走远,你们在近处给我分一块地,我也好开荒种菜。"

我们劝说:"主席工作很忙,身体又弱,不一定要参加生产啦!"

"不行。"主席坚决地说,"生产是党的号召,我应该和同志们一样,响应党的号召,参加劳动生产。"

在主席的坚持下,我们商议了一会儿,就在主席住的窑洞下面,靠近河渠的地方,给主席划分了一亩地。下午,主席休息的时候,拿起锄头挖地去了。我们几个警卫员、勤务员一见主席下地,急忙回到窑洞里,拿起锄头赶上去,和主席一起挖地。主席立刻阻止我们说:"你们有你们的生产计划,我有我的生产任务,这点地,你们都挖了,我没有挖的了。"

我们一边笑,一边在主席身旁挖地。主席身上的衬衣都被汗水浸湿了,还不停地挖着地,愉快地和我们说话。和领袖在一起劳动,这对于我们是多么大的幸福和鼓舞啊。大家劲头十足,很快就把一亩地挖完了。然后,主席又和我们一起,在地里垒了个小水坝,准备引水浇地。

几天后,主席和我们在地里种上了西红柿等蔬菜。蔬菜长出来了,主席和十几岁的勤务员小王一起抬大粪,给菜地施肥。主席参加劳动生产的事迹,使老乡们也受到了感动。杨家岭村有个二流子,成天闲逛,不务生产,当他看到主席冒着炎日,在地里锄草、浇水,感动得流下了眼泪,跑回家里,提起锄头上山生产去了。中央党校种的地在杨家岭后沟的山上,下午,同学们返回学校时,经过沟口,看到主席正在地里辛勤劳动,感动地站在路旁,热烈地给主席鼓掌。主席站起身子,微笑着和他们招手。同学们更兴奋了,站在地头高唱起《生产大合唱》……[1]

当年曾任359旅政委的王恩茂在题为《南泥湾精神永远激励我们奋勇前进》的文章中写道:

抗日战争进入相持阶段,日本侵略者停止了向国民党战场的战略进攻,将其主力转移到解放区战场，1941年以后，调集了侵华兵力的75%，对我各抗日根据地进行大规模的"扫荡"，实行惨无人道的"三光政策"。蒋介石实行投降政策，配合日寇进攻抗日根据地，消极抗战，积极反共。从1939年到1943年，掀起三次反共高潮，调遣了几十万大军，西起宁夏，南沿泾水，东迄黄河，构筑了一道道严密的封锁线，对我陕甘宁边区进行军事包围和经济封锁，叫嚷一斤棉花、一尺布也不准进入边区。既妄想进犯消灭我们，又妄想困死、饿死我们。

当时边区只有一百四五十万人口，又是土瘠地薄的高原山区。在蒋介石国民党反动派的封锁下，要担负数万名干部、战士以及全国不断奔赴革命圣地的青年学生的吃穿住用，实在成了一个大问题。在一段时间里，我们几乎没有衣穿、没有油吃、没有菜吃、没有纸张、没有鞋袜，冬天没有被子盖，甚至吃粮也很困难。

怎么办？在这革命面临严重困难的紧急关头，怎样才能克服困难，打败蒋介石国民党反动派对陕甘宁边区的经济封锁和军事进犯？怎样才能巩固陕甘宁边区和全国各个抗日根据地并使其不断发展壮大？怎样才能坚持抗日持久战，并取得打败日本帝国主义的最后胜利？毛主席以坚定的无产阶级革命家的气魄和胆略，及时地为我们指明了克服困难夺取胜利的方向，向边区和各根据地军民发出了具有深远意义的"自己动手，丰衣足食"的伟大号召。1939年2月，毛主席在延安干部生产动员大会上，尖锐地提出：饿死呢，解散呢，还是自己动手呢？饿死是没有一个人赞成的，解散也是没有一个人赞成的，还是自己动手吧——这就是我们的回答。又说：从古以来的人类究竟是怎样生活的呢？还不是自己动手活下去的嘛。为什么我们不能自己动手呢？我们是确信我们能够解决经济困难的，我们对于这方面的一切问题的回答，就是"自己动手"4个字。这是毛主席的伟大号召，是发动人民战胜困难、坚持抗战的伟大动员令。陕甘宁边区和各根据地军民在毛主席这一伟大号召鼓舞下，开展起轰轰烈烈的大生产运动，这是一个伟大的创举。

毛主席对部队的大生产运动十分重视，向我们指出：在政府、军队、机关三部分公营经济中，军队的生产事业是最主要的部分，因为军队是更有组织性、具有更多劳动力的集团。又说，要"一方面打仗，一方面生产……我们的军队有了这两套本领，再加上做群众工作一项本领，那么，我们就可以克服困难，把日本帝国主义打垮"。

毛主席的指示，使我们部队一手拿起枪杆，提高警惕，保卫边区；一手拿起镢头，生产自给，克服困难，有力量有办法粉碎蒋介石国民党反动派的军事进犯和经济封锁，坚持抗战，夺取胜利。同时，通过参加生产，提高劳动观念、群众观念，增强官兵关系、上下关系，减轻人民负担，密切军民关系、军政关系，保证我们军队永远立于不败之地。

我们359旅是在1939年的秋季，奉毛主席和党中央的命令，从华北调回陕甘宁边区，担负保卫边区、保卫党中央、保卫毛主席的光荣任务的。1941年3月，响应毛主席的伟大号召，经毛主席亲自批准，朱总司令下达命令，全旅指战员在王震率领下，怀着保卫边区、保卫党中央、保卫毛主席、生产自给、克服困难、坚持抗战、夺取胜利的坚强信心，斗志昂扬地开赴新的战场——南泥湾。

……

1943年9月，毛主席亲临丰收的南泥湾，视察我们部队。毛主席走进刷得雪白的窑洞，看到桌子、凳子和一切家具都是战士自己做的，微笑着说："你们这里什么都不花钱，同志们靠着自己的双手创造了一切。"当我们向毛主席汇报了部队生产情况后，毛主席高兴地说："国民党要困死我们，饿死我们，他们越困，你们越胖了。看，困得同志们连柳拐病都消灭了。"毛主席在谈话中深刻地指出，困难，并不是不可征服的怪物，大家动手征服它，它就低头了。大家自力更生，吃的、穿的、用的都有了。目前我们没有外援，假定将来有了外援，也还是要以自力更生为主。我们不能像国民党，他们连棉布都靠外国人。毛主席这一光辉思想，一直是鼓舞和激励我们艰苦奋斗、自力更生、克服困难、争取胜利的巨大力量。[2]

董廷恒怀着激动的心情，回忆起当年毛泽东视察南泥湾的情景：

1943年7月，南泥湾遍地是一番丰收的景象。一块块绿油油的稻田，一片片玉米、大豆，在微风中摇动。山上的海棠、红枫、栗子树，衬托着山下的田园，使得美丽的南泥湾更加可爱。一天中午，我们正冒着炎热，在玉米地里锄草，从旅部跑来一个通信员，老远就喘吁吁地喊着："快点，旅长叫你们回去几个人！"我插上锄，擦了擦头上的汗水，问他："什么事？"他说："我也不知道，快走吧！"

这时我在359旅旅部当4科长，听说旅长叫快点回去，心想：一定有紧要的事，不然旅长怎么会叫人跑20多里路来叫我们。我们几乎像长了翅膀，一气就"飞"到了旅部驻地——金盆湾。

王震旅长像是刚刮过脸。我们一进窑洞，他就说："你们回来了，快准备，明天毛主席要来！"

我一听，简直要跳起来，生怕自己听错了，又问了一句："是毛主席要来吗？"

"是毛主席！"王震旅长笑了，"怎么？高兴吧！"

真的太高兴了，一时竟不知说什么好了。接受了旅长的吩咐，我们忘了吃饭，愉快地忙起来。有的同志去打扫窑洞，有的去收拾新盖的房子。炊事班的同志们更加乐得闭不上嘴，到菜园里去选青菜，到猪圈去捉肥猪，也有的去抓小鸡。这个说："咱们要把生产的每一样东西都拿出一点,让毛主席看看。"那个说："那怎么行?凡是生产的都拿一点,一间窑洞也放不下啊!"

我们359旅原是八路军一支主力部队,三年以前,奉党中央和毛主席的命令,从华北抗日前线返回到陕甘宁边区。当时,国民党反动派30万大军包围着边区,军事进攻,经济封锁,叫嚣着要"饿死八路军,困死八路军"。毛主席给我们任务:自力更生,发展生产。我们来到南泥湾后,一手拿枪,一手拿镢,展开了大生产运动。开荒种地,养羊喂牛,自办工厂,把一个荒凉的南泥湾变成了富饶地方。毛主席亲自来看看这光景,该多高兴啊!

这天晚上,我们不由得又谈起三年前的情形:那时候,南泥湾遍地是荒草,晚上睡到树枝搭的小窝棚里,直担心豹子和野狼钻进来。夜晚没有油点灯,开会也是摸黑。粮食不够吃,只好上山挖野菜。每顿饭都掺和着野菜、黑豆、红薯或南瓜。冬天的棉衣,大都是羊毛捻成的线织的,一个小孔连一个小孔,比麻袋还粗,里头的"棉絮"是牛毛和羊绒,刚做起来还像个样,穿过几天就往下掉,裤腿软软囊囊,活像条没装满的布袋。夏天,每人只有一条裤子,许多同志没裤子换,洗裤子的时候,蹲在河里,等晒干了才爬上岸来重新穿它。没有袜子,弄块破布包上脚,用绳子一捆。没有牙刷、牙膏,洗脸时在手巾上放点盐擦擦牙……说真的,当时有不少同志曾怀疑:南泥湾这块穷地方,我们能搞出个名堂来吗?想想过去,再看看今天,嘿!哪还能比!吃的、穿的、用的,一切都有了。牛羊成群,肥猪满圈。除此以外,还开办了纺织厂、铁工厂、木工厂、农具厂、酱菜厂,真是百行百业,无所不有。我们"大光纺织厂"出的布匹,毛巾厂织的毛巾,肥皂厂制的肥皂,除了自己的部队使用外,还拿到市场销售。如今的南泥湾,真像那支动听的歌儿唱的:到处是庄稼,遍地是牛羊,变成了陕北的好江南。

毛主席啊,毛主席,这都是您指示我们走出的一条康庄大道啊!有了您,我们什么都不怕。要什么,就有什么。任何困难都吓不倒我们,任何凶恶的敌人我们都不怕……

第二天一早,窑洞外刚刚放亮,我们就起来了,心里跳着,脸上笑着,一个劲儿向通往延安的路上看。从延安到我们这儿大约60里,我们计算着:毛主席吃过早饭出发,要是骑马,3个多钟头就到了;要是乘汽车,只要1个钟头就到了。

等啊,等啊,一直等到快开午饭的时候,还是不见主席来。有的同志说:"主席工作太忙,可能又被什么大事耽误了,不会来了!"有的说:"你别瞎参谋,主席说今天来就一定来!"其实就是说这话的同志,也暗暗担心,可不要真有事耽误了。

就在这个时候,一辆汽车驶来,毛主席微笑着出现在我们面前,我们不禁欢呼起来。主席挨个和欢迎的人握手，并向王震旅长说："庄稼生长得蛮好啊！"

随同主席来的警卫员同志告诉我们，主席一路来，一路察看了田里庄稼。还和在田里生产的同志谈了话。因此，整整走了一个上午。

已经是开午饭的时候了。旅长请主席到新盖的房子里休息，嘱咐我去厨房准备饭。主席笑着说："刚刚来到就开饭，可见你们粮食很多咯！"说着也没进房休息，同旅长、政委、副旅长等首长去看新盖的房子，看新开的窑洞。

我顾不得跟主席走，赶忙往厨房跑去。大师傅已经喜气洋洋地忙开了。不论是炒的、煎的、炖的，一切都是我们自己生产的。

开饭的时候，把饭菜送到主席休息的房里。我走到主席身边，问还要些什么菜，主席爱吃什么，我们全有。主席笑笑说："这么多菜，我尝都尝不过来了。"

我向主席说："这些菜都是我们自己生产的。"其实，这话是多余。旅长正向主席讲着生产情况哩！

主席问："每人每天多少油，多少菜？"

"平均5钱油。"王震旅长说，"菜随便吃。"

主席问："星期天要改善生活吗？"

"午饭多半是吃大米、白面。"王恩茂副政委回答，"有时杀头猪，有时宰只羊，几个单位分着吃。"

主席问："有没有发生柳拐病？"

"没有，一个也没有。"

主席很风趣地说："国民党要困死我们，饿死我们，他们越困，你们越胖了。看，困得同志们连柳拐病都消灭了。"说得大家都笑起来。

旅首长一面陪主席吃饭，一面讲着部队的生产情况。他们告诉主席，刚来的那年，平均每人种3亩地，今年每人种30亩。去年的口号是"不要公家1粒粮、1寸布、1文钱"，今年的口号是"耕2余1"。每人生产的指标是6石1斗细粮、6斤皮棉……

主席听着，不时点头微笑。主席说："困难，并不是不可征服的怪物，大家动手征服它，它就低头了。大家自力更生，吃的、穿的、用的都有了。目前我们没有外援，假定将来有了外援，也还是要以自力更生为主。我们不能像国民党，他们连棉布都靠外国人。"

如果说主席在吃饭，倒不如说在谈工作。

主席吃过饭，又和王震旅长、王恩茂副政委、苏进副旅长、李信主任谈了一阵话，然后就走出窑洞到金盆湾附近视察。主席一边走一边说，他在来的路上，就下车看了玉米、豆子、瓜菜，庄稼生长得很好，只是有的豆子秧上有虫子，要注意灭虫保苗。

主席来到了通信连，见一座座新开的窑洞刷得雪白，问石灰从哪里来的。王震旅长说，是从山里取石头自己烧的。主席又问窑洞里的桌子是不是战士们自己做的。王震旅长说，全是自己做的。主席拿起桌上一个学习本，看了上面写的字，摸摸"纸"的厚度，高兴地说：

"这是桦树皮吧？看，倒真像纸哩！"

王震旅长说："同志们都叫它不花钱的油光纸。"

"你们这里什么都不花钱。"主席微笑着说，"同志们靠着自己的双手，创造了一切。"

王震旅长对主席说，桦树皮用处可不小，不光能写字，同志们还用它做饭盒、做斗笠，说着从墙上取过一顶桦树皮斗笠给主席看。主席接过去，看了又看，称赞做得好。

主席走到厨房，李金山老头正在切菜，两只湿漉漉的手紧紧握住主席的手，激动得嘴上的胡子直抖，不知说什么好了。

主席问："做的什么菜？"

"炒瓜片。"李金山连忙回答，"还熬个萝卜汤。"

主席又问："你一个人做多少人的饭菜？"

"不算多，四十几个人。"

"辛苦咯！"主席勉励他说。

李金山回答主席说："同志们每天下地，手都磨了泡，比我辛苦得多。"主席又鼓励他说："大师傅的工作很重要，同志们吃得好、营养好，才有劲生产。"

主席从厨房出来，又到养猪的地方去看。老杜头正在圈里收拾什么，看见旅长陪着一个人走来，只是笑了笑。他不认识毛主席，也想不到毛主席会有空到他工作的地方来。主席站在栏外，看着那懒洋洋的一大群肥猪和一窝乱拱乱跳的小猪，向老杜头说：

"老同志，你养的这些猪好肥啊！"

老杜头只顾挖猪圈，没听见主席夸他。这时，王震旅长说："老杜同志，毛主席说你养的猪肥呢！"

老杜头这才知道毛主席站在旁边，他连手里的铁锹也忘了放，赶忙向主席敬礼，同时回答主席说："过去没养过猪，养得不肥。"

主席和他握手，问他多大岁数，家乡是什么地方，从什么时候开始做这养猪的工作。

老杜头回答主席说，他干这工作才两年，经验不多，摸索着干的。主席说："老同志，你的工作很光荣。把猪养得肥肥的，好给同志们改善生活，你说对吧?"

"对,对!"老杜头快活地回答。

主席最后向老杜头挥挥手,向营地西边田里走去。不远处山坡上,是成群的牛羊,山川里茁壮的谷子、玉米、豆子,在微风中摇摆着;流动的小河边生长着一片片绿油油的稻苗,还有一块块绿色的菜田。万物在生长,万物都像是在歌唱。

主席走了许多地方,仍是毫无倦意,在旅首长的陪同下,沿着田边的小路,边谈边走,视察着战斗的南泥湾、美丽的南泥湾……[3]

为了减轻根据地人民的负担,各根据地实行了精兵简政的政策。这个政策是党外人士李鼎铭先生于1941年11月在陕甘宁边区第二届参议会第一次会议上首先倡议的。中共中央接受了这个倡议,于同年12月初发出"精兵简政"的指示。

李维汉在回忆录中写道:

我在中央研究院的整风学习告一段落,确定调往陕甘宁边区政府工作时,枣园打来一个电话,说毛泽东找我谈话。我到了毛泽东那里,他和我谈了很长时间,主要谈边区政府的工作。他说:今后边区政府的工作,第一,要讲团结,全边区要团结在以高岗为首的西北局周围,边区政府内部要团结在以林伯渠为首的政府党组周围;第二,要精兵简政,做到五句话:精简、节约、统一、效能、反对官僚主义;第三,要发展生产,主要是农业生产,也要搞好工业生产(他知道边区已经有火柴、毛织等工业和700个工人,沈鸿还带进一些机器来);第四,要搞好文化教育工作,边区文化教育太落后,文盲多、巫神多、迷信多,文化教育要抓紧发展;第五,要搞好"三三制"政权,此事,陕甘宁边区一定要带头搞好。我离开时,他送到窑洞外,特别叮咛说:"罗迈,延安好比英国的伦敦。"我体会这句话的意思是说,伦敦是英国的首都,它的政策影响着英国的众多殖民地。我们当时也有很多根据地,根据地当然不是殖民地,但需要一个"首都"作为政策中心,则是一样的。毛泽东是要求陕甘宁边区在执行党的政策中带个头,自觉承担试验、推广、完善政策的任务。期望殷切,鼓舞极大。毛泽东的这次谈话,我向西北局报告过,也在边区政府党组传达讨论过。

……

毛泽东在1942年9月7日为延安《解放日报》写的社论《一个极其重要的政策》中说:"党中央提出的精兵简政的政策,是一个极其重要的政策。"我在同年同月临来陕甘宁边区政府前,他找我谈话,嘱咐我转达边区政府的第一件事,也是精兵简政。我在边区政府的工作,就从精兵简政开始。

……

精兵简政,是李鼎铭等人提出来的。1941年十一二月间,陕甘宁边区召开第二届参议会，李鼎铭等11人提出一个有关财政问题的提案，建议："政府应彻底计划经济，实行精兵简政主义，避免入不敷出经济紊乱之现象。"这个提案经参议会讨论通过，"交政府速办"。毛泽东看到后，批示："这个办法很好，恰恰是改造我们的机关主义、官僚主义、形式主义的对症药。"党中央讨论了这个问题，并于1941年12月13日向各抗日根据地发出精兵简政、发展经济的指示，普遍推行。之后毛泽东还说过："'精兵简政'这一条意见，就是党外人士李鼎铭先生提出来的。他提得好，对人民有好处，我们就采用了。"[4]

领导延安整风运动

全民族抗战以来，中国共产党已经制定了一条正确的总路线，党的工作是有成绩的。但是，党内还存在着需要解决的问题。毛泽东指出，我们的学风有些不正，就是有主观主义，特别是教条主义的毛病；我们的党风有些不正，就是有宗派主义的毛病；我们的文风有些不正，就是有些党八股的毛病。这些不正的作风，在遵义会议以后，虽然已经不占统治地位，但是它们还在经常作怪。毛泽东为首的党中央总结党的历史经验，深切地认识到党内的思想矛盾是会经常发生的，要解决这些矛盾，必须使党员群众和党的干部首先是高级领导干部学会运用马克思列宁主义的立场、观点和方法来辨别是非，来观察问题。在党内进行一次普遍的、生动的、理论联系实际的、运用批评和自我批评方法的马克思主义教育运动，就是为了达到这个目的。

开展整风运动需要一定的客观和主观条件。这些条件在1941年以后已经具备。这时，已经形成了以毛泽东为首的党中央的正确领导；已经有一批比较了解党的历史上多次"左"、右倾错误的经验教训的骨干；敌后斗争虽然处于困难阶段，但总的斗争形势变化较小，特别是党中央所在地陕甘宁边区的形势比较稳定。因此，也就有可能集中精力进行一次全党性的整风运动。

1941年5月，毛泽东在延安高级干部会议上作《改造我们的学习》的报告，深刻地论述了马克思列宁主义原理同中国革命具体实践相结合的原则，批判了主观主义的作风，号召全党注重调查研究，树立理论和实际相统一的马克思主义作风，为全党的整风学习指出了明确的方向。

1941年9月10日至10月22日，中共中央政治局召开扩大会议（也称"九月会议"），拉开中央领导层整风的序幕。

关于这次会议的情况，《任弼时传》写道：

1941年9月的政治局会议，在延安整风运动的进程中，是十分重要的会议。任弼时说过，党性是以党员的思想意识、政治观点、言论行动来测量的，那么，检查党性既应当联系现实问题,也必然涉及历史,是一场思想政治方面的革命。9月10日,毛泽东在政治局会议上提出反对主观主义、宗派主义,整顿党风和学风。他回顾了从苏维埃革命后期以来党的政治路线,指出四中全会后的中共中央,号称是执行共产国际路线,其实不是真正的马克思列宁主义,这条路线和立三路线相比,政治上和组织上错误更加严重,危害更加严重。要求政治局把掌握思想列为"第一等业务",检验六大以来有关的中央决议,"从整个事物中抽出问题来分析研究",求得肃清主观主义的遗毒。这以后,政治局连日开会,到会的同志按理论联系实际的原则先后谈了各自的体会。

9月12日,任弼时在发言中说:主观主义的认识论根源是唯心主义,表现在政治上是"左"或右的机会主义。四中全会后的政治路线比立三路线更"左",是"更高明的教条主义,是主观主义的充分发展。它是小资产阶级的空想主义。主观主义者要巩固自己的领导,必须要宗派主义在组织上来维持。他们否认过去的经验,不愿与群众接近,自己规定许多任务要人家来做,以宗派主义手段打击异己者。而当革命危机时,表现为悲观动摇"。

任弼时说:"真正的理论与实际联系,是用马克思列宁主义方法来认识客观规律,这种规律便是真正的理论。许多斗争经验的综合,并加以运用,这便是理论";"理论与实践联系,便是理论与实践的统一,这便是创造性的马克思主义。如新民主主义、三三制政权、统一战线中一打一拉的策略等,都是马克思主义新的创造",它"是用辩证唯物论来解决工作问题的,是根据当时可能的客观条件来解决问题的,是抵抗那些不正确路线的"。

任弼时以自己的经验教训为例,说他到中央苏区后,对毛泽东在反"围剿"斗争中主张诱敌深入,在苏区内部击敌的方针,认识上是有一个过程的,虽然自己"毫无军事知识",但在南雄会议上对毛泽东认为苏区内部也能打仗的正确主张不以为然。特别是"当时毛主席反对本本主义即是反对教条主义,我们当时反对所谓'狭隘经验主义'是错误的"。

心底无私天地宽。任弼时的发言真诚、坦率、磊落,表现了共产党人服从真理的革命精神,和王明的虚伪、欺诈、口是心非形成鲜明的对照。

王明在9月10日的发言中说:"反对主观主义、教条主义对我有很大好处。"但是他说"四中全会的路线是正确的",博古和洛甫在中央苏区的错误政策他是"不同意的";五中全会提出"苏维埃与殖民地两条道路决战"的主张他也是"不同意的";对抗日民族统一战线问题,他早在共产国际第十三次执委会上就已提出了"全部办法"等。对他应负的第三次"左"倾路线的主要政治责任竟然也推卸得一干二净。他所表示的"从头做起,向下学习",实际上是毫无诚意的虚伪之词。他所谓的"对我有很大好处",就是以反别人的主观主义、教条主义来掩盖自己的责任。

王明的虚伪性在毛泽东发表《改造我们的学习》后就已经表露出来了。王明在延安青年干部学校开学典礼上曾经作过《学习毛泽东》的报告，口口声声称毛泽东为"伟大的政治家和战略家""伟大的理论家""公认的领袖""鹤立鸡群"的革命家，"《新民主主义论》不仅是中国现阶段国家问题的指南，而且是殖民地半殖民地关于革命政权的指针，同时也是马列主义关于国家问题的新贡献"，等等，几乎用尽了最美好的词汇，这是1940年5月间的事。但是1941年5月，在女子大学传达《改造我们的学习》时，同样是王明，针对毛泽东反对教条主义提倡理论联系实际，却十分反感地说什么"不要怕说教条，教条就教条，女子大学学生要学它几百条。学会了，记住了，碰见实际问题自然会运动（用）"，甚至针锋相对地说不要这也联系、那也联系，变成"乱联系"。这种难以抑制的反感情绪，恰好说明一年之前王明所谓《学习毛泽东》云云纯粹是虚伪的。

如果说，王明在女子大学的讲话对毛泽东的攻击还只是情不自禁的发泄，9月10日在政治局会议上的发言还是对错误的辩解和推诿，那么10月8日在书记处的会议上，王明的长篇发言便是对以毛泽东为代表的正确路线的进攻。王明为什么在这时候发难呢？事情是这样的：

苏德战争爆发后，共产国际和苏联驻华军事代表崔可夫一再要求八路军配合国民党的部队向进犯晋南、豫西等中条山脉一带的日寇发起进攻，以牵制日军北进。蒋介石眼看苏联战局吃紧，反共的劲头又上来了，一面造谣攻击说八路军"游而不击"，中共"对日妥协"，企图用"激将法"让八路军去和向中条山进攻的24个师团的日军单独作战；一面则派兵进攻在豫皖边区的新四军。如果八路军孤注一掷，蒋袖手旁观，可收渔利。7月2日，日本内阁表明态度，在苏德战争中将恪守中立。形势明朗后，毛泽东致电周恩来，要他答复崔可夫并告苏方：八路军"假若不顾一切牺牲来动作，有使我们被打坍、不能长期坚持根据地的可能，这不管在哪一方面都是不利的。因此我们采取巩固敌后根据地，实行广泛的游击战争，与日寇熬时间的长期斗争的方针"。苏方对此表示不满，以致后来通过季米特洛夫来电提出15个问题要中共答复，如中国共产党准备采取什么措施在法西斯德国继续进攻苏联的情况下，能在中日战场上积极从军事上打击日军，从而使日本不可能开辟第二战场打击苏联等，言辞颇含责备。10月4日和5日，毛泽东将来电交给王明看，并商量如何答复。7日晚，毛泽东偕王稼祥、任弼时到王明的住处同共同商量复电问题。王明以为有机可乘，便提出许多原则问题责难中共中央。

10月8日下午，在书记处会议上，王明作了长篇发言。他说："昨晚我是随便说的，今天我把对时局及过去武汉的工作发表意见。"他认为1937年12月会议后,他在武汉的工作"路线是对的,个别问题有错误,在客观上形成半独立自主"。他进而对党中央坚持统一战线中独立自主和国民党顽固派斗争的一系列原则问题进行指责,说在统一战线时期将反帝反封建"含混并举是不妥的";《新民主主义论》中关于政权问题和经济政策中"不要大地主大资〈产阶〉级,这是缺点";抗日根据地的政权可提出"与国民党大同小异(形式上)",而现在是"小同大异";抗日根据地的政权,中央应向国民党当局"承认是地方政府,承认国民政府的领导";"我们今日还不希望国民党实行彻底的民主共和国。这个问题要向蒋声明,向国民党说清楚";在反对顽固派的反共摩擦中,"有些斗争是可以避免的","对地方实力派消灭过分,对地主搞得太过火";"今后阶级斗争要采用新的方式,使党不站在斗争的前线,而使广大群众出面,党居于仲裁地位,可有回旋余地",等等。他咄咄逼人地对毛泽东说:"你是党的领袖,我的话对否,作结论权在你!"

王明的攻击理所当然地遭到书记处其他成员的反驳。

毛泽东说:"王明同志在武汉时期的许多错误,我们是等待了他许久,等待他慢慢地了解。最近和王明谈过几次,但还没有谈通。"毛泽东澄清:王明今天说的有些问题和昨晚不同,作了一些修改。昨晚他说,当前我们要和大资产阶级弄好关系,说《边区施政纲领》和《新民主主义论》只要民族资产阶级,不好;而要与蒋介石弄好关系。批评我们的方针是错的,太"左"了。恰恰相反,我们认为王明的观点太右了。对大资产阶级、对蒋介石只是让步,是弄不好的。蒋介石对我们采取一打一拉的策略,我们要依靠无产阶级的自觉性,不能上他们的当。所以,我曾多次说到陈独秀的右倾机会主义造成大革命失败的历史教训,来教育同志,而王明没有一次说到陈独秀主义的错误。

自1938年以来,任弼时、周恩来先后向共产国际全面报告过中共中央关于统一战线的基本政策,共产国际两次形成决议,肯定中共中央的政治路线是正确的。但王明错误地以为季米特洛夫的来电是对共产国际过去决议的否定,所以敢于向中共中央挑战。这样,王稼祥和任弼时不得不以见证人的身份向书记处报告共产国际对王明的一些评价。王稼祥说:"我没有听到共产国际说过中国党的路线不正确的话;相反,王明回国时,季米特洛夫对他说:'你回中国去,要与中国同志弄好关系,你与国内同志不熟悉,就是他们要推你当总书记时,你也不要担任。'"

任弼时说:"我与恩来在莫时,季米特洛夫与我们谈话说到王明一些缺点,要我们告毛泽东帮助王明改正。我们回来只对毛说过,对王明也没有说,因为感觉不好对他说。有一次毛找王明、洛甫、康生、陈云和我谈过话,批评过王明一些缺点。后来他担任某边区工作,开始实际工作的调查研究,我感觉他有进步,但前次政治局会议，王发言批评别人无党性，对自己缺乏批评精神。前几次毛与王谈武汉时期的错误，王还不愿接受。昨晚谈话更提出新的原则问题。今天书记处会上，我不得不把季米特洛夫对我说的问题谈出来，帮助王明来了解问题。"

任弼时说："首先是曼努伊尔斯基问我三点，我只记得以下两点：第一问，王明是否有企图把自己（的）意见当作中央的意见；第二问，王明是否想团结一部分人在自己的周围。"而季米特洛夫的评语是"王明缺乏工作经验"，"王明有些滑头的样子"。据共产国际的干部反映，有一次出去参观，米夫介绍王明为中国党的总书记，王明居然默认。张闻天插话说，《救国时报》宣传王明为英明领袖。任弼时接着说："根据共产国际说的这些话，和王明回国后的情形，王确有'钦差大臣'的味道。王的主要问题便是个人突出，自以为是，对国共关系问题有原则上的错误，特别是忽视反对陈独秀右倾机会主义的复活。"

树欲静而风不止。本来，王明在武汉工作时期的错误，党的六届六中全会《政治决议案》中已经大体作了结论，事隔三年，王明利用时机想要翻这个案，并且提出许多新的原则问题。书记处认为有必要召开政治局会议，请王明在会上把问题说清楚。毛泽东特别叮嘱说："在政治局会议上，关于共产国际对王明的批评可以不必说。"

在书记处同志的批评下，气势汹汹的王明突然一反常态。10月13日下午，任弼时向书记处报告，王明病了，不能出席政治局的会议。他提出以下意见：一、关于武汉时期的工作，"同意毛主席10月8日结论"。二、关于目前局势的意见，请政治局到他住室去谈；以后政治局讨论的内容，他会在会后看记录。李富春参加了医生的会诊，医生要王明休息3个月。王明提出休养时不参加书记处的会，只参加政治局会议。

10月8日毛泽东所指出的王明在武汉时期"几个问题"上的错误，具体内容是："（一）对形势估计问题——主要表现乐观；（二）国共关系问题——忽视在统战下的独立性与斗争性；（三）军事策略问题——王明助长了反对洛川会议的独立自主的山地游击战的方针；（四）组织问题——长江局与中央的关系是极不正常的，常用个人名义打通电给中央与前总，有些是带有指示性的电报。不得到中央同意，用中央名义发表了许多文件。这些都是极不对的。"

王明以翻《中共扩大的六中全会政治决议案》为目的挑起党内斗争，不到一个星期，却又出尔反尔地表示"同意"毛泽东的结论，表明他在严肃的政治问题面前，根本不是按是非标准办事，只有从个人的政治需要出发，这恰好证明了季米特洛夫的评价——"王明有些滑头的样子"。这样，毛泽东便在会上说：王明因病，关于武汉时期的工作只好停止讨论，以10月8日书记处会议作为定论。如他还有意见，等病好了随时可以说。委托弼时向他说明。

会议决定,对苏维埃时期的"左"倾机会主义错误,政治局应作一结论草案,提交党的七大形成正式结论。毛泽东说:要在这次讨论中得到一个教训,从检查过去错误中得到经验教训,使全党了解失败为成功之母;要使犯过错误的人逐渐纠正错误;要采用"治病不治人"的办法使犯错误者客观地看问题。

从9月10日开始的政治局会议和书记处会议,中共中央为总结历史的经验教训,先后决定了几项实际措施:一是成立在延安的高级干部学习研究组,毛泽东为组长、王稼祥为副组长,主要任务是研究马克思列宁主义理论和党的历史经验,以克服主观主义等错误思想。参加学习的成员名单由任弼时、康生、陈云和李富春商定。二是成立研究党的历史问题的委员会,以毛泽东、王稼祥、任弼时、康生和彭真五人为委员,毛泽东为首。三是成立以陈云为首的专门委员会,对在错误路线下受"残酷斗争,无情打击"的干部重新进行审查。

为了研究党的历史问题,毛泽东将1931年9月至1935年1月,即九一八事变后至遵义会议前,反映以王明为代表的中央政治路线的9个文件,作了详细的剖析,送给任弼时阅读。这9个文件是:《由于工农红军冲破第三次"围剿"及革命危机逐渐成熟而产生的党的紧急任务》(1931年9月20日)、《中央关于日本帝国主义强占满洲事变的决议》(1931年9月22日)、《中央委员会为目前时局告同志书》(1931年12月11日)、《中国共产党关于争取革命在一省数省首先胜利的决议》(1932年1月9日)、《中央关于一·二八事变的决议》(1931年2月26日)、《中央致各级党部的一封信》(1932年3月30日)、《中央为反对帝国主义进攻苏联瓜分中国给各苏区党部的信》(1932年4月14日)、《在争取中国革命在一省几省首先胜利中中国共产党内机会主义的动摇》(1932年4月4日)以及《苏区中央局关于领导和参加反对帝国主义进攻苏联瓜分中国与扩大民族革命运动周的决议》(1932年5月11日)。毛泽东以犀利的笔触系统地揭示了以王明为代表的第三次"左"倾路线的形成发展和破产的历史过程;指出这条统治全党达4年之久的错误路线不但是立三路线"一个胎胞里出来的双生子",而且是比前者形态"更加完备的系统的路线";批评它是打着国际路线招牌的"极端主观主义、极端冒险主义"的假马克思主义。如果说,在此之前,任弼时对这条错误路线已具有一定的认识,那么,读了毛的一系列批判文字后,认识就更加系统、更加深刻。10月,政治局详尽地检讨了中央过去的路线,并由毛泽东以党的历史问题研究委员会名义草拟了《关于四中全会以来中央领导路线问题结论草案》(又称历史草案)。这就是后来党的六届七中全会委托任弼时主持起草的《关于若干历史问题决议》的底本。

毛泽东关于9个历史文件的批判稿,当时只给了任弼时看,后来刘少奇回延安,又请刘看。为什么阅读范围那么窄呢?1965年5月12日,有人从中央档案馆找出了这篇文章的原稿送给毛泽东，毛冠以《驳第三次"左"倾路线》的题目，并写了一段前言。他说："这篇文章是在延安写的，曾经送给刘少奇、任弼时两同志看过，没有发表"，"在延安之所以没有发表，甚至没有在中央委员会内部传阅，只给两位政治局委员看了一下，就不再提起了，大概是因为这篇文章写得太尖锐，不利于团结犯错误的同志们吧。"这个历史上鲜为人知的事实，说明毛泽东处事严谨，同时也是后来党的六届七中全会委托任弼时主持起草《关于若干历史问题决议》的渊源。[5]

为了弄清历史是非，回答王明对以毛泽东为核心的中共中央领导集体的诘难，澄清党内相当多的人在一系列重大历史问题上的模糊认识，毛泽东除了撰写系统地批判王明"左"倾路线的9篇文章外，还在六届六中全会闭幕不久着手编辑《六大以来》党内文献集。

《六大以来》的资料收集始于1940年。当时收集资料的目的，还是为召开中共七大作准备。这项工作开始是由任弼时负责。

1940年10月16日，中共中央政治局会议决定，由陈云、王明、王稼祥、张闻天、邓发等人分头负责收集资料。但由于上述分工实际上不可行，很快又改由中央秘书处承担，并由毛泽东负责督促和审核。

在审核六大以来历史文献的过程中，毛泽东重新审视这段历史，深感王明"左"倾错误危害极大，决心用丰富的历史文献来教育党的高级干部，明辨大是大非，萌发了编辑《六大以来》的念头。在1941年八九月间，毛泽东向中央提出了建议，并得到同意。

协助毛泽东编辑《六大以来》的胡乔木回忆说：

我去毛主席那里工作时，《六大以来》这本文献已经在编。开始我不知道秘书该怎么做。后来我看到毛主席在校对《六大以来》清样。我对毛主席说："我来干这个事吧。"毛主席说："你这才算找对任务了。"他对我讲校对怎么难，校对也称校雠，就是要像对待仇人那样把文章中的错误校出来。之后我就接手这件事了。

编辑工作起初是由王首道同志负责。我参加编辑时，王首道同志还在负责，慢慢地他就交给了我。我是什么时间完全接过来的，已记不清了。

《六大以来》分上、下两册。上册是政治性文件，下册是组织性文件。编《六大以来》是要解决一些历史问题。王明是什么人？从苏联回来是什么背景？回来干了什么事？这都是党史上的常识……

王明是1937年12月不知是从新疆这条路还是从别的路由苏联回来的。回来时，毛主席去机场欢迎，说："喜从天降。"去机场的还有王稼祥等。王明一回来，大肆宣扬抗战主要是靠国民党领导，共产党不要同国民党争领导权。这是斯大林的一贯思想。他认为只有蒋介石能抗日，认为张学良、共产党没有多大作为。王明的口号是："一切服从统一战线，一切经过统一战线。"他不知道国民党根本不承认统一战线。一直到七七事变时，国民党还没有决定承认红军。他想把卢沟桥事变当局部事变处理，让宋哲元去同日本人谈判。到八一三事变后，蒋介石被迫全面抗战。这样他才不得不承认八路军，承认这支军队由共产党领导，国民党不派人参加任何八路军的组织。国民党不想让八路军开到敌后去。共产党为了抗日，同阎锡山进行了紧张的谈判，八路军要假道同蒲路到山西北部山区去抗日。阎锡山眼看那些地方保不住了，就同意了。反正是一丢，丢给日本是丢，丢给共产党还是一个人情。这样，八路军一部分开到晋察冀前线，发动了平型关之战，名声大震。八路军还打了一些其他的仗。后来日本人在山西驻兵越来越多，使我们面临严峻的局面。但我们在山西的工作做得很好。如山西新军是由薄一波等同志组成的。阎锡山为网罗人才，选中了薄。在新军的配合下，八路军很快在太行站住了脚，后来又在晋绥站住了脚，创造了晋察冀、晋冀豫、晋绥三块大的根据地，还有其他根据地。八路军在山西站住脚后，在河北也慢慢打出了一个局面来。吕正操的回忆录提供了许多材料。河北的根据地不仅有冀中，它是主要的，还有冀南、冀热辽。然后115师一部又开到山东去，与山东纵队等共同开拓了山东的局面。另外，鄂豫皖老根据地在抗战初期也搞了一些游击队，后来编为新四军第5师。新四军在长江南北都找到了立足点。皖南事变后，新四军发展更快。八路军黄克诚部队南下与新四军会合，成了新四军的一部分。

在抗战中，共产党、八路军、新四军的力量发展壮大起来了。这都是坚持统一战线中独立自主原则的结果，都是与王明的右倾主张相反的。王明回国后在延安指责党中央坚持独立自主的许多正确做法，到武汉时发表了许多宣扬右倾思想的文章。蒋介石对王明的一套根本不感兴趣。蒋介石并不认为王明是共产国际派来的什么大人物，有什么分量。所以王明搞的那一套在武汉完全碰壁。之后王明要用他的那一套保卫武汉，结果越来越保不住了。仅仅靠讲演、游行、宣传，是保卫不了武汉的。本来，长江局如果利用在武汉七八个月的时机着重搞抗日游击战的工作，力量就用到点子上了。当然，武汉工作还是有成绩的。

王明搞了几个月，犯了右倾错误。六届六中全会上批评了他的错误。在这之前，王明刚回国时，在1937年12月的中央政治局会议上表现得不可一世。对王明这种表现，毛主席一时有点摸不着头脑，没有多说话，但还是坚持了他原来的正确主张。会后，张闻天传达了王明的讲话。我当时在安吴堡青训班，听冯文彬从延安来传达的。1938年六中全会上批评王明，指出王明的那些口号是行不通的。要团结就得有斗争，必须坚持统一战线中的独立自主，不独立自主就没有统一战线。抗战一年后，许多事情的发展变化使我们对这个独立自主问题看得清楚了。

王明后来到了重庆。这时国民党更加反共,对他的那一套就更不理睬了,王明也就更加不能起什么作用了。

王明在延安时,重印了他在1930年写的《为中共更加布尔什维克化而斗争》。这样一来,王明究竟是个什么人,他搞的一套究竟是对还是错,就成了一个问题了。这就要算历史账,才能搞清楚。这样才开始编《六大以来》。

……

1937年、1938年报纸刊登决定召开七大的通知,有十多个人联合署名,都用的原名。陈云用的廖陈云。但结果没有按原定的时间开。编辑《六大以来》,我想是为七大作准备。

四中全会不太合法,是闹出来的。推选的领导人不能反映出党的情况。王明、博古等人原先都不是中委,都是米夫等人搞的鬼。从六大到编《六大以来》的1941年,间隔时间长、变化大。一编《六大以来》,就发现了过去存在的许多问题。过去没有时间、没有机会研究四中全会的决议有什么问题。在20世纪30年代,以王明为代表的中央发表这些文件的时候,毛主席对这些文件不可能有很多接触。那时中央在上海,文件即使传达到苏区,时间也过了很久。

在研究六大以来的文件时,毛主席注意到四中全会的一些文件,不能不考虑:四中全会是怎么来的,文件是什么性质的,有哪些问题,三中全会对不对,该不该否定,六大对不对等一系列问题。在编辑过程中,毛主席愈来愈深入地从中找出他要提出的问题——两条路线的问题。毛主席特别重视其中的9个文件。针对这9个文件,他写了9篇批判文章。

当时没有人提出过四中全会后的中央存在着一条"左"倾路线。现在把这些文件编出来,说那时中央一些领导人存在主观主义、教条主义就有了可靠的根据。有的人就哑口无言。毛主席怎么同"左"倾路线斗争,两种领导前后一对比,就清楚地看到毛主席确实代表了正确路线,从而更加确定了他在党内的领导地位。从《六大以来》,引起整风运动对党的历史的学习,对党的历史决议的起草。《六大以来》成了党整风的基本武器。[6]

经过充分的准备,从1942年春天起,中国共产党在全党范围内开展了整风运动。毛泽东为整风运动规定的任务是:反对主观主义以整顿学风,反对宗派主义以整顿党风,反对党八股以整顿文风。

在毛泽东既要弄清思想,又要团结同志,惩前毖后、治病救人的正确方针指导下,这次整风运动实际上成为马克思主义普遍思想教育运动。从此,毛泽东提出的实事求是的思想和"把马克思主义中国化"口号日益深入人心,毛泽东思想作为中国共产党的指导思想也日益为全党所认识和接受。

许多参加过延安整风的老同志,都曾对延安整风有过回忆。

李维汉回忆说：

1942年2月，毛泽东发表了《整顿党的作风》《反对党八股》等重要讲话，号召全党用惩前毖后、治病救人的方法，开展反对主观主义以整顿学风、反对宗派主义以整顿党风、反对党八股以整顿文风的运动，这就是著名的1942年延安整风运动。

这次整风的主要目的，是反对以王明为代表的教条主义，以求最终肃清王明"左"倾路线的思想影响。我们党清算王明的错误用了很长时间，1935年遵义会议解决军事路线和瓦窑堡会议解决政治路线以后，毛泽东鉴于改造世界观的迫切需要，写了《实践论》和《矛盾论》两篇经典性的哲学著作，还写了许多总结中国革命经验的政治、军事著作，同样贯穿着辩证唯物主义思想，实际都是批判王明教条主义、主观主义思想路线及其给中国革命带来的严重危害。这种批判工作，到1941年已取得很大成绩，但并未彻底解决问题。最后，从1942年开始用全党整风这样一个方法，即开展普遍的马克思主义教育运动，给长期以来的党内思想教育作了一个历史性的总结，王明的教条主义、主观主义思想路线宣告彻底破产。

由此可见，整风的对象主要是老干部（当时是中年干部）。但整风刚开始时，中央研究院的一部分青年知识分子出来刮了一阵小资产阶级歪风，影响很广，如果不首先加以端正，就不可能把整风运动纳入正路。因此，在一段时间内，整风矛头首先对准了青年知识分子中的这股歪风。但过后不久，毛泽东还是把整风矛头拨回到领导干部的思想路线方面，组织大家学习和清算六大以前、六大以来的路线斗争历史，终于在七大前夕，在扩大的六届七中全会上通过了《关于若干历史问题的决议》，最终清算了王明"左"倾冒险主义在政治上、军事上、组织上和思想上的错误。在思想上着重批判了教条主义，同时也批判了同它合作并成为它的助手的经验主义。这样就为胜利召开七大作了充分的思想准备。王明称病未参加会议，写了一封信承认毛泽东路线是正确的，但无自我批评。

当时，有同志提议要对王明在抗日战争初期的右倾机会主义路线给予批判，毛泽东说，现在抗日战争还没有结束，谁是谁非还不能作结论。1947年12月，中央在陕北米脂县杨家沟召开中央政治局扩大会议，毛泽东作了《目前形势和我们的任务》的报告，不指名地批判了王明在抗日战争时期的右倾思想是和陈独秀投降主义相类似的思想。讨论报告时，王明和我在一个小组，他讲了不少话，根本不接受报告中的批评。但毛泽东在七届、八届两次代表大会上仍提名选他当中央委员。

我参加了两条路线斗争的学习。约在1942年秋季，毛泽东邀集陈云、博古、凯丰、康生和我以及其他人谈话。毛泽东说："老干部也要整风，学习《六大以前》《六大以来》两本书，联系党的路线斗争的历史，主要靠自学；成立一个小组，也开小组会，互相交换意见，开展批评和自我批评，和风细雨，弄清是非，团结同志。"大家都发言表示赞成。毛泽东又说："我们整风的方法是要惩前毖后、治病救人，使大家心情舒畅，团结一致，向前奋斗。"小组会约一个月开一次或二次，大家都讲了话。周恩来讲过党的历次路线变迁，其他同志插了些话。前后经过一年多时间。结束时，毛泽东说："我们这个会也可以说是个神仙会。"

经过整风学习，我的世界观得到根本性的转变，这主要是从两方面学习，即同群众一道学习和同中央同志一道学习得来的。

所以延安整风教育了两代人：青年一代（新干部），中年一代（老干部）。那时延安除董老、林老、徐老、谢老、吴老等"五老"外，一般老干部还是中年人，没有老年一代，整风教育了中、青两代人，教育了新、老两层干部。这是我们党在毛泽东领导下在思想战线上的一个伟大创造，是培养实事求是精神的一次伟大胜利。[7]

王首道在回忆录中写道：

1940年春，毛主席、党中央又发出了《关于干部学习的指示》和《关于在职干部教育的指示》。在这些指示中，明确提出了"全党干部都应当学习和研究马列主义的理论及其在中国的具体运用"。这些指示是为了以后延安整风和路线学习而作出的重要部署，在全党掀起了学习热潮，为整风运动创造了有利条件。

1942年，毛主席领导我们党开始了伟大的整风运动，这是我党历史上第一次全党范围的整风运动。由于历次机会主义路线，特别是王明的"左"倾机会主义路线的流毒和影响，主观主义、宗派主义、党八股等非无产阶级思想还在党内大量存在，加上新吸收的大批党员，也把许多不符合马克思主义的思想带进党内来，因此，这次整风就把"反对主观主义以整顿学风，反对宗派主义以整顿党风，反对党八股以整顿文风"作为主要内容。全党上下开展大学习、大检查、大提高的马列主义自我教育，真正树立毛主席倡导的一切从实际出发、理论与实践相结合和实事求是的优良传统和作风。

1943年，毛主席、党中央决定在整风运动中审查干部。这次审查干部是完全必要的，党的干部队伍从抗战以来有很大的发展，100万党员中，抗战开始后入党的就占了90多万，在党内和干部队伍内，都发现混入了少数敌特、叛徒和其他坏人，因此，为了净化我们的干部队伍，必须在思想整顿的基础上进行组织上的整顿。在这次审干中，一些隐藏得很深的阶级敌人被挖出来了，搞清了一些人的严重问题；一些本来没有什么问题的同志，经过审查后进一步取得党和群众的信任，更好地为人民工作。我们还从运动中总结了审查干部的宝贵经验，审干工作取得了很大的成绩。可是，当时这项工作的负责人康生，却违背了毛主席的干部政策，背离了整风运动的精神，实际上继续推行王明"左"倾机会主义的干部路线，严重地干扰了毛主席关于审查干部的部署，使审干工作出了偏差，给革命事业带来不应有的损失。

在1943年夏秋两个多月时间中，他们搞了所谓"抢救运动"。从主观唯心主义出发，对干部队伍的基本情况作了完全错误的估计，看不到我们党的绝大多数干部和来到延安的大多数知识分子是好的和比较好的，而极力扩大敌情，把革命队伍看成一团漆黑，认为"特务如麻"。在审干和反特斗争中，搞扩大化、简单化，在各个机关中追求揪出阶级敌人的一定比例数字，大搞"逼、供、信"。如有不同意他们这样搞的人，就被指为"没有敌情观念"，甚至本身也受到怀疑，有的因此被扣上"特嫌"帽子。特别是对过去从事党的地下工作的干部和从白区来的同志，不作具体分析，怀疑一切，制造了不少冤案、假案。

在湘赣苏区的肃反工作中，我是有过教训的。对于当时审干的这些做法，我虽然一时还弄不清究竟是什么问题，但对我自己负责的中办秘书处的审干工作，我是采取了老老实实的态度，自己怎样看，就去怎样做。当时我认为，秘书处的同志都是经过党组织严格审查和挑选出来的，他们每天都接触大量的党的核心机密，即使个别真有问题的人，也会很快暴露的，因此我认为他们都没有问题，就绝不望风捕影乱加怀疑。而康生抓不住说得过去的借口，也不敢轻易直接插手党中央机关的审干工作。现在，当年在秘书处工作过的同志提起来，也认为那时候中办秘书处的运动是很稳的，基本没有出现什么问题。当然，现在看来，如果没有毛主席党中央的正确领导，我们迟早会顶不住的。

毛主席及时地发现了审干工作中出现的偏差，立即着手纠正。他在大量调查研究、倾听各方意见的基础上，于1943年8月亲自为中央起草了《关于审查干部的决定》，提出了"首长负责，自己动手，领导骨干与广大群众相结合，一般号召与个别指导相结合，调查研究，分清是非轻重，争取失足者，培养干部，教育群众"9条方针。毛主席说，这个方针是同十年内战时期许多地方犯过错误的肃反方针根本对立的，那个错误的方针，简单地来说就是"逼、供、信"三字，这是完全主观主义的方针和方法。毛主席指出，就是对于有问题的人，也应走群众路线，应"予以实事求是的调查研究，禁止主观主义的逼供信方法"，"如果是被冤枉了的、被弄错了的，必须予以平反，逮捕的宣布无罪释放，未逮捕的宣布最后结论，恢复其名誉"。同年10月，毛主席在一个材料的批示中，再次强调指出，"一个不杀，大部不抓，是此次反特务斗争必须坚持的政策"，要求各级党组织都要坚持这种政策。后来，周恩来副主席从重庆回到延安，听了关于审干工作的汇报后，当即表示不同意过去那种做法。他说："怎么能这样搞？把这么多人说成是特务，哪儿有这么多特务？"他坚决提出要甄别！

毛主席对这次审干运动所出现的错误,不但及时纠正,而且亲自做思想工作,向被搞错了的同志赔礼道歉,对那些冤案、假案进行平反昭雪。但是,在审干中大搞主观主义、扩大化的康生等人,却文过饰非,推卸责任。他曾派一位同志去陇东分区推行他的那一套,等这位同志回来汇报时,毛主席已对审干中的偏差进行了纠正。而康生听了汇报,竟翻脸不认账,说:"谁叫你那样搞的。"这位同志为之气极。

在整风学习的基础上,我党高级干部又在1943年冬进行了两条路线问题的学习。大家以整风精神对过去各个根据地的历史进行总结,分清路线是非,分清功过,分清路线之间的根本对立。这次学习,采取个人学习与集体讨论相结合的方式,充分发扬敢于发表意见、提出问题与同志辩论问题的做法,大大提高了干部的理论水平和路线觉悟,为党的七大的召开作了充分的准备。毛主席非常关心这次学习,亲自参加一些讨论会,并就党的历史问题对大家作过报告。

在延安期间,毛泽东同志还写了不少有关革命战争的战略问题的光辉著作,这对于提高广大干部首先是高级干部的战略水平,指导抗日战争走向胜利,起到了不可估量的伟大作用。在写作过程中,毛泽东同志很重视听取其他同志的意见。记得毛泽东同志写出《战争和战略问题》的初稿后,曾给我批示:"首道同志,此件请油印二百余份,发与各重要干部,阅后定期收回……"毛主席这一时期的其他许多重要著作,例如《反对日本进攻的方针、方法和前途》《抗日游击战争的战略问题》《论持久战》等,都是这样把初稿发给一部分有关同志阅读,多方听取意见,经过一段时间的实践检验,最后反复进行修改后,才公开发表的。[8]

徐向前在回忆录中写道:

延安整风始自1941年5月的高干整风学习会议。毛主席强调:整风,主要是高级干部,其次是中级干部,再次是下级干部。这次整风,分为高干整风学习(1941年5月至1942年2月)、全党整风(1942年2月至1943年10月)、总结提高(1943年10月至1945年4月)3个阶段,历时4年之久。我在联防司令部和抗大期间,一直参加高级干部的整风学习。

整风是一次普遍的马克思主义教育运动,也是党的建设发展史上的重要里程碑。我从中受到的教益,是终生难忘的。

首先,必须坚持理论与实践相统一的原则。

理论与实践相统一,即实事求是的原则,是延安整风解决的基本问题之一。不解决这个问题,全党便无法从王明"左"倾教条主义的禁锢中解放出来,正确地总结历史经验,分清路线是非,认真研究中国革命的特点和规律,从而确立马列主义理论与中国革命实践相统一的正确思想路线。

我们党是以马克思列宁主义为理论基础的党。马列主义不是教条，而是行动的指南。从建党之日起，我党就不乏注意把马列主义应用于中国革命实际的同志。党依靠着他们和广大革命群众，经过反复实践、摸索，走上了武装斗争和创建农村革命根据地的道路，坚持了土地革命战争，赢得了敌后抗战的重大胜利。这方面的杰出代表是毛泽东。而历次机会主义却违背理论与实践相统一的原则，给革命造成严重损失。危害最甚的是王明路线统治全党的4年，曾使党几乎陷入绝境。

王明一伙在四中全会上台后，大肆泛滥教条主义、主观主义、党八股等恶劣倾向，荼毒全党。他们对中国革命的实际一窍不通，却寻章摘句，夸夸其谈，以"精通"马列主义而自居；对武装斗争、建设红军、创造根据地、土地革命和反敌人"围剿"，毫无实践经验，却自以为是，高高在上，写决议，发指示，"钦差大臣"满天飞，凭主观臆想指导革命。革命实际纷繁复杂，千变万化，他们不调查、不研究，照搬"本本"或外国经验，把抽象原则和死板公式当作"万应药方"，套在活生生的变化发展着的革命实际中。这种理论与实践相分裂的特征，乃是教条主义者的致命顽症所在。结果，弄得党内死气沉沉，一切"唯书""唯上"，失去了生动活泼的主动性和创造性。

针对教条主义、主观主义、党八股给党造成的危害，毛主席提出了"没有调查就没有发言权"的著名论断。党中央也作出了《关于加强调查研究的决定》，号召全党面向实际、面向群众，调查研究。同时，规定了干部的教育，"应确立以研究中国革命实际问题为中心、以马克思列宁主义基本原则为指导的方针，废除静止地孤立地研究马克思列宁主义的方法"。这就打破了教条主义的禁锢，树立了实事求是的作风。我在整风学习中深刻体会到，共产党人要认识世界、改造世界，必须坚持理论与实践相统一的原则，不断深入实际，调查研究。我在整风笔记中写道："调查研究的目的是为了对客观事物、中国社会、中国历史、国际国内的情况及变化等事物的了解、认识，辨明其发展规律，决定正确的政策。"并且归纳了坚持调查研究的10条要求自己："1.长期性。是经常的工作，不是一时的突击工作。2.彻底性。对每一个问题务须弄个水落石出。3.具体性。不仅注意问题的正面，还务须注意各个侧面，以免挂一漏万。4.真实性。反映真实的材料，不要加以臆断。5.计划性、组织性。明确目的，不能无的放矢，也不能无矢求的。6.批判性。兼听不兼信，仔细研究各种反映。7.抓住中心，要有准确的时间、地点和问题。8.深入各阶级，利用各阶层的干部。9.多去底层，不能忽视大多数。10.甘当小学生，不耻下问。"一切从实际出发，注重调查研究，实事求是，是我们党坚持理论与实践相统一的原则，克服教条主义、主观主义的根本途径。

其次，必须坚持正确的路线和策略。

从政治上分清路线是非，确立马克思主义路线在全党的统治地位，肃清王明"左"倾路线的影响，是延安整风解决的又一根本问题。什么是"两条路线""王明'左'倾路线""一省数省首先胜利"，经过整风学习，我才有了深刻的认识。

六大以来，在党的历史上出现过三次"左"倾错误，而且一次比一次严重，教训是很深刻的。第一次"左"倾，发生在1927年冬，翌年4月基本结束。那时，我参加了广州起义，又在东江坚持游击战争，对一些"左"的口号和作法深有感触。广州起义和东江游击战争的失败，与"左"倾错误有很大关系。第二次"左"倾，即"立三路线"，约半年的时间。我在鄂豫皖根据地，仅有2000来人的队伍，中央却叫我们去攻打武汉！以卵击石，行不通，我们作了抵制。根据地里贯彻"左"倾政策，结果造成许多农民"反水"，一部分红色政权塌台，吃了苦头。第三次"左"倾是王明路线，统治时间最长，形态最完备，影响最深，因而危害也最大。他们打着"反对立三路线""反对调和主义""反右倾机会主义""拥护国际路线"的旗号，极力推行"左"的一套。什么"打倒一切帝国主义"呀、"武装保卫苏联"呀、"两条道路决战"呀、"中间势力是最危险的敌人"呀、"创造百万铁的红军"呀、国民党"十分动摇""恐慌万状""总崩溃"呀、以夺取中心城市为中心的"一省数省首先胜利"呀……纯粹是冒险主义、盲动主义。与此相联系，在军事政策、土地政策、城市工作、敌军工作等方面，也都"左"到无可再"左"的地步。结果，招致白区党损失近100%，红军损失90%。在鄂豫皖根据地、川陕根据地，由于张国焘推行王明那套"左"的东西，竭泽而渔，弄得民穷财尽，使部队无法生存下去。在中央革命根据地的第五次反"围剿"中，福建事变发生，博古等人不懂得联合19路军共同对付蒋介石，一面和人家订了三条协定，一面又说蔡廷锴等"比蒋介石还蒋介石"，把送上门来的同盟者抛到一边。我们学习小组，对此事议论很多。事实证明，"左"决不比右好，不论"左"的或右的路线和策略，都会葬送革命事业。

教条主义统治时期，武装斗争以毛泽东为代表，白区工作以刘少奇为代表，创造性地把马列主义原理运用于中国革命的实际，是坚持正确路线和策略思想的典范。他们代表了广大党员和人民群众的意志，站在最前列，同教条主义者进行针锋相对的斗争，有一系列的文献和实践活动可资佐证。遵义会议确立毛泽东在全党的领导地位，是完全正确的。从此，才使革命转危为安，才有抗日民族统一战线的建立，才制定了抗战时期的正确路线和策略，才赢得了敌后抗战的伟大胜利。由任弼时主持起草、六届七中全会通过的《关于若干历史问题的决议》，关于刘少奇"在白区工作中同样是一个模范"的论断，也是正确的。

最后，必须正确地进行党内斗争。

用整风的形式，去分清路线是非，去克服党内的主要矛盾——无产阶级思想同各种非无产阶级思想的矛盾，是毛泽东对马列主义建党学说的一大贡献。延安整风的经验证明，只有用正确的方法去开展党内斗争，克服矛盾，才能达到教育全党，团结全党，增强党的战斗力的目的。

我们的党，是由无产阶级先进分子组成的党。但党的成员来自社会，生活在社会之中，不可避免地带来各种非无产阶级的思想、观点。混进党内来的坏人只是极少数，党内的主要矛盾不是敌我问题，而是正确与错误、无产阶级思想与非无产阶级思想的矛盾。因而，解决这种矛盾的主要方法，只能是"团结、批评、团结"，而不是其他。不明确这一点，开展党内斗争，势必走到歪路上去。

王明路线时期，开展了机械、过火的党内斗争，搞"残酷斗争，无情打击"，造成极为严重的后果。他们从宗派主义集团的私利出发，把"党内斗争"变成提高自己"威望"、铲除异己、吓唬党员的经常手段。正如《关于若干历史问题的决议》所指出的："为贯彻其意旨起见，在党内曾经把一切因为错误路线行不通而采取怀疑、不同意、不满意、不积极拥护、不坚决执行的同志，不问其情况如何，一律错误地戴上'右倾机会主义''富农路线''罗明路线''调和路线''两面派'等大帽子，而加以'残酷斗争'和'无情打击'，甚至以对罪犯和敌人作斗争的方式来进行这种'党内斗争'。"大家对此深有体会，举出了许多事例。在中央苏区，王明一伙大反"邓（小平）毛（泽覃）谢（唯俊）古（柏）"，排挤毛泽东。在鄂豫皖根据地，曾中生和我因与教条主义者派来的中央代表张国焘等人发生"南下之争"，官司打到中央，教条主义者不问是非曲直，给我们扣上一大串罪名，撤了曾中生的职。从那以后，曾中生便屡受打击，直至被张国焘监禁、杀掉。他们这种错误做法，只能窒息党的民主气氛，发展盲从主义、奴隶主义。

尤其令人痛心的是，教条主义、宗派主义的"党内斗争"，同错误的"肃反"政策搅在一起，残害了大批干部和党员，言之令人发指。在中央苏区、鄂豫皖、湘鄂西、各革命根据地，大抓"AB团""第三党""改组派""托陈取消派"，大搞"逼、供、信"，被错杀的共产党员和群众何止千万！弄得党内人人自危，一片恐怖气氛。这套衣钵，在整风审干中被康生等人搬来，"抢救失足者"。凡是从白区来的，都受到怀疑，甚至连叶剑英同志都被列为怀疑对象。幸亏毛主席及早察觉，提出审查干部的9条方针，规定"大部不抓，一个不杀""严禁逼供信""有错必纠"，才避免重蹈以往"肃反"的覆辙，挽救了大批革命干部，端正了整风审干的方向。

整风过程中，毛泽东为了总结历史经验，分清是非，纠正机械过火的党内斗争偏向，提出了一系列原则和方法，这就是"团结、批评、团结""惩前毖后，治病救人""既要弄清思想，又要团结同志""对于人的处理问题取慎重态度，既不含糊敷衍，又不损害同志"等。我认为是完全正确的，对党的建设和发展有极为深远的意义和影响。中央决定，让李立三、王明、博古等"左"倾路线的代表人物继续留在党内，分配适当工作，也是必要的。从而为无产阶级政党解决路线问题，树立了一个范例，表现了我们党的伟大气魄和自信力。历史证明，犯路线错误的同志，在党的教育下，绝大多数能够改正错误，继续为党做出有益的贡献。

这些，就是我在延安整风中的主要收获。

整风中期，我参加了西北局高干会议。会议自1942年10月19日开始，至翌年1月14日结束，开了近3个月。任弼时主持了会议。解决的主要问题是，西北党的历史上的路线是非问题；边区党的领导问题；今后边区的工作任务问题。出席会议的共有266人。毛主席在会上作了思想方法问题的报告、十大政策的报告、布尔什维克化12条的报告、经济问题与财政问题的报告。朱德、任弼时、高岗、林伯渠、贺龙也都作了报告。会议期间，共有46位代表发言。我也主持过会议，发过言。会议贯彻了整风精神，认真开展批评和自我批评，着重分清路线是非，反对纠缠细枝末节，较好地达到了既要弄清思想又要团结同志的目的。会议也有缺点。主要是高岗把自己说成是正确路线的代表，把阎红彦等一批同志弄下去，有些同志有不同看法，未能畅所欲言。批判郭洪涛、朱理治，有过火的地方。

延安整风的胜利，为召开党的全国第七次代表大会，形成全党大团结的局面，争取抗战总反攻的伟大胜利，奠定了牢固的基础。[9]

整风运动中，一些大战略区的负责人也回延安参加整风。《陈毅传》写道：

陈毅到达延安，受到毛泽东等中共中央领导人的热情欢迎。其中许多领导人，自1934年在中央根据地分别之后，已经将近10年不见了，而在10年之后的今天，革命事业已有很大发展，陈毅感触极深，作一首《延安宝塔歌》以抒怀。但他一见到毛泽东，除要系统汇报华中抗战形势外，还有满腹委屈，急需倾诉，那当然是"黄花塘事件"问题。

1954年2月16日，陈毅在关于饶漱石问题的座谈会上说，当时毛泽东却给他浇了浇冷水，对他说："如果你谈三年游击战争的经验，谈华中抗战的经验，那很好，我可以召集一个会议，请你谈三天三夜。至于与小饶的问题，我看还是不要提，一句话也不要提。关于这件事，华中曾经有个电报发到中央来。这电报在，如果你要看，我可以给你看，但是我看还是暂时不要看为好。"

陈毅说："那我就不看，华中的事也就不谈。"

毛泽东说："我欢迎你这个态度。"

虽然如此，起初陈毅心中仍然有一个疙瘩，颇为沉闷。毛泽东又给他讲了许多党史问题。陈毅乃静下心来，开始给中共中央和中央军委写了一份《1938年至1943年的华中工作总结报告》。一进入对敌斗争的回顾，陈毅立刻精神振奋，思潮汹涌。这总结报告于4月底完成。在《结束语》中，他自豪地写道："在华中6年工作的结果，使我党在华中敌后广大农村中确立了普遍的巩固的军政优势。由零星分散的小块地区逐渐衔接成几个大片，由零星的武装建立成大的集团部队，经过了反顽、反'扫荡'、反'清乡'的艰苦锻炼，一般维持着向前发展的形势。"而日军是逐渐削弱，"配合国内外条件，这一削弱更是日益增长"。国民党虽有"正统"的优势，"但在敌后由于他们的反动政策自取溃灭"。所以陈毅充满信心"坚持抗战，过渡新时代，迎接胜利"。

在写作中，陈毅心情有所好转，对华中工作系念殊深。

善于知人的毛泽东自然心中有数。3月15日那天，他对陈毅说："经过一个多礼拜的考虑，我以为你的基本态度是好的。你现在可以给华中发一个电报，向他们作一个自我批评。我也同时发一个电报去讲一讲，这个问题就打一个结。你看如何？"

陈毅诚恳地说："这样好，我照办。"

于是，陈毅向饶漱石和华中局、军分委各同志发了个电报。电报在热忱地叙述了到延安后毛主席等对他的巨大教育帮助后，说："对于如何团结前进的问题，我的某些认识和处理方式常有不正确的地方。由于自己遇事揣测，自己又常重感情、重细节，不正面解决问题，对人对事不够严正等陈腐作风，这样于彼此协合工作以大的妨碍……我自惭最近一年来在华中的工作尚未能尽我最大的努力。这就是我到中央后所获得的教训。"结尾，他表示"七大后再回华中工作"。

毛泽东阅后，也起草了一份电稿，于3月15日一同发往华中。

毛泽东的电报说："关于陈、饶二同志间的争论问题，仅属于工作关系性质。在陈动身前，两同志已当面谈清，现已不成问题。中央完全相信，在陈、饶二同志及华中局、军分委各同志的领导下，必能协和一致，执行中央路线，争取战争胜利。关于内战时期在闽西区域的争论，属于若干个别问题的性质，并非总路线的争论，而且早已正确地解决了。关于抗战时期皖南、苏南的工作，陈毅同志是执行中央路线的，不能与项英同志一概而论。无论在内战时期与抗战时期，陈毅同志都是有功劳的，未犯路线错误。如有同志对以上两点不明了，请漱石同志加以解释。"

饶漱石收到电报后，在第二天上午以他个人的名义给毛泽东回电，整个电文所反映的他的基本态度是"顶"。电文主要一段如下：

"陈和我的争论，既非属于重大路线，也非简单属于工作关系性质，而是由于陈同志在思想意识、组织观念上仍有个别毛病。他对统一战线、对文化干部、对某些组织原则，仍存有个别右的观点。对过去历史问题，存有若干成见，且有时运用很坏的旧作风，这些陈同志来电有隐约说到，所以我去电欢迎。但似乎尚欠清明，故详告与你，以便你给他帮助。"

他还告诉毛泽东，他另外给陈毅复电了。饶漱石对毛泽东的电报尚且如此"顶"，对陈毅电报的复电就可想而知了。

陈毅正患感冒，看到饶回复他的电文，顿时怒火中烧，提起笔来就给毛泽东写了封信，马上派人送去。

毛泽东看过陈毅的信，决定给他降降温，让他通通气，4月9日便回信一封，给予开导：

"……来信已悉，并抄送少奇同志阅看。凡事忍耐，多想自己缺点，增益其所不能，照顾大局，只要不妨大的原则，多多原谅人家。忍耐最难，但做一个政治家，必须锻炼忍耐。这点意见，请你考虑。"

4月10日，毛泽东又找陈毅去面谈。对此，陈毅1954年还记得很清晰。

陈毅如实地汇报了这两天的病情和心绪，毛泽东劝他说："你现在在延安，又不能回去，横直搞不清楚。这个事情容易解决，将来你回去是可以解决的。主要是人家对你有误会，你有什么办法？越解释，误会越大。"

陈毅表示："本来我的气很大，你这样一讲，我也没有什么意见了。"

毛泽东愉快地笑了，问陈毅对于《学习和时局》那篇文章有什么意见。

陈毅说："我曾提了一个意见，并对弼时的意见亦认为有考虑的必要。"

毛泽东说："好，还有什么意见随时告诉我。"

陈毅知道这段时间毛泽东正忙于改定《学习和时局》这篇文章，便告辞退出。但毛泽东的劝导，使他又有茅塞顿开之感。他通过阅读毛泽东送来的向他征求意见的《学习和时局》来检查自己的思想路线等问题，经过一昼夜的反复思考，他又给毛泽东写信，在论述经验主义问题之后，写下了这么一段话：

"我个人说来多年含茹于经验主义的原野之上，今后多从打开脑筋重新认识自己去着手，由己及人，变更过去及人而不由己的办法。"

这大概是4月10日同毛泽东谈话之后的回声吧。就在这天，4月12日，毛泽东在高干会上作了《学习和时局》的报告。毛泽东提出："如果我们既放下了包袱，又开动了机器，既是轻装，又会思索，那我们就会胜利。"陈毅听了很受鼓舞，更加自觉、自励。

中共中央为了进行七大的准备工作，于5月中旬在杨家岭召开六届七中全会第一次会议。在议定的各项准备工作中，陈毅被选定为军事报告的起草人。陈毅在愉快地领受了这项任务之后，积极收集材料，经常往返于他的住处杨家岭和军委总部所在地王家坪之间。

陈毅与毛泽东的接触越来越多了。毛泽东也经常找他商量一些工作。如8月10日要接见美军驻延安观察组的成员，通知陈毅参加；之后美国总统特使赫尔利来延安谈判，也让陈毅出些主意。9月间，陈毅比较空闲。毛泽东批准他到医院割治他的"十年宿疾"。贺子珍的妹妹贺怡在延安养病，毛泽东特地要陈毅去看她。陈毅对于一些问题，也主动向毛泽东反映或提意见。如刘伯承秘密来到延安，有的大活动未通知他参加，陈毅立即反映，毛泽东便马上批示解决；红七军的同志要想集中谈些问题，陈毅也向毛泽东提出，结果开了座谈会，大家心情舒畅。在这频繁的接触中，陈毅收获很大，思想上也产生了新的飞跃。

这年的11月，王震、王首道将带领359旅进军华南，毛泽东给他们讲话，陈毅听了启发很大。12月1日，他在给毛泽东的一封信中说：

"在几年整风弄清路线原则之分歧后，作大度的自我批评，讲团结对外，这足以教育一切人，主张印发全党（指毛的讲话记录）。华中的团结亦只有走此道路。回想几年华中工作，被我打击屈服的高级干部，至少也在一打以上。只有自己批评去打通思想而团结对外，才是于党于己的有益办法。去冬在华中，我不了解这点，所以满腔愤愤不平之气。赴延留别诗中说：'知我二三子，情深更何言。去去莫复道，松柏耐岁寒。'这仍包袱很重，自以为残菊傲霜。春间到延……你要我于华中近事取得教训，略略纾解愤懑……近来与许多人谈话，广泛阅读文件，似乎更感觉以前所见不免皮相，才知道处理许多问题。疏虞之处甚多，别人的批评反对，其中事出有因，查实无据者有之，而自己过与不及两种毛病则所在多有，那种'寡人之于国也，尽心焉耳已'的自己条条做到的态度，实在要不得。"

这似乎是陈毅经过整风运动之后的一纸自我鉴定，他派人送给毛泽东主席之后，毛立即阅看，越看越高兴，看完便回信，鼓励与希望的火热的感情溢于言表：

"陈毅同志：

你的思想一通百通，无挂无碍，从此到处是坦途了。随时准备坚持真理，又随时准备修正错误，没有什么行不通的。每一个根据地及他处，只要有几十个领导骨干打通了这个关节，一切问题就可迎刃而解。整个党在政治上现在是日渐成熟了，看各地电报就可以明了。"

整个党在政治上日渐成熟，而陈毅也是成熟的党之中的一分子。15年前，他在闽西同毛泽东等的交往和在上海同周恩来等的讨论中，曾获得了思想上的一次飞跃。15年后在延安，他又在毛泽东为首的中共中央的帮助下，获得了第二次飞跃。一年以后，陈毅回到华东，有人问及他对毛泽东的印象，他说："毛泽东进步太大了，我是望尘莫及。"〔10〕

文艺工作的方向

1942年5月，在延安召开文艺座谈会，毛泽东在会上发表讲话并作总结，阐明了革命文艺为人民群众，首先是为工农兵服务的根本方向，系统地回答了文艺运动中许多有争论的问题，强调党的文艺工作者必须从根本上解决立场、态度的问题。

胡乔木比较系统地回忆了延安文艺座谈会前后的情况。他说：

当时报纸上已经发表了许多作家的言论。毛主席开始找作家谈话，越谈找的人越多，有的谈过多次。比如，说"不歌功颂德"的那个作家并不出名，他的话就是跟毛主席讲的，不是写文章讲的。毛主席在讲话时提到这个观点，我就知道是针对那个作家的话讲的。

毛主席跟作家的来往比较早，如跟萧军早就有来往。1941年8月给萧军写过信，是派我送去的。这封信已收入《毛泽东书信选集》中。毛主席当时比较赏识萧军。后来萧军的观点与党的观点有距离。文艺座谈会召开时，萧军第一个讲话，意思是说作家要有"自由"，作家是"独立"的，鲁迅在广州就不受哪一个党哪一个组织的指挥。对这样的意见，我忍不住了，起来反驳他，说文艺界需要有组织，鲁迅当年没受到组织的领导是不足，不是他的光荣。归根到底，是党要不要领导文艺、能不能领导文艺的问题。萧军就坐在我旁边，争论很激烈。他的发言内容很多，引起我反驳的，就是这个问题。对于我的发言，毛主席非常高兴，开完会，让我到他那里吃饭，说是祝贺开展了斗争。后来雪苇写信给我，说鲁迅当年跟党是有关系的，我没有查考过这个事情。

当时，主要是围绕两个人，头一个是萧军，然后是丁玲，还有其他一些人多少牵进去了。斗得相当厉害。当然用不着详细写。然后，要求作家下乡。现在许多作家回忆，除座谈会本身外，下乡是很重要的问题，因为座谈会讲话的中心论点之一，是普及与提高，是作家与工农兵结合。座谈会讲话后，有一大堆事情。多数作家经过这场洗礼，回忆起来，尽管里面有些问题，但还是觉得有益处。主要是在与群众结合这一点上。丁玲也写过谈收获的文章。艾青除写了《吴满有》这篇作品外，还写了《秧歌剧的形式》这篇文章。毛主席对艾青是比较满意的，对他写出好的作品非常高兴。

王实味的事要提，最好放到前边。王的问题定性是错了。当时对其他人的斗争也很不合适。对萧军，搞到不让他吃公粮。萧军这个人很倔强，他就住到延安东边的一个孤孤单单的房子里，自己搞生产，干了一段时间。后来彭真找他谈话，表示过去两方面都有错误。之后萧军回到文协。对萧军问题的那种做法是不对的，对王实味问题的处理尤其不对。首先把王实味定成托派，结果没有证据。还说他是特务，关起来，最后打仗时杀掉了。

　　王实味不代表整个文艺界。尽管《野百合花》引起很大争论，比丁玲的《三八节有感》争论得更尖锐，但《三八节有感》在文艺界有相当代表性。有一次，毛主席召集《解放日报》的人开会，谈改版问题，批评《解放日报》对党中央的主张、活动反映太少。在这个会上，贺龙、王震都批评了《三八节有感》，批评得很尖锐。贺龙说："丁玲，你是我的老乡啊，你怎么写出这样的文章？跳舞有什么妨碍？值得这样挖苦？"话说得比较重。当时我感到问题提得太重了，便跟毛主席说："关于文艺上的问题，是不是另外找机会讨论？"第二天，毛主席批评我："你昨天讲的话很不对，贺龙、王震他们是政治家，他们一眼就看出问题，你就看不出来。"贺龙同志对文艺问题还发表过一些别的意见，最早的就是对《三八节有感》的批评。

　　毛主席并没有因为《三八节有感》就否定了丁玲。他很注意丁玲的作品，并有相当评价。丁玲写的《田保霖》，毛主席很称赞。对于有才气的作家，毛主席是很赏识、器重的。后来《太阳照在桑干河上》写出以后，先是不能出版，有人反对。丁玲找了好几个人看，那是在西柏坡。艾思奇、陈伯达、萧三和我几个人看了，都认为这部书写得不错。因此，毛主席对丁玲更加看重。他曾说："丁玲下乡，到农民里面生活，写出小说来了，而有人经常说与工农兵结合，也没有写出什么作品，到底结合了没有？"后来文艺界的风波，讲起来有些很难理解。文艺界一些人之间的关系好像不可调和，一说起来就充满仇恨。

　　……

　　在我的印象里，座谈会是在礼堂里开的。毛主席最后作结论的讲话是在露天，人到得很多，在礼堂里不方便。

　　整风和文艺座谈会之间的关系要弄清楚，究竟是会前文艺界已经在整风，还是在会后才开始整风？有可能座谈会前已开始整风，但整不下去，各说各的吧。

　　至于讲话怎么样形成文字的，没什么必要多说。当时有记录，我根据记录做了整理，主要是调整了一下次序，比较成个条理，毛主席看后很满意。整理过的稿子发表时，正在搞"抢救运动"，搞出很多"特务"，所以就把文艺界的"特务问题"特别标出来。后来《讲话》再发表，就是收入《毛选》时，把这些关于"特务"的话删掉了。《讲话》从在《解放日报》发表到收入《毛选》，中间不会有大变动，因为毛主席的讲话是不好轻易改动的。编《毛选》时，我建议在有的地方加一些话，讲讲现实主义问题，因为当时说现实主义是马克思主义文学的根本方法，原《讲话》稿没有这样的话，我就想把日丹诺夫讲社会主义现实主义的定义写进去，毛主席很不满意。

《讲话》在收入《毛选》时，是作了一些修改。讲讲有哪些重要的修改，倒是很有意义。这并不是考据，而是可以说明毛主席详细考虑了哪些问题，可以看出他的思想的发展。删掉"特务文艺"之类的提法，可以讲，但并不重要。还有很重要的改动，如对待文化遗产，原来只讲"借鉴"，后来改为"继承和借鉴"，因为有的文学遗产就是要继承。如毛主席写旧体诗词、诗体七律、词牌《菩萨蛮》，这根本谈不到什么借鉴，就是继承。不仅这个，还有语言，就是继承，任何作家离开历史形成的语言传统都不可能写作。语言尽管有创新，但基本是继承，不可能每一个人创造一套语言，那样的文学是不可想象的。像这样原则性的修改还有，如原来说国统区作家在脱离群众问题上跟国民党"有些不同"，后改为"不同"。这表明毛主席并没有停留在原来那个地方，他对一些问题是很郑重、很认真的。

……

关于讲话本身的文艺理论问题，集中在两个问题上谈一谈。一是文艺和生活的关系，二是文艺与人民的关系。在这两个问题上，《讲话》的观点是不可动摇的。其他的具体提法，相比之下，都是次要的。钱钟书《宋诗选注》序言中引用毛主席的话，强调的就是这两点，可见是大家公认的。生活是文艺的唯一源泉，其他都是流，所以作家要深入生活。文艺要诉之于读者，读者基本上是人民。文艺如果没有读者，就是没有对象。这两点可稍许发挥，但也不要说多。比较起来，这些道理是颠扑不破的。

关于文艺从属于政治的问题，《讲话》有它的局限性。这个问题不仅仅是属于《讲话》本身的问题。列宁的《党的组织和党的文学》讲了一个齿轮和螺丝钉的比喻。当时《解放日报》登了这篇文章，是博古翻译的。literature，很容易译成文学，但literature的意义很多，我反复看原文，认为不能译成文学。齿轮和螺丝钉不是指文学，是很明显的。我在1981年有一次讲话，着重讲了这个问题。

文学服从于政治这种话是不通的。古往今来的文学都服从于政治，哪有这回事？恐怕绝大多数的作家根本不承认这样的事。你说托尔斯泰为政治服务？他绝不会承认。他有他的政治观点，这是一回事，但他写《战争与和平》绝不是为政治服务。写《安娜·卡列尼娜》是为政治服务？也不是。例子多了。莎士比亚为政治服务？他哪一部著作是为政治服务？你说《奥赛罗》是为政治服务？《罗密欧与朱丽叶》是为政治服务？根本讲不通的话。

文学是一种广泛的社会主义现象。它跟阶级、政治现象有些关系，但关系不是那么直接。有时关系多点，如反法西斯战争前兴起的反法西斯运动中，世界文学几乎出现一种反法西斯潮流。当时作家有一种信念，反对法西斯就是维护人类的正义、和平、文明。法西斯没有文明，作家要维护文明。但也不能说那时的作品都是反法西斯的。有那么一些作家比较积极。比较出名的一个大作家是德国的托马斯曼，他在法西斯上台后积极反法西斯，但他出名比较早，那时的作品没有什么政治倾向，是描写一种社会生活。其他的作家，如巴比塞，政治倾向比较明显，但这也是后来发展起来的，并不是一开始就有一种政治倾向。如左拉，反对德雷夫斯案件非常积极、非常坚决，甚至流亡到英国去，因为在法国待不下去了。左拉的作品虽然也涉及一些政治问题，但一般地不能说是为政治服务的。中国最著名的《红楼梦》也不能说为政治服务。文学服从于政治的说法，一方面是把文学的地位降低了，好像它一定要服从于某个与它关系不多的东西；另一方面把文学的范围不可避免地缩小了，好像作品不讲政治的作家就是没有政治倾向（这种作家很多），就不觉悟、落后，他的作品就不是文学。这样一来，好些事就讲不清楚了。

因为将列宁的文章中的话翻译错了，影响到认为文学是齿轮和螺丝钉，作家也是齿轮和螺丝钉。毛主席不能对翻译负责，但文学服从于政治这种讲法，是一个很深的印痕。《讲话》对作家的要求有的地方过于苛刻，把作家脱离群众跟国民党脱离群众说得差不多，这是不妥当的。这些说法对于我们文艺工作的发展产生了不利的影响。

文学艺术是一种社会文化现象，是一种范围非常广泛的社会文化现象。教育的范围也很广泛，不可避免地要在什么范围内服从政治，但不能说教育范围内的所有问题都要服从政治。比如教外语，怎么说服从政治？这是根本不通的话。以前就出现过这样的现象，把外语教学都政治化了。斯大林在《马克思主义与语言学问题》中讲过，语言是社会现象，并不是意识形态。说文学是意识形态，只是就一个方面，即就文学艺术观点而言，不能说整个文学艺术是意识形态。这里有很多复杂的问题。历史唯物主义是一门很复杂的科学，绝不是简单的公式就可以解决问题的。

座谈会讲话正式发表不久，毛主席跟我讲，郭沫若和茅盾发表意见了，郭说"凡事有经有权"。这话是毛主席直接跟我讲的，他对"有经有权"的说法很欣赏，觉得得到了知音。郭沫若的意思是说文艺本身"有经有权"，当然可以引申一下，说讲话本身也是有经常的道理和权宜之计的。比如毛主席讲普及与提高的关系问题时，说作家、艺术家要收集老百姓写的什么黑板报、什么歌谣、画的简单的画，帮助修改，音乐也是要帮，这样的事是不可能经常做的。

照这样讲,郭沫若成天收集小学、中学、大学学生和社会上各种人的东西,这怎么可能?这样,作家就做不成了。作家也不可能把什么人的东西都拿来修改,再在这个基础上提高。艾青写《秧歌剧的形式》,这从某种意义上可以说是体现了普及与提高的关系,但艾青绝不可能经常去具体指导某个秧歌队,修改歌词。

这里面有一个环境问题。当时是一种战争环境,特别是农村环境。在当时那种环境下,毛主席很反对鲁艺的文学课一讲就是契诃夫的小说,也许还有莫泊桑的小说。他对这种做法很不满意。但讲文学、讲写作,又必须有一些典型作品教育学生。毛主席力图找到一个途径,解决普及和提高问题。解放后编《毛选》时,我提出,普及与提高,对有些作品不那么适用,比如说音乐。欣赏音乐当然也要有一定水平,但很难说哪一作品是一年级的音乐,哪一作品是二年级的音乐。绘画,也可以有这样的作品,人人都能欣赏。比如《蒙娜丽莎》这样的作品,不一定要学过多少美术,都可以欣赏,觉得很美。这种例子很多。当时毛主席说,如果没有普及和提高的分别,就没有教育了。教育就是由没有受过教育,然后受教育,一年一年提高的。因此,还是原话不动,没有改。现在可以想到,文艺座谈会讲话的背景就是战争环境、农村环境,如果离开这样的环境看问题,把讲话绝对化,那是非历史的态度。

讲话提出文艺的源泉是生活,这话是完全正确的,什么时候都适用。从文学史上看,所有大作家对生活都得观察、研究。作家必须深入生活,深入群众,与群众相结合,但怎么结合,要看历史和个人条件的不同。有些作家可以下乡、下厂、下部队,但不可能所有的作家都下去。解放后毛主席有一次讲话,说如果不能下马观花,走马观花也好,也可以,这已经考虑到各种实际情况的不同,说明他的思想是发展的。有些人,让他同工农兵同吃同住同劳动是不可能的。这种要求,很多文化工作者、科学工作者是很难做到的。大学教授也很难做到,他要备课、讲课。像这样的要求,要看是在什么条件下对什么人提出的。延安的情况,恰好比较适合。在延安,作专门研究很困难,缺乏这个条件。鲁艺有一位钢琴家就很苦恼,因为他没有用武之地。傅聪讲过这样的话:文艺工作者都去参加劳动,我的手如果劳动两个月,就不能弹钢琴了。少奇同志说这话有道理。确实不能要求所有的人都去参加体力劳动。

现在要写的这篇文章用不着说上面的这些话,也不需要同人去争论。争论没完没了。我的看法,你们也不一定同意,那也没关系。我想应该把毛主席写的东西,是在什么时代环境、什么历史条件下写的,搞清楚。这样来研究毛主席著作,研究毛泽东思想,是需要的。写这篇东西严格限制在回忆范围内,只回忆那一段,不纵论古今,也不接触各式各样的看法。

茅盾对《讲话》的反应记不清了。后来我到重庆，同茅盾谈过。他的说法是：外地去的作家对解放区的生活不适应，有个适应过程，所以发生了一些争论。这个话有一定的道理。因为或是在上海，或是在大后方，同到延安相比，环境都有很大变化，作家原来把延安理想化了，觉得什么都好。至于理想是什么样的理想，那是另外一回事。总之是充满理想色彩，等到看了现实，并不那么理想，于是各种各样的议论都出来了，因为不合乎他们原来的理想。

郭沫若"有经有权"的话可以查一下。毛主席讲话后，征求一些名人的意见。郭老的话，恐怕是在他看了《解放日报》发表的讲话稿之后说的。离发表的时间不会太远。如果很远，毛主席也没有兴趣谈了。会不会是用电报传到延安的？在我的记忆中，确实是这几个字。写回忆可以写出来，对这话我完全可以负责。记得清楚："凡事有经有权。"毛主席说，这道理是对的。他说的时候很高兴。[11]

根据胡乔木的回忆和历史档案形成的初拟稿《延安文艺座谈会前后》一节写道：

整风运动是全党范围的运动，包括各个部门和各级干部在内，文艺界和文艺工作者当然也不例外。不过文艺界的整风有文艺界的特殊内容。

按照中央领导的分工，文艺界的整风运动由毛主席分管。

当时延安究竟有多少文化人？没有做过详细统计。1944年春毛主席在一次讲话中，说延安的"文学家、艺术家、文化人""成百上千"，又说"延安有六七千知识分子"。这给了我们一个大概的数字。这些文化人中的绝大部分都是抗战爆发后一两年从全国各地甚至海外会集到延安的。他们有的是受党组织的派遣，更多的则是出于对延安的仰慕心情投奔光明而来。

毛主席作为一位伟大的思想家和革命领袖，深知文学艺术是整个革命战线不可缺少的一个方面，所以自西北内战局面基本结束后，他就分出一部分精力来抓文艺工作。同时，毛主席又是一位文学造诣很深的人，他的诗词和散文都具有很强的文学魅力，这又为他联系文化人提供了更好的条件。延安不少重要的文艺团体和单位，如中国文艺协会、西北战地服务团、鲁迅艺术学院、边区文化协会、抗战文工团、民众剧团等，都是在毛主席的亲自关怀、大力支持下成立和开展工作的。许多知名的乃至不甚知名的作家、诗人、艺术家，受到过毛主席的接见。每当毛主席看到一篇好的作品问世，他都会表现出一种难以抑制的兴奋之情。1938年5月，他得知诗人柯仲平的长篇叙事诗《边区自卫军》受到群众的欢迎，便立即索要诗稿，亲自批道："此稿甚好，赶快发表。"不久即连载于党中央机关刊物《解放》上面。1939年5月，他看了《黄河大合唱》的演出，据冼星海的描述："当我们唱完时，毛主席和几位中央领导同志都站起来，很感动地说了几声'好'。"这些无疑都是对文艺家们的巨大鼓舞。

在延安文艺运动兴起之初，毛主席就多次发表讲话，阐明他的文艺观点。

1936年11月22日"中国文艺协会"在保安县（今志丹县）成立时，他号召文艺家们"发扬苏维埃的工农大众文艺，发扬民族革命战争的抗日文艺"[12]。

1938年4月10日，毛主席在延安鲁迅艺术学院成立典礼上论述"艺术的作用和使命"。他把经过长征到达陕北的原苏区文化工作者称作"山顶上的人"，把由上海、北平等城市奔赴延安的文化工作者称作"亭子间的人"，说："亭子间的人弄出来的东西有时不大好吃，山顶上的人弄出来的东西有时不大好看。有些亭子间的人以为'老子是天下第一，至少是天下第二'；山顶上的人也有摆老粗架子的，动不动'老子二万五千里'。"他要求这两部分人都不要以过去的工作为满足，都"应该把自大主义除去一点"。"作风应该是统一战线。统一战线同时是艺术的指导方向"。[13] 他还特别讲到"亭子间的'大将''中将'"到了延安后，"不要再孤立，要切实。不要以出名为满足，要在大时代在民族解放的时代来发展广大的艺术运动，完成艺术的使命和作用"。[14]

4月28日，毛主席再次到鲁艺发表演说，论述怎样做一个艺术家。他认为，一个好的艺术家必须具备3个条件：第一，要有"远大的理想"。"不但要抗日，还要在抗战过程中为建立新的民主共和国而努力。不但要为民主共和国，还要有实现社会主义以致共产主义的理想"。第二，要有"丰富的生活经验"。艺术家的"大观园"是全中国，"要切实地在这个大观园中生活一番，考察一番"。第三，要有"良好的艺术技巧"。技巧不好，"便不能表现丰富的内容""要下一番苦工夫去学习和掌握艺术技巧"。

1939年5月，他为鲁艺成立周年题词，提出"抗日的现实主义，革命的浪漫主义"的文学创作主张。

1940年1月，毛主席在陕甘宁边区文化协会第一次代表大会上讲演，明确规定了"民族的科学的大众的"新民主主义文化方向。他说："这种新民主主义的文化是大众的，因而即是民主的。它应为全民族中90％以上的工农劳苦民众服务，并逐渐成为他们的文化。"

把毛主席上述主张同他后来在延安文艺座谈会上的讲话联系起来，不难看出，为人民大众服务，为现实的革命斗争服务，作家应深入群众，深入生活，这是他一贯坚持的文艺思想。

由于毛主席和中央其他领导人的重视和提倡，同时由于全民抗战热潮的推动与成百上千文艺工作者的努力，延安和各根据地的抗日文艺运动获得蓬勃发展。正如毛主席在文艺座谈会讲话中所说的："我们的整个文学工作、戏剧工作、音乐工作、美术工作，都有了很大的成绩。"文艺运动有力地推动了抗战事业的进行，繁荣了根据地的文化生活。

但是，就当时拥进延安的大多数文艺工作者来说，他们尚没有真正完成从小资产阶级到无产阶级的转化。他们的思想感情还需要有一个改造的过程，对革命根据地的生活还需要有一个适应的过程，在文艺为人民大众服务的方向问题上，还需要有一个从口头承认到彻底解决、从"化大众"到"大众化"的发展过程。就是说，在大多数文艺工作者身上还存在着各种各样的弱点。当抗日战争困难时期到来后，随着客观条件的变化，他们之中一些人所具有的思想弱点，就更加突出地表现了出来。

对于主要是1940年以后延安文艺界暴露出的问题，在整风后期的一份文件中曾作了这样概括：在"政治与艺术的关系问题"上，有人想把艺术放在政治之上，或者主张脱离政治。在"作家的立场观点问题"上，有人以为作家可以不要马列主义的立场、观点，或者以为有了马列主义的立场、观点，就会妨碍写作。在"写光明写黑暗问题"上，有人主张对抗战与革命应"暴露黑暗"，写光明就是"公式主义（所谓歌功颂德）"，现在还是"杂文时代"。从这些思想出发，于是在"文化与党的关系问题、党员作家与党的关系问题、作家与实际生活问题、作家与工农结合问题、提高与普及问题上都发生严重的争论；作家内部的纠纷，作家与其他方面的纠纷也是层出不穷"。[15]这里的概括是符合实际的，其中列举的观点，有的是在报刊上公开发表出来的，有的是作家们在同毛主席交谈时谈出来的，有的则是在文艺座谈会期间反映出来的。以下几方面问题尤为明显：

第一，所谓"暴露黑暗"问题。一个时期，"暴露黑暗""不歌功颂德"、使用"讽刺笔法"、"还是杂文时代"等主张，几乎成为一种时髦。《解放日报》文艺专栏和一些文艺刊物上，也有宣传这类主张的文字发表。有人在会议上直截了当地说："我是不歌功颂德的。"

第二，脱离实际、脱离群众的倾向。以鲁迅艺术学院为例，其办学方针也存在着一些问题。比较突出的就是从1939年强调"正规"和"提高"后，脱离实际、脱离群众、"关于提高"的倾向发展起来。大戏、洋戏充满了舞台，而且影响到延安的整个演出界。讲写作，就是契诃夫和莫泊桑的小说。鲁艺的新校址桥儿沟，紧邻农民的场院，但不少教师却关在自己的窑洞里，不与农民往来。前方的文艺工作者对鲁艺提出了这样的批评："堡垒里的作家为什么躲在窑洞里连洞门都不愿意打开去看看外面的世界？""提高是否就是不叫人看懂或'解不了'？"前方缺乏剧本、歌曲，但鲁艺提供出来的就是大、洋、古的东西。[16]这是很尖锐的批评意见。延安整风开始后，鲁艺领导人也主动检查了这方面的问题。

第三，学习马列主义与文艺创作的关系问题。这在延安一些文艺工作者中也存在着模糊认识。作家欧阳山曾批评过"马列主义妨碍文艺创作"的观点。但也有的作家主张不要把"什么'教育意义''合乎什么主义'的绳索套在文艺上面"。

第四,"小资产阶级的自我表现"。相当多的作家由于出身于小资产阶级,又只在知识分子中找朋友,所以就把注意力放在研究和描写知识分子上面,甚至对知识分子的缺点也加以同情、辩护和鼓吹。反之,对工人农民则缺少接近和了解,不善于描写他们,倘若描写,也是像毛主席所说的:"衣服是劳动人民,面孔却是小资产阶级知识分子。"这是文艺界没有真正解决为什么人问题的一个重要表现。

第五,文艺工作者的团结问题。在文艺界发生的数不清的争论中,当然有些是有意义的,但也有许多是没有什么意义的,甚至是彼此攻击,在一些细小的问题上挑起争端。20世纪30年代左翼文艺运动中就存在的宗派主义情绪,又被带到了延安,影响着文艺工作者的团结进步。

党中央和毛主席看到了上述种种问题。尽管这些问题并没有构成延安文艺界的主流,但它们对抗战和革命事业是不利的,也阻碍着文艺本身的发展。为了解决这些问题,并系统地制定党的文艺工作的方针政策,党中央决定召开文艺座谈会。

如同解决其他重要问题一样,为了召开文艺座谈会,毛主席做了大量调查研究工作。他给许多作家写信,找了许多作家谈话,对有些人,信不止一封,谈话不止一次。他让作家们帮他搜集材料,提供有关文艺工作的意见。与此同时,中央组织部部长陈云、宣传部代部长凯丰等也分别找作家谈话。根据一些当事者的回忆,毛主席约去谈话的文艺家有丁玲、艾青、萧军、舒群、刘白羽、欧阳山、草明、何其芳、严文井、周立波、曹葆华、姚时晓等多人。

丁玲是抗战前夕第一个从大城市到达陕北苏区的名作家,西北战地服务团的组织者、领导者,在"文抗""文协"中都有职务。她到陕北后,写过不少以人民军队将领和群众生活为题材的作品,很受毛主席的器重。从1941年9月至1942年3月,她担任《解放日报》文艺副刊主编。她的《三八节有感》,曾受到贺龙和其他一些同志的批评。毛主席同丁玲有过多次交往,座谈会前同她的谈话,主要是就文艺批评问题交换了意见。

艾青是1941年皖南事变后,在周恩来同志的鼓励和资助下,同罗峰等一起到延安的。不久,即先后受到张闻天同志、毛主席的接见,相继担任了"文抗"理事、《诗刊》主编、边区参议员等职务。文艺座谈会前,毛主席三次给他写信,两次约他面谈。交谈之中,毛主席对当时发表的某些文章提出了尖锐批评,认为有的文章"像是从日本飞机上撒下来的",有的文章"应该登在国民党的《良心话》上"。艾青恳切地要求毛主席亲自"开个会,出来讲讲话",并把自己写的对于目前文艺上几个问题的意见送给毛主席审阅。毛主席不仅自己仔细阅读了艾青同志的书面意见,而且把它交给几位政治局委员传阅。毛主席尤其在"歌颂和暴露"的问题上,对艾青谈了自己的看法,艾青也就根据当时对毛主席所谈看法的理解,修改了他的书面意见,后来发表在《解放日报》上。

萧军1938年3月第一次到延安时,毛主席就曾亲自到招待所看望他。1940年6月第二次到延安后,担任"文抗"理事、《文艺月报》编辑、延安鲁迅研究会主任干事等职。从1941年8月至1942年5月,毛主席写给萧军的信共有10封之多。其中4封写于1941年8月,4封写于1942年4月,2封写于文艺座谈会期间和其后。萧军性格豪爽,有才华,但固执、孤傲,看问题有些片面和绝对化,尤其不善于处理人际关系。他因为不赞成周扬《文学与生活漫谈》一文的某些内容和《解放日报》没有刊登他们几个人同周扬商榷的文章,而负气要离开延安。他向毛主席辞行,毛主席对他做了开导,随后又于1941年8月2日写了第一封信。信写得非常坦率诚恳,既有批评,又有表扬,并指出了努力方向。信中说:"延安有无数的坏现象,你对我说的,都值得注意,都应改正。但我劝你同时注意自己方面的某些毛病,不要绝对地看问题,要有耐心,要注意调理人我关系,要故意地强制地省察自己的弱点,方有出路,方能'安心立命'。否则天天不安心,痛苦甚大。你是极坦白豪爽的人,我觉得我同你谈得来,故提议如上。"[17] 1942年四五月的6封信,都同座谈会有关。毛主席还同萧军两次面谈有关党的文艺方针政策问题。

刘白羽当时担任"文抗"的支部书记。毛主席为了更多地了解情况,要刘白羽找"文抗"的党员作家先行座谈,听取意见。在同毛主席交谈中,刘白羽提出人犯了错误怎么办的问题,毛主席回答说:"在哪里犯的就在哪里改,如果是写了文章,影响更大些,应该是在哪里发表的就在哪里改正。"

欧阳山是中央研究院文艺研究室主任,草明是该室研究员。毛主席同他们谈话中,除就作家的立场、文艺与政治的关系、文艺为什么人等问题交换意见外,还对草明提出的"文艺界有宗派"的问题谈了自己的看法。他认为,宗派主义也是个原则问题,但只有确立起为人民服务的思想并到工农兵中去改造思想,宗派主义问题才能解决。

同鲁艺教员们的谈话,是集体进行的。谈话内容十分广泛,包括有"暴露黑暗"与"歌颂光明"、作家与群众、小资产阶级知识分子的幻想与牢骚、"人性"与"人类之爱"、李白与杜甫、《聊斋志异》与今人作品等多方面问题。

文艺座谈会于1942年5月2日下午开始举行,地点在杨家岭中央办公厅楼下会议室。请柬是以毛泽东、凯丰两人名义在座谈会前几天发出的，上面说明开会的目的是"交换对于目前文艺运动各方面问题的意见"。除毛主席、凯丰以外，当时在延安的中央政治局委员朱德、陈云、任弼时、王稼祥、博古、康生等也都出席了会议。被邀请参加会议的文艺工作者连同中央和一些部门负责人，共100余人。座谈会举行过三次全体会议，有几十位党内外作家发言，毛主席自始至终地参加了这三次会议。

在5月2日的第一次会议上，首先由毛主席作"引言"。他说："我们有两支军队，一支是朱总司令的，一支是鲁总司令的。"这种风趣的说法，不但形象生动，而且表明了他对中国文化革命主将鲁迅的一种崇高的评价。当然后来正式发表时，还是改成了更有概括性的语言："手里拿枪的军队"和"文化的军队"。毛主席根据文艺工作本身的任务和延安文艺界的状况，提出立场、态度、工作对象、转变思想感情、学习马列主义和学习社会五大问题，要大家讨论。座谈会上，不少作家争先恐后地发言，有的谈自己的见解，有的对其他人的发言提出不同意见。这次会后，报纸并没有作报道。5月14日，萧军在《解放日报》上发表《对于当前文艺诸问题的我见》，文章开头说："5月2日由毛泽东、凯丰两同志主持举行过一次'文艺座谈会'，作者为参加者之一。"这是第一次在出版物中报道了延安召开文艺座谈会的消息。该文于6月12日由《新华日报》转载，又把这一信息传递到了国统区。

5月13日，延安戏剧界40余人集会，座谈剧运方向和戏剧界团结等问题。会议从早到晚，开了整整一天，中心是"文艺运动的普及和提高"的问题。与会者一致认为一两年来延安的"大戏热"是一种偏向，不适当地强调了提高，忽视了广大工农兵的需要，自觉不自觉地把观众对象局限于机关公务人员、学生、知识分子的狭小圈子，以后应更着重于普及工作。但普及与提高两者的关系是什么呢？大多数人认为普及和提高是同一工作的两方面，要有精确的分工，又要有有机的联系；另一些人认为应把两者分开，使它们各自专门化起来。这次会议既是对毛主席"引言"的响应，又为他10天后作结论提供了重要资料。

5月16日召开座谈会的第二次会议。整天时间，毛主席都在认真地听取大家的发言，并不时地作着记录。有几个人的发言格外引起与会者的注意。一位作家从"什么是文学艺术"的定义出发，讲了一个多小时文学基本知识，引起大家的不满。120师战斗剧社社长欧阳山尊根据自己几年来在前线和农村工作、学习的体会，讲了前线部队和敌后群众对于文艺工作的迫切需要，以及实际斗争给予文艺工作者的教育。认为文艺工作者应该有一分热，发一分光，甚至发两分光，这样做似乎付出很多，但实际上学到的东西更多。他呼吁延安的文艺干部到前方去。从毛主席的表情上可以看出，他对这个发言很满意。柯仲平报告了民众剧团在农村演出《小放牛》受欢迎的情况，说："不要瞧不起《小放牛》，我们就是演《小放牛》，群众很喜欢，老百姓慰劳的鸡蛋、花生、水果、红枣，我们都吃不完，装满了衣袋、行囊和马褡。"他的发言引起大家的欢笑，毛主席也很高兴，但他说："如果老是《小放牛》，以后就没有鸡蛋吃了。"会上有人继续发表"人类之爱"和"爱是永恒的主题""不歌功颂德"之类的言论。

5月23日召开的第三次会议，气氛更加热烈。朱老总在下午最后发言，他针对前两次会上出现的一些思想观点和情绪指出：要看得起工农兵，中国第一、世界第一，都得由工农兵群众批准。不要怕谈"转变"思想和立场，不但会有转变，而且是"投降"。他说，他自己就是看到共产党能够救中国而由旧军人"投降共产党的"。共产党、八路军有功有德，为什么不该歌不该颂呢？有人引用李白"生不用封万户侯，但愿一识韩荆州"的诗句，现在的"韩荆州"是谁呢？就是工农兵。朱老总的发言深入浅出，生动有力，很受文艺家们欢迎。他发言后，由摄影家吴印咸为与会者摄影留念。

毛主席作"结论"时，已是晚饭之后。由于人数增加，会址只好改在广场上。在煤气灯光下，人们专注地听着毛主席的讲话。他以深刻的洞察力和高度的概括力，把全部问题归结为一个"为什么人"的问题，即文艺要为工农兵服务和如何服务的问题。在对这个根本问题给以充分的马克思主义阐述的基础上，对座谈会之前和座谈会期间延安文艺界反映出来的思想观点，一一分析、辩驳。他希望文艺工作者积极投入整风运动，划清无产阶级和小资产阶级两种思想、革命根据地和国民党统治区两种区域的界限，毫不迟疑地同新的群众结合起来，克服"唯心论、教条主义、空想、空谈、轻视实践、脱离群众等缺点"，写出"为人民大众所热烈欢迎的优秀的作品"。

座谈会后的一周内，毛主席又两次发表关于文艺问题的讲话，对座谈会讲话内容作进一步申述。

第一次是5月28日在整风高级学习组的会议上。他指出：召开文艺座谈会的目的，就是要解决一个"结合"问题，"文学家、艺术家、文艺工作者和我们党的结合问题，与工人农民结合、与军队结合的问题"。这是一个"长期的过程"。而为了实现这几个"结合"，又必须"解决思想上的问题"，即"要把资产阶级思想、小资产阶级思想加以破坏，转变为无产阶级思想"，这是"结合的基础"。党的政策就是"要小心好好引导小资产阶级出身的艺术家，自觉地不是勉强地、慢慢地和工农打成一片"，"以工农的思想为思想，以工农的习惯为习惯"，如此才能写好工农，教育工农。他把文艺界存在的问题区别为两种：一种是某些作家发表了含有错误内容的文章、作品、言论,他认为这"不是什么严重问题",原因在于这些作家"根本都是革命的","某些时候或某次说话写文章没有弄好,这是部分的性质"。另一种是作家"头脑中间还保存着资产阶级的思想、小资产阶级的思想。这个东西如果不破除,让它发展下去,那是相当危险的"。这后一种是"最基本的问题"。"把这个问题解决,文学艺术为工农,服务于工农大众,向工农大众普及,再从向他们普及中来提高他们,这些问题也都可以解决。"总之,毛主席这次讲话所强调的文艺界的基本问题,就是一个克服资产阶级、小资产阶级思想影响的问题,这同全党整风精神是完全一致的。讲话中,毛主席还指出,在文艺创作上,不仅要反对只讲艺术性而抹杀革命性的倾向,也要反对只讲革命性而忽视艺术性的倾向,应该把革命性与"艺术形态"这两者很好地结合起来。

第二次是5月30日在鲁艺。他提出著名的"小鲁艺""大鲁艺"观点。指出现在学习的地方是小鲁艺,只在小鲁艺学习是不够的,还要到大鲁艺学习,这个大鲁艺就是工农兵群众的生活和斗争。鉴于鲁艺曾有过的片面强调提高的倾向,毛主席说:"长征经过的毛儿盖地方有许多又高又大的树,那些树也是从豆芽菜一样矮小的树苗苗长起来的。提高要以普及为基础,不要把'豆芽菜'随便踩掉了。"[18]

毛主席在文艺座谈会上讲话,事前备有一份提纲。提纲是他本人在同中央其他负责人和身边工作人员商量后亲自拟定的。讲话时有速记员作记录。整理的时候主要是调整一下文字顺序,使之更有条理。毛主席对整理稿表示满意。但稿子整理后并没有立即发表,其原因,一是他要对稿子反复推敲、修改,而他当时能够抽出的时间实在太少了;二是要等发表的机会。到1943年10月19日鲁迅逝世7周年时,讲话全文正式在《解放日报》上发表。

由于受当时猛烈进行的"抢救运动"的影响,讲话稿发表时,加进了一些不适当的言辞。如说在中国,除了封建文艺、资产阶级文艺、汉奸文艺之外,还有一种"特务文艺";在文艺界党员中,除了思想上没有入党的人以外,还有一批更坏的人,"就是组织上加入的是日本党、汪精卫党、大资产阶级大地主的特务党,但是他们随后又钻进了共产党和共产党领导的组织,挂着'党员'和'革命者'的招牌"。这些原来讲话所没有、同全文精神极不协调的不实之词,在新中国成立后把《讲话》收入《毛泽东选集》时,完全删除了。

谈到新中国成立后毛主席对《讲话》的修改,除上面所说的情况及一些文字上的加工和引文的重新考订外,还应提到一些提法的改动。这些改动说明了毛主席对文艺上的某些重要问题做了进一步思考。这里只举两个例子。一是关于文学遗产的借鉴与继承问题。原稿的提法是:对古人和外国人的文艺作品,"我们必须批判地吸收……作为我们的借鉴","但这仅仅是借鉴而不是替代"。《毛选》本相应的句子改为:"我们必须继承一切优秀的文学艺术遗产,批判地吸收其中一切有益的东西,作为我们……的借鉴","但继承和借鉴决不可以变成替代自己的创作"。这里虽然主要是加进了"继承"二字,却是对一个文艺理论问题所作的原则性的变动。因为对文学遗产,有些就是只有继承,根本谈不到什么借鉴。如诗体、语言之类。今人写七律、写《菩萨蛮》,就诗体而言,只是继承。各时代的语言尽管都有创新,但作家不可能离开历史形成的语言传统,另外创造一套语言。二是在论到一些文艺工作者"轻视工农兵、脱离群众"的问题时,原稿说:这些同志"与国民党的轻视工农兵、脱离群众,是有些不同的"。《毛选》本把"有些"二字去掉,改为"是不同的"。这也是原则性的改动,划清了两种脱离群众的根本界限。[19]

毛泽东《在延安文艺座谈会上的讲话》发表以后,在延安及各地的革命文艺工作者中引起强烈反响。周立波回忆说:

35年过去了,毛主席亲自召开的延安文艺座谈会的情景,好像还在眼前一样。

1942年5月1日晚上,延安鲁迅艺术文学院(鲁艺)院部通知我们第二天到杨家岭去参加一个文艺会议。延安北门外的杨家岭是当时毛主席和党中央所在的地方,正像现在北京的中南海一样。能到那里去参加会议是一种莫大的荣誉。我很激动地度过了一夜,第二天一早,就同鲁艺文学系的几位同志兴致勃勃地从桥儿沟出发,走过20多里长的黄草连天的飞机场,到了清凉山,然后顺延河往北,经过王家坪,抵达杨家岭。

杨家岭,这个黄土群山里的一个普普通通的山峁,当时是全国人民仰望的政治中心,是领导全国抗日战争的真正的总司令部。这些山岗的向阳的一面,排列着密密麻麻的窑洞,山腰的平坡上还有许多灰砖砌成的砖窑。毛主席曾住在这儿的窑洞里,指挥着抗日战争,指导着全国的革命运动。也是在这种朴素的居室里,他写出了许许多多光辉灿烂的马列主义的经典文献,领导着文武两条战线,使党和广大革命群众沿着他所指引的航向,从一个胜利走向另一个胜利。

杨家岭的两座山峁的中间是一条山沟。沟口有一幢上下两层的楼房,楼上是中共中央办公厅,楼下是中央礼堂。靠近大礼堂,有一个会议室。延安文艺座谈会的第一次和第二次会议就在这里举行。

跨进会议室的门,我第一眼就看见了毛主席。朱总司令和中央其他一些同志也都来了。毛主席坐在会议室中央一排桌子边上。他的面前放着一支铅笔和一叠稿纸。中央党校、《解放日报》和延安文艺界抗敌协会等单位的人们都早来了。他们坐在沿四面墙壁摆着的椅子上。毛主席对我们这些迟到的人露出慈祥和蔼的笑容，还对一个同志热情地用手拍拍他左边的一张椅子，连连招呼："坐，坐。"

那时候，正是抗日战争的艰苦年代，毛主席身体比较消瘦。他穿着一件洗得发白的灰布上衣和一条比较新的深灰色布裤，白粗布衬衣的袖子露在上衣袖口的外边，领子敞开着。他的这种非常随便和自然的神态显得亲切和潇洒。他那充满思想家的智慧的眼睛看人时是那样全神贯注，好像一下子要记住对方的特点一样。但是，他又一点也不使人感到拘束。

人到齐后，会议开始了。毛主席在会上讲了话。毛主席讲的就是现在我们读到的《在延安文艺座谈会上的讲话》里的"引"那一部分。

朱总司令也在会上讲了话。他批驳了当时延安文艺界的一些错误思想。其中提到一个相当有名的诗歌作者。此人引了李白《与韩荆州书》中"生不用封万户侯，但愿一识韩荆州"的话，表示了一种怀才不遇的情绪。朱总司令严厉地批判了这个人的思想，说："你要到哪里去找韩荆州？在我们这个时代，工农兵里就有韩荆州！只有到工农兵群众中去，你才能结识许许多多的韩荆州。"他鼓励大家密切联系工农兵群众，为广大的人民群众服务。

毛主席和朱总司令讲话以后，各个文艺单位的负责人和文艺工作者们一个接一个地起来发言。大家表露了自己的观点，有正确的也有错误的。有些人还进行了思想交锋，争论很激烈。

在这次座谈会以前，延安文艺界出现了一些错误思想和糊涂观念，有几个人还写出了歪曲延安生活的反动文章。在抗日高潮中，革命文艺工作者和爱好文艺的青年从上海和全国各地来到延安和各个抗日根据地的多起来了。但是正如毛主席说的："到了根据地，并不是说就已经和根据地的人民群众完全结合了。"由于和人民群众没有完全结合，或者完全脱离群众，大家的思想有的没有得到很好的改造，有的甚至完全没有得到改造，从旧社会里沾染的封建主义和资产阶级思想的灰尘没有清除，这样就自然而然地产生了各式各样的错误思想和糊涂观念。

毛主席深深地了解了这些情形。在召开座谈会之前，他把延安的许多文艺工作者，个别地或是一批一批地找到他家里去谈话，细致地询问了他们的思想和写作情况。

在座谈会上，毛主席继续进行深入的调查研究。他非常用心地倾听每一个人的发言，并且专心致志地用铅笔亲自作记录。听到分明是错误的言论，他既不表示厌烦，也不马上驳斥，而是细心地记在本子上。有时听到有趣的话，他一面不停地挥笔作记录，一面用左手捂住嘴，跟大家一道笑了起来。

民主，认真，热烈而愉快，是毛主席亲自主持的第一次会议的特点。

第一次会议以后，约莫在5月中旬，这样的会又开了一次。毛主席又一次亲自主持了座谈会。讨论继续着，也夹杂着热烈的争论。

在第二次会议之前，蒋介石发动的第二次反共高潮达到了顶点。内战危机，一触即发，包围陕甘宁边区的胡宗南顽军蠢蠢欲动了，延安军民中也存在一些紧张气氛。这一天，毛主席像从前一样安详从容地走进礼堂来，还没有落座，有位女同志要求讲一讲时事。主席的脸上露出会意的微笑，说道："别的事情报上都有了。你们大概已经知道了，胡宗南打算要来打延安。我们呢，主意也定了，打得赢就打，打不赢，就走呀。"毛主席把他自己创造的游击战和运动战轻松地作了这样通俗明白的概括，引得大家笑起来，气氛立刻改变了。他接着说："他们一定要进来，我们就让开，把这一些桌椅板凳都送给他们算了。"大家又笑了。只有知己知彼，对战局有充分胜利把握的领袖，才能把紧张的形势说得这样轻快。他用简短的几句话把轻松愉快的情绪传给大家，使大家增强了对敌斗争胜利的信心。主席接着说道："现在，他们还没有动手，我们是有调查研究的。你们莫着急，不要把鸡都杀了。"大家又大笑起来。

第三次会议，也就是5月23日，毛主席作结论的最后那次会议，是在杨家岭中央礼堂外边那块黄土敞坪上举行的。延安的5月本是多风的时节，但这一天下午，天气晴朗，空气里充满了嫩草的清新的气息。瓦蓝瓦蓝的天空，衬着黄土群山的峰顶，色彩是多么鲜明啊。我们沐浴在灿烂的阳光里，等待着开会。这天的会是一个隆重的大会，到会的人非常多，在延安的许多中央委员都出席了。敞坪的正中摆着一张木制长方桌，桌边放着一把靠手椅，这就是毛主席作结论的讲坛。

我们坐在长方桌子四周的各式各样的椅凳上，等了一小会儿，毛主席就从杨家岭左边的山坡上下来了。他的手里拿着一卷纸，那就是他的讲话提纲。他走进敞坪，站在桌边，开始说道："今天我要讲的题目是：为群众，以及如何为群众的问题。"下边的讲话内容，就是这个光辉文献的"结论"那一部分。

毛主席讲话还没有完毕，天色已近黄昏。大会暂时休会，毛主席和全体出席人员合影留念。摄影的同志把椅凳摆成几行，请毛主席坐在前排椅子的中央，有的同志和主席并排坐着，有的站在主席背后。这张珍贵的照片，据说，至今还悬挂在延安革命陈列馆里。

晚饭后，敞坪里支起了一个木架，挂着一盏汽灯。毛主席在汽灯照明下继续讲话。讲话结束，大家热烈地鼓掌。毛主席转身跟近旁的同志们握手，随即又向全场招手致意。整个会场情绪十分热烈。

《在延安文艺座谈会上的讲话》就这样诞生了。[20]

何其芳撰文回忆了毛泽东在鲁艺讲话的情况,他写道:

1942年5月30日,延安文艺座谈会开后不久,鲁迅艺术学院请毛主席来给全体人员讲话。

按照解放以后的做法,党中央召开了重要的会议,毛主席在会议上作了重要的讲话,参加会议的人是应当回到自己的工作单位,详细地认真地传达,组织学习,并联系工作进行讨论,立即改进工作的。然而当时鲁艺的负责人、各系主任,还有许多教员和干部,都参加了延安文艺座谈会,听了毛主席的讲话,回到学校却没有向全体人员传达,而是请毛主席亲自来讲话。

毛主席到鲁迅艺术学院来了,又对全体人员亲自作了一次讲话,使大家受到了极大的教育和鼓舞。

在桥儿沟鲁艺大礼堂西边院里的篮球场上,罗马式的多圆拱的教堂的外边,高高的洋槐树的影子投在地上。墙壁上有美术系的同志用刀子刻的毛主席题的校训:"紧张,严肃,刻苦,虚心。"在临时放的一张小白木长方形桌子前,毛主席作了一个多小时的重要讲话。

毛主席用一个生动具体的事例讲了社会生活比文学艺术更丰富,但文学艺术作品反映出来的生活又比普通实际生活更高、更强烈、更有集中性、更典型、更理想,因此就更带普遍性这个问题。

他说:"从你们不久以前演出的《带枪的人》里面,我们看见了列宁。他在这个戏里和群众谈话、打电话、办公、赶走孟什维克……可是在戏里他没有吃过饭,也没有睡过觉。人不吃饭、不睡觉是不行的。列宁在生活中当然也要吃饭和睡觉。戏里面并没有把列宁的一切活动都写出来。这也就是说,实际生活中的列宁比我们从戏里见到的列宁要丰富得多。但是,列宁没到过中国,更用不着说延安。何况他已经死了。戏里的列宁却仍旧活着,还可以永远活下去。他出现在延安边区大礼堂的舞台上,并且还可出现在世界所有舞台上。所以我们说文艺作品中反映出来的生活要比普通的实际生活更高、更强烈、更有集中性、更典型、更理想,因此就更带普遍性。"

这是一个用通俗易懂的语言来表达深刻复杂的内容的卓越的范例。

毛主席在这次讲话中也讲到普及和提高的关系等重要问题。他用毛儿盖的大树和豆芽菜来比喻提高和普及。他说:"红军在过草地的路上,在毛儿盖那个地方,长有很高很大的树。但是,毛儿盖那样的大树,也是从豆芽菜一样矮小的树苗苗长起来的。提高要以普及为基础。不要瞧不起普及的东西。"他讲这个问题的时候,还用一些动作来描写和讽刺瞧不起普及的文艺的人,在豆芽菜面前熟视无睹,结果把豆芽菜随便踩掉了。讲到这里,大家都笑了。

毛主席这次讲话最主要的还是工农兵方向问题,就是革命的文艺工作者必须到工农兵群众中去的问题。他对鲁艺各系的同学们说:"你们快毕业了,将要离开鲁艺了。你们现在学习的地方是小鲁艺,还有一个大鲁艺。只是在小鲁艺学习还不够,还要到大鲁艺去学习。大鲁艺就是工农兵群众的生活和斗争。广大的劳动人民就是大鲁艺的老师。你们应当认真地向他们学习,改造自己的思想感情,把自己的立足点逐步移到工农兵这一边来,才能成为真正的革命文艺工作者。农民的脚踩过牛屎,却比知识分子干净。"

毛主席继续说:"你们从小鲁艺到大鲁艺去,就是外来干部,不要瞧不起本地的干部。不要以为自己是洋包子,瞧不起土包子。不要摆知识分子架子。"

毛主席说到这里,就用柳宗元的《黔之驴》故事来生动地讲了这个重要的道理。

他说:"贵州没有驴驹子('驴驹子'是陕北农村对毛驴子的称呼。毛主席讲话常用人民口头的语言)。有人运了一匹驴驹子到那里去,它到那里就是外来的洋包子。贵州的老虎个子不大,是个本地的土包子。小老虎看见驴驹子那种庞然大物的样子,很害怕。驴驹子叫了一声,小老虎吓坏了,就逃得远远的。后来过久了一点,小老虎觉得驴驹子也没有什么了不起,就走近它,碰碰它。驴驹子大怒,用脚踢了小老虎一下。小老虎这就看出它到底有什么本事了,说:'原来它不过有这点本事!'结果小老虎就吃掉了这匹驴驹子。"

这也是一个典型的"古为今用"的例子。过去就根据这个故事流行一个成语:"黔驴之技,技止此耳。"毛主席赋予它新的内容,革命的现实的意义。柳宗元原来的寓言是有这样的含义:事物的真实情况和它的外表不相称,可以欺骗人们于一时,但最后总会暴露出它的不相称的真相。毛主席却用它来说明这样一个重要的新的问题:外来干部对本地干部、洋包子对土包子、知识分子对工农兵群众,如果态度不端正,没有自知之明,自高自大,自以为了不起,高居在群众之上,吓唬群众,开头群众也许还摸不清你有什么本事,还有些尊敬你;等到他们看透了你并没有什么真正的本事,只不过有一副臭架子,就不佩服你了,你就再也不能吓唬群众。王明的教条主义者及其当时"满天飞"的"钦差大臣",就是这样一些可笑至极的外来的贵州的"驴驹子"!

毛主席讲这个故事的时候,一边说,一边装作老虎观察和侦察驴驹子的样子,走向旁边另一张小木桌前坐着作记录的同志。记录的同志抬起头来笑了,大家也笑了。毛主席自己也笑了。

毛主席用这个故事来教育我们要用正确的态度来对待本地干部,对待工农兵群众。那是我们永远不能忘记的。

毛主席由当时鲁艺的负责同志陪同,在教堂后面音乐工作团的一间屋子休息的时候,在屋子的门外看到一个同志。主席还记得他,就问他:"你现在还在写剧本吗？"这个同志说："我现在在做支部工作，没有写剧本了。"

毛主席说："做支部工作是了解人、熟悉人的工作，和写剧本并不矛盾。"

在讲话之后，毛主席在后东山的窑洞里休息了一会儿，对窑洞里的几个人说了一句很重要的话。他说："我们中华民族是一个伟大的民族，应该对于世界有较大的贡献。"毛主席这句极其鼓舞人的话，在解放后以大致相同的文字公开发表了。

休息以后，他又回到东山去，看了一些教员的住处；到西山去，看了美术工场的一些研究人员。[21]

机构调整与审干运动

整风运动进入1943年，经历了两件大事，一是中央领导机构在春季进行了重要调整；二是以第二个"四三决定"为标志，整风运动进入审干阶段。

《胡乔木回忆毛泽东》一书在《整风运动：1943年"九月会议"前后》（初拟稿）一节中记叙中央领导机构的重要调整情况如下：

整风运动期间，中央政治局在1943年春天调整了领导机构。

当时中央领导机构的成员，基本上还是1934年1月六届五中全会时确定的，这以后情况发生了很大的变化，某些成员的地位和责任也有较大变动。在1935年1月遵义会议上，毛主席由政治局委员上升为政治局常委（即参加中央书记处，当时的书记处地位较高，其成员还有秦邦宪、张闻天、周恩来、项英）。随后，张闻天代替博古（秦邦宪）在党中央负总责。在1937年12月的中央政治局扩大会议上，由于王明（陈绍禹）等人回国，中央书记处又增补王明、陈云、康生为书记。1938年10月六届六中全会虽然批评了王明的错误，但中央最高层的人事并未作调整。这样，直到开展整风运动，中央的领导机构成员是，政治局委员：毛泽东、张闻天、王明、周恩来、任弼时、博古、朱德、康生、陈云、项英、彭德怀；政治局候补委员：刘少奇、王稼祥、邓发、何凯丰；书记处书记：毛泽东、王明、张闻天、博古、陈云、康生，还有在重庆的周恩来。从组织上说，中央书记处由张闻天负责，但由于毛主席的领袖地位在遵义会议，特别是六届六中全会后已得到全党公认，并且也为包括国民党在内的各界和国际舆论所确认，因此，在党的工作上，闻天同志有事都征求毛主席的意见，很少独自决定。中央书记处会议虽然由闻天同志召集，但在党内分工方面，他主要管宣传、教育工作。全党的重大方针、政策，还是由毛主席拿主意，作决定。

随着整风运动的开展，特别是1941年"九月会议"对苏维埃运动后期路线的错误进行揭发和批判以后，对这条错误路线负有较大责任的同志，很难在中央书记处继续工作。闻天同志深感工作很不适应,主动要求到农村去作调查研究,从1942年年初起就离开了延安,不再参加书记处和政治局的会议。博古同志早已不负主要责任,分工主管《解放日报》。王明在1941年"九月会议"后一直称病,不干任何工作,不出席任何会议。恩来同志常驻重庆,中央的全盘工作很难参与。这种状况长期继续下去势必影响党的工作。因此,调整中央领导机构的问题提上了议事日程。

1943年3月16日,中央政治局召开会议,毛主席作了关于时局与方针的讲话,随即由任弼时同志报告中央机构调整与精简方案。弼时同志自1940年3月下旬同周恩来同志一起从莫斯科回到延安后,就参与中央领导工作。弼时等同志回国,主要是准备召开七大。1940年五六月间,中央决定弼时同志担任七大筹委会的秘书长。之后发生皖南事变,七大就拖下来了。这以后,在政治局内,弼时同志分工主管党群口和情报工作,并协助毛主席做些事情。1941年"九月会议"后期,中央政治局又决定弼时同志兼任中央秘书长,实际上负责中央书记处的日常工作。1942年年初,闻天同志到基层作长期调查,中央书记处的日常工作就完全由弼时同志负责了。因此,这次政治局会议由弼时同志作中央机构调整方案的报告,就在情理之中。弼时同志的报告说:现在中央机构比较分散,需要实行统一和集中,拟定在中央政治局下面分设组织和宣传两个委员会作为中央的助手。在中央苏区时,书记处在政治局之上,实际上等于政治局常委,不合适。前一时期多为书记处工作会议,实际上等于各部委联席会议,与政治局会议无多大区别。现在要确定书记处的性质与权力,使书记处成为政治局的办事机关,根据政治局的决议、方针处理日常工作。

1943年3月20日,中央政治局继续开会。出席会议的政治局委员和候补委员有:毛泽东、刘少奇、任弼时、朱德、洛甫(张闻天)、凯丰、邓发,列席会议的有杨尚昆、彭真、高岗、叶剑英等,共13人。与会者表示同意中央组织机构调整与精简草案。康生还介绍了机构调整的酝酿过程。他说:"少奇同志意见,书记处应有一个主席,其他两个书记是主席的助手,不是像过去那样成为联席会议的形式,要能处理和决定日常工作。"会议通过了《关于中央机构调整及精简的决定》,重新明确了政治局和书记处,以及下属各机构的权限。在人事方面,一致推选毛泽东同志为政治局主席;书记处改组,由毛泽东、刘少奇、任弼时三同志组成,也以毛泽东同志为主席。书记处会议由主席召集,会议中所讨论的问题,主席有最后决定之权。应当说明,这里所说的"最后决定之权",是书记处处理日常工作的决定之权。政治局决定大政方针,并无哪一个人有最后决定之权的规定。会议还决定少奇同志参加中央军委,并为军委副主席之一(其他副主席是朱德、彭德怀、周恩来、王稼祥);设立中央宣传委员会和中央组织委员会,作为中央政治局和中央书记处的助理机关。中央宣传委员会由毛泽东、王稼祥、博古、凯丰4人组成，毛泽东任书记，王稼祥任副书记，胡乔木是秘书（可以列席某些有关的政治局会议），每周（或每两周）召开例会一次，必要时召开临时会议。中央组织委员会由刘少奇、王稼祥、康生、陈云、洛甫、邓发、杨尚昆、任弼时8人组成，由少奇同志任书记，尚昆同志兼任秘书，也是每周（或每两周）召集例会一次，必要时召集临时会议。中央各部、委、厅、局、社的工作均由书记处或者经过宣传委员会和组织委员会统管起来。由于毛主席要总揽全局，负责全盘工作，宣传委员会实际上由稼祥同志具体负责，胡乔木协助稼祥同志做些具体工作。

这次中央机构最显著的变动，是少奇同志参加中央书记处，并与毛主席一起分别主管一个方面的工作。这个变动是1941年"九月会议"讨论党的历史问题的逻辑结果。前面已经介绍过，在那次会议上，陈云等领导同志认为少奇同志与毛主席一起是苏维埃运动后期正确路线的代表，应当给予重要的领导责任。毛主席在那次会上虽然没作什么表示，但实际上肯定了这个意见。他在会后写的9篇批判文章中，多处援引少奇同志的观点，赞赏少奇同志领导白区工作的正确主张，批判以王明为代表的中央对少奇同志的责难。毛主席在"第八篇文章"中说，刘少奇同志是我党在国民党区域工作中"正确的领袖人物"，是唯物的辩证的革命观的代表；"刘少奇同志的见解之所以是真理，不但有当时的直接事实为之证明，整个'左'倾机会主义路线执行时期的全部结果也为之证明了"。毛主席在延安时期的讲话和文章中，对中央领导同志作这样高的评价是很少的。这足见毛主席对少奇同志是多么倚重。少奇同志自1938年11月六届六中全会闭幕以后就去了华中，领导中原局（后改为华中局）和新四军的工作。其间，在1939年3月到10月回延安半年，他发表的《论共产党员的修养》著名演讲受到毛主席的称赞。这以后又去了华中，发展新四军和开辟根据地的工作都成绩卓著，与项英领导的皖南形成了鲜明对照的两种局面。在皖南事变后，被委任为新四军政委，负起了领导整个新四军和华中地区工作的全责。在1941年"九月会议"后期，即10月3日，毛主席电告少奇同志，中央决定少奇同志返回延安，准备参加七大。10月11日，毛主席又去电询问，望少奇同志在两三个月后来延安，并在延安指挥华中工作。1942年2月，刘少奇准备动身启程，毛主席又去电，要他路过山东时代表中央解决山东地区领导人之间的争论问题。为保证少奇同志回延沿途安全，中央还专门派员调查了解由华中到华北的路上敌人封锁线的情形。毛主席还多次去电嘱咐少奇同志，必待路上有安全保障，方能启程。当少奇同志在1942年5月到达山东后，毛主席又致电与他，委任以中央全权代表资格驻115师指挥整个山东及华中党政军全局，因通过封锁线安全尚无保障,不必急于西进。在少奇同志处理完山东问题,于1942年10月到达晋北地区以后,毛主席又电告该根据地领导人,指示他们派人接护时须非常小心机密,不要张扬,但要谨慎敏捷。12月下旬,少奇同志安抵129师领导机关驻地山西境内太行山涉县的赤岸村,毛主席去电表示慰问,望其休息短期后来延,并让他对华北工作加以考察;同时指示刘(伯承)邓(小平)二位,对少奇同志来延路上的安全保障作周密布置。1942年12月30日,少奇同志平安抵达延安。毛主席这才好像一块石头落地,放下心来了。1943年元旦,《解放日报》以大字标题刊登了中共中央办公厅举行新年晚会,并欢迎少奇同志从华中归来的消息。少奇同志在路上走了差不多10个月的时间,毛主席无时不在挂念。对少奇同志的安全这样关怀备至,在不少人的亲见亲闻中是很少有的。大家深为党的领袖之间的这种亲密关系所感动。毛主席的关怀,不仅说明对少奇同志的深厚情谊,更说明对少奇同志寄予厚望,要委以重任。1943年3月中央机构的调整表明,少奇同志在党内实际上已上升为第二把手了。[22]

关于整风运动转入审干阶段的情况,《胡乔木回忆毛泽东》一书写道:

还在中央领导机构调整之前,中央政治局已初步决定,延安的整风运动逐步地结束以学习文件、检查思想为主要内容的第一阶段,转入以审查干部、清理队伍为主要内容的第二阶段。在3月16日的政治局会议上,毛主席明确提出,整风既要整小资产阶级思想,同时也要整反革命。过去我们招军、招生、招党,招了很多人,难于识别。抗战以来,国民党对我党实行特务政策,在社会部和中央党校都发现了许多特务。现在我们要学会识别特务与贤才。在延安,年内要完成审查干部、清洗坏人的工作。1942年基本上是停止工作搞整风学习,是整风学习年。1943年要以工作为主,从5月1日起恢复正常工作状态,一边工作,一边审干。(毛主席在11月13日的讲话中进一步认为,整风是思想上清党,审干是组织上清党。)

根据毛主席的讲话精神,1943年4月3日,中央发布《关于继续开展整风运动的决定》(即第二个"四三决定"),指出从1943年4月3日到1944年4月3日一年间深入开展整风运动的主要斗争目标是,在纠正干部中的非无产阶级思想的同时,肃清党内暗藏的反革命分子;前一种是无产阶级思想与非无产阶级思想的斗争,后一种是革命与反革命的斗争;整风运动既是纠正干部错误思想的最好方法,也是发现内奸与肃清内奸的最好方法。延安的机关、学校,事实上从1942年冬季已开始审查干部。第二个"四三决定"发布后,延安整风运动正式转入第二阶段。

延安审干从1942年冬季开展后,毛主席密切地注视着运动的发展,要求各级干部既要提高革命警惕性,对坏人坚决斗争,又要掌握政策,重在教育。

在4月28日的政治局会议上，他谈到肃清内奸问题时指出：我们一方面要肃清内奸，另一方面要培养锄奸干部，教育群众，要实行首长负责，亲自动手；今年以来拘捕的特务共有400人，审讯时不要动刑，不要轻信口供，要重证据。为了加强领导，在这次会议上决定成立中央反内奸斗争委员会，以刘少奇、康生、彭真、高岗为委员，少奇同志任主任。7月1日，毛主席在《防奸经验》第6期上明确指出防奸工作有两条路线。正确路线是：首长负责，自己动手，领导骨干与广大群众相结合，一般号召与个别指导相结合，调查研究，分清是非轻重，争取失足者，培养干部，教育群众。错误路线是：逼、供、信。我们应执行正确路线，反对错误路线。7月30日，毛主席将上述正确路线展开为"九条方针"，指出"必须拿这种实事求是的方针去和内战时期损害过党的主观主义方针区别开来，这种主观主义的方针就是逼供信三字"。8月8日，中央党校第二部举行开学典礼，毛主席到会发表讲话。这是整风运动普遍开展后，毛主席第二次到中央党校讲话（第一次是作关于整顿党风、学风、文风的报告），也是中央党校在1942年2月底改组和调整领导班子由毛主席亲任校长（彭真同志任副校长）后，毛主席第一次到党校讲话。毛主席强调整顿三风、审查干部是党校六门课中的两门主课（其他为党的历史、马恩列斯、军事班的军事课、文化班的文化课），他说："延安的整风特别有味道，不是整死人，有些特务分子讲出了问题，也不是把他们杀了，我们要争取他们为人民为党工作。你们整了风以后，眼睛就亮了，审查干部以后，眼睛更亮了。两只眼睛都亮了，还有什么革命不胜利呢？去年有整风，今年有审干，使你们把问题搞清，两年之后保证你们提高一步。"

但是，审查干部的实际工作并没有像毛主席设想的那样顺利发展。负责审干工作的同志往往把干部队伍不纯的状况作了过分严重的估计。一个时期，似乎"特务如麻，到处皆有"，把一些干部思想上工作上的缺点和错误，或者历史上未交代清楚的问题，都轻易地怀疑成政治问题，甚至反革命问题。不少单位违反政策规定，仍然采用"逼、供、信"，使审干工作出现了严重的偏差。特别是在1943年7月15日，专门负责审干工作的中央总学委副主任、中央社会部部长康生在延安干部大会上作深入进行审干的动员报告，提出开展"抢救失足者运动"以后，混淆敌我界限的错误进一步扩大，造成了大批冤、假、错案。审干运动实际上变成了"抢救运动"。在延安，仅半个月就挖出了所谓特嫌分子1400多人，许多干部惶惶不可终日。

毛主席逐渐发现了审干工作的偏差，不断地采取措施予以纠正。"抢救运动"搞了十几天，毛主席就指示让它停下来。8月15日，党中央作出《关于审查干部的决定》，正式发布了毛主席提出的首长负责等九条方针，明确指出：审干不称为肃反,不采取将一切特务分子及可疑分子均交保卫机关处理的方针,实行普通机关、反省机关和保卫机关结合的审干办法;审干要将"两条心"的人转变为"一条心",争取大部至全部特务为我们服务;不要有怕特务跑掉的恐惧心理,只有少捉不杀才可保证最后不犯错误。10月9日,毛主席在批阅绥德反奸大会的材料上进一步指出:一个不杀、大部不抓,是此次反特务斗争中必须坚持的政策。一个不杀,则特务敢于坦白;大部不抓(不捉),则保卫机关只处理小部,各机关学校自己处理大多数。11月5日,毛主席在致小平同志电中还对该政策的掌握问题作了明确规定,指出:为了弄清线索而逮捕的特务分子不得超过当地特务总数的5%(100人中至多只许捉5人),并且一经坦白,立即释放。凡有杀人者,立即停止杀人。目前一年内必须实行一个不杀的方针,不许任何机关杀死任何特务分子,将来何时要杀人,须得中央批准。

为了总结审干运动的经验教训,中央书记处于12月22日举行工作会议,听取康生关于反特务斗争的汇报。会议指出,延安反特务斗争的过程,是由熟视无睹(指开展斗争前)到特务如麻(指抢救运动后),现在应进到甄别是非轻重的阶段。对于抢救运动以来的反特斗争,会议认为应从两方面进行分析:从好的方面看,(一)真正清查出一批特务分子;(二)发现与培养了一批有能力的干部;(三)打破了官僚主义,提高了工作效能;(四)暴露了许多人的错误(如贪污、腐化等);(五)深入地进行了阶级教育等。从阴暗方面看,(一)夸大了特务组织,甚至弄成特务如麻;(二)某些部门或某些地方,产生了群众恐慌的现象;(三)有些部门被特务分子利用,进行破坏;(四)相当普遍地发生了怀疑新知识分子的现象;(五)忽略了统一战线,许多干部对统一战线的观念下降。会议分析产生上述偏向的原因主要是:对中央决议的九条方针掌握不够,对特务问题的社会性、群众性缺乏正确的认识(或估计不足,或估计过分);对群众运动的领导掌握不稳;在方法上偏重于抢救大会的方式,忽视调查研究工作,不重证据,不注重个别审查的办法。还有一个原因是,领导干部忙于路线的学习,放松了对审干工作的领导。会议决定,今后延安审查干部应转入甄别是非轻重的阶段。

在会议讨论中,弼时同志专门就如何看待来延安的新知识分子问题作了发言。他说,抗战后到延安的知识分子总共4万余人,就文化程度而言,初中以上71%(其中高中以上19%、高中21%、初中31%),初中以下约30%。据恩来同志讲,截至1943年,国民党员有一百几十万人,其中学生党员约3万人,主要在1940年以后发展的。国民党绝不会把3万学生党员都送到延安来,何况来延安的知识分子多数是在1937年和1938年来的。在抗战初期,战争混乱,国民党不可能很有计划地派大批特务到延安来,有些省如陕西、四川等,国民党组织不会大发展，也不会有许多特务派到延安来。因此，他认为，抗战后到延安的知识分子有80%~90%是好的，他们是为了革命到延安的。那种认为80%的新知识分子是特务分子的看法应予否定。弼时同志还说，最初的审干工作是好的，后来的抢救运动就是强迫坦白，现在要进行甄别，取得经验教训。军队中进行坦白运动要特别慎重，敌后根据地不能采用延安的抢救运动。毛主席也在会上讲了话，同意会议的分析，要教育干部用这次会议的方法去研究问题，收集甄别工作的经验。

根据书记处会议精神，1944年1月24日，中共中央发出了经毛主席审改的关于对坦白分子进行甄别工作的指示。指示说，根据延安初步经验，在坦白分子中，属于职业特务的是极少数，变节分子也是少数；有党派问题（即加入过国民党、三青团，入党时未向党报告）的分子、被欺骗蒙蔽的分子及仅属党内错误的分子三类人占绝大多数，对这些人在分清是非后均应平反，取消特务帽子，而按其情况作出适当结论；对于被特务诬告或在审查时完全弄错了的，要完全平反；在反特斗争中要注意保护好人，防止特务诬害。

经过毛主席和党中央一系列的努力，1943年年底至1944年年初，延安和陕甘宁边区审干工作扩大化的错误基本上得到了妥当处置。尽管过去一年内清出的"特务"曾高达1.5万多人，有的单位清出的"特务"甚至达到其人员的一半以上（如西北公学390人中坦白分子就有208人），但由于坚持不杀一人，不断进行复查、甄别、平反，区分情况作出实事求是的结论，对受到冤屈的同志赔礼道歉，因而没有发生大的危害，没有形成大的乱子。而且，对审干工作中扩大化的错误，毛主席从1944年上半年起就主动承担责任，进行了自我批评。毛主席到中央党校作报告，在大会上就讲了三次。第一次是1944年5月。他说："在整风审干中有些同志受了委屈，有点气是可以理解的，但已进行了甄别。现在摘下帽子，赔个不是。我举起手，向大家敬个礼，你们不还礼，我怎么放下手呢？"第二次是在1944年10月。他说："去年审查干部，反特务，发生许多毛病，特别是在抢救运动中发生过火，认为特务如麻，这是不对的。去年抢救运动有错误，夸大了问题，缺乏调查研究和分别对待。这都已经过去了。"第三次是在1945年2月，准备召开七大了。他说："这两年运动有许多错误，整个延安犯了许多错误。谁负责？我负责。因为发号施令的是我。戴错了帽子的，在座有这样的同志，我赔一个不是。凡是搞错了的，我们修正错误。"毛主席这样诚恳地承担责任的态度非常感人。许多受过冤屈的同志最初气很大，经过毛主席这样多次赔礼道歉，不仅气消了，反而感到不安。对运动中的事大家不再计较了，同志间的团结增强了，心情重新舒畅了。[23]

关于中央政治局及时纠正审干运动中的偏差情况，《任弼时传》也作了较详细的介绍：

当中共中央书记处正倾全力于反对第三次反共高潮和研讨历史上的路线是非时，由康生主持日常工作的清查暗藏反革命工作走偏了方向。

康生惯于看风使舵。四中全会后，他在驻共产国际工作期间伙同王明搞宗派主义，混淆矛盾，排除异己，对干部实行"残酷斗争，无情打击"，造成许多冤错案。当3月20日中央政治局讨论审干时，康生在会上说："抗战前，国民党十年党化教育与特务工作，比北洋军阀更加反动，对青年有影响。对大后方的工作，'过去认为好的，现在观点应有改变'。"这就是他所谓的"特务如麻"，"特务是一个世界性、群众性的问题"的立论基础。由此出发，他在社会部所属的西北公学（即行政学院）"制造"了一个"典型"。西北公学有一名19岁的学员张克勤，在甘肃秘密加入党的组织，后由中共甘肃省工委介绍，通过西安办事处来延安学习。因张平时言词偏激，整风时受组织审查。在逼供下，他承认是打进来的"特务"，成为康生树起来的"坦白典型"。5月中，康生在大砭沟八路军礼堂召开干部会，让张克勤作"典型报告"推广"经验"，污蔑甘肃的地下党是"红旗党"。后来又污蔑河南省委是假党，是"红皮萝卜"，进而污蔑大后方的党组织靠不住，是被国民党收买的"红旗党"。7月13日，反对国民党第三次反共高潮最紧张时，康生在政治局会上说："肃反工作现已抓到了规律，一是群众大会，一是精雕细刻。军事时期就要实行镇压，杨家岭一次群众大会就弄出60多名特务。群众大会很有效，西北局系统也要召开。"15日，康生又在中直干部大会上作《抢救失足者》的报告，公开点了一批人的名，没有根据地说王实味是"敌探、托匪、国特三位一体的奸细"。会后，各机关掀起了一个"抢救失足者"的运动。原来比较谨慎的边区政府系统也连开了三次"抢救"大会。毛泽东当时的态度还是比较谨慎。7月1日，他批示康生，"防奸工作的两条路线：正确路线是'首长负责，自己动手，领导骨干与广大群众相结合，一般号召与个别指导相结合，调查研究，分清是非轻重，争取失足者，培养干部，教育群众'；错误路线是'逼、供、信'"，并要康将上述指示刊登在《防奸经验》第6期。但康生不听，说："咱们逼供而不信。"有一次，康生布置师哲抓人，师哲说，光凭传说没有证据不行。康生咄咄逼人地说："你若认为他没有问题，你就签个字！"在这种气势下，许多人不敢讲话。

任弼时和周恩来却密切注意着事态的发展。任弼时说："既然不可信，为什么还要搞逼供呢？"师哲回忆道："任'有时把我找去，了解情况。当他发现这种错误做法造成是非颠倒，以致可能引起严重后果时，就向毛主席汇报，反映情况，提出立即制止错误做法的意见'。"周恩来说："我在四川这么多年，四川党组织的状况我是清楚的，从没有听说是什么'红旗党'，一定要甄别。"边区政府系统"坦白"大会结束后，7月28日，任弼时在中共中央西北局会议上，当着康生的面说："'抢救运动'中，某些地方'左'了点，不是特务的也承认是特务，数目还不能确定，这虽然是免不了的，但要很快把材料整理出来，其中有假自首的，有避重就轻的。大会突破好比开荒，下一步要精细地核实材料。"8月2日，中共中央政治局会议指出：审干中有逼供信的毛病。把思想问题弄成政治问题的，一定要平反，恢复弄错者的名誉。这些毛病，本来康生是应承担责任的，但他仍"顾左右而言他"，津津乐道他创造的"新方式"，说某单位的"坦白"大会会场上贴着"欢迎欢迎再欢迎，坦白坦白再坦白"等，然后轻描淡写地说："左"的表现有三种，一是群众的"左"倾行动；二是自首分子故意积极"左"倾；三是有些部门的领导也有"左"倾，但也有人表示消极的。总之，把责任推卸得一干二净。

8月15日，中共中央作出《关于审查干部的决定》，规定各地整风延长至1944年，"凡发现了特务活动并且有了思想准备与组织准备的地方，就可动手审查他们"，先从一部分重要机关开始，取得经验，"决不可普遍地同时进行"。这个决定详细地阐明了毛泽东提出的九条基本原则。在阐述"争取失足者"时，文件没有提到康生"创造"的抢救运动"经验"，而指出：延安审查出的2000多人"其中有一部分人被弄错了或被冤枉了，准备在最后清查时给予平反"。这项决定下达后，康生将"抢救运动"改称"自救运动"，错误的做法有所收敛，但"抢救"所造成的许多冤、假、错案，后果是严重的。

据陕甘宁边区政府秘书长李维汉回忆："边区政府机关共有工作人员三四百人，受'抢救'的百余人，比例是很大的，其中二三十人嫌疑较大，送往保安处；五十余人有一般嫌疑，送往行政学院（临时审查机关）。"根据中央的指示，边区政府机关成立了甄别工作委员会，帅孟奇任主任，12月开始甄别。12月6日，任弼时在中共中央西北局会议上说："对已经坦白的人，分别是非轻重进行甄别是一项大的工作，这里有四种不同情况：一是职业特务；二是党派问题，如加入国民党、三青团等，但不是特务；三是政治历史问题；四是有错误思想的党员，所谓'半条心'的。"他说："青年知识分子在'抢救'运动中'坦白'的比例那么大，是逼供信搞出来的，应很好地清理。"

12月22日，中共中央政治局会议讨论甄别工作，任弼时在发言中首先否定康生所谓的新知识分子大多数是特务的谬论。他仔细地调查了国民党自1931年以来的组织状况，其中报到并编入组织的约占党员人数的1/4。报到的人数中，初中以上的在校学生约占23%，1937年、1938年两年，每年约3.4万人；三青团是1938年6月成立的，初期只有1.05万多人。国民党绝不可能把这些人大批训练成特务,派到延安来。根据数据分析,任弼时说:"我们对国民党特务的数量要作恰当的估计,估计不足或扩大了,都不妥当。在延安的新知识分子,中直机关和军队系统,共约4万人,大多数是1937年、1938年进来的,其中3600多人是地下党撤退来的。我认为他们中大多数是好的,是为了抗日救国、为了革命投奔延安来的。'抢救'运动中,有的单位把80%的新知识分子弄成'坦白'分子,应予以否定。"

任弼时接着说:

"审干工作的九条原则是正确的,发动群众也是需要的。最初,党校第一部审查是好的。在'抢救'运动中是被逼出来的,没有经过调查研究弄出来的,有很多弄错的。整个运动收到很多成绩,现在延安进行甄别工作,取得经验教训,使其他地区不重复此缺点。在军队中进行坦白运动要特别慎重,敌后根据地不能采用延安的'抢救'运动方式,要防止群众运动中的逼供信。此外,真正的职业特务不容易在'抢救'运动中冲出来,只有个别职业特务才能在群众运动中冲出来。审查重大特务主要靠调查研究。"

毛泽东支持任弼时的意见,指示要收集甄别工作的经验,召开一次会议,边区各分区过年后召开甄别工作会议。后来,毛泽东说:"'抢救',我有些怀疑,乱子就出在此,以后不可再用。"这实际上是对康生的批评。但是,康生缄口不置一词。为了团结干部,承担领导责任,毛泽东曾在陕甘宁边区行政学院当着大家的面,公开承认"抢救"运动搞错了,他说:"我向大家赔个不是",以免"一人向隅,满座为之不欢",并向大家鞠了一躬。

师哲晚年回忆道:"在那个时期,人们注意到康生只怕两人:一个是任弼时,另一个是毛主席。但他也只是不敢在任弼时、毛主席面前拨弄是非而已。"同是政治局委员,康生为什么怕任弼时呢?师哲回答:"对这个问题,后来我曾问过他,康生这样解释:'我在上海大学读书时,弼时是我的老师。'现在想来,恐怕更重要的原因是任弼时一身正气,康生不敢触犯,更不敢得罪。"[24]

整风运动后期,从1943年9月上旬至12月初,中共中央政治局连续召开三次会议。在毛泽东的主持下,比较系统地总结党的历史经验,清算了王明在二战时期的"左"倾冒险主义错误和抗战初期的右倾投降主义错误。一些同志在会上作了自我批评。

这次会议,为顺利召开中共六届七中全会和七大,使全党在《关于若干历史问题的决议》基础上达到团结和统一,奠定了重要的思想基础。

注　释

〔1〕贺清华：《跟随毛主席在陕北》，选自《伟大的历程——回忆战争年代的毛主席》，人民出版社1977年8月版，第160—162页。

〔2〕王恩茂：《南泥湾精神永远激励我们奋勇前进》，载1977年12月16日《人民日报》。

〔3〕董廷恒：《毛主席视察南泥湾》，载《星火燎原》第6集；又见《伟大的历程——回忆战争年代的毛主席》，人民出版社1977年8月版，第209—215页。

〔4〕李维汉：《回忆与研究》（上），中共党史资料出版社1986年4月版，第498—502页。

〔5〕中共中央文献研究室编：《任弼时传》，中央文献出版社、人民出版社1994年4月版，第469—477页。

〔6〕《胡乔木回忆毛泽东》，人民出版社1994年9月版，第43—45页、第47—48页。

〔7〕李维汉：《回忆与研究》（下），中共党史资料出版社1986年4月版，第477—479页。

〔8〕《王首道回忆录》，解放军出版社1988年3月版，第207—211页。

〔9〕徐向前：《历史的回顾》，解放军出版社1984年7月版，第688—696页。

〔10〕《陈毅传》，当代中国出版社1991年8月版，第295—300页。

〔11〕《胡乔木回忆毛泽东》，人民出版社1994年9月版，第54—62页。

〔12〕《红色中华·红中副刊》第1期，1936年11月30日出版。——原注

〔13〕在鲁迅艺术学院开学典礼上的讲话（1938.4.10），见《新中华报》第432期，1938年4月30日出版。——原注

〔14〕在鲁迅艺术学院开学典礼上的讲话记录稿。——原注

〔15〕《关于延安对文化人的工作的经验介绍》（1943年4月22日党务广播），《陕甘宁边区抗日民主根据地》文献卷，下，中共党史资料出版社1990年版，第449—450页。——原注

〔16〕鲁艺戏剧部整风学习快报第3号，中央档案馆存。——原注

〔17〕《毛泽东书信选集》第174页。——原注

〔18〕参阅何其芳《毛泽东之歌》，选自《何其芳文集》第3卷，第104—105页。——原注

〔19〕《胡乔木回忆毛泽东》，人民出版社1994年9月版，第251—263页。

〔20〕周立波：《一个伟大文献的诞生》，载《人民文学》1977年第5期。

〔21〕何其芳：《毛主席在鲁艺的谈话》，节选自《毛泽东思想的阳光照耀

着我们》，第65—69页。

〔22〕《胡乔木回忆毛泽东》，人民出版社1994年9月版，第271—275页。

〔23〕《胡乔木回忆毛泽东》，人民出版社1994年9月版，第275—281页。

〔24〕中共中央文献研究室编：《任弼时传》，中央文献出版社、人民出版社1994年4月版，第511—515页。

三、高瞻远瞩

主持起草历史问题决议

1945年4月20日，中共六届七中全会通过了《关于若干历史问题的决议》，对整风运动中涉及的重大历史事件和路线是非问题，作出了郑重的决议。它是中国共产党独立自主地系统解决政治路线、思想路线和组织路线的大是大非问题形成的第一个历史性决议，表明了中国共产党及其第一代中央领导集体的成熟。它为中共七大开成一个团结的大会、胜利的大会，提供了极其重要的保证。

《关于若干历史问题的决议》，凝聚着中国共产党集体智慧的结晶。毛泽东对这个决议的起草和反复修改，更是倾注了全部心血。

胡乔木回忆说：

《关于若干历史问题的决议》原来把"左"倾路线在军事方面的错误放在政治方面里一起讲，后来认为军事方面也要突出，就分开来讲。将军事方面与政治方面分开来讲，我一开始就提出来了。弼时同志在我起草的稿子上写的那7点意见比较具体，但逻辑不大清楚。后来又回到4个方面（政治、军事、组织、思想），这比较清楚。

......

在《决议》起草时，我给弼时同志的一封信中说到教条宗派和经验宗派的问题。其实关于教条宗派问题早就讲了，整风一开始毛主席就讲了。政治局检讨历史时，教条宗派的人头比较清楚，经验宗派问题则集中在另一些同志身上。有的同志当时担负着很重要的工作，说他是经验宗派就不好工作了。而且一说宗派就把问题说死了，还要说清楚这个宗派什么时候消失了，又牵涉很多人，后来决定不这样讲。我写给弼时同志的这封信，是想说先讲事实，后说宗派。但后来也没有用教条宗派的说法。

现在写关于《决议》起草经过的材料，有一个缺点，只有档案方面的情况，即只有文字可查的情况，没有讨论的情况。我参加讨论的笔记本在延安撤退时丢掉了。当时参加讨论的有任弼时、刘少奇、陈云、彭真、聂荣臻等。这时稼祥同志病了。整风期间，开始他是主要指导者之一，慢慢地很多人攻他，他处于受批判的地位，后来引起毛主席在七大那篇关于选举问题的讲话。当时的有些情况，可以问陈云同志，请他判断"是"与"不是"。《决议》中后来加上了李求实等同志的问题，是彭真同志提出来的。

我当时是毛泽东的秘书，作为助手，对《决议》的起草工作始终参与其事。《决议》的起草从头到尾是毛主席主持的，他构思和修改，很多思想都是他的，所以后来作为附录收入《毛泽东选集》第三卷。当然，毛主席不是一个人搞，是集中一些人搞，但是以他为主。

1941年历史问题草案稿为什么忽然搁下来？当时的情况是：随着中央内部整风开始，印出了《六大以来》《两条路线》，讨论逐步深入，感到原来的1941年草案稿有些认识就不够了。例如，第三次"左"倾路线不能说是从"九一八"才开始。许多高级干部回忆历史，使对党的历史问题的认识逐渐丰富起来。当然也考虑到怎样对团结有利。当时犯错误的同志除王明外大多数都认识了错误。王明后来在20世纪70年代还出了一个很坏的小册子——《中共五十年》。这个小册子在国际上影响较大，在苏联印过，在越南也印过。在这个小册子中，王明说毛主席要毒死他，这是胡说八道。"文革"那么残酷，毛主席也没有下过这种命令，"文革"中很多事情是江青他们搞的，毛主席并不知道。整风起初王明还参加，后来他就生病了。为什么叫作王明路线，为什么说王明是四中全会及四中全会以后错误路线的主要负责人？这是因为四中全会以前就是王明在那里闹，米夫与他是搭档，互相配合，互相利用。四中全会把王明搞上来，非常不正常，不是像康生所说的什么既反"左"又反右，而是把"左"当作右来反，大家对四中全会义愤很大。左联五烈士就是反四中全会的，李求实在左联的用名是李伟森。不能说，四中全会是正确的，"九一八"以后党的路线才是错误的。四中全会就错了，不仅是政治路线错误，所采取的组织形式在党内也是从来没有过的，所以很多同志说是篡权。王明走了，博古上台，可还是说王明路线，因为第一，没有王明就没有博古上台，当时博古连中央委员都不是，完全是小宗派；第二，博古执行的路线与王明一脉相承；第三，王明到共产国际搞的还是四中全会那一套。你们整理的那个材料，对《毛选》收入《决议》时加上了王明、博古的名字，也要写上一笔。1941年历史问题草案稿为什么写博古路线而没有提王明路线，这一方面是因为博古的错误时间较长；另一方面是王明1937年第二次回国，又是作为共产国际的代表，对毛主席的领导大有取而代之的味道。虽然六中全会批评了王明，不让他去南方局做负责人，留在延安，但王明始终不承认自己的错误，而说是博古的错误。《决议》起草经过多次修改，经过六届七中全会和七届一中全会的通过，出《毛选》时又加上王明、博古的名字，这个过程要写出来。

《决议》最初不提四中全会是路线错误，这里有认识方面的原因。毛主席对四中全会不完全了解，情况不熟悉，对王明小组织也不很清楚。对博古的错误虽然知道，但还牵涉一些同志，他对这些同志的来龙去脉是逐步弄清楚的。至于共产国际这个因素，一般都会考虑到的。四中全会蒙上一个共产国际的影子，不了解内幕的人不容易理解。开始，中央没有集中力量考虑这些历史问题，到整风时中央同志都集中考虑这些问题了。中央整风，回顾了历史，提出三中全会、四中全会、五中全会的问题。这里面牵连的问题比较多，毛主席最初把"九一八"看得比较突出，因为"九一八"后国内形势发生根本的变化。《决议》最初从四中全会说起，后来说不够，往前说到六大，后来还说不够，再往前说到党的成立。

《决议》在党的政治生活中起了非常重要的作用，但这个《决议》也不是没有缺陷的。一是对毛主席过分突出，虽然以他为代表，但其他人很少提到，只有一处提到刘少奇，称赞他在白区的工作。在《决议》中，其他根据地、其他部分的红军也很少提到。"文革"时就造成一个结果，好像一讲农民运动，首先就是毛泽东。其实，在毛主席以前有些同志已从事农民运动，农民运动讲习所也已办了几期，不能说党不重视农民运动。《茅盾回忆录》也说武汉时期反对陈独秀与共产国际路线的人很多，这是事实。不然，"八七"会议怎么能召开？瞿秋白成为"八七"会议的主要发言人，这不是偶然的。这些历史在《决议》中叙述得不大周到。当然，七中全会时要换一个写法也不可能，我的这些话是事后诸葛亮。

《决议》起草委员会有一段时间工作很紧张，几乎每天开会，开了几个月。

委员会成员有无陈云同志？我记得他参加了几次会，少奇同志是白区工作正确路线代表是他提出的。这个话除他以外，中央没有人好说。毛主席不大了解白区工作情况，陈云同志与少奇同志工作联系很多，其他人如博古等更不可能说。

参加委员会的，是否还有王若飞？1941年9月以后中央秘书长是任弼时，但这以前王若飞曾任过秘书长，日常事务他处理得多。我为什么说王若飞可能参加呢？因为他参加了六大，当时参加过六大的，除恩来同志以外就只有他。讨论六大，王若飞比较有资格发言。王若飞在陈独秀时期担任过近似秘书长的工作。他在七大讲过这一段工作。他在中央工作时间是比较长的，后来坐牢时间也比较长。放出来时，薄一波去找他，向他说明当时中央实行的抗日民族统一战线政策。他到延安后先分配在陕甘宁边区工作，后来到中央工作。在爷台山战役打起来以前，或者正在打的过程中，在延安开了一次群众大会，王若飞讲了话，代表中央发了一个声明。毛主席当时说：如果有千金可赏的话，就应赏给王若飞，一字千金。他在中央做了很多工作，开始毛主席很器重他，后来又感到他抓事务性工作比较多。就他当时担任的职务和在历史上的作用，他会参加对《决议》的讨论。

聂荣臻参加了讨论,我记得他讲了话。党的重要历史变化,从大革命起,他经历得多,对党的历史的了解比较完全。有的人在会议记录上没有,但实际上参加了讨论。

讨论《决议》就在枣园,几乎天天开会,一般是开半天。有一时期工作很紧张。陈云一开始就参加了讨论。聂荣臻从晋察冀回来,后来才参加的。王若飞参加讨论,我是推断出来的,没有准确的记忆。讨论的人有几个是固定的,天天参加;有的是今天参加,明天不参加。

……

陈云调到晋绥统管晋绥、陕甘宁的财经工作,他管财经工作就是从这时开始的。整风中,康生几次攻击说陈云关于干部问题的讲话没有阶级观点,说陈云讲会用人,人是什么人,国民党也是人,机会主义者也是人。康生还攻击洛甫的关于待人接物的文章。这一段时间,党内有许多的看法。当时,康生等发议论较多;少奇在关键时刻才讲。毛主席对我说:"一个人要会讲话。有的同志不会讲话,打电话给我就讲半小时、一小时。陈云讲话非常简单明了,根本不占我多少时间。"我记得邓发也参加讨论,讲了话,但不是每次都参加。陈云几乎是每天参加。陈云在延安时身体就不太好,有一次他去马列学院讲话,在去的路上对我说,他是木炭汽车(意即走走停停)。那时王稼祥、洛甫、凯丰处境都不佳。博古不一定每次参加讨论,当时他已负责办《解放日报》,工作不少。

开始毛主席是很器重王稼祥的,特意让他住到杨家岭。中央关于增强党性的决定,就是他起草的。1941年是王稼祥很活跃的时期。整风以后,情况就不同了。整风运动,一方面很民主,一方面又很紧张。让我给整风打分,我不会打100分。因为整风很紧张,所以才会一下子转到审干,当然这里面康生起了关键的作用。但是,如果没有那个气候、土壤,不可能一下子转入审干。

《决议》起草中,有一段天天开会,讨论一阵子,又改稿子,并向毛主席汇报。任弼时当秘书长,一是因为资历老,二是因为他是红二方面军领导人,三是他从共产国际回来的。这里有一些微妙的关系,其他的人起不了他当时起的作用。王稼祥到苏区比博古早一些,任弼时、顾作霖、王稼祥一起去的,任、顾都不是王明集团的。四中全会及上海的那些人,一直是批评苏区和朱、毛的。古田会议前,中央九月来信维护毛主席的领导,才通过了古田会议决议。几个朝代的中央,都是指令红军应这样应那样,一种居高临下的架势。还有说山沟里出不了马列主义的。整风中王稼祥、任弼时当然要作自我批评。两个人的历史情况不同,任弼时是中国党自己产生的领导人,王稼祥是从苏联回来的。王稼祥的积极作用,主要表现在遵义会议上,也表现在六中全会上。毛主席多次说,两个人(指王明、王稼祥)都是从共产国际回来的,讲的话却不同……

我1941年刚到毛主席那里，关键的政治局会议我不参加，一般的政治局会议我参加。我是政治局的秘书，是毛主席亲自讲的。我那时叫乔木，在重庆时与当时在南方的乔木（乔冠华）的名字容易相混，毛主席让我加上"胡"姓，回到延安还是叫"乔木"。后来总理定名字，我叫胡乔木，他叫乔冠华。[1]

胡乔木还回忆说：

整风的方针是从团结的愿望出发，经过批评或者斗争，达到新的团结。惩前毖后、治病救人，这个方针整个体现在历史问题决议中。整风运动在这方面有许多生动的事实，但形成文字，成文的，是在历史问题决议中。历史问题决议特别写了两大段话，一方面是要团结全党同志，如同一个和睦的家庭一样，如同一块坚固的钢铁一样。另一方面是讲过去犯过错误的同志绝大多数都有了很大的进步，做了许多有益的工作。在批评他们的错误的时候，首先申明他们做的哪些工作是正确的。这表明党创造了一个新的传统，这个传统是有世界意义的。斯大林搞残酷斗争的一套，列宁跟斯大林不同，但他进行党内斗争也跟我们整风的做法不一样。历史条件不同，我们不必去作这个比较，但总归这是一个新的传统。

整风从思想方法角度讲路线斗争，批评了过去党的历史上的批"左"批"右"斗争。过去开展的那些斗争都没有从思想方法上解决问题。阶级分析、思想分析，比较起来，更重要的是思想分析。因为有思想分析，接下来才有阶级分析。

……

历史决议草稿交给中央全会之前，已在相当大的范围内进行了讨论。交给全会之后，讨论的范围更大了。讨论是频繁、认真、深入的。每一句话经过斟酌，特别是一些重要的段落，讨论得很仔细。那时中央领导层的讨论也很认真。这种讨论成了当时的主要任务。每次修改都是以这些讨论为基础。这样的讨论历史问题，在党的历史上是空前的。讨论的水平、决议的水平，在党的历史上也是空前的。党的历史上没有这样的文件。拿过去历史上党的决议看，如四中全会决议等，对比一下，就显出来这是完全不相同的。当然，这时有从容的环境，以前没有。以前有一些决议是苏联人或共产国际的人写的，写好了拿到我们党中央来通过，如"八七"会议的决议，别人代我们总结，我们予以通过。

（有同志提问，毛主席在1941年写了历史问题草案后为什么停下来，到两三年以后才起草历史问题决议？）这中间经过全党的整风。因为不能说毛主席写个历史问题草案，大家就能通过了。没有共同的认识不行。还得学习历史文件，大家联系自己进行讨论和检查，取得共识，在这个基础上才能真正起草历史问题决议、中央全会的决议。

批判"左"倾路线的那个"九篇文章"，我看到得比较早。那是秘书工作的方便，并不是正式给我看的。"九篇文章"是严格保密的，一直到最后都是如此。历史问题草案是"九篇文章"的姐妹篇,恐怕也是这样。那时还是毛主席个人的想法,后来他觉得这个问题需要大家一起来讨论,一起来研究,研究过了才能够作决议。我想是这样的一个过程。

……

写"九篇文章"是编《六大以来》的产物,所以毛主席对那些文件非常熟悉,引用起来如数家珍。

(有同志提出,毛主席在1941年曾经肯定四中全会,后来改变了,是否在最初有意作一种照顾?)同遵义会议的情况有些类似。我们常说遵义会议当时有意讲军事问题,避开政治问题,但是实际上当时紧张的战争环境不可能谈政治问题,而且毛主席也不可能想得那么多。历史是发展的,人的认识也是发展的。这里面也可能有某种考虑的因素。毛主席有时也这样说,但不必一定强调这个。

历史问题决议对四中全会的说法,是同王明的小册子联在一起的。可以看决议,决议对四中全会本身并没有说什么,但它说这个会议批准了王明的那个代表党内"左"倾思想的小册子,即《为中共更加布尔什维克化而斗争》。这个小册子在那以后的十多年来一直还被人们认为起过正确作用。批那个小册子,关键是那个小册子不是批立三路线的"左",而是批立三路线的右。

毛主席对四中全会时国内领导人的批评,主要是讲为什么拱手把中央的领导权交给王明,王明走了,又把中央的领导权交给博古。他最不满意的是在这里。这在决议里也有表现。

(有同志提出历史问题决议为什么没有涉及抗战时期的问题?)讨论历史问题,本来就限于土地革命时期这一段。如果时间跨度延伸到抗日战争时期,整个文件的格局就要发生很大的变化。如果决议要写到遵义会议以后,写到瓦窑堡会议、西安事变,然后是抗战爆发,那就涉及很多问题。因为抗战时期的问题,有些在党内已经比较清楚,有些还要看看。但对四中全会到遵义会议这一段,不但向来没有这么说,而且还曾多次肯定四中全会是正确的,所以决议要集中力量写这段。不能把时间延伸得太长。太长了,决议的思路得重新构架,那就比较复杂了。

在枣园的几位中央领导同志,对决议稿逐章逐段地讨论。这个会开了多次。我多次根据讨论的意见作修改。像我写给弼时同志的信就是在这个过程中产生的。后来拿到全会讨论,毛主席讲了什么意见,我马上就写上去。这个稿子修改的次数难以统计,不断地改,改了以后送给一些同志传阅。传阅的范围比原来那个历史问题委员会可能更大一些。如张闻天同志最初不是委员会的,但仍送给他看。在委员会讨论时,任弼时同志管得较多,到全会讨论后,就是毛主席自己挂帅了。[2]

冯蕙根据大量的文献资料,集中论证了毛泽东在决议起草过程中的主要作用:

1941年9月和10月，中央政治局举行扩大会议，检讨党的历史上，特别是第二次国内革命战争时期的领导路线问题。毛泽东在会上作了重要讲话，明确提出反对主观主义和宗派主义。这次会议为全党整风作了重要准备。这一年的10月13日，中央书记处会议决定组织清算过去历史委员会，由毛泽东、王稼祥、任弼时、康生、彭真五人组成，以毛泽东为首，委托王稼祥起草文件。档案中保存有当时起草的文件，题目是《关于四中全会以来中央领导路线问题结论草案》（以下简称《结论草案》）。这份《结论草案》是毛泽东身边秘书抄清的，抄清稿上又有毛泽东的修改，毛泽东在封面上写了"历史草案〈密〉"几个字。我们分析，这个稿子可能是王稼祥起草，毛泽东作了较大修改，然后让身边秘书抄清的。

《结论草案》对第三次"左"倾路线作了这样的概括："这条路线的主要负责人是王明同志与博古同志，这条路线的性质是'左'倾机会主义的，而在形态的完备上，在时间的长久上，在结果的严重上，则超过了陈独秀、李立三两次错误路线。"《结论草案》分析了第三次"左"倾路线在思想上、政治上、军事上、组织上所犯的严重原则错误，指出：思想方面，犯了主观主义与形式主义错误；政治方面，在形势估计上，在策略任务的提出与实施上，在对中国革命许多根本问题的解决上，都犯了过左的错误；军事方面，犯了从攻打大城市中的军事冒险主义到第五次反"围剿"中的军事保守主义，最后在长征中转到完全的逃跑主义的错误；组织方面，犯了宗派主义的错误。《结论草案》指出，"左"倾错误产生的社会根源，"主要的是小资产阶级思想在无产阶级队伍中的反映。中国极其广大的生活痛苦的小资产阶级群众的存在，是我们党内右的，而特别是'左'的错误思想的来源"。《结论草案》还指出，遵义会议"实际上克服了当作路线的'左'倾机会主义"，解决了当时最主要的问题——错误的军事路线、错误的领导方式和错误的干部政策，"实质上完成了由一个路线到另一个路线的转变，即是说克服了错误路线，恢复了正确路线"。

由于当时全党还没有开始整风，党的高级干部也还没有集中学习党的历史，回顾和检讨过去历史上的错误，所以对四中全会和第三次"左"倾路线的了解还不够完整，从而在认识上受到一定程度的局限。这种局限性也反映在《结论草案》中。例如，它认为四中全会的路线基本上是正确的，1931年9月20日中央的《由于工农红军冲破敌人第三次"围剿"及革命危机逐渐成熟而产生的紧急任务决议》才是第三次"左"倾路线的起点。这个《结论草案》，原来准备提到中央政治局会议讨论通过。后来，随着中央内部整风的开始，《六大以来》《六大以前》和《两条路线》等党内重要文件汇集在1941年、1942年和1943年先后编出，和党的高级干部对历史问题讨论的逐步深入，从而感到《结论草案》在某些方面的内容和对某些问题的认识，需要进一步充实以致修正，这样，它没有由中央政治局正式讨论通过而被搁置起来。但是，它的许多重要内容和思想观点，都仍然保存在后来由六届七中全会原则通过和七届一中全会修正通过的《决议》中。

经过整风运动和高级干部学习党的历史，为了肃清"左"倾路线，特别是第三次"左"倾路线的错误影响，统一全党的思想和认识，党中央重新提出起草历史决议的问题。

在1944年3月5日政治局会议上，毛泽东作了关于路线学习、工作作风和时局问题的讲话。针对党的高级干部学习党史中提出的许多问题，他就其中的几个重要问题提出了6条意见，得到会议的赞同和批准，成为政治局的结论。接着，4月12日他在党的高级干部会议和5月20日在中央党校第一部先后所作的报告（这两次报告后来合并整理成《学习和时局》一文）中，传达了政治局的结论。这些结论成为起草《决议》的一些重要指导原则。

1944年5月10日，中央书记处会议决定组织党的历史问题决议准备委员会，成员是任弼时、刘少奇、康生、周恩来、张闻天、彭真、高岗，由任弼时负责召集。5月19日，又增加秦邦宪为成员。任弼时作为这个委员会的召集人，主持《决议》起草的日常工作，做了大量的组织工作，并参加《决议》草案的起草和修改。当时在延安的中央领导人如陈云等，虽未列名于这个委员会，但在《决议》的起草过程中，经常到会参加讨论，提出过不少意见。1945年春，成立了由在延安的党的主要高级干部参加的讨论《决议》草案的一系列小组，各小组组长如李富春、叶剑英、聂荣臻、刘伯承、陈毅等人，也都参加过委员会的会议，并在会上发言。此外，从1941年起担任毛泽东的秘书的胡乔木，后来毛泽东在中央政治局会议上曾宣布他兼任中央政治局的秘书，他作为工作的助手，也曾经历了1944年开始的《决议》起草工作的全过程。

我们从档案中看到《决议》草案的一个复写稿，注明时间为1944年5月，题目是《检讨关于四中全会到遵义会议期间中央领导路线问题的决定（草案）》，共5个问题。据延安时期在中央秘书处担任速记工作的同志辨认，复写稿是当年参加速记工作并兼理任弼时交办的日常事务工作的张树德的笔迹。对这个复写稿，任弼时作了修改，并加写了一个问题——"（六）检讨历史的意义和学习党史的重要"。我们分析，这个复写稿应是任弼时起草的。这是档案中保存的1944年重新起草历史决议的最早的一个稿子。经查对档案，发现这个复写稿主要来源于1941年的《结论草案》。在结构上，这个复写稿同《结论草案》基本相同，加写第六个问题，是考虑到党的高级干部学习党史以后的一些情况。在内容和文字上，这个复写稿的主要部分也跟《结论草案》基本相同，不少重要段落同《结论草案》一字不差，只是对四中全会的评价不同，这是因为经过延安整风和高级干部学习党史以后，中央对四中全会的认识和评价已有重要的变化。

档案中还有一份胡乔木起草的《决议》草案稿，根据分析，该稿起草时间是在上述复写稿之后。他起草的这个稿子没有题目，共4个问题。其中的第二个问题（第三次"左"倾路线的错误）和第三个问题（第三次"左"倾路线错误的根源），一些基本思想也是来源于《结论草案》。这个稿子同前一个稿子在结构和写法上有较大的不同，在主体部分的框架结构上比较接近后来的《决议》。这个稿子任弼时修改过三次，加上了题目《关于四中全会到遵义会议期间中央领导路线问题的决定（草案）》，加了一段关于"左"倾教条主义得到经验主义支持的内容，特别是对第三次"左"倾路线错误写了7点提纲式的意见。这7点意见是：第一，不了解中国民族矛盾与阶级矛盾的关系、政治经济发展的不平衡、城市与农村的特殊关系；第二，不了解新民主主义革命是反帝反封建的资产阶级性革命；第三，不承认任何其他阶级有成为同盟者的可能，不能组成抗日反蒋统一战线；第四，对革命的长期性没有认识；第五，不了解农村武装斗争的重要意义及战略战术；第六，政治斗争策略上的错误；第七，组织上的宗派主义。根据当时党中央的工作情况和历史问题决议准备委员会的工作情况，可以认定这7点意见显然是集中了集体讨论中提出的意见。

档案中还有一份张闻天修改的稿子。张闻天修改所用的底稿是毛笔抄写的（其中有两页不是毛笔抄写的，而是胡乔木起草的稿子的复写件），没有题目，起草人现在还不能正式确定，时间应是在胡乔木起草的稿子之后。档案中所存的张闻天修改过的这件文稿不全，缺后半部分，只有前面3个问题。第一个问题，概述了1924年第一次国共合作至1937年抗战爆发期间的革命斗争历史和党反对陈独秀右倾投降主义和张国焘分裂主义的斗争。在这个问题的末尾，张闻天加写了三段话，其中比较重要的是第一段："尤其值得我们骄傲的，是十年内战更使我党马列主义的理论与中国的实际结合起来了。以毛泽东同志为代表的马列主义理论与中国实际统一的思想，在内战中有了极大的发展，给中国共产党指出了正确的行动方向。而毛泽东同志终于在内战的最后时期确立了他在中央的领导，这领导，无疑地将保证中国共产党在以后的完全胜利。"第二个问题，叙述大革命失败至抗战爆发这一期间党的历史，讲到了11月扩大会议、六大、立三路线、三中全会、四中全会、临时中央、五中全会、遵义会议等。张闻天在末尾加了一段话："大会欣幸地指出，党经过了自己的一切成功与失败，终于在毛泽东同志领导下，在思想上、在政治上、在组织上第一次达到了这样的一致与团结！这是要胜利的党，是任何力量不能战胜的党！"第三个问题，讲第三次"左"倾路线的错误，改变了以前的稿子从思想上、政治上、军事上、组织上4个方面分析的写法，而是综合地讲7点，基本上是按照前面说过的那7点提纲式的意见写的（后来还曾有稿子增加为8点）。对这个问题，张闻天作了较多的修改和增补。

毛泽东对《决议》草案稿的修改，是在张闻天修改稿的抄清件上开始的，时间当在1945年春季。毛泽东使用的抄清件有第四、第五个问题，并有题目。这5个问题，基本上就是后来《决议》的第二个、第三个、第四个、第五个、第六个问题。档案中现存毛泽东的六次修改稿。

第一次修改，毛泽东把底稿的原题《关于四中全会到遵义会议期间中央领导路线问题的决定（草案）》改为《关于若干历史问题的决议（草案）》。这次修改对第一个问题加写了很多内容。"团结全党同志，如同一个和睦的家庭一样，如同一块坚固的钢铁一样，为着获得抗日战争的胜利与中国人民的解放而奋斗"这句话，就是这次加上的。

第二次修改的主要内容是：强调六大的正确方面；批评四中全会打击所谓"右派"的错误，对何孟雄、林育南、李求实等受打击的同志作了充分肯定的评价；指出遵义会议实现的转变对克服张国焘路线、挽救一部分主力红军的重要意义。在这个稿子的首页上，他写了一个批语：

弼时同志：

请邀周、朱、洛、刘（如在此时）看一下，是否这样改，然后印若干份，编号发给40多个同志，再集他们座谈一次，就可成定议，再交七中通过。

毛泽东　3月24日

在毛泽东批示后，《决议》草案于1945年3月26日第一次排印铅印稿。

《决议》草案第一次铅印稿经修改后在同年4月5日又排印一次。毛泽东第三次、第四次、第五次修改的底稿，都是这一次铅印稿。他主要是在开头加写了一大段话，说中国共产党从产生以来就以马克思主义的普遍真理与中国革命的具体实践相结合为自己一切工作的指针，自1921年以来的24年中，进行了英勇奋斗，取得了伟大成绩和丰富经验，在思想上、政治上、组织上日益巩固，成为中国人民解放事业的伟大领导者。这一大段话，基本上就是后来《决议》的第一个问题的内容。

档案中，有一份胡乔木以4月5日印稿为底稿，汇总毛泽东等的修改意见的稿子。在这个修改稿后面装订有一封他9日写给任弼时的信，全文是：

弼时同志：

历史稿送上，因考虑得仍不成熟，改得仍不多，你上次所指出的许多地方因记得不甚清楚亦尚未改正。将来的改正稿望你给我一份以便继续研究。关于教条主义宗派，我是先讲小集团，待宗派主义事迹说清后才安上教条主义宗派的头衔，以见实事求是之意。经验主义的问题也是先说事实后说责任，这样说不知是否有当？

敬礼

乔木　9日

经毛泽东修改过的稿子，在同年4月8日再次排印。这次铅印稿印出后，对第三次"左"倾路线的错误这一部分重新改写了，将原来讲的8点又恢复为从政治（包括军事）、组织、思想3个方面进行分析，内容也大大地丰富了。毛泽东对这个稿子作了修改，加写了一些内容，这是他对《决议》草案稿的第六次修改。

《决议》草案在1945年4月20日六届七中全会原则通过后，在7月24日又印出一次稿子。在这一稿上，关于第三次"左"倾路线错误部分，把军事方面独立出来，成为政治、军事、组织、思想4个方面。

六届七中全会原则通过的《决议》草案，七大委托七届一中全会修改和通过，后来在同年8月9日召开的七届一中全会第二次会议上一致通过。同年8月12日，《决议》正式印成党内文件。

新中国成立后编辑《毛泽东选集》的过程中，1950年8月19日由毛泽东提议，后经中央政治局委员同意，把《决议》作为附录编入第3卷，并在文内加上了应对第三次"左"倾路线负主要责任的人即陈绍禹（王明）、秦邦宪（博古）的名字。

在《决议》草案起草过程中，党的高级干部进行了多次认真的讨论。在1945年三四月间，讨论进入加紧进行阶段，高岗、李富春、叶剑英、聂荣臻、刘伯承、陈毅、朱瑞、林枫等负责的各个组，连续开会讨论，提出很多意见。如前所说，各组负责人有一部分还曾多次参加党的历史问题决议准备委员会的讨论。所有讨论中提出的重要意见，都及时向毛泽东汇报。党中央、毛泽东和党的历史问题决议准备委员会认真地研究了这些意见，将合理的有益的意见尽量吸收在《决议》中。下面根据档案材料，举几个例子。

《决议》草案关于六大的写法，在讨论中不少人多次提出意见，对草案进行了反复修改，才基本上定下来。从张闻天修改用的底稿开始，直到1945年3月26日印稿中，都说六大"仍然没有在思想上给盲动主义以彻底的清算。这样就埋下了'左'倾思想在党内得以继续发展的一个根苗"。在讨论中，大家对"根苗"的说法意见较多，不同意说六大埋下了"左"倾思想继续发展的根苗，而认为应当强调六大的正确方面。这样，在4月5日印稿中去掉了"根苗"的说法，但对六大写得比较简单，只说："党的第六次全国代表大会进行了两条战线的斗争，批判了陈独秀主义与盲动主义，特别指出党内最主要的危险倾向是脱离群众的盲动主义与命令主义。"讨论中，有同志提出对六大的评价应再高一些。4月15日的印稿中，对六大的正确方面就作了比较充分的阐述，对它的缺点只用"这里不来详说"几个字一笔带过。对这种写法，讨论中又提出意见，认为：六大有缺点，应指出，不提反而不好。7月24日印稿中，对六大的正确方面和缺点作了全面的阐述和评价。

关于四中全会是不是第三次"左"倾路线的开始这个问题，从《决议》草案起草开始，直到1945年3月26日印出铅印稿，都只说四中全会在清算党内"左"倾错误上不但没有起过积极作用，而且扩大与发展了许多"左"倾错误，认为1931年9月20日中央的《由于工农红军冲破敌人第三次"围剿"及革命危机逐渐成熟而产生的紧急任务决议》才是第三次"左"倾路线充分形成的开始。对四中全会的评价是一个比较大的问题，从1941年9月政治局扩大会议起，特别是1943年9月开始的政治局会议以后，中央反复考虑和研究，一直没有作出正式结论。《决议》起草过程中，党中央又斟酌这个问题，也听取了党的高级干部讨论中提出的意见（例如，有同志提出从四中全会起就是"左"倾路线，不应只强调九一八事变后中央9月20日决议）。在1945年4月5日印稿中，对这个问题作了重大修改，第一次明确肯定四中全会是第三次"左"倾路线的开始。

关于第三次"左"倾路线错误问题改为8点的写法，讨论中不少人提出不同意见，认为8点的写法要改变，应当加以归并。在1945年4月8日稿印出后，对这一部分重新改写，从政治、组织、思想三方面进行阐述和分析。后来，又根据讨论中的一些意见，把军事问题单独列为一个方面，并在内容上加以充实。

对于被错误的肃反所迫害甚至冤杀的同志，讨论中提出应当给以昭雪。根据这个意见，《决议》草案增加了这样一段话："扩大的七中全会在此宣布：一切被错误路线错误地处罚了的同志，应该根据情形，撤销其处分或其处分的错误部分。一切经过调查确系因错误处理而被诬害的同志，应该给予昭雪，恢复党籍，并受到同志的纪念。"

参加讨论的同志还提出了其他一些意见，如要求在《决议》草案中写上"教条主义宗派"和"经验主义宗派"，要求写上第三次"左"倾路线使根据地损失100％、白区工作损失90％，不同意说四中全会和临时中央是合法的，等等。对这些意见，党中央和毛泽东进行了耐心的说服和解释。1945年3月31日毛泽东在七中全会的一次会议上说：草案中没有说100％、90％的问题，没有说品质问题，也没有说非法问题，也没有说宗派。这些不说，我看至多是缺点；说得过分，说得不对，却会成为错误。毛泽东的这一讲话，对党的高级干部进一步领会中央处理党内历史问题的方针和起草《决议》的指导思想，统一大家的认识，起了重要作用。

在《决议》草案的起草和讨论中，充分体现了党内生动活泼的民主生活，参加讨论的同志畅所欲言，各抒己见，党中央和毛泽东认真地听取各种不同的意见。这充分说明《决议》是集体智慧的成果。关于这一点，毛泽东作了很好的说明，1945年4月21日，他在七大预备会议上作的《七大工作方针》报告中说："我们现在学会了谨慎这一条。搞了一个历史决议案，三番五次，多少对眼睛看，单是中央委员会几十对眼睛看还不行，七看八看看不出许多问题来，而经过大家一看，一研究，就搞出许多问题来了。很多东西在讨论中你们提出来了，这很好，叫作谨慎从事。"又说，"最近写决议案，写过多少次，不是大家提意见，就写不这样完备。"

上述情况说明，《关于若干历史问题的决议》经过几次起草，经过党的高级干部多次讨论，经过多人和多次的修改，从1941年10月起草《结论草案》算起，前后经过将近四年的时间，才得以完成。《决议》是党的集体智慧的结晶，而不是某一个人的作品。参与这一集体创作的每一个人，都对这一历史文献作出了自己的贡献，有一些同志作了较多的贡献。历史事实和档案材料明确无误地表明，贡献最大的始终是毛泽东。[3]

召开中共七大

中国共产党第七次全国代表大会是在德、意法西斯面临彻底覆灭和中国抗日战争接近胜利的前夜举行的。这次大会的中心任务，是系统总结中国革命的基本经验，为彻底打败日本侵略者，建设新中国作准备。

1945年4月23日至6月11日，党的第七次全国代表大会在延安隆重举行。出席大会的正式代表共547人，候补代表208人，代表着121万党员。毛泽东在大会上致开幕词和闭幕词，作了关于《论联合政府》的书面政治报告，还多次发表重要讲话。

中共七大是中国共产党建党以后民主革命时期最后的，也是最重要的一次代表大会。它总结了中国新民主主义革命20多年曲折发展的历史经验，制定了正确的纲领和策略，克服了党内的错误思想，使全党的同志特别是党的高级干部对于中国民主革命的发展规律有了比较明确的认识，从而使全党在马克思列宁主义、毛泽东思想的基础上达到了空前的团结。这次大会，是作为"团结的大会，胜利的大会"载入党的史册的。它确定了以毛泽东思想作为全党工作的指导方针，产生了以毛泽东为首的新的具有很高威信的、能够团结全党的坚强的中央领导集体，提出"联合政府"的响亮口号，制定了一系列正确的方针政策，为中国共产党领导人民去争取抗日战争的胜利和新民主主义革命在全国的胜利奠定了基础。

胡乔木回忆说：

我作为中直系统选出的七大正式代表和大会工作人员参加这次大会，经历了会议的全过程。在七大，毛主席有多次讲话。我不记得是哪一次讲话了，他拿洪秀全的太平天国作例子，表示宁可失败，决不投降。讲到太平天国那么多人最后死在南京时，他非常激动。讲这番话是表示一种决心，一方面认为必然会胜利，同时带有一种誓师的味道。

（有同志提出，七大会上多数同志发言是作自我批评，这种精神反映了我们党的一种自信和兴旺发达的气象。）这个话要从两方面说。如果开八大时，大家都上去作自我批评，那是不行的。七大是在这么一种气氛下面召开的，就是经过整风，作了历史问题决议，所以大家发言多作自我批评。这不能当作一种通例，似乎每次代表大会都要这样做，这样做就是兴旺发达，不这样做就不是兴旺发达。

七大还是以毛泽东为中心。七大是团结的大会，胜利的大会……经过整风，经过作历史问题决议，在这个基础上形成的团结，确实如决议所说，像一个和睦的家庭一样，像一块坚固的钢铁一样。后来几次代表大会也说是团结的大会，但团结的含义不完全相同。当时说团结，是说从六大以来，其间经过了这么多的曲折，终于达到思想上政治上的一致。它是有特定的含义的。

在七大会议上，师哲讲过一段话。因为大家批评过去的错误同共产国际、苏联有关系。他就说，我们还是要强调共产国际对中国革命的贡献，强调苏联的援助。他讲的话不长。毛主席说对。

……毛主席的讲话内容很丰富，包括发展资本主义的问题，都讲了不少。之后在共同纲领中也讲了，新中国成立以后一段时间，我们确实允许资本主义有相当的发展。[4]

出席中共七大的杨秀山回忆说：

在一个春意浓郁的黄昏，我来到了延安。

刚刚走进联防司令部的窑洞，就收到一份重要文件。用马兰纸制作的封面上，清晰地油印着"政治报告"四个大字，这是毛泽东准备在党的第七次全国代表大会上作报告的初稿，事前发给代表们阅读，征求大家的意见。

……

还在1940年春天，我在晋西北的时候，就看到其他地区的七大代表陆续路过那里到延安去。我们120师也选举了自己的代表。当时听说党的第七次全国代表大会快要召开了。可是后来上级告诉我们，会议要延期举行。事后才知道，为了开好七大，党中央和毛泽东进行了充分的准备工作：加强与扩大了中央党校，集中大部分已经来到的代表到党校学习。1941年春天，首先在党校发起，紧接着在全党范围内展开了伟大的整风运动。党中央又组织了中央学习小组，负责研究党的历史上的两条路线的问题。在整风学习的基础上，全党高级干部也在1943年冬学习了两条路线的问题。所有这些，都为开好七大作了充分的准备。这时正值抗日战争即将取得最后胜利的时刻，我党已有了空前的发展，原来的代表名额，已经不能适应当前的形势，中央决定增补代表。就在这次补选中，我也荣幸地当选了。

1945年4月23日下午,党的第七次全国代表大会正式开幕了。

走进杨家岭中央礼堂,首先看到两面红艳艳的党旗高悬在主席台上,领袖像挂在正中间。主席台的陈设,朴素庄严,只有几张条桌和十来把木椅。后面墙上写着"同心同德"四个大字,两侧墙上的标语是"坚持真理""修正错误"。最引人注意的是主席台顶端的横联,红底镶着黄字:"在毛泽东旗帜下胜利前进!"

看了这条横联,真叫人百感交集。走了不少曲折的道路,终于使我们懂得:只有在党的正确路线领导下,革命事业才能蓬勃地向前发展。而党的正确路线来源于马克思列宁主义与中国革命具体实践相结合的毛泽东思想。这是我们党和我国人民经过长期革命斗争探索出来的结论,是党与中国人民伟大的胜利!

大会在庄严的《国际歌》声中揭幕。会上,毛泽东致开幕词。开幕式举行后的第二天,毛泽东代表党中央委员会作了题为《论联合政府》的政治报告。接着,大会听取了朱德所作的《论解放区战场》的军事报告。经过小组和大会讨论,最后全体一致通过了政治报告和军事报告,并选举出新的中央委员会。

党的第七次代表大会,始终洋溢着非常民主、非常团结、非常融洽的气氛。大会的每一个报告、决议文件,不仅事前均经中央作了充分的准备,而且还经过全体代表、各代表团小组、代表团会议详尽地讨论,提出意见,加以修改。大会主席团尽一切可能让每个代表均能发表自己的意见。记得关向应当时在中央医院养病,不能参加会议,毛泽东就要贺龙常常去看他,将会议进行情况不断告诉向应同志,并征求他的意见。这样,就使大会的每个决议和报告更臻于完善、丰富、生动、正确。在选举中央委员会时,也是经过充分的酝酿讨论,才进行正式选举。经过这样严肃、慎重选举产生的新的中央委员会,当然是完全能够代表全体党员的意志而为全党所一致拥戴的最坚强、最有力的无产阶级的战斗司令部。由于大会高度地发扬了无产阶级的民主,在小组讨论中,人人能各抒己见,个个畅所欲言。有坦率诚恳的建议与批评,也有由衷的自我批评,更多的是以亲身的经历生动地证实了遵义会议以来党的路线、方针、各项具体政策的正确性。在一些具体问题上,难免也有争论,但是一旦是非辨明之后,又能很快地统一起认识来。对待问题是一切从全党出发,从全局出发,坚持原则,修正错误,充满了对党负责的精神。

为了指导会议的进行,在小组讨论期间,毛泽东经常参加各小组的会议。他到小组,非常注意听取同志们的发言,从中吸取经验、发现问题,有时也作一些启发诱导,让大家更深一步地去思考。他讲问题时总是那样深入浅出、通俗易懂,并夹着一些具有风趣的比喻。所以,每当毛泽东去哪里参加会议,哪里的会场上总是非常活跃。记得在小组酝酿提中央委员候选名单时，有个小组对于要不要考虑"山头"的问题，出现了两种不同意见。有的同志主张应该取消"山头"，有的同志主张还需要照顾"山头"。当时毛泽东也在场，他听完两方面的意见以后，讲了一下他的看法。大意是：我们要反对、要消灭的只是"山头主义"的错误倾向。我们之所以要反对它、消灭它，是因为它妨害我们党的团结与统一。至于"山头"，它是中国革命具体历史条件形成的，在革命历史上曾起过一定作用。它是一个客观存在着的东西，不能简单地宣布取消了事。我们的原则应该是"承认山头，削弱山头，最后再消灭山头"。他还表示，这仅仅是他自己的一点意见，至于这样做好不好，请大家再考虑一下。后来别的小组内也同样提出了这个问题。于是在一次大会上，毛泽东为这件事专门讲了一次话。

党的第七次全国代表大会表现出的这种非常团结的气氛，来源于伟大的整风运动，我们当时把它叫作整风精神。在整风精神的感召下，许多犯过错误的同志，心悦诚服地接受了党的教育与同志们的帮助，回到了正确路线上来。有的人和我们坐在一起参加了七大，还有的人选进了新的中央委员会。经过整风运动，全党在毛泽东思想的旗帜下，达到了空前一致的团结。党的第七次全国代表大会所表现出的，正是又有集中又有民主，又有纪律又有自由，又有统一意志，又有个人心情舒畅、生动活泼，那样一种政治局面。毛泽东思想开出整风运动之花，结成七大之果。

这次大会批准了毛泽东在《论联合政府》中提出的党在当前革命阶段的总路线。总路线的基本内容是：放手发动群众，壮大人民力量，在我党的领导下，打败日本侵略者，解放全国人民，建立一个新民主主义的中国。同时又通过了党在新民主主义时期的一般纲领和具体纲领。大会也批准了朱德在《论解放区战场》中详细阐明的人民军队、人民战争的正确的军事路线。

……

虽然总的方面是一片大好形势，但是在我们争取全国性胜利的斗争中，困难仍然很多。5月31日下午，毛泽东在总结报告里，再一次强调了这个问题。那次报告，讲得非常深透，使人久久难忘。毛泽东告诉我们：任何事情都有好坏两种可能性，我们要放在最坏的可能性上去想问题，去作准备。他又一次提醒全党注意内战爆发的危险。他教导我们：一定要提高警惕，千万不能对国民党反动派及其主子美帝国主义抱有丝毫的幻想。我们一面要尽力设法制止内战的爆发，或者推迟它的爆发，但主要的应该做好一切准备工作，随时准备以武装斗争的方式坚决保卫人民的胜利果实。

在报告中，毛泽东详尽地估计了如果爆发内战可能引起的种种困难，提出了一系列的方针与斗争策略。根本的方针仍然是放手发动群众。毛泽东对这一方针反复论述，使我们深刻地领会到它的重要性。放手发动群众，壮大人民力量，这就是组织我们的战斗队伍。敢不敢放手发动群众，也就是敢不敢组织强大的战斗队伍去进行革命的问题。毛泽东说：手本是我们自己的，为什么发生放不放的问题呢？因为我们旁边还有个蒋介石，他不要我们放手发动群众。这是历来就有的问题，蒋介石不让我们放手，汪精卫不让我们放手，陈独秀就不放手，结果大革命失败。在抗战时期，我们就是放手发动群众，壮大了力量，取得了胜利。这个方针，我们永远也不能改变它。

在那次报告中，毛泽东预见到革命形势的发展变化，适时地提出了革命转变的问题。如游击战转到运动战，乡村转到城市，减租减息转到耕者有其田等。他要我们认识这种转变的必要性，要自觉地准备这种转变，以免在转变关头犯"左"或右的错误。

到了今天，这些英明的预见早已经成为现实的时候，重温毛泽东的讲话，真是令人回味无穷啊！

6月11日，大会闭幕了。毛泽东在闭幕词中，把这次会议誉之为"胜利的大会""团结的大会"。我们要说：胜利——毛泽东思想的胜利，党的团结的胜利，中国革命由胜利走向更大的胜利；团结——全党在毛泽东旗帜下的伟大团结。胜利加强了团结，团结取得了新的胜利。伟大的中华人民共和国，就是在七大的光芒映照下缔造起来的。

6月的延安，一片欢乐景象。农民们在整理农具，准备收割早熟作物，工人们展开了热火朝天的劳动竞赛，派往前线的部队在整装待命。来自各地的七大代表，怀着胜利的喜悦，纷纷走向新的岗位。我也回到了部队。过了不久，我便接到命令：准备开赴前线，执行大反攻的光荣任务。[5]

师哲是以代表和工作人员的双重身份参加七大的，他回忆道：

1943年10月，党的高级干部开始重新学习党的历史和路线问题，整风运动由普遍整风转入总结党的历史经验阶段。

整风运动就是要使共产党的队伍更加整齐，步调一致起来。兵是精的，武器是好的，那么，任何强大的敌人都会被我们打倒。总结历史经验的过程，就是统一全党，特别是党内高级干部的思想，使大家的政治水平得到大大提高。这在思想上为七大的召开准备了条件。

在审干中，七大代表集中的中央党校成为重点。代表资格的审查更是一件棘手的事。

1944年七八月间，任弼时向毛主席反映了这个情况，并说：如果不承认所谓有问题人的代表资格，要各个地区重新选举代表，那么，新的代表到达延安，最远地区代表在路上需花一年半的时间。这样做，七大就会被推迟，不知什么时候才能召开。这个问题不解决，无法召开七大。希望中央研究讨论。

毛主席当机立断地说："开会，代表全部出席，不再审查了。"

任弼时的汇报和毛主席的决断加速了审干的甄别工作。因而像刘子久、黎玉等原来选出的代表全都出席了党的第七次代表大会。

接着，中央准备了《关于若干历史问题的决议》草案。在制定大会议程时，是准备将《关于若干历史问题的决议》提交大会讨论的，后来为了慎重起见，在七大之前的七中全会的最后一次会议上，1945年4月20日通过了这个决议。

1945年4月21日，七大的预备会议召开，任弼时作了七大准备工作的报告，他说：七大早应举行，但因战争关系，交通阻隔，迟延至今才召开。这固然是个缺点，但也有积极意义：（1）准备和发展了我们的力量。1937年12月会议决定召集七大时，党员只有五六万人，军队不超过10万人，根据地只有陕甘宁、晋察冀。现在党员已有120万人，军队近百万人，根据地人口近1万万。这时召开七大，意义非常重大。（2）党的思想更加成熟、一致。经过整风、路线学习、审查干部，党内思想更加一致，小资产阶级思想的地盘缩小了，组织更加纯洁，又通过了《关于若干历史问题的决议》，全党达到空前的团结。

我作为代表和工作人员出席了七大。当时为了开好这次大会，工作人员一律驻会，只有我和陈刚两个人因工作需要不能离开机关，所以每天都从枣园到杨家岭开会。来回往返，使我们更加繁忙。

4月23日，七大在杨家岭大礼堂隆重开幕。大会期间，毛主席作《论联合政府》的政治报告，朱德作《论解放区战场》的军事报告，刘少奇作修改党章的报告。周恩来、陈毅、高岗、张闻天、博古、康生、陈云、彭真等都结合自己的工作作了专题发言。博古发言的内容是关于第三次"左"倾机会主义路线的萌芽、形成、发展和破产，他作了深刻的自我批评和检讨。大会进一步清算了王明的路线错误。

王明错误的实质到底在哪里呢？1945年6月的一天，我跟毛主席从枣园出来，赶赴杨家岭参加七大会议。在延河岸边，我们边走边谈大会上的种种情况，随之谈及王明错误的实质。相互议论间，涉及他的这点或那点错误性质，然而仍未超过我对各项文件所谈及的那几点。

毛主席从我的话里揣摩出了什么，摸准了我的思想不明亮的关节所在，于是只用一句话就打开了天窗。他说："王明问题的关键、症结之所在，就是他对自己的事（指中国革命问题）考虑得太少了，对别人的事却操心得太多了！"

我一听这话，茅塞顿开，思想豁然开朗，觉得这句话真是一针见血。

毛主席历来认为：中国是中国人民的，中国共产党首先要研究解决中国的问题，思考分析中国的革命实践。对于处在被压迫被奴役地位的中华民族来讲，爱国主义和国际主义是一致的。"中国胜利了,侵略中国的帝国主义被打倒了,同时也就帮助了外国的人民。因此,爱国主义就是国际主义在民族解放战争中的实施。"[6] 毛主席不止一次地同我谈过,他非常清楚而毫不含糊地说:要得到兄弟党的帮助,首先就要帮助兄弟党进步、发展、壮大,而不是一味要求兄弟党单方面做出牺牲。丢失自己的利益而去援助别人,这实际上不是真正的帮助。因为既没有真正地帮助朋友,反而削弱了自己。

毛主席的谈话深入浅出,使我受到很大的启发,引起我的深思。主席的谈话充满辩证法,与我在苏联学习时受到形而上学的影响是多么不同呀!

考虑问题的出发点不同,这就是毛主席同王明的根本区别。王明对共产国际采取盲从、教条主义式的、生吞活剥的态度,盲目接受共产国际的一切指示。他是到斯大林那里领钦令、接圣旨,硬套到中国问题上。如果说斯大林对中国许多问题没有弄清楚的话,倒不如说王明从未介绍、解释清楚,反而将斯大林的指示不加分析地生搬硬套,不问情况照办。而毛主席则不是这样,他对斯大林的任何意见或建议,都要经过自己的头脑思考,酝酿成熟后才表态。毛主席致力于马列主义普遍真理同中国革命具体实践相结合,将马列主义中国化。用今天的话讲,就是有"中国特色"。因此,毛主席,也只有毛主席才能领导中国革命走向胜利。

在选举新的中央委员会时,毛主席一再地做大家的工作。5月24日,他代表主席团作关于选举方针的报告时说:"犯过路线错误的同志要不要选?从党的历史经验来看,对过去犯过错误的同志,不应当一掌推开。只要他承认错误,并决心改正错误,大会还可以选他。"

在他一再做工作后,大会选举李立三、王明为中央委员。

在谈到中央委员的代表性时,毛主席说,由于中国革命走的是农村包围城市的道路,从第二次国内革命战争到抗日战争,建立了许多革命根据地,散布在各地,有许多军队和山头。要缩小山头,消灭山头,就首先要承认山头。要使七大选出的新的中央成为缺陷最小的中央,就要从组织成分上反映各方面的力量。他还讲道,任何一个人都不可能通晓各方面的知识。一个人通晓一方面或者稍微多几方面,把这些人集中起来,就变成通晓各方面的中央委员会。

在这样的思想指导下,大会顺利地选出了新的中央委员会。

6月11日,大会圆满结束。毛主席在闭幕会中讲道:"我们开了一个胜利的大会,一个团结的大会。""许多同志作了自我批评,从团结的目标出发,经过自我批评,达到了团结。这次大会是团结的模范,是自我批评的模范,又是党内民主的模范。"[7]

事实证明,经过整风运动,全党思想达到了新的团结。所以,在以毛泽东为首的中央委员会的领导下,抗日战争胜利后,只用了三年半的时间就打败了蒋介石,取得了全国的胜利。

整风运动和七大的历史功绩是伟大的、丰硕的,是永远不可磨灭的。[8]

中共七大是在中国人民抗日战争胜利前夕召开的。当时胜利的曙光在即,世界反法西斯战争其他战场捷报频传,每一位代表都欢欣鼓舞。毛泽东作为一个富有远见的战略家,更多地着眼于夺取胜利的困难方面。同时,他考虑的远不止是抗战胜利的问题。他预见到,随着国内阶级矛盾的上升,抗战胜利后面临的将是一个更加复杂的局面。

1945年5月31日,毛泽东在大会的结论中,特地谈到十七条困难。他说:

有一个问题要讲清楚,叫作"准备吃亏"。有些同志希望我讲一些困难,又有些同志希望我讲一点光明。我看光明多得很,国内民主运动已经兴起,将来更有希望,苏联援助我们,美国、英国的无产阶级将来也还是要帮助我们的,这些都是光明。但是我们更要准备困难,我下面讲的困难有十七条:

第一条,外国大骂。现在英、美的报纸和通讯社都在骂共产党,将来我们发展越大,他们会骂得越有劲。他们有人曾经向我们示过威,说:"你们那样不行,美国舆论要责备你们。"我说:"你们吃面包,我们吃小米,你们吃面包有劲,嘴长在你们身上,我们管不了。"这叫作没有办法,要准备着挨外国人的骂。

第二条,国内大骂。是大骂,不是小骂,他们将动员一切人来大骂,什么破坏抗战、危害国家、杀人放火、共产共妻、毫无人性等等。只要是世界上数得出的骂人的话,我们都要准备着挨。

第三条,准备被他们占去几大块根据地。不是说几小块,也不是说统统占光,而是被他们占去几大块,他们要打内战"收复失地"。在十年内战时期,他们就曾经占去我们几大块,这次我们还要准备被他们再占去几大块。

第四条,被他们消灭若干万军队。1941年中央曾打电报给各中央局、中央分局,说我们要把估计放在最困难的基础上,可能性有两种,我们要在最坏的可能性上建立我们的政策。那时我们有50万军队,准备被搞掉25万,还有25万。这25万是什么?原来50万是伸开的手掌,这25万是握紧的拳头,虽然缩小了,可是精壮了。现在我们的军队差不多有100万,我们还要发展,到将来蒋介石进攻我们时,我们可能有150万,被他搞掉1/3,还有100万,搞掉一半,还有75万。如果我们不准备不设想到这样的困难,那困难一来就不能对付,而有了这种准备就好办事。

第五条,伪军欢迎蒋介石。伪军摇身一变,挂起蒋介石的旗帜,欢迎蒋介石,欢迎阎锡山,使我们很不好办。日本人撤出的地方,他们马上就占了,我们来不及。我们要有这种精神准备。

第六条，爆发内战。我们要用各种方法制止内战。现在的揭露就是一种方法，我们要经常揭露，在大会文件上、在报纸上、在口头上揭露。此外，还要用别的办法来制止内战。内战越推迟越好，越对我们有利。抗战八年以来，我们的政策就是使蒋介石既不能投降又不能"剿共"。我们的政策还要这样继续下去，使他不敢轻易地发动内战，但是我们要准备他发动内战。

第七条，出了斯科比，中国变成希腊。这种情况我们要用各种方法来避免，如果发生了，就采取有理、有利、有节的斗争方针。我曾经同国民党的联络参谋讲过，我们的原则是三条：第一条不打第一枪。《老子》上讲"不为天下先"，我们不先发制人，而是后发制人。第二条"退避三舍"。一舍30里，三舍90里，这是《左传》上讲晋文公在晋楚城濮之战中的事，我们也要采取这样的政策。第三条礼尚往来。这是《礼记》上讲的，礼是讲究往来的，"来而不往非礼也，往而不来亦非礼也"，你来到我这里，我不到你那里去，就没有礼节，所以我们也要到你们那里去。我叫国民党的联络参谋把这三条告诉胡宗南，希望他们也采取"不为天下先""退避三舍""礼尚往来"的政策，这样就打不起来。他们不喜欢马克思主义，我们说：这是老子主义，是晋文公主义，是孔夫子主义。无论斯科比来了也好，蒋介石来了也好，我们都是采取有理、有利、有节的自卫原则。不打第一枪这个原则我们要谨记。从一个时期来看好像不一定有利，但从长远来看则是很有利的。当然到了该打的时候，就要坚决、彻底、干净、全部消灭之。有人讲两面作战怎么得了？他们要搞两面作战，我们有什么办法，我们只好准备这一招。我们现在好像坐牢一样，前门是日本人守着，后门是蒋介石守着。

第八条，"不承认波兰"。这里是比喻我们得不到承认。现在我们是一个中指头，你不承认，将来是一个大指头，你也不承认，到了是一个拳头、两个拳头的时候，看你承认不承认？你90年不承认，100年不承认，将来到101年，你就一定得承认。因为我们的政策正确，得到了全国人民的拥护。

第九条，跑掉、散掉若干万党员。将来如果形势不好，蒋介石、斯科比两面夹攻，到处打枪，有些党员就向后转开步走，跑掉了，散掉了。在我们党的历史上，散得最厉害的是1927年，还有散得多的是内战时期，有组织的党员只剩下三几万。在不好的情况下，党员中有一部分悲观失望的人就跑了，有一部分被压散了，也无非就是这样。我们准备散掉1/3，或者更多一些。

第十条，党内出现悲观心理、疲劳情绪。中国革命是长期的，从1921年到现在24年了还没有胜利，还要搞下去，还要牺牲许多党员和军队。党内会出现悲观心理、疲劳情绪的问题，不仅要对我们大会、中央、中央局，还要对区党委、地委这些领导机关都讲清楚。从前我们党内有一个传统，就是讲不得困难，总说敌人是总崩溃，我们是伟大的胜利，是百分之百的布尔什维克！现在我们要有充分的信心估计到光明,也要有充分的信心估计到黑暗,把各方面都充分估计到。

第十一条,天灾流行,赤地千里。天灾是天不下雨,玉皇大帝不帮忙。最近得到报告,华北、华中很多地方都天旱。古人说过:"艰难困苦,玉汝于成。"艰难困苦给共产党以锻炼本领的机会,天灾是一件坏事,但是它里头含有好的因素,你要是没有碰到那个坏事,你就学不到对付那个坏事的本领,所以艰难困苦能使我们的事业成功。今年我们边区没有收成,这是一件大事。所以,我们要讲节省,从中央起都要讲节省,准备天灾流行,赤地千里。共产党有本领,就是要在这种情况下打出一条生路来!华北、华中许多地方都要准备这一条。

第十二条,经济困难。有天灾经济是困难的,没有天灾经济也是困难的,所以我们要大力学做经济工作。我们曾经提出这样的口号——在两三年内学会做经济工作,要首长负责,亲自动手,克服困难。

第十三条,敌人兵力集中华北。有的同志问:日军退出华南、华中,把兵力统统撤到华北,怎么办呢?现在日本法西斯作战是寸土必争,看样子是不会撤的。但我们要把事情往坏一点想,即使长江流域的日军统统撤到华北,难道我们就呜呼哀哉了吗?中国抗战的局面是明年日本就要被打倒了,它横行不了多久了。敌人集中华北,提出和平妥协的条件,跟英、美讲和,假如这件事出现了怎么办?我们准备想各种办法对付之,这些办法大家想,中央也想。

第十四条,国民党实行暗杀阴谋,暗杀我们的负责同志。历史上有过这样的事,所以我们要有准备,以防万一。

第十五条,党的领导机关发生意见分歧。不要以为不会发生意见分歧,上述困难一来,许多情况出现,就可能产生党内意见的分歧,议论纷纷,莫衷一是,不满意等。如果我们准备了,分歧就可能少一些;没有准备,分歧就可能多一些。

第十六条,国际无产阶级长期不援助我们。中国革命是长期的,由于各种情况的原因,国际无产阶级还没有来得及帮助我们,他们还料不到我们的困难来得这样早,就是料得到也没有办法,远水救不了近火。我们要做国际联络工作,做外交工作,很希望国际无产阶级和伟大的苏联帮助我们。但由于各种情况的原因而没有援助,我们怎样办?还是按照过去那样,全党团结起来,独立自主,克服困难,这就是我们的方针。

第十七条,其他意想不到的事。许多事情是意料不到的,但是一定要想到,尤其是我们的高级负责干部要有这种精神准备,准备对付非常的困难,对付非常的不利情况。这些,我们都要透彻地想好。

困难我讲了十七条,下面讲我们一定要胜利。

第一,暂时吃亏,最终胜利。这个原则是不会错的,全世界无产阶级吃亏都是暂时的,终究我们是要胜利的,马克思主义者要坚信这一条。

第二,此处失败,彼处胜利。中国革命的发展是不平衡的,此处吃亏,彼处胜利;东方不亮西方亮,黑了南方有北方,我们总有道路。

第三,一些人跑了,一些人来了。天要下雨,他硬要跑那有什么办法?就让他跑掉吧。党员中间的动摇分子,他们在革命热闹的时候来凑热闹,在困难的时候就跑了。要跑就跑,我们开欢送会。今天有一些人跑了,明天有一些不怕困难的人又来了。我们党24年的历史证明了这一点,我们说一定有许多人会来的。

第四,一些人死了,一些人活着。天有不测风云,人有旦夕祸福。我们要准备一些人牺牲,但总有活着的人。这样大的党,这样大的民族,怕什么。

第五,经济困难就学会做经济工作。我们要感谢何应钦,他不给八路军、新四军发饷。他这样一困,我们就提出了是解散,是饿死,还是自己动手搞生产的问题。解散不甘心,饿死不愿意,那剩下一条,就是首长负责,自己动手,发展生产,克服困难。

第六,克服天灾,太行有经验,共产党会捉蝗虫,这些经验很好。

第七,党内发生纠纷,这也是给我们上课,使我们获得锻炼。来一次大纠纷,就是一次大锻炼。毛铁炼成钢,是要经过无数次的敲打的。

第八,没有国际援助,学会自力更生。没有援助有一个好处,援助太多了也有一个坏处。在全世界无产阶级联合起来这个国际主义的原则下,要学会自力更生,准备没有援助。现在对中国共产党就是一个大考验,考验我们究竟成熟了没有,有本事没有。国际无产阶级的援助一定要来的,不然马克思主义就不灵了。不是只有外国援助我们,我们也援助外国。24年来我们是国际无产阶级的一支队伍,我们这个队伍的斗争就援助了外国无产阶级,也援助了苏联,国际无产阶级也一定会援助我们的。〔9〕

毛泽东的上述讲话,对于全党在胜利面前保持清醒头脑,应付各种突然事变的严重困难的局面,起到了极其重要的作用。

中美苏之间

在八年抗战期间,毛泽东和中共中央同国际上保持着密切的联系。

毛泽东作为一个具有国际眼光的战略家,决不让自己的目光局限于陕北,局限在中国。他在关心着世界反法西斯战争的进程,关切地注视着中、美、苏三大国的关系发展,利用一切可能的机会宣传中国共产党的政策,让外界了解自己,同时也使自己更好地了解世界。

师哲由于特殊的关系,有机会了解到毛泽东同共产国际、苏联等方面的来往情况。他回忆说:

中央到达陕北后,于1936年又同共产国际恢复了电讯联系。但是,条件较差,通信困难。1940年2月,任弼时在莫斯科时,共产国际机要处交给他两套机要密码,由恩来随身带回延安。回来后,任弼时即筹建一个专门机构,负责同共产国际的电讯联系工作。这个机构对外称"农村工作部",又叫"农委"。1940年11月,农委正式开始工作,经过多次试验,效果良好,通信准确无误,从此开始经常地通信联系。1940年年末,我们同莫斯科建立了非常可靠的空中联络,但只有毛主席一人有权使用。

"农村工作部"设在延安的小砭沟,靠近中央警卫团的驻地。部长是吴德峰,副部长是帅孟奇。由任弼时直接指导。1943年5月,共产国际宣布解散,电台工作就结束了,资料交给了中央机要局,1944年"农委"亦被撤销。

任弼时在挑选干部、行政管理、解决技术难题以保证通信畅通无阻方面,花费了不少心血和精力。但在这方面的工作成绩却鲜为人知,任弼时轻易不同别人谈及这方面的工作。一是因为弼时从不炫耀自己,二是他善于保密,这项工作是极端机密的。我党和共产国际的通信往来,尤其属于政策、方针等方面的问题,全由毛泽东亲自处理。

我作为任弼时的秘书直接参与了来往电报的翻译工作。这项翻译工作一直持续到1957年我离开中央机关为止,前后长达18年。只有1943年、1944年我到陕甘宁边区工作时中断过一段时间。有若干万万火急电、极端绝密电等是由任弼时亲自翻译、处理,我在事后才知道的。经手办过这方面的机要文件的同志,除我外还有刘义虎和李唐彬。当时刘义虎是社会部的干部,帮助苏军情报组工作,翻译过一些材料。李唐彬是中央机要局的政治指导员,负责保密工作。

1946年年初,中央机要局又将全部有关材料(包括机要文件、密码资料等)转交给中央书记处办公室,当时我任办公室主任,由我亲自保管。

1946年12月下旬,即蒋介石扬言要进攻延安时的某天下午,毛主席问我:"同远方通信往来的电稿材料以及密码等保存在哪里?如何管理的?"

我回答说:"全部保存在我手里。"他令我全部毁掉。

我问:"可否清理一下,把几份最重要的文件挑拣出来,妥善保管,行军时我随身携带?"

毛主席立即说:"不妥!如果你受伤或被打死了怎么办?你快去把那些文件全部清理出来!"

我回到办公室刚刚找到那一大包文件,还未来得及清点,毛主席就跟着来到了我办公室的门口,并要我把有关这方面的全部文件拿出来。他大致上看了一下,要我在火炉旁立即烧毁。他带着李纳在一旁玩耍,其实是监督,最后用小木棍拨弄燃尽的文件,直到确信全部文件化为灰烬后才离开。

对待这一举动，我一方面觉得可惜，认为毁掉了不少珍贵的历史资料，但同时又钦佩主席做事严谨、认真、周到，事事小心，万无一失。随后，中央转战陕北，事实上有许多文件也无法保存，所以从1940年至1948年秋这段时间里，有关这方面的文件大都没有保存下来。

现在要回忆有关这方面的问题和某些事实经过，是十分困难的。我尽力而为，把自己记得的一些情况如实写下。

自1940年下半年起，毛主席开始使用"农村工作部"的联络系统同远方通信。最初，他发出的是一份情况介绍材料，共两三千字，简单地介绍了我党、我军，以及解放区（以此为主）的一般情况。

当毛主席确知通信联络工作已经可靠地建立起来后，他就开始写较长、较具体、较详细的情报了。有的电报长达数千字，甚至万余字。每当这时，一份电报就要分若干次拍发。每次，毛主席把电文送给任弼时，由他交我译出，然后我又同任弼时一同校审，定稿后才发出。来电由我译出后，也是先送任弼时，由他交主席处理。

往来的电讯，不但都由毛主席亲自处理，而且全存在他那里，向谁传达或传阅，也由他决定。据我所知，这类文件一直没有传达过（指作为文件传达），只是涉及重大问题时，由毛主席在书记处或政治局会议上口头介绍一下。就是说，他认为有必要时，才在上述两种会议上谈谈，否则作罢。

电讯的内容涉及的问题很多，范围很广。毛主席发的电报百分之八九十是关于我党、我军和解放区的发展情况，以及工农青妇等各方面的工作及统战工作，也就是向共产国际汇报工作。有时介绍国内各民主党派及其活动、政治倾向与表现；国民党内部情况、政治动态，主要是有关蒋介石及其政治倾向，对内对外政策的变化，国民党内的派别斗争与政治主张，以及他们同英、美等帝国主义的关系；国民党同日本侵略者的关系，同日寇暗中勾结的情况。一般是先讲情况然后分析，最后讲我们的对策和措施。关于各帝国主义，特别是日、美帝国主义的活动情况，往往由中央情报部门提供给苏联情报组使用，而不是由他亲自发电报。毛主席有时也对此向共产国际作些评论、分析性的综合报道。

1941年皖南事变以后，毛主席给共产国际写了一份综合、分析性长电，其大致内容是：

（1）关于新四军的转移和重新部署，以及同国民党长期谈判的前后经过。

（2）蒋介石背信弃义，不择手段镇压人民，使新四军上了圈套。

（3）项英的刚愎自用、轻信敌人、一意孤行、上当受骗，结果，损兵折将，自身不保。

（4）皖南事变对党、抗战和华中地区造成了较大的困难，同时指出了挽救局势、弥补损失和善后的方针等。

在电报末尾，还有这样的话：在总结和汲取血的历史教训时，不得不指出项英同志因轻信蒋而受骗上当，一命身亡；其次，损失是严重的，教训是沉痛的，经验是有益的。这次事件教育了我们全党，我们今后就会更为心明眼亮了。

毛主席的这些话，既是总结皖南事变的经验教训，也是提醒和告诫远方的一些无知、肤浅的人。当时，对于中国共产党如何坚持抗日民族统一战线问题，我党同共产国际的看法不完全一致。我们主张以斗争求团结，而共产国际则要求我们完全服从国民党的领导。

自1941年四五月起，毛主席几乎每周都要发一次甚至两次电报，而且电文较长。6月22日，苏德战争爆发之后，我们同共产国际的电讯联系虽然照常，但是分量大为减少了。

1941年秋冬之际，中央领导同志开始整风学习，总结十年内战时期的经验教训，清算王明等机会主义和教条主义的错误。

关于整风运动，以及有关的种种问题，毛主席定期报告远方，而且用通俗简朴的语言作了介绍和解释。例如，关于什么叫"整风"，毛主席解释说，就是党内政治学习，通过学习端正思想认识。他介绍了整风的对象、方针和方法。他写道：其方法，总的说来是采取和风细雨的方式，学文件，集体讨论，各抒己见，阐明问题，澄清是非；端正思想，提高认识，惩前毖后，治病救人；知无不言，言无不尽，言者无罪，闻者足戒，有则改之，无则加勉，等等。

然而远方老是弄不清整风的真相，总以为是在搞清党运动，甚至是搞无原则的派别斗争。尤其是1942年王明病倒，使远方更为茫然。他们老是啃着一个死公式：国内要团结（指同国民党和其他抗日力量），党内要团结（不搞任何斗争），一致对外，抗击日寇。因此，无论是出现了反摩擦斗争，或党内斗争，他们不分青红皂白地一概认为不利于抗战，使抗战力量削弱或相互抵消。毛主席除多次给远方发电解释外，同时还多次给苏方驻延安情报组的人员作过关于整风运动的介绍和解释。但这一切都是枉然的。因为他们内心里总是抱着自己主观上的看法，加上王明个人的认识和想法，往往使问题弄不清了。

1942年秋，王明病了，当时苏联的一名将级外科医生安德烈·雅科夫列维奇·奥尔洛夫在延安中央医院工作。我们称他为阿洛夫大夫。苏军情报组的负责人兼塔斯社记者孙平通过阿洛夫大夫到中央医院看望王明，并听信王明的一面之词，认为他的病是医生对他谋害的结果。

孙平向莫斯科反映，认为中共中央、毛泽东排斥莫斯科派。因为犯王明"左"倾教条主义错误的大多是从苏联学习回来的同志，孙平给他们起名为莫斯科派，其中包括博古等人。他着重介绍了王明的处境。季米特洛夫（一般署名为尼古拉耶夫）以个人名义给中共中央拍来了一封电报，他希望中国共产党不要搞派系斗争。他在电报中为王明讲话，并对康生提出怀疑。孙平没有将电文的抬头和署名给我们，只是将电文正文交给主席，并口头上讲了一下，说这是季米特洛夫给中央的来电。

1943年5月，党中央得到远方的通知，主要内容是：在过去的历史时期，由于客观形势的需要，世界各国无产阶级、劳动阶级的政党曾建立了自己的国际组织中心——共产国际。在那些年代里，当国际工人运动、各国共产党尚处在幼年时代时，共产国际对它们起过一定的作用。现在国际形势、各国内部情况变得更加复杂，各国共产党已有了自己的经验，并能根据自己民族特点和历史情况解决自己的问题，可以无需像共产国际这样的国际组织从旁干预各国党的内部事务，所以共产国际在今天的条件下，已无继续存在的必要了。因而国际执委会决定解散共产国际这个组织，并且取消它的一切附属机构。这个决定应立即通知各国共产党、工人党及全体共产国际成员党和组织。

与此同时，莫斯科发出的另外一个通知说，由于欧洲形势的特殊需要，欧洲各兄弟党决定成立一个情报局（实际上在德苏战争爆发后，国际机关就已变成了情报机关），以研究国际形势，互通情报等。

5月26日，中共中央作出《关于共产国际执委主席团提议解散共产国际的决定》，完全同意共产国际执委会主席团关于解散共产国际的提议。决定指出，中国共产党在革命斗争中曾经获得共产国际许多帮助，但是，很久以来，中国共产党人即已能够完全独立地根据自己民族的具体情况和特殊条件，决定自己的政治方针、政策和行动。决定特别提到中国共产党近年来所进行的反主观主义、反宗派主义、反党八股的整风运动，就是要使得马列主义这一革命科学进一步和中国革命实践、中国历史、中国文化互相结合起来。

1943年年末，为召开七大，在酝酿中央委员名单的过程中，毛主席认为犯错误的同志，如李立三、王明，都可以列入候选人名单。可是李立三于1930年被召到共产国际后一直没有回国。不知什么原因，他还曾于1938年被逮捕过。关于王明问题，季米特洛夫曾来电明确表示了态度，而对李立三的问题却只字未提。因此，毛主席致电莫斯科，说：我们正准备召开七大，具体时间尚未最后确定，中央和部分七大代表提议把李立三列入七大中央委员候选人。李在莫斯科的情况如何，我们不知道。据说李在那里坐过牢，不知苏方是否知道李被关的原因和主要情节？他的问题是否妨碍提他做中央委员候选人？请把他的问题的具体情节和你们的意见告诉我们。

不久，莫斯科回电说，李立三在苏联这段时间做了些具体工作，但在工作中有些不检点的地方等。收到回电后，中央很快决定李立三为中央委员候选人。后在党的第七次代表大会上，经过做工作，王明和李立三均当选为中央委员。[10]

师哲还回忆了毛泽东和斯大林的电报往来，以及毛泽东给孙平讲课的情况。

共产国际存在时期，苏共一般不直接同中共发生关系，有事都通过共产国际联系。苏联为建设社会主义创造有利条件，奉行和平睦邻外交政策，所以，一俟苏联同某国政府建立较好的外交关系时，就不支持该国共产党的活动，尤其是处于非法地位的共产党，以避免造成破坏两国关系的口实。

1937年8月，苏联同中国国民党政府签订了《中苏互不侵犯条约》后，直至共产国际解散前，苏联与中共的往来主要通过共产国际来进行，一般不直接发生联系。

抗日战争期间，苏联派来军事情报组驻延安。情报组设在延安枣园，有一个功率大、效率高的电台。这个电台1942年5月至1945年11月间由孙平负责。孙平回国后，由我管理了一段很短的时间。阿洛夫大夫第二次到中国后，由他接手负责。电台后随中共中央迁至北平，一直工作到1949年七八月间。毛主席除使用"农委"的电台外，有时也使用苏联情报组的电台。在他认为凡是需要送斯大林的信件，都通过这个电台发出去。斯大林的回电也是由这一电台转交毛主席。斯大林回电都用化名。他用过两个化名：菲利波夫和亚力山大洛夫。

1940年年初我回到延安时，康生领导的社会部就已设在枣园。这原是陕北军阀高双成的家园。被没收后，我保卫机关驻此。苏军情报组也驻在枣园的后面。康生把这块地方弄得很神秘，不许任何人进入或接近，甚至无意到此地的游人都很有可能被怀疑为敌特、汉奸。这种做法也使得枣园内部的人极少同外界接触或往来的机会。

在1942年以前，苏方人员不多，常以军事记者的身份出现。他们中的多数人都到前方，甚至到战争前沿地区，现场观察了解情况，搜集情报。因为他们都是现役军人，任务只是了解敌情，搜集军事情报，所以考虑问题的范围总是极其单一、狭小而有限度的。例如：一个姓伊万诺夫的团级干部深入到华北太岳、晋绥各解放区了解敌情，搜集情报，但他又常以军事专家的姿态指手画脚，责怪我们没有利用一切条件、机会与可能性去打击敌人，指责我们的作战方法过于原始、落后等。

伊万诺夫大约于1942年春返回苏联。在回国之前，他到杨家岭毛主席住处辞行，并谈了一些前方的见闻。

毛主席对他说："我们还是小米加步枪，我们还是持久战，反正八路军是土八路。我们不行，我们一切都落后。对我们的一切你们都看不惯，但我们却能胜利地抗击数十万敌军，而且能使自己的军力成倍地增长和加强。"

伊万诺夫没有听懂毛主席的弦外之音，感到莫名其妙，没趣地离开了。他回国后不久，就牺牲在苏德战争前线。

1940年冬天，苏方为了加强在东方的情报工作，派以基斯林科中将为首的各兵种混合情报组到延安来。毛主席在杨家岭为他们设宴洗尘，来宾共七八位。

基斯林科一一向毛主席介绍了每个人的姓名、专职、军衔等，然后向毛主席介绍他们的打算：在华北、东北活动，特别是在解放区边沿地带及各大城市建立情报网。

毛主席说："要搞好这项工作，最好是我们两家合作，分享成果。这样，事情也可以办得更好些。如在华北地区，你们也不能派多少情报员，那是我们的势力范围，我们得到的情报可以供我们两家使用。合作的具体办法是：你们出钱，拿出技术来；我们出人出力。在相互合作的条件下，工作既能较顺利地开展，也能做出较好的成绩来。得到情报，我们两家分享，双方共同使用，岂不很好吗？"

基斯林科和其他苏方人员都面面相觑，哑口无言，莫知所云，不敢继续谈下去了。不久，他们就正式表示不同意这样做。

由于苏联人坚持己见，不听劝告，忙了几个月，仍毫无所获。1941年2月左右，基斯林科离开延安回国，只留下两三个人，如斯克沃尔佐夫（我们叫他"思考"）、西索夫等人维持工作。孙平到延安后，他们也于1943年10月回国了。

这里，顺便提一下时隔八年之后发生的一桩事。1950年一二月间，斯大林在一次招待宴会之前同毛主席、周总理交谈时提出在情报工作中同我方合作的要求。他提出的合作条件与当年（1940年）毛主席提出的完全相同，而且特别强调，情报材料归双方共同使用，技术和资金他们负责保证。并且指出："苏联在这方面的活动受到极大限制，活动范围十分狭小，可以利用的机会也极其有限；而中国的情况大不相同，你们在海外的活动条件很广阔，而且优越，也比较不受人们的注意和阻碍。"斯大林强调，这项工作对他们很重要，希望同我们合作，并希望双方都予以重视。

当时，毛主席、周总理表示愿意合作，并且指出具体问题可由专职人员协商、制定出方案来。至于最后的结局，无须提及了。

现在回过头来再谈谈苏军情报组的情况。

由于当年苏方不同意同我们合作，1939年至1943年苏军情报组在延安曾独自开办了训练班，轮训年轻的情报人员。这批青年都是经过中央组织推荐、审查的，政治上可靠，文化程度较高，活动能力较强，办事精干，其中多数有条件可以在平、津、太原、东北地区立足和活动。

这批人交给他们直接掌握和使用，我们既不插手，也不过问。然而这批人被派到敌占区后，大多数身份暴露，活动据点也都被日本特务机关破获。日本人一方面利用破获的电台，向苏军情报组拍发假情报；另一方面有意将被捕的工作人员释放，让他们又回到延安。这批人被捕的情况当时无法查清，苏联人因此将他们丢弃不管，推给我方，给我们的工作带来了很多困难和麻烦。对此，康生曾借机发了脾气。大家对苏方这种不负责任的做法也很有意见。

虽然苏联不同意在情报工作中与我们合作，但是我们搜集到的情报材料仍然提供给苏军情报组，由他们报告莫斯科。

抗日战争期间，我们给苏军情报组提供了一些很有价值的情报。如：国民党同日本的勾结；汉奸汪精卫、陈公博同国民党内亲日派的勾结；日本军部同政界的冲突；日本海军同陆军的矛盾；国民党内各派系的斗争等。其中一个特别重要的情报是1941年6月阎宝航从国民党某高级官员那里得知：希特勒德国将于6月21日进攻苏联。阎立即报告了在重庆的周恩来，周于6月16日报告了中共中央。中央从香港方面也得到了类似的情报，旋即把这一重要情报转告给在延安的苏军情报组，要他们马上向莫斯科汇报。

苏联政府得到这个消息后，迟疑了一下，没有立即采取对策。他们的根据是：德国不会撕毁1939年签订的《苏德互不侵犯条约》，怀疑这是英美方面的挑拨[11]。事实证明，我们提供的情报是准确的。6月22日凌晨，德国果真背信弃义地发动了侵苏战争。苏德战争爆发后不久，苏方曾以伏罗希洛夫元帅的名义致电朱德总司令表示感谢。

苏德战争初期，苏军作战十分艰苦，节节后退。德军则气势汹汹，步步进逼。至1941年秋，德军攻到莫斯科城郊。[12]

同时，苏联远东又受到日本帝国主义的威胁，尽管1941年4月13日苏日签订了中立条约（条约的有效期为五年）。苏联政府、斯大林对此条约十分重视，在日本外相松冈洋右签约后离开莫斯科时，斯大林亲自到火车站为松冈送行，并同他拥抱，甚至亲吻。这是破例的、罕有的事。在此之前和在此之后，世界上任何一个国家的政府首脑、外交大员都没有受到过斯大林如此之高的礼遇。但是，日本根本就未准备切实履行这一条约。德国发动侵苏战争之后，1941年7月，日本在中国东北地区举行了代号为"关特演"的大规模演习，并将关东军由11个师增加到20个师，总人数由40万增至70万。这自然都是针对苏联的。日、德两个轴心国有军事同盟条约，苏德战争爆发后，德国不断催促日本早日出兵与其东西两线合力夹击苏联。

苏联面临着德日夹击的严重的威胁。为此，斯大林致电毛主席，以商量的口吻询问我们能不能抽调若干个旅或团摆在长城附近，牵制日军。毛主席回电说比较困难，因为我们的力量一集结，目标就大了，就会遭到袭击、围剿，会吃大亏。另外，我们武器很差，无法同日本进行大会战。

随后有一个情报说，如果德军攻下莫斯科，日本就进攻苏联远东。1941年11

至12月，当德军打到莫斯科城下时，斯大林再次致电毛主席，希望派一部分力量向长城内外方向发展。我们没有给以肯定的回答，只说部队调动有困难。

当时我们确实很困难。1938年10月抗日战争进入相持阶段以来，国民党已发动了两次反共高潮，特别是1941年年初的皖南事变，使我新四军损失万余人，还宣布新四军为"叛军"。日本侵略军将主要兵力用于对付八路军、新四军。

苏德战争爆发后，国内反动势力更加暴露出反共的真实面目。国民党政府不仅停发八路军的薪饷、弹药和被服等物资，而且调集50万军队对陕甘宁边区实行军事包围和经济封锁，扬言"不让一粒粮、一尺布进入边区"，断绝对边区的一切外来援助。不仅如此，不少国民党党政军要员和部队投降日本，充当伪军，与日军一齐夹击八路军、新四军。有些中间势力也为一时的形势所左右而向右倒。日伪在华北推行"治安强化运动"，以"实行剿共，巩固治安"为重点，对解放区反复"扫荡""清剿""蚕食""铁壁合围"。例如：1942年4月，日寇集中3万兵力对靠近长城东段的冀东根据地进行"扫荡"。冀东主力部队转移到长城以北，热河的南部山区。敌人在长城内外制造东西700里、南北80里的无人区，使我部队活动十分困难。加上华北各地连续几年发生水、旱、虫等严重自然灾害，共产党领导的抗日民主根据地从1941年起出现了严重的困难局面。这种局面一直延续到1943年秋，造成我军减员。1942年，八路军、新四军由50万减为约40万人；根据地面积缩小，总人口由1亿减少到5000万；生产遭到严重破坏，抗日军民几乎没有衣穿，没有油吃，没有纸，没有菜，战士没有鞋袜，工作人员在冬天没有被盖。在这样的情况下，让我们抽调部队离开根据地与敌人硬拼，结果除了惨败、灭亡，很难想象还会有什么好的结局。这无论对苏，还是对我党、我军都是不利的。

希特勒在莫斯科失败后，放弃了全面进攻的计划。集中全力于1942年7月发动了围攻斯大林格勒的夏季攻势，[13]企图切断南北水陆交通要道，以窒息莫斯科。此时，日本虽正忙于太平洋战争，但仍有不少传闻，说日本将配合德国进攻苏联。

当时苏联无法确切地判断这些传闻的真实性。为防万一，苏联一方面积极组织斯大林格勒保卫战；另一方面寻求我们的帮助。为此，斯大林曾三次致电毛主席。

在第一封电报中，斯大林要求我们抽调八路军一两个师的兵力到内蒙和外蒙边境地区，接受苏方提供的可装备一两个师的新式武器。

毛主席研究后回电说：武器，我们自然是需要的。但调一两个师的兵力通过蒙古草原到达边境去接受武器却是不可想象的，因为敌人有空军，而我们没有。这样，我们的部队在未到达目的地之前，就会被敌机消灭掉。这个方案恐怕难以实现。

过了一段时间，斯大林第二次来电说，可否分批派出较小型的游击部队到满蒙交界地区轮番接受较小批量的武器，以加强抗敌力量。

毛主席否定了第二个方案。

1943年年初，斯大林第三次来电建议我党中央考虑调若干师团部署在长城内外一线，虽不是为了进行大战役，但也能牵制日军力量，或增加它的后顾之忧。

到1942年9月至10月间，我们已大致明白了斯大林的想法：苏方正在部署斯大林格勒战役，准备与敌决战，但又有后顾之忧，深恐在西线与敌决战的时候，日本乘机出兵苏联，配合德军的进攻。但是斯大林始终没有直接向我们讲明他的战略意图。毛主席猜测到斯大林的意图后，就开始把罗瑞卿、杨成武以及吕正操等部部署在长城内外一线，准备伺机向东北腹地渗透。形势的发展证明毛主席的这个战略思想是正确的、很有远见的。它既未暴露自己的目标，没有打草惊蛇，又占据了重要的战略位置，还可以帮助苏联牵制日军。退可以依托敌后抗日根据地，避免我军遭受不必要的损失，而且它还为抗战胜利后迅速进入东北，收复失地作好了准备。

1943年2月，斯大林格勒战役胜利结束。此后，苏德战争前线形势日益好转，红军逐渐转入全面反攻。至1944年十月革命节前夜，苏德战局已发生了根本变化，红军步步进逼，使敌人不断后退，喘不过气来。这时，苏军情报组大部分人员已撤走，只留下孙平、阿洛夫、尼古拉·尼古拉耶维奇·里马尔（无线电报务员）3个人。

十月革命节时，孙平等苏联同志在枣园举行了一次大规模的庆祝十月革命27周年的宴会。毛泽东、刘少奇、朱德、任弼时、张闻天、林伯渠、高岗、博古、叶剑英、李克农等书记处以及在延安的政治局的同志都应邀出席。宴会上的酒菜很丰盛，宴会的气氛更为热烈、高昂。宾主不断致词祝贺。首先，孙平讲话，然后毛主席致答词。大家频频劝饮，为粉碎人类公敌——法西斯，为全世界热爱和平的人们的解放而欢呼、而畅饮，以致在出席者当中，除3个人以外，全都烂醉如泥。高岗回不到南门外西北局去，博古回不到清凉山解放日报社去，都住在杨家岭中央办公厅。毛主席勉强回到家，几乎卧床一昼夜。

这里有必要顺便提一下，当苏军大举反攻，敌人节节败退时，出现了一个极其严酷而现实、重大而敏感、原则性很强的政治问题，即如何对待俘虏的问题。这个问题涉及民族心理、伦理、道德等问题。从人道主义和国际公约的原则出发，不应虐待俘虏。只要敌人举手投降，就不应杀害俘虏，不管他们在战争中的行为表现如何。但是，德军在进攻时，对千千万万被俘的苏联公民，不分男女老幼，不分现役军人、学者、干部与平民而乱加杀害，激起了苏联人民的极大愤怒。当苏军转入反攻时，想要求苏联广大军民一律以德报怨，以人道主义精神遏制对德军的复仇情绪，实在也是困难的，尽管当时苏联政府和党的领导人一再号召发扬人道主义，遏制复仇主义行为。斯大林格勒战役结束后，孙平曾同我谈到苏联对待俘虏的问题。他当时心情非常激动，对德国法西斯对苏联人民犯下的滔天罪行有着切齿仇恨。但是，苏联政府还是发布了命令，并采取了相应措施，制止了复仇主义的行动。苏联在这一点上做的是对的。

斯大林格勒战役后，斯大林与毛主席之间很少有直接的电报往来。我们的情报仍通过"农委"或苏军情报组的电台发送苏联。有时，毛主席找孙平谈话，向他讲些情况，提些问题，通过他反映给斯大林，然后苏方又通过他把斯大林的意图和他们对我们方针政策的看法与估计暗示给我们。

关于苏联在西线战胜德国后，在东线对日本将采取什么态度的问题，我们从孙平口中得知苏联一定会出兵，但不知苏军的行动计划，也不知其出动的确切日期。对此，苏方后来解释说，雅尔塔会议[14]上苏、美、英三方有个协定，即关于谈判内容及战略意图绝对保密，其目的是防止苏联向中共透露。

苏军情报组的成员一般是两年轮换一次。但在延安待的时间最长的是孙平，前后将近四年。1942年5月他到延安之前，曾以塔斯社驻华记者的身份在西安、兰州做情报工作，那时他就认识了周恩来、朱德、叶剑英、任弼时等同志。

1940年离开莫斯科回国前，我到内务部向老同事、老朋友告别。内务部的人告诉我，他们在乌鲁木齐、兰州等地都派有情报人员，希望我能给予帮助。我们到兰州时，苏联领事馆宴请周恩来、任弼时等同志。孙平虽不是总领事，却十分活跃。他用俄文和弼时交谈。弼时知道他的真实身份。当时我们党的方针是掩护、协助他们工作。

1942年5月孙平到延安，他的身份是塔斯社记者、共产国际联络员、苏军情报部情报员。他到延安的主要任务是收集情报，政治、经济、军事各方面的情报都收集，重点是针对日本的军事情报。这同大革命时期在中国工作的苏联同志的任务完全不同。

孙平的俄文名字是彼得·巴菲诺维奇·弗拉基米洛夫。"孙平"是中国同志给他取的中国名字。他是个军人，军人的天职是保卫祖国。一般来讲，军人的民族意识极强，孙平也不例外。因此，他在华期间对中国的许多问题都不能正确理解。仅举一例，我党的一些领导人出身于富有家庭，或本人是知识分子，对此他就很有看法。他认为只有王震这样铁路工人出身的人才是真正的共产党员。

经我介绍，孙平认识了王震。一次王震请我做客，我征得他的同意将孙平带去了。王震为人豪爽，直言快语，易于接近。只谈了两个小时，孙平回身对我说："这才是真正的无产阶级！"从此他们过往甚密。

苏军情报组在孙平负责时期,由于人手减少,他们的情报主要靠我们提供。经毛主席同意,孙平直接同社会部联系,由后者负责提供情报;同时他还同八路军总部联系,同副总参谋长叶剑英、作战部副部长李涛联系,同新华社社长博古联系,同高岗、林伯渠以及各部委、西北局、边区政府等许多单位直接联系,从他们那里获得各种情报。孙平懂中文,大致能听懂中国话,毛主席让他多到各县、基层去看看,直接找当地干部谈话。所以他常到各处,如绥德专区、晋西北等地去活动,亲自找人谈话,了解情况,搜集情报。

据孙平自称,在那一时期,博古对他帮助最大,使他弄清了国际、中国国内和党内许多复杂问题的来龙去脉,帮他较好地掌握了动态。这些话孙平讲过不止一次。但实际上,关于我们党内情况、党史上的问题、党内斗争,以及当时党内存在的种种问题、各项主要政策和策略、国内形势、抗日战争的战略、策略与政策、同国民党的斗争等,都是由毛主席亲自向他介绍和解释的,而且给他讲的也最多。

毛主席对他很关心,帮助很大,对他的任何要求都是有求必应。我们不仅在枣园为情报组盖了漂亮的小洋房,而且在城里、大砭沟都为他们准备了房子,供他们使用。

孙平到延安后,很快博得了毛主席的信任。毛主席有话愿意同他讲,有时简直是无话不谈,很少有戒备。孙平给人的印象是精明干练,机警灵活,总是笑嘻嘻的,一口一个"是的,您说得对"。他忍耐性强,不管是对他语言上的刺激,还是行动上的刺激,他都能忍耐。他善于察言观色,顺着别人的话头讲。毛主席发表意见后,他能作出恰好适合毛主席心情的评语和结论。他尽量施展本领,取得毛主席的信任,目的是从毛主席那里取得更多更重要的情报,获得更多经济生活方面的好处。

毛主席把孙平拉得紧紧的,目的是通过孙的嘴巴把我们的看法汇报给共产国际和斯大林。最后两年,双方越来越亲密,孙平的电台几乎成了毛主席的电台。孙平任何时候都可以到毛主席那里去,毛主席也随时可以叫他来。

此外,孙平还从任弼时、李富春那里得到了许多经济上的好处,如尽量保障他们的供应,用外币兑换边币时给予优惠。他还从彭德怀和叶剑英那里获得了各种各样的军事情报。毛主席允许他到王家坪我军总部去,他除同叶剑英、李涛谈话外,还可以直接找参谋人员、作战室工作人员交谈,而且可以看作战室地图,参加各种汇报会。他还从博古那里获得了大量的国际国内情报。他在中情部不仅能得到日常的情报,还可得到各种照顾。

1944年6月,中外记者西北参观团一行21人来到延安采访,其中有苏联的普罗岑柯。普在孙平的帮助下单独会见了毛主席。毛主席向普罗岑柯谈了党的组织情况、思想教育，党的发展与干部培养等方面的问题。普罗岑柯提出应当考虑抗战胜利后如何进一步发展和培养干部的问题。毛主席认为普有头脑、有见地，继续向他介绍了抗战形势，抗战胜利结束后我们的方针、政策和政治路线、战略意图，以及中国革命和党的发展与前途等问题，向他说明即使抗战胜利结束，也并非是我国革命的终极目的。

后来，孙平向毛主席说，他很想学习中共党史和中国革命史以及了解我党各个时期的政策问题，并请主席指定一个人同他谈。毛主席表示同意。

过了一段时间，毛主席作了准备，对孙平说："咱们两人共同研究吧。"毛主席正想进一步改造和培养他，把他变成我们的朋友，让他宣传我们的观点。

于是，从1944年六七月开始，到七大召开前，毛主席差不多每隔一周或两周就同孙平长谈一次，有时甚至一周内同他谈两次。每次要花三四个小时，几乎像上党课一样。

谈话内容包括建党以来中国革命发展的各个阶段的形势变化，我党的政策、方针、路线，我党取得的成绩，遭受的挫折，各个时期党、政、军的发展变化、派别斗争等。对党内派别（即宗派主义倾向）问题，毛主席讲得比较多，总的意思是，在我们党的历史上，小派别活动曾产生过影响，但未起过决定的作用。孙平从这里学到了许多东西。说老实话，我对党的历史的了解，较全面、较系统的党的历史知识也是在这次获得的。通过这些谈话，我才知道主席在大革命时期曾在国民党中央宣传部工作过；在中央苏区，邓（小平）毛（泽覃）谢（唯俊）古（柏）等同志受到打击和迫害等重要情况。

七大前夕，毛主席把七大的准备工作，《关于若干历史问题的决议》草案的内容都给孙讲了，同时告诉孙，让他作为客人列席七大，并指定由我担任翻译。会后，毛主席还一再问我，各次会议孙平是否都参加了？

七大结束后，毛主席不满足于孙平参加听会，还专门把孙找来，向他介绍了大会的情况。实际上等于给了他一个提纲，让他照提纲向莫斯科汇报。这个提纲的中心内容有三点：（一）大会是团结的，全党达到了空前的一致；（二）七大通过的路线、方针、政策是完全正确的，得到了全党的拥护；（三）大会一致拥护毛泽东和刘少奇作为第一把手和第二把手。

每次从毛主席那里出来，孙平总要同我谈谈他的体会、感想，他同我谈得很好。他很尊敬毛主席。[15]

关于苏德战争对毛泽东考虑国内抗战问题的影响，胡乔木回忆说：

苏德战争对中国共产党的历史、中苏关系影响很大。

苏德战争爆发后毛主席非常紧张，经常开会讨论这一事件后的国际形势。当时有个苏联人在延安，他的任务就是催促八路军打到东北去，急得不得了。苏联很难了解中国。对中国共产党的政策、方针，他们不理解，只说中共不支持他们。

苏德战争爆发后，蒋介石完全处于观望状态。如果不是太平洋战争爆发，英美也不想过问中国的抗战。太平洋战争后，美国一开始大败，这才促使它考虑中国抗日战场，改变起初不关心的态度。通过这么一个过程，美国才认识到中国战场的重要。

毛主席为苏德战争写过一篇社论。后来收入《毛泽东选集》，收入时有修改。战争一爆发，毛主席就让我写了一篇文章：《苏必胜，德必败》。那时我们住在枣园。毛主席出了题目后，让我当场写。请你们找出这篇文章看看。这并不是要说我写的这篇东西如何重要，而是通过这篇社论的写作看出党中央、毛主席的心情是多么迫切。毛主席写的社论是在这篇文章之后。苏德战争期间，毛主席还写过一些新闻稿。

苏德战场的各种变化，引起中国国内情况的变化。这个问题，现在不大为人注意，我作为一个目击者有话可说。

莫斯科保卫战时，有一天，书记处在枣园开会讨论战局情况。毛主席让警卫员拿地图，警卫员拿去了中国地图，毛主席生了很大的气，说他要的是世界地图。当时毛主席很着急，要研究希特勒打到什么地方了。毛主席没有想到，在战争初期苏联军队那么不经打。

……

苏德战争是毛主席最关心的。它对国内抗战有很大的影响。这之前，中国抗战是很沉闷、很危险的。国内发生了皖南事变。国际上，英美等国有可能与日本妥协，牺牲中国利益。这就是当时我们说的远东慕尼黑阴谋。这种危险是相当严重的。这是当时的一件大事。

苏德战争以前，苏联也是很危险的。他们同德国签订和约是不得已。苏联的政治信誉因此大受影响，特别是在西欧共产党中引起了很大的震动。尽管苏联反复强调，现在的战争是帝国主义之间的战争，苏联和各国共产党不必介入，但仍不能为许多国家的共产党人所接受，因为共产党是反对法西斯的。如果同希特勒德国签订和约只是一种策略，斯大林就应该积极准备战争，但他显然准备不足。

日本当时的军事力量、经济力量都相当可观。他们发动珍珠港事件是老早就计算好了的，认为可以打赢。在南洋，英国军队被日本军队打得大败，不堪一击。英国当时号称海上霸王，但日本没有费多大的力量很快就占领了英国的势力范围。

在珍珠港事件前，英美并不是完全小看了日本的力量。他们想同日本妥协，而且以为日本也是愿意妥协的。英美还支持日本，卖军火、废铁给它。美国当时没想着帮助中国抵抗日本,所以蒋介石派人到美国游说没有什么结果。

苏德战争的爆发与日本偷袭珍珠港,两个事件时间相距不远,对国际形势产生了极大的影响。在苏德战争初期,我们党虽然对苏联战场焦虑不安,但对苏联最终将取得胜利是充满希望和信心的。

1941年11月7日,斯大林要像往年一样在红场阅兵,这是很危险的,因为德军离莫斯科已不是很远,它可以搞空袭。但苏联红军做了严密的防范,掌握了制空权。这极大地鼓舞了苏军的士气,最终莫斯科保住了,希特勒的闪电战破产了。

从莫斯科保卫战到斯大林格勒战役期间,人们的情绪逐渐稳定下来。苏德战争爆发后,英美有一段观察的时间,在苏军稳住阵脚后,才提出开辟第二战场。对第二战场的开辟,英美一直采取拖延战术。这一方面是他们想有意消耗苏联的力量;另一方面确实不容易,要在诺曼底登陆很难。英美在这一登陆战中出了不少名将。

苏德战争、太平洋战争爆发后,蒋介石有一段时间也认为英美完了,也想过向日德靠拢。因此,一时间投降活动又有抬头。但战局的发展与蒋介石设想的不同。美军在战争爆发后的退却中慢慢地站稳了脚跟,相继争夺太平洋的一些岛屿。中途岛一战,日本海军遭到很大的失败。这以后,史迪威指挥盟军打通滇缅路。在打通滇缅路时,国民党军队的不少将领还是很努力的,但国民党的腐败也暴露在美国面前。美国舆论说,美国援华物资要分一部分给共产党。这样,美国才派美军观察组到延安。如果不是苏德战争和太平洋战争,世界局势不会如此发展,中国抗战局势的发展也会有一些不同。我们的困难会大得多。

由于美国的压力,1943年共产国际宣布解散。蒋介石趁此叫嚣共产国际解散,中国共产党也要解散,并秘密地准备发动第三次反共高潮,但没有成功。这是由国际国内形势决定的。

写这篇文章[16],一方面要反映出毛主席、党中央当时紧张、沉重的心情。毛主席当时是全神贯注于苏德战争的发展。《解放日报》经常发表社论,每天都有苏德战场情况的报道。另一方面要反映出苏德战争、太平洋战争引起的世界格局的变化,有利于发展世界反法西斯统一战线。对中国的影响,则是由原来的击破远东慕尼黑阴谋,到当时的建立反法西斯统一战线。

毛主席在苏德战争期间,能够根据战局的变化,指导国内斗争,开展对英美的工作。以前也想争取英美,但办不到。因为他们要同日本妥协。我们对美军上层的工作,直到现在还有影响。卡尔逊中校在这方面所受的影响比斯诺还大。他深入到八路军中,说要把在八路军中学到的东西在美军中实验。他同罗斯福关系比较好,通过他,美军与八路军建立了关系。之后美空军飞行员在对日作战中常降落到解放区游击队附近。游击队救了他们,人数不少,华北有,广东也有。我们党同美国的关系的高潮在1944年。

根据战场形势的变化，我们党一方面重视苏联，注意保持同苏联的密切关系；另一方面积极做美英的工作。这主要是通过恩来同志在重庆做的。毛主席的指导方针是随着形势的变化而改变的。对国际反法西斯战线，蒋介石是被动的、不赞成的。他一心一意地反共，不适应客观形势的变化，以致愈来愈被动。[17]

胡乔木还回忆了抗战后期中共中央外交活动的三件大事，即中外记者团访问延安，向美军观察组介绍中共抗战情况及其方针政策，同美国总统的私人代表赫尔利就国共关系举行谈判。在这些重大活动中，毛泽东始终居于主导地位。

关于接待中外记者团的情况，胡乔木回忆说：

由于国民党的长期封锁，红色根据地在外界看来是一个十分神秘的地方。随着我党力量的增长，许多英美在华人士，特别是一些新闻记者对了解抗日根据地的真实情况产生了越来越浓厚的兴趣。1944年2月16日，驻华外国记者联盟直接上书蒋介石，要求国民党政府允许外国记者到陕北及延安访问。几天之后，蒋介石出人意料地批准了外国记者的请求。3月4日，重庆八路军办事处给延安发来一份电报，详细报告了有关情况。

对于外国记者的来访，党中央、毛主席从一开始就很重视。收到八路军办事处的来电后，毛主席当即批给十几位同志传阅。4月30日，记者团的行程大体确定，毛主席又特地致电董老，请他转告外国记者："诸位来延，深表欢迎。"

在外国记者起程之前有一段精彩的过程，它从一个侧面反映出我们党与国民党在宣传上的尖锐斗争。蒋介石批准这次访问实际上是迫于国内外舆论的压力，因此他竭力想把这次访问控制起来，以便为他的反共目的服务。按照蒋介石的布置，原定的外国记者旅行团由国民党官员带队，并安排一些中国记者参加。国民党当局还规定，旅行团要先到西北国统区考察，然后再到共产党边区访问，期限是3个月，写出的报道必须送交国民党宣传部审查之后才能发表。同时，蒋介石还训令西安地区国民党军政要员，要他们收罗所谓"中共叛徒""受害者""知情者"等事先准备材料，专门向外国记者进行反共宣传，"以造成中外籍记者对中共知其如何可恶，而无足重视之心理"。西安地区国民党当局秉承这个旨意，积极布置特工人员炮制伪证，乔装准备。不料，蒋介石的训令和其他有关情况很快被我党掌握了。4月初，毛主席和恩来同志打电报给董老，请他把这件事迅速透露给各位外国记者，使他们在精神上有所准备。这样，蒋介石的反共把戏没来得及上演就露馅了。

中外记者团5月17日离渝，6月9日抵达延安。

记者团共有21名成员，实际只有6名外国记者。这6人之中，1人是苏联塔斯社记者，名叫普罗岑柯；其余5人差不多每人都兼任英美等国两三家有影响力的报社的记者。这5个西方记者的政治倾向很不一样,爱泼斯坦和史坦因是中国人民的真诚朋友;福尔曼是个很严肃的记者,但对政治不感兴趣;武道与国民党宣传部有较密切的关系;天主教神父夏南汗则对共产主义思想抱有敌视态度。

10日,朱总司令设欢迎晚宴。晚宴后还举行了盛大的音乐会,演出以雄壮的《同盟国进行曲》开始,以气势磅礴的《黄河大合唱》结束。这些隆重的活动一半是为了欢迎记者团的到来,另一半则是为了庆祝盟军终于在欧洲开辟了第二战场。12日下午,毛主席会见了中外记者并解答了他们提出的问题。看到中外记者终于来到延安,毛主席很兴奋,觉得总算是打开了局面。会见时,他畅谈国际国内形势,并对记者们说,要战胜日本法西斯,中国必须实行民主。

之后,毛主席还抽空与一些外国记者进行了深入的个别交谈。在这些谈话中,毛主席除比较详细地介绍中国的抗战形势和我党的各项基本政策外,还根据每个记者的不同情况有针对性地讲了一些问题。例如,向苏联记者普罗岑柯谈了中共的组织和发展,我党在抗战胜利后将要采取的方针路线及中国革命前途等;向美国记者史坦因阐述了中国共产党的外交方针,批评国民党片面亲美而对苏联抱有敌意的政策,主张中国与美、苏都保持友谊的关系,以便使中国在战后能成为美、苏之间的一座桥梁。毛主席有一句著名的话——"我们的权力是人民给的",也是在同史坦因谈话时讲的。通过与我党领导人的交谈,外国记者对我党的各项政策有了比较深入切实的认识。同时,我党领导人也通过他们了解到一些比较重要的情况。例如:英美人士对国共两党的观感和对中国局势的看法,盟军有可能向八路军提出配合作战的请求,美国政府已开始考虑战后对华政策等。有的外国记者还十分友好地向我党领导同志提出了一些改进我们对外宣传的建议和办法。

外国记者不仅访问了延安,还到了晋绥抗日根据地和其他一些地方。经过几个月的访问,记者们发现边区是一个与国统区完全不同的新天地。根据亲身经历,他们每个人都写了不少描述根据地斗争生活的生动报道。特别是福尔曼写的《来自红色中国的报道》和史坦因写的《红色中国的挑战》,是两部在当时产生了很大影响的书。对于外国记者的反映,毛主席非常注意。他曾在一些指示中说:外国记者对我党抗战发展甚感兴趣,对国民党腐败专制甚为不满,对国共关系甚为关心。他们从延安所发出的电讯,大多描述我党民主实施、抗战工作及生产建设之努力和成绩。夏南汗神父亦认为边区是好的,国民党想利用他反共,没有成功。由于外国记者访问的结果完全出乎蒋介石的意料,国民党当局重新对陕甘宁边区实行了新闻封锁。[18]

胡乔木还回忆了毛泽东对争取美军观察组所作的努力:

与中外记者团的访问相比,美军观察组的到来是一件更重要的事情。抗战后期,中国在同盟国中与美国的关系是最密切的,我党外交工作的主要对象也是美国。自从太平洋战争爆发之后，党中央、毛主席一直十分重视对英、美的统一战线工作，希望在共同的抗日战争中与这两个国家特别是美国发展关系。不过，有很长一个时期，美国政府并不重视我党的力量，而是把国民党视为中国抗战的主力。虽然恩来同志早就向美方人士提出过一些合作建议，例如向我党领导的抗日根据地派遣军事观察组等，但美国方面迟迟没有作出回应。直到1944年年初，美国政府的态度才出现了转变。

毛主席得知美国政府准备向延安派遣一个军事观察组是在1944年3月初。当时，八路军驻重庆办事处给党中央发来一份电报，说一位在国民党政府内担任顾问职务的美国人士告诉我们，罗斯福总统已致电蒋介石，要求派遣一个军事考察团去西北。据这位友人介绍，蒋介石起先拒绝了，稍后又勉强表示同意，但条件是不得与中共接触。之后，罗斯福又来电说明派遣军事考察团到西北的目的就是要考察中共军事，但蒋介石却迟迟不作答复。这件事一直拖延到6月下旬美国副总统华莱士访华时才得到解决。在与蒋介石的会谈中，华莱士几次提出要向延安派遣美军观察组，迫于无奈，蒋介石最后总算同意了。6月28日，林老、董老电告毛主席，美国军事人员赴延安一事已确定，不久即可起程。毛主席当即复电表示欢迎。

美国政府派遣一个军事观察组到延安来，等于是和我党建立起一种官方联系，这同以前我党驻重庆八路军办事处人员与美国官员之间的个别接触很不相同。当然，观察组级别不高，并不办外交，但具有外交性质。它的主要任务是收集情报，不能决策。最初来延安的美军观察组共有成员18人。他们分两批到达，一批在7月22日，另一批在8月7日。观察组最初的成员对我们党的态度基本是同情的、友好的。观察组组长包瑞德在离开重庆前曾私下向八路军办事处的同志表示，他感到这次与中国新生力量合作，任务重大，如果做得不好，这一生就完了。

毛主席对美国军事观察组的到来格外重视。延安机场非常简陋，在美军观察组到来之前，只偶尔使用一下，大飞机起降很不安全。为保证美军观察组安全抵达，毛主席亲自草拟了一份电报，详细说明机场的情况，包括规模、走向以及各种标记。他对宣传工作也抓得很紧。观察组来延安前夕，适逢美国建国168周年。7月4日，延安举行了很热烈的庆祝会。我党主要领导同志和在延安的外国人以及中外记者团的记者们都参加了。为了这一天，毛主席特地指定《解放日报》写了一篇社论，题目是《庆祝美国国庆日——自由民主的伟大斗争节日》。写好后，毛主席又亲自提出修改意见。这篇社论对美国独立战争、南北战争的意义作了很高的评价，对华盛顿、杰弗逊、林肯等人在世界自由民主运动中的影响也很赞许。社论中还有一段话，表达了我们对美国外交的希望："罗斯福总统、华莱士副总统的外交主张，是美英苏中的战时团结和战后团结……这个外交路线是符合于美国利益，也符合于全人类利益的。我们中国不但在战时要求国际反法西斯的团结，以求得民族的独立，而且在战后也要求国际的和平合作，以推进国家的建设，所以，我们在庆祝美国国庆日的今天，深望罗斯福总统和华莱士副总统的这个外交路线能够成为美国长期的领导路线。"在美军观察组到来之后，为表示郑重欢迎，毛主席亲自修改了《解放日报》8月15日的社论。这篇社论的题目是《欢迎美军观察组的战友们》，其中"战友们"3个字是毛主席修改时所加。在社论中，毛主席醒目地提出美军观察组到达延安，"这是中国抗战以来最令人兴奋的一件大事"。因为经过七年的抗战，中国共产党所领导的八路军、新四军以及解放区军民的力量终于逐渐被同盟国所认识，"国民党想要永远一掌遮天，已经困难了"。毛主席预祝美军观察组的工作成功，并希望这一成功会增进中美两大盟邦的团结，加快最后战胜日本侵略者的进程。

为了使美军观察组尽快了解抗日根据地的情况，党中央和中央军委组织安排我军的高级将领向他们作了有关敌后战场的全面介绍。彭德怀、叶剑英、陈毅、林彪、聂荣臻、贺龙等都参加了。这些介绍是非常细致的，例如彭总的报告就讲了三天。此外，还召开了一些专门问题的座谈会，组织了各种参观活动。美军观察组也向我方提交了他们所需要的各种情报的清单。负责接待工作的剑英同志根据他们的要求，很快向各军区下达了详细指示。中央军委还决定在敌后各战略司令部增设联络处，专门担负向盟军提供战略情报的工作。

在令人鼓舞的形势下，党中央、毛主席以极其冷静的态度进行了分析和思考。当时看来，美国政府主动采取措施，急于与我党建立联系有3个原因：第一，美国政府对蒋介石抗战不力且要价越来越高甚为不满，美蒋之间的矛盾有所增长。南方局从一些中外友人那里了解到，华莱士访华期间曾说，美国尽力武装蒋介石的军队，但他的军队一战即溃；而华北及华中等地的抗日军队又被封锁，不能得到美国的援助。华莱士还说，以前对蒋介石的传闻虽然很坏，但不能十分肯定。这次来华亲历后，乃知所见比所闻更坏。第二，我党领导的抗日力量已不容忽视。当时，美军为轰炸敌后日军，迫切需要我军提供情报和营救降落在敌后的飞行员；更重要的是为最后击败日本，美军正考虑在华北、华中沿海大规模登陆作战，此举需要八路军、新四军配合。这些军事上的需要从美军观察组向我方提出的要求中可以看得很清楚。第三，美国政府政治方面的一个重要意图是，全面了解我党情况，以便为制定战后对华政策作准备。林老和董老在6月28日致毛主席的电报中明确指出，"美国之积极要求派人常驻延安与华北，不仅是为了今天轰炸日本的需要，必然还另有目的"，这就是"详细了解我与苏联的关系，现在是否受苏联支持"；"详细了解我们的建设方向，战后是否与美国合作，这是很多美国人心里的问题"。

8月16日，党中央收到南方局打来的一封长电，内容是对我党外交的意见及对中央的建议。毛主席非常仔细地阅读了这份电报，并用笔勾出重点。特别引起毛主席注意的两个问题是有关美国对华政策两面性的分析和对我党外交政策基础的看法。南方局来电中指出：目前美英人士已逐渐认识并承认有两个不同的抗战中国，今天美英对华政策，对太平洋战略，乃至对战后的世界和平计划，已不能不在蒋政权外同时估计我党的动向，了解我党的意见。但是，在对华政策问题上，美国政府的态度十分谨慎。对于国民党，罗斯福一面不满意蒋介石的法西斯倾向及抗战不力，一面仍在政治上、军事上、经济上支持他，希望他用实行宪政的方法争取多数人拥护来和我们对抗。对于我党，美国今天为着打日本，必须联共，并强迫国民党联共，但同时又怀着很深的戒惧。美国决不会放弃对中国的控制和影响，不会赞成中共成为中国的政治中心，不会赞助中共领导的新民主主义在全国得到胜利。因此，我们要实际成为中国政治的中心，必须经过一个新民主主义与旧民主主义斗争的过程，只有在现实中已经造成我党的中心地位，而美国不能否认时，它才可能被迫承认。关于我党外交政策的基础，南方局同志认为，必须以自力更生为主、争取外援为辅。我们的出发点是争取民族民主革命的彻底胜利，建立独立、民主、统一、和平、繁荣的新中国，无论今天和将来，我党都不会走南北分治的对立，而是坚持自己的阵地与坚持新民主主义的方向，促成全国进步。为承担起这一责任，我们必须使自己的力量更加强大，成为决定中国问题的主要因素。只有如此，才能主动地利用外援，而不是被动地受人支配。对于南方局同志所作的深入分析，毛主席是肯定的。应该说，我党当时对美国对华政策的认识是非常清醒的。

8月18日，恩来同志草拟了《中央关于外交工作的指示》，经毛主席批准，下发给各中央局和各区党委。这份文件很好地说明了我党外交工作的性质、内容和我们的民族立场。恩来同志指出，我们的外交政策是在国际统一战线的思想指导之下的，其中心内容是共同抗日与争取民主合作，扩大我们的影响。他还指出，我们的外交目前还是"半独立的外交"。这是因为，一方面，重庆国民政府还挂着中央政府的招牌，我们的许多外交往来还须经过它的承认；另一方面，国民党不愿我们单独进行外交活动，我们与同盟国家只有冲破国民党种种禁令和约束，才能开展外交往来，所以它又具有独立性。尽管那时我们党还缺乏足够的外交经验，但从一开始，毛主席和恩来同志就提出，共产党人办外交首先必须站稳民族立场，反对百年来在民族问题上存在的排外和惧外媚外两种错误观念。一方面，要加强民族自尊心、自信心；另一方面，也要学习人家的长处，善于与人合作。这些最初确定下来的原则对我党以后的外交斗争具有很重要的指导作用。

9月初，根据形势的发展，党中央、毛主席作出了两个重要决定：一个是放手与美军合作，同时也向美国提出援助我们的必要；另一个是在国民参政会和国共谈判中提出改组中央政府，废除国民党一党专政的要求。这两个决定是互相配合的。当时，从总的形势上看，中国战场和太平洋战场的问题正随着欧洲战争接近结束而突出出来。中国局势的特点是，一方面，蒋介石领导下的国民党军队在日军进攻下接连遭到惨重的失败，大西南形势极度危急。一时看来，昆明乃至重庆都有可能不保。朝野人士纷纷要求蒋介石尽快做出重大改革以挽救时局。另一方面，我党领导下的八路军新四军在敌后战场不断发展壮大，在抗日战争中发挥着日益明显的决定作用。9月初美国总统特使纳尔逊和赫尔利抵达重庆访问，9月中旬美英两国首脑罗斯福和丘吉尔将在加拿大魁北克举行会议，这两个会谈显然都关系到对日战争的前途。在中外记者团和美军观察组抵达延安之后，党中央、毛主席希望抓住这个新出现的时机，进一步推动我党与美国合作关系的发展，并借此推动一直停滞不前的国共谈判的进程。

为了推动与美国的军事合作，9月9日，毛主席和少奇同志提出：“放手与美军合作，处处表示诚恳欢迎，是我党既定方针。”对于开展与美军的合作，各抗日根据地是积极的，但也存有一些顾虑。例如，新四军有些同志就担心，美军人员经常来往华中，可能引起敌人的注意和扫荡，对我们害多利少。毛主席打电报解释说：我们应对美军人员的到来表示欢迎，"一则美我配合侦察敌情，有利现时轰炸与将来配合作战；二则了解我情可争取军火援助，此点可能性很大；三则现时可打破国民党反宣传，将来国民党举行内战，新四军首当其冲，可争取美方赞助。虽可能引起日寇扫荡，但比较全局，利多害少"。

任何有效的合作必须是相互的，在向美军提供帮助的同时，我党也慎重地向美方提出给予我军援助的要求。9月8日，党中央电示董老，请他向史迪威、赫尔利、纳尔逊提出援助我们的必要，同时，代表我党我军向赫尔利等人表示，欢迎他们来延安访问。几天以后，毛主席又两次致电林老、董老和王若飞3个同志，说明我们在原则上主张按照抗战成绩分配盟国援华物资，美国援华军火至少应分1/2给八路军新四军。《解放日报》也按照这些指示的精神，于9月15日发表了新华社电讯"延安有资格人士评论盟国援助物资分配问题"，稿件经毛主席亲自修改。这些情况表明，毛主席对外援问题是非常重视的，是极力争取的。抗战期间，我们常说"自力更生为主，争取外援为辅"，"为辅"的外援究竟来自哪里呢？这对我们始终是个问题。苏联从来没有给过我们什么援助。抗战后期在舆论上对我们的支持是有一点，登了几篇文章；但那时国际舆论已对蒋介石政府群起而攻之了，在这种情况下苏联才有所表示。美军观察组到来之后，一度出现了获得一些外援的可能性。当时看来，这种想法并非不切实际，因为美国人确实有求于我们。我们党向美国提出援助问题还有其他两方面的意义，一个是打破国民党在接受外援方面的垄断地位,另一个是测试美国与我们进行合作的诚意。不过,后来情况有所变化,我们最终还是没有得到什么外援。

为了推动与美军的合作,毛主席不仅制定了有关的方针政策,而且还亲自作了周密细致的部署。八九月间,他曾指示山东我军迅速提供有关青岛、烟台、连云港等地日本海军的各种情报;指示太行、山东、华中三地区各开辟一个飞机着陆场,并说明这一工程必须由首长负责专门指导;美军观察组成员考林和琼斯赴晋西北、晋察冀考察亦是由他拟电向当地作交代。毛主席还批准陈纳德率领的美国驻华十四航空队在我新四军五师所辖范围内设立一个无线电网。此外,像营救盟国飞行员一类的事情,他也时常过问。当然,毛主席考虑更多的还是怎样从战略上作好准备。针对美军有可能在战争最后阶段在华东沿海大批登陆一事,毛主席在8月下旬要求新四军总部认真布置吴淞、宁波、杭州、南京间,特别是吴淞至宁波沿海及沪杭甬铁路沿线地区的工作,广泛地发展游击战争及准备大城市的武装起义。11月初,毛主席再次指示新四军,美军可能在杭州湾登陆,要他们采取步骤,以配合美军登陆及准备夺取杭州、上海、苏州、南京等大城市。同时,他还提出了一些建议请新四军领导同志考虑,例如增调部队南进;抽调大批干部进行训练,陆续派往苏浙;必要时设立中央分局以统一指挥苏浙地区的斗争等。后来,虽然情况发生很大变化,美军放弃了在中国登陆作战的计划,但毛主席这些战略部署的意义并未因此丧失。这是因为毛主席的部署一方面固然是为了配合美军,反映出我党对发展与美国关系的重视程度;另一方面,这些战略部署还有更为重要的意图,那就是在抗日战争进入最后的反攻阶段时,使我军掌握先机,发展和壮大我党力量,以便应付各种复杂局面。

在延安,毛主席、恩来同志和我党其他领导同志还多次与美军观察组成员谈话,直接做他们的工作,使他们对我党的各项政策主张有更深入的了解,争取他们同情和赞助我党领导的抗战事业。例如大家所知道的毛主席与谢伟思的谈话就非常重要。遗憾的是我方的记录还有待查找。从谢伟思的记述来看,毛主席与他谈话的内容不仅包括国共关系、我党与美国的关系,而且还涉及战后中国的经济建设。这表明毛主席考虑我党的对美关系,不仅是从战争时期的现实需要出发的,而且有更长远的设想。毛主席强调说,共产党对美国的政策是寻求美国对中国民主政治的友好支持和合作抗日。战后,中共将继续寻求美国的了解和友谊。中国战后的最大需要是发展经济,中美两国经济上可以互相取长补短,双方将不会发生竞争。在这些谈话中,毛主席也直率地表示了他对美国对华政策的担心,批评美国只向蒋介石提供援助的政策,并警告说这将促使蒋介石选择内战道路。这些谈话中阐述的政策思想,可以说是为我们党对美国的外交政策奠定了基础。

当时,我们与那些来到根据地的美军人员的关系是相当融洽的。我方的周密安排和坦诚合作的确赢得了他们的心。美军观察组成员认为,我方所提供的材料"超出了他们的希望"。观察组组长包瑞德的评价是"八路军给予美国陆军的衷心合作和实际协助几乎是尽善尽美的"。一位被我根据地军民营救的美军飞行员临走前曾恳切地说:"中国共产党前途之大,除苏联外无可比拟,而蒋介石的不进步为世所闻。"他甚至表示,蒋介石在战后必然向八路军进攻,造成内战,如八路军有所需要,他愿以个人的一切来相助。当时还没有人发明出"洗脑筋"这个词。如果说美军人员来到根据地后在思想感情上发生了变化,那并不是因为我们进行过什么说教,而是耳闻目睹的事实使他们深受触动。不是洗脑筋,而是开眼界。[19]

1944年11月上旬,赫尔利以美国总统罗斯福的私人代表的身份来到延安,企图斡旋国共关系。毛泽东等多次同赫尔利会谈,表现了极大的合作诚意。

胡乔木回忆说:

在发展我党与美国的关系时,党中央、毛主席原先的设想是先从军事合作入手,然后再根据情况和可能逐步开展其他方面的合作。但是,赫尔利来到中国以后便急于插手国共谈判,这就使整个情况发生了很大变化。与赫尔利的谈判是毛主席亲自主持的,也是他亲身参加的为数不多的几次重要谈判中的第一次。可以说,这次谈判对国共关系、对我党与美国的关系、对这段历史的进程都产生了巨大影响。

1944年是战时国共谈判最关键的一年,毛主席对国共谈判问题一直抓得很紧。年初,毛主席在致董老的一封电报中指出:"观察今年大势,国共有协调之必要与可能,而协调之时机,当在下半年或明年上半年。"年中,华莱士访华以及美军观察组的到来,促使党中央决心加快与国民党谈判的步伐。9月初,党中央判断我党向国民党及国内外提出改组政府主张的时机已经成熟,决定由林伯渠同志在国民参政会公开提出我党建议,召开有各党各派参加的国事会议,改组中央政府,废除国民党一党专政。

我们党与赫尔利的接触是从10月开始的。在重庆的林老和董老曾于17日、18日和24日三次与赫尔利会面。在前两次谈话中,赫尔利作了如下几点表示:第一,蒋介石对我党的态度已经缓和,蒋介石允许他与我党接触,也允许他必要时去延安;他对我们党欢迎他去延安表示感谢。第二,蒋介石是全国公认的抗日领袖,但中国现政府不民主;他认为中共应得到合法地位,中共武装组织训练都好,力量强大,是决定中国命运的一种因素。第三,他代表罗斯福来帮助中国团结,决不对党派有所偏袒,分配援华物资也决不偏重某一方。第四,他准备在国共两党谈判代表之间撮合,得出合作的初步结果,再与蒋介石商谈;蒋同意后他便到延安来与毛主席商淡,求得双方合作的基础。第五,由蒋介石与毛主席见面，发出宣言，两党便合作起来了。在第三次见面时，赫尔利告诉董必武和林伯渠同志，蒋介石已于21日交给他一方案，被他当场退回了。他打了个比喻，说蒋介石的方案是叫我们在前面打，他们在后面打，意思就是要消灭我们。赫尔利还说，他告诉蒋介石，如果他是共产党，也不会接受国民党的方案。他问蒋介石，为什么不可以并肩作战？蒋介石回答说，无适当的人指挥。赫尔利说，他去，但他不是指挥，而是作两军的连锁。最后，赫尔利表示，蒋介石现在正起草新的方案，他看过之后将带往延安。为拉拢国共谈判，赫尔利最初力图摆出一副公正的面孔，对我们讲了不少好话。

在接到关于董老、林老与赫尔利第一次谈话情况的报告后，毛主席、党中央对谈判前景作出了比较乐观的估计。毛主席认为，蒋介石对罗斯福、丘吉尔的压力硬抗了几个星期，现在又软下来，对美国软，对我方亦随着软些；蒋最怕指名批评他，美国亦怕我们不要蒋，故在许蒋存在的条件下，可以做出一些有利于我们的交易来。11月6日，中共六届七中全会主席团会议讨论了赫尔利来延安进行谈判的问题。这是我党第一次涉外重要谈判，中央领导同志共同出谋划策。毛主席说，蒋介石要赫尔利来调停，想给些小东西而对我们加以限制，谈判的中心还是政治问题、联合政府、政治纲领等。根据朱老总、恩来、弼时等同志的意见，会议确定谈判是可以的，基本问题是要改组政府；会议还确定我方应对谈判采取积极态度，因为如果赫尔利来而谈不成，则过在我方，使蒋介石可以振振有词，但我们对国民党仍要批评。

11月7日，赫尔利飞抵延安。8日上午，毛主席、朱总司令和恩来同志与赫尔利举行了第一次会谈。这次会谈时间不长，只有50分钟，以赫尔利的发言为主。

赫尔利首先申明：他是受罗斯福总统的委托，作为总统的私人代表来谈判关于中国的事情，他到延安来也得到蒋委员长的同意和批准。他表示，美国不愿意干预中国内部的政治，美国相信民主，中国亦相信民主，他本人也是民主主义的信徒。他的任务是帮助中国统一一切军事力量来与美国合作，以击败共同的敌人。赫尔利说，他曾和蒋委员长详谈，蒋愿与共产党取得谅解，愿意承认共产党的合法地位，也愿意承认中国其他一切政党的合法地位；蒋将考虑吸收共产党员参加军事委员会的问题，也承认有必要在公平的基础上成立统一机构，在这种机构里，共产党军队将获得和其他军队一样的平等待遇。接着，赫尔利拿出一份提纲，并说：这个提纲蒋委员长认为是可以同意的，愿请毛主席、朱总司令考虑以此作为谈判基础，提出应该增改或不同意的地方。说完，他便读了起来。

这份题为"为着协定的基础"的文件内容是：一、中国政府与中国共产党将共同致力于统一中国的一切军事力量，以便迅速击败日本与重建中国。二、中国共产党军队将遵守与执行中央政府及其军事委员会的命令。三、中国政府与中国共产党拥护在中国建立民有、民治、民享的孙中山原则，双方将遵行提倡进步与发展政府民主程序的政策。四、中国将只有一个国民政府和一个军队。共产党军队的所有军官与士兵被中央政府改组时，将依照他们在全国军队中的职位，得到一样的薪俸与津贴；共产党军队的一切组成部分，将在军器与装备的分配中得到平等待遇。五、中国政府将承认中国共产党作为一个政党的合法地位。中国一切政党将获得合法地位。

赫尔利宣读完毕，毛主席立即问："赫少将刚才所说的基础究竟是什么人的意见？"赫尔利没有理解毛主席的意思，解释说原来的草案很长，他把它压缩成五点，他相信这五点可以作为谈判的适当基础，但这五点并不是必须接受的，而是试验性的方案。包瑞德这时提示说，毛主席是要知道赫少将所说的是他自己的意见，还是蒋介石的意见。赫尔利回答，原来是他的意见，后来蒋委员长作了若干修改；他尽力提出民主自由，希望中国实行多党政治。然后，赫尔利又讲了一些罗斯福如何希望中国团结自强以及蒋介石如何爱国并愿与毛主席见面之类的话。随后，他建议会谈暂停，以便毛主席考虑他的建议。毛主席答称："感谢你到中国来，帮助中国团结抗日。团结一切力量，快快打倒日寇，重建民主、自由的中国，这是我们的共同意志。"

8日下午、9日下午和10日上午又分别举行了三轮会谈。其中，以8日下午的会谈最为重要，毛主席发言阐述了我党的基本主张，并针对赫尔利所带来的五条提出了我党的意见。

8日下午会谈一开始，毛主席开门见山地指出："中国的事情很难办，这一点在中国多年和来延安已有一段时间的包上校知道得很清楚，还有许多美国朋友也都知道。中国有丰富的人力、物力，我们所需要的就是团结。但是要团结必须有民主，也就是说，我们需要在民主基础上团结全国抗日力量。现在全世界反法西斯战争都打得很好，唯有中国的正面战场打得不像样子，这是因为中国缺乏民主。现在赫尔利将军来到，想帮助中国人民，促进中国民主团结，我们极表欢迎。尤其是在今天，日寇向中国西南进攻，美军打到菲律宾需要中国配合，但国民党当局所负责的正面战场却天天打败仗。中国人民和盟国朋友都非常急。希望经过赫尔利将军的努力援助，中国局势能有一个转机。今天上午赫尔利将军说要自由地、公开地、坦白地谈话，现在我就按照你提的方法来谈一谈。"

毛主席说："现在国民党还是一个大政党，拥有庞大的军队，这支军队在抗战头两年打仗打得比较好，现在总算也还在打日本，国民党当局还没有最后破裂民族团结，这是蒋介石先生领导的党和政府好的一方面。因此我们一向愿意与蒋先生合作打日本，从未放弃这一条。但是，还应当看到另一方面，那就是中国的困难、缺点与严重危机。如果不看到这方面，就不能解决问题。现在中国政府的政策是不利于全中国人民团结,是妨碍全国人民起来打日本的。"

接着,毛主席简略介绍了敌占区、解放区和国统区的情况。毛主席说:"对于敌占区,国民党当局是不管的,如何在这个地区内组织地下军以期配合同盟军登陆作战,国民党当局也是不管的。对于解放区,国民党当局则是拼命妨碍、限制、缩小、消灭,但解放区还是天天生长,这是八年来广大人民艰苦战斗的结果。他们前面打日本,后面又有国民党破坏,处于被前后夹击的非常困难的环境中。国民党对解放区施行的包围、进攻、派遣特务捣鬼等,可以说是千方百计,一言难尽。在国统区,存在着严重的危机,尤以军事危机为甚。自今年4月起,在日寇进攻面前,国民党军队已由300万减至195万。大部分国民党军队是打不得仗,一触即溃的。在大后方,民不聊生,土匪横行,人民对政府的信任从未有像今天这样低,各界人民,包括大学教授、学生、小党派人士以及国民党党员都对当局不满和怨恨。"

针对赫尔利带来的五条,毛主席说:"赫尔利将军曾提出几个要求,希望作为形成协定的基础。我们感觉还有这样一些问题,虽然还没有形成条文,但值得提出来谈一谈。"

毛主席强调的第一点是:"必须改组现在的国民政府,建立包含一切抗日党派和无党派人士的联合国民政府;同时,现在政府的不适合于团结全中国人民打日本的老政策必须有所改变,而代之以适合于团结全中国人民打日本的政策。"毛主席说:"中国大多数人民,包括我们共产党人在内,首先希望国民政府的政策和组织迅速来一个改变,这是解决问题的起码点。如果没有这一改变,也可能有某些协定,但是这些协定是没有基础的。国民党统治的各种机构,腐化达于极点。国民党总埋怨盟国军火接济不够,可是如果政府不改组,老的政策不改变,虽有大量坦克、飞机等新式武器,也无济于事。对此,蒋先生历次表示的是拖,想拖到战争结束一年以后来办这件事。有人向他提出改组政府和成立联合政府的问题,他便一巴掌打回去。如果国民党自以为大权在握,不肯改变,只有把危机拖长和扩大,使国民政府有崩溃之危险。对于这一危险,不只我们共产党人,就是外国朋友,如许多外国记者,都是感觉到的。"毛主席强调说:"国民党统治区域的危机来源,在于国民党的错误政策与腐败机构,而不在于中国共产党的存在。"我们共产党人在沦陷区组织地下军,准备配合盟军作战;在解放区实行民主,坚持抗战。我们从不妨碍国民党,而国民党却来妨碍我们抗日民主活动,在195万国民党大军里面有77万多来包围我们,其中有一部分在进攻我们。在国民党区域,当局见到共产党人非捉即杀,我们在那里的党被迫成为地下党,只有在重庆和西安的少数共产党人可以公开活动。虽然如此,我们一不罢工,二不罢市,三不罢课,我们还是拥护国民政府打日本。我们在敌后战斗的63万军队和

9000万人民，拖住了日寇的牛尾巴，这样保护了大后方。假若没有这个力量拖住日寇的牛尾巴，国民党早被日寇打垮了。今年6月间，国民党当局提出了一个方案，要取消我们军队80%，还要取消解放区的民选政府。这方案如果实行，就没有人拖住日寇的牛尾巴，就只有害他国民党自己。

　　毛主席强调的第二点是关于军队的问题。他说："赫尔利将军所提的要点中，有一条说改组我们的军队，在改组后我们的军官和战士将获得和国民党军队一样的薪俸和津贴。这一条主要的恐怕是蒋先生自己写的。我以为应当改组的是丧失战斗力、不听命令、腐败不堪、一打就散的军队，如汤恩伯、胡宗南的军队，而不是英勇善战的八路军、新四军。现在美军观察组，参观边区、晋西北、晋察冀等抗日根据地，我们在敌后有几十个根据地，大的有17个。我们愿意你们组织几百个人的观察组，到各根据地去看看来作出结论，应当改组的究竟是哪一种军队。中国人民的公意是，哪个军队腐败，就应该改组哪个。关于薪饷待遇，国民党军队的士兵饥寒交迫，走路都走不动，士兵月薪50元，只够买一包纸烟。我们的军队，吃得饱、穿得暖，走起路来蛮有劲，现在要我们拿和国民党军队一样的薪俸，那不是要我们军队也和他们一样吃不饱、穿不暖，走路都没有力吗？这如何使得呢？"

　　最后，毛主席和缓地说："我们的意见大要如此。对赫尔利将军为帮助中国不辞劳累、长途跋涉的热忱，我们在延安的人深表感谢……在不破坏解放区抗战力量及不妨碍民主的基础上，我们愿意和蒋介石先生取得妥协。即使问题解决得少一些、慢一些，也可以。我们并不要求一下子解决所有的问题，但是要破坏解放区抗战力量和妨碍民主，那就不行了。很愿意和蒋介石先生见面，过去有困难，没有机会；今天有赫尔利将军帮助，在适当时机，我愿意和蒋先生见面。"后来，毛主席讲他同赫尔利的谈判，说："我与赫尔利谈话的章法是先把国民党攻一攻，把赫尔利带来的五点中心，内容驳掉，指出目前局势不民主造成了各种危机，强调国民党政府有崩溃的危险，因而需要改组。"

　　毛主席刚一讲完，赫尔利便说，毛主席把问题精彩地提出来了。但是，他显然没有料到毛主席会对国民党政府提出这样尖锐的批评，因而言谈中露出了颇为失望的神色。在替国民党政府辩护了几句之后，赫尔利说，直到今天上午，他还没有了解到在国共之间存在着这样深刻的鸿沟和这样严重的对抗。如果局势已经无望的话，那他何必枉费心力。他曾要求蒋介石合理一些，以期有助于全中国的利益；现在，他也要求毛主席合理一些。赫尔利还指责说，毛主席刚才的话有重复敌人所说的地方，是不公平的；蒋介石抗战八年，他周围的贪污腐化分子利用了他。

　　毛主席问："你承认那里有贪污腐化分子？"赫尔利答："是的。"接着，毛主席以严肃和沉重的口吻说:"我所重复的,在外国是罗斯福总统和丘吉尔首相的话,在中国是孙夫人和孙科先生的话。我想重复这些人的话是可以的吧?说我重复敌人——日本人的话,那是不合事实的。"赫尔利解释说,他指的不是日本人,而是那些希望中国继续分裂的人。毛主席接着说:"正因为不团结,我们才谈团结;正因为不民主,我们才谈民主。如果中国已经团结,已经民主,那么又何用我们来谈它呢?说中国不团结不民主的,有两种人:一种人的确希望中国继续分裂;还有一种人希望中国团结民主,他们批评中国的缺点是为了克服这些缺点,使中国团结民主。我的话决不反映前一种人,而是反映后一种人的意见,就是反映希望中国团结民主的人们的意见。"

听完毛主席的话,赫尔利又高兴起来:"现在我们有一致的意见了!"他带着歉意说,"在几分钟以前,我误解了毛主席的意思,现在我了解了!你是要团结民主的。如果毛主席和我一起工作,我们可以使蒋介石和我们一起工作,我们就可以促成中国团结、发展民主、肃清贪污。为此我们必须一起工作。""现在我们所应做的,就是设法找寻毛、蒋可以会面的基础。他们两人知道中国情形,当然非我局外人所能及,以他们的智慧和他们手中的材料,他们可能得到协定。我现在再问毛主席,是否可以给我一个声明?"

于是,毛主席就对赫尔利所携带的"为着协定的基础"逐条表示了意见。毛主席说:"赫尔利将军所提的'为着协定的基础'有几条我是同意的。""第一条很好,我们完全赞成。"然后,毛主席建议把原先的第三条放在第二条之前,以强调提倡进步与民主的政策,确立各种自由权利。恩来同志补充说:这包括"言论自由、出版自由、集会结社自由、信仰自由、居住自由和人身自由"。赫尔利接上去说:"再加思想自由,向政府请愿要求平反冤屈之自由。"这样,修改后的第二条成为国共双方所需遵循的共同原则。在讨论关于政府的问题时,赫尔利说:"关于改组政府的问题,现在请毛主席写一条,作为修改后的第三条。"毛主席提出:"将现在的国民政府改组为由各抗日党派及无党派人士参加的联合国民政府;并宣布和实行关于改革军事、政治、经济、文化各方面的民主政策。同时,改组统帅部,成为联合统帅部,由各抗日军队代表参加。"毛主席增写的这一条其实是最重要的,但赫尔利显然没有意识到这一点。所以,他当即表示:"可以加这一条,我们应尽可能公正,以期取得国民政府之同意。"随后,毛主席又建议将原先的第二、四条合并,作为新的第四条,内容是一切抗日军队将遵守与执行联合国民政府及其联合统帅部的命令,由联合国得来的物资将被公平分配。第五条没有什么变化,仍是关于中国共产党及一切抗日党派的合法地位问题。经过第二次会谈所形成的修改稿与最后的定稿基本是一致的,只是后来又将第二条和第三条的顺序颠倒了一下,并作了一些文字上的处理。

会谈结束时，毛主席说："就是这几条，为了妥协不再多提了。"赫尔利说："从今天的谈话中，我感觉到毛主席的热忱和智慧。我刚才误解了毛主席的意思，后来明白了。请各位将我误解毛主席的话，从记录上完全勾去。"

9日下午，双方举行第三次会谈。我方提出经过修改的协定草案，然后，双方就各自认为的关键问题进一步交换了意见。

毛主席首先说："我们所同意的方案，如蒋介石先生同意，那就非常好。""以前未解决的问题，今天如能解决，那是中国人民之福。"赫尔利回答："我将尽一切力量使蒋接受，我想这个方案是对的。"他表示，毛主席不仅有非凡的智慧，而且有公平的态度。他这次能和毛主席一起工作，实为平生快事。尤其使他感到庆幸的是中国人民已经得了这样一位大公无私、一心为人民谋福利的领袖。赫尔利还提出，如果蒋介石表示愿意见毛主席，他愿意陪毛主席去见蒋。不管会谈成败如何，他将以美国的国格来担保毛主席及其随员在会谈后能安全返回延安。毛主席回答说："我很久以前就想见蒋先生，过去情况不便未能如愿，现在有美国出面，赫尔利将军调停，这一好机会，我不会让它错过。"

接着，毛主席表示了自己的担心，"我还不了解蒋先生是否会同意我们的五要点。他如同意，我即可与他见面。我总觉得在我和蒋先生见面时，要没有多大争论才好"，"我很希望在赫尔利将军离开中国以前见蒋先生，问题也解决了"。赫尔利当时十分兴奋，他根本没想到还会有什么麻烦。他再次表示回到重庆后当尽力使蒋介石接受五要点，并问："如蒋接受了，毛主席愿意做些什么？与蒋见面在什么地方？不要在重庆见面，是否可另选一地点？"毛主席回答说："见面地点当然在重庆。"赫尔利高兴地说："顶好！就这样解决吧。"

随后，赫尔利提出："毛主席是否可签字于五要点之上？"毛主席说："可以。"赫尔利说："那我也要在这上面签字！"毛主席说："今天把文件准备好，明天签字，不知蒋先生愿意签字否？"包瑞德插话说："这五要点，在赫尔利将军见证之下，毛主席已予以接受，蒋如拒绝，赫尔利将军就可以很清楚地告知罗斯福总统，'这五要点，我认为很公平，毛同意了，蒋不同意'。"这时，赫尔利提出："如蒋问，'接受五要点，是否是不要我在政府里面了？'对这问题，请毛主席告我如何答复。"毛主席说："仍要他在政府里面。"赫尔利还不放心，又问："我要再证实一下，你是否和他合作，要他当政府主席？"毛主席再次回答："要他当主席。"赫尔利这才放心地说："很好！"之后，双方又交换了一些有关文件修改的意见。

这次会谈是在融洽的气氛中结束的。毛主席再次感谢赫尔利为帮助中国人民所做的努力。赫尔利作答说："我们的谈判进行得这样顺利。我敬佩毛主席的宽大态度。你所希望的各种改革，我完全同意。"他还愉快地说，"明天早晨我们签字后我还要赶回重庆去。请毛主席不要笑我迷信,明天星期五,是我的吉日,我生日是星期五,结婚在星期五,第一个小孩子生于星期五,获得第一个勋章也在星期五!"

10日上午,毛主席与赫尔利举行最后一次会谈。毛主席首先讲了三点:第一,请赫尔利将双方商谈的协定转达给罗斯福总统;第二,这个协定已经获得中共中央委员会的同意;第三,周恩来同志将和赫尔利将军一同去重庆与蒋介石谈判。毛主席说:"总之,我们以全力支持赫尔利将军所赞助的共同纲领,希望蒋先生也在这个纲领上签字。抗战八年来未能得到的东西,今天在赫尔利将军帮助之下,有了实现的希望。在这个纲领下,全国一切力量团结起来,打倒日本,建立新中国。"随后,赫尔利提出,请毛主席立即写一封信,由他带给罗斯福总统;同时,他也将交给毛主席一封感谢信。他还表示愿意设法使毛主席和罗斯福总统商量问题,以使全世界承认毛主席的地位。

中午12时45分,双方举行签字仪式。毛主席与赫尔利在文件上签字,并交换了信件。最后达成的《中国国民政府、中国国民党与中国共产党协定》内容如下:

一、中国政府、中国国民党与中国共产党应共同工作,统一中国一切军事力量,以便迅速击败日本与重建中国。

二、现在的国民政府应改组为包含所有抗日党派和无党无派政治人物的代表的联合国民政府,并颁布及实行用以改革军事、政治、经济、文化的新民主政策。同时,军事委员会应改组为由所有抗日军队代表所组成的联合军事委员会。

三、联合国民政府应拥护孙中山先生在中国建立民有、民享、民治之政府的原则。联合国民政府应实行用以促进进步与民主的政策,并确立正义、思想自由、出版自由、言论自由、集会结社自由,向政府请求平反冤抑的权利,人身自由与居住自由。联合国民政府亦应实行用以有效实现下列两项权利:即免除威胁的自由和免除贫困的自由之各项政策。

四、所有抗日军队应遵守与执行联合国民政府及其联合军事委员会的命令,并应为这个政府及其军事委员会所承认,由联合国得来的物资应被公平分配。

五、中国联合国民政府承认中国国民党、中国共产党及所有抗日党派的合法地位。

会谈结束后,赫尔利于当日下午2时乘机离延返渝,恩来等同志与他同行。

对于这次会谈及所达成的协议,党中央、毛主席是满意的。在致罗斯福的信中,毛主席写道:"这个协定的精神和方向,是我们中国共产党和中国人民八年来在抗日统一战线中所追求的目的之所在……我们党的中央委员会已一致通过这一协定之全文,并准备全力支持这一协定而使其实现。我党中央委员会授权我签字于这一协定之上,并得到赫尔利将军之见证。"在信的末尾,毛主席对罗斯福的努力表示感谢。他说："我们中国人民和美国人民一向是有历史传统的深厚友谊的。我深愿经过你的努力与成功，得使中美两大民族在击败日寇、重建世界的永久和平以及建立民主中国的事业上永远携手前进。"事实上，赫尔利并没有及时地将这封信电告罗斯福，而是用军邮投递，结果过了很长时间才到华盛顿，以致罗斯福迟至1945年3月10日才给毛主席复信。

在毛主席与赫尔利达成的协议中，我们党做了重大让步。11月9日晚，在中共六届七中全会的会议上，毛主席在报告同赫尔利会谈的情况时指出：我们的极大让步是与极其腐败的政府合作，他们的目的是不要踢开蒋；我们是在不破坏解放区、不损害民主的原则下同蒋妥协。我们应当知道国民党有200万军队，得到国际国内承认，我们还只有63万军队，因此在现有条件下，我们还不能不予妥协；但是，我们承认一个联合的国民政府，并不妨碍将来我们自己组织解放区的政府。在国民党方面，如果蒋介石签字承认，即是最大的让步，因为我们得到了合法地位，这是前所未有的。尽管与赫尔利所进行的谈判看上去是顺利的，但是我们党的领导同志预料蒋介石绝不会轻易同意这个协定。恩来同志在这次会议上指出：蒋介石所谓的让我们参加政府和我们主张的建立联合政府是有区别的；但赫尔利却把二者混而为一，他以为蒋介石不至于为难，我们则估计蒋介石必定会对这次会谈所作出的协定提出修改。

果然不出所料，恩来同志到重庆后，蒋介石对在延安商定的协定草案迟迟不表示态度。一直拖到11月21日，国民党方面又另行提出了一个三条反建议，由赫尔利转交给周恩来同志。它的要点是：一、国民政府允将中共军队加以改编，此后，承认中共为合法政党；二、中共应竭诚拥护国民政府，将其一切军队移交国民政府军委会统辖，国民政府指派中共将领以委员资格参加军委会；三、国民政府之目标为实现三民主义之国家。这三条建议实际就是要我党交出军队，接受国民党的"招安"。

与此同时，赫尔利也改变了态度，一屁股坐在蒋介石一边。在当天的会谈中，周恩来同志询问蒋介石对于联合政府的态度，赫尔利回答说："啊，这件事情已经过去了。"他告诉周恩来同志，蒋介石一定不会接受。他还表示，他原来不知道实际情形，所以在延安时，毛泽东提出意见之后，他也添上一大堆；现在，国民党的这个建议也许是个基础。当周恩来同志追问赫尔利本人是否仍同意我党组织联合政府的主张时，赫尔利狡辩说："我不能使用同意的字眼，因为我不是谈判的当事人，我只是见证人。我认为你们联合政府的主张是适当的，但我并不处在同意的地位。"为劝说我党接受国民党的反建议，赫尔利唠唠叨叨地说："我们是准备帮助你们的，成百架飞机的东西等着帮助你们；但是没有这一协定，我就无法帮助你们。"由于国民党毫无改变一党专政的诚意，赫尔利亦背弃了他在延安与我党签订的协定，国共谈判再次陷入僵局。

面对这种情况，在坚持联合政府主张的前提下，我党有两种选择：一个办法是使谈判继续下去，并设法寻找一个折中方案，作为成立联合政府的准备步骤；另一个办法是固守五条协定，不怕谈判陷于僵局。当时，在重庆主持谈判工作的恩来同志和董老比较倾向于前一个办法。毛主席态度很慎重，一时没有作出决断。所以，恩来同志就先起草了一个复案。这个复案的主要内容是：改组国民政府国防最高委员会为包含所有抗日党派参加的联合的国防最高委员会，由其颁布各项新民主政策，改组行政院为各抗日党派的联合内阁，改组军事委员会为各抗日军队组成的军委会；承认中共和所有抗日党派为合法政党；中共军队编列为正规国军，由联合国得来的物资公平分配等。这一方案的特点是以三点的形式放入原先五点的内容，但不直接提出建立联合政府。因估计到蒋介石仍不会接受这一复案，所以恩来同志还建议，我党可同时向国民党提交一份备忘录，说明国民政府如一时不能改组其国防最高委员会及其行政院与军事委员会，中共将根据战争需要和人民的要求先成立解放区联合委员会；同时，提出在中国战场设立联军统帅部，由美国方面的代表担任统帅，中国所有抗日军队应有负责代表参加。这后一点以往外国人士曾提出，我党领导同志也一直表示赞成，只是没有作为我方正式建议提出过。当时，恩来同志的考虑是以要求建立解放区委员会来逼蒋同意成立联合政府，并设法扩大美蒋之间的矛盾。他估计，目前美国作统帅利多害少，将来我们力量壮大了，而且有"北方"（指苏联）的加入，美国束缚不了我们。这些想法，他在12月29日和30日致毛主席电中作了说明。

恩来同志在前台谈判，在后台决策的还是毛主席。复案写好后交不交，这是要由毛主席来拍板的。关键的问题是究竟哪一种办法更符合我党目前的和长远的战略利益。在作出重要决策的时候，毛主席总是集思广益。收到恩来同志的复案后，他请来延安参加七大的陈毅同志作参谋，专门研究一下这个问题。陈毅同志看过各种有关材料后，连夜把自己的看法写成了一封长信，于12月1日送到主席那里。

在这封信中，陈毅同志首先分析了国共谈判两种可能的趋势：第一种是蒋介石顺利地在赫尔利和毛主席的提案上签字；第二种是按照蒋介石目前的做法，一不签字赫毛协定，二则提出符合他愿望的办法。陈毅同志认为，第一种情况仍然挽救不了西南大局，反而增加了美国对蒋的幻想，帮助他骗骗人。因为蒋介石的病症是一针强心剂所不能挽救的，它的整个封建腐朽的法西斯机构不会因签字而改善。在国民党方面，签字后能允许共产党加入一两名阁员，已算是大大让步。但仅有我党一两名阁员并不能挽救西南大局，要来一个带革命性的改良，就必须在几个部门起用国民党进步人士和大批共产党员，这一点蒋是不能做的，美国的压力再大也达不到。至于蒋介石目前的做法，目的只在和缓空气，使全部腐烂的机构原封不动，其结果只会更促进其腐烂，加速日寇的进攻。陈毅同志说：本来如蒋决心改变，学唐德宗下罪己诏，起用良将，西南危急是可以缓解的；但蒋鉴于大革命和西安事变后两次控制不住中共的发展，这一回更是恐慌、动摇、害怕，他决心不这样做，而宁愿走上反动的绝路。关于赫尔利斡旋，陈毅同志分析，美国的企图不过是着眼其军事利益，认为我党的军事力量必须动用；但其全部政治见解仍是保持蒋的体系，并无诚意要改革政治。赫尔利与毛主席的谈话，着重高兴我们要蒋那一点，而不高兴毛主席所提出的改革政策的本质，对此批评十分明显。如谈判顺利，赫尔利可能把每月2万吨让美国航空队先动用，然后将其残汤剩水分一点给我们，叫作公平分配，同时要我们在敌后反攻，以极廉的代价而达到大量花费中国特别是我们的目的。这是美帝国主义弄得极其精巧的商业手法，这是他们的传统，口惠而实不至，惯会牺牲别人替自己打仗，而外表装潢得十分漂亮。陈毅同志强调，我党抗战以来亦是本着取之于敌寇的办法，这是非常对的。而赫尔利与我党谈判所涉及的全部是挽救西南大局，而不是抗战全局。今天抗战全局逐渐转到敌后和我，它是在蒸蒸日上着，并不依赖那个协定有所裨益。依照我党目下和将来的战略利益，蒋不走第一条赫毛蒋合作的路而走现时的第二条路，反而对我们的战略利益好得多。陈毅同志的结论是，肯定蒋无望，蒋不愿自救，美救亦无望，我们不能做为其"殉葬"之事。陈毅同志建议，我党应付赫尔利和蒋介石所选的现局的办法是：五个原则，暂作整案，即"五点协议"所包含的内容不拆开提出；同时我不入阁，也不宜急于成立解放区联合委员会。我党应继续在敌后争取一二年的时间大发展，"招美依我，而我取得全局的中心地位"。

看了陈毅同志的信，毛主席立即致电恩来同志，指示他坚持五条协定，并说明过早提交复案是不利的，准备七大开过之后再议复案。随后，毛主席又给陈毅同志写了复信，说："来示读悉，启示极多，十分感谢！今日已电渝不交复案，周董均回，拖一时期，再议下着。至于基本方针，如你所说那样，除此再无二道。"

12月2日，在返回延安之前，恩来同志约见赫尔利，转达毛主席就国民党提出的三点方案的复电：第一，政府方面所提建议三项与我们在延的五条协定距离太远，我们认为联合政府与联合军事委员会是解决目前时局问题的关键。这既不能获得蒋委员长的同意，因此也就无法挽救时局。第二，国民党的态度至今未变，仍宣称中国目前所需要者只是军令统一，至于党派合法问题，须待战后一年再议。第三，根据目前形势，我党中央必须召开会议，我这次回延安后要留下开会，不再随原机返渝。恩来同志讲完后，赫尔利仍不断劝说要我党参加未经彻底改组的国民政府，并说："你们'先踏进来一只脚'，便能得到美军援助。"恩来同志回答说:"我们参加政府,就要替人民负责;现在要我们参加进去而不能负责,这样的政府我们拒绝加入。"

为向国民党施加压力,毛主席曾考虑发表五条协定草案,并为此征询赫尔利的意见。赫尔利听说后大为震怒,认为我党故意使其难堪;同时,美方还怀疑我党态度转趋强硬是因为苏联施加了影响。12月12日,毛主席指示当时在重庆的王若飞同志,请他转告美方,说明我们毫无与美方决裂之意,五条协定草案赫尔利不愿发表,我们即可不发表,至于赫在五条上签字以及他与毛主席交换的信件,我们自始就无公布之意。我们所想发表的仅是我党向蒋建议的五条,因其态度强硬无理拒绝,无法实现中国人民一致要求的联合政府,故想公开于人民,让人民起来向蒋要求实现之。毛主席强调说:"牺牲联合政府、牺牲民主原则,去几个人到重庆做官,这种廉价出卖人民的勾当,我们决不能干。这种原则立场我党历来如此,希望美国朋友不要硬拉我们如此做,我们所拒绝者仅仅这一点。"在获悉毛主席的来电后,包瑞德向我方表示,赫尔利原误以为我已将协定全部发表,现在完全释然了。为消除赫尔利的疑虑,12月15日,毛主席给他去信,说:"11月间,罗斯福总统选举胜利时,我曾去电视贺他。在他回给我的电报上说:为着击败日本侵略者,愿意和一切中国抗日力量做强有力的合作。请你转达给罗斯福总统,我对于他的这个方针表示完全同意,并向他致谢。"此后,双方继续就国共谈判问题交换意见。

1945年1月20日,赫尔利致函毛主席,说他深信国民政府已准备作出重要的让步,建议我党再派周恩来同志到重庆谈判。1月24日,恩来同志再次前往重庆谈判。这一次,我党提议首先召开党派会议,作为国事会议的预备会议,以便正式商讨国事会议和联合政府。尽管我党又一次采取了积极态度,但国民党无意做出任何实质性让步,僵局仍然无法打破。2月初,英美苏三国首脑会议在雅尔塔召开,赫尔利急于搞出一点东西。2月10日,他起草了一份联合声明,谎称"谈判已有趋于一致之良好进步"。对于这种掩盖事实的声明,周恩来同志理所当然地拒绝了。恩来同志说:如果发表声明,就要说明中共的要求和国共双方意见不同之点何在,以明真相。2月13日,周恩来同志与赫尔利一同会见蒋介石。蒋介石在会谈中傲慢地宣称:他不会接受联合政府的主张,并说党派会议等于分赃会议,组织联合政府无异于推翻政府。鉴于蒋介石的顽固态度,谈判已无法进行,恩来同志随即返回延安。直到抗战结束,国共双方才又重新恢复了谈判。

1945年年初,美国疏远我党的种种迹象已显露出来。1月中旬,在重庆的王若飞同志向党中央报告说:美国各报对重庆的批评突然缓和下来;对我党持友好态度的包瑞德、戴维斯已被调离美军观察组,不再返回延安;同时,美国正增加援华物资,以加速装备重庆军队。当时,有的美国人向我们透露说,美国政府的政策是:"第一个朋友是重庆,第二个朋友是延安,不能因延安得罪重庆。"赫尔利用软的一手拉拢我们党不成,又反过来使用硬的一手。

出现这些情况之后,毛主席出于全局利益的考虑,采取了十分谨慎的政策,依然重视与美国的关系。在政治方面,国共谈判陷入僵局之后,我党对赫尔利的态度还是有所保留的,我们虽然对他在联合政府的问题上出尔反尔十分不满,但没有公开批评他,而是继续与他保持联络。在军事方面,我党仍旧执行与美军合作的政策,已开始的合作项目继续进行,其他可能的合作也仍在接洽之中。例如,1944年年底,毛主席、朱德、恩来和剑英同志曾与包瑞德和美国战略情报局的伯德上校就美军向敌后派遣特种部队以及在山东半岛登陆后的军事合作问题进行磋商,美方试探我方可能提供何种支援,并表示最低限度可向我军提供2.5万人的武器装备。不过,当时参加谈判的美方代表和我们都明白,双方进一步发展合作关系已经很困难了;因为赫尔利一心想拿援助作诱饵,换取我们同意蒋介石的谈判条件,而我党是绝不会这样做的。尽管以后的合作并不顺利,但美军观察组与延安总部一直保持着比较好的工作关系。直到抗战结束前夕,双方仍有一些关于军事合作问题的磋商。总的来看,这种合作是我们单方面向美军提供帮助。据八路军总部的不完全统计,到战争结束时,我们提供给美军经过整理的情报书面报告有120多份;营救盟军人员主要是美军人员共102人,为此,我方付出牺牲军民110余人的代价。

由于情况的变化,我党在与美国保持关系的同时也提高了警惕。在内部讨论配合美军登陆作战的方案时,恩来同志强调我们的配合必须是有条件的,双方事先要订立协定,美军要为我军提供武器装备,并必须服从中共的政策法令,不得带国民党军队入境建立政权。1月底,赫尔利在国共谈判中提出,要为中共军队设一美国军官作总司令,恩来同志当即拒绝。毛主席亦指出,这个方案是"将中国军队,尤其是我党军队隶属于外国军队,变为殖民地军队的恶毒政策,我们绝对不能同意"。2月初,毛主席又指示恩来同志,今后"史迪威式之指挥全国军队,请勿强调"。

在抗日战争的最后几个月里,美国对华政策日趋反动。首先,赫尔利扶蒋反共的真面目完全暴露出来。4月初,他在华盛顿举行的记者招待会上宣称"美国政府全力支持蒋介石政府",而"不支持任何武装的政党和军阀"。同时,我解放区发现了大批由美机散发的宣传蒋介石为抗战领袖的传单。6月,美国又发生"美亚事件案",主张与中共保持友好关系的美军观察组成员谢伟思及其他五人以通共间谍罪遭到逮捕。

面对美国政策的变化,毛主席最初仍采取了留有余地的做法。赫尔利讲话以后,重庆《新华日报》立即发表评论,批评他的讲话有助长中国分裂与内战的危险；同时，毛主席采取"延安暂取不理的态度"。直到6月底，"美亚事件案"发生之后，《解放日报》才发表文章点名批评他。那时，我们批评赫尔利还是与美国政府分开的。7月，毛主席撰写了《赫尔利与蒋介石的双簧已经破产》《评赫尔利的政策的危险》等几篇文章。党中央决定在这个时候严厉抨击赫尔利，是为了发动中国人民及民主党派一致起来，批评美国的错误政策，反对美国专门援蒋助长内战的危险。我们的目的仍是为了迫使美国政府改变政策。由于此后不到一个月战争就结束了，国共谈判问题、我党与美国的关系问题都在悬而未决的情况下进入了一个新的历史时期。

回顾这段历史，可以说，在我党与美国接近的过程中美方更主动一些，而我党则看到当时美国确有此种需要，因而抓住时机，采取了积极姿态。当时，国际国内都要求中国民主、团结、进步，中美两国面对共同敌人，在这种情况下我党希望发展与美国的合作，解决国共关系问题，是很现实的考虑。当然，美国政府的政策到底怎样，我们原先不是很清楚，要有一个摸底的过程。现在有一种说法，好像我们那时抱有幻想，受骗上当，这不符合事实。在这个过程中，毛主席和我党的其他领导同志始终保持着清醒头脑，处置得当。我们积累了初步的外交经验，国际影响也扩大了。以后情况发生变化，我们党的政策也及时得到调整。[20]

1945年9月2日，对中国人民来说，是一个永远值得纪念的日子。日本侵华军队的代表在投降书上签字，在华的128万日军向中国投降。为时八年的中国人民抗日战争胜利结束。

在八年抗战中，中国共产党领导的抗日军民共歼灭日伪军171万余人，其中日军52万余人，成为团结全国人民抗战的中流砥柱。

抗日战争的胜利雄辩地证明，毛泽东关于中日战争全过程的科学预见及其政治和军事战略的指导是完全正确的。

然而，毛泽东并没有沉湎于胜利和成功的喜悦之中。他的目光，已经转向未来更大规模的斗争。

注 释

〔1〕《胡乔木回忆毛泽东》，人民出版社1994年9月版，第64—71页。

〔2〕《胡乔木回忆毛泽东》，人民出版社1994年9月版，第72—75页。

〔3〕冯蕙：《毛泽东领导起草〈关于若干历史问题的决议〉的经过》，载《文献和研究》1986年第2期。

〔4〕《胡乔木回忆毛泽东》，人民出版社1994年9月版，第76—77页。

〔5〕杨秀山：《七大的光芒》，载《星火燎原》第7集。

〔6〕《毛泽东选集》（第2版）第2卷第520页。——原注

〔7〕《毛泽东选集》（第2版）第3卷第1101页。——原注

〔8〕师哲：《在历史巨人身边》，中央文献出版社1991年12月版，第242—265页。

〔9〕《毛泽东在七大的报告和讲话集》，中央文献出版社1995年4月版，第192—198页。

〔10〕师哲：《在历史巨人身边》，中央文献出版社1991年12月版，第201—207页。

〔11〕鉴于英国等国报纸盛传"苏德间行将开战"，1941年6月13日塔斯社奉命发表声明如下：第一，德国并未对苏联提出任何要求及建议缔结任何新协定。鉴于此，苏联方面认为此种谓德国意愿撕毁条约，进攻苏联之谣言，全无根据。第二，至于德军分遣队由巴尔干调赴德国东部及东北部（现正在调动中）与其他动机联系，对苏德关系并无意义。第三，苏联根据其和平政策，遵守并愿遵守苏德互不侵犯条约条文，故谣言所谓苏联准备进攻德军一节为伪造和挑拨。第四，红军后备军之露营训练，以及行将到来之演习，除意在训练后备军而外，别无其他目的，故认为红军此举为仇恨德国一节，其荒谬绝伦，固勿待言。——原注

〔12〕莫斯科战役，1941年9月30日至1942年4月20日。德军调集78个师180万人、火炮1.4万门、坦克1700辆、飞机1390架，向莫斯科猛攻。12月6日苏军开始反攻。此战，德军损失50万兵力，是进攻苏联后首次遭受的最重大的失败，它宣告了德军闪电战的破产。——原注

〔13〕斯大林格勒战役，1942年7月17日德军纠集150万以上的兵力进攻斯大林格勒，9月13日进入市区。10月初，苏军突破斯大林格勒工业区的包围线，随即德军宣布由攻势转入守势。11月19日苏军开始大规模战略反攻，包围德军22个师33万人。1943年2月2日全歼被围德军。此战历时160天，歼灭德军150万人，成为第二次世界大战的转折点。——原注

〔14〕1945年2月4日至11日，苏、美、英三国首脑在克里米亚半岛的雅尔塔举行会议。会议期间，罗斯福和斯大林讨论了苏联对日作战条件，在中国没有参加的情况下，达成了涉及中国权益的秘密协议。协议中规定，在德国投降及欧洲战争结束后两个月或3个月内，苏联将参加盟国方面对日本作战，其条件为：（1）外蒙古（蒙古人民共和国）的现状须予维持。（2）1904年日俄战争中被日本破坏的俄国权宜须予恢复，即库页岛南部及邻近一切岛屿须交还苏联；大连商港须国际化，苏联在该港的优越权益须予保证，苏联之租用旅顺港为海军基地也须予恢复；对担任通往大连之出路的中东铁路和南满铁路应设立一苏中合办的公司共同经营之，苏联的优越权益须予保证，而中国须保持在满洲的全部主权。——原注

〔15〕师哲：《在历史巨人身边》，中央文献出版社1991年12月版，第208—222页。

〔16〕指根据胡乔木回忆撰写的《苏德战争、太平洋战争和中国战局》一节。

〔17〕《胡乔木回忆毛泽东》，人民出版社1994年9月版，第39—42页。

〔18〕《胡乔木回忆毛泽东》，人民出版社1994年9月版，第331—334页。

〔19〕《胡乔木回忆毛泽东》，人民出版社1994年9月版，第334—342页。

〔20〕《胡乔木回忆毛泽东》，人民出版社1994年9月版，第342—362页。

实录
毛泽东

3

重整旧山河
1945—1957

李捷　于俊道　主编

第五编 "天翻地覆慨而慷"

一、为"和平、民主、团结"而斗争
赴重庆谈判 …… 3
唇枪舌剑 …… 13
广泛的友谊 …… 29
安抵延安 …… 47

二、"一切反动派都是纸老虎"
时代的真理 …… 58
撤离延安 …… 64
转战陕北 …… 74
与人民同在 …… 114

三、扭转乾坤的决战
千里跃进大别山 …… 129
从城南庄到西柏坡 …… 136
九月会议 …… 164
辽沈战役 …… 182
淮海战役 …… 204
平津战役 …… 231

四、将革命进行到底
会见米高扬 …… 244

"宜将剩勇追穷寇" ………………………… 256
揭开崭新的时代 …………………………… 266

第六编 "一唱雄鸡天下白"

一、出访苏联

"一边倒"格局 …………………………… 291
两个巨人的会晤 …………………………… 296
柳暗花明 …………………………………… 301
满载而归 …………………………………… 309

二、"谈笑凯歌还"

又一场"淮海战役" ……………………… 329
七届三中全会 ……………………………… 336
调整工商业 ………………………………… 344
指导新区土地改革 ………………………… 348
抗美援朝 …………………………………… 364
镇压反革命运动 …………………………… 405
发动"三反""五反"运动 ……………… 409
编辑出版《毛泽东选集》 ………………… 422

三、创造新世界

过渡时期总路线的提出 …………………… 440
农村的社会变革 …………………………… 450
和平赎买政策 ……………………………… 487
指导"一五"建设和手工业改造 ………… 502
高、饶事件 ………………………………… 522
根本大法的诞生 …………………………… 534
在文化思想战线上 ………………………… 544

四、新的追求与探索

农业发展纲要 ················ 562

"双百"方针 ················ 564

十大关系 ···················· 572

中共八大前后 ················ 591

两类矛盾学说 ················ 601

第五编
"天翻地覆慨而慷"

一、为"和平、民主、团结"而斗争

赴重庆谈判

1945年8月9日,日本政府最后决定接受《波茨坦公告》。15日,日本天皇裕仁以广播《终战诏书》的形式,向公众宣布无条件投降。

就在日本最后决定接受《波茨坦公告》的同一天,毛泽东发表《对日寇的最后一战》一文,提出:"对日战争已处在最后阶段,最后战胜日本侵略者及其一切走狗的时间已经到来了。"他告诫说:"全国人民必须注意制止内战危险,努力促成民主联合政府的建立。"

8月13日,毛泽东又在延安干部会议上做《抗日战争胜利后的时局和我们的方针》的讲演,提出制止内战、维护国内和平、针锋相对的方针。同时告诫全党,不要对蒋介石抱有任何不切实际的幻想。他说:"蒋介石的方针已经定了,他的方针是要打内战的。蒋介石说要'建国',今后就是建什么国的斗争。是建立一个无产阶级领导的人民大众的新民主主义的国家呢,还是建立一个大地主大资产阶级专政的半殖民地半封建的国家?这将是一场很复杂的斗争。"他明确提出:"蒋介石对于人民是寸权必夺、寸利必得。我们呢?我们的方针是针锋相对,寸土必争。"

在日本投降的最初几天里,毛泽东度过了最忙碌的时期。

师哲回忆说:

1945年,党的第七次全国代表大会胜利闭幕后,各地代表立即返回本地区、本单位,只有极少部分干部因故在延安逗留数日。这时,外电传来消息——8月9日,苏联军队从远东的双城子至西伯利亚的赤塔一线全面出击,向日本侵略军展开猛烈进攻。战斗一开始就很激烈,日军负隅顽抗,双方都有众多伤亡。但苏军仍然势如破竹,所向披靡。仅几天的时间,8月14日日本天皇便宣布愿意放下武器,正式投降。毛泽东说:"看,美国在广岛、长崎投了原子弹,日本没有投降;而苏军一出兵,日本就投降了。"

日本投降的消息传到延安,延安全城沸腾了!以延安城为中心的几条辐射形山沟中，满山遍野红旗招展、锣鼓喧天、爆竹齐鸣。人们欢呼雀跃，把衣服帽子抛向天空。卖水果的老乡把筐里的苹果、梨送给近旁不相识的人。不管认不认识，大家互相拥抱，拉起手来扭秧歌。当天夜晚，满山遍野是火的海洋、欢乐的洪流！狂欢持续了3天。

八年的艰苦抗战，终于胜利了！

在这历史的转折关头，我党、我军上上下下都处于极其繁忙而紧张的工作之中，党中央领导同志尤甚。毛泽东、周恩来、刘少奇最忙；朱德总司令历来表现得不慌不忙，优哉游哉，事情却处理得从容不迫，井然有序；而任弼时同志当时重病在身，力不从心，只是着急。

毛泽东恨不能把一天当十天用。工作量之大，速度之快，达到了空前的程度。他把办公地点移到枣园的小礼堂，为的是一面处理事务，一面接见各地、各级来请示工作的同志。他一面同这些同志谈话，一面挥笔疾书——发布命令，写委任状，发表文告、声明、宣言，等等，每天要在办公室连续工作十个小时以上，而夜里读书仍然不可或缺。有时忙得无暇进食、饮茶。幸而适逢延安瓜果成熟的季节，所以工作人员挑选了最好的瓜果送到毛泽东的办公桌——乒乓球台子上。台子中央摆着笔墨纸砚，别无他物。毛泽东在工作时顺手抓起瓜果来解渴、充饥，或时而啃几口馅饼和面包。毛泽东吃西瓜也是很有特点的，他将西瓜抓在手中，如同风卷残云一般，一口一片。

小礼堂的周围摆放着一圈长条靠背木椅，干部们坐在那里等候命令和指示。愿意吃什么，自己到毛泽东的"办公桌"上取了就吃。领到委任或指示的人，精神振奋，立正、敬礼，各自离去。

刘少奇在自己的窑洞里悉心研究各种文件、各地来电等，或者同出发到前方去的同志谈话，只有遇到重大问题才同毛泽东商量、研究处理方案。他首先关注到东北方面的形势和我们应采取的方针。

在苏军进入我国东北之前，我们并不知道苏军的动向，不管是苏联方面，还是在苏军中工作的我方人员——如刘亚楼、周保中等同志，都没有向我们透露过任何消息。看来苏联是认真遵守同美英达成的秘密协定，即只同中国国民政府打交道。

8月14日，莫洛托夫同国民党外交部长王世杰在莫斯科签订《中苏友好同盟条约》，其中规定：苏联的援助完全给予国民党政府，苏联尊重中国在东北三省的完全主权及领土行政之完整。同日，斯大林发表声明，苏军在日本投降后三个月内全部从东北撤军。同时，国民党政府同意苏军使用旅顺口海军基地、大连港国际化、中苏双方共同经营中长路的要求和承认外蒙古独立。因而苏军把东北的大城市交给国民党，同意他们派市长接管。

然而，我军在东北的抗日力量早已存在，尤其在山海关至张北一线的长城内外，部署了罗瑞卿、李运昌、杨成武、吕正操、曾克林等部。在苏联对日宣战之后，上述所属部队及山东解放区的肖华等部便全面向北进击，深入东北腹地，配合苏军作战。中央也从华北、华中调动一部分部队向东北进发。

苏联为遵守国际协议，极力设法尽快地将南满辽沈等地移交给国民党政府，以便早日脱身，撤回自己的部队。而蒋方部队抗战期间躲在大西南，虽有美国提供的飞机、轮船、汽车等现代化交通运输工具，怎奈他们自己不争气，忙于"劫收"，因而机械化赛不过土八路的两条腿。美国军队9月30日才在秦皇岛登陆，在美军的帮助下，11月16日国民党从我们手中夺走了山海关。蒋介石好不容易到1946年11月中旬才将他的精锐部队第1军（即整编第1师，师长孙立人，副师长贾幼慧）运去接管苏军移防的沈阳。

苏军按规定时间撤离后，东北只留下国共两家的武装力量[1]。双方互不相让，寸土必争。我们的方针仍然是抢先占领广大的农村，并尽可能地占领一些中小城市；在解放了的地区，发动群众彻底翻身，保卫自己的胜利果实。

对东北方面，1945年8月刘少奇向毛泽东谈了自己的见解和设想——苏联军队虽然没有积极支持和帮助我们，却也没有阻拦我们，估计也不至于对我们背后开枪。那么，我们在东北也就赢得了战略上的胜利，即北面没有敌人；西面蒙古、东面朝鲜都是友邻，我们可以集中力量对付一个方向的敌人。有了这样一个有利的战略地位，就有了取得胜利的基础。

毛泽东听着刘少奇的陈述，一直默不作声，也没有停止自己手里的事情——写文告、调兵遣将、发布命令、交代任务。最后才提到林彪，给他的任务是：去东北，掌握这一重要的战略重地。林彪十分高兴，欣然接受，昂扬而去[2]。

周恩来则独当一面在外线作战，既忙于同国民党、蒋介石打交道，还要对付帝国主义的种种阴谋。

当时，国共虽无战争，但各自的神经都绷得很紧，形势很微妙。毛泽东将每一步都把握得很准、很稳。

蒋介石为了维护他的地位，提出所谓维持国内和平的条件，要统一军令、统一政令、统一国政、取消特区（即陕甘宁边区和各解放区），这就使问题大大复杂化了。美国出面搭桥引线，极力促成国共举行最高级会谈。8月14日，蒋介石来电邀请毛泽东到重庆"共同商讨""国家大计"。20日、23日又连来两电。

这时，斯大林通过苏军驻延安情报组转来一份电报，内容主要是：中国不能再打内战，要再打内战，就可能把民族引向灭亡的危险地步，等等。这电文引起了毛泽东的极大不快,甚至是很生气。他说:"我就不信,人民为了翻身搞斗争,民族就会灭亡?"

过了两三天,斯大林又来了第二封电报,主要内容是说:世界要和平,中国也要和平。尽管蒋介石挑衅想打内战消灭你们,但是蒋介石已再三邀请你去重庆协商国是,在此情况下,如果一味拒绝,国内、国际各方面就不能理解了。如果打起内战,战争的责任由谁承担?你到重庆去同蒋会谈,你的安全由美、苏两家负责,等等。

开始时,毛泽东本想派周恩来代表他去谈判,已于8月22日电告蒋介石。后来考虑到蒋介石不会满意,而且又不足以充分表示我方的诚意,于是决定他本人去重庆同蒋介石会面。

8月27日,美国驻华大使赫尔利和张治中专程从重庆到延安来迎接毛泽东。

赫尔利粗鲁而不识事体。1944年他第一次到延安来调停国共两党关系就食言而肥。

28日,毛泽东、周恩来、王若飞在张治中、赫尔利的陪同下,同机飞离延安去重庆。当天到机场送行的各级干部约千人,但所有到场的干部都表情沉闷,心事重重,大家都沉默不语。看来,他们所考虑和担心的都是同一个问题——毛泽东的人身安全有保证吗?尽管张治中一再声言,他对主席的安全负有绝对不可推卸的责任,可是一贯背信弃义的蒋介石心里究竟作怎样的打算,谁能知道呢?

最使人心情不愉快并极其反感的是,毛泽东等人刚登上飞机,赫尔利最后一个爬上舱梯,当他一只脚踏上舱门,另一只脚还在空中时,双手抓住机门框,头往后仰,怪声怪气地大吼:"哎,咦,呀!"

这怪声大叫立时引起所有在场同志的不满、气愤和疑虑,纷纷质问在场送行的美军联络组组长包瑞德上校:"赫尔利的表演是什么意思?"

包瑞德回答说:"赫尔利是牧童出身,这可能是他早已养成的在欢快时的一种得意表现吧。"

飞机起飞了,人们带着沉重的心情返回各自的机关去了,对主席的安全,谁也没有放下心来。

毛泽东赴渝前,不仅起草了《中共中央关于同国民党进行和平谈判的通知》,还同刘少奇整整谈了一天一夜,面授机宜。大致意思是:我在重庆期间,前方和后方都必须积极活动。对蒋介石的一切阴谋都要予以揭露,对蒋介石的一切挑衅行为,都必须予以迎头痛击,有机会就吃掉他,能消灭多少就消灭多少。我军的胜利越大,农民群众的活动就越积极,我的处境就越有保障、越安全。须知蒋委员长只认得拳头,不认识礼让。

在后来事态的发展中,许多干部产生了疑虑,不得已,刘少奇才向大家透露了上述毛泽东的指示,大家才放下心来,天天盼着毛泽东归来。[3]

据余湛邦回忆,蒋介石邀请毛泽东到重庆谈判的打算,始于1943年。他说:

> 1943年5月,第三国际通过自行解散的决议,中共中央表示同意。在这一国际背景下,蒋介石忽然异想天开,电召张治中到官邸谈话:"我想请毛泽东到重庆来,我们当面谈一切问题,你看好不好?"张治中听了很兴奋地说:"很好,很好,我完全同意!"蒋当即写了一封给毛泽东的亲笔信交张转去。此时,林彪因和谈失败,行将返延安汇报,张治中就在桂园设宴为林饯行,席上把蒋介石的信交林托其带去。但是以后延安毫无反应,张亦未向中共代表查询。事虽未成,却为1945年重庆谈判伏下一笔。蒋见此计不行,于是又掀起第三次反共高潮,指使军队进攻鄂东的新四军,又调河防军参加对陕甘宁边区的包围,让特务机关出面,伪造民意,要求解散中共与边区政府,国共关系又趋紧张。
>
> ……
>
> 1945年8月10日,日本政府决定无条件投降的消息一经传出,国内顿时到处欢呼,鞭炮齐鸣,号外纷飞,人人喜形于色,奔走相告。但张治中闷坐家中,郁郁不乐。因为他眼看国共两党关系极坏,双方军队摩擦加剧,内战危机,一触即发。尤其远东盟军总司令麦克阿瑟和蒋介石先后宣布只有国民党部队才有权接受日军投降,这一无理要求为中共方面所坚决拒绝。张治中盱衡全局,一方面在主和派友人中积极活动,另一方面向蒋介石旧事重提,建议再次邀请毛泽东到重庆来商谈一切。
>
> 当时国统区已到了百孔千疮、内溃外烂的境地。虽有美国支援,蒋介石亦痛感无力从事反共战争。加上国内人心厌战,国际舆论反战,蒋出于无奈,接受了张治中的建议(据说吴鼎昌同时亦有同样建议),于8月14日、20日、23日连续三次去电邀请。中共中央决定应邀,并派毛泽东、周恩来、王若飞三人为代表。蒋派张治中作为他的代表,偕同先任罗斯福总统的代表后任美国驻华大使的赫尔利,在8月27日同机飞到延安,第二天就顺利地陪同毛泽东到达重庆——这是张治中第一次到延安。[4]

毛泽东对蒋介石的邀请极为慎重,接连召开中央政治局会议讨论。

据《毛泽东年谱(1893—1949)》记载,毛泽东在1945年8月23日政治局讨论时发言:

> 现在情况是抗日战争的阶段已经结束,进入和平建国阶段。全世界、欧洲、东方都是如此。不能有第三次世界大战,这是肯定的。……蒋介石的地

位，有利的方面是，有合法地位与大城市；不利的方面是，在他面前摆着强大的解放区，他内部有矛盾，他不能满足人民的民主、民生的要求。我们的地位，有利的方面是，抗日的功劳[5]蒋介石不能磨灭，在全国人民中的地位为大革命和内战时期所没有过，为民主、民生而奋斗的纲领，能解决蒋介石所不能解决的问题；不利的方面是，没有大城市，没有机械化的军队，没有合法地位。我们现在新的口号是：和平、民主、团结（过去是抗战、团结、进步）。和平是能取得的，因为苏美英需要和平，不赞成中国内战；中国人民需要和平。国民党也不能下决心打内战，因为他的摊子未摆好，兵力分散，内部矛盾，无论如何弱于日军加伪军，加上解放区的存在，我们不易被消灭，人民与国际反对内战，因此内战是可以避免与必须避免的。提出和平、民主、团结三大口号是有现实基础的。蒋介石想消灭共产党的方针没有改变也不会改变，他之所以可能采取暂时的和平，是由于有上述诸条件，以便医好自己的创伤，壮大自己的力量，将来等待机会消灭我们。关于承认解放区、解放军的争论，一定是非常激烈的，可能要打打停停，甚至可能要打痛他才能逼他让步。对国民党的批评，本来是决定停一下的，因日本突然投降，蒋下令要我们"驻防待命"，不得不再批评一下，今后要逐渐缓和下来。以后仍是"蒋反我亦反，蒋停我亦停"，以斗争达团结，有理有利有节。不可能设想在蒋的高压下，没有斗争可以取得地位。中国的局面，现在是独裁加若干民主，并将有相当长的时期。我们还是钻进去给蒋介石"洗脸"，而不是"砍头"。这个弯路将使我们党在各方面达到更成熟，中国人民更觉悟，然后实现新民主主义的中国。准备以中央委员会名义发表一个宣言，提出"和平、民主、团结"的口号。这次谈判应该去，不能拖，而且估计也不会有什么危险。各解放区要作持久之计。打仗一定要有利，无把握的仗不打。不增加人民负担，今冬大减租、明春大生产。只要我们站稳脚跟，保持清醒的头脑，就不怕一切大风大浪。[6]

1945年8月26日，毛泽东又主持召开政治局会议。他在会上发言：

我去重庆的问题，昨晚政治局七同志与若飞同志商谈，决心答复魏德迈的电报，去。这样，我们可以取得全部主动权。要充分估计到蒋介石逼我作城下之盟的可能性，但签字之手在我。谈判自然必须作一定的让步，只有在不伤害双方根本利益的条件下才能得到妥协。我们准备让步的第一批地区是广东至河南的根据地，第二批是江南的根据地，第三批是江北的根据地，这要看谈判的情况，在有利条件下是可以考虑让步的。陇海路以北迄外蒙一定要由我们占优势。东北行政大员由国民党派，我们去干部，一定有文章可做。如果这些还不行，那么城下就不盟，我准备坐班房。我们党的历史上除何鸣事件外，还没有随便缴枪的事，所以绝对不要怕。如果是软禁，那倒不怕，我正是要在那里办点事。红军[7]不入关,美国不登陆,形式上是中国自己解决问题,实际上是三国过问。三国都不愿中国内战,国际压力是不利于蒋介石独裁统治的。所以重庆是可以去和必须去的。领导核心还在延安,党内也不会有什么扰乱,将来还可能有多一些的同志到外面去。因为有了里面的中心,外面也就能保得住。延安不要轻易搬家。由于有我们的力量、全国的人心、蒋介石自己的困难、外国的干预四个条件,这次去是可以解决一些问题的。[8]

毛泽东亲赴重庆谈判这件轰动中外的历史性大事,就这样确定下来。经毛泽东提议,中共中央还决定,在毛泽东赴重庆谈判期间,由刘少奇代理其主席职务。

1945年8月28日下午,毛泽东、周恩来、王若飞在张治中、赫尔利陪同下,到达重庆。这一消息轰动了整个山城。

当年在重庆协助周恩来做统战工作的童小鹏回忆说:

8月的重庆,正是酷热时节。28日午后,欢迎毛主席的人群,从四面八方拥向九龙坡机场。欢迎队伍中有张澜、沈钧儒、黄炎培、郭沫若、陶行知等知名人士,有八路军重庆办事处和《新华日报》的工作人员,国民党方面有邵力子、谭平山等,还有蒋介石的代表周至柔。下午3时45分,载着毛主席的专机降落了。虽然经过四个多小时的飞行,但毛主席仍精神饱满、容光焕发。他屹立在机舱门口的舷梯上,举起坚强有力的右臂,频频向人们挥手致意,人群中顿时爆发出热烈的掌声。毛主席稳步走下专机后,周副主席把在场的各界人士作了介绍,毛主席感谢他们到机场迎接的盛情,同他们一一握手。毛主席来到八路军重庆办事处和《新华日报》馆的同志们面前时,大家以无比崇敬和幸福的心情,向毛主席表达亲切问候,热烈鼓掌,欢迎伟大领袖毛主席的到来。毛主席在机场发表了书面谈话,说明到重庆来的目的,他指出:"目前最迫切者,为保证国内和平,实施民主政治,巩固国内团结,国内政治上、军事上所存在的各项迫切问题,应在和平、民主、团结的基础上加以合理解决,以期实现全国之统一,建设独立、自由与富强的新中国。希望中国一切抗日政党及爱国志士团结起来,为实现上述任务而共同奋斗。"这篇简短的谈话,把中国共产党对当前时局的政治主张,光明磊落地宣告于中外。毛主席的来临,使整个山城群情激动。这个消息立即被中外记者报道给全国和全世界。……

这一天,《新华日报》出版得特别早,天刚蒙蒙亮,报馆的几十个勇敢而机警的报童就把比往常多几倍的报纸,送到了广大市民手中。人们争相阅读着这张令人欢欣鼓舞的报纸,因为它在第一版用大字标题刊登了《毛泽东同志来渝》的特大喜讯,并刊载了中共中央《对目前时局的宣言》和"和平、民主、团结"三大口号。在毛主席到达重庆的当天下午,《新华日报》又发行了报道毛主席到达重庆的号外。在市区的一些街道，人群拥塞，争相索取，奔走相告。重庆市的广大工人、农民、妇女、青年纷纷向《新华日报》馆表达他们对毛主席到达重庆的无限喜悦、希望和敬意。当天晚上，《新华日报》接到一封由许多人签名写给毛主席的致敬信，信中说："您毅然来渝，使我们过去所听到的对中国共产党的一切诬蔑完全粉碎了，这证明中国共产党为和平、团结与民主而奋斗的诚意和决心，希望谈判成功。"这封信，表达了多少人民群众的心声啊！

9月1日晚，毛主席在周副主席陪同下，出席了中苏文化协会举办的酒会。几天来，重庆广大群众一直都殷切渴望见到想念已久的毛主席。毛主席要出席酒会的传闻不胫而走。下午5点多钟，从七星岗到黄家垭口一带，人群熙熙攘攘，呈现出前所未有的热烈景象，都在盼望着毛主席的到来。晚上7时许，一辆黑色轿车向中苏文化协会门口驶来，这时人群沸腾，万头攒动，都把视线投向这辆汽车，车里坐着的正是人们日思夜想的毛主席。人们高兴地呼喊着："我看见毛泽东啦！""毛主席到了！"毛主席在周副主席陪同下进入会场，会场内又是一片欢腾，笑声和掌声不时传到大街上。宴会结束后，毛主席离开会场健步走在大街上，向伫立在周围的人民群众亲切地微笑着，连连招手致意，热情问候。人们再也抑制不住激动的心情，迸发出热烈的欢呼声："欢迎您，毛先生！""毛泽东万岁！"四面八方的欢呼声响彻重庆的夜空。"毛泽东万岁！"这个时代的最强音，反映出国民党统治区广大人民群众的新的觉醒。(9)

张治中的机要秘书余湛邦回忆说：

抗日战争胜利是大事，毛泽东到重庆也是中国现代史上的一件大事，它象征着胜利和团结。胜利与团结是双喜临门，不仅全国人民为之欢欣鼓舞，而且全世界人民亦寄予热情的期待。重庆各界更是人心振奋，期待着毛泽东的到来。

1945年8月28日凌晨，我和两位同事坐了张治中的车从城里出发。重庆地区经常多雾，今天却天气晴朗，难得的秋高气爽。我们中途在一个小镇休息，用电话和机场联系，知道从延安回来的飞机要到下午才到。我们从从容容地下午两点才赶到九龙坡机场。当时已经黑压压地站满了一大堆人。有国民党军政人员、各民主党派人士、社会贤达、新闻界、文化界、各国通讯社记者和八路军驻渝办事处及新华日报社的工作人员。除蒋介石指派的周至柔外，特别引人注意的是邵力子、张澜、沈钧儒、谭平山、黄炎培、郭沫若、冷遹、陈铭枢、左舜生、章伯钧、李德全等人。

下午3时45分，机场上空响起了轰隆隆的声音，一架草绿色的飞机徐徐下降，人群像潮水一般涌向停机坪。机门开了，毛泽东出现在门口，群众中爆发出热烈的欢迎掌声。毛泽东身穿蓝灰色的中山装，头戴巴拿马式帽子，脚上穿着黑色布鞋，显得雍容、凝重，容光焕发。他一面手挥帽子，一面同赫尔利同时下机，张治中、周恩来紧跟着走了下来。张治中为毛泽东逐一介绍来迎接的重要人士。大批新闻记者早已摆好相机，顿时前后左右响起了"咔嚓咔嚓"的快门声。

照相之后，毛泽东发表了简短的书面谈话。主要指出："目前最迫切者，为保证国内和平，实施民主政治，巩固国内团结，以期实现全国之统一，建立独立、自由与富强的新中国。希望中国一切抗日政党及爱国志士团结起来，为完成上述任务而共同奋斗。"

蒋介石不仅是个反共头子，还是个杀人魔王。在他统治下，诚为鲁迅所形容的"杀人如草不闻声"！加上当时重庆情况复杂，社会秩序混乱，毛泽东到重庆谈判，确实是身入虎穴，体现了无产阶级革命领袖的大无畏气魄。

毛泽东到重庆后，首先要考虑的问题是工作与安全。关于住处，毛泽东一下飞机，周至柔就说已为他准备了接待美国客人的招待所，说是地方好，设备全。毛泽东笑笑说："我是中国人，不是美国人，不住美国人的招待所。"张治中在汽车旁对毛泽东说："已为您准备了市郊黄山和山洞林园两处，任您选择。"毛泽东未置可否。在这方面，操心最多的是周恩来。他原来设想让毛泽东以红岩办事处作起居、工作、活动的中心，但一住下来就感到不合适。红岩不仅地方较偏，路不好走，上下山石级太多，而且周围又特务密布，对来客不方便，对毛泽东也不安全。至于曾家岩50号他自己的住处，地点较好，但地方狭小，且二楼是国民党人居住。唯一比较合适的是张治中官邸（上清寺桂园）。那里的房舍虽不大，设备也一般，但还合用，而且距离曾家岩50号和红岩新村都不远，又在马路旁边，地点适中，汽车进出也很方便。周一开口，张治中慨然答应，全家搬到复兴关中训团内一所狭小破旧的平房里。于是，毛泽东就以桂园作为会客、工作、休息之所。每日上午由红岩来，下午会客，晚上回红岩睡觉。

桂园这名字，大家并不陌生，它曾经是中国现代史中一个有名的地方。房子是孔祥熙的部下后来任财政部部长的关吉玉的产业。1938年冬，国民政府迁都重庆，陈诚就租作官邸。1939年张治中调任蒋介石的侍从室主任，桂园邻近蒋的侍从室，所以张和陈商量，租让过来，一直住到抗战胜利。

房子不大，一楼一底。楼下是会客室、餐厅、备餐间、秘书室、副官室、盥洗室。楼上是卧室，大小五六间，张一家十来口，也够拥挤的。楼南是个院子，院子东面是大门口，传达室、汽车间各一。院子西面是警卫员室，经常住着一个手枪班。楼房北面是一排平房，包括厨师和工作人员住房。院子的四周是竹子编的围墙,很不严实。

值得一提的是客厅,它是《双十协定》的产生地,是名流荟萃、高谈阔论的场所。那是一间二十多平方米的长方形房子,周围摆着朴素的沙发,只能坐十来个人。东面、南面是窗子,外层是百叶窗,里层是玻璃窗。墙角处摆了两三盆花草,什么古董摆设都没有。南墙悬挂着孙中山先生手书"天下为公"的横幅,字体雄浑,笔力遒劲。东墙悬挂着蒋介石手书的戚继光语录:"若谓战为容易,固属欺人,但劲敌鲁来,亦未尝不败……"西墙是女画家红薇老人画的一幅花卉。北墙是《秦淮夜泊图》,是一位八十七岁高龄画家的作品,上题七绝一首:

春风吹梦到天涯,人在天涯梦在家,
梦到秦淮秋月夜,系船水阁听琵琶。

这些字画,体现了当时主人的身份、思想和性格。

毛泽东住桂园,安全是个首要问题,最操心的是周恩来。他不仅对毛泽东的睡床、座椅、房子逐一详细检查,而且对警卫工作亲自布置。毛泽东从延安带来一位颜太龙同志,龙飞虎原在重庆,加上陈龙共三人,力量是单薄些。开始,张治中对周恩来说:"政治部有警卫营,大多是我家乡的子弟兵,我准备用他们来担任警卫工作。"周考虑再三,认为当时重庆十分复杂,散兵游勇多,前线下来伤兵多,袍哥帮口多,一般警卫管不了他们。两人商量后,决定派宪兵担任。张治中和宪兵司令张镇一谈就解决了。

在四十三天的谈判中,毛泽东除了头尾三天在林园外,其余全在桂园。上午八九点由红岩村来,晚上回红岩村歇。白天工作和休息在楼上,会客在楼下。有时谈判也在会客室内进行,不少次还进行到深夜。所以当时的桂园,既是毛泽东在重庆活动的中心,又是中国政治旋涡的中心。

毛泽东到重庆的消息,号外一出,广播一播,如同强劲的东风,迅速吹遍山城。各阶层人士、中外友好,都以争先一睹毛泽东风采为快,纷纷来到桂园。国民党的达官显贵,上自蒋介石,下至五院院长以及各部委会的负责人;进步人士,知名人士,文化学术界,新闻界人士,如宋庆龄、冯玉祥、郭沫若、柳亚子、陶行知、谭平山、侯外庐、翦伯赞、邓初民、周谷城等;民主党派领导人,如张澜、沈钧儒、黄炎培、章伯钧、罗隆基、张申府、左舜生、陈启天、王昆仑等;社会贤达,如冷遹、褚辅成、傅斯年、王云五等;实业界巨子,如刘鸿生、李烛尘、吴羹梅、吴蕴初、范旭东、章乃器、胡西园、潘昌猷等,加上国际友人、进步作家等,纷纷来见,宛如众星拱辰。

毛泽东在这里会见了小民革(中国民主革命同盟)的领导人王昆仑、屈武、侯外庐、许宝驹、谭惕吾、于振瀛、曹孟君、倪斐君等,听取了大家对时局的看法。王昆仑还提到了对《红楼梦》的研究,屈武提到了于右任对和谈的态度。毛泽东强调"和为贵",谈到"和平、民主、团结"的方针,谈到了如何做好统战工作。毛泽东还风趣地说:"国共两党婚姻没有问题。"侯外庐笑着说:"老头子和青年人难成婚姻。"毛主席说:"不行的话,可以刮胡子嘛!"

沈钧儒不相信蒋介石对和谈有诚意,而且很为毛泽东的安全担心,希望毛泽东提高警惕。毛泽东为他耐心地解释:"我们共产党对和谈是有诚意和信心的。我们干一件工作,开始感到没有什么把握,这可以理解。如果一开头就有了一半把握,再加上大家的努力,事情就比较好办了。比方两人谈恋爱,一方表示了很大的诚意,就已经有了一半的希望了,现在就看国民党方面了。"

毛泽东和周恩来同时还招待了在重庆的各国援华救济团体的负责人:中国保卫同盟主席宋庆龄、英国援华会薛穆和夫人、美国联合援华会艾德夫,以及公谊救护队、英国红十字会、世界学生救护委员会、国际救护委员会等团体的代表,对他们过去对中国人民的友谊表示感谢,并征询他们对中国时局的意见,讲解中共对时局的方针和政策。

毛泽东还会见了1945年7月间访问过延安的六位参政员:黄炎培、章伯钧、左舜生、傅斯年、冷遹、褚辅成等,与他们交换和谈的看法。此后,毛泽东还举行茶话会,招待实业界人士章乃器、刘鸿生、李烛尘、范旭东、吴羹梅、吴蕴初、胡西园、潘昌猷等,对他们在工业方面的成就表示赞扬,同时指出:"在半封建、半殖民地的中国,民族资本是得不到发展的,只有在国家独立、民主、自由之下,民族工商业才有发展的前途。我们不会把民族资本家看作敌人,而是看作朋友,不没收产业,而是调节劳资关系。"[10]

唇枪舌剑

1945年8月29日,拉开了长达四十三天的重庆谈判的帷幕。其间,毛泽东直接同蒋介石举行多次会谈,对两党关系的重大问题交换意见。有关问题的具体谈判,则由中共代表周恩来、王若飞同国民党政府代表王世杰、张群、张治中、邵力子进行。斗争的焦点集中在军队和政权问题上。蒋介石企图以"军令政令之统一"为借口,取消共产党领导的人民军队和解放区。中共代表则以具体方案相回击。

谈判极为艰苦,一度陷入僵局。美国大使赫尔利找到毛泽东,要求共产党交出解放区,要么承认,要么破裂。毛泽东在事关和谈成败的责任的重大问题上毫不含糊,沉着回答:"不承认,也不破裂,问题复杂,还要讨论。"

历史的见证人之一童小鹏回忆说：

重庆谈判，始终是一场严重尖锐的政治斗争。正如毛主席所说："蒋介石的主观愿望是要坚持独裁和消灭共产党，但是要实现他的愿望，客观上有很多困难。这样，使他不能不讲讲现实主义。人家讲现实主义，我们也讲现实主义。人家讲现实主义来邀请，我们讲现实主义去谈判。"毛主席到达重庆的第二天，就同蒋介石和国民党的代表开始了谈判斗争。在会谈中，蒋介石和国民党代表竟然提出了"没有内战"的谬论。毛主席和我党代表驳斥了他们的欺人之谈，指出：抗战八年[1]，内战是没有断的，要说没有内战，是欺骗，是不符合实际的。这就揭穿了国民党反动派在"没有内战"的烟幕下积极准备打内战的阴谋。接着，9月2日、4日，毛主席又两度与蒋介石会谈，阐明我党关于解决国内问题的一贯政治主张。同时，周副主席也同国民党的代表王世杰、张群、张治中、邵力子等人对谈判的问题和程序进行了磋商。蒋介石对谈判并无任何准备，连一个方案也提不出来，只是派了几个代表来敷衍应付，妄图使谈判得不出结果，并把毛主席拖在重庆。

为了表示我党对谈判的诚意，并在争取和平过程中揭露国民党的反动面目，我方首先提出了一系列"和平建国"的方案，要求国民党逐项给以答复，凡属双方同意的事项，则把各自意见要点记录在案，凡有一方不同意的事项，则继续商谈。周副主席作为我党的谈判主要代表，遵照毛主席的指示和决策，同国民党代表进行具体的谈判斗争。周副主席在谈判中，根据毛主席提出的"第一条中国要和平，第二条中国要民主"的基本原则，具体阐明了这是抗战胜利后中国历史新时期的方针，是解决两党现存一切问题的普遍适用的方针。只有先确立了这个方针，具体问题的谈判才会达成协议。经过反复会谈，国民党代表不得不表示同意我党提出的"和平建国的基本方针"，同意结束国民党的所谓"训政（即国民党一党专政）"，召开政治协商会议，各党派有平等合法地位，以及释放政治犯，取消特务机关，等等。但是，国民党反动派根本不愿放弃其法西斯专政，不愿意成立民主联合政府，并且顽固地拒绝承认在抗日战争中建立了伟大功勋的人民军队和解放区民主政权的合法地位，妄图在所谓"统一军令"和"统一政令"的借口下，根本取消我党领导的人民军队和有一亿人口的解放区。这样，就使谈判不能达成协议，完全暴露了蒋介石坚持独裁、内战的反革命面目。在毛主席的直接领导下，周副主席在谈判中坚决执行了毛主席的基本原则和策略方针，揭穿了国民党的种种阴谋，进行了有理、有利、有节的斗争。但由于国民党反动派坚持其顽固立场，到9月20日，中外瞩目的重庆国共两党谈判，完全停顿下来。

---

[1] 此为当时说法，准确表述为"抗战十四年"。

谈判桌上的斗争，是与战场上的斗争互相配合的。蒋介石的和平骗局在谈判桌上被揭穿了，于是就在会谈之外策划内战升级，妄图以此向共产党施加压力，捞取谈判桌上得不到的东西。早在毛主席到达重庆的第二天，即8月29日，蒋介石就密令重新印发了所谓《剿匪手本》，用法西斯信条，在其军队中实施反共内战的动员，后又密令国民党反动军队大举向我解放区进犯。毛主席早就预见到美蒋反动派的阴谋，曾明确指示全党："有来犯者，只要好打，我党必定站在自卫立场上坚决彻底干净全部消灭之。"我各解放区的党委坚决执行了毛主席的指示。9月中旬，我军首先击退了逼近张家口的蒋匪军。10月间，我军又歼灭了向上党地区进犯的阎锡山部35 000余人，俘虏敌军长、师长多人，这就是著名的"上党战役"。接着，我军又在邯郸地区消灭了沿平汉线进犯我晋冀鲁豫解放区的蒋匪军7万余人。这三次战役，使我军取得了击破蒋匪军进犯的重大胜利，也有力地支援了重庆的谈判斗争。蒋介石妄图用军事冒险扭转政治局势的阴谋彻底破产了。

这时，重庆谈判能否取得成果，已成为全国人民和国际舆论极大关注的问题。当时国民党反动派曾趁机诬蔑"共产党没有诚意"，妄图把破坏和平的责任强加给我党。美国的驻华大使赫尔利也撕下调解人的假面具，无端指责我党企图解决"很多具体问题"，使谈判停滞不前，并放出他要"返国述职"的空气，向我党施加压力。当时，《新华日报》不断接到许多读者的来信，要求公布谈判的进展情况，重庆各阶层人士也经常询问谈判结果。一时议论纷纷，甚至传出了国共谈判濒于破裂的消息。为了公开阐明我党的政治主张，为了澄清舆论和答复全国人民的要求，在谈判期间，毛主席曾广泛地会见了各方面人士，多次举行了民主党派和各界人士座谈会，介绍谈判情况，说明目前谈判尚未达成协议的症结所在。与此同时，为了打破谈判的僵局，促成谈判达成协议，我党代表根据毛主席在不损害人民基本利益的原则下容许作一些让步的指示，对有关人民军队和解放区政权问题，继续向国民党提出了一系列的建议，并作了重要的让步。在人民军队问题上，我党提出在未实现政治民主化之前，可以先行公平合理地整编全国军队，重划军区，愿将我党所领导的军队缩编为24个师，以至于20个师。在解放区政权问题上，我党提出对现有的18个解放区，可以重划省区和行政区，但必须承认经过当地人民选出的各级地方政权。并且决定将我党领导的广东、浙江、苏南、皖南、皖中、湖南、湖北、河南（豫北除外）8个解放区让出来。我党这种顾全大局的精神和一系列让步措施，粉碎了国民党反动派的造谣污蔑，揭穿了国民党的内战阴谋，赢得了全国人民和各民主党派的热烈赞同和支持。我党还草拟了国共会谈纪要稿，建议把已经取得一致意见的原则问题加以公布，把尚未取得协议的问题留待两党代表继续商谈，并交由行将召开的有我党和各民主党派参加的政治协商会议去讨论解决。经过反复斗争，蒋介石迫于国内外形势，最后不得不同意我党的提议，并以我方提供的会谈纪要草稿为基础进行修改，双方决定于10月10日签字，这就是《国共双方代表会谈纪要》（即《双十协定》）。至此，这场历时四十三天的谈判，就告一段落了。[11]

张治中的机要秘书余湛邦也回忆说：

毛泽东到重庆是轰动国内外的大事，蒋介石的内心打算是另一回事，但他对此是十分重视的。毛刚到重庆的第一天，征车甫歇，就在当晚8点半由张治中邀请毛主席和代表团到蒋的官邸山洞林园，盛宴欢迎。第二天下午和毛泽东作第一次直接交谈。9月2日，又再次邀请毛和代表团到官邸宴会，会后蒋、毛二人又作了第二次交谈。从8月29日至9月3日，以周恩来、王若飞为首的中共代表团，同以张群、王世杰、张治中、邵力子为首的国民党代表团，不断交换意见，各项问题都接触到了，并由张治中和周恩来直接商量，初步确定了商谈的议程。

在这里要着重说明一点，就是当时外间传说，蒋介石对谈判毫无准备，一切方案均由中共提出，蒋只是消极对付、派人敷衍等语。据我所知内幕，这不符合事实，也小看了蒋介石。蒋对中共和这次谈判是胸有成竹，也是胸有成见的。蒋是个阴谋家，有他的一套。他当时的设想是：先由双方交换意见，摸中共的底，自己先不说话，然后提出要点逐一进行谈判。不过中共方面确实掌握主动，先声夺人。在8月25日就发表了《对目前时局的宣言》，提出以和平、民主、团结、统一为解决中国问题的原则和前提。重庆谈判开始，中共始终坚持这一原则，国民党对这义正词严的原则无法阻拦，终于不得不同意写入协议之中。但是蒋介石是另有打算的，就是准备抽象地赞成，具体地抽调。他的具体做法是提出"政令统一、军令统一"，而且"先军队国家化、后政治民主化"，首先把中共的军队解决掉，其余的再说。

谈判是异常艰巨的，一开始就出现了针锋相对、各不相让的对抗态势。9月3日，中共代表提出《谈话要点》交给张治中等。内容共十一项：以和平、民主、团结为统一的基础，实行三民主义；拥护蒋介石的领导；各党派平等长期合作；承认解放区政权及抗日军队；严惩汉奸，解散伪军；中共参加受降；双方军队停止冲突，原地待命；结束党治，实行政治民主化，军队国家化，党派平等合作；政治民主化方面应包括召开政治协商会议，实行普选，调整行政区域及人事；军队国家化方面应包括整编全国军队，中共应有16个军48个师，中共军队后勤由国家补给，集中淮海流域及陇海以北地区，中共参加军委及其各部工作，设置北平行营及政治委员会，中共参加领导；党派平等合作方面应包括释放政治犯，取消特务机关，保障人民自由等。

蒋介石于同月4日，根据他和毛泽东的谈话和王世杰提供的《今日交谈之结果》，亲拟了一份《对中共谈判要点》，交给张治中等。蒋一开口就以极端傲慢的态度指出："中共代表所提之方案，实无一驳之价值，既然同意实行三民主义及拥护我的领导，其余各条就互相矛盾，不该提出。"然后更具体规定："中共军队整编数字，应根据张治中、王世杰去年与林伯渠商定的8至10个师，最高不得超过12个师之数；解放区于抗战胜利后根本不应存在，如中共真能做到政令军令的统一，则从中央至地方各级政府中共优秀人士均可参加；国民大会即将召开，原选代表均有效，如中共愿参加会议，代表可增选。"

从蒋介石亲拟的这个《谈判要点》看，的确是毫无诚意的。不过张治中等仍不得不据此和中共代表商谈。蒋、毛面谈和双方代表初步交谈是在山洞林园，不设记录，以后双方指定代表的商谈，则改在城内的"桂园"和"尧庐"（蒋的官邸），双方都派了人担任记录，谈了十多次，合计在林园、桂园、尧庐三地先后商谈23次。

整个谈判尖锐、紧张、曲折、复杂，多次濒于破裂。在国民党四位代表中，最积极、最活跃的是张治中。每到紧急关头，他都挺身而出，力图转圜。我眼看他活动频繁，劳心不已，在室中时而冥思苦索，时而摇头叹息，或则绕室彷徨，或则喃喃自语，显得饮食无心，坐卧不安。

经双方多次商谈之后，9月8日国民党代表对中共3日所提《谈话要点》作出了书面答复，除了强调统一为民主的基础，暗示政令与军令的统一是不能退让的外，并具体答复："党派在法律之前平等，但平等并非均等；解放区须撤销，人员可酌用；惩治汉奸、解散伪军可同意，但须依法慎重进行；参加受降须在接受军令政令统一之后；冲突可停止，但中共不得阻挠政府之接收工作；政治会议亦可不常设，仅由蒋主席召集国民党和各党派代表商讨决定有关事项，内容不预定；各省市的领导须依法任用，如指令某省市主席、副主席必由中共推荐始得任用，即非真正接受政令军令的统一；中共整编军队数字最高额为十二个师，不可变；北平政治委员会无设置必要，北平行营人选不能由中共推荐；释放政治犯，中共可提出名单由政府主动办理；中统、军统只办情报，严禁拘禁、逮捕行为。"

从双方所提条件看，距离甚远，似乎达成协议是根本不可能的。但是，如从武力解决，不但为国内外形势所不许可，而且条件也不具备，只能力求妥协。问题的核心是军队的数字和解放区问题，如能暂时排除或减轻，则问题仍有解决的可能。所以经过差不多四十三天的拉锯战，日谈、夜谈、集合谈、个别谈，终于获得暂时的协议。

毛泽东到重庆后，除了参加谈判外，还做了大量的统战工作，会见了左、中、右的各方面人士，连最反共的顽固分子如陈立夫、戴季陶他都去看望。戴后来还托张治中代为邀请毛泽东和代表团人员到他家吃饭。他在给张治中的信中说："前日毛先生惠访，未得畅聆教言，深以为歉……一别二十年，此二十年一切国民所感受之苦难解决，均系于毛先生此次欣然惠临重庆，不可不一叙也……"可见戴季陶还是意识到毛泽东到重庆的重要性。毛泽东虽然活动极其紧张，但还是应邀前往。

这里还有一个重要的插曲。毛泽东的安全是许多人担心的事。他在桂园所会见的爱国民主人士中，有人谈话时暗示说："重庆气候不好，易犯感冒，您还是早点儿回延安吧！"另一位写了一张字条，上书"三十六计走为上计"。这些话不是毫无根据的，过去杨杏佛、刘湛恩的被刺在前，闻一多、李公朴的惨死在后，前车之覆，不可不鉴。同时，和谈期间，国共两党的摩擦仍然不断发生，上党战役，蒋介石的部队吃了败仗，外间暗传流言，说国民党特务将有不利于毛泽东的行动。

以毛泽东的安全为己任的周恩来为此焦灼不安。同时，谈判已到末期，协定的主要条款除军队数字和解放区问题外，已基本达成协议。周恩来于9月底往访张治中说："毛主席想早点儿回去，早点儿签订协议好不好？"张问："预定哪一天走？"周答："预定10月1日。"稍停又说，"让毛主席一个人回去，我们可不放心哪！"张慨然说："我既然接毛先生来，当然要负责送他回去，但10月1日不行，我的活动很紧张，都安排了日程，要在10月10日后才行。"周说："好，我回去商量看。"（解放后，周和张谈起往事说："你那次答应护送毛主席回延安，我才放下心来，不然，真吃不下、睡不着！"）

在重庆谈判的四十三天中，毛泽东活动频繁，席不暇暖，走遍整个山城。刀枪如林的反动巢穴，人流如鲫的闹市，偏僻少人的山沟，乃至郊区的大学，都到过了。接触极其广泛，包括极端反共的上层头目、左中右的社会人士、妇青工商各界代表、外国使节、记者、军人。说实在的，随时随地都存在着危险的因素。当时有两件事，至今记忆犹新：

9月1日，中苏文化协会为了庆祝中苏友好同盟条约的签订，举行鸡尾酒会，同时还举办了苏联建设和抗击德寇的图片展览，邀请毛泽东参加。

中苏文化协会是我常去的地方，地处闹市，建筑并不好，也不很宽敞。那天下午，在张治中未到之前，我早就去等着了。没多久，小轿车鱼贯而来，孙科是会长，先到。以后陆续来的有国民党上层人物，如陈诚、陈立夫、朱家骅、吴铁城、覃振、贺耀祖、王世杰、梁寒操、鹿钟麟、翁文灏等。最值得注意的是宋庆龄、冯玉祥和苏联驻华大使彼得洛夫夫妇、罗申武官。此外还有许多知名人士，如郭沫若、李德全、王昆仑、许宝驹、傅斯年、王芸生、刘清扬、张申府、沈钧儒、马寅初、左舜生、高崇民、史良、茅盾、侯外庐、张西曼、阳翰笙、曹孟君、倪斐君等等，实在是盛况空前。

毛泽东要来参加，群众事前并不知道，但一下车进去就被群众发觉了。毛泽东到重庆的消息，如同一阵春风吹遍山城，人人都以一见为幸，如今被发觉了，一传十，十传百，可不得了！不仅路的两旁站满了人，而且挤进会场的也很多，把门的工作人员来不及看请柬，事实上也拦阻不了。毛泽东、周恩来由张治中、邵力子、冯玉祥陪同进去，逐一介绍来宾，互相握手问候。好些大革命时代的熟人，几十年阔别了，更是热情握手，殷勤致候，有的感动得泪满双颊，说不出话来。千百双眼睛注视着毛泽东，千百双热情的手伸向毛泽东。

人越来越多，实在拥挤得厉害，会上致词的、讲演的，匆匆草草，我连内容都没听清楚。张治中看见人流如此拥挤，有些着急了，劝毛泽东早点儿离开。毛泽东仍然举止从容，毫不介意，一面和人谈话，一面观看图片，最后连陪同参观的张、邵、冯都被挤散了。好不容易才由警卫人员和周恩来在人丛中开出一条路，才把毛泽东接出门口，张治中跟着也出来了。

在这种情况下，警卫是十分困难的，如万一有少数暴徒混进去，后果不堪设想。我们回到军委政治部和同事们谈起今天的情况，大家都为之担心，张治中长舒一口气说："今后再不能出现类似的情形了！"

另一件是宴会上发生的事。

10月8日，张治中在军委大礼堂举行盛大的宴会，欢迎兼欢送毛泽东，到会五六百人，主要是国民参政员、新闻界、文化界、社会贤达，然后是国民党大官。在当时的重庆来说，这是规模最大的盛会了。

在会上，张治中有一篇热情洋溢的欢迎词。他首先指出毛泽东到重庆来的重要性，为全国全世界人士所关注。然后说明双方商谈的情况，在大前提大原则上已完全一致，具体问题中70%已达成协议，其余的继续磋商，准备发表公告，让全国人民知道。最后还说："毛先生准备月内回延安去，所以今天的集会既是欢迎，也是欢送。毛先生来重庆，是本人奉蒋主席之命，偕同赫尔利大使迎接来的，现在毛先生回延安去，仍将由本人伴送回去。"

毛泽东当时也有一个简短的答词。首先对蒋介石的邀请和张治中的接待表示谢意，并同意张治中对商谈结果的估计和说明。然后特别提出："中国今天只有一条路，就是和，和为贵，其他一切打算都是错的"，"和平与合作应该是长期的"，"全国人民、各党各派一致努力几十年"，"建设独立、自由、富强的新中国"。最后说，"困难是有的，现在有，将来还会有，但是中国人民不怕困难"，"在和平、民主、团结、统一的方针下，一切困难都是可以克服的"。

紧跟着是宴会，饭店有京戏晚会。那天晚上，我们在张治中身边工作的几个人早就到会场张罗了。晚会进行到一半，一个人忽然跑到周恩来身旁附耳说了一会儿话，周突然起身离开毛泽东往外走，脸上显得有点紧张，我们感到纳闷。散会后回到政治部，才知道18集团军驻渝办事处秘书，也就是廖仲恺的女婿李少石被人开枪击中在公路上。这事使大家为之震动，张治中更是神情紧张，马上用电话和各方联系，一直忙到深夜，还没有得到确实的答复。

到底是误杀还是预谋？是政治事故还是责任事故？一时成为人们脑海中的疑问。问题的严重性在于，它是《双十协定》签字前发生的，是毛主席还在重庆时发生的。消息一经传出，山城为之震动。经过多方调查核实，才弄清了真相。

事情是这样的：9月8日下午5时，李少石坐小车送柳亚子由曾家岩回沙坪坝寓所，回程经下土湾时，适有国民党重迫击炮团一名排长护送30名新兵向璧山前进。一士兵正在路旁解手，少石同志的轿车无意中将士兵的头部撞伤。司机未发觉，没停车，该排一名班长鸣枪警告，子弹刚好从小车后工具箱射入，穿过少石同志右肩胛入肺部，司机急忙驱车送市民医院抢救。由于流血过多，到晚7时许不幸去世。事件的经过，由宪兵司令张镇和18集团军驻渝办事处主任钱之光先后在报上发表谈话，才算平息下来。周恩来还到医院看望李少石同志和受伤的新兵，答应负担医疗费，指示钱之光办理一切善后事宜。

这几天真紧张，万一毛泽东的座车外出也遇到意外事件，那可怎么得了！真使人提心吊胆，捏一把汗。当时张治中的紧张焦虑，就更不在话下了。

局势虽然诡谲多变，但谈判还是达成了协议。10月10日是辛亥革命34周年纪念日，就在这一天下午，国共双方在桂园签订了《双十协定》（即《政府与中共代表会谈纪要》）。

难忘的1945年10月10日下午，这是现代史中一个重要的日子。不仅亲身参加谈判的代表感到协议得来不易，满怀喜悦，就是办理事务的人员，知道谈判内幕的我们，也是喜气洋洋，十分高兴。从一清早，大家就忙开了，把小小的客厅和衣帽架收拾整理妥当，茶水香烟也准备好。在会客室北墙"天下为公"的横幅下横摆着一张条桌，覆以桌布，摆上签字用的笔墨。会场简朴、肃穆、庄严。但没有邀请记者和任何人参加，所以具体情形当时报上并没报道。

下午4时许，一切准备就绪，双方代表先后到场，互相致意，并审阅了事先誊写好的《双十协定》全文，表示同意，就按名次先后签上自己的名字。他们虽然没有说话，但从脸上表情看，显得既严肃又高兴。全体代表中，只有张群因公外出，不在重庆，他的名字是事后补签的。协议的全文于同月12日在报上公布。

签字完成后,邵力子先生向双方代表建议:"这次商谈,之所以能够获得初步成功,达成协议,多有赖于毛润之先生的不辞劳苦奔波,应请他下楼相见。"大家欣然同意,于是毛泽东主席下来和大家逐一握手,互致祝贺。

应该说,协议的达成,是中共方面识大体、顾大局,大大让步的结果。例如中共在商谈中和协议上始终表示接受蒋介石的领导和实行三民主义,部队数量中共愿意由48个师减为20个师,解放区问题,中共愿意以后继续协商。这些让步,有利于说服国民党中的右派同意协定的签订。张治中在解放后写回忆录时也说:"实在说起来,凡是具有定见远见的人,对于这个协议应该感到满足;特别是亲身参加商谈的我们,真是几经折中,舌敝唇焦,好容易才得到这样的结果,自然更感到愉快。"

重庆谈判过去四十五年了,事实说明,没有这个协定,国共两党的公开斗争就不能暂告一段落;没有这个协定,以后的停战协定就不能产生;没有这个协定,也不能为解放战争积聚足够的力量以至于统一全国,这个协定是具有转折性、历史性的伟大意义的文件,问题在于蒋介石缺乏诚意,再好的协定也终必成为一纸空文而已。

《双十协定》签字后两小时,蒋介石全副武装,佩着短剑,亲到桂园拜访毛泽东,两人略事寒暄,互致祝贺,即乘车同赴国府路国民政府礼堂参加国庆招待会。会后,毛泽东回桂园休息了一会儿,就乘车直奔山洞林园,夜歇林园,与蒋介石就未了问题最后交换意见。

10月11日晨,张治中代表蒋介石亲送毛泽东去机场。四十三天的共处,毛、张彼此有了进一步的认识,毛在车上笑着对张说:"我在重庆,知道你是真正希望和平的人。"张问:"怎见得?"毛说:"有事实为证:第一,你把《扫荡报》改名《和平日报》。《扫荡报》是在江西围剿我们时办的,你要改名,一定有些人很不赞成的。第二,你把康泽办的一个集中营撤销了,是做了一件好事。"

至于张治中对毛泽东的态度,如同他在新中国成立后所写的回忆录中说的:

"1945年以前,我对毛主席没有什么印象。相反,由于国民党的欺骗宣传,使我对他有过怀疑,怀疑他究竟具备了什么条件能够做共产党的领袖。但是从1945年8月我第一次到延安与他会面之后,他给了我深刻的印象,以后多接触一次,印象就更加深一层。

"1945年10月11日,我坐专机送毛主席回延安。下飞机时,飞机场上黑压压地站满了人。干部、群众、学生,男的、女的、老的、少的,在他们的表情里,充分流露出对领袖的最大欢悦与关切。那种情形,真叫人看了感动!其后,我还常常和朋友们说起，认为这是解放区一种新兴的气象。"[12]

蒋介石为了把毛泽东置于严密监视之下，在负责警卫的人员中安插了一批特务宪兵。当年参与这项任务的李介新回忆说：

1945年毛主席来重庆谈判期间，我奉命乔装成宪兵司令部派驻桂园特别警卫班班长，负责所谓警卫工作。

抗日战争胜利后，毛主席为了实现和平、民主、团结的建国方针，于1945年8月28日，同周恩来总理一道从延安乘飞机到达重庆，与国民党谈判。

毛主席是作为蒋介石的"客人"来到重庆的，蒋介石借安全保卫之名，妄图把毛主席和广大人民群众及各界爱国人士隔离开来，指定宪兵司令张镇在毛主席城内住地曾家岩桂园专门派出了一个警卫班。警卫班人员作了精心挑选，配备了专用汽车，规定了严格的工作制度，每天的"工作日报"由单线交通经宪兵司令部直送蒋介石。

警卫班的编制，在名义上属宪兵司令部特务营第4连。从表面上看，它和一般的要人住宅、军事机关、国民政府和各院部的日常武装警卫基本相同，实际上这个班是一个特殊组织，它并不属于宪兵司令部特务营的编制，而是由该部所属特务宪兵组成，受宪司驻重庆直属特高组领导。公开的编制、番号，不过是个伪装。

宪兵内部分为"常务宪兵"和"特务宪兵"两种。这两种宪兵——"常务宪兵"和"特务宪兵"，虽然都是由宪兵司令部统一领导，但在人事、组织等各方面，各有各的系统，从不发生横向关系。

宪兵司令部派驻桂园的特别警卫班，名义上属"常务宪兵"，实际上所有官兵皆由特高组从"特务宪兵"中选调组成。

警卫班最初的班长是张宝明，河北人。按照宪兵司令部的规定，警卫宪兵一律不准外出回家，平时只好在寝室里赌钱消遣。张宝明因管理无方，班内曾经发生争吵。为了避免类似事件发生，他只当了五天班长就被调回去了。9月2日由我来接替他的工作。当天杨香（特高组少校组长）把我叫到特高组办公地点凤凰台七号"行舍"。

杨香说，毛主席到重庆，总裁（指蒋介石）十分重视，命令司令部组织警卫班。现在处长（警务处亦即情报处少将处长卫持平）命令你担任班长。要我去之后，对内：在管理上对组员的生活当宽的要宽，工作上当严的要严，坚决不准请假外出；在行动上要执行纪律，对有意违反纪律的，送回处里惩处。对外：不管是哪一派、哪一"统"（指"军统""中统"）的特字号人物，都不许接近毛主席。办事要机智，如果发现有借故捣乱的人，就是开枪打死了，也不会要你偿命。他特别强调警卫工作关系到党国大事，绝对不能发生差错，让祸事出在宪兵头上。"报告"要力求准确,"窃听"应不留痕迹,尤其是要使共产党人看不出我们这个班是些什么样的人所组成的。杨香还向我说,随同毛主席一起的警卫队长叫龙飞虎,副官是朱友学。对朱副官要接受他的"指挥",随同毛主席外出,要同龙队长取得"联系",等等。

杨香把我带到桂园,先到班内向内勤宪兵简单了解一下当天情况,特别传达了情报科长周剑心的指示:"如果谁要在这里装怪,一定要从严惩办。"然后把我带去见朱副官,诡称张班长生病,现在由李班长来接替。我向朱副官立正敬礼并说,请朱副官有事找我。朱副官只打了声招呼,没有多谈其他的话。当天龙队长随同毛主席外出会客去了,没有见到。

杨香走后,警卫班的内勤宪兵向我详细报告了有关桂园和中共方面跟随毛主席到桂园人员的情况,以及警卫部署、情报内容、交通配备,然后由我带着内勤宪兵对桂园作了一番巡视。根据上级指示,警卫班有事直接向杨香、周剑心报告。为了保密,是借用住在隔壁美军总部宪兵排的军用电话。我把桂园工作初步安排之后,特地前去拜望了美军总部宪兵排排长,以便今后在工作上方便联系。

桂园坐落在曾家岩原求精中学(现第六中学)隔壁,门牌中山四路18号,是张治中的"官邸"。房子不大,二楼一底,在国民党军政要人中只算中等住宅。进门左侧是传达室,右侧是停车房。大门进去是个小院坝,种有花草。主楼靠右,楼下右边是会客室,左边是餐厅。楼上是毛主席和周总理的办公室和卧室。院内左角一间小屋是警卫班的住房,面积虽然不大,但可一眼看到桂园全部。

毛主席在重庆期间,白天在桂园办公、会客,夜间住红岩村。长住桂园的,除警卫班外,还有18集团军办事处的朱副官和张治中家一个年岁较大的佣人。

警卫班的分工:班长以下,有个内勤宪兵(不站岗,不担任外勤),主要任务是缮写"情报日报",与特高组的内勤小组约定各种代号、安排交通、领发工作津贴,活动地点在桂园传达室。

桂园门口,经常有一名武装宪兵站岗(毛主席在桂园时,增派一名武装游动宪兵)。另有两名随车宪兵担任毛主席外出的随车警卫工作。伙夫负责按时到隔壁宪兵排去拿饭,并为全班士兵代购生活用品。

门岗宪兵对进入桂园的人员限制很严,除朱副官准许进出的人和介绍给我们认识过的人外,其他人员一律不准进入。住在传达室的内勤宪兵,为了想得到每天来会毛主席的客人的具体姓名,从中捞到一点东西,曾经在传达室设一个"会客登记簿"。朱副官知道了,立即指示:"对来客不要登记。"这样一来，有许多来会毛主席的客人，我们并不认识，也无法知道名姓，在填写"情报日报"时只能写上来访时间、客人面貌、体形高矮、大概年岁和显著特征。游动宪兵经常借机靠近楼房，很想听到点房内的讲话内容，但毛主席会客、办公都在楼上，讲话很难听到。

"情报日报"是每天一份，在下午规定时间内写好，由特高组派穿军装的"传达兵"到桂园来取。填日报时约定的暗号：称毛主席为"何先生"，称朱副官为"老吴"。报告的内容是事无巨细，有闻必录。具体写法大致如下：

（一）何先生今天×点×分到18号。

（二）上午×点有某人（男、女或外国人，包括相貌、身材、服装、年龄），乘小轿车（汽车号码）到18号会何先生，于×点×分离去。何先生把客人送出18号上汽车，目送汽车走后，才慢步返回。这时街上不少人停步观看何先生。我们向老吴提出：何先生把客送出门外，我们对何先生的安全很担心。老吴点头表示会意，没有答复。

（三）中午，何先生赴×××宴会（写明请客人的姓名住址）。

（四）下午两点半，何先生接见一名新闻记者，接着又接见两名外国记者。3时半，何先生走到花园迎接一位坐小轿车的客人，好像是事先电话约定的。

（五）下午5时，何先生赴某街某号访×××、×××。接着又赴某街某号访友，不知姓名。回到18号后，不久即离去，老吴没有通知，我们没有随车护送。

这种"情报日报"送到特高组内勤人员手中，连同其他方面"日报"，择要摘编，呈宪司立即报告蒋介石。

回忆当年我在桂园担任警卫工作期间，对于中国共产党和毛主席，根本不可能有正确的认识。在国民党反共、仇共教育的长期毒害下，对共产党和毛主席原本抱着许多极其错误的看法。尽管如此，但是事实胜于雄辩，通过无数日常生活琐事的接触，又不能不使我们对于毛主席和共产党人感到尊敬和佩服。

毛主席对人十分和蔼谦虚，亲切感人。不但对来访的客人是这样，对我们警卫人员也是这样。有一次，毛主席送客走到桂园门口返回后，在院子里正碰上值班游动宪兵邱宏泽（他是警卫班年龄最小的一个），毛主席很亲切地问他："你有多少岁？"邱立正回答："二十二岁。"毛主席又十分关切地问了他是哪里人、家庭和上学情况等等。最后毛主席主动伸出手来同邱宏泽握手，真是大出邱的意料。他返回警卫班后非常激动地说："国民党大官，我也见过不少，他们哪把我们放在眼里？今天我做梦也没有想到毛泽东会同我握手。"充分表达了他对毛主席的感激之情，以及对国民党大官们的不满。

毛主席每天上午八九点钟来到桂园，下午返回红岩村，一般是在红岩村吃早饭和晚饭。中午有时外出参加宴会,有时在桂园用餐。但桂园既没有特别的厨房设备,也没有配高级厨师,更没有看到他们从市场或附近餐厅买回鸡鸭鱼肉。毛主席在桂园吃饭,是由朱副官和办事处派来的其他警卫队人员用张治中家原有炉灶来做饭。他们上下一致,同甘共苦。

毛主席在重庆住了四十多天,从来没有到重庆附近的南泉、北泉和其他风景名胜地区游览参观。他成天会客访友,非常辛苦。中秋那天,特地送了我们一些月饼、香烟、酒肉,由朱副官叫我去领回。朱副官对我们说:"毛主席说,大家辛苦了,这点东西表示一点意思。"

周总理经常在桂园办公,有时到曾家岩50号去,往返都是走路,身体很好,健步如飞。当门岗宪兵向他敬礼时,他总是微笑点头还礼。警卫班的弟兄有时在寝室闲谈说:"国民党的大官总是说周恩来厉害,但他对我们当兵的很好。"

中共方面随同毛主席一起住在桂园的其他工作人员,作风诚朴、平等待人,着蓝布中山服。毛主席不在时,总是留在桂园,很少外出。据内勤宪兵告诉我,前任班长张宝明初来时,有事和朱副官联系,习惯于国民党军队里下级对上级的规矩,先说一句:"报告朱副官。"朱副官总是非常谦逊地说:"你们就叫我朱友学吧。"由18集团军办事处派出的其他警卫人员,每当毛主席在桂园时,总是三三两两坐在吉普车上看书学习。警卫队队长龙飞虎,身材高大,毛主席每次外出,他随同毛主席到达哪个地方,就在哪里静坐等候,从不乱走,态度严肃认真。

10月8日,毛主席即将返回延安前夕,张治中在原林森路军事委员会大礼堂举行盛大鸡尾酒会,给毛主席送行,参加酒会的有国民党的军政首要、民主人士、社会贤达,总共好几百人。酒会从下午6点开始,会后有文娱晚会,到晚上9点多钟才结束。

酒会进行中,我们忽然看见周总理和宪兵司令张镇匆匆离去,不久又匆匆回来。周总理面色严肃,我们不知道今天发生了什么事。特别是酒会和文娱结束,客人都陆续散了,却一直不见毛主席出来。这时龙队长也有些着急,问我大礼堂里面的房屋组成和交通情况,并说:"我很想见到毛主席。即使见不到毛主席,也想进去看看。"我知道大礼堂的左侧是通凯旋路的后门,右侧是"最高统帅部",系国民党最高级军事要人蒋介石、何应钦、白崇禧办公及聚会的地方,设有双重警卫。普通宪兵非经特许,也不能进去。在龙队长的敦促下,我只好大胆试试,看见"统帅部"会议室里灯光明亮,有人活动、谈话。我把这个情况向龙队长说了,判断是在商量什么大事。

直到深夜11点后,毛主席才同张镇一起出来。毛主席改坐张镇的汽车,由宪兵三轮机车随后护送出军委会，经凯旋路，出通远门，过上清寺，向化龙桥方向驶去。进入红岩村后，停在马路尽头，毛主席同张镇从车上下来，张镇说："我送毛先生到办事处。"毛主席说："不必了，夜深了，你请回去吧。"张镇又说："那么叫宪兵送毛先生。"毛主席同张镇握手告别。我同另一宪兵护送毛主席直到办事处门口之后才返回原地。我们三轮机车上总共坐了三个人，我和另一宪兵护送毛主席去后，留下一人看守。回来时，留守宪兵对我说："你们走后，处长（卫持平）、科长（周剑心）、杨香他们都乘吉普车来了，现在在红岩村外面，要我们去见他们。"车子开出红岩村门口，果然看见了卫持平、周剑心和宪兵第3团团长张醴泉、警务团副刘燃围在一起，正在研究问题。（抗战时期，重庆因系陪都，驻有两个宪兵团，即宪兵21团，团长吴光远，团部在曹家巷。宪兵3团，团长张醴泉，团部驻和平路。小龙坎到校场口一带，包括红岩村在内，是宪兵3团的管辖范围。）当时张醴泉向卫持平报告说，在红岩村附近住有一个美国顾问，宪兵3团派有一个武装宪兵班住在该处担任警卫。今天下午5时左右，在下土湾方向听到枪声。据当地老百姓讲，下午过了一支押送壮丁的部队，可能是他们开的枪，估计这支部队今晚可能就在小龙坎过夜。卫持平听完张的报告，决定派宪兵3团警务团副刘燃乘该团三轮机车前往追赶，了解情况。卫持平自己就率领剩下人员乘车到曾家岩，已经是午夜两点多钟了。

  卫持平同18集团军办事处的钱之光处长一道在曾家岩马路口打开了18集团军办事处的车房，与在场的人共同查看一辆小轿车，看见车后有一个子弹打的孔眼，打开车门，后座上有很多血。卫持平很想找开车的司机谈话，钱之光说，这辆车的司机将车开进车房，锁好车门，把钥匙送到曾家岩50号，就走了。这个司机是办事处新雇用的，现正在寻找。至此我才明白今天出了一件大事：第18集团军办事处秘书李少石，下午由曾家岩50号周公馆送柳亚子先生回沙坪坝南开中学寓所，返城途中行至下土湾时，不幸中弹逝世。发生这一事件的原因、经过，正在调查。

  第二天早晨，大约7点钟，我还没有起床，朱副官就在警卫班门口喊我备车到红岩村办事处去接毛主席。我赶紧起来吃点东西，开车出发。按照平日惯例，朱副官一般只是通知"备车"，不讲行车地点的。今天不但交代了任务，而且通知了开往地点，我马上带着两名宪兵将车从桂园向红岩村驶去。看见从上清寺到红岩村一带沿途都有武装宪兵站岗，我们内行人一看就明白：这是一种专门警戒。

  红岩村是18集团军驻渝办事处，过去我只从大型望远镜中看见过，没有进去过。昨夜护送毛主席到了办事处门口，但因夜深天黑，对内部情况，也没法看清。我到达后，说明是朱副官叫我来接毛主席的，他们把我引到会客室休息等候。我的公开身份是武装宪兵，带有手枪。像我这样的特高组人员，公开带着武器，进入共产党的办公处所，并受到善意的接待，这恐怕还是第一次吧。会客室陈设简单，墙上贴有红旗标语。很快，毛主席从楼上下来。我走在最前，另一宪兵在最后，到达马路上车。按照以前的行车秩序，我的三轮机车总是走在毛主席的专车后面，今天为了加强警卫，我的三轮机车第一次开在毛主席专车前面，沿途站岗执勤的武装宪兵，看见我驶过，也就知道毛主席来了，等到主席专车过去，他们始得撤除警戒。

自此之后，我才逐渐明白那天出的事情真是重大。李少石是国民党元老廖仲恺的女婿、第18集团军办事处的秘书，在下土湾中弹之后送到金汤街市民医院，经多方抢救，终因流血过多不幸逝世。斯时，周总理正在国民党军事委员会参加张治中举行的欢送酒会，闻讯赶到，抚尸痛哭，无限悲愤。杨香说，这件事发生后，因为真相不明，周总理责令张镇要绝对保证毛主席的安全，张镇非常紧张。国民党害怕中共方面借此扩大事态，问题就更加严重了。后来经过详细调查，始知事情的经过。……

这件事情与司机固然有一定关系，但李少石的不幸致死，是国民党部队开枪造成的。消息传出，山城震动。中外人士都认为是严重的政治暗杀事件，非常愤慨。当晚这支国民党部队临时住宿小龙坎松鹤楼饭店，已把受伤士兵送到高滩岩原中央医院医治去了。后来知道惹了大祸，国民党方面害怕事态扩大，另生枝节，竟不顾受伤士兵的痛苦，用汽车将他搬到金汤街市民医院，住在李少石原住病房对面，任人参观，安心"扯皮"。

中共方面本着实事求是精神，抓紧调查事情真相。把原因弄清后，首先在《新华日报》上公开发表了宪兵司令张镇关于事情经过的谈话，接着发表了第18集团军办事处处长钱之光的谈话。钱之光处长的谈话，有一说一，有二说二，实事求是。而且还对国民党军政当局迅速抓紧调查表示感谢；对被汽车撞伤的国民党士兵表示慰问，全部医疗费用一概由中共方面承担。周恩来还在安埋李少石之后，亲自前往医院看望受伤的国民党士兵，嘱其安心治疗，重申一切医疗费用全部由共产党负责。而国民党《中央日报》只是刊登了张镇的谈话，对钱之光处长的谈话则只字不提。两相比较，我又一次受到了极大的教育。

10月10日下午，国共和谈协定在桂园签字。后来听说时间是临时决定的，当时只见来了王世杰、张治中、邵力子等国民党的大官和共产党方面的周恩来与王若飞，没有通知新闻记者和其他有关人士参加。签字之后，蒋介石来桂园拜会毛主席。蒋介石穿军装，佩特级上将领章、挂佩剑。毛主席在楼房阶檐口同他握手，一同走进楼下会客室。蒋介石装模作样地坐在沙发上，端起茶碗，故作姿态，用茶盖把茶叶翻了几下就放下了。坐了十多分钟，就和毛主席一道坐上汽车到原国府路（现人民路）国民政府，参加双十节招待会去了。

　　过了一个多小时，毛主席回到桂园，稍事休息，便乘车从桂园出发，经小龙坎、新桥、山洞直达林园蒋介石的公馆。林园警卫森严，一般随车宪兵是不能入内的。我所坐的三轮机车只能停放在林园对面50米以外的马路边静坐等候。当时，关于毛主席第二天就要返回延安的事，宪兵司令部事前没有通知我们，我还以为毛主席是来参加蒋介石的晚宴，一直等到深夜，还不见动静。林园一带既无茶馆，也无饭店，我们既未吃饭，也未喝水，只好硬着头皮在那里又冷又饿地坐了一夜。第二天清晨，我们听见林园内的汽车开动声，就立即作好准备，紧紧护送毛主席去九龙坡飞机场。

　　从林园出发共有三辆汽车，乘坐的是毛主席、周恩来和国民党的陈诚。毛主席到达九龙坡机场时，送行的人已在机场等候。王炳南站在毛主席身边，介绍毛主席同送行的人一一握手。我是担任警戒任务，离毛主席较远，王炳南特地向毛主席指着我说："这是班长。"我快步上前向毛主席立正敬礼，毛主席同我握手，十分亲切地说："这次你们辛苦了，谢谢你们大家。"一股暖流冲溢全身，使我又是惊奇，又是惭愧。毛主席那样伟大的人物，在离开重庆前还同我这样一个小小的国民党的"宪兵班长"握手告别，我心里真是无限高兴，无限感慨！

　　从九龙坡机场回到桂园，朱副官告诉我："今天下午周副主席请营长、连长、排长和全班的人吃饭。"又说，毛主席送了我们一些东西，叫我去领。我马上到隔壁美军总部打电话向杨香报告，杨香要我作好当晚撤回的准备。

　　下午5时，杨香带着假装的连长、排长来了。宴会由周恩来亲自主持，共同进餐的还有给张治中看家的人。席间，周恩来向杨香表示了感谢的意思。

　　周恩来还问到张治中家属情况，看房的人回答说："儿子在美国，结婚后已给张部长添了一个孙儿，张部长很高兴。"并立即取来相片，周恩来看后点头微笑。饭后，杨香叫我把全班集合，请周恩来训话，周恩来说："大家辛苦了。"

　　朱副官把我叫到他的住处，桌上已放好一堆西北毛线、一套西北呢料。我将这些东西搬出，放在三轮机车内。杨香同"连长""排长"乘坐三轮机车先走，我率领全班步行，离开桂园返回凤凰台七号"行舍"。杨香对毛主席送的东西，提出了三个处理方案：一是不收，二是收一半，三是全收。请示蒋介石以后得到答复："全收。"西北呢料只有一套，由杨香得；西北毛线十几磅，所有在桂园工作过的人，每人分得一磅，大家都很高兴，庆幸顺利地完成了这次重大的"警卫"任务。[13]

广泛的友谊

在重庆期间，毛泽东除在谈判桌上与蒋介石斗争，还广交社会各界的朋友，宣传和平、民主、团结三大口号，在政治上赢得了主动。

童小鹏回忆说：

毛主席到达重庆后，张治中先生特意把他在市区上清寺的公馆"桂园"腾出来，作为主席会见中外人士的场所。毛主席在周副主席陪同下，曾先后会见了宋庆龄、沈钧儒、张澜、谭平山等许多爱国民主人士，同他们进行了亲切的交谈。柳亚子先生是毛主席在广州工作时期的老朋友，他一见到毛主席就兴奋得流出了热泪，促膝长谈后当即赋诗一首赠给毛主席："阔别羊城十九秋，重逢握手喜渝州。弥天大勇诚能格，遍地劳民战尚休。霖雨苍生新建国，云雷青史旧同舟。中山卡尔双源合，一笑昆仑顶上头。"这首诗，充分表达了这位老朋友的炽热感情，也代表了一部分坚持孙中山先生革命传统的国民党左派人士的政治态度。后来，毛主席应柳亚子先生的索求，把写于1936年2月的《沁园春·雪》手书赠给他，这首气势磅礴的伟大诗篇很快闻名中外。

冯玉祥先生是受蒋介石集团排斥打击的一位知名人士。他同周恩来、董必武同志早有来往。当他在重庆第一次见到毛主席时，他同毛主席久久握手，向毛主席热情问候，举杯敬酒，称颂毛主席的到来象征了国内的团结、和平。随后，他又设宴欢迎毛主席。毛主席对冯玉祥先生进步倾向的赞许，鼓舞了他在晚年向人民靠拢的勇气。不幸的是，1948年当冯先生从美国动身回国准备参加我党领导的人民政治协商会议时，在中途因火灾遇难，没有实现他参加新中国建设的志愿。

毛主席还广泛接触了社会各界人士。在会见民族工商业人士时，毛主席指出："在帝国主义掠夺和官僚买办的统治下，中国民族经济是不可能得到发展的。只有结束国民党的政治独裁和经济压迫，建设一个民主团结的新中国，才是发展民族经济的唯一正确道路。"使工商界人士逐步认识到改革政治，是发展经济的先决条件，并进一步了解到我党对民族资产阶级的政策。当文化界、妇女界、新闻界人士在聆听了毛主席关于当前国内外形势的分析和我党的方针政策后，人们用各种方式表达他们对毛主席、共产党的爱戴和拥护，进一步推动了国民党统治区各阶层人士反对蒋介石内战、独裁的和平民主运动。

毛主席不仅对各界民主人士进行团结教育工作，而且还登门访问了国民党的顽固派何应钦、陈立夫等人。毛主席光明磊落地向他们介绍了我党对时局的主张,指出全国人民反对内战、独裁,要求和平、民主运动的形势,使这些反动透顶的死硬派,也不得不假意地表示要"和平建国"。

毛主席在外交战线上也进行了卓有成效的工作,会见了许多外国人士和朋友。毛主席曾在桂园设宴招待各国援华团体的代表和国际友好人士。在招待会上,毛主席对一切援华抗日的各国友好组织和个人,在八年抗战期间给予陕甘宁边区、各解放区和八路军、新四军的支持和援助,表示诚挚的感谢,并表示希望各国朋友在中国人民争取和平民主的斗争中,继续发展同我国人民的友谊。毛主席还接见了日本的进步作家,表示了对所有在华的日本进步人士的慰问。

毛主席还连续会见了许多国家驻重庆的使馆官员,同他们交谈,向他们阐明中国共产党的对外对内政策,揭穿了国民党反动派所制造的谣言。

当时一些在华服军役的美国青年军人得知毛主席到重庆谈判的消息后,曾携带礼物,来到红岩村八路军办事处,要求会见毛主席。毛主席热情地接待了他们,兴致勃勃地同他们交谈,询问着美国的种种情况。毛主席同美国青年军人爱德华·贝尔、杰克·埃德尔曼和霍华德·海曼在办事处侧门口芭蕉树下合照的一张有历史意义的照片,已经成为象征中美两国人民友谊的珍贵纪念品,至今还陈列在红岩八路军办事处纪念馆和珍藏在爱德华·贝尔的家里。

毛主席和周副主席在重庆时同中外人士的广泛接触和所做的大量工作,形成了一股反对蒋介石内战、独裁,要求和平、民主的强大舆论力量,推动着重庆谈判期间的政治形势朝着更加有利于中国人民革命的方向发展,使国民党反动派更加孤立,不得人心。正如毛主席所指出的:"我这次在重庆,就深深地感到广大的人民热烈地支持我们,他们不满意国民党政府,把希望寄托在我们方面。我又看到许多外国人,其中也有美国人,对我们很同情。""我们在全国、全世界有很多朋友,我们不是孤立的。反对中国内战,主张和平、民主的,不只是我们解放区的人民,还有大后方的广大人民和全世界的广大人民。"[14]

当年采访过毛泽东的重庆《新民报》记者赵超构回忆说:

我第一次看到毛主席,是在1944年5月间中外记者团访问延安的时候。当时我是以重庆《新民报》记者身份参加这个记者团的。……

在重庆郊外的八路军办事处,主席单独接见我一次,从上午9时直至晚饭以后。

主席慈祥和蔼的态度和生动的谈话,能够使一个最拘谨的人解除顾虑,把自己心里的话倾倒出来。那天的话题很广,谈得也很多。我知道主席很忙,曾多次告辞,但是主席总是要我继续谈下去。

主席来重庆,是大出我们的意料的,重庆有许多人替主席的安全担心。我把这个意见向主席谈了,主席笑着说:"蒋介石这个人,大家是清楚的,但是这一次来重庆,也是经过研究分析的,有准备的。"看到主席这种从容不迫的革命大无畏精神,我当时是极度感动的。

主席提到我写的《延安一月》,指出我是个"自由主义"者。这实际上是一种含蓄的批评,但是我的觉悟很低,当时还以为"自由主义"是个好名词,因而沾沾自喜。后来多次犯错误,又学习了主席著作中有关对自由主义和民主个人主义的批判,细细回想,原来主席早就指出我们这些人的资产阶级世界观中的一个核心问题了。

那天,主席给我讲解了国共谈判的几个关键性问题,如美蒋的阴谋,以及解放区周围的情势等。有句话我还记得很清楚,说是如果没有美国人帮助蒋介石运兵运枪炮,大片的"沦陷区"就会由人民收复的,因为"八路军就在城门口"。

但是那天更多的时间,是在了解重庆各方面的情况,主席详细地询问了重庆新闻界的情况。我同重庆的上层人物是很少接触的,对于中下层的所谓"公教人员"则来往较多。主席很细心地问了这些人的生活、思想、情绪,以及他们对蒋介石的看法,对国共谈判的看法。我是尽我所了解的,不管大事小事都说了。最后,主席沉吟了一会儿说,死跟蒋介石的人只是少数,有的人不满现状,但对美蒋还有幻想;绝大多数人是可以转变过来的。

那一天过得很快。傍晚时候,周恩来匆匆忙忙地回来共进晚餐后,立即陪同主席坐汽车进城。大概这一夜又要进行重要的谈判。在暮色苍茫中,我亲眼看到周恩来是那样郑重地走在前头,拉开车门,细心地招呼毛主席上车。就在这些细小的动作中,也洋溢着周恩来对主席的恭敬、热爱的感情。直至今天,我一闭上眼睛,就能在脑子里重现这一幕动人的情景。为了党,为了人民,毛泽东和周恩来,就是这样夜以继日、不知疲倦地辛勤工作的。

在重庆第二次见到主席是在国民党为主席举行的茶话会上。那天,主席忙于同各方面的人握手交谈。许多人都拥在主席周围。他们都感到,能够见到毛主席,能同毛主席握手交谈,是极大的荣幸。即使是在蒋管区,并且是在国民党机关的大厅里,也看得出人心所向。[15]

毛泽东在重庆会见了阔别多年的一批老朋友。郭沫若的夫人于立群回忆说:

9月3日,我们接到通知说,毛主席下午要到天官府来,看望各界人士,朋友们立即奔走相告。后因当天有胜利大游行,车辆无法通行,聚会地点临时改在毛主席的住处。郭老和我立即动身,步行赶到主席住处。当时在座的还有翦伯赞、邓初民、冯乃超、周谷城等几位。

记得周老操着很重的湖南口音先问毛主席:"过去你写过诗,现在还写吗?"

毛主席风趣地说:"近来没有那样的心情了。从前是白面书生,现在成了'土匪'了。"

大家都笑了。

接着,毛主席便和大家畅谈起来。毛主席阐述了北伐战争失败的原因,并转身向坐在他左侧的郭老说:"你写的《反正前后》,就像写我的生活一样。当时我们所到的地方,所见到的那些情形,就是同你所写的一样。"

毛主席分析了抗战胜利后的时局,谈到了人民渴望民主与和平的愿望,他明确地指出:"共产党,是私的还是公的?无疑是人民的。党的做法,应以人民的利益、社会的好处为原则。如果做来对这些都没有好处,我们就需要改正。"

最后,毛主席充满信心地对大家说:"和平总是要到来的,然而要达到目的是很不容易的。"

毛主席谈完后,又谦虚地征求大家的意见,请到会人士发表看法。

郭老听觉不好,特别用心地听着毛主席的每一句话,注视着毛主席的每一个手势。他看到毛主席用的是一只旧怀表,会后便把自己的手表取下来送给了毛主席。

9月9日,郭老和我在红岩村再次见到毛主席和周副主席。晚餐时,大家谈起郭老在文化界应采取什么态度的问题,毛主席很同意郭老的见解,认为态度应该强些,不要妥协合作,要有斗争。毛主席说:"前途是光明的,道路是曲折的。"

和毛主席的这几次见面,给我留下了终生难忘的印象。主席当时的形象,至今仿佛出现在我的眼前:穿着延安宽大的灰布制服,态度平静、谦虚,举止沉着、稳重,似乎总在不断地思考着问题,对前途充满了信心。〔16〕

周谷城也回忆说:

1945年抗战胜利,毛主席为着和平解决政治问题,到了重庆,《大公报》上有一个直写的通栏标题:"毛泽东先生来了!",我看了这个标题,随即跑到中苏文化协会秘书长张西曼处打听消息。张告诉我,协会会长孙科要开茶会欢迎毛主席,嘱咐我按时到会。我想开会的时候要人一定很多,苏联人也不少,我绝对没有同毛主席谈话的机会。我于是照张西曼教我的办法,早一点到,等在会场入口处前几十步的地方。不久,毛主席到了。他身穿工人装蓝布衣服，头戴白色油帽。我走上前握着他的手，我没有说话，毛主席却响亮地说："你是周谷城先生吗？"我说："是的"。他随即伸着手指说："一十八年了（即表示我俩分别有十八年）。"眼里含着泪珠。我知道他感慨很深，我也流出了眼泪，声音颤抖地问："您从前胃出血的病好了吗？"他又严肃又幽默地说："我这个人啊，生得很贱，在家有饭吃，要生病；拿起枪当'土匪'，病就没有了。"讲了这几句话后，他连忙向会场走去。我因目的已达到了，就没跟进去。只听到苏联人在嚷着说："毛泽东来了，毛泽东来了！"过了两天，我又同徐冰、翦伯赞、邓初民等十几个人到张治中住宅去看望毛主席，我们说话很少，主席对大家讲了复员（即由重庆搬回南京之意）的问题，说复员问题并不简单，大家要听话，听人民的话。回忆这些情况，我觉得主席念旧之情很深。[17]

戈宝权是著名翻译家，也是《新华日报》编委，协助周恩来从事南方局文委的工作。他回忆说：

记得8月28日这一天，是个秋高气爽、万里无云的日子。毛主席在这天飞到重庆九龙坡机场之后，先在曾家岩桂园稍事休息，下午就由周副主席陪同来到红岩村的八路军办事处。我们《新华日报》的几位编委，是站在主楼旁边通往新建的礼堂的石板路上，迎接毛主席。毛主席那天穿了一套青灰色的制服，满面红光，头上戴着一顶遮阳的白色钢盔帽，后来我才知道那是周副主席临上飞机时送给毛主席戴的。我们当时站在一起的，有章汉夫、许涤新、胡绳等几位同志。当毛主席走近时，周副主席将我们向毛主席一一做了介绍。尽管我们大家都是第一次见到毛主席，但是，看来毛主席已经很熟悉我们的名字，并且知道我们每个人的专长，而且很有风趣地给我们每个人都加上了一个"家"的头衔。如称章汉夫："你是国际问题家。"称许涤新："你是经济学家。"称胡绳："你是哲学家。"最后轮到我时，毛主席说："你是个俄国文学家。"他还问我，"戈公振是你的什么人？是父亲、叔父、还是兄弟？"我告诉他是我的叔父。他接着说，"我看过他的书，看过他的《中国报学史》。"介绍完毕之后，我们就跟着毛主席和周副主席走进礼堂，同八路军办事处的同志们见面。回想起来，这已是三十八年以前的事了，但在今天回想起来，又是多么的亲切！当时毛主席和周副主席希望把《新华日报》和八路军办事处的同志都培养成为"又红又专"的干部，能更好地为无产阶级的革命事业服务。

就在毛主席到达重庆之后不久，刚好碰上中秋佳节，在红岩村的礼堂里举行了一次欢迎毛主席的晚会。毛主席当晚还跳了舞。那天月色皎洁，站在红岩村仰望明月，真有"山高月小""月白风清"之感。就在这时，我们又初次读到了毛主席在红岩村为柳亚子书写的光辉诗篇《沁园春》的咏雪词，而且大家很快地就都能背诵出那些豪迈的句子。毛主席在1949年4月29日写的《七律·和柳亚子先生》中的"索句渝州叶正黄",即指此事而言。

我还记得9月1日的下午,周副主席陪同毛主席来到离观音岩纯阳洞不远的中苏文化协会参加为"苏联各民族生活图片展览会"的展出举行的酒会。事实上,那次酒会成了一次为欢迎毛主席而举行的盛会。当时出席的还有冯玉祥、张治中、邵力子、沈钧儒、郭沫若等许多人。中苏文化协会是在一条小巷子里(现中山一路162号),楼房是木造结构,也不坚固。当参观的人知道毛主席来了,人群就愈聚集愈多,把院子、小巷,直到纯阳洞一带的大街,都挤得水泄不通。散会后周副主席走在前面,一边为毛主席开路,一边指示警卫员保卫毛主席的安全。当我跟着毛主席和周副主席走出中苏文化协会的小巷,把毛主席送上汽车时,只听见到处都是一片欢腾声和叫喊声:"毛主席来啦,毛主席来啦!"从此也可以看出,当时人民心中对毛主席的爱戴与尊敬![18]

毛泽东在重庆,还着重做了民主人士的工作,增进了彼此的了解和友情。

吕光光回忆说:

8月28日中午,客居于上清寺特园"民主之家"的张澜先生,正同主人鲜英先生进着午餐。一位常客——中共南方局负责统战工作的徐冰同志突然到来。徐冰顾不得两位老人推食的礼遇,忙不迭报告着一个惊人的消息:"毛主席已经从延安飞来重庆了!特地赶来奉告。"张澜、鲜英不胜惊愕,肃穆相对。徐冰歉疚地说,"没有早些告诉表老,是担心国民党方面随时可能发生的变化。"张澜捋着银髯,兴由衷发。一阵熏风,活跃了静谧的特园。不待主人相送,徐冰握别二老,显得来也匆匆,去也匆匆。

张澜、鲜英正准备驱车往迎,黄炎培、冷遹二老联袂而至,立刻相率登车,向九龙坡机场进发。利用乘车的余裕,四位老人这才安定下来,交换初步的意见:国民党统治下的这"虎狼之地",毛泽东最好不要来。既然来了,首先证明共产党、毛泽东为祖国前途、人民命运,昭大信于天下。姑不论国共两党是否谈得拢,对于出尔反尔的蒋介石,不能不提防他使出叵测的手段。正是因此,他们都为毛主席的安全,担负着道义的责任。

下午3时30分,一架绿色军用座机,降落在九龙坡机场。毛主席偕同周恩来副主席、王若飞同志相继下机。在共产党方面,显系临时通知不及。在国民党方面,可能为了尽量缩小重庆谈判的影响。机场里,虽然没有盛大的群众欢迎场面,但是毛主席依然受到各界知名人士的热烈欢迎。当乔冠华介绍大家给毛主席见面时,毛主席一一握手,答礼道:"很感谢!"毛主席在人丛中发现了银髯飘拂的张澜,不待乔冠华介绍,迈过去同他握手,一见如故地说:"你是张表老?你好!"张澜连忙说:"润之先生好!你奔走国事,欢迎你光临重庆！"毛主席拉住张澜的手，久久不放，说："大热天气，你还亲自到机场来，真是不敢当，不敢当！"毛主席推重张澜从领导四川保路运动，一直奋斗到今；张澜早在五四时期，就在北京欣闻少年中国学会的王光祈有关毛泽东的介绍；毛主席、张澜不约而同，声称："神交已久。"寒暄开来。周副主席也从毛主席身边绕过来同张澜握手，互道阔别，并安排张澜、张治中、邵力子、郭沫若同毛主席合影留念。王若飞也对张澜执礼甚恭，握手言欢。毛主席随即发表简短的谈话，强调："国内政治军事所存在的迫切问题，应在和平、民主、团结的基础上加以合理解决，以期实现全国之统一，建设独立、自由与富强的新中国。希望中国一切抗日政党及爱国人士，团结起来，为实现上述任务而共同奋斗。"一阵热烈的掌声，充分表达了人们对毛主席谈话的拥护和隆重的欢迎。

毛主席在渝期间，在曾家岩张治中先生公馆——桂园办公会客。毛主席和张澜先生"神交已久"，但素未谋面。这次毛主席来到重庆，彼此想尽早晤谈，以慰渴望之情。8月30日上午，毛主席特地嘱咐周副主席亲赴特园，告知张澜，当天下午，他要亲临特园来拜访。张澜喜出望外，不禁恳辞道："润之先生操心国事，极尽辛劳，应该在他方便的时候，我们去拜望他才是，不应劳他过访。"周副主席坚定地说："主席的意思是要亲自来，就用不着客气了。"张澜同鲜英当即表示无比欢迎。鲜英还说："最好请毛主席和你们，都到舍下来休息休息。"细心的周副主席，鉴于毗邻特园就是特务头子戴笠的巢穴，为了安全，他请张澜、鲜英不要在大门外等候。晤谈的地点，也不在大客厅里，由他选在静僻的张澜的卧室内。送走周副主席后，张澜为毛主席的安全计，要鲜英告诫全家，暂不要将这个喜讯外传。整个鲜宅洋溢着兴奋、喜悦而又忙碌的气氛。"花径不曾缘客扫"，此番庭院，好留下历史巨人的足迹。

下午3时，毛主席由周副主席陪着惠临特园。门铃一响，张澜和鲜英跨向大门，恭迎着毛主席、周副主席步入花园，穿过葡萄架。几位警卫员也彬彬有礼地跟了进来。迎候在花园台阶上的鲜宅成员，平素能歌善舞的年轻人，这时都绾住奔放的感情，屏息静气，怯生生地凝望着毛主席伟岸的身材和英俊的丰采。由于周副主席也是特园的常客，所以年轻人亲昵地齐声叫道"周伯伯"，周副主席微笑着向他们点点头。慈祥、和蔼的毛主席向年轻人挥手招呼，这才改变了他们拘谨的窘态。

毛主席、周副主席由鲜英领进张澜的卧室，促膝而谈。毛主席首先向张澜转达了朱德总司令对老师的问候，转达了吴玉章同志对老友的问候。融洽的空气，使张澜同鲜英如坐春风。

从道理上，张澜可谓理解毛主席重庆之行的至意。但是，心所谓危，仍旧有所不安地说："这明明是蒋介石演的假戏啊！国共两党要谈判嘛，你们可以像过去那样，派恩来先生，加上若飞先生，来谈就行了。何必动润之先生的大驾呀！"鲜英索性道出他们主要担心毛主席的安全。周副主席原定下午还要同国民党谈判代表会谈有关军事、政治方面的问题，随即告退，赶赴桂园。

卧室内剩下毛主席同两位老人，彼此倾吐心曲，更显得心心相印。张澜郑重地说："蒋介石在演鸿门宴，他哪里会顾得上一点信义！前几年我告诉他：'只有实行民主，中国才有希望。'他竟威胁我说：'只有共产党，才讲实行民主。'现在国内外形势一变，他也喊起'民主'来了！"毛主席风趣地说："民主也成了蒋介石的时髦货！他要演民主的假戏，我们就来他一个假戏真演，让全国人民当观众，看出真假，分出是非，这场戏也就大有价值了！"张澜领悟道："蒋介石要是真的心回意转，弄假成真，化干戈为玉帛，那就是全国人民之福呀！"

毛主席为答张澜的殷切希望，详详细细解释了8月25日中国共产党中央委员会《对目前时局的宣言》中的六项紧急措施。要而言之，就是：承认解放区的民选政府和抗日军队，划定八路军、新四军、华南抗日纵队接受日军投降的地区，严惩汉奸、解散伪军，公平合理地整编军队，承认各党派的合法地位，保障人民的自由权利，立即召开各党派代表人物的会议。张澜连声称赞："很公道，很公道！蒋介石要是良知未泯，就应当采纳施行。看起来，这场戏倒是有看头。"

显然，毛主席极为理解这位爱国老人的胸怀，于是就解放区的政权建设、社会新貌、人民福利，以及生产、教育，等等，给张澜详为介绍。"归来向人说，疑是武陵源。"张澜掀动银髯，神驰于祖国的新天地里。直到警卫员进来告知张治中为毛主席举行晚宴的时间将到，这才结束了饶有意义的"家常话"。

当晚，张澜也出席了张治中在桂园为欢迎毛主席来渝举行的宴会。宴罢，毛主席又抓紧时机，在桂园同沈钧儒、黄炎培、柳亚子、陈铭枢、王昆仑、冷遹、章伯钧、张申府、王云五、傅斯年等，进行了商谈。

9月2日中午，张澜以中国民主同盟的名义，在"民主之家"特园做东，欢宴毛主席、周副主席、王若飞。沈钧儒、黄炎培、冷遹、鲜英、张申府、左舜生等都在。毛主席一进特园，高兴地说："这是'民主之家'，我也回到家里了！"一句话，说得满园生色。在大客厅里，毛主席勉励大家道："今天，我们聚会在'民主之家'；今后，我们共同努力，生活在'民主之国'。"毛主席反复强调"和为贵"之后，同沈钧儒谈健身运动，同黄炎培谈职业教育，同张申府话五四运动的往事……家人般的恳谈，其乐也融融。

席间，作为主人之一的鲜英，给毛主席献上了家酿的枣子酒。这种美酒，周副主席在特园宴请客人时经常饮用，便给毛主席介绍："枣子酒的浓度不高，味道香而醇厚。"张澜举杯向毛主席敬酒，说："会须一饮三百杯！"诗思敏捷的毛主席征引陶靖节的《饮酒》诗，举杯相邀道："且共欢此饮！"

宴毕，特园主人拿出纪念册，请毛主席题词留念。毛主席笔走龙蛇，"光明在望"——四个力透纸背的大字，启迪着在座诸公：道路尽管曲折，但前途甚是光明。由于毛主席预定要在桂园接见各方面来访的友好，随即尽欢而散。

国民党对和平谈判毫无诚意，根本提不出具体的方案，对于中共方面提出的十一项建议，却又一口拒绝，说什么"距离甚远"，说什么"根本无从讨论"。9月11日晚，毛主席、周副主席在桂园宴请张澜、沈钧儒、黄炎培，就促进国共双方的团结问题，交换了意见。张澜、沈钧儒、黄炎培都表示尽力斡旋，争取实现国共之间化戾气为祥和。

这时阎锡山已在上党地区发动了向解放区的进攻。当周副主席告知这个情况给张澜时，张澜愤慨地说："公开打电报请你们来谈判，又背地里发动战争，绝对不能容许国民党这么颠顸！"于是在9月14日下午，张澜亲自出面，同张申府一起，约请国共双方谈判代表张群、邵力子同周副主席、王若飞，来特园商谈，听取国共双方谈判的近况。周副主席表示，中共方面是"苟能求全，不惜委屈"，已就原来所提十一项建议的方案，作了让步。张澜直截了当地质问张群、邵力子两位："阎锡山为啥子不给蒋先生（介石）留一点面子？重庆在谈，山西在打，这不贻笑于天下吗？蒋先生不感到难堪吗？"张群、邵力子当即解释，他们正在进行实质性的商谈。对于向解放区进攻一事，说是阎锡山的"个人行动"，他们不甚了了。

第二天（9月15日）下午，正当周副主席、王若飞在中四路德安里同张群、邵力子就光复区省份的划分、双方军队驻地等问题进行谈判时，毛主席又翩然来到特园，在张澜的卧室内，再度同张澜密谈。

毛主席向张澜介绍了国共谈判的近况，如承认各党派的合法地位、保障人民自由权利、召开政治会议，以及有关国民大会、联合政府之类，已大体有了眉目。但仍有些问题，如属于关键性的解放区的人民政权同人民军队问题，国民党则说什么"根本与国家政令军令之统一背道而驰"。实际上，使谈判陷于停顿，借此在美帝国主义帮助下，阳为运兵接收，实则准备内战。面对如此险恶的形势，张澜推心置腹地对毛主席说："在'五四'以后，为了摆脱北洋军阀的统治，使人民能够过问政事，我曾经同吴玉老（即吴玉章）在川北推行过地方自治，深知政权、军权对于人民的重要性。国民党丧尽民心，全国人民把希望寄托给你们。你们当坚持的，一定要坚持，好为中国保存一些净土！"毛主席连连点头。接着,张澜又提醒毛主席:"现在,是你们同国民党双方关起门来谈判。已经谈拢了的,就应当把它公开出来,让大家都知道,免得蒋介石今后不认账。"毛主席欣然采纳,当即考虑对策。张澜感到义所当为,毅然对毛主席说:"你们如有不便,由我来给国共双方写一封公开信,把这些问题摊开在全国人民面前,好受到全国人民的监督和推动。"毛主席又欣然采纳,当面赞誉张澜是"老成谋国"。

张澜的公开信,随即分送给重庆的《新民报》和成都的《华西晚报》刊出。

张澜在公开信中着重谈到关于军队问题,这同张澜头年在国民参政会的提案《加强实行民主以求全国团结而济时艰案》的精神基本一致。张澜在头年的提案中,旗帜鲜明地提出:"甲(意指国民党——笔者)要一党专政,因而训练党军,以图巩固其政权,即不能禁乙(意指共产党——笔者)之训练党军,与之对抗。必须实行民主,不以国家政权垄断于一党。"公开信对于恃强权以凌弱、拥重兵以暴寡的国民党法西斯行径,给予了有力的指责。

连日来,国共双方在谈判中的激烈斗争,仍旧集中于解放区的人民政权和人民军队问题。其间,9月25日,张群、邵力子在参政会宴请周副主席、王若飞同张澜、沈钧儒、黄炎培、左舜生、章伯钧、罗隆基、张申府等,并由国共双方报告近日的谈判情况。9月29日,周副主席、王若飞同张群、邵力子在参政会举行聚餐会,邀请张澜、沈钧儒、章伯钧、罗隆基、曾琦、左舜生、王云五等出席,共商政治会议的组织等问题。在此期间,民盟在特园筹备召开临时全国代表大会(解放后追认为第一次全国代表大会),各地代表云集,张澜日益繁忙。

正值张澜主持召开民盟临时全国代表大会,10月1日,惊悉蒋介石以武力解除了龙云在云南的权力。龙云系张澜介绍加入民盟的秘密盟员,对民盟和民主运动殊多贡献。以其交谊甚笃,张澜极为关怀龙云的安全。此刻蒋介石向龙云开刀,更使张澜对毛主席的安全忧心如焚,立刻派人通知周副主席,敦促毛主席早日返回延安。

毛主席在渝期间,张澜一直为重庆谈判和毛主席的安全担心。好不容易盼到国共双方会谈纪要于10月10日正式签字,毛主席就于第二天飞返延安了!10月11日上午,毛主席驱车来到九龙坡机场。由于到达较早,一大群中外记者将他围住,而国民党方面的记者甚至提出了一些反映他们本性的难题。毛主席恢恢大度,应付裕如。当毛主席一眼望见张澜、鲜英赶来,立刻排开记者群,过来和张澜、鲜英热情话别。张澜一扫愁云,兴高采烈地说:"二天(四川方言,意即日后)中国实现民主了,我还要到延安去看望你哟!"毛主席连声

"欢迎欢迎",并说"要用延安的川菜来招待"。

王若飞和张治中陪同毛主席登上座机。毛主席停在机舱门口,挥动着"拿破仑帽"(即考克帽,这里沿用当时新闻报道的名称),显示出旋乾转坤的精神力量。

座机在热烈的掌声中腾空而去。张澜遥望长空,但见白云,他的心,也乘虚御风,与之俱去。[19]

来桂园拜访毛泽东的人,多数是善意的、关心国家和平的,但是也有例外。CC头目陈立夫在会见毛泽东时,竟然要求中共放弃外国的思想观念,放弃一党的武力政权。这一要求遭到毛泽东的严正驳斥。最明显的一次是9月22日上午青年党负责人蒋匀田和毛泽东的对话。蒋匀田曾有如下回忆:

9月21日,承中共驻重庆联络处主任徐冰先生下访汪山我所住的地方。互相寒暄之后,徐对我说:"毛主席拟邀请你面谈。"于是约定次日上午10时,我到毛先生住处拜访。毛先生访重庆时,住在张治中将军的家里,张当时是国民政府军事委员会政治部长,所以我内心感觉奇怪。直到1949年春,张主张言和,先到奉化向蒋请示,然后偕邵力子等飞往北京谈和,而一去不返,始使我几年不解的奇怪,为之冰释。

次日,我如约准时到达张公馆,徐先生迎接我至会客室说:"最多五分钟,毛主席即可回来,请坐,稍候。"确是不多时,毛先生即进入客厅,向我道歉说:"很对不起,因到机场向回美的赫尔利大使话别,所以迟回些许。"于是正式谈话开始。

我首先问他:"毛先生到渝二十日,与国民党领袖们商谈的结果如何?"他答复:"因对国民党的承诺,我应保密,所谈的问题不能告人,既然蒋先生(指作者)系友党(指民社党)的领袖,我应当告诉多日来与国民党所谈的问题,让我们共守秘密。商谈了近二十日,时间白费,毫无结果,已面临僵局了。"

于是我又问:"二十日来,谈及哪些问题?僵在哪一点?"他回答说:"我们触及到两个问题:一个是军队分配的比例问题,一个是我们管理的地区自治问题。现在没有一个问题得到协议,可说商谈已经失败了。"我于是说:"毛先生,承你所示知,你们所商谈的问题失败了,甚可惋惜!可是从人民的角度,即使如此商谈成功了,那乃真的是失败。"他问我:"你意何指?"我答道:"第一,假使军队的分配比例能得到协议,将来中央政府以某种借口,增加一团宪兵,你是否按比例扩充你的兵力呢?假若你不立即扩充,你将失其比例;假若你随之而比例地扩充,这将演成国内军备竞争,取代所谓国际军队竞争,则人民将如何负此财政的重担呢?第二,假使你们对于划分领土管理权,商谈成功,如一般传说:贵党得以掌有绥远、热河、察哈尔等省,并得推派北平、天津两个副市长。假使中央不同意省有自治权,省主席由人民选举,一旦中央政府明令调迁绥远省主席任浙江省主席,绥远省主席从命乎?抑抗命乎?假使绥远省主席遵命而行,则贵党将失去绥远省的管理权了。倘使绥远省主席拒绝不从命,其结果则将如何?据鄙见所及,这将是延缓今日之战争为明日之战争而已。故从人民的眼光看来,是否为大大的失败呢?"于是毛主席向我说:"你有何建议?"我答复:"毛先生,我认为最好确守在飞机场上的书面谈话:争取民主与自由。只有真正的民主政府,始可为人民的福利而努力,而在野党的安全亦能有所保障。假使毛先生同国民党的领袖讨论此类问题,应让其他少数党派领袖参与会谈,不宜仅限于贵党及国民党,这亦正合毛先生在机场所发表的谈话。"他很幽默地答复:"希望你的高见能够实现。"他乃继之说,"刚才在飞机场上,赫尔利大使亦曾向我建议:'既然实质的问题谈不通,最好再从民主政治的原则商谈。'假使同国民党商谈此类问题,我们共产党的代表一定主张邀请其他党派参加。"我即赞美说:"假使能采这样方式共同协商,无论结果如何,将必成为中国历史上大的转折点,盼望毛先生成功。"

于是我们对于首项重要问题,可说有了一致的看法。毛先生乃另转其他问题说:"此次来访重庆,最大的憾事,就是未能见到张君劢先生。我少年时候,即拜读张先生的大作甚多,所以已经久仰了。张先生多年来不计艰险,为民主政治奋斗的精神,亦至今令人敬佩。他给我的一封公开信,想你亦必阅过。在那封信里,他主张要我们将军队交给蒋先生(指蒋介石),老实说,没有我们这几十万条破枪,我们固然不能生存,你们也无人理睬。若叫我将军队交给政府,理犹可说,教我交军队于蒋先生个人,更不可解。最近蒋先生曾对周恩来同志说:'盼告诉润之,要和,就照这条件和,不然,请他回延安带兵来打。'我异日拜晤蒋先生,当面对他说:'现在打,我实打不过你,但我可以对日敌之办法对你,你占点线,我占面,以乡村包围城市,你看交军队于个人,能解决问题吗?'不知君劢先生发表那封信时,想到这个问题没有?我想君劢先生是没有机会练兵,若有机会练兵,他也必会练兵的。"毛先生说到此点,我即答复:"关于君劢先生那封公开信,我在桂林从报纸上阅及后,亦感惊奇。不久沈钧儒先生自渝赴桂林,在漱溟先生办公室内,亦曾晤谈及此事,均表示不同的看法。沈先生问我事前知否,我告以事前毫无所闻,不过据我推测,或因新四军事件,引起大敌当前、兄弟阋墙的恐惧而出之。至于毛先生说君劢先生若有机会练兵,他也必会练兵的,我想毛先生没有看到君劢先生在北平创党时所拟的政纲。我们当时的政纲,载明不收现役军人为党员。为什么有此条规定呢？不是我们不重视现役军人，而是我们深信民主政治的成功，是以全民的信心与力量为基础，不是单凭武力可以打出来的。我国已受了三十多年翻云覆雨惨痛的历史教训了！再参证法国一次、二次、三次革命的惨史，更使我们不愿以武力为建立民主政治的有效工具，而只有由政党的组织行动，不计个人牺牲，反对一党专政，启发人民对民主制度的认识与信心，渐渐趋向民主政治成功的道路了。"

说到此点，我乃向毛先生曰："刚才你说'没有我这几十万条破枪，我们固然不能生存，你们也无人理睬'确系实情。1923年我就在南京被囚于所谓政治招待所。毛先生，现在你我都是受压迫的政党，处境可说大致相同。可是你们尚有枪杆保卫的地区以生存，我们真是飘零可怜，任人宰割。假使有一天我们认为不需要枪杆护卫，可以自由活动，如欧美的民主国家一样，用自由竞选的方式取得政权，毛先生，你愿放弃所有的枪杆吗？"毛先生很技巧地说："在未答复你的问题以前，我先请你答复我的问题：你相信或不相信共产党的政治斗争技术，不在任何政党之下呢？"我即答说："我确信共产党的政治斗争技术不在任何政党之下。"他笑说："你既相信共产党的政治斗争技术不在任何政党之下，则你已答复你所提的问题一半了。你想，假使我能凭政治斗争技术，以取得政权，我为什么要负养数十万大军的重担呢？不过还须请你注意一点，军队国家化固好，所有特务人员，更须国家化。不然，我们在前头走，特工人员在后面跟踪，这样威胁，那我们又如何受得了呢？"毛先生讲到特工跟踪时，他即站起，以行动表现，左右转头向后看，使在座的人为之惊笑不已。毛先生表演特务跟踪之毕现形态，今日回忆，真使我百感丛生，情难自已，不得不提及之，或可为将来史话传闻之佐证。

毛先生坐下后，我们互相安慰，共同表示希望中华民族能于八年血战之后，走上建设成功之路。我最后请教毛先生："毛先生，你对中国文化的估价如何？"他笑说："你是否疑我相信共产主义，即不懂中国文化呀？我相信我是读通了中国历史的人。"我亦笑说："我当然相信毛先生读通中国历史，不然，怎能以史话填出《沁园春》的名词呢？"我乃告辞，偕随行者三人步出张公馆。毛先生与徐冰皆送至门口，并说盼有机会再谈。[20]

毛泽东还会见了一批美国朋友，向他们宣传中国共产党争取和平、民主的主张。

美国友人韩丁回忆说：

记得毛泽东是在一个小房间里会见我们的，房间里除一张木头方桌和几把椅子以外，再没有任何别的东西了。我们在桌旁坐下来，毛泽东和我是对面坐着。坦纳鲍姆坐在他的左边，周恩来的助手、担任翻译的龚澎坐在他的右边。

毛态度友好，但精神严肃安详。他有十足的自信心，但丝毫不想给人以任何了不起的感觉。他是那样的安详自若，自然从容，既全神贯注地思考着问题，又专心致志地听取别人的意见。

一方面，他心里想着许多问题，因为当时他是在重庆，规划战后中国之前途。那时，避免内战的可能性甚微，这无疑是他思考的主要问题，同时也是大家在考虑的主要问题。另一方面，他对我们所谈的情况很感兴趣，并善于听取。毛一贯地设法通过同抱有各种见解的各式各样的美国人直接接触，来尽可能多地了解美国的情况，他同我们的会见便是这种坚持不懈地努力的一部分。因此，他的很大一部分的注意力集中在我们身上。

我们本来准备要问他一大堆有关解放区、抗日战争、新民主主义和中国的未来等问题，但是，毛把问题倒了个个儿，反而问了我们许多问题，问的都是美国的情况。格里有过一段当工人和组织工会的经历。我以前从事过农业，搞过农业工会。毛向我们两个询问了有关美国工人和农民的生活、他们的组织和斗争情况、他们同政府和大企业的关系以及他们对这两者的态度等问题。不管我们对这些问题能提供些什么样的见解，他提的问题都表明，他非常了解美国社会的基本情况，这些问题使我们不得不去深入思考。

他问我们："农业局和农场主联合会有什么区别？""美国的大多数工人为什么没有组织起来？""杜鲁门会主张对农民和工人采取什么政策？"对于这些问题是不能够毫无准备、简单地作出回答的。我们对于许多问题的回答都是很不够的。然而，即便是在这样的时候，毛也是耐心地、专心致志地听着。因此，我们一点儿也不感到紧张和拘束。

我离开时得到的主要印象是：毛是一位专心致志听别人谈话的人。我当时对此感到意外，其实现在回想起来，是不应该这样的。因为，毛早期就教育所有革命干部要进行调查研究，说"没有调查就没有发言权"。他本人在青年时代及往后一段时间里就花了大量的时间，在各地转，坐下来或蹲着同人们交谈。他每到一处，就开调查会，通过这些会，他获得了能够据以进行分析和领导的广泛的实际知识。毛泽东乐于向所有的人学习，特别是学习他们所具有的第一手知识。他在同我们的谈话中，这一点也表现得很明显。格里和我都不是什么取得了伟大成就的人物，可是美国的两名各有自己的社会经历的好心的青年，对毛来说，这就够了。他把我们看作是提供有价值材料的来源，用了大半个下午同我们友好地交谈。

后来又有一天，也就是在他结束了同蒋介石的谈判，即将返回延安的时候，毛邀请格里和我在八路军办事处同他一起度过那个晚上。在场的有周恩来、龚澎和其他几位。那是一个忧郁的夜晚，大家的心情都感到压抑，都在一心考虑着一个问题。由于蒋介石权欲熏心，并且断定在美国的帮助下他能够消灭解放区。因此，内战不可避免，爆发内战只是时间的问题。我认为，毛当时邀请我们到那里去，是对美国人民友好和信任的表示。当时的美国政府决心要阻挠中国人民意志的实现，它将不以屠杀千千万万的中国人为满足。但是毛泽东懂得，美国还有着另一个方面。因此，他伸出了友谊之手，对于这一点，我们是毕生不会忘记的。[21]

与韩丁同行的坦纳鲍姆回忆说：

我刚从美国来到重庆，经过一些美国朋友的介绍，我几乎马上会见了许多中国要人，并同他们谈了话。他们在会见前已得知我同情中国的进步运动。我和韩丁（他在美国战时新闻处工作，在重庆已待了一些时候了）从龚澎——周恩来的一名机敏、活泼的助手——那里接到了访问八路军办事处的邀请。

我们两人都很想亲眼见见这位伟人。作为勇敢地领导反抗日本侵略斗争的领导人，他已成为我们心目中的传奇式人物。

走进办事处接待室，看到轻松愉快的工作人员以及龚澎的满面笑容和向我们伸出的手，大街上的那种恐怖气氛在我们脑海中就烟消云散了。龚澎示意我们经过接待室走进会客室，当我们经过一间小会议厅时，看到毛主席正在和解放区来的一批干部和记者谈话。

他左手叉腰，右手打着有力的手势，随着头部的摆动，浓密的黑发一动一动，使讲话更加生动有力。他宽宽的脸部表情很严肃。说来怪难为情的是，当时我和韩丁汉语懂得不多，听不懂他的话。

我们注意到，他穿着在延安时穿的朴素的布军装，洗得很干净，但褶子很多。他脚上穿着一双农民穿的布鞋。我们看到他在作显然是很重要的谈话，于是停下脚步在一旁站着，直到龚澎彬彬有礼地催我们去会客室才移步。

等了几分钟，我们听到会议室里传来一阵掌声。接着主席很快就出现在门口，有人给我们作了介绍。他身材比我原先料想的要高得多。对比之下，他的手似乎不大，握手时几乎只碰了一下手指头。他尽管经历了几十年的艰苦岁月，但脸上没有一丝皱纹。他的眼睛似乎半闭着，显得很安详，但他的思维很敏捷。

我有许多问题要问他，但却难得有机会问。他心上挂着美国，从他提出的一连串探讨性的问题中可以明显看出，他读过有关美国的大量材料并对美国问题进行过很多讨论。有时候我们觉得，对于向我们提出的问题，他已经从别人那里得到答案，但是他希望听听不同的观点，或者验证一下以前得到的答案的逻辑性和内容。

毛向我们详细询问美国劳工运动的情况，探究一些工会和领导人的具体情况。他很关心罗斯福死后刚刚升任总统的杜鲁门的情况。由于同蒋介石打交道也就是同杜鲁门打交道,因此毛想了解杜鲁门其人及其思想,因为这两点对他来说都是未知数。

主席的问题问完后,向担任翻译的龚澎几乎使人不易察觉地点了一下头,就结束了这次会见。龚澎微笑着说:"主席还有事,他不能跟我们一起吃晚饭了,但是他希望你们尝尝我们准备的几个简单的菜。"

我们同主席握手告别时,感谢他为我们花了这么多时间。他点点头,转过高大的身躯,步履轻快地走了。这是我们终生不忘的一次会见。[22]

在重庆,毛泽东还于9月16日在红岩八路军驻重庆办事处会见了美国第14航空队总部的三名士兵。他们是霍华德·海曼、爱德华·贝尔和杰克·埃德尔曼。

参加这次会见的一等兵霍华德·海曼回忆说:

我们知道毛吸烟吸得很多,甚至听说他在延安自己种烟草。我们就从自己的配给中拿了几条美国香烟,并写了一张表示希望中国人民有一个繁荣、和平的前途的便条,把这张便条和香烟留在中国共产党总部。

几天以后,有人告诉我们,毛接受了我们的礼物。作为答谢,他希望我们下周去同他一起吃饭!

我们去了。三个很年轻的美国士兵同毛泽东主席、周恩来和后来成为新中国领导人的另外几个人一起吃了饭。下午和晚上的一多半时间,我们花在谈论中国和它的前途,以及设法回答毛问我们的关于美国情况的很深刻的问题上,但是我们常常答不上来。

学者和历史学家们可能向你们讲述毛是一位诗人、历史学家或革命家。可是在我的记忆中,他是一位热情、恬静、关心人的人,他能很容易地立即使你不感到拘束。他与他自己手下人员的相互关系也深深地印在我的脑海里,毛同工作人员、领导人、厨师和招待员的相互关系是一种友爱和热情的关系,我没有发现丝毫自负、讲究礼仪、神气十足或其他任何做作行为的迹象。[23]

另一位美国士兵爱德华·贝尔回忆说:

1976年7月在重庆,在一个天气晴朗炎热的下午,我看到了一张放大的巨幅照片。由于年代久,照片颜色发黄了,但是画面上人们的笑容及照片的意义不减当年。我感到惊讶不已,于是跑出屋子去叫我们美国退伍军人代表团团员(在第二次世界大战期间,他们曾在中国驻扎过)以及他们的妻子和儿女来看这张照片。我问向导,是谁把这张照片挂起来的?什么时候挂的?向导说,毛主席曾在这所房子里度过许多时光,制订活动和工作计划,并会见重要领导人。1957年这所房子辟为纪念馆开放时,即挂起了这张照片。1957年正是冷战年代，在那时，许多美国人是难以理解中国人珍视他们同我国人民的友好接触这种事情的。

这张照片的故事开始于1945年。当时毛主席从延安来到重庆，与蒋介石举行具有历史意义的重庆谈判。那时，我与另外两名美国军人杰克·埃德尔曼和霍华德·海曼通过大学里的学生朋友曾会见了周恩来。部分原因是由于那次会见，一星期之后，我们被邀请去同毛主席一起吃饭。

我们去参加宴会前满怀着热切的希望，因为愿意抽出时间来同三个普通的美国兵会见的人，是中国历史上这样伟大的一位人物，是正在忙于处理世界历史上一件具有十分重要意义的大事的人物。他认为会见美国兵来促进中美两国人民之间的友谊也是重要的事情。

那是一个激动人心的下午，当时的情景还历历在目。我们背着背包，背包里面装着准备送给毛主席的礼物——几条香烟，快步地走过这条又窄又脏的街道，来到这所白灰粉刷的房子，登上了台阶。我们一起在楼下的一间房里等待着，在这间房的一端挂着一个竹帘子。不久，竹帘子掀开了，毛出现在我们的眼前，他身穿军装，微笑着向我们问好。在场的还有他的译员和其他一些朋友。他显然愉快地接受了我们送的香烟，我们对此感到很高兴。他是一个非常谦逊的人，说我们对他太慷慨了。

我们在一张椭圆形的大桌旁坐下吃饭时，毛泽东对我们每个人都表现出了莫大的兴趣，专心致志地倾听了我们所说的一切。他问到了我们在国内的生活情况，问到了我们的家属情况以及我们对战后生活的愿望。他不会讲英语，是用汉语讲的，但是讲话时是直接对着我们说的。在这一天，语言不可能成为我们之间的障碍。我们通过译员谈了二次世界大战的意义、世界和平的重要性和中美两国人民之间的友谊。席间，毛主席曾多次举杯祝中美两国人民友好，他请我们回国后把我们所经历的一切告诉美国人。他认为，美中两国人民有许多共同之处，因此我们两国人民之间将会建立起真正的友谊。

他满怀深情，十分乐观地谈到了我们的前途，所有青年的前途，因为他相信，青年在改造世界方面将发挥非常重要的作用。毛是始终意识到每个小时的重要性的，于是他提醒我们，太阳快要下山了，如果我们想照相的话，最好趁光线还亮的时候到花园里去照。我们到花园里去，大家摆好姿势，照了几张集体照，以记录这个愉快的具有历史意义的时刻。

我始终珍藏着那张照片作为那次会见的留念，发现中国人也珍藏着这幅照片，真使我感到十分惊讶和激动！当然，我指的是1976年夏天，我在重庆纪念馆墙上看到的那张三个年轻的美国兵和毛泽东合影的照片。[24]

在重庆，毛泽东还留下了刻印和画像两段趣闻。

为毛泽东刻印的曹立葊回忆说：

1945年抗日战争胜利后，毛主席应蒋介石邀请来重庆进行和平谈判，我受柳亚子先生嘱托，为毛主席刻印。

1926年5月，第一次国共合作期间，在广州召开的中国国民党第二届二中全会上，亚子先生与毛泽东同志认识，他忠实执行孙中山先生制定的联俄、联共、扶助农工三大政策，从此与我党许多老一辈革命家结为莫逆之交。

毛主席来重庆同国民党谈判，亚子先生高兴极了。在毛主席抵达重庆的第三天（8月30日），亚子先生就到曾家岩桂园，专程拜访，赋诗称颂毛主席敢于深入虎穴，是"弥天大勇"，犹"雨霖苍生"，给苦难中的人民带来新生的希望。同年10月初，亚子先生再度于红岩村拜会毛主席，请毛主席"写《长征》诗见惠，乃得其初到陕北看大雪《沁园春》一阕"。就在这次会见之后的一天，亚子先生对我说，主席书赠给他的《沁园春》词上没有印章。他曾请主席盖章，主席说"没有"。因而他慨然许诺主席："我送你一枚吧！"亚子先生不攻篆刻，从红岩村回来后，把上述经过告诉了我，要我为毛主席刻印。当时我住在重庆南岸枣子湾，听说为毛主席刻印，虽然自审技术低劣，但也不怕献丑，连夜赶刻出来：一方为白文"毛泽东印"，一方为朱文"润之"。送到毛啸岑家面交亚子先生，由亚子先生转呈毛主席。1950年首次发表毛主席在柳亚子纪念册上手写的《沁园春·雪》，就盖有这两枚印章。[25]

舒新在《尹瘦石为毛主席画像》一文中记述说：

在毛主席生前，只有两位画家有幸当着他的面为他画像：一位是外国人；另一位，就是现任北京画院副院长、中共北京市第五次代表大会代表尹瘦石。

尹瘦石为毛主席画像的时间是在1945年10月，距今整整三十七年了。几天前，笔者往访尹瘦石，在他的那间堆满书籍画稿飘逸着墨香的画室兼客厅内，我们谈到了这件往事。也许是为了克制一下激动的心情吧，瘦石点燃了一支烟，轻轻地斜靠到椅背上，在缓缓飘动的烟雾中，微眯着双眼说道：

"说到此事，就得先说一下当年的'柳诗尹画联合展览会'，毛主席的画像正是为了这次展览会才画的。

"1945年8月，毛主席到重庆和国民党政府谈判。当时，抗战刚刚结束，人民迫切希望和平。我们举办一个诗画联合展览会，就是想用柳亚子先生那些炽烈的爱国诗词，连同我的历史画一起，作为宣传武器，向民众做一点宣传工作。这个想法得到亚子先生的全力赞成，我们就着手准备起来。

"记得是10月2日吧，我到沙坪坝津南村亚子先生的寓所商谈联展的筹备事宜。亚子先生忽然高兴地对我说：'毛主席约我今天去谈话，你随我一起去，请求给毛主席画像，争取在联展时展出。'我一听，兴奋极了，但又不知是否能得到毛主席的同意。过不多久,毛主席派的车子来了,我便随同亚子先生登车前往红岩村。一见到毛主席,柳亚子先生便提出让我给他画像的请求,毛主席竟一口答应了,并立即让王若飞同志具体安排作画时间,随后,毛主席和柳亚子先生去谈话,我就告辞。"

说到此处,瘦石端起茶杯,呷了一口,似乎是要让逐渐兴奋起来的心情稍稍平静一些,又继续讲道:"10月5日下午,我到上清寺桂园张治中的公馆见到了周恩来。随后,和他同车来到了红岩村。第十八集团军重庆办事处处长钱之光同志已经在等候我了。他立即领我进了一间房间,在那里静候毛主席。一会儿,只见毛主席微笑着,踏着稳健的步子走进来,笑着向我点头并问道:'怎样画呀?'我见屋内有一张藤椅,便请主席在椅上坐下,开始作画。只见主席坐在椅上,仍不时地紧蹙双眉,沉浸在深深的思索中。我画了差不多四十分钟,就告诉主席画完了。主席笑着走过来,看了看画,问站在一边的钱之光同志:'画得像不像啊?'又和我紧紧握手,并要留我一起吃晚饭。我看天色已晚,唯恐耽误主席的大事,连连道谢着告辞了……"

瘦石讲到此处,脸上泛起了红光,双目闪闪,流露着一股难以抑制的激动之情。一缕娇艳的秋阳,透过窗户斜射进来,暖暖地偎在我们身旁,似乎也在倾听着这令人难忘的往事。

"毛主席的画像后来展出了吗?"过了一会儿,我问道。

"展出了!"瘦石同志从沉思中醒来,兴奋地说,"此事可谓轰动一时。联展开幕之后,周恩来、王若飞等亲临参观,《新华日报》专门辟了一个特刊进行宣传,毛主席还为特刊亲笔题写了一个刊头。"说着,他站起来,走向书橱,打开橱门,找出一份珍贵的资料来。

这是诗画联展开幕的那一天——1945年10月25日的《新华日报》。虽然被主人悉心保存着,但纸色仍然微微发黄了。我朝报纸上看去,只见左上角赫然登载着"柳诗尹画联展特刊,毛泽东题"几个龙飞凤舞的大字,果然是毛主席的笔迹。旁边是郭沫若、茅盾、徐悲鸿等人谈观感的文章。

三十七年过去了,毛主席、柳亚子先生等都已经做了古人,但是,这幅画像连同这些往事,一定会流传久远的![26]

安抵延安

1945年10月11日上午9时45分,毛泽东在张治中的陪同下飞离重庆九龙坡机场,下午1时30分安全抵达延安。毛泽东回到延安时,曾到机场迎接的师哲回忆说:

10月10日，国共双方的代表签订《政府与中共代表会谈纪要》（即《双十协定》）。11日，毛主席仍由张治中陪同乘飞机返回延安。到机场迎接毛主席的干部有4000余人，主要是边区系统的，因为这时中央机关干部基本上都离开延安去了前方。

我上前迎接毛主席，并请他给大家讲话。主席的讲话很简短，大意是说：这次到重庆同蒋委员长会谈，涉及各方面的问题，日内就要发表一个文件，叫《双十协定》。这是初步的收获，但还有许多问题没有谈到，更有许多问题没有解决，就是说以后应做的事情还多着呢！总之，打开了局面。

毛主席讲完后又转向我说："你请张先生讲话。"

我走向张治中先生，请他给大家讲话。

张治中拍着胸脯说："我把毛主席迎接到重庆去，今天又负责把他护送回来，这对得起大家。兄弟的责任是尽到了，我也感到光荣。谢谢大家！"

机场上，干部和群众向毛主席热烈欢呼。之后，毛主席回到枣园住处，张治中则到王家坪八路军总部休息，同日乘原机返回重庆。

毛主席回到延安后有些疲劳，但因他离开期间，许多事情都有了变化，所以他没有休息几天，便开始过问工作。首先他要了解前方各部队的部署和移动情况，哪些地方同国民党军队发生了冲突，我们如何对付的，等等。

过了几天，毛主席在中央党校礼堂作了个报告。他的话简洁明了，深入浅出，使干部的思想豁然开朗，澄清了一些糊涂认识，大大振奋了精神，增强了信心，提高了斗志。他说，抗战八年，蒋委员长躲在峨眉山上养尊处优。现在桃子成熟了，他要下山来摘桃子了，这要看桃子是谁栽的，谁浇水、施肥培植的。人民培植成熟了的桃子，蒋委员长把手伸得长长的来抢收桃子，所以一场斗争是免不了的。

虽然苏联政府、斯大林曾极力劝说我党、毛主席去重庆同国民党、蒋介石谈判，共商国是，但无论在谈判期间，还是毛主席等一行离或返回延安时，苏方人员都不曾出面。在延安工作的苏军情报组人员，对于国共谈判也从未发表过任何意见，没有表示过什么态度。原因是他们既不敢说出任何违反他们最高领袖意图的话来，又不能违心地承认中共应该相信蒋介石的声明或诺言。他们心里明白，国民党是腐朽堕落、每况愈下、日益走向穷途末路的；而共产党是朝气蓬勃、蒸蒸日上、有发展前途的，但力量暂时薄弱、经验不足，一时还不能战胜国民党。这是他们情报小组当时对中国局势的看法。

以孙平为首的苏军情报小组在日本刚投降后，就打算离开延安回国，但莫斯科要他们留在延安，直到10月底。这可能是为了观察和了解国共谈判进展情况和延安总部的动态。孙平在最后离开延安的前夜（10月25日或26日），专门拜访毛主席，并向他告别。

孙平说："总部来电召唤我们结束在延安的工作，最近将派飞机来接我们回国，我们特向你告别，并感谢你和中国同志们对我们的关心、照顾和在工作上的帮助。我们没有什么可以留作纪念的东西，只有自己备用的四挺自动步枪（即手提机枪），愿全部赠送给你们。"

毛主席非常笼统地对孙平谈了重庆谈判的情况。毛主席说，谈判有收获，对有些问题有所确定，但双方在许多问题上有分歧，没有达成协议，大部分问题没有解决。国内是否会出现和平，还要看。这需要双方的努力，且具有诚意，孤掌难鸣。我们不要内战，历来主张和平建国，但看蒋委员长的样子，不会停止进攻。他进攻，我们就不能不招架。看来，和平是较难的。

这次谈话，双方言语都不多。这主要是毛主席从重庆回到延安后非常疲劳，健康状况不佳。此外，重庆谈判的具体情况，苏联驻重庆大使馆已知道得非常详尽。[27]

张治中将军为毛泽东的安全也尽了许多力。在他第二次到延安不久，又第三次来到延安。不同的是，前两次他肩负的是迎送毛泽东赴重庆谈判的使命，这一次他是陪同军事三人小组成员、美国总统特使马歇尔来到延安。

余湛邦回忆说：

1946年3月4日，军事三人小组飞到延安，毛泽东、朱德等许多中共领导人都到机场迎接。当天晚上，中共中央举行盛大的欢迎晚会，演出了一些节目。3月上旬的延安还是够冷的，大家都穿上大衣、棉衣，马歇尔斜躺在靠椅上，腿上还盖上一床毯子。节目演出前，三方都有简短的讲话。张治中在强调军队整编方案的重要性之后，表示希望能百分之百地做到，双方团结合作，共同为建设和平、民主、团结、统一的新中国而努力奋斗。最后以爽朗乐观的声调幽默地说："我这次到延安来是第三次了。第一次是和赫尔利一起来迎接毛主席到重庆去谈判，第二次是签订了《双十协定》后护送毛主席回延安来，这次为了整军方案的落实又到延安来了。你们将来写历史的时候，不要忘记写上张治中三到延安这一笔呀！"这段话当时引起了全场热烈的鼓掌和欢笑，以后传为历史佳话——这是张治中三到延安。

张讲完话走下来，他在北伐时的老朋友林伯渠迎着说："你的话讲得很好，我们可以写历史了，就是说我们是成功的，不是失败的。"张回到座位上，毛主席笑着对张说："你将来也许要四到延安，怎么只说三到呢？"张说："和平实现了，政府改组了，你们就会搬到南京去了，延安这地方，不会再有来的机会了。"毛说："是的，我们将来是要到南京去，不过听说南京很热，我怕热，希望长住在淮安。开会才到南京去。"

这个插曲给我们以许多启发。首先，它充分体现了张治中一贯的联共亲共主张，他确实是孙中山先生的忠实信徒，无论处在逆境或顺境，都能坚持自己的政治主张。在极端反共的蒋介石统治下，他能坚持联共亲共，是难能可贵的。其次，也代表着一种伟大的预见远见。他始终认为共产党是会胜利的，是能胜利的。事实证明，写历史的是中国共产党，而不是国民党，多难得的预见哪！最后，他的这段话，只有他敢说，别人是不敢说的。别人说了，蒋介石会不答应，会认为出了格而遭贬责，而他说了反而成为历史佳话。这个历史人物的精神面貌非常鲜明生动。

3月5日，军事三人小组由延安飞返重庆，毛泽东和中共领导人到机场送行。〔28〕

毛泽东对美国出面"军事调处"抱着将信将疑的态度。1945年12月29日，他会见了美国纽约《先驱论坛报》的记者。下面是当时的报道：

上月29日，中共毛泽东主席接见纽约《先驱论坛报》驻华记者斯蒂尔先生，答复斯蒂尔先生所提出之问题如下：

问：阁下是否认为美国调解中国内战之举已告失败？如美国政策按目前形式继续实行，则结局如何？

答：我很怀疑美国政府的政策是所谓调解。根据美国大量援助蒋介石，使得他能够举行空前大规模内战的事实看来，美国政府的政策是在借所谓调解作掩护，以便从各方面加强蒋介石，并经过蒋介石的屠杀政策，压迫中国民主力量，使中国在实际上变为美国的殖民地。这一政策继续实行下去，必将激起全中国一切爱国人民起来作坚决的反抗。

问：中国内战将延长多久？其结果将如何？

答：如果美国政府放弃现行片面援蒋政策，撤退驻华美军，实行莫斯科三国协定，则中国内战必能早日结束。如果不是这样，就有变为长期战争的可能。其结果一方面当然是中国人民受痛苦，但是另一方面，中国人民必将团结起来，保卫自己的生存，决定自己的命运。不管怎样艰难困苦，中国人民的独立、和平、民主的任务是一定要实现的，任何本国与外国的压迫力量，都不可能阻止这一任务的实现。

问：阁下是否认为蒋介石是中国人民的"当然领袖"？共产党是否将在任何情况之下，都不接受蒋介石的五项要求？如果国民党企图召集一个无共产党参加的国民大会，则共产党将采取何种行动？

答：世界上无所谓"当然领袖"。蒋介石如能按照今年1月间的停战协定及政治协商会议的共同决议处理中国政治军事经济等项问题，而不是按照所谓"五项"或十项违反上述那些协定的片面要求，那么我们是仍然愿意和他共事的。国民大会只应当按照政治协商会议的决议由各党派共同负责去召集,否则我们将采取坚决反对的态度。[29]

过度的操劳,使毛泽东在重庆谈判归来后大病一场。这期间,中共中央的日常工作仍由刘少奇主持。

师哲回忆说:

1945年11月,毛主席的身体状况越来越令人担忧。我每天要看他几次。他有时躺在床上,全身发抖,手脚痉挛,冷汗不止,不能成眠。他要求用冷湿毛巾敷头,照做了,却无济于事。

这时延安的各主要医院已全部撤离,留在延安的医务人员仅有傅连暲、金茂岳和黄树则。他们都先后给毛主席看过病,但谁也没能解除毛主席的病痛。在无可奈何之际,我提议向斯大林求助。本来苏联医生阿洛夫对毛主席和其他中央领导同志的健康状况是很熟悉的,可是在毛主席从重庆返回后,他同苏联情报组的成员一起赶回国参加庆祝十月革命节去了。

经请示毛主席同意,我给斯大林发了一份电报,说明毛主席的病情,希望他们给予医疗方面的帮助或提供一些医疗意见。

他们回电说,从电报上,他们的医学专家无法诊断毛主席的病情,没法提出任何治疗方案或建议,所以关于毛主席的健康问题还得另想办法,并采取切实可靠的措施。他们表示,如果需要,他们可以派医生去延安为毛主席担任医疗护理工作。

我接到回电后,就向毛主席汇报,征询他是否同意苏联派医生来延安为他和中央其他领导同志担任医护工作。他同意了。我很快给斯大林回电,请他们派医生来延安。

但过了大约两个小时,毛主席又叫我暂时不要给苏方发电报。然而,为时已晚,电报已经发出去了。

毛主席说:"做得太快了,你这样着急干什么?"

我心想:这还不急?嘴上只好说:"我的性格就是急,历来如此。"

他没有再说什么。

毛主席生病的时候,江青到处指手画脚,把我这个中央书记处办公室主任拨弄得团团转。她要我找个安静的地方,让毛主席离开枣园去休养。我找了许多地方,比如安塞真武洞,但那里条件太差,不适宜;又跑到柳树店附近联防司令部修建的干部疗养所,这里倒是完全空出来了,于是请毛主席去了疗养所。

在柳树店一个多礼拜的时间,毛主席在身体状况好些的时候,总要出去访问,把那里的干部和附近的群众差不多访问遍了,完全掌握了周围的情况。

几天以后，毛主席又觉得离机关太远，看不到文件，听不到消息，很着急。我每天去看他时，他都要问许多问题。哪个部队来了电报，哪个部队驻在哪里，他问得很细。他天天在考虑面对蒋介石的进攻，我们的部队是否守得住。而我连部队番号都不清楚，这些问题不是我所能回答得了的。不几天，他再也待不下去了，要求搬到王家坪的桃林去住。

王家坪桃林有窑洞，也有平房，地方很宽敞，又同军委、解放日报社、新华社等单位靠近，他就安居下来。请了黄树则同志负责毛主席的医疗和护理，但是缺少医药，"巧妇难为无米之炊"呀！

正在为难之时，12月初，苏方来电说，他们拟派两名医生——一名内科、一名外科，不日飞抵延安，同行的还有毛主席的长子毛岸英，要我们作好准备。[30] 我把这份电报内容向毛主席作了汇报。他听后十分欣喜，并表示，到时他将亲自到机场去接。

苏联派来的医生就是阿洛夫和米尔尼柯夫大夫（大家简称为米大夫）。阿洛夫是苏联红军的将级外科医生，米大夫是苏联地方上的内科医生。阿洛夫到延安后还负责孙平留下的电台，这个电台是归苏联红军情报系统管的。阿洛夫是个外科医生，并不懂政治，因为他的职务高，掌握电台，主席时常找他谈话。

阿洛夫是故地重游，对延安很熟悉，飞临延安上空，他就看到了宝塔山上的"延安宝塔"，准确无误地判断出了机场的跑道走向，飞机着陆了。

毛岸英身着苏联陆军上尉军服走下来。毛主席走上前去，紧紧地抱住岸英说："你长得这么高了！"接着同来宾一一握手，然后请他们都到王家坪休息。

傍晚，毛主席设宴招待苏联医生、全体飞行人员和毛岸英等。宴会后，他请机长——一位苏军上校到他的住处座谈，并当场要我给斯大林写一封感谢信，说明阿洛夫、米尔尼柯夫大夫、他的儿子毛岸英等均已安抵延安，望勿悬念，对送给他的礼品表示谢意。这封信是他亲自交给上校带回莫斯科上交斯大林的。

阿洛夫、米大夫被安置在王家坪毛主席住处的后排房间里，既有工作间，又有医务室。他们的主要任务是负责对毛主席的医护工作。从这个时候起，毛主席的心情、精神状态和健康状况都显著地有了好转。自然，这不只是因为有医生专门护理、诊病，使用各种最新出产的特效药物为他进行医疗、保健，更重要的可能是久别的长子毛岸英回到了身边。

大革命失败，毛主席领导秋收起义后率部队上井冈山，岸英随母亲杨开慧回到长沙板仓老家。杨开慧牺牲后，党组织将岸英及其两个弟弟送到上海，

1936年，岸英、岸青两兄弟从上海经法国到了苏联，一别就是二十年。父子相见倾心交谈、日夜不离，这无疑给了毛主席不少安慰，增添了他的喜悦。

同时，也给毛主席带来了一些麻烦。岸英回来时已二十二三岁，他在苏联长大，养成了苏联人的习惯，中国人有点儿接受不了。江青再吹耳边风，毛主席甚感烦恼。岸英回到延安，又引起美军观察组的关注。岸英会讲英语，于是每次周末舞会，包瑞德必到场，而且总是扯住岸英讲个没完。同时，毛主席为培养岸英，要他接触实际，熟悉国情，因而要他到农村去参加农业生产、劳动锻炼。

岸英在延安期间，有些翻译工作由他替我代劳了，减轻了我不少负担。[31]

苏联医生对毛泽东的身体极为关注。师哲回忆说：

阿洛夫和米大夫二人对主席的身体进行认真、全面的检查，认为他的身体基本是健康的，只是由于操劳过度、负担繁重、精神过于紧张所致。现在要让他好好休息，安静地休息，精神和缓下来，就可以恢复常态。为此，要使他暂时少操心工作，放开国家大事，少管或不管，使神经尽可能松弛下来，也不要用琐碎事情去麻烦他。让他好好休息，多多调养。

阿洛夫和米大夫还劝毛主席多走动，到野外新鲜空气中去活动。于是在1946年初春的一天，为毛主席组织了一次春游，同行者有蔡畅。

毛主席在蔡畅一行陪同下到了延安南郊二十里铺附近，下车后在丛林中漫步。但毛主席总是一刻不停地在寻访，他把周围的碑文都仔细地看过之后说："延安在明朝以前就有较高的文化，大概是由于交通不便，渐渐落伍了。"大家请主席聚餐，他吃得很少。忽然，他发现大路西边有一所小学，于是就到该校去参观。一会儿，主席找我，说："快来，你的乡亲，司马迁的弟子在这里，你们认识一下。"不错，该校教师是韩城西南塬上的人，是鲁迅师范的毕业生。他告诉主席，鲁迅师范的学生有一半以上是韩城人，人称"韩城师范"。主席说："我也曾遇到过几个小学教师都是你们韩城人。"

这次春游虽然有些累，但心情舒畅，精神振奋，尽欢而归。此后，主席的健康状况日益好转，精神渐渐恢复了正常。

毛主席觉察到苏联医生把注意力全部集中到他一个人身上了，于是对他们说："有时间你们可以到各机关、各单位去走走、看看，包括西北局、边区政府等单位，顺便也给各负责同志看看病、检查检查身体。中国人说，'乐善好施''治病救人''妙手回春'，都是褒奖你们医界人士的，希望你们不要把注意力只集中在我一个人身上。"

此后不久，米大夫向毛主席汇报了他的工作：他把各地来延安的负责同志和常驻延安的领导同志的身体状况都做了一次检查，都还算健康，唯有任弼时同志一人堪虑。他脑血管硬化，影响到双目视力，这不是好兆头，表明他的病已经到了相当严重的程度。毛主席听后，深深地叹了口气，再没有把话说下去。

有一次，米大夫同我闲谈中说，他在同中共领导人的接触中，深深体会到只有毛主席才是真正强有力的领导者。他有钢铁般的意志、超人的毅力、坚强的信心和铁的手腕。对大小事情都十分认真，抓得很紧，一丝不苟。总之，在任何问题上，无论任何人，都休想骗得过他。

国共双方在重庆谈判后虽然签订了《双十协定》，1946年1月又签订了停战协定，召开了政治协商会议，2月底签订了《整军协定》，但是国民党从未停止过军事挑衅，并逐渐由关外扩展到关内。美国人穿梭于国共之间，妄图用武力威胁与和平欺骗这两手，迫使我们就范。3月5日，美国总统特使、国（民党）共（产党）美（国）三人委员会主席马歇尔来到延安，美军驻延安观察组也活跃起来。为了招待马歇尔，我方用总部外事招待处的名义，在王家坪的大礼堂举行了一次隆重的大型招待宴会。

次日清晨，毛主席尚未起床，就令我找阿洛夫到他的住处。阿洛夫来到，毛主席才慢慢地下床，还没穿好衣服。

阿洛夫见到这种情景，以为是请他来看病的，急忙表示抱歉地说，走得太急，忘了带听诊器来。

毛主席和蔼地笑了，他请阿洛夫就座，令勤务员倒茶，然后边穿衣服边对阿洛夫说："昨天举行了一次隆重的招待会，宴请马歇尔。这件事你也知道了吧？气氛相当热烈。但是马歇尔只能在礼堂里做客，却不能像你今天这样坐在我的寝室里同我聊天。尽管我这个屋子里对你没有举行任何欢迎仪式，但这正是我们对待你们和对待他们的实质性差别。"毛主席最后说，"我的体力直到今天还没有完全恢复过来，现在又感到累了。我想你已明白了我的意思，无须再多作解释了。"

从当时的表情看，阿洛夫似乎已懂得了毛主席的语意和表情，但没有找到恰当的语言回答主席，沉思了片刻便告辞了。但毫无疑问，他会把这种奇特的场面和谈话的内容向莫斯科汇报的。

1946年6月26日，国民党30万大军分四路向中原解放区的新四军第五师和第三五九旅部所在地宣化店发动大规模的进攻。这就给我党、我军以行动的自由，我们可以放手反击了。主席的病马上好了。

主席对此十分重视。7月，召开了一次中央会议，分析形势，检查和总结了我党前一阶段的工作。主席在会上指出："不应忽视宣化店事件，因为它事实上意味着全面内战的开始，应该从中汲取严重的教训。"主席的讲话，大大扭转了《双十协定》发表后在党内产生的某种和平幻想。此后，中央工作的指导方针、路线，正是按照上述指示贯彻的，各个解放区开始自卫反击，抗击国民党几百万军队的全面进攻。

毛主席同阿洛夫谈话，提醒他注意中国问题的本质及其复杂性。他说："宣化店事件非同小可，它是一个严重的信号，是国内和平彻底破坏、国内战争全面开始的第一枪。但蒋介石装着若无其事、毫不在乎，那是因为他得手了。然而人民不是这样想的，也不可能不在乎。须知若干年前的平江惨案、皖南事变，人们并没有忘记，而今天又来了宣化店事件。这一事件是蒋介石预谋策划的，是给我们的又一次教训，实际上他给我们的教训够多的了！难道可以不记取吗？毫不夸张地说，这一事件是全面内战的开始！是蒋介石对我们的挑衅和正式宣战！我们能不提高警惕，能不防范吗？"

毛主席的这番话，显然是回答斯大林的。

1946年初冬，中共中央军委副主席兼总参谋长彭德怀和阿洛夫长谈，详细地介绍了我党关于自卫战争的战略战术方针等重大问题及各战区的详细情况。阿洛夫由此对全局有了详尽的了解。我想，他都会如实汇报给莫斯科的。[32]

注　释

〔1〕苏军在国民党两次请求下推迟了撤离时间。1946年5月，苏军全部撤出东北（大连、旅顺除外）。——原注

〔2〕开始中央决定林彪到山东。林彪于1945年8月25日乘美军观察组的飞机由延安飞往太行山，在途中中央又决定派他到东北工作。——原注

〔3〕师哲：《在历史巨人身边》，中央文献出版社1991年12月版，第304—309页。

〔4〕余湛邦：《张治中与中国共产党》，中共中央党校出版社1991年10月版，第17—19页。

〔5〕指中国共产党方面。

〔6〕中共中央文献研究室编：《毛泽东年谱（1893—1949）》下卷，人民出版社1993年12月版，第10—11页。

〔7〕指苏联红军。

〔8〕中共中央文献研究室编：《毛泽东年谱（1893—1949）》下卷，人民出版社1993年12月版，第14页。

〔9〕童小鹏：《毛主席到重庆》，载《重庆谈判纪实》，重庆出版社1984年7月版，第379—381页。

〔10〕余湛邦：《张治中与中国共产党》，中共中央党校出版社1991年10

月版,第43—47页。

〔11〕童小鹏:《毛主席到重庆》,载《重庆谈判纪实》,重庆出版社1984年7月版,第381—384页。

〔12〕余湛邦:《张治中与中国共产党》,中共中央党校出版社1991年10月版,第17、19、43—59、162页。

〔13〕李介新:《派住桂园警卫班的回忆》,载《重庆谈判纪实》,重庆出版社1984年7月版,第462—473页。

〔14〕童小鹏:《毛主席到重庆》,载《重庆谈判纪实》,重庆出版社1984年7月版,第385—387页。

〔15〕赵超构:《天大恩情难补报,殷切教诲从头习——纪念伟大领袖毛主席逝世两周年》,载1978年9月11日上海《文汇报》。

〔16〕于立群:《难忘的往事》,载《怀念毛泽东同志》,人民文学出版社1980年2月版。

〔17〕周谷城:《毛主席对我的教育》,载1981年6月29日上海《解放日报》。

〔18〕戈宝权:《红岩初见毛主席》,载《重庆谈判纪实》,重庆出版社1984年7月版,第435—436页。

〔19〕吕光光:《毛主席同张澜的会见》,载《重庆谈判纪实》,重庆出版社1984年7月版,第438—445页。

〔20〕蒋匀田:《同毛泽东主席的一次谈话》,载《重庆谈判纪实》,重庆出版社1984年7月版,第446—450页。

〔21〕〔美〕韩丁:《详细地询问 专心致志地听》,载美国《新中国》季刊。

〔22〕〔美〕杰拉尔德·坦纳鲍姆:《心上挂着美国》,载美国《新中国》季刊。

〔23〕〔美〕霍华德·海曼:《一等兵海曼会见毛主席》,载美国《新中国》季刊。

〔24〕(美)爱德华·贝尔:《一张表现友谊的照片》,载美国《新中国》季刊。

〔25〕曹立菴:《为毛主席治印》,载《重庆谈判纪实》,重庆出版社1984年7月版,第461页。

〔26〕舒新:《尹瘦石为毛主席画像》,1982年11月6日《北京晚报》。

〔27〕师哲:《在历史巨人身边》,中央文献出版社1991年12月版,第311—313页。

〔28〕余湛邦：《张治中与中国共产党》，中共中央党校出版社1991年10月版，第72—73页。

〔29〕《毛泽东主席答美记者问——美停止片面援蒋中国内战必早结束，国大应依政协决议由各党派共同召开》，载《群众》，民国35年1月15日版，第12卷第12期，第2页。

〔30〕1946年1月7日，毛岸英随同两名苏联大夫飞抵延安。

〔31〕师哲：《在历史巨人身边》，中央文献出版社1991年12月版，第313—316页。

〔32〕师哲：《在历史巨人身边》，中央文献出版社1991年12月版，第316—320页。

二、"一切反动派都是纸老虎"

时代的真理

1946年6月26日,蒋介石撕毁停战协定和政协决议,以30万大军分4路向中原解放区大举进攻,挑起全面内战。毛泽东领导各解放区军民奋起自卫还击,揭开伟大的全国解放战争的序幕。

这时,蒋介石的军事力量达到顶点,总兵力为430万人。在全部86个整编师(军)中,有22个师(军)是美械或半美械装备。人民解放军无论在兵力还是装备上,都远远落后,处于劣势地位。中国共产党能否赢得这场战争,是每一个中国人都担心的问题。

为了破除对蒋介石的恐惧,树立敢打必胜的信心,1946年7月20日,毛泽东为中共中央起草《以自卫战争粉碎蒋介石的进攻》的党内指示。指出:"蒋介石虽有美国援助,但是人心不顺,士气不高,经济困难。我们虽无外国援助,但是人心归向,士气高涨,经济亦有办法。因此我们是能够战胜蒋介石的。全党对此应当有充分的信心。"

同年8月6日,毛泽东还在延安窑洞会见美国著名记者安娜·路易斯·斯特朗。在这次历史性的会见中,毛泽东提出了著名论断:"一切反动派都是纸老虎。"

关于这次历史性会见,斯特朗本人有详细的回忆。她说:

毛主席是十四年前在延安对我说帝国主义和一切反动派都是纸老虎的,现在这已经成为有历史意义的名言了。这句话照亮了这14年世界大事的进程。因此,追述一下说这句话当时的某些情节,应该是很有意义的。

我在1946年夏天去延安的时候,抗日战争和第二次世界大战(抗日战争是第二次世界大战的组成部分),结束了刚刚一年。大多数美国人还把苏联和中国看成盟邦,但是反动分子已经发动了"冷战",甚至于威胁要把它变成热战。他们对苏联的仇视,就是在反希特勒战争期间美国和苏联是同盟国的时候,也一刻没有停止过。他们在许多方面表现了这种刻骨的仇恨,特别值得一提的是他们宣称希特勒是"错误的敌人",在打败他以后还得同苏联打仗。大战结束后,在美国还暂时垄断原子弹的时候,他们开始公开宣传要利用这种威力来强迫苏联接受美国所提出的任何要求。

在中国,蒋介石和中国共产党领导的人民武装之间还保持着形式上的休战状态,但是蒋介石经常加以破坏,他对共产党人的武装进攻就连在抗日战争期间也没有停止过。美国官方的态度是中国应统一于蒋介石一人之下,共产党人应放弃自己的军队而取得合法的小党派的地位。那以前曾签订过一个停战协定,即所谓马歇尔停战协定,因为乔治·马歇尔将军也在上面签了字,并且在北京设立了"军事调处执行部",蒋方和中国共产党人都参加执行部的工作,由美国人任主席。执行部的目的据说是要调处随时产生的军事冲突。为此目的,在华北和东北将近40个城市内设立了"执行小组",这些小组通过美国军用飞机同执行部进行联络。

不用说,华盛顿的目的在于同蒋介石缔结条约从而取得对全中国的控制。他们利用休战状态,用船和飞机把蒋军运到华北和东北,运到最便于向华北各解放区发动进攻的地点。他们同40个中国城市进行的空中联络丝毫不受中国方面的监督,他们得以在飞机上对北至齐齐哈尔的全中国进行摄影。美国的目的不仅在于取得对中国资源的控制(他们希望能对中国的资源再进行50年的剥削,靠它大发横财),而且正如魏德迈将军所透露的,他们还希望在东北和新疆建立反苏军事基地,他们还妄图驱使千百万中国兵在日后的反苏战争中充当炮灰。

在另一方面,1946年初还正式存在着休战状态,新闻记者还可以乘用执行部的飞机。所以我也有机会能从旧金山飞到上海,转往北京,再从北京到华北各解放区去,这些地方大部分都没有外人访问过。很清楚,这个机会是不会长期存在的。蒋介石已经对中原解放区发动了战争,并于1946年仲夏侵占了它的首府。当时,有关其他解放区的问题仍在谈判中,马歇尔将军仍然扬言他有意于和平解决问题。这种姿态只要还保持着,人们就能每周从北京飞往延安或任何其他解放区,就连工人阶级报刊的作者也有机会利用这种便利。

因此,我便在1946年夏末飞往延安,在那里停留了几个星期后返回北京,又从北京到张家口和太行山去了各一个星期。前者是晋察冀解放区的首府;后者是一个很大的解放区,包含四个省的部分,刘伯承的指挥部就设在那里。随后我又前往哈尔滨和齐齐哈尔,那一带存在着一个强大而繁荣的东北解放区。我访问这些解放区之后,于10月间重返延安,在那里度过1946年—1947年冬季,直到1947年3月人们撤离延安。

在我访问延安期间,那里的各项工作还像十年来那样照常进行。延安是中国共产党中央委员会的所在地，是毛主席、朱德和其他许多中央委员居住之所。延安又是陕甘宁边区的首府和文化中心，设有延安大学和以加拿大外科医师白求恩命名的国际和平医院。延安有《解放日报》和广播电台，还有一家戏院，上演挺好的京戏——既有老戏，也有新戏。一切设备都是极其简陋的。唯一的电力照明是由美国军事联络组发电机供应的；军联组是抗日战争期间设立的，那时还没有撤走。它的电力仅供美国人和邻近少数几家人照明之用。大多数人，包括党中央委员在内，都靠煤油灯和蜡烛照明。延安当时处于蒋介石派驻西安的将领胡宗南的军事威胁之下。我在延安的时候，胡宗南的飞机时常在该区低空飞行进行侦察，有时还投掷小型炸弹，不过这种骚扰最初还不算严重。

当时交通设备是多么简陋，可以拿一件事来证明。我第一次访问毛主席竟因为上游一阵急雨延水陡涨而不得不推迟。延水平时是一条小河，浅得连孩子也能很容易地涉过，可是一阵暴雨就会把它变成湍急的洪流，足能翻倒大卡车。毛主席住在我的对岸，河上又没有适于通行汽车的桥，所以我只能等到第二天再去。第二天我坐卡车去毛主席家，车子一颠一颠地驶过河底的大石头，爬上对岸，卡车引擎直"哼哼"，然后到了党中央所在的山沟——杨家岭。过村不远，卡车就在一条很陡的山路前停住了。我们在玉蜀黍和番茄秧当中爬上去，到了一个土坪，土坪边陡峭的山壁开着一排窑洞，其中有四个是毛主席的家。

我们坐在土坪的一棵苹果树下，整个下午直到日落，远处的山都历历在望。

我们谈话不久，我就注意到在毛主席的窑洞上方大约二十米的草丛里有响动。不久以前，胡宗南的飞机曾经在离毛主席住的窑洞不远的地方丢了一个小炸弹，所以这时我就猜想大概那里有警卫员在警卫主席的家。我问："那儿有谁？"

"是另外一家。"毛主席说，"他家的孩子对我的外国客人发生了好奇心。"这给我上了一课：人类的好奇心是相对的。原来引起山上人注目的是我自己。在他们看来，毛主席不过是同他们合种山上一个菜园子的邻居。

我很少见过这样能和周围环境打成一片的人。他好像并不需要与世隔绝，而这是某些知识分子认为工作时必不可少的。他需要安静的时候，邻居会照顾他，因为他们对他抱着敬爱的感情。上面的孩子们朝下面窥视着，可是并不吵闹。

他穿的是普通的深蓝色棉布服，但比别人的要整洁些，保护得要好些。他的态度安详而和蔼，没有急躁不宁的表现。他的话含义非常丰富，他的脸常常笑逐颜开，显出明朗的神采，但是他有一双洞察一切的眼睛。

我们的谈话毫不拘束。翻译又是那样流利，毛主席自己的态度又是那样富于表达力，因而我并不感觉到有任何语言上的障碍。他的思路广阔无垠，考虑到古今中外的事件。他首先问我美国的情况。美国发生的事有许多他知道得比我还详细。这使我惊讶，因为我是几星期前才离开美国的，而他二十年来同国外连通信的关系也没有。但是，他像安排打仗的战略那样仔细地安排知识的占有。延安的电台录下世界各地的电信，作出摘要，供中央同志参考。执行部的飞机所提供的同北京的短暂联系就被用来运进各地出版的书籍和报刊。毛主席对世界大事的知识是十分完备的。

我尽力之所及回答了关于美国的问题后，才提出了关于发生美苏战争危险的问题，从而开始了现在已收录在《毛泽东选集》第4卷内的那次访问。毛主席说，反动派目前的反苏战争宣传，主要是用以掩盖当前美帝国主义所直接面对着的许多实际矛盾的烟幕。美国垄断资本确实梦想消灭苏联，但是这还不是他们最直接的目的。他们必须首先削弱美国人民的反战情绪，然后他们还得控制着其他资本主义国家。要和苏联打仗，必须通过其他国家的领土，通过英国、法国和中国。所以美国反动派利用这种反苏战争宣传来进攻美国人民的公民权利和生活水平，并把其他资本主义国家置于美国控制之下。他指出，美国在这种借口之下，在许多国家建立了军事基地，并且已经控制了很大的地区。毛主席一面笑着，一面摆弄桌上的茶杯和小白酒杯来说明他的论点。他把茶壶放在那里来代表苏联，又指着一个大杯子说，这是美国反动派，把小酒杯放在大杯子周围来代表美国人民。然后他用杯子和火柴盒摆成一条弯弯曲曲的线来代表其他国家，并且开玩笑地说哪一件东西代表哪一个国家。

他说，只要充分唤醒人民，那么，人民的团结是有力量制止第三次世界大战的。但是，必须唤醒人民团结起来反对世界大战，否则大战还是会爆发的。

我们一面喝新泡的茶，一面谈话。毛主席一针见血的语句、渊博的知识、敏锐的分析和诗人的想象力，使他的谈话成为我一生中听到的最有启发性的谈话。他谈到缴获蒋军美国武器的时候，把这称为输血，"美国输给蒋介石，蒋介石又输给我们"。谈到美帝国主义的时候，他用了许多比喻。有一次他说，美国是历史上最强大的，也是历史上最脆弱的。它的摩天大厦是最高的，但是基础是最不稳固的。又有一次，他说，美帝国主义是孤独地成长的；它有许多的朋友都死了或者病了，连盘尼西林也医不好他们。只是到了今天，才有那么多的反动派害了不治之症。

"纸老虎"的比喻就是在这次谈话中提出的，当时给我印象特别深的是毛主席帮助译者把他的话准确地译出来。他最初说反动的统治者是纸老虎的时候，这个词译成了"Scare-crow"。毛主席立刻打断谈话，要我告诉他"Scare-crow"是什么东西。我回答说，那是扎成的人形，农民把它竖在田里来吓唬乌鸦。他立刻表示这样译不够好，他说这不是他的意思。他说，纸老虎并不是吓唬乌鸦的死东西。它是用来吓唬孩子的。它看起来像可怕的老虎，但是实际上是硬纸板做成的，一受潮就会发软，一阵大雨就会把它冲掉。

在这以后，毛主席就自己用英语说"纸老虎"这几个字，他说，在俄国二月革命以前，沙皇看起来很强大很可怕。可是2月一阵大雨就把他冲走了。希特勒也被历史的暴风雨冲走了。日本帝国主义者也是如此。他们都是纸老虎，一切帝国主义者和反动派都会遭到同样的下场。他们之所以强大，只是因为人民还没有觉醒。根本问题在于人民的觉悟，不在于原子弹和爆炸力，而在于掌握原子弹的人。但是还得对人民进行教育。……

毛主席送我走下山坡的时候已经快午夜了，他一直送我到卡车旁。我们说了告别的话。他站在山上望着我的卡车向下坡驶去，驶进延水，激起满河的浪花。那一夜，在荒凉、黑黝黝的延安群山上空，闪烁着非常明亮的星星。

毛主席那次提出纸老虎的比喻之后，在我留在延安期间，他曾好几次用它。我整个冬天都在那里，因此我在好几个场合又见到了主席，在聚餐会上，或者上演京戏（他喜欢看京戏）时，或者星期六晚上的舞会上（这种舞会使散居在延安的干部每周有机会聚会在一起），都看到了他。

我在延安有一个不愉快的日子，那就是马歇尔将军把估计值20亿美元的"战时剩余物资"送给蒋介石的消息传来的那一天。这一来，美国装作愿意中国避免内战的一切伪装都撕下了，这是直接鼓励蒋介石发动全面进攻。毛主席亲自告诉我这个消息，当时他说道："归根到底我们是靠蒋的士兵。我们损失人员，可是也俘获人员，也有跑来投奔我们的，我们足以补偿损失而有余。"

当时我说了可以由联合国调处内战之类的蠢话，但是毛主席摇摇头说："他们是不可靠的，只有蒋介石的士兵才可靠。"他笑了一笑，又说，"蒋的兵是很好的，他们只需要一些政治教育。"毛主席的战略是充满信心的，因为他看到，前来进犯的军队中有世世代代受压迫的中国农民，他们不会是死心塌地的敌人，必须把他们争取过来。在我的印象中，好像这一次他也谈到了纸老虎，但是我不能肯定。

不过我记得非常清楚，我在延安最后一次同毛主席谈话时，他又提到了纸老虎。那是在1947年3月初，当时延安已经快撤空了。三个月来，胡宗南的部队不断进犯以延安为首府的边区。那时延安的活动大部分已"化整为零"，共产党人对这种战术是很有经验的，他们常常使用这种战术。作家、音乐家和文协的其他成员已经到各地去开办冬学或参加土地改革，延大的学生都下乡去，根据前线的动静疏散村民。报纸和电台的人员有一半已经离开,去建立另外一个基地。国家银行也迁走了,连它的大窗玻璃也取了下来埋在地里,使敌人不能破坏,日后回来还可以再用。党中央的大木桌的桌面也埋了起来,备日后使用。妇女和儿童都疏散到北面的深山里去了。

著名的白求恩国际和平医院刚刚庆祝了成立7周年纪念。现在病人和刚生产过的母亲躺在担架上从九排窑洞送下山去,后面跟着大夫和护士。婴儿睡在铺上羊皮的筐子里,架在驴背上,准备在冬夜出发。联合国救济总署的牙医麦达伦·罗比茨尔是捷克人,她跟我谈过"希特勒来了以后,捷克斯洛伐克的灾祸",现在她以惊叹的心情谈到这是"任何首都最有秩序的撤退"。

……

胡宗南的"美国飞机"飞来了,侦察着,低空飞行。党中央已经把自己的窑洞拆毁,转移到往北约十五公里更深的山里去了。我知道我很快就得乘最后一批美国飞机离去。在我起飞的前一晚,党中央回到延安(由于敌机的骚扰,白天不能走路),在就要拆毁的戏院看一出关于土改的新戏。周恩来叫我也去,我最后一次去那个戏院,可是戏里演的什么我一点儿也记不起了。我只记得毛主席和其他首长坐在前排,把手伸到炭火盆边取暖,因为戏院没有取暖设备,而那晚非常冷。

散戏之后,我被邀陪同毛主席、周恩来到一个空窑洞(这些窑洞都差不多)。年轻的警卫员搬来了几张凳子和一张桌子,还有茶、瓜子和花生糖,为我饯行。毛主席对我说,现在我必须火速离开延安,就坐明天早上起飞的飞机,如果我再逗留,就可能长期同外面失去联系。我不能同他们一起上山。不过我已经采访到了有关延安和解放区的一切材料,以及人民解放军将用以击败蒋介石的战略,我应当把这些告诉外界。"等到我们再一次同外界有接触的时候,你可以再来。"他认为这需要大约两年的时间,结果是两年不到。

我给他看了我第二天要乘的那架飞机从纽约给我带来的信,信里满纸紧张和忧虑。我的朋友在信上说:"进步人士丝毫未能改变美国的对外政策。""他们不得不为挽救自己而努力,我希望中国共产党人不要对美国政府所将采取的行动存有幻想。"

毛主席笑了。不,他没有幻想。但是他认为美国进步人士过高估计了美国反动派的力量,过低估计了人民的力量。他说,这是美国进步人士中存在的一个心理上的弱点。

他接着说,美国反动派背着沉重的负担。他要豢养全世界的反动派,假如他不能豢养他们,他们就会像没有柱子的房子一样倒坍,那是只有一根柱子的房屋。就像历史上一切反动派一样,美国反动派最后也会证明不过是纸老虎。

强大的是美国人民,他们是真正有力量的。他停了一停又说,共产党有真正的力量,因为他们在提高人民的觉悟。

午夜,殷勤的警卫员端来了新沏的茶,换上了新的蜡烛,但是毛主席在行军中在这个窑洞只能暂住一晚。我想到,我在纽约的那位朋友,住在有暖气的公寓里,还没有坐牢的危险,更谈不上送命,可是他担忧美国反动派的迫害。我又想到毛主席和他的中央委员会,他们正经受装备有新式美械的400万蒋军的全部攻击力量,而共产党人连高射炮都没有;他们正在撤离他们最后的首都,要在冬夜转移到陕北的山里去,可是他们是那样相信中国人民的力量,相信他们对于如何发动和组织这种力量的分析,因而他们能泰然自若地谈到回来的日子。我写了一封信安慰纽约的那位进步朋友,告诉他不必过分害怕美国反动派。

我注视着毛主席谈论世界前途时平静而充满信心的面容。第二天早上我乘飞机去北平时和以后年月中我旅行世界各地时,我脑海里浮现的就是这个形象。[1]

撤离延安

全面内战爆发后,毛泽东指挥各大战场的人民解放军,采取积极防御的作战方针,不计一城一地的得失,集中优势兵力,在运动中各个歼灭敌人。到1946年10月,经过4个月作战,歼敌29.8万余人。随即又取得在第二个4个月内歼敌41万余人的重大战绩,迫使蒋介石从1947年3月起,改取重点进攻的战略。

蒋介石精心策划了重点进攻,把战略突破口选在两点上。一是人民解放军集中兵力最多的山东战场,二是中共中央和中央军委所在的陕北战场。从1947年3月起,蒋介石集中90多个旅约70万人,对山东和陕北展开重点进攻,气势汹汹,不可一世。

从重点进攻一开始,延安便首当其冲,成为胡宗南集团数路围攻的对象。毛泽东果断地作出放弃延安、转战陕北的决定,只用4个月,便一举粉碎了蒋介石的重点进攻。

据徐向前元帅回忆,毛泽东在撤离延安前夕,在枣园召集了一次领导干部会议。他分析当时形势和敌我力量对比,强调解放战争非打不可,打就打到底。他说:"这个战场可能打三年、五年、十年。三种打算,即短期、中期、长期。要准备长,争取短,胜利一定属于我们。"徐向前元帅还回忆说,早在内战爆发前夕,毛泽东就说过:"只有打才能推迟和制止内战的发生。蒋介石一定要打内战,我们也不怕。只有彻底消灭他,他才能彻底舒服。"

当时任中共中央书记处办公室主任的师哲回忆说：

1946年6月下旬，国民党反动派以围攻鄂豫边中原解放区为起点，相继在晋南、苏北、鲁西南、胶东、冀东、绥东、察南、热河、辽南等地，向各解放区发动了全面进攻。蒋介石在他的高级将领会议上狂妄叫嚣，"不消灭共匪，死不瞑目"，并要"三个月消灭共军"。气焰十分嚣张，不可一世。

7月20日，党中央发出《以自卫战争粉碎蒋介石的进攻》的党内指示，明确指出："只有在自卫战争中彻底粉碎蒋介石的进攻之后，中国人民才能恢复和平。"并要求全党认识到"我们不但必须打败蒋介石，而且能够打败他"，事实正是如此。从1946年7月至1947年3月，我解放区军民英勇奋战，共歼敌70多万人，从而彻底粉碎了蒋介石国民党军队的全面进攻，迫使蒋介石不得不改变战略，将全面进攻改为向陕北和山东两个解放区的重点进攻。陕北是我党中央所在地，早在1946年10月，蒋介石就准备进攻陕甘宁边区，提出"打到延安去，活捉毛泽东"。但由于准备工作未做好而推迟，直到1947年3月，胡宗南才令二十九军等部15个旅共14万余人，伙同马鸿逵、马步芳及邓宝珊的部队共约34个旅23万余人向陕甘宁边区进犯。

为了粉碎敌人的企图，我党从1946年下半年起，一方面，在延安周围地区加紧部署力量；另一方面动员群众和部分中央机关开始疏散。至今我还记得这样一件事：1946年10月间，延安劳动模范杨步浩[(2)]前来拜访毛主席，兼送代耕粮[(3)]，毛主席同他进行了长时间的谈话。

毛主席问："你们的战备工作是怎样做的？"

杨步浩回答："首先是坚壁清野，使敌人得不到粮食和衣物等，甚至把各种用具等都藏起来了。我们这些强劳力都组织起来，敌人来了就进山打游击战——敌来，我走；敌驻，我扰；敌疲，我打。总之，要把我们过去的游击战术和经验全都用上，使敌人得不到一日安宁。"

毛主席听了连连称赞。这件事证明了毛主席常说的"陕甘宁边区群众条件好"。

但是，当时我军在陕北只有两万多人，仅及敌人的十分之一，敌我力量相差十分悬殊。于是中央决定主动撤离延安，紧急疏散各个机关及老百姓，给敌人留下一座空城，因而命令西北野战兵团在延安以南进行7天的顽强阻击。

延安是世界闻名的红色首都，我们在此生活战斗多年，一想到要放弃延安难免心情沉痛。当时，我是中央书记处办公室主任，管着中办的家务。中办管着不少大姐，老老少少，如何转移？少奇专门指示给每位大姐配一头牲口，一位警卫员。但是，向何处转移？有人估计敌人占领延安后，只会走大路，而大姐和孩子们体弱年小，不宜长途跋涉，应就地转移离大路二三十里远的地方。

事后证明这种估计是错误的。

在延安保卫战打响后的一天晚上，我特地从枣园骑马急行几十里赶到王家坪去见毛主席。到了王家坪，已是夜深人静，毛主席还在工作。

我忧心忡忡地问主席："备战工作到底应该怎样做？一定要疏散吗？可否设法保住延安而不撤退？例如，我们集中一部分兵力，部署在大道两侧，待敌人进入边区，到达富县甘泉一线时，予以迎头痛击，消灭他部分力量，让敌人知难而退，这样，延安不就保住了吗？"

毛主席听到这里，转过身去——我感到他在笑。我心想："你还笑得出，真莫名其妙！"

主席点燃了一支烟，转过来微笑着打开了话匣子："你的想法不高明、不高明，不应该拦挡他们进占延安。你知道吗？蒋介石的阿Q精神十足，占领了延安，他就以为自己胜利了。但实际上只要他一占领延安，他就输掉了一切。首先，全国人民以至于全世界就都知道了是蒋介石背信弃义，破坏和平，发动内战，祸国殃民，不得人心。这是主要的一面。

"不过，蒋委员长也有自己的想法：只要一占领延安，他就可以向全国、全世界宣布：'共匪巢穴'共产党总部已被捣毁，现在只留下一股'匪'，而他只是在'剿匪'，这样，也就可以挡住外来的干预。不过这只是蒋委员长自己的想法，是他个人的打算，并非公论。但此人的特点就在这里，他只顾想他自己的，而别人在想什么，怎么想的，他一概不管。另外须知，延安既然是一个世界名城，也就是一个沉重的包袱，他既然要背这个包袱，那就让他背上吧。而且话还得说回来，你既然可以打到延安来，我也可以打到南京去，来而不往非礼也嘛！"

啊，原来是这样！后来我们在转战陕北时果然针锋相对地提出了"打到南京去，活捉蒋介石"的口号。

毛主席接着说："你懂得拳击吗？收回拳头，是为了打出去更有力！"

他又说："陕西群众基础好，周旋余地大。他从南门进，我从东门出。"

毛主席胸有成竹，他不是害怕蒋介石进攻延安，而是害怕蒋介石不来进攻。他的一席话，使我茅塞顿开，似乎明白了一切，思想顾虑一扫而光，精神百倍。于是我扬鞭策马，马儿也像是知道我的心情，脚下生风，急速转回枣园。我加快了布置疏散和撤退的准备工作，为防万一，遵照中央决定，首先派人把米大夫等送到山西临县的三交镇，那里是我们的后方。

在疏散之前，任弼时找阿洛夫谈过一次话，向他解释我党中央撤离延安的原因、理由和必要性。任弼时说："由于战略上的需要，为了更便于同敌人周旋，我们必须放弃延安。这是主动放弃，不是败，退也不是被人赶出延安。对于我们放弃延安,外国人如何报道,那是他们的事。当然,美国人的报道是不会说我们的好话的。既然主动撤退是一种策略,那么总有一天我们还会回来的。"

最后,弼时同志暗示他,我军撤离延安问题应向苏方汇报。阿洛夫是否明白了弼时的意思并向莫斯科汇报,就不得而知了。

我和阿洛夫、任弼时等同志先行离开延安到子长县(瓦窑堡)以东的任家山一带,而毛主席一直留在延安,直到胡宗南进来的前一天才安然撤退。[4]

在撤离延安前夕,毛泽东还会见了参加延安保卫战的新4旅的部分干部。袁学凯回忆说:

那还是1947年的春天,我们西北地区的人民解放军,正在日日夜夜和进犯陕甘宁边区的胡宗南匪军战斗着。我们新四旅在陇东西华池战斗胜利结束以后,正坚守在延安近郊,掩护党中央、各机关和人民群众安全转移。

3月18日下午,我正在团指挥所和几个领导同志研究歼灭敌人伞兵的作战方案,忽然接到电话:毛主席要接见旅首长和我们。开始我真以为是自己听错了。在这样紧急的局势下,有多少重大的事情要主席亲自处理啊!主席怎能抽得出时间来接见我们呢!

原来,那天上午,从我团调到党中央做警卫工作的阎长林来看望我们。谈话间,大家流露了渴望见到毛主席的心情,谁想主席知道后立刻就答应接见我们。这真是一个天大的喜讯!我立刻向旅首长报告了,并安排了一下工作,急忙和同志们一起向王家坪走去。

延安虽然经过敌人几天的疯狂轰炸,但这座美丽的城市看起来仍然雄伟可爱。宝塔山上的宝塔还是那样高高耸立,延河水照旧哗哗地流着,看不出和平时有什么两样。延安人民在党的领导下,正在镇定地、非常有秩序地疏散。扛着各式各样武器的民兵游击队迎面而来,他们雄赳赳气昂昂地迈着整齐的步伐。老乡们吆喝着驮载粮食、物资的牲口,不慌不忙地走着……不知怎的,一想到我们很快就要撤离延安,心里总有一种难言的滋味,感到这样白白地把延安让给敌人,好像对党、对毛主席没有尽到战士的责任似的。毛主席最近身体怎么样?一定很忙、很辛苦……我这样想着,不知不觉就来到了毛主席的住所。

阎长林飞快地跑了过来,笑嘻嘻地敬了礼。大家一同进了屋里。这时,主席正在内室批阅文电,屋里静悄悄的,气氛肃穆而又安静。

天色暗了,房里点燃了一盏油灯。灯影底下,我看出这是陕北最普通的那种房子,里面通着窑洞。陈设非常简单:一张桌子、几把椅子,都已半旧了;两只延安造的沙发,看来也已经使用过多年;墙上挂着一张地图,上面画满了用红蓝铅笔作的记号。主席就在这里待客、吃饭、工作。我们最敬爱的领袖，就在这样最简朴最普通的房子里，做着震惊世界的伟大事业！

忽然，主席迈着稳健的步子从内室走了出来。当他那魁梧的身材出现在我们跟前时，房间里好像忽然明亮了，我的心激动得怦怦地跳起来。主席把手里的文件放在桌子上，笑盈盈地望着我们说："让你们久等了。"随即又幽默地说，"你们看，要搬家了，要给胡宗南腾延安嘛，忙一些。"说着，就爽朗地大笑起来。主席的胸襟是这样博大开阔，我们不由得也跟着笑了。

两位旅首长曾在中央党校学习过，听过主席讲课，主席还清清楚楚地记着他们的名字。旅首长见过主席以后，又把我们介绍给他。主席和大家一一握手，炯炯明亮的眼睛，亲切地端详着每一个同志。我双手紧紧地握着主席的手，一股暖流从手上传遍全身，血液沸腾，千言万语涌到心头，却说不出一句来。

就座以后，主席像待亲人一样请大家吸烟："两种烟随便吸吧。这一种是咱们自己造的；那一种，还是日本鬼子送给咱们的呢！"说着，又愉快地笑起来。主席的笑声立刻感染了我，使我原先紧张的心情，渐渐平静下来。主席的身体很健康，穿着一身延安织造的粗呢制服，圆口布鞋。虽然工作样样劳累辛苦，却没有一丝倦容，脸上透着红润，神采奕奕。

主席点燃了一支烟，问旅首长，部队在西华池打得怎么样？伤亡大不大？战士们情绪好不好？旅首长一一作了回答，并向主席简要地汇报了部队的情况。主席聚精会神地听着，不时轻声地插问一句。听到战士们打仗英勇顽强，保卫党中央、毛主席，保卫延安的决心很大时，主席连连赞许说："好！"然后又问大家，"我们要撤出延安，战士们有些什么意见？"旅首长告诉主席："指战员们都拥护党中央的决定，但是只要党中央下命令，战士们保证绝不让敌人进延安。"主席听着听着，好像是看出了我们的心思，接着就问："你们又有些什么想法呢？"我老老实实地回答主席："一枪不放，就把延安让给敌人，真有些不甘心。"主席听了笑着说："你可以放枪呀，你完全可以放几枪'欢迎'胡宗南嘛！告诉他：我们走了，延安这个包袱，送给你背上吧！"停了片刻，主席又说，"延安是党中央所在地，我们要主动放弃它，战士们是会有些反应的。当然，敌人更会有反应。中央搬了家，他们就会喊叫：'共产党垮台了，解放军垮台了。'去欺哄人民。一切反动派都喜欢造谣，喜欢无事生非。他们要是占了延安，更该吹牛了，蒋介石还会开一个庆祝大会，庆祝他们的'胜利'……"说到这里，主席又爽朗地大笑起来，笑声里含着对敌人的鄙夷和蔑视。笑声感染着我们，大家也跟着欢畅地笑了。主席接下去说："当然，这只是暂时的。将来人们会看到，蒋介石占领延安，绝不是他们的胜利，而是搬起石头砸自己的脚。他就要倒霉了。"

听到这里，我真感到有些惭愧，自己的眼光太短浅了！只听主席继续说道："你们这些干部，首先要把问题想通，然后才能给战士把道理讲清楚。只要战士们认清了目前战争的形势，懂得了党的战略方针，我们就一定能够打胜仗。"主席接着给我们仔细讲解了目前解放战争的形势，分析了全国各个战场的情况；谈到从1946年7月以来敌人损兵折将的数目，被迫放弃了"全面进攻"，不得不实行所谓"重点进攻"；又谈到国民党在政治上、经济上的失败和危机，谈到中国人民的胜利不会很远了……主席的分析是那样精辟透彻，说得又是那样通俗易懂，时而插上句把幽默的笑话，那样引人入胜，把我们带进从未达到过的崇高的思想境界。大家都生怕听漏一个字、一句话，以至于完全忘记了自己。直到有人来请主席去接一个要紧的电话，大家才回味过来。

曾经听人说过，听一次好的谈话，要胜过读十年书。对于我来说，听了毛主席的谈话，岂止是胜读十年书，而是学到了活生生的马克思列宁主义，学到了无敌的毛泽东军事思想，使自己感到立刻聪明了许多。原来纠缠在头脑里的许多问题，撤离延安那种不愉快的情绪，一下子都无影无踪了。顿时眼也明了，心也亮了，精神无比振奋。

主席接完电话回来，兴致还是那样高，问我们："你们看是不是应该撤离延安呀？"大家齐声回答："主席分析得极好。"主席又燃着一支烟，笑盈盈地望着我们说："胡宗南要来延安，那就请他来嘛。延安就是这样几孔窑洞，还是我们自己出力气打的，他也搬不走。要是他破坏了，那样也好，我们将来好盖大楼。人民永远和我们在一起，我们怕什么！你们看是不是这个样子？"我们望着主席，都愉快地笑了。主席接着说，"不只是延安，东北、华北，还有别的解放区，必要时我们暂时都会让一点地方给他们，让他们多背上几个包袱，他背不动了，还是得给我们放下。只要我们好好打几个大胜仗，不只延安要回到我们手里，西安、武汉、南京、上海、北平也会回到我们手里。全中国都是人民的，都要回到人民手里。"主席又举了第二次国内革命战争和抗日战争的许多生动事例，说明党所领导的革命战争，历来是不计较一城一地的得失，而在于消灭敌人的有生力量，最后必然取得胜利。望着主席宽阔的前额、智慧的眼睛，聆听着他的亲切教导，我好像已经看见胜利的红旗在到处飘扬，心里感到十分兴奋。

这时，阎长林已经再一次催主席用晚饭了。主席邀请我们和他共用晚饭。

晚饭端到桌子上，大都是一些素菜：土豆、萝卜、白菜，只有一两盘里有几片肉，再就是小米干饭和黑面馒头。主席望了望这些菜，又诙谐地笑起来了："你们看我过得怎么样？吃得是不是有点特殊啊？"这一次我却笑不出来，心里不禁暗暗埋怨起阎长林同志来：为什么不把主席的饭食调治得好一些？谁知阎长林听了主席的话，反而忍不住在一旁悄悄地告诉我们："这还是为了待客额外做的，主席平时连这样的菜都不许做呢……"我听了真心痛，止不住眼睛发酸，看不清主席的面孔了。只听见主席慈父般体贴地问："战士们的生活过得怎么样？有没有什么困难？"旅首长激动地说："战士们生活得很好，请主席放心。"主席一面点头，一面嘱咐："一定要注意战士们的生活，让战士们吃好、睡好，讲卫生，不生病。"

主席一碗饭还没有吃完，又有人来请他审批一份急电。主席立刻放下碗筷，离座去处理。看到这种情形，谁也吃不下饭了。

主席日日夜夜为党、为人民操劳辛苦，废寝忘食，自己的生活这样艰苦朴素，对人民、对战士、对同志却又那样无微不至地关怀。主席的工作作风和生活作风，真是我们全党全军最好的学习典范！

吃过晚饭，已是晚上9点多钟了。心里还想在主席这里多留一刻，但是看见主席这样辛苦，工作这样忙，又想早些离去，好让主席好好休息，大家便向主席告辞。主席连说："不妨事，很愿意和同志们多谈谈。"又谆谆教导我们，"要好好学习，你们都是些老同志，作战勇敢，革命事业心很强，一切都好，就是政治理论和文化水平低一些。如果不好好学习，就会跟不上形势的发展。"又说，"做一切事情，干部都要走在前面。今天打仗是这样，将来建设也是这样。只有努力学习，才能打胜仗。"临别的时候，主席再一次嘱咐我们要给战士们讲清撤出延安的道理，"告诉大家，少则一年，多则两年，我们还要回到延安来的。"

怀着万分依恋的心情，我们向主席告别，请主席早些休息。主席一面和大家握手，一面满脸笑容地说："好啊，我们下一次在哪里见面呢？可能不是在延安了，也许是南京、上海，或者是北平吧！"

出了主席的住所，一路走，大家不住地回头，望着主席房里的灯光，直到一点儿也看不见的时候。谁都不说一句话，大家都在默默地回想着主席的接见，回想着主席的音容笑貌。回到驻地以后，我反复地温习着主席的教导，一夜都没有合眼。

第二天上午，我军便主动地放弃了延安，部队向延安东北方向转移。胡宗南"三天占领延安"的吹嘘破了产，在七天七夜激烈的战斗以后，他付出了伤亡5000多人的重大代价，才得到了一座空城。走在路上，我们听见延安传来猛烈的炮声，胡宗南还以为那里屯有解放军的重兵哩。他做梦也没有想到，我们早已按照毛主席的预定计划，埋伏在青化砭一带，等候胡宗南匪军前来送死了。

毛主席的教导传到部队以后，指战员们也像我们一样，立时增添了无比的战斗勇气和胜利信心。仅仅在撤出延安五天以后，我军就在青化砭一举歼灭了胡匪的31旅，活捉了旅长李纪云。二十天以后，敌135旅又在羊马河被我歼灭，旅长麦宗禹也被活捉。又过了二十天，我军攻占了胡匪的补给要地蟠龙镇，歼灭敌人最精锐的167旅，旅长李昆岗的命运也是当俘虏。不过短短四十天时间，三战三捷，取得了歼敌两万多人的伟大胜利。

在解放战争中最艰苦的年月，主席一直没有离开陕北，是他亲自在这里指挥着西北战场和全国各战场的战事。有时听说主席在隆隆的炮声中部署作战，有时听说主席在火线上慰问伤员，有时又听战士们说见到了主席。每当我们想到主席和我们在一起的时候，大家都勇气百倍地去夺取一个接一个的胜利。仅仅过了一年一月零三天的时间，延安就重新回到了人民的怀抱；也仅仅是两年的时间，党中央和毛主席就胜利地进入了新中国的首都北京。主席的预见是多么英明啊！主席的军事思想有着多么巨大的威力呀！[5]

当时担负毛泽东警卫工作的李银桥回忆说：

3月11日，根据《双十协定》而派驻延安的美军观察组，匆匆撤往国民党统治区。

3月12日，延安上空出现美制蒋记轰炸机。当第一颗重磅炸弹落在人民解放军总部附近时，毛泽东、周恩来与彭德怀正在军用地图前研究迎敌方案。

这一天，朱德、刘少奇、任弼时、叶剑英等领导带领一部分机关人员迁到瓦窑堡办公。毛泽东、周恩来留在延安，由枣园后沟搬到王家坪人民解放军总部办公。

3月13日拂晓，胡宗南的14个旅兵分两路——右集团董钊、左集团刘戡，同时由宜川、洛川一线分路向延安发动猛攻。我们的部队利用梢林隘路和纵深工事展开英勇抗击。延安城内从早到晚都能听到前线隆隆震响的大炮声。

同时间，50多架敌机对延安实行狂轰滥炸一整天。

彭德怀紧急调来新四旅一个团守卫延安机场，准备歼灭敌空降兵，并亲自劝说毛泽东尽早撤离延安。

毛泽东对周恩来、彭德怀及身边工作人员讲了两句话，那平静而坚定的声音至今想来仍清晰在耳畔回响：

"我是要最后撤离延安的。"

"我还要看看胡宗南的兵是个什么样子呢！"

当时，守在窑洞内外的卫士和警卫人员都以为毛泽东只是笼统讲战略上藐视敌人的精神，并未当真。彭老总却立刻认真了，在院子里召集警卫人员，严厉下令："主席一向说到做到，一向不顾个人安危。我们党要顾，你们要顾！不许由着他的性子来。必要时，抬也要把他抬走！"

下午，敌机轰炸王家坪，一颗重磅炸弹就落在毛泽东的窑洞前，遍地是散落的弹片和烧黑的石头，窑洞前的大槐树被弹片削去一大块皮，空气里弥漫着硝烟和火药燃烧的辛辣气味。烟雾散去，毛泽东左手端着的茶杯竟动也没动，杯里的水不曾洒出一星半滴！而他右手的那支笔仍在地图上移动，那条调兵路线没打一点折扣！站在一旁的周恩来、彭老总对那山摇地动的一声炸响毫无所动，目光追逐着毛泽东的笔尖……

爆炸声着实使我们吓了一跳，但眼前的情景使我们镇定自若。

门忽然推开了，警卫参谋贺清华冲进来，刚要叫喊什么，一见窑里所有人从容自若的情景，立刻闭了嘴巴。

"客人走了吗？"毛泽东看着地图问。

"谁？谁来了？"贺清华纳闷。

"飞机呀，"毛泽东用笔朝上指指，"喧宾夺主，讨嫌！"

于是，大家都笑了。

有人拿了一块落在门前的弹片给毛泽东看。毛泽东接过来掂量掂量，一本正经地说："嗯，发财发财，能打两把菜刀呢。"然后对警卫排长阎长林说："去，你们赶紧去查查群众受到什么损失没有。"

晚上，阎长林调查回来报告："南门外炸死一头毛驴。"

"人呢？"毛泽东着急地问。

"赶毛驴的老汉被土埋住了，被人扒出后一个劲骂蒋介石。"

"损失一头驴，这笔账我们迟早要跟蒋介石讨。"毛泽东说罢，继续同周恩来、彭德怀讨论军事行动计划。

3月16日中午，毛泽东正同周恩来、彭德怀谈话，说："群众发动起来了，其势如暴风骤雨……"

话音未落，轰隆隆一声巨响，天昏地暗，两颗重磅炸弹在门前不远处同时爆炸。门窗玻璃全部震碎，气浪像强台风一样冲进来，窑洞受到震荡和冲击，嗡嗡作响。片刻，烟雾散去，窑内恢复光明。只见毛泽东用手在身上轻轻一掸，拂去烟尘，笑道："他们的风不行，连我一个人也吹不动。我们的风起来就不得了，要将他们连根拔哩！"

周恩来和彭德怀都放声大笑起来。

傍晚，新四旅的干部来了，汇报西华池阻击战的详情。汇报结束后，旅领导纷纷劝说毛泽东："主席，形势已经很紧迫，您应当马上撤离延安。"

毛泽东将手一拂，接着又在桌上轻轻一击："不要说了。我有言在先，我是要最后撤离延安的。"

几天来，敌机一批一批闯入延安上空，狂轰滥炸。每次防空警报一响，周恩来都要跑到毛泽东住处，看毛泽东进了防空洞没有。毛泽东对他的卫士下令："敌机来时，不许打搅我的工作。他扔他的炸弹，我办我的公。"周恩来查看了毛泽东居住的土窑，认为土层薄，很不安全，便亲自选了一个石洞，再三劝说毛泽东搬进石洞里办公。

新4旅程悦长副旅长和16团团长袁学凯来见毛泽东，说："部队兵强马壮，给养充足，士气很高。指战员纷纷请战，坚决保卫毛主席，保卫党中央。只是大家都担心主席的安全，我们全旅指战员都请求主席早些转移到黄河以东去。"

毛泽东微笑着说："你们代我谢谢同志们的关心。好多地方来电报，催我过黄河，中央有个安全的环境，对指挥全国作战的确有好处。不过，我有点想法。"毛泽东扳下一根指头，说，"其一，我们在延安住了十来年，一直处在和平环境中。现在一有战争就走，我无颜对陕北乡亲，日后也不好再见面。我决定和陕北老百姓一起，不打败胡宗南决不过黄河！"

毛泽东停了停，又扳下一根指头，说："其二，我不离开陕北还有一个理由。胡宗南有20多万人马，我们只有两万，陕北的比例是十比一。这样我们其他战场就要好得多，敌我力量对比不这么悬殊。党内分工我负责军事，我不在陕北谁在陕北？现有几个解放区刚刚夺得主动，我留在陕北，蒋介石就不敢把胡宗南投入别的战场。我拖住他的'西北王'，其他战场就可以减轻不少压力。"

程副旅长和袁团长面面相觑，既受感动，又有些不安，实在是无可奈何，他们再也没说什么就走了。

1947年3月18日黄昏，毛泽东和周恩来正同第二纵队王震司令员谈话。东南方向忽然枪声大作，敌人先头部队已经进犯到延安附近的吴家枣园。

一阵沉重急促的脚步声传来，人民解放军副总司令员彭德怀跑步赶到，喘着粗气吼道："怎么主席还不走？快走快走！一分钟也不要待了！"

同志们都感到形势严峻。中央警卫科参谋龙飞虎来不及报告就破门而入："主席，彭总发脾气了，请你立刻出发。"

王震忙说："主席，今天就谈到这里吧，你必须尽快撤离。"

周恩来也劝道："主席，时候到了，该走了。"

毛泽东倾听门外，外面没了彭德怀的声音，显然是去前线了。毛泽东稳坐椅子上问："机关都撤完了吗？"

"早撤光了。"好几个喉咙抢着回答。

"群众呢？"

"全撤离了。"

"嗯,"毛泽东满意地哼了一声,"好吧,吃饭!"

枪声已是近在耳畔,一阵紧似一阵,中间还夹杂了喊杀声和手榴弹的爆炸声。同志们火烧屁股一般急,饭菜早已装在饭盒里准备带到路上吃,这时不得不拿出来,又摆放在毛泽东面前。毛泽东吃饭历来是狼吞虎咽,可今天细嚼慢咽,"蘑菇"起来。原来,毛主席有言在先,他要"最后一个撤离延安,要看看胡宗南的兵是个什么样子"。

这时,周恩来请回了彭德怀。彭老总一脚门里一脚门外就吼起来:"主席怎么还不走?龟儿子的兵有什么好看的?走走走,部队代你看了。你一分钟也不要待了,马上给我走,快给我走!"

毛泽东望望心急如焚的彭德怀,又往嘴里拨饭。彭德怀朝工作人员瞪起眼:"还愣什么?快把东西都搬出去!"

秘书急忙清理办公室,而窑洞外那辆深蓝色的美式重吉普车已经轰隆隆地发动起马达。

毛泽东皱了皱眉,用他那浓重的湖南口音幽默地说:"把房子打扫一下,文件不要丢失,带不了的书籍可以留下来摆整齐,让胡宗南的兵读一点马列主义也有好处嘛!"

司机周西林踩动油门,汽车马达一阵隆隆急响。

"你们愿意走吗?"毛泽东走出窑洞,仰望矗立在延河边土山上的宝塔,喃喃着。良久,他把嘴角一沉,对站立身边的周恩来及所有工作人员说:"我本来还想看看胡宗南的兵是个什么样子,可是彭老总不答应,他让部队代看。我惹不起他,那就这样办吧。"

毛泽东登车之际,蓦然又回首,发表宣言一般大声说道:"同志们,走吧,我们还会回来的!"〔6〕

转战陕北

3月19日,胡宗南占领延安。这在蒋介石心中激起了新的希望,二十年的目标似乎最终要实现了。然而,他万万没有想到,这正是他的王朝走向覆灭的转折点。当他在两年之后明白这一点时,已为时晚矣。蒋介石毕竟不是毛泽东的对手,尽管他曾经使各路诸侯纷纷拜倒在自己的脚下。

解放战争史的研究专家田为本在一篇文章中提出,转战陕北是解放战争由防御转入反攻的关键。他写道:

1945年5月,毛泽东在七大的结论中,估计到十七条困难,其中包括敌人打内战,占去几大块,所有县城都丢掉;赤地千里,大灾荒,没有饭吃。四个月后，毛泽东在《关于重庆谈判》的报告中又说："我们党的七次代表大会设想过许多困难，我们宁肯把困难想得更多一些。""我们要承认困难，分析困难，向困难作斗争。""我们和全体人民团结起来，共同努力，一定能够排除万难，达到胜利的目的。"

七大以后一年零九个月，大会设想的几条困难的综合情况果然发生了。这就是蒋介石在1946年6月发动新的全国内战以后，又于1947年3月，令胡宗南统率大军34个旅23万人，大举进攻中共中央所在地延安和陕甘宁边区。

在日本投降后的新的国内战争中，胡宗南所部是国民党军队的战略总预备队，胡宗南是蒋介石"最后的王牌"。胡宗南是所谓"黄埔正统"，一直是蒋介石的内战工具，靠着打内战，成了蒋介石的重要将领。在抗日战争中，从1938年武汉会战后，胡宗南一直躲在西北，专门封锁陕甘宁边区，统率兵力最多时达到四五十万。他曾经挑起了三次反共战争：第一次，1939年向边区的关中进攻，先后侵占了淳化、栒邑、正宁、宁县、镇原五座县城，成为抗战中挑起内战的第一人；第二次，1943年向边区的鄜县（今富县）进攻，当即受挫败退；第三次，1945年日本投降前夕，再度向关中进攻，又败于爷台山。早在全面内战开始之前的1946年5月，他就拟订了《攻略延安作战计划》，向蒋介石献策，要采取所谓"犁庭扫穴"的军事行动。当年11月，胡宗南调兵遣将，并伙同阎锡山所部，以其中六个旅集中于宜川、洛川地区，妄图偷袭延安，但是在我军紧急动员、奋勇迎击的情况下未能得逞。到了1947年3月，全面内战已经进行了八个月，经过大小160多次的作战，人民解放军共歼敌71万，蒋介石被迫由全面进攻改为重点进攻，再次把矛头指向延安和陕甘宁边区，同时指向山东。

3月13日，蒋介石孤注一掷的军事冒险开始了。在天上，他调集各种型号的飞机94架，从西安、郑州、太原等地起飞，对延安及其附近地区进行"战略"大轰炸。这些飞机占国民党全部空军兵力的五分之三。在地上，他进攻延安和陕甘宁边区使用了34个旅23万人，组成南、西、北三个集团，主力是南集团胡宗南部的15个旅，自洛川、宜川之线北犯，直取延安。西北解放军兵力仅2.6万人，双方兵力约为10与1之比。蒋介石妄图以压倒性优势兵力，歼灭西北我军，压迫中国共产党中央、人民解放军总部到黄河以东。这样，蒋介石就可以抽出胡宗南部主力用于中原或华北战场，加强其机动兵力，挽救全国战局。

3月18日，中共中央主动撤出延安。19日，胡宗南部侵占延安。21日，蒋介石致电嘉奖胡宗南："吾弟苦心努力，赤忱忠勇，天自有以报之也，时阅捷报，无任欣慰！"并授以二等大绶云麾勋章。5月15日，蒋介石在南京向他的将校们说，胡宗南占领延安后，中共军队的"首脑部就无所寄托，只能随处流窜，即使他们还有广播宣传，但是任何人都不能和他发生联系，如此就绝对不能建立中心的力量了"。蒋介石还得意忘形地告诉美国大使司徒雷登："到8月底或9月初，共产党人不是被消灭，就是将被驱往僻远的内地去。"

3月16日，西北野战兵团（7月31日改称西北野战军）正式成立，彭德怀担任了司令员兼政治委员。临危受命的彭德怀在延安各界万人动员大会上列举历史经验，说明我们一定能够战胜敌人。他说："十一年前，红军时期，敌我兵力为20比1，我们还能打胜仗，现在更能打胜仗。胡宗南的兵力有很大可能被消灭在这里，那时恐怕我们要打到西安去了。"当时在延安的德国医生罗别愁一再谈到这时的情景说："我经历过希特勒进军捷克斯洛伐克时产生的混乱，延安的撤退是任何国家首都的撤退中最有秩序的。"

同蒋介石的估计相反，中共中央决定留在陕北，在这里指挥西北和全国的解放战争。毛泽东说："留在陕北可牵制胡宗南二三十万大军，也是对其他战场的支援嘛。"周恩来说："我们的目标并不在一城一地的得失，而是要消灭他们的有生力量。有生力量被我们消灭了，城市和地方就是我们的了，我们一定会打回来的，不仅延安是我们的，全中国都是我们的。"3月26日，党中央在陕北清涧县枣林沟村决定成立前敌委员会和工作委员会，由中央书记处书记毛泽东、周恩来、任弼时率领前委，代表中央，坚持在陕北指挥全国的解放战争，由另两位中央书记处书记刘少奇、朱德率领工委，前往华北，进行中央委托的工作。4月9日，党中央在陕北横山县和靖边县交界处的青阳岔村发出通知说："必须用坚决战斗精神保卫和发展陕甘宁边区和西北解放区"，"我党中央和人民解放军总部必须继续留在陕甘宁边区"。

战争是按照中共中央的预料发展的。胡宗南部这支敌军战略总预备队投入陕北，正是全国战场即将发生转折的前奏。就在胡宗南部侵占延安的同一天，刘伯承司令员、邓小平政治委员向晋冀鲁豫军区主力下达了豫北反攻的命令。豫北是联系陕北、山东战场的枢纽地带，豫北反攻是我军战略性反攻的开端。紧接着，这个军区的太岳纵队在晋南举行反攻，彻底粉碎了胡宗南、阎锡山两部的联防体系。晋察冀军区主力也转入了反攻，在正太战役中获胜，打得胡宗南派来的嫡系部队第3军在孤城石家庄坐等自己的末日。东北民主联军凌厉的夏季攻势也开始了，战线辽阔，战果辉煌，是一个战略区全区性的反攻。

在蒋介石实施重点进攻的南线的东翼——山东战场，华东野战军主力在孟良崮全歼号称国民党军"五大主力"之首的整编74师。当74师被人民解放军全歼后，蒋介石、陈诚立即赶到徐州，怒斥战场指挥官徐州"绥靖"公署主任顾祝同，并将救援不力的第1兵团司令官汤恩伯撤职，整编25师师长黄百韬几乎被杀头。在南线的西翼——陕北战场，西北解放军艰苦奋战一个半月，与强敌"蘑菇"周旋，以少胜多，取得了青化砭、羊马河、蟠龙镇三战三捷，奠定了粉碎敌人进攻的基础。

5月9日，周恩来以《志大才疏、阴险虚伪的胡宗南》为题写道："蒋介石最后的一张牌，现在在陕北卡着了，进又进不得，退又退不得，胡宗南现在是骑上了老虎背。蒋介石培养胡宗南做他的忠实走狗、恶毒爪牙已经二十多年了，满心希望在最困难时用他来救驾；蒋介石在走投无路之后决定打延安，才使用了胡宗南的全部兵力。占领延安时，蒋介石着实高兴了一番。……然而不到两个月，事实证明蒋介石所依靠的胡宗南，实际上是一个'志大才疏'的饭桶。""胡宗南'西北王'的幻梦必将破灭在西北，命运注定这位野心十足、志大才疏、阴险虚伪的常败将军，其一生恶迹必在这次的军事冒险中得到清算，而且这也正是蒋介石法西斯统治将要死灭的象征。"

在西北野战军打和磨、磨和打交错进行下，胡宗南部被动挨打，到处扑空，齐头又并进，走山不走川，白天武装大游行，夜晚集中大露营，兵力日绌，疲耗剧增，补给艰困，饥饿难忍。不到三个月，6月14日，胡宗南就向蒋介石发出了告急电："当前战场我军几均处于劣势，危机之深，甚于抗战。……为安定国本，消除匪患，拟请于万分困难中，另编新军，以应此艰巨任务，而免匪势再事蔓延。"然而哀号无济于事，这个告急电未及实施，更未能挽救胡宗南的失败。

和蒋介石的断言相反，中共中央在退出延安后，并不是"绝对不能建立中心的力量了"，而是在小地方干大事情；在世界上最小的司令部里，成功地指挥着最大的人民解放战争。党中央在转战陕北的一年零五天中，日夜跋山涉水，栉风沐雨，先后宿营在延安、延川、清涧、子长、安塞、靖边、横山、子洲、绥德、葭县（今佳县）、米脂、吴堡12个县的37个村庄的农家窑洞。四个半连的中央警卫部队，经常担负着抗击敌军几个旅追踪的艰巨任务，几次化险为夷。一次是6月中旬在安塞、靖边、吴旗之间，敌军以四个半旅向中央纵队扑来，全靠领袖们指挥灵活，调动敌军，使其迷失了方向，竟至在我中央纵队十几里路处走掉了。领袖们深夜淋着大雨，徒步上下于深山大谷之间，当危急时，警卫排已经上了阵地，准备阻击敌军了。一次是8月中旬在葭县附近，敌军两三个旅，紧跟中央纵队，只差半日路程，最危急时，相距只十余里。又遇山洪暴发，过河不得，这时周恩来和任弼时亲自指挥架桥，冒着敌人飞机轰炸扫射，白昼行军，直到西北野战军的沙家店战役后才转回局面。在战火纷飞的行军途中，哪怕是临时休息，报务人员也马上架起电台，接通中央与各地的联系。一到宿营地，不等卸下马褡子，领袖们就开始办公，批阅电报，起草指示；端起饭碗，手里还离不开文件。不管炕沿、树墩、缸盖、碾盘、石头，随处一坐，就是办公桌。随中央转战陕北的新华社负责人范长江以"从平凡处学伟大"为题写道:"历史上从来也没有已经掌握了一亿多人口的中央政权,拥有一百多万正规军的总部,在中国这样大国已居于领导地位的党的中央,而又在全国规模的大战正在进行的时候,这样大胆地进行工作的。"

伟大的事变,就从千山万壑、塬野梢林的窑洞里,在党中央的领导下出现了。1947年4月13日至6月7日,宿营在安塞县王家湾村时,中央关于晋冀鲁豫和华东两大野战军相互配合、大举出击的战略构想趋于成熟。在转移到靖边县小河村后,为了进一步组织战略进攻,7月21日至23日,又在临时用树枝搭成的天棚下举行了前委扩大会议。在会前,毛泽东、周恩来、任弼时分别同西北野战军、陕甘宁晋绥联防军、晋冀鲁豫野战军太岳纵队的领导人,研究和部署了太岳纵队的使用方向。中央原定调太岳纵队西渡黄河来陕北。晋冀鲁豫野战军主力实施战略突破后,战局发生重大变化。中央根据新的情况,又考虑到粮食供应问题,决定太岳纵队的使用方向改为渡河南下出豫西,协助主力经略中原,从相反的方向配合陕甘宁边区军民击破胡宗南部的进攻。在落实了这项新的战略任务后,会议开始举行。由于太岳纵队对西北野战军由直接支援改为战略配合,会议研究了加强西北战场的措施,决定组织以彭德怀为书记的西北野战军前委,使西北野战军进一步发挥吸引、牵制和逐步歼灭胡宗南集团的战略作用;由陕甘宁晋绥联防军司令员贺龙统一领导这两个解放区的地方工作,使晋绥解放区进一步成为陕北作战的后勤基地。周恩来在会上总结了人民解放军在解放战争第一年(1946年7月至1947年6月)歼敌112万的伟大战绩,分析了敌我双方军事实力的消长趋势。他指出:"从建制、人员、武器来说,敌军都损失了约三分之一,战斗力大大削弱,这就为我们争取战争的最后胜利奠定了基础。"毛泽东根据战争第一年的战果,首次提出对蒋介石的斗争计划用五年(从1946年7月算起)来解决的设想。毛泽东在会上还提出:"由于战争的迅猛发展,农民群众对土地有进一步要求,需要比《五四指示》更进一步的土地政策。"

在艰苦转战中,党中央关于"中央突破,两翼牵制,三军挺进,互为犄角"的战略部署逐步完成,并且成为人民解放军强渡黄河天险、千里跃进大别山、转战江淮河汉的实际行动。二十年来,人民的军队一直处于防御和被"围剿"的地位,而现在第一次转入了战略进攻。空前浩大的人民大革命的高潮到来了。担负战略突破的晋冀鲁豫野战军政治委员邓小平说:"党中央的领导完全正确。既高度集中,又真正高度民主。有时抓得我们气都出不得,但使我们避免了失误;很多作战中央先问我们,如南下直出大别山,毛主席来电问可否出动,我们说出动也行,但慢点好;当我们认为可以出动后,中央的指示很快就来了。中央对战争的关键抓得非常好,何时内线作战,何时外线作战,有时我们脑中还没有这个问题，或者想得零碎而未成形，中央的指示就来了。"

也就在转战陕北期间，在中共中央的领导下，土地改革运动全面走上正轨。各解放区的土地改革运动，是在1947年10月中共中央批准发布《中国土地法大纲》之后进一步深入开展的。但是运动中出现了"左"的偏向。12月8日至28日，中共中央在米脂县杨家沟村举行了二十天会议（其中四天正式会议），讨论如何夺取全国胜利问题，其中重要议题之一是纠正"左"的倾向，使土地改革运动健康发展。12月会议后，中央继续开会，并在1948年1月18日拟出了一个关于土地改革问题的决定草案，先发给党内征求意见。在这前六天，任弼时在西北野战军前委扩大会议上作了《土地改革中的几个问题》的报告，分析了发生"左"倾错误的原因，提出了纠正的原则和方法。强调要按照正确的标准划分农村阶级；巩固地团结中农；对工商业不要采取冒险政策，就是地主富农经营的工商业，也不应当没收；对知识分子和开明绅士采取保护政策；坚决反对乱打乱杀与对犯罪者采取肉刑。这个当即在报纸上公开发表的重要报告，影响巨大，对土地改革运动全面走上正轨起了关键性作用。3月17日，毛泽东致电在晋察冀解放区平山县（当时为建屏县）西柏坡村的刘少奇说："我们决定发表弼时同志的一篇讲演，不发表一月决定草案（即中央1月18日关于土地改革问题的决定草案），因为弼时同志的讲演比一月决定充实得多。"党中央关于土地改革的指导方针和政策逐渐完善，从而引导伟大的土地改革运动健康地向前发展。

土地改革运动走上正轨，开拓了无穷无尽的战争伟力，它的明效大验，连国民党统治区官方的和外国人办的报纸也是承认的。2月3日，国民党《中央日报》惊呼：共产党"土地改革的成功，也就是叛乱的成功"。4月17日，《密勒氏评论报》写道："军事斗争与正在各战区迅速进行的土地改革是密切地相互联系着的，虽然它占有重大比例还是最近的事，但可以预料最近土地改革将进行得愈益剧烈。"

美国进步记者爱泼斯坦对中国的土地改革运动这样评论道："从中国内地发出来的枪声，一定会为全世界所听见。它们……标志着一亿中国农民正在有秩序地从过去的束缚中解放出来。它们使中国在解放它的伟大潜力的道路上迈进了一大步。这条道路是像孙中山那样的先驱者曾经希望过、计划过的。毫无疑问，在整个殖民地和半殖民地的亚洲摆脱一切束缚和封建主义的这条道路上，他们点燃了新的火炬。"原蒋介石的政治顾问、美国著名的"中国通"拉铁摩尔，也着重地指出了土地改革对中国战局发展的决定性作用："在今日中国最重要的阶层，是农民。他们一向都是持锄的人，但现在变为持枪的人了，这就是中国农民之所以最重要的原因。国民党政府由于竭力统治农民的结果，在内战中业已败北；在另一方面，中共由于满足了农民的需要，在内战中业已获胜。农民所需要的是土地，是能作为私有财产持有的土地。当中共到一个新的地区时，他们就把土地分给农民；当他们离开这一地区时，他们就对农民们说：'这里有一些枪，用你们自己的武器来保卫你们自己的土地吧！'这就形成了武装的乡村，便于对卷土重来的国民党军队作殊死的斗争。"

1948年3月初，经过新式整军运动的西北野战军，赢得了宜川、瓦子街大捷，从根本上改变了西北战场的形势。在人民解放军转入攻势作战的声威下，孤悬于延安、洛川的敌人弃城南逃。于是，人民解放军便收复了被胡宗南部侵占一年又一个月零三天的延安。胡宗南的败讯传到南京，蒋介石极为震怒，给予胡宗南以撤职留任处分。3月14日，丧魂落魄的胡宗南在日记中记下了蒋介石的"寅元府机手启电"："宜川丧师，不仅为国军'剿匪'最大之挫折，而其为无意义之牺牲，良将阵亡，全军覆没，悼恸悲哀，情何以堪！"这就是一年前蒋介石气势汹汹进攻延安和陕甘宁边区的下场。

……

当胡宗南率领大军侵占延安之后，曾经希望把延安改名为"宗南县"，以显示他反共的"丰功伟绩"。胡宗南以为只要有人发起，就可以顺利实现他的好梦。在他的授意之下，首先由陕西省参议会提了出来。他满以为陕西省政府就可决定这个问题，殊不知一个县名的更改要经过内政部办理许多手续才行。胡宗南能指挥陕西省政府和省参议会，却指挥不了内政部，于是请人从中活动。不过等到官僚衙门一切手续都快办好，只等正式公布时，胡宗南部已狼狈逃出延安，延安即被人民解放军收复了。一直为延安改名"宗南县"一事奔波的国防部保密局局长毛人凤懊丧地说："一切都已办好，只怪胡长官太不争气，白白花费许多精力。要能再坚持一个月，不是可以名垂千古了吗？"

在转战陕北的党中央集中统一领导下，不只西北战场空前大捷，全国其他战场，从南线到北线，无不转入并发展战略进攻。挺进中原的三路大军转战江淮河汉，形成品字形的态势，进而完成面的占领，起了决定性的战略作用，建立了强大的中原解放区。1948年3月，又乘敌军抽兵驰援西北之机，攻克秦晋豫要冲洛阳。洛阳战役的胜利，导致了三路大军胜利会合，共同歼敌。在华东野战军主力转出外线后，内线兵团力克强敌，并使自己转入了反攻和进攻，1948年4月，攻克号称"鲁中堡垒"的潍县（今潍坊市），至此，山东解放区完全连成一片。在华北，晋察冀野战军经过清风店战役扭转了战局，旋即攻克军事重镇石家庄。朱德说："这是很大的胜利，也是夺取大城市之创例。"1948年5月，晋冀鲁豫军区主力经过72天的争夺，最后攻克以易守难攻著称的临汾，至此，晋南全部解放，晋冀鲁豫与晋绥两个解放区连成一片。东北野战军经过历时50天的秋季攻势和历时90天的冬季攻势，到1948年3月，已将敌军压缩在沈阳、长春、锦州三个互不联系的、面积仅占东北（包括热河）总面积3%的狭小地区，使敌人"固点、连线、扩面"的方针彻底破产，为后来全歼东北敌军打下了坚实的基础。

在隆隆炮声中迎来的1948年明媚的春天，中共中央坚持留在陕北指挥全国的解放战争，等到打败胡宗南才东渡黄河的目标实现了。3月23日，毛泽东、周恩来、任弼时率党中央领导机关在陕北吴堡县川口东渡黄河，途经晋绥解放区，前往河北省平山县西柏坡与中央工委会合。对于党中央转战陕北的史无前例的伟大行动，1948年4月5日，华东野战军司令员陈毅说："毛主席和中央许多同志同西北野战军在一起坚持陕北斗争，从延安撤退到去年11月以前，没有停过脚，11月以后才安定下来。毛主席选择这样艰苦的地区坚持斗争有很大的意义，代表了中国人民的革命意志，代表了中国人民顽强斗争的精神。解放区的老百姓，全中国的老百姓都非常钦佩毛主席这种伟大的精神。"1953年8月12日，毛泽东在全国财经工作会议上，号召我们要坚持战争年代的艰苦奋斗精神，"坚持集体领导的制度"。他还说："我们就是不怕牺牲，不干则已，一干就干到底。胡宗南进攻陕甘宁边区，我们的县城只剩下一个，但我们并没有退出边区，吃树叶就吃树叶，就是要有一股狠劲。"确实，党中央转战陕北所表现的率先垂范、亲临战场、克服困难、坚韧不拔的伟大精神，所创造的运筹帷幄、决胜千里的卓越功勋，将在全国解放战争的史册上永放光华。[7]

1947年3月25日，西北野战兵团在毛泽东撤出延安仅7天之后，就取得青化砭战役胜利，歼敌近3000人。

早在撤离延安之时，毛泽东就在策划这场漂亮的伏击歼灭战。

李银桥回忆说：

汽车驶上延（安）榆（林）公路，速度加快，延安渐渐远了。

毛泽东与周恩来在车上谈笑风生，话题上到天文，下至地理，无所不有。远处的枪炮声对这两位叱咤风云的历史巨人不过像一阵蚊虫叫。

车过拐峁，王震司令员要回部队，毛泽东和周恩来下车相送。

握手告别时，王震司令员问："主席还有什么指示没有？"

毛泽东笑笑说："没有什么了，就按我们研究的去做吧！"

"请主席放心，我们一定按照您的指示，打好撤出延安后的第一仗！"王震说罢，翻身上马，顺公路向东飞驰而去。

拐峁以北，出现了由延安转移出来的群众。人们背着行李，担着锅碗瓢勺，赶着猪羊，牵着毛驴，有的妇女还背着纺车，老大娘们一手抱着老母鸡，一手拄个拐棍慢慢走。山梁上，大路旁，民兵持枪警戒，队伍漫长而又井然有序。毛泽东沉默了，不时向外观望，紧锁眉头，凝望着撤退的群众队伍。

汽车驶过青化砭30里长川，毛泽东望着大川，冲周恩来点点头："嗯？"

"嗯！"周恩来会意一笑。

撤出延安第五天，我们住进瓦窑堡附近一个村子。毛泽东说："就在这里住下吧，不要几天，就会听到捷报。"

我们都纳闷：毛主席怎么说得这么肯定？

3月25日，我们刚吃过早饭，猛听到正南方向枪炮声大作，大地震颤不已。不到一个钟头，又突然沉静下去，什么战斗打得这么迅速利落？

过午，秘书给毛泽东送电报出来，兴高采烈地告诉大家："我军在青化砭设伏，歼敌31旅的4000人，活捉了旅长李纪云。"

于是，我们想起毛泽东讲过的话："不要几天，就会听到捷报。"

这时，我们恍然大悟：早在撤离延安之前，主席就已制订了在青化砭地区歼敌的计划。

旗开得胜，新华社发表社论说："31旅的歼灭，标志着胡宗南从此走下坡路。"

胡宗南在青化砭挨了一击，意识到我军主力在延安东北，忙令刘戡所统6旅之众由安塞后转，顺延榆公路反扑。

可是，敌人不过做了一次武装大游行。我军主力早已转移，中共中央机关也跟着转移到绥德城南的枣林沟。

在枣林沟，中央召开了一次会议，讨论了许多重要问题。毛泽东、朱德、周恩来、刘少奇、任弼时五大书记作了分工。

毛泽东说："现在我党面临的任务很多，但是第一位的是从军事上打败国民党蒋介石。没有这一条，其他一切都无从谈起。"

会议决定：由毛泽东负责全国军事指挥，他是事实上的最高军事统帅；由周恩来协助毛泽东实施军事指挥；朱德负责党的监察工作；刘少奇负责党务和白区工作；任弼时负责土地改革工作。当然，所有的工作毛泽东都要管，但他的主要精力是在作战上。

枣林沟会议还决定：组成以刘少奇、朱德为首的中央工委，到河北平山工作。组成以叶剑英、杨尚昆同志为首的中央后委，率中央机关去晋绥根据地的临县一带，负责军械、弹药和粮食等供应。[8]

师哲回忆说：

根据我保留的笔记记载，3月18日，胡宗南的军队逼近延安的南郊，枪声也越来越近了。傍晚6时，毛主席等一行人从王家坪出发，乘坐汽车抵达延川县永坪镇以南几里地的小山村刘家渠休息。第二天上午9时许，敌机来袭，主席的汽车——即宋庆龄送的救护车——遭到敌机扫射,挡板被击穿,但人员没有任何损伤。

21日傍晚,毛主席经清涧高家岇,抵达子长任家山——事先准备好的地方,中央书记处的同志都住在这里。毛主席在这里组织了3月25日的青化砭战役。在这第一次激战中,彻底消灭了敌人先遣部队31旅旅部及一个团。整个战役只用了两个小时,不仅俘获了全部敌军及旅长李纪云,还将战场打扫得干干净净,这样使进驻延安的敌人在数日之内找不到先遣部队的下落。我军初战告捷,士气大振。为这次漂亮的胜仗,毛主席发出了嘉奖令。

就在3月25日,敌人约一个旅的兵力直奔延川县城北的拐峁。这里距清涧县城仅六十华里,而且是平川,似有奔袭清涧以截断我东去之路的意图。清涧县城是通往绥德到山西的交通要道。当时中央分析,敌人企图占领清涧县城,意欲切断我们去山西的道路,以便把我们围困在山沟里进行围剿。所以,当天夜间通知我,要立即布置和组织各单位迅速东进,在敌人占领清涧之前,绕过它北上,经过九里山,到石嘴峰以东几里地的小山村枣林沟。接到命令后,我马上组织中央机关分几批撤退,首先用6辆吉普车把中央五位书记及其工作人员送到枣林沟,在路上只走了两个多小时;留下的人骑马,走了一天半;其他单位,如第三局等,走了整整3天。

我们到达枣林沟后,敌人仍驻在拐峁未前进。直到4月上旬,毛主席、任弼时转移到了靖边县青阳岔后,敌人依然停留在拐峁,没有东进占领清涧。这时主席分析,敌人不占领清涧的目的是给我们让出一条东去山西的道路,把我们赶到河东山西去,这样他们就可以吹嘘他们在陕北获得了全胜。所以,无论战事多么激烈,主席都一直留在陕北,同陕北人民同甘共苦。

这是毛主席领导艺术的高超之所在,是神来之举。

中央到枣林沟后召开了会议,决定组织前委、工委、后委。前委,即中央,由毛主席、周恩来、任弼时三人组成,继续留在陕北,代表中央指挥全国的革命战争;工委,由刘少奇、朱德组成,驻河北省平山县西柏坡,领导全国群运、土改和建设根据地等工作;后委则由叶剑英负责,驻山西临县三交镇附近。

这次的中央会议,总结了这次行军的教训,决定精简中央机关,只留下最必要的人随前委行动,而将大部分人送到后委所在地。留下的同志按军事序列行动,代号为三支队,任弼时任司令员,陆定一任政委。到青阳岔后,为了保密,中央首长都用化名,毛主席化名李得胜,周恩来化名胡必成,任弼时化名史林,陆定一化名郑位。[9]

杨尚昆回忆说:

我记得1948年3月下旬毛主席从河西过来，在双塔住了两个晚上，当时后委留我在双塔接毛主席。

这次给我印象很深的有两件事。

一件事是毛主席严厉地批评了我。当时晋西北的土改搞得很"左"，例如有一条是反对所谓化形地主。什么是化形地主呢？原来在抗日战争时期实行减租减息的时候，中央有个政策，就是鼓励地主转营工商业，各个根据地普遍实行了这个政策。后来在解放战争时期搞土改的时候，就认为他们是化形地主，说他们有意识地变化成为工商业者，保存自己的财产。土改时把这一部分人打倒了，很多集镇上的商店都被没收了。再有是把中农当富农打，对地主甚至对富农搞扫地出门。康生那个时候搞得很凶，只给地主富农留一个碗、一双筷子，其余什么都不留，扫地出门了。还有什么"贫雇农打天下，贫雇农坐天下""群众说什么就算什么"。总之，搞得很"左"。毛主席知道了很生气，批评我们，说："你们后委就住在这里，这些事都知道，可是你们根本不反映，你们读的马克思主义到哪里去了？"这个批评是严厉的，也是正确的。

另一件事是毛主席作了一个估计。那时我们从延安撤出来，胡宗南军队还占领着陕甘宁边区的许多地方，我们还是比较困难的。毛主席当面对我说，照他的看法，同蒋介石的这场战争可能要打60个月，60个月者，5年也。这60个月又分成两个30个月，前30个月是我们"上坡""到顶"，也就是说战争打到了我们占优势；后30个月叫作传檄而定，那时候我们是"下坡"，有的时候根本不用打仗了，喊一声敌人就投降了。毛主席头脑里排的这个时间表，给我的印象很深。后来战争的发展基本上符合他的估计。那时康乃尔在临县土改工作团负责，他说"毛主席批评你们一点儿也不留面子"。现在我还记得很清楚，一讲到对战争进程的估计时，毛主席是喜笑颜开，眉飞色舞。

我们后委是从延安撤退出来以后成立的，中央机关大都设在后委，叶剑英是后委的书记。后委有几十部电台，毛主席那里只有一部电台，中央的指示要通过后委下达。所以后委是一个转换系统，是个枢纽。它承上启下，又负责陕北战场前方的供应，像前方的衣服等物品都是后委给驮去的。在杨家沟的时候，毛主席住的条件很差，吃饭是在老百姓的羊圈旁边搭一个小棚子。转战陕北这一段，毛主席和中央领导同志的生活都很艰苦，同时又是毛主席扭转乾坤的时候。

1947年7月开了一个小河会议，我也参加了。毛主席在会上布置陕北的工作，他说过这样的话："前方交彭德怀，后方交贺老总。"会议决定打榆林。开完会，部队北上打榆林，我回三交。〔10〕

枣林沟会议后，毛泽东和周恩来、任弼时继续留在陕北，一面领导全国各大战场作战，一面指挥西北野战军接连取得羊马河、蟠龙两大战役的胜利。

李银桥回忆说：

3月27日[11]下午4点多钟，刘少奇、朱德率队乘车出发，东渡黄河，去河北平山。毛泽东、周恩来、任弼时率中央前委及机关人员，一律轻装，乘车北行十几里地，到达绥德南边田庄的时候，突然来个猛转弯，一直向西，弃了汽车，开始徒步行军。

这时，敌人十几个旅正沿着延榆公路气势汹汹朝东北方向追来。他们不曾料到，毛泽东竟然逆着他们迎面走来，只隔一架山梁，两支队伍擦肩而过！

毛泽东不久前闹过一场肺炎，健康没有完全恢复。警卫员孙振国见毛泽东走路吃力，就把背干粮的柳木棍交主席挂着。毛泽东试一试，很满意，笑着说："有这东西省力多了。"

这根柳木棍荣幸地伴随毛泽东转战陕北，立下了不小的功劳。

那次我们住到一个山沟小村，立刻将全国各战区的军事地图取出。墙上挂的是地图，炕上摊开的是地图，就连老百姓石板锅台和腌菜缸上摆的也是地图。秘书和参谋不停地送来各战区来电，然后又带走毛泽东下达命令的电文。

敌人用电台测向仪查到了我们的位置，刘戡率四个半旅疯狂扑来，骑兵侦察员一会儿一报："敌人距我们还有30里！""敌人已迫近到20里！""敌人进沟了，不到10里！"……

毛泽东想大事的时候是容不得人去打搅的。可是形势紧迫，一名卫士便接连几次"打搅"毛泽东。毛泽东发脾气了："什么十里八里？中国有960万平方公里！你去吧，不要婆婆妈妈……"

那时的形势确实紧张：北边的敌人已占横山，西边的敌人占了陇东，逼近三边（即万里长城的三个关防重地定边、安边和靖边），南面是十几个旅摆成一条线。只有东边算是"网开一面"，那是通黄河的路。

毛泽东斩钉截铁地说："我们不能去那条路，我们要在这里和敌人周旋，牵敌人，磨敌人，来回和敌人兜圈子，直到最后消灭他！"

4月9日，毛泽东向全党发出留在陕北的通知，号召"用坚决战斗精神保卫和发展陕甘宁边区和西北解放区"。

过了几天，中央机关与敌人兜圈子，转移到靖边县的王家湾。毛泽东在王家湾写了《关于西北战场的作战方针》，指出"蘑菇"战术这种方法"是最后战胜敌人必经之路"。仿佛是印证毛泽东的预见，就在同一天，彭德怀指挥的西北野战军主力根据毛泽东的指示，在羊马河一带彻底歼灭了全副美械装备的敌135旅，活捉了代理旅长麦宗禹。敌人在瓦窑堡几进几出，扑来扑去，终于尝到"蘑菇"战的苦头。

敌人不甘心，将主力都集中到瓦窑堡一带来，企图寻找我主力决战。毛泽东一连两天没出窑洞，只有秘书拿着电报跑出跑进。周恩来大部分时间都待在毛泽东的窑洞里，极少回自己的窑洞。大家猜测又要有大的战役行动了。

5月1日黄昏，东南方向响起炮声。工夫不大，毛泽东披着那件补了又补的灰棉袄，走出窑洞，问哨兵："是炮响吗？"

哨兵回答："是炮响！已经响过一会儿了。"

毛泽东微笑着点点头，反身走回窑洞。

秘书拿着电报匆匆朝毛泽东的窑洞里走，只听周恩来提高了的声音传出门外："好！占了制高点就有把握！"

窑洞外，大家已经议论成一片。这时我才明白，是蟠龙战役打响了。大家议论到最后，简直就变成了庆祝胜利。因为无数次实践证明，只要是毛主席指挥打仗，那结果只能是胜利，这已经成了不可改变的规律。

毛泽东又是两天两夜没有睡好觉，从门口望进去，他时而伏在石板锅台上查看地图，时而向作战参谋下令："给彭总发电，有一股敌人由拐峁向蟠龙增援，请他们注意！"

5月4日，我军果然收复蟠龙，全歼守敌7000多人，活捉敌旅长李昆岗，还用步枪打下一架敌机。蟠龙是敌人的战略补给站，弹药、物资、军衣、粮食堆积如山。这一仗，沉重地打击了敌人，充分补充了我军。正如新华社的评论所说："胡军凶焰正在下降，胡宗南指挥无能，使这个下降来得更快更剧烈更富有戏剧性。"

捷报传来，毛泽东叫人将帆布躺椅搬出窑洞。他甩去披在身上的补丁灰衣，穿着细线毛衣，在帆布椅上一坐，沐浴着明媚的阳光，浑身轻松地说："来，晒晒太阳，照张相。"

"咔嚓！"叶子龙举起相机，摁下快门，及时地留下了这张历史性的照片，这是三战三捷的证明和纪念。[12]

跟随毛泽东转战陕北的卫士阎长林也回忆说：

4月间，中央机关转移到靖边县的王家湾。羊马河战役以后，敌人主力都集中到瓦窑堡一带来了。附近的村庄，完全被他们烧毁，那里再也没有一间完整的房子，窑洞的门窗也都烧个精光。敌人不时四处蠢动，企图寻找我军主力决战。

为了打击敌人的气焰，首长们的工作比以前更加紧张了，夜以继日地开会研讨，我们预料又在布置大的战役。每到这个时候，首长们轻易不出窑洞，只有秘书拿着电报跑出跑进。主席偶尔出来，也只是独步沉思，像是在考虑着重大的问题。

一天下午，毛主席和周副主席刚从窑洞出来，秘书急匆匆地把一份电报送给周副主席。周副主席看过以后，立刻交给主席，主席接过电报看了一下说："把敌人牵走就好办！"说着马上又回窑洞开会。

接连好多天，都很少见到首长们休息。窑洞里的灯光，有时一直亮到天明，所有这些征兆表明，主席一定又在布置战斗、调动敌人了。大胜利的消息不久就会传来！

但是，从前方传来的消息却不很好，敌人已经占领了绥德，眼看过几天就要到黄河边上了。直到现在却还没听到我军行动的消息，这是怎么回事呢？过去的经验告诉我们，敌人一向是听我们指挥，逃不出主席的神机妙算的，这一次究竟要怎么打呢？我们在焦急地等待着。

5月1日，主席在窑洞里又开了一夜会，天将黎明的时候，首长们才和衣躺下休息。突然在驻地的东南方向，响起了沉重的炮声。我们赶紧爬起来，只见主席披着灰棉袄，走出窑洞，问哨兵："是炮响吗？"

"是炮响！已经响了一会儿了。"哨兵回答。

主席没再说什么，反身走回窑洞，但脸上露出兴奋的神色。

一时住在院子里的人都起来了。主席、副主席顾不得休息，又紧张地工作起来。秘书拿着电报，飞快地往主席窑洞里走，只听见周副主席说："好！占了制高点就有把握！"接着又传出首长们愉快爽朗的笑声。这笑声立刻感染了我们，纷纷猜测是打什么地方。

大炮响了两天两夜，人们按捺不住激动的心情，一有空闲，就跑到窑背上眺望，可是什么也看不见。大家都有一个信念，只要打响了，胜利就是十拿九稳的。果然，不久前方传来捷报，我军收复蟠龙，全歼守敌6000多人，活捉敌旅长李昆岗，还用步枪打下了一架敌机。蟠龙是敌人的战略补给站，弹药、物资、军衣、白面，堆积如山。胡宗南这个运输队长当得真不坏，把我们所需要的东西都送来了，这一来，就更充实了我军打击敌人的力量。

一切疑云都廓清了。原来就在敌人寻找我军主力决战的时候，主席就命令我野战部队，用一个旅的兵力，把敌人9个旅，由蟠龙—瓦窑堡一线牵到绥德，随后又调动主力，抄了敌人的后方。敌人要再由绥德返回，最少也要六天，已经是来不及了。这个大胜利，使我们进一步体会到毛主席英明的军事思想，是战无不胜的。胡宗南进攻延安以后，整个西北战场上，我们只有两万多野战军，敌人却来了二十多万。以少胜多，就必须歼灭敌人的有生力量，在战争当中不断壮大自己。主席彻底摸清了敌人的规律，不仅指挥着自己的部队，而且也指挥着敌人。因此，两个月当中，敌人只能按照我们的计划行动。这不禁让我想起：早在胡宗南闯进延安以前，主席就确定，要在延安东北清化砭一带，集中优势兵力，歼灭一股进犯的敌人。果然，一切都不出主席预料，敌人以五六个旅，五万多人众，全副武装地扑往安塞。敌人只看到我们的部队公开往安塞撤退，却想不到我们主力会在青化砭一带，给他们以致命的打击！羊马河大捷，也同样如此。由于我军正确地贯彻了毛主席的军事战略思想，能够机动灵活，迅速勇猛，不避艰险和困难地连续作战，抓住敌人的薄弱环节，狠狠地给以致命性的打击，不让一个敌人漏网。因此，两个月以来，西北战场的形势，就完全改观了。

5月14日，在真武洞召开了万人祝捷大会，庆祝我军收复蟠龙的胜利以及西北战局的扭转。周副主席代表党中央和毛主席，向英勇的西北野战军指战员祝贺，并在会上宣布："党中央和毛主席仍旧留在陕北！"

"毛主席还在陕北！"这个消息，给指战员带来莫大的鼓舞。人们兴奋地欢呼着，跳跃着，把帽子丢上了半空。

毛主席亲自指挥着我们，全面胜利很快就要到来了！[13]

转战陕北的日子是异常紧张艰苦的，但毛泽东和周恩来、任弼时团结一致，默契配合，共同渡过了一道又一道难关。

龙飞虎回忆说：

1947年4月12日，中央纵队安然地转移到王家湾。

王家湾，村子很小，半边靠山，到处是黄土斜坡和成排的窑洞。毛主席、周副主席、任弼时等合住了一孔大套窑。主席住大窑一进门靠左的小窑，任弼时住在主席对过的小窑内，周副主席等3人住的是窑的正中过道处。这儿还是首长们开会和讨论问题的唯一场所呢！

这座窑洞又破又黑，小窑除了安一铺炕、放一张小桌子外，一个人站进去，连身子也转不过来。主席却在这里住了一个多月，成天批阅公文，起草文件，讨论问题，忙得不可开交。

首长们生活在一起，互相关怀，无微不至。走路和说话都是轻声细语的。有的首长夜里办公，点起灯来，总是设法遮住半边，不让灯光影响其他同志安睡。有的首长白天休息，别的同志办公也都保持窑内安静无声。窑外一有吵吵的声音，周副主席便悄悄地走出来，以手指堵着嘴，示意大家说话要小声点。首长们这种高度的革命友爱精神，深深感动了我们，并增强了我们同志之间的团结友爱。

窑洞内空气极不流通，天气也渐渐热了起来。主席经常深夜伏在小桌子上，不停地挥着扇子，仔细地批阅电报，不断地标记着报告材料中的问题和数字，缜密地计算着，认真地思考着……

当我们到主席窑洞内收拾东西时，看到头天夜晚桌上放好的一叠洁白的油光纸矮了半截，另一边又新放着主席高高叠起的文稿。有时还散放着成页成页的写满了阿拉伯数字的纸张。一个夜晚，对我们来说是平凡无奇的，可是，毛主席却为夺取革命战争的胜利花费了多少心血啊！

当时山东和西北，是敌人重点进攻地区。这两个战场每次传来重大胜利消息之前，我们总是先看到主席深夜一手端着蜡烛，一手拿着红蓝铅笔，俯身在铺满着地图的小炕上，细心察看着、指划着、思谋着……使我们不难想到：他是在为我们全国人民筹划着胜利的明天。

黄昏的时候，主席有时到凉棚内歇凉，有时外出散步，每当这时候，主席总是关心地询问同志们的生活和学习情况。有一次主席问我："老虎，你看现在国内形势如何？"我回答道："形势大好嘛，胡宗南已陷入囚笼了！"主席和蔼地笑着说："是啊！现在连整个蒋介石政府也陷在全民包围之中了！"停了一下，主席又亲切地向我说，"敌人的困难，可比我们大得多！"主席说着，又用手向前方一指，说，"我们的困难是迎接胜利中的困难，是走向新中国过程中所遇到的一段崎岖的道路！"

主席工作之余，有时还到我们住的地方来看看。有一次主席细心地察看了我们住的小屋，然后关心地说："你们住的是差一些啊！"在主席周围的，大半是经过长征的一些老同志，大家都十分感动地说："主席住的还没我们这里宽敞呢！目前与长征相比，算是住上高楼了。"主席听了，很满意地点了点头。

我们住在王家湾，离敌人据点蟠龙只有百十里，敌人便衣特务很猖狂，有时竟跑到王家湾附近来窥探。河东的首长们时刻惦念着主席的安全，也为主席的健康担心。贺龙同志特地从河东把自己骑的两匹好马送来给主席，以便主席行动时，能顺利地上路。主席为此笑着对我们说："离开延安坐汽车，到青阳岔骑马，再走就要步行了。好马留给部队打仗用吧。贺老总南征北战，需要千里驹，我是可以安步当车的。"经主席这一说，我才想到了：主席住到王家湾后，经常长途散步，有时步行十余里，原来是为了适应下一步的行军，在进行锻炼呢！

当时，首长们生活很艰苦，常吃粗粮，细粮很少。周副主席每次都是争吃粗粮，把细粮留给主席吃。主席总是一再推辞，要把细粮留给身体不好的同志吃。至于油荤，更是很久不见了，就连青菜也吃不上，每餐的一点土豆，既是菜也是饭。有一次，我们跟随主席出去散步，主席指着路边的青灰菜说："这种野菜可以当菜吃，我在老家吃过，长征时大家都采它当饭吃！"经主席这一提醒，从此，我们一闲下来就出去采野菜。这样，首长们就增加了一样新鲜的菜了。

主席经常整夜工作，营养又很差，身体日渐消瘦。我看在眼里，很不安，晚上躺在床上想：党叫我照顾好主席的生活，我就是这样尽责任的吗？有一天，天没有亮，我就去找村长高老汉，想问问他附近哪里可以买到一只鸡。老汉自告奋勇地说："附近是买不到的，要不，咱上靖边一趟，那里也许能买到！"靖边离王家湾足足有60里路，来去要走两天。我不好意思麻烦老汉，便婉言谢绝："你在村里工作忙，年纪又大，去不得，还是我叫部队里的同志去吧！"老汉却生气地说："首长们住在村里，日夜为咱老百姓操心，吃的饭菜却同咱一样，咱们正犯愁呢！这一路胡儿子便衣探子很多，咱人熟路熟，上路万无一失，同志们去了，咱还不放心呢！"说来说去，拗不过老汉的好意，只得让他去了。

事情不巧，这天主席恰巧要我去请老汉来谈群众生活安排情况，我只好向主席说，老汉到靖边去了。第二天，高老汉回来了，我把瞒着主席买鸡的情况告诉了他，老汉满有把握地笑着说："没关系，我说得过去！"

买来一只鸡，总要做着吃呀！这下子可难坏了我。我编了很多话，打算来回答主席的查问。可是，主席早看透了我的心思，却和蔼地教导我："昨天高老汉来说，群众的口粮还没安排好。我们必须节衣缩食，来保证老乡们不受饿啊！你叫老汉去那么远给我买了只鸡，我能吃得下吗？要时刻记住：我们是人民的勤务员，要时时为人民着想，要处处与人民同甘共苦，不能有丝毫的特殊呀！你把鸡拿给副主席吃，他的身体不好，你看我的身体不是挺好吗？"主席说着，发出爽朗的笑声，亲切地看着我。

听了主席这一番教导，我又激动，又难受，一时不知怎么办才好。后来还是周副主席提议，让几位首长合伙吃了这只鸡，才把这件事收了场。

首长们这种艰苦朴素的生活作风和忠心耿耿为无产阶级事业日夜操劳的精神，对我们是最好的共产主义思想教育。我们跟随在主席周围的同志，虽然物质生活比较艰苦，却从来没有人叫过苦。

我们吃的是粗粮，睡的是老乡简陋得不能避雨挡风的马棚。棚内还堆着厚厚的一层驴粪，这是房东下种时的主要肥料，既不能弄出来失了肥效，也腾不出别的房子来堆积。大家想了个办法：在驴粪上铺一层土，大家就睡在上面；我们人多，马棚小，我和另一个同志只好睡到喂驴的木槽内。睡在驴粪上的同志，看见我们睡在槽里，便开玩笑地说："喂！楼上的同志，你们住上高楼大厦，可享福啦！"我们睡在槽内的人总是乐滋滋地回答道："你们睡沙发也不差啊！干革命嘛，不要计较物质享受嘛！将来到了共产主义社会，请你们都搬进天堂去住，好吗？"

生活是艰苦的，也是无比美好的。在那战火纷飞的岁月里，我们的生活实在比一般人想象的要美得多啊！[14]

西北战场三战三捷，使胡宗南大为震惊。他原以为共产党已成惊弓之鸟，却没有想到自己被毛泽东牵着鼻子走。他下了最大的决心，不把毛泽东赶过黄河决不罢休。

一场更加艰苦的斗争开始了，这是两军之间的角斗，更是统帅部智慧的较量。

阎长林回忆说：

转眼到了6月，我们播种的玉茭，已长出1尺多高，老乡们都忙着施肥锄草，满山的庄稼一片嫩绿，象征着一派丰收的景象。这时，胡宗南因为连遭惨败，恼羞成怒，就又派了刘戡，率领着四个多旅，向王家湾一带扑来。

司令部命令作好一切战斗准备，派出去做群众宣传工作的同志，也都纷纷返回。老乡们也忙着坚壁清野。毛主席特别关照说："敌人从东边来，我们要有计划地组织老乡撤退，不能让老乡乱跑，把我们的行动方向告诉村干部，让他们带着群众转移。"当时有人担心这会暴露我们的行动方向，提议让老乡向其他方向转移。毛主席知道了，严肃地批评了这种意见，并指示一定要让老乡跟着自己部队撤退，可以减少损失。现在军民已凝成一体，就应该对群众负责到底。已经向东走了的群众，要派人追回来。老乡们知道我们部队要向西面走，也就有了主心骨，一个个扶老携幼、牵羊抱鸡地向西转移。

天还没黑，附近老百姓已经走空了。我们接到命令，知道当晚就要出发，于是忙着收拾行李，备好牲口，等候命令。

一阵雷响，西边天上布满了乌云，快下雨了。主席和几位首长还在窑洞里开会，我们非常着急。虽说入夏以来还没有下过透雨，但是心里盼望着乌云快快散去，不然，行军途中，首长就要淋雨了。

主席走出窑洞，我们赶快把马牵过去。主席看看天空，解开制服衣扣，欣喜地说："这是一场好雨！"随后又安详地坐在小木凳上，一点儿也不像要走的样子。恰好，支队副参谋长汪东兴同志来了，他问主席说："主席，什么时候出发？"

主席说："慌什么吗？还没有看到敌人呢！"听主席这样说，我们更加着急了。想起撤离延安的时候，枪炮齐鸣，飞机轰炸，主席依然稳如泰山。如今主力部队已离开我们很远，这里只有四个连的兵力，连一门小炮都没有，几百条步枪，要抵挡住四个半旅美式装备的敌军，这个任务可太重了。副参谋长了解我们的心情，也不住地催促："主席，还是早些走吧，太晚了路不好走。"

主席笑道："我走过雪山，走过草地，就是没走过沙漠。不要着急，我们总是不会按照敌人的设想行事的，他想把我们赶过黄河，我们却偏偏往西走，路多得很哩！过沙漠也没有什么了不起！等一等看，胡宗南的兵到这里再走也不迟！"

主席在院子里来回走了两趟。居住了将近两个月的窑洞，仿佛有着无限的深情，在接受主席的检阅。主席低头沉思了一下，又回过头来对我们说："把窑洞打扫干净，再仔细检查一遍。"

天阴得黑沉沉的，我们点上马灯，首长们准备停当，跨上牲口的时候，稀疏的雨点掉了下来，果然遇上雨了。

临出院门，主席还站在窑洞前面问："房东还在吗？"我回答说："村干部已经带上他们转移了。"主席这才上马。

冒着细雨，顺王家湾村后，我们爬上了西边的山梁。虽然是6月天，但细雨迷蒙的深夜，还是有些凉意。越到山顶，风雨也就越大。首长们虽穿着雨衣，骑在马上，但半截裤腿都湿透了。路滑得一走一溜，天黑得伸手不见五指，人们都是跌跌撞撞地往前行进。牲口不能骑了，主席下了马，跟着我们慢慢上山。

天明到了小河。雨后，整个村子被一层薄雾笼罩，显得格外美丽。这里离王家湾40里。

根据侦察报告，敌人迂回部队，正和我们向同一方向前进。天黑下来，我们继续出发。刚刚转晴的天，又变了脸，下起大雨来。我们顺着山梁往上爬，忽然山下响起了一阵零落的枪声，同时发现左边一派火光，看不见头，望不到尾，一个火堆接着一个火堆。那是敌人，离我们不远。任弼时同志下了命令：不许打手电，不准抽烟。又走了一段路，前面忽然停下来，随后传来"原地休息"的命令。我们急出一头汗，情况这么紧急，怎么能停留呢？派人了解一下，原来是带路的老乡迷了路，到附近村子另找向导。为了防备万一，警卫部队立刻派一个排，带着三挺机枪，朝左侧山下，布置警戒。

风雨交加，环境异常艰险。敌人随时都有可能冲上山来，枪声时紧时慢，时远时近。我们的心几乎提到嗓子眼儿里。主席在一旁却说："这场雨下得好，再过半个月，就该收麦子了！"听到那镇定的话语，我们立时又安定下来。有毛主席在，任何最坏的情况也会变好的。

雨似乎小了些。黎明时刻，到了离田次湾五里路的一个小村子。主席一夜行军，没喝到一口热水，我们暂时停了下来，找到一间狭小而漆黑的窑洞，烤烤衣服，烧点热水。火烟弥漫了整个窑洞，呛得眼泪直流。我们让主席脱下鞋来烤一烤，主席笑笑说："烤干了还是要湿的呀，不如就这样穿着好。"

天大亮时，我们翻到梁顶，进入田次湾。部队和驮骡都在村头树下避雨，等候命令。这里的老百姓都已经转移了，二十几户人家，只剩了些空空的窑洞。

任弼时同志说:"敌人也出发了,离我们只有二三十里地。"

主席说:"就在这里休息吧,作好行军战斗准备!把警戒部队组织好,敌人来了,我们立刻就走;敌人顺沟过去的时候,我们就住下。"说到这里,向山下望了望说,"敌人可能往保安方向去了。"

果然,侦察员不断前来报告:"敌人顺沟过去!敌人过完了!"主席说:"好!我们住下。"

接着,主席给汪东兴同志布置了任务。

主席说:"你带一个连,尾追着敌人,到延安去一趟。你得叫敌人两天两夜不睡才行哪!你的任务有两个:到枣园一带了解一下敌人的情况,都住在哪里?对老百姓怎样?再去看看那一带的老百姓,有回去的没有?他们有什么困难?要设法帮助解决。一路上你要机动灵活,遇上大股敌人就走,遇上小股敌人就坚决消灭他!"

"我一定坚决完成任务!"汪东兴同志说着就准备起身。主席又说:"带一部电台,直接和我们联系吧!"

任务布置完了,汪东兴同志好像想起了什么,犹豫了半响才说:"主席,我带一个连太多了吧?你这里怎么办?"

主席温和地笑了,他握着汪东兴同志的手,坚定地说:"你放心去吧,不要管我,我自有办法。"停了一下,又嘱咐了一句,"你回来的时候,我们也许离开这里了,到什么地方,还不能肯定,反正不会离开陕北的!"

"不会离开陕北!"这是多么有力的话语,这句话已经成为我们胜利的象征了!

汪东兴同志接受了任务,一切安置妥当,配备了电台工作人员,带着一支精干的武装,尾追着敌人,便向延安方向前进了。

刘戡带着四个多旅,像没头苍蝇似的,始终没找到中央机关的踪迹,只好垂头丧气地往回走。汪东兴同志那支队伍,正好掐住它的尾巴,刘戡还在纳闷,他万万想不到这里会钻出一股解放军,只好慌忙应战,一路上丢盔卸甲,滚回延安城去了。

不久就听说汪东兴同志深入延安附近,集合了五六个游击队,跟敌人展开斗争,同时还帮助老百姓抢收了几百担麦子。消息传来,毛主席称赞:"好极了,这个时候,收几百担麦子,比消灭了几百个敌人还有用!"过了半个月,汪东兴同志完成任务,胜利归来了。我们都去向他道贺,大家高兴地说笑着。我说:"你回来了,'空城计'也唱完了!"汪东兴同志奇怪地问:"怎么啦?"我说:"保卫党中央和毛主席的,只有这么几个兵,你还带走一个连。如果你再不回来,别说打仗,连放哨也有困难了!"汪东兴同志笑着说:

"你着什么急呀！跟毛主席在一起，还不是稳如泰山！"记得延河边的石壁上刻着一句"胸中自有甲兵十万"，主席胸中岂止甲兵十万，而是胸中自有雄兵百万。〔15〕

师哲回忆说：

6月7日，中央从王家湾向西北方向转移。8日到达靖边县小河村，这时敌人被我牵着鼻子到达王家湾。敌军长刘戡住进毛主席住过的窑洞里，不过他们自己并不知道。敌人抓住了一个七十来岁的老汉和一个十岁左右的女娃娃，逼问他们：毛泽东曾住在哪个窑洞里？到哪里去了？老汉和女娃娃都闭口不言。敌人把老汉吊在树上猛抽，女娃娃吓得又哭又叫，但他们始终没有吐露一句实情。

9日，毛主席一行由小河继续向西北方向的天赐湾前进。因遇大雨，向导迷失方向，一夜只走了几里路，直到9日黄昏才抵达天赐湾。这里只有七户人家，而敌人又正在奔袭小河，大家劝毛主席再向前进，而毛主席就是不走。大家都为毛主席的安全捏着一把汗，毛主席却成竹在胸。

他对敌人奔袭小河一线的行动是这样解释的："这次敌人从延安、安塞出动，奔袭小河一线之役，是蒋介石亲自部署的，而胡宗南、刘戡等仅仅是执行者。所以，只要他们的部队到达小河一线，就算执行了命令，完成了任务。至于结果如何，有什么收获，那他们就不管了，只要能向蒋介石交差就行了。其次，敌人到达小河，也不得不立即后撤，原因是他们只准备了4天的口粮。如果再驻下去，几个师的人马吃什么？"

事情的发展正是如此。毛主席的确摸透了蒋委员长的脾气和他部下的特点，敌人就像是在毛主席的调遣下行动似的。

毛主席在天赐湾住了一周，于6月17日又返回小河，在小河住了一个多月。中央于7月21日—23日召开了一次重要会议，即小河会议。晋绥、西北等解放区负责人彭德怀、贺龙、习仲勋等参加了会议。毛主席还特意要贺龙把米大夫从三交镇带去，为中央同志检查身体。米大夫在小河住了半个月后，又返回三交。

……

这一阶段我军在陇东、三边打了两个战役。为了吸引敌人向北，8月1日，中央从小河出发，经绥德于13日到达阎家岔（地图标明的是延家岔）。敌人与中央相距一两天的路程。15日，敌占绥德。

17日，中央向葭县白龙庙前进，当天到达葭县，这时，敌人离中央驻地只有15里。毛主席下令向西北方向的葫芦河前进。在白龙庙渡过葫芦河，摆脱了追赶的敌军。

8月19日到达梁家岔，毛主席亲自到前线布置沙家店战役，这时我军主力已由榆林地区转回米脂前线。沙家店战役，是一次具有决定意义的战役。8月20日的这次战斗全歼敌36师师部和123旅全部、165旅大部，俘虏敌旅长以下6000余人。

战役胜利结束后，8月23日，中央到了朱官寨，在这里住了一个月。毛主席在此写了《解放战争第二年的战略方针》，指出第一年作战"正确地采取战略上的内线作战方针"，已歼敌112万人，"并且在东北、热河、冀东、晋南、豫北举行了战略性的反攻，收复和新解放了广大的土地"。

文件规定"我军第二年作战的基本任务是：举行全国性的反攻，即以主力打到外线去，将战争引向国民党区域，在外线大量歼敌，彻底破坏国民党将战争继续引向解放区、进一步破坏和消耗解放区的人力物力、使我军不能持久的反革命战略方针"。

毛主席让我将此文翻译成俄文后交阿洛夫转交斯大林。[16]

这段艰苦的转战，给李银桥留下了深刻的印象。他回忆说：

转战陕北的毛泽东，对全国局势了如指掌。5月底，他在王家湾写了一篇政治评论《蒋介石政府已处在全民的包围中》，指出中国事变的发展，比人们预料的要快些，号召人民为中国革命在全国夺取胜利迅速地准备一切必要的条件。

黎明前总要有一段黑暗。"只会打败仗"的胡宗南，利用我军主力远在西线的机会，又派了刘戡，率领四个半旅向王家湾扑来。艰难的作战行军又开始了。

仿佛是要考验这支队伍的意志，傍晚出发时，一阵闷雷沿山梁滚过，天上落下大雨。队伍冒雨爬上西边的山梁，跌跌撞撞向前摸索前进，天明走到了小河村。

雨后大地起了一层雾，房屋树木在朦胧中浮动。这里距王家湾40里，队伍停下来休息。

半晌午，后方传来激烈的枪炮声，飞机也在头上嗡嗡叫嚷着盘旋。侦察员报告："警卫部队和敌人接上火了！"

战士们个顶个是英雄好汉，阻击在杨屹崂湾的制高点上，挡住刘戡四个半旅的轮番进攻，连续打退敌人三次集团冲锋。无论是机关枪还是大炮，都打不开这道防线，三个半小时，敌人寸步未进。直到完成任务，听到命令，警卫部队才主动撤离。

天黑下来，队伍继续出发。老天像是别有用心：队伍停下来，雨也停下；队伍一动，大雨跟着瓢泼而下。

我们爬上一道山梁，蓦然间发现左边山沟里一片火光，看不见尾，火堆一个接一个，将雨天烧得通红。那是追兵，就在我们脚下！

偏偏向导又迷了路。

毛泽东站在雨地里，站在冷气逼人的光秃秃的山梁上，时而仰望天空，时而俯瞰火光映红的山沟。敌人在沟里，我们在山上，前边传来命令："不许吸烟，不许咳嗽，更不许大声喧哗。"大家的心几乎要提到嗓子眼儿了，齐把目光投向毛泽东。

毛泽东习惯地吮吮下唇，开口了。可他说的完全是另一回事：

"这场雨下得好，再过半个月，就该收麦子了！"

这声音不但镇定，简直说得上逍遥。大家立刻松下心。有毛主席在，担心焦虑实在是没必要。

任弼时踩着泥泞走过来，说："主席，向导找到了，我们走吧，这儿离田次湾只有20里地了。"

摸黑走到田次湾，敌人也顺沟出发了。毛泽东慢条斯理地说："敌人上来，我们就走；敌人顺沟过去，我们就住下。"

侦察员不断来报："敌人顺沟过去了！""敌人全部过完了！"

毛泽东将柳木棍朝泥地上一戳："好！我们住下。"

这就是转战陕北时富有代表性的一幕。

1947年8月18日，可以说是转战陕北期间最紧张的一天。屡屡扑空，数次挨打的刘戡，重又率领七旅之众，朝我中央机关几百人的队伍紧紧追来。从绥德追到米脂，追到葭县，一直追到黄河边。

那几天，天天下大暴雨，身上衣服难得有干的时候。河水猛涨，汹涌澎湃，十几里外就能听到咆哮声。

毛泽东心情很不好。形势严重还在其次，最使他恼火的是队伍里议论纷纷，说要过黄河了。毛泽东历来看重说话算数这一条，轻易不许人反对或改变。他说过："不打败胡宗南决不过黄河。"

当时还没有打败胡宗南，屁股后面有七个旅的追兵，在这种情况下过黄河，毛泽东是决不答应的。何况，"毛主席还在陕北"已成为全国军民同国民党蒋介石殊死搏斗的精神支柱。大凡从那时过来的人都记得，一句"毛主席还在陕北"，那么千难万险、流血牺牲便全不在话下，当时就是这样。

周恩来指出，前面是葭芦河，过葭芦河不是过黄河。因为葭芦河在这里入黄河，老百姓叫它"黄河汊"。

最后还是决定过葭芦河。因为敌人已经占了对面山头，子弹在头上飞，朝地底下钻，距离已经很近了，而我们的全部兵力只有一个骑兵连、两个步兵连、一个手枪连和一个警卫排，总共900多人。敌人却有好几万。

任弼时负责组织过河。此时，河水暴涨，轰鸣之声震耳欲聋；巨浪一道接一道，铺天盖地而来！羊皮筏子刚一下水，立刻就像片草叶似的被狂浪掀翻卷走了。

前有大水，不可逾越；后有追兵，几万之众。当时形势就是这么严峻。我是十多年的老兵了，面对这种险情也不免有些焦急。

"给我拿支烟来！"毛泽东突然伸出两根指头要烟抽。声音不大，却像雷声一般传遍整个队伍：

"烟，得胜同志要吸烟！"

"得胜同志要烟抽！"

"烟！""有烟吗？""快找烟！"

转战陕北期间，毛泽东使用化名李得胜，即一定会得到胜利的意思。周恩来化名胡必成（"你必成"之意），任弼时化名史林（"司令"谐音），陆定一化名郑位（"政委"谐音）。因为毛泽东前段时间闹肺炎，已经戒烟。卫士们没有准备烟，且连日大雨，人人像从水里捞出来一样，去哪儿找烟？

"烟呢？给我一支烟！"毛泽东有点焦躁了。

值得庆幸的是，队伍里终于找到了能抽的纸烟。记得是马夫老侯用油布包藏着的。在关键时刻，他立了"大功"！

"举起来，不要举得太高，朝东南斜点，好！"周恩来指挥卫士们打开背包，用一条薄棉被遮护在毛泽东头上，并亲自扯起了被子的一角为毛泽东遮避风雨点烟。

毛泽东的卫士钻到被子下，把一支烟插到毛泽东右手的指间。"嚓！""嚓！"一连划了几根火柴，火光却只一闪便被风熄灭了。毛泽东几次把嘴凑过来都没有点燃，有点火了。

周恩来又叫另一名卫士，才把烟点着了。

毛泽东深深地吸了一口烟，紧接着又狠狠地连吸了几口，烟灰向下跌落着……

蓦然，毛泽东把烟头奋力掼在地下，用脚踩灭，嘴里还迸出一声："不过黄河！放心跟我走，老子不怕邪！"

毛泽东从这次开了烟戒，一直到八十岁才又戒烟。

毛泽东不慌不忙地顺着黄河汊向前走去。卫士们抢上前保护，都被他喝退。他走在前面，身后带着几百人的中央纵队，不要说敌人乱射击，就是一颗流弹，都有可能造成震撼历史的严重后果。

但是，敌人的几万追兵忽然停止了追击和射击，仿佛整个世界都沉默了，变哑了。毛泽东率领他的仅几百人队伍，大摇大摆地走过去……他们实在是让毛泽东打怕了。

毛泽东率队走到一座山下，仰面望望云遮雾绕的山峰，把目光转向任弼时，意思是：怎么样？

任弼时会意地点点头，下令队伍："上山！"并吩咐身边的刘长明参谋："让后面部队把上山的痕迹擦掉。"

正朝山上走的毛泽东，闻声折回身，将手中的柳木棍在山脚草坡上一戳，说道："擦什么？就在这里竖块牌子，写上'毛泽东由此上山！'"

同志们劝道："还是擦掉吧！敌人跟脚就会追来。"

毛泽东戳着柳木棍说："给我竖，我看他敢追？我看他刘戡到底有多大本事！"

毛泽东上山了。周恩来扯一下刘参谋，小声嘱咐："主席的安全关系全党全军。为防万一，部队过后，你们还是照史林同志说的办，把痕迹消除干净。"

走到半山腰，忽听山上传来几声枪响，毛泽东闻声停住脚。当时雨已经停了，他把草帽拿在手里扇凉，问道："是敌人来了吗？"他边说边找了块石头坐下，索性不走了，接着很轻松地说，"好吧，我等着，我倒要看看刘戡是个什么鬼样子！"

过了一阵儿，侦察员气喘吁吁地跑上来报告："是对岸民兵打枪，误会搞清了。"

毛泽东缓缓立起身说道："没有事？没有事咱们就走。"

在山坡上一个叫白龙庙的村前，毛泽东坐在一块青石上休息。这时阳光从云脚照射下来，他遥望黄河，忽然唱起了京剧《空城计》中的一段唱词。

白龙庙是个有七八十户人家的村子，树极少，缺水。老百姓为了求雨求水，便在村里盖了一座白龙庙，村庄因此而得名。

就在毛泽东进村不久，雨又下起来。老百姓纷纷传说毛泽东是"真龙下界"，给他们带来了雨水。刘戡的几万追兵在山下安营扎寨，篝火望不到头。毛泽东在山上安安稳稳地睡了一夜。

……

雨还在下个不停，我们几乎是被雨水冲着跌跌撞撞跑下山的。

山下一条小河发洪水，水流湍急。汪东兴和叶子龙指挥一批会水的战士连游带蹚到达对岸，去村里借来绳索和门板搭浮桥。水太急，门板不时被冲走，架桥工作进展缓慢。这时，追兵已经上山，山头上枪炮声大作。队伍里有些人心不太稳。

"我看还有段时间嘛。"毛泽东望望架桥现场,朝刘参谋吩咐道,"把电台架起来。"

真怪,电台一架,军心立刻安定了。毛泽东坐在我们用手撑开的棉军被下,审阅全国各战区发来的电报,并且用铅笔写下了一道命令,交刘参谋送电台发向各野战军司令部。

浮桥终于架好了。岸边垫土,河里垫大石头,再将对岸村里的门板铺在石头上。为了保险,有几名战士站立急流中充当"桥墩"。毛泽东走到河边,望着将衣服脱得精光站在浪涛中的"桥墩",深受感动,眼圈不由得红了,迅速向队伍说:"同志们先过。"

"请李得胜同志先过!"几百人的队伍异口同声地高喊道。

"请李得胜同志先过!""桥墩"们也发出动人心魄的呼唤。

毛泽东仍坚持要同志们先过,同志们恳求领袖先过。看到彼此争执不下,周恩来便来到毛泽东身边小声说:"主席,你不过,同志们是决不会过的。快上桥吧,时间久了,河里的同志们会冻出毛病的。"

……

行军一天,夜宿杨家园子。警卫排长阎长林同几名卫士点火烘烤湿衣。毛泽东坐在炕上,借着油灯查看军用地图。

柴草太湿,只冒烟不起火,窑洞里烟雾腾腾,对面看不清人。毛泽东"喀喀"大声咳嗽,阎长林擦着呛出来的泪水喊道:"小李,快扶得胜同志出去透透气!"

我也咳个不停,一腿炕上一腿炕下去扶毛泽东:"得胜同志,出去透透气吧……等烟散散,再看地图。"

毛泽东甩开我的手,用铅笔在地图上画了几处符号,然后自己下炕,一边咳,一边扶墙摸索着走出窑洞。

雨停了,天空露出灿烂的星汉。毛泽东立住脚,迎风作了一个深呼吸,用力咳出几口痰,擦擦被烟呛出的泪,开始在院子里散步。为了避开地上的积水,他走得很慢,步子时大时小。他听到我跟随身后的脚步声,停下步,两眼望着星空,慢条斯理地问了一声:"你叫什么名字啊?"

主席终于同我说话了。我迅速立正回答:"报告!我叫李银桥。"

"李……银……桥。嗯,哪几个字啊?"毛泽东依然不紧不慢地问道。

"木子李,金银的银,过河的桥。"

"银——桥。为什么不叫金桥啊?"

"金子太贵重了,我叫不起。"

"哈哈,你很有自知之明嘛。"毛泽东的口气转为热情,转身望着我问,

"你是哪里人呢？"

"河北安平县。"

"父母干什么呢？"

"我父亲种地拉脚，农闲时倒腾点粮食买卖；母亲操持家务，农忙时也下地干活儿。"

"我们的家庭很相像嘛。你喜欢父亲还是喜欢母亲？"

"喜欢母亲。我父亲脑子好，多少账也算不糊涂。可是脾气大，爱喝酒。吃饭他单独吃，他吃馒头我们啃窝头，稍不称心就打人。我母亲心善，对人好，我喜欢母亲。"

"越说越一致了嘛。你母亲一定信佛。"

"主席怎么知道？"

"你说她心善嘛，出家人慈悲为怀啊。"

"您……您母亲也信佛吗？"我问。

"我也喜欢母亲。"毛泽东说，"她也信佛，心地善良。小时候我还跟她一起去庙里烧过香呢，后来我不信了，你磕多少头，穷人还是照样受苦。"

"磕头不如造反。"

"好，讲得好。"毛泽东点点头，继续散步，走过一圈，又停下脚问，"怎么样，愿意到我这里工作吗？"

我低下头。怎么回答呢？唉，与其说假话落个虚假，不如闭上眼睛说真话，做个老实人。

"不愿意。"我小声喃喃着。

一阵难熬的沉默。

毛泽东终于轻咳一声，打破了沉默："你能讲真话，这很好。我喜欢你讲真话。那么，你能不能告诉我，你为什么不愿意在我这里工作？"

"我干太久了，从1938年参军，我一直当特务员、通信员，我想到部队去。"

"噢，三八式，当卫士，进步是慢了些。就这一个原因吗？还有没有别的原因？比如说，在恩来那里当卫士就愿意，来我这里就……"

"没有，绝没有那个意思！"我叫起来，"我一直想到部队去。我在周副主席那里也说过这个意思。我在他那里干过一段，他了解我的情况。形势缓和后，提出走的要求也容易。如果到主席这里来，怎么好刚来就提出走？"

"你怎么知道我会不放你走？"

"主席——恋旧。"

"什么？恋旧！你听谁说我恋旧？"

"反正我知道。"我说,"听人说你骑过的老马,有好马也不换;穿过的衣物,用过的笔砚茶缸,一用就有了感情,再有了多好的也不换。就比如你那根柳木棍,不过是孙振国背行李的木棍子,有了好拐棍儿你肯换吗?我们要是有了感情,主席还肯放我走吗?"

"哈哈哈,"毛泽东笑了,"小鬼,什么时候把我研究了一番?嗯,可是我喜欢你呢,想要你来呢。怎么办?总得有一个人妥协吧?"

"那就只好我妥协了。"

"不能太委屈你,我们双方都作一些妥协。"毛泽东认真地望着我说,"大道理不讲不行。你到我这里来,我们只是分工不同,都是为人民服务。可是,光讲大道理也不行。三八式,当我的卫士,地位够高,职务太低。我给你安个长,做我卫士组的组长。"毛泽东略一沉吟,做了个手势,说,"半年,你帮我半年忙,算是借用,你看行不行?"

"行!"我用力点头。

"好吧,你去找叶子龙谈谈。他对我更了解。"毛泽东将手轻轻一挥,我便轻松地退下。他独自回窑洞办公去了。

后来我听说,毛泽东在与我谈话前,已经知道我不愿来,但他还是对叶子龙和汪东兴说:"你们不要再考虑别人了,我就要他!"

这就是毛泽东的性格。[17]

1947年7月下旬,毛泽东来到陕北靖边县小河村,在这里召开了一次重要会议。会后,为配合刘邓大军跃进大别山,毛泽东部署了佯攻榆林,调胡宗南主力北上的行动。胡宗南果然中计,尾随而来,毛泽东一行的处境十分危险。

阎长林回忆说:

中共中央机关在小河村住了四十多天,新的战斗序幕揭开了!8月初,西北野战军的主力部队直逼榆林。胡匪军慌了手脚,忙把队伍从南线调往北线,以解榆林之围。一路由钟松率整编36师自志丹、安塞一带,顺长城东进;一路由刘戡、董钊,统7旅之众,顺咸榆公路北上。蒋介石亲自飞往延安督战,敌人的阵势完全被打乱了。

小河村,正当敌人进攻的矛头。根据侦察员报告,敌人的"快速部队"正向小河猛扑。中央机关决定转移。7月31日晚上,主席叫我们把借老乡的用具,一一清点归还,损坏了的,照价赔偿,并且挨门挨户向老乡道别。不一会儿,任弼时同志又召集排以上干部开会,作了动员。他说,这次行军任务是艰巨的,敌人企图封锁绥(德)、米(脂),把我们包围在无定河以西。我们要粉碎敌人的阴谋,抢先赶过绥德,寻找机会消灭他。因此要求大家发扬艰苦顽强的战斗精神。会后,任弼时同志又去查看警卫部队阻击敌人的阵地。看来情况是相当急迫了。

8月1日清晨,毛主席和首长们都起来了。老乡们知道我们要走,三五成群地起来送行,立时把院子挤得满满当当。

大队已走远了,老乡们还围住首长不放。主席说:"大家请回吧,我们不久还会回来的!"老乡们前簇后拥,把首长们送出村口。主席走出好远,还不住地回头招手。周副主席也连连招手,向群众告别。

队伍沿着大理河川向东进发。河道时宽时窄,依山回转,一路上,来回只见过河。有的地方架个小桥,有的地方搁着几块石头,骑马倒显得累赘,主席索性下马步行。一路上跟我们说说笑笑,遇到河水浅的地方,主席就踏着河里放的石头,三脚两步地跳过去。有的地方水深,没放石头,也没架桥,主席连鞋袜也不脱,跟我们一起蹚水。大家走一路,唱了一路歌。

陕北的8月天气,早晨还是清清凉凉,太阳一当顶,立刻像发了大火。大家的衣服汗湿得要流下水来,石头好像也烤得冒烟。渐渐地,歌声断了,大家热得只是张口喘气。主席是最能体察同志们情绪变化的,见大家沉默不语,便把头上戴的草帽取下来扇了扇:"同志们很辛苦啊!"一句话把大家的兴致又鼓了起来,七嘴八舌地说:"这才走了几步,哪说上辛苦!这比长征差远了!咱们苦啥?想走就走,想停就停。敌人才苦呢,老叫咱们牵着鼻子走!"主席笑道:"说得对!敌人的命是苦哇,人地生疏,从南到北,又没有群众支持他们,拖也被我们拖垮了!我们吃点苦,可是换来了胜利。"

傍晚到了青阳岔,这是个靠近沙漠的小镇子,4月间路过时,主席曾在镇公所住了几天,并且在这里发出了《用坚决战斗精神保卫和发展陕甘宁边区和西北解放区》的指示(指中央1947年4月9日的通知)。那时候,敌人刚侵占延安不久,气焰正盛。仅仅过去五个月,我们打了几次大胜仗,敌人就已经疲于奔命了。现在,战局正循着主席指示的方向发展。只是这次长途行军,中央机关后边背着五六万敌军,这担子也够沉重啊!可是我们相信,只要把敌人调动过来,胜利终归会属于我们。

……

对我们来说,行军本算不了什么,可是在主席和首长们说来,情况就不是这样简单。主席不但要策划全国各战线的人民革命斗争,而且要直接指挥西北战场的人民解放战争。行军途上,哪怕是临时休息,报务人员也马上架起电台,让主席跟各地通报。一到宿营地,不等卸下马褡子,主席就开始办公,批阅电报,起草指示;端起饭碗,手里还离不开文件。周副主席和其他首长也同样如此。不管炕沿、缸盖、碾盘、石头,随处一坐,就是办公桌。别人行军,他们也行军;别人休息,他们却不得休息。因此比平日驻留一个地方,更显得劳累、忙碌。

越靠近绥德，行军速度越加快了。这几天，榆林前线不断传来胜利消息，西北野战军已扫清外围，消灭敌军五千多人。敌人急如星火赶往应援，因此我们必须赶在敌人前面抢过绥德，把敌人牵到我们指定的地区。主席尽管劳累，仍大踏步走在前边。11日夜间，翻上一架山梁，主席忽然问道："现在几点了？"我说："2点50分。"主席说："好！我们的部队已经撤离榆林战斗了！"

战局真是瞬息万变！还是小河会议的时候，我们不少人就已知道，出击榆林、诱敌北上，有重大战略意义。不仅直接配合陈谢大军南渡黄河，使敌人应接不暇，同时拔掉这个反动堡垒，也解除了我们的后顾之忧。缴获的军用物资，又可以支援解放战争。可是为什么忽然又要撤退呢？我以为自己听错了，便问了一句："主席，咱们主力撤出榆林战斗了？"黑夜里，看不清主席的面容，可是语调无比坚定："我们要选择有利时机，打他的援兵！这一下，敌人的阵势就乱了！"——原来钟松匪部已自长城一线进抵榆林附近了。

……

到李家崖，正是下午。我们把马褡子抬到阴凉下，主席和首长们又聚在一处开会了。吃过饭，主席才斜靠着马褡子坐下。我们劝主席进屋休息，主席说："马上就要出发。敌人离绥德近了，我们要赶过他才行。"随即站起来走了几步，好像要驱逐困倦似的。

60里急行军，来到黄家沟，这里离绥德只有30里。深更半夜，人困马乏。正待烧水做饭，谁知来了报告："刘戡率领7个旅，正猛扑绥德。"任弼时同志忙来请示。主席决然地说："敌人是快速部队，我们也是快速部队。我们还要赶过敌人！"

夜漆黑，黄土黏泥的路非常难走，前面就是绥德城了，我们加快了脚步。绥德大桥横在眼前，桥头有民兵把守，四外静寂无声。我们过了桥，到底把敌人甩在后面，敌人要把我们截在无定河以西的狂妄意图完全破灭了！

……

一过绥德，部队行动方向转为正北。刘戡扑了一空，立刻又尾追上来。主席得到报告以后对周副主席说："好哇！敌人可以不吃不睡，我们也可以不睡不吃。走！"于是部队一路疾进。

表面看来，中央机关的处境非常艰险。前面是自榆林南下的敌人节节进逼，后边又有刘戡7旅追兵，两路敌人将近10万人马，齐头向我们压来。这一次敌人又企图把我们中央机关和主力部队压缩在无定河和黄河之间的狭小地区。我们不理会这些，仍照预定路线继续行进。当部队到达井儿坪的时候，骑兵侦察报告，敌刘戡距我60里，已经宿营。我们也正准备宿营，接着又有情报说，北路敌人已到了米脂城北的镇川堡。于是部队未肯久停，继续赶路。

连日急行军，主席不吃不睡，因此异常疲劳，刚一上马，就晃了一下。主席忙又跳下，大步走去。我们看出主席是在极力抑制困倦，忙支好担架。主席笑道："怎么，又让我上担架吗？"我说："主席太累了，同志们都愿意抬呀。"主席边走边说："大家也都很累呀！你们愿意抬，我可不愿意坐！长征时也准备了担架，一路上都是抬病号和伤员。坐担架可不是好事，不是生病，就是负了重伤！"我们都禁不住笑了。

白天行军，太阳像贴热膏药，紧紧贴在身上，胸前背后都成水洗的了。我们心里更紧张，时刻担心着首长们的安全。看行军方向，是奔葭县。有人就揣测着，是不是会过黄河？有人又提议应该劝主席和首长们先过河，摆脱敌人，在河东指挥作战，不是一样吗？正议论着，后面忽然有人报告，周副主席病了。主席听了一怔，问清情况，便说："快拿担架去抬周副主席！"

我们赶忙抬着担架往回紧跑。原来周副主席过于劳累，流鼻血了，正坐在草地上休息。我们忙把担架撑开，周副主席说："你们快点去照顾主席，我一会儿就好的。"大家再三劝说，周副主席才坐上去。

……

说着，已走到主席跟前，周副主席又要下地行走，主席忙把他按住。在担架边走了一程，主席微笑着对我们说："养兵千日，用兵一时。你们的担架，到底用上了，这叫作有备无患。"大家都笑了。

离米脂20里，部队便离开大路，转向东边的山沟里。半天光景，到了一个集镇，叫乌龙铺。

……

在乌龙铺住了一夜，又向东走。傍晚忽然下起大雨，雷声隆隆，电光闪闪，白花花的大雨斜着从天上倒下来，水从头顶流到脚跟，每人身上都像有无数股喷泉。雨大风狂，推着人走，哪还睁得开眼？队伍无法行进，只好进了村子。

这里是曹庄。找到个破窑洞，主席、周副主席连忙召集开会，研究行动路线。衣服上的水流了一地。

……

不到1小时的工夫，消息传来，刘戡匪部自乌龙铺又出动了。任弼时同志报告了主席，主席说："好吧！敌人这么积极，我们也起身吧！"

雨势凶猛，黎明时，雨才住了。部队来到葭芦河边，山上山下，到处是白花花的水。葭芦河突然比往常宽了许多，把路挡住了。

这个意外的情况，急得我们满头冒汗。河的两侧是高不见顶的大山，中间是湍急的水流。按时间算来，后面敌人离我们顶多有30里。地形这样不利，只有这一点警卫部队，能不能坚持到首长们安全转移呢？再看主席，正和首长们坐在一块大石头上开会，有说有笑。忽地，后边传来密集的枪声，不一刻工夫，大炮也轰轰响成一片。原来是野战军的一部，已在侧击敌人。只见主席从容地站起来说："好，就这么办！"任弼时同志立刻命令出发。

  部队临时改变了方向，突然由东向西北方向行进。西北边是高峰陡壁，山路崎岖，下边还有羊肠小道，上边但见云雾缭绕，甚至连小路都找不到了。主席下了马，招呼说："上山吧！"大踏步走到前头去了。汪东兴同志特别告诉后边的警卫部队，把转移时路上的痕迹去掉。主席说，"没有问题，就是在这里竖块牌子，注明'毛泽东向西北山上转移'，那些蠢货也毫无办法。"听主席这样说，大家都笑了。周副主席含笑对汪东兴同志说："有备无患。还是去掉吧，让敌人多找一会儿也不错！"

  走到半山，山下又响了几枪。周副主席停住脚步问道："怎么回事？"主席也站住了，把草帽拿在手里，慢悠悠地说："是敌人来了吗？"找了块石头坐下，又说，"好吧，我们等他，看看是个什么鬼样子。"后边有人前来报告，是对岸民兵打枪。误会弄清了，主席才站起来说："没有事，咱们再走！"

……

  就在山顶上，有个不大的村子，叫白龙庙。居高临下，形势险要。周副主席觉得主席过于疲劳，打算在这里宿营。周副主席说："这地势对我们有利，司令部可以住在这里。"主席也说："对，就在这里住下。把警卫部队布置好，敌人要上山，还可以打他三个多钟头，到那时再走不迟。"

  天黑的时候，敌人在葭县以西一带，点起了大火，烈焰冲天，山上看得真切，好像近在咫尺。汪东兴同志忙去向周副主席汇报，副主席出来看了看说："把警戒部队布置好。不要告诉主席，让他好好睡吧，他太疲劳了！"谁知主席在屋里听到了，大声说："汪东兴啊！不要担心，现在不是他们的天下，是我们的天下了！"

  后半夜下起了大雨，山下的敌人，被水冲得呜呜呀呀，乱吼乱叫，又是打枪又是打炮，给自己壮胆。我们却一夜好睡。

  清晨，雨下得更猛，整座山，白茫茫的，像挂了瀑布。我们下山的时候，简直是被水推着走，脚也站不住。马是不能骑了，主席就跟我们挽着手走。

  下到沟里，往北，到了葭芦河上流。大水淹没了河床，也不知有多宽。先头部队找到一处最窄的河面动手架桥，那里跨河有两座巨石，正好当桥基。只是水势湍急，看了叫人头晕。

  主席走到河旁，仔细观察了一会儿，并且拿起一根树枝，插到河里测流速。周副主席和任弼时同志早忙着去指挥架桥了。

　　突然，白龙庙方向枪炮齐响。轰隆隆的爆炸声，就像在我们头顶。我们的警卫部队和敌人接了火，眼看这里就要变成战场了！主席回身望望山头，神态自若地在岸边来回踱着。架桥的战士们都脱光了衣服，拼着全力，把绳索、木杆往对岸扔，想搭起个架子，好铺木板。河宽水急，有些木杆落在河心，叫水冲走了。情况这样紧急，桥一时又搭不起来，汪东兴同志忙来请示主席，要设法先护送主席过河。主席摇摇头说："不，我留在这里！你想办法先把秘书、译电员和文件送过河去吧！"

　　不一会儿，按照主席的吩咐，机要人员都伏在未加鞍子的马上，顺着水势泅过河去。

　　战斗更加猛烈，架桥工程进展仍很缓慢。机关人马全会集在河滩上，偏偏敌机也冒雨出动了。主席全不在意，回身对参谋人员说："把电报拿给我看！"遂坐在一块湿漉漉的青石上，聚精会神地翻看电报。一时电台也架起来了，河滩上响起"嘀嘀嗒嗒"的声音。

　　领袖的从容镇定，给我们增添了力量。浮桥剩下最后一截，老乡们又拉来许多门板和木料，协助我们一一横放在绳索上，浮桥架起来了。主席这才站起来，走在前面，大踏步过了浮桥。其他首长也一一过去。

　　……

　　早晨，起了风，吹散了乌云。一股股白色的雾气，从山谷里升起。中央机关当天由杨家园子出发，开往靠近前线的地区。天黑来到梁家岔，这里距沙家店20里路，只有六七户人家，几百人挤在这里，简直没有插足之地。勉强给主席和首长们借到两间窑洞，又给工作人员弄了一间小窑，其他人员全部露宿。于是河滩旁、崖畔下、山坡上，都住满了人。安置就绪，主席要我们轻装。我们一怔，这一路几次遇到紧急情况，都没有轻装，如今钟松已成瓮中之鳖，为什么还要轻装呢？主席说："你们也知道，我们要在沙家店一带和敌人有个大的战斗。两方主力都集中在这里，地区又狭小，打得好，我们就转危为安，暂时不走了；打不好，我们就过无定河，再往西走。"

　　我们立刻恍然大悟。主席经常教导我们：事情要往最好的方面努力，往最坏的方面设想。尤其是指挥作战，总要同时设计几个方案，打好了怎么办？打不好又怎么办？条件起了变化又怎么办？甚至连天气变化，都要估计在内。把各种情况考虑周到，才会争得主动，立于不败之地。所以尽管这一战，我们有必胜的把握，主席还是嘱咐我们要作好应变的准备。这不是过虑，因为敌人将近十万人马集结在这个狭小地区，准备作困兽斗。何况钟松"援榆有功"，刚受过蒋介石的嘉奖，气焰正盛呢！于是我们马上动手，该烧的烧，该埋的埋。

不一刻工夫，司令部和西北野战军总部接上了联系，原来他们就在离这里十几里路的一个村子。主席下令，立刻架好电话线，要和前线直接通话。

电话铃"丁零零"响起来。

电话就放在外窑的木桌上，主席大步走到跟前，拿起电话就说："是呀，我是毛泽东！"

那声音沉着而坚定，饱含着力量和信念。自从敌人侵占延安以来，主席一直是使用代号，今天才第一次用这个伟大的名字，这说明，形势大大改观！当前线指挥部报告了敌36师被围的情况时，主席又大声地说："好！和全体指战员讲清楚，这是对整个战局有决定意义的一战，要坚决、彻底、干净、全部地消灭敌人，不让一个跑掉！"

窑洞里，首长们紧张地开着会，饭也顾不得吃。墙上挂满了地图，炕上、桌上，也都铺满了地图。主席守着电话机，不曾离开一步，随时听取敌情变化的报告，发出战役部署的指示，随后又往作战地图上作着标记。因为随身带的蜡烛点完了，屋里只点了一盏棉油灯，灯光幽暗，还照不到几尺远，因此查看地图非常困难。主席全不在意，一直忙到深夜。

电话铃一阵阵响着，主席和周副主席都是通夜未睡。作战参谋拿着资料出出进进，几乎所有的人，都围上去探听消息，作战参谋只笑嘻嘻地摆手，我们不放他走。主席听见了，忙放下电话，走出窑洞，神采焕发地说："你们到山上听炮声去吧！炮声激烈时，来向我报告！"

……

得到主席的指示，我们飞奔上山。这时雨过天晴，一轮红日喷薄而出，四野静寂无声，只有风吹茅草沙沙作响。大家怀着难耐的心情，挨到黄昏，仍没有听见战斗的信号。这是怎么回事？

一会儿来人换我们回去吃饭。只见主席仍对着话筒，跟前线指挥部通话。听说主席整天没有离开电话机，前线上发生的一切变化，都及时传到这里。主席甚至也问到战士们工事挖得怎样。我们进去报告了，主席移开电话筒笑道："不要着急，还不到时间呢！这就快了！"

果然，一语未了，西南方向轰隆一声巨响，无数巨炮，一齐怒吼，霎时间，天崩地裂，震得窑顶唰唰落土。主席和首长们，都站了起来，走出窑洞。山上瞭望的人，一路飞跑，兴奋地叫道："打响喽！打响喽！"人们从四面吆喝，欢呼。主席微笑着说："好！这回看胡宗南怎么交代！"

……

主席和首长们又工作了一个整夜，天微明时，刚擦把脸，运送伤员的队伍，从沙家店战场下来了。主席立刻指示机关人员全体总动员，组织临时救护站、烧开水、煮稀饭；医生们一齐出动，给伤员换药、裹伤。机关里的牲口，也都拉去运送伤员。周副主席还亲自出来检查督促。

当人们正为着伟大的胜利而欢欣鼓舞的时候，我们的领袖却又走在了时间的前面，考虑着下一步继续歼灭敌人的问题。只见他片刻也不休息，忙着查看地图，发出指示，详细地部署着，周密地计划着、思考着。主席沉浸在工作中，完全废寝忘食了。经我们一再提醒，才少进了些饮食，又匆匆赶到野司驻地后东原村去开会。将领们远远地迎了出来，主席说："打得好啊！"将领们喧笑着，抢着和毛主席握手。都说："主席瘦了！"主席笑吟吟地说："瘦了走路方便！"有个旅长说："主席啊，你们几次遇到危险，我们可真担心呢！"主席说："我也替你们担心呢！那么多敌人，如果你们打了败仗，陕北战争的胜利就要推迟了！"那个旅长说："那也不怕！打得赢就打，打不赢就走。走路，敌人是比不过我们的！拖也把他拖死！"又一个旅长说："我们的胃口也大了，敌人以为我们只能吃他小股，都往一处集中，恰好叫我们吃上大头！只是便宜了刘戡！"主席笑道："不会便宜他的！还得把他拖住，来个会战！原来我们计划消灭他十几个旅以后，就可以反攻，现在还没消灭这么多，看来敌人的日子就不大好过了！胡宗南是个没有本事的人，阴险恶毒，志大才疏。他那么多军队，拿我们没一点儿办法！我们打了这么多次，没吃过一次败仗。他的本事，就是按我们的计划行动。"随即又补充了一句，"那有什么办法？我们那样想，他就那样办……"将领们都哄然大笑。说着，进了窑洞。大家请主席坐下休息一会儿，窑洞很小，炕上坐满了人，有的还挤在门外面，把着窑门坐着。歇了一会儿，主席又说，"陕北战争已经翻过山坳，最吃力最困难的时期已经过去了。战争的主动权，掌握在我们手里。当然我们还有困难，不是军事力量的对比方面，而主要在粮食方面，没有粮食是不能打仗的。边区粮食少，我们就不在这里打了，我们要打出去！到胡宗南家门口和他打，还要吃他的东西。这是个便宜事哩！"将领们又哄笑起来。主席接着说，"沙家店一战，把敌人的嚣张气焰完全打掉了！形势对我们非常有利，我们要找机会再打几个这样漂亮的胜仗，到那时候，陕北的敌人，就没有立足之地了。"

会后，主席又到村南制高点，视察了歼灭敌36师的阵地。

回到梁家岔的时候，天已经黑了。因为村子太小，整个机关已转移到朱官寨宿营。周副主席和任弼时同志等着和主席一起上路，因此主席没有停留，就又起身了。

顺着河沟，全是石头子路，夜黑无光，马蹄时时碰出火星，一路上跌跌撞撞，20里路，好像老走不完。偏偏老青马的铁掌又磨掉了。主席爱惜牲口，不肯再骑。还说："骑在马上要打瞌睡！"主席已将近三天三夜没有睡眠，我们恨不得快些赶到地方,好让主席休息。于是破例地打开了随身带的手电,在前头照路。哪知到了朱官寨,号房子的同志说,主席的住处在后沟,离这里还有两里路,那里要清静些。主席忍不住笑了:"我现在不需要安静,只需要睡觉呢!"同志们临时腾出一孔窑,可是刚一落脚,首长们却又开会了。亲爱的领袖,为了争取革命的胜利,付出了多少心血啊!在极度的紧张和劳累之后,甚至连片刻的安睡都这样难得。他把全部的精力和智慧,都献给了人民的解放事业![18]

李银桥回忆说:

毛泽东又是通宵工作,他时而查阅地图,时而凝神默想,时而抓笔圈图。

……

一个成熟的歼敌计划萌发出来。

毛泽东向周恩来谈了自己想好的一个歼敌计划:"钟松自以为援榆有功,狂妄到了横行无忌的程度。他的36师一到镇川堡,立刻分兵两路,派123旅东进乌龙铺,他奔沙家店,企图与刘戡部会合,迫使我军背水一战。敌强我弱,形势对我们似乎很不利。其实不然,我们是有惊无险,他们可是走入绝地。我看,在沙家店给他布个网,36师绝没处逃!"

周恩来完全赞同毛泽东的想法。两个人研究之后,具体作战方案很快便确定下来。电话尚未架设通,毛泽东命令警卫员马汉荣和邵长和将作战方案直接送到了西北野战军司令彭德怀手中。

第二天清晨,起了风,乌云散去,山谷里涌出一股浓雾。毛泽东说,沙家店战役对整个西北战局有着决定性意义,梁家岔距主战场沙家店10公里,他可以在梁家岔就近指挥战役。

梁家岔只有二十来户人家,坐落在靠山顶的东坡。中央机关几百号人马,在数万追兵面前显得敌众我寡。但在这小村子里显得声势浩大,简直挤得无插足之地。勉强给毛泽东和首长们借到两间窑洞,又给工作人员弄了一间小窑,其他人员全部露宿。于是,崖畔下,大树周围,以至于老百姓的牲口圈都住满了人。

不久,司令部与西北野战军总部的电话接通了。毛泽东立即下令:"要彭总,我要跟他直接通话。"

很快,电话铃响起来了。电话放在石板锅台上。毛泽东几步走到锅台旁,抓起电话听筒:"喂,是呀,我是毛泽东!"

我们这些守在窑洞前的工作人员好似听到一声春雷,都兴奋地跳起来。从1947年3月撤出延安以来的近半年时间里,毛泽东一直使用化名李得胜,今天是第一次公开恢复使用毛泽东的名字!这说明形势发展已经到了一个伟大的转折点，敌人就要走下坡路了！"

彭德怀司令员在电话中报告了敌36师被围的情况。毛泽东听后大声说："向全体指战员讲清楚，这是对整个战局有决定意义的一战，要坚决、彻底、干净、全部地消灭敌人，不让一个敌人跑掉！"

彭德怀又汇报了几句，毛泽东仍大声说："要挖壕！侧水侧敌，大意不得！"

过了片刻，毛泽东大概是针对彭德怀的请示，大声说："初战一定要打赢，赢了就争得主动……部队没有粮食了？没有粮食就杀马吃！打完仗再说！"

放下电话，毛泽东回头问我："银桥，我们还有酒吗？"

毛泽东不善饮，即使喝一杯葡萄酒也会脸红，所以极少喝酒。但是有两个例外：一是安眠药用完的时候，他为了睡觉，要喝一杯。喝一杯就会晕，喝三杯肯定躺倒。另一种情况就是打仗或者写作，连续几天不睡觉，也需要喝点酒，以刺激神经兴奋。酒对毛泽东好像既能提神又可以安眠，关键是掌握好用量。

这段时间恰好安眠药告缺，我为他备下了酒。听他问酒，我忙回答："要什么酒？白酒行不行？"

"不要白酒。"毛泽东想了想，摇摇头，风趣地说，"钟松没有那么辣。"

"那就拿葡萄酒？"

毛泽东想了想，又摇头说："这一次敌人有十几万，我们又是侧水侧敌，仗也没有那么好打……嗯，有白兰地吗？"

"有！还是外国货呢。"

"我看就是白兰地吧！"毛泽东的手指头敲在地图上，敲在被红色箭头（表示人民解放军）包围的蓝圈里（表示敌军），敲在钟松的"脑壳"上。看来他把钟松划入白兰地的水平：没有白酒辣，也不像葡萄酒那么柔和。

我拿来白兰地，放在地图旁。酒瓶旁边放着一盒烟，一盒火柴，酒瓶另一边按顺序摆开油灯和蜡烛，锅台旁摆着一张帆布躺椅。

战役打响后，毛泽东便守在电话机旁，一边和前线联系，一边查看地图。前线无大事，就看解放区各战区来的电报，或回到锅台旁写电文。电话铃一响，放下笔，又去抓听筒，听取前线指挥员的汇报，作出各种指示，下达各项命令。脑子疲劳了，就呷点白兰地刺激刺激。烟是一支接一支地吸，茶水更是不断。泡过水的茶叶用手指头一抠便进了嘴，嚼一嚼咽下去。头一天是一包茶叶冲三次水后才吃掉茶叶，到第三天已经是冲一次茶，喝完水就吃掉茶叶。他决不出屋，也不上炕，累到极点就在帆布躺椅上闭目养几分钟神，眼皮一掀就又接着工作。

第三天清晨，天又下起雨，其势凶猛，如注如浇；雷声隆隆，大地颤动。我们看到秘书和作战参谋跑进跑出，便有几个人围上去打探消息。

毛泽东忽然走出窑洞，朝大家喊道："你们到山上听炮声去吧！炮声激烈时，来向我报告！"

哈，原来不是雷声而是炮声！大家都欢呼跳跃着朝山上跑去。

我不能离开主席，守在窑洞里。我军在两小时之内，便将敌36师的一个旅歼灭，活捉了敌旅长刘子奇，实现了毛泽东首战必胜的计划。另一支部队也把企图增援钟松的刘戡部队阻击在葭县一带。

司令部里最热闹的是电台。从收听到的敌台得知，钟松惊恐万状，急于突围。胡宗南在无线电上，指名道姓地骂钟松，命令他"固守待援"。刘戡遭阻击，生怕被我军消灭，在黄河边上打转转。胡宗南又指名道姓大骂刘戡，下令要把刘戡撤职查办。沙家店战役序幕一揭，敌人便乱成一团。乱归乱，却是规规矩矩地照着毛泽东为他们摆下的棋子一步一步走的。

沙家店战役打了三天两夜。毛泽东三天两夜没出屋，不上炕，累了就坐在帆布躺椅上养养神。吸掉五包烟，喝掉几十杯茶。没有大便，小便不计其数。歼灭钟松的36师，俘敌6000余人。这一战役的胜利，标志着西北野战军反攻的开始和国民党军对陕甘宁解放区"重点进攻"的彻底破产。毛泽东很是兴奋，挥毫给彭德怀写了十二个大字："谁敢横刀立马，唯我彭大将军。"

写罢，毛泽东把笔一掷，抓起剩下的大半瓶白兰地酒，晃一晃："拿错酒了。"

我说："什么敌人遇见主席，白酒也得变成葡萄酒，想辣也辣不起来。"

沙家店战役结束后，毛泽东对我说："银桥，你想想办法，帮我搞碗红烧肉来好不好？要肥的。"

我说："打了这么大的胜仗，吃碗红烧肉还不应该？我马上去搞。"

已经三天两夜不曾合眼的毛泽东疲倦地摇摇头："不是那个意思，这段时间用脑子太多，你给我吃点肥肉对我脑子有好处。"

我告诉厨师高经文，他烧了一碗红烧肉，毛泽东先用鼻子深深地吸吮香气，两眼一眯，轻轻赞叹道："啊，真香！"然后，抓起筷子，三下五除二，转眼就吃了个碗底朝天。

他放下碗，发现我目瞪口呆地立在旁边，忽然变得像个孩子一样，不好意思地笑了："有点馋了……打胜仗了，我的要求不高吧？"

我的眼圈一下子红了。俘敌6000余人，他只要求一碗红烧肉！我用力摇头："不高，不高，主席的要求太少了，太低了。"

"不低了。战士们冲锋陷阵也没吃上红烧肉，只能杀马当粮食吃。"

从那天起,我知道毛泽东爱吃红烧肉,吃红烧肉是为了补脑子。此后,每逢大战或者他连续写作几昼夜,我都要千方百计替他搞一碗红烧肉来。

可是,战争岁月,有时粮食都没有一粒,大家常常吃黑豆,到哪里去找红烧肉?

谢天谢地,西北军区司令员贺龙从河东给毛泽东捎来一块腊肉,虽不好红烧,但炒一小碟吃吃也可以补补脑子啊。

谁知腊肉端上桌,毛泽东却叫撤走。他说:"你们想叫我吃得好一些,可是我怎能吃得下去呢?"

"这是为了工作,为了补脑,可不是为了享受!"我忍不住叫了起来。

"脑子是要补的,可是也要讲条件。条件不同,补的方法也不同。银桥啊,你给我篦篦头吧。"毛泽东朝椅背上一靠,闭上了眼。我给他篦头,他给我讲黑豆的营养价值,说什么它的蛋白质足够脑子使用了。又讲篦头的好处,说它能促进头部血液循环,把有限的营养首先满足大脑。他不讲还好,我听着听着就掉泪了。

那块腊肉以后再没有人动,一直保存到1948年新年前,才用它款待了由华东赶来开会的华东野战军司令员陈毅。

毛泽东说补脑子要讲条件,可是当后来到了河北平山县西柏坡,特别是全国解放以后,条件好了,毛泽东仍然保持爱吃红烧肉这个习惯。一切山珍海味他都不追求,他曾对我说:"我们活在这个世界上,不是为了吃世界,而是为了改造世界。这才叫人,人跟其他动物就有这个区别。"他这句话至今深深地印在我的脑海里。

这天,毛泽东向解放区有关野战军下达命令后,仍然没休息,又与周恩来、任弼时匆匆赶到第一野战军司令部驻地东原村。

第一野战军司令员彭德怀、副司令员张宗逊、副政委习仲勋和其他首长远远迎了出来,原野里立刻响起热烈的喧笑声。

"你们打得好啊!"毛泽东大声夸赞。将领们都抢上来同毛泽东握手。

"主席,您可是瘦了!"王震说。

"瘦点好嘛,走起路来方便。"

"给主席牵马!"彭德怀吩咐卫士,便握了毛泽东的手朝司令部走,"主席,你们几次遇危险,我可是真担心哩。"

"我也替你们担心哩。面对十倍以上敌人打歼灭战,又是侧水侧敌,如吃不掉,他援兵一到就麻烦大了!"

"有主席亲自指挥调度,我才不担这份心哩,料他刘戡也没那个胆!就是便宜了钟松那龟儿子。本来是抓住了,他龟儿子装成马夫,趁天黑下雨又逃了。"

"逃了今天逃不了明天，我看刘戡的日子也不多了。"

"下次一定把刘戡的脑壳拿来献给主席！"

"我不要他的脑壳，我要他的七个旅。"

走进司令部，周恩来和任弼时在锅台旁坐下。毛泽东则朝炕上随随便便一歪，侧躺下来，望着墙上的军用地图说："老总，讲讲吧。"

彭德怀手里拿了个小口袋，朝锅台上一倾，一袋炒黄豆哗地撒了出来。他给毛泽东抓一把，又捏起几颗往自己嘴里丢，这是他们当时能吃到的最好的零食。

彭总嘎嘣嘎嘣地嚼着炒黄豆，走到地图前，一边指点，一边讲述地形选择、兵力配备、火力分配以及战斗经过。他讲话快得像机关枪连射，几乎不容人喘气。毛泽东在炕上举起手摆一摆："慢点慢点，怪不得钟松很快就完蛋了，即使我们几个都吃不消嘛。"

周恩来风趣地说："一枪一枪来，别连射。"

彭德怀略显尴尬地笑笑，放慢了速度，一句一句重新讲。可没讲两句便不耐烦了，把手在面前一攥："嘿，这么讲话我非出汗不可。干脆，我带你们到战场去看看。"

屋里所有人都笑了。

来到战场，彭德怀将望远镜递给毛泽东，一边指点，一边介绍情况。毛泽东频频点头："好，那好。"

随后，毛泽东、周恩来等又看望了伤兵和指战员，并"检阅"了前不见头、后不见尾的6000余名俘虏兵。

彭德怀请毛泽东回窑洞休息。窑洞里的炕上坐满了人，门里门外也都挤满了，大家都在等着听毛泽东讲话。

毛泽东吸着纸烟，用他那浓重的湖南口音抑扬顿挫地说："胡宗南是个没有本事的人，阴险恶毒，可惜志大才疏。他那么多军队，拿我们没有一点儿办法！我们打了这么多次，就没吃过败仗。"

有人插话说："他也有本事呢，他的本事就是一切照毛主席的计划行动，决不走样。"众笑。

毛泽东继续说："陕北战争已经'翻过了山坳坳'，最吃力最困难的时期已经过去了，战争的主动权握在了我们手里。"说到这里，将大手一攥，笑了笑，又迅速张开手扳起手指头，数道，"青化砭、羊马河、蟠龙、沙家店，整个凑起来吃掉他六七个旅。我们打垮了胡宗南自命的常胜将军，活捉了他四大金刚中的三个。他们四座'金缸'被我们搬来三座：何奇、刘子奇、李昆岗。

只剩下一口缸,叫什么……"

"叫李日基!"窑洞一角有人喊。

毛泽东用他那湖南口音将"日"念成"二",打趣地说:"对了,叫李二吉。这次没抓住他,算他一吉;下次还许抓不住,再算一吉;第三次可就跑不了啦!"

毛泽东煞有介事的表情引得会场里又哄声大笑起来,兴奋的将领们有几个用力鼓起掌来。

毛泽东笑着继续说:"我看国民党那些有名的人物,像蒋介石、胡宗南之流,也许有个一吉两吉的,但终究是很不吉。不管他逃到哪里,总要缉拿归案、依法惩办的。同志们,有信心没有?"

"有信心!"

接着,毛泽东详细分析了全国战局和西北战场的形势,同将军们讨论了转入外线作战的问题。

回到梁家岔,机关已转移到朱官寨宿营。毛泽东顺河沟徒步10公里来到朱官寨,住在一公里外的后沟,那里环境清静。

连日来没有休息好的毛泽东笑着说:"我现在不需要安静,只需要睡觉呢。"

同志们临时腾出一孔窑,让毛泽东先睡一觉。可是毛泽东没有睡,又召集周恩来、任弼时等首长开起了会……

毛泽东庄严地说:"辛苦些是应该的,是值得的。我们将要创造崭新的历史!"〔19〕

与人民同在

1947年8月23日,毛泽东来到陕北葭县朱官寨,在这里住了一段时间。从这以后,随着战略进攻阶段的到来,西北战场的压力也日渐减少。毛泽东有了更多的时间集中精力思考重大的战略方针问题,也有更多的机会去调查研究土地改革等政策。

李银桥回忆说:

朱官寨是个小村子。同志们为毛泽东腾出的一间破窑洞,长年被烟熏火燎,窑壁窑顶乌黑,光线很暗,大白天字迹也看不清楚,毛泽东不得不搬着小凳到窑洞门口借着阳光看地图。

就在这个乌黑的窑洞里,毛泽东起草了《解放战争第二年的战略方针》,向我军提出了以主力打到国民党区域的任务。

在朱官寨住了十多天，毛泽东又转到神泉堡。此时，国民党已停止向解放区的进攻，往回收缩，形势变得缓和起来。毛泽东便分出一部分精力在黄河边搞农村社会调查。他帮老乡推碾子、打场，唠家常；转了几个村子，用去了十多天的时间。

有一次，毛泽东蹲在粪堆旁，用手捏开粪肥看了看，问老乡："你们都往地里施什么肥？"

老乡回答："主要是上粪肥，有时也上草肥。"

毛泽东回身指指窑洞，说："我住过好几个窑洞，墙上的土皮都熏黑了，这是很好的肥料，为什么没人用呢？"

老乡憨笑着说："都说这个黑土上地壮，可就是用不习惯。"

毛泽东说："你们试试嘛，你们是重实际的，亲眼见了才信。你们试试之后，看到黑土能多打粮食就向大家宣传推广，好不好？"

老乡不再憨笑，认真想了想，用力点头说："行！这是个好办法。"

毛泽东高兴地说："将来打败了国民党，咱们要过好日子，就要生产更多的粮食，需要更多的肥料。一个窑洞清下的黑土我看够上一亩地，既有利生产，又有益卫生，你看是不是这个道理？"

"是这个道理！"老乡们纷纷点头。

毛泽东很善于同群众谈心，用最通俗的语言讲明各种道理。他不止一次地对我们说："我们走到哪里，都不要忘记为民兴利除弊。我们共产党的干部战士，都是为人民服务的。"

毛泽东搞农村调查来到葭县南河底村。谢觉哉和王明也从河东来到南河底村，向毛泽东汇报土改和《婚姻法》起草情况。当时中央日常工作由刘少奇主持，在河北平山县西柏坡召开了全国土地会议，通过了《中国土地法大纲》。为了制定正确的土改政策，毛泽东在调查中对农村的地主、富农、中农、贫农各占多少人口，各有多少土地；对农村封建剥削的方式、剥削的程度以及各阶级各阶层对土改的态度都作了科学的研究和分析。

听完谢觉哉和王明的汇报后，毛泽东来到田里帮农民干活儿。这是解放区土改后第一个秋收，农民们喜气洋洋。毛泽东帮老乡刨山药蛋，又到麦场拿起裢枷帮老乡打谷子。我怕他干这活儿太累，劝他休息，他又跑到场角去跟娃娃们掰玉米。显然，毛泽东和分得土地的农民一样高兴。

毛泽东一边掰玉米，一边煞有介事地巡视娃娃们，放粗嗓门儿问："你们谁是地主呀？"

娃娃们认真分辩道："地主都让我们斗倒了，谁也不是地主。"

毛泽东仍然压低粗嗓门儿逗孩子们："不是地主，怎么会有这么多粮食呢?"

有些紧张的娃娃们似乎松了一口气,抢着说:"土改了,我们有了地,这是好几家的粮食呢。"

毛泽东笑了:"哈,原来是大家的。"

娃娃们立刻又叫又跳地拥了上去:"你逗我们,你逗我们呢……"

南河底村在白云山下,山上有座白云寺,规模宏大。毛泽东突然问我:"银桥,你到过寺庙吗?"

我说:"见过小庙,没见过大庙。"

"我是去过大庙的。"毛泽东垂下眼帘,仿佛沉入遥远的回忆中,"在湖南长沙读书时,我同一个同学徒步走了五个县,作社会调查。我们身上一文不名,有一次到了微山寺,讨得一顿斋。那寺庙好大哟,方丈是个很有学问的人……"

片刻,毛泽东抬起眼皮,问道:"想不想去看庙?"

我犹豫道:"都是一些迷信……"

"片面,片面!那是文化,懂吗?"毛泽东纠正我说。

我当时只懂写字看书是学文化。

"那是名胜古迹,是历史文化遗产。"毛泽东解释着,并下定决心,"明天我们去看庙!"

第二天早晨,天气晴朗。毛泽东仍是拿着那根柳木棍儿,顺着盘山的松柏林荫道向山上走去。葭县县长闻讯由县城赶来陪毛泽东一道上山。

抵达山顶,毛泽东俯瞰大地,脸上露出惊喜的神色,深深地吸一口清新的空气,说:"可惜今天没有云,否则我们就真成了一群腾云驾雾的神仙了!"

话音刚落,从茂密的柏树丛里转出一个老和尚。他虽然不认识毛泽东,但看到是县长作陪,便料到是位首长,忙合掌施礼。

毛泽东与他握手,说:"老师父,我们来参观参观你这个大寺庙。"

老和尚躬腰说:"欢迎欢迎,首长请。"

毛泽东笑了:"你们过去是称'施主'嘛,不要破坏了规矩。"

只此一句话,老和尚便像受到什么触动,显出肃然的表情,重新认真打量了一眼毛泽东。

老和尚把毛泽东引到方丈室,忙着掸桌椅,请客人落座。毛泽东说:"不要费事,我们坐下聊聊嘛。"老和尚还是坚持给毛泽东献上一杯香茗,然后才坐下。

"你们现在生活怎么样?"毛泽东问道。

老和尚望一眼县长,含糊其词地说:"好,好得很哩。"

"出家人不打诳语。"毛泽东微笑着,诚恳地说,"你们是超脱的,更要讲实话。"

老和尚深受感动,实话实说道:"不瞒施主,以前信佛的多,出家人也多。布施的人多,收入也多,生活很好。后来信的人少了,出家的人少了,布施的人也少了,生活一时有些困难。"

"嗯,"毛泽东点点头,"你能讲实话,这就好。有什么困难你都说说。"

"布施的人少,遇到庙会也收不了几个钱,吃穿都有些困难,庙里散去不少人。后来人民政府叫我们自力更生,种点地,搞些农业生产。开头不习惯,现在手脚灵便了,倒也能劳动。"

"这不错呀,这是一大改变啊!"毛泽东又问,"现在生活到底怎么样呢?"

"现在打的粮食够吃,其他穿衣、治病、修理寺院,一概由政府包下来。再加上收布施香火,生活也蛮好的了。出家人不打诳语,确实好的了。"

毛泽东脸上浮现出笑意:"你觉得这样安排还妥当吗?"

"托毛主席的福,安排很周到。出家人也得随着社会进步啊!"经县长介绍后,老和尚已知道毛泽东的身份。

"讲得好!社会变了,人也要变。过去,和尚一不生产人口,二不生产粮食。现在要变,不生产人口可以,不劳动不行。边区是保护宗教信仰的,但是要劳动。参加劳动后,身体好了,也不剥削人了,这就对了。今天我在你这里'取经'了。"

老和尚高兴得边笑边点头:"不敢不敢。"

毛泽东又询问他种多少地,打多少粮食,白云寺建于何时,扩修于何时,鼎盛时期有多少和尚,等等。然后由老和尚领路去参观寺庙。

寺庙很大,有五十余座殿、堂、庑、阁。各式各样的佛祖、菩萨、金刚、力士,栩栩如生。毛泽东尤其对那些雕刻、塑像、石碑和牌匾感兴趣,看得很仔细,一字一字读,表情肃穆,不时发出感叹之声。

"这些东西,都是历史文化遗产,是我们这个民族的宝贵财富,一定要好好保护,不要把它毁坏了。"

老和尚频频点头:"主席说得对,主席说得对。"

毛泽东似有所动,回忆着说:"我在长沙读书时,暑期里走了5个县,搞社会调查。我去了微山寺,和尚们叫我施主,我说我不是施主,我一文不名,我只是讨一顿斋饭……"

毛泽东忽然把头转向县长:"请县里拨一些经费,把庙修一修。"

县长说:"我回去马上办。"

毛泽东继续向前走去，脚步似乎轻松了许多。我想，这一定是因为有了了却一桩心事后的愉快之感吧。

告别时，老和尚依依不舍地送出寺庙，殷勤地说："明天这里有庙会，还有大戏，主席也来看看吧，热闹着哩！"

毛泽东笑道："谢谢了，我们就来看看戏。"

第二天一大早，大路上就热闹起来了。老乡们三人一伙，五人一群，喧嚷着去白云山赶庙会。

毛泽东兴致很高，说："走，咱们也去赶庙会，看大戏。"

我说："人这么多，乱糟糟的……"

"你们又怕不安全吧？赶庙会就是赶热闹，人少了还有什么意思？"毛泽东已经拿起了他那根柳木棍，嘴里仍在说，"看庙看文化，看戏看民情；不懂文化，不解民情，革命是搞不好的。老百姓利用庙会去行善做买卖，我们去可以学到很多知识，了解这一带的民情和习俗，这对我们接近群众有很大好处。今天只留两个人看门，大家都去！"，

就这样，我们又随毛泽东上了白云山。

这天是正会，人最多，山上挤挤挨挨，万头攒动。庙里香烟缭绕，还摆了许多吃食挑子。山顶最高一层庙院里搭了戏台，锣鼓震天响，山西梆子开场了。毛泽东在群众后边兴致勃勃地朝台上望，他喜欢京剧，没有京剧，山西梆子他也看。后来接触久了，我发现，凡是中国的民族文艺他都喜欢，对于外国艺术，他兴趣不大。

会场，忽然起了骚动，有人认出了毛泽东。

"毛主席，毛主席来了！"

越来越多的人传递着这句话，老乡们兴奋得连戏也不看了。有人搬来长条凳请毛泽东坐。毛泽东连连摇手："不要不要。大家都站着，我一个人坐着，那不是太孤立了吗？"说着便朝人群里挤。

可是，连台上的演员也停下了演出，都挤出来看毛泽东。

毛泽东悄声招呼群众："看戏吧，老乡们，咱们都是来看戏的。"又朝台上招呼："你们快演吧，我是来看你们演出的，大家是来看戏的，不是来看我的。"

好一阵子，人们才平静下来，演出继续下去。毛泽东始终站在群众中，专心致志地欣赏台上的山西梆子。[20]

1947年9月23日，毛泽东来到陕北葭县神泉堡，在这里住了1个多月。

师哲回忆说：

9月21日，中央离开朱官寨，23日到达离葭县十几里的神泉堡。毛主席在

此先后住了36天，写了《中国人民解放军宣言》《中国人民解放军关于重新颁布三大纪律八项注意的训令》。毛主席在《中国人民解放军宣言》中第一次正式提出"打倒蒋介石，解放全中国"的口号。因为是10月10日发布的，又称为《双十宣言》。

9月25日，毛主席致电杨尚昆："请师哲偕阿兄来葭县西南十五里之神泉堡（我们前日移至此地）。"10月上旬，我和阿洛夫赶到神泉堡。这时，毛主席的健康状况良好，心情舒畅，谈笑风生。毛主席把我党、我军自3月间撤出延安至沙家店战役结束这一段作了个总结。对沙家店战役的开始、战局发展、变化、结局、收获及总形势，以及国内局势的变化作了分析和评价。此外，在谈话中还对若干问题的细节作了介绍和解释。

毛主席和阿洛夫进行了两次谈话，供其参考。这时，毛主席对于米脂沙家店战役虽尚未作出最后的全面评价，但已指出了这次战役本身战略意义的重要性，认为整个战局有了转变，我军已争取到主动权。

此外，毛主席还亲自给斯大林写了一封较长的信，对中国解放战争总的形势以及陕北、山东战况作了总的描述和初步估计。毛主席说，虽然国民党对山东的压力仍然很大，但形势已有很大的变化，已形成对我军比较有利的局面。在陕北，由于我西北野战军在沙家店的胜利，敌人已没有力量进行大规模的进攻了。我军事力量不断扩大和加强。总之，解放战争已有了很大转折，已进入了一个新的阶段。这封信由我译成俄文后用电报发出。

这时，毛主席还忽然记起我在延安时向他提的问题。在给斯大林发电报两天之后，他问我："你把问题都弄清楚了吗？"接着他说，"沙家店战役后，敌人不仅缩回延安，我看他们连延安也守不了多久了。"随后他又说，"从今以后，敌人可能再也无力进行大规模的进攻了。"

我当时对全国的战况不甚了解，只知道一个沙家店大捷，所以一面听，一面犯疑，心想：一个胜利的沙家店战役能有这么大的作用？

毛主席觉察到我内心的疑窦，可是他既不介绍情况，也不再作分析解释，只是说："这只是我的一个看法，稍等等，形势就会明朗化的。"

后来我才知道，那时全国总的形势是：陈毅部队在山东展开全面反攻，并向苏北进展，而那里的敌人也只有招架之功了；刘邓大军已南下进入大别山，直接威胁长江以南地区；陈赓部队挺进豫西，直逼潼关，威胁西安。敌人只能缩短战线，由进攻转入守势，西北战场我军已完全掌握了主动权。所以，事态的发展，正如毛主席所料，沙家店战役之后，延安的敌人再也没有北进，苟延残喘到1948年4月22日便全部撤走了。

在神泉堡期间，毛主席曾外出参观。10月17日到葭县。18日到谭家坪，参观了峪口造纸厂。21日到南白云山脚下黄河边上的村庄南河府住了1周,这里风景气候都好,随后又游了白云山庙会。尽管主席头戴草帽,完全是农民装束,还是被群众认了出来。一时间,"毛主席来了"像春风一样吹遍庙会,人群一窝蜂地拥过来,围住自己心目中的大救星。[21]

师哲还回忆说:

毛主席、周恩来等中央领导同志因忙于指挥全国战争及行军作战,并不很清楚在地方土改中出现的一些"左"的错误。康生在全国土改会议上介绍了他在山西的经验,导致土改中出现了"村村点火、处处冒烟"、"搬大石头"、斗争基层干部、不讲政策,甚至出现乱打乱杀等现象。

9月,毛主席迁到神泉堡后,环境稍为安定,才有时间考虑土改问题。毛主席和葭县县委书记张俊贤谈话,当时张俊贤也住在神泉堡,与我同住一个窑洞。毛主席对他说:"平均分配土地就是要平均,公平合理。"

这位县委书记回来对我说:"毛主席给我出了一道难题。陕北沟沟崩崩很不平,各地的土质、肥瘦也完全不同,无论如何都做不到如此平均公正。而且已经过土改的群众对此根本不感兴趣,不愿这样做,再有天大的本事也没办法做到。我在乡村搞过土改,知道农民对重新土改不感兴趣,我们宣布召集开会,他们迟迟不来;到了约十点钟才来到会场;来了之后有的躺着,有的一个挨一个靠墙坐下,不一会儿,酣然入睡,根本没有听到我们讲什么。这个教训是深刻的。"

我劝张俊贤:"主席的用意是好的,你主要从整体上领会他的精神,他是针对全国情况而言,并没有要求你非这样做不可,有机会可向他多介绍些陕北的实际情况。"

后来中央逐渐发现了晋绥等地土改中"左"的错误。

分管土改工作的任弼时,不仅研究文件,而且还向山西来的干部进一步了解情况。如绥德地委书记张邦英是从晋西北回到陕北的,就认为陕北土改搞右了。任弼时发现了问题,找他谈话,让他写材料,才了解到晋西北按照康生的办法搞得乱七八糟。任弼时还将晋绥的负责人李井泉、林枫等找到杨家沟谈话。

任弼时把了解到的情况向毛主席汇报,引起了中央的重视,决定采取措施纠"左"。毛主席委托弼时研究并起草关于土改工作的指示文件。于是任弼时开始重新修改——实际上是重写《中国土地法大纲》。少奇讲过,1947年秋他主持制定的《中国土地法大纲》是决定彻底平分土地,而且没有规定区别对待大中小地主、地主与富农、旧富农与新富农之间的政策。[22]任弼时身体不好,抱病工作。他从1947年10月在神泉堡时就开始写,中央搬到杨家沟后他继续在写。那时他住在与杨家沟相距10里路的一个小山村——钱家河，我曾去看过他。他住在这里一方面是为了养病，另一方面就是为了聚精会神地搞好这个土改文件。

自11月至12月底，中央在杨家沟召开了一系列会议。毛主席在《目前形势和我们的任务》的书面报告中提出了"我们的方针是依靠贫农、巩固地联合中农，消灭地主阶级和旧式富农的封建的和半封建的剥削制度"。[23]并提出土地改革总路线和在土地改革中必须掌握的两条基本原则，即"第一，必须满足贫农和雇农的要求，这是土地改革的最基本的任务；第二，必须坚决地团结中农，不要损害中农的利益"。[24]在杨家沟，恩来、弼时都对土改中"左"的偏向发表了意见，毛主席都采纳了。

会议最后就关于土地改革和群众运动中几个具体政策问题作出决定：必须避免对中农、中小工商业及一般知识分子采取任何冒险政策，剥削收入占总收入25%以下的应定为中农；对开明绅士应有适当照顾，对地主的大中小恶霸、非恶霸，在斗争策略上应有区别；极少数罪大恶极的要经人民法庭审判判决，坚决不多杀、不乱杀，反对肉刑，不要动手打人。这一决定后来由毛主席总结，写在《关于目前党的政策中的几个重要问题》的决定草案中。这个决定不仅详尽阐明了12月会议的决议，而且指出"贫雇农打江山坐江山"的口号是错误的。[25]

1948年1月12日，弼时受中央委托，在西北野战军前委扩大会议上作了《土地改革中的几个问题》的讲话。在讲话中，弼时对如何划分农村阶级、团结全体中农、对地主富农的斗争方法等问题，以及对工商业政策、对知识分子和开明绅士政策、打人杀人等问题作了系统的阐述。任弼时说："共产党是坚决反对乱打乱杀与对犯罪者采用肉刑的，乱打乱杀与使用肉刑是封建社会的产物。"[26]中央随即公开发表了这个讲话，作为我党指导土改的政策依据。

后来，毛主席等中央领导同志不断征询各地工作人员的意见，认真调查研究，先后发表了《在不同地区实施土地法的不同策略》《新解放区土地改革要点》《新解放区农村工作的策略问题》《1948年的土地改革工作和整党工作》等指示。

所有这些，都对纠正"左"倾错误、将土地改革纳入正轨起了重要作用。

1948年夏秋之交，在西柏坡，有一次，毛主席和贺龙在一起吃饭（我也在座），谈到土改问题。毛主席说："土改中出现过'左'的偏差，不应当提出消灭富农。"

贺龙不假思索地说："这有多少差别？顺便解决了它不好吗？"

毛主席稍停了一下，说："你就那么革命，我就不革命，那么喜欢富农？'左'了就是'左'了，不对就是不对嘛！"过后贺龙认真地想了想，承认他原来的看法不对，而且找主席谈了自己的看法，而主席也的确原谅了他。

这虽然是件小事，却从中可以看出我们的领袖人物敢于正视自己的缺点错误，承认并改正自己的缺点错误的博大胸怀和光明磊落的精神。[27]

在神泉堡期间，毛泽东还特意观看了黄河。李银桥回忆说：

还在葭县神泉堡时，毛泽东起草了《中国人民解放军宣言》，重订了"三大纪律八项注意"。他心潮起伏，带我们去葭县县城看黄河。

葭县县城高高矗立于直陡陡的山顶上。敌人远遁，城里店铺开了张，人来人往很热闹。我们十几个人簇拥着毛泽东走进城，虽然把他护在中间，走过半条街，但还是被一些年轻后生发现了。

"毛主席，毛主席来了！"

这惊喜的喊声立刻像春雷一般滚过全城。霎时间，群众潮水一般从四面八方涌过来，把一条街堵得满满的，似要胀裂一般。后生们举起臂膀，娃娃们欢呼雀跃，老汉们拥挤在人群中擦拭泪花迷离的眼睛，婆姨们站在高处翘首相望。"毛主席万岁！"的欢呼声此起彼落。毛泽东也很激动，挥动着大手向群众致意。

来迎接毛泽东的县长在前面开路，可是沸腾的人群越围越紧，哪里能挤出一条缝？无奈，只好折入一家院落，穿院进了县政府，又绕小胡同，来到东门外。

毛泽东敞开衣服，两手叉腰，迎风而立，俯瞰脚下：黄河就在县城脚下穿过，宛如一条金龙。夕阳西下，余晖洒在河面上，万点碎金。河岸上，柿树林红得像燃起一片大火。毛泽东被眼前的景致陶醉了，不禁叹道："真美啊！"

县长指着山下说："从黄河上葭县城，只有这一条小路可通！"

我们望去，果然脚下只有一条崎岖小路穿过苍郁的树丛，蜿蜒曲折，盘山而走，迤迤逦逦通向黄河岸边。

毛泽东的目光沿小路重新回到黄河水，久久凝视着，若有所思地说："自古道，黄河百害而无一利。这种说法是因为不能站在高处看黄河。站低了，便只看见洪水，不见河流！"

我们咀嚼着毛泽东这段话，只觉得哲理深奥，回味无穷。

"没有黄河，就没有我们这个民族啊！"毛泽东将大手一拂，像是抚摸那条民族的河，无限深情地说，"不谈五千年，只论现在，没有黄河天险，恐怕我们在延安还待不了那么久。抗日战争中，黄河替我们挡住了日本帝国主义，即使有害，只这一条，也该减轻罪过。将来全国解放了，我们还要利用黄河水浇地、发电，为人民造福！那时，对黄河的评价更要改变了！"

我们顿觉眼界开阔。不尽黄河，万里峰峦，尽收眼底。[28]

在陕北，至今仍流传着毛泽东在转战陕北期间与战士同甘共苦的故事：

中央机关移驻米脂县杨家沟[29]以后，不久，毛主席的生日快到了。大家觉得这是个难得的机会：既可以趁此聚聚会，给主席祝个寿，又可以让主席吃好一些，好好休息一下。可是，意见一提上去，就被主席谢绝了。主席讲了三条理由：一是战争时期，许多同志为革命流血牺牲，应该纪念的是他们，为一个人祝寿，太不合情理；二是部队和机关的同志没有粮食吃，搞庆祝活动会造成浪费，脱离群众；三是他才五十多岁，往后的日子还长哩，更用不着祝寿。除了三条理由，主席还作了三条规定：一不许请客吃饭；二不许唱戏，如果有剧团，就演给老乡们看；三不许开大会。同志们谁也没有办法，就这样，这个难得的机会又错过了。

在这以前，贺龙从山西给主席送来一些腊肉，主席一直没有吃。

不几天，陈毅从华东赶到毛主席住地，在米脂县杨家沟参加中央会议。这时候，主席正在办公，听到消息，立即放下工作，赶出窑洞迎接，陈毅已经站在院子里了。主席紧走几步，陈毅连忙上前行了个军礼，双手紧紧握住主席的手。主席仔细端详了一下陈毅，愉快地说："路途这样遥远，你辛苦了！"陈毅紧紧握住主席的手，爽朗地笑着说："还好，路虽然远点，但不是骑马，就是坐车，也不觉得累。"边说边注视着主席，半晌又说，"这一年主席可苦了！"主席也笑着说："没有什么，我身体越来越好！"两人站在院子里热情地谈了半天，陈毅说："还是进屋去吧，当心着凉！"主席这才领着陈毅走进窑洞。坐下以后，主席说："你来得正好，我还给你留着一块腊肉呢！"陈毅见主席这样高兴，心里也十分愉快，连忙笑着说："我还给主席带来几桶罐头呢！"主席一听，便大笑起来，说："好啊！咱们来个会餐！"回头就对警卫员说："把那点腊肉全炒上，款待陈毅同志！"这盘腊肉是主席转战陕北以来头一次吩咐多炒的一个菜。

毛泽东与陕北人民在一起，陕北人民也想方设法保护毛泽东的安全。有这样一个动人的故事：

5月的王家湾，崖畔、沟底一片嫩绿，太阳照在双羊河上，发出闪闪的粼光。

一天下午，天气很热，毛主席、周副主席在紧张的工作之余，到窑外的柳条棚子里乘凉。放在瓮盖上的无线电收音机，正在播送新华广播电台关于蟠龙大捷和真武洞祝捷大会的消息和评论。

女广播员热情奔放、慷慨激昂的声调，深深地吸引着每一个人。毛主席兴奋地听着，连声称赞说："这个女同志真厉害！骂起敌人来义正词严，讲到我们的胜利又是热情洋溢，真是爱憎分明。这样的播音员要多培养几个……"

正说着，房东薛如宪老汉光着膀子，笑呵呵地跑来了。薛老汉六十岁开外，是刘志丹领导陕北闹革命时的老赤卫队员。最近他把三个儿子都送去支前了，自己承担起极其繁重的庄稼活儿。即使再忙，他也常抽空来看望毛主席，他觉得这位首长平易近人，可亲可敬。每当和毛主席谈起"跟着老刘闹革命"的事情，老汉对革命的忠诚和热情，都溢于言表。

毛主席见薛老汉来了，高兴地向他打招呼，搬凳子让座。老汉从来没有见过收音机，一见这个方匣子里有人说话，惊奇得不得了。老汉半弯着腰，双手按着膝盖，左看右看，半响才奇怪地说："这是什么东西？里头有人？"

这一问，把警卫人员惹得哄然大笑。主席说："不要笑，谁知道这个原理，就给老人讲一讲嘛！"

在当时的条件下，收音机还真是个缺物。大家虽然见过听过，但是要讲原理讲不出来。同志们你看看我，我看看你，都不好意思了。

主席见大家说不上来，就把小凳子搬过来，请老汉坐下，然后就像聊天似的，讲起收音机是怎么回事。他从山谷的回音，讲到空气的震动，又归结到收音机的构造等各种原理，讲得形象具体，通俗易懂。大家越听越有兴趣，就像上了一堂生动的物理课。

薛老汉高兴地说："哎呀，这里真有大学问，今天我算开了眼界，长了见识了！要不在路上绊了跟斗，拾这么个玩意儿回来，还兴许叫我砸了烧火哩！"

大家又是一阵哄笑，主席也笑着说："好了，以后拾到这么个东西，可别砸了烧火！"

薛老汉连连点头，郑重地说："不能烧，不能烧，留着还要听咱毛主席说话呢！"

这句话说得大家又想笑，但谁也没敢笑出声来。因为在转战陕北时期，首长的行动都是保密的。老汉只知道跟他说话的首长叫"李得胜"（毛主席转战陕北时的代号），可不知道这就是伟大领袖毛主席啊！

此刻，收音机里广播员以高昂的音调报告了一个振奋人心的消息："毛主席还在陕北！"薛老汉一听高兴得叫喊起来，连连说："毛主席还在陕北！毛主席还在陕北！"这天，他走遍了全村，逢人便说："你们知道吗？毛主席还在陕北，不打败胡儿子他是不走的！"

直到毛主席离开了王家湾，薛老汉才听人说，住在他家的那位名叫"李得胜"的首长就是毛主席。这下他更乐了，每天总要把毛主席用过的东西摸几遍，笑得合不拢嘴。

蒋胡的军队占领王家湾后，薛老汉经常下山来侦察敌情。一次，不幸被敌人发现，抓回村子。残暴的敌人对他严刑拷打，逼问毛主席哪里去了。老汉斩钉截铁地说："毛主席还在陕北！"说完闭上双眼，任凭敌人怎样毒打，死也不说一个字。老汉被敌人打得晕过去好几次，但醒来还是那句话："毛主席还在陕北！"

1948年3月23日，毛泽东东渡黄河，结束历时一年的艰苦转战，开始了新的历程。

李银桥回忆说：

1948年春，中国人民解放军西北野战军以主力五个纵队转入外线作战。从2月24日到3月3日，一举攻克宜川城，全歼国民党整编第29军三万余人，并当场击毙敌军长刘戡，从而改变了西北战场的形势。

宜川大捷的第二天，周恩来向中央机关排以上干部庄严宣布："我们的党中央和毛主席准备过黄河到华北去了！"

1948年3月23日，中央机关队伍行军来到了黄河西岸的吴堡县川口渡口，准备从这里登船东渡。为了防备国民党从西安派飞机进行袭扰，毛泽东、周恩来和任弼时决定将渡河时间安排在下午。河滩里、山坡上，站满了欢送的群众。岸边停泊了十几只船，船工都是粗犷剽悍的小伙子。毛泽东上了第一条船，周恩来、任弼时上了第二条船，陆定一和胡乔木等首长上了第三条船。

一上船，毛泽东就和船工们一一握手，说："劳累你们了！"

船工们回答："送毛主席过河，这是我们的光荣任务。"

毛泽东说："谢谢，谢谢。"

木船缓缓离岸，我们几名卫士紧靠毛泽东身后左右站立。我们劝他坐下，他不肯坐，挥动双手向送行的群众致意。

可是，船开始摇晃了，浪花拍打着木船。我忙扶住毛泽东，说："主席，快坐下吧。"

毛泽东推开我的手，望望浊浪滔滔的黄河，望望渐渐远离的西岸和岸上聚集的人群，两眼湿漉漉地放射出异彩。他忽然朝叶子龙说："脚踏黄河，背靠陕北，怎么样？子龙，给我照一张相吧！"

"对，应该照一张！"叶子龙匆匆拿出照相机。

毛泽东倏而敛去笑容，立稳身体，脸上显出庄严肃穆的神色。于是，叶子龙"咔嚓"一声，及时按下了快门。

"好啊，"毛泽东点头笑道，"把陕北的高原和人民，把黄河水照下来，这是很有意义的纪念。"

正是凌汛时期，黄河巨浪滚滚，夹杂着磨盘大的冰块汹涌咆哮着、冲撞着，发出一片轰轰巨响。小木船忽而跃上浪尖，似要腾空飞驰一般；忽而沉落波谷，浊浪像墙壁一样遮住我们的视线；冰块撞击木船发出惊心动魄的砰砰声。可是船工们镇定自若，热烈亢奋，划动木桨，挥动杉篙，船上响彻沸人热血的号子声："嗨哟，嗨哟，嗨哟……"

毛泽东面对此情此景，情绪激荡，深深地吸口气，突然转身望着大家，问道："你们谁敢游过黄河？"

警卫人员中有几名水性很好的。

"马汉荣行，发大水那次他游过黄河汊给彭老总送信，他能游！"有人喊。

"发大水的时候我游过延河。"石国瑞大声说。

一向沉稳的孙勇瓮声瓮气地说："我在枯水季节游过黄河，还可以试一试。"

毛泽东紧接他的话头大声说："那好极了！来，咱俩不用坐船，游过去吧！"

这一声倡议，把船上所有的人都惊呆了。

经过片刻尴尬的沉默，有人小声嘀咕："哎呀，今天不行啊，现在可是凌汛期……"

孙勇好像刚从水底冒出来似的，喘过一口气，忙附和道："是呀，今天河里有大冰块，不能游。"

毛泽东大笑："哈哈，不能游？你们是不敢游啊！"他转而凝望像陕北的小米粥一样浓稠的黄河水，望着那泡沫飞卷的浪花和漩涡，陷入了深思……他毕竟没有下水，长长吁口气，摇摇头说，"你们可以藐视一切，但是不能藐视黄河。藐视黄河，就是藐视我们这个民族……"

行船绕过一片河洲，渐渐靠近东岸。大家都热烈地望着东岸成群结队赶来欢迎的群众，毛泽东却再次回望黄河，长叹一声："唉，遗憾！"

新中国成立后，毛泽东游遍了全国的江海湖河，不管走到哪里，只要有水他就要游，而且总是带着挑战的神情下水，带着征服者的骄傲上岸。

但是，我始终也没有弄明白：为什么他一次也没有游过黄河？[30]

注 释

〔1〕〔美〕安娜·路易斯·斯特朗:《一个现时代的伟大真理——忆毛主席谈纸老虎》,《世界知识》1960年第22期。

〔2〕杨步浩是延安著名劳动模范,共产党员,当时是柳树店乡乡长。——原注

〔3〕1942年大生产运动开始,每人每年交一定数量的公粮,毛主席和中央负责同志也无一例外。毛主席和朱总司令的公粮任务,由劳动模范们争相代耕。——原注

〔4〕师哲:《在历史巨人身边》,中央文献出版社1991年12月版,第335—338页。

〔5〕袁学凯:《英明的预见——记毛主席在一九四七年撤离延安前夕的一次谈话》,《解放军文艺》1977年第6期。

〔6〕李银桥:《在毛泽东身边十五年》,河北人民出版社1991年6月版,第5—10页。

〔7〕田为本:《转战陕北是解放战争由防御转入进攻的关键》,载《党史通讯》1986年第4期。

〔8〕李银桥:《在毛泽东身边十五年》,河北人民出版社1991年6月版,第11—13页。

〔9〕师哲:《在历史巨人身边》,中央文献出版社1991年12月版,第339—341页。

〔10〕杨尚昆:《对毛主席的几点回忆》(1986年9月5日)。

〔11〕据《毛泽东年谱》(1893—1949)应为3月31日。

〔12〕李银桥:《在毛泽东身边十五年》,河北人民出版社1991年6月版,第14—17页。

〔13〕阎长林:《胸中自有雄兵百万》,工人出版社1983年12月版,第248—251页。

〔14〕龙飞虎:《同甘共苦》,载《解放军文艺》1977年第6期。

〔15〕阎长林:《胸中自有雄兵百万》,工人出版社1983年12月版,第259—264页。

〔16〕师哲:《在历史巨人身边》,中央文献出版社1991年12月版,第344—347页。

〔17〕李银桥:《在毛泽东身边十五年》,河北人民出版社1991年6月版,第18—30页。

〔18〕阎长林:《胸中自有雄兵百万》,工人出版社1983年12月版,第

269—289页。

〔19〕李银桥:《在毛泽东身边十五年》,河北人民出版社1991年6月版,第31—43页。

〔20〕李银桥:《在毛泽东身边十五年》,河北人民出版社1991年6月版,第43—51页。

〔21〕师哲:《在历史巨人身边》,中央文献出版社1991年12月版,第347—349页。

〔22〕参见《刘少奇选集》第388页。——原注

〔23〕《毛泽东选集》(第2版)第4卷,第1250页。——原注

〔24〕《毛泽东选集》(第2版)第4卷,第1250页。——原注

〔25〕《毛泽东选集》(第2版)第4卷,第1268页。——原注

〔26〕《任弼时选集》第434页。——原注

〔27〕师哲:《在历史巨人身边》,中央文献出版社1991年12月版,第357—360页。

〔28〕李银桥:《在毛泽东身边十五年》,河北人民出版社1991年6月版,第61—63页。

〔29〕据《毛泽东年谱(1893—1949)》,1947年11月21日毛泽东和中共中央机关到达米脂县杨家沟,在这里住了4个月,直至东渡黄河。

〔30〕李银桥:《在毛泽东身边十五年》,河北人民出版社1991年6月版,第64—67页。

三、扭转乾坤的决战

千里跃进大别山

在转战陕北期间,敌我力量对比发生重大变化。敌人总兵力由战争开始的430万人降为373万人,机动兵力只有40个旅。人民解放军则由120万人发展为195万人,正规军发展到100万人以上,武器装备也有大的改观。战争主动权开始转移到人民解放军一边。

毛泽东、周恩来、任弼时在分别同有关大战略区负责人商议后,适时做出实施战略进攻的决策,命令刘邓大军突进中原。为了更好地配合这个战略行动,毛泽东还于1947年7月21日在陕北定边县小河村召开会议,做出刘邓、陈谢、陈粟三军配合,由陈谢、陈粟在左右两翼牵制的战略部署。

阎长林回忆说:

小河村,依山傍水,被一片苍翠的树林包围着。中共中央机关在田次湾留驻了五天,就又回到这里。

麦秋很快就过去了。在那些日子,主席工作特别紧张,几乎天天跟首长们一起开会,研究问题。一天,主席忽然提出,要去村外走走。我们听了,都很高兴。因为自从到了小河村,主席就很少出来活动。我们跟着主席上了后山。

到了山顶,举目远望,一片郁郁苍苍,山深谷幽,青峰入云,景色十分壮丽。山顶上堆着一个个的石头墩子,还有几座倒塌的石窑洞,茅草丛生。主席指着脚下的石头墩子说:"你们知道这是什么?"我们几个警卫看了半天,谁也说不上来。主席走了一圈,然后指点着说,"古时候这一带常打仗,这是战争的遗迹。石头墩子是炮台,这些是房子的根基。这里是古代一个封建地主的庄园。"

这一讲,引起我们很大兴趣,你一言我一语地提出了许多问题,主席都耐心地一一加以讲解。我们就像上了一堂最生动的历史课,长了好多见识。跟着主席,随时随地都是课堂;而我们的领袖,又是那么循循善诱的好教师!

往回走的时候,主席提议去看看饲养员老侯。老侯从长征时就跟随主席,为人忠诚勤劳，主席对他很有感情。我们来到院子里，老侯赶紧把小烟袋往鞋底上磕磕，跑上前来拉着主席的手。主席说："老侯呀，你身体好吗？"老侯笑眯眯地说："主席呀，你咋这么多日子不出来走走哩？马也不骑了，可把我巴望坏了！"主席笑着说："这不是来了？"老侯忙笑着把老青马拉出来，老青马一见主席，立时四蹄蹬起，以为主席要骑它呢。

房东小姑娘，名叫兰兰，长得伶俐，看上去不过十四五岁，却没有山区一般女娃娃那种羞涩之态，穿一件白净净的粗布裤子。她一听我们说话，忙出来打招呼，手里还提着一双专门给主席做的大鞋。

兰兰笑嘻嘻地说："我可是做不好，首长试试合脚不？"说着时，兰兰妈妈也走来了。主席笑着说："谢谢你，我有了鞋穿，打仗走路就方便了。"我们高兴地请他们母女到主席住的窑洞坐坐，她们也不推辞。兰兰的弟弟妹妹也随后跑来，两个小家伙一点儿也不认生，跑到主席跟前，一人拉着主席的一只手，看着主席傻笑。主席亲切地说："跟我去玩吧！"然后几人一路下山。一到院里，主席就请客人坐下，关心地问他们现在生活怎样。兰兰说："家里生活很好，从来不受罪，就是胡宗南来了以后，我们逃到山沟里，不敢回家，才总是挨饿呢！"没等主席说话，兰兰妈赶紧接着说："你这个孩子，只知道现在吃了点苦，你可不知道闹红军以前老辈子过的什么日子！现在胡儿子来了，咱们受点罪，可一回家，还是有吃有喝啊，过去哪儿行呢？"主席说："老大娘说得对，在战争期间，难免要吃点苦，等打败胡宗南就好了。"

兰兰妈说："都是这么想啊！可是什么时候才能把敌人打走呀？"主席说："快啦！最多一年！"兰兰妈说："这可就快啦！别说一年，就是再有十年八年也还会撑下去，老百姓有这个骨气，只要毛主席还在陕北，我们就不怕胡儿子！"

在陕北解放战争期间，每走到一处，我们都听得见这样的话："咱毛主席还在陕北！我们什么也不怕！"这几乎成了所有人精神上的支柱。人民用这样的话互相鼓舞，期望着胜利和未来，纵有天大的困难，也能克服！人们说着这话的时候，仿佛也就看到了自己的领袖，或在荒僻的山野中，或在又破又黑、缺门少窗的窑洞里，谋虑着整个国家民族的前途。

而今天，主席的话特别令人激动，最多一年打败敌人，象征着胜利已经酝酿成熟了。

第二天，主席告诉我们，把东西清理一下，他要搬到周副主席住的地方，因为中央要开一个重要的会议，这里过于狭小，安置不下许多人。

我们按照指示，搬到了河滩上的大院子里。听说要有不少人参加会议，窑洞太小，便连忙赶着在院子里搭盖天棚，再放下几把木头桌椅，因陋就简，权充会场。

贺龙先来了,他是陕甘宁晋绥的联防司令员,我们在延安时常看见他。

主席从窑洞里迎出来,亲切地和他握手。贺龙向主席全身打量了一下说:"主席呀!你比在延安时瘦了呢!"主席笑笑说:"我觉着比起在延安时更结实了,行军是个好事情,可以锻炼身体,现在走上10里、20里,也不觉得累。"

接着,陈赓也来了。他见了主席,第一句话就说:"主席,你可经过不少艰险呢!你带的警卫部队太少了,武器又不好,我们实在担心,旅长们都要求过河来保护你呢!"

主席握着陈赓的手,亲切地说:"这次就是叫你们过黄河的,不过可不是来保护我。"说到这里,主席微微一笑,"你们在晋南打得很好,给了敌人致命的打击,好武器应该给你们用,我这里你不用担心。"

开会的首长都陆续来了,一座院子顿时显得热闹起来,十七八位首长说说笑笑,欢聚一堂。

为了让首长们生活过得好些,周副主席指示我们行政人员,多想办法,菜没处买,绥德地委便派人每隔几天,送来一些菜蔬。但天热路远,菜送到的时候,有的已经烂了,没法子,只好又去挖野菜。这种野菜是主席在王家湾散步时发现的,恰好这里也有,端到饭桌上,大家都觉得鲜美可口。陈赓越吃越有味,还不住地夸奖:"这菜好吃得很,还有没有?"大家都笑起来。周副主席说:"有的是,我们随时可挖。"说着,连忙吩咐再炒一盘。

会议期间,主席差不多每天讲话,大会、小会、找各地来的首长谈话,一天到晚,非常忙碌。经验告诉我们,在一个大的行动开始以前,主席的工作是非常紧张的。这一次会议,看来是研究几个战场的配合作战问题,事情就更多了。

会议一连开了七八天,讨论的问题很多,气氛非常热烈。当谈到陕北战局的时候,决定我军出击榆林,诱敌北上,把敌人拖得筋疲力尽,然后寻找机会,消灭他的有生力量;谈到陈谢大军渡河问题时,又确定出师豫西,威胁西安,支援刘邓大军南下。从讨论的这些问题中,可以预料,胜利已经在望,一个新的大反攻的局面就要到来了![1]

小河会议之前,刘邓大军4个纵队12万人于1947年6月30日在鲁西南临濮集至张秋镇300里地段上强渡黄河,揭开战略进攻的序幕。接着克服了重重困难,于8月底胜利进入大别山区,完成了千里跃进任务。

刘伯承回忆说:

1947年七八月间,中国人民解放军晋冀鲁豫野战军遵照党中央和毛主席的指示,强渡黄河,千里跃进大别山。我军这一战略行动,恰似一把利剑插进蒋介石反动统治的心脏,它同东北、华北、西北、华东等战略区的反攻和进攻相配合,形成了对敌人全国规模的巨大攻势。从此,中国人民解放军由内线作战转为外线作战,由战略防御转入战略进攻,扭转了整个战争形势,为夺取全国胜利创造了极为有利的条件。

到1947年6月,中国人民第三次国内革命战争已经进行了整整一年。经过一年的战争,敌人虽然受到了很大的削弱,但是,无论在数量或者装备上都还占着优势。蒋介石还在继续获得美国大量的军事和经济援助,还有广大的统治区可供搜刮,以支持其军事进攻。敌人对我解放区的重点进攻还在继续进行:集中了31个旅共20万人压在陕北战场上,集中了56个旅共40万人压在山东战场上。东北战场上的敌人虽已被迫采取"全面防御",但也还保持着相当大的兵力。解放区的重要城市延安、临沂和张家口等还沦陷在敌人手中。当时,从表面上看,可说是乌云依然弥漫天空,局势依然严重。

但是,毛主席高瞻远瞩,科学地分析了革命形势,指出战略进攻的时机已经到来了。

……

经过一年来的军事较量,敌人被我军歼灭了正规军97个旅,连同非正规军共110万余人,被迫把全面进攻改为重点进攻,而且重点进攻也遭到了挫折,成了强弩之末。敌人进攻解放区的兵力,除了用于守备外,战略性的机动力量已经大大减少。在后方任守备的只有21个旅,且都分布在新疆、甘肃、四川、西康等省。在湘、桂、黔、闽、浙、赣等六个省的广大地区,只有一些地方保安部队维持秩序,国民党的后备力量已经快用完了。同时,在敌人统治区域的人民运动,已经蓬勃发展起来,迅速地遍及六十多个大中城市,形成了反对蒋介石反动统治的第二条战线。总之,蒋介石无论是在军事上或政治上都打了败仗,"已处在全民的包围中"。而我军则在战争中不断得到锻炼和发展,装备大为改善,士气极为旺盛,广大指战员掌握和运用毛主席战略战术的本领有了很大的提高。广大解放区在"前方打老蒋,后方挖蒋根"的口号下顺利地进行着土地改革,我军的后方更加巩固了。

所有这一切,都显示出中国人民最后推翻国民党反动统治的新的大革命高潮临近了,我军转入战略进攻的时机基本上成熟了。

机不可失,时不再来!毛主席的意图是:在这样的情况下,我们不应等到敌人的进攻被完全粉碎、我军在数量上装备上都超过敌人之后再去展开战略进攻,而应抓住这个有利时机,不让敌人有喘息机会,立即由战略防御转入战略进攻。因而规定我军第二年作战的基本任务是:"举行全国性的反攻,即以主力打到外线去,将战争引向国民党区域,在外线大量歼敌,彻底破坏国民党将战争继续引向解放区,进一步破坏和消耗解放区的人力物力,使我军不能持久的反革命战略方针。"

战略进攻的矛头指向哪里?毛主席英明地选定在大别山地区。大别山,雄峙于国民党首都南京与长江中游重镇武汉之间的鄂、豫、皖三省交界处,是敌人战略上最敏感而又最薄弱的地区。这里又曾经是一块老革命根据地,有经过长期革命斗争锻炼的广大群众,多年来一直有我们的游击队坚持斗争,我们容易立足生根。我军占据大别山,就可以东慑南京,西逼武汉,南扼长江,北瞰中原。"卧榻之旁,岂容他人鼾睡?"蒋介石必然会调动其进攻山东、陕北的部队回援,同我们争夺这块战略要地,这就恰恰可以达到我们预期的战略目的。

应当采取怎样的进攻方式?毛主席指示,进军大别山不能像北伐时期那样逐城逐地推进,而必须采取跃进的进攻方式:下决心不要后方,长驱直入,一举插进敌人的战略纵深,先占领广大乡村,建立革命根据地,以乡村包围城市,然后再夺取城市。

党中央和毛主席指定由晋冀鲁豫野战军主力担负进军大别山的光荣任务。以十几万大军远离根据地,一举跃进到敌人的纵深后方去作战,这种独特的进攻方式,是史无前例的。不难设想,要实现这样伟大的战略计划,绝不是轻而易举的。当时,毛主席既估计到跃进大别山的有利条件,又充分估计到了到外线作战的种种困难,提出可能有三个前途:一是付了代价站不住脚,转回来;二是付了代价站不稳脚,在周围打游击;三是付了代价站稳了脚。并告诫我们要作充分的思想准备,从最坏处着想,努力争取最好的前途。

为了实现跃进大别山、夺取中原的战略计划,毛主席作了三军配合、两翼牵制的周密部署。三军配合是:除由晋冀鲁豫野战军主力实施中央突破直趋大别山以外,还由陈毅、粟裕等率华东野战军主力为左后一军,挺进苏鲁豫皖地区,由陈赓等率晋冀鲁豫野战军的两个纵队和一个军为右后一军,自晋南强渡黄河,挺进豫西。三军在江、淮、河、汉之间布成品字形阵势,互为犄角,逐鹿中原,机动歼敌。两翼牵制是:以陕北我军出击榆林,调动进攻陕北的敌人北上;以山东我军在胶东展开攻势,继续把进攻山东的敌人引向海边,便利前述三军的行动。

当时,蒋介石利用黄河从陕北到山东所构成的乙字形天然形势,把主力集中于陕北、山东两翼实施进攻,企图将南线我军压缩到乙字形的弧内,然后聚而歼之。在其联系两翼的战线中央,则凭借黄河天险只以少数兵力实施防御。这种兵力部署,很像一个哑铃,两头粗、中间细,其中央部分就成了要害和薄弱部分,毛主席正是要我们在这里实施中央突破。[2]

在转入战略进攻的新形势下,毛泽东在陕北米脂县杨家沟主持召开中共中央会议,作《目前形势和我们的任务》的重要报告,成为整个推翻蒋介石统治集团、建立新民主主义中国的时期内,在政治、军事、经济各方面具有纲领性的文件。

师哲回忆说:

11月14日,中央离开神泉堡经乌龙铺、阎家峁,于22日到达米脂县杨家沟,在这里住了将近四个月。

我随毛主席一同到了杨家沟,并请米大夫从河东过来,再次为中央负责同志检查身体。主席留我列席12月会议,学习会议文件。

这里的居住、生活条件比较优越,是几家马姓大地主聚居的地方,但他们家族中也出了共产主义战士,例如马玉璋、邻村的马明方等。

毛主席和中央决定在这里休息若干天,并召开几个重要会议。先召开准备会议[3]。会议的秘书长是任弼时,会议先分小组讨论,我和贺龙、林伯渠、张宗逊等在一个小组。

一天,我随毛主席散步。他边走边谈,他往往在此时说出自己正在思考的问题。他说:"现在的问题是能不能胜利,敢不敢胜利。"

刘邓、陈粟、陈谢三支大军打到外线后,形势发展很快,沙家店战役后,陕北战局的胜利已成定局。10月,中央不失时机地以人民解放军发表宣言的形式,提出"打倒蒋介石独裁政府,成立民主联合政府"的口号,所以对能不能胜利在党内已没有异议。但是毛主席为什么提出敢不敢胜利,我不解其意,问:"既然能胜利,怎么还会不敢胜利?"

主席解释说:"我们长期在农村打游击,我们敢不敢进攻大城市?进去之后敢不敢守住它?敢不敢打正规战、攻坚战?我们这么大的国家,这么多的人口,要吃、要穿,面临着这么多的问题,我们共产党敢不敢负起责任来?革命党就是要引导人民前进,争取全面的胜利。"

杨家沟召开的12月会议,重点就是解决敢不敢胜利的问题。毛主席先将他的报告《目前形势和我们的任务》发给大家,让大家分组讨论。我读了文件后才理解了主席的话。

主席的报告开宗明义,第一句就是"中国人民的革命战争,现在已经达到了一个转折点。这即是中国人民解放军已经打退了美国走狗蒋介石的数百万军队的进攻,并使自己转入了进攻"。报告从军事原则、土改政策、党的建设、统一战线各方面阐述了我党的政策,这就是取得胜利的政治保证。报告的最后一段对国际形势作了精辟的分析后,指出:"我们自己的命运完全应当由我们自己来掌握。我们应当在自己内部肃清一切软弱无能的思想。一切过高估计敌人力量和过低地估计人民力量的观点,都是错误的。""我们是完全能够超越任何障碍和战胜任何困难的,我们的力量是无敌的。"〔4〕这些论述极大地鼓舞了全党。

为了进一步说明要敢于胜利,主席特地将他在1946年4月写的《关于目前形势的几点估计》发给会议各组研究。这篇文章实际是回答了1945年8月斯大林的来电,斯大林在电报中认为:中国不能再打内战,要再打内战,就可能把民族引向危险的灭亡。毛主席认为:目前人民民主力量超过了反动的力量,美、英、法同苏联不会破裂,迟早会妥协,他在文章中明确指出"美、英、法同苏联之间的这种妥协,只能是全世界一切民主力量向美、英、法反动力量作了坚决的有效的斗争的结果。这种妥协,并不要求资本主义世界各国人民随之实行国内的妥协"。〔5〕在会上,毛主席提出加强纪律性,上下团结,革命无不胜。

在12月25至28日举行正式会议时,毛主席仍让大家提意见,他当场回答。由于酝酿充分,大家思想一致,顺利地通过了《目前形势和我们的任务》。随后中共将文件发到全党和全国各个地区,统一了全党的思想,大大推动了革命的进程。

会议期间,毛主席又给斯大林发了一份电报,其主要内容与《目前形势和我们的任务》中的若干基本点相同,其重心是补充说明在神泉堡时发出的那个电报,强调了我国革命战争的进展已经达到了一个转折点,即中国人民解放军已经打退了国民党反动军队的总进攻,并使自己转入了反攻阶段。这是目前中国革命战争中所起的根本变化,这是一个历史性的转折点。

每当历史处于转折的紧要关头时,毛主席都能把握住方向,不失时机地提出新的战略口号,引导革命走向胜利。他是目光远大的战略家,魄力非凡的决策者,才华出众的政治家,当之无愧、令人信服的领袖。

为了具体地指导革命,毛主席在杨家沟共写了21篇党内指示、通报和指导性政策的文件等,召开了军事会议,着重研究了土地改革问题,并委托任弼时草拟关于土改问题的纲要。这21篇文件除上面已提到的《目前形势和我们的任务》外,还有《关于建立报告制度》(1947年1月7日)、《关于目前党的政策中的几个重要问题》(1月18日)、《军队内部的民主运动》(1月30日)、《在不同地区实施土地法的不同策略》(2月3日)、《新解放区土地改革的重点》(2月15日)、《关于工商业政策》(2月27日)、《关于民族资产阶级和开明绅士问题》(3月1日)、《评西北大捷兼评解放军的新式整军》(3月7日)、《关于情况的通报》(3月20日)等,提出了一系列的方针、政策,对指导战争顺利进行、土地改革健康发展起到很大的作用。

虽然陕北环境艰苦,但是主席意气风发、精力充沛、心情愉快、思路敏捷、指挥若定。转战陕北的这一年,也是毛泽东思想大发展的一年。[6]

从城南庄到西柏坡

1948年3月23日,毛泽东东渡黄河后,途经山西兴县蔡家崖村等地,于4月中旬来到河北阜平县城南庄,打算在这里长驻下来。

师哲回忆说:

1948年1月我返回西北局,在边区保安处帮助工作。我决心留在西北局工作。3月19日,毛主席突然来电要我迅速赶回杨家沟。到杨家沟后,毛主席同我谈话,要我东渡黄河。我请求允许我继续留在西北工作。我第一次见到他如此不高兴,他不容置疑地说:"不!过河,你先走。"我当然完全听从调遣,先于中央机关一天东渡黄河,并在山西三交等候,以便随同中央一道转移东迁。主席从来做事认真,认真地对待一切。到山西后东进时,他让我坐在他的车上,就这样一直走到代县。

3月21日,中央离开米脂县杨家沟到达吉镇。23日经川口渡过黄河。24日再经碛口、塞门到达临县三交附近的双塔村,这里是中央后委所在地。

3月26日从双塔出发,经临县城到兴县蔡家崖。这里是贺龙领导的晋绥军区司令部所在地。在这里住了一周,毛主席分别作了《在晋绥干部会议上的讲话》和《对晋绥日报编辑人员的谈话》的讲话。

4月4日离开蔡家崖前往岢岚县。5日,继续前进,到达神池,在这里休息一天,看到在日寇占领下县城遭受严重破坏和烧杀的遗痕,及给中国老百姓留下的不幸和苦难,令人心情沉重。次日,乘车前往代县。我的一家人被安排在毛主席的汽车上,沿途所经过的村庄,看不见几个强壮的男子,而赤身裸体的孩子到处乱跑,甚至十六七岁的姑娘也衣不蔽体,有的只穿一件较长的棉背心,勉强遮羞。看到这一切,毛主席万分感慨地说:"我们要做的事情太多了!"

车子到了宁武,主席下车走上街头,察看了这座历史上的名城。然而,这座古城要塞只留下了断垣残壁,到处弹痕累累,城里人烟稀少,空空荡荡,满目是日寇侵略暴行的罪证。

出雁门关南下,不久就看见代县城郭。城内高大的钟楼,真有"声闻于天"的气势。中央在这里停留了一天多。毛主席同地委一些领导同志,如侯维煜、郝德青、赖若愚等进行了长谈,后来这些同志都调到了北京工作。

4月7日,经繁峙县城到达五台山北麓的伯强村,遇大雪,暂停前进。8

日，毛主席在这里写了《再克洛阳后给洛阳前线指挥部的电报》。

天气略有好转后，决定11日由伯强村启程，强行通过五台山。9日提前启程，但是上山后不久，天气骤变，鹅毛大雪压顶而来，道路已无法分辨，山沟、山坡和道路全都被填平了，车子也直向山沟下滑动。于是，毛主席下车步行，直到山之南麓，才乘车下山。由于雪光照耀，有的同志患了雪盲症，两眼红肿，什么也看不见。过了五台山主峰，到了台怀镇，住进中台下的寺院前院。这里十分宽敞，院内整洁，房屋很多，许多屋子都被日本人改造为日式的住房。

4月10日，毛主席用一整天的时间游览了各处。到了中台山下的贮藏室，看见许多经卷和各种贡品，毛主席叮咛当地干部要好好保护这些文物，不可丢失。

在一座大庙后面，毛主席看见中间的一尊菩萨胸前被挖了一个大洞，于是问向导："这是怎么回事？"

向导回答说："这是土改时翻身农民清算寺庙造成的，听人说神像胸腔里藏有黄金，就挖开找金子。"

毛主席听后幽默地说："原来是菩萨得了心脏病，群众来给它施行手术医疗的。你们要把它好好保护起来，原封不动，以便对日后来参观的群众作解释，说它害了什么病，为什么群众给它施行手术。"

下山走了一二里地，到了台怀镇附近的一座龙王庙前，只见庙内灯火辉煌，香烟缭绕，比起其他颇为萧条的庙宇来，甚是隆盛。

毛主席参观了龙王庙，问和尚："为什么这个庙保护得这样好？现在还这样红火？"

和尚回答说："是农民当年派人保护得好。"

毛主席说："龙王和你们祈天求雨，给人民办好事，所以群众才保护，不像山上的佛像脱离群众，只知自己享受，高高在上，不替群众办事。你们看，从这里得到的结论是多么明显，群众就是这样认识问题、这样对待问题的。"

下了五台山，很快进入河北。13日，毛主席同中央同志一道到达河北省阜平县的城南庄，这是晋察冀军区司令部所在地，聂荣臻举行了欢迎仪式。毛主席在这里召开了几次座谈会，并参加了招待会和华北党政领导会议。

在此期间，获悉4月21日延安解放，我以为毛主席会发贺电，便等在一旁，准备执行任务，可是没有。因为我们已经解放了运城、洛阳、石家庄等大中城市，延安的地位已不像1947年那么重要了。

在城南庄，毛主席、周恩来、任弼时商议后，一致同意毛主席的提议，准备主席去苏联的事宜，决定恩来、弼时率中直机关全体人员到西柏坡与中央工委会合。他们于23日启程,而毛主席带着江青、师哲、汪东兴、米大夫等人暂时留在城南庄,并留下阎长林警卫班担任守卫工作。我们一边准备,一边去电征求斯大林的意见:是否同意毛主席去莫斯科同他会见、商议大事?

中央撤离城南庄不久,敌机先后飞临城南庄两次,投了炸弹,但未造成任何伤亡。

为了确保毛主席的安全,5月18日傍晚,主席及随行人员搬到花山居住。花山是深山区,抗战时期晋察冀军区司令部所在地。住房不多,但是有防空洞等设施。我们随同毛主席搬到花山后的第三天清晨,十余架敌机袭击城南庄,从早到晚,轮番轰炸,我们在花山的山头上看得十分清楚。这次轰炸不仅来势很猛,而且目标选得很准,轰炸目标也很集中。后来查明,原来是隐藏在石家庄的一个敌探在提供情报,这个敌探当然得到了应有的可耻下场。敌机袭扰持续到深夜,这天大家都没有得到休息,也未能按时吃饭。

在花山,我们继续作去苏联的准备,并选好了路线:由阜平到绥远——这条路已在我军控制下——再从绥远乘飞机去莫斯科。

不久,接到斯大林的回电。他说:"我们欢迎毛泽东同志来访。但是,目前中国革命发展迅猛、进展顺利,解放战争正处在紧要关头,战争还很激烈,形势发展变化很快。在这个时候,你离开指挥岗位,恐对全局有不利影响,是否还是留在国内指挥战争为宜?如果你有重大问题需要商谈,我们准备派遣一位相当有经验的、老练的、信得过的中央政治局委员前往听取你的意见,如何?总之,我们认为在当前这个关键时刻,你离开中央领导岗位是不适宜的,望再三考虑。如何?望电告。"

因此,毛主席取消了苏联之行。5月27日下午,毛主席乘车离开花山,前往西柏坡。一路上汽车一直在太行山脚下行驶,太阳快要落山的时候,毛主席到了西柏坡。[7]

在城南庄,当时任晋察冀军区司令员的聂荣臻高兴地等候毛泽东的到来。他回忆说:

1948年4月11日,中共中央和毛主席来到了阜平县城南庄。

毛泽东来的时候,是从五台山北麓的鸿门岩过来的。听说,中途遇雪,停了两天时间,才上了五台山。

我熟悉那个地方。上鸿门岩,有一条盘山路。山下还没有什么,一上山巅,风疾云驰,气候就有很大不同。不要说路上有雪,就是好天通过它,也得花费一点力气。

毛泽东坐的是中吉普,汽车走在崎岖的山路上,轮子打滑,走得很慢。他看见山路难行,就从中吉普上下来,徒步走在山路上。同他一起来的周恩来、任弼时，也下车走在毛泽东后面。

他们时而乘车，时而步行，用了不少时间，才翻山越岭，过了龙泉关。

4月10日傍晚，在离城南庄五六里远的地方，我们迎上了毛泽东的车队。同毛泽东一起到城南庄的，除了周恩来、任弼时外，还有一些随行工作人员，我把他们迎进了小院。

那时候，毛泽东显得有些疲劳。听说，他从重庆回来时，身体就不太好。前一段，又在陕北拖了一阵子，身体没有得到恢复。但是，看上去精神倒不错，我们希望他在城南庄期间，能够休息一下，恢复健康。

毛泽东住下之后，就忙起来了。按他的老习惯，晚上彻夜办公，直到第二天凌晨。我知道在白天睡眠是睡不踏实的，为了让毛泽东休息好，在他睡眠的时候，我们尽量不去干扰他。

过了两三天，周恩来和任弼时离开了城南庄。因为党中央机关设在西柏坡，他们到那里安排工作去了。

毛泽东同我住在一起，每天都有接触，经常谈一些问题。有一次，他越谈兴致越浓，同我进行了彻夜长谈。

这次谈话的内容，有许多已经记不得了，有些则至今记忆犹新。

看来，毛泽东对晋察冀边区的群众有颇为深刻的印象。他说，一过龙泉关，觉得群众很热情，就好像当年在江西到了兴国一样，群众都是笑逐颜开。他回忆说："在抗日战争开始的时候，我们就是要试一试，在敌后究竟能不能站得住，结果你们在敌后还是站住了。"

我对毛泽东说："我们能不能站住脚，关键是执行党的政策，把一切抗日力量团结起来。"

接着，我们的谈话内容，就集中在过去执行政策上的经验教训。我们回顾了在江西中央革命根据地的时候，由于王明的错误路线，实行了许多"左"的政策，结果在根据地周围，造成了严重的赤白对立，我们每向外走一步都有困难，这是自己孤立了自己，自己捆住了自己的手脚，给革命造成了很大损失。

我对毛泽东说："我们在建立晋察冀抗日根据地的过程中，接受了这个历史教训。我们认真执行了党的抗日民族统一战线政策，广泛地团结了各阶层的群众，再没有出现那种对立情况。所以，我们到处都可以走，自由得很，安全得很。每到一个地方，群众都欢迎我们，工作起来，非常方便。"

关于当时的中心工作土地改革问题，我们也谈了许多。

我向毛泽东汇报了晋察冀的土改情况，和土改中出现的一些问题。我说，在土地改革问题上，有人批评我是右倾，原因就因为我没有搞"左"的那一套。那时候，有的地方出现了消灭地主、富农的现象，这种做法是错误的，不符合中央的土改政策，我们不能那样子搞。过去，在王明路线时期，地主不分田，富农分坏田，甚至侵犯中农利益，这个教训太深刻了，无论如何不能再重复了。根据中央的指示，我们在根据地先平分土地，然后再进行复查，发现了问题，就用"抽肥补瘦，抽多补少"的办法解决，对地主不搞"扫地出门"那一套。因为我们搞土地改革，是要消灭封建的剥削制度，消灭地主阶级是消灭他的剥削，不是从肉体上消灭他们。所以，我们在平分土地的时候，对地主、富农一样看待，该分给他们多少土地，就分给他们多少土地，使他们能够自食其力。

毛泽东对我说："斯大林曾经讲过，苏联当年搞富农吃了亏，我们应该记取这个教训。"

我对毛泽东说："有的人还主张挖浮财，我说不能强调挖浮财。因为经营工商业的，有地主，有富农，甚至还有中农。对此，在工商业上你很难分得清楚。我们党的政策是在土改中不损害工商业，这是从革命利益出发的。尤其是在战争时期，我们可以通过工商业者，从敌占区买回需要的东西，如果我们强调挖浮财，必然损害他们的利益，就把这条渠道挖掉了。"

毛泽东完全同意我上面的意见，批评了那些错误的做法。除了谈土地改革的问题，我们还谈了抗日战争时期实行的减租减息政策。毛泽东充分肯定了这一政策的作用，后来在解放战争的后期，我军打到蒋管区的时候，以及建国初期，还是先实行减租减息政策，然后再进行土改。

谈罢土地改革问题，已经过了午夜时分。可是，毛泽东毫无倦意，他还要我搞一点酒来。

我让警卫员搞来一点酒，又搞来一点菜，同毛泽东继续畅谈。

我陪着毛泽东，边喝边谈。从土地改革问题又谈到王明路线、党内斗争、遵义会议和《关于若干历史问题的决议》……

最后，毛泽东谈了对解放战争的想法。他说："抗日战争打日本，是要持久的；解放战争打蒋介石，不能拖得太久，解决得越快越好，这样对我们有利。第一步，先解决东北、华北。为了引开国民党的力量，让刘、邓大军出大别山，陈、粟大军打过长江去。第二步，一野到西北、西南去。华北除抽调部分兵力增援西北、西南外，其余部队仍留在华北地区，准备在华北搞两三个兵团。那时候，因为华北大部分地区已经解放了，敌人只固守着几个城市据点，部队建制用不着那么大，待解决了东北敌人之后，再解决华北剩下的城市据点。"这就是当时毛泽东对战争进程的一些设想。

我们结束那次谈话的时候，村里已经是鸡鸣报晓了。

关于陈、粟大军打过长江去的问题，后来粟裕同志来见毛泽东，提出过长江有困难。我听了这个意见之后，曾经向毛泽东建议，他们可以先在黄河以南作战，同样可以拖住敌人的力量。毛泽东同意了这个建议。

在这次谈话之后，有一天毛泽东问我，因为他的身体不太好，斯大林要他去苏联休养，他是去好，还是不去好？

我说："斯大林邀请你去莫斯科，这固然是一番好意，如果主席要去的话，我们可以护送到东北。但是，如果主席征求我的意见，我觉得还是不去为好。因为根据现在的情况，护送主席到东北，一般说没有问题，不过处在战争环境，难以有绝对把握。其次是你现在的健康状况已经相当差，再长途跋涉就更不利，请主席三思。"

毛泽东听了我的意见，表示考虑一下再作决定。后来，毛泽东决定不去苏联了。

在城南庄，毛泽东虽然身体不好，但仍然日理万机，精神感人。这年五一，毛泽东亲自起草了召开全国政治协商会议的通知，指示我用电话口述给在西柏坡的周恩来。以后中央将这个通知通电全国，许多爱国民主人士热烈响应，纷纷由蒋管区或国外通过各种渠道来到了解放区。这对扩大统一战线，进一步发展当时的大好形势起了重要作用。

他还回忆说：

党的八届十二中全会刚闭幕，我就因为肺炎发高烧和心脏病复发，住进了解放军总医院。

有一天，陈毅来到我的房间，很愤慨地对我说："聂老总，我看到那个简报，毛骨悚然，心都冷了，真为你捏一把冷汗哟！"

我一时摸不着头脑，问他发生了什么事，他把大致的情形告诉了我。过了两天，我在医院也看到了家里送来的这份简报。

原来，在八届十二中全会上，江青对我没有别的文章可做，就在会后别有用心地补发了一份会议简报。这份简报上登有江青的发言，她竟歪曲事实真相，诬陷我蓄意谋害毛泽东。江青发言的大意是，1948年，毛主席刚到阜平县城南庄，不几天就遭受敌机轰炸，炸死了许多人，毛主席险些遇害。事后查明，这是有人阴谋暗害毛主席，指挥敌机轰炸的特务电台就设在军区司令部，后来又把同此事有关的特务分子处决灭口。

我听陈毅说的时候，心里就很坦然，付之一笑。

我对陈毅说："你放心吧！这件事，毛主席最清楚。那次敌机轰炸城南庄，包括当地人民群众在内，没有伤亡一个人。"

看了那份简报，我觉得江青这个人阴险毒辣，当面不说，背后却来这一手，好在毛泽东最清楚事情的经过，我也就没有理睬她。

那次敌机轰炸城南庄的准确时间,我已经记不清了,大约是1948年5月初。

多年来,我养成一种习惯,每天早晨,按时起床。起床后,第一件事是出去散步,第二件事是收听广播新闻,然后才去吃早饭。

那天早晨,收听完广播,我正在吃早饭,听到有机群的轰鸣声,这时我思想上特别警惕,因为毛泽东住在这里,必须对他的安全绝对负责。

我急忙走到院里,敌机的隆隆声,越来越大了。

我循着声音望去,有一架敌机已经飞来了,在城南庄上空盘旋侦察。接着,后面传来一阵轰鸣,声音很重,不多时又飞来了两架敌机,这时已经看清楚是B-25轰炸机。于是,我快步向毛泽东的房间走去。

由于毛泽东通宵工作,我走到他屋内的时候,见他身穿蓝条毛巾睡衣,正躺在床上休息。我以很轻而又急切的声音说:"主席,敌人飞机要来轰炸,请你快到防空洞去!"毛泽东坐起来,若无其事,非常镇静,很风趣地对我说:"不要紧,没什么了不起!无非是投下一点钢铁,正好打几把锄头开荒。"

不知什么时候,参谋长赵尔陆也来了,他站在我的身后。我看毛泽东不想进防空洞,心里急了,一连几声地说:"主席,敌人的飞机来了,你必须立刻离开这里,我要对你的安全负责。"

可是,毛泽东坐在床上,还是不愿意走。

我想不能再迟延了,就当机立断,让警卫人员去取担架。取来担架以后,我向赵尔陆递了个眼色,便把毛泽东扶上了担架。我们俩人抬起担架就走,在场的秘书和警卫人员,七手八脚地接过了担架,一溜小跑,奔向房后的防空洞。

江青害怕,一听到飞机声,早就跑了,等我们抬着毛泽东走进防空洞时,她已经在防空洞里了。

我和毛泽东刚走进防空洞,敌人的飞机就投下了炸弹,只听轰轰几声巨响,我们驻地的小院附近,升起了一团团浓烟。

这次敌机轰炸城南庄,一共投下来五枚炸弹。一枚落到驻地的东南,一枚落到房后山坡上没爆炸,一枚正落到小院里爆炸了。其余的两枚炸弹落到了离驻地较远的地方。

敌机投完炸弹,就飞走了。我出来一看,敌机投下的是杀伤弹,我们小院里别的房子完好无损。但是,毛泽东住的那两间房子,门窗的玻璃震碎了;房里的两个暖水瓶,被飞进去的弹片炸碎了;还有买来的一些鸡蛋,也被弹片崩了个稀烂。看到这些,我心里未免后怕起来,如果不是我们当机立断,事情的后果是不堪设想的。

这件事情发生后,我反复地思考,毛泽东来到城南庄,已经有一段时间了,虽然我们加强了保卫工作,也有可能传出了消息。但是,我们对毛泽东住的地方,进行了严格的控制,除经过审查的服务人员外,一般人不会知道准确位置。而从敌机轰炸的情况来看,敌人不但知道毛泽东来了,还知道毛泽东住的地方,所以,我怀疑内部有奸细。

为了保证毛泽东的安全,应该让他离开城南庄,到一个安全可靠的地方才好。什么地方安全呢?我想起了在抗日战争时期,我们军区曾经住过的一个小村子花山。花山在城南庄以北不远,很隐蔽,我觉得这个地方是很适宜的。

第二天,我吃完早饭,便把这个想法报告了毛泽东,他表示同意。这样,毛泽东搬到花山去住了几天,就转到了西柏坡。

敌机轰炸城南庄这件事,保卫部门查了许久,一直没有解开这个谜,有几个被怀疑的对象,也缺乏应有的真凭实据,只好把这件事搁了下来。直到解放了大同、保定,通过查阅敌伪档案,才把这个案子搞清楚。

原来,当时军区司令部管理处,在王快镇开设了一个烟厂,这个厂的经理孟宪德,不知是在什么时候,被国民党特务收买了,暗中加入了特务组织。以后,他把军区司令部小伙房的司务长刘从文也拉了进去。这两个家伙被任命为上尉谍报员,他们除了向敌人提供情报外,孟宪德还曾经把几包毒药,亲手交给了刘从文,命令他寻找适当时机,把毒药放在我和别的领导同志的饭菜里,企图毒害我们。但他由于害怕被发现,没敢下手,这个阴谋没有得逞。毛泽东来到城南庄之后,我指派专人给毛泽东做饭,采取了比较严密的防范措施,其他人员无法接触,这就保证了毛泽东的安全。

这个案子查清楚了。敌机轰炸城南庄,是孟宪德、刘从文给敌人送的情报。经查对,犯罪证据确凿,罪犯供认不讳,由当时的华北军区政治部副主任张致祥主持,经过正式审判,依法判处了死刑。案件报到我这里,我看一切都符合法律手续,就批准枪毙了这两个特务。[8]

关于毛泽东在城南庄遇险的情况,李银桥也回忆说:

毛泽东带领中央机关乘车离开双塔后,一路视察各解放区的工作。在山西兴县蔡家崖听取西北军区司令员贺龙和政委李井泉的汇报;在晋绥干部会议上作了重要讲话;接见了《晋绥日报》的编辑人员,勉励他们努力办好党报。登雁门关凭吊古迹。在代州府谈土改,风雪之夜上五台山,游览了这里的著名寺庙,终于来到华北军区司令部所在地——河北省阜平县的城南庄。

4月中旬,毛泽东在这里召开了重要的军事会议,与朱德、周恩来、任弼时、陈毅、粟裕、李先念、张际春等同志共商军情大事。

会议开了十天。结束后,送走与会人员,毛泽东很兴奋,没有休息,给挺进大别山创建根据地的刘伯承、邓小平拟了一份长长的电报稿,还起草了召开全国政治协商会议的通知。

写完通知，天已蒙蒙亮。毛泽东到院子里散步，扭扭腰，扩扩胸，做几下深呼吸。回屋将笔砚和文稿收起来，说："银桥，我休息啦。"

我取出两片安眠药，斟水请他服下。

我照顾他躺下，坐在一边替他轻轻按摩两腿。他工作量太大，休息极少，按摩可以帮助他尽快消除疲劳。

他躺下必看一会儿书报。半小时后，他将报纸朝枕边一放，眼睛合上了。我明白，无须再吃第二次安眠药了，便蹑手蹑脚退出屋。

华北军区司令员聂荣臻也起来了，散了一会儿步回来，同江青聊着什么。他们每次见面都要握握手，彼此很客气。但是话不是很多，礼节性地聊过几句，聂荣臻便回自己屋里去了。他过去住的房间腾给了毛泽东和江青，自己搬到了后面一排房。

就在这时，城南庄北边的山顶上，防空警报突然响了起来。我心里"咯噔"一下，紧张得屏住呼吸，睁大眼睛仰视天空。

城南庄和延安不一样：延安是窑洞，石头砌的；城南庄是平房，没有窑洞厚实。在延安时，敌机一进陕甘宁边区，电话就打到延安，延安可以及时拉警报防空袭；城南庄距北平（今北京）很近，而且只能在山头上发现了敌机时才能拉警报，时间已经很紧张，毛泽东的住房距防空洞30多米，动作慢了便有危险。

我心里焦急，徘徊在毛泽东屋前。按理说，有备无患，应叫起他进防空洞，但毛泽东历来日夜工作，休息很少，睡觉尤其困难，有时甚至吃两次安眠药都难以入睡。所以，一旦睡着，谁也不忍心惊醒他。

警卫排长阎长林踮着脚跑过来，急风急火，又是小心翼翼，压低嗓子问："怎么办？怎么办？叫不叫醒老头儿？"跟随毛泽东时间久了，警卫战士之间谈话时，就亲切地称毛泽东为"老头儿"。

正拿不定主意，三架敌机已经临空，就在我们的头上盘旋。我们一个个呆若木鸡，竟不知所措。幸好敌机转了两圈儿，哼哼着朝保定方向飞走了。

但我们马上意识到：这三架敌机是侦察机，轰炸机随后就会袭来。而军区大院建在村东空旷之处，盖的是一排排整齐规矩的平房，目标明显，早被敌机侦察到了！

我们去请示江青，她也不知怎么办。聂荣臻派他的秘书范济生来参加研究，商量的结果是暂不惊扰毛泽东，我们先作好一切防空准备，把人员组织好，守在毛泽东门口，担架放身边，一旦再拉警报，就说明是轰炸机来了，可以抬上毛泽东往防空洞跑。

正是吃早饭的时间，有人来叫我们轮流去吃饭，可谁也不肯去。

8点多钟，北山上的防空警报器又拉响了，那声音如雷一般在我们心中轰鸣。再也不能犹豫！阎长林喊了声："照彭老总说的办！"说时迟，那时快，我已破门而入。

撤离延安时，彭德怀曾对阎长林讲："关键时刻，在危急情况下，不管主席同意不同意，你们把他架起来就跑，到了安全的地方再讲道理，主席会原谅你们的。"

"主席，主席，有情况！"我冲到毛泽东床前，叫道。

"哪个？"毛泽东被惊醒，蒙眬着两眼望着我。阎长林已经不容分说，扶他坐起身，大声报告说："主席，敌机要来轰炸了。刚才已经来过3架侦察机，现在防空警报又响了，肯定来的是轰炸机，请主席赶快到防空洞去！"

阎长林报告的时候，我已匆忙抓来棉袄，给毛泽东披上。

毛泽东终于明白了眼前发生的事情。可是，他竟然毫不在意地说："给我拿烟来。"

"主席，来不及了！"我忍不住大声叫了起来。

毛泽东仍不慌不忙地问道："丢炸弹了吗？"

阎长林急得跺脚，说："刚才是侦察机，没有丢炸弹。这次来的是轰炸机，一来就会丢炸弹，丢下来就跑不及了……"

毛泽东皱起眉头，说："丢炸弹有什么了不起？先给我点一支烟吸。"

"快快快！"江青神色惶惶，上气不接下气冲进来，在门口喊道，"飞机下来了！飞机下来了！"话没喊完，她身子一闪，皮球一样跳出屋，远处继续传来她紧张急迫的叫喊："走走走！"

情况万分紧急！我不管三七二十一，粗鲁地将手一下子插入毛泽东腋窝下，阎长林、石国瑞和孙振国一道搀扶毛泽东向防空洞跑。

聂荣臻司令员催促道："快呀！快呀！飞机要丢炸弹了！飞机要丢炸弹了！"

跑出门几步，头上一阵尖啸，我们本能地一缩脖子，朝后倒步。还没弄清是怎么回事，脚下的黄土地猛然一颤，一声钝响，我们全都惊呆了。

"啊！"江青在远处喊。

天哪，三颗炸弹捆作一束，就落在房前，伸手可及！

冷汗唰地冒出来，我们4名警卫人员不约而同地喊了一声："快跑！"搀扶毛泽东朝防空洞猛冲。

"快呀，快！飞机又丢炸弹了！"聂荣臻在防空洞那边挥手呼唤。

我们的步伐更急了，可毛泽东连连说："放开，我不要跑了。"

这时，我们已跑出军区大院后门。接近山脚的防空洞时，身后轰隆隆一阵巨响，敌机丢下的炸弹在院子里爆炸了。黑烟滚滚，弥漫半个天空。

"不要紧了。"毛泽东说，"它轰炸的目标是房子，我们离开房子就安全了，还慌什么？"

"主席，到里边去吧。"我催促道。

毛泽东站在洞口不往里走，说："给我点支烟吸，我还没吸烟呢。"

敌机飞走后，我们跑回大院，发现落在毛泽东门前的3颗捆在一起的炸弹没有爆炸。毛泽东很想去看看，大家不允许。他争不过我们，只是从院子里走过时，远远望了一眼。

我们都去现场看了，炸弹落在院子里成梅花形，四周围的都炸了，恰好中间那卡在一起落在房前的三颗炸弹没有爆炸。敌机投下的是几颗杀伤弹，屋里飞进了不少齿状弹片，桌椅上落了厚厚一层灰尘土块和砖瓦片。两个暖瓶全震倒打碎了，水流一地。床椅也有损坏。见此情景，我们都有些后怕。要是那三颗炸弹爆炸了，要是我们动作再慢一步，要是朱德、周恩来、任弼时、陈毅、粟裕、李先念等首长再晚走几天，那后果就不堪设想了！

聂荣臻司令员神色严厉地思考着，询问军区保卫部许部长："飞机轰炸时，有没有敌特活动？"

许部长说："现在还没有发现敌特活动。不过，今天飞机来轰炸，肯定有特务告密。主席、朱总司令、周副主席、任弼时等中央首长在这里住了20多天，敌人肯定得到了情报才来轰炸的。"

聂司令员说："肯定是有坏蛋告密，你们要抓紧破案！"

后来，我军解放保定，从敌档案查获，这次敌机轰炸城南庄，果然是有特务告密。

毛泽东在城南庄召集中央工作会议，首长们来了许多。华北军区后勤部所属大丰烟厂的副经理孟宪德是一名国民党潜伏特务。他得知中央开会的消息，就急急忙忙来到军区司令部小伙房司务长刘从文家里。刘从文在毛泽东来城南庄之前刚被孟宪德拉入特务组织，他们密谋往饭菜里下毒，毒死中央首长和聂荣臻司令员。可是聂荣臻派了专门的可靠人员为毛泽东等中央首长做饭，防范很严，特务分子无法接近。何况，凡送毛泽东吃的食品，总要先经我们卫士之手，他们根本无法实现毒死毛泽东等中央首长的阴谋。无奈，他们商量之后便传送情报，让敌人派飞机来轰炸城南庄。

情报送到了保定特务机关，又向蒋介石的保密局做了详细汇报。保定的特务机关转向北平的特务机关作了报告，于是，国民党军队派出了轰炸机轰炸城南庄。

案情大白后,由华北军区政治部副主任张致祥主持召开了公审大会,枪毙了这两个罪大恶极的特务分子。[9]

李银桥还回忆了这样一件事。他说:

还在花山村居住时,一天上午,聂司令员对我们说:"除了岗哨,你们都坐车到后勤供给部去,他们要给你们发衣服和鞋袜。"

……

下午,聂司令员领一个人来到毛泽东房间,说:"这位是裁缝师傅,给主席量体裁衣来了。"

毛泽东对聂荣臻说:"我听你安排。"

一见也要给毛泽东做新衣,而且还给师哲同志(中共中央办公厅副主任;俄语翻译)量了尺寸,我心中多少有了点底。看来是要跟苏联人打交道了,师哲是俄语翻译嘛。

在这之后的一天,我们随毛泽东去爬山。这是我们同他聊天的时机,上自天文地理,下至鸡毛蒜皮,谈什么都行,提什么问题,毛泽东都会回答,话题自然又扯到做新衣服上了。

警卫排长阎长林说:"我猜是要到苏联去。"

"你怎么能想到要去苏联呢?"

"没有特殊行动,主席不会做新衣服,我们警卫排也不会发那么好的衣服。"阎长林分析着,"而且,主席说有些问题要向斯大林解释清楚的呀。"

我也跟着说:"主席身上的衣服全是补丁摞补丁,小韩补都补不住,可就是不肯换新的,说节约一件衣服,前线就可以多几颗子弹。这次主席答应做新衣服,肯定是去苏联,在国内,主席才不在意穿什么衣服呢。到苏联可以让斯大林多援助我们一些武器,早点儿打倒蒋介石,建立新中国。"

毛泽东笑了:"哈哈,叫斯大林援助武器就不如叫美国多援助蒋介石,蒋介石是我们的运输大队长,给我们送武器不要收条,也不要钱,那多好啊。"

我们都笑了。我说:"那也得跟斯大林说说,请他们跟蒋介石断绝关系,不要给蒋介石武器了。援助中国,就直接交给我们……"

阎长林跟着说:"对,可别再像抗战时那样,援助中国的武器,蒋介石不但不分给我们一些,还用这些武器打我们。"

现在人们都知道了,毛泽东所开创的中国革命的道路,曾经不被斯大林所相信。为此,他想亲自去苏联说服斯大林。

可是,由于中国革命形势发展迅速,与蒋介石的大决战就要开始,不能没有毛泽东指挥。加之去苏联路途遥遥,困难重重,毛泽东未能成行。

1948年7月1日,王明来找毛泽东。那天正是我值班。

王明个子不高,四方长脸,白净面皮。我在很久以后才听说,他是很受斯大林赏识的。

我在院门口迎住王明,问他有什么事。

他说:"我要见主席。"

当时毛泽东没有什么大事缠身,我点点头:"请跟我来。"

我对王明礼貌,但是不热情。毛泽东曾经告诉过我:"此人曾经想要我的命呢。"后来我又听人说,早在红军时期(1927—1937年),王明他们就整过毛泽东。

毛泽东正在批阅文件,听到响动,抬起头,看见了王明,便从办公桌后站起身,绕出办公桌同王明握手,请王明坐在沙发上,自己坐到那张藤躺椅上。

毛泽东与亲密战友相交是很随便,不拘礼节的。比如朱德、周恩来、刘少奇、彭德怀等人进来,他会继续办他的公,招呼一声即可。只有对疏远的人才会表现出这种客气与礼貌。

两个人寒暄之际,我便出去沏茶。毛泽东待客就是清茶一杯。

送茶进去时,我听王明说:"《关于若干历史问题的决议》我还是想不通,有些意见我还要向中央陈述,要跟你谈谈……"

毛泽东面无笑容,严肃倾听。我明白气氛不适合我留下,放下茶水便悄悄退出。

回到值班室不久,他们的谈话声便越来越大。终于,变成了争吵。我跑出值班室去听,是争论《关于若干历史问题的决议》,牵扯到共产国际、苏联和国内许多人许多具体事件。毛泽东用浓重的湖南口音大声说的一句话我记得很清楚:"到现在了你还想不通啊?现在快胜利了,你还没有一个反省?"

那时,江青是毛泽东的行政生活秘书。我忙到江青房间向她报告,并提议:"要不,请周副主席来?"

江青点点头:"那就叫恩来去听听。"

我请来了周恩来,随他一道轻手轻脚走到窗口下。刚听了两句,他就回过身,一边挥手,一边用眼色示意:去,你下去,不要在这儿听。

我又蹑手蹑脚退下来。

周恩来俯身静静地听了很久。后来争吵声低落下来,王明的口气是要告辞了,周恩来迅速敏捷地避到江青的屋里去了。

王明板着面孔离开不久,周恩来便走进了毛泽东的办公室。……[10]

毛泽东在城南庄还召见了第3兵团司令员杨成武。杨成武回忆说:

晋察冀野战军在察南战役后,于4月上旬在蔚县、广灵、阳高集结待命,准备向冀东挺进。4月15日,接到聂司令员电报,指定要我立即到阜平县城南庄军区司令部，说有要事相商。我于4月16日、17日，乘汽车赶到。

……

一进军区司令部的门，军区参谋长赵尔陆就对我说："毛主席来了，他有事和你商量。"

我立即洗脸、吃饭。之后，聂司令员带着我和赵尔陆同志去见毛主席。

毛主席和聂司令员合住一个院子，中间有一个过厅，毛主席住东房，聂司令员住西房。我跟着聂司令员走进毛主席的卧室。

毛主席当时已经休息，半坐半躺，和我握了手，说："成武，你来了，什么时候到的？"

"刚到。"我一边回答，一边瞅了瞅毛主席。看来，他身体不大好，有些消瘦，但精神很好。看到他，我非常兴奋，我已经11年没有见到他了。在这以前，我最后一次见到他是在红军大学毕业典礼上，那次他出席了毕业典礼，比现在要年轻得多，身体也好得多。……

我坐下后，毛主席问了部队的情况。他谈笑风生，非常兴奋。关于打大同、打集宁、清风店战役和石家庄战役，大的情况他都知道。对于一些具体问题，他也很感兴趣，问得很详细。

我一一作了回答，在汇报部队情况中，着重谈了刚刚结束的出击平绥线和察南战役的实施情况和经验教训。

毛主席听完我的汇报，给我谈了当前的大好形势。他说："解放战争已经转入到一个新的进攻阶段了。南线，刘邓大军强渡黄河，过陇海路；陈粟大军转入鲁西黄河南岸和豫皖苏地区；陈谢大军也渡过黄河进入豫皖鄂地区。北线，东北我军从去年春季攻势以后即转入反攻，经过夏季攻势和秋季攻势，东北敌人被孤立在长春、沈阳、锦州三点；陕北我军在沙家店消灭敌36师以后，也转入了反攻；晋察冀我军取得大清河北的胜利后，又取得清风店、石家庄的胜利，也转入了进攻。如今主动权掌握在我们手里，敌人处于被动地位。"

毛主席说完这些以后，提出了新的具体任务：让我负责，选一个我熟悉的、战斗力最强的师，由我带着，准备护送他到东北去。

在高度兴奋中，不知不觉，已经是夜间12点多钟了，我们这才离开。

我在军区司令部住下，聂司令员、赵参谋长和我连夜商量，挑选执行这项特殊任务的部队，决定调战斗力很强的第二纵队第四旅前往。挑选这支部队护送毛主席，我们是放心的。

接着，我们又研究了行动路线，选择了过平绥铁路的地点。

第二天吃过早饭，我们又到毛主席那里，报告了我们昨夜研究的情况，毛主席表示同意。我问他还有什么指示，他说没有了，我这才离开了城南庄。

我乘坐汽车，经曲阳、唐县、易县、涞源，回到"野司"驻地广灵县暖泉镇，即向"野司"前委汇报了在毛主席那里接受的任务，汇报了毛主席询问的各种情况。我们对护送毛主席的任务进行了慎重、仔细、认真的研究，统一了意见，然后呈报毛主席和聂司令员。

过了十几天，毛主席来了个电报：同我谈的任务撤销。

后来我从聂司令员那里知道，当时毛主席身体不大好，斯大林邀请他去苏联疗养。他原拟由我带一个旅护送他到东北，他从东北转赴莫斯科。关于这件事，毛主席曾与聂司令员商量，征求聂司令员的意见。聂司令员认为斯大林相邀固然是一番好意，但在那时还是不去为好。毛主席经过斟酌，决定不去苏联了。

毛主席在城南庄期间，召开了座谈会，研究、部署了1948年土改和整党工作，还和晋察冀、华东军区负责同志研究了军事形势和作战部署；提出了召开政治协商会议，成立民主联合政府的主张。5月16日，他移居花山村，后来到了西柏坡。

党中央和毛主席的到来，更加强了对华北的领导。毛主席这时作出关于反对无政府、无纪律的指示，号召学习马列主义，反对"左派"幼稚病。这些指示，对部队建设，对夺取解放战争的最后胜利是有着巨大意义的。

从毛主席到晋察冀，到全国革命的最后胜利不过是一年多的时间。这一年，中国历史上发生了史无前例的变化。毛泽东在晋察冀火热的斗争前线，纵观全局，统率全军，与蒋介石展开最后的决战。[11]

在城南庄，毛泽东主持召开了一次重要会议。李明华在《部署夺取全国胜利的一次重要会议》一文中写道：

1948年5月，中共中央在河北省阜平县城南庄召开了一次重要会议，即中央书记处扩大会议。由于这次会议的正式记录尚未发现，所见党史论著中的有关记述未能全面反映会议情况，笔者拟就近年看到的一些档案材料，对这次会议的情况及有关问题，作一述评。

1948年3月21日，毛泽东、周恩来、任弼时率转战陕北的中央机关，从陕北杨家沟出发，东渡黄河，向晋察冀解放区转移。他们在沿途听取了晋绥、晋察冀解放区领导人的工作汇报，并与部分县、区委书记座谈，调查了解各方面的情况。4月13日晚，中央机关到达河北阜平县城南庄。4月23日，周恩来、任弼时等先期前往西柏坡，与刘少奇、朱德领导的中央工委会合。

4月25日，毛泽东致电刘少奇、周恩来、朱德、任弼时，提出召开中央会议，并提出以下主要议题：1.陈粟兵团的行动问题；2.酌量减轻人民负担，大力发展工农业生产问题；3.社会各阶级的划分及区乡民主政权建设问题；4.中原及晋绥解放区的组织问题；5.邀请各民主党派及群众团体代表来解放区商讨召开人民代表大会并成立临时中央政府问题等。刘少奇收电后，又提议会议议题中列入华北、山东和华北财办的组织问题。与此同时，中央先后通知有关战略区领导人来城南庄参加此次会议。

关于会议时间，目前较多的说法是4月30日至5月7日。据周恩来、彭真、黄敬所作的会议笔记，有关人员全体参加的会议时间应是5月3日。至于这段时间内中央领导与各战略区领导之间的个别谈话或小范围会议是有的，亦可看作会议的一部分。

关于与会人员，从周恩来等三人的记录看，有刘少奇、周恩来、朱德、任弼时、李先念、陈毅、粟裕、彭真、聂荣臻、黄敬、罗瑞卿、薄一波等。毛泽东没有参加5月3日的会议。但会议的议题是毛泽东提出的，并且还把它归纳为"军队向前进，生产长一寸，加强纪律性"三条方针，会议正是根据毛泽东提出的这三条方针进行讨论研究的。

一、关于"军队向前进"

1948年初，毛泽东、周恩来、彭德怀、陈毅等根据战争局势的发展研究确定：第一步先派粟裕率华东野战军10万人组成东南野战军第1兵团，由宜昌、沙市一带南渡长江，在南方数省实行宽大机动作战，借以调动敌人回防江南，以减轻我中原战略区的压力，改变中原战局。同时组成以粟裕为书记的中共东南分局，并派干部随队过江，以便开展工作。[12]第二步是一年之后再由华东战略区抽出力量组建东南野战军第2兵团，由陈毅、邓子恢、张鼎丞率领续进东南，在国统区实行更大规模的战略展开。

粟裕在接受中央军委下达的任务后，在积极作南进准备的同时，深思熟虑，提出了我军先不渡江，而留中原作战、集中兵力在中原黄淮地区大量歼敌的意见。4月16日，粟裕首先就此致电刘伯承、邓小平征求意见。刘邓于4月18日复电表示赞同。粟裕又于4月18日致电中央军委，报告了他对战局的认识与建议，同时提出对淮河到长江派遣游击兵团，对江南派出远殖游击队为大部队渡江作准备等具体意见。

中央军委极为重视粟裕的意见，特电召陈毅、粟裕来中央商讨。在城南庄会议上，对渡江与否的问题进行了讨论，粟裕详细说明了自己的意见与建议的依据。经过研究，中央军委决定："目前粟兵团（1、4、6纵）的任务，尚不是立即渡江，而是开辟渡江的通路，即在少则四个月多则八个月内，该兵团加上其他三个纵队，在汴徐线南北地区，以歼灭5军等部为目标，完成准备渡江之任务。在此期内，由该兵团派出十个营附以地方干部，陆续先遣渡江，分布广大地区，发展游击战争。"同时指出："将战争引向长江以南……这是正确的坚定不移的方针。"

在暂不渡江的情况下,如何在中原黄淮地区大量歼敌,就成为向南发展中举足轻重的问题,会议就此问题进行了广泛的讨论。陈毅、粟裕、李先念汇报了我南线三军各方面的情况及目前存在的困难。朱德、周恩来指出:"现在总的方针就是继续向南发展,而且是必须向南,目前虽暂不过江,为的是在中原好好地打几个仗,尔后可派更多的大部队过江。"周恩来强调说:"不断开辟外线是坚定不移的方针,不管来自哪个方面的困难,都要把这个方针贯彻下去。"刘少奇指出:"为发展中原,中央要派大批干部到那里去工作,虽然在那里要遇到很大困难,但应义无反顾。因这些困难是前进中、发展中、胜利中的困难,比失败的困难不知要小多少,困难是不可避免的,又是可以克服的,必须强调克服困难。"毛泽东在会议期间指示说:"中原局的困难,是中国革命最大也是最后的困难,因此,中央在干部、兵源、财经等各方面都给予了极大的支持。当中原大局已定时,中国南方战线的战略决战时机便成熟了。"〔13〕

会议经过认真讨论,统一了战略思想,要求"全党全军均面向蒋管区,将战争引向更深远的敌后"。〔14〕在北线,主要是扫除敌人占据的平津、太原、临汾等城市,即拔钉子;在南线的主要任务是消灭敌人主力,用大力向南发展。总之就是要把战争进行到底,打出去,取得新民主主义革命的完全胜利。〔15〕

经过豫东战役到淮海战役的实践,完全证明在长江以北大量歼敌是更有利的,及至渡江战役"百万雄师过大江"的实施,都是城南庄会议关于"军队向前进"战略决策的不断完善和发展,充分证实了毛泽东关于"当中原大局已定时,中国南方战线的战略决战时机便成熟了"的远见卓识。这个战略决策的制定,是我党我军在重大问题的决策上既集中统一又高度发扬民主精神的典范。

二、关于"生产长一寸"

人民解放战争的深入发展,相应地需要人力物力的更大支援。当时解放区已感到物质和兵源的不足,人民负担过重,有的地方兵源已经枯竭,农村缺乏劳动力。毛泽东在对城南庄会议的指示中说:"一方面胜利欣喜,一方面担心民力负担不起,胜利不起,值得忧虑,要使后方农业工业上长一寸。"周恩来在传达毛泽东的指示时说:"所谓提高一寸,是比较的意思,过去破坏的赶快恢复起来,过去生产好的要搞得更好,今年的生产要比去年好。"

城南庄会议研究了如何用极大的努力发展工农业生产、减轻人民负担、更加巩固解放区、长期支援战争等问题,并就有关组织领导与各种政策及具体做法进行了讨论与部署。

(一)与会者对发展生产的意义、生产与支前的关系及加强领导的问题进行了讨论。任弼时指出："现在有相当数量的干部对生产的重要性认识不足，要好好作一番动员，使大家认识到在消灭封建社会以后，解放区的战略性任务之一就是要发展生产。"周恩来、刘少奇在发言中都讲到："我们搞土改、整党，逐步建立区乡人民代表会议的目的，就是为了促进与发展生产，生产并不是减弱支前，而是更有力的支前，增加生产是解放区一切工作的目标，是夺取胜利的保障。"中央于会后发出的指示中，将加强对生产的领导问题着重提了出来。毛泽东当时亦指出："一切后方党政机关担任领导工作的干部，虽然因支援前线、土改整党、征收公粮等工作十分繁忙，但必须每年拿出六个月以上的时间去组织与指导生产事业。"[16]

（二）指出在恢复与发展生产工作中，政策制定与执行的好坏与工作的成败有着直接的关系。会议总结了《五四指示》下发以来，中央及各地党组织在土改与整党等方面的政策措施及实行情况，进而对老区、半老区、新区等不同地区需要实行不同政策的问题进行了讨论。朱德、任弼时着重阐述了制定正确政策的重要性，指出政策制定的好坏，能决定我们倒蒋的快慢，只有正确地制定与执行政策，才能使倾向我们的人越来越多，胜利就有了把握。反之，如果在政策的制定与执行过程中出现这样或那样的失误，就会使胜利的时间推迟，因此必须极端重视这个问题。会议就发展工农业生产的有关政策进行了讨论。

周恩来、刘少奇在发言中，分别就整党工作与加强乡村政权建设中的具体政策问题指出："整党问题原则一般都定了，就是对党内成分不纯估计得高了一些，但大喊一声以提醒各地注意是有必要的。同时又不能过分，强调过分就成了唯成分论。机械地看待成分不对，不强调也不对，要把它摆在适当的位置。在乡村建政问题上，当前农村的中心问题是民主问题，首先要搞好农会、工会、妇女会组织，否则就没有民主制度的基础。在贫农团和农会基础上建立起来的区乡两级人民代表会议制度是一大创造，实行人民代表会议，大力发扬民主的基本目的就是为了发展生产建设。"刘少奇还提出要起草《区乡人民代表大会组织大纲》，从法律上确立这个制度。

会议还结合各方面意见，对中央于2月起草并发给各地讨论的《关于土地改革中社会各阶级的划分及待遇的规定（草案）》作了研究。会议经过讨论认为："这个规定中的基本观点与1933年苏维埃中央政府关于《怎样分析阶级》和《关于土改斗争中一些问题的决定》两个文件及中央《五四指示》以来发出的有关文件精神是一致的。1933年的两个文件除个别处外，于目前是基本适用的，不必再发《关于土地改革中社会各阶级的划分及待遇的规定》。"

关于新区政策和城市政策问题，是党在解放战争进入战略进攻后面临的一个重要课题。陈毅、粟裕、李先念等分别汇报了各个新区的工作情况。毛泽东就此指出,解放战争向前推进靠军事和政策两个方面,"政策对,任何地方可以站住脚,能扩大军事胜利效果"。[17]刘少奇、周恩来都指出:"在新区不能和老区一样,老区一切工作的目的是为了生产,而在新区及敌我拉锯状态下的边缘区,土改政策与打破旧秩序的政策就先不必提、不必做,待群众发动起来后再进行,这对维持地方秩序、组织好供给都有必要。对于城市不要破坏,不要把所有为国民党做事的都俘虏起来,只将军人、宪兵俘虏,逮捕罪大恶极的坏分子,坚决镇压搞暴动和破坏活动的坏分子,其他人员应令其维护秩序,为我所用。进入城市要张贴布告,开座谈会,让市民晓谕一切,遵守我们的法令。对于新区和城市的政策,必须采取严肃的态度,对违反政策的行为要实行纪律处分。"任弼时在会上就新区政策的调查研究问题发言说:"新区要注意总结经验,发现问题及时研究,领导干部要像渡黄河的舵手那样,善于掌握住方向,发现好的经验就及时推广,及时纠正和避免各种失误。领导干部要善于搞调查研究。"

会议经过讨论认为:"在新区必须充分利用抗日时期的经验,在相当长的时期内实行减租减息等社会政策,使农民得到实际利益;实行合理负担的财经政策,使地主富农多出钱,稳定社会秩序。这个阶段是任何新区都不可能少的,否则就要犯错误。只有待群众发动起来,战争已向远处推进,才能进入土改阶段。"[18]

(三)关于工业生产问题。随着人民解放战争的不断胜利,解放区的面积日益扩大,已经有了很多的小城市和中等城市,已经具备了一定的工业生产力量,在解放区还拥有大量的手工业及农村与城市的家庭手工业生产。前方作战所需的军械物资,除了取之于敌外,还靠解放区的工业生产提供。毛泽东当时指出:"目前在解放区提高生产,必须是农业生产与工业生产并重,这与以前的农业生产为重心的情况是有所改变的。"会议根据"发展生产、繁荣经济、公私兼顾、劳资两利"的方针,就解放区的工业生产问题进行了讨论。

周恩来在发言中说:"目前生产建设的方针是工农业并重,这是整个战略任务的组成部分。我们的干部过去对农村熟悉,今后要好好地学习工业。"刘少奇、彭真都指出:"新民主主义的经济是计划性经济,要注意搞好对生产的调查研究,以使经济更有计划性。在工业生产问题上,要注意公营与私营有相当的分工与计划,对小生产也要进行有计划的引导,以减少市场的盲目性。要注意工商业政策的实施问题。"朱德在发言中提出:"要提倡自己动手发展工业生产,这是一定可以做得到的,干部应首先带头,并充分利用机关的劳动力。"

(四)关于农业生产问题。周恩来在传达城南庄会议精神时说:"土改的目的是生产,如果我们不好好生产,支援战争就会受到影响。今天的战争是农民战争,我们主要依靠农村。粮食、器材、兵源是靠农村,人力、物力、吃穿是靠农村。现在我们的后方(老区、半老区)要好好加油生产。农民土改后翻身了,老靠分浮财不行,如果生产情绪不高,就算土改失败了。"

任弼时、彭真在会上指出:"在农业生产的具体问题上,首先是要确定地权,调整或改订农业税(公粮)的负担标准,确定负担力,这样才能使农民安心生产,这是搞好农业生产的前提。其次是在现有基础上提高农业生产力,即通过办训练班、农业学校提高生产技术水平,通过兴修水利等农田基本建设,达到增加生产的目的。"任弼时着重指出:"农业生产的增加,水利是主要因素之一,有无水利对农业生产的关系极大。再次,要在农村现有特定的条件下,组织好农业劳动力,提倡妇女劳动,搞好互助合作,并允许特定条件下的租佃关系,用一切力量尽可能增加生产。要认真研究如何使剩余劳动力组织起来,创造财富。"会议经过研究认为:提高农业生产,是土改后的中心工作,"生产长一寸"这个口号必须以许多实际步骤加以实现。会议还具体研究了发展农业生产的步骤和措施问题。

会后不久,5月25日,毛泽东起草了中共中央《关于1948年土改与整党工作的指示》《关于贯彻执行〈1948年土改与整党工作指示〉的指示》,全面阐述了城南庄会议关于"生产长一寸"的精神,布置了为实现这一战略任务而制定的各项措施。

城南庄会议精神的贯彻执行,极大地提高了群众的生产热情,使解放区的农业生产与工业生产得到了迅速恢复与发展。中共中央关于"生产长一寸"战略决策的制定与实施,保证了土改与整党的正确深入发展,极大地促进了解放区生产建设的提高,使人民解放军获得了巩固的后方和源源不断的人力、物力支援。几百万翻身农民走上前线,参加了伟大战略决战的后勤保障和战地服务工作,这在中外战争史上是绝无仅有的。陈毅曾说:"淮海战役的胜利是解放区人民用小车推出来的。"

三、关于"加强纪律性"

随着解放战争的胜利发展,人民解放军在各个战场相继转入战略进攻,有些原来被敌人分割的解放区已连成一片。在这种情况下,党需要在政治和组织上向统一化、正规化迈进,以适应领导全国范围的轰轰烈烈的大革命、大战争,这是实现夺取解放战争全面胜利的中心环节。

1947年底,中共中央杨家沟会议讨论提出了建立请示报告制度的要求。1948年1月7日,中央发出了关于建立报告制度的指示。但是,这些措施在各地并没有引起普遍高度的重视。事前不请示、事后不报告的无组织无纪律现象还比较严重地存在着。城南庄会议把反对无组织无纪律状态及酌量缩小地方权力问题作为一项重要议题。

城南庄会议前,毛泽东于4月21日就学习列宁《论共产主义运动中的"左派"幼稚病》一书作了批示:"请同志们看此书的第二章,使同志们懂得必须消灭现在我们工作中的某些严重的无纪律状态或无政府状态。"周恩来、任弼时在会议发言中都指出:"列宁在《论共产主义运动中的"左派"幼稚病》第二章所论述的布尔什维克成功的基本经验,在我们当前的情况下,应该引起特别的重视。革命形势的发展,使我们逐渐有了大城市和大块地区,这就要求我们必须加强党的集中统一领导,反对各种无组织无纪律状态,以符合夺取全国政权的需要。必须强调反对无纪律无政府状态,同时适当缩小地方权力,包括政治、经济、军事等方面。"周恩来提出:"要印发《共产主义运动中的"左派"幼稚病》第二章,使全党全军都注意研读这个问题。"刘少奇、周恩来都强调指出:"无政府状态的蔑视政策现象必须消灭,法令规定者必须贯彻执行,自由主义的态度要反对,那种在报告中故意夸大或隐瞒事实的现象必须改正。以后对任何区域严重违反纪律的行为都要给予处分,从组织上加强中央的统一领导。"

会议认为,首先应把政策的制定与宣传的权力集中于中央,对财经工作、军需后勤工作视各地具体情况实行必要的统一。

为了适应政治、军事形势的发展,从组织上保证中央战略决策的贯彻执行,会议根据中央拟议及有关战略区领导的建议,研究决定了中原、华北及晋绥解放区的组织、辖境和干部配备的具体调整方案。

(一)关于中原区组织问题。1948年4月,中原解放区的范围已包括陇海路以南、津浦路以西,长江以北到潼关、商县、洵阳乃至江陵以东广大地区,全区人口有4500多万,战略位置十分重要。3月间,中央与中工委对中原战略区的组织问题作了初步拟议。刘伯承、邓小平亦于4月20日和5月5日两次向中央建议,要求加强中原的领导力量,并具体建议陈毅、邓子恢等同志到中原工作。城南庄会议经过研究,决定调陈毅、邓子恢到中原工作,以邓小平、陈毅、邓子恢为中原局第一、二、三书记,以刘伯承、邓小平、陈毅、邓子恢、李先念、宋任穷、粟裕、陈赓等12人为委员。同时任命刘伯承为中原军区及中原野战军司令员,陈毅、李先念为第一、二副司令员,邓小平为政委,邓子恢、张际春为副政委。会议还决定中原解放区的辖境范围是,除华中解放区现辖境地外,凡陇海路以南、长江以北直至川陕边区,均属中原解放区。

(二)关于华北及晋绥区组织问题。1947年底,正太路、德石路及石家庄、元氏之敌被全歼后,晋察冀、晋冀鲁豫两大解放区已连成一片。如果两区合并，即可成为关内的基本解放区，既有利于统一领导，又可抽出大批高、中级干部去开辟新区工作，同时可以更好地组织和发动该区四千四百万人民进行大规模生产建设，为西北、中原、华东解放区提供更大的支援。因此，无论从哪个方面考虑，两区合并都势在必行。1948年2月，根据刘少奇建议，毛泽东委托中工委召集有关战略区负责人开会，初步拟订了两区合并为华北解放区的方案。

城南庄会议根据中央拟议，对华北区组织问题作了进一步讨论。刘少奇指出："革命形势的发展，要求我们强调统一和正规，在统一化和正规化方面要先从华北做起。"与会者认为中央拟议是适时的、正确的。会议决定，晋察冀与晋冀鲁豫两解放区合并为华北解放区，原隶属于晋冀鲁豫之豫皖苏地区改隶于中原解放区，原属太岳区沿同蒲路自赵城、洪洞（均含）以南直至蒲州以及路西各县，划归晋绥解放区管辖；原属晋绥之太原附近各县划归华北。原两区中央局合并为华北局，以中央书记处书记刘少奇亲自担任华北局第一书记，薄一波、聂荣臻分别为第二、第三书记，以刘少奇、薄一波、聂荣臻、董必武、彭真、叶剑英、徐向前等17人为委员。原两大军区合并为华北军区，以聂荣臻为司令员、薄一波为政委。原两边区政府合并为华北联合行政委员会，以董必武为主席。并准备召集华北临时人民代表大会，正式成立华北人民政府。华北局成立后，受中央委托筹办大党校、大军校、大党报及华北大学，为党培养干部、人才。中央特意安排了许多高级干部参加华北党、政、军组织的领导，为我党我军在政治、军事及政府行政组织方面向统一化和正规化方向迈进作了准备。根据会议精神，于同年8月选举成立的由党内和党外人士组成的华北人民政府，就是行将诞生的新中国中央政府的雏形。正如刘少奇在5月20日华北局成立会上所说："我们在华北的工作是锻炼干部，取得成熟的经验，以为全国取法，进而领导全中国。过去陕北是红军的落脚点，以后从陕北出发，走向华北，今天我们要从华北出发，走向全中国。"

四、关于新政协问题

我党在领导全国人民进行新民主主义革命的过程中，始终把统一战线工作作为战胜敌人的法宝之一。自国民党反动派撕毁旧政协协议，发动全面内战以来，我党在领导人民进行武装斗争的同时，总结了土地革命以来的经验教训，开展了广泛深入的统一战线工作。在人民解放战争即将进入第3个年度，战略决战就要到来的时刻，召开没有反动派参加的新的政治协商会议，商筹新中国建国大计的问题已提到党的议事日程上来。

城南庄会议讨论了召开新的政治协商会议问题。4月30日，中央发出了纪念五一劳动节口号，号召打到南京去，推翻国民党反动统治，联合工农兵学商各被压迫阶级、各人民团体、各民主党派、各少数民族、各地华侨及其他爱国分子,组成民族统一战线,迅速召开新的政治协商会议,讨论并实现召集人民代表大会,成立民主联合政府。周恩来在会上及会后指出:"提出召开新政协的口号,从形式上看是恢复1946年1月政协的名称,但性质和内容都不同了。五一口号是行动口号,不是宣传口号,这是今天形势发展的趋势,全国人民的要求。会议召开的时间大致不会超过明年,待北面打成一片后召开。"刘少奇指出:"目前,召开新政协的国际国内形势已经成熟,我们先提政协这个口号,可以起号召作用。要争取90%的人,团结一切可以团结的力量。中国共产党在全国人民中取得50%以上的拥护是没有问题的,其他任何政党都没有我们这个地位。"会议还就新政协的阵容、组织形式等问题进行了研究。5月1日、7日,中央致电上海局和香港分局,要求征询在沪、港等地的民主人士对于召开新政协的意见,并邀请冯玉祥、李济深、何香凝、柳亚子、谭平山、沈钧儒、史良、郭沫若、茅盾、陈嘉庚、黄炎培、张澜、许德珩、吴晗、雷洁琼等民主人士来解放区商讨新政协问题。

中共中央五一口号发出之际,在南京由国民党一手包办的所谓"行宪国大"草草收场。各民主党派、人民团体及海外爱国华侨纷纷响应我党五一口号,指斥伪"国大",形成了声势浩大的新政协运动。

城南庄会议关于召开新政协的安排部署和随之而兴起的新政协运动,使党所领导的革命统一战线更加扩大和巩固,更加孤立了国民党反动营垒,与人民军事斗争相配合,加速了蒋家王朝的土崩瓦解。[19]

城南庄遇险不久,毛泽东迁往西柏坡,与先行到达这里的刘少奇、朱德、周恩来、任弼时会合。

李银桥回忆说:

敌机轰炸城南庄后,聂荣臻司令员安排毛泽东转移到花山村居住。这里山清水秀,环境清幽隐蔽。

1948年5月26日,毛泽东离开花山村,乘车向党中央和解放军总部的所在地西柏坡前进。这是他惜别陕北后长途行军生活的最后一天。汽车一直在太行山脚下奔驰着,太阳快落山的时候,就到了目的地。

西柏坡是一个小山村,滹沱河水从村前急促地流过。沿滹沱河西上,就是巍巍太行山脉,顺河东下是华北大平原。西柏坡地处河北平山县境内,距离石家庄近100公里。

这一带是老革命根据地。1947年3月,胡宗南大举进攻陕甘宁边区时,朱德和刘少奇就率领中央工委来到西柏坡。不久,董必武等也来到了这里。1948年4月下旬,城南庄会议后,周恩来和任弼时等也到了西柏坡,与朱德、刘少奇会合。如今，毛泽东又来到了这里。这样，毛泽东、朱德、周恩来、刘少奇、任弼时五位书记，在西柏坡会面了。

我们没有到达西柏坡以前，周恩来已经把毛泽东住的地方安排好了，并亲自察看了毛泽东的住房和周围的环境。因此，当毛泽东乘汽车一进西柏坡村的大院，中央机关办公处副处长叶子龙就把毛泽东领到了住处。这个院里有两间北房，一间大约16平方米，是卧室，里面放着一张双人木板床、一个小沙发、一个茶几、一个小衣柜。相通的一间房子大一些，约20平方米，是毛泽东的办公室，里面放着一套沙发，还有圆桌、茶几和一张藤躺椅，墙上挂满了地图。

另外，这个院里的两间西屋和两小间南屋，则是毛泽东的书房和江青以及李讷住的地方。前院还有水房和卫士值班的两个房间。

在毛泽东住处的北面，是周恩来和任弼时的住处，南面是朱德和刘少奇住的地方，离这里都很近。

住下以后，叶子龙说：“这一带有好几个村子，每个村子里都住着中央机关的工作人员。这里的老百姓非常好，为了解决中央机关的住房问题，老百姓都克服了困难，宁肯自己挤着住，也要把房腾出来。这一带老百姓的觉悟很高，如果有什么事情，只要我们一提出来，他们就坚决去办。他们知道，现在离全国解放的日子不远了，个个都非常高兴，都愿意为最后彻底打败国民党反动派贡献力量。”

毛泽东听后，高兴地说：“我们在陕北的时候，陕北的老百姓非常好。我们到了河北，河北的老百姓也非常好，越是这样，我们越要努力工作，争取解放战争早日胜利。等革命成功了，让老百姓都过上好日子。”

农民家庭出身的毛泽东，无论走到哪里，都惦记农村、惦记农民。

来到西柏坡后，一天，我们随毛泽东到村外散步。毛泽东看到这里的麦子和水稻长势很好，非常高兴，对我们说：“这里的庄稼比阜平城南庄的庄稼长势更好，看起来这一带可能富裕些。”

在滹沱河边，毛泽东看到河床很宽，流水很浅，河滩里到处是石头和沙土，便关心地问一个正在浇地的中年农民："河里的水这么少，浇地够不够用？"

农民说："够浇地用的。别看现在水少，到了雨季一发大水，河里的水就多了，鱼也多了。"

毛泽东说："这么说，你们这一带不错嘛，有大米吃，有鱼吃，再多种些青菜，就和我们南方差不多了。"

接着，他又问道："你们这里种稻子，每亩地能产几百斤？"

"好年景不缺水，可以产到四五百斤；要是遇上天旱缺水，那就收不了这么多了，二三百斤也有，一二百斤也有。"农民说。

"这地一年能种几季庄稼？"

"只能种一季，割了稻子可以种麦子，第二年就不能再种稻子了。"

"现在种稻子，割了稻子种麦子，在麦田里再插种秋庄稼，这不两年可收三季吗？"

农民说："我们就是这么一块好地，指望它吃饭呢，种其他庄稼没有肥料也长不好。这块地里种稻子，其他庄稼在坡地上种，雨水多了，收成也就好了。"

毛泽东告别了那个农民以后，对我们说："北方种地不像我们南方那样，在南方，是很讲究精耕细作的。"

我们走了一段，回头看时，那农民还在望着我们。他很可能猜出，刚才与他谈话的人是一个大首长，但这个首长是谁，看样子他并没有猜到。

毛泽东来到西柏坡不几天，工作人员就提出要组织一个舞会，想借这个机会，见一见首长们，和首长们在一起娱乐娱乐。这样，经办公处同意后，就确定要举办一次舞会。因为大家都觉得跳舞这种形式比较自由，气氛也显得热烈。过去在延安时，差不多每个星期六都组织舞会。

舞会的时间定下来以后，有关人员就开始选择场地。经过比较，场地确定在毛泽东、周恩来和任弼时的住房门前。这里原来是打谷场，比较宽敞。

就举办舞会的事，警卫排长阎长林特地向毛泽东报告说："我们来到了西柏坡，中央机关的工作人员已经会合了。为了对首长们表示欢迎，庆祝这个大团圆，今天晚上要组织一个舞会，大家都希望主席也参加。"我也在旁表示赞同，因为当时我刚学会跳舞不久，又正在和带毛泽东小女儿李讷的阿姨韩桂馨热恋。

毛泽东当时正忙着看文件，他只说了一句："好嘛，我也想看看机关的同志们。"

这一天吃过午饭，同志们便开始忙了起来，有打扫卫生的，有抬桌子板凳的……很快就把舞场布置好了。

吃过晚饭，中央机关各部门的同志，都陆陆续续地来到了舞场。大家又说又笑，舞场顿时热闹起来。

夜幕降临了。舞场里汽灯亮了，灯光照耀着一张张笑脸，机关业余乐队的同志们在轻轻地弹拨着琴弦。

不久，朱德和夫人康克清、刘少奇和正在热恋中的王光美、任弼时和夫人陈琮英先后来到舞场，大家都使劲儿地鼓掌，抢着跟他们握手，并把他们围了起来，问这问那。等了一会儿，还不见毛泽东和周恩来来，几个性急的小青年催着叶子龙去请毛泽东来跳舞。

叶子龙说:"好吧,我先派我的小兵去请主席,她们请不来,我再去。"接着,他就对毛泽东的小女儿李讷和他的孩子燕燕、二娃说:"你们回去把毛主席拉出来,叫他到这里来玩一玩。你们就对他说,外边可热闹啦,大家都在跳舞,叫他出来休息休息,他要是不来,你们就拉着他,一定让他出来。"

李讷她们很听指挥,扭头就往毛泽东的住处跑,叶子龙就在后边跟着。叶子龙还没走到毛泽东住处的门口,三个孩子已经拉着毛泽东走了出来,我和卫士们也跟了出来。

叶子龙迎上来对毛泽东说:"休息休息吧,机关的同志们都想看看你。"

毛泽东说:"我有什么好看的呀?"

叶子龙说:"撤离延安以后,到河东来的同志们说,有一年多没见过你了,都想见见你。今天来的人特别多,一些不会跳舞的也都来了。"

毛泽东说:"那好吧,今天要听你们的指挥了。走吧,咱们走吧。"

毛泽东已经答应去了,可孩子们还是拉着他不松手。

大家见毛泽东来了,又是一阵热烈的掌声,都抢上前跟他握手并致问候。毛泽东坐下后,一大群青年人又把他围了起来,问这问那。

不一会儿,周恩来和邓大姐也来到舞场上,气氛就更活跃了。周恩来坐下后,又是一群青年人把他围住了。

和大家说一阵话以后,周恩来就对大家说:"今天晚上是舞会,不要把这个舞会变成分片座谈会。你们看,主席那里那么多人,少奇同志那里,朱总司令那里,任弼时同志那里,都有好些人。你们快请主席他们跳舞嘛。"

经周恩来这一提醒,勇敢的女青年们,就一个个拉着首长,在音乐的伴奏下,欢快地跳起舞来。

毛泽东是喜欢跳舞的。在延安的时候,他就经常跳舞,还曾经和斯特朗在一起跳。

这次伴奏的不是专门乐队,只是十几个机要处里的小青年。也没有多少乐器,只有胡琴、锣鼓、口琴什么的,还有一个旧手风琴。但他们个个都很认真,也非常卖力气。

舞场因为是沙土石子地,地面疙疙瘩瘩。尽管这样,首长和同志们也不在乎,在"嘣嚓嚓……嘣嚓嚓"的乐声中,跳得兴致很高。

跳了几场之后,周恩来对大家说:"我提议把延安晚会的那个热闹劲儿,也带到西柏坡来,会唱歌的多唱几首歌嘛,有的同志表演得不错,也可以在这里表演一下嘛。"

周恩来这么一说,晚会的气氛就更加活跃了。接着,大家就鼓掌,欢迎一些同志出节目。李伯钊(杨尚昆夫人)、李培之(王若飞夫人)、陶大姐(伍云甫夫人）、帅孟奇大姐等都兴致勃勃给大家表演了节目。

节目演完后，接着又跳起舞来。跳着跳着，天空刮起风来。毛泽东仍然跟机要处的一个女青年在跳着。还是在休息时，这个女青年就抢先和毛泽东说好了，这一场她要陪毛泽东跳，因为这个机会是非常难得的。

风越刮越大，汽灯摇晃得很厉害。为了保证大家跳舞，负责组织晚会的警卫科指导员毛崇横就站在舞场中间，用手扶着灯，两只手轮换着一直扶了很长时间。

毛泽东走过去对毛崇横说："你是实心实意地为大家服务。"

因为时间比较晚了，毛泽东、朱德、任弼时便和大家告辞，回到了各自的住处。

接着，刘少奇和周恩来也说该回去工作了。临走之前，他俩还对大家说，很久没有跳舞了，希望大家多玩一会儿。

舞会在继续进行。因为演奏的同志们太累了，后来就改用留声机伴奏，一直跳到晚上11点多钟才结束。

从此以后，西柏坡中央机关的所在地，就经常在星期六晚上举办舞会。

来到西柏坡不久的一天，毛泽东在院外散步，突然对身边的警卫排长阎长林说："阎排长，你给我写份警卫排的名单。"

阎长林问："现在就写？"

"现在就写。"

阎长林回到房间里，一会儿就把名单写了出来。不多不少，整整20个人。阎长林把名单交给毛泽东以后，他一边看名单，一边在上边画圈圈，一共圈了14个人，他们都是在毛泽东身边工作多年的老同志。

毛泽东对阎长林说："现在的形势发展得这么快，你们要抓紧时间学习。如果不抓紧时间学习，就会跟不上形势的发展，就会落后了。我圈的这14个人，要送他们去文化学校学习，等他们学习回来以后，再把你们6个人送去学习。你们留下的也要边工作边学习。"

说到这里，他又问阎长林："你们有意见没有？"

阎长林回答说："没有意见。"

在14个同志要离开毛泽东的前一天，为了欢送他们，毛泽东说要和警卫排的同志合影留念。听说要和毛泽东合影，大家都激动地站在毛泽东住的前院里，等着毛泽东的到来。

毛泽东一出门，就高兴地说："我跟你们照个相送行好吗？"

"欢迎！""欢迎！""这太好了！"大家欢呼着鼓起掌来。

照完相，大家跟着毛泽东来到他的办公室里。在办公桌上放着几张毛泽东写的"人民日报"4个大字,这是为《人民日报》题的名。毛泽东对大家说:"全国就要解放了,我们要办一张《人民日报》。"说完,毛泽东还让大家帮他挑一张,看哪一张写得好。大家挑了一会儿,忽然有人说:"主席,你给我们也写几个字吧。我们快要离开你了,给我们留个纪念吧。"

毛泽东立即说:"可以,去拿你们的学习本子来。"

14个同志很快跑回住处,都把自己最漂亮的本子拿来了。毛泽东把本子打开,在每个本子上面都写上了"现在努力学习,将来努力工作"这12个字,还签上了自己的名字。

午饭时,毛泽东又和出去学习的同志在一起吃了一顿饭。毛泽东听说有人舍不得离开西柏坡,便一边吃饭,一边跟大家说:"你们不愿意走,我也舍不得你们走。咱们在一起多年,你们对我的帮助很大,不管平时还是战时,不管走到哪里,我总是有房子住,能休息、能办公,有饭吃、有水喝。行军的路上,你们照顾我都非常辛苦,我也特别感谢你们。但是我也不能把你们都留在我身边,放一辈子哨呀。那样不是埋没人才了吗?不是把你们耽误了吗?你们现在才20多岁,最大的也只有30岁左右吧?今后的时间还长着呢,你们要好好学习,提高文化水平,一旦工作需要,组织上会交给你们重担子挑的,我对你们是很信任的。将来做什么工作,就看你们学习和锻炼得怎样了,路子是要靠你们自己去走的。我相信,你们将来都会成为党的好干部。"

第二天,学习的同志就乘坐汽车,高高兴兴地到刚刚成立的中央机关文化补习学校报到去了。

7、8、9三个月是西柏坡的雨季。

一天夜里,人们已经熟睡了,只有毛泽东、周恩来等几位首长的屋里还亮着灯。这时,忽然下起了倾盆大雨。就在这个大雨滂沱的深夜里,五位书记住的大院后边山坡上的两个窑洞突然倒塌了。

"快来救人呀!快来救人呀!窑洞塌了!"

人们一听到喊声,就朝窑洞跑去,不一会儿,那里就聚集了许多人。大家都没有带工具,一见用手扒不动,就又跑回去拿工具。一会儿,修缮队的同志把工具都扛来了,有了工具,大家就投入到救人的紧张战斗。

当时,谁也不知道窑洞里究竟压了几个人,有的说四个,有的说五个。不管是几个,一定要把这些同志赶快抢救出来。因为人多工具少,没有工具的也就只好用手扒泥土。

大家正挖的时候,周恩来闻讯急步走了过来,他老远就问:"怎么样?人救出来没有?"

有关同志对周恩来说:"挖了这么长时间了,还没见到人,土层太厚了。"

一听这样，周恩来把身上穿的雨衣脱下来往后一扔，要了一把铁锨就挖起土来。他一边挖一边高声地说："同志们快挖吧，一定要把我们的同志救出来！"

经过大家的抢救，救出了三名干部和一名民工，理发员曹庆维因被泥土埋得时间太长，抢救无效，不幸牺牲了。

毛泽东听说曹庆维被土压死了，沉默了好久才说："小曹前几天还给我理发来嘛。多么可惜呀！告诉机关领导同志，一定要把曹庆维同志的后事处理好！我要去参加曹庆维同志的追悼会……"

小曹生长在黄河边上，家里很穷。日本侵略军打来后，他离开父母，参加了八路军。以后，组织上把他送到延安，学会了理发，为中央首长服务。

第二天下午，在西柏坡的大会堂里，召开了曹庆维的追悼会。因为毛泽东临时有要事，不能参加追悼会，他便赶写了一副挽联，由我交阎长林送到了追悼会上。毛泽东在那副挽联上亲笔写着"哀悼曹庆维同志"，追悼会上，工作人员挑了一个最大的花圈，挂上这副挽联，放在了灵堂中央。

之后，由王惠负责给毛泽东理发。王惠个儿不高，留着大胡子，他也是河北人，抗战初期参加革命。直到1959年退休，一直在毛泽东身边服务。[20]

九月会议

1948年9月，毛泽东在西柏坡主持召开中共中央政治局会议，为即将开始的战略决战作了部署。

陈恩惠在《一次重要的战略决策会议》中，详细记述了这次会议的情况：

1948年9月8日至13日，中共中央在河北省平山县西柏坡村召开了政治局会议（以下简称"中央九月会议"）。这是中共中央撤离延安后的第一次政治局会议，也是抗战胜利后到会人数最多的一次中央会议。会议听取了毛泽东的报告，刘少奇等在会上作了重要发言，总结了党的七大以来在军事、政治、经济各方面的工作，根据革命形势的发展，作出了在五年左右的时间内（从1946年7月算起），从根本上打倒国民党反动统治的战略决策，并为实现这一战略决策规定了党在一个时期的各项工作任务。

中央九月会议对于解放战争的胜利具有重要的指导意义，在政治上、思想上、组织上为夺取全国政权奠定了基础，并对夺取全国政权后如何建设新中国进行了认真的探索。

……

中共中央对这次会议十分重视，进行了认真的准备。会前，从8月28日至9月7日，由毛泽东主持中央书记处开会，讨论这次会议的有关事项，草拟文件，为会议作准备。正式会议于9月8日下午3时在西柏坡中央机关小食堂举行，由刘少奇主持，听取毛泽东的报告。9月9日至13日，与会同志讨论毛泽东的报告、通过会议文件，最后毛泽东作会议的结论。这次会议原计划开三天，实际开了六天。出席中央九月会议共31人，其中中央政治局委员七人：毛泽东、刘少奇、周恩来、朱德、任弼时、董必武、彭真；中央委员十人：徐向前、饶漱石、贺龙、邓小平、陆定一、曾山、叶剑英、聂荣臻、滕代远、薄一波；候补中央委员四人：廖承志、陈伯达、邓颖超、刘澜涛；重要工作人员十人：罗迈、杨尚昆、胡乔木、傅钟、李涛、安子文、李克农、冯文彬、黄敬、胡耀邦。

毛泽东的报告，是中央九月会议的主要议题。贯穿毛泽东这篇报告的主导思想，是如何实现我党同国民党斗争的胜利，并提出胜利后我党准备实行的基本方针和政策。与会同志围绕这个主导思想进行了充分、深入的讨论，一致同意这个报告。会议最后通过了《中共中央关于召开党的各级代表大会和代表会议的决议》和《中央关于各中央局、分局、军区、军委分会及前委向中央请示报告制度的决议》。

中央九月会议，依据毛泽东在报告中对于关系到中国命运、前途的解放战争发展的形势，作出的正确估计和提出的党在下一个时期的工作方针、任务，讨论决定了下列问题：

（一）会议对于全国解放战争几年胜利和发展前途的估计问题作了商讨和部署。

我党对这个问题的认识是随着战局的发展逐步深化的。解放战争初期，我党曾估计大打、中打、小打三个前途，结果仗越打越大。战争进行了一年以后，1947年7月，中共中央在陕北靖边县小河村召开前委扩大会议，周恩来报告了我军在战争第一年歼敌112万的伟大战绩。毛泽东在会上首次提出对蒋介石的斗争计划用五年时间（从1946年7月算起）来解决的设想。当战争进入第三年（1948年7月）以后，形势已经明朗，我党对国民党斗争的通盘计划已经成熟。毛泽东在这次会议的报告中明确地提出："我们的战略方针是打倒国民党，战略任务是军队向前进、生产长一寸、加强纪律性，由游击战争过渡到正规战争，建军500万，歼敌正规军500个旅，五年左右（从1946年7月算起）从根本上打倒国民党。"

与会者一致认为，这个战略决策是稳健的、谨慎的、实际的，反映了饱受长期战争苦难的中国人民迫切希望国家走上和平建设的道路，使中国变成一个独立、自由、民主、统一、富强的新中国的愿望，是中国历史发展的必然，是完全能够实现的。邓小平在发言中说，军事胜利是决定性环节，可以在党内、在人民面前宣布毛主席的估计和计划,以兴奋、鼓舞人民群众。刘少奇和周恩来在发言中,都分析了提前胜利的可能性问题。他们认为,我们的估计应该是稳健的,但也要估计到最好的可能性。从战争的第三年起,我军对蒋介石的打击将愈来愈严重,蒋介石可能垮得早些,我们的胜利来得快些。

会议提出,为了实现五年胜利,在党内外都要强调我们现在是为统一全中国而斗争,这个统一是以中国共产党为领导的统一。为了实现五年胜利,要在主要将领中树立起打带决战性的攻坚战和一次消灭敌人两三个兵团的大会战的思想。对这个问题,朱德发言认为,将来我军同国民党军战略决战性的大会战,有最大的可能在徐州进行。为了实现五年胜利,要充分估计今后可能遇到的困难。会议认真讨论了克服各种困难的对策和措施,指出在大发展、打出去、打开了局面的情况下,全党全军要防止骄傲,重视困难,准备克服困难。会议认为,每年歼敌正规军100个旅左右,是保证五年胜利的关键。因此决定人民解放军第三年仍然全部在长江以北和华东、东北作战,以歼灭国民党部署在上述地区的占其现有全部军事力量365万人中70%的第一线部队。

(二)为了保证革命的胜利,会议研究决定了加强纪律性、扩大党内民主生活问题。

中央九月会议高度重视并认真讨论了党的思想建设问题,在要求全党加强纪律性、克服无纪律与无政府状态的同时,又强调扩大和建立党内正常的民主生活,认为这是完成会议提出的各项任务两个不可缺一的相辅相成的重要环节。

会议指出,中国共产党是以马列主义的革命理论和民主集中制为基础建立起来的,从它诞生的那天起就有严格的组织纪律。由于我党我军在过去长时期内处于敌人分割和游击战争环境之下,曾经允许各地方党组织和军事机关保持很大的自治权,这对于发挥各地党组织和军队的主动性和积极性,度过长期严重的困难局面,是有积极意义的。但同时也产生了某些无纪律和无政府状态、地方主义和游击主义,而且这些错误倾向比抗日战争时期又有发展,损害了革命事业。会议认为,为适应目前革命形势发展的需要,保证全党全军所执行的各种政策的完全统一及军事计划的完满实施,全党必须用最大的努力克服这些错误倾向,将一切可能和必须集中的权力集中于中央和中央代表机关手里。邓小平在发言中说,"军队向前进,生产长一寸,加强纪律性"三条方针中,加强纪律性极端重要,是保障革命胜利的重要一环;而加强纪律性与发展党内民主又是相连的,解决这个问题的关键在上级、在区党委、在党的高级干部。薄一波发言认为,加强纪律性是个战略性的问题,全党要充分认识它的重要性和深远意义。毛泽东提出,中央同志要以全力来做这件事,在战争的第三年内,全党全军克服这些错误倾向，以团结全国人民，迅速驱逐美帝国主义侵略势力出中国，打倒国民党的反动统治。

会议同时指出，在我们党内，由于战争环境或处在地下状况，党内的正常民主生活没有获得很好的发展；党的七大党章规定了召开党的各级代表大会和代表会议以后，这种情形仍然没有改变。同时，为了适应过去的特殊环境和斗争的需要，党内的正常民主生活不能不有所限制。党的组织和政府机关中产生了某些严重的脱离人民群众的官僚主义的现象，党内某些错误的主张和不正派的宗派主义作风和无纪律状态，得以暗中流传和滋长，给党和人民的事业以许多损失。会议认为，革命不久将要取得全国胜利，形势需要而且也有条件改变过去时期党内民主生活不足的状况，以提高党的政治素质，增强党的战斗力。

会议还专门讨论通过的《中央关于各中央局、分局、军区、军委分会及前委会向中央请示报告制度的决议》《中共中央关于召开党的各级代表大会和代表会议的决议》和会后毛泽东在9月22日为中共中央起草的《关于健全党委制》的决定等历史文献，当时在全国各地区各部队的迅速传达贯彻实行，提高了全党全军执行纪律的自觉性，有效地克服了无纪律与无政府状态，以及地方主义和游击主义，加强了在党中央领导下的集中统一。

（三）为了迎接革命的胜利，会议探讨了中国新民主主义的经济和由新民主主义社会转变为社会主义社会的途径问题。

鉴于中国革命将要取得全国胜利，党的工作重心将要由乡村转移到城市，全党将要面临着新的经济建设的任务，中央九月会议对构成新民主主义的经济形态、基本经济政策和由新民主主义社会转变为社会主义社会的主要途径问题，进行了认真的讨论和探索。关于新民主主义经济的总方针，毛泽东已经在《新民主主义论》和《论联合政府》中提出来了，但我党具体系统地讨论这个问题，是从中央九月会议开始的。刘少奇作了系统发言。这次讨论和探索，为党的七届二中全会作了必要的准备。

会议经过分析讨论，提出中国新民主主义的经济由国营经济、国家资本主义经济、合作社经济、私营经济四种形态构成。

刘少奇在发言中认为："新民主主义革命的任务已经解决、民主革命阶段已经结束之后，国内的主要矛盾就是无产阶级劳动人民与私人资本家的矛盾。无产阶级与资产阶级的斗争，是社会主义与资本主义两条道路的斗争，资产阶级要来跟我们争领导权，把国家引导到资本主义的道路。在这个斗争中，决定性的东西是小生产者的背向。"毛泽东插话指出："这就是要建立并巩固无产阶级的领导权。"刘少奇还明确地指出："必须严格地说一句，在中国过早地采取社会主义政策是要不得的。"紧接着，毛泽东插话提出："到底何时开始全线进攻？也许全国革命胜利后还要15年。"

中央九月会议认为，提出上述这些问题加以讨论研究，对于避免在新情况下、新问题上又糊涂起来，犯"左"的或右的错误，是十分必要的和有益的。毛泽东在会议的结论中说："少奇同志讲的这些观点，各同志回中央局后可作宣传。至于经济性质的分析还要考虑，由少奇同志考虑，并草拟文件，以便在召开七届二中全会时用。"

（四）中央九月会议还讨论了军队建设问题；恢复和发展解放区的工农业生产，厉行节约、反对浪费、支援战争问题；准备占领全国的各方面工作干部问题；准备召开全国政治协商会议、成立中华人民共和国临时中央政府问题等。

在中央九月会议规定的正确方针指导下，人民解放战争在更大的规模上展开了。从1948年8月至1949年1月，我军同国民党军进行了以辽沈、淮海、平津三大战役为主的大规模的伟大战略决战，从根本上动摇了国民党的统治，为夺取解放战争的彻底胜利，建立新中国，奠定了坚实的基础。

1948年11月初，继济南战役之后，辽沈战役胜利结束，中国的军事形势发生了根本变化，人民解放军不但在质量上早已占有优势，而且在数量上也已经占有优势。据此，毛泽东对于人民解放战争胜利的时间重新作了估计。他在11月11日为祝贺辽沈战役胜利的电报中指出："我全军9、10两月的胜利，特别是东北及济南的胜利，业已从根本上改变了敌我形势。""9月上旬（济南战役前）中央政治局会议时所作的5年左右建军500万、歼敌500个正规师，从根本上打倒国民党的估计及任务，因为9、10两月的伟大胜利，已经显得是落后了。这一任务的完成，只需再有一年左右的时间即可达到了。"后来的时局发展和战争进程，完全证明了毛泽东这个预见的正确性，同时也完全证明了刘少奇、周恩来关于解放战争有可能提前胜利的科学分析。[21]

在1989年第5期《党的文献》上，还全文发表了毛泽东、刘少奇在会议上的发言。

在中央政治局会议上的报告和结论（1948年9月8日、13日）
毛泽东

一、报告

第一，关于国际形势的估计。对国际形势，去年12月会议曾作过估计。当时党内意见不一致，就在中央委员会中意见也不一致。提法是两种：一种是或者和平或者战争；一种是有战争危险，但是不致爆发战争。有战争危险是共同的,或和或战就不一样。前一种提法,认为全世界人民力量尚不足以制止战争。后一种提法,认为苏联及全世界人民能够动员力量制止战争,美英反动派对战争也未准备好,我们可以争取时间制止战争,因此,我们有责任动员全世界人民的力量制止之。第二次世界大战后和第一次大战后不同,制止战争的可能性更大。第二次大战打败了德日法西斯,要把他们再扶起来还不容易,美英反动派的确在准备战争,战争危险确实存在着。但以苏联为首的世界民主力量,已超过反动力量(莫洛托夫、日丹诺夫都这样说了,我们党内有些同志,特别是中间派还看不清楚),而且还在继续发展,所以战争危险必须而且必能克服,其条件就是要努力。时间如能争取十年到十五年就必能制止战争。我们不应提或者妥协或者破裂的问题,我们应该提或者较迟妥协或者较早妥协的问题,最近在柏林问题上就是这样。

我们讲的妥协,不是讲在一切问题上都能妥协(如要决议取消殖民地那就不可能),而是讲在若干问题上可能妥协:是讲国际问题,而不是国内问题,不是一切问题,而是若干问题,包括重要问题在内。1947年苏、美、英等国就同意、罗、匈、保、芬五国订了和约。对德奥、对日的和约,虽然很难订,但也终究会订下来的。英法与苏之间的通商贸易有发展可能,但美苏之间的这种可能会少些。

苏与美英法按民主原则妥协,我们同国民党也来一个妥协吧,中间派就这样想。我看不能这样提。苏联的政策是不干涉各国内政,大西洋宪章也承认各国人民有权选择自己国家的政治制度。中国人民是不选择蒋介石那个制度的。苏联及一切民主力量向反动派力量作斗争,按民主原则妥协就是斗争的结果。是不是各国人民都必须向反动派妥协呢?不能这样提。如能强迫蒋介石照我们的做,解散法西斯组织,不要土豪劣绅,让我们搞军队又搞土地,那有什么不好。但是蒋介石是反动派,他不赞成。从古以来,反动派对民主势力就是两条原则,能消灭者一定消灭之,暂时不能消灭者留待将来消灭之。英国现在先消灭政府内部的共产党,对社会上的共产党就慢慢来。我们对反动派也应采取同样的两条原则,我们今天实行的是第一条。

这是去年12月会议的三点估计。世界和平,苏联不打仗,对世界人民有极大的利益。蒋介石希望打第三次世界大战,我们党内也有人这样想。苏联和东欧各国人民能够和平生产十年到十五年,苏联能提高生产力到年产6000万吨钢,人家就望也不敢望了。时间已过了三年,只差十二年了。国际环境就是如此。

第二,我们的战略方针是打倒国民党,战略任务是军队向前进、生产长一寸、加强纪律性,由游击战争过渡到正规战争,建军500万,歼敌正规军500个旅,五年左右根本上打倒国民党。军队向前进,生产长一寸。不这样就没饭吃。

作战方式要由游击战争逐渐过渡到正规战争。游击战我们是得了益处的。我们有过早正规化的教训。这二年我们集中作战,在这一点上已正规化了,其余各点上还未正规化。现在还是过渡时期,第三年也还不能完全办到,如果不把平津打下,也还不能完全办到。没有铁轨、车头、汽车,就不能组织近代化的正规战争,如东北正规化就搞得比较好。我们现在军队的编制是五个第1纵队、第2纵队、第3纵队……五个地区都是同一番号,碰到一块就发生困难,人数、编制、供给标准也不统一,因此有计划地走向正规化,完全必需,走迟了就要犯错误,和过早正规化犯错误一样。

军队向前进,就要生产长一寸,而要如此,就要加强纪律性,作战方式就要逐渐正规化,这是方针。

建军500万是为了全部打倒国民党,一切角落都扫光。根本上打倒国民党,时间五年左右即可以,军力400万即可以。第三年军队数目上不增加,现在我们的军队280万,加上其他人民武装力量140万,共420万,不足的还要补充起来,如只有1万多的,要补到2万。第四、第五年,还要扩大,到江南后即可以扩大。500万是包括这一切的。

消灭敌人正规军500个旅。第一年97个旅,第二年92个旅,两年已消灭正规军近200个旅。第二年较少的原因是:一、敌军将二团制改成三团制。二、东北和粟裕少打了一个仗。三、刘邓[22]到大别山后减弱了。四、华野主力在第二年前半年,在山东逢水过水,逢田过田,打大仗的神气就不足,所以消灭敌人数目就不多。今年上半年陈粟[23]5个月未打仗,东北半年未打仗,但我们还歼敌92个旅,150万人,可见国民党军队不难消灭。第二年的好处是把临汾打开了,徐[24]兵团变成有战斗力的兵团,许谭[25]兵团加强了,陈粟的情况变了,刘邓已开始壮了,东北虽少打一个仗,但现在壮得厉害。今年还有四个月,再搞36个旅是可能的。把济南、太原搞下来,刘邓搞南阳,彭[26]只要一个月交一个旅就很好。以后各种条件更好,第三、第四、第五年再歼敌正规军300个旅,没理由说不可能。国民党现在有284个旅,有新的,有空的,有强有弱,消灭500个旅,一般的是消灭了两次。根本上打倒国民党,不是说把每一个角落都扫清了,如在济南、太原打下之前,是否可以说在山东根本上打倒了蒋介石,在山西根本上打倒了阎锡山?是可以这样说的,但不是全部打倒。争取五年左右根本上打倒国民党,与公开宣传至少五六年在全国胜利也是符合的。至于夺取城市,扩大解放区人口和面积,我们历来不提,因为把敌人消灭了,城市也来了,解放区也扩大了,人口也增加了。过去两年歼敌200个旅,我们就得到了四平、吉林、运城、临汾、延安、潍县、洛阳等城市。

第三,建立无产阶级领导的以工农联盟为基础的人民民主专政,打倒帝国主义、封建主义和官僚资本主义的反动专政。我们政权的阶级性是这样：无产阶级领导的，以工农联盟为基础，但不是仅仅工农，还有资产阶级民主分子参加的人民民主专政。这个问题的提法在我们党内有一个历史发展过程。1927年我们提的是"联合战线"，当时右的理论是政权归国民党，我们以后再来。以后我们搞土地革命了，六大的规定是工农民主专政，没有估计到资产阶级民主分子在帝国主义压迫下还可以跟无产阶级合作。这是后来发生的，是因为日本的侵略，现在又有美国的侵略，我们又回到1927年的正确时期。现在不是国共合作，但原则上还是"国共合作"，现在不是与蒋介石合作，是与冯玉祥、李济深、民主同盟、平津学生合作，与蒋介石那里分裂出来的资产阶级分子合作。我们是人民民主专政，各级政府都要加上"人民"二字，各种政权机关都要加上"人民"二字，如法院叫人民法院，军队叫人民解放军，以示与蒋介石政权不同。我们有广大的统一战线，我们政权的任务是打倒帝国主义、封建主义和官僚资本主义，要打倒，我们就要打倒他们的国家，建立人民民主专政的国家。

人民民主专政的国家，是以人民代表会议产生的政府来代表它的。中央政府的问题，12月会议只是想到了这个问题，这次会议就必须当议事日程来讨论。

关于建立民主集中制的各级人民代表会议制度。我们政权的制度是采取议会制呢，还是采取民主集中制？过去我们叫苏维埃代表大会制度，"苏维埃"代表大会。我们过去又叫"苏维埃"，又叫"大会"，就成了"大会大会"，这是死搬外国名词，现在我们就用"人民代表会议"这一名词。我们采用民主集中制，而不采用资产阶级议会制。议会制，袁世凯、曹锟都搞过，已臭了。在中国采取民主集中制是很合适的。我们提出开人民代表大会，孙中山遗嘱还写着要开国民会议，国民党天天念遗嘱，他们是不能反对的，蒋介石开过两次"国大"也不能反对，外国资产阶级也不能反对，德国、北朝鲜[27]也是这样搞的。我看我们可以这样决定，不必搞资产阶级的国会制和三权鼎立等。

政协今年下半年或明年上半年是要开一次，今年开始准备，战争第四年要成立中央政府。这个政府叫作什么名字，临时再定，其性质是临时性的中央政府。

第四，关于财经统一，不需要多讲。以华北政府的财委会统一华北、华东及西北三区的经济、财政、贸易、金融、交通和军工的可能的和必要的建设工作和行政工作。不是一切都统，而是可能的又必要的就统一，可能而不必要的不统，必要而不可能的也暂时不统。如农业、小手工业等暂时不统，而金融发行就必须先统。行政上的统一，就是由华北财委会下命令，三区的党政军要保障华北财委会统一命令的执行。

第五，发展党内民主，训练干部，提高理论水平，准备占领全国后的各方面工作干部。实行党内民主的办法，是实行代表大会及代表会议的制度。党内是有民主的，但是不足、缺乏，现在要增加，办法是用代表大会、代表会议代替干部会。干部会的好处是迅速、便利，召集比较容易，代表会要保存干部会的好处，不要太繁杂了。

我党的理论水平，必须承认还是低的，必须提高一步。这样大的党，在许多基本理论问题上或是不了解，或是不巩固，如划阶级就表现了我们党的理论水平之低。党内有许多新知识分子和工农干部，对许多基本观点不知道，对许多问题不会解释。我们在理论上要提高，还要普及。中央委员、政治局委员要当作一个政治任务来注意这个问题，不然就说不服那些犯错误的同志，如一个候补中委见了打人、杀人他不赞成，但是他讲不出一篇道理来，没有那一股神气。

第六，学习工业和做生意。全党要提出这个任务来，还要做宣传写文章，在全党提倡学习工业和做生意。我们已有城市和广大地区，这个任务必须解决。

第七，加强纪律性，克服无纪律与无政府状态。上面说了这许多条，还必须有这一条，没有这一条，那许多条实行起来都不会畅顺。现在无纪律与无政府状态在党内已到了不能忍受的程度。从中央机关、中央代表机关，一直到各地，报喜不报忧，瞒上不瞒下，封锁消息。村有杀人之权，一个干事可以把一个大工厂的厂长（资本家）搞死，九个照顾变成了九个不照顾，搬起石头砸自己的脚。现在他们没有分田，嗷嗷待哺。这种状态必须改变。中央同志要以全力来做这件事，要在战争的第三年内，在全党全军将它克服过来。

第八，关于"新资本主义""农业社会主义"。我们政权的性质已讲过，是无产阶级领导的、以工农联盟为基础的人民民主专政。我们的社会经济呢？外面有人说是"新资本主义"，我看这个名词是不妥当的，因为它没有说明，在我们社会经济中起决定作用的东西是国营经济、公营经济，这个国家是无产阶级领导的，所以这些经济都是社会主义性质的。农村个体经济加城市私人经济在量上是大的，但是不起决定作用。我们国营经济、公营经济，在量上较小，但它是起决定作用的。我们的社会经济名字还是叫新民主主义经济好。

我们反对农业社会主义，所指的是脱离工业、只要农业来搞什么社会主义，这是破坏生产、阻碍生产发展的，是反动的。但不能误解，将来在社会主义体系中农业也要社会化。

二、结论（节录）

新民主主义与社会主义问题，少奇同志的提纲分析得具体，很好，两个阶段的过渡也讲得很好,各同志回中央局后,对这点可作宣传。新民主主义中有社会主义的因素,在政治、经济、文化各方面都是这样,并且是领导的因素,而总的说来是新民主主义的。这个意思"二七"社论写了。现在点明一句话,资产阶级民主革命完成之后,中国内部的主要矛盾就是无产阶级与资产阶级之间的矛盾,外部就是与帝国主义的矛盾。其次,内部还有民族矛盾,如汉族同西藏、新疆少数民族的矛盾,同回民的矛盾,在某一个民族内部也有矛盾,这可以用苏联的办法来解决。拿马列主义的话讲,内部的主要矛盾是无产阶级与资产阶级的矛盾,而工农的矛盾不是对抗性的矛盾,这可以在工农联盟内部通过供给机器、组织合作社、参加国家管理等予以解决。要巩固无产阶级对农民的领导权,分给土地只是建立了领导权,单有这一条还不够。所谓领导权,就是要使被领导者相信,将来在经济建设方面,还要给他机器,组织合作社,使农民富裕起来,集合起来。他们信服了,领导权就巩固了,否则会失去领导权的。这个问题少奇同志讲了。关于完成新民主主义到社会主义的过渡的准备,苏联是帮助我们的,首先帮助我们发展经济。在经济上完成民族独立,还要一二十年时间。我们努力发展国家经济,由发展新民主主义经济过渡到社会主义,这些观点是可以宣传的。至于经济成分的分析还要考虑,由少奇同志考虑,并草拟文件,以便在召开二中全会时用。[28]

关于新民主主义的建设问题[29]（1948年9月13日）

刘少奇

  毛主席的报告和同志们讲得都很好,我都同意。
  毛主席的报告,对今后战争前途的估计,五年左右根本上打倒国民党,歼敌500个旅。这种估计,是稳健的、谨慎的、实际的估计,不是冒险的估计,有过去两年作根据。过去这两年是敌强我弱,敌优我劣;现在虽然在军队数目上,我们还比较少,但把各方面的优劣总算起来,特别是我军士气旺盛,是国民党万万比不上的;总算起来,现在已是大体持平,并过渡到超过它。敌人现已处于被动,我已取得主动了。另一方面,敌人也学乖了,仗更难打了,可能第3年更困难了。（毛主席插话："今后三年,不一定更顺利,但也并不一定更困难。"）也许我们最困难的时候过去了,如果济南、太原打了胜仗,打下来了,东北也获得大的胜利,那么,就在9、10、11三个月中,可能就过了最困难的一关。
  我们估计应该是最稳健的,但也要估计到最好的可能。从第三年起,这两三年内,可能有一种突然事变,对国民党蒋介石不利的突然事变,如西安事变之类，而不是皖南事变，皖南事变是对我们不利的。自卫战争初期，国民党军队有起义的，中期少些，后期可能多些。歼敌500个旅，不一定是那样平均的，每年100个旅，可能后面更快些。我们的计划不摆在这上面，但可以力争，争取缩短痛苦，早日胜利。自然，早日胜利，可能是"胜利逼人"，而多有两年准备，胜利得比较圆满一些，我们应当很好准备。（毛主席插话："全国胜利恐怕还要十年，十年也不一定全国完全完成土改，而是都实行减租减息。"）

我们是为统一全中国而斗争，为党内统一，为国内统一。这是一个长期的斗争。现在是由我们统一全中国。过去十年内战中，我们没有这样提，而现在我们提出统一全中国。统一这个口号在党内党外都应强调，这个统一是以我们为领导的统一。这次战争初期，我们曾估计大、中、小三个前途，结果是按照我们的理想越打越大了。因此，我们提出：打倒国民党，统一全中国。（毛主席插话："我们的口号是民主的统一，所谓统一，就是打倒国民党，蒋介石的国家就是那500个旅，打掉他500个旅，就可能统一。现在已搞掉了他200个旅，所以，统一全中国的问题，提到议事日程上来了。"）以前这是宣传口号，现在是摆在议事日程上来计划了，以"一个县50个干部""10万新兵"来计划了，这个计划是有条件保证胜利的。

自然，要达到胜利，还有些任务要完成，就是这次提出的那些任务。在完成这些任务中间，也有些困难，要重视这些困难，当提出解决具体任务时，是要重视困难的，但总的方面，前途是光明的。自然，要防止骄傲，但也要知道，困难是可以克服的，不会比第一第二两年更困难。（毛主席插话："第一年的困难是敌人进攻，第二年的困难是到大别山。"）而第一第二两年的困难我们已经克服了。（邓小平插话："真正的带决战性的攻坚这一关还没有过。"）还有带决战性的攻坚这一关没有过，大的会战，一次消灭其两三个兵团这一关也没有过，带决战性的攻坚和大的会战常常是联系着的。现在我们正在准备，锦州、济南的会战，如果敌人以大兵来援，那于我是最有利的。（朱总司令插话："将来在徐州有最大的可能。"）过了这两关，那就解决了。这种思想，要在主要将领中大大宣传，解释清楚。（朱总司令插话："这就是围城打援。豫东战役，现在想来，加上许谭兵团就解决了。"）

现在困难虽多，但在毛主席领导下定可克服，定可胜利。列宁说，1905年革命是1917年革命的演习。中国共产党的历史上，第一次国共合作和内战，就是这次的演习，没有第一次的演习，就不能教育人民，也不能教育全党，有了第一次的演习，才会有经验。有了第一次演习，这次有些地方还重复了第一次的错误；不过，领导上有经验了，所以很快就可以克服。第一次合作和内战失败了，就是由于党犯了重大错误。现在可以肯定地说，那样重大的错误是可以避免的了,即使犯了若干原则性的错误,也能很快纠正。只要有了这一条,胜利就有保证了。至于具体困难,中国共产党历来是能够克服的,即使用办蛮的办法,也总算解决了。

全国土地会议,结束了第二次国共合作以来的和平幻想、右倾错误、地主富农思想等等,在某种意义上,相当于历史上的八七会议。今年2月工委召集的会议,在某种意义上相当于历史上的11月扩大会议。[30]但二十年学会了,2月会议未如11月扩大会议去发展"左"倾,而是极力克服和纠正"左"倾错误。土地会议确定两条:平分土地和整党,基本方针是正确的,但有重大缺点。在土地问题上,有《中国土地法大纲》,但没有具体办法,没有1933年文件,也就没有第一行第一条。(毛主席插话:"有大法,而无详细说明、分析和具体规定,下面就没有办法。")整党问题,讨论虽然较多,但偏重于思想,也没有具体办法。土地会议,也提出防止"左"倾,也反对了一些"左"倾错误,如杀人、扫地出门,也不赞成动工商业(但不够坚定)。当时会场上的精神状态是包含许多不健全因素的,但没有注意到,没有予以严厉的批评,也批评了,但批评得不够,惩办主义也批评了,但大家听不进去;有个别人也提出些不正确的口号,如"贫雇农路线""干部路线"等等,作结论时也未加批评或批评得不够。这里的经验是要注意干部的精神状态,还有一个经验,就是要做两条战线的斗争,反对这一方面,要切实注意防止那一面,两面都要分析。譬如,这次写代表会的决定,本是要建立民主制度,却把集中写了很多。这是在以后的工作方法上要学习的。土地会议的缺点和错误,我要负责的,但不是说,各处"左"的偏向错误就是我的主张。(毛主席插话:"这次会开得很好,把去年一年的工作也总结了。像土地会议那样的大会,会后应迅速作出决议。这形式上是个技术问题,而实际上是个政治问题。")在土地会议以前,也有些"左",有些与我也有些关系,这是反右中所引起的。现在"左"已成过去,右也防止了。这一年来,既反对了右,又反对了"左",路线已走上了健全的道路,胜利已有保证。

在新的情况下,新的问题上,是否又会发生"左"的或右的偏向呢?我看那是可能的。经济建设问题就是个新的问题,要弄清楚,这次会上已经提出来讨论了,要有系统地搞出点东西来,不然又可能犯"左"倾或右倾错误。总方针在《新民主主义论》《论联合政府》中已经讲过了,具体系统地讨论是在这次会上开始的,要在这个问题上不犯重大错误,就要系统地搞出点东西来。这与革命胜利也密切相关。

中国新民主主义的经济构成:(一)国家经济。银行、铁路、大企业等等,这是整个国民经济的领导成分,但是在数量上是比较小的一部分,其工业生产是在全国胜利后，顶多占国民经济的20%。（毛主席插话："连资本主义工业在内，整个近代机器工业的生产量顶多占20%，光是国家经济还不会有这样多。"）正因为这一部分数量很小，困难就来了，为什么不能实行社会主义革命即由于此。但是这一部分又掌握着经济命脉，数量虽小，但质量很高，这种国家企业是社会主义性质的。（毛主席插话："按企业讲是社会主义的，因为它没有人与人之间的剥削关系；按政权性质讲，按政权的政策性质讲，又不是无产阶级专政的政权，而是工农民主专政的政权，决定的是无产阶级和广大小生产者合作的工农民主专政，陈瑾昆[31]等不是决定的，是新的资产阶级民主主义的，是新民主主义的。关于社会主义成分问题，过去是有所考虑的，现在东北有八千多公里铁路在新民主主义政权手里，政权又是无产阶级领导的，社会主义成分问题就提出来了。二七社论中已讲了这个问题，全国劳动大会的决议中也讲了这个问题，只是没有点明社会主义这几个字。新民主主义的政治、经济、文化中都有社会主义因素，都有社会主义成分。文化中有社会主义文化，就是马列主义，但是国民教育方针、小学课本，不是共产主义的，演剧不是演打倒资本家，而是演反帝反封建反官僚资本。"）国家经济就是整个国民经济中的社会主义成分，而整个国民经济是新民主主义经济。机关生产有许多可以归入合作社经济的范畴，又有许多是国营企业的组成部分，基本上机关生产可以属于国营经济一类的。

（二）还有陈伯达同志讲的国家资本主义经济，这个名词不通俗，也可以讲。

（三）合作社经济。现在要系统地建设合作社，主要是商业性质的、消费的、运销的，合作社还可以开办一些工厂和作坊。所以，合作社经济要分别看。像这样系统地搞起来的合作社发展起来，有很大的财产，并在无产阶级领导的国家的领导之下，甚至于有50%以上的资金是国家投资，其方向是照顾劳动人民的，这种合作社，社会主义性质就多了。（毛主席插话："合作社既有退股自由，股票可以转让，就不完全是社会主义的，它是两重性的，小生产者加入了合作社，就带有两重性了。"）合作社发展起来，搞了工厂、煤矿、汽车等类的财产，那么，社员退股就不能影响到合作社了，这种合作社的财产就是社会主义的了。还有一种合作社，是在小生产者的私有财产基础之上组织起来的，如变工互助组，它的基础是私有财产，其等价交换的原则也是资本主义性质的，但它已有社会主义性质的萌芽、集体农场的萌芽。所以，这种合作社基本上还是资本主义的，但已有社会主义的萌芽。

（四）私营经济。私营经济在整个国民经济中是最大量的。其中有的是资本家的，有的是小生产者的。资本家的是资本主义经济。小生产者在国家帮助他以机器的条件下,可以走向合作,走向集体化,走向社会主义;但另一方面,小生产者的发展,也可以走向资本主义,但小生产者本身不是资本主义,而是产生资本主义的基础。

整个国民经济,包含着自然经济、小生产经济、资本主义经济、半社会主义经济、国家资本主义经济以及国营的社会主义经济。国民经济的总体就叫作新民主主义经济。新民主主义经济包含着上述各种成分,并以国营的社会主义经济为其领导成分。(朱总司令插话:"还有公私合营经济。")提倡公私合营时要慎重,不要盲目提倡,私人资本的投资光投一堆纸票子,我们不一定欢迎,可以经过国家银行吸收这些资金转入企业,付以利息即可,何必分以企业经营的利润呢?

分析这些问题,其目的在于发现社会经济中的矛盾。在新民主主义经济中,基本矛盾就是资本主义(资本家和富农)与社会主义的矛盾。在反帝反封建的革命胜利以后,这就是新社会的主要矛盾,农民是无产阶级巩固的同盟军,从反帝反封建的斗争中就已结合起来的同盟军,我们的政策也就应该从这种基本分析中定出来。自然,就全国来说,帝国主义、封建势力和官僚资本主义今天还未打倒,今天主要的矛盾还是人民与帝国主义、封建势力和官僚资本的矛盾,资产阶级与无产阶级的矛盾,是被第一个矛盾掩盖着。等到我们取得全国政权、取得上海和内地省份,民主革命的任务已经解决,民主革命的阶段已经结束了,封建势力没有了,帝国主义势力被赶走了,官僚资本也没有了,人民与这些东西的对立和矛盾也就没有了,这时候,主要的矛盾就是无产阶级劳动人民与私人资本家的矛盾。就解放区来说,今天对外还是反帝反封建反官僚资本,但另一方面,如果把其他因素除外,在解放区内部,主要的矛盾则是无产阶级劳动人民与资产阶级的矛盾。列宁讲过,二月革命后的斗争性质就带有社会主义性质了。在解放区搞经济工作,除对外反国民党反帝国主义外,就要注意与私人资本家的斗争。斗争的方式是经济竞争,经济竞争是长期的,首先就是反对投机资本。这种斗争的性质,是带社会主义性质的,虽然我们还不是实行社会主义的政策。这种竞争是贯穿在各方面的,是和平的竞争。这里就有个"谁战胜谁"的问题。我们竞争赢了,革命就可以和平转变;竞争不赢,社会主义性质的经济,就被资本主义战胜了,政治上也要失败,政权也可能变,那就再需要一次流血革命。因此,和平转变,今天还只是极大的可能性,并未最后确定,并没有解决,如犯重大错误,还是可能失败的。所谓和平转变,是指无须经过政权的推翻而完成一个革命,并不是不要斗争,而要进行各方面的斗争。因此,固然不能过早地采取社会主义政策,但也不要对无产阶级劳动人民与资产阶级的矛盾估计不足,而要清醒地看见这种矛盾。(毛主席插话:"斗争有两种形式,竞争和没收,竞争现在就要,没收现在还不要。现在还要联合它反帝国主义、反国民党,联合它发展生产,所以是又联合又斗争,斗争是限制它不利于我们的、不利于国计民生的方面。")无产阶级与资产阶级的这种斗争,是社会主义与资本主义的两条道路的斗争,资产阶级要来跟我们争领导权,要把国家引导走资本主义的道路。在这个斗争中,决定的东西是小生产者的向背,所以对小生产者必须采取最谨慎的政策。(毛主席插话:"这就是建立并巩固无产阶级的领导权,去年下半年有些地方是失去这种领导权的,但尚可恢复,而且已经恢复了。如何恢复?就是向小生产者承认错误。")小生产者是动摇的,可以跟着资产阶级走,也可以跟着无产阶级走,我们的任务就在于采取谨慎的政策,巩固地团结他们、领导他们。如何去团结他们?主要的形式就是合作社。合作社是团结小生产者最有力的工具,合作社办得好不好,就是决定的关键。合作社搞好了,就巩固了对小生产者的领导权。单是给小生产者以土地,只是建立了领导权,还需进一步使他们成为小康之家,否则,领导权仍不能巩固。

有了合作社,还有一个经营合作社和经营国营经济的路线问题。必须自上而下地组织广泛的合作社网,建立合作社的系统,训练干部,搞好合作社,按照新民主主义的路线去经营合作社。如果不按照新民主主义路线去经营合作社,而按照蒋、宋、孔、陈[32]一样去经营,按照日本人的合作社一样去经营,按照延安妇女合作社一样去经营,那就不是社会主义性质的,而是资本主义性质的。(毛主席插话:"这是带着共产党员番号的资产阶级。这是一个严重问题,党内很有一批人是这样的。南汉宸说他自己是做资本主义工作的。贸易公司总不愿起调剂市场的作用,不愿作解放区人民对内对外货物交流的桥梁,不愿为人民服务,而是总想赚人民的钱。这就叫作带着共产党员番号的资产阶级。")在经济工作中,在这一点上完全清醒的干部是很少很少的,可以说有很大的盲目性。这个问题搞不清,没有清醒的头脑,就是打倒蒋介石,也还是空的,也不能胜利。(毛主席插话:"单讲与资本主义竞争,还不能解决问题,还有一个利用它以发展生产的问题。")有益于国民经济的私人资本主义经济也要发展。在一定的时候,一定的条件之下,就是说,有些企业部门是国家没有经营的,或者是国家虽然也经营了,但尚不能满足人民需要者,也可以帮助私人资本主义企业之发展,现在这里还有很大的真空。但是发展到一定的时候,就要发生矛盾。我们共产党人要高瞻远瞩,看到前途。我们与资产阶级合作要有清醒的头脑,自暂时合作之日起,就要认清总有一天要消灭它,就应时刻注意到资产阶级之叛变,好像抗战初期与阎锡山合作抗日一样,我们才不会上当。(毛主席插话:"中国由于经济落后,资本主义是分散的,只有国营经济,银行、铁路、矿山等等,才是集中的。中国资产阶级有地方性,这是很可以利用以发展生产的。")只有与资产阶级暂时合作之开始,即认清前途,才能够在各方面的实际中坚持又团结又斗争的原则。最后还要严格地说一句,过早地采取社会主义政策是要不得的。(毛主席插话:"到底何时开始全线进攻?也许全国胜利后还要十五年。")问题第一个关键就是要有清醒的头脑。有了清醒的头脑,就不会犯大的错误,加以十几年的准备,那就一定能够保证胜利。胜利的条件是具备的,国家政权、国家经济在无产阶级领导之下,巩固的工农联盟,国际无产阶级的援助。但另一方面也有困难:文化落后、分散的小生产、国营经济数量很小、党员干部不善于经营经济事业、理论水平不高、有些受资产阶级影响的分子钻进党内来,还有国际资产阶级的影响。如果糊涂盲目,犯重大错误,未能成功地争取小生产者,那就要失败。

因此,和平转变有极大可能性,但也有困难条件,仍须经过艰苦的工作,才能取得胜利,如果盲目糊涂,犯重大错误,则仍有失败之可能。

今天提出这些问题,加以讨论研究,找出具体办法,那是很值得的。有些应该广泛宣传,解释清楚,免得在这个问题上又糊涂起来。但也有些不宜过早宣传,以免为帝国主义和封建势力所利用,而不利于打倒蒋介石。[33]

阎长林也详细回忆了九月会议前后的情况:

1948年8月的西柏坡,正当酷暑季节。特别是上午10点到下午3点这段时间,毒花花的阳光,火焰一般炙烤着山坡、田野和房屋。

毛主席住的是一间平房,又矮又小,又没有通风的窗子,靠近房周围的树都很小,不能遮挡阳光。所以屋里不但温度很高,还很憋闷,简直像个小蒸笼。这对主席的休息非常不利,因为他的习惯是夜间工作,白天休息,中午正是他睡觉的时候。过去在延安和在陕北转战途中,住的都是窑洞,而且多在山沟里,夏天也很凉快。现在在这样的房内,这样的中午,哪里睡得成觉?我们看到主席一躺下就浑身汗水淋淋,像刚从水里出来一样,常常睡不了多大一会儿就热醒了。

头几天,主席热醒后,用凉水擦擦汗,就看文件或读书报。每当这时,我们就赶快送上一把扇子,换一盆凉水。但他一忙起来就什么都忘了,根本顾不上扇扇子。有时实在热得不行了,就用凉水洗一洗,或者在屋子里走一走。几天下来,他就明显露出疲倦的神色了。我们心里都很着急和不安,这样下去怎么行呢!

为此,大家想了很多办法,首先保证他吃好。高师傅很有办法:在大米里加上少量小米,使做出的饭又软又有香味;买来滹沱河的鱼和主席最爱吃的青辣椒,做几样湖南风味的菜;有时也做一碗扣肉让他改善生活。他喜欢吃,但医生不让，只能少吃几块。主席白天睡觉，我们就保证环境安静，不让有一点声响惊动他。可是这都解决不了消暑的问题。我们找了几处有树林子的地方，想让主席中午最热的时候到那里去休息一会儿，不过没有敢对他说，怕他不同意。

这天中午，主席又从熟睡中热醒。他烦躁地在屋里走了几步，问："这附近有没有清凉一点的地方呀？"我们立即回答："有。后沟礼堂旁边有片树林子，顺河往东十多里地方的苏家庄和郭苏镇都有树林子。"

主席听了，略为沉思一会儿，用征询的口气说："那咱们现在就到那里去休息休息，好吗？"我们当然没有二话。主席就把桌子上的文件、资料和几本书装进一个帆布包里，我们搬了一个可以半躺的帆布靠椅，拿了个热水瓶，就和主席一起乘车到达苏家庄的树林里。

这里离西柏坡有十多里地，离村子也有一段距离，不远的地方还有个大水塘，很凉爽。主席很高兴，连声说："好！好！这地方很好嘛，以后再热得没办法了，咱们就到这里来。"说着就仰靠到躺椅上，闭起眼睛。

看到这情景，我们很欣慰。前一段他实在太忙，连续开了几个会，最近开会少了些，说明各个战场上的形势都很好，主席可以放心地歇息一下了。可是再看主席，他已经坐起来，从包里取出文件看了起来。这些文件中有各个战场的情况，许多统计数字，还有过去准备召开政治协商会议的文件。他一边看，一边用笔画着，有时站起来轻轻走动，有时又坐下来匆匆写着什么，有时又放下笔静静思考，显然是在想着重大问题。我们给他倒上一杯水，劝他休息一会儿，他只是点点头，连眼睛也不抬。这哪里是来休息啊！

下午4点多钟，天气已不那么热了，我们怕主席在树林子里待久了会着凉感冒，就请他回去。他还有点恋恋不舍，又停了一会儿才起身上车，临走时还说："这个地方很好，明天如果还热，我们再来。"连着几天，主席都外出到几个凉爽的树林子里去办公，还叫我们把饭带上，在外边吃。

一天上午，主席还在睡觉的时候，我们又作了准备，等主席起了床就出发。可是主席起床后就叫开饭，说是今天不出去了。接着就是没日没夜地在屋里看文件，紧张地写着什么。许多首长也从外地赶来了，说是要开会。我恍然大悟，原来前几天他不是休息，而是要找一个凉快的地方为会议作准备呀！

记得会议是9月8日开始，到13日结束的，地点就在机关的小饭堂内。开会时是会场，吃饭时是饭堂。外边来开会的首长，好几个人住在一间房子里，晚上就围在会场的灯下看材料、写材料。条件虽然艰苦，但比起半年多前在陕北米脂县杨家沟开会时，已经好得多了。当时，我并不知道这是一次什么会议，只听到毛主席讲了话，其他首长讨论得很热烈。后来才知道，这是一次政治局会议，检查了前一段的工作，规定了今后时期的任务，非常重要。

李银桥回忆说：

1948年9月8日到13日，毛泽东在机关小食堂里主持召开了一次重要的会议。到会的除政治局委员外，还有十几位中央委员、候补中央委员及华北、华东、中原和西北的党和军队主要负责人。这是日本投降以来到会人数最多的一次中央会议，因为在这以前，绝大多数中央委员都分散在各个解放区从事紧张的解放战争，交通十分困难，不可能举行这样的大会。

这次大会以"军队向前进，生产长一寸，加强纪律性，革命无不胜"为中心议题，实际就是对各战略区打大规模歼灭战下达了动员令，也就是为后来的三大战役及渡江作战下达了动员令。决议要求将一切可能和必须集中的权力集中于中央和中央代表机关手中，加强中央的统一领导，为夺取全国政权创造了思想上和组织上的必要前提。

毛泽东与各战略区的主要领导都作了个别谈话。与邓小平同志谈话时，毛泽东注视着他说："我们每年见一次面，每次见面都有很大变化。明年我们再见面时，应该有一个根本性的变化。"

邓小平说："毛主席、党中央高瞻远瞩。我回去和伯承同志研究一下，我们应该发挥更大的作用。主席给我们的任务，我想一定能够完成。"

周恩来在旁边说："你们的位置太重要了，要靠你们去消灭国民党蒋介石的命根子，消灭他的主力部队，还要去剿蒋介石的老窝呢。"

邓小平点头："希望这一天能早点儿到来。"

九月会议以后，毛泽东把极大精力投向东北战场，因为他心中筹划的几场大战首先在东北大规模地展开了。

本来五大书记分工，由毛泽东在周恩来协助下负责全国的军事指挥。但这一次毛泽东讲了话，他说："现在到了最后决战的阶段，仗要越打越大，都是关系全国全局的大仗。不要还是我一个人说了算，重大决策要集体研究决定。"

此后，书记处几乎天天都开会。

夜里通宵办公是毛泽东养成的习惯，不好改。毛泽东是领袖，其他书记是围绕他的，要随着他改。转战陕北时，周恩来、任弼时都随他改成夜间办公的习惯。现在毛泽东要求集体办公开会，朱德和刘少奇也只好改变习惯。

朱德总司令多年来养成早睡早起的习惯，生活很有规律。每天晚10点洗澡睡觉，清晨起床散步打拳，现在生活习惯全打乱了。他当时已年过花甲，在五大书记中是年龄最大的一位，毛泽东担心他身体，有时劝几句："总司令啊，你年龄大了，可以早一点回去休息。"

朱德摇头说："这么重大的事，我回去也睡不着。"

话是这么讲，连续开会毕竟太疲劳了。有时会开一半，他就打盹儿了。

有人想叫醒朱德，毛泽东轻轻摆手："不要叫了，让他休息一会儿，决定重大问题时再叫也不迟。"

朱德总司令醒后总是抱歉地说："哎呀，糟糕，睡着了！"

首长们都笑了。周恩来说："没关系，你休息一会儿，就能坚持到底了。"

毛泽东关切地说："咱们这一段会议多，为的是彻底打败蒋介石。事情多，又很重大，少数人做主不行，咱们一起打一段疲劳战。总司令开会时稍微休息一会儿，精力更充沛，这是一件好事嘛。"

任弼时同志患有高血压，过度紧张后就头晕，靠在躺椅上闭目养养神。有时大家也劝他早点儿回去休息，他连连摇手说："我比你们都年轻，你们坚持工作，我回去休息怎么行呢？我应该比你们多做点事情才对。"

毛泽东、刘少奇、周恩来身体都很好，精力始终很充沛。特别是周恩来，他是军委总参谋长，要协助毛泽东指挥作战，整夜不离毛泽东左右，白天还有外交、侨务、统战、新闻宣传等方面的大量事情需要他处理。他精力之旺盛、能力之强和办事效率之高都是惊人的。

战时紧张，每天晚8点，刘少奇、周恩来、朱德、任弼时都准时来到毛泽东的办公室，首长的卫士们和警卫人员也都跟来。首长们在办公室里开上层办公会，我们这些卫士和警卫人员就在值班室开下层民主会。首长们谈论的是打大仗、打大城市、打前所未有的歼灭战，我们这些人整天议论的也是包围什么地方了、歼灭多少敌人了等等。〔34〕

九月会议以后，中国革命进入了全面决战的关键时刻。毛泽东在指挥战略决战中，充分展示出高超的胆略和智慧，卓越的军事统帅才能达到了炉火纯青的程度。

辽沈战役

毛泽东把战略决战的突破口放在东北，充分表现出他战略家的胆识和才智。

周宏雁在《辽沈决战方针的确立》一文中说：

我军东北战场的战略决战方针，从提出到完全确立，经历了较长时间。这个方针就是：东北野战军主力南下北宁路，攻占锦州，封闭蒋军在东北加以各个歼灭。这是中央军委和毛泽东主席从全国的和东北的战略利益出发，根据东北战场敌我力量的实际情况而制定的。

就地歼敌最有利

1948年春，东北97%的土地面积和86%以上人口获得解放，东北解放区完全连成一片。东北人民解放军由战争开始时的11万人，发展到100万人，其中野战军70万人，装备改善，士气旺盛，牢牢地掌握了战略主动权。东北国民党军虽然还维持50余万人，但被分割在长春、沈阳、锦州三个互不连接的地区内，长春、沈阳陷于孤立。这时，摆在东北国民党军面前有两个可供选择的方案：一是继续固守，一是撤出东北；在东北人民解放军的面前也有两个可供选择的方案：一是封闭敌人在东北予以各个歼灭，一是将敌人赶出东北。

1948年2月7日，毛泽东分析东北敌人动向时指出："蒋介石曾经考虑过全部撤退东北兵力至华北，后来又决定不撤。"他说，"如果东北野战军再有几次大胜仗，杨得志、罗瑞卿、杨成武又出平绥、出冀东，南线我军又有积极行动，蒋军从东北撤退可能性就将突然增大，其时间可能在夏季或更早一点。"蒋介石如果放弃东北，将在东北的主力部队撤入华北、华中，对我军来说，虽然可以不费大力气就解放全东北，但也让敌人主力完好地转移，则对华北、华中我军作战很不利。因此，在东北冬季攻势尚在进行的时候，毛泽东就提请林（彪）、罗（荣桓）、刘（亚楼）研究下一步作战方向问题。他指出并且强调："对我军战略利益来说，是以封闭蒋军在东北加以各个歼灭为有利。"希望东北野战军务必抓住这批敌人，使其无法从东北撤退。

林彪收到毛泽东2月7日电报时，罗荣桓正在哈尔滨主持政治工作会议，因此林彪以个人名义于2月10日致电毛泽东，说："我们同意亦认为将敌抑留在东北各个歼灭，并尽量吸引敌人出关增援，这对东北作战及对全局皆更有利，今后一切作战行动当以此为准。"

从准备强攻长春到实行久困长围

既然东北国民党军存在撤与不撤两种可能，中央军委和毛泽东主席主张应防止敌人撤退。因此，要求东北野战军主力向南作战，占领义县至滦县地带，切断北宁路，堵塞东北国民党军的陆上退路，形成关门打狗之势。林彪则主张先打长春，开门打狗。林彪在2月10日电报中说："只要吉林、长春之敌被我抓住和未歼灭前，沈阳的敌人是不会退的。"3月上旬，吉林守军退入长春，长春陷入我军的包围之中。4月18日，林彪等致电毛泽东和朱德、刘少奇，提出"对作战的根本意见"是打长春，计划从5月中旬开始举行长春战役，采取围城打援手段，极力吸引沈阳敌人北援。如敌人增援，则主力南下，在四平附近野战中展开大规模的反击,歼灭援敌;如敌人不敢增援,则集中主力,准备用4万人的伤亡,攻击长春,争取十天半月时间内结束战斗。如打锦州、山海关之敌,或入关作战,"在敌人目前放弃次要据点、集中兵力固守大城市的方针下,则必到处扑空,或遇到四五个师兵力守备的城市。且大军到那些小地区,衣服弹药军费皆无法解决"。同时,"在我主力南下情况下,长春之敌必能乘虚撤至沈阳,打通锦沈线"。如果分兵,"以很多兵力(如3个纵队)入关,沿途仍不易求小仗打,遇大的战斗(又攻城又打援)则又吃不消。而留在东北的部队,既不能打大仗,又无小仗可打,陷于无用之地"。这即是说,向南作战很不利。

中央军委和毛泽东主席十分重视与尊重东北指挥员的意见。鉴于蒋介石当时决定不从东北撤走主力,而东北指挥员又认为长春之敌比较好打,东北野战军有条件攻克长春,因此同意林彪等人"先打长春的意见"。但是,强调指出:"你们自己,特别在干部中,只应当说在目前情况下先打长春比较有利,不应当强调南下作战之困难,以免你们自己及干部在精神上处于被动地位。"鲜明地指出这样一条基本原则:"打下长春之后,东北解放军仍必须向南作战。"

东北我军攻克长春的有利条件是较多的。守敌只有10万人,新7军与第60军存在矛盾;我军早对60军展开了争取工作,该军有起义可能;守敌内缺粮草,外无救兵(沈阳之敌根据卫立煌的方针就是不出兵北援),士气低落。东北野战军主力均集中于长春、四平之间,兵力雄厚,火力强(重型火炮660余门,炮药充足);后方支援便利。不利条件:一是长春的防御工事坚固,国民党军曾吹嘘"长春防务坚冠全国";二是东北我军尚无攻克长春这样城市的经验。

1948年5月,郑洞国集中3个师的兵力向长春西北方向出击,19日占领小合隆,企图把这个方向的解放军赶走,保护大房身飞机场不受炮火威胁,以利空运,同时乘此机会抢掠粮食。林彪等人立即集中两个纵队和7个独立师,采取奔袭动作,包围小合隆之敌,吸引长春敌人大部来援歼灭之,进而攻击长春。郑洞国一看形势不妙,立即将部队撤回市区。

这是一次外围战。6月3日,朱德在看了参加这次作战的第1、第6纵队指挥员的电报后写信给毛泽东,认为"长春还是可能打下的条件多",主张用坑道爆破和集中炮火相结合的战法,强攻长春。但是,林彪等人却从这次作战中得出长春不好打、不能强攻的结论,建议改变硬攻长春的决心,改为对长春以一部兵力久困长围,主力仍位于长春、四平之间休整,迫使沈阳敌人增援,先歼灭援敌,后夺取长春,时间准备两个月至四个月。秋收后再南下。

6月7日,中央军委和毛泽东主席复电林、罗、刘,基本上同意这个方案,要求林彪等人"精心组织这次战役",同时提醒他们不要忘了作好向南作战的准备工作，在攻长春期间，"必须同时完成下一步在承德、张家口、大同区域作战，或在冀东、锦州区域作战所必需的粮食、弹药、被服、新兵等项补给的道路运输准备工作"。毛泽东念念不忘向南作战。

决心以最大主力南下作战

在东北野战军围困长春的时候，关内各战场的人民解放军对国民党军发起强大攻势。这种形势要求东北野战军积极行动，钳制东北敌人，使其无法调进关内。这种形势也表明，蒋介石为了保住黄河、长江间腹心区域，有可能从东北实行撤退。但是，自长春陷入重围后，驻沈阳的卫立煌就是不以一兵一卒去增援，结果出现东北野战军主力反被牵制在长春地区，同长春守敌形成对峙的僵局。蒋介石用一座孤城"钳制共军大批主力南下"的企图，一时得逞。因此，东北野战军集中主力继续围困长春，是不妥当的。为了改变被动局面，中共东北局常委开会重新研究了东北作战行动问题，"大家均认为我军仍以南下作战为好，不宜勉强和被动地攻长春"。7月20日，林、罗、刘报告中央军委："我们意见，东北主力待热河秋收前后和东北雨季结束后，即是再等一个月到8月中旬时，我军即以最大主力开始南下作战。"

中央军委和毛泽东主席7月22日复电指出："攻击长春既然没有把握，当然可以和应当停止这个计划，改为提早向南作战的计划。"要求林、罗、刘应向全军指战员首先是干部，充分说明向南作战的有利条件，"以鼓励和坚定他们向南进取的意志和坚定他们的决心"。毛泽东这么早就提醒林彪等人要从思想上坚定向南作战的意志和决心，从现在林彪思想动摇的事实来看，是具有远见卓识的。经过五个多月（从1948年2月7日至7月20日）反复商讨，东北野战军主要指挥员在东北主力是否南下作战的问题上，终于取得了同中央军委相一致的认识。

十个月内打三仗，全歼东北之敌的设想

东北野战军的总任务就是全歼东北敌人于东北境内。毛泽东设想，从1948年9月至1949年6月的10个月内，东北野战军"要准备进行三次大战役，每次准备费去两个月左右时间，共费去六个月左右时间，余4个月作为休息时间"。

关于第一个战役。毛泽东经过分析，在7月30日致电林、罗、刘明确指出："关于你们新的作战计划，我们觉得你们应当首先考虑对锦州、唐山作战，只要有可能，就应攻取锦州、唐山，全部或大部歼灭范汉杰集团，然后再

向承德、张家口打傅作义。"在9月5日电报中又指出："你们秋季作战的重点应放在卫立煌、范汉杰系统。"毛泽东把这个战役叫作"锦榆唐战役"，希望首先能够切断东北敌军的入关通路，"封闭蒋军在东北予以各个歼灭"。其次，从北宁路锦唐段打起，是从"东北剿总"与"华北剿总"的结合部开刀，实现中间突破，有利于向两翼机动。再次，如果不打范汉杰集团，而去打承德等地傅作义集团，就会出现东北、华北两敌集中力量夹击我军的态势，而先打范汉杰，傅作义是不会大力出关增援的。

关于第二个战役。毛泽东估计，在第一个战役期间，沈阳卫立煌有极大可能增援锦州。东北野战军便可乘胜进行第二个作战，即"准备去打锦州时歼灭可能由长、沈援锦之敌"。这个战役的规模比第一个战役的规模要大。因为，卫立煌只有以沈阳主力部队来增援方能起作用。这样，东北敌我两军主力将在锦州、沈阳间展开激战。因此，中央军委和毛泽东主席要求林、罗、刘："应当注意：（一）确立攻占锦、榆、唐三点并全部控制该线的决心。（二）确立打你们前所未有的大歼灭战的决心，即在卫立煌全军来援的时候敢于同他作战。（三）为适应上述两项决心，重新考虑作战计划并筹办全军军需（粮食、弹药、新兵等）和处理俘虏事宜。"

关于第三个战役。在关于辽沈战役的文电里，我们没有看到毛泽东对这个战役的具体设想。我们可以分析，如果东北我军攻击锦州时，长春、沈阳之敌倾巢来援，我军既攻克了锦州，又歼灭了援锦之敌，那么，第三个战役，自然是乘胜夺取沈阳，解放长春。如果我军攻锦州时，沈阳之敌不援，或者增援途中未被歼灭，迅速缩回沈阳，凭坚固守，那么东北野战军就可能实行"完全肃清锦州、塘沽之线，直逼天津城下，迫使国民党用空运方法从沈阳调兵增防平、津"。这个时候，东北野战军休整一个月至多四十天，然后分为两个集团，"以一个集团第一步攻占平承线，第二步攻占平张线；以另一个集团攻沈、长"。

运筹帷幄之中，决胜千里之外。东北战争的进程大体上就是按照毛泽东的上述设想发展的，只是战争时间大大缩短了，只用了五十二天，即全歼东北国民党军，解放东北全境。

"战锦方为大问题"

9月12日，东北野战军攻击义县至滦县一线之敌，被后来称之为"辽沈战役"的作战开始了。至10月1日，先后占领义县、高桥、塔山、兴中、绥中、昌黎，将范汉杰集团分割在锦州、锦西、山海关三个地区，并封锁锦州飞机场，使锦州完全处于孤立。

锦州陷入孤立，蒋介石极端恐慌，9月30日先在北平同傅作义磋商由华北出兵增援东北的问题。经过讨价还价，最后决定从华北抽出第62军三个师、第92军一个师、独立第95师，以及山东烟台的第39军两个师海运葫芦岛，同锦西地区第54军四个师编成"东进兵团"，由第17兵团司令官侯镜如指挥，沿北宁路向锦州推进。10月2日，蒋介石飞到沈阳，不顾卫立煌等人的反对，决定以沈阳地区的主力，新1军两个师、新3军三个师、新6军两个师、第49军两个师、第71军两个师，共五个军十一个师，另加三个骑兵旅，编成"西进兵团"，由第9兵团司令官廖耀湘指挥，企图攻占彰武、新立屯，切断东北野战军的后方补给线，然后西进，会同"东进兵团"夹攻锦州的解放军。另以第八兵团司令官周福成指挥沈阳地区余部守沈阳。长春郑洞国兵团则乘敌我在锦州地区大战之际，突围南下沈阳。

从蒋介石的上述活动看，他摆出同东北我军决战的架势。据廖耀湘《辽西战役纪实》一文回忆说，他问蒋介石现在为什么要下这么大决心同东北解放军决战呢？蒋介石"在考虑了一下之后，最终说出了他内心的图谋。他说：'在撤退东北主力之前，一定要给东北共产党军队一个大打击，一定要来一次决战，否则华北就有问题。'"。

攻克锦州是东北野战军的既定计划。林、罗、刘分析锦州地形敌情时说："锦州敌人虽多，但缺乏坚强骨干，城市房屋及工事皆不很坚固，周围地形对我亦有利。"但是，锦州又是东北敌军的"要害之处"。因此，我军攻击锦州时，"沈敌必大举增援，长春敌亦必乘机撤退。故此次锦州战役可能演成全东北之大决战，可能造成收复锦州、长春和大量歼灭沈阳出援之敌的结果"。他们向中央军委表示："我们将极力争取这一胜利。"

中央军委和毛泽东主席认为林、罗、刘上述决心及其部署"均好"，望"照此贯彻实施，争取大胜"，并且强调指出，必须将作战重心放在锦州、锦西、义县三点上面，"因为这是你们整个战局的关键"，"你们能否取得战役主动权（当然战略主动权是早已有了的），决定于你们是否能迅速攻克三点，尤其是锦州一点"。

10月2日，林彪获悉敌人增兵葫芦岛4个师，遂重新考虑打不打锦州。原来估计打锦州时，主要援敌来自沈阳。对此，林彪以六个纵队对付沈阳援敌。敌在锦西方面只有一个军四个师，增援锦州，至多出动两个师，因此，林彪部署一个纵队、两个独立师是足够的。为防止华北敌军出关增援，林、罗、刘在10月1日致电中央军委，建议以华北杨（得志）、罗（瑞卿）、耿（飚）兵团主力"直向唐山、滦县前进击敌"，牵制这一线的国民党军。中央军委10月2日复电指出，傅作义正以五个步兵师、四个骑兵旅向绥东"寻我杨成武部作战，我杨、罗、耿部虽不能到绥东，但不能在平张段集全力积极行动，策应杨成武……暂难东调"，"因此，你们应靠自己的力量对付津榆段可能增加或山海关北援之敌，而关键则是迅速攻克锦州。望努力争取十天内打下该城"。现在，锦西方面敌情加重，杨、罗、耿兵团又不能东调配合，林彪感到打锦州时，主要援敌不仅来自沈阳，而且也来自锦西，且锦西距锦州更近，威胁更大，自己手里又没有更多兵力，真所谓"准备的是一桌菜，上来了两桌客，怎么办？"他非常担心也害怕打锦州时陷入沈阳、锦西两面强大援敌的夹击之中。因此，在10月2日22时向中央军委提出两个方案：第一案，锦州如果能迅速打下，则仍攻锦州为好；第二案，回师打长春。林彪在电文最后称："以上两个方案，我们正在考虑中，并请军委同时考虑与指示。"在两个方案中，林彪倾向于回师打长春。

　　幸好，林、罗、刘经过慎重研究之后，收回回师打长春的方案，在还未收到中央军委批示的情况下，于10月3日，重新向中央表示"决心仍攻锦州"。认为"目前如回头攻长春，则太费时间，即令不攻长春，该敌亦必自动突围，我能收复长春，并能歼敌一部"。

　　在坚定攻锦州决心的基础上，林、罗、刘重新调整了作战部署：以两个纵队、两个独立师在塔山地区和锦西以南阻击、牵制敌"东进兵团"、以四个纵队在彰武、新立屯和通江口地区准备对付敌"西进兵团"、集中六个纵队（其中以一个纵队两个师为预备队）攻锦州、以九个独立师继续围困长春。形成了集中主力攻克锦州为重点的作战部署。

　　中央收到林彪10月2日"回师打长春"的电报后，毛泽东立即同周恩来、刘少奇、朱德、任弼时研究，并于10月3日17时和19时连发两电给林、罗、刘，坚持既定打锦州的方针，坚决制止回师打长春。毛泽东在电报里全面深刻地分析了打锦州与回师打长春的利与弊，指出："只要打下锦州，你们就有了战役上的主动权，而打下长春并不能帮助你们取得主动，反而将增加你们下一步的困难。"中央军委希望林、罗、刘"深刻计算到这一点"，"回头打长春那更是绝大的错误想法"，"如果真的回头攻长春，你们将要犯一个大错误"。

　　中央军委和毛泽东主席接到林、罗、刘10月3日关于决心仍攻锦州的电报后，立即复电指出："甚好，甚慰。""希望你们按照你们3日9时电的部署，大胆放手和坚决地实施。"

　　经过长时间的研究，在东北战略决战方针问题上，林彪、罗荣桓、刘亚楼逐步地深刻理解了中央军委的战略意图及其关于决战的方针，并将其变成了东北全军的决心，率领他们夺取了东北决战的胜利。[35]

李银桥回忆说：

辽沈战役开始，毛泽东决定打锦州。这个决心是不好下的，打锦州就是摆出了关门打狗的态势，就是下决心用差不多同样的兵力一举吃掉敌人40余万大军。毛泽东面对的不但是国民党的几十万大军，还必须考虑林彪的意见。

林彪顾虑打锦州会被锦西和沈阳之敌合围攻击，使我军骑虎难下。他更多的是从东北这个战略区考虑问题，仗怎么好打就怎么打，自然是从北往南追着打容易得多。但毛泽东是从全国考虑问题，不能让关外的敌人跑入关内。他需要的不是一般胜仗，而是前所未有的大歼灭战！

为此，毛泽东前后发电报十几封，说服林彪，严令林彪撤离长春，南下北宁线，强攻锦州，以便全歼东北之敌。

首长们对战争的部署是严格保密的，但对胜利的消息是不保密的，随时告诉全体机关人员，让大家一道分享胜利的欢乐。

一天，毛泽东疲倦的脸上出现了笑容："蒋介石飞到沈阳了，这下子我们胜利就更有了把握。"

我怔住了，不明白怎么回事。

周恩来说："蒋介石到哪个地方，哪个地方的仗就好打，他历来就是瞎指挥。"

果然，没多久，那天晚上首长们还不曾开始办公，毛泽东便拿出一封电报大步走出屋。我以为有事，忙迎上去。

"锦州解放了！"毛泽东兴高采烈，站在台阶上对我说，"锦州解放了！要使机关的同志们都知道，解放锦州这是一个大胜利！"

锦州解放，整个辽沈战役也就势如破竹。

沈阳解放那天，几位首长的老厨师在一起做了一顿丰盛的晚餐。毛泽东在大战之后有个习惯，就是吃碗红烧肉，要肥点的，来补补脑子。那天晚上还准备了米粉肉和酸菜炒肉丝，有滹沱河里的鱼，有警卫战士打来的斑鸠。

毛泽东抓起筷子，讲了一句："东北告捷，蒋介石完蛋的日子就不远了。"

我见毛泽东开始吃饭，就用手指指酒瓶，提醒首长们喝口酒庆祝胜利。可是周恩来摆了摆手，表示不喝。

饭后，首长和作战部的有关同志就又接着开会，研究淮海战役。

怪不得不喝酒呢。[36]

根据丰富的文献资料写成的《罗荣桓传》，也对辽沈战役的全过程作了详细叙述：

1948年二三月间，在东北全军政治工作会议上，罗荣桓根据毛泽东提出的"封闭蒋军在东北加以各个歼灭"的战略设想和东北局的决定，提出了"争取全歼敌人进入东北的兵力"的任务,他要求把这一作战任务在部队中广为宣传,使全军树立起一个明确的斗争目标。

但是如何歼灭东北敌军,是由北而南先打长春之敌,再打沈阳、锦州,还是先攻锦州形成"关门打狗"之势,再打沈、长之敌?这个战略方针的确定,却经历了一些反复。

4月18日,东北局和东北军区决定先打长春,以解除后顾之忧。22日,毛泽东复电同意。为了组织围攻长春,5月中旬,根据东北局决定组成了第一前线指挥所,由萧劲光任司令员、肖华任政治委员,以原辽东军区机关组成第一前线指挥所机关[37]。5月下旬,守长春之国民党军两个师出城抢粮。东北人民解放军准备以第1纵队、第6纵队、第12纵队的两个师和5个独立师消灭该敌,然后乘虚攻入长春。5月24日、25日,经多次战斗,歼敌两个团,余敌退回长春。随后,东北局决定对长春采取"长围久困"的方针,并决定在吉林召开师以上干部会议进行具体部署。

吉林会议于6月15日召开,林彪未出席,罗荣桓主持会议。罗荣桓、刘亚楼和萧劲光作了报告。谭政出席了会议。罗荣桓在报告中说:"今天我们夺取大城市,有些条件是不够的,兵力上要三倍甚至四五倍,要有很好的供应线,要有许多炮和炮弹,要有一定的技术条件,而这些条件我们是不够的。因此,对付大城市要采取长围久困的办法。"会议决定对长春采取"长围久困,展开政治攻势和经济攻势,使其粮弹俱困,人心动摇时再攻"的方针,并提出要发布"断绝敌人粮柴,禁止行人出入"的命令。

在会上,有人问,如果老百姓出城怎么办?刘亚楼不假思索地说:"那就睁一只眼闭一只眼。"他的话引起哄堂大笑。大家都把目光转向在战争中已眇一目的李作鹏和周纯全。罗荣桓示意让大家安静,然后坚定地说:"对群众要收容、安置。"会议决定主要阵地不让群众通过,个别情况个别处理,缓冲地带要疏散。

不久,长春在东北人民解放军围困下,已是粮源断绝。国民党军只得依靠空投,杯水车薪,无济于事,于是在市内到处搜刮老百姓的存粮,市内饿死人很多,老百姓纷纷外逃。到8月间,林、罗、刘决定,分批放出饥饿群众。

7月,东北局常委重新讨论了东北战场形势和东北解放军作战行动问题,准备在雨季结束以后,即8月中旬南下作战。7月20日,林、罗、刘向军委报告了这一打算。7月22日,毛泽东复电同意,7月30日又来电明确指出:"应当首先考虑对锦州、唐山作战。"

经过反复酝酿,南下作战,先打锦州的决心终于下定。为了适应这一形势需要,8月14日,军委决定,东北军区和东北野战军正式分开,林彪任东北军区司令员兼政治委员、东北野战军司令员,罗荣桓任东北军区第一副政治委员、东北野战军政治委员,刘亚楼任东北军区兼东北野战军参谋长,谭政任东北军区兼东北野战军政治部主任。

为了加强作战行动前的政治动员工作,罗荣桓和谭政主持起草了《政治动员指示》,号召全军指战员从思想上动员起来,发挥高度的英勇精神,不怕疲劳、不怕伤亡、不怕小的挫折和忍受异常困难的精神,以适应大规模连续作战的需要……争取全歼东北敌军,解放全东北。

兵马未动,粮草先行。在部队南下之前,罗荣桓重点抓了后勤运输工作。他派后勤部副部长周纯全到热河,检查粮草筹集工作的情况。周到热河后来电说,粮食正在筹集。但又反映当地群众生活很困难,有些地区一家几口人只有一条裤子。罗荣桓不放心,又派后勤部参谋长谷广善带电台到热河去,谷去后了解到山区人民生活确实困苦,但各兵站已筹集到3000万斤小米,还准备从后方调来10余万斤大米,罗荣桓这才放心。他又找后勤部负责人李富春、钟赤兵和军工部部长何长工等专门商讨了如何把尚未换装的3个纵队的冬装和参战的15辆坦克、几百辆汽车需用的油料按时安全地运送到前方的问题,决定:为了保密和防敌空袭,运输车队在战斗打响前夜行昼伏,战斗打响后,白天也可以行动,把车距拉长,两辆装冬装的汽车后跟一辆油料车,减少遇敌空袭时彼此延烧的机会。罗荣桓还说:"一定要准时送到战地,保证供给,时间就是胜利!"

东北局进一步动员各地方党组织克服一切困难,领导东北人民支援战争,并且具体布置了各项工作。如动员和组织二线兵团按期开赴前线,准备接收大批俘虏,扩大伤病员收容量,组织民工、担架队参战等。总计参战民工160万人,担架1.3万余副,大车3.6万余辆;由省、专区、县负责人率领的在火线参战的民工有9.6万余人,形成了空前热烈的支前高潮。

这时,敌人在东北的总兵力约55万人,其中卫立煌率30万人守沈阳,郑洞国率10万人守长春,范汉杰率15万人守义县至秦皇岛一线,重点在锦州、锦西地区。而东北人民解放军已有105万人,超过了敌人一倍。

9月7日,毛泽东来电,提出了"置长、沈两敌于不顾,专顾锦、榆、唐一头"的方针。遵照毛泽东的指示,东北野战军陆续向各部队下达了进军命令:以6个纵队、3个独立师、1个骑兵师和炮兵纵队的主力,夜行晓伏,长途奔袭,包围锦州及北宁线上各点;以4个纵队及1个骑兵师位于锦州以北的新民县西北,监视沈阳敌人;以1个纵队在开原地区准备阻击长春敌人突围或沈阳敌人北援长春;以1个纵队、6个独立师和炮纵一部继续围困长春。

为了充分发动各级指挥员和战斗员的主观能动性，罗荣桓在下达进军命令以前，便十分注意做好纵队一级干部的思想工作，向他们阐明先打锦州的战略意义，然后再动员他们向下级宣讲。第3纵队副司令员曾克林调第7纵队工作，途经哈尔滨时，罗荣桓打电话对他说："东北敌人的态势从地图上看是个人字形。长春是头，沈阳是肚子，北宁线是一条腿，从沈阳经辽阳到营口的中长路南段是另一条腿。现在如果打长春、沈阳，敌人拔腿就跑。砍掉敌人两条腿，它光剩下头和肚子，就只能束手就擒。毛主席坚决主张先打下锦州，同时把长春围起来，沈阳的问题就好解决了。"

9月12日，辽沈战役打响了。到29日，东北解放军先后攻克河北省的昌黎、北戴河和辽宁省的绥中、兴城，切断了辽西走廊，将锦州、义县之敌分割包围。

战事总的说进展比较顺利，但也出现了一些问题。9月25日，东北野战军总部得悉敌人正从沈阳空运第49军增援锦州，乃命令第8纵队用炮火监视锦州机场。26日，第8纵队报告：锦州有两个机场，东郊机场已几年未用，西郊机场正在使用，请示应封锁哪一个机场。由于第8纵队延误了时间，总部改派第9纵队控制机场。两天后，第9纵队一个炮营用炮火轰击西郊机场，击毁敌机五架，终于迫使敌人停止空运部队到锦州。毛泽东得悉后于9月30日来电："歼敌两万，毁机五架，甚慰。望传令嘉奖。"毛泽东的电报同时也批评了延误两天封锁机场的部队，指出："大军作战，军令应加严。"

这一事件说明，由于战场情况瞬息万变，指挥机关不应远离战场。9月30日，林彪终于下决心将指挥部迁到前线去。这一天，他和刘亚楼、谭政及由野司、野政组成的前线指挥所人员乘火车从双城出发。为了保密，火车先北开哈尔滨，罗荣桓在一个货站上了车。由于在道里江桥畔发现国民党特务的潜伏电台，火车又朝东南开到拉林站，然后突然掉头北返，过三棵树江桥，经由江北联络线转向滨州线经昂昂溪南下。

10月1日，东北解放军攻克义县，全歼守敌1万余人。在战斗即将结束的时候，炮兵司令员朱瑞观察义县县城突破口时，不幸踩中地雷，光荣牺牲。

在开赴锦州前线的火车上，罗荣桓听同自己一起工作多年的朱瑞牺牲的消息，十分悲痛。他对大家说："朱瑞同志懂得炮兵，他亲自组建部队，训练干部，对炮兵事业是有建树的。"他又专门打电报给在通辽的后勤部政委陈沂，嘱咐他回哈尔滨协助治丧委员会正副主任张闻天、林枫料理朱瑞的丧事，安抚他的家属。为了纪念朱瑞，中央军委批准将东北人民解放军炮兵学校命名为"朱瑞炮兵学校"。

东北野战军总部的列车夜行昼停，10月2日清晨到达郑家屯[38]以西。

正准备吃早饭的时候，值班参谋报告说，在正东方发现一架飞机。刘亚楼命令所有人员立即下车分散隐蔽。人未下完，敌机已经临空，原来是架侦察机，飞得高高的，盘旋了几圈，扫射了一阵，就飞走了。

"是不是继续前进？"作战科长尹健请示刘亚楼。

"我已经请示过'101'[39]，他决定暂时不走，要机关人员在附近村落分散隐蔽防空。你告诉他们架好电台与军委和各纵队联络，看看有没有什么新的情况。"

此时，列车车厢已散置于几条铁道上，机关人员分散到野地里隐蔽待命。电台人员架起天线，摇动马达，报务员熟练地揿动电键，译电员紧张地翻译电报，秘书、参谋们忙碌地在司令部和几位领导人的临时办公处出出进进。

晚上10点，尹健估计可以行动了，又去请示参谋长，刘亚楼低声说："有新情况，要等军委回电再说。"接着又补充一句，"告诉电台，注意收听军委的来电！"

有情况？什么样的重要情况致使总部指挥机关都不能前进呢？尹健十分纳闷。后来，他问刘亚楼，才知道原来电台收到一份电报，在葫芦岛，敌人新来了四个师。这份电报立即送给了林彪。本来，在酝酿南下时，林彪就迟迟下不了决心，他主要的顾虑是：一、缺粮缺油，汽车只带了从后方南下单程的汽油；二、后方运输线太长；三、怕傅作义由关内北上，锦州攻不下，大量汽车、坦克、重炮会因无汽油而撤不出来。在罗荣桓、李富春、钟赤兵等过细地安排了后勤运输后，林彪南下的决心增强了。但他一听说敌人在葫芦岛增兵四个师，担心被沈阳、锦西、葫芦岛之敌所夹击，又犹豫起来，命令暂停前进。22时，他以林、罗、刘的名义向中央军委发去特级电报：

"得到新5军及95师海运葫芦岛的消息后，本晚我们在研究情况和考虑行动问题。估计攻锦州时，守敌八个师虽战力不强，但亦须相当时间才能完全解决战斗。在战斗未解决以前，敌必在锦西葫芦岛地区留下一两个师守备。抽出54军、95师等五六个师的兵力，采取集团行动向锦州推进。我阻援部队不一定能堵住该敌，则该敌可能与守敌会合。在两锦间，敌阵地间隙不过五六十里，无隙可图。锦州如能迅速攻下，则仍以攻锦州为好，省得部队往返拖延时间。长春之敌数月来经我围困，我已收容逃兵1.8万人左右，外围战斗歼敌5000余人。估计长春守敌现约8万人，士气必甚低。我军经数月整补，数量质量均大大加强，故目前如攻长春，则较6月间准备攻长春时的把握大为增加。但须多迟延半月到二十天时间。以上两个行动方案，我们正在考虑中，并请军委同时考虑与指示。"

林彪签发这一电报后，攻锦部队仍按原部署继续向锦州推进，东总列车亦于深夜继续前开。

10月3日清晨，罗荣桓和刘亚楼一同去找林彪，罗荣桓建议林彪仍然执行打锦州的决定。林彪征求刘亚楼的意见，刘亚楼同意罗荣桓的建议。林彪想了一会儿，叫秘书告诉机要处，追回那份电报，但是电报已经在凌晨4点多钟发出去了。

罗荣桓建议不要等军委回电，重新表态，说明我们仍然要打锦州，林彪同意。于是三人研究后又重新写了电报。

电报说："我们拟仍攻锦州。只要我军经过充分准备，然后发起总攻，仍有歼灭锦敌的可能，至少能歼灭敌之一部或大部。目前如回头攻长春，则太费时间，即令不攻长春，该敌亦必自动突围，我能收复长春，并能歼敌一部……此次战斗目的，拟主要放在歼灭敌人上。锦州有可能在夺取之后，像开封一样[40]，两面援敌重占锦州，因我打援力量仅能迟滞敌人，而无歼灭敌人的可能。敌宁可放弃沈阳，而必保持和恢复锦州。"

这封电报于10月3日9时签发。此时，东总的列车已经到达彰武以北的冯家窝棚。军委电台收到此电报的时间是20时15分，译成电文抄送到军委负责人那里已是4日凌晨1时30分。在这以前，军委于3日17时和19时接连发来两封由毛泽东拟稿的电报，批评回师打长春的错误想法。

17时的来电说："（一）你们应利用长春之敌尚未出动、沈阳之敌不敢单独援锦的目前紧要时机，集中主力，迅速打下锦州，对此计划不应再改……你们可以于攻锦州之同时，部署必要兵力于两锦交通线上，首先歼灭由锦西增援锦州之四个师，然后打下锦州。在五个月前（即4月、5月间），长春之敌本来好打，你们不敢打；在两个月前（即7月间），长春之敌同样好打，你们又不敢打。现在攻锦部署业已完毕，锦西、滦县线之第8第9两军亦已调走，你们却又因新5军从山海关、95师从天津调至葫芦岛一项并不很大的敌情变化，又不敢打锦州，又想回去打长春，我们认为这是很不妥当的。（二）你们指挥所现到何处？你们指挥所本应在部队运动之先（即8月初旬），即到锦州地区，早日部署攻锦。现在部队到达为时甚久，你们尚未到达。望你们迅速移至锦州前线，部署攻锦，以期迅速攻克锦州。迁延过久，你们有处于被动地位之危险。"[41]

19时的来电说："本日17时电发出后，我们再考虑你们的攻击方向问题，我们坚持认为你们完全不应该动摇既定方针，丢了锦州不打，去打长春，除了前电所述之理由外，假定你们改变方针，打下了长春，你们下一步还是要打两锦。那时，第一，两锦敌军不但决不会减少，还可能增加一部，这样将增加你们打两锦的困难。第二，目前沈阳之敌因为有长春存在，不敢将长春置之不顾而专力援锦，你们可利用长春敌人的存在，在目前十天至二十天时间（这个时间很重要），牵制全部、至少一部分沈阳之敌。如你们先打下长春，下一步打两锦时，不但两锦情况变得较现在更难打些，而且沈敌可能倾巢援锦，对于你们攻锦及打援的威胁将较现时为大。因此，我们不赞成你们再改计划，而认为你们应集中精力，力争于十天内攻取锦州，并集中必要力量与攻锦州同时歼灭由锦西来援之敌四至五个师。只要打下锦州，你们就有了战役上的主动权，而打下长春并不能帮助你们取得主动，反而将增加你们下一步的困难。望你们深刻计算到这一点，并望见复。"[42]

毛泽东发出这两个批评电报后又过了5个多小时，收到了林、罗、刘重新表示攻锦决心的电报，4日晨6时又发出复电表示："你们决心攻锦州，甚好，甚慰。""在此以前我们和你们之间的一切不同意见，现在都没有了。"他还指出："你们决定以4纵和11纵全部及热河两个独立师对付锦西、葫芦岛方面之敌，以1、2、3、7、8、9共六个纵队攻锦州，以5、6、10、12共4个纵队对付沈阳援锦之敌，以9个独立师对付长春之敌，这是完全正确的。你们这样做，方才算是把作战重点放在锦州、锦西方面，纠正了过去长时间内南北平分兵力没有重点的错误（回头打长春那更是绝大的错误想法，因为你们很快就放弃了此项想法，故在事实上未生影响）……从这件事，你们应取得两个教训：第一个教训，是你们的指挥所应先于部队移动到达所欲攻击的方向去（这一点，我们在很早就向你们指出了），由于你们没有这样做，致使你们的眼光长期受到限制；第二个教训，是在通常的情况下，必须集中主力攻击一点，而不要平分兵力。"

毛泽东还指出："关于不应当回头攻长春的理由，不是如你们所说的'太费时间'以及'即令不攻长春，该敌亦必自动突围，我能收复长春，并能歼敌一部'，而是如我们昨日17时及19时两电所说的那些理由，即你们如果真的回头攻长春，你们将要犯一个大错误。就拿突围一点来说，目前该敌突围愈迟愈有利，不突围更有利。"

蒋介石为了挽救其在东北全军覆没的命运，这时飞到了沈阳，对此，毛泽东说："蒋介石已到沈阳，不过是替丧失信心的部下打气。他讲些做些什么，你们完全不要理他，坚决按照你们3日9时电部署做去。"

毛泽东这封电报，肯定了东北解放军攻锦的决心，促进了领导思想迅速统一，坚定了各级指挥员和广大战斗员争取胜利的信心，对迅速打下锦州起到了"一锤定音"的作用。

前方指挥所的列车，于10月4日到达阜新。因南面铁路没有修通，指挥所人员又换乘汽车。

由于守锦州的敌人大部是滇军，为了攻锦，林彪和罗荣桓都想多了解滇军的一些情况，便在阜新发电报，叫跟随第3纵队打义县（守军也是滇军）的野司参谋处长苏静在义县以北的公路上等候前指的车队。见面后，林彪和罗荣桓先问了炮兵司令员朱瑞牺牲的情况，又问了义县敌人的战斗力和特点。苏静说："守义县的暂20师是滇军，特点还没有完全摸得清楚。不过，看来坚守的经验不足，打野战还是蛮行的。我们发起进攻后，他们还出来打反冲击，不像蒋介石的嫡系部队那样龟缩在工事里只是死守。当然，他们每次出来都吃了亏。"

"你谈谈打义县的主要经验。下一步打锦州会用得上的。"罗荣桓说。

"这次攻打义县，第3纵队，他们在总攻之前除了让尖刀连等少数部队休整以养精蓄锐外，90%的兵力都投入近迫作业，挖交通沟、挖地道，一直挖到敌人前沿。这个经验首先产生于2纵5师，他们以95%的兵力搞近迫作业。结果发起总攻时大大减少了伤亡。部队在交通沟里运动，开阔地上见不到人，突然出现在敌人防御工事前沿，搞得敌人措手不及。"

林彪和罗荣桓对苏静的汇报都给予肯定。后来，到10月7日，林彪再次询问了苏静关于2纵和3纵近迫作业的情况，并据此发出了如何挖交通沟的电报。

苏静汇报完后，林彪同罗荣桓商量了一下，叫苏静传达口头命令给第3纵队司令员韩先楚：立即率队向锦州前进。

10月5日，前方指挥所到达锦州西北，距锦州30余里的牤牛屯，这是一个依傍着通向锦州公路的只有几十户人家的小村子。牤牛河由西向东穿村而过，眼下河里只有浅浅的流水，人可以一迈而过。但是有了这条河，东可以运动到公路上，西可以隐蔽进山，是一个可进可退的地方。指挥所到达后，立即架起电台，向中央军委报告了指挥所的位置。6日，收到毛泽东主席电示："你们到锦州附近指挥甚好，但你们不应距城太近，应在距城较远之处，以电话能联络攻城兵团即妥，务求保障安全。另设攻城直接指挥所，委托适当人员，秉承你们意旨，迫近城垣指挥。"[43]

野司的观察指挥所（即直接指挥所）设在锦州北"459"高地附近的帽儿山上。

作战科长尹健等几名干部去请刘亚楼看地形，路过罗荣桓住处的时候，被正在散步的罗荣桓叫住。

"你们什么时候去看地形？"

"马上就去。正要去请'103'。"

"我也和你们一同去。你告诉'103'，请他问问'101'去不去。"

罗荣桓要去看地形，把大家难住了。谁都知道，他是一个动过大手术的病人，坐一段汽车不要紧，要骑马，还要翻山越岭，他能挺得了吗？

"山太陡，路也难走，要翻过'459'高地才能到帽儿山呢！"

"那有什么了不得？700多米的五彩山都翻过了，400多米的小山，我就不相信翻不过去！"罗荣桓笑着说。

提到"五彩山"，尹健回想起了往事。那还是1941年冬季沂蒙反"扫荡"的后期，罗荣桓率部在沂源县西南30公里的五彩山与敌人遭遇。罗荣桓率部翻过769米的五彩山，又一次胜利地打破了敌军的合击。当时他虽然患有严重的痔疮，但是身体是健壮的，还能骑马行军。

"我们是骑马去，你多少年没有骑马，大夫也不会同意的，等'103'看了之后，再详细向你汇报可以吗？"

罗荣桓摇摇头，问大家："你们说毛主席最近给我们的电报中，要我们接受的教训是什么？"

尹健低头想了想回答说："一是告诉我们不要平分兵力，一定要集中主力攻击一点；二是批评我们的指挥所没有先于部队到前线。"

罗荣桓听了点点头，说："现在我们既已到了锦州附近，怎么能光靠地图指挥而不亲自去看看地形呢？"接着就用坚定的口气说，"你去告诉'103'，就说我已经决定同你们一起去帽儿山。"

尹健把罗荣桓说的一番话向刘亚楼参谋长作了汇报，请示他怎么办。

"那还有什么办法！你又不是不知道他的脾气，他下了决心，是不会轻易改变的，只好一起去。"刘亚楼说完，就拿起电话向林彪作了报告。林彪表示他也要去看看。

东北的10月，虽然还是秋季，却已经是凉飕飕的，幸喜万里晴空，是一个好天气。

汽车沿公路来到山下第2纵司令部驻地——老虎屯。第2纵司令员刘震、第3纵司令员韩先楚等都在那里等候。大家一面说话，一面等待乘马。恰好，第9纵队政委李中权乘车路过，他下车后，汇报了9纵最近攻打锦州外围的战斗情况。罗荣桓问了他们执行政策和战场纪律情况后说："我过去批评过几个纵队，也包括你们9纵，在作战中执行城市政策不好。在辽南新区，有的部队纪律很坏，走到哪里，就把哪里搞光。"

"你提出批评后，我们回去就开会进行了检查。主要是我们政策观点不强，当时只考虑搞些东西解决部队御寒问题，没有注意掌握城市政策。我们诚心地接受了批评，决心以此为动力，力争打好翻身仗。这次打锦州外围的战斗，打得顽强、机智，战术动作也有进步，战斗情绪也很好，没有发生过违反纪律的事情。"

"那就很好，大的战斗还在后头，你们将来攻打锦州时，要争取当执行城市政策和战场纪律的模范。"罗荣桓满意地对李中权说。

不久,乘马到了,林彪、罗荣桓一行立即纵身上马。在前面带路的干部不敢急驰,只松辔缓行。出乎大家意料,罗荣桓神态自如,毫无倦意,一边走,一边同林彪聊天。到了帽儿山下,马也上不去了,林彪、罗荣桓在大家搀扶下攀上了帽儿山。罗荣桓骋目远望,只见近处几道矮丘起伏,远处便是锦州城,几座烟筒成为明显的目标,他高兴地说:"这儿很好,锦州北部及周围主要高地都一目了然。"然后从警卫员手中接过望远镜,仔细观察锦州周围的地形和敌人的城北工事。

林彪、罗荣桓和刘亚楼一面听参谋人员汇报,一面对照地图,用望远镜仔细地观察。

参谋人员汇报完毕,林、罗、刘便在阵地上简单议论了一下,认为原来的部署可以基本不变,只需做个别调整。

"攻城部队战前准备怎么样了?主攻各纵战斗情绪如何?有没有把握?"罗荣桓回过头来对着刘亚楼说。

"攻城准备都在积极地进行,部队情绪很高,攻下锦州城有信心。我们已把攻击义县挖交通沟的经验通报了各纵,为了减少伤亡,要求总攻锦州的部队进入阵地后,抓紧挖交通沟。"

"攻击锦州最重要的保证,是要把锦西方面的敌军挡住。据报告,葫芦岛方面又增加了五个师。我们的饭菜只够请一桌客,现在突然来了两桌客人,两锦相距50多公里,万一堵不住敌人,攻锦部队就要受到很大的威胁。"林彪仍然对锦西葫芦岛方面放心不下。

林彪的担忧也不是没来由的。10月2日,蒋介石飞到沈阳,发现解放军要打锦州,深知这一招厉害。于是,决定挖肉补疮,从山东、华北抽调七个师,加上在锦州葫芦岛的四个师,拼凑一个"东进兵团",由其第17兵团司令侯镜如指挥;以在沈阳的十一个师和三个骑兵师,组成一个"西进兵团",由第9兵团司令廖耀湘指挥,准备东西对进,以解锦州之围。由于"西进兵团"远在沈阳,有第5、第6、第10等三个纵队牵制,林彪并不担心。但他对近在咫尺的"东进兵团"这一桌新到的"客人"颇为担心。

"第4纵队在这两天已先后到达塔山地区,已命令他们在打渔山、塔山、白台山部署顽强的攻势防御,现正在积极地构筑工事。那里还有第11纵队,配合4纵防堵。一共两个纵队及两个独立师阻挡敌人,保证我们攻克锦州。我看是没有问题。再说还有总预备队第1纵队摆在高桥,随时可以增援。"刘亚楼用坚定的口气回答。

这时,在他们左侧的炮兵阵地上升起了敌机空袭的信号弹,接着几架战斗机护卫着一群轰炸机到了，绕了一圈后就开始投弹。解放军的高射炮群立即还击。顿时，在万里晴空，升起一簇簇白蘑菇。高射炮的猛烈炮火迫使敌机不敢俯冲投弹。同时，向城里空投物资的运输机也因受炮火威胁，不敢低飞，高高地就扔下东西。不少降落伞悠悠地飘到了解放军的阵地上，一位警卫员高兴地说："运输大队长又派飞机给我们送东西来了。"

突然一架敌机向帽儿山窜来，高高地便扔下一颗炸弹，震得大地抖动，土石崩飞。烟尘散开后，罗荣桓仍拿着望远镜瞭望城北敌人重点设防的几个据点。参谋人员都劝林彪、罗荣桓等离开阵地，林彪答应道："好，我们走吧，具体部署回去再研究。"

离开壕沟后，罗荣桓一面走，一面对参谋们嘱咐道："你们在山上是很辛苦的，要注意轮流休息，有什么情况，要随时报告。"

回到牤牛屯，野司召开了军事会议，拟订了总攻锦州和打援的具体作战方案。由于在锦州北部，解放军所占地势好，利于发挥火力，确定以城北为主要突击重点。城北主攻方向因为有配水池、化工厂两个坚固外围据点，除第2、第3两个纵队负责外，再把6纵的"攻坚老虎"第17师作为预备队，归3纵指挥。炮兵的主力、坦克营全部放在城北支援主要突击方向。7纵、9纵仍由城南向北，配合由北部攻城的2纵、3纵夹击敌人。8纵由东向西突击。攻入城区后，先将敌人分割包围，再逐个歼灭。阻敌援兵的部队，由第2兵团司令员程子华指挥，部署是：4纵、11纵及热河两个独立师位于打渔山、塔山和虹螺岘一线，阻击葫芦岛和锦西方向的援敌；热河独立8师在山海关地区佯动，牵制关内敌人；5纵、10纵、6纵（缺17师）、1纵之第3师、内蒙古军区骑1师和辽南独立第2师，位于新民以西和以北地区，阻击由沈阳出援的廖耀湘兵团。1纵（缺第3师）位于锦州和塔山之间的高桥，作为战役总预备队，既可北攻锦州，也可南援塔山。

蒋介石在葫芦岛这个视如救命稻草的弹丸之地，竟摆了9个师的兵力，并且还准备从山东再海运两个师来。这样，阻击部队将以8个师对付有海空炮火支援的11个师，任务十分艰巨。塔山一线是防线中最敏感的地方，扼守此线的是第4纵队。这个部队原是胶东部队，到东北后打了许多胜仗，但像这样死守阵地的硬仗还打得不多。

为了打好对保证攻击锦州有决定意义的塔山阵地防御战，罗荣桓把苏静找来，开门见山地说："苏静同志，决定派你去4纵，那里将有一场恶战。4纵、11纵和两个独立师的任务就是把敌人隔在塔山以南，以便保证我们能够顺利攻下锦州。你给吴克华和莫文骅说清楚，4纵的任务可能更艰巨。你的任务是给他们当参谋、出主意，协助他们指挥部队坚决死守塔山。要不怕牺牲，不惜代价，任何情况下都不能动摇。总部的战略意图你是清楚的，但部队一时不一定能理解得了。你要向指挥员多次、反复解释总部的意图，一定要顶住敌人，顶住了就是胜利。"

10月10日，苏静抵达4纵，听取了吴克华司令员和莫文骅政委的情况介绍后，发电报告林、罗、刘："4纵对守塔山决心很大，部队急需大量手榴弹。"林、罗、刘立即命令从直属部队抽调一部分手榴弹给4纵济急，同时叫后方迅速补给。

在锦州总攻前，罗荣桓和谭政召集纵队政委、政治部主任开了战前政治工作会议，传达了中央军委和毛泽东主席关于辽沈战役的战略方针和作战部署，要求各部队深入动员，开展立功运动，做好战时政治工作，保证战争胜利。并要求打下锦州后严格执行城市政策和入城纪律，一切缴获要归公。罗荣桓指着院子里结着累累果实的苹果树说："要教育部队保证不吃老百姓一个苹果，无论挂在树上的、收获在家里的、掉在地上的，都不要吃，这一条纪律，要坚决做到。"

他还专程到8纵传达了毛泽东"军令应加严"的指示。

前指到达牤牛屯后，得悉这个纵队除延误封锁锦州西郊机场的时机外，最近又发生了战斗中一度丢失阵地而没有及时报告的事件。

林彪大发脾气。刘亚楼也生气地说："锦州的西郊机场能够使用，东郊机场已不能使用，敌机又正在西郊机场空运，这还要请示吗？应该通报批评！"

罗荣桓听了两人的话，冷静地说："从这两件事来看，问题确实严重。毛主席的批评和指示，我们应该认真执行，不然就会影响整个锦州作战任务。不过，我们应该去亲自检查一下。"

"'101'不能离开指挥所，我去吧。"刘亚楼说。

"你那个急性子，会同人家吵起来的，还是我去一趟吧，同时也检查一下他们的准备工作。部队出了差错，也不能光是简单地批评下面，还应该从我们自己身上找找缺点。"说到这里，罗荣桓停顿了一下，"敌人空运的飞机在西郊机场起落，他们还来电请示，这固然不对。但我们司令部下达命令时如果详尽一点，明确指出是封锁西郊机场，不是就不会出现这一差错了吗？上次冬季攻势中，开原敌人的第130师向西出扰时，我们把特级电报发成A级，结果耽误了第2师的行动，这能光责怪2师吗？司令部起草战斗文书，也要从这件事上吸取教训。"

当夜，罗荣桓就带上秘书人员乘吉普车离开牤牛屯，路上适遇炮纵进入阵地，汽车拖带的大炮塞满了公路，行进困难，40里的路程几乎跑了一宿。大战迫近，时间非常宝贵，罗荣桓说："早知如此，还不如骑马。"

罗荣桓在这个纵队住了两天一夜,听了汇报,仔细检查了作战方案,找纵队司令员和政委谈了话。谈话中,罗荣桓首先表扬他们在扫清锦州外围战斗中打得不错,取得了初步胜利,为攻城创造了条件,然后说:"从丢失阵地不及时报告和封锁机场耽误两天这两件事,你们应当很好地吸取教训。你们也打了这么多年的仗了,丢失阵地已经不对了,不及时报告更是错误。你们想夺回阵地再报告,这怎么能行?战争中情况瞬息万变,拖延了时间会贻误战机,影响整个战局的。野司的命令虽然没有指明封锁哪个机场,可是你们为什么不动脑筋想一想?封锁机场的目的就是阻止敌人的空援,当然是要封锁那个能使用的机场。即使你们不晓得哪个机场能使用,也应先行动起来嘛!毛主席来电专门批评了这件事,指出'大军作战,军令应加严'。这不是件小事,你们要作深刻检查。"

　　最后,罗荣桓鼓励他们争取在攻锦州战斗中同兄弟部队密切协同,打好这关键性的一仗。纵队领导表示接受批评,作了检查。罗荣桓离开这一纵队后,还准备去第1纵队,但总部催他,只好回去了。这时战事已日趋激烈。国民党的"东进兵团"从10月10日起,便展开了三至五个师的兵力,在大炮、飞机及军舰炮火的掩护下,连日猛犯锦州西南40公里的塔山。由沈阳出动的廖耀湘"西进兵团",也于10月11日到13日先后进占了彰武及新立屯以东一线地区,将东北解放军由通辽经彰武到阜新、义县的后方供应线截断。为了保证前方"人不缺粮、枪不缺弹",东北局、东北人民政府动员大批民工用骆驼、骡马驮载粮食、弹药,由宣传部长肖向荣带队,从通辽通过沙漠地区绕道运往前方。

　　对于廖兵团占领彰武,中共中央军委在10月12日来电指出,这表示卫立煌想用取巧方法引我回援,借此以解锦州之围,"只要你们能于一星期内攻克锦州,则该敌无论如何是不能迫近锦州的。锦州一克,该敌又必立即后撤"。[44]在蒋介石的严厉监督下,卫立煌不得不采取取巧的办法,想"围魏救赵",但是他攻彰武,并非解放军之所必救,他这一招也就落了空。

　　阻击国民党"东进兵团"的塔山阻击战,连续进行了7天7夜。蒋介石对进攻塔山、打开援锦的通路十分重视,曾于10月6日亲临葫芦岛进行部署。为了夺取塔山,国民党军队在督战队驱赶下,成连成营,包括用"军官团""敢死队"的名义,轮番向解放军8公里宽的阵地冲击。从飞机上扔下的炸弹,从军舰上和滩头阵地发射的炮弹,几十分钟内就倾泻了几千发,土炸松了好几尺,地表工事全被摧毁。一批敌人被打倒,另一批又冲上来。在许多阵地上,指战员们同敌人进行了激烈的白刃格斗。前沿阵地得而复失,失而复得……敌人遗尸6000余具,始终未能前进一步。

　　从10月9日起,各攻城部队便开始了扫清锦州外围敌人据点的战斗。经过逐一激烈争夺，到13日，攻城各部全部扫清了包括被国民党吹嘘为"第二凡尔登"的配水池等外围阵地。

塔山阻击战进行到第四天，10月14日，总攻锦州开始。上午10时，炮火准备。几百门大炮同时怒吼，一时间地动山摇，惊心动魄，这是解放军第一次在同一时间同一地点使用如此大量而又密集的炮火。它既标志着解放军的战斗力空前提高，也是对为解放军的炮兵事业作出卓越贡献，不久前牺牲的炮兵司令员朱瑞和成千上万为新中国的建立流尽了鲜血的先烈的最好的悼念。在炮火覆盖下，守军阵地成为一片火海和废墟。攻城部队利用交通壕的掩护，迅速向前运动。11时，各突击队发起冲击，迅速撕开突破口，迂回穿插，分割包围，到15日拂晓，各攻城部队先后在中央大街、白云公园、中央银行、邮局等地会师。残敌退入老城负隅顽抗，解放军乘胜追击。18时，结束战斗。经过31个小时的激战，全歼守敌12万人，生俘东北"剿总"副司令范汉杰以下9万余人。

在牤牛屯，林彪和罗荣桓接见了范汉杰。当林、罗询问范对此战看法时，范沮丧地说："打锦州这一招，非雄才大略是下不了这个决心的。锦州好比是一根扁担，一头挑东北，一头挑华北，现在扁担断了。"他又说，"贵军炮火猛烈，出乎意料，我们的炮火全被压制住了。贵军近迫挖壕作业很熟练，我们在地面上看不到部队运动，无法实施阻击。贵军冲起锋来，实难抵挡。"

9月16日，蒋介石乘飞机又一次来到葫芦岛。当他得知锦州已失、范汉杰下落不明后，气急败坏地要枪毙负责攻打塔山的国民党第54军军长，并指着他的鼻子骂道："你不是黄埔生，你是蝗虫，你是蝗虫！"他要求部下继续攻打塔山。但是，将不用命，他们看到援锦无望，逐渐停止进攻。林彪和罗荣桓将苏静召回牤牛屯，让他汇报4纵扼守塔山的战况。林、罗、刘听完苏静的汇报，都很兴奋，称赞4纵打得很好，胜利之大出乎预料。罗荣桓高兴地说："塔山这个仗，锦州这个仗，的确带有一定的冒险性。因为打到了敌人真正的要害处，敌人必然要垂死挣扎，集中其一切可能出动的兵力与我决战。我们在历史上还没有打过这么大的仗，任务是光荣而又艰巨，胜利是来之不易啊！好在战前部队经过一段较长时间的新式整军运动和大练兵，打了个好基础，它的威力在这次战斗中充分体现出来了。"

部队进城后，严格遵守"三大纪律八项注意"和《入城纪律守则》，城内私人工商业及公共机关受到保护。被俘官兵的私人财物包括高级军官的黄金、银元、首饰等分文未动。某部驻扎住在苹果园，正值苹果熟透，树上硕果累累，地上也有坠落的苹果，战士们没吃一个苹果，一时传为佳话。毛泽东后来曾称赞道："在这个问题上，战士自觉地认为：不吃是很高尚的，而吃了是很卑鄙的，因为这是人民的苹果。我们的纪律就建筑在这个自觉性上面。"

但是，少数单位仍有违犯纪律的现象，对缴获的物资私自留下，不愿上交。

战火刚停，罗荣桓就进城视察。当时还没有来得及打扫战场，锦州城内到处是敌人的尸体，还有不少没有爆炸的炮弹和敌人埋下的地雷，很不安全。刘亚楼几次对罗荣桓进行劝阻，罗荣桓还是去了。视察中，他发现有些步兵部队收集了很多坦克零件和器材，自己用不上，又不肯上交，非常生气地说："《入城守则》已有明确规定，打锦州一开始我们就指出'战斗当前，缴获不争'，怎么还这样做呢？"

他立即口述一个命令，叫陪同视察的尹健记录下来："凡一切机关、部队所看管的坦克、装甲车及附属零件、武器等，应立即交战车团接收，不得有误。此令锦州各机关部队。"

这份命令是在锦州市一条大街上，垫在公文包上写的。尹健说："我的字写得不好，歪歪扭扭的，等打印后再发吧！"

"这是战时，不能用平时那样的机关作风办事，那样会误事的。你用'一〇一'、我和'一〇三'的名义马上发下去！"

这个命令的原件，至今还在军事博物馆陈列着。

锦州一解放，东北敌人全线动摇。在长春，17日，军长曾泽生率第60军起义。19日晨，新7军军长李鸿同东北解放军达成投降协议。上午10时，解放军入城。21日凌晨，东北"剿总"副总司令郑洞国自动放下武器，长春解放，歼敌10万。与此同时，蒋介石再次飞到沈阳，继续策划廖耀湘的"西进兵团"与锦西、葫芦岛的"东进兵团"，东西对进，要重占锦州；并令第52军占营口，准备接应东北残敌撤退。东北解放军决定，除留两个纵队继续在塔山阻击"东进兵团"外，其余部队立即北上，准备在野战中歼灭廖耀湘的"西进兵团"。

为此，10月20日，罗荣桓授意野战军政治部起草了《全歼东北敌人的政治动员令》，要求各部树立连续打大胜仗，"一口气吃掉敌人七八个师至十数个师，一次俘虏敌人七八万至十数万"的雄心，"以勇猛果敢、前赴后继的精神，不怕困难、不怕疲劳的精神，争取大胜，争取全歼东北蒋匪军，解放沈阳，解放东北全境"。

10月21日，第10纵队和第1纵队第3师转移到黑山、打虎山一线，构筑工事，准备阻击西窜的廖耀湘兵团，同时5纵、6纵由阜新、彰武地区南下，切断廖部退回沈阳之路，以掩护从锦州前线北进的主力部队多路展开，将廖耀湘兵团合围。23日，黑山阻击战打响，揭开了解放军历史上前所未有的大兵团围歼战——辽西会战的序幕。敌军在飞机、大炮掩护下，成营、成团地轮番向黑山猛扑。10纵和1纵3师以与阵地共存亡的决心,英勇顽强,浴血奋战。

25日,从锦州前线赶来的解放军各个纵队完成了对廖耀湘兵团的合围。翌日,蒋介石看到廖兵团突围无望,在日记中写道:"东北全军,似将陷于尽墨之命运。寸中焦虑,诚不知所止矣。"[45]至28日拂晓,廖兵团10余万人包括国民党的主力新1军、新6军和新3军、第71军、第49军悉数就歼,廖耀湘被俘。国民党的"五大主力"五丧其二[46]。11月2日,沈阳守军13万余人被歼,沈阳解放。与此同时,收复营口,歼敌1.4万人,还有万余人乘船逃脱。至此,辽沈战役胜利结束。11月9日,东北全境解放。东北野战军于是成为中国人民革命武装力量的战略预备队,随时待命进关。

辽沈战役结束后,野司总部迁至沈阳。罗荣桓召集几位工作人员起草给党中央、毛主席的《九、十两月份作战情况综合报告》。报告涉及了林彪对打锦州犹豫的问题,口气十分婉转,报告说:"……后由蒋介石飞沈亲自指挥,从华北抽调独95师、62军全部、92军之21师陆续经海运葫芦岛登陆,加上锦葫原有之4个师共计9个师,企图由锦西向北驰援锦州,这曾使我们攻击锦州之决心一度发生顾虑。但这一过程共两三小时即确定仍坚持原来之决心不变……"

报告稿刚起草好,恰巧林彪进了屋。罗荣桓将报告稿递给他看后,指着上面的一段文字说:"这一段,写我们在打锦州问题上曾一度有顾虑,很快就纠正了,你看怎么样?"

林彪正因辽沈战役的胜利而兴高采烈,听了罗荣桓的话,又看了看罗所指的那段文字,一声不吭,把稿子往桌上一放,转身走了。后来,这份综合报告以"林、罗、刘"的名义,于11月8日签发上报。

这份报告是一个历史见证,证明罗荣桓在打不打锦州这个重要问题上是坚持原则的。他对毛泽东军事思想的深刻领会,他的高度的组织纪律观念,都给当时知道此事的干部留下了深刻的印象。[47]

淮海战役

淮海战役是三大战役中规模最大的一次战役。华东野战军和中原野战军密切配合,协同作战,胜利完成了这场对解放战争进程起了重要推动作用的决战。

促使毛泽东下决心在淮海地区聚歼国民党军重兵集团的,是粟裕的建议。

《陈毅传》写道:

毛泽东1948年4月13日深夜,到达晋察冀军区所在地——河北省阜平县城南庄。

还在东行途中，毛泽东已电告中工委，要通知陈毅、粟裕到中央来研究战略行动问题。

毛泽东收到粟裕的电报后，亲自拟电文："为商量行动问题"，请陈、粟于4月25日至4月30日数日内，同来平山中工委开会。4月21日发出此电。

陈毅当时正主持华野一兵团高干会议反军阀主义倾向，要作报告，并组织下一步的政策讨论。事关华野全部队，不能无人主持，故陈、粟于4月22日急电中央，请求由粟裕于4月24日作完报告后即北来，陈毅不北上。

但是中央军委于同日（22日）电陈、粟："请你们两人提前于4月27日赶到中工委会晤。"

于是，陈毅、粟裕于23日电复中央："拟于明晚及后天白天作一天半报告，传达中央指示及政策，并布置分组讨论，使会议不间断。我们两人于25日晚即动身北来。"

陈毅并不知道此次毛泽东一定要他去，还因为要调动他的工作。他也不知道中原对他的"企图"。

早在1948年2月，刘、邓鉴于中原广大地区的财政经济问题严重，如豫皖苏地区，"至今毫无建树，也没有干部，对今后大军供应已无办法。而沙河北岸已有灾民200余万"。国民党的"法币"不断贬值，而解放区发行的钞票与"法币"的比值还不断下降，农民损失惨重。部队的供给纷乱，浪费严重。如不迅速纠正，"则军队供应与人民生活均将产生严重危机"。因此，刘、邓希望中共中央调一位对土地改革与财经工作富有经验的大员到中原。"建议邓子恢同志统一主持中原各区，首先是三部分野战军的财经事宜"。并于4月2日再度报中央并致陈、粟："仍切望子恢同志来加强中原局领导，主持地方工作和财经工作。"

在得知毛泽东已到阜平，陈毅已回华野，特别是同意了粟裕率部迟出留中原作战的建议后，刘、邓来了一相应的大动作：发电中央，请调陈毅到中原工作。刘、邓称："中原局辖区甚大，领导力量极嫌薄弱，三部分野战军在20万人以上，如粟裕迟出，则达30万。军区武装约为20万人，亦须统一指挥及供应。"因此，建议："（一）以陈毅同志为中原局第一副书记；（二）组织中原军区。"刘、邓对陈毅到中原后的军职，提出三个方案："一、以陈毅为中原军区副司令员兼中原野战军司令员；二、陈毅为军区与野战军第二政委；三、陈毅作军区第二政委兼野战军政委。"刘、邓还建议："不管哪种形式，陈毅同志华野职务不变。"

在此电报中，刘、邓还表示："小平必以极大精力主持党政，刘、陈主持军事，子恢能来任第二副书记颇好，主持运购，对许多困难问题更易解决。"

毛泽东接到电报后立即批示："朱、刘、周与陈、粟、薄（一波）、李（先念）商复。"中央也电告刘、邓："陈、粟二人日内可到阜平和我们会商行动问题及你们提出的中原机构组织问题。"

毛泽东、周恩来、刘少奇、朱德、任弼时会合一起，中央会议有许多重大问题要研究。如关于召开人民代表大会并成立临时中央政府问题，关于在今年冬季召开二中全会问题……华野一兵团的行动问题也列在议程。讨论时，陈、粟、薄、李参加。

敢于实事求是地提出与中央战略行动方案不同的意见的将领是大智大勇的，而善于实事求是地采纳部属不同意见的最高统帅更是大智大勇。毛泽东采纳了粟裕的意见正说明当时党内军内的高度民主，这是革命战争得以迅速胜利的重要保证。

会议在倾听粟裕的意见后，决定：华野应继续依托中原、华东两解放区，会同中野作战；同意一兵团在整训结束以后，四到八个月内，暂不向江南作战略机动，先加入中原作战，以便集中力量，歼灭敌人，粉碎敌人在中原的防御体系。5月5日，中央把这一决定电告了刘、邓和华东局。在讨论的过程中，刘、邓向中央表示支持粟裕意见的4月18日电当然也起了作用。后来，彭德怀曾在5月21日电毛泽东，对全军各战场的作战提出建议，其中指出，从目前情况看，粟裕部按原计划渡江问题值得考虑。不如先不渡江，而集中五六个纵队出中原作战以求打开豫鄂皖局面。

经过后来战役的实践，证明"歼敌主力于长江以北"是更有利的，而渡江也就成为"百万雄师"从江阴到武汉全线渡江了。[48]

当年曾对毛泽东下决心举行淮海战役提出过重要建议，并且率领华东野战军参加淮海战役的粟裕大将，回顾这段历史过程，有过下面一篇精彩的谈话。

一、当有人请粟裕谈淮海战役时，粟裕说：

淮海战役是在中央军委和总前委直接领导和指挥下取得胜利的。淮海战役这个大题目要请小平同志来讲。

毛主席对淮海战役有一句精辟的概括："一锅夹生饭，硬是被你们一口一口地吃下去了。"我的理解，是指淮海战役发展成为南线战略决战并取得胜利的条件，不是一开始就成熟的，形势的发展变化多端，中央军委、总前委审时度势，统一筹划，集中集体的智慧，正确指导了战役全过程，充分发挥了主观能动性，还乘敌之隙，充分利用了敌人的错误，终于取得了伟大的胜利。所以，必须从战局变化中、从发展阶段中来研究淮海战役，这是应该注意的。

二、有人请粟裕谈谈向中央军委提出举行淮海战役建议时的考虑，粟裕说：

谈这个问题要从豫东战役说起。在豫东战役之前，1947年第四季度，我三支大军已经在中原成品字形，完成了战略展开。但蒋介石在中原还能集中较大的机动兵力。敌人利用优越的运输条件，又常临机变动建制，采取避实击虚的战法，以集中或分散对付我军。我兵力分散时则集中进犯，我兵力集中时则后缩，敌我兵力相当时则与我纠缠，一段时间里，敌我形成拉锯状态。为改变中原战局，发起战略进攻，我反复考虑了我军的作战方针，认为面对敌人的新情况，我军必须把歼灭战发展到更大规模。如果我军不能集中更大兵力，打更大规模的歼灭战，而是打中、小规模的歼灭战，战机就很难寻找。当时三支大军各自对付当面敌人均显不足。从华野外线兵团的兵力来看，彻底歼灭敌人一路的力量是够的，但必须邻区协助打援或钳制。我估计，只要我军能打两三个大歼灭战，形势必将改观。为此，我于1948年1月22日向中央军委建议，三支大军采取忽集忽分的作战方针，以集中更大兵力，寻歼敌人重兵集团，兼顾开辟新区工作。1948年4月18日，我向中央建议华野1、4、6纵队暂不渡江，会同3、8、10等纵队，并在中原野战军配合下，集中于黄淮地区打大歼灭战，也是基于上述考虑出发的。

豫东战役歼敌9万多人，证明打大歼灭战的想法符合实际。解放战争以来，随着敌我力量的消长和战略战术的变化，我军歼灭战不断向更大规模发展是个客观规律。这种大歼灭战发展下去，势将成为同敌人的战略决战。而要进行这种大规模的决战，必须考虑时机，还要考虑战场条件和后勤供应条件。对于战场和后勤供应条件，我考虑在长江以北决战比在长江以南决战有利得多，而在长江以北决战，又以在徐蚌地区最为有利。因为徐蚌地区不仅地形宽阔、通道多，适宜于大兵团运动，而且大部地区是老解放区和半老解放区，群众条件好。背靠山东和冀鲁豫老根据地，地处华东、中原结合部，距华北也不远，能得到各方面的人力、物力支援。还可以利用蒋桂之间的矛盾，集中兵力打蒋系的徐州集团。如兵出中原，我军将处于白崇禧的武汉集团与刘峙的徐州集团之间，桂系可能参战。为此，在济南战役前，我就考虑到打下济南以后华野向何处出动？1948年8月23日，我们在上报军委的一个电报中提出："两个月以后，我们即可举全力沿运河及津浦南下，以一个兵团攻占两淮及高邮、宝应，则苏北局势即可大大开展。"当时就是想以这一作战行动为下一个作战和渡江创造条件。济南战役，敌人援兵没有来，我们有必要，也有足够的力量同敌人在江北再作大的较量。所以，我在济南战役即将结束时，1948年9月24日早晨向中央军委提出举行淮海战役的建议。

1948年9月25日，中央军委复示："我们认为举行淮海战役，甚为必要。"

所以说，提出举行淮海战役的建议，我是经过较长时间考虑的。

三、有人请粟裕谈谈在淮海战役演变为南线战略决战过程中个人的考虑，粟裕说：

淮海战役演变为南线战略决战，是中央军委审时度势、不失时机作出的战略决策。

我9月24日向中央军委的建议是："战役可分为两个阶段，攻占两淮，并乘胜收复宝应、高邮，而以全军主力位于宿迁至运河车站沿线两岸，以歼灭可能来援之敌，如敌不援或被阻，即行战役第二步，以三个纵队攻占海州、连云港。"中央军委在9月25日复电中指示："黄百韬兵团将回至新安镇、运河车站地区，你们第一个作战应以歼灭黄兵团于新安、运河之线为目标，歼灭两淮、高宝地区之敌为第二个作战，歼灭海州、连云港、灌云地区之敌为第三个作战。"

先打黄百韬，加重了我们的任务，我们预计第一仗打黄百韬是个大仗、硬仗。

但是，这时的淮海战役计划，还只是由华野在中野的战略配合下来进行的。中央军委在10月11日指示中提到："孙元良三个师将东进，望刘伯承、陈毅、邓小平即速部署攻击郑徐线牵制孙兵团。"这个指示，估计淮海战役结束"将是开辟了苏北战场，山东、苏北打成一片，邱、李两兵团固守徐蚌一线及其周围，使我难以歼击"。

这时，刘伯承同志率中野两个纵队在豫西作战，把敌人引向桐柏山区；陈毅、邓小平同志率中野主力于10月22日晚攻克郑州，24日收复开封。25日，陈毅、邓小平同志向中央军委建议所部下一步不去淮南，而是集结于永城、亳州地区，无论出宿蚌线或打孙元良都更方便。中央军委同意了他们的建议，并于30日指示陈、邓进至萧县地区，对徐宿（县）、徐砀（山）两线相机行动。这样，中野、华野便将在战役上协同作战了。我于10月31日电报中央军委："此次战役规模很大，请陈军长、邓政委统一指挥。"中央军委于11月1日复示："整个战役受陈邓统一指挥。"这就从组织领导上明确了两大野战军在一个战场进行战役协同，这是淮海战役演变为南线决战的一个重要条件。

演变为南线决战的第二个重要条件是辽沈战役的胜利结束，没有辽沈战役的胜利，我们也不敢下那样的决心。11月2日，辽沈战役胜利结束，1个多月，东北野战军歼敌45万，全国敌我力量对比发生了根本变化，我军已在全国范围内，在数量上、质量上、技术上都占优势了。

这时，敌情也发生了重要变化。11月7日，我们得知敌44军已在6日撤离海州，向黄百韬兵团靠拢，我军立即进占海州、连云港，原定攻打海州已无须进行。当时东北之敌只剩下锦西葫芦岛一处，中央军委几次通知我们这处敌人的动向。海州、连云港被我攻占后，如蒋介石将该处敌人经海路南调徐州战场，也只能绕道上海、浦口，再转运到蚌埠，将失去及时支援的时机。同时，长期隐蔽在国民党军中的何基沣、张克侠两位将军即将率部在台儿庄、贾汪地区起义，一旦起义成功，华野可以通过其防区迅速切断黄百韬的退路，全歼黄百韬兵团已更有把握。此外，我们又得到敌人有撤退徐州，以淮河为第一线防御之说。

有了上述这些条件和情况，我觉得淮海战役发展为南线决战的时机已经成熟。于是我们对战役发起后及下一步作战形势作了估计，我和陈士榘、张震于11月7日午时联名发电谭震林、王建安，并报中央军委、陈邓，建议中野主力直出徐蚌段，切断徐敌退路，使邱、李不能南撤；华野主力于歼灭黄百韬后，协同中野攻击徐蚌段，孤立徐州；下一步或继歼黄维兵团，或歼灭孙元良兵团，或夺取徐州。当时我们认为，不论如何发展，孤立徐州，截断徐敌陆上退路，甚为必要。

11月7日夜，陈士榘同志已赴前指，我进一步就争取在长江以北与敌人决战的问题与张震同志商谈。我们多方分析后，于11月8日辰时发电报告中央军委、陈邓并报华东局、中原局。在这份电报中，我们估计了蒋介石可能采取的两种方针：第一，以现在江北之部队再加上由葫芦岛撤退之部队，继续在江北与我周旋，以争取时间，加强其沿江及江南、华南防御。第二，立即放弃徐州、蚌埠、信阳、两淮等地，将江北部队撤守沿江，迅速巩固江防，防我南渡，并争取时间整理其部队，以图与我分江而治，伺机反攻。接着我们分析了蒋介石若采取这两种方针对我之利弊。认为蒋如采取第一方针，使我在江北仍有大量歼敌的机会。如能在江北大量歼敌，则造成今后渡江的更有利条件，且在我大军渡江后，在苏、浙、皖、赣、闽各省不致有大的战斗，也不致使上述各省受战争之更大破坏，使我军在解放后容易恢复。但如此对江北及华北各老解放区的负担仍将加重，又为不利。如果蒋采取第二方针，可以大大减轻我江北及华北各老解放区的负担，使这些解放区迅速得到恢复，但我今后渡江要困难一些（当然困难是完全可以克服的），并且在渡江后，在苏、浙、皖、赣、闽各省尚需进行一些严重的战斗和部分的拉锯战，且在江南大量歼敌的条件比江北差，这又是不利的一面。我们建议如果各老解放区尚能对战争作较大支持，以迫使敌人采取第一方针更为有利。如果认为迫使敌人采取第一方针是对的，则我们在此次战役于歼灭黄百韬后，不必以主力向两淮进攻，即以主力向徐蚌线进击，抑留敌人于徐州及其周围，然后分别削弱与逐渐歼灭之（或歼孙元良兵团，或歼黄维兵团）。

我们的建议电报发出后，先收到中央军委11月7日晚的指示："第一仗如能歼敌21个至22个师（整编旅），包括可能起义者在内，整个形势即将改变，你们及陈、邓即有可能向徐蚌线迫近，那时蒋介石可能将徐州及其附近的兵力撤至蚌埠以南。如果敌人不撤，我们即可打第二仗歼灭黄维、孙元良，使徐州之敌完全孤立起来。"

但是，如果徐州的敌人南撤，我们怎么办？这个电报还未明确。接着收到了军委8日电示："虞（7日）午电悉。估计及部署均很好。"随即又收到军委9日复示："齐（8日）辰电悉。应极力争取在徐州附近歼灭敌人主力，勿使南窜。华东、华北、中原三方面，应用全力保证我军的供给。"这个电报虽短，但是字字千钧。中央已下定决心将徐州之敌就地歼灭，将淮海战役变成南线决战。

后来，刘伯承同志率中野两个纵队由豫西进入淮海战场。中央军委于11月16日决定由刘伯承、陈毅、邓小平、粟裕、谭震林组成总前委，以刘伯承、陈毅、邓小平为常委，邓小平为书记。

四、有人请粟裕谈谈歼灭黄百韬的作战，粟裕说：

华野围歼黄百韬兵团是一个大仗、硬仗，是由运动战转为村落阵地攻坚战。打黄百韬有许多值得谈的问题，我只讲讲几个特点。

第一，黄百韬兵团辖四个军，后来敌44军从海州西撤也归他指挥。黄百韬兵团的战斗力虽不算一等强，但也不弱，在敌徐州集团中算中等偏上的。在作战中，一定数量的增减有时反映了一定质量的变化，这次战役的第一个阶段就要歼灭敌人五个军，这样规模的仗我们过去没有打过。这一数量的增长必然带来兵力使用和战术、技术等一系列的新问题，增加指挥与作战过程中的难度。这是打黄百韬兵团的第一个特点。

第二，解放战争，我们打了一系列的运动战。随着战争规模的发展，在大兵团作战中，当我们以野战方式对敌人达成包围后，由于敌人有强大的后援力量，加之敌人积二十年作战经验，构筑工事的效率和守备技术已有大的提高，在被包围后，迅速构筑工事顽强抵抗，作战方式就转换为阵地战了。例如孟良崮战役就是先为运动战，后为阵地战。打黄百韬，这个特点表现得更为显著。孟良崮敌人是以山岩巨石为依托，居高临下，进行固守和反冲击，还不能算是一个完整的防御体系。碾庄一带的地形、工事情况与孟良崮不同。碾庄周围共有十几个村庄，每个村庄都有二三尺高的土围子，土围子周围为洼地、水塘，地形开阔，该地有原敌李弥兵团构筑的完整的防御阵地。黄百韬退守到这里后，利用这里的地形和原有阵地，构筑堑壕、交通壕，形成环形阵地，每个村庄都可以独立防守，村与村之间又可以火力互相支援。起初，我们力争在运动中急袭歼灭之，强调动作勇猛迅速，但也考虑到用野战急袭难以达到全歼的目的。所以我们在11月9日致各兵团的电报中就指出，如敌已固守村落据点，我应完成包围，严密组织火力，应将对运动之敌与驻止之敌的打法严格分开。但是，我们是从迅猛的追击状态转换为攻坚，许多攻坚准备难以在运动中完成。这一点又不同于打济南，打济南我们是在充分准备的条件下攻坚的。所以，完成对黄百韬的包围后，开始三天进展不快。我们即于11月14日晚召开担任主攻的6个纵队首长会议，调整部署，明确作战方式应由野战攻击转为近迫作业。要求利用暗夜把交通壕挖到敌占村庄附近，距敌前沿阵地50米至30米处。要逐个争夺敌人的火力点及所占村庄。在逐点争夺中，要集中炮火。在选择攻击村落时，要采取先打弱敌、后打强敌，攻其首脑、乱其部署的方法。同时增调炮弹、炸药，加强攻击力量。在战役指挥上重视和掌握作战方式的转换以及由之引起的战术、技术上的变化，是一条重要经验。

第三，从11月14日对黄百韬转入阵地攻坚战到22日将其全部歼灭，历时八天。在华野围歼黄百韬兵团的过程中，中野担负钳制、阻击，11月16日凌晨攻克宿县，以一部阻击由蚌埠北进的李延年、刘汝明兵团，另一部阻击黄维兵团。两大野战军的协同作战，使淮海战役第一阶段完成了全歼黄百韬兵团和切断徐蚌线、孤立徐州的任务，为同敌人决战于长江以北，夺取全战役的胜利奠定了很好的基础。这里就可以看出，如果不是两个野战军共同作战，是打不成淮海战役这样的大仗的。在研究淮海战役和大兵团作战时，必须把主攻战场和钳制、阻击战场结合起来看，必须把战役的各个阶段联系起来看。

五、有人请粟裕谈谈华野第二阶段的作战任务，粟裕说：

中央军委随着战场形势的不断变化，对淮海战役第二阶段作战任务曾作过多次设想和调整。

我们于11月8日依据全国及当时形势建议淮海战役下一阶段不攻两淮（海州之敌已撤退），而以主力协同中野攻击徐蚌段，孤立徐州；下一步或歼黄维，或歼孙元良。

11月11日，中央军委设想战役第二阶段歼灭邱、李，夺取徐州。鉴于情况多变，中央军委又于11月15日指出："下一步作战方针，须待黄百韬兵团被歼后，依据邱清泉、李弥、黄维三部的情况最后决定，唯目前华野仍应争取在歼灭黄百韬后再打邱、李。"我们根据军委的指示，部署在邱清泉、李弥兵团积极东援的情况下，首先分割包围歼其一部，然后再看形势。但是邱、李兵团惧我围歼，虽我军主动撤出部分阵地，但东援仍不积极。这一情况我们在11月15日到18日的电报中作了反映。在碾庄即将被我攻克时，邱、李进一步调整部署,重点收缩至大许家以西加筑工事,原设想的邱、李积极东援的情况并未出现。

11月19日,刘伯承、陈毅、邓小平同志于研究敌我双方情况后认为,华东野战军打黄百韬兵团已相当疲劳,完成歼灭黄百韬任务后,如不休整,接着又歼邱、李兵团,不易达成预期目的;同时中野以现有兵力阻击黄维及李延年、刘汝明兵团,困难较大。建议第二阶段华野以主力一部钳制徐州之敌,争取休整,以主力另一部协同中野歼击黄维兵团并担负阻击李延年、刘汝明兵团任务。我们在收到刘、陈、邓首长的电报后,立即于11月20日发电报告刘、陈、邓及军委:"完全同意刘、陈、邓指示。华野可抽出四至五个纵队,必要时还可增加3个纵队,协同中野歼击黄维、李延年,建议首先求得彻底歼灭黄维兵团。同时建议对华野部署进行调整,以原负责歼灭邱、李的华野北线部队,大弧形包围徐州,继续监视钳制徐州之敌,阻其南援。如果徐州、蚌埠、蒙城的敌人,以宿县为中点对进,打通南北联系,我们负责阻击,以全力保证歼灭黄维的胜利。"并且决定当晚派两个纵队南下。

这时我们收到中央军委11月19日19时的电示:"刘、陈、邓主力歼击黄维,以一个纵队对付刘汝明,无力顾及李延年。在此种情况下,华野必须将对邱、李之作战,在目前短时期内只限制于四五个师的范围,以便抽出必要兵力对付李延年。"21日5时,军委再次电示:"华野今后一个时期内的主要任务是歼灭李延年。"23日辰时,刘、陈、邓首长也发来电报指出:"战役第一步由中野全力对黄维,华野全力歼灭李延年、刘汝明(宿县城由华野控制),然后再视战况发展,实行调整。"按照这时的设想,战役第二阶段,除阻击徐州杜聿明集团外,围歼的对象同时有两个,一是黄维兵团,一是李延年和刘汝明兵团。

情况仍在变化。11月23日,刘、陈、邓首长来电指出,歼击黄维之时机甚好,李延年、刘汝明仍迟迟不进,要我们以两三个纵队对李、刘防御,至少以四个纵队参加歼击黄维的作战。11月24日15时,中央军委电示:"完全同意先打黄维。"这样,第二阶段歼击对象为黄维最后定下来了。华野第二阶段的作战任务也就变换为钳制、阻击徐州杜聿明集团及南线之李延年、刘汝明兵团,同时以必要兵力直接参加打黄维。后来杜聿明突围,钳制、阻击杜聿明的任务发展为追击、合围。

在第二阶段中,徐州敌人的动向一直是我最关注的问题,当时我特别关心围歼黄维兵团的时间。依据我们打黄百韬的体会,估计黄维被合围后,我军难于以野战手段迅速达成全歼,势将转入以近迫作业为主的阵地攻坚战。因此对围歼黄维兵团的时间要作足够的估计,我把这一点作为部署华野钳制、阻击作战的出发点。我分析杜集团下一步的动向有两个可能：一是固守徐州，一是突围。敌人突围对我并非不利，因为如敌人固守徐州，以坚固设防的大城市为依托，将加大我军歼击该敌时的难度。问题是如果敌人突围，我们必须把敌人围死在一定的地域，以求全歼。我们决定不把敌人堵死在徐州，而准备对付敌人突围。

对于杜聿明突围的方向，分析有三个可能：一是沿陇海路向东，经连云港海运南逃，但要迅速解决装载三个兵团的船只、码头是困难的。二是直奔东南走两淮，经苏中转向京沪，但这一路河川纵横，要经过水网地区，不便于大兵团、重装备行动。三是沿津浦路西侧绕过山区南下，这一带地形开阔，道路平坦，距黄维兵团又近，可以同李延年、刘汝明两兵团呼应，南北对进，既解黄维之围，又可集中兵力防守淮河，敌人极有可能走这一路。一旦杜聿明与黄维会合，战场形势将发生不利于我的大变化，所以这也是对我们威胁最大的一招。正在这时，我们收到军委发来的军情通报说，杜聿明将从两淮方向撤退。这使我左右为难。我虽认为敌人不会由此方向逃窜，但又有情报，万一敌人由此方向逃窜，而我军部署失当，个人贻误军机且不说，势将影响同敌人进行战略决战；相信这个情报吧，如果杜聿明不从这边走，而是向西南，与黄维会合，后果更不堪设想。我再三分析，认为敌人走两淮的可能性不大。我们将北线七个纵队部署于徐州以南津浦路的东西两侧，注意力的重心放在西南，如杜聿明三个兵团向两淮方向突围，要经过水网地区，速度不会快，我们也可以赶得上。

但是，我在指挥上的难处还不仅于此，还有南线一头。南线的敌人有李延年、刘汝明两个兵团。黄维兵团被合围后，估计三天可以全歼。中央军委于11月27日电示我们，当黄维兵团快要歼灭，但尚未能歼灭之际，对李延年正面阻击兵力后退一步，引其前进，以主力从侧后打去，求得歼其一部。这使我极度紧张，我担心我们打上了李延年，而围歼黄维兵团的作战未能迅速结束，杜聿明又跑出来了，不仅不能再增调兵力打黄维，而且只靠北线七个纵队，也难于完成追击合围杜聿明的任务，杜聿明集团可能跑掉（当然完全跑掉也不可能），如果杜、黄会合，战场形势将起重大变化。当时我日夜守候，注视着情况的变化，设想着临机处置的方案。

军委28日还发来电报，要我们在歼灭固镇、曹老集之敌以后，考虑以2、6、7、11、13等五个纵队乘胜渡淮南进，切断蚌浦线，合围并相机夺取蚌埠。但29日军委取消了这个决定。

李延年这个人动作不积极，我们一动，他就向后缩，我们没有打上。幸好没有打上，当杜聿明突围时，我们才得以从南线又抽出三个纵队，和北线的七个纵队，以及刚南下的渤海纵队，共十一个纵队，一起参加兜围。

杜聿明于12月1日率30万人全部撤离徐州，我们以多路多层尾追、平行追击、迂回截击、超越拦截相结合，尽全力追击。实际上我们对杜聿明是网开三面，你向西去也好，向北去也好，向东去也好，就是不让你向南。其他方向都唱空城计，说明我们的力量也差不多用尽了。12月4日拂晓，我们将杜聿明集团全部合围于陈官庄地区，并于12月6日全歼了向西南方向突围的孙元良兵团，仅孙元良化装逃脱。杜聿明被我们"夹"住了，这时我才松了一口气。

我们密切注视着形势。这时有消息称："敌宋希濂兵团已到浦口，向蚌埠前进；蒋纬国也到蚌埠指挥北犯；杜聿明曾建议从西安、台湾及甘肃抽调几个军空运蚌埠，组成一个兵团，与李延年、刘汝明、宋希濂合股北援。"我们分析："歼灭杜聿明的作战估计还需半月至二十天，中野及华野已分成三个战场作战，兵力均感不足，尤其南线阻击李、刘兵力不足；不论杜聿明的建议是否能实现，即使宋希濂兵团赶到，我南线阻击部队必更吃紧，万一出乱子，势必影响对黄维的作战。"为此，我们立即于12月10日晨发电刘、陈、邓并报军委、华东局，报告了上述情况和分析，建议再由华野抽出一部兵力，以求先解决黄维。对杜、邱、李暂采取大部守势、局部攻势。然后中野负责阻击李、刘、宋，我们再集中力量解决杜、邱、李集团。当即得到总前委电话复示同意，又经中央军委同意，决定集中足够兵力，首先歼灭黄维兵团。后来刘帅把这形容为"吃一个（黄维），夹一个（杜聿明），看一个（李延年、刘汝明）"。

12月15日，黄维被全歼。华野也已全歼了孙元良兵团，并将李弥兵团歼灭近半，将邱清泉兵团歼灭了三分之一。

华野第二阶段作战任务的变换，并不意味着任务的减轻。我在解放战争的战役指挥中有三个最紧张的战役：宿北、豫东和淮海。而淮海战役中最紧张的是第二阶段。我曾经连续七昼夜没有睡觉，后来发作了美尼尔氏综合征，带病指挥。战役结束后，这个病大发作起来了，连七届二中全会也没有能参加。

我在第二阶段特别紧张主要有以下原因：

首先，第二阶段是承前启后的阶段，全战役的关键，我必须把注意力的重心放在这一阶段，以争取全战役的转折早日实现。淮海战役的转折是在杜聿明集团被围死，李延年、刘汝明兵团被阻住，我军已能集中足够兵力全歼黄维兵团的时候。因为，在此以前，战场形势还有很大的不确定性；在此以后，我们已有把握夺取全战役的胜利了。

其次，在大兵团作战中，钳制、阻击方向集中相当大的兵力，有时大于主攻战场，淮海战役第二阶段就是这样。钳制、阻击战场不仅直接保障主攻战场，而且关系到战役下一阶段的发展，稍有失误，便会给全局带来难以预料的结果。淮海战役第二阶段，我钳制、阻击敌人一个剿总指挥部、五个兵团，兵力40余万人，距主攻战场最近只有五六十公里，其对全局的影响是可以想见的。

第三，我们要在几个方向作战，加之情况复杂多变，特别是徐州的敌人全力突围，作战方式立即由钳制、阻击转换为追击、合围，这些都大大加重了指挥员临机处置的难度。

在第二阶段，华野部队因部署多次调整及转移使用兵力，作战行动很紧张。华野共十六个纵队，先后归中野直接指挥参加歼击黄维兵团的有第7、第13、第3、鲁中南纵队及特纵主力共五个纵队；另以五个纵队担负阻击李延年、刘汝明，保障中野侧背安全，并作为战役预备队；而追击合围杜聿明时最大使用兵力为十一个纵队。这不仅可以看出转移使用兵力之频繁，还可以看出当时兵力使用已达到极限了，我各纵队都很出色地完成了任务。

六、当有人问到战役第三阶段情况时，粟裕说：

战役到了第三阶段，形势就完全明朗了。我军已占绝对优势，杜聿明成了瓮中之鳖，绝对逃不脱被全歼的命运。问题是从全局来看，什么时候发动总攻为有利。中央一度要我们围而不攻，目的是为了稳住傅作义，不使其海运南撤；再就是对饥寒交困中被围之敌，进行瓦解工作，以尽可能地减少我军的伤亡，以最小的代价来换取总攻的胜利，这对我军保存更多的骨干，使之在渡江南下作战中发挥作用也有重要意义。

杜聿明被围后，开始突击了三天，我们顽强阻击，紧缩包围。大约到了第四天，他就软下来，第五天就更软了，第六、第七天就没有劲了。坦克也用尽汽油了。他们同我们对峙起来，我们把敌人的包围圈越缩越紧。敌人靠空投汽油，空投馒头、大饼、大米，可是敌人的战场越来越缩小，开始大部分物资空投在敌人范围内，以后是一部分物资空投到敌人那里，最后只是一小部分投到敌人那里，大部分投到我们的阵地范围来了。敌人饥寒交迫，把麦苗、树皮、马皮等一切可以吃的东西都吃光了，为了争抢空投物资，竟致互相残杀。

我们的形势越来越有利。敌人的士兵在他们那儿士气十分低落，可是一到我们这边，马上可以打仗。我们实行即俘即补即教即战的政策，非常成功。淮海战役开始，华野为36.9万人，战役过程中伤亡10.5万人，战役结束时达到55.1万人，这中间除整补了几个地方团外，补进的主要是解放战士。我们有完善的后勤保障。后方党政军民全力以赴，使战争支持了两个月。我曾经说过，华东的解放，特别是淮海战役的胜利，离不开山东民工的小推车和大连生产的大炮弹。淮海战役时，我们不仅自己有吃的，还可送给敌人去吃。敌人被包围了，我们每天晚上送大米饭、馍馍，送到阵地前面，第二天早上喊话。开始敌人不敢来吃，怕我们打枪，后来见我们并不打枪，就来了。每天早晨来抢饭吃，越来越多了。就这样被我们从政治上瓦解了不少。我军包围敌人一个多月，毙伤、瓦解了敌人十来万人。

最后，我们对杜聿明的包围圈越来越小了，到了1月6日那天总攻击的时候，他还有十几万人，我们只用了四天就全部解决了。

解放战争以来，敌人突围没有一次突好过，每次突围都是失败。一突，士气就突掉了。这次杜聿明也不例外，30万人突围也是失败了。

七、粟裕还顺便谈到敌方的指挥，他说：

敌人犯错误是淮海战役取得胜利的客观因素。战役开始前，敌人对我军的战略意图并无所知，对我军主力的攻击矛头指向何方，模糊一片，曾一度想撤离徐州。战役开始后，敌人没有估计到我们会同他们决战，仍然以旧眼光看我们，以为打一仗就会停一停，敌人并不是一开始就有同我军进行战略决战的打算的。战役开始后，敌人着着被动，部署错乱，终至完全失败。

从敌人的失败，我们可以看出蒋介石这个人很"小气"。他有一个怪脾气：你要他一点，他连半点也不给你；如果你拿下了他大的呢？他连小的也不要了。这次淮海战役，他又很小气。开始舍不得丢44军，黄百韬在新安镇等待连云港撤来的44军，结果，黄百韬陷入重围。黄百韬陷入重围以后，他又舍不得丢黄百韬，不但派邱清泉、李弥来救，还派黄维来救，结果，黄百韬没有得救，黄维又被包围了。他又让杜聿明来救黄维，结果黄维没有得救，又丢了杜聿明的三个兵团。

杜聿明只能打胜仗，不能打败仗；只能在有利条件下打仗，不能在不利条件下打仗。他在印缅作战时，有美国的供应，出过风头。在东北时，有火车、轮船、飞机源源供应。但这次被我们包围在永城地区，突不出、守不住，被我们全部歼灭。

第5军邱清泉，一直是华野寻歼的对象。5军战斗力比74师稍差，与18军不相上下，各有所长。邱清泉好打滑头仗，跟友邻关系不好。这次解决他没有遇到多大的困难。[49]

李达曾经撰文回忆淮海战役的全过程。他写道：

淮海战役，是解放战争时期人民解放军在南线对国民党军进行的一次战略决战。其规模之大，战斗之激烈，我军斩获之众，在中国革命战争史上是罕见的。淮海战役连同辽沈、平津战役的伟大胜利，从根本上动摇了国民党的反动统治，大大加速了全中国解放的进程。

这次战役，是党中央、中央军委、毛泽东主席的领导决策，以邓小平为书记的总前委统筹指挥，广大人民群众全力支援，由华东、中原野战军和华北、华东、中原地方部队并肩作战，而共同完成的。当时我任中原野战军参谋长，作为此次战役的参加者，仅就中原野战军在战役中的行动作一回顾，以供研究探讨。

一、作战方针和战役准备

1948年9月召开的中共中央政治局会议，根据过去两年我军的作战成绩和整个敌我形势，确定了人民解放军第三年仍然在长江以北和华北、东北地区歼敌的任务。中央军委要求全军应歼灭国民党正规军115个旅左右，其中要求中原野战军歼敌十四个旅左右，并攻占鄂豫皖三省若干城市；指示全国各战场发起秋季攻势，中野协同华野作战，歼灭中原敌人，解放全中原；然后协同各兄弟野战军，继续把战争引向国民党统治区之深远后方。9月6日，正在中央开会的邓小平政委写信给中原局和中原野战军，传达了会议精神，特别强调提高纪律性，克服全党严重存在的无政府无纪律状况，是保障革命胜利的中心环节。

人民解放军转入战略进攻，是1947年7月、8月间开始的。我中野部队跃进大别山，在华东野战军协同下，以品字形展开于江、淮、河、汉之间，转战中原一年中，主力一部地方化，发展地方武装21万，创建了皖西、鄂豫、桐柏、江汉、豫西、陕南、豫皖苏等有3000万人口的七个解放区，把敌人赖以进攻我军的后方，变成我军继续大量歼灭敌人、发展战略进攻的前进基地。

1948年7月底至8月初，中原局和中原军区在豫西宝丰召开了团以上干部会议，传达了党中央和毛主席关于准备夺取全国胜利的指示，决定在过去半年作战和整党、新式整军的基础上，再以两个月时间进行整党整军。八九月间，中野部队深入进行形势与方针任务和加强纪律性的教育，发扬民主，树立全局观念，增强团结，激励斗志，掀起以提高大兵团作战和攻坚作战的战术技术为重点的大练兵运动，增强了打更大胜仗，解放全中原的决心和信心。

打郑州

发起淮海战役，是华东野战军代司令员粟裕在1948年9月24日首先向中央军委及华东局、中原局建议的。刘伯承、陈毅司令员接此电后，在河南宝丰大张庄研究了差不多一天，我也在场。9月25日上午，刘、陈首长和我电告军委并华野："粟24日7时电悉。济南攻克后，我们同意乘胜进行淮海战役，以第1方案攻两淮，并吸打援敌为最好。"

1948年10月11日，中央军委下达了毛主席拟定的《关于淮海战役的作战方针》，指出战役第一阶段的重心，是集中兵力歼灭黄百韬兵团，完成中间突破，并指示"刘伯承、陈毅、邓小平即速部署攻击郑徐线牵制孙兵团"。同日，中央军委又电刘、陈、邓、李（达）："你们应即速部署以攻击郑徐歼敌一部之方法牵制孙兵团，否则孙兵团加到徐州方面，将极大妨碍华野的新作战。"

刘、陈、邓首长遵循中央军委的上述指示,研究拟订了攻击郑州的作战计划。10月13日,中央军委即予批准,同意"按你们所规定的时间,攻击郑州并部署阻援打援"。同一天,邓小平政委在军区直属队连以上干部会上,传达了中央政治局九月会议精神。旋即,中野首长召集第1、3、4、9纵队领导干部在郑州西南的宝丰县皂角树村开会,专门研究部署攻打郑州的方案。18日,颁发了郑州作战的基本命令,杨勇、苏振华、陈锡联、阎红彦、陈赓、谢富治、秦基伟、李春芳等分率各纵进入指定地点,在华北军区14纵及附近地方部队的配合下,准备发起郑州战役。陈毅、邓小平和张际春于19日下午,从皂角树出发,驰往郑州前线4纵司令部指挥。至21日夜,我军实施对郑州之敌的包围。22日拂晓,郑州守敌12绥靖区40军106师、99军268师和郑州警备司令部等万余人弃城北逃,被我9纵全歼于郑州以北之老鸦陈地区,生俘敌少将参谋长余辉廷,郑州宣告解放。

开封敌慑于我军之威力,24日弃城东撤,我豫皖苏军区部队收复开封。

中央军委和毛泽东主席对解放郑州极为关注,连电嘉勉:"占领郑州甚慰。""济南、锦州、长春解放之后,郑州又告解放,陇海、平汉两大铁路的枢纽为我掌握,对于整个战局极为有利。特此祝贺。"开封收复后,中央军委指出:"中原三大名城,洛阳、郑州、开封均入人民解放军掌握,对于今后战局,极为有利。"

从打郑州开始,淮海战役即成为华野、中野两支大军共同执行的任务了。正如邓小平政委引用毛泽东主席说过的一句话:"两个野战军联合在一起,就不是增加一倍力量,而是增加了好几倍的力量。"

拖住张淦、黄维兵团

拖住在武汉方面的白崇禧集团,使其不能抽兵东援,保障华野顺利投入围歼黄百韬兵团作战,是中野的又一个作战任务。

在陈、邓、张指挥中野主力发起郑州作战的同时,刘伯承司令员率中野第2、6纵队,陕南第12旅及江汉、桐柏两军区主力,把张淦、黄维两个兵团引向平汉路西大洪山与桐柏山区。郑州解放的当天,刘司令员、邓子恢副政委和我曾就摆脱白崇禧集团包围、抑留张淦、黄维兵团的部署问题,报告中央军委:"我们已令纵、桐柏、江汉主力于20日夜转移至随县以南之尚家店、古城畈、三阳店地区,拟南下钟祥地区,寻歼弱敌,以拉张淦向南;令6纵于21日夜转移新野西南之新店、桓铺南北地区,捕歼向邓县地区之15军部队,目的是抑留黄维在西。"

10月22日13时,中央军委电示华野:"目前极好的形势是白部黄张两兵团被我2、6、10纵吸引到桐柏山区,在相当长时间内不可能回头进到黄泛区,威胁东北面我军之行动,有利于我陈邓在攻郑胜利后,以一部或大部或全部向东行动,协同三、广两纵[50],不但牵制孙、刘全部,而且可能牵制邱、李一部。"

在此期间,当敌人分路向随县、枣阳、桐柏、唐河地区进犯时,我28旅随同2纵又进到随县以南地区,配合江汉军区部队于10月25日攻克应城、安陆,歼敌28军军部等4000余人,副军长顾心衡被俘,将张淦兵团吸引在大洪山区。同时,我鄂豫、桐柏军区主力结合群众,破击平汉路南段,威胁武汉;我6纵、陕南12旅围攻在南阳以南下薛集的敌20军134师,把黄维兵团拖在桐柏山区。

10月24日,蒋介石令黄维兵团进至周家口地区机动。由于我中野的上述行动,该敌迟至10月底才得以向平汉线上集结,旋即由确山东进。

不出淮南　佯攻徐州

中央军委曾于10月22日电示陈、邓:"攻克郑州休息数日后,迅即东进。"复于25日3时,指示陈、邓率中野主力到蒙城地区集结,然后直取蚌埠,并准备渡淮南进,占领蚌浦段铁路。陈、邓根据敌我态势,进行了反复研究,于当天下午急电军委,建议把集结地点"改为永城、亳州、涡阳中间地区,无论出宿蚌线或打孙元良均更方便"。10月26日,中央军委采纳了这个建议,毛主席拟电复示:"同意你们25日申电,以十天行程于11月4日集结永城、亳州、涡阳中间地区部署。"28日进一步指示:"我们同意你们不出淮南……"并指出:"你们在徐蚌线以西地区出现,对整个敌人威胁极大,这种威胁作用,胜过在汴徐线上打一胜仗。"

华野代司令员粟裕得知中野不出淮南,于10月31日23时向中央军委建议,淮海战役即将发起,这次战役规模很大,请已到达前线的陈毅司令员、邓小平政委统一指挥。

同一天,陈、邓向军委提出了配合华野作战的三个方案,表示"当动员部队用一切努力,不顾伤亡,达成钳制邱、孙两敌之任务",代表了中野全体指战员坚决完成任务的决心。

11月1日,中央军委电复陈、邓、粟,同意"整个战役统一受陈、邓指挥","徐州西南方面我军之动作,依情况在三个方案中选择一个,由陈、邓临机决定"。

此时,华野正在部署割裂、围歼黄百韬兵团,佯攻徐州。刘伯承司令员则指挥6、6两纵(包括陕南部队4个团、1纵的20旅、豫西1个团),分别经由西平、驻马店中间地区和花园、宣化店,向息县方向侧击、尾击黄维兵团,造成与华野合攻徐州的态势,以迷惑敌军。

至此,淮海战役第1阶段的部署和准备已告完成。

二、切断徐蚌线，协同华野围歼黄百韬兵团

中央军委在部署围歼黄百韬兵团时，于10月22日13时指示中野"举行徐州、蚌埠作战，相机攻取宿县、蚌埠，坚决彻底干净全部地破毁津浦路，使敌交通断绝，陷刘峙全军于孤立地位"，这一行动"对于保证淮海战役取得大胜，将有极大作用"。

正在前线指挥作战的陈毅、邓小平当天复电军委，完全同意中野"直出徐蚌，牵制孙刘，协同华野作战"。

11月2日，陈、邓根据孙元良、刘汝明、邱清泉位置的变化，又提出三个新方案。其第二方案为："如邱已缩徐州，刘在砀山、黄口，孙在宿县南北，我则以华野三、广两纵及赵健民部割断徐州与刘汝明联系，并积极由西向东攻击徐州。我以1个纵队以上兵力攻占宿县、徐州中间地区，并由南向北攻击徐州。主力位于铁路西侧，吸引孙兵团北援所部歼灭之。"

11月3日，刘伯承司令员、邓子恢副政委和我在豫西研究落实军委指示时，着重讨论了截断徐宿线的时机问题，向军委及陈、邓建议："陈邓主力似应力求首先斩断徐、宿铁路，造成隔断孙兵团、会攻徐州之形势。""盖如此，则不仅孙兵团可能北援，便于我在运动中给以歼击，即邱兵团亦可能被迫南顾，减轻其东援之压力，对整个战役帮助较大。"陈、邓首长当天正在拓城西北的刘楼，于深夜进至亳县。军委、毛主席于5日电示陈、邓："第一方案你们到永城后不停留，继续东进，完成对宿县的包围，然后看情况，好打则攻歼之，如敌援甚快不好打，则打援敌。"

11月5日，中野主动进入商丘东南地区，发现敌第4绥靖区部队停留在商丘及马牧集地区，陈、邓首长当即决定举行汴（开封）徐（州）段作战，先歼该敌，吸引邱兵团西援，配合华野作战。在华野发起围歼黄百韬兵团作战的第2天，即11月7日，中野1、3、4纵队，华野三、广两纵和冀鲁豫军区部队，开始攻击。敌东撤，我一纵在兄弟纵队的配合下，追至张公店地区，全歼敌181师5000余人，俘4绥区中将副司令官米文和。8日，我4纵在陇海沿路歼灭正向徐州收缩的邱兵团2000余人，解放砀山，威逼徐州。

整个战局的发展很快。淮海战役将发起时，辽沈战役已胜利结束，敌我军事力量对比，已发生根本变化，华北、西北我军已全面展开攻势，平津战役也在部署。在淮海战场，中野主力在解放砀山之后，向徐蚌线逼近，两大野战军已经靠拢。敌黄百韬兵团遭华野分割追堵之际，国民党第3绥靖区何基沣、张克侠两位将军率部在贾汪、台儿庄防地起义，开放了台儿庄一带的运河通道，使徐州东北大门洞开，刘峙之邱、李、孙3个兵团慌忙向徐州收缩。军委和毛主席当机立断，于11月9日作出"应极力争取在徐州附近歼灭敌人主力，勿使南窜"的

重要决策。又于9日、10日、11日连续多次致电陈、邓："务须不顾一切，集中4个纵队全力攻取宿县，歼灭孙元良等部，切断徐蚌路。""应集全力（包括三、广两纵）攻取宿县，歼灭孙元良，控制徐蚌段，断敌退路，愈快愈好，至要至盼。"并指出："此战胜利，即完成了包围徐州的战略任务。"足见攻取宿县、控制徐蚌段，完成对徐州的包围，对于争取淮海战役全胜的重要性和迫切性。

11月10日，刘司令员率中野前指从豫西东进淮海前线，同陈司令员、邓政委会合。他们着重研究和部署了攻打宿县和切断徐蚌线的问题，并决定于12日发起徐蚌作战。

我4纵和华野第3、两广纵队在徐州以南的夹沟地区，追歼从宿县北撤的孙元良兵团41军军部及所属122师，俘敌3000余人。军委、毛主席13日指出："刘陈、邓，已抓住孙元良歼击甚好，此点关系全局。"14日，该部在三堡地区又歼3绥区残部77军军部和37师4000余人，并逼近徐州。我3纵于12日包围敌交通补给基地宿县城，守敌恃高厚的城墙、坚固的永久工事和宽深的护城河进行防御。15日17时，我3纵在9纵一部协同下，发起攻击，经数次强行架桥，连续爆破，突入城内。击退敌人多次反扑，逐街争夺，激战至16日凌晨，终克宿县。计歼敌第25军之148师、交警16总队等1.2万余人，俘敌津浦护路副司令兼宿县最高指挥官张绩武。豫皖苏独立旅、军分区部队和豫西两个团，攻占蚌埠以北的固镇，破击了曹村至固镇间的铁路200华里。

这样，以宿县为中心的广大地区已控制在我军手中，斩断了徐蚌间敌人北援南逃的通道，完成了对徐州的战略包围任务，保障了华野围歼黄百韬兵团，并使原定在淮阴、淮安、海州地区展开的会战，发展为在以徐州为中心，陇海、津浦线两侧广阔地域内进行的大规模南线决战。

徐州告急，黄维兵团奉命于11月8日由确山东援。中野已部署2纵经宣化店、息县向涡阳、蒙城方向急进，沿途侧击敌人；6纵和陕南12旅附豫西一个团，经方城、周口，尾击、侧击敌人。该两部于15日超过黄维兵团，在涡阳、蒙城地区阻敌东进。豫皖苏军区部队和1纵20旅，在人民群众配合下，积极破坏敌人必经的道路、桥梁、渡口，并沿洪河、泉河、颍河，阻击、迟滞和消耗敌人，各部指战员忍饥冒雨，不分昼夜，不顾疲劳，紧紧咬住敌人，完成了钳制黄维兵团东援徐州的任务。

15日，刘汝明兵团（即第8兵团）重占固镇，李延年兵团（即第6兵团）亦积极北援，黄维兵团也进至阜阳西南。为确保华野作战，刘、陈、邓首长指挥中野9纵及豫皖苏独立旅、豫西两个团，在任桥一线向固镇方向布防，阻击刘、李两兵团北进。1纵开赴蒙城，沿涡河、浉河布防，准备阻击黄维兵团。2纵、6纵进至蒙城、涡阳地区，以一部沿河布防。3、4纵则进至宿县西南地区待机。

18日，李延年兵团由蚌埠经固镇、大店之线向褚兰，刘汝明兵团由固镇向宿县，向我9纵、豫皖苏独立旅进攻，我军顽强阻击，阻敌于任桥、花庄一线。至22日，黄维兵团被我军阻于浍河上游的赵集地区，四天只推进了60华里。

11月22日，淮海战役第一阶段结束，华野全歼黄百韬兵团，解放徐州东、北广大地区；中野攻占宿县，斩断徐蚌联系，解放徐州西、南广大地区。从而陷徐州之敌于孤城，使援敌黄、刘、李兵团不能靠拢徐州，为淮海战役顺利发展，各个歼灭敌人，创造了重要条件。

三、总前委统筹全局

随着战局的发展，华野、中野并肩战斗，战役规模战区范围越打越大，后勤支前任务十分繁重，中央军委和毛主席于11月14日、16日电示华野、中野，鉴于徐州集团是个大敌，"此战役为我南线空前大战役"，"此战胜利，不但长江以北局面大定，即全国局面亦可基本上解决。望从这个观点出发，统筹一切。统筹的领导，由刘伯承、陈毅、邓小平、粟裕、谭震林五同志组成一个总前委，可能时，开五人会议讨论重要问题，经常由刘伯承、陈毅、邓小平三人为常委，临机处置一切。小平同志为总前委书记"。并指示，后勤保障和支前等事宜，"必须由你们会同华东局、苏北工委、中原局、豫皖苏分局、冀鲁豫区党委统筹解决"。

总前委的成立，对及时贯彻中央军委的战略意图，协调华东、中原两大野战军的作战行动，统筹战区党政军民全力支前，争取淮海战役的全胜，从组织上提供了保证。总前委临机处置了许多重大问题。我在这里介绍确定打黄维兵团的经过、领导后勤支前和指挥活动的一些情况。

淮海战役第1阶段作战中，敌军主力被分割在三个地方：邱、李（弥）、孙3个兵团在徐州及其以东，李（延年）、刘两兵团在蚌埠及其以北，黄维兵团进到南坪集以南。总前委根据这一态势，曾提出下一步作战设想，将中野和华野一部转用于南线，打击黄维或李延年、刘汝明兵团。11月14日，刘、陈、邓电呈军委，如敌出永城或宿县，我以集中中野六个纵队及华野两个纵队"歼击黄维为上策"。因黄维兵团"在远道疲惫、脱离后方之运动中"。19日9时和17时，总前委又两次电呈军委，阐述决心先打黄维的理由。认为华野六个较能攻坚的纵队，十二昼夜尚未歼灭黄百韬，"如再以其余部队，其中只有两三个较能攻坚纵队"，且"相当疲惫，刀锋似已略形钝挫，以之歼击较黄为强的邱、李诚非易事"。而以中野"现有六个纵队，单独对付两路大军困难颇多"，"如果实行钳制黄维打李延年五个军，至少须五个纵队，但以一至二个纵队防御黄维均无把握"。因之，建议在"李延年、黄维北进的条件下，最好力争迅速歼灭黄百韬，而后即将主力集中于徐东、徐南，监视邱、李、孙三兵团，争取休息十天、半月，同时以尚未使用之五个纵队或三个纵队用于南线，协同我们歼击黄维、李延年，这个步骤最为稳当"。

11月21日，中央军委和华野首长均表示同意刘、陈、邓关于集中打黄维、李延年的提议。

当时，邱、李、孙三兵团紧缩于徐州一线，不易割裂，李、刘两兵团到达任桥、花庄集后迟迟不前，向宿县冒进的黄维兵团，被阻于浍河以南的赵集地区，距徐州尚有200里之遥，与李、刘两兵团也有40里之隔。且黄维兵团被我军辗转牵引桐柏山区近20天，已相当疲惫；又孤军东援，连续行军500里，沿途遭我军不断打击，消耗较大，处于运动之中。再加上黄百韬兵团全军覆没的消息传来，部队士气，必受影响。这些，都构成了我军围歼黄维兵团的有利条件。

基于此，刘、陈、邓首长于黄百韬兵团被歼的当晚，即11月22日晚，在总前委指挥所驻地周殷圩，召开了中野各纵队领导干部会议，研究了打黄维的部署，预定23日、24日正面阻敌两天，以后伺机出击。23日，中央军委在祝贺战役第1阶段胜利的电报中指出："对于我们，最有利的是以现态势各个歼灭当面之敌，我们应力争这一招。如果我们能在第二阶段中，大量歼灭南面敌人，即使敌人这样做，我们亦有可能实现原定计划。"刘、陈、邓即于当夜请示军委，现在"歼击黄维之时机甚好"，"只要黄维全部或大部被歼，较之歼灭刘、李更属有利。如果军委批准，我们即照此实行"。

11月24日15时，军委、毛主席电复总前委："（一）完全同意先打黄维。（二）望粟陈张遵刘陈邓部署，派必要兵力参加打黄维。（三）情况紧急时机，一切由刘陈邓临机处置，不要请示。"

军委、毛主席善于采纳前线指挥员的建议，及时修改计划，适应已经变化的情况，并再次重申给予总前委刘、陈、邓"临机处置"之权，这是淮海战役能顺利发展并取得全胜的一个重要原因。

总前委很重视统筹领导后勤保障和支前工作。以中野为例，邓小平政委在淮海战役打响前就指出："大战迫近，现在我们面临的一个重要问题，就是尽大力把弹药、粮食运到前线。"并指定我协助邓子恢副政委，组织后勤支前工作。郑、汴解放之前，华北的弹药运到中野部队，须几经辗转：先从豫北运抵洛阳，再通过洛河水运至黑石关，最后还要靠汽车和人力才能送到部队。秋冬之季，多阴雨天气，运输更无保证。当时中野弹药亟待补充，拿野炮来说，只四纵有两门；山炮总共42门，炮弹200余发；步兵炮4门，炮弹10余发；207门迫击炮，每门炮只有1发炮弹；至于步马枪、轻重机枪的弹药，则不足一个基数。这种状况如不改变，是很难投入大规模作战的。郑、汴解放，陇海、平汉两大铁路干线的枢纽为我军掌握，我们在组建郑州警备司令部和郑州铁路管理局之后,于1948年11月19日呈请总前委并报中央军委,拟组织一个交通司令部,以专司铁道、汽车、船舶、车马和人力运输诸事宜。交通司令部直辖:兵站;辎重第1、第2两团(以缴获的200辆汽车装备组成)和第3团(以胶轮大车200至300辆组成);交通警备团(由豫皖苏和豫西两军区抽调1500人组成);技术修理部门。调文建武任交通司令部司令员兼政治委员(文到职前暂由我兼任),杨国宇任副政治委员。11月30日,军委和总前委批复同意,并增调李静宜为副司令员。同时指示我们在郑州设立军区办事处,以刘岱峰为主任、赵增益为副主任。

  华北地区支前的装备和中原的粮草供应,均由火车直运前方,不仅及时解决了中野参战的一个至关重要的问题,而且对支援华野作战,也起了一定作用。1948年12月12日,邓子恢副政委和我曾电告粟裕、陈士榘、张震:"我们从郑州送中钞两亿到商丘,请华野派人接收使用。12月8日知华野可在砀山车站接收粮食,即令刘岱峰于12月10日从郑、汴搜集现粮65万斤,车运砀山;又令豫西一、四、五分区赶运小米700万斤、小麦300万斤,共1000万斤,送郑、洛、巩(县)等处上火车东运,小米直运砀山,小麦则在郑州磨成面粉再送。"

  由于战争条件的限制,总前委五位成员只在战役第二阶段结束时,于12月17日在萧县东南蔡洼,即华野前指驻地,召开过一次研究向中央汇报情况的会议。总前委对战役的指挥通常由三位常委酝酿决定,以电报、电话同粟、谭磋商实施。战况紧急时由常委临机处置,重大问题报告军委。每项作战计划决定之后,邓政委就承担起组织实施和前敌指挥的大量日常工作。刘、陈司令员年事稍长,因此,也大多由邓政委担任夜间值班,掌握和处理攻歼作战的情况。加之分工我在后勤司令部协助邓子恢副政委组织支前工作,属于中野司令部掌管的战斗保障工作,亦须邓政委亲自过问,这就更加重了他的负担。

  为便于指挥,总前委指挥所11月22日从周殷圩移驻临涣集以东的小李家村(23日),并向华野和中野3纵、1纵延架了电话线。中野各纵队互相架线,把双堆集围绕起来,周长约130到140华里。总前委通过电话指挥,极为便利。

  小李家村位于徐宿铁路与徐(州)阜(阳)公路之间,是敌3路大军南北对进的预定会合地,每天均有几批敌机临空侦察或过往。总前委指挥所设在这里,是敌人意料不到的。战役指挥员靠近前沿,对于适时掌握敌情我情,临机处置,非常重要。12月上旬,杜聿明集团被华野合围于永城东北之陈官庄地区,总前委常委指挥所12月3日迁至纪家,7日复返小李家村,距南北两个被围的敌重兵集团仅几十华里。到12月23日,前指又转移到周殷圩。刘、陈、邓首长常常在黄昏时乘车前往部队视察,直接掌握战场情况的演变。由于他们在部队中享有崇高的威望，指挥所又紧靠前线，使指战员受到很大鼓舞。

12月30日下午1时15分，刘、陈、邓率前指出发，于当晚7时到宿县兵站宿营。31日凌晨1时20分由宿县搭火车北上，7时许达徐州车站，当日下午1时又专车西进，晚6时到宋集车站，宿朱集营房。1949年元旦，由朱集迁至阎集东北的张菜园，在此指挥了围歼杜聿明部作战，直到淮海战役结束。

四、在华野协同下围歼黄维兵团

黄维所率第12兵团是蒋介石的精锐部队，辖有第10、14、18、85军（含第4快速纵队），共12万余人。其中18军为陈诚一手培植，美械装备，军官都是军校毕业生，是国民党军"五大主力"之一。

我中野参战部队有七个纵队和两个旅。部队自转战大别山后，未能得到及时补充。如第一批南下大别山的四个纵队和野直共11.5万人，三个月后即减员三万余人。还有一部分富有战斗经验的纵队、旅、团干部，被调到新开辟的军区和地方上工作。到淮海战役打响时，以兵力来说，除1、4两纵各有九个团外，其余均只有六个团，9纵只有五个团，平均每个纵队仅有1.5万至1.6万人，其中2纵、11纵不过1.2万至1.3万人。可参战的总兵力在12万人左右，与黄维兵团相当。再说武器，因部队减员很多，有些武器不得不埋在大别山。为了轻装，我们还忍痛炸掉了一些重炮。战前，除了有限的几十门野炮、山炮、步兵炮和200多门迫击炮外，基本作战武器是轻重机枪、步马枪和手榴弹，而且弹药不足。因此，武器装备处于明显的劣势。中野要歼灭蒋介石的这支"王牌"军队，的确是很吃力的。

但是，为了实现中央军委歼敌主力于淮河以北的意图，遵照总前委指示，中野毅然决心不惜一切代价，在华野协同下，与黄维兵团进行决战。邓政委说："只要歼灭了南线敌军主力，中野就是打光了，全国各路解放军还可以取得全国胜利，这代价是值得的。"这种为了全局而知难犯险的胆略，极大地感染了部队全体将士。各级领导在动员中，反复强调战役的重要性、整体性、持久性、连续性，和顾大局、识大体的精神。首长带头，自上而下纷纷表示，坚决响应党的号召，全力以赴，不怕一切困难，不惜最大牺牲，为歼灭黄维兵团、解放全中原，贡献全部力量。

包围黄维兵团

围歼黄维兵团的作战，于11月23日发起，至12月15日结束，历时二十三个昼夜，分为三个阶段。

11月23日至24日为阻击作战阶段。黄维兵团进至蒙城地区后，遭我军连续、顽强的阻击、尾击，已有相当损耗。23日清晨，黄维为协同李、刘两兵团接应徐州之敌南移，以10军在左、14军在右、18军居中、85军殿后，在空军和坦克掩护下,向我南坪集4纵阵地猛烈进攻。我军顽强阻击,予敌以沉重打击。当晚,刘、陈、邓首长作了大胆部署:令4纵放弃南坪集,转至徐家桥、朱口、伍家湖、半埠店一线,在浍河北岸让出一块地方,诱黄维兵团进入预设在宿县西南的袋形阵地。24日上午,敌先头部队18军强渡浍河,进入我袋形阵地时,发觉其处于不利态势,下午即向南岸退缩。我1、2、3、4、6、9、11等七个纵队和陕南12旅、豫皖苏独立旅,于当日黄昏乘机全线出击,激战至25日晨,歼敌数千,将其包围在宿县西南的忠义集、王朱庄、马家楼、双堆集地区。

11月25日至12月2日为紧缩包围、准备攻击阶段。25日晨,我4、9、11纵队及豫皖苏独立旅在任家以北,东坪集、沈寨、邵围子地区;6纵、陕南12旅在周庄、小张庄以西地区;1、2、3纵在小张庄、马庄、任家地区,构成了对敌军的包围。

6纵18旅在豫皖苏军区部队配合下,在大营集地区歼灭了合围圈外向东南逃窜的敌人18军49师。26日下午,刘、陈、邓报告军委:"截至现时止,我已将敌压缩在东西不到20里,南北10里左右,六七个小村中(这是当时的估计,实际不止此数)。敌人始终企图向东南突围,当日在大量飞机坦克掩护下,多次攻我阵地,均未得逞。其粮食已极困难,且无宿营地,但仍逐村顽抗。我们采取稳扎稳打、逐步压缩、利用炮击、最后歼灭的战术。""全歼该敌,已大致肯定。"

中央军委和毛主席当日20时复电:"黄维被围,有歼灭希望,极好极慰。但请你们用极大注意力对付黄维的最后挣扎。"军委提醒我们"用极大注意力对付黄维的最后挣扎",是非常及时和重要的。在头两天的战斗中,我军从运动战仓促转入阵地攻坚战,对敌人防御能力估计不足,部队有急躁情绪,受到一些挫折,已引起刘、陈、邓首长的警惕。果然,黄维自恃重兵,于27日集中18军的11师、118师,10军的18师,85军的110师四个主力师为第一梯队,在飞机、坦克、炮兵掩护下,向双堆集东南我6纵、陕南12旅阵地发起持续猛烈的攻势,顽强突围。第110师师长廖运周乘突围之机,率部起义。

在反击黄维突围作战中,部队打得非常英勇。如12旅35团1营扼守小李庄阵地,打退敌军十多次冲锋,毙敌千余,保住了阵地。但该营的200多人只剩下40多个。又如28日,敌18军以三个团的兵力,配以12辆坦克,在飞机、大炮掩护下,向我17旅50团3营马小庄阵地强攻,发射炮弹数千发,摧毁了地堡和前沿工事,把村内房屋几乎打平。我49团、51团主动增援,终将顽敌击退,付出代价亦不小。

邓政委总结这几天的战况时曾说:"对付敌人每一次的出击,我们都要付出相当的代价。"对付敌人步、炮、空、坦克的联合进攻,实属艰苦。

28日，国民党军参谋总长顾祝同曾乘机飞临双堆集阵地上空视察，并和黄维通话，要他"站稳脚，就地固守，并把所占地区加以扩大"，还许诺"空投粮弹补给"。黄维连续突围无望后，于29日再次调整部署，采取环形防御，固守待援。其部署为：18军守平谷堆、尖谷堆，作纵深防御；85军守腰周围、李庄地区，向西防御；14军守张围子、杨四麻子地区，向东防御；10军守马围子至杨庄、李庄间，向北、南防御；兵团部位于小马庄，并在双堆集与金庄之间构筑了临时机场。他还下令将所有的汽车装满土，同被打坏的坦克一起排成一字长蛇，构成如城墙般坚固的防御工事，并采取以攻为守的战法，每天抽调一至三个有力团配以战车和炮兵的火力，向解放军阵地突击。

　　中野首长重新估量了敌我双方的作战能力，认为全歼该敌确有把握，但应把作战时间延长为十天左右。中央军委认为还可以把时间打宽裕些，"从敌人固守着眼，集中火力，各个分割歼击，准备以十天或更多时间解决此敌，此种计划是稳当和可靠的"。还指出，"解决黄维兵团，是解决徐、蚌全敌六十六个师的关键。必须估计敌人的最后挣扎，必须使自己手里保有余力，足以应付意外情况"。据此，中野首长提出"坚决持久围歼敌人"的方针，稳扎稳打，逐点攻击，攻占一村，巩固一村，构筑纵深坚强的攻防阵地，利用敌军突围或出击之时，予以重大杀伤。这样，经我指战员艰苦围攻，至12月2日，迫使黄维兵团缩到以双堆集为中心的狭小的"死亡圈"中。此时，敌军人乏弹缺粮绝，被歼及起义者达三万多人，全兵团的机动突击力量只有七八个团了。

　　我军在总攻准备中，普遍推广了两项卓有成效的战术和技术。这是各部队发扬军事民主，集中群众智慧的结晶，它弥补了我军炮火不足的弱点。一是推广11旅和22旅在战前试制成功的"飞雷"（也叫"土飞机"），即炸药抛掷筒。就是把20公斤左右的炸药制成状如西瓜的"飞雷"，以抛掷筒射击，射程可达150米，威力相当大。敌人称之为"特大威力炮"。一是"以地堡对地堡"，"以战壕对战壕"，进行工程浩大的近迫土工作业，逐步向敌阵地延伸工事。这是减少我军在开阔地冲锋时被敌杀伤的一个有效办法。每当夜幕降临，指战员带上工具，隐蔽地向我军前沿运动，在距敌阵地60至70米时，卧倒排成一条"人龙"，瞬间就挖成许多卧姿散兵坑。接着，由卧姿挖成跪姿、立姿，再挖成能隐蔽和运动部队的交通壕。几天之内，各纵队即完成了纵横交织的、从四面八方伸向敌阵地的交通壕及散兵坑，构成了完整的攻防阵地。为防敌人坦克、大炮、飞机破坏，我军采取多路沟壕同时并进的方法，以步、炮相互支援，冒着敌人的炮火，日夜不停地进行艰苦作业。

　　12月1日，陈毅通过电话对粟裕说："我们这里正在收拾黄维这个冤家。你们北边要把杜聿明抓住，南边要把李（延年）、刘（汝明）看好。"刘伯承则风趣地把这一战役部署比喻为胃口很好的人上酒席，嘴里吃着一块，筷子上夹着一块，眼睛又盯着碗里的一块，说我们现在的打法，就是"吃一个（黄维兵团），夹一个（杜聿明集团），看一个（李延年、刘汝明两兵团）"。

在此期间，为保障中野围歼黄维兵团作战，华野组成两个阻击兵团：主力北阻由徐州南犯的邱清泉、孙元良两兵团；一个纵队力挡由蚌埠北援的李延年、刘汝明两兵团。他们勇猛奋战，粉碎了敌人援救黄维的企图。当杜聿明集团放弃徐州向西南方向撤退时，华野全力猛追逃敌，于12月4日将杜聿明集团合围在永城东北的陈官庄、青龙集、李石林地区。6日，孙元良兵团在向西南突围中被华野歼灭。

总攻双堆集

黄维兵团与杜聿明集团被围后，由蚌埠北援的李延年、刘汝明两兵团向双堆集方向增援，蒋介石又从武汉方向抽调两个军进至浦口。总前委决定首先歼灭黄维兵团，然后再歼杜聿明集团。遂调集战役总预备队，即华野7纵、13纵和特种兵纵队炮兵一部，加强总攻力量。同时，令中野2纵加入阻击李延年的作战。

从12月3日到15日夜，为围歼黄维兵团的第三阶段，即阵地歼灭战阶段。12月5日，中野首长下达了"对黄维兵团总攻击命令"。根据黄维兵团的防御态势，我总攻部队分为三个集团：以中野4、9、11纵及豫皖苏独立旅、华野特纵炮兵一部等为东集团，由陈赓、谢富治指挥，先歼灭位于双堆集以东的沈庄、李围子、张围子和杨庄的敌14军残部及10军之75、114师；以华野13纵、中野1、3纵组成西集团，由陈锡联指挥，歼击双堆集以西之后周庄、小马庄、马围子、三官庙、葛庄、许庄的敌10军之18师、85军各一部；以中野6纵、华野7纵和陕南12旅组成南集团，由王近山、杜义德指挥，歼击双堆集以南之敌。

各部队虽经连续战斗，伤亡较大，但士气愈战愈高，战斗力愈战愈强。许多部队的连排干部伤亡后，由班长、战士，甚至司号员、卫生员自动代理。总攻前，各部队又进一步动员，实行火线整编，教育争取解放战士，开展军事民主，研究歼敌战术，加强通信联络、后勤支前等各项保证工作。各部队普遍提出，哪怕一个旅编成一个营，也要为全歼黄维兵团战斗到底！

12月5日，我和邓子恢副政委又将截获的一份电报报给刘、陈、邓和军委并粟、陈、张："谍息：杜聿明4日午决不顾状况如何恶劣，采逐次闪进战法，装甲车掩护部队向东楔形突进以与黄维会师，并要求李延年向北采积极行动。同时请求空军协同作战，空投粮弹。"

12月6日下午4时30分，刘、陈、邓首长命令发起总攻。各集团以优势兵力和火力，实施有重点、多方向的连续突击。至7日晨，攻占了李围子、李土楼、小周庄、宋庄、东马围子等地。此后，我军昼夜不停地对敌猛攻，不让其喘息。我军愈战愈勇，攻坚能力不断提高，伤亡逐日减少，战果日益增大。

敌军在我连续猛攻下，以村舍为核心，以地堡群为骨干，作困兽斗。他们每天以一个营至两个团的兵力在坦克、炮兵和空军掩护下，向我反击。我军则依托纵横交织的交通壕和散兵坑，从四面八方同时攻击前进。每晚以"两点攻击，一点成功"，或"三点攻击，两点成功""四点攻击，两点成功"的战法，压缩敌阵地，进展显著。

正当黄维兵团遇到我军猛攻之际，蒋介石于8日给黄维及所属各军长写了亲笔信，签署了给12兵团全体官兵的"嘉奖令"，连同早已准备好的毒气弹使用说明书，分别空投给该兵团。然而，黄维兵团官兵却把蒋介石的"嘉奖令"看成是"催命符"，一见这道"催命符"就知道"快完了"。蒋介石给黄维的信中说："决用空军全力拯救你的突围，可径行同空军总部联络。"黄遵此于9日致空军副总司令官王叔铭电被我方截获，我们即上报总前委和军委："谍息：黄维12月9日致王叔铭谓：南兵团如两日内可会师，渠则仍勉力固守，否则有要求派飞机降落双堆集接其逃命之意。"可见，黄维这时再也维持不下去了。

我各集团越攻越猛。中央军委10日3时致电总前委："各电均悉。对黄维的攻击逐步奏效，对李延年的钳制亦有办法，甚慰。尚望鼓励全军全歼该敌。"

激战至13日，我东集团占领沈庄、杨围子、杨庄，西集团攻克东西马围子、周庄、腰周圈、小马庄，南集团拿下李土楼、小周庄、大小王庄等地。歼敌14军全部，85军、18军一部，将敌人压缩在不到3里的狭小地域内。

敌军死伤枕藉，饥寒交迫。早在12月5日，黄维曾向蒋介石发出求援电，被我截获。该电说："黄维5日以竟日惨战粮弹尽绝，过去几日所投粮不足所需1/10，弹不足1/3，官兵日食一餐尚不得饱。须急速空投以维士气。"到了此时，其官兵更是饥饿难挨，竟然为争夺空投粮食而互相残杀。我军抓紧政治攻势，敌人纷纷携械来降，整连整营整团，以至于85军23师师长黄子华率师部及两个团向我投诚。刘伯承、陈毅两位将军于12日发出《促黄维立即投降书》。但黄维拒绝投降，希图在弹丸之地顽抗到底，并于12日、13日两次呈请顾祝同准其向我军施放甲、乙两种毒气弹，以封锁我军。

总前委为速歼黄维兵团，13日又调整部署：以南集团为主，东西集团配合，并调华野3纵和13纵加入南集团作战，南集团改由华野参谋长陈士榘指挥，鲁中南纵队为战役预备队，对拒绝投降的敌军发起了最后的总攻。14日夜，南集团攻占敌人临时机场南端及尖谷堆，东集团攻占杨老五庄、杨子全庄，使敌军核心阵地完全暴露。15日黄昏，敌军残部向西突围。我各部立即堵截、追击，于当夜12时全歼黄维兵团，生俘兵团司令官黄维、副司令官吴绍周，仅副司令官胡琏等率少数人逃脱。

与此同时，华野6纵和渤海纵队11师、中野2纵和豫皖苏军区五个团，在固镇、新桥、曹老集一带阻击李、刘兵团。敌人以八个步兵师、一个战车大队，昼夜向我军猛攻。我军顽强阻击十二天，歼敌万余。

至此，淮海战役第二阶段作战胜利结束。我军歼灭国民党军1个兵团部（不含孙元良兵团）、四个军部、十一个整师（其中一个师起义），共10万余人；阻击并部分歼灭南北援敌，将杜聿明集团围困在陈官庄地区。我中野部队也付出了伤亡3万余人的代价。

12月16日，我军开始淮海战役第三阶段的作战。李延年、刘汝明兵团已于16日夜撤向淮河以南地区；陈官庄地区的杜聿明集团，处于内缺粮弹、外无援兵的绝境。总前委指示，在华野战场休整期间，中野集结于宿县、蒙城、涡阳地区休整，并担任围歼杜聿明集团的总预备队。华野于1949年1月6日发起总攻，经4昼夜激战，至10日全歼杜聿明集团。

伟大的淮海战役取得完全胜利，我军全歼国民党军徐州"剿总"前进指挥部、五个兵团部、一个绥靖区司令部、二十二个军和五十六个师（其中四个半师起义），共55.5万余人。[51]

毛泽东对淮海战役的胜利给予很高的评价。李银桥回忆说：

毛泽东说，淮海战役粟裕立了第一功。这是因为中央书记处在华北军区司令部所在地城南庄开会时，粟裕首先提出集中三个纵队兵力歼灭长江以北国民党的主力部队。毛泽东和书记处采纳了粟裕的意见，现在保证了淮海战役在很短时间里取得了彻底胜利。

淮海战役胜利后，毛泽东会见刘伯承和邓小平。

上午毛泽东一般不会客，刘邓首长是下午4点多钟来的。两位首长问我："主席干什么呢？"

我说："等你们呢。"说罢便领他们来到毛泽东的办公室。

毛泽东的住室与办公室相通。刘邓首长在沙发上坐稳，我便出去沏茶。端茶水进屋时，刘伯承正在汇报淮海战役经过。他说的话我至今记得很清楚："淮海战役，我们像嘴里含了个核桃一样，咬也咬不碎，吞也吞不进去。"

邓小平政委说："打得坚决，也很残酷。"

刘伯承接着又说："最后到底还是咬碎了！"

那次谈话谈了两个多小时，毛泽东没留客人吃饭。来过那么多客人，只要是党内同志，他几乎从没留人吃过饭。他待客就是清茶一杯。[52]

平津战役

还在辽沈战役即将进行之际，傅作义曾导演了一出偷袭西柏坡的闹剧，却被毛泽东轻而易举地挫败了。

李银桥回忆说：

1948年8月，国民党华北"剿总"总司令傅作义率大军从北平、保定出发南进，扬言要夺回早已被我们解放了的石家庄，袭击党中央和解放军总部所在地西柏坡。

北平以南至石家庄，我军从来没有主力部队，傅作义的骑兵部队又是很有些名声，行动迅猛，形势顿时变得险峻。

周恩来派汪东兴和中央警卫团干部带两个步兵连和一个骑兵排赴东北方向行唐一带警戒，遇敌人进攻要坚决抵抗，掩护毛泽东和党中央安全转移，同时安排中央各机关开始准备疏散。

毛泽东仍然以主要精力对付东北之敌，对傅作义的袭击似乎根本没放在心上。当形势已经非常危急时，他叫我收起东北地图，备好纸笔。

"给他点颜色看看。"毛泽东拿起笔时，说了这么一句。

他为新华社写了一篇述评，命令电台要全文广播，马上广播。

毛泽东在述评里轻松幽默地警告敌方："我们已经有了充分准备，你来对你没有好处，你还是老实一点为好。"

毛泽东又用尖锐辛辣的语气讥嘲："这里发生一个问题，究竟他们要不要北平？现在北平是这样的空虚，只有一个青年军208师在那里。通州也空了，平绥东段也只稀稀拉拉几个兵了。总之，整个蒋介石的北方战线，整个傅作义系统，大概只有几个月就要完蛋，他们却还在那里做石家庄的梦！……"

述评广播之后，傅作义的兵一枪未放便惊惶地撤回北平。不久，连保定驻军也撤回了北平。

一纸书吓退傅作义的大军，毛泽东唱了一嗓子京剧《空城计》。他的湖南腔唱京剧很有些意思："我正在城楼观山景，忽听得城外乱纷纷，旌旗招展空翻影，原来是司马发来的兵……"

唱罢，意犹未尽，又加了一段《三顾茅庐》中诸葛亮的唱段："我本是卧龙岗……"[53]

几个月之后，傅作义集团终于也面临灭顶之灾。

参加指挥平津战役的聂荣臻元帅回忆说：

1948年12月中旬，中央军委通知，要我立即赶往平津战役指挥部工作。这之后，于1949年1月10日，中央军委决定由林彪、罗荣桓和我组成中共平津战役总前线委员会。

我接到去平津战役指挥部工作的通知后，交代了军区的工作，带着几个工作人员，由军区驻地平山县孙庄乘车出发，日夜兼程，奔向北平东面的孟家楼。平津战役指挥部就设在这里。

辽沈战役结束不久，毛泽东就要东北野战军迅速隐蔽入关，准备发起平津战役，与华北部队一起，共同歼灭华北的敌人。1948年12月11日，毛泽东发出关于平津战役作战方针的指示，这个指示与辽沈战役、淮海战役作战方针的指示一样，充分体现了毛泽东卓越的军事指挥艺术，为平津战役的胜利奠定了基础。

我出发以前，就曾到西柏坡受领任务，见到了毛泽东、周恩来、朱德等中央领导同志。毛泽东十分精辟地分析了平津战役的全面形势，又十分正确地制定了我军的任务和部署。我觉得，平津战役这篇大文章，毛泽东是从西线做起的。

那时候，淮海战役正在进行。华北战场上的敌人，屡遭我军沉重打击之后，又失去了南北两面的依托，军心动摇，孤立无援，已经到了山穷水尽的地步。

傅作义指挥的部队，还有六十万余人。他的主力部队四个兵团十二个军五十二个师，部署在东起北宁线的滦县，西至平绥线的柴沟堡，1200多里的狭长地带，以北平、天津、张家口、塘沽、唐山为重点，摆成了一字长蛇阵。

在具体兵力部署上，傅作义是煞费苦心的。他有意把蒋系部队摆在北宁线，把傅系部队摆在平绥线，一旦东北我军入关，蒋系部队首当其冲，而傅系部队在不利情况下，可以向绥远逃之夭夭。

从这一点可以看出，敌人在平津固守，还是从平津撤退，在蒋介石、傅作义和美帝国主义三者之间，同床异梦，各怀鬼胎。蒋介石是既想让傅作义固守华北，迟滞我大军南下，又想把华北兵力全部南撤，巩固江南防务，举棋不定；傅作义也脚踩两只船，想看看形势变化，平津能守就守，不能守就西逃绥远，不得已时就向南逃跑，但又摆出固守的架势，想捞取美援，扩充实力；美帝国主义看到蒋介石大势已去，从援蒋武器中拿出一部分，直接供给傅系部队使用，好让傅作义固守平津，维护美帝国主义的利益。

毛泽东分析了敌人的心理状态，认为傅作义虽有西逃、南窜两种可能性，但西逃的可能性较大，因为绥远是他的老窝。

这时候，东北我军主力尚未入关，如何在他们入关之前，将敌人抑留在华北，不使其南窜或西逃绥远，这是当时中央军委和毛泽东主席考虑的中心问题。经过一再分析、研究，决定从20兵团包围张家口、宣化入手。毛泽东指示杨成武、李井泉主动撤围归绥，不使傅作义感到太紧张，随后又迅速包围张家口、宣化，诱使傅作义派兵西援，以便掩护东北我军秘密入关。我们积极地执行了毛泽东的这个战略决策，早在12月上旬平津战役正式发起前，从11月29日夜开始，华北我军就在平绥线上作战了。所以说，毛泽东发起平津战役，文章是从西线做起的。因此，华北的同志有时也把平津战役称之为平津张战役。

由杨成武率领的20兵团，以三个军的兵力进入张家口附近地区，形成对张家口、宣化敌人的包围态势。毛泽东的这一招很灵，傅作义果然着了急，立即令驻守北平附近的第35军，驻守怀来的第104军，分别乘火车、汽车增援张家口，以便形势不利时能够保住逃往绥远的通路。

这样，傅作义的大部分嫡系部队共约10万人，已被我军钳制在平绥线上，实现了抓住傅系、拖住蒋系，掩护东北我军入关的第一步计划。

这时候，东北野战军主力，经过长途行军，分别经喜峰口、冷口，越过长城，陆续隐蔽入关，先后到达迁安、丰润、遵化、玉田、蓟县地区集结。

东北我军主力一入关，傅作义又作了错误判断，他认为我军会直取北平，遂急令第35军撤回北平。为打通张家口与宣化的联系，敌人从东西两个方面，倾全力向沙岭子猛攻，然后向新保安方向撤退，企图缩回北平。

在这紧急时刻，毛泽东一面令杨得志等率领第19兵团主力，由易县经涿鹿迅速向宣化、下花园地区开进，以隔断怀来与宣化的联系，一面令东北野战军第13兵团由蓟县经密云向怀来、南口急进，以隔断怀来与北平的联系。这一步，我军总的意图是将傅作义的西线兵力分割包围，既不让第35军缩回北平，也不能让北平的敌人接应第35军，然后，待机将他们分别歼灭。

经过激战，我第19、20兵团和东北野战军第13兵团出色地完成了任务。12月8日，我第19兵团将敌人第35军严密包围在新保安，使其动弹不得。12月9日、10日，第13兵团先后歼灭了企图救援第35军的第16军和第104军。我第20兵团也多次击退了张家口敌人突围的企图。

第35军被我军包围在新保安之后，前线指挥员都想早日动手消灭它，这个军是傅作义的所谓"王牌"军，是摩托化部队，运动速度比较快，战斗力比较强。它多次与我军交战，可以说是冤家对头，广大指战员恨之入骨，恨不得一口把它吃掉，这种心情是可以理解的。但毛泽东指示暂缓攻击，两个星期内"围而不打"。因为东北入关的部队，正在进行战役展开，对于平、津、塘的敌人，尚未完全隔断、包围，如果先攻击新保安的敌人，不但会使张家口的敌人向西突围，还会使张家口以东的敌人决策逃跑。所以，不仅西线部队"围而不打"，对平、津、塘的敌人也"隔而不围"，以便在敌人难以觉察之中，完成整个平津战役部署。

毛泽东还指示中原和华东野战军，在两个星期时间内，淮海战场不作最后歼敌部署，使蒋介石难下从海上撤退平津敌人的决心。中央又命令山东部队集中若干兵力，控制济南附近一段黄河，在胶济线事先作好准备，防止敌人可能从青岛方向逃跑。

按照毛泽东的意图，华北军区所属的冀中、冀南等军区，也动员部队和广大民兵，分别在平南、津南、沧县、德州等地区，迅速构筑起数道阻击阵地，以防敌人从陆地上逃跑。当然，从那时候的情况来看，这种可能性是很小的，甚至不可能出现这种情况，防止万一罢了！

这样，我军就撒开了天罗地网，使平津的敌人插翅难逃。

我作为华北军区的负责人，对毛泽东的这些战略部署，以及许多具体指示，真是由衷地感到敬佩。我告诉华北部队，必须坚决执行毛泽东同志的指示。实践证明，华北我军没有辜负党中央和毛主席的希望。

……

那时候，我在平津战役指挥部，不断询问战役进展情况。

12月22日晨，我军向新保安发起总攻。第19兵团的指战员，打得非常英勇顽强，尽管第35军进行疯狂的垂死挣扎，但经过一天的激战，我军全歼了第35军1.9万多人。傅作义赖以起家的"王牌"军，在新保安找到了自己的坟墓。

全歼新保安敌人之后，我第20兵团3个军，北岳军区的部队、骑兵第3师和东北野战军的第41军，紧接着向张家口发起了攻击。

在此之前，毛泽东就指出，敌人第35军被歼之后，张家口的敌人有向绥远逃跑的可能。所以，我军在完成包围张家口之后，在周围四五十里内，构筑了3至4道阻击阵地。

不出毛泽东所料，我军全歼新保安35军之后，张家口的敌人惊恐万状，决心突破我军包围，妄图向绥远方向逃跑。12月23日夜，他们先朝西南方向佯攻，主力却偷偷地从西北方向突围，但很快被我军截断了去路。敌5万余众，被我军包围在张家口以北名叫朝天洼的一道大沟里，步兵、骑兵、骡马、大车，乱成一团。第二天拂晓，敌人倾全力向西北方向冲击，由于遭到我军顽强堵击，突围企图落空，经我军一昼夜奋勇冲杀，全歼了敌人11兵团部、105军全部、104军的一个师、两个骑兵旅和两个保安团共5.4万多人。只有第11兵团司令孙兰峰漏网，带领少数护卫侥幸逃往商都去了。

……

新保安、张家口之战，斩断了傅作义的西逃之路，但增大了敌人从海上东逃或南窜的可能性，我军下一步的任务，是迅速攻克天津，切断他们东逃之路，进一步孤立北平，最后解放北平。

为此，华北第19兵团和第20兵团，结束新保安、张家口之战以后，于1948年12月29日，满怀着胜利的喜悦心情，又奉命踏上了新的征途，迅速开进到北平外围，与东北第12兵团和第13兵团会师，严严实实地包围了北平，积极进行攻取北平的各种准备。

同时，我东北野战军集中了五个军二十二个师的兵力，由刘亚楼负责指挥，准备从速歼灭天津的敌人。

北平的地下党组织，在刘仁领导下，为了配合当时的军事斗争和政治斗争，正积极进行着各种活动。他们利用各种关系，获取了大量的情报，源源不断地供给平津战役指挥部，使我们对敌情基本上做到了一清二楚。他们甚至通过傅作义的女儿、我地下党员傅冬了解掌握傅作义的各方面动态，劝她父亲不要跟蒋介石走。

傅作义的神态、言谈、情绪变化，傅冬都能及时、准确地了解清楚，然后，每天通过地下电台，向平津战役指挥部报告。当时，敌人在东单修建了临时飞机场，由于我地下党电台的报告和指示目标，我军对这个机场进行了严密的封锁。

几十年来，我打过许多仗，能够如此及时了解对方最高指挥官的动态，还是不多的。这对我们作出正确判断，下定正确决心，进行正确部署，具有重要的作用。……

在接到北平地下党同志发来的大量情报之后，我脑子里转着一个问题：如果我军歼灭了天津的敌人，把傅作义的退路堵死，能不能和平解放北平？我这个想法，萌生在新保安、张家口歼灭战之后。在此之前，我们与傅作义的代表在石家庄就有所接触，我知道党中央和毛主席已经有用军政两手解决北平问题的打算。现在，傅作义赖以起家的王牌第35军已经被我军歼灭了，这对傅作义的打击和震撼是极不寻常的。如果我军再把天津攻下来，彻底打掉他逃跑的幻想，逼着他走上谈判的道路，我认为，和平解放北平的前景是存在的，而且时机越来越成熟了。

我先同罗荣桓谈了这个想法。我说，我们应该努力争取和平解放北平，使北平这个文化古都免遭战火的破坏，使人民的生命财产免遭损失。罗荣桓听了以后，表示同意我的意见，在不放弃以战争解决问题的同时，争取通过和平方式解放北平。

林彪是不是同意这样做？有一次，我们三人都在作战室，研究完如何攻打天津之后，我谈了争取和平解放北平的想法。我说，只要我军能够打下天津，傅作义的逃跑道路就全部切断了，这样就有可能迫使傅作义和平解决北平问题。我还用北平地下党提供的情况,说明这种可能性是很大的,我们应该把这种可能性,通过不断努力变成现实。

林彪听了我的意见,脸上没有任何表情。他说我的想法很好,但这只是幻想,不可能实现,还是要靠打来解决问题。

我说,在平津地区,我军占绝对优势,打下天津不成问题,要打北平也很容易,北平工事不强,敌人又是惊弓之鸟,如果在进行了大量工作以后,傅作义仍然拒绝和平解决,我们掌握着主动权,随时可以下命令去打。不过,从党和人民的利益出发,应尽力把这个文化古都保全下来。因为枪炮一响,准得把北平打个稀巴烂。何况对胜利以后建都的问题,党中央已经初步选定了北平。

我又说了许多,林彪还是摇头,表示他有不同看法。但因我和罗荣桓意见一致,林彪也就没有再说什么。

我认为,对北平是争取和平解放,还是动枪动炮解决,事关重大。我觉得,林彪听不进去意见,我和他再争执下去,也无助于问题的解决,只好以自己的名义,单独向毛泽东发了电报,提出建议:在打下天津以后,争取和平解放北平。

毛泽东以及其他中央领导同志,看了我发去的电报以后,回电表示完全同意。

林彪看了这个回电,没有再表示反对。但是,他把争取和平解放北平的问题,推给了我和罗荣桓同志处理,很少主动过问。我们随即根据党中央的指示,通过北平地下党的关系,向傅作义提出双方谈判和平解决北平的问题。

这时候,平津战役指挥部移到了蓟县的一个村子,选定离这个村子不远的八里庄,作为与傅作义代表的谈判地点。

1949年1月上旬,准确时间记不清了,从八里庄打来电话说,傅作义的代表张东荪先生,已经到达了那里。

我到八里庄见了张东荪。从张东荪的态度看,对和平解决北平问题,傅作义并未下定决心,对方只是为进一步摸底而来,摸清底细好回去汇报,以便由傅作义作出抉择。针对这个情况,我在这次谈判中,着重讲了形势和政策,指出傅作义除了放下武器,还能为人民做件好事而外,别无出路。希望张东荪回去以后,转告傅作义早下决心。

在张东荪临行前,我还特意告诉他,下次来,请傅作义派他的全权代表来,我们可以谈得具体一些。

1月10日,淮海战役胜利结束,我军歼灭国民党军队55万多人。傅作义由陆上南逃之路已经被切断了。

1月15日,东北野战军迅速解放了天津,仗打得干脆痛快,守敌13万多人被全部歼灭。这对尚在犹豫中的傅作义来说,又受到了致命的一击。突围南逃的幻想彻底破灭了,他不得不接受和平解放北平的条件。

……

1月16日,我军向傅作义发出最后通牒,并限期作出答复。

随后,傅作义的全权代表邓宝珊来了。这时我们平津战役指挥部,由蓟县移到了通县。

邓宝珊早就同我党有一些接触。傅作义知道这层关系,这次就派他来谈判了。

在第二次谈判当中,比上次谈得具体一些,对所规定的条件,商定了实施办法,作为初步协议,双方都在上面签了字。

邓宝珊临走的时候,我们交给他一封信,请他交给傅作义。并派东北野战军作战处长苏静,作为我方具体工作人员同他一起进城。

这封信的具体内容,是经过集体讨论决定,报党中央和毛主席批准的。但是,由于中间人觉得措辞严厉,没有及时交给傅作义。

邓宝珊回去以后,很快有了回音。他们同意我方派代表进城谈判、研究和平接管北平的具体事宜。于是,我方派了东北野战军政治部副主任陶铸同志进城谈判。

1月20日,傅作义接受了我方提出的条件,令其所属的两个兵团部八个军部二十五个师,共20多万人,于1月22日起陆续出城,到达指定地点,接受我军改编。1月31日改编工作完成,我军先头部队随即进入北平,对国民党军政机关进行接管和维护社会秩序。

2月1日,刚过完农历年,我和罗荣桓以及林彪乘车进入北平,先到了北京饭店。我国的文化古都北平宣告解放了。……

至此,持续六十四天的平津战役,在党中央和毛主席的直接指挥下,以军事打击和政治争取并举赢得了最后胜利,歼灭与改编国民党军队共52万余人。[54]

平津战役胜利后,毛泽东在西柏坡会见了深明大义的傅作义。这是他们之间友谊的起点。

李银桥回忆说:

在解放战争节节胜利的形势下,基于爱祖国、爱民族的热忱,以保护北平200万人民的生命财产和古都文物为重,傅作义接受了我党关于和平解放北平的条件。平津战役又取得了伟大的胜利。

他提出一个请求:亲自拜见毛泽东。

中央同意了这个请求。

傅作义到达西柏坡招待所,受到周恩来欢迎。傅作义说:"我戎马半生,除抗日战争外，我是罪恶累累，罪该万死。今后我要在共产党领导下，立功赎罪，以求得人民宽恕。"

下午，毛泽东起床后，周恩来把傅作义的态度说了一遍。毛泽东很高兴，说："我去看他。"

招待所在后沟，毛泽东乘吉普车来到后沟，傅作义在周恩来陪同下等候在门口。车刚停，傅作义连忙迈着大步迎上去，伸出两只手，一把握住了毛泽东的手。

"我有罪！"傅作义的第一句话这样说。

"你有功！"毛泽东第一句话却这样说，"谢谢你，你做了一件大好事。人民是永远不会忘掉你的！"

傅作义在国民党将领中是比较能打仗的一个。抗日战争中他与八路军相处很好，在敌后站住了脚。但日本投降后，他受蒋介石的重用提拔，大举进攻解放区，占领了不少地方。据说攻占张家口后，他夸口说："如果中共在中国真能够取得胜利，我甘愿给毛泽东当个小小的秘书。"

这话传得很广。阎长林便问毛泽东："主席，傅作义真是这么讲的吗？"

毛泽东笑道："当个秘书太小了，他还应当留在政府里做官。他对水利工作感兴趣，将来可以当个水利部长。"

毛泽东说话算数，傅作义后来真的当了水利部长。

从辽沈战役、淮海战役到平津战役，历时四个多月。首长们一直在毛泽东那间不到20平方米的办公室里度过，取得了三大战役的伟大胜利。

毛泽东喜欢篦头，他说是一种很好的按摩，可以促进血液循环，消除疲劳。他指挥三大战役时是五十五岁，身体极健，满头黑发。篦齿从头发间篦过，沙沙作响。

忽然我眼前闪了一下亮。仔细看，是一根白头发。

"哎呀，主席，你有白头发了。"我叫出声。

毛泽东眉梢动了动，没作声。

我小声问："拔下来吧？"

毛泽东停了停才说："拔吧。"

我小心翼翼挑出那根头发，捏紧了，猛地一揪。拿眼前看看，连根拔出来了。

"主席，你看。"我将白发拿到毛泽东面前。毛泽东没有接，只是用眼睛凝望着。

"噢——"他轻轻呵出一声，用略带沙哑的声音慢慢道，"白一根头发，胜了三大战役，值得。"[55]

关于毛泽东在三大战役期间的情况,阎长林回忆说:

9月会议以后,毛主席和其他中央首长更忙了。以前,毛主席也经常召开书记处会议,虽然有时也开长会,甚至连续开,但次数毕竟不太多。这时就多了,几乎天天都开。

每天晚上8点左右,少奇同志、朱总司令、周副主席、任弼时都准时来到毛主席的办公室,有时作战部、宣传部有关的同志也来参加。而且这些会还有个特点:都是通宵达旦。夜里是毛主席的工作时间,周副主席为了工作方便,从陕北转战时起,也改为夜间办公。不过他兼着军委总参谋长,尽管夜里不睡觉,白天还得开会布置工作,还有外交、侨务、统战、新闻宣传等事情要他处理。好像有着用不完的精力。少奇那时五十岁,精力旺盛。朱总司令一则因为年过花甲,平时又有早睡早起的习惯,对夜间开会不适应。由于开的都是关于打仗的会,他就坚持参加。有的首长劝他回去休息,他就说:"这么高兴的事,我回去也睡不着。"话是这么说,但连续开会毕竟太疲劳,有时开着开着他就睡着了,其他首长也不惊动他,等到要决定问题才叫醒他。他抱歉地说:"哎呀,我睡着了!"周副主席关心地说:"没关系,你休息一会儿,就能坚持到底了。"毛主席也说:"咱们这一段会议多,总司令在开会时寻机睡一会儿,精力更充沛,是一件好事嘛。"又指了指周副主席和弼时说:"我们三人打疲劳战惯了,在陕北打了一年多,打败了蒋介石妄想消灭我们的野心。现在咱们再一起打一段疲劳战,彻底打败蒋介石,解放全中国。不然,事情这么多,又这么重要,少数人做不了主呀!"

……

辽沈战役胜利结束的那天晚上,首长们照常在主席的办公室里开会。大家想,今晚首长们一定要庆贺一下,说不定还要喝点酒呢,今夜的夜餐要做得特别好。于是,高师傅来了,周师傅来了,做湖南风味菜的赵师傅也来了。这3人都是经过长征的老同志,在延安时都给主席做过饭,今晚都想来露一手。他们做了饭,做了菜,有干有稀,有荤有素,有热菜,也有下酒的凉菜,品种众多,花样好看,数量也适当。饭菜都做好了,可首长们还不说吃,几次去催问,都是周副主席说:"再等一会儿。"事后才知道,他们乘着辽沈战役的胜利,又在部署淮海战役和平津战役了。

这次夜餐准备得最早最丰盛,吃得却比往日晚,直到夜很深了才开饭。工作人员和厨师把做好的饭菜一齐端了上去。以往,饭菜稍为好一点,首长们总说做得太好了,再三追问有没有超过标准。这次,我们开始也担心会挨批评,可是端上来后,他们什么也没说,立即吃了起来,胃口也特别好。他们边吃边说,谈笑风生,沉浸在欢乐之中。看到自己运筹的战役胜利进行,革命事业迅猛发展，怎能不高兴呢！

不久，又传来了淮海战役胜利的消息，歼敌55万多人，基本上解放了长江以北的华东、中原地区。紧接着，平津战役也打响了，张家口、新保安的敌人被歼灭，天津也获得解放，傅作义宣布起义。至此，三大战役胜利结束，共消灭敌人154万多，国民党军队基本上土崩瓦解。后来周副主席说："毛主席在一个最小的司令部里指挥了世界上最大的战役！"这是千真万确的。

北平和平解放后的一天，傅作义来到了西柏坡。我们知道，傅作义不听蒋介石的指挥，以人民利益为重，和平解决北平问题，使北平古城避免了一场战火的灾难，是为人民做了好事的，所以周副主席专程到石家庄机场去迎接他，并陪同来到西柏坡。下午，毛主席、朱总司令就乘中型吉普车前往后沟去会见傅作义。当时是2月，天气还很冷，毛主席穿着皮大衣，戴着皮帽子。车到后沟时，周副主席已陪傅作义等在门口。傅作义着装整齐，身体健壮，满面红光。还没等毛主席脱下大衣，他就急步向前，双手握住毛主席的手说："主席，我有罪！"毛主席高兴地说："谢谢你为人民做了一件大好事，人民是永远不会忘掉你的。"随后，他们一起走进会客室，进行了长时间亲切友好的谈话。最后傅作义送毛主席、朱总司令出来时还表示，要在共产党的领导下，把工作做好，在有生之年多做一些对人民和国家有益的事情，以弥补过去的过错。[56]

注　释

〔1〕阎长林：《胸中自有雄兵百万》，工人出版社1983年12月版，第265—269页。

〔2〕刘伯承：《千里跃进大别山》，载《伟大的历程——回忆战争年代的毛主席》，人民出版社1977年8月版，第291—302页。

〔3〕准备会议于1947年12月7日召开。——原注

〔4〕《毛泽东选集》（第2版）第4卷，第1243页。——原注

〔5〕《毛泽东选集》（第2版）第4卷，第1185页。——原注

〔6〕师哲：《在历史巨人身边》，中央文献出版社1991年12月版，第349—352页。

〔7〕师哲：《在历史巨人身边》，中央文献出版社1991年12月版，第363—367页。

〔8〕聂荣臻：《在城南庄和毛泽东同志相处的日子里》，载《难忘的回忆——怀念毛泽东同志》，中国青年出版社1985年1月版，第1—9页。

〔9〕李银桥：《在毛泽东身边十五年》，河北人民出版社1991年6月版，第73—79页。

〔10〕李银桥：《在毛泽东身边十五年》，河北人民出版社1991年6月版，第91—94页。

〔11〕《杨成武回忆录》，解放军出版社1990年8月版，第150—154页。

〔12〕1948年1月27日中央军委致粟裕电，1948年2月7日中央致华东局等电。——原注

〔13〕1948年5月14日陈毅、粟裕致刘伯承、邓小平电。——原注

〔14〕1948年5月9日中央军委致刘伯承、邓小平等电。——原注

〔15〕1948年5月21日周恩来在中直机关工作人员会议上的讲话。——原注

〔16〕1948年7月25日新华社社论：《把解放区的农业生产提高一步》。——原注

〔17〕1948年5月14日陈毅传达毛泽东关于时局与工作方针的报告。——原注

〔18〕1948年5月24日毛泽东致邓小平并备战略区电。——原注

〔19〕李明华：《部署夺取全国胜利的一次重要会议》，载《党的文献》1991年第5期，第84—90页。

〔20〕李银桥：《在毛泽东身边十五年》，河北人民出版社1991年6月版，第80—99页。

〔21〕陈恩惠：《一次重要的战略决策会议》，载《党的文献》1989年第5期，第12—15页。

〔22〕刘邓，指刘伯承、邓小平。——原注

〔23〕陈粟，指陈毅、粟裕。——原注

〔24〕徐，指徐向前。——原注

〔25〕许谭，指许世友、谭震林。——原注

〔26〕彭，指彭德怀。——原注

〔27〕德国、北朝鲜，指德意志民主共和国、朝鲜人民民主共和国。——原注

〔28〕《党的文献》1989年第5期，第3—7页。

〔29〕这是刘少奇1948年9月13日在中央政治局会议上的讲话，根据中央档案馆提供的记录整理稿发表，标题是编者加的。——原注

〔30〕指1927年11月9日至10日中共中央临时政治局在上海召开的扩大会议。——原注

〔31〕陈瑾昆（1887—1959），湖南常德人，法学家，1946年到延安，后任中共中央法律委员会委员、华北人民法院院长。——原注

〔32〕蒋、宋、孔、陈，即蒋介石、宋子文、孔祥熙、陈立夫、陈果

夫。——原注

〔33〕载《党的文献》1989年第5期，第7—11页。

〔34〕李银桥：《在毛泽东身边十五年》，河北人民出版社1991年6月版，第112—115页。

〔35〕周宏雁：《辽沈决战方针的确立》，载《党的文献》1989年第5期，第55—59页。

〔36〕李银桥：《在毛泽东身边十五年》，河北人民出版社1991年6月版，第115—116页。

〔37〕第二前线指挥所由冀察热辽军区和机关组成。第一和第二前线指挥所，是后来在8月间组建的东北第1兵团和第2兵团机关的前身。——原注

〔38〕今吉林省双辽县。——原注

〔39〕"101"是林彪的代号，罗荣桓的代号是"102"，刘亚楼的代号是"103"，谭政的代号是"104"。——原注

〔40〕1948年6月17日，华东野战军以两个纵队向开封发起攻击，激战至22日，攻克开封，歼敌3.9万人。蒋介石急调3个兵团和1个整编军分路进攻开封，解放军为保持主动，于6月26日撤出开封。之后，华东、中原野战军以6个纵队阻击援敌，以5个纵队围歼区寿年兵团共9万余人于睢县、杞县地区，生俘区寿年。——原注

〔41〕《毛泽东军事文选》（内部本），战士出版社1981年12月第1版，第476—477页。——原注

〔42〕《毛泽东军事文选》（内部本），战士出版社1981年12月第1版，第477—478页。——原注

〔43〕《毛泽东军事文选》（内部本），战士出版社1981年12月第1版，第480页。——原注

〔44〕《毛泽东军事文选》（内部本），战士出版社1981年12月第1版，第482—483页。——原注

〔45〕《蒋介石秘录》，广西人民出版社1989年1月第1版，第603页。——原注

〔46〕国民党另三支主力，整编74师1947年5月被歼于孟良崮，第5军和整编11师1948年底被歼于淮海战役。——原注

〔47〕《罗荣桓传》，当代中国出版社1991年12月版，第450—474页。

〔48〕《陈毅传》，当代中国出版社1991年8月版，第414—417页。

〔49〕楚青整理：《粟裕谈淮海战役》，载《党的文献》1989年第6期。

〔50〕三、广两纵，即华野第3纵队和两广纵队。——原注

〔51〕李达:《回顾淮海战役中的中原野战军》,中国人民解放军历史资料丛书编审委员会《淮海战役回忆史料》,解放军出版社1988年12月版。第1—17页。

〔52〕李银桥:《在毛泽东身边十五年》,河北人民出版社1991年6月版,第117页。

〔53〕李银桥:《在毛泽东身边十五年》,河北人民出版社1991年6月版,第118—119页。

〔54〕《聂荣臻回忆录》,解放军出版社1948年12月版,第692—706页。

〔55〕李银桥:《在毛泽东身边十五年》,河北人民出版社1991年6月版,第119—121页。

〔56〕阎长林:《为了建立新中国——回忆毛泽东同志进北京前后》,载《难忘的回忆——怀念毛泽东同志》,中国青年出版社1985年1月版,第34—36页。

四、将革命进行到底

会见米高扬

三大战役后,斯大林派米高扬来到西柏坡。毛泽东热情地接待了他,详细介绍了战争进展情况,以及筹建新中国的计划。

担任翻译工作的师哲回忆说:

会见米高扬是毛主席、党中央在西柏坡的一件大事。

1948年5月,斯大林致电毛泽东,准备派一位有威望的苏共中央政治局委员前来听取我方的意见。这位代表于1949年1月31日到达平山县西柏坡中共中央所在地,就是我们早已知其名的阿纳斯塔斯·伊凡诺维奇·米高扬。

……

米高扬在西柏坡逗留了一周,住在后沟。当时朱老总也住在后沟。后沟和西柏坡有一山洞相连。米高扬同我党中央书记处的毛泽东、刘少奇、周恩来、朱德、任弼时五位同志一共会谈了三个整天,其余时间或是个人会晤、个别交谈,或是休息、游览。

米高扬一行于1949年31日午后1时许抵达西柏坡。毛主席在门口迎接了他们——米高扬和随员伊万·瓦西利基·柯瓦廖夫、叶夫根尼·尼古拉维奇·柯瓦廖夫两人及其警卫员。伊万·瓦西利基·柯瓦廖夫是苏联铁道部副部长,在我东北帮助铁路恢复工作;叶夫根尼·尼古拉维奇·柯瓦廖夫是研究中国问题的汉学家,担任米高扬的翻译,我们称他为小柯瓦廖夫。他们到达西柏坡后,毛主席在会客室接见了他们,并把他们介绍给其他几位书记。

首先,米高扬转达了斯大林和苏共中央全体政治局委员的问候,祝愿我们尽快取得胜利,彻底解放全中国,接着呈上斯大林赠送毛主席的礼品——一块毛料。

米高扬介绍了自己的来意,他说:"中国革命形势发展迅猛异常,在这关键的时候,毛泽东不能离开指挥岗位;再者,中国境内交通不便,还要通过敌人的封锁线,也要考虑到安全问题;到苏联往返的时间太长,怕影响毛泽东同志的身体健康。因而,斯大林不主张毛泽东到苏联去。斯大林十分关心中国革命形势的发展,派我代表他到中国来听取你们的意见。你们所讲的话我回国后向斯大林汇报,任何事都由斯大林决定。"

然后,双方开始各自介绍本国的一般情况和世界各大洲的局势,并对国际形势的发展变化进行分析和估计,彼此交换了看法。

……

第二天,双方举行正式会谈,主要是毛主席一人讲话。恩来、弼时偶尔插几句话,作些解释。主席一连谈了三个整天,即2月1日、2日、3日。主席说:

"到目前为止,中国革命发展较为迅速,军事进展也较快,可能用不了太多的时间,就是说,比过去我们预计的时间会要短些,就能过长江,并向南推进。估计渡过长江后,用不了多少时间,就可以攻克南京,占领上海等大城市和主要市镇。在江南拿下几个重要城镇后,就不会再遇到实力特别强的敌人了。

"我们军队的斗志是坚强的,士气是旺盛的。我们军队的主要特点是成分好、觉悟高,战士和指挥员都比较年轻,精力充沛,战斗力强,不仅能吃苦耐劳,而且善于发挥自己的特长、主动性和灵活性。只要指挥得当,在战略、策略和战术上都不犯重大错误,我们取得完全胜利是有把握的。

"我们的口号、政策都是符合广大人民群众利益和要求的,颇得人民的拥戴,全国工农群众和先进知识阶层是同我们站在一起的。知识阶层中的反动分子大多会跟着国民党走,或到台湾,或出国。对于我们,目前可以说是人心所向,民心所归,这是我们彻底打败蒋介石、国民党的有利条件和良好机会,'时乎,时乎,不再来!'这个时机不能失去。其实在1947年蒋军占领延安后,我们在陕北于10月就提出了'打到南京去,活捉蒋介石'的口号。后来还提出过'打过长江去,解放全中国!'这都是我们战略性的指导口号,而且将要在实际行动中逐步实现的。我们撤出延安时就说过,蒋军一打进边区来,我们就可以在蒋管区作战;他们占领延安,我们就可以进攻南京。我们对他们的办法是:针锋相对,寸土不让。

"现在我们还面临一些问题。

"第一,胜利后建立新政权的问题。它的性质、形式、组成、名义等的明确化,已提到日程上来了。这个问题,我党已思考过。

"首先,这个政权的性质简括地讲就是:在工农联盟基础上的人民民主专政,而究其实质就是无产阶级专政。不过对我们这个国家来说,称为人民民主专政更为合适,更为合情合理。

"其次,是它的组成、它的成员问题。我们认为,它必须是个联合政府。

名义上不这样叫，而实际上必须是联合政府。现在中国除共产党外，还有好几个民主党派，有的已同我们合作多年了。虽然他们的力量都不算强大，人数也不多，他们在工农群众中或武装力量中没有什么联系和影响，但他们在知识界、海外侨胞中有一定的影响。我们准备继续团结他们，给他们在政府部门的各个岗位上留下一定的位置，但国家政权的领导权是在中国共产党手里的。这是确定不移的，丝毫不能动摇的。

"这样的一种联合性质的政权，能合得来、能步调一致吗？这是一个实际问题，工作方法与制度问题。一方面，制度、秩序可以逐渐建立、完善、健全起来，工作方法也可在工作中逐渐协调和改进。工作中的矛盾、摩擦一定会有的，但也一定可以克服和改善。总之，将来政府的组成大概就是这样的，中国共产党是核心，是骨干。这样的新政权建立后，需要不断加强和扩展统战工作。

"第二，我们一取得胜利、国家一解放，接踵而来的任务就是恢复生产和经济建设。中国连年战争，经济遭到破坏，人民生活痛苦。战争一旦结束，我们不但要恢复生产，而且要建设崭新的、现代化的、强大的国民经济。这不是发出几个口号、几次号召，或作出几项决定就可以完成任务的，必须要有正确的政策。我们正在研究苏联所经历的两次（指十月革命成功后与二次世界大战后）经济恢复工作的经验，为的是参考和借鉴其中成功的、对我们有益的经验。

"今后对我们最严峻、最重大的考验是群众工作。这不只是发动、组织群众或发起某种运动的问题，我指的是组织、安排群众的生活、就业、教育等各方面的问题。中国五亿多人口，对他们的发动、组织、安排谈何容易。当前摆在我们面前的迫切任务是解决人民的衣食住问题和安排生产建设问题。

"国家建设这个课题对我们来说是生疏的，但是可以学会的。有苏联走过的道路可资借鉴，中国革命成功后的生产建设工作的进展可能会快些。因为中国的处境要比1917—1918年的苏联好些，敌人是无法围困我们的。

"人民群众拥有最强大、最可靠的战无不胜的雄厚力量。我们的工、青、妇组织在战争年代发挥了巨大的作用，在生产建设中也将会发挥更充分、更伟大的作用。目前，在全国范围内，群众还没有完全组织起来，这也是摆在我们面前的一项艰巨任务。至于现成的组织形式，工人阶级有职工代表大会；妇女有妇女联合会；而青年，这个几乎占全国近半数人口的群众，除青年团那样的组织形式外，恐怕还得建立发展其他类型的组织，如学生联合会或其他青年组织形式等。"

谈到这里，米高扬插话了，他说："成立几个不同的青年组织是否会分散甚至分裂青年层的力量？是否会引起青年工作中的矛盾和摩擦？为了便于对青年们的组织、安排和领导，是否只要一个共青团组织就行了？"

毛主席听了米高扬插话，不高兴地说："中国青年人口总数有1亿多，怎么可以用一个组织把他们圈起来？圈起来怎么做工作？对青年工作的形式和方法应该是恰当的、灵活的，自然，也要保证他们能发挥出自己应有的作用。"

米高扬急忙声明，他只是带耳朵来的，没有权力发表意见。自此以后，米高扬再也没有插过话，也没有提出过什么新的问题，而只是静听而已。

"第三，军队问题。目前我们的军事力量发展得较快，在不断取得战争胜利的条件下，这大概是合乎规律的。在目前，青年们踊跃参军，加上大批大批地收容和改造俘虏，部队力量的扩充很容易、很快。我军不但俘虏的人员很多，而且缴获的武器、物资也是不少的，现在的战争就是靠缴获的武器来进行的。

"目前解放军中的若干部分，主要是起义部队，须要大力改编改造。这是需要采取适当方式，在一定的时间内，经过逐步整理、调整、改造、改编等一系列工作程序来完成的，这需要花费数年的时间。

"此外，解放军本身也需要逐步改编、改造和现代化。将来中国无须维持过于庞大的军力，而应实行寓兵于民的方针。"

接着，谈了国际关系问题和中国对外政策的总方针问题。毛主席说：

"我们这个国家，如果形象地把它比作一个家庭来讲，它的屋内太脏了，柴草、垃圾、尘土、跳蚤、臭虫、虱子，什么都有。解放后，我们必须认真清理我们的屋子，从内到外，从各个角落以至于门窗缝里，把那些脏东西通通打扫一番，好好加以整顿。等屋内打扫清洁、干净，有了秩序，陈设好了，再请客人进来。我们的真正朋友可以早点儿进屋子来，也可以帮助我们做点清理工作，但别的客人得等一等，暂时还不能让他们进门。

"我想，打扫干净，陈设好了，再请客人进门，这也是一种礼貌，不好吗？我们的屋里本来就够脏的，因为帝国主义分子的铁蹄践踏过，而某些不客气、不讲礼貌的客人再有意地带些脏东西进来，那就不好办了。因为他们会说：'你们的屋子里本来就是脏的嘛，还抗议什么？'这样我们就无话可说啦。我想，朋友们走进我们的门，建立友好关系，这是正常的，也是需要的。如果他们又肯伸手援助我们，那岂不更好吗！关于这方面的问题，目前只能讲到这里。但我们知道，对我们探头探脑，想把他们的脚踏进我们屋子里的人是有的，不过我们暂时还不能理睬他们。至于帝国主义分子，他们抱着不可告人的目的，一方面想进来自己抓几把，同时也是为了搅浑水。浑水便于摸鱼。我们不欢迎这样的人进来。

"这样办,我们会不会遇到一些困难呢?会的,现在就遇到某些物资短缺的困难。例如,医药和医疗器材的短缺、铁路建筑器材的不足等等。可以设想,在恢复和生产建设过程中会遇到更多的困难,如技术的落后、物资的短缺等。目前,我们已经感觉到了这个问题的存在,一待江南得到解放,那就更会成为迫不及待要解决的问题了。恢复和建设工作,只能在大陆基本上解放后,才能作出全面的规划和安排。现在还只能是修修补补,同时工作的重点仍是为战争服务。

"目前,还有一半的领土尚未解放。大陆上的事情比较好办,把军队开去就行了。海岛上的事情就比较复杂,需要采取另一种较灵活的方式去解决,或者采用和平过渡的方式,这就要花较多的时间了。在这种情况下,急于解决香港、澳门的问题,也就没有多大意义了。相反,恐怕利用这两地的原来地位,特别是香港,对我们发展海外关系、进出口贸易更为有利些。总之,要看形势的发展再作最后决定。

"比较麻烦的有两处:台湾和西藏。其实,西藏问题也并不难解决,只是不能太快,不能过于鲁莽,因为:(1)交通困难,大军不便行动,给养供应麻烦也较多;(2)民族问题,尤其是受宗教控制的地区,解决它更需要时间,须要稳步前进,不应操之过急。

"台湾是中国的领土,这是无可争辩的。现在估计国民党的残余力量大概全要撤到那里去,以后同我们隔海相望,不相往来。那里还有一个美国问题,台湾实际上就在美帝国主义的保护下。这样,台湾问题比西藏问题更复杂,解决它更需要时间。

"我们的解放战争正在胜利声中向前发展,到目前为止,尚未遇到帝国主义的严重干涉和阻拦。小的冲突是有过好几次的,例如:在天津城外某地、山东青岛市附近都发生过冲突。那都是他们出来试探的,一遭到我方的抵制和打击,就龟缩回去了,接着就逃之夭夭,索性撤走了。在长江以南会遇到什么情况,还不知道。

"到现在为止的经验是:美军并不想直接卷入中国内战,只是间接干预,把军火、军用物资(第二次世界大战后剩余物资)大量供应给蒋军,指望这些饭桶发生作用。但这些可怜虫实现不了其美国主子的愿望,只能起运输队的作用。其他帝国主义目前是泥菩萨过河——自身难保,各自苟且偷安,保全自身,谁也不愿冒险,实际上也没有能力出来冒险。目前,我们面临的国际形势就是这样的,这也是有利于我们把解放战争进行到最后胜利的条件之一。这个形势,在往昔,中国是难以得到的。我们绝对不会放过这个机会。

"帝国主义同我们国家之间是有几笔大账要算的。第一是它们在我国的一切特权必须全部彻底废除。第二是它们欠我国的一切债务和款项必须偿还。第三是帝国主义的武装部队、警察等必须全部撤离中国。至于侨民居留问题,则按一般外侨居留办法和国际惯例来处理。帝国主义分子历来是看不起中国人的,对它们也得教训教训,使它们的头脑清醒过来。

"中国有大批侨胞留居世界各地,特别在东南亚各国、日本、美国都有相当数量的华侨,他们当中有相当数量的进步分子、爱国主义者,如陈嘉庚这样的人。他们不仅关心祖国的命运,而且在实际行动中也想给祖国作出自己的贡献。在这类人中间,我们党也享有一定的威望,今后要注意加强这方面的工作,并保护他们的利益。

"我们的国家和人民长期遭受内部和外部敌人的压迫、剥削、蹂躏、摧残,弄得十室九空,民不聊生,朝不保夕。各地区一经解放,首先出现的就是衣、食、住与工作问题。要在城市与交通要道上恢复生产与解决就业问题,同时还有一个救济问题。因为在目前条件下,失业不是职工自己造成的,而是由于厂矿停业停工的原因。在城市中的临时救济和安排,以维持职工及其家属的生活,就是一个大问题。在农村,由于战争,农业生产也遭到严重的破坏,缺吃少穿的人也是不少的。不过在农村,随着战争的向前推进和我们紧跟着进行土改和粮食调剂,使农民较易维持生活。要注意照顾的是参军入伍的战士、目前尚在前线作战的战士家属生活问题。对这方面的工作,我们的基层干部已积累了相当丰富的经验,由他们带头在新解放区工作,已是有相当成绩的。

"要注意的是土改工作不能同时在所有地区同样地展开。一是要随军事形势的发展而展开,二是要按地区、分阶段来进行。看来,大致要分几个阶段,用数年工夫来完成。先在黄河两岸、中原地区完成土改,再在长江两岸地区进行,然后要在华南及边远地区进行。因为这不仅要把群众发动起来、组织起来,使他们对这个问题有正确的理解,而且还要训练相当数量能掌握政策的干部来领导。不可以(即使在我们的政权领导下)用振臂一呼、万众皆起的方式做这件事,土改同时又是一项严肃的政治工作,所以必须把经济与政治这两方面的工作同时都做好。我们较老的干部在这方面有较丰富的经验,他们能够较好地完成任务。同时由他们带领、帮助和教育新的工作人员,对其加以训练培育,是可以顺利地完成土改工作任务的。"

在停会休息期间,米高扬给大家讲了他在十月革命后初期,1918年至1919年,号召农民进行土改的故事。他说:"我读了列宁的土地纲领,十分兴奋,立即写了许多号召的标语和传单,散发张贴出去,以为这样就执行了政策,完成了任务。结果,一天、两天过去了,农民群众还是一动也不动。诧异之余,深入下去了解情况,我才弄明白本来是一件翻天覆地的革命创举,想要无组织、无领导地乱搞，各自为政来进行是不行的。后来还是由政府出面组织推行才完成。"

休息结束后，毛主席接着说：

"中国民族资产阶级是很软弱的，只有不多的几家像点样子，其余许多连中等资产阶级都够不上，更谈不上亿万富翁了。他们虽然属于剥削阶层，但同时也受外国资本的压迫和剥削，而且在政治上软弱无力，甚至受到压抑和排挤。我们对这部分人采取联合、利用、改造的方针，使其为祖国建设服务。这个政策他们是乐于接受的。我们利用了他们的积极性，也给了他们以施展才能的机会、参与国事的权利和应有的社会地位。为发展生产建设，应使人尽其才、物尽其用。总之，在恢复和发展生产中，必须发挥和利用民族资产阶级的积极性。对资产阶级分子的使用，也可能出现某些消极方面的现象，我们也应注意、防止和纠正。我们准备成立一个工商联组织，这可以把工商业方面的活动人物组织起来，其主要任务：一是使他们较有组织地发挥自己的积极性，二是使他们有监督地自我改造。这样，不仅使他们的思想可逐渐得到改造，也使他们的行为受到监督，不敢过于放肆地违法乱纪。

"中国是多民族的国家，有几十个民族，汉族人数最多。其他如蒙、回、藏、维吾尔等民族大多居住在边远地区，比起汉族来，都属于少数民族。人们习惯地把汉族人称中国人，但中国人并非只指汉族，居住在我国版图内的所有民族都是中国人。例如：今天称你们苏联人，这可以包括苏联所有各民族在内，但如果说你们都是俄罗斯人，显然就不对了。试看在座的三位：一个是亚美尼亚人（指米高扬），一个俄罗斯人（指伊万·柯瓦廖夫），一个犹太人（指叶夫根尼·柯瓦廖夫），三个人属于三个不同的民族，不是吗？在民族政策上主要是反对大汉族主义。在目前是这样。但从历史上讲，汉族也多次被异族奴役过、统治过，虽然汉族是个大族。总而言之，民族政策必须是端正的，民族压迫必须取缔，民族间的纠纷必须妥善排解。我们提倡民族互相团结、互相友爱、互相合作，共同建国。民族间出现某些摩擦或纠纷，甚至是矛盾或冲突是难免的，但是今天可以比较容易解决。目前主要的是防止和反对大汉族主义，同时也要反对地方民族主义，这两者是妨碍和破坏民族团结、共同发展的祸根子。我军向前发展，很快就要进入少数民族聚居的地区了。因此，关于民族问题将会在最近制定出一套相应的方针、政策。"

毛泽东还介绍了我党内的状况，其中谈到我党对犯错误干部的政策。如王明、李立三这些犯有路线错误，给党造成巨大损失的同志被选入中央委员会，这点给米高扬留下深刻的印象。1956年米高扬来华参加八大时，专门提到当他向斯大林汇报到这点时，斯大林没有表态。

一天晚上，七八点钟时，毛主席到米高扬的住处拜会他，在闲聊时讲了下面一段话：

"我们党在抗日战争与解放战争的各个阶段执行了独立自主、自力更生的方针政策。事实证明我们的方针政策是正确的，步骤是牢靠的，虽然遇到的困难不少，而且在前进的道路上将要遇到的坎坷不平或许还会更多。尽管如此，我们仍是充满信心，稳步地朝着我们的既定目标前进，不达胜利，誓不罢休。这是我们党的决心和信心，也是全国人民的决心和信心，这是绝对不可动摇的。

"我们认为我们的解放战争越胜利地向前发展，也就越需要更多的朋友，这里说的是真正的朋友，同时也更需要朋友对我们的同情和支持。朋友是有真朋友和假朋友之分的。真的朋友对我们是同情、支持和帮助的，是真心诚意的友好。假朋友是表面上的友好，他们口是心非或者还出些坏主意，使人上当受骗，然后他们幸灾乐祸。我们会警惕这点的。"

当时米高扬在注意地听，好似忐忑不安，对主席的话似乎觉得高深莫测，不明所以。他没有插话，也没有表态。

在和我的闲谈中，米高扬认为毛主席有远大的眼光、高明的策略，是很了不起的领袖人物。

米高扬离开西柏坡的前一天（2月6日）中午时分，毛主席又到米高扬的住处去了一次。这回完全是为了告别、送行，也是为了驱散前一段的某些窘迫或不和谐的气氛。他们泛泛地高谈阔论了一番，天上地下，不着边际，但双方都感到轻松愉快。[1]

师哲还回忆起发生在三大战役前夕的一件往事：

大约八九月间，我各解放区发动秋季攻势，准备在战争的第三年内完成歼敌128个旅（师）的任务。国民党处于大崩溃的前夕，美国人也想以李宗仁替代蒋介石，转而实施"和平"阴谋。

这时，我们收到苏方转来的一封信，这是国民党政府给苏联政府的一封信，其主要内容系国民政府请求苏联居中调解国共之争，要求首先停止内战。信中说，国共应立即停止内争，同心协力共商国是。国家连遭战祸，决不应再起内讧。当今应息事宁人，共同建国为重，决不可再次掀起内战，危害国计民生。其次，说兄弟阋墙，犹外御其侮。所以决不可同室操戈，致使两败俱伤。更令人痛心者，鹬蚌相争，使渔人得利。这样，对上有负于天，对下有愧于地，我们将成为中华民族的不肖子孙，亦将遗臭万年。况且我中国人民已处于水深火热之中，所以我们应立即消除私恨，相互联合，共商国是，解人民倒悬之苦，切不可继续内争，置生灵涂炭于不顾。如若此，既有愧于祖先，又对不起全国父老兄弟姊妹……信是用文言文写成后译成俄文的，仍然不失文言文风,可以听其痛哭,观其流涕。苏方只说"这封信是国民政府给苏联政府的,现将原信转给你们,供你们参考",未作任何其他说明。

当时,五位书记都在一起,大家传阅后都没有表态,甚至也没有说什么话,只是恩来看完信后说了一句:"一看这信,便知是王世杰的手笔,文绉绉的。"大家之所以没有发言,显然因为此信不值一提。事情也就这样过去了。

过了几个月的时间,米高扬于1949年1月底来到了西柏坡。他在这里逗留期间,始终没有人提到过有关苏联转来国民政府给苏方那封信的事情。如果那封信多少有值得注意的地方,或任何一方对它多少有点重视或感兴趣的话,那总是会提及的。看来,大家都早已把它遗忘了。

国民党政府之所以要给苏联政府写那封信,是由于我军部队已包围徐州一带的国民党部队,正在组织辽沈、淮海两大战役。为了稳住人心,甚至只是为了缓和一下形势,获得喘息之机,于是便以欺骗手段利用苏联,求其居中调解。即使无法达到停火,只要争取到缓息时间,以便策划新的阴谋,以应付局面,国民党政府认为这是对它们有利的。无奈,我们根本不买国民党的账,连理也不理。至于苏方如何向国民政府回答、解释,就不得而知了。

9月、10月间的一天午后,毛主席邀阿洛夫到他的住处来。他们在院中一棵大树下坐定后,主席向阿洛夫介绍了前方各主要战场的情况,谈了当时战争进展情况和各主要战场上的发展变化,以及今后进展的趋势。主席兴致勃勃地介绍了军事方面的重大收获,同时也指出还有某些难以预料的失误,等等。谈话正在展开中,阿洛夫为了安慰主席,急急忙忙地插了话,说:"我们苏联有一句谚语——砍伐树木时,难免有木屑飞溅,就是说在胜利中也难免会有小的损失的意思。"但不知道为什么,阿洛夫的这两句话,反倒堵塞了主席的言路,使交谈冷场,以致无趣无味地结束了。

当时我想,如果是孙平,就不会像阿洛夫那样讲出如此扫兴的话,相反,他会设法引逗主席的谈兴。阿洛夫不像孙平那样虚心,那样虚怀若谷。他听不得别人的不同意见,因而我也无能为力。不然,他也许有可能、有机会聆听到主席对时局更多更有趣味的介绍。

10月25日,傅作义从保定派兵准备袭击石家庄,这个情报中央通过北平地下党很快掌握了。当时,我们在石家庄的兵力空虚,毛主席决定一方面命令部队火速赶到石家庄,另一方面在报纸上公布傅作义企图袭击石家庄的计划,指出我们严阵以待,使傅作义不敢贸然行动。但是,真正迫使傅作义退兵而不敢轻举妄动的,还是另外一着棋:毛主席命令东北野战军火速南下入关,11月2日攻下沈阳后,东北野战军由刘亚楼率领先入关,近逼、包围天津,威胁北京,傅作义慌了手脚,急忙收兵,坚守北京,自己住在中南海,有时住在钓鱼台。

傅作义声言要派骑兵袭击石家庄期间，毛主席命令在西柏坡作好转移准备。中直各机关因此很忙了一阵子，准备随时疏散和搬迁。但是，一切工作仍然照常进行。

东北野战军入关后，党中央采取"围而不打、隔而不围"的方针，同时与傅作义进行谈判，力争和平解放北平。同傅作义的谈判是艰苦的、曲折的。我军在新保安消灭傅作义的主力35军，堵死了傅西逃之路，又打下天津，特别是炮兵部队集结到北平周围之时，傅作义才明白大势已去，已到了山穷水尽的地步。党中央不失时机，经过多方努力，终于打消了傅作义的种种顾虑，使他接受了我方的条件，于1949年1月21日达成协议，和平解放了北平，保护了这座古城及城里的珍贵文物。这里自然有傅作义一份功劳。后来傅作义曾对我说："蒋介石和阎锡山都曾拉我的后腿，对蒋介石的纠缠，我只要摆脱就是了，也容易摆脱；而对阎锡山则不是摆脱，而是想拉他一起倒戈，一道转到解放军方面来。但阎锡山给我的最后回答是，他这一生已经嫁过四五次人了，时至今日，不想再'改嫁'了。他已死心了。"

1948年底，毛主席曾致电斯大林，介绍了当时中国国内形势以及同国民党谈判的问题。毛主席说："和平谈判我们一定要进行，但我们不同国民党政府谈判，我们只是分别同有实力的地方政府和部队的代表谈判，同他们或者是谈判停战，或者是谈判起义的条件，我们正在同北平的、军事力量雄厚的傅作义进行谈判，而且有希望得到和平解决。如果能和平解决，那么在华北就没有国民党的势力了。"

这里顺便提一下所谓南北朝的问题。

"南北朝"的提出是在1949年4月间我们已进入北京一个多月以后，国民党政府的谈判代表在北京谈判时，才提出所谓建立南北朝的问题。

我们的回答是："首先必须交出首要战犯（指蒋介石等），在和谈期间，人民解放军暂不渡过长江，但是和谈后，谈成了，解放军要渡江；谈不成，也要渡江。"毛主席给正在渡江南进的解放军部队赠了一首诗，其中两句是："宜将剩勇追穷寇，不可沽名学霸王。"表达了我们的决心。

南京政府得知我党的回答后则说："中共在谈判中的条件每次都在加码，逼人太甚！简直要我们跪下求饶。不干了！"这就是谈判的最后结局——破裂。

有人说，斯大林让我们搞"南北朝"，这是没有根据的说法。苏联人，包括斯大林，有几个人懂得"南北朝"这个词？既然他们连这个词都不懂，怎么会提出搞"南北朝"呢？

在平山县西柏坡共住了十个月。这期间，毛主席接见了许多民主人士和各地来的干部，并应各国共产党情报局机关刊物《争取持久和平，争取人民民主》之约，写了一篇纪念十月革命的文章，即《全世界革命力量团结起来，反对帝国主义的侵略》。

在这里，毛主席、党中央指挥人民解放军同国民党反动派进行了殊死的决斗，组织了辽沈、淮海、平津三大战略性战役，歼敌150余万，摧毁了国民党赖以维持其反动统治的军事力量，奠定了解放战争全面胜利的牢固基础。[2]

李银桥也是米高扬来访的见证人。他回忆说：

1949年1月31日，天亮之前，一架苏联军用飞机降落在河北省石家庄机场。苏共中央政治局委员米高扬和苏联在东北铁路局的格瓦洛夫，以及翻译格瓦廖夫、警卫员共四位客人走下飞机。他们是秘密来访，由师哲和汪东兴迎接，并一同前往西柏坡。

吉普车驶到毛泽东住的大院门口，毛泽东热情地迎上去："欢迎！欢迎！"

米高扬与毛泽东握手寒暄，然后在院子里洗了脸，走进毛泽东的办公室，坐下来喝茶休息。

朱德、周恩来、刘少奇、任弼时都来了。工作翻译是师哲，生活翻译是毛岸英。

米高扬说："斯大林同志讲，毛泽东同志和中共中央的其他领导同志在残酷的战争中，亲临前线指挥作战，两三年的时间打了这么多大胜仗，解放了大半个中国，真为你们的胜利高兴。向你们祝贺，向你们致敬。"

毛泽东笑着说："谢谢斯大林同志的关心，谢谢斯大林同志派你们来和我们一起研究我们的意见。"

米高扬说："我们是受斯大林同志委托，来听取中共中央和毛泽东同志意见的，回去向斯大林同志汇报。我们只带了两个耳朵来听，不参加讨论决定性的意见，希望中国同志们原谅。"

毛泽东说："我是想要到苏联去，同苏联同志谈谈，以便你们能很好地了解我们的情况。我等斯大林同志的答复，现在斯大林同志派你们到中国来听取意见，这样安排也很好。"

米高扬解释："斯大林同志很关心中国革命形势的发展。经过研究，认为中国人民解放战争正处在关键时刻，毛泽东同志不能离开指挥作战岗位。同时，中国境内交通不便，还要通过敌人的封锁线，往返苏联的时间会很长，不安全，恐怕影响毛泽东同志的身体健康。所以斯大林决定派我们来这里听取意见。"

就这样，中共中央的五大书记同斯大林派来的代表，在一周左右的时间里，举行了三次正式会谈。其间，毛泽东及其他中央书记，还分别到米高扬的住处探望过，米高扬也来看望过毛泽东。

会谈中，毛泽东反复重点地解释了中国革命的特点，强调中国有自己的国情，一切要从中国实际出发。毛泽东一再请米高扬转告斯大林，关于这一点希望兄弟党的同志们了解和支持，不必有什么疑虑。

米高扬委婉地表示，把没收来的地主和富农的土地又分给农民太可惜了，照马列主义的观点，集中起来搞集体农庄才好。

毛泽东又解释了中国的实际情况，强调了中国的农业经济是落后分散的自然经济，农民分到土地才会感到是真正翻身得到了解放，才会踊跃参军参战。中国人民的解放战争，就是因为有两百万农民参军、几百万农民支援前线，战争才取得今天的胜利，才有可能夺取最后的彻底胜利。

苏联方面又流露了"停止内战"，以长江为界与国民党南北分治的意向，担心再打下去美国会卷入。

毛泽东不容置疑地断然表示，一定要把革命进行到底。敌人不投降，就要命令人民解放军奋勇前进，坚决、彻底、干净、全部地歼灭中国境内一切敢于顽抗的国民党反动派。一定要解放全中国，保卫中国领土主权的完整。

毛泽东又阐述了他的关于"一切反动派都是纸老虎"的著名观点。举例说："我们攻打济南，已经进入青岛等地的美国第7舰队就没敢动。我们打天津，驻在塘沽的美国舰队没等我们打就逃跑了。请斯大林放心，如果他们和我们作战，我们会毫不客气地消灭他们。"

后来的历史证明，毛泽东和中国共产党制定的路线、方针、政策是正确的，得到了全国人民的拥护和支持。

在这一星期里，中共中央的五大书记招待米高扬一行喝过三次酒。

苏联人带来许多罐头食品，还有酒，拿出来摆了一桌子，挺洋气，挺花哨。米高扬穿戴也很好，圆领皮大衣，圆筒皮帽子，威风得很。中国共产党的五大书记都穿着没棱没角的旧棉军衣，毛泽东的衣袖上还赫然补了块补丁（因未去苏联，新衣也没做）。小山村的西柏坡能有什么高级食品？无非是自己养的猪和鸡，还有滹沱河里捕来的鱼，用鲜鱼做了红烧鱼、熘鱼片款待客人。

苏联人很能喝酒。米高扬用玻璃杯喝汾酒，就像喝凉水一样，大半杯子一口气就能灌下去。中共五大书记中，为首的毛泽东是沾酒脸就红，朱德有喉炎，不能喝酒，任弼时高血压严重，更不能喝，刘少奇只能用小盅喝一点白酒。周恩来算是中国人里能喝酒的了，却哪里敢与玻璃杯子端起来咕咚咕咚灌的米高扬比？饭桌上的气氛是愉快的。但是我想，毛泽东不喜欢看苏联人大出风头，哪怕是在喝酒的问题上。工夫不大，他就招呼盛饭："吃饭了，吃饭了，尝尝我们滹沱河里的鱼。"

米高扬夸赞地说:"谁都说中国的饭菜好吃,我们就是不会做。将来中国革命胜利了,我们要派人来学习中国的菜肴,增加西餐的花样。"

毛泽东很高兴,笑着说:"我相信,一个中药,一个中国菜,这将是中国对世界的两大贡献。"

苏联翻译指着红烧鱼问:"这是新捞的活鱼吗?"

他们得到了肯定的答复,然后才吃。我估计大概与此有关,一年后毛泽东出访莫斯科,向随行的中餐厨师严格下令:"你们只能给我做活鱼吃,他们要是送来死鱼,就给他们扔回去。"

果然,苏联人送鱼来了,是特别警卫队的一名上校带人送来的,是死鱼。厨师遵照毛泽东"扔回去"的命令,拒绝接收。这位上校慌了,语言又不通,忙从克里姆林宫找来了翻译。这才明白毛泽东只要活鱼,不收死鱼。

"我们马上逮一条活鱼来。"上校向中国客人郑重保证。

于是,克里姆林宫的大小人物都知道了,毛泽东吃鱼很讲究,不是活鱼他不吃。

其实毛泽东在国内时,死鱼剩鱼都吃,从不讲究,他只是讲究给苏联人看。到1957年我们随毛泽东第二次访苏时,莫斯科早早就准备好了活鲤鱼。据说赫鲁晓夫特意警告下边:"毛泽东这个人难对付,他是不吃死鱼的。"[3]

"宜将剩勇追穷寇"

1949年3月5日至13日,毛泽东在西柏坡主持召开中共七届二中全会。这次全会最具有历史意义的决定,就是明确提出全党的工作重心从现在起由乡村转移到了城市。毛泽东在政治报告中,还提出了使中国由农业国变为工业国、由新民主主义社会转变为社会主义社会的宏伟纲领。他告诫全党,务必保持谦虚、谨慎、不骄、不躁的作风,警惕资产阶级"糖衣炮弹"的侵袭。这些都充分体现出毛泽东作为伟大战略家的预见性和非凡的洞察力。

李银桥回忆说:

1949年3月5日到13日,中共中央在西柏坡举行了七届二中全会。这次会议是在中国人民革命全国胜利的前夜召开的,是一次极其重要的会议。

会议开幕的那天,毛泽东作了一个重要报告。毛泽东在这个报告中,提出了促进革命迅速取得全国胜利和组织这个胜利的各项方针;说明了在全国胜利的局面下,党的工作重心必须由乡村转移到城市;规定了党在全国胜利后,在政治、经济、外交方面应当采取的基本政策,以及使中国由农业国转变为工业国、由新民主主义社会转变为社会主义社会的总任务和主要途径。

毛泽东在这个报告中，特别警告全党，全国革命胜利以后，资产阶级的"糖衣炮弹"将成为我们所面临的主要危险。他说："可能有这样一些共产党员，他们是不曾被拿枪的敌人征服过的，他们在这些敌人面前不愧英雄的称号；但是经不起人们用糖衣裹着的炮弹的攻击，他们在糖弹面前要打败仗。我们必须预防这种情况。夺取全国胜利，这只是万里长征走完了第一步。"

七届二中全会以后，西柏坡的中央机关便开始作进城的准备工作了。

有一天，毛泽东问我："银桥，要进城了，你准备得怎么样啊？"

"东西都收拾好了，随时可以行动。"我满有把握地回答。

"这里呢？"毛泽东指了指我的太阳穴，见我不解其意，便又说，"小心，不要中了资产阶级的糖衣炮弹，不要当李自成。"

我像听到警钟一样肃然了。

毛泽东十分重视李自成的教训，早在1944年，他就把郭沫若写的《甲申三百年祭》列为整风学习文件，要全党引以为鉴。

郭老的《甲申三百年祭》发表在1944年3月19日至22日的《新华日报》（重庆）上，是一篇史学论文。文中阐述的是明末李自成领导的农民起义军攻入北京后，部分首领腐化，内部发生宗派斗争，最后导致彻底失败的过程。

现在全国胜利在即，中央机关要进城了，而且恰恰也是进北京，所以毛泽东又想起了李自成的历史教训。

1949年3月23日凌晨3点，毛泽东才上床睡觉。

"9点以前叫我起床。"临睡前，毛泽东吩咐道。

可是，周恩来怕毛泽东休息不好，去北平的路上太疲劳，直到10点钟才让我叫醒毛泽东。

"让你们9点以前叫我，为什么现在才叫呢？"毛泽东醒来后有点不高兴了。当得知是周恩来的吩咐时，他也就不再说什么了。

要出发了，汽车马达已经轰鸣。

"今天是进京的日子，不睡觉也高兴啊。今天是进京赶考嘛，进京赶考去，精神不好怎么行呀？"毛泽东几句诙谐的话，把几个领导人都说笑了。

周恩来笑着说："我们应当都能考试及格，不要退回来。"

"退回来就失败了，我们决不当李自成，我们都希望考个好成绩。"毛泽东信心十足地上了汽车。

这是一支由十一辆小汽车、十辆卡车组成的车队，走在最前面的是带路的小吉普，第二辆是毛泽东乘坐的中吉普。

沿途都是土路，尘土很大，我们不得不让毛泽东戴上了眼镜、口罩，还披上了大衣。

车子进入华北大平原，大家的情绪活跃起来，毛泽东的话也多了起来。

"现在又是3月份，为什么老在3月份咱们有所行动呢？你们记得这几次行动的时间吗？你们说说。"毛泽东问我们。

"1947年3月18日撤离延安啊！"

"去年3月份呢？"

"去年3月22日，由陕西米脂县的杨家沟出发，向华北前进啊！"

"今天是3月23日，与去年3月22日只差一天，我们又出发向北平前进了。"毛泽东说，"三年三次大行动都是3月份，明年3月份应该解放全中国了。等全中国解放了，我们再也不搬家了。"最后一句，毛泽东说得特别认真，认真到带有几分稚气的程度，逗得全车人都笑了。[4]

毛泽东进驻北平，标志着一个以革命战争为中心任务的时代即将结束。然而，革命的任务仍很艰巨。蒋介石集团还凭借长江天险统治着中国的半壁江山，反动统治的象征——南京还在蒋氏的控制之下。同时，蒋介石又放出"和谈"烟幕，麻痹革命阵营的斗志，企图重整旗鼓，伺机东山再起。

毛泽东全局在胸，在1949年元旦献词中，响亮地提出"将革命进行到底"的口号。在进驻北平之后，他又在周恩来的协助下，展开了挫败蒋介石"和谈"阴谋的政治斗争。

李银桥回忆说：

入城仪式结束后，毛泽东乘车来到香山，住进双清别墅。

双清别墅地处香山西南的山坡上，据说当年孙中山住过这里。院子比较大，院内有一排坐北朝南的平房，房子高大漂亮，会客厅能坐二十多人。

院子里还有个泉水池，水池北边有一个六角形凉亭。池子南边，靠近山脚的地方，有个防空洞。这是在毛泽东到来之前，华北军区工兵部队特地来挖的。他们还在两个洞口分别刻上："毛主席万岁！""朱总司令万岁！"

朱德、刘少奇、周恩来、任弼时等中央领导人都住在双清别墅北面的一个大院里。那个院子里房子多，所以住得也比较集中。两院之间只有二三百米距离，有一条石头铺的路相连，各种车辆都可以通行。

毛泽东在香山双清别墅集中精力抓了两件大事。

第一件大事，指挥人民解放军继续前进，打过长江，打到南京去，解放全中国。

当时，以张治中为首的国民党政府和平谈判代表团已经到了北平。毛泽东明确提出了谈判八项条件。国民党内主张和谈的人认为，可以承认这八条为谈判基础，但仍然讨价还价。幕后的蒋介石则加紧扩军，准备作战。

那段时间，毛泽东常常带着深沉的思考散步，他常常将他与首长们谈论的话题以及与民主人士讨论的问题拿出来问我。

一次，我跟在他身后散步，他忽然立住脚，回身望着我问："你敢相信蒋介石吗？"

"不相信！"我立刻回答。

"这就对了。"毛泽东点头，"这个人尽耍手腕，从来说话不算数！"

说罢，毛泽东继续散步，仍是带着深沉的思考。

毛泽东喜欢看京剧，不同时期喜欢点不同的戏看，那段时间，他喜欢看《霸王别姬》。看到西楚霸王项羽同他的虞姬生离死别一幕，毛泽东睫毛颤抖着，眼里湿漉漉的。回来路上，他对我说："不要学西楚霸王。我不要学，你也不要学，大家都不要学！"

他号召所有的领导干部都要看看《霸王别姬》。

还有一次，毛泽东睡不安稳，起来散步，眉头紧锁。我小心翼翼随在身后，走了很久，他用沉重的声音问我："有人劝我们不要打过长江去，你说要不要打过长江去？"

"要！到手的胜利哪能不要？对国民党蒋介石还有什么好客气的！"

毛泽东以手抚我后背，点头说："还是我们的战士聪明哟！"

4月20日，南京政府拒绝了中共的和平协定。4月21日，毛泽东主席、朱德总司令向中国人民解放军发布了向全国进军的命令。

4月22日下午，我服侍毛泽东起床。我军已经顺利渡江，毛泽东很高兴，边朝衣袖里伸胳膊边说："蒋介石想拖延时间，重整军队，卷土重来。他以为我们还是好欺骗呢，他可不知道我们也需要这段时间调动军队，修船造船呢。他在那边修防线，我们在这边架大炮，谁也没闲着。结果呢，他只落得个拖延时间、破坏和平协定的恶名，什么便宜也没沾上。我们利用夜色，利用炮火掩护，一下子就过去30万军队。他们的军队垮台了，我们的军队就要打到南京去了！"

捷报频传，毛泽东也睡得安稳。4月23日下午，毛泽东起床后，来到凉亭里看报纸，是《人民日报》关于人民解放军占领南京的号外。摄影师徐肖冰、侯波夫妇给毛泽东拍了一张照。毛泽东站起身，看到我们几名工作人员便走出凉亭说："解放南京了，不要我一个人高兴，大家都该高兴嘛！来，照相也要一起照。"

就这样，毛泽东又同我们这些工作人员合了一张影。

为纪念南京解放这一历史性的胜利，毛泽东于4月写出了那首著名的《七律·人民解放军占领南京》。[5]

1949年4月1日下午3时，以张治中为首的南京政府和平商谈代表团飞抵北平,揭开北平和谈的序幕。

毛泽东始终关注着和谈的进展,关注着这历史性的一幕。以下是南京政府首席代表张治中的机要秘书余湛邦的回忆:

1949年北平和谈时,张治中由南京飞到北平,毛泽东在香山双清别墅设宴接待。毛一见面就爽朗地说:"1945年到重庆时,承你热情接待,感激得很呢!""你在重庆时用上好的酒席招待我,可是你到延安时,我只能以小米招待你,抱歉得很呢!"毛的话,热情而自然、亲切,是对待老朋友的态度。

从4月2日至7日,双方代表继续个别对话交换意见。在此基础上,毛泽东主席在香山分别会见了国民党的六位代表和秘书长,第一天,张治中;第二天,邵力子与章士钊;第三天,黄绍竑与刘斐;第四天,李蒸与卢郁文。事后张治中曾两次向我谈到他会见毛主席的情形。

毛泽东一见到张治中,就满面笑容地同他握手说:"谢谢你1945年到重庆时的热情接待。"然后问到张的身体和家人可好。张治中告诉我,那天谈的话很多,他根据"和谈腹案"以及在溪口同蒋介石谈话的内容谈了一些意见,涉及以下几点:

1.关于战犯问题,张一再说蒋介石已经下台,一切交由李宗仁主持,并且明确表示愿意和平,愿意终老故乡,终身不担任国家职务,为了便于和谈进行,希望战犯问题不要写入和平协定条文。毛泽东表示可予考虑宽大处理。

2.关于组建联合政府问题,张提到重庆政协的政治民主化原则及当时达成协议的具体方案,如按此办理,国民政府当将权力移交给新政府。毛泽东表示:联合政府还不知何时成立,或许要两三个月都说不定。在这段时间,南京政府应当照常行使职权,不要散掉了,不要大家都跑了。

3.关于今后建设问题,张表示:"国民党执政二十多年,没能遵循孙中山先生遗教进行建设,我们愧对国家人民。今后是你们执政了,你们怎样做,责任是重大的。"毛泽东说:"今后,我们大家来做的,大家合作做的,当然最重要的是共同一致来结束战争,恢复和平,以利在全国范围开展伟大的生产建设,使国家人民稳定地进入富强康乐之境。"

末了,毛泽东问张治中对今后建国有何意见。张详细地阐述了他的关于外交政策上的美苏并重主张,大意是:

1.抗日战争胜利后,在国民党政权中占统治地位的是亲美派集团。他们一面倒地亲美、死硬反苏的错误外交政策,是一个致命的赌注,给国家民族带来严重的灾难,不仅危及国家民族的命运,而且影响到远东的和平。因此,我坚决反对一面倒地亲美,主张美苏并重,就是亲美也亲苏,不反苏也不反美,平时美苏并重,战时善意中立。概括地说,就是国共合作,美苏协调。实现国共团结以促成美苏协调，通过美苏协调以促成国共合作。中国在东方处在很好的地位，我们要善于利用这种地位来促进美苏在远东的合作关系，来保证远东和平，促进世界和平。

2. 中国太大了，在未来国家建设中，光靠苏联不够，还得从美英等国去争取援助。光靠任何一个国家都不行。

3. 现在世界交通日益发达，各国人民贸易往来，有无相通，是正常的事，我们要和所有国家做生意，而不能像清朝那样闭关自守，一律排斥外来的东西。

这里应该指出的是：张治中这种外交上平时美苏并重、战时善意中立，不愿因中国关系使美苏关系复杂拖美苏下水，并通过中国的缓冲，使美苏关系缓和，以促进远东和平以至世界和平的主张，是一种独立自主的外交主张。他主张外交上美苏并重，而不是政治上美苏并重。政治上美苏并重是一种中间路线，外交上美苏并重是一种策略，是为了达到政治上的目的而采取的一种策略，这中间是有显著区别的。

从4月1日至12日，是双方代表不断对话商谈的阶段，在这段时间里，还有三件比较重要的事。

第一件是李宗仁和毛泽东来往电报。李电4月8日发出，经张治中转送毛泽东，主要用意三点：（1）表示谦和的诚意，自称"排除万难，决心谋和"，"今日所冀，唯化干戈为玉帛，登斯民于衽席，耿耿此心，有如白水"。（2）关于战犯问题，"宗仁凛于战祸之残酷，苍生之憔悴，更鉴于人类历史演成之错误，因以虑及和谈困难之焦点，原秉已饥已溺之怀，更作进一步之表示：凡所谓历史错误足以妨碍和平为所谓战犯也者，虽有汤镬之刑，宗仁一身欣然受之而不辞"。一句话，希望取消八项和谈条件中的第一条。（3）针对八项条件的二至八条说："至立国大计，愿遵先总理之不朽遗嘱，与贵党携手，并与各民主人士共负努力建设新中国之使命。况复世界风云，日益诡谲，国共合作，尤为迫切。为彼此同守此义，其他问题自可迎刃而解。"一句话，如果国共合作，遵守孙中山遗教，一切问题都可不提。

毛泽东的复电，主要内容也是三项：（1）强调八项条件，"双方既然同意八项条件为谈判基础，则根据原则以求实现，自不难获得正确之解决。战犯问题，亦是如此"，这是原则性。（2）是灵活性，"总以是否有利于中国人民解放事业之推进，是否有利于以和平方法解决国内问题为标准，在此标准下，我们准备采取宽大的政策"。（3）建议"早日成立和平协定"。

从上述电文看，内容针锋相对，距离甚远，但并未关闭谈判大门。

第二件是国民党反动派继续为和平设置障碍。何应钦转来国民党中常会三次会议的要求："（1）双方军队立即停战，各守原防，静候整编。（2）国民党的外交政策符合独立自主、促进国际合作、维护世界和平的原则，不能改变。（3）中共应停止暴力行为，尊重人民的自由权利、生命财产。（4）政府之组织及其构成，应以能实行上述要求为条件。"从上述电文看，可以看出反动派昏聩无知，垂死挣扎，李宗仁、何应钦亦无力决定和谈条件。

第三件是张治中到北平后，综合各方情况，认为李宗仁虽别有用心，但确有求和之意，而蒋介石在溪口幕后操纵，则即使和平达成协议，李亦无法采取行动。蒋留在国内，终属和平的最大障碍，因此反复琢磨之后，给蒋去信，详细分析蒋介石出国的利弊，劝他下大决心，早日成行，勿作和谈的障碍。信由屈武带南京托由吴忠信转呈，蒋介石未予置理。[6]

毛泽东在香山还会见了第四野战军师以上干部，勉励他们打过长江去，解放全中国。

李天佑回忆说：

平津解放后，党中央的首长在北平西郊的香山，接见了我们第四野战军师以上干部。

毛主席来了。

刘少奇、周恩来、朱德、任弼时、林彪、董必武等中央首长都来了。

我们几百个干部坐在小礼堂里。

毛主席进来的时候，林彪司令员向全场发出口令："起立！"

毛主席满面春风，带着笑容，亲切地同前两排的同志一一握手。是他，英明地指挥着全国各个战场，在东北、华北、华东、中原、西北战场，都取得了伟大胜利！是他，正确地指出了中国的政治方向，使中国革命从胜利走向胜利！

刘亚楼陪同着中央首长，他走到毛主席跟前，恳求地说："主席，给我们讲讲话吧！"

话音未落，礼堂里响起了一片热烈的欢迎掌声。

毛主席微笑着说："大家要我讲，我就简单地讲几句吧！"

他说："在两年半的解放战争过程中，我们歼灭了国民党反动政府的主要力量和一切精锐师团……全部国民党反动统治机构即将土崩瓦解，归于消灭……"

毛主席强调说："你们丝毫也不应当松懈你们的战斗力……应该粉碎敌人的政治阴谋，把伟大的人民解放战争进行到底……"

毛主席还富有风趣地、意味深长地说："当年，曹操83万人马下江南。今天，我们200多万人马、三路大军下江南，一路陈粟大军，一路刘邓大军，一路林罗大军，浩浩荡荡，声势大得很，气魄大得很。同志们，下江南去！我们一定要赢得全国的胜利!"

毛主席的话鼓舞着每一个人的心,充沛的革命激情,沁入每个人的心里。

暴风雨一般的掌声,响彻礼堂。

夜里,我们驱车从香山回到北平城内。一盏盏的汽车灯光,划破了郊野的黑暗。

我们的道路并没有终结。我们只走了万里长征的第一步,艰苦、光荣的任务还在后边。

我们紧接着便开始了向江南进军,越黄河,跨长江,前进,前进,前进!……[7]

在新中国成立前后,毛泽东以很大精力领导了追歼残敌的作战。

当时任代总参谋长职务的聂荣臻元帅回忆说:

中华人民共和国成立的时候,蒋介石几百万大军已经被我们基本上消灭了,但在大陆各地和沿海岛屿上还残留约有150万军队和100多万武装土匪。很明显,解放战争的后期作战,任务还相当繁重。

歼灭这些蒋介石的残余武装力量,是各野战军在中央军委和毛泽东主席的指挥下,互相配合进行的。作为总参谋部,我们协助中央军委和毛泽东主席密切注意战争的进展情况,审定作战部署方案,传达作战意图,起着中间环节的作用。

1949年10月1日,中华人民共和国成立时,大陆国土上的相当一部分还没有掌握在我们手里。蒋介石军队仍然控制着广东、广西、四川、贵州、云南、西康诸省的全部地区或大部地区。在陕西、湖南、湖北三省,他们也控制着相当大的一部分地区。从军事上来讲,他们还保持着白崇禧、胡宗南两股主力。

广州解放前夕,蒋介石"迁都"重庆,妄图凭借西南一隅,作最后顽抗。

为了解放全部国土,朱德总司令在开国大典上宣读了人民解放军总部命令,要求全军指战员迅速肃清蒋介石残余武装。接着,毛泽东在军委会议上进一步肯定了用战略迂回包围的措施,来解决西南、华南的敌人。此后解放西南、华南的作战进程,再一次证明了毛泽东杰出的军事指挥才能,和我军广大指战员的大无畏精神。

当时蒋介石的部署是:以胡宗南主力30多万人扼守秦岭及其以南地区,以抗拒我军由北部进入四川,他把我军由北部进攻四川,看作是主要方向;以宋希濂集团10多万人部署在川鄂边地区,以保障四川的东部和南部免受我军威胁。白崇禧主力则部署在湖南衡阳到宝庆(即邵阳)一线,意在阻止我军向广西等地进军。此外,在广州方向有余汉谋的几万军队。以上胡宗南、宋希濂、白崇禧、余汉谋各部,还有一些杂牌部队,大体上处在由西北到东南横贯川鄂湘桂粤五省的一条轴线上，总兵力120多万人，以确保四川为中心目标，妄图遥相呼应，凭借这些地区崇山峻岭的险阻地形，与我们作最后的抗争。

毛泽东给我各野战军确定的作战任务是，以第一野战军的一个军和原华北野战军第18兵团（此时已隶属第一野战军）向秦岭地区挺进，先实施佯攻，造成使蒋介石确信我军要在北面入川的错觉，拖住胡宗南主力，待南边战略包围态势完成后再向四川腹地进攻；以第二和第四野战军交叉配合，向华南和云、贵地区进攻，完成对全部敌人的战略包围，其中以第4、第5兵团在突破敌人防线后分别直插昆明、贵阳，堵死四川之敌南逃国外的退路。这就是毛泽东对白崇禧和四川敌人采取大迂回，直插敌后，先完成包围，然后再歼灭敌人的战略部署。

……

从中华人民共和国成立，到1950年6月，我军共歼灭蒋介石正规军130多万，加上消灭的武装土匪，共歼敌190多万，解放了大陆全部国土。[8]

陈赓大将在《在祖国南部边疆的三次追歼战》一文中回忆说：

1949年冬至1950年初，中国人民解放军第二野战军第四兵团，在第四野战军的指挥下，配合第四野战军主力进行了广东作战、广西作战，然后归还2野建制，又进行了滇南作战。在这三次作战中，第四兵团部队都曾以长距离的追歼作战，配合兄弟部队歼灭了敌人。

记述这三次长距离追歼战的情况，必须首先说明党中央、毛主席为歼灭华南、西南的敌人所确定的作战方针和作战计划。

1949年五六月间，中国人民解放军不仅已经夺取了国民党统治的都城南京，并且已经解放了上海、杭州、南昌、武汉、西安等主要城市。我党中央一方面筹备召开新的政治协商会议，将要成立中华人民共和国；一方面指示第一、第二、第三、第四野战军，在1949年下半年，继续向西北、西南、东南、华南进军，全部歼灭祖国大陆上的国民党残余军队。

当时在祖国大陆上的国民党残余军队，绝大部分在华南和西南。据守广东的是余汉谋集团，据守湖南、广西的是白崇禧集团，据守西南的是胡宗南集团和川、云、贵等省的地方军阀。这几个集团的军队总数还在100万以上，并且互相勾结，组织所谓湘粤联防和西南防线，企图建都广州、重庆，进行顽抗。

必须迅速地歼灭这些残余的敌人。但是怎样去歼灭这些敌人呢？毛主席在进军的指示中指出，必须采取大迂回动作，插至敌后，先完成包围，然后再回打之方针。对西南的作战，又强调指出："非从南面进军，断其退路不可。"这是一个大迂回、大包围、大歼灭的作战方针，是一个极为英明的决策。这个方针，和那种赶着敌人、放走敌人，使敌人逃至海外或云贵地区得以负隅顽抗的办法完全不同。因为，这些残余的敌人虽然还有100万以上，但是，整个国民党的统治已经土崩瓦解，他们是抵抗不了强大的人民解放军的进攻的；在强大的人民解放军的进攻下，他们很可能逃往海南岛或云贵；这样，就会增加以后解放海南岛和云贵地区的困难。采取大迂回的作战方针，先切断敌人的逃路，才能全部彻底地消灭这些敌人，免遗后患。

  怎样来实现这个作战方针呢？毛主席还精心规划了整个作战计划。根据我们当时接到的一些电报来看，毛主席所规划的这个作战计划的概要是：首先以第二野战军第四兵团和第四野战军第十五兵团等部，由江西入广东，争取于10月下半月占领广州，歼灭敌余汉谋集团。然后，在11月，第四兵团由广东进入广西南部，迂回白崇禧集团的右侧背，第四野战军主力则进至柳州、桂林地区，形成对白崇禧集团的大包围；同时，第二野战军主力进入贵州，占领贵阳，既切断白崇禧集团和胡宗南集团的联系，防止两敌逃入云贵，又和在陕南的十八兵团形成对胡宗南集团的大包围。最后，在12月，第四野战军的主力在第四兵团的配合下，歼灭白崇禧集团；第二野战军主力由贵州迂回川南，在第十八兵团的配合下，歼灭胡宗南集团；而第四兵团则在歼灭白崇禧集团以后，再由广西进军云南，解放云南。

  毛主席所规划的这个作战计划，是一个非常英明的、周密的大迂回、大包围、大歼灭的作战计划，以后战争的发展完全是按照这个计划的顺序、时间和预想进行的。

  ……

  第四兵团执行党中央、毛主席确定的大迂回的作战任务，经过广东作战、广西作战、滇南作战，胜利结束。有的同志曾作了粗略的统计，从1949年10月初到1950年2月初，在四个月中，部队行程约8000里，歼敌总数约15万人，俘虏敌人的将校级军官即达1000人以上。这是我们在解放战争后期所取得的重大胜利。

  毛主席在解放战争后期为歼灭华南、西南的敌人所确定的大迂回、大包围、大歼灭的作战方针和作战计划是非常英明的。第四兵团的行动只不过是执行这个方针和计划的一个较小的部分，但是从这个较小的部分中也已经显示了这个方针和计划的伟大。如果不是采取这个方针，就不可能这样迅速地歼灭敌人。如果余汉谋集团的主力、白崇禧集团的主力逃到海南岛，就会大大地增加解放海南岛的困难；如果白崇禧集团或胡宗南集团逃入云南，也会大大增加解放云南的困难；就是滇南的敌26军、第8军，如果大部跑到台湾或国外，也会造成许多不利影响。毛主席的大迂回、大包围、大歼灭的作战方针和作战计划，使得这些敌人被歼在大陆，这是人民解放战争后期的伟大胜利。我们由于在江西出动前,进行了深入的政治动员,以后又不断地传达了毛主席的指示,鼓舞部队,胜利的实践也有力地进行着教育,因此,指战员在作战过程中越来越认识到毛主席这个方针的伟大意义,而随着这种认识的加深,也就越来越发扬了顽强奋战的精神,取得了胜利。从这里,我们又一次地体会到贯彻党中央、毛主席的方针的重大意义。这是发动群众的积极性的源泉,这是胜利的源泉。[9]

解放海南岛,是人民解放军跨海作战的第一个成功范例。参与战役指挥的韩先楚上将回忆说:

1949年12月,两广战役胜利结束,中南地区大陆全部解放,我们正准备北上整训,忽然接到毛主席发来的命令:准备解放琼崖。毛主席特别指示我们,要在春夏之交解决海南岛问题。当时,毛主席正在国外访问,但他仍然关心着祖国解放战争的彻底胜利,关怀着祖国的一山一水,惦记着处在水深火热之中的300万海南同胞,使我们受到深刻的教育和极大的鼓舞。

海南岛是南中国的门户,战略地位十分重要。龟缩到台湾的蒋匪帮妄图以舟山、金门、万山、海南诸岛互为犄角,构成一道防卫台湾的海上屏障,作为"反攻大陆"的跳板。蒋介石任命薛岳为"海南防御总司令",纠集残敌约十万人,仗着五十多艘军舰、三十多架飞机,加紧巩固其所谓陆海空立体防御,不断派军舰到大陆沿海骚扰破坏,派飞机窜入广州、武汉等地狂轰滥炸,严重地威胁着中国南部的安全。

毛主席发出及早解放海南岛的命令,这是一个英明的战略决策。早日发起海南战役,可以乘敌立足未稳,打烂其妄图赖以"反攻大陆"的海上部署,确保我国南方的安全。这对于巩固国防,保卫新生的红色政权,医治战争创伤,恢复国民经济,具有十分重大的意义。相反,如不及早解放海南,给敌人以喘息之机,敌人必进一步加强防御,加紧对我琼崖纵队的"清剿",甚至还可能勾结其主子——美帝国主义插手海南,招致无穷后患。[10]

揭开崭新的时代

早在三大战役开始之前,1948年4月30日,中共中央在五一口号中,就提出迅速召开政治协商会议的号召。进入北平后,毛泽东立即抓紧时间,同民主人士认真磋商筹备召开新政协,筹建新中国。1949年6月15日,新政治协商会议筹备会举行首次会议,创建新中国的具体准备工作正式开始。

李银桥回忆说:

这期间,毛泽东抓的一件大事就是约会各民主党派和人民团体的领导人,约会无党派知名人士,讨论召开新的政治协商会议,建立中央人民政府。

毛泽东在周恩来陪同下，进城看望过张澜、李济深、沈钧儒、郭沫若和陈叔通等。

以后，毛泽东又在双清别墅接待过张澜、李济深、沈钧儒、陈叔通、何香凝、马叙伦、柳亚子等民主人士。

毛泽东对党内的同志是不拘礼节的，但是对这些民主人士十分亲切有礼，每次都是走出屋门在院子里等候，汽车一到便亲自走到汽车跟前，搀扶他们下车、上台阶。当时，这些民主革命的老前辈见到毛泽东，都习惯做一个动作，竖起大拇指，轻轻晃动着，夸奖毛泽东。那时听到的最多的话是"真伟大""最伟大的人物""真了不起""打遍全国无敌手的军事家""我们都是经历过几个朝代的人，没有哪一个朝代的人能跟毛泽东比"……

那时，毛泽东对这些夸奖的话总是表现出不安和谦虚。他曾对李济深说："我们都是老朋友了，互相都了解，不要多夸奖，那样就不好相处了。"有一位知名人士是毛泽东的同乡，散步时追着毛泽东竖大拇指，侧仰着脸望着毛泽东说："毛主席呀，你真伟大啊，真伟大！"毛泽东皱起眉头拂了一下手："不要这个样子，我们是私交，这个样子不好嘛。"

毛泽东接见张澜之前，吩咐我："张澜先生为中国人民的解放事业作了不少贡献，在民主人士当中享有很高威望，我们要尊重老先生，你帮我找件好些的衣服换换。"

我在毛泽东的"存货"里翻了又翻，选了又选，竟挑不出一件不破或者没有补丁的衣服，这就是毛泽东进京时的全部家当——没有一件像样的新衣服。因为他说过进京赶考的话，我便诉苦："主席，咱们真是穷秀才进京赶考了，一件好衣服都没有。"

毛泽东说："历来纨绔子弟考不出好成绩。安贫者能成事，嚼得菜根百事可做，我们会考出好成绩！"

我说："现在做衣服也来不及了，要不先找人借一件穿？"

"不要借了，补丁不要紧，整齐干净就行。张老先生是贤达之士，不会怪我们的。"

这样，毛泽东只好穿了补丁衣服见张澜，此后又穿这件衣服见了许多民主人士。看到客人们穿得都很好，唯独毛泽东是旧衣服，我心里很不是滋味。我们共产党打了天下，共产党的主席竟连一件没有补丁的衣服都没有……

不过，我相信毛泽东的话："我们会考出好成绩！"

在筹建中央人民政府的过程中，有一件事要特别提到的，就是毛泽东邀请宋庆龄北上共商国家大事。

1949年4月，邓颖超受党中央的委托，携带毛泽东的亲笔信和廖梦醒一道，专程赶到上海，邀请宋庆龄参加中国人民政治协商会议。

毛泽东在信中满怀激情地告诉宋庆龄："兹者全国革命胜利在即，建设大计，亟待商筹。"并诚挚恳切地说，"特派邓颖超同志趋前致候，专程欢迎先生北上，敬希命驾莅平，以便就近请教，至祈勿却为盼！"字里行间洋溢着对宋庆龄的敬佩、信任和期待。

这封信给宋庆龄带来莫大的喜悦和鼓舞。她不顾身体不适，欣然同意北上，到北平来参加中国人民政治协商会议。8月28日，当宋庆龄在邓颖超、廖梦醒的陪同下抵达北平时，毛泽东、朱德、周恩来、刘少奇等党中央领导人早已在前门车站站台上迎候她。当晚，毛泽东设宴为宋庆龄洗尘，热烈欢迎她前来共商国家大事。毛泽东的信任和热忱，使宋庆龄深为感动。

毛泽东是很尊敬宋庆龄的，以后他到上海视察时，曾亲自到宋庆龄家里探望她。

宋庆龄也非常关心毛泽东等领导同志的健康，每次从上海来到北京都要亲自问候，并送些礼品。毛泽东有躺靠床栏办公的习惯，宋庆龄送给毛泽东一个长枕头，很大，花布条，没套子，很软和，像是鸭绒的，由宋庆龄的卫士长隋学芳交给我。毛泽东习惯了荞麦皮枕头，享受不了鸭绒枕头，摆了一段时间便收入储藏室了。

宋庆龄每年都要给毛泽东寄贺年片。1956年元旦，毛泽东收到了宋庆龄寄来的贺年片，十分高兴，提笔给宋庆龄写了一封既生动有趣又热情洋溢的信。在信中，毛泽东亲切地称宋庆龄为"亲爱的大姐"，对她送来贺年片深表感谢。接着，毛泽东以幽默的口吻，关心而风趣地写道："你好吗？睡眠尚好吧。我仍如旧，十分能吃，七分能睡。最近几年大概还不至于要见上帝，然而甚矣吾衰矣。望你好生保养身体。"短短数语，表达了毛泽东的革命乐观主义精神和对战友的诚挚情意。

搬到双清别墅住不久，毛泽东便开始进城办公了。作为临时休息的地方，毛泽东、周恩来到中南海的菊香书屋。

北平解放后，住进菊香书屋的第一位中共领导人是林伯渠。当时，林伯渠住在北屋，毛泽东和周恩来就在东屋和南屋里临时休息。

临时进城主要是会见民主党派和人民团体的负责人，召开一些小型座谈会，地点是在颐年堂，座谈的中心仍旧是广泛听取各界对召开新政协的意见。

毛泽东一般在下午进城，晚上12点多钟再返回香山住处。

为减少路途中来往的时间，7月份，毛泽东从香山搬到中南海，住进了丰泽园里面的菊香书屋。

林伯渠从这座古老的四合院里搬出去了。

这是一个四方形的四合院,四面各有三间。北房三间,正中一间是门厅。江青就住在西头一间屋里,毛泽东住在东头一间。北房高大,跨度大,很宽敞。在毛泽东住的那间房里,放一张大木板床、一套沙发、一张写字台和一些书架。这间屋里后来虽有一些调整,但基本格局变化不大。现在中南海毛泽东故居保持了原样,只是西头那间屋,后来改作藏书室了。

东房三间,中间一间是门厅。毛泽东在这里吃饭,也是他全家的餐厅,毛泽东及来宾的衣服也挂在这里。靠北头的一间是办公室,书记处的五大书记经常在这里开会。靠南头的一间,是毛泽东的会客室。

南房三间,正中是穿堂,其余分别是毛岸青、李敏、李讷住的地方。

西房三间,正中一间是穿堂过道,也是当时从菊香书屋院里外出的主要通道。西房的南头那间,是江青的会客室,后来改为乒乓球室。北头那间,是毛泽东的书房。

菊香书屋四面房子形成一个封闭的小院。院内南北、东西两条小路交叉成十字形,把草坪对称分开,整个草坪又构成一个田字形状。几株百年松树,又使院里添了几分幽雅。夏天,五大书记常在树下开会。

1949年6月5日下午,新的政治协商会议的筹备会议,在中南海勤政殿的大厅里开幕了。

勤政殿是一座古老的建筑,听说,这是过去的皇帝处理朝政和休息的地方。它的规模很大,进了大门,通过一个小院子,就到了过厅。这个过厅约有50米长、10米宽,是木板地,中间铺的是地毯,两边摆了许多名贵的鲜花、古物和工艺品。大厅有两三层楼高,是中南海里的最高建筑,在北海公园、景山公园里都可以看到它。大厅里摆着一排一排的条桌和软椅。四周的大、中、小型会议室、宴会厅、卫生间也很配套。所以,新的政协的筹备会就选在这里举行。

那天,毛泽东穿了一身新做的灰蓝布衣服,手里拿着文件袋,走出菊香书屋院北门,来到了勤政殿。

毛泽东走进大厅,会场里的全体代表起立,热烈鼓掌。毛泽东在主席台前向大家招手、鼓掌,他先在中国共产党代表团的席位上坐下,大会通过主席团人选之后,毛泽东等会议领导人走上主席台入座。随后,会议秘书长林伯渠就请毛泽东讲话。

毛泽东在热烈的掌声中走到了麦克风前,他微笑着向大家招手致意。

毛泽东高兴地说:"我们的新政治协商会议的筹备会今天开幕了。这个筹备会议的任务就是:完成各项必要的准备工作,迅速召开新的政治协商会议,成立民主联合政府,以便领导全国人民,以最快的速度肃清国民党反动派的残余力量,统一全中国,有系统和有步骤地在全国范围内进行政治的、经济的、文化的和国防的建设工作。全国人民希望我们这样做,我们就应当这样做。"

讲到这里,会场里响起了经久不息的热烈掌声。

毛泽东在讲话中还说:"全国人民拥护自己的人民解放军,取得了战争的胜利。这一次伟大的人民解放战争,是从1946年7月开始,到现在,业已3年多了。这一次战争是由国民党反动派在获得外国帝国主义的援助之下发动的,国民党反动派背信弃义,撕毁了1946年1月停战协定和政治协商会议决议,发动了这一次反人民的国内战争。可是,仅仅三年时间,即被英勇的人民解放军所打败。不久前,在国民党和平阴谋被揭穿以后,人民解放军已奋勇前进,横渡长江。国民党反动派的都城南京,已被夺取,上海、杭州、南昌、武汉、西安,已被解放。现在,人民解放军的各路野战军,正向南方和西北各省,举行着自有中国历史以来未曾有过的大进军。三个年头中,人民解放军共已消灭反动派的国民党军队559万人。截至目前,残余的国民党军,包括它的正规部队、非正规部队和后方军事机关学校在内,只有150万人左右了。肃清这一部分残余敌军,还需要一些时间,但已为期不远了。"

全场又是一阵热烈的掌声。

毛泽东最后说:"中国人民将会看见,中国的命运一经操在人民自己的手里,中国就将如太阳升起在东方那样,以自己的辉煌光焰普照大地,迅速地荡涤反动政府留下来的污泥浊水,治好战争的创伤,建设起一个崭新的、强盛的、名副其实的人民共和国。"

毛泽东讲完了话,全体代表起立,以热烈的掌声向毛泽东表示敬意。

为了庆祝大会的胜利召开,当晚,全体代表在宴会厅会餐。吃的饭菜,都是北京饭店送来的。毛泽东高举酒杯,向全体代表敬酒,祝大会成功。他还特意走到几位老人跟前,向他们敬酒。

筹备会议从6月15日至19日,一共开了五天。会议通过了《新政治协商会议筹备会组织条例》和《关于参加新政治协商会议的单位及其代表名额的规定》,选出了以毛泽东为首的常务委员会。

连日来,毛泽东的心情特别好。

1949年9月,中国人民政治协商会议举行第一届全体会议,代行全国人民代表大会的职权,制定了《中国人民政治协商会议共同纲领》,选举了以毛泽东为首的中央人民政府委员会,宣告了中华人民共和国的成立。[11]

在筹备召开新政协的过程中,毛泽东还以各种方式广泛接触民主人士和各界人士,同他们结下了深厚的友谊。

李银桥回忆说:

1949年4月里的一天，戏剧界组织晚会，欢迎毛泽东及中共中央迁来北平。

"几点钟出发？"毛泽东问道。

"路不好走，在路上估计需要一个小时，我们6点半出发，就可以按时到达。"我答道。

毛泽东慢慢地踱着步子，若有所思地说："看戏也是工作啊。梅兰芳这位戏剧界的名人可不简单哪，日本帝国主义侵略中国以后，他就留须隐居，再也不演戏了。他不顾日本侵略者和国民党反动派的威逼利诱，罢歌罢舞。这位艺术家的民族气节是多么可贵啊！我们今天去看梅兰芳的演出，就是提倡这种民族感、正义感，号召人们向他学习。"

毛泽东乘车来到长安大戏院，朱德、周恩来、刘少奇、任弼时等领导人已经到了。毛泽东被安排在二楼正中间的一个包厢里，现在，环境已不允许他再当普通观众了。

这天晚上的压轴戏是梅兰芳的《霸王别姬》。梅兰芳一出场，台下就报以热烈的掌声。

五十四岁的梅兰芳演的是虞姬，刘连荣演霸王项羽。两人都是京剧界名流，唱做俱佳，不断赢得观众的喝彩。

演出结束时，梅兰芳和全体演员出来谢幕，全场一阵暴风雨般的热烈掌声，毛泽东也使劲儿地鼓掌。

"是啊，这真是一次高水平的艺术表演！这些人都是新中国的戏剧家，在政治上将要有地位了，将要受人尊敬了。"毛泽东满怀信心地说，"新中国成立以后，肯定我国的戏剧能很好地发展起来，能够在新中国的建设中发挥更大作用。"

回到双清别墅大院时，毛泽东说："我再告诉你们一个好消息，明天晚上还在长安戏院看程砚秋先生演戏。"

接着，毛泽东又把程砚秋介绍了一番："他和梅兰芳先生一样，都是京剧界名流，他也是在抗日战争中隐居农村不给敌人演出。像这样有名望的艺人，我们不仅是看他的艺术表演，更重要的是尊敬他的民族气节和正义感，号召人们向他们学习。"

第二天晚饭后，又是6点半从香山乘车出发。

这天晚上，毛泽东还是坐在二楼正中的那个包厢里。

第一出演的是《法门寺》。程砚秋演的《荒山泪》，放在最后作压轴戏。整个演出过程中，毛泽东特别高兴，他跟观众一起，经常鼓掌，看到高兴处，也笑出声来。程砚秋演出时，他还不时地夸赞。

在参加了长安大戏院的京剧晚会之后，没过几天，叶剑英和彭真同志又为中央领导人安排了一场文艺晚会。他们希望借这个机会,让毛泽东和市委、市政府的工作人员见见面。

晚会在东交民巷的市委机关礼堂举行。最精彩的节目是侯宝林和郭启儒合说的相声《婚姻与迷信》。他们二人往台上一站,观众们就鼓起掌来。侯宝林的逗哏,逗得全场哈哈大笑,毛泽东也是笑声不断,薄一波笑声最大。

"侯宝林是个人才,是个语言研究家。"毛泽东边看边称赞。

彭真接上说:"侯宝林学艺很刻苦,在这一方面很有研究,这真是行行出状元,他也是这一行的状元了。"

毛泽东点头表示赞成,又接着说:"这一行很好,能促使人们欢乐,能促使人们从反面中吸取教训,能促使人们鼓起革命的精神,做好工作……"

演出结束后,毛泽东等领导人还与侯宝林握了手,盛赞他的表演。

以后,侯宝林曾多次到中南海去说相声,常常逗得毛泽东发笑。

1949年5月1日,毛泽东约柳亚子同游颐和园。当毛泽东乘坐的汽车来到颐和园东门时,柳亚子已在那里等候。

毛泽东一下汽车,就走到柳亚子面前,两人高兴地握手。

当时,百万雄师冲破长江天堑,解放了国民党政府的首府南京,人们正为此而兴奋,欢欣鼓舞。

"共产党伟大!毛主席伟大!人民解放军伟大!"柳亚子半举着拳头,兴奋地说。

"人民伟大,包括你,也包括我。"毛泽东立即接上。

两人边交谈着,边朝颐和园里走去。

看过大戏楼,游了谐趣园,又爬坡至益寿堂。

在益寿堂喝茶休息后,毛泽东提议说:"咱们今天都很高兴,走,游园去。"

"好,游园去。"

从益寿堂下来,直接进入了长廊。

柳亚子感叹:"慈禧太后腐败无能,屈服于帝国主义的压力,签订了许多不平等的条约,给中国人民带来了极大的痛苦和灾难。她把中国人民的血汗,搜刮起来,奉献给帝国主义,建造她的乐园,真可耻。"

毛泽东说:"她用建设海军的钱,建了一个颐和园,当时来说,这也是犯罪。现在看来,就是建立了海军,也还是要送给帝国主义的。建了颐和园,帝国主义拿不走,今天人民也可以享受,总比他们挥霍了要好呀。"

柳亚子被这种辩证的妙论折服了。

看了慈禧太后买的那个小火轮、石舫之后,登上游船,泛舟昆明湖。

船快到湖心时，柳亚子又挑起了话题。他说："今天胜利了，这是我们盼望已久的。共产党要胜利，这是肯定的。共产党的路线和政策正确，合乎民意，人民拥护支持，这就是胜利的基础。但是，我们没有想到胜利会这么快，人民解放军很快渡江成功，并且占领了南京，我们不知道毛主席用的是什么妙计。"

　　毛泽东笑了笑说："打仗没有什么妙计，如果说有妙计的话，那就是知己知彼，根据实际情况，作出正确的决策。还有，就是先生说的，人民的支持是最大的妙计。一百万军队要渡江，又没有兵舰、轮船，如果没有人民的大力支持，是不能成功的。靠人民用土办法造木船、木排划子，在漫长的江面上，几万只木船一齐出动，直奔对岸，加上我们有很多大炮掩护，很快就过去了30万军队。你能说这是妙计吗？这是一般的常识。但是，像这样一个普通的常识，蒋介石是不知道的。他想的是长江天险，是美帝国主义的援助……"

　　游船绕过湖心岛，又穿过十七孔桥，在东岸靠岸。

　　毛泽东上岸后，与柳亚子一起步出大门。在门口握别后，毛泽东乘车回香山双清别墅。〔12〕

　　毛泽东还特别注意做张治中的工作。余湛邦回忆说：

　　1949年和谈破裂时，张治中发表《对时局声明》，留居北平。毛每次为张介绍给初会的朋友时总爱说："他是三到延安的好朋友！"使张内心感到暖烘烘的。是好朋友，不是一般的朋友。这话既是高度的评价，又表露了无限的深情。

　　是年6月，全国政协酝酿筹备，中央人民政府准备成立。有一天，毛泽东当着朱老总和好些中共领导人的面，提出请张治中参加人民政府并担任职务，张说："过去的阶段，我是负责人之一，这一阶段已经过去了，我这个人当然也就成为过去了。"毛恳切地说："过去的阶段等于过了年三十，今后还应从大年初一做起！"这话多么诚挚亲切，含义又多么深刻！对张来说，既是热情的期待，又是严格的要求，他的后半生是牢牢记住这话，作为鞭策自己的座右铭的。

　　新疆和平解放后，军政事务百端待理，至为复杂重要。张治中写成数千字的书面意见给毛泽东，除介绍一般新疆情况外，并就今后长治久安之计提出六项重要意见。毛主席很重视，并说："请你和彭总一同到新疆去就地具体解决。"不久，西北设置军政委员会，彭德怀任主席，张治中被任命为副主席。

　　张治中在北平是安顿下来了，虽然由于西北兼职不得不经常来往于西安北平之间，但主要活动在北平。不知是否由于毛泽东、周恩来曾借住桂园的关系，张一决定留居北平，毛、周就交代主管单位为张解决寓所问题。

我是陪同张治中夫妇一起去挑选房子的。先看方巾巷的一栋小洋房，张嫌房间太少，又是楼房，上下不便。再看东总布胡同的一座，三个大院子，气派不小，张夫人又嫌门槛太多，迈步出入困难。看了好几处都有缺点，最后选中了北总布14号，以前是孙连仲的官邸，宫殿式的高大宽敞、富丽堂皇的房舍，餐厅能摆四五十桌，舞厅能容十来个人。

毛主席和周总理对张治中生活起居的照顾可谓无微不至。淮河根治工程开始，张是中央慰问团团长。动身前，张病倒了，毛泽东特派他的夫人江青持亲笔函到张家慰问。张有腿神经痛宿疾，周恩来、邓颖超不时馈赠药品。毛泽东有一回收到山东农民送来特大的大白菜四棵，即派人送一棵到张家。菜重二十七八斤，张夫妇舍不得吃，把它用大花盆栽下，陈列在客厅里，菜抽苗开花，花足有二三尺高，人见皆称奇。

……

1949年，全国政协召开前，曾酝酿和讨论国家名号问题。毛在中南海邀集一些党外人士包括张治中等座谈，听取大家意见。最后毛提出，中央意见拟用"中华人民民主共和国"。大家有同意的，也有不同意的。张治中说："'共和'这个词的本身就包含了'民主'的意思，何必重复？不如就干脆叫'中华人民共和国'？"毛觉得此话有理，建议大家采纳。

同时还酝酿国旗图案。全国征集图案两千多幅，审阅小组通过党中央提出了三幅。讨论时，毛泽东手持两幅：一幅是红底，左上方一颗大五角星，中间三横杠。说明是：红底象征革命，五角星代表共产党的领导，三横杠代表长江、黄河、珠江。手中的另一幅是现在的五星红旗。征询大家意见，多数人倾向三横杠的一幅。张治中表示不同意见：（1）杠子向来不能代表河流，中间三横杠容易被认为分裂国家，分裂革命；（2）杠子在中国人的传统观念中是金箍棒，国旗当中摆上三根金箍棒干嘛？因此不如用这一幅五星红旗。毛泽东觉得张治中所言有理，建议大家一致同意采用五星红旗。

中央人民政府委员会成立并举行第一次全体会议后，要发表公告。中央拿出来的稿子只列举主席、副主席姓名，56位委员就未列姓名。张治中站起来说："这是正式公告，关系国内外观感，应该把56位委员的姓名也列上。"毛泽东说："这意见很好，这样可以表现我们中央人民政府的强大阵容。"[13]

这期间，毛泽东还会见了苏联朋友，确定了"一边倒"的外交格局。

师哲回忆说：

中央机关进驻香山不多几天，苏联铁道部副部长、中长路[14]苏方负责人柯瓦廖夫等人就从东北来到了北平。柯瓦廖夫是在北平的苏联人中职务最高的政府官员。苏联驻华大使罗申已随国民党政府迁到广州去了，只在北京留下领事齐赫文。

……

柯瓦廖夫搬到香山后不几天就把苏联领事齐赫文带到香山来拜会毛主席。一天傍晚,毛主席在双清别墅接见了他们。

坐定后,齐赫文自我介绍说,他是苏联驻北平总领事馆的负责人。然后,他祝贺中国共产党和解放军已经取得的胜利,以及前线正在节节胜利的进展。接着他请毛主席给他们介绍一下我军各个战场上的情况,即我军的战略部署、进军计划,以及对战局的展望和对结局的评价;并希望在许可的条件下,把我党的各项基本政策、方针说明一下,同时也把敌人的情况和处境作一些分析和评价。一句话,敌人还能支持多久?

毛主席讲话不多,他极其辽阔、抽象地介绍、说明了一般形势,但明确、肯定地指出胜利是属于我们的。他说:"很快你们就可以看见淮海战役胜利的战果。下一步就是渡江南下,解放江南的任务。只要不出现意外变化,或意料不到复杂的形势,胜利是有把握的。至今为止,尚看不出会发生什么特殊的意外。例如:我们不允许美军在秦皇岛登陆,也不许他们的舰队靠岸,结果他们溜走了;在天津郊区,美军出城试探了一下,与我们的武装力量发生了一点冲突,打了几下,他们就缩回城里去了;在青岛郊外,美军也出来过几次,但一受冲击,就龟缩到城里去,而且也很快把他们的兵舰撤离了青岛。至于在其他港口,如烟台、威海等地就没有遇见美舰。所以,到现在为止,还未看出美军有想同我们交锋的意图,也未看出他们有阻挡我们前进的征兆或试探。我们比较有把握地进行着战争,推行着我们的政策。胜利终归是属于我们的!"

几天后,齐赫文打来电话,要求到卧佛寺的休养所住几天,说他们曾经付了款,但后因解放军进城,中共中央警卫团部分单位住进了卧佛寺,休养人员便不能进出了。他要求我们给他们的家属出入疗养所提供方便,这件事我立即替他办了。

在香山期间,毛、刘、周、朱还多次同柯瓦廖夫见面、谈话。其中毛主席、刘少奇同柯瓦廖夫谈的次数较多,涉及内容也较广泛,主要是介绍、解释中国当时存在的问题或新出现的某些情况,帮助他了解中国现实中的一些问题,使他对中国革命的性质、特点、意义,以及若干重大政策都有所了解和有比较正确的认识。谈话中,毛主席特别指出,中国革命现阶段的性质任务与十月革命不尽相同,但是中国革命不会停止在目前阶段,而是要继续深化、向前发展的。

不久,中央决定刘少奇出访苏联,由柯瓦廖夫陪同前往,原定于7月1日出发。出发前,毛主席、刘少奇在中南海特意约见柯瓦廖夫,并同他进行了较长时间的谈话。其主要内容是:(1)关于解放战争当前发展变化的大概形势;(2)中国革命现阶段的基本特点和主要任务;(3)解放战争一定要进行到彻底胜利。尽管发展的道路总是曲折的、迂回的,革命还是要分阶段地进行。这是一条较长、较远的路程:由人民民主阶段的各项革命走向社会主义建设阶段。同时这是要有条件的,即人力与物力,这两者缺一不可,我们目前所要准备的和要争取的就是这两条。

毛主席对柯瓦廖夫说:"这次你陪同代表团出国走远路,会辛苦的,不过你也顺便可以同家人团聚一番,也是一次好机会。"最后,毛主席问柯瓦廖夫个人有什么要求,或需要我们帮助解决的问题。后来,不知柯瓦廖夫通过什么渠道弄到一罐子水银,足有三四十公斤重,和其他一些东西一起带回苏联去了。

会见结束后,柯瓦廖夫和我先乘车从中南海出来,准备返回香山,再于傍晚出发去东北。车子刚走出中南海的大门,他就说,7月1日本不应该出远门(凡属1日的日子,俄罗斯人依旧俗认为是不吉利的日子),不吉祥。话音刚落,车子走到西四拐弯处就撞倒了一个骑自行车的青年,轧伤了他的腰腿,撞坏了自行车,同时将车上的玻璃也碰破了。闯下了车祸,只得停下来处理。中南海派人把受伤的青年送到北大医院门诊部检查治疗,我们耽误了几个小时,傍晚时分才回到香山,结果只好于7月2日从清华园坐火车离开北京。

我们离开中南海后,毛主席将刘少奇留下长谈,面授机宜。谈话时间很长,少奇也不可能在1日出发了。当时,党中央刚刚进城,百废待兴,铁路交通运输刚刚恢复,一切都不那么正规。

在香山期间,毛主席还批转过若干份电报、文件译给柯瓦廖夫看。也许他都发回苏联国内去了,但他对这些问题并不感兴趣。斯大林对他的评价是:"柯瓦廖夫是一个铁路工程技术人员,不懂政治,也没有政治经验,或许在政治上完全是个门外汉。他如果钻到政治里,就会像老鼠钻进风箱里一样。"这是1950年1月间斯大林对毛泽东说的话。他的意思是向毛主席道歉、赔礼,并希望得到谅解。[15]

师哲还回忆说:

1949年9月末,为参加中华人民共和国开国大典,苏联派来了以苏联作家协会总书记、著名作家法捷耶夫,副总书记西蒙诺夫为首的文化艺术科学工作者代表团,共43人。团内有不少著名艺术家及高级干部,如苏联人民教育部副部长杜布罗维娜。他们于9月28日到达哈尔滨,在哈尔滨、沈阳、天津均受到热烈欢迎。10月1日上午到达北京,受到中苏友好协会会长宋庆龄、副会长刘少奇及总理周恩来的欢迎。

国庆典礼后的一天中午,大约是10月2日或3日,毛主席会见代表团全体成员。在接见期间,毛主席除寒暄、问好、祝愿外,还作了长篇精彩的讲话。他的讲话生动活泼、有声有色。讲话不仅吸引住了听众,而且团员中许多人,如杜布罗维娜等在聆听中,因极受感动,激动得流了热泪。座谈延续了两个多小时。

毛主席说:"人家一直叫我'土匪',前一个时期才不这么叫了。人家一直叫'剿匪',现在也不这么叫了。我这个'土匪'的名字丢的时间并不长。"

他回顾了中国革命的历程,中国人民劳动大众、中国革命在近百年来所走过的艰苦道路,所进行的轰轰烈烈、前仆后继、顽强不屈、坚持到底的革命斗争精神。

他说:"这是一条坎坷不平、曲曲折折的道路。自第一次鸦片战争到1949年的彻底解放,走了一百多年。中国的劳动人民、革命的进步分子、先驱者,抛头颅、洒鲜血,终于找到了真正有力的战斗武器——马列主义,吸取了十月革命的经验,推翻了压在自己头上的三座大山:帝国主义、封建主义、买办资本家势力。中国人民在解放斗争中所遇到的既有外来侵略者,也有中国统治者。

"20世纪以来世界爆发的革命事件很多,几乎是一波未平,一波又起。但最重要的、震撼世界的大事件,一是1917年的十月社会主义革命,二是1949年的中国革命胜利。后者解放了五亿人民,并与两亿起先锋队作用的人民相结合,使世界两个阵营的力量对比发生了很大变化。"

他说:"20世纪在我国发生的革命事件——辛亥革命推翻了清王朝的统治,但民族未获得解放,未摆脱外国帝国主义的侵略、奴役和压迫;国内的封建势力、官僚豪绅、地主恶霸、买办阶层,仍然爬在人民头上为所欲为、作威作福。中国人民为了摆脱帝国主义的侵略、压迫,在20世纪20年代初期,进行了轰轰烈烈的解放运动,即1925年至1927年的大革命,取得了很大的胜利。但资产阶级买办阶层、土豪劣绅不喜欢,他们同帝国主义勾结起来,把革命人民一巴掌打倒在地,把人民浸泡在血泊中。千千万万的人牺牲了,留在人间的同志从地上爬起来,除去自己身上的泥土和血污,擦干脸上的血泪,埋葬了已牺牲的同志和亲人,又重整旗鼓,找寻、联合自己的同志,建立自己能站足之地,这就是上山,建立革命根据地。经过数年的浴血奋战,走了二万五千里,爬雪山、过草地,冲出层层围困,进行了无数次的战斗,终于又找到了立足之点。这前后共历时十年。

"我们终于学会了战略战术。紧接着就是抗击外来侵略者,进行了八年的抗日战争。须知，这是在毫无外援，完全依靠自力更生坚持下来的。外国侵略者被打倒了，人民还未得到喘息，甚至还未来得及伸伸腰，蒋介石国民党又在美帝国主义的怂恿和支持下，打响了内战，企图一举消灭人民革命力量，竭力设法巩固反动统治，独霸中国。可是这回，人民由于已经有了以往数十年的经验和教训，决心依靠自己的力量进行斗争，解放自己；决心不再受敌人的欺骗、愚弄、出卖，而一定要依靠自力更生，根据独立自主的原则，坚定不移地与敌人进行一次最后的较量，作一次你死我活的决战，把革命进行到底。这是共产党人的决心，也是全国广大劳动人民的意志和决心。

"这个坚定不移的决心实现了，中国革命胜利了，才有了今天的中国。但这仅仅是我国人民在长征道路上迈出的第一步，而摆在我们面前的任务和应做的事情还是很多很多的。只要不骄傲自满，不丧失信心，集中精力、团结一致、努力前进，为共同目标而奋斗，中国的发展进步将会是较快的。中国具有的优势之一，就是它有一个好近邻，所以中国不是孤立无援的。"

客人们不仅屏住呼吸、聚精会神地倾听毛主席的讲话，而且全神贯注地思考、体味每句话的含义。总之，主席的话引起了他们极大的注意，激发了他们的感情，深深触动了他们的灵魂，以至于多数人掉下了眼泪，出现了罕见的动人场面。

谈话快结束时，主席建议他们同我们的劳苦群众作些接触和了解，如果作家们能随军到前方去看看，了解了解我们军队的生活、战斗能力、战地实况、军民关系，那就更好了。最好是能随同渡江南下的部队一道前行，既可看见旧时劳苦大众的生活情况，又可观察部分战役，甚至前线作战过程。随四野向中南区行军前进，或许还可能遇到一两次像样的战役，但特大规模的战役不会有了。

法捷耶夫因工作关系，要早日回国，故未能成行。后经协商，他们决定，西蒙诺夫留下来并随四野南下。为此，主席专门作了安排。林彪为保障西蒙诺夫的安全，没有让他到前沿部队去。西蒙诺夫后来完成的作品《战斗着的中国》，就是描述他随军南下的所见所闻和体会。[16]

1949年9月21日至30日，中国人民政治协商会议第一届全体会议在北平隆重举行，毛泽东主持会议，并致开幕词，庄严宣告："占人类总数四分之一的中国人从此站立起来了。"在最后一天的会议上，毛泽东当选为中华人民共和国中央人民政府主席。

1949年10月1日，这是值得永远纪念的日子。毛泽东健步登上天安门，揭开了中国历史上充满无限光明的新纪元。

卫士阎长林回忆说：

1949年10月1日早晨6点，东方天边已露出橘红色的曙光，主席才缓缓走出他的办公室，来到院子里，点起一支烟，边抽边轻轻踱起步来，神色显得有些疲倦。

　　他太累了！这些天连续开会，非常紧张。昨天晚上没有召开会议，主席本来要早休息，以便次日有充沛的精力上天安门参加开国大典。但他仍然没休息成，在办公室一直工作到深夜。我几次去提醒他，他只答应，却不离开桌子。周副主席也几次来电话，催促主席早点儿休息，要保证上天安门的时间，他才停止工作，兴奋地站起身来。

　　是啊，今天是个大喜的日子。几十年来，我们在党和毛主席的领导下，英勇奋战，流血牺牲，不就是为了这一天吗？记得1947年3月18日晚上离开延安时，主席语气肯定地说："延安还是我们的，全中国都是我们的！"时间才过去两年多一点，这个伟大的预言就实现了，谁能不兴奋呢？主席大概也是这样想的吧？

　　平时，主席是下午3点起床，今天要参加开国大典，大典前还要开一个会，所以要在下午1点起床。时针指到了1点，我们心里很矛盾。想让他多睡一会儿，又不得不把他叫醒。我轻轻喊了一声："主席，到1点了。"他听到喊声，一下折起身子，坐在床上，揉揉眼睛说："这么快呀？"说着下了床，很快刷牙洗脸，吃了饭，穿上那件绿呢军装。在此之前，我们劝主席做一套新衣服，他没有同意，说："这一套不是很好吗？就穿它吧，不要再做了。"现在他将要穿着这套军装去参加开国大典了。

　　下午2点50分，毛主席走出大门，其他中央首长：少奇、朱总司令、周副主席、弼时等已等在丰泽园门前了。主席见了这些战友，立即上前一一握手。周副主席问："主席今天睡好了吗？"主席摇摇头，风趣地说："我们打了这么多年疲劳战，打出了一个中华人民共和国，今天是建国第一天，又是一个疲劳战。我一直没怎么睡，吃了药也睡不着。上天安门又要站几个小时，咱们的一生就是打疲劳战吧？"其他首长都笑起来，主席自己也笑了。

　　毛主席和首长们登上天安门城楼时，正是下午3点整，五十四门礼炮齐鸣了二十八响，在庄严嘹亮的国歌声中，毛主席轻轻按动电钮，巨大鲜艳的五星红旗在广场上冉冉升起。在这万众欢腾的时刻，毛主席用浑厚洪亮的声音宣布："中华人民共和国中央人民政府今天成立了！"

　　这高昂的声音，透露出主席的兴奋心情。几十万人的欢呼声，一浪高过一浪，显示着站起来了的中国人民的巨大力量。

　　随后是检阅。毛主席目光炯炯，伟岸地站在城楼上。最先走过的是陆、海、空军，接着是群众队伍、文艺大军、体育大军。时间太长了，我们担心主席太累，就请他进了休息室。他还没有来得及喝水，就和在那里的程潜先生说起话来。主席刚点起一支烟，周副主席就匆匆走进来，对主席说："你预料得对，要在天安门上站几个小时。"原来群众队伍到天安门前，见不到毛主席不愿往前走。毛主席对程潜先生抱歉地笑笑，放下刚抽了几口的烟，又回到了城楼上，对游行的群众招手致意，直到大典结束。

这天夜里，主席办公室的灯又亮到很晚很晚，他又在为新中国的建设绞脑汁了！〔17〕

李银桥回忆说：

1949年10月1日清晨6点，周恩来已经是第三次把电话打到我们卫士值班室。

"主席睡觉了吗？"

"还没有啊。"

"你们要催促他休息嘛，下午两点还要开会，3点钟还要上天安门，你们要想办法劝他早些休息。"

我走进毛泽东办公室，屋子里烟味不小。毛泽东仍在伏案办公。

"主席，休息吧。"我小声劝着，把周恩来讲的话报告给他。

毛泽东不作声，继续看着写着，直到写完，才立起身，走到院子里散步。这是睡觉前的活动，10分钟后，他说："银桥，我睡觉吧。"

我服侍他洗澡，上床。那天没有替他按摩。他说："没事了，你去吧。下午1点钟叫我起床。"

我退出来，在值班室坐守。毛泽东床头有电铃按钮，直通值班室。值班室有桌椅，有个床铺。卫士值班分正班副班两名。正班负责毛泽东的休息，通宵不能睡觉；副班负责江青的休息，晚上可以睡觉。

那天我是正班，一上午没敢合眼。毛泽东虽然破例早睡，但凭我的经验推测，他不会很早入睡的，辗转反侧，思绪不断，很可能到午前才能入睡。所以，我不能等他按铃召唤，须主动去叫醒他，误了开国大典可是"历史性错误"。

下午1点，电铃没响，我就径直走进毛泽东卧室。

"主席，主席。"我叫了两声。

"嗯？"毛泽东睁开眼，看见了我，"嗯！"他又哼一声，发出声响地做了一个深呼吸。

"1点了。"我将毛毯搭在床栏上，枕头垫在毯子下，扶他依栏而坐。

我将一杯热茶放在床头柜上，他左手端茶呷一口，右手照例一伸，抓起放在床上的报纸，浏览起来。

毛泽东历来起床后都不会马上下地，总要在床上待一个小时左右，喝茶读书。今天要参加开国大典，他也不改这一习惯。

我轻手轻脚地为他准备参加盛典的"礼服"。

这是一套中山制服，料子是生活秘书叶子龙送来的黄色美国将校呢，我拿到王府井请王子清师傅做的。王子清从法国留学回来，专门剪裁服装。他工作的那个服装店就是王府井雷蒙服装店的前身。毛泽东和江青的衣服都是由王子清师傅裁剪缝制，我也曾带李敏、李讷去那里做过衣服。

"主席，1点半了。"我卡着时间，打断他读报，将这套专为参加开国大典缝制的制服帮他穿好，然后照顾他下地。我围绕他转着打量，将衣服抻平理顺，请他去吃饭。

毛泽东吃饭很快，不一会儿便放了筷子。稍事休息，两点钟步行至勤政殿。

朱德、刘少奇、周恩来、任弼时、张澜、李济深、宋庆龄等国家领导人已在这里集合，他们召开了中央人民政府委员会第一次会议，委员们宣布就职，并宣布中央人民政府即于本日成立。

会后，大家都很兴奋，愉快地交谈起来。

两点50分，领导人分别上车，车队从勤政殿的门口出发，出中南海东门，5分钟后便到天安门城楼的后边。大家互相招呼着集合好，毛泽东在前，其他领导人顺序跟上。

那时，没有电梯，我便搀扶毛泽东从城楼西头的楼梯，一步一级，上了100个台阶，登上了天安门。途中，毛泽东不时停下来，等后边年纪比他更大的领导人。3点钟，准时出现在天安门城楼上。我听到广播员激动的喊声：

"毛主席来啦！毛主席健步登上天安门城楼！"

那时的天安门广场是个十字形，东西从太庙到中山公园、南北从中华门到天安门的一个大十字，可容纳20万到30万人。从天安门城楼上远远望去，无数面翻卷的红旗汇成一片波浪起伏的大海。红旗下面，一片片穿了各种颜色服装的队伍五彩缤纷，像精工规划的花圃。天安门城楼下，金水桥两边搭起两座台：一座是指挥台，一座是苏联代表的观礼台。

林伯渠秘书长宣布大典开始。毛泽东走到麦克风前，庄严宣布：

"中华人民共和国中央人民政府今天成立了！"

刹那间，广场上欢声如雷，呼声如潮，与城楼上遥相呼应。毛泽东这时的表情庄严神圣，按照预定程序，他按动装在城楼上的电钮，将中华人民共和国的第一面五星红旗升了起来。

毛泽东望着广场上徐徐升起的五星红旗，情不自禁地大声喊了一句："升得好！"

话音才落，礼炮在军乐声中惊天动地地鸣响了。那是由54尊大炮同时发出28响，将那伟大、庄严、团结的气氛推向了高峰。据说54尊大炮代表了全国54

个民族（现为56个），象征全国各族人民坚如钢铁的团结力量；那28响则代表28年，即中国共产党从1921年诞生，领导全国人民经过28年奋斗，到1949年终于建立了新中国。

礼炮响过，毛泽东向全世界宣读了政府第一号公告，明确指出中央人民政府是代表中国人民的唯一合法政府，它愿意与任何遵守平等、互利及互相尊重领土主权等项原则的外国政府建立外交关系。

接着，阅兵式开始了，由朱德担任检阅司令员，聂荣臻担任总指挥。

朱总司令驱车检阅各兵种部队以后，回到天安门城楼上，下达阅兵令。他的左右站了四位野战军将领：贺龙、刘伯承、陈毅、罗荣桓。受阅部队由聂荣臻站在指挥车上率领，四个师的部队以连为单位列成方阵，从东向西入场。步兵、骑兵、坦克、大炮、汽车，都是整齐的一字形，在《人民解放军进行曲》的军乐声中，一阵接一阵由主席台前的金水桥边走过。

由十几架飞机组成的编队飞临上空时，30万人的广场沸腾了。人们挥动帽子、手帕，一个劲儿地欢呼、跳跃。

阅兵式进行三个小时，直到黄昏。天安门广场上忽地一下子灯火齐亮，花炮竞响。在热烈的气氛中，欢呼的群众开始游行。当群众队伍经过天安门时，都高兴得手舞足蹈，万岁声一阵高过一阵：

"中华人民共和国万岁！"

"毛主席万岁！"

毛泽东已经站了好几个小时，周恩来再三劝说，让他休息一下，他才走进休息室坐下来，一边吸烟，一边跟程潜先生交谈。可是，周恩来又走进来了，说："主席，游行的群众看不见你，他们都停下来不肯前进了，看来你还得站下去。"

毛泽东起身说："好吧，疲劳也得去啊！"他把香烟熄在烟缸中，向程潜先生抱歉地笑了笑，又回到主席台上。

晚上，城楼下遍地点起灯笼，紫红、大红、桃红、金黄、橙黄、明黄……像人民的希望在广场上跳跃闪烁。群众举着灯笼蜿蜿蜒蜒，交互环绕，就像一幅巨大无比的活动起来的织锦。歌声口号声海潮一样起伏不停，最响亮的声音始终是"毛主席万岁！"

面对群众的欢呼，毛泽东脸上始终焕发着庄严慈祥的光辉。服务员搬来一张椅子，我请毛泽东坐下，他不肯坐。从午后3点到晚上10点（除吃饭外），始终与人民在一起，始终举着一只手，时而庄严地停在空中，时而迅速有力地挥动几下。右手举累了就换左手，左手累了又换右手。当万岁声越响越高时，毛泽东情不自禁探身栏杆外，去伸手招呼群众。终于，他面对麦克风高呼：

"同志们万岁！""人民万岁！"

退场群众发现领袖仍在他们中间，并且通过广播高声和他们讲着亲切的话，便改变了原来向东西分走的路线，潮水一般涌向天安门，挤在金水桥上，拼命喊："毛主席万岁！""毛主席万岁！"

毛泽东也在城楼上激动地呼喊："同志们万岁！""人民万岁！"

城楼上下一呼一应，群众沸腾了！跳跃舞蹈，沉浸在狂欢的热烈气氛之中。

陈毅同志激动地放开大嗓门："看了这，总算此生不虚度！"

大典结束后，毛泽东乘车回到菊香书屋，激动地说："人民喊我万岁，我也喊人民万岁，这才对得起人民哪。"

那时，人民解放军的军衣还没制定统一式样，人们对军装的概念似乎只是以黄色为标准。所以，毛泽东对他那套开国大典的黄呢子制服也视为"军衣"。参加大典之后，因为叶子龙送来的黄呢子料还有不少，我又请王子清师傅为毛泽东做了三套相同式样的制服。

朝鲜战争停战协定签订之后，毛泽东对我们卫士说："我们可以脱军衣了，我脱，你们也脱。"

此后，我们卫士都脱下军衣，再不曾穿过。毛泽东也再不曾穿过那套开国大典穿的"军衣"。[18]

参加开国大典阅兵式指挥工作的杨成武回忆说：

10月1日下午2时，中南海内开始举行中央人民政府委员会第一次会议，正、副主席宣布就职，并选举林伯渠为秘书长，任命周恩来为政务院总理兼外交部长，毛泽东兼中央人民政府军事委员会主席，朱德兼人民解放军总司令，沈钧儒为最高人民法院院长，罗荣桓为最高人民检察署检察长。

在此前一天，毛泽东同志为人民英雄纪念碑起草了碑文。碑文是："三年以来，在人民解放战争和人民革命中牺牲的人民英雄永垂不朽！""三十年以来，在人民解放战争和人民革命中牺牲的人民英雄永垂不朽！""由此上溯到一千八百四十年，从那时起，为了反对内外敌人，争取民族独立和人民自由幸福，在历次斗争中牺牲的人民英雄们永垂不朽！"由周恩来同志写在人民英雄纪念碑上。

在国歌的乐曲声中，毛泽东同志亲自开动有电线通往天安门广场中央国旗杆的电钮，升起了中华人民共和国第一面五星红旗。在那第一面国旗冉冉升起的时候，礼炮轰鸣，54门礼炮齐放28响，如报春惊雷回荡天地间。

升旗之后，毛泽东主席宣读中华人民共和国中央人民政府公告："自蒋介石国民党反动政府背叛祖国，勾结帝国主义，发动反革命战争以来，全国人民处于水深火热的情况之中。幸赖我人民解放军在全国人民援助之下，为保卫祖国的领土主权，为保卫人民的生命财产，为解除人民的痛苦和争取人民的权利奋不顾身，英勇作战，得以消灭反动军队，推翻国民政府的反动统治。现在人民解放战争业已取得基本的胜利，全国大多数人民业已获得解放。在此基础之上，由全国各民主党派、各人民团体、人民解放军、各地区、各民族、国外华侨及其他爱国民主分子的代表们所组成的中国人民政治协商会议第一届全体会议业已集会，代表全国人民的意志，制定了《中华人民共和国中央人民政府组织法》……组成中央人民政府委员会，宣告中华人民共和国的成立，并决定北京为中华人民共和国的首都……"最后他说，中央人民政府是"代表中华人民共和国全国人民的唯一合法政府"[19]。公告宣读完毕，林伯渠秘书长宣布阅兵开始。阅兵司令员朱德身着戎装，走下天安门城楼，乘敞篷汽车通过金水桥，迎候在桥南的阅兵总指挥聂荣臻即致军礼并高声报告："受检阅的陆海空代表部队均已准备完毕，请总司令检阅！"

在《三大纪律八项注意》《军队老百姓》《保卫胜利果实》等军乐乐曲的连续鸣奏中，朱德总司令由聂荣臻总指挥同车陪同，检阅了肃立受阅的三军部队。当朱总司令向指战员问好时，指战员齐声响亮地回答："祝总司令健康！"

接着，朱总司令重登天安门城楼，宣读《中国人民解放军总部命令》：

"……我们中华人民共和国的武装部队，在反对美国帝国主义所援助的蒋介石反动政府的革命战争中，已经取得了伟大的胜利。敌人的大部分已经被歼灭，全国的大部分国土已经解放。这是我们全体战斗员、指挥员、政治工作人员和后勤工作人员一致努力英勇奋斗的结果。我向你们表示热烈的庆祝和感谢。

"但是现在我们的战斗任务还没有最后完成，残余的敌人还在继续勾结外国侵略者，进行反抗中华人民共和国的反革命活动。我们必须继续努力，实现人民解放战争的最后目的。

"我命令中国人民解放军全体指战员、工作员，坚决执行中央人民政府和伟大的人民领袖毛主席的一切命令，迅速肃清国民党反动军队的残余，解放一切尚未解放的国土，同时肃清土匪和其他一切反革命匪徒，镇压他们的一切反抗和捣乱行为……"[20]

检阅式完毕便是分列式。于是，我用电话向东三座门外的指挥分所发出相应的命令。那是最幸福的也是最紧张的时刻，党和国家领导人、各界民主人士都在注视我们，30万人民群众都在注视我们。我们将要把人民军队20多年的战斗历程，在短暂时间内的行进中显示出来，将要把整个人民军队的风貌，通过有限的行动反映出来。

最先通过天安门主席台前的是代表人民海军的水兵分队，他们身着崭新的水兵服，以八一军旗为前导，由东向西行进。当这支年轻的、英姿勃勃的队伍通过天安门主席台前时，欢呼声陡然高涨，使人想到澎湃的波涛声，这些沿海岛屿的解放者从此也就是中华人民共和国的保卫者。

紧接着的就是多兵种的陆军代表部队。步兵师的战士们经过千锤百炼的磨炼，踏着《八路军进行曲》的节奏，雄赳赳地走过来了。在《军队进行曲》和《坦克进行曲》的伴奏声中，炮兵师、战车师的队伍也相继隆隆地开过来了。战车师包括摩托化步兵团，轻、中型坦克团各一个，这支钢铁的队伍是在中国人民解放军"大反攻"中建立起来的。

当战车师行进在长安街中段时，人民空军的飞机分别以三机和双机编队，一批又一批地飞经天安门广场的上空。在天安门前，天上地上，浑然一体，形成雄伟的立体武装阵容。万众仰望，毛泽东、朱德、刘少奇、周恩来等中央领导人也兴奋地昂首注视祖国领空的保卫者。

机影还未完全消失，激越的《骑兵进行曲》引出了壮观的骑兵师队伍。三个骑兵团，后面还有一个炮兵营，共1920匹战马，以6路纵队前进。各梯队装备整齐划一，军马的毛色或全红，或全白，或全黑；骑手们身着草绿色军服，握枪挎刀，威风凛凛。

检阅式和分列式历经两个多小时。两个多小时，浓缩了我军以往的漫长战斗历程，也预示了未来的征途。我一分钟也未敢离开自己的指挥联络位置，而我的心神又似乎在随同分列式的队伍行进。

阅兵仪式之后，欢腾的群众游行队伍通过天安门前，向新的中央人民政府领导人致意，向高高飘扬的五星红旗致意。是啊，我们胜利了，这是人民的胜利。这个胜利是多么来之不易！为了迎来这一天，我们的党、我们的军队和我们的人民艰苦奋斗了几十年！无数的革命先烈也都是为了这一天的到来，献出了宝贵的生命！我注意到，这一天天气并不是很晴朗，日光不强，云影朦胧，然而，自古以来，中华民族又何曾有过如此光明辉煌的日子？入夜，火树银花，载歌载舞，首都北京的军民在尽情地欢度中华人民共和国的第一个夜晚。

开国大典和开国大典阅兵式，给我留下了莫能淡忘的壮观图景，也给我留下了军人的光荣，当然还有军人的新的使命。的确，中华人民共和国成立了，这只是万里长征走完了第一步，我们要把新中国建设得更加繁荣、富强，不仅要珍惜革命胜利果实，还要保卫革命胜利果实！[21]

中国的历史从此又掀开新的一页。毛泽东，这位永不满足、不断进取和探索的革命家、战略家，又开始了新的思索。

注 释

〔1〕师哲:《在历史巨人身边》,中央文献出版社1991年12月版,第372—387页。

〔2〕师哲:《在历史巨人身边》,中央文献出版社1991年12月版,第367—371页。

〔3〕李银桥:《在毛泽东身边十五年》,河北人民出版社1991年6月版,第95—99页。

〔4〕李银桥:《在毛泽东身边十五年》,河北人民出版社1991年6月版,第122—125页。

〔5〕李银桥:《在毛泽东身边十五年》,河北人民出版社1991年6月版,第128—131页。

〔6〕余湛邦:《张治中与中国共产党》,中共中央党校出版社1991年10月版,第96—100页、163页。

〔7〕李天佑:《回忆天津战役》,载《红旗飘飘》第15集,中国青年出版社1961年3月版,第192—194页。

〔8〕《聂荣臻回忆录》,解放军出版社1984年12月版,第715—720页。

〔9〕陈赓:《在祖国南部边疆的三次追歼战》,载《人民日报》1977年9月14日。

〔10〕韩先楚:《逐鹿南海 直捣"天涯"——毛主席指挥我们解放海南岛》,载《解放军报》1977年9月15日。

〔11〕李银桥:《在毛泽东身边十五年》,河北人民出版社1991年6月版,第131—144页。

〔12〕李银桥:《在毛泽东身边十五年》,河北人民出版社1991年6月版,第135—139页。

〔13〕余湛邦:《张治中与中国共产党》,中共中央党校出版社1991年10月版,第163—164页、187—188页。

〔14〕中长路即中国长春路,指满洲里至绥芬河及由哈尔滨至大连旅顺的铁路干线。——原注

〔15〕师哲:《在历史巨人身边》,中央文献出版社1991年12月版,第388—393页。

〔16〕师哲:《在历史巨人身边》,中央文献出版社1991年12月版,第427—429页。

〔17〕阎长林:《为了建立新中国——回忆毛泽东同志进北京前后》,载《难忘的回忆——怀念毛泽东同志》,中国青年出版社1985年1月版,第187—

188页。

〔18〕李银桥：《在毛泽东身边十五年》，河北人民出版社1991年6月版，第145—152页。

〔19〕见《人民日报》1949年10月2日第1版。——原注

〔20〕见《人民日报》1949年10月2日第1版。——原注

〔21〕《杨成武回忆录》，解放军出版社1990年8月版，第315—329页。

第六编
"一唱雄鸡天下白"

一、出访苏联

"一边倒"格局

1949年10月1日,中华人民共和国中央人民政府成立。毛泽东主席在开国大典上庄严宣告:"本政府为代表中华人民共和国全国人民唯一合法政府。凡愿遵守平等、互利及互相尊重领土主权等项原则的任何外国政府,本政府均愿与之建立外交关系。"同日,周恩来总理兼外交部长致函各国政府。10月2日,苏联政府决定与新中国建交,并互派大使,成为承认中华人民共和国的第一友邦。10月20日,毛泽东致电斯大林,介绍王稼祥出任驻苏大使,并以中共中央代表资格接洽两党事务。同时,中共中央决定毛泽东主席出访苏联。

毛泽东毕生只出过两次国,而且去的都是苏联。一次是在新中国成立初,一次是在1957年。作为中国共产党的主席、刚刚诞生的中华人民共和国中央人民政府主席的毛泽东,在开国大典举行后不久,历时近三个月访问苏联,其意义极其重大。这是对"一边倒"外交战略方针的切实贯彻。

关于"一边倒"外交格局的形成过程,薄一波回忆说:

"一边倒"的外交格局,有一个逐步形成的过程,它是历史的产物,并不是哪一个人心血来潮所决定的。在第二次世界大战结束和中国抗日战争胜利后,国际上存在着以苏联为首的社会主义阵营与以美国为首的资本主义阵营的尖锐对立和斗争;国内存在着共产党领导的革命武装集团与国民党领导的反动武装集团的尖锐对立和斗争。蒋介石国民党要内战、独裁,就要卖国,就要投靠美帝国主义;而美国为了企图控制中国,也必然支持蒋介石,反对中国共产党。我们党要取得革命胜利,主要靠自力更生,也离不开国际的援助,首先是苏联为首的社会主义阵营的援助。苏联政府宣布对日作战,苏军出兵东北,对中国取得抗日战争的胜利起了重要的推进作用,同时对我们党反对国民党的斗争也是有利的。国共双方,犹如两个人打架,苏联这个巨人站在我们背后,这就极大地鼓舞了我们的士气,大杀了国民党的威风。"一边倒"的外交格局,就是在这种国际大背景下形成的。

一、新中国成立前夕，刘少奇同志率中共代表团访苏，就新中国成立大计和增进两党关系听取斯大林的意见

在1948年9月的政治局会议上，毛主席指出："关于完成新民主主义到社会主义的过渡的准备，苏联是帮助我们的，首先帮助我们发展经济。"会后，9月28日，毛主席关于九月会议向斯大林的通报中提到，有许多问题要向斯大林和联共中央通报，准备11月末赴莫斯科。10月16日，毛主席致电斯大林："召开政协，成立临时中央政府，待我11月到你那儿商定。"（虽然共产国际已取消，我们还是把苏联看成老大哥，有大事还是和它商量——作者注）12月30日，毛主席又电告斯大林，正召集高岗、饶漱石、薄一波、刘伯承、陈毅、罗荣桓、林伯渠诸同志来中央所在地开会，讨论1949年整个战略方针问题和准备召开七届二中全会（1949年春季）。这个会开完即去莫斯科，然后回来开二中全会。后因交通不便，接着毛主席又要指挥淮海、平津战役而未能成行。斯大林委派苏共中央政治局委员米高扬于1949年1月31日飞抵西柏坡，听取我党中央的意见。毛主席和少奇、恩来、朱德、弼时同志，就战略方针、军事部署、和平谈判及其发展前途、政治协商会议、联合政府及其纲领、建都问题、经济政策及建设计划、外交根本政策及目前策略，以及中苏关系、两党关系等问题，同米高扬交换了意见。3月25日，中央机关进驻北平之后，新中国成立问题已迫在眉睫。党中央和毛主席决定由少奇同志率中共代表团（团员有高岗、王稼祥）访苏，6月26日，代表团抵达莫斯科。28日晚，斯大林和莫洛托夫、马林科夫、米高扬会见刘、高、王，祝贺中国革命的胜利。7月4日和6日，中共代表团提出须向斯大林商谈的问题，其中包括：贷款和专家问题、关于国际形势的估计、在莫斯科向苏联学习的内容、请苏联帮助办一个培养建设管理人才的专门学校（即中国人民大学），以及中苏交通问题、文化交流问题、贸易问题，等等。7月11日，中共代表团参加苏共中央政治局会议，商谈增进两党关系问题。15日至26日，代表团与苏联国家计委、财政部、商业部、国家银行负责同志会谈，并参观工厂、集体农庄。27日，刘、高、王与斯大林、布尔加宁、华西列夫斯基商谈军事计划。30日，少奇同志与马林科夫在克里姆林宫签订贷款协定。同日，高岗回国。8月2日，毛主席电请少奇同志回国，参加人民政协和新中国的组建工作。9日，刘亚楼、张学思同志抵莫斯科，与苏商谈帮助我建设航校、海校等事宜。14日，少奇同志圆满地完成了出访任务，乘专列离莫斯科回国（近百名苏联援华专家同行）。

二、主动提出"一边倒"的外交政策

为了澄清某些党外人士的模糊认识，同时，也为了奠定新中国外交政策的基础，1949年6月30日，毛主席在《论人民民主专政》一文中指出："一边倒，是孙中山的40年经验和共产党的28年经验教给我们的，深知欲达到胜利和巩固胜利，必须一边倒。积四十年和二十八年的经验，中国人不是倒向帝国主义一边，就是倒向社会主义一边，绝无例外。骑墙是不行的，第三条道路是没有的。我们反对倒向帝国主义一边的蒋介石反动派，我们也反对第三条道路的幻想。""我们在国际上是属于以苏联为首的反帝国主义战线一方面的，真正的友谊的援助只能向这一方面去找，而不能向帝国主义战线一方面去找。"为什么当时要提出这样的外交战略方针？它的背景和针对性是什么？有何深远意义？当时正在华东指挥作战的邓小平同志于7月19日致华东局诸同志的信中，作了精辟的阐述。这些论述今天仍然可以帮助我们，尤其是青年同志加深对这一问题的理解，特转录如下：

"帝国主义的各种花样直到封锁，其目的在于迫我就范，我们的斗争也在于迫使帝国主义就范。我们绝不会就帝国主义之范，而一个多月的经验看出，帝国主义就我之范亦非易事。这一时期双方斗争实际上都是试探的性质，直到英美摊出封锁的牌。封锁，在目前说来，虽增加我们不少困难，但对我仍属有利，即使不封锁，我们许多困难也是不能解决的。但封锁太久了，对我则是极不利的。打破封锁之道，毛主席强调从军事上迅速占领两广云贵川康青宁诸省，尽量求得早日占领沿海各岛及台湾。同时我们提出的外交政策的一面倒，愈早表现于行动则对我愈有利（毛主席说，这样是主动的倒，免得将来被动的倒）；内部政策强调认真地从自力更生打算，不但叫，而且认真着手做（毛主席说，更主要的从长远的新民主主义建设着眼来提出这个问题），毛主席说这两条很好，与中央精神一致。我们这样做，即占领全国、一面倒和自力更生，不但可以立于坚固的基础之上，而且才有可能迫使帝国主义就我之范。"

三、新中国成立初期，毛主席访苏和《中苏友好同盟互助条约》的签订

1949年10月1日，中华人民共和国中央人民政府成立。毛主席在开国大典上庄严宣告："本政府为代表中华人民共和国全国人民唯一合法政府。凡愿遵守平等、互利及互相尊重领土主权等项原则的任何外国政府，本政府均愿与之建立外交关系。"（不言而喻，这也包括西方国家在内——作者注）同日，周恩来外长致函各国政府。2日，苏联政府决定中苏建交，并互派大使，成为承认中华人民共和国的第一友邦。20日，毛主席致电斯大林，介绍王稼祥同志出任驻苏大使，同时以中共中央代表资格接洽两党事务。当时，刚刚诞生的人民共和国面临着打破帝国主义封锁的严重斗争，因而巩固和发展中苏两大国的友谊和合作，就显得格外重要。11月12日，毛主席电谢斯大林："感谢你欢迎我到莫斯科去。"12月16日，毛主席抵达莫斯科，受到苏联党和政府的盛大欢迎。21日，毛主席在庆祝斯大林70寿辰大会上致词，全场3次起立。22日，毛主席电告中央："在准备对苏贸易条约时应从统筹全局的观点出发，苏联当然是第一位的，但同时要准备和波、捷、德、英、日、美等国做生意。"并告"已与斯大林约好23日或24日谈一次"。恰在这时（1949年12月24日），陪同毛主席赴苏的苏联驻华总顾问柯瓦廖夫向斯大林作了《关于中共中央若干政策与实际问题》的书面报告。报告中说，在中共党内，在中央委员中，有些人过去是亲美的、反苏的，中央的领导现在支持他们；刘少奇组织和领导了对高岗无根据的批评；中央人民政府的组成，民主人士占的比例很大，实际上变成了各党派的联合会，等等。据说，这个报告是根据高岗提供的材料在东北起草的（这说明，高岗从那时起，就在制造党内纠纷了——作者注）。这份报告，对我党高层的政治生活作了不真实的反映，甚至可以说是对我党中央进行挑拨离间，起了很恶劣的作用。毛主席到苏联后，一段时间内，苏方不够主动，毛主席闭门不出，可能与此有关。毛主席在苏联接待人员面前发了脾气，说："我来苏联并非专来祝寿，还有两国双边关系等重要问题要商量。"斯大林得知后，很快就同毛主席谈判，并将柯瓦廖夫总顾问的那份报告交给了毛主席，从而增进了相互的了解（但仍有些猜疑尚未完全解开）。1950年1月2日，毛主席致电中央："最近两日，这里的工作有一个重要发展。斯大林同志已同意周恩来同志来莫斯科，并签订新的《中苏友好同盟条约》及贷款、通商、民航等项协定。"14日至16日，毛主席访问了列宁格勒。20日，周总理和李富春同志等抵达莫斯科。22日，毛主席、周总理同斯大林、莫洛托夫会谈。23日，周总理和王稼祥、李富春同志同米高扬、维辛斯基、罗申会谈。在毛主席主持下，由周总理起草《中苏友好同盟互助条约》草案。25日，电请中央讨论。2月14日，《中苏友好同盟互助条约》《关于中国长春铁路、旅顺口及大连的协定》《关于贷款给中华人民共和国的协定》在莫斯科签字。同时，还签订了由苏联帮助中国建设与改造50个企业的协定。毛主席访苏获得了巨大成功。2月17日，毛主席、周总理离开莫斯科回国。

记得毛主席回国后，在中央书记处的会议上，曾谈到在苏期间向斯大林汇报了我们工作的情况，并传达了斯大林的三点意见：一是强调在土改中，不能侵犯富农的利益，否则是危险的；二是建议我们召开全国人民代表大会和制定宪法；三是建议把毛泽东同志的著作编成集子，以便党内学习，也便于国际上了解。随后，4月11日，毛主席又主持了中央人民政府委员会第六次会议，周总理在会上作了《关于中苏条约的报告》的报告。会议批准了这个条约。毛主席在讲话中指出："我们是处在一种什么情况之下来订这个条约呢？就是说，我们打胜了一个敌人，就是国内的反动派，把国外反动派所扶助的蒋介石反动派打倒了。国外反动派，在我们中国境内，也赶出去了，基本上赶出去了。但是世界上还有反动派，就是我们国外的帝国主义。国内呢，还很困难。……在这种情况下，我们需要有朋友。……我们同苏联的关系，我们同苏联的友谊，应该在一种法律上，就是说在条约上，把它固定下来，用条约把中苏两国友谊固定下来，建立同盟关系。……帝国主义者如果准备打我们的时候，我们就请好了一个帮手。"

在谈到条约和协定的重大意义时，毛主席指出："这次缔结的中苏条约和协定，使中苏两大国家的友谊用法律形式固定下来，使得我们有了一个可靠的同盟军，这样就便利我们放手进行国内的建设工作和共同对付可能的帝国主义侵略，争取世界的和平。"总之，"这一行动将使人民共和国处于更有利的地位，使资本主义各国不能不就我范，有利于迫使各国无条件承认中国……使各资本主义国家不敢妄动"。

我想，了解了这些，就会懂得在当时的历史环境下，我们党为什么要奉行"一边倒"的外交政策，为什么要跟社会主义的苏联结盟，为什么说这些战略方针都是正确的。[1]

关于决定毛泽东访苏的任务及准备工作，师哲作了如下叙述：

建国伊始，全国人民投入紧张而热烈的经济建设工作。与此同时，中央决定毛主席出访苏联。其主要任务是：参加斯大林七十寿辰庆祝活动；就两党两国之间所关心的问题交换意见；商谈和签订两国之间的有关条约、协定等，并商议与解决有关两国利益的若干具体问题。

开国大典后不久，即着手进行出国准备工作，中央指定党政各有关部门准备和编写有关的资料，并委托中共中央办公厅选定和筹集赠送给斯大林的祝寿礼品。

前者是在毛主席、周总理亲自过问和指导下完成的，后者江青经常插手。她一而再、再而三地向毛主席建议要带些能表明国情的礼品去，而且最好只带农产品和手工艺品。她提出首要送的是山东的大白菜、大葱，潍坊的大白萝卜，其次是湘绣的斯大林像、景德镇的陶瓷、浙江的龙井茶、安徽的祁门红茶、江西的竹笋、福建的漆器、杭州的纺织品与刺绣等。这些礼品来不及随车带走，而是陆续运到莫斯科的。原因是订货者一而再地改变主意，审查货物的人又无休止地挑剔，致使一拖再拖，耽误了时间。

为什么这次江青胆敢干扰、瞎指挥呢？原因是她于1949年夏季曾去过一次莫斯科，并受到斯大林的礼遇和夸奖，于是昏昏然，不可一世了。她似乎一下子成了里手，左出主意，右提意见，俨然以"参谋长"自居了。[2]

中共中央在作出毛泽东访苏的决定后，就请在华苏联专家负责人柯瓦廖夫通知斯大林，让斯大林决定毛泽东去莫斯科的时间等。1949年11月9日，毛泽东以中央名义致电王稼祥：

稼祥同志：

我们已请柯瓦廖夫通知斯大林同志请他决定毛主席去莫斯科的时间。我们认为毛主席可于12月初动身去莫斯科。至于恩来同志是否应随毛主席一道去莫斯科，或于毛主席到莫后再定恩来是否去及何时去，此点亦请斯大林酌定。

中 央
11月9日

11月12日，毛泽东致电斯大林：

菲里波夫[3]同志：

感谢你欢迎我到莫斯科去。我准备于12月初旬动身。同时请你允许柯瓦廖夫同志与我一道同去，他已对苏联专家的工作作了安排，他去不会影响工作。

中共中央、毛泽东对访苏准备工作是非常重视的。对斯大林寿礼的准备也作了细致安排。为此，毛泽东以中央名义专门给山东分局发了电报：

山东分局：

斯大林同志今年12月21日七十大寿，中央决定送山东出产的大黄芽白菜大萝卜大葱大梨子作寿礼。请你们接电后于3日内（即12月4日以前）购买每样5000斤共两万斤，由中央派飞机到济南接运。飞机于12月4日到济南，请注意时间。你们采购上列各项物品（大黄芽白菜大葱大梨大萝卜）时请注意选择最好的。

中 央
12月1日下午5时

两个巨人的会晤

大约是1949年12月6日，毛泽东偕陈伯达（以教授身份）、师哲（翻译）等乘坐的专列从北京出发。苏联驻华大使罗申、苏联专家总负责人柯瓦廖夫陪同前往。专列沿途警戒是十分严密的。列车经过天津时，因在铁路线上发现一颗手榴弹（实际上已破旧了），公安部长罗瑞卿在此下车去调查。当时任东北军区参谋长的伍修权（不久调外交部任苏联东欧司司长，并随周恩来访苏）回忆了他负责的东北沿线警戒情形：

1949年底，我又接受了一项特殊任务。毛主席坐火车赴苏联，参加斯大林七十诞辰的庆祝活动和进行中苏会谈，我负责东北境内自山海关到满洲里铁路全线的警戒工作。由东北军区和铁道部共同组织，在沿线每隔100米距离设一哨兵，互相都能看到。这样，每1公里10人，100公里就1000人，全线共有几万人参加警卫，以免发生意外。如果专车发生了问题，那可不得了。12月6日，毛主席启程离京，首次出国访苏。我亲自守候在东北地区与华北地区的铁路交接点——山海关车站，在这进入东北的第一站上，准备迎接由此通过的毛主席乘坐的专列。

不久，毛主席的出国列车终于来到了。我上车向毛主席报告了铁路沿线的警卫安全工作，他也向我们表示了赞许和慰问。列车经过沈阳时，高岗等东北局领导人也上车迎接毛主席。毛主席在车厢里同他们作了简短的交谈后，列车又继续前进。最后得到报告，毛主席的出国专列已经安全通过东北地区，进入苏联国境，苏联已派高级领导人在那里欢迎并接待了他。这时，我们才完全放了心。[4]

师哲回忆了专列在苏联境内行驶时毛泽东的活动：

专列进入苏联境内的第一站奥特堡尔时，苏联外交部副部长拉夫伦捷夫已专程前来迎接，并在车站举行了简短的欢迎仪式。毛主席检阅了仪仗队，但因冰天雪地，寒风凛冽，气温甚低，只得迅速回到车上。列车一路每至一个大站都有当地主要领导干部出面迎接。

行至新西伯利亚城时，苏联外交部打来电话，询问毛主席的健康状况，并问有什么特殊要求或愿望，以便满足路上的需要，护理好毛主席的健康，安排和照顾好毛主席的生活。

列车行至斯维尔德洛夫斯克车站时，毛主席下车在月台上散步，但几分钟后，他忽然头昏目眩，满头大汗，站立不稳，我急忙上前扶住他，并把他搀回了列车上。几个钟头后，他恢复了正常。这种情况在国内时也曾有发生。

从此，主席不再到月台上散步。在雅罗斯拉夫，王稼祥大使登车迎接[5]，并陪同至莫斯科。[6]

1949年12月16日中午，在苏方精心安排下，毛泽东专列到达莫斯科北站（雅罗斯拉夫车站）时，车站的大钟正打了12下。首任驻苏大使王稼祥的夫人朱仲丽在回顾这一情景时写道：

雅罗斯拉夫车站悬挂着中苏两国国旗。车站的大自鸣钟敲打了12下，毛主席坐的专列到达了。穿着皮大衣、戴着皮帽的毛主席从车厢里走下来。走上去迎接的有：苏联部长会议副主席莫洛托夫、苏联部长会议副主席布尔加宁元帅、对外贸易部部长孟希科夫、外交部副部长葛罗米柯、莫斯科市卫戍司令长官西尼洛夫中将以及其他有关领导人。朝鲜、蒙古、波兰、捷克斯洛伐克、匈牙利、罗马尼亚、保加利亚、阿尔巴尼亚、民主德国的大使、公使等外交官都来迎接。我使馆全体人员也前来迎接。仪仗队已排列在站台上，先演奏了中苏两国国歌，毛主席检阅了仪仗队后，站在麦克风前发表简短的演说，博得暴风雨般的掌声。[7]

毛泽东在演说中说：

亲爱的同志们和朋友们：

我这次有机会访问世界上第一个伟大社会主义国家苏联的首都，是生平很愉快的事。中苏两大国人民是有深厚友谊的。十月社会主义革命之后，苏维埃政府根据列宁斯大林的政策首先废除了帝俄时代对于中国的不平等条约。在差不多三十年的时间内，苏联人民和苏联政府又曾几次援助了中国人民的解放事业。中国人民在患难中，得到苏联人民和苏联政府这种兄弟般的友谊，是永远不会忘记的。

目前的重要任务，是巩固以苏联为首的世界和平阵线，反对战争挑拨者，巩固中苏两大国家的邦交，和发展中苏人民的友谊。我相信，由于中国人民革命的胜利，和中华人民共和国的成立，由于新民主国家及世界爱好和平人民的共同努力，由于中苏两大国的共同愿望和亲密合作，特别是由于斯大林大元帅正确的国际政策，这些任务必将会充分实现并获得良好的结果。

中苏友好与合作万岁！[8]

欢迎仪式结束后，毛泽东一行前往姐妹河斯大林的第二别墅下榻。这是斯大林在卫国战争期间的住所，不但有华丽的会客室、饭厅和卧室，还有一个很大的地下指挥部。毛泽东、机要室主任叶子龙和师哲住在一层，陈伯达、汪东兴住在二层。

毛泽东吃过中饭稍休息，王稼祥向他汇报了大使馆建馆以来的情况，请示了这次访苏的计划和安排。

当天下午莫斯科时间6时，毛泽东在克里姆林宫会见了斯大林。邱静在《毛泽东与斯大林的会晤》一文里，叙述了两位伟人首次会谈的情景：

为了事先摸清苏方的底牌，奠定好中苏新关系的基础，党中央和毛泽东曾经在新中国成立前夕派刘少奇去莫斯科同斯大林进行商谈。在同斯大林的会谈中，刘少奇介绍了中国革命胜利的经验和中国当时的具体情况，全面地阐明了即将成立的新中国的内外大政方针，提出了中苏新关系亟须解决的问题，其中包括处理旧的中苏条约问题，并表达了毛泽东在中苏建交后以公开的身份访问苏联的意向。

当时，斯大林对刘少奇的情况介绍表示满意，认为中国新政府将采取的各项方针政策都是正确的，答应中国新政府一成立，苏联将立即予以承认，并给新中国以援助。他还说："由于不了解情况，我们过去曾经给中国的革命出了一些不好的主意，给你们带来困难，干扰了你们。"他还表示学生一定会超过先生，世界革命的中心正向东方转移……斯大林在回答中苏旧约这一实质问题时说:"我们承认这个条约是不平等的。那个时候不得不采取那样的政策,对日和约未签字,美国不从日本撤兵,苏联在旅大驻军是为了抵制美蒋的进攻;如中共愿意苏联撤兵,我们就马上撤出。""中国新政府成立后请毛泽东同志马上来,如不便来,我们可派代表团去中国。"

明眼人会发现:斯大林对中苏旧约问题的表态是在为他自己承认条约的不平等性质辩护。考虑到中共没有海军,需要仰仗苏联,他才表示苏联可以从旅顺撤军。但斯大林显然是不愿废旧约、订新约的,不愿放弃苏联在东北的利益和特权,特别是决不同意改变外蒙古独立的既成事实。

刘少奇访苏,斯大林显出少有的热情,作出对新中国给予援助的承诺,然而,他对中苏条约的意见,却加重了毛泽东处理中苏关系问题的难度。

1950年12月16日当晚10时(北京时间),苏方安排毛泽东在克里姆林宫会见斯大林。斯大林一见到毛泽东便说:"你真年轻,很健康。"毛泽东一方面很敬重斯大林,另一方面对斯大林在中国革命关键时刻指导上的失误很不满,所以"情不由己"地说:"我是长期受打击排挤的人,有话无处讲。"斯大林说:"胜利者是不受谴责的,这是一般的公理。"接着斯大林对中国革命胜利的意义和对毛泽东作出的巨大贡献,说了一些赞扬的话。然后两位领导人就国际形势和中苏关系交换了意见。由于对处理中苏旧约问题坦率地提出不同的意见,双方发生了分歧。

第一次会晤后,毛泽东于10月18日是这样电告刘少奇的:(一)16日到莫斯科,下午10时与斯大林谈了两小时,情意恳切。谈了和平的可能性、条约、借款、台湾及毛选出版等问题。(二)斯大林说,美国人很怕打仗。美国人叫别人打,而别人也怕打。看他这种说法,仗是很难打起来的,和我们的估计一样。(三)关于条约问题,斯大林说,因雅尔塔协议的缘故,目前不宜改变原有中苏条约的合法性,如果改变原有的,重新订新约,会牵涉到千岛群岛的问题,美国就有理由要拿千岛群岛。因此,旅顺为苏联租界三十年这一点,目前在形式上不能改变。但在实质上,苏联实行撤兵,由中国军队进驻。我说撤得太早也不利。他说可想办法使苏联撤兵不成为袖手不管,让中国同志独当其冲。他的意见是签一个声明,照上述内容解决旅大问题,如此即可使中共取得政治资本。我说,照顾雅尔塔协议合法性是必要的,唯中国社会舆论有一种想法,认为原条约是和国民党订的,国民党既然倒了,原条约就失去了意义。他说,原条约是要修改的,大约两年以后,并且须作相当大的修改。(四)斯大林说,签个声明,外长不必飞来。我说,我考虑一下,想将商务、借款、航空等协定一起签,总理还是去。条约问题如何解决,请政治局讨论并提意见。

刘少奇接电后,召集了政治局会议进行讨论。21日,刘少奇、朱德、周恩来联名电复毛泽东称:"今日政治局会议,大家赞成如果苏联方面并不准备现在签订关于借款、航空、通商诸协定,只准备就旅顺驻兵问题及对一般政治问题发表一个声明,则恩来同志去莫(斯科)似无必要。政治局请你就此问题加以考虑,并给予指示。"毛泽东22日致电党中央,已与斯大林约好23日或24日谈一次,在这次谈话后可以确定方针电告你们。[9]

关于毛泽东赴苏前期的活动情况,伍修权也回忆说:

毛主席和周总理的这次出国访苏,是新中国成立以来与苏联的第一次最重要的会谈,不仅将讨论和决定中苏两国之间的一系列重大问题,还将对世界形势特别是远东形势发生重大的影响。所以我国派出了庞大的代表团赴苏参加谈判。我作为外交部苏联东欧司司长参加代表团的工作,代表团成员有当时的东北人民政府副主席李富春、中央贸易部部长叶季壮、东北工业部副部长吕东、东北贸易部副部长张化东、外交部办公厅副主任赖亚力,还有何谦、沈鸿、苏农官和当时旅大市市长欧阳钦等有关人士和工作人员。后来又增加了从新疆来的赛福鼎和邓力群等同志,驻苏大使王稼祥、武官边章五和参赞戈宝权等同志,都参加了会谈或有关的工作。

我们是乘火车出国的,在路上走了整整十天,列车穿过了我所熟悉而又久违的茫茫西伯利亚。1月20日,周总理率领我国代表团到达莫斯科。毛主席是1949年12月16日到达莫斯科的,我们在他到后的一个多月时到达。为什么中间隔了这么长的时间,又由周总理等赴苏会谈,我当时和事后逐步了解到这样一些情况:

毛主席这次赴苏,是他第一次出国和会见斯大林同志,苏联方面也十分重视这次访问,给予了很高的礼遇和最好的接待。据当时为毛主席做翻译的师哲同志说,苏联将毛主席所乘专列到达莫斯科的时间巧妙地安排在中午12点整,列车刚一停靠月台,克里姆林宫的大钟就"当当"地敲响了。除斯大林以外的苏联最高党政军领导人,几乎全体到车站欢迎。莫洛托夫担心毛主席不适应莫斯科的寒冷气候,关照把欢迎仪式予以简化,尽量缩短在车站停留的时间。照例要进行的同各国外交使节和欢迎行列的握手见面,全都免了。只检阅了一下仪仗队,发表了一个早已准备好的简短演说,很快就上了车,送往特别为毛主席安排的休息地点——斯大林在第二次世界大战期间使用的一处郊外别墅。这个地方无论是生活设备还是安全设施,在苏联都是最高水平的。同时在莫斯科市内,又为毛主席安排了另一处住所。

毛主席到达的当天,略为休息后,下午6时,斯大林率领苏共全体政治局委员会见了毛泽东同志。斯大林的态度是热情的,他一见毛泽东同志,不等介绍就上前紧紧握手,高兴地说:"想不到你是这么的年轻和健壮!"人所共知，斯大林在中国革命的问题上，出过一些不正确的主意，中国革命取得胜利的道路，是中国共产党人把马列主义普遍真理同中国革命的具体实践相结合，是自己探索和选择的，在某些方面是违反斯大林的意志的。事实已经证明，中国革命的道路是正确的。斯大林本人自然也是心中有数，所以他同毛主席见面不久就说："你们已经取得了伟大的胜利，而胜利者是不受指责的。"在此以前，即1949年7月，刘少奇同志代表我党赴苏与斯大林商谈我国建国问题时，斯大林就向中国同志表示，他们过去不适当地干涉了中国革命，他曾说："我们干扰过、妨碍过你们，我为此感到内疚。"

斯大林能作这样的自我批评，虽然是在内部的谈话，在他来说却是很不容易的。当时他对中国同志的态度，确是热情诚恳的。在我国国内革命战争时期，受共产国际和苏联支持的王明"左"倾教条主义者们，曾经打击压制过毛泽东同志和其他坚持正确意见的同志。对这些不愉快的往事，双方都心中有数，所以斯大林似乎想以自己的热情和高规格的接待来弥补这一点。在为斯大林祝寿的大会上，斯大林让毛泽东同志居于各国兄弟党领导人之先，紧挨自己并肩站在一起。在整个会谈过程中，也尽量不对我们率先提出什么要求，以免再有强加于人之感，想把主动权让给我们。

可是，毛主席却自有主张，他也不马上说出自己有什么想法和要求。有一次，斯大林同毛主席会见时，莫洛托夫等苏共主要领导人都在座，他们很委婉地问毛泽东同志这次访苏有些什么打算，想办点什么事情。其实，毛主席当时已有搞一个中苏条约的想法，但是他不明白地说出来，只含蓄地用幽默的语言说，想搞点什么"既好看又好吃"的东西，弄得几个苏联领导人都莫名其妙。当时新中国成立才两个多月，苏联对我国的情况特别是某些方针政策还不太了解，例如我们的政府中有不少民主党派和无党派民主人士的代表，他们会不会使我国走亲西方的路线？过去我们不是那么听共产国际和斯大林的话，坚持自己独立的做法，我国会不会走南斯拉夫的道路？因此苏联同志对我国的内外政策，不免存在某些疑虑和误会。在毛主席访苏时，双方都采取了一种试探的态度。[10]

柳暗花明

斯大林七十寿辰即将到来，毛泽东于12月19日就致电斯大林表示祝贺。12月21日，是斯大林的生日，盛大祝寿会在莫斯科大剧院举行。师哲对这一活动回忆说：

12月21日，斯大林七十大寿，在莫斯科大剧院举行庆祝大会。到会的都是苏联的高级干部。斯大林和各兄弟党的代表都在主席台就座。毛主席挨着斯大林和匈牙利的拉科西，我在毛主席身边担任翻译。

毛主席的祝词是费德林代读的，高度评价了斯大林对国际共产主义运动的贡献，反响很大。[11]

毛泽东在12月21日24时给中央的电报中写道："本（21）日庆祝会除苏联各共和国代表讲话外，有13个国家的代表讲话，在这13个国家中由我代表中国第一个致词，受到盛大欢迎，三次全场起立，长时间鼓掌。"

在祝寿词中毛泽东说：

亲爱的同志们，朋友们：

我这次能参加庆祝斯大林同志七十寿辰的盛会，至为愉快。

斯大林同志是世界人民的导师和朋友，也是中国人民的导师和朋友。他发展了马克思列宁主义的革命理论，并对于世界共产主义运动的事业作了极其杰出和极其宽广的贡献。中国人民在反抗压迫者的艰苦斗争中，深切地感觉到斯大林同志的友谊的重要性。

在这个盛会上，我谨以中国人民和中国共产党的名义庆祝斯大林同志的七十寿辰，祝福他的健康与长寿，祝福我们伟大友邦苏联在斯大林同志领导下的幸福与强盛，并欢呼世界工人阶级在斯大林同志领导下的空前大团结。

世界工人阶级和国际共产主义运动的领袖——伟大的斯大林万岁！

世界和平与民主的堡垒苏联万岁！[12]

师哲对祝寿大会的若干细节，也作了意味深长的回忆：

在大会进行过程中，斯大林一再侧过脸来同毛主席说话。但无论斯大林和拉科西怎样引逗，都未激起毛主席的一丝微笑，他一直沉默寡言，庄严静思。

大会以后，举行宴会并观看了文艺演出。斯大林和毛主席坐在一个包厢，这是旧时沙皇的专用包厢。演出结束后，观众全都回过头来欢呼："斯大林！毛泽东！""毛泽东！斯大林！"毛主席举手向群众致意，并呼口号："斯大林万岁！""光荣归于斯大林！"全场口号声、欢呼声、鼓掌声响成一片，持续了好几分钟。

祝寿之后，欧洲各国党的代表团都回去了，我们仍留在莫斯科。[13]

关于斯大林对中国送的寿礼的反应，朱仲丽写道：

世界各国共产党、团体、政府、有关人士和劳动人民，送给斯大林的寿礼很多。毛主席和中国共产党、中国政府也向斯大林送了寿礼，有斯大林绣像、斯大林著作中译本、用象牙雕刻的宝塔和古瓶等。听苏联外交部的同志说，斯大林非常喜欢中国送给他的这些寿礼。苏联按斯大林的指示，把各国送来的寿礼，在莫斯科普希金美术博物馆展览。我们大使馆人员也都参加了这个展览的开幕式。进门处,首先是中国展览室,那五星红旗下面就是中国礼品和寿堂。寿堂上有毛主席亲笔写的"福如东海,寿比南山"八个大字。

驻莫斯科的各兄弟国家大使还向斯大林致送了贺词。中国大使的贺词是用中文和俄文书写的字。在苏联找不到中国书法家,中文是稼祥亲自挥笔写的。由稼祥和戈宝权文化参赞一块儿送到苏联外交部,呈送给苏联外交部长维辛斯基。[14]

热闹非凡的祝寿活动过后,毛泽东立即考虑与苏联订立条约之事。他于22日凌晨3时就准备对苏贸易条约问题,给中央发了一封电报。电文如下:

中央:

(一)据稼祥说,波兰、捷克、德国都想和我们做生意。似此,除苏联外又有这三个国家即将发生通商贸易关系。此外,英国、日本、美国、印度等国或已有生意或即将做生意。因此,你们在准备对苏贸易条约时应从筹统全局的观点出发,苏联当然是第一位,但同时要准备和波、捷、德、英、日、美等国做生意,其范围和数量要有一个大概的计算。(二)21日来电已收到,已与斯大林约好23日或24日谈一次。在这次谈话后可以确定方针电告你们。

12月24日,斯大林与毛泽东第二次会谈。斯大林根本不提签订中苏条约的问题,这使毛泽东非常失望。这以后,斯大林再也没有约毛泽东会谈。因此,毛泽东非常焦急,有一次对看他的苏联人发了火。师哲对此有生动的描述:

柯瓦廖夫和使馆参赞、中文翻译费德林是陪代表团一起来莫斯科的,他们有时来看看主席。有一次他们来到别墅交谈时,毛主席对柯瓦廖夫发了一通脾气,说:"你们把我叫到莫斯科来,什么事也不办,我是干什么来的?难道我来这里就是为天天吃饭、拉屎、睡觉吗?"

其实他们是难得见到,甚至是见不到斯大林的。柯瓦廖夫当年随少奇见过一次斯大林,斯大林问他话时,他十分紧张,像小学生一样,站得笔直,立正回答问题。主席发脾气一事,他们怎敢向上汇报呢?

柯瓦廖夫和费德林离开时,我送他们出门,发现柯瓦廖夫的表情不正常。

他们走后,我去见主席。他情绪很好,高兴地对我说,他如此教训一番柯瓦廖夫,其目的是为了使他向斯大林反映情况(即反映我们的不满)。

我向主席解释说:"柯瓦廖夫不会见到斯大林的,也不会反映他受到的训斥。他不能这样说,也不敢这样说。如果他这样说了,他就会受到指斥或处分的。柯瓦廖夫将采取什么办法摆脱窘境,还得等等看。"

不出所料,柯瓦廖夫回去之后写了一封污蔑中国的长信。斯大林收到信后,即刻转交给我们,并说:"这是柯瓦廖夫自己写的,不是我们授意的。须知,他不是搞政治的,只是一个技术员,却往政治里钻,这是很不适当的。"[15]

薄一波在回忆录中专门提到了柯瓦廖夫的这封"长信",并认为此信对毛泽东与斯大林之间已有的误解,可能起了加剧的不良作用:

恰在这时(1949年12月24日),陪同毛主席赴苏的苏联驻华总顾问柯瓦廖夫向斯大林作了《关于中共中央若干政策与实际问题》的书面报告。报告中说,在中共党内,在中央委员中,有些人过去是亲美的、反苏的,中央的领导现在支持他们;刘少奇组织和领导了对高岗无根据的批评,中央人民政府的组成,民主人士占的比例很大,实际上变成了各党派的联合会,等等。据说,这个报告是根据高岗提供的材料在东北起草的(这说明,高岗从那时起,就在制造党内纠纷了——作者注)。这份报告,对我党高层的政治生活作了不真实的反映,甚至可以说是对我党中央进行挑拨离间,起了很恶劣的作用。毛主席到苏联后,一段时间内,苏方不够主动,毛主席闭门不出,可能与此有关。毛主席在苏联接待人员面前发了脾气,说:"我来苏联并非专来祝寿,还有两国双边关系等重要问题要商量。"斯大林得知后,很快就同毛主席谈判,并将柯瓦廖夫总顾问的那份报告交给了毛主席,从而增进了相互的了解(但仍有些猜疑尚未完全解开)。[16]

当事人之一的朱仲丽也回忆了这场僵局,并讲述了王稼祥大使对打破僵局所起的作用:

中苏之间的谈判出现了僵局,斯大林不见了,把毛主席冷落在郊外的别墅里。对此,稼祥非常焦急。

有一天,稼祥突然叫我:"仲丽,你来。"

我放下手中的《俄华字典》,忙走到他的身边,问:"稼祥,有什么事叫我做?"

他表情严肃,悄悄地对我说:"谈判进展的情况你是知道的。处在这种情况下,我们使馆的同志更要关心毛主席。你是医生,责任更大。主席在苏期间,你就放弃学习吧,每天到别墅去照料他。苏方虽有医生,但可靠的医生还是你。"

"好,我马上就可以执行这个任务,下午上课,我向教授请假。"我说,"毛主席到皇宫医院作体格检查,不知结果如何?"

"派了五位各科的第一流教授详细检查了毛主席的身体,说各脏器正常,只是精神疲劳些,要禁烟、禁酒、禁肥肉,还要多活动,防止肥胖,只开了一个药方。医学教授们为毛主席吃茶而惊奇。"

"惊奇?"

"那么浓的龙井茶,有时连茶叶也嚼烂吞下,这使教授们皱眉头,他们把龙井拿去化验。"

"化验？"

"结果使这些教授转为羡慕。"

"羡慕？"

"说化验的结果是绿茶内含有大量的维生素C、咖啡素以及其他人们需要的元素，是长寿的好饮料。苏联产茶少，尤其绿茶。所以，他们非常羡慕中国人有好茶喝。"

"看来，可以送些给斯大林啰。"

"斯大林不随便吃外国人送他的食品。"

"为什么？"

"为了他的安全。你知道，饮食中是可以放毒的……"

第二天吃过早点，我就驱车来到了斯大林别墅。

"给你准备好了一间休息房子，就在楼上，希望你时常下楼来陪陪毛主席。"叶子龙说。

"好的！"我上了楼，又抱着医学书和字典安静地读着。因为这时毛主席还没有起来。

过了一会儿，叶子龙上来征求我的意见："我们上街买药去，行吗？"

"好。"我穿上大衣，"走吧！"

"到哪个药房？"叶子龙问，"你看都是什么药？"

"一进城就有。"我接过苏联医生给毛主席开的药方，"一共有三种药，无非是维生素C、维生素B_1和B_2，还有安眠药眠尔通。"

我们乘车到莫斯科热闹大街买了药。回到别墅不久，毛主席起来了。我忙找了一个小小的玻璃杯，放进饭后服用的四粒维生素C，在工作人员的房间里等待。

不到五分钟，我见一辆小卧车开到餐厅门前停下，下来的是苏联远东司司长费德林。来莫斯科后，大使馆人员和他接触最多了。他是一个高个子潇洒的年轻人，一头黑发，黑色的眉毛，无论是眼睛还是皮肤，都像东方人。他的中国话讲得很标准，深知中国的历史。斯大林很器重他，称他是"中国通"。毛主席来莫斯科访问期间，作为斯大林翻译的费德林每天来别墅陪伴毛主席。

我见毛主席和费德林一起到餐厅共同进餐，便拿着小小玻璃杯，走到毛主席和费德林坐的餐桌边，说："主席，这是药，请你吃完饭就服用。"然后，我礼貌地向费德林道声好。

"这是我们的大使夫人，又是我们的医生。"毛主席指着我说。

"我早就认识夫人了。"费德林说。

"请坐下来，和我一起进餐。"毛主席笑着对我说。

费德林向招待员示意，招待员马上又摆上一份餐具。

我回道："不，主席，我已经吃过了。"说完，准备要走。费德林目瞪口呆地望着我，又回头侦察毛主席的神态。大概他认为，一位大使夫人，竟敢不听国家元首的命令，可能要吃苦头吧？可我还是离开了，回到了工作人员的房间。

"请朱大夫来和我们一起再吃一点儿。"毛主席向身边站着的工作人员说。

"请你去吃早饭。"工作人员来传话了。

"不，我已经吃过了，不陪了！"我执拗地回答。

工作人员回去又返回来，说："朱大夫，主席第三次叫你了！快去吧！"

我勉强地走了过来。毛主席用不寻常的眼光看着我，我对毛主席说："我已经吃饱了。"

"你这个人，真是闺房里的小姐，三催四请、千呼万唤不肯走出绣楼。"

毛主席这番话，使得费德林一阵大笑。他恭维毛主席说："毛主席，你真是出口成章，宽宏大量。"

"我就是宽宏大量，大量又宽宏，宰相肚里能撑船嘛。"毛主席见我坐下，立即夹了一块火腿放在我的盘子里，又挑了一点儿黑鱼子，放在我面前的一块面包上。

我吃了一口，看一眼毛主席。毛主席也意味深长地看着我，我点了点头。是啊，我明白了，毛主席明在说我，实际上醉翁之意不在酒。毛主席到莫斯科后，除了一些参观活动、检查身体，再就是费德林陪着吃饭。中苏两党两国会谈陷入僵局，斯大林干脆不照面，把毛主席冷落在这里。毛主席心中焦急，但表面上不露声色，这正是他方才说的"宽宏大量"，而斯大林则是"三催四请，千呼万唤，不肯走出克里姆林宫"。费德林是聪明的，他看着我们的表情，大概心中也明白了。

我一边吃着，一边想着。是啊，中苏两党之间的关系，冰冻三尺非一日之寒。长征之后，中国共产党在实际革命斗争中形成了自己的领袖，中国共产党在自己的领袖领导下，在根据中国的实际进行革命斗争，不那么听话了。抗日战争结束后，斯大林由于过高地估计美国和国民党的力量，过低地估计中国共产党和中国人民的力量，惧怕中国发生内战，惧怕爆发新的世界战争，片面地强调了各国人民同国内外反动派实行妥协，不敢向美帝国主义和各国反动派进行坚决斗争。苏联在同国民党政府签订的《中苏友好同盟条约》中，还明确表示支持中国在蒋介石领导下的统一。中国共产党希望和平，但并不怕蒋介石打内战。蒋介石在美帝国主义支持下向解放区大举进攻，企图消灭共产党。但是，中国共产党和人民军队，针锋相对，经过三大战役，歼敌154万人，使蒋介石集团在长江以北全线溃败。这时斯大林派米高扬到西柏坡，劝阻中国共产党就此止步，不要打过长江，实行南北分治。实际上，斯大林是怕美国干涉，爆发新的世界战争。毛泽东同志和中国共产党是当然不会听这一套的，提出了"将革命进行到底"的口号，终于取得了全国的胜利。是啊，何止这些呢？斯大林为什么架子这样大？是大国沙文主义吗？是因为红军时代、抗战时期、解放战争时期发生的种种龃龉吗？共产国际派去的李德、"左"倾路线的代表人物王明给中国共产党造成了那么严重的损失，斯大林为什么避而不提，不加责备？对中国共产党新中国成立后的政策，斯大林为什么存有疑虑？这种种疑问，在当时，虽然我还说不太清楚，但的确问号在脑海里画了一大堆。想到这些，我觉得稼祥派我来照料毛主席，的确想得周全，因为两方的僵局打不破，就等于谈判失败；双方需要疏通，需要打破僵持状态，这是需要时间的啊！

有人说，稼祥是"摇羽毛扇"的人，无非说他是"智囊"，当然，这出自不同人的口，各有褒贬。单就中苏谈判来说，稼祥这个"智囊"还是解决问题的。我知道，作为大使，他比毛主席还着急。他还是提出了办法，向毛主席进言，和苏方协商，先发一则新闻公告，谈三点双方一致同意的内容。经毛主席同意，公报发出了，缓解了僵持状态，搞活了关系，打开了局面。然后他建议毛主席不要在莫斯科等待，可以出访列宁格勒，请周恩来总理来莫斯科进行谈判，研究缔结《中苏友好互助同盟条约》和各项协定的有关事宜。于是，周恩来总理一行，于1950年1月20日来到莫斯科。[17]

这时，一个意外的事情发生了。由于毛泽东到苏后除参加祝寿大会外，在一段时间没有进行什么公开活动，西方新闻界作了种种猜测。英国通讯社造谣说，斯大林把毛泽东软禁起来了。这一事件对于促使中苏双方打破僵局，起了某种作用。毛泽东采纳王稼祥的建议，在1950年1月1日发表答塔斯社记者问，1月2日见报。全文如下：

（新华社北京2日电）塔斯社莫斯科2日电：塔斯社记者对中华人民共和国中央人民政府主席毛泽东先生的访问记。

记者问：中国目前的情势如何？

答：中国的军事正在顺利进行中。目前，中国共产党和中华人民共和国中央人民政府正在转入和平的经济建设。

问：毛泽东先生，您在苏联将逗留多久？

答：我打算住几个星期。我逗留苏联时间的长短，部分地决定于解决有关中华人民共和国利益的各项问题所需的时间。

问：您所在考虑的是哪些问题，可否见告？

答：在这些问题当中，首先是现有的中苏友好同盟条约问题、苏联对中华人民共和国贷款问题、贵我两国贸易和贸易协定问题，以及其他问题。

此外，我还打算访问苏联的几个地方和城市，以便更加了解苏维埃国家的经济与文化建设。[18]

《答记者问》发表后，震动很大，谣言不攻自破。斯大林的态度也发生了变化。他不再坚持原有的要与毛泽东一道签约的想法，同意周恩来到莫斯科来。1月2日（即《答记者问》见报那天）晚上8点，斯大林派莫洛托夫和米高扬到别墅来与毛泽东会谈，询问毛泽东对签订中苏条约等事的意见。毛泽东向他们提出了三个签约方案，苏方同意了让周恩来来签约的方案。毛泽东对这次会谈取得的实质性进展很满意，马上于当晚11点发电报给中央，通报会谈成果，并安排周恩来访苏事宜。

僵局打破，周恩来赴苏事宜安排妥帖后，毛泽东开始了外出游览等活动。师哲回忆道：

1月11日，毛主席谒列宁墓并敬献花圈；会见苏联最高苏维埃主席团主席什维尔尼克，会见什维尔尼克是纯礼节性的。

……

毛主席得知周总理从北京启程的确切日期后，就准备外出旅游，1月14日乘火车离开莫斯科北上。

15日，毛主席在王稼祥、陈伯达等陪同下抵达列宁格勒。在火车站，受到当地领导的隆重迎接。当地领导原计划安排主席到斯莫尔尼宫休息，但是毛主席要直接乘车去波罗的海。遵照毛主席的愿望，汽车直奔波罗的海芬兰湾。大海和陆地已被冰冻连在一起，分不出陆地与海洋的界限了。

汽车在海面的冰层上行驶了一个多小时。

十月革命时，工人发起暴动的要地——喀琅施达特要塞与我们遥遥相望。毛主席走下汽车，在冰层上来回踱步，举目眺望，满怀激情地说："这里真是千里冰封啊！"

苏联同志介绍说："我们此刻正站在波罗的海海面的冰层上，冰的下面就是海水，冰层的厚度有一米至一米五。"

毛主席说："我的愿望是要从海参崴——太平洋的西岸走到波罗的海——大西洋的东岸，然后再从黑海边走到北极圈。那时，才可以说我把苏联的东西南北都走遍了。"

陪同人员顿时都活跃起来，欢腾、鼓掌，苏方人员尤其为毛主席的豪情和开阔的胸怀深深感动。

在列宁格勒，毛主席下榻于斯莫尔尼宫，即以前日丹诺夫的办公大厦。在市苏维埃主席库兹涅佐夫、书记利亚诺夫的陪同下，首先参观了基洛夫机器制造厂。机器震动得地面抖动，隆隆机器声震耳欲聋。这个工厂是十月革命时布尔什维克的重要据点，工人们作出了很大的贡献。

参观后，毛主席在该厂文化宫接受青少年的献礼、致敬，场面十分热烈欢快。主席兴致勃勃，笑逐颜开，愉快地度过了这段美好的时光。在莫斯科，除在园内散步外，活动极少，使人感到拘束紧张和乏味。

接着，毛主席参观了艺术馆，即冬宫展览厅及沙皇的寝室、办公室、休息室、客厅、藏书室等。

主人告诉我们，本来还有一间中国厅可以参观，但目前正在整修，很遗憾。

毛主席侧过脸对我说："其实是不便对我们开放，不好意思让我们看，因为沙俄盗窃中国的东西太多了。"

在列宁格勒郊区，毛主席参观了保留下来的卫国战争时期的防御工事及战场残迹。军区的一位上校参谋向毛主席介绍当年战斗情况，他讲了一段后停了下来，问是否需要继续讲下去。

毛主席回答说："可以了。"主席回过头来对我说："听那些背熟了的一套应酬话有什么意思？"

的确，那位上校把列宁格勒这座英雄城当年残酷激烈、千变万化的战斗经过，讲得非常枯燥无味，简直是背诵经书。

毛主席参观了十月革命时炮击冬宫的阿芙乐尔号巡洋舰。

晚上，主席到基洛夫歌舞剧院观看列别杰娃主演的一场芭蕾舞《巴亚捷尔卡》。在演出后，毛主席派代表团成员登台给列别杰娃献花篮，台上台下的鼓掌和欢呼声融合在一起。列别杰娃谢幕五六次之多，观众仍不散场。列别杰娃意识到掌声如此热烈非凡的原因之所在，于是面向毛主席鼓掌，用手送吻三四次。由此可见苏联人民对中国革命之热爱，对中国革命领袖的爱戴。毛主席也甚为感动，露出真挚的笑容，不停地向大家招手还礼。

主席在列宁格勒短暂停留，16日启程，翌日回到莫斯科，仍住在姐妹河斯大林别墅。[19]

这时，毛泽东的心情豁然开朗，轻松了许多。但他清楚地知道，要想使苏联放弃在华特权，绝非易事，谈判桌上还会有一番斗争。但他相信周恩来不辱使命，对前景始终充满信心。

满载而归

1950年2月14日，《中苏友好同盟互助条约》正式签字，这是毛泽东第一次访苏期间取得的重要外交成果。

师哲在回忆录中,对谈判签约的过程作了详细的叙述:

1月10日,周恩来率领中华人民共和国政府代表团离开北京前往莫斯科。这是一个颇为壮观的代表团,除随同毛泽东已先期到达的陈伯达及主席身边工作人员汪东兴、叶子龙等以外,随同周恩来的代表团成员有东北人民政府副主席李富春、中央贸易部部长叶季壮、东北工业部副部长吕东、东北贸易部副部长张化东、外交部苏联东欧司司长伍修权、外交部办公厅副主任赖亚力、大连市委书记欧阳钦、工业部计划处处长柴树藩、东北电业局局长程明陞、东北外贸部处长常彦卿、中央财经计划局处长沈鸿、外贸部机要秘书苏农官、鞍钢公司副经理王勋、东北机械局副局长聂春荣、东北煤矿局计划处长罗维和警卫参谋何谦等同志。

毛主席返回莫斯科的第二天,周总理从新西比尔斯克打来电话。他们谈了一会儿,因传音不良,毛主席听不清楚,改为到了乌拉尔的斯维德洛夫斯克再通话。这次毛主席同周总理在电话上讲了一个多小时。毛主席把自己的活动、愿望以及将要签订的条约内容都讲了,也征求了周总理的意见。这样,周总理心中有了数,一到莫斯科立即投入了工作。

王稼祥到200公里以外的雅罗斯拉夫尔去迎接周总理一行。1月20日,周总理到达莫斯科,车站也有仪仗队迎接,比迎接毛主席规模小些。

周总理在车站发表演说:"我这次奉了中华人民共和国中央人民政府毛泽东主席的指示,来到莫斯科,参加关于巩固中苏两大国邦交的会商。"

周总理住在单独一座别墅里,离毛主席住处较远。周总理一到莫斯科,就来见毛主席,商量如何开展工作。过了一天,周总理索性搬到毛主席二楼的一间房子里住,这样更便于同主席商量问题。

由于事先已有充分准备,在周总理到达莫斯科的第三天,1月22日,毛泽东、周恩来与斯大林举行会谈,维辛斯基、李富春、王稼祥等也在座。

毛泽东首先发言,阐述了在新情况下中苏两国的合作关系应以条约形式固定下来的意见。他认为,条约的内容应是密切两国的政治、军事、经济、文化、外交的合作,以共同制止日本帝国主义或与日本勾结的其他国家的重新侵略。

斯大林同意这一意见,并谈了签订条约问题,即同盟条约问题、中长路问题、旅大问题、贸易及贸易协定问题、借款问题、民航合作问题等。

毛主席提议中长路、旅顺及大连三个问题写在一个协定中。

斯大林说:"中苏条约应是一个新的条约,对《雅尔塔协定》问题可以不管它。旅顺口问题的解决办法,一个是限定归还,在对日和约缔结后撤兵;一个是现在撤兵,但过去的条约形式暂不变更。"

毛主席同意前一个办法。

谈到大连的问题时，斯大林说："可由中国自己处理。"

关于中长路，因为我们原无变更中苏共同经营之意，所以只提出缩短年限，改变资本比例，由现在的中苏各占一半，改为51∶49和由中国同志任局长等三项意见。苏方同意缩短年限，但不同意改变资本比例，仍主张资本各半（50∶50），并提出双方人员改为按期轮换制，轮流担任正副局长。

关于贸易问题，毛主席说，我们准备的出入口货单，并不十分准确，因此与贸易有关的问题只能作出大概的规定。

斯大林还提出不允许第三国居民进入和在中国东北、新疆地区居留的问题。由于这个问题提得突然，谈话有些冷场。

周总理随即反问道："东北住有很多朝鲜民族的居民，他们算不算第三国公民？更不用说外来的蒙古人了。"

斯大林对这一反问措手不及，一时哑口无言，后来说明他们的本意是禁止美、日、英等帝国主义国家的人进入东北活动。

在这个问题上曾出现不愉快的气氛，因为苏方提出的这个问题，干涉了我国的内政。

关于聘请苏联专家的问题，斯大林提出了一些苛刻的条件。这些条件既不符合中苏友好的原则，又带有明显的不平等性质，这些条件对苏联专家待遇的要求过高（后来连专家们自己也承认这一点）。还规定苏联专家在中国犯了错误时，中方不能处理，而应交由苏方审理和处理。在这个问题上，斯大林沿袭了西方帝国主义国家在对外援助方面所执行的方针、政策，同时也表现出了大国沙文主义。他这样做，其实在很大程度上是为了讨好俄罗斯民族，使国内的人们看到他是在为俄罗斯人民的利益着想，为俄罗斯人民办了一件有利可图的好事。所以，包括俄罗斯族在内的人们都说："斯大林的大俄罗斯主义精神表现得比俄罗斯族还要强烈，列宁过去在这个问题上对斯大林的批评，看来是十分准确的。"

大国沙文主义不仅表现于此，还表现在于3月27日中苏两国签订的《关于在新疆创办中苏石油股份公司协定》《关于在新疆创办中苏有色及稀有金属股份公司协定》和两国互设领事馆的问题上，可以说苏方承袭了沙皇政府的老政策。所以在斯大林去世后，1954年赫鲁晓夫第一次访华时，主动提出取消所有的四个中苏合股的公司。

在后来的谈判过程中，苏方提出在我国的哈尔滨、沈阳、大连、上海、广州等城市设立领事馆，中国相应地在苏联的海参崴、伯力、赤塔等地设立领事馆；在西部地区，苏方在我国的乌鲁木齐、伊宁、喀什设领事馆，中国相应地在苏联的塔什干、阿拉木图、斋桑设立领事馆。

在这个问题上,双方的实际做法有很大的差距。苏联非常积极地、争先恐后地按协定设立了他们的领事馆,并立即开展了活动,而中方除了在赤塔、海参崴两处勉强设立和维持了不长时间的领事馆外,在其他几个地方根本没有开设领事馆。曾提任驻赤塔中国总领事的徐介藩说:"苏方按老习惯,把一切外交人员都当作外国情报人员看待,处处提防,行动极不自由。"所以他只在赤塔工作了不长的时间,就不愿返任了。

毛主席对苏联的这些做法是有意见的。

在1月22日的会谈中,双方决定委托恩来与米高扬、维辛斯基进行具体会谈。后来在会谈时,我方加入了王稼祥、李富春,苏方加入了外交部副部长葛罗米柯、罗申。

从1月23日起,周恩来、李富春、王稼祥同米高扬、维辛斯基、葛罗米柯、罗申开始就条约和协定的内容进行会谈。有时,毛主席也参加会谈。

在协商《中苏友好同盟互助条约》时,周总理强调,"友好同盟"的具体内容自然就包括互助合作在内了,而后者也应该是条约的具体内容。苏联方面对周总理的解释很感兴趣,也相当重视,因此把这次会谈情况向斯大林作了汇报。以后,周总理的这个意思在条约中得到了充分的反映。

开始,苏方按周总理的基本思想和大体内容,写了一个草案给我方看。

周总理看后说:"不对,我说得很多,内容没有全包括进去,要修改。"当即把王稼祥、陈伯达叫来商量,同时向毛主席作了汇报,毛主席说:"我们自己重搞一个吧。"

于是,周总理花了两天多时间草拟了条约文本,我把它译成俄文交给苏方修改。苏方没有改动多少,表示满意。看来,这是出乎他们意料的,他们没有想到我方会提出内容这么充实的条约。所以说,条约文本实际上是我方起草的。

《中苏友好同盟互助条约》规定:"缔约国双方保证共同尽力采取一切必要的措施,以期制止日本或其他直接间接在侵略行为上与日本相勾结的任何国家之重新侵略与破坏和平。""亟愿依据联合国组织的目标和原则,巩固远东和世界的持久和平与普遍安全。"

《关于中国长春铁路、旅顺口及大连的协定》规定:"苏联政府将共同管理中国长春铁路的一切权利以及属于该路的全部财产无偿地移交中华人民共和国政府。此项移交一俟对日和约缔结后立即实现,但不迟于1952年末。""不迟于1952年末,苏联军队即自共同使用的旅顺口海军根据地撤退,并将该地区的设备移交中华人民共和国政府,而由中华人民共和国政府偿付苏联自1945年起对上述设备之恢复与建设的费用。"以上两项在苏联未移交之前均由中苏共管。

《关于贷款协定》规定:"苏联以年利百分之一的优惠条件给中国3亿美元的贷款,规定中国于1954年12月31日至1963年12月31日10年内分批还清。"

另外还发表了《公告》。《公告》指出,1945年8月14日中苏签订的条约、协定均失去效力,"双方政府确认蒙古人民共和国之独立地位,已因其1945年的公民投票及中华人民共和国业已与其建立外交关系而获得了充分保证"。

苏联经济机关在东北自日本所有者手中所获得之财产无偿地移交中华人民共和国。(其实在苏军从东北撤退时,已搬走了大量的装备。)

《公告》之所以提到蒙古人民共和国的地位问题,是因为1945年8月国民党政府和苏联政府互换了《关于外蒙古问题的照会》,同意外蒙古独立。夏天,刘少奇访苏时已表明:"蒙古人民要求独立,根据各民族自治的原则,我们应当承认蒙古独立。"

一次,毛主席、周恩来和斯大林会谈,在交谈了若干问题后,周总理提出:"关于蒙古人民共和国的独立地位,中国准备发表一项声明。"

斯大林一听立刻就紧张起来,愣了一下,说:"蒙古问题不是早已解决了吗?并不存在问题,有什么要声明的?再说,蒙古同志不在,我们谈蒙古问题干什么?我们有什么权力谈论人家的命运。"

总理耐心地解释:"我们政府必须有个声明。中华人民共和国成立时,我们宣布旧中国的一切国际协定、条约一概不予承认。蒙古独立是国民党经手办的。国内的民主人士提出来,既然国民党签订的一切国际协定、条约都不予承认,那蒙古独立的问题,你们承认不承认?我们必须表明态度。"

斯大林好似放下一块大石头,大大地松了一口气,说:"我们两国都可以发表声明,还是中国政府先发表,苏联政府支持中国的声明,蒙古政府也表个态。"

最后以两国公告的形式解决了这个问题。会谈中提出了如何对待苏联在中国(主要是东北和新疆)的侨民问题,主要是关于他们的国籍问题和居留条件。苏侨中有人既不愿加入中国国籍,也不愿要苏联国籍,这样就成为无国籍公民,而无国籍公民在中国居住,中国则不能答应。苏方对年轻的苏侨,愿意承认他们的苏联国籍,而对年龄较大、原系革命时期逃离苏联的人则不乐意承认并抱有怀疑态度。这些问题大概到1955年才彻底解决。

在一次谈话中,斯大林主动地提出,在盛世时代,他们帮助新疆人民建立武装力量,训练干部,以对抗国民党的势力,并在那里建立有相当大的军火库，储存了一部分武器弹药。现在决定将这部分物资全部转交中方，望中方指定专人负责接洽、接收。主席当即委托周总理办理。

我还记得《条约》的有效年限开始谈定是二十年，不知后来怎么变成三十年。翻译时，我曾问主席，他说："原来是二十年，不知什么时候改为三十年。"看来，他并不看重年限。

周总理的工作很紧张，一方面要在克里姆林宫谈判条约、协定，一方面还要到李富春率领的那批人的住处，即莫斯科"苏维埃"大旅社指导工作。这时，孙维世从欧洲参加戏剧表演活动回国，途经莫斯科，来看望周总理。孙维世是周总理的养女，我建议把孙维世留下来做些生活方面的翻译工作，周总理同意了，她住在了姐妹河别墅的三楼。

一次会谈时，斯大林将毛、周、王稼祥单独请到另外一个房间里，可能斯大林想谈谈心里话。

主席又一次向斯大林讲起他曾在中国十年内战期间受过错误路线的打击、排挤，斯大林认真地听着。

突然，毛主席指着王稼祥说："就是他们打击我，他就是在苏区犯错误的一个。"弄得王、周十分紧张。

斯大林接着话茬儿说："啊，王大使，你还这么厉害？你也是犯错误的一员？"

毛立即接着说："他早改正了，而且现在还是得力的干部。"

可是，话刚开一个头，就被别的插话引开了，未能尽所欲言。毛主席始终未能在斯大林面前一倾衷肠，吐出胸中的冤枉和怨气，而斯大林将精力集中于当前的事务，如谈判、条约、协定上，也许他不想再提中国十年内战期间苏联和共产国际对中国革命有什么错误意见，或者认为关于错误一事，在刘少奇访苏时已谈清了。

在此期间，斯大林给毛主席打了第三次电话，也是最后一次。因我正陪周总理在克里姆林宫谈判，电话是孙维世接的，她一听讲话者是斯大林，就说"我听不懂，听不懂"，吓得把话筒给丢了。于是斯大林把我从会场叫到他的办公室，他说："我在电话上讲，你译给毛主席听。"

斯大林问："你最近生活和身体健康状况如何？"

毛泽东答："还好。"

斯大林又问："你还有些什么考虑、愿望和要求？我们还应该再进一步做些什么？"

毛泽东答："周恩来今天已进城去了，正在克里姆林宫商谈呢。"

斯大林说："我是想征求你的意见，看你是否还有什么新的意见或想法。"

毛泽东说:"我没有什么新的意见,一切由周恩来商谈办理。"从此,斯大林再也没有来过电话。[20]

自始至终参与中苏谈判的伍修权回忆说:

斯大林主动提出,最好由他同毛泽东同志两个人来联名签署这一新的中苏同盟条约。可是毛主席又另有想法,他说订立条约是政府间的事,应该让我国总理周恩来同志来办。这样,才决定周总理率领各方面有关人员组成的代表团到莫斯科来。

周总理得到毛主席的指示后,出发前对我们说,此行要把中苏的合作往前推进一步,使我国的外交气象一新,取得更好的条件来对付帝国主义。赴莫斯科的途中,他又同毛主席通了电话,就即将举行的缔结中苏条约的工作,交换了意见。在火车上,周总理还把他准备到达莫斯科时在车站发表的演说稿,交给我事先翻译成俄文。在长途旅行中,大家都相当疲乏,可是周总理一直在进行着各项准备工作。

由于毛主席到苏联后,有一段时间没有进行什么公开活动,为了消除西方新闻界的种种猜测,苏联就用塔斯社记者访问的方式,公布了毛主席在苏联的活动计划,其中主要是准备缔结中苏同盟条约。苏联报纸也陆续发表了毛主席在列宁格勒一些地方参观访问的消息。周总理及我们一行到达莫斯科时,毛主席也从列宁格勒回来了。

周总理率领我们于1月20日到达莫斯科,苏联部长会议副主席米高扬、外交部长维辛斯基、驻华大使罗申及我国大使王稼祥同志等都到车站欢迎。周总理在车站发表了简短演说,我为他作了俄语口译。……车站的欢迎仪式结束后,苏联方面安排我们下榻在莫斯科郊区的一所高级别墅里。我们到达后的第三天,即1月22日,斯大林在维辛斯基陪同下,会见了周总理和王稼祥大使,会谈工作很快就开始了。起初周总理也同我们住在一起,因为他每天都要向毛主席去汇报和商谈问题,来去太费时间,后来就索性搬到毛主席那儿去住了。

由于毛主席不直接参加会谈,只由周总理以外长身份出面与对方谈判,按照外交上的对等原则,苏联也由外长维辛斯基出面参加会谈。我国正式参加会谈的还有王稼祥、李富春、叶季壮等同志,师哲同志担任翻译。我和其他一些同志在会下为会谈和将要签订的条约准备各种文件和有关资料。

我参加了条约的一部分文字翻译工作,也提出过一些技术性的意见。……正式签订条约时,苏联人用他们惯用的钢笔、墨水,我们则用自己民族的"文房四宝"。这一套纸墨笔砚还是由我从大使馆送到克里姆林宫,交给师哲安排到签字桌上的。

1950年2月14日，《中苏友好同盟互助条约》正式签订，在克里姆林宫举行了隆重的签字仪式。斯大林、莫洛托夫、伏罗希洛夫等苏联主要领导人和毛主席、周总理、王稼祥等中国同志出席了仪式。周总理同维辛斯基代表本国政府，分别在两份条约上签了字。条约的核心内容是缔约双方不得参加反对其中一方的任何同盟、集团、行动和其他措施，缔约一方如果受到第三国的侵略，另一方"即尽其全力给予军事及其他援助"。当时正是第二次世界大战结束不久，在战争中未受损伤的美帝国主义正在扶植日本军国主义，对中苏两国的安全造成了很大威胁。所以中苏两国作出这样的条约保证，不仅对于缔约双方，对于当时的远东及世界形势，也是有着重大意义的。在签字仪式上，周总理兼外长和维辛斯基外长先后讲了话。……

与同盟条约同时签订的还有《关于中国长春铁路、旅顺口及大连的协定》。中长铁路和旅大都是沙皇俄国逼迫中国清朝政府同意，由俄国修筑、经营和租借的，这原是帝国主义列强瓜分中国的结果。至新中国成立后，中长铁路还由苏联为主、中国参加管理着；旅大驻有苏联军队，建有军事设施等。按照新的协定，苏联应将中长铁路的经营管理权、旅大的苏军根据地及其他设备，全部移交给中华人民共和国政府。只是鉴于当时远东及世界的形势，双方协议在对日和约缔结后，预计在1952年底以前才实现这一移交。同时签订的第二个协定是《关于贷款给中华人民共和国的协定》。据此协定，苏联将向中国提供总数为三亿美元的贷款，每年利息为1%。中国利用此款购买建设所需之机器设备及其他器材，等等，并在十年以内，即1963年底以前，用原料、茶、现金及美元等偿还付清上述贷款及利息。除这两项协定外，双方还协议将苏联在东北从日本获得的财产及苏联过去在北京的兵营房产等（也是沙俄留下的）全部无偿移交给中国。这些协定和协议对于维护我国的独立主权及促进我国的经济建设都是十分必要的，都由周总理和维辛斯基分别代表两国政府签了字。上述条约及协定签字后，两国又共同声明，1945年8月苏联与中国原国民党政府缔结的各项条约与协定均失去效力。

除了以上主要的协定与协议，此外还有些具体的和未予公布的甚至有过扯皮的协议，例如关于原外蒙古即蒙古人民共和国的地位问题。苏联对我们这一点原来也不大放心，怕我们不承认外蒙古的独立，我们国内也确实有一部分人对此有不同的看法。所以周总理去后，主动向苏联表明了承认蒙古人民共和国独立地位的态度，并在公报中予以宣布，这就避免了可能引起的误会和疑虑。关于中长铁路问题，其实在日本占领东北期间，已经向苏联付款买下了铁路的主权，虽然钱少了点，但是总算给过钱了。苏军进入东北和日本投降后，苏联重新占有了中长铁路主权。我国政府建立后，苏联本应无保留地移交铁路主权，但是因为他们经过中长铁路到海参崴等远东城市，比走苏联本国的远东铁路还要近许多。所以苏联要求在一定时期内共同享有中长路的主权与利益，苏联实际上是多占了便宜。不过当时我国尚无足够的经营管理经验和技术能力，在此情况下暂时由两国共管共用，对我国还是有好处的，所以也就同意中长路暂时由两国共享权益。协议中还说苏联应将在我国东北从日本手中获得的财产，也就是一批工厂、矿山及其机器设备等无偿地移交中国。但是实际上苏联军队在撤离东北时，已将所有能拆卸运走的机器设备和器材物资等等，大部分搬到苏联去了。鞍山钢铁厂、沈阳兵工厂和小丰满发电厂等地方，只是"无偿地"移交了一些空房子，连日本高级官员和军官家里的高级家具，都被他们搬回苏联去了。在这方面，他们的风格是不高的，暴露了民族利己主义的倾向，同他们口头上宣称的并不是一回事。不过当时我们还是以大局为重，从大处着眼，没有在这些具体问题上同他们计较争执。在总的方面，斯大林等苏共领导人，对我们的态度还是相当热情的，对我国的援助也是很大的。因此，整个会谈过程和条约的签订，还是十分顺利和圆满的。

2月14日签字仪式后，由王稼祥大使夫妇出面，举行了盛大的鸡尾酒会，庆贺中苏条约签订和毛主席、周总理访苏成功。斯大林出席了这次酒会，什维尔尼克、莫洛托夫、马林科夫、伏罗希洛夫、米高扬、卡冈诺维奇、布尔加宁、赫鲁晓夫、布琼尼等苏联党政军最高领导人及各部部长、各界代表、各国使节共500余人参加了酒会。毛主席、周总理和王稼祥夫妇亲自迎接和招待客人，我国代表团全部人员出席作陪。隔了一天，即2月16日，斯大林在克里姆林宫又盛宴招待毛主席、周总理和我国代表团全体人员，苏联党政军领导人等几乎又全体参加了。在这两次酒宴中，斯大林情绪很好，席间不断同客人说话，甚至开玩笑。当时越南领袖胡志明同志正在莫斯科，他也参加了宴会。席间，他向斯大林说起对他有什么指示时，斯大林笑道："我怎么能指示你？你是'总统'，官比我还大呢！"胡志明又向斯大林半开玩笑地说："你们同中国同志订了个条约，趁我在这里，咱们也订个条约吧！"但是因为胡志明这次来苏联是秘密的，斯大林说："那人家要问你是从哪儿突然冒出来的呢？"胡志明道："那好办，你派架飞机把我送到天上转一圈，然后再找些人到机场欢迎我，在报上发个消息不就行了？"斯大林笑道："这倒是你们东方人特有的想象力。"这时的斯大林，确是和蔼可亲的。

……

至于说斯大林担心我们会走铁托的道路，同他们闹独立性，看来也是事出有因。1948年，南斯拉夫坚持自己独立的立场，不听从斯大林的意见，结果触怒了他，就由欧洲共产党情报局通过了一项决议，将南共开除出情报局，并与南斯拉夫中断了正常的外交关系。这一问题对苏联和东欧的影响很大，他们对此特别敏感和警惕。毛泽东同志在新中国成立前夕，提出"向苏联一边倒"的国策，就是针对他们的这种疑虑。通过这次中苏会谈，包括建国以前我党与苏共领导人的多次秘密会谈和接触，双方的主要观点基本上是一致的，并未出现什么原则性的分歧。从上面提到的两次宴会上看，双方的感情确实是融洽的，气氛是十分热烈的，席间不断地互祝两国领袖的健康，不断高呼"中苏友好万岁"，宴会的时间也较长，很晚才散席。

……

2月27日，毛主席、周总理和欧阳钦、师哲等先期回国，李富春、叶季壮和我们一些人，则留在莫斯科继续进行经济性的会谈和订立一些单项协定。毛主席、周总理离开莫斯科时，苏联方面在车站举行了隆重的欢送仪式，苏联方面有莫洛托夫、米高扬、布尔加宁、维辛斯基等苏联党政军领导人，王稼祥等我国大使馆全体人员，李富春等中国代表团留下的全体人员，还有各国使节等，都到车站送行。毛主席检阅了苏军仪仗队，发表了告别演说。他说中苏两国人民的深厚友谊，是以两国人民根本利益一致为基础的。中苏两国人民的团结，不仅要影响两国本身的繁荣，还将影响到世界和平和人类的将来。表示新中国的建设将以苏联为榜样，并感谢苏联政府、苏联人民及其领袖斯大林的热情接待。最后在高呼"中苏友好万岁！""斯大林万岁！"的口号声中，登上了归国的列车。胡志明也与毛主席同车经中国返回越南。他们离开莫斯科以后，沿途又参观了乌拉尔、斯维尔德洛夫斯克、鄂木斯克、新西伯利亚等地的工厂、农村和其他企业。苏联外交部派了一位副部长和一位司长陪送中国客人到达苏联边境。专车到达中国境内时，毛主席等又在东北几个城市停留几日，参观和视察，直到3月上旬，他们才回到北京。

毛主席这次访苏，用了近三个月时间，是他一生中仅有的两次出国旅行中的第一次，也是时间最久的一次出访。[21]

签约的当晚，中方举行盛大宴会招待斯大林等。朱仲丽在回忆录中描述了当时的盛况：

为了毛主席和周总理访问苏联，我驻苏大使馆在2月14日这天晚上，在莫斯科的"大都会"饭店举行盛大宴会，招待苏联党政和各界人士。为这个宴会，早在两天前，大使馆就忙得不可开交。在稼祥领导下，要草拟名单、印发请柬、安排菜谱，要布置接待人员，而且还必须做得十分细致。稼祥觉得这次宴会很重要，最好斯大林能参加。但斯大林从来不出席外国大使馆举行的招待会，除了在本国大站台上迎接过一次美国总统罗斯福，也从未迎送过外国元首。如果斯大林能出席这个宴会，这标志着中华人民共和国国际地位的提高，同时也是为祖国争得荣誉。

稼祥对毛主席说:"这次宴会,斯大林应该参加,我们已送了请柬。"

"当然,就看他来不来了。"毛主席心中也没有把握。

"那么,我设法争取。"稼祥回答。

于是,在这天上午,稼祥亲自到克里姆林宫拜会了莫洛托夫,又带上了一张请柬,代表毛主席把请柬交给莫洛托夫,然后诚恳地说:"莫洛托夫同志,我代表毛主席,代表5亿中国人民(按:那时称5亿人口),请您将请柬亲自转交给尊敬的斯大林同志。今天晚上大使馆举行的盛大宴会,务必请斯大林同志莅临。因为这是我们中苏两国人民的心愿,也是世界工人阶级所盼望的,我个人也希望斯大林同志在百忙之中赴宴。谢谢莫洛托夫同志,请您一定将请柬亲自转交给斯大林同志。"当然,莫洛托夫也没有十足的把握,他倒是希望斯大林能参加中国同志这次宴会的。

"今晚的宴会很重要,我俩是主人,而且女主人在这种场合更引人注意。你要注意装饰与礼节,一定要中国民族式的。"在宴会前,稼祥又一次嘱咐我。

"放心,我今天穿旗袍,一切都是民族式的。"我说。

参加宴会的有五百余人,除了苏联党政军机关最高领导人,还有各部门负责人、与我国建交的外交使节和苏联社会各界和文学艺术知名人士,如著名作家和诗人法捷耶夫、西蒙诺夫、爱伦堡、米哈尔科夫、特瓦尔多夫斯基以及歌唱家、舞蹈家、艺术家、科学家、汉学家等。

我和稼祥率领使馆人员在宴会厅的门口迎接来宾。按礼节,得女主人首先向来宾说"您好",然后握手,还要庄重、不卑不亢、面带微笑,显示出热情。当时,我对自我情绪控制得良好,没有出现纰漏。

毛主席和周总理早在8点钟就到了,苏联各方面人已陆续到齐了。离宴会正式开始还有5分钟,这时,苏联的最高领导人接踵而来,但不见斯大林。只有两分钟了,突然,宴会厅门前一阵骚动,骤然响起掌声。我和稼祥心里一块石头落了地,因为斯大林就站在我面前,我和他在握手。斯大林和稼祥握完手,迅速走进宴会厅,毛主席迎上来,和斯大林握手拥抱。

这时,整个宴会厅响起了鼓掌声和欢呼声。

斯大林向人们招手,毛泽东向人们招手。

一群艺术家向斯大林和毛主席这边涌来。

席间,毛主席首先举杯祝斯大林健康,斯大林也几次举杯祝毛主席和周总理健康。

这次盛大宴会是非常成功的,一直持续到午夜方散。[22]

2月16日晚,斯大林在克里姆林宫又盛宴招待毛泽东、周恩来等中方客人,为毛泽东饯行。

2月17日,毛泽东、周恩来一行圆满完成访苏签约任务后登程回国。在莫斯科的基辅车站,苏方举行了欢送仪式。毛泽东发表告别讲话如下:

亲爱的同志们,朋友们:

我和中国代表团同人周恩来同志等这次在莫斯科会见了斯大林大元帅以及苏联政府其他负责同志,我们相互间在中苏两大国人民根本利益的基础上所建立起来的充分了解与深厚友谊,是难以用言语来形容的。人们可以看得见:业已经过条约固定下来的中苏两大国人民的团结将是永久的,不可破坏的,没有人能够分离的。而这种团结,不但必然要影响中苏两大国的繁荣,而且必然要影响到人类的将来,影响到全世界和平与正义的胜利。

留在苏联的时期内,我们曾经参观了许多工厂和农场等,看见了苏联工人、农民和知识分子从事社会主义建设的伟大成就,看见了苏联人民在斯大林同志和联共党的教育之下所养成的革命精神与实际精神相互结合的作风,证实了中国共产党人历来的信念,即:苏联经济文化及其他各项重要的建设经验,将成为新中国建设的榜样。

我们在苏联首都莫斯科以及在十月革命策源地的列宁城,受到了热烈的招待,当我们离开这伟大的社会主义首都的时候,特向斯大林大元帅、苏联政府和苏联人民致以衷心的谢意。

中苏永久友好和永久合作万岁!

苏联人民万岁!

世界革命导师与中国人民的挚友——斯大林同志万岁![23]

对于毛泽东一行归国途中的各种活动,当事人师哲作了如下回忆:

莫洛托夫到别墅把毛主席送上汽车,又先赶到火车站,在那里等候迎接。

汽车驶进城里后,离火车开动的时间还早,于是车队沿着高尔基大街驶至市中心区,并绕了几个广场,才到达基辅车站。在车站举行了欢送仪式,毛泽东发表告别讲话。

这时,车厢里挤满了中苏双方的保卫人员,莫洛托夫想和毛主席再讲几句话,我们好不容易硬挤进去。

他向毛泽东转达了斯大林的话,大意是,望你注意身体健康,多加保重。在路上、在国内都要注意保护身体,切勿大意。另外,要注意搞好保卫工作,不要轻视敌人,更不能麻痹大意。你们的道路是遥远的,行程是漫长的。只有有了健康的体格,才能继续自己的行程。我们祝愿你一路福星,平安到达目的地。

莫洛托夫最后说:"回国的路途很远,在苏联如同在家里一样,你如果愿意在苏联境内的某地休息或游览参观,我们都可以按照你的意愿安排好。"

和我们同行的还有胡志明。毛主席、周总理、胡志明各一个车厢。负责送行的苏联外交部副部长和工作人员是一个车厢,中方人员有陈伯达、欧阳钦、叶子龙、汪东兴等人。李富春、叶季壮、李强等均留在莫斯科继续谈判。

列车启动了,毛主席、周总理踏上了归程。在车上,毛主席研究了铁路沿线各地的情况,决定每到一个大站,不论白天黑夜,都下车参观。报纸上公布了中苏条约签字的消息,两个社会主义国家的结盟,大大改变了社会主义和帝国主义两大阵营的力量对比。苏联人民对此欢欣鼓舞,毛主席所到之处都受到了隆重的欢迎和热情的款待。

列车到达斯维尔德洛夫斯克城时,已是午夜11点多钟。主人建议在这里参观一家机械制造厂,但到那里时,厂里的工人早已下班了,只有汽锤车间尚有几个工人在操作,大概是专门为了让毛主席一行看看六吨级的大型汽锤工作的情形。我们还参观了联合电力与热力厂,及斯维尔德洛夫大学。这所大学的学生们都睡了,学校领导及教授们在乌拉尔地质博物馆专候中国贵宾。这所大学主要是研究乌拉尔地区的矿藏。学校领导赠送给毛主席一个精致的乌拉尔山模型,在这个模型上用宝石标明了乌拉尔山的矿产品种和位置,整个模型五颜六色,非常漂亮。毛主席把它带回北京后,曾陈列在中南海里。

在鄂木斯克,毛主席游览了市容,参观了机器工具制造厂。厂领导特意引导中国客人参观了正在加工中方订货的车间,并说:"工人们特别热情地精心赶制这批订货,部分成品正装箱出厂,陆续运往中国。"

我们到达新西伯利亚时,已是黄昏。在这里,毛主席参观了契卡洛夫飞机工厂和制造枪炮的兵工厂。这两个厂都是国防工厂,平常从未对外国人开放过。

午夜时分,毛主席、周总理到大戏院观看演出。热情的演员们几乎等了一夜,晚上演出结束后一直没有卸妆。毛主席到后,他们立即演出了芭蕾舞剧《伊戈尔王子》的一个片段,苏方安排毛主席一行到大戏院不仅是看戏,而且也让客人们看看大戏院的建筑,这座大戏院前后用了二十多年才建成。

当车队返回火车站时,主人又邀请毛主席参观车站的新型调度室。这时在调度室值班的是一位二十多岁的姑娘,她的头饰、胸饰明光闪闪,灿烂异常,在强烈的灯光下,耀眼刺目,使人无法睁眼。毛主席走进屋子,女值班员立即热情地起身迎接,和毛主席握手,但未来得及谈话,毛主席就转身退出了房间。他低声对我说,光线太刺眼了。

莫斯科人常常说西伯利亚荒凉无比,只有狼。西伯利亚人如此安排,就是要让世人看看,这里不仅有狼,更有年轻漂亮的姑娘。

22日,专列抵达克拉斯诺亚尔斯克城,受到当地党政军领导的欢迎。毛泽东一行参观了生产自动推进联合收割机的工厂,晚上观看了俄罗斯歌曲合唱队的演出。其中有一组新编的歌曲,内容是赞颂斯大林、毛泽东和中苏友好的,给我留下了较深的印象。这组节目是专门为迎接毛主席的到来而赶排的。

23日,毛主席在旅途中致电斯大林元帅,祝贺苏联红军建军节。

24日,毛主席在伊尔库茨克逗留了数小时,游览了市容,并参观了茶叶包装厂。当地负责干部向毛主席详细介绍了这家工厂的情况和生产程序,并再三说明该厂是完全依靠中国而存在的,因为它的原料——茶叶全部从中国进口,产品行销全苏。

当专车经过布利亚特蒙古自治共和国的首府乌兰乌德时,当地党政军领导登车看望毛主席,恭请中国客人进城憩息,但毛主席婉言谢绝了。这使他们很失望。上乌金斯克原是中国领土,当地居民基本是蒙古族人。中国历史上著名的"苏武牧羊"的故事就发生在这里。毛主席不在此停留也许有更深一层的考虑。

25日,毛主席一行在赤塔停留时,参观了一所幼儿园,并欣赏了孩子们的演出,他们的舞蹈和歌唱都是赞扬中苏两国友谊和伟大领袖的。由于赤塔可供参观的地方不多,所以中国贵宾们很快又登上列车,继续赶路了。

专列离开苏联边城赤塔后,大家再也没有休息。毛主席一直坐在餐室里眺望外景。那天的天气虽然很冷,但阳光明媚。我和陈伯达坐在旁边陪着毛主席。由于无事可做,陈伯达开始说东道西,我也在一旁打趣助兴。毛主席不耐烦地说:"你们在胡说什么呢?"这样,才打破了无聊的气氛,开辟了同他交谈的途径。毛主席侃侃而谈,从历史、文化、战争和自己的往事一直谈到今天新的世界。

列车到了边界终点站——奥特堡尔。苏联副外长拉夫伦捷夫登上主席的车厢作最后话别。苏方陪同的其他人员把列车护送到中国境内的满洲里车站,并帮助中方人员做完了换车、装车等全部工作后,才离开了工作岗位。这时,毛主席再三吩咐我们要把苏联同志招待好。

在莫斯科时,斯大林曾送给毛主席、周总理各一辆吉斯小轿车。在满洲里换车时发现送给毛主席的那辆车,由于没有放水,水箱被冻裂了。

一进入国境内,毛主席就轻松了许多,我们也轻松了许多。毛主席、周总理在哈尔滨、长春稍事停留,接见地方干部后,在沈阳大和旅社住了几天。毛主席因身体疲劳,只开了一次干部会,也没有在市内参观游览。一天早饭后,毛主席说要出去走走,叶子龙立即要了三辆车,毛主席站在旅社的门口等车,我劝主席回屋等候,以防着凉。其实是怕出意外。上汽车后,我才知道毛主席是去看望苏联专家。可专家们大部分都去工作了,临时只找回少数几人。

到苏联专家住所后，毛主席对他们说："现在，我们头上的问题已经解决了，而脚下的问题还没有解决。"

苏联专家们对东方人这种特有的机敏和幽默一时没有理解，他们以为毛主席所说的"头上的问题"是指思想和理论，"脚下的问题"是指实践和实际。

我向他们解释："'头上的问题'，是指我们推翻了压在我们头上的三座大山，打倒了蒋介石国民党的反动统治；'脚下的问题'是指要建设好我们的国家，造福于人民。"

3月4日晚，毛主席、周总理安抵北京，受到政府和各党派负责人的热烈迎接和慰劳。这次访苏，从12月初到3月初，前后近三个月的时间，是毛主席出国访问时间最长的一次。[24]

毛泽东访苏以后，还派遣总参谋长徐向前赴苏谈判。

徐向前回忆说：

1951年5月间，毛主席通知我去中南海，交代任务。我到主席住处，他正和李维汉同志谈统一战线工作。毛主席见到我后，首先问了我的身体状况，知道我已能工作，很高兴。他简要分析了抗美援朝的战场形势，向我交代了去苏联谈判的任务：一是购买武器装备；二是多搞点技术项目，发展自己的兵工生产。他说："帝国主义如此欺负我们，我们没有自己的兵工工业，不解决部队的武器装备问题，是不行的。要学习苏联，把先进技术拿到手，自力更生，建设一支强大的国防力量。"他还说，"这次去谈判，代表团去哪些人，谈哪些项目，还有些什么困难，可以找政务院和彭德怀同志商量。"我说："请毛主席放心，交给我的任务，我一定尽一切力量完成。"告别毛主席和李维汉同志后，我便去彭德怀同志住处商谈此事，并初步拟定了代表团的主要成员名单和谈判内容。

经政务院和军委批准，代表团定名为"中华人民共和国中央人民政府兵工代表团"。我任团长，成员为空军副司令员王秉璋，重工业部副部长刘鼎，科技专家钱志道，炮兵参谋长贾涛，总参作战局副局长张清化，我驻苏使馆商务参赞柴泽民、武官吉合。另有三名工作人员。代表团的主要任务有两项：（一）购买六十个师的武器装备；（二）援助我国兵工工厂的建设及统一步兵器制式和生产152口径以下各种火炮的有关技术资料转让问题。这次谈判是秘密的，对外不公布。

5月25日，代表团乘公务车由北京出发，经满洲里走北线，路过赤塔、奥木斯塔、新西伯利亚、克山等地，于6月4日抵莫斯科，走了九天九夜。陪同我们前往的有苏联驻中国使馆武官、军事总顾问柯道夫中将及夫人。他们夫妇待人亲切、敦厚，对我国人民怀有国际主义情谊。从闲谈中得知，他们的两个儿子已在反法西斯战争中不幸牺牲,只剩下两个女儿留在莫斯科。我们在莫斯科谈判期间,他经常陪代表团参观、看戏。有一次还带上夫人和两个女儿,邀我去莫斯科郊外野游。他们的纪律很严格,谈话从不涉及内部事务,我们也不打听。与柯道夫相处的那段日子里,他给我和代表团的成员,留下了良好的印象。

我兵工代表团抵莫斯科时,在车站迎接我们的是苏军总参谋长什捷缅科大将等人。寒暄一番后,送我们去莫斯科大旅馆下榻。第二天我回访了什捷缅科。他仪表堂堂,有标准的军人风度。第二次世界大战期间,曾在苏联红军总参谋部任作战部长、副总参谋长等职,颇受斯大林的器重和信任。我向他说明中国兵工代表团来苏谈判的主要任务和事项,希望苏方大力协助,以便早日达成协议。他表示欢迎我们的到来,具体项目可由双方代表团(苏方亦组成一个谈判代表团,共有八人)的专家们磋商,然后再举行高一级的谈判。我表示同意。接着,双方即开始举行专家会谈。那时苏联是社会主义阵营的头头,我们又缺乏现代化建设和外交工作经验,故谈判的程序和项目等,基本上是人家包办。我们原来想简单了些,认为谈判不会费时太久。其实不然,马拉松式的,从6月上旬开始会谈,断断续续,直至10月中旬才达成协议,花了整整四个月的时间。

双方总参谋长一级的谈判,有三四次。先是什捷缅科出席,后来他去休假,委托马兰金和我们打交道。我印象比较深的是,什捷缅科曾说:"斯大林给苏军总参谋部的任务,是要帮助中国把军队建设好。这个任务,主要由我负责,一定要办好。"他十分重视军队的编制问题,强调合理编制在现代战争中具有重要作用,并结合苏联卫国战争的经验,说明健全后勤组织及编制步兵、炮兵、坦克、骑兵师团的必要性。他认为,根据朝鲜战场和中国的情况,人民解放军师的编制不应等同一律,也不宜过大。装备现在还不可能达到完全机械化的程度,师的火炮以汽车牵引,团以下的火炮以骡马牵引即可。但是,坦克团必不可少,宁肯少编几个军,也要把师的坦克团编制配备起来。关于军事订货问题,因苏联的运输能力有限,今年只能解决十六个师的装备,其余四十四个师按每年运送1/3计算,至1954年完成。关于转让兵器技术资料问题,第一批包括步骑枪、轻重机枪、冲锋枪等7种,第二批以后再说。关于援建兵工工厂问题,几次谈判中,什捷缅科都避而不谈,持无可奉告的态度。

根据上述情况,我们陆续向中央和军委建议:第一,能否参照苏方对我军步兵师的编制意见,初步确定我们的编制方案,以便通盘考虑购置装备的问题。第二,今年十六个师的装备订货,可否根据朝鲜战场的急需,多订些高射武器、战防武器,步兵武器则不订或少订。第三,明后年的订货项目应视兵工生产谈判的结果而定。原则上我们能生产者不订货,生产不足者根据需要多少订货，不能生产者可全部订货。6月下旬，党中央派高岗来莫斯科，带来了六十个师的装备订货单，由我代表团正式转交苏方。因朝鲜战场急需的东西甚多，国内经常来电要求增加或变更订货项目，我们就不断出面交涉，弄得人家颇为头痛。兵工生产问题迟迟不见答复，我着急得很，左催右催，没有结果。人家办事就是这种样子，你急也没办法。我发电报向毛主席反映，他复电说："不管怎样，耐心等待，要把技术学到手。"

后两个月没有多少谈判任务，苏方就安排我们去各处参观。在莫斯科参观了冬宫，参加了苏联航空节；在外地曾到过列宁格勒、斯大林格勒、斯维尔德洛夫斯克及中亚细亚海边，参观过钢铁厂、拖拉机厂、兵工厂、军事院校、部队驻地等。布尔加宁还在莫斯科接见了高岗和我。我们去的时候，金日成首相已在那里。布尔加宁谈话的大意是，苏联卫国战争结束后，一直忙于恢复经济建设。对于中朝两国人民的抗美斗争，他们愿意提供援助。可以援助的，应当援助的，一定会援助。言外之意是他们也有实际困难，不可能满足中朝方面的要求，希望我们谅解。不久，苏方通知我们，原定今年提供十六个师的装备订货，减为十个师。我和高岗商量，请他出面去找布尔加宁，要求仍维持原计划不变，但也没有结果。10月间，苏方正式答复我代表团：同意转让几种兵工生产的技术资料，帮助建设一些工厂。至此，双方算是达成了谈判协议。

我兵工代表团在苏活动期间，总的说来，苏方还是友好的。他们对中国革命的胜利和我国人民的抗美援朝行动，持钦佩态度，愿意提供某些援助，加速我军的正规化、现代化建设。但是，他们也有顾虑。我看主要是怕和美国打仗；斯大林又怕中国变成第二个南斯拉夫，有些事情吞吞吐吐，缩手缩脚，办得很不痛快。

苏联人民的确是热情而友好的人民，他们的实际困难，我们完全应当体谅。人所共知，第二次世界大战期间，苏联人民为战胜德国法西斯的野蛮侵略，付出的代价是极为惨重的。牺牲了两千万人，大部分重要城市和工厂，遭到毁灭性的破坏，民族元气大受损伤。我们去的时候，离战争结束仅五年的时光，人家正忙于医治战争创伤，恢复民族元气，度过战争造成的巨大困难。我们的宣传工作，当时只注意强调苏联如何强大，对他们的困难极少涉及。如果不是我们亲身去看一看，那是很难想象的。莫斯科的房舍、街道，仍是战前的，新建筑很少。男人牺牲很多，据说男女的比例是1比8。旅馆里的招待人员，多为残疾人。斯大林格勒到处是断垣残壁，工厂刚开始兴建，没有几个。物资缺乏，商场里的货架子上没有多少东西，群众购买黑面包和生活日用品，要排长队。至于远东和新西伯利亚等偏远地区，更是贫困不堪，并不比中国的情形好多少。人家当时也是勒紧裤腰带，医治战争创伤，很不容易，所以有些东西不能满足我们的要求，完全可以理解。苏联人民长期支持中国革命，对中国人民怀有深切的国际主义感情。我们的代表团不论走到哪里，都受到热情的欢迎和招待。住的旅馆是上等的，吃饭、住房、看戏不要钱。他们吃黑面包，给我们吃白面包；他们用纸条卷烟丝抽，招待我们的香烟则是七八个卢布一盒的。我们参观工厂时，送给看门的一支香烟，他就千恩万谢。有的地方听说中国客人来了，忙着包饺子，皮很厚，里面全是肉，还拌上酥油，怎么吃呀？可盛情难却，吃不惯也得吃。中苏两国人民的深情厚谊，是在长期革命斗争中形成的。这一点十分宝贵，我们永远不会忘记。

苏联是第一个革命成功的社会主义国家，在第二次世界大战中又打垮德国法西斯和日本关东军，对人类和平作出了重大贡献。但是，这也容易使他们骄傲，搞大国主义。我们对苏方的情况了解不够，提出的某些项目、要求，难免有过高、过急的地方，谈判中只要加以详细说明，就不难取得一致看法。但对方有时表现得极不耐烦，简单粗暴，令人难以容忍。有一次谈判，他们看到我们购买货物的单子，竟然说："假如按照你们的要求，我们要修第二条西伯利亚铁路了！"讽刺我们要的东西多。其实，我们并不是白要，而是购买，要照价付钱的。还有一次，什捷缅科向我们的空军副司令王秉璋问情况，王的答复不太完满，他竟然大发脾气，把王秉璋狠狠地训了一顿。我当时不好同他吵，心里真窝火。觉得我们是来谈判的，你有什么资格训人呀！回到住地，我就把总顾问柯道夫找来，责备他反映情况不真实，严肃批评了他两个多小时，让他回去向上级报告。他们的大国主义不是一天形成的，很难消灭。另外，那时他们怕得罪美国，招来麻烦，所以对支援中国武器装备，缩手缩脚。谈妥的订货，运回一些来，多是旧家伙，拿到朝鲜战场上，有些枪栓拉不开，简直没法用。

10月下旬，莫斯科已是初冬景象，代表团启程回国。我们都没带大衣，火车进入满洲里后，供暖停止，我突患感冒，引起肋膜炎并发症，高烧40摄氏度。我在长春下车，住进了空军医院。周总理得知后，马上派卫生部傅连暲同志率医疗小组前来，不几天，接我回北京医院治疗。这一次病情很重，休养的时间较长。[25]

注　释

〔1〕薄一波：《若干重大决策与事件的回顾》上卷，中共中央党校出版社1991年5月版，第35—42页。

〔2〕师哲：《在历史巨人身边》，中央文献出版社1991年12月版，第

431—432页。

〔3〕菲里波夫是斯大林的代号。

〔4〕伍修权：《回忆与怀念》，中共中央党校出版社1991年5月版，第227—228页。

〔5〕据王稼祥夫人朱仲丽回忆，按惯例，王稼祥必须回国陪同毛主席一块儿赴苏，但途中来回要费时20天，使馆的事情实在脱不开身。和中央商量的结果，王稼祥早一天抵达位于莫斯科东北的基洛夫车站，登上毛泽东的专列一起到莫斯科。

〔6〕师哲：《在历史巨人身边》，中央文献出版社1991年12月版，第432—433页。

〔7〕朱仲丽：《彩霞伴我》，北方妇女儿童出版社1989年7月版，第29页。

〔8〕1949年12月18日《人民日报》。

〔9〕邱静：《毛泽东与斯大林的会晤》，载《党的文献》1996年第2期。

〔10〕伍修权：《回忆与怀念》，中共中央党校出版社1991年5月版，第232—245页。

〔11〕师哲：《在历史巨人身边》，中央文献出版社1991年12月版，第441页。

〔12〕1949年12月23日《人民日报》。

〔13〕师哲：《在历史巨人身边》，中央文献出版社1991年12月版，第441页。

〔14〕朱仲丽：《彩霞伴我》，北方妇女儿童出版社1989年7月版，第30—31页。

〔15〕师哲：《在历史巨人身边》，中央文献出版社1991年12月版，第437—438页。

〔16〕薄一波：《若干重大决策与事件的回顾》（上卷），中共中央党校出版社1991年5月版，第40—41页。

〔17〕朱仲丽：《彩霞伴我》，北方妇女儿童出版社1989年7月版，第34—39页。

〔18〕1950年1月3日《人民日报》。

〔19〕师哲：《在历史巨人身边》，中央文献出版社1991年12月版，第440、442—444页。

〔20〕师哲：《在历史巨人身边》，中央文献出版社1991年12月版，第444—452页。

〔21〕伍修权：《回忆与怀念》，中共中央党校出版社1991年5月版，第

239—245页。

〔22〕朱仲丽:《彩霞伴我》,北方妇女儿童出版社1989年7月版,第42—44页。

〔23〕1950年2月20日《人民日报》。

〔24〕师哲:《在历史巨人身边》,中央文献出版社1991年12月版,第468—472页。

〔25〕徐向前:《历史的回顾》,解放军出版社1984年7月版,第797—805页。

二、"谈笑凯歌还"

又一场"淮海战役"

开国之初,毛泽东面临新的考验。经济上,新中国继承的是一个饱受战争创伤的烂摊子,工厂停工,生产萎缩,交通梗阻,民生困苦,失业众多,物价飞涨。一些投机分子乘机兴风作浪,囤货居奇,更加重了通货膨胀。能否迅速平抑物价,不仅关系新中国的政治稳定,还考验着中国共产党人的治国能力。一些资产阶级人士认为,共产党军事上能得100分,经济上要吃零分。

然而,毛泽东采取果断措施,在最短的时间里,取得了平抑物价、统一财经的重大胜利,为迅速恢复国民经济打下了良好的基础,被那些持怀疑态度的人叹为奇迹。事后,毛泽东高度评价这场斗争,称它"不下于淮海战役"。

亲自参加领导这场斗争的薄一波回忆说:

新中国成立前后,党中央和毛主席在指挥人民解放军继续向全国进军的同时,抓的另一件大事,就是建立经济工作的领导机构,着手统一全国财经管理,努力制止持续多年的通货膨胀,实现社会经济的稳定。这是我们党从推翻国民党政府到掌握全国政权过程中所面临的新课题,也是对我们党执政能力的一次考验。国内外的敌对势力总是盼望我们失败,说"共产党马上得天下,不能马上治天下"。我们的朋友中也有人对我们的治国能力表示怀疑,说"共产党打天下容易,治天下难"。就我们自己来说,过去的二十八年,主要是从事革命战争,对于经济工作不很熟悉,这也是事实。但是,二十八年奋斗的历史说明,在我们党面前没有什么现实的困难不可以克服。记得,毛主席曾经针对上面这些说法乐观地回答:"打天下也并不容易,治天下也不是难得没有办法。"果然,不出一年时间,我们就把通货膨胀基本上制止住了,把经济也初步稳定下来了,并奠定了新中国经济管理体制的基础,把国民经济引上了逐步恢复和发展的道路。这个事实向国内外表明:我们有能力领导人民夺取政权,也有能力领导人民治国安邦。为什么?道理很简单,就是因为我们党按照人民的利益和要求进行决策;按照唯物辩证法办事,采取的政策和措施符合各个时期的具体实际情况；我们党依靠全党的统一思想、统一行动和全国人民的广泛支持、积极参与工作。只要我们是这样做的，我们的斗争就一定能够胜利。

新中国成立后最初几年，我们曾经在中央和县以上各级政府，设立过统一的财政经济工作的领导机构——中央及各级政府的财政经济委员会，具体领导和管理各种经济事业。建立这样统一的财经领导机构，是鉴于长期革命战争形成的不统一状况而采取的重大措施。早在1948年9月召开的中央政治局会议上，就考虑到各个解放区财经工作的分散状态将不适应夺取全国政权的需要，曾经作出决定，首先采取过渡性的步骤，由华北财经委员会将华北、华东、西北三大区的财经工作统一起来，然后再统一东北和中原两大区的财经工作。10月成立了华北财经委员会，由董必武同志（中央财经工作部部长）任主任，我和黄敬同志任副主任。由于辽沈、平津、淮海三大战役正在紧张进行，由华北财委来组织和协调三个大区的财经工作存在实际困难，在统一财经方面虽然做了一些工作，例如发行统一的货币、调剂若干财力和物力等等，但总的看进展不大。

1949年元旦，中央召开了一次财经座谈会，出席的有朱德、董必武同志和各大区的负责人刘伯承、陈毅、林彪、饶漱石、高岗、罗荣桓和我。大家都不满意财经统一工作进展缓慢的状况，要求建立统一的财经领导机构。毛主席审阅了这次座谈会的纪要。同年3月召开的七届二中全会，在决定进城后财经工作大政方针的同时，决定建立中央财经委员会来统一领导全国的财经工作。会后，中央进驻北平。5月31日，中央发出《关于建立中央财政经济机构大纲（草案）》的文件。这个文件是刘少奇同志起草、毛主席审定的。《大纲》指出："由于人民革命战争正在取得全国范围的胜利，为了尽可能迅速地和有计划地恢复与发展人民经济，借以供给目前人民革命战争的需要及改善人民生活之目的，应即建立有工作能力的中央的财政经济机构，并使各地方的财政经济机构和中央财政经济机构建立正确的关系。"《大纲》要求："（1）在中国人民革命军事委员会之下，立即建立中央财政经济委员会，并陆续建立若干中央财政经济部门，作为目前中央的财政经济机构。这些机构，在召开新的政治协商会议、成立民主联合政府以前的几个月内，由中国人民革命军事委员会以命令建立之，并受中国人民革命军事委员会之委托，计划并领导国家的财政经济工作，中央各财政经济部门在财政经济计划方面应服从中央财政经济委员会的决议，各部门的主要负责人应加入中央财政经济委员会为委员。（2）中央财政经济委员会应陆续设立中央计划局、中央财经人事局、中央技术管理局、私营企业中央事务局、合作事业中央管理局、外资企业中央事务局等工作机构。此外，以现在华北人民政府各财经部门为基础，应即陆续建立中央财政处，中国人民银行，海关总署，中央商业处、交通处、燃料处、金属处、纺织处、工业处、农业处、林业处、水利处和中央铁道部等各中央财政经济部门。（3）在东北、西北、华中、华东等区域及各省各大中城市，均应建立财政经济委员会及各级人民政府委员会的若干财政经济部门，并在中央与上级财政经济机关的领导之下进行工作。这就确定了中财委作为党在经济战线的统一领导机构的地位。新中国建立后，它成为中央人民政府政务院的财政经济委员会，统一领导全国的财经工作。"

党中央和毛主席在决定建立统一的财经领导机构的过程中，最重要的一招是从东北调回陈云同志主持中财委。陈云同志是新中国财经工作的卓越领导人，1942年，他主持的陕甘宁晋绥五省联防财经办事处，工作很出色。解放战争时期，他主持东北财经委员会的工作，顺利实现了东北全区财经工作的统一管理，较早地把经济稳定下来。党中央和毛主席任命他为中财委主任，是再合适不过了。

在组建中财委时，毛主席找我谈话，要我到中财委任副主任，协助陈云同志工作。我说："中央要我到财委协助陈云同志工作，从内心讲是很愿意的，可以多学习一些东西；但我还有华北局的工作，也是一个重头，一身二任要误事的。"毛主席说："那你就把华北局搬到财委去办公嘛！"从这以后，我的主要精力就转到了中财委。

中财委是在原中共中央财政经济工作部和华北财政经济委员会合并的基础上组建起来的，中央其他的一些财经部门也主要是以华北人民政府的有关财经部门为基础组建的。这样做，有利于较快地展开工作。1949年7月，中财委组建完成，当时有干部300多人。新中国成立后，陈云同志仍任主任，我为副主任，还增加了党外著名的经济学家马寅初先生为副主任，以后又陆续增加了李富春、曾山、贾拓夫、叶季壮同志为副主任。委员中有民主党派领导人黄炎培等。

中财委为稳定金融物价，统一财经管理，调整工商业，完成国民经济恢复时期的任务，拟订和准备实施第一个五年计划，做了大量工作。四十年后回头来看，这个时期的经济工作，大政方针都是由党中央和毛主席决定的，而中财委作为党中央的财经参谋部和具体作战的指挥机构，在陈云同志的领导下，工作得也很出色。

经济恢复时期结束后，开始执行发展国民经济的第一个五年计划，财经工作的担子更重了。党中央、毛主席下决心把大区的几位主要领导同志调回中央，分担任务。办法就是把中财委领导的二十一个部和直属局按性质划作五摊来管。高岗任中央人民政府计划委员会主席（当时的计委有"经济内阁"之称，不属政务院），分管工业，李富春、贾拓夫同志协助；邓小平任政务院副总理，兼管交通运输；邓子恢任国家计委副主席，分管农业、林业、水利；

饶漱石任中央组织部长，分管劳动部的工作；财政、金融、贸易，仍由陈云主管，我和曾山、叶季壮等几位原中财委的同志协助。五个方面的工作，对外都用中财委的名义，但每个方面的工作是相对独立的，带共同性的问题举行联席会议解决，当时大家把它称为"五口通商"。这种经济管理体制，在当时条件下，对加强经济工作各个方面的统一协调、防止扯皮现象、提高决策和办事效率等等，曾经显示过它的优势，对于迅速实现财政经济状况的根本好转，起过重要的作用，这是应该历史地予以肯定的。

中财委成立后抓的头一件重要工作，是在刚刚解放不久的上海召开金融贸易会议，研究、部署以稳定金融物价为中心的经济工作。近代以来，中国长期遭受殖民主义、帝国主义的奴役掠夺，加上国民党蒋介石20多年的反动统治，财政枯竭，通货膨胀达到了惊人的程度。国民党从大陆败退前夕，上海主要商品批发物价指数比战前上涨了二百多万倍。恶性通货膨胀使投机活动十分猖獗，正常的生产经营活动难以进行。人民共和国建立时，国民党政府给我们留下的是经济破敝不堪的烂摊子，财政经济状况十分困难。所以，中财委成立后的首要任务，就是整治金融市场，把物价初步稳下来。稳定了物价，就稳定了人心，这才能谈到恢复秩序、恢复经济。

当时，选择在上海召开这样全国性的经济工作会议，有重大意义。上海是最大的城市，全国的经济中心。中央在决定这个问题的时候，认真考虑到需要和可能两个方面，区别不同情况，统一必须统一和有可能统一的方面，不需要统一或者暂时没有条件统一的就不统一，对于分散管理比集中统一管理效果更好的则继续维持原来的分散管理的办法。例如，对于农业生产，在中央的统一政策和方针下面，仍然主要由地方组织领导；对于国家所有的企业，划分为三种：一种是属于中央各部直接管理的企业，再一种是属于中央所有、委托地方管理的企业，第三种是划归地方管理的企业。在收入方面，地方附加粮和关税、盐税、货物税、工商税以外的地方税，照旧归地方支配。如此等等。这就是说，在财经工作的主要方面实现统一后，将继续存在分散管理的部分。所不同的是：过去是以分散管理为主，统一是次要的方面；现在则是统一管理为主，分散管理是第二位的。

财经统一有没有副作用？过去各个解放区自己管理收支，担子在自己身上，权力也在自己手里，各自核算，自求平衡，没有别的依赖，只能自己去努力开源节流。现在主要的方面统一了，弄不好，有可能助长依赖思想，不再去积极想办法，也有可能使地方感到被束缚了手脚，想有所作为而无能为力。这些问题都有可能发生，我们也并不是一点没有预计到。但是，从大局考虑，当时亟待解决的首先是把财经统一起来，如果顾虑太多，就什么事情也办不成了。陈云同志那时常说，世界上从来不会有十全十美的办法，能做到九全九美就不错了。其实，九全九美的办法也并不很多，大抵一件事利多于弊就是不错了。当然，有些问题应该有所防范，事后看注意得不够，或者来不及考虑；有些问题即使考虑了，也还是估计不足。例如，统一管理以后，发挥地方积极性的问题，如果工作做好了，把道理讲清楚，是可以解决的。实践证明，当初想得有些简单，因为这不完全是认识问题、觉悟问题。必须承认，地方、部门、单位的责任心、主动性和创造精神，在不同的管理体制下，可能发挥的程度是不同的。但是，这个道理，只是在经过了一段实践后，毛泽东同志在1956年听取工业部门汇报的过程中，大家才有了新的认识。

统一财经后，时间不长，有些方面集中统一过多的缺点就开始暴露出来了。中财委打算在1951年作些调整，分一点权给地方。就在这个时候，在湖南工作的黄克诚同志1951年2月16日给毛主席和中财委写信，批评了中南地区出现的随意上收企业、限制地方经济发展的做法，提出了应当发挥地方办工业的积极性的问题。毛主席认为黄的意见是对的，指示中财委解决。不久，政务院通过了中财委提出的《关于1951年度财政收支系统划分的决定》《国营工业生产建设的决定》和《划分中央与地方在财政经济工作上管理职权的决定》等几个文件，提出在继续保持国家财政经济工作统一领导、统一计划和统一管理的原则下，把一部分适宜于由地方政府管理的职权交给地方政府。其中包括：把一部分国营企业、一部分财经业务划归地方管理；地方的工业、财政、贸易、交通等经济事业，除保证政策、方针、重要计划和重要制度的全国统一以外，经营管理工作和政治工作都由地方负责；对地方工业，要采取积极发展的方针，鼓励和支持各级政府办工业的积极性。与此相适应，在财政体制上，实行统一领导下的中央、大区和省市三级分级管理的体制；除已经规定的地方税外，货物税、工商税等一部分税种和烟酒专卖利润实行中央和地方按比例留成的制度，依率计征的农业税超过部分也实行分成；地方工业利润在一定时期解除上缴国库的任务，用来发展地方工业；地方按年向国家交纳的折旧费，也可酌情作为国家对地方工业的投资。

关于发挥地方积极性的问题，一般说我们还是重视的。从根据地时期起，我们就有一条规矩，叫作统一领导、分级管理。建国后统一财经时，总的精神还是这个原则。当然，具体内容和权责的划分，已经因时因地有所不同。后来，毛主席又提出了发挥中央和地方两个积极性的问题，要求把统一性和独立性这两个方面结合起来。原则是有了，问题是在实际工作中并没有把这个问题解决得很好。今天看，也还有一些问题需要继续去解决。但是，有一点我想是可以而且是应该充分肯定的，那就是中央和地方两个方面的积极性必须很好地结合，不能只顾一头，这是从几十年工作中得到的一条需要经常加以注意的重要经验。

关于发挥企业积极性的问题，那时我们提出的口号是管理企业化，逐步过渡到实行独立的经济核算制。1951年5月，第一次全国工业会议专门讨论了这个问题。按照经济核算制的要求，国家在对企业规定若干生产指标与核定资金的基础上，由企业实行独立的会计制度，自负盈亏；在完成国家平衡计划的条件下，企业有权自行销售产品与收购原料，有权提取最多为30%的超计划利润作为奖励基金，以此促使企业的领导者和职工关心企业的经营状况，挖掘潜力，增加生产。这也是试图从责、权、利的结合上来调动企业的积极性。由于认识的局限，我们在这个问题上的努力是不够的。拿一个最基本也是最简单的关于企业折旧基金的归属问题，多少年来就没有得到很好的解决，还是前几年才解决的。

总的说，那时管理全国经济，我们还缺少经验。战争时期，有一些局部的经验，虽然宝贵，但照搬也不行。学习苏联的经验，新中国成立一开始就是重视的，中财委就请了苏联顾问。但是，我们也体会到不能依样画葫芦，因为两国的情况差别很大。中财委曾经专门讨论过如何对待苏联专家意见的问题，陈云同志很强调既要尊重，又不是什么都听；如果发生苏联专家的意见和中国的情况不符合，首先应当检查我们自己是否充分地向他们提供了有关情况。我们那时决定财经统一，实行以集中统一为基础的财经管理办法，老实说，是中国的情况使然。虽然不能说没有受到一些外来因素的影响，但是把它说成是照搬了某一种模式的结果，这至少是缺乏对当时历史事实的全面研究、缺乏具体分析的。我总觉得，在总结历史经验时，首先要弄清事情的全貌，弄清事情发生发展的来龙去脉、内在外在的各种联系，然后放到当时的历史环境中进行实事求是的分析，一是一，二是二。只有采取这种科学的严肃的态度，得出的经验才是最可靠的，也才是于推进现实实践最有益的。

1950年3月统一财经，同年4月财政状况开始好转，出现收支接近平衡，市场进一步稳定的可喜现象。货币的流通速度减慢了，物价稳中有降，私营企业的成交价格甚至降到国营牌价以下。与此同时，人民币的信用提高了，银行的存款大量增加，存放款利率也有所下降。上海市1950年4月1日到15日的半个月时间里，银行存款余额增加了20%，折实存款反而减少了36%，并出现了半年期的长期存款。人们终于松了一口气，因饱尝物价波动之苦形成的抢购心理开始有了变化，这是多少年不曾有过的情况。至此，新中国成立初期平抑物价、统一财经的斗争初战告捷。毛主席曾经高度评价它的意义，"不下于淮海战役"，并极为称道陈云同志的理财能力。记得有一次我在他那里谈完工作，说到陈云同志主持中财委的工作很得力，凡看准了的事是很有勇气去干的，平抑物价、统一财经就是他力主要做的，结果很快成功了。毛主席听后说："陈云同志有这样的能力，我在延安时期还没有看得出来，可称之为能。"接着，他顺手在纸上写下了一个"能"字。毛主席善于用典故抒发思想和情感。在这里，他是借用诸葛亮在《前出师表》里叙述刘备夸奖向宠的用语（"将军向宠，性行淑均，晓畅军事，试用于昔日，先帝称之曰能"），来赞扬陈云同志的理财之能。

平抑物价、统一财经初战告捷，全党、全国人民为之振奋，国内外对我党治国能力抱有怀疑的人们也不能不在事实面前刮目相看。当时，新中国的各项工作尚未走上轨道，经济尤其脆弱。在这种情况下，我们能够这样快地把金融和市场稳定下来，使恢复经济能够顺利起步，靠的是什么？主要是依靠党中央和毛主席的正确领导、全党认识与步调的一致、财政经济的统一管理，从而使政治优势加上它所转化的经济优势得到充分发挥，使我们的力量得到不断壮大。1949年10月的那次物价斗争结束后，中财委曾经在总结里指出，在市场物价问题上同资产阶级的较量，不但需要统一的指挥，而且要有保证实施这种统一指挥意图的能力。就是说，要能做到集中使用力量，灵活调度物资，全面指导物价。而要做到这些，建立全国性的贸易公司，首先是棉花、纱布、粮食等专业公司，掌握足以影响市场的物资力量，是非常重要的。四十年来，我们看过来看过去，在中国这样一个人口众多又还不富裕的大国里，要长期保持金融物价的基本稳定、经济的基本稳定，维护中央的权威、保证政治与经济必要的集中统一是不可缺少的。中央有力量，各个地区都会得到益处。旧中国一盘散沙，大家受害，这是有目共睹的。

平抑物价、统一财经的斗争也说明，中国要恢复和发展经济，决不能走通货膨胀的道路。实行通货膨胀的政策，只能使少数投机者渔利，而使绝大多数人吃亏，使从事正当生产经营活动的人吃亏。在1950年春节前后那次平抑物价的斗争中，上海的资本家吃亏比较大，叫得厉害。毛主席曾为这件事询问我们，工商业会不会出问题。银根抽紧以后，上海的资本家虽然有故意多叫苦的一面，但也确实遇到困难？对资产阶级不斗不行，斗过头也不行。收缩银根以求金融物价的稳定是必要的，但是适量投入货币以利工商业的恢复也是必需的，而且从长远看，后一方面尤其重要。因为解决财政经济问题最终还是要靠发展生产。所以，这两个方面都应同时考虑，不能顾此失彼。当时，金融市场不稳定的主要因素是货币的财政性发行。要稳定物价，就得紧缩通货；紧缩通货，工商企业必然受影响。掌握适度，不会有大问题。银根抽得过紧，就会适得其反。工商企业不能恢复生产，财政困难就会继续下去，还得靠印钞票过日子。毛主席关心这件事是有理由的。问题是在实践中，这两方面都掌握得恰到好处，很不容易。经济生活很复杂，不可能有理想化的时候。金融物价不稳定，一向是中国经济的大祸害，不认真对待，是解决不了的。当然，后来的情况说明，我们的银根抽得过紧了一些，投放货币的决断也迟了几天。从指导思想上说，中财委当时还是注意到了这两个方面。应该说，我们从新中国成立初期的实践中已开始认识到这一条经济规律，就是在中国的条件下，无论如何都不能靠通货膨胀的办法搞经济。当然这种认识不可能一次完成，需要结合经济发展的新情况不断加以深化。

1949年12月19日，中财委第八次委务会议讨论弥补赤字的办法，究竟是多发票子还是多收税？权衡的结果，都不赞成多发票子，主张用多收税的办法争取收支的平衡。陈云同志风趣地说："世上没有点金术，也没有摇钱树，又要养活五亿人吃饭，所以路只有两条，印钞票和增税。靠印钞票的路我们不能走，稳妥的办法是在税收上多想办法、打主意。"新中国成立初期，党内外在税收问题上一度流行所谓施仁政的观点，似乎收税越少越好。我们过去反对国民党的苛捐杂税，现在有些同志自己也不敢收税了。为了整理税收，力求多收一些，我们不得不耐心地做解释工作，给税务干部撑腰打气。中央还规定，在一个县里配干部，除县委书记和县长外，还要配备一个强的干部去当税务局长，把税收工作抓起来。1950年2月，中财委在给党中央、毛主席的报告里进一步申述了这个看法。报告说："现在问题的中心是，多收税少发钞票，还是少收税多发钞票？路子只有两条。少收必得多发，想少发必得多收；不是多收便要多发，此外别无出路。有人要求少收，而又要物价稳，这办不到。收税和发钞票这两者比较，在可能限度内，多收一点税，比多发钞票，危害较小。这样做，工商业负担虽稍重，但物价平稳，对正当的工商业有好处。反之，物价波动大，任何人也不愿拿出钱去经营工商业，资金都囤积在物资上，或放在家中不用，劳动者也跟着没有活儿干了。这样，势必造成资金和劳动力的浪费，使生产受到严重影响。有人说，'温和的'物价上涨可以刺激生产，这种说法我们认为是不妥当的。物价的波动，只能打击生产，使经济停滞，这是后退的办法。少发行多收税，负担是重了些，但物价平稳，经济逐渐发展，则不失为一种前进的办法。"我们在随后几十年的经济工作中，基本上坚持了这样的指导方针，不走依靠通货膨胀的道路。事实证明，这符合我国的国情。[1]

七届三中全会

初战胜利，并不等于全面胜利。毛泽东深知这一点，陷入新的沉思。

早在建国前夕，毛泽东就提出过城市经济工作政策的"十六字方针"，也叫"四面八方"政策，有力地推动了国民经济的恢复工作。

陶鲁笳回忆"四面八方"政策提出过程，说：

1949年4月，获得和平解放已经两个多月的北平，春寒料峭，人民群众仍然沉浸在欢庆胜利的巨大喜悦之中，处处洋溢着热气腾腾、欣欣向荣的青春活力。此时此地，我作为太行区党委书记正同前任书记冷楚、宣传部长周璧参加中共中央华北局召开的会议，听取传达和学习党的七届二中全会文件。冷、周二同志早在1月即已受命带领大批干部随军到新区福建工作，眼下正待机南下。

从4月6日至14日的八天会议生活，是在极为热烈、兴奋、舒畅的气氛中度过的，这是与会同志的共同感觉。而使我们三人感到格外兴奋的事是会议进行中的一天，华北局书记薄一波向我们透露了毛主席同意接见我们三人的消息，并告诉了接见的日期。这是我们三人向一波同志表达过的共同夙愿。如此特大的喜讯，怎能不使我们欣喜若狂呢！

这个至今镂刻心中、终生难忘的日子到来了。4月15日，即华北局会议结束后的次日，我们三人带着一波同志的介绍信，驱车前往毛主席当时的住地——北平香山的双清别墅。那天，晴空万里，万物复苏。我们满怀激情，向着香山那峻拔雄巍的山峰奔驰。车到双清别墅，工作人员热情地接待我们在客厅里稍候。客厅里流水潺潺的假山、绚丽多彩的盆景、幽静清新的氛围，使人油然感到春的温暖。

不一会儿，毛主席和朱总司令面带笑容走进了客厅，我们三人站起来迎上前去同主席、总司令亲切握手。

……

谈话一开头，毛主席一一询问了我们的姓名、籍贯、年龄、学历、职务等等。后来我才知道，这是毛主席同干部、工人、农民、知识分子初次接触时特有的谈话方式。这种拉家常式的谈话，可以使人感到放松亲切。紧接着毛主席询问了太行区农民生产、生活的情况，朱总司令还询问了手工业恢复发展的情况，我们分别作了简要汇报。本来我们期望毛主席能给我们讲讲当前的政治、军事形势，但出乎我们的期望，他没有讲这方面的问题，却兴致勃勃地畅谈了"四面八方"的经济政策。

毛主席的这次重要谈话，我于1949年5月3日在太行区党委会议上作了口头传达。现在根据查找到的会议记录稿摘录如下：

我们的经济政策可以概括为一句话，叫作"四面八方"。什么叫"四面八方"？"四面"即公私、劳资、城乡、内外。其中每一面都包括两方，所以合起来就是"四面八方"。这里所说的内外，不仅包括中国与外国，在目前，解放区与上海也应包括在内。我们的经济政策就是要处理好"四面八方"的关系，实行公私兼顾、劳资两利、城乡互助、内外交流的政策。

关于劳资两利，许多同志只注意到其中的一方，而不注意另一方。你们看二中全会决议中讲到我们同自由资产阶级之间有限制和反限制的斗争。目前的侧重点，不在于限制而在于联合自由资产阶级。那种怕和资本家来往的思想是不对的。如果劳资双方不是两利而是一利，那就是不利。为什么呢？只有劳利而资不利，工厂就要关门；如果只有资利而劳不利，就不能发展生产。公私兼顾也是如此，只能兼顾，不能偏顾。偏顾的结果就是不顾，不顾的结果就要垮台。四个方面的关系中，公私关系、劳资关系是最基本的。二中全会决议中提出要利用城乡资本主义的积极性，不这样就不行。新富农是农村的资产阶级，要发挥他们的积极性，现在他们要求发展生产，是适合我们需要的。

"四面八方"缺一面，缺一方，就是路线错误、原则的错误。世界上除了"四面八方"之外，再没有什么"五面十方"。照顾到"四面八方"，这就叫全面领导。在工厂开展生产运动，不但要召集工人开会，把工人群众发动起来；而且也要召集资本家开会，和他们说通，把他们也发动起来。合作社也要公私兼顾，只顾公的方面，不顾私的方面，就要垮台。

实行"四面八方"的经济政策，要注意到，我们现在是工人阶级、农民阶级、小资产阶级和自由资产阶级的联盟，这四个阶级联合起来反对封建主义、帝国主义、官僚资本主义。国民党就是这三个反动势力的代表。全国胜利以后，还要集中力量对付帝国主义。

当然，在实行"四面八方"的经济政策时，对投机商业不加限制是不对的。应当在政策上加以限制，但限制不是打击，而是要慢慢引导他们走上正当的途径。我们要团结资本家，许多同志都不敢讲这个话。要了解，现在没有资本家是不行的。

上面所引的毛主席的五段话，篇幅不足千字，却是当时在经济政策问题上，统一全党的思想认识、迅速恢复和发展生产、巩固新生的人民政权的锐利思想武器。[2]

为了全面分析新中国成立以来，特别是统一财经、稳定物价以后的形势，总结前一段的工作，明确以后的任务，统一认识，统一行动，中共中央于1950年6月6日至9日在北京召开了七届三中全会。毛泽东在会上作了题为《为争取国家财政经济状况的基本好转而斗争》的报告和题为《不要四面出击》的讲话。

毛泽东在书面报告中首先分析了国际国内形势：

目前的国际情况对于我们是有利的。以苏联为首的世界和平民主阵线比去年更为壮大。世界各国争取和平反对战争的人民运动有了发展。欲挣脱帝国主义压迫的民族解放运动有了广大的发展，其中特别值得注意的是日本人民和德国人民反对美国占领的群众运动已经起来，东方各被压迫民族的人民解放斗争有了发展。同时，帝国主义国家之间的矛盾，主要的是美国和英国之间的矛盾也发展了。美国资产阶级内部各派之间的争吵和英国资产阶级内部各派之间的争吵也增多了。与此相反，苏联及各人民民主国家相互之间的关系则是很团结的。具有伟大历史意义的新的中苏条约，巩固了两国的友好关系，一方面使我们能够放手地和较快地进行国内的建设工作，一方面又正在推动着全世界人民争取和平和民主反对战争和压迫的伟大斗争。帝国主义阵营的战争威胁依然存在，第三次世界大战可能性依然存在。但是，制止战争危险，使第三次世界大战避免爆发的斗争力量发展得很快，全世界大多数人民的觉悟程度正在提高。只要全世界共产党能够继续团结一切可能的和平民主力量，并使之获得更大的发展，新的世界战争是能够制止的。国民党反动派所散布的战争谣言是欺骗人民的，是没有根据的。

　　目前我们国家的情况是：中华人民共和国中央人民政府及各级地方人民政府已经成立。苏联、各人民民主国家及若干资本主义国家已经先后和我国建立了外交关系。战争已在大陆上基本结束，只有台湾和西藏还待解放，还是一个严重的斗争任务。国民党反动派在大陆若干地区内采取了土匪游击战争的方式，煽动了一部分落后分子，和人民政府作斗争。国民党反动派又组织许多秘密的特务分子和间谍分子反对人民政府，在人民中散布谣言，企图破坏共产党和人民政府的威信，企图离间各民族、各民主阶级、各民主党派、各人民团体的团结和合作。特务和间谍们又进行了破坏人民经济事业的活动，对于共产党和人民政府的工作人员采取暗杀手段，为帝国主义和国民党反动派收集情报。所有这些反革命活动，都有帝国主义特别是美帝国主义在背后策动。这些土匪、特务和间谍，都是帝国主义的走狗。人民解放军自从1948年冬季取得辽沈、淮海、平津三大战役的决定性胜利以后，从1949年4月21日开始渡江作战起至现在为止的十三个半月内，占领了除西藏、台湾及若干其他海岛以外的一切国土，消灭了183万国民党反动派的军队和98万土匪游击队，人民公安机关则破获了大批的反动特务组织和特务分子。现在人民解放军在新解放区仍有继续剿灭残余土匪的任务，人民公安机关则有继续打击敌人特务组织的任务。全国大多数人民热烈地拥护共产党、人民政府和人民解放军。人民政府在最近几个月内实现了全国范围的财政经济工作的统一管理和统一领导，争取了财政的收支平衡，制止了通货膨胀，稳定了物价。全国人民用交粮、纳税、买公债的行动支持了人民政府。我们国家去年有广大的灾荒，约有一亿二千亩耕地和四千万人民受到轻重不同的水灾和旱灾。人民政府组织了对灾民的大规模的救济工作，在许多地方进行了大规模的水利建筑工作。今年年成比去年好，夏收看来一般是好的。如果秋收也是好的，那就可以想象，明年的光景会比今年要好些。帝国主义和国民党反动派的长期统治，造成了社会经济的不正常状态，造成了广大的失业群。革命胜利以后，整个旧的社会经济结构在各种不同的程度上正在重新改组，失业人员又有增多。这是一件大事，人民政府业已开始着手采取救济和安置失业人员的办法，以期有步骤地解决这个问题。人民政府进行了广大的文化教育工作，有广大的知识分子和青年学生参加了新知识的学习，或者参加了革命工作。人民政府对于合理地调整工商业，改善公私关系和劳资关系，已经做了一些工作，现正用大力继续做此项工作。

中国是一个大国，情况极为复杂，革命是在部分地区首先取得胜利，然后取得全国的胜利。符合于此种情况，凡在老解放区（约有1.6亿人口），土地改革已经完成，社会秩序已经安定，经济建设工作已经开始走上轨道，大多数劳动人民的生活已经有所改善，失业工人和失业知识分子的问题已经解决（东北），或者接近于解决（华北及山东）。特别是在东北，已经开始了有计划的经济建设。在新解放区（约有3.1亿人口），则因为解放的时间还只有几个月、半年，或者一年，还有四十余万分散在各个偏僻地方的土匪待我们去剿灭，土地问题还没有解决，工商业还没有获得合理的调整，失业现象还是严重地存在，社会秩序还没有安定。一句话，还没有获得有计划地进行经济建设的条件。因此，我曾说过："我们现在在经济战线上已经取得的一批胜利，例如财政收支接近平衡、通货停止膨胀和物价趋向稳定等等，表现了财政经济情况的开始好转，但这还不是根本的好转。"

根据以上对形势全面客观的分析，毛泽东提出了用三年左右时间争取国家财政经济状况根本好转，为有计划进行经济建设创造条件，并认为要获得财经情况的根本好转，需要3个条件，必须做好8项工作：

要获得财政经济情况的根本好转，需要三个条件，即：（一）土地改革的完成；（二）现有工商业的合理调整；（三）国家机构所需经费的大量节减。要争取这三个条件，需要相当的时间，大约需要三年时间，或者还要多一点。全党和全国人民均应为创造这三个条件而努力奋斗。我和大家都相信，这些条件是完全有把握地能够在三年左右的时间内争取实现的。到了那时，我们就可以看见我们国家整个财政经济状况的根本好转了。

为此目的，全党和全国人民必须一致团结起来，做好下列各项工作：

（一）有步骤有秩序地进行土地改革工作。因为战争已经在大陆上基本结束，和1946年至1948年的情况（人民解放军和国民党反动派进行着生死斗争，胜负未分）完全不同了，国家可以用贷款方法去帮助贫农解决困难，以补贫农少得一部分土地的缺陷。因此，我们对待富农的政策应有所改变，即由征收富农多余土地财产的政策改变为保存富农经济的政策，以利于早日恢复农村生产，又利于孤立地主，保护中农和保护小土地出租者。

（二）巩固财政经济工作的统一管理和统一领导，巩固财政收支的平衡和物价的稳定。在此方针下，调整税收，酌量减轻民负。在统筹兼顾的方针下，逐步地消灭经济中的盲目性和无政府状态，合理地调整现有工商业，切实而妥善地改善公私关系和劳资关系，使各种社会经济成分，在具有社会主义性质的国营经济领导之下，分工合作，各得其所，以促进整个社会经济的恢复和发展。有些人认为可以提早消灭资本主义，实行社会主义，这种思想是错误的，是不适合我们国家情况的。

（三）在保障有足够力量用于解放台湾、西藏，巩固国防和镇压反革命的条件之下，人民解放军应在1950年复员一部分，保存主力。必须谨慎地进行此项复员工作，使复员军人回到家乡安心生产。行政系统的整编工作是必要的，亦须适当地处理编余人员，使他们获得工作和学习的机会。

（四）有步骤地谨慎地进行旧有学校教育事业和旧有社会文化事业的改革工作，争取一切爱国的知识分子为人民服务。在这个问题上，拖延时间不愿改革的思想是不对的，过于性急，企图用粗暴方法进行改革的思想也是不对的。

（五）必须认真地进行对于失业工人和失业知识分子的救济工作，有步骤地帮助失业者就业。必须继续认真地进行对于灾民的救济工作。

（六）必须认真地团结各界民主人士，帮助他们解决工作问题和学习问题，克服统一战线工作中的关门主义倾向和迁就主义倾向。必须认真地开好足以团结各界人民共同进行工作的各界人民代表会议。人民政府的一切重要工作都应交人民代表会议讨论，并作出决定。必须使出席人民代表会议的代表们有充分的发言权，任何压制人民代表发言的行动都是错误的。

（七）必须坚决地肃清一切危害人民的土匪、特务、恶霸及其他反革命分子。在这个问题上，必须实行镇压与宽大相结合的政策，即首恶者必办，胁从者不问，立功者受奖的政策，不可偏废。全党和全国人民对于反革命分子的阴谋活动，必须提高警惕性。

（八）坚决地执行中央关于巩固和发展党的组织的指示，关于加强党和人民群众联系的指示，关于开展批评和自我批评的指示，关于全党整风的指示。鉴于我们的党已经发展到450万人，今后必须采取谨慎地发展党的组织的方针，必须坚决地阻止投机分子入党，妥善地洗刷投机分子出党。必须注意有步骤地吸收觉悟工人入党，扩大党组织的工人成分。在老解放区，一般应停止在农村中吸收党员。在新解放区,在土地改革完成以前,一般不应在农村中发展党的组织,以免投机分子乘机混入党内。全党应在1950年的夏秋冬三季,在和各项工作任务密切地相结合而不是相分离的条件之下,进行一次大规模的整风运动,用阅读若干指定文件,总结工作,分析情况,展开批评和自我批评等方法,提高干部和一般党员的思想水平和政治水平,克服工作中所犯的错误,克服以功臣自居的骄傲自满情绪,克服官僚主义和命令主义,改善党和人民的关系。〔3〕

毛泽东在会上又作了《不要四面出击》的讲话。这个讲话对他在七届三中全会上的书面报告作了进一步的说明,并在分析当前各阶级关系、统一战线形势的基础上,提出了正确的策略方针和具体措施。

在讲话中,毛泽东清醒地估计了胜利面前的困难和敌友状况,尤其是与民族资产阶级的紧张关系:

在伟大胜利的形势下,我们面前还有很复杂的斗争,还有许多困难。

我们已经在北方约有1.6亿人口的地区完成了土地改革,要肯定这个伟大的成绩。我们的解放战争,主要就是靠这1.6亿人民打胜的。有了土地改革这个胜利,才有了打倒蒋介石的胜利。今年秋季,我们就要在约有3.1亿人口这样广大的地区开始土地改革,推翻整个地主阶级。在土地改革中,我们的敌人是够大够多的。第一,帝国主义反对我们;第二,台湾、西藏的反动派反对我们;第三,国民党残余、特务、土匪反对我们;第四,地主阶级反对我们;第五,帝国主义在我国设立的教会学校和宗教界中的反动势力,以及我们接收的国民党的文化教育机构中的反动势力,反对我们。这些都是我们的敌人。我们要同这些敌人作斗争,在比过去广大得多的地区完成土地改革,这场斗争是很激烈的,是历史上没有过的。

同时,革命胜利引起了社会经济改组。这种改组是必要的,但暂时也给我们带来很重的负担。由于社会经济改组和战争带来的工商业的某些破坏,许多人对我们不满。现在我们跟民族资产阶级的关系搞得很紧张,他们惶惶不可终日,很不满。失业的知识分子和失业的工人不满意我们,还有一批小手工业者也不满意我们。在大部分农村,由于还没有实行土地改革,又要收公粮,农民也有意见。

针对上述状况,毛泽东提出了孤立和打击当前敌人,把人民中间不满意我们的人变成拥护我们的策略总方针,以及改善与各同盟阶级尤其与民族资产阶级关系的具体办法:

我们当前总的方针是什么呢?就是肃清国民党残余、特务、土匪,推翻地主阶级,解放台湾、西藏,跟帝国主义斗争到底。为了孤立和打击当前的敌人，就要把人民中间不满意我们的人变成拥护我们的人。这件事虽然现在有困难，但是我们总要想各种办法来解决。

我们要合理地调整工商业，使工厂开工，解决失业问题，并且拿出二十亿斤粮食解决失业工人的吃饭问题，使失业工人拥护我们。我们实行减租减息、剿匪反霸、土地改革，广大农民就会拥护我们。我们也要给小手工业者找出路，维持他们的生活。对民族资产阶级，我们要通过合理调整工商业，调整税收，改善同他们的关系，不要搞得太紧张了。对知识分子，要办各种训练班，办军政大学、革命大学，要使用他们，同时对他们进行教育和改造。要让他们学社会发展史、历史唯物论等几门课程。就是那些唯心论者，我们也有办法使他们不反对我们。他们讲上帝造人，我们讲从猿到人。有些知识分子老了，七十几岁了，只要他们拥护党和人民政府，就把他们养起来。

全党都要认真地、谨慎地做好统一战线工作。要在工人阶级领导下，以工农联盟为基础，把小资产阶级、民族资产阶级团结起来。民族资产阶级将来是要消灭的，但是现在要把他们团结在我们身边，不要把他们推开。我们一方面要同他们作斗争，另一方面要团结他们。要向干部讲明这个道理，并且拿事实证明，团结民族资产阶级、民主党派、民主人士和知识分子是对的，是必要的。这些人中间有许多人过去是我们的敌人，现在他们从敌人方面分化出来，到我们这边来了，对这种多少有点可能团结的人，我们也要团结。团结他们，有利于劳动人民。现在我们需要采取这个策略。

团结少数民族很重要。全国少数民族大约有三千万人。少数民族地区的社会改革，是一件重大的事情，必须谨慎对待。我们无论如何都不能急躁，急了会出毛病。条件不成熟，不能进行改革。一个条件成熟了，其他条件不成熟，也不要进行重大的改革。当然，这并不是说不要改革。按照《共同纲领》的规定，少数民族地区的风俗习惯是可以改革的。但是，这种改革必须由少数民族自己来解决。没有群众条件，没有人民武装，没有少数民族自己的干部，就不要进行任何带群众性的改革工作。我们一定要帮助少数民族训练他们自己的干部，团结少数民族的广大群众。

总之，我们不要四面出击。四面出击，全国紧张，很不好。我们绝不可树敌太多，必须在一个方面有所让步、有所缓和，集中力量向另一方面进攻。我们一定要做好工作，使工人、农民、小手工业者都拥护我们，使民族资产阶级和知识分子中的绝大多数人不反对我们。这样一来，国民党残余、特务、土匪就孤立了，地主阶级就孤立了，台湾、西藏的反动派就孤立了，帝国主义在我国人民中间就孤立了。我们的政策就是这样，我们的战略策略方针就是这样，三中全会的路线就是这样。[4]

七届三中全会是新中国成立初期党中央的一次最重要的会议。毛泽东在会上作的报告和讲话，为三年经济恢复时期党的工作规定了明确的战略目标和策略路线，成为国民经济恢复时期的行动纲领。整个国民经济恢复时期，党和政府的工作基本上是按照毛泽东在报告和讲话中所指明的方向和步骤前进的。尽管七届三中全会结束不久就发生了朝鲜战争，新中国不得不付出重大代价投入到抗美援朝的伟大斗争中，但毛泽东在七届三中全会上提出的历史任务——争取国家财政经济状况的基本好转，仍然在1952年得到了圆满的完成。

调整工商业

稳定物价也带来一些副作用。1950年春夏之交，全国经济生活中出现了市场萧条，私营工商业经营困难，部分私营工商户关门、歇业，造成新的失业现象。这些困难从根本上说，在剧烈的社会变革中是很难避免的。同时，政府工作中也确实存在一些缺点和问题。一是平抑物价的措施有些过猛，对于正常的工商经营活动产生了一些副作用；二是有些同志滋生了对民族资产阶级的"左"的情绪，企图挤垮一些私营工商业。

为了克服私营工商业遇到的困难，稳定他们的生产情绪，1950年春夏，中共中央多次召开会议进行研究，毛泽东发表不少重要言论，对决定调整工商业起了很大作用。

薄一波回顾毛泽东在一次中央会议上的讲话说：

1950年3月、4月份，中央先后召开了有各大区负责人参加的工作会议和政治局会议，为七届三中全会作准备。毛主席在政治局会议上说："中央人民政府成立以后，主要是抓了一个财政问题。目前财政经济的好转还只是财政的好转，并不是经济的好转；财政的好转也只能说是开始好转，根本好转需要完成土地制度的改革。目前财政上已经打了一个胜仗，现在的问题要转到搞经济上，要调整工商业。"会议明确指出，调整工商业的原则是公私兼顾、劳资两利，要纠正一些干部中存在的想挤垮私营工商业的不正确思想和做法。毛主席说："和资产阶级合作是肯定了的，不然《共同纲领》就成了一纸空文，政治上不利，经济上也吃亏。'不看僧面看佛面'，维持了私营工商业，第一，维持了生产；第二，维持了工人；第三，工人还可以得些福利。当然中间也给资本家一定的利润。但比较而言，目前发展私营工商业，与其说对资本家有利，不如说对工人有利，对人民有利。"[5]

1950年3月，中共中央统战部召开了第一次全国统战工作会议。当时任中央统战部部长的李维汉，事后回忆了一些同志在这次会上暴露出的"左"的思想，以及毛泽东对此的看法：

为着统一和提高党内对统一战线工作的认识，研究新中国成立初期统战工作的方针任务和各方面统战工作的基本政策，经中央批准，我们在1950年3月召开了第一次全国统战工作会议。会前，经过部里集体讨论研究，我起草了题为《人民民主统一战线的新的形势与任务》的报告提纲，经中央和毛泽东同志审阅同意，提交全国统战工作会议讨论。这个报告提纲对建国初期统一战线的形势和任务以及各方面的基本政策作了明确的阐述。

……

这个报告提纲提交全国统战工作会议讨论后，争论较多的主要是两个问题，集中地反映出当时党内严重存在的"左"的思想倾向。

第一是对民族资产阶级的方针问题，是"团结为主"还是"斗争为主"？是节制资本还是搞垮资本？有的同志在会上发言提出，"今天的斗争对象，主要是资产阶级"。资本家要求划分国营和私营的经营范围，"我们不允许"。国营经济要"无限制地发展"。国营经济"越发展，就越要排挤私营，例如火柴工业是有利于国计民生的，国营生产很多，对私营即可不必扶持，甚至禁止"。对于资本家提出不要与民（即民族资产阶级）争利的问题，说我们就是要"与民争利"，我们就是"只许州官放火，不准百姓点灯。大资本家要停工，就让他停工"，等等。按照这种思想搞下去，对私人资本主义经济就不是党的七届二中全会所确定的利用和限制的政策，而是要排挤掉；对民族资产阶级就不是采取统一战线政策，继续团结它们，而是要立即消灭资产阶级。

第二是关于民主党派的性质、作用和党对民主党派的方针问题。有的同志说，"民主党派应是我党的外围，应是一个进步分子的团体，应由大到小，由多到少，由政治上的复杂到统一，由与我党有距离到无差别，不应在政治上去抬高他们，在组织上去扩大他们，为我们找下麻烦"。有的同志认为，革命已经胜利了，民主党派"任务已尽"，认为"民主党派是包袱""可有可无"。这种思想实际上就是要取消民主党派。

毛泽东同志听取了会议的汇报，针对会议中反映出来的问题，作了重要指示。

对于民主党派问题，毛泽东强调指出，要充分看到民主党派的作用。有人认为民主党派只是一根头发的功劳，一根头发拔去不拔去都没有什么关系。这种说法是不对的。民主党派和民主人士是联系资产阶级、小资产阶级的，从他们背后的联系看，就不是一根头发，而是一把头发，就不可藐视。其实，他们起的作用很大，从整体看，从长远看，必须要民主党派。对民主党派的经费问题，干部学习和失业问题，都要帮助解决，要把他们的干部看成跟我们的干部一样。要搞好同党外人士工作的关系,要照顾他们的生活。我们对民主党派在抗战时有"团结、抗战、进步"的口号,今天应该是"团结、建设、进步"。

毛泽东同志还针对党内严重存在的"左"倾关门主义倾向,强调要在党内广泛开展对统一战线政策的宣传教育。他指出,《共产党宣言》1883年德文版序言中说,"被剥削与被压迫的阶级(无产阶级)如果不同时使整个社会永远摆脱剥削、压迫和阶级斗争,就不再能使自己从剥削它压迫它的那个阶级(资产阶级)下解放出来"。整个《宣言》的基本思想,就是:工人阶级只有解放全人类才能最后解放自己。中国工人阶级只要求得自己的解放不行,必须求得4个阶级的共同解放,对地主也要改造他们,否则,工人阶级自己就不能得到解放。毛泽东同志的这段话,把统战工作提高到无产阶级解放全人类的战略需要的高度,这样就把统一战线的重要性给彻底说透了。[6]

毛泽东对这次统战会议工商组讨论会的一份发言记录稿,作了重要批语。关于毛泽东这个批语的来历,薄一波写道:

在1950年4月政治局会议上,毛主席说:"我们是一个大党,策略上要特别注意。尤其是我们现在胜利了,要巩固胜利,更要注意,要反对'左'的思想和'左'的做法。"在这次会议上,周总理提到了中国人民银行总行主要负责同志在统战工作会议上的发言(以下简称"发言",这个发言反映了对民族资产阶级的"左"的情绪)。他当时认为可能只是个别人的看法。会后,他发现中南区有一位参加中央财政会议的同志回去传达时,也是这样讲的,才引起警觉,把那份"发言"打印出来,送给了毛主席和少奇同志,也给了我一份。毛主席看到这个材料,很重视,作了许多批注,送给少奇、朱德、恩来、陈云以及彭德怀、林彪、彭真、胡乔木和我看,也送给发言者本人一份。[7]

在这份发言稿上,毛泽东批注如下:

在发言记录稿谈到"今天斗争对象,主要是资产阶级"处,毛泽东批:"今天的斗争对象主要是帝国主义、封建主义及其走狗国民党反动派残余,而不是民族资产阶级。对于民族资产阶级是有斗争的,但必须团结它,是采用既团结又斗争的政策以达团结它共同发展国民经济之目的。"

在发言记录稿谈到对私营工商业的限制和排挤处,毛泽东批:"应限制和排挤的是那些不利于国计民生的工商业,即投机商业、奢侈品和迷信品工商业,而不是正当的有利于国计民生的工商业,对这些工商业,当它们困难时,应给以扶助使之发展。"

在发言记录稿谈到私营工商业"要求划分阵地,要河水不犯井水,我们不允许"处,毛泽东批:"应当划分阵地,即划分经营范围。讲得很幼稚。"

在发言记录稿谈到"我们的政策,是要'与民争利'。但他们所谓的

'民',是资产阶级。我们则要争于人民有利的事情。我们说,我们就是'只许州官放火,不许老百姓点灯'。但这里的'州官'是人民,我们放火可以,你们点灯就违反群众利益"处,毛泽东批:"完全错误的说法。"

在发言记录稿谈到"国营经济是无限制地发展"处,毛泽东批:"这是长远的事,在目前阶段不可能无限制地发展,必须同时利用私人资本。"

在发言记录稿谈到"'与民争利',表现在粮食、花纱布、火柴、百货、盐的控制"处,毛泽东批:"除盐外,应当划定范围,不要垄断一切。""只能控制几种主要商品(粮布油煤)的一定数量,例如粮食的三分之一等。"

在发言记录稿谈到"百货公司必须建立,不然即不能稳定物价"处,毛泽东批:"建立百货公司,并不是代替全部商业。"

在发言记录稿谈到"大资本家要停工,我们就让他停工。我们有钱,就接收过来"处,毛泽东批:"这是不对的。"

1950年4月13日,毛泽东在中央人民政府委员会第七次会议上发表讲话,强调政府财经领导机关今后一段时间的工作重点,是调整工商业。当时的《人民日报》作了如下报道:

毛泽东主席就陈云主任的报告说:"政务院财政经济委员会过去6个月在整理收支、稳定物价方面的工作有了很大的成绩。财经委员会的方针是正确的。工作中还有一些缺点,应当注意改正。"毛主席说,"我们国家的财政情况已开始好转,这是很好的现象。但整个财政经济情况的根本好转需要有三个条件,即:土地改革的完成、现有工商业的合理调整和国家军政费用的大量节减,这些应当争取逐步实现,也是完全可以实现的,那时就可以出现根本的好转。今后几个月内政府财经领导机关的工作重点,应当放在调整公营企业与私营企业以及公私企业各个部门的相互关系方面,极力克服无政府状态。"毛主席说,《共同纲领》的规定,"在经营范围、原料供给、销售市场、劳动条件、技术设备、财政政策、金融政策等方面,调剂各种社会经济成分在国营经济领导之下,分工合作,各得其所",必须充分实现,方有利于整个人民经济的恢复和发展。现在已经发生的在这方面的某些混乱思想,必须澄清。[8]

在纠正急于排挤私人资本主义企业的倾向,谨慎地调整工商业的过程中,毛泽东1950年4月16日给陈毅的复电里,肯定了上海市在处理税收问题和失业问题时采取征得各方同意后妥善进行的正确做法,并从原则上提出了这样一个重要思想:"目前处在转变的紧张时期,力争使此种转变进行得好一些,不应当破坏的事物,力争不要破坏,或破坏得少一些,你们把握了这一点,就可以减少阻力,就有了主动权。"

在七届三中全会上的报告和讲话中,毛泽东把合理调整工商业,正确对待民族资产阶级,作为一项主要政策规定下来。

从1950年4月以后,陈云领导的中央财经委员会采取了一系列措施,调整工商业,处理公私关系和劳资关系,取得了一些成绩。但由于抗美援朝开始,调整工商业工作未能坚持到底,还遗留下了一些问题没有得到解决。

指导新区土地改革

为了解放农村生产力,实现"耕者有其田"的目标,早在第二次国内革命战争时期,中共就提出和实行了彻底的土地革命纲领,到1949年10月,华北、东北等老解放区和半老解放区(约占全国面积的1/3)已经完成了土地改革。但是,在其他广大的新解放区(简称新区),主要是华东、中南、西南、西北等地区(约占全国面积的2/3)土地改革还没有进行,封建土地剥削制度尚未废除。

指导新区土地改革,是毛泽东领导恢复国民经济的主要内容之一。1949年底至1950年上半年,毛泽东集中精力于新区土改的路线政策制定和调整工作。1950年冬新区土改展开后,他又针对新情况新问题作出具体的指示,以保证土改沿着正确的轨道进行。

在苏联访问期间,毛泽东就开始督促新区领导机关作土改准备工作。接到1950年1月9日华东局第一书记饶漱石的报告后,毛泽东于1月13日致电饶漱石,作出关于土改准备工作的指示:

土改准备工作中改造区乡政权极为重要,并须如期完成,否则不可能进行土改。为了在今年冬季进行土改,必须在今年春夏秋三季完成土改的各项准备工作,时间颇紧,必须十分抓紧督促才能有成。华东军政委员会似宜早成立执行任务。

同日,毛泽东就中南地区土改工作等问题致电林彪:

(一)中南全区要在今年冬季进行土改,则今年春夏秋三季必须完成土改的各项准备工作,时间颇紧,必须妥为计划督促,才能有成。饶漱石1月9日给中央的报告中,提到在今年1、2、3月农闲时间华东各省普遍开一两次区乡农民代表会议完成区乡政权的改造,作为土改先决条件之一,这是极重要的,否则即不能进行土改。你们是否已令各省进行此项工作。(二)饶漱石又说,华东全区多数市县已开了各界人民代表会议,未开的今年1、2、3月内可以普遍开一次。中南各省情形如何,是否可以于今年1、2、3月内普遍开一次市的及县的各界人民代表会议。(三)中南局对华南分局的工作指导是否已密切抓紧，如同你们对湘鄂赣豫各省委那样。以上几点请加注意并电告为盼。

1月17日，毛泽东又发出关于陕甘宁三省土改部署的电报。他指出："陕甘宁三省今冬只在部分地区进行土改，取得经验，推迟至明冬普遍进行土改，是比较妥当的。"

访苏回国不久，毛泽东在给南方及西北几个中央局的电报（3月12日）中指出，现在"需要修改土地法及其他有关土改的文件，并颁布出去，以利新区各省土改干部的学习，方有利于今年秋后开始土改，否则将错过时机，陷于被动"。

4月28日，毛泽东就起草土地法草案、整训参加土改的干部等问题，致电华东、中南、西南、西北各中央局负责同志。电报说：

漱石、子恢、小平、德怀同志：

下列各点请予电复：（一）目前春耕状况如何，所属各省区党委是否已集中主要注意力从事春耕生产的组织和领导，农民缺乏种子肥料及食粮的问题是否可以得到解决，今年是否有争取一个丰收年成的希望，此事关系极为重大，务望注意。（二）华东局、中南局各担任起草一个土地法草案，是否已在着手，我们希望你们能于5月10日起草完成，5月15日以前送到中央，是否能做到。除一个一般的土地法外，是否还需要发一个关于土改工作的指示，规定土改工作中的许多具体办法，你们是否正在准备起草此项指示。再则，此项指示由各区军政委员会各自发布为好，还是由政务院统一发布为好。总之，不论土地法或土改指示，均希望你们能于5月15日以前送到中央，以便中央及政务院能于5月下半月加以决定，6月1日公布。再则，华东局已经准备了为着土改目的而使用的72 000个干部，并准备于土地法令公布后的几个月内加以集中整训及学习土改，中南局及西北局关于此项干部的准备情况如何？（三）整训干部已经成了极端迫切的任务，各阶层人民相当普遍地不满意我们许多干部的强迫命令主义的恶劣作风，尤其是表现于征粮收税和催缴公债等项工作中的上述作风，如不及时加以整顿，即将脱离群众。你们对于此项整训工作是否正在筹划，有无关于整干的计划（步骤）及指示。

毛泽东
4月28日

在指导、督促新区各中央局做好土改各项准备工作的同时，毛泽东集中精力考虑土改政策，主要是对富农政策的调整问题。

1949年11月，在政治局会议上讨论新区农村政策时，毛泽东正式提出："江南土改时，要慎重对待富农。"意即要转变党以前的富农政策（打击或消灭富农）。

访苏期间,毛泽东就新解放区土改中对待富农政策问题,向斯大林通报了中共中央的初步考虑。1950年2月17日,毛泽东、周恩来联名致电在国内主持工作的刘少奇,就送审的政务院《关于新解放区土地改革和征收公粮的指示》草案作复时,转达了斯大林的意见。电报说:

少奇同志:

关于新区土改征粮指示草案电收到。一般甚好,而且亟须适时发出。唯第四部分因涉及分配土地问题本身,可否暂缓发表。因斯大林同志曾在我向其报告土改政策时,提议将分配地主土地与分配富农土地分成两个较长的阶段来做,即使目前农民要求分配富农多余的土地,我们固不禁止,但也不要在法令上预作肯定。我们虽对中国半封建富农作了解释,并说明对资本主义富农并不没收,他仍举十月革命后的苏联为例,要我们把反富农看成是严重斗争。他的中心思想是在打倒地主阶级时,中立富农并使生产不受影响。去年11月政治局会议时关于江南土改应慎重对待富农的问题亦曾提到过,因此事不但关系富农而且关系民族资产阶级,江南土改的法令必须和北方土改有些不同,对于1933年文件及1947年土地法等,亦必须有所修改。故我们主张目前政务院只发表新区土改征粮指示的前三部分,而将第四部分留待我们归后讨论。如须修改,则可推迟至4月再行发表另一关于土改本身的文件。如同意,可向党外民主人士解释第四部分为今年秋后方始实行的政策,不妨从长计议,待毛主席归后再行决定及发表。

毛泽东
周恩来
2月17日7时

薄一波在回忆录中还提到:

3月12日,毛主席致电邓子恢(中南局),并告林彪(中南局)、饶漱石(华东局)、叶剑英(华南分局)、彭德怀(西北局)、邓小平(西南局),除同意邓子恢同志不随林彪来京开会外,重点是请他们就正在召开的各省负责同志会议,征询对待富农政策的意见电告中央。电报说:

"在今冬开始的南方几省及西北某些地区的土地改革运动中,不但不动资本主义富农,而且不动半封建富农,待到几年之后再去解决半封建富农问题。请你们考虑这样做是否有利些。这样做的理由:第一是土改规模空前伟大,容易发生过"左"偏向,如果我们只动地主不动富农,则更能孤立地主,保护中农,并防止乱打乱杀,否则很难防止;第二是过去北方土改是在战争中进行的,战争空气掩盖了土改空气,现在基本上已无战争,土改就显得特别突出,给予社会的震动特别显得重大,地主叫唤的声音将特别显得尖锐,如果我们暂时不动半封建富农，待到几年之后再去动他们，则将显得我们更加有理由，即是说更加有政治上的主动权；第三是我们和民族资产阶级的统一战线，现在已经在政治上、经济上和组织上都形成了，而民族资产阶级是与土地问题密切联系的，为了稳定民族资产阶级起见，暂时不动半封建富农似较妥当的。

关于暂时不动富农的问题，去年11月政治局会议中，我曾提出过，唯未作详细的分析和未作出决定，现在已到需要作决定的时机了。决定之后，需要修改土地法及其他有关土改的文件，并颁布出去，以利新区各省土改干部的学习，方有利于今年秋后开始土改，否则将错过时机，陷于被动。因此，不但请中南局，而且请华东局、华南分局、西南局、西北局的同志们对此问题加以讨论，并请将此电转发所属各省省委、各市市委加以讨论，将赞成和反对的意见收集起来，迅速电告中央，以凭考虑决策，是为至要。"[9]

3月30日，中央致电各中央局，就《中国土地法大纲》中若干（14个）问题征询各中央局的意见。

各级党委一致拥护毛泽东关于保存富农经济，在政治上中立富农的政策。但是，还存在一个争论：不动富农的土地，是否包括富农的出租地？薄一波回顾了争论的起因及毛泽东对它的处理过程：

各级党委在一致拥护毛主席、党中央提出的保存富农经济基本政策的前提下，有一个争论：不动富农的土地，是否包括富农的出租地？这个问题，同毛主席提出的暂时不动半封建富农，待几年之后再去解决半封建富农问题，有着密切的联系。因为富农半封建性土地关系的主要特征是：一方面自己参加主要劳动，另一方面又有部分土地出租。因此，如果规定出租土地要动，那么半封建富农的土地关系一下子就消灭了，无须再等几年才去解决。

从现在保存下来的五个中央局（缺西南局）和一些分局、省委、区党委给中央的复电看：华东局、西北局、华北局认为，不动富农的土地财产，应当包括旧式富农的出租地；中南局和东北局认为，旧式富农的出租地还是要动。在省委、区党委中，也是两种意见。在中南、华东两个大区中，主张富农出租地要动的，有江西、湖北、湖南、浙江省委，山东分局，苏北、皖北区党委；不赞成动的有广西省委和皖南区党委。西北地区，陕南区党委认为出租地要动，其他省委和大市委、区党委不赞成动。李立三同志也写信给毛主席，认为佃富农的土地和半封建富农的出租地不能不动。关于佃富农问题，他说，佃富农的土地一般是从地主那里租来的，地主土地要没收，就不能不从佃富农那里抽出土地了。

所有主张动富农出租地的电报和信件，都有一个共同理由：不动富农出租地，光靠没收地主的土地和公地，不能满足贫雇农的土地要求。不赞成动富农出租地的理由，则多是：动了，社会震动大，也解决不了大问题；贫雇农的困难，可从发放贷款、扶持生产、社会救济等方面解决。华北局4月22日复电中央，提出的理由是："根据过去华北的经验，富农出租土地数量不大，动了得不偿失。土改后，可鼓励其自耕或雇人耕种，逐渐改变其封建剥削，中间亦不抽补变动。直至到了社会主义时期，再去彻底解决富农问题。"这封电报说明：华北局是既不赞成动富农出租地，又不赞成过几年再"割一次韭菜"的。毛主席将华北局的电报转发给各中央局研究，新解放区一直发到县委。宁夏省委4月21日致西北局的电报，介绍了宁夏的特殊情况：除国民党将领马鸿逵独占了近10万亩土地外，一般地主很少，富农更少。有些地方还有富农租种贫农土地的。因此，对宁夏来说，富农出租地动不动，对贫雇农分配土地多少影响甚微。

在两种不同的意见中，毛主席特别重视中南局邓子恢和华东局饶漱石的意见（1950年秋后，第一批土改的新解放区大部分在中南、华东）。

邓子恢同志于3月16日、3月25日、4月25日三次致电毛主席，主张富农的出租土地应该拿出来分配，实行新的"中间不动两头平"的土地分配原则，即中农、富裕中农的土地和新式富农、旧式富农的自耕地不动，而由贫雇农和农村手工业者将地主土地、公地和富农的出租地加以平分，地主也分一份。邓子恢同志在这里之所以把他的意见叫作"新的中间不动两头平"的原则，是因为1949年夏由他主持的华中局曾提出过一个"中间不动两头平"的原则。那时所讲的"中间"，只指中农，包括富裕中农；"两头"，一头是贫雇农，一头是地主富农。此项分配原则，于1949年8月10日中央批复同意。

邓子恢同志4月25日的电报，对他的新的"中间不动两头平"的原则，即富农出租地也应拿出来分配的主张，详细申述了五条理由：（1）江南各省土地集中情形，已不如大革命前，特别是老苏区及其周围更加分散。在这里，地主富农土地只占1/3左右，自己不劳动，单靠收租吃饭的地主很少。许多地主在苏维埃革命失败后，对反革命无信心，在反攻倒算中抓到一把钱后，即转到城市做投机买卖。这类地区土地分散是很自然的。（2）因为土地分散，如不动富农出租地，则贫雇农所得，比之按人口平分标准要少20%以上，湖北调查要少30%。同时，由于阶级界限难划，富农出租地不动，许多中小地主可能混到富农、中农中来，使可分配的土地更加减少。（3）由于可分土地太少，不能满足贫雇农要求，其结果会使贫雇农积极性降低，有些地方甚至土改运动都搞不起来。这不仅政治上不利，将来在生产上也有极大不利。（4）中立富农及稳定富农的生产情绪，单从经济上很难达到。除经济上适当照顾外，还要加上政治条件，如贫雇农充分发动，中贫农紧密团结，对恶霸地主适当惩办等。如富农出租地不动，一方面贫农议论纷纷，另一方面富农也不会相信我们让他长期保持这份非分之财，从而怀着不安情绪，这对中立富农反而不利。（5）现在不动，过一两年再动，会使中农产生"割韭菜"的疑虑，对生产不利；法令规定不动，农民起来要动才动，容易被动，不如法令明确规定动富农出租地为好。

4月30日，毛主席将邓子恢同志4月25日的电报转发给饶漱石，征求饶的意见。5月1日，毛主席电复邓子恢同志，并告饶漱石："鉴于富农出租地数量不大，暂时不动这点土地，影响贫雇农所得土地的数量也不会大，现在我的意见仍以为暂时不动较为适宜。""但你们可根据你们自己的各项意见起草一个土改法令草案。""如华东局是赞成暂时不动富农出租土地的，则请华东局起草一个和华中不相同的土改法令草案，以便在中央会议上对照讨论。"

5月3日，饶漱石电复毛主席："不动富农出租土地对贫雇农所得土地数量影响不大，但对团结多数、巩固政权、发展生产、避免搅乱，益处很多，因此，我赞成不动富农出租土地。"他还说，富农出租土地在减租与公粮累进条件下，估计数年内可能大部廉价转到佃农手中，故对内对外似应宣传不动富农土地财产为有利。如果宣传暂时不动，一两年后再动，则不但领导上可能被动，而且对生产亦可能产生若干不良影响（即发生"割韭菜"的顾虑）。根据毛主席批示，中央将饶漱石复电转发中南局、西南局、西北局、华南分局研究。

从邓子恢同志4月25日复电和饶漱石5月3日复电看出，尽管他们对动不动富农出租地持不同意见，但都不同意毛主席提出的富农出租地暂时不动，过几年再动的意见。

中南局、华东局各拟一个土地法草案是3月间提出的。中南局拟定的《中华人民共和国土地法草案》于5月13日报送到中央。草案第八条规定："富农的土地财产不动，对富农土地之出租部分，得按减租办法减租。如某些地区贫苦农民所得土地太少，不足维持最低生活者，得经省人民政府批准，酌情征购富农出租土地的一部或全部（但征购后，应保持富农所有土地不低于当地中农水平）。"随草案附送了中南局的一份说明。关于第八条，说明文写道："中南有占人口2/5的地区土地较为集中，不动富农出租地，贫雇农所得土地可达全村平均数85%～95%，有的还可超过全村水平；另有占总人口2/5的地区，土地虽较分散，但富农出租地也不多，即使动了，贫雇农所得土地也增加不了多少。这两类地区都可以不动富农出租地。但有局部地区情况特殊：一种是富农占地太多，甚至超过地主，不动富农出租地，贫雇农每人每年要差三四个月口粮；一种是乡村没有地主，公田也少，不动不能解决贫雇农生活问题。因此，这些特殊地区富农出租地就需要动一动。"华东局拟定的《土地改革条例草案》是

5月15日经由中央政策研究室副主任廖鲁言同志带回上报中央的。草案第七条关于富农政策，只有一句话："不动富农的土地财产。"饶漱石还就财经工作和土改的一系列问题，托廖鲁言向毛主席捎来口信。其中关于富农问题，他建议："可否对富农土地财产明确宣布不动，而不说暂时不动？"

5月底6月初，中央召开土改工作会议，讨论中央政策研究室提出的《中华人民共和国土地改革法（草案）》。关于对富农的政策，多数同志同意基本采纳中南局的意见，只是将"酌情征购富农出租地"中的"征购"改为"征收"，文字也略加变动。华东局参加会议的刘瑞龙、谭启龙两同志表示，富农出租地还是不动为好，但也同意基本按中南局的方案写，因为那样写，并不是一定要动富农出租地。

6月6日到9日，党的七届三中全会开会。8日，邓子恢同志发言，表示完全拥护党中央改变过去征收富农多余土地的政策，"过去我个人在这一点上还没有想得太通"，现在完全理解了。但是，他认为对富农出租的土地还要有条件地动一动，全部不动，在土改进行当中还有困难。同一天，饶漱石发言，仍然不同意在不动富农土地财产后边加一个尾巴。他说，根据华东情况，不动富农出租土地，贫雇农所得土地占全村平均数的60%到70%；如果动，也不过只占70%到75%。他认为发展工业才是解决贫雇农困难的基本方法，不能过多地在土地分配上打主意。刘少奇同志在发言中提出一个问题：如富农大量出租土地，那还算不算富农？他认为，如果大量出租土地，自己也种50亩，那就是半富农半地主。还有这样的情况：假设有一个人，40亩地完全出租，这就是小地主，土地要没收；可是，另一个人，他有90亩地，出租40亩，自种50亩，如果后者这40亩地不动，那同前一个人比较，就有些不公平。如果法令规定不动富农土地，而有些尾子又要调整，这样，富农土地不动的规定就很难站得住了。因此，他认为，不动富农土地，不要说得太死。

经过党的七届三中全会、政协全国委员会第二次会议的讨论，最后由中央人民政府公布的《中华人民共和国土地改革法》第六条，分三段表述了党和政府对富农采取的新的政策。全文如下：

"保护富农所有自耕和雇人耕种的土地及其他财产，不得侵犯。

"富农所有之出租小量土地，亦予保留不动；但在某些特殊地区，经省以上人民政府的批准，得征收其出租土地的一部或全部。

"半地主式的富农出租大量土地，超过其自耕和雇人耕种的土地数量者，应征收其出租的土地。富农租入的土地应与其出租的土地相抵计算。"

毛主席在七届三中全会的报告、发言和总结，关于土改问题，中心是讲了对《五四指示》以来，特别是1947年以来各根据地土改的评价。他认为，那时的错误,包括对富农"扫地出门"等"左"的做法,都是由于没有经验,不会划阶级造成的,不要再拿到三中全会上来打屁股了。不要因为今天对富农实行新的政策就否定过去在战争条件下实行平分富农土地政策的正确性。[10]

七届三中全会前,看完刘少奇将于6月14日向政协全国委员会作的《关于土地改革问题的报告》草稿后,毛泽东于6月4日下午就修改这个报告给刘少奇写了一封信。信中说:

此件看过,很好,很有用。有些修改,请再酌。说富农的部分长了,反而不清楚,有些则说得不大适当,故删去一大部。加上1946年以后一段经验,借以纠正一部分同志已经有了的一种错觉,说过去的"左"倾错误是1947年10月10日《中国土地法大纲》上规定了没收富农多余土地财产的缘故。如果没有这段说明,则不能纠正此种错觉。

所谓生产力,是指劳动者和生产资料(亦称生产手段)两部分。所谓生产资料,在农村中,首先是土地,其次是农具、牲畜、房屋等。粮食是农民利用生产资料生产出来的生活资料。我们将从地主手里没收的粮食亦和其他被没收的东西列在一起称为生产资料也是可以的。因为这种粮食具有资金的性质。所谓生产关系,是指人们对生产资料的所有关系,即财产的所有权关系。生产资料的使用,例如农民使用(租用)地主的土地,只是地主对于土地的所有关系的结果,这种所有关系表现为佃农对地主的隶属关系(人与人的关系),即是生产关系。过去许多同志在这个问题上犯了二元论(甚至是多元论)的错误,将生产关系和使用关系并列,又将生产资料与生活资料并列,作为划分阶级的标准,把问题弄得很糊涂,划错了许多人的阶级成分。曾于1947年冬季叫乔木写了一个文件,题为《中国各社会阶级及其待遇的规定》,其前面两章是我写的,说明了这个问题,可以参看。

七届三中全会后,在审查刘少奇《关于土地改革问题的报告》时,毛泽东作了重要修改。在关于对待地主政策部分,毛泽东加的话是:

除对极少数犯了重大罪行的地主,即罪大恶极的土豪劣绅及坚决反抗土地改革的犯罪分子,应由法庭判处死刑或徒刑而外,对于一般地主只是废除他们封建的土地所有制,废除他们这一个社会阶级,而不是要消灭他们的肉体。

针对当时已经出现的一种错觉,在关于保存富农经济一节,毛泽东加了一大段文字:

在1946年7月至1947年10月这一时期内,华北、山东及东北许多地区的农民群众和我们的农村工作人员,在实施土地改革中,没有能够按照中共中央在1946年5月4日颁发的基本上不动富农土地财产的指示,而按照他们自己的意志行动,将富农的土地财产和地主的一样没收了。这是可以理解的。因为这一期，是中国人民和国民党反动派双方斗争最紧张最残酷的时期，土地改革中发生偏差，也以这一时期为最多，侵犯了一部分中农的利益，破坏了一部分农村中的工商业，并在一些地方发生了乱打乱杀的现象。发生这些现象的原因，主要是由于当时紧张的政治形势和军事形势，同时，也由于我们的大多数农村工作人员没有土地改革的经验，他们不知道正确地划分农村阶级成分的方法，划错了一部分人的阶级成分，将某些富农当成了地主，将某些中农当成了富农。鉴于此种情况，中共中央乃于1947年10月10日颁发了《中国土地法大纲》，将富农和地主加以区别，但允许征收富农多余的土地财产。同年冬季，中共中央颁发了划分农村阶级成分的文件，毛泽东发表了《关于目前形势与任务》的文告，任弼时同志也发表了关于土地改革问题的演说。从这时起，农村中发生的某些混乱现象就停止了，土地改革走上了正轨。为了使我们的同志今后在各新解放区进行土地改革工作中不要重复过去的错误，指出过去的经验是有必要的。我们现在是处在完全新的情况下，我们建议的土地改革法，采取了消灭封建制度保存富农经济的方针，也是完全必要的。

毛泽东加的另外一段文字是：

各级农民协会的领导成分应该是纯洁的，不纯洁的地方应该发动群众加以改选。这里所谓纯洁，不是说对雇农、贫农、中农中之犯有某些错误者采取关门态度，拒绝他们入会。相反，应当欢迎他们入会，加以教育，团结他们。这里所谓纯洁，是指不要让地主富农及其代理人加入农会，更不要让他们充当农民协会的领导人员。

在毛泽东的精心指导下，从1950年2月至七届三中全会，党中央总结历史经验，经过上下反复讨论，提出了一条新解放区土改的正确路线：依靠贫雇农，团结中农，中立富农，有步骤有分别地消灭封建剥削制度，发展农业生产。

1950年6月14日至23日全国政协一届二次全会召开，中心议题是讨论和通过中共中央提出的土地改革法案。刘少奇在会上作了《关于土地改革问题的报告》。经过大会、小会以及各种形式会议的协商讨论和辩论，开展批评和自我批评，人们分清了是非，统一了认识。这次政协会议通过了《土地改革法》。毛泽东在会上致了开幕词和闭幕词。

他在开幕词中说：

诸位委员、诸位同志、诸位朋友们：

人民政治协商会议的全国委员会第二次会议现在开会。在这个会议上，有会务工作、土地改革工作、经济和财政工作、税收工作、外交和统一战线工作、文化和教育工作、军事工作、法院工作等项报告，希望予以讨论。其中，以土地改革问题为此次会议的中心议题。我们希望在此次会议上通过一个土地改革法案，经中央人民政府批准后付诸实施，首先使十余万正在准备进行土地改革工作的干部早日学习这个法案，以便在今年秋后大约有一万万农业人口的地区能够顺利地进行土地制度的改革工作。自然，其他各项报告都是重要的，凡有意见都可发表，凡有提案都可付审议，只要能行者都应采纳。我们有伟大而正确的《共同纲领》以为检查工作讨论问题的准则。《共同纲领》必须充分地付之实行，这是我们国家现时的根本大法。我相信，经过全体同志的努力，我们的会议是会顺利地完成自己的任务的。现在全国人民在中央人民政府领导之下，正在进行巨大的工作，为克服困难，争取经济状况的好转而斗争。我国的一切人民事业均正在循着新的轨道向前发展，每天都可看见进步、看见成绩，任何困难都不能阻止人民事业的前进。人民政治协商会议及其选出的全国委员会，是团结全国各民族、各民主阶级、各民主党派、各人民团体及各界民主人士伟大的统一战线的政治组织，在全国人民中有很高的威信。我们必须巩固这种团结，巩固我们的统一战线，领导全国人民稳步地达到自己的目的。[11]

这次政协会议后，中央人民政府于1950年6月28日发布《中华人民共和国土地改革法》。

经过夏秋季土改干部的整训和土改试点等，从1950年冬至1953年春，新区土改分三批完成：第一批是在1950年冬到1951年春，在大约包括1.2亿农业人口的地区进行；第二批是在1951年冬到1952年春，在大约1.1亿农业人口的地区进行；剩约3000万农业人口的地区，是在1952年冬到1953年春作为第三批完成的。各地的土地改革，大体分三个阶段进行，即发动群众、划分阶级、没收和分配土地。

在新区土改过程中，毛泽东分析新的形势，针对新出现的问题，作了许多具体的指导。

随着土改的深入发展，有些地区出现了侵犯工商业的倾向。1951年1月，罗瑞卿就这个情况向党中央写了报告，毛泽东十分重视，当即批转各地注意，同时还推荐了中南地区为合理解决退押纠纷和保护工商业而设立城乡联络委员会的做法。

2月中旬，中共中央召开政治局扩大会议，讨论各项重要问题。毛泽东于2月18日为中央起草党内通报，概述这次会议的要点。关于土改问题，他概括为8点：

1. 农忙时一律停一下，总结经验。

2. 争取今年丰收。

3. 依靠县农民代表会及训练班。

4. 积极造成条件。凡条件不成熟者，无论何时何地，都不要勉强去做。

5. 土改完成，立即转入生产、教育两大工作。

6. 同意华东分期退押的办法。

7. 劝告农民以采非刑拷打为有利。

8. 土改后，增划区乡，缩小区乡行政范围。

针对土改运动在全国发展不平衡的状况，毛泽东及时进行了正确的指导。对于已经完成土改的地区，毛泽东指示要及时把领导工作的重点放到工农业生产上来，在农村领导农民逐步组织和发展各种农业生产互助合作组织。

这年12月15日，中共中央制订出《关于农业生产互助合作的决议（草案）》（10月份已经发出过一个草案）。毛泽东审阅这个草案时加了两句话：

其一，在决议谈到"必须在农村中提出爱国的口号，使农民的生产和国家的要求结合起来"处，毛泽东加了"片面地提出'发家致富'的口号，是错误的"一句；其二，在决议谈到"国营农场应当推广，以发挥它的示范作用，并给互助组和合作社以技术上的援助和指导"处，毛泽东加了"在农民完全同意并有机器条件的地方，亦可试办少数社会主义性质的集体农庄，例如每省有一个至几个，以便取得经验，并为农民示范"一句。

中央制订出这个决议草案的当天，毛泽东为中共中央起草了《关于印发农业生产互助合作决议（草案）》的通知。《通知》说：

各中央局，并转分局，省市区党委：

（一）兹将《关于农业生产互助合作的决议（草案）》一件发给你们，请印发到县委和区委。请即照此草案在党内外进行解释，并组织实行。这是在一切已经完成了土地改革的地区都要解释和实行的，请你们当作一件大事去做。这个决议草案可以在党内刊物上发表，但不要在党外报刊上发表，因为还是草案。

（二）这个草案比10月间发给一些同志带回去的草案有了一些修改，请将10月草案收回作废。

在指导已经完成土改任务地区明确下一步工作重心的同时，毛泽东又很重视新区另一半尚未完成土改地区已产生的急躁松劲现象。1951年12月13日，毛泽东在为中央转发中南局关于土改工作报告写的批语中说：

中央认为，在目前这种时机，在全国各新区的土地改革大约已完成了一半，但尚有一半必须集中大力去做才能完成（已分配完毕者尚有复查问题），如果只顾赶急图快，就有流于形式，不能切实解决问题的危险这种时机，中南局同志们提出这一分析，是适时的和完全必要的。请各中央局和各省区党委不要因为中央提出依土改完成情况适时地转移省级以上的主要领导方向到城市和工业方面的方针，而放松了对于1952年土改工作的领导，如果这样做，那就会犯错误。中央指出：关于农村和城市、土改和工业的领导上注意力的分配和领导重点的转移问题具体解决，请各中央局各省委区党委精密地掌握着，不要分配不适当和转移不适时。

毛泽东与许多著名民主人士关系密切，他热情鼓励他们参观新解放区土改。当时担任政务院副总理的民建领导人黄炎培，1951年初准备去华东地区考察土改情况。行前，黄炎培去毛泽东处，谈及南行之事时，毛泽东建议："苏南已土改地区，可择好者、坏者各一二处考察之。"随后，黄炎培去苏南上海参观考察二十天，并写成《访察苏南土改报告》。

梁漱溟是新中国成立初毛泽东家中的座上客。毛泽东多次劝说梁参观农村新气象，梁接受毛泽东的建议，于1950年4月至9月参观考察华北和东北农村（及城市），又于1952年5月至8月参观南方土改。

汪东林在《梁漱溟与毛泽东》一书中对此详述如下：

1950年1月，梁漱溟应毛泽东、周恩来之邀，离开重庆，经由武汉到达北京。其时毛泽东、周恩来皆在莫斯科。3月4日，是毛主席和周总理由莫斯科返抵北京的日子，许多人到火车站迎接。可能因为梁漱溟是新近才到北京的缘故吧，统战部把梁漱溟排在迎候队伍中民主党派、无党派民主人士的头一个。毛主席立刻发现了他，大声说："梁先生，您也到了北京？我们又见面了！您身体可好？家眷都来了吗？改日来我家做客，长谈，再来一个通宵也成！"毛主席如视老朋友般和蔼可亲的态度，使梁漱溟除了紧紧握手，竟答不上话来。11日晚公宴，梁漱溟应邀出席。席间，毛主席走到梁的座席，见梁吃素餐，又不饮酒，便笑着说："梁先生坚持食素，清心寡欲，定长寿也！"并当场约梁漱溟于次日（12日）晚去中南海颐年堂毛主席居家做客，梁漱溟欣然允诺。

12日下午5点钟左右，毛主席派汽车来到梁漱溟当时居住的西城辟才胡同南宽街接梁，十多分钟后便进了中南海。梁漱溟进了颐年堂的院门，毛主席已在院里迎梁了。同在的还有林伯渠，他是中央人民政府秘书长，梁漱溟1938年初赴延安途经西安时即认识，后来又在重庆旧政协会上交往过多次。

在会客室彼此一番寒暄之后，毛主席即询问梁漱溟对国事有何意见。梁随口说："如今中共得了天下，上下一片欢腾。但得天下易而治天下难，这也可算是中国的古训吧？尤其是本世纪以来的中国，要长治久安，不容易啊。"毛主席摆摆手，笑着说："治天下固然难，得天下也不容易啊！"毛主席抽了一口烟，又接着说，"众人拾柴火焰高。共产党靠大家，大家为国家齐心协力，治天下也就不难了。梁先生这次到了北京，可以参加我们政府的工作了吧？"毛主席最后提出的问题，却难住了梁漱溟。说不同意吧，颇有清高之嫌；说同意吧,又违背梁漱溟当时的真实思想。梁漱溟认为,新中国成立了,但全国的大局能不能从此稳定统一下去呢?他有怀疑。梁漱溟想到自己曾经是以第三方面的身份为国事奔走过的人,如果今后大局一旦发生变化,仍需要他这样的人站出来为国事奔走,而自己要是参加了新政府,便失去了为各方说话的身份。这就是梁漱溟当时的真实思想,却又不便说出。因此梁漱溟迟疑了片刻,才答复说:"主席,像我这样的人,如果先把我摆在政府外边,不是更好吗?"

梁漱溟的答复显然出乎毛泽东的意料,他的脸上显露出不悦之色,但彼此并未形成僵局。说话间已到了开晚饭的时候,毛主席传话开饭,梁漱溟忙说:"我是食素的,有一两样菜就成,但你们吃什么自便,不碍我的事。"毛主席接过话头大声说:"我们也统统吃素食,因为今天是统一战线嘛!"开饭时,除毛、梁、林三人外,还多了一个江青。但梁漱溟只同她点点头,彼此没有说话。

晚饭以后,毛泽东和梁漱溟又继续谈话。毛主席对梁漱溟说:"梁先生从前在山东、河南搞过乡村建设,你可以去看看那些地方解放后有何变化。旧地重返,会有得益的。然后你再去东北老解放区看看,比较比较。梁先生如同意,具体行程由李维汉、徐冰安排,他们会通知地方政府接待您的。"

梁漱溟接受了毛主席的建议,于1950年4月至9月间,带随员先后参观考察了河南、山东、平原三省农村及东北广大地区的城市、农村。梁漱溟所到之处,受到很高的礼遇和盛情的接待。河南的吴芝圃和山东的谭启龙都会见过梁漱溟,东北的高岗、林枫等领导人也会见了他,并征求梁对城市、农村工作的意见。

9月中旬,梁漱溟返回北京。9月23日晚,毛主席约梁漱溟谈话。这一天梁另有约请,当毛主席派车来接时,梁已用过晚饭了,梁一进门,毛就让人上菜吃饭,并说已准备了素食,梁说已用过饭了,请毛主席先吃。于是,江青亲自给梁端出水果,是很大的水蜜桃,梁边吃边奇怪,这桃子何以能保存到9月间?毛主席同江青边进餐边说话,并没避着梁漱溟。主席问江青要求去南方参加土改的事情怎么样了,江青说总有人处处设障碍,摆出种种理由劝阻她不要下去。主席大声说:"那就看你自己的决心有多大了,有志者事竟成,别人是挡不住的。"晚饭后,主席就转过头问梁漱溟在外地参观考察的情况,梁一一作了汇报。末了主席说:"梁先生,你看了新解放区,又看了老解放区,但都在北方,还没有看到南方,你还可以再到广东看看。趁热打铁,你的收获会更大的。"梁漱溟面有难色地说:"我今年外出的时间长了,想休息一下,挤时间写些参观华北、东北的见闻观感,访问广东就且暂缓吧。"毛主席说:"那也好。"毛主席又转问梁漱溟居住条件如何,梁答:"住西城辟才胡同南宽街一本家亲戚处,不是独院。"毛主席即说:"为使您生活、写作更清静些,我已让人安排您到颐和园里边暂住,您就在家等信儿吧。"不久,中央统战部徐冰即派车接梁漱溟先生住进颐和园内石舫附近一座小巧而精致的四合院里,一直住了两年多,直到后来搬到积水潭边的小铜井一号定居为止。

1951年春,梁漱溟省悟毛主席要他看南方新解放区,意即要他看土改也。正值中央有土改工作团赴西南之举,梁漱溟便自动向统战部报告参加,得到批准。梁所在的那个分团有二十多人,由章乃器任团长,于5月上旬抵四川,8月30日返京,历时四个月。

9月3日晚,即梁漱溟返京后的第四天,毛主席即约梁谈话,派车从颐和园接梁到中南海,还是在颐年堂。梁进门时,正遇章乃器与主席告辞。章走后,毛主席即说:"土改团总的情况,刚才章乃器来讲过了,我们不用多谈,还是先开饭吧。"仍然是素食,只有毛、梁两个人共餐。饭后毛主席问:"对土改,对四川,你个人印象如何?随便聊聊。"梁漱溟略加考虑,便说:"我亲眼看到贫苦农民对土地的渴望和要求,土地改革是深得民心之举,很必要,也很及时。但毛病也不是没有。比如政策规定不许打地主,但我亲眼看到在斗争会上打得很凶,有一对地主夫妇,因为受到体罚,一块儿跳河自杀。这个问题应引起注意,不然地主感到自己没有活路,不是反抗,就是自杀,那都不好。"梁说到此,毛主席笑着插话说:"你说的情况,别的地方也有发生,但我们总的政策是斗倒地主,分田分财,给他出路。大多数地主有活路,不会自杀,也不会反抗。问题是贫雇农受苦受压多少年了,怒火一点着,就难以控制,于是对地主非打即骂。我们应该认真贯彻执行政策,努力说服教育农民,关键是土改工作队的干部。只要他们能执行好土改政策,就出不了大的偏差。"梁漱溟接着说:"说到对四川的印象,解放不过两年,四川能出现这样安定的情势,不容易。解放前我在四川若干年,那是一个很乱很复杂的地方。变化这么快,出乎我意料。四川这一局面的取得,首先得推刘、邓治下有方,他们是当地的执政者,军政大员。特别是邓小平年轻、能干,所见所闻,印象深刻。如解决袍哥问题,这在四川历史甚久,范围很广,影响很大。邓小平掌握的政策是对大多数袍哥不予追究,这桩事办得稳妥。大多数不予追究,他们自然也就慢慢散开了;相反,如果一一追究,却正好促使他们聚拢起来与新政府对抗。前因后果,利弊得失,十分清楚。邓小平之才干,就表现在这些方面。"毛主席听着笑出声来,大声插话说:"梁先生看得蛮准,无论是政治,还是军事,论文论武,邓小平都是一把好手。"[12]

到1952年底,新解放区的土地改革除新疆、西藏和某些边远少数民族地区外基本完成。

新疆的土地改革从1952年秋开始,到1953年底胜利结束。西藏的农奴制度改革直到1959年平定叛乱后才开始。但是,毛泽东在指导新区土改的同时,也关注和考虑着西藏和新疆少数民族地区的社会改革。他反复强调,进行社会改革要从这些民族地区的实际情况出发,反对不顾民族地区的特殊性而急于改革的想法和做法。1952年4月,他在有关西藏问题的三份电报中指出,在西藏,"我们在政治上必须采取极端谨慎的态度,稳步前进,以待公路修通、生产自给,并对藏民物质利益有所改善之后,方能谈得上某些较大的改革"。他分析了西藏和新疆不同的情况,提出,"西藏至少在两年内不能实行减租,不能实行土改","目前不要改编藏军,也不要在形式上成立军分区,也不要成立军政委员会。暂时一切仍旧,拖下去,以待一年或两年后我军确能生产自给并获得群众拥护的时候,再谈这些问题"。目前则依靠精打细算,生产自给和打通贸易关系,平衡出入口,使藏民生活有所改善这两条基本政策,争取群众,使自己立于不败之地。10月8日,他在接见西藏致敬团代表时,重申党对宗教采取保护政策,进一步阐述了党对这些民族地区社会改革的政策。他说:"少数民族地区分不分土地,由少数民族自己决定。西藏地区现在谈不上分地,将来分不分,由你们自己决定,并且由你们自己去分,我们不代你们分。"他还说,"成立军政委员会和改编藏军是协议上规定了的,因为你们害怕,我通知在西藏工作的同志,要他们慢点执行。协议是要执行的,但你们害怕,只好慢点执行,今年害怕,就待明年执行,如果明年还害怕,就等后年执行。"他还明确表示,一定要帮助少数民族地区发展经济和文化。

汪锋在回忆文章中记述了毛泽东关于西藏革命分步走及和平改革的战略方针和政策:

毛泽东对西藏的社会改革问题始终采取十分慎重的态度。早在人民解放军入藏前后,毛泽东就指出西藏的革命要分两步走:"第一步走民主的道路,第二步是走社会主义道路。"并且还指出,要把民主革命的任务也分作两步解决,首先团结一切可以团结的反帝爱国力量,集中打击帝国主义及其忠实走狗——亲帝分裂分子,然后再逐步地改革封建农奴制度。1952年,毛泽东在接见西藏致敬团时就指出:"少数民族地区分不分地,由少数民族自己决定。西藏地区,现在谈不上分地,将来分不分,由你们自己决定,并且由你们自己去分,我们不代你们分。"1956年,在毛泽东主持下,又作出了西藏地区在第二个五年计划期间不实行民主改革的决定。1957年,毛泽东指出:"西藏由于条件还不成熟,还没有进行民主改革。按照中央和西藏地方政府的17条协议,社会制度的改革必须实行,但是何时实行,要待西藏大多数人民群众和领袖人物认为可行的时候,才能作出决定,不能性急。"我们知道,一个民族的解放,归根到底,是作为民族主体的广大劳动人民的解放。只有实行彻底的社会改革,才能解放劳动人民,解放生产力,从而为民族的发展繁荣扫清道路。但是,少数民族的社会改革,必须由少数民族的广大劳动人民和同人民有联系的公众领袖自己去进行。在民族宗教上层人士还没有这种觉悟时,耐心等待和让步是必要的。毛泽东在西藏社会改革问题上的决策,就包含着对民族宗教上层人士的让步,这是一种积极的让步。

但是,上层反动集团把这种让步视为软弱可欺,于1959年3月10日悍然发动了反革命武装叛乱,激起了西藏广大劳动人民和爱国进步的上层人士的极大义愤,他们要求迅速平息叛乱,实行民主改革。毛泽东及时提出"边平叛边改革"的方针,并指出在实行民主改革时,仍然坚持和平改革,直接发动群众为主,同时做好上层统战工作,把自下而上的发动群众和自上而下的同上层爱国人士协商紧密地结合起来。对没有叛乱的农奴主,实行保护过关,他们所占有的生产资料由国家出钱赎过来,分配给群众;对于叛乱的农奴主的生产资料则没收后分给群众。在这一方针引导下,群众的热情高涨起来,一个翻天覆地的民主改革运动在西藏广大地区迅速兴起。在这百万农奴奋起埋葬农奴制度的关键时刻,毛泽东为了更加准确地掌握西藏情况,指导西藏的民主改革,于1959年4月7日向我发来电报,提出有关西藏民族、宗教等方面的问题的调查提纲。

现综述如下:

(一)藏族人口、土地面积方面

①金沙江以西,构成西藏本部昌都、前藏、后藏(包括阿里)的人口(据说有120万,对否?)面积有多少平方公里?②云南、四川、甘肃、青海四省各有多少藏人(据说共有200多万至300万,对否?),他们住地面积有多少平方公里?

(二)西藏封建农奴制度方面

①农奴与农奴主(贵族)的关系?产品双方各得多少?有人说二八开,有人说形式上全部归贵族,实际上则瞒产私分度日,对否?②贵族对农奴的政治关系,贵族是否有杀人权?是否私立审判,使用私刑?③西藏各级政府及藏军每年的庞大经费从何而来?从农奴还是从贵族来的?

(三)宗教方面

①西藏共有喇嘛多少?有人说8万,对否?②喇嘛庙对所属农奴的剥削压迫情形?③喇嘛庙内部的剥削压迫情形?有人说对反抗的喇嘛剥皮、抽筋,有无其事?

(四)其他

①西藏整个剥削阶级中,左、中、右分子的百分比各有多少?左派有无三分之一,或者还要少些?中间派有多少?②叛乱者占总人口的百分比,有无百

分之五？或者还要多些，或者少些，只有百分之一、二、三，何者为是？③青海、甘肃、四川喇嘛庙诉苦运动所表现的情形如何？

从上面所列各项内容，可以看出毛泽东在处理西藏民主改革的时候，总是力图在了解和研究整个藏族的全面情况（其中包括西藏的基本和特殊情况）的基础上，根据实际情况，从藏族的全局出发，来指导西藏的工作。当时，地处边疆的西藏，他不能亲自调查，但要弄清真实情况后才作决策。这种从客观实际出发，制定方针政策的实事求是的思想方法和工作作风，是马克思主义思想路线的生动体现，我们应该永远学习和发扬。

收到电报第二天，我即由西安返回北京向主席作了汇报，并听取了主席的重要指示。

此后不久，毛泽东和邓小平又指示我赴西藏同西藏工委负责同志一起研究西藏的基本情况和民主改革中的有关政策问题。毛泽东提出的调查提纲给我们这次调查指明了方向，在深入农牧区进行调查过程中，遵照毛泽东的指示，着重研究了对于上层的赎买政策。确定了赎买的对象和范围，即未叛乱的农奴主及其代理人所占有的土地、耕畜、农具和多余的房屋，予以赎买，并初步确定以上各项的赎买金额和支付办法。同时还确定了民主改革的阶级路线，即依靠劳动人民，团结一切可以团结的力量，有步骤有分别地消灭封建的农奴制度。在这条阶级路线的指导下，采取一系列相应的步骤和措施，集中打击了叛乱的农奴主及其代理人，依靠了大多数，团结了大多数，在短短的两年中，顺利地完成了西藏的民主改革，推翻了西藏的封建农奴制度，建立了人民民主的新西藏。平叛改革的胜利是党的民族政策的又一重大胜利，是毛泽东同志对西藏问题的一系列重大决策的胜利。[13]

在毛泽东的精心指导下，到1953年春，全国基本完成了土地改革。经过这场空前规模的土地改革，广大农村发生了深刻的变化，延续几千年封建制度的根基被彻底铲除，农民的生产热情空前高涨。在这场社会变革中，农村社会生产力不但没有遭到破坏，反而有力地推动了农村经济和整个国民经济的恢复发展，为下一步的农业合作化奠定了良好的基础。这不能不说是一个奇迹。

抗美援朝

七届三中全会以后，以恢复国民经济为中心的各项工作有声有色地开展起来。几十年的战争创伤正得到迅速医治。但是，1950年6月下旬，爆发了朝鲜战争。不久，美国侵占我国领土台湾省。同年10月7日，美国侵略军悍然越过三八线，向朝鲜民主主义人民共和国大举进攻，并向我东北边境的鸭绿江、图们江边逼近，还以空军侵袭我国东北地区。这样，美国侵略者就把战争强加在了中国人民头上。对于这样一场战争，中国打不打，是否出兵援朝抗击侵略者，作出这个决策非常不易，要冒极大风险。但最后，中共中央和毛泽东主席还是下决心出兵朝鲜，并且最终取得了战争的胜利，迫使头号帝国主义强国——美国不得不在停战协定上签字。

1950年6月25日，朝鲜内战爆发。杜鲁门总统于6月27日公开宣布美国武装干涉朝鲜内政，并命令其海军第7舰队侵入台湾海峡，对我国领土进行武装侵略。6月28日，毛泽东主席在中央人民政府委员会第八次会议上发表讲话，表明我国的严正立场：

中国人民早已声明，全世界各国的事务应由各国人民自己来管，亚洲的事务应由亚洲人民自己来管，而不应由美国来管。美国对亚洲的侵略，只能引起亚洲人民广泛和坚决的反抗。杜鲁门在今年1月5日还声明说美国不干涉台湾，现在他自己证明了那是假的，并且同时撕毁了美国关于不干涉中国内政的一切国际协议。美国这样地暴露了自己的帝国主义面目，这对于中国和亚洲人民很有利。美国对朝鲜、菲律宾、越南等国内政的干涉，是完全没有道理的，全中国人民的同情和全世界广大人民的同情都将站在被侵略者方面，而决不会站在美帝国主义方面。他们将既不受帝国主义的利诱，也不怕帝国主义的威胁。帝国主义是外强中干的，因为它没有人民的支持。全国和全世界的人民团结起来，进行充分的准备，打败美帝国主义的任何挑衅。[14]

朝鲜内战的爆发，是第二次世界大战结束以后，朝鲜半岛紧张局势长期发展的结果，并由于美国的干涉变得复杂化了。中国当时正忙于恢复国民经济。朝鲜半岛发生的这场战争，是中国政府不愿意发生，并且极力避免的。

青石在《1950年解放台湾计划搁浅的幕后》一文中，写道：

朝鲜局势日趋紧张　中苏力主避免冲突

1945年8月，苏军解放了北朝鲜。然后，金日成在苏联人的帮助下，在北朝鲜建立了劳动党领导下的政府。由于在美军占领下的南朝鲜也建立了反共的李承晚政权，南北朝鲜之间形成了严重的对立。1948年底，为迫使美军撤离，苏军首先撤出了北朝鲜。然而，苏军撤走之后，半岛的局势却日趋紧张，从1949年1月1日到4月15日，南朝鲜军队就37次在三八线挑起军事摩擦，并且秘密向三八线附近调集了多达41 000人的军队，给北朝鲜政府造成了极大的压力。

出于安全的需要，在1948年12月和1949年1月，金日成就两次向苏联方面要求缔结朝苏友好互助条约，并要求提供武器援助。考虑到美国可能会以此为借口攻击苏联有意永久分裂南北朝鲜，苏联没有同意金日成的要求。但根据苏联驻朝鲜大使史蒂科夫的报告，斯大林批准了由苏联远东军向朝鲜提供军事援助的计划。只不过，这一援助主要还只是些轻型武器。

1949年3月，金日成率朝鲜党政代表团对苏联进行访问期间，与斯大林直接讨论了有关北朝鲜的安全问题。为此，根据苏联大使和在朝鲜的军事人员的报告，斯大林明确表示，加强北朝鲜的军队是必要的，但是，没有必要害怕南朝鲜人。

然而，1949年4月中旬，即金日成回国之后，一份来自北朝鲜的情报称，美军准备在5月全部撤出南朝鲜，南朝鲜人决定，一旦美军撤出，就于6月对北朝鲜发动一次大规模的进攻，两个月结束战斗。为此，斯大林非常担心，毕竟金日成这时只有三个步兵师，武器装备还十分欠缺，而李承晚则有六个全部经过美军训练的全副武装的师。因此，苏联方面提议，与北京协商，将中国人民解放军中的朝鲜族官兵编入朝鲜人民军部队。据此，金日成一方面向斯大林求援，要求苏联方面于5月底之前帮助朝鲜人民军实现机械化，于9月底以前转让航空技术；一方面向刚刚打过长江的中国共产党请求在兵员上提供帮助。

5月，金日成的特使秘密访问了已经成为中共中央所在地的北平，向毛泽东说明了北朝鲜面临的严重局势，突出强调了南北朝鲜难以并存的情况，并转交了金日成给毛泽东的求援信。毛泽东显然赞同平壤的看法。他承认，北朝鲜与南朝鲜的冲突在所难免，"既可能是闪电战，也可能是持久战。对你们来说，持久战是不利的，因为到时候即使美国不干涉，也会唆使日本向南朝鲜提供援助"。但毛泽东认为，"没有必要为此担心，苏联和中国都站在你们一边，一旦情况需要，中国就会派兵与你们并肩作战"。他强调，金日成应当坚定不移地争取实现统一朝鲜的目标，但近期还没有必要采取行动，因为国际形势还不利，而且目前中国共产党还不能有效地和大规模地支援北朝鲜，一旦完成了统一中国的任务，情况就不同了。

北朝鲜人此行的最大收获，就是得到了中共领导人关于在北朝鲜受到进攻时将给予实际援助的具体保证。毛泽东甚至还明确承诺，布防在东北地区的两个朝鲜族师可以很快编入人民军，一旦中国共产党统一中国的战争基本告一段落，人民解放军中的其他朝鲜族士兵和军官，也都可以编入人民军，以便加强北朝鲜军队的实力。

随着南朝鲜李承晚政权对北朝鲜表现出越来越强烈的敌视态度，南北朝鲜之间的关系也越来越紧张，双方之间边界冲突的次数到6月间更加频繁。6月11日，李承晚甚至公开宣布，南朝鲜人正在准备给共产党人一个毁灭性的打击。在这种情况下，平壤的不安情绪更加明显，苏联方面这时也开始考虑如何从根本上解决朝鲜问题了。他们一方面坚持平壤应当极力发动和平统一攻势，另一方面则认为，在应付南朝鲜方面进攻的同时，北朝鲜人有必要作反攻的准备。到了这一年的9月份，包括重型武器在内的大批苏联军事装备运抵北朝鲜，人民军也迅速扩展到九万人，北朝鲜领导人第一次开始提出，应当对南朝鲜的挑衅采取进攻行动。据苏联大使向莫斯科的报告说，在金日成看来，如果国际形势允许，"他们能够在两个星期之内占领南朝鲜，最多是两个月"。因此，他们希望能够得到莫斯科的支持。他们不了解的是，还在他们之前两个月，中共中央就已经在请斯大林帮助解放台湾了。

毛泽东计划进攻台湾　莫斯科对此态度含混

1949年4月下旬，中国人民解放军势如破竹般地跨过长江天险，开始以排山倒海之势横扫企图盘踞中国南部的国民党残余势力。但是，由于解放军既没有空军也没有海军，对国民党控制的沿海诸岛一时鞭长莫及，无可奈何。蒋介石也正是看准了这一点，早早就把自己的大本营移到了台湾。在这种情况下，共产党要完成统一中国的计划，就不能不考虑进攻台湾的问题。

对国民党的巨大军事优势，使毛泽东最初对进攻台湾的艰巨性缺少足够的估计。他虽然知道进攻台湾必须跨海作战，没有海军，困难极大，但他相信，既然自己依靠"小米加步枪"打败了全副美式武装的国民党军队，即使没有海军和空军，他靠步兵和渔船也能占领台湾，长江天堑不就是这么渡过来的吗？当然，毛泽东表示，如果到时候自己的空军能够初步形成，有空军掩护并协助攻击，则"把握更大"。

7月中旬，以刘少奇为首的中共代表团准备秘密访苏。出发之前，中共中央政治局讨论了关于是否向苏联提出协助中共准备进攻台湾的技术手段的问题，会议同时建议刘少奇在代表政治局给斯大林的信中，试着提出请苏联出动空军和海军援助的问题，但是，根据多年与苏联打交道的经验，并不对此抱太多希望。随后，在访苏期间，刘少奇即根据政治局关于必须立即开始准备进攻台湾的技术条件的建议，向斯大林说明了中国共产党准备在1950年进攻台湾的设想，要求苏方提供200架左右的飞机并请代训飞行员，争取赶上在进攻台湾的战役中使用。斯大林非常痛快地答应了中共的请求。不过，对于刘少奇带去的中共中央政治局所提议的请苏联在作战时提供空军和海军援助的要求，斯大林明确表示难以赞同，说是这样做的结果，必定会引起美国的介入，从而诱发美苏之间的冲突乃至战争。而苏联人民已经遭受过巨大的战争灾难，他们很难理解为什么要这么做。

毛泽东能够理解斯大林的顾虑，他多少年就是自力更生走过来的，他这时并不十分介意苏联的援助问题。但他的看法很快就发生了改变。因为，人民解放军在10月下旬和11月初先后发动了夺取福建沿海金门岛和浙江沿海登步岛的战斗，两场仗打下来，部队损失惨重，跨海作战的难度终于使毛泽东了解到准备技术条件的极端必要性。直到这时，他才比较深切地感到需要再度向苏联求援。很显然，这两次作战失利都是因为渡海工具过于简陋。沿海作战、近岛作战尚且如此，跨海进攻台湾更非充分准备不可。

1949年12月，毛泽东第一次访问苏联。在16日见到斯大林的当天，他就委婉地向斯大林提出："国民党的支持者在台湾建立了一个海空军基地，海军和空军的缺乏，使人民解放军占领这个岛屿更加困难。考虑到这种情况，我们的一些将领一直在提议，请苏联援助，比如可以派志愿飞行人员或秘密军事特遣舰队协助夺取台湾。"

对于中共领导人再度提出的援助请求，斯大林没有一口回绝，而是含糊其词地表示："这样的援助不是没有可能的，本来是应当考虑这样做的，问题是不能给美国一个干涉的借口。如果是指挥人员或军事教员，我们随时都可以派给你们，但其他的形式还需要考虑。"

用苏联的飞机和军舰，即使是只用志愿人员和只出动潜艇来帮助中共跨海作战，也难免会被美国人发现，结果是可以想象的。斯大林在会谈中再三提到他在1945年与美国总统罗斯福达成的那个《雅尔塔协定》，称破坏这个由苏、美、英三个大国对远东政治格局所作出的共同承诺，未必是明智的。联想到斯大林这时因为担心与美国在远东发生直接冲突，甚至连是否应当根本废除旧的中苏条约，另订新条约一事都犹豫不决，可知他这时是不可能真正提供军事援助的。他建议毛泽东采取更策略些的方式来解放台湾，比如，是否可以先向台湾空投伞兵、组织暴动，然后再去进攻呢？

斯大林不了解毛泽东，甚至不能确定是否应当帮助毛泽东。就在他始终不知道究竟应当怎样对待毛泽东，把毛泽东搁在莫斯科坐冷板凳的时候，一个十分意外的情况戏剧般地改变了斯大林的态度。

1950年1月5日和12日，美国总统杜鲁门和国务卿艾奇逊分别发表声明和讲话，声称"美国目前无意在台湾获取特别权利或特权，或建立军事基地"，并且宣称美国的安全线既不包括台湾，也不包括南朝鲜，美国不会为了保护这些地方采取直接的军事行动。美国政府的这种公开声明使斯大林的胆子壮了许多，原来不想签的条约同意签了，原来犹豫的军事援助不犹豫了。既然美国自己放弃了《雅尔塔协定》划定的势力范围，把中国和朝鲜划在自己的防御圈之外，这就等于把它们交给了苏联。因此，斯大林同意毛泽东就适当时机解放台湾进行必要的准备，同意将苏联给中国的3亿美元贷款，一半用于购买进攻台湾最需要的海军装备。不过，直到最后，斯大林还是小心翼翼地没有同意利用苏联的飞机和军舰来进攻台湾。

苏联人能够提供必要的军事装备和军事顾问（包括军事技术人员），这在毛泽东看来已经足够了。所以，解放台湾的准备工作作为1950年中共军事工作的首要任务，紧锣密鼓地进行起来。苏联人也加紧协助中国军队进行各种装备和技术的改进工作，人民解放军的空军和海军也迅速地成形。

金日成决定先发制人　斯大林倾向统一朝鲜

与长期同莫斯科存在隔阂的毛泽东比较起来，金日成和相当一批北朝鲜领导人都曾在苏联远东的军营中度过相当多的日子，因此，在中朝两国之间，斯大林显然更加相信北朝鲜的领导人。但是，斯大林也不会因此就愿意为金日成的设想冒险。对于金日成1949年9月的提议，他同样表示了拒绝的态度。苏共中央明确答复，"美国在中国失败之后，可能会比在中国更直接地干预朝鲜事务"，更何况北方的军队也还没有强大到足以对南方发动一场成功的速决战的程度。战争一旦形成相持局面，"就给美国提供了在各方面干涉朝鲜事务的理由"。

然而，金日成不会放弃统一朝鲜的设想。南北朝鲜的关系一直十分紧张，要根本上消除战争阴云就必须铲除南朝鲜反共政权。而作为朝鲜共产党人，自然要以解放全民族为己任。眼看着毛泽东一举统一了中国，而朝鲜还有半壁江山和一多半人民没有解放，金日成心焦如焚。因此，艾奇逊声明刚刚发表了5天，金日成就不失时机地重新向苏联外交官提出了加速统一南北朝鲜的问题。

1月17日，在为北朝鲜驻中国大使赴任举行的午餐会上，金日成拿着酒杯走到苏联驻朝鲜顾问的跟前，有些激动地说："目前中国正在完成它的解放事业，下一个问题就是如何完成统一朝鲜的问题了。"他宣称，毛泽东已经保证过，当中国统一完成之后，朝鲜统一就是最迫切的任务。中共将支持他完成这一任务。斯大林也曾经亲口答应他，一旦南朝鲜发动进攻，他可以进行反攻，结果，南朝鲜没有发动进攻，朝鲜的统一问题就这样拖延下来了。金日成说："一想到不应辜负人民的热切希望，我就夜不能寐。"他明确要求再次会晤斯大林，以便说明局势。

斯大林最担心美国干涉。但是，他也无法解释，为什么美国没有干涉毛泽东统一中国？如果连中国大陆都不愿干涉的话，美国又怎么会去干涉一个小小的朝鲜呢？如今，杜鲁门和艾奇逊又公开声明朝鲜和台湾不在美国的防御圈内，自然就更加没有必要为美国的干涉忧心忡忡了。既然如此，斯大林第一想到的也是朝鲜问题。这是因为，日本从来都是苏联人的心腹之患。与对苏联安全无关轻重的台湾比较起来，朝鲜的统一会极大地巩固苏联远东的边防，并使日本直接处于苏联的威慑之下，斯大林对此可谓梦寐以求。在比较了金日成和毛泽东的要求之后，斯大林明确认为支持北朝鲜要比支持中国人划算得多，这不仅仅是因为他更看重朝鲜的战略地位，而且也是因为帮助金日成几乎不需要一个苏联士兵。毕竟，美国对远东保持不干涉政策很可能是有限度的，那就是苏联也必须严格地采取守势。一旦美国政府发现有苏联人秘密加入到远东地区的战争中去，杜鲁门和艾奇逊未必还会遵守他们的声明。

经过了将近两周时间的考虑之后，斯大林终于在1950年1月底开始倾向于接受金日成的援助要求了。他在1月8日给苏联驻朝鲜大使的电报中，明确表示："我理解金日成同志的不满情绪，但他必须懂得，诸如他想要着手解决的关于南朝鲜这样一件大事，需要有周密的准备。事情必须要组织得没有太大的风险。如果他想要与我讨论这件事，那么我将随时准备接见他，并与他进行讨论。把这些转告金日成，并告诉他我准备在这件事上帮助他。"

这封电报清楚地表明，斯大林已经决心要帮助金日成了，这时离毛泽东离开莫斯科至少还有半个月的时间，但斯大林没有向毛泽东透露半个字，他们之间只是偶尔提到过朝鲜问题。当双方谈到中共中央1950年1月关于按照1949年4月毛泽东对金日成所作的承诺，把人民解放军中的其余12 000名朝鲜族官兵，连同配备的武器，全部移交给北朝鲜人民军的决定时，他们才提到了朝鲜问题。而毛泽东仍然在说，现在还不是北方如何进攻南方的问题，而是北方如何防御南方的问题。在他看来，更现实的还是中国解放台湾的战斗。

苏联人秘密施援手　　中国人意外担责任

根据斯大林的提议，苏联方面很快就与金日成商定，苏联对北朝鲜的军事援助将采取有偿的方式来进行。北朝鲜以9吨黄金、40吨白银和1.5万吨其他矿石来换取价值1.38亿卢布，足够装备三个师的苏联的武器弹药。根据金日成的要求，苏方还同意，北朝鲜可以提前使用原定要于1951年才提供的7000万卢布的国家贷款来装备自己的军队。

在北朝鲜为统一事业加速装备军队的同时，中国方面也在为解放台湾作积极准备。双方都投入了大量的人力、物力和金钱，只不过，毛泽东不了解，金日成投入的力量比他大得多。斯大林是唯一了解双方情况的人，他显然认为，金日成有必要就他的计划与毛泽东进行必要的沟通。正因为如此，在他批准金日成访问苏联的同时,他特别要求他的大使提醒金日成,在朝鲜统一问题上,金日成应当听听毛泽东的意见。

南北朝鲜之间的关系一直剑拔弩张,李承晚不时地发出战争叫嚣,北朝鲜经常有南朝鲜计划进攻北方的情报。这些情况,无论莫斯科还是北京,都知道得一清二楚。何况,毛泽东就是以武力方式统一中国的。因此,金日成确信毛泽东不会反对他的计划。在他出访莫斯科之前,他经过北朝鲜驻中国大使通知毛泽东,他希望就统一朝鲜问题对中国进行一次访问,与毛泽东交换意见。对此,毛泽东欣然表示同意,他告诉朝鲜大使,他欢迎金日成的来访,如果金日成对朝鲜统一已经有了具体计划,这种访问可以是秘密的;如果还没有具体计划,最好进行一次正式的访问。由于这时北京在平壤既没有大使,也没有军事观察人员,因此,毛泽东丝毫也不了解北朝鲜统一工作的进程。他一面肯定以武力统一南方的必要性,一面仍旧提醒北朝鲜应当加强警惕,说北朝鲜目前应当首先作好一切军事上的准备工作,加强自身的力量,以应付可能的战争。

3月30日,金日成等人秘密访问了莫斯科。这次访问一直持续到4月25日才结束。在与斯大林的谈话中,金日成介绍,由于苏联的帮助,朝鲜人民军事实上已经取得了对南朝鲜的优势,再加上南朝鲜人民的支持,他现在应当说已经有足够的力量来统一朝鲜了。由于苏联情报系统这时得到了麦克阿瑟将军给华盛顿的一份秘密报告,其中主张美国不要干预南北朝鲜之间发生的冲突,因此,斯大林也对形势感到乐观,相信现在是统一朝鲜的机会。

斯大林在这次会见中第一次对金日成的统一计划表示了肯定的态度,并称,如果说他在一年以前认为金日成的这个计划行不通的话,那么今天这样的计划就是可行的了。因为无论是朝鲜国内还是整个国际的局势都发生了重要的变化,帝国主义目前不会对朝鲜内部的冲突问题进行直接的干涉。当然,他仍旧强调,统一朝鲜的作战应当建立在对南朝鲜的进攻发动反攻的形式上。他最后没有忘记提醒金日成,他的计划必须通报给毛泽东,如果毛泽东也同意的话,他不会有反对意见。

斯大林之所以始终向毛泽东封锁消息,直到最后才要求金日成去征求毛泽东的同意,很大程度上恐怕并不是一种精心策划的计谋。考虑到中共中央早就提出了请苏联帮助解放台湾的要求,毛泽东又亲自向斯大林本人提出请求,不难想象,斯大林很难摆平毛泽东与金日成的关系。与其从一开始就向毛泽东去解释这样选择的必要性,与毛泽东争论孰轻孰重,倒不如造成一个既成事实,使毛泽东无话可说。毕竟早在1949年7月刘少奇率团访苏时,双方就已经商量好,朝鲜问题仍由苏联方面负责,因而在朝鲜问题上,不事先与中方商量,也在情理之中。当然,即使这样做了,他也必须还给毛泽东一个形式上的"公平",

尽管这种"公平"并不是毛泽东所希望的，但至少，在斯大林看来，让金日成去请求毛泽东的"同意"，在心理上可以或多或少地给毛泽东以安慰。何况，朝鲜半岛的动荡对中国的影响最为直接，一旦出现任何意外，中国的态度都是最为重要的。如果毛泽东反对，那么，采取进攻行动无论如何都是冒险的。

斯大林的再三叮嘱，促使金日成从莫斯科返回平壤之后不久，就再次与毛泽东联系，要求访问北京。

毛泽东颇多疑虑　金日成信心百倍

5月13日，金日成出现在北京中南海的怀仁堂。在当晚的会谈中，金日成首先通报了他与斯大林会谈的结果。他解释，南朝鲜的侵略意图已经非常明显，南北朝鲜的紧张关系已经到了非解决不可的地步，南朝鲜人民急切地盼望着祖国的统一，现在统一朝鲜的机会已经到了。关于这一点，斯大林也明确地给予了肯定，并以为统一朝鲜现在是可行的。只是，斯大林同志强调，有关这个问题的最后决定，必须取得毛泽东同志的同意，这就是他此行访问的主要目的。

毛泽东不是没有想到金日成会有一个统一计划，但他还是对金日成通报的情况深感意外。因为，在斯大林已经明确表示同意中国进行解放台湾的军事准备，解放军进攻台湾的各项先期工作也已经按部就班地迅速展开的情况下，他怎么也想不到斯大林会突然间转而赞成首先统一朝鲜。

毛泽东很委婉地对金日成表示："你们的大使已经几次来同我谈过这个问题，我都告诉他现在还不可以。"金日成则解释："苏联已经帮助我们做了许多准备，斯大林也同意了，只要中国同意，我们不要任何帮助。"不得已，毛泽东告诉金日成，这是一个很重大的问题，他需要请苏联大使立即向斯大林核实一下。毛泽东随后中止了会谈，紧急约见苏联驻华大使罗申，要求立即给斯大林发电证实金日成的说法。

第二天晚上，苏联大使拿着斯大林的电报来见毛泽东。电报说：
毛泽东同志：
在与朝鲜同志的谈话中，菲利波夫（斯大林使用的化名）和他的朋友们表示如下意见：由于国际形势已经发生了变化，他们同意朝鲜人着手重新统一的建议。但有个附带条件，即问题最终应该由中国同志和朝鲜同志共同来决定。如果中国同志有不同意见，那么对问题的解决就应延迟，直到进行一次新的讨论。会谈中的细节，朝鲜同志可能会向您转述。

鉴于斯大林已经明确表态，毛泽东自然无法持反对态度。他对苏联大使说，他已经注意到朝鲜半岛的情况，他完全同意朝鲜同志的估计，即由于美国势力逐渐退出南朝鲜，朝鲜的局势已经发生了很大的改变。不过，他认为，恐怕有必要像中苏条约那样，在中国和朝鲜之间迅速签订一个友好互助同盟条约。毛泽东显然对金日成的计划可能带来的后果有些担心，因而想到中国需要为直接援助北朝鲜作好准备。

在与苏联大使会晤后，毛泽东立即在他的办公室召集周恩来等中央政治局在京的重要领导人开了会，讨论这一重要的情况变化。毛泽东显然对斯大林和金日成没有事先与他商量这件事相当不满意。几年之后，他在与苏联大使，以及与米高扬、赫鲁晓夫等人的谈话中，曾经多次重提这件事，认为自己实际上是被蒙在鼓里，直到金日成跑来告诉他斯大林已经同意，他才知道有这么一回事。但不论他是不是感到窝火，中共中央却只能同意斯大林的意见。这是因为，斯大林1945年以来几度干预中共，"不许革命"，曾经引起过毛泽东和中共领导人的强烈不满，事实也已证明这种外来的干预是极其错误的。在这些事情记忆犹新的情况下，毛泽东和他的同事们又怎么会去扮演斯大林过去扮演过的那种角色呢？因此，中共中央最终决定接受既成事实。

5月15日，毛泽东再度与金日成等会谈。他告诉金日成，原来他考虑的是应当首先解放台湾，在此之后再解决朝鲜问题，那样中国将会更充分地援助北朝鲜。但既然统一朝鲜的问题已经在莫斯科得到批准，他同意首先统一朝鲜。金日成向毛泽东详细介绍了他们的三阶段计划，即：第一步进一步加强兵力；第二步公开向南方提出和平统一方案；第三步，在和平统一方案遭到南朝鲜拒绝后则准备诉诸武力。毛泽东对此表示了肯定的意见。他强调，作战计划要有充分的准备，部队行动要迅速，包围主要城市，但不要为占领城市而延误时间，要集中兵力消灭敌人。不过，毛泽东还是对美国驱使日本军队或直接干预的可能性有所担心。他告诉金日成，一旦有两三万日本军队投入战争，整个战争的过程就可能延长。当然，如果美国军队参加战争，中国会派出军队支援北朝鲜的，因为到那时，苏联出兵是不方便的，它受到与美国签订的协定的限制，而中国则不受这样的限制。

金日成认为，日本军队参战的可能性不大，即使美国人派个两三万日本军队来，也不能改变战局，人民军的士兵将战斗得更加坚决。至于美国参战的可能性，他断言，"那几乎不可能"，斯大林已经告诉过他们，帝国主义不会干涉，因而不必加以考虑。但毛泽东还是提出："帝国主义的事，我们做不了主，我们不是他们的参谋长，不能知道他们心里想的是什么。不过准备一下总是必要的。我们打算在鸭绿江边摆上三个军，帝国主义如果不干涉，没有妨碍。帝国主义如果干涉，不过三八线，我们也不管；如果过了三八线，我们一定打过去。金日成对此一面表示感谢，一面则婉言谢绝。在5月16日，即毛泽东与金日成会谈的最后一天，他收到了莫斯科的电报，电报表示同意毛泽东所提议的中朝缔结一个友好互助同盟条约的建议，只是，莫斯科以为，这不应当是在战争发动之前，而应当是在朝鲜已经成功地统一之后。

随着朝鲜战争的爆发已经箭在弦上，金日成此时的兴奋心情可想而知。相比之下，鉴于台湾问题的解决将受到严重影响，毛泽东的沮丧也不言而喻。几乎就在金日成访苏之前不久，中共还特别就武力统一台湾的一些具体作战设想与苏联军事当局进行过深入的讨论。而由于这时空军和海军的装备正在陆续到达，进攻台湾的技术条件问题正在通过各方面的努力而逐渐得到解决，中共中央已经重新开始有了依靠自己的力量夺取台湾的决心，并初步考虑在1951年条件基本具备后，选择适当时机实施作战行动。毛泽东无论如何都没有想到朝鲜战争会排在他解放台湾行动的前面。他最担心的显然是，一旦朝鲜战争爆发，无论胜负，美国政府都可能会改变对台湾的政策，从而使自己解放台湾的计划面临巨大的困难。

美国干涉横生枝节　解放台湾被迫搁浅

5月29日，金日成通知苏联大使，他已经收到了斯大林答应提供的武器和装备的主要部分，他们准备在6月发起进攻，6月10日前，部队将全部集中到预定的进攻地点。按照既定方案，随着北朝鲜提出的和平统一主张在6月11日遭到南朝鲜当局的拒绝，第三阶段，即军事进攻阶段开始进入了倒计时。根据苏联瓦西里耶夫中将和苏军顾问组协助制订的"先发制人的进攻作战计划"，人民军应当在22天到27天内分三个阶段实现解放南朝鲜的战略。6月19日，作战计划下达到人民军部署在三八线沿线的各个部队。25日，受命参加进攻的7个师随着反击南朝鲜军挑衅的一声枪响，大举越过了三八线。朝鲜战争爆发了。

面对朝鲜战争的爆发，中国领导人不能不在一定程度上感到不安，他们焦虑地注视着国际上，特别是美国的反应。两天之后，一个最让毛泽东担心的局面随之出现了。美国总统杜鲁门于6月27日宣布台湾未来地位尚未确定，因此他已命令第7舰队阻止任何对台湾的进攻，确保台湾及台湾海峡的中立化，防止战争蔓延。在毛泽东看来，美国的这一行动，显然无异于救了国民党的命。

对于美国的行动，毛泽东立即作出强烈反应，号召"打败美帝国主义的任何挑衅"。但在内部指示中，中共中央不能不承认：自己没有与美国现代化的海军进行海上较量的可能，"形势的变化给我们打台湾添了麻烦，因为有美国在台湾海峡挡着"，只好把"打台湾的时间往后推延"。与此同时，由于6月27

日美国总统又同时宣布美国将出兵南朝鲜,中国东北边防以及可能的增援朝鲜的问题日益紧迫,中国的战略重点也被迫转向东北地区。至此,进攻台湾的准备工作逐渐停顿下来,以至于最终不得不在事实上放弃了这一作战计划。

这是一件让毛泽东感到极其不满的事情。7月2日,周恩来约见苏联大使,在讨论如何应付联合国卷入朝鲜战争的外交问题后,他极为反感地告诉大使:"早在5月与金日成的会谈中,中国领导人就已经提醒他美国可能干涉的问题,而金日成当时不相信。事实证明我们当时的估计是对的。"与此同时,通过给苏联方面的一份综合反映外国人对朝鲜战争看法的报告,中国领导人也曲折地表达了对苏联选择这个时候支持统一朝鲜行动的疑惑。在报告中写道,一位英国代表对中国领导人说,苏联鼓励朝鲜内战的目的,就是要阻止中华人民共和国夺取台湾。

毛泽东不希望在这个时候进行朝鲜战争,是再明显不过的了。他本来想首先解决台湾问题,然后再寻找适当时机协助金日成解决朝鲜统一问题,但究竟什么时候可以武装进攻南朝鲜,既需要通盘考虑,也需要合适的机会。而且,他始终认为,在苏联红军帮助下建立起来的朝鲜人民军,实际上还很少经受真正的全过程的战争考验,因而很难在这么短的时间里成熟起来,卓有成效地进行这场统一朝鲜的速决战,更不可能对付可能直接参战的具有优势的美国军队。因此,从一开始他就对这个计划的可行性有所怀疑。只是,斯大林的支持使他失去了反对的可能。到9月中旬美国军队在仁川登陆,轻而易举地围歼了人民军进攻部队,毛泽东更加相信自己的估计是正确的了。但越如此也就越遗憾,所以,斯大林逝世后,毛泽东不止一次地在这个问题上埋怨斯大林。他肯定地说,斯大林关于朝鲜战争的决定,是一个"极大的错误","是百分之百的错了"。但毛泽东心里想的多半是,如果当初斯大林不是盲目地支持在朝鲜采取行动,那么不仅不会犯这样大的错误,而且也不会使台湾问题陷入如此困难的局面。当然,中国共产党人也用不着付出在朝鲜战争中那么大的代价,就能够解放台湾。[15]

7月7日和10日,根据毛泽东主席的提议,中央军委召开了两次会议,由中央军委副主席周恩来主持讨论组建东北边防军问题,并作出了第一步部署。7月7日24时,毛泽东致信代总参谋长聂荣臻,表示同意当日军委会议决议事项。7月13日,中央军委正式作出关于保卫东北边防的决定,分别从数省调兵25.5万余人组成东北边防军,以保卫我国东北地区安全和在必要时刻支援朝鲜人民的反侵略战争。在8月4日召开的政治局会上,毛泽东指出:"如美帝得胜,就会得意,就会威胁我。对朝不能不帮,必须帮助,用志愿军形式,时机当然还要选择,我们不能不有所准备。"周恩来说:"如果美帝将北朝鲜压下去,则对和平不利,其气焰就会高涨起来。要争取胜利,一定要加上中国的因素,中国的因素加上去后,可能引起国际上的变化。我们不能不有此远大设想。"实践证明,这是富有远见的正确决策。

聂荣臻对毛泽东当时下决心的过程回忆如下:

当美军还没有越过三八线的时候,中央军委就决定由邓华率领的战略预备队和42军,由河南北上,开赴与朝鲜接壤的鸭绿江边,以为防范。在此之前,我们加紧对据守沿海一些岛屿的国民党残余部队发起进攻,解放了除台澎金马以外的所有岛屿,这为我们放手进行抗美援朝战争,创造了很有利的条件。

8月份,朝鲜人民军的反击战已经进到洛东江边,解放了大部分国土,正向大丘、釜山进军。这时候,毛泽东和党中央分析研究后认为,美帝国主义决不会甘心失败,它有海空军优势,可能会反扑,朝鲜人民军孤军突击,后方薄弱,朝鲜战局很可能出现曲折和反复。所以8月5日,我根据军委决定,向战略预备队发出电令:"本月内完成一切准备工作,待命出动作战。"但是由于准备工作过于繁重和急迫,难以在8月份内就绪。8月18日,我再次电告邓华:"请加紧督促,务于9月30日以前完成一切准备工作。"

果然,9月15日,美军在仁川登陆,接着就大举北进,迅速向我国边境地区逼近。由于我军已有所准备,所以10月份我志愿军部队能及时北上,进入朝鲜,制止了美帝国主义妄图吞并朝鲜侵略中国的阴谋。如果不是毛泽东和党中央预见到战局会出现曲折,及时组建战略预备队,我们就很可能措手不及,贻误战机。[16]

毛泽东早在1950年8月左右,就看到朝鲜战局潜伏着危机。

雷英夫回忆说:

就在毛泽东于中南海勤政殿召见我的第二天,即1950年6月25日,朝鲜战争爆发了。当时朝鲜人民军进行战争准备的情况,我们并不清楚。

朝鲜人民军英勇作战,一开始打得非常顺利,6月28日便解放了汉城。受美国人扶植的南朝鲜李承晚伪政权眼看摇摇欲坠,美国人坐不住了,他们唯恐南朝鲜伪政权一旦垮台,会在整个亚洲引起连锁反应。

6月27日,美国出动海、空军对朝鲜进行武装干涉,同时又占领了我国的领土台湾,并派第7舰队到台湾海峡,阻止我们解放台湾。三天以后,美国又派陆军第8集团军直接参加朝鲜地面作战,随后美国又操纵联合国,要挟英、法、加拿大、土耳其、澳大利亚等十六个国家出兵,组成联合国军,另加李承晚的军队,由美军五星上将麦克阿瑟任总司令。这时候,由于朝鲜人民军的英勇作战,到1950年8月初已经解放了朝鲜90%以上的领土,迫使美军和李承晚伪军退守洛东江以东的大丘、釜山一隅。人们都处于高度的兴奋之中，等待着朝鲜实现统一的那一天到来。

一位苏联军事代表眉飞色舞地在北京对周恩来说："人民军稳操胜券，要不了几天，李承晚伪军便土崩瓦解，朝鲜全境统一指日可待。"记得周恩来对这位苏联人的话没发表任何意见，只说了一句"那好"。

毛泽东对形势的估计并不像苏联人那样乐观，显得冷静而镇定，我们常见他在一幅军用地图前踱步。他曾这样说过："现在朝鲜人民军应该作短暂休整，调整军队部署，然后再接再厉，最后一鼓作气，解放整个朝鲜。越是在这时候，越是要预防不测。"

对麦克阿瑟指挥的联合国军，毛泽东给予了足够的注意。

就在毛泽东的目光紧盯着风云变幻的朝鲜半岛的时候，我作为周恩来的军事秘书、总参作战室的主任，和作战室的参谋们根据毛主席、周总理的指示，常常彻夜不眠地关注着朝鲜战事的发展。总参作战室位于中南海居仁堂的一排平房内，平时戒备极严，人们戏称是"白虎节堂"。此时正是酷暑8月，参谋们冒着酷热翻阅资料，研究军事形势，气氛显得肃穆紧张。

各种各样的情报资料已经证实：朝鲜人民军已经打到了洛东江，釜山似乎指日可下。金日成的文告宣布："1950年的8月将是朝鲜人民取得最后胜利的一个月份。"或许出于军人的本能，在这一派大好形势下，我却生出莫名的疑虑和隐忧来。

"主力全调到釜山三角洲，后方不全空了吗？"不知是谁半带惊讶地冒出了一句。随之，大家你一言我一语，各抒己见。

"美国驻日本的两个师显然是作为预备队部署的，可这两个师至今未动啊！"

"朝鲜的地形很像一个长长的冬瓜，这地形可潜伏着危险啊！"说话人拦腰在朝鲜半岛的军事地图上切了一下，那意思很明确，敌人会不会抄人民军的后路？

这一句话一下子提醒了我，情报部门提供的资料已完全证实，美国总统杜鲁门的顾问艾夫里尔·哈里曼及军事助手弗农·沃尔特斯已到达东京，这将预示着美军将会有较大的行动。我立即提议，大家解放思想，畅所欲言，并分两组对抗作业，然后将大家的意见加以归纳整理，提供给中央首长决策参考。

讨论从下午一直持续到晚上9点多钟，意见共归纳出六条，但集中到一点：美军很可能要在仁川登陆，将朝鲜半岛拦腰截断，处于南部的朝鲜人民军将处在被包围的危险中。对美军可能登陆的时间，我们也作了预测，9月15日是大潮，美军选择这一天登陆的可能性极大。当然，这些意见绝非主观臆测，而是在对大量资料和客观事实的周密研究后得出的。

以后的事实证明,我们的判断是正确的。

……

经过再三考虑,我决定把六条意见首先报给主持军委日常工作的周恩来同志。于是当天晚上10点左右我回到西华厅对周恩来说:"总理,我们作战室的同志对朝鲜战争作了研究,认为眼下潜伏着很大危险。"

周恩来放下手中的文件,以略带惊疑的目光看着我:"怎么,有什么重要发现吗?"

我说:"美军很可能要在朝鲜半岛实行登陆作战,登陆地点最大可能是在仁川。具体我们研究了六条理由。"

周恩来以审慎的目光看着我:"详细说说看。"

我指着墙上的巨幅地图,非常认真地汇报:"麦克阿瑟眼下把美伪主力十几个师都摆在了釜山三角洲的滩头阵地上,我们计算了一下,平均每八平方公里摆一个师,他的一个师差不多两万人。现在李承晚伪军龟缩在洛东江以东地区,釜山解放指日可待。可美伪的这二十几万部队既不撤退,也不往一线增援,固守这一片滩头,到底要干什么?从战略上看,我们认为这是为了把朝鲜人民军的全部主力吸引到南线来。如果这种判断能够成立的话,这其中便隐藏着极为险恶的战略意图。"

周恩来点头示意我继续说下去。

"第二,美国驻日本的两个师,是作为预备队部署的,战斗力很强。眼下南朝鲜部队处在险境,可据情报证实,这两个师却没有任何去南朝鲜增援的迹象,而这两个师中,一个师就是海军陆战队。"

周恩来站起来,走到地图前,他的目光瞄向仁川当面的那片海域。不论从美伪军的兵力部署,还是从朝鲜整个地理地形看,仁川都将是敌人登陆地点的最佳选择。这里东西海岸的距离很小,一旦登陆完成,便很容易将南北朝鲜拦腰切断,而处于南部一线的朝鲜人民军主力,将完全被置于孤立无援的地步。

周恩来的眉毛拧紧了,他自言自语地说:"麦克阿瑟这个冒险将军看来确实要在仁川再显身手了。"

我继续汇报:"第三,麦克阿瑟和他的第八集团军在第二次世界大战是以善于登陆作战而著称的,日本军队在太平洋曾吃了他不少苦头。就麦克阿瑟本人来讲,素来是敢冒险的,为此他与总统杜鲁门曾多次有过口角。比如,当年他搞登陆作战,攻占尼多罗岛、吕宋岛以及其他岛屿时,五角大楼都说风险太大,但他每次都力陈己见,最终都实现了计划,完成了登陆。"

周恩来双臂抱在胸前，微微点着头说："现在麦克阿瑟作为联合国军总司令，位高权重，按照他的禀性，要冒一个让全世界震惊的风险，恐怕更有可能了。"

我说："第四条便是我们对朝鲜地形的分析。朝鲜半岛南北长约1000公里，而东西最窄处仅有200公里，最有利于分割。而且可供登陆的地点很多，比如元山、镇南浦、仁川、群山。"

我略作沉思，对登陆地点的回答显得异常慎重："第五，现在朝鲜人民军主力已经全部投入到釜山一带，后方很空虚，我们分析：西海岸的仁川是美军的最佳登陆地点。"

"为什么？"周恩来问。

"因为这里人民军部队少；这里既是汉城的外港，又是战略要地；这里的潮水落差大，地势危险且复杂，很可能因这样一个原因被朝鲜人民军所忽视。而麦克阿瑟恰恰又是一个善于冒险且善搞出人意料的惊人之举的人物，那么选择仁川便完全符合麦克阿瑟的个性。"

周恩来点头示意我说完。

"这第六条也同样是很重要的因素。眼下无论是朝鲜还是苏联，似乎都沉浸在一片迎接胜利的气氛中，好像明天早上朝鲜就会统一了。报纸发社论，金日成发文告，表面看形势一派大好，其实在这大好形势之下，潜藏着极大的危险。一旦人民军被切断退路，就可能陷入绝境。对苏联和朝鲜目前的心态，美国人是很清楚的。美英最近在地中海和太平洋等地又抽调海空军到朝鲜海峡来，又是登陆作战的一个明显征候。所以，我们认为，美军极有可能正在筹划更大的阴谋……"

我话未说完，只见周恩来大步走向电话机。恰在这时，电话铃声响了。"我是周恩来。啊，主席。"周恩来手握听筒，看了我一眼说，"刚才雷英夫同志到我这儿来，讲了他们总参作战室对朝鲜战争的一些预测和判断，他们认为美军很有可能在朝鲜西海岸的仁川登陆。是的，我认为很有道理。好，我马上带他去见你。"

"英夫同志，你跟我马上去见毛主席。"周恩来放下听筒，马上带我朝屋外走去。

事后我才知道，美军的这步险棋已在毛泽东的预料之中了。当朝鲜人民军打到洛东江的时候，他没有被当时的胜利所陶醉，而是提出朝鲜人民军应该休整，对战局作个客观准确的估计。当金日成的文告及朝鲜报纸的社论在大张旗鼓地宣传即将到来的胜利的时候，他却说："现在根本不是谈胜利的时候，朝鲜领导人及人民军应立即冷静下来。"当美伪军队陈兵釜山一线，引而不发，杜鲁门又亲派顾问到了东京的时候，他预测战争很可能会发生出人意料的变化。作为伟大的战略家，毛泽东未雨绸缪，早在半个多月前，他就对今日的朝鲜战局有所估计。因战场情况瞬息万变，不好轻易下结论，但有些工作毛泽东已经在做了。1950年8月5日，他命令东北边防军务必在8月份完成战争准备，以防不测。8月18日，他再次要求："务于9月30日前完成一切准备。"

此时已是8月23日，毛泽东正在菊香书屋仔细研究关于美军最新动态的一大摞电报。他打电话给周恩来，是想彼此交换一下关于朝鲜战局的意见，没想到周恩来几句关于作战室见解的话，正是他数日来在反复琢磨思考的问题。

在菊香书屋，毛泽东一边抽烟，一边听我汇报关于朝鲜战局的六条意见，他还不时用铅笔在面前的稿笺上写上几笔。

我一口气汇报完毕，毛泽东只是不住点头，没有插话，两眼一直在看着我，末了郑重地讲了六个字："有道理，很重要。"

周恩来表示了自己相同的看法后，毛泽东起身在屋内踱步。他一边抽烟一边说："据报告，美、英舰队正在向朝鲜海峡调动，飞机也在调动，看来美军如有大的行动，很可能就是最近。"说完，毛泽东把征询的目光投向我。

我鼓足勇气谈了自己的意见："主席，对美军的登陆时间我们也作了预测。9月15日是大潮日，美军很有可能就在这一天实施仁川登陆。"

"啊，如此精确。能不能谈得更具体点？"毛泽东对这个登陆时间似乎很有兴趣。

我说："我们对9月至11月的朝鲜西海岸海潮作了研究，发现有三个最佳日期可供选择：9月15日、10月11日和11月3日。在这三个最佳日期内，各有二至三天的好时机。仁川海岸可供靠岸利用的时间，每十二小时内只有三小时，如果以9月15日为登陆日，那天的涨潮最高时间共两次，一次是早上6时59分，另一次是晚上的19时19分。9月15日比另外两次时间相对更为可能，所以，我们认为美军极有可能把登陆的时间选定在9月15日。"说完，我顿时觉得有点忐忑不安。在最高统帅即将实施重大决策的时候，我用如此精确的时间判断为统帅部提供参考意见，一旦有误，我知道这将负有多么重大的责任。

毛泽东又点燃一支烟，深深地吸了一口。

当他缓缓吐出憋在胸中的烟团时，紧接着便发出一道在心中酝酿已久的命令："立即通知情报部门严密注视朝鲜和美、英、日。立即把我们的看法向斯大林和金日成通报，提供他们参考，希望人民军有后撤和在仁川防守的准备。立即通知东北的13兵团要加紧准备，8、9两个月一旦有事，能立即行动。"

3道命令，由周恩来亲自布置实施。

……

正当我为在菊香书屋给毛主席的汇报而时时担忧的时候,就在我们预料中的那一天,即1950年9月15日晨5时,对朝鲜人民军最为不利的美军仁川登陆开始实施了。美军以其海军陆战队第1师为前锋,在仁川首先占领了面积0.6平方公里,位于仁川港当面的月尾岛(它被看作是仁川的屏障);接着在当天下午涨潮时节,美军登岛部队搭梯子爬上三米多高的防波堤,从仁川南部高地登陆;然后,主力部队突破人民军防线,扩大了登陆场;至9月16日下午,控制了整个仁川。

七十岁的司令官、五星上将麦克阿瑟站在麦金莱峰号旗舰上指挥了这场作战。

美军占领仁川后,遂向汉城发起攻击,并以一部兵力南下水原,策应其正面战线上的部队实施反攻。驻汉城的朝鲜人民军在众寡悬殊的情况下与美军血战半个月后撤离,为洛东江地域的主力大撤退赢得时间。当美军打到三八线时,美国政府为稳住中国,曾传话给我国领导人,只打到三八线。当侵占北朝鲜的行动开始前后又传话给中国,将在距鸭绿江40公里处停止前进。

毛泽东从来没有相信过美国人的谎言。

当苏联人垂头丧气地对中国领导人说:"看来金日成只有在中国的东北组织流亡政府了。"周恩来说:"我们的毛主席会从战略上考虑这个问题的,朝鲜就在我们身边,美国人占了朝鲜,我们将永无宁日。看着美国人灭亡朝鲜,见死不救,这说不过去嘛!"

据说,这句话传到斯大林那里,他感动得流了泪。

美军仁川登陆之后,毛泽东在周恩来面前表扬了我们。

他说:"不要什么都认为美国如何如何,我们的小参谋能预测出麦克阿瑟的登陆时间和地点,而且是那样精确,这可以说在军事历史上都是不多的。美国人没啥了不起,我们的小参谋是可以大有作为的。"他还说,"我们的小参谋懂政治、懂战略,不怕死不要钱,不怕苦不怕累,尽打胜仗。通过这件事,对少数犯'恐美病'的人,是个最有力的教育。"毛泽东在这次谈话中,还特别指出,让我以更多的精力投入作战指挥工作,有什么重要情况和意见,可以随时向总理和他报告,不要有什么顾虑。毛泽东还提出,军队搞正规化、现代化建设,参谋们可以负起职责,参与出谋划策,不要有自卑感。

作为统帅部的参谋,毛泽东的夸奖和鼓励使我们受到极大鼓舞,同时也感到肩头的责任更重了。[17]

9月,朝鲜战局剧变。10月1日,美伪军不顾中国的警告,大举越过三八线,妄图迅速吞并全朝鲜。

形势危急，毛泽东在10月上旬多次主持政治局会议，说服有不同意见的同志，最后作出出兵朝鲜的决策。薄一波回顾这个决策过程时写道：

10月初，毛主席多次主持政治局会议，认真倾听各种意见，充分发扬民主，真正做到了畅所欲言。应该说，当时下决心出兵打这场战争，对于新生的人民共和国来说并不是没有风险的。百废待兴，困难很大。记得毛主席曾跟我谈过："我们确有困难，一些同志不主张出兵，我是理解的，但我们是个大国，不打过去，见死不救，总不行呀！"经过慎重的反复的考虑，党中央和毛主席于10月8日做出了出兵抗美援朝的战略决策。[18]

金牛在《"跨过鸭绿江"的决策过程》一文中写道：

10月1日，朝鲜外相朴宪永携带金日成给毛泽东的亲笔信飞到北京，当面向毛泽东和周恩来恳请中国出兵朝鲜。同一天，李承晚军队越过三八线。第2天，麦克阿瑟向美第8集团军下达命令，指挥其越过三八线，占领平壤。正是在这种万分危急的情况下，毛泽东于国庆之夜主持召开了政治局紧急会议，向中央领导人通报朝鲜的形势。

周恩来介绍了形势以后，毛泽东向到会的领导人说："今天大家要畅所欲言，摆一摆出兵到朝鲜与美国人打仗的困难。"与会的多数人不赞成出兵。他们主要摆了两种意见：一是国内刚打完仗，困难多；再就是我军装备与美军相比太悬殊。毛泽东直到大家差不多都说完了，他才缓缓地说："你们讲得都有道理，可是人家有困难，我们在一旁看着心里不好受呀。"毛泽东习惯地摆了摆手说，"今天就开到这里，散会。"

人们散去后已是2日凌晨了，毛泽东仍然毫无睡意，他像往常一样躺靠在那张堆满了书的大床上，思考着、回忆着。

……

10月2日下午，中央政治局的常委在颐年堂召开会议。毛泽东说："出兵援助朝鲜人民已经刻不容缓，我们不能再议而不决。"常委们经讨论同意，由彭德怀挂帅，出兵日期定在10月15日。会议快要结束时，毛泽东提议将会议的决定以他的名义电告斯大林。另外对美国人也要先礼后兵，向他们打个招呼，这件事由周恩来去办。

3日凌晨1时，周恩来紧急召见印度驻华大使潘尼迦，请印度政府转达中国对美国的警告："如果美军越过三八线，中国决不能不管！"印度政府当即将周恩来的谈话转告英国方面，英国当晚便通知美国政府。杜鲁门认为潘尼迦有"亲共"的嫌疑，他的话不可信。国务卿艾奇逊声称："周恩来是想用政治讹诈来阻止美军的进攻，我们不必在乎他们说些什么。"他随后授权驻印度大使格罗斯与中国方面联系，说明美国无意进攻中国，并愿为美机误炸给中国造成的损失进行赔偿，但美国决不会放弃它的战争目标。美军参谋长联席会议同时授命麦克阿瑟指挥美军全力向北挺进，即使中国军队介入，也要完成统一朝鲜的使命。

毛泽东从未相信过美国的保证。10月5日，中央政治局在颐年堂召开关键性的会议。毛泽东在会上作出最后决定："现在是美国人逼我们打这一仗，我们面前只有一条路，不管冒多大的风险，有多大的困难，都要立刻出兵！"10月8日，毛泽东正式发布命令："为了援助朝鲜人民的解放战争，反对美帝国主义及其走狗的进攻，借以保卫朝鲜人民、中国人民及东方各国人民的利益，将东北边防军改为中国人民志愿军，迅即向朝鲜境内出动，协同朝鲜同志向侵略者作战并争取光荣的胜利。"

同一天，彭德怀飞赴沈阳部署第13兵团入朝。周恩来乘飞机前往苏联会见斯大林，购买武器装备和争取苏联空军支援志愿军入朝作战。毛泽东很快接到周恩来从苏联发回的电报，周恩来报告说，经与斯大林会谈，苏方表示尽快向志愿军提供二十个师的装备，但不能在朝鲜战场提供空中掩护，如中国出兵有困难，可让金日成到东北组织流亡政府。周恩来在电报中请中央根据这种情况对出兵问题再作考虑。毛泽东读着电报，立即明白了斯大林不肯提供空中支援就是怕与美国发生直接的军事冲突。他既震惊又气愤，难道美国人就真的是老虎的屁股摸不得？怎么有的人总是不相信人民的力量呢？如果几十万志愿军战士在没有空中掩护的条件下入朝作战，中国人民要承受多大的牺牲啊！毛泽东转向站在一旁的代总参谋长聂荣臻："要老彭立即回北京，令13兵团就地训练，暂不出动。"

12日下午，毛泽东又一次主持召开了中央政治局会议，讨论出兵问题。毛泽东在会议上全面分析了出兵的利弊得失，他说："我们已经向美国发出警告，敌人也向我们发出了'哀的美敦书'（最后通牒）。现在我们与美国已经是短兵相接，狭路相逢。如果让敌人压到鸭绿江边而我们表现得无能为力，软弱可欺，国内国际反动气焰高涨，对各方都不利，首先是对东北更不利。我的意见是即使没有苏联的空中支援，也要立即出兵。"到会的同志一致同意毛泽东的分析，会议决定志愿军26万人马于10月19日开始进入朝鲜。会后毛泽东打电报坚定地告诉尚在苏联的周恩来："我们认为应当参战，必须参战，参战利益极大，不参战损害极大。"当周恩来将毛泽东的决定通知斯大林时，斯大林感到一阵巨大的震动，直到这时，他似乎才真正理解了中国共产党人，理解了毛泽东。

18日下午，毛泽东首先听取了周恩来关于和斯大林会谈的报告，然后又听取了彭德怀和高岗关于出兵准备工作的报告。直到这时，他终于作出了最后的决断:"哪怕有天大的困难,志愿军也要按原计划渡江,时间决不能再推迟了。"晚9时,毛泽东发出特急绝密电报,命令志愿军自19日起渡过鸭绿江,新中国成立后与世界头号强国——美国的第一次军事较量就这样拉开了序幕。[19]

在由谁挂帅指挥志愿军的问题上,曾经费过一番周折。毛泽东原来考虑让林彪去,但最后派彭德怀。聂荣臻在回忆录中写了这一过程,他说:

林彪是反对出兵朝鲜的。毛泽东原先决定让林彪去朝鲜指挥志愿军,可他害怕,托辞有病,硬是不肯去。奇怪得很,过去我们在一起共事,还没有看到他怕死到这个程度。后来,毛泽东决定调彭德怀去。他当时在西安,10月4日来到北京,第二天参加了在中南海召开的政治局会议。彭德怀历来勇敢果断,中央决定他去指挥志愿军,他表示坚决执行命令。在会上,他坚决支持毛泽东出兵朝鲜的主张。他说:"我们跟美国打,大不了美国打进中国来,最多也就是等于中国晚解放几年就是了。"彭德怀在会上的坚定态度,给我以深刻印象。[20]

彭德怀本人也回忆了这一情景,他写道:

1950年10月1日国庆节后,4日午,北京突然派来飞机,令我立即上飞机去北京开会,一分钟也不准停留。当日午后4点左右到达北京中南海,中央正在开会,讨论出兵援助朝鲜问题。听别的同志告诉我,当毛主席让大家着重摆摆出兵的不利情况以后,主席讲了这样一段话:"你们说得都有理由,但是别人处于国家危急时刻,我们站在旁边看,不论怎样说,心里都难过。"我刚到,未发言,内心想是应该出兵,救援朝鲜……第二天下午,中央又在颐年堂开会,在其他同志发言后,我讲了几句:"出兵援朝是必要的,打烂了,等于解放战争晚胜利几年。如美军摆在鸭绿江岸和台湾,他要发动侵略战争,随时都可以找到借口。"主席决定我去朝鲜,我也没有推诿。[21]

彭德怀传记组根据大量的文献资料和回忆史料,详细叙述了毛泽东委以彭德怀重任的过程。《彭德怀传》写道:

1950年10月4日近午时分,彭德怀正在西北军政委员会办公室内埋头审阅西北地区三年经济恢复计划,准备赴京向中央汇报。中央派来的两名干部进来报告说:"毛主席请您立即乘飞机去北京开会。"彭德怀一愣,问:"我已接到北京的电话,是原先通知的汇报会吗?"来人回答:"不清楚。周总理交代,飞机一到西安,就马上接彭老总来,一刻也不能耽误,还要严格保密。"彭德怀说:"那我总要给其他同志打个招呼吧?"马上把西北局秘书长常黎夫找来,让常分头转告西北局其他负责干部。此时,遇事沉着的彭德怀也感到不解,难道到中央汇报三年经济恢复计划还这么紧张吗?不管开什么会,他还是叫秘书把西北地区各单位报来的经济规划方案、调查报告统统带上。

下午4时,专机飞抵北京西郊机场。彭德怀快步走下舷梯,几辆小汽车早在等候着。前来迎候的人传达毛泽东的交代，要彭德怀先到北京饭店休息一下，彭德怀说："不是说不能耽搁吗？先去中南海！"[22]

车到中南海丰泽园，周恩来迎出来与彭德怀握手，解释说："会议在下午3点就开始了，来不及等你。"彭德怀随周恩来进入颐年堂会议厅。毛泽东首先发话："你来得正好，美军已开始越过三八线了，现在正在讨论出兵援朝问题，请你准备谈谈你的看法。"彭德怀坐定，发现会议的气氛很不寻常。他来京前，脑子里装的是如何建设开发大西北，这时只好侧耳静听。从几个同志的发言中，他才知道对支援朝鲜有不同意见。有的主张不出兵，或暂不出兵，理由主要是：国内战争创伤亟待医治，部分地区尚未解放，新解放区尚未进行土地改革；我军的武器装备远远落后于美军，更无制空制海权；经过长期战争，有些干部和战士有和平厌战思想；等等。基于上述情况，参加会议的多数人认为出兵问题应慎重从事。时任中国人民解放军代总参谋长的聂荣臻元帅，后来回忆这次会议中大家发言的倾向是："不到万不得已的时候，最好不打这一仗。"[23]毛泽东在会议最后讲了一段话："你们说的都有理由，但是别人处于国家危急时刻，我们站在旁边看，不论怎么说，心里都难过。"[24]

第二天上午9时左右，邓小平受毛泽东委托来到北京饭店，约彭德怀同车去中南海。因4日下午政治局会议上彭德怀未发言，毛泽东想听听他的意见。

彭德怀来到毛泽东的办公室，两人在沙发上坐下，毛泽东说："老彭，昨天你没来得及发言。我们确实存在严重困难，但是我们还有哪些有利条件呢？"彭德怀说："主席，昨天晚上我反复考虑，赞成你出兵援朝的决策。"毛泽东又问："你看，出兵援朝谁挂帅合适？"彭德怀问："中央不是已决定派林彪同志去吗？"毛泽东谈了林彪的情况后说："我们的意见，这担子，还得你来挑，你思想上没这个准备吧？"彭德怀沉默片刻，说："我服从中央的决定。"毛泽东略带感慨地讲："这我就放心了。现在美军已分路向三八线北冒进，我们要尽快出兵，争取主动。今天下午政治局继续开会，请你摆摆你的看法。"[25]

10月5日下午，中央政治局在颐年堂对是否出兵援朝问题再次进行讨论。发言中，仍有两种意见，彭德怀讲了自己的观点，即：出兵援朝是必要的，打烂了，最多就等于解放战争晚胜利几年。可是，如让美军摆在鸭绿江岸和台湾，他要发动侵略战争，随时都可以找到借口。如让美国占领了朝鲜半岛，将来的问题更复杂，所以迟打不如早打。聂荣臻元帅在其回忆录中写道："彭德怀10月4日到北京，第二天参加了政治局会议。彭德怀同志历来勇敢果断，中央决定他去指挥志愿军，他表示坚决执行命令。""彭德怀在会上的坚决态度，给我以深刻印象。"[26]

政治局会议结束后，毛泽东对彭德怀说："给你十天作准备，出兵时间初步预定10月15日。"

10月6日上午，彭德怀到中南海去参加中央军委周恩来副主席主持召开的军委会议，讨论志愿军入朝方案和更换武器装备、后勤供应及组建指挥所等问题。朱德总司令参加会议并讲了话。

关于彭德怀指挥所设立的位置，毛泽东的意见，为保证安全，免遭敌机轰炸，可设在鸭绿江北岸一个隐蔽位置。但彭德怀不同意，他主张过江入朝，与金日成在一起，以便协调两军，统一指挥作战。对于志愿军出国前后的宣传报道问题，彭德怀向主席建议："在战斗打响之前，应绝对保密。打响之后，新华社在报道和广播方面也应注意分寸。要设法转移敌人的视线，使其产生判断上的错觉，以便我军各路部队迅速隐蔽过江，取得战斗的主动权，力争初战的胜利，以提高士气，稳定人心，扭转被动局面。"[27]

10月8日，中国人民革命军事委员会主席毛泽东发布命令："将东北边防军改为中国人民志愿军，迅即向朝鲜境内出动，协同朝鲜向侵略者作战，并争取光荣的胜利；中国人民志愿军辖13兵团及所属之38军、39军、40军、42军及炮兵1师、2师、8师，须立即准备完毕，待命出动；任命彭德怀同志为中国人民志愿军司令员兼政治委员；中国人民志愿军以东北行政区为总后方基地，统由东北军区司令员兼政治委员高岗指挥并负责保证之。"同一天，毛泽东将中国人民志愿军即将出国援朝的事项致电中国驻朝大使倪志亮转告金日成，请他派人立即前往沈阳与高岗、彭德怀会晤。

1950年10月8日上午，彭德怀根据毛泽东的命令与高岗率临时指挥所人员乘飞机到沈阳。同日，中共中央根据事先与苏联方面的协商，派周恩来秘密飞往莫斯科会见苏联部长会议主席斯大林，商谈购买苏方武器装备和苏联出动空军支援中国人民志愿军入朝作战问题。

10月8日黄昏，金日成派朝鲜内务相朴一禹来到沈阳与高岗、彭德怀会谈，朴一禹转达了金日成首相要求志愿军迅速出动，首先控制咸兴和新安州的意见。9日上午，彭德怀和高岗在沈阳召集志愿军军以上干部开会，宣布中央出兵援朝的决定。彭德怀在会上讲话："我们的敌人不是'宋襄公'，他不会愚蠢到等待我们摆好阵势才来。敌人是机械化部队，有空军和海军的支援，进攻速度很快，我们要和敌人抢时间。中央派我到这里来，也只是三天前才决定的。"彭德怀要求各军克服困难，在十天之内，完成一切出国作战的准备工作。

在会议上，各军干部最担心的是在出国作战时有无空军支援。于是，会议还在进行中，9日11时，彭德怀和高岗就急电毛泽东询问："我军出国作战时，军委能派出多少战斗机和轰炸机掩护？何时能出动并由何人负责指挥？盼速示。"

这时，以美国为首的"联合国军"和南朝鲜军总兵力达40万，拥有各类飞机1000多架（海军飞机除外），各类军舰300多艘。其先头部队13万余人越过三八线，继而分兵多路向中朝边境推进。麦克阿瑟再次向朝鲜人民军发出最后通牒，要求人民军立即放下武器，停止作战。10月10日下午4时，印度驻中国大使潘尼迦转交了英国外交大臣贝文致中国外交部部长周恩来的电报，称："如果北朝鲜不愿放下武器，那么联合国军统帅将无他途可循。"当日深夜，金日成紧急召见中国驻朝鲜大使馆临时代办柴军武（后改名柴成文）表示："我们绝不会放下武器，绝不会投降，我们要抵抗到底。"

彭德怀面对危局心急如焚。为使志愿军在地面兵力上占绝对优势，以保初战获胜，当日，他在和13兵团领导人邓华、洪学智等详细研究了志愿军入朝部署方案后，致电毛泽东："原拟先出动两个军、两个炮师。恐鸭绿江铁桥被炸毁，不易集中优势兵力，失去战机。故决定将四个军三个炮兵师全部集结江南待机歼敌，改变原定计划，妥否盼示。"毛泽东回电同意。彭德怀又深感8日在沈阳与朴一禹的匆匆会谈，内容不够详细具体，于10日20时，再电请示毛泽东，他拟于11日渡江赴德川与金日成面商。

10月11日，彭德怀率领临时指挥所人员抵达安东，不顾连日疲劳，翌日即前往鸭绿江北岸察看渡江地点，听取驻军领导汇报部队渡江准备情况。晚上突然接到聂荣臻电话，说情况又发生了变化，苏联方面表示空军未准备好，暂无法支援中国志愿军入朝作战，要彭德怀火速回京开会。紧接着毛泽东来电指示13兵团各部就原地进行训练，不要出动；要高岗、彭德怀翌日回京。于是，彭德怀12日深夜又乘火车由安东返沈阳。

10月13日中午，彭德怀和高岗回到北京。下午，毛泽东在颐年堂主持中央政治局紧急会议，对出兵和不出兵的利害关系再次展开讨论，会议最后决定，即使没有苏联空军的支援，在美军大举北进的情况下，不论有多大困难，都必须立即出兵援朝，迎击向北冒犯之敌。聂荣臻元帅在回忆录中写道："对于打不打的问题，毛泽东同志也是左思右想，想了很久。毛泽东同志对这件事确实是思之再三，煞费心血的，最后才下了决心。"[28]中央作出最后决定后，彭德怀为防止部队对出兵援朝产生怀疑和松懈情绪，当天即给志愿军参谋长解方发急电，要求志愿军各部继续作好出国准备。14日，毛泽东与彭德怀、高岗详细研究了志愿军出兵后的作战方案。最后，确定已集结在鸭绿江北岸的志愿军四个军十二个步兵师、三个炮兵师及汽车团、高炮团、工兵团等，于10月18日或19日分批渡江，先在平壤至元山线以北适当山岳地区组织防御，待机歼敌。

15日，朝鲜民主主义人民共和国首都平壤告急。金日成派外务相朴宪永来沈阳会见刚从北京飞回的彭德怀，要求中国尽快出兵，并希望与彭德怀早日会面。彭德怀告诉朴："我们中央已最后决定，预定自10月18日或19日部队分批渡江，希望人民军继续阻击敌人进攻，迟滞敌人。"16日上午，彭德怀和高岗赶到安东，召开志愿军师以上干部大会，宣布中央的决定。他根据朝鲜北部山高林密、地形狭窄、东西临海的特点，指出："过去我们在国内战争中所采取的大踏步前进和大踏步后退的运动作战方式，在今天的朝鲜战场上不一定适用。志愿军在战术上要采取阵地战与运动战相结合的形式，如敌人来攻，我们要把敌人顶住；一旦发现敌人的弱点，即迅速出击，插入敌后，坚决包围歼灭之。我们的战术是灵活的，不是死守某一阵地；但在必要时，又必须坚守阵地。"他针对出国作战的新情况，特别强调，"我们进入朝鲜后，千万不要骄傲，不要以大国援助者的身份自居。对朝鲜的党、人民政府、人民军队和广大人民群众要切实尊重。"彭德怀最后强调，对入朝作战要作相当长期艰苦的打算，要发扬人民解放军的光荣传统，严格遵守"三大纪律八项注意"。

会议结束后，彭德怀到13兵团司令部研究渡江方案，说："麦克阿瑟越猖狂，对我们越有利，我们可以利用敌人的错误判断，隐蔽渡江，对敌人进行突然反击。"

10月17日，彭德怀和高岗飞回沈阳，正与东北局、东北军区领导人研究志愿军出国作战准备问题，又接到毛泽东急电，要他和高岗于18日火速回京，并说："对出兵时间，以待周（恩来）18日回京向中央报告后确定为宜。"10月18日清晨，彭德怀、高岗再次乘专机返回北京。

此时敌进甚速，平壤被困，危在旦夕。在当天召开的中央会议上，由周恩来和彭德怀各自汇报了情况。毛泽东最终决断："现在敌人已围攻平壤，再过几天，敌人就进到鸭绿江了。我们无论有天大的困难，志愿军渡江援朝不能再变，时间也不能再推迟，仍按原计划渡江。"[29]随后，彭德怀奉毛泽东指示，以毛泽东的名义，拟发了给13兵团司令员邓华，副司令员洪学智、韩先楚，参谋长解方及东北军区副司令贺晋年的特急绝密电报。电文如下："四个军及三个炮师决按预定计划进入朝北作战。自明十九晚从安东和辑安线开始渡鸭绿江，为严格保守秘密，渡江部队每日黄昏开始到翌晨四时即停止，五时以前隐蔽完毕并须切实检查。为取得经验第一晚（十九晚）准备渡两个至三个师，第二晚再增加或减少，再行斟酌情形，余由高岗德怀面告。毛泽东十月十八日廿一时。"[30]

10月19日黄昏，中国人民志愿军神不知鬼不觉地跨过鸭绿江，揭开了抗美援朝战争的序幕。

从1950年10月19日至1951年6月，中国人民志愿军协同朝鲜人民军进行了五次大规模的反击战役，迫使敌人退到三八线以南，转入战略防御，并接受了停战谈判。

毛泽东精心指导了第一、第二次战役，并制定了后三次战役的战略方针。

在两次战役取得重大胜利的情况下，部队中开始滋长速胜思想。针对这种不正确倾向，毛泽东正确分析战争形势，阐述了长期作战方针。《中国人民志愿军抗美援朝战史》对此作了较好的叙述：

我军连续取得两次战役的胜利，扭转了朝鲜战局，但尚未大量地歼灭敌人有生力量。因此，尽管敌人已遭到严重失败，而我军要赢得战争胜利还需要作很大的努力，任务仍然是艰巨的。这是当时战争的基本形势。

中央军委、毛泽东主席和志愿军首长早在敌人向平壤和三八线撤退时，即正确地分析了这一基本形势，并依此对战争的发展前途作了实事求是的估计，对我之战略设想和应取的方针也作了充分考虑。12月4日，中共中央向志愿军首长转达了毛泽东主席对朝鲜战争发展前途的看法和意见。毛泽东主席指出："战争有可能迅速解决，但也可能拖长，我们准备至少打一年。"还指出，"敌人有可能要求停战"，但是，美帝国主义"必须承认撤出朝鲜，而首先撤到三八线以南，才能谈判停战。最好我们不仅拿下平壤，而且拿下汉城，主要的〔要〕消灭敌人，首先是全歼伪军，对促进美帝撤兵会更有力量。美帝如承认撤兵，联合国有可能在同意中、苏参加的条件下，主张全朝鲜人民在联合国监督下，选举自己的政府。但美帝和蒋介石一样，诺言、协定都是不可靠的，故应从最坏方面着想"。

当时，战场形势的发展，正如毛泽东主席的分析。敌退守三八线以后，便为争取喘息，开始玩弄"先停火，后谈判"的阴谋，以便卷土重来。毛泽东主席考虑到政治上的需要，和为了打破敌人这一阴谋，于12月13日致电彭德怀司令员，指出："目前美英各国正要求我军停止于三八线以北，以利其整军再战。因此，我军必须越过三八线。如到三八线以北即停止，将给我政治上以很大的不利。"并提出"此次南进，希望在开城南北地区，即离汉城不远的一带地区寻歼几部分敌人"。然后看情况，如敌人固守汉城，我军则准备攻击汉城的条件；如敌人放弃汉城，我军则在汉城至平壤间休整一个时期，然后再战。12月15日，志愿军首长根据毛泽东主席这一指示，为粉碎敌人企图利用三八线重整部队，准备再战的阴谋，向各部下达了向三八线以南挺进的预定部署，确定在汉城、原州、平昌线以北地区歼灭美、伪军各一部，第1步以三八线以北市边里、涟川为目标攻击前进。12月19日，彭德怀司令员根据当时战争形势和部队速胜思想滋长等情况，致电毛泽东主席，提出了"目前仍应采取稳进"的建议。他说："据我看，朝鲜战争仍是相当长期的、艰苦的。敌人由进攻转入防御，战线缩短，兵力集中，正面狭小，自然加强了纵深，对联合兵种作战有利。美伪军士气虽然较前低落，但现还有26万左右兵力。政治上，敌人马上放弃朝鲜，对于帝国主义阵营说来是很不利的，英法也不要求美国这样做。如再吃一两个败仗，再被消灭两三个师，可能退守几个桥头阵地（釜山、仁川、群山），也不会马上全部撤出朝鲜。〔所以〕我军目前仍应采取稳进。"据此，他提出"为避免意外过失，拟集中四个军（50军、66军在两翼牵制敌人）首先歼灭伪第1师，后相机打伪6师。如果战役发展顺利时，再打春川之伪3军团，如不顺畅即适时收兵。能否控制三八线，亦须看当时具体情况再行决定"。

12月21日，毛泽东主席同意了彭德怀司令员的意见，复电说，"你对敌情估计是正确的，必须作长期打算……速胜观点是有害的"，"美英正在利用三八线在人们中存在的旧印象进行其政治宣传，并企图诱我停战，故我军此时越过三八线再打一仗然后休整，是必要的"，"打法完全同意你的意见，即目前美、英军集中于汉城地区不利攻击，我应专寻伪军打。就总的方面说，只要能歼灭伪军全部或大部，美军即陷于孤立，不可能长期留于朝鲜。如能再歼灭美军几个师，朝鲜问题更好解决"。

之后，毛泽东主席根据伪军及美军一部已在37°线至三八线之间站住脚跟，组成防线，可使我军不用走很远的路便能寻敌作战的情况，又电告志愿军首长改变原先和人民军商定的，以人民军第2、第5军团深入敌后分散敌人兵力的计划，指出："伪军集中于我有利，分散则于我不利。如果人民军第2、第5军团现在插入朝鲜南部，威胁敌人后方，就有分散敌人，使敌人变更部署，不敢在37°线以北地区建立防线的可能；而汉城美军则有放弃汉城，集结大田、大邱一带的可能。这样，将使我军作战发生很大困难，不易各个歼灭敌人。因此，不但人民军2、5军团现在不要深入南部，而且全军主力（包括人民军）在此次战役后亦应当后退几十公里进行休整，以使美伪军感到安全，恢复其防线，利我军春季歼敌。"

根据毛泽东主席的以上指示，志愿军首长最后定下了如下决心：集中志愿军六个军，在人民军三个军团协同下，实施进攻，粉碎敌人在三八线的防御，"歼灭临津江东岸迄北汉江西岸地区第一线布防之伪1师、伪6师、伪2师及伪5师一部"。如发展顺利，即相机占领汉城和春川、洪川、襄阳、江陵一线；然后再进行休整，准备春季攻势。部署为：以五个军（军团）向东豆川、汉城方向实施主要突击，以两个军分别向济宁里、加平及春川方向实施突击，以人民军两个军团向自隐里、洪川方向实施突击。[31]

在12月26日致彭德怀及金日成等的电报中，毛泽东强调："战争仍然要作长期打算，要估计到今后许多困难情况。要懂得不经过严重的斗争，不歼灭伪军全部至少是其大部，不再歼灭美英军至少4万人，朝鲜问题是不能解决的，速胜的观点是有害的。"因此，他主张第2次战役结束后全军主力后撤休整1个月至2个月。但是，毛泽东又迅速改变想法，指示彭德怀迅速发起第3次战役。在12月29日的电报中，他对彭德怀说：

12月28日20时电悉，同意你的计划。此次战役如发展顺利，以66军或42军占领春川洪川，以人民军一部占领襄阳江陵，分储粮弹，准备春季攻势。其他各军，于战役完全结束敌人新部署亦已明了之后，即分置于粮运较为便利地区（不论三八线南北），部署休整两个月。所谓三八线在人们脑子中存的旧印象，经过这一仗，也就不存在了。我军在三八线以南或以北休整，均无关系。但如不打这一仗，从12月初起，整个冬季我军都在休整，没有动作，则必引起资本主义各国甚多揣测，民主阵线各国亦必有些人不以为然，发生许多议论。如我军能照你们目前部署，于1月上半月打一个胜仗，争取歼灭伪军几个师及美军一部，然后休整两个月，准备春季攻势，则对民主阵线及资本主义各国人民大众影响甚好，对帝国主义则给以新的一击，加重其悲观失败情绪。

对毛泽东改变休整计划，发起第三次战役的原因等，聂荣臻写道：

第二次战役以后，为了配合我国代表伍修权在联合国大会上控诉美国武装侵占我领土台湾的斗争，扩大政治影响，毛泽东指示我军接着就发起第三次战役。当时彭德怀从前线报告，部队经两个多月连续作战，非常疲劳，物资装备损耗也大，亟须休整补充。又据敌情报告，在第一线兵力上，我军不占绝对优势（只比敌人多二到五个师），因此，我也建议，战役推迟两个月打为好。但毛泽东同志为配合政治斗争，仍决心要打。于是，1950年12月31日，我军不给敌人以喘息机会，乘胜发起第三次战役，经过九天连续作战，将敌人赶到了三七线以南，解放了汉城，又歼敌1.9万多人。[32]

毛泽东在第三次战役胜利后继续批评轻敌速胜思想，并且进一步要求志愿军与朝鲜党、军队和人民建立密切关系。《中国人民志愿军抗美援朝战史》写道：

当时，虽然敌人由于连续失败正在议论着自朝鲜撤退问题，但是，中央军委、毛泽东主席和彭德怀司令员对朝鲜战争发展前途的估计，仍如第三次战役前所指出的那样：敌人在其主力未被击破之前，是不会自动撤出朝鲜的。因为美国侵略者要维持其在远东和世界的政治地位，要保护他们在朝鲜所掠夺的财富，并且他们还相信装备上的优势可以帮助他们守住朝鲜南部的阵地。所以我们还必须在各方面作充分准备，进行几次激烈的大规模作战，才能达到完全解放朝鲜的目的。1月14日，毛泽东主席在给彭德怀司令员的电报中又明确指出了这一点,并且还对敌人可能采取的决策作了如下的估计:"(一)在中朝两大军队压迫下,略作抵抗即退出南朝鲜。如果是这样,那就是我们充分准备工作的结果,因为敌人知道我们作了充分的准备工作,我们的军事力量更加强大了,敌人才知难而退。(二)敌人在大邱、釜山地区作顽强抵抗,要待我们打得他们无法再打下去了,方才退出南朝鲜。如果是这样,我们必须作充分准备才能再战。"还"有一种可能,即客观形势迫使我们在2月间就要打一仗,打了再休整"。志愿军首长根据毛泽东主席这一指示精神和我军实际情况,计划用两个月时间进行休整,于3月间发动春季攻势,并立即着手进行准备。

为了统一思想,总结经验,在春季攻势作战中夺取更大的胜利,联司于1月25日至29日在成川郡之君子里(成川西南五公里)召开了中、朝两军高级干部会议。金日成首相出席了会议并讲了话,彭德怀司令员作了报告。会议总结了前三个战役的经验,分析了形势,提出了下一步作战任务和作战方针。会议指出:"三次战役的经验证明,敌军的装备虽占优势,但只要我军依靠机动灵活的战略战术、灵活的战役指挥和勇敢顽强的作战相结合,是可以胜利的;在装备悬殊的条件下,我军在作战指导思想上必须是有重点地集中绝对优势的兵力和火力,逐个地歼灭敌人;在战术运用上,应力求夜战(在渗入敌人纵深或迂回敌后,或追击溃敌的条件下,白日作战仍是可能和必要的)、近战,力求实施大胆的迂回包围、穿插分割,勇敢地渗入敌之纵深和后方,同时,组织精锐勇敢的小部队,袭击敌炮兵阵地和指挥所,混乱敌之部署,以造成我军在运动中各个歼敌的条件。会议还传达了毛泽东主席给志愿军的指示,毛泽东主席在指示中要求中国人民志愿军要努力向朝鲜劳动党和朝鲜人民军学习;要全心全意地拥护朝鲜人民,拥护朝鲜民主主义人民共和国政府,拥护朝鲜劳动党,拥护朝鲜人民领袖金日成;要爱护朝鲜的一山一水一草一木,不拿朝鲜人民的一针一线。并指出,这是取得战争胜利的政治基础。这次会议,统一了作战思想,增强了中朝军队的团结,鼓舞了斗志。[33]

1951年1月27日至4月21日,我军进行了第四次战役,共歼敌7.8万余人。此次战役期间,毛泽东作出了志愿军在朝鲜战场轮番作战的正确决策。在1951年2月7日给周恩来的信中,毛泽东将当时在国内的杨得志兵团、杨成武兵团、董其武兵团等十一个军编为第二番作战兵力,令其立即开始出境作战的各项教育并授予任务;以现任第一番作战兵力中的第13兵团六个军撤至后方补充休整3个月至4个月,改为第三番作战兵力;9兵团全部撤回华东任守备。1951年3月1日,毛泽东就朝鲜战局和我军采取轮番作战方针致电斯大林,电报说:

从目前朝鲜战场最近进行的战役中可以看出,敌人不被大部消灭,是不会退出朝鲜的,而要大部消灭这些敌人,则需要时间。因此,朝鲜战争有长期化的可能，至少我应作两年的准备。目前敌人的作战意图是企图与我进行消耗战……为粉碎敌人意图，坚持长期作战，达到逐步歼灭敌人之目的，我中国志愿军拟采取轮番作战的方针。中国志愿军已决定编组三番轮流的部队，即将现在朝鲜作战的九个军三十个师作为第一番志愿部队；将正从国内调去的六个军及现在朝鲜即将补充的三个军，共九个军二十七个师作为第二番志愿部队，约4月上旬可全部到达三八线地区，接替现在汉江前线的六个军的任务；将准备从国内调去的六个军及第一番志愿部队中的四个军，共十个军三十个师作为第三番志愿部队，准备6月中调用。

毛泽东最后总结说：

在美国坚持继续作战，美军继续获得大量补充并准备和我军作长期消耗战的形势下，我军必须准备长期作战，以几年时间，消耗美国几十万人，使其知难而退，才能解决朝鲜问题。

轮番作战方针妥善地解决了我军休整补充问题，是坚持长期作战的有力保证。

1951年4月22日至5月21日，我军对转入防御之敌发起了第五次战役，歼敌8万余人，迫使美伪军重新退到了汉城及其以南地区，放弃了侧后登陆计划，并于7月接受停战谈判。

在第五次战役结束不久，毛泽东总结这几次战役经验，对我军同美英军作战的战略战术问题作了进一步论述。5月16日，他在给彭德怀的电报中说：

历次战役证明，我军实行战略或战役性的大迂回，一次包围美军几个师，或一个整师，甚至一个整团，都难达到歼灭任务。这是因为美军在现时还有颇强的战斗意志和自信心。为了打落敌人的这种自信心以达最后大围歼的目的，似宜每次作战野心不要太大，只要求我军每一个军在一次作战中歼灭美、英、土军一个整营至多两个整营也就够了。现在我第一线有八个军，每个军歼敌一个整营，共有八个整营，这就给敌以很大的打击了。假如每次每军能歼敌两个整营，共有十六个整营，那对敌人打击就更大了。如果这样做办不到，则还是要求每次每军只歼敌一个整营为适宜。这就是说，打美军、英军和打伪军不同。打伪军可以实行战略或战役的大包围，打美军、英军则在几个月内还不要实行这种大包围，只实行战术的小包围，即每军每次只精心选择敌军一个营或略多一点为对象而全部地包围歼灭之。这样，再打三四个战役，即每个美、英师都再有三四个整营被干净歼灭，则其士气非降低不可，其信心非动摇不可，那时就可以作一次歼敌1个整师，或两三个整师的计划了。过去我们打蒋介石的新1军、新6军、5军、18军和桂系的第7军，就是经过这种小歼灭到大歼灭的过程的。我军入朝以来五次战役，已完成这种小歼灭战的一段路程，但是还不够，还须经过几次战役才能完成小歼灭战的阶段，进到大歼灭战的阶段。至于打的地点，只要敌人肯进，越在北面一些越好，只要不超过平壤元山线就行了。

毛泽东还对第五次战役的不足之处作了概括，说此次战役打得"急了一些""大了一些""远了一些"。[34]

正因为战役指导上的这些不足，使得第五次战役的胜利不圆满，突出地表现在180师突围失败上。

5月下旬，毛泽东接见陈赓、解方和邓华，提出了"零敲牛皮糖"的战法，并谈了抗美援朝的指导方针。杜平叙述此事时写道：

5月26日，志愿军党委拟于6月中旬召开一次高干会的报告会报中央核定。第二天，即收到了解方从北京发来的电报，说毛主席在北京召见了他和陈赓，重点指示了如下几个问题：

打法上同意不断轮番、各个歼灭敌人的方针，即"零敲牛皮糖"的办法。

应加强政治工作。对朝鲜战局长期性、艰苦性有充分认识与准备。同时应指出胜利条件，强调克服困难，战胜困难。

组织上完全同意"统一集中、减少层次，精干组织、提高效率"的原则，兵团最好取消，加强志愿军司令部与各军。

这就是说，毛主席肯定了我们志愿军党委确定的三项会议议题。看完解方来电，彭总特别对"零敲牛皮糖"的比喻感兴趣。解方回京前，彭总曾有交代：根据前五次战役的经验，在集中优势兵力把敌人包围后，必须在当夜把敌人消灭。不然，到了第二天，敌人有大量空军支援，敌我力量对比就要起变化，我们就无法吃掉敌人。意思是让解方向毛主席汇报：打歼灭战不能张口太大。现在毛主席形象地归结为"零敲牛皮糖"，彭总当然高兴。他笑着说："主席还没忘了家乡的牛皮糖啊。"说罢，当即将解方的来电批转3兵团王近山、王蕴瑞，9兵团宋时轮、陶勇，19兵团杨得志、李志民诸同志阅。因此电机密性大，特别指出要他们阅后焚烧，不要保存。

会议召开前夕，邓华去北京向毛主席当面汇报朝鲜战况，毛主席又向他传达了中共中央决定的关于抗美援朝的指导方针，总的方针是"充分准备持久作战和争取和谈达到结束战争"，战略方针是"持久作战、积极防御"，这是综合分析双方军事实力和国际政治形势后而采取的正确决策。

6月25日，酝酿已久的高干会在空寺洞总部驻地开幕。在此之前，第67、第68军在第20兵团司令员杨成武、副政委张南生率领下从安东、长甸河口入朝参战。6月会议，杨成武、张南生都参加了。

会议开始，先由邓华传达了去北京见毛主席的情况和毛主席关于持久作战、积极防御和准备同敌人进行谈判的指示，然后大家分组围绕战略指导思想转变这一主题进行讨论。[35]

在抗美援朝期间，毛泽东的长子毛岸英不幸牺牲。李银桥在回忆录中生动地描述了毛泽东送子赴朝参战，以及得知爱子死讯时的情景。他写道：

毛泽东决定送儿子出国参战。江青和其他一些同志都曾劝阻毛泽东，说岸英在单位里负有重要责任，离不开，不要去参战了。毛泽东讲了应该去的道理，给我印象最深的仍然是那一句话：

"谁叫他是毛泽东的儿子！他不去谁还去？"

毛岸英告别结婚刚一年的妻子，跨过鸭绿江，奔赴朝鲜前线，在志愿军总部充当俄语翻译兼机要秘书。

1950年11月25日，志愿军打响第二次战役的第一天，志愿军总部遭到敌机轰炸，毛岸英不幸牺牲。彭德怀给毛泽东、党中央发来了电报。

机要主任叶子龙拿到电报后，忙同周恩来、江青研究一番，没有告诉毛泽东。后来，毛泽东办完公，到万寿路新六所一号楼休息时，叶子龙和江青才把消息报告了毛泽东。

当时，毛泽东正坐在沙发里。听到消息，先是一怔，盯着江青和叶子龙一声不响。

江青和叶子龙不敢说第二遍，也不好说什么劝慰的话，不约而同垂下了头。

于是，毛泽东眨了一下眼，目光开始缓缓移动，望着茶几上的烟盒。

他去拿烟，两次都没将烟从烟盒里抽出来。我忙帮他抽出一支烟，再帮他点燃。

屋里静了很长时间，谁也没说一句话。能够听到的只有毛泽东"嘶嘶"的牙缝往里吸烟的声响，陕北农民吸烟都喜欢发出这种"嘶嘶"声。

大概烟雾熏了毛泽东的眼睛，大概他想起了儿子许许多多的往事，我见到毛泽东眼圈陡然一红，湿润了。

叶子龙一声不响地退了出去。

又沉默了很久，毛泽东吸完第二支烟，把烟头熄灭在烟缸里，用略带沙哑的声音，发出催人泪下的一声叹息："唉，谁叫他是毛泽东的儿子呢……"

我顿时泪溢眼眶。

毛泽东没有哭，又点燃一支烟，开始听江青汇报儿子牺牲的经过。大意是敌机轰炸，扔燃烧弹，被烧死了。

毛泽东最后只交代一句："这个不要急着告诉思齐了。"

此后不久，彭德怀回国向毛泽东当面汇报志愿军入朝作战情况时，心情沉重地谈了毛岸英的牺牲。

毛泽东点燃了香烟抽着，沉默了好一会儿，才缓慢地说道："革命战争，总是要付出代价的。岸英是一名普通战士，为国际共产主义事业献出了年轻的生命，他尽了一个共产党员应尽的责任。不能因为他是我的儿子，就不应该为中朝两国人民共同事业而牺牲。世上哪有这样的道理呀！哪个战士的血肉之躯不是父母所生？"

同普通的志愿军战士一样，毛岸英的忠骨被安葬在朝鲜平安南道桧仓郡志愿军烈士陵园里。

这就是伟大领袖毛泽东的胸怀！[36]

1951年2月下旬，彭德怀在回北京向毛泽东及中共中央汇报朝鲜战局时，曾当面向毛泽东说明毛岸英牺牲的经过。

《彭德怀传》写道：

中朝联军第一线兵团连续作战，大量减员，而第二番轮换兵团还远在鸭绿江边。前线部队衣鞋粮弹均未补充，很多战士赤脚作战，这使彭德怀对当前的严重局势和中朝军队的处境愈加焦虑和担忧，他深感战场情况用电报说不清楚，1951年2月16日急电毛泽东，要求回京向中央面报，毛泽东复电同意。彭德怀即于18日先赴平壤附近，与金日成商谈拟订了中朝联军在三八线以南的作战方案：西线汉城方面，力争沿汉江北岸抗击时间越久越好；东线横城方面，集中39军、40军力争在运动中歼灭南朝鲜两个师和美军一部，以推迟敌人进到三八线的时间。19日，彭德怀致电邓华速回，主持全面工作。

2月20日晚，彭德怀带两名参谋、两名警卫员，乘两辆吉普车，冒着敌机的轰炸，连夜向北疾驰，21日晨到达安东，聂荣臻派来的专机已在机场等候。11时，飞机降落在沈阳机场加油，时任东北军区司令部办公室主任的郭瑞乐在回忆录中写道："我们看到彭总很疲劳，请他在机场休息室休息一会儿，他说：'我不累，你们别管我！'他不进休息室，既不吃饭，也不喝水，就一直站在飞机旁，等着飞机加完油，即刻向北京飞去了。"

21日午后，彭德怀在西郊机场下了飞机就乘车赶赴中南海，不巧毛泽东当时住在西郊玉泉山静明园，彭德怀又命车折返西郊。当他急急进入静明园时，毛泽东正睡午觉。秘书和警卫人员劝他等一等，彭德怀面色严肃，大声说："我有急事要向毛主席汇报！"他不顾警卫的拦阻，推门而进，将毛泽东唤醒。

毛泽东事先已收到彭德怀要回京的电报。立即起床，一面穿衣，一面打趣说："只有你老彭才会在人家睡觉的时候闯进来提意见。"毛泽东得知他还没吃午饭，说："你必须先吃饭，你若不吃饭，我就不听汇报。"彭德怀只好到食堂匆匆吃了几口，回来即向毛泽东详细汇报，说明从敌我现实情况分析，朝鲜战争不能速胜。彭德怀说:"我军现在是出国作战,与在国内作战突出的不同之处:一是兵员补充不能取之于敌。抓到的敌人俘虏不能补充自己,也不能就地动员朝鲜青年参加志愿军。现志愿军伤亡很大,得不到及时补充,战斗力已越来越削弱。二是敌机轰炸,道路、车辆毁坏严重,物资得不到及时补充。即使缴获了敌人的装备,因缺乏技术人员,不能使用,几乎全部被敌机炸毁。三是部队越过三八线作战,正是严冬季节,朝鲜东西两面是海,寒风袭人,东线更冷,战士衣服单薄破烂,有的连鞋袜都没有,大量生病和冻伤。四是几十万志愿军既得不到充足的粮食供应,更得不到新鲜蔬菜,断炊现象经常发生。指战员靠的是一把炒面、一把雪坚持作战,营养不良,体力下降,许多人得了夜盲症,严重影响作战行动。我们现在一无空军掩护,二无足够的高射火炮,运输车辆大部分被中途炸毁。第一次和第二次战役,一个多月共损失汽车780多辆,真正能够送到前方的物资粮食为数很少。我们如不能有效地保障后方的交通运输,是无法坚持长期作战的。"毛泽东听后沉思了一会儿说:"中央对志愿军在朝鲜前线的困难处境很关心,根据现在的情况来看,朝鲜战争能速胜则速胜,不能速胜则缓胜,不要急于求成。"彭德怀在追述这次谈话时写道:"这次主席给了抗美援朝战争一个明确的指示,即'能速胜则速胜,不能速胜则缓胜',这就有了一个机动而又明确的方针。"[37]

最后,彭德怀十分不安地向毛泽东详细汇报了毛岸英在朝鲜牺牲的经过和处理情况。在毛岸英牺牲的当天(1950年11月25日),志司(志愿军司令部)即将这次不幸事件电告中央军委。其时,毛泽东身体欠佳,又忙于国内外重大事务,周恩来把电报暂时搁下,直到1951年1月2日,才将毛岸英牺牲的电报送给毛泽东和江青看,并附一信安慰说:"毛岸英的牺牲是光荣的,当时因你们都在感冒中,未将此电送阅……胜利之后,当在大榆洞立纪念志愿军烈士墓碑。"

彭德怀十分内疚地对毛泽东说:"主席,你让岸英随我到朝鲜前线后,他工作很积极。可我对你和恩来几次督促志司注意防空的指示不重视,致岸英和高参谋不幸牺牲,我应承担责任,我和志司的同志们至今还很悲痛。"毛泽东沉默一阵,慢慢抬起头来,反而宽慰彭德怀:"打仗总是要死人的嘛!中国人民志愿军已经献出了那么多指战员的生命,他们的牺牲是光荣的。岸英是一个普通的战士,不要因为是我的儿子,就当成一件大事。现在美国已使用在朝鲜战场上的各类飞机一千多架,你们千万不能疏忽大意,要采取一切措施保证司令部的安全。"

2月24日,根据毛泽东的指示,中央军委副主席周恩来和彭德怀一起召集军委各总部负责人在总参谋部开会,讨论各大军区部队轮番入朝和如何保障志愿军物资供应的问题。彭德怀介绍了志愿军面临的严重困难，要求国内各方面想办法大力支援前线。讨论到具体问题时，有些人强调国内机构刚刚建立，许多问题难以落实。彭德怀本来就为前线的供应不继焦急不满，会前苏联军事顾问表示不能派空军掩护志愿军的交通线，更使彭德怀十分失望。此时，会议又出现这个情况，彭德怀十分恼怒，猛地站起来，把桌子一拍，说："这也困难，那也困难，就是你们爱国，难道志愿军不爱国！你们去前线看看，战士吃的什么，穿的什么！伤亡那么多人，他们为谁牺牲？现在既没有飞机，火炮又很少，后方运输根本没保障，粮食服装运不上去，饿死、冻死了很多战士，难道国内就不能克服困难吗？"彭德怀火冒三丈，会场气氛骤然紧张，主持会议的周恩来，虽大度维持，会议还是不欢而散。[38] 会后，周恩来连续主持召开中央军委会议，对加强志愿军第一线兵力和后方供应作出了一系列重要决定，即凡国内的部队，都要轮番到朝鲜作战。一则替换第一线部队休整，二则锻炼部队，提高全军现代化作战指挥能力。会议决定，将刚改装的空军和高射炮部队调到朝鲜北部掩护后方交通线，再向苏联购买几十个师的武器装备；调用国内各种物资大力支援前线，由几个大城市为志愿军制作炒面和罐头食品；号召国内各行各业增产节约和捐款购买飞机大炮。这些措施对减少志愿军的困难，增强战斗力起了巨大作用。

彭德怀在北京停留的一周内，除和毛泽东、周恩来商谈决策重大问题外，又和军委各总部负责人研究具体实施办法。日夜奔跑，十分紧张，本来已经消瘦的身体更显疲劳消瘦，毛泽东见状，要他在北京休息几天。因前线正紧张，彭德怀仍于3月1日匆忙离京。当天，毛泽东致电斯大林，说明志愿军在朝鲜作战中所面临的严重困难，要求苏联方面尽快派空军掩护中朝军队后方运输线。3月5日，斯大林复电同意派两个驱逐机师和3个高炮师参战，并同意给中国增供6000辆汽车的合同。[39]

五次战役以后，敌方迫于军事上和舆论上的压力，不得不同意举行停战谈判。中共中央在这种情况下举行会议，研究下一步战略方针。聂荣臻在回忆录中写了这次会议：

第五次战役以后，中央开会研究下一步怎么办，会上多数同志主张我军宜停在三八线附近，边打边谈，争取谈判解决问题。我当时也是同意这个意见的。我认为，把敌人赶出朝鲜北部的政治目的已经达到，停在三八线，也就是恢复战前状态，这样各方面都好接受。如果战争继续下去，我们不怕，而且会越打越强，但是，也不是没有困难。会议在毛泽东同志主持下，最后确定了边打边谈的方针。我们认真地贯彻了这一方针。[40]

就和谈问题，毛泽东从1951年7月起拍发了大量电报，予以具体指导。

1952年8月4日，毛泽东在全国政协常委会第三十八次会议上论及抗美援朝的战略方针问题，他指出，从1951年7月以来，"我们是边打，边谈，边稳"。他还说：

去年抗美援朝战争的费用，和国内建设的费用大体相等，一半一半。今年不同，战争费用估计只要用去年的一半。现在我们的部队减少了，但是装备加强了。我们过去打了二十几年仗，从来没有空军，只有人家炸我们。现在空军也有了，高射炮、大炮、坦克都有了。抗美援朝战争是个大学校，我们在那里实行大演习，这个演习比办军事学校好。如果明年再打一年，全部陆军都可以轮流去训练一回。

这次战争，我们本来存在三个问题：一、能不能打；二、能不能守；三、有没有东西吃。

能不能打，这个问题两三个月就解决了。敌人大炮比我们多，但士气低，是铁多气少。

能不能守，这个问题去年也解决了。办法是钻洞子，我们挖两层工事，敌人攻上来，我们就进地道。有时敌人占领了上面，但下面还是属于我们的。等敌人进入阵地，我们就反攻，给他极大的杀伤。我们就是用这种土办法捡洋炮。敌人对我们很没有办法。

吃的问题，也就是保证给养的问题，很久不能解决。当时就不晓得挖洞子，把粮食放在洞子里，现在晓得了。每个师都有三个月粮食，都有仓库，还有礼堂，生活很好。

现在是方针明确，阵地巩固，供给有保证，每个战士都懂得要坚持到底。

究竟打到哪一年为止？谈判到什么时候？我说，谈还是要谈，打还是要打，和还是要和。

为什么和还是要和呢？三十年战争、百年战争是不会有的，因为长期打下去对美国很不利。

一、要死人。他们为扣留一万多个俘虏奋斗，就死掉了三万多人。他们的人总比我们少得多。

二、要用钱。他们一年要用一百多亿美元。我们用的钱比他们少得多，今年比去年又减少一半。"三反""五反"清理出来的钱，可以打一年半。增产节约出来的钱，就可以完全用在国内建设上。

三、他们国际国内都有难以克服的矛盾。

四、还有一个战略问题。美国的战略重点是欧洲。他们出兵侵略朝鲜，没有料到我们出兵援助朝鲜。

我们的事情比较好办，国内的事我们可以完全做主。但是，我们不是美国的参谋长，美国的参谋长是他们自己的人。所以，朝鲜战争是否打下去，我们和朝鲜一方只能做一半主。

总之，对美国来说，大势所趋，不和不利。

1952年10月8日，美方突然宣布停战谈判无限期休会，企图以军事和政治高压迫使中、朝方面就范。在遭受了重大打击之后，才于1953年4月重开谈判。

在此期间，毛泽东指示志愿军部队一面在三八线附近坚决打击美军，一面在西海岸集中力量作好反登陆作战的充分准备。同时，又抓住时机，争取早日重开谈判。

杜平回忆1953年春毛泽东同他谈话的情景说：

过了不几天，彭总让秘书打来电话，说毛主席要见我。我不知彭总同毛主席说得怎样，怀着忐忑不安的心情到中南海去见毛主席。

进了丰泽园，穿过一座庭院，便是毛主席的会客室。公务员送来一杯清茶。我等了一会儿，秘书便来招呼，说主席请我进去。我进去时，主席正伏在宽大的写字台上批阅文件，见我进来，忙招呼："杜平同志，坐吧！"

我向主席敬礼后，在桌子一侧坐了下来。

主席亲切地望着我说："坐近点，坐近点。"

主席首先询问了朝鲜西海岸抗登陆的备战工作。

我向毛主席汇报了西海岸防御的准备情况后，主席脸上露出满意的神色。他点着头说："你们辛苦了！"他还说，"我们有了准备，敌人就不敢来，即使来了，我们也不怕。艾森豪威尔现在是骑虎难下，欲打力不从心，欲和于心不甘。所以我们现在是一动不如一静。让现状拖下去，拖到美国愿意妥协并由他采取行动为止。"

我静静地听着主席的分析，估摸着板门店谈判有可能重开。这时，反而不好意思提自己不想当大使的事了。

我正犹豫着，主席倒先开了口："彭德怀同志对我说，你不想去朝鲜当大使？"

我急忙说不是不想，而是怕当不好。接着又把向彭总说的理由对毛主席重新说了一遍。主席听后，沉思一会儿，问我："你今年多大年龄了？"

"45岁。"我回答。

"不大，不大，还可以学嘛！"主席笑着说。

说实在的，我并非对工作挑肥拣瘦，而是出于对革命事业的考虑。有的同志半开玩笑地对我说，外交，外交，无非是喝酒跳舞，"无可奉告"。我却认为不这么简单。大使是一个国家的代表，干不好会直接损害国家的形象。

中朝两国是1949年10月间建立外交关系的。我国驻朝首任大使是倪志亮。1952年初，倪大使因病卸任回国，使馆的工作一直由甘野陶代办负责。甘代办在朝的工作是卓有成绩的，我觉得由他继任驻朝大使要比我合适得多。

我把这个意见同主席谈了。主席沉思片刻说："好吧，既然这样，我给金首相写封信，你带给他。回朝鲜后，你仍到开城代表团工作。金首相什么时候有事要找你，你就随请随去。没事，就在开城工作，也很方便。怎么样？"

我一听，如释重负，高兴地说："服从主席命令。"

从主席那儿回来，我又去看望了总政罗荣桓主任，副主任肖华、傅钟和陈奇涵等在京的老同志。

3月中旬，我离京返朝。在平壤以西人民军总部驻地，我将毛主席的信交给了金首相。他看完信，望着我笑了笑说："好哇！就按毛泽东主席的意见办吧！"又热情地留我吃了饭。

在北京逗留期间，有消息表明，美国新当选的总统艾森豪威尔正为摆脱进退两难的处境而寻找出路，朝鲜停战谈判僵持的局面正在悄悄解冻。

艾森豪威尔对待朝鲜战争的态度，走的是一个之字形的道路，即停止战争—扩大战争—停止战争的道路。还在竞选期间，他利用美国人民强烈要求早日结束朝鲜战争的愿望，曾向选民许下诺言，如果他当选，他打算前去朝鲜，亲自判断那个国家的情况，并设法结束战争。这个诺言使他获得了大量选票，当选为美国总统。

就职十天以后，艾森豪威尔却来了一个180度的大转弯，主张不惜冒扩大战争的风险，来赢得这场战争。他在2月2日发表的第一个"国情咨文"中宣布，解除"台湾中立化"，妄图动用蒋介石的武装威胁中国大陆，说什么"我们确实没有责任去保护一个在朝鲜同我们作战的国家"。2月3日，他又同出兵朝鲜的各国代表协商对中国实行封锁的问题。从外电透露，他扩大战争的内容还有轰炸中国本土，直至包括在战术上使用原子弹。

艾森豪威尔这一套对中朝人民来说，并不新鲜，更没有什么威胁作用。毛泽东主席2月7日在全国政协一届四次会议上针锋相对地提出："只要美帝国主义一天不放弃它那种蛮横无理的要求和扩大侵略的阴谋，中国人民的决心就是只有同朝鲜人民一起，一直战斗下去。这不是因为我们好战，我们愿意立即停战，剩下的问题待将来去解决。但美帝国主义不愿意这样做，那么好吧，就打下去，美帝国主义愿意打多少年，我们也就准备跟它打多少年，一直打到美帝国主义愿意罢手的时候为止，一直打到中朝人民完全胜利的时候为止。"

艾森豪威尔继续扩大战争的冒险政策，在统治集团内部也遭到了反对。许多人主张在战俘问题上寻求妥协，以求实现停战，激烈指责艾森豪威尔在朝鲜扩大战争会削弱美国在欧洲的实力；更多的人指责他自食其言，言而无信。美国的主要盟友英国也表示，不同意使用蒋介石的武装而导致朝鲜战争扩大。英国外交大臣在下院发表演说："封锁中国是一种错误。"

朝鲜战场上的形势对艾森豪威尔来说也并不妙。1月29日结束的"丁字山"战斗，敌我伤亡比例是九比一。艾森豪威尔西点军校时的同学范弗里特哀叹说："共军阵地十分坚固。"美国的一些国会议员也惶惶不安地说："不管采取什么方法，美国的死亡名单必定更长。"2月10日，在朝鲜待了22个月之久的范弗里特垂头丧气地被退役回国，接替他职位的是美国陆军部主管作战和行政的副参谋长泰勒中将。

泰勒也没有起死回生的灵丹妙药，等待他的是更惨痛的失败。仅三四月间，我军就胜利出击100余次，歼敌3万人以上。其中一次歼敌1000到2000多的战斗就有四次。例如3月3日夜，我军在周密准备之后，仅4分钟就占领了涟川西北上浦防东山（老秃山）的主峰，两个半小时就全歼了守敌两个连。在以后四天四夜的激烈战斗中，我军共歼美军及哥伦比亚军2000多人。被俘的美军第7师士兵悲哀地说："金化前线的秋天是可怕的，'老秃山'前线的春天也是可怕的！"

更叫艾森豪威尔头痛的是，中朝军队在朝鲜东西海岸作了充分的抗登陆准备，美军利用其海军优势，再演仁川登陆的如意算盘，也难以实现了。

毛泽东主席同意我们代表团对艾森豪威尔政府动向的分析。他说，根据最近情况，大体可以肯定："美国在战场上要不出什么花样来。解除台湾中立化，只是自欺欺人的拙劣把戏；封锁搞不起来；两栖登陆困难更大。艾森豪威尔本欲借以吓人，殊不知人未吓倒，反倒吓倒了自己。但面孔既已板起，要就此转弯，尚非其时，特别是他的亚洲人打亚洲人的政策行通与否，还要看看。"

艾森豪威尔要想法子使自己下台阶了。

我来北京之前，收到了美侵朝军总司令克拉克给金日成、彭德怀的信件，建议在战争期间先行交换病伤战俘。很明显，这是美国方面发来的恢复谈判的试探信号。我们没有立即答复，先把它晾了一个月。因为，据我们分析，联合国大会决定2月24日复会，在联大复会前的前两天，美国方面发来这样一个信件，是否诚心诚意，尚有待事实证明。鉴于美国在联大尚未死心，对战场亦未完全绝望，如果我们正式在板门店通知对方无条件复会，美国态度将是拒绝的居多。结论是一动不如一静，让现状拖下去，观察一段时间再说。

一个月过去了，美国没有再玩什么新花样。金日成和彭德怀复函克拉克，同意交换病伤战俘，并建议立即恢复在板门店的谈判。克拉克马上响应，表示愿意恢复谈判和交换病伤战俘。

六个月僵持的局面终于打破了。艾森豪威尔被迫放弃了扩大战争的道路，令其代表团再回到谈判桌前。[41]

1953年4月19日，谈判双方在联络组会议上同意双方代表团大会复会，时间定于4月26日。谈判恢复前两天，毛泽东给我方谈判代表团发来指示。杜平回忆了指示内容以及我代表团根据毛泽东规定的谈判策略，打赢最后一个回合的过程：

谈判恢复前两天，毛泽东主席给我们谈判代表团发来指示，为准备我方建议的具体实施方案，有如下三个关键问题需要加以考虑：

一、未被直接遣返的其余战俘交给中立国，是送到中立国去，还是由中立国在朝鲜接收和看管？

二、这批战俘在中立国管理下的时间上有无限制？

三、这批战俘经过有关方面解释后，仍未得到解决的，应如何安排？

对以上三种情况，毛主席提出了下列两个方案：

第一方案：将不直接遣返的战俘，送到几个亚洲的中立国去，在规定的时间内（譬如半年或者三个月），派人前往解释，使之各回祖国。在规定期满后如尚有在中立国看管下的战俘，其处理办法应由停战协定草案中规定的政治会议协商解决。

第二方案：将不直接遣返的战俘转移到经双方协议的地点，交给停战协定草案中规定的四个中立国委员会接收和看管。在规定时间内（半年或者三个月）派人前往解释，使之各回祖国。在规定期满后如尚有在中立国委员会看管下的战俘，其处理办法应由停战协定草案中规定的政治会议协商解决。

两个方案最关键的不同点，在于将不直接遣返战俘送中立国看管，还是由中立国在朝鲜看管这一条。

毛主席说："在这两个方案中，我们倾向于第二方案，因为这一方案较第一方案简便易行，且易为中立国所接受。但是，为了在谈判桌上有进退余地，在谈判恢复后，先行提出第一方案，估计对方接受这个方案的可能性较小，在弄清对方全部意图后，可准备以第二方案与之妥协。"

4月26日，朝鲜停战谈判双方代表团大会复会。根据毛泽东主席的谈判策略，在这次会议一开始，我代表团就先打出了第一方案。不出所料，哈里逊对我们的建议采取拒绝协商的态度，反对将不直接遣返战俘送往中立国，并且拒绝以亚洲国家作为中立国。

此时，李克农同志从国内回到开城代表团，仍任党委书记。

经过近两个星期的唇枪舌剑，我们认为打出第二方案的时机已成熟。报经毛主席同意后，在5月7日的谈判会议上提了出来。

对我们的第二方案，正像我们所预料的那样，美国方面没有断然拒绝，而只是提出一连串的询问。这说明美国方面有可能接受我第二方案。

但是，美国方面误认为我方谈判立场有所改变，于13日提出了一个冗长的长达26个段落的"反建议"，无理要求将35 000名朝鲜籍战俘于停战日在南部朝鲜"就地释放"，只将非朝鲜籍战俘移交中立国委员会看管和"解释"。

美国这个方案中的大部分建议都不符合关于由中立国看管未遣返战俘这一基本原则，而正是这个原则才是停战谈判得以恢复的基础。当哈里逊刚读完这份包藏祸心的冗长文件，我方代表马上站起来将其驳回。美国方面顽固地坚持了三天，但他们理屈心虚，只好宣布休会4天，以后要求延长休会五天。5月25日复会后，他们终于被迫撤回他们的建议，并要求谈判转入秘密行政会议。但是5月25日那天的大会，南朝鲜的谈判代表崔德新却没有出席，这为李承晚后来破坏停战埋下了伏笔。

总的说来，谈判恢复后，进展比前一段顺利些。哈里逊不再像过去那样蛮不讲理，加上国际和战场形势均对我方有利，因而代表团同志的情绪也随之高涨，日常生活中也不乏情趣。李克农住的院内，栽种着几棵桃树，被乔冠华戏为"桃花园"。我见乔冠华院内长满了凌霄花，也送了他个"凌霄斋"的别号。我的院子里因有一棵茂盛的古树，被乔称为"大树庭"。

6月8日，双方就第四项议程终于达成协议，并且签订了《中立国遣返委员会的职权范围》这项文件。

根据协议，双方应在停战协定生效后两个月内遣返一切坚持遣返的战俘。至于未被直接遣返的战俘，应于停战生效后六十天内交给由波兰、捷克斯洛伐克、瑞士、瑞典、印度五国组成，而以印度为主席和执行人的中立国遣返委员会在朝鲜看管；然后由战俘所属国家在中立国遣返委员会接管那一天起九十天内，派人向战俘进行解释，以消除他们的疑虑。如果九十天后仍有未行使被遣返权利的战俘，则由高一级政治会议在三十天内解决。凡在中立国看管后一百二十天内尚未行使其被遣返的权利，又未经政治会议作出处理的战俘，则由中立国遣返委员会宣布解除他们的战俘身份，使他们成为平民。

至此，阻碍停战谈判的最后一个堡垒被攻克了，停战的曙光在升起。[42]

1953年7月27日，曾经不可一世的美国终于在朝鲜停战协定上签字，朝鲜半岛重新出现了和平。抗美援朝战争的胜利，打破了美国不可战胜的神话，为中国国内的经济恢复和大规模建设创造了和平的外部环境，也证明毛泽东的决策是正确的。对此，连斯大林也不能不表示赞赏。

镇压反革命运动

为了在政治上给全面恢复国民经济创造一个良好的环境，保证争取国家财政经济状况根本好转的各项工作顺利进行，毛泽东从1950年下半年以后又领导全国人民开展了轰轰烈烈的镇压反革命运动。毛泽东当时称土地改革、抗美援朝和镇压反革命为三大革命运动，他把这三大运动相互结合，"三套锣鼓一齐敲"，搞得有声有色。

镇压反革命运动大体经历了四个阶段，即发动阶段（1950年下半年），大张旗鼓镇压反革命阶段（1951年上半年），清理积案阶段（1951年夏秋），扫尾阶段（1951年冬至1953年秋）。毛泽东主要领导了前三阶段，尤其是第二阶段的镇反运动。

1950年下半年，毛泽东在集中主要精力考虑和指挥抗美援朝运动的同时，还用了一定的精力指导国内的剿匪镇反运动。1950年7月18日，他在中央转发公安部政治保卫局关于匪特暗害阴谋及我保卫工作报告上批道：

请你们加以充分注意，指导所属加强保卫工作，彻底粉碎国民党匪特的暗害阴谋，有效地保卫一切党的领导同志、工作干部及党外民主人士，是为至要。

1950年7月23日，政务院和最高人民法院联合发出《关于镇压反革命的指示》。各地按照这一指示进行了镇反工作，但存在右倾情绪。为纠正镇反工作中的右倾情绪，严厉打击反革命破坏活动，中共中央于10月10日向各级党委发出了《关于镇压反革命的指示》。在此之后，毛泽东要求各中央局等定期专门报告镇反进展情况及经验和下一步计划。

11月15日，毛泽东看了西南局镇反活动报告后，十分欣赏，当即向各中央局转发这个报告，并批示：

我们认为西南局11月10日关于西南反革命活动情况的分析及处理计划是很好的，特发给你们参照办理，并可转发给所属省市区党委作参考。

毛泽东还复电西南局说：

11月10日关于西南反革命活动情况的分析及处理计划是很好的，可即照此执行。此项文件应发给所属省市区党委及地委阅读，使他们明了全盘情况及整体计划。

11月22日，毛泽东又批转了北京市委镇压反革命活动报告，认为内容甚好。同时毛泽东又指出：

关于执行中央在10月10日所发镇压反革命活动的指示，有几个中央局已有报告来，尚有几个中央局没有报告来，各分局、省委、大市委、区党委中有几处有报告来，大多数尚无报告。希望一切还没有作报告的中央局、分局、省委、大市委、区党委，均于今年年底以前作一次专题报告。

收阅黄克诚关于湖南省镇反工作报告后，毛泽东于12月19日回电说："你们的方针是正确的。对镇压反革命分子，请注意打得稳、打得准、打得狠，使社会各界没有话说。"在12月30日批转中南局关于镇压反革命的第二次指示时，毛泽东强调干部要弄清楚并严密掌握镇反的策略，否则就有为反革命所利用、为民主人士所不满、为人民所不同意，使我党陷入被动的可能。

1951年上半年，毛泽东把主要精力由指挥抗美援朝转移到指导国内镇反运动上面，仅批发镇反方面的文电就有一百多件。

1951年1月17日，毛泽东致电各中央局说：

如果我们优柔寡断，姑息养奸，则将遗祸人民，脱离群众。华北新区约有两千万人口是在1949及1950两年内用比较和平的方法分配土地的，匪首恶霸特务杀得太少，至今这些地方的地主威风还有很多没有打下来，贫苦群众不敢抬头。一贯道等会门甚为猖獗，有众两百余万。故现在须重新提出镇压反革命的问题。而在华北老区及东北老区则因对反革命镇压彻底，人民高兴，生产积极，匪患绝迹。当然，我们不应重复华北老区在1946年及1947年许多地方所犯过的乱捉乱杀错误，在华东、中南、西南、西北各新区必须注意这一点。只要不杀错，又注意策略（事先事后向各界人民多做宣传解释工作，注意时间地点，分期分批，分军队地方，等等），对于真正的匪首恶霸及坚决的特务分子，必须在人民群众拥护的基础之上，坚决地处以死刑。特别是那些土匪猖獗、恶霸甚多、特务集中的地方要大杀几批。所谓打得稳，就是要注意策略。打得准，就是不要杀错。打得狠，就是要坚决地杀掉一切应杀的反动分子（不应杀者，当然不杀）。只要我们不杀错，资产阶级虽有叫唤，也就不怕他们叫唤。现当反美土改两个高潮的时机，请你们抓紧此事，善为处理。

1951年2月17日，毛泽东在给黄炎培的信中，继续强调克服宽大无边倾向，同时也提出镇压也应有边。毛泽东写道：

刚才送上广东纠正宽大无边情报一份，现又送上广西的一份，请参阅。这两处是最典型的例子，其他地方不如此两处之甚，但亦大体相去不远，引起群众不满，极为普遍。不杀匪首和惯匪，则匪剿不净，且越剿越多。不杀恶霸，则农会不能组成，农民不敢分田。不杀重要的特务，则破坏暗杀层出不穷。总之，对匪首、恶霸、特务（重要的）必须采取坚决镇压的政策，群众才能翻身，人民政权才能巩固。当然，对可杀可不杀的那一部分人，应当判处徒刑，或交群众监视，用劳动去改造之，不要杀。如同宽大应有边，镇压也应有边，无边是不对的，已经解决了的问题，群众已经满意了的地区，即不应再杀人了。

3月9日，毛泽东在批转罗瑞卿关于浙江省镇反情况报告时仍强调：

目前几个月，各地领导同志在镇压反革命问题上向下面指导的重心，仍然是对那些优柔寡断的市委地委县委给以检查和督促，使他们坚决行动起来，严厉镇压反革命。当然，在那些已经实现了彻底镇压方针的地方，则要停一下，不要多捉多杀了。

1951年2月21日，中央人民政府颁布了惩治反革命条例。毛泽东当即向全党全国人民号召普遍学习贯彻之，掀起镇反运动高潮。他在3月24日的电报中，强调广泛发动群众，电报说：

同意3月15日上海市委的镇反计划。这次计划有具体执行的步骤，有时间、有准备杀关管的数目，比过去大进一步了。在上海这样的大城市，要大捕大杀几批，首先要取得党内思想的一致。关于这一点，可参看沧县地委的经验。其次要取得各界人民的拥护。关于这一点，可参看北京市委的经验。他们是先在各界人民代表会议通过一个一般拥护中央镇压反革命条例的决议，然后进行大逮捕。如果上海各界人民代表会议不久要举行，也可以这样做，否则可以先逮捕。北京市取得各界代表人物拥护的方法主要是一次100多人的小型会议，又一次5000人的大会。前者除说明情况外，还陈列典型的证据和案情给他们看，结果引起群情愤激，一致要求坚决镇反；后者已于3月24日召开，主要由苦主登台控诉，以期争取5000个代表人物的拥护，会后即大杀一批。由北京的经验看来，民主人士和资产阶级是可以取得他们拥护的，只要我们的工作做得好。镇反是一场伟大的斗争，这件事做好了，政权才能巩固。镇反包括：（一）社会上的反革命；（二）隐藏在军政系统旧人员和新知识分子中的反革命；（三）隐藏在党内的反革命。镇压这三方面的反革命，当然要有步骤，不能同时并举，但是对于党政军的某些最重要部门特别是公安部门则须及时清理，将可疑分子预作处置，使这些机关掌握在可靠人员手里，则是完全必要的。

为了广泛发动群众，毛泽东号召粉碎关门主义、神秘主义，扩大镇反宣传，大张旗鼓杀反革命。3月30日，他在批转中南局关于加强镇反宣传工作的指示时说：

对镇反工作宣传不足是普遍现象。对反革命分子的活动，报纸揭露太少。对引导广大人民群众、各界民主人士参加镇反工作，真正与闻其事，各地做得太少。很多地方，畏首畏尾，不敢大张旗鼓杀反革命。这种情况必须立即改变。北京天津两市最近两星期来大有进步，对镇反大张旗鼓，广泛宣传，普遍揭露，利用几十人、百余人、几百人、几千人乃至万余人的会议，利用报纸和广播电台，利用展览会，大肆宣传，使家喻户晓，使全体人民及各界民主人士均参加镇反工作,粉碎了神秘主义、小手小脚、畏首畏尾的作风,收效非常之大。

毛泽东规定镇反包括三层:外层,即土匪、恶霸、反动会道门等社会上的反革命;中层,即隐藏在军政系统的旧人员和新知识分子中的反革命;内层,即隐藏在党内的反革命。开始时,镇反的主要对象是外层反革命。从1951年春开始,毛泽东强调要谨慎地清理中层和内层的反革命,指导各地订出周密计划,并抓典型,促全盘工作。在指导各地清理中层时,毛泽东抓住了华北革命大学和苏南区党委的典型经验,推而广之。

毛泽东还很重视抓城市镇反工作。他首先抓了北京市的镇反运动,以首都带动其他大中城市。他认为,大城市是反革命分子及其领导机关潜藏的最主要的巢穴,必须用很大的力量去对付,必须认真研究,周密布置,大杀几批,才能初步地解决问题。

针对运动发动起来后,有些地方工作粗糙,发生错捕错杀的现象,毛泽东及时作出严格划分具体政策界限、精细审查捕人名单、控制捕人杀人的批准权等决定,以及对多数犯死罪分子实行"判处死刑,缓期执行,强迫劳动,以观后效"的政策。

1951年3月30日,在批转黄克诚关于湖南镇反问题的意见时,毛泽东指出:

镇压反革命无论何时都应当是准确的、精细的、有计划的、有步骤的,并且完全应由上面控制。捕人要仿照天津专区发拘捕证、照证捕人的办法,不能乱捕。

同日批转山东分局关于镇反工作报告时,毛泽东说:

草率从事的倾向,危险最大。因为劲头不足,经过说服教育,劲头总会足起来的,反革命早几天杀,迟几天杀,关系并不甚大。唯独草率从事,错捕错杀了人,则影响很坏。

毛泽东提出了纠正错捕错杀的具体措施。防止错捕的措施之一,是将过去规定的县有捕人权,收回到地委一级来,将杀人批准权一律收回省级。

在1951年4月30日转发西南局关于镇反问题给川北区党委的指示的批语中,毛泽东提出了杀人不能太多,以及判处死缓问题。他认为,杀人太多则丧失社会同情,也损失劳动力。有些应杀之罪者,可判死刑,但缓期一年或两年执行,强迫他们劳动,以观后效,如他们在劳动中能改造,则第二步可改判无期徒刑,第三步可改判有期徒刑。5月8日,毛泽东为中央起草了《关于对犯有死罪的反革命分子应大部采取判处死刑缓期执行政策的决定》。他指出,这个政策是一个慎重的政策,可以避免犯错误,可以获得广大社会人士的同情,可以分化反革命势力,利于彻底消灭反革命,又保存了大批的劳动力,利于国家的建设事业。他认为，判处死缓的人可能占十分之八九。但"人民要求杀的人则必须杀掉，以平民愤而利生产"。

在镇反运动中，毛泽东十分重视团结民主人士，做好统一战线工作。在一个批语中，他指示："凡关涉重要民主人士及其亲友的案件，只收集材料，不忙处理。"同时，他还强调："除抗美援朝工作必须和各民主党派民主人士一起去做不必再说外，土改、镇反两项工作，也必须使各民主党派民主人士参加，越多越好。"

1951年5月16日，中央转发第三次全国公安会议决议，毛泽东对这个决议作了精心修改、审定。决议着重规定纠正镇反运动已开始出现"左"的偏向的措施，并要求运动开始收缩，进入清理积案阶段。

1951年下半年以后，毛泽东把主要精力转向其他工作，但同时还对镇反后期工作予以若干关照。比如，他对全国第四次公安会议决议精心修改。又如，1951年10月他在审阅罗瑞卿的一个报告稿时，加写了两段话，着重强调，我们必须继续提高警惕性，必须继续打击反革命，只要还有反革命分子存在，我们就要彻底消灭他。

在毛泽东的精心指导下，全国规模的镇压反革命运动，到1951年10月基本结束。国民党遗留在大陆的残余势力被基本扫除，猖獗一时的匪患和黑社会势力被基本肃清。中国的社会秩序出现前所未有的稳定，推动了抗美援朝战争和国民经济的迅速恢复。

发动"三反""五反"运动

在取得抗美援朝、土地改革、镇压反革命三大运动胜利的基础上，1951年底到1952年初，毛泽东又发动和领导了"三反"和"五反"运动。"三反"即反贪污、反浪费、反官僚主义，"五反"即反对资产阶级行贿、偷税漏税、盗骗国家财产、偷工减料、盗窃经济情报。

"三反"运动是由增产节约运动引发出来的。薄一波当年受命主持"三反"工作，他在回顾这一运动的发动时写道：

关于"三反"的起因和发动，毛主席在1951年12月13日凌晨给各大区中央局主要负责人的电报中曾经讲到："发现贪污问题的严重性和大规模地惩治贪污分子，从东北开始，是由高岗同志亲自动手的。中央方面委托薄一波同志负总责，北京市由彭真同志负责，现已全体动起来了。"

事情还可以往前追溯。这一年10月召开的政治局扩大会议，集中地分析和研究了朝鲜战局的发展趋势与对策。根据毛主席提出的"战争必须胜利，物价不许波动，生产仍须发展"的战略方针，会议确定了解决财政困难的五条办法：（1）节约兵力，整训部队。全国兵员从610万人减至465万。（2）精简机关，缩编人员。（3）紧缩开支，清理资财。预计1952年财政支大于收，将面临财政困难，要求各地从11月起开展全面增产节约运动。（4）提倡节约，严禁浪费。（5）组训民兵，准备推行义务兵役制。10月23日，毛主席在全国政协一届三次会议上庄严号召："抗美援朝的伟大斗争现在还在继续进行，并且必须继续进行到美国政府愿意和平解决的时候为止。""为了继续坚持这个必要的正义的斗争，我们就需要继续加强抗美援朝的工作，需要增加生产，厉行节约，以支持中国人民志愿军。这是中国人民今天的中心任务。"12月1日，中央进一步指出，实行增产节约这一方针，"不是消极的，而是具有重大积极意义的。它是既保证朝鲜战争能够胜利，又保证国内物价继续稳定的方针，它是积累资金、取得经验、加速国家经济建设的方针，它又是整肃党纪、提高工作效率和转移社会风气的方针。总而言之，它是带动我们国家在政治、军事、经济、文化各方面的全局都将迅速进步，并奠定将来伟大建设基础的方针"。

在党中央和毛主席的号召下，全国各地的爱国增产节约运动蓬勃开展。1951年11月1日，东北局书记高岗向中央作了《关于开展增产节约运动，进一步深入反贪污、反浪费、反官僚主义斗争的报告》。《报告》说，从9月份以来，反贪污蜕化、反官僚主义的运动已先后在东北一级机关和各省市开展起来，并发展成为有领导的民主运动。由于在斗争中揭发、批判和打击了各种贪污蜕化的行为，大大提高了干部、群众的觉悟水平，从而使贪污现象得到遏制，机关开支大为紧缩。沈阳市在部分单位中揭发出3629人有贪污行为。东北贸易部仅检举和坦白的金额就达5亿人民币（旧币，下同）。浪费现象和官僚主义也很严重，仅东北铁路系统就积压了价值上千亿元的材料而不作处理。这个报告引起了毛主席的高度重视。11月20日，毛主席在为中央起草的转发这个报告的批语中，首次提出了"在此次全国规模的增产节约运动中进行坚决的反贪污、反浪费、反官僚主义的斗争"。

稍后，中央又陆续收到了各中央局报来的发现大贪污犯或落实"三反"斗争的报告。11月29日，华北局向毛主席、党中央作了关于天津地委严重贪污浪费情况的书面报告。11月30日，毛主席在为中央起草的转发这一报告的批语中指出："华北天津地委前书记刘青山及现书记张子善均是大贪污犯，已经华北局发现，并着手处理。我们认为华北局的方针是正确的。这件事给中央、中央局、分局、省市区党委提出了警告，必须严密注意干部被资产阶级腐蚀发生严重贪污行为这一事实，注意发现、揭露和惩处，并须当作一场大斗争来处理。"同日,他又在为中央起草的给西南局第一书记邓小平同志并告各中央局的复电中强调:"我们认为需要来一次全党的大清理,彻底揭露一切大中小贪污事件,而着重打击大贪污犯,对中小贪污犯则取教育改造不使重犯的方针,才能停止很多党员被资产阶级所腐蚀的极大危险现象,才能克服二中全会所早已料到的这种情况,并实现二中全会防止腐蚀的方针。"12月1日,党中央作出了关于实行精兵简政、增产节约、反对贪污、反对浪费和反对官僚主义的决定,深刻地指出:"自从我们占领城市两年至三年以来,严重的贪污案件不断发生,证明1949年春季党的二中全会严重地指出资产阶级对党的侵蚀的必然性和为防止及克服此种巨大危险的必要性,是完全正确的,现在是全党动员切实执行这项决议的紧要时机了。再不切实执行这项决议,我们就会犯大错误。"12月8日,毛主席又为中央起草了《关于"三反"斗争必须大张旗鼓进行》的电报,强调"应把反贪污、反浪费、反官僚主义的斗争看作如同镇压反革命的斗争一样的重要,一样的发动广大群众包括民主党派及社会各界人士去进行,一样的大张旗鼓去进行,一样的首长负责、亲自动手,号召坦白和检举,轻者批评教育,重者撤职、惩办、判处徒刑(劳动改造),直至枪毙一大批最严重的贪污犯……才能解决问题"。[43]

为了加强对增产节约和"三反"运动的领导,中央决定成立各级节约检查委员会来具体负责。12月7日,中央人民政府节约检查委员会(简称中节委)成立,薄一波为主任,彭真等为副主任。中节委每周开三至四次办公会议。从此,全国范围的"三反"斗争,按照毛泽东党中央的指示迅速展开了。薄一波谈到毛泽东亲自到中节委督导的情形时写道:

回忆毛主席当年抓防腐蚀的斗争,真是雷厉风行,至今历历在目。他看准的事情,一旦下决心要抓,就抓得很紧很紧,一抓到底,从不虎头蛇尾,从不走过场。他不仅提出方针,而且亲自督办;不仅提出任务,而且交代办法。在"三反"运动紧张的日子里,他几乎每天晚上都要听取我的汇报,甚至经常坐镇中节委,参加办公会议,亲自指点。毛主席的亲自直接指导、督促和撑腰下,我们的工作也就好做了,而且做得很起劲。[44]

为了推动"三反"运动更加猛烈地开展,毛泽东于1952年1月4日起草了《中央关于立即抓紧"三反"斗争的指示》,《指示》表扬了中央财政部党组1月2日关于"三反"运动的报告,并肯定了中央直属总党委雷厉风行抓"三反"斗争的经验。《指示》说:

中央财政部党组这个报告很好,请你们仿照办理。请你们立即抓紧"三反"斗争,缩短学文件的时间(有四五天就够了),召开干部会,限期(例如10天)展开斗争,送来报告,违者不是官僚主义分子,就是贪污分子,不管什么人,一律撤职查办。在干部会上应指名批评落后的单位及其领导人,指名奖励做得好的单位及其领导人,宣布撤职的名单及理由。中央直属总党委于12月31日下午召开党政军团群部长至处长级的数百人的扩大党委会,由薄一波、安子文等同志宣布中央决定,限期1月1日至1月10日,各院委、部、会、院、署、行、局、处及其下面的一切单位,务须发动群众斗争,实行坦白检举,于1月11日送来报告。违者,不论部长、行长、署长、处长、局长、科长、股长或经理,一律撤职查办。并在会上指名宣布几个部是做得很好的,几个部是中等的,很多部是落后的,并指出部长姓名。同时宣布军委技术部长×××、中央交通部办公室主任×××、重工业部局长××撤职查办。这样一来,全场振奋。当日回去,连夜开会。元旦整日开会,很多部长、副部长到一下团拜会就回去,戏也不看了。至1月3日,差不多所有单位都开动了坦白检举的群众会议,纷纷送来报告。这样的高级干部会议,现规定每十天开一次,除重病不得请假。估计到一月,中央一级可以基本上解决问题。这一经验,供你们参考。此外,中央已指定薄一波同志(他是中央节约检查委员会主任)用电话和各大区负责同志联络,在目前"三反"紧张时期,每三天至五天通话一次,检查各区"三反"进度。

在指导"三反"运动中,毛泽东很重视抓住典型重大案件的处理,以引起全党和全社会的重视。薄一波在回忆录中专门写了毛泽东如何抓审理处决刘青山、张子善案件的过程:

大家都熟悉,在全国胜利前夕召开的党的七届二中全会上,毛主席讲过一段极为深刻的话:"敌人的武力是不能征服我们的,这点已经得到证明了。资产阶级的捧场则可能征服我们队伍中的意志薄弱者。可能有这样一些共产党人,他们是不曾被拿枪的敌人征服过的,他们在这些敌人面前不愧英雄的称号;但是经不起人们用糖衣裹着的炮弹的攻击,他们在糖弹面前要打败仗。我们必须预防这种情况。"毛主席的这些话不幸而言中,刘青山、张子善就是这样的典型。在"三反"中,毛主席下决心坚决果断地严惩这两个人,其意义与影响极为深远。

刘青山、张子善分别是1931年和1933年入党,经历过土地革命、抗日战争和解放战争严峻考验的老干部。刘青山参加过1932年高阳、蠡县的农民暴动,曾被国民党逮捕,在敌人的严刑逼供下,坚贞不屈。张子善1934年被国民党逮捕入狱,曾参加狱中的绝食斗争,在敌人面前表现了共产党人的英雄气概。公正地说,他们的确曾经是党的干部队伍中的佼佼者,曾经在不同的领导岗位上出生入死地苦斗过,曾经为新中国的诞生作出过自己的贡献。但是,进城后,他们在资产阶级思想和生活方式的腐蚀下,贪污腐败,蜕化变质,成了人民的罪人。

刘、张的犯罪事实主要是：

（1）利用职权，盗用公款。他们盗用飞机场建筑款、水灾区造船救济贷款，以及克扣地方粮、干部家属救济粮、民工供应粮等共计171亿元，用于经营他们秘密掌握的所谓"机关生产"。

（2）从事倒买倒卖的非法经营活动。他们勾结奸商张文义等，以49亿元巨款倒卖钢材，使国家蒙受21亿元损失。为了从东北盗购木材，他们不顾灾民疾苦，占用4亿元救灾款，并派人冒充军官进行倒买倒卖。

（3）破坏国家政策。他们以高薪诱聘国营企业的31名工程技术人员，成立非法的"建筑公司"，从事投机活动。

（4）盘剥民工。在兴建潮白、永定、大清、龙凤、海河等工程中，他们将国家发给民工的好粮换成坏粮，抬高卖给民工的食品价格，从中渔利达22亿元。

（5）腐化堕落，拒不悔改。他们从盗窃的国家资财中贪污、挥霍共3.7亿元以上，其中刘1.8亿、张1.9亿。刘吸毒成瘾；张为逃避罪责，曾一次就焚毁单据300多张。

刘、张的罪行，早在"三反"前就激起了干部和党员的不满，但在他们上欺下压的家长式统治下，一直未能公开揭露。这说明，没有一定的气候，这类问题是不容易解决的。但纸终究包不住火，坚持正义、坚持党的原则的干部总是要站出来揭发和斗争的。

1951年10月，天津专署一位副专员向河北省委组织部揭发了刘、张的若干违法乱纪事实后，引起了河北省委的重视，并进行了调查。11月下旬，河北省委召开第三次党代会，贯彻落实中央和华北局关于开展增产节约运动，反对贪污、浪费和官僚主义斗争的部署。与会代表集中地检举、揭发了刘、张的贪污罪行。根据刘、张的严重犯罪事实，河北省委建议省人民政府依法予以逮捕。华北局接到省委的请示后，经讨论并报请周总理批准，决定将他们逮捕法办。11月28日晚，河北省委召开常委会议，传达华北局的决定。29日上午，河北省公安厅依法逮捕了张子善（刘青山当时在国外，12月2日归国后当即逮捕归案）。接着，省委召集党代会主席团成员开会，正式宣布逮捕刘、张。绝大多数同志衷心拥护这一措施，认为这样做"挽救了天津的党组织"，少数同志感到突然，表示沉默。根据党代会代表们的建议，河北省委经过研究，12月4日报请华北局批准，作出了开除刘青山、张子善党籍的决议（毛主席对此事极为关注，12月29日在审阅人民日报社送审的有关新闻稿时批示："应于30日见报。"）。12月5日，华北局召开会议，听取汇报河北党代会情况和逮捕刘、张的经过。刘澜涛同志指出，刘、张事件说明，资产阶级的腐朽思想侵蚀了我们党，刘、张蜕化变质成了罪犯，将他们逮捕是完全应当的，得到了大家的拥护。但更艰苦的工作还在后头，建议组织专门班子全面审查处理此事。随后，河北省人民政府成立了以杨秀峰同志为首的调查处理委员会，会同天津市，对刘、张贪污案进行调查和侦讯。在弄清他们主要犯罪事实的基础上，河北省委于12月14日向华北局提出了处理意见："刘青山、张子善凭借职权，盗窃国家资财，贪污自肥，为数甚巨，实为国法党纪所不容，以如此高级干部知法犯法，欺骗党，剥削民工血汗，侵吞灾民粮款，勾结私商，非法牟利，腐化堕落达于极点。若不严加惩处，我党将无词以对人民群众，国法将不能绳他人，对党损害异常严重。因此，我们一致意见处以死刑。"12月20日，华北局经研究后向中央提出了对刘、张的处理意见："为了维护国家法纪，教育党和人民，我们原则上同意，将刘青山、张子善二贪污犯处以死刑（或缓期2年执行），由省人民政府请示政务院批准后执行。"当时之所以加了"或缓期2年执行"，是考虑到中央决策时有回旋的余地。

鉴于刘、张的地位和影响，以及一些干部的认识不尽一致，党中央和毛主席在考虑对他们的量刑时，是十分慎重和民主的。1951年12月下旬，华北局通过河北省委征求了天津地委及所属部门对刘、张两犯量刑的意见。结果是：地委在家的8个委员的一致意见是处以死刑。地区参加讨论的552名党员干部的意见是：对刘青山同意判处死刑的535人，判处死缓的8人，判处无期徒刑的3人，判处有期徒刑的6人；对张子善同意判处死刑的536人，判处死缓的7人，判处无期徒刑的3人，判处有期徒刑的6人。党中央、毛主席看到上述材料，在请党外民主人士传阅并听取他们对量刑的意见后，决定同意河北省委的建议，由河北省人民法院宣判，经最高人民法院核准，对大贪污犯刘青山、张子善处以死刑，立即执行。1952年2月3日，华北局召开常委会研究河北省的"三反"工作，会议布置了有关公审刘、张大会的事宜，决定在省会保定对刘、张执行枪决，要求组织好公审大会，并拍摄电影。

在公审大会召开之前，曾在冀中担任过区党委书记，看着刘、张成长，当时担任天津市委书记的黄敬同志来找我。他对我说，刘、张错误严重，罪有应得，当判重刑。但考虑到他们在战争年代出生入死，有过功劳，在干部中影响较大，是否可以向毛主席说说，不要枪毙，给他们一个改造的机会？我说，中央已经决定了，恐怕不宜再提了。黄敬同志坚持要我反映。我说："如果一定要反映，我陪你去向毛主席说。"他坚持不去，要我把他的意见转报毛主席。我只好如实地向毛主席转达了黄敬同志的意见。毛主席说，正因为他们两人的地位高、功劳大、影响大，所以才要下决心处决他们。只有处决他们，才可能挽救20个、200个、2000个、20 000个犯有各种不同程度错误的干部。黄敬同志应该懂这个道理。由此可见毛主席在处理这个问题时所下的决心和所作的深思熟虑，他当时的心思完全倾注在如何维护党的事业上面，如何更好地挽救犯错误干部的多数上面，如何更有效地防止干部队伍的腐化上面。严惩刘青山、张子善的决定的果断作出，实际上是再一次用行动向全社会表明：我们党决不会做李自成！决不会放任腐败现象滋长下去！决不会让千千万万先烈用鲜血和生命换来的江山改变颜色！

2月10日，在保定市举行了河北省公审刘、张二犯大会，刘青山、张子善受到了法律的严厉制裁。[45]

1952年初，在"三反"运动的高潮中，经毛泽东提议，党中央又决定在大、中城市开展"五反"运动，以打击不法资本家的违法行为。当事人薄一波回忆了毛泽东发动"五反"运动的经过，他写道：

"五反"运动是在"三反"运动发展过程中引发出来的。1951年11月1日，东北局在写给中央的《关于开展增产节约运动进一步深入反贪污、反浪费、反官僚主义斗争的报告》中说："从两个月来所揭发的许多贪污材料中还可看出：一切重大贪污案件的共同特点是私商和蜕化分子相勾结，共同盗窃国家财产。如东北人民政府卫生部医政处长李廷琳勾结私商光明药行经理丛志丰共同作弊，高价卖给公家，低价从公家买出，投机倒把，伪造发票、偷税、报假账，总计使国家损失人民币约61.3亿余元（旧币，下同）；该药行因此从三年前一个很小的行商一跃而为巨贾，并在天津、上海、广州等地均设有分店。丛对李则逢迎奉承，送礼、请客、代找舞女、代雇厨师，甚至令其姨太太陪李跳舞。本溪市还发现投机奸商先以请客、施贿引诱我工作人员上钩，然后则以告发威胁其与之继续合伙盗窃国家资材。这充分说明，资产阶级、私商对我们干部的引诱、侵袭几乎无孔不入，而我们的各种制度还很不严密。因此，除进一步加强对干部群众的正确政治教育外，还必须严格一切干部和私商往来的纪律，坚持贯彻在这次运动中所修订出的各种制度。"12月20日，华东局在给中央的《关于展开反贪污、反浪费、反官僚主义斗争的报告》中，也提出了这个问题。报告说："鉴于党政内部的贪污往往是由非法商人从外部勾结而来的，因此，必须注意调查奸商并发动群众检查控告不法商人的运动，对证据确凿的罪大不法商人，亦应严加惩处，以便内外配合，彻底肃清贪污分子。"

12月31日，我向毛主席汇报"三反"运动情况。当说到资本家往往用给回扣的办法收买拉拢我们的采购人员时，毛主席插话说："这件事不仅要在机关检查，而且应在商人中进行工作。过去土地改革中，我们是保护工商业的，现在应该有区别，对于不法商人要斗争。"看来，毛主席正在考虑这件事。我回来后，即向华北局的同志作了传达。

我们党对民族资产阶级实行又团结又斗争的政策。七届二中全会决议指出"中国的自由资产阶级及其代表人物，由于他们受了帝国主义、封建主义和官僚资本主义的压迫或限制，在人民民主革命斗争中常常采取参加或者保守中立的立场。由于这些，并由于中国经济现在还处于落后状态，在革命胜利以后一个相当长的时期内还需要尽可能地利用城乡私人资本主义的积极性，以利于国民经济的向前发展。……但是中国资本主义的存在及发展，自由竞争和自由贸易的存在及发展，不是如同资本主义国家那样不受限制、任其泛滥的，也不是如同东欧各人民民主国家那样被限制和缩小得非常大，而是中国型的。……对于私人资本主义采取限制政策，是必然要受到资产阶级在各种程度和各种方式上的反抗的，特别是私人企业中的大企业主，即大资本家。限制和反限制，将是新民主主义国家内部阶级斗争的主要形式"。应当说，多数资本家在新中国成立初期还是守法的，对恢复经济起了一定的作用。但是，资产阶级唯利是图的本性难改。随着经济的发展，他们中越来越多的人进行违法犯罪活动。据当时了解，私营工商业界不仅偷税漏税现象普遍，而且在承建国家工程、完成加工订货任务中偷工减料、弄虚作假、营私舞弊，严重地损害了国家和人民的利益。例如，在治淮水利工程中，承包商竟然不顾工程质量，用旧料充新料、次料充好料，从中赚取不义之财。在运往抗美援朝前线的军需物资里，有不法厂商制造和贩卖的变质罐头食品、伪劣药品、带菌救急包，造成一些战士致病、致残，甚至断送了生命。他们拉拢、收买党和国家机关工作人员，少数被他们收买的干部从他们那里领取干薪、干股，或者拿回扣、佣金，充当坐探、代理，同他们合伙进行违法犯罪活动。1950年8月，京、津糖价暴涨，1951年，北京碱价波动，就是不法资本家从他们安插在我们机关内部的坐探那里窃取到经济情报后，有意制造的。不法资本家损人利己的恶劣手段令人发指，不对他们进行坚决的斗争和必要的打击，是不行的。

不法资本家在"三反"中暴露出来的问题，引起了各级党政机关的高度警惕，人民群众对此义愤填膺。因此，许多地区在私营工商界中开展了配合"三反"的坦白检举活动。北京市把反贪污和反行贿结合起来，形成了斗争的两条战线。1952年1月5日，毛主席看了北京市委《关于"三反"运动开展情况和继续开展这一运动的意见》的报告后，在他起草的中央批语中指出，全国各大、中、小城市"一律仿照办理，一定要使一切与公家发生关系而有贪污、行贿、偷税、盗窃等犯法行为的私人工商业者，坦白或检举其一切违法行为，特别注意在天津、青岛、上海、南京、广州、武汉、重庆、沈阳及各省省城，用大力发动这一斗争，借此给资产阶级3年以来在此问题上对于我党的猖狂进攻（这种进攻比战争还要危险和严重）以一个坚决的反攻，给以重大的打击，争取在两个月至三个月内基本上完成此项任务。请各级党委对此事进行严密的部署，将此项斗争当作一场大规模的阶级斗争看待"。

1952年1月26日，毛主席在为中央起草的《关于在城市中限期展开大规模的坚决彻底的"五反"斗争的指示》中，向全党进一步说明："在全国一切城市，首先在大城市和中等城市中，依靠工人阶级，团结守法的资产阶级及其他市民，向着违法的资产阶级开展一个大规模的坚决的彻底的反对行贿、反对偷税漏税、反对盗骗国家财产、反对偷工减料和反对盗窃经济情报的斗争，以配合党政军民内部的反对贪污、反对浪费、反对官僚主义的斗争，现在是极为必要和极为适时的。"开展"五反"斗争的范围、斗争的方针和任务在这里已讲得很清楚了。

有一次，毛主席在谈到中央为什么作出这一决策时，这样说："进城时，大家对资产阶级都很警惕，为什么现在有这样的变化？这可以从进城三年的历史来看。1950年上半年，党内曾有一个自发、半自发的反对资产阶级的斗争，这个斗争是不妥当的，也是错误的。因为当时有台湾敌人的轰炸、封锁，土改、镇反工作亟待去做，应该团结资产阶级去向封建势力进攻，而不是全面出击，全面出击是很不策略的。所以，七届三中全会纠正了这一错误，提出调整工商业。到1951年抗美援朝运动形成，更需要国内的团结一致，一直到今天。在这一年多时间内，大家对资产阶级不够警惕了。资产阶级过去虽然挨过一板子，但并不痛，在调整工商业中又嚣张起来了。特别是在抗美援朝加工订货中赚了一大笔钱，政治上也有了一定地位，因而盛气凌人，向我们猖狂进攻起来。现在已到时候了，要抓住资产阶级的'小辫子'，把它的气焰整下去。如果不把它整得灰溜溜、臭烘烘的，社会上的人都要倒向资产阶级方面去。"他还说，"现在出现了一种很严重的情况。一部分，人家打进来；一部分，叫人家拉出去。1950年自发地搞社会主义，想搞垮资产阶级，是不对的；后来，又自发地搞资本主义，资本家向我大举进攻，也不允许。……要整党内那些买房置地、入股、当董事经理的人，同时也要搞不法的资本家。这是一场恶战。"

1952年3月23日，毛主席在批转《中共中央中南局关于加强私营厂、店工人、店员工作的指示》中，把这次"五反"斗争的任务及其必须达到的目的，又进一步具体化了，提出了八条：

（1）彻底查明私营工商业的情况，以利于团结和控制资产阶级，进行国家的计划经济。

（2）明确划分工人阶级和资产阶级的界限，肃清工会中严重脱离群众的官僚主义现象，清除资产阶级在工会中的代理人。

（3）改组同业公会和工商联合会，把那些"五毒"俱全及其他完全丧失威信的人开除出这些团体的领导机关，把在"五反"中表现较好的人吸收进来。

（4）帮助民主建国会的负责人整顿民主建国会，开除那些"五毒"俱全及大失人望的人，增加一批较好的人，使之成为一个能够代表资产阶级主要是工业资产阶级的合法利益，并以《共同纲领》和"五反"的原则教育资产阶级的政治团体。各部分资本家的秘密结社，例如"星四聚餐会"等，则应设法予以解散。

（5）清除"五毒"，消灭投机商业，使整个资产阶级服从国家法令，经营有益于国计民生的工商业；在国家划定的范围内，尽量发展私营工业，逐步缩小私营商业；国家逐年增加对私营产品的包销订货计划，逐年增加对私营工商业的计划性；重新划定私资利润额，既要使私资有利可图，又要使私资无法夺取暴利。

（6）要使资本家废除"后账"，实行经济公开，并逐步建立工人、店员监督生产和经营的制度。

（7）从补偿、退赃、罚款、没收中，追回国家及人民的大部分经济损失。

（8）在一切大的和中等的私营企业中建立党的支部，加强党的工作。

从上述部署看，毛主席并不是把"五反"运动仅仅看作一场经济斗争，也是把它看作一场关系国家命运和前途的政治斗争。在运动的指导上，毛主席则一再强调要按照《共同纲领》办事，要掌握一条政策界限，就是违法不违法。民族资产阶级在《共同纲领》范围内的发展，是合法的；离开了这个范围，就是不合法。他说："违法不违法，对资产阶级是一个政治标准。""这不是对资产阶级的政策的改变，目前还是搞新民主主义，不是社会主义；是削弱资产阶级，不是要消灭资产阶级；是要打它几个月，打痛了再拉，不是一直打下去，都打垮。"记得当时理论界有几位同志没有很好地体会这种意图，在中宣部主办的《学习》杂志上发表文章，否定民族资产阶级在现阶段还存在两面性。毛主席发现后，批评得相当严厉，中宣部为这件事专门作过检讨。[46]

在指导"五反"运动中，毛泽东很注意策略，主张要有充分准备、有步骤，要争取绝大多数资本家，孤立和打击极少数最反动的资本家。1952年1月31日，毛泽东在给高岗的电报中详细论及这个问题。他说：

对付资本家须有准备，准备不好，不要动手。各城市准备条件不一致时，不要同时动手。又须有步骤，先组织若干强干的检查小组，向最顽抗而有确据的若干家实行检查。不查则已，查必破案（有些须坚持数天之久才能破案，不破案不许撤回）。第二批再检查若干家，又均破案。这样便取得了经验，训练了干部,教育了大批中小资本家及一部分大资本家,促使他们坦白,同时动员工人店员实行检举。然后再组织第三批第四批第五批和更多的检查破案。在这个过程中就可争取90%以上的大中小资本家站到我们方面,或者保持中立,使百分之几(北京是6%)的反动资本家完全陷于孤立,社会舆论也就完全变得于我们有利了。这时我们对于占1%至2%的最反动的资本家(即行贿盗窃罪大恶极的资本家),在经过检查取得确实罪证之后,就可以给予惩处,例如逮捕、枪决(只是少数)、没收、徒刑、罚款等。北京有5万户工商业,1%是500户,北京市党组织经过一个月的紧张斗争,经过几个检查步骤,还只逮捕近百名资本家。准备在2月份再经过几个检查步骤,陆续逮捕至300名左右(不到1%),再看形势。这是一个逐渐了解、逐渐深入、逐渐分化、逐渐团结多数孤立少数的斗争过程,没有城市党组织的紧张艰苦工作是不能完成这个任务的。资产阶级大中小之间矛盾很大,我们打击百分之一左右的最反动资本家,又是着重打〔击〕投机商人而不是着重打击工业资本家(有一部分极坏的工厂主须给以打击),可能争取绝大多数资本家拥护我们,而不会怨恨我们,真正怨恨我们的只是极少数(百分之几)。这样也就可以用内外夹击的方法,把资产阶级安置在我们内部的堡垒即大贪污分子全部地清查出来。

1952年2月15日,毛泽东起草了《中央关于"五反"中对各类资本家的处理意见》。《意见》说:

(一)中央同意天津市委2月24日的报告,认为这个报告是正确的。各城市市委市政府均应于开展"三反"和"五反"斗争的同时,注意维持经济生活的正常进行,如果在一个短时间内出现了不正常状态,亦应迅速恢复正常状态。(二)为着维持经济生活的正常进行,除对没有问题的守法的工商户(在北京有一万户,在天津有一万几千户),应鼓励他们照常营业外,对于问题不大的半违法半守法的工商户,应于"五反"斗争开展后分作几批作出结论,安定他们。这一类工商户占全体工商户的绝大多数,在北京约占全体5万工商户的3.7万多户。他们中大多数只有偷税漏税问题,一部分有侵吞盗窃问题但不严重。对于这些人,应于发动工人店员,划清劳资界限,检举他们的偷漏、侵吞、盗窃,并多方诱导他们自己坦白其违法行为之后,给他们作出结论,叫他们补税一年,有侵吞盗窃者退出侵盗财产,宣布免予罚款。这个"只退不罚"政策,可以安定绝大多数资本家,可以组成广大的"五反"统一战线。真正的"五反"统一战线,只有在对这类资本家作出几批"只退不罚"的结论,并予以公布之后,才能形成。这种结论,大约在运动开展一个月的时候就应作出两三批,而在一个半月至多两个月内必须作完。北京、天津两市必须于本月内作完。作迟了,很不利。(三)上述两部分资本家,即守法资本家和半守法半违法资本家,占着全体资本家的95%左右,只有把他们争取过来,才能使占5%左右的反动资本家完全陷于孤立。故对半守法半违法资本家必须严守只退不罚(更不捉人)政策,并力争早作结论。有些人问题没有彻底弄清也就算了,如果要对这些人在这次斗争中彻底弄清一切问题,势必拖长时间,对整个局势不利。(四)剩下大约占5%的资本家,又可分为两部分:(甲)严重违法但不是完全违法的资本家,这类人约占百分之四,我们的政策是进行检查、补税、退财、罚款,但不捉人。(乙)完全违法的资本家,这类人约占1%。又分三类。第一类,补税、退财、罚款、捉人,但不判徒刑。就是说,把他们捉起来,关几天,许其取保释放,随传随到。捉的目的只在打落其反动气焰,不在于判徒刑,因为徒刑判多了是不利的。这类人占0.5%左右。第二类,补税、退财、罚款、捉人、判徒刑,直至没收其财产。这类人亦占0.5%左右,不宜太多,尤其没收财产不可太多。第三类,判死刑,没收财产。这类人要极少,北京、天津、拟共杀十人左右,并且不要杀得太早。各地杀资本家要得到中央批准才能执行。因为杀资本家和杀反革命不同,必须慎重,否则不利。(五)捉资本家一般必须具备三个条件,即第一,完全违法;第二,抗拒运动;第三,在资本家中人缘不好。如果只有前两条,没有后一条,我们将他逮捕,必定不得人心。所谓"人缘不好",就是在多数资本家看来他是不正派的。

1952年3月5日,毛泽东在为中央起草的《关于在"五反"中对工商户处理的标准和办法》的指示中,根据城市的实际情况,就若干政策问题作了新的补充规定。他指出:"对工商户的处理,要掌握过去从宽、今后从严(例如补税一般只补1951年的),多数从宽、少数从严,坦白从宽、抗拒从严,工业从宽、商业从严,普通商业从宽、投机商业从严的原则。对私人工商户的分类,增划基本守法户一类,并且大致确定大城市中守法户、基本守法户和半守法半违法户三类约占工商户总数的95%左右,严重违法户和完全违法户约占5%左右。检查违法工商户必须由市一级严密控制,各机关不得自由派人检查,更不得随便捉人审讯。"

"五反"中揭露出的问题是严重的,但在党内也滋长出对民族资本的"左"的倾向。1952年《学习》杂志(中宣部理论宣传处编)在第一至三期发表了一系列文章,反映了这种倾向。毛泽东发现后,立即予以纠正。

黎之在《回忆与思考》一文中说:

因为"三反"时中宣部有些人对他(陆定一)的夫人严慰冰提了不少意见,毛泽东说:"部长的夫人就批评不得?"还有人说因为他向毛泽东建议不设中宣部,引起毛的不满。这些都无可细察。只是有一件涉及重大理论问题的事,有案可查。那就是1952年"三反""五反"期间,《学习》杂志事件。此事涉及我国社会主义时期的理论指导思想问题，这里简要介绍一下。

1952年"三反""五反"高潮时期，中宣部主办的理论刊物《学习》杂志，在1、2、3期上连续发表了杨耳（许立群）、艾思奇、于光远、吴江等人的文章。这些文章的作者原意是为了配合"三反""五反"运动，揭示资产阶级的本性，批判资产阶级思想，但是被批评为"对于民族资产阶级在新民主主义革命和建设中有一定的地位与作用，不加分析，一笔抹杀"，"要资产阶级作为一个阶级来接受马克思列宁主义思想体系，不允许资产阶级有自己的任何思想"，"集中地表现了在对待资产阶级的问题上的幼稚的、否定一切的'左'的情绪"，"教条主义的思想方法加上小资产阶级的'左'倾情绪，就造成了这些文章中的离开党的路线和离开马克思主义的严重错误"（引自陆定一当时的检查，因为今天笔者很难准确评价那些文章和那个事件）。

《学习》杂志上这些文章的观点与毛泽东1952年3月27日《对统战部关于各民主党派"三反"运动结束的几项问题的处理意见的指示稿》中加改的一段话相抵触。这段话是："在允许资产阶级和小资产阶级存在的时期内，不允许资产阶级和小资产阶级有自己的立场和思想，这种想法是脱离马克思主义的，是一种幼稚可笑的思想。"

毛泽东是怎样发现"错误"的，并提出哪些具体批评，现已无案可查。据说是陈伯达向中央反映的，他并在散步时对于光远说："错误的性质是半托洛茨基主义，受了托洛茨基的袭击。"这些话倒颇像毛泽东的语气，但其含义笔者至今不能理解。陈伯达曾有专门报告批评《学习》杂志。

根据中央的意见，《学习》杂志的负责人胡绳、于光远、林涧青及编辑部一些人员开会，作了检查。在该刊第5期上发表了《我们的检讨》一文，并发表了部分读者批评《学习》杂志的来信。中央宣传部和文委召集了两次会议检查《学习》杂志的错误。陆定一向中央写了检查报告。毛泽东亲自在报告上作了批语转发各地。批示是："（一）中央宣传部3月29日关于《学习》杂志错误的检讨，中央认为是必要的和适当的。此次错误重在检讨和改正，不拟给予处分。（二）将中宣部这个检讨文件发给各级党委。望各级党委组织宣传文教工作人员予以讨论，并可在党刊上刊载。"同时毛泽东又批示，"在4月份的《学习》杂志上准备转载上海《解放日报》发表过的冯定同志的一篇文章，这篇文章的观点是基本正确的（其中有些缺点我们作了修改）。"

根据毛泽东的批示，《学习》杂志转载了冯定的文章。这篇文章原刊于1952年3月24日《解放日报》。原题为《学习毛泽东思想来掌握资产阶级的性格并和资产阶级思想进行斗争》，转载时改为《关于掌握中国资产阶级的性格并和中国资产阶级的错误思想进行斗争的问题》。冯文，毛泽东作了哪些具体修改，已无原件可查。两文对阅可以看出多处值得注意的修改，如"资产阶级思想也是在各集团和派别之间有所不同，比如在我们中国，他们之间的思想，也是有进步的和落后的区别的"，"个人主义与集体主义的对立，随时随地都会表现出来。不过这种对立，在一定条件下，又是可以形成统一战线"。

当时，毛泽东非常重视这个理论事件，同年9月，他在给黄炎培的信中又一次提到对资产阶级、资产阶级思想、宇宙观要区别对待，并把黄的讲话中"用'工人阶级思想'教育改造资本家"，改为用"'爱国主义思想，《共同纲领》的思想'教育改造资本家"，并在信中说："今年上半年北京的《学习》杂志上有些写文章的同志曾提出了这样的意见，我们已叫他们作了更正。"[47]

"五反"运动结束后，在新的基础上又进行了调整工商业工作。

"三反""五反"运动在国民经济恢复时期的最后一年，开始造成了国家有可能完全控制资本主义工商业的局面，资产阶级原有的威风在绝大多数企业中扫地以尽。"五反"以后，民族资产阶级除了接受社会主义改造已没有别的选择。因此，"五反"运动可以说是改造资本主义工商业和改造资产阶级分子的重要步骤。

编辑出版《毛泽东选集》

1944年6月，晋察冀抗日根据地曾出版过我国第一部《毛泽东选集》，此后几个根据地和解放区陆续出版过不同版本的《毛泽东选集》。这些选集有的内部出版，有的公开发行，均未经作者审定。从1949年起，中共中央就着手编辑一部《毛泽东选集》，以便于全党各级干部学习。但由于新中国成立之初，工作极其繁忙，《毛泽东选集》的编辑工作一拖再拖。从1951年开始，中断了一年多的《毛泽东选集》编辑工作继续开始。这项工作是在毛泽东直接主持下进行的。田家英和陈伯达、胡乔木（胡对第1～3卷主要是负责语法修辞用字和标点方面的工作，至第4卷才全面负责。陈未参加第4卷的工作）是参加编辑工作的主要成员。

由于新中国成立前各地出版的《毛选》体例颇为杂乱，文字有错讹，有些重要著作也没有收进去。因此在编辑这部《毛选》时，尽可能搜集了过去《毛选》中没有包括的重要著作，并由作者对收入选集的每篇著作进行校阅，作了一些文字修正，有的地方还作了一些内容上的补充和修改。1951年9月12日出版《毛泽东选集》第1卷，1952年4月出版第2卷，1953年4月出版第3卷，1960年9月出版第4卷。

刘金田、吴晓梅在《〈毛泽东选集〉出版的前前后后》一书中写道：

《毛泽东选集》第1、2、3卷的编辑工作，基本上是在1950年至1953年间进行的。此间，毛泽东曾集中了一段时间，专门从事这项工作。

这是在1951年2月初，中央决定毛泽东去"附近地点正式休息一时期"，毛泽东利用"休息"全力进行《毛泽东选集》的编辑工作，而"附近地点"就选择在河北石家庄。

……

行前，担任中央警卫处处长的汪东兴曾先期来到石家庄，和石家庄市委书记兼市长毛铎一起，选定了毛泽东的住所——石家庄保育院。

石家庄保育院坐落在石家庄市西郊。这里环境优美宁静，空气新鲜宜人，是从事编辑工作的理想之地。毛泽东对这一地点是满意的。

陪同毛泽东前来的有中共中央办公厅主任杨尚昆、公安部部长罗瑞卿等，随毛泽东在此居住的有秘书叶子龙。毛泽东的另一秘书田家英则是最忙的一个人了，他穿梭来往于北京、石家庄之间，传递毛泽东审阅的文稿，并将毛泽东审定的文稿交住在北京的费德林和师哲翻译。从下列两封信不难看出这一点。1951年4月7日，毛泽东给田家英写信说："（一）送来的文件，缺少《一九四九年四月二十一日军委给解放军的命令》一篇，请补印送校。（二）请将《兴国调查》中《斗争中的各阶级》这一章的原文清出送阅，在我这里的印件中缺少这一章。（三）已注文件，请速送阅。"4月19日，毛泽东又给田家英写信："这些请再印校正后，即可付翻译。"

毛泽东的办公室是在院中一间宽大的房子里，当间摆着一个大写字台，左侧摆了个可躺可靠的长沙发，办公桌上和床上摆满了书和文件。毛泽东通常彻夜工作，累了就斜靠在沙发上闭目养神，或是闭目沉思。时而也到院中散散步，有时还哼上两句京剧和湖南花鼓戏，以调节一下精神。

毛泽东在这里主要是修改《毛泽东选集》1至3卷的初选文稿，审定第1卷的篇目，撰写第1卷的部分题解和注释。除此之外，他还要处理送来的电文、密件。周恩来、朱德也曾专程来此和他商量国家大事。在这里，毛泽东还对当时正在进行的抗美援朝和镇压反革命运动作了许多重要指示，审阅修改了《关于和平解放西藏的办法协议》，会见了日本共产党领导人德田球一。

直至4月底，毛泽东才结束这次"休息"，乘火车返回北京。此时第1卷的编辑工作已基本结束。

毛泽东亲自主持编辑工作，主要是从以下四个方面进行的：

一、选定篇目

《毛泽东选集》1至4卷收入的文章共158篇，都是经过毛泽东亲自审定的。他对选稿的要求非常严格。有的篇目是作者的得意之作,毛泽东很欣赏,当即定稿编入选集。有的篇目,毛泽东不太满意,认为不宜收入。还有的篇目,毛泽东曾反复审阅,几经修改,但最后还是不满意而未能入选。还有一种情况,就是有些曾经流行的著作,如《农村调查》,作者本人的意见是不编入选集;又如《经济问题与财政问题》,也是根据毛泽东的意见,只编进了其中的第一章(即《关于过去工作的基本总结》)。当然,也有些篇目,毛泽东开始认为不宜收入选集,后经过修改,最后还是收入了,如《矛盾论》等。从现存的档案来看,有30多篇文章,毛泽东在审定时,批上"此件不用""此件不收""此文不收""不用""不收"等字样。如《中国工农红军第四军布告》(1929年1月)、《寻乌的土地斗争》(1930年5月)、《查田运动的初步总结》(1933年8月)等文章,最初曾作为入选篇目选入第1卷,毛泽东在审定篇目时,决定"不收"。还有一些篇目,在是否选入《毛选》时,毛泽东自己也是经过反复考虑的。有些文章,他甚至改拟了标题,写了题解,但最后还是割爱了,未能选入。如《在陕甘宁边区第二届农工展览会讲演词》(1940年2月7日),最初就曾考虑选入第3卷,毛泽东曾将标题改拟为《反对吃摩擦饭》,并撰写了题解:"这是毛泽东同志在陕甘宁边区第二届农业和工业产品展览会上所作的讲演。"再如1940年11月7日中共中央关于反对投降活动的指示,也曾考虑选入,后来,毛泽东审定时写上"此件不收"。这里面还有一种情况,就是有个别文章,如《调查工作》(后毛泽东改题为《反对本本主义》),虽然毛泽东特别钟爱,但因当时未找到文稿,未能收入《毛选》第1版,毛泽东本人也极为遗憾。这一遗憾,直至1991年出《毛选》第2版增加了这篇文章,才了却了毛泽东的生前夙愿。

《毛泽东选集》第4卷的编辑工作,毛泽东亲自动手比较少,但对第4卷所收的篇目,他还是逐一审定,并提出了具体意见。1960年3月22日,毛泽东在广州白云山主持第4卷通读定稿时给田家英的信中说:"此书(指解放社1949年7月出版的《将革命进行到底》一书——作者注)内除已收者外,打圈的均拟收入,请印清样送我。此书以前及以后类似此书各文的评论及几个重大战役的贺电,请与乔木商量是否还有可收者,搜集一下,告我为盼。"《将革命进行到底》一书中收入了毛泽东为新华社写的社论和评论、中共中央发言人的谈话,以及中共中央的贺电等,其中有若干篇后来收入了《毛泽东选集》第4卷。

二、修改内容

毛泽东在校阅准备收入《毛泽东选集》的文章时,有些地方作了一些内容上的增加和修改。首先,是改拟了标题,收入《毛选》1至4卷的文章题目,有数十篇是由毛泽东改拟的。如,第1卷的《中国的红色政权为什么能够存在》,

原题为《政治问题和边界党的任务》;《中国共产党在抗日时期的任务》,原题为《中国抗日民族统一战线在目前阶段的任务》;第2卷的《论政策》,原题为《中共中央关于政策问题的指示》;《团结一切抗日力量,反对反共顽固派》,原题为《相持阶段中的形势与任务》;《抗日根据地的政权问题》,原题为《中共中央关于政权问题的指示》;等等。其次,是对有些文章的内容作了适当的补充和修正。如《矛盾论》一文,毛泽东修改得比较多。1951年3月8日,毛泽东在给陈伯达、田家英的信中说:"《矛盾论》作了一次修改,请即重排清样两份,一份交伯达看,一份再送我看。现形式逻辑的后面几段,词意不畅,还须修改。其他有些部分也还须作小的修改。

"此件在重看之后,觉得以不加入此次选集为宜,因为太像哲学教科书,放入选集将妨碍《实践论》这篇论文的效力,不知你们感觉如何?此点待将来再决定。

"你们暂时不要来,待《矛盾论》清样再看过及他文看了一部分之后再来,时间大约在月半。"

到了这个月的15日,毛泽东又致信田家英:"《矛盾论》的原稿,请即送来。"

毛泽东在反复修改之后,对原来第2章"形式论理的同一律与辩证法的矛盾律"这一部分仍感不满意,后来在收入《毛泽东选集》时,被他整章删去了。《矛盾论》一文,也因毛泽东的修改,未能收入1951年10月出版的《毛泽东选集》第1卷,后收入1952年4月出版的第2卷。中共中央毛泽东选集出版委员会在送审《毛选》第2卷文稿时,关于《矛盾论》一文曾作一说明,毛泽东对说明作了个别文字修改,内容是:"本卷所载《矛盾论》一文,按著作时间排列,应收入第1卷,现暂刊于此,拟待再版时,移入第1卷。"这样,《毛泽东选集》第2次印刷时,按照时间顺序,将《矛盾论》移入了第1卷。

毛泽东对收入《毛选》的每篇文稿均反复修改,反复审阅。1951年4月1日,他在给田家英的信中说:"《中国共产党在民族战争中的地位》《矛盾论》,请不要送去翻译,校对后再送我看,已清印出的各篇,请送来看。"《实践论》一文,毛泽东修改了好几遍,在最后的清样上仍批道:"此件改正后,连同原稿,再送我看。"在《矛盾论》文稿的清样上,毛泽东也这样写:"照此改正,连同已经改正的清样一起,送来再看,第一次原稿也请送来。"直到他对文稿修改满意,才让送去翻译。1951年4月16日,毛泽东写信给田家英:"此九篇请送陈伯达阅后付排改正。其中,《和英国记者谈话》《和中央社等记者谈话》《一个极其重要的政策》《全世界革命力量团结起来》等4篇,我已照原件修改,请即照此改正,新送来这四件稿子我就不必看了。以上这些及昨付第二次看过的一大批，都可付翻译——唯其中的一篇，即《井冈山的斗争》，请送来再看一次。"毛泽东这里提到的四篇文章，后来都收入了《毛泽东选集》，前两篇收入第2卷，题目是《和英国记者贝特兰的谈话》《和中央社、扫荡报、新民报三记者的谈话》。《一个极其重要的政策》收入第4卷。第四篇在收入第4卷时题目改为《全世界革命力量团结起来，反对帝国主义的侵略》。

再如1940年2月1日毛泽东在延安民众大会上所作的讲演《团结一切抗日力量，反对反共顽固派》一文，在收入《毛选》第2卷时，毛泽东对其内容作了部分删改，删去了原来讲演中的第四部分"共产党的十大任务"。

毛泽东对语言文字的使用要求十分严格，他认为语言文字应力求将思想表达得准确，这是他在校阅《毛选》文稿时所注意的一个重要问题。为此，他提议要纠正电报、报告、指示、决定中的文字缺点。根据这个建议，中共中央还专门发出了关于纠正电报、报告、指示、决定中文字缺点的指示。这个指示稿，在形成过程中，毛泽东根据编辑《毛选》过程中遇到的一些问题，作了许多重要的修改。《人民日报》还为此专门发了社论。《毛选》中收入的每篇文章，毛泽东在校阅过程中都字斟句酌，有时哪怕是一个意思相近的字，毛泽东都反复琢磨，考虑用哪个更能把思想表达得准确些。如《毛选》第1卷收录的《中国共产党在抗日时期的任务》一文的第一个小标题"民族矛盾和国内矛盾的目前发展阶段"，原稿在民族矛盾和国内矛盾之间用的是"与"字，毛泽东在阅稿时把小标题和文章中间用的"与"字统统改为"和"字了。之所以这样改，这是有他自己的考虑，毛泽东是不赞成这种半文半白的文字用法的。

三、撰写和修改题解与注释

《毛泽东选集》1至4卷第1版共有题解118篇，注释872条。这些都是由毛泽东选集出版委员会组织的一些专家学者起草的，主要是：胡乔木、胡绳、艾思奇、田家英、李践为、王宗一等人。1至3卷的题解和注释，有相当一部分是毛泽东亲自撰写的。第4卷的题解均出自编者之手，毛泽东只作了个别修改。它在体例和风格上与前3卷的题解不尽一致，比较偏重于对著作意义的介绍。

从现存的不完全的档案来看，仅《毛泽东选集》第1卷的16篇题解和249条注释，就有10篇题解和120多条注释是由毛泽东自己撰写或修改的。在毛泽东撰写的题解中，既有简单的技术性的题解，如《论政策》一文的题解，毛泽东写道："这是毛泽东同志为中共中央写的对党内的指示。"也有一些是对重要历史背景的说明，还有一些是政治性、理论性的阐述。如《关于纠正党内的错误思想》一文的题解，内容就很丰富："这是毛泽东同志为红军第4军第九次党的代表大会写的决议。中国人民军队的建设，是经过了艰难的道路的。中国红军

（抗日时期是八路军、新四军，现在是人民解放军）从1927年8月1日南昌起义时期创始，到1929年12月，经过了两年多的时间。在这个时期内，红军中的共产党和各种错误思想作斗争，学到了许多东西，积累了相当丰富的经验。毛泽东同志写的这个决议，就是这些经验的总结。这个决议使红军完全建立在马克思列宁主义基础上，将一切旧式军队的影响都肃清了。这个决议不但在红军第4军实行了，后来各部分红军都先后不等地照此做了，这样就使整个中国红军完全成为真正的人民军队。二十几年来，中国人民军队中党的工作和政治工作有广大的发展和创造，现在的面貌和过去大不相同了，但是基本的路线还是这个决议的路线。"还有如《中国革命战争的战略问题》《中国革命和中国共产党》《新民主主义的宪政》等文的题解都具有重要的思想内容。

毛泽东撰写的一些思想性、理论性很强的题解和注释，具有和正文同样的文献价值和理论价值。有些文章的题解，经过毛泽东的修改，内容更为充实，思想上更强了。如，第2卷收录的《陕甘宁边区政府第八路军后方留守处布告》一文的题解，毛泽东除对一些提法作了重要修改外，还加写了一段话，这就是题解当中的："当时国共合作成立不久，蒋介石集团即阴谋破坏共产党领导的革命力量。破坏陕甘宁边区，是这种阴谋的一部分。毛泽东同志认为为了保护革命的利益，必须采取坚定的立场。"

关于注释，毛泽东在编辑《毛选》的过程中也十分注重。从挑选注目，到释文内容，以及排列，毛泽东都提出了一些具体的要求。毛泽东在校阅文稿的过程提出需要"加注"的也不乏其例。如，毛泽东在通读第4卷收录的《中共发言人关于命令国民党反动政府重新逮捕前日本侵华军总司令冈村宁次和逮捕国民党内战罪犯的谈话》一文时，关于"新华社陕北25日广播中共发言人谈话"，毛泽东批写道"找出来"。这篇文章中还提到"你们提出了五条，我们提出了八条"，在文稿送审时，只注释了"八条"，毛泽东在"五条"处用铅笔写了两个字"加注"。在《毛选》1至3卷的编辑过程中，毛泽东亲自撰写了一些注释，如《井冈山的斗争》一文关于"打土豪"的注文，《怎样分析农村阶级》一文关于"管公堂和收学租"的释文，《论持久战》中关于"亡国论""速胜论"的释文，《青年运动的方向》一文中五四青年节的注释，等等。这些注释文笔不凡，内容深刻，是一般人难以写出来的。毛泽东作过一些重要修改的注释有：《我们的经济政策》一文中的"耕田队"，《关于蒋介石声明的声明》一文中的"上海爱国领袖"，《团结一切抗日力量，反对反共顽固派》一文中的"点线工作"，等等。以"点线工作"一注为例，最初的注文是这样写的："点线工作，即指国民党的特务间谍活动。"毛泽东修改为："以边区的城市为据点，并将这些据点联系起来成为几条线，这样来布置他们的反革命工作。他们自称这种工作为点线工作。"

说到注文的排列，毛泽东在《实践论》的文稿上写道："除第一页附注移至题下外，其他九条附注均移至文尾，请校正勿讹。"又如"停战议和，一致抗日通电"一注，编委会最初曾考虑作为《论反对日本帝国主义的策略》的附录，送请毛泽东审定，毛泽东除对注文用铅笔作了一些修改外，建议"放在《对十二月二十六日蒋介石的声明的声明》之后作为附注"，并且批示"送来校对"四个字。编委会在研究了毛泽东的批示后，建议改为《中国共产党在抗日时期的任务》一文的注③，送请毛泽东审定。毛泽东表示同意，先用铅笔，后又用毛笔，画去了原来的批示。这一注释最后定稿时，因《中国共产党在抗日时期的任务》一文增加了"华北事变"一注，原来的注③才改成注④。毛泽东知识渊博，思想理论性强，他撰写和修改的注释，不仅提供了重要的历史情况，而且阐述了一些重要的观点，具有重要的学习和研究价值。

四、参加校对

毛泽东审定文稿，除了修改内容和文字外，还亲自做一些校对工作。1951年3月15日，毛泽东在给田家英的信中说："《矛盾论》的原稿请即送来，凡校对都须将原稿连同清样一起送来，以前的一切原稿均请送来。"不仅如此，他还做一些技术性的处理工作。例如，他在校阅《中国共产党在抗日时期的任务》一文时，其中有三处地方，清样排得不好，毛泽东即在各处写道："排拢""排齐"，还画出了校对符号。毛泽东校阅文稿十分仔细认真，再小的印刷差错都难逃他的眼睛。如他在校阅《为争取千百万群众进入抗日民族统一战线而斗争》一文时，有两个字因铅字磨损，字体比其他字瘦小，他批道："换一个铅字。"还有一处字号不对，几乎看不出来，但是，毛泽东在此处画出，并写道"改老5号"。对文章中出现的一些数字，毛泽东在边上总是打上一个"?"，要求编者查核。有些数字他自己经过查核作了纠正。如《毛选》第4卷收录的《四分五裂的反动派为什么还要空喊"全面和平"？》一文原稿中，提到"国民党在去年11月初至今年1月底的不足三个月中丧失约105万人，包括国民党正规军105个整师"。毛泽东经过查核，将"11月"改为"10月"，将"三个月"改为"四个月"，并在"105万人"和"105个整师"这两处各打上了一个"?"。经编者查核，结果是原稿的数字不准确，"105万人"应为"154万多人"，"105个整师"应为"144个整师"。

《毛泽东选集》第1版，由于毛泽东亲自主持编辑工作，所以在今天看来可以说是一个完善的版本。〔48〕

1951年1至6月间，毛泽东写了许多书信、批语，指导《毛泽东选集》的编辑出版工作。1951年1月23日，他就撰写介绍《实践论》文章写信给陈伯达，内容如下：

伯达同志：

　　我还是和过去差不多，拟于一周后去附近地点正式休息一时期，行前当找你一谈。关于介绍《实践论》，《学习》上有了一篇，我没有全看，你写文章时请翻阅一下。你文章写成时，如有时间，可以给你看一遍。

毛泽东

　　1951年三四月间，毛泽东住在石家庄。3月8日，他就《矛盾论》修改问题致信陈伯达、田家英。信中说：

　　《矛盾论》作了一次修改，请即重排清样两份，一份交伯达看，一份送我再看。论形式逻辑的后面几段，词意不畅，还须修改。其他有些部分也还须作小的修改。

　　此件在重看之后，觉得以不加入此次选集为宜，因为太像哲学教科书，放入选集将妨碍《实践论》这篇论文的效力，不知你们感觉如何？此点待将来再决定。

　　你们暂时不要来，待《矛盾论》清样再看过及他文看了一部分之后再来，时间大约在月半。

　　3月15日，毛泽东就《矛盾论》校对问题写信给田家英说："《矛盾论》的原稿请即送来。凡校对，都须将原稿连同清样一起送来。以前的一切原稿均请送来。"

　　3月20日，毛泽东致信胡乔木说："选集提前发表的少数文章，待看后送你，4月或可发表一二篇。《学习》上不要发表我的文章。"

　　3月27日，毛泽东写信给当时任湖南大学校长的李达。内容如下：

鹤鸣兄：

　　两次来信及附来《〈实践论〉解说》第二部分，均收到了，谢谢您！《解说》的第一部分也在刊物上看到了。这个《解说》极好，对于用通俗的言语宣传唯物论有很大的作用。待你的第三部分写完并发表之后，应当出一单行本，以广流传。第二部分中论帝国主义和教条主义经验主义的那两页上有一点小的修改，请加斟酌。如已发表，则在印单行本时修改好了。

　　关于辩证唯物论的通俗宣传，过去做得太少，而这是广大工作干部和青年学生的迫切需要，希望你多多写些文章。

　　顺致

敬意！

毛泽东
3月27日

《实践论》中将太平天国放在排外主义一起说不妥，出选集时拟加修改，此处暂仍照原。

毛泽东在《毛选》的文字修饰和语言规范化方面下了许多功夫，认为语言文字应力求将思想表达得准确。在他的提议下，中共中央于1951年2月1日还发出了关于纠正电报、报告、指示、决定中文字缺点的指示（对这个指示稿，毛泽东作了许多重要的修改），《人民日报》为此发了社论。

关于《毛泽东选集》第4卷及其他几种选本的编辑出版情况，亲身参加这项工作的逄先知作了如下介绍：

《毛选》第3卷出版后的第7年，第4卷于1960年出版。第4卷的编辑工作，不像前3卷那样由毛泽东亲自动手，而是在别人，主要是胡乔木、田家英、许立群、熊复、王宗一等人，编好之后，由毛泽东主持通读定稿（这里应说明，康生名义上虽然也参加了，还负一定责任，实际上并未起多少作用，他自称从来是"君子动口不动手"。陈伯达对此事很不热心，没有参加任何编辑工作）。编辑和通读定稿工作1960年2至3月在广州进行，毛住在白云山，一般每周去他那里通读定稿一次。这一卷的重要题解和涉及思想理论内容的注释（如《目前形势和我们的任务》一文关于富农问题的注文），均出自胡乔木的手笔。《党委会的工作方法》一文是由许立群整理的。

《毛选》第4卷是解放战争时期的著作，它是中国人民革命胜利的记录，反映了中国人民敢于斗争敢于胜利的英雄气概和所向披靡的革命声势。毛泽东在通读第4卷的时候，特别兴奋，"想当年，金戈铁马，气吞万里如虎"的意气，油然而起，读到《抗日战争胜利后的时局和我们的方针》《关于重庆谈判》等文章时，他不时地发出爽朗的笑声。《毛选》第4卷的文章，不仅内容重要，思想深邃，而且从文字上说也是上乘之作，有很高的艺术性；既有高屋建瓴、势如破竹的雄劲，又有行云流水、议论风生的韵致，刚柔相济，情文并茂，最充分表现了毛泽东特有的文风。《论人民民主专政》就是其中的代表作之一。田家英告诉我，毛泽东在写这篇文章之前，坐了一天，动也不动，专心构思，然后，又用一天时间，饭也没吃，一气呵成，完成近万字的名篇。这篇文章逻辑严密，简明精练，气势磅礴，一泻千里。它是新中国建国纲领的理论基础和政策基础之一，就其基本思想来说，在今天仍然保持着它的生命力。

1960年，在编第4卷的同时，田家英也参加了一部分第5卷的编辑工作。但他对编辑出版第5卷始终持怀疑态度，为此还受到康生的批评。田家英当时就认为，毛泽东社会主义时期的著作有的还不成熟，有的甚至是错误的，他对毛泽东并没有抱盲从的态度。毛泽东本人也多次表示，他在社会主义时期的著作究竟行不行，还有待于更多实践的检验。

当然，毛泽东在新中国成立以后有许多著作是经得起考验的，有些著作事后还经过了本人的认真考虑。例如《在扩大的中央工作会议上的讲话》，是作者在1966年修订过并征得党中央同意在党内发表的。又如《论十大关系》，是1975年在邓小平主持下，由胡乔木整理讲稿，送经本人审阅同意并在党内发表的。在毛泽东逝世后由华国锋等主持，正式编出和出版第5卷时，邓小平、胡乔木都早已被排除在工作之外，对此书的选材、编辑不能负任何责任，田家英更是早就不在人世了。

毛泽东从来没有把《毛选》的著作看作仅仅是他个人的东西，而看作是群众智慧的集中。他说："《毛选》什么是我的！这是血的著作。……《毛选》里的这些东西，是群众教给我们的，是付出了流血牺牲的代价的。"又说，"1921年建党后，经过了十四年，牺牲了多少党员、干部，吃了很多苦头，才懂得了如何处理党内关系、党外关系，学会走群众路线。不经过那些斗争，我的那些文章也写不出来。"

《毛泽东选集》1至4卷出齐以后，田家英根据毛泽东的意见，从1962年8月起，开始对注释进行全面校订。编《毛选》的时候，注释工作由于受当时资料条件和其他方面的限制，不论在史实方面还是提法方面都存在一些问题。毛泽东早就提出要修改注释。这是一项艰巨而复杂的任务，需要查阅大量资料，进行细致的考证和校勘，还要吸收学术界新的研究成果。这项工作是在田家英主持并直接参加下，由中央政治研究室和中央档案馆的几位同志共同进行的。到1965年，1至3卷的注释校订全部完成，并陆续送毛审阅。这件事，毛泽东没有让陈伯达参与，陈十分不满，大发牢骚，在背后散布说："田家英搞注释校订是反对我陈伯达的，是对《毛选》的'批判'。"这真是无理取闹！陈伯达的人品，从这件事情上也可以看出一斑。

1964年，全国都在学毛泽东著作。田家英觉得，《毛选》的分量太大，不适合一般干部和青年学习。他向中央建议，编辑《毛泽东著作选读》甲种本和乙种本，分别供一般干部和青年学习，掌握毛泽东思想的立场、观点、方法。这个建议得到中央和毛泽东的同意。田家英是主要的编者，选目都是经中央和毛泽东批准同意的。在这两种选读本里，第一次公开发表《反对本本主义》这一名篇。在此之前，1958年和1963年，田家英还协助毛泽东编辑出版了《毛主席诗词十九首》和《毛主席诗词》两个诗词选本。[49]

毛泽东在主持编辑出版自己著作选集中文版的同时，还约请一些专家对《毛选》进行编译，出外文版。在访苏期间，斯大林曾推荐尤金做毛泽东选集的中文译俄文工作。尤金来华后，在师哲等人的协助合作下，进行了这一工作。毛泽东经常与尤金探讨谈论哲学等问题，交情甚笃。师哲在其回忆录中对

尤金在华工作及与毛泽东的交往,作了详细叙述。他写道:

毛主席从苏联回国后,稍事休息,即着手准备《毛泽东选集》的编译工作。大约4月间,毛主席致电斯大林,正式邀请尤金到中国来帮助他进行这项工作。5月初,毛泽东在丰泽园主持召开政治局会议,讨论了斯大林的建议。会议决定成立《毛泽东选集》编辑委员会,指定陈伯达、田家英整理中文稿件,当然最后仍由毛泽东本人审查定稿;责成我同费德林一道建立和组织中文译俄文的工作。

抗日战争,在重庆时,费德林就在苏联大使馆搞汉语翻译工作,后来兼任代办,因而他的中、俄文都很好。1949年1月底,南京国民政府迁往广州后,要求各国使馆也随之南迁,费德林和大使罗申一同迁到了广州。人民解放军渡过长江占领南京后,国民党政府大势已去,罗申和费德林就从广州回国。回国后,费德林仍在外交部工作。1949年夏,刘少奇访问苏联时,费德林为维辛斯基当翻译,就在这时我们相识了。新中国成立后,费德林再次来中国,先替苏联专家组负责人柯瓦廖夫当翻译,1950年后升任苏联驻华大使馆文化参赞。《毛选》编辑工作开始后,费德林向毛主席提出,要求长期留驻中国工作,但毛主席认为他还是以文化参赞身份帮助工作为宜,没有同意他的请求。

班子组织起来后,我们很快就投入了工作。我遵照中央的指示,暂时撤下了手头的一切工作,离开机关,同费德林一道移驻香山,专心致力于《毛选》的翻译工作。开始时工作较顺利。陈伯达也常与我联系,把他们选编整理好的中文稿件送给我们翻译。至7月,就已积累了若干篇译稿。编录在《毛选》第1卷中的大部分文章,约有2/3,已译成俄文。许多篇的中文稿件因毛主席还没有时间审定而未最后定稿。

7月,尤金应邀来到北京后,就开始看稿。两三周后,尤金到香山看望我和费德林,我们经常联系。9月,中文稿件供应减缓,妨碍了翻译进度,自然也影响了尤金的工作。毛主席建议尤金到各机关讲学。9月21日,应中苏友好协会总会的邀请,尤金在北京作了第一次讲演,题为《苏联由资本主义到社会主义的过渡时期》。中苏友好协会会长刘少奇主持讲演会。

9月底,尤金访华时间将结束,但《毛选》编辑工作远未完成。毛主席于9月30日致电斯大林,请求延长尤金在中国工作的时间。毛主席写道:"尤金在这里工作了两个多月。但是,关于帮助编辑《毛泽东选集》的工作现在还没有完成,还需要相当一段时间。并且我们希望他能到山东、南京、上海、杭州、长沙、广州、汉口、西安、延安、沈阳、哈尔滨等地参观,并向我们的干部作一些政治理论报告、讲演等,以上两项工作,共需四个多月时间。因此,我请求你允许尤金同志在中国工作的时间延长至1951年1月底或2月底。是否可以这样做,请予复电为盼。"

10月9日,斯大林回电毛主席:"来电请求延长尤金留中国的时间已收到。现通知你,尤金留中国可以到今年底,以便完成《毛泽东选集》的准备工作及在中国各城市党的干部会上的讲演。"毛主席接到电报后,于10月11日批转刘少奇:"请为尤金组织去各地参观并讲演。在京四次讲演应办理完毕。"

随后,尤金到上海、杭州、广州、汉口、西安等地参观、游览、讲学。他的讲演内容有:《苏联从资本主义到社会主义的过渡时期》《论苏联逐步过渡到共产主义》《东欧和中南欧各人民民主国家的社会主义建设》等。这些讲演稿均在12月上旬的《人民日报》上陆续发表。

尤金在外地游览、讲学期间,我和费德林继续"攻坚",突击翻译哲学论文《实践论》,大约于10月底完成。

尤金周游讲学回京后,我们给他看了《实践论》等译稿,并征求他对译文的意见。尤金读后,大感兴趣,赞不绝口。

11月、12月间,尤金同毛主席进行了一次较长的谈话。尤金首先说明他对准备编入《毛泽东选集》第1卷的译文都看了,觉得非常有趣,有许多独到之处。他认为,就他已阅读过的文章来说,都是有价值的。同时指出,也有个别篇章,作为理论性的文献,有些语句或许欠严谨。尤金所提意见不多,转弯抹角,吞吞吐吐,并一再声明这是从为了照顾外国读者的角度提出来的,仅供修改时参考。他没有提出什么实质性的意见,只是对一些十分明显的错处、文字表达方面的问题,或语意虽明确,但"难登大雅之堂"的字句提出修改或删节。如:"一屁股蹲下,坐在炕上"、"懒婆娘的裹脚布,又长又臭"、辩证法中的"生与死"的关系等等。至于《毛选》出版时,采纳了尤金哪几点意见,现在都记不清了。

尤金私下同我们交谈时,曾指出某某观点近乎于某某(指伯恩斯坦、考茨基或普列汉诺夫)的观点。

尤金极力推崇毛主席的若干篇文章,特别是对《实践论》《矛盾论》《在延安文艺座谈会上的讲话》,陈述了自己的认识和想法,要求毛主席把这几篇文章寄送给斯大林阅读。同时他还建议把已定稿的《实践论》发表在苏联某理论刊物上。毛主席同意了尤金的建议。

尤金曾说过,他对中国的问题并不内行,但经过对毛泽东著作的研究后,增加了不少关于中国哲学、历史、理论、文学方面的知识。对中国的文章结构、文字表达方法也有所了解了,并感到十分新颖、奇特。所以在这次谈话快结束时,谈到尤金再次来华帮助工作一事,尤金表示回国度假后,能再到中国来，并希望携带家眷，能住较长的时间，以完成自己的使命。

谈话后，尤金立即将《实践论》的译稿经苏联大使馆转送斯大林。斯大林阅后交给苏共中央的理论刊物《布尔什维克》杂志社。《布尔什维克》杂志在1950年12月出版的第23期上全文刊登了此文，并转登了中文编辑部的题解。这个题解说明了毛泽东发表这一哲学著作的原因：在中国共产党内，有一个时候曾有过一些教条主义者，也有过一些经验主义者，他们的错误思想，特别是披着马克思列宁主义外衣的教条主义的观点，曾经在1931年至1934年使中国革命受了极大的损失。

随后，《真理报》发表编辑部文章，向广大苏联读者介绍并推荐毛主席这篇哲学著作。文章认为，"毛泽东同志在其著作中简洁和明晰地概述了唯物论的认识论——反映论。在他的著作中，发展了马克思列宁主义关于辩证唯物论的认识论的基本原则、关于实践在认识过程中的作用的基本原理、关于革命理论在实际革命斗争中的意义基本原理"，"发展了马克思列宁主义关于绝对真理和相对真理的原理，关于客观的东西与主观的东西在认识中的统一的原理"。文章指出："毛泽东这一著作的特点就是：对复杂的哲学问题的深刻的马克思主义的分析与叙述的形象性和鲜明性结合在一起。"文章最后说："毛泽东同志的《实践论》这一论文，广大的苏联科学界将带着极大的兴趣来阅读。"1951年1月，苏联又出版了《实践论》单行本，译者只署名为费德林。

《实践论》在苏联发表后，得到很好的反响。毛主席对此很高兴。1950年12月28日，毛主席给新闻总署署长胡乔木写信，要求他将《实践论》和《真理报》编辑部评论文章分两天登报，并嘱咐可先在《人民日报》发表，然后新华社再用文字广播。12月29日、30日，《人民日报》先后发表了《实践论》和《真理报》编辑部的评论。

1951年1月上旬，尤金回国。回国前，毛主席在1950年12月31日晚在颐年堂请尤金及费德林等吃饭，随后看了戏。毛主席特地请刘少奇、朱德、周恩来等作陪。

本来，《矛盾论》《在延安文艺座谈会上的讲话》也要译成俄文提前发表的，但因主席未能最后定稿，影响了及时译出。毛主席一直在修改《矛盾论》。1951年3月8日，毛主席致函陈伯达、田家英，讲到"《矛盾论》作了一次修改"，"此件在重看之后，觉得以不加入此次选集为宜，因为太像哲学教科书，放入选集将妨碍《实践论》这篇论文的效力"。1951年10月，《毛选》第1卷出版时没有收入这篇文章。到1952年4月1日，《矛盾论》才公开发表，并收入同年4月10日发行的《毛选》第2卷。《毛选》再版时，《矛盾论》才由第2卷移入第1卷。

尤金走后,毛主席全力以赴考虑朝鲜战争的问题,无暇顾及选集一事,许多中文稿定不下来。我和费德林无事可做,毛主席令我陪费德林到各地游览参观。

2月7日,我们从北京出发,周游了济南、曲阜、南京、上海、杭州、南昌、井冈山、广州、长沙、湘潭、韶山、武汉、郑州、西安、延安、吴旗、石家庄、太原等地。3月31日回到北京,历时52天。

……

1951年7月下旬,在毛主席邀请下,尤金偕夫人季娜第二次来华。他这次来华的任务有三项。一则到东北和华北各地向我们的干部作讲演;二则帮助我们的同志研究东方各国兄弟党的工作;三则看一看《毛泽东选集》的一些文章,并指导《毛选》的翻译工作。

尤金夫妇在中宣部部长陆定一陪同下,由林莉担任翻译到各大城市讲学兼参观、游览。对这次旅行,尤金是很满意的,回来后写了一封参观访问印象记式的汇报信给毛主席。

毛主席看了后,表示很满意,但对陆定一等流露出不满,说外国人出游回来还给他写信,报告其所到过的地方、所完成的任务、在各地的见闻以及给他们的印象等等,可是我们的陪同人员一言不发,不知他们到底看见了什么,还是什么也没有看见。关于这件事,毛主席讲过好几次,不知陆定一同志听说过没有。

9月,毛主席亲自安排尤金夫妇到青岛疗养,并给山东省委、青岛市委写信,要求他们为尤金在济南、青岛各组织一次学术思想座谈会。

尤金第二次来北京后,住在景山后街,这是原燕京大学校长、美国驻华大使司徒雷登的寓所,有花园、小游泳池,环境幽静。毛主席曾两次拜访尤金,交谈问题,完全把尤金夫妇作为自己的私人客人。

记得有一次毛主席对我说,他准备下午4时到尤金住处访问,要求我作好安排,并且到时去接他。可是当我去接他时,他正在勤政殿参加国务会议。怎么办呢?一位十分聪明、有经验的同志告诉我:"你到会议厅去转一下,如果他还没有发现你,那你就在旁边稍坐一下。"因为约定的时间已经到了,无奈,我只得照此行事。毛主席一发现我走进会议厅,马上看了看表,就退席走出了会场。

我们到景山后街尤金家里时,他们早已作好了安排。尤金请来了路过北京的两位苏联作家柯涅楚克和瓦西列夫斯卡娅作陪。这可以大大活跃谈话气氛,也减轻了尤金的一些负担。

但是,这次谈话的内容依然是哲学问题,以哲学辩证法的观点来研究物理、生理学方面的现象,即原子、电子、中子、质子等。毛主席和尤金乐于此道,谈得十分欢畅,甚至在宴席上也没有改变话题。柯涅楚克和瓦西列夫斯卡娅则被高深莫测的哲学问题所慑服,简直插不上一句话,呆呆地听两位哲学大师侃侃而谈。

毛主席和尤金的往来较多,相互关系也日益密切。另外,尤金带来了夫人,这就便利江青经常出面。这时,江青往往代表毛主席说话,或以毛泽东的名义进行活动。每隔一两周,江青便出面组织并陪同尤金夫妇参观、游览、消遣、共度假日。如游览香山、卧佛寺、颐和园、长城等名胜古迹。每到一处,都设法举行招待宴会。每隔若干时日就举办晚会,邀请尤金夫妇观赏京剧《野猪林》《三打祝家庄》《大闹天宫》、越剧《梁山伯与祝英台》《白蛇传》等中国古代传统优秀戏曲,以及现代歌剧《白毛女》等,并看过几部电影。因为尤金家里有台小型放映机,所以有时也请毛主席到他家去看电影。

江青的招待显得大方、阔绰,其规模、开销往往数倍于招待其他的外宾。不仅如此,在这些场合,江青总是要使尽全身解数,显示她的"知识、才能、卓见",以及她的权力、交际本领,同时还要尽力把自己装扮成一位文明、慷慨大方和超群出众的人。这一切使得尤金夫人头晕目眩、神魂颠倒,他们不仅极其欣赏、羡慕江青的聪明、智慧,而且也十分钦佩、叹服她的气质、魅力。

1951年10月19日,尤金再次启程回国。他走时,《毛泽东选集》第1卷的翻译工作业已完成,第2卷也基本上译完,第3卷已译了个别篇章。这时,苏方建议把《毛泽东选集》翻译工作转移到莫斯科苏联国家出版局,由他们负责完成。这一方面是为了节省时间,加快翻译进度,免得转来转去;另一方面,也是最根本的原因,是《毛泽东选集》俄文版即将由苏联国家出版局出版,他们对译文必然要负全部责任,所以他们必须按照他们的标准、要求、风格(文风)来进行翻译、校改、定稿。他们的解释是:必须保证苏联读者普遍能读懂,能比较正确地了解作者的原意。这自然是无可厚非的。

苏联对出版物的要求是严格的。他们对一切作品,无论是文艺还是理论作品,也不论是谁的作品,一律都要求经过修辞专家审定,以使每句话都合乎文法标准的要求。不仅对词汇、语法、修辞、文风要斧正,而且对标点符号也要一一修订,决不含糊。一些修辞专业人员对文法的正确性、准确性、完整性和纯洁性都要负起完全的责任。这是非常好的做法,值得我们借鉴。

1952年,苏联出版俄文版《毛泽东选集》第1卷,轰动很大,引起苏联和东欧各国的广泛注意。随后,苏联又翻译了第2卷。因为字数太多,分为两卷(即俄文版2、3卷)。俄文版的第4卷(即中文版的第3卷)是1953年12月出版的。

关于译者署名问题，毛主席曾问过我。我说《实践论》有注解，说这篇文章的译者是费德林。主席听后笑了，然后带着安慰的语气说："不必计较这些了！"我说："主席，我根本没有把这种事情放在心上。"

但是麻烦在后头。大约1954年或1955年，苏方向中方建议：中苏任何一方都可自由选译对方的著作、论文等文献，并一律由己方付报酬，而不向对方的作者、译者付酬。表面上是双方各自关心自己的作者、译者，很公平，其实是因为中国对著者、译者的稿酬太低，而他们的较高，他们怕吃亏而已。中方接受了他们的建议，也明白他们的用意何在。

应当指出，他们历来也没有给我们付过稿酬，虽然《毛泽东选集》俄译本译者中有我的名字。刘少奇不止一次关心地问我，苏方给的稿费是怎样分配的？并嘱咐，必须保证凡参加过翻译工作的人都能得到应得的一份。但苏方实际上没有给过我方一文稿费。〔50〕

注　释

〔1〕薄一波：《若干重大决策与事件的回顾》上卷，中共中央党校出版社1991年5月版，第67—93页。

〔2〕陶鲁笳：《一个省委书记回忆毛主席》，山西人民出版社1993年12月版，第1—5页。

〔3〕1950年6月13日《人民日报》。

〔4〕《毛泽东著作选读》下册，人民出版社1986年8月版，第695—697页。

〔5〕薄一波：《若干重大决策与事件的回顾》上卷，中共中央党校出版社1991年5月版，第98—99页。

〔6〕李维汉：《回忆与研究》（下），中共党史资料出版社1986年4月版，第677页、679页、681页、682页。

〔7〕薄一波：《若干重大决策与事件的回顾》上卷，中共中央党校出版社1991年5月版，第99—100页。

〔8〕1950年4月15日《人民日报》。

〔9〕薄一波：《若干重大决策与事件的回顾》上卷，中共中央党校出版社1991年5月版，第120—121页。

〔10〕薄一波：《若干重大决策与事件的回顾》上卷，中共中央党校出版社1991年5月版，第124—131页。

〔11〕1950年6月15日《人民日报》。

〔12〕汪东林：《梁漱溟与毛泽东》，吉林人民出版社1989年5月版。

〔13〕《毛泽东同志九十诞辰纪念文选》，第316—319页。

〔14〕1950年6月29日《人民日报》。

〔15〕青石：《1950年解放台湾计划搁浅的幕后》，载《百年潮》1997年第1期。

〔16〕《聂荣臻回忆录》，解放军出版社1984年12月版，第734—735页。

〔17〕雷英夫、陈先义：《统帅部参谋的追怀》，江苏文艺出版社1994年1月版，第157—167页。

〔18〕薄一波：《若干重大决策与事件的回顾》上卷，中共中央党校出版社1991年5月版，第43页。

〔19〕金牛：《"跨过鸭绿江"的决策过程》，载《炎黄春秋》1995年第4期。

〔20〕《聂荣臻回忆录》，解放军出版社1984年12月版，第736页。

〔21〕《彭德怀自述》，人民出版社1981年12月版，第257—258页。

〔22〕访问原中央办公厅警卫处处长李树槐记录，1985年8月24日。——原注

〔23〕《聂荣臻回忆录》（下），解放军出版社1984年8月版，第735页。——原注

〔24〕《彭德怀自述》，人民出版社1981年12月版，第257页。——原注

〔25〕访问杨尚昆记录，1984年7月20日。——原注

〔26〕《聂荣臻回忆录》（下），解放军出版社1984年8月版，第736页。——原注

〔27〕原彭德怀指挥所参谋龚杰1985年2月21日来信。——原注

〔28〕《聂荣臻回忆录》（下），解放军出版社1984年8月版，第935页。——原注

〔29〕访问随周恩来赴苏联谈判的翻译师哲记录，1989年3月10日。——原注

〔30〕《彭德怀传》，当代中国出版社1993年4月版，第401—408页。

〔31〕《中国人民志愿军抗美援朝战史》，军事科学出版社1990年12月版，第76—79页。

〔32〕《聂荣臻回忆录》（下），解放军出版社1984年8月版，第740—741页。

〔33〕《中国人民志愿军抗美援朝战史》，军事科学出版社1990年12月版，第92—93页。

〔34〕杜平：《在志愿军总部》，解放军出版社1991年3月版，第250页。

〔35〕杜平：《在志愿军总部》，解放军出版社1991年3月版，第262—

264页。

〔36〕李银桥：《在毛泽东身边十五年》，河北人民出版社1991年12月版，第159—162页。

〔37〕《彭德怀自述》，人民出版社1981年12月版，第216页。——原注

〔38〕彭德怀给中共中央和毛泽东的信，1962年6月16日；访问雷英夫记录，1987年3月。——原注

〔39〕《彭德怀传》，当代中国出版社1993年4月版，第450—456页。

〔40〕《聂荣臻回忆录》（下），解放军出版社1984年12月版，第741—742页。

〔41〕杜平：《在志愿军总部》，解放军出版社1991年3月版，第573—579页。

〔42〕杜平：《在志愿军总部》，解放军出版社1991年3月版，第589—593页。

〔43〕薄一波：《若干重大决策与事件的回顾》上卷，中共中央党校出版社1991年5月版，第139—142页。

〔44〕薄一波：《若干重大决策与事件的回顾》上卷，中共中央党校出版社1991年5月版，第142—143页。

〔45〕薄一波：《若干重大决策与事件的回顾》上卷，中共中央党校出版社1991年5月版，第148—153页。

〔46〕薄一波：《若干重大决策与事件的回顾》上卷，中共中央党校出版社1991年5月版，第161—167页。

〔47〕黎之：《回忆与思考》，载《新文学史料》1994年第2期。

〔48〕刘金田、吴晓梅：《〈毛泽东选集〉出版的前前后后》，中共党史出版社1993年7月版，第108—116页。

〔49〕逄先知等：《毛泽东和他的秘书田家英》，中央文献出版社1989年12月版，第17—20页。

〔50〕师哲：《在历史巨人身边》，中央文献出版社1991年12月版，第475—485页。

三、创造新世界

过渡时期总路线的提出

党在过渡时期的总路线和总任务,是要在一个相当长的时期内,逐步实现国家的社会主义工业化,并逐步实现国家对农业、手工业和资本主义工商业的社会主义改造。这条总路线是对1948年至1952年上半年间毛泽东、党中央关于向社会主义过渡设想的重大发展。它酝酿于1952年下半年至1953年初,形成和完善于1953年6月至12月。

关于毛泽东对民主革命胜利后中国何时搞社会主义的最初构想,薄一波回顾说:

新民主主义革命成功以后,到底要建设一个什么样的国家?是像十月革命那样,革命一胜利就搞社会主义,还是搞一段新民主主义?我的印象,我们党最初比较集中地思考这个问题,大约是在从1948年9月政治局扩大会议起到1949年3月七届二中全会这段时间。

中央政治局扩大会议是1948年9月8日至13日在西柏坡召开的。少奇同志在会上作了《关于新民主主义的建设问题》的报告。随后,12月25日,他又在华北财经委员会的会议上作了题为《新中国经济建设的方针与问题》的报告。

少奇同志在这两篇报告中的观点,概括起来说,中心思想是,民主革命胜利后,还不能马上直接采取社会主义的实际步骤。他说:"过早地采取社会主义的政策是要不得的。""过早地消灭资本主义的办法,则要犯'左'倾的错误。"毛主席表示赞同他的观点。少奇同志在政治局扩大会议上发言的过程中,毛主席特别补充说:"到底何时开始全线进攻?也许全国胜利后还要十五年。"也就是说,毛主席早已在考虑这一问题,已经胸有成竹了。当时党中央的其他领导同志也都在思索革命胜利后什么时候转入社会主义比较合适的问题。

少奇同志提出不要过早采取"社会主义的政策"的理由是:

第一,条件不成熟。他在政治局扩大会议上说,从五种经济成分看,国营经济在整个国民经济中的比重是很小的，"顶多占20%"。毛主席插话说："连资本主义工业在内，整个近代机器工业的生产量顶多占20%，光是国营经济还不会有这样多。"少奇同志说："正因为这一部分数量很小，所以困难就来了，为什么不能实行社会主义革命即由于此。"

第二，搞社会主义就意味着实行公有制，在这方面不能照搬俄国在资产阶级民主革命成功后，立即就开始进行社会主义革命的经验。他说，"我们不要去套书本子"，要从中国实际的阶级关系出发。因为俄国二月革命后，资产阶级完全站到反革命一边去了，而中国的民族资产阶级不是那样，它历来受帝国主义、封建主义、官僚资产阶级的压迫，具有革命性的一面。民族资产阶级和我们联合进行了反帝反封建斗争，感情一直没有破裂。革命胜利后，我们的政权性质是新民主主义的，还要请民族资产阶级代表人物参加。因此，我们没有必要像俄国那样采取立即推翻资产阶级、取消生产资料私有制的做法。

第三，客观上还要利用资本主义工商业来发展经济。他认为，资本主义工商业在当时还占着较大的比重，"在目前整个国民经济中，是一个不可缺少的部分，它的适当发展，对于国民经济也是有利的"。为发展整个国民经济，对那些不危害国计民生的资本主义工商业还要允许其发展。为了建设新民主主义经济，我们与民族资产阶级"可搭伙十年至十五年"，如果过早消灭了，"消灭了以后，你还要把他请来的"。

民主革命胜利后，需要有一个过渡阶段。既然是过渡阶段，它就不能不具有一些过渡性质的特点。比如，在这个阶段充满着矛盾和斗争，对资产阶级有限制、反限制的斗争，有过渡到社会主义还是过渡到资本主义的斗争。新民主主义经济既有社会主义因素，又有资本主义因素，"这是一种特殊的历史状态"。但是，社会主义成分虽然很小，却是居于领导地位的。在新民主主义经济中，基本矛盾是资本主义经济成分与社会主义经济成分的矛盾。如何处理这一矛盾，少奇同志主张通过"经济竞争"来解决。他认为，在这个竞争中，无产阶级手中有领导权，并且掌握了国家的主要经济命脉，只要引导得当，是一定可以取得胜利的。但是"决定的东西是小生产者的向背，所以对小生产者必须采取最谨慎的政策"。他说，"单是给小生产者以土地，只是建立了领导权，还须进一步使他们成为小康之家"，要通过合作社（主要指供销合作社）的形式去团结他们，"合作社是劳动人民的集体经济，与国家经济相结合，建立同盟，走向社会主义"。

毛主席对少奇同志的这些分析是基本肯定的。毛主席除了在少奇同志讲话中不断插话补充和阐述自己的观点外，还在总结发言里说："新民主主义与社会主义问题，少奇同志的提纲分析很具体、很好，两个阶段的过渡也讲得很好。各同志回中央局后,对这点可作宣传。"毛主席还指出,"对这个问题要作进一步的思考和分析,请少奇同志作准备,草拟文件,提到党的七届二中全会上讨论。"[1]

薄一波还比较了刘少奇与毛泽东在这一构想方面的差异,他说:

在过渡时期总路线提出以前,少奇同志关于巩固新民主主义制度的构想,来源于毛主席关于新民主主义的理论,但也小有歧异。

毛主席把马克思主义与中国革命实践相结合,写下了《新民主主义论》等光辉著作,创立了新民主主义革命理论,指引中国革命一步一步走向胜利。有人说,这个理论只适应于新民主主义革命时期。其实不然,它也包含了关于对新民主主义社会的构想。我认为,少奇同志的构想,实际上也是发端于毛主席的理论,在大的问题上,两者是基本一致的。比如,中国新民主主义革命的前途是社会主义,而不能走资本主义道路;中国革命必须分作两步走,第一步建立新民主主义社会,第二步建立社会主义社会;新民主主义社会是一个向社会主义过渡的时期,在这个时期必须以经济建设为中心,努力实现由农业国到工业国的转变;新民主主义有5种经济成分,应该使它们各得其所,共同繁荣和发展等。

但是,在某些具体问题上,少奇同志有些观点与毛主席也有不尽一致的地方。比如,对待私营工商业,毛主席在强调要利用的同时,比较突出强调节制资本、限制和反限制的斗争一面;少奇同志则在赞成限制的同时,更强调发展和利用的一面,以致在天津讲话中讲到"剥削"问题时走了"火"。在农民问题上,毛主席强调组织起来,走合作化道路;少奇同志则认为不能过早轻易动摇农民的私有制,提出先有机械化,后有合作化,不要怕农民冒富,党员也可以当富农。在实行工业化问题上,已如前所述,毛主席主张在优先发展重工业的前提下,安排好农业、轻工业和重工业的比例;少奇同志的主张则与其相反。在向社会主义转变的问题上,毛主席1952年就开始提出向社会主义过渡,1953年正式提出了党在过渡时期的总路线;少奇同志则主张多搞一段时间的新民主主义,待条件成熟后再转入社会主义;等等。少奇同志的构想,虽然有许多合理的因素,但也确实存在一些片面性。少奇同志自己也并不认为他的意见都对,他在春耦斋讲话一开头就声明,他讲的只是"个人的意见","不是定见",讲出来供大家"研究""批评""补充"。当有些观点受到批评以后,他就放弃,接受批评,甚至公开检讨,这表现了他的坦荡胸怀。尤其需要指出的是,毛主席提出过渡时期总路线后,他是同意和接受的。[2]

毛、刘在1952年以前,都认为向社会主义过渡,是在经过一段新民主主义社会发展之后开始的。

但是，到了1952年下半年，毛泽东的想法开始改变，也就是开始改变过去关于先用十年、十五年建设，待条件成熟，然后一举实行工业国有化和农业集体化，从而进入社会主义的设想，转而主张边建设、边过渡（通过三大改造）到社会主义。

从1952年9月下旬以后，毛泽东多次阐述他的新构想。薄一波回顾这段历史时写道：

在我的记忆中，第一次听到毛主席谈向社会主义过渡问题，是1952年9月24日在中央书记处的会议上。那次会议主要是讨论"一五"计划的方针任务，在听取周总理关于"一五"计划轮廓问题同苏联商谈情况的汇报后，毛主席讲了一段话。大意是：我们现在就要开始用十到十五年的时间基本上完成到社会主义的过渡，而不是十年或者以后才开始过渡。七届二中全会提出限制与反限制的斗争问题，现在这个内容就更丰富了。工业中，私营占32.7%，国营占67.3%，是三七开；商业零售是倒四六开。再发展五年，私营比例会更小，但绝对数字仍会有些发展，这还不是社会主义。五年以后如此，十年以后会怎么样？十五年以后又怎么样？要想一想。到那时私营工商业的性质也变了，是新式的资本主义，公私合营、加工订货、工人监督、资本公开、技术公开、财务公开，他们已经挂在共产党的车头上，离不开共产党了。"空前绝后"，他们的子女们也将接近共产党了。农村也要向合作互助发展，前五年不准地主、富农参加，后五年可以让他们参加。

毛主席的这些话，给我极深的印象。因为这不仅是初次听到他对我国如何向社会主义过渡的论述，更感到这是他依据形势的发展变化所作出的新的判断。对于他的论点，中央其他领导同志没有提出异议，并连续召开中央书记处会议进行了讨论。[3]

1952年10月20日，刘少奇率中共代表团出席苏共十九大期间，受毛泽东委托，就中国向社会主义过渡的设想等问题致信斯大林。并且说："这些问题还没有在中共中央的会议上讨论过，还只是若干同志的一种设想，并在非正式的谈话中谈论过。"信中的意见，在很大程度上反映了毛泽东的看法。

刘少奇在信的第一部分写道：

中国现在的工业生产总值（不包括手工业），国营企业已占67.3%，私人企业只占32.7%。而在1949年，国营只占43.8%，私人占56.2%。在商业中，全国商品总值的经营比重，国营加合作社经营现在也占62.9%，私人只占37.1%，但在零售商业中私人还占67%。这是因为全国依靠商业活动维持生活的店员、小贩和店主有几百万人，如果国营商业与合作社商业扩展太快，就要引起这些人的失业，因此，我们在商业中控制了国营商业与合作社商业的发展步骤，没有让它们大量发展,而如果要使它们发展,那是比较容易办到的。在私人商业中,那些不适合国计民生需要的企业已绝大部分被淘汰,保存下来的大部是于国计民生有益的企业。在工业和商业中,国营比重现已超过私营很多。此外,铁路全部国营,银行几乎全部国营,出进口贸易,私人经营者也极少,全国主要商品已由国家控制,生产手段的生产,国营已占82.8%。这是现在的情形。

接下去,刘少奇谈了未来社会改造的设想,并把着重点放在解释对资改造的步骤上:

我们估计,再过5年,即我们执行了第一个五年经济计划之后,在工业中国营经济的比重将会有更大的增加,而私人资本主义经济的比重则会缩小到20%以下。再过十年,则私人工业会缩小到10%以下。私人工业在比重上虽将缩小,但在绝对数上则还会有些发展,因此,多数资本家还会觉得满意,并和政府合作。

在十年以后,中国工业将有90%以上是国有的,私人工业不到10%,而这些私人工业又大体都要依赖国家供给原料、收购和推销它们的成品及银行贷款等,并纳入国家计划之内,而不能独立经营。到那时,我们就可以将这一部分私人工业不费力地收归国家经营。

在征收资本家的工厂归国家所有时,我们设想在多数的情形下可能采取这样一种方式,即劝告资本家把工厂献给国家,国家保留资本家消费的财产,分配能工作的资本家以工作,保障他们的生活,有特殊情形者,国家还可付给资本家一部分代价。

我们估计,到那时,中国的资本家可能多数同意在上述条件下把他们的工厂交给国家。为什么可能是这样呢?因为:

第一,中国在基本上还是一个资本主义没有发展起来的国家,中国的资产阶级不论在经济上和政治上都是很软弱的,并且富于妥协。

第二,我们从现在起就一方面照顾资本家得到不太少的利润,另一方面,我们又动员人民反对资本家各种违反国家和人民利益的违法行为。今年春季反对资本家行贿、偷税漏税、偷工减料、盗骗国家资财、盗窃国家经济情报的"五反"运动,在国家机关中、工人中、社会群众中以及资本家内部发动了广大的群众,揭露了资本家大量的违法行为,因而使资本家的丑态毕露。但在处理时,我们又给他们以宽大的处理,多数只令其退财补税,没有处罚他们,只有少数违法严重恶劣者则给以处罚和判刑。如此,多数资本家和政府的关系没有破裂,但资本家在政治上已经孤立,在社会上的威信大大降低。无疑,在今后,严重违法的资本家将会陆续地被处罚,而保留下来的,则将是守法的或比较守法的资本家。

第三，今天中国比较大一点的私人工厂差不多都是为国家加工订货，它们依赖国家供给原料、收购和推销成品及银行贷款等。此外，还有工人监督。无疑，在将来，资本家更是要依赖国家，工人监督也更会有组织。

第四，现在还有少数比较有远见的资本家看到了社会主义企业的优越性及其劳动生产率的提高，相信社会主义的前途已不可避免，他们现在就积极要求将他们的工厂公私合营。不少资本家的子女在大学和专门学校读书，也由国家供给他们的生活，他们宣告不要资本家父亲的遗产。中国资产阶级内部的这种变化现已开始发生，在今后还会继续发展。

第五，中国社会主义成分的增长，到那时，少数资本家可能完全处在社会主义的包围中，全部工业（手工业除外）国有化的步骤，已经不能抵抗。

综合以上各项情况发展的趋势，我们虽然不能不计算到资本家对于工业国有化的反抗，但我们估计那时多数资本家可能同意在上述条件下的国有化，而不进行激烈的反抗。至于少数的反抗及怠工、破坏等，那将是不可避免的。

这是我们设想的将来可能的一种工业国有化的方式，至于将来所要采取的具体的方式以及国有化的时机，当然还要看将来的情形来决定。

刘少奇在信中还谈到对农业和手工业改造的设想：

在农业中，在土地改革后，我们已在农民中发展互助合作运动。现在全国参加这个运动的农民已有40%，在老解放区则有70%～80%，并已有几千个组织得较好的以土地入股的农业生产合作社和几个集体农场。我们准备在今后大力地稳步地发展这个运动，准备在今后十年至十五年内将中国多数农民组织在农业生产合作社和集体农场内，再基本上实现中国农业经济集体化。

中国的富农在农村经济中原来就不占重要的比重，在老解放区，在土地改革中已将旧富农消灭，新富农近年已开始发展，最近我们已禁止党员进行雇工、放债等富农式的剥削行为，在以后还将采取一些其他的限制富农发展的办法，估计新富农的发展不会很多。在新解放区，在土地改革中，我们在宣传上和法令上都说要保存富农经济，但在农民斗争中，富农经济实际上已受到很大的削弱，估计在今后也不会有大发展。因此，互助合作运动是今后中国农村经济发展的主要方式。在完成农村经济集体化的最后时期，应该采取怎样的办法来消灭虽然不是很多的富农，则要看那时的情形来决定。

在中国，除开近代工业和农业外，还有广大的手工业。现在手工业的生产量超过机器工业的生产量，人民必需的制成品大部还是由手工业供给的。对于这些手工业，我们准备用力帮助小手工业者组织生产合作社，并鼓励手工业作坊主联合起来采用机器生产，还有一部分则会要被机器工业所挤垮。但我们在小手工业者中的情形和在农民中的情形不一样，我们在农民反对地主的斗争中建立了或即将建立党的组织,而我们在手工业者中则一般没有党的组织。因此,我们在改造手工业和组织手工业生产合作社的运动中将会有更多的困难,而时间也可能需要更多。

这就是我们所设想的怎样过渡到社会主义的大体方法。[4]

薄一波还记述了1952年11月至1953年2月间的有关论述:

在以后的书记处会议上,毛主席又多次讲了他对这个问题的一些看法。搜寻记忆,并参照有关档案资料,记述如下:

1952年11月3日的会上,他说:"要消灭资产阶级,消灭资本主义工商业;但要分步骤,一是要消灭,一是还要扶持一下。"

1953年1月31日的会上,他指出:"对资产阶级,还有几个问题没有彻底解决。一是税收,二是劳资,三是商业调整,四是资金短缺,这些要解决。"

1953年2月1日的会上,他表示不同意一个文件上所写的我国"社会经济结构已经大规模地改组"的提法。他认为,现在只是国营工业、运输业、批发商已经改组了,其他像农业、手工业、资本主义商业、资本主义工业才刚开始改组。国营商业零售面有待逐步扩大。从农业上看,农民从地主方面拿到土地,从封建所有制变为个人所有制是改组,但从个体所有制变成小集体所有制,则正在开始。

1953年2月27日的会上,他讲了在湖北视察时同孝感地委负责同志谈话的内容。他说:"什么叫过渡时期?过渡时期的步骤是走向社会主义。我给他们用扳指头的办法解释,类似过桥,走一步算是过渡一年,两步两年,三步三年,十到十五年走完。我让他们把这话传到县委书记、县长。在十到十五年或更多一点时间内,基本上完成国家工业化及对农业、手工业、资本主义工商业的社会主义改造。要水到渠成,防止急躁情绪。"

毛主席的这些论述,概括起来就是:他认为从新民主主义到社会主义是一个渐变的过程,需要采取逐渐推进的社会主义改造的步骤和政策,一步一步地向前过渡,使社会主义因素一年一年地增加,争取用十到十五年或更多一点时间完成这一过渡。而不是等到十到十五年以后,才采取社会主义政策,实行向资产阶级全线进攻的突变。

毛主席的这种构思,显然已不同于刚进城时他本人和中央其他领导同志的设想了。前面已谈到,毛主席那时的设想是可能要在建国十五年之后才能考虑向社会主义转变的问题。我认为,这种变化是合乎逻辑的。毛主席提出这种新的构思,绝非一时兴之所至,而是经过深思熟虑的,更重要的是它符合当时的客观实际,是当时客观形势发展的产物。经过三年的奋斗,我国的政治、经济和社会面貌发生了巨大的变化,国际形势也发生了变化,为我们采取社会主义改造的实际步骤提供了重要的条件和时机。[5]

但是,直到1953年6月以前,向社会主义过渡的问题还处在酝酿阶段。据刘少奇说,当时"这些问题还没有在中共中央的会议上讨论过,还只是若干同志的一种设想,并在非正式的谈话中谈论过"。1965年,薄一波在写给田家英的一封信中说:"过渡时期总路线,主席是从1952年9月以后经常讲的,但开始未形成一个完整的词。"而且,从刘少奇给斯大林的信来看,除了农业集体化的问题按照第一个互助合作决议作了说明外,如何实行私营工业国有化的问题,仍然是在完成了国家工业化——由农业国到工业国的转变以后,再开始进行的原有设想。

1953年春,中央为了确切掌握新中国成立后资本主义工商业的变化情况、国家资本主义发展的情况,以及它们在国民经济中占的地位和作用,以便确定对资本主义工商业改造的形式,指派中央统战部部长李维汉率工作组到上海、武汉、南京等工业比较发展的大城市进行调查。关于这次调查以及毛泽东对调查报告的重视等情况,李维汉在回忆录中作了如下叙述:

1953年春,遵照毛泽东一贯倡导的注意调查研究的精神,中央统战部组织调查组(有中央统战部的郑新如、黄铸等和国家计委私营计划处的勇龙桂参加),由我率领去武汉、南京、上海等地调查。这次调查始终以国家资本主义问题为中心,也研究了民主党派工作和工商联等问题。沿途调查中,我们贯彻理论与实际相结合的原则,系统学习了列宁关于新经济政策和国家资本主义的论述,深入考察了新中国成立后头三年私人资本主义的发展变化,总结了工业方面国家资本主义的发展经验。通过调查研究,使我们对新中国成立后私人资本主义的变化和国家资本主义的发展及其地位、作用等重大问题,获得了明确的认识。

……

调查结束后,当年5月,我向中央和毛泽东报送了关于《资本主义工业中的公私关系问题》的报告。指出:新中国成立后三年来,私人资本主义经济经历了深刻的改组和改造,国家资本主义已有相当的发展,呈现从统购、包销、加工、订货至公私合营等一系列从低级到高级的形式,在国民经济中的地位已凌驾于纯粹资本主义经济之上,仅次于国营经济,居于现代工业的第二位;经过各种形式的国家资本主义,不同程度地改变了资本主义企业的生产关系,其中高级形式的国家资本主义公私合营,是最有利于将私营企业过渡到社会主义去的形式;在价值分配上,其大部分已为国家和工人阶级所掌握,企业新生产的价值,首先分为工人的工资、企业的利润和国营企业利润三个部分,三分天下,工人阶级有其二;其中企业利润又分为国家的税收、资本家的股息和红利、工人的奖金和福利、企业的公积金,四马分肥,工人阶级得其大半。国家资本主义企业中的工人,已经不是单纯为资本家生产,同时是为国家生产。报告在详尽分析各种形式国家资本主义的地位、作用之后,明确建议经过国家资本主义特别是公私合营这一主要环节,实现资本主义所有制的变革。指出,国家资本主义"是我们利用和限制工业资本主义的主要形式,是我们将资本主义工业逐步纳入国家计划轨道的主要形式,是我们改造资本主义工业使它逐步过渡到社会主义的主要形式,是我们利用资本主义工业来训练干部并改造资产阶级分子的主要环节,也是我们同资产阶级进行统一战线工作的主要环节。抓住了这个主要形式和主要环节,在经济和政治上都有利于领导和改造资本主义和资产阶级分子的其他部分"。

这个调查报告,受到党中央和毛主席的高度重视,毛泽东亲自打电话给我,说要提交政治局会议讨论。6月中旬,中央政治局召开两次扩大会议进行讨论,参加会议的有政治局委员和中央有关同志,还有十大城市的书记(当时直辖市京、津、沪外,还有沈阳、重庆、武汉、广州等)。会议编印了列宁论国家资本主义、论新经济政策的材料。毛泽东、刘少奇、周恩来、邓小平等在会上发表了重要讲话,肯定了这个调查报告。就是在6月15日第一次讨论中,毛泽东宣布了党在过渡时期的总路线。会议确定经过国家资本主义改造资本主义工业的方针,随后决定对私营商业亦采取国家资本主义的方针,把它作为过渡时期总路线的一个重要组成部分。对人的改造前途,我在报告中提出要把资产阶级分子改造成为社会主义社会的公民。讨论时有同志表示怀疑,毛泽东肯定了我的意见,说:"改造成什么呢?变农民、手工业者?不分土地,农民也当不成,前途只有改造成工人阶级的一部分。"以后,根据中央讨论的精神,把对资本主义工商业的方针概括为利用、限制、改造,明确地写进我向全国统战会议的报告《关于利用、限制、改造资本主义工商业的意见(草稿)》。这样,经过6月政治局两次扩大会议的讨论,作为对资本主义工商业利用、限制、改造的方针,从指导思想上确定下来了。从1949年3月七届二中全会提出利用、限制私人资本主义,到1953年6月政治局会议明确为利用、限制、改造,这是全党指导思想上的一个飞跃。我国对资本主义工商业和民族资产阶级的社会主义改造道路终于明确化和具体化了。[6]

在1953年6月15日的政治局会议上,毛泽东明确提出了过渡时期总路线这个概念及其基本内容。他在这个会议上的讲话提纲中写道:

总路线是照耀一切工作的灯塔。

有所不同和一视同仁,公私兼顾、劳资两利和发展生产、繁荣经济,前者管着后者。

几点错误观点:(一)确立新民主主义的社会秩序;(二)由新民主主义

走向社会主义；（三）确保私有财产。

党的任务是在十年至十五年或者更长一些时间内，基本上完成国家工业化和社会主义的改造。

所谓社会主义改造的部分：（一）农业；（二）手工业；（三）资本主义企业。

对于将资本主义逐步过渡到社会主义的认识——社会主义成分是可以逐年增长的，资产阶级的基本部分是可教育的。

在6月15日政治局会议上，毛泽东提出了总路线的任务和过渡时期的时间，但没有讲从何时算起。

在全国财经工作会议上，李维汉同志作了关于资本主义工商业问题的报告，传达了毛主席上述讲话的精神，并进行了讨论。毛主席在修改周总理为这次会议所作的结论时对总路线作了更为完整的表述，主要是增加了"从中华人民共和国成立，到社会主义改造基本完成，这是一个过渡时期"，并把过渡的时限改为"是要在一个相当长的时期内"。

1953年9月7日，毛泽东约见各民主党派和工商界部分代表，听取他们对总路线的意见。他说：

"有了3年多的经验，已经可以肯定：经过国家资本主义完成对私营〔工商业〕的社会主义改造，是较健全的方针和办法。""《共同纲领》第31条的方针，现在应明确起来和逐步地具体化。所谓'明确起来'，是说在中央及地方的领导人物的头脑中首先肯定国家资本主义是改造资本主义工商业和逐步完成社会主义过渡的必经之路。这一点无论在共产党和民主人士方面，都还没做到，此次会议的目的，应当做到这一点。""稳步前进，不能太急。将全国私营〔工商业〕基本上（不是一切）引上国家资本主义轨道，需要3年至5年的时间，因此不应该发生震动和不安。"

毛泽东还强调：

"实行国家资本主义，不但要根据需要和可能（《共同纲领》），而且要出于资本家自愿，因为这是合作的事业，既是合作就不能强迫，这和对地主不同。"

他还指出：

"至于完成整个过渡时期，即包括基本上完成国家工业化，基本上完成对农业、对手工业和对资本主义工商业的社会主义改造，则不是三五年所能办到的，而需要几个五年计划的时间。在这个问题上既要反对遥遥无期的思想，又要反对急躁冒进的思想。"

1953年12月，中共中央宣传部拟定了《为动员一切力量把我国建设成为一个强大的社会主义国家而斗争——关于党在过渡时期总路线的学习和宣传提

纲》。毛泽东对这个提纲作了精心修改,对过渡时期总路线作了最完备的表述。他指出:

"从中华人民共和国成立,到社会主义改造基本完成,这是一个过渡时期。党在这个过渡时期的总路线和总任务,是要在一个相当长的时期内,逐步实现国家的社会主义工业化,并逐步实现国家对农业、对手工业和对资本主义工商业的社会主义改造。这条总路线是照耀我们各项工作的灯塔,各项工作离开它,就要犯右倾或'左'倾的错误。"

在解释为什么过渡时期从新中国成立开始算起时,他写道:

"我们说标志着革命性质的转变、标志着新民主主义革命阶段的基本结束和社会主义革命阶段的开始的东西是政权的转变,是国民党反革命政权的死亡和中华人民共和国的成立,并不是说社会主义改造这样一个伟大的任务,在人民共和国成立以后就可以立即在全国一切方面着手施行了。"

在谈到社会主义改造的必要性时,毛泽东写道:

"我们之所以必须这样做,是因为只有完成了由生产资料的私人所有制到社会主义所有制的过渡,才利于社会生产力的迅速向前发展,才利于在技术上起一个革命,把在我国绝大部分社会经济中使用简单的落后的工具农具去工作的情况,改变为使用各类机器直至最先进的机器去工作的情况,借以达到大规模地出产各种工业和农业产品,满足人民日益增长着的需要,提高人民的生活水平,确有把握地增强国防力量,反对帝国主义的侵略,以及最后巩固人民政权,防止反革命复辟这些目的。"

至此,党在过渡时期的总路线就最后确定下来了。中国社会前所未有的深刻的社会大变革,从此拉开了帷幕。

农村的社会变革

在正式确定过渡时期总路线之前,对于在老解放区的土地改革完成以后,是否应当立即转入大力发展农业合作化的问题,毛泽东和刘少奇曾经有过意见分歧。毛泽东认为,应当趁热打铁,立即发展各种形式的农业合作化。刘少奇则对此有所保留。

1951年4月17日,中共山西省委提交了《把老区互助组织提高一步》的报告。刘少奇多次对其中的论点提出批评。毛泽东得知此事,明确表示支持山西省委的意见。这次争论,促使第一个农业互助合作的决议产生。

薄一波回忆说:

随后,毛主席找少奇同志、刘澜涛同志和我谈话,明确表示他不能支持我们，而支持山西省委的意见。同时，他指示陈伯达召开互助合作会议。毛主席批评了互助组不能生长为农业生产合作社的观点和现阶段不能动摇私有基础的观点。他说："既然西方资本主义在其发展过程中有一个工场手工业阶段，即尚未采用蒸汽动力机械而依靠工场分工以形成新生产力的阶段，则中国的合作社，依靠统一经营形成新生产力，去动摇私有基础，也是可行的。"他讲的道理把我们说服了。这样，经少奇同志修改的华北局报告当然也就没有发出了，但原件刊登在华北局内部刊物《建设》杂志上（因事先已排印）。少奇同志还通过范若愚同志向马列学院一班学员收回7月5日下午在春耦斋发给他们的材料。这场争论就这样结束了。

这以后，毛主席针对少奇同志和我们华北局的观点，采取了一系列的措施。

9月，毛主席倡议召开的全国第一次互助合作会议，在陈伯达主持下开会。会后，起草了《关于农业生产互助合作的决议（草案）》。草案初稿写出后，毛主席提议向熟悉农民的作家们征求意见。陈伯达就将初稿送给赵树理同志看，赵树理提出不同意见，认为现在的农民没有互助合作的积极性，只有个体生产的积极性，陈伯达向毛主席汇报了赵树理的意见。那时毛主席是很注意听不同意见的，他说："赵树理的意见很好。草案不能只肯定农民的互助合作积极性，也要肯定农民的个体经济的积极性。我们既要有常年的农业生产合作社，也要有临时的互助组和单干户。既要保护互助合作的积极性，又要保护个体农民单干的积极性。既要防右，又要防'左'。"

修改后的《决议（草案）》第一段就指出："农民在土改后所发扬起来的积极性，表现在两个方面：一方面是个体经济的积极性，另一方面是互助合作的积极性。农民的这些生产积极性，是迅速恢复和发展国民经济和促进国家工业化的基本因素之一。"草案肯定在土地私有或半私有基础上的农业生产合作社，是走向农业社会主义化的过渡形式。草案认为，发展农业互助合作要防止和反对右的和"左"的两种倾向。右的倾向是：采取消极的态度对待互助合作运动，看不出这是我党引导广大农民群众从小生产个体经济逐渐走向大规模使用机器耕种和收割的集体经济所必经的道路，否认现在业已出现的各种农业生产合作社是走向农业社会主义化的过渡形式，否认它们带有社会主义的因素；"左"的倾向是：不顾农民自愿和经济准备的各种必需的条件，过早地、不适宜地企图在现在就否定或限制参加合作社农民的私有财产，或者企图对互助组和农业生产合作社的成员实行绝对平均主义，或者企图很快地举办更高级的社会主义化的集体农庄，认为现在可以一蹴而就地在农村中完全达到社会主义。

10月17日，毛主席起草了中央关于转发高岗10月14日关于东北农村互助合作的报告的通报，认为高岗报告中所提方针是正确的。根据毛主席的提议，中央办公厅将中央通报、高岗的报告及其三个附件，印成小册子，作为党内文件，发给各地学习。高岗报告认为，随着中农已成为农村中的多数和农民自发倾向的发展，指导互助合作工作中反对和防止的主要偏向，已不是侵犯中农利益，而是农民的自发倾向；农民的主要顾虑，也不是"怕发展""怕归大堆"，而是要求迅速扩大再生产。

11月21日，毛主席起草中央批语，批转河北省委向华北局的综合报告，认为河北经验可在各地广泛施行。河北省委报告称："今年互助组已由60万个发展到100万个，并有22个土地入股的农业生产合作社。互助合作组织已成为生产运动中的中坚力量。"

12月15日，毛主席起草中共中央关于印发九月会议草拟的《关于农业生产互助合作的决议（草案）》的通知，要求请各地照此草案在党内外进行解释，并组织实行，把农业互助合作当作一件大事去做。

由于一系列文件和报告的传达，特别是《关于农业生产互助合作的决议（草案）》的广泛传达，1952年，全国农业互助合作运动有很大发展。到年底，组织起来的农户，老区占65%以上，新区占25%左右，全国各地成立了4000个农业生产合作社，创办了十几个集体农庄（即高级社）。农业互助合作事业的迅速发展，成为下半年提出过渡时期总路线的根据之一。

1953年8月12日，毛主席在全国财经会议上的讲话中，对我在财经工作中的缺点错误提出批评，也说到我写的《加强党在农村中的政治工作》一文，指出我对山西省委报告的批评是违反党的七届二中全会决议的。我理解，这实际上也包含了毛主席对少奇同志的观点的批评。

1954年2月，少奇同志在七届四中全会上作自我批评，承认他对山西省委报告《把老区互助组织提高一步》的批评是不正确的，山西省委的意见基本上是正确的。我在全国财经会议和七届四中全会上，也对此作了自我批评。[7]

1953年，毛泽东在制定过渡时期总路线过程中，采取了推进全国农业合作化的若干重要措施。

1953年春，党发布了《中共中央关于发展农业生产合作社的决议》。2月15日，毛泽东写了《中央关于印行农业生产互助合作正式决议的通知》。他说："中央于1951年12月所发《关于农业生产互助合作的决议（草案）》，经一年多的实施证明是正确的，应即作为正式决议，将'草案'二字删去。只将草案第11条内'并有机器条件六字改为'和有适当经济条件'八字。"这说明毛泽东对使用机器作为办高级社的先决条件的看法有所变化。

在1953年6月正式提出过渡时期总路线后，毛泽东开始向党内外宣传解释总路线。值得一提的是，9月的一次会议上，毛泽东与著名民主人士梁漱溟发生了冲突。毛泽东认为梁对总路线不满，对农业社会主义改造持反对态度。关于这次冲突的始末，汪东林作了详细的记述：

这桩公案的全部过程发生在1953年9月8日至18日，前后一共十天。开始是政协全国委员会常委会扩大会议，后转为中央人民政府委员会扩大会议。当时的全国政协常务委员和中央人民政府委员人数都比较少，总共不过数十人，有时因会议内容比较重要，常常扩大到一部分政协委员和各民主党负责人列席，梁漱溟先生便是列席者之一。

9月8日，周恩来总理（他同时是全国政协副主席，主席为毛泽东同志）给政协常委会扩大会议作了关于过渡时期总路线的报告。9月9日上午分小组讨论，在小组召集人章伯钧发言之后，梁漱溟即在会上发言说：

"这一总路线原是人人意中所有的，章伯钧先后所讲更发挥了周总理所讲的话，我于此深表赞同，没有什么新的意见可说。路线既无问题，那么就看怎样去做了。要把事情做好，全靠人人关心这一事业，发现不论大小问题，随时反映给负责方面，以求减少工作上的错误。例如《人民日报》读者来信栏，时常有人把他所见到的问题写信提出来，而党报收到来信亦马上能注意检查或交给主管机关部门去检查纠正，这就是最好最好的。这样做，一面看出人民能关心公家的事情，一面看出党和政府能够随时听取老百姓的意见解决问题。这种精神，在贯彻执行过渡时期总路线时应该继续发扬。只有自始至终发扬民主，领导党又能认真听取意见，这建国运动才能变成人民群众的自觉行动，其效就能倍增。"

9日下午，政协常委会扩大会议召开大会，由周恩来副主席主持。他征求大家作大会发言，交流委员们在各小组发表的意见。梁漱溟提议，请各小组召集人把各组内讨论情形在大会上统一汇报，以代替每个人再重复自己说过的话，于是章伯钧先生就出来把梁漱溟所在的这个小组所发表的意见，讲了个大概，其中包括本人的发言。其他小组也采用了这一办法。到会议结束时，大致各小组都汇报完毕。临散会时，周副主席宣布，第二天继续由个人作大会发言。周恩来在离开会场时对梁漱溟说："梁先生，明天的大会你也说一说，好不好？"梁回答说："好。"

梁漱溟做事认真，既已应承了第二天要说话，回家后便思索准备一番。他想，如果把小组会上的发言内容重复一遍，就没有意思了。而且那天小组会上几乎全是中共之外的非党人士，他所说的话是就党外广大群众间说的。而现在是领导党的负责人要他在大会上说话，他就应该说一些对领导党有所贡献的话。梁漱溟在这种思想的指导下，连夜作了发言准备。但到第二天即10日下午，大会发言甚踊跃，而且许多是外地来的，如上海、天津等地的工商界人士,讲得很好。因此会议中间休息时,梁漱溟便写了一个条子给周副主席,说会议应该尽先让外地来的人发言,在北京的人说话机会多,况且会议今天就要结束,他准备的发言可改为书面提出。周恩来答复说:"让大家都能充分发表意见,会期要延长一天,你明天可以在大会上发言。"

在11日下午的大会上,梁漱溟根据自己准备的,作即席发言。他说:

"连日听报告,知道国家进入计划建设阶段,大家无不兴奋。前后已有多位发言,一致拥护,不过各人或由于工作岗位不同,或由于历史背景不同而说话各有侧重罢了。我亦愿从我的岗位(政协一分子)和过去的背景说几句话。

"我曾经多年梦想在中国能展开一伟大的建国运动。四十多年前,我曾追随过旧民主主义革命,那时只晓得政治改造,不晓得计划建国的。然而我放弃旧民主主义革命已有三十年了。几十年来,我一直怀抱计划建国的理想,虽不晓得新民主主义之说,但其理想和目标大体相合。由于建国的计划必须方方面面相配合、相和合,我推想政府除了已经给我们讲过的建设重工业和改造私营工商业两方面之外,像轻工业、交通运输等如何相应地发展,亦必有计划,希望亦讲给我们知道。此其一。

"又由于建国运动必须发动群众、依靠群众来完成我们的计划,就使我想到群众工作问题。在建设工业上,我推想有工会组织可依靠就可以了;在改造私营工商业上,亦有店员工会、工商联和民主建国会;在发展农业上,推想或者是要靠农会。然而农会虽在土改中起了主要作用,但土改后似已作用渐微。那么,现在只有依靠乡村的党政干部了。但据我所闻,乡村干部的作风,很有强迫命令、包办代替的,其质其量上似乎都不大够。依我的理想,对于乡村的群众,尤其必须多下教育功夫,单单传达政令是不行的。我多年曾有纳社会运动于教育制度之中的想法,这里不及细说,但希望政府注意有更好的安排,此其二。

"还有其三,是我想着重点出的。那就是农民问题或乡村问题,过去中国将近30年的革命中,中共都是依靠农民而以乡村为根据地的。但自进入城市之后,工作重点转移于城市,从农民成长起来的干部亦都转入城市,乡村便不免空虚。特别是近几年来,城里的工人生活提高得快,而乡村的农民生活依然很苦,所以各地乡下人都往城里(包括北京)跑,城里不能容,又赶他们回去,形成矛盾。有人说,如今工人的生活在九天,农民的生活在九地,有'九天九地'之差,这话值得引起注意。我们的建国运动如果忽略或遗漏了中国人民的大多数——农民,那是不相宜的。尤其中共之成为领导党,主要亦在过去依靠了农民,今天要是忽略了他们,人家会说你们进了城,嫌弃他们了。这一问题,望政府重视。"

梁漱溟的这个发言，是受到毛主席严厉批评的导火线。

梁漱溟作了这个发言后的第二天，即9月12日，参加政协常委会扩大会议的大多数人，又列席了中央人民政府扩大会议。在彭德怀司令员作抗美援朝情况报告后，毛主席即席讲话。他说："有人不同意我们的总路线，认为农民生活太苦，要求照顾农民，这大概是孔孟之徒施仁政的意思吧？然须知有大仁政小仁政者，照顾农民是小仁政，发展重工业、打美帝是大仁政。施小仁政而不施大仁政，便是帮助了美国人。有人竟班门弄斧，似乎我们共产党搞了几十年农民运动，还不了解农民？笑话！我们今天的政权基础，工人农民在根本利益上是一致的，这一基础是不容分裂、不容破坏的！"

毛主席说这番话，并没有点出梁漱溟的名字。如果事情到此为止，梁漱溟不再站出来辩委屈、争是非，也许事态不会扩大到后来那种剑拔弩张、不可收拾的地步。无奈梁漱溟是一个不甘蒙屈和好强逞能之人，他听完毛主席的这番话，一方面甚感意外，一方面很不服气。他想：我何曾是反对国家的总路线呢？我实际是拥护总路线的一员，只不过是说了点心里话，想贡献给领导党，提醒注意某些问题，根本没有想到会损害总路线，损害工农联盟。梁漱溟一面想，一面就提笔给毛主席写信，但信未写完，就宣布散会了。

梁漱溟回到家，继续写这封信。信中说："你说的一些话，是说我。你说我反对总路线，破坏工农联盟，我没有这个意思，你说得不对，请你收回这个话，我要看看你有没有这个雅量。"信里还特别指出他发言时毛本人不在场，希望毛主席给个机会，由他当面复述一遍他原来发言的内容，以求指教，解除误会。

9月13日上午，梁漱溟将信在会场上当面交给毛主席。主席约他当晚谈话，即在怀仁堂京剧晚会之前约二十分钟，连复述梁漱溟原来的发言内容，时间都不充分。梁匆匆说完后，要求主席解除对他的误会，而主席则坚谓梁是反对建设总路线之人，只是不得自明或不承认而已。梁漱溟十分失望，但态度坚决，言语间与主席频频冲突，不欢而散。梁漱溟并不作罢，他还想再寻觅机会在大会上复述自己的观点，让公众来评议。

9月14日、15日继续开会。15日会上，李富春主任作建设重工业报告后，梁漱溟即请求发言，主席允许可于次日再讲。16日，梁漱溟登台发言，一是复述9日在小组会上的发言，二是复述11日在大会上的发言，并以上述发言之内容，再三陈述自己并不反对总路线，而是热烈拥护总路线的。

在16日当天的会上，没有人批评梁漱溟。

到了9月17日的会上，有位中共领导人作了长篇发言，中心内容是联系历史的一些事实，证明梁漱溟的反动是一贯的。其间毛主席作了若干分量很重的

插话,主要有:

"你(指梁漱溟,下同)虽没有以刀杀人,却是以笔杀人的。"

"人家说你是好人,我说你是伪君子!"

"对你的此届政协委员不撤销,而且下一届(指1954年)政协还要推你参加,因为你能欺骗人,有些人受你欺骗。"

"假若明言反对总路线,主张注重农业,虽见解糊涂却是善意,可原谅;而你不明反对,实则反对,是恶意的。"

梁漱溟在现场听到这些话后,深感自己因出言不慎而造成的误会已经很深很深了。怎么办?依然是倔强好胜的个性支配着他。梁漱溟破釜沉舟,视一切而不顾!在主席台上的中共领导人讲完后,他要求当场发言作答,主席台嘱咐他作准备,明天再讲。

9月18日下午,继续开会。会场的人数超过以往,大多数是临时列席的。会议进行到中间,轮到梁漱溟发言。他拿着昨晚在家准备的稿子,一上台就开门见山地说:

"昨天会上,中共领导人的讲话,很出乎我的意料。当局认为我在政协的发言是恶意的,特别是主席的口气很重,很肯定我是恶意。但是,单从这一次发言就判断我是恶意的,论据尚不充足,因此就追溯过去的事情,证明我一贯反动,因而现在的胸怀才存有很多恶意。但我因此增加了交代历史的任务,也就是在讲清当前的意见初衷之外,还涉及历史上的是非。而我在解放前几十年与中共之异同,却不是三言两语说得清楚的,这就需要给我比较充裕的时间……"

梁漱溟的答辩发言刚刚开了头,会场上便有一些人打断他,不让他再往下讲。而梁漱溟呢,正迫不及待地要往下讲清事情的来龙去脉,以解除落在自己身上的大误会。相持之下,梁漱溟离开讲稿,把话头指向主席台,特别是毛主席,以争取发言权。梁漱溟说:"现在我唯一的要求是给我充分的说话时间。我觉得,昨天的会上,各位说了我那么多,今天不给我充分的时间,是不公平的。我很希望领导党以及在座的党外同志考验我、考察我,给我一个机会,就在今天。同时我也直言,我还想考验一下领导党,想看看毛主席有无雅量。什么雅量呢?就是等我把事情的来龙去脉都说清楚之后,毛主席能点点头说:'好,你原来没有恶意,误会了。'这就是我要求的毛主席的雅量。毛主席这时插话说:"你要的这个雅量,我大概不会有。"梁漱溟紧接着说:"主席您有这个雅量,我就更加敬重您;若您真没有这个雅量,我将失掉对您的尊敬。"毛主席说:"这一点'雅量'还是有的,那就是你的政协委员还可以当下去。"梁漱溟说这一点倒无关紧要,毛主席生气地说:"无关紧要?如果你认为，那就是另一回事了；如果有关紧要，等到第二届政协开会，我还准备提名你当政协委员。至于你的那些思想观点，那肯定是不对头的。"梁漱溟毫不退步地说："当不当政协委员，那是以后的事，可以慢慢再谈。我现在的意思是想考验一下领导党，因为领导党常常告诉我们要自我批评，我倒要看看自我批评是真是假。毛主席如有这个雅量，我将对您更加尊敬。"毛主席说："批评有两条，一条是自我批评，一条是批评。对于你实行哪一条？是实行自我批评吗？不是，是批评！"梁漱溟还坚持说："我是说主席有无自我批评的雅量……"

会场上发生这种前所未有的与毛主席顶撞，你一句、我一句的场面，会开不下去了。不少到会者呼喊："不听梁漱溟胡言乱语！""民主权利不给反动分子！""梁漱溟滚下台来！"……

但梁漱溟坚持不下讲台。他望着主席台，要听主席台的意见，特别是毛主席的意见。主席台无人表示要梁漱溟下台。毛主席口气缓和地说："梁先生，你今天不要讲长了，给你十分钟，讲一讲要点好不好？"梁漱溟答："我有很多事实要讲，十分钟怎么够？我希望主席给我一个公平的待遇。"

于是会场再一次哗然。许多人接连发言，对梁漱溟的态度表示愤慨！

毛主席又说："不给他充分的说话时间，他说是不公平；让他充分说吧，他就可以讲几个钟头，而他的问题又不是几个钟头，也不是几天，甚至不是几个月可以搞清楚的，而特别是在场的许多人都不愿意听他再讲下去。我也觉得，他的问题可移交给政协全国委员会辩论、处理。我想指出的是，梁漱溟的问题并不是他一个人的问题，而是借他这个人，揭露其反动思想，使大家分清是非。他这个人没有别的好处和功劳，就有这个作用。因此我主张他继续当政协委员，现在我又提议让他再讲十分钟，简单地讲一讲，好不好，梁先生？"

梁漱溟依然回答："我有许多事实要讲，十分钟不够，希望给我一个公平的待遇。"

会场又出现高潮，僵局无法结束。

毛主席最后说："你这个人啊，就是只听自己的，不听大家的。不让你讲长话，你说我没有'雅量'，可大家都不让你讲，难道说大家都没有'雅量'吗？你又说不给你充分的时间讲话是不公平的，可现在大家又都不赞成也不想听你讲话。那么什么是公平呢？在此时此地，公平就是不让你在今天这个政协委员会上讲话，而让你在另外的会上讲话。梁先生，你看怎么办？"

"听主席决定。"梁漱溟回答得很干脆。

但会场再度一片喧闹、愤慨。

有位高明的人提出："请主席付诸表决，看让梁漱溟讲话的人多，还是不让他讲话的人多。少数服从多数。"

表决时，毛主席等少数人是举手赞同梁漱溟讲话的，但大多数举手反对。于是梁漱溟被轰下了台，一场僵局宣告结束。[8]

1953年10月，中央作出关于实行粮食的计划收购和计划供应（简称统购统销）的决议。这一重大决策的实施，一方面推动了农业的互助合作；一方面推动了对私营粮商的排挤和改造，从而带动了对其他私营工商业的改造，在整个国民经济的社会主义改造中是关键的一步。这一决策主要是在陈云提议下作出的，但毛泽东也发挥了重要作用。

薄一波回忆说：

据我了解，陈云同志在1951年底，就酝酿过粮食统购问题。由他主持起草，用他、李富春同志和我三人名义，于1952年1月15日向中央作的《1952年财经工作的方针和任务》的报告中提出："由于今后若干年内我国粮食将不是宽裕的，而且城市人口将逐年增加，政府还须有粮食储备（备荒及必需的对外贸易），因此征购粮食是必要的。只要使人民充分了解征购意义，又能做到价格公平合理，并只购农民余粮中的一部分，则征购是可能的。目前先作准备工作，在1952年夏收时，采取合作社动员收购和地方政府下令征购的方式，重点试办，以观成效。如试验成功，即于1952年秋后扩大征购面，逐渐在全国实行。"这里的"征购"，就是后来所说的统购。由于一些地方同志感到这个问题事关重大，希望从缓推行，中央在1952年实际上没有进行试点。

1953年上半年，粮食供销矛盾进一步加剧，毛主席要求中财委拿出具体办法。这时，陈云同志因病在外地休息，财委工作由我主持。我组织粮食部和中财委粮食组的同志共同研究，草拟了《粮食收购办法》《粮食计划供应办法》《加强粮食市场管理办法》和《节约粮食办法》。《粮食收购办法》里，没有提到征购，那是考虑到农村工作人员和农民可能难于接受。提出的方案是：除依法征收公粮外，有选择地实行余粮认购法、结合合同收购法（即订合同用工业品换粮食）、储粮支付货币法（即按储粮时牌价将款存入银行保本保值并计息）、预购。几个草案经中央初步审阅后，于6月15日提交正在召开的全国财经会议粮食组讨论、修改。7月下旬，财经会议后期，陈云同志回到北京。会议结束后，他立即拿出很大的精力继续这项研究。这时，汇总起来，共提出了八种方案。经过反复对比筛选，其中七种被否定了。这七种是：

只配不征。即只在城市搞配售，农村不征购。这种办法之所以不行，是因为农民看到城市搞配售，他就会有粮不卖了。

只征不配。只在农村搞征购，城市不配售，还是自由市场。结果可能会边征边漏，农民会拿交征购粮所得的钱，到城市里从粮食公司再把粮食买回农村。

原封不动。即继续自由买进，自由卖出。这样做，困难会日益加剧，结果必乱无疑。

"临渴掘井"。先自由购买，实在买不到的时候，再去重点产粮区征购。这样办之所以不行，道理很简单：到实在买不到的时候，城市自由供应也就无法继续了。

动员认购。东北1951年实行过，就是层层下达控制数字，而控制数字不向农民露底，由村党支部动员农民认购，认购量达不到控制数字不散会。这是一种强迫而不命令的办法。

合同预购。这是个好办法，1949年、1950年在东北、华北收购棉花时就试行过。1951年对棉、麻、烟、甘蔗、茶叶等多种农产品全面实行合同预购，但预购合同一般要在春耕前签订，1953至1954年度改为粮食合同预购，时间已晚。而且前几年合同预购证明，预购合同对小农的约束力也是有限的。收成好，他按合同交售，甚至希望国家多买；收成不好，市场价格看涨，虽订了合同，他也不一定会履约。现在粮食产量不是多，而是不足。因此，希望全面推行合同制来完成收购任务，没有把握。

不搞统一办法，由地方各行其是。这样做，怕各地互相影响，不好掌握。

经过广泛征求意见和认真思考后，陈云同志认为上述7种方案都不可选择，可选择的只剩下又统又配，即农村征购、城市配售的办法了。

财经会议后，我离京去外地作农业初级社的调查研究时，陈云同志曾通过电话征求我的意见。我表示同意他的选择，但希望在农村征购时，不要过头，除给农民留足口粮、种子、饲料外，最好还给留点机动粮。

陈云同志的建议向中央提出后，立即得到周总理、小平同志等人的大力支持，并得到毛主席的赞许。毛主席嘱咐他代中央起草《关于召开全国粮食紧急会议的通知》。1953年10月2日凌晨，毛主席审改了陈云同志起草的通知，并决定于当晚7时召开政治局扩大会议讨论。

政治局扩大会议由毛主席主持，首先听取陈云同志的报告。报告说："情况十分严重。如不采取有效措施，会更加严重。（1）收购少，销售多。8月全国财经会议提出，从7月1日开始的新的粮食年度要收购粮食340亿斤，现在只买到101亿斤。个别地方收购虽达到计划，但全国同期销售124亿斤，超过原定计划19亿斤。现在既非1951年，又非1952年，1951年3月到6月紧张，7月以后收多销少，情况改变了；1952年11月间，情况也有改变。今年可以判断到11月、12月，也可能是收少销多。因为产区完不成计划，而销售大幅度突破计划。（2）现在已有大批粮贩子活动于小集镇与乡村之间。只要粮食市场乱，一个晚上就可以出来上百万粮贩子。现在不少地方已开始混乱，粮多的地方则开始抬价。（3）过去规定全国供应京、津23亿斤粮食，其中麦子15亿斤，现在只能供应10亿斤。从7月1日到现在，只3个月已卖5亿多斤。现在到明年6月只有4亿多斤可卖了，而外无援兵。京、津面粉配售势在必行。京、津配售消息传出去又会影响粮食收购。（4）原定东北上调42亿斤，因为受灾，现在自认只能上调14亿斤，这个缺口不小。总之，粮食紊乱时间要提早到来，范围也要扩大，从乡村一直到大城市。其结果是物价必然波动起来，并立即逼得工资上涨，波及工业生产，预算也将不稳，建设计划将受影响。而且会引起人人各自囤积，人心不安。虽然物价不会像过去那样动荡，但也要相当动荡。这不利于国家，不利于人民，只有利于富农与投机商人。"

在谈到解决办法时，陈云同志说："粮食问题涉及四种关系，即国家与农民的关系，与消费者的关系，与商人的关系，中央与地方和地方与地方的关系。同这四种关系相适应的处理办法是，农村实行征购，城市实行配售，严格管制私商，在坚持统一管理的前提下调整内部关系。上述四种关系中最重要的是第一种关系，只要通过征购把粮食搞到手，其他问题就好处理了。"陈云同志又说，"在我们之前，有两个政府实行过征购，一个是'满洲国'政府，叫'出荷'；一个是蒋介石政府，叫'田赋强实，征购征借'。我们的征购不仅性质和他们的征购不同，而且价格公道。除运不出的'死角粮'的地区外，都可以实行。有无毛病？有。妨碍生产积极性，逼死人，打扁担，个别地方暴动，都可能发生。但不采取这个办法后果更坏，那就要重新走上旧中国进口粮食的老路，建设不成，结果帝国主义打来，扁担也要打来。结论是征购利多害少。"

小平同志建议，农业税秋征推迟一个月开征，征与购同时进行。

毛主席最后发言："赞成陈云同志的报告。征粮的布置推迟一个月。这也是要打一仗，一面对付出粮的，一面对付吃粮的，不能打无准备之仗，要充分准备，紧急动员。马克思、恩格斯从来没有说过农民一切都是好的，农民有自发性和盲目性的一面。农民的基本出路是社会主义，由互助合作进到大合作社（不一定叫集体农庄）。现在是'青黄不接'，分土地的好处，有些农民开始忘记了。农村经济正处在由个体经济到社会主义经济的过渡时期。我们经济的主体是国营经济，有两个翅膀：一翼是国家资本主义（对私人资本主义的改造），一翼是互助合作、粮食征购（对农民的改造，这一个翼，如果没有计划收购粮食这一项，就不完全）。今天讨论的问题是涉及占农村人口80%到90%的广大农民的问题，也涉及到缺粮户的问题。依靠谁呢？主要依靠党员，他们是干部和农民中的积极分子。光靠缺粮户是不行的。征购，管制私商，统一管理粮食，势在必行。配售问题可以考虑，我观察也势在必行。因为小农经济增产不多，而城市粮食需求年年增长。这样做可能出的毛病，第一农民不满，第二市民不满，第三外国舆论不满。问题是看我们的工作。宣传问题，要大张旗鼓，但报纸一字不登。"

毛主席在发言提纲的手稿上还写了这样一些内容："和'余粮收集制'的不同"；"所谓'保护农民'的错误思想，应加分析和批判"；"大员下去"；"城市节约问题（苏联曾在大城市每人每天只配5两），我国应为老秤10两新秤12两"；"一切必要配售的地方均应配售"；"过渡时期社会主义体系构成的两个重要分支部门：私人资本——国家资本主义；小私有制农民的征收、征购。主体——国营工业；一翼——国家资本主义；又一翼——农村的互助合作和粮食征购制"；"价格应从长远计算，不要城乡同时紧张"。这里提出的"过渡时期社会主义体系构成的两个分支部门"，把粮食征购和互助合作合称为改造个体农业的一翼，反映了毛主席当时对我国私有经济的社会主义改造所作的理论思考。

这次政治局会议还通过了召开全国粮食紧急会议的通知。通知指出："从根本上找出办法来解决粮食问题，是全党刻不容缓的任务。"通知还规定华东局谭震林同志，中南局李先念同志，华北局刘澜涛、刘秀峰同志，西南局李井泉同志，西北局马明方同志必须参加会议。

10月10日，全国粮食会议（对外名称未用"紧急"二字）召开，陈云同志作报告，政务院副总理兼财政部长邓小平同志讲话。

陈云同志在报告中，详细分析了粮食购销形势，对八种方案的可行性逐个作了说明，然后指出："现在只能实行农村征购、城市配售之一法，其他的办法都不可行。"陈云同志说，如果大家都同意这样做的话，就要认真考虑一下会有什么毛病，会出什么乱子。全国有26万个乡，100万个自然村，如果10个自然村中有1个出毛病，那就是10万个自然村。逼死人或者打扁担以至于暴动的事都可能发生。农民的粮食不能自由支配了，虽然我们出钱，但他们不能待价而沽，很可能会影响生产情绪。"我这个人不属于'激烈派'，总是希望抵抗少一点。我现在是挑着一担'炸药'，前面是'黑色炸药'，后面是'黄色炸药'。如果搞不到粮食，整个市场就要波动；如果采取征购的办法，农民又可能反对。两个中间要选择一个，都是危险家伙。"两害相权取其轻。选择农村征购、城市配售办法，危险性可能小一点。

小平同志在讲话中着重论述了粮食统购统销对巩固工农联盟，对国家有计划的经济建设的关系。

经过讨论，大家同意中央的决策。

10月13日，陈云同志作会议总结，传达了毛主席的一些新的意见：农村的征购面，今年控制在50%左右，而重点又是这50%中的50%，即占农村总户数25%左右的余粮较多的户；"征购""配售"的名词可否改一下？因为日本人搞过这个事情，这两个名词很吓人；征购要照顾农民的需要，不要把余粮都收走，还要留点给他；今冬明春农村工作仍然以生产为中心，粮食征购在春节前基本办完；要特别注意做好落后乡的工作。关于名称问题，陈云同志说，粮食部长章乃器先生主张将"配售"改为"计划供应"，我们何不再将"征购"改为"计划收购"，简单地说，新的粮食政策合起来就叫"统购统销"。

这一天，小平同志受毛主席委托，也再次到会讲话，中心是讲粮食问题和过渡时期总路线的关系。他说："从今年3月以来，毛主席主要是做了一件事，即提出了过渡时期的总路线。昨天晚上，毛主席交代，要我再跟大家讲一次，让同志们弄清楚一个道理，就是讲粮食征购一定要联系过渡时期总路线去讲。李井泉同志告诉我，四川试点，农村干部对征购抵触情绪很大，这些有抵触情绪的干部，主要还不是基层干部，而是县、区两级干部（后来查明，省部级干部中也有）。你讲征购不联系过渡时期的总路线，就无法使全党同志赞成这个东西。"[9]

毛泽东在1953年底采取了推进农业社会主义改造的另一个重大措施，即于10至11月召开第三次全国农业互助合作会议，并于12月通过《中共中央关于发展农业生产合作社的决议》。

1953年10月26日至11月5日，中共中央委托中央农村工作部召开第三次农业互助合作会议。邓子恢因公外出，会议由副部长陈伯达、廖鲁言主持。会前（10月15日）毛泽东同陈和廖谈了话，他说：

办好农业生产合作社，即可带动互助组大发展。

在新区，无论大中小县，要在今冬明春，经过充分准备，办好一个到两个合作社，至少一个，一般一个到两个，至多三个，根据工作好坏而定。要分派数字，摊派。多了冒进，少了右倾。有也可以，没有也可以，那就是自流了。可否超过三个？只要合乎条件，合乎章程、决议，是自愿的，有强的领导骨干（主要是两条：公道，能干），办得好，那是韩信将兵，多多益善。

责成地委、县委用大力去搞，一定要搞好。中央局、省市委农村工作部就要抓紧这件事，工作重点要放在这个问题上。

要有控制数字，摊派下去。摊派而不强迫，不是命令主义。10月开会后，11月、12月，明年1月、2月，北方还有3月，有四五个月可搞。明年初，开会检查，这次就交代清楚。明年初是要检查的，看看完成的情形怎样。

个别地方是少数民族区，又未完成土改，可以不搞。个别县，工作很坏的县，比如说落后乡占30%~40%，县委书记很弱，一搞就要出乱子，可以暂缺，不派数字。但是省委、地委要负责帮助整顿工作，准备条件，明年秋收以后，冬季要搞起来。

一般规律是经过互助组再到合作社，但是直接搞社，也可允许试一试。走直路，走得好，可以较快地搞起来，为什么不可以？可以的。

各级农村工作部要把互助合作这件事看作极为重要的事。个体农民增产有限，必须发展互助合作。对于农村的阵地，社会主义如果不去占领，资本主义就必然会去占领。难道可以说既不走资本主义的道路，又不走社会主义的道路吗？资本主义道路，也可增产，但时间要长，而且是痛苦的道路。我们不搞资本主义，这是定了的。如果不搞社会主义，那资本主义势必要泛滥起来。

总路线，总纲领，工业化，社会主义改造，10月开会，要讲一下。

"确保私有财产""四大自由"，都是有利于富农和富裕中农的。为什么法律上又要写呢？法律是说保护私有财产，无"确保"字样。现在农民卖地，这不好。法律不禁止，但我们要做工作，阻止农民卖地，办法就是合作社。互助组还不能阻止农民卖地，要合作社，要大合作社才行。大合作社也可使得农民不必出租土地了，一二百户的大合作社带几户鳏寡孤独，问题就解决了。小合作社是否也能带一点，应加以研究。互助组也要帮助鳏寡孤独。合作社不能搞大的，搞中的；不能搞中的，搞小的；但能搞中的就应当搞中的，能搞大的就应当搞大的，不要看见大的就不高兴。……

老区应当多发展一些。有些新区可能比有些老区发展得快……要打破新区一定慢的观念。……

华北现有6000个合作社，翻一番——摊派，翻两番——商量。合理摊派，控制数字，不然工作时心中无数。东北一番，一番半或两番，华北也是这样。控制数字不必太大，地方可以超过，超额完成，情绪很高。

发展合作社，也要做到数多、质高、成本低。所谓成本低，就是不出废品。出了废品，浪费农民的精力，落个影响很坏，政治上蚀了本，少打了粮食。最后的结果是多产粮食、棉花、甘蔗、蔬菜等等。不能多打粮食，是没有出路的，于国于民都不利。

在城市郊区，要多产蔬菜，不能多产蔬菜，也是没有出路的，于国于民也都不利。城市郊区土地肥沃，土地平坦，又是公有的，可以首先搞大社。当然要搞得细致，种菜不像种粮，粗糙更不行。要典型试办，不能冒进。

城市蔬菜供应，依靠个体农民进城卖菜来供应，这是不行的，生产上要想办法，供销合作社也要想办法。大城市蔬菜的供求，现在有极大的矛盾。

粮食、棉花的供求也都有极大的矛盾，肉类、油脂不久也会出现极大的矛盾。需求大大增加，供应不上。

从解决这种供求矛盾出发，就要解决所有制与生产力的矛盾问题。是个体所有制，还是集体所有制？是资本主义所有制，还是社会主义所有制？个体所有制的生产关系与大量供应是完全冲突的。个体所有制必须过渡到集体所有制，过渡到社会主义。合作社有低的，土地入股；有高的，土地归公，归合作社之公。

总路线也可以说就是解决所有制的问题。国有制扩大——国营企业的新建、改建、扩建。私人所有制有两种，劳动人民的和资产阶级的，改变为集体所有制和国营（经过公私合营，统一于社会主义），这才能提高生产力，完成国家工业化。生产力发展了，才能解决供求的矛盾。[10]

第三次互助合作会议开始时，廖鲁言传达了毛泽东的这个谈话内容。

会议结束的前一天（11月4日），毛泽东再次同中央农村工作部负责人谈话，批评了当年春天的反冒进[11]，并明确提出一切工作都要围绕解决社会主义和资本主义的矛盾这个主题，要以这个为纲。他说：

做一切工作，必须切合实际，不合实际就错了。切合实际就是要看需要与可能，可能就是包括政治条件、经济条件和干部条件。发展农业生产合作社，现在是既需要，又可能，潜力很大。如果不去发掘，那就是稳步而不前进。脚本来是走路的，老是站着不动那就错了。有条件成立的合作社，强迫解散，那就不对了，不管哪一年，都是错的。"纠正急躁冒进"，总是一股风吧，吹下去了，吹倒了一些不应当吹倒的农业生产合作社。倒错了的，应当查出来讲清楚，承认是错误，不然，那里的乡干部、积极分子，就憋着一肚子气了。

要搞社会主义。"确保私有"是资产阶级观念。"群居终日，言不及义，好行小惠，难矣哉"。"言不及义"就是言不及社会主义，不搞社会主义。搞农贷，发救济粮，依率计征，依法减免，兴修小型水利，打井开渠，深耕密植，合理施肥，推广新式步犁、水车、喷雾器、农药，等等，这些都是好事。但是不靠社会主义，只在小农经济基础上搞这一套，那就是对农民行小惠。这些好事跟总路线、社会主义联系起来，那就不同了，就不是小惠了。必须搞社会主义，使这些好事与社会主义联系起来。至于"确保私有""四大自由"，那更是小惠了，而且是惠及富农和富裕中农。不靠社会主义，想从小农经济做文章，靠在个体经济基础上行小惠，而希望大增产粮食，解决粮食问题，解决国计民生的大计，那真是"难矣哉"！

有句古语，"纲举目张"。拿起纲，目才能张，纲就是主题。社会主义和资本主义的矛盾，并且逐步解决这个矛盾，这就是主题，就是纲。提起了这个纲，各项帮助农民的政治工作、经济工作，一切都有统属了。

……

"农村苦,不大妙,措施不合乎小农经济",党内党外都有这种议论。农村是有一些苦,但是要有恰当的分析。其实,农村并不是那样苦,也不过10%左右的缺粮户,其中有一半是很困难的。鳏寡孤独,没有劳动力,但是互助组、合作社可以给他们帮点忙。他们的生活比起国民党时代总是好得多了,总是分了田。灾民是苦,但是也发了救济粮。一般农民的生活是好的,向上的,所以有80%至90%的农民欢欣鼓舞,拥护政府。农村人口中间,有7%左右的地主富农对政府不满。"农村苦,不得了了",我历来就不是这样看的。有些人讲到农村苦,也讲到农村散,就是小农经济的分散性;但是他们讲分散性的时候,没有同时讲搞合作社。对于个体经济实行社会主义改造,搞互助合作,办合作社,这不仅是个方向,而且是当前的任务。[12]

毛泽东的这个讲话,在11月5日会议结束时,廖鲁言向大家作了传达,实际上也就成为第三次互助合作会议的总结。

第三次农业互助合作会议,及其之后中共中央作出的关于发展农业生产合作社的决议,对推动农业合作化运动具有极其重要的意义。它表明,全党在农村工作的重心,已经由发展互助组转向兴办初级农业生产合作社,作为引导农民过渡到完全社会主义的高级社的重要环节。此后,农业合作化运动在广大农村迅速发展起来。到1955年春,全国初级社已发展到67万个。中共中央决定对农业生产合作社进行一次整顿。

值得注意的是,1955年5月之前,毛泽东对邓子恢整顿农业合作社是支持的。

1954年农业社发展过猛(从春天的10万个到年底的48万多个),工作中的简单粗暴等,引起了农民的极大不安,出现了大量出卖与屠宰牲畜及农村关系全面紧张的形势。对此,毛泽东下过一个深刻的论断,他说:"生产关系要适应生产力发展的要求,否则生产力会起来暴动,当前农民杀猪宰牛就是生产力起来暴动。"

针对农村的紧张状态、合作化的冒进,邓子恢于1955年1月4日分析了农村合作化运动的形势并提出了两项反冒进的措施:制定合作社章程;控制合作社发展,着重做巩固工作。中央接受邓子恢的建议,从1月至3月初连发四道紧急指示,要求整顿和巩固合作社。但合作化运动的发展势头并未降下来。2月上旬,全国合作社达到58万多个,4月达到67万多个。此外,还有许多"自发社"存在。面对这种情况,毛泽东采取了支持邓子恢的立场。

据林蕴晖、范守信、张弓著《凯歌行进的时期》一书载:

3月上旬,毛泽东从外地回到北京以后,让中央农村工作部负责人邓子恢、陈伯达、廖鲁言、杜润生汇报工作。毛泽东肯定了这一时期农村工作中采取的措施,并予以总结,他说:"方针是三字经,叫一曰停,二曰缩,三曰发。"当场共同议定：浙江、河北两省收缩一些，东北、华北一般要停止发展，其他地区（主要指新区）再适当发展一些。

4月20日，中共中央书记处召开有中央农村工作部负责人参加的汇报会，会议指出："今后总的方针是：停止发展，全力巩固。"会议还认为，"合作社已发展到67万个，其中过多的省份有超过两三万个的，主观力量控制不了，要收缩一些。"在5月10日、17日省、市委书记会议上，毛泽东又重申了"停、缩、发"的意见。

毛泽东概括的停、缩、发三字方针表明：1955年春在整顿巩固农业生产合作社的根本方针上，中共中央、中央农村工作部同毛泽东个人的意见是一致的。

……

经中共中央批准的全国第四次互助合作会议提出的农业合作化规划要求："在1957年组织50%以上的农户加入合作社，使现有形式的农业生产合作社在全国主要农业区成为主要的生产形式。"

1955年3月，毛泽东在提出停、缩、发三字方针后不久，又单独约见邓子恢。他主张，全国合作化在3个五年计划期间，每一个五年计划以内各完成1/3。邓子恢听后，提出在第一个五年计划期间发展50%的农户入社的设想。毛泽东立即表示不同意，认为粮食已经到了界限，购粮任务是900亿斤，再多一点都不行，农业生产合作社在第一个五年计划发展1/3，不要50%了。后来，毛泽东又向谭震林说："到明年（指1956年——引者注）10月停止发展。"根据同样的精神，在全国党代表会议期间，刘少奇召集各省负责人谈话，强调农业合作化目前的中心问题是巩固和办好已经建立起来的这一批，"为了发展，就要巩固，因为已不可能再快，干部没有训练出来，经验不成熟，如果再像去年（1954年——引者注）那样的速度发展下去是冒险的"。[13]

为了贯彻巩固和整顿合作社的方针，中央农村工作部着手进行河北、浙江、山东等省的合作社整顿、巩固工作，其中重点是浙江。3月25日，邓子恢等同志写成《对浙江省目前合作化工作的意见》，以中央农村工作部的名义，用电报发往浙江省委。当时浙江已有合作社5.5万多个，电报要求压缩掉一部分，巩固好3万个社。电报发出后，又派杜润生、袁成隆去浙江帮助工作。经过一个多月的工作，浙江的农业生产合作社被砍掉15 607个，巩固了37 507个社。到6月底，全国农业合作社65万个，同4月的67万个比较，仅减少2万个。

但是，5月以后，毛泽东认识上起了变化，对邓子恢由支持开始转变为批评了。薄一波回忆说：

毛主席认识上的变化，是发生在5月。

继5月6日警告邓子恢同志不要大量解散合作社之后，5月9日晚，毛主席约见邓子恢、廖鲁言、李先念、陈国栋（粮食部副部长）等同志，周总理也在座。他提出："下年度粮食征购任务，原定900亿斤，可考虑压到870亿斤。粮食征购数字减少一点，换来个社会主义，增加农业生产，为农业合作化打下基础。今后两三年是农业合作化的紧要关头，必须在这两三年打下合作化的基础。"他问："到1957年，'化'个40%可不可以？"邓子恢同志答："上次说1/3吧，还是1/3吧！"毛主席勉强说道："1/3也可以。"

5月17日，在杭州召开15个省市委书记会议，毛主席提出："合作社问题，也是乱子不少，但大体是好的。不强调大体好，那就会犯错误。在合作化问题上，有种消极情绪，我看，必须改变；再不改变，就会犯大错误。"他虽然重申"停、缩、发"三字方针，但重点是强调"发"。他说："对于合作社，一曰停，二曰缩，三曰发。缩有全缩，有半缩，有多缩，有少缩。社员一定要退社，那有什么办法？缩必须按实际情况，片面地缩，势必损伤干部和群众的积极性。后解放区就是要发，不是缩，不是停，基本是发；有的地方也要停，但一般是发。华北、东北老解放区里面，也有要发的，譬如山东30%的村子没有社，那里就不是停，不是缩；那里就没有，停什么？那里就是发。该停者停，该缩者缩，该发者发。"经过讨论，他在作结论时，提出了新区各省下年度（1955年秋后到1956年秋前）农业合作社发展的控制指标："河南7万，湖北、湖南、广东各4.5万，广西、江西各3.5万，江苏6.5万。"他说，"如你们自愿，那就拍板，把这个数字定下来。东北、西北、西南、华北，由林枫、马明方、宋任穷、刘澜涛回去召开一个会，把精神传达一下，讨论解决。发展起来的合作社，要保证90%是可靠的。"

这两次谈话，特别5月17日会议，标志着毛主席对农业合作化问题，看法已经有了一个明显的变化，对邓子恢同志部署的工作，已由支持开始转变为批评了。

邓子恢等同志也察觉到了毛主席思想的变化。这些年来，有些历史研究著作中把这称为"五月变化"，但都尚未涉及或说不清导致变化的原因。弄清这一变化的原因，是研究这段历史不能回避的一个问题。我现在根据看到的材料和自己的回忆，试着对导致这一变化的原因作些分析和推测。

在我们党的历史上，凡一项工作任务的提出，工作部署的轻重缓急，总是同对现实形势的分析和一定的估量相联系的。形势缓和，提出的任务就高一点，步子就迈得快一点；形势紧张，指导思想就特别慎重，步伐更力求稳妥。凭经验，我推测，毛主席在1955年内，对邓子恢同志的工作，从支持转向批评，可能同他对农村形势估量的变化有关。

1955年春季，毛主席支持放慢农业合作化发展步伐，其"缓进"的程度，有时甚至为邓子恢同志始料所不及，主要原因大概是基于对农村严峻形势的考虑。

1954年，长江中游、淮河流域和华北平原遭受百年不遇的大洪灾，其他地区平收或丰收。由于要以丰补歉，国家向非灾区多购了大约70万斤粮食，不少地区购走了农民的口粮。其中两广和湘南部分地区，当年9月到1955年5月上旬又持续干旱，春季无法插秧，而且一场严重冻灾把原定春季收获的红薯冻死。因此，1955年春季全国农村形势比较紧张。尤其是两广和湘南冻灾旱灾区，情况最为紧张。除了自然灾害以外，从工作上来说，固然首先是因为粮食征购任务过重，形成继1953年以来的第二次全国性的粮食大风潮，但与1954年秋季以来农业合作化步伐发展过快，也有密切的关系。由于粮食统购任务紧张，县区干部几乎全部投入统购，无人顾及合作社发展工作，以致许多新建起来的合作社搞得很粗，许多经济政策问题处理不当，农民以为合作化就是"吃大锅饭"的误解没有消除，影响生产积极性。例如，有些地方提出"三年合作化"的口号，规定土地与劳动力分红比例是"一三七、二二八、三年归国家"（即第一年三七开，第二年二八开，第三年取消土地分红），农民就不往地里投肥了，而且人心惶惶，谣言四起。由于"过早过急地实行牲畜折价归社，而估价又偏低，价款又不按期归还；或者是合作社使用私人耕畜所给的报酬过低，于是有耕畜的农民往往在入社之前卖掉耕畜"，这就加剧了畜价狂跌和滥宰耕畜。

毛主席对邓子恢同志和农村工作部反映的情况，在春季里是相信不疑的。3月3日，他亲自签发的《中共中央、国务院关于迅速布置粮食购销工作安定农民生产情绪的紧急指示》，一开头就指出："目前农村的情况相当紧张，不少地方，农民大量杀猪、宰牛，不热心积肥，不积极准备春耕，生产情绪不高。应该看到，这种情况是严重的，其中固然有少数富农和其他不良分子的抵抗破坏，但从整体说来，它实质上是农民群众，主要是中农群众对于党和政府在农村中的若干措施表示不满的一种警告。产生这种情况有很多原因，比如有些地区的互助合作运动搞得过粗过快，某些措施不尽合理，农村供应工作有缺点等。"这里对农村形势的估计，与邓子恢同志1月4日简报的估计基本是一致的。

四五月间，毛主席外出视察工作。从5月开始，他对农村形势的估计发生了重要变化。认为"说农民生产消极，那只是少部分的。我沿途看见，麦子长得半人深，生产消极吗？""所谓缺粮，大部分是虚假的，是地主、富农以及富裕中农的叫嚣"，是"资产阶级借口粮食问题向我们进攻"，农村工作部反映部分合作社办不下去，是"发谣风"。

少奇同志10月4日在七届六中全会的发言，大致说明了中央和毛主席对农村形势认识的转变过程。他说，春夏之交，"当着这些'糟得很'的叫喊从全国各地来到我们耳朵里的时候，我们首先判断关于粮食问题的叫喊是不真实的，或者绝大部分是不真实的。而关于合作社的叫喊，最初我们也有些怀疑，但是，不久，毛主席发现这种叫喊也是不真实的，并且驳斥了这种叫喊，以至于指责中央农村工作部'发谣风'"。

先讲在粮食问题上认识的变化。三四月份，正当农村粮食销量大幅度增加，而缺粮喊声也越来越大的时候，中央收到了一些典型材料，说明所谓缺粮并不都是真缺粮。其中有山西省闻喜县宋店乡的材料，这个乡原要求供应10170斤，经过对统销工作进行整顿之后，不仅不要供应，而且还多余6200斤机动粮。有些户本可自给自足，看到别人向国家买粮食，自己也跟着喊粮食不够。有些户本来有余粮，只因为害怕别人批评自己售粮太多或前来借粮，故意和别人一起喊叫缺粮。有些基层干部因为自己多买了粮或包庇亲友多买了粮，对于缺粮的叫喊，明知是假，也睁一只眼、闭一只眼。还有，由于没有经验，统销办法不规范，也助长供应不公平或宽打窄用。不缺粮而喊缺粮的人中，各阶层都有，而以富裕中农为多。类似宋店乡这样的一批典型材料，不仅使毛主席和党中央作出"缺粮大部分是地主、富农和富裕中农叫嚣"的判断，而且决定大力整顿粮食统销工作。4月24日，《人民日报》发表社论《立即依靠群众整顿粮食统销工作》，25日，李先念同志在紫光阁作报告，向各界人士说明粮食问题的真相和整顿统销的意义，28日，中共中央、国务院联合发出《关于加紧整顿粮食统销工作的指示》。整顿结果，效果如所预料，从5月份开始，粮食销量果然大幅度下降，这更使毛主席认为原来对农村粮食紧张形势的估计是言过其实了。恰在这时，在党外高层人士中，替农民说话的多了，有的还说了一些类似1953年梁漱溟先生讲的"农民苦"一类的话。尽管这些同志出于好心，但大家知道，毛主席是不大愿意听"农民苦"之类的话的。当时他得出这么一种印象：这些讲农民苦的人，自以为代表农民，其实他们并不代表农民，只是不愿搞工业化和社会主义。还有，更重要的是，中共中央上海局书记柯庆施向毛主席讲了一个情况，说他经过调查，县、区、乡三级干部中，有30%的人反映农民要"自由"的情绪，不愿意搞社会主义。柯把毛主席的思路和喜爱琢磨透了，他的这几句话给毛主席留下的印象很深。毛主席立即想到：这种"不愿搞社会主义"的人，下面有，省里有，中央机关干部中也有。

上述这一系列情况反映到毛主席的头脑里，不仅使他改变了对春季农村形势的看法，而且开始用阶级斗争的观点来看待来自各方的对农村形势的估量。

毛主席在各地的巡视，以及5月17日的会议，发现不少地方同志对办农业社是积极的,用他自己的话来说,大家认为农业社"好得很"。有些省在5月17日的会议上,还对中央农村工作部发了一点怨气。这使毛主席感到,中央农村工作部对农业合作化形势的反映也是不真实的。

既然原来放慢合作化发展步伐,主要是鉴于农村形势紧张,现在,对农村形势的认识改变了,加快合作化发展步伐就是理所当然的了,而邓子恢同志"跟不上"这种变化。我想,这可能就是导致毛主席对邓子恢同志的工作由支持到批评的主要原因。

毛主席这次外出巡视工作,是他对农村形势认识发生变化的一个转折点。他沿途所看到和听到的,了解和发现了不少新情况。有些是先前不曾了解和发现的,有些过去虽然了解,但可能这次发现与事实有出入,他所说的大家办社很积极,就属于这种情况。这里,我想到一个问题,就是沿途向毛主席汇报的材料,无疑大多数会是真实的,但是不是其中也可能有不那么真实的,或者包含汇报者某种主观成分,或者有些以偏概全,或者甚至可能有虚夸的东西,看来也不排除有这种可能性。[14]

1955年6至7月间,毛泽东与邓子恢在农业合作化运动指导方针上的分歧进一步显现出来。林蕴晖、范守信、张弓在《凯歌行进的时期》一书中写道:

6月14日,中央政治局听取了农村工作部的汇报,批准了1956年在现有65万个社的基础上发展到100万个的计划。刘少奇讲:"明春发展到100万个,关一下门,办好了,让中农自愿前来敲门,关键是保证中农自愿。"

在6月政治局会议以后,毛泽东和邓子恢谈话,对1955年到1956年的发展计划,毛泽东的意见是,在65万个现有社的基础上翻一番,即130万个。邓子恢的意见是翻半番,仍然坚持100万个的计划。当时邓子恢主张少发展的主要理由是:第一,整个合作化运动应与工业化进度相适应,第一个五年计划工业化还是打基础时期,农业技术改造的进度可能很慢,合作化还是手工劳动为主。在这样的情况下,要使农业生产有比较显著的发展,超过一般富裕中农的水平,初步显示出社会主义集体经济的优越性,向社外农民起到示范作用,就必须认真把经营管理搞好,特别是把按劳分配和劳动组织方面工作搞好。而要做到这些,在办社的初期阶段,各种条件很差的情况下,过多过猛的发展,是不适当的。第二,根据各地实际情况反映,在现有65万个社中存在的问题很多,巩固工作量很繁重,如果再多发展,巩固与发展齐头并进,无论群众觉悟水平和干部领导能力都跟不上去,就可能使两方面工作都做不好,并会影响生产发展。第三,1955年至1956年,是打基础的一年,这一招做好了,对以后实现全盘合作化有极其重大的意义。因为在老区,在过去几年里,领导力量主要忙于发展社的工作,对巩固工作做得很少,入社户数虽然已经达到20%~30%,但基础极不巩固，极需要缓步一下，以便做好巩固工作，在巩固的基础上再前进；在新区，那里素无互助合作习惯与传统，根据以往老区的经验和教训，主要任务还应当是继续完成布点工作，适当再发展一些，每一个乡争取建立若干个社，集中力量把它们办好，以便训练干部、作出示范，为以后由点到面的发展打好基础；至于那些边远地区和少数民族地区，有的还没有进行土地改革，有的生产极其落后，刀耕火种，连会计都找不到，很难办社，还需要多准备一些时间。总之，是要坚持毛泽东历来教导的工作方法：由点到面，积极而稳步地分批分期展开。这样做，从当前一个具体环节上看，似乎缓慢一些，但从整个合作化来看，会是更快一些和更好一些。[15]

薄一波的回忆，还补充了两个重要情况：

7月11日，毛主席在颐年堂约见邓子恢、廖鲁言、刘建勋、杜润生、谭震林同志和陈伯达，重申自己的意见，并比较严厉地批评了邓子恢等同志。但子恢同志仍坚持自己的意见。谈话持续5个多小时才结束。据有关同志回忆，毛主席曾对子恢同志说："你的思想要用大炮轰。"

7月18日，毛主席写信给杜润生同志："请将上次农村工作会议各项材料，如报告、各人发言和结论，送我一阅为盼。"这里指的"上次农村工作会议"，即第三次全国农村工作会议。这次会议提出的指导方针为：秋前停止发展，全力巩固；发展较快、问题较多省、县适当收缩；新区秋后适当发展。毛主席根据邓子恢同志当面陈述的观点和这次会议的材料，着手撰写《关于农业合作化问题》的报告。[16]

林蕴晖等在《凯歌行进的时期》一书中继续写道：

7月26日，中央农村工作部二处整理了《农业合作化运动最近简情》，其中报告说："1955年到1956年度的发展计划，据现有材料统计，将由现有约65万个社发展到103万余个社（缺山西、浙江、热河三省，内蒙古自治区和京津两市的发展数字），入社户数将由1690余万户，发展到约2920万户（缺内蒙和京津两市计划增加的户数）。"毛泽东于29日将这个简报加上批语印发参加当时中央召开的各省、市、自治区党委书记会议的同志。毛泽东批示说：

"要反对右的和'左'的错误观点：（1）在发展问题上，'不进'与'冒进'。目前不是批评冒进的问题，不是批评'超过了客观可能性'的问题，而是批评不进的问题，而是批评不认识和不去利用'客观可能性'的问题，即不认识和不去利用广大农民群众由于土地不足、生活贫苦或者生活还不富裕，有一种走社会主义道路的积极性，而我们有些人不认识和不去利用这种客观存在的可能性。农民的两面性——集体经营与个体经营两种思想的矛盾，哪一面占优势？随着宣传和合作社示范，集体经营的思想先在一部分人中占优势,然后在第二部分人中占优势,然后在第三部分人中占优势,然后在大部分人中占优势,最后在全体人民中占优势,我们应当逐步地(经过十五年)造成这种优势。(2)在改变所有制的问题上,即端正政策的问题。'揩油'问题已经发生,应当教育农民不要'揩油',应当端正各项政策,并以发放贷款的办法去支持贫农,这是一方面。但同时应当教育中农顾全大局,只要能增产,只要产量收入比过去多,小小的入社时的不公道,可以就算了。要教育两方面的人顾大局,而不是所谓'全妥协',全妥协就没有社会主义了。又团结、又斗争是我们的方针。(3)要有坚定的方向,不要动摇。要别人不动摇,就要自己首先不动摇。要看到问题的本质方面,要看到事物的主导或主流方面,这样才能不动摇。事物的非本质方面、次要方面必须不忽视,必须去解决存在着的一切问题,但不应将这些看成事物的主流,迷惑了自己的方向。"

毛泽东这段批语清楚地表明,他同邓子恢争论的不只是几十万个合作社,而是指导思想的问题。他的主张是,应当利用广大农民由于土地不足、生活贫苦或者生活还不富裕的状况而希望变革的心态,从速引导他们向社会主义过渡。在邓子恢看来,把合作社办好需要一定的条件,合作化运动应该是在办好现有社的同时,积极准备条件,按部就班,慎重稳进。这就是分歧所在。当时,中央农村工作部有的同志曾对邓子恢竟为几十万个社去同毛泽东争辩表示吃惊,认为何必去"闯祸"。邓子恢苦笑着解释:"不是几十万个社的问题了,要紧的是他认为办合作社那些条件都不具备,这怎么能不讲清楚呢?"[17]

1955年7月31日,毛泽东在中共中央召集的省、市、自治区党委书记会议上作《关于农业合作化问题》的报告。他在报告开头,就开宗明义地指出:

在全国农村中,新的社会主义群众运动的高潮就要到来。我们的某些同志却像一个小脚女人,东摇西摆地在那里走路,老是埋怨旁人:走快了,走快了。过多的评头品足,不适当的埋怨,无穷的忧虑,数不尽的清规和戒律,以为这是指导农村中社会主义群众运动的正确方针。

否,这不是正确的方针,这是错误的方针。

目前农村中合作化的社会改革的高潮,有些地方已经到来,全国也即将到来。这是5亿多农村人口大规模的社会主义的革命运动,带有极其伟大的世界意义。我们应当积极地热情地有计划地去领导这个运动,而不是用各种办法去拉它向后退。[18]

报告以严厉的口吻批评浙江整社措施:

浙江由于采取所谓"坚决收缩"的方针(不是浙江省委决定的),一下子就从53000个合作社中解散了15000个包括40万农户的合作社,引起群众和干部的很大不满,这是很不妥当的。这种"坚决收缩"的方针,是在一种惊惶失措的情绪支配下定出来的。这样一件大事不经中央同意就去做,也是不妥当的。并且在1955年4月,中央就提出过这样的警告:"不要重犯1953年大批解散合作社的那种错误,否则又要作检讨。"可是有些同志不愿意听。

在胜利面前,我认为有两种不好:(1)胜利冲昏了头脑,使自己的头脑大大膨胀起来。犯出"左"的错误,这当然不好。(2)胜利吓昏了头脑,来一个"坚决收缩",犯出右的错误,这也不好。现在的情况是属于后一种,有些同志被几十万个小型合作社吓昏了。[19]

报告还为同邓子恢的争论定了性。今天看来,这种定性是错误和片面的:

有些同志,从资产阶级、富农或者具有资本主义自发倾向的富裕中农的立场出发,错误地观察了工农联盟这样一个极端重要的问题。他们认为目前合作化运动的情况很危险,他们劝我们从目前合作化的道路上"赶快下马"。他们向我们提出了警告:"如果不赶快下马,就有破坏工农联盟的危险。"我们认为恰好相反,如果不赶快上马,就有破坏工农联盟的危险。这里看来只有一字之差,一个要下马,一个要上马,却是表现了两条路线的分歧。大家知道,我们已经有了一个工农联盟,这是建立在反对帝国主义和封建主义,从地主手里取得土地分给农民,使农民从封建所有制解放出来这样一个资产阶级民主革命的基础之上的。但是这个革命已经过去了,封建所有制已经消灭了。现在农村中存在的是富农的资本主义所有制和像汪洋大海一样的个体农民的所有制。大家已经看见,在最近几年中间,农村中的资本主义自发势力一天一天地在发展,新富农已经到处出现,许多富裕中农力求把自己变为富农。许多贫农,则因为生产资料不足,仍然处于贫困地位,有些人欠了债,有些人出卖土地,或者出租土地。这种情况如果让它发展下去,农村中向两极分化的现象必然一天一天地严重起来。失去土地的农民和继续处于贫困地位的农民将要埋怨我们,他们将说我们见死不救,不去帮助他们解决困难。向资本主义方向发展的那些富裕中农也将对我们不满,因为我们如果不想走资本主义的道路的话,就永远不能满足这些农民的要求。在这种情况之下,工人和农民的同盟能够继续巩固下去吗?显然是不能够的。这个问题,只有在新的基础之上才能获得解决。这就是在逐步地实现社会主义工业化和逐步地实现对于手工业、对于资本主义工商业的社会主义改造的同时,逐步地实现对于整个农业的社会主义的改造,即实行合作化,在农村中消灭富农经济制度和个体经济制度,使全体农村人民共同富裕起来。我们认为只有这样,工人和农民的联盟才能获得巩固。如果我们不这样做,这个联盟就有被破坏的危险。劝我们"下马"的那些同志,在这个问题上是完全想错了。[20]

这样,邓子恢的正确意见就被彻底否定了,并从此开始了在农业合作化问题上批判"小脚女人"的"反右倾"斗争。

　　毛泽东在7月31日《关于农业合作化问题》的报告中，在认定农村中合作化的社会改革的高潮，有些地方已经到来，全国也即将到来的前提下，对1955年到1956年全国合作社的发展数字和整个农村社会改革、技术改革的全面规划提出了建议。他说：

　　必须现在就要看到，农村中不久就将出现一个全国性的社会主义改造的高潮，这是不可避免的。到第一个五年计划最后一年的末尾和第二个五年计划第一年的开头，即在1958年春季，全国将有2.5亿左右的人口，5500万左右的农户（以平均4.5人为一户计算）加入半社会主义性质的合作社，这就是全体农村人口的一半。那时，将有很多县份和若干省份的农业经济，基本上完成半社会主义的改造，并且将在全国各地都有一小部分的合作社，由半社会主义变为全社会主义。我们将在第二个五年计划的前半期，即在1960年，对于包括其余一半农村人口的农业经济，基本上完成半社会主义的改造。那时，由半社会主义的合作社改变为全社会主义的合作社的数目，将会加多。在第一第二两个五年计划时期内，农村中的改革将还是以社会改革为主，技术改革为辅，大型的农业机器必定有所增加，但还不是很多。在第三个五年计划时期内，农村的改革将是社会改革和技术改革同时并进，大型农业机器的使用将逐年增多，而社会改革则将在1960年以后，逐步地分批分期地由半社会主义发展到全社会主义。中国只有在社会经济制度方面彻底地完成社会主义改造，又在技术方面，在一切能够使用机器操作的部门和地方，统统使用机器操作，才能使社会经济面貌全部改观。由于我国的经济条件，技术改革的时间，比较社会改革的时间，会要长一些，估计在全国范围内基本上完成农业方面的技术改革，大概需要四个至五个五年计划，即二十年至二十五年的时间。全党必须为了这个伟大任务的实现而奋斗。[21]

　　薄一波回忆七届六中全会前后的情况说：

　　邓子恢同志在毛主席批评后发言，表示拥护毛主席的批评，承认前些时候对情况的分析是欠全面的，对新区采取小发展而不是大发展的方针是比较消极的。

　　8月1日，在省市自治区党委书记会议结束时，毛主席说："和子恢同志的争论已经解决了。4月时，中央一个意见，子恢一个意见。农村工作部没有执行中央的意见。5月17日（十五个省市自治区党委书记会议）以前，说新区发展的合作社糟得很，这次会上大家说好得很，现在证明新区能发展，今冬明春明夏可大发展。准备工作加巩固工作不会冒险。准备工作第一项就是批评错误思想。集体主义比分散主义、个人决断好，应该服从这条纪律，各部门不能乱发命令。"

8月26日，毛主席批示邓小平、杨尚昆同志："请电话通知中央农村工作部：在目前几个月内，各省市区党委关于农业合作化问题的电报，由中央直接拟电答复；并告诉批发此类来报的同志，不要批上'请农村工作部办'字样。"

从8月13日到10月2日七届六中全会开幕前夕，毛泽东同志亲自起草中央批语，连续批发了湖北、辽宁、安徽、山西、河南、浙江等十个省委关于学习《关于农业合作化问题》，批判"右倾保守"思想，重新部署合作化发展步伐、加快发展进度的报告。

8月31日，毛主席在批发安徽省委报告的批语中指出："安徽省委尖锐地批判了在农业合作问题上的右倾机会主义思想，这种批判是完全必要的。"这是中央文件第一次提出批判"右倾机会主义思想"。安徽省委报告认为：安徽地区有"小脚女人"，有"改组派"，也有大脚。为了使小脚放大，"改组派"变成天足，必须在结合学习毛主席指示当中深入检查，进一步揭发和批判"小脚女人"。

8月26日，毛主席为中央撰写通知，将修改后的《关于农业合作化问题》的报告，正式发给各省市区党委，并请他们印发给各级党委，直发到农村支部。修改后的报告，同7月31日报告稿比较，主要是增写了四、六、七部分。六、七部分主要是批评"有些同志"利用苏联经验为自己的"爬行思想"作掩护的问题。

9月7日，在为中央拟的批转福建省委报告的批文中，毛主席全面阐述了他关于农业合作化中阶级政策的观点，特别是对待中农政策的观点。他的这些观点曾说服许多同志支持加快合作化的步伐。

9月26日，在审阅邓子恢同志准备在七届六中全会上作自我批评的发言稿时，毛主席针对子恢同志承认在讨论合作社发展计划时对中央、毛主席不够尊重，对部内同志的不同意见也没有认真听取的话，写了一段很长的批语。主要意思是，"你们有一条路线，有一个方针，而是和中央的路线和方针相抵触的，所以在长时期内中央总是不能说服你们，即便经过严重的批评还是说不通"，这"不是什么对中央意见不够尊重，而是根本不尊重"。你们不听部内"微小的分歧意见"，"是同全国农村中大量的普遍的积极因素不能影响你们，你们只愿接受具有资本主义自发倾向的富裕中农的影响这一点直接地联系着的"，"中央同志对你们的严重的批评，书记处和政治局对你们的提议的否决，都不愿接受，何况你们部内一些同志的意见，他们对你们有什么办法呢？"

10月4日，以讨论农业合作化问题为主要议题之一的党的扩大的七届六中全会开幕。248篇发言或书面发言一致表示拥护毛主席《关于农业合作化问题》

的报告，不指名地批评合作化运动中的"右倾保守思想""小脚女人""右倾机会主义""同资产阶级共呼吸的人""资产阶级思想的投降主义者"等等。248篇发言中有我的一篇。我发言的中心，是讲农业合作化与农业技术改造的关系问题。今天看来，当时对这两者的关系进行探讨是必要的，内容也还可以。但是，在发言开始的表态部分，讲了一些不妥当的话。248篇发言中，也包括邓子恢同志的检讨。说他"抱着十分沉痛的心情"，检讨自己又一次犯的"原则性错误"。说浙江有些地方发生强迫解散合作社的错误，责任完全由他承担。〔22〕

10月11日，毛泽东以《农业合作化的一场辩论和当前的阶级斗争》为题，对七届六中全会作了结论，第一次阐明了要使各方面的工作加快和要使资本主义绝种、小生产也绝种的战略意图。他说：

我们这次会议，是一场很大的辩论。这是在由资本主义到社会主义过渡期间，关于我们党的总路线是不是完全正确这样一个问题的大辩论。这场全党性的大辩论，是从农业合作化的方针问题引起的，同志们的讨论也集中在这个问题上。但是，这场辩论牵涉的面很广，牵涉到农业、工业、交通、运输、财政、金融、贸易、文化、教育、科学、卫生等部门的工作，牵涉到手工业和资本主义工商业的改造，牵涉到镇压反革命，还牵涉到军队，牵涉到外交，总之，牵涉到党政军民各方面的工作。应当有这么一次大辩论。因为从总路线发布以来，我们的党还没有这样一次辩论。这个辩论，要在农村中间展开，也要在城市中间展开，使各方面的工作，工作的速度和质量，都能够和总路线规定的任务相适应，都要有全面规划。〔23〕

他还说：

我们认为，只有在农业彻底实行社会主义改造的过程中，工人阶级同农民的联盟在新的基础上，就是在社会主义的基础上，逐步地巩固起来，才能够彻底地割断城市资产阶级和农民的联系，才能够彻底地把资产阶级孤立起来，才便于我们彻底地改造资本主义工商业。我们对农业实行社会主义改造的目的，是要在农村这个最广阔的土地上根绝资本主义的来源。

……

我们现在有两个联盟：一个是同农民的联盟，一个是同民族资产阶级的联盟。这两个联盟对我们都很必要，恩来同志也讲了这个问题。同资产阶级的联盟有什么好处呢？我们可以得到更多的工业品来换得农产品。十月革命后有一个时期，列宁就打这个主意。因为国家没有工业品去交换，农民就不拿粮食出来，单用票子去买他不干，所以列宁打算让无产阶级国家政权和国家资本主义结成联盟，为的是增加工业品来对付农村中的自发势力。我们现在搞一个同资产阶级的联盟，暂时不没收资本主义企业，对它采取利用、限制、改造的方针,也就是为了搞到更多的工业品去满足农民的需要,以便改变农民对于粮食甚至一些别的工业原料的惜售行为。这是利用同资产阶级的联盟,来克服农民的惜售。同时,我们依靠同农民的联盟,取得粮食和工业原料去限制资产阶级。资本家没有原料,国家有原料。他们要原料,就得把工业品拿出来卖给国家,就得搞国家资本主义。他们不干,我们就不给原料,横直卡死了。这就把资产阶级要搞自由市场、自由取得原料、自由销售工业品这一条资本主义道路制住了,并且在政治上使资产阶级孤立起来。这是讲这两个联盟的相互作用。这两个联盟,同农民的联盟是主要的、基本的、第一位的;同资产阶级的联盟是暂时的,第二位的。这两个联盟,在我们这样经济落后的国家,现在都是必要的。

土地改革,使我们在民主主义的基础上同农民结成了联盟,使农民得到了土地。农民得土地这件事,是属于资产阶级民主革命的性质,它只破坏封建所有制,不破坏资本主义所有制和个体所有制。这一次联盟使资产阶级第一次感到了孤立。1950年,我在三中全会上说过,不要四面出击。那时,全国大片地方还没有实行土地改革,农民还没有完全到我们这边来,如果就向资产阶级开火,这是不行的。等到实行土地改革之后,农民完全到我们这边来了,我们就有可能和必要来一个"三反""五反"。农业合作化使我们在无产阶级社会主义的基础上,而不是在资产阶级民主主义的基础上,巩固了同农民的联盟。这就会使资产阶级最后孤立起来,便于最后消灭资本主义。在这件事情上,我们是很没有良心哩!马克思主义是有那么凶哩,良心是不多哩,就是要使帝国主义绝种、封建主义绝种、资本主义绝种、小生产也绝种。在这方面,良心少一点好。我们有些同志太仁慈,不厉害,就是说,不那么马克思主义。使资产阶级、资本主义在6亿人口的中国绝种,这是一个很好的事,很有意义的好事。我们的目的就是要使资本主义绝种,要使它在地球上绝种,变成历史的东西。[24]

毛泽东对邓子恢等人的观点逐条批驳后,还指出,邓子恢同志"这一次所犯的错误,性质属于右倾的错误,属于经验主义性质的错误"。[25]

七届六中全会通过的《关于农业合作化的决议》,把邓子恢等同志对农业合作化问题的指导方针称为"右倾机会主义的方针"。

薄一波回忆说:

1956年初,《中国农村的社会主义高潮》一书的出版,通过《序言》、按语和典型材料,把对"小脚女人"的批判进一步引向深入,扩及全国。批判的语调更尖锐了。

1956年1月20日,毛主席在中央召开的知识分子问题会议的讲话中说:

"我们的农村工作部,应该是一个促进部,但在一个时期之内,它是促退部。"

1958年3月18日,在成都会议上,在陈伯达发言谈路线斗争时,毛主席插话:"合作化问题上的分歧——反对的主要人物是邓子恢。"[26]

对所谓"小脚女人"的批判,极大地加速了农业社会主义改造,也推动了整个社会主义改造的急速前进和1956年经济发展的冒进。

在批评"小脚女人",加速农业社会主义改造的过程中,毛泽东于1955年9月至12月主持编辑了《中国农村的社会主义高潮》一书。这部被称为"合作化运动百科全书"的材料书,共收集各地材料176篇,90多万字,仅汉文版就发行152万册。毛泽东亲自为此书写过两篇《序言》,为104篇材料写了按语。这部书比较全面地反映了他关于我国农业合作化运动和对社会主义建设若干重要问题的基本指导思想,也反映了我国人民要求迅速摆脱贫困,使国家富强的美好愿望。它的出版,对我国的社会主义革命和建设产生了重大的影响。

关于这部书的编辑动机,薄一波作了如下说明:

这部书于1955年9月进行第一次编辑,以《怎样办农业生产合作社》为书名,印出400本作为样本,发给参加10月4日到11日召开的党的扩大的七届六中全会的中央委员和各省委、市委、自治区党委及地委的负责同志。12月重编,1956年1月由人民出版社公开出版,书名改为《中国农村的社会主义高潮》。同时出版节选本。毛主席先后为《怎样办农业生产合作社》(以下简称《怎样办》)和《中国农村的社会主义高潮》(以下简称《高潮》)写的两篇《序言》中,简要地说明了当时的形势和编辑意图。

《怎样办》在开始编辑时,毛主席《关于农业合作化问题》的报告已发到农村党支部,各地开展了对"右倾保守"思想的批判,农业合作化进度指标正在层层加码。《序言》谈到当时的形势时说:"目前,在这个问题上的主要的缺点,是在很多的地方,党的领导没有赶上去,他们没有把整个运动的领导拿到自己的手里来,没有一省一县一区一乡的完整的规划,只是零敲碎打地在那里做,他们缺乏一种主动的积极的高兴的欢迎的全力以赴的精神。""下面运动很广,上面注意不足,当然要闹出一些乱子来。"《序言》说:"读者从这些材料,可以看出全国合作化运动的规模、方向和发展的前景。这些材料告诉我们,运动是健康的。出乱子的地方都是党委没有好好去指导。一待党委根据中央的方针跑上去做了适当的指导,那里的问题就立即解决了。这些材料很有说服力,它们可以使那些对于这个运动到现在还是采取消极态度的人积极起来,它们可以使那些到现在还不知道怎样办合作社的人找到办合作社的方法,它们更可以使那些动不动喜欢'砍掉'合作社的人闭口无言。"书名和《序言》中的这些论述说明：编辑出版这部书的目的，在于展现农业合作化运动的规模、方向和前景；动员各级党委全力以赴，切实把合作化运动拿在自己手里；进一步批判对合作化运动的"动摇"态度和"动不动就喜欢'砍掉'合作社的人们"；总结经验，让那些不会办合作社的人也学会怎样办农业生产合作社。这里的关键，是批判"右倾保守"思想。1957年初，再次批判一些同志对农业合作化的动摇时，毛主席说："只要拿出一个办得好的合作社，就可以把反对合作化的一切怪论打下去。"这就点出了1955年他要下大功夫编这部书的主要目的。

12月重编时，形势发生了重大变化。到12月27日为《高潮》作序时，中国的1.1亿农户中，已有60%以上，即7000多万农户加入了半社会主义性质的农业生产合作社。在这种情况下，虽然原定的以批判"右倾保守"思想为主要目标的宗旨不变，但批判的聚光点已经变了。这个变化主要是通过《序言》提出来的。《序言》说："现在提到全党和全国人民面前的问题，已经不是批判在农业的社会主义改造速度方面的右倾保守思想的问题，这个问题已经解决了。也不是在资本主义工商业按行业实行全面公私合营的速度方面的问题，这个问题也已经解决了。手工业的社会主义改造的速度问题，在1956年上半年应当谈一谈，这个问题也会容易解决的。现在的问题，不是在这些方面，而是在其他方面。这里有农业的生产，工业（包括国营、公私合营和合作社营）和手工业的生产，工业和交通运输的基本建设的规模和速度，商业同其他经济部门的配合，科学、文化、教育、卫生等项工作同各种经济事业的配合等方面。""现在的问题，还是右倾保守思想在许多方面作怪，使许多方面的工作不能适应客观情况的发展。现在的问题是经过努力本来可以做到的事情，却有很多人认为做不到。因此，不断地批判那些确实存在的右倾保守思想，就有完全的必要了。"《序言》还说："如同城市里每日每时都在发生社会主义事业的新事情一样，乡村里也在每日每时地发生着。农民在做些什么呢？农民所做的，同工人阶级、知识分子和一切爱国人士所做的有什么关系呢？为了要了解这些，看一看农村方面的材料是有好处的。"这说明，随着形势的迅速发展，毛主席希望通过这部书对农业合作化中"右倾保守"思想的批判，进而引导其他战线也批判自己的"右倾保守"思想。

一些同志不赞成合作社大发展，重要理由之一是，干部没有办社经验，建社容易巩固难。毛主席在《关于农业合作化问题》的报告中，批判了这些观点，提出了要相信群众、相信党这两条根本的原理，提出了不能用坐着不动的方法，而要采用走进斗争中去，在斗争中学习的方法去取得经验。这些批判在理论上当然是无可厚非的，然而理论主要是指明方向，农业生产合作社究竟怎样办？已经办起来的合作社究竟怎样巩固？还有各种实际问题要求回答。不切实具体地回答这些问题，农业合作社的巩固和大发展仍然是困难的。毛主席作完报告之后，省市自治区党委书记们在讨论中，也提出这个问题，希望他从党的领导这个角度，多讲些意见。会后，他根据大家要求，在尚未发出的报告稿中，增加了相关的部分，但是，没有也不可能讲得很具体。修改后的报告发出后，毛主席就集中精力来看材料。《高潮》一书，为着切实解决怎样办农业合作社的问题，收集了各个方面的当时认为是成功的经验。书末所附《本书内容索引》，就体现了这个宗旨。

这份索引将176篇材料，按具体经验（往往一篇材料提供多方面的经验）分成47类。即：

1. 一个地方实现农业合作化的过程；
2. 共产党的乡村支部对于农业合作化运动的领导；
3. 树立贫农在合作社领导机关内的优势；
4. 农业生产合作社的政治工作；
5. 农业生产合作社的保卫工作；
6. 民族杂居地方的农业生产合作社；
7. 工作薄弱地方的农业生产合作；
8. 办社的辅导工作；
9. 整顿农业生产合作社；
10. 落后于群众的右倾错误；
11. 一个地方以农业合作化为中心的全面规划；
12. 农业生产合作社的土地报酬和自留地；
13. 处理社员私有的牲畜；
14. 处理社员私有的林木；
15. 农业生产合作社的长期的生产规划；
16. 制订年度生产计划；
17. 兴修水利和保持水土、开发荒山；
18. 组织社员出外开垦荒地；
19. 发展以农业生产为中心的多部门经济；
20. 改进农业技术；
21. 划分劳动组织和实行包工制；
22. 制定工作定额和报酬标准，实行按件计酬制；
23. 劳动竞赛和检查评比；
24. 劳动妇女参加生产和建立农忙托儿组织；

25. 农业生产合作社内的青年工作；

26. 解决农业生产合作社劳动力剩余的问题；

27. 建立饲养和使用耕畜的制度；

28. 多养猪和养好猪的经验；

29. 公有农具的管理；

30. 大量积肥的办法；

31. 解决全社生产和社员个人生产的矛盾；

32. 抗御灾荒的斗争；

33. 筹集生产资金；

34. 勤俭办社；

35. 改进财务管理；

36. 农业生产合作社的会计工作；

37. 夏季预分和年终分；

38. 组织社员学习文化；

39. 合作社主任和管理委员会进行领导的经验；

40. 帮助贫苦社员解决困难；

41. 互助合作网；

42. 互助组；

43. 农业生产合作社团结互助组和单干农民；

44. 农业生产合作社和供销合作社的结合合同；

45. 制定农业生产合作社章程；

46. 畜牧业生产合作社；

47. 办高级社和大社的经验。

　　这份索引将全书中包括的办社经验，按照内容开列出来。不会办社的人们看了它，确实能找到不少办社方法。[27]

　　关于这部书的编辑过程，薄一波写道：

　　在党的七届六中全会的结论中，毛主席谈到了前一段编辑《怎样办》一书的情况和材料来源。他说："我是用11天工夫关了门，看了120篇报告。先请廖鲁言同志同农村工作部的同志，他们看了一千几百篇，选了120篇。然后我对这120篇搞了11天，包括改文章、写按语在内。"许多报告是从各种刊物上挑选出来的。"因为这些刊物是零零碎碎发下去的。它不是集中比较好的典型。现在农村刊物又叫党内刊物，秘密不外传，其实毫无秘密。这些刊物有什么秘密呀！现在我们的书准备公开出版，由人民出版社出，民主人士也要卖给他一本。建议你们每年编这么一本书发下去，迅速推广合作化运动，有好处。"

1961年3月，在广州召开的中央工作会议上，谈到调查研究问题时，毛主席说："解放后十一年，我做过两次调查，一次为农业合作化问题，看过一百几十篇（加上后来增补的，实为二百几十篇——作者注）材料，每省有几篇，出了一本书，叫作《农村社会主义高潮》。每篇都看，有些看过几遍，研究他们为什么搞得好。又一次是十大关系，那是经过两个半月，和三十四个部门讨论，每天一个部或两天一个部，听他们的报告，跟他们讨论，然后得出十大关系的结论。"从这里看出，毛主席把编这部书看成是他建国后的"第一次调查"。我理解，这里说的调查主要是指对这一百多篇材料进行阅读和研究。

样本《怎样办》实际收入材料121篇，比中央农村工作部选送的材料多一篇。这多出的一篇，在《序言》中有交代："是请了一个合作社社长到北京谈话的记录。"补这一篇的过程大致是这样：9月24日，毛主席在处理完样本最后一批文稿之后，给协助他编书的秘书田家英同志写信："最后部分附上，请付排。8月下旬的《人民日报》上载有邢台地委书记写的一篇关于邢台地区合作化的文章，请清出加印到河北省部分中去。此外，请廖鲁言同志翻阅一下今年1月至9月的《人民日报》，看有无好的（要是很好的）材料可用的。"由于邢台地委书记这篇文章，是介绍全区合作化运动的经验，与全书体例不合（因已有的120篇材料都是介绍一乡一社的典型经验），田家英同志未收入。但考虑到文章中介绍的经验，比较突出的是邢台县东川口村合作社社长王志琪的办社经验，田家英同志经与廖鲁言同志商量，就邀请王志琪来京谈话。他的谈话记录，被整理成《邢台县东川口村是怎样完成合作化和达到增产的》一文，编入河北省部分，也是全书的第二篇。毛主席为此文写了分量较重的按语。后来收入《高潮》一书时，文章题目改为《只花一个多月时间就使全村合作化》。

在七届六中全会上，代表们拿到样本深受鼓舞，但不少同志提出，有些材料过时，需要补充新材料。毛主席嘱咐各省市自治区的同志回去后尽快将新材料送来。教育部参加全会的同志要求把一条按语涉及学龄儿童入学比例的数字加以更正，毛主席采纳了他的意见。

到10月25日，大部分省市自治区送来补充材料。11月间，又以中央办公厅名义约了一些具有特点的稿件。例如：11月2日，中央办公厅致电黑龙江省委："《怎样办农业生产合作社》一书，需要有一篇文章介绍在土地特多、人口特少的地区农业生产合作社由初级社转到高级社的经验。这篇文章要说明在这种地区取消土地报酬比较容易，并且介绍牲畜公有化的条件和办法。希望你们能从已有的材料中挑选一篇，修改好文字，注明作者、写作时间、原载报刊等，于11月10日前送来。"

经过抽补重编，保留样本中材料95篇，吸收新材料85篇，合共176篇（这是精选中的精选——作者注），书名定为《中国农村的社会主义高潮》，以表明7月31日报告中说的全国农村社会主义高潮即将到来的话已成了现实。重编本12月20日发排（《序言》暂缺）。毛主席12月27日在杭州重写的《序言》脱稿，30日在上海写信，送请少奇、恩来、陈云、小平同志审阅。1956年1月，《高潮》正式出版。出版时，报纸、电台没有发消息，但书中的重要思想迅速传遍穷乡僻壤。据当时和田家英同志一道协助毛主席编辑《高潮》一书的中央办公厅工作人员逄先知同志在《毛泽东和他的秘书田家英》一书中回忆："原先毛泽东决定发一条出版消息，田家英将拟好的稿子送给他，他咯咯地笑起来，说：'这个消息没有用了，已经过时了。'"

从《怎样办》到《高潮》，在编辑过程中，毛主席给田家英同志写过一系列的批示，除前引关于补充邢台材料一项外，重要的还有以下一些：

他指示田家英同志："排出的清样，送少奇、恩来、陈云、小平同志审阅。"从保存的档案材料看到，少奇同志曾对试用本的《序言》提出过两处文字修改意见。

他指示田家英同志："由你和胡乔木同志各分一半清样"，"彻底作一次文字上的修改，包括题目改得生动些。请告诉乔木"。

12月20日，他看完《高潮》最后一部分稿件时，给田家英同志写的一张批条，表示他不再看了，也不要再送别的同志看了，但提出："书名叫《五亿农民的方向》如何？如果用这个名称，那就要把那一篇《五亿农民的方向》放在第一篇的位置，请酌定。"田家英同志未改，仍维持原书名。

据逄先知同志回忆："毛泽东编《高潮》时，是那样认真地精选材料，认真地修改文字。在那段时间里，几乎把主要精力都倾注到这部书的编辑工作上。""有些材料文字太差，毛泽东改得密密麻麻，像老师改作文一样。""毛泽东习惯于夜间工作，每天一清早，就退来一批修改好的稿子和写好的按语，再由我们进一步作文字加工。""毛泽东还对大部分材料重新拟定了题目，把一些冗长、累赘、使人看了头痛的标题，改得鲜明、生动、有力，而又突出了文章的主题思想。例如，有一篇材料原题是《天津市东郊区詹庄子乡民生、民强农业生产合作社如何发动妇女参加田间生产》，共三十三个字，毛泽东改为《妇女走上了劳动战线》，只用九个字，简单明了，又抓住了主题，读者一看就有印象。又如，有一篇材料原题为《大泉山怎样由荒凉的土山变成了绿树成荫、花果满山？》，毛泽东改为《看！大泉山变了样》，多么吸引人！"从保存的原稿和各次清校样中看到，有的标题和按语，毛主席是经过多次推敲、一改再改的。例如：三娄寺农业生产合作社的那篇材料，发稿时题目为《山西省解虞县三娄寺农业生产合作社的教训》，看初校样时，他改为

《解虞县三娄寺农业生产合作社几乎垮台的教训》,看二校样时,又改为《严重的教训》。在为这篇材料所写的关于政治工作是一切经济工作生命线的按语中,对"社会主义精神"有一个定义性的解释。原来排印的是:"提倡以集体利益为一切言论行动的最高标准的社会主义精神",看初样时,毛主席改为"提倡以集体利益和个人利益相结合的原则为一切言论行动的标准的社会主义精神"。这是很重要的修改,社会主义精神并不是不讲和不要个人利益,而是提倡集体利益和个人利益正确结合起来。

从以上所说的情况可以看出,毛主席是何等不辞劳苦、精心指导农业合作化运动的。对材料的选择,既照顾到四面八方,使之具有代表性,又尽量做到出类拔萃,使之具有典型性。对文字的加工修改,则力求刮垢磨光,精益求精。据逄先知同志回忆,《高潮》出版时,毛主席对田家英同志说,他很高兴,1949年全国解放时,他都没有这样高兴过。他之所以这样高兴,我看除了合作化之快出乎他的意料,看到农业社会主义改造已获得成功,占全国人口绝大多数的农民群众开始建设社会主义新生活之外,恐怕也包含了一种在紧张劳动结束之后通常有的喜悦。[28]

逄先知回忆说:

1955年,是新中国成立后的一个重要年头。毛泽东对这一年形势作过这样的描绘:"1955年,在中国,正是社会主义和资本主义决胜负的一年。这一决战,是首先经过中国共产党中央召集的5月、7月和10月三次会议表现出来的。1955年上半年是那样的乌烟瘴气,阴霾满天。1955年下半年却完全变了样,成了另外一种气候,几千万户的农民群众行动起来,响应党中央的号召,实行合作化。"这里所说的5月的会议是指中央召集的十五个省、市党委书记会议,毛泽东在会上提出必须在这两年内打下农业合作化的基础,批评了在农业合作化问题上的所谓"消极情绪"。7月的会议是指中央召集的省、市、自治区党委书记会议,10月的会议是七届六中全会,这后两次会都是批判所谓农业合作化问题上的"右倾机会主义"的。经过这三个会,农村形势急剧变化,出现了合作化高潮。为了推进这一形势的发展,毛泽东亲自编辑了《中国农村的社会主义高潮》一书(上、中、下三册,90多万字),并写了104条按语。田家英和我协助毛泽东做了一些编辑工作。

毛泽东对编这部书非常重视。在那段时间里,几乎把主要精力都倾注到这部书的编辑工作上。后来他在1961年3月的广州会议上回忆这件事情的时候说:"解放后11年,我做过两次调查。一次是为农业合作化的问题,看过一百几十篇材料,每省有几篇,出了一本书,叫作《农村社会主义高潮》。每篇都看,有些看过几遍,研究他们为什么搞得好,比如讲河北的建明社,那也是研究。又一次是十大关系,那是经过两个半月和34个部门讨论。每天一个部或两天一个部,听他们的报告,跟他们讨论,然后得出十大关系的结论。"

的确是这样。我们亲眼看到,毛泽东编《高潮》时,是那样认真地精选材料,认真地修改文字。有的材料文字太差,毛泽东改得密密麻麻,像老师改作文一样。毛泽东还对大部分材料重新拟定了题目,把一些冗长、累赘、使人看了头痛的标题,改得鲜明、生动、有力,而又突出了文章的主题思想,引人注目。例如,有一篇材料原题是《天津市东郊区詹庄子乡民生、民强农业生产合作社如何发动妇女参加田间生产》,共33个字,毛泽东改为《妇女走上了劳动战线》,只用九个字,简单明了,又抓住了主题,读者一看就有印象。又如,有一篇材料原题为《大泉山怎样由荒凉的土山成为绿树成荫、花果满山?》,毛泽东改为《看!大泉山变了样》,多么吸引人!类似情况很多,在此仅举二例。读者看到那些生动醒目的标题和具有强烈政治内容而又带有抒情色彩的按语,一个胜利者和实现了自己意志的革命家的形象,跃然纸上。

毛泽东非常注意文风,有一篇按语就是主要讲这个问题的。我把它引出来,请大家读一读,很有益处。他说:"在这里要请读者注意,我们的许多同志,在写文章的时候,十分爱好党八股,不生动,不形象,使人看了头痛。也不讲究文法和修辞,爱好一种半文言半白话的体裁,有时废话连篇,有时又尽量简古,好像他们是立志要让读者受苦似的。……哪一年能使我们少看一点令人头痛的党八股呢?这就要求我们的报纸和刊物的编辑同志注意这件事,向作者提出写生动和通顺的文章的要求,并且自己动手帮作者修改文章。"[29]

毛泽东习惯于夜间工作,每天一清早,就退来一批修改好的稿子和写好的按语,再由我们进一步作文字加工。

毛泽东自己对这次合作化的"调查"是比较满意的,但我认为这次"调查"不能说是成功的。毛泽东一贯主张,要做亲身的调查,并为我们全党做出榜样,而他的这次"调查"只是看下面送来的书面材料,而其中一大部分是批判"小脚女人"以后的,他写的那些尖锐批评"右倾保守"的按语,主要就是写在各地在7月省、市、自治区党委书记会议以后送来的那部分材料上的。尽管这些按语单独看起来可能很有道理,但就全体而论,对于合作化这个本来是合乎农民需要(但要根据自愿互利的原则逐步发展)的进程,加以人为的加速又加速、拔高又拔高,客观上是在命令主义的产物之上又加上新的命令主义。也应指出,少数按语的内容是长期有效的。例如,毛泽东关于社会主义企业必须建立强有力的思想政治工作的著名口号:"政治工作是一切经济工作的生命线",就是《高潮》书中《严重的教训》一文的按语首先提出来的。

《高潮》一书以跃进的速度于1956年1月出版。原先毛泽东决定发一条出版消息，田家英将拟好的稿子送给他，他咯咯地笑起来，说："这个消息没有用了，已经过时了。"（那时全国合作化运动已经全面展开。）他对田说，他很高兴，1949年全国解放时都没有这样高兴。这个话真实地反映了毛泽东当时的心态。对毛来说，全国解放是早已料到的，早有准备的，而农业合作化的胜利来得这样快，这样顺利，却出乎他的意料。他一向认为，改造5亿人口的个体农民是最艰难的事业，需要花费很长的时间和做许多细致的工作才能完成。谁知道，这么困难的问题，经过两三次会议，作一篇报告，就如此顺利地解决了，那么，还有什么比这个更困难的问题不能解决呢？农业合作化的过快和过于表面化的胜利，使毛泽东的头脑开始不清醒了，他随即要求在生产建设、科学文化等领域，同时开展对"右倾保守"思想的批判。农业合作化的胜利，助长了毛对个人意志的自信，深信自己的主张总是正确的，而且是能够立即生效，立竿见影的。这不但促使过渡时期提前结束，而且成为后来出现"三面红旗"及其一系列后果的不祥先兆。当然，这不是说，农业合作化高潮纯粹是个人意志的产物，这是不可能的，它的产生有其自身的客观基础。中国的汪洋大海般的、势单力薄而又规模狭小的小农经济，在生产上确有发展互助合作的需要。从1951年12月党的农业互助合作决议作出以后，我国农业互助合作事业总的说是在稳步而健康的情况下发展的，互助合作的优越性逐步显示出来，并且具有相当的吸引力（这在全国许多地方都有这种情况），对农业生产的发展起了积极的作用。正是因为有了几年互助合作的历史和示范作用，才有被人为地加速而出现高潮的可能性。

毛泽东又问田家英："你看合作化完了，下一步再搞什么？"田家英被这一突如其来的问话问住了，一时答不上来，只感到自己的思想跟不上。毛泽东在农业合作化即将完成尚未完成之际，就想到下一步的问题，这绝非心血来潮，或者只是说说而已，他是在郑重地考虑问题。这正是他的"不断革命""打了一个仗之后，马上就要提出新任务"的思想的惯性反映。

当然，毛泽东这时并不认为，农业合作化的工作已经没有任何问题了，可以高枕无忧了。不是的。《高潮》出版以后，他立即派田家英到各地调查农业合作化情况。田带着几个同志跑了山西、四川、湖北、河北四省，当时我们称作"观高潮"。在调查中，他发现一个重要问题，就是合作社的规模过大。而毛泽东当时正热心提倡"并社升级"，认为小规模的初级社仍然束缚生产力的发展，不能停留太久；同时，从上到下，不少干部的头脑也有些发热，一味追求搞大社，搞高级社。田家英并没有迎合毛泽东的想法和当时那股思潮，而是根据调查中得来的第一手材料，向毛提出自己的意见。他的意见虽然没有受到重视，但他在毛泽东面前敢于提出相反意见的勇气，给我留下很深的印象。

他的这种勇于直陈己见的政治品质,在以后日益复杂的政治生活中愈益显得可贵。但也应当说明,这时,毛泽东并没有因为田家英提了不同的意见就对他不信任,而是更加信任他和器重他。[30]

和平赎买政策

1953年以前,毛泽东还是按照七届二中全会和《共同纲领》,强调对资本主义工商业进行利用、限制的方针。平抑物价、统一财经及"五反"运动,就是限制它的具体措施,而调整工商业等则是利用它的措施。

1952年3月15日下午,毛泽东约黄炎培谈话,表明了他对资本主义工商业和民族资产阶级的主张。黄炎培于当年7月2日传达了毛泽东的这个谈话:

主席在垂询民建"三反"运动情况以后,指示:"有人不承认自己是代表资产阶级,其实代表资产阶级,没有什么不好。资产阶级的存在,是《共同纲领》规定的。民建会里面有了坏的资产阶级分子,但也有好的资产阶级分子。"

主席说:"我们要从经济观点,向大的远的方面看,现在中国的私人资本,在全国工商业经济上,比重还是相当大,向着社会主义走,公私双方都需要发展的。私人资本在新中国经济建设上,它是有贡献的。但不要让它向坏的方面发展。"

谈到民建过去政治上走的是"中间路线",主席说:"民建从前走'中间路线'倒不必讳言。在中国共产党和国民党斗争的时候,两党对立,很自然地会产生'中间路线'。如果那时民建、民盟、民革都不走'中间路线',那另外会有人出来走的,历史告诉我们是这样的。不过时势演变起来,'中间路线'会分化:一部分走向反动那边去,一部分走向革命这边来。"

主席说:"我们要用经济观点,向大的远的方面看,例如:北京有5万工商户,4万多摊贩,在5万工商户中间,1.7万户是雇用工人店员不超过3人的;1.9万户是夫妻母子的家庭工商业。从全国看来,有些大工业家,他们掌握着的工厂,经济作用比某些城市全部小工商业还要大。用经济观点向远的大的方面看,这些情况是值得注意的。"

主席说:"资本家唯利是图,人家说是不好,但'利'可以分析一下:一部分是国家的利,一部分是工人的利,其余一部分是资本家的利。如果唯利是图的资本家,他们所图的利,三方面都能够顾到,那就让他们来'图',只是不能让他们光是图私人的利。"

主席说:"民建在这次运动中,有些能带头坦白,因此带动了工商界,这是有功的。我们要重视对经济有作用,而且带头坦白的人。能带头坦白是好的。"

主席接着提出若干大工商业家的名字，特别注意大工业家。主席说："五毒俱全的，完全违法的，一定不要；守法的及基本守法的要争取；半守法半违法的也要争取，要教育改造他们。劝导大家在人民政府领导之下，依据国家经济需要，有步骤地把商业资本转向工业，于国家是有利的。商业中间特别是投机商，于国家人民全无益处，绝对不要。"

主席说："我希望民建注意两件事：一是帮助资本家去掉五毒，二是好好地学习《共同纲领》。"主席指示："不要光是谈马列主义，而是应该劝一般人学习并实行《共同纲领》。"

后来又谈到从这次运动中，看出群众力量的伟大，有许多工厂商店不法行为的揭发，全靠工人店员，我们值得重视。

最后，我把听到的指示，归纳成四点，请问主席："（一）民建会今后应该继续争取大工商业者参加，工业比商业还要重视，投机商业不要，是不是？（二）对中小工商业中间有代表性的，应该继续吸收，很好地团结教育他们，是不是？（三）今后努力争取守法的和基本守法的工商业者；半守法半违法的也要争取；严重违法的，要看他们的表现；至于完全违法的，才一定不要。是不是？（四）马列主义要学习，但一般人应该先学习并接受《共同纲领》，是不是？"以上四点，主席都回答："对的。"[31]

同年9月4日，政务院副总理、中国民主建国会主任委员黄炎培将他拟在民建北京分会大会上作的《"三反""五反"运动结束以后怎样发挥毛主席对民建方针指示的精神》讲话稿送毛泽东审阅。毛泽东对黄的讲话稿曾作了若干修改，主要是把讲稿中对资产阶级的较激进的提法改过来。如，毛泽东把讲稿中的"资本家应充分接受工人阶级思想"改为"资本家应充分接受工人阶级和国营经济的领导"；把讲稿中用"工人阶级思想"教育改造资本家，改为用"爱国主义的思想、《共同纲领》的思想"教育改造资本家；等等。

9月5日，毛泽东致信黄炎培，进一步阐述了他对资产阶级的看法。他在信中说：

讲稿用意甚好，唯觉太激进了一点，资产阶级多数人恐怕受不了，因此遵嘱作了某些修改，是否妥当，还祈考虑酌定。

要求资产阶级接受工人阶级的基本思想，例如消灭剥削，消灭阶级，消灭个人主义，接受马克思主义的宇宙观，或者如先生所说"没有劳动，没有生活，不从劳动以外求生活，不从自力以外求生活"，这就是要求资产阶级接受社会主义。这些对于少数进步分子来说是可能的，当作一个阶级，则不宜这样要求，至少在第一个五年计划时期不宜如此宣传。

当作一个阶级，在现阶段，我们只应当责成他们接受工人阶级的领导，亦即接受《共同纲领》，而不宜过此限度。

在现阶段，允许资产阶级存在，但须经营有益于国家人民的事业，不犯"五毒"，这就是工人阶级对于资产阶级的领导，也就是《共同纲领》所规定的。

超过这个限度，而要求资产阶级接受工人阶级的思想，或者说，不许资产阶级想剥削赚钱的事情，只许他们和工人一样想"没有劳动就没有生活"的事情，只想社会主义，不想资本主义，那是不可能的，也是不应该的。

今年上半年北京的《学习》杂志上有些写文章的同志曾经提出了这样的意见，我们已叫他们作了更正。

对于资产阶级中的少数人，那些有远见的人，我同意先生的意见，可以向他们宣传社会主义，使他们对社会主义事业发生兴趣，我想这是可行的，也是有益的。在中国的条件下，这样的人可能出现，特别是在几年之后，社会主义经济成分更加壮大，更加显示它对于国家和人民的伟大贡献的时候，这样的人可能逐步地多起来。

先生近来思想前进甚快，例如北戴河信上所说国家主权思想，此次所说社会主义的思想，都表示这一点，但在现在言之过早，在少数人想想是可以的，见之实行则是不可以的。因为先生对于我的高度的信任，故率陈鄙见如右〔32〕，是否有当，还祈审察赐教。

日内如有暇，想和先生面叙一次。〔33〕

从1952年9月下旬起，毛泽东在酝酿提出过渡时期总路线的过程中，开始考虑对资本主义工商业的限制、利用和社会主义改造并重的问题，而不仅仅是对它进行利用和限制了。

但是，党的有些部门仍然按照七届二中全会和《共同纲领》的精神制定政策，于是遭到了毛泽东的批评。刘少奇的"巩固新民主主义秩序"、邓子恢提出的"四大自由"，先后受到了毛泽东的批评。薄一波主持制定和发布的"新税制"，也受到了毛泽东的严厉批评，被认为是"有利于资本主义，不利于社会主义的错误"。

"新税制"是1952年12月26日经政务院第一百六十四次政务会议批准的，决定于1953年1月1日起施行。它的特点是：保证税收、简化纳税手续，坚持公私一律平等纳税原则。"新税制"发布不久，毛泽东就写信责问。1月15日，他给周恩来、邓小平、陈云、薄一波写了一封信，其中说：

"新税制事，中央既未讨论，对各中央局、分局、省市委亦未下达通知，匆率发表，毫无准备。此事似已在全国引起波动，不但上海、北京两处而已，究竟应如何处理，请你们研究告诉我。此事我看报始知，我看了亦不大懂，无怪向明等人不大懂。究竟新税制与旧税制比较利害如何？何以因税制而引起物

价如此波动？请令主管机关条举告诉我。"〔34〕

1953年6月13日至8月13日，召开了全国财经会议，讨论和批评新税制实际上成了会议的中心议题。8月12日，毛泽东作了长篇讲话，系统批评薄一波的"资产阶级思想"。他断言："新税制发展下去，势必离开马克思列宁主义，离开党在过渡时期的总路线，向资本主义发展。""新税制讲'公私一律平等'，这就违背了国营经济是领导成分的路线。"毛泽东还说，"资产阶级的糖衣炮弹，有物质的，也有精神的。精神的糖衣炮弹打中了一个靶子，就是薄一波。"毛泽东还批评薄一波犯了分散主义、主观主义的错误。

关于这段历史情况，薄一波在《若干重大决策与事件的回顾》一书中，作了实事求是的回顾：

由于高、饶的干扰，会议后期走偏了方向，与毛主席的原意大相径庭。毛主席希望早点儿结束会议，要周总理尽快做结论。但是，会上批评我的调子一直居高不下。我已意识到高、饶绝不仅仅是攻击我，而是进而攻击刘、周，为了不使事态扩大到中央领导核心，我决定不再多说一句话。当时会上要我作第三次检讨，我拒绝了。周总理把我的态度报告了毛主席，毛主席说："薄一波同志可以不检讨了。"

在这种情况下，周总理确实是很难作结论的。他是会议主持者，话说轻了，会上已是那种气氛，不大好通过，且有开脱、庇护之嫌；话说重了，就会为高、饶利用。最后还是毛主席出了个主意，他对周总理说："结论作不下来，可以'搬兵'嘛！把陈云、邓小平同志请回来，让他们参加会议嘛！"

陈云同志在北戴河时，一些同志去看望他，谈到财经会议的一些情况。他就明确表示："不能把薄一波同志几年来在中财委工作中的成绩抹杀了，我反对两条路线斗争的提法。"他在8月6日召开的第二十九次扩大的领导小组会议上的发言中，批评了我的错误，同时又明确地指出："同志们在会议上提出中财委内部是否有两条路线的问题，我以为在工作中间个别不同的意见是不会没有的，在一起做了四年工作，如果说没有一点不同的意见，当然不行。这些意见，也不能说他的都是错误的，我的都是对的；也不能说他的都是对的，我的都是错的。总的说起来，我在今天这样的会议上不能说中财委有两条路线。"

在高、饶问题尚未揭露，会议批评的调子降不下来的形势下，陈云同志的这些话，无疑起到了降温和替我解围的作用。

小平同志回京后，也在一次会议上发了言。大意是："大家批评薄一波同志的错误，我赞成。每个人都会犯错误，我自己就有不少错误，在座的其他同志也不能说没有错误。薄一波同志的错误是很多的，可能不是一斤两斤，而是一吨两吨。但是，他犯的错误再多，也不能说成是路线错误。把他这几年在工作中的这样那样过错说成是路线错误是不对的,我不赞成。"

由于陈云、小平同志讲了话,会议气氛起了变化,结论就比较好作了。8月9日,在中南海西楼会议室召开政治局会议,讨论同总理的结论讲话稿,毛主席通知我这次会一定要参加。会上毛主席问大家有什么意见,也问到我。我表示,我有错误,但有些具体事情还说不清楚。高岗站起来批评我,说我态度不好时,毛主席打断他的话说:"你为什么不准上书的人写信给中央(指'东北一党员信')?东北的工作为什么就不能检查(指检查鞍钢一事)?东北各省出了错误,你东北局还不是要进行批评、检查!"高岗还想为自己辩解,但毛主席的态度十分严厉,他也就退缩了。后来回想起毛主席这些话,觉得他对高、饶在财经会议上的表演,可能已有某些察觉了。

8月11日晚,在怀仁堂召开大会,陈云同志主持,周总理作总结报告。毛主席对总结报告作了多次修改,他修改的要点是:

1. 在报告的第一部分,毛主席第一次引用了他概括出来的过渡时期总路线的比较完整的提法,并指出:"这条总路线的许多方针政策,在1949年3月的党的二中全会的决议里,就已经提出,并已作了原则性的解决。可是许多同志,却不愿意遵照二中全会的规定去工作,喜欢在某些问题上另闹一套不符合于二中全会规定的东西,甚至公然违反二中全会的原则。"在引述了七届二中全会决议中四段论述同私人资本主义进行限制和反限制斗争的文字后,毛主席加上了"以薄一波同志为代表的若干财经工作干部在对私人资本主义所犯错误,是直接违反上述规定的"。但他在修改时,把凡是说我犯了"带路线性的右倾机会主义错误"的地方都删掉了"带路线性"四个字。并明确指出,由于"所有这些错误,还未构成一个系统,所以还不应该说成是路线错误"。

2. 在报告中讲到党的统一领导问题时,毛主席所作的修改甚多。下面这段引文中的黑体字,都是毛主席加的:"党中央和毛泽东同志历来总是强调党的统一领导,反对各个党的组织和党员个人向党闹独立性,反对无政府无组织无纪律的错误倾向,反对分散主义,这绝不是偶然的。这次税收、商业、财政、金融工作中所犯的许多错误,是与向党闹独立性、与无政府无组织无纪律的错误倾向、与分散主义离不开的。修正税制及其他许多违反党的原则的措施,不向党中央请示,不与地方党委商量,亦不考虑有关部门的不同意见,就独断专行地加以实施,而修正税制竟反与资产阶级代表人物事先取得协议,离开了党的立场,这都是分散主义发展起来的必然恶果。"

3. 在报告中讲到我犯错误的地方,毛主席加了一段文字:"应该指出,薄一波同志过去对敌斗争是勇敢的,在各个时期中,当他正确地执行党的路线的时候,他的工作是有相当成绩的。现在的问题是薄一波同志能不能虚心接受各同志的正确批评而坚决改正自己的错误。我们希望他虚心接受同志们的正确批评，坚决改正错误，以便在党的领导下继续做有益于党和人民的工作。"

毛主席对这次会议是非常关心的。会议结束的前一天，即8月12日，他在怀仁堂向出席、列席会议的全体人员作了一次重要讲话，讲话的主要内容大体可分为5个方面：

1. 说明"三反""五反"运动后他主要考虑和警惕的问题。他正在酝酿提出过渡时期的总路线，因而特别重视和警觉资产阶级思想在党内的反映，认为这是"向社会主义发展还是向资本主义发展的问题"。

2. 批评"新税制"的错误。认为新税制是"有利于资本主义，不利于社会主义的错误"。他说，资产阶级用"精神的糖衣炮弹打中了一个靶子——薄一波，还有吴波等人"。

3. 批评主观主义和分散主义。他认为，在建设时期，既要反对急躁冒进的、不顾人力物力情况的主观主义，又要反对保守的主观主义。强调必须巩固集体领导，坚持民主集中制，反对分散主义。

4. 要求各级领导干部要有谦虚、坚韧的精神。他说，建设"要有狠劲"，要有坚韧不拔的精神。"不要骄傲、要学习，不能看不起人"，"永远是学习的态度"。

5. 对自己的错误进行自我批评。他说：

"在批判薄一波的错误中间，周、陈都说要负责任，我说我也要负责任，各有各的账。我的错误在于：（1）抓得少，抓得迟，这是第一条，也是主要的一条。过去忙于土改、抗美援朝，'三反'后应抓财经，抓了一些，但没有钻。我对财经工作生疏，是吃老资格的饭，过去一凭老资格，二凭过去的革命工作较丰富的经验，现在是建设时期，缺乏知识，未钻进去，要亡羊补牢。（2）统得死了，我也有份。我说过要统收统支，对统收我抓了，统支我没有抓紧，不注意。这一次会议提醒了我，要统一集中，但分级管理也是很必要的。（3）预算问题。去年11月搞起，经过1月财经会议，中央也讨论了。预算中16万亿是虚假数字（指将上年结余打入下年的预算——薄一波注），我现在才知道。利润打得太多，支出得太多了。我虽然说了'三道防线'——增产、节约、发行，但错误是报纸上公布得早了，应该慢慢来（苏联今年预算现在才公布），我也有急躁冒进。（4）查田定产，我支持过。到武汉、南京后，听到对此问题有反映，我说做个五年计划吧。回到北京，邓子恢同志看我口气松了，说查田定产否定了土改成果，根本行不通。我说：'听你的吧。'（5）扫盲，我开始是支持过，后来不行了，接受了大家的意见，修改了原来的意见。（6）失业人员登记，是我的意见，失业的160万人，加上半失业的人数很多。原因是我接到八百封信都是这个问题，劳动部当时又说这样做没有问题，有些失业救济经费还花不出去。我让恩来同志召集了会议，宣布了劳动就业办法，给地方上增加了麻烦。但也给失业者一些希望。……我是中央主席，都有我的份。这些错误，中央政治局在逐步地纠正中。"

一位受全党尊敬的伟大领袖，能在大庭广众之中诚恳地检讨自己的错误，给了大家以很大的启发和教育。他的这番话，在一些具体问题上承担了责任，就使做实际工作的同志减轻了压力。更重要的是，可以从中看出他的本意是希望这次财经会议能通过批评、自我批评来总结经验，提高认识。

财经会议结束后，尤其是七届四中全会之后到八大期间，从毛主席的多次谈话中，从中央对我的工作的安排上，我深深感到，毛主席和党中央随着对事情的真相一步一步的了解，对我的"误会"也在一步一步地消除；对财经会议上对我不恰当的批评也一步一步地作了修正。

8月14日，即散会后的第二天，我找陈云同志谈了一次话。我向他表示了三点意思：一是承认我确实有错误；二是请求撤销中财委副主任和财政部部长的职务；三是请中央考虑我的工作问题，能够做什么，应该做什么，我都服从中央的决定。我请他把这个意思报告周总理，转报毛主席和党中央。

8月17日，中央政治局决定由小平同志兼任中财委第一副主任和财政部部长，免除我的财政部部长职务，仍留任中财委副主任，由我协助小平同志领导铁道部、交通部、邮电部的工作。当时我还兼任编制委员会主任、全国供销合作总社主任、公安部劳改委员会主任。我觉得，我的工作性质已有了改变，不适合再担任这些职务，都请求予以免除。

8月22日，毛主席找我谈话。在此之前，我思想上产生过想下去工作的想法，我把这个想法报告了陈云、小平同志，也报告了周总理、少奇同志。他们都说："你直接去同毛主席谈。"毛主席这次同我的谈话，虽然对我的错误尚无谅解之意，但语气亲切、温和，使我深为感激。他说："这次会议，原意是要引导大家讨论过渡时期总路线的，但是没有完全按照我的意图进行。"对于发生这种变化的原因，他没有谈及。接着毛主席说："一波同志，你这个人是努力做工作的，但近半年来工作上出了问题，你是有责任的。这次大家对你批评这么多，你一定不满意，心想为什么把问题都推到我身上？不要不满意！好好想想，就可以想通的。听说你要求下去，想到哪里去？"我说："包钢是156项工程之一，正在建设，想到那里从头摸一个大企业。"他说："不行，中央还需要你工作。"我说："我现在有点抬不起头来，在中央不好干工作了。"他坚持说："不要再这样讲了，你还要在中央做工作。"我答应不再要求下去了。他劝我找邓子恢、谭震林等同志谈一谈，还说："你今后还要在中央工作,还要和大家共事。"我回答说现在不找他们。毛主席又说:"那你去找朱德、彭德怀同志谈谈,如何?"我说:"两位老总那里,我一定去谈谈。"毛主席最后鼓励我说:"你不要以为天塌下来了,你现在应该出去走一走,看一看,换换空气,看看光明前景。"

我先找了朱总司令,又到彭老总那里。两位老总的谈话给我的印象很深。记得彭老总对我说:"一波,我了解你,你总的方面是好的。但是一个人要是有点思想,有点能力,工作做得不错,有成绩,遇事又好讲个不同意见,再加上你平常工作中难免有点毛病,你就准备多受点批评。"他还说,"我这个人也是经常挨批评的。八年前华北工作座谈会(指在延安召开的历时四十天的整风座谈会——作者注)不是大批评了我一通吗?用湖南的土话说,我这个人是高山上倒马桶——臭名远扬。但是,我从来不把它当包袱。有些事一时说不清的,留待历史去评判好了。总之,不要怕批评,要继续做好工作。"我听了他的一席话,很受感动。

8月27日,毛主席把一个部门负责同志对工作的检讨送给我看,并写便函说:"薄一波同志:此件可以一阅。其中,有许多和你在中财委和财政部的情形是相似的。"他的意图很明显,是希望我正确对待批评,注意总结工作中的经验教训。我于9月5日复信给毛主席,表示送来的材料"可以帮助我进一步认识我的错误"。并报告他,我已获得陈云、小平同志的允许,将于9月7日到外地去看看,时间一个月左右。

9月7日至10月17日,我到保定、石家庄、邯郸、太原、忻县、大同、归绥、张家口等八个地方进行了四十天调查研究,听取了省、地、市委的汇报,召开了有二十一个县市的县、区、乡干部和农业社干部、劳模参加的小型座谈会。11月7日,我给毛主席写了一个报告,汇报了关于解放后农村经济、农民生活,以及华北地区农业生产互助合作等情况,并结合实际进一步分析、认识自己在财经工作方面发生的错误。毛主席非常仔细地阅读了这个报告,几乎每行都画了线,并批示:"印发中央各同志及有关财经部门党组阅看。"11月间,毛主席派陈伯达、廖鲁言找我,转达他的意思,认为我的报告内容可取,要我在中央正在召开的第三次农村互助合作会议上讲一讲。我照办了。几天后,毛主席对我说:"我是让你到全国各地跑一跑,你只记得一个华北!"

12月24日,我接到通知,要我参加政治局扩大会议,记得那天到会的有二十来人。毛主席在会上说,北京城里有两个司令部,颐年堂门可罗雀,东交民巷8号(指高岗的住处)车水马龙。接着召开七届四中全会,少奇同志通知我,并说在会上大家都要作自我批评。不久,会议开始揭发高岗、饶漱石篡党夺权的阴谋活动。少奇同志建议我不参加为好,我就没有参加后来的会议。

经过七届四中全会对高、饶篡党夺权阴谋的揭露，大家对他们在财经会议上的活动看得更清楚了，毛主席也意识到会上对我的批评过了头。为了帮助我轻装前进，他曾经示意一些同志同我谈谈心。我记得，当时来谈的几位负责同志谈得都很融洽很诚恳，相互都作了自我批评。

1954年6月3日，毛主席通知我和刘澜涛、安子文同志到他的住处参加书记处会议。一进门，我还没坐下，毛主席就说："财经会议及其后相当一段时间，我们对一波同志是有些误会的，现在这些误会解除了。路遥知马力，日久见人心，一波同志是个好同志。"停了片刻，他又说，"如果高、饶问题没有揭露，这些误会可能还难以解除。"我当时表示："我确有错误，今后还会犯错误。"毛主席说："错误都会犯，改正了就好；以后再犯，当然还是要批评的。"我感到这次谈话以后，我的问题算是完全解决了。

这年夏天，周总理根据毛主席的意见，要我再主持一次全国的增产节约运动。我表示犯错误不久，恐怕担负不起这个责任。周总理说："1952年你领导增产节约运动很有成绩嘛！至于财经会议对你的批评，毛主席已经同你谈过了，文件（指《结论》）就不必收回了。"

这年9月，中央在西楼会议室召开的一次会议上，正式通知我主持国务院第三办公室（即重工业口）的工作。

1955年5月，毛主席托周总理转告我，指定由我组织一个由各主要工业部部长参加的大型代表团，去莫斯科参加苏联工业方面的一个大会。回国后，我们建议成立国家建设委员会、国家科学技术委员会、国家经济委员会，均被中央采纳，并任命我为国家建委主任。以后又把国务院三办、四办、六办合并到经委，主管工交各口生产并负责年度计划的编制和执行，中央又调我任经委主任。每次工作调动，毛主席都找我谈话，勉励我做好工作。

1956年召开党的八大，毛主席指定我在会上发言，我讲了正确处理积累和消费的关系问题。在八届一中全会上，我当选为中央政治局候补委员。11月，根据人大常委会决定，我被任命为国务院副总理。

回顾1953年夏季全国财经工作会议的全过程，我的总的看法是：新中国成立初期，在党中央、毛主席的英明领导下，以陈云同志为首的中财委为恢复国民经济、稳定物价、平衡收支、争取财经状况根本好转和开展有计划的经济建设，做了大量工作，而且做得很出色。在这个过程中，我也是努力去做工作的。但是我在工作中，由于经验不足，产生了一些缺点和错误，受到批评是应当的。而且，我从这些批评中确实受到了教益。特别是在财经会议期间和会议之后，毛主席和中央其他领导同志对我的关心、帮助、鼓励和教诲，更是铭记在心，终生难忘。党内的矛盾和斗争虽然是复杂的，在复杂的斗争中，发生一些误会、委曲和失误也是难免的，但是有马列主义、毛泽东思想的指导，有党的实事求是的思想路线，有在长期斗争中形成的党的领导骨干和丰富经验，误会可以消除，委曲可以澄清，失误可以纠正，而任何分裂党、毁坏党的事业的行为都是不可能得逞的。这正是我们党的强大生命力的表现。看看1953年财经会议的前前后后，我以为是很可以帮助我们增强这个信念的。[35]

1952年9月下旬至1953年春，毛泽东在酝酿提出过渡时期总路线的过程中，遇到了一个难点，就是不太明了进行资本主义工商业的社会主义改造的具体途径、步骤。

李维汉经过周密细致的调查研究，初步形成了解决这些问题的构想。他在1953年5月向中央和毛泽东报送了《关于资本主义工业中的公私关系问题》的报告，毛泽东极为重视这个调查报告。6月中旬，政治局召开两次扩大会议进行讨论。毛泽东在6月15日第一次讨论中，宣布了党在过渡时期的总路线。会议确定经过国家资本主义改造资本主义工业的方针，随后又决定对私营商业亦采取国家资本主义的方针，把它作为过渡时期总路线的一个重要组成部分。经过6月政治局两次扩大会议的讨论，作为对资本主义工商业利用、限制、改造的方针，从指导思想上确定下来了。

从1953年6至9月，毛泽东在这几个月间就改造资本主义工商业问题作了多次讲话，李维汉归纳其基本要点如下：

一、经过国家资本主义完成对私营工商业的社会主义改造，是较健全的方针和办法。

国家资本主义的形态有三：一是公私合营，二是加工、订货、收购、包销等，三是私营商业向国营进货按牌价出售。私营商业亦可以实行国家资本主义，不可能以"排除"二字了之。

二、占有大约380万工人店员的私营工商业，是国家的一项大财富，在国计民生中有很大的作用。私营工商业不仅对国家供应产品，而且可以为国家积累资金，可以为国家训练干部。

三、对私营工商业实行社会主义改造，要分为两步。第一步，先把不受限制的独立的资本主义变成受限制的国家资本主义；第二步，把国家资本主义转变为社会主义。

从不受限制的资本主义变成受限制的国家资本主义，这是一个进攻。在进攻中要有必要的让步，要承认资本家的"三权"（指企业所有权、用人权、经营管理权），否则，就无从搞国家资本主义。现在是进攻太猛，天津资本家只分得很少一点利润，这样他们就不会很好地搞生产。资本主义经济法则是唯利是图，现在要使它从唯利是图变成两利是图和四利是图。企业的利润分配，按照"四马分肥"的原则,分给资本家的股息红利可占企业利润的1/4左右,其余的3/4是为工人(福利费)、为国家(所得税)及为扩大生产设备(其中包含一小部分是为资本家生产利润的)而生产的。因此,这种新式国家资本主义经济是带着很大的社会主义性质的,是对工人和国家有利的。

四、3年之内,要把资本主义工业的大部分差不多包括一百万工人的工业变为国家资本主义,这是一件大事。我们要有计划、有步骤、有准备地搞国家资本主义,不能打无准备、无把握之仗。希望能在两年半到三年之间或者三年到五年内解决这个问题,要稳步前进,不能太急。

公私合营企业,要给资本家提供一个榜样。过去是"西向让三,南向让再",今后每年都要发展。

五、实行国家资本主义,不但要根据需要和可能,而且要出于资本家自愿,因为这是合作的事业,既是合作,就不能强迫,这和对地主不同。

六、资产阶级作为阶级是要被消灭的,但资产阶级分子则可能逐步分化。在我国的具体条件下,要相信资产阶级、上层小资产阶级、宗教界上层人物的大多数是可以改造的。其中一部分人可能要坚决反抗,但大部分人是可能不反抗而接受社会主义改造的。资产阶级分子改造的前途,不是变成地主、农民或其他小资产阶级,而是变成工人。要消灭资产阶级,把人改造过来。

七、需要继续在资本家中间进行爱国主义教育,要有计划地培养一部分眼光远大的、愿意和共产党和人民政府靠近的资本家,以便经过他们去说服大部分资本家。每个城市都要有这样一批工商界的核心分子。

八、中国工人阶级有两个联盟、两种合作。一个是同农民的联盟,一个是同民族资产阶级的联盟。这两个联盟中,头一个联盟为后一个联盟的基础。没有头一个联盟,我们就没有力量。必须依靠工农联盟,才有力量去联合和改造那些剥削分子,那些人才会来。

九、采取自上而下的和平的方法逐步地实行国家资本主义,并不是取消阶级斗争,而是一种比较巧妙、比较温和、特殊形式的阶级斗争。在社会主义改造时期,我们同资产阶级的统一战线就是阶级斗争的一种形式。我们的战略目标是要消灭资产阶级,但可以采取比较文明的办法改造,可以开协商会,用协商的方法来消灭它。

十、不要忘记我们握有政治优势和经济优势。政治方面,国家政权在工人阶级手里,资本主义企业中又有工会和共产党支部;经济方面,社会主义经济占优势,企业公私合营后生产力即不断发展,事实证明了社会主义经济和半社会主义经济(公私合营)远远优胜于资本主义经济,向资本家提供了一个愿意同我们合作的榜样。工人阶级的政治优势和经济优势,是我们对资本主义工商业实现社会主义改造的根本保障。

十一、我们搞社会主义革命不是毫无根据的。我们是为了工人阶级自己的利益,而来改造资产阶级分子、农民、手工业者等等。要用马克思关于工人阶级不解放全人类就不能解放自己的战略思想教育全党。

刘少奇、周恩来等同志完全支持毛泽东同志的意见。六月政治局讨论时,恩来同志表示他当时也在调查寻找对私人资本主义实行社会主义改造的方针和途径,看了我送中央的报告后说:"罗迈的报告解决了问题。"少奇同志也认为中央统战部的文件很好,系统地解决了问题。[36]

1953年9月7日,毛泽东同民主党派和工商联部分代表谈话,论述对资本主义工商业的改造问题。黄炎培以日记形式记述了毛泽东的谈话要点。他写道:

9月7日,毛主席召开座谈会,参加者有各党派领导人。民建参加者尚有章乃器、李烛尘、盛丕华等。毛主席详谈对私营工商业的政策。毛主席指出:(一)过去三年多,做了一些工作,现在起要多做些工作。"(二)经过国家资本主义完成对私营工商业的社会主义改造,是较健全的方针和办法。(三)《共同纲领》第31条的方针,现在应该明确起来和逐步地具体化。(四)将全国私营工商业基本上引上国家资本主义轨道,需要三年至五年的时间。(五)公私合营、全部出原料收产品的加工订货和只收大部产品,是国家资本主义在私营工业方面的三种形式。(六)私营商业亦可以实行国家资本主义。(七)私营工商业在国计民生中有很大的作用。(八)要改变资本家唯利是图的思想,也要允许资本家有利可得。(九)有计划地培养一部分眼光远大的、愿意和共产党和人民政府靠近的资本家,以便经过他们去说服大部分资本家,继续在资本家中间进行爱国主义教育。(十)实行国家资本主义,不但要根据需要和可能,而且要出于资本家自愿。(十一)全国各民族、各民主阶级、各民主党派、各人民团体在过去几年中已有很大的进步。(十二)完成整个过渡时期,需要几个五年计划的时间。(十三)在我们现在的条件下,私营工商业基本上是为国计民生服务的,因此可以而且应当说服工人,和国营企业一样,实行增产节约,劳动竞赛。"

……

9月15日听盛丕华传达毛主席对上海工商界谈话有四点:(一)私营工商业过去为人民做了好事,现在也是为人民服务;(二)私营企业也要厉行节约,提高生产……为国家积累资金,通过国家资本主义道路走向社会主义;(三)私营企业可以按四马分肥办法,得25%的利润;(四)走国家资本主义道路,可先从大型厂着手,稳步前进。[37]

1955年的5到10月,毛泽东集中精力发动了农业合作化高潮,接着又发动了资本主义工商业全行业公私合营高潮。

薄一波回忆说：

1955年10月4日至11日，党的七届六中全会（扩大）在北京举行。重要议题之一是讨论农业合作化问题。就在这次全会的结论中，毛主席透露了他关于加快资本主义工商业改造步伐问题的设想。他说："围绕农业合作化发展速度问题的大辩论，牵涉的面很广，牵涉到手工业和资本主义工商业的改造，牵涉到党政军民各方面的工作。"在阐明农业合作化同资本主义工商业改造的关系的问题时，他说："我在三中全会说过，不要四面出击。因为那时全国大片地方没有实行土改，农民还没有完全站到我们这边来。土地改革，使我们在民主主义的基础上同农民结成了联盟，使资产阶级第一次感到了孤立。现在的农业合作化使我们在无产阶级社会主义的基础上，而不是在资产阶级民主主义的基础上，巩固了同农民的联盟。这就会使资产阶级最后孤立起来，便于最后地消灭资本主义。"这些论述实际上是向全党发出一个明确的信号：农业合作化的步伐加快之后，资本主义工商业改造的步伐也将跟着加快。

七届六中全会（扩大）一结束，毛主席立即部署加快资本主义工商业的社会主义改造。[38]

李维汉对毛泽东如何领导和推进对资本主义工商业的社会主义改造，作了如下叙述：

党中央和毛主席因势利导，全面规划，向党内外大力进行宣传教育，有计划、有步骤地领导和推进了这一具有伟大历史意义的社会主义变革。

1955年10月27日、29日，毛泽东邀约民主建国会、全国工商联的领导人陈叔通、李烛尘、胡子昂、胡厥文、荣毅仁等人和出席全国工商联会议的全体执行委员分别在颐年堂、怀仁堂举行座谈。针对资产阶级在社会主义改造中动荡不安的心理，作了两次重要讲话，系统阐明党的和平改造和赎买政策，殷切希望资产阶级要认识社会发展规律，主动掌握自己的命运，进一步接受社会主义改造。毛泽东指出："现在中国处在大变革的时代，社会动荡不安。农民私有制要变集体所有制，资本家也要改变所有制，许多人掌握不住自己的命运。要掌握是可以掌握的，即了解趋势，站在社会主义方面，有觉悟地逐渐转变到新制度。"针对资产阶级分子惧怕社会主义的心理，指出应当加强社会主义的宣传教育，他说："共产主义这个问题要讲开，好像怕鬼一样，大家一说就不怕。我看共产是好事，没什么可怕。不是今天说了，明天就共产了，而是讲要准备共产，要广泛宣传，要重申我们党将坚持和平转变和赎买政策。我们现在的社会主义改造，其实就是马克思、恩格斯、列宁所说的赎买政策，是'善转'，不是'恶转'；是'和平的转'，不是'强力的转'。赎买的时间，从

1949年算起，可以拖到十五年、十八年，经过许多过渡步骤，经过许多的宣传教育。安排人员，主要是两个，一个是工作岗位，一个是政治地位，把这两个统统都安排好。究竟哪一年国有化，不会是一个原子弹扑通下地，总要同你们商量的。大家要安下心来，不要十五个吊桶打水——七上八下。"毛泽东还着重提出培养和扩大工商界核心分子的任务，说："希望每一个大城市有几十个、几百个核心人物，这些人比较其他人要觉悟一些，要进步一些，经过他们来教育其他工商界的人。"他还对李烛尘等人提出工商界也要掀起一个改造高潮的主张进行说服，他说："不要搞一阵风。我们需要有充分准备，包括思想准备、宣传教育许多工作在内，要有秩序、有步骤地前进，要做到瓜熟蒂落、水到渠成。"毛泽东的讲话，有力地稳定了资产阶级人们动荡不安的情绪，并鼓舞了多数人接受社会主义改造的积极性。全国工商联会议期间，经过深入学习和讨论，许多人现身说法，批判自己的剥削发家史，认识到资本主义道路是大鱼吃小鱼，是死路一条，只有下决心走社会主义道路，才能掌握自己的命运，获得光明的前途。会议通过《告全国工商界书》，号召全国工商业者认清前途，服从共产党和人民政府的领导，坚定爱国守法的立场，接受社会主义改造，把自己的命运同国家的前途结合在一起。

同年11月16日至24日，中央政治局召集各省、市、自治区党委代表会议，集中讨论对资本主义工商业的社会主义改造问题。陈云在会上传达了上述毛泽东同工商界代表人物的两次重要讲话，并适应形势发展的需要，提出了全面改造资本主义工商业的规划。[39]

在这次会议期间，毛泽东主持起草了《中共中央关于资本主义工商业改造问题的决议（草案）》。在11月17日给刘少奇、邓小平的信中，毛泽东谈到这个文件的起草情况，他说："这个文件是陈伯达、柯庆施和我三人讨论，由陈伯达执笔写成的，因为时间匆促，来不及过细修改。"

薄一波对毛泽东起草这个决议草案的情况，以及1955年底到1956年初全国公私合营的迅猛发展，作了如下回忆：

1955年10月27日和29日，毛主席两次约见工商界的代表人物谈话。头一次在颐年堂，只有黄炎培、陈叔通等少数人；第二次在怀仁堂，人数比较多，除全国工商联执委外，在京中共中央委员和中央各部门的负责人也参加了。两次谈话，都是勉励民族资产阶级要认清社会发展规律，掌握自己的命运，走社会主义的道路。

第二次谈话后，毛主席去杭州，除召集部分省委书记座谈农业发展规划外，就是主持起草《中共中央关于资本主义工商业改造问题的决议》。

《决议（草案）》指出："我们现在已经有了充分有利的条件和完全的

必要把对资本主义工商业的改造工作推进到一个新的阶段,即从原来在私营企业中所实行的由国家加工订货、为国家经销代销和个别地实行公私合营的阶段,推进到在一切重要的行业中分别在各地区实行全部或大部公私合营的阶段,从原来主要的是国家资本主义的初级形式推进到主要的是国家资本主义的高级形式。"

11月16日至24日,根据毛主席的提议,党中央召开了对资本主义工商业改造问题的工作会议,讨论《中共中央关于资本主义工商业改造问题的决议(草案)》。毛主席在最后一天参加会议并讲话。他说,帝国主义眼前还不敢发动战争,我们要趁着这个机会,加快社会主义改造,加快我国的发展。在批评那种认为民族资产阶级不能接受社会主义这一错误思想时,毛主席说"现在它是一只半脚踏进社会主义,人家现在快要变工人阶级了,人家已经是半社会主义者了","它只有1/4没有进来了"。

毛主席关于加快资本主义工商业改造步伐的设想,在党内没有听到不同意见。工商界的代表人物对毛主席亲自出面对他们做工作,表示很拥护。李烛尘先生10月29日那天当场表示,要积极推动民建会和工商联的会员搞高级形式的公私合营。荣毅仁先生讲了荣家的发家史和父辈在旧社会办实业的坎坷经历,认为只有跟着共产党走,才有光明前途。11月1日至21日,全国工商联首届执委会举行第二次会议。主任委员陈叔通在开幕词中,号召一切爱国的工商业者把自己的命运和国家发展的前途联系起来,在现有的基础上进一步接受社会主义改造,在伟大祖国的伟大事业中,继续贡献自己的力量。21日,执委会通过决议并在《告全国工商界书》中指出:"我们工商业者当前的首要任务是应该坚守爱国守法的立场,积极接受社会主义改造。"

中央工作会议和全国工商联执委会议之后,各地敲锣打鼓,掀起资本主义工商业改造高潮。不少城镇申请公私合营的人流,日夜不断,其势甚猛。在这种形势下,中央决定,只好先批准公私合营,把要做的清产核资、改组企业、安排生产、安置人员、组织专业公司等工作,放到后面去做。1956年1月15日,北京天安门广场举行集会,在郊区农民代表报告实现农业合作化的喜讯之后,工商界代表乐松生在天安门城楼,向毛主席报告首都已实现全行业公私合营的喜讯。继北京之后,全国大城市和五十多个中等城市,于1月底全部实现了全行业的公私合营。

按照过渡时期总路线的要求,应于1967年完成对资本主义工商业的社会主义改造,现在基本完成的时间,比原计划提前十二年。这个速度不仅超出我们大家的预料,而且也超出毛主席本人的预料。1956年1月25日,毛主席在第六次最高国务会议上说:"公私合营走得很快,这是没有预料到的。谁料得到?

现在又没有孔明,意料不到那么快。去年李烛老(即李烛尘先生)在怀仁堂讲高潮,我那个时候还泼了一点冷水。我说:'你那样搞太厉害,你要求太急了。'又对他讲,要瓜熟蒂落,水到渠成,要有秩序、有步骤地来,不要搞乱了。"据我了解,到1955年12月5日中央召开座谈会,由少奇同志传达毛主席关于批判"右倾保守"思想的部署时,中央设想是:到1957年争取90%的工商业实现公私合营,1962年基本完成资本主义工商业的社会主义改造。[40]

到1956年底,私营工业户数的99%、总产值的99.6%,私营商业户数的82.2%、资金的93.3%,分别纳入了公私合营或合作化的轨道。

指导"一五"建设和手工业改造

把中国建设成为强大的工业化、现代化社会主义国家,是毛泽东的毕生愿望。新中国成立后的前3年,他领导了国民经济的恢复工作,并提出了"三年准备,十年建设"的重要构想。"三年准备"完成后,他制定和推行过渡时期总路线,把社会主义改造作为翼侧,而把工业化作为主体。为此,毛泽东亲自指导了"一五"计划的编制和实施。

"一五"计划从1952年着手编制,到1955年提交全国人大一届二次会议审议通过,前后用了三年多的时间。

"一五"计划的指导方针之一,就是优先发展重工业,薄一波回顾了这一方针的确立过程和毛泽东对这个方针的强调:

把一个经济落后的农业大国逐步建设成为工业国,从何起步?这是编制计划之初就苦苦思索的一个问题。有关部门的同志也曾引经据典地进行过探讨,把苏联同资本主义国家发展工业化的道路作过比较,提出过不同的设想。经过对政治、经济、国际环境诸多方面利弊得失的反复权衡和深入讨论之后,大家认为必须从发展原材料、能源、机械制造等重工业入手。

得出这样的结论,其理甚明。设想多发展轻工业,按一般常识讲,一定是投资省、见效快,又能改善人民的物质生活条件,为国家多积累建设资金。但是,没有机器制造业,发展轻工业的装备从哪里来?没有钢铁等基础工业,机械制造的原材料从哪里来?没有能源和交通运输,整个经济又怎么运转?仰赖进口吗?办不到。一是我们没有钱;二是西方资本主义国家对我们实行禁运和封锁,全靠苏联等社会主义国家支援也不现实。特别是当时美帝国主义实际上还同我们处于军事对峙状态,我们亟须建立强大的军事工业以增强国防力量。这些因素是客观的现实,不是我们的主观意志可以改变的。因此,我们的"一五"计划不能不采取优先发展重工业的指导方针。

1953年9月，毛主席在中央人民政府委员会第二十四次会议上，专门讲了一段如何看待"施仁政"的问题。当时有些同志，也包括一些党外朋友中的有识之士，看不到抗美援朝、发展重工业的重要性，片面强调中国经过二十二年的战争，经济亟待恢复，人心思定，不能再打仗了，人民生活亟待改善，应该多搞些轻工业。有的甚至提出，工商业者可专搞轻工业，国家则专搞重工业，这样分工合作，于国于民两利。这两种议论，一时呼声甚高。毛主席把这种思想称为"小仁政"，提出了善意的批评。他说："所谓仁政有两种：一种是为人民的当前利益，另一种是为人民的长远利益，例如抗美援朝、建设重工业。前一种是小仁政，后一种是大仁政。两种必须兼顾，不兼顾是错误的。那么重点放在什么地方呢？重点应当放在大仁政上。现在，我们施仁政的重点应当放在建设重工业上。要建设，就要资金。所以，人民的生活虽然要改善，但一时又不能改善很多。就是说，人民生活不可不改善，不可多改善；不可不照顾，不可多照顾。照顾小仁政，妨碍大仁政，这是施仁政的偏向。"这段话讲得很好，今天重读，仍觉寓意良深。我们党是为人民服务、为人民谋利益的，服务、谋利益，也就是在做着"施仁政"的工作。第一是要"施仁政"，而绝不能向人民"施恶政"，否则就蜕化变质了，就"和平演变"过去了。这是我们的党员干部尤其是领导干部第一要警惕的。第二，"施仁政"要善于施，施得得法。为人民需要办的好事多得很，不可能一天、一月、一年都办完，必须有大小主次之分，轻重缓急之分。"小仁政"不能妨碍"大仁政"，眼前利益不能损害长远利益，局部利益不能损害整体利益，生活消费不能冲击国家建设。如果只顾眼前，好行小惠，吃光分光，不图大计，那就有一天什么"仁政"也施不下去。这一点不可不察，这也是我们党员干部尤其是领导干部要时刻警惕的。

1954年6月，在中央人民政府委员会第三十次会议上，毛主席在谈到发展重工业的必要性和重要性时，又形象地说："现在我们能造什么？能造桌子椅子，能造茶碗茶壶，能种粮食，还能磨成面粉，还能造纸。但是，一辆汽车、一架飞机、一辆坦克、一辆拖拉机都不能造。"试想，不优先发展重工业，怎么能改变这种落后的经济状况？怎么能使我国立于世界民族之林呢？[41]

薄一波还回顾了"一五"计划的编制过程及毛泽东的作用，他写道：

1952年初，根据周总理的提议，中央决定成立由周恩来、陈云、薄一波、李富春、聂荣臻、宋劭文六同志组成的领导小组，组织领导"一五"计划的编制工作。8月，试编出《五年计划轮廓草案》，并组成以周总理为团长、陈云和富春同志为副团长的政府代表团赴苏，征询苏联政府对我国"一五"计划的意见，商谈苏联援助我国进行经济建设的具体方案。苏联政府领导人看了我们的《草案》后，认为还不能算是五年计划，不仅不是计划，即使作为指令也不够。

周总理和陈云同志在苏逗留了一个多月的时间,两次会见了斯大林。斯大林对我国的"一五"计划提出了一些原则性的建议,他认为,我们《草案》里考虑的五年中工业年平均增长20%的速度是勉强的,建议降到15%或14%。他强调,计划不能打得太满,必须留有后备力量,以应付意外的困难。他同意帮助我们设计一批企业,并提供设备。斯大林的意见对我们是有很深刻的启发意义的。当时我们提出工业年平均增长20%的速度,是根据前三年工业年平均增长34.8%的速度设想的,虽然计划指标已低于这个数字,但对经济恢复时期带恢复性质(数量小、基数低、恢复易)的高速度不能持久保持这一点,则认识很不足。

1952年底,中央领导同志在讨论《五年计划轮廓草案》时,作出了四项指示:(1)执行"边打、边稳、边建"的方针,既要保证抗美援朝战争取得胜利,又要进一步稳定社会秩序和经济秩序,使大规模的经济建设工作有条不紊地展开;(2)突出重点,把有限的资金用于增强国家工业基础的建设上;(3)合理利用现有工业基础,充分发挥现有企业的潜力;(4)以科学求实的态度从事计划工作,使计划正确反映客观经济发展的规律。中央的这些指示,在"一五"计划中得到了充分体现。

周总理和陈云同志回国后,富春同志率领代表团继续同苏有关部门广泛接触,征询意见,商谈苏联援助的具体项目,时间长达九个月。

1953年4月4日,米高扬向富春同志通报了苏共中央、苏联国家计划委员会和经济专家对我国"一五"计划的意见。要点如下:(1)从中国的利益和整个社会主义阵营的利益考虑,"一五"计划的基础是工业化,首先建设重工业,这个方针任务是正确的;(2)从政治上、舆论上、人民情绪上考虑,五年计划不仅要保证完成,而且一定要超额完成,因此工业的年平均增长速度调低到14%~15%为宜;(3)要注意培养自己的专家;(4)加强地质勘探等发展经济的基础工作;(5)大力发展手工业和小工业,以补充大工业之不足;(6)要十分注意农业的发展,不仅要大量生产质量好、价格低的农机具和肥料,还要保证工业品对农村的供应,发展城乡物资交流;(7)巩固人民币,扩大购买力,发展商品流通;(8)工业总产值的增长速度要大于职工人数的增长速度,以保证劳动生产率的提高,劳动生产率的提高速度要大于工资的增长速度,以保证国家的积累,技术人员的增长速度要大于工人的增长速度,以保证技术水平的提高。这些意见虽然主要是立足于苏联的经验而谈的,但基本上符合当时中国的实际,我们参考这些意见对计划草案了较大的调整。

1953年6月至8月,在全国财经工作会议上,传达了中央的上述指示,讨论了"一五"计划的方针任务,并对计划编制工作进行了初步总结。

1954年4月，根据工作发展的需要，中央决定调整领导编制"一五"计划工作的班子，成立由陈云同志为组长的8人小组，成员有高岗、李富春、邓小平、邓子恢、习仲勋、贾拓夫、陈伯达。同月，毛主席审阅了陈云同志提出的《五年计划纲要（初稿）》，并批转少奇、恩来、彭真、小平等同志审阅。8月，在陈云和富春同志主持下，八人小组审议国家计划委员会提出的《中华人民共和国发展国民经济的第一个五年计划草案（初稿）》，接连举行了17次会议，对草案逐章逐节地进行了讨论和修改。10月，毛主席和少奇同志、周总理三位领导人聚会广州，用一个月的时间，审议修改后的"一五"计划草案。11月，由陈云同志主持召开中央政治局会议，用十一天的时间，仔细讨论了"一五"计划的方针任务、发展速度、投资规模、工农业关系、建设重点和地区布局，又提出了许多修改意见和建议。

1955年3月，召开党的全国代表会议，讨论通过了"一五"计划草案，并建议由国务院提请全国人大审议批准，颁布实施。

从以上简要叙述的"一五"计划编制过程可以看出，以毛主席为首的党中央对这个计划是极为重视的，他们不仅对计划的方针任务作出指示，对一些具体问题也及时过问。朱德同志还一再要求我们要重视手工业的生产，并且多次提出书面意见。据我回忆，在中央领导同志的指导下，计划草案曾进行过5次重大的修改和充实。周总理经常主持召开国务院会议，对计划的细节一一进行研究。陈云、富春同志，更是自始至终专心致力于这项工作，事必躬亲。国家计划委员会的干部，各经济部门和其他部门参与编制计划工作的干部，也是不分昼夜地工作。那时计算数据，是用老式的算盘、计算尺和手摇计算器，方案稍有变动，上千个数据都得相应改动，他们工作之辛苦是不言而喻的。由于上上下下齐心努力，发扬虚心学习、勇于探索和实事求是的精神，使这个计划的编制真正做到了精确计算，反复比较，慎重决策。[42]

在指导编制"一五"计划过程中，毛泽东很重视苏联的经验及苏方人员的意见。1953年9月15日，他在致马林科夫的电报中，表示感谢苏联政府对中国经济建设的援助，尤其提到："苏联政府根据它三十多年来的伟大社会主义建设的丰富经验，对于我国五年计划任务提出了各项原则的和具体的建议。这些建议将帮助我们在中国经济建设过程中尽可能地避免许多错误和少走许多弯路。"[43]

"一五"期间，在毛泽东的关心下，党中央作出了发展原子能事业的战略决策。钱三强、刘杰等在回忆文章中，追溯了这一不寻常的决策过程。

钱三强回忆了1955年1月15日中央书记处会议，他写道：

1月15日，毛泽东主席在中南海主持召开了中央书记处扩大会议，出席会议的有刘少奇、周恩来、朱德、陈云、彭真、邓小平、李富春、薄一波等。会议听取了李四光、刘杰和我的汇报。根据周总理会前的嘱咐，我们用铀矿标本和探测器进行现场表演，当盖革计数器接近铀矿石发出"嘎嘎"响声时，大家都高兴地笑了。接着毛主席询问了发展原子能事业的有关问题，周总理坐在他的身旁，一边插话补充情况，一边提醒我们抓住重点，讲得尽可能详细和通俗一些。听完汇报后，毛主席十分高兴地说："我们国家现在已经找到铀矿，进一步勘探一定会找出更多的矿床。解放以来，我们训练了一些人，科学研究有了一定基础，创造了一定的条件，过去几年你们也经常反映，但其他事情很多，来不及抓这件事。这件事总是要抓的。现在到时候了，该抓了。只要排上日程，认真抓一下，就一定可以搞起来。"他还强调说，"现在苏联对我们援助，我们一定要搞好！我们自己干，也一定能干好！我们只要有人，又有资源，什么奇迹都可以创造出来！"会上，毛主席问到原子核内部组成情况，从哲学角度考虑，提出中子、质子也是可分的观点。周总理特别强调，对人才培养需要大力加强。这是一次对我国核科学技术研究和核工业建设具有重大历史意义的会议。[44]

　　1955年上半年，在周恩来、李富春、聂荣臻主持下制订的1956年至1967年12年科学发展的远景规划中，把原子能利用列为首项重点科研任务，还成立原子能事业部（当时名为第三机械工业部，1958年2月改名为第二机械工业部）。

　　毛泽东一直关心水利事业，决心根除"水患"，为人民造福。

　　曾经担任长江流域规划办公室主任的林一山，回忆了毛泽东对长江规划、南水北调、三峡工程的关心：

　　1953年2月19日，江城武汉，晴空万里。中午时刻，毛主席在武汉关附近的专轮码头上，健步登上"长江"舰。

　　由"洛阳"舰护航，"长江"舰乘风破浪，向东顺流而下。启程片刻，毛主席派人把我找去。我夹了一本地图，走进毛主席的卧舱。他笑容满面地和我紧紧握手，要我汇报有关长江的情况。他一边翻开地图，一边问："南方水多，北方水少，能不能借点水给北方呢？"他拿起一支红铅笔，首先指着西北高原问道，"从嘉陵江上游白龙江和西汉水，向北引水行不行？"

　　我回答说："都不行。"

　　毛主席又问："为什么？"

　　我作了详细的回答。

　　毛主席手中的红铅笔指向汉中盆地，又问："引汉水行不行？"

　　我回答："有可能。"

　　毛主席凝视着地图上的三千里汉江，兴奋地问："为什么？"

我说:"汉江和渭河、黄河平行,与秦岭、伏牛山,一山之隔,它自西而东,越到下游,地势越低,水量越大。这就有可能找到合适地点兴建引水工程,把汉江水通过黄河引向华北。"

毛主席抬起头来,凝视着窗外的滚滚长江,高兴地问:"这个问题,你考虑过没有?"

我说:"还没有。"

毛主席说:"你立即部署勘察,一有资料,就写信给我。"

毛主席何等渴望着解决华北大平原严重缺水的问题啊!根据这个指示,我们把南水北调工程,列为长江流域水利资源综合利用规划的一项十分重要的内容,立即着手制订把汉水引到华北的规划。

长江建设者没有辜负毛主席的殷切期望。他们冒着严寒、酷暑,踏遍秦岭、伏牛山和汉江上下,在不到一年的时间里,就找到了一个理想的引水通道,这就是兴建汉江丹江口水利枢纽,壅高汉江水位,然后引水穿越汉淮分水岭,不用搞太大的工程,就可以自流引水到淮河、黄河和海河。

遵照毛主席嘱咐,在南水北调工作过程中,我随时写信向他汇报最新成果。经过实地勘察,我们纠正了过去仅根据地貌的表面现象就认为从嘉陵江上游不能引水的片面看法。

1958年3月,在党中央成都会议上,毛主席高兴地说,"打开通天河、白龙江,借长江水济黄,丹江口引汉济黄,引黄济卫,同北京连起来了。"在爽朗的笑声中,毛主席结束了他的谈话。

1953年2月21日上午,毛主席在"长江"舰的甲板上漫步。他炯炯的目光,看着碧波滔滔的长江,对我说:"要驯服这条大江,一定要认真研究啊!长江的水文资料,你们研究得怎么样?"我说,我们已经组织了一支力量整理长江的历年水文资料。

毛主席详细询问了水文资料的整理情况,接着又询问了长江流域的气象特点和暴雨区的分布。

我说:"长江流域有两个主要暴雨区。一个是南岭暴雨区,在湘赣南部;一个是四川暴雨区,在四川盆地的周围。在正常情况下,南岭暴雨区首先降雨,在3月到6月间,使赣江水系和湘资沅水系开始涨水,随着太平洋副热带高压继续向大陆腹地西移,7月到9月份,四川暴雨区开始降雨。两个洪峰,正好错开。如果气象反常,南水后移,川水早到,两峰相遇,往往会造成洪水灾害。"

毛主席马上问:"长江流域暴雨成灾最严重的地方在哪里?"

我说,根据记载,1935年7月1日,暴雨中心在湖北五峰,7天就下了1000多毫米,而"川西天漏"地区,年降雨量曾经达到2000多毫米。

毛主席说："真了不得啊！"

就在这"长江"舰上，毛主席还十分关切地问我对长江的防洪有什么设想。

我展开一幅《长江流域水利资源综合利用规划略图》，汇报说，长江防洪的指导思想，是在干流及其主要支流上，逐步兴修一批梯级水库，拦蓄洪水。

毛主席凝视着万里长江图，从世界屋脊的江源，直到烟波浩渺的海口，纵横万里。他左手叉在腰间，举起右手，在图上画了一个大圆圈说："太好了，太好了！修这许多水库，都加起来，你看能不能抵上三峡一个水库呢？"

我说："抵不上。"

主席又伸出手来，指着三峡口上说："那为什么不在这个总口子上卡起来，毕其功于一役？就是先修那个三峡水库，怎么样？"

我兴奋地回答："我们很希望能修三峡大坝，但现在还不敢这样想。"

毛主席笑了。接着，他又详细地问了有关三峡大坝的情况，然后，和蔼地笑起来："好，我这算了解了长江，了解了长江的许多问题和知识了。"

"长江"舰驶抵南京，陈毅同志和粟裕同志登上甲板，迎接毛主席。

1954年底，在战胜这一年长江上发生的特大洪水之后，在京汉线上，在毛主席乘坐的专车里，我向毛主席、周总理汇报有关三峡工程的技术问题和坝址查勘情况，汇报三峡大坝、南津关坝区和美人沱坝区的地质基础情况。这次汇报用了整整一晚上的时间。

毛主席十分关切地问："根据已有资料，风化层有多厚？"

我说，30米左右，据国内外资料记载，世界上有风化层达到100米的。

主席担心地问："如果这里风化层有100米，那么100米以下呢？"

我说，请主席不用担心，我们现在还没有全面勘探，我想，在25公里的火成岩河谷中，总会选到好坝址线。接着，我补充说，在它的上游，有一段片麻岩河段。

毛主席面带笑容，连声说："好，好！片麻岩是花岗岩的变质岩，抗风化性能要好得多，这下子好办了！"毛主席对于三峡大坝的关心，是何等细致入微啊。

担负长江流域规划的广大勘测设计人员，在毛主席的鼓舞下，展开了全流域的查勘，上自金沙江，下达海口，做了许多艰苦工作，重点规划了三峡大坝和自流引水华北的线路，以及全长江的流域规划。

1956年，三峡勘测科研工作取得了肯定成果，毛主席在畅游长江之后，经过深思熟虑，决定了三峡工程，并且写下《水调歌头·游泳》这首气势磅礴、光彩夺目的辞章，给我们画出了一幅"更立西江石壁，截断巫山云雨，高峡出平湖。神女应无恙,当惊世界殊"的壮丽蓝图。他给我们指明了征服长江的明确方向,向全世界宣布了我们一定要修建三峡水利枢纽的坚强决心。

1958年2月,在党中央南宁会议期间,毛主席对我说:"我要考考你,你能不能写个像样的文章,来说说三峡工程呢?"

遵照毛主席的指示,我写出了报告。在一次中央政治局扩大会议上,毛主席仔细审阅了三峡工程的主要图纸,详细询问了有关这一工程的设计和造价。然后,转身向着周总理说:"这个问题,你来管吧!"周总理说:"还是请主席管。"毛主席说:"我那么忙,哪有这么多时间来管呢?还是你来管。"周总理坚定地回答:"好,我来管。"

毛主席欣喜地伸出四个手指头说:"好吧,你来管;一年抓4次。"

1958年3月8日,在成都会议上,根据周总理亲自作的报告,中央政治局正式通过了一个重要文件:《关于三峡水利枢纽和长江流域规划的意见》。

在成都会议以后,毛主席对三峡工程的考虑,更加深入、更加细致了。

1958年夏天,在武汉的东湖之滨,毛主席让我汇报长江的泥沙问题,也就是三峡水库的寿命问题。我说,长江的含沙量远比黄河少,相对量少,但绝对量还很大。根据计算,三峡入库泥沙,每年大约5亿吨,合4亿多立方米。三峡水库的总库容,大约两百年才能淤死。

毛主席沉思以后说:"这是百年大计,千年大计,只两百年太少了!"

按照毛主席的指示,我们进一步开展了对泥沙淤积和水库长期使用的专门研究、专门考察,结合国外资料,综合分析研究,逐步认识到泥沙运动的规律,并且找到了水库长期使用的途径。我立即向周总理汇报,得到总理的赞许。他亲自审阅了我们的报告,并转报毛主席。

毛主席对长江规划、南水北调、三峡大坝,是那么重视,那么热情,抓得那么细,抓得那么紧。他亲自制定了修建三峡工程要做到"积极准备、充分可靠"和"有利无弊"的方针。[45]

20世纪50年代任黄河水利委员会主任的王化云回忆了毛泽东对黄河治理问题的关怀。他写道:

1952年10月,新中国诞生不久,国家百废待举,抗美援朝战争还在进行之中,毛主席就在第一次巡视中来到河南兰考、开封、郑州、新乡等地视察黄河。此后,从1953—1955年,又四次听取治黄工作的汇报,为审定国务院制订的黄河规划进行调查研究。1959年,在济南洛口再次视察了黄河,毛主席说:"黄河是伟大的,是我们中华民族的起源。人说不到黄河心不死,我是到了黄河也不死心。"1964年,毛主席在年逾七十高龄时,还打算徒步、策马从黄河入海口上溯黄河源,对黄河进行实地考察,并指示身边人员练骑马、查资料,做了各方面的准备。后来,因国事繁忙,这个心愿未能实现。但毛主席的心和黄河是紧密相连的。

有一次,我向毛主席汇报工作,主席启发我说:"过去治黄的问题不能解决,只有现在才能谈到解决。"听了毛主席言简意深的话语,我顿感心胸豁然开朗,增添了无穷的力量。同时,使我进一步认识到,我们有优越的社会主义制度,何患黄河不能治好!

新中国成立后,治理黄河从分割到统一,走向了全面的治理,它标志着黄河的历史转折。当时,我们面临的情况是,治理黄河千头万绪,主要抓什么?毛主席的行动和正确指示告诉我们:黄河的洪水灾害决不能重演,保证黄河的防洪安全,是治黄工作的首要任务。1952年毛主席视察兰考、开封时,我跟随在侧,毛主席多次询问黄河洪水情况和防洪工程建设问题。当我汇报到1843年(道光二十三年)黄河发生的36 000立方米/秒洪水情况时,说有一首描述这次洪水异常凶猛情景的民谣:"道光二十三,洪水涨上天,冲走太阳渡,捎带万锦滩。"毛主席听后若有所思地问我:"黄河涨上天怎么样?"这是提示我们注意,不仅要防御一般洪水,还要准备防御大洪水,要有敢于斗争、敢于胜利、同涨上天的黄河大洪水抗衡的胆略,并切实把工作做好。在毛主席的教导下,我们明确地把防洪工作放在治黄的首位,确保防洪安全,一直是我们治黄工作的指导思想。

人民治黄包括两个方面的内容,即除害与兴利。经党中央和毛主席提议,于1955年第一届全国人民代表大会二次会议批准的黄河规划的原则和基本内容,其基本指导思想就是防灾与兴利并重,上中下游统筹兼顾,干流与支流兼顾。在除害的同时兴修水利,让黄河水利资源为发展工农业生产服务。在这个规划的指导下,开发利用黄河的愿望已经实现。据统计,在黄河干流上建成了七座大中型水利水电工程,支流上修建了160多座大中型水库,发电装机达250多万千瓦,是目前国内大江大河上装机、发电量最多的河流。

1952年毛主席视察黄河时,专程看了当时刚刚建成的引黄灌溉济卫工程——新乡地区人民胜利渠。毛主席登上渠首闸,亲自摇动闸门启闭机,毛主席望着奔流于渠道中的黄河水时,满意地说:"像这样的闸,一个县有一个就好了。"毛主席了解了情况后说,"有了渠道还不能忽视了井,要合理安排渠灌井灌。"这时,他还用形象的比喻说,"井灌是游击战,渠灌是阵地战。"实践证明,井灌可以补渠灌之不足,渠灌可以补井灌之不及;灌吸地下水,渠灌补给地下水,井灌渠灌配合运用,既能抗旱,又能控制地下水位,防止碱化。"[46]

王震切身感受到20世纪50年代毛泽东对交通运输事业和农垦建设的关怀。80年代的一天晚上,王震对来访者讲述了以下的往事:

那时主席找我谈话，我为了不妨碍他治理国家大事，总是尽量谈得扼要，但毛主席总是说："不忙嘛，还有十分钟，还有半个钟头……"他总是问得很细。主席在下决心之前，总是要详细地调查研究的，面对建设新中国这样一个宏伟的目标，主席总是强调要重新学习，要我们懂得新的任务。

抗美援朝战争已经结束，第一个五年计划已经开始，百废待兴，毛主席以战略家的眼光，强调要兴修铁路，发展交通事业。毛主席说："王震，你要有信心，有志气干一辈子铁路。"毛主席说，交通运输是立体的东西。要我们学一点历史，学一点近代史。现代资本主义的发展，是把能源和交通放在首位的。孙中山先生同帝国主义斗争，其中就包括了争取自修铁路的权利。主席在新中国成立初期就指示说，争取一年修几千公里铁路。中国要富强，开发矿藏，繁荣经济，就要发展海运、铁路运输，这是工业化的命脉。

毛主席很有气魄地说："要发展几十万公里铁路。把四面八方连接起来，建设新中国！"

王震回忆说："那时候，毛主席常常亲自拿着地图勾画。新中国修建的第一条最重要的铁路宝成线，就是毛主席亲自决定的。"

正当王震将军率领着浩浩荡荡的铁道兵大军，奋战在巴山蜀水之间，紧张勘察线路时，美帝国主义第7舰队封锁了台湾海峡，卡断了油路，对我国构成了严重的威胁。毛主席指示铁道兵将宝成线移交铁道部工程局，将全力投入到抢修黎湛、鹰厦两条铁路，建好湛江深水码头，巩固东南海防之上。

王老记得，有一次跟毛主席谈到黎塘到湛江的一段线路。这段路有400多公里的石灰岩溶洞，有人提出修路困难，认为没法通过。毛主席说，他就不相信中国的工程师解决不了这个问题，世界上的事情都差不多，别人能做到的，我们也能做到，一年不行就修两年……

毛主席还以他恢宏的气度，幽默地讲了这样一个故事。俄国计划修一条从彼得堡通往莫斯科的铁路时，沙皇断然用笔在地图上的两点间画了一条直线。旁边的一位工程师急忙说："陛下，这中间有一个湖啊！"沙皇扔掉了笔，一边头也不回地走，一边说："那就让我的臣民把它填起来吧！"主席说："后来实践证明了这是一条最快、最省、最好的线路，所以下定了决心就要干！"

毛主席的战略决策，化作了铁道兵指战员移山填海的力量。在艰险的郁江大桥工程中，技术人员和战士们创造了当时苏联专家也认为不可能的奇迹——新中国第一个气压沉箱顺利地下沉了。不到一年，全线就通车了。

30年后的今天，当我们在地图上注视这两条细细的铁路标志时，就像读到了一个伟大的预言：毛主席在指示修筑这两条铁路的时候，已经高瞻远瞩地看到了一个历史的必然，那就是任何力量也不能分割中国完整的、神圣的领土。

所以，主席一直格外地重视这两条铁路。为了将指挥部从北京迁到黎湛线工地上的贵县，王老曾去请示主席，主席高兴地批准："好，指挥到第一线！"并且特别提出要紧紧依靠广大群众，建设人民铁路。

主席的决定传遍了铁路沿线，老百姓踊跃支援铁道兵，保证了工程的顺利进行。

也许是那饱含着艰苦奋斗和成功喜悦的壮丽事业激动着王老吧！他站起身来，继续谈起来……

毛主席要求我们修一条最快、最好、最省的铁路，他并不认为快就一定质量不好。鹰厦线通过了那么多的大山，开凿了那么多的隧道，还是最好的。

铁路修成后，迅速发挥了经济效益。那个时候，汽车的吨公里运费是两角多钱，火车只需一分一厘。从武夷山到福州，山上雾很大，翻车不知有多少。汽车要有一个司机，一个副司机。一车拉五吨，上坡、下坡，平均速度30公里就不错了。然而火车可以挂很多车皮，平均速度60公里。所以又快又省，是最好的。

那时，毛主席还谈到将来铁路要修到新疆，围着塔里木转一圈；还要通到喜马拉雅山下。毛主席还风趣地笑着说："王震，铁路修到了喜马拉雅山，你就是死在那里也是光荣的，不用防腐剂，也会永垂不朽的。"

说到这里，王老的目光落在了那些献身于革命事业的老战友的相片上，他无比深情地回忆起主席对新中国成立初期一批灿若星汉的革命家的亲切话语……

记得那是七届三中全会前夕，滕代远同志要担任铁道部长了。主席勉励他说："滕代远，你要当一辈子铁道部长，修好铁路，管好铁路。"

王老稍事停顿了一下，喝了一点水又侃侃而谈："中国人口多，粮食问题是个大问题。20世纪50年代，毛主席就说，第二次世界大战后，欧洲、日本都是按人口来分配食品的。主席很欣赏陈云同志，他赞扬陈云同志搞统购统销，账算得清楚，办法很好。"

当问起王老是怎样转入农垦战线工作时，王老说：

"那还是我在海南岛修铁路时，有一个知识分子、植物学家叫何康（他现在已经是农牧渔业部长了），带着一些部队的同志，试验种植橡胶树。当时我国的橡胶主要依靠东南亚和苏联，美国人封锁了台湾海峡，给我们造成了困难。我们的知识分子有志气，发现海南岛的气候适宜，就自己搞起试验来了。农林部一度要撤销这个林场，部队不愿意，意见很大。当时叶帅是广东省长、广州军区司令，因为我要回北京，叶帅叫我把这个情况向主席、总理、陈云同志汇报。

"过了几天，我要走了，总理找我谈话，他问我：'总参谋部的工作有人可以接替你吗?铁道兵的工作有人接替吗?'我说其他同志都可以做这些工作。总理这时告诉我,要调我一个新的工作,他说还没有同老总们商量,已经同主席商量过了。"

这样我就由铁道兵转入了农垦部。

王震的一生不仅仅是一位戎马倥偬的将军,而且还是一位大生产的指挥员,他的功劳还写在祖国无垠的田野上,写在边疆的每一道犁沟里……王老每每忆起这些往事,就必然要说:

"部队转业屯垦戍边,也是毛主席的又一战略决策。打了许多年的仗,战争结束了,那么多退伍军人需要安排,毛主席说:'中国古代就有屯垦制,开荒就业,治疗战争的创伤。'

"主席号召退伍战士上山、下乡、下海,劳动就业,巩固社会治安,巩固国防。"

王老回忆说:"我们那个时候,干部、战士都没有留恋大城市的意识,主席一号召,我们就有组织地转业,开赴海南岛、北大荒、新疆……

"那时讲阶级斗争,有些地主、富农的女儿嫁不出去,记得毛主席还说过,地主、富农的女儿,不能算是地主、富农。转业军人可以找她们结婚,这些姑娘也可以参加劳动,安家立业。"

王震还回忆起主席那些生动的谈话。他说主席讲话喜欢打比喻,比喻很生动、形象。有一年,农垦部要办个刊物,请示毛主席同意不同意,主席讲了个典故:"中国都讲祖传、不讲父传,为什么叫祖传呢?因为父亲教儿子没有耐性,教不好,所以要爷爷教。你们在荒山里搞生产,就没有祖传的东西,要搞科学种田,没有老农祖传,就要办个杂志来宣传。"[47]

江苏,是祖国的鱼米之乡,也是毛泽东多次视察的地方。

曾任江苏省委书记的江渭清,回忆了毛泽东20世纪50至60年代视察江苏,指导那里工作的情景。他写道:

党的七届二中全会作出了把党的工作重心由乡村转移到城市的战略决策,生产事业成为党和国家的中心任务。在百万雄师渡长江,解放了国民党政府的首都南京以后,战争的硝烟刚刚消散,党就按照七届二中全会的精神,着手恢复和发展经济。毛主席十分关心南京市的经济建设,他多次到南京来视察和指导工作,在正确地分析了南京的特点之后,毛主席指出:"南京是一个臃肿庞大、特等消费的城市,是为官僚机构服务的城市。蒋介石搞了一点装配工业、修理工业,那是为了装门面的。一定要把南京改造成为生产城市。"他指出,"要利用南京原有的工业基础,团结民族资产阶级,利用一切有利于国计民生的城乡资本主义因素,来恢复和发展生产,还要搞点轻工业。"根据党的七届二中全会精神和毛主席的指示,我们确定了对城市工业实行恢复、改造、发展的方针。以永利䤲厂为基础,发展化工工业;以江南水泥厂为基础,发展建筑材料工业;利用为国民党军队服务的修理和装配工业,发展电信和机械工业,同时还兴办了棉毛纺织和食品等工业。经过三年恢复和对资本主义工商业、手工业的社会主义改造,以及逐步地有计划地进行经济建设,南京市的工业生产,有了迅速的发展。1956年2月,毛主席同南京市委负责同志谈话时,详细地询问了南京市的经济建设情况。当听到南京市已由为官僚资产阶级服务的特等消费的城市改造成为社会主义的生产城市,由只有装配、修理的零星工业发展为有化工、电子、机械、汽车、轻纺、食品和建筑材料等综合发展的工业时,他高兴地说:"南京解放时才8000产业工人,蒋介石是应该失败的。他不发展生产,怎么能解决群众生活!现在有15万产业工人,一个人养活四口人,那就养活60万人。"毛主席以通俗的语言,告诉了我们一个历史唯物主义的基本原理:经济建设是社会主义建设的中心任务;经济建设搞上去了,全盘工作就主动了;如果不能使生产事业尽可能迅速地恢复和发展,人民的物质和文化生活逐步得到改善,那我们就站不住脚,就会失败。

毛主席对经济建设怎样走出一条独创性的路子,怎样抓紧抓细抓实,提出了许多重要的意见,在今天,仍然有它的指导意义。1952年下半年,毛主席在上海找我去谈恢复江苏省的建制时说:"中国是一个大国,是一个联合国,各省都要按照自己的特点,搞好经济建设。"又说,"沪宁杭三角洲,经济、文化、科学、教育都比较发达,要建设成为社会主义工业基地和农业商品基地。"毛主席的谈话,给了我们重要的启示:首先要按照自己的特点,集中力量抓好苏南地区的工农业生产,并且以此为依托,支援和带动全省经济建设的发展。经过多年的努力,苏南地区充分发挥其优势,农业上高产更高产,工业也有了迅速的发展,对苏北地区的经济建设起着影响、示范和带动的作用。盐城地区广大干部群众首先提出"跳出盐城赶江南",江苏省委总结和推广了他们的经验,号召"苏北创造小江南"。毛主席十分赞赏广大干部群众的这种创造。当我们向他汇报了盐城地区干部群众创造"小江南"的生动情景时,他称赞说:"苏北人民都发动起来了,生气勃勃。"当即要新华总社的同志写一篇文章发表。他强调抓生产要深入、细致、踏实,反对浮而不深,粗而不细,华而不实。这就告诫我们:抓经济工作要实在,不要虚假,要鼓实劲,不要鼓虚劲。这对我们正确地领导经济建设,是很有帮助的。在盐城创造"小江南"取得初步成效之后,江苏省委又作出了改变徐淮地区贫困面貌的决议。1965年11月,毛主席路过南京,我和省委同志到火车上去向他汇报工作时说:"我们一方面进一步改善高产地区的条件,使高产更高产;一方面在低产地区狠抓水、

'肥'、林、种、管的综合治理,变低产为高产。"毛主席听了很感兴趣,我们接着告诉他,"省委正在抓滨、阜、涟、灌这块地区,改变那里的低产贫困面貌。"毛主席关切地问道:"什么叫滨、阜、涟、灌哪?""你们看,这样搞有希望吗?"我们向他作了说明,主席连连点头,说:"那就很好。"他告诉我们,"要从高产地区调一些地委书记、县委书记到低产地区搞革命、搞建设。"江苏省委遵照毛主席的意见,从高产的苏州地区调了一批领导干部到徐淮地区去,从事改变那里的贫困面貌的工作。经过十多年的艰苦奋斗,广大干部群众首创的、得到毛主席支持的"苏北赶江南",已经变成了现实。苏北地区的工业和农林牧副渔生产,都有成倍、几倍甚至更多的增长,如今那里的许多地方已具有江南风光了。

毛主席十分重视植树造林、绿化城乡,认为这是经济建设中的一项战略性措施。1952年,毛主席登临徐州云龙山,看到九里山等处都是光秃秃的,就问那些山为什么不种树。市委负责同志回答他:"这里的山,土质不好,不容易绿化。过去乾隆皇帝路过徐州时,说这里是'穷山恶水、泼妇刁民'。"毛主席接过话头说:"那是对劳动人民的侮辱。群众是英雄嘛,发动群众,依靠群众,穷山可以变富山,恶水可以变好水。"他还说,"一株10米高、44厘米粗的树,一年能贮藏一吨水。"毛主席的这番话,激起了我们依靠群众绿化荒山、改造自然的热情。1956年1月,我陪同毛主席视察南京市郊十月农业合作社,他老人家兴致勃勃地拉着社队干部的手,健步登上这个合作社的山坡。看到山上没有长什么树,他把手有力地挥动了一下,指着那些山坡说:"这里也可以种果木嘛!""要把荒山变果园,把荒地变粮田。"毛主席还特别强调绿化要讲实效,不能搞形式主义,要真正的绿化,而不是"黄化"。经过毛主席的提倡和广大干部群众的长期努力,现在江苏无论是城市还是农村,无论是平原还是山区,植树造林都取得了显著的成绩。南京城到处是绿树成荫,勃勃生机。徐州市云龙山一带也已是一片葱茏了。[48]

在领导社会主义改造运动中,毛泽东还以一定的精力指导手工业的社会主义改造。当然,同他对农业和资本主义工商业的社会主义改造的指导相比,毛泽东在手工业改造方面投入的精力要少一些,也更加原则一些。尽管如此,他的指导对于手工业改造的顺利开展仍是至关重要的。

程子华回忆起毛泽东主持确定手工业改造的三种形式时说:

根据我们农业的社会主义改造,从互助组到生产合作社,由低级到高级的发展过程,农民觉悟不断提高,容易接受。我们对手工业的社会主义改造,也是从低级到高级。当时苏联专家根据苏联的经验,坚持只承认手工业生产合作社,手工业生产小组和供销生产合作社他不承认,说那是资本主义的。我们当时就向少奇同志汇报,毛主席主持,经过中央讨论,认为还应按照我们的手工业改造的三种形式,即生产小组、供销生产合作社、生产合作社。为了探寻对手工业改造的形式和方法,全国合作总社于1951年、1952年组织了若干工作组,分赴潍坊、扬州、杭州等地进行调查研究,总结经验,前面所介绍的是其中的几个典型调查报告,以实例说明了三种形式的具体发展过程。总之,那时坚持了实事求是,一切从实际出发的原则,坚持了通过典型示范、总结经验、逐步推广的方针,在中央的领导下,在少奇、朱德等中央领导同志的亲切关怀和指导下,谨慎从事,工作进行得比较顺利,没有出大的问题。当时少奇同志对合作社很重视,抓得很紧,经常找我们问情况。向他汇报,他不断给指示,合作社好多文件他亲自动手起草。朱总司令也很关心,找我们去汇报,有时他不预先打招呼就跑到合作总社机关来了解情况。这是当时我们做工作的良好的、很有利的条件,使我们少犯错误、少走弯路。[49]

他还回忆起1955年春毛泽东观看手工业展览的情形:

回忆这段历史,毛主席、少奇同志、周总理、朱总司令和陈云同志,当年对合作社工作,对我个人,那种时刻关怀、亲切指导的情景,犹历历在目。特别是我陪毛主席观看供销合作社展览一事,更是铭记难忘。记得那是1955年春天,中调部长罗青长同志打电话给我,他说:"毛主席很关心供销合作社工作,让你们在中南海搞个展览。"这样,比光看文字材料了解得更深刻、真切一些。于是我叫总社几个了解全面情况的同志立即筹备起来,不久,展览搞起来了。地点在中南海瀛台的大殿里。

4月6日夜间,毛主席叫我去陪他看供销社的展览。我首先作了简要的说明,然后随着毛主席边看边说。毛主席对统计图表、图画照片、文件、实物(如新式农具、各种肥料、农药、土产、杂品、药材、手工业品以及废旧物资利用等等),都很感兴趣,问这问那,给了我很大启发,也给了供销社的同志们极大的鼓舞。[50]

薄一波回忆手工业改造的全过程时说:

我国个体手工业的社会主义改造,要走合作化的道路,这是党的七届二中全会就定了下来的。毛主席在全会的报告中明确指出:"占国民经济总产值百分之九十的分散的个体农业经济和手工业经济,是可能和必须谨慎地、逐步而又积极地引导它们向着现代化和集体化的方向发展的。"(《毛泽东选集》合订本,第1322页)

经过十二年的战争,1949年的全国手工业生产比战前降低40%。国民经济恢复时期,手工业的改造是围绕着扶助手工业者医治战争中受到的创伤,恢复和发展手工业生产这个目标进行的。

早在革命战争时期，各革命根据地就有通过组织起来发展手工业生产的经验。例如：陕甘宁边区1941年就建立了大大小小100多个手工业工场和合作社。山东解放区1941年建立了近百个供销形式的合作社，到1946年，这种手工业供销合作社已发展到8000多个。新中国成立前后，少奇同志集中研究了这些历史经验，对恢复时期手工业合作事业提出了一些重要的思想。1949年5月，他提出，对手工业合作从供销入手，先办"手工业供销合作社。为手工业者收购原料，推销出口产品"，"办广大群众需要的、容易办的合作社"。

1950年7月，中财委召开了中华全国合作工作者第一次代表会议。提交会议讨论的《中华人民共和国合作社法（草案）》，是由我主持起草的。报送中央审阅时，少奇同志改写了总则的第一、二、三条，明确规定在市民和工人中组织消费合作社，农民中组织供销合作社，城乡独立生产的手工业者和家庭手工业者组织手工业生产合作社。组织手工业生产合作社的目的，是"联合起来，凑合股金，建立自己商业的和生产的组织，去推销自己的手工业产品，并购买原料和其他生产资料"；"避免商人的中间剥削，提高产品的数量和质量"。少奇同志和朱德同志都到会讲话。少奇同志强调："手工业合作应从生产中最困难的供销环节入手，保持原有的生产方式不变，尽量不采取开设工厂的方式。"朱德同志强调先不要改变所有制形式。

1952年8月，全国合作社联合总社召开了第二次全国手工业生产合作会议，着重总结组织和管理合作社的经验，强调组织一个，巩固一个。

根据中央指示，恢复时期的手工业合作事业：一方面，在一些同国民经济关系最密切并有发展前途的行业中，选择觉悟较高又具有代表性的手工业劳动者，重点试办合作社；另一方面，对一般个体手工业者，从他们最困难的供销上给予帮助，采取从供销入手、组织加工订货、给予银行贷款等措施，支持和帮助他们恢复和发展生产，进行生产自救。新中国成立之初，全国个体手工业从业人员为585万人（另有农民兼营性手工业者1200万）。恢复时期的三年，经过重点试办，手工业合作组织由300多个发展到2700多个，社（组）员人数从8万多人增加到25万多人，这为手工业生产的迅速恢复和发展，为进一步组织起来，打下了基础。

1953年，我国进入国民经济建设的第一个五年计划时期，党中央正式提出了党在过渡时期的总路线。11月20日至12月17日，全国合作总社召开了第三次全国手工业生产合作会议。朱德同志代表党中央到会作了题为《把手工业者组织起来，走社会主义道路》的讲话，他主张，把个体手工业者组织起来，应该从实际出发，采取灵活多样的形式，由小到大，由低级到高级，绝对不要规定一个格式。会议提出："手工业合作组织必须根据生产需要和手工劳动群众的觉悟程度，采用群众所能接受的形式，由群众自愿地组织起来，坚持'积极领导，稳步前进'的方针。"

会议总结了新中国成立以来试办手工业合作组织的经验，明确提出了三种组织形式：第一种是手工业生产小组。这是组织手工业者的低级形式，也是手工业者最容易接受的组织形式。它的特点是，原有的生产关系没有改变，仍然是分散生产，只是从供销方面把手工业者组织起来。第二种是手工业供销生产合作社。这种形式，是对手工业者进行社会主义改造的过渡形式。它的特点是，生产资料仍为私有，一般也是分散生产，也是在供销环节上组织起来，但它已在有些生产环节上开始集中生产，并开始购置公有的生产工具。因而这种形式比前一种具有更多的社会主义性质。第三种是手工业生产合作社。这是手工业社会主义改造的高级形式，也是主要形式。它的特点是，生产由分散变为集中，分配实行按劳分配。它根据生产资料公有程度的不同，分为完全社会主义性质的和半社会主义性质的。会议认为，从经济上讲，对手工业的社会主义改造，只有达到完全社会主义性质，即生产资料全部公有了，才算完成。

少奇同志两次听取了会议的汇报，就手工业合作化的一系列问题发表了意见。关于组织形式，他说："组织起来，经手工业生产小组、供销性的手工业生产合作社，然后成为手工合作社，这是一般的规律，但各种形式不一定都经过。""把手工业生产合作社收归国有是一个原则的问题，不准随便这样做，不要随便把好的合作社收归国有。"农村手工业的合作化，"不能照土地改革那样搞，而是要逐年逐步地搞"。"原来同手工业资本家实行联营的部分手工业者要求分化改组，走合作化道路"，可以"适当地做，但不要搞得太急、太激烈，应该注意不引起社会的损失"。

1954年11月，国务院成立了手工业管理局。12月，召开了第四次全国手工业生产合作会议，朱德同志代表党中央作了《要把手工业生产合作社办好》的讲话。陈云同志也到会讲话，指出："对手工业合作社生产的发展，要加以管理和控制。""手工业合作化宁可慢一点，使天下不乱。如果搞得太快了，就会出毛病。"由于大规模经济建设的开展，加以对主要农产品和某些工业品实行统购统销、统购包销，手工业的原料供应遇到了困难，个体手工业者困难尤大。会议确定1955年手工业社会主义改造的中心任务是："继续摸清主要行业的基本情况，整顿、巩固、提高现有合作组织，在此基础上，从供销入手，适当发展新社。"1955年5月，中央在批转会议报告时指出，对手工业供产销和手工业改造，要同时考虑，要贯彻"统筹兼顾，全面安排，积极领导，稳步前进"的方针。

到1955年上半年，手工业合作组织已发展到近5万个，人数近150万人。应该说，这个发展速度已经不慢了。

1955年下半年，在批判"小脚女人走路"的冲击下，农业合作化一马当先，随后党中央召开了工作会议，对把资本主义工商业的社会主义改造引向高潮作了部署。在这种形势下，手工业改造的步伐也急剧加快了。

11月24日，陈云同志向有关部门打招呼："手工业改造不能搞得太慢了。""如果手工业这方面的改造速度慢了，那就赶不上了。"

12月5日，中央召开座谈会，由少奇同志传达毛主席的指示，要求各条战线批判"右倾保守"思想，加快社会主义改造与社会主义建设的步伐。同时，批评手工业社会主义改造"不积极，太慢了"。少奇同志要求手工业合作化到1957年达到70%到80%。

12月20日，少奇同志听取手工业管理局负责人的汇报，提出："手工业改造不应比农业慢。与其怕背供销包袱，还不如把供销包袱全部背起来好搞些。"他要求手工业合作化在1956年、1957两年搞完，说"时间拉长了，问题反而多"。

根据中央指示，中央手工业管理局和中华全国手工业合作总社于12月21日到28日，召开了第五次全国手工业生产合作会议，着重批判怕背供销包袱而不敢加快手工业合作化步伐的"右倾保守"思想。后来，中央在批转第五次手工业生产合作会议报告的批语中指出："加快手工业合作化的发展速度，是当前一项迫切的任务。"

毛主席于1956年初发表的《中国农村的社会主义高潮》一书的《序言》，也提出了加快手工业改造的速度问题。1956年3月4日，他在听取手工业管理局负责人汇报（即34个部委汇报之一）时说："个体手工业社会主义改造的速度，我觉得慢了一点。今年1月省市书记会议的时候，我就说过有点慢。1955年以前只组织了200万人，今年头两个月就发展300万人，今年基本上可以搞完。这很好。"

就这样，在紧接农业和资本主义工商业改造的高潮之后，又掀起了手工业改造的高潮。到1956年6月底，组织起来的手工业者，已占手工业者总数的90%。同年底，全国组织起来的手工业合作社（组），经过调整，为9.91万个，社（组）员达到509.1万人，占全部手工业从业人员的92%。至此，手工业由个体经济到集体经济的转变基本完成。新成立的手工业合作社，有一小部分是经过生产小组的过渡形式发展起来的，大部分则是改造高潮中直接组织的。

《中共中央关于建国以来党的若干历史问题的决议》指出："在1955年夏季以后，农业合作化以及对手工业和个体商业的改造要求过急、工作过粗、改变过快、形式也过于简单划一，以致在长期间遗留了一些问题。"这四"过"

的缺点，在手工业改造高潮中的主要表现是：生产上盲目集中，组织形式上一律合作，管理上统一核算。

……

应该指出，党中央从发动手工业改造高潮开始，就估计到可能会出现一些问题，因此，一边发动改造高潮，一边提醒下边注意防止发生这些问题。

少奇同志1955年12月听取汇报，在批评对手工业改造不积极的同时，强调："对集中还是分散要小心。集中生产与分散生产（家庭生产）是个重要问题，应很好研究。""分散的、个人的、修修补补的、磨剪刀的、修农具的，无论如何都不能搞掉。零星的不能减少，而且要加多。分散流动，生产上门是个好特点，要维持、要保持。""花色品种要注意。……搞社会主义，不能把这些东西搞掉，要把手工业品搞得更复杂、更多样，好的发扬提高。"1956年1月10日，他在接见南斯拉夫新闻工作者代表团时又指出："特种手工艺品不组织合并，怕合并以后，将来人民会感到不方便，特种手工业品质量会下降。"

周总理1956年2月8日，在国务院第二十四次全体会议讨论私营工商业和手工业的社会主义改造工作时指出："不要光看到热火朝天的一面。热火朝天很好，但应小心谨慎。要多和快，还要好和省，要有利于提高劳动效率。现在有点急躁的苗头，这需要注意。社会主义积极性不可损害，但超过现实可能和没有根据的事，不要乱提，不要乱加快，否则就很危险。"在他主持下，国务院于2月11日公布了《关于目前私营工商业和手工业的社会主义改造中若干事项的决定》，规定所有手工业合作社在批准成立后，一律照旧经营，半年不动。并规定参加合作社的手工业户，必须保持他们原有的供销关系，不要过早、过急地集中生产和统一经营。

毛主席3月4日听取手工业管理局负责人汇报（34个部委汇报之一）时，听说修理和服务行业集中生产，撤点过多，群众不满意，说："这就糟糕！""提醒你们，手工业中许多好东西，不要搞掉了。王麻子、张小泉的剪刀一万年也不要搞掉。我们民族好的东西，搞掉了的，一定要来一个恢复，而且要搞得更好一些。"听说北京东来顺的涮羊肉已失去原有的特色时，毛主席说，"'社会主义'的羊肉应该比'资本主义'的羊肉更好吃。"谈到对集中过多问题怎么办时，他还说，"天下大事，分久必合，合久必分。"

陈云同志针对手工业改造中盲目合并的问题，于1956年1月、3月、6月多次发表意见。1月25日，他在第六次最高国务会议发言时，指出部分手工业要长期保留单独经营方式。3月30日，他在全国工商业者家属和女工商业者代表会议上的讲话中说："有些工厂和商店并得对，应该并。但也有很多是并得不对的，其中数量最大的是手工业。"这样做的原因，一是认识上有问题，认为集中是高级，而单干是低级，难以到社会主义。更重要的一点，是我们做管理工作的人，只考虑管理工作的方便，强调合在一起容易管理，而没有考虑应不应该合，能不能合。"并错了怎么办呢？要分开来，退回去"。

朱德同志对手工业的社会主义改造，一直主张稳步前进。对如何解决加快改造带来的问题，也曾多次发表过意见。1957年4月，他外出视察归来后，还向党中央和毛主席写过专题报告。

少奇同志、周总理在八大的报告和陈云同志在八大的发言，都批评了手工业改造中的盲目集中合并。陈云同志肯定绝大部分服务行业和许多制造行业不应该合并。为了克服由于盲目合并、盲目实行统一计算盈亏而带来的产品单一化、服务质量下降的缺点，他提出必须把许多大合作社改变为小合作社，由全社统一计算盈亏改变为各合作小组或各户自负盈亏。

根据党中央的指示精神，各地为纠正手工业改造高潮中出现的一些缺点作出了努力。盲目集中合并起来组成的手工业合作社，很大一部分改成了合作小组。通过调整体制，还对手工业合作组织的供产销实行按行业归口管理，生产任务比较饱满，一改过去生产时断时续的处境。经过这些工作，使走上合作化道路的手工业者心情舒畅，劳动热情提高了。因此，1956年、1957年内，虽然手工业产品的质量有所降低，花色品种有所减少，但生产有较大幅度的提高。1956年，手工业合作社（组）产值76亿元，提前一年完成"一五"计划指标。人均年产值1702元，比1955年提高33.5%。新社员同入社前比较，老社员同1955年比较，90%增加了收入，劳动条件亦有较大的改善。

手工业的社会主义改造，不能只到合作化就算完，而要继续过渡到全民所有制，这是发动改造高潮时就确定了的。1956年3月5日，毛主席在听取中央手工业管理局汇报时指出："手工业要向半机械化、机械化方向发展。""机械化的速度越快，你们手工业合作社的寿命就越短。你们的'国家'越缩小，我们的事业就越好办了。你们努力快一些机械化，多交一些给国家吧！"他肯定"国家将替换下来的旧机器和公私合营并厂后多余的机器、厂房，低价拨给合作社，很好。'将欲取之，必先与之'。待合作社的基础大了，国家就要多收税，原料还要加价。那时合作社在形式上是集体所有，在实际上成了全民所有"。

毛主席这些话，鼓励手工业合作社向半机械化、机械化方向发展，有其必要之处。但从今天看来，有几点未能经得住历史的检验。第一，没有指出在我国条件下手工业机械化的艰巨性和某些行业长期保留手工业操作的必要性。同时，支持将国营或公私合营企业更新下来的旧机器（大多是"电老虎""煤老虎"）廉价卖给手工业合作社使用，也不可取。因为这样做，单从合作社来说，可能提高了劳动生产率，但从全社会来说，却是能源的浪费。第二，认为合作社这种集体所有制形式只能同手工操作相联系，似乎一旦合作社实现了机械化就应当交给国家，成为全民所有，这缺乏科学依据。实际上是把手工业由集体所有制变为全民所有制所需要的条件看得过于简单了，这样做对发展生产和方便人民生活也未必有利。毛主席这段话的核心在"将欲取之"的"取"字，好像我们搞手工业合作化，帮助手工业合作社实现机械化，目的就是为了把它取过来。在毛主席的这段话和少奇同志1955年底说的不要怕背供销包袱的那段话的精神的影响和推动下，手工业在合作化之后紧接着又出现了一个向全民所有制过渡的新阶段。[51]

高、饶事件

1980年3月19日，邓小平在同起草《关于建国以来党的若干历史问题的决议》的同志谈话时，讲到了高、饶事件。他说：

这个事情，我知道得很清楚。毛泽东同志在1953年底提出中央分一线、二线之后，高岗活动得非常积极。他首先得到林彪的支持，才敢于放手这么搞。那时东北是他自己，中南是林彪，华东是饶漱石。对西南，他用拉拢的办法，正式和我谈判，说刘少奇同志不成熟，要争取我和他一起拱倒刘少奇同志。我明确表示态度，说刘少奇同志在党内的地位是历史形成的，从总的方面讲，刘少奇同志是好的，改变这样一种历史形成的地位不适当。高岗也找陈云同志谈判，他说："搞几个副主席，你一个，我一个。"这样一来，陈云同志和我才觉得问题严重，立即向毛泽东同志反映，引起他的注意。高岗想把少奇同志推倒，采取搞交易、搞阴谋诡计的办法，是很不正常的。所以反对高岗的斗争还要肯定。高、饶问题的处理比较宽。当时没有伤害什么人，还有意识地保护了一批干部。总之，高、饶问题不揭露、不处理是不行的。现在看，处理得也是正确的。[52]

对于高、饶事件发生的背景和过程，薄一波作了如下回顾：

我们党在完成了经济恢复和土改、镇反等民主改革的任务后，为适应大规模经济建设的需要，决定将各中央局和大区行政委员会的主要领导同志及一批工作人员调到北京，并调整、增设中央和国家机关的部分机构，以便加强中央的集中统一领导。1952年8月，邓小平同志由西南局来京担任政务院副总理，高岗、饶漱石和邓子恢、习仲勋同志也陆续从东北局、华东局、中南局、西北局来京担任党和国家机关的领导职务。

我们党在干部任用上，历来主张搞"五湖四海"，既量才使用，又考虑到历史形成的各个方面的因素。高岗来京之前已担任中央人民政府副主席，这时中央又安排他兼任国家计划委员会主席（副主席是邓子恢，委员有陈云、邓小平、彭德怀、林彪、饶漱石、彭真和我等十几人），安排饶漱石担任中央组织部部长。应当说当时高岗是很受器重的，权力、地位甚为显赫，一时有"五马进京，一马当先"之说。他担任主席的国家计委亦有"经济内阁"之称。但是，高岗、饶漱石权欲熏心，对这样的安排仍不满足。特别是高岗，对其职位处在少奇同志之下，一直耿耿于怀。进京不久，他就把少奇同志在工作中的一些缺点错误搜集起来，并整理成系统材料，进行传播。他夸大其词地说刘少奇自七大以来犯了一系列的错误。后来，他发觉毛主席在发展农业生产互助合作组织和向社会主义过渡等问题上，与少奇同志有不同的看法，心中窃喜，以为少奇同志今后将不再受中央的信任，其威信和地位将发生动摇。于是，就授意别人写文章，以他的名义公开发表，借以抬高自己，打击别人。他写的《反对资产阶级思想对党的侵蚀，反对党内的右倾思想》一文，把少奇同志阐述过的关于党对民族资产阶级政策的观点、关于农村互助合作的观点、关于富农党员的处理问题的观点等等，一概当作所谓"党内的右倾思想"而加以批判。

1953年初，毛主席认为政府工作中存在分散主义现象。根据他的意见，中央先后作出了关于加强中央人民政府系统各部门向中央请示报告制度及加强中央对于政府工作领导的决定、关于加强对中央人民政府财政经济部门工作领导的决定，并撤销了政务院党组干事会（即总党组），规定政府各部门的党组直接受党中央领导，政府工作中一切重要的方针、政策、计划和重大事项均须事先请示中央，经中央讨论决定、批准后方能执行。对政务院各口的工作，中央也重新作出分工：外交工作，由周总理负责；计划工作和八个工业部的工作，由高岗、李富春、贾拓夫负责；政法工作（包括公安、检察和法院工作），由董必武、彭真、罗瑞卿负责；财政、金融、贸易工作，由陈云、薄一波、曾山、叶季壮负责；铁路、交通、邮电工作，由邓小平负责；农林、水利、互助合作工作，由邓子恢负责；劳动工资工作，由饶漱石负责；文教工作，由习仲勋负责。这是中央为加强集中统一领导所采取的重要措施。但是高岗、饶漱石竟错误地认为，这是毛主席对周总理的不信任，是削弱周总理对政府工作领导权的步骤。而此时他们在盘算什么呢？他们以为自己的权势在日益扩大，地位在不断提高，有可能担任更高的职务，于是更加妄自尊大，目空一切，资产阶级的个人野心急剧膨胀起来。

在中央准备撤销中央局、大区行政委员会的同时，毛主席为了减轻自己担负的繁重的日常工作，加强集体领导，曾考虑将中央的领导班子分为一线、二线，党和国家的领导机构将进行大幅度调整，人事安排也会作相应调整。高、饶认为这是实现他们权力野心的好机会,便迫不及待地向党发难了。

高岗向党发难,进行了一系列篡党夺权的阴谋活动,时间主要集中在1953年下半年。这年夏季召开的全国财经工作会议,是他进行阴谋活动的场所之一。前面已经讲过,高岗利用财经会议批判新税制错误之机,利用党内存在的分歧和矛盾,在会上进行时而隐蔽时而半公开的串联、鼓动,首先把攻击矛头对着我,并采用含沙射影的手法,实施他的"批薄射刘"的诡计,把矛头进一步指向少奇同志。这一点,他在1954年4月29日写的《我的反省》中作了交代。他说,他的发言"除批评薄一波同志外,还有指桑骂槐说少奇同志的意思"。高岗还对人说过:"我在全国财经会议上不讲话则已,要讲就要挖少奇的老底。"

高岗对少奇同志的怀恨和反对由来已久。少奇同志在天津讲话后不久,曾批评东北局在对待民族资产阶级问题上犯了"左"倾冒险主义错误。高岗不仅不去思考这个批评有没有道理,反而不择手段地进行报复和攻击,甚至公然在当时担任东北铁路系统的苏联总顾问柯瓦廖夫(后来还一度担任过财经方面的总顾问)面前造谣中伤,说中国党内有一个以刘少奇为代表的"亲美派",柯瓦廖夫随即写信告诉了斯大林。高岗访苏回国以后,又向人散播说,斯大林不喜欢刘少奇,也不重视周恩来,而最赏识他高岗。他在财经会议上的发言,用"一箭双雕"的手法,把少奇同志的许多话加在我头上进行批判。他还把少奇同志个别的、一时的而且已经改正了的缺点错误说成是一贯的、系统的,是路线错误。他散布说:"刘少奇在七大被抬得太高了,几年来的实践证明他并不成熟。他只搞过白区工作,没有军事工作和根据地建设的经验,只依靠华北的经验指导全面工作,而看不起东北的经验。"高岗还把搜罗到的所谓少奇同志的错误,集中起来,作为攻击的资料。毛主席知道这个情况后,要他找少奇同志直接谈清问题,他不予理睬。少奇同志两次主动找他谈话,并对工作中的缺点错误做了诚恳的检讨。他却对人说,刘少奇不肯进行自我批评。他污蔑少奇同志搞宗派,画"圈子",指名道姓地说某某人是这个圈子里的人物。他甚至无中生有地说某个领导同志曾经说过,中国革命的大正统是井冈山,小正统是陕北,现在刘少奇有一个圈圈,周恩来有一个圈圈,咱们搞个井冈山的大圈圈。他自己迷上了"圈圈"主义、宗派主义,在他的眼里,自然这也成了"圈圈",那也成了"圈圈",一切正常的事情都被颠倒了。他这些飞短流长、故布疑阵、谣言惑人的把戏,都是为他分裂党、篡党夺权的活动服务的。党内出现了这种人,就不得安宁了,许多的鬼事、怪事和歪风邪气都会冒出来,党内斗争也就不可避免了。

1953年2月,党中央为加强集体领导,拟将中央书记处下属的办公机构加以调整，委托少奇同志找人商拟调整方案。少奇同志考虑，可以试行中央各部部长集体办公的制度，并征询高岗的意见。高岗竟以为这是少奇同志想把握书记处的权力，不予合作。

3月初，高岗向安子文同志转达了毛主席同他的谈话内容，说中央政治局成员要改组，要加强中央各部机构。安子文同志未经中央授权，草拟了一份中央政治局委员名单和中央各部主要负责同志的名单。政治局委员名单分成两组写出，一组写有毛泽东、刘少奇、周恩来、朱德、陈云（以上书记处成员）、高岗、林彪、彭德怀、邓小平、饶漱石、薄一波、邓子恢（以上各中央局书记），另一组写有董必武、林伯渠、彭真、张闻天、康生、李富春、习仲勋、刘澜涛。对中央各部，列了组织部、宣传部、政法统战部、农村工作部、财经工作部负责同志和中央正副秘书长名单。安子文同志将这个名单给高岗看过，也向饶漱石谈过。高岗又疑神疑鬼，认为这个名单准是刘少奇授意向他进行试探的。于是，他抓住这件事在高级干部中大做文章，编造说，政治局委员名单中"有薄无林"（即有薄一波而无林彪），连朱总司令也没有了。并挑拨说，刘少奇不赞成陈正人担任建委副主任或中组部副部长，不支持陶铸在广西的工作，等等。

高岗还经常在他的住地，利用请客、组织舞会等活动，散布流言，拉拢干部，逢甲说乙，逢丙说丁，制造党内不和。他时而说毛主席现在不满意某个人了，对某某又进行批评了；时而捏造说毛主席讲过某个同志为恶霸；时而又吹嘘毛主席对他如何器重，如何依靠他去做经济工作，如果他离开北京，毛主席休假就不放心了；如此等等。以此来攻击别人，抬高自己，造成人们对他的错觉，损害中央领导同志的威信。

明显表露高岗反党意图的是他散布的"军党论"（即所谓"枪杆子上出党""党是军队创造的"）。他公开反对毛主席提出的"我们的原则是党指挥枪，而决不容许枪指挥党"，企图取消党对军队的领导，把军队变成他分裂党和篡党夺权的工具。高岗说，党的历史上有"二元论"，党的六届七中全会通过的《关于若干历史问题的决议》要修改，决议中关于刘少奇是党的正确路线在白区工作中的代表的提法不对头，需要重新作出结论。他别有用心地把我们党的干部分为两部分，说毛主席代表红区，刘少奇代表白区。他还制造所谓"军队的党"是党的主体，而他就是这个主体的代表人物，现在党和国家领导机关的权力掌握在"白区的党"的人们手里，应当彻底改组，由他来掌权的谬论，并煽动说现在白区干部要篡夺党了，妄图蒙骗一部分军队中的高级干部追随他进行分裂党的活动。

财经会议结束后，党中央提出了我国最高国家行政机关是否采取部长会议的形式、党中央是否增设副主席或总书记的问题。高岗认为谋取党和国家最高权力的时机已经成熟，比以往更加迫切地走向前台公开活动起来。他打着拥护毛主席的旗号，把打击的矛头首先对着少奇同志，捏造说刘少奇已不被毛主席所重视。还说毛主席打算让刘少奇搞"议会"（人大常委会），周恩来当部长会议主席，由他（高岗）来搞政治局。可是，他在另一场合又表示不同意周恩来担任部长会议主席，主张由林彪来担任。他还要陈云同志去向毛主席转达他的意见，遭到了陈云同志的拒绝。

后来，他南下杭州、广州进行游说。在杭州对陈正人同志说："毛主席说过'林不如高'，按地位排列，过去是'林高'，现在应该是'高林'了。"1953年10月间，他对设立总书记表示不赞成，而主张多设几个副主席，并反对少奇同志当总书记或者副主席。后来他听说书记处要开会把这个问题定下来，唯恐自己当不上副主席，曾对陈云同志说："要搞副主席就多搞几个，你一个，我一个。"意思是将刘、周、陈、高都包括在内。遭到陈云同志断然拒绝后，他又反咬一口，诬陷陈云同志。毛主席生病，罗瑞卿同志对高岗说，我们大家都要劝主席多注意休息。高岗却幸灾乐祸，他告诉秘书："你要注意，一接到毛主席病重的消息，我们就要立即返回北京，因为现在党内没有一个人能够撑得起来。"毛主席12月要休假，提议由少奇同志临时主持中央领导工作。实际上，过去毛主席离京外出，中央的工作都是由少奇同志主持的。少奇同志谦逊地提出，还是由书记处同志轮流负责为好。书记处的其他同志都同意由少奇同志主持，不赞成轮流。唯独高岗表示反对，他一再坚持说："轮流吧，搞轮流好。"其用意就是要使少奇同志降格。十分清楚，高岗阴谋活动的本质，就是要推倒少奇同志和周总理，而由他担任党中央的总书记或第一副主席，同时担任政务院总理。他后来在《我的反省》等书面检讨中，承认他的目的就是"企图把少奇拉下来，使自己成为主席唯一的助手，准备自己将来做领袖"。[53]

对于高岗的阴谋活动，饶漱石予以紧密配合，进行"讨安伐刘"，以取悦于高岗。薄一波写道：

在一些同志的印象中，饶漱石是个谨慎小心的人，曾受到少奇同志的器重。可是，他一当上组织部部长，就一反常态，同高岗串通一气，反对少奇同志，政治野心昭然若揭。他到职才几个月，就对组织部原有的领导干部进行打击和排斥，发动了对安子文同志的无理斗争。之后，在全国财经会议、中央组织工作会议期间，又配合高岗反对少奇同志，阴谋篡党夺权。正像毛主席后来一针见血地指出的那样："新官上任，刚来即斗。"小平同志也指出，饶漱石同高岗是"这边一炮，那边一斗"。他们互相呼应，配合得十分默契。

安子文同志未经中央授权草拟的那份政治局人选名单，饶漱石得知后，私下里在许多人中间进行传播。在财经会议期间，饶漱石捏造说，某某是一个宗派，一个"圈圈"，刘少奇是他们的支持者。在安子文同志就名单问题向中央作了书面检讨，并请求处分后，饶却抓住把柄不放，并散布说："财经会议上斗了薄一波，会后还要斗'圈圈'中的安子文。"果然，他未经中央同意，就制造各种借口，在中组部内发动了对安子文同志的斗争。他指责安子文同志起草的组织部关于反对官僚主义斗争的报告不真实，说组织部是一潭死水，问题严重，要把它"震动"一下。安子文同志将这些情况如实地向少奇同志作了汇报。少奇同志找饶谈话，不同意他的这种错误做法，并告诫他要冷静从事，不要再在组织部内部继续争吵。但他根本听不进去，在组织部召开的两次部务会议上，继续向安子文同志开火，斥责他向少奇同志反映问题是"胆大妄为"。

1953年9月、10月间，中央召开第二次全国组织工作会议，主要是总结经验，研究如何加强干部工作，以保证经济建设的顺利进行。可是，饶漱石却在会上兴风作浪，扭偏会议的方向。在讨论安子文同志作的工作报告时，他和一些人故意夸大中组部工作中的某些缺点错误，大批安子文同志，并进而把矛头指向少奇同志。中央发觉了饶漱石的分裂活动，提议会议暂停，先举行领导小组会议，解决中组部内部的团结问题。在领导小组会上，饶漱石不顾大局，继续诬陷安子文同志，破坏团结。当他受到批评后，又一反常态地对安子文同志说："我说你对财经会议有抵触，其实不是指的你，而是指的刘少奇。"这就透露了他"讨安伐刘"的政治诡计。后来他在检讨中承认，在中组部斗争安子文，目的也是反对刘少奇，以取得高岗的信任，进行政治投机。

毛主席1955年3月在全国党代会上指出："虽然高岗、饶漱石之间没有订立文字协定，但是他们的思想、目标和行动的一致，说明他们不是两个互不相干的独立王国和单干户。"毛主席的话切中要害，完全符合高、饶反党活动的实际。这里再概述几个事实：（1）饶漱石一向被认为是尊重少奇同志的，可是在高岗发动"批薄射刘"斗争时，他却另辟一个"讨安伐刘"的战场予以配合。他后来承认："我不否认我们两个在行动上、目标上都是反对少奇同志。"（2）关于"名单问题"，毛主席说，问题不在提名单的人身上，而要追查散布名单的人。散布者恰恰就是高岗、饶漱石两人。他们会上会下广为传播这份名单，造谣惑众，以达到不可告人的目的。（3）高岗推荐的干部，饶漱石一概同意；高岗反对的干部，饶漱石一律排斥。饶漱石还说，今后中组部要以原东北局的组织部长为核心。（4）饶的问题被揭露后，高两次找毛主席，要求保护饶。高岗问题被揭露后，饶也为高申"冤"。毛主席曾风趣地说："高岗说饶漱石现在不得了了，要我来解围。我说，你为什么代表饶漱石说话？我在北京，饶漱石也在北京，他为什么要你代表，不直接来找我呢？在西藏还可以打电报嘛，就在北京嘛，他有脚嘛。第二次是在揭露高岗的前一天，高岗还表示要保护饶漱石。"当年党中央把他们称为"高、饶反党联盟"不是没有道理的。[54]

对高、饶问题的察觉和揭露，经历了几个月时间。毛泽东在1953年夏秋就对高、饶的活动有所警觉，薄一波写道：

从全国财经会议后期开始，毛主席已逐步察觉高、饶的活动不正常。他在与一些同志的谈话中指出："说薄一波同志犯了路线错误，少奇同志有圈圈，都是错误的说法。借'东北一党员'的信和鞍钢检查组两件事批评一波同志，也不能成立。"毛主席和周总理一再强调加强党内团结的重要性。毛主席说少奇同志是大公无私的，是正派的，他绝不是那种搞宗派的人。针对高、饶散布的所谓"圈圈""宗派"问题，毛主席在向各大区负责同志的讲话中，回顾了大革命时期和土地革命时期党和军队干部成长的情况，指出："中级干部北方人多，高级干部南方人多，是历史形成的。这是因为，在早期南方革命运动发展较为普遍，后来革命运动转到北方来了。现在，不管南方干部、北方干部、中级干部、高级干部，都不要有'圈圈'，要消灭'圈圈'。大家都要重视党的团结，消除山头。"[55]

但是，高岗根本不听毛泽东的告诫，在全国财经会议结束后又南下"游说"，大搞破坏团结的阴谋活动。

毛泽东获悉了人们揭露出的初步情况后，又找一些同志了解情况。他在同罗瑞卿的一次谈话中，风趣地谈到防止政治感冒和鼻子不灵的问题，他说："睡觉有两种情况，一种是睡在床上，一种是睡在鼓里。若不是其他同志向我反映高、饶的问题，我还蒙在鼓里哩！"

1953年12月24日，毛泽东在中央政治局会议上说："北京有两个司令部，一个是以我为首的司令部，就是刮阳风、烧阳火；一个是以别人为司令的司令部，叫作刮阴风、烧阴火，一股地下水。""其目的就是要刮倒阳风、灭掉阳火，打倒一批人。"随后，毛泽东又下决心召开中央全会，解决高、饶问题，并把这项重任交给了刘少奇。

薄一波回忆说：

1954年2月，根据毛主席的建议，在北京召开了七届四中全会，讨论并一致通过了《关于增强党的团结的决议》。少奇同志受中央政治局的委托，主持了这次会议，在会上作了《中共中央政治局向第七届第四次中央全会的报告》。他在报告中指出："一部分干部甚至某些高级干部对于党的团结的重要性还认识不足，对于集体领导的重要性还认识不足，对于巩固和提高中央威信的重要性还认识不足。党内相当多的一部分干部滋长着一种极端危险的骄傲情绪,他们因为工作中的若干成绩就冲昏了头脑,忘记了共产党员所必须具有的谦逊态度和自我批评精神,夸大个人的作用,强调个人的威信,自以为天下第一,只能听人奉承赞扬,不能受人批评监督,对批评者实行压制和报复,甚至把自己所领导的地区和部门看作个人的资本和独立王国。"针对高岗、饶漱石的阴谋活动,少奇同志不点名地说,如果他们的个人主义情绪不受到坚决制止,他们"就会一步一步地在党内计较地位,争权夺利,拉拉扯扯,发展小集团的活动,直至走上帮助敌人来破坏党分裂党的罪恶道路"。会上,朱德、恩来、陈云、小平等同志都发了言,严肃批判高、饶的反党分裂活动,希望他们幡然悔悟,改正错误。

但是,高岗、饶漱石执迷不悟,不作深刻检讨,不愿痛改前非。高岗以自杀(未遂)来抗拒党对他的教育和挽救。为全面查清他们的反党阴谋活动,中央书记处在2月中旬分别召开了关于高岗问题和饶漱石问题的两个座谈会,核实了他们分裂党、阴谋篡夺党和国家最高权力的事实。随后,在中央政治局领导下,东北局、华东局、山东分局和上海市委等又召集专门会议,对高、饶问题进行揭发和批判。在无可抵赖的事实面前,高岗仍拒不悔改,自绝于党,于8月17日再次服安眠药自杀。

1955年3月下旬,在北京召开党的全国代表会议,邓小平代表中央委员会作了《关于高岗、饶漱石反党联盟的报告》,全面论述了党同他们斗争的经过,以及进行这场斗争的重要意义和经验教训。会议通过了《关于高岗、饶漱石反党联盟的决议》,将他们两人开除出党,撤销党内外一切职务。至此,这场斗争取得了完全的胜利,全党的团结和统一得到了维护和加强。[56]

高、饶事件的圆满解决,使得长期受饶漱石排挤打击的陈毅得到解脱。

陈毅传记组根据大量的文献资料和回忆史料写道:

就是在全国军事系统党的高干会议时,1953年12月,陈毅的人生旅途发生了重大的变化——十多年来一直在明里暗里"整"陈毅,破坏他和华东同志、中央同志关系的饶漱石,其野心家、阴谋家、伪君子的真面目终于被揭露了。陈毅与中共中央主要领导人之间的人为障碍排除了。

陈毅到达北京的第四天,就被毛泽东找到西郊玉泉山新建的别墅去谈话。

陈毅与毛泽东的来往,相对来说是比较随便的。陈毅常向熟人谈起1949年中华人民共和国成立前夕的一件事。那次他到北京参加全国新政治协商会议,当晚去看望毛泽东。毛泽东见面就说:"对不起啊,我没来接你。"陈毅很感意外,他从来没有过要毛泽东亲自去接他的念头,便问:"怎会有这么个问题呀?"

毛泽东说明,他亲自到火车站去迎接过宋庆龄、张澜、李济深、程潜,没有顾得上去接党内的一些老同志。

陈毅哈哈大笑，毛泽东也笑了。

不过这次玉泉山谈话，一向直爽的陈毅却没有一开始就说真话。因为毛泽东在询问了华东执行总路线的情况，谈了农业互助合作运动和国家领导体制以后，忽然向陈毅问起他所了解的饶漱石的情况来。饶漱石长期与陈毅对立，近年来陈毅更发现他的许多问题。但是此人当时已调来中共中央组织部任部长，他和中央主要负责人之间当前的关系如何，陈毅全不知情。延安时，毛泽东为维护团结，制止他谈饶漱石的情景犹在眼前，因而陈毅觉得不宜直捅出来，便按在一般情况下尽量说同级干部优点的习惯，说了几句，却见毛泽东表情淡漠。

陈毅告辞出来，遇到中央机关的一位主要负责人。陈毅因为心有疑问，便对他说起此事。那位负责人说："主席问你，是为了听你说真实情况！"陈毅深有触动，当即回到毛泽东房里，向他说明自己的思想过程。据陈毅的《流水日记》载，他把自己所接触所怀疑的饶漱石的言行和盘托出。

从后来陈毅在华东局扩大会上揭发的许多事实来看，最使陈毅反感的是饶漱石近年来常在陈毅耳边说刘少奇的坏话，说他自己很早就拥护毛主席。他看到刘少奇不行了，就想表明他不是刘少奇培养的。陈毅当然清楚，刘少奇离开新四军回中央，由饶漱石接替刘少奇代理了华中局书记、新四军政治委员，使他从此掌了华东大权。现在他竟把矛头对准刘少奇，实在使陈毅寒心！

陈毅倾吐真情以后，毛泽东点头欣赏，并把已经掌握了的高岗、饶漱石阴谋活动的情况告诉了陈毅。高、饶先后在中央财经会议和组织会议上发难，攻击刘少奇、周恩来，分裂中央，直至通过私下活动要由高岗任中共中央的总书记或副主席，并改换总理人选。

几天后的一个晚上，毛泽东又找陈毅去谈话，这次专谈高、饶问题，其中主要的是华东军政委员会主席的任命问题。1949年10月，各大区都由大军区的司令员担任大区军政委员会主席，毛泽东两次说华东军政委员会主席由陈毅担任，陈毅觉得自己是大军区司令员又是上海市市长，够忙了，推辞，说让饶漱石当。毛主席吩咐让华东局同志们讨论，饶漱石得知此事后对陈毅说："你不担任我担任。"根本没有提到华东局会议上讨论，就用华东局名义报中央，以他为军政委员会主席。饶漱石到北京，毛主席问起此事，饶漱石撒谎说："华东局几个同志都不同意陈毅担任，只好由我来担任。"这样才骗取毛主席的批准。他又是华东局书记，又是军政委员会主席，就显得比所有的大区司令员、政治委员高一头了。

毛泽东风趣而深刻地告诫陈毅，"不要伤风"，不要失去灵敏的嗅觉，要警惕非法活动。毛泽东还说,"你推让,是不对的,谦逊并非在任何情况下都是好的。野心家就不让,让给他就使党受损失"。

后来,陈毅又和彭德怀、刘伯承、贺龙、叶剑英等一起,应召到毛泽东处专门讨论高、饶问题,并列席1月12日的中央政治局会议,讨论通过了《增强党内团结的决定》。

毛泽东把对高、饶的斗争布置妥当,便出京休养去了。2月6日,中共七届四中全会开幕,刘少奇受中央和毛泽东主席委托向全会作了政治报告。陈毅也经过认真准备作了题为《为增强党的团结和巩固与提高党中央的威信而斗争》的发言。他谈了对围绕高、饶事件展开的这场党内斗争的认识,提出不仅仅处分几个人,而要达到弄清思想的目的。同时,也坦诚磊落地作了自我解剖。

刘少奇亲自到陈毅住处,诚挚地向陈毅道歉:"过去我看错了人,信任了饶漱石,使你受委屈了。"这使陈毅十分感动和振奋。据宋时轮、张爱萍等回忆,陈毅当时在同华东将领一起用餐时报告了这个动人的消息。

中央书记处分别召开了高岗、饶漱石问题的座谈会。饶漱石问题的座谈会由邓小平、陈毅、谭震林主持。66位中央及大区的领导人发了言。

3月4日,陈毅又与周恩来一起,在中南海怀仁堂,向高级、中级干部2000余人传达了七届四中全会的精神。

饶漱石整陈毅,是借陈毅在红四军时两次接替毛泽东为前委书记的历史事实作为口实的。陈毅在揭发饶漱石时,联系到红军、新四军、华东野战军以及华东军政委员会时期的实际,揭露饶漱石一贯造谣作假、挑拨离间、玩弄阴谋诡计的种种事实;同时,也诚恳地作自我批评。陈毅的报告长达7小时,生动坦白,留给大家深刻的印象。

至此,压抑、纠缠陈毅十多年的公案大白于全党了。

1954年3月14日,毛泽东南巡中将路过太湖之滨的无锡。当时,陈毅正在济南出席山东分局的会议,闻讯即赶赴无锡迎候。当日,把毛泽东迎至太湖疗养院。次日,毛泽东即邀陈毅去谈话。此次谈话,气氛格外融和。他们聊到阶级斗争、生产关系与生产力、假象与本质,等等。据陈毅日记载,有一句话特别触动陈毅,这是毛泽东说的"伸手岂止高、饶"。毛泽东说,只是目前不必如此提出,以免有扩大化的嫌疑。

陈毅自己是不向党不向人民"伸手"的。他调动工作,从不带自己的"亲信";党分配他工作,他从不讨价还价;华东军政委员会主席,他还推辞,结果被饶漱石"伸手"抢了去。但是陈毅仍然觉得应该警惕,特别是自己现在出头翻身的时候。从毛泽东的这句话看来,党内斗争的风浪,今后还将大有起伏呢!

因而，陈毅在仲春和张茜回到南京故居"旧筑"的时候，其心情既感奋又审慎。他写了四首"感事书怀"的诗，其中到处可见自我反省自我约束的句子："慎之又再慎，谦逊以自束。后车善择途，前车一再覆。""心情承见问，春来冬尽，克奏肤功。向大泽深山，擒伏蛇龙。回溯廿年纠葛，知早有伏迹藏踪。须牢记，无情历史，利己必凶终。""幸得长期培育，每愧过失多。晚节自珍惜，日月走如梭。"特别是第4首七古，标题直接就是《手莫伸》，其词句含义更为显豁，可说完全是对毛泽东"伸手岂止高、饶"的回答和信誓，其政治态度十分明朗。

在这时期，陈毅还做了一件大有利于坚持正确政治方向的事。解放军全军在学习苏军经验时，有些人认为不必再强调中国共产党对军队的绝对领导，可以取消政治委员，实行单一首长制。在强调正规化时，表现出削弱军队政治工作的倾向。于是，在1953年12月召开的军事系统高干会议上展开了讨论，会后，中共中央决定修改《中国人民解放军政治工作条例》，以加强党的领导和政治工作。毛泽东指定由陈毅、谭政与罗荣桓一道主持修改工作。陈毅从1927年开始就是工农革命军的政治工作建设者之一，参加过《古田会议决议》的制定，对这些问题体会至深。当时，在东交民巷开会讨论，陈毅作了内容丰富的讲话，特别是对党委统一领导下的首长分工负责制的由来和发展，讲得尤为深透。后由姜思毅等先起草了"总则"。"总则"由陈毅、谭政审定，由罗荣桓上送毛泽东主席。毛主席交给陈伯达修改，陈伯达却出了错，把"中国共产党在中国人民解放军中的政治工作是我军的生命线"给画掉了。毛主席又亲笔改了回来。在陈、罗、谭主持下，《中国人民解放军政治工作条例（草案）》的修改很快完成。1954年4月15日经中共中央和中央军委批准，正式颁布实行。

4月1日，华东局扩大会议开幕。谭震林主持会议，首先由陈毅传达四中全会的精神。陈毅的发言一上来就很有特色，首先传达的真是四中全会的精神。他密切联系阶级斗争和思想改造的实际来讲党内斗争的规律，以便同志们正确、深刻地理解四中全会的内容。

陈毅发言的第一个内容就是"要运用阶级斗争一定会反映和影响到党内的原理来学习与传达四中全会的内容"。他说："按照事物相互斗争、相互渗透、相互转化为其对立物的原理，我们可以从资产阶级队伍中分化出一部分人来，同样地，资产阶级也可以从我们队伍中分化出一些人来作为他们的代理人。"

在这个题目之下，他联系思想认识回答了一系列的问题："历史久、功劳大，为什么会反党？""与帝国主义、资产阶级有无组织联系？是不是他们派进来的？""斗争是不是过火？""高、饶都集中反对中央某几个领导人，这些领导同志是否也有缺点?""高、饶问题是一种社会现象的反映,他们是代表一部分人的,因此他们的反党思想是有其一定的市场和基础的。""联系本身进行检讨,要有分析,要正确掌握界限。""'知人不易、知己亦难',不要迷信别人,也不要迷信自己。"对这些问题,陈毅都作了辩证的、实事求是的分析,并指出主导的方面。

陈毅发言的第2个内容是"根据四中全会精神,来谈一谈我自己的问题"。然后,4月10日、11日,他才作对高、饶反党联盟揭发批判的长篇报告。这样的传达报告,给大家的启发就更大了。

4月26日,毛泽东在中南海颐年堂召开的会议上谈到"三反""五反"和高、饶联盟,从马克思主义理论的高度来分析了这些运动和事件,指出都属于社会主义改造过程中阶级力量的重新组合和改造。新旧社会制度交替,必有一部分人拥护旧制度,反对新制度。毛泽东这次又在较大的范围内提出"伸手岂止高、饶"。这些谈话对陈毅的触动颇大,引起他的思考:自己在七届四中全会上的发言,在华东局扩大会议上的发言,与毛泽东的讲话对照起来,就显得肤浅,不敢说已从理论上说明了问题。

毛泽东深谋远虑、精细过人,对于他要任用的人尤其注意。他不但看了陈毅在中央全会上的发言,而且认真地阅读了陈毅在华东局扩大会议上的发言。

在6月8日夜颐年堂的中央会议上,毛泽东当着众多的党中央委员和政治局委员说到陈毅的发言和报告,大加赞许。他说华东局扩大会陈毅的发言,已能概括,有点理论了,只是其中有一点尚需与他谈一谈。又说四中全会的陈毅发言他也看了,认为很好。

陈毅有志于学习和运用革命理论,为时久矣。早在留法勤工俭学时期便已开始接触和研究马克思主义的基本原理,二十多岁在北京的时候便已开始在报上与资产阶级文艺思想论战。三年游击战争,那么艰险的环境,他还在研读列宁的书《社会民主党在民主革命中的两个策略》,因而在民主革命的领导权问题上有充分的自觉。1929年他代表中共中央起草的给红四军前委的指示信,更是自觉地探讨中国革命的理论问题。他在华东局扩大会上的发言中说自己"对理论有兴趣,也可做些理论研究工作,但钻得不深"。现在听了毛泽东的评价,更觉于心不安,在日记上写道:"入党31年矣,进步仅此,有何可以自负之处?"

6月22日,毛泽东邀请陈毅到玉泉山别墅,共进晚餐,谈论工作。毛泽东谈到山东、福建问题,反党阴谋案件问题,同意陈毅在山东检查工作的方针。这一次谈话气氛亲切,话题广泛,《聊斋志异》中席方平、公孙大娘的妙处也谈到了。行前,毛泽东说了两句具有总结意义的谚语:"路遥知马力,事久见人心。"在高、饶联盟彻底查清后向陈毅说这两句话,含义当然是深长的。陈毅说,他近日要回华东,毛泽东约他离京前再谈谈。

6月26日中午,毛泽东电邀陈毅同他一起去玉泉山别墅。刚刚落座,毛泽东便兴致很好地拿出4月1日陈毅在华东局扩大会上发言的记录稿来,称赞此文言之有据,概括正确,有理论味,同时也指点几处欠妥帖之处。毛泽东说全文赞成,只提个别意见,希望今后多搞理论工作。

陈毅当即表示接受毛泽东的修改建议,并说学理论多年有志于此,当勉力去做。陈毅琢磨着毛泽东的话,试探着要求最好派他去马列学院工作。

毛泽东显然早已胸有成竹,直截了当地说:"不,不要去搞学院工作,希望今冬与震林同来中央工作。"

6月27日,陈毅离京南下,心情很是激动。整整二十四年了。1930年,古田会议后不久,陈毅便离开毛泽东、朱德领导的红四军,此后一直在"下面",在省区、在大区工作。如今要到中央,要回到毛泽东身边工作了,陈毅眼前展开一片广阔的前景。[57]

根本大法的诞生

毛泽东在第一次访苏期间,听取了斯大林的三点建议:一是强调土改中不能侵犯富农利益,二是建议编《毛泽东选集》,三是建议中国建立人民代表大会制度和制定宪法。毛泽东回国后,先后采纳了这些建议。

从1952年底到1954年9月,毛泽东领导了人民代表大会制度的创立工作,并主持起草了中华人民共和国的第一部宪法。

林蕴晖、范守信、张弓在《凯歌行进的时期》一书中写道:

1953年,在经济上开始实行有计划的大规模建设的同时,在人民民主政治建设和法制建设方面,也开始了新的起步。这就是《中华人民共和国全国人民代表大会及地方各级人民代表大会选举法》的颁布,全国基层普选工作的完成和地方各级人民代表大会的先后召开。……

《中国人民政治协商会议组织法》规定:中国人民政协全体会议,每三年开会一次,由全国委员会召集之。1952年,一届政协即已到期。这时,是召开政协二届一次会议,还是召开全国人民代表大会,制定宪法,就提到日程上来了。经过中共党内的酝酿,中共中央决定向全国政协常委会提出召开全国人大的建议。

1952年12月24日,全国政协常委会扩大会举行第四十三次会议,就中共提议由全国政协向中央人民政府委员会提出定期召开全国人民代表大会和地方各级人民代表大会的建议交换意见。会议由李济深主持，周恩来代表中共中央说明中国共产党的提议。

周恩来报告说："根据《共同纲领》的规定，我国的政治制度是人民代表大会制度。在新中国成立之初，考虑到人民解放战争还没有结束，各种基本的政治社会改革工作还没有在全国范围内进行，经济也需要一个恢复时期，人民代表大会制度还没有立即实行的条件，因此，《共同纲领》又规定在全国人民代表大会召开以前，由中国人民政协的全体会议执行全国人民代表大会的职权，选举中央人民政府委员会，并付之以行使国家权力的职权，而在地方人民代表大会召开以前，则由地方各界人民代表会议逐步代行人民代表大会的职权。现在，这种过渡时期已经过去了，我国即将进入大规模的有计划的经济建设的新时期。为着适应这一新时期的国家的任务，就必须根据《共同纲领》的规定，定期召开全国人民代表大会和地方各级人民代表大会，以求进一步地巩固人民民主，以便充分发挥人民群众参加国家建设事业的积极性。今天，在召集全国人民代表大会和地方各级人民代表大会的条件已经具备的时候，我们就应该依照《共同纲领》第12条、第13条、第14条的规定，及时召开由人民用普选方法产生的全国人民代表大会和地方各级人民代表大会，改变现在由中国人民政治协商会议的全体会议执行全国人民代表大会职权的办法和地方各界人民代表会议代行地方人民代表大会职权的办法。为此，中国共产党提议由全国政协向中央人民政府委员会建议，根据《中华人民共和国中央人民政府组织法》第7条第10款所规定的职权，于1953年召开全国人民代表大会和地方各级人民代表大会，并开始进行起草选举法和宪法草案等准备工作。"

1953年1月20日，中央人民政府委员会举行第20次会议，讨论关于召开全国人民代表大会问题。周恩来在会上对这个问题作了说明。他说，关于这个问题，中国共产党已向人民政协全国委员会常委会提出建议，并经各民主党派、各人民团体和无党派民主人士一致同意。兹特提请中央人民政府委员会依照《中华人民共和国中央人民政府组织法》的规定通过决议，在1953年召开由人民用普选方法产生的乡、县、省（市）各级人民代表大会，并在此基础上接着召开全国人民代表大会，以制定宪法，批准国家五年建设计划纲要和选举新的中央人民政府。在讨论中，李济深、章伯钧、黄炎培、张治中、傅作义、陈叔通、马叙伦、彭泽民、乌兰夫、陈嘉庚、李章达、何香凝等相继发言，对周恩来总理所提出的提议表示赞同。在结束讨论时，毛泽东作了结论，他说："就全国范围来说，大陆上的军事行动已经结束，土地改革已经基本完成，各界人民已经组织起来，因此，根据《中国人民政治协商会议共同纲领》的规定，召开全国人民代表大会及地方各级人民代表大会的条件已经成熟了，这是中国人民流血牺牲，为民主奋斗历数十年之久才得到的伟大胜利。召开人民代表大会，可以更加发扬人民民主，加强国家建设和加强抗美援朝的斗争。人民代表大会制的政府，仍将是全国各民族、各民主阶级、各民主党派和各人民团体统一战线的政府，它是对全国人民都有利的。"最后，中央人民政府委员会一致通过了《关于召开全国人民代表大会及地方各级人民代表大会的决议》。决议的主要内容是：

"中央人民政府委员会认为现在召开全国人民代表大会的条件已经具备，根据《中华人民共和国中央人民政府组织法》第7条第10款的规定，决议于1953年召开由人民用普选方法产生的乡、县、省（市）各级人民代表大会，并在此基础上接着召开全国人民代表大会。在这次全国人民代表大会上，将制定宪法，批准国家五年建设计划纲要和选举新的中央人民政府。

"为了进行起草宪法和选举法的工作，并决议：成立中华人民共和国宪法起草委员会，以毛泽东为主席，以朱德、宋庆龄、李济深、李维汉、何香凝、沈钧儒、沈雁冰、周恩来、林伯渠、林枫、胡乔木、高岗、乌兰夫、马寅初、马叙伦、陈云、陈叔通、陈嘉庚、陈伯达、张澜、郭沫若、习仲勋、黄炎培、彭德怀、程潜、董必武、刘少奇、邓小平、邓子恢、赛福鼎、薄一波、饶漱石为委员组成之；成立中华人民共和国选举法起草委员会，以周恩来为主席，以安子文、李维汉、李烛尘、李章达、吴玉章、高崇民、陈毅、张治中、张奚若、章伯钧、章乃器、许德珩、彭真、彭泽民、廖承志、刘格平、刘澜涛、刘宁一、邓小平、蔡廷锴、蔡畅、谢觉哉、罗瑞卿为委员组成之。以上两个委员会应即制定自己的工作程序。"[58]

李维汉回忆说：

民主人士对实行普选和召开全国人民代表大会，基本政治态度是拥护的。但也有一些人担心普选的结果会使共产党和工农群众的代表占压倒多数，他们的政治地位和政治权利得不到应有的保障。针对这种思想疑虑，1953年1月13日在中央人民政府委员会第二十六次会议上，毛泽东对实行普选和人民代表大会制的重要意义以及对民主人士的方针政策作了详细的解释，指出："党的政策，'不是人多称王'，我们的重点是照顾多数，同时照顾少数，凡是对人民国家的事业忠诚的、做了工作的、有相当成绩的、对人民态度比较好的，各民族、各党派、各阶级的代表性人物都有份。他们可能多数会被人民选举，甚至是大多数、绝大多数会被选举。总之，凡是爱国者（只要有这个资格），都会一道进入社会主义，没有理由不跟他们一道进入社会主义。"毛泽东的这个讲话，大大地鼓舞了民主人士爱国主义和接受社会主义的信念。[59]

李维汉还回忆起毛泽东听取全国统战工作汇报时的情形：

毛泽东曾多次以瑞金时代的"左"倾错误教训,说明统一战线的重要性,他说:"工农联盟是我们国家的基础,但还要懂得运用在这基础上的广泛的与非劳动人民的联盟——人民民主统一战线。这样动员起来的力量就会更多了。瑞金时代最纯洁、最清一色了,但那时我们的事情特别困难,结果失败了。所以真理不在于清一色。"[60]

提交全国人民代表大会的宪法草案,是在毛泽东亲自领导和参加下,经过一年多郑重的起草工作写成的。毛泽东自始至终领导和参加宪法起草工作,他不仅提出制定宪法的指导思想和许多内容,而且反复进行文字修改。由于这个缘故,当时曾有人提议将这部宪法定名为"毛泽东宪法",但被他断然拒绝。

据逄先知回忆,1953年12月下旬至1954年3月上旬,毛泽东带着宪法起草小组,在杭州起草宪法:

1953年12月24日,毛泽东带着一个宪法起草小组到杭州。田家英是起草小组成员之一,其他两人是陈伯达和胡乔木。这个小组是在毛泽东亲自领导和参加下进行工作的,从1954年1月7日开始工作,到3月9日结束。在这期间,由董必武、彭真、张际春等人组成研究小组,并聘请周鲠生、钱端升为法律顾问,叶圣陶、吕叔湘为语文顾问,进行了一段时间的工作。同时中共中央也讨论了三次,每次都作了很多修改。[61]

经过一个多月的工作,宪法第一稿于1954年2月中旬完成(原计划争取在1月31日完成)。毛泽东随即致信刘少奇及书记处其他同志,交代宪法初稿的讨论和修改问题。

2月24日,毛泽东又将宪法草案初稿第二章以下二读稿及宪法起草小组报告送中央讨论。

逄先知回忆了田家英、胡乔木在毛泽东指导下起草宪法草案的情况,他说:

1954年3月23日,将宪法草案初稿提交中华人民共和国宪法起草委员会第一次会议讨论。起草委员会经多次讨论,同时在北京和全国各大城市组织各民主党派、群众团体和各界代表人物8000多人进行讨论,最后提交全国人民代表大会第一次会议讨论通过。毛泽东自始至终领导和参加宪法起草工作,他不仅提出制定宪法的指导思想和许多重要内容,而且反复进行文字修改。当时,曾有人提议将这部宪法定名为"毛泽东宪法",被他断然拒绝。

田家英作为毛泽东的秘书,从头到尾参加了宪法起草工作。在起草过程中,胡乔木、田家英同陈伯达之间,常常发生不同意见的争论。陈伯达霸道气味十足。由于胡乔木在毛泽东召集的起草小组会议上对陈伯达提出的初稿提出批评修改意见,陈曾经会后大发雷霆。胡、田为顾全大局,以后凡有意见都事先向陈提出，而胡、田二人意见常常一致或者比较接近。陈伯达驳不倒他们，十分恼火，就消极怠工，多次发牢骚，说要回家当小学教师。所以杭州起草小组拿出的供讨论稿事实上主要出于胡、田之手。田家英除了参加起草、讨论以外，还负责有关材料的收集和整理，提供给毛泽东和小组参阅。

1954年3月17日，毛泽东和起草小组回到北京。田家英的工作更加紧张起来（这时胡乔木因右眼患中心性视网膜炎，住医院治疗，以后又遵医嘱去莫斯科继续治疗，未再参加宪法的修订工作）。白天，参与组织北京地区的讨论，并负责与外地联系；晚上，将当天全国讨论的情况向毛泽东汇报。有时一面参加讨论，一面参加修改，连续几天从晚上工作到次日凌晨，日夜不得休息。结果，他因工作过度劳累而吐血，时年32岁。

田家英为了参加起草宪法，收集了大量有关宪法的书（包括世界各国宪法）和法学理论著作。去杭州的时候，带了两箱子书。他说："搞中国宪法，必须参照其他国家宪法，包括资本主义国家的和社会主义国家的，当然要以社会主义国家为主。"在宪法起草过程中，田家英读了许多法学书籍，还向毛泽东推荐了几本。回到北京以后，他继续研究宪法问题和法学理论，并主持编译了一些宪法问题资料。1954年6月，经毛泽东同意，他带着人民大学法律系的几位教师和其他同志到北戴河，编写《中华人民共和国宪法解释》。写出初稿，陆续送毛泽东审阅。后来因忙于别的工作，此书没有完稿。田家英聪明过人，干一行，钻一行，懂一行。他通过宪法起草工作，在法学方面积累了新的知识，拓宽了自己的知识领域和眼界，并能提出一些独到见解，讲出一些理论。从此，法学也成了他喜爱的一门学科。在他的书房里，有一个书架，全部是法学书籍。[62]

在1954年6月14日召开的中央人民政府委员会第三十次会议上，毛泽东就宪法草案发表了重要讲话，他说：

这个宪法草案，看样子是得人心的。宪法草案的初稿，在北京500多人的讨论中，在各省市各方面积极分子的讨论中，也就是在全国有代表性的8000多人的广泛讨论中，可以看出是比较好的，是得到大家同意和拥护的。今天很多人讲了话，也都是这样讲的。

为什么要组织这样广泛的讨论呢？有几个好处。首先，少数人议出来的东西是不是为广大人民所赞成呢？经过讨论，证实了宪法草案初稿的基本条文、基本原则，是大家赞成的。草案初稿中一切正确的东西，都保留下来了。少数领导人的意见，得到几千人的赞成，可见是有道理的，是合用的，是可以实行的。这样，我们就有信心了。其次，在讨论中搜集了5900多条意见（不包括疑问）。这些意见，可以分作三部分。其中有一部分是不正确的。还有一部分虽然不见得很不正确，但是不适当，以不采用为好。既然不采用为什么又搜集呢？搜集这些意见有什么好处呢？有好处，可以了解在这8000多人的思想中对宪法有这样一些看法，可以有个比较。第三部分就是采用的。这当然是很好的，很需要的。如果没有这些意见，宪法草案初稿虽然基本上正确，但还是不完全的，有缺点的，不周密的。现在的草案也许还有缺点，还不完全，这要征求全国人民的意见了。但是在今天看来，这个草案是比较完全的，这是采纳了合理的意见的结果。

这个宪法草案之所以得人心，是什么理由呢？我看理由之一，就是起草宪法采取了领导机关的意见和广大群众的意见相结合的方法。这个宪法草案，结合了少数领导者的意见和8000多人的意见，公布以后，还要由全国人民讨论，使中央的意见和全国人民的意见相结合。这就是领导和群众相结合，领导和广大积极分子相结合的方法。过去我们采用了这个方法，今后也要如此。一切重要的立法都要采用这个方法。这次我们采用了这个方法，就得到了比较好的、比较完全的宪法草案。

在座的各位和广大积极分子为什么拥护这个宪法草案呢？为什么觉得它是好的呢？主要有两条：一条是总结了经验，一条是结合了原则性和灵活性。

第一，这个宪法草案，总结了历史经验，特别是最近5年的革命和建设的经验。它总结了无产阶级领导的反对帝国主义、反对封建主义、反对官僚资本主义的人民革命的经验，总结了最近几年来社会改革、经济建设、文化建设和政府工作的经验。这个宪法草案也总结了从清朝末年以来关于宪法问题的经验，从清末的《十九信条》起，到民国元年的《中华民国临时约法》，到北洋军阀政府的几个宪法和宪法草案，到蒋介石反动政府的《中华民国训政时期约法》，一直到蒋介石的伪宪法。这里面有积极的，也有消极的。比如民国元年的《中华民国临时约法》，在那个时期是一个比较好的东西；当然，它是不完全的，有缺点的，是资产阶级性的，但它带有革命性、民主性。这个约法很简单，据说起草时也很仓促，从起草到通过只有一个月。其余的几个宪法和宪法草案，整个说来都是反动的。我们这个宪法草案，主要是总结了我国的革命经验和建设经验，同时它也是本国经验和国际经验的结合。我们的宪法是属于社会主义宪法类型的。我们是以自己的经验为主，也参考了苏联和各人民民主国家宪法中好的东西。讲到宪法，资产阶级是先行的。英国也好，法国也好，美国也好，资产阶级都有过革命时期，宪法就是他们在那个时候开始搞起的。我们对资产阶级民主不能一笔抹杀，说他们的宪法在历史上没有地位。但是，现在资产阶级的宪法完全是不好的，是坏的，帝国主义国家的宪法尤其是欺骗和压迫多数人的。我们的宪法是新的社会主义类型，不同于资产阶级类型。我们的宪法，就是比他们革命时期的宪法也进步得多。我们优越于他们。

第二，我们的宪法草案，结合了原则性和灵活性。原则基本上是两个：民主原则和社会主义原则。我们的民主不是资产阶级的民主，而是人民民主，这就是无产阶级领导的、以工农联盟为基础的人民民主专政。人民民主的原则贯穿在我们整个宪法中。另一个是社会主义原则。我国现在就有社会主义。宪法中规定，一定要完成社会主义改造，实现国家的社会主义工业化。这是原则性。要实行社会主义原则，是不是在全国范围内一天早晨一切都实行社会主义呢？这样形式上很革命，但是缺乏灵活性，就行不通，就会遭到反对，就会失败。因此，一时办不到的事，必须允许逐步去办。比如国家资本主义，是讲逐步实行。国家资本主义不是只有公私合营一种形式，而是有各种形式。一个是"逐步"，一个是"各种"。这就是逐步实行各种形式的国家资本主义，以达到社会主义全民所有制。社会主义全民所有制是原则，要达到这个原则就要结合灵活性。灵活性是国家资本主义，并且形式不是一种，而是"各种"，实现不是一天，而是"逐步"。这就灵活了。现在能实行的我们就写，不能实行的就不写。比如公民权利的物质保证，将来生产发展了，比现在一定扩大，但我们现在写的还是"逐步扩大"。这也是灵活性。又如统一战线，《共同纲领》中写了，现在宪法草案的《序言》中也写了。要有这么一个"各民主阶级、各民主党派、各人民团体的广泛的人民民主统一战线"，可以安定各阶层，安定民族资产阶级和各民主党派，安定农民和城市小资产阶级。还有少数民族问题，它有共同性，也有特殊性。共同的就适用共同的条文，特殊的就适用特殊的条文。少数民族在政治、经济、文化上都有自己的特点。少数民族经济特点是什么？比如第五条讲中华人民共和国的生产资料所有制现在有四种，实际上我们少数民族地区现在还有别种的所有制。现在是不是还有原始公社所有制呢？在有些少数民族中恐怕是有的。我国也还有奴隶主所有制，也还有封建主所有制。现在看来，奴隶制度、封建制度、资本主义制度都不好，其实它们在历史上都曾经比原始公社制度要进步。这些制度开始时是进步的，但到后来就不行了，所以就有别的制度来代替了。宪法草案第七十条规定，少数民族地区，"可以按照当地民族的政治、经济和文化的特点，制定自治条例和单行条例"。所有这些，都是原则性和灵活性的结合。

这个宪法草案之所以得到大家拥护，大家之所以说它好，就是因为有这两条：一条是正确地恰当地总结了经验，一条是正确地恰当地结合了原则性和灵活性。如果不是这样，我看大家就不会赞成，不会说它好。

这个宪法草案是完全可以实行的，是必须实行的。当然，今天它还只是草案，过几个月，由全国人民代表大会通过，就是正式的宪法了。今天我们就要准备实行。通过以后，全国人民每一个人都要遵守，特别是国家机关工作人员要带头遵守，首先在座的各位要遵守，不遵守就是违反宪法。

我们的宪法草案公布以后，将会得到全国人民的一致拥护，提高全国人民的积极性。一个团体要有一个章程，一个国家也要有一个章程，宪法就是一个总章程，是根本大法。用宪法这样一个根本大法的形式，把人民民主和社会主义原则固定下来，使全国人民有一条清楚的轨道，使全国人民感到有一条清楚的明确的和正确的道路可走，就可以提高全国人民的积极性。

这个宪法草案公布以后，在国际上会不会发生影响？在民主阵营中，在资本主义国家中，都会发生影响。在民主阵营中，看到我们有一条清楚的明确的和正确的道路，他们会高兴的。中国人高兴，他们也高兴。资本主义国家中被压迫被剥削的人民如果看到了，他们也会高兴的。当然也有人不高兴，帝国主义、蒋介石都不会高兴的。你说蒋介石会不会高兴？我看不需要征求他的意见就知道他是不高兴的。我们对蒋介石很熟悉，他决不会赞成的。艾森豪威尔总统也不高兴，也要说它不好。他们会说我们这个宪法是一条清楚的明确的但是很坏的道路，是一条错路，什么社会主义、人民民主，是犯了错误。他们也不赞成灵活性。他们最喜欢我们在一天早晨搞出个社会主义，搞得天下大乱，他们就高兴了。中国搞统一战线，他们也不赞成，他们希望我们搞"清一色"。我们的宪法有我们的民族特色，但也带有国际性，是民族现象，也是国际现象的一种。跟我们同样受帝国主义、封建主义压迫的国家很多，人口在世界上占多数，我们有了一个革命的宪法，人民民主的宪法，有了一条清楚的明确的和正确的道路，对这些国家的人民会有帮助的。

……

我们的这个宪法，是社会主义类型的宪法，但还不是完全社会主义的宪法，它是一个过渡时期的宪法。我们现在要团结全国人民，要团结一切可以团结和应当团结的力量，为建设一个伟大的社会主义国家而奋斗。这个宪法就是为这个目的而写的。

最后，解释一个问题。有人说，宪法草案中删掉个别条文是由于有些人特别谦虚，不能这样解释，这不是谦虚，而是因为那样写不适当，不合理，不科学。在我们这样的人民民主国家里，不应当写那样不适当的条文。不是本来应当写而因为谦虚才不写，科学没有什么谦虚不谦虚的问题，搞宪法是搞科学。我们除了科学以外，什么都不要相信，就是说，不要迷信。中国人也好，外国人也好，死人也好，活人也好，对的就是对的，不对的就是不对的，不然就叫作迷信。要破除迷信。不论古代的也好，现代的也好，正确的就信，不正确的就不信，不仅不信，而且还要批评，这才是科学的态度。[63]

毛泽东在讲话中，还提出："我们的总目标，是为建设一个伟大的社会主义国家而奋斗。"

1954年9月15日，全国人民代表大会开幕。毛泽东致开幕词，其中说：

我们这次会议具有伟大的历史意义。这次会议是标志着我国人民从1949年新中国成立以来的新胜利和新发展的里程碑。这次会议所制定的宪法将大大地促进我国的社会主义事业。

我们的总任务是：团结全国人民，争取一切国际朋友的支援，为了建设一个伟大的社会主义国家而奋斗，为了保卫国际和平和发展人类进步事业而奋斗。

我国人民应当努力工作，努力学习苏联和各兄弟国家的先进经验，老老实实，勤勤恳恳，互勉互助，力戒任何虚夸和骄傲，准备在几个五年计划之内，将我们现在这样一个经济上文化上落后的国家，建设成为一个工业化的具有高度现代化程度的伟大的国家。[64]

在这次大会上，毛泽东当选为第一任中华人民共和国主席。从这次大会开始，确立了人民代表大会制这一新中国的根本政治制度。与此同时，曾经代行人民代表大会职权的全国政治协商会议继续存在，作为多党合作、政治协商的重要组织形式发挥作用。这是毛泽东对社会主义政治制度的又一创造性发展。

当年参与有关决策的李维汉回忆说：

在第二届政协会议召开前，中央讨论了今后人民政协的工作，明确了以下几点。

1. 关于今后人民政协的性质。由于全国人民代表大会第一次会议已经召开，今后人民政协的性质将成为团结全国各民族、各民主党派、各人民团体、国外华侨和其他爱国民主人士的人民民主统一战线组织。它既不是国家权力机关，也不同于一般的人民团体，而是党派性的统一战线组织。

2. 今后人民政协的任务，按照毛泽东的意见，主要有五方面：第一，协商国际问题；第二，对全国人民代表大会代表和地方同级人民代表大会代表的候选人名单以及中国人民政治协商会议各级组织组成人员的人选，进行协商；第三，协助国家机关，推动社会力量，解决社会生活中各阶层间的相互关系问题，并联系人民群众向国家有关机关反映人民群众的意见和提出建议；第四，协商和处理政协内部和党派团体之间的合作问题；第五，在自愿基础上，学习马克思列宁主义，努力进行思想改造。

3. 今后人民政协的组织原则。第一，以各民主党派、各人民团体为基础组成，包括少数民族和国外华侨的代表，必要时可吸收个人参加。区域代表和人民解放军，不再作为参加政协的单位。第二，政协不再设立全体会议，将原来的政协全体会议、全国委员会、常务委员会三层，改为全国委员会和它的常务委员会两层。这样减少层次，便于工作，又可适当扩大名额，保持广泛的代表性。第三，全国委员会和各级地方委员会之间，是指导关系，上下之间有指导和被指导、指示和接受指示、报告和接受报告的关系，但又要因地制宜，便于地方根据实际情况开展当地的统一战线工作。

4. 全国委员会的名单由各党派协商提名，要扩大团结，要有代表性，要照顾到各个方面，注意各方面的带头人物，以充分体现统一战线的广大规模。

经过我们的协商和工作，经过全国政协的讨论，上述精神在《中国人民政治协商会议章程》中作了明确规定。1954年12月4日，周恩来代表党中央在全国政协常委会上，对政协审理的总纲和第二届全国委员会委员名单等问题作了详尽的说明，进一步统一了认识。

1954年12月20日，人民政协第二届全国委员会在北京召开，周恩来向会议作了政治报告。这次会议的全体委员共559人，较上届全国委员会名额198人，增加了将近两倍。委员名额中，有意识减少中共党员的人数，只150人，占28.8%，党外人士达407人，占73%，许多旧军人、旧政协代表人物、旧知识分子以至于翁文灏、张之江、鹿钟麟等人也吸收进来了。它的代表性和团结面的广泛，表明我们党对统一战线组织的高度重视，表明我国统一战线更加巩固和扩大。

这次政协会议的召开，在一部分党外人士中引起相当强烈的反应，围绕着政协的地位、作用等问题展开了一场或明或暗的争论。有些人对实行人民代表大会制后人民政协的性质、地位等变化认识不清，留恋第一届全国政协的开会盛况，怀疑我党对第二届政协不重视，表现出不满、不安的情绪，说："真正的权力在人大常委，最高权力在中共中央，政协没什么权了。"有的人慨叹全国人大召开以后，政协将退处于"太上皇"的地位。有些人则竭力抬高政协的政治地位，鼓吹政协是"权力机关"或"半权力机关"，是"中国人民民主统一战线的最高组织形式"。

毛泽东在政协开会前两天，召集了党内外几十人举行座谈，指出今后要加强统一战线工作，人大是权力机关，并不妨碍我们成立政协进行政治协商。他说人大已经包括了各方面，常委会是人大的常设机关，代表性当然很大，但它不能包括所有方面，所以政协仍有存在必要，而不是多余的。并说蒋介石也搞过参政会，但他不敢也不愿意要这些机关起作用，他要的是扼杀民主。我们是人民政府，我们一定要把一切机关都活跃起来。有人说，政协既然这样重要，是否可以把它搞成国家机关？毛泽东回答说："不能把它搞成国家机关。因为人大和国务院是国家权力机关和国家管理机关，如果把政协也搞成国家机关，岂不成二元论了吗？这样就重复了、分散了，民主集中制就讲不通了。要实事求是，政协不仅是人民团体，而且是各党派的协商机关，是党派性的机关。这不等于不重视它，而恰好是重视它。共产党就是党派，也不是国家权力机关，但它的价值并不因此而有所降低。"毛泽东这篇重要讲话，不仅教育提高了当时持有不同意见的党外人士，消除了他们的不安情绪，而且对当前和今后的统战工作和政协工作都有着重要的指导意义。

在中央和毛泽东主席的正确指导下，第二届政协全国委员会议圆满地完成了任务，一致通过了《中国人民政治协商会议章程》，依据宪法原则，确定了参加政协单位和个人共同遵守的七项准则。这就是：一、拥护《中华人民共和国宪法》，全力贯彻实施宪法；二、巩固工人阶级领导的人民民主制度，加强社会主义成分的领导地位；三、协助国家机关，推动社会力量，实现国家的社会主义工业化和社会主义改造事业；四、密切联系群众，反映群众的意见和提出建议；五、加强各民族人民的团结，提高革命警惕性，坚持对国内外敌人的斗争；六、加强中国人民同世界爱好和平人民的友谊，反对侵略战争，保卫世界和平。七、在自愿基础上学习马列主义和国家政策，开展批评和自我批评，努力进行思想改造。这七条准则，是全国各族人民、各民主党派、各人民团体和其他爱国人士团结奋斗的共同政治基础。[65]

在文化思想战线上

1953年9至10月，中国文学艺术工作者举行了第二次代表大会。大会认为，应将社会主义现实主义确定为过渡时期我国文艺创作和批评的最高准则。李希凡、蓝翎两位青年作者在上述精神指导下，于1954年9月、10月间，先后在山东大学学报《文史哲》和《光明日报》发表《关于〈红楼梦简论〉及其他》《评〈红楼梦研究〉》两篇文章，对"红学"权威俞平伯的红学观点和研究方法提出了批评。

两位小人物的文章引起了毛泽东的重视。9月中旬，在中宣部文艺处工作的江青到《人民日报》编辑部，要求《人民日报》转载《关于〈红楼梦简论〉及其他》一文，借此展开对资产阶级唯心论的批判。《人民日报》编辑以"党报不是自由辩论的场所"为理由，拒绝转载。后来《文艺报》同意转载（登在1954年第18期上），主编冯雪峰为文章加了编者按。按语一方面对两位青年加以鼓励，一方面指出他们的意见"显然还有不够周密和不够全面的地方"。毛泽东对这个编者按很不满意，当即写下批注。他认为这两个年轻的"小人物"的文章是"很成熟的文章"，而冯雪峰则对它"妄加驳斥"，"对两青年的缺点则决不饶过"（针对冯雪峰按语中"作者的意见显然还有不够周密和不够全面的地方"一句写的批注)。他还主张"不应当承认俞平伯的观点是正确的",应当批判俞平伯的错误思想。

在阅读《光明日报》刊载的《评〈红楼梦研究〉》及编者按时,毛泽东也作了批注。他对编者按仍然不满意,认为按语对文章评价过低。同时,他也指出了两个青年文章中的若干缺点,认为其中一个缺点是"替俞平伯开脱"。

10月16日,毛泽东专就李、蓝批评俞平伯的文章,给中共中央政治局和其他同志写了一封信。信中叙述了两位"小人物"发表文章时遇到的挫折,对"大人物"的阻拦作了严厉的批评,由此引发出关于《红楼梦》研究问题的一场批判。

当时在中宣部文艺处工作的黎之回忆说:

我10点钟上班,上班后先应《北京日报》之约写了《批判〈红楼梦〉研究中的错误观点》,紧接着接受了起草一篇批判《文艺报》的文章。

我过去是《文艺报》的通讯员,是《文艺报》的忠实读者。现在要起草批判这个刊物的文章,我是没有思想准备的。但是,当时要批判《文艺报》的缘由,不少情况是众所周知的。这是毛主席的意思。

山东大学《文史哲》1954年9月号上发表了李希凡、蓝翎写的《关于〈红楼梦〉研究及其他》一文。江青把这篇文章送给毛泽东,毛泽东读后,让江青转告《人民日报》转载。她当即在人民日报社召集胡乔木、邓拓、林默涵、林淡秋等人开会(主管文艺的周扬未参加),建议转载李、蓝的文章。会上胡乔木等人提出党报不是自由讨论的场所(这是学《真理报》。斯大林时期,《真理报》只作结论,不许讨论)。会上大家一致意见交《文艺报》转载。由林默涵通知冯雪峰,快些转载。冯起草按语送中宣部审阅后,9月份出版的《文艺报》上即转载了李、蓝的文章。当月转载,这速度可谓神速。毛泽东在《文艺报》不到三百字的按语上作了五处批注。在作者署名旁批:"青年团员一个二十三岁,一个二十六岁。"在"它的作者是两个在开始研究中国古典文学的青年"一句旁批:"不过是小人物。"在"他试着从科学的观点对俞平伯先生在《〈红楼梦〉简论》一文中的观点提出了批评"一句"试着"两字旁画了两道竖线,并批:"不过是不成熟的试作。"在"作者的意见显然还有不够周密和不够全面的地方"一句旁批:"对两个青年的缺点则决不饶过。很成熟的文章,妄加驳斥。"按语中,"希望引起大家讨论,使我们对《红楼梦》这部伟大杰作有更深刻和更正确的了解","只有大家来继续深入地研究,才能使我们的了解更深刻和周密",毛泽东在"更深刻和更正确的了解"和"了解更深刻和周密"旁画了两道竖线,并批:"不应承认俞平伯的观点是正确的。不是深刻周密的问题,而是批判错误思想的问题。"

10月10日,《光明日报》加按语发表了李希凡、蓝翎的《评〈红楼梦〉研究》一文。毛泽东阅后又作了批注。在按语中,"目前,如何运用马克思主义科学观点去研究古典文学,这极其重要的工作尚没有很好地进行,而且也亟待展开。本文试图从这方面提出一些问题和意见,是可供我们参考的。同时我们更希望能因此引起大家的注意和讨论。又与此相关的一篇《关于〈红楼梦〉简论》的文章业已在第18期《文艺报》上转载,也可供大家研究。"毛泽东针对按语中"试图""提出一些问题和意见""供参考"三个提法。批注:"不过是试作?不过是一些问题和意见?不过可供参考而已?"

毛泽东在10月16日写了那封著名的《关于〈红楼梦〉研究问题的信》,信中说:

各同志:

驳俞平伯的两篇文章附上,请一阅。这是三十多年以来向所谓《红楼梦》研究权威作家的错误观点的第一次认真的开火。作者是两个青年团员。他们起初写信给《文艺报》请问可以不可以批评俞平伯,被置之不理。他们不得已写信给他们的母校——山东大学的老师,获得支持,并在该校刊物《文史哲》上登了他们的文章驳《〈红楼梦〉简论》。问题又回到北京,有人要求将此文在《人民日报》上转载,以期引起争论,展开批评,又被某些人以种种理由(主要是"小人物的文章""党报不是自由辩论的场所")给以反对,不能实现;结果成立妥协,被允许在《文艺报》转载此文。嗣后,《光明日报》的《文学遗产》栏又发表了两个青年驳俞平伯的《〈红楼梦〉研究》一书的文章。看样子,这反对在古典文学领域毒害青年三十余年的胡适派资产阶级唯心论的斗争,也许可以开展起来了。事情是两个"小人物"做起来的,而大人物往往不注意,并往往加以拦阻,他们同资产阶级作家在唯心主义讲统一战线,甘心做资产阶级俘虏,这同影片《清宫秘史》和《武训传》放映时候的情形几乎是相同的。被人称为爱国主义影片而实际是卖国主义影片的《清宫秘史》[66],在全国放映之后,至今没有被批判。《武训传》虽然批判了,却至今没有引出教训,又出现了容忍俞平伯唯心论和阻拦"小人物"的很有生气的批判文章的奇怪事情,这是值得我们注意的。

毛泽东
1954年10月16日

俞平伯这一类资产阶级知识分子,当然是应该对他们采取团结态度的,但应当批判他们毒害青年的错误思想,不应当对他们投降。

毛泽东在以上信的信封上写有:"刘少奇、周恩来、陈云、朱德、邓小平、胡绳、彭真、董老、林老、彭德怀、陆定一、胡乔木、陈伯达、郭沫若、沈雁冰、邓拓、袁水拍、林淡秋、周扬、林枫、凯丰、田家英、林默涵、张际春、丁玲、冯雪峰、习仲勋、何其芳诸同志阅。退毛泽东。"

毛泽东以上的信引起大家重视，但对其中有些事实，当时也有不同看法。如李、蓝曾给《文艺报》写信，该报置之不理一事，我听到冯雪峰几次否认此事。

毛泽东这些严厉的批评，并没有像后来那样作为"最高指示"，作出迅速强烈的反响，很快地形成批判运动。只在10月24日以作家协会古典文学部的名义召开了一次关于《红楼梦》研究讨论会。参加会议的有茅盾、周扬、冯雪峰、邵荃麟、阿英、张天翼、俞平伯、王佩璋（俞平伯的研究生）、吴组缃、冯至、舒芜、钟敬文、王昆仑、老舍、吴恩裕、黄药眠、范宁、郑振铎、聂绀弩、启功、杨晦、浦江清、何其芳、蓝翎等60多人。

会议的气氛是研讨式的，俞平伯、王佩璋介绍了近年来写作情况，王介绍了她为俞代笔的几篇文章。不少人认为李、蓝文章提出了重要问题，应展开对古典文学研究领域资产阶级唯心论的批判。但也有人为俞平伯考据工作辩护，担心考据工作不受重视。

10月27日，陆定一向毛泽东和党中央写了关于展开《红楼梦》研究问题的报告，介绍了以上会议的情况，着重反映了赞成批判《红楼梦》研究中的唯心主义，同时也反映了部分人的疑虑。报告提出，在讨论和批评中必须防止简单化和粗暴作风，允许发表不同的意见，只有经过充分的争论，正确的意见才能真正为多数人所接受。

毛泽东在当日阅后即批："刘（少奇）、周（恩来）、陈（云）、朱（德）、邓（小平）阅，退陆定一照办。"在这个应"照办"的报告中并未提到批评《文艺报》，可是毛泽东同时在另一篇文章上批示："即送《人民日报》邓拓同志照此发表。"这就是由江青授意，袁水拍执笔，经毛泽东阅改的《质问〈文艺报〉编者》。这篇文章发表的当天，中宣部主管文艺的副部长周扬很惊讶，当即打电话问袁水拍，袁回答："是毛主席批发的。"文中"《文艺报》在这里跟资产阶级名人有密切联系，跟马克思主义和宣扬马克思主义的新生力量却疏远得很，这难道不是显然的吗？"一段是毛泽东加的。

《人民日报》发表了《质问〈文艺报〉编者》以后，林默涵召集文艺处的几位同志布置起草一篇批判《文艺报》的文章，他讲了一下文章要点，几个人各起草一篇，后来由他在我起草的稿子上作了很大的修改，题为《〈文艺报〉编者应该彻底检查资产阶级作风》，在11月10日《人民日报》发表。

这篇文章除了对《质问〈文艺报〉编者》一文表示支持外，还提到《文艺报》创办以来"做了一些工作",同时又着重批评了《文艺报》的某些错误。其中提到1952年第3期上发表的《评〈葡萄熟了的时候〉》一文是"宣扬'无冲突论'的标本"。同年第6期《试评小说〈火车头〉》一文是"提倡公式化、概念化的典型例子"。当时之所以特别指出这两点,同文艺界当时正在关注的问题有关。那时文艺界不少人对文艺创作中的公式化、概念化不满,对苏联提出的反无冲突论非常关心,文章的主调是极力加强批判性。但是,毛泽东读后仍觉得对《文艺报》的批评不够严厉,上纲上线不够。他对批评创作中的公式化、概念化并不感兴趣,对文中提到《文艺报》的成绩不满。他在文句旁画满了竖线,有的地方打了问号,前后作了六条批注。如在提到《文艺报》"得到了一些成绩,因此,也受到一些读者的欢迎",但是"滋长了一种骄傲自满的情绪,这种情绪最明显表现,是这个以文艺批评为主要任务的刊物,它本身却简直没有自我批评的精神"。毛泽东在最后一句上画了竖线,打了个问号,并批:"首先不是没有自我批评的问题,而是是否犯了错误的问题。"在文章中提到《文艺报》曾发表一些读者对《文艺报》和该报编者颂扬的来信一段旁边,毛泽东批:"读者不明情况,说错了话。"在文章中批评《文艺报》骄傲自满情绪一段旁,批:"不是骄傲的问题,而是编辑部被资产阶级思想统治了的问题。"在文章中批评《文艺报》"丧失了对当前重大政治问题的敏锐感觉"旁,批:"不是丧失敏锐感觉,而是有反马克思主义的极敏锐感觉。"在文中提到《文艺报》"骄傲自大""老大的作风"旁批:"不是这些问题,而是他们的资产阶级反马克思主义立场观点问题。"另外,毛泽东在文章中批评《文艺报》宣扬无冲突论,认为全国解放两年"中国就没有滋长旧意识的社会基础了"旁批:"不但几年,永远都是有冲突的。"

当时《文艺报》的主编冯雪峰写了《检讨我在〈文艺报〉所犯的错误》在《人民日报》发表。毛泽东阅后又作了批注。在冯文谈到自己在古典文学领域内对胡适唯心论观点一向不加以注意一段,旁批:"限于古典文学吗?应说从来就很注意,很有认识,嗅觉很灵。"在文中谈到对资产阶级思想失去敏锐的感觉,旁批:"一点没有失去,敏感得很。"在文中"我感染有资产阶级作家的某些庸俗作风,缺乏马克思列宁主义的战斗精神"旁批:"不是'某些',而是浸入资产阶级泥潭里了。不是缺乏的问题,而是反马克思主义的问题。"在文中"不自觉地在心底里存在着轻视新生力量的意识"旁批:"应说自觉。不是潜在的,而是用各种方法向马克思主义作坚决斗争。"在文中说到自己"是反马克思主义的错误"一句旁批:"应以此句为主去批判冯雪峰。"

毛泽东还将冯雪峰的诗《火》《三月五晨》和寓言《火狱》《曾为反对

派而后为宣传家的鸭》《猴子医生和重病的驴子》等篇批给刘少奇、周恩来、陈云、邓小平、彭真、彭德怀、陈毅、陆定一等人阅。批语："冯雪峰的诗及寓言数首，可一阅。如无时间，看第一篇《火狱》即可。"同时又批给陈伯达、胡乔木、胡绳、田家英等人，批语同上。

《火狱》是雪峰的一篇杂感，收在《论文集》一卷中。不知毛泽东为什么在雪峰众多的作品中选出了这几篇给中央领导人传阅，而特别提出《火狱》。《火狱》写的是苏军攻进柏林后的大火，作者欢呼"在火光里，全世界照见着自己，照见着自己的胜利"。不知道为什么毛泽东把这篇文章列为寓言？对该文的内容又有什么看法？只记得胡乔木说过："有一次毛主席拿着雪峰的一篇文章说，冯雪峰的湖畔诗写得很好，怎么文章写得这么坏？不知是否指的就是《火狱》？"不过乔木又补充说，"有时主席一会儿这么讲一会儿又那么讲。"

周扬得知《质问〈文艺报〉编者》是毛泽东批发的，立即决定召开文联主席团和作协主席团扩大会议，批判《文艺报》的错误和《红楼梦》研究中的唯心论。他当即亲自向毛泽东作了汇报。（我后来听周扬顺便讲起，当时毛主席拿《文艺报》给他看，说："你看，倾向性很明显，保护资产阶级思想，爱好反马克思主义的东西，仇视马克思主义。可恨的是共产党员不宣传马克思主义，共产党员不宣传马克思主义，何必做共产党员！"——周扬说主席这句话重复了两遍。毛泽东说："《文艺报》必须批判，否则不公平。"）在《质问〈文艺报〉编者》一文发表后的第五天，10月31日，文联、作协主席团扩大会议在青年剧院楼上的"青年宫"举行，这就是著名的"青年宫会议"。会议从10月31日到12月8日，历时一个多月，先后开了八次大会。会议由郭沫若、茅盾、周扬主持，发言的有郑振铎、老舍、丁玲、何其芳、刘白羽、胡风、臧克家、翦伯赞、杨晦、陈翔鹤、游国恩、谭丕谟、聂绀弩、宋之的、于黑丁、骆宾基、钟敬文、吴祖光、孔罗荪、黄药眠、师田手、白刃、康濯、袁水拍、吴雪、李之华等三十多人。冯雪峰、陈企霞作为《文艺报》的负责人做了检讨。俞平伯也作为当事人发了言。

发言者有的偏重于《红楼梦》研究，但会议主要的火力是指向《文艺报》。大部分发言围绕《文艺报》向资产阶级投降，压制"小人物"两个中心。会议期间，周扬于12月1日晚向毛泽东当面汇报了情况，并提出把运动进一步深入的设想。2日，把关于批判胡适的计划送毛泽东审阅。毛于3日批："照此办理。"12月8日，主席团会议通过《关于〈文艺报〉的决议》。郭沫若作了题为《三点建议》、茅盾作了题为《良好的开端》、周扬作了题为《我们必须战斗》的报告。《决议》和郭、周的报告事前都送毛泽东审阅。毛泽东阅后给周扬写信：

周扬同志：

　　均已看过。决议可用。

　　你的讲稿是好的，在几处地方作了一点修改，请加斟酌。郭老讲稿很好，有一点小的修改，请告诉郭老斟酌。"思想斗争的文化动员"这个题目不很醒目，请郭老是否可以改换一个。

毛泽东
12月8日早

　　周扬的报告三个部分：一、开展对胡适派资产阶级唯心论的斗争（指名批判了《清宫秘史》）；二、《文艺报》的错误；三、胡风先生的观点和我们的观点之间的分歧。

　　周扬在报告中着重批判《文艺报》对1953年10月第二次文代会的方针"采取了消极的抗拒的态度"。这个批评是有其历史背景的。第二次文代会以前，文艺界对文艺形势的估计、英雄人物的创造、文艺批评的方针和作风有很大分歧。关于英雄人物的创造问题，《文艺报》曾组织了讨论，陈企霞起草了结论。这些问题周扬等同志与冯雪峰等同志之间看法上也明显地不一致。第二次文代会曾由冯雪峰准备大会报告，后来没有通过（冯后来把其中部分在《文艺报》上发表）。中央通过了周扬的报告。在革命文艺的历史发展问题上，毛泽东说："在报告中提到无产阶级文学的发展时，给人一种感觉，好像无产阶级文艺是从1942年或1949年开始的，事实上从'五四'以来文艺的主要倾向就是社会主义现实主义，代表人物是鲁迅。"毛泽东还批评报告中关于鲁迅提得太少。毛泽东这里所说的社会主义现实主义与我们通常的对这个创作方法定义的理解不尽相同。他在1939年5月为鲁艺题词是"抗日的现实主义，革命的浪漫主义"。《在延安文艺座谈会上的讲话》最初发表时用的是"无产阶级现实主义"，解放后修改时改为"社会主义现实主义"。在修改时，协助修改的人引用了日丹诺夫关于社会主义现实主义的定义，毛泽东很不高兴，全部删掉了。周扬在根据毛泽东意见修改报告时考虑到斯大林、日丹诺夫提出社会主义现实主义是在30年代，晚于五四运动。所以没有明确地说"五四"以来就是社会主义现实主义的。关于创造英雄人物能不能写品质性的缺点问题，毛泽东表示同意周扬报告中的观点，他风趣地说："人都是有缺点的，所以英雄人物当然也有缺点。但是，文艺作品中的英雄人物不一定都写他的缺点，像贾宝玉总是离不开女人，而鲁智深却从来没考虑到女人。为了创造典型有意识地夸张或忽略某些方面是应该的。"

　　周扬文代大会的报告，得到毛泽东和党中央的肯定。但是文代会后文艺界的分歧并未解决，所以周扬在这里特别批评《文艺报》对抗文代会方针。

这样大规模的批判会是新中国成立以来第一次。我作为中央宣传部的工作人员参加了全部大会，每次到会听大会发言，搜集对会议的反映。当时我觉得这是个学习的好机会，见到那么多我过去就闻名的文艺界领导者、作家、艺术家，听他们有准备的长篇大论。同时又觉得会议的气氛太紧张，对许多事怕了解不透，理解不深。（当时我和芦甸是邻居，每晚他都到我这里聊天，问我一些会议的情况，我把我知道的事和印象告诉他。后来，我看到他写的材料中专门写了这件事，至于我当时都讲了些什么已记不清了。）

这次会上我第一次见到仰慕已久的冯雪峰，这位长征的老战士、上海地下党的负责人、上饶集中营的英雄、著名作家、理论家，已年过半百，看上去显得很憔悴。他发言时觉得有负于党，心情沉重，流下泪来。我很难过。这样一位我尊敬的老同志怎么会犯这样大的错误呢？同时我又清楚地知道，这是伟大领袖毛泽东点名批评的人。毛泽东称赞过他的诗，在苏区和长征时同他有较多的接触，毛泽东曾向战士风趣地介绍说："他是作家，会讲故事。"为什么为了一篇按语如此严厉地批评他呢？这按语又错在哪里？我不理解。[67]

毛泽东的信传达以后，批判俞平伯、责难《文艺报》编者等的文章纷纷发表。毛泽东对几篇批评《文艺报》的文章亲自加以修改，加重其批判分量。如，10月27日，他在审阅袁水拍《质问〈文艺报〉编者》一文时，加了这样一段话："文艺报在这里跟资产阶级唯心论和资产阶级名人有密切联系，跟马克思主义和宣扬马克思主义的新生力量却疏远得很，这难道不是显然的吗？"修改后，毛泽东即令《人民日报》发表此文。在阅读11月10日《人民日报》文章《〈文艺报〉编者应该彻底检查资产阶级作风》一文时，毛泽东说，《文艺报》编辑部"被资产阶级思想统治了"，"具有反马克思主义的极敏锐的感觉"。

对俞平伯的学术思想的批判，很快转入政治批判。如认为俞平伯是胡适路线的忠实追随者和实践者，俞平伯的思想是帝国主义的奴化思想和封建主义的复古思想的反动同盟。

同时，毛泽东又决定趁势发动一场广泛批判胡适派资产阶级唯心主义思想的运动。10月27日，中宣部副部长陆定一写报告给毛泽东并中央，主张这次讨论不应仅停止在《红楼梦》一本书和俞平伯一个人上，而应发展到其他部门去，从哲学、历史学、教育学、语言学等方面彻底地批判胡适的资产阶级唯心论的影响。毛泽东当天批文"照办"。

1955年1月，中共中央下发了《关于组织宣传唯物主义思想批判资产阶级唯心主义思想的演讲工作的通知》。通知说，对俞平伯《〈红楼梦〉研究》的错误思想的批判已告一段落，对胡适派思想的批判已经初步展开，对胡风及其一派的文艺思想的批判亦将展开。毛泽东1月24日在这个通知上批示"可用"。于是，一场批判胡风文艺思想的运动揭开序幕，并愈演愈烈，直至揪出胡风"反革命集团"。

胡风是中国现代文学史上一位很有个性的文艺理论家、批评家和诗人，他提出的一些文艺理论观点与毛泽东文艺思想存在着明显的差异。1952年7月以后，在文艺干部整风运动中召开了几次讨论胡风文艺思想的会议，实际上是对胡风思想的批判。1953年1月30日，《文艺报》第2期发表题为《胡风的反马克思主义的文艺思想》文章。2月15日，《文艺报》又发表了何其芳的长文《现实主义的路，还是反现实主义的路？》。

从1954年3月到7月，胡风写了30万言的《关于解放以来的文艺实践情况的报告》，呈送给毛泽东等中央领导人。中央宣传部研究了胡风的30万言书后，于1955年1月20日向中央作了《关于开展批判胡风思想的报告》。中共中央批准了这个报告。从1955年2月1日起，在报纸上全面开展了对胡风文艺思想的批判。

事实上，毛泽东在中央宣传部这个报告之前，就已表示："应对胡风的资产阶级唯心论，反党反人民的文艺思想，进行彻底的批判。"（1955年1月15日在周扬关于同胡风谈话情况的报告上的批语）

胡风问题，原先只是文艺思想的争论问题。尽管其中涉及不少重大的文艺理论问题，但是可以通过争鸣讨论的方法得到解决。然而，从1955年春起，问题的性质突然有了急剧变化，成为所谓反革命政治问题。对于这些突如其来的变化，当年在中宣部文艺处负责的林默涵回忆说：

大约在1955年4月的某一天，舒芜来到中南海中宣部办公室找我。他交给我一本装订好的胡风给他的信件，说其中有许多情况，可以看看。当时我认为私人信件没有什么好看的，就一直放在书架上，没有重视。隔了一段时间，我偶然拿起来翻了翻，发现其中有许多暗语，例如"两位马褂"（指何其芳、刘白羽）、"豪绅们"（指当时重庆进步作家们）"官们""权贵""老爷们"（指一些共产党员和党的负责干部）、抬头的市侩（指茅盾）、"跳加官"（指当时进步文艺界的活动）等等；还有一些充满讥讽、憎恶的语言，例如："因两位马褂在此，豪绅们如迎钦差，我也只好奉陪鞠躬"；"要做商人，只得和对手一道嫖赌，要在这圈子里站着不倒下，也就不得不奉陪一道跳加官"；"即如这几年的跳加官罢，实际上应该失陪，或者简直跳它一个魔鬼之舞的，但是一直混在蛆虫（按：指进步文艺界人士）里面"；"对于大师们（按：指批评了舒芜"论主观"的人们）的回敬，太斗鸡式了。气派不大，有一种用橡皮包着钢丝打囚徒的鞭子，打伤了而又表面上看不出伤痕，我以为是好方法";"我积了太多的愤恨，而又觉得对象们组成了庞然的存在，所以想用集束手榴弹的战法"；等等。我明白胡风信中这些话是指的什么和谁。老实说，当时看到胡风在给舒芜的信中对这么多党和非党作家抱着这样仇视的态度，带着这样憎恶的感情，我不能不感到十分惊讶、意外，也极为气愤。我们虽然不同意他的文艺观点，但党组织是一直把他看作进步的文艺工作者，看作一家人的，怎么也想不到他在背后会采取这样的态度。有人说，舒芜这批信，是我要他交出来的，这就怪了，我又没有特异功能，怎么知道舒芜会藏有这些"宝贝信"呢?

由于我与胡风有所接触，所以信中的有些暗语能够看懂，但还有很多看不懂，于是我把舒芜找来，请他把信中人们不易看懂的地方作些注释，把信按内容分分类，整理得较为醒目一些。舒芜同意并且很快整理出来了，一两天后就交给了我，他整理得很清楚。我看后把它交给了周扬。周扬看后，同我商量是否可以公开发表一下，我表示赞成。于是就将这些材料交给了《文艺报》，请主编康濯加一个编者按语发表。《文艺报》排出样子后，送给周扬和我看。我们都觉得按语还可以，准备退给康濯发表。周扬同志忽然想到，这个材料比较重要，发表前似应送给毛主席看看才好。我认为对。周扬就于5月9日把胡风写的一篇"自我批判"和舒芜提供的材料清样一同送给毛主席，并给主席写了一封信：

主席：

胡风的自我检讨和舒芜的揭露材料拟在下期《文艺报》（即本月15日出版的）一同登载，胡风文前加了一个编者按语，兹送上清样，请您审阅。同期《文艺报》还有一篇许广平驳斥胡风的文章，附告。

5月11日，毛主席在周扬的信上批示：

周扬同志：按语不好，改写了一个，请你和陆定一同志看看可用否？如以为可用，请另抄付印，原稿退还给我为盼！

可登《人民日报》，然后在《文艺报》转载。按语要用较大型的字。

如不同意，可偕陆定一于今晚11时以后，或明日下午，来我处一商。

毛主席改写的按语，即5月13日《人民日报》的编者按语。舒芜揭露材料的题目由《关于胡风小集团的一些材料》，改为《关于胡风反党集团的一些材料》。按语说：

"胡风的这篇在今年1月写好、2月作了修改、3月又写了'附记'的《我的自我批判》，我们到现在才把它和舒芜的那篇《关于胡风反党集团的一些材料》一同发表，是有这样一个理由的，就是不让胡风利用我们的报纸继续欺骗读者。从舒芜文章所揭露的材料，读者可以看出，胡风和他所领导的反党反人民的文艺集团是怎样老早就敌对、仇视和痛恨中国共产党的和非党的进步作家。读者从胡风写给舒芜的那些信上，难道可以嗅得出一丝一毫的革命气味来吗？从这些信上发散出来的气味，难道不是同我们曾经从国民党特务机关出版的《社会新闻》《新闻天地》一类刊物上嗅到过的一模一样吗？什么'小资产阶级的革命性和立场'，什么'在民主要求的观点上，和封建传统反抗的各种倾向的现实主义文艺'，什么和'和人民共命运的立场'，什么'革命的人道主义精神'，什么'反帝反封建的人民解放的革命思想'，什么'符合党的政治纲领'，什么'如果不是革命和中国共产党，我个人二十多年来是找不到安身立命之地的'，这种话，能够使人相信吗？如果不是打着假招牌，是一个真正有'小资产阶级的革命性和立场'的知识分子（这种人在中国成千成万，他们是和中国共产党合作并愿意接受党领导的），会对党和进步作家采取那样敌对、仇视和痛恨的态度吗？假的就是假的，伪装应当剥去。胡风反革命集团中像舒芜那样被欺骗而不愿永远跟着胡风跑的人，可能还有，他们应当向党提供更多的揭露胡风的材料。隐瞒是不能持久的，总有一天会暴露出来。从进攻转变为退却（即检讨）的策略，也是骗不过人的。检讨要像舒芜那样的检讨，假检讨是不行的。路翎应当得到胡风更多的密信，我们希望他交出来。一切和胡风混在一起而有密信的人也应当交出来，交出比保存或销毁更好些。胡风应当做剥去假面的工作，而不是骗人的检讨。剥去假面，揭露真相，帮助党彻底弄清胡风及其反党集团的全部情况，从此做个真正的人，是胡风及胡风派每一个人的唯一出路。"

　　《文艺报》原来的按语，现在已找不到了，但我记得它的内容和语气都要温和得多。毛主席写的按语，将胡风小集团定性为反党反人民的文艺的小集团，这是出乎我和其他一些同志的意料的。但当时，我只是感到自己的思想水平低和政治敏感性差，我对按语没有提出任何异议，其他同志也没有提出。这样，一个本来属于人民内部文艺思想上的分歧和小集团问题，就上升为敌我性质的政治问题了。

　　需要说明的是，除了按语经毛主席改写了之外，舒芜提供的材料并未因主席的按语而作任何改动。《人民日报》发表的舒芜提供的材料完全是根据送给毛主席看的《文艺报》的清样排的。有人说舒芜在主席为胡风问题定性后，根据要求将材料重新分类并写上小标题等，是不符合事实的。当时舒芜之所以要提供这些材料，他在这批材料后面有一个说明："在这些信里，胡风的唯心主义的思想，是比在他的公开的文章中表现得更加露骨的。他认为意识形态是独立存在的，还感到什么'主观在运行'，什么'大的意志贯穿了中国'，他在'唯物主义'上面加上'市侩'两字，以表示他对唯物主义的轻蔑和反感。在这里，也表明了胡风对于我当时所发表的许多宣传唯心主义、个人主义思想的错误文章是全力支持的，绝不是像他后来所抵赖，说他是不赞成那些文章的。""我在这里提供这些材料，主要是为了帮助大家进一步认识胡风文艺思想错误的实质，同时也为了促使自己更进一步检查过去的错误。"

5月16日，公安部拘捕了胡风。拘捕前，全国人大常委会举行会议，通过了取消胡风人大代表资格的决议。

在拘捕胡风时，又从胡风家里搜出了一些同胡风接近的人给胡风的许多信件，这些信中也有许多暗语，公安部门看不懂，他们要求中宣部派几个比较了解胡风情况的人来整理这些信件。参加整理信件的有我、何其芳、刘白羽、张光年、郭小川、袁水拍和中宣部文艺处的一些同志。我们又整理出了第二批、第三批材料。在摘录、整理这些材料时，我们反复核对了原信，以免弄错了信的原意。

5月24日，《人民日报》公布了《关于胡风反党集团的第二批材料》。这批材料主要是从胡风写给他朋友的信中摘录下来的。这批材料开头、中间和结尾的按语都是经毛主席修改的，有的是毛主席亲自加的。

6月6日，毛主席在收到第三批材料和《人民日报》的社论后批示：

"定一、周扬同志：

社论尚未看。对'第三批材料'的注文修改了一点，增加了几段。请你们两位，或再邀请几位别的同志，如陈伯达、胡乔木、邓拓、林默涵等，共同商量一下，看是否妥当。我以为应当借此机会，做一点文章进去。

最好今天下午打出清样，打出来后，除送你们要送的人以外，请送刘、周、小平、彭真、彭德怀、董必武、张闻天、康生各一份（朱、林、陈云同志不在家），并请他们提出意见，又及。"

第三批材料的编者按语全是毛主席写的。但在张中晓给胡风的一封攻击《在延安文艺座谈会上的讲话》的信后却没有按语，这是不合适的。我和周扬认为，这可能是主席不愿意提到涉及他本人的事，便由我们两人共同起草了一段按语加上。

6月8日，毛主席改好了社论之后，又指示道：

"定一、周扬、邓拓同志：

社论和材料两件都作了一些修改和补充，请你们酌定。请照此再打清样送各政治局同志看。关于写文章，请注意不要用过于夸大的修饰词，反而减损了力量。必须注意各种词语的逻辑界限和整篇文章的条理（也是逻辑问题）。废话应当尽量除去。"

毛主席批示中关于"写文章"一段话，主要是针对《人民日报》社论稿而言的，这篇由邓拓起草的社论，经毛主席删改后，几乎只剩下一个题目了。6月

10日，《人民日报》发表了《关于胡风反革命集团的第三批材料》和社论《必须从胡风事件吸取教训》。第三批材料公布时，"胡风反党集团"一律改称为"胡风反革命集团"。

关于胡风集团的三批材料公布后，社会各界掀起了声讨胡风的浪潮。中央决定将关于胡风的材料印成小册子在全国发行。毛主席为这本书写了《序言》。6月12日毛主席批示：

"定一、周扬、邓拓同志：

写了一个《序言》，两条按语，另外有些文字上的修改，请你们看后打清样交上次会议那些同志看过，加以修改，然后付印。"

6月16日凌晨，毛主席又批示：

"定一、周扬、邓拓同志：

此件又作了一些修改，请你们再看一遍，如无错误，即可付印，并打纸版供各地照印。

此书出版的时候，可将《序言》一篇在《人民日报》发表（题目叫《关于胡风反革命集团的材料的序言》），以期引起人们的注意。"

毛主席所写的《序言》、按语（选辑），后来收进了《毛泽东选集》第5卷。

……

记得罗瑞卿曾经告诉过我，毛主席曾多次催促，胡风一案应迅速判决，不能老是这样关着。可是此案一直拖到1965年才作出判决。胡风被判十四年有期徒刑，剥夺政治权利六年，监外执行。然而半年多后，"文革"动乱开始，胡风又被收监，并改判为无期徒刑，直至1978年5月，粉碎"四人帮"两年后才被释放。在长达二十多年的时间里，胡风和他的家属，以及受株连的人，在政治上、生活上和精神上所经历的磨难是十分深重的。1980年，有关部门复查了胡风一案。事实证明，当时把胡风和一些同胡风接近的同志定为反革命分子，确实是弄错了，胡风案是一个严重的冤案。

谈到胡风冤案产生的原因，林默涵说：

研究一个历史现象产生的原因，应当把它放在当时的历史环境中来考察。我认为，胡风一批人被定为反革命集团，原因是复杂的，有其历史的必然性，也有偶然性。从当时的社会背景看，新中国正处于建立和巩固政权的初期，年轻的共和国经历了镇反、抗美援朝、土地改革、"三反""五反"等运动后，刚刚进入社会主义改造阶段，阶级斗争还是非常激烈的。1955年3月，在把胡风一案定为反革命集团仅两个月之前召开的党的全国代表会议上，毛主席总结了反对高、饶反党集团的斗争，并在讲话中强调指出："帝国主义势力还是在包围着我们，我们必须准备应付可能的突然事变……这是一方面。另一方面,国内反革命残余势力的活动还很猖獗,我们必须有计划地、有分析地、实事求是地再给他们几个打击,使暗藏的反革命力量更大地削弱下来,借以保证我国社会主义事业的安全。如果我们在上述两方面都作了适当的措施,就可能避免敌人给我们的重大危害,否则我们可能要犯错误。"

毛主席的讲话,反映了党对当时国际、国内阶级斗争形势的基本估计和所要采取的措施。这种分析和措施应当说是符合当时客观形势的,是必要的。但同时也蕴含着对国内阶级斗争形势估计过于严重的"左"的情绪,对于文艺界的复杂情况,更存在了解不足的缺点。胡风一案正是在这一社会背景下定错了性质的。

胡风一案的产生,与我国法制不健全和对毛主席个人崇拜情绪的滋生也有很大关系。以毛主席为首的中国共产党率领中国人民推翻了三座大山,建立了一个崭新的中国,共产党享有崇高的威望,毛主席的威望也很高。由于法制不健全,缺乏科学的法律程序和量刑标准,加上对毛主席的极大信任,当毛主席根据胡风小集团的私人通信将其定为反革命分子时,我和其他同志对这一定性没有产生任何怀疑和异议,只认为是自己认识水平低,没有看清问题的实质。

此外,我认为胡风错案的产生,也有其偶然性的一面。实事求是地说,对胡风的批判,之所以由文艺思想问题急转直下地一变而为政治问题,是与舒芜交出的那批信件密切相关的。在看到这批信件之前,时达十多年,无论在国统区、在香港、在解放后的北京,我们从来都认为同胡风之间的争论,只是由于文艺思想上的分歧,而在政治上,我们是一致的。如果说是因胡风不尊重毛主席而被打成反革命,那么梁漱溟在全国政协大会上与毛主席当面顶撞,可谓大不恭敬,但毛主席并未将梁打成反革命,也未撤掉他的任何职务,只是从思想上批判他。在舒芜交出胡风的信件之前,毛主席也并未将胡风打成反革命,只是将胡风的思想定为反党反马克思主义的性质,批判、斗争只限于思想的范畴。但是,当毛主席看到了胡风背地里写的那些信件(其中并没有攻击毛主席本人的语言)中,对中国共产党的和非党进步作家那种敌视、贬损、憎恶的语言和态度,就引起了他的怀疑和愤慨。我认为这是毛主席将胡风小集团定为"反革命集团"的一个重要原因。这一点,从毛主席改写的《人民日报》5月13日编者按中可以清楚地看到。记得1980年8月、9月间,在中央书记处一次会议上,讨论为"胡风反革命集团"案平反时,一位中央领导同志说:"'胡风反革命集团'案搞错了,应该平反。但是,胡风在文艺界搞个小集团,对着共产党,当面一套,背后一套,这是很难不使人怀疑的,应当引以为戒。"

尽管如此,仅仅依据胡风的一些私人来往信件,就将其定为反革命并加以关押、判刑,无论如何都是错误的,这已为历史所证明。[68]

在胡风的文艺思想问题被认为是"反革命集团"的同时,党内又发生了潘汉年、杨帆"反革命事件"，于是，党中央、毛泽东对国内阶级斗争状况作了过于严重的估计。毛泽东建议中央作出内部肃反的决定。中央成立了5人小组，并于7月1日发出了《关于展开斗争肃清暗藏的反革命分子的指示》。这场内部肃反运动从1955年7月开始，至1957年底基本结束。

中共中央对于胡风一案在20世纪80年代进行了复查，并予以平反。1980年9月29日，中共中央在批转复查报告时指出：

"'胡风反革命集团'一案，是在当时的历史条件下，混淆了两类不同性质的矛盾，将有错误言论、宗派活动的一些同志定为反革命分子、反革命集团的一件错案。中央决定，予以平反。凡定为胡风反革命分子的，一律改正，恢复名誉……凡因'胡风问题'受到株连的，要彻底纠正。"

"造成所谓'胡风反革命集团'这件错案的责任在中央。"

胡风于1985年6月8日病逝。1986年1月15日举行追悼会。文化部部长朱穆之在悼词中说，胡风是"我国现代革命文艺战士、著名文艺理论家、诗人、翻译家"，"胡风同志的一生，是追求光明、要求进步的一生，是热爱祖国、热爱人民并努力为文艺事业作出贡献的一生"。

1988年6月，经中共中央政治局常委会讨论决定，6月18日，中央办公厅发出《关于为胡风同志进一步平反的通知》，决定对1980年的复查报告中保留的胡风"把党向作家提倡共产主义世界观……等正确的指导思想，说成是插在作家和读者头上的五把刀子"（经复查，这个论断与胡风的原意有出入），"胡风等少数同志的结合带有小集团性质，进行过抵制党对文艺工作的领导，损害革命文艺界团结的宗派活动"，"胡风的文艺思想和主张有许多是错误的，是小资产阶级的个人主义和唯心主义世界观的表现"等3个政治性的结论予以撤销。

注　释

〔1〕薄一波：《若干重大决策与事件的回顾》上卷，中共中央党校出版社1991年5月版，第46—49页。

〔2〕薄一波：《若干重大决策与事件的回顾》上卷，中共中央党校出版社1991年5月版，第61—62页。

〔3〕薄一波：《若干重大决策与事件的回顾》上卷，中共中央党校出版社1991年5月版，第213—214页。

〔4〕中共中央文献研究室编：《建国以来重要文献选编》第3册，中央文献出版社1992年6月版，第367—371页。

〔5〕薄一波：《若干重大决策与事件的回顾》上卷，中共中央党校出版社1991年5月版，第214—216页。

〔6〕李维汉：《回忆与研究》（下），中共党史资料出版社1986年4月版，第739页、第741—743页。

〔7〕薄一波：《若干重大决策与事件的回顾》上卷，中共中央党校出版社1991年5月版，第191—194页。

〔8〕汪东林：《梁漱溟与毛泽东》，吉林人民出版社1989年5月版。

〔9〕薄一波：《若干重大决策与事件的回顾》上卷，中共中央党校出版社1991年5月版，第259—266页。

〔10〕《毛泽东选集》第5卷，人民出版社1977年4月版，第116—119页。

〔11〕农业生产互助合作运动，在1952年冬到1953年春出现的"热潮"，造成了第一次冒进。邓子恢领导的中央农村工作部在中共中央的支持下，于1953年3月采取多种措施，纠正了这次冒进。

〔12〕《毛泽东选集》第5卷，人民出版社1977年4月版，第119—122页。

〔13〕林蕴晖、范守信、张弓：《凯歌行进的时期》，河南人民出版社1989年12月版，第545页、552页。

〔14〕薄一波：《若干重大决策与事件的回顾》上卷，中共中央党校出版社1991年5月版，第368—374页。

〔15〕林蕴晖、范守信、张弓：《凯歌行进的时期》，河南人民出版社1989年12月版，第556—557页。

〔16〕薄一波：《若干重大决策与事件的回顾》上卷，中共中央党校出版社1991年5月版，第345页。

〔17〕林蕴晖、范守信、张弓：《凯歌行进的时期》，河南人民出版社1989年12月版，第557—561页。

〔18〕《毛泽东选集》第5卷，人民出版社1977年4月版，第168页。

〔19〕《毛泽东选集》第5卷，人民出版社1977年4月版，第174—175页。

〔20〕《毛泽东选集》第5卷，人民出版社1977年4月版，第186—187页。

〔21〕《毛泽东选集》第5卷，人民出版社1977年4月版，第188—189页。

〔22〕薄一波：《若干重大决策与事件的回顾》上卷，中共中央党校出版社1991年5月版，第346—348页。

〔23〕《毛泽东选集》第5卷，人民出版社1977年4月版，第195页。

〔24〕《毛泽东选集》第5卷，人民出版社1977年4月版，第196—199页。

〔25〕《毛泽东选集》第5卷，人民出版社1977年4月版，第208页。

〔26〕薄一波：《若干重大决策与事件的回顾》上卷，中共中央党校出版社1991年5月版，第349页。

〔27〕薄一波：《若干重大决策与事件的回顾》上卷，中共中央党校出版

社1991年5月版，第376—382页。

〔28〕薄一波：《若干重大决策与事件的回顾》上卷，中共中央党校出版社1991年5月版，第382—387页。

〔29〕见《中国农村的社会主义高潮》下册，第1134—1135页。——原注

〔30〕逄先知：《毛泽东和他的秘书田家英》，中央文献出版社1989年12月版，第22—26页。

〔31〕国防大学党史政工教研室编：《中共党史教学参考资料》第19册，第540—541页。

〔32〕原信系从右至左竖写，"如右"即"如上"。

〔33〕《毛泽东书信选集》，人民出版社1983年12月版，第441—443页。

〔34〕薄一波：《若干重大决策与事件的回顾》上卷，中共中央党校出版社1991年5月版，第234页。

〔35〕薄一波：《若干重大决策与事件的回顾》上卷，中共中央党校出版社1991年5月版，第243—254页。

〔36〕李维汉：《回忆与研究》（下），中共党史资料出版社1986年4月版，第745—748页。

〔37〕许汉三编：《黄炎培年谱》，文史资料出版社1985年8月版，第249—250页。

〔38〕薄一波：《若干重大决策与事件的回顾》上卷，中共中央党校出版社1991年5月版，第406—407页。

〔39〕李维汉：《回忆与研究》（下），中共党史资料出版社1986年4月版，第762—764页。

〔40〕薄一波：《若干重大决策与事件的回顾》上卷，中共中央党校出版社1991年5月版，第407—410页。

〔41〕薄一波：《若干重大决策与事件的回顾》上卷，中共中央党校出版社1991年5月版，第290—292页。

〔42〕薄一波：《若干重大决策与事件的回顾》上卷，中共中央党校出版社1991年5月版，第286—289页。

〔43〕1953年9月16日《人民日报》。

〔44〕《不尽的思念》，中央文献出版社1987年12月版，第299页。

〔45〕林一山：《毛主席指明了征服长江的方向》。

〔46〕《大河扬波唱颂歌——河南省政协主席、黄委会顾问王化云回忆毛泽东同志对治黄工作的关怀》。

〔47〕《毛泽东同志90诞辰纪念文选》，第344—348页。

〔48〕《毛泽东同志90诞辰纪念文选》，第321—324页。

〔49〕《程子华回忆录》，解放军出版社1987年12月版，第364—365页。

〔50〕《程子华回忆录》，解放军出版社1987年12月版，第366—367页。

〔51〕薄一波：《若干重大决策与事件的回顾》上卷，中共中央党校出版社1991年5月版，第443—455页。

〔52〕《邓小平文选》第2卷，人民出版社1994年10月第2版，第293—294页。

〔53〕薄一波：《若干重大决策与事件的回顾》上卷，中共中央党校出版社1991年5月版，第308—315页。

〔54〕薄一波：《若干重大决策与事件的回顾》上卷，中共中央党校出版社1991年5月版，第316—319页。

〔55〕薄一波：《若干重大决策与事件的回顾》上卷，中共中央党校出版社1991年5月版，第319—320页。

〔56〕薄一波：《若干重大决策与事件的回顾》上卷，中共中央党校出版社1991年5月版，第320—321页。

〔57〕《陈毅传》，当代中国出版社1991年8月版，第494—500页。

〔58〕林蕴晖、范守信、张弓：《凯歌行进的时期》，河南人民出版社1989年12月版，第416—420页。

〔59〕李维汉：《回忆与研究》（下），中共党史资料出版社1986年4月版，第790—791页。

〔60〕李维汉：《回忆与研究》（下），中共党史资料出版社1986年4月版，第789—790页。

〔61〕逄先知等：《毛泽东和他的秘书田家英》，中央文献出版社1989年12月版，第20页。

〔62〕逄先知等：《毛泽东和他的秘书田家英》，中央文献出版社1989年12月版，第20—21页。

〔63〕《毛泽东选集》第5卷，人民出版社1977年4月版，第125—131页。

〔64〕《毛泽东选集》第5卷，人民出版社1977年4月版，第132—133页。

〔65〕李维汉：《回忆与研究》（下），中共党史资料出版社1986年4月版，第798—801页.

〔66〕《清宫秘史》"事件"更为严重，后来竟成了刘少奇冤案的一个重要组成部分，"四人帮"把批判《清宫秘史》作为公开进攻刘少奇的号角。关于此事，另文细述。——原注

〔67〕黎之：《回忆与思考》，载《新文学史料》1994年第2期。

〔68〕林默涵：《胡风事件的前前后后》，载《新文学史料》1989年第3期。

四、新的追求与探索

农业发展纲要

以农业合作化为先导的社会主义改造的急速发展,引起毛泽东对中国经济发展战略提出了新的构想。这一构想,又是首先从农业开始的。

1955年11月,毛泽东在杭州同14个省、市、自治区党委书记商定《农业17条》,提出到1967年粮食产量达到1万亿斤,确定以此作为农业发展的战略目标。12月21日,毛泽东为中央起草了给上海局、各省委、自治区党委的通知,征询对《农业17条》的意见,以便为1956年1月在中央召集的会议上确定这个规划作准备。1956年1月上旬,中央召集各省、市、自治区党委书记会议,毛泽东在同与会者商量之后,将17条扩充为40条,拟出了《1956年到1967年全国农业发展纲要》的草案初稿。接着,中共中央邀请了在北京的工业、农业、医药卫生、社会科学等各方面的科学家,各民主党派、各人民团体的负责人和文化界、教育界的人士,共1375人,分组进行了讨论,作了一些修改。1月23日,经中共中央政治局讨论通过,正式形成了《1956年到1967年全国农业发展纲要(草案)》。1月25日,中共中央将这个纲要(草案)提交最高国务会议讨论。

毛泽东在1956年1月25日最高国务会议的讲话中说:

社会主义革命的目的是为了解放生产力。农业和手工业由个体所有制变为社会主义的集体所有制,私营工商业由资本主义所有制变为社会主义所有制,必然使生产力大大地获得解放。这样就为大大地发展工业和农业的生产创造了社会条件。

……

目前我们国家的政治形势已经起了根本的变化。去年夏季以前在农业方面存在的许多困难情况现在已经基本上改变了,许多曾经被认为办不到的事情现在也可以办了。我国的第一个五年计划有可能提前完成或者超额完成。1956年到1967年全国农业发展纲要的任务,就是在这个社会主义改造和社会主义建设的高潮的基础上,给农业生产和农村工作的发展指出一个远景,作为全国农民和农业工作者的奋斗目标。农业以外的各项工作，也都必须迅速赶上，以适应社会主义革命高潮的新形势。

我国人民应该有一个远大的规划，要在几十年内，努力改变我国在经济上和科学文化上的落后状况，迅速达到世界上的先进水平。为了实现这个伟大的目标，决定一切的是要有干部，要有数量足够的、优秀的科学技术专家；同时，要继续巩固和扩大人民民主统一战线，团结一切可能团结的力量。我国人民还要同世界各国人民团结一起，为维护世界的和平而奋斗。[1]

这些思想，可以视为毛泽东在《论十大关系》一文提出的中心思想的先兆。

毛泽东对农业发展战略和道路的探索，还体现在他为《中国农村社会主义高潮》一书所写的某些按语中。

在《勤俭办社》一文按语中，他提出：

勤俭经营应当是全国一切农业生产合作社的方针，不，应当是一切经济事业的方针。勤俭办工厂，勤俭办商店，勤俭办一切国营事业和合作事业，勤俭办一切其他事业，什么事情都应当执行勤俭的原则。这就是节约的原则，节约是社会主义经济的基本原则之一。

在《严重的教训》一文按语中，毛泽东提出：

政治工作是一切经济工作的生命线。在社会经济制度发生根本变革的时期，尤其是这样。……反对自私自利的资本主义的自发倾向，提倡以集体利益和个人利益相结合的原则为一切言论行动的标准的社会主义精神，是使分散的小农经济逐步过渡到大规模合作化经济的思想的和政治的保证。这一工作是艰巨的，必须根据农民的生活经验，很具体地很细致地去做，不能采用粗暴的态度和简单的方法。它是要结合着经济工作一道去做的，不能孤立地去做。

在《妇女走上了劳动战线》一文按语中，他指出：

为了建设伟大的社会主义社会，发动广大的妇女群众参加生产活动，具有极大的意义。在生产中，必须实现男女同工同酬。

在《多余劳动力找到了出路》一文按语中，他说：

人民群众有无限的创造力。他们可以组织起来，向一切可以发挥自己力量的地方和部门进军，向生产的深度和广度进军，替自己创造日益增多的福利事业。

在《真如区李子园农业生产合作社节约生产费用的经验》一文按语中，他说：

任何社会主义的经济事业，必须注意尽可能充分地利用人力和设备，尽可能改善劳动组织、改善经营管理和提高劳动生产率，节约一切可能节约的人力和物力，实行劳动竞赛和经济核算，借以逐年降低成本，增加个人收入和增加积累。

当然，毛泽东所加的大量按语中，除具有积极指导意义，也带有一种急躁情绪，片面地强调了生产关系的作用，形成了合作社越大越好的观念。

"双百"方针

1956年4月28日，毛泽东在中共中央政治局扩大会议上，提出了一个具有独创性的思想。他说："百花齐放，百家争鸣，我看这应该成为我们的方针。艺术问题上百花齐放，学术问题上百家争鸣。"

这就是著名的"双百"方针的诞生。它的问世，同一切重要的思想一样，经历了一个酝酿过程。

1950年，毛泽东开始注意到对待遗传学不同学派的不正常做法，并批评了某位大学负责人。这一事件对毛泽东提出"双百"方针有一定的影响。事情经过是这样的：

当时，有一些人向中央反映，一所大学由于仿效苏联做法，粗暴对待摩尔根学派学者，引起党和自然科学家关系的紧张。这所大学的领导人得知后，给刘少奇写了一个报告，为自己申辩。7月15日，刘少奇将这个报告送毛、周、朱及中宣部和教育部领导人传阅。7月16日，毛泽东批道："这个报告里所表现的作风是不健全的"，这位同志"思想中似有很大毛病"。同一天，毛泽东还批阅了反映同一问题的另一份材料，指出必须彻查这个学校的领导，"并作适当的处理"。查处的结果，解除了这位同志在大学的领导职务，先在会议上，后来又在报纸上批评了他对待知识分子和对待科学问题的简单粗暴的做法。

这是党中央纠正这方面错误的开端，虽然仅仅是范围和程度很有限的开端，但毕竟是有了开端。后来陆定一在阐述党的百家争鸣方针的由来时，曾提到这次批评。

据陆定一回忆，1950年关于京剧问题有个争论：一派主张全部继承，即连糟粕也要继承下来；另一派说京剧是封建主义的，主张全部取消。毛泽东1951年提出了自己的看法："百花齐放，推陈出新。"龚育之等著文谈及这一过程：

"百花齐放，推陈出新"，是毛泽东1951年为中国戏曲研究院成立的题词。1942年，毛泽东即曾为延安平剧研究院成立题过"推陈出新"4个字。1951年的题词，一是对象扩大了，从京剧（平剧）扩大到整个戏曲；一是内容增加了，新添上"百花齐放"四个字。毛泽东1956年4月28日在政治局扩大会议上说："'百花齐放'是群众中间提出来的，不晓得是谁提出来的。（座中有人插话：'是周扬提出来的。'）有人要我写字，我就写了'百花齐放，推陈出新'。"据我们了解，周扬同志对人说过，"百花齐放"是戏曲会议上提出来的，他认为很好，向毛泽东同志报告了。[2]

1953年，毛泽东又提出了"百家争鸣"方针。当事人刘大年回忆了这一过程，他说：

> 1953年10月间，当时的中宣部副部长兼中国科学院副院长陈伯达，在文津街科学院召开会议，讨论科学院增设两个历史研究所、出版历史刊物和其他与加强历史研究有关的事项。参加会议的有吴玉章、范文澜、翦伯赞、侯外庐、杜国庠、尹达、刘大年和黎澍。郭沫若没有参加会议。陈伯达讲话，记得他说，最近中央成立了两个委员会，一个是历史问题研究委员会，由他负责；一个是语言问题研究委员会，由胡乔木同志负责。历史研究委员会的工作，就从增设历史研究所、办刊物、出一批资料书做起。对于办刊物，经过讨论，决定出版《历史研究》杂志，组织一个编委会，由郭沫若做召集人。具体工作指定我和尹达负责。陈伯达这时对我和尹达说："办刊物，必须百家争鸣。以前有军阀、财阀、学阀，你们办刊物，不要当'杂志阀'。什么叫'杂志阀'？就是只发表与自己观点相同的文章，不发表观点不同的文章。那不好。要百家争鸣，这是一个方针问题。刊物要照这个方针去办。"但有两点，陈伯达没有明白地讲：（1）这次开的会是否就是历史研究委员会的集会？（2）百家争鸣方针是党中央的意见，还是他个人的意见？会上谁也没有对这两点提出询问。《历史研究》发刊词是郭老亲自写的。我和尹达在郭老家里就写些什么内容作过讨论，没有提起陈伯达的讲话，发刊词里自然也没有"百家争鸣"的话。知道这个方针是毛泽东同志为创办《历史研究》提出的，我记得那是两年多以后的1956年1月中央召开的知识分子问题会议上。康生在怀仁堂举行的大会上发言，回顾那几年的思想理论工作。其中举的一个事实，是说陈伯达提出了百家争鸣问题。坐在附近的陈伯达很快递上一个条子，康生照念了。内容是："百家争鸣不是我提出的，是中国科学院办历史刊物，我向毛主席请示方针时，毛主席提出的。"1953年10月，陈伯达在科学院召开的那次会议，由黎澍同志负责记录，事后并曾整理成文，油印分发与会者。我手里那份记录，在"文革"中才散失。
>
> ……

到这里，我们可以得出几点结论：第一，百家争鸣方针，是毛泽东亲自提出来的。陈伯达先后三次讲这个问题，头一次是在历史研究委员会上讲的，没有正式指出名字，在怀仁堂大会上递条子和在政治局扩大会议上发言，都说是毛泽东提出来的。事关重大，陈伯达不可能随便讲，而且再三重复。至于这个方针是对办历史刊物讲的，还是对历史研究委员会讲的，它本来是一回事。历史研究委员会成立，措施之一，就是办《历史研究》刊物。第二，头一次提出"百家争鸣"，并且作为一条方针，是在1953年8月5日以后，10月初以前。因为陈伯达讲得很明白，请示方针，是在委员会成立以后；而传达方针，则是10月初第一次委员会上。第三，1953年，毛泽东提出了百家争鸣，看来最初并没有赋予这个口号以后来全面讲"双百"方针那种重要意义。而且百家争鸣，后来的解释也几经变化。但不管如何追踪，"百家争鸣"作为一个方针的历史，它的起头，是在1953年秋天。

何以首先在历史学问题上，而不在别的问题上提出百家争鸣呢？这有它的背景。郭沫若与范文澜都用马克思主义研究历史，他们对中国奴隶制与封建制的分期，主张不同。他们的书在读者中又都很有影响。以前郭在蒋管区，范在延安，各说各的。到北京以后，讲论著文，近在咫尺，彼此难免要作些答辩。他们的主张又都各有赞成者。1950年，《新建设》等刊物上已经有一些文章讨论和争论这方面的问题。中宣部胡乔木等同志，也主张范老修改《中国通史简编》。1951年春天，开过多次小型座谈会提意见。范著就是这时决定重新写过的。范主持一个研究所，但主要只研究中国近代史（中国科学院成立时，中宣部曾提名范为科学院副院长兼历史研究所所长，范执意辞谢不就）。古代史争论很大，却没有专门的研究机构。改变这种情况，需要加强领导，有明确的方针。百家争鸣不从其他方面，而从历史学问题上首先提出，就是直接来自这个背景。1956年提出"双百"方针，来历就远不止于此了。它是国内政治形势稳定，国内外科学、文化争论的全面、积极的反映。[3]

1956年，毛泽东正式提出和阐述"百花齐放，百家争鸣"方针。关于1956年提出双百方针的背景，陆定一作了如下记述：

中国成了社会主义国家以后，为了治理国家和实现国家的繁荣富强，怎样领导科学工作，也提到党中央的议事日程上来。

当时，有这样一些具体现象：

（1）有一位老同志，在苏联学了米丘林学派的遗传学回国，在中国科学院负责遗传选种实验馆的工作。他同我谈话，贬摩尔根学派是唯心主义的，因为摩尔根学派主张到细胞里去找"基因"。不但如此，请他编中学的生物学教科书，他不写"细胞"一课（后来请他补写了）。我对于遗传学是外行，但已看得出他的"门户之见"了。我问他，物理学、化学找到了物质的原子，后来又分裂了原子，寻找出更小的粒子，难道这也是唯心主义的吗？马克思主义的哲学认为，物质是可以无限分割的。摩尔根学派分裂细胞核，找出核糖核酸，这是极大的进步,是唯物主义的而不是唯心主义的。苏联以米丘林学派为学术权威,不容许摩尔根学派的存在和发展,我们不要这样做。应当让摩尔根学派存在和工作,让两派平起平坐,各自拿出成绩来,在竞争中证明究竟哪一派是正确的。这个同志很好,他照办了。因而我国的遗传学的研究就有了成绩,超过了苏联。

(2)又有一位老同志,也是很好的同志,战争中间担任军队的卫生部长,战争后做中央人民政府卫生部的副部长。他知道了苏联的巴甫洛夫学说之后,要改造中国的医学,对我说:"中医是封建医,西医(以细胞病理学者魏尔啸的学说为主导)是资本主义医,巴甫洛夫是社会主义医。"我想,在这样的认识指导之下,当然就应该反对中医和西医,取消一切现存的医院,靠巴甫洛夫的药(只有一种药,就是把兴奋剂与抑制剂混合起来,叫"巴甫洛夫液")来包医百病。我觉得这种认识很危险,会出大乱子。实践是辨别理论的正确与错误的唯一办法。中医能治好病,西医亦然,这都是人类的珍宝,应该研究和发展,应当劝中西医合作。这位老同志没有坚持他的奇怪想法,后来他的工作是好的。

(3)郭沫若同志与范文澜同志都是马克思主义者、著名的历史学家,但对于中国历史的分期问题有不同看法。当时,有些同志要中央宣传部决定谁对谁错。我们认为,这是学术问题,要凭考古工作者发掘出来的实物,由历史学家自己去讨论决定。

各门科学,不论是自然科学还是社会科学,都是可以有学派的。学术与政治不同,只能自由讨论,不应该用戴"政治帽子"和"哲学帽子"的办法,打倒一个学派,抬高一个学派。只有罗马梵蒂冈教皇做过这种蠢事。秦始皇焚书坑儒,汉武帝"罢黜百家,独尊儒术"也是这一类蠢事。这种蠢事阻碍科学的发展和学术的繁荣。[4]

在这种背景下,1956年,毛泽东和中共中央把20世纪50年代初只是分别向一个领域提出的"百花齐放""百家争鸣"(后一口号当时并没有公开宣传),确定为我们党在科学文化工作中的一条基本方针,并予以系统论述和宣传贯彻。

龚育之等在文章中也谈到:

1956年4月25日,毛泽东在政治局扩大会议上作《论十大关系》报告。报告中已经蕴含了这样的意思,但还没有展开,没有讲到这两个口号。

讨论报告时,陆定一发言,提出对于学术性质、艺术性质、技术性质的问题要让它自由。陆定一在这年1月的知识分子问题会议上就曾说过,在学术、艺术、技术的发展上,我们不要做"盖子";"学术问题、艺术问题、技术问题，应该放手发动党内外知识分子进行讨论，放手让知识分子发表自己的意见，发挥个人的才能，采取自己的风格，应该容许不同学派的存在和新的学派的树立（同纵容资产阶级思想的自由发表严格区别开来），他们之间可以互相批评，但批评时决不要戴大帽子"。在政治局扩大会议上，陆定一又讲了这些意见，并且谈到知识分子会议开过后，在一次各地宣传部长都来参加的会议上，他还讲过不能同意"巴甫洛夫是社会主义的，魏尔啸、西医是资本主义的，中医是封建的""摩尔根、孟德尔是资产阶级的，李森科、米丘林是社会主义的"这样的说法，把资本主义和封建主义的帽子套到自然科学上去是错误的。

讨论报告时，还有人发言，讲到毛泽东"百花齐放"题词所起的作用和成立历史研究委员会时毛泽东提出"百家争鸣"的情况，建议在科学文化问题上要贯彻这两个口号。

4月28日，毛泽东在政治局扩大会议上作总结发言。他在发言的第五点中说："'百花齐放，百家争鸣'，我看这应该成为我们的方针。艺术问题上百花齐放，学术问题上百家争鸣。讲学术，这种学术可以，那种学术也可以，不要拿一种学术压倒一切，你如果是真理，信的人势必就会越多。"

"百花齐放，百家争鸣"方针的正式宣布，是在随后举行的最高国务会议上。

5月2日，毛泽东在最高国务会议上作《论十大关系》的报告。各方人士发言之后，毛泽东又一次发言，其中说中共中央的政治局扩大会议上还谈到一点就是"百花齐放，百家争鸣"。他说："现在春天来了嘛，一百种花都让它开放，不要只让几种花开放，还有几种花不让它开放，这就叫百花齐放。百家争鸣是诸子百家，春秋战国时代，两千年前那个时候，有许多学说，大家自由争论，现在我们也需要这个。"他还说，"在《中华人民共和国宪法》范围之内，各种学术思想，正确的、错误的，让他们去说，不去干涉他们。李森科、非李森科，我们也搞不清。有那么多的学说，那么多的自然科学。就是社会科学，这一派、那一派，让他们去说，在刊物上、报纸上可以说各种意见。"

5月26日，陆定一代表中共中央在怀仁堂向知识界作题为《百花齐放，百家争鸣》的讲话。讲话一开始就说："中国共产党对文艺工作主张百花齐放，对科学工作主张百家争鸣，这已经由毛主席在最高国务会议上宣布过了。"陆定一的讲话，是当时党中央对这个方针作出的最详尽、最透彻的阐述。[5]

以后，毛泽东又多次强调了"双百"方针。

1957年1月，毛泽东在省市自治区党委书记会议上，肯定"双百"方针是符合辩证法的。只能放香花、不能放毒草的看法，表明这些人对"双百"方针还很不理解。当然，马克思主义的香花还应当是主要的和占统治地位的，不能让毒草到处泛滥。

1957年2月27日，毛泽东在最高国务会议上作《关于正确处理人民内部矛盾的问题》报告，进一步系统论述"百花齐放，百家争鸣"的方针，并且明确宣布："百花齐放，百家争鸣，这是一个基本性的同时也是长期性的方针，不是一个暂时性的方针。"

《关于正确处理人民内部矛盾的问题》这个讲话之后不久，毛泽东读到遗传学家李汝祺教授发表在《光明日报》上的文章《从遗传学谈百家争鸣》。这是李汝祺参加青岛遗传学座谈会后，谈会议收获和自己意见的一篇文章。4月30日，毛泽东写信给胡乔木："此篇有用，请在《人民日报》上转载。"他还亲自代《人民日报》拟了一个按语："本报编者按：这篇文章载在4月29日的《光明日报》，我们将原题改为副题，替作者换了一个肯定的题目，表示我们赞成这篇文章。我们欢迎对错误作彻底的批判（一切真正错误的思想和措施都应批判干净），同时提出恰当的建设性的意见来。"

《发展科学的必由之路》——这就是毛泽东替作者换上的题目。这个简明而精辟的论断，是对科学发展规律的重要概括，对百家争鸣方针的深刻阐述。

"双百"方针提出后，在国内外都引起强烈反响。国内著名社会学家费孝通发表文章，盛赞迎来了知识分子的早春天气。与此相反，苏联及东欧一些国家则对这个方针忧心忡忡，很不理解。

1957年四五月间，伏罗希洛夫率苏联最高苏维埃代表团访华，曾当面向毛泽东提出疑问，毛泽东耐心作了解答。当时担任翻译的李越然回忆说：

1957年4月15日，以伏罗希洛夫主席为首的苏联最高苏维埃代表团来华进行国事访问。苏联代表团成员有民族院主席拉希多夫、教育部长叶留金、外交部副部长费德林、驻华大使尤金。伏罗希洛夫的儿子和儿媳也陪同来华。

毛泽东、刘少奇、周恩来、朱德、贺龙、彭真、罗瑞卿、杨成武等同志到机场迎接。

图-104专机在北京东郊机场降落。舱门打开，伏罗希洛夫魁梧的身躯出现，毛泽东率先鼓掌，伏罗希洛夫用老人那种谨慎的步子走下舷梯，热情地伸出双手。

握手，拥抱，互致热烈的问候，客人都接受了鲜花。欢迎场面隆重而热烈。从建国门外起，改乘敞篷车，毛主席与伏老同乘敞篷车接受几十万人民群众的夹道欢迎。当敞篷车行至天安门前时，大批欢呼的群众把两位领袖连同汽车紧紧包围了，好不容易才得以疏散。伏罗希洛夫住进中南海勤政殿，代表团被安排在东交民巷招待所。

晚上，毛泽东到勤政殿看望伏罗希洛夫。

伏罗希洛夫拿起一把铝制小梳子，朝梳齿上吹了吹，熟练而自然地将头发向后梳一梳。那动作非常眼熟，令人一下子就想起《列宁在十月》等三四部电影片子中，有位工农兵起义队伍的领导者，总是从上衣兜里掏出个小梳子，吹一吹，在头上梳几下，以后在接触中我发现，伏罗希洛夫总是随身带着这把小梳子，常常习惯地掏出来，吹一吹，然后梳梳头发。

"伏老梳头呢？"毛泽东走进来。

伏罗希洛夫忙起身接待毛泽东，并且不无感慨地说："这把梳子跟我很久了，我在塞瓦斯托波尔率骑兵团作战时，它就跟着我了。"

……

毛泽东在中南海会见了伏罗希洛夫等苏联同志，并设宴款待。

"亲爱的毛泽东同志，我有几个问题，可以提吗？"伏罗希洛夫露出关切和隐忧。

"什么问题啊？"毛泽东笑容可掬。

"你们提出'百花齐放，百家争鸣'的口号是什么意思？"

"万马齐喑究可哀嘛。"

毛泽东讲话从来不是八股套，言语生动，遣词造句别具一格，一句话往往囊括了多层次的深刻含意，所以我们要一下子译清所有的含意确实不容易。

"我们不理解，作为社会主义国家，为什么允许在报纸上发表那些反社会主义的言论？"

当时，毛泽东发表了正确处理人民内部矛盾的论述，提倡各界和人民群众给党的领导提意见。运动起来后，确实有极少数右派分子不满足于批评个别错误，而是把矛头直接指向了共产党的领导和社会主义制度本身。当时的确有人想反对这个制度本身。

"先放嘛。"毛泽东并不担忧。

"社会主义不应该允许这些右派言论。"伏罗希洛夫发出忠告。

"放出来我们才好驳嘛。"

"可是会出乱子的。"伏罗希洛夫坚持说，"你们公开登出这些右派言论……对党不会有利！"

"中国不是匈牙利，中国共产党也和匈牙利的情况不全一样。"

伏罗希洛夫信服地点点头。确实，没有哪一个国家的共产党经历过像中国共产党所经历的那种长期、尖锐、复杂、激烈的群众性的阶级斗争考验，拥有最多的共产党员和经历过无数次考验的坚定不移的干部队伍。这支队伍的力量是惊人的。

"不过，敌人抓住一条缺点，大造舆论，会煽动起群众的不满情绪。匈牙利就是这样闹出乱子的。"

"不能做温室里的花草。如果没有见过风雨，没有取得免疫力，遇到错误意见就不能打胜仗。"

"有些并不是意见，而是要推翻共产党，否定社会主义制度。"

"暴露出来好嘛。"毛泽东微微一笑，无比自信，"群众是站在我们一边的，暴露出来，他们就该完蛋了。"

……

伏老离京去印尼访问之前，毛泽东亲自到他的房间深夜交谈，为他送行。交谈中，伏老再次中肯地邀请毛主席访苏。十八天后，伏罗希洛夫再次来到北京，与毛泽东会见时，又就我们的干部下放政策提出了一些问题。

"老是浮在上面不好。"毛泽东将大手轻轻挥过，"我们的干部和知识分子应该放到下面去熟悉工农兵，了解社会，了解群众。"

"干部和知识分子放下去做体力劳动，是不是必要？"伏罗希洛夫发表看法。

"不是去搞什么单纯的体力劳动，而是到群众中去接受锻炼。"毛泽东阐明干部下放的意义。

毛泽东与伏罗希洛夫交谈时，还曾表示："当主席，太复杂，我是想退下来，当个大学教授。"

"那怎么行？谁能代替了你呢？"伏老语气中肯，神情焦急。

"我们党内很有人才，他们已经成熟，无论资历、声望和能力，都不比我差。他们是可以胜任的。"

于是，伏罗希洛夫不再谈这个问题，重新提醒说："对于右派言论，你们还是以不发表为好。"

毛泽东微笑着说："报纸上登不登它都是客观存在，应该告诉人民。"

"可是，会有更多的动摇。"伏罗希洛夫确实担心，真心实意劝说毛泽东。

"有出匈牙利事件的可能，也还是少数人闹事。真正的右派分子不过百分之一，不足怕。"

"那就好，"伏罗希洛夫受毛泽东无比自信的影响，终于放下心，稍停一停，说，"我们希望您能参加今年在莫斯科举行的十月革命四十周年庆祝活动。您如果能参加，将是苏联和各国共产党的极大荣幸。"

"谢谢伏老和苏联共产党的盛情邀请。"毛泽东想一想，说，"这件事情还是要我们中央研究后再作决定。"

伏罗希洛夫5月26日离开北京时，毛泽东亲自去机场送行。[6]

十大关系

1958年3月10日，毛泽东在成都会议上说："1956年提出十大关系，开始提出自己的建设路线，原则和苏联相同，但方法有所不同，有我们自己的一套内容。"可见《论十大关系》这部著作在毛泽东探索适合中国情况的社会主义道路过程中地位之重要。

在《论十大关系》形成前后，毛泽东作了几个月"床上地下，地下床上"的调查研究。薄一波对这次调查及《论十大关系》的形成情况，作了迄今为止最系统的回忆。他说：

1956年初，毛主席刚从杭州归来，我去向他汇报工作，偶然谈到，现在少奇同志正在听取一些部委的汇报。没想到，毛主席对这件事很感兴趣，对我说："这很好，我也想听听。你能不能替我也组织一些部门汇报？"我当然乐于承担。没有多久，汇报就开始了。这个前后历时两个多月的、总共有34个部委的汇报，是毛主席在我国社会主义改造处于高潮、第一个五年计划进入第四个年头时的一次重要的调查和探索，直接为他提出和论述十大关系问题提供了主要的资料。

从1955年12月开始的一段时间内，毛主席和少奇同志等中央领导人在处理繁忙的日常国务之余，抽出大量的时间，从事调查研究和听取汇报的活动。34个部委汇报是其中最重要的一次。

首先是少奇同志听取各部委的汇报。1955年12月5日，中央召开的座谈会上，少奇同志在传达了毛主席关于批判"右倾保守"思想的指示精神之后，宣布："为起草中央向八大的报告，我准备在最近找各部门的同志个别谈话，请各部同志预作准备。"这个谈话从12月7日开始，到1956年3月8日告一段落（5月以后，少奇同志又约新华社、高级党校和检察院等单位谈话）。据中央办公厅秘书局当时逐日编出的《中央大事记》载，前一段共约谈了32个部委（包括国务院直属局）。日程是：1955年12月7日国家建委、城建局，8日和10日一机部、二机部、三机部，9日中央农村工作部，12日煤炭工业部，13日煤炭工业部、电力工业部，14日地质部、石油部，15日建工部，16日重工业部，22日计委，27日地方工业部，28日纺织工业部，29日轻工业部，30日手工业管理局，31日财政部；1956年1月2日粮食部，3日商业部，5日外贸部，6日农产品采购部、人民银行，7日劳动部、全国总工会，26日、27日计委，2月16日铁道部，17日交通部，18日邮电部，21日民航局，3月5日高教部，6日教育部，7日卫生部，8日文化部。

其次是毛主席外出调查。1955年12月21日到1956年1月12日,毛主席乘火车由京汉、粤汉线南下杭州,又经沪杭、沪宁、津浦线回京。除在杭州修改《高潮》一书的《序言》外,从保定、邢台开始,就找沿途地方干部谈话,作了一路的调查工作。

接下来才是毛主席听取34个部委的汇报。这个汇报按"口"的顺序进行。每个"口"先由国务院主管办公室作综合汇报,然后才由各部汇报。从我们重工业"口"开始。具体日程是:2月14日国务院第三办公室(主管重工业),15日电力工业部,16日石油工业部,17日一机部、二机部、三机部,19日建委,20日建工部,21日二机部、城建局,22日二机部,25日重工业部,26日石油工业部,27日地质部,29日煤炭工业部;3月1日国务院第四办公室(主管轻工业)、纺织工业部,2日地方工业部,3日轻工业部,4日手工业管理局,5日国务院第六办公室(主管交通、邮电),6日铁道部,8日交通部,9日邮电部、民航局,13日国务院第七办公室(主管农林水利),15日农业部,16日水利部,17日林业部、气象局,19日国务院第五办公室(主管财政贸易),26日商业部,27日外贸部;4月8日农产品采购部,9日财政部,10日人民银行,18日、19日、20日、21日、22日计委。《大事记》中没有劳动部汇报的记载。劳动部于7月7日向毛主席作了书面汇报。按照这个记载,34个部委,指的是29个部委行局加国务院主管经济工作的五个办公室。这个汇报同少奇同志听取的汇报不同的是:只限于政府财经各部委办局,不包括政府文教口各部和中直机关(文化部、高教部、教育部、卫生部、中国科学院、新华社、广播事业管理局于3月7日到10日,向中央报送了详细的书面汇报提纲)。听取汇报的,除毛主席外,有时有周总理(参加次数较多)和陈云、小平同志以及书记处其他同志。国务院三办和建委的汇报,以我为主,各位副主任作补充。我作为汇报者,也作为这个汇报的具体组织者,共参加过二十几次。重工业口各部、轻工业口各部、交通口各部的汇报我都参加了。

再接下去,是各省市自治区党委汇报。3月中旬,正在34个部委紧张汇报期间,中央办公厅主任杨尚昆同志邀集李富春、李先念、贾拓夫、王首道同志和我开会,传达毛主席指示:准备组织各省市自治区党委汇报,要我们分别拟出工业、交通、农林水、财金贸等各方面的汇报参考提纲。工交方面的汇报提纲是由国务院三办、四办、六办(这三个单位于5月2日后合并为经委)共同拟定的。各方面的提纲拟好并由计委汇总后,3月30日,毛主席亲自起草中央通知,发给中共中央上海局和各省市自治区党委,请他们立即着手准备材料,等候中央通知,按指定时间来京汇报。这个汇报于4月下旬开始。到5月2日毛主席在最高国务会议谈十大关系时,已邀湖北、广东两省委和武汉、广州两市委开了4天的汇报会。在这前后,中央还收到广东、河北、湖北、湖南、江西、广西、四川、贵州等省委,天津市委和一些省辖市委给毛主席的书面汇报材料。

34个部委汇报开始不久,李富春同志向毛主席建议,通知工交部门约200到300个重要工厂、建设工地也向党中央、毛主席写一书面汇报。毛主席采纳了这个建议。不久,几百个工厂和工地的书面汇报,也雪片似的飞向中南海。

在听汇报的那些日子里,毛主席十分疲劳。有次听完汇报,他带着疲乏的神情,说他现在每天是"床上地下、地下床上",起床就听汇报,穿插着处理日常工作,听完汇报就上床休息。情况确实是这样。现举2月15日这一天为例。这天上午9时40分开始,刘澜波同志向他汇报电力工业部的工作,13时左右结束;17时20分,毛主席去勤政殿,会见以西哈努克为首的柬埔寨王国政府代表团;19时10分,会见结束,回到颐年堂,继续听汇报,一直到22时10分才结束。听汇报劳累,除了时间紧凑,"连续作战"以外,还因为我们一些经济部门整理的汇报材料很不理想,只有干巴巴的条条或数字,没有事例,使他听起来非常吃力。有一次,听一位部长同志汇报,他紧皱眉头,忽而抬起头来说,听这样的汇报,"是使我强迫受训,比坐牢还厉害。坐牢脑子还有自由,现在脑子也不自由,受你们指挥";"你们这些条条,一定是从许多具体材料中得出来的,应把具体问题写清楚";"要请我的客,又不给我肉吃,是不是自己要留一手";"半个月来的汇报,都存在这个问题"。这是继《高潮》按语之后,对我们经济部门的文风又一次尖锐的批评。

毛主席把编辑《中国农村的社会主义高潮》一书和听取34个部委汇报,看成是他新中国成立后的两次调查。两次调查仅隔一个多月的时间。进行前一项调查已经艰苦备尝,为什么事隔1个多月之后,又要花大力气,专心致志地进行这么一项大规模的"汇报工程"?对于这个问题,毛主席《论十大关系》本身和后来有关的讲话,已有明确的说明。《论十大关系》讲话,一开头就说:"提出这十个问题,都是围绕着一个基本方针,就是要把国内外一切积极因素调动起来,为社会主义事业服务。""特别值得注意的是,最近苏联方面暴露了他们在建设社会主义过程中的一些缺点和错误,他们走过的弯路,你还想走?过去我们就是鉴于他们的经验教训,少走了一些弯路,现在当然更要引以为戒。"1958年3月10日在成都会议上讲:"1956年4月提出十大关系,开始提出自己的建设路线,原则和苏联相同,但方法有所不同,有我们自己的一套内容。"1958年5月18日在八大二次会议各代表团团长会议上讲:"十大关系的基本观点就是同苏联作比较。除了苏联办法以外,是否可以找到别的办法比苏联、东欧各国搞得更快更好。"1960年6月18日在《十年总结》中进一步说:"前8年照抄外国的经验。从1956年提出十大关系起,开始找到自己的一条适合中国的路线,开始反映中国客观经济规律。"这些论述告诉我们,调动一切积极因素,为社会主义建设服务;以苏为鉴,总结自己的经验,探索适合中国情况的社会主义建设道路,这是《论十大关系》的基本指导思想,也是听取34个部委和地方党委汇报的目的。

从1953年开始,在苏联帮助下,我国开展了大规模的经济建设,成绩卓著,举世瞩目。但是,同社会主义改造比较起来,在建设方面,我们自己的创造比较少,农业方面、商业方面比较好一点,工业(特别是重工业)、计划管理、金融、统计等方面,基本是照搬苏联的。这在当时是不可避免的,因为我们没有管理现代经济的经验,知识不足,经济技术落后,以美国为首的资本主义国家又对我国进行了全面封锁和禁运。而苏联有了近20年管理社会主义经济的经验,他们的经济和技术,相对来说已达到了较高的水平。那时苏联帮助我们也确实是真诚的,例如:他们把全苏计划和管理机构动员起来,帮助我们搞出了一个有计划(按比例)建设的轮廓,又承担了第一个五年计划中156项骨干工程的设计、设备供应和技术指导的任务。可是,从斯大林逝世以后,苏联发生的事情,包括贝利亚被揭露、一批重要的冤案假案被平反、对农业的加强、围绕以重工业为中心的方针发生的争论、对南斯拉夫态度的转变、斯大林物色的接班人很快被替换等,已使我党中央开始觉察到斯大林和苏联经验中存在的一些问题。在我的记忆里,毛主席是在1955年底就提出了"以苏为鉴"的问题。到那时,我们在经济建设方面,已积累了一些经验;同时,也陆续发现苏联的某些经验并不适合我国国情。因此,同社会主义改造一样,能否从我国国情出发,总结自己的经验,探索一条适合中国情况的社会主义建设道路,就是关系中国社会主义建设能否顺利进行、少走弯路的一个大问题。

34个部委汇报同苏共二十大,碰巧都是2月14日开始的。赫鲁晓夫关于斯大林问题的报告,是二十大闭幕的头一天即2月24日深夜作的。当时他们严格保密,会后才通报我代表团。随后,又派米高扬乘专机送来报告文本。在得知苏共二十大批判斯大林消息后,我党中央除召开了政治局扩大会议,专门作了讨论外,汇报中同斯大林和苏联经验相关联的事也多了起来,"以苏联为鉴戒"的思想更加明确了。

经济部门向少奇同志的汇报和34个部委向毛主席的汇报,内容大致相同。提出的问题,除了大量是各部门主管范围内的业务问题外,带全局性的主要是以下几个:

一是关于产业结构问题,主要是农业、轻工业和重工业的比例关系问题。

从1949年到1955年,我国农业、轻工业、重工业全面增长,但增长速度重工业最为突出。如以1949年总产值为100,则1955年农业、轻工业、重工业的产值指数分别为170.2、310.7、540.5。国家的全部基本建设投资中,用于农业方面投资的比例,1952年为14.8%,1953年为9.8%,1954年为4.5%,1955年为6.7%;用于轻工业方面的比例,1952年为9.1%,1953年为6.2%,1954年为7.4%,1955年为5.2%;用于重工业方面的比例,1952年为34.3%,1953年为38.8%,1954年为42.4%,1955年为47.3%。国家计委在汇报中反映,苏联在"一五"期间,重工业与轻工业投资比例为9∶1。我国"一五"计划规定为8∶1(即以全部工业投资为100,重工业占88.8%,轻工业占11.2%),预计可能降为7∶1。5年内计划兴建的限额以上工业项目694个,其中轻工业项目65个。但各部在编制第二个五年计划中,工业投资要求过大,进一步挤农业投资;在工业投资中,重工业各部的胃口尤大,又挤轻工业。按照各部编制的"二五"计划草案汇总,工业全部投资中,重工业投资占91.5%,轻工业投资只占8.5%,重工业与轻工业的投资比例,将扩大到11∶1。计委认为,解放前我国现代工业在国民经济中只占很少比重,重工业的基础则更加薄弱,因此,当时工业建设坚持以重工业为中心是正确的。重工业薄弱,要很快赶上去,但过分突出,脱离合理的比例关系,会产生不良影响。对此,东欧一些国家已有这方面的教训,例如匈牙利"一五"期间,重工业与轻工业投资比例为10∶1,结果不得不中途改变计划。捷克斯洛伐克原计划1953年的平均工资比1948年提高35%,后因为重工业过重,1953年的实际工资水平反而比1948年还低。

轻工业部和纺织工业部在汇报中,详细介绍了轻纺工业过去几年为国家提供积累作出的贡献。1955年全国烟、酒、盐、糖4项产品的税收(不含专卖利润)19.1亿元(新币,下同),占全国工商税和盐税总额的20.5%,如加上其他轻工产品,则占1/4。国家每年从轻工业部门取得收入同新建厂的投资比较,卷烟厂为4.4倍,酒精厂为4.1倍,白酒厂2.6倍,糖厂1.2~1.5倍,药厂1~2倍,肥皂厂1倍多。轻工业部门基建投资与工业利润的比例,1953年为1∶1.9,1954年为1∶2.1,1955年为1∶3.1。纺织工业部汇报中提到,新建一座毛纺厂(粗纺机1万锭,年产600万米毛织品),总投资约2070万元,正常投产后,一年的时间,即可为国家积累资金4600万元,为投资的2.2倍。新建一座年产600万匹的印染厂,总投资约3200万元,正常投产后,每年可为国家积累资金3800万元,不到一年的时间即可收回全部投资。轻纺工业遇到的问题是:投资少,现有企业设备陈旧,潜力不能发挥,产品数量、质量和花色品种远不能满足市场需要。轻工业部门所需要的设备,有一部分机械工业部门不能供应;所需要的农产原料,农业部门不能如数供应,质量也低。汇报中发现,对于以重工业为中心的思想,大家是很明确的。而对加快轻纺工业的发展,则因为受苏联模式的影响,就连轻纺工业和地方工业部门的同志也顾虑多端。

二是生产力的布局问题，主要是沿海工业和内地工业的关系问题。

计委在汇报中提出，在工业布局问题上，除了要考虑资源、市场和交通运输等条件外，还要考虑沿海与内地的关系。所谓沿海，指的是长春以南，京汉、粤汉线以东，包括广东全省（后来根据毛主席意见又增加广西）和北京至郑州一段铁路沿线的各城市。据1952年统计，我国沿海各省市工业的产值，大体占全国工业总产值的70%左右，内地占30%左右。钢铁工业有80%分布在沿海，特别集中的是辽宁的鞍山。而铁矿资源非常丰富的内蒙古、西南、西北和华中，当时钢铁工业的基础则很薄弱。我国纺织工业有80%的纱锭和90%的布机分布在沿海，其中主要部分又集中在上海、天津、青岛等少数几个工业城市及其附近，而在各主要产棉区，近代化的纺织工业很少。这种不合理的工业布局，是旧中国半封建半殖民地性质的反映。从合理布局和国防安全出发，当时对沿海搞新的基本建设是控制较严的，要求新建项目主要放在内地。第一个五年重点是进行华北、西北、华中等新工业区建设，当时的设想是，争取第二个五年在这些地区分别形成以包钢和武钢为中心的两个工业基地，所以"一五"期间开始建设的694个限额以上工业建设项目中，绝大部分分布在内地，仅有较小的部分分布在沿海。应该说，这样布局是符合我国当时条件的。

各部委和地方党委的同志汇报的材料说明：沿海工业在新中国成立头几年，对于推进全国工业建设和整个国民经济的发展，发挥了极为重大的作用。据统计，从解放到1955年底，上海市实现的利润占第一个五年全国基本建设投资总额的20.9%，天津市实现的利润如果用来搞工业建设，可以兴建10万纱锭的纺织厂36个或年产2.5万吨糖的甜菜糖厂72个。当时国内供应的设备、材料和绝大部分轻工业品都是沿海生产的。鞍钢1955年生产的钢材，就供应了全国2000多个生产、建设单位的需要。他们试制成功的370多种新产品，就有力地加快了包钢、武钢、一汽、洛拖等重点工程建设的进度。那时，全国销售的纱布、卷烟有1/3是上海生产的，日用工业品甚至有60%是上海生产的。沿海省市还向内地输送了大量技术员和技术工人。很明显，不积极利用和发展沿海工业，就不可能较大规模地发展内地工业。计委在汇报中提出，沿海多数省市工业基础比较好，1951年到1953年发展比较顺利，1954年后困难比较多，原因是为国防安全考虑，沿海不建新厂，限制了一些发展。轻工业部在汇报中提出：扩建、改建现有企业，比新建企业投资节省25%～50%，这是充分利用当地资源、发挥现有企业潜力，提高劳动生产率、降低产品成本的正确途径，但由于轻工业企业多在沿海，为国防安全起见，不敢作重大扩建。

三是国防工业建设的规模和速度问题，从经济上看，实际上是更深层次的产业结构问题，即重工业内部的国防工业与民用工业的关系问题。

由于当时国际上资本主义与社会主义两大阵营的严重对峙，1954年、1955年又加台湾海峡局势紧张，1956年初，我国在酝酿编制第二个五年计划和15年长远规划中，曾经有过一种设想：我国国防工业建设的目标，要求在1961年达到满足战时最大需要量。按照这个设想，在1956到1959年的4年中，每年必须建50个大型国防工业工厂，显然这是不可能的。后经计委与有关部门商量，达到最大需要量的时间推迟到1964年，满足最大需要量的产品，30%靠战时动员民用工业部门生产，70%靠国防工业生产。这样安排，仍然非常紧张。由于进度安排快，高峰期集中，投资、材料、设备、技术力量远不能满足需要。国防工业的加快，又影响到电站、钢铁、化工、石油、民用机械等的建设也跟着加快，甚至连轻工业部门的酒精、橡胶、甘油等的生产也得加快，从而导致整个工业部门全面紧张。计委在汇报中，将这个问题提请毛主席考虑。计委认为，我们既要考虑需要，又要考虑可能，使人力、物力、财力与建设规模相适应，民用工业建设是这样，国防工业建设也应该是这样。国防工业建设规模过大，要求过急，引起整个工业建设全面紧张，这是34个部委汇报中提出的最尖锐的一个问题。

四是经济体制问题，主要是国家、集体、个人的权利、责任、利益分配问题。

国务院五办在汇报中，从企业财务管理的角度，提出了企业自主权问题。汇报说，现在国家对企业实行统收统支办法，企业收入全部上交财政，支出全部由财政拨款。企业收入多少，能否完成，同自己本身的支出没有关系。这种办法对于促进企业从物质利益上关心自己的收入，更好地发挥企业增收节支的积极性，有一定的限制作用。例如在基本建设中，各项拨款都是专款专用，实际工作中，有的项目钱不够用，有的多余，有些临时性的开支需要解决，但企业无权调剂，需要经上级批准，结果是有些该办的事不能及时办，使钱花不出去。当时制度规定：国营企业的厂长、经理，视企业规模大小和性质不同，只有开支200元到500元（新币）的机动权，公私合营企业更少。超出规定数字的就要报批；价值在200元以上的购置，都算固定资产，列入基本建设。这既妨碍生产，限制企业的积极性，又容易助长上级机关的官僚主义。各省市和重点企业在口头与书面汇报中，对这个问题讲得比较多。

国务院七办在汇报中，提出了农业生产合作社自身的积累和提醒各行各业爱惜民力的问题。汇报说，农业生产合作社刚刚成立，就出现了一种苗头，上级部门要求农业社举办各种非生产事业。有的地方要求农业社办的事多达几十种，但是，上级又不给钱，统统要求农业社在社内劳动记工。这种不惜民力，妨碍农业社自身积累的苗头，十分值得警惕。

计委、劳动部和一些专业部在汇报中提出了职工工资问题。据劳动部统计，1955年同1952年比较，工业劳动生产率提高41.8%，职工平均货币工资提高14.7%，生活费指数提高7.8%，实际工资水平提高6.9%，远远落后于劳动生产率增长的幅度。轻工、纺织这两个为国家提供积累较多的部门，职工实际工资反而下降。劳动部负责同志在汇报中检查，他们平时在思想上只重视劳动生产率，而没有足够重视改善职工生活和提高工资问题；工资工作中限制性的措施多，鼓励性的措施少；只注意名义工资，不注意实际工资。北京市石景山钢铁厂党委向毛主席写的书面汇报提到，石钢这座建于1920年的老厂，在1948年12月解放时，衰微破败。新中国成立后，在苏联专家帮助下，更新设备，生产飞速发展，1952年的生铁产量即比1949年增长12.1倍，但职工生活改善的程度不大。据1956年初调查，全厂约有13%的职工家庭人均月收入不足8元，29%的职工人均在8元到10元之间。不少家庭粗粮、咸菜都不能吃饱，住房更是困难，工人批评领导"只关心炉况，不关心人况"。

国务院五办的汇报，还谈到农民生活情况。汇报说，几年来，农民负担不重。农业税及其附加占农民收入的比例，1952年13.2%，1953年12.12%，1954年12.96%，1955年11.53%。扣除农业税及其附加，再扣除农民缴纳的其他税费（屠宰税、牧畜交易税、公债、保险费等），农民人均纯收入，1952年70元，1955年82元。据典型调查，1955年同1950年比较，工农业产品交换价格剪刀差约缩小18%。由于土改，免除了约占农产品总产量25%左右的地租负担，还由于减少了高利贷、牙纪、关卡剥削和商人的盘剥，解放后农民所得的实惠是不能用工农业产品比价差额来衡量的。这是34个部委汇报中，唯一的讲农民生活的材料。

五是关于国家对经济和其他事业的管理体制问题，主要是中央和地方的关系问题。

计委和五办在汇报中都提出了这个问题。

计委汇报说，现在各省市自治区普遍要求多办工厂。上海、天津要求发展较高级的产品，两广要求发展糖和纸，四川要求办甘蔗糖厂，云南、贵州要求发展食品工业、亚热带作物加工厂，另一些边远地区要求办畜牧产品加工厂。地方不但有兴趣搞轻工业，而且也有兴趣搞重工业，如小煤矿、小电站、小化肥厂、生产和修理农具的小机械厂等。但他们有两个顾虑：一怕中央不准他们搞；二怕等工厂搞得像样子后，被中央收走。今后轻工业发展规模很大，想由中央两三个部包办，无论如何是包不下来的，因此要发挥各方面的积极性。既要发挥中央部门的积极性，也要发挥地方的积极性；既要发挥内地各省自治区的积极性，也要发挥沿海各省市的积极性；既要发挥先进地区的积极性，也要发挥后进地区的积极性。

五办汇报说,现在财政部每年下达预算指标,中央各主管部也下达自己的指标和要求。收支科目列得很细。虽允许地方作"类与类""款与款"之间的调剂,但调进者举手欢迎,调出者多方抵制,最后还得请示各自的上级。地方调剂权事实上是很有限的。现在省一级的财政收入只有三项:5%的农业税附加、3%的总预备费、自筹部分资金,三项收入数额都不大。省级财权除了这三项外,与中央级的预算单位没有什么区别,县和乡更没有什么财权,这就形成县要钱向省要,省要钱向中央要。因此,地方同志说,现在名义上是4级(中央、省、县、乡)财政,实际上是一级半,只有中央一级是完整的,省财政只是半级财政,这对调动地方组织财政收入的积极性是很不利的。1953年全国财经会议提出地方结余不上缴,这有利于鼓励地方增收节支,多办一些事情。但由于地方实际上很难行使调剂权,遇到调剂项目时,就请示中央主管部,等主管部答复下来时,时间已晚,该花的钱年内已花不出去了,只好作为年终结余,上缴中央,中央就将这笔结余列入下年度预算,抵充下年度的拨款。从1953年以来,年终结余越滚越大,到1955年累计已达30亿元。这同地方实际上没有调剂权有很大的关系。这种体制不仅限制了地方增收节支的积极性,而且也意味着许多该办的事没有办。总之,中央财政部和各主管部门对地方国民经济计划、事业指标和财政收支,管得过多、过细、过分集中,束缚了地方的积极性。中国这么大,可以组织的收入很多,注意发挥地方的积极性,收入还可增加。

省市委的口头汇报和书面汇报,对束缚地方积极性的一些制度反映强烈,并从人、财、物各方面列举了大量的事例。例如,天津市委在汇报中说,中央一些主管部管干部,一直管到车间一级。1954年,天津市教育部门发挥积极性,多招收了一些适龄小学生,中央主管部不同意,经市委一再交涉,主管部才认账。商业部对商品价格的管理,原规定部管51种,总公司管208种,实际上总公司管了509种,把本应由地方管理的300来种商品也管了起来,使地方无法进行工贸平衡。

1958年3月10日,毛主席在成都会议上说:"十大关系中,工业和农业,沿海和内地,中央和地方,国家、集体和个人,国防建设和经济建设,这五条是主要的。"这五大关系的基本资料主要是34个部委汇报提供的。

除上述五个问题外,汇报中提出的其他问题,比较集中的是今后要不要学苏联和怎样学的问题。

少奇同志在听取汇报时,就提出过要重视发展轻工业和农业,重视发挥沿海工业的潜力,重视发挥地方的积极性,重视发挥技术人员的作用,学习苏联应该有所学有所不学等观点。这些观点对后来毛主席概括十大关系提供了重要的参考。

毛主席2月14日听我汇报国务院三办工作（即34个部委汇报的第一场）时有一段开场白，讲的是发挥地方积极性问题。他说："我去年出去了几趟，跟地方同志谈话，他们流露不满，总觉得中央束缚了他们。地方同中央有矛盾，若干事情不放手让他们管。他们是块块，你们是条条，你们无数条条往下达，而且规格不一，也不通知他们；他们的若干要求，你们也不批准，约束了他们。曾希圣意见最多，对商业部很有意见，对不批准他们办肥料厂很有意见。看来是要有点约束，否则岂不是无政府状态？你们条条住在各地的机构，有没有不接受他们监督的地方？""你们大家都来自地方，到中央就讲中央的话了。讲也要讲，但要让他们监督。"听各部委汇报时，毛主席有许多生动的插话。这些讲话、插话无疑是他后来构思十大关系的思想火花。

例如，关于重视发展轻工业和沿海工业的问题，他在听取轻工业部和纺织工业部汇报时，就明确指出："你们野心不大，斗争性不强。""王道太多，霸道太少，像小媳妇不敢斗争。""重工业部门都积极抓，你们也要积极搞。你们有理由，要有些霸道。"在谈到机械工业部门不能满足轻工业部门对机械的需要时，毛主席说："凡是重工业部门不干的，你们自己干。你们干起来，将来交出去也好。"在谈到农业部门供应的烟叶等原料质量下降时，说："你们心平气和，程朱哲学，没有气，没有长角，不敢斗争。农产品质量下降，要向农业部门作斗争。"在汇报到由于考虑国防安全的缘故对沿海工业要采取限制发展方针时，毛主席说："沿海地区要充分合理发展，不能限制。""有的同志好像战争就要来的样子，准备着架子在等待战争，因此要限制沿海，这样不妥。轻工业百分之七十在沿海，不积极利用，还靠什么来提高生产？""上海地区不作大的扩建，还值得考虑。上海赚钱，内地建厂，这有什么不好？这和新建厂放在内地的根本方针，并不矛盾。"

又例如，关于学习外国问题，毛主席在听取重工业口各部汇报时就指出："一切国家的先进经验都要学。要派人到资本主义国家去学技术，不论英国、法国、瑞士、挪威，只要他要我们的学生，我们就去嘛！学习苏联也不要迷信。对的就学，不对的就不学。苏联内务部不受党领导，军队和企业实行'一长制'，我们就不学。'一长制'这个名词有些独裁。过去苏联有电影部，没有文化部，只有文化局；我们相反，有文化部，没有电影部，只有电影局。有人就说我们同苏联不一样，犯了原则错误。后来，苏联也改了，改成跟我们一样：设文化部、电影局，取消电影部。苏联原来男女分校，讲起利益之多，不得了，可是现在又要男女同校。所以学习苏联也得具体分析。我们搞土改和工商业改造，就不学苏联那一套。陈云同志管财经工作，苏联的有些东西，他也不学。"总之，"要打破迷信，不管中国迷信还是外国迷信。我们的后代也要打破对我们的迷信"。

34个部委汇报结束后，政治局开过几次会，进行讨论归纳。由于部署我国的社会主义建设与国际形势紧密相关，考虑国防建设与经济建设的关系、沿海工业与内地工业的关系等问题，直接涉及对未来战争爆发可能性的估计，因此政治局会议的讨论，除了概括出十大关系之外，中心是分析国际形势，估量战争爆发的可能性问题。1955年有两大国际会议是很有影响的。一是4月间在印尼万隆举行的亚非会议，提出了促进世界和平与合作的十项原则；二是4月到7月举行的日内瓦会议，实现了印度支那停战。由于两个会议的成功，世界和平与合作力量的影响逐步增强，使帝国主义不敢轻易动武。到1955年底和1956年初，我党中央逐渐感到国际形势趋向缓和。政治局会议认为，新的侵华战争或世界大战短时间内打不起来，可能出现十年或者更多一点和平时期。据周总理1956年11月10日在八届二中全会报告中传达，基于这种分析，"毛泽东同志在政治局会议上提出，现在把国防工业步子放慢，重点把冶金工业、机械工业和化学工业加强，把底子打好；另一方面，把原子弹、导弹、遥控装置、远程飞机搞起来，其他的可以少搞"。

建国后第一个五年军事费用支出占国家预算支出的24%，政治局会议设想第二个五年减到20%以下，15%的样子，以便腾出更多的资金用于经济建设。政治局会议决定，把国防工业发展步伐放慢，各类经济比例就比较好安排了。这是安排十大关系，尤其是前五大经济关系的重要一环。

4月25日到28日，政治局召开扩大会议，毛主席于25日第一次讲《论十大关系》，他讲后，连续讨论了三天。

5月2日，毛主席召开最高国务会议。上午，第二次讲《论十大关系》，下午讨论。讨论结束时，他作了结论。

两次讲十大关系的记录，10个小标题相同，但内容有所不同。4月25日的讲话，批评斯大林内容多些；5月2日的讲话，理论分析多些，补充了政治局扩大会议三天讨论和四天省市委书记汇报时提出的一些意见。

1965年12月27日，根据少奇同志建议，并经毛主席同意，中央将《论十大关系》作为党内文件印发给县、团以上党委学习。这次印发稿，以4月25日讲话为基础，吸收了5月2日讲话中的部分内容。整理时，有关对苏联和东欧国家在处理农、轻、重关系和民族关系的批评，对斯大林的批评，以及过高估计战争危险，忽视发展沿海工业，某些方面照搬苏联的缺点错误等内容，都没有收进去。

1975年，小平同志在主持中央日常工作期间，向毛主席建议，重新整理《论十大关系》讲话。重新整理稿于7月13日由小平同志送毛主席，毛主席批示："同意。可以印发政治局同志阅。暂不要公开，可以印发全党讨论，不登报，将来出版选集时再公开。"

这次对讲话的重新整理工作，是在胡乔木同志主持下完成的。这个整理稿忠实地体现了原讲话中"以苏联为鉴戒，总结我国已有经验"的主要精神，恢复了1965年整理稿中许多没有收进去的内容，文字也作了不少加工。但由于考虑到当时国内外形势，还是有些具体内容没有收进去。现在，我根据两次（主要是第一次）讲话的记录，就以苏为鉴戒和有关国际形势问题所讲的内容，作些补述。

谈到沿海工业与内地工业关系问题时，毛主席说："不用说有了十年、十二年，我们应当办好沿海的工厂，就算只有八年、七年、六年，甚至只要有五年时间，我们也应当在沿海好好地办4年的工业。办了八年以后，等到第五年打起来了再搬家，也是完全合算的。"在批评有些同志不敢在沿海搞工业建设时还说，"好像原子弹已经在三千米上空了"，"不要说三千米的上空没有原子弹，就是1万米的上空也没有原子弹"。

谈到经济建设与国防建设的关系时，毛主席说："现在全世界都在谈论减少军事经费、发展和平经济问题，英国、法国谈得最多，美国有时候也被迫地谈一下。现在是和平时期，军政费用的比重太大不好。"在分析我人民解放军现状时，他批评了斯大林在卫国战争初期的错误，说："那时的红军，由于肃反扩大化削弱了干部，由于战略指导思想是要御敌于国门之外，国内不修工事，有攻无守，结果希特勒打进来，抵抗不住，只好三十六计走为上计，一直退下来。在这些方面，我们现在都比他们那个时候强。"

在谈到国家与农民关系时，毛主席批评了苏联推行农产品义务交售制的错误。他说："据说一直到第十九次代表大会那个时候，苏联粮食的产量还没有达到沙皇历史上的最高水平。如果真是这样，这就是大问题了。如果真是这样，集体化、机械化的优越性在哪里？社会主义制度比沙皇制度好又要怎么说呢？"这里，我想作点说明。据《苏联国家经济年鉴》披露的资料，苏联从1929年到1940年，工业年均增长16.8%，而同期日、美、德等资本主义国家没有任何一国的增长超过10%的。十三年内，苏联钢产量从430万吨猛增到1830万吨。正因为工业，特别是重工业的高速增长，得以取得反法西斯战争的胜利。从这方面看，社会主义制度的优越性是明显的。但由于集体化中的强迫命令和农业政策的失误，至少在谷物生产方面集体化和机械化的优越性确实没有明显发挥出来。1913年，沙俄谷物产量8600万吨，1953年为8250万吨，确实低于沙俄最高水平,但1951—1955年的平均年产量达到8850万吨,总算是赶上或超过了沙俄时代的最高水平。

在谈到中央和地方关系问题时,毛主席说:"我国宪法规定,地方没有立法权,立法权集中在全国人民代表大会。""这一条也是学苏联的。因为起草宪法的时候,我曾经问过一些同志,是不是应该这么写?据说苏联是这样,有些资本主义国家也是这样,但美国似乎不是这样。美国的州可以立法,州的立法甚至可以和联邦宪法打架,比如宪法上并没有剥夺黑人权利这一条,但有些州的法律就有这一条。似乎财政和税收方面,州和州的立法都不统一。美国这个国家很发展,它只有一百多年就发展起来了,这个问题很值得注意。我们恨美国那个帝国主义,帝国主义实在是不好的,但它搞成这么一个发展的国家总有一些原因。它的政治制度是可以研究的。看起来,我们也要扩大一点地方的权力。地方的权力过小,对社会主义建设是不利的。""地方的权力过小,对社会主义建设不利"的思想,对体制改革有重要指导意义。可惜的是,1958年走了一个极端,来了个权力大下放,在十几天的时间内,将绝大部分中央企业事业单位下放给地方,造成了混乱,以后就不再注意扩大地方权力了。直到十一届三中全会以后,在改革中才开始真正着手解决这个问题。扩大地方自主权的目的,是为了克服中央权力过分集中带来的弊病,充分调动地方在经济和社会发展中的积极性、主动性、创造性。扩大地方的权力当然要适度,应以不影响国家必要的集中统一为前提,而不能走到地区分割半分割的状态去。

在谈到党与非党关系时,毛主席说:"在这一点上我们和苏联不同。他们是打倒一切,把其他党派搞得光光的,只剩下共产党的办法,很少能听到不同意见。"毛主席吸取苏联的教训,总结了我国多党联合的历史经验,提出了各民主党派与共产党长期共存、互相监督的著名观点。

在谈到革命和反革命关系时,毛主席说:"斯大林不知道是怎样想的,抓到一个就杀一个,结果犯了大错误。其实,托洛茨基是可以不赶走的,季诺维也夫也是可以不杀的。至少可以让他们当个政协委员吧!""特别重要的是,不割脑袋的办法可以避免犯错误。人的脑袋不像韭菜那样,割了一次还可以长起来,如果割错了,想改正错误也没有办法。""斯大林说反革命越搞越多,这个道理是不对的。反革命是越搞越少,不是越搞越多。"说阶级斗争越斗越尖锐,"这在一定时间是真理","过了这个时间就不是越斗越尖锐"。

谈到是非关系时,毛主席说:"我看在这一点上,斯大林有点像赵太爷,犯了错误就杀掉,错误与反革命界限不分,错杀了很多人。我们要记住这个教训。"

谈到中国和外国关系时,毛主席着重讲了斯大林在中国革命问题上所做过的错事。他说:"第二次国内战争后期的王明'左'倾冒险主义,抗战初期的王明右倾机会主义,都是从斯大林那里来的。解放战争时期,先是不准革命,他说如果打内战,中华民族就有毁灭的危险(不是用联共,而是用白俄罗斯共和国的党组织的名义,由联共中央转发来的电报提出的——薄一波注)。仗打起来了,对我们半信半疑。仗打胜了,又怀疑我们是铁托式的胜利。1949年、1950两年对我们的压力很大。那个时候,除了党内同志以外,全世界只有蒋介石一个人天天替我们辩护,不用工资,替我们做义务宣传,说我们不是铁托。讲起斯大林,我们有三肚子火。可是,我们还认为他是三分错误,七分成绩,这是公正的。"南斯拉夫共产党1948年被斯大林开除出情报局,在斯大林看来,铁托不听他的,就是背叛了共产主义和国际主义。

这些未发表的材料说明,毛主席和党中央对斯大林的错误,当时就有了比较清醒的认识。当年4月5日发表的《关于无产阶级专政的历史经验》一文,鲜明地表明了我们党的原则立场。这是举世周知的。至于上述对斯大林的种种具体批评,当时没有公开发表,那完全是从维护国际工人运动的团结着眼,避免给人以口实。这些内部批评,后来我党中央都通报给苏共中央了。

《论十大关系》讲话,初步总结了我国社会主义建设的经验,提出了探索适合中国国情的社会主义建设道路的任务,是毛主席关于社会主义建设问题的代表作。正如邓小平同志1975年7月10日给毛主席的信上说的:"这个东西太重要了,对当前和今后都有很大的针对性和指导意义。"讲话提出的一些重要原则,例如:保持重工业、轻工业、农业合理的比例,充分利用沿海工业基地,充分发挥地方积极性,正确处理国家、集体、个人三者关系等,都被采纳成为八大关于第二个五年计划建议的指导思想。但是,也正如周总理在八届二中全会报告中指出的:"这十大关系问题并不是一提出来就能解决得了的,具体的解决还需要今后在实践中、在采取具体措施中、在反对错误的倾向中不断努力。""比如农、轻、重的比例究竟如何才恰当?现在还不可能回答得很完满,必须经过多次反复摸索,才能使这三者的比例安排得比较恰当。一个时候恰当了,过一个时候还要修改。"重要的是提出了处理这些关系的原则。[7]

《论十大关系》是毛泽东建国后第一次对经济问题系统调查研究的成果。他还准备"分别听取各省委、市委、区党委关于工业、运输、农林水、财金贸等方面工作的汇报",也准备以后每年搞一次汇报,找一些工厂作典型研究,"切实摸一下经济工作"。但这些计划没有实现或只开了个头。

据李维汉回忆,毛泽东在1956年4月25日作《论十大关系》报告时,在党与非党的关系上,还提出了"两个万岁"的思想。他说:

4月25日,毛泽东发表《论十大关系》的重要讲话……在党与非党关系方面,提出"两个万岁"的思想,他说我们的方针是要把民主党派、资产阶级都调动起来。要有两个万岁,一个是共产党万岁,另一个是民主党派万岁,资产阶级不要万岁,再有两三岁就行了。在我们国内是民主党派林立,我们有意识地留下民主党派,这对党、对人民、对社会主义很有利。打倒一切,把其他党派搞得光光的,只剩下共产党的办法,使同志们中有不少意见,弄得大家有所顾忌,这样做很不好。这就是后来概括的党同民主党派长期共存、互相监督的方针。〔8〕

《论十大关系》讲话以后,毛泽东在探索中国式社会主义建设道路方面还提出一些重要思想。

1956年8月24日,毛泽东会见中国音乐家协会负责人时,作了一场精彩的讲话。据当时被接见的音乐家贺绿汀回忆,会见是在怀仁堂进行的,他写道:

我还记得清清楚楚,当时我就坐在他老人家的身边。怀仁堂外面两千多音乐工作者排好了队伍,我们几个音乐界负责人进去请毛主席出来和大家一起照相。毛主席坐在怀仁堂东北角那间小房子的窗户下,在座的有周总理、朱总司令、陈毅同志,还有周扬同志、夏衍同志,以及我们音乐界几个人。我满以为毛主席讲几句话就会出去照相的,因此,在他老人家讲话时我冒失地插了话。后来看到毛主席一直讲下去,我才后悔不该插话。

在这以前,文化部在音乐周期间曾召集一部分文艺界领导干部多次座谈了文艺的民族形式问题。从毛主席这个谈话中发现,我们讨论的每次记录他都看过了,他谈的就是座谈会上争论的问题。

毛主席同音乐工作者的谈话,主要内容是谈民族形式问题。对这个问题,毛主席不厌其详地作了反复的论述。他说:"音乐可以采取外国的合理原则,也可以用外国乐器,但是总要有民族特色,要有自己的特殊风格,独树一帜。"并明确指出,"文化上对外国的东西一概排斥,或者全盘吸收,都是错误的。"还说,"这不是什么'中学为体,西学为用'。'学'是指基本理论,这是中外一致的,不应该分中西。"毛主席的这些话,既反对了教条主义,也反对了关门主义。〔9〕

中共八大闭幕以后,一些民主党派陆续召开会议研究贯彻。11月30日,黄炎培给毛泽东写信汇报会议情况说:"自全行业公私合营后,大部分工商业者的表现是好的,少数人消极,'白天社会主义,夜里资本主义',还出现了地下工厂、地下商场等。"12月7日,毛泽东约民建、工商联负责人黄炎培、陈叔通等谈话,他说:

现在我们的自由市场,基本性质仍是资本主义的,虽然已经没有资本家。它与国家市场成双成对。上海地下工厂同合营企业也是对立物。因为社会有需要，就发展起来。要使它成为地上，合法化，可以雇工。现在做衣服要3个月，合作工厂做的衣服一长一短，扣子没眼，质量差。最好开私营工厂，同地上的作对，还可以开夫妻店，请工也可以，这叫新经济政策。我怀疑俄国新经济政策结束得早了，只搞两年退却就转为进攻，到现在社会物资还不足。我们保留了私营工商业职工250万人（工业160万，商业90万），俄国只保留了八九万人。还可以考虑，只要社会需要，地下工厂还可以增加。可以开私营大厂，订条约，十年、二十年不没收。华侨投资的，二十年、一百年不要没收。可以开投资公司，还本付息。可以搞国营，也可以搞私营。可以消灭了资本主义，又搞资本主义。当然要看条件，只要有原料，有销路，就可以搞。现在国营、合营企业不能满足社会需要。如果有原料，国家投资有困难，社会有需要，私人可以开厂。……急于国有化，不利于生产。〔10〕

1956年，是毛泽东在思想和理论总结上的又一个高峰时期。有了新中国成立头7年的初步经验，又有苏联近四十年的道路为借鉴，毛泽东又有了思想纵横驰骋的广阔舞台。这些思考，为中共八大政治报告的顺利起草和工作重心任务的提出，提供了基本的指导原则。

毛泽东的思绪处在极为活跃、敏锐的高峰期，心情也格外畅快。一个横渡长江的念头，在他的脑子里升腾而发，谁也无法阻挡。

当时跟随毛泽东负责警卫工作的沈同回忆说：

1956年五一节刚过，毛主席便在5月3日出发，到我国南部地区去视察工作。出发时，北京还是春光融融，百花吐艳。主席一路工作忙碌，不计时日。到了广州，召开了华中地区书记会议，待任务结束，不觉已到月末，江南大地已是夏日炎炎。

毛主席准备返京，因天气闷热，又加疲劳，打算在途经武汉时，到长江里去游泳，以消除疲劳，舒畅胸怀。

长江的水势凶险，素为人知。为了主席的安全，大家都惴惴不安，同行的湖北省委书记王任重，立刻回去安排工作，他让武汉的同志事先对长江的水质、水温和流速等进行了一系列详细的调查和检验，发现长江的水文情况复杂：第一，江水很脏，含有血吸虫等多种病菌；第二，江中有鳄鱼、江猪和水蛇等可能伤人的毒物；第三，水深流急，又有漩涡。总之，在长江里游泳是很危险的。当地政府曾告示群众，为了避免危险，禁止在长江里游泳。

大家了解到这些情况，都为主席到长江里去游泳的安全担心。公安部长罗瑞卿和湖北省委的负责同志都想劝阻主席，虽然大家知道，主席游泳的技术很高，他把游泳池当作了洗脸盆子，但是游泳池怎么能和长江相比呢？江水滔滔，波浪翻滚，深不可测，水火无情。在急流骇浪里，很有可能发生意想不到的危险！为了毛主席的安全，必须防止万一。可是这些当年曾同毛主席一起艰苦奋斗、风雨同舟的老战友，也都深知，毛主席办事，一旦下了决心是不会动摇的。为了确保毛主席的安全，经过再三考虑，还是进行了劝阻。

毛主席以他高超的游泳技能和"万水千山只等闲"的无畏气魄，怎会惧怕长江的风浪呢！他把劝告看成是"阻力"，对身边人员说："我游泳不要告诉他们！"我们品味着这有趣的回答——既是回答，又是命令。于是，大家当即作好毛主席游江的准备，整装待发。

毛主席从广州动身返京北上，5月30日到达湖南省长沙，立即召集了省委书记座谈，了解他这次在广州主持召开的专门研究华中五省工作会议的贯彻情况。主人用清明节前刚采制的清茶来招待主席。

会后天气闷热，主席要去湘江游泳，罗瑞卿陪同到了江边。湘江水势平稳，水质清澈，这里曾是毛主席三十年前"携来百侣曾游"的故乡碧水。今天毛主席已是全国人民拥戴的领袖了，又何止百侣！今天重游，意味深长。下了江，主席游姿翩翩，自由自在，好像是办公坐久了伸个懒腰一样，大家都为主席感到舒展。主席精神焕发，一直游到了他当年曾在诗里提到的橘子洲头，主席乘兴上岸，披着浴衣登高瞭望。洲上的人们看到了毛主席，立刻都跑过来把他团团围住，抢着和主席握手，异常亲切。主席同大家频频招呼，用故乡的语言和乡亲们畅谈着故乡的山山水水和乡亲们的生活情况，情趣盎然，倍加亲切，由生活谈到了大家正在培育的蔬菜，又由蔬菜的品种谈到了一旁生长茂盛的茄子。在核对茄子两个字的乡音的笑声里，主席告别了依依不舍的乡亲们。

5月31日到了武汉，滚滚长江吸引了主席，他决定上午和夜间工作，下午去长江游泳。这期间，主席听取了省委书记的汇报，还视察了武汉国棉一厂，参观了湖北省工农业展览会。

6月1日下午，天气闷热蒸人，主席没有午睡的习惯，便兴致勃勃地到长江去游泳。我们虽然已经作好了主席游江的准备，但还是提心吊胆，随时严防发生意外。到了江边，因为江岸陡峭不便下水，先请主席到了船上。罗瑞卿和王任重知道劝阻无效，便准备和主席一起游江。他们先到船上，迎候着主席。主席打趣地问："游长江有危险吗？"罗部长挺着魁伟的身体报告主席："在长江里游泳，危险还是有的，但是主席不怕，我们就不怕，我们同主席在一起历经艰险，每次都能化险为夷。"说得大家都笑了起来，顿时消除了大家的紧张气氛。毛主席说："长江大海能吓得了人吗！"说着，大家就一起下了长江。

毛主席入水先扎个猛子，把全身在水里浸一下，然后就把头露出水面，以侧泳式左右交替着一直游向前方。当时江面上正刮着六级大风，风急浪高，水深流急，波浪滔滔，还时有漩涡，毛主席泰然自若，轻浮水面，他轻松自然的潇洒游姿，真比在院子里散步还自由自在。有时击水破浪，勇往直前；有时水面稍稍平稳，主席便缓缓仰泳，面对蓝天，极目远望，悠然自得。毛主席游水如履平地，仰泳时更有独到之处，他可以平仰水面，全身不动，远望天际，信水漂流。记得有一次，毛主席正在中南海游泳池里游泳，秘书送来一封信，主席就在水中接过信来，仰浮水面，把右脚搭在左脚上，全身不动，直到把信看完。

这时在长江岸上行路的人们，突然看到有这么多人在长江里游泳，而且当时还刮着六级大风，又是在中流急浪中顺流而下，也不知游向何方，都以惊奇的目光望着这少有的动人景象，得不到答案。有许多人想看个究竟，就跟着沿岸奔跑，有的还边跑边喊，也不知喊些什么，两岸上的人流越聚越多，直到岸边的建筑物阻挡了去路，人们才停下脚步，还踮着脚瞭望，不肯离去。当主席游过了岸边的建筑物，在前面的岸上，又同样逐渐聚集了观望的人群，有的在鼓掌，也有人发出了惊奇的赞叹，到处都是惊奇观望的目光。

毛主席游兴起处如蛟龙戏水，顺流而下，以至于岸上追随的人们都追赶不及。时已夕阳披霞，但毛主席的游兴正浓，依然击浪前进，直到游近建筑长江大桥的工区，施工阻路，又因两岸陡峭不能上岸，才请主席上船返回住地。

毛主席一气游了2小时4分钟，游程20余华里，上了船，气不涌出，面不改色，和大家谈笑自若，一如往时。主席笑着对大家说，胆量小的人，常在风浪里锻炼，胆子也会大起来的。这时我们大家提到喉咙的一颗心才放了下来，都和主席一起说笑。

毛主席更衣后坐在了船头的藤圈椅子上，面对着静静耸立的龟、蛇两山和远处点点帆影，脚下咆哮着汹涌奔腾的不尽江流，眺望着远山近水，在凝神遐思……

记得毛主席曾在1953年登过蛇山之巅，俯瞰长江妖娆于武汉三镇之势，又有龟、蛇两山隔岸对峙，锁住大江，景势非常。只可惜长江隔断了两岸的人民，相亲相爱而不可即！直到1954年，毛主席乘火车再经武汉时，还是坐了两个多小时的轮渡才过了长江，当时两岸等候过江的人流更是车水马龙，络绎不绝，有些人还纷纷议论：

"宁隔十里路，不隔一条河，要是能架起一座大桥来，该多么好啊！"

"说话容易呢，江面这样宽，水又这样深，再加水流这么急，恐怕鲁班来了也没好办法的！还记得吧？当年国民党借用修桥的名义，骗了老百姓多少钱哪！"

"那就只好等着神仙来架天桥吧！"

……

当时这只不过是等着渡江的人们的一些议论，但是在轮渡上的毛主席听者有心。他一面望着静静的两山和来往的帆影，一面听着人们的议论，顿起"宏图"：一定要给人民建起一座大桥来，使这"天堑变通途"！

宏图既定，曾几何时，今天毛主席邀游于长江之中，亲眼看到了长江大桥已经全面施工，竟是"一桥飞架南北，天堑变通途"了，宏图实现了！解放后的武汉三镇，本来已是太平盛世，美景丰年，如今再加鹊桥仙境，两岸人民喜得团圆，此景此情，使人神往！人民在欢呼，诗人在歌颂，还分什么天上人间，但愿人长久！

毛主席今天精神焕发，情趣自得，一扫往日工作繁忙时的沉思模样。回到住地，晚饭时，厨师还特意给他烧了一条鲜美的武昌鱼，主席饭吃得香，觉也睡得甜，一觉醒来，兴犹未尽，诗已成篇。

毛主席挥笔写了《水调歌头·游泳》一首词，来抒发他邀游长江的舒畅情怀。"才饮长沙水，又食武昌鱼，万里长江横渡，极目楚天舒。"其气魄胸怀跃然纸上，多么形象！当人们担心他游江的安全时，他却"不管风吹浪打，胜似闲庭信步"。他又以诗言志，今天，已经实现了"一桥飞架南北，天堑变通途"，明天还要"更立西江石壁，截断巫山云雨，高峡出平湖"，让这桀骜不驯的洪水来为人民服务。当他检阅这将使人民获益的万里长江的流向时，诗人忽然记起了巫山峡上的神女庙里当年曾帮助大禹治理洪水立过大功的神女。诗人想到假如她如今还健在的话，来看看这治理洪水的奇迹，将今比昔，也将惊叹人民力量的伟大吧。毛主席这首词以《游泳》为题，抒发胸怀，志在人民，潇洒豪放，气壮山河，实为古今中外前无古人的不朽诗篇。读其词如见其人。

第二天下午，毛主席乘兴又到长江去游泳，这次一气游了两个小时，其意态潇洒，悠然游姿，更胜昨天。

第三天下午，毛主席竟连续第三次再去长江畅游。到了江边，我们见长天晴空万里，微风吹来几朵白云，江面飞翔着点点白鹭，好像都是赶着来观赏毛主席游江的情趣，只有长江仍在奔腾咆哮。

沿岸观望的人群，也胜过了前两次。人们在窃窃私语，究竟是何人在这里游江？有的人趴在近江的岸边，探出身子想看个究竟。毛主席侧游的姿势，正好面对着岸上的群众，于是人们的猜疑便逐渐集中到了一个人的身上。

这时毛主席已游进了波涛汹涌的中流，击水破浪，游姿翩翩，与晚霞白鹭辉映，更有情趣。置身于这美景如画的祖国的怀抱里，毛主席流连忘返，不计归程，大概还是晚霞提醒了主席，才出水上船，大家载着一船欢笑回到住地。

毛主席连续三次横渡万里长江的消息，一时不翼而飞，轰动了武汉。第四天时刚过午，长江两岸就已聚集了无数观望的人，有的带了望远镜，有的还拿着照相机，人山人海，自然形成了夹江欢迎毛主席游长江的队列。谁不想亲眼看看自己敬仰的领袖，而且又是在搏击风浪中的英姿风采呢！人民有了狂风骇浪全无惧的领袖，更何患人间的凶顽！我们的领袖和人民心连心，我们的人民将无往不胜！

毛主席畅游长江的心愿实现了，他把遨游长江锻炼身体、磨炼意志，看作是与天斗争的一种乐趣。他破除了惧怕狂风骇浪不敢游江的迷信，鼓舞人们要经风雨、见世面，在大风大浪里锻炼成长，他激励着人们以钢铁般的体魄和坚强的意志，肩负起建设祖国的重任。毛主席实在太忙了，他不得不在6月4日下午6时前回到了北京。[11]

中共八大前后

1955年3月31日，毛泽东在中共全国代表会议作结论时宣布："中央决定1956年下半年，召开党的第八次全国代表大会。有三个议事日程：（一）中央委员会的工作报告；（二）修改党章；（三）选举新的中央委员会。明年7月以前要完成代表的选举及文件的准备工作。"[12]

同年10月，党的七届六中全会通过了《关于召开党的第八次全国代表大会的决议》。会上，邓小平代表中央政治局就这一决议作了说明。他说："1945年召开党的七大到1956年召开党的八大，中间相隔十一年。1945年到1949年这4年，我们正处在疾风暴雨的革命战争中。1950年到1952年这两年，我们全力贯注于进行并完成民主改革、恢复国民经济和巩固人民民主专政这些极为繁重、巨大的工作，并且进行了紧张的抗美援朝的斗争。1952年底，中央政治局和书记处在考虑召开全国人民代表大会的同时，曾考虑召开党的八次大会，并决定先召开一次党的全国代表会议。1953年下半年，党中央觉察了高、饶反党活动的问题。经过1954年2月党的七届四中全会和1955年3月党的全国代表会议，对于这个事件作了严肃的处理。在这两年多的时间中，党制定了过渡时期的总路线，第一届全国人民代表大会通过和公布了宪法，并开始实行第一个五年计划。同时又通过了整党、建党、审查干部、总路线宣传、社会主义改造，这一切为召开党的八次大会作了充分的政治准备和组织准备。中央认为召开八次大会的时机完全成熟了。"

1955年5月12日，中央政治局会议通过了邓小平草拟的八大政治报告起草委员会、修改党章和修改党章报告起草委员会名单。政治报告起草委员会由刘少奇、陈云、邓小平、王稼祥、胡乔木、陈伯达、陆定一7人组成。修改党章和修改党章的报告起草委员会由邓小平、杨尚昆、安子文、刘澜涛、宋任穷、李雪峰、胡乔木、马明方、谭震林9人组成。在八大文件起草、修改过程中，党中央充分发挥了集体智慧和民主精神。各文件草稿提出来以后，中央曾组织中央机关和省、市、自治区及军队党的领导同志进行反复讨论，征求意见。

毛泽东亲自领导并参加了八大文件的起草和修改工作。现保存的八大政治报告的各种修改稿达80多份，党章草案修改本有50多份，其中经过毛泽东亲自修改的政治报告稿就有21份。在一份八大政治报告修改稿上，毛泽东批道："少奇同志：恩来同志的改本送上，我看改处均可用。如你同意，请饬人将改处准确地抄在一个本子上，和你我改的合在一起，立即付印、付翻译。"在这个改本上，将"我国社会主义和资本主义两条道路的斗争，已经解决了"一句中的"两条道路"改成了"谁战胜谁"。1956年9月13日，七届七中全会第三次会议上，毛泽东在谈到八大文件的修改方针时说："第一次推翻你的，第二次推翻他的，推翻过来推翻过去，这也说明我们是有民主。不管什么人，对事不对人。"在8月22日七届七中全会第一次会议上，邓小平谈到修改文件时说："刚才主席讲了，先提大势，先提方针性的意见。但有些文件，像党章，就不那么好提大势了，必须是哪一个字要改，就改哪一个，（毛泽东插话："不仅是大势，也包括细节、文字。"）凡有意见的都在这个本子上批。"由此可见，八大文件是全党的经验和智慧的结晶，有着深厚的群众基础。

为了突出八大讨论经济建设的主题，邓小平在8月22日召开的七届七中全会第一次会议上谈到八大议题与发言安排时提出，像工业方面，除了一些比较带系统性的发言外，还要组织那么二十几篇稿子，这样才表现出会议是在讨论建设这个重点，只那么两三个人发言，谈搞计划、搞建设，大会里面的空气不多，那也不好。毛泽东接着说："这一次重点是建设，有国内外形势，有社会主义改造，有建设，有人民民主专政，有党。报告里面有这么几个大题目，都可以讲。但是重点是两个，一个是社会主义改造，一个是经济建设，这两个重点中主要的还是在建设，这个报告的主要部分，3万字中有1/3是讲建设。"

1956年8月30日至9月12日，八大预备会议在北京举行，毛泽东在会上作了两次重要讲话。8月30日，在中南海怀仁堂举行的第一次全体会议上，毛泽东作了题为《增强党的团结，继承党的传统》的讲话，提出了大会的目的和宗旨，就是总结七大以来的经验，团结全党，团结国内外一切可以团结的力量，为建设伟大的社会主义中国而奋斗。在讲话中，毛泽东强调要继承党的优良传统和作用，强调理论与实践的统一：马克思主义的普遍真理一定要同中国革命的具体实践相结合，如果不结合，那就不行。这就是说，理论与实践要统一。思想必须反映客观实际，并且在客观实践中得到检验，证明是真理，这才算是真理，不然就不算。毛泽东要求大会继续发扬党在思想、作风上的优良传统，彻底清除主观主义、宗派主义，此外，还要反对官僚主义。在谈到选举问题时，他强调要坚持七大的正确方针，为团结和教育全党，在选举新的中央委员会时要选有代表性的犯过错误的同志为中央委员。[13]

9月10日，毛泽东在八大预备会议第二次全体会议上再次作了讲话。他首先回顾了民主革命时期的历史经验。接下来讲搞建设不要像革命中犯那么多错误，并希望中央委员会成为科学中央委员会。他说：

现在是搞建设，搞建设对于我们是比较新的事情。早几年在中央范围内就谈过，我们希望建设中所犯的错误，不要像革命中所犯的错误那么多、时间那么长。我们搞建设，是不是还要走那个老路呢？是不是还要经过14年，也要栽那么多跟头呢？我说可以避免栽那么多跟头。因为过去栽跟头主要是个思想问题，是不认识、不觉悟的问题。

搞经济，我们也有了一些经验，现在搞这些新的科学技术，我们还没有经验。安排经济，对人民、对资本家、对民主党派、对知识分子的工作，我们比较学会了，我们有二十二年根据地的经验。世界上新的工业技术、农业技术我们还没有学会，虽然我们已经有了六年的经验，学会了许多东西，但是从根本上说，我们还要作很大的努力，主要靠第二个五年计划和第三个五年计划来学会更多的东西。

我们要造就知识分子。现在我们只有很少的知识分子。旧中国留下来的高级知识分子只有10万，我们计划在三个五年计划之内造就100万到150万高级知识分子（包括大学毕业生和专科毕业生）。到那个时候，我们在这个方面就有了十八年的工作经验，有了很多的科学家和很多的工程师。那时党中央委员会的成分也会改变，中央委员会中应该有许多工程师、许多科学家。现在的中央委员会，我看还是一个政治中央委员会，还不是一个科学中央委员会。所以，有人怀疑我们党能领导科学工作、能领导卫生工作，也是有一部分道理的，因为你就是不晓得，你就是不懂。现在我们这个中央的确有这个缺点，没有多少科学家，没有多少专家。[14]

9月13日，在七届七中全会第三次会议上，毛泽东发表了重要讲话，其中谈到设中央副主席和总书记的问题。他说：

我在这里还要谈一下关于设副主席和总书记的问题。上一次也谈过，中央准备设四位副主席，就是少奇同志、恩来同志、朱德同志、陈云同志。另外还准备设一个书记处。书记处的名单还没有定，但总书记准备推举邓小平同志。4位副主席和总书记的人选是不是恰当？当然，这是中央委员会的责任，由中央委员会去选举。但是要使代表们与闻，请你们去征求征求意见，好不好？对于我们这样的大党，这样的大国，为了国家的安全、党的安全，恐怕还是多几个人好。

党章上现在准备修改,叫作"设副主席若干人"。首先倡议设4位副主席的是少奇同志。一个主席、一个副主席,少奇同志感到孤单,我也感到孤单。一个主席,又有四个副主席,还有一个总书记,我这个"防风林"就有几道。"天有不测风云,人有旦夕祸福",这样就比较好办。除非一个原子弹下来,我们几个恰恰在一堆,那就要另外选举了。如果只是个别受损害,或者因病,或者因故,要提前见马克思,那么总还有人顶着,我们这个国家也不会受影响。不像苏联那样,斯大林一死就不得下地了。我们就是要预备那一手,同时,多几个人,工作上也有好处,设总书记完全有必要。我说我们这些人(包括我一个,总司令一个,少奇同志半个。不包括恩来同志、陈云同志跟邓小平同志,他们是少壮派),就是做"跑龙套"工作的,我们不能登台演主角,没有那个资格了,只能维持维持,帮助帮助,起这么一个作用。你们不要以为我现在在打"退堂鼓",想不干事了,的确是身体、年龄、精力各方面都不如别人了。我是属于现状维持派,靠老资格吃饭。老资格也有好处,因为他资格老。但能力就不行了,比如写文章,登台演说,就不行了。同志们也很关心我们这些人,说工作堆多了恐怕不好,这种舆论是正确的。那么,什么人当主席、副主席呢?就是原来书记处的几个同志。这并不是说别的同志不可以当副主席,同志们也可以另外提名,但是按照习惯,暂时就是一个主席、四个副主席。我是准备了的,就是到适当的时候就不当主席了,请求同志们委我一个名誉主席。名誉主席是不是不干事呢?照样干事,只要能够干的都干。

请同志们酝酿酝酿,看这样是否妥当,中心的目的就是为了国家的安全,多几个人,大家都负一点责任。至于秘书长改为总书记,那只是中国话变成外国话。(邓小平:"我还是比较安于担任秘书长这个职务。")他愿意当中国的秘书长,不愿意当外国的总书记。其实,外国的总书记就相当于中国的秘书长,中国的秘书长就相当于外国的总书记。他说不顺,我可以宣传宣传,大家如果都赞成,就顺了。我看邓小平这个人比较公道,他跟我一样,不是没有缺点,但是比较公道。他比较有才干,比较能办事。你说他样样事情都办得好呀?不是,他跟我一样,有许多事情办错了,也有的话说错了;但比较起来,他会办事。他比较周到,比较公道,是个厚道人,使人不那么怕。我今天给他宣传几句。他说他不行,我看行。顺不顺要看大家的舆论如何,我观察是比较顺的。不满意他的人也会有的,像有人不满意我一样。有些人是不满意我的,我是得罪过许多人的,我想起来就不舒服,今天这些人选我,是为了顾全大局。你说邓小平没有得罪过人?我不相信,但大体说来,这个人比较顾全大局,比较厚道,处理问题比较公正,他犯了错误对自己很严格。他说他有点诚惶诚恐,他是在党内经过斗争的。

至于陈云同志,他也无非是说不行、不顺。我看他这个人是个好人,他比较公道、能干,比较稳当,他看问题有眼光。我过去还有些不了解他,进北京以后这几年,我跟他共事,我更加了解他了。不要看他和平得很,但他看问题尖锐,能抓住要点。所以,我看陈云同志行。至于顺不顺,你们大家评论,他是工人阶级出身。不是说我们中央委员会里工人阶级成分少吗?我看不少,我们主席、副主席五个人里头就有一个。请你们在代表里头酝酿一下,因为政治局委员、书记处书记、主席、副主席要一道提出一个整个的名单,要一道选。至于常委,准备就由主席、副主席和总书记组成。这不是说别的人不可以当常委,别人也可以,因为要提一个就可以有第二个,还可以有第三个,所以暂时用这么一种办法。这就是把过去的书记处变成常委,只是比过去多了一个总书记。还要设一个书记处,书记处的人数可能要多几个,书记、候补书记可以有十几个人。很多事情要在那里处理,在那里提出议案。政治局委员的名额也要扩大,不是13个,要扩大到20人左右。因为我们的中央委员会是170人(也许170几)。看是不是可以这样安排?今天不作决定。[15]

1956年9月15日,中共八大正式开幕。毛泽东致开幕词,他说:

我们这次大会的任务是:总结从七次大会以来的经验,团结全党,团结国内外一切可能团结的力量,为了建设一个伟大的社会主义的中国而奋斗。

他还说:

我们现在也面临着和苏联建国初期大体相同的任务。要把一个落后的农业的中国改变成为一个先进的工业化的中国,我们面前的工作是很艰苦的,我们的经验是很不够的。因此,必须善于学习。要善于向我们的先进者苏联学习,(鼓掌。)要善于向各人民民主国家学习,(鼓掌。)要善于向世界各兄弟党学习,(鼓掌。)要善于向世界各国人民学习。(鼓掌。)我们决不可有傲慢的大国主义的态度,决不应当由于革命的胜利和在建设上有了一些成绩而自高自大。国无论大小,都各有长处和短处。即使我们的工作得到了极其伟大的成绩,也没有任何值得骄傲自大的理由。虚心使人进步,骄傲使人落后,我们应当永远记住这个真理。(热烈鼓掌。)[16]

据逄先知回忆,毛泽东这个精彩的开幕词是由他的秘书田家英协助起草的。他说:

毛泽东更加器重田家英,一个有力的证明,就是要田代他起草八大开幕词。

大家知道,毛泽东作报告、作讲演、写文章,从来不让别人代笔。不论是在烽火连天的革命战争年代,还是在新中国成立以后的和平建设时期,都是如此。唯一的例外,恐怕就是八大开幕词了。

1964年,毛泽东在一次中央会议上曾经说过:"有的人,自己写东西,要秘书代劳。我写文章从来不叫别人代劳，有了病不能写，就用嘴说嘛。1947年写《目前形势和我们的任务》时，我病了，就是我说别人记的，写了我又改，改后发给大家传阅，提意见，又作了修改。现在北京当部长、局长的都不写东西，统统让秘书代劳。秘书只能找找材料。如果一切都由秘书去办，那么，部长、局长就可以取消，让秘书干。这也是劳动，要亲自动手。当然，不是一切都要自己写。周总理出国，一出三个月，到哪个国家都要发表公报，都叫他写不行，要自己出主意，让别人去写。"人们还记得，毛泽东在1948年1月7日为中共中央起草的关于建立报告制度的党内指示中，规定各中央局和分局定期向中央写综合报告，其中就特别要求："由书记负责（自己动手，不要秘书代劳）。"

八大开幕词，毛泽东曾起草过两个稿子，不知为什么都没有写完。后来让陈伯达起草。陈起草的稿子毛泽东不满意，说写得太长，扯得太远，于是又找田家英。毛泽东告诉田家英："不要写得太长，有个稿子带在口袋里，我就放心了。"这时离开会只有几天，时间非常紧迫，田家英花了一个通宵赶写出初稿。毛泽东比较满意，立即送中央书记处的同志刘少奇、周恩来、朱德、陈云和其他有关同志，经过多次修改，最后定稿。

毛泽东写文章不要秘书代劳，偶尔代劳一下，也要说明，从不埋没别人的劳动。八大是在政协礼堂开的。据当时在场的毛泽东的卫士长李银桥回忆，毛泽东致开幕词以后，来到休息室，许多人都称赞开幕词写得好。毛泽东对大家说："开幕词是谁写的？是个年轻秀才写的，此人是田家英。"

人们可能还记得开幕词里的一句话："虚心使人进步，骄傲使人落后。"它早已成为脍炙人口的格言。这是田家英的得意之笔，也是毛泽东很满意的一句话。[17]

毛泽东致开幕词后，选举了大会主席团、秘书处和代表资格审查委员会，并通过了大会日程和会议规则等。此后至9月17日，刘少奇作八大政治报告，邓小平作《关于修改党的章程的报告》、周恩来作《关于发展国民经济的第二个五年计划的建议的报告》。9月18—25日，进行小组讨论及大会发言等。9月21日，主席团举行宴会，招待各兄弟党代表团。9月26日下午，大会举行第十一次全体会议，一致通过了《中国共产党章程》，接着大会以无记名投票方式选举了第八届中央委员会委员。9月27日下午，大会举行第十二次全体会议，以无记名投票方式选举第八届中央委员会候补委员。中共八大选出中央委员97名，候补中央委员73名。选举结果宣读完毕后，全体代表举手表决，一致通过《关于政治报告的决议》《关于发展国民经济的第二个五年计划（1958—1962）的建议》。下午6时43分，在陈云致闭幕词后，大会胜利闭幕。

在中共八大期间，毛泽东还发表了一些重要言论。谈到八大主旨时，他说：

这次大会的空气，是反映人民的希望，建设工业。客观形势已经发展了，社会已从这一阶段过渡到另一阶段，这时阶级斗争已经完结，人民已经用和平的方法来保护生产力，而不是通过阶级斗争来解放生产力。而斯大林在思想上却没有认识这一点，还要继续进行阶级斗争，这就是他犯错误的根源。

他在八大后不久的一次谈话中曾说过，这个世纪，上半个世纪搞革命，下半个世纪搞建设，这个世纪还有四十几年，这么说，现在的中心任务是建设。

关于国际局势和对外关系，毛泽东在会见外国党的代表团时说：

第一、第二次世界大战之间隔了二十多年，以后间隔时间还要延长，也许不是一二十年而是三四十年，或者可能根本不能打。目前的国际局势是好转了，我们估计战争是很难打起来的，没有战争，资本主义国家就会有经济困难。我们的门是开着的，几年以后，英、美、西德、日本都将要与我们做生意的，他们有技术，我们需要技术，他们的经济有困难，就会向我们出口技术了。

毛泽东还说：

中国经济文化还很落后，现在刚开始搞一点工业，开办一些学校，要实现工业化，非几十年不可。因此我们需要朋友，需要和平环境。

毛泽东还说：

我们的社会主义必须想些办法来扩大民主。当然没有集中和统一是不行的。要保持一致，人民意志统一，对我们有利，使我们在短期内实现工业化，能对付帝国主义。但是也有缺点，缺点在于使人不敢讲话，因此要使人有讲话的机会。我们政治局的同志都在考虑这些问题。

他还谈了改革党和国家领导制度的若干考虑。他对南斯拉夫共产主义者同盟代表团说：

我老了，不能唱主角了，只能跑龙套。你们看，这次大会上我就是跑龙套，而唱戏的则是刘少奇、周恩来、邓小平等同志。

1957年4月30日，他对民主党派负责人和无党派民主人士谈话，表示到二届人大一定辞去国家主席。他在以集中精力研究问题为由作了解释之后还说："瑞士有七人委员会，总统是轮流当的，我们几年轮一次总可以，逐步采取脱身政策。"毛泽东甚至考虑，在将来的适当时机不再继续担任党的主席。党中央也赞同这个意见。八大党章中规定的"中央委员会认为有必要的时候，可以设立中央委员会名誉主席一人"，就是在这种情况下作出的。这说明在斯大林问题揭露之后，毛泽东开始考虑废除领导职务终身制等问题了。

9月25日，毛泽东同拉丁美洲一些党的代表谈话时，论及中国共产党的若干历史经验，主要是依靠农民、以农村包围城市等。他特别强调，不要硬搬中国的经验，而要把马列主义普遍真理和本国的具体情况这两方面结合起来。

师哲在回忆中叙述了苏联共产党代表团参加中共八大的情况，以及毛泽东同他们的谈话：

会议是在新落成的政协礼堂举行的。五十多个国家的兄弟党代表到会祝贺。其中，以苏联的代表团人数最多，占的地位也最显著。他们代表团成员中有米高扬、穆希金诺夫、尤金、波诺马廖夫、卡皮托诺夫、沙丘科夫等。

9月17日，米高扬致贺词。他的贺词不同于其他兄弟党代表的发言，以歌颂友谊、赞扬中国革命成就为主，而是用了较多的篇幅颂扬苏联共产党的成绩、十月革命、反法西斯战争胜利的作用，认为西欧革命的原动力来自俄国，革命中心在俄国，等等。他在讲话中甚至认为中国共产党的每一个进步、每一项成就都是"根据苏联的经验"而来的。我相信，斯大林要是活着的话，决不会允许他这样讲话，将自己凌驾于一切人之上。

苏共这种大国主义的做法，不仅仅表现在米高扬的发言中，而且表现在对待兄弟党的态度上。甚至在我党八大期间，他们竟粗暴地对待英共代表团的同志。英共代表团团长是波立特总书记，须知他们是我们的宾客呀！

大会进行期间，由于朝鲜国内发生了某种紧张情况，我党中央派彭德怀等同志，苏共指定当时在中国的米高扬等，共同访问朝鲜劳动党，了解那里的实际情况，并帮助解决问题。事后，我随彭总先行回国，继续参加大会。

……

在大会结束前几天的一个下午，散会后我刚回到家，就被突然叫到政协礼堂的小会议室（八大主席团的临时餐厅）。我走进餐厅，只见杯盘狼藉，剩菜剩饭堆放满桌，只有毛泽东、米高扬、马列三人围坐在桌旁，正在谈话。我向他们致意后，就坐在一旁。

马列忽然问我："'盲动主义'这个词怎么译？"

我向他解答了。蓦地，主席回过头来，要我继续翻译。本来我想说，让马列继续翻译，我从旁协助。但我发现谈话气氛有点异乎寻常，而且从主席的神情可以看出，他似乎有不寻常的话要谈，所以我没有讲出口来。

我到达时，毛主席正谈到我党各个时期的斗争；关于党内"左"右倾机会主义的表现和各种不正之风给党带来的危害，特别是对党的正确路线的干扰与冲击；对正确的同志进行的打击；等等。我就是接着这样的话题翻译下去的。以后的话题不时涉及到国际方面，包括苏联在内。谈话中，毛主席带着不满的口气说："对当年共产国际和苏共的做法我们是有一些意见的，过去我们不便讲，现在就要开始讲了，甚至还要骂人了。我们的嘴巴，你们是封不住的。"

毛泽东谈话的主要内容是：

中国共产党在它发展的各个阶段，由于最初时期的幼稚和缺少经验，老是左右摇摆，时而犯右倾错误，时而犯"左"倾错误，但"左"倾机会主义路线统治时期较长，因而它给党带来的危害和损失也最大。特别是第三次"左"倾路线使我们的革命根据地，即苏区，损失了90%，党组织以及党在白区即国民党统治地区的工作也遭受到严重损失，以至于临时中央被迫于1933年初撤离上海，迁入江西中央根据地。

这都是由于不相信自己，而一味盲听盲从盲动的结果。也由于国际共产主义运动中出现的好似老子党与儿子党之分的不正常的党与党之间的关系的结果。不管口头上怎么称作兄弟党，事实上一个党竟可以凌驾于其他党之上，形成了老子党与儿子党的局面，破坏了兄弟党之间的正常关系。我发号施令，你得听话、服从，不管我说得对不对。国际共产主义运动中，这种要一个平等的兄弟党听从另一个兄弟党的话，服从另一个兄弟党的政策、策略和利益，跟着另一个兄弟党的屁股后面跑的坏习气、坏传统，是一种极为严重的不正之风。试想，怎么可以根据一个党的具体条件、具体需要、具体利益出发而制定出来的方针、政策，就是绝对正确的，而去要求处在另一种情况、环境条件下的党去听从，或照搬、硬套呢？怎么可以以一个党的利益替代另一个党的利益呢？客观实际、血的教训已证明这种做法是极端错误的，对革命是有百害而无一利的。

"左"倾机会主义分子最严重、最根本的错误是打击、排挤正确领导，否定、抛弃从实际出发制定出来的正确路线，使革命一而再、再而三地蒙受损失，最后不得不丢开了革命根据地，跑了二万五千里。敌人教育了我们党员中的顽固分子。挫折和损失才使他们的头脑清醒过来。符合实际的话，对革命有益的话，过去他们是听不进去的。他们把耳朵拉得长长的，只听外国的话，不相信自己的眼睛和大脑，也不愿倾听其他同志的正确意见和劝告了。

听不进正确意见，这固然是由于他们的愚昧无知、一味盲从，只相信别人，不相信自己，同时也夹杂着许多不正之风：主观主义、教条主义、宗派主义、经验主义，而后者（指经验主义）又作了前者（指教条主义）的俘虏，实际上起了帮凶的作用，亦即起了削弱党的战斗力的作用。

我们党在它的成长过程中，在革命发展的曲折道路上，不仅要对付强大、狡猾而凶恶的中外敌人（帝国主义和国内封建势力与反动派），在极其艰苦条件下进行斗争，而且还要与党内各种机会主义者、投机分子、愚昧无知作斗争，不断端正我们前进的方向。因而我们每前进一步都要付出双倍的努力和代价。

我们党的幼稚、缺乏经验，主要表现为一些人的无知、愚顽和刚愎自用。他们不相信自己，而只一味听从别人的、远处的、外来的、奇异的、不切实际而耸人听闻的东西。只要是外来的，不管正确与否，对我国革命有用与否，不分青红皂白，他们都一概当作圣物接受下来，照搬、照套、照用、照行，却不管其后果如何。这种盲从行为的责任当然不能由别人来负，而应由我们自己负责。但对这种盲从、盲目听信别人所造成的后果，却不能不说清楚，讲明白。不说清楚，不讲明白，怎么吸取经验和教训呢？盲目听信和服从别人，这确实是幼稚无知的表现。

拉大旗，作虎皮，借以吓人，是另一种幼稚无知的表现。对此，我们在实际工作中不能不加以注意、不加分析、不加思考，并且还要从中找出所以然来。空吼空叫、虚张声势、讲大话、借势凌人等也都是幼稚无知的表现。这些幼稚无知于实际毫无补益，只能贻害无穷。他们简直不懂得干革命是要老老实实、勤勤恳恳、脚踏实地、实事求是、埋头苦干，来不得半点虚假，才能作出成绩，获得成功。一切浮夸、说大话、弄虚作假，都是有害无益的。

但是，当我们党一旦克服了这些弱点，走上正确的康庄大道，就可以显示出不可限量的强大力量。这就是我国革命胜利、稳步前进的可靠保障，也是在实践中付出了高昂代价后而获得的宝贵经验。但更可贵的是现在人们开始懂得了这点，重视了这点。这真是用血汗换来的，用无数的牺牲换来的最宝贵、最值得珍惜的收获。固然，要革命就难免有牺牲。但是由于自己的愚蠢、无知和主观上的种种错误而造成的损失，即本来可以避免，而仅仅由于自己的疏忽、盲目轻信而使革命蒙受的重大牺牲，是最令人痛心的。我们今天活着的人，对牺牲在我们前头的人，心里感到特别沉痛的原因也就在这里。

这些教训和经验是不能不予以认真检查和总结的。只有对以往走过的道路、所遇到的事件、所犯的错误或成功作个认真负责的检查和总结，从中吸取应有的教训，得出正确的结论，对革命才会有益，才有助于革命事业的进一步发展。

关于这一切，我们将要在适当的时候、适当的场合，讲明我们自己的观点和以高昂代价得来的经验教训。这就是说，我们要发言，要讲话，还要写文章，或许还要骂人。我是说，假如没有地方讲话，就写文章；假如憋不住气了，就会骂人的。我们有这个民主权利，就要使用它，谁也封不住我们的嘴。我们中国有一句古话，叫作"不平则鸣"。我们要说话，要写文章，也就是本着这个意思而来。总之，气不平，理不顺，就要出气，就要讲道理。

毛主席讲了很长一段大道理。米高扬没有发表任何意见，也没有表明自己的态度、看法，而只是认真地倾听。他究竟听懂了多少，明白了多少，无从知晓。不过我想，米高扬从毛泽东的一些用语和措辞上，如"老子党""儿子党""一方发号施令，另一方得俯首帖耳、唯命是从""往往危言耸听，借以吓人",以及"过去我们憋了满肚子气,有气无处出;现在就要出气了",等等,总可以体会到什么的。可以肯定,对毛泽东谈话的基本精神,米高扬还是能够领会的。但是,我估计,他既不深知我们两党之间往来关系的历史,也未认真读过《论无产阶级专政的历史经验》一文。

这次谈话的内容和所涉及各个方面的问题自然是毛主席早已筹思好了的。遗憾的是,我在思想上、精神上事先毫无准备,只是在谈话中才揣摩、体会其语意之所指。这次谈话的具体时间是1956年9月下旬,亦即在1956年4月5日发表《关于无产阶级专政的历史经验》一文之后,又在1956年12月29日发表《再论无产阶级专政的历史经验》之前。我想,这两个文件也可以帮助研究人员联系起来,推敲和探讨毛泽东当时的思想情况,以及他当年所关注的问题。

写到这里,我想起20世纪50年代初期,毛泽东一再地想向斯大林、莫洛托夫谈他的心事,或者说是内心的积郁吧,但都没有如愿。这回同米高扬的谈话很可能包括了他原来想对斯大林、莫洛托夫讲的若干内容。

我党八大同1954年五周年国庆的时间相距并不远,仅仅两年。但是这两年间,在国际共产主义运动中发生了很多重大的事件,政治气氛因此发生了很大、很深刻的变化。这些变化不仅影响中苏两党两国的关系,而且也影响了世界革命的进程和世界政治格局的变化。[18]

中共八大是中国共产党历史上的一次重要会议,也是中国共产党执掌全国政权以后进行全面社会主义建设的一次动员大会,对统一全党思想,继续探索中国社会主义建设道路具有积极而重要的作用。会议向全党提出了把工作重点转移到社会主义建设上来的总任务,正确估量国内政治形势和阶级斗争状况,并根据苏联的教训提出了加强集体领导和民主集中制的重要任务。这些重要的决定,都离不开毛泽东的全力支持。尽管他的认识后来发生过急剧变化,但是上述决定在很大程度上反映了他在中共八大前后的探索和思考,这是毋庸置疑的事实。

两类矛盾学说

用毛泽东自己的话说,1956年是国际共产主义运动历史上的"多事之秋"。由赫鲁晓夫秘密报告的泄露引起一系列连锁反应,西方国家以此大做文章,加上苏联自身在国与国、民族与民族等关系上的重大失误,导致了同年5月波兰的波兹南事件,以及10月至11月的匈牙利事件。

这些事件,暴露出社会主义内部存在的一些矛盾。而在斯大林时代,对这些矛盾始终不予承认,并试图掩盖。

面对种种波动和教训，毛泽东认真思考，提出了社会主义社会的两类矛盾学说，提出了正确处理人民内部矛盾的总命题。同时，还指出，正是社会主义社会内部基本矛盾的不断运动，才是社会主义不断向前发展的动力。这样，就把马克思主义的历史唯物论和辩证唯物论真正贯彻始终，克服了在社会主义社会矛盾问题上的形而上学和主观主义倾向。这个学说一提出，在东欧乃至于苏联都引起强烈的震动。

丛进在《曲折发展的岁月》一书中写道：

毛泽东提出正确处理两类矛盾的命题，最早出现于1956年12月4日《致黄炎培》的信中，他写道："社会总是充满着矛盾。即使社会主义和共产主义社会也是如此，不过矛盾的性质和阶级社会有所不同罢了。既然有矛盾，就要揭露和解决。有两种揭露和解决的方法：一种是对敌（这里说的是特务破坏分子）我之间的，一种是对人民内部的（包括党派内部的、党派与党派之间的）。前者是用镇压的方法，后者是用说服的方法，即批评的方法。"他指出，"我们国家内部的阶级矛盾已经基本上解决了……所有人民应当团结起来。但是人民内部的问题仍将层出不穷。解决的方法，就是从团结出发，经过批评与自我批评，达到团结这样一种方法。"他表示，"我高兴地听到民建会这样的开会法，我希望凡有问题的地方都用这种方法。"

1956年12月29日，《人民日报》发表根据中共中央政治局扩大会议关于苏共二十大以来国际共运问题的讨论而写成的文章：《再论无产阶级专政的历史经验》。文章第一次从国际共产主义运动范围上公开提出了两类矛盾问题，指出："在我们面前有两种性质不同的矛盾：第一种是敌我之间的矛盾……这是根本的矛盾，它的基础是敌对阶级之间的利害冲突。第二种是人民内部的矛盾（在这一部分人民和那一部分人民之间，共产党党内这一部分同志和那一部分同志之间，社会主义国家的政府和人民之间，社会主义国家相互之间，共产党和共产党之间，等等）。这是非根本的矛盾，它的发生不是由于阶级利害的根本冲突，而是由于正确意见和错误意见的矛盾，或者由于局部性质的利害矛盾。它的解决首先必须服从于对敌斗争的总的利益。人民内部矛盾可以而且应该从团结的愿望出发，经过批评或者斗争获得解决，从而在新的条件下得到新的团结。""决不应该把人民内部的矛盾同敌我之间的矛盾等量齐观，或者互相混淆，更不应该把人民内部的矛盾放在敌我矛盾之上。"

1957年1月27日，毛泽东在省市自治区党委书记会议上，又一次论及了社会主义社会矛盾和人民内部矛盾问题，他说："社会主义社会也是对立统一的，有人民内部的对立统一，有敌我之间的对立统一。""怎样处理社会主义社会的敌我矛盾和人民内部矛盾，这是一门科学，值得好好研究。"

毛泽东把如何正确处理人民内部矛盾这一命题加以展开论述，是1957年2月27日在最高国务会议第十一次扩大会议上。他当时讲的十二个问题是：一、两类性质的矛盾；二、肃反问题；三、农业合作化；四、资本主义工商业改造；五、知识分子和青年学生；六、增产节约，反对铺张浪费；七、统筹兼顾，适当安排；八、百花齐放，百家争鸣，长期共存，互相监督；九、如何处理罢工、罢课、游行示威等问题；十、人民闹事出乱子是坏事还是好事；十一、少数民族与大汉民族的关系问题；十二、中国有可能在三四个五年计划内根本改变面貌。这个讲话曾于同年3月、4月、5月间向广大干部传达，引起人们极大的兴趣，有着广泛的影响。[19]

3月12日，毛泽东在中国共产党全国宣传工作会议上发表了重要讲话。这次会议于3月6日至13日在北京召开，出席的有党内外思想文化工作者800人左右。在讲话中，毛泽东就会上讨论中提出的若干问题发表了意见。他说，经过社会主义改造，"新的社会制度还刚刚建立，还需要有一个巩固的时间"；"要使它最后巩固起来，必须实现国家的社会主义工业化，坚持经济战线上的社会主义革命，还必须在政治战线和思想战线上，进行经常的、艰苦的社会主义革命斗争和社会主义教育。除了这些以外，还要有各种国际条件的配合"。他对500万左右的知识分子作了分析，认为绝大多数人都是爱国的，愿意为社会主义国家服务，拥护社会主义。但只有少数人比较熟悉马克思主义，多数知识分子对马克思主义不熟悉，极少数人反对马克思主义。因此，我们有一个宣传马克思主义的任务。毛泽东提出，社会主义改造不仅要改造地主、资本家，改造个体生产者，也要改造知识分子，知识分子必须同工农群众相结合。毛泽东还谈到整风。他宣布，中共中央作出决定，准备党内在今年开始整风，党外人士可以自由参加。他又着重谈了"双百"方针问题。"放"还是"收"？他回答说："百花齐放，百家争鸣，这是一个基本性的同时也是长期性的方针，不是一个暂时性的方针……党中央的意见就是不能收，只能放。"他还认为，"我们提倡百家争鸣，在各个学术部门可以有许多派、许多家，可是就世界观来说，在现代，基本上只有两家，就是无产阶级一家，资产阶级一家。"最后，毛泽东要求各地党委尤其是第一书记，应该亲自出马来抓思想问题。

在正式讲话之前写的提纲中，毛泽东提出，人民内部的斗争为主，还是阶级斗争为主？"两者都有，都要注意，但今天突出的问题是人民内部的问题，应作具体分析，不要不适当地扣大帽子"。

这年6月，毛泽东对这篇讲话整理稿作了一些重要的修改和补充，但当时没有公开发表。

1957年3月、4月间，毛泽东沿东线南下，经天津，过济南，到南京，最后抵达上海,向沿途各地党政军干部和党员阐述正确处理人民内部矛盾这一主题。

关于南下讲话的情况,丛进在《曲折发展的岁月》一书中写道:

3月17日,他在天津市党员干部会议上说:"现在阶级斗争,这件工作基本上结束,大规模的群众性的阶级斗争基本结束。现在全党要学会率领整个社会跟自然界作斗争,要把中国这个面貌大体上改变一下。社会上各种不同的意见,因为阶级斗争基本结束而暴露出来,有许多错误议论,我们采取什么方针,在讨论中去解决,我们只有这样一种方法,别的方法都不要。"

3月18日,他在山东省机关党员干部会上说:"大规模的阶级斗争基本上结束,八次大会作了结论的,这个结论是合乎情况的。这么大的斗争的结束,那么人民内部的问题就显出来了。"

3月20日,他在南京部队和江苏、安徽两省党员干部会上说:"过去的那种斗争基本上结束,基本上完毕了,我们在这个世纪,上半个世纪搞革命,下半个世纪搞建设,现在的中心任务是建设。"

3月20日,他在上海党的干部会议上说:"现在是一个转变时期,在我们面前的新任务,就是建设。建设也是一种革命,就是技术革命和文化革命。团结整个社会的成员、全国人民,同自然界作斗争。随着敌我矛盾在国内基本解决,人民内部的矛盾开始比过去显露了。这个变化还是在不久以前才成熟的,到了去年下半年,党召开代表大会的时候,才可以肯定这一点。现在情况更明白了,就需要更加详细地告诉全党,不要使用老的方法对待新的问题,要分清敌我之间的矛盾和人民内部矛盾。"

大致在同样的时间内,刘少奇沿西线南下,也在一些省市讲了正确处理人民内部矛盾这个主题。

……

毛泽东回到北京后,把他在2月最高国务会议上的讲话加以整理,并将在外地讲话中的一些新提法补充进去,使之更系统化、理论化,成为同年6月19日公开发表的《关于正确处理人民内部矛盾的问题》一文。[20]

关于这篇著作重要理论观点的修改情况,施肇域著文作了详尽的说明:

《正处》(指《关于正确处理人民内部矛盾的问题》,下同)从原讲话记录稿到发表稿,由于不断地修改,产生了15稿。如果再加上毛泽东在那次会上发言用的讲话提纲,一共就有16份文献材料。从时间上看,《正处》从讲话到发表历时4个月,但实际的修改,即从第2稿(原讲话记录稿为第1稿)到最后定稿,是集中在5月7日至6月17日的42天中进行并完成的。

仔细地研究各份过程稿,可以看出,修改、整理和补充之处,从性质上说,主要可分以下3类:

第一类，是对正确处理人民内部矛盾这一主题作了进一步的理论化和系统化，丰富和完善了这个主题的理论基础。这种情况最典型的是第一节的修改。原讲话记录稿在这一节只是提出了两类社会矛盾和用团结、批评、团结的公式解决人民内部矛盾的问题。而发表稿，在这一节则从理论上全面论证了两类社会矛盾，特别是人民内部矛盾的性质，人民民主专政的性质、作用，民主集中制的原则，"团结—批评—团结"的公式和社会主义社会的基本矛盾等，使其成为全篇的理论纲领。

第二类，是对围绕正确处理人民内部矛盾提出的一系列具体方针作了更严密、审慎的说明和规定。在第一节所作的纲领性论述的基础上，其他各节修改和补充的重要内容，如经济方面实行统筹安排，兼顾国家、集体和个人三者利益的原则，探索发展工业和农业同时并举的中国工业化的道路的思想；科学文化方面贯彻"百花齐放、百家争鸣"的方针；共产党与民主党派关系上实行"长期共存、互相监督"的方针，以及团结、教育好知识分子，搞好汉族与少数民族的关系，处理好少数人闹事；等等，都是对正确处理人民内部矛盾的具体方针的进一步阐述。

第三类，是增加和补充了原讲话中没有或仅仅提到的一些重要的思想和观点。它们包括：社会主义改造完成以后国内基本形势和根本任务，社会政治生活中判断是非的六条标准，意识形态方面的阶级斗争长期存在和必须注意对修正主义的批判等。值得指出的是，这部分内容中，有的是更进一步坚持和完善了正确处理人民内部矛盾的主题，有的则需要作进一步的、具体的分析。

另外，在修改过程中，删去了一些对不赞成"双百"方针的人的批评，减弱了对教条主义的批判。

因此，从整体上说，《正处》的修改及其结果——发表稿，不仅保持了原讲话的基本精神，而且使之更臻丰富和完善。正是这些修改和补充，使《正处》完成了从一次会议上的讲话到科学理论学说的飞跃。

重要修改之一：增加了对国内基本形势与根本任务即主要矛盾的论述

在《正处》发表稿第一节的最后，有一段关于国内基本形势与今后任务的论述。在第二节，又进一步明确地指出了今后的根本任务。这些都是原讲话记录稿上没有的，而是修改过程中增加的。其基本情况如下：

1. 5月7日稿（第2稿）在修改第二节时增加了对我国今后任务的表述："我们的任务已经由解放生产力变为在新的生产关系下面保护生产力。"6月1日稿（第11稿）在"保护"后面加了"和发展"三字，确定为"保护和发展生产力"；6月9日稿（第12稿）在"任务"前面加了"根本"两字，确定为"根本任务"。这样，对今后的根本任务的表述就进一步明确和完善为："我们的根本任务已经由解放生产力变为在新的生产关系下面保护和发展生产力。"

2. 5月8日稿（第3稿）在论述社会主义社会的基本矛盾时增加了现在处在转变时期，主要任务应由阶级斗争到向自然界斗争的论述："我们提出划分敌我和人民内部两类矛盾的界线，采取和平方法解决人民内部的矛盾，以便团结全体人民进行一场新的战争——向自然界开战，发展我们的经济，发展我们的文化，使全体人民比较顺利地走过目前的过渡时期，巩固我们的新制度，建设我们的新国家，就是十分必要的了。"这段话与发表稿相比，其后来的改动之处，只是"采取和平方法解决人民内部的矛盾"这句话，5月24日稿（第7稿）改为"提出正确处理人民内部矛盾的问题"。

3. 5月24日稿（第7稿）在提出人民民主专政的第二个作用时指出："专政的目的是为了保卫全体人民进行和平劳动，将我国建设成为一个伟大的社会主义工业国家。"6月1日稿（第11稿）进一步加上了"具有现代工业、现代农业和现代科学文化"这几个字，规定我们要建设的社会主义国家的三个现代化奋斗目标。

4. 6月9日稿（第12稿），对当时国内的基本形势补充了"革命时期的大规模的疾风暴雨式的群众阶级斗争基本结束，但是阶级斗争还没有完全结束"的估计。

以上在修改过程中增加的论述，应该说，已内在地包含着对社会主义改造基本完成以后社会主要矛盾已经转化，以及社会主要矛盾是什么的说明了。因为按照当时直到现在的提法，所说的主要矛盾就是人民日益增长的物质文化需要同落后的社会生产之间的矛盾（当然，在其文字表述上有一个不断准确和完善的过程）。主要矛盾这样的规定，是与社会主义时期根本任务（发展生产力）或中心任务（经济建设）的确定相联系的。主要矛盾就是必须解决的根本任务或中心任务，反之亦然，根本任务或中心任务也就是必须解决的主要矛盾。所以，《正处》虽然没有在字面上指出社会主义社会的主要矛盾是什么，甚至没有提到主要矛盾这一概念，但是由于明确地提出了今后的根本任务是"在新的生产关系下面保护和发展生产力""向自然界开战""发展我们的经济，发展我们的文化""将我国建设成为具有现代工业、现代农业、现代科学文化的社会主义国家"这样一系列的论述，实际上也就包含了对社会主要矛盾的揭示。

因此，不仅不能说《正处》中没有讲到主要矛盾（尽管没有用主要矛盾这个概念），而且应该说，正是在《正处》的修改中增加并初步地展开了对主要矛盾的论述。

这里有一个问题是，为什么毛泽东在《正处》中一次也没有使用过主要矛盾这个概念或范畴？

大家知道，1956年9月召开的党的八大认为："我们国内的主要矛盾，已经是人民对于建立先进的工业国的要求同落后的农业国的现实之间的矛盾，已经是人民对于经济文化迅速发展的需要同当前经济文化不能满足人民需要的状况之间的矛盾。这一矛盾的实质，在我国社会主义制度已经建立的情况下，也就是先进的社会主义制度同落后的社会生产力之间的矛盾。"然而，毛泽东当时尽管也同意八大关于主要矛盾已经变化，阶级斗争已经不是主要矛盾的判断，但对于八大关于主要矛盾的表述（特别是这个表述的第三句话）一直持批评意见，保留自己的看法。他认为，"先进的社会主义制度同落后的社会生产力的矛盾"这个提法有缺陷，在"理论上是说不通的"。如1957年3月，毛泽东在全国宣传工作会议期间，就批评过八大关于主要矛盾的表述在理论上不完善。4月4日，毛泽东在回答如何理解八大提出的主要矛盾与他讲的人民内部矛盾两者关系的提问时又说："我们又犯了个错误。八大决议关于先进的社会制度和落后的生产力的提法，理论上是不正确的。……这是一个错误，怎样纠正，请大家想想办法。"这大概是他在《正处》中尽管已经论及了主要矛盾的实际内容，但又不使用主要矛盾这个词进行概括的原因。

实际上，毛泽东在《正处》中，一方面针对"先进的社会主义制度同落后的社会生产力之间的矛盾"这种表述，提出了"社会主义生产关系已经建立起来，它是和生产力的发展相适应的；但是，它又还很不完善，这些不完善的方面和生产力的发展又是相矛盾的。除了生产关系和生产力发展的这种又相适应又相矛盾的情况以外，还有上层建筑和经济基础的又相适应又相矛盾的情况"这一在理论上较之更为完备的论述；另一方面，又提出了"革命时期的大规模的疾风暴雨式的群众阶级斗争基本结束""在这个时候，我们提出划分敌我和人民内部两类矛盾的界线，提出正确处理人民内部矛盾的问题，以便团结全国各族人民进行一场新的战争——向自然界开战，发展我们的经济，发展我们的文化""我们的根本任务已经由解放生产力变为在新的生产关系下面保护和发展生产力"这样一些正确的论断。

重要修改之二：提出了六条政治标准，孕育了四项基本原则

在毛泽东看来，"百花齐放，百家争鸣"这个口号，就字面看，是没有阶级性的。为了使批评和自我批评沿着正确的轨道发展，5月25日稿（第8稿）规定了辨别香花和毒草的六条标准："（一）有利于团结人民（5月28日第10

稿在'人民'之前加了'全国各族'四字），而不是分裂人民；（二）有利于社会主义改造和社会主义建设，而不是不利于社会主义改造和社会主义建设；（三）有利于巩固人民民主专政，而不是破坏或者削弱这个专政；（四）有利于巩固民主集中制，而不是破坏或者削弱这个制度；（五）有利于巩固共产党的领导，而不是摆脱或者削弱这种领导；（六）有利于社会主义的国际团结和全世界爱好和平人民的国际团结，而不是有损于这些团结。"

同一天，即5月25日，毛泽东在会见当时正在我国访问的苏联最高苏维埃主席团主席伏罗希洛夫的谈话中，也明确地讲到了这六条标准。他说："百花齐放就是有利于团结人民，有利于社会主义事业，有利于巩固人民民主专政，有利于巩固共产党的领导，有利于巩固民主集中制，还有一条——有利于国际共产主义力量的团结和国际和平力量的团结。这算是标准，符合的就是香花，不符合的就是王八蛋。"

从文献看，关于六条标准在原来讲话中确实没有。但是，那种关于六条标准是从6月8日反右斗争开始到6月18日讲话公开发表这10天里逐步形成的说法（这种说法在罗德里克·麦克法夸尔的《文化大革命的起源》一书中得到详细的论证），则是一种猜测，是不确实的。

这里应当指出的是，发表稿（6月19日的《人民日报》在紧接"六条标准"的内容后面，有这样一句十分重要的话："这六条标准中，最重要的是社会主义道路和党的领导两条。"可是，这句话在6月17日上午最后定稿（第15稿）上还没有。最后定稿在后来加这句话的位置作了一个像是要加入一句话的记号。看来这句话是在付排时最后加上的。

应该说，制定六条标准，在当时是为了指导鸣放运动。而且，当时已经说明"这是一些政治标准"。现在看来，"六条标准"实际上已经孕育了在思想政治上作为立国之本的四项基本原则的主要内容。特别是，在提出"六条标准"后，又强调指出："这六条标准中，最重要的是社会主义道路和党的领导两条。"这就使这一思想更加符合历史和现实发展的实际，从而更具科学性。因为社会主义道路和中国共产党的领导，是中国人民经过长期的斗争，走过曲折的道路，付出巨大的代价所作出的历史性选择。当然，这里应当指出，完整地提出并科学地论证四项基本原则，是后来邓小平的贡献。

重要修改之三：
增加了意识形态方面的阶级斗争的论述和对修正主义的批判

这里首先应该说明，认为资产阶级，特别是小资产阶级还存在，他们的思想意识与马克思主义的思想之间会有矛盾和斗争,这是原讲话记录稿中就有的观点。

原讲话记录稿上有这样一段话:"中国有6亿人口,我说是个小资产阶级王国,是个大王国,不是个小王国。农民有5亿,手工业者、小商小贩有几千万,地主富农大概有5000万人口。我国小资产阶级共有5亿几千万人口,这是一个客观存在。你要这些人一点意见都不发表,在他们嘴上打上封皮,只有吃饭的时候开一下,吃了饭就封起来,那怎么行?我说口有两个作用,一为吃饭,二为讲话,把它堵住那很难办到。资产阶级、小资产阶级,他们的思想意识一定要反映出来的,用各种办法顽强地千方百计地要表现自己的。"

5月7日稿(第2稿)把上述思想修改成:"我国虽然基本上完成了社会主义改造,但是资产阶级还存在,5万万以上的小资产阶级成分刚刚在改造,资产阶级思想和小资产阶级思想仍然是汪洋大海。无论在全国人口中间,或者在知识分子中间,马克思主义者仍然是少数。……""从思想上观察,刚刚进入合作化的小资产阶级成分现在还占着中国人口的绝大多数。中国是个小资产阶级的大国。农民有5亿,手工业者、小商小贩有几千万。此外,还有一大批资本家,几百万从旧社会过来的知识分子。所有这些人,共有5亿几千万人口,这是一个客观存在。……资产阶级、小资产阶级,他们的思想意识是一定要反映出来的……"

这些阐述经过5月8日稿(第3稿)、5月8日下午稿(第4稿)和5月10日稿(第5稿)的修改、增删,其基本含义还是说:资产阶级还存在,小资产阶级刚刚在改造,他们的思想意识一定要反映出来,马克思主义必须在斗争中才能发展,所以要提出"百花齐放,百家争鸣"的方针。

但是,修改《正处》时,全党正在开展以正确处理人民内部矛盾为主题并邀党外人士参加的整风运动。在这个运动中,广大共产党员、人民群众和各界党外人士积极响应党中央的号召,对党和政府的工作及至部分党员干部的思想作风提出了大量有益的批评、建议。这些都是正常的。但是运动中也确有极少数右派分子,借着"大鸣大放",散布了许多违反社会主义利益的错误言论,并且妄图与共产党争夺领导权,有的气焰还十分嚣张,大有"黑云压城城欲摧"之势。关于1957年的反右派斗争,我们党早已有过结论:即对右派的进攻进行坚决的反击是完全正确和必要的,但是反右派斗争被严重扩大化了。

毛泽东理所当然地对当时形成的紧张气氛密切关注并深感不安。5月15日,他写了《事情正在起变化》一文供党内干部阅读,对形势作了重新估计。其中心含义就是准备从党的整风运动转向反右派的斗争。具体表现在:第一,从批"左"的教条主义转向批右的修正主义。毛泽东写道:"几个月来,人们都在批判教条主义,却放过了修正主义……现在应当开始注意批判修正主义。"第二,从共产党的整风转向反右派的斗争。他说:"最近这个时期,在民主党派中和高等学校中,右派表现得最坚决最猖狂……现在是党外人士帮助我们整风。过一会儿我们帮助党外人士整风。"

这种思想认识上的急剧变化不能不反映到正在修改的《正处》中来。5月15日文章之后的9天,从5月24日稿(第7稿)开始,修改了原来的提法,把它上升为意识形态方面的阶级斗争,并增加了对修正主义的批判。

我们先来说明意识形态方面的阶级斗争的修改情况。

5月24日稿(第7稿),在前6稿关于资产阶级还存在,小资产阶级刚刚在改造的论述之基础上,增加了这样一句话:"无产阶级思想和资产阶级思想之间的斗争,还是尖锐的、长期的,有时甚至是很激烈的。"

5月25日稿(第8稿),毛泽东批道:"我百花齐放部分有一些重要修改。"这可能首先是指这一稿增加或提出了六条政治标准,因为这部分的修改在这一稿所占的比重最大、最多。除此之外,在意识形态的阶级斗争问题上,进一步的修改主要是:(1)在讲资产阶级还是存在,小资产阶级刚刚在改造之前,加上了"被推翻的地主买办阶级的残余还是存在";之后加上了"阶级斗争还没有结束"(6月16日定稿改为"阶级斗争并没有结束")。(2)把"无产阶级思想和资产阶级思想之间的斗争"改为"无产阶级和资产阶级之间的斗争,无产阶级和资产阶级以及资产阶级知识分子之间在意识形态方面的阶级斗争"("资产阶级知识分子"几个字到6月9日第12稿删去了)。(3)在讲这种斗争有时甚至是很激烈的后面加上了:"在这一方面,社会主义与资本主义谁胜谁负的问题还没有解决。"(4)这一稿还增加了一段说明社会主义和资本主义在意识形态方面谁胜谁负的斗争为什么还需要十年至十五年时间才能基本解决的文字。关于"解决"的时间,第9稿曾改为"两个五年计划,或者更多一点时间",到第10稿才改为"一个相当长的时间"。

5月27日稿(第9稿),毛泽东又提示:"请看'百花齐放'那一节,有一段重要的修改。"这一稿把"无产阶级和资产阶级之间的斗争"进一步改为"无产阶级和资产阶级之间的阶级斗争",并在其后加入了"各派政治力量之间的阶级斗争"一语。而毛泽东所说的"有一段重要的修改",主要是修改第8稿开始增加的关于意识形态方面谁胜谁负的斗争还需要很长时间才能解决的那段文字。这一稿主要是指出了这种斗争还需要很长时间才能解决的原因:"这是因为资产阶级和资产阶级知识分子的影响必然要在我国长期存在,不可能在短时间,作为阶级的意识形态,根本消灭。如果对于这种形势认识不足,或根本不认识,那就要犯绝大的错误。要消灭它,就要进行思想斗争。"后面还讲了思想斗争与其他斗争不同,只能用细致的讲理的心平气和的方法,以及社会主义存在着我们优胜的条件等问题。

5月28日稿(第10稿)在讲意识形态的斗争有时甚至是很激烈的之后和谁胜谁负的问题还没有解决之前加上了这样一句话:"无产阶级要按照自己的世界观改造世界,资产阶级也要按照自己的世界观改造世界。"同时,把"谁胜谁负的问题还没有解决"进一步修改为"……还没有真正解决"。

关于对修正主义的批判,原讲话记录稿上没有这方面的内容,主要是5月24日稿(第7稿)增加的:"修正主义是一种资产阶级思潮。修正主义者口头上也挂着马克思主义,他们也在那里攻击所谓'教条主义',但所攻击的正是马克思主义的最根本的东西,即反对或者歪曲唯物论和辩证法,反对或者企图削弱人民民主专政和共产党的领导,反对或者削弱社会主义改造和社会主义建设。在我国社会主义革命取得基本胜利以后,这种思想在实质上是一部分资产阶级和一部分资产阶级知识分子梦想恢复资本主义制度的反映。修正主义比教条主义有更大的危险性,我们在批判教条主义的时候,必须同时充分注意对于修正主义的批判。"

以上这段文字到发表时,只是把"一部分资产阶级和一部分资产阶级知识分子"改为"一部分人",并在个别语序上作了调整。而把修正主义等同于"右倾机会主义",把修正主义者等同于"右倾机会主义者"的意思,是6月9日稿(第12稿)加上的。

当然,《正处》在修改中加入的以上关于意识形态方面的阶级斗争和对修正主义的批判这三段内容,是与当时国内鸣放运动的形势发生急剧变化有着密切关系的。但是,这三段文字到底有没有达到从总体上否定《正处》关于正确处理人民内部矛盾是国家政治生活的主题这一基本思想的程度呢?应该说没有。因为,无论从这三段文字在整个《正处》中所占的比重,还是从这三段文字所包含的思想在整个《正处》的理论体系中所占的地位来看,都没有起到否定《正处》基本精神的后果。尽管《正处》修改时反右派斗争已经开始,但《正处》正式发表稿不仅主题未变,而且还进一步地充实和完善了这个主题。我们应当充分肯定这篇著作的价值。《关于建国以来党的若干历史问题的决议》,高度评价了毛泽东关于正确处理人民内部矛盾的理论,并认为它对我们今后的实践具有重要的指导意义。

然而,对《正处》中关于意识形态方面的阶级斗争和对修正主义的批判这些内容本身,究竟应该怎样看呢?

一方面,应该看到,这些内容虽然无疑反映了当时国内鸣放运动一时形成的紧张气氛;但是现在看来,这些内容包含着正确的、有远见的估计。比如,在革命时期的大规模的疾风暴雨式的群众阶级斗争已经基本结束的前提下，强调无产阶级和资产阶级在意识形态方面的阶级斗争还是长期的、曲折的，有时甚至是很激烈的，以至于在这一方面社会主义和资本主义之间谁胜谁负的问题还没有真正解决，在理论认识上无可厚非，尽管在实践上它对指导反右派斗争严重扩大化方面产生了重要影响。现在看来，这个估计，特别是对防止和平演变来说，不能不说还是有预见性和现实性的。又比如，提出修正主义（或右倾机会主义）是一种资产阶级思潮，并认为它比教条主义有更大的危险性，在当时主要是对党内被认为有右倾思想的人的批评。这种批评发展到60年代提出警惕中央出修正主义，它所指的具体内容并不符合当时的实际情况。事实已证明，那时确实对党内状况，特别是高层领导的状况作了错误的估计，把许多不同意见甚至是正确意见当作修正主义加以批判，最后造成了"文化大革命"的严重悲剧。但是，把修正主义和右倾机会主义、资本主义联系起来理解，并指出修正主义者（或右倾机会主义者）口头上挂着马克思主义，实质上攻击马克思主义最根本的东西，反对或削弱人民民主专政、共产党的领导、社会主义改造和社会主义建设，成为一些人在社会主义革命取得基本胜利以后，还梦想恢复资本主义制度，从各个方面向工人阶级进行斗争的最好的助手，这个思想从国际共产主义运动范围内来看，对于警惕共产党内，特别是共产党的领导层出修正主义、蜕化变质，也不能说没有预见性。

另一方面，也应该指出，尽管《正处》修改和补充的这些内容是在反右运动从开始酝酿到作出决定的过程中增加的，但认为意识形态领域还存在着阶级斗争及至要批判修正主义，这些思想则是毛泽东在1956年苏联二十大以后国际共产主义运动中发生的一系列重大事件并在国内引起反响的态势下形成的，因而是反右派斗争酝酿之前就有的，只不过后来更鲜明、更强烈了。

在当时那样一种国际国内风云变幻的形势下，毛泽东对人们的思想动向是非常注意的。

1956年12月4日，毛泽东在《致黄炎培》的信中，曾谈到意识形态方面的阶级矛盾还将在一个长时期内存在。

同年12月29日，在毛泽东修改审定的《再论无产阶级专政的历史经验》一文中，曾在反对教条主义时也并列地提到要反对修正主义。

1957年3月12日，毛泽东在全国宣传工作会议上发表讲话时说："有两种片面性：教条主义同机会主义，或者叫修正主义。教条主义，机会主义，都是形而上学，都是毒草，都要批评。"后来这篇讲话分开发表时，对上述提法又作了修改。同一天晚上，他在约集教育和科学工作者座谈时，还谈到，"马克思列宁主义实际上有三家争鸣：一家是真正的马克思列宁主义，一家是修正主义，一家是教条主义"。

接着，毛泽东分别在天津、济南、南京、上海党员干部会上的讲话中，讲到了意识形态方面的阶级斗争以及两种社会制度谁胜谁负的问题。3月18日，他在济南党的干部会议上说："去年上半年阶级斗争基本结束。所谓基本结束，就是说还有阶级斗争，特别是表现在意识形态这一方面。只说基本结束，不说全部结束。这一点要讲清楚，不要误会。这个尾巴要吊很长的。特别是意识形态这一方面的阶级斗争，就是无产阶级思想跟资产阶级思想作斗争。我说不是百家争鸣，而是两家争鸣。世界上百家里头又分两家，一家是无产阶级，一家是资产阶级。这个争鸣是要争几十年的。所以，现在正确处理人民内部的矛盾这样一个问题就提到议事日程上来了。正确地处理人民内部的矛盾，不是大规模的阶级斗争。刚才讲的有阶级斗争，特别是表现在意识形态里面的，我们是把它当作内部矛盾来处理。……两种制度作斗争，就是社会主义跟资本主义这两种制度作斗争，谁胜谁败，这个问题解决了没有呢？分了胜负没有呢？按照八次大会所说的，应该说基本上分了胜负的，就是资本主义失败了，社会主义基本上胜利了。是不是最后胜利了呢？那就没有。……至于两种思想的斗争，即资产阶级思想同无产阶级思想，马克思主义同非马克思主义的斗争，意识形态方面谁胜谁负，那就更加差一点了。……尽管社会制度是起了变化，但是那个思想还相当顽固地保存着。特别是在世界观这方面，是资产阶级世界观，还是无产阶级世界观；是唯心主义，还是唯物主义；是形而上学的唯心主义，或者是形而上学的唯物主义，还是辩证唯物主义。这样两种思想方面的斗争，时间还要更长一些。"

3月20日，毛泽东在上海党的干部会议上又说："在目前的过渡时期中，人与人之间的斗争还包括着阶级斗争。我们说阶级斗争基本完结，就是说还有些没有完结。特别是在思想方面，无产阶级与资产阶级之间的阶级斗争还要延长一个相当长久的时期。这样一种形势，我们党是看到了的。"

从以上这些论述中可以看出，在大规模的阶级斗争基本结束的前提下，认为意识形态方面还存在着阶级矛盾或阶级斗争；社会主义和资本主义两种制度作斗争，社会主义基本胜利又还没有最后胜利；以及在苏共二十大后，认为既要批判教条主义，又要批判修正主义等思想，是毛泽东1956年底以来就开始形成的。然而，强调意识形态方面的阶级斗争的长期性、曲折性和激烈性，强调社会主义与资本主义之间谁胜谁负的问题还没有真正解决，以及把修正主义看得比教条主义更危险，则是毛泽东1957年5月、6月间才逐渐提出的。

再一方面，还应该把《正处》修改中增加的这些内容与反右运动后在阶级斗争理论上逐步形成的"左"的错误区分开来，更应该把它与后来在阶级斗问题上的一步步升级，直到最终提出的"无产阶级专政下继续革命"的错误理论区分开来。认为《正处》是"无产阶级专政下继续革命"理论的源头甚至基石的观点，混淆或抹杀了它们之间的根本区别。不管怎样，在《正处》中，只是强调意识形态方面的阶级斗争的长期性、曲折性和激烈性，以致谁胜谁负的问题还没有真正解决，并没有把阶级斗争作为社会主要矛盾。对修正主义的批判，还只是提出它比教条主义有更大的危险性。当然，真理和谬误有时只有一步之差。如果把上述思想绝对化，把阶级斗争夸大为社会主义社会的主要矛盾，就会陷入"左"的错误。反右运动开展起来后，1957年10月9日，毛泽东在八届三中全会上说："无产阶级和资产阶级的矛盾，社会主义道路和资本主义道路的矛盾，毫无疑问，这是当前我国社会的主要矛盾。"这是我们党在阶级斗争问题上开始陷入"左"的错误的标志。然而，就是在毛泽东把"两个阶级、两条道路"的矛盾作为主要矛盾之后，1958年，他又强调工作重点是技术革命和社会主义建设。主要矛盾与工作重点之间的明显的矛盾，反映了毛泽东这时思想上的矛盾和反复。在这以后，经过庐山会议、八届十中全会、反修防修的社教运动和意识形态领域里的政治批判等一步步的升级，直到"文化大革命"，终于把阶级斗争绝对地夸大为支配全局的"一个阶级推翻一个阶级的政治大革命"，从而使最初提出的科学的思想理论偏离正确的轨道而步入误区。[21]

在《关于正确处理人民内部矛盾的问题》的修改、补充过程中，还有一点值得注意。这就是毛泽东对农业合作社内部矛盾及其解决办法的思考。毛泽东当时的国际问题和英文秘书林克回忆了这件事，他写道：

1957年2月27日，毛泽东发表了《关于正确处理人民内部矛盾的问题》的讲话。1957年4月24日，他读英文版《矛盾论》时，对人民内部矛盾的理论作了进一步的发挥。他具体分析了农业合作社存在的六大矛盾及其解决办法，他说："第一个矛盾是国家与农业社之间的矛盾，其中包括国家计划与农业社机动性的矛盾，农业税、价格与农业社的矛盾；第二个矛盾是农业合作社与生产队之间的矛盾，农业社管理委员会权力太集中是民主办社的障碍，解决办法是给生产队一些有利于搞好生产的权力，例如，实行三包（包工、包产、包开支）制度，在一定范围内进行农副业生产管理、施行增产措施的权力；第三个矛盾是农业合作社与社员之间的矛盾，解决办法是农业社的积累与社员的收入要有适当的比例；第四个矛盾是穷队与富队之间的矛盾，解决办法是各负盈亏；第五个矛盾是社员与社员之间的矛盾，解决办法是贫农不要占中农和富裕中农的便宜，对他们的意见不要采取粗暴的态度，否则不利于贫农与中农的团结，不利于生产；第六个矛盾是干部与群众之间的矛盾，解决的办法是定期公布财务账目，干部参加生产，遇事及时同群众商量。"后来读英语时，毛泽东还谈到，分配制度是关系到五亿农民的大事，如果不解决这个问题，就不能说是一盘棋，甚至半盘棋都谈不到。整社必须解决这个问题，否则整社是整不好的。〔22〕

毛泽东的两类矛盾学说，解决了国际共产主义运动中一个悬而未决的难题，是中共八大正确思想的继续和发展。如果按照这个思路坚定不移地走下去，是有可能出现毛泽东所期望的那种生动活泼的政治局面的。然而，一场突如其来的风波，使得毛泽东改变了想法。这是全党，包括毛泽东本人在内，都始料不及的。

注　释

〔1〕《毛泽东著作选读》下册，人民出版社1986年8月版，第717—719页。

〔2〕龚育之、刘武生：《"百花齐放，百家争鸣"的提出》，1986年5月21日《光明日报》。

〔3〕刘大年：《"百家争鸣"侧闻记》，《文献与研究》1986年第4期。

〔4〕陆定一：《"百花齐放，百家争鸣"的历史回顾》，1986年5月7日《光明日报》。

〔5〕龚育之、刘武生：《"百花齐放，百家争鸣"的提出》，1986年5月21日《光明日报》。

〔6〕李越然：《外交舞台上的新中国领袖》，解放军出版社1989年12月版，第125—126、127—128、134—135页。

〔7〕薄一波：《若干重大决策与事件的回顾》上卷，中共中央党校出版社1991年5月版，第466—491页。

〔8〕李维汉：《回忆与研究》（下），中共党史资料出版社1986年4月版，第813—814页。

〔9〕《红旗》杂志 1979年第10期。

〔10〕《党的文献》1988年第6期第29页。

〔11〕沈同：《在毛主席身边的日子》，中央文献出版社1993年12月版，第84—91页。

〔12〕《毛泽东选集》第5卷，人民出版社1977年4月版，第154页。

〔13〕孙钢、孙东升：《历史转折时期的一次重要会议》，载《党的文献》1991年第3期。

〔14〕载《党的文献》1991年第3期。

〔15〕载《党的文献》1991年第3期。

〔16〕1956年9月16日《人民日报》。

〔17〕逄先知等：《毛泽东和他的秘书田家英》，中央文献出版社1989年12月版，第26—27页。

〔18〕师哲：《在历史巨人身边》，中央文献出版社1991年12月版，第606—613页。

〔19〕丛进：《曲折发展的岁月》，河南人民出版社1989年12月版，第37—38页。

〔20〕丛进：《曲折发展的岁月》，河南人民出版社1989年12月版，第39、41页。

〔21〕《党的文献》1991年第2期，第64—72页。

〔22〕《毛泽东的读书生活》，生活·读书·新知三联书店1986年9月版，第258—259页。

实录
毛泽东

4

最后二十年
1957—1976

李捷 于俊道 主编

第七编 "桃花源里可耕田"

一、从整风到反右
发动全党整风 …………………… 3
反右派斗争 ……………………… 11

二、在"大跃进"中
发动"大跃进" …………………… 23
吟就《送瘟神》 ………………… 47
北戴河会议前后 ………………… 53
视察大江南北 …………………… 68
金门炮战 ………………………… 80

三、反思与自责
纠"左"的起步 ………………… 108
"压缩空气" …………………… 115
五十六字诀 …………………… 126
提倡海瑞精神 ………………… 135
回韶山 ………………………… 146

四、庐山会议
"神仙会" ……………………… 153
一石激起千层浪 ……………… 173
巨星的陨落 …………………… 203

会见贺子珍 …………………………………… 210

五、主权之争

　　赫鲁晓夫首次访华 …………………………… 219
　　苏共二十大前后 ……………………………… 223
　　第二次访苏 …………………………………… 244
　　长波电台和共同舰队风波 …………………… 255
　　中苏破裂 ……………………………………… 261

六、"乱云飞渡仍从容"

　　哲人的沉思 …………………………………… 277
　　同甘共苦 ……………………………………… 287
　　大兴调查研究之风 …………………………… 293
　　七千人大会 …………………………………… 305

七、重提阶级斗争

　　八届十中全会 ………………………………… 313
　　城乡社会主义教育运动 ……………………… 330
　　意识形态领域的风波 ………………………… 342
　　投了"不信任票" ……………………………… 349
　　"山雨欲来风满楼" …………………………… 356

第八编　"烈士暮年，壮心不已"

一、发动"文化大革命"的失误

　　炮打"司令部" ………………………………… 371
　　"天下大乱" …………………………………… 391
　　全面夺权 ……………………………………… 402
　　中共九大 ……………………………………… 434

二、惊心动魄的斗争

"大有炸平庐山之势" ········ 442

批陈整风 ················ 450

"弹指一挥间" ············ 454

三、开创外交新格局

国际形势座谈会 ·········· 476

与尼克松握手 ············ 485

"不要强加于人" ·········· 501

四、重病的日子里

出席陈毅追悼会 ·········· 506

"组阁"风波 ············· 514

支持邓小平工作 ·········· 518

最后的抉择 ·············· 523

病逝北京 ················ 532

附录：毛泽东生平大事年表 ········ 542

第七编
"桃花源里可耕田"

一、从整风到反右

发动全党整风

随着社会主义改造的基本完成,大规模的阶级斗争即将完结,执政党的中心任务由领导革命转向领导经济文化建设。为了使我们党很快适应这一历史转变,毛泽东决定发动一场全党整风运动。

毛泽东在中共八大的预备会议上,提出了继承党的优良传统,"把主观主义、宗派主义这两个东西切实反一下"的问题。他说:"斯大林为什么犯错误呢?就是在一部分问题上他的主观跟客观实际不相符合。现在我们的工作中还经常有许多这样的事情。""我们这几年的工作是有成绩的,但是主观主义的毛病到处都有。"现在我们要"反对社会主义革命和社会主义建设中的主观主义"。又说,反对宗派主义,是要讲团结。"所谓团结,就是团结跟自己意见分歧的,看不起自己的,不尊重自己的,跟自己闹过别扭的,跟自己作过斗争的,自己在他面前吃过亏的那一部分人。"

在八大开幕词中,毛泽东联系到延安整风,指出现在我们的许多同志中间仍然存在着主观主义、官僚主义、宗派主义的思想和作风,不利于党内团结和党同人民的团结,必须大力克服这些严重缺点,才能把我们面前的伟大建设工作做好。

随后,毛泽东在八届二中全会上宣布:"我们准备明年开展整风运动。整顿三风:一整主观主义,二整宗派主义,三整官僚主义。"他还说:"整风是我们在历史上行之有效的方法。以后凡是人民内部的事情、党内的事情,都要用整风的方法,用批评和自我批评的方法来解决。而不是用武力来解决。"

在1957年3月召开的中共全国宣传工作会议上,毛泽东在讲话中又谈了整风问题。他说:现在中共中央作出决定,准备党内在今年开始整风。党外人士可以自由参加,不愿意的就不参加。中国共产党是一个伟大的党、光荣的党、正确的党。在我们的工作中成绩是主要的,但是缺点错误也还不少。中国的改革和建设靠我们来领导。如果我们把作风整顿好了,我们在工作中就会更加主动,我们的本事就会更大,工作就会做得更好。通过整风,不断地把我们身上的错误东西整掉,使我们能够更好地担负起迅速发展经济和文化,改革和建设我们的社会主义社会的任务。

1957年4月27日,中共中央发出了《关于整风运动的指示》。《指示》指出,"几年以来,在我们党内,脱离群众和脱离实际的官僚主义、宗派主义和主观主义,有了新的滋长",因此,有必要"在全党重新进行一次普遍的、深入的反官僚主义、反宗派主义、反主观主义的整风运动"。目的是"提高全党的马克思列宁主义的思想水平,改进作风,以适应社会主义改造和社会主义建设的需要"。方针是"从团结的愿望出发,经过批评和自我批评,在新的基础上达到新的团结"。方法是和风细雨、实事求是的批评与自我批评,从上而下,从领导干部到全体党员逐步展开。《指示》并要求以毛泽东2月在最高国务会议上和3月在全国宣传工作会议上代表中央所作的两个报告为思想的指导,把正确处理人民内部矛盾的问题作为当前整风的主题。这个指示在5月1日《人民日报》上公开发表。

毛泽东在4月27日还为中央起草了《关于整风和党政主要干部参加劳动的指示》。他指出,各级党政军主要干部参加体力劳动,目的是使党和群众打成一片,以大大减少主观主义、官僚主义和老爷作风。5月10日,中共中央发出关于各级领导人员参加体力劳动的指示。这个指示在5月15日《人民日报》公开发表。

对于毛泽东和党中央、国务院有关部门如何发动党外人士帮助我们党整风,李维汉作了如下叙述:

4月30日,毛泽东同志在天安门城楼约集各民主党派负责人举行座谈会,请他们帮助我党整风。马寅初等都到会了。毛泽东同志在会上说:现在是新时代和新任务,阶级斗争结束,向自然界宣战。也讲了知识分子的思想改造问题。他着重号召民主人士揭露教育、卫生等部门的官僚主义。对高等学校的领导体制,毛泽东同志提出由邓小平同志负责找党外人士和民盟、九三等开座谈会,对有职有权和学校党委制的问题征求意见。毛泽东同志的讲话,鼓舞了党外人士向党提批评意见,帮助党整风的政治积极性。

为发动党外人士帮助党整风,中央统战部于5月初和5月中旬,在全国政协和国务院礼堂分别召开了各民主党派、无党派民主人士座谈会和工商界人士座谈会。前者开了13次,70余人次发言;后者开了25次,108人次发言。在这期间,国务院各部门的党委,各省、市委和一些高等院校党委,也相继召开了党外人士座谈会,请他们帮助党整风。

在中央统战部召开的两个座谈会上,党外人士对党都提出了大量的批评、意见和建议,其中大部分是正确的、很好的意见,有的批评可以说是切中时弊。如张奚若5月15日发言,批评党内滋长了骄傲情绪,主要表现是:好大喜功(误认为社会主义就是大),急功近利(强调速成,把长远的事用速成的办法去做),鄙视既往(轻视历史的继承性,一切搬用洋教条),迷信将来(认为将来一切都是好的,都是等速发展的,将来还没建立起来,就把过去都打倒)。陈叔通5月16日发言,提出,"矫枉必须过正"是否永远都是金科玉律,值得怀疑;希望领导上认真总结一下是保守思想对社会主义建设造成的损失大,还是盲目冒进造成的损失大。刘斐、杨明轩提出,党政应分开,不能以党代政。熊克武等提出,要发扬民主,健全法制,抓紧制定民法、刑法和各种单行法规。还有的人提出,应重视和发挥党外人士、工商界和知识分子的作用,办大学要依靠专家学者,建立规章制度,使党外人士、私方人员有职有权;要健全人事制度,改进人事工作,任人唯贤,在提拔奖惩上,党内外干部要一视同仁;要加强统一战线理论、政策的宣传,广泛联系统战对象,虚心倾听党外人士的意见,主动"拆墙填沟";要为民主党派创造长期共存、互相监督的条件,让他们了解有关的政策和情况,帮助他们发展成员,解决干部、经费等方面存在的问题。

但是,在座谈会的过程中,极少数资产阶级右派分子,乘机大肆散布反党反社会主义的言论,向党和新生的社会主义制度发动猖狂进攻,掀起一股反党反社会主义的思潮。

一、他们错误估计了形势,攻击共产党的领导。胡说什么"现在学生上街,市民跟上去","形势非常严重",共产党已经"进退失措"。二、他们攻击社会主义制度不如资本主义制度,没有优越性,诬蔑我国国内"一团糟"。三、他们全盘否定社会主义改造和社会主义建设事业的成绩,否定历次政治运动。攻击"两点论是教条",说"历次运动失败的居多","肃反的偏差和错误很大很大",叫嚷要为反革命"平反",煽动社会上的反动分子起来,"由各方面造成舆论"。四、他们反对农业合作化、资本主义工商业的社会主义改造、粮食统购统销等社会主义改造的根本政策。攻击"现在政治黑暗,道德败坏,各机关都是官僚机构,比国民党还坏。人民生活降低,处于半饥饿状态"。他们反对社会主义的新闻事业,鼓吹资产阶级的新闻路线,提出让私人办报、办新闻社。五、他们不但夸大党的工作中的缺点和错误,攻击讲优点和成绩的人是歌功颂德,造成一种只许讲缺点错误,不许讲优点成绩的空气,而且把官僚主义说成是社会主义的产物和代名词,把宗派主义说成是无产阶级专政的产物和代名词,把主观主义、教条主义说成是马克思主义的产物和代名词。六、他们反对工人阶级的领导,否认工人阶级和资产阶级的本质区别,不承认资产阶级分子有继续改造的必要性。公开提出共产党退出机关、学校,公方代表退出公私合营企业,叫嚣"根本的办法是改变社会制度"。

右派分子人数虽然极少,但能量不小。在他们所煽动的这股反党、反社会主义的思潮影响下,民主党派、知识分子、工商界的中间分子中一部分人一时思想动摇,有的迷失方向。一些地方发生少数人罢工、罢课、闹事,而且有蔓延之势。如果坐视这极少数右派分子掀起来的反共反社会主义逆流泛滥下去,刚刚建立起来的尚不稳定的社会主义制度和社会秩序,势必导致某种程度的混乱。

为了在全国人民中间澄清根本的大是大非,维护新生的社会主义制度,争取教育中间派,中央决定对右派分子的进攻实行反击,是完全必要的。[1]

一开始,毛泽东并没有反右的打算。他请党外人士帮助我们党整风是真诚的。

1957年5月14日,他起草了《中央关于请党外人士帮助整风的指示》。他说:

最近两个月以来,在各种有党外人士参加的会议上和报纸刊物上所展开的关于人民内部矛盾的分析和对于党政所犯错误缺点的批评,对于党与人民政府改正错误,提高威信,极为有益,应当继续展开,深入批判,不要停顿或间断。其中有一些批评得不正确,或者在一篇批评中有些观点不正确,当然应当予以反批评,不应当听任错误思想流行,而不予回答(要研究回答的时机并采取分析的态度,要有充分说服力),但是大多数的批评是说得中肯的,对于加强团结,改善工作,极为有益。即使是错误的批评,也暴露了一部分人的面貌,利于我们在将来帮助他们进行思想改造。现在整风开始,中央已同各民主党派及无党派领导人士商好,他们暂时(至少几个月内)不要表示态度,不要在各民主党派内和社会上号召整风,而要继续展开对我党缺点错误的批判,以利于我党整风,否则对于我党整风是不利的(没有社会压力,整风不易收效)。他们同意此种做法。只要我党整风成功,我党就会取得完全的主动,那时就可以推动社会各界整风了(这里首先指知识界)。此点请你们注意。党外人士参加我党整风座谈会和整风小组,是请他们向我们提意见,作批评,而不是要他们批评他们自己,此点也请你们注意。如有不便之处,则以不请党外人士参加整风,而由党邀请党外人士开座谈会,请他们畅所欲言地对工作上缺点错误提出意见为妥。请你们按当地情况斟酌处理。

毛泽东的卫士长李银桥回忆了整风运动开始时毛泽东亲自作自我批评的情景,以及他决心发动反右运动的动机等。李银桥写道:

运动一开始,广大群众和爱国人士积极响应中共中央的号召,向各级党组织和党员干部提出了大量有益的批评和建议。开始，毛泽东对此是热烈欢迎的，他自己也真诚地向身边的工作人员征求意见，希望我们的党和党员干部永远保持革命热情，保持清正廉洁。他要求别人做到的，首先要求自己做到。这段时间，他曾多次征求我们对他的意见，作自我批评，使我们深受感动。

有一天我帮毛泽东做睡前按摩。他抓住我的手背亲切地问："银桥，你怕我吗？"

我说："不怕。"

"别人呢？别的卫士怕吗？"

"一般说，都不怕。也许个别……就怕主席睡不好觉发脾气。"

"这是我的不对。人睡不好觉容易烦躁，烦躁了就容易发脾气。我也是人，也有点脾气。可是我又是主席，发脾气就容易给同志们造成压力。"毛泽东吁口气，恳切地说，"告诉同志们，毛泽东不可怕。我没想到我会当共产党的主席。我本是想当一名教书先生，就是当名教书先生也是不容易的呢！"

接着，他给我讲述了他的青少年时期，讲述自己的父母的为人，讲述自己的喜怒哀乐。

类似的话，毛泽东曾经和许多卫士及秘书、医护人员讲过。毛泽东对于他睡不好觉而发过脾气的卫士都曾作过诚恳的自我批评。

毛泽东多次讲过："流水不腐，户枢不蠹。共产党是执政党，必须经常地整顿作风，反对官僚主义、宗派主义和主观主义，防止脱离群众，防止腐败变质。"

但是，整风运动发展到后来，确实有极少数资产阶级右派分子从根本上否定党的领导和新生的社会主义制度，甚至想取代共产党的领导。许多党的领导人和普通工农群众也确实对此不满，甚至义愤填膺。反映情况的简报材料纷纷送到毛泽东及其他中央首长那里。

毛泽东多次讲过写过："我觉得吾人惟有主义之争，而无私人之争。主义之争，出于不得不争，所争者主义，非私人也。私人之争，世亦多有，则大概是可以相让的。"

一旦发觉有人要从根本上否定共产党的领导和社会主义制度，毛泽东不答应了。党的主要领导同志都不能答应，这是一个原则。毛泽东认为这些人不是帮助共产党，而是反对共产党。他常把同高级领导人及专家们研究过的同一问题拿来问问身边的工农兵出身的工作人员，我们都表示决不答应。

于是，党中央和毛泽东部署了对右派的反击。从6月份开始，在全国范围内开展了反右斗争。这一斗争在当时的国内国际形势下，对于坚持党的领导、坚持社会主义都是完全正确和必要的。

但是，由于当时对敌情估计过于严重，而且下边许多基层党的领导人已经不是"主义之争"，有不少成了"个人之争"，反右斗争被严重扩大化了。据我所知，毛泽东亲自出面保护过一些知识分子和爱国民主人士，但对于全局来讲，这是严重扩大化了。直到1978年才由党中央发指示，对被错划右派分子的人作了实事求是的改正。这是后话。

这场斗争开始之后，毛泽东由过去思考如何避免重犯斯大林"左"的错误，转向思考如何防止右的颠覆和出现修正主义。在1957年9月20日召开的中国共产党八届三中全会上，毛泽东作了题为《做革命的促进派》的讲话。讲话中提出："无产阶级和资产阶级的矛盾，社会主义道路和资本主义道路的矛盾，毫无疑问，这是当前我国社会的主要矛盾。"这一论断，显然违反了1956年党的八大关于我国社会主要矛盾已经不再是工人阶级和资产阶级的矛盾这一分析。[2]

关于毛泽东从整风到决心发动反右运动的过程，李维汉作了清晰的记述。他说：

在民主党派、无党派民主人士座谈会开始时，毛泽东并没有提出要反右，我也不是为了反右而开这个会，不是"引蛇出洞"。两个座谈会反映出来的意见，我都及时向中央常委汇报。5月中旬，汇报到第三次或第四次时，已经放出一些不好的东西，什么"轮流坐庄""海德公园"等谬论都出来了。毛泽东警觉性很高，说他们这样搞，将来会整到他们自己头上，决定把会上放出来的言论在《人民日报》发表，并且指示：要硬着头皮听，不要反驳，让他们放。在这次汇报之后，我才开始有反右的思想准备。那时，蒋南翔同志对北大、清华有人主张"海德公园"受不住，毛泽东同志要彭真同志给蒋打招呼，要他硬着头皮听。当我汇报到有位高级民主人士说党外有些人对共产党的尖锐批评是"姑嫂吵架"时，毛泽东同志说：不对，这不是姑嫂，是敌我。毛泽东同志长期生活于尖锐的敌我斗争环境中，政治上很敏感。早在这年1月18日省、市、自治区党委书记会议上的讲话中，他就着重考察分析了一年来国内外形势的变化，他说：一些教授中也有各种怪议论，不要共产党呀，共产党领导不了他呀，社会主义不好呀，如此等等，是不是想复辟？及至听到座谈会的汇报和罗隆基说现在是马列主义的小知识分子领导小资产阶级的大知识分子、外行领导内行之后，就在5月15日写出了《事情正在起变化》的文章，发给党内高级干部阅读。[3]

整风期间，毛泽东还对《人民日报》一个时期以来的宣传提出批评。

吴冷西回忆1957年6月7日毛泽东同他和胡乔木谈话的情形说：

毛主席看看我又看看乔木，接着就谈到人民日报任务很繁重，很需要增加领导力量。他说到，两个月前他曾经批评人民日报没有宣传他在最高国务会议上讲话的精神。他说他批评人民日报对最高国务会议无动于衷，只发了两行字的新闻，没有发社论，以后又不宣传。全国宣传工作会议甚至连新闻也没有发。结果文汇报、新民报和光明日报把旗帜抓了过去，大鸣大放。真是百家争鸣，唯独马家不鸣（按："马家"指的是马克思主义这一家）。他在上海（按：毛主席在3月下半月离京，南下天津、济南、南京、上海等地视察）发现这个情况，感觉很不妙，就回北京来查此事。他先找胡乔木谈，第二天（4月10日）又找人民日报总编辑和副总编辑谈。毛主席说，他当时说得严厉了一些，说他们不仅不是政治家办报，甚至也不是书生办报，而是死人办报。这样猛击一掌，为的是使他们惊醒过来。毛主席说，他当时列举几个例子证明他的看法。他指出《人民日报》当天的社论（按：指4月10日的社论《继续放手，贯彻百花齐放、百家争鸣的方针》）和前几天的社论（按：指4月6日的社论《教育者必须受教育》）都没有提最高国务会议和全国宣传工作会议，好像世界上根本没有发生这回事。

毛主席对着胡乔木说，中央党报办成这样子怎么行？写社论不联系当前政治，这哪里像政治家办报？乔木解释说，这件事情他也有责任。人民日报在最高国务会议后制订了宣传计划，也起草了几篇社论，但他感到写得不好，修改了几次，仍然没有把握，所以就耽误下来了。

这次谈话中，毛主席没有当场决定我去人民日报。他要我再考虑考虑，10天后再谈。他在那篇《这是为什么？》的社论上又改了几个字，要胡乔木在第二天（6月8日）《人民日报》上发表，要新华社在当天晚上向全国广播。这样我和胡乔木就各自回家了。

还不到10天，6月13日晚，毛主席的秘书电话通知我：主席要找我谈话，要我马上就去。当我到达毛主席的卧室时，胡乔木已经在座。

毛主席一开始就告诉我，中央已经决定调我去人民日报，同时还兼新华社的工作。

毛主席接着又重提他4月10日同人民日报同志的谈话。毛主席说，他在那次长达4小时的谈话结束时，曾归纳了四点意见：

一、报纸的宣传，要联系当前的政治，写新闻、文章要这样，写社论更要这样。如2月间的最高国务会议和3月间的全国宣传工作会议及其以后的发展，报纸的宣传要围绕这个当前最重要的政治来做。

二、中央的每一重要决策，报纸都要有具体布置，要制订出写哪些社论、文章和新闻的计划，并贯彻执行。2月间在最高国务会议上的讲话，当时来不及整理发表，但可以根据讲话要点写文章、社论来宣传，在这方面，人民日报有充分的条件可以得风气之先。现在这个讲话已作了多次修改，差不多了，只有几个地方还要斟酌一下，再过几天就可以发表。人民日报就要准备作系统的宣传。

三、人民日报要在现有条件下努力改进工作，包括领导工作。编委会可以扩大些，开会要讨论政治上和思想上的实质问题，可以争论。报纸的编排和文风，不要刻板，要生动活泼。文章要写得短些、通顺些，标题要醒目些，使读者爱看。

四、要吸收报社以外的专家、学者、作家参加报纸工作，要团结好他们。理论版和文艺版要设专门的编委会，请报社外的人参加，属半独立性质。

谈到这点意见时，毛主席讲了一段很长的话。他从领导的任务一是决策、一是用人讲起，评说汉代几个皇帝的优劣。他称赞刘邦会用人。他说汉高祖刘邦比西楚霸王项羽强，他得天下一因决策对头，二因用人得当。据史记载，刘邦称帝之初，曾问群臣：何以他得天下而项羽失天下？群臣应对不一。刘邦均不以为然。毛主席这时背诵《史记》中刘邦说的一段话："夫运筹策帷帐之中，决胜于千里之外，吾不如子房。镇国家，抚百姓，给馈饷，不绝粮道，吾不如萧何。连百万之军，战必胜，攻必取，吾不如韩信。此三者，皆人杰也，吾能用之，此吾所以取天下也。项羽有一范增而不能用，此其所以为我擒也。"毛主席接着说，高祖之后，史家誉为文景之治，其实，文、景二帝乃守旧之君，无能之辈，所谓"萧规曹随"，没有什么可称道的。倒是汉武帝雄才大略，开拓刘邦的业绩，晚年自知奢侈、黩武、方士之弊，下了罪己诏，不失为鼎盛之世。前汉自元帝始即每况愈下。元帝好儒学，摒斥名、法，抛弃他父亲的一套统治方法，优柔寡断，是非不分，贤佞并进，君权旁落，他父亲骂他"乱我者太子也"。

毛主席说，领导的任务不外乎决策和用人，治理国家是这样，办报纸也是这样。

毛主席这时又回过头来就调我去人民日报工作的问题对我说，你先作为乔木同志的助手去试试看。今晚就同乔木一道去上班，拿这篇文章去。

这时，毛主席递给我一篇打字稿。我看是一篇用人民日报编辑部署名的文章，题目是《文汇报在一个时间内的资产阶级方向》。这样的署名很少用，我一下子就想起了去年（1956年4月和12月）先后发表的论无产阶级专政的历史经验那两篇文章。那两篇文章在我们起草时不是用这个题目，也不是用人民日报编辑部署名，都是在差不多定稿时由毛主席提议修改并经政治局同意的。

毛主席接着说，上次批评人民日报时，我曾许下诺言，说我辞去国家主席后可以有空闲给人民日报写点文章,现在我还没有辞掉国家主席,就给人民日报写文章了。(按:毛主席要辞去国家主席职务,早在1956年八大之前就在中央内部提出过。1957年4月30日毛主席邀集各民主党派负责人商谈帮助共产党整风时又对他们讲到他想辞去国家主席。事后陈叔通和黄炎培联名写信给少奇同志和周总理,力陈不赞成毛主席辞去国家主席。毛主席把这封信批给中央政治局同志传阅,他在批语中说,他要从1958年起摆脱国家主席职务,以便集中精力研究一些重要问题。5月8日,政治局专门召开会议,讨论了陈、黄的信和毛主席的批语,一致同意毛主席的意见。此事经党内充分酝酿,1958年12月八届六中全会才作出决定。1959年4月第二届全国人民代表大会才改选刘少奇同志担任国家主席。)

毛主席最后严肃地对我说,要政治家办报,不是书生办报,就得担风险。你去人民日报工作,会遇到不少困难,要有充分的思想准备,要准备碰到最坏的情况,要有"五不怕"的精神准备。毛主席扳着指头说这"五不怕"是:一不怕撤职,二不怕开除党籍,三不怕老婆离婚,四不怕坐牢,五不怕杀头。毛主席接着逐条作了解释,讲了很长的一大段话。[4]

反右派斗争

1957年5月15日,毛泽东写了《事情正在起变化》一文,表明他下定了反击右派的决心。

毛泽东在《事情正在起变化》中提出:

几个月以来,人们都在批判教条主义,却放过了修正主义……批判教条主义的有各种人。有共产党人——马克思主义者。有括弧里面的"共产党人",即共产党的右派——修正主义者。有社会上的左派、中间派和右派。社会上的中间派是大量的,他们大约占全体党外知识分子的70%左右,而左派大约占20%左右,右派大约占1%、3%、5%到10%,依情况而不同。

最近这个时期,在民主党派和高等学校中,右派表现得最坚决最猖狂。……现在右派的进攻还没有达到顶点,他们正在兴高采烈。党内党外的右派都不懂辩证法:物极必反。我们还要让他们猖狂一个时期,让他们走到顶点。他们越猖狂,对于我们越有利。人们说:怕钓鱼,或者说:诱敌深入、聚而歼之。

对于为什么要把"大量的反动的乌烟瘴气的言论"登在报上,毛泽东回答说:"这是为了让人民见识这些毒草、毒气,以便锄掉它,灭掉它。"他最后说:

我们同资产阶级和知识分子的又团结又斗争,将是长期的。……共产党整风告一段落之后,我们将建议各民主党派和社会各界实行整风,这样将加速他们的进步,更易孤立少数右翼分子。现在是党外人士帮助我们整风。过一会我们帮助党外人士整风。这就是互相帮助,使歪风整掉,走向反面,变为正风。人民正是这样希望于我们的,我们应当满足人民的希望。[5]

5月16日,毛泽东起草了《中央关于对待当前党外人士批评的指示》。他说:

"党外人士对我们的批评,不管如何尖锐,包括北京大学傅鹰化学教授在内,基本上是诚恳的,正确的。这类批评占90%以上,对于我党整风,改正缺点错误,大有利益。"但是,"最近一些天以来,社会上有少数带有反共情绪的人跃跃欲试,发表一些带有煽动性的言论,企图将正确解决人民内部矛盾、巩固人民民主专政、以利社会主义建设的正确方向,引导到错误方向去,此点请你们注意,放手让他们发表,并且暂时(几个星期内)不要批驳,使右翼分子在人民面前暴露其反动面目,过一个时期再研究反驳的问题"。

6月6日,毛泽东又起草了《中央关于加紧进行整风的指示》。指示要求各省市一级机关、高校及地市一级机关用大放大鸣大字报方法加紧整风。这样做,"一可以揭露官僚主义等错误缺点,二可以暴露一部分有反动思想和错误思想的人的面貌,三可以锻炼党团员及中间派群众"。"至于各民主党派及社会人士大放大鸣,使建设性的批评与牛鬼蛇神(即破坏性批评)都放出来,以便分别处理,大有好处。必须注意争取中间派,团结左派,以便时机一成熟,即动员他们反击右派和反动分子。"毛泽东认为:"这是一场大规模的思想战争和政治战争,我们必须打胜仗,也完全有条件打胜仗。"

李维汉回顾了5月中旬到6月上旬,他组织工商界人士座谈会进行鸣放的一些情况。他说:

工商界人士座谈会开始于5月中旬。这时,中央要反右的方针在我脑子里已经清楚了。当时胡子婴从西北视察回来,在会上讲了上海一批工厂搬迁西北,办得不好。黄炎培从外地考察回来,也讲了一篇类似的话。我看到如果让他这样讲下去,将来要划为右派不好办,就宣布休息,请孙起孟去做黄炎培的工作,保护了他。工商座谈会期间,有人提出真正的资本家与会不多,代表性不够,于是又不断扩大规模,找了北京的吴金粹、天津的董少臣、上海的李康年等一些人到会鸣放,后来这些人都被划为右派。这个做法实际上是"引蛇出洞",把对敌斗争的一套用于人民内部,混淆了敌我。这个教训是深刻的。

两个座谈会分别在1957年6月3日、6月8日结束,我在会上都作了总结性的发言。发言稿事先经毛主席、少奇、恩来同志看过。6月3日，我在民主党派座谈会上的讲话，还没有说要反右。我问毛主席、少奇和恩来同志要不要表示反击。恩来同志说，柯庆施在上海已经有所表示，你可以讲。毛泽东同志审阅我的发言稿时，加了一句话，说座谈会上提出的批评和意见，"有相当一部分是错误的"。6月8日工商座谈会结束时，反右的形势已经明朗，我在讲话中指出，"座谈会上提出和接触到的批评和意见，大多数是正确的，是善意的；有一部分是错误的，其中一部分错误的性质是严重的"，并且批驳了反对思想改造，宣扬资产阶级分子已经没有剥削、拿定息也不是剥削，资产阶级已经没有阶级的两面性，他们同工人之间已经没有阶级区别，资产阶级分子不经过改造也能爱社会主义、不需要"脱胎换骨"的本质的改造等言论。指出："这种论调和攻击，是在反教条主义的幌子下，进行以修正主义攻击马列主义、以资产阶级思想反对工人阶级思想的斗争，这实际上就是社会主义和资本主义之间的两条道路的斗争。"这两篇发言虽然没有明确说要反右派，但实际都是准备反击的。[6]

反击右派的斗争，从6月8日正式发动。当天，中共发出了毛泽东起草的《组织力量反击右派分子的猖狂进攻》的党内指示，并在《人民日报》发表了毛泽东撰写的社论《这是为什么？》。在6月8日的指示中，毛泽东说：

总之，这是一场大战（战场既在党内，又在党外），不打胜这一仗，社会主义是建不成的，并且有出"匈牙利事件"的某些危险。现在我们主动的整风，将可能的"匈牙利事件"主动引出来，使之分割在各个机关、各个学校去演习，去处理，分割为许多小"匈牙利"，而且党政基本上不溃乱，只溃乱一小部分（这部分溃乱正好，挤出了脓包），利益极大。[7]

6月10日，毛泽东起草了《中央关于反击右派分子斗争的步骤、策略问题的指示》。指示说：

在这次浪潮中，资产阶级大多数人表现很好，没有起哄……无论民主党派、大学教授、大学生，均有一部分右派和反动分子，在此次运动中闹得最凶的就是他们……各党派中，民革、民建、九三、民进等颇好，民盟、农工最坏。章伯钧、罗隆基拼命做颠覆活动，野心很大，党要扩大，政要平权，积极夺取教育权，说半年或一年，天下就将大乱。毛泽东混不下去了，所以想辞职。共产党内部分裂，不久将被推翻。他们的野心极大，完全是资本主义路线，承认社会主义是假的。民盟右派和反动派的比例比较大，有10%以上，霸占许多领导职位。

6月中旬，毛泽东两次派他的秘书林克去高校了解情况。6月11日，他写信给清华大学校长蒋南翔和党委书记陈舜瑶，说明派其秘书林克去清华了解学校目前的动态。6月18日,毛泽东又给北师大党委书记何锡麟去信,让何接洽林克,以了解北师大动态。

6月29日,毛泽东修改中央关于争取、团结中间分子的指示稿时说:右派和极右派的人数,以北京34个高等学校及几十个机关中,需要在各种范围点名批判的,大约有400人,全国大约有4000人,你们应当排个队,使自己心中有数。

7月1日,《人民日报》发表了毛泽东写的社论《文汇报的资产阶级方向应当批判》,公开点了"章(伯钧)、罗(隆基)同盟"。一场狂风暴雨般的反右派运动在全国开展起来。

1957年7月17日至21日,中共中央在青岛召开省市委书记会议,着重讨论反右派斗争问题。毛泽东在会议期间写了《一九五七年夏季的形势》一文,从理论上对这场斗争的背景及性质作了阐述。他写道:

这一次批判资产阶级右派的意义,不要估计小了。这是一个在政治战线上和思想战线上的伟大的社会主义革命。单有1956年在经济战线上(在生产资料所有制上)的社会主义革命,是不够的,并且是不巩固的。"匈牙利事件"就是证明。必须还有一个政治战线上和一个思想战线上的彻底的社会主义革命。……这个斗争,从现在起,可能还要延长10年至15年之久。做得好,可能缩短时间。当然不是说,10年至15年之后,阶级斗争就熄灭了。只要世界上还存在着帝国主义和资产阶级,我国的反革命分子和资产阶级右派分子的活动,不但总是带着阶级斗争的性质,并且总是同国际上的反动派互相呼应的。目前的斗争,在一段必要时间之后,应当由急风暴雨的形式转变为和风细雨的形式,以便从思想上搞得更深更透。……要知道,如果这一仗不打胜,社会主义是没有希望的。

大辩论,全民性的,解决了和正在解决着革命和建设工作是否正确(革命和建设的成绩是不是主要的),是否应走社会主义道路,要不要共产党领导,要不要无产阶级专政,要不要民主集中制,以及我国的外交政策是否正确等项重大问题。很自然地要发生这样一次全民性的大辩论。苏联在20年代曾经发生过(同托洛茨基等人辩论一国能否建成社会主义),我国在50年代的第7年发生了。我们如果不能在这次辩论中取得完全胜利,我们就不能继续前进。只要我们在辩论中胜利了,就将大大促进我国的社会主义改造与社会主义建设。这是一个伟大的带有世界意义的事件。

……

批判右派这件事,整个民主党派、知识界、工商界,震动极大。应当看到他们中的多数人(中间派)是倾向于接受社会主义道路和无产阶级领导的。这种倾向，各类人程度深浅不同。应当看到，现在他们对于真正接受社会主义道路和真正接受无产阶级领导这些基本点虽然还只是一种倾向，但是，只要有了这种倾向，他们就从资产阶级立场到工人阶级立场的长距离路程中开动了第一步。如果有一年整风时间（从今年5月到明年5月）就可以跨进一大步。这些人在过去，并没有参加社会主义革命的精神准备。这个革命，对于他们，是突然发生的。共产党员中，也有一些人是这样。批判右派和整风，对于这些人，对于广大人群，将是一个深刻的社会主义教育。[8]

在这篇文章中，他还展望了社会主义中国的前景，提出：

我们的目标，是想造成一个又有集中又有民主，又有纪律又有自由，又有统一意志，又有个人心情舒畅、生动活泼，那样一种政治局面，以利于社会主义革命和社会主义建设，较易于克服困难，较快地建设我国的现代工业和现代农业，党和国家较为巩固，较为能够经受风险。总题目是正确地处理人民内部的矛盾和正确地处理敌我矛盾。方法是实事求是，群众路线。派生的方法是党内党外在一起开一些有关大政方针的会议，公开整风，党和政府的许多错误缺点登报批评。

……

必须懂得，在我国建立一个现代化的工业基础和现代化的农业基础，从现在起，还要10年至15年。只有经过10年至15年的社会生产力的比较充分的发展，我们的社会主义的经济制度和政治制度，才算获得了自己的比较充分的物质基础（现在，这个物质基础还很不充分），我们的国家（上层建筑）才算充分巩固，社会主义社会才算从根本上建成了。现在还未建成，还差10年至15年时间。为了建成社会主义，工人阶级必须有自己的技术干部的队伍，必须有自己的教授、教员、科学家、新闻记者、文学家、艺术家和马克思主义理论家的队伍。这是一个宏大的队伍，人少了是不成的。这个任务，应当在今后10年至15年内基本上解决。10年至15年以后的任务，则是进一步发展生产力，进一步扩大工人阶级知识分子的队伍，准备着逐步地由社会主义过渡到共产主义的必要条件，准备以八个至十个五年计划在经济上赶上并超过美国。共产党员、青年团员和全体人民，人人都要懂得这个任务，人人都要努力学习。有条件的，要努力学技术、学业务、学理论，构成工人阶级知识分子的新部队（这个新部队，包含从旧社会过来的真正经过改造站稳了工人阶级立场的一切知识分子）。这是历史向我们提出的伟大任务。在这个工人阶级知识分子宏大新部队没有构成以前，工人阶级的革命事业是不会充分巩固的。[9]

1958年夏季，整风和反右派运动才完全结束。在此之前，毛泽东已经开始按照上述思路，具体考虑中国的全面经济建设问题。

1957年8月1日，毛泽东起草了《中央关于进一步深入开展反右派斗争的指示》。指示说：

（一）在深入揭发右派分子的斗争中，现在一方面正向地县两级（在城市县向区级和大工矿基层）展开，一方面又必须在中央一级和省、市、自治区一级各单位深入地加以挖掘。这样，右派分子将继续发现和挖掘出来，人数将逐步增多。右派中的极右分子，即骨干分子，登报的人数，也应适当增加。不是百分之几，也不是百分之十，而是要按情况达到极右派的百分之二十、三十、四十或五十。他们既是极右派，又是实事求是地鉴定了的极右派（不是普通右派分子），多一些人在报上，揭露他们的反共反人民反社会主义的反动言行，使他们在公众面前出丑，就会越有利于教育广大群众，争取中间派，也有利于分化右派。这一点必须坚持，不要犹豫。（二）深入挖掘期间，必须实事求是，有些单位右派少，或者确无右派，就不要主观主义地勉强去找右派。（三）要准确地鉴定极右派、普通右派和中间偏右分子这三种人的界限，以免泛滥无归，陷入被动，丧失同情。此点必须注意。（四）反右斗争，必须坚持辩论方式，摆事实，讲道理。而且事实要是准确的事实，不是虚构的"事实"，讲道理要讲得使大多数人心服，切不可以强词夺理。（五）地县两级、城市区级及工厂基层的领导人经验较少，有些人鉴别水平不高，你们必须谆谆给以教育，随时检查，使他们站得稳、打得准。这是要十分注意的。（六）党内团内右派分子，只要是同党外团外右派分子政治面貌相同，即反共反人民反社会主义，向党猖狂进攻的，必须一视同仁，一律批判。该登报的，即应登报。（七）深入挖掘时期，党和政府工作中错误缺点，边整边改，取信于人，十分重要。这点请你们同样加以注意。

反右派斗争严重扩大化的后果，影响深远。一些问题，直到"文化大革命"结束后，才逐渐被人们所认识。这是沉重的一页。

薄一波回忆说：

反右派斗争及其扩大化的严重后果，在理论上的集中表现就是修改了党的八大关于主要矛盾的论断，从而中断了党的工作重心的转移，使我们党和国家长期陷入阶级斗争扩大化的迷途。阶级斗争连续不断并逐步升级，严重地干扰了社会主义经济建设，错过了不少宝贵的发展时机，影响了国家实力和人民生活水平的提高。

1956年9月召开的党的八大，在党的历史上是一次具有深远意义的代表大会。它的重大功绩之一，就是对我国社会主义改造基本完成后国内无产阶级和资产阶级的矛盾状况和主要矛盾的变化作了正确的规定和论述。八大关于政治报告的决议正确指出,"我国的无产阶级同资产阶级之间的矛盾已经基本上解决","国内的主要矛盾,已经是人民对于建立先进的工业国的要求同落后的农业国的现实之间的矛盾,已经是人民对于经济文化迅速发展的需要同当前经济文化不能满足人民需要的状况之间的矛盾"。"党和全国人民的当前的主要任务,就是要集中力量来解决这个矛盾,把我国尽快地从落后的农业国变为先进的工业国。"然而,仅仅过了一年,在1957年9月20日到10月9日召开的党的八届三中全会上,就改变了这个论断,重提无产阶级和资产阶级的矛盾是主要矛盾。

八届三中全会是一次扩大的中央全会,出席会议的除中央委员和候补委员外,还有中央各部门和各省、市以及地、县的领导干部参加。会议的主要议题是总结前一段整风、反右派的经验,部署下一段的整风、反右派工作。9月19日,毛主席召集中央同志讨论关于三中全会问题时指出:"整个过渡时期,总的矛盾是社会主义与资本主义,即工人阶级与资产阶级的矛盾。""去年所有制(指资本主义私有制——作者注)是革掉了,但人并没有革掉,没有改造。工人阶级与资产阶级的矛盾、社会主义与资本主义的矛盾是整个过渡时期的主要矛盾。"毛主席提出这个问题,当时许多同志感到不理解。9月24日的一期会议《情况简报》反映:"过渡时期,国内的主要矛盾是人民内部矛盾还是敌我矛盾?许多同志觉得毛主席……又把七届二中全会的提法提出来了,这和八大决议以及一些整风文件中的提法不一致,希望中央负责同志再解释一下。"在整个会议过程中,与会同志对这个问题进行了热烈的讨论。

讨论中基本上有两种看法。一种看法认为,无产阶级与资产阶级的矛盾是主要矛盾,即同意毛主席当时的论断。

有的同志说:"党的七届二中全会决议指出:革命胜利后,国内的基本矛盾是无产阶级与资产阶级的矛盾。但这一点有时被忽视了。1956年三大改造胜利,使我们产生了错觉,以致强调人民内部矛盾多,对无产阶级与资产阶级的矛盾是基本矛盾强调不足。这一点在八大也讲得不够。只提出大规模的阶级斗争已经基本结束,没有更明确地指出所有制虽已解决,但人的改造、意识形态上的斗争却没有解决。因此在今后15年到20年内,资本主义与社会主义的矛盾仍将是国内的基本矛盾。"

有的同志说:"要进行社会主义建设就有社会主义和资本主义之间两条道路的斗争,这是过渡时期的主要矛盾。但是过渡时期仍有人民内部矛盾存在,而且解决这些矛盾,总不能脱离两条道路的斗争。"

还有的同志说:"过渡时期既然主要是社会主义和资本主义两条道路的斗争,那么就应该说当前主要矛盾是无产阶级同资产阶级的矛盾。正确地处理这一矛盾，是顺利地解决其他各种矛盾的主要关键。"

另一种看法，不同意无产阶级与资产阶级的矛盾是主要矛盾，仍然坚持八大的基本观点。

有的同志说："虽然目前的重要任务是反右派，但不应把国内政治生活中一个时期的主要问题，作为整个过渡时期的主要矛盾。"

有的同志说："过渡时期主要是无产阶级与资产阶级之间的敌我矛盾，是不符合现在的实际情况的。因为生产资料所有制改变以后，人民内部矛盾是多方面的，而敌我矛盾比较简单。当前主要是少数资产阶级右派反党、反社会主义的问题，所以反右派斗争的性质是很重要的敌我矛盾。但这只是少数的，而大量的、经常的则是人民内部的矛盾。因此敌我矛盾不是主要的，八大决议对当前国内矛盾的分析仍是正确的，不能因为这次反右派斗争而改变这种估计。"

还有的同志说："资产阶级民主革命解决了同三大敌人的矛盾，而过渡时期社会主义改造又解决了生产资料所有制问题。在这个基础上，八大决议对我国当前主要矛盾的提法是正确的。"

在讨论过程中，持第二种看法的人不少。其中心意思就是说，虽然同资产阶级右派的矛盾是激烈的、尖锐的，但它是"一个时期的""少数的"，不应该由此断言我国社会的主要矛盾还是无产阶级和资产阶级的矛盾。应该说，这个看法是正确的。回顾起来，记得当时我还没有这个认识，而是同意第一种看法，即同意无产阶级和资产阶级的矛盾是主要矛盾。这里需要指出一点，就是毛主席这时虽然重提无产阶级和资产阶级的矛盾是主要矛盾，但他并未把无产阶级和资产阶级的矛盾看成敌我矛盾，只是认为同资产阶级右派的矛盾是敌我矛盾。他在9月19日的谈话中说："资产阶级是人民内部矛盾，但在斗争中把他们（右派）划出去一部分，为敌我矛盾。"我觉得，将"敌我矛盾"和"主要矛盾"相混同是不对的，把"个别"和"一般"相等同也是不对的，这是理论上的一种混乱。而在全会的讨论中是存在着这种情况的。

10月7日，毛主席在全会的组长会议上讲话，再次谈了他对主要矛盾的见解，对改变八大论断的原因作了说明，并对如何公开改变这一论断，发表了意见。

毛主席说：有两次革命，第一次是反帝反封建的民主革命，集中打倒国民党，对民族资产阶级和个体经济采取保护的方针，只是在党内反对资本主义思想。第二次是无产阶级的社会主义革命，推翻资产阶级，是社会主义与资本主义两条道路的斗争，这在理论上是没有问题的。社会主义革命进行了一半，私有制搞掉了，政权拿到无产阶级手里，但是上层建筑问题（政治战线与思想意识形态上）还没有解决。从1953年提出过渡时期总路线起，给了资本主义经济以严重的打击，基本上改变了所有制，反映到八大文件上是肯定基本上解决了无产阶级与资产阶级的矛盾。现在看这也没有错。基本上解决，并不是完全解决，所有制解决了，政治思想上还没有解决。资产阶级和资产阶级知识分子、富裕中农中有一部分人不服，八大没有看清楚，所以那时对阶级斗争强调得不够，因为他们表现服服帖帖；现在他们又造反，所以又要强调，青岛会议文件（指《一九五七年夏季的形势》——作者注）是一个补充（指提出了城市和农村还有社会主义和资本主义两条道路的斗争——作者注）。

毛主席指出，对过渡时期的主要矛盾是无产阶级与资产阶级的矛盾，暂时"报纸上不要发表"，还是按青岛会议的精神，只讲社会主义和资本主义两条道路的斗争。这是因为：（一）"不要引起风波"。一上报就会引起一些知识分子拿八大决议的文件与现在的讲法大搞一场争论，为了几个字又使他们闹得天翻地覆。（二）"容易放松人民内部矛盾的处理"。我们确有三大主义，现在大讲阶级矛盾是主要的，就容易把党内的几个主义挂在无产阶级与资产阶级矛盾的账上，实际上不完全是这个矛盾。

在八大关于政治报告的决议中，对主要矛盾的"实质"有个提法，说这一矛盾的实质"也就是先进的社会制度同落后的社会生产力之间的矛盾"。讨论中，有人提出，这个提法"请三中全会考虑，可否正式予以更正"。毛主席对这个提法从一开始就是有保留的，在10月7日的讲话中他对这个问题也作了答复。他说：八大决议的那句话是不适当的，但也没有坏处，它不妨碍生产，不妨碍反右派等。同时它也反映了一个要求，要求加强物质基础。既没有害处，现在就不必去改它，否则引起麻烦、争论，将来再作适当的解释。他不止一次地指出，这个提法是拿现在同将来比，拿中国同外国比，不符合实际，等等。我觉得，毛主席在这个问题上的观点是有一定道理的，但不能认为这是毛主席修改八大关于主要矛盾论断的根据和理由。

10月7日的讲话经过传达、讨论后，10月9日，毛主席在全体会议上对主要矛盾问题作了结论。他说："无产阶级和资产阶级的矛盾，社会主义道路和资本主义道路的矛盾，毫无疑问，这是当前我国社会的主要矛盾。我们现在的任务跟过去不同了。过去主要是无产阶级领导人民大众反帝反封建，那个任务已经完结了。那么，现在的主要矛盾是什么呢？现在是社会主义革命，革命的锋芒是对着资产阶级，同时变更小生产制度即实现合作化，主要矛盾就是社会主义和资本主义，集体主义和个人主义，概括地说，就是社会主义和资本主义两条道路的矛盾。"

八届三中全会关于主要矛盾讨论的情况和毛主席的观点，基本上就是这样。毛主席的新论断为全会所接受。按照毛主席的部署，这次会议之后，一段时间内只提两条道路的斗争，暂时不提无产阶级与资产阶级两个阶级的矛盾。12月9日，毛主席到杭州，16日召集舒同、曾希圣、江渭清、刘顺元、柯庆施、叶飞、江华同志开会，周总理参加。毛主席看到江华同志12月9日在中共浙江省第二届代表大会第二次会议上的报告中讲了"社会主义同资本主义两条道路的斗争，仍然是过渡时期的主要矛盾"问题，十分高兴和重视。17日凌晨，他给中央办公厅机要室主任、他的秘书叶子龙写信说："叶子龙同志：请于今日上午八九时通知舒同、曾希圣、江渭清、刘顺元、柯庆施、叶飞、周总理七位同志看《中国共产党浙江省委员会向中国共产党浙江省第二届代表大会第二次会议的工作报告》这个文件，在下午一时以前看完。其他工作，可以移到明天上午去做。毛泽东十二月十七日上午二时。"接着，17日下午和18日，毛主席连续召集这些同志以及江华同志继续开会，主要讨论江华同志的报告。23日下午，毛主席又约江华、胡乔木、田家英同志，谈江华同志报告的修改问题。经过修改后的江华同志报告的第一部分"整风运动和反右派斗争"，关于国内主要矛盾问题写道："在生产资料所有制方面基本上完成了社会主义革命以后，阶级斗争并没有完全结束。资产阶级和无产阶级的斗争，资本主义道路和社会主义道路的斗争，仍然是过渡时期的主要矛盾。""社会主义同资本主义两条道路的斗争，既可以表现为敌我矛盾，也可以表现为人民内部矛盾。但是，在我国目前的条件下，前一种情况是比较少数的，后一种情况却是大量的。"按照毛主席的指示，这篇报告由《人民日报》于1957年12月28日发表，题为《坚持党的正确路线，争取整风运动在各个战线上全胜》。《人民日报》在编者按中指出，江华同志"报告的第一部分所涉及的问题不是地方性的而是全国性的。究竟什么是过渡时期的主要矛盾？怎样认识两个阶级、两条道路之间的矛盾和人民内部矛盾的关系？为什么党在一个时期强调人民内部矛盾，而在另一个时期强调阶级斗争？这些重大问题是大家所关心的。江华同志在他的报告里，根据党中央和毛主席的指示，作了正确的解答。"1957年12月25日，柯庆施同志在中共上海市第一届代表大会第二次会议上作了《乘风破浪，加速建设社会主义的新上海》的报告，其中关于国内主要矛盾问题的提法和江华同志报告中的提法基本相同。毛主席审阅了柯的报告，并作了一些修改。《人民日报》于1958年1月25日发表，并加编者按说，"柯庆施同志在报告的第一部分中，根据党中央的指示，对于国内的主要矛盾，对于人民内部矛盾及其正确的处理，都作了详细的分析和阐明"，"是具有普遍意义的"。这样，通过发表江华同志和柯庆施同志的报告，毛主席关于无产阶级和资产阶级的矛盾是国内主要矛盾的观点，就公之于世了。

　　1958年5月，在党的八大二次会议上，少奇同志代表中央作工作报告，宣布，"整风运动和反右派斗争的经验再一次表明，在整个过渡时期，也就是说，在社会主义社会建成以前，无产阶级同资产阶级的斗争，社会主义道路同资本主义道路的斗争，始终是我国内部的主要矛盾，这个矛盾，在某些范围内表现为激烈的、你死我活的敌我矛盾"，"但是在我国目前的具体条件下，上述两个阶级、两条道路的矛盾在大多数的情况下表现为人民内部的矛盾"。至此，修改八大关于主要矛盾论断的工作就算正式完成了。

　　毛主席和我们党为什么修改八大关于主要矛盾的论断？有国内原因，也有国际原因。从国际方面讲，波匈事件，特别是匈牙利事件，对毛主席和我们党的影响和震动太大了，仿佛中国也存在着这种现实的危险，再加上国内有极少数资产阶级右派分子利用帮助党整风的机会发动进攻，就更加重了这种危机感。由于偏重于从阶级斗争的角度去观察问题，于是就认为八大关于无产阶级和资产阶级的矛盾已经基本解决的论断不妥当了，重新提出无产阶级和资产阶级的矛盾是我国社会的主要矛盾。这种受国际事件和国内暂时情况的影响而修改党的基本理论和实践的做法，是一个很深刻的教训。实践证明，八届三中全会修改党的八大关于我国主要矛盾的论断，动摇了八大路线的根基，从此开始了对八大路线的偏离，助长了"左"的指导思想的发展。[10]

注　释

〔1〕李维汉：《回忆与研究》（下），中共党史资料出版社1986年4月版，第831—833页。

〔2〕李银桥：《在毛泽东身边十五年》，河北人民出版社1991年6月版，第224—226页。

〔3〕李维汉：《回忆与研究》（下），中共党史资料出版社1986年4月版，第833—834页。

〔4〕吴冷西：《忆毛主席》，新华出版社1995年2月版，第41—45页。

〔5〕《毛泽东选集》第5卷，人民出版社1977年4月版，第423—425，429页。

〔6〕李维汉：《回忆与研究》（下），中共党史资料出版社1986年4月版，第834—835页。

〔7〕《毛泽东选集》第5卷，人民出版社1977年4月版，第432—433页。

〔8〕《毛泽东选集》第5卷，人民出版社1977年4月版，第461—463页。

〔9〕《毛泽东选集》第5卷，人民出版社1977年4月版，第456—457，

462—463页。

〔10〕薄一波：《若干重大决策与事件的回顾》下卷，中共中央党校出版社1993年6月版，第623—632页。

二、在"大跃进"中

发动"大跃进"

在1958年3月成都会议上,毛泽东说过:1958年的劲头,开始于三中全会。在8月北戴河会议上,他又说:去年三中全会,今年南宁会议、成都会议、党代表大会,提出了破除迷信的口号,起了很大作用。因此才有"大跃进"。

1957年9月至10月召开的中共八届三中全会,是"大跃进"的起点。毛泽东在会上批评1956年反冒进,改变八大一次会议确认的在经济建设上既反保守又反冒进的方针,重提多快好省,并决定以讨论农业发展纲要四十条为中心,推动农业的迅速发展。

在10月9日的讲话中,毛泽东说:

做事情,至少有两种方法:一种,达到目的比较慢一点,比较差一点;一种,达到目的比较快一点,比较好一点。一个是速度问题,一个是质量问题。不要只考虑一种方法,经常要考虑两种方法。

他还说:

去年这一年扫掉了几个东西。一个是扫掉了多、快、好、省。不要多了,不要快了,至于好、省,也附带扫掉了。好、省我看没有哪个人反对,就是一个多、一个快,人家不喜欢,有些同志叫"冒"了。本来,好、省是限制多、快的。好者,就是质量好;省者,就是少用钱;多者,就是多办事;快者,也是多办事。这个口号本身就限制了它自己,因为有好、省,既要质量好,又要少用钱,那个不切实际的多,不切实际的快,就不可能了。我高兴的就是在这个会议上有个把同志讲到这个问题。还有,在报纸上我也看见那么一篇文章,提到这个问题。我们讲的是实事求是的合乎实际的多、快、好、省,不是主观主义的多、快、好、省。我们总是要尽可能争取多一点,争取快一点,只是反对主观主义的所谓多、快。去年下半年一股风,把这个口号扫掉了,我还想恢复。有没有可能?请大家研究一下。

还扫掉农业发展纲要四十条。这个"四十条"去年以来不吃香了,现在又

"复辟"了。

还扫掉了促进委员会。我曾经谈过，共产党的中央委员会，各级党委会，还有国务院，各级人民委员会，总而言之，"会"多得很，其中主要是党委会，它的性质究竟是促进委员会，还是促退委员会？应当是促进委员会。我看国民党是促退委员会，共产党是促进委员会。去年那股风扫掉的促进委员会，现在可不可以恢复？如果大家说不赞成恢复，一定要组织促退委员会，你们那么多人要促退，我也没有办法。但是，从这次会议看，大家都是想要促进，没有一篇演说是讲要促退的。要促退我们的，是那个右派章罗同盟。至于某些东西实在跑得快了，实在跑得不适合，可以有暂时的、局部的促退，就是要让一步、缓一步。但是，我们总的方针，总是要促进的。[1]

10月13日，毛泽东在最高国务会议第13次会议上谈到农业发展纲要四十条时又说：

发动全体农民讨论这个农业发展纲要很有必要。要鼓起一股劲来。去年下半年今年上半年松了劲，加上城乡右派一闹，劲就更不大了，现在整风反右又把这个劲鼓起来了。我说，农业发展纲要四十条是比较适合中国国情的，不是主观主义的。原来有些主观主义的东西，现在我们把它改掉了。总的说来，实现这个纲要是有希望的。我们中国可以改造，无知识可以改造得有知识，不振作可以改造得振作。

纲要里头有一个除四害，就是消灭老鼠、麻雀、苍蝇、蚊子。我对这件事很有兴趣，不晓得诸位如何？恐怕你们也是有兴趣的吧！除四害是一个大的清洁卫生运动，是一个破除迷信的运动。把这几样东西搞掉也是不容易的。除四害也要搞大鸣、大放、大辩论、大字报。如果动员全体人民来搞，搞出一点成绩来，我看人们的心理状态是会变的，我们中华民族的精神就会为之一振。我们要使我们这个民族振作起来。

计划生育也有希望做好。这件事也要经过大辩论，要几年试点，几年推广，几年普及。

我们要做的事情很多。农业发展纲要四十条里头就有很多事情要做。那仅是农业计划，还有工业计划和文教计划。三个五年计划完成以后，我们国家的面貌是会有个改变的。

我们预计，经过三个五年计划，钢的年产量可以搞到2000万吨。今年是520万吨，再有10年大概就可以达到这个目标了。[2]

毛泽东的上述主张得到了与会大多数人的赞成。后来毛泽东在1958年1月南宁会议上说：三中全会，我讲去年砍掉了三条（多快好省、四十条纲要、促进委员会），没有人反对，我得彩了，又复辟了。

根据八届三中全会精神，11月13日《人民日报》发表题为《发动全民，讨论四十条纲要，掀起农业生产的新高潮》的社论。这篇社论第一次使用了"大跃进"一词，毛泽东十分欣赏这一提法，认为这是个伟大的发明，这个口号剥夺了反冒进的口号。他在对社论的批语中写道："建议把一号博士头衔赠给发明'跃进'这个伟大口号的那一位（或者几位）科学家。"

1957年11月，毛泽东率代表团出席苏联十月革命40周年庆典和各国共产党的两个代表会议。在庆祝十月革命40周年大会上，赫鲁晓夫在报告中提出了通过和平竞赛，在"今后15年内不仅赶上并且超过美国"的战略目标。毛泽东也提出了中国15年赶上和超过英国的行动口号。11月18日，毛泽东在莫斯科64国共产党和工人党代表会议上说：

同志们，我讲讲我们国家的事情吧。我国今年有了520万吨钢，再过5年，可以有1000万到1500万吨钢；再过5年，可以有2000万到2500万吨钢；再过5年，可以有3500万到4000万吨钢。当然，也许我在这里说了大话，将来国际会议再开会的时候，你们可能批评我是主观主义。但是我是有相当根据的。我们有很多苏联专家帮助我们。中国人是想努力的。中国从政治上、人口上说是个大国，从经济上说现在还是个小国。他们想努力，他们非常热心工作，要把中国变成一个真正的大国。赫鲁晓夫同志告诉我们，15年后，苏联可以超过美国。我也可以讲，15年后我们可能赶上或者超过英国。因为我和波立特、高兰同志谈过两次话，我问过他们国家的情况，他们说现在英国年产2000万吨钢，再过15年，可能爬到年产3000万吨钢。中国呢？再过15年可能是4000万吨，岂不超过了英国吗？那么，在15年后，在我们阵营中间，苏联超过美国，中国超过英国。

毛泽东在会上提出这个口号，事先征得了在北京的中央领导人的同意。随后在12月召开的中国工会第八次全国代表大会上，刘少奇代表党中央致辞，向全国人民公开宣布了15年在钢铁和其他重要工业产品的产量方面赶上或者超过英国的口号。12月12日，《人民日报》发表了毛泽东在莫斯科会议期间审定修改的社论《必须坚持多快好省的建设方针》。这年冬季，各省、市、自治区纷纷召开党的代表大会，以"大鸣大放大辩论大字报"形式批判右倾保守思想，同时发动和组织广大农民日夜奋战，掀起了一个以兴修水利、养猪积肥和改良土壤为中心的冬季农业生产高潮，揭开了"大跃进"的序幕。

1958年1月3日至4日，中共中央在杭州召开工作会议，研究讨论经济建设的领导方法问题。毛泽东在会上提出，工业、科学、文教也要搞四十条，各行各业要全面规划，平衡是相对的，不平衡是绝对的，等等。毛泽东还提出了"不断革命论"。他说：

我们革命的步骤是：1．夺取政权，把敌人打倒，这在1949年就完成了。2．土地革命，1950—1952年3年基本完成了。3．再一次土地革命，社会主义的，现在讲主要生产资料集体所有，1955年基本完成，1956年有些尾巴……4．思想战线上政治战线上的社会主义革命——整风运动，这一次今年上半年就可以完成，明年上半年（还）要搞。5．还有技术革命。1—4都是属于经济基础和上层建筑性质的。土改是封建所有制的破坏，是属于生产关系的。技术革命是属于生产力、管理方法、操作方面的问题……从1958年起，在继续完成思想政治革命的同时，着重在技术革命方面，着重搞好技术革命。

关于毛泽东发动"大跃进"的动机，李银桥还为我们提供了一个生动的情节：

大约是1957年12月，警卫队一位战士探家回来，不但写了调查报告，还带回一个窝头，又黑又硬，交给毛泽东说："我们家乡的农民生活还很苦，他们就是吃这种窝头，我讲的是实话。"

毛泽东接过窝头时，我看到他的手有些抖，眼圈一下子就红了。他是非常容易动感情的。在陕北时，毛泽东就讲过："我这个人平时不爱落泪，只有三种情况下流过眼泪。一是听不得穷苦老百姓的哭声，看到他们受苦，我忍不住要掉泪。二是跟过我的通讯员，我舍不得他们离开。有的通讯员牺牲了，我难过得落泪。三是看动感情的戏也会落泪。我这个人就是这样，用过的东西旧了，都舍不得换掉……"

毛泽东一边掰一块窝头放嘴里，一边分给我们这些身边的工作人员："吃，你们都吃一块。这就是我们农民的口粮，这就是种粮的人吃的粮食呵！……"

我也分到一块，放到嘴里，确实难吃。嚼了很久才咽下去。

那天，毛泽东失眠了，嘴里不断喃喃着："为什么是这样呢？为什么？……人民当家做主了，不再是为地主种田，是为人民群众自身搞生产，生产力应该获得解放么……"

以后很长时间，毛泽东时时带着严肃深沉的思考，无论散步、吃饭还是睡觉，都在思考着这个问题。多次自言自语：

"我们是社会主义么，不该是这样。要想个办法……"

毛泽东日思夜想如何加快社会主义建设的步伐，使人民尽快过上富裕日子。他生活极为俭朴，说什么时候农民都吃到他这样的伙食，他就满意了。他也要求其他中央领导同志开动脑筋，集思广益，想出加快建设步伐的好办法。他始终有一种"一万年太久，只争朝夕"的想法。[3]

李银桥还回忆说：

1958年1月28日，毛泽东在临时召集的一次最高国务会议上讲："我们这个民族，是个大有希望的民族。"并且提出了"鼓足干劲、力争上游，15年内赶上英国"的号召。

那段时间，毛泽东多次召集政治局同志开会，研究"想个办法"，尽快使国家富强人民富裕起来。

1958年3月，中共中央在成都召开中央工作会议。毛泽东在会上提出了"鼓足干劲、力争上游、多快好省地建设社会主义"总路线的基本观点。

1958年5月，党的八大二次会议正式通过了"鼓足干劲、力争上游、多快好省地建设社会主义"的总路线。

在毛泽东的号召下，全党形成了解放思想，敢想、敢说、敢做的一种热潮。不少中央领导同志也热切希望尽快建成社会主义，纷纷开动脑筋想办法。

记得有一次毛泽东在颐年堂接待客人，谈话结束后，客人都走了。毛泽东从颐年堂出来，回菊香书屋。一位中央负责同志同毛泽东一道走着。这位中央负责同志与毛泽东边走边议论着形势和工作。大家都憧憬着社会主义美好的未来。这位负责同志说："主席，现在谭震林他们提出个大跃进口号，我看这个提法很好。"

"噢，大、跃、进？"毛泽东琢磨着。

"《人民日报》上登了。"

"嗯，这个题目很好，拿来给我看看。"

这位负责同志把报纸找来，请毛泽东看。毛泽东认真看了一遍，点点头说："嗯，这个提法很好。"他拿起笔，在上面批了话。记得大意是：提法很好。

很快，"大跃进"这个口号便在全国喊响了。

那段时间，毛泽东频繁外出视察，深入群众。他也要求全党集中更大的领导力量放在社会主义建设上，尽快地把我国建设成为一个具有现代化工业、现代化农业和现代化科学文化的伟大社会主义国家。总路线和大跃进也确实反映了广大人民群众迫切要求改变我国经济文化落后状况的普遍愿望。但是，毛泽东在号召人民破除迷信，解放思想，发扬敢想、敢说、敢做的创造精神时，也确实过分强调了主观能动性，忽视了客观经济规律，因而造成了"大跃进"中的失误。

……

那时，全国人民渴望尽快摆脱我国经济文化落后的现状，党和国家的领导人也一心一意要尽快加速社会主义建设的步伐，毛泽东也是将全部心思和精力投入这场斗争中，想探索出一条富国强民，早日实现社会主义的新路子。出发点都是好的。但是头脑有些发热，违背了客观事物的发展规律。

到了1958年底，中央在人民大会堂开会，中宣部负责同志拿来了文章清样，正式提出三面红旗、三个万岁的口号。记得文章像大字报一样写出来，三份，摆在主席台旁118厅的地毯上。在京政治局委员都去看，中宣部负责同志亲自在那里讲解。我听到说这是针对苏联修正主义提出来的。赫鲁晓夫反对我们建设社会主义的总路线、大跃进和人民公社三面红旗。我们针锋相对，喊出总路线、大跃进和人民公社万岁的口号。[4]

毛泽东发动"大跃进"，在很大程度上是借助于批评反冒进推动的。

薄一波回忆说：

反对经济建设上的冒进，是1956年初提出的，一直延续到1957年初。对这个问题，我在本书上卷第21篇中作过回顾，并提到毛主席对反冒进是有意见的。但当时他的注意力集中在国际上发生的波匈事件和对斯大林的评价问题上，对反冒进采取了保留态度。1957年下半年形势发生了很大变化：国际上波匈事件已经过去；国内反右派斗争基本结束，各级干部经过整风改善了工作作风；农村出现了冬季农田水利建设的热潮；"一五"计划提前超额完成，人心振奋。随着形势的发展，毛主席对反冒进的做法提出了批评，认为反冒进束缚了群众正在高涨起来的生产热情，给群众的积极性泼了冷水，使建设速度放慢了，阻碍了跃进局面的出现。这次批评，加速了社会主义建设总路线的形成和"大跃进"的发动，"左"的错误随之发展，对我国的经济生活和政治生活产生了很大的消极影响。

批评反冒进，主要是通过一系列会议进行的。

1957年9月、10月间在北京召开的八届三中全会，是批评反冒进的开端。10月9日闭幕会上，毛主席说：1955年来了一个高涨，1956年吃了亏，来了一个右倾，来了一个松劲。主要是扫掉了三个东西，一是多快好省，一是《全国农业发展纲要》，一是促进委员会。还说：1956年的毛病是基本建设多用了30亿元，生产了600万部不适用的双轮双铧犁。这可以组织个临时促退小组来解决，但共产党总的方针是促进而不是促退。共产党应该是促进委员会，只有国民党才是促退委员会。毛主席提出要"复辟"被扫掉的这三个东西。

全会后，通过《人民日报》社论的形式，把批评反冒进的问题逐步公开了。11月13日发表的《发动全民，讨论四十条纲要，掀起农业生产的新高潮》的社论写道："有些人害了右倾保守的毛病，像蜗牛一样爬行得很慢。""有右倾保守思想的人……认为农业发展纲要草案是'冒进'了。他们把正确的跃进看成了'冒进'。"12月12日，又发表了经过毛主席修改和政治局讨论过的《必须坚持多快好省的建设方针》的社论，批评在反冒进期间"刮起了一股风，居然把多快好省的方针刮掉了"。"有的人竟说，宁可犯保守的错误，也不要犯冒进的错误"，"于是，本来应该和可以多办、快办的事情，也少办、慢办甚至不办了。这种做法，对社会主义建设事业当然不能起积极的促进的作用，相反地起了消极的'促退'的作用"。

毛主席认为那时北京的空气沉闷，华东的空气活跃，想以地方来促北京。他于1957年12月8日离京，到华东停留将近一个月时间，并在杭州召开会议。会上，毛主席在发言中从治淮工程谈起，认为安徽人民1957年一个冬季就搞了16亿土方，超过过去7年的土方数量，说明原来的计划低了，保守了，应该批评右倾保守。还说：批评右倾，就很舒服，愈批评愈高兴，要愉快地批评右倾保守。并指名道姓地批评了恩来等同志。〔5〕

1958年1月11日至22日，中共中央在南宁召开了有部分中央领导人（毛泽东、周恩来、刘少奇、彭真等）和地方负责人参加的工作会议。会上毛泽东等中央领导人听取了各地的工作汇报，并对经济建设的领导方法和1958年的国民经济计划等问题进行了讨论。

在南宁会议上，毛泽东对反冒进提出了严厉的批评。会议气氛格外紧张。

参加这次会议的吴冷西回忆说：

1958年元旦过后不久，我到中央书记处的办公地点——中南海居仁堂开会。

居仁堂是一座小巧玲珑的宫殿，相传清末西太后经常在此接见外国使节，坐落在中海和南海交界处，毛主席住地丰泽园的北面。因年久失修，1961年拆除，准备重建办公楼。后来考虑到经济困难，工程一直没有开工。现在是一块平地，只在附近盖了一座毛主席晚年居住的202号楼。

书记处会议由小平同志主持，主要内容是传达毛主席在杭州会议上的讲话。会议开始不久，彭真同志递给我一个召开南宁会议的通知，是毛主席亲笔这样写的：

"吴冷西、总理、少奇、李富春、薄一波、黄敬、王鹤寿、李先念、陈云、邓小平、彭真、乔木、陈伯达、田家英、欧阳钦、刘仁、张德生、李井泉、潘复生、王任重、杨尚奎、陶铸、周小舟（已到）、史向生、刘建勋、韦国清、毛泽东，共27人，于11日、12日两天到齐，在南宁开10天会，20日完毕（中间休息2天到3天，实际开会7天到8天）。谭震林管中央，总司令挂帅，陈毅管国务院。"

我看了很吃惊，为什么通知把我的名字放在最前面？我当时是人民日报总编辑兼新华社社长，很自然地想到是不是这次会议特别同报纸和通讯社有关。我首先联想到，《人民日报》在几天前发表的元旦社论《乘风破浪》，只经少奇同志和周总理审阅定稿,没有送毛主席(他当时在杭州)审阅,是不是有什么问题?这篇社论明确提出从1958年起把重点转移到技术革命方面来,用15年时间赶上和超过英国。发表后在国内外影响很大。这是根据毛主席在莫斯科参加兄弟党会议时的几次讲话的精神写的,我想不致有什么大问题。接着我又想到,在1957年11月兄弟党莫斯科会议后,《人民日报》还发表过两篇较有分量的社论。一篇是11月18日的社论,指出随着农业合作化高潮的到来,必然会带来农业生产高潮,还会带来工业生产高潮,出现生产大跃进。这是在我们报纸社论中第一次出现"大跃进"这个后来震动国内外的名词。这篇社论是人民日报编辑部自己写的,我看大致没有什么问题。另一篇是12月12日的社论,是论述毛主席在农村合作化高潮一书的序言中提出的多快好省的建设方针。这一篇社论是经毛主席在莫斯科参加兄弟党会议时亲自修改定稿的,当然不会有什么问题。

我听了传达毛主席在杭州会议的讲话,其中谈了17个问题,都没有涉及报纸和通讯社。我问胡乔木和杨尚昆,他们说不了解开会通知的名单排列有什么特别的意义,但胡乔木的神态似乎流露他担心发生什么事情。

这个谜一直到南宁会议上才逐步解开。

1月12日,南宁会议开始,毛主席一上来就讲他新中国成立八年来一直为工作方法而奋斗,1956年"反冒进"是错误的。这里说的"反冒进",是指1956年6月到11月中央一些同志发现不少地方和部门的基本建设规模(包括农田水利建设)过大,造成财政赤字,原材料非常紧张,因而提出反对急躁冒进。

这样,南宁会议就成为一次以批评"反冒进"为中心的议论工作方法的会议,成为同"反冒进"相对立的"大跃进"在政治上、思想上作准备的会议。

毛主席认为,一个时候搞得快一点、多一点,调整一下是可以的,但不要提出"反冒进"的口号。"反冒进"挫伤干部和群众的积极性,特别是农民的积极性,是错误的方针,是反对多快好省的方针的。他严厉地批评了国务院的政府工作报告、财政工作报告和计划工作报告,也指出《人民日报》1956年6月20日反冒进的社论(题目叫作《要反对保守主义,也要反对急躁情绪》)是非常错误的。这时我才开始悟到会议通知中毛主席点我的名的一个因由。

散会后我马上找乔木同志,问他毛主席指的《人民日报》社论是怎么回事。他说他也不完全清楚。我们商量后当天晚上就打电话回北京,要人民日报编辑部把6月20日社论的全部过程稿送到南宁,并要他们写一个关于社论起草与修改、定稿过程的简单说明。

我13日收到人民日报编辑部送来的材料后，同乔木同志一起查看整个起草过程。原来这篇社论最初是由人民日报编辑部起草的。在中宣部讨论时陆定一同志认为不能用，要重新起草。他请示了少奇同志。少奇同志要他根据政治局会议的精神亲自组织中央宣传部的同志起草。初稿由王宗一同志起草，在中宣部多次讨论、修改后由定一同志送少奇同志和周总理审阅。他们两位都作了一些修改，并提出再加斟酌的一些意见。定一同志根据这些意见又作了修改，最后送少奇同志和毛主席审定。少奇同志在个别地方作了修改后送毛主席。我们在最后定稿的清样上看到，毛主席圈了他的名字，写了"我不看了"这几个字。我同乔木商量，整个过程清楚，但不好在会议上讲，免得使事情尖锐化，因为会议从一开始空气就非常紧张了。

毛主席把《人民日报》社论的摘要在会议上印发，并且加上批语："庸俗的马克思主义，庸俗的辩证法。文章好像既反'左'又反右，但实际上并没有反右，而是专门反'左'，而且是尖锐地针对我的。"

毛主席在会议过程中，多次批评《人民日报》的社论，并且把这篇社论作为当时中央一些同志"反冒进"的证明。他逐段逐段地批判这篇社论。

毛主席指出，《人民日报》的社论是6月20日发表的，距离李先念同志在第一届人民代表大会第三次会议上的报告只有五天。那个报告是"反冒进"的，社论发挥了"反冒进"的思想。毛主席念了社论中的一段话："急躁情绪成为当前的严重问题，因为它不但存在于下面的干部中间，而且首先存在于上面的各系统的领导干部中间，下面的急躁冒进有很多是上面逼出来的。全国农业发展纲要四十条一出来，各系统都不愿别人说自己右倾保守，都争先恐后地用过高的标准向下布置工作，条条下达，而且都要求得很急，各部门都希望自己的工作很快做出成绩。中央几十个部，每个部一条，层层下达，甚至层层加重，下面便受不了。现在中央已经采取一系列措施，纠正这种不分轻重缓急、不顾具体情况的急躁情绪。"毛主席在念完这段话后说："这是说，中央已经下决心反冒进了。"

毛主席再念了社论的一段话："现在中央已经采取措施纠正这种情况了，各部门、各地方工作中的冒进倾向，有些已经纠正了，有些还没有纠正，或者纠正得不彻底，但作为一种思想倾向不是一下子所能彻底克服的，需要我们今后经常注意。"接着，毛主席评论说，这些话的意思是说还要继续"反冒进"。

毛主席说：急躁冒进究竟从何而来？《人民日报》的社论说："在反对保守主义之后，特别是中央提出又多又快又好又省的方针和发布全国农业发展纲要草案后，在许多同志头脑中就产生了一种片面性（急躁冒进）。"毛主席评论说，这一段话是尖锐地针对我的。

毛主席说：这篇社论说的是既反右又反"左"。你不能说它一点马克思主义也没有，好像有一点。社论说："右倾保守思想对我们的事业是有害的，急躁冒进思想对我们的事业也是有害的，所以两种倾向都要加以反对。今后我们当然还要继续注意批判和克服右倾保守思想的各种表现，以保证社会主义建设事业不受阻碍地向前发展。"你说这些话不对？这是对的啊！但是，这是庸俗的马克思主义。你看，这篇社论下面接着就说："但是在反对右倾保守思想的时候，我们也不应当忽略或放松对急躁冒进倾向的反对。只有既反对了右倾保守思想，又反对了急躁冒进思想，我们才能正确地前进。"毛主席说：这篇社论的落脚点是落在反对急躁冒进，反"左"而不是反右上面。社论的作者把文章做在"但是"后面。

毛主席还说，社论引用了我在《中国农村的社会主义高潮》一书序言的话。看来作者的用意一来是不要冒犯我，二来是借刀杀人。但引用时又砍头去尾，只要中间一段，不引用全文，因为一引用全文就否定作者的观点了。我写的序言全文的主要锋芒是对着右倾保守的。社论引了我说扫盲用急躁冒进的办法是不对的这些话，用来作为反对急躁冒进的根据。社论表面上既反"左"也反右，没有重点。实际上重点落在"反冒进"上面。作者引用我的话来反对我。

毛主席说，他并不反对对某些搞过了头的东西加以纠正，但反对把一个指头的东西当作十个指头的东西来反。对过急过多的东西加以调整是必要的，但在全国范围内把急躁冒进当作主要倾向来反对就错了，这实际上是反对多快好省的方针。《人民日报》的社论反冒进，使用的是战国时代楚国一位文学家宋玉攻击登徒子大夫的手法，攻其一点，不及其余。毛主席详细地讲了宋玉的故事。起因是登徒子大夫在楚襄王面前说宋玉此人"体貌闲丽，口多微辞，又性好色"，希望楚襄王不要让宋玉出入后宫。有一天楚襄王对宋玉说，登徒子大夫说你怎么样怎么样。宋玉回答说："体貌闲丽，所受于天也。口多微辞，所学于师也。至于好色，臣无有也。"楚襄王问：你说自己不好色，有什么理由呢？宋玉回答说："天下之佳人莫若楚国，楚国之丽者莫若臣里，臣里之美者莫若臣东家之子。东家之子，增之一分则太长，减之一分则太短；着粉则太白，施朱则太赤；眉如翠羽，肌如白雪，腰如束素，齿如含贝，嫣然一笑，惑阳城，迷下蔡。然此女登墙窥臣三年，至今未许也。"宋玉说这样一个绝代佳丽勾引他三年，他都没有上当，可见他并非好色之徒。接着，宋玉攻击登徒子说："登徒子则不然，其妻蓬头挛耳，龈唇历齿，旁行踽偻，又疥且痔。"意思是说登徒子的老婆头发蓬蓬松松，额头前突，耳朵也有毛病，不用张嘴就牙齿外露，走路不成样子而且驼背，身上长疥疮还有痔疮。宋玉问楚襄王：登徒子的老婆丑陋得无以复加，登徒子却那么喜欢她，同她生了五个孩子。请大王仔细想想，究竟是谁好色呢？毛主席说，宋玉终于打赢了这场官司。他采取的方法就是攻其一点，尽量扩大，不及其余的方法。整个故事见宋玉写的《登徒子好色赋》。昭明太子把这篇东西收入《文选》，从此登徒子成了好色之徒的代名词，至今不得翻身。

第二天，毛主席把宋玉这篇赋印发给大家看。

在15日的会议上，毛主席谈到什么时候都要鼓干劲、争上游时又提到人民日报。他说，《人民日报》的元旦社论写得好，因为它的主要精神是鼓起干劲、力争上游、乘风破浪，这也是思想方法和工作方法的问题。

当天晚上，毛主席找我和胡乔木到他住处去谈话。他的住处离我们住的广西省政府交际处大楼不远，是经常接待越南胡志明主席的别墅式的高大平房。毛主席主持的会议就在这间大平房的客厅里举行。当我们到达那里时，毛主席开始就问元旦社论是谁写的。乔木说是人民日报的同志写的。我补充说，这篇社论经乔木同志作了较多的修改，并经少奇同志和周总理定稿。乔木说，当时毛主席不在北京。少奇同志说定稿时已打电话报告了主席。毛主席说，社论写得好，题目用《乘风破浪》也很醒目。南北朝宋人宗悫就说过"愿乘长风破万里浪"。我们现在是要乘东风压倒西风，15年赶上英国。你们办报的不但要会写文章，而且要选好题目，吸引人看你的文章。新闻也得有醒目的标题。

接着，毛主席又重提1957年春天人民日报不宣传他在最高国务会议上的讲话精神。他说，人民日报能结合形势写出这样好的元旦社论，为什么去年就成了死人办报？他对乔木说，我当时很生你的气。我先一天批评你，第二天批评总编辑、副总编辑。当时在气头上，说话有些过重，很不温文尔雅，因为不这样就不能使你们大吃一惊，三天睡不着觉。去年4月、5月、6月，实际上是我当人民日报的总编辑。你也上夜班、看大样，累得不行。后来我想这也不是办法，才找人给你做帮手。找不到别人，就派吴冷西去。这时，毛主席转向我说，当时我对你说过，如果在人民日报待不下去，就回到我这里当秘书。看来派你到人民日报去没有错。现在大家对人民日报反映比较好，认为有进步。评论、新闻都比较活泼。但是还要努力，不要翘尾巴，还是要夹着尾巴做人。[6]

薄一波也回忆了南宁会议的情况：

1958年1月6日，毛主席到南宁，11日至22日主持召开了南宁会议，把批评反冒进推向了高潮。毛主席原只想找九省二市的第一书记参加。周总理对毛主席说，2月份要召开一届人大五次会议，时间已经迫近，是否先在党的会议上讨论一下1958年的预算和年度计划。这样,毛主席同意陈云、富春、先念和我到会。陈云同志因病未出席。会议初步总结了第一个五年计划,讨论了第二个五年计划和1958年计划草案,并议出了《工作方法六十条》。但会议的重点是批评反冒进,为发动"大跃进"作准备。

会上印发了22个参考文件。其中李先念同志1956年6月15日在一届人大三次会议的报告中关于反冒进的一段话、1956年6月20日《人民日报》的社论、周总理1956年11月10日在八届二中全会上《关于1957年计划的报告》的节录,是作为被批评的反冒进的材料印发的。毛主席在会上多次讲话和听取汇报时的插话,都是集中批评反冒进的。会上气氛紧张。

1月11日晚,毛主席说:不要提反冒进这个名词,这是政治问题。一反就泄了气,6亿人一泄了气不得了。多用了人,多花了钱,要不要反?这些东西要反,如果当时不提反冒进,只讲一个指头长了疮,就不会形成一股风,吹掉了多快好省、四十条纲要、促进委员会这三个东西。这些都是属于政治问题,而不属于业务问题。毛主席还尖锐地批评了1956年6月20日《人民日报》发表的《要反对保守主义,也要反对急躁情绪》的社论,说:这篇社论既要反右倾保守,又要反急躁冒进,好像有理三扁担,无理扁担三,实际重点是反冒进的。认为社论中引用《中国农村的社会主义高潮》序言的几句话来说明反冒进,"是用毛泽东来反对毛泽东"。还在这篇社论上批注:"庸俗辩证法""庸俗马克思主义""尖锐地针对我"。

1月15日,我在会上作了题为《关于一九五八年计划(草案)的汇报提要》的发言。发言分为1957年计划执行结果和1958年计划草案两部分。在1958年计划草案部分,我列举了1958年计划的一些主要指标,并说明:工业总产值定为747.47亿元,比上年的628.1亿元(预计数)增长15.1%;农业总产值定为642.5亿元,比上年的603.5亿元(预计数)增长6.5%,超过"一五"计划期间的平均增长速度。应该说,这个计划不算保守。而且为了避免被说成保守,我还提出了实行"两本账"的办法,即国家一本账,为必成数;企业一本账,为期成数。毛主席当时想的是搞得更快一点,同时也由于长期积淀下来的对反冒进的不满,对我的发言并不满意,批评我是"中间派","假使不是偏右的话"。这个批评既是针对我在反冒进中赞成反冒进说的,也是针对我在制订1957年基本建设计划时,采取了反对计划指标偏高,也反对压得太低这一点说的。

毛主席在批评反冒进的过程中,对柯庆施同志十分欣赏,一再提到柯1957年12月25日在上海市党代会上所作的《乘风破浪,加速建设社会主义的新上海》的报告。1月15日说:这个报告把中央许多同志比下去了,中央工作的同志不用脑筋,不下去跑跑,光在那里罗列事实。还说,"大家都要学习柯老"。16日,毛主席在大会上再次拿出柯文,当众对周总理说:"恩来同志,你是总理,你看,这篇文章你写得出来写不出来?"周总理回答:我写不出来。毛主席接着说,上海是中国工人阶级集中的地方,没有工人阶级建设社会主义的强烈激情,是写不出这样的好文章的。"你不是反冒进吗?我是反反冒进的!"

当时,大家心里在纳闷,这到底是批评谁?少奇同志说:主席的批评是针对管经济工作的几个人的。1月17日晚上,毛主席约富春、先念同志和我谈话,明确讲到批评主要是针对陈云同志的。周总理为顾全大局,在19日晚上作了检讨,说:反冒进是一个带方针性的动摇和错误,是一种右倾保守主义思想,是与主席的促进方针相反的促退方针。并表示,他对错误负主要责任。

2月18日,在北京召开政治局扩大会议,继续批评反冒进,但气氛缓和下来了。毛主席用比较平和的口气说:南宁会议还是要放一炮的,我看不过是小炮而已,害得一些同志紧张。先念同志现在还睡不着觉,吃安眠药,何必那么紧张。今后还是靠你们这些人办事,此外没有人。会上,陈云、先念同志和我都进行了自我批评,承担了各自在反冒进中所犯"错误"的责任。[7]

为了进一步发动"大跃进"运动,1958年3月9日至26日,中共中央还在成都召开了有中央各部门负责人和各省、市、自治区党委第一书记参加的中央政治局扩大会议(简称"成都会议")。会议总结了过去几年的工作,研究了社会主义建设的有关问题,讨论通过了《关于一九五八年计划和预算第二本账的意见》《关于发展地方工业问题的意见》《关于在发展中央工业和发展地方工业同时并举的方针下有关协作和平衡的几项规定》《关于农业机械化问题的意见》《关于把小型的农业合作社适当地合并为大社的意见》以及《关于继续加强对残存的私营工业、个体手工业和对小商小贩进行社会主义改造的指示》等37个文件。毛泽东在会上先后作了6次讲话。

吴冷西回忆成都会议的情况说:

成都会议于3月9日召开,那是在成都郊外金牛坝宾馆举行的,各部部长和省委书记住在四层楼的宾馆,中央政治局常委住在各个小别墅。这次跟南宁会议一样,也是政治局常委的扩大会议,到会的有中央有关各部部长和东北、华北、西北、西南各省的省委第一书记。中南和华东只有个别省委书记到会,其余的将参加在武昌召开的会议。

武昌会议(4月1日至9日)可以说是成都会议的下半部,主题都是传达和讨论南宁会议的精神,各省汇报本省的规划。也可以说这两个会议是南宁会议的继续。

在成都会议上,毛主席始终处于兴奋状态。他在18天的会议中,除了在听各省汇报时不断插话外，一连发表了六次长篇讲话（3月9日，10日，20日，22日，25日，26日），那气势真可谓思如泉涌、气若长虹、高屋建瓴、势如破竹。

他一开头就提出现在我国进入技术革命时代，但接着又两次提出社会主义社会仍然存在两大剥削阶级和两大劳动阶级，阶级斗争并没有结束。

他指出我国当前社会主义建设高潮的出现及其原因时，认为鼓足干劲、力争上游、多快好省地建设社会主义总路线正在创造中，还有待证明。

他分析教条主义在我党历史上所造成的危险及其产生的原因，提出要继续反对教条主义。

他大讲尊重唯物论、尊重辩证法，大讲矛盾的互相转化，大讲建设社会主义的两种方法。认为"冒进"是马克思主义的，"反冒进"是反马克思主义的，吹掉了多快好省的方针、农业四十条和促进会这三个东西，担心会不会再来一次反冒进。

他提倡坚持原则与独创精神相结合，特别是批评京戏《法门寺》里贾桂式的"奴才习惯"，表扬《西厢记》里普救寺和尚惠明挺身突围请援兵，欣赏《红楼梦》里凤姐说的"舍得一身剐，敢把皇帝拉下马"的风格，称赞《苏报案》中邹容写的《革命军》把满清帝制批得痛快淋漓和章太炎指名大骂光绪帝"载湉小丑，不辨菽麦"的气概。并列举古今中外著名人物，说明总是青年人胜过老年人，学问少的人胜过学问多的人，总是后来居上。号召解放思想，破除迷信，要有"六不怕"的精神。

这次会议上，除了印发中央各部门和各省的工作报告及有关决议草案外，毛主席还亲自批示印发了《华阳国志》、《都江堰》、唐宋诗人有关四川的诗词五六十首、明朝人的入蜀诗十八首、《苏报案》等以及马克思主义经典作家著作的摘录。

会前我送给毛主席的《人民日报苦战三年工作纲要》草案也由毛主席批印给会议了。

毛主席在会议的第一天讲话（3月9日）时即谈道："报纸如何办？中央、省、专区的报纸如何改变面貌，办得生动活泼？《人民日报》提出23条，有跃进的可能。我们组织和指导工作，主要依靠报纸，单是开会，效果有限。"这同他在南宁会议时专门写信要刘建勋和韦国清同志抓好报纸一样，毛主席很重视办好报纸。

在会议过程中，有一次在散会的时候，可能是3月20日，毛主席讲完话从会议厅出来，我赶上前去问毛主席：这次会议讨论不讨论人民日报的23条？毛主席想了一下回答说，这次会议讨论很多问题，光印发的工农商方面文件就有两大堆，文教方面的人没有来，人民日报的问题以后有机会再讨论。

很显然，毛主席在会议过程中讲话的上述主要之点，也是人民日报宣传报道的纲目。特别是毛主席在他主持的政治局常委会议上（大约在3月15日左右）谈到总路线时，提醒我说，《人民日报》2月3日的社论题目叫作《鼓起干劲，力争上游》，这两句话很好，但还不够。广大干部和群众的干劲，在去年反击右派以后，早就"鼓起"来了，现在的问题是鼓得够不够，责任在领导。这里有一个数量问题，是鼓起3分、5分还是7分、8分？领导的责任是因势利导，使干部和群众的干劲鼓得足足的。所以我们的总路线，应该叫作"鼓足干劲、力争上游、多快好省的总路线"，这就比较完全了。毛主席的这些话，连同他后来谈总路线开始形成的话，给我深刻的印象是宣传要强调鼓劲，就是毛主席所说的气可鼓而不可泄。

还有两件事给我印象深刻。一件是毛主席在3月22日讲话中谈到"提高风格，振作精神"时，批评陈伯达过去死也不肯办一个理论刊物，胆子太小，这次才振作精神，下决心办。另一件是毛主席在3月25日讲话中批评卫生部，说他们替人民日报写的关于"除四害"的社论，写了很久还是没有写好，替中央起草的除四害指示根本不能用。毛主席说，卫生部不卫生，思想上并不相信"四害"真的可以除掉。后来还是胡乔木同地方上的同志合作，才把中央指示写成了，社论也写好了（按：指《人民日报》2月13日的社论《一定要在全中国除尽"四害"》）。这两件事都说明办报纸要提高风格、振作精神。他在批判教条主义时，还指出《人民日报》过去学《真理报》，照搬洋教条一套，连标题也模仿，不独立思考，像三岁孩子一样，处处要人扶，否则就丧魂失魄。没有主见，没有独创，连中国人办报的好传统（如讲究版面的编排和标题等）也丢掉了。后来才有所改变。

当然，在会议过程中，毛主席也多次讲到办事要留有余地。本来，南宁会议议定的《工作方法六十条》中，曾规定：苦战三年，争取大部分地区基本改变面貌。到了成都会议，毛主席一开始就提出究竟要多久完成十年农业计划和工业计划？他开始设想：苦战三年，基本改变本省面貌，争取七年内实现农业四十条，五年实现农业机械化。他请各省研究。在会议过程中，毛主席看到河南的计划是苦战一年，实现四五八、水利化、除四害和消灭文盲，辽宁要一年实现"三自给"（即粮、菜、肉本省自给）。他说，也许你辽宁是对的，我怀疑是错的，你是马克思主义，我是机会主义。河南今年办四件大事，有些可能做到，有些可能做不到，就算全都能做到，可不可以还是提五年做到。今年真的全做到了，也不要登报。人民日报硬是卡死。否则这个省登报，那个省登报，大家抢先，搞得天下大乱。一年完成不登报，两年完成恐怕也不要登报。各省提口号恐怕时间以长一点比较好。我就是有点机会主义，要留有余地。各省不要一阵风，不要看河南说一年完成，你也说一年完成。就让河南今年试一年，灵了，让它当第一。你明年再搞。只差一年，有什么要紧。毛主席说，此事关系重大，他到武昌时要找吴芝圃谈谈。他还说，1955年合作化高潮时周小舟看见别的省一年实现高级社，紧张得不得了。其实不要紧。李井泉就是从容不迫，四川实现高级化不是1955年，也不是1956年，而是1957年，不是也蛮好吗？

毛主席说，现在报纸宣传报道上要调整一下，不要尽唱高调，要压缩空气，这不是泼冷水，而是不要鼓吹不切实际的高指标，要大家按实际条件办事，提口号、定指标要留有余地。

毛主席这些话我虽然听到了，但是被前面所说的关于解放思想、提高风格、敢于创新等大量的议论压倒了，因而没有足够的重视。随着"大跃进"高潮的到来，也冲昏了头脑。

毛主席在会议结束前的讲话中还说，希望各省第一书记，恐怕还要加一个书记及其他某些同志，从繁忙工作中解放一点出来，做一些研究工作，注意一些重大的问题。比如吴冷西同志，我们谈过几次，要他学大公报的张季鸾，到处串门子，打听消息，聊聊天，看看市场，参加这样的会议。中央的报纸也好，省市的报纸也好，总主笔不能每天沉埋在那些事务工作里头，必须解放一点。如何解放法，大家去研究。总而言之，少管一点事，少管一点就能多管一点。

成都会议可以说是继续南宁会议的批判"反冒进"。毛主席看到会议开始阶段务实较多（主要是讨论"两本账"）后，提出会议最后几天务虚，整风，开思想座谈会。从3月24日上午起采取召开大组会议（差不多是全体会议），由少奇同志主持，毛主席不出席。大家漫谈思想，结果又走向总结1956年的所谓"反冒进"的教训。发言的人差不多都作了自我批评，不仅各大协作区区长都讲了（柯庆施很活跃，连插话讲了3次，总是带着教训人的口气），到会的政治局委员也讲了，周总理、少奇同志、陈云同志、小平同志都谈了经验教训，彭老总也说很受启发。

成都会议就是在大家检讨"反冒进"的空气中结束，广度和深度都超过南宁会议，是党的八大二次会议之前的思想准备会议。历史地看，经过南宁会议和成都会议，指导思想上"左"的倾向已经抬头了。这也反映在人民日报的宣传报道上。[8]

1958年3月成都会议期间，毛泽东还同当时主持山西工作的陶鲁笳谈起引黄入晋济京的远景规划。陶鲁笳回忆说：

1958年3月，在毛泽东主持的成都会议上，我汇报说：山西同北京商量，为了解决工农业缺水问题，我们有一个共同的雄心壮志，想从内蒙古的清水河县岔河口引黄河的水200个流量，100个流量经桑干河流入官厅水库，100个流量流入汾河，科技人员经过勘察，已提出了初步设想。

毛泽东听了表示同意。他说，我们不能只骂黄河百害，要改造它，利用它。其实黄河很有用，是一条天生的引水渠。他还谈笑风生地说，你们的设想，算什么雄心壮志！不过是继承古人的遗志而已。你们查查班固《汉书·沟洫志》，汉武帝时就有一个人建议从包头附近引黄河水经过北京，东注之海。

经查《汉书》果有如下记载，汉武帝时，"齐人延年上书言：河出昆仑，经中国，注渤海，是其地势西北高而东南下也。可案图书，观地形，令水工准高下，开大河上领，出之胡中，东注之海。如此，关东长无水灾，北边不忧匈奴，可以省堤防备塞，士卒转输，胡寇侵盗，覆军杀将，暴骨原野之患。天下常备匈奴而不忧百越者，以其水绝壤断也。此功一成，万世大利"。由此可见，毛泽东同志的历史知识何等渊博，而且博闻强记，令人叹服！

北京市委书记刘仁也汇报说，官厅水库的水源问题还没有解决，北京市随着城市的发展，缺水问题将越来越突出，我们想和山西合作，引用黄河的水，这是一个可靠的水源。

毛泽东说，可以设想，引用黄河之水，把桑干河修成一条运河，使轮船可以开到北京；也可以设想，把山西的汾河也变成一条运河；还可以设想，用黄河的水在内蒙古改造沙漠，那才叫雄心壮志。

接着我说，山西十年九旱，金木水火土，就是缺水，如果解决了缺水问题，旱涝都不怕，山西也和四川一样就成为"天府之国"了。我们也设想过，引黄入汾，使汾河不但可以保证太原的用水，而且可以有灌溉之利，舟楫之便。

说到这里，毛泽东问我，你们山西有个闻喜县，你知道为什么叫闻喜？我说不知道。他说，汉武帝乘楼船到了这里，正好传来在越南打了大胜仗的捷报，汉武帝就给这地方起名为闻喜。汉武帝那时就能坐楼船在汾河上行驶，可见当时汾河水量很大，现在汾河水干了，我们愧对晋民呀！山西出煤，开煤矿发电也都得用水。山西现在缺水，黄河流经山西1000多里，应该对山西有所贡献，引黄济汾是理所当然的。

经查《汉书》果有如下记载：汉武帝元鼎六年，行东，将幸缑氏，至左邑桐乡，闻南越破，以为闻喜县（注：当年闻喜县所属范围与现在不同）。

上述毛泽东远见卓识的谈话，给了山西、北京、内蒙古三省、市、自治区的领导同志极大的启示和鼓舞。1958年6月，我在北京主持过一次三省市区负责人的会议，初步确定在山西偏关修建万家寨水库的方案，并由山西、内蒙古成立了万家寨水电站工程指挥部，随后，即着手进行了施工准备，至1959年下马时，已用去费用360万元。1958年7月，北京市派了一个小组，为了引黄济京到内蒙古清水河、浑河及山西右玉、左云两县进行过勘察，山西水利部门的同志也参加了此项工作。1958年10月，山西省成立了引黄领导小组，组建了引黄入晋勘察队。经过勘察和研讨，至1959年1月，初步选定浑河引水线即在万家寨水库库区岔河口引水，引水规模初步定为100立方米/秒左右，解决工农业用水，结合区间通航。但如何给北京分水问题，经过勘察和研讨未定下来。1959年以后，此项工程就停下来了。[9]

　　成都会议以后，毛泽东乘兴从重庆登船，沿长江直下武昌，沿途畅游了名胜三峡。当看到神女峰时，还背诵了宋玉的《神女赋》。

　　1958年4月上旬，毛泽东在武昌召集部分省委书记汇报会，并向他们通报成都会议精神，继续批评反冒进。

　　随毛泽东乘船东下，并出席这次会议的吴冷西回忆说：

　　4月1日至9日，毛主席召集华东和中南一些省委书记到武昌开会，一方面让他们了解成都会议的情况，另一方面听取他们（主要是河南的吴芝圃和安徽的曾希圣）汇报"苦战三年"的打算。大体上每隔一天开半天会，其余的时间让大家看成都会议的文件，并由谭震林、柯庆施和陶铸介绍成都会议的情况。

　　毛主席在听各省汇报时，作了很多插话。

　　在吴芝圃谈到河南正处在全面大跃进时，毛主席说，这可能是冒险主义，也可能是马克思主义。后来，毛主席又说，河南的工作做得还是好的，不要说他们过火了，只是要压缩一下空气，做得切实些，一些口号在登报时要注意一下。

　　在曾希圣谈到安徽大搞水利工程时，毛主席说，现在说苦战三年改变面貌，其实三年之后还要苦战五年，才能完成四十条。提口号要注意留有余地。苦战三年只能算是初步改变面貌。对于下面报上来的成绩，不可不信又不可全信。凡事有真必有假，要打个折扣才稳当一点。对工程师、科学家，要又信又不信，要相信科学，但要破除迷信。

　　在舒同谈到山东三年实现四十条有把握时，毛主席说，今年是空前的一年，这样的大跃进在历史上未曾有过，我们没有经验。今年要看一年，明年胆子可能大一点，现在还是要小心谨慎，不要把事情说满了。

　　在周小舟谈到湖南也处于高潮时，毛主席分析全国出现高潮的原因：一是从前（1955年到1956年上半年）有过一个高潮；二是1956年6月起反冒进，又有了"反面经验"；三是1957年三中全会恢复了四十条、多快好省和促进会；四是整风、反右调动了群众的积极性，这是最重要的。毛主席还说，他现在担心是不是会再来一个反冒进。

毛主席又讲了现在存在两个剥削阶级和两个劳动阶级（工人和农民）。一个剥削阶级是帝国主义和官僚资本主义、封建主义的残余，未改造好的地富反坏加上一个右派。另一个剥削阶级是民族资产阶级及其知识分子，不同于前一个剥削阶级。我们的方针是团结后一个剥削阶级，孤立前一个剥削阶级。阶级斗争依然存在，还会有反复。这里又一次流露了毛主席重提阶级斗争的想法。[10]

1958年5月5日至23日，中共八大二次会议在北京召开。这次大会的召开，标志着"大跃进"的正式发动。对此，毛泽东在1960年写的《十年总结》中说：1958年5月党代表大会制定了一个较为完整的总路线，并且提出了打破迷信，敢想、敢说、敢做的思想，这就开始了1958年的"大跃进"。

八大二次会议正式通过了毛泽东创议的"鼓足干劲、力争上游、多快好省地建设社会主义"的总路线。关于这条总路线的基本点，中央委员会的工作报告指出："调动一切积极因素正确处理人民内部矛盾，巩固和发展社会主义的全民所有制和集体所有制，巩固无产阶级专政和无产阶级的国际团结；在继续完成经济战线、政治战线和思想战线上的社会主义革命的同时，逐步实现技术革命和文化革命；在重工业优先发展的条件下，工业和农业同时并举；在集中领导、全面规划、分工协作的条件下，中央工业和地方工业同时并举，大型企业和中小型企业同时并举；通过这些，尽快地把我国建设成为一个具有现代工业、现代农业和现代科学文化的伟大的社会主义国家。"

关于中共八大二次会议前后制定社会主义建设总路线的情况，薄一波回顾说：

1958年3月11日，毛主席在成都会议上说，这条社会主义建设总路线，是在新中国成立以后八年中间逐步形成的。1959年底至1960年初，毛主席在《读苏联〈政治经济学（教科书）〉谈话记录》里论述它的形成过程时，指出：

由于我们没有管理全国经济的经验，所以第一个五年计划的建设，不能不基本上照抄苏联的办法。到生产资料私有制的社会主义改造基本完成以后，我们就提出了建设社会主义的两种方法的问题，在1958年正式形成了社会主义建设的总路线。

1956年提出《论十大关系》，提出多快好省，这是社会主义建设总路线形成的开始。1956年的跃进，出来了一个反冒进，经过了一次曲折。1957年9月（八届）三中全会恢复多快好省。1958年春南宁、成都会议上批判反冒进，形成"鼓足干劲、力争上游、多快好省地建设社会主义"这条总路线的提法。5月党的八届二次大会正式通过总路线。

新中国成立以后，由于缺乏经验，我们在经济建设中基本上是沿袭苏联的做法，但毛主席不久就发现这种做法存在不少弊端，力求在借鉴苏联经验、教训的基础上，找到一条适合中国自己情况的社会主义建设的道路。由于新中国成立以后各方面的工作进展比较顺利，尤其是农业合作化运动在很短时间内就完成了，毛主席便认为中国的社会主义建设速度也可以加快，应该比苏联搞得快一些、好一些，应该以尽可能高的速度向前发展。为此，毛主席夙兴夜寐进行研究和探索，先后作了《论十大关系》《关于正确处理人民内部矛盾的问题》的报告，提出了一系列构想和重大方针政策；主持制定了《全国农业发展纲要（草案）》；进行了对反冒进的批评。经过这些工作和活动，毛主席的主张基本上被各级领导干部所接受。广大农村在1957年冬季迅速掀起了农田水利建设的高潮。在这种形势下，制定社会主义建设总路线就提上了议事日程。

至于如何才能把建设搞得快些、好些，当时是缺乏深入研究探讨的。以为只要像战争年代那样，动员群众，大搞群众运动，就什么事情都能办好。关于这一点，党内是存在着思想认识分歧的。冒进、反冒进、批评反冒进，就是这种分歧的反映。针对这种分歧，毛主席先是提出了两种建设方法问题（即快一些、好一些的方法和慢一些、差一些的方法），后来在批评反冒进中逐步把它上升到两种建设方针、两条建设路线的高度。在1958年3月8日至26日召开的成都会议上，毛主席在一次插话中指出：社会主义建设有两条路线，一条多、快、好、省，一条少、慢、差、费。比如水利建设，一为"排、大、国"，一为"蓄、小、群"，这不是两条路线吗？他说：把水排走是大禹的路线。过去从大的出发，依靠国家（过去依靠国家修了好多水库）；现在是以蓄为主，小型为主，群众自办为主。毛主席在另一次插话中又说，社会主义建设有两种办法，一种是干劲十足，轰轰烈烈，坚持群众路线；另一种是"寻寻觅觅，冷冷清清，凄凄惨惨戚戚"，这也是一条路线。在这次会上，毛主席还多次讲到要破除迷信、解放思想、振作精神，要有高屋建瓴、势如破竹的气势和姿态，要像古今中外那些创立新思想、新学派和搞出新创造、新发明的青年人那样，敢想、敢说、敢做。正是在这样一种气氛下，成都会议对总路线进行了酝酿和讨论。

3月18日，陈伯达在会上作了长篇发言，论证我国正进入"一天等于二十年"的时代，经济可以高速度地发展。毛主席在他发言时插话，提到"两个速度分歧"，一是在社会主义改造速度问题上与邓子恢同志的分歧，一是在建设速度问题上同"反冒进派"的分歧。陈伯达说，1956年以来的分歧就是建设速度问题的分歧。

"鼓足干劲""力争上游""多快好省"这些词，就是在两种速度问题的争论中先后出现的。这次会上毛主席又多次提到这些词。但直到3月26日以前，总路线的正式提法还未最后形成。

最早出现的是"多快好省"。1955年10月11日，毛主席在七届六中全会上作的结论中提出：要讲有些什么好办法，可以使合作社办得又快又多又好。不久，他在中央政治局会议上，又提出社会主义经济建设也要"又多又快又好"。12月6日，毛主席在关于反右倾反保守的讲话中说：中国农民比英美工人还好，因此可以更多、更快、更好地进行社会主义（建设）。稍后，采纳李富春同志的建议，在多、快、好三个字后边加上了一个"省"字。12月14日，我在全国农具工作会议上所作的《改善企业管理，掌握新技术，为又多、又快、又好、又省地提高我国重工业的生产而奋斗》的报告中，首次传达了中央"又多、又快、又好、又省"的建设方针。1956年1月1日，《人民日报》在《为全面地提早完成和超额完成五年计划而奋斗》的社论中，提出"要又多、又快、又好、又省地发展自己的事业"，从而把"多快好省"的口号向全国发表了。后来在反冒进中，这个口号很少被提及。召开八大时，周恩来同志在修改一个文件时曾勾掉了有"多快好省"的一句话。但经过批评反冒进，又重新恢复了这个口号。

"鼓足干劲、力争上游"这两个词，是在1958年1月1日《人民日报》那篇《乘风破浪》的社论中第一次出现的。社论指出，不仅要"又多又快又好又省地进行各项建设工作"，而且"必须鼓足干劲、力争上游，充分发挥革命的积极性创造性"。1月上旬，毛主席在上海同复旦大学教授周谷城谈起元旦社论，周说归纳起来就是"鼓足干劲、力争上游"。这引起了毛主席的重视，认为这两个词提得好。后来在南宁会议、最高国务会议、成都会议上，毛主席多次提到这件事。在成都会议上，毛主席多次提到"鼓足干劲""力争上游"，并将它们与"多快好省"连在一起，称之为总路线。

3月25日，在成都会议上，中央将准备提交八大二次会议的《报告草稿》发给与会同志讨论。由于会议定于26日结束，与会同志没有来得及对《报告草稿》进行深入讨论，只有少数同志提出了意见。

《报告草稿》发给会议后，陈伯达又作了修改，毛主席也作了修改。陈伯达将第1页上的"我们今后的任务是要为技术革命和文化革命而奋斗"一句，改为"我们今后的任务，是要贯彻执行党中央和毛泽东同志提出的多快好省地建设社会主义、鼓起干劲、力争上游的总路线，为技术革命和文化革命而奋斗"。毛主席又将这段话改为"我们今后的任务，是要贯彻执行党中央和毛泽东同志提出的调动一切积极因素，正确地处理人民内部的矛盾，鼓足干劲、力争上游、多快好省地建设社会主义的总路线，为技术革命和文化革命而奋斗"。并批示："此件可用。略有修改。或者还须作某些修改，可由少奇同志及小平同志斟酌处理。"可见，成都会议对于总路线的形成是起了重要作用的。

社会主义建设总路线虽然提出来了，但毛主席认为还没有完全形成。他说：从1921年到1942年，用了21年时间才形成了自己的革命路线。社会主义建设总路线，是在8年中逐渐形成的，时间不算长，严格说还不算完全形成，大约再有5年就差不多了。还说：许多东西自己就是将信将疑的，比如多快好省、鼓足干劲、力争上游这些东西究竟对不对，十大关系究竟对不对，我看至少还要看5年。我们证明了的东西只有一条，就是革命。至于建设，还没有证明，只是有了初步的东西。

……

成都会议结束后，由少奇同志主持，胡乔木同志负责，对《报告草稿》进行了大的修改。4月7日少奇同志致信胡乔木同志，谈了他关于修改的一些设想。根据他的意见和成都会议上大家所谈的意见，4月17日、18日改出报告初稿，篇幅比原来的草稿增加将近两倍。初稿全文分为六个部分，在第二部分中专门论述了社会主义建设总路线。4月21日，中央政治局第46次会议决定进一步修改。5月2日，中央政治局第47次会议又对报告修正稿进行了讨论，决定提交八届四中全会讨论通过。

5月5日，少奇同志代表党中央向八大二次会议作《工作报告》，对总路线进行了系统论述，把总路线的基本点概括为：调动一切积极因素，正确处理人民内部矛盾；巩固和发展社会主义的全民所有制和集体所有制，巩固无产阶级专政和无产阶级的国际团结；在继续完成经济战线、政治战线和思想战线上的社会主义革命的同时，逐步实现技术革命和文化革命；在重工业优先发展的条件下，工业和农业同时并举；在集中领导、全面规划、分工协作的条件下，中央工业和地方工业同时并举，大型企业和中小型企业同时并举；通过这些，尽快地把我国建设成为一个具有现代工业、现代农业和现代科学文化的伟大的社会主义国家。报告提出：虽然这条路线还需要在今后的实践中继续考验，并且使它继续发展和完备起来，但是它的基本方向和主要原则是可以确定下来了。

5月8日、17日、18日、20日、23日，毛主席在会上作了五次讲话，同总路线有关的内容，主要有以下几方面：

1. 为什么要提"鼓足干劲、力争上游"？毛主席说"鼓足干劲，力争上游"，这两句是非要不可的。一个人也好，一群人也好，我们一个党也好，全国人民也好，没有一点劲，或者劲不足，那不好办事，所以，要鼓足干劲。力争上游，就是要跟先进看齐。又说："鼓足干劲、力争上游"这两个口号跟多快好省建设社会主义合起来,我看很好。这样一个提法恐怕也是一个新鲜的提法。这是反映了人民的干劲,好像大跃进中间的干劲,反映了人民要争上游。这个干劲有个量的问题。现在用"鼓足"这两个字,恐怕比"鼓起"好。鼓起,早已鼓起来了,你还要起?问题是足不足。有1分干劲,也有2分干劲,有3分干劲,有4分、5分、6分、7分、8分,至少也得个6分、7分,最后是8分、9分,10分就足了。干劲会有不同的。"鼓足干劲",这个话是个新话。"力争上游"是从前就有的,但是现在有新鲜意义。什么叫力争上游?在我们国内,无非是争"四五八"〔指《全国农业发展纲要(草案)》规定的12年内黄河、秦岭、白龙江以北地区粮食亩产达到400斤,黄河以南、淮河以北地区亩产达到500斤,淮河、秦岭、白龙江以南地区亩产达到800斤——作者注〕。又比如,长春汽车厂增加的投资不多,而产量要比过去的设计能力增加一倍以上。鞍山钢厂,现在不增加投资,而钢产量可以提高。《农业发展纲要》提出的任务,原定12年完成,现在不要12年了。有些基本的项目,个别的省说3年可以,有些项目今年就可以完成,有些项目明年可以完成,有些项目第三年可以完成。跟外国比较,就是要在主要工业产品的产量上7年赶过英国,15年赶过美国。

对于我们的党、人民和民族来说,毛主席提倡自强不息、不甘落后的"鼓足干劲、力争上游"的精神,这在任何时候都是必要的、正确的、无可厚非的。但在这里,毛主席所做的具体解释,把它同"四五八"的发展目标联系起来,要求把原定在12年内完成的基本建设项目,一下子缩短到3年,特别是把它同加速赶英、赶美的目标联系起来,显然就不恰当了。当然,在一定的时间内,在一些经济发展的重要目标上,把国外一些发达国家作为赶超的对象,以激励大家的士气,并不是完全不可以的。问题在于赶超的时间和办法,一定要经过充分的科学论证,定得合乎实际。如前所述,开始提出是7年赶过英国、15年赶过美国,可是后来的时间越缩越短,赶英的时间最后缩为二三年。这样问题就来了,就很难避免盲目追求高指标和其他不切实际的行动了。

2. 为什么总路线省略了主词?毛主席说:鼓足干劲、力争上游、多快好省地建设社会主义,这在外国人看来恐怕不大懂。这里头也没有个主词,什么人鼓足干劲?本来想前边加一句"调动一切积极因素",把"积极因素"当作个主词。现在想,世界上也有那么一些怪事,不要主词也可以。我们这个6亿人口就是我们的主词。所谓鼓足干劲,大家知道,就是6亿人口的绝大多数的干劲(后来,少奇同志在1962年第18次最高国务会议上也曾说:我们在1958年制定总路线的时候,提的是全国人民团结起来,在中国共产党领导之下,鼓足干劲、力争上游、多快好省地建设社会主义。后来把主词去掉了,就是鼓足干劲、力争上游、多快好省地建设社会主义。谁鼓足干劲呢?应该说,全国人民是主词。以后说的时候,把主词省略了——作者注)。

3. 总路线是怎么产生的?毛主席说:多快好省是从哪里来的?就是因为群众里头出现了多快好省,工厂、农村、商店、机关、学校、军队里都出现了多快好省。既然这个合作社可以多快好省,为什么那个合作社不可以?既然这个工厂可以多快好省,为什么别的工厂不可以?这是积累了许多经验形成的,有苏联的经验,也有中国多少年的经验。毛主席又说:这次大会,反映了人民的情绪,反映了人民的干劲。人民要求鼓足干劲,力争上游,多快好省地建设社会主义。

在少奇同志报告和毛主席讲话以后,与会代表分组进行讨论,提出了一些意见。广西、河南、湖南组的代表提出,这条总路线和过渡时期总路线的关系不明确,过渡时期总路线包括了过渡时期的主要矛盾,而多快好省的总路线包括不了这个主要矛盾,两个总路线的关系究竟如何,希望加以解释;既然多快好省是指方法而言的,这条总路线可否改为:"鼓足干劲、力争上游、多快好省地建设一个具有现代工业、现代农业和现代科学文化的伟大社会主义国家。"

绝大多数代表对这条总路线的提出表示拥护。从5月8日开始大会发言,口头发言的有117人,书面发言的有140人,表示完全拥护这条总路线。他们列举本地区的成绩、经验,说明总路线的正确,同时也提出了许多脱离实际的口号和指标。例如在农业方面,许多省都提出了"苦战三年,彻底改变全省面貌";广西来宾县提出"苦战四个月,基本实现水利化";河南长葛县提出当年要把全县112万亩土地深翻一遍,争取亩产800斤;湖北谷城县提出"争取一两年内小麦亩产1000斤";安徽桐城县提出当年亩产达到1000斤,争取1500斤;广东汕头地区提出争取当年亩产达到1000斤,3年左右达到1500斤。在工业方面,机械工业部门提出在"二五"计划期间,机械工业的产品产量平均每年的递增率要达到50%;冶金部门提出,实现"5年超过英国,15年赶上美国"的任务,"二五"期间钢产量平均每年的递增率要达到41.5%;煤炭部门提出"二五"期间煤产量要达到7亿吨,"2年赶上英国,10年赶上美国";铁道部门提出全民办铁路,"二五"期间修铁路3万公里,15年内全国铁路总长度要达到27万公里;纺织部门提出5年内主要纺织品产量超过英国,赶上美国;轻工部门提出造纸工业的产品产量5年超过英国;水利电力部门提出5年内全国初步实现电气化;第一汽车制造厂介绍了"苦战半个月,3万变7万",班产百辆车的经验;包头钢铁厂提出要实现"产量增加一番,速度快一倍,投资省一半"的目标。

这些提法和说法,在今天看来,不免有许多令人哑然失笑之处,然而当时许多同志的实际思想、思想方法就是这个样子，就是这么来理解和希求多快好省的，就是这么来理解和表现敢想敢说敢做的。每当重温和思考这样的历史材料时，心情总不免感到沉重，当时怎么会发生这种不切实际的、严重忽视客观经济规律的举措呢？原因应该深深地探究，教训应该好好地找寻。但人也好，事业也好，总是从不成熟走到成熟。对于创业者们的幼稚、笨拙之处以致干出的明显蠢事，不应过多地去责怪或讥笑，重要的是把它当作历史的一部分进行严肃研究，吃一堑长一智，从中得到有益的东西，并作为殷鉴，永远记取。

......

根据会上提出的意见，起草小组对《工作报告》又进行了修改。5月22日，胡乔木同志将修改稿送交毛主席和中央领导同志。5月24日，毛主席批示："改得很好，真正势如破竹了。"[11]

吟就《送瘟神》

1958年6月底，毛泽东写出名诗《七律二首·送瘟神》。在诗前小序里，他说自己读罢报纸，"浮想联翩，夜不能寐"，"遥望南天，欣然命笔"。卫士封耀松回忆了毛泽东这一夜命笔作诗的情景[12]。他说：

这次来杭州，毛泽东住在刘庄宾馆。据说这里又叫水竹居，原为晚清刘学询别墅，背山濒水，环境幽静。1954年以来经过著名建筑师精心设计改建之后，梦香阁、望山楼、湖山春晓诸楼台水榭，尤具东方园林特色，被誉为"西湖第一名园"。

平日，老人家常询问我爸爸妈妈怎样，问我给家里写信没有。这次来杭州，毛泽东便说："小封啊，你回家看看吧。"他专门委托罗秘书买了东西陪我去探望父母。

从父母那里回来，我立刻赶去主席休息的房间。因为又轮我值班了。何况，今天是1958年6月30日，明天是党的生日。毛泽东要参加一个重要会议，今晚应该劝他睡一觉。

毛泽东坐在藤椅上，正在看报。我轻步走近，那是当天的《人民日报》。

"主席，我回来了。"

"唔。爸爸妈妈都好吧？"

"都很好。他们……"

我没有讲下去。因为毛泽东只瞟了我一眼便又将目光转向报纸。他的神色告诉我，他正在思考，全部精力都聚集在那张报纸上，嘴唇翕动着，像是念念有词。听不出念什么，是一串串绵长而抑扬顿挫的哼哼声，头也不时轻晃几下。工夫大了，我便有些疑惑。主席虽然用两手张开报纸，目光却并未在上面流连。淡漠的目光始终对着一个位置。莫非出了什么大事？我悄悄望报。张开的两版，既没有套红，又没有大块黑体字，似乎全是一些"豆腐块"。

然而，那报纸肯定有名堂。毛泽东将报纸精心折两折，起身踱到窗前，停步深吸一口气，又踱回桌旁在椅子上坐下，抬起手中的报纸看，很快又站起来走到床边，躺下去，上身靠着靠枕，眼望天花板。接着又站起来踱步……

他显出激动，且时时宽慰地舒口长气。

他回到床上，半躺半坐，斜靠着靠枕。他又拿起那张报纸看，头也不抬地说："你把笔和纸拿来。"

毛泽东有躺在床上看书批阅文件的习惯。我拿了一张白纸一支铅笔交给他。他将报纸垫在白纸下边，鼻子里唱歌似的哼哼两声，便落下笔去，不曾写得四五个字，立刻涂掉，摇晃着头又哼，哼过又落笔。

我从来不曾见主席这种办公法，大为诧异，却无论如何听不出他哼什么。

就这样，毛泽东写了涂，涂了哼，哼过又写。涂涂写写，哼来哼去，精神头越来越大。终于，我听清这样两句：坐地日行八万里，巡天遥看一千河……

莫非是作诗？我仍然不敢肯定。

毛泽东忽然欠起身，用手拍拍身后的靠枕。长期生活在主席身边，我已善解他的意图，忙过去抱被子，将他的靠枕垫高些，扶他重新躺好。于是，我看清了那张涂抹成一团的纸。字很草，天书一样看不懂。

"主席，你哼哼啥呀？天快亮了，明天你还要开会呢。"我借机提醒老人家。

"睡不着呀。"毛泽东撇开稿纸，指点下面的报纸，"江西余江县消灭了血吸虫。不容易啊！如果全国农村都消灭了血吸虫，那该多好呀。"

我低下头去看，那条消息是很小一块"豆腐块"。就是这样一块"小豆腐"主席也没丢掉，看到了，激动了，睡不着觉，作诗了！

毛泽东继续哼了写，写了涂；涂了又哼，哼过又写，折腾有两个多小时，轻轻一拍大腿，说："小封哪，你听听怎么样？——绿水青山枉自多，华佗无奈小虫何！……"

说实话，这两首七律诗放我面前读十遍，没有注解我也未必能说出多少道道儿。但是，我生出一种莫名其妙的美感。"日行八万里""遥看一千河""红雨随心""青山着意""天连五岭""地动三河"这样的句子，经主席那湖南口音抑扬顿挫地诵出，竟然使我着迷。朦胧中像在听一首美妙动人的抒情曲，又像漫游在神秘的童话世界中，我真心诚意地说："真好，太好了。"

毛泽东望着我："什么地方好？"

我张了张嘴，说："句句都好。"

"那你明白意思吗？"

"我……反正我听着就是好。"

"告诉你吧，是我们的人民真好，太好了。"

我说："人民好，诗也好。"

"嗯。"毛泽东欣然下床，转转腰，晃晃头，做几个扩胸动作，然后上厕所。

我说："主席睡觉吧？下午还要开会呢。"

毛泽东不语，眼睛闪闪发亮，在房间里走了走，走到窗前。哗啦！拉开了窗帘。一边朝外张望，一边自言自语："天是亮了吗？亮了！"

我也朝外望。东方的天际，火红的朝霞像山一般踊跃，浪一般翻腾。

毛泽东没有睡，走到办公桌旁，抓起毛笔，蘸了墨又写那二首诗，并且再修改一番，说："你去把秘书叫来。"

我叫来秘书。毛泽东交代："你把这个拿去誊誊。"

秘书拿走诗稿。毛泽东重又拿起6月30日的《人民日报》，重读那条豆腐块大小的消息。他一上午又没睡，接着便去参加下午的会议。[13]

当时在毛泽东身边负责警卫工作的沈同还回忆了毛泽东关心消灭血吸虫病的情况。他说：

1955年仲夏正当农忙时节，毛主席外出视察工作。一路从北向南，有时细察，有时访问，到了杭州，请来了几位同志开会。主席对身边的工作人员说，开会期间不搞其他活动，要求部分同志帮助他去了解杭州郊区农民的生活情况。

主席召集的会议开始后，我们几个同志出发，到杭州郊区的余杭地区去访问。走进一个村庄，因为是农忙时节，青壮劳力都下了大田，只遇到一个农民在家做木工，准备盖房子。我们又走到田头，群众正忙着整理稻田。在池塘边的树荫下，有一个粗壮的农民，倚着树干仰天躺在那里，只见他两手抱头，眼里满含泪水，呆望着天空。我们走近他身边，问他有什么为难的事，为什么不下田去劳动。他看看我们，摇摇头闭上了眼睛，泪水滴在胸前。这时我们才注意到，他的腹部鼓胀，颈部粗肿，可知行动困难，分明是病倒了。问他得了什么病，他只是摇头流泪。我们说明是特意来这里访问的，又问他有什么困难。他没有说话先叹气，呆了半天才说："都是我的命不好，有福不能享，谁也怪不得，没得好说的。"说完又是叹气，显出一言难尽的样子。为了弄清情况，大家都坐在他身边，等待他解说。他见我们诚恳的样子，想了想终于说出了自己的身世。

……

大家听着这个老实憨厚的农民痛诉自己悲惨的身世，都十分同情他的遭遇，劝他不要难过，要先把病治好，好日子还在后边。他说："这种大肚子病是治不好的，你们外地人不知道，这是我们这里的地方病，只要得了这种病，就是有钱也没办法治好，本地人祖祖辈辈都受这个害！"他声泪俱下，难过极了。我们向他解释：……共产党毛主席就是要给人民解除苦难的，你们这里有危害人民的地方病，毛主席一定会领导大家来消灭地方病，为人民除害，会把你们的病治好的！

他一直耐心地听着，这时他忽然抬起头来，怔怔地看着我们，很久，竟充满激情地说："你们说的都是实情，共产党、毛主席领导人民打跑了日本鬼子和国民党反动派，帮助我们穷人翻了身，我们再也不当亡国奴了，再也不受剥削压迫了，这是我头一次佩服毛主席！后来毛主席又领导大家斗倒了地主恶霸，给我们分了土地，从此我们过上了好日子，这不但救活了我们一家，也救活了全国的穷苦老百姓。这是我又一次佩服毛主席！要是毛主席又知道我们这里的人们还受着地方病的害，再想办法帮我们治好这种从来没有办法治的害人病，他老人家可真是救命的活菩萨，人民的大救星！我这一辈子都佩服毛主席了！我还要教育子孙后代都记住共产党、毛主席的大恩大德！我就盼望着这一天了！"说完他兴奋地露出憨厚的笑容。

我们带着这个农民破涕为笑的心情，回去把这件事报告了毛主席。主席说，在我国的东北、西北和江南一些地方，长期以来，都有些地方病危害人民的健康，情况很严重，血吸虫病对人民的危害更大，一定要帮助人民解除苦难，一定要消灭血吸虫病！现在要和天斗争了！

毛主席对此展开了进一步的调查研究，他先后同上海市委和华东地区几个省的省委书记座谈了解情况。据初步的调查了解，正如后来国务院《关于消灭血吸虫病的指示》中指出的那样：血吸虫病在我国流行已久，遍及南方12个省市，患病人数1000多万，受感染威胁的人口超过1亿人，对于人民的危害是极其严重的，轻则丧失劳动力，重则死亡，患病的妇女不能生育，患病的儿童影响发育，病区人口减少，生产下降，少数病区甚至田园荒芜，家破人亡。如江西省丰城县的梗头村，百年前有1000多户，到1945年只剩下2人，其中死于血吸虫病的有90%；安徽省贵池县的碾子下村，百余年前有120户，现在只有曹金雨一户4口人，其中3人仍患血吸虫病。血吸虫病已成为我国现在流行病中危害最大的一种病害，严重地影响着农业生产，危及民族的健康和繁荣。

毛主席根据调查到的这些资料，于1955年11月在杭州召开了中央会议，毛主席在会上提出："一定要消灭血吸虫病！"他指出，对血吸虫病要全面看、全面估计，它是危害人民健康最大的疾病，1000多万人受害，1亿人民受威胁，应该估计到它的严重性。共产党人的任务就是要消灭危害人民健康最大的疾病，防治血吸虫病要当作政治任务。各级党委要挂帅，要组织有关部门协作，人人动手，大搞群众运动。根据毛主席的提议，党中央决定成立血吸虫病防治领导小组，马上开展工作。

中央血吸虫病防治领导小组，于11月22日至25日在上海召开了第一次全国防治血吸虫病工作会议，参加会议的有七个省市的省、市、地、县的党政领导和防治科技人员及专家共100余人，会上传达了根据毛主席的提议，党中央关于成立血吸虫病防治领导小组的决定，经过研究，提出了7年消灭血吸虫病的大体部署，以及防治研究等具体问题。

于是，防治血吸虫病的工作，很快就在全国有血吸虫病的地区开展起来，又在这些地区纷纷组织了领导干部和医疗专家相结合的防治血吸虫病的医疗小组。边治疗、边预防、边研究，既治标，又治本，全面展开了工作。

中央防治血吸虫病研究委员会，于12月在上海举行了第一次会议，总结了几年来有关血吸虫病科学研究工作的成果，专家们研究了准备防治的各种措施，指出综合性措施是今后防治血吸虫病工作的方向。

在受害地区，党和政府进行了全民动员，利用各种报刊、广播以及农村的墙报、广播喇叭等各种宣传工具，广为宣传。深受血吸虫病之害的广大群众，都有过惨痛的亲身经历，一听说共产党毛主席派人来治血吸虫病，要为民除害，人人拍手称快，兴奋异常，都积极响应，个个争先。在防治血吸虫病医疗小组的科学指导下，各项防治工作进行得热火朝天。同时全国各地也伸出了援助之手，在人力物力等方面给予了极大的无私支援，更加鼓舞了灾区人民的信心和决心。

毛主席一直在关注着这项工作的进展情况，抓住不放，一抓到底。他一面号召、部署和检查这项工作的贯彻执行情况，一面又去向有关专家学者调查研究彻底消灭血吸虫病的意见与科学方法。

1956年2月17日，毛主席在最高国务会议上发出了"全党动员，全民动员，消灭血吸虫病"的战斗号召。

1956年3月3日，毛主席接到中国科学院水生动物专家秉志2月28日写给他的信：建议在消灭血吸虫病工作中，对捕获的钉螺应采用火焚的办法，才能永绝后患，土埋灭螺容易复出。毛主席看了非常高兴，当即指示卫生部徐运北同志照办，并请这位专家参加本年3月准备在上海召开的第二次防治血吸虫病的会议，还查询了这次会议的准备情况。

1956年，毛主席接见了广东省从事血防工作的陈心陶教授，听取了他对防治血吸虫病的意见。

1957年7月7日，毛主席在上海各界人士座谈会上，又特意向有关专家询问了防治血吸虫病的情况。

1958年，毛主席在安徽视察工作时，专门到省博物馆察看了防治血吸虫病的规划图，查询进展情况，促其实现。

周恩来总理在1957年4月20日发布了《国务院关于消灭血吸虫病的指示》。

中共中央随即于1957年4月23日发出了《中共中央关于保证执行国务院关于消灭血吸虫病指示的通知》。

全国上下总动员，消灭血吸虫病的工作进行得热火朝天，一年、两年过去，血吸虫病的发病率降低了；又过了一年，有些地方的血吸虫病患者逐渐恢复了健康；捷报频传，人民一片欢腾。

1958年6月30日，《人民日报》报道了江西省余江县首先消灭了血吸虫病的喜讯。

……

毛主席看到了《人民日报》的消息，也和全国人民一样，心情激动不已，抚今追昔，往事历历在目。多少年来，血吸虫像瘟神一样，夺去了无数同胞的宝贵生命！统治者不管人民的死活，竟害得祖国大地"千村薜荔""万户萧疏"，人民坐以待毙，好不凄惨！今天一声春雷，祖国解放了，人民做了自己国家的主人，开始了幸福的生活。在党的号召下，动员起来的广大人民群众，有了无穷的力量，多少人间的害人虫都被消灭了，现在又同大自然展开了搏斗，而且全民振臂，一举成功，终于消灭了多少年来一直在危害人民生命的血吸虫病，使得那些遭受血吸虫病魔危害的千村万户的同胞起死回生！顿时一幅新的图画又展现在眼前：绝处逢生的广大人民群众，将重整衣冠，斗志昂扬地走上建设祖国工农业生产的第一线，他们个个如生龙活虎，都有无穷的力量，银锄落处将使青山绿水间，遍地稻菽成浪；铁臂摇起可以开山辟地，击起钢花飞溅。瘟神呢，就只有死路一条了。

毛主席心潮澎湃，思绪万千，"浮想联翩，夜不能寐"。他坐也不是，立也不是，一直在踱步浮想。微风送爽，不觉已是旭日临窗。他凭窗遥望南天，要歌颂这人间奇迹，于是以诗言志，欣然命笔，一挥写成《送瘟神》七律二首的不朽诗篇。他歌颂人民力量的伟大，歌颂人民在共产党的领导下，万众一心，气势如虹，把被瘟神践踏了的八万里大好河山，培育成春风杨柳万千条的神州大地。人民是不可战胜的。〔14〕

北戴河会议前后

毛泽东在追求经济建设的多与快的同时，也开始逐渐追求所有制上的大与公。1958年3月成都会议上，他提出了小社并大社问题，并变成中央的决定和实践，形成小社并大社的热潮。

关于人民公社构想的发端形成，薄一波回忆说：

1957年冬到1958年春，全国出动几千万到上亿的劳动力，大搞农田水利基本建设，从而揭开了"大跃进"的序幕。正是因为农田水利基本建设等群众运动的发展，促使毛主席和其他中央领导同志萌生出改变农村基层组织结构的思想火花。

……

1956年秋后，一些地方出现闹退社、分社风潮。后来查明某些社规模过大，难于管理，吃"大锅饭"严重，是酿成风潮的原因之一。有鉴于此，党中央在1957年9月14日发出《关于整顿农业生产合作社的指示》和《关于做好农业生产合作社生产管理工作的指示》，指出，"大社、大队一般是不适合于当前生产条件的"。"除少数确实办好了的大社以外，现在规模仍然过大而又没有办好的社，均应根据社员要求，适当分小。""生产队是合作社的基本生产单位，一般以二十户左右为宜"。"社和生产队的组织规模确定了之后，应该宣布今后十年内不予变动。"但是，在经历了批评反冒进的曲折之后，现在遇到了因农田水利建设大规模开展带来的新问题，加之许多地区进行了撤区并乡工作，因此，毛主席就重新考虑合作社的规模问题了。1958年1月南宁会议上，听说广西出现并社现象时，毛主席就说："可以搞联邦政府，社内有社。"后来正式提出并大社的主张。

有关部门根据毛主席的意见，起草了《关于把小型的农业合作社适当地合并为大社的意见》（以下简称《意见》），指出："我国农业正在迅速地实现农田水利化，并将在几年内逐步实现耕作机械化，在这种情况下，农业生产合作社如果规模过小，在生产的组织和发展方面势将发生许多不便。为了适应农业生产和文化革命的需要，在有条件的地方，把小型的农业合作社有计划地适当地合并为大型的合作社是必要的。"《意见》于3月20日在成都会议通过，4月8日经政治局会议批准，作为中央意见正式下达。4月12日，《人民日报》头版头条，以《联乡并社发展生产力》为题，报道了福建闽侯县在3月间，把城门、下洋、龙江3个乡合并为1个乡，把23个农业生产合作社合并为1个社的消息，并用《编辑的话》的形式，将《意见》中的主要观点公开发表。

这以后，各地迅速开始了小社并大社的工作。辽宁、广东两省最快。辽宁于5月下半月，即将9272个社合并为1461个社，基本是一乡一社，平均每社约2000户，最大的为18 000多户。紧接着，河南、河北、江苏、浙江也相继完成并社。河南由38 286个社合并为2700多个社，平均每社4000户左右；北京郊区农村，由原来的1680个社合并为218个社，平均每社1600户。

在1958年1月间的杭州会议、南宁会议上，毛主席提出地方工业的产值几年（3年、5年或10年）超过农业产值的问题。国家经委根据毛主席的意见，起草了《关于发展地方工业问题的意见》，第一次正式提出农业生产合作社办工业问题。该《意见》于3月23日在成都会议通过，也于4月5日经政治局会议批准，作为中央意见正式下达。农业社办工业，就已突破了农业生产合作这个名称的限制，实际上就提出了给农村主要的合作经济组织另找名称的问题。

随着以大搞农田水利建设为中心的农业生产高潮的掀起，地方工业遍地开花，带来了农村劳动力紧张。一些地方为着尽可能地腾出劳动力用到工农业生产上去，于是出现了简易的公共食堂和托儿所。为了让青年农民学习农业技术，吉林延边、河南登封、湖南浏阳等地的农村办起了"农业大学"。正是在这种情况下，中央领导同志酝酿了新的农村基层组织结构问题。少奇同志1958年11月7日在第一次郑州会议的一段回忆和陆定一同志在八大二次会议的发言，介绍了中央领导同志最早关于这个问题的酝酿情况。

少奇同志在第一次郑州会议上说：

公社这个名词，我记得，在这里（郑州火车站），跟吴芝圃（时任河南省委第一书记）同志谈过。在广州开会（少奇等同志去广州向毛主席汇报八大二次会议准备情况，时间估计可能是1958年4月底——作者注），在火车上，有我、恩来、定一（时任中央宣传部部长）、邓力群，我们四个人吹半工半读，吹教育如何普及，另外就吹公社，吹乌托邦，吹过渡到共产主义。说建设社会主义这个时期就是为共产主义准备条件，要使前一阶段为后一阶段准备条件。我们搞革命就是这样的，开始搞前一步的时候，就想到下一步，为下一步创造条件。我们现在建设社会主义，就要为共产主义创造一些顺利条件。还吹空想社会主义，还吹托儿所、集体化、生活集体化，还吹工厂办学校、学校办工厂、半工半读。要邓力群去编空想社会主义，要定一编马恩列斯论共产主义。下了火车，在这个地方，大概有十几分钟，跟吴芝圃同志说，我们有这样一个想法，你们可以试验一下。他热情很高，采取的办法也很快（吴芝圃插话：那个时候，托儿所也有了，食堂也有了，大社也有了，还不叫公社），工农商学也有了，就是不叫公社。乡社合并是老早就有的。陆定一回去，马上就编了那本书。八大二次会议，我去讲了一个半工半读和生活集体化。后头要北京试验，要天津（泛指河北省，因为当时天津市属河北省，是河北的省会——作者注）试验。公社就是这样来的。事实上已经有了，他们叫大社。陆定一同志在八大二次会议发言里边讲了这个东西。

陆定一同志在八大二次会议发言的日期，是5月19日，题目叫《马克思主义是发展的》。18日晚，他在推敲经大会秘书处已经铅印好的发言稿时，在结尾的部分，新加了这样一段话：

毛主席和少奇同志谈到几十年以后我国的情景时，曾经这样说，那时我国的乡村中将是许多共产主义的公社。每个公社有自己的农业、工业，有大学、中学、小学，有医院，有科学研究机关，有商店和服务行业，有交通事业，有托儿所和公共食堂，有俱乐部，也有维持治安的民警，等等。若干乡村公社围绕着城市，又成为更大的共产主义公社。前人的"乌托邦"想法，将被实现，并将超过。我们的教育方针和其他教育事业，也将朝这个目标发展。

虽然陆定一同志这段话也包括少奇同志在火车上"吹"的那些内容，但主要是转述毛主席在广州向他们四位谈的内容。

政社合一是人民公社一个重要的特征。对此，少奇同志说："乡社合并是老早就有的。"他究竟指的是些什么事？不清楚。就现在看到的材料，他的话不是没有根据的。在合作化过程中，东北有些地方曾出现村政府和合作社合署办公，一个机构、两块牌子的现象。在浙江舟山群岛的蚂蚁岛，还正式出现过一个乡社合一的渔业生产合作社。1955年初，民政部曾把这些做法作为"以社代政"或"政权消亡论"的错误倾向加以批评。当时主管民政工作的副总理陈毅同志于1955年4月14日在全国第三次民政工作会议的讲话中，说民政部的批评是"文不对题"。中央同意陈毅同志意见，转发了陈毅同志讲话的全文。此外，1956年冬，陈伯达曾到福建莲塘乡搞乡村调查。1957年1月7日向党中央、毛主席写过一个报告，就农村工作提出过许多意见，其中，涉及农村基层经济政权组织的意见有两条：一、"可以把乡（或村）和社合在一起，使合作社成为真正的基层；乡（或村）中的行政工作，可以由一个合作社的副社长兼任，他不必脱离生产，也不拿专薪，或者只由政府给些少补贴"；二、"可以考虑把供销合作社和信用合作社合并到农业生产合作社，作为农业社的供销部和信用部"。中央批转了陈伯达的报告。虽在批语中指出，乡政权设在合作社一起和基层供销社、信用社并入农业社这两个问题，"因牵涉较广必须慎重考虑"，但并没有否定陈伯达的建议。另据胡乔木同志回忆：1958年2月、3月间，毛主席和陈伯达谈过一次话，说乡社合一，将来就是共产主义的雏形，什么都管，工农商学兵。

各地并起来的大社，初期叫法多种多样。在河南省有的叫集体农庄，有的叫农场，有的叫社会主义大院或社会主义大家庭。别的省情况也差不多。例如辽宁省盖平县花园坨乡由7个社18 024户合并而成的一个大社称为"太阳升共产主义农场"。四川省成都市郊区第一批由24个农业社并起来的4个大社都称为"国营农场"。北京市顺义县400多个农业生产合作社合并而成的8个大社，分别叫"红旗""卫星""七一""火箭""东风""东方红""先锋"和"红星"合作农场。

6月间，一些地方出现了以"公社"命名的大社。……

公社这个名称，原出于欧洲中世纪，是当时西欧实行自治的城镇。大多数公社的特点是：其公民或市民宣誓互相保护或帮助。法国资产阶级大革命成功后，雅各宾派中的一些派别，曾主张在法国恢复公社制度。伟大的空想社会主义者罗伯特·欧文和他的学生们，于1824年至1828年在美洲购置土地，进行未来理想社会的试验，就把他们理想社会的基层组织叫作公社。欧文的公社是由2000人到3000人组成的工、农、商、学相结合的生产和消费单位。在公社内部，纯粹个人日用品以外的一切东西都变为公有财产。产品按需分配，每个人可在公社仓库领取必需的物品。

马克思、恩格斯的文献，也常把他们设想的共产主义社会的基层组织称为公社。19世纪中叶，在欧洲其他一些派别的共产主义者也使用公社这个概念，因此，共产主义也常称为公社主义。这里需要说明的是：1871年巴黎公社的革命者，把自己政权称为公社，并不是在共产主义的意义上，而只是在城市自治的传统意义上，使用公社这个概念的。因为巴黎公社革命者并不信仰共产主义，他们并没有接受马克思主义。十月革命后的苏俄，出现了三种形式的农业合作组织：农业公社、农业劳动组合、共耕社。1919年12月3日到10日，俄共（布）中央召开了第一次全俄农业公社和农业劳动组合代表大会。4日列宁在代表大会讲话称："农业公社是个很响亮的名称，是与共产主义这个概念有联系的。"

前已提到，陆定一同志在1958年4月底去广州的火车上，接受编辑《马克思 恩格斯 列宁 斯大林论共产主义社会》一书的任务后，回到北京即组织中央宣传部的同志全力突击，6月间初稿编成。收入初稿的第一条语录，就是恩格斯1845年2月8日《在爱北斐特的演说》中描绘共产主义社会概况的几段话。这条语录就有两个地方提到共产主义社会的基层组织叫作公社。这部书的编出，对毛主席最后决定把新合并起来的大社叫作人民公社起了不小的促进作用。因此，在后来的北戴河会议上，毛主席向与会同志一再推荐这本书。

7月1日，《红旗》第3期出版。上面有陈伯达的短文《全新的社会，全新的人》，赞扬湖北省鄂城县旭光农业社"把一个合作社变成一个既有农业合作又有工业合作的基层组织单位,实际上是农业和工业相结合的人民公社"。他借题发挥,透露了人民公社的名称。

后来在第一次郑州会议上,谈到人民公社的起源问题时,陈伯达也有一段回忆。他说:人民公社,我没有感性知识,主席要我们到天津(当时河北的省会)去,到天津后,跟安国、徐水、定县、正定几个县委的同志谈了一下。安国的同志说过这个问题:他们有5万亩洼地要搞成稻田。他们说,既然调了很多劳动力,大家协作,把洼地变成稻田,就不如搞一个大社。

……

嵖岈山卫星农业社,是1958年4月20日由嵖岈山附近27个高级农业生产合作社合并而成的。共6566户30 113人。《红旗》杂志常任编辑李友九同志带着任务于当年7月17日到达这里时,已改名为卫星人民公社。据李友九8月8日给总编辑陈伯达的信称:"他们这里并大社,原来也只是为了并大一点,好搞建设。到郑州一汇报,谭震林同志和他们讲了一番'工、农、商、学、兵'办'公社'的道理,回来就叫成公社了。""公社这个名词群众还不习惯,有写成'共社'的,有写成'工社'的。"李友九随信给陈伯达寄去《嵖岈山卫星人民公社试行简章(第二次草稿)》一份,并说明这份简章是他和河南省委书记处书记史向生、省委农村工作部副部长崔光华、信阳地委书记路宪文,在这里"大汇合、大研究"之后写成的。陈伯达收到后,即将《简章》草稿的复制件和李友九的信转报毛主席。毛主席当即对《简章》作了修改,批示:"请各同志讨论,似可发各省、县参考。"1959年7月23日,毛主席在庐山会议讲话中说:"我在河南调查之后,叫河南同志跟红旗杂志合作,搞了一个卫星公社的章程,我得了那个东西,如获至宝。你说我小资产阶级狂热性,也有一点,不然我为什么如获至宝呢?"

7月16日出版的《红旗》第4期,刊载了陈伯达"七一"前夕在北京大学的讲演稿:《在毛泽东同志的旗帜下》。文章讲道:"毛泽东同志说,我们的方向,应该逐步地有次序地把'工(工业)、农(农业)、商(交换)、学(文化教育)、兵(民兵,即全民武装)',组织一个大公社,从而构成我国社会的基本单位。"这里透露的内容,较之陆定一同志在八大二次会议上的发言、谭震林同志在六省市农业协作会议结论中透露的内容更具体更鲜明了。

最先得到关于人民公社信息的河南省,7月间,在并大社的基础上,迅速掀起了人民公社化热潮。据8月13日河南省委向中央的电话汇报,全省已建立公社1463个,占计划数的52.42%。新乡地委8月10日向中央和省委汇报,已办起354个人民公社,平均每社5345户,其中:7月18日成立的修武县人民公社是一县一社,共29 193户。

8月4日、5日，毛主席视察徐水、安国。在徐水，他称赞"组织军事化、行动战斗化、生活集体化"，称赞农民上山炼铁，问粮食多了怎么办？可考虑让农民一天干半天活；另外半天搞文化，学科学，闹文化娱乐，办大学、中学。在安国提出：粮食多了，每人每年可吃六七百斤，土地实行轮作。这说明，此时毛主席的头脑里，已经在思考着粮食多了怎么办的问题。从安国回保定的汽车上，他问陪同视察的保定地委书记李悦农：是不是一乡一社，是不是搞万人公社？说在平原地区8000人搞一个公社不要紧，社里工农商学兵都有。要搞全民武装，给民兵发枪。还说，县也要并大一点，并到几十万人的大县。头少了好领导。还称赞河北省委提出的大地园田化的口号。毛主席走后，8月6日，中央农村工作部副部长陈正人同志到达徐水，传达了中央关于在徐水搞共产主义试点的指示。几天之内，全县248个农业生产合作社宣布转变为人民公社。8月22日，徐水县制定了《关于加速社会主义建设向共产主义迈进的规划（草案）》，规定1959年基本完成社会主义建设并开始向共产主义过渡，1963年进入共产主义社会。8月23日，《人民日报》发表长篇报道，宣称："徐水的人民公社将会在不远的时期，把社员们带向人类历史上最高的仙境，这就是'各尽所能，按需分配'的时光。"

8月6日下午4时20分，毛主席到达河南新乡县七里营公社。在公社办公室门口，看到公社牌子，他点点头说："人民公社名字好。"在视察公社棉田时，对陪同视察的河南省委第一书记吴芝圃同志说："吴书记，有希望啊！你们河南都像这样就好了。""有这样一个社，就会有好多这样的社。"

9日，毛主席到达山东。当山东省委书记处书记谭启龙、裴孟飞同志在汇报中提到历城县北园乡准备办大农场时，毛主席说："还是办人民公社好，它的好处是，可以把工、农、商、学、兵结合在一起，便于领导。"

毛主席视察三省的消息，特别是8月13日的报纸发表关于"还是办人民公社好"谈话的消息后，全国各地迅速掀起了办人民公社的热潮。[15]

对"人民公社好"的由来，李银桥回忆说：

人民公社也是在这种敢想、敢说、敢做的情况下产生出来的。我个人认为，它既是全国人民精神振奋，掀起社会主义建设高潮的产物，也是党内"左"倾错误思想进一步发展的产物。是一次悲壮的探索，为今天的社会主义建设提供了沉重的经验教训。

党的八届五中全会之后，我跟随毛泽东外出视察工作。在河北徐水，毛泽东在抗洪现场听取了县委书记张国忠的汇报。汇报中，张国忠谈到民兵以连队出现在抗洪抢险的第一线，这种军事化的形式很解决问题。

毛泽东听后频频点头，说："还是军事化好。"

以后，这成了一条经验。遇有特殊情况，特别是在抢险救灾等战斗中，民兵连总是出现在第一线。

离开河北徐水以后，到了河南省七里营。地方负责同志向毛泽东汇报了人民公社，说这是一件新生事物。毛泽东很感兴趣，频频点头说："好么，那好么。人民公社好。"

当时，有位记者在场，一直是跟在我们身边。他听到这句话，记下来了。谁也没料到，第二天就在《人民日报》头版头条上用大字标题登出了"人民公社好"。

毛泽东外出视察一般就住在专列上。他起床后的第一件事便是喝茶看报。那天他刚拿起报纸看，忽然失口喊道："哎呀，糟糕。捅出去了！事先没讨论呢，政治局还没有讨论呢……"

果然，"人民公社好"公开发表之后，有人提出这个问题，有反映。毛泽东在小范围内作了解释："这个话我是讲了，是我不慎重。也不能全怪记者。但是已经捅出去了，怎么办呢？"〔16〕

逄先知对人民公社的勃兴，有如下一段评述：

1958年夏，人民公社一出现，就引起毛泽东极大的兴趣和关注。这是因为，人民公社本是毛泽东想象中的农村乌托邦，他没有想到，他的乌托邦被陈伯达在北京大学讲了出来，这个讲话又被发表在由陈伯达任主编的党中央理论刊物《红旗》（《红旗》是毛泽东提议创办并在他的再三督促下问世的）上，也就不胫而走，人民公社居然堂而皇之地成为当年中国农村的"新生事物"。〔17〕

在农村兴办人民公社的同时，国家经济体制上也发生了前所未有的大变动，中央向地方大规模放权。薄一波回忆说：

1958年2月18日，毛主席在中共中央举行的春节团拜会上说："今年是一个很大的生产高潮。以前没有解放，一部分上层建筑一些环节有错误、缺点，生产关系上不完善，因为整风，就改善了，改掉了，破坏了不好的，建立了比较好的，……这样，群众就高兴。高兴了，就来了一个生产高潮。现在农村里头搞了几个月，城市里头也搞了几个月，现在正在大来！"他在讲到经济管理体制问题时说："中央集权太多了，是束缚生产力的。这就是上层建筑与经济基础的关系问题。我是历来主张'虚君共和'的，中央要办一些事，但是不要办多了，大批的事放在省、市去办，他们比我们办得好，要相信他们。""一个工业，一个农业（本来在地方），一个财，一个商，一个文教，都往下放。"地方只要"有原材料，你就可以开厂；有铁矿，有煤炭，就可以搞小型钢铁厂。化学肥料厂、机械厂，各省都可以搞。而且地方又有地方，它有专区，比较大的市镇，有县的工业。所以，有中央的工业，有省的工业，有专区的工业，有县的工业。这样就手脚多，大家的积极性多。单是我们北京这一个方面积极，人太少了"。毛主席的这番话，中心意思是打破中央和中央部门管得过多、统得过死的局面，以利调动地方各方面的积极性，以利因地制宜地发展经济，以利增强经济的活力，这在原则上无疑是必要的和正确的。遗憾的是，后来在实际做法中并未达到这样的目的，在改进经济管理体制的工作中出了不少违背客观规律的问题。

在春节团拜会的那天，《人民日报》还发表了由毛主席撰写的《反浪费反保守是当前整风运动的中心任务》的社论。社论里有这样两段话："在十五年赶上英国和苦战三年改变面貌的伟大号召的鼓舞下，群众不能不要求生产和工作的大跃进，不能不反浪费反保守。""要通过和结合反浪费反保守的斗争，彻底改进干部和群众的关系，提高全体职工群众的社会主义觉悟，打破那些妨碍生产力迅速发展的陈规，精简机构，改善生产管理和劳动组织，改进生产技术，降低生产费用，以便贯彻执行多快好省的方针，促进生产的大跃进。"

1958年一年内，中共中央和国务院召开了多次会议，中心议题都是经济工作和改进经济管理体制，并先后作出一批改进体制的决议、规定。这些会议和作出的决议、规定，基本精神是：加快经济的发展速度，加快和扩大管理权限下放的步伐，促进国民经济的"大跃进"。这里，我只记述几个重要规定的主要内容。

4月11日，中共中央和国务院发布《关于工业企业下放的几项规定》。提出："为了加快我国社会主义建设的速度，提早实现工业化，在工业管理体制方面决定作如下改变：国务院各主管工业部门，不论轻工业或者重工业部门，以及部分非工业部门所管理的企业，除开一些主要的、特殊的以及'试验田'性质的企业仍归中央继续管理以外，其余企业，原则上一律下放，归地方管理。"

6月2日，中共中央作出《关于企业、事业单位和技术力量下放的规定》。规定了下放企业、事业单位和技术力量的17条具体办法，主要是尽快更多地下放。如规定："轻工业部门所属各企业、事业单位除四个特殊纸厂和一个铜网厂外全部下放。重工业部门所属各企业、事业单位大部下放，下放的单位占全部的百分之六十至七十。各工业部门下放的单位和产值，除军工外，均占全部的百分之八十左右。"按照上述要求，中央部直接管理的1165个企事业单位，下放885个，下放比例为76%。其中，下放比例最高的是纺织部，全部下放；轻工业部次之，达96.2%；再次是化工部，达91%；机械部民用部分为81.7%；冶金部为77.7%；煤炭部为74.1%；水利电力部为72.5%；其他部都在60%以上。《规定》还要求："下放企业、事业单位和技术力量的交接工作，应该一律于六月十五日以前完成。"

在不到半个月的时间内，要求把中央各部门管理的近900个企事业单位下放到省、市、区，并完成交接工作，可见当时改进管理体制的决心是非常之大的。单从改变企事业单位隶属关系的手续来说，那是容易办到的。但是，要协调好人、财、物和产、供、销的关系，就需要做大量细致的工作，如不能理顺关系，就会产生中央部门和省、市、区之间的相互掣肘，给企业造成困难。为了解决这个矛盾，中央曾于1958年2月6日作出《关于召开地区性的协作会议的决定》，即在全国划分为东北、华北、华东、华南、华中、西南、西北七个协作区，分区"举行定期性的和不定期性的会议"，"使各省、市、自治区互通情报，交流经验，互相协作，彼此支援，调节矛盾，互相评比，以便在中央方针政策和统一规划的领导下，促进社会主义建设事业的共同发展"。6月1日，中央又作出《关于加强协作区工作的决定》，指出："为了适应社会主义建设事业发展的新形势，除了充分发挥中央各部、委和各省、市、自治区的积极性以外，还必须充分发挥协作区的积极作用，以便根据我国幅员广大、资源丰富、人口众多的特点，进一步地在中央集中领导下，按照全面规划，逐步形成若干个具有比较完整的工业体系的经济区域，保证农业以较快的速度发展，巩固工农联盟。""不但对于财政经济工作要实行分级管理的制度，而且对于建设计划，特别是经济计划工作，还应当采取全面规划、分级平衡、点面结合、以点带面的方针。"决定成立7个协作区委员会，每年至少开4次会议；委员会下设经济计划办公厅，为办事机构，并接受国家计委和国家经委指导。6月10日，中央又发出《关于成立财经、政法、外事、科学、文教小组的通知》，规定这些小组直属中央政治局和书记处，负责领导各方面的工作。财经小组由12人组成，陈云同志为组长，李富春、薄一波、谭震林同志为副组长，李先念、黄克诚、邓子恢、聂荣臻、李雪峰、贾拓夫、王鹤寿、赵尔陆同志为组员。

协作区委员会成立后，虽然开过一些会议，但它是个协调机构，解决不了多少实际问题。中央财经小组成立后，面对企业迅猛下放的局势，也遇到一些棘手的问题。6月下旬，我到东北地区作调查，在大连看了20个工厂，将实地考察中发现的问题整理成书面材料，于7月9日上报毛主席和党中央。7月30日，中央将我的报告命题为《薄一波同志关于当前企业间生产协作问题的意见》，批转各省、市、区和中央各部委研究。我在报告中反映："由于工农业生产的大跃进和国营企业的大部分下放，以及地方企业产品产量猛烈地增长等原因，企业之间原有的产品协作关系，目前正处在以条条为主，转变为以块块为主的过渡时期。从今后发展趋势来看，这种转变是肯定的、必要的。原封不动地保持原有的协作关系将很困难，但是一下子打乱原有的协作关系也会妨害今年下半年和明年生产跃进计划的完满实现。"我提到的问题有："（1）有的由于本企业生产任务的增加和原材料供应的困难，对外协作拖延了交货期，妨害了对方生产计划的完成，这是比较多的现象；（2）有的不愿签订年初合同外的跃进部分的协作件；（3）有的不愿签订明年的协作合同。"我提出解决问题的方针是："在新的协作关系还没有建立起来之前，不打乱原有的协作关系，但应积极创造条件，逐步地过渡到以地区为主的协作关系。"还提出了9条具体办法，主要是要求各协作区和各省、市、区把组织协作的工作抓起来，要求企业维护原有的生产协作关系。除此而外，没有也不可能提出更有效的解决办法。

由于企业下放过猛，加之下半年开展的全民大办钢铁运动，不仅打乱了企业间原有的生产协作关系，而且出现了各地大上基本建设项目，大量增加职工，以及平调国营企业设备、材料的问题，从而导致计划失控，工业生产秩序混乱。尽管中央在作出下放企业决定的前后，也曾发出《关于改进物资分配体制问题的意见》《关于改进计划管理体制的决定》，要求加强全国和地区的平衡工作，生产资料必须按计划任务统一调拨；还发出《关于立即停止招收新职工和固定临时工的通知》等一些控制性的规定，但冲破计划、盲目大干快上的势头有增无减。

……

1959年7月2日，毛主席在庐山会议上分析了当时的经济形势和存在的问题，认为"大跃进的重要教训之一，主要缺点是没有综合平衡"。他在谈到体制问题时说："现在有些半无政府主义。'四权'过去下放多了一些、快了一些，造成混乱，应该强调一个统一领导，中央集权。下放的权力，要适当收回。对下放要适当控制，反对半无政府主义。"还说："过死不好，过活也不好。现在看来，不可过活。"[18]

1958年8月17日至30日，中央政治局在北戴河举行扩大会议。会议对实际生活中已经严重为害的浮夸和混乱现象，不仅没有作任何努力来加以纠正，反而正式加以支持。高估产造成农业大增产的假象。中央有关部门和许多地方的领导人对"大跃进"兴高采烈，对超乎寻常的大幅度增产的假象深信不疑，致使会议竟然预计1958年粮食产量可达6000亿～7000亿斤（1957年为3700亿斤），要求1959年达到8000亿～10 000亿斤。会议正式决定1958年钢产量要比1957年翻一番，达到1070万吨，1959年达到2700万～3000万吨。会议通过的第二个五年计划指标，比3个月前八大二次会议通过的，又普遍翻了一番。会议作出《关于在农村建立人民公社问题的决议》，认为这是"指导农民加速社会主义建设，提前建成社会主义并逐步过渡到共产主义所必须采取的基本方针"；规定人民公社实行政社合一、工农商学兵相结合的原则；强调公社目前还是采取集体所有制，不忙于改为全民所有制，但是快则三四年、慢则五六年或者更长一些时间就可以实现向全民所有制的过渡；并说"看来，共产主义在我国的实现，已经不是什么遥远将来的事情了"。这次会议把"大跃进"和人民公社化运动迅速推向高潮，以高指标、瞎指挥、浮夸风、"共产风"为主要标志的"左"倾错误严重地泛滥开来。

1958年要达到1070万吨的指标，是毛泽东在北戴河会议前和会议中直接抓的情况下定下来的。在这次会议讲话中毛泽东说：6月间，我问王鹤寿，钢是否可能翻一番？问题是我提出的，实现不了，我要作检讨。1980年薄一波曾回忆了这件事的过程：

1958年六七月间毛主席对我说：现在农业已经有办法了，办法就是"以粮为纲，全面发展"。我现在就是要拿农业来压工业，农业问题解决了，你们工业怎么办？毛主席的意思，是要我把1957年提出的赶上英国的最高年产量2200万吨的口号具体化。我没有多加思考，就回答：那工业就是"以钢为纲"，带动一切吧。毛主席说：对，很对！就按照这个办。于是就把这个口号拿出来了。今天检查，这个口号不对头，我有责任。

……

有几位地方上的负责人极力主张（钢铁）翻番。毛主席很高兴。我心里不踏实，怕完不成，就向毛主席建议把"1070"写到公报上。毛主席赞成。当时我就通知起草公报的胡乔木同志，说毛主席说了，把"1070"写到公报上。我的意思是，大家都这样主张，就得大家负责任，写到公报上有"将军"之意。事实证明，我的这个建议是错误的。[19]

北戴河会议采纳毛泽东的建议，决定以1070万吨钢作为当年目标时，时间已过8个月，而钢只生产出400万吨，要在后4个月完成700万吨极为困难。鉴于这种情况，毛泽东在会上也发出了"夕阳无限好，只是近黄昏"的感叹。但他最后还是定下了1958年生产1070万吨钢的决心，认为这是关系全国人民利益的大事。为了保证完成钢的指标，他在提出其他措施之外，还规定了一条纪律：对完不成任务的人，不拼命干、搞分散主义的人，一警告，二记过，三撤职留任，四撤职，五留党察看，六开除党籍。

谢春涛在《大跃进狂澜》一书中认为，在北戴河会议上，毛泽东还提出了一些有重大影响的"左"的观点（会议予以肯定）：

在人民公社问题上，会议提出了取消"资本主义残余"等错误观点。毛泽东在讲话中指出，人民公社的社会主义因素比合作社多，要逐步取消自留地和私养牲畜等资本主义残余，搞公共食堂、托儿所、缝纫组，实行工资制度。他还认为，吃饭不要钱，穿衣不要钱，就是共产主义。这种认识，完全是空想的共产主义。它不但导致了人民公社化运动中对社员自留地等的取消，影响了他们的生活，而且，更为严重的是，还直接导致了"共产风"的泛滥，公共食堂等的大办，使各地纷纷大搞庸俗的、空想的"共产主义"，降低了共产主义在人们心目中的标准，严重挫伤了广大群众的社会主义积极性。

在分配制度方面，会议错误地把工资制称为"资产阶级法权"，表示要予以破除。毛泽东说，实行供给制，这是马克思主义的作风。二万五千里长征、土地革命、解放战争，不是靠发薪水取得胜利的，而是靠政治挂帅、靠供给制取得胜利的。他认为，新中国成立后由供给制改为工资制，是受资产阶级影响，是一个倒退。它助长了人们的资本主义思想，如争等级、争待遇等。他指出，这是资产阶级法权，应该加以批判和破除。要经过几年准备，逐步取消工资制，恢复供给制。这里，毛泽东明确表现了他对军事共产主义的欣赏，以及对于马克思所说的"资产阶级权利"的误解。他把按劳分配原则中体现的、只能在共产主义社会实行按需分配原则时取消的"资产阶级权利"，认为在社会主义阶段就应取消、破除，企图把在革命战争年代起过积极作用的军事共产主义的做法搬到和平建设的年代来实行。这一思想认识，无疑是错误的。它不但导致了我国几十年来在分配制度方面平均主义、"吃大锅饭"等错误做法，而且，也成了毛泽东日后发动、领导"文化大革命"的一个重要的思想理论根源。

在人口问题上，会议提出了"人多是好事"的观点。认为，现在我国不是人多，而是人少；人多是一件好事，在我国不存在人口太多、粮食不够吃的问题。由于这一错误认识，1958年对马寅初提出的应控制人口增长的正确主张进行了错误的批判，忽视了对于控制人口增长政策的制定，直接引起了50年代末，特别是60年代初我国人口的骤增，给我国国民经济的发展和人民生活水平的提高，造成了沉重压力和负担。

在法制问题上，会议也提出了十分有害的观点。认为，由于群众的共产主义觉悟大大提高，党的决议和政策就基本可以维持社会秩序，而不需要民法和刑法一类法律。基于这一认识，1959年召开的二届人大一次会议撤销了司法部，人大常委会也撤销了法制局。此后，一直强调人治，忽视重视法治。[20]

北戴河会议后，毛泽东又外出视察。李银桥回忆了视察中的一些情景：

北戴河会议后，我又跟随毛泽东外出视察，专列驶入河南省。可以看出，北戴河会议虽然有了决议，毛泽东对形势并不是很放心。毕竟是在探索道路，他总有些担心。

专列停在郑州，毛泽东听取河南省委书记和中央办公厅下放干部工作团领导的汇报后，对大跃进和人民公社怎么也放不下心，反复问："有什么问题没有？不要只说成绩，我想知道有什么问题没有？"

问过七八遍，没有反映问题，只是说好。毛泽东提出召开一个座谈会，要和基层的同志直接谈谈。于是，叶子龙去荥阳，把正在田野里弄土高炉大炼钢铁的十几名工作队员用火车接到郑州来。这些同志一身煤黑和矿灰，洗也没洗就上了专列。毛泽东、谭震林、廖鲁言等同志在专列会客室里同这些来自第一线的工作队员开了座谈会。

大家仍然是一片声地说好。也不是报喜不报忧，只是大多数人当时为革命激情所促使，很少能冷静地想问题。

毛泽东扭头发现了中南海摄影组的胡秀云，便盯着她认真问："小胡，你说说，有什么问题没有？"

胡秀云说："反正我看妇女挺高兴的。原来围着锅台转，现在吃大食堂，解放了。"

毛泽东笑着又问："你是不是吹牛呢？大锅菜炒出来就是不如小锅菜炒出来香么。"

工作队员们都愣住了。当时全国的形势像一锅沸腾的开水，毛泽东说的这句话如果换成别的人说，无疑是泼凉水的行为，会挨批，会戴"右倾"帽子的。

胡秀云大概是受了什么鼓励，忽然冒出一句："我就是纳闷，怎么晚上亩产还是400斤，到早晨就成1000斤了？有些干部一个比一个能吹。"

许多人脸色都变了。只有毛泽东仍是一脸微笑，扭头望望河南省委书记吴芝圃，又望望谭震林和廖鲁言："你们到底是放卫星啊还是在放大炮？"

没有谁正面回答这句提问，都有些尴尬。幸亏有人拿了大食堂做的面包请毛泽东和中央领导同志们品尝，才消除了尴尬气氛。

面包是用白面玉米面混合起来烤制的，大家都说不错。拿面包来的同志说："社员们就是吃这种面包。"

对于大食堂，毛泽东一方面认为是新生事物而加以支持；另一方面又始终不放心，走到哪里总要问问，想知道真实情况。我跟随毛泽东来到武汉后，有一位党的负责同志提出大办食堂的好处，汇报了一些优越性。毛泽东听后很感兴趣，叫他们把食堂问题写个材料拿来看看。据说这位负责同志马上叫湖北省委一位副秘书长执笔写了。材料送来，毛泽东阅后批了，发下去了。[21]

李银桥还回忆了毛泽东与李达争论的经过：

毛泽东的活动安排，接见什么人，一般是由叶子龙及高智和罗光禄两位机要秘书负责安排。李达曾求见主席，毛泽东接见他几次，做过几次较长时间的谈话。

毛泽东与人谈话，不喜欢听面面俱到没有特色的长篇汇报，不喜欢汇报者罗列材料。他要求汇报者要善于动脑筋想问题。

毛泽东喜欢个别交谈，以便交心谈心。在武汉，他喜欢和王任重同志谈心，认为他有朝气，能深入群众；也愿意和李达谈心，和李达主要是谈哲学。

李达是湖南零陵人，号鹤鸣。他比毛泽东大6岁，是马克思主义哲学家，中国共产党的创始人之一；当时任武汉大学校长。

李达对毛泽东很敬仰，每次见到毛泽东都显得很激动，眼里闪着兴奋喜悦的波光，不像一个年近七十的老人。毛泽东对李达这样的老同志也是很尊重，谈话时既严肃又亲切。

毛泽东一生手不释卷，博览群书。像朱德、陈毅的诗词，郭沫若、李达的文章，他都注意看，并谈出意见。他让王任重请李达到东湖宾馆见面，谈文章，谈哲学。

1958年，毛泽东特别强调解放思想，鼓励人们有所发现、有所发明、有所创造。他与李达谈话是畅所欲言的，从来不掩饰自己的观点和想法。同李达谈文章时，他曾坦率地说："我们年纪都大了，你比我还要大6岁。人老了思想不能老。你现在写的东西就不如过去写的有生气了。你那个《辩证唯物主义和历史唯物主义》尽是抄书本上老生常谈的东西，没什么创造性，缺少自己的新见解。"

李达感谢主席关心他的工作和文章，说保持革命热情确实很重要，特别是对于老人。

毛泽东又说了不满意自己过去写的文章。他特别赞赏"活到老，学到老"的精神，他说他还要重新写一些文章，特别是为青年写一些文章。

在一次谈心中，毛泽东说到他在成都会议上提出的"头脑要热又要冷"的话，说对于群众的革命热情一定要爱护，要保护。但是领导干部一定"要热又要冷"，光热不冷会出乱子。由此谈下去便谈到了哲学上。

李达说武汉大学的学生搞党史调查时，看到一些口号，不符合唯物主义的观点。他举了一些例子。大意是：只有想不到的事，没有做不到的事。

实际生活中，毛泽东是不全同意这种说法的。比如在天津新立村，人家汇报亩产10万斤，他就摇头说靠不住。在湖北，王任重同志也向主席汇报过类似情况。毛泽东问王任重："有什么新闻吗？"王任重说："朋兴乡有一块试验田，亩产水稻上万斤。"毛泽东摇头说："我不信。"王任重说："王部长亲自来验收的。"他说的是省农村工作部长。毛泽东还是摇头说:"靠不住,谁验收也靠不住。除非派军队站岗放哨,单收单打,看住人不往里掺假才能算数。"

但是,在讨论问题时,毛泽东是不愿意有人否定群众敢想、敢说、敢干的革命热情和积极性的。他不慌不忙说:"这个口号同世间一切事物一样,也有两重性。一重性是讲发挥人的主观能动性,这是有道理的。另一重性,如果说想到的事就能做到,甚至马上就能做到,那就不科学了。"

李达认为这个口号在现在不能谈两重性;谈两重性,在现在的形势下就等于肯定这个口号。

毛泽东与列宁一样,是喜欢争论问题的,他问:"肯定怎么样?否定又会怎么样?"

两位老人就肯定、否定争论起来。争论中,毛泽东举了红军长征的例子,说明精神力量的作用,讲了红军就是依靠这种精神力量克服了按常理无法克服的困难,终于夺取了胜利;也举了各种发明创造,就是因为有了"敢想",想飞就终于发明了飞机,想日行千里就发明了汽车火车。

李达坚持说,肯定这个口号就是认为人的主观能动性是无限大,就是错误。人的主观能动性的发挥离不开一定的条件。一个人要拼命,"以一当十"可以,最后总有个限制,终有寡不敌众的时候。"一夫当关,万夫莫开"是要有地形做条件,人的主观能动性不是无限大的。

争论到后来,有些激烈,和普通人一样,是就问题论问题的争论激烈,并不是对着人来。

李达说:"现在人们不是胆子太小,而是太大了,头脑发烧。主席脑子发热一点,下面就会不得了,就会烧到40摄氏度、41摄氏度、42摄氏度!这样中国就会遭难。主席信不信?"

人在争论中是不好控制情绪的,毛泽东虽然激动,但还是控制住自己了,停了停,缓和语气说:"还是我在成都会议说过的那句话,头脑要热又要冷。"

送走李达后,毛泽东在屋里踱步吸烟,又坐在沙发里喝茶默想。

后来,他讲了这样意思的话:"孔子说过,六十而耳顺。我今年65岁,但还不够耳顺。听了鹤鸣兄的话很逆耳,以后我要同他多谈谈。"

毛泽东多次与李达谈话,还请他吃过饭。

后来,毛泽东在湖北农村视察中,有人汇报"挑灯夜战",说是劳民伤财,夜里干了,白天就没劲了。

毛泽东也是冷静地说了要"有张有弛,劳逸适度"的话,要求领导干部既要爱护、保护群众的热情，又要积极引导讲科学，适当降降温。[22]

毛泽东一方面为"大跃进"中人民群众焕发出来的冲天干劲所鼓舞，另一方面也对各方面来的汇报、报道有所警觉。

李银桥回忆说：

在全国掀起大跃进的高潮后，毛泽东也有一定的警惕，注意了不要热昏头脑。就我所见，毛泽东在鼓励群众破除迷信，解放思想，敢想、敢说、敢干的同时，也适当地泼过一点冷水。但是，从总的指导思想上来看，他还是有些急于求成的。他的思想影响了党内许多同志，过度高涨的热情也反过来影响着他。

1958年8月13日，毛泽东去天津新立村参观稻田。有关领导同志和社领导汇报说，亩产10万斤。

毛泽东摇头撇嘴，表示不相信。他说："不可能的事。"他指着一位领导同志说："你没种过地。这不是放卫星，这是放大炮。"

新立村的同志用电灯为水稻照明，用鼓风机朝水稻里吹风，说就是亩产10万斤。毛泽东摇头，说："吹牛，靠不住！我是种过地的。亩产10万斤？堆也堆不起来么！"

有些同志为了证明亩产10万斤，让小孩子往水稻上站。毛泽东仍然摇头，说："娃娃，不要上去。站得越高，跌得越重哩。"

可是，报纸上还是登出了亩产突破10万斤大关的消息。有些人是很敢说敢吹的。有人敢写亩产突破2万斤大关，马上就有人写出突破5万斤大关的消息。报纸上一宣传，下面的浮夸风就更加严重，接着就出现了突破10万斤大关的消息。现在听来像笑话，那时就愣有人热衷此事。[23]

视察大江南北

北戴河会议开完10天左右，毛泽东让张治中随他一起视察湖北、安徽、江苏、浙江、上海等地。张治中的秘书余湛邦对这次视察有生动的回忆：

在1958年8月下旬北戴河会议期间，有一天，毛泽东请张治中全家到他的住处吃饭、谈话、看电影。分手时张对毛说："过两天我要回北京去了，主席有何吩咐？"毛说："不忙，我还有话和你说，稍等一等。"

可是，1天、2天、3天、10多天过去了，毫无消息，张老和我都感到纳闷，又不好问。直到9月上旬，毛泽东才请张治中去说："我想到外地视察去，你可愿意同行？"张喜出望外地答："那太好了，能够有这个难得的机会！"毛主席说："我今年月月都有会议，这次北戴河又开了半个月紧张的会，有点累了。我这次出去要好好地休息几天,什么公事也不谈,什么文件也不看。"毛主席接着说:"我还打算到长江、钱塘江游泳,你能不能参加?"张说:"我不会游,只能在海上带着汽圈泡一泡,还得有人跟着。"毛幽默地说:"那你做个'观潮派'吧。"说着两人哈哈大笑起来。

张治中回到住处,把事情告诉我:"这回你要好好准备。我每天紧跟在毛主席身边,你利用速记把他讲的话每句都记下,并留意环境和采访群众,到晚上我们把材料凑在一起,就可以成为一篇宝贵的日记。"

9月10日上午8时,毛泽东、张治中分坐两机由北京飞武汉,11时40分到达。是日晴空万里,天气特佳。一下飞机,张治中就关怀地问毛泽东:"您昨晚恐怕又没睡觉吧?"毛主席回答:"昨晚开了五个会,今天清晨又接见新疆参观团,没有睡。"张说:"那您好好地先睡一觉吧。"毛主席说:"不,天气热,我们马上到长江去。"说着就登车。张和曾希圣、王任重同车随行。他们在船上吃中饭,中饭很简单:一碟炒青菜,一碟肉片黄瓜,一碟炒小鸡,一碗冬瓜汤。张、曾、王和毛主席夫妇共5人用餐。饭后,毛主席忙着要下江游泳,他笑着问张和曾:"你们可下水?"张、曾同声抱歉地说:"不能奉陪了。"毛说:"好吧,你们都当'观潮派'吧!"

毛主席非常注意锻炼身体,尤其是爱好游泳,这是大家熟知的。当船驶到长江大桥附近,毛主席就沿着船上扶梯下水,先埋头水中三四次,让水浸漫全身,然后两手撒向后方,两脚一蹬,用仰泳的姿态出发。跟着,陪游的同志纷纷下水。毛主席游得非常自然轻松,时而仰泳,时而侧泳,但仰泳的时候较多,有时还潜到水里再钻出来,连潜几次又仰身水面。仰泳时动作很柔和,两手像一双小桨般在水里慢慢荡着,双脚轻轻踢水。有时交手胸前只动动腿,有时又只动两手,两脚不动,脚尖还露出水面……他仰面放目,悠然地欣赏着广阔的天空,正如他的《水调歌头·游泳》中所写:"胜似闲庭信步""极目楚天舒"。从大桥顺流而下,游了有六七里地,毛主席才余兴未尽地慢慢游向船来,上船时,红光满脸,精神焕发。张治中对毛主席说:"下午没有什么活动,可以睡觉了吧?"毛笑着说:"我游泳了就算是睡了觉了。"

从9月10日至15日,毛主席6天内在长江游了6次。15日那一天,他畅游长江后,傍晚又到东湖游泳,游兴真高呀!

当时,国家一级游泳运动员赵锦清、陈鄂屏、陈廷兰正和我们住在一起,毛主席会见了他们并指示:"要走出游泳池。在江河游泳有逆流,可以锻炼意志和勇敢。"还提出:"全国江河这样多,能不能都利用起来游泳呢?全国6亿人口,能不能有3亿人都来游泳呢?"

15日,我们坐江峡轮离武汉,16日到达安徽的安庆江面。当时,正刮着六级大风，江上波涛汹涌，水流像射箭般往前直蹿，水面上浮着一些草根木片，一眨眼就漂过去了。毛主席说要下江游泳。张治中关怀地说："今天风浪这样大，不要游了吧？"毛主席说："试试看。"说着就下江去了。我们眼看着他老人家和险恶风浪搏斗了将近20分钟，感到既不放心，又由衷敬佩，不禁想起他老人家的话："长江，别人都说很大，其实大并不可怕。世界上有些大的东西，其实并不可怕！"

还是在武汉，中共湖北省委组织了一个舞会，毛泽东对张治中说："今晚大家跳舞去。"张说："我不会。"毛主席笑了一笑说："看来你的文化程度很低，连舞都不会跳！"晚上，张还是去了，开始是观舞，后来江青请张跳，张情不可却，跳了。休息时毛主席对张治中说："你也下海了，可见你的文化程度有所提高了。"张说："我跳舞是'三不管'：不管音乐，不管舞伴，不管步子。"江青说："你不是跳得挺好嘛！"

毛泽东无论走到哪里都能和群众打成一片，到了工厂，主动和工人握手；到了地里，和农民谈得挺欢；住在宾馆招待所，和服务人员招呼握手；到了饭馆，和厨师、服务员问短问长。人家递他一杯茶、一条手巾，必随声道谢。离开住处时，他常和全体职工拍照，临别必说："谢谢你们的服务。"到了芜湖，招待所在山上，饭厅在山腰，他不要服务员送饭送菜，自己跑到饭厅，同大家一道吃。他常常还邀上三两位职工，边吃边谈，了解情况和问题。

由马鞍山去南京的火车上，江苏省委书记江渭清来迎接。刚坐定，毛泽东就笑问江书记："你借文白先生的3000元到底还了没有？"大家觉得很奇怪。原来，张治中在抗战期间任湖南省主席，江当时是青年，写信给张，说我是共产党人，要抗日打游击，没钱，请你资助。张一想：此人真有胆识，而且对我如此信任，就批给他3000元。这一经过是毛从张治中谈话中听到的。

当时在座的，还有罗瑞卿、曾希圣等。毛指着张治中问大家："你们可知道他为什么字文白？"大家说不知道。毛说："他青年时当过警察，取字警魄。后来警察不当了，警魄的字也不用了，遂从警字中取一'文'字，魄字中取一'白'字，故字'文白'，看来他还是个简化汉字的创始人呢！"大家听了都笑了。

毛主席到了杭州，浙江党政领导人来见。毛为张一一介绍，第一位是书记江华，毛说："他不姓江。原名黄春浦，江华是干革命时取的。"介绍书记霍士廉时他说："是霍去病的霍，霍去病在汉代名声功劳最大，不幸27岁上就死了。霍书记大概是霍去病的后裔吧？"介绍到副省长吴宪时他说："此人口气真大，口衔天宪！"大家听了都笑了。

9月19日凌晨，在合肥，我正在酣睡。砰！砰！砰！一阵急促的打门声把我惊醒，来人说是要我亲收文件。开灯一看，原来是毛主席送给张治中的文件，封面亲署"凌晨4时"字样。我不敢迟延，立即把张老唤醒，让他亲拆。像这样的事，我在北京已经碰到过多次了。

毛主席习惯在夜里工作，我是早听说过的，到这次一起出来，愈加证实这种情况。原来，他老人家日里活动频繁，到深夜12时才开始审阅文件、开会、研究问题。

9月21日，由南京坐火车经上海去杭州。在南京经过一整天的紧张活动，张治中在11时就睡了。睡梦正酣，叶子龙同志来说："主席有请。"张忙披衣到主席座车上去。毛问张："你大概是夜梦初醒吧？"张说："刚睡不久。"一看手表，快凌晨1时了。原来，毛主席利用经上海之便，要视察上钢一厂。

第二天到杭州前，张治中对毛主席说："您经年累月没有很好休息，这次到杭州多休息几个星期吧。"毛说："看情况吧。我只要睡三天就可以恢复过来，最多5天。"最后还笑着说："这几天怎样活动，你自己安排，我们暂时'分道扬镳'吧。"可是事后，张治中问叶子龙、徐光禄同志，才知道他老人家还是每天睡四五个小时，只有两天睡到6个小时，每天审阅的文件，并不比在北京时少。

夜晚，是万物休息的宝贵时刻；睡眠，是人们紧张劳动后的必要休整。当夜幕低垂、万籁俱寂的时候，人们正在酣睡，但是毛主席却在紧张地工作。每当我凌晨收到他老人家给张老的信件、文件时，常常禁不住心潮起伏，热泪盈眶。他老人家是为了8亿人民睡得更好，自己才彻夜不眠的呀！

毛主席在某次最高国务会议上提出，每个国家干部原则上每年都要到下面走走，多作些实际调查研究。他老人家在这方面率先实行。

光是1958年，毛主席外出就有六七次，先后召开南宁会议、成都会议、武昌会议，8月到了河北、河南、山东视察，举行北戴河会议，这次又视察湖北、安徽、南京、上海、杭州，还要计划去陕西、甘肃、青海、宁夏、云南、贵州等省，真是马不停蹄，人不离甲。

9月20日，由安徽去南京途中，江渭清书记汇报工作，张治中、罗瑞卿、曾希圣在座。毛主席提到军队改革问题时说："当官不当兵，不到连上来，怎能知道兵的情形、基层的情形？怎能指挥他们？"

到南京，正好军区开代表大会，许世友司令员等出迎。毛主席问："你们对于各级军官每年下连当兵看法怎样？"许世友答："我们一定这样办。"毛又问："你们正在开会，好不好对此作出决议？"许答："当然可以，我们也正准备这样做。"

这次视察，主要是到工厂、矿山、农村、学校、部队，为的是多多与人民群众接近，深入了解地方情况，群众越多的地方越要去。9月15日，毛主席视察安庆第一中学，校址小，学生多，颇为拥挤。列队迎候时，人们集中在左侧的路上，人多秩序较差，校领导人请毛主席从右侧的路先到校本部，主席指指左边说："不，应该从左边走！"

21日经上海，晚饭时毛主席边吃边听汇报，对血吸虫的防治问题问得很详细。最后他指示："这种病对人民群众的危害非常大，一定要从根本消灭它。如果有1000万人患了，就有9000万人受到威胁，如同我们现在10人一桌吃饭，其中1人得病，其余9人也会受到威胁一样！"

毛主席视察工厂、农村时，工人、农民都在进行生产。他们看到毛主席来了，惊喜若狂，争着把一双双沾满油渍、泥土的手伸过来。毛主席毫不在乎，热情地和大家握手。由武汉坐船去安庆，中饭后他就应江峡、航川两船职工的要求，在甲板上合影留念。离开黄石市时，因为天气不好，需要立即上船赶路，他老人家已走出门口，但一听说群众请求合影留念，马上停下来，从容地照了相才上船。

在武汉时，有一天，王任重请毛主席、张治中到著名豆皮店"老通成"吃小吃。刚一进门，服务员、厨师、干部都拥上来招呼。毛主席和他们一一握手问好。坐下，服务员送上脸巾，毛主席接过时说："谢谢。"饭后上车时又举手向大家说："谢谢大家的服务。"

到芜湖，适逢雨天。毛主席不要服务员送饭送菜，步行下山到饭厅和大家共餐，还请来两位工勤同志一道吃，边吃边谈，了解一些情况。饭厅中间小桌上摆了一个大饭桶，每人面前放了一个空碗。服务员跑过来要为主席盛饭，主席不肯，自己端着碗到饭桶去盛，盛了大半碗。张治中接着也自己盛，却盛了个满碗，鼓得高高的。毛主席对大家说："你们看他盛的。"曾希圣说："真像个窝窝头。"毛主席要来了一小碟盐腌生辣椒，尝了尝说："很好，大家来尝尝。"张说："我怕辣，不敢吃。"主席说："我见了辣椒就想吃。"

9月12日在武汉，刚好武汉军区召开党代表大会，毛主席接见党代表后，坐车到大操场和大家照相。张治中对同车的曾希圣说："这是党代表大会，我不是党员，不必参加了吧？"曾希圣也说："我也不准备参加。"可是汽车停下来后，看到毛主席站在那里等候。陈再道司令员和叶子龙跑到张、曾面前说："主席等你们一起照相呢。"张、曾赶快走到主席面前，张说："我不要照了吧？"主席说："为什么？1956年八大时我们不是邀请了许多党外朋友参加了照相吗？"张治中一想，觉得也对，他当时不但参加了，照相了，而且还作了书面发言。陈司令员补上一句："你是国防委员会的副主席呀！"张就只有"恭敬不如从命"了。

毛主席十分好学。9月10日从北京上飞机时，张治中就留心看到毛主席的两箱书被搬上了飞机。一路上，毛主席还沿线借书，到了合肥，毛主席就向省上借来《安徽省志》、朱熹注的《楚辞》，还向张治中介绍说："这是好书，我介绍你有空看看。"

毛主席有手不释卷的习惯，白天看，深夜看，住下来看，在车上也看。有一回，毛主席在专列上聚精会神地看书，连张治中走进来都没察觉。张站在毛主席身后问："您这样聚精会神地看，是什么书？"毛主席说："这是有关炼钢铁的书。"张说："连这种技术性的书您也要看吗？"主席回答："是呀！人的知识面要宽些，你是人大代表，也该看。"

毛主席读的书很广泛，历史、地理、哲学、文学、艺术、工业、农业……总之，自然科学、社会科学、应用科学，只要是有关阶级斗争、生产斗争、科学实验的，古今中外，三教九流，无所不看。这次在紧张的视察中，他每天仍然抽时间来学英文。

9月13日，毛主席视察武钢，先由韩宁夫副总经理简要汇报基本情况和一号高炉的构造产量。毛主席不断地提问题，有些韩副总经理回答了，有些一时还回答不上来。韩笑着说："主席如再深入地问下去，我更答不上来了。"这话引起大家的笑声。

在武汉时，长江流域规划委员会办公室主任林一山向毛主席汇报长江三峡的工程规划，谈到许多有关的科学技术问题。当时在座的有张治中、王任重等，毛主席听得津津有味，但生怕张、王听不懂，常常回过头来加以解说。

毛主席不但好学渊博，而且也谦虚踏实。在参观武汉大学化学系师生办的许多小型工厂时，毛主席一个一个看，一样一样问。他看到一个牌子上写满了30多个工厂的名字，就一个个念下去，念到"活性氧化铝厂"，就问站在一旁的学生："为什么叫活性？"那个学生作了解释。他老人家听了后笑着说："你讲了这些，我还是不懂。"他到了硅胶厂，看到有防潮硅胶、吸附硅胶，就问："什么叫防潮和吸附？"一位同学也作了解释。毛主席说："你们的化学反正我搞不清楚。"这不是客气，而是谦虚踏实。

毛主席体魄十分康健，精力十分充沛，这是怎样得来的？张治中和我根据20天来沿途的观察，认为除了他对中国人民解放事业和对世界无产阶级解放事业的坚定信心和自小注意身体锻炼之外，还发现他生活上有一些特点。

第一，他老人家对日常生活安排得好，工作、学习、锻炼、娱乐、休息、营养等都尽量照顾到，而且随具体情况不同而适当调整，既多样，又不呆板，又能行得通。上述六种活动中，有重心，有配合。重心是工作和学习。工作包括处理国内外大事、开会、视察、参观、访问、接见、谈话、检查工作等，是生活的主体。锻炼是自小养成的习惯。毛泽东小时在家门口的池塘游，长大后在湘江、长江、邕江、钱塘江游，这次视察中七游长江，号召全国人民参加游泳，利用全国江河。在视察紧张进行中，娱乐不断，主席对戏剧、歌舞、音乐、电影、相声、杂耍，具有广泛浓厚的兴趣。在这次视察中，汉戏《打鸟》看了两次，对庐剧《牛郎织女笑开颜》十分欣赏；在武汉听相声，听到说诸葛亮不管春夏秋冬、天冷天热、在家出外，手里都拿着一把羽扇，乐得忍俊不禁。在休息中，他老人家的消极性休息——睡眠很少，但对积极性休息——包括游泳、娱乐、看书等则时间甚多。

第二个突出因素是生活丰富多彩，既多样，又统一。在锻炼中，游泳、体操、冷水浴、爬山、跑步、散步，样样都爱。在娱乐中，戏曲、音乐、歌舞、电影、相声、杂耍，无一不喜欢。在学习中，更是涉猎广博，古今中外，三教九流，无所不晓。谈起话来，上下几千年，纵横千万里……总之，他老人家是那样地热爱生活，热爱工作，热爱人民。生活如此丰富多彩，对身体和精神当然起到良好的作用。

第三个突出因素是吃得简单，摒弃甘脆肥浓，更不要山珍海味。在新中国成立前的战争生活中，吃得简单艰苦不用说，就是新中国成立以后，仍然维持艰苦朴素的作风，经常以麦片、挂面为主食，炒青菜连根下锅，偶尔吃一碗红烧肉，就看作是特别滋补。这次视察中的第一天，毛主席和他人在长江船上吃中饭，如上文所说的，5个人总共吃一碟炒青菜、一碟肉片黄瓜、一碟炒小鸡、一碗冬瓜汤。他在武昌住下来时，早餐有时是油条面包，中饭有时一小碟青菜，一小碟香肠。张治中看见了关心地问："主席吃得这么简单？"他老人家却说："吃得很够了嘛，很舒服嘛！"

此外，毛主席日常生活中还有两个特点：一是穿得朴素，一是住得随便。战争时期，毛主席穿的和战士一样，衣服常有补丁，后来添了一件老羊皮袄。灰布上衣已经洗到发白，脚上穿的是粗布白袜和黑布鞋。新中国成立以后改善了些，但他还是保持着过去艰苦朴素的作风。这次外出视察，他穿的那一套服装就是大家惯见的灰呢中山服。在黄石港游泳后上船，他换穿了一件旧浴衣，向岸上群众挥手致意。张治中站在主席后右侧，发觉了几处补丁，便问主席警卫员："主席穿的浴衣是什么时候买的？"警卫说："我在延安时就看他穿过了！"

毛主席谈笑风生，既幽默又风趣，在大家谈问题时偶然插入三五句，就使得气氛活跃，满座生春。

有一回，大家谈到工作时要尊重群众习俗。毛主席插话说："两个山东人为了意见不合，大抬其杠，乃至动武，正打得不可开交，来了一个过路人，手上提着一大捆雪白的大葱。这两人马上停了手，迎着过路人走去。"在座的人问："为什么？"主席说："原来他们是山东人，酷好吃大葱，兴趣比打架还要大。"引得大家都笑了。

在武汉时，有一天，武钢公司党委书记兼总经理李一清和长江流域委员会办公室主任林一山向毛主席汇报工作。李书记汇报完毕，时间已经不早，天气又很闷热，毛对林说："你谈的是长江的事，我们到长江去谈吧。"马上转到船上，谈完了毛主席就下江游泳，跟着到"老通成"吃晚饭。一进店门毛就对王任重说："你们可不要告诉人说我到'老通成'来吃豆皮，不然别的馆子会贴我的大字报，说我偏心了！"当服务员端馒头来时，毛主席又说了一个陕北的笑话："一位名法学家是南方人，吃惯了大米。他后来到陕北来工作，也入了党。陕北不产大米，我们让他吃小米和馒头，他很不高兴地说：'我进了党连饭都没得吃了！'"引得大家大笑。

在合肥参观农具改良展览会时，看到一具"二龙戏珠运土器"，曾希圣说："这是我们几个负责人搞的。"毛主席看了表演后，感到满意说："你们也有发明权呢！"毛主席看了安徽许多轻工业品，比上海不差，尤其金笔，比上海产的还要好，就说："看来你们有一支侦察队，把别人的好东西都偷来了，你们是存心要抢上海的生意吧？"参观时，一位女解说员谈得头头是道，很详细。毛说："噢！你倒很有研究，知道得那么多！"毛主席特别注意看除四害部分，看到捕鼠的方法和器具很多，便逐一看表演，大感满意说："这对老鼠真是大为不利咧！"

有一回，江渭清书记向毛主席汇报江苏省工农业生产时，说到1957年的台风给江苏带来的巨大损失，毛主席插话说："你们要知道，台风有时也有好处呢。楚汉相争时，刘邦从关中出兵，一路上很顺利，一直打到徐州，正在和文武官员置酒庆祝的时候，项羽突然率领三万精骑来袭。刘邦措手不及，大败，落荒而逃。项羽尾追不舍，正在万分危急的时候，忽然阵前刮起一阵巨大的台风，顿时飞沙走石，天日无光，刘邦才得侥幸保全性命，逃回洛阳去了。"

到武汉的第二天，毛主席面江而立，将下长江游泳，张治中为我介绍说："这是我的秘书余湛邦同志。"毛主席回过头来，温和的眼光落在我的脸上说："噢！"跟着向我伸手。我迈进两步，双手紧紧握着他那温暖的手，心突突地跳，行动既紧张又拘谨。当时船上机器轰隆，人声嘈杂，我顾虑他老人家没听清楚我的名字，就补充说："我叫余湛邦。"毛主席听了微微抬起头，似在沉吟。我又想到我的名字既不好念又不好写，容易被人弄错，同时我的广东腔咬字不准，因而又补充说："是湛江市的湛，联邦的邦。"毛主席跟着问："是干钩于吗？"我马上心里责备自己："多疏忽，怎么只提名而不道姓？"

就赶快答:"是人禾余。"大概是我的紧张而拘谨让他老人家看出来了,他温和而又带点幽默地对我说:"yú姓很多,有干钩于,有人禾余,有人则俞,有口人则喻,有虞姬的虞。"说到这里,用手指着江水:"还有水里的鱼。"最后补上一句:"其鱼甚多咧!"

毛主席风趣的话语,平易近人的态度,马上解除了我的紧张和拘谨。我想,毛主席这一特点使得他很容易接近群众,也很容易使群众在他面前畅所欲言,因而他能够经常地听到群众的声音。

在这次视察中,张治中还就视察问题、世界观问题、个人崇拜问题、对形势的看法等向毛泽东请教,二人进行了深入的谈话甚至争论。

毛泽东在与张治中交往中,也是无话不谈。由于张曾读过十年线装书,是个儒将,所以谈文史的时候比较多。

在合肥时,张治中和曾希圣、罗瑞卿在毛泽东处聊天,毛向张介绍看《楚辞》,因而由《楚辞》谈到《论语》,谈到《论语》的朱注,谈到朱熹。由朱熹谈到程颢、程颐,谈到周敦颐,谈到宋、明理学的四个学派,谈到客观唯心主义,谈到中国古代具有朴素、原始的唯物主义思想的人物。谈到朱熹时,毛主席对张治中说:"朱夫子是你们安徽人。"张说:"朱夫子被江西抢去了,婺源县现在划归江西。"毛说:"婺源虽然划归江西,但不能因此改变朱夫子的籍贯,七八百年来他一向被认为是安徽人嘛。"

由黄石港坐船到安庆时,毛泽东问曾希圣:"安庆对岸是什么地方?"曾答:"是东流、贵池。"毛于是由贵池谈到和韩信、彭越同时的大将黥布在贵池打仗的故事,谈到黥布到洛阳去见汉高祖刘邦,谈到朱洪武,谈到曹操,谈到诸葛亮,谈到包拯。

在另一次谈话中,又由《三国演义》谈到《三国志》,谈到陈寿,谈到刘备、孙权、周瑜、鲁肃、吕蒙、陆逊,由陆逊谈到他的儿子陆抗,孙子陆机、陆云。

有时从历史谈到形势,如谈曹、刘、孙就大谈赤壁之战;谈刘备入川时的情况,是干部少而弱,南方干部多,北方干部太少;谈到了对曹操、刘备的评价。

有时从历史谈到文学,谈到陆逊时就谈到陆机、陆云都是晋代文学家,陆机的《文赋》是很有名的,具有原始唯物的观点,可惜冗长了些。

更多的时候是从历史谈到人物和地理,如说曹操并不姓曹,关羽并不姓关,吕蒙是行伍出身,诸葛亮是湖北南阳人,原籍是山东人等。谈到《三国志》时,就谈《鲁肃吕蒙合传》说:"吕蒙是行伍出身的,以后孙权劝他念书,做了东吴的统帅。我们的高级军官中许多是行伍出身的,不可不看《鲁肃吕蒙合传》。"

杭州是此行视察的终点站，专列火车未到站前，毛泽东对张治中说："杭州是大家多次到过的，你的观感如何？"张说："新中国成立后经过整顿当然不同。"毛说："有两大缺点：一是湖水太浅，水草太多；二是坟墓太多，与鬼为邻。不过，我虽然批评它，还是喜欢它。"

毛主席与张治中的交谈给我留下最深印象的还有以下几次。

第一次是9月15日，毛泽东坐江峡轮由武汉去安徽途中，毛、张作了长时间的谈话，其中有关视察的一段：

"还是到外头来多看多得到一点东西，老住在北京实在不好。"毛泽东说。

"您今年外出，这回是第五次了吧？"张治中问。

"是呀，但是5月、6月、7月三个月没出来，2月、3月、4月都在外，先后召开了南宁会议、成都会议、武昌会议，8月到河北、河南、山东打了一个转。"毛泽东答。

"最好全国各省区都去一次，您还有哪几处没去过？"张又问。

"西北三省——陕、甘、青，四个自治区——新疆、内蒙古、宁夏、西藏，华北的山西，西南的云南、贵州，都没有去。"毛泽东扳着指头数了一下。

"还是准备去吧？您如不去，有人会说您'偏心'了。"张治中笑着说。

"我不可能见到所有的人。"毛泽东笑了一笑。

"到西北最好是春秋两季。"张治中建议。

"夏天也好。"毛泽东说。

第二次是关于世界观和对时局看法的谈话。

1958年5月22日毛泽东给张治中的信曾说：

"我的高兴不是在你的世界观方面，在这方面我们是有距离的，觅暇当约大驾一谈。"同年9月19日在离合肥去马鞍山的列车上，同座有罗瑞卿、曾希圣等，他们谈起这件事。

"您说在世界观方面我们有距离，指的是哪些地方？"张治中问毛泽东。

"你在《六十岁总结》曾说，对阶级斗争的观念是模糊的，而在今年写的《自我检查书》上怎么没有提到？你对阶级斗争没搞清楚吧？"毛泽东说。

"《六十岁总结》上所说的是1924—1948年时期，我当时虽然主张联俄、联共、扶助农工，但对阶级斗争的观念是模糊的。不过从1949年我在北京住了9个月，报上看到的，报告会上听到的，又读了《干部必读》一些书和您的好些著述，我已初步地认识到阶级斗争的必要性，所以才能把过去的错误、缺点检查出来。如果我对阶级斗争的必要性毫无认识，我就检查不出来了。"张治中解释说。

"噢。"毛泽东露出微笑，但又跟着说，"你在《六十岁总结》上说你'从1949年起就已经感到高兴了'，我不相信。"

"可能是彼此处境不同，感觉上就会有差别吧？"张治中答。

"我就没有感到高兴过，舒服过。我1955年走了几个省份，看到农业合作化已经超过半数户口了，我才有点高兴。可是1956年刮起一阵歪风，说是冒进了，赶快后退，我又不高兴了。到今年，看到工农业发展的情况，我才真正感到高兴。"毛泽东说。

"我不能完全同意您的意见，这是您我所处地位不同之故。您说在1955年之前并不感到高兴和舒服，这是因为共产党建立了政权，您就要考虑怎样把国家搞好，怎样建设社会主义，这千斤重担落在您的肩上，您自然不容易感到高兴而舒服了。而我，是从旧社会来的，在反动统治下，钩心斗角，尔虞我诈，贪污腐化，昏庸无能，眼看国家这样败坏下去，怎么得了！所以一直在苦闷中生活，感到无能为力。但是到了1949年，眼看在共产党和您的英明领导下，一切都有了办法，我就如同黑暗中看到光明，在精神上得到解放，心情自然高兴而舒服了。"张治中作了详细的解释。

谈话中，两人各抒己见，各谈感受，体现出他们关系上的坦率、真诚而亲切。

第三次是由上海返京的列车上有关个人崇拜的谈话。

"我想有几句话对您说一说。"张治中郑重地对毛泽东说。

"你请说吧。"毛看张有点煞有介事的态度后说。

"我这次沿途所见，您好像处处存着一种戒心。"张说。

"什么戒心？"毛问。

"您好像随时随地存在着怕造成个人崇拜的戒心。"张治中说。

"噢。"毛不语，继续听。

"您是中国的列宁，不是中国的斯大林。拿您和列宁比，都是领导共产党、领导人民革命，推翻反动统治，取得了建立社会主义国家的伟大胜利。但列宁在革命胜利后仅七八年就去世了。而您领导革命胜利后身体是那样健康，全国人民都希望您再领导30年，直到社会主义建成和进入共产主义，这是和列宁不同的。"

"是的，列宁是死得太早了。"毛泽东略表同感。

"为什么说您不是中国的斯大林？因为斯大林在继承列宁之后，由个人专断而发展为个人崇拜，越到晚年越发展，以致犯了严重的错误。而您在领导民主革命以至现在，始终采取民主的作风，经常以'谦虚使人进步，骄傲使人落后'教导大家，强调群众路线，强调民主集中制和集体领导，所有一切言论措施都是正确的、英明的，没有独断专行，怎么会发生个人崇拜？今天中国建设成就如此巨大，人民生活改善如此迅速，今昔对比，饮水思源，人民群众都一致归功于共产党和您的正确、英明领导，这就很自然地流露出真诚热烈的爱戴，这怎能说是个人崇拜？"

为什么张治中会滔滔不绝地说这番话？原来他是深有感触的，还是视察到武汉的时候，毛泽东挑了武钢企业作为第一个视察单位，在高炉出铁后会见了苏联专家组。

"武钢的建成是中国人民的巨大胜利。"专家组长对毛泽东祝贺。

"这是我们共同的胜利。"毛泽东说。

"武钢的现代化设备是当前世界一流的，将来修建的平炉也是世界一流的。"专家组长说。

"这得力于你们的帮助。"毛泽东谦逊地说。

"我从事冶炼工作35年了，当总工程师也25年了，从未见过你们这样好的干部和工人。"专家组长说。

"这是由于得到你们的教育和帮助。"毛泽东说。

"我们愿意把我们所知的一切都贡献出来。"专家组长说。

"谢谢你们，这太好了！"毛泽东高兴地说。

毛泽东到合肥时，受到30万群众极其热烈的欢迎。张治中对毛泽东说："今天群众对领袖拥戴热爱的情景，实在使人感动。"毛泽东说："这是他们感到自己已经当家做主了，是国家的主人了。"张治中又说："如果没有共产党和您的英明领导，国家就不能这么快强大，人民生活就不能这么快改善。新中国成立前人们大都愁眉苦脸，而今天人人都笑逐颜开，这就是最大的转变。"毛泽东说："是的，他们都已经看到社会主义的光明前途，看到自己美好的前景了。"

张治中认为，毛泽东之所以处处谦逊踏实，处处把人民摆在前头，悬在心中，也就是警惕着个人崇拜的出现，这是张治中提出上述问题的出发点。

毛、张推诚相交、无话不谈，但也不是没有争论的时候。在视察途中的20天，张治中把每天所见所闻，特别是毛泽东的言论行动都写成日记，到杭州后整理成册，约4万字，题名《真挚、亲切、爽快、率直、英明、伟大的人民领袖》，送请毛泽东审阅，要求发表。

"你的日记我是不看的，尽在吹我。"毛泽东说。

"我的日记还是想请您看看，我想发表。"张治中说。

"我不看，你就不能发表。"毛笑着说。

"我有言论自由权。"张振振有词地说。

"你写的是我的事情,我不答应,当然不能发表。"毛稍停又说,"萧三也写过一篇东西,我也曾不让他发表。"

"我写的都是亲身的见闻,是实事求是的,有一句说一句,没有一点夸大。您看了之后能不能发表再说,如果既不看又不让发表,那我不服。"张力图转圜地说。

"好,我再考虑考虑,但是你只能说服,不能压服!"毛泽东最后说。

"最近人民出版社出版了两本《毛主席在群众中》,里面搜集了几十篇在报刊上的文字,出版后大受欢迎,大家争相购阅,您看到没有?别人发表那么多东西,都没有给您看过,我写的日记给您看了反倒发表不成,现在反而被动了,您不让我发表了。看来我不该拟了这个书名,使您看成是对您的吹嘘。"张继续为此找理由。

"凡是说到我的,我向来不看。"毛泽东说。

"我的日记发表不发表没有多大关系。您认为不该发表,我当然听从您的。"张看事情僵住了,没有多大的发表希望,只好这样说。

列宁说过:"友谊建立在同志中,巩固在真挚上,发展在批评里。"毛泽东与张治中的友谊也正是这样。他们从长久的认识与共同契合中,也常常展开批评,互提意见。[24]

金门炮战

北戴河会议及会后,毛泽东除了推动大炼钢铁运动和人民公社化之外,还亲自指导了金门之战。1958年12月与协作区主任谈话时,毛泽东曾作自我批评说:北戴河会议,我犯了一个错误,想了1070万吨钢、人民公社、金门打炮三件事,别的事没有想。

时任福州军区第一政治委员的叶飞,详细回忆了金门之战的经过及毛泽东的精心指挥。叶飞写道:

大规模的炮击金门,是在1958年8月23日开始的。这是震惊世界的炮战,在斗争策略的运用上又是史无前例的一战。

炮击金门,是中央1958年北戴河会议时决定的。我没有参加这次北戴河会议,留在福州。我记得当时福建正是刮台风的时候,部队、机关都在帮助农民抢收粮食、作物,我也在下面工作。突然通知我接电话,而且明确说要我到作战室去接从北京来的保密电话。一接电话,原来是总参谋部作战部部长王尚荣。他告诉我,中央决定炮击金门,指定要我负责指挥。那时福州军区新任司令员是韩先楚,已经到任接替我的工作。我虽然仍兼军区第一政委,但工作的重点主要是地方了。这是一个重大的军事行动,应该由军区司令员指挥,为什么要我来指挥呢?我有点疑问,就问王尚荣:"到底是不是中央决定要我指挥的?"他答:"是中央决定。"我又问:"是不是毛主席的决定?"王尚荣感觉到我有怀疑,就说:"刘培善同志在这里,你可以问问他。"刘培善接过电话说:"是的,是毛主席决定要你指挥。"我说:"韩先楚司令员现在北京,应该由韩司令员指挥啊!"刘说:"那你就不用问了。"我只好回答:"既然这样,那行,我接受命令来指挥。"

我接受任务后,立即召开省委会议,安排工作,决定江一真代替我主持省委日常工作;并立即组织前线指挥所。第二天,我即由福州乘车奔赴厦门,同去的有副司令员张翼翔和副政委刘培善,张兼任前线指挥所参谋长。此时,皮定均副司令员在南京军事学院学习,不在福州。7月19日我们一行到达厦门,迅速展开多项准备工作,24日前完成了一切作战部署。7月27日收到毛主席致彭(德怀)、黄(克诚)信(注:此时国防部长彭德怀主持军委工作,黄克诚为总参谋长):

"睡不着觉,想了一下。打金门停止若干天似较适宜。目前不打,看一看形势。彼方换防不打,不换防也不打。等彼方无理进攻,再行反攻。中东解放,要有时间,我们是有时间的,何必急呢?暂时不打,总有打之一日。彼方如攻漳、汕、福州、杭州,那就最妙了。这个主意,你看如何?找几个同志议一议如何?……如彼来攻,等几天,考虑明白,再作攻击。以上种种,是不是算得运筹帷幄之中,制敌千里之外,我战则克,较有把握呢?不打无把握之仗的原则,必须坚持。如你同意请将此信电告叶飞,过细考虑一下,以其意见见告。"

毛主席信上所说,"中东解放,要有时间",指的是1958年7月14日伊拉克人民发动革命,推翻了旧统治集团,美帝国主义直接出兵入侵黎巴嫩,随后英国又侵入约旦。同时,美帝国主义于7月15日宣布其远东地区陆海空军进入戒备状态。中东形势骤然紧张,成为世界矛盾的焦点。美、英、法介入后,苏联也有所动作。世界进步舆论都声援中东人民的反侵略斗争。蒋介石集团企图乘机扩大事态,于7月17日宣布所属部队处于"特别戒备状态"。金门、马祖与台湾国民党军先后进行军事演习,同时加强空军对大陆侦察活动和袭击准备。

我接到毛主席电报后,立即找张翼翔、刘培善商议,觉得各项准备工作比较紧张,加之福建沿海遭受台风袭击,连续暴雨十九天,冲毁大小桥梁43座,公路铁路塌方情况严重;部队在阴雨中昼夜作业,疲劳过度,疾病丛生;特别是空军进入福建前线的转场尚未完成,海军入闽部队尚在调动中,认为推迟炮击时间较为有利。当即复电表示：根据前线情况，准备工作做得充分些再进行炮击，较有把握。

由于推迟了炮击时间，又进行一个月的准备工作，完成了地面炮兵的集结和展开，炮兵对金门炮击的所有目标，都进行了现场交叉测量、观察，把目标都一一标在作战图上；也完成了空军的紧急战斗转场、海军舰队和岸炮部队的入闽部署，制订了炮兵、空军、海军协同作战方案，一切作战准备都就绪了。同时，对部队进行了形势任务和斗争方针政策的教育。

首先，空军以逐步推进的方式转场入闽。由于福建的几个机场已抢修完毕，第一批转场部队于7月27日顺利进驻连城、汕头机场，尔后逐步向漳州及沿海机场推进，至8月13日进驻龙田机场止，基本上完成了第一线机场的转场任务。

炮击金门的序幕是空战。没有这场空战，就不能掌握福建前线的制空权，就没有下一步的炮击。当时沿海机场的飞机起飞，不能朝大海方向，只能往后飞，升空后再掉头。如果朝前起飞，就飞到台湾海峡上空了。我空军要在福建前线站住脚，首先必须战胜敌人的空军，不然，掌握不了制空权。为了加强福建前线空战的指挥，原志愿军空军司令员聂凤智调任福州军区空军司令员。海军进入福建后，彭德清也调来任厦门海军基地司令员。7月的一天，空军进入福建。看到我们自己的飞机飞临福州上空，人民欢欣鼓舞，机关办公的、工厂做工的、学校上课的，全从屋子里出来，很多人爬到屋顶上欢呼。因为人民群众以前吃够了敌人空袭的苦头，天天有警报，不得安宁。在福建前线的空战中，美国自己的飞机不来，只是掩护台湾蒋军空军基地，在台湾海峡上空巡逻飞行，掩护蒋军飞机在第一线作战。我们的飞机每次只能出动一半，另一半保护机场。国民党空军没有这个顾虑，不要留机动飞机守机场，机场由美国空军保护，所以蒋军的飞机一批接一批地飞来。这场争夺制空权的空战持续了半个多月，甚为激烈。空战后期，国民党空军使用了响尾蛇空对空导弹。空战中，我们有两架飞机不明不白地被打落了，开始我们不知道是怎么被击落的，后来才弄清是新式武器干的。国民党空军损失50多架，大约占它总数的1/3。我们损失20多架。空战后，敌人老实了。制空权被我们掌握了，为大批炮兵开进厦门，为炮击金门打下了基础。

炮兵调来约3个师，还有一个坦克团。这次调动都是晚上行动，重炮加上坦克，夜间通过福州开往厦门，轰轰隆隆，连街道都颤动了。空军、海军、大批炮兵和坦克进入福建，老百姓高兴极了，纷纷议论，都认为这一次不但是要解放金门，而且一定是要解放台湾了。

8月上旬，地面炮兵全部进入了阵地。海军130岸炮部署在厦门对岸角尾。炮兵阵地从角尾到厦门、大嶝、小嶝，到泉州湾的围头，呈半圆形，长达30多公里,大金门、小金门及其所有港口、海面都在我远程火炮的射程之内。我们能把炮兵阵地摆得那么开,那么密集,在厦门前沿就部署了一个炮兵师,主要就是因为空战的胜利,我们掌握了制空权。

一切都准备好了,只等待北京来命令。

8月20日,北京来电话,要我立即去北戴河。我乘坐专机飞到徐州上空时,北边正在下大雨,是雷区,不能飞越,于是绕道开封。谁知道开封以西以北也是雷区,这样飞机只好在开封降落。第二天上午,继续飞行,中午即到了北戴河。

21日下午3点钟,毛主席找我去他的住处。我知道这是要我去接受命令了。我一见到主席,就详细汇报了炮击金门的准备情况、炮兵的数量和部署,和实施突然猛袭的打法。彭老总、林彪也参加了,总参作战部部长王尚荣也在座。地图没有挂在墙上,而是摊在地毯上。毛主席一面听我汇报,一面看地图,精神非常集中。汇报完了,他突然提出这么一个问题:"你用这么多的炮打,会不会把美国人打死呢?"那时,美国顾问一直配备到国民党部队的营一级。主席一问,我即回答说:"哎呀,那是打得到的啊!"听我这么一说,主席考虑了十几分钟,然后又问:"能不能避免打到美国人?"我回答得很干脆:"主席,那无法避免!"主席听后,再也不问其他问题,也不作什么指示,就宣布休息。这是主席要进一步考虑问题了。

晚饭后,王尚荣拿了一张条子给我,那是林彪写给主席的。林彪这个人很会捉摸主席的意图,他知道主席很注意能否避免打到美国人的问题,所以写了这个条子。条子的内容是,他看到主席很重视这个问题,因此提出,是否可以通过王炳南(正在华沙同美国进行大使级谈判)给美国透露一点消息。林彪此人也有点莫名其妙,告诉美国人就等于告诉台湾,这怎么行呢?看到条子,我很吃惊,便问王尚荣:"主席把这信交给我看,有没有什么交代?是不是要我表态?"王尚荣同志说:"主席没说什么,只说拿给你看。"这关系到最高决策问题,既然没有要我表态,我就一句话也没说。

第二天,继续开会。主席下决心了,看来没有理睬林彪的建议。主席说:"那好,照你们的计划打。"并要我留在北戴河指挥,跟彭老总一起住。

毛主席交代我跟彭老总一起住,把我弄紧张了。我怎好和彭老总一起住呢?主席究竟是什么意思,我不懂,也不好问。彭老总也没派参谋来叫我住到他那里去。晚上我散步后回到房间里,正在发愁,恰好王尚荣来,他说:"老兄,主席不是交代你住到彭老总那里吗?"我说:"我哪好去住啊?!"他知道我为难,就说:"我替你想个办法,把专线电话架到你的房间里。"这下就解决问题了。我们商定,前线直接同我通话,我再通过他转报主席,主席的指示也由他转告我。我问:"彭老总那里怎么报告呢?主席交代我同他住一起的呀!"他说:"你不要管了,此事由我办。"这位作战部部长真会处理问题。

所以,炮击金门是在北戴河指挥的,也可以说是毛主席直接在指挥。前线则由张翼翔、刘培善代我指挥。

8月23日中午12时,炮击开始。第一次急袭,所有炮兵阵地同时向金门开火,一个小时密集发射了几万发炮弹。火力的猛烈和密集,后来有人评论:"与攻击柏林的炮火差不多,甚至有过之而无不及。"从纪录片上看,整个金门岛都笼罩在一片硝烟之中。蒋军猝不及防,死伤惨重。我们的炮火打得很准,一下子摧毁了敌人的许多阵地,特别是集中火力猛击金门胡琏的指挥所,打得非常准确,可惜打早了5分钟!后来得到情报,我们开炮的时候,胡琏和美国总顾问刚好走出地下指挥所,炮声一响,赶快缩了回去,没有把他们打死。[25]要是晚5分钟,必死无疑。在阵地上的美国顾问被打死了两人。对此,美国人一直没有吭声。

毛主席决定大规模炮击金门,是不是就要解放金门、马祖呢?当时,不但中国人,包括福建前线我们这些人,还有台湾蒋介石,而且外国人,包括美国艾森豪威尔本人在内,都没有搞清楚。毛主席这一重大决策,是同当时不可一世的美帝国主义进行较量,是一个有国际、国内重大意义的战略行动,这是当时一切中国人、外国人都没有弄明白的。毛主席选择这个时机大规模炮击金门,摆出我军要解放台湾的姿态,一是警告蒋介石,二是同美帝国主义进行较量,把美国的注意力吸引到远东来,以调动当时正在侵略中东的美国第六舰队,支援中东人民的斗争。

福建前线我军实施对金门大规模炮击时,美国总统艾森豪威尔在华盛顿3天睡不着觉,摸不清我军此举的意图。他从我空军入闽,在空战中已击败了蒋介石空军,牢牢地夺取了福建前线的制空权;我海军入闽,已基本控制了福建沿海的制海权;大批炮兵及坦克部队调入福建,鹰厦铁路已修通,福建前线包括汕头等地已修建了大批空军作战基地等种种迹象判断,我军这次大规模炮击金门的行动,绝不只是要解放金门、马祖,而是要大举渡海解放台湾的前奏,于是下令将地中海美第六舰队一半舰只调到台湾海峡,和第七舰队会合,加强第七舰队,中东局势由此缓和下来了。艾森豪威尔不是毛主席的对手,完全被毛主席调动了。《使美八年纪要》的作者沈剑虹(时任蒋介石的英文秘书)在书中写道:"1958年,即该约[26]生效后第4年,中共即掀起台湾危机,试探中美共同防御条约及'台海决议案'的效能。当时8月间,对金门实施持续猛烈炮轰,同时公开扬言要攻占台湾及把美国逐出西太平洋。""试探"一词,倒是用得很贴切。杜勒斯于9月4日发表声明,公开要扩大美国在台湾海峡地区的侵略范围，对中国人进行军事挑衅和战争讹诈。美国从中东的第六舰队调来一半舰只，加上从本国和菲律宾调来的，美军在台湾海峡就有航空母舰七艘、重巡洋舰三艘、驱逐舰四十艘。美国第46巡逻航空队、第1海军陆战队航空队和其他好几批飞机也调来台湾，美国第一批陆战队3800人已在台湾南部登陆。美军司令部还公然扬言，要在8日的演习中以舰炮封锁我沿海岛屿。我军实行对金门大规模炮击，就这样把美帝国主义的注意力从中东转移到远东来了，地中海紧张局势趋向缓和。

我国外交部于9月4日发表领海线声明，宣布我领海线为12海里，向全世界宣告保卫我领海不受侵犯的坚强决心。福建前线部队用实际行动证明了我国人民的这一坚强决心。

8月下旬，我由北戴河回到厦门前线。此时大、小金门蒋占岛屿，包括金门唯一的港口料罗湾和海面，全部在我炮火射程之内，完全被我炮火封锁，截断了金门和台湾的海上通道。金门蒋军的补给全靠台湾从海上运输，以海军护航，我军炮火即转向攻击其海上运输线，专门打它的海上运输船只。蒋军舰只受到严重打击，不断被我海岸炮炮火击沉击伤，最后，金门海上运输线完全被我截断了。金门不但弹药补给中断了，粮食、燃料的补给也中断了，储备的炮弹在半个月炮战中消耗得差不多了，储备粮只有一个月，也消耗差不多了，频频向台湾告急。蒋介石即请求美军护航，以恢复金门的海上补给线。9月7日，美军以美舰护航，组成一支海上大编队。美国军舰配置在海上编队左、右两侧护航，把蒋军舰只和运输船只夹在中间，美舰和蒋军舰只相距仅两海里，由台湾向金门开来。美蒋联合编队从台湾一出动，我们在雷达上就看得一清二楚。情况复杂化了，美军已经卷入，怎么办？打不打？如果一打，势必会把美舰一起打上，这就可能把美国拖下水，同美军发生直接冲突。所以，打不打美蒋海军联合编队，事关重大，不是一个单纯的军事行动，这不是前线指挥员有权可以作出决定的，这只能由中央、最高统帅毛主席才能作出决定的。我就立即请示毛主席。毛主席回答：照打不误。我又请示：是不是连美舰一起打？毛主席回答：只打蒋舰，不打美舰。并且交代要等美蒋联合编队抵达金门料罗湾港口才打，要我们每一小时报告一次美蒋联合编队的位置、编队队形、航行情况，到达金门料罗湾时，要等北京的命令才能开火。我为了准确执行只打蒋舰、不打美舰的命令，又请示：我们不打美舰，但如果美舰向我开火，我们是否还击！毛主席明白回答，没有命令不准还击。命令是由总参作战部部长王尚荣以直达军用专线电话向我转达的。我接到这个电话，极为吃惊，恐怕电话传达命令不准确，铸成大错，再问王尚荣：如果美舰向我开火，我是不是也不还击？回答是毛主席命令不准还击，清清楚楚。这样我就说：明白了，我严格按照毛主席的命令执行。这一下我就极为紧张了，因为要严格执行毛主席的命令，只打蒋舰，不准打美舰，这很不好办。美舰和蒋舰相距仅两海里，如果哪一个炮群瞄不准确，稍有误差，就会打到美舰。至于如美舰向我开炮，我不予还击，这倒还比较好办。我为了准确执行毛主席的命令，就亲自向31军及各炮兵群下达命令：待美蒋联合编队抵达金门料罗湾港口，北京下了命令后才开炮；各炮群只打蒋舰，不准打美舰；如美舰向我开火，我不予还击！各炮群接到我这个命令，都吃惊了，纷纷追问。我又把毛主席的命令再复述一次，并问各炮群是否都听清楚了，明白了。各炮群回答听清楚了，明白了，按毛主席的命令严格执行。我又交代把美蒋海军联合编队的队形、美舰蒋舰在编队中的位置及其相互距离、航速、预计到达金门料罗湾港口的时间，一一详细通报了31军及各炮群，要他们立即作好一切准备，以便一接到开火命令，都能准确无误地执行。同时，也将情况通报了空军、海军。这一切都安排就绪了，我才松了一口气。

9月7日中午12时整，美蒋海军联合编队抵达金门料罗湾港口，运输船只开始在料罗湾港口码头上卸下补给物资，我立即将这一情况直报北京。北京接到我的电话后，毛主席即下令开火。我迅即命令各炮群按预定作战方案开炮，专打蒋舰，不打美舰。全线所有炮群接到命令，即以突然的密集火力攻击蒋舰及其运输船只，集中攻击料罗湾港口码头。没想到我军一开炮，美舰丢下蒋舰及运输船只于不顾，立即掉头向台湾方向逃去。美国军舰一走，蒋舰及所有运输船只便孤零零地完全暴露在我军面前，遭受了我军猛烈炮火的狠打。这时，金门蒋军和在料罗湾的蒋舰纷纷向台湾告急。台湾问："美国朋友呢？美国军舰呢？"蒋舰回答："什么朋友不朋友？美国军舰已经掉头跑了！"大骂"美国人混蛋"。他们更急了，使用报话机通话，连密码都不用了，我们的侦听机听得清清楚楚。蒋舰被我击沉三艘、击伤数艘。台湾即下令蒋舰返航。这一场惊险的战斗就这样戏剧性地宣告结束。这是我军大规模炮击金门以来，同美帝国主义第二个回合的较量。

金门炮战，美军已经介入，这次美蒋编成联合编队，美舰护航，但一旦遭我一阵猛烈炮火攻击，我空军、海军尚未出动，美舰竟然不敢向我开火，丢下蒋军掉头就跑，这是出乎我的意料的。当时我在厦门云顶岩前线指挥所里，还准备应付美舰向我军开火呢，当从望远镜里看到美舰在我猛烈炮火之下溜走的情形时，真感意外。当时我一下还不明白毛主席命令的意图所在，我只是严格地按照毛主席的命令执行。事后我才明白，原来毛主席命令只打蒋舰，不打美舰，并且规定如美舰向我开火，我军也不予以还击，这一切都是在试探美国所谓美蒋共同防御条约的效力究竟有多大，美军在台湾海峡的介入究竟到了什么程度。经过这一次较量，就把美国的底全都摸清楚了。美国虽然貌似凶恶强大，在全世界到处横行霸道，不可一世，其实也是一只纸老虎。所谓美蒋共同防御条约也是有一定限度的，只要涉及美国自身的利益，要冒和我军发生直接冲突的危险，他们就不干了，就只顾自己，不顾别人了，如此而已。如果要问：福建前线我军对美蒋联合编队敢于照打不误，其意义何在呢？取得了什么胜利呢？这次较量的意义和胜利，不在于击沉、击伤蒋军多少舰只，而在于把貌似凶恶强大的美国的底牌摸清楚了。这些认识，是在攻击了美蒋联合编队的战斗以后，我才领悟过来的。从此以后，我就更进一步意识到福建前线面对台湾海峡，不只是我方和蒋方双方的斗争，而是我方、蒋方和美方三方的尖锐复杂的斗争。既是军事的，也是政治的、外交的斗争，稍有不慎和失误，就会造成严重后果。我就更加小心谨慎从事了。这时台湾海峡的形势已经非常清楚，蒋介石千方百计想拖美国下水，而我们则力求避免同美国发生直接冲突，美国也极力避免同我们发生直接冲突，这就是当时台湾海峡非常微妙的三方形势。

这里要补述一下福建前线海军的作战。福建前线海军在这次炮击金门中，除使用岸炮外，只使用了轻型舰艇。9月以后，台湾海峡又受季节风的影响，风力经常在五至七级，涌大浪高，限制了海军轻型舰艇的活动，但是在这次炮击的过程中，福建前线海军在厦门海域协同作战，还是取得了很好的战果。高速炮艇协同鱼雷快艇，首战就击沉国民党海军的红字号猎潜舰，接着又击伤永字号舰二艘，击沉、击伤中字号舰各一艘……这一阶段的海战，对海军的锻炼是很大的。

这里再叙述一下炮击金门战斗中的一个插曲。8月底，韩先楚司令员陪同军委空军司令员刘亚楼、炮兵司令员陈锡联也到达厦门视察。韩先楚到厦门以后，就向我提出使用空军轰炸金门。我考虑到毛主席并没有即行登陆解放金门的指示，炮击金门的作战方案并没有涉及使用空军轰炸，如果我军不实行登陆解放金门，那么现阶段没有使用空军轰炸的必要，特别是如果要空军轰炸金门，不但要使用轰炸机，还要使用战斗机掩护，这样的空军编队在金门上空作战，就很难避免同美国空军冲突。我这时已经意识到毛主席的意图，力求避免同美军发生直接冲突，所以我不同意韩先楚使用空军轰炸金门的意见。但既然司令员提出建议，我为了尊重他，就建议把我们两人的意见报告军委和毛主席。韩先楚也同意。第二天王尚荣打电话给我，说："电报收到了，送给毛主席看了，毛主席完全同意你的意见。"我把王尚荣回答的电话记录拿给韩先楚看，他就不再坚持自己的意见了。韩先楚刚到福建，可能不大了解情况。其实，在炮击金门的整个过程中，美国和我方都力求避免发生直接冲突，特别是双方都尤其注意严格管制自己的空军活动。美军在台湾海峡中线划定一个分界线，美机在台湾海峡上空巡逻飞行，地面指挥严禁其飞越划定的分界线。经常发生美军飞机越过分界线的事，其地面管制站总是立即大骂。当时我们在福建前线的监听站都备有懂英语的人值班，所以听得清清楚楚。而我们也严格管制我空军只在我沿海空域飞行巡逻，绝对不准越出规定的飞行空域，保持空中和美军的距离，以避免同美国空军发生直接冲突。

1949年10月我军攻击金门失利以后，厦门前线和蒋占岛屿大、小金门一直处于对峙状态。厦门和小金门的距离只有2000多米，我前沿阵地大、小嶝岛和大金门距离最近，不到1000米。蒋军以一个兵团的重兵防守金门。在厦门海堤未修建以前，我们也一直以一个军的兵力防守厦门。双方对峙，经常进行炮战。在朝鲜停战以前，即从1950年至1953年，金门蒋军的炮兵火力占优势，加上此时我空军尚未入闽，我国海军处在初建阶段，亦未入闽。因此，在这3年时间里，蒋军不断以海军袭扰福建前线沿海地区，封锁了厦门港、福州马尾港；蒋军空军经常空袭厦门、福州，特别是对厦门的空袭更为频繁，已习以为常；金门蒋军自恃炮兵占优势，更经常炮击厦门，厦门全岛，包括鼓浪屿完全在金门蒋军炮兵火力的控制之下。厦门军民经常遭受蒋军炮击和蒋机轰炸，有时日夜数次，几乎成为家常便饭，这个英雄城市经受住了血与火的考验，农民照样种地、工人照样做工、学生照样上课，毫无畏惧，不愧为英勇顽强的人民。当时厦门完全成为一个战时的城市，国内其他地方的人到厦门，提心吊胆，看到厦门人民勇敢沉着，在战火下保持着正常的社会生活秩序，既吃惊，又钦佩。所以，福建前线和金门之间的炮战，并不是1958年才开始的。

1958年8月下旬开始的对金门的大规模炮击，持续了一个多月，我军的目的已经达到，把美国在地中海的第六舰队调到了台湾海峡，中东紧张局势趋向缓和；攻击美蒋海军联合编队之战，又把美帝国主义的底摸得清清楚楚了。到了这个时候，在我们面前就提出了一个问题：大规模炮击金门的战斗是否还要继续进行下去呢？下一步的文章怎么做呢？顺理成章的是，下一步就只有登陆解放金门了，如果金门解放，那么马祖的解放也就没有什么问题了，顺手牵羊就是了。此时金门已被我军炮火封锁了1个多月，海上补给线已断，金门蒋军的粮食供应已发生危机，弹药也已消耗得差不多，金门的防御工事也已被我军炮火摧毁得差不多，可以说是已到了弹尽粮绝之日。此时如果我军发动登陆，金门唾手可得。所以，福建前线我们这些人，都在焦急地等待毛主席下命令了。我们都摸不透毛主席下一步的意图何在，总以为下一步的文章就是实行登陆、解放金门了。出乎我们意料，在国庆节后的第五天，即10月6日北京发表了国防部文告。文告全文如下：

台湾、澎湖、金门、马祖军民同胞们：

我们都是中国人。三十六计，和为上计。金门战斗，属于惩罚性质。你们的领导者们过去长时期间太猖狂了，命令飞机向大陆乱钻，远及云、贵、川、康、青海，发传单，丢特务，炸福州，扰江浙。是可忍，孰不可忍？因此打一些炮，引起你们注意。台、澎、金、马是中国领土，这一点你们是同意的，见之于你们领导人的文告，确实不是美国人的领土。台、澎、金、马是中国的一部分，不是另一个国家。世界上只有一个中国，没有两个中国。这一点，也是你们同意的，见之于你们领导人的文告。你们领导人与美国人订立军事协定，是片面的，我们不承认，应予废除。美国人总有一天肯定要抛弃你们的。你们不信吗？历史巨人会要出来作证明的。杜勒斯9月30日的谈话，端倪已见。站在你们的地位，能不寒心？归根到底，美帝国主义是我们的共同敌人。13万金门军民，供应缺乏，饥寒交迫，难为久计。为了人道主义，我已命令福建前线，从10月6日起，暂以7天为期，停止炮击，你们可以充分地自由地输送供应品，但以没有美国人护航为条件。如果护航，不在此例。你们与我们之间的战争，30年了，尚未结束，这是不好的。建议举行谈判，实行和平解决。这一点，周恩来总理在几年前已经告诉你们了。这是中国内部贵我两方有关的问题，不是中美两国有关的问题。美国侵占台澎与台湾海峡，这是中美两方有关的问题，应当由两国举行谈判解决，目前正在华沙举行。美国人总是要走的，不走是不行的。早走于美国有利，因为它可以取得主动。迟走不利，因为它老是被动。一个东太平洋国家，为什么跑到西太平洋来了呢？西太平洋是西太平洋人的西太平洋，正如东太平洋是东太平洋人的东太平洋一样。这一点是常识，美国人应当懂得。中华人民共和国与美国之间并无战争，无所谓停火。无火而谈停火，岂非笑话？台湾的朋友们，我们之间是有战火的，应当停止，并予熄灭。这就需要谈判。当然，再打30年，也不是什么了不起的大事，但是究竟以早日和平解决较为妥善。何去何从，请你们酌定。

中华人民共和国国防部部长　彭德怀
一九五八年十月六日上午一时

这份文告的发表，标志着金门炮击进入了新的斗争阶段，即以政治斗争、外交斗争为主的阶段，打打谈谈，打打停停，半打半停。

文告发表以后，金门前线炮声沉寂，但台湾海峡风浪依然。台湾当局和美国政权慌了手脚！

台湾当局一则说这是"骗局"，一则说这是"发动新攻势前的喘息"，一则说这是要"无条件投降"，一则说这是"离间中美合作的关系"，诸如此类，不一而足。真是心慌意乱、语无伦次。

这是"骗局"吗？不是，因为炮击千真万确地停止了。

这也不是"喘息"，因为人民解放军并不打算攻占金门。

这也不是要他们"无条件投降",因为我们国防部部长明明说是"建议举行谈判,实行和平解决"……又怎么会是"无条件投降"?

至于说到"离间",实际上台湾当局和美国人的关系本来就不美妙。我们只要求美国人休管我们中国人内部的事情,休想骑在中国人头上拉屎撒尿。蒋介石也心里有数,寄人篱下,仰人鼻息,滋味很不好受。

美国人的反应如何呢?

先提"停火",后提"永久停火"。实在荒唐!正像毛主席说的:"无火而谈停火,岂非笑话。"

10月6日国防部文告宣布暂停炮击金门一个星期,以没有美军护航为条件,是给金门蒋军以补充给养的机会,也是给台湾当局以考虑和平解决的机会。一星期届满后,为了再让金门军民得到充分补给,并给台湾当局以充分的时间去考虑,10月13日,我国防部再次发布命令,对金门炮击再停两周。文告全文如下:

福建前线人民解放军同志们:

金门炮击,从本日起,再停两星期,借以观察敌方动态,并使金门军民同胞得到充分补给,包括粮食和军事装备在内,以利他们固守。兵不厌诈,这不是诈。这是为了对付美国人的。这是民族大义,必须把中美界限分得清清楚楚。我们这样做,就全局说来,无损于己,有益于人。有益于什么人呢?有益于台、澎、金、马一千万中国人,有益于全民族六亿五千万人,就是不利于美国人。有些共产党人可能暂时还不理解这个道理。怎么打出这样一个主意呢?不懂,不懂!同志们,过一会儿,你们会懂的。待在台湾和台湾海峡的美国人,必须滚回去。他们赖在这里是没有理由的,不走是不行的。台、澎、金、马的中国人中,爱国的多,卖国的少。因此要做政治工作,使那里大多数中国人逐步觉悟过来,孤立少数卖国贼。积以时日,成效自见。在台湾国民党没有同我们举行和平谈判并且获得合理解决以前,内战依然存在。台湾的发言人说:停停打打,打打停停,不过是共产党的一条诡计。停停打打,确是如此,但非诡计。你们不要和谈,打是免不了的。在你们采取现在这种顽固态度期间,我们是有自由权的,要打就打,要停就停。美国人想在我国的内战问题上插进一只手来,他们叫做停火,令人忍俊不禁。美国人有什么资格说这个问题呢?请问他们代表什么人?什么也不代表。他们代表美国人吗?中美两国没有开战,无火可停。他们代表台湾人吗?台湾当局没有发给他们委任状,国民党领袖根本反对中美会谈。美国民族是一个伟大的民族,其人民是善良的。他们不要战争,欢迎和平。但是美国政府的工作人员,有一部分,例如杜勒斯之流,实在不大高明。即如所谓停火一说,岂非缺乏常识?台、澎、金、马整个地收复回来,完成祖国统一，这是我们六亿五千万人民的神圣任务。这是中国内政，外人无权过问，联合国也无权过问。世界上一切侵略者及其走狗，通通都要被埋葬掉，为期不会很远。他们一定逃不掉的。他们想躲到月球里去也不行。寇能往，我亦能往，总是可以抓回来的。一句话，胜利是全世界人民的。金门海域，美国人不得护航。如有护航，立即开炮。切切此令！

国防部长　彭德怀
1958年10月13日上午1时

但是，台湾当局坚持顽固态度，拒不接受和谈，并邀请杜勒斯到台湾策划进一步实施"美蒋共同防御条约"，美国军舰在我停炮后又一度进入金门水域，公然违反我们暂停炮击的条件。因此，我国防部于10月20日发布恢复炮击的命令。

炮击金门逐步发展成为政治斗争和外交斗争，而且变成一个长期的斗争了。在军事上的斗争形式，就是单日打，双日不打。这种奇特的战争方式一直延续到70年代末。为了了解它的由来，这里再摘录10月25日我国防部长的《再告台湾同胞书》：

台湾、澎湖、金门、马祖军民同胞们：

我们完全明白，你们绝大多数都是爱国的，甘心做美国人奴隶的只有极少数。同胞们，中国人的事只能由我们中国人自己解决。一时难于解决，可以从长商议。美国的政治掮客杜勒斯，爱管闲事，想从国共两党的历史纠纷这种事情中间插进一只手来，命令中国人做这样，做那样，损害中国人的利益，适合美国人的利益。……如不遂意，最毒辣的手段，都可以拿出来。你们知道张作霖将军是怎样死去的么？东北有一个皇姑屯，他就是在那里被人治死的。世界上的帝国主义分子都没有良心。……同胞们，我劝你们当心一点儿。我劝你们不要过于依人篱下，让人家把一切权柄都拿了去。我们两党间的事情很好办。我已命令福建前线，逢双日不打金门的飞机场、料罗湾的码头、海滩和船只，使大金门、小金门、大担、二担大小岛屿上的军民同胞都得到充分的供应，包括粮食、蔬菜、食油、燃料和军事装备在内，以利你们长期固守。如有不足，只要你们开口，我们可以供应。化敌为友，此其时矣。逢单日，你们的船只、飞机不要来。逢单日我们也不一定打炮，但是你们不要来，以免受到可能的损失。这样，1个月中有半月可以运输，供应可以无缺。你们有些人怀疑，我们要瓦解你们军民之间官兵之间的团结。同胞们，不，我们希望你们加强团结，以便一致对外。打打停停，半打半停，不是诡计，而是当前具体情况下的正常产物。不打飞机场、码头、海滩、船只，仍以不引进美国人护航为条件。如有护航，不在此例。蒋、杜会谈，你们吃了一点亏，你们只有代表"自由中国"发言的权利了；再加上小部分华侨，还许你们代表他们。美国人把你们封为一个小中国。十月二十三日，美国国务院发表十月十六日杜勒斯预制的同英国一家广播公司所派记者的谈话，杜勒斯从台湾一起飞，谈话就发出来。他说，他看见了一个共产党人的中国，并且说，这个国家确实存在，愿意同它打交道，云云。谢天谢地，我们这个国家，算是被一位美国老爷看见了。这是一个大中国。美国人迫于形势，改变了政策，把你们当作一个"事实上存在的政治单位"，其实并非当作一个国家。……国民党朋友们，难道你们还不感觉这种危险吗？出路何在？请你们想一想吧。……世界上只有一个中国，没有两个中国。这一点我们是一致的。美国人强迫制造两个中国的伎俩，全中国人民，包括你们和海外侨胞在内，是绝对不容许其实现的。现在这个时代，是一个充满希望的时代，一切爱国者都有出路，不要怕什么帝国主义者。当然，我们并不劝你们马上同美国人决裂，这样想，是不现实的。我们只是希望你们不要屈服于美国人的压力，随人俯仰，丧失主权，最后走到存身无地，被人丢到大海里去。我们这些话是好心，非恶意，将来你们会慢慢理解的。

国防部长　彭德怀

　　我在这一章里引用的几篇以国防部长名义发表的文告，都是毛主席亲自撰写的。这些文告不仅是值得后人传诵的绝妙文章，更可以从中看出毛主席高瞻远瞩的战略眼光和伟大胸怀。今天重读这些文章，仍然值得海峡两岸的中国人深思。

　　从此以后，炮击金门不但变为单日打，双日不打，而且炮击实际上只是一种象征性的，虽然双方并没有什么正式的协议，实际上成为一种不成文的默契。我们对金门打炮，不打阵地和居民点，只打到海滩上。金门蒋军的回炮，同样也只打到我们的海滩上。后来又发展到逢年过节，停止3天炮击，让金门军民平安过节。金门方面也照此办理。美蒋完全被毛主席的高明策略牵着鼻子走，打炮也演变成美蒋我三方之间一种特殊的对话，一种不在谈判桌上进行的谈判。这真是古今中外战争史上的奇观。

　　毛主席决定不拿下金门，现在看来有一个重要原因，就是要留下一个"对话"的渠道。后来讲"三通"，其实前线和金门之间早就用各种特殊的形式"通"了。

　　从1958年9月7日以后，我国政府对于美国侵犯我国领空、领海不断发出严重警告，1960年5月25日，我国外交部又提出了第一百次警告。美国在远东地区，不断举行大规模的军事演习，有的演习公然宣布是针对中国的。这年4月，美国太平洋地区武装部队总司令费耳特公然说："始终存在着在台湾问题上同共产党中国人发生一场有限战争的危险。"这是公开的军事挑衅和战争威胁。

从1955年8月1日开始的中美大使级会谈，已过了五年，到这时也正举行了一百次会议。其间，在1957年底美国政府就曾经违反协议，中断会谈达半年之久，只是由于我国采取了严正态度，并且对美国在台湾海峡地区玩弄"战争边缘政策"的军事挑衅，进行了针锋相对的斗争，才迫使美国不得不又一次回到谈判桌上来。

与此同时，美国还千方百计地玩弄制造"两个中国"的阴谋，不断放风，提出所谓"中华福摩萨国""托管"台湾等永远霸占中国领土台湾的荒谬主张，妄想把台湾变成它侵略中国和远东地区的"不沉的航空母舰"。

就在这个背景下，美国总统艾森豪威尔在1960年6月17日到19日"访问"台湾。艾森豪威尔的亚洲之行，实在不顺利。他被日本人民宣布为"不受欢迎的人"，他的"先行官"挨了一顿下马威，自己也吃了"闭门羹"。菲律宾受美国控制已久，那里的人民也起来反对他。

当然，蒋介石集团对艾森豪威尔的访问是抱有希望的，除了会谈和宴会外，还让这位"瘟神"在总统府广场对台北市民发表演讲。当时担任艾森豪威尔翻译的沈剑虹在《使美八年纪要》一书中写道："美国总统艾森豪威尔1960年访华之行，使中美两国关系达到第二次世界大战之后的高潮。他是历来第一位在任内访问我国的美国总统。"

毛主席决定，在艾森豪威尔到达台湾的前夕和离开台湾的时候，在金门前线举行反美武装示威。并由我们把毛主席起草的"告台、澎、金、马军民同胞书"，以"中国人民解放军福建前线司令部"的名义公开播发。"告同胞书"指出：

"艾森豪威尔要到你们那里'访问'了。来者不善，善者不来。……杜勒斯虽然死了，美国并吞台湾的心并没有死。艾森豪威尔的政策，就是杜勒斯的政策。"

文告庄严宣称：

"为了支持亚洲各国人民反对艾森豪威尔强盗旅行的正义斗争，为了支持台、澎、金、马爱国同胞反对艾森豪威尔强盗旅行的正义斗争，为了表示伟大的中国人民对艾森豪威尔的蔑视和鄙视，我们决定：按照单日打炮的惯例，在6月17日艾森豪威尔到达台湾的前夕和6月19日艾森豪威尔离开台湾的时候，在金门前线举行反美武装示威，打炮'迎送'。美国的武装力量，近来不断向我们威胁和挑衅。我们这个决定，完全是为了向美帝国主义示威。"

并且警告国民党军队：

"在炮轰期间，你们务必躲在安全地带，不要出来，以免误伤。你们的船只，在这两天也要注意,切勿驶近炮轰地带,以免危险。倘若有人不遵我们劝告,甘心为虎作伥,胆敢扰乱伟大的反美武装示威,必遭严惩,勿谓言之不预!"

9月17日,我福建前线所有火炮一齐开火,正是当时报纸所形容的:万炮齐发轰"瘟神"。轰得艾森豪威尔在海峡对岸心惊肉跳,夜不成寐,于是提前结束在台访问,匆忙走上归途。

朝鲜停战以后,彭德怀同志就任国防部长,主持中央军委工作。他是最积极主张解放金门、马祖的,并为此做了许多工作。

彭德怀同志于1954年来福建前线视察,这是他第一次到福建前线,随同来的有黄克诚和陈赓以及总参谋部人员。那次彭德怀在福州只住了3天,听取军区关于福建前线情况的汇报后,立即驱车前往厦门前线,由我陪同。他到厦门,是专门为了研究解放金门的问题。他听了我们关于解放金门的准备工作汇报,特地亲自登上厦门云顶岩指挥所,对金门进行仔细的观察。就在这次视察中,彭德怀指示要作好解放金门的准备,决定准备空军入闽,并为此而决定抢修鹰厦铁路,修建福建前线足够使用的空军机场。正因为如此,所以在1958年炮击金门战斗的后期,一切条件都已经具备,并且都已经成熟了,我们都认为炮击金门的下一步文章,也是最后一步的文章,就是实施登陆,解放金门了。哪知道以后北京接连发表国防部文告,炮击金门变成长期化、经常化,单日打,双日不打,逢年过节还宣布放假三天,停止炮击。解放金门一事就此搁下,再也不提了。当时我们很不理解,以后毛主席提出"绞索政策",我们才明白了。

"绞索政策"的含义是什么呢?毛主席告诉我们,金门、马祖是套在蒋介石脖子上的"绞索",而更重要的也是套在美帝国主义脖子上的"绞索"。这是美帝国主义自己套上的,因为它霸占台湾不放,同蒋介石签订共同防御条约,这个条约就是一个"绞索"。美帝国主义自己套上了,我们为什么要帮助蒋介石和美帝国主义把套在他们脖子上的"绞索"解开呢?后来我从福建前线的斗争中,特别从1958年这场大规模炮击金门的战斗中,才更进一步深刻理解毛主席"绞索政策"的意义。

毛主席1958年9月8日在最高国务会议上公开讲:"中国领土台湾,黎巴嫩以及所有在外国的军事基地,都是套在美帝国主义脖子上的绞索。不是别人,而是美国人自己制造这种绞索,并把它套在自己脖子上,而且把绞索的另一端交给了中国人民、阿拉伯人民和全世界一切爱和平反侵略的人民。美国侵略者在这些地方停留得越久,套在他脖子上的绞索就将越紧。"

我军大规模炮击金门以后,美国人也发现了金门、马祖是他的一个大包袱,想扔掉它,几次压迫蒋介石退出金门、马祖,但是蒋介石不干,同美帝国主义闹独立性。蒋介石有他的想法,他不从金门、马祖撤退,其用意就是拖住美国不放。我们不解放金门、马祖,不让蒋介石扔掉这个包袱,也就不让美国人把这根绞索从自己脖子上脱掉。毛主席的政略、战略和外交策略真是高明,我们开始是不懂的,以后我们才懂。

1960年美国进行总统选举,肯尼迪和尼克松在竞选演说中提到金门、马祖问题,成为他们的一个辩论题目。肯尼迪在辩论时说:"如果能说服蒋介石,把防线划到台湾和澎湖周围,则美国卷入战争的机会将减少很多。"可见美国有些人以后也慢慢懂得这个道理了。

金门、马祖问题就是这样一个错综复杂的微妙问题。[27]

当时负责新闻报道工作的吴冷西,从另一个侧面回忆了毛泽东对炮击金门的指导过程:

1958年8月,政治局常委在北戴河召开中央工作会议。这次会议,原定着重讨论工业问题,后来又增加人民公社问题。

会议8月17日开始。我因事晚去几天。中央办公厅20日来电话催我赶快去。我21日乘中办的班机到达北戴河,同胡乔木同志住在一座别墅。那是北戴河中区中央负责同志的别墅区,都是新中国成立前达官贵人和洋人的旧别墅,只有毛主席的住处是新建的高大平房。

我到达北戴河的第三天,8月23日中午,福建前线的人民解放军炮兵部队就万炮齐轰仍被国民党军占据的金门、马祖及其附近小岛。

当晚,我参加了毛主席召开的政治局常委会议才知道:7月中旬美军入侵黎巴嫩,英军入侵约旦,企图镇压伊拉克人民武装起义后,中央即考虑在福建前线采取行动,以支持阿拉伯人民的反帝斗争,又打击蒋介石集团在金门、马祖一带经常骚扰我福建沿海的气焰。蒋介石早在7月17日就宣布台湾、澎湖、金门、马祖全线处于"紧急戒备状态",表明了他们将有所行动。我空军于7月底开进福建前线,同国民党飞机连续作战,并夺取了福建沿海的制空权。炮兵增援部队也陆续到达。与此同时,全国展开了支援伊拉克、阿拉伯人民反对美英帝国主义侵略中东的集会和示威游行。

毛主席在会议上说,今天开炮,时机选择得当。联合国大会三天前通过决议,要求美、英军队退出黎巴嫩和约旦。美国人霸占我台湾更显得无理。我们的要求是美军从台湾撤退,蒋军从金门、马祖撤退。你不撤我就打。台湾太远打不到,我就打金、马。这肯定会引起国际震动,不仅美国人震动,亚洲人震动,欧洲人也震动。阿拉伯世界人民会高兴,亚、非广大人民会同情我们。

这时,毛主席对着我说:找你快来参加会是要你了解这突发事件。你的任务是要新华社迅速、广泛收集国际反应,重大反应要用电话传到北戴河来。报道和评论暂时不搞,观察几天再说,这是纪律。要告诉新华社、人民日报和广播电台的编辑部。服从命令听指挥,部队如此,新闻宣传单位亦如此。

毛主席又说,前几天在工作会议开始时他讲了八个国际问题,这些问题多年来一直在脑子里转来转去,逐渐形成一些看法、观点,思想就开朗了。但是这些观点在对外宣传中不能不分时间、地点和盘托出,要有所区别。比如,我说大战打不起来,但军事工作中要有打起来的准备,宣传工作中要讲战争危险,号召反对帝国主义侵略政策和战争政策,维护世界和平。又如谁怕谁多一点,我说帝国主义比我们多怕一点,但宣传上应讲我一反对战争,二不怕战争。又如我说帝国主义制造紧张局势有刺激世界人民觉醒的有利的一面,但宣传上要强调反对帝国主义制造紧张局势,争取缓和国际紧张局势。诸如此类,这个世界上坏事太多,我们如果整天愁眉苦脸,就在精神上被压垮了。我们要学会用分析的方法,看到坏事有两重性,看到紧张局势固然是坏事,但它又可以促使许多人觉醒起来,下决心同帝国主义斗争,这又是好事。这样看问题,我们就可以在思想上获得解放,不至于老是觉得包袱沉重。

毛主席说:这次炮轰金门,老实说是我们为了支援阿拉伯人民而采取的行动,就是要整美国人一下。美国欺负我们多年,有机会为什么不整它一下。现在我们要观察各方面的反应,首先是美国的反应,再确定下一步的行动。我们现在处于主动,可进可退,游刃有余。美国人在中东烧了一把火,我们在远东烧一把火,看他怎么办。我们谴责美国在台湾海峡制造紧张局势。这不冤枉它。美国在台湾有几千驻军,还有两个空军基地。美国最大的舰队第七舰队经常在台湾海峡晃来晃去。美国在马尼拉还有一个很大的海军基地。美国海军参谋长帕克不久前(8月6日)说,美国部队随时准备在台湾海峡登陆作战,像在黎巴嫩那样。这就是证明。

过了两天,8月25日下午,毛主席又主持召开政治局常委会议,地点是北戴河海滩游泳场的休息室。毛主席刚下海游泳回来,穿着睡衣就主持开会。除了少奇同志、周总理、小平同志外,还有彭老总、王尚荣(总参作战部部长)、叶飞(福州军区政委),胡乔木和我也参加了。

毛主席一开始就说:我们在这里避暑,美国人却紧张得不得了。从这几天的反应看,美国人很怕我们不仅要登陆金门、马祖,而且准备解放台湾。其实,我们向金门打了几万发炮弹,是火力侦察。我们不说一定登陆金门,也不说不登陆。我们相机行事,慎之又慎,三思而行。因为登陆金门不是一件小事,而是关系重大。问题不在于那里有95 000名蒋军,这个好办,而在于美国政府的态度。美国同国民党订了共同防御条约,防御范围是否包括金门、马祖在内,没有明确规定。美国人是否把这两个包袱也背上,还得观察。打炮的主要目的不是要侦察蒋军的防御,而是侦察美国人的决心,考验美国人的决心。

中国人就是敢于在太岁头上动土，何况金、马以至台湾一直是中国的领土。

毛主席又说：凡事要抓住时机。去年开始反击右派是抓住了卢郁文事件，批判《文汇报》是抓住了《新民报》作了自我批评。这次炮打金门，就是抓住美军登陆黎巴嫩。既可以声援阿拉伯人民，又可以试探美国人。看来美国人左右为难，处于东西难以兼顾的境地。但是我们宣传上目前暂不直接联系金门打炮，而要把主要锋芒对着美国到处侵略，谴责它入侵中东，也谴责它霸占我国领土台湾。最近美国国务院发表一个反华备忘录，我们人民日报就可以以此为由头，历数美国侵略中国的罪行，驳斥备忘录对我们的诬蔑攻击。联合国大会通过决议要求美英军队从黎巴嫩和约旦撤退一事，也可以组织评论，要求美军从它在全世界许多国家的基地包括我国台湾撤退。现在宣传上要打外围战，等美国、蒋介石以及世界各国的动向摸清楚之后，再开始就炮打金、马问题发表评论。届时我国政府也要发表声明或文告。现在要养精蓄锐，引而不发。

彭老总在会上提出，金马前线官兵艰苦奋斗、英勇作战，可以写些通讯报道，但要注意保密。大家同意前线记者可以先作准备，发表时机另议。

以上中央关于组织评论和通讯的指示，当晚我用保密电话告诉了在北京的人民日报副总编辑，但没有谈及中央决定炮打金、马的意图和设想，这在当时是最高军事机密。

8月27日，毛主席在中央工作会议上讲话，主要还是谈他在会议开始讲的国际问题，也谈到人民公社。在会议休息时，毛主席把乔木和我找去，谈了人民日报的宣传。他说，人民日报和新华社对国际问题应该有研究，形成一定看法，不要临时抱佛脚，发表感想式的意见。对许多国际问题都要有基本的看法，应该有比较深刻的评论。现在报刊上有些评论是感想式的，搞新闻工作，光务实、不务虚不好。要经常找有关同志吹一吹，有了看法，有了意见，就要找机会、找题目，加以发挥。毛主席还说，人民日报在一个时期应有一定的方向，宣传要有重点，抓住当前的主要任务。今年年初报纸宣传方向比较明确。《从梅林看全国》的社论写得不错。最近一个时期，宣传上就显得杂一些，编辑条理差，把一些东西堆在一起，看不出方向，缺乏思想的鲜明性和一贯性，评论和消息配合不够。现在中央已决定今年钢铁产量翻一番，大办人民公社，大办民兵。报纸就要跟上。《人民日报》的版面要调整，要突出工业，首先是钢铁工业。工业消息放在一版和二版，农业放到三版去。毛主席要胡乔木和我研究一下，北戴河会议结束后回北京布置。

这以后几天，北戴河中央工作会议集中讨论钢铁翻一番和人民公社问题。但毛主席仍然十分注意各方对炮打金门的反应，特别是美国的动向。他的秘书几次打电话给我，查问新华社印发的《参考资料》中刊出的美国动向的后续消息。我在这期间也要求新华社每天上午打电话汇报当天收到外国通讯社的要闻，重要的我都向毛主席和周总理报告了。

中央工作会议8月30日结束后，毛主席回北京召开最高国务会议。在最高国务会议开始前一天，9月4日，毛主席召开了政治局常委会议，主要是讨论炮打金门后的形势。会上大家分析，艾森豪威尔和杜勒斯都讲了话，美当局已下令把地中海的军舰调一半到太平洋来，同时又提出在华沙恢复中美会谈。看来，美方估计我们准备解放台湾，他们想守住台湾，是否也固守金门、马祖，似乎尚未下决心。艾、杜的讲话都含糊其词。美国人还是怕打仗，未必敢在金门、马祖同我们干起来。我们这次炮打金、马的火力侦察已达到目的，不仅美国人紧张起来，全世界人民也动员起来了。但是，会上大家也认为，我们现在的方针还不是马上登陆金门，而是把绞索一步步拉紧，进一步对美国施加压力，然后相机行事。大家同意周总理提出的采取宣布我领海为12海里的办法，使美国军舰不敢迫近属于我领海范围的金门、马祖。毛主席认为，美舰入侵我领海，我有权自卫，但也不一定马上打炮，可以先发出警告，相机行事。毛主席说，我们还准备另一手，通过即将在华沙恢复的中美会谈，以外交斗争配合福建前线的斗争。有武戏又有文戏。我们还有一手，就是宣传斗争。这时毛主席对胡乔木和我说，现在要大张旗鼓地谴责美国在台湾海峡制造紧张局势，要求美国军事力量撤出台湾和台湾海峡；强调台湾及沿海岛屿是中国领土，炮打金、马是惩罚蒋军，是中国内政，任何外国不得干涉。人民日报、新华社、广播电台是舆论机关，评论可以讲得激烈一点，当然也要适当，不要说过头话。以上这些关于宣传工作的意见，我都向人民日报和新华社作了布置。

毛主席9月5日到8日召开最高国务会议。原定会议主要议程是讨论第二个五年计划（特别是1958年钢铁产量翻一番的指标）和人民公社问题。毛主席在5日和8日讲了两次话。他除了讲到国内问题外，着重讲了国际问题，大体上也是他在北戴河会议中讲的八个问题。其中谈到绞索问题时，毛主席说：我们炮打金、马，美国人紧张起来，杜勒斯似乎要钻进金、马绞索，把台、澎、金、马全都包下来。这也好，给套住了。我们什么时候要踢他一脚就踢他一脚。我们主动，美国人被动。蒋介石过去给我们捣乱，主要是从福建这个缺口来的。金、马在蒋军手里，实在讨厌。卧榻之侧，岂容他人鼾睡。但是，我们现在不是马上登陆金、马，只是试试美国人，吓吓美国人，但有机会就打。机会来了为什么不把金、马拿回来？其实，美国人心里也怕打仗，所以艾森豪威尔公开讲话时没有说死要"共同防御"金、马，有点想脱身的味道。他们想采取脱身政策也可以，把金、马11万蒋军撤走就是。赖着不走，就让蒋军待在那里，也无碍大局,美国人给套住就是了。

毛主席在8日讲话过程中,忽然问吴冷西到会了没有。我答应到了。毛主席说:今天的讲话要发新闻,你先作准备。我同乔木商量,感到什么内容可以发表很费斟酌,最后确定先写有关绞索的部分。我起草了新闻稿,也给乔木看了。散会之后,毛主席和其他政治局常委还留在勤政殿的休息室。我把新闻稿给毛主席审阅。毛主席边看边谈边改。他说,可以只发表关于绞索部分,其他问题只是内部交换意见,至少目前不宜公开发表。绞索问题也不宜联系金、马来谈。用国家主席身份讲话,不宜直接联系金、马,不同于写社论、做文章。当然也不能写我们对金、马的方针,这是军事机密。但对即将恢复的中美会谈,要表个态,可以说寄予希望,不管将来结果如何。我们现在一手打炮、一手谈判,一武一文。打炮是火力侦察,今天打了3万发,配合天安门群众大会,大造声势。谈判是外交侦察,摸清底细。两手比一手好,保持谈判渠道是必要的。毛主席审改了新闻稿后,交我要新华社当晚发出,人民日报第二天(9月9日)见报。

这里还可以补充一个插曲,就是在最高国务会议期间,9月6日,赫鲁晓夫对我炮打金门摸不着头脑,害怕引发世界大战,特派葛罗米柯到北京来探询究竟。周总理和毛主席先后把我方意图告诉葛,并说明不会打大仗,万一中美之间打起来,中国也决心单独承担,不会拖苏联下水。赫鲁晓夫得知后立即写信给艾森豪威尔,警告美国当局在台湾海峡慎重从事,并声明一旦中国遭到侵略,苏联准备随时援助。真是虚惊一场,空放一炮。

在最高国务会议之后,毛主席即离开北京,从9月10日至28日先后视察了湖北、安徽、江苏、上海等地,29日回京。第二天,9月30日,毛主席的秘书通知我说毛主席有事找我。我马上赶到中南海丰泽园。当我走进菊香书屋的四合院的东厢房时,毛主席一个人正在书房里看字帖。他招呼我坐下后说,他这次外出巡视,看到各地群众干劲很大,尤其是大办钢铁、大办民兵。他为新华社写了一篇关于他巡视大江南北的新闻稿。稿子正在打字,稍等一会就好。毛主席说,这次特别请张治中将军一起视察。张治中将军原是蒋介石的亲信,1949年初国共和谈破裂后站到我们这边来的。张治中在沿途视察时除了关心工农业飞跃发展外,还特别关切台湾海峡的形势。他对我们迟迟不登陆金门很不理解,主张这次解放台湾做不到,但无论如何要把金门、马祖拿回来。他说这是机不可失,时不再来。

毛主席说:其实我们也不是不想拿下金门、马祖,但这个问题不单是同蒋介石有关,特别是要考虑美国的态度,切不可以鲁莽从事。美国人也害怕跟我们打仗。我宣布12海里领海后,美国军舰开始不承认,多次侵入我领海线,但不敢驶过他们承认的8海里领海线。后来经我多次警告，美舰也不敢入侵我12海里线了。美国空军虽然有时也飞到大陆内地侦察，但在台湾海峡，美国飞机开始时经常侵入我领空，后来也不敢越过海峡的中线。有一次，美舰为国民党运输船队护航，向金门运送弹药、给养。当这个联合舰队抵达金门港口时，我下令猛烈炮击，美舰马上掉头逃跑，国民党船队遭殃。可见美国也是纸老虎。但是，它又是真老虎。目前美国在台湾海峡集中了美国所有12只航空母舰中的6只，重巡洋舰3只，驱逐舰40只，航空队2个，实力相当强大，不可轻视，需要认真对待。因此我们现在的方针是打而不登，断而不死（意即只打炮不登陆，封锁金门，断其后援，但不致困死）。

毛主席又说，在华沙恢复的中美会谈，经过几个回合的互相侦察，大体上可以判断美国人要保台湾但不一定保金门，而且有迹象显示美国人企图以放弃金、马换取我承认其霸占台湾。这需要研究对策。张治中将军的主张恐怕不宜采纳。人民日报和新华社现在要在宣传上来个暂停，待中央决策后再说。

新闻稿打印出来以后，毛主席要我看看有什么意见。我看到稿子的末尾专门提到张治中将军陪同视察。我对整个稿子没有什么意见，只觉得末尾一段文字可能引起外界由张治中而联想到同国民党有什么关系。根据毛主席的意见，这个新闻稿新华社当晚广播，《人民日报》在国庆日的头版头条地位登出。

国庆节刚过，毛主席连续召开政治局常委会议，讨论台湾海峡形势。从10月3日至13日，几乎天天开会。在3日、4日两日的会议上，主要是分析杜勒斯9月30日的谈话。杜勒斯在这次谈话中，明显地要制造"两个中国"，提出要求中共和台湾当局"双方放弃使用武力"，同时又批评台湾当局不应该把那么多的军队放在金门、马祖，认为这是"不明智和不谨慎的"。当记者问他，如中共方面做某些让步，那么美国对台湾的政策是否有所改变时，杜勒斯说："我们在这些方面是灵活的。""如果我们必须应付的局势有所改变，我们的政策也会随之改变。"

周总理在常委会议上指出，杜勒斯的谈话，表明美国想趁目前这个机会制造两个中国，要我们承担不用武力解放台湾的义务。以此为条件，美国可能要台湾放弃所谓"反攻大陆"的计划，并且从金门、马祖撤退。杜勒斯这个政策，一句话就是以金、马换台、澎，这同我们最近在华沙中美大使级会谈中侦察美方底牌的情况是一致的。美方在会谈中说的甚至比杜勒斯更露骨。少奇同志和小平同志都认为，中美双方都在摸底，在华沙如此，在金门亦如此。现在双方都比较了解对方的意图了，美国人也知道我们并不想在最近时期解放台湾，也并不想同美国迎头相撞。公平地讲，在台湾海峡对峙中，双方都比较谨慎。我们在8月、9月间火力侦察是对的，迫使美国人不得不考虑怎么办。同时，我们只打蒋舰，不打美舰，海空军都严格遵守对美舰、美机不开火的命令，这也是谨慎的，克制得当的。至于在宣传上我们大张旗鼓地谴责美国侵略我国领土台湾，抗议美舰美机侵犯我领海领空，不仅动员了全国人民，而且动员了国际舆论，支持了阿拉伯人民，也对美国当局造成强大压力，这是做得对的。

　　毛主席在会上说，侦察任务已经完成，问题是下一步棋怎么走。他说：对于杜勒斯的政策，我们同蒋介石有共同点，都反对两个中国，他自然坚持他是正统，我是匪；都不会放弃使用武力，他念念不忘反攻大陆，我也绝不答应放弃台湾。但目前的情况是，我们在一个相当时期内不能解放台湾，蒋介石"反攻大陆"连杜勒斯也说"假设成分很大"。剩下的问题是对金、马如何？蒋介石是不愿撤出金、马的，我们也不是非登陆金、马不可。可以设想，让金、马留在蒋介石手里如何？这样做的好处是金、马离大陆很近，我们可以通过这里同国民党保持接触，什么时候需要就什么时候打炮，什么时候需要紧张一点就把绞索拉紧一点，什么时候需要缓和一下就把绞索放松一下，不死不活地吊在那里，可以作为对付美国人的一个手段。我们一打炮，蒋介石就要求美国人救援，美国人就紧张，担心蒋介石给他闯祸。对于我们来说，不收复金、马，并不影响我们建设社会主义。光是金、马蒋军，也不致对福建造成多大的危害。反之，如果我们收复金、马，或者让美国人迫使蒋介石从金、马撤退，我们就少了一个对付美、蒋的凭借，事实上形成两个中国。

　　大家同意毛主席提出的设想，让蒋军继续留在金、马，使美国当局背上这个包袱，时不时挨上我们一脚，提心吊胆。周总理估计，美国人可能在中美会谈中提出三个方案。第一方案：要我们停止打炮，蒋方减少金马兵力，美方声明金马在美蒋共同防御范围之内；第二方案：要我们停止打炮，蒋方减少金马兵力，美方声明共同防御限于台、澎；第三方案：要我们停止打炮，蒋方从金、马撤退，双方承担互相不使用武力的义务。这三个方案都不能同意，因为三者的实质都是制造两个中国，使美国霸占台湾合法化。但中美会谈以继续下去为有利，可以拖住美国人，力求避免美方或其他西方国家把台湾海峡问题提到联合国去。对亚非朋友也要把问题说清楚，免得他们不明真相，给我们帮倒忙。大家都赞同周总理的估计和想法。

　　毛主席最后说，方针已定，还是打而不登，断而不死，让蒋军留在金、马。但打也不是天天打，更不是每次都打几万发炮弹，可以打打停停，一时大打，一时小打，一天只零零落落地打几百发。但我们在宣传上仍要大张旗鼓，坚持台湾问题是中国内政，金、马打炮是中国内战的继续，任何外国和国际组织都不能干涉；美国在台湾驻扎陆空军是侵犯中国领土、主权，美舰云集台湾海峡是蓄意制造紧张局势，都必须完全撤退；反对美国制造两个中国，反对美国霸占台湾合法化;我们和蒋介石通过谈判解决金、马以至台、澎问题。毛主席说,以上这些原则,在舆论宣传上可以鲜明提出,在华沙会谈中可以外交辞令些,但也不离原则。所有这些,都要在我政府发表正式声明之后才公开宣传。人民日报目前可以"停火"几天,准备充足弹药,一声令下就排炮轰击。

在4日的会议后,毛主席5日下令我军暂停打炮两天,并亲自起草了6日发表的以国防部长名义发布的《告台湾同胞书》。文告一开始就提出"我们都是中国人。三十六计,和为上计",并指出大家都同意台、澎、金、马是中国领土,都同意一个中国、没有两个中国。文告说,台湾领导人同美国人订立的《共同防御条约》应予废除。美国人总有一天要抛弃你们。杜勒斯9月30日谈话已见端倪。归根结底,美帝国主义是我们的共同敌人。文告正式建议举行谈判,和平解决打了30年的内战,并宣布福建前线暂停炮击7天,以便金门军民获得供应品,但以没有美国人护航为条件。

毛主席起草的这个文告,是炮打金门形势的重大转折,即以军事斗争为主转入以政治斗争(包括外交斗争)为主。

观察两天之后,毛主席于8日下午又召集政治局常委开会。大家一致指出,《告台湾同胞书》发表后反应强烈,有些西方报刊甚至说这是台湾海峡两方关系以至中美关系发生戏剧性变化的预兆。美舰已停止护航,也不再入侵我金门领海。只有蒋介石的国防部认为是中共的"诡计"。毛主席当时问我,《人民日报》的社论准备得怎样。我说已写好一篇专攻美国人的。毛主席说,先要做国民党的工作,要写一篇着重对蒋介石说话,同时也给美国人出难题。可以说明并非诡计,阐述我对台的一贯政策,这次是又一次伸出手来。还可以挑一下美蒋关系,说寄人篱下不好受,搭美国船不可靠。然后批杜勒斯的所谓停火,要美国人过五关(停止护航,停止侵犯中国领海领空,停止军事挑衅和战争威胁,停止干涉中国内政,从台、澎撤退美国全部武装力量)。毛主席要我当天晚上写好,他夜里等着看。他要我不必等散会就回去写。

我从中南海出来,回到人民日报社,到对面的一家饭馆吃了一碟炒面当作晚餐,接着就在办公室赶忙起草社论。由于已有毛主席的提示,写起来比较顺手,午夜过后不久就赶了出来,排出清样送毛主席审查已是9日凌晨两三点了。毛主席果然当夜审阅并修改了社论,主要是修改社论的最后一段,重新改写为:"看来,问题尚有待于观察和考验,离解决之期尚很远。帝国主义到底是帝国主义,反动派到底是反动派。且看一看他们究竟怎样动作吧!"毛主席在清样上批示:"不算好,勉强可用。"签名后写的时间是10月9日6时。

我在10月9日上午收到毛主席退回来的社论稿,同时接到毛主席秘书林克打来的电话,说毛主席交代要把杜勒斯8日宣布美舰停止护航加进社论中,并说发表时间可以推迟一天。我看了毛主席的修改稿后，感到社论原来的题目很不醒目，于是根据毛主席修改过的最后一段最后一句，把题目改为"且看他们怎样动作"。由于这个题目比较特别，加上社论的文体又比较接近《告台湾同胞书》的风格，这篇社论10月11日发表后曾被误认为是毛主席的大手笔。

过了两天，10月13日，《人民日报》又发表题为《休谈停火，走为上计》的社论。这是根据周总理4日在政治局常委会上的意见写的，并经周总理最后审定。内容主要是批驳美国人要求在金马前线停火，说明中美之间根本没有战争，停火从何而来，并要求美国撤走在台湾和台湾海峡周围的全部美国海、陆、空军事力量。这篇社论，正好配合毛主席起草的10月13日发表的国防部命令。国防部命令宣布再暂停打炮两周，仍以没有美舰护航为条件，如有美舰护航，立即开炮。

几天之后，艾森豪威尔下令把增援到太平洋的第六舰队那部分舰只调回地中海，并派杜勒斯到台湾去同蒋介石会谈。人民日报编辑部不明就里，写了一篇题为《咎由自取》的社论，说杜、蒋"唱双簧戏"。10月21日发表后，周总理当天上午就打电话来严厉批评我们说的不符合事实，也不符合中央的方针。当天下午，毛主席主持政治局常委会议时也批评我们的社论，对中央的方针理解片面，摇摇摆摆，不适当地强调了美蒋一致。毛主席说，这次杜勒斯跑到台湾去，是要蒋介石从金、马撤兵，以换取我承诺不解放台湾，让美国把台湾完全掌握在自己手中。蒋介石不答应，反要美国承担"共同防御"金、马的义务。两人吵了起来，结果各说各的，不欢而散。这完全不是"唱双簧戏"。毛主席请周总理专门找我谈一次，然后另写一篇社论，重新评论杜蒋会谈。

毛主席在常委会上说，美蒋关系存在着矛盾。美国人力图把蒋介石的"中华民国"变成附庸国甚至托管地，蒋介石拼死也要保持自己的半独立性，这就发生矛盾。蒋介石和他的儿子蒋经国还有一点反美积极性。美国逼得急了他们还是要反抗的。过去大骂胡适，罢黜孙立人，就是例证，因为他们捣乱的靠山是美国人。最近台北发生群众打砸美国大使馆更是例证。美国在台湾的驻军，蒋介石只同意美国派出团一级单位的兵力，不同意派师一级单位的兵力。我炮打金门开始后，蒋介石只同意美国增加海军陆战队3000多人，而且驻在台南。毛主席说：我前几天说过，我们同蒋介石有一些共同点。这次杜勒斯同蒋介石吵了一顿，说明我们可以在一定意义上联蒋抗美。我们暂不解放台湾，可以使蒋介石放心同美国人闹独立性。我们不登陆金门，但又不答应美国人的所谓"停火"，这更可以使美蒋吵起架来。过去一个多月中我们的方针是打而不登，断而不死。现在仍然是打而不登，断而不死更可以宽一些，以利于支持蒋介石抗美。

会上大家都同意毛主席这些意见。周总理还提出，"断"和"打"是相关的，既然"断"要放宽些，那么"打"也得放松。毛主席说，我们索性宣布，只是单日打炮，双日不打炮，而且单日只打码头、机场，不打岛上工事、民房，打也是小打小闹，甚至连小打也不一定打。从军事上看，这似乎是开玩笑，中外战史上从未有过，但这是政治仗，政治仗就得这样打。毛主席说，现在我们手里只有手榴弹，没有原子弹，打金、马蒋军好办，但跟手里有原子弹的美国人打仗，就不是好办法。将来大家都有原子弹了，也很可能都不打原子弹。

会议快结束时，少奇同志和小平同志提出是否发表一个正式声明，宣布双日不打、单日打。毛主席说，恐怕有这个必要。他同时还要我注意，前面说的那篇社论要在正式文告后才发表。

10月25日，毛主席起草的以国防部长名义发布的《再告台湾同胞书》的文告指出，10月23日美国国务院发表的杜勒斯谈话，一面说这位美国老爷终于看到了一个"共产党中国"，并愿意同它打交道，一面又说台湾那个所谓"中华民国"是一个"事实上存在的政治单位"。美国人的计划是第一步孤立台湾，第二步托管台湾。文告说："中国人的事只能由我们中国人自己解决。一时难于解决，可以从长商议。""我们并不劝你们马上同美国人决裂，这样想，是不现实的。我们只是希望你们不要屈服于美国人的压力，随人俯仰，丧失主权，最后走到存身无地，被人丢到大海里去。"文告宣布，已令福建前线解放军逢双日不打金门机场、码头、船只、海滩。逢单日，你们的船只、飞机不要来，我们也不一定打炮。

文告登报的当天（10月26日），毛主席找我和田家英谈话，除了要我们去河南调查人民公社的情况外，也谈到炮打金门、马祖。他说，在炮打金、马过程中，我们和美国人都搞边缘政策。美国集中了那么多的军舰，而且侵入我领海，给蒋介石船队护航，但又从不开炮；我们也是一万、两万发炮弹那么打，美舰护航时更大打，但只打蒋船队，不打美舰队，不过炮弹就落在美舰附近，吓得他们掉头就跑。双方在台湾海峡对峙，同时又在华沙会谈。美国人在这个战争边缘，我们在另一个战争边缘，双方都在战争的边缘，都不越过这边缘。我们用战争边缘政策对付美国人的战争边缘政策。《聊斋志异》中写了很多不怕鬼的故事，其中有一篇名《青凤》，说的是狂生耿去病夜读于荒宅，"一鬼披发入，面黑如漆，张目视生。生笑，染指砚墨自涂，灼灼然相与对视。鬼惭而去"。你不怕鬼，鬼也无可奈何。炮打金、马的经过也是这样。

可以说，这些话是毛主席对金、马事件的总结。

毛主席还对我说：你们要善于抓动向。看来现在还不大懂。美国人想从金、马脱身，杜勒斯谈话就显露了这个动向，你们没有抓住。你们编辑部也不大会写文章。接着，他拿当日发表的《再告台湾同胞书》为例，谈了如何写文章的几点意见：

1. 文章要有中心思想，最好是在文章的开头就提出来，也可以说是破题。文告一开头就提出绝大多数人爱国，中国人的事只能由中国人自己解决。这个思想贯穿全篇。整个文告，从表面上看，似乎写得很拉杂，不连贯，但重在有内在联系，全篇抓住这个问题不放，中间虽然有穿插，但贯彻这个中心思想。《红楼梦》中描写刘姥姥进大观园就是这样写的。

2. 文章要形象化。文告中不说"沿海岛屿"，而说"大金门、小金门、大担、二担大小岛屿"，不仅仅说"供应"，而具体说"包括粮食、蔬菜、食油、燃料和军事装备在内"，这就形象地给人深刻印象。你们写文章偏于抽象，一般化，缺乏生动性，看了留不下具体印象。

3. 文章要有中国气派、中国风格。两篇告台湾同胞书的文体就是这样。中国文字有自己独特的文法，不一定像西洋文字那样严格要求有主词、谓语、宾词。其实西洋人说话，也经常省去主词或宾词的。你们的文章洋腔洋调，中国人写文章没有中国味道，硬搬西洋文字的文法。这可能是看惯了翻译过来的西方文章。其实翻译也有各种译法，严复的译文就是中国古文式的，林琴南的译文完全是意译，都和现在的白话文译文大不相同。

从这以后，金、马事件告一段落，福建前线炮声零落，而台湾海峡风浪依然。

在整个金、马事件过程中，毛主席直接指挥军事、外交、宣传三条战线，真可谓运筹帷幄之中，制敌千里之外。[28]

注　释

[1]《毛泽东选集》第5卷，人民出版社1977年4月版，第472—473，474—475页。

[2]《毛泽东选集》第5卷，人民出版社1977年4月版，第494页。

[3] 李银桥：《在毛泽东身边十五年》，河北人民出版社1991年6月版，第229—230页。

[4] 李银桥：《在毛泽东身边十五年》，河北人民出版社1991年6月版，第230—234页。

[5] 薄一波：《若干重大决策与事件的回顾》下卷，中共中央党校出版社1993年6月版，第635—637页。

〔6〕吴冷西：《忆毛主席》，新华出版社1995年2月版，第46—54页。

〔7〕薄一波：《若干重大决策与事件的回顾》下卷，中共中央党校出版社1993年6月版，第637—640页。

〔8〕吴冷西：《忆毛主席》，新华出版社1995年2月版，第60—65页。

〔9〕陶鲁笳：《毛泽东谈引黄入晋济京问题》，《党史文汇》1991年第6期。

〔10〕吴冷西：《忆毛主席》，新华出版社1995年2月版，第66—68页。

〔11〕薄一波：《若干重大决策与事件的回顾》下卷，中共中央党校出版社1993年6月版，第658—671页。

〔12〕李银桥在《在毛泽东身边十五年》第234页也回忆了这一情景，但认为毛泽东作此诗时是在"北京万寿路新六所一号楼"，不是封耀松所说的在杭州。

〔13〕权延赤：《红墙内外——毛泽东生活实录》，昆仑出版社1989年5月版，第20—23页。

〔14〕沈同：《在毛主席身边的日子里》，中央文献出版社1993年12月版，第21—28页。

〔15〕薄一波：《若干重大决策与事件的回顾》下卷，中共中央党校出版社1993年6月版，第728—740页。

〔16〕李银桥：《在毛泽东身边十五年》，河北人民出版社1991年6月版，第232—233页。

〔17〕逄先知：《毛泽东和他的秘书田家英》，中央文献出版社1989年12月版，第27—28页。

〔18〕薄一波：《若干重大决策与事件的回顾》下卷，中共中央党校出版社1993年6月版，第796—802页。

〔19〕《中国社会主义经济建设问题》，第7、9页。

〔20〕谢春涛：《大跃进狂澜》，第82—84页。

〔21〕李银桥：《在毛泽东身边十五年》，河北人民出版社1991年6月版，第241—243页。

〔22〕李银桥：《在毛泽东身边十五年》，河北人民出版社1991年6月版，第243—246页。

〔23〕李银桥：《在毛泽东身边十五年》，河北人民出版社1991年6月版，第237—238页。

〔24〕余湛邦：《张治中与中国共产党》，中共中央党校出版社1991年10月版，第166—185页。

〔25〕金门和澎湖防卫部的三名中将副司令官当场被击毙。
〔26〕指美国同台湾当局签订的所谓"共同防御条约"。
〔27〕《叶飞回忆录》，解放军出版社1988年11月版，第649—680页。
〔28〕吴冷西：《忆毛主席》，新华出版社1995年2月版，第73—92页。

三、反思与自责

纠"左"的起步

在北戴河会议后3个月的人民公社化和大炼钢铁高潮中,毛泽东先视察了南方几省市,然后又视察了河北、河南等省的一些农村,发现在公社化运动中存在许多混乱现象,"与秋冬季大办钢铁同时并举,乱子就更多了"。

在暴露出的问题面前,毛泽东的头脑开始冷静下来,号召人们做"冷静的促进派",并派专人到各地实地调查。

吴冷西回忆说:

1958年10月26日上午,毛主席秘书通知我,说毛主席要找我和田家英谈话。我原以为,大概是谈发表毛主席的《论帝国主义和一切反动派都是纸老虎》。因为毛主席一个星期以前写信给我,要我把《世界知识》杂志发表的毛主席论纸老虎的一组论述加以转载,转载时可以另写编者按语,并要我就此同陆定一同志商量。我同定一同志商量结果,认为毛主席的论述,还可以再增加一些,重写按语。于是我找田家英同志帮忙增加一些毛主席的论述,主要是1957年和1958年的论述,并一起草拟了人民日报编辑部的按语,排出清样后送毛主席审定。所以我想毛主席找我们是谈这件事。

当我到达毛主席卧室时,田家英已在座,手里拿着我们编好的关于纸老虎的言论的大样和按语。田家英先给我看了经毛主席修改过的按语,主要是修改按语最后一段。毛主席还要我们对几段论述作一些调整。

处理完此事后,毛主席对我们说,今天找你们来是谈另一方面的问题,谈国内问题。

接着,毛主席就直截了当地提出,他想派我和田家英到地方上去作一次短期的调查研究。地点他已经选好了,就是河南新乡地区的一个县(修武县)和一个公社(新乡县的七里营公社)。他要我们各自带几个助手,分别先后去修武县和七里营公社,了解公社化后的情况,时间一个星期。他将在11月初离京去郑州，在那里开一个小会，作为12月初在武昌召开八届六中全会的准备。他要我们11月5日在新乡搭乘他的专列去郑州。

毛主席说，中国今年出了两件大事，一是大跃进，一是公社化。其实还有第三件大事，这就是炮打金门。他说，大跃进是他发动的，公社化是他提倡的。这两件大事到8月间北戴河会议时达到高潮，但那时他的心思并没有全花在这两件大事上，很大一部分精力被国际问题吸引去了。早先是同赫鲁晓夫大吵了一顿（赫鲁晓夫7月底到8月初访华），不久又炮打金门。毛主席说，他在这段时间想了许多国际问题。他列举了一连串问题，如戴高乐上台、黎巴嫩事件、紧张局势、封锁禁运等，究竟是好事还是坏事，谈了他的独特见解。毛主席对我说：你们办报的要经常研究国际问题，多同一些有见解的人交换看法，慢慢形成比较符合实际的观点，遇到国际上突发事件，就不致惶惶无主或临时抱佛脚。

毛主席说：现在来谈国内问题，你们办报的也要心中有数。这就要调查研究，掌握第一手材料。北戴河会议迄今已有两个月。国庆节前我去大江南北走马看花，除了给你们新华社写了一条新闻（按：指毛主席自己写的巡视大江南北的新闻，登在10月1日报纸上）外，感到还有很多问题需要认真研究。

毛主席说：大跃进和公社化，搞得好可以互相促进，使中国的落后面貌大为改观；搞得不好，也可能变成灾难。你们这次下去，主要是了解公社化后的情况。北戴河会议时我说过公社的优点是一大二公。现在看来，人们的头脑发热，似乎越大越好，越公越好。你们要去的修武县，全县已成了一个公社。我还要派人去了解山东寿张县，听说那里准备苦战三年进入共产主义（按：后来派陈伯达到遂平调查，因为陈已去过寿张了）。

毛主席说，我们共产党人的最终目标是建立共产主义社会，这是没有问题的。现在的问题在于：什么是共产主义社会，现在并不是人人认识一致，甚至在高级干部中也各说各的，其中有不少胡话。因此公社化过程中的具体做法，真是八仙过海，各显神通。你们这次下去调查，要带两本书，一本是中国人民大学编辑的《马恩列斯论共产主义社会》，一本是斯大林写的《苏联社会主义经济问题》。出发前要把这两本小册子通读一遍，至少把人民大学编的那一本看一遍，要你们的助手也这么办。

毛主席郑重地说，他的意思不是要我们搞本本主义，按图索骥，对号入座，也不是要我们照本本去宣传，而是想使我们对马、恩、列、斯关于共产主义说过什么话有个大致的了解，下去调查中面对眼花缭乱的实际情况能够保持冷静的头脑。特别当记者的，不能道听途说，人云亦云，要深入实际，调查研究，实事求是，心中有数，头脑清醒，做冷静的促进派。报纸宣传影响大，人家头脑发热，搞报纸宣传的也头脑发热，那就坏事了。

这是在大跃进中我第一次听到毛主席说要做"冷静的促进派"。回想从1958年初的南宁会议起，毛主席的多次谈话，给我强烈的印象就是报纸要促进，不要促退。

毛主席这次谈话涉及的问题较多，时间也较长，一直到中午过后。他留我和田家英吃午饭。饭厅就在北房五开间的中间堂屋。可能是预先告诉了大师傅，加了两个菜，一个是小砂锅炖狗肉，一个是红烧狮子头，其他四个菜是湖南腊肉、豆豉炒辣椒、西红柿炒鸡蛋、麻婆豆腐，都是毛主席常吃的。比较特别是一个莼菜汤，每人一个烤得半焦的玉米，这是最后吃的，也是毛主席的习惯，有时代之以烤红薯。毛主席喜欢吃饭时喝一两杯酒。这天喝的是茅台酒，第一杯是主席请我们喝，第二杯是我和田家英一同祝毛主席健康。

毛主席在吃饭过程中还向我们交代：下去调查时不要各级领导作陪，要找生产队长就只找生产队长，不要公社书记、大队长参加；要找群众谈话就不要找干部参加；要找县委书记也只请他本人来谈，因为人多了谈话就有顾虑（同级干部如此，上级干部更如此）。找群众谈话要有各个阶层的人物，尤其要注意中农的态度。还可以找下放干部谈话，他们可能顾虑较少。总之要了解各种人的真实想法。助手中可以选一两位女同志，那样同农村妇女谈话比较方便。他吩咐我们下去不要张扬，我带的一组用新华社记者的名义，田家英那一组则用中央办公厅工作人员名义。

从毛主席住处出来，我同田家英商量一下，就分头找人组成调查组。我在北京挑选了3位记者，又请河南分社选一位记者在新乡等候，正好两男两女，连我在内一共5人。

我和田家英等一行10月28日夜乘火车离京南下，第二天抵新乡下车。我们同新乡地委商定，当天下乡，田家英一组留在新乡去七里营公社调查，我带的一组先去修武县，四天为期，然后调换，我回七里营公社，田家英去修武。

……

11月5日，毛主席乘专列南下，在新乡稍停。田家英也从修武回来。下午，我同他一起到毛主席专列上去。毛主席正在听新乡地委和几位县委同志的汇报，他叫我们到郑州后再向他汇报。我同田家英晚上商量好：到郑州向毛主席汇报时，可以先扼要介绍一下修武和七里营的情况，然后着重谈所看到的公社化后的问题，特别是所有制和供给制的问题，主要是修武县委书记提出的问题和七里营的16包的问题。

11月6日，我们随毛主席到郑州。当晚毛主席就要我们到专列上去汇报（他外出视察工作时常食宿在专列上，有时甚至开会也在专列上）。我们按原来计划先扼要介绍情况。由于我先到修武,我着重汇报了修武县委书记提出的问题。

我谈到修武县委书记虽然说一县一社是全民所有制,但他认为公社和国家的关系不同于国营工厂和国家的关系,公社的产品不能全部由国家调拨,国家也不能供给公社需要的所有生产资料和生活资料。他提出,如果公社实行同国营工厂一样的全民所有制,那么,有两个问题他担心不易解决:一是遇到灾年,国家能否跟平年一样拨给公社所需的生产资料和生活资料;二是遇到丰年,国家能否全部收购公社的产品。我说,这位县委书记既怕灾年饥荒,又怕丰年谷贱伤农。我还谈到修武县委书记怀疑他们实行的低标准的供给制能否叫作按需分配。我说这只能算是很勉强的"温饱"。

毛主席详细询问了县里同国家的经济关系,互相间进行哪些交换。我汇报说,修武县同国家的经济往来主要有两种,一是纳税,主要是农业税即公粮,工商税不多;二是交换,主要是向国家交售统购的粮、棉、油料等农副产品,和向国家购买生产资料和生活资料,这两种交换都是商品交换,现金结算的。

毛主席对供给制也很关心,在田家英汇报时详细询问了七里营公社的16"包"的具体内容,并提出这样低标准的平均分配是否必要和能否持久。田家英谈到,七里营的16"包",是新乡地区包得最多的,但标准仍然很低。"食"是吃饭不要钱,都吃公共食堂,据估计一年需42元(菜肉未计)。"衣"一项是一年每人21尺布、2斤棉花、2双布鞋(因妇女上山炼铁、下大田,不织不做了),共18元钱,医药费每人每年以2元为限。产妇补助1斤红糖、20个鸡蛋,殡葬和结婚各补助10元。看戏不要钱,那年只看了1次戏、6次电影。田家英和我都认为这只能说是平均主义,不能说是"按需分配",更不能说是已经进入共产主义社会了。

毛主席在我们汇报中间不断插话,有些是提出问题,有些是发表评论。

毛主席谈到修武一县一社时指出,一县一社恐怕太大了,县委管不了那么多具体的事,而且全县各地生产水平很不平衡,平均分配会损害富队富社的积极性。我们现在还是搞社会主义,还是要按劳分配。凡是有利于发展生产的就干,一切不利于发展生产的就不要干。供给制只能搞公共食堂,而且要加强管理,粗细粮搭配,干稀搭配,农忙农闲不同,要学会勤俭过日子,不能放开肚皮大吃大喝,那样肯定维持不下去。其他只搞些公共福利事业,不要采取"包"的办法,量力而为。延安时期的供给制,是属于战时共产主义的办法,是不得已而为之,不能作为分配方式的榜样,所以全国解放后就改为工资制了。

谈到修武说的全民所有制，毛主席说，修武不同于鞍钢，产品不能调拨，只能进行商品交换，不能称为全民所有制，只能叫作集体所有制，千万不能把两者混同起来。修武县委书记提出的问题，表明他实际上是不赞成搞全民所有制的。县里的产品不能全部调拨给国家，不可能也不必要。他作为一县之长，不能不慎重考虑。尤其是国家对于县，在平常年景也不能完全保证按照县里的需要调给生产资料和生活资料，遇到灾年更加不能保证，这也是明摆着的。他提出的问题使我们想到，如果生产力没有高度发展，像北戴河会议关于人民公社的决议中指出的，产品极为丰富，工业和农业都高度现代化，那么，生产关系上从集体所有制过渡到全民所有制，分配方式从按劳分配过渡到按需分配，是根本不可能的。这两种所有制的接近是一个很长的历史过程。

当我们汇报到有些公社搞集体住宿时，毛主席很生气地说：那种搞法不是给国民党对我们的诬蔑帮了忙吗？凡是这样胡搞的地方我都支持群众起来造反。这些干部头脑发昏了，怎么共产党不要家庭呢？要禁止拆散家庭，还是一家人大、中、小结合为好。

谈到群众大炼钢铁的干劲很大，地里庄稼没有人收时，毛主席说：1070万吨的指标可能闹得天下大乱。从北戴河会议到年底只有4个月，几千万人上山，农业可能丰产不丰收，食堂又放开肚皮吃，这怎么得了？这次郑州会议要叫大家冷静下来。

毛主席在我们结束汇报时说：你们这次下乡调查才一个星期，但发现了坐在北京办公室里想都想不出的问题，是不是头脑比一个星期前冷静一些了？是不是发现许多实际做法违反了马克思主义的基本原理？在群众运动发动起来以后，一定要注意保持冷静头脑，善于看出运动中过激的苗头。毛主席说：这次我派陈伯达到遂平去，他回来却向我宣传要取消商品交换，实行产品调拨。他过去到过寿张，很欣赏那里苦战三年向共产主义过渡。我们有些同志读了不少马列主义的书，但临到实际问题，马列主义就不知道哪里去了。毛主席说，看来很有必要读一点书。他打算在郑州会议上同到会的同志一起读一本书，就是斯大林写的《苏联社会主义经济问题》，一面读书，一面联系当前我国的经济问题，边读边议，使大家头脑清醒起来。

毛主席还特意对我说，人民日报和新华社天天作报道，发议论，尤其要注意头脑冷静。要当促进派，但要当冷静的促进派，不能做冒失的促进派。毛主席还说，他对报纸宣传还有一些意见，过几天空一点时再谈。

毛主席从11月6日起主持郑州会议，对关于人民公社若干问题的决定初稿和15年至20年规划纲要草案，提了许多意见。前一个文件是陈伯达主持起草的，毛主席批评他急于过渡，讳言商品生产和商品交换，要重新写。后一个文件提出1972年要生产2亿吨钢,毛主席指出这个草案缺乏根据,但不必修改,可在北京召集一些高级干部议论一下(后来就搁置起来了)。

从11月8日到10日,毛主席带领与会同志逐章逐段阅读斯大林的小册子,上午和下午都边读边议。他指出:现在有几十万以至几百万干部头脑发热,有必要组织大家学习这本书和另一本书《马恩列斯论共产主义社会》,以澄清许多糊涂观念,保持头脑清醒,否则,急于过渡,搞产品调拨,农民会起来造反的。毛主席在读斯大林的小册子过程中,讲了很多很重要的意见。郑州会议根据毛主席的建议,决定县以上的干部普遍学习这两本书。[1]

从1958年11月第一次郑州会议开始,毛泽东开始认真纠正已经觉察到的错误。

严文在《纠"左"的起步》一文中写道:

1958年11月2日至10日,毛泽东在郑州召开部分中央领导同志、大区领导同志和部分省市委书记参加的工作会议,即第一次郑州会议。这次会议距8月北戴河中央政治局扩大会议仅两个多月。在北戴河会议上,确定了当年生产钢1070万吨,比上年钢产量翻一番;通过了《关于在农村建立人民公社问题的决议》,决定在全国农村普遍建立人民公社。会后,在全国范围内很快形成了大炼钢铁和人民公社化运动的高潮。这时,毛泽东视察了河北、河南等省的一些农村,发现在公社化运动中存在许多混乱现象,开始着手研究纠正当时已经初步觉察到的错误。第一次郑州会议,就是在这种背景下召开的。

会议认真研讨了公社化运动中出现的问题,毛泽东在会上多次讲话。在肯定总路线、"大跃进"和人民公社的前提下,他提出了一些纠正"左"倾错误的意见。

一、划清社会主义与共产主义、集体所有制与全民所有制的界限,肯定我国社会现阶段是社会主义,肯定人民公社基本上是集体所有制。针对当时普遍存在混淆两个社会发展阶段和两种所有制的情况,毛泽东在11月10日的讲话中提出:什么叫建成社会主义?要不要划分一条线?他明确指出:大线是社会主义与共产主义;小线是集体所有制与全民所有制。关于人民公社的性质,他认为,公社是实行两个过渡的产物。目前的社会主义到共产主义的过渡——即社会主义集体所有制到全民所有制的过渡;将来的社会主义全民所有制到共产主义全民所有制的过渡。现在看来,尽管这种说法并不准确,但明确提出划清两个社会阶段和两种所有制的原则界限,对于澄清当时存在的混乱思想,遏制严重泛滥的"共产风",是有重要的积极意义的。

二、指出取消商品生产是违背客观经济规律的,强调社会主义的商品生产要大发展。由于混淆了两个社会阶段和两种所有制的界限,当时有一些人认为商品生产、商品交换没有存在的必要，陈伯达就是其中的代表。因而，在他们起草的文件中对商品生产避而不谈。毛泽东在会上的讲话多次批评这种取消商品生产的错误意见。11月9日，毛泽东在讲话中强调：现在还是要利用商品生产、商品流通、价值法则来作为一种有用的工具。我们国家是个商品生产不发达的国家，现在又很快地进到了社会主义，社会主义的商品生产、商品交换还要发展。这是肯定的，有积极作用。10日，毛泽东在会议上讲述斯大林的《苏联社会主义经济问题》一书时说：有的同志读马克思主义教科书时是马克思主义者，一碰到实际问题就要打折扣。避开使用还有积极意义的资本主义范畴——商品生产、商品流通、价值法则等来为社会主义服务，第36条〔指会议起草的《十五年社会主义建设纲要四十条（1958—1972年）》的第36条——作者注〕的写法就是证明，尽量用不明显的词句来蒙混过关。他分析了一些人害怕商品生产的思想，强调发展社会主义商品生产的必要性，指出：现在我们有些人大有消灭商品生产之势，有不少人向往共产主义，一提商品生产就发愁，觉得这是资本主义的东西，没有区别社会主义与资本主义商品的差别，没有懂得利用其作用的重要性。这是不承认客观法则的表现。有一些"可怜的马克思主义者"要剥夺农村的中小生产者，我国也有这种人。有些同志急于要宣布全民所有，废除商业，实行调拨，那就是剥夺。商品生产不能与资本主义混为一谈。为什么怕商品，无非是怕资本主义。不要怕，我看要大大发展。商品生产看它同什么经济相联系，商品与资本主义相联系，就出资本主义；和社会主义相联系，就不是资本主义，就出社会主义。不要怕，不会引导到资本主义，因为已经没有了资本主义的经济基础。商品生产可以乖乖地为社会主义服务。毛泽东的这些话是在32年前讲的，在大力发展社会主义商品经济的今天，我们读起来仍然感到亲切，富有启迪。

三、建议读两本书，用马列主义理论来澄清思想混乱，统一思想认识。为了使全党特别是党的各级干部了解马、恩、列、斯关于共产主义社会的论述和社会主义经济的理论，以澄清当时不少干部的模糊认识，统一全党思想。在会议期间，毛泽东于11月9日给中央、省市自治区、地、县四级党委委员写了一封信，建议读两本书，一本是斯大林的《苏联社会主义经济问题》，一本是《马恩列斯论共产主义社会》。信中指出："要联系中国社会主义经济革命和经济建设去读这两本书，使自己获得一个清醒的头脑，以利指导我们伟大的经济工作，现在很多人有一大堆混乱思想，读这两本书就有可能给以澄清。有些号称马克思主义经济学家的同志，在最近几个月内，就是如此。他们在读马克思主义政治经济学的时候是马克思主义者，一临到目前经济实践中某些具体问题，他们的马克思主义就打了折扣。"在会上，毛泽东和与会同志一起，阅读和讨论了《苏联社会主义经济问题》一书。11月10日,他讲了对这本书的读后感。他说:这本书我过去也看过一遍,不大感兴趣,现在一看就不同了,现在要来搞清这些问题。我看,这个一、二、三章里头有许多值得注意的东西。他还逐章逐段谈了自己的意见。毛泽东常用读书的办法来解决人们的思想认识问题,令人感悟到颇有高屋建瓴之势。

第一次郑州会议起草过两个文件,一是《十五年社会主义建设纲要四十条(1958—1972年)》,一是《郑州会议纪要》,后改名为《郑州会议关于人民公社若干问题的决议》。根据毛泽东的意见,这两个文件都没有定稿下达,而后提交武昌会议和八届六中全会修改、审议。11月12日,毛泽东致信邓小平说:"郑州会议就是一个为武昌会议准备文件的会议。"由于对当时的经济发展形势仍然存在不切实际的估计,继续坚持工农业生产的一些高指标,对"大跃进"和公社化运动中问题的严重性还缺乏足够认识,尽管毛泽东在会上提出了一些很好的思想和主张,但第一次郑州会议仅仅为纠正"左"倾错误开了个头。[2]

"压缩空气"

11月21日至27日,中共中央在武昌召开政治局扩大会议。会议在批评"共产风"的同时,着重讨论了解决高指标和浮夸风的问题,为八届六中全会作了进一步的准备。毛泽东在会上又就一些重要问题作了讲话。严文对毛泽东提出的重要思想概述如下:

毛泽东在会上的讲话,除了重申他在第一次郑州会议上论述过的关于建成社会主义问题和商品生产问题的观点外,还提出了一些重要的意见。

一、强调要"压缩空气",把根据不足的高指标压下来。11月21日,毛泽东在会上就压缩工农业生产的高指标问题说:我们在这一次唱个低调,把脑筋压缩一下,把空气变成固体空气。先搞少一点,如果行有余力,情况顺利,再加一点。这有点泼冷水的味道,右倾机会主义了。23日,他在会上第二次讲话又强调说:我们的脑筋正在这里压缩空气。物质不灭,空气还是那么多。但是,压缩成液态或者固态,使它凝结一点。关于生产指标问题,他说:以钢为纲,带动一切,究竟什么指标为好?北戴河会议后两个半月的经验,对我们是一个很好的经验,就想到恐怕明年搞到2700万到3000万吨难于办到。我们是不是可以用另外一种办法,把指标降低,只翻一番,不翻两番?今年搞到1100万吨,明年翻一番,是2200万吨,有没有把握?你说我服是可以的,你打我通是可以的,但是你得打我才能通,你得说我才能服,你们现在说的那些根据我还不能服。我不仅准备做机会主义，我已经是机会主义。我就是站在机会主义的立场，为此而奋斗，不牵累别人，将来算起账的时候，不打你们，打我。因为我在这里反冒进，从前别人反我的冒进，现在我反人家的冒进。

尽管这次会议压缩后的指标仍然是过高的，但这些话反映了毛泽东当时反对不切实际的高指标的要求。

二、指出人民公社有两种可能性，要么亡，要么不亡。 毛泽东在21日讲话时提出：人民公社还是要议一下，总得有那么个决议，或者搞个指示。杜勒斯、蒋介石他们都说，我们不搞人民公社还不会亡，一搞这个东西，就一定会亡。你不要一定说他没有道理，你搞得不好，它一定不亡？！总有两种可能性，要么亡，要么不亡。毛泽东还讲述了他当时的矛盾心态。他说：这一向，在我的脑筋里头，十五个吊桶打水，七上八下。就是刚才讲的那些问题，究竟这样好还是那样好？经过这一次讨论，如果是多数人，比如10个人里头有六七个人，说是那一种办法比较好，那个办法就比较可靠了。

三、批评弄虚作假的浮夸风，提出经济工作要越搞越合乎实际。 在23日的讲话中，毛泽东提出，决议中要专门写一条反对作假的问题。他说：要专把作假搞一条，工作方法写一条。工作方法跟作假混在一起，这个东西人家就不注意。因为现在横竖是放卫星，要有名誉，他没有那个东西，结果他就撒谎。我看，没有一项里头没有假，有真必有假。这也许是世界上人之常情。如果说没有假，哪有真呢？真是因为有假比较才叫真。问题是我们自己也相信那些东西。我看，我们的经济事业是要越搞越细密，越搞越合乎实际。毛泽东诙谐地说：这个东西跟作诗是两件事。什么"端起巢湖当水瓢，哪里缺水哪里浇"。我就没有端过，大概你们安徽人是端过的。那个巢湖怎么端得起？！要懂得作诗同搞经济、办事有区别。因此，毛泽东强调要讲实话。他说：现在有一种空气，只讲成绩多，就脸上有光，得到奖励。一定要讲实话，比如讲尾巴在牛屁股后面，这是个老实话，动物的尾巴总是在后面的。

四、强调破除迷信不要把科学破除了。 毛泽东在23日的讲话中指出：破除迷信，现在有一些把科学也破除了。破除迷信不要把科学破除了。比如第一条科学，人是要吃饭的。这不是科学？！这是自然规律、客观法则，存在于人的思想意识之外的，没有一处地方证明人可以不吃饭。他强调指出：凡迷信一定要破除，凡真理、凡科学，一定要保护。

五、指出有一部分资产阶级法权的残余，我们要保护它，使它为社会主义服务。 在23日的讲话中，毛泽东说：资产阶级法权，只能破除一部分。三风五气、老爷架子、工资过大过高的悬殊、猫鼠关系，这些东西要破除，彻底破除，扫得越干净越有利。另一部分，工资等级、上下级的关系、国家还带有一点强制性，则不能马上破除。社会主义时期，有一部分资产阶级法权的残余，现在有用。因为它有用，我们要保护它，要使它为我们服务，为社会主义服务。现在资产阶级法权有用的这一部分，你给它破得体无完肤，总有一天我们要陷于被动。陷于被动，我们要扶起来，承认错误。

从这里可以看出，毛泽东对于资产阶级法权并不是一概否定，而是有具体分析的。

毛泽东在武昌会议上提出的这些思想和主张，为党的八届六中全会继续纠正"左"倾错误，作了比较充分的思想准备，对进一步纠正浮夸风、"共产风"等错误起了重要作用。[3]

在武昌会议期间，毛泽东于11月25日对云南省委关于处理部分地方发生浮肿病问题的报告，作了一个批语。批语说：

这是一个有益的报告，是云南省委写的，见《宣教动态》145期。云南省委犯了一个错误，如他们在报告中所说的那样，没有及时觉察一部分地方发生的肿病问题。报告对问题作了恰当的分析，处理也是正确的。云南工作可能因为肿病这件事，取得教训，得到免疫力，他们再也不犯同类错误了。坏事变好事，祸兮福所倚。别的省份，则可能有一些地方要犯云南那样的错误。因为他们还没有犯过云南所犯的那样一种错误，没有取得深刻的教训，没有取得免疫力。因而，如果他们不善于教育干部（主要是县级，云南这个错误就是主要出于县级干部），不善于分析情况，不善于及时用鼻子嗅出干部中群众中关于人民生活方面的不良空气的话，那他们就一定要犯别人犯过的同类错误。在我们对于人民生活这样一个重大问题缺少关心、注意不足、照顾不周（这在现时几乎普遍存在）的时候，不能专门责怪别人，同我们对于工作任务提得太重，密切有关。千钧重担压下去，县乡干部没有办法，只好硬着头皮去干，少干一点就被叫作"右倾"，把人们的心思引到片面性上去了，顾了生产，忘了生活。解决办法：（一）任务不要提得太重，不要超过群众精力负担的可能性，要为群众留点余地；（二）生产、生活同时抓，两条腿走路，不要片面性。

吴冷西回忆起武昌会议期间毛泽东在小范围内的交谈。他说：

毛主席在郑州会议告一段落后（郑州会议原来是为武昌会议作准备），就在11月11日乘火车继续南下。我和田家英也跟随前往。在专列上，毛主席11日又邀集河南11个县委书记（信阳、南阳、洛阳、开封、商丘、登封等）座谈，11日晚又专门同遂平县委同志谈话，对公社供给制询问得很详细。县委书记谈到现在最苦恼的是全国来参观的人太多，每天少则五百多人，多则三千多人，难以应付。13日毛主席又找信阳地委谈话，特别称赞他们没有拆散家庭，又特别关照他们要保证社员有8小时睡眠、4小时吃饭的时间。

毛主席14日到达武昌，住东湖宾馆。他要我和田家英参加湖北省委书记王任重和张平化同志主持的座谈会。这些座谈会从14日接连开到20日，实际上是调查会。14日毛主席听取了王任重同志汇报湖北全省的情况和恩施、孝感、沔阳、襄阳等县公社化的情况。接着由麻城、鄂城、黄冈、枣阳等县的县委书记以及一些公社党委书记和钢铁厂厂长、下放干部先后作了汇报。毛主席没有到场的我们事后都向他汇报了。我们着重向他反映了县委特别是公社书记、钢铁厂厂长汇报中提到办大社中，富队和贫队之间的矛盾，群众对"军事化""食堂化"抵触甚大，大办钢铁中好铁只有两三成，干部作风浮夸、粗暴等问题。后来我和田家英都感到，毛主席要我们参加一系列的调查会，一个重要的用意是要我们上一堂调查研究的课，既了解实际情况，又学习实事求是。

武昌会议从11月21日开始，这是政治局扩大会议。除政治局成员外，有中央一部分部长和各省、市、自治区党委第一书记参加，毛主席在会议第一天作了长篇讲话，谈到了许多重大问题：如社会主义社会和共产主义社会之间还是要画线加以区别，不要急于过渡到共产主义，新四十条（按：指在郑州起草的15—20年规划纲要草案）根据不足，北戴河会议决议说人民公社在五六年或更多一点时间过渡到全民所有制太快了，1958年吹得太厉害，现在要压缩空气，长时期内要发展商品生产和商品交换，明年任务要减轻等。

11月22日晚上，毛主席把我和田家英找去谈话，主要是谈宣传上要压缩空气、实事求是的问题。他特别提醒我：办报的、做记者的，凡事要有分析，要采取实事求是的正确态度。

毛主席的谈话是从11月22日下午，他找各大协作区组长谈话说起的（中央1954年撤销中央局一级组织后，1958年6月又基本上按原中央局管辖的省、市、自治区划分为七大协作区，每区设组长和副组长一二人）。看来毛主席对下午的会议很有感触，他跟我们谈话时仍处于亢奋状态。毛主席原想同各大区组长商量降低1959年的生产指标，首先是钢的指标。原来的指标是1958年8月北戴河会议确定的。毛主席设想可否把钢产量的指标从3000万吨减为1800万吨。他原想说服他们，结果反而是各组长力图说服毛主席维持原来的指标。毛主席说，他们都想打通我的思想，我硬是想不通，因为他们缺乏根据。他们有的大区明年要增加钢产两倍，有的省要增加四倍，有的省要增加十几倍，有的省竟然要增加三十倍。这怎么能叫人相信？

毛主席还说，中央已有12个部长写了报告，指标高得吓人，似乎要立军令状。但我看完不成也不要杀头。铁道部部长说1959年要修2万公里铁路。周总理主持制订的第二个五年计划草案，规定5年内才修2万公里，他夸下海口要一年完成，怎么完成得了呢？如果真的完成了，我甘愿当机会主义者。

毛主席又说，其实1800万吨钢的指标不是机会主义，能否完成还是个问题，因为今年（1958年）预计炼出的1000万吨出头的钢产量中，好钢只有850万吨，看来郑州会议读了几天书并没有解决思想问题，大家头脑还是发热。1958年钢铁翻一番就使得6000万人上山，闹得天下大乱。明年再来个翻一番以至翻几番怎么得了？

毛主席说，一定要压缩空气。空气还是那么多，只不过压缩得体积小些，不要虚胖子，要结实些。我看明年要减任务，工业这样，农业也这样。去冬今春修了500亿土方水利工程，今冬明春就不要再搞500亿土方了，要减下来。

谈到这里，毛主席说明他找我们来是为了把压缩空气的精神赶快告诉人民日报和新华社的记者、编辑。他说，现在宣传上要压缩空气，不要再鼓虚劲，要鼓实劲。自己不要头脑发热，更不要鼓动人家头脑发热。

毛主席说，做新闻宣传工作的记者和编辑，看问题要全面。要看到正面，又要看到侧面；要看到主要方面，又要看到次要方面；要看到成绩，又要看到缺点；这叫作辩证法、两点论。现在有一种不好的风气，就是不让讲缺点，不让讲怪话，不让讲坏话。任何事情都有两面性。好的事情不是一切都好，也还有坏的一面，反之，坏的事情不是一切都坏，也还有好的一面，只不过主次不同罢了。听到人家都说好，你就得问一问是否一点坏处也没有？听到人家都说坏，你就得问一问是否一点好处也没有？大跃进当然是好事，但浮夸成风就不好。

毛主席问我们：你们看虚报好还是瞒产好？他自己回答：我看瞒产比虚报好。没有打那么多粮食，你硬是充胖子，虚报了产量，结果国家按报的产量征购，多购了过头粮，受害的是农民。瞒产少报，当然也不好，但我很同情。粮食丰收，干部要实报，农民想少报一点，无非想多留点，多吃点。多少年来，中国农民不得温饱，想多吃点不算犯罪。瞒产了粮食还在，虚报了没有粮食。虚夸危害很大。

谈到这里，毛主席又讲起故事来。他说，天下事有真必有假。虚夸古已有之。赤壁之战，曹营号称83万人马，其实只有二三十万，又不熟水性，败在孙权手下，不单是因为孔明借东风。安徽有个口号，说"端起巢湖当水瓢，哪里缺水哪里浇"。那是作诗，搞水利工程不能那样浪漫主义。

毛主席还说，大跃进中有些虚报是上面压任务压出来的，问题的危险性在于我们竟然完全相信下面的报告。有位县委书记强迫农民浇麦，下令苦战三昼夜，结果农民夜里在地头挂起灯笼，让小孩子放哨，大人睡觉。那位县委书记看见点亮了灯笼，就以为已经浇麦了。鉴于虚夸作假成风，我们对下面送来的报表不能全信，要打折扣，恐怕要打它三分虚假，比较稳当。否则，按虚报的数字来订生产计划很危险，订供应计划更危险。

毛主席强调，做新闻工作，无论记者或编辑，都要头脑冷静，要实事求是。下去采访，不要人家说什么你就报道什么。要自己动脑筋想想，是否真实，是否有理。

毛主席谈到，据一些省委反映，人民日报在大跃进中搞各省进度表（如水利工程完成土石方进度表）、放"卫星"（粮食和钢铁的高产"卫星"）等报道方法，对各地压力很大，结果"你赶我追"，大搞虚夸。这要引以为戒。

毛主席讲了上面这些话之后，又归纳为三点意见。他说：第一，要实事求是，报道时要弄清事实真相。不是新闻必须真实吗？一定要查清虚与实，是虚夸、作假还是真实、确实。新闻报道不是作诗写小说，不能凭想象虚构，不能搞浪漫主义。

第二，现在要下明矾，把混乱的思想加以澄清。听说《人民日报》有一篇社论讲到人民公社从集体所有制过渡到全民所有制时把时间缩短了，说三四年五六年就行了，不要北戴河决议上写的"或者更长一些时间"那半句话了。毛主席说，那半句话是我特意加上的，当时想法是谨慎一点好。现在看来还是太急了。你们删去那半句话就更急了，不知是听了哪一位政治局委员的意见。毛主席说：这半年大家头脑都发热，包括我在内，所以要下明矾，要压缩空气，说泼点冷水也可以，但要注意保护干部和群众的积极性。有错误，领导承担责任就是，不要责怪下面。

第三，要考虑国际影响。今年我们宣传上吹得太厉害，不但在国内搞得大家头脑发昏，而且国际影响也不利。毛主席说：我在成都会议上就曾经说过，不要务虚名而得实祸，现在就有这个危险。杜勒斯天天骂我们，表明他恐慌，害怕我们很快强大起来。美国人会想到是不是对中国发动预防性战争。这对我们不利。何必那样引人枪打出头鸟呢？何况我们的成就中还有虚夸成分呢？即使真的有那么多的成绩，也不要大吹大擂，还是谦虚一点好。中国是个大国，但是个大穷国。今年大跃进，即使根据现在汇报的数字，全国农民年平均收入也只有70元上下，全国工人每月平均工资也只有60元左右。现在有些县委不知天高地厚，说什么苦战三年就可以过渡到共产主义。这不是发昏说胡话？说是"穷过渡"，马、恩、列、斯哪里说过共产主义社会还是很穷的呢？他们都说过渡到共产主义社会的必要条件是产品极为丰富，否则怎么能实行按需分配呢？有些同志要"穷过渡"，这样的"穷共产主义"有什么优越性和吸引力呢？

毛主席说，现在人民公社搞的供给制，不是按需分配，而是平均主义。中国农民很早就有平均主义思想，东汉末年张鲁搞的"太平道"，也叫"五斗米道"，农民交五斗米入道，就可以天天吃饱饭。这恐怕是中国最早的农民空想社会主义。我们现在有些同志急于向共产主义过渡，这非常危险。北戴河会议规定了过渡到共产主义的五个条件，哪一条也不能少，缺一条也不能向共产主义过渡。

谈到这里，毛主席很动感情地说：反正我不准备急急忙忙过渡。我今年65岁，即使将来快要死的时候，也不急急忙忙过渡。

毛主席强调，过渡要有物质条件、精神条件，还要有国际条件，不具备条件，宣布过渡也没有用。要划两条线：一条线是集体所有制和全民所有制的区别，一条线是社会主义社会和共产主义社会的区别。不要轻易宣布向全民所有制过渡，更不要轻易宣布向共产主义社会过渡。

毛主席还说，我们的大跃进和人民公社化，不仅把杜勒斯吓了一跳，也把赫鲁晓夫吓了一跳。不过看来赫鲁晓夫还比较谨慎，他现在只讲12年内准备向共产主义过渡的条件，并没有说到时就要过渡。我们有些同志头脑发热，想抢在苏联前头过渡，这很不好。苏联同志建设社会主义已搞了41年，我们才搞9年，就想当先锋，还不是头脑发昏？人有少青中老，水有溪河湖海。事情都有一定的量度，有相对的规定性，从量变到质变要有一个过程，不能随意想过渡就过渡。

毛主席说，他在郑州批评了陈伯达主张取消商品生产和商品交换，还批评起草新四十条（按：指15—20年规划纲要草案）的同志想入非非，要生产2亿吨到4亿吨钢。现在有些同志说解放思想、破除迷信，实际上把科学也破除了。毛主席说，凡是迷信一定要破，凡是科学、真理一定要坚持。资产阶级法权，一部分要破除，如官僚主义、脱离群众、等级森严、娇骄二气，非破不可。但还有相当一部分不能破除，如工资制度、国家强制、上下级关系等，还得保持。如果把这些必要的、有用的部分也破得体无完肤，就会天下大乱，总有一天要承认错误，还要赔礼道歉。

毛主席说，新华社和人民日报的记者和编辑，头脑都要冷静，多开动自己的脑筋，独立思考，不要人云亦云，随声附和。要调查，追根问底。要比较，同周围比较，同前后左右比较，同古今中外比较。唐朝有位太守，他审理案件，先不问原告和被告，而先要了解原告和被告周围的人和环境，调查好了才去审问原告和被告。这叫作勾推法，也就是比较法。记者和编辑要学会这种调查研究的工作方法，其实这也是思想方法，实事求是的方法。记者，特别是记者头子——这时毛主席指着我说，像你这样的人，头脑要清醒，要实事求是。

毛主席同我和田家英这次谈话谈得很直率，有时甚至相当激动。看来可能是经过下午同各大区组长的谈话，思想相当活跃，滔滔不绝，一直谈到深夜。

最后,毛主席要我尽快把这个精神告诉记者,并问我用什么方法可以快些。我告诉他:新华社正在北京召开全国分社会议,主席的意见可以向会议传达。毛主席先提出可否把会议搬到武汉来开,接着又考虑到临时安排不便,而且中央在政治局扩大会议之后接着要开六中全会,要来很多人。田家英提出,中央办公厅每天有专机来往京汉之间,可以明天回去传达,后天回来开会。我看可行,毛主席也同意这么办。

这样,我23日飞回北京,当天向参加国内分社会议的同志和新华社、人民日报部主任以上干部作了传达。当时我考虑到毛主席谈话中涉及一些重大决策与具体的人和事,没有全部向大家传达,而且传达时要求大家只记总的精神和要点,不要作详细记录。所以后来新华社和人民日报档案中都没有完整的记录。幸好毛主席22日深夜谈话的主要之点,有些在21日中央政治局扩大会议中已讲过,有些在23日会议中也讲了。

毛主席这次谈话,还没有从根本上解决大跃进和人民公社化中"左"的指导思想问题。以后召开的八届六中全会仍然表现了要求过急、过高的"左"的思想倾向。例如全会通过的1959年计划,规定钢产量为1800万~2000万吨,虽然比北戴河会议减少了900万~1000万吨,但仍然太高(1959年6月颐年堂会议才根据陈云同志的建议降为1300万吨);粮食产量指标仍为10 500亿斤,并未比北戴河会议规定的减少。关于人民公社的决议只批评了两个急于过渡的思想倾向,仍然没有解决人民公社的根本问题。但是,历史地看问题,毛主席从1958年11月初郑州会议起就开始注意纠正大跃进和人民公社化中他认为是"左"的偏向,这次谈话比较鲜明地反映了他当时的思想。无论如何,毛主席的这次谈话,对于我国新闻工作,实际上也关系其他工作,仍然具有重大意义。

武昌会议后,毛主席回到北京。1959年1月间,我向主席汇报人民日报和新华社都按照他11月22日谈话精神作了检查,并采取改进的措施。毛主席说:最近暴露了去年工作中的许多缺点,坏事可以变成好事。今年的工作有可能比去年做得好。我们工作中不可能不犯错误,有些错误别人犯过了,自己还会犯,这样才能取得教训。你们记者检讨了错误,改了就好,但不要泄气,得到教训就行。[4]

中共中央政治局扩大会议结束后,紧接着在武昌召开八届六中全会(11月28日至12月10日)。全会审议通过了毛泽东主持起草的《关于人民公社若干问题的决议》。决议比较集中地体现了第一次郑州会议以后毛泽东和党中央纠正"左"倾错误的认识成果,解决了人民公社两个外部的界限问题。如重申社会主义和共产主义、集体所有制和全民所有制的区别，强调大力发展生产力，批评企图否定商品生产和按劳分配的错误观点等。

12月9日，毛泽东在六中全会上讲了12个问题。讲到"一些党内外的争论问题"时，他说：最近围绕人民公社这个问题，有各种议论。对于这个问题，有一大堆思想搞不清，一人一说，十人十说。大体上有几说，一说就是要性急一点，纷纷宣布自己是全民所有制，纷纷宣布两年或三年或四年进入共产主义。缺点是太急了一点。我们这一回这个决议，主要的锋芒是向着急这方面的，就是说，不要太急了，太急了没有好处。在讲到"研究政治经济学"时，他说：为了我们自己的事业，当前的工作，来研究这个经济理论问题（就是政治经济学），比较平素我们离开实际专门看书要好得多，容易看懂。在目前研究这个问题，有很大的理论意义和现实意义。在讲到"两种可能性"时，他再次强调：我们总是讲两种分析。一个事物中间总是有两种对立的东西。现在我们看一下公共食堂、托儿所、人民公社，这些东西会不会巩固？看来是会巩固的。但是，要料到，有些东西要垮掉。巩固和垮掉，这两种可能性都存在。从毛泽东的这些话来看，他一方面对人民公社的巩固是有信心的，希望它巩固，力求它巩固；另一方面，他又担心人民公社中间的某些东西会垮掉，或者说要作垮掉的思想准备。毛泽东还讲到他不担任共和国主席问题，希望大家赞成。他还说："世界上的事情就这么怪，能上不能下。估计到可能有一部分人赞成，一部分人不赞成。群众不了解，说大家干劲冲天，你临阵退却。要讲清楚，不是这样，我不退却。"会议讨论通过了《同意毛泽东同志提出的关于他不作下届中华人民共和国主席候选人的建议的决定》。在1959年4月的二届全国人大上，中共提名经大会选举，由刘少奇担任了下届国家主席。

在八届六中全会前后，王稼祥曾向毛泽东提出过不赞成人民公社一平二调做法的意见。毛泽东赞赏王稼祥敢提不同意见的精神。朱仲丽回忆了这件事以及毛泽东65岁生日的宴会。她写道：

在1958年夏季以后，表面上，一切轰轰烈烈，到处放"卫星"，宣传粮食如何如何高产。党的领导同志已担心粮食吃不完怎么办，而且已经开始同外国共产党的领导人谈论这个问题。人们还开始议论中国是否有可能大大提前进入共产主义社会，好像这个问题不是幻想，而是一个具有充分现实可能性的理论问题和实践问题。在这样灼热的空气下，从事外交工作的稼祥，在会见别国共产党领导人时，显然不能不谈及成为当前的重要话题——大跃进和人民公社等问题。所以他不能不抽出时间来阅读大跃进、人民公社等材料和文章，听取中联部同志去农村参观回来的汇报。同时，他也开始下农村参观和实地考察。他最初参观的地方，是京郊通县的宋家庄人民公社，听了公社领导汇报，看了田间作物、大食堂、托儿所、养老院及社员家庭等。他不难看出，建立在落后生产力基础上的这些设施，到处显露着贫穷的痕迹，不过是经不起一阵风的空架子。回到家里，他沉默着，想了许多。11月下旬到12月上旬，他利用到武汉参加武昌会议和中共八届六中全会的机会，参观了不少工厂和人民公社。我也跟他一道去参观，在武昌近郊一个人民公社里，参观麦地时，发现有一块地，筑上了几十堆像坟堆似的圆锥形的土堆子，上面长了小麦的幼芽。我们一时感到奇怪，问主人为什么这样搞，回答是这些圆锥形的面积合起来比一块平地的面积要大得多，就能多种麦子，单位面积产量也会增加。我们回到召开会议的武昌洪山宾馆，他坐在沙发上对我说："我们这些农民既可爱又愚笨，为了响应党的号召，为了破除迷信、解放思想，如此地敢想敢做怎么行。那么多的土堆子，如何浇水？如何耕种？又如何施肥？太荒唐了！"

此前，稼祥对农民的情况做了多方面的了解，他的司机回家探亲，反映了很多农村出现的严重情况。他还从其他渠道了解了许多情况，这些和官方宣传的完全不同。他又想到了苏联在实行农业集体化以前，曾经试办过农业公社，不仅把生产资料公有化，而且把每个社员的生活资料也公有化了，结果，犯了"左"的错误，斯大林不得不出来纠正。今日中国的人民公社，颇类似苏联当年办农业公社的情况。他形成了自己的一套观点，他知道这些观点是与党中央、毛主席的看法唱反调的。武昌会议和八届六中全会是要纠正一些"左"的东西，但很多现实的和根本性的问题并没解决。他一直在考虑，为了维护党的事业，他要提出自己的看法，以及采取什么方式。我发现，从他到武昌后，一直陷入思考。早上比平时醒得更早，一时握笔伏案，一时把写好的纸揉成团撕碎。武昌会议是11月21日至27日召开的，接着在11月28日至12月10日召开了八届六中全会。他在武昌会议期间写了自己的意见，八届六中全会开始后，他希望有的同志能站出来提出不同意见。然而，会议开了3天，竟无一名中央委员持不同的见解。晚上，他对我说："会议对国内的形势估计过高，我应该将我心中所想的毫不保留地向党组织陈述，作为一个党员，这是起码应做的。明知不对，又不站出来讲话，这不是一个共产党员的态度。"

我问："你考虑成熟了吗？你向党提出你的观点，效果会如何？"

他不吱声。

"如果无效，你就不要提了。现在可不像战争年代那么简单，复杂呀！能不提就不提吧！"我劝阻他。

"我不怕为此而丢乌纱帽，该说就说。"稼祥的话音由犹豫变为坚定。

我又叮嘱："你还是小心一点儿为好。"

他整夜不曾入睡，第二天吃过早饭，便用口头方式找到一位党中央负责同志，正式陈述了自己的意见：不赞成人民公社的一平二调三收款及其他一些做法，不赞成国民经济计划的高指标。他认为，目前，我国不是"各取所需"的时代，仍是按劳取酬的经济基础，过渡不能操之过急。他把自己的观点说完后，诚恳地希望这位负责同志转告毛主席和常委。

他回到房中对我说："已把意见告诉上面了，只等消息，不管接受与否，自己已完成了一个党员应做的事。"

第二天，由一位常委传达了毛主席的回答。毛主席说："这么多的中委在会上没有一个人提出异议，独稼祥提出了不同的意见，那好！组织几个人开个小会，叫他详细说说他的看法。"

稼祥回道："我的意见全部提出，党中央认为对的就请考虑，党中央认为不对，可以随时处分我。至于在小组会上再谈一次，就不必了。"

稼祥坚持不再在小组会上谈论他自己的观点，这是极为明智的。会后如何对待稼祥提出的意见，我很是不安。显然党中央和毛主席没有接受稼祥的意见。

不管怎样，稼祥做了一件他应做的事。

会议中间——12月26日晚上，洪山宾馆热闹非凡。人人心中明白，今晚为什么搞这个宴会。

我找到了我的座席时，吓了一跳，我有什么资格坐在第二桌？第一桌不都是中央常委和几位政治局的首长吗？再细看，原来第二桌席位上全是几位夫人的名字，其中有邓颖超、蔡畅、王光美、张洁清等。看来，是把女同志集中在一桌，这倒很有趣。

毛主席、刘主席、周总理、朱委员长等领导都笑呵呵地来了，就坐在我们桌子的旁边。

"我们应当推选一位代表向毛主席敬酒。"

"赞成。"几个人同时说。

"派谁？"

"王光美！"

"好极了！"

"不，我不会喝！"王光美回答。

有人提出："请仲丽代表我们向主席敬酒。"

"不，我坚决不！"我说。

"就是你了！"王光美说。

王光美话音刚落，只见毛主席举着酒杯，朝我们这一桌走来，我们全体起立，手中酒杯往毛主席的杯子上碰，"当啷""叮当"地响个不停。原来，毛主席听见我们女将在嚷着派代表向他敬酒,难分难解,特来解围的。当然,也是来凑凑热闹。

毛主席和我来碰酒的时候,我轻声地说:"主席,祝你健康长寿!"

今天这个宴会,是毛主席办公室的工作人员和中央办公厅一块儿商量定的,没有请示他。今天是他65岁生日。他心中一高兴,就听其安排了。

会议结束后,我们回到北京,稼祥心里仍很忧虑。到1959年2月,党中央政治局在郑州召开了扩大会议,主要解决人民公社所有制和"共产风"问题,研究了整顿人民公社的方针和方法。稼祥才算转忧为喜。[5]

八届六中全会期间,毛泽东写了题为《关于帝国主义和一切反动派是不是真老虎的问题》的文章(写作日期为1958年12月1日)。他在文章中说:

同世界上一切事物无不具有两重性(即对立统一规律)一样,帝国主义和一切反动派也有两重性,它们是真老虎又是纸老虎。……从本质上看,从长期上看,从战略上看,必须如实地把帝国主义和一切反动派,都看成纸老虎。从这点上,建立我们的战略思想。另一方面,它们又是活的铁的真的老虎,它们会吃人的。从这点上,建立我们的策略思想和战术思想。向阶级敌人作斗争是如此,向自然界作斗争也是如此……一方面,藐视它,轻而易举,不算数,不在乎,可以完成,能打胜仗。一方面,重视它,并非轻而易举,算数的,千万不可以掉以轻心,不经艰苦奋斗,不苦战,就不能胜利。

文章还联系到"大跃进"说:

头脑要冷又要热,又是统一性的两个对立面。冲天干劲是热。科学分析是冷。在我国,在目前,有些人太热了一点。他们不想使自己的头脑有一段冷的时间,不愿意做分析,只爱热。同志们,这种态度是不利于做领导工作的,他们可能跌筋斗,这些人应当注意提醒一下自己的头脑。另有一些人爱冷不爱热。他们对一些事,看不惯,跟不上。[6]对这些人,应当使他们的头脑慢慢热起来。[7]

五十六字诀

党的八届六中全会闭幕以后,全国各地农村贯彻全会精神,整顿人民公社。毛泽东仍然以主要精力继续研究人民公社和"大跃进"中的问题,以期进一步解决。1959年1月底2月初,党中央在北京召开了省、市、自治区党委书记会议。2月2日,毛泽东在会上的讲话,对社会主义经济建设问题,发表了一些发人深省的重要意见。他说:我们对于搞经济建设还是小孩子,虽然我们现在年纪不小了。应该承认这一点:向地球作战,向自然界开战,这个战略战术,我们就是不懂,就是不会。要正面肯定这是我们的错误,就是没有注意。他还说:从总的看,不论我们定的这些指标、这些主观愿望、这些计划适合不适合,都是我们从实践中找经验。这一场战争,我们经验不足。关于客观规律、按比例,这个问题我是没有解决的,这个问题我不懂。现在我们似乎在这里接触这个问题了。请大家接触这个问题,研究研究,究竟什么叫按比例发展。毛泽东的这一席话是坦率而真诚的。

2月下旬,毛泽东到河北、山东、河南三省调查研究。他发现,由于公社化,国家同农民的关系紧张,不少生产队瞒产私分,公社内部的所有制也有问题。于是,他提议并主持在郑州召开中央政治局扩大会议,即第二次郑州会议。会议从2月27日至3月5日,主要议题是人民公社问题。会议结果是,同意毛泽东在会上的讲话,制定了整顿和建设人民公社的方针,起草了《关于人民公社管理体制的若干规定(草案)》,形成了包括上述三个内容的《郑州会议记录》,下发全党。毛泽东在会上多次讲话,中心思想是强调从调整公社内部的所有制入手,进一步解决公社化运动带来的一系列问题。

毛泽东在第二次郑州会议上说:

1958年,我们在各个战线上取得了伟大的成绩。不论在思想政治战线上,工业战线上,农业战线上,交通运输业战线上,商业战线上,文化教育卫生战线上,国防战线上,以及其他方面,都是如此。特别显著的,是工业和农业生产方面有了一个伟大的跃进。1958年,在全国农村中普遍地建立了人民公社。

人民公社的建立使农村中原来的生产资料集体所有制扩大了和提高了,并且开始带有若干全民所有制的成分。人民公社的规模比农业生产合作社大得多,并且实现了工农商学兵、农林牧副渔的结合,这就将有力地促进农业生产和整个农村经济的发展。广大的农民,尤其是贫农和下中农,对于人民公社表现了热烈的欢迎。广大的干部在人民公社运动中做了大量的有益的工作,他们表现了作为一个共产主义者的极大的积极性,这是非常宝贵的。没有他们的这种积极性,要取得这样伟大的成绩是不可能的。我们的工作中不但有伟大的成绩,同时也不可避免地带来一些缺点。在一个新的、像人民公社这样前无古人的几亿人民的社会运动中,人民和他们的领导者们(一千多万不脱产、半脱产和脱产的干部)都只能从他们的实践中逐步取得经验,对于事物的本质只能一步一步地加深自己的认识,一步一步地揭露事物的矛盾,从而一步一步地去解决这些矛盾。工作是一步一步地趋于完全的,不可能一次就做好。没有实践,不可能有深刻的认识,不可能有日趋完全完善的方针、政策和具体办法。这是马克思主义的认识论。有谁要说一个广大的社会运动能够完全没有缺点,那他就不过是一个空想家，或者是一个观潮派、算账派，或者简直是敌对分子。我们的成绩和缺点的关系，正如我们所常说的，是十个指头中九个指头和一个指头的关系。有些人怀疑或者否认1958年的大跃进，怀疑或者否认人民公社的优越性，显然是完全错误的。

　　人民公社现在正在进行整顿巩固的工作，已经或者正在辩论1958年有无大跃进和人民公社有无优越性两个问题。各级党委在整社工作中，按照六中全会的方针，采取了首先肯定大跃进的成绩，肯定人民公社的优越性，然后自然地引起人们讲出自己工作中的缺点或者错误，并且迅速改正这些缺点或者错误。这样一个解决问题的秩序是适合我国现时的情况的，我们正是这样做了。这样做，既保护了干部和群众的积极性，又帮助干部和群众改正了他们的缺点。就干部来说，百分之九十几都是好的，都是应当坚决地加以保护的。

　　现在我来说一点人民公社的问题。我认为人民公社现在产生了一个矛盾，可以说是一个尖锐的严重的矛盾。这个矛盾，已经被许多同志感觉到了，但是还没有深刻的认识。矛盾的性质还没有被揭露，因而还没有被解决。而这个矛盾，我认为，必须迅速地加以解决，才有利于调动广大人民群众的积极性，才有利于改善我们和基层干部的关系，这主要是县委、公社党委和基层干部之间的关系。

　　究竟是什么样的一种矛盾呢？大家看到，目前我们跟农民的关系在一些事情上存在着一种紧张状态。大家看到，1958年农业大丰收以后，粮食棉花油料生猪等农产品的收购至今还有一部分没有完成任务。再则全国，除灾区外，几乎普遍地发生瞒产私分和大闹粮食、油料、生猪、蔬菜"不足"的风潮，其规模之大，较之1953年和1955年那两次粮食风潮，有过之无不及。同志们，请你们想一想，这究竟是怎么一回事呢？我认为，我们应当透过这些现象看出问题的本质，即主要矛盾在什么地方。这里面有几方面的原因，但是我以为主要地应当从我们对于农村人民公社所有制的认识和我们所采取的政策方面去回答问题。

　　农村人民公社所有制要不要有一个发展过程？是不是公社一成立，马上就有了完全的公社所有制，马上就可以消灭生产队的所有制呢？我在这里说的生产队，有些地方是生产大队，有些地方叫管理区，总之大体上相当于原来的农业生产合作社。现在，许多人还没认识到公社所有制必须有一个发展过程，在公社内，由队的小集体所有制到社的大集体所有制，需要一个过程。这个过程要有几年时间才能完成。这是一种客观事物的必然运动、必然过程，人们要违反它，是不可能的。这种客观事物的必然运动，刺激人们的感觉，迟早要反映到人们的头脑里面来，迟早会被人们所理解，承认它，做出结论，制定方针、政策、办法，符合客观世界的运动，引导运动前进。自由是必然的认识。必然性是盲目的，当人们还不认识它的时候，人们就感觉不自由，被客观盲目性所统治，人们当了物质的奴隶。反过来，感觉了、反映了、分析了、揭露了、认识了这个客观事物，人就有了自由了。到矛盾被克服、问题被解决的时候，人就更加自由了。不是物控制人，而是人控制物。不是人为物的奴隶，而是物为人的奴隶了。现在，我们的人误认为人民公社一成立，各生产队的生产资料、人力、产品，就都可以由公社领导机关直接支配。他们误认社会主义为共产主义，误认按劳分配为按需分配，误认集体所有制为全民所有制。他们在许多地方否认价值法则，否认等价交换。他们在公社范围内，实行贫富拉平，平均分配；对生产队的某些财产无代价地上调；银行方面，也把许多农村中的贷款一律收回。"一平、二调、三收款"，引起广大农民的恐慌。这就是我们目前同农民关系中的一个大矛盾、一个大问题。

公社成立了，我们有了公社所有制。如北戴河决议和六中全会决议所说，这种一大二公的公社有极大的优越性，是我们的农村由社会主义的集体所有制过渡到社会主义的全民所有制的最好的形式，也是我们由社会主义社会过渡到共产主义社会的最好的形式。这是毫无疑问的，这是完全肯定了的。如果对于这样一个根本问题发生怀疑，那就是完全错误的，那就是右倾机会主义。问题是目前公社所有制除了有公社直接所有的部分以外，还存在着生产大队（管理区）所有制和生产队所有制。而生产队所有制，在几年内，还是整个公社所有制的基础。要基本上消灭这三级所有制之间的区别，把三级所有制基本上变为一级所有制，即由不完全的公社所有制发展成为基本上完全的、基本上单一的公社所有制，需要公社有更强大的经济力量，需要各个生产队的经济发展水平大体趋于平衡，而这就需要几年时间。我说基本上完全、基本上单一，就是说，永远也不会有绝对的百分之百完全与单一，永远还会有差别。"物之不齐，物之情也。"我们的宇宙永远是一个统一的复杂的宇宙。事物的多样性，这是辩证法。绝对完全，绝对单一，这是形而上学。这一点也要讲清楚。

目前的问题是必须承认人民公社有一个必不可少的发展过程，而不是什么向农民让步的问题。事情是客观世界强迫我们一定要这样做，只能这样做，不许可别种做法，无所谓让步不让步，是如实遵守客观法则去办事，不可能违反它。在没有实现农村的全民所有制以前，农民总还是农民，他们在社会主义的道路上总还有一定的两面性。我们只能一步一步地引导农民脱离较小的集体所有制，通过较大的集体所有制走向全民所有制，而不能要求农民和基层干部一下子完成这个过程，正如我们以前只能经过几年时间一步一步地引导农民脱离个体所有制而走向农业生产合作社的集体所有制一样。由不完全的公社所有制走向基本上完全、基本上单一的公社所有制,是一个把较穷的生产队基本上提高到较富的生产队的生产水平的过程,又是一个逐步扩大公社的积累,逐步发展公社的工业,逐步实现农业机械化、电气化,逐步实现公社工业化和国家工业化的过程。目前公社直接所有的东西还不多,如社办企业、社办事业、由社支配的公积金、公益金等。虽然如此,我们的伟大、光明的前途,我们的希望,也就在这里。因为公社年年可以由队抽取积累,由社办企业的利润增加积累,加上国家的投资,其发展将不是很慢而是很快的。富队发展,穷队也发展。穷队由于穷,他们会特别努力,如像许多穷得要命的合作社,经过努力,发展了,几年之间,赶上和超过了富社那样。我认为富社富队有希望,穷社穷队更有希望。谁能说不会是这样的呢?

关于国家投资问题,我建议国家在十年内向公社投资几十亿到一百几十亿元人民币,帮助公社发展工业,帮助穷队发展生产。

公社有了强大的经济力量,就可以实现基本上完全的公社所有制,也就可以进而实现全民所有制。时间大约需要两个五年计划,急了不行,欲速则不达。这也就是北戴河决议所说的,将需要三四年、五六年或者更长一些的时间,然后,再经过几个发展阶段,在15年、20年或者更多一些的时间以后,社会主义的公社就将发展成为共产主义的公社。

六中全会的决议写明了集体所有制过渡到全民所有制和社会主义过渡到共产主义所必须经过的发展阶段,但是没有写明公社的集体所有制也需要有一个发展过程,这是一个缺点。因为那时我们还不认识这个问题。这样,下面的同志也就把公社、生产大队、生产队三级所有制之间的区别模糊了,实际上否认了目前还存在于公社中并且具有极大重要性的生产队(或者生产大队,大体上相当于原来的高级社)的所有制,而这就不可避免地要引起广大农民的不满和反对。从1958年秋收以后,全国性的粮食、油料、生猪、蔬菜"不足"的风潮,就是这种不满的一个集中表现。一方面,中央、省、地、县、社五级党委(如果加上管理区就是六级党委)批评生产队、生产小队的本位主义,瞒产私分;另一方面,生产队、生产小队却几乎普遍地瞒产私分,甚至深藏密窖,站岗放哨,以保卫他们的产品。我以为,产品本来有余、应该向国家交售而不交售的这种本位主义,确实是有的。犯本位主义的党员干部,是应该受到批评的。但是,有很多情况,并不能称之为本位主义。即令本位主义属实,应该加以批评,在实行这种批评之前,我们也应该首先检查和纠正自己的两种倾向,即平均主义倾向和过分集中倾向。所谓平均主义倾向,即否认各个生产队和各个个人,由于生产和劳动的情况有所差别,从而他们的收入也应当有所差别。而否认这种差别,就是否认按劳分配、多劳多得的社会主义原则。所谓过分集中倾向,即否认生产队的所有制,否认生产队应有的权利，任意把生产队的财产上调到公社来。同时，许多公社和县从生产队抽取的积累太多，公社的管理费又包括相当大的甚至很大的浪费。例如有一些大社竟有成千工作人员不劳而食或半劳而食，甚至还有脱产的文工团。上述两种倾向，都包含有否认价值法则、否认等价交换的思想在内，这当然是不对的。凡此一切，都不能不引起各生产队和广大社员的不满。

目前我们的任务，就是要向广大干部讲清道理，经过充分的酝酿和讨论，使他们得到真正的了解。然后，我们和他们一起，共同妥善地坚决地改变这些倾向，克服平均主义，改变权力、财力、人力过分集中于公社一级的状态。公社在统一决定分配的时候，要承认队和队、社员和社员的收入有合理的差别，穷队和富队的伙食和工资应当有所不同。工资应当实行死级活评。公社应当实行权力下放，三级管理，三级核算，并且以队的核算为基础。在社与队、队与队之间要实行等价交换。公社的积累应当适合情况，不要太高。必须坚决克服公社管理中的浪费现象。只有这样，我们才能够有效地去克服那种确实存在于一部分人中的本位主义，巩固公社制度。这样做了以后，公社一级的权力并不是很小，仍然是相当大的；公社一级领导机关并不是没有事做，仍然有很多事做，并且要用很大的努力才能把事情做好。

为了说明等价交换这个在社会主义时期仍然不能违反的经济法则，我想说一下我们的历史。公社在1958年秋季成立之后，刮起了一阵"共产风"。主要内容有三条：一是穷富拉平；二是积累太多，义务劳动太多；三是"共"各种"产"。所谓"共"各种"产"，其中有各种不同情况。有些是应当归社的，如大部分自留地。有些是不得不借用的，如公社公共事业所需要的部分房屋、家具和食堂所需要的用具。有些是不应当归社而归了社的，如部分的猪、鸡、鸭归社而未作价。这样一来，"共产风"就刮起来了。即是说，在某种范围内，实际上造成了一部分无偿占有别人劳动成果的情况。当然，这里面不包括公共积累、集体福利资金、经社员同意和上级党组织批准的某些统一分配办法如粮食供给制等，这些都不属于无偿占有性质。无偿占有别人劳动的情况，是我们所不许可的。看看我们的历史吧。我们只是无偿剥夺了日德意帝国主义的、封建主义的、官僚资本主义的生产资料，和地主的一部分房屋、粮食等生活资料。所有这些都不是侵占别人劳动成果，因为这些被剥夺的人都不是劳动者，他们的所得，都是从剥削别人的劳动而来的。对于民族资产阶级的生产资料，我们没有采取无偿剥夺的办法，而是实行赎买政策。因为他们虽然是剥削者，但是他们曾经是民主革命的同盟者，现在又不反对社会主义改造。我们采取赎买政策，就使我们在政治上获得主动，经济上也有利。同志们，我们对于民族资产阶级这样的剥削阶级所采取的政策，尚且是如此，那么，我们对于劳动人民的劳动成果，又怎么可以无偿占有呢？同志们，价值法则依然是客观存在的经济法则，我们对于社会产品，只能实行等价交换，不能实行无偿占有。违反这一点，终究是不行的。

我们指出这一点，是为了说明勉强把穷富拉平、任意抽调生产队的财产是不对的，而不是为了要在群众中间去提倡算旧账。相反，我们认为旧账一般不应当算。无论如何，较穷的社、较穷的队和较穷的户，依靠自己的努力、公社的照顾和国家的支持，自力更生为主，争取社和国家的帮助为辅，有个三五七年，就可以摆脱目前比较困难的境地，完全用不着依靠占别人的便宜来解决问题。我们穷人，就是说，占农村人口大多数的贫农和下中农，应当有志气，如像河北省遵化县鸡鸣村区被人称为"穷棒子社"的王国藩社那样，站立起来，用我们的双手艰苦奋斗，改变我们的世界，将我们现在还很落后的乡村建设成为一个繁荣昌盛的乐园，这一天肯定会到来的。谁要是不相信，就请看吧。

除了平均主义倾向和过分集中倾向以外，目前农村劳动力的分配也有很不合理的地方。这就是用于农业的劳动力一般太少，而用于工业、服务业和行政工作的人员一般太多。这后面三种人员，必须加以缩减。公社人力的分配是一个重大问题。争人力，是目前生产队同社、县和县以上国家机关的重要矛盾之一。必须按农业、工业、运输业、服务业和其他各方面的正当需要，加以统筹，务使各方面的劳动分配达到合乎正当需要的平衡。公社和县兴办工业是必要的，但是不可以一下子办得太多。各级工业企业都必须节约人力，不允许浪费人力。服务业方面的人员，凡是多了的，必须减下来。行政人员只允许占公社人数的千分之几。文教事业的发展，应当注意不要占用过多的劳动力。公社不允许有脱产的文工团、体育队。

我们必须把安排人民生活、安排公社积累和安排国家需要这三个方面的工作，同时统筹兼顾。这样，才算真的做到了全国一盘棋。否则所谓一盘棋，实际上只是半盘棋，或者是不完全的一盘棋。一般说来，1958年公社的积累多了一点。因此，各地应当根据具体情况，规定1959年公社积累的一个适当限度，并且向群众宣布，以利安定人心，提高广大群众的生产积极性。

人民公社一定要坚持勤俭办社的方针，一定要反对浪费。在粮食工作方面，鉴于最近的经验，今后必须严格规定一个收粮、管粮、用粮的制度，一定要把公社的粮食收好、管好、用好。社会对于粮食的需要总是会不断增长的，因此，至少在几年内不要宣传粮食问题"解决"了。

最近各省都有干部下去当社员，这个办法很好。我提议各级干部分期分批下放当社员，少则一个月，多则一个半月。一部分干部可以下厂矿当工人。这个办法在去年已经行之有效，今年要更好地加以推广。总之，一定要不断地巩固我们同广大群众的联系。

采取以上所说的方针和办法,我以为,我们目前同农民和基层干部的关系一定会很快地改善。广大农民从公社运动和1958年的大跃进已经得到了巨大的利益,他们坚决要求继续跃进和巩固公社制度。这个事实,不是任何观潮派、算账派所能推翻的。我们的干部在过去一年中做了很多很好的工作,得到了伟大的成绩,广大群众是亲眼看到的。问题只是我们在生产关系的改进方面,即是说,在公社所有制问题方面,前进得过远了一点。很明显,这种缺点只是十个指头中一个指头的问题。而且这首先是由于中央没有更早地作出具体的指示,以致下级干部一时没有掌握好分寸。如我在前面所说过的,这种情况在人民公社化这样一个复杂的和史无前例的事业中是难以避免的。只要我们向广大群众公开说明这一点,并且在实际行动中克服过去一段时间内工作中的缺点,那么,主动权就完全掌握在我们手里,广大群众就一定会同我们站在一起。必须估计到,一方面,那些观潮派、算账派将会出来讥笑我们;另一方面,那些地主、富农、反革命分子、坏分子,将会进行破坏。但是,我们要告诉干部和群众,当这些情况出现的时候,对于我们丝毫没有什么可怕。我们应该沉得住气,在一段时间内,不声不响,硬着头皮顶住,让那些人去充分暴露他们自己。到了这种时候,广大的群众一定会很快分清是非,分清敌我,他们将会起来粉碎那些落后分子的嘲笑和敌对分子的进攻。经过这样一个整顿和巩固人民公社的过程,我们同群众的团结将会更加紧密。在伟大的中国共产党的领导下,五亿多农民一定会更加心情舒畅,更加充满干劲。我们一定能够在1959年实现更大的跃进。人民公社的事业,一定能够在巩固的基础上蒸蒸日上。胜利一定是我们的。[8]

为了纠正上述两种倾向,毛泽东提出十四句话,作为整顿和建设人民公社的方针,即:"统一领导,队为基础;分级管理,权力下放;三级核算,各计盈亏;分配计划,由社决定;适当积累,合理调剂;物资劳动,等价交换;按劳分配,承认差别。"

这次郑州会议经过热烈讨论,同意毛泽东的意见和方针,制定了《关于人民公社管理体制的若干规定(草案)》。

在第二次郑州会议上,毛泽东对人民公社问题的认识又前进了一步。他提出的一些思想观点和方针政策,触及了一些实质性问题。针对当时有些同志对他讲的"那一套道理,似乎颇有些不通,觉得有些不对头",他在3月1日给刘少奇、邓小平等同志写了一封信,说明他的思想观点形成的过程。他说:"我的这一套思想,是1月、2月两个月内逐步形成的。到天津、济南、郑州,跟三省同志们交换意见,对我有极大的启发。因此到郑州,就下定了决心,形成了这一套思想。

虽然还有些不完善，还有些不准确，还有些需要发展和展开，需待今后再观察、再交换意见、再思再想。"毛泽东请胡乔木把这封信在会上宣读一遍。在会上讲话时，毛泽东还主动承担了责任。他说："这首先是由于中央没有更早地作出具体的指示，以致下级干部一时没有掌握好分寸。"尽管当时纠"左"还不彻底，但这种自我批评精神是难能可贵的。

这次会议结束后，各地立即召开干部会议，传达贯彻会议精神，整顿人民公社。

在全国农村贯彻第二次郑州会议精神进行整社过程中，毛泽东以党内通信的形式，对各地提出的重大问题及时予以指导。

当时在这样一个问题上存在不同意见，即是以生产队还是以生产大队为基本核算单位。3月15日，毛泽东就此问题写了一份党内通信。他在信中说：

各省、市、区党委第一书记同志们：

我到武昌已5天，看了湖北六级干部大会的材料，同时收到一些省、市、区的材料，觉得有一个问题需要同你们商量一下。河南文件已经送给你们，那里主张以生产大队为人民公社的基本核算单位和分配单位。我在郑州就收到湖北省委3月8日关于人民公社管理体制问题和粮食问题的规定，其中主张"坚决以原来的高级社即现在的生产队为基本核算单位。原高级社已经分为若干生产队的，应该合为一个基本核算单位，不得再分。少数原高级社，规模很小，经济条件大体相同，已经合为一个生产队的，只要是这些社的干部和社员愿合为一个基本核算单位，可以经过公社党委审查决定，并报县委批准"。我到武昌，即找周小舟同志来此，和王任重同志一起，谈了一下。我问小舟：你们赞成河南办法，还是赞成湖北办法？他说，他们赞成河南办法，即以生产大队（管理区）为基本核算单位。因为他们那里一个生产大队大体上只管6个生产队。而这6个生产队，大体上是由3个原来的高级社划成的，即一个社分为两个队。后来又收到广东省委3月11日报告，他们主张实行三定五放。三定中的头一定"是定基本核算单位，一律以原来的高级社（广东全省原有23 000个高级社，平均每社320户左右）为基础，有些即大体相当于现在的生产队（或大队），有些在公社化后分成二三个生产队的，可以立即合并，成为一个新的队，作为基本核算单位。原有的高级社如果过小，一个自然村有几个社的，即虽不在一个村，而经济条件差距不大，经群众同意，也可以合并，作为社的基本核算单位"。这样，河南、湖南两省均主张以生产大队（管理区）为基本核算单位，湖北、广东两省均主张以生产队即原高级社为基本核算单位，究竟哪一种主张较好呢？或者二者可以并行呢？据王任重同志说，湖北大会这几天正辩论这个问题，两派意见斗争激烈。大体上，县委、公社党委、大队（管理区）多主张以大队为基本核算单位，生产队（即原高级社）支书绝大多数或者全体主张以生产队为基本核算单位。我感觉这个问题关系重大，关系到3000多万生产队长、小队长等基层干部和几亿农民的直接利益问题，采取河南、湖南的办法，一定要得到基层干部的真正同意，如果他们觉得勉强，则宁可采用生产队即原高级社为基本核算单位，不致使我们脱离群众，而在目前这个时期脱离群众，是很危险的，今年的生产将不能达到目的。河南虽然已经作了决定，但是仍请省委同志在目前正在召开的县的五级干部会议上征求基层干部意见，如果他们同意省的决定，就照那样办，否则不妨改一改。《郑州会议记录》上所谓"队为基础"，指的是生产队，即原高级社，而不是生产大队（管理区）。总之，要按照群众意见办事。无论什么办法，只有适合群众的要求，才行得通，否则终究是行不通的。究竟如何办，请你们酌定。

毛泽东
1959年3月15日于武昌[9]

为了讨论生产小队（相当于原初级社）部分所有制问题，3月17日，毛泽东又写了一封党内通信，要求党的干部"一定要每日每时关心群众利益，时刻想到自己的政策措施一定要适合当前群众的觉悟水平和当前群众的迫切要求。凡是违背这两条的，一定行不通，一定要失败"。

提倡海瑞精神

1959年3月25日至4月5日，在上海先后召开了中央政治局扩大会议和八届七中全会。主要议题是：检查人民公社的整顿工作，进一步降低主要生产指标。上海会议（3月25日至4月1日）形成了一个《关于人民公社的18个问题》的会议纪要。八届七中全会（4月2日至5日）通过了这个会议纪要、《1959年国民经济计划草案》和《关于国家机构和人事配备的方案》。

在这两次会议期间，毛泽东写了一些批语、党内通信，并在会上讲了工作方法问题。

3月29日，毛泽东写了一封党内通信，就城市工作中的群众路线谈了看法。他说：

城市，无论工矿企业、交通运输业、财政金融贸易事业、教育事业及其他事业，凡属大政方针的制定和执行，一定要征求基层干部（支部书记、车间主任、工段长）、群众中的积极分子等人的意见。一定要有他们占压倒多数的人到会发表意见，对立面才能树立，矛盾才能揭露，真理才能找到，运动才能展开。总支书记、厂矿党委书记、城市区委书记、市委市政府所属各机关负责人和党组书记、中央一级的司局长同志们，我们对于这些人的话，切记不可过分相信。他们中的很多人几乎完全脱离群众，独断专行。上面的指示不合他们胃口的，他们即阳奉阴违，或者简直置之不理。他们在许多问题上，仅仅相信他们自己，不相信群众，根本无所谓群众路线。有鉴于此，尔后每年一定要召开两次五级，或者六级，或者七级的干部大会，每次会期10天，上层基层，夹攻中层，中层干部的错误观点才能改正，他们的僵化头脑才能松动，他们才有可能进步，否则是毫无办法的。听他们的话多了，我们也会同化，犯错误，情况不明，下情不能上达，上情不能下达，危险之至。每年这样的大会开两次，对于我们也极有益处，可以使我们明了情况，改正错误。这里说的是城市问题，乡村问题同样如此，我在前次通信中已经大体说过了。[10]

《关于人民公社的18个问题》是在毛泽东的主持下，由田家英执笔起草的。这个文件比第二次郑州会议决议又有所前进。文件决定"旧账"要清算、要退赔，规定生产小队也应有部分的所有制和享有一定的管理权限。

公社化和大炼钢铁运动中平调生产队和农民的物资、劳力等，被称为"旧账"。第二次郑州会议规定"旧账一般不算"，而毛泽东在上海会议期间，根据各地整社中农民的要求，又决定"旧账一般要算"。3月30日，毛泽东在山西省各县五级干部会议情况报告上写了一段批注，说明算账的必要性。他说：

旧账一般不算这句话，是写到了郑州讲话里面去了的，不对，应改为旧账一般要算。算账才能实行那个客观存在的价值法则。这个法则是一个伟大的学校，只有利用它，才有可能教会我们的几千万干部和几万万人民，才有可能建设我们的社会主义和共产主义。否则一切都不可能。对群众不能解怨气。对干部他们将被我们毁坏掉。有百害而无一利。一个公社竟可以将原高级社的现金收入四百多万元退还原主，为什么别的社不可以退还呢？不要"善财难舍"。须知这是劫财，不是善财。无偿占有别人劳动是不许可的。

4月3日，毛泽东又对王任重关于湖北省麻城县五级干部会议情况报告写了一个批注，说明算账的好处。他写道：

此件极好，每一个县、社都应这样做。算账才能团结；算账才能帮助干部从贪污浪费的海洋中拔出身来，一身清净；算账才能教干部学会经营管理方法；算账才能教会5亿农民自己管理自己的公社，监督公社的四级干部只许办好事、不许办坏事，实现群众的监督，实现认真（真正的）民主集中制。

同日，毛泽东又对谭震林关于省六级干部会议和县五级干部会议情况来信作了批语，继续阐述算账的必要性。他在批语中说：

各县、社4月不开大会。原定5月开社、队代表大会，可以考虑在5月上旬或中旬到县里开，彻底解决3月会议没有彻底解决的权力下放、算清账目、包产指标三个问题，然后选举公社各级党的领导机关和社、队管理机关。就算账这个问题来说，3月省、县大会我们缺乏精神准备。郑州说的是一般不算，应翻过来，一般要算。有些省已经翻过来了，如湖北，但也没有翻透。说的是县、社要向生产队算清过去几个月大调大抓的账，解决大集体与小集体间的矛盾，这当然是要首先解决的。还有一个必须随着解决的矛盾，生产队干部与生产小队干部、全体社员群众间的矛盾，小集体与社员的矛盾。这个问题，如麻城县那样大规模解决，是最近几天才提出来的，才进入我们的认识领域。这是一个以贪污形式无偿占有别人劳动的问题，是一个普遍的问题，也是一个历史的问题，并非最近才发生，但只有在1957年才能解决，只有在现在才能建立真正的群众监督。像这样一个群众性的大问题，没有省的决心、县的直接领导，我看是不能解决的，因此我建议5月的会到县里开。是否如此，请你们委员会讨论一下。

《关于人民公社的18个问题》指出，"基本队有制、部分社有制的情况不能很快改变"，人民公社应"一般是以相当于原来高级农业生产合作社的单位作为基本核算单位"，同时，又要有"生产小队的部分所有制"。生产小队是包产单位，向生产队实行包产、包工、包成本和超产奖的办法。规定小队也应有部分所有制和一定的管理权限，这是第一次。

在上海政治局扩大会议上，毛泽东讲了工作方法问题。在八届七中全会上，他又进一步讲了工作方法问题，共16条：

一、多谋善断。二、留有余地。三、波浪式前进。四、实事求是。五、要善于观察形势。六、当机立断。七、与人通气。八、解除封锁。九、一个人有时胜过多数。十、要历史地观察问题。十一、凡是看不懂的文件禁止拿出来。十二、权要集中。权力集中在常委会和书记处。由他挂帅。十三、要解放思想。十四、关于批评。十五、集体领导。十六、和各部的联系，特别是和工业部的联系要加强。

毛泽东在中共八届七中全会上，多次称赞陈云反对高指标，提出了正确意见。1958年12月武昌会议确定的主要生产指标：钢为1800万吨，煤为3.8亿吨，粮为1050亿斤，棉为1亿担。当时陈云向胡乔木提议不要公布，胡乔木不敢向毛泽东报告陈云的意见，还是在公报内公布了。1959年1月，陈云再次提出，四大指标难以完成。但是这些正确意见没有被重视和采纳。在八届七中全会上，毛泽东严厉批评了公布四大指标的做法，多次讲到陈云提出的正确意见。4月5日，他在会上说：1月25日的会议是我建议召开的，会前我找了几个中央同志谈工业问题，陈云同志表示了非常正确的意见。他还说：去年武昌会议的公报，陈云同志提议，四大指标是不是不写，被顶回去了。

八届七中全会决定把钢的生产指标降为1650万吨。毛泽东对这个指标还不放心。陈云没参加上海会议。毛泽东在会后委托陈云就落实钢铁指标进行研究。经过系统周密的调查研究，陈云于5月11日在政治局会议发言中提出，将当年的钢产指标由1650万吨落实为1300万吨。5月15日，陈云就钢铁指标问题致信毛泽东。信中说：

参加研究钢铁指标问题的多数同志的意见，把今年钢材生产的可靠指标，定在900万吨……把将来超过900万吨的数量作为奋斗和争取的目标。冶金部参加会议的同志，认为钢材数量定为900万吨（即钢的数量定为1300万吨）太少了，会使下面泄气。今年究竟能够可靠地生产多少钢材和多少钢，议论是不一的，不仅在北京如此，各省市的同志也有不同的意见。但就全局看来，为了安定生产秩序，为了使计划不再变动太多，我认为以900万吨钢材来分配较为可靠……说把生产数字定得少一点（实际是可靠数字），会泄气，我看也不见得。正如少奇同志在政治局讲的，定高了，做不到，反而会泄气。[11]

毛泽东和党中央同意了陈云的建议，1959年的实际钢产量结果为1387万吨。

毛泽东后来还多次称赞过陈云。1959年庐山会议前期，他说：陈云同志老早就提出，安排好市场再安排基建。那个时候有个同志不赞成陈云同志的这个意见，现在看来，陈云同志的意见是对的。1962年初召开的7000人大会上，毛泽东在讲话中说，做经济工作他不如陈云同志。据邓力群回忆，第一次整理的讲话稿中还有这些话，后来修改稿愈改愈少，改到最后这段话就被全部删掉了。[12]

陈云是当时中共中央主管经济工作的副主席，衷心拥护毛泽东的领导，但不唯上，不唯书，只唯实，唯的是全国人民的最高利益和客观规律。因此，在1957年以后毛泽东日益脱离中央集体领导、个人专断作风日益严重的情况下，陈云又曾几次受到毛泽东的批评，有些时候曾被免去对经济工作的领导权力。

然而，毛泽东对陈云多次对"大跃进"中高指标提出不同意见是肯定的。陈云在1958年北戴河会议上建议，不要公布1958年粮食和钢铁的指标，以免陷入被动。毛泽东后来谈及此事，赞扬陈云："真理有时掌握在少数人甚至一个人手里。"

在八届七中全会讲话中，毛泽东要求干部："要有坚持真理的勇气，不要连封建时代的人物都不如。"他还号召"要有像海瑞批评嘉靖皇帝的勇气"。

解放军总政治部副主任肖华当时在军队干部中传达《工作方法16条》时说：

在封建社会，还有海瑞这样的人，不怕杀头，敢于批评嘉靖皇帝。我们有些高级干部就是怕失掉选票，就是没有这种勇气。这个故事很深刻，后人写了海瑞传，叫作"大红袍"，就是写海瑞的故事。主席把这本书介绍给周总理看。主席说：我们又不打击又不报复，为什么不敢大胆批评，不向别人提意见？明明看到不正确的，也不批评不斗争，这是庸俗，不打不相识嘛。只报好事不报坏事，去年的浮夸就是报喜不报忧。下面有严重问题不报上来，报上来的都是好的。如果根据报上来的情况制定方针政策，那就危险得很，就会犯大错误。[13]

关于毛泽东在八届七中全会上提倡海瑞精神，时任湖北省委副秘书长的梅白回忆道：

1959年4月初，在上海锦江饭店举行了八届七中全会。

会前，我到毛主席那里去，主席便问我："你认不认识海瑞？"又说："我希望中国能多出几个海瑞。"我问："是不是'钓鱼'？"他说："不是。刚才我同一位女同志跳舞，问她，上海的工作情况如何。她说：我是大学教授，不能讲。我说：你不问政治？她答：不是不问，而是不敢问。我问柯庆施怎么样。她说：更不敢讲。又问她：我怎么样？她说：你英明伟大。看来，这位大学教授对我们的信任，是很有限度的。"

第二天，毛泽东在会上讲了海瑞。会后，他对我说："讲海瑞，我很后悔。可能真正出了海瑞，我又受不了。少奇等是在我身边多年的战友，在我面前都不敢讲话。"他还说："我把问题交给少奇、恩来他们办，自己退到二线。但过一段后又'不安分'，实际上还是一线。"他又说："我想把整个中国要紧的事情办定，建设社会主义从欧洲到中国还不是很清楚的，我们不能吃人家吃过的馍馍。活着，多搞一点，比少搞一点好。我有信心，但是大家想的是否一样，我有顾虑。"毛泽东又谈到人定胜天的问题，他说："这一点是我同四川的农民，从成都到武汉沿路的同志，同党内一些同志，同鹤鸣兄的分歧。四川的老百姓一怕老天爷，二怕瞎指挥。我毛泽东管不了老天爷，马克思也管不着。但是我提倡'人定胜天'，一方面要'听天由命'，另一方面要'人定胜天'，要充分发挥人的主观能动性，上井冈山时只有几个人，可是后来建立了新中国。我们要尊重科学。……张文伯先生在湖北时建议我少过问具体事，多考虑方向性的问题，不要以个人的意志代替大多数人的思考，但我不放心。"

会后，毛泽东讲了希望党内多出海瑞式的人，毛泽东又问我："今天讲海瑞，反应如何？"我说："有突如其来之感，你先打了招呼，我不感突然。会有海瑞的，出了海瑞时，请主席沉住气。"他说："1958年12月26日你写信给我,实际上是否定三面红旗,我打击你没有?你同我唱对台戏,我保护了你。"我笑着说:"我只是奉你的命令及时反映情况,没有下结论,你抓不住我的辫子。"他又问:"你有顾虑?"我说:"有。"他还问我:"你敢当海瑞吗?"我回答说:"我不敢。何必呢?"我同主席直来直往,是因为有历史原因,是他把我当作"小伢子",是他多次要我对他讲真话,我就讲了,从来未剋我,我的胆子就大了些。〔14〕

八届七中全会以后,毛泽东和党中央继续采取措施,纠正"大跃进"和公社化运动中的错误。为了纠正农村工作中的高指标、瞎指挥和浮夸风等错误倾向,1959年4月29日,毛泽东又写了一封党内通信,就包产不要太高、密植不要太密、要节约粮食、播种面积要多、要机械化、要讲真话等问题,向全国六级干部提出了重要意见。关于讲真话问题,他说:"老实人,敢讲真话的人,归根到底,于人民事业有利,于自己也不吃亏。爱讲假话的人,一害人民,二害自己,总是吃亏。应当说,有许多假话是上面压出来的。上面'一吹二压三许愿',使下面很难办。因此,干劲一定要有,假话一定不可讲。"信的末尾一段写道:"同现在流行的一些高调比较起来,我在这里唱的是低调,意在真正调动积极性,达到增产的目的。如果事实不是我讲的那样低,而达到了较高的目的,我变为保守主义者,那就谢天谢地,不胜光荣之至。"尽管这封信纠"左",还不彻底,信中关于农业机械化的设想也不可能那么快,但是它对抵制"左"倾错误的广大基层干部和农民群众给予了很大支持,对解决当时农业生产中存在的一些问题起了很大作用。

关于毛泽东这封通信的作用,逄先知在追述田家英当时在四川农村调查活动时有所反映。他写道:

1959年4月初,田家英从四川农村赶到上海参加中央工作会议和紧接着召开的八届七中全会。人民公社问题是会议主要议题之一。在毛泽东主持下,由田家英执笔,起草了《关于人民公社的18个问题》。这个文件比第二次郑州会议决议又有所前进。毛泽东对这个文件比较满意。会议结束,田家英又返回四川农村,在大丰公社贯彻执行《18个问题》的规定。不久,毛泽东写给六级干部的信即4月29日党内通信下达了。田家英阅读之后,欣喜若狂。特别是对合理密植和要说真话这两条,更是百分之百地拥护。当时正要插秧,高度密植还是合理密植,两种相反的意见争论激烈。部分干部(他们是忠实执行上级命令的)和一些青年农民为一方,主张高度密植;有经验的老农为一方,主张合理密植。前者占了上风。如田家英说的,有些人好像着了魔,不根据条件,一个劲儿地搞高度密植,怎么说也不行。这一回好了,有了毛主席的指示,有了武器,可以解决问题了。但是,某些持极"左"观点的人却截然相反,他们不让向下传达这封信。拥有至高无上权威的毛泽东亲自下达的意见,居然可以被人封锁,可见极"左"思潮所形成的阻力之大。田家英认定,毛泽东的信符合实际情况,表达了农民群众的意愿,他毅然突破封锁,立即组织向全公社广播这封信。这封信在农民和基层干部中引起巨大反响。大丰公社大部分没有按上级要求的密植程度插秧,农民有了积极性,很快完成插秧任务。[15]

为了进一步纠正"共产风"的错误,根据毛泽东的提议,从1959年5月7日至6月11日,中共中央连续发出三个指示,决定恢复自留地制度,允许社员喂养家禽家畜,宣布房前屋后的零星树木归社员所有。6月11日的中央指示说:"经验证明,禁止搞这些家庭副业,一切归公的简单办法,是有害的,也是行不通的。"

6月13日,中共中央批准了国家计委党组的报告,发出了《关于调整1959年主要物资分配和基本建设计划的紧急指示》,要求缩短战线。在6月中央政治局的一次会议上,毛泽东指出,"大跃进"的重要教训是没有搞好综合平衡,是权力下放太多,强调要搞好国民经济各部门的平衡,要适当收回下放的权力。

为了巩固第一次郑州会议以来连续纠"左"的成果,进一步统一全党的认识,毛泽东还在6月间召开了颐年堂会议,使这次纠"左"的努力达到了顶点。

吴冷西回忆说:

6月12日到13日,毛主席在颐年堂召开政治局扩大会议。毛主席在会议开始就提出,1959年的计划指标曾多次开会调整。这次会议还要决定降低指标,因此应当各抒己见,应当左思右想。不管过去说过什么大话,都允许翻来覆去。周总理根据他和各位副总理下去调查的情况,在会上详细分析了当时的经济形势,认为陈云同志建议把钢产指标降为1300万吨是实事求是的。富春同志、先念同志也就计划和财政、市场问题作了说明。廖鲁言也提出1959年粮食指标从8000亿斤降到6000亿斤。

毛主席在两天的会议上讲了两次话,并多次插话。他说,去年的大跃进,对破除迷信起了很大作用。但是,不讲时间、空间和条件,主观主义大为发展,没有把主观的能动性和客观可能性结合起来,只讲主观能动性,而且无限扩大,这点必须坚决纠正。

毛主席还说,他过去没有摸工业,只抓了农业,去年才开始接触工业。在这种情况下,犯错误可以说是必然的。人的认识要经过多次反复才能找到比较正确的道路。他强调要总结去年的经验。他认为去年的经验对于今后搞经济建设是十分宝贵的。他指出,去年我们至少有三大错误:第一,计划过大,指标过高,勉强去完成,必然破坏比例关系,经济失调;第二,权力下放过多,结果各自为政，政策也乱了，钱也花多了；第三，公社化过快，没有经过试验，一下子推开，大刮共产风，干部也不会当家。现在粮食供应紧张，主要是虚报产量，还有是吃饭不要钱，敞开肚皮，吃多了。

毛主席说，多快好省还是可以做到的，但太多太快就不行。去年我们只注意多快，不注意好省。什么是多快也不甚了了。现在钢的指标降到1300万吨，仍然是多快，因为去年只有810万吨好钢，今年增长60%，这样的速度在苏联也从未有过。综合平衡我们讲过多次，但还是不容易做到。事非经过不知难啊。权力下放过多的情况要扭转过来。人权、工权、财权、商权都应该收回来，由中央和省市两级专政，不能再往下放了，否则就乱了，没有办法控制了。今年粮食生产可以订6000亿斤的计划，能收到5000亿斤就很好，因为估计去年只有4800亿斤。但粮食消费计划只能按4000亿～4500亿斤的收成来安排。

毛主席还说，大跃进本来是好事，但四大指标（钢、铁、粮食和棉花指标）订高了，结果天天被动。经济工作我们究竟有没有经验，群众路线究竟怎么样，都值得我们重新考虑。过去一年头脑发热，现在冷静下来就是了。人不要不如猪，撞了墙就要转弯。我们搞社会主义建设没有经验，一定会出现许多新问题，应当有充分的思想准备。我过去只注意人和人的关系，没有注意人和自然的关系。过去搞民主革命，忙不过来，打仗占了大部分时间。后来搞社会主义革命，主要精力是搞阶级斗争。去年北戴河会议才开始搞经济建设，特别是抓工业。看来，我第一次抓工业，像我1927年搞秋收起义时那样，第一仗打了败仗。不仅我碰了钉子，在座的也碰了钉子。现在不是互相指责、互相埋怨的时候，而是要认真吸取经验教训，赶紧把过高的指标降下来，尽快把生产计划落实。

毛主席在会上的两次讲话和多次插话，表明他对去年工作中的错误考虑得比较多，并且作了坦率的自我批评。我特别注意到他讲到第一次抓工业像秋收起义时那样，头一仗打了败仗。他详细地讲到他在秋收起义时在田里躲了一夜，第二天还不敢到处走动，因为四面都有地主的"民团"，第三天才找到了起义队伍。他说，当时非常狼狈。因为从来没有带过队伍打仗，没有经验。抓工业也没有经验，第一仗也是败仗。据我记忆，从去年（1958年）11月郑州会议到武昌会议到上海会议，毛主席曾多次作过自我批评，但像这次会议上这样的自我批评还是第一次。这两天会议开下来，大家心情都比较舒畅，而且开始有一种感觉，认为毛主席已经作了这样的自我批评，我们自己也得承担自己那一部分的责任，周总理和富春同志发言时就有这样的表示。

毛主席在会议上还谈到报纸宣传问题。他说：现在我们宣传上遇到困难。去年是那样讲的，今天又怎么讲？现在《人民日报》和《内部参考》是两本经。人民日报和新华社搞两面派。公开报道尽讲好的，《内部参考》讲不好的。当然，《内部参考》还是要办，不好的事情还是有个地方讲。但公开报道老是这样只讲好的，不是办法。去年说了许多大话、假话，应该逐步转过来。自己过去立的菩萨，现在自己不要再拜了。现在计划已经确定，方针已经明确。宣传有准绳了。过去报纸上说的虚夸的数字、过高的指标，现在根本不去理它，转过来就是。关于如何转，这个问题请中央书记处研究。

根据毛主席的意见，彭真同志14日召集书记处会议（小平同志在5月间摔伤了腿，住院治疗）。会上大家议论了宣传上怎样转的问题。比较一致的意见是，宣传上应该转，但要逐步地转，不能急转弯，而且报纸公开宣传也不能把工作中的问题和盘托出，还要内外有别。最后决定，由乔木、周扬和我准备一个文件，书记处再讨论决定。我们三人在15日和16日一起讨论和修改原由中央宣传部起草的关于宣传上如何转的问题的通报（草案）。17日彭真同志再召开书记处会议讨论这个通报（草案），作了一些修改后就准备以中央名义下发。彭真同志把修改后的通报送给少奇同志审批。少奇同志认为，通报本身没有什么大问题，但此事关系重大，需要由毛主席召开政治局会议讨论通过。

6月20日，毛主席召开政治局会议，讨论宣传上如何转的问题。少奇同志在会上比较系统地讲了几点意见：

第一，报纸、通讯社和广播电台应当认真总结去年宣传工作的经验教训。他说，报纸上去年放了许多"卫星"，失信于人。我们去年浮夸风刮得厉害，下面怎样讲我们就怎么报道，表面上似乎"密切联系实际"，其实是跟着下面走，犯了尾巴主义的错误，结果走向反面，完全脱离实际。人民日报宣传虚夸，基本上是反映了中央一些同志那个时候的思想和作风，所以不能完全怪报纸。但是，报纸也有责任，记者、编辑加油加醋，以致错上加错。因此报纸编辑部自己应当总结经验教训，不能只怪别人。反右斗争之前，有人曾要求报纸"独立负责"，不受党组织的领导。这些人发表了许多右派言论。同时还有另一种倾向，就是太死板，没有生气，教条主义。这也不是中央的意见。半年来报纸对工作中的许多问题不报道、不宣传，这是有意识这样做的，是中央决定暂时不要说的。但长此下去也不是办法。

第二，目前宣传要转变过去一个时期的状况，但也不能马上转，不能全面地转，而是要逐步转。这里有两条路线斗争的问题。报纸要讲一些事情，又要不讲一些事情，就是要有计划地讲，既不要浮夸，也不要泄气。基本上讲正面的，也讲一部分缺点，讲一些困难。讲困难也是为了鼓劲，动员群众去克服困难。所以宣传上既要防"左"，又要防"右"。现在宣传上的困难在于过去公布了一些虚夸的数字，因而一直很被动，要变被动为主动，得有一个过程，因为实际工作的转变要有一个过程。政策方针和计划指标已经确定，这是转变的前提，但还得有时间落实和贯彻。所以我们在宣传上只能逐步地转，逐步地讲，不能一下子和盘托出。从对外宣传上说，还要考虑一些兄弟党过去一直为我们说了许多好话，如果我们一下子来一个180度大转弯，会使兄弟党很被动。1956年赫鲁晓夫大反斯大林的做法，使兄弟党被动，又被敌人利用，我们不能那样干。中央报纸也好，地方报纸也好，在宣传中要有对敌斗争观念，不要不管三七二十一，什么都在报纸上捅出来。

第三，关于工作中的缺点，在宣传上应该讲这些缺点已经或者正在怎样改正，从这样的角度去宣传。不能把所有缺点都讲出来，只能讲百分之一，讲典型的、有教育意义的。这是我们历来的做法。因为我们的工作中主流是好的，缺点只是支流。比方说产品的数量和质量的关系，过去强调数量是必要的，没有数量，质量无从说起。我们从无到有，开始只能着重数量，有了数量以后就要抓好质量。过去我们的缺点是只抓数量不抓质量。报道缺点不能用纠偏的态度，不能泄气，不能给群众泼冷水。当然，在讲缺点过程中，一点不泄气也困难，泄了以后可以再鼓。从全局来讲，主要还是鼓劲。

第四，根据过去10年的经验，经济建设是波浪式发展的，这可以说是一条规律。发展的速度不可能年年一样。因为人们做计划、定指标不会一下子就完全客观实际，不可能那么准确，总会有多有少、有快有慢。上半年慢了，下半年就快一点。上半年快了，下半年就慢一点，这是合理的，正常的。但是我们搞的是计划经济，应该预先估计到可能出现的问题，尽可能预作安排，这样就可以避免大起大落、大波大浪，避免经济工作的严重失调。去年大跃进是史无前例的，我们没有这样的经验。一般说，当时估计增长19%是可能的，但再高的增长究竟能够达到多少，这就心中无数。经过去年的大跃进及其后的大失调，我们就可以认真地研究所谓有计划、按比例的发展速度究竟怎样才适当。平衡是运动中的平衡，运动的幅度究竟有多大才比较合适，这是我们今后需要研究的问题。犯了错误，可以取得教训，可以把事情办得好一些。去年的经验教训是全民性的、非常丰富也非常深刻的，因而是十分宝贵的。总结这些经验教训就是最大的成绩，没有理由悲观失望。

少奇同志的讲话，主要是谈宣传问题，也涉及对去年工作中缺点错误的总的分析。

会议结束前，毛主席也讲了话。他说，现在我们名声不大好，别人看不大起我们，这也有好处。去年大吹大擂，不但敌人，帝国主义和反动派，而且还有我们的一些朋友，都对我们有些害怕，现在不大怕了。还是不叫别人害怕为好。我们不能务虚名而得实祸。我的感觉，去年北戴河会议后，从9月到今年5

月，一直是被动的。去年11月开始发现问题。这是在郑州会议的时候，一些同志起草了一个15年（1958—1972年）建设纲要，目标是年产4亿吨钢。我当时就问，要那么多钢干什么，有什么用，能不能生产那么多？那个时期就发现大家喜欢高指标。后来又发现陈伯达起草的一个文件，绝口不讲商品交换，甚至连"商品"两字也不提。我感到一些同志思想中对社会主义经济究竟要不要商品经济，是只搞产品交换还是有商品交换，都糊涂了。于是建议大家读斯大林的《苏联社会主义经济问题》一书，目的是想使大家对社会主义经济有一个比较符合实际的看法，知道社会主义经济还是商品经济。但是，当时许多同志思想并没有转过来。武昌会议还是高指标，还没有认识平调农民是剥夺农民。第二次郑州会议才解决三级所有、队为基础的问题。高指标从武昌会议、北京会议到上海会议，一降再降，都没有降到实处。可见认识错误不是那么容易可以做到的。人们的思想符合实际要有一个过程。现在人家说我们去年成绩没有公布的那么大。这不要紧。我们现在不要同人家争论成绩的大小，明年再看。去年讲了大话，也可能有七分是真的，三分是假的，也可能是二八开，究竟如何，现在不必争论。

毛主席在谈到宣传问题时说，现在宣传上要转，非转不可。总的说，反右斗争起，《人民日报》比过去好，老气没有了，但去年吹得太凶、太多、太大。现在的问题是改正缺点错误。如果不改，《人民日报》就有变成《中央日报》的危险，新华社也有变成中央社的危险。我看《人民日报》，只看一些新闻和一些学术文章，对其他的东西不大有兴趣，它们吸引不了我。不过《参考资料》和《内部参考》我每天必看，这两种刊物，应该让更多的人看到。记者协会办的《新闻工作动态》也不错，反映了新闻界的一些思想动向，可以看。但公开的宣传，不论新华社或《人民日报》或广播电台，都要来一个转变，不能像目前这样王顾左右而言他。

毛主席提出，关于当前报刊宣传的通报，可以不用中央通报的形式，而用乔木、周扬、吴冷西他们三个人的意见的形式，再加上一个中央通知，说明中央同意他们的意见，并且提出6月底前召开一次报纸宣传工作会议，要各省报总编辑、新华分社社长和中央一级报刊、新华总社、广播事业局的负责人参加。会议同意毛主席的建议。

毛主席最后还说，报纸办得好坏，要看你是政治家办报还是书生办报。我是提倡政治家办报的，但有些同志是书生，最大的缺点是优柔寡断。袁绍、刘备、孙权都有这个缺点，都是优柔寡断，而曹操则是多谋善断。我们做事情不要独断，要多谋；但多谋还要善断，不要多谋寡断，也不要多谋寡要；没有抓住要点，言不及义，这都不好。听了许多意见之后，要一下子抓住问题的要害。曹操批评袁绍，说他志大智少，色厉而内荏，就是说没有头脑。办报也要多谋善断，要一眼看准，立即抓住、抓紧，形势一变，要转得快。

会议结束后，大家先后离开颐年堂，毛主席叫我留下，同时招呼少奇同志过来一起谈话。毛主席对少奇同志说：你刚才讲报纸宣传的意见很好。《人民日报》去年出了很多乱子，要加以改进，是不是请你抓一抓《人民日报》。少奇同志说：现在我管的事情很杂，也很少接触《人民日报》，管不了，还是请主席直接管好。毛主席看少奇同志这么讲，就对我说：以后有事情要请示，你可以找少奇同志，也可以找总理，也可以找我，但多找他们两位，日常的工作由小平同志主持的中央书记处管。谈到这里就散了。我离开颐年堂，少奇同志在门口对我说：《人民日报》要办好，要多听各方面的意见。毛主席说的多谋善断，你们首先要多谋，然后也要善断。对于比较重要的问题，你们可以而且应该提出自己的意见，但最后还是中央来断。这样可以避免至少可以少犯错误。

颐年堂会议可以说是从1958年11月第一次郑州会议开始的整个纠"左"进程的顶点。这次颐年堂会后，中央各部门即重新安排1959年的计划，实事求是，认真落实。关于报刊宣传，会后也将中央的通知和我们三人的意见发出。但是，后来中央考虑到时间紧迫，7月初即召开庐山会议，决定暂缓召开全国报刊宣传会议。而庐山会议的结果，不但这个宣传会议没有召开，连那个关于目前报刊宣传的意见，也无疾而终。更重要的是，从郑州会议开始的纠"左"进程中断了，比1958年1月南宁会议更为严重的反右倾斗争展开了。〔16〕

回韶山

1959年6月，毛泽东回到阔别32年之久的故乡韶山。

李银桥回忆说：

1959年6月，毛泽东在罗瑞卿、王任重和周小舟陪同下回韶山。住在韶山宾馆。

他看了看故居。在门口，他站住脚环顾周围，大概是回忆幼时的生活吧，深深吸了一口气，忽然指着门前的水塘对我说："我小时候就在这个塘子里游泳，那时候还没见过长江。"

我们跟随毛泽东去看望一些老人，有和毛泽东同辈的，也有比他辈分高的。有个长胡子老头，毛泽东一见面就说："30年没见你们了，我是来看望你们的。"他们坐下来聊了许多他小时候的事。

毛泽东访问了几户农民，在街上转一圈，还去小水库里游了泳。岸上围了许多群众。

毛泽东一边在水里自在地游泳，一边向乡亲们招呼道："都下来游泳啊！"

乡亲们有的摇摇头，有的说："我们不会啊！"

"不会就学呀！"毛泽东看一看我们，冲岸上说，"他们都喜欢蛙式、蝴蝶式。我给你们表演一个新名堂！"

于是，他一会儿仰游，像躺在床上睡觉歇息，舒坦轻松；一会儿"坐凳子"，真像坐在竹凳上，从容自如；又点燃了烟抽……岸上的乡亲们，又是赞叹，又是高兴，笑得合不上嘴。

毛泽东游完，上岸后稍微休息一下，就开座谈会，了解家乡的生产和乡亲们的生活情况。

毛泽东的激动和不平静是显而易见的。夜里他睡不着，靠在床栏上，用报纸垫底，上面放一张白纸，用铅笔在上面写了涂，涂了又写，嘴里念念有词。他作诗时才会这样。

哼来哼去，折腾有两个多小时，他停住笔，抑扬顿挫地吟诵出那首《七律·到韶山》：

别梦依稀咒逝川，
故园三十二年前。
红旗卷起农奴戟，
黑手高悬霸主鞭。
为有牺牲多壮志，
敢教日月换新天。
喜看稻菽千重浪，
遍地英雄下夕烟。

吟罢，又拿笔写了一行字：1959年6月25日到韶山。离别这个地方已有32周年了。

"小封啊，"毛泽东招呼值班卫士封耀松说，"你去把秘书叫来。"

封耀松叫来了秘书。毛泽东吩咐秘书说："你把这个拿去誊一誊。"

第二天早晨，毛泽东7点钟起床，围绕村子转。我们以为是散步，跟在后面随行。毛泽东转着转着就转到对面一个山坡上。

山上有个孤零零的坟包。毛泽东走到坟前便低下头去默立。这时我才明白，那是毛泽东父母的合葬墓。

警卫局沈同副处长忙去旁边撅来一把青翠的松柏枝，递给我。这时，毛泽东对着坟墓深深地鞠下躬去，前后三鞠躬，眼圈有些红了。

我等毛泽东鞠完躬，便将松枝递给他。他接过松枝，恭恭敬敬放在坟头上，又默立片刻，然后才离开。

整个过程，大家都没有说话。

离开父母的坟后，毛泽东视察了韶山冲所有的稻田。他发现对面山腰樟树丛冒起一股青烟，一个短发妇女正用耙子把草丛中的枯枝败叶搂出来，放进火里焚烧，便走了过去。

短发妇女闻声猛回头，看见是毛泽东，便抱起孩子一面大声喊着"毛主席来了！"，一面把我们带进一栋干净宽敞的堂屋里。

毛泽东像到了自己的家一样，坐在竹凳子上，抽着烟，亲切地同大家拉起家常来。他先问："这栋房子住几家？"又问他小时候的好朋友土地老倌和四道士有没有后代。

大队党支部书记指指短发妇女介绍说："她就是四道士的儿媳妇。"

毛泽东高兴地问她："我怎么没见过你？"

她回答："你老人家1927年就走了。我是1931年生的，所以没有见过呀！"

毛泽东又问："你是哪里人？姓什么？"

"我是如意亭的。姓汤。"

毛泽东摇摇头："如意亭没有姓汤的。"

"我小时候从宁乡逃难来的。"

毛泽东点点头，发现她穿着解放鞋，便问她爱人是不是解放军，当得知当过志愿军时，就说："你是军属啊！他在外面打美国鬼子，你在家里打美国鬼子，你们俩都打美国鬼子。"

那妇女说："我一定听您老人家的话，搞好生产，多打粮食，支援国家建设。"

毛泽东又问："今年每亩能收多少稻谷？"

这一回，在场的人你看看我，我看看你，一时不知怎么回答好。因为当时到处都在"放卫星"，亩产千斤，双千斤，甚至上万斤的有的是。他们怎么说呢？

正在为难之时，有人爽爽快快地回答说："亩产800斤。"

毛泽东摇摇头："能产800斤？依我看，平均亩产500斤就谢天谢地了。要实事求是，要计划种田，要科学种田。"说着，看看大家，又风趣地说："我看见韶山的稻田绿化了。但山上树不多。韶山人多山多地少，要腾出田来种庄稼。"

大伙点点头："感谢毛主席……"话没说完，就被毛泽东打断了："不要感谢我，要感谢人民。人民团结起来力量大。"[17]

对毛泽东故乡之行，沈同也作过如下的回忆：

1959年6月25日，毛主席视察工作途经长沙，应当地主人的邀请，顺便探望了阔别32年的故乡——湖南省湘潭县韶山冲。

……

毛主席一行从长沙乘火车在刚修筑的铁路上行了一段,因不能直达韶山,便改乘汽车,经过一个小时左右的行程,汽车在村口停下。毛主席下车,站在路边,深情地凝望着故乡的山水和旧居,一路疲劳顿时消失,昂首阔步朝村里走去……少时离家驱虎豹,今日游子回故乡,情意深长。

毛主席回乡的消息不胫而走,乡亲们兴高采烈,奔走相告。主席首先邀请了亲友故旧、长辈老人与同辈友好相聚便餐,意在叙旧。大家相会情绪热烈,围坐了3桌。征人回乡,故旧重逢,抚今思昔,促膝畅谈。怀念故人往事,谈论今日英雄壮举,语言亲切情意浓,游子返乡尽是情,语不尽言,气氛十分感人。

饭后,毛主席走访亲友和乡邻,看望了几家农户和烈属。他和主人一起坐在条凳上,吸烟拉家常,主妇们也抱着孩子围在一起互相问寒问暖,谈论生产和生活情况,情感丰富,亲切自然,大家不时被主席幽默的话语引得开怀大笑。

毛主席还到小学校去看望了孩子们。刚走到校园里,有一个小学生看见了毛主席,就大喊起来,正在上课的师生们立刻蜂拥跑出教室,把主席团团围住,拉着主席的手,亲切异常。主席的这些"老乡"只是在照片上见过毛主席,还从未目睹过这位"少小离家老大回"的亲人。老师搬来凳子,孩子们拉着毛主席坐下,有个孩子把自己的红领巾解下来给主席戴上,大家围着主席问这问那,主席应接不暇。当他们看到随行的同志拿着照相机准备照相时,孩子们和主席挤得更紧,两个孩子偎在毛主席的怀里,两边的孩子抱着主席的胳膊,还有个孩子在主席身后踮起脚尖,搂着主席的脖子,主席有些招架不住了,但他还是不想离开。毛主席几时能有这样的闲情逸致,来尽情享受孩子们的温存热爱呢?!正所谓"时人不知余心乐,将谓偷闲学少年",乐亦在其中了!

毛主席参观了他的旧居。此前毛主席曾对有关同志作过专门交代,他的旧居不许花钱修饰。当看到故居旧貌依然,主席很满意。毛主席以主人的身份,向大家介绍哪间屋子是谁住的,哪件家具是做什么用的,为什么要放在那个地方,哪件用具放的位置不对了,墙上镜框里的相片都是什么人,是什么时间拍的。有时看着说着,睹物生情,主席就陷入了沉思……故人已逝,游子能不惆怅!然而,毛主席胸怀开阔,他诅咒那逝去的年代,被压迫受迫害的何止千家万户,不革命不牺牲怎么会有今天!

走到打谷场上,主席向我们讲起小时候帮助家里收割庄稼的情景。边讲边走,到了屋前的池塘边,塘边青草茂盛,池水清澈,一如当年,他会心地笑了,回想孩提时代,小伙伴们一丝不挂,在池塘里尽情嬉水,犹如翻江倒海,竟把一池清水闹成了泥汤,多么开心。

入夜,毛主席余兴未减,难以入眠,在大厅里往来踱步沉思……阔别故乡32年了,哪个游子不思乡!往事依稀如梦,面对故园思亲人,别是一番滋味在心头。回首当年,"风华正茂,挥斥方遒",而今故人何在?昔日那些在奴役中觉醒起来的农民兄弟和自己的亲人,在党的领导下,人们"卷起农奴戟",出生入死,奋不顾身地去反抗那些"高悬霸主鞭"的统治者。有多少革命烈士用鲜血和生命,才换来了今天人民自己当家做主的国家。"为有牺牲多壮志,敢教日月换新天",胜利来之不易啊!今天,奋发图强的劳动人民,前赴后继,已在建设自己可爱的河山,"喜看稻菽千重浪,遍地英雄下夕烟"。这才是英雄本色。

毛主席只顾踱步沉思,行无所止。我怕他跌撞,陪他漫步。晚上10点,乡村惯例停电,他似乎毫无察觉,待我提起马灯,他才"啊"了一声,又同我谈起了白天的情景,一时满怀激情,索来纸笔,挥笔写成《七律·到韶山》这首情感四溢、生动感人的诗篇,抒发当时的心情。

次日清晨,毛主席起得很早,未吃早饭,便出门径自向故居前的一座小山走去。人们以为主席是在散步,但是看来目标明确,道路熟悉,直奔小山。山上林木葳蕤,杂草丛生,一条时隐时现的羊肠小道,曲曲弯弯直达山顶,昨晚我去查看,毛主席父母的坟墓在这座山上。游子返乡,居室空空,思念亲人,扫墓寄托哀思,当在情理之中。毛主席很爱他的母亲,可是扫墓未带祭品,我沿路采集了些鲜艳的花草和松枝,未到山顶就编成了一个小花圈,随行的同志还笑我好兴致。毛主席到了墓前,准备行礼,才感到墓前空空,没有祭品,我递过刚编好的花圈,主席高兴了,便接过花圈献在墓前,然后肃穆地行了三鞠躬礼。随行的同志们也自动地向这位人民的母亲行了礼。同行的公安部部长罗瑞卿,还对我表扬了一番,他对毛主席这次回乡探视,感到情节动人,意义深长。在十年动乱后,他任军委总参谋长期间,还写了篇回忆毛主席的文章,追记往事,仍情意绵绵。

毛主席了解到故乡修建了水库(水府庙水库),他喜出望外地说,这是百年大计嘛,一定要去看看。毛主席一行来到水库边,放眼望去,水面宽阔,比起儿时嬉水的池塘,不知要大多少倍。变化真大呀!他情不自禁地赞了一声。毛主席察看过水库的情况,走下大堤,兴致勃勃,就动员随行的同志会同当地的一些青年一起下水游泳。许多青年一见主席下了水,高兴得了不得,都立刻脱光衣服,一丝不挂地跳下水去。有个小伙子见我划着小船随行,向我喊道,脱光了下吧，都是自己人。毛主席天真地笑了起来。他大概是想起了童年时代在池塘里嬉水的情景了吧！于是他带着队，游过了宽广的水面，进入狭长的深谷，两岸林木成荫，十分幽静，大家游得尽兴而归。上了岸，主席说，水这么清凉，游得可真舒服啊。

毛主席要走了，乡亲们扶老携幼，妇女抱着孩子，来给他送行。毛主席勉励乡亲们，要奋发图强，努力生产，使家乡的生产建设再上一层楼。送行的人越来越多，惜别之情越来越浓。于是，我们在旧居前的广场上组织了大合影，拥挤的人群才有了秩序，随时入列者仍络绎不绝。主席一行朝村外走去，乡亲们依依难舍，送了一程又一程，毛主席不断回头招手，情真切，意绵绵。走得很远了，我们请主席上了车。汽车开动了，乡亲们仍在招手呼唤，汽车开得很远了，人们还立在路边眺望，久久不肯离去。[18]

注　释

〔1〕吴冷西：《忆毛主席》，新华出版社1995年2月版，第93—97页，100—104页。

〔2〕严文：《纠"左"的起步》，载《党的文献》1990年第4期。

〔3〕严文：《纠"左"的起步》，载《党的文献》1990年第4期。

〔4〕吴冷西：《忆毛主席》，新华出版社1995年2月版，第105—114页。

〔5〕朱仲丽：《彩霞伴我》，北方妇女儿童出版社1989年7月版，第152—155页。

〔6〕在这句之后，原文还有"观潮派，算账派，属于这一类"。1961年9月16日，毛泽东在审阅一本干部学习材料中收录的这段话时，删掉了这11个字。——原注

〔7〕《毛泽东著作选读》下册，人民出版社1986年8月版，第806—807，808—809页。

〔8〕《党的文献》1990年第4期。

〔9〕《党的文献》1990年第4期。

〔10〕《党的文献》1990年第4期。

〔11〕《陈云文选》（1956—1985年）第130页。

〔12〕邓力群：《向陈云同志学习做经济工作》，第14页。

〔13〕丛进：《曲折发展的岁月》，河南人民出版社1989年12月版，第178—179页。

〔14〕梅白：《在毛主席身边的日子里》。

〔15〕逄先知：《毛泽东和他的秘书田家英》，中央文献出版社1989年12

月版，第31—32页。

〔16〕吴冷西：《忆毛主席》，新华出版社1995年2月版，第133—142页。

〔17〕李银桥：《在毛泽东身边十五年》，河北人民出版社1991年6月版，第249—254页。

〔18〕沈同：《在毛主席身边的日子里》，中央文献出版社1993年12月版，第100—104页。

四、庐山会议

"神仙会"

庐山会议大致分三个阶段：1959年7月上半月为第一阶段，即8月初毛泽东说的"神仙会"；7月下半月为第二阶段，会议由纠"左"急转为反右，气氛格外紧张；8月上半月为第三阶段，即八届八中全会。

所谓"神仙会"，主要指会议气氛轻松，一方面是会上可以畅所欲言，因为纠"左"反映了大多数与会者的心愿；另一方面是会场外赋诗谈词，看戏观景，等等。毛泽东当时轻松自信的心境，是促成"神仙会"的主要因素。

上庐山之前，毛泽东一路视察了河北、河南、湖北、湖南四省。卫士长李银桥对毛泽东离开故乡赴庐山的行程和"神仙会"期间毛泽东的若干活动，作了如下忆述：

从韶山出来，毛泽东乘专列北上。当专列行驶在湖南空旷的山野中时，毛泽东突然吩咐停车。他外出视察常有这种一时兴起的临时停车。

毛泽东走下火车，深深吸吮山野清新的空气，呼吸之声可闻。头缓缓转动，凝神四望，目光停在一个石岗上。岗上有松，可以听到啁啾鸟鸣。他向小石岗走去。他喜爱松树，喜欢散步。

铁道路基下有条小路，向右蜿蜒着伸向石岗。他没有走那条路，而是踏着野草碎石从左边向石岗走去。他不喜欢循规蹈矩。我们卫士和警卫人员紧随着毛泽东走，另有一些工作人员选择了那条小路。毛泽东走的是没有路的野地，出现了带刺的荆棘。有人怕扎破裤子，犹豫了。

"主席，那边有路，走那边吧。"摄影组的胡秀云建议。

"路是人走出来的。"毛泽东继续在荆棘里拔步，说，"我这个人哪，从来不肯走回头路，办后悔事。"

胡秀云明智地转向那条小路去。毛泽东望望她的身影，又转望身边的卫士们："你们怎么办？"

"我们跟主席走。"

"那好，我们就试一试。"毛泽东把大手比画一下，概括了心里想的一切意思。我朦胧感觉，这一幕与现实生活中发生的一切似乎有着某种关联。但它到底与什么事有关联呢？

毛泽东登上那座小山岗，对早已到达的人们说："你们说说，咱们谁的收获大？"

专列开到武汉，毛泽东又一次畅游了长江。在武汉，毛泽东舍车乘船顺流而下，直驶九江。

隔一天——7月1日[1]，我们跟随毛泽东坐车上了庐山，住进一幢二层小楼里。当年蒋介石曾经在这里住过。

毛泽东上山后，为庐山的风光陶醉，诗兴大发，上庐山的当天就挥毫写下了《七律·登庐山》：

一山飞峙大江边，
跃上葱茏四百旋。
冷眼向洋看世界，
热风吹雨洒江天。
云横九派浮黄鹤，
浪下三吴起白烟。
陶令不知何处去，
桃花源里可耕田？

江西省委书记杨尚奎和他的夫人水静来看望毛泽东。毛泽东请他们帮卫士封耀松介绍个对象。

毛主席说："水静啊，我身边几个小伙子都是不错的，总想选择个漂亮点的，帮帮忙吧？"

水静说："就怕你的小伙子看不上哪，都长得这么精神。"

毛泽东指指封耀松说："帮他找一个吧，你这儿老表很多。"

水静想了想说："你们楼里的小郑好不好？"

我跟着凑热闹："好啊，江西老表好啊，谈谈看嘛！"

毛泽东也笑着提高了声音说："我看也很好，水静，你就当个红娘吧！"

事后，毛泽东还多次问过封耀松："见过面了吧？""谈得怎么样？"后来封耀松还真和小郑谈成了。

由此可见，7月2日开会后，毛泽东一直轻松愉快。尽管他在紧张考虑大跃进和公社化的后果及前途，在考虑同苏联赫鲁晓夫之间出现的矛盾，在考虑自己队伍中出现的不同观点和态度，但他始终信心十足，坚信前途是光明的。整个会议的气氛都是轻松愉快的，一到傍晚，首长们或参加舞会，或观看演出，或三三两两散步，欣赏庐山的真面目。毛泽东刚写作的《到韶山》和《登庐山》两首诗交给周小舟、胡乔木订正，结果就传了出来，大家互相传抄吟诵，气氛十分融洽。[2]

据梅白（时任湖北省委副秘书长，也参加了庐山会议）回忆，7月4日毛泽东还同湖北省委几位同志谈明代杨椒山的诗。他写道：

这一天是7月4日，毛主席对王任重、刘建勋和我说："我今天有一点点空闲，请你们3位与我共进晚餐如何？"我们当然都很高兴。于是我随王、刘到毛主席在庐山的住处吃饭。席间，主席兴致很高，除说了国内国际的一些事以外，还谈到了《红楼梦》。最后，他们说到干部问题时，我就避开了。

后来，王任重、刘建勋去开会。我一个人在外间削苹果。主席笑着说："你看我。"原来他吃苹果不削皮，并说：维生素都在皮里，只要洗干净也是很卫生的。

主席谈吐很随便。这时，他又谈起诗，并念道："遇事虚怀观一是，与人和气察群言。"接着问我："你晓得这是哪个的作品？"我说："是不是明代杨继盛的诗？"主席高兴地笑了："是的，这是椒山先生的名句。我从年轻的时候，就喜欢这两句，并照此去做。这几十年的体会是：头一句'遇事虚怀观一是'难就难在'遇事'这两个字上，即有时虚怀，有时并不怎么虚怀。第二句'与人和气察群言'难在'察'字上面。察，不是一般的察言观色，而是要虚心体察，这样才能从群言中吸取智慧和力量。诗言志，椒山先生有此志，乃有此诗。这一点并无惊天动地之处，但从平易见精深，这样的诗才是中国格律诗中的精品。唐人诗曰'邑有流亡愧俸钱'，这寥寥7字，写出古代清官的胸怀，也写出了古代知识分子的高尚情操。写诗就要写出自己的胸怀和情操，这样才能引起读者的共鸣，才能使人感奋。……"

主席越说越高兴。我怕影响他的工作和休息，起身告辞，踏月而归，彻夜无眠。

庐山会议前期，毛泽东的指导思想是总结经验教训，继续纠正"左"倾错误。

为开好庐山会议作准备，1959年6月15日，毛泽东召开部分领导同志参加的会议，研讨工业、农业和市场问题。与会同志认为，"大跃进"中的主要问题是，对综合平衡、有计划按比例地发展经济抓得很不够。毛泽东说：一些指标定得那么高，使我们每天处于被动地位。讲了多少年有计划按比例发展，就是不注意，就是不讲综合平衡。明年的指标切记不可定高，今后7个月，主要是搞好综合平衡。6月29日、7月2日，毛泽东在庐山同各协作区主任谈话时再次指出："大跃进"的重要教训之一就是没有搞好综合平衡，这是经济工作中的根本问题。只有搞好农业本身农、林、牧、副、渔之间的平衡，工业内部各个部门、各个环节之间的平衡，工业和农业之间的平衡，才可能正确处理整个国民经济的比例关系。在这次谈话中，他首次提出以农、轻、重为序安排国民经济计划。他认为陈云关于"先市场、后基建"的意见是对的，把衣、食、住、用、行安排好，这是六亿五千万人民安定不安定的问题。毛泽东的这些意见都很中肯，切中当时经济工作中的弊端。

庐山会议于7月2日正式召开。毛泽东为会议规定的基调是三句话：成绩很大，问题不少，前途光明[3]。并提出了19个问题，供会议研讨。

直接参加庐山会议全过程的李锐，对毛泽东提出的19个问题及其形成作了详细叙述：

6月29日在船上，毛主席同各大区负责人柯庆施、李井泉、林铁、欧阳钦、张德生等座谈，征求对形势的看法，谈了准备在庐山讨论的问题。刘少奇和朱德是6月30日上山的。周总理是7月1日上山的。陈云和邓小平因健康原因没有上山。7月2日开过一次常委会，确定了要讨论的18个或19个问题。其中国际形势一题，是旅途中同总理通电话时，总理建议加上的。

我的记录本上载明：7月3日，中南组开会，首先传达下述19个问题；是组长口头传达，并无文件。所记内容同别组的传达，详略与题目次序小有差异，后来我又对照别组的文本补记了一些。

一、读书。鉴于许多领导同志不懂得社会主义经济发展规律，工作中还有事务主义，所以应当好好读书。8月份用一个月时间来读书，或者实行干部轮训。中央、省市、地委一级读《政治经济学（教科书）》下卷（第三版）。此书总结了苏联经验，但有缺点，如和平过渡，通过议会之类，革命必须通过武装斗争（1957年右派无一根枪，还要进攻）。山东、河北建议：给县、社干部编3本书：一本，《好人好事》，大跃进中敢于坚持真理，不随风倒、不谎报、不浮夸的例子。如河北王国藩，山东菏泽的一个队；一本，《坏人坏事》，犯错误的，专门说假话的，违法乱纪的，各省找几个例子；一本，从去年到现在中央各种指示文件（加省市的）。3本书10万字左右，10天读完，还要考试。县社领导能读《政治经济学》的也可以读。使大家冷一下，做冷锅上的蚂蚁，不要做热锅上的蚂蚁。

二、形势。是好是坏？有些坏，但还不到"报老爷，大事不好"程度。八大二次会议方针政策对不对？要坚持。总的说来，湖南省委有三句话，他们说得巧妙：成绩伟大，经验丰富（实际是问题不少），前途光明。去年一年经验主要是：综合平衡，群众路线，统一领导，注意质量。最重要的是综合平衡，要注意质量，宁肯少些，但要好些、全些（各种各样产品都要有）。农业十二项：粮棉油麻烟茶糖菜丝果药特。工业有轻有重。过去"两小无猜"，把精力搞小高炉、小转炉，其他都丢了。去年大丰收，今年又大春荒。一路看了河南、河北、湖南、湖北4个省，可以代表全国。今年夏收，估产普遍偏低，这是一个好现象。去年许多事是一条腿走路，不是两条腿。我们曾批评过斯大林一条腿走路，自己提出要两条腿，反而一条腿了。大跃进中包含某些错误与消极因素，现在虽然存在些问题，但包含积极因素。去年情况本来很好，但带来一些盲目性，只想好的一面，没想到困难一面。现在形势好转，盲目性少了。何时能彻底好转？争取明年五一节。去年脑子发热，但热情宝贵。有些问题还没完全弄清楚：为何粮紧？缺肉？似乎促进派腰杆不硬了。总之，怪话不少，要让人说。

三、任务（或分成两个问题，即今明年任务，4年任务）。工、农、轻、重、商、交各方面，过去是两条腿，去年丢掉一条，重挤掉了农、轻，也挤掉了商。如果当时重视一下农、轻，就好了。今年钢是否1300万吨？能超过就超，不能超就算了。钢明年只能增400万吨，达到1700万吨（或6、7、8三个数：1600万吨、1700万吨、1800万吨）。以后几年也是年增400万吨，2300万吨就超过英国。一定要确保质量，不要追求太多数量了。今后应由中央确定方针，再交业务部门算账。粮食去年增产有无三成？今后是否每年三成，即1000亿斤。1964年搞到10 000亿斤。恢复农业四十条。指标比原定的稍高一点，还是12年达到。两个口号不变。15年内主要产品赶超英国要坚持。总之要量力而行。人的脑子逐渐实际，要让下面去超过。

去年做了件蠢事，好几年的指标要在一年内达到。像粮食指标，恐怕要4年才能达到。过去安排是重轻农，现在是否改农轻重。这样提，不会违反马克思主义，重工业是不会放松的。这几年农业第一，成立农机部。过去陈云同志提过，先安排好市场，再安排基建。黄敬不赞成。现在看来，陈是对的。衣食住用行安排好了，就不会造反，这是6.7亿人安定不安定的问题。日子过得舒服，才利于建设，便于积累。赞成成立三机部，搞农业机械，还成立农业研究院。过去土改时说过："炮是要打人的，人是要吃饭的，路是要脚走的。"如果忘了这些，不好办事。现在实际挂帅的是农，其次是轻。农业问题，一曰机械，二曰化肥，三曰饲料。农、轻、重，把重放到第三位，放它4年（准备犯4年错误）。不提口号，不作宣传。工业要支援农业，明年化肥，农用钢材，这次会议定一下。

有两种积极性：盲目性和实事求是。还是要讲一切行动听指挥，不拿群众一针一线（不搞一平二调）。总的看，10年来群众生活提高了，文化水平也提高了。共产主义风格有两种：一种真搞共产主义，另一种（这是多数）是权利归他是共产主义，否则是资本主义。山东有的地方发现抢粮之事，这很好，可引起注意。搞社会主义是会坚持到底的，不会一日或忘的。美国如打来，我们最坏退到延安，但还会回来的。

四、体制。有些半无政府主义。人、财、商、工四权下放了，现在要适当收回；对下要适当控制，要收回来归中央、省市两级。强调集权，统一领导。统得不可不死，不可过死。

五、食堂。按人定量，分配到户，自愿参加，节余归己。在这几个原则下把食堂办好，不要一哄而散。能保持30%也是好的，形式可多种多样。太分散的户不办，吃饭基本要钱，一部分不要钱。四川是老小不要钱。湖北是半供给制。供给部分要少，三七、四六。供给制不要否定。食堂与供给制是两回事。按月发工资，大部分办不到。

六、学会过日子。湖北农民批评干部：一不懂生产，二不会过日子。要留余地，富日子当穷日子过。要增产节约。今年不管增产多少，粮食按4800亿斤标准过日子。去年湖北的错误，是穷日子当富日子过了，放过"卫星"的县过得最差。

七、恢复三定：定产、定购、定销，三年不变。增产部分征四留六。自留地不增税。

八、恢复农村初级市场。

九、综合平衡，大教训之一。三种平衡：农业本身（农林牧副渔等）；工业内部；工业与农业。整个国民经济的比例关系，是在新的基础上的综合平衡。无综合平衡，即无群众路线。

十、生产小队改为半核算单位。四川的问题在于原高级社小，现叫生产队。生产、生活的核算放在一起好，否则浪费很大，反正归管理区。一改，怕影响生产，弄个"半"字。

十一、农村党团作用。党不管党，都由生产队长包办代替了。无支委会，无组织领导作用。

十二、宣传问题。去年浮夸，怎样说法？1959年的四大指标定高了，现在陷于被动。上海会议时，即有人提出利用人大会议改，失了点时机。找个适当时机改过来，是否人大常委会开个会。粮食以后是否不公布绝对数。

十三、质量问题。争取一两年内解决。煤炭的含硫量超过了允许的标准（0.07%），出口退货，名誉不好。

十四、对去年的估计：有伟大成绩，有不少问题，前途是光明的。缺点只是一二三个指头的问题。许多问题要等较长的时间才能看得出来。看出问题，才能鼓起劲来。跃进公路，修了这么多也没垮台。秦朝、隋朝很快就垮了。

十五、群众路线，有没有？有多少？

十六、全国协作关系。破坏了原来协作关系。协作区搞些调查研究，计委的派出机关。（大区搞体系，公社工业化，工厂综合化。）

十七、团结问题，统一思想。河南120万基层干部，40万犯错误。3600人受处分，是个分裂。

十八、国际问题（列了个题目）。对资产阶级不易一次认清，界限要分清。同蒋介石打了10年，讲统一战线时，一切都忘了。

（第三个问题分为两个问题，则为19个问题。）[4]

正式会议开始后，分六个大组座谈（按大区分组，如中南组、华东组等）。与会者依照毛泽东规定的会议方针和问题，进行了较为热烈的讨论，各种见解陆续摆了出来。许多人对"大跃进"和人民公社化的错误作了进一步的批评。彭德怀在西北大组会上连续作了7次发言，坦率地讲了不少看法。朱德着重批评了公共食堂的做法，认为参加公共食堂要实行自愿的原则。

7月10日晚，毛泽东召集各组组长开会，针对各组讨论中出现的一些不同的甚至对立的意见，讲了一番话。第二天，李锐听到了关于毛泽东讲话的如下传达：

对形势的看法如不能一致，就不能团结；要党内团结，首先要把问题搞清楚。龙云说我们人心丧尽，天安门工程如秦始皇修长城。党内天津的科局长对去年有议论，他们不了解全面情况。"得不偿失"，可举几十、几百、上千件，无非头发夹子、菜、肉、蛋不够，有的买不到了。对这些同志要讲清道理，不要骂人，要帮助他们认识整个形势。上海有一个党委书记，否认1958年的大跃进，辩论之后，杀头也不承认大跃进好。后来到家乡调查，仍增了产。可以不杀头，进行教育。龙云多活10年好，否则到阎王处还造谣。

去年4件事：1959年要搞3000万吨钢；基建1900多项；粮食翻番；办了人民公社。而实际产量不高，计划偏大，项目多了，引起各方不满。不管右派左派，党内党外，要是说缺点，确实有，都承认。因为总不能说粮不紧张，肉多了，计划不高，基建不大吧。承认有些被动，但并非全面被动，也不会垮台。公社没垮嘛，垮一部分也不要紧，再办起来就是。食堂情况也并不比公社好，垮一大部分、垮一部分都好，我都支持。有人说就是总路线搞坏了，从根本上否定大跃进，即否定总路线。所谓总路线，无非多快好省，多快好省不会错。不能说1958年只有多快而无好省，也有又多又快又好又省的，要作具体分析。

有这么一些中国人，说美国一切都好，月亮也是外国的好，如黄万里的诗，总还想读的。对苏联也是早晚市价不同，斯大林一死，什么都不好了；卫星一上天，又变过来了。农业发展，通过合作社到公社，我们总是增产的；不管增多增少，合作社、公社化总是推动了生产的。苏联集体化后，很长时间粮食减产。

打仗，没有从来不打败仗的将军。打三仗，一败二胜，就建立了威信；如果一胜二败，就建立不起来。对去年一些缺点、错误要承认。从一个局部、一个问题来讲，可能是一个指头或七个、九个指头的问题；但从全局来讲，是一个指头与九个指头，或三个指头与七个指头，最多是三个指头的问题。成绩还是主要的（彭老总说一个指头多一点），没有什么了不起。对公社和农村广大干部，要继续整顿和教育。河南200万干部，只有3600人恶劣，对干部要有分析，对坏人则不讲团结。

北戴河会议后，一部分问题被动，特别是四大指标，当时不公布就好了。自己立个菩萨自己拜，很被动。当时人心高涨，心是好的。从郑州会议、武昌会议、上海会议、庐山会议，逐渐认识客观实际，腰杆才硬起来；但有一部分软，还被动。像打仗一样，有缴获，有损失，一个连打得剩六七十人，有所得有所失。总账不能说得不偿失，有的问题是得不偿失，这属于缺点错误部分。斯大林讲过，关于规律，人们适应时感觉不到，一破坏才感觉到了。去年破坏一部分规律，才提高了认识。人的经验从两方面来：成功与失败。如打仗，首先从胜仗来，其次从败仗来。经济建设亦如此，要从成功与失败两方面学习，这样才能认识与掌握客观规律。我们要接受斯大林遗产，要读《苏联社会主义经济问题》这本书。斯大林在世时，对一些大问题，多年来思想才得到统一认识；但有些问题仍未得到解决，如农业问题。斯大林到赫鲁晓夫，可划个界。赫鲁晓夫使农业得到恢复与发展。我们要快一点，因为找到了一条正确道路。发现缺点快，纠正也快。苏联的长短腿（指工业与农业）几十年没有解决，我们要真正用两条腿走路。多快好省，也是两条腿，还有五个并举，但执行中未能全按这样来做。小洋群代替小土群，对小土群也不要全部否定。

张奚若讲的四句话：好大喜功，急功近利，否定过去，迷信将来。陈铭枢讲的四句话：好大喜功，偏听偏信，轻视古典，喜怒无常。偏听偏信，就是要偏。资产阶级、小资产阶级、无产阶级、左中右，总有所偏。同右派作斗争，总得偏在一边。

北戴河以来，虽然一些事情搞得不好，但总是抓工业了（按：这是就他自己和某些过去从来不大过问工业的地方领导干部而言）。一年中有很多经验，我负有责任。1953年批评一波，后来批评计委，这次自己负了责任。南宁会议后搞地方工业规划，听湖北汇报，说过去太保守，只有70个亿。当时说过，这可能是主观主义，但总比不搞好，因为原来没有什么地方工业，搞了点东西，就是检讨起来，也有个根据。

一年实践，抓了工业，取得这么多经验，同过去只听"训话"，走过场，让签字画押，总算是不同了。一年来有好的与坏的经验，有成功的与错误的经验；不能说光有坏的、错误的经验。

（总理插话：副主席〔按：指当时应中国邀请前来观察全民炼钢运动的苏联部长会议副主席兼国家计委主席扎夏季科。他回国后向苏联领导人谈中国观感，有批评性意见。不知道是他没有向中国方面全部谈出他的真实看法呢，还是周总理没有转述批评性部分。〕谈了两条：高速度发展，大跃进，超过苏联，对社会主义阵营有好处，缺点、错误发现快，纠正也快。苏联一教授说我们发明"大跃进"这个词好。）

《苏联社会主义经济问题》《政治经济学（教科书）》，苏联经验写了书。以前他们有公社问题，斯大林讲过，办食堂就是公社。斯大林吃亏就在说一切都很好。苏联1936年宪法，《苏联社会主义经济问题》这本书，否认矛盾；否认缺点错误，就不能前进。我们这一年来的会议，总是把问题加以分析，加以解决。大家要记住：坚持真理，修正错误。经常分析问题，脑子不要僵化，不要要求人家硬相信我们这一套。党的方针政策正确与否，不在制定之时，而在执行之后。过去的革命路线，实践证明是正确的。现在的建设路线，要再看10年。有些得不偿失的问题，要付一定学费。（少奇插话：大办钢铁花了20多亿，全民学了，值得。）许多事要取得经验，总得出学费。

宣传问题。关于已公布的指标改不改？两种意见：一种，这回改，1958年、1959年的都改；一种，现在不改，一律不改，明年再改，甚至等1962年计划一起改，正式发公报。也有一种意见，1958年不改，1959年就不好说实话了。到底如何改好？五年计划改不改，要不要？明年拿不拿出来？已经有过一个二五计划，实行中无非超过。可以党内搞个二五指标，此事也难以肯定。

农业四十条，赞成搞；人代大会还没通过。500斤、600斤、1000斤（即黄河以北、以南及长江以南亩产指标），是否改500斤、600斤、900斤，高寒地区在外。

李锐接着写道：

从这篇讲话看到，当时毛主席的思想确实是要大家冷静下来，要承认去年确实出现了失误，存在不少问题，有待一个个解决。讲话中还提到彭德怀的看法，可见对彭尚无戒心。那时的大问题是必须将各种指标落到实处。例如7月5日，有关粮食问题的一段近千字批语，就是如此。陈国栋关于下年度粮食分配调整意见的报告，认为必须把粮食分配放在稳妥可靠的基础上，留有余地；仍应继续贯彻执行"瞻前顾后、以丰补歉、细水长流、计划用粮"的原则；认为全国约需4300亿斤原粮才能过日子。除1958年至1959年销售了1020亿斤外，历年销量都没有超过840亿斤，因而提出1959年至1960年度销售指标855亿斤（比上海会议定的少120亿斤）。毛主席批示，此数似乎也略多了，可否调整到800亿或810亿~820亿斤。"告诉农民，恢复糠菜半年粮。""手里有粮，心里不慌，脚踏实地，喜气洋洋。"他基本上同意陈国栋的报告，要"各大区区长主持讨论，细致地讨论，讨论两至三次"。

综观7月10日这个讲话，仍是19个问题的精神，是想使讨论尽快结束，大家取得一致意见。庐山会议原来传说开半个月左右，即7月16日大体要结束，这次讲话前后，就安排写《会议纪要》了。

7月11日夜晚，毛主席找周小舟、周惠谈话，当他们谈到在小组会上我的发言被人顶住，马上就通知我也去参加。我一进门，主席就笑着说："我们来开个同乡会。"可见气氛之融洽。谈话完全是四个人轻松愉快地交谈，有时相互插话。我的记录本上分别记了些简单要点，现照抄如下：

周小舟谈：农业是根子。粮食"高产"引起钢铁高潮。（主席说：也不尽然。）刮共产风不能怪公社书记，主要怪上面。哪里有什么万斤亩。上有好者，下必甚焉。（关于万斤亩，上海会议时，我问过主席为何轻信。他说，钱学森在报纸上发表过一篇文章。说是太阳能利用了百分之几，就可能亩产万斤，因此就相信了。）"书记挂帅"权力太大。去年传主席的话，有些乱传，更增加了紊乱。谭老板（谭震林）有的讲话和文件，湖南压下了，没有向下传。湖南的密植，偏稀一些，因此没有失收的问题。会议还有压力问题，还是不愿多谈多听缺点。周惠也插了话，都说许多问题应当摊开来谈，互相交锋，才有好处。谈到这个问题，我们就建议，最好将大区组打烂，各组人员互相穿插，这样更便于交流情况、交换意见，免得一个地区总是唱一个调子。这个意见当时主席就欣然接受，随后就通知了秘书处，从16日以后，人员就打乱平分，但组长没动，仍分6个组。

南宁会议之后，我有多次同主席单独谈话的机会，从未感到过拘束，心里有什么就说什么，这次还是照旧。我主要谈冶金部的问题。关于各地大炼钢铁中的情况，如指标落实及质量等问题，冶金部一风不透，问不出消息；不如计委内部，还能及时知道点实情。今年4月上海会议之前，我就是从计委廖季立处问到钢铁若干实情（1959年2000万吨绝对不可能完成），以及自己从其他方面特别是电力平衡上感到问题的严重，向主席写了第二封信（第一封信是1958年6月华东计划会议时写的，对那次会议泼了冷水），明确提出钢的产量必须下降，落实指标，这样才免于影响全局；对钢铁还提出"宁肯少些，但要好些"。关于综合平衡问题，这时我谈到苏联经验，以及列宁、斯大林的说法，随手将1959年第9期《宣教动态》（中宣部内部刊物）送上，请主席过目。上面有一篇引证苏联经验和斯大林语录的文章，社会主义如果发生经济危机会比资本主义严重得多，因为社会主义是集中计划体制。我说，去年是唯心主义、小资产阶级急性病大发展的一年，敢想敢干起了许多副作用。"以钢为纲""三大元帅"等口号不科学。主席当即表示同意说，以后可不提这些口号了。主席在湖南视察时，一路大概同王任重等发表过感想：去年计划搞乱了。"国乱思良将，家贫思贤妻"，即指陈云而言（这句话随后柯庆施等都知道了）。我这时乘机建议，财经工作还是由陈云同志挂帅为好（南宁会议以后，陈云只担任建委主任，历次中央会议很少发言）。二周也当即附议。主席于是向我们讲，"国乱思良将，家贫思贤妻"，这是《三国志·郭嘉传》上的话。曹操打袁绍，吃了大败仗，于是想念郭嘉。说陈云当总指挥好，陈有长处也有短处（短处大概是指对群众运动注意不够之类，我的记录本上没有记具体内容）。

    毛主席谈的主要内容如下：提倡敢想敢干，确引起唯心主义，"我这个人也有胡思乱想"。有些事不能全怪下面，怪各部门，否则，王鹤寿会像蒋干一样抱怨：曹营之事，难办得很。说到这里，主席自己和三个听者，一齐哄堂大笑起来，久久不息。说关于敢想敢干，八大二次会议是高峰，还有钱学森的文章，捷报不断传来，当然乱想起来。"许多事我都要负责，有些也真负不了。"关于公社的由来，主席说：在河南七里营，记者问我"公社好不好？"，我说"好"，谁知都登上报了，"人民公社好"。接着谈到乱传讲话，传得快。我们说，还是形成文字为好。主席说，讲得不对，文字也一样不好。钢翻一番，谁知道当成了法律，党比人代会厉害得多。（主席似乎忘记了，对大炼钢铁执行不力者，北戴河会议还内定了六条纪律：警告；记过；撤职留用；留党察看；撤职；开除党籍。）北戴河规定翻一番，索性登报，是薄一波和乔木的建议。接着谈到自己的性格，回忆起江西时代的往事。一次向毛泽覃大发脾气（或者还要动手打人），毛泽覃回嘴：共产党又不是毛氏宗祠。"我这人40以前肝火大，总觉得正义、真理都在自己手里；现在还有肝火。"郑州会议后，开始右倾。去年是几件事都挤在一起了（承认粮食、钢铁、公社化等几大跃进不对头）。关于下面讲了假话，可以转告大家，心情也不要那么沉重。打麻将十三张牌，基本靠手气（意指客观规律不易弄清），谁知道搞钢铁这么复杂，要各种原材料，要有客观基础，不能凭手气。（这以后反复讲了钢的问题，我再三提到，二五计划轮廓要定下来，否则不好办事。）搞到六七年，十年计划，明后年再看，能达到2100万～2400万吨就很好了。今年1月开政治局会，关于钢指标，陈云讲2000万吨不易完成，同陈云意见原来一致，不知为什么他后来要检讨。去年的问题就是抓了个"两小无猜"，别的忘记了，这是本末倒置。去年农业是否增产了三成，还很怀疑。全国各地很不平衡，有各种灾情，有丰收有歉收，一填平补齐，三成很不易得。还谈到他自己就是个对立面,自己常跟自己打架;有时上半夜想不通,下半夜想通了。

毛主席这夜同我们的谈话,对纠"左"的许多看法,比头天在组长会的讲话还要明确,关于对粮食与钢铁的增产和高指标的看法,同我们是很接近的。因此,我们3人从主席处出来,都觉得心情舒畅,真正向老人家交了心,尤其小舟大胆讲了"上有好者,下必甚焉",这句话直接批评了主席,不仅丝毫没有引起反感,反而更加谈笑风生了。

这时,主席似已多日没有找下面的人个别谈过话,大家都在摸风向,不知主席的意图何向。我比较谨慎,许多人向我打听(包括总理的秘书),我都没吱声。刘澜波同我住隔壁房,我也没有向他透露什么。这是从田家英那里得来的经验:常有反复之变,不可轻易传话。可是后来才知道,小舟随意向人流露了高兴之情(罗瑞卿曾陪毛主席一起到湖南,小舟向罗讲了"上有好者"的话),于是有的话就传到柯庆施这些人耳朵里去了,他们正在窥测方向。他们对去年的所作所为,兴风作浪,迎合抬轿,不仅没有丝毫内疚,认真检讨,反而触动不得,一触即跳,过于护短,过于护身。他们打着保卫总路线、拥护毛主席的旗帜,将"神仙会"变为"护神会",将中国继续推向大灾大难之中。[5]

静川在《彭德怀在庐山》一文中,描述了庐山会议的主要人物之一——彭德怀在会议前后的一些情况:

彭德怀是在并无思想准备的情况下奉命上庐山开会的。

1959年4月24日至6月13日,彭德怀率领中国军事代表团,先后对苏联及东欧各国进行了近50天的友好访问。回到北京的第二天,他便不顾旅途疲劳到旃坛寺国防部大楼去办公。总参谋长黄克诚向彭德怀询问了一些他所访问的八国的情况和观感。然后向他汇报了国内经济形势和当前部队思想情况。使彭德怀感到担心的是国内非常严峻的经济形势。黄克诚向他汇报时说,全国不少地方灾情严重,特别是甘肃省,有的地方已经断粮,外出逃荒的群众越来越多。……

彭德怀听完后,再也坐不住了。他背着手,在室内踱来踱去。1958年8月北戴河会议之后,彭德怀花了3个半月的时间,先后到黑龙江、吉林、辽宁、内蒙古、青海、甘肃、陕西、湖北、湖南、江西和安徽等十多个省,实地考察了人民公社化运动、人民生活、炼铁等,看到了"大跃进"的成就,也发现了许多急需解决的重大问题。甘肃省是他亲自考察过的省份,就在几个月之前,省委领导和下面干部还告诉他,粮食问题已经解决,全省每人平均可占有粮食1500斤。现在怎么忽然变成了严重缺粮省?

他为自己当时未能了解真实情况而感到惭愧。

黄克诚还汇报说，现在中央正采取应急办法，从别的地方往甘肃运粮，但是运输力量又很缺乏。

彭德怀焦虑地问："部队还能抽出一部分车辆来帮助运粮吗？"

"能抽的都已经抽了。不光抽了车辆，海军还抽了部分舰只到重庆帮助运粮。空军也抽了。如果再抽会影响战备。"黄克诚解释着。

好长一段时间两人谁也不说话。他们搜索枯肠，在寻找着既不影响战备又能帮助群众度过灾荒的办法。最后，还是彭德怀下了决心，断然说："还要抽。部队再困难也要再抽运输力量来帮助地方运粮。"

在回国的最初几天里，彭德怀阅读了大量中央文件和各地送来的有关"大跃进"和人民公社化运动的材料。他发现国内形势远不像他在国外从报纸上看到的报道那样乐观。全国的粮食、日用品、建筑材料、电力、运输……处于全面紧张状态，而且日益严重。

彭德怀回国后不几天，接到中央办公厅通知：中央决定7月2日在江西庐山召开政治局扩大会议。政治局委员，各省、市、自治区党委第一书记，中央和国家机关一些部、委的负责同志，参加会议。

彭德怀沉思良久。他想让黄克诚去庐山开会，他留下值班。彭德怀所以有这个念头，是出于两种考虑：一是黄克诚是书记处书记，对地方和军队的情况都比较熟悉，研究问题比自己更方便；二是他出访归来，正计划写一本关于建军经验的书。另外，尽管他身体好，毕竟是61岁的人了，回国以后他感到很疲劳，也想休息一下，抽空看看出访期间积压下的文件和材料，并且想写一点东西。

当彭德怀找到黄克诚把自己的想法告诉他以后，一向不避辛劳的黄克诚却出乎意料地没有立刻表态。这位以稳重老练著称的总参谋长考虑得更多一些，他想到在不久前的上海会议上，毛泽东曾点名批评了彭德怀，口气严厉而且突如其来，使彭德怀一连几天迷惑不解，郁郁不乐。黄克诚对毛泽东和彭德怀两个人的性格和处事方式都是很熟悉的。若因彭德怀不去庐山开会而引起毛泽东的误解，那就不好了。想到这里，黄克诚用非常恳切的口吻说："彭总，你是政治局委员，你怎么能不去呢？还是我留下来值班，你去开会的好。"

无论是彭德怀还是黄克诚，都没有预料到庐山将会发生什么事情，他们当时考虑的只是两个人中一个上山，一个留守，谁去谁留的问题罢了。

彭德怀是7月2日早晨到达庐山的。和他一起到达的有贺龙、李富春、习仲勋、陆定一、康生、张闻天、贾拓夫等。他们从北京出发，乘一组专列先到武汉，然后换乘江轮到九江，由九江登岸乘汽车上山。在火车上，彭德怀一直埋头阅读这一时期中央发的重要文件、内部资料和群众来信。50多天的八国之行，与国内隔绝，他需要了解的情况太多了。

在火车上，保健人员发现彭德怀吃饭很少，两顿饭都是只吃几口就把碗筷一放，回自己包厢去了。在包厢里，他长时间地凝视着窗外，闷坐不语。保健护士不安地问他："是不是病了？"彭德怀轻轻摇摇头。"是在车上睡眠不好？"彭德怀又摇了摇头，接着用手指了指窗外说："你看看他们……叫人怎么还能吃得下去！"

这时护士才注意到，在列车停靠的站台外边，拥挤着许多人，他们衣衫破烂，蓬头垢面，有的背着肮脏的行李卷儿，有的妇女怀里还抱着吃奶的孩子。他们一个个面带菜色，用手把着站台边的白色栅栏，向列车这边张望着。显然，他们是被保卫人员赶到站外的灾民。

保健人员被彭德怀那关心人民疾苦的感情深深触动了，泪水顿时模糊了视线。

带着出访后的疲劳，怀着一颗沉重的心，彭德怀登上了"葱茏四百旋"的庐山。

1959年的庐山会议，是党的两次重要会议的总称。7月2日至8月1日是中央政治局扩大会议；8月2日至8月16日是八届八中全会。原计划只开中央政治局扩大会议。

毛泽东把第一阶段的庐山会议称作"神仙会"。上山之前，与会人员得悉会议的议题主要是继续纠正经济工作中"左"的错误，传达毛泽东提出的19个问题。上山以后，毛泽东在接见一些负责同志时，也明确地说过："这次会议主要是纠'左'，要搞一个文件。"

当时，毛泽东把国内形势概括为这样三句话："成绩伟大，问题不少，前途光明。"毛泽东提出的19个问题，特别是他对国内形势的概括，切合实际，使初上庐山的彭德怀对会议满怀希望，以极大热情参加了小组会的讨论。

会议初期，气氛轻松、融洽，正如毛泽东说的"有点神仙会的味道"。白天开会，晚上看戏、看电影、跳舞、填词赋诗。

但是，这"神仙"般的生活只继续了不长的时间。随着讨论的深入，思想认识上的差异和分歧逐渐显露出来。会议气氛开始发生变化，由轻松、融洽，变得紧张、压抑。这种变化虽然是缓慢的，却是明显的。

认识分歧是从对毛泽东概括形势的三句话那中间四个字的不同解释开始的。对毛泽东所说的"问题不少"究竟应该怎么看？

庐山开会的时候，全国城乡的经济情况，开始有所缓和，但没有根本好转。从1958年冬到1959年7月，毛泽东为了纠正"大跃进"和人民公社化运动中的错误，多次召开了中共中央政治局扩大会和中央全会，制定了一些方针政策，采取了一些具体措施，获得了一些成效。概略情况是：

在1958年8月北戴河会议以后的两个多月里，毛泽东开始觉察到公社化运动中的一些错误。11月2日至10日在郑州召开的有部分中央领导人和地区领导人参加的会议上，毛泽东针对当时普遍存在的混淆社会主义和共产主义、混淆集体所有制和全民所有制的情况，提出必须划清这两种界限，批评了一些人要废除商品和货币的错误主张。

同年11月21日到27日，在武昌召开的中央政治局扩大会议和六中全会上，毛泽东又提出"压缩空气"，要把根据不足的高指标降下来。全会通过了由毛泽东主持起草的《关于人民公社若干问题的决议》，批判了要公社立即实行全民所有制和认为中国农村很快就能进入共产主义的错误思想。

随后，在1959年2月27日到3月5日，中央政治局在郑州又召开一次扩大会议（即第二次郑州会议）。毛泽东在讲话中，提出农村人民公社的生产队所有制是所有制的基础。他还在一个批语中批评了"只顾国家和公社大集体，而不顾生产队小集体和社员个人（全国共有几亿人口之多），公社积累过多，社员分配过少，社办、县办工业过多因而抽去人力过多，使生产队人力过少，妨碍农业任务完成等'左'倾冒险主义思想"。

3月25日到4月5日，在上海召开的中共中央第七次全会上再次降低了1959年的钢铁生产指标。

接着，5月、6月间，中共中央又连续发出指示，决定恢复农村自留地制度，允许社员私人喂养家禽家畜，宣布房前屋后的零星树木归社员私有。在一次有少数中央领导人参加的会议上，毛泽东、周恩来、李富春都指出，"大跃进"中的主要问题是综合平衡。毛泽东说，一些指标定得那么高，使我们每天处于被动地位。工业也好，农业也好，指标都是我们同意了的，都有一部分主观主义，对客观的必然性认识不够。

从上述一系列的会议和讲话中可以看出，毛泽东已经从思想上指出了"左"的问题，对于某些政策进行了逐步调整。但是，由于当时所有的调整工作仍然是在肯定"大跃进"和人民公社化运动的前提下进行的，因而这种纠"左"的工作也是很不彻底的。修改后的指标仍然偏高；公社中仍然保留着供给制、公共食堂等许多"左"的做法，仍然严重危害着人民生产和生活的正常秩序。在这样一种形势面前，便产生了彭德怀和一部分人主张认真总结经验教训，迅速扭转紧张局势的强烈要求。

对当时形势，特别是对存在的问题上的不同看法是：

一部分同志认为，1958年"大跃进"和人民公社化的伟大成就要充分肯定，缺点和错误只不过是"一个指头"或"不到一个指头"的问题，而且经过去年下半年以来中央一系列的会议采取措施后，缺点错误已经纠正，问题已经基本解决了。持这种观点的同志，他们大半是些"实力派"，是毛泽东说的"封疆大吏"。他们不喜欢听别人谈"大跃进"中的问题和缺点，认为那样就会否定"大跃进"的成绩，是"给伟大的革命群众运动泼冷水"。

另外一部分同志则认为，"大跃进"和人民公社化运动虽然取得了很大成绩，但也暴露出不少问题，有些问题性质是严重的，值得重视。中央虽然开了一系列的会议，制定了一些措施来纠正"大跃进"和公社化运动中的缺点错误，如批评"共产风"、"浮夸风"、生产上的比例失调、干部作风中的简单粗暴、强迫命令等，但收效甚微，有的地方还在发展，还需要下大力才能解决。持这种看法的同志认为，1958年的"大跃进"，有许多经验教训值得好好总结。把成绩讲够，把缺点讲透，不是给群众运动泼冷水，而正是为了更好的前进。这样做不但不会否定已经取得的成就，相反，只有如此，才能真正克服缺点，纠正错误，把今后工作做得更好。

彭德怀是属于持后面这种观点中的一个。

彭德怀登上庐山，对闻名遐迩的匡庐胜境无心领略。"今日登临固宜乐，其奈天下有忧何！"在山上，他除了去毛泽东住处参加会议以外，就是整天翻阅中央和各部、委的文件，以及参加小组会议的讨论。

会议是按照当时的行政大区编组的，共分为6个组，彭德怀参加的是西北组。从7月3日到7月10日的8天中，他先后作了7次发言和插话。因为是党的会议，讨论的问题又是关系着党和国家命运、关系着亿万群众切身利益的大事，彭德怀以他一贯的风格，直言不讳，发言开门见山，不拐弯抹角，有的话直涉毛泽东，他也不加回避。

"解放以来，一连串的胜利，造成群众的头脑发热，因而向毛主席反映情况只讲可能和有利的因素。在大胜利中，容易看不见、听不进反面的东西。"

"我们党内总是'左'的难以纠正，右的比较好纠正。'左'的一来，压倒一切，许多人不敢讲话。"

"人民公社，我认为办早了一些，高级社的优越性刚发挥，还没有充分发挥，就公社化，而且没有经过试验。如果试验上一年半年再搞，就好了。"

"要找经验教训，不要埋怨，不要追究责任。人人有责，人人有一份，包括毛泽东同志在内。我也有一份，至少当时没有反对。"

"现在是不管党委集体领导的决定，而是个人决定；第一书记决定的算，第二书记决定的就不算。不建立集体威信，只建立个人威信，是很不正常的，是危险的。"

"成绩是伟大的，缺点是一个短时间（9月至11月）发生的，而影响不只3

个月。换来的经验教训是宝贵的,要把(认识)问题搞一致,就团结了。"

4个月前,在上海会议上,毛泽东在关于工作方法的讲话中,曾号召大家敢于发表不同意见,学习海瑞批评嘉靖皇帝的勇气。他说,明朝皇帝搞廷杖,甚至当众把人打死,还是有臣下敢进言。无非是五不怕:不怕撤职、不怕开除党籍、不怕离婚、不怕坐牢、不怕杀头!当时尽管海瑞对皇帝攻击得很厉害,他对皇帝还是忠心耿耿的。会后,彭德怀返回北京,一直到出国访问,大约半个月的时间里,他的案头总是放着一本线装的《明史·海瑞传》,批阅文电之余,便拿起仔细阅读。在讲到以上一些话的时候,他脑子里是否想到了海瑞呢?人们不得而知,但是,他从毛泽东号召讲真话、学海瑞中受到了鼓励,是可以肯定的。

在上海开会期间,他和陈云同住在瑞金二路五号,同席进餐,饭后一起散步,交谈过不少问题,而且对许多问题的看法比较一致。在修改和调整当年的钢铁生产指标中,毛泽东在会上多次称赞陈云关于这方面的正确意见,并说有时候真理是在一个人手里。

会后即行委托陈云领导中央财经小组研究落实钢铁生产指标的问题。彭德怀对陈云坚持实事求是、不随声附和而又勇于直言的精神,一直是很佩服的。

彭德怀在小组会上言人所不敢言,有人赞同,有人为他捏一把汗,还有人冷眼旁观。彭德怀仍然照直说下去:

"毛主席家乡的那个公社,去年搞的增产数,实际没有那么多嘛。我去了解了,实际只增产了13%。我又问了周小舟,他说那个公社增产只有14%,国家还给了不少贷款和帮助。"

"毛主席和党中央在全中国人民心目中的威信之高,是全世界找不到的。但滥用这种威信是不行的。去年乱传毛主席的意见,问题不少。"

"过日子,国家也要注意,风景区、人工湖可以慢点(搞),浪费很大。好多省都给毛主席修别墅,这总不是毛主席让搞的。"

"什么'算账派''观潮派'……帽子都有了,对于广开言路有影响。有些人不说真话,摸领导人的心理。"

彭德怀的发言,引起了有些人的极大不快,这是不难想象的。

彭德怀不仅在小组会上直言不讳,当着毛泽东的面也不隐讳自己的观点。在毛泽东主持的一次常委会上,当有人说到1958年全国土法炼铁,地方已补贴20余亿元,国家还要补贴20余亿元时,彭德怀插话说:"这个数字好大,比一年的国防费开支还要多。用这笔款去买消费物资,把它堆起来,恐怕会有庐山这样高。"

毛泽东说:"呃,不会有这样高。"彭德怀接上说:"那就矮一点吧,总而言之不少！"

在庐山，经常和彭德怀见面的有政治局候补委员、外交部副部长张闻天，他们两人的住所只相隔一条甬道。还有中共中央候补委员、湖南省委第一书记周小舟，湖南省委副书记周惠，水电部副部长李锐等。周、李二人在不同时期当过毛泽东的秘书，被毛泽东称为"秀才"。他们对国内经济形势的看法，和彭德怀相近。特别是周小舟，曾向彭德怀反映了许多关于"大跃进"和人民公社化运动中的情况和问题。7月12日，周小舟去看彭德怀，谈到粮食问题时，周说："去年粮食产量造了假！是压出来的。一次上报说粮食数字不落实，第二次上报又说不落实，连造了几次数字，下面干部就摸清了一个底——要虚报，不要实报。"

彭德怀愤怒起来："乱弹琴！只能有多少报多少，不能虚报也不能少报，怎么能这样胡来！"

"做不到，上面压力太大。"周小舟为难地摇摇头。过一会儿他又对彭德怀说："现在农民在公共食堂吃大锅饭，就要大锅大灶，烧柴禾也不节省，劳力也不节省。小锅小灶，妇女、弱劳力都可以煮饭，现在非强劳力不可。搞了公共食堂，家里用点热水也不方便，群众对公共食堂有意见。"

"这些问题，你该照实向主席反映一下。"

"我昨天向主席谈了一些。"

周小舟把头天晚上他和周惠、李锐在毛泽东处谈话的情况，向彭德怀详细谈了，建议说："彭总，主席对我们的意见是能听得进去的，你也找机会同主席当面谈谈吧。"

"我这个人脾气不好，当面谈容易谈崩。"彭德怀诚恳地说，"军队方面也常反映一些社会情况，我都送给主席看了。"

在山下，彭德怀常常把部队反映的一些问题转呈毛泽东，他总希望帮助毛泽东了解一下工作中的问题。

彭德怀在西北小组会上的发言，没有如实地反映到毛泽东那里去。会议印发的《简报》中，把彭总意见中那些言辞最尖锐的部分，特别是直接涉及毛泽东的一些话都删去了。发现这种情况，彭德怀很不满意。其实，负责整理《简报》的工作人员是出于好心。

7月10日，毛泽东在各组长的联席会议上讲话。

毛泽东情绪乐观，态度轻松，对于城乡仍然存在着的紧张局势，很少提及。他说，从全局来说，还是九个指头和一个指头的问题，算总账不能说得不偿失。他认为"大跃进"和人民公社化运动中发生的问题，经过郑州会议到庐山会议，已逐步解决了。他还一再提出坚持农村公共食堂和社员分配中的供给制。在工农业生产计划指标上，他的设想也仍然是过高的。

毛泽东显然是过于乐观了，他的讲话与当时全国城乡出现并日益发展的严峻形势相距甚远。

就在7月10日前后，毛泽东指定胡乔木等七人成立一个起草文件的小组，负责把各组对他在会议开始提出的19个问题的讨论意见加以集中、整理，写出庐山会议议定的记录（草案），印发各组研究修改，准备最后定稿，然后作为中央文件下发到全党贯彻执行。

按照毛泽东的设想，再用几天时间把《议定记录》修改好，通过一下，印发下去，庐山会议就可以按期结束了。许多人看出这种趋势，会上不再谈什么缺点、问题，研究经验教训的空气也淡薄了。办公厅的工作人员已在筹划下山的路线和交通问题。

庐山会议的结果与彭德怀原来对会议的期望显然存在很大距离。特别是听到会议将于7月15日按时结束的消息后，他更加着急，开了这么多天会，问题并未很好解决，难道就这样结束了？

彭德怀看到，什么"高产卫星""小高炉"等都不过是事物的表面，只有从党对经济工作的指导思想上去找找根源，总结经验教训，才能在今后工作中避免失误，才能使仍然严峻的形势得到扭转。可是听了毛泽东在组长联席会上的讲话，感到他并没有看到问题的严重性。会议如果就这样草草结束，已经发展得相当严重的"左"的错误就不可能得到纠正，去年"大跃进"造成的那些严重后果，可能还会恶化。人民已经很深重的痛苦，还会加重。"群众迫切希望我们做的，我们没有做，还要我们这些共产党人干什么！"这是彭德怀在当时焦急心情下说的话。

7月12日上午，彻夜未眠的彭德怀踩着晨露向毛泽东住的"美庐"走去。经过一夜的反复思索，他决心去找毛泽东面谈，把自己对当前问题的看法、想法统统告诉他，希望他能在会议上把当前存在的严重问题，再着重讲一讲。凭着他的崇高威望，扭转这些问题并不困难。事有不巧，"美庐"的警卫人员告诉彭德怀：主席昨晚一夜没有睡，刚刚躺下。彭德怀只好悻悻而归。这可能是一次对于中国历史进程至关重要的阴差阳错。

当晚，彭德怀从周恩来总理处开会回来，同随行参谋王承光说："这次会议开了10多天，味道不大。小组会上尽谈一般性的问题，听不到有思想性的发言。我在西北小组会上讲的一些意见，简报上也没有看到，恐怕也不会引起大家注意。"

随行参谋没有说话。过了一会儿彭德怀又说："去年大跃进的经验很丰富，发生的问题也不少，本应该认真研究一下，可是在会议上，到现在还没有人讲这个问题。我有些意见又不好在小组会上讲，想给主席写封信，请主席在会上讲一下。只要主席讲一次，就会起很大的作用。"

这是彭德怀第一次明确表露给毛泽东写信的动机。

在此之前，7月11日，周小舟到176号去看望彭德怀，两人也曾谈到写信问题。彭德怀在笔记中记下的情况是这样的，周小舟向彭德怀问了一些他出访八国的情况后，话题转到这次会议上，彭德怀问周小舟："你们小组对于国内形势讨论得怎样？"

周小舟说："不怎么样。讨论不容易展开。"

周小舟还谈到在小组会上发言时，只要一谈缺点和问题就会被人打断的情况。

彭德怀说："西北小组讨论得还不错。我还有些不成熟的意见不便在小组会上讲，打算把没有讲完的意见，写一封信给主席。"

周小舟说："你同主席当面谈谈不好吗？"

彭德怀说："当面谈固然很好，不过我说话总是不容易说完全，又好顶撞。主席对问题的看法很尖锐，看得很深，对问题没有很好研究时，当面谈不仅浪费他的时间，有时还容易引起误会。"

周小舟说："那你就写信也好，把你在西北小组会上的插话加以充实，写给主席看看，也就很好了。"

彭德怀笑着说："你当了我的参谋了。"

7月13日中午，彭德怀拿着拟好的提纲，把参谋王承光叫来，向他口述了他给主席写信的内容，让王承光起草初稿。然后，彭德怀做了修改，交王承光誊清，成为二稿。7月14日中午，彭德怀又对二稿仔细做了修改，交王承光誊抄清楚后，彭德怀签上了自己的名字，下午5点30分左右，王承光奉彭德怀之命，把信送给毛泽东的秘书高智。

这就是触发了一场政治大风暴的所谓彭德怀给毛泽东上"万言书"的简单过程。

彭德怀在庐山会议上接受批判时，为了保护王承光，一直坚持说这封信是自己花了一夜的工夫写成的。王承光在抄信时，把彭德怀信中说大炼钢铁"有得有失"错抄成"有失有得"，为此，毛泽东曾特别指责说，把"得"放在后面，"失"放在前面，是经过仔细斟酌的。即使在这种情况下，彭德怀也没有作一句解释和辩驳。他这样做，都是为避免株连身边的工作人员。

信送上去之后，彭德怀如释重负，静待毛泽东的回音。

彭德怀估计毛泽东看完信后会找他去谈谈，或把信拿到中央常委会上去议一议。

毛泽东对那封信的处理方式，却完全出乎彭德怀的意料。[6]

一石激起千层浪

彭德怀7月14日的上书，打破了"神仙会"的平静。7月16日毛泽东将此信冠以"彭德怀的意见书"的标题，批示印发全体与会同志。从此，会议转入对这封信的讨论，进而展开了反"右倾"的错误批判。

在《彭德怀自述》一书中，作者谈了写信给毛泽东的动机、过程和结果。他说：

从7月1日起，除参加会议外，就是坐在室内看中央部门有关财经的文件、群众来信、会议简报。到7月12日晚，在我的思想上已形成目前国家计划工作严重比例失调，毛主席的两条腿走路的方针没有贯彻到各方面实际工作中去的看法。这也就是我7月14日那封信的主要内容。本决定13日晨向主席反映。去时，警卫员说，主席刚睡。我就去西北小组参加会议了。13日晚饭后，就开始写那封信（实际上，7月12日晚腹稿已成），7月14日晨将写成的信，送给主席亲收。16日中央办公厅印发出来了，我于18日参加小组会时，说明这封信只是写给主席个人参考的，请求中央办公厅收回我这封信。可是20日前后，张闻天、周小舟还有其他人发了言，都说基本上同意我那封信。黄克诚18日晚或19日晚才到庐山。他在小组会上的发言，我未看到。毛主席于7月23日上午批判了我那封信是反党性质的纲领，说在写这封信之前，就有人发言支持，形成有唱有和，这不是反党集团又是什么呢？自主席批判了我那封信以后，会议的空气就变了，我的情绪也是紧张的。

为了表白我当时写信的动机和愿望，故在这里再次把我对当时国内形势及一些具体问题的观点说明一下（成绩就不详细谈了）。

……

这些问题，在庐山会议初期，到会同志并没有推心置腹地谈出来。鉴于以上这些情况，就促使了我给主席写信的念头。

他还说：

1959年7月14日我写给主席的那封信，主要是将我在西北小组会上不便讲的一些问题，提要式地写给主席。这些问题是涉及执行总路线、大跃进和人民公社的一些具体政策问题，以及某些干部的工作方法问题。在这些问题上，我当时认为主要是产生了一些"左"的现象，而右的保守思想也有，但那只是个别的或者是极少数的。我当时对那些"左"的现象是非常忧虑的。我认为当时那些问题如果得不到纠正，计划工作迎头赶不上去，势必要影响国民经济的发展速度。我想，这些问题如果由我在会议上提出来，会引起某些人的思想混乱，如果是由主席再重新提一提两条腿走路的方针，这些问题就可以轻而易举地得到纠正。正如在1958年秋，人民公社刚成立不久，曾有一些人对于人民公社的所有制问题和按劳分配原则问题在认识上有些模糊，但是经过主席的开导，那个问题很快得到了纠正。既纠正了偏差，又没有伤害同志们的积极性，我对此非常满意。所以我7月14日给主席写信，就是为了尽早地纠正当时存在的那些问题，也正是为了维护总路线、大跃进和巩固人民公社，并没有什么"阴谋篡党""反对毛泽东同志"的目的。那封信，只概括地提出了几个比较突出的问题，并没有论述那些问题产生的原因，同时我也论述不出许多的原因，我想，横直是写给主席自己作参考的信，他会斟酌的。[7]

以下是彭德怀1959年7月14日给毛泽东的信的全文：

主席：

这次庐山会议是重要的。我在西北小组有几次插言，在小组会还没有讲完的一些意见，特写给你作参考。但我这个简单人类似张飞，确有其粗，而无其细。因此，是否有参考价值请斟酌。不妥之处，烦请指示。

甲、1958年大跃进的成绩是肯定无疑的。

根据国家计委几个核实后的指标来看，1958年较1957年工农业总产值增长了48.4%，其中工业增长了66.1%，农副业增长了25%（粮棉增产30%是肯定），国家财政收入增长了43.5%。这样的增长速度，是世界各国从未有过的。突破了社会主义建设速度的成规，特别是像我国经济基础薄弱，技术设备落后，通过大跃进，基本上证实了多快好省的总路线是正确的。不仅是我国伟大的成就，在社会主义阵营也将长期地起积极作用。

1958年的基本建设，现在看来有些项目是过急过多了一些，分散了一部分资金，推迟了一部分必成项目，这是一个缺点。基本原因是缺乏经验，对这点体会不深，认识过迟。因此，1959年就不仅没有把步伐放慢一点，加以适当控制，而且继续大跃进，这就使不平衡现象没有得到及时调整，增加了新的暂时困难。但这些建设，终究是国家建设所需要的，在今后一两年内或者稍许长一点时间，就会逐步收到效益的。现在还有一些缺门和薄弱环节，致使生产不能成套，有些物资缺乏十分必要的储备，使发生了失调现象和出现新的不平衡就难以及时调整，这就是当前困难的所在。因此，在安排明年度（1960年）计划时，更应当放在实事求是和稳妥可靠的基础上，加以认真考虑。对1958年和1959年上半年有些基本建设项目实在无法完成的，也必须下最大决心暂时停止，在这方面必须有所舍，才能有所取，否则严重失调现象将要延长，某些方面的被动局面难以摆脱，将妨碍今后4年赶英和超英的跃进速度。国家计委虽有安排，但因各种原因难于决断。

1958年农村公社化，是具有伟大意义的，这不仅使我国农民将彻底摆脱穷困，而且是加速建成社会主义走向共产主义的正确途径。虽然在所有制问题上，曾有一段混乱，具体工作中出现了一些缺点错误，这当然是严重的现象。但是经过武昌、郑州、上海等一系列会议，基本已经得到纠正，混乱情况基本上已经过去，已经逐步地走上按劳分配的正常轨道。

在1958年大跃进中，解决了失业问题，在我们这样人口众多、经济落后的国度里，能够迅速得到解决，不是小事，而是大事。

在全民炼钢铁中，多办了一些小土高炉，浪费了一些资源（物力、财力）和人力，当然是一笔较大损失。但是得到对全国地质作了一次规模巨大的初步普查，培养了不少技术人员，广大干部在这一运动中得到了锻炼和提高。虽然付出了一笔学费（贴补20余亿）。即在这一方面也是有失有得的。

仅从上述几点来看，成绩确是伟大的。但也有不少深刻的经验教训，认真地加以分析，是必要的有益的。

乙、如何总结工作中的经验教训。

这次会议，到会同志都正在探讨去年以来工作中的经验教训，并且提出了不少有益的意见。通过这次讨论，将会使我们党的工作得到极大好处，变某些方面的被动为主动，进一步体会社会主义经济法则，使经常存在着的不平衡现象，得到及时调整，正确地认识"积极平衡"的意义。

据我看，1958年大跃进中所出现的一些缺点错误，有一些是难以避免的。如同我们党30多年来领导历次革命运动一样，在伟大成绩中总是有缺点的，这是一个问题的两个方面。现时我们在建设工作中所面临的突出矛盾，是由于比例失调而引起各方面的紧张。就其性质看，这种情况的发展已影响到工农之间、城市各阶层之间和农民各阶层之间的关系，因此也是具有政治性的，是关系到我们今后动员广大群众继续实现跃进的关键所在。

过去一个时期工作中所出现的一些缺点错误，原因是多方面的。其客观因素是我们对社会主义建设工作不熟悉，没有完整的经验。对社会主义有计划按比例发展的规律体会不深，对两条腿走路的方针，没有贯彻到各方面的实际工作中去。我们在处理经济建设中的问题时，总还没有像处理炮击金门、平定西藏叛乱等政治问题那样得心应手。另一方面，客观形势是我国一穷（还有一部分人吃不饱饭，去年棉布平均每人还只18尺，可缝一套单衣和两条裤衩）二白的落后状态，人民迫切要求改变现状。其次是国际形势的有利趋势。这些也是促使我们大跃进的重要因素。利用这一有利时机，适应广大人民要求，加速我们的建设工作，尽快改变我们一穷二白的落后面貌，创造更为有利的国际局面，是完全必要和正确的。

过去一个时期，在我们的思想方法和工作作风方面，也暴露出不少值得注意的问题。这主要是：

1. 浮夸风气较普遍地滋长起来。去年北戴河会议时，对粮食产量估计过大，造成了一种假象。大家都感到粮食问题已经得到解决，因此就可以腾出手来大搞工业了。在对发展钢铁的认识上，有严重的片面性，没有认真地研究炼钢、轧钢和碎石设备，煤炭、矿石、炼焦设备，坑木来源，运输能力，劳动力增加，购买力扩大，市场商品如何安排等。总之，是没有必要的平衡计划。这些也同样是犯了不够实事求是的毛病。这恐怕是产生一系列问题的起因。浮夸风气，吹遍各地区各部门，一些不可置信的奇迹也见之于报刊，确使党的威信蒙受重大损失。当时从各方面的报告材料看，共产主义大有很快到来之势，使不少同志的脑子发起热来。在粮棉高产、钢铁加番的浪潮中，铺张浪费就随着发展起来，秋收粗糙，不计成本，把穷日子当富日子过。严重的是相当长的一段时间，不容易得到真实情况，直到武昌会议和今年1月省市委书记会议时，仍然没有全部弄清形势真相。产生这种浮夸风气，是有其社会原因的，值得很好地研究。这也与我们有些工作只有任务指标，而缺乏具体措施是有关系的。虽然主席在去年就已经提示全党要把冲天干劲和科学分析结合起来，和两条腿走路的方针，看来是没有为多数领导同志所领会，我也是不例外的。

2. 小资产阶级的狂热性，使我们容易犯左的错误。在1958年的大跃进中，我和其他不少同志一样，为大跃进的成绩和群众运动的热情所迷惑，一些左的倾向有了相当程度的发展，总想一步跨进共产主义，抢先思想一度占了上风；把党长期以来所形成的群众路线和实事求是作风置诸脑后了。在思想方法上，往往把战略性的布局和具体措施、长远性的方针和当前步骤、全体与局部、大集体与小集体等关系混淆起来。如主席提出的"少种、高产、多收""15年赶上英国"等号召，都是属于战略性、长远性的方针，我们则缺乏研究，不注意研究当前具体情况，把工作安排在积极而又稳妥可靠的基础上。有些指标逐级提高，层层加码，把本来需要几年或者十几年才能达到的要求，变成1年或者几个月就要做到的指标。因此就脱离了实际，得不到群众的支持。诸如过早否定等价交换法则，过早提出吃饭不要钱，某些地区认为粮食丰产了，一度取消统销政策，提倡放开肚皮吃，以及某些技术不经鉴定就贸然推广，有些经济法则和科学规律轻易被否定等，都是一种左的倾向。在这些同志看来，只要提出政治挂帅，就可以代替一切，忘记了政治挂帅是提高劳动自觉、保证产品数量质量的提高，发挥群众的积极性和创造性，从而加速我们的经济建设。政治挂帅不可能代替经济法则，更不能代替经济工作中的具体措施。政治挂帅与经济工作中的确切有效措施，两者必须并重，不可偏重偏废。纠正这些左的现象，一般要比反掉右倾保守思想还要困难些，这是我们党的历史经验所证明了的。去年下半年，似乎出现了一种空气，注意了反右倾保守思想，而忽略了主观主义左的方面。经过去年冬郑州会议以后一系列措施，一些左的现象基本上纠正过来了，这是一个伟大的胜利。这个胜利既教育了全党同志，又没有损伤同志们的积极性。

现在对国内形势已基本上弄清楚了，特别是经过最近几次会议，党内大多数同志的认识已基本一致。目前的任务，就是全党团结一致，继续努力工作。我觉得，系统地总结一下我们去年下半年以来工作中的成绩和教训，进一步教育全党同志，甚有益处。其目的是要达到明辨是非，提高思想，一般的不去追究个人责任。反之，是不利于团结，不利于事业的。属于对社会主义建设的规律等问题的不熟悉方面，经过去年下半年以来的实践和探讨，有些问题是可以弄清楚的。有些问题再经过一段时间的学习摸索，也是可以学会的。属于思想方法和工作作风方面的问题，已经有了这次深刻教训，使我们较易觉醒和体会了。但要彻底克服，还是要经过一番艰苦努力的。正如主席在这次会议中所指示的："成绩伟大，问题不少，经验丰富，前途光明。"主动在我，全党团结起来艰苦奋斗，继续跃进的条件是存在的。今年明年和今后4年计划必将胜利完成，15年赶上英国的奋斗目标，在今后4年内可以基本实现，某些重要产品也肯定可以超过英国。这就是我们伟大的成绩和光明的前途。

  顺致

敬礼！

彭德怀
1959年7月14日

毛泽东在接到彭德怀的信的最初几天里，虽然很不满意，但并没有立意发起一场反击。李银桥回忆了毛泽东接信后的最初反应：

毛泽东看过这封信后，带着苦笑的表情说："彭老总批给我看的尽是消极材料，尽给我送消极材料。"接着他说出几位中央首长的名字，说："他们送的材料积极。"

3天之后，大会秘书处把彭德怀的信印发给大家。于是在继续讨论《会议纪要》的同时，讨论《彭德怀同志的意见书》。[8]

7月16日上午，毛泽东找几位中央常委谈了会议进行问题，决定会议再延长一周，通过《议定记录》，并通知彭真、黄克诚、薄一波、安子文等立即上山，参加讨论。

7月17日下午至晚上，毛泽东找了周小舟、周惠、胡乔木、田家英和李锐5

人去谈话。李锐回忆这件事时写道：

如果要说得形象一些，当时庐山会议的形势，正是密云不雨，气压很低；或者如每天常见的窗外景观：云雾缭绕，不识庐山真面目也。

正是在这个关键时刻，7月17日下午5点到夜10点，毛主席又找周小舟、周惠、胡乔木、田家英和我5个人去谈话。其中4人是《议定记录》的起草人，胡与田不消说，在身边已10多年，其他3人，应当说，当时也是很受信任的或看重的。这次谈话，还是主席谈得多，也谈得很融洽，最初还议论了他的《到韶山》《登庐山》那两首诗。一起吃晚饭，喝茅台，还敬了酒。下面是主席谈话的要点，按记录本上一条条记的（括号中的话是笔者加的）：

关于总路线，真有70%拥护就不得了。真正骨干有30%也不得了了。大部分人是随大溜的。

昨天晚上我谈了（大概是指常委会上）现在的情况，实质是反冒进，我是反冒进的头子。我要有几个右派朋友（这里讲的右派，很可能是虚的即打引号的，但也可能是实的即不打引号的。近30年之后，写到这里，笔者也无法肯定是虚是实，请读者和史家来研究。据笔者回忆，当时的意思是虚指的，也许毛主席本人当时也确定不了。当然，按照后来历史的发展事实本身，来确定这种含混不清的说法，也无不可）。我是机会主义的头子。我要找唱反调的人通讯。计委这次来了反对派的人（指贾拓夫、韩哲一、宋平），正面有富春一个人就够了。只让签字不行，还得了解情况和问题。工业系统是独立王国，谁也进不去。我是成事不足，败事有余；孙悟空偷桃子，只有这个办法，开庐山会议之类。过去不懂得管理经济之复杂。革命是捣乱，而且敌人有隙可乘（这是承认管理经济比革命难）。

六个地区大组人员打乱（这是11日夜谈话时，我们3人的建议），使之不成体系，免得谈来谈去一个腔调，问题展不开。国务院那么多部组成的，还不包括省，任何一个工厂总办在一个省（之所以搞大跃进提出"以钢为纲"，实际上也可以说是对国务院工作不满的一种表现——抓不住"主要矛盾"。在成都会议时，乔木同我谈过这个问题）。权力集中很不容易。过去司令部、政治部有矛盾（指井冈山时期），权力好不容易集中在前敌委员会。（这是说明自己为何要亲自抓经济的道理。）中央红军8万多人，到吴起镇剩7000人。开干部会，说比过去强了，因为干部经过了这样艰苦的锻炼，当时许多人不同意我的看法（说这个话的意思，还是指1958年虽吃了亏，但取得经验，队伍得到锻炼）。接着反复讲1300万吨来之不易（这是当时1959年落实的年产钢指标，有人说是否右倾机会主义了）。就是不能完成，也不要如丧考妣。只要真正鼓足了干劲，指标没有完成也没有关系。成绩讲够很重要。他们（指各省头头们）

在当家。"人为财死,鸟为食亡",人都有保卫自己劳动果实的本能。李井泉是挑担子的人,容易有脾气。我提倡过密植,现在是中间偏右派。

关于密植这段话,是由田家英的插话引起的。1959年初,田在四川他舅舅的家乡蹲点,才了解到许多真实情况。关于1958年稻子平均亩产千斤,原来都是一个口径,但食堂经常吃稀饭,菜里见不到一点油荤。后来才查清楚,亩产只有580斤。这个现象在四川是普遍存在的。上海会议时,家英就告诉过我,他在家乡如何饿肚子。上海会议后,他又到四川调查,发现省委规定的"双龙出海、蚂蚁出洞"(只有行距,没有棵距)的高密植,社员都接受不了。这时正逢毛主席的《党内通信》下达:"插秧不可太稀,也不可太密。"他就据此在蹲点的公社,号召不要过于密植。在省委召开的会议上,他反对高度密植,同李井泉有过很大争论。最后省委还是决定,全省继续实行高度密植,只是让他所在公社可以稀一点。早在1958年10月,家英在新乡七里营公社调查时,就发现过小麦产量浮夸,食堂伙食很差,社员体质下降,劳动生产率低等情况,同时还根据修武县委书记的意见,反映了公社所有制存在的种种问题。在四川将近半年的调查,使他对农村五风的情况,有了更多的感性的了解。在西南组开会时,谈到下面受压而虚报产量这些问题时,他受到组长的批评,以致讲不下去。上山时,他领导的工作组交来真假罗世发的材料。这些当时他都直率地谈了。主席不能不相信在自己身边工作了10多年的人讲的真话,但又还得维护那些最忠实地、勇敢地执行总路线的地方负责人的威信,认为他们是身挑重担的人。

主席接着说:现象与本质有时不容易看清楚。万人检查团(这是大跃进时各地流行的造声势的方法)是形式主义,不能深入了解情况,群众不会当众说真话。称赞《宣教动态》《外事动态》办得好(这两个内部刊物都反映了1958年以来的某些真实情况),应当办《经济动态》。关于粮食产量的估计,比7月11日夜谈的更为谨慎。主席说真正高产的恐怕只有5%,一般水平的是95%,而我们做工作,只能立足于95%。因此,年增产30%是不大可能的。

谈到粮食问题时,小舟又说到全民炼铁,各种高指标,其根子在粮食估产高了。主席认为也不尽然,接着又谈到平衡是相对的,不平衡是绝对的道理。谈到这个问题时,乔木一言未发,他是不同意这种理论的。主席颇同意乔木提出的,各工业部长们下去当几年厂长的建议。说孔夫子的职业为道士,做过会计,管过田地。也同意我们说的,政治挂帅,不能代替具体的经济工作。我们又提到还是由陈云同志挂帅好。我还说到三委(计委、经委、建委)工作要统一。乔木说,少奇的意见,还是由陈云主管计委工作为好。他还反映了少奇的一个说法:有人在观测中央仍有两派(促进与促退或左与右)。主席说,富春是依靠王鹤寿的。接着又谈到袁绍之优柔寡断，不会用将。《曹操传》《郭嘉传》中对此都有反映。

　　之后又谈到不要怕乱的问题。周惠说，还是学生不上街、群众不打扁担的好。主席说，乱了才好。1957年汉阳学生闹事，当时估计全国各地市1万、2万、3万学生想闹事不等，也不过几百万人吧。意思很显然：大乱了才好大治。乔木当场表示不同意这个说法：脓疮需要有白血球去攻，但全身溃烂了，白血球失去平衡，就不行了。

　　此时彭总的信刚发出。主席从彭信谈到洛川会议旧事，说华北军委分委发的小册子，不同意中央在洛川会议定的游击战为主的战略方针。这个小册子曾为王明所利用。

　　……

　　这是7月17日，彭总的信刚刚印发。从这天谈话内容以及情绪来看，特别是饭桌上频频举杯，谈笑风生，应当说主席还没有完全转向"左派"，还没有立意发起一场反击。但对彭的信（及彭本人），自然有他自己的看法。按照黄克诚后来同我谈过的，他们两人相互成见很深，有许多历史上的疙瘩没有解开。上海会议上主席作报告批评了一些人的时候，讲过一句话："彭德怀是把我恨得要死的。"以此作为印证，黄的说法是有根据的。

　　……

　　主席这次找我们几个人再次谈话，关于彭的信并没有多说，只是顺便提到洛川会议，应当说是含有深意的：让我们知道，彭德怀这个人同他在历史上不一路，启发我们这些"不知世事"的人，不要倒到彭那一边去。同11日夜的谈话相比较，这时无疑有变化了：在密切注意形势的发展，在防止彭的信出来之后，形势可能向右发展。光几个"秀才"们讲点偏激的话，讲点不爱听的话，无关大局（有时还有好处）。[9]

　　李锐还谈到，7月18日他同田家英、胡乔木等谈到彭德怀的信，都觉得信的内容很好。但胡乔木却讲了这样一句：这封信可能惹出乱子。

　　黄克诚在庐山会议后期也被打成"彭、黄、张、周反党集团"成员，蒙受不白之冤。他回忆说：

　　彭德怀于6月底收到庐山开会的通知。在此以前，他在上海会议上受过毛主席的批评，心中不快。当大跃进刚刚开始时，他也曾兴高采烈，积极得很。但他在接触实际以后，几个月就改变了看法。而我则是从一开始就持保守态度，对大跃进有怀疑、有保留。

　　后来彭出国访问，回国后非常认真地看了内部参考消息，把自己认为严重的情况都圈出来，送给主席看，数量颇多。他在会前去了一趟湖南，和周小舟、周惠谈了不少话,他们的看法基本相同。我也和他谈过一些国内情况,可能加重了他的忧虑情绪。彭德怀收到庐山会议的通知后,他不想去,让我替他去。我说:中央通知你去,没通知我,我怎能替你去呢?我又问他:你是不是受了批评,心里不舒服?彭说:也不是不服气,就是感情上觉得别扭。他后来还是去开会了。在会议中他对就事论事不满,对没有尖锐的意见不满,认为纠"左"的措施不力,因而写出了那份有名的"意见书"。

庐山会议开了半个月,我还在北京守摊子。彭真和林彪也未去庐山,似乎都没想到会出什么大问题。我还是把这个会当成一般的政治局扩大会议,研究当前工作问题的会议,还在北京准备了两个有关工业工作的文件,打算送给中央考虑。第一个文件是关于钢铁工业的,主要说:我国现已有1000万吨钢的产量,目前应着重质量,不要追求数量,并举了苏联和日本作例子。苏、日这两个国家在第二次世界大战时期,钢的年产量都不甚高,但在战争中都显示了很大的威力。这说明有一定的数量时,就应特别重视质量。第二个文件则是关于无线电工业的,现称电子工业,但当时尚无此称谓。军委非常重视军事工业,国家设二机部专管军工。开军委会时陈毅、聂荣臻、贺龙等几位元帅都主张不能削弱对军事工业的领导,我就根据会议精神起草了一个加强对无线电工业领导的文件。

此时,国内经济情况已有些乱了。河北、山东都有饥馑发生,青海也在闹饥荒,云南逃向缅甸的人相当多。我感到问题严重,心里非常不安。庐山会议开了半个月后,中央通知我去开会,我有点意识到会议上分歧严重。彭德怀7月14日写给毛主席的"意见书"已打印出来,看来可能要受批评。但我对有关党和国家命运的重大问题,确有很多意见,和彭德怀的看法基本相同,很希望有机会向党中央提出。彭真打电话给我,让我和他一起去。

我记得是7月17日到达庐山。上山后刚进住房,彭德怀就拿着他写给毛主席的信给我看。我仔仔细细看了一遍,说:这封信提的意见我赞成,但信的写法不好,语言中有些提法有刺激性,你那样干什么?他说:实际情况那么严重,会上没有人敢说尖锐的话,我就是要提得引起重视。我说:你总是感情用事,你和主席共事多年,应该互相了解较深,这些话何不与主席当面交谈,何必写信。

当天晚上或第二天早晨,周小舟、周惠、李锐三人到我住处看我。谈起来,他们意见一致,都认为:不改变"左"的方针不行,而且感到会议有压力,不能畅所欲言。我因刚来,不了解情况,就说:不要急,先看一看。随后我又和李先念谈了谈,先念也认为当时的做法太过了,一定要改变才行。

接着,我又和谭震林谈,他是激进派,意见就完全相反了。而且他还问我：你为什么先去看先念，不先来找我，你受先念影响了。我说：我和先念有些看法相同，不能说是受他影响。我就阐述了自己的意见，因而和谭震林吵起来。我和谭一向关系很好，知道他性格直爽、态度鲜明，有话当面争吵，不会存在心里，所以丝毫没有顾虑，和他争论得非常激烈。谭发火说：你是不是吃了狗肉，发热了，这样来劲！你要知道，我们找你上山来，是搬救兵，想你支持我们的。我说：那你就想错了，我不是你的救兵，是反兵。这"反兵"二字，是针对谭震林说的"搬救兵"而言，说明我和他意见相反，后来却被人引为我"蓄意反党"的证明。

18日到19日开小组会，讨论彭德怀的那封信，不少人发言同意彭的意见。我也在19日发言，比较全面地阐述了自己的观点，支持了彭德怀的意见。当时组里除罗瑞卿、谭震林二人外，其他同志似乎都对我表示有同感。谭、罗发言批评我，我又反驳他们，争论了一通。这篇发言本应有详细记录在简报上印发，但因我乡音太重、说得太快，记录同志记不下来，整理时感到为难，就要求我自己整一个书面发言给他们。但形势变化很快，几天就形成了斗争局面；我已无时间和精力来整理这个材料。所以简报中就只有一个简单的发言记录。致使有些同志后来感到诧异，怎么庐山会议被斗争的主要角色之一，连个较全面的发言都没有呢？

我最担心的是粮食问题，几亿人民缺粮吃可不得了。会议上把粮食产量数字调整为7000亿斤，说是：6亿人口，人均产量超过千斤，粮食过了关。我说：不过，这个数字不符合实际情况。有人质问：这话是谁说的？我说：是我说的，而且你也说过。我那时态度还是很强硬。

7月23日，毛主席召开大会讲话，这个讲话造成极大的震动，扭转了会议的方向。

我记得主席讲话的内容主要是：一、现在党内外都在刮风。有些人发言讲话，无非是说：现在搞得一塌糊涂。好呵！越讲得一塌糊涂越好！我们要硬着头皮顶住；天不会塌下来，神州不会陆沉。因为有多数人的支持，腰杆子硬；我们多数派同志，腰杆子就是要硬起来。二、说有"小资产阶级狂热性"。我有两条罪状：一是大炼钢铁，1070万吨是我下的决心；一条是搞人民公社，我无发明权，但有推广权。1070万吨钢，9000万人上阵，乱子大了，自己负责。其他一些大炮，别人也要分担一点。各人的责任都要分析一下，第一个责任者是我。出了些差错，付了代价，大家受了教育。对群众想早点搞共产主义的热情，不能说全是小资产阶级狂热性，不能泼冷水。对"刮共产风""一平二调三提款"也要分析，其中有小资产阶级狂热性，主要是县、社两级，特别是公社干部。但我们说服了他们，坚决纠正。今年3月、4月间就把风压下去，几个月就说通了，不办了。三、我劝另一部分同志，在紧急关头，不要动摇。做工作总会有错误，几十万个生产队的错误，都拿来说，都登报，一年到头也登不完。这样，国家必定垮台，帝国主义不来，我们也要被打倒。我劝一些同志，要注意讲话的"方向"，要坚定，别动摇。现在，有的同志动摇了，他们不是右派，却滑到右派边缘了，离右派只有30公里了。

主席的讲话，支持了左派，劝告了中间派，警告了"右派"，表明主席已经把会上意见的争论，作为党内路线斗争来看待了。

主席这样做不是偶然的。当时党内外的确是意见很多，甚至很激烈。主席在讲话中就曾提到：江西党校的反应是一个集中表现。7月26日批发的《李云仲的意见书》，更是直言不讳地批评了党的错误。李是搞计划工作的司局级干部，熟悉情况，信中列举了许多事实和数字材料，说明问题的严重性。这信是在6月上旬直接寄给主席的。主席对这封信写了长达两三千字的批示。批示中肯定了他敢于直言，对计划工作的缺点，批评得很中肯；但又说，李云仲认为从1958年第四季度以来，……党犯了"左倾冒险主义""机会主义"的错误，这一基本观点是错误的，几乎否定了一切。

这些在毛主席心里留下了阴影。由于党中央在这个时期一直和主席一致，从第一次郑州会议以来，开了许多会议，不断纠正错误，情况有所好转。主席颇有信心，认为照这样做下去，不要很长时间就能够解决问题。所以庐山会议前半个月被称为"神仙会"，提了十几个问题来讨论研究，发言虽有分歧，却无重大交锋，气氛并不紧张。但在表面的平静下，却隐藏着"左""右"之争。"左"的方面气势高，不愿听人谈问题严重，有人甚至在会上打断别人的发言。"右"的方面则想把缺点、错误谈够，要求对情况的严重性有充分认识，认为不如此不能真正解决问题，同时对会上不能畅所欲言，感到压抑。这种情况主席是知道的，但也认为是正常的。这时，讨论已近结束，《会议纪要》已在起草讨论，准备通过《议定记录》，会议就结束了。

就在此时，彭德怀写了他的意见书，于14日送给主席。他正是因为会议即将结束，而又感觉并未真正解决问题，自己的意见亦未能畅述而写的。这封信对毛主席起了强刺激作用，免不掉又要亢奋失眠。主席自己在会上说，吃了三次安眠药睡不着。在神经过度兴奋的状态下，仔细琢磨的结果，就把这封信和国内外各种尖锐的反对意见，都联系起来；把彭总当作了代表人物，而且是在中央政治局里的代表人物。认为他的矛头是指向中央政治局和主席的，于是认为路线斗争不可避免。7月23日的讲话宣告了会议的性质已经改变，会议将扩大延长。

主席的讲话对我们是当头一棒，大家都十分震惊。彭德怀会后还曾向主席说，他的信是供主席参考，不应印发。但事已至此，彭的解释还能有什么用？我对主席的讲话，思想不通，心情沉重：彭德怀负担更重，我们两人都吃不下晚饭。虽然住在同一栋房子里，但避免交谈。我不明白主席为什么忽然来一个大转弯，把"纠左"的会议，变成了反"右"。反复思索，不得其解。

当晚，周小舟打电话来说，他们想和我谈谈。我觉得这时应谨慎一些，不同意他们来，但小舟很坚持，我也就让步了，来就来吧。三人中，小舟最激动，李锐已意识到在这个时间来我处不好，可是未能阻住小舟。谁想得到，这次谈话竟成了"反党集团"活动的罪证呢。

小舟、周惠、李锐到来后，表现非常激动，说：我们都快成了右派了。我劝他们说：别着急，主席支持左的，也不会不要右的。小舟问：主席这样突变，有没有经过政治局常委讨论？又问：主席有没有斯大林晚年的危险？我说：我认为不会。又说：有意见还是应直接向主席提出，我们现在这样谈论，不好。小舟才平静下来，又谈了些湖南的情况。他们正准备走时，彭德怀拿着一份军事电报走过来，小舟又说：老总，我们离右派只30公里了。彭说：着急有什么用。李锐催着小舟走，说太晚了。实际上，他大概是觉得，这些人还是早点离开这里为妙。周惠一向比较谨慎，没说什么话，他们就走了。他们出门时，正巧碰见罗瑞卿，罗持反"右"的观点，自然就注意了这件事。后来，这天晚上的谈话就成了逼我们交代的一个重要问题。

23日主席讲话后，各小组下午就开始讨论主席讲话。那时发言尚较缓和，对彭信的批判虽轻重不同，均未离开信的内容，有人说得厉害些，有人则还作些自我检讨。

7月26日传达了主席的指示：要对事，也要对人。这成了会议的另一个转折点。批评的火力大大加强，而且目标集中在人了。除了对彭总外，所谓"军事俱乐部""湖南集团"的提法也都出来了。"左"派柯庆施等人气势很汹，温和派也被迫提高了调子。彭德怀和我们这些人就只有作检讨的份。我在26日作了检讨，谈到19日的发言是嗅觉不灵；谈到自己思想方法上有多考虑困难和不利因素的老毛病；也谈到自己只认为彭信有些地方用词不妥，而认识不到问题的严重性；等等。这当然也有违心之论，但还不算太过。

7月26日除传达了主席说的"对事也要对人"的指示外，还印发了主席对李云仲信的批示，说得就更严重了：党内外出现了右倾思想。右倾活动，大有猖狂进攻之势。这样一说，谁还敢当中间派呢？自此，批判、斗争不断加热。既然对人，那就得追查组织、追查目的，还要追查历史来进行斗争了。

7月30日，主席通知我、小舟、周惠、李锐四个人去谈话。谈话时主席显得火气不大，所以我们也较敢说话。这次谈话，主席给我戴了几顶帽子，说我：一是彭德怀的政治参谋长，二是湖南集团的首要人物，三是军事俱乐部的主要成员；还说我与彭德怀的观点基本一致，与彭德怀是"父子关系"；又谈到过去的三军团的历史问题，说不了解我的历史情况等。

我答辩说：我和彭德怀观点基本一致，只能就庐山会议这次的意见而言。过去我和彭德怀争论很多，有不同意见就争，几乎争论了半辈子，不能说我们的观点都是基本一致，但我们的争论不伤感情，过去打AB团时，有人要打我，彭还帮我说过话，不然我那次就可能被整掉了。我认为我们的关系是正常的，谈不上什么父子关系。

主席说：理性和感情是一致的东西，我自己总是一致的。看来我不了解你和彭的关系，也不了解你这个人，还得解开疙瘩。

我又说：我当彭的参谋长，是毛主席你要我来当的。我那时在湖南工作，并不想来；是你一定要我来。既然当了参谋长，政治和军事如何分得开？彭德怀的信是在山上写的，我那时还没有上山，怎么能在写"意见书"一事上当他的参谋长？我在湖南工作过多年，和湖南的负责同志多见几次面，多谈几次话，多关心一点湖南的工作，如何就能成为"湖南集团"？至于"军事俱乐部"，更是从何谈起呢？

谈话还涉及当年东北战场"保卫四平"问题和长时期炮打金门、马祖的问题，我都表示了反对的意见。主席说："保卫四平"是我的决定，难道这也错了？我说：即使是你的决定，我认为那场消耗战也是不该打的。至于炮轰金门、马祖，稍打一阵示示威也就行了。既然我们并不准备真打，炮轰的意义就不大，打大炮花很多钱，搞得到处都紧张，何必呢？

主席笑笑，说：看来，让你当个"右"的参谋，还不错。

周小舟、周惠、李锐都说：会议上空气太紧张，叫人不能说话，一些问题不能辩论清楚。

主席说：要容许辩论、交锋，让大家把话说出来、讲完讲透。小舟等又说："湖南集团"的提法，有压力，希望能给以澄清。主席说：可能是有点误会。又说：我和你们湖南几个人，好像还不通心，尤其和周小舟有隔阂。

主席又把话引到他在遵义会议前，怎样争取张闻天、王稼祥等。主席要小舟"不远而复"。主席谈遵义会议，分明是要我们回头，与彭德怀划清界限，希望我们"实迷途其未远，觉今是而昨非"。但我们的思想问题没解决，又都不会作伪，所以我们的表现可能使主席失望。

这次谈话，尽管主席对我的指责颇重，但空气不紧张，能让我们说话，感觉不到压力；即使说的话让主席不满，他表示不同意时，态度也不严厉。所以我们的心情较好。我甚至还有点轻松感：到底有个机会，把话直接向主席说了。

7月31日和8月1日两天，毛主席在他住处的楼上，召开政治局常委会议，批判彭德怀。连中午都不休息，午饭就是吃包子充饥。参加的人员有少奇、恩来、朱总、彭总、林彪、贺帅、彭真等同志，又通知我和二周及李锐四人列席。

主席主持会议，讲话最多，从历史到理论，长篇大套，我无法记述。讲理论，主要是说彭不是马列主义者，思想中有不少封建的、资本主义的东西，是个经验主义者。其中也提到：彭是劳动人民出身，对革命有感情；要革命还是好的，寄予希望。讲历史则是批彭德怀在几次路线斗争中所犯的路线错误，说彭和他的关系是三分合作，七分不合作。彭说是一半对一半。主席仍说是三七开。

谈到彭的"意见书"时，主席说：信上说"有失有得"，把"失"放在"得"的前面，反映了彭的灵魂深处。又说：我们没有经验，没有"失"如何能"得"，胜败兵家常事，要保护群众的革命积极性，不能泼冷水，气可鼓不可泄，要反右倾。又说彭：你讲"小资产阶级狂热性"，主要锋芒是向着中央领导，你是反中央、攻击中央。你的信是准备发表的，目的是用来争取群众、组织队伍。你要按照你的面貌改造党和世界。以前历史上许多重要问题，你都没写信，这次写那么长。对你那些挑拨的话要顶回去。

彭说：我过去在江西也给中央写过长信提意见，这次信是供你考虑，并没想发表。

主席又说：你过去挨了批评，心里怀恨。我们同在北京，连电话都难得打，打几次，没打通，就"老子跟你不往来"。在香山你找我，因我睡觉习惯特殊，警卫员说未起床，你就拂袖而去，不谈了。高、饶事件你陷得很深，你以后会怎样，也难说。

彭说：我过去追随王明、博古路线，1934年1月、2月间就转过来了，曾和黄克诚谈过，还得请主席来领导。我今年61岁，以后还能有什么呢？

朱总司令发言温和，主席说是"隔靴搔痒"。

林彪发言说彭是"野心家""阴谋家""伪君子"；说彭自己有一套纲领、路线，独断专行，攻击主席，用心很深等。这个发言很厉害，以后成了定性的基调。

其他同志多是举个例子，说明彭德怀有问题，表示同意主席意见。

毛主席还说道：整人就是要整得他睡不着觉，要触及灵魂深处。说彭：你组织性、纪律性很差，你有个说法，"只要有利于革命，专之可也"。打朱怀冰等，时机紧迫，还可说"专之可也"。打百团大战，为何也不先报告请示一下？人们说你是伪君子，你历来就有野心。我66岁，你61岁，我会死在你前头，许多同志都对你有顾虑，怕难于团结你。

主席最重要的话是说：你们这回是站在右倾的立场上，有组织、有准备的进攻，其目的是动摇总路线、攻击中央领导。毛主席甚至还提到解放军跟不跟他走的问题。

我不能不表态说几句话，我说：我和彭相处久了，许多事都看不清楚。中央苏区后期，他说过还是要请主席来领导，我认为他不是不能辨别正确和错误。他的个人英雄主义我有感觉，今天的会使我认识更全面。希望彭能冷静地听取批评，常委领导同志讲的话，都是好意帮助，等等。

会后，主席把我们四个列席的人留下，又谈了一阵，要我们别再受彭的影响。特别对周小舟寄予希望，要他"迷途知返"。这一串的会议给我的感觉是：主席要教育和争取我们回头。虽然我被认为是彭的亲信，绝对脱不了身，但那时似还没有要定为"反党集团"的迹象。

8月2日开中央全会。

主席讲话着重谈路线问题；谈党内有分裂倾向，右倾机会主义向党猖狂进攻；谈允许犯错误的人改正错误，一看二帮，批评、改正、团结等。

接着就是各组开批斗会，批"军事俱乐部"进入高潮。康生是批斗中最积极的人，又是发言，又是插话，又是整理材料送主席，拼命地表现他自己。林彪的作用也越来越重要。8月4日由少奇同志主持一个会，向新上山的中央委员通气，林彪第一个发言，长篇大论地指责彭，占了一大半时间。

原来小组会是按地区分组，后来就扩大了。我原在西北张德生负责的那个组，以后薄一波、罗瑞卿、谭震林、乌兰夫、蒋南翔、田家英等十几个人都参加了这个组。到中央全会时期，又合编两个大区的人为一个组，人数很多，林伯渠、吴玉章等也都到这个组来了。我平生受过无数次斗争，感到最严重、使我难以支持的，还是庐山会议这一次。我一向有失眠症，经常吃安眠药，但最多不过两粒，这时每晚吃到六粒，还是不能入睡。

开始我的态度还很强硬，有人说我是彭的走狗，我气得要命，说：你杀了我的头，我也不承认。对不合理的批评，就和批评者辩论。慢慢地，我意识到讲理、辩论都没用，就尽可能多听少说，多沉默，少争论。但我的检讨总是不能令人满意。

这时，有位中央领导同志找我谈话，谈了两次。他以帮助我摆脱困境的善意，劝我对彭德怀"反戈一击"。我说："落井下石"得有石头，可是我一块石头也没有。我决不做诬陷别人、解脱自己的事。

但人们总以为我知道彭德怀的许多秘密，不满足于我只给自己戴帽子，逼着我交代彭的问题。我实在没办法，只好找彭的秘书来帮我回忆，还是搞不出什么东西。彭还在碰巧能单独说话时,劝我别那么紧张。我说:右倾机会主义还不要紧,"反党"可就要紧了,我确实是很紧张。彭说:我这个人一辈子就想搞"富国强兵",没什么别的想头。又劝我别悲观,似乎他还比我乐观些,但也不便多说,马上就走开了。

大约在8月10日,组里正在追问7月23日晚上周小舟、周惠、李锐到我那里到底谈论些什么。这时罗瑞卿带着李锐到我这组来参加会议。我马上紧张起来,心想一定是那天晚上他们说的话被揭露了[10]。这里最关键的问题是议论毛主席像"斯大林晚年"那句话。我深知他们当时很冲动,又都是一贯忠于革命事业的正直诚实的人,所以并不认为这话有什么了不起。但后来会议情况变得紧张、严重,我也明白这话必被误解。早些时候,我曾劝过周小舟:23日晚你们出门便碰见罗瑞卿,定会引起注意,你们说过的这句话很容易被认为是反对毛主席,最好你们自己先向主席坦白说明情况。小舟说:不行了,晚了,现在去说,只会惹出祸来。因此,我也只能保持缄默。但这件事在我心里是个疙瘩。说不得,说了会加害无辜;不说又是在隐瞒,作为一个中央委员,也觉得良心上不安。而且,越拖得久,不是越显得"心虚",显得事情严重吗?组里正在穷追此事,我想,人家指明问那天晚上的事,我是中央委员,怎么能对组织隐瞒,只好如实说了那晚的前后经过,并说明我认为说话人并无不良用心,只是一时的冲动失言。

这就像爆发了一颗炸弹,全组立时哗然。我的解说毫无用处。他们又追问是谁说的。我当时并没对这话特别在意,实在记不清哪一个讲的。这时看到李锐,以为他说了些事,心想以他的为人,一定会自己承担责任,于是就说:可能是李锐说的,但也记不准了。后来周小舟自己承认是他说的。

这个"斯大林晚年"问题一出,会议就像烧开了的水一样,沸腾起来,似乎"反党集团""湖南集团"等均由此得到了确证。我前一段在组会上那么理直气壮地辩论,现在看来,都成了瞪着眼睛说谎话,证明我这个人非常不老实,完全不可信任。于是,"阴谋家""野心家""伪君子"的帽子都给我戴上了。身处此境,真是百口莫辩,跳进黄河洗不清,心里的那种痛苦,实在没法形容。可是还得开会,还得检讨,一次又一次,总是被认为不老实。

其他几个人也和我处于同样境地。听说彭德怀和张闻天也这么议论过毛主席,同样被揭露了。这就使参加会议的同志都愤慨起来。

毛主席在党内的威信崇高,得到大家衷心拥护。到此时,那些在批"右倾"时内心里还对我们抱有同情的人,也改变了态度。毛主席当然更加重了"党内有阶级斗争"的看法。他以前着重在批斗彭德怀的右倾,还对我们做了许多争取工作。到这时,就完全认定我们是个"反党"集团了,只把周惠区别出来，说是沾了点边。按党内地位，我应排在张闻天之后，但我既是军事俱乐部的主要成员，又是联结湖南集团的纽带，罪状严重，所以把我名列第二，放在张闻天之前，说成是"彭、黄、张、周反党集团"。李锐是毛主席的兼职秘书，因而参加了庐山会议，又因和我们观点相同，也陷入此案，但由于不是中央委员，没有和我们一道并列点名。

主席这时已确认我们是有组织、有目的、有计划地进行反党活动。常委也同意这个判断，于是在作决议之前，主要任务就是要我们认罪。

为此，请了几位老帅做彭的工作，又让陶铸来做我的工作。我相信陶能理解我们，于是对陶毫无隐瞒，把上山前后的种种情况都和他讲了。我说：我们只是对当前情况看法相同；对主席23日讲话感到震惊；个别人在冲动中说了错话，又因怕被误解而不敢坦白交代；根本不存在反党活动，我无法认账。陶铸第一次没有完成任务，第二次又来和我谈，说：不管你们主观上怎么想，但客观上表现出来的是有组织的反党活动；大家看法一致，你否定有什么用呢？我仍然不服地说：如果形迹可疑，就能定罪，那何必要我承认？陶铸又没有解决问题，于是第三次来谈。这次他对我责以大义，说：你总得为党、为国家大局着想才是。现在中央领导、各部门、各地区的主要领导都聚集在此，7月开了一个月政治局扩大会议，8月开中央全会也半个月了，再拖下去，对工作大大不利。目前事已至此，你不承认，大家通不过，最后还是得承认，何必再拖下去呢？我反复思考，现在处境确实困难，主席性格之强，我所深知。而且中央全体，除我们几个人外，都站在主席一边。个人受委屈、被冤枉毕竟是小事。听说彭德怀表示，他想通了，要什么，就给什么。我也只好照陶铸说的，"顾大局"吧。

冤枉自己也是不容易的事。叫我承认右倾，我可以心甘情愿，因为我心里从没有赞成过总路线、大跃进、人民公社运动。但要我承认反党，而且是有组织、有目的、有计划的反党，可太难了。实逼处此，硬着头皮违心地认账后，心中耿耿，无日得安。

彭、黄、张一个个被劝认账后，在大会上都做了检查，只有小舟没做。于是，八届八中全会在总理、彭真主持下，写出了决议草案。写成后又要我们签字承认。这字好难签，但我们已经是不得不签了。

我们这样违心认罪，除了听从一些与我们关系好的同志劝告，要我们顾大局，暗示应牺牲自我外，还有一个因素，这个因素不仅影响我们，而且还影响许多中央政治局的领导同志和与会的成员。许多年来，在内战、长征中，主席的英明、正确已为全党所公认。抗日战争、解放战争和抗美援朝更使全党钦服主席的领导高明。他不时力排众议，而结果常常证明他正确。所以我们已习惯于认为：主席比我们都高明，习惯于服从主席的决定，习惯于接受主席的批评，尽管心里有不同意见，也接受了。虽然这一次实在不能接受，也不应该接受，也强迫自己接受了。

等我冷静下来时，我认识到：违心地作检查，违心地同意"决议草案"，这才是我在庐山会议上真正的错误。使我后来一想起就非常痛苦。

中央领导多数仍希望只限于批评这几个人，不要扩大。

彭德怀出身于贫苦的劳动人民家庭，全心全意地要改造旧社会，军功极大，地位很高，而从不忘本。他从小就是反抗性极强的人，而且总是带头为首。说他有个人英雄主义，入党后已改得很多了。说他桀骜不驯、好犯上，那也只是在他认为不对的时候。他耿直，讨厌捧场，新中国成立后对歌功颂德看不惯。看不惯就要说，而且说得很难听，从不怕得罪人。这样的性格，如何能不遭疑忌？

早有一次，主席对彭开玩笑似的说：老总，咱们定个协议，我死以后，你别造反，行不行？可见主席对彭顾忌之深，而彭并未因此稍增警惕，依然我行我素，想说就说。他性格刚烈，遇事不能容忍，不大能适应人类社会的复杂性。水至清则无鱼，人至察则无徒，所以不易和领导及周围同志搞好关系。从主席批评彭的话中，可以看出他们两人在生活方式上也是格格不入，相处得不很愉快，多有误会。

毛主席建党、建军、新中国成立的伟业，彭德怀身经百战的功勋，都是昭昭卓著的。两个人都十分忠诚于革命事业。谁能料到：他们竟因为某些观点的分歧和性格的差异，发生了一系列的矛盾，形成颇深的成见。加以庐山会议时，上述种种因素，以致发展到不能相容的地步。庐山会议这一场悲剧有偶然的因素，但实非偶然。这个事件对我国历史发展的影响巨大深远。这不是一个人或几个人的悲剧，而是我党的悲剧。从此，党内失了敢言之士，而迁就、逢迎之风日盛。[11]

当年在国防科委担负领导工作的万毅将军，因为一个偶然的原因来到庐山会议会场，不幸卷入，也蒙受了不白之冤。

李维民在《万毅将军在庐山会议》一文中写道：

7月16日，毛泽东在彭德怀信上加了《彭德怀同志意见书》的题名，批示："印发各同志参考。"同时决定会议讨论的时间延长一周，并且通知留住北京的彭真、黄克诚、薄一波、安子文立即上山参加讨论。还转告林彪，如果他身体情况允许，也请他一起上山。宋任穷和万毅也被留下来参加会议。原来按大区编配的6个组，组长没有变动，组员改为各地区穿插编配。

毛泽东的批示，小组的重新划分，与会人员的增加，预示着会议的气氛开始发生变化，但是万毅没有觉察到这一点。他参加小组讨论的第一天（7月17日上午），毛泽东的批示和彭德怀的信正好发下来要大家讨论。当时，人们还不理解毛泽东要大家讨论的用意，更没有想到这会演变成一场阶级斗争的风暴。所以在17日至22日的6天讨论中，大多数人赞同彭德怀的一些看法，许多人还说了不少相似的事例。在第六组中，张国华讲了他爱人回江西探亲时，看到农村中出现的问题；手工业管理局局长邓洁讲了手工业中的一些问题。董必武和聂荣臻在第六组参加讨论，对彭德怀的信也没有提出批评。据万毅记忆，只有一位青海省委书记，不同意彭德怀的意见，说他们那里的小麦亩产7000多斤。万毅不知道，在毛泽东的批示发出之后，以柯庆施为首的一些"左派"分子，虽然在公开场合讲话不多，但已在积极准备发难了。万毅不是那种善于看风使舵的人。他没有反复推敲毛泽东批示的真正用意，也没有留意已经日益紧张的气氛。

7月22日上午，小组讨论已进入第6天，不好抢先发言的万毅，在小组会上作了第一次发言。他直率地讲到，在大跃进中"虚报浮夸的作风在滋长，夸大主观能动作用。如'人有多大胆，地有多大产'的增产无限论等"，他认为这"是搞精神第一性"。他说："对于重点与一般，注意多快忽视好省。"他还讲道："没有认真掌握主席久已强调的'一切经过试验''由点到面'逐步发展的工作方法。有的有抢先思想，比如'吃饭不要钱'的口号，在北戴河会议上有人提出是作为今后考虑的，但是有的就抢先实行，加上报纸一宣传，就变成较普遍的行动。放'卫星'你比我高，我想比你更高。有的口号的提出慎重考虑不够，如有的说'粮食基本过关''放开肚皮吃饭'等。"

在万毅的发言中，最关键的，也是后来成为他的最主要罪状的，是这样一段话："彭德怀同志把自己考虑到的问题提出来，对于此次会议深入讨论有推动作用。提出意见，精神是好的，是赤胆忠心的。从肯定成绩、提出问题到纠正缺点来看，基本精神都是对的。但是有的问题说得简单一些，如果再多说几句，多加分析就清楚了。"

他怎么想，就怎么说。对于当时已遭到非难的彭德怀的信，他表示"我基本同意彭总的信"。他万万没有料到，这个表态竟酿成他20年坎坷的遭遇。不过，万毅的发言，开始并没有引起人们特别的注意，因为当时大多数人都是和他的看法相似，只是表态可能没有那么鲜明。在其他小组，讨论的情况和万毅所在的第六组差不多。黄克诚在第五组，周小舟（湖南省委书记）在第二组，赵尔陆（一机部部长）在第四组，都讲了一些与彭德怀的观点相同的看法。特别是张闻天21日在第二组的长达3小时的发言，系统地阐述了大跃进以来的成绩和缺点、经验和教训，观点最为鲜明，分析最为透彻，阐述最为精辟。就连周恩来总理,当时也以为彭德怀的信"没有什么",没有料到会引起一场大祸。

然而,就在万毅发言后的第2天,庐山风云突变。7月23日早晨,与会人员临时得到通知,听主席讲话。当人们来到小礼堂时,气氛还和往常一样。但是表情严肃的毛泽东,只讲了几句话,就使人们警觉起来。他的讲话是这样开头的:"你们讲了那么多,允许我讲个把钟头,可不可以?吃了三次安眠药,睡不着。我看了同志们的发言记录、文件和一部分同志谈了话,感到有两种倾向:……"他虽然讲道:"一种是触不得,大有一触即跳之势。……只愿人家讲好话,不愿听坏话。"但是,很快便把话锋转向另一种倾向。他说:"现在党内外都在刮风。……所有右派言论都出来了。江西党校是党内的代表,有些人就是右派、动摇分子。……这一回是会内会外结合,可惜庐山地方太小,不能把他们都请来。像江西党校的人,罗隆基、陈铭枢,都请来,房子太小嘛!"对于大跃进以来出现的种种问题,毛泽东不以为然。他说:"无非是一个时期猪肉少了,头发卡子少了,没有肥皂,比例有所失调,工业农业商业交通都紧张,搞得人心也紧张。我看没有什么可紧张的。我也紧张,说不紧张是假的。上半夜你紧张紧张,下半夜安眠药一吃,就不紧张了。……说我们脱离了群众,我看是暂时的,就是两三个月。……小资产阶级狂热有一点,不那么多。……想早点搞共产主义。对这种热情如何看法?总不能全说是小资产阶级狂热性吧。我看不能那样说。有一点,无非是想多一点、快一点。"毛泽东的这段话,显然是针对彭德怀的信。因为那信中提到了"小资产阶级狂热性"。毛泽东越说越严厉:"人不犯我,我不犯人,人若犯我,我必犯人,人先犯我,我后犯人。这个原则,现在也不放弃。"他在这里引述的是对敌斗争的原则,而不是对人民内部不同意见采取的"知无不言,言无不尽,言者无罪,闻者足戒"的原则。毛泽东严厉警告说:"他们重复了1956年下半年、1957年上半年犯错误的同志的道路,自己把自己抛到右派边缘,只差30公里了。"

富有政治经验的中央委员和省、部级领导干部,听到这里,很自然会联想起毛泽东两年前(1957年)发动的反右派斗争。在前一天刚刚表示过基本同意彭德怀信的万毅,听了毛泽东的讲话,感到十分震惊。而对彭德怀来说更是晴天霹雳。这位敢于横刀立马的彭大将军,此时真有些坐不住了。散会以后,当万毅走出小礼堂时,亲眼看到这样一幕。彭德怀站在门外,当毛泽东走出小礼堂后,他立刻迎上去,贴近毛泽东,恳切地说:"主席,我是你的学生,我说得不对,你可以当面批评教育嘛!为什么要这样做呢?"毛泽东没有停下脚步,把脸一沉,甩手走开了。此时,万毅近在咫尺,对彭总的话听得一清二楚。而林彪恰好站在万毅身旁,手里拉着一棵小树的树枝,从他那木然的表情里,看不出他是漫不经心还是幸灾乐祸。

在个人崇拜盛行、党内民主生活遭到破坏的那个年代,毛泽东的一篇讲话,完全改变了会议的内容和气氛,使本来要纠正"左"的错误的庐山会议,变为一场批判以彭德怀为代表的"右倾机会主义"的斗争。彭德怀一下子成为众矢之的。万毅因为同意彭德怀的信,很快也成为被批判的对象。23日以后,以批彭为主要内容的小组讨论又持续了一周。

8月1日,中央政治局扩大会议结束。8月2日接着召开中共八届八中全会。出席会议的中央委员和候补中央委员共147人,列席15人,人数几乎相当于前一个会议的两倍,会场移到庐山人民剧院。毛泽东在会议开始时作了长篇讲话。他说明会议议题有两个:一是修改1959年生产指标,这个问题比较简单;二是路线问题,这是此次中央全会的主题。他说:上庐山后,有部分人要求民主,要求自由,说不敢讲话,有压力。当时摸不着头脑,不知所说的不民主是什么事。前半个月是"神仙会",没有紧张局势。后来才了解,有些人所以觉得没有自由,是认为松松垮垮不过瘾。他们要求一种紧张局势,要求有批评总路线的自由,就是要攻击总路线、破坏总路线,以批评去年为主,也批评今年的工作。说去年的工作都做坏了。1957年不是有人要求大民主、大鸣、大放、大辩论嘛?现在有一种分裂的倾向。去年八大二次会议我说过,危险无非是:一、世界大战;二、党内分裂。当时还没有明显的迹象,现在有这种迹象了。

毛泽东的一席话,把彭德怀的问题上升到分裂党的路线斗争高度。按照这个调子,各小组分别对彭德怀、黄克诚、张闻天、周小舟等进行批判。批判的内容已经不只是彭德怀的那封信,而是向纵深方向延伸开去。一方面是清算彭德怀、张闻天等人几十年来在党内历次斗争中所犯的"路线错误";另一方面是追查"军事俱乐部"成员和对那些在前段会议期间发表过"错误"言论的人进行揭发、批判。万毅就是其中的一个。[12]

7月20日,毛泽东找各组组长(大区负责人)谈话,说耳朵是听话的,口是讲话的,好的就接受,不好的硬着头皮顶住。他还说,要印发《阿Q正传》,使大家受点启发,不要像阿Q一样,自己的缺点、毛病动不得,一触即跳。

李锐当时还听说,毛泽东同王任重在庐山水库划船时,谈到彭信中的"小资产阶级狂热性"问题,说"现在我不发言"。[13]

可见,毛泽东这时对彭德怀的信以及许多支持彭信的言论虽然反感,但还没有恼怒,他还准备硬着头皮听下去。

终于,毛泽东被张闻天7月21日下午的长篇发言给激怒了。

张闻天同彭德怀一样,对"大跃进"和人民公社化运动的"左"倾错误有着深刻的认识,但都感到"神仙会"上问题还没有讲透,缺点还没有摆够。因而，张闻天对彭德怀的信非常赞赏，甚至张本人也曾经准备给毛泽东上书。对于张闻天准备写信和作长篇发言的动机和过程，他当时的秘书萧扬回忆说：

……

然而，在领略匡庐风光的同时，闻天同志心中不免有一丝牵挂和忧虑。庐山会议本来的宗旨是继续纠"左"，总结"大跃进"和人民公社的经验。毛泽东同志一上山说了三句话："成绩伟大，问题不少，前途光明。"闻天同志在山上接触了一些同志，觉得不少同志确实感到"问题不少"，但是又感到要在会上真正把问题讲透，也不容易。毛泽东同志号召读书，会上发了苏联《政治经济学（教科书）》第三版，闻天同志确实读了。政治经济学的原理，闻天同志本来就很熟悉。他本来就认为问题正在于没有按照经济规律办事。在这一段时间里，关于小高炉炼钢是无效劳动，国民经济比例失调，按劳分配原则不容破坏之类的经济问题，闻天同志确实同我谈过不少。但是他这时所想的，已经远远不仅是个经济规律的问题了。

就在这几天，或稍后几天，闻天同志向我讲过骄傲的问题。他说：现在就是骄傲了，这几年搞得不错，就不知自己有多少力量了。就像当年斯大林所说，胜利冲昏头脑，不过不说罢了。闻天同志还谈过集体领导问题。他说，现在有些意见不好提，集体领导搞不起来。这次虽是政治局扩大会议，但是我们这种人也不知道怎样开法。我后来得知，闻天同志在上山前和上山后和彭老总的接触中，也涉及过这些问题。在山上，彭老总一次来访闻天同志未遇，见我独自在看苏联的《政治经济学（教科书）》，便问我看书后对国内形势有何感想。我答，去年的浮夸比较严重。彭老总沉吟了一会儿说，有人虚报，也有人愿听，听得进。彭老总和闻天同志的忧虑是共同的。

7月10日左右，闻天同志对我说，我们来合和，给毛主席写一封信吧。闻天同志就是这样民主的。他不以长者自居，更不摆首长架子，对我这个年龄比他小三十岁，革命经历更无法相比的小秘书，说话总是这样平等的。他解释说，讲话多一句少一句容易出毛病，还是写成文字好推敲。他交给我一个简单的提纲，又同我谈了谈要写些什么。内容大体上就是后来他在小组会发言中讲的那些，包括对缺点的估计，政治和经济的关系，精神和物质的关系，三种所有制的结合，经济工作中的民主集中制，党的民主作风，等等。闻天同志要我写得具体些，才能使问题形象化，使人感到问题的严重性。遵照他的意见，我写了一个稿子。但是，以我的水平要表达他的深刻思想，显然是力不能胜的。闻天同志觉得，我写的稿子太空洞，也许还觉得它没有修改的基础，就把它搁下了。后来在下庐山前夕，闻天同志把它撕毁了。

7月16日，彭老总给毛主席的信印发。围绕着这封信，会上隐约存在的两种意见的对立逐渐尖锐而且强烈起来。对彭老总的批评和非难在逐步升级，形势对彭老总是很不利的。闻天同志和一些同志一样，因为会议中这种不愿讲缺点的空气而感到受压抑。彭老总对此大概也是不满意的。有一天，记得是会后饭前，彭老总同闻天同志站在闻天同志的屋外。我在屋里，没有听到他们开头的谈话。但是后来彭老总的声调激昂起来："……那列宁、斯大林论党就要少一条，毛泽东论党就要少一条！"彭老总大概是在说怎么能没有批评和自我批评。除了和彭老总的接触，闻天同志同周小舟、胡乔木、田家英、吴冷西、李锐等同志也有来往。

彭老总的信印发后两三天，闻天同志下决心在小组会上发言了。这回是他自己动手，写了一个详细提纲。32开的白纸，用圆珠笔密密麻麻写了五六张，还用红铅笔作了好几种醒目的记号。我只帮他从会议文件中找了几个数字。

在闻天同志准备提纲的过程中，田家英同志来了一个电话，我请闻天同志接话筒。打完电话后，闻天同志告诉我，田家英要他别讲某个问题，因为上面有不同看法。但是，闻天同志却说："不去管它！"说完即匆匆离去，继续准备提纲。作为一个小秘书，我也向闻天同志表示了我的担心：从会议的气氛来看，闻天同志这个发言是不合潮流的，后果怕很难说。但是闻天同志还是按他原先准备的发了言。他那些话久已郁结在胸，不能不表而出之了。

7月21日上午，闻天同志把发言提纲最后准备完毕，站起身来对我说："我准备的就是这样了。"当天下午，闻天同志毅然而又自信地走向华东组的小组会场，神态仍像往常一样安详。华东组组长是柯庆施，会上已有华东局的两位同志担任记录。但是闻天同志仍要我跟去，以便会后能迅速地将他的发言整理成文。

那天下午的会，只有闻天同志一人发言，他足足讲了三个钟头。会上的气氛确实相当紧张。闻天同志的话多次被打断。有几位同志在不同的问题上插话。插话或长或短，都是表示不同意闻天同志的意见。闻天同志毫不让步，只是重复自己的观点，或者就像不曾被打断那样，按照原来的思路继续发言。我第一次见到这种场面，不免为闻天同志捏把汗。但是，闻天同志还是一口气把话讲完了。会议最后，柯庆施说："洛甫同志把意见都说出来，这是好的。"至于闻天同志所讲意见是否正确，柯庆施没有说。但是他在闻天同志发言过程中插过话，其反对闻天同志的立场是很鲜明的。

对闻天同志来说，这篇发言如骨鲠在喉，不吐不快。他坚信自己是正确的，能够站得住的。会开下来，我不无忧虑地表示担心他的发言可能会遭人批评。他说：有可能，但也不一定。他表示，他的发言组织得相当严密，不好攻。那天晚饭以后，他让我把他的发言提纲送给彭老总看，后来我知道，彭老总赞扬这篇发言"讲得很全面"。可见彭老总对这篇发言也是有信心的。闻天同志还对我说，他这篇发言也许能够导致会议讨论些问题，也就是说，能使会议认真总结"大跃进""公社化"运动的经验教训，这正是他发言的初衷。可惜，闻天同志提到的逻辑的严密，以及他不曾提过的事实的确凿和理论的正确，都是按照常理而言的。在不正常的情况下，这篇发言只能得到完全相反的评价。[14]

毛泽东终于决定发起猛烈反击。7月23日上午，毛泽东召集全体会议，并作了严厉的长篇讲话。当事人李锐对此回忆如下：

7月23日早晨，通知大家开会，听主席讲话（据传，其他常委也同大家一样，是临时得到通知的）。动身之前，我曾同刘澜波谈到对主席讲话的一种估计。

刘澜波和我住隔壁房，我们不在一个小组。我在会外的活动以及主席找我们两次谈话，我都避免跟他交谈。我们在延安就认识，1952年我转业主管水电工作后，我们之间先后是上下级与正副职的关系，我视他如兄长，能谈点私房话。在怀念刘澜波的文章中，我曾写道："7月23日之前，柯庆施等率领的'左派'很活跃，刘很担心我卷入被攻击的靶子中。当时对于彭德怀的信有各种谈论，'左派'认为彭的矛头是对着毛主席的。他和我一起估计形势的发展，问我的看法。我说，主席讲话，可能是'左右'两边各打五十板子。我当时心情很沉重，还有点愤激的情绪。刘也表现得跟我一样心情沉重。"

下面，是主席讲话的全文，当时我作了详细记录，现在参照别人的记录予以整理：

你们讲了那么多，允许我讲个把钟头，可不可以？吃了三次安眠药，睡不着。

我看了同志们的发言记录、文件，和一部分同志谈了话，感到有两种倾向：一种是触不得，大有一触即跳之势。吴稚晖说，孙科一触即跳。因之，有一部分同志感到有压力，即是不让人家讲坏话，只愿人家讲好话，不愿听坏话。两种话都要听。我劝这些同志要听坏话。嘴巴的任务，一是吃饭，二是讲话。长了耳朵，是为了听声音的。话有三种：一种是正确的，二是基本正确或不甚正确的，三是基本不正确或不正确的。两头是对立的，正确与不正确是对立的。好坏都要听。

现在党内外都在刮风。右派讲，秦始皇为什么倒台？就是因为修长城。现在我们修天安门，一塌糊涂，要垮台了。党内这一部分意见我还没有看完，集中表现在江西党校的反应，各地都有。所有右派言论都出来了。江西党校是党内的代表，有些人就是右派、动摇分子。他们看得不完全，有火气。做点工作可以转变过来。有些人历史上有问题。挨过批评。例如广东军区的材料，也认为一塌糊涂。这些话都是会外讲的话。我们这一回是会内会外结合，可惜庐山地方太小，不能把他们都请来。像江西党校的人，罗隆基、陈铭枢，都请来，房子太小嘛！

不论什么话都让讲，无非是讲得一塌糊涂。这很好。越讲得一塌糊涂越好，越要听。"硬着头皮顶住"，反右时发明了这个名词。我同某些同志讲过，要顶住，顶一个月，两个月，半年，1年，3年，5年，8年，10年。有的同志说"持久战"，我很赞成。这种同志占多数。在座诸公，你们都有耳朵，听嘛！难听是难听，要欢迎。你这么一想就不难听了，为什么要让人家讲呢？其原因在神州不会陆沉，天不会塌下来。为什么呢？因为我们做了一些好事，腰杆子硬。我们多数派同志们腰杆子要硬起来。为什么不硬？无非是一个时期猪肉少了，头发卡子少了，没有肥皂，比例有所失调，工业农业商业交通都紧张，搞得人心也紧张。我看没有什么可紧张的。我也紧张，说不紧张是假的。上半夜你紧张紧张，下半夜安眠药一吃，就不紧张了。

说我们脱离了群众，我看是暂时的，就是两三个月。群众还是拥护我们的。现在群众和我们结合得很好。小资产阶级狂热性有一点，不那么多。我同意同志们的意见：问题是公社运动。我到遂平详细地谈了两个钟头。嵖岈山公社党委书记告诉我，7月、8月、9月三个月，平均每天3000人参观，10天3万，3个月30万人。徐水、七里营听说也有这么多人参观。除了西藏都有人来看了。到那里去取经的，其中多是县、社、队干部，也有省、地干部。他们的想法是：河南人、河北人创造了真理，有了罗斯福说的"免于贫困的自由"，想早点搞共产主义。对这种热情如何看法？总不能说全是小资产阶级狂热性吧。我看不能那样说。有一点，无非是想多一点、快一点。3个地方3个月当中有3个30万人朝山进香，这种广泛的群众运动，不能泼冷水，只能劝说：同志们！你们的心是好的，但事实上难以办到，不能性急，要有步骤。吃肉只能一口一口地吃，不能一口吃成一个胖子。这些干部率领几亿人民，至少30%是积极分子；30%是消极分子（即地、富、反、坏、官僚、中农和部分贫农）；40%随大流。30%是多少人？是一亿几千万人。他们要办公社，办食堂，搞大协作，非常积极。他们要搞，你能说这是小资产阶级狂热性？这不是小资产阶级，是贫农、下中农、无产阶级、半无产阶级。随大流的也可以。不愿意的只有30%。总之，30%加40%为70%，3.5亿人在一个时期内有狂热性，他们要搞。

到春节前后，有两个多月，他们不高兴了，变了。干部下乡都不讲话了，请吃地瓜、稀饭，面无笑容。因为刮了"共产风"，"一平二调三提款"。对刮"共产风"也要分析，其中有小资产阶级狂热性。这是些什么人？主要是县、社两级干部，特别是公社干部，刮大队和小队的，这是不好的，群众不欢迎。我们说服了这些干部，坚决纠正。今年3月、4月间，就把风压下去了，该退的退，社与队的账算清楚了。这一个月的算账教育是有好处的。极短的时间，使他们懂得了平均主义不行。听说现在大多数人转过来了，只有少数人还留恋"共产"，还舍不得。哪里找这样一个学校、短期训练班，使几亿人、几百万干部受到教育？不能说你的就是我的，拿起就走了。从古以来没有这个规矩，1万年以后也不能拿起就走。拿起就走，只有青红帮，青偷红劫，明火执仗，无代价剥夺人家的劳动。这类事，自古以来是"一个指头"。宋江立忠义堂，劫富济贫，理直气壮，可以拿起就走。宋江劫的是"生辰纲"，是不义之财，取之无碍，刮自农民归农民。我们长期不打土豪了。打土豪，分田地，都归公。那也可以，因为是不义之财。现在刮"共产风"，取走生产大队、小队之财，肥猪、大白菜，拿起就走，这样是错误的。我们对帝国主义的财产还有三种办法：征购，挤垮，赎买。怎么能剥夺劳动人民的财产呢？只有一个多月就息下这股风，证明我们的党是伟大的、光荣的、正确的。今年3月、4月或加5月，有几亿农民、几百万干部受了教育，讲清了，想通了。主要是干部，不懂得这个财是义财，分不清界限。干部没有读好政治经济学，没有搞通价值法则、等价交换、按劳分配。几个月就说通了，不办了。十分搞通的未必有，九分通，七八分通。教科书还没有读，叫他们读。公社一级不懂一点政治经济学是不行的。不识字的可以给他们讲课。梁武帝有个宰相陈庆之，一字不识，强迫他作诗，他口念，叫别人写，他说你们这些读书人，还不如老夫的用耳学。当然，不要误会，我不是反对扫除文盲。柯老（柯庆施）说，全民进大学，我也赞成，不过15年不行，得延长。南北朝时有个姓曹的将军（按：梁朝的曹景宗），打了仗回来作诗："去时儿女悲，归来笳鼓竞。借问过路人，何如霍去病？"还有北朝斛律金《敕勒歌》："敕勒川，阴山下，天似穹庐，笼罩四野。天苍苍，野茫茫，风吹草低见牛羊。"这也是个一字不识的人（按：此歌乃敕勒民歌，"本鲜卑语，易为齐言"，是一篇翻译作品）。一字不识的人可以做宰相，为什么我们公社的干部、农民不可以听政治经济学？我看大家可以学。不识字，讲讲就懂了，他们比知识分子容易懂。《政治经济学（教科书）》我就没有看，略微看了一点，才有发言权。要挤出时间，全党来个学习运动。

他们（指省以下各级地方干部）不晓得作了多少次检查了，从去年11月郑州会议以来，大作特作，六级会议、五级会议都要检讨。北京来的人哇啦哇啦，他们当然听不进去：我们作过多次检讨，难道就没有听到？我就劝这些同志，人家有嘴巴嘛，要人家讲嘛。要听听人家的意见。我看这次会议有些问题不能解决，有些人不会放弃自己的观点，无非拖着嘛，1年、2年、

3年、5年。听不得坏话不行，要养成习惯，我说就是硬着头皮顶住。无非是骂祖宗三代。这也难。我青年时代也是听到坏话就一股火气。人不犯我，我不犯人；人若犯我，我必犯人；人先犯我，我后犯人。这个原则，现在也不放弃。现在学会了听，硬着头皮顶住。听他一两个星期，劝同志们要听，你们赞成不赞成，是你们的事。如果我错，我作自我批评。

第二方面，我劝另一部分同志，在这样的紧急关头，不要动摇。据我观察，有一部分同志是动摇的。他们也说大跃进、总路线、人民公社都是正确的，但要看讲话的思想方向站在哪一边，向哪一方面讲。这部分人是第二种人，"基本正确，部分不正确"的这一类人，但有些动摇。有些人在关键时是动摇的，在历史的大风大浪中不坚定。党的历史上有4条路线：陈独秀路线、立三路线、王明路线、高饶路线。现在是一条总路线，站不稳，扭秧歌。蒋帮叫我们做秧歌王朝。这部分同志扭秧歌，他们忧心如焚，想把国家搞好，这是好的。这叫什么阶级呢？资产阶级还是小资产阶级？我现在不讲。南宁会议、成都会议、二次党代大会讲过，1956年、1957年的动摇，对动摇分子，我不赞成戴帽子，讲成是思想方法问题。如果讲有小资产阶级狂热性，反过来讲，那时的反冒进，就是资产阶级的冷冷清清凄凄惨惨切切的泄气性、悲观性了。那些同志是要搞社会主义，没经验，一点风吹草动，就以为冒了，反冒进。（讲到这里，偏过头对坐在旁边的总理说）总理，你那次反冒进，这回站住脚了，干劲很大。受过那次教训，相信陈云同志来了也会站住脚的。那次批周、陈的人，取其地位而代之。不讲冒了。可是有反冒进的味道，比如"有失有得"，"失"放在前面，这都是仔细斟酌了的。如果要戴高帽子，这回是资产阶级动摇性，或降一等是小资产阶级动摇性，是右的性质，受资产阶级影响，屈服于帝国主义压力之下。

一个生产队一条错误，七十几万个生产队七十几万条错误，要登报，一年登到头也登不完。这样结果如何？国家必垮台。就是帝国主义不来，人民也要起来革命。办一张专讲坏话的报纸，不要说一年，一个星期也会灭亡的。登七十万条，专登坏事，那就不是无产阶级党了，而是资产阶级党了，章伯钧的设计院了。当然在座的没有人这样主张，我这是夸大其词。假如办十件事，九件是坏的，都登在报上，一定灭亡，应当灭亡。那我就走，到农村去，率领农民推翻政府。你解放军不跟我走，我就找红军去。我看解放军会跟我走的。

我劝一部分同志，讲话的方向问题要注意，讲话的内容要基本正确。要别人坚定，首先自己要坚定；要别人不动摇，首先自己不要动摇。这又是一次教训。他们还不是右派，是中间派。我所谓方向，是因为一些人碰了钉子，头破血流，忧心如焚，站不住脚，动摇了，站到中间去了，究竟中间偏左偏右，还要分析。他们重复了1956年下半年、1957年上半年犯错误的同志的道路,自己把自己抛到右派边缘,只差30公里了。现在他们这种论调,右派欢迎。这种同志采取边缘政策,相当危险。这些话是在大庭广众当中讲的,有些伤人。但现在不讲,对这些同志不利。

我出的题目中加一个题目,团结问题。还是单独写一段,拿着团结的旗子:人民的团结,民族的团结,党的团结。我不讲,对这些同志是有益还是有害?有害,还是要讲。我们是马克思主义政党,第一方面的人要听人家讲,第二方面的人也要听人家讲,两方面的人都要听人家讲。我说还是要讲嘛。一条是要讲,一条是要听人家讲。我不忙讲,硬着头皮顶住。我为什么现在不硬着头皮顶了呢?顶了20天,快散会了,索性开到月底。马歇尔八上庐山,蒋介石三上庐山,我们一上庐山,为什么不可以?有此权利。

食堂问题。食堂是个好东西,无可厚非。我赞成积极办好,自愿参加,粮食到户,节约归己。如果在全国能保持三分之一,我就满意了。一讲,吴芝圃就很紧张,不要怕。河南等省有一半食堂还在,试试看,不要搞掉。不是跳舞有四个阶段吗?"一边站,试试看,拼命干,死了算。"有没有这句话?1/3农民,1.5亿,坚持下去就了不起,第二个希望,一半左右,2.5亿。多几个河南、四川、湖北、云南、上海等等。取得经验,有些散了,还得恢复。《红旗》登的一个食堂、败而复成。食堂并不是我们发明的,是群众创造的。河北1956年就有办的,1958年搞得很快。曾希圣说,食堂节省劳力,我看还节省物资。如果没有后面这一条,就不能持久。可否办到?可以办到。我建议河南同志把一套机械化搞起来,用自来水,不用人挑水。现在散掉一半左右有好处。总司令,我赞成你的说法,但又跟你有区别。不可不散,不可多散,我是个中间派。河南、四川、湖北等是左派。可是有个右派出来了:科学院昌黎调查组,说食堂没有一点好处,攻其一点,不及其余。无论什么人都有缺点。孔夫子也有错误。我看过列宁的手稿。改得一塌糊涂;没有错误,为什么要改?食堂可以多一些,再试试看,试它一年、两年,估计可以办成。人民公社会不会垮台?现在没有垮一个,准备垮一半,垮七分,还有三分。要垮就垮。食堂、公社办得不好,一定要垮。要做工作。办好公社,办好一切事业。

许多事情根本料不到。不是说党不管党吗?计委是计划机关,现在却不管计划。还有各个部,还有地方,一个时期不管综合平衡,地方可以原谅。计委和中央各部,10年了,忽然在北戴河会议后不管了,名曰计划指标,等于不要计划。所谓不管计划,就是不要综合平衡,根本不去算,要多少煤、多少铁、多少运力。煤铁不能自己走路,要车马运。这点真没有料到。我、总理、少奇,根本未管。自己开脱一下:我不是计委主任。去年8月以前,主要精力放在革命上,对建设也根本外行。在西楼时讲过,不要写"英明领导",没有领导,哪来英明。1958年、1959年主要责任应当说在我身上(过去说周、陈)。实在是一大堆事未办。"始作俑者,其无后乎。"我无后乎?大跃进的发明权是我,还是柯老?钢铁指标柯讲600万吨,我6月讲1070万吨。北戴河会议发公报,薄一波建议,也觉得可行。从此闯下大祸,9000万人上阵。始作俑者,应该绝子灭孙。补贴80亿,搞小土群、小洋群。"得不偿失""得失相等"等说法,即由此而来。看了许多讨论发言,铁还可以炼。浪费是有一些,要提高质量,降低成本,降低含硫量,为真正好铁奋斗。共产党有个办法叫抓。共产主义者的手,一抓就抓起来了。钢铁要抓,农林牧副渔,粮棉油麻丝茶糖药烟果盐杂,农中有12项,要抓,要综合平衡。不能每一个县都一个模子,有些地方不长茶、不长甘蔗,要因地制宜。不能到回民地区去买卖猪。党不管党,计委不管计划,不管综合平衡,根本不管,不着急。总理着急。无一股热气、神气,办不好事。李逵太急。列宁热情磅礴,实在好,群众很欢迎。

有话就要讲。口将言而嗫嚅,无非是各种顾虑。上半个月顾虑甚多,现在展开了,有话讲出来了,记录为证,口说无凭,立此存照。有话就讲出来嘛,你们抓住,就整我嘛。不要怕穿小鞋。成都会议上我说过,不要怕坐班房。不要怕杀头,不要怕开除党籍。一个共产党员,高级干部,那么多的顾虑,就是怕讲得不妥受整。这叫明哲保身。病从口入,祸从口出,我今天要闯祸。两部分人不高兴:一部分是触不得的,一部分是方向危险的。不赞成,你们就驳,说主席不能驳,我看不对。事实上纷纷在驳,不过不指名。江西党校那些意见就是驳。始作俑者,其无后乎。我有两条罪状:一个,1070万吨钢,是我下的决心。其次,人民公社,我无发明之权,有推广之权。北戴河决议也是我建议写的。当时发现嵖岈山这个典型,如获至宝。我在山东,一个记者问我:"人民公社好不好?"我说好,他就登了报。小资产阶级狂热性也有一点,你们赞成了,也分点成。但始作俑者是我,推不掉。人民公社全世界反对,苏联也反对。还有总路线是个虚的,实的见之于农业、工业。至于其他一些大炮,别人也要分担一点。你们放大炮的也相当多,如谭老板(谭震林),放的不准,心血来潮,不谨慎。共产党讲快,在河南讲起,江苏、浙江的记录传得快,说话把握不大,要谨慎一点。长处是一股干劲,肯负责任,比那凄凄惨惨切切要好。但放大炮,在重大问题上要谨慎一点。我也放了三大炮:公社、钢铁、总路线。彭德怀说他粗中无细。我是张飞,粗中有点细。公社我讲集体所有制,到共产主义全民所有制,两个五年计划太短了点,也许要二十个五年计划。

要快之事，马克思也犯过不少错误。欧洲革命说是就要来了，又没来，反反复复，他死了好多年，到列宁时候才来。那不是急性病，小资产阶级狂热性？巴黎公社起义之前，马克思反对，起义爆发之后，马克思就赞成了，但他估计会失败，看出这是第一个无产阶级专政政权，只存在3个月也好。要讲经济核算的话，划不来。

我们现在的经济工作，是否像1927年那样的失败？苏区缩小到1/10了？不能这样讲。刮了一次共产风，全国人民受教育。现在要研究政治经济学。

如果讲责任，富春、鹤寿有点责任，谭老板有点责任，第一个责任是我。柯老，你有没有责任？你要搞600万吨，是我要搞1070万吨，9000万人上阵，第一个责任是我。同志们，自己的责任都要分析一下。有屎拉出来，就舒服了。[15]

毛泽东讲完话后即散会。彭德怀在门口遇到毛泽东，说他的信是给主席个人写的，没让大家来讨论。后来彭德怀回忆说：

"7月23日上午，主席在大会上讲话，从高度原则上批判了那封信，说它是一个右倾机会主义的纲领；是有计划的、有组织的、有目的的。并且指出我犯了军阀主义、大国主义和几次路线上的错误。听了主席的讲话，当时很难用言语形容出我沉重的心情。回到住所以后，反复思索主席的讲话，再衡量自己的主观愿望与动机，怎么也是想不通。当时抵触情绪很大。"[16]

毛泽东的讲话，也使他周围的人产生了极大忧虑。7月23日晚，周小舟、周惠、李锐都感到不能接受毛泽东的讲话。周小舟认为，按照讲话精神发展下去，很像斯大林晚年，没有集体领导，只有个人独断专行。然后3人来到了黄克诚住处。黄克诚也是思想不通，心情极为沉重的。正巧彭德怀有事找黄克诚，也来到黄的住处。彭德怀事后回忆说：

回到住所后，参谋同志送来军委转西藏军区电报，是要求增派运输车辆。我即拿着电报想同黄克诚同志商量一下，推开黄的门时，听到黄克诚同志说："你们不要激动，事情会弄清楚的，主席是不会错的。"我进到黄的室内时，见到在座的有周小舟、周惠、李锐3人。周小舟同志即对我说："老总呀！我们离右派只有50步了。"我说，50步也不要着急，把一些模糊观点弄清楚也是好的。仅停片刻，没有谈及别的，我即回自己办公室去处理电报。当晚，怎么也睡不着，直至天晓还在想：我的信是给主席作参考的，为什么成了意见书呢？为什么能成为右倾机会主义的纲领呢？为什么说是有计划、有组织、有目的呢？那位同志的话虽对，但怎样才是对党对人民有利呢？是保留自己的看法呢，还是作检讨呢？[17]

巨星的陨落

毛泽东决定对彭德怀进行批判,并将彭、黄、张、周定为"反党联盟",是历史上的一大错案。一颗巨星从此陨落。

何定在《巨星的陨落与重新升起》一文中写道:

1959年7月14日,在江西省庐山举行的中共中央政治局扩大会议上,彭德怀给党的主席毛泽东写了一封信,陈述他对当时"大跃进"和人民公社化运动中"左"的错误的意见。23日,毛泽东在会议上发动了对彭德怀和同他意见一致的张闻天、黄克诚、周小舟、周惠、李锐等人的批判。8月2日,毛泽东在庐山主持召开中共八届八中全会,批判彭德怀等人的所谓右倾机会主义和反党分裂活动。16日,全会通过了《中国共产党八届八中全会关于以彭德怀同志为首的反党集团的错误的决议》,撤销了彭德怀的国防部长的职务。

一颗巨星在中国的政治舞台上陨落了。

1959年,在经济建设实行"大跃进"和农村实行人民公社化中,"左"的错误已十分严重,但后果尚未完全显露出来。当时,深受人民爱戴的老一辈革命家大部分健在,在党的济济人才中,在人民解放军功勋赫赫的将帅中,减去一个彭德怀,似乎看不到有大的影响,然而就像天空上突然飘来一朵阴云,预示着一个黑暗的时期——10年"文化大革命"将要到来。

庐山会议后,彭德怀蒙受的恶名是令人生畏的:"右倾机会主义分子""野心家""阴谋家""伪君子""反党集团的头子""里通外国分子"等。但彭德怀这颗中国革命的巨星并未真正陨落,随着"文化大革命"造成的民族灾难日益被人们所认识,大胆的反思冲决樊篱,越来越伸向庐山会议这段历史。在政治舞台上陨落的那颗巨星从人们的心幕上重新升起。1978年12月,党的十一届三中全会终于为彭德怀昭雪平反,人民群众对彭德怀表达了一种特殊的敬仰和怀念之情。

庐山会议上,彭德怀的《意见书》和其后由中央委员会作出的关于以彭德怀为首的反党集团的决议,不仅仅是被批判的彭德怀等人的悲剧,也是批判者毛泽东晚年的一幕悲剧,尽管当时是以胜利的喜悦结束的;联系到它和以后10年动乱的内在历史因缘,它同时又是一场时代的悲剧。这个悲剧在庐山会议上发生有其偶然性,而就彭德怀个人来说,在当时的历史条件下,即使不上庐山,也难以逃脱悲剧的命运。

庐山会议之初,主旨是在纠"左"。参加会议的人许多也是抱着这个态度而来的,但纠"左"的指导思想是很不彻底的,是在基本肯定"大跃进"和人民公社化的前提下来纠"左"的，钢铁和粮食生产指标仍然过高，仍然在鼓吹大办公共食堂，吃饭不要钱。因为盲目乐观地估计"形势大好"，会议开得也比较轻松，缺乏对当时已经十分严峻的经济形势的严肃认识。

会议预定15日结束，彭德怀正是看到这个问题，感到许多同志包括毛泽东本人对"左"的错误认识不足，纠"左"措施不力，担心"左"的错误会造成更大的危害，才在14日给毛泽东送去了那封著名的《意见书》。

彭德怀在党内素称直爽，刚正敢言，毛泽东曾称他是张飞，他也常以张飞自况。他与毛泽东有31年"生死与共"（彭德怀语）的历史。1928年平江起义后，他即率部队上井冈山，此后一直在毛泽东的直接领导下战斗。在长期曲折、复杂的革命斗争中，他受到过毛泽东的批评，也受到过毛泽东的高度赞扬。毛泽东的诗句"谁敢横刀立马？唯我彭大将军"，是何等热情，又何等真实。彭德怀个性倔强，参加革命之初，思想尚不成熟，对毛泽东的正确思想有的认识不够深刻，有的认识较迟，但在革命的曲折发展中，他对毛泽东的敬佩之情越来越深厚而不可动摇。在苏区，在遵义会议上，在反对张国焘的分裂活动中，他都坚决拥护毛泽东的正确领导。他能够向毛泽东坦然表示自己对问题的看法，常常向毛泽东提出对工作的建议，也和毛泽东发生过一些争论。

抗日战争期间，彭德怀在1937年中共中央12月会议上，曾不赞成毛泽东提出的"独立自主的山地游击战"，会后和毛泽东继续争论。毛泽东一方面批评并说服彭德怀，指出八路军的战略方针必须基本的是游击战，同时也考虑彭德怀等意见中的合理因素和华北抗战的实际经验，在基本的是游击战后又加上一句"不放松有利条件下的运动战"，从而使八路军的战略方针更臻完善。

在西北解放战争中，1947年4月，毛泽东根据青化砭之捷，指示彭德怀采取在敌人"正面及两翼三面埋伏"的作战部署。彭德怀和副政委习仲勋等认真研究，根据敌情变化，复电提出这种部署"已不可能"，对敌应采取长期疲困、消耗、寻找弱点、打其分散和增援之敌的战术。毛泽东不仅同意彭德怀的意见，而且赞许他这种善于根据敌情变化独立作出判断的态度。

在抗美援朝时期，为解决第四次战役的指导方针问题，彭德怀曾从朝鲜紧急回国，不顾毛泽东已经就寝，警卫人员阻拦，闯门而入。毛泽东也立即披衣起坐，仔细听取彭德怀的报告，接受了彭德怀的意见。彭德怀在党中央的核心领导人物中确是爽直敢言，能够和毛泽东展开争论的一个具有鲜明个性的人物。彭德怀的这个特点，在长期的共同革命斗争中，虽不免有使毛泽东不快之处，但毛泽东对他仍然总是委以重任。从1945年七大整风以后，彭德怀常说，他对毛泽东的认识经历了一个三部曲：开始把毛泽东视为革命队伍中的一位大哥，以后认为他是自己的老师，到抗日战争中逐渐坚定地认识到毛泽东是中国人民和中国共产党的英明领袖。彭德怀在庐山会议后回顾自己和毛泽东的关系时说，这是"真诚的，发自内心的"。

新中国成立后，这种关系有了变化。在毛泽东因其思想和领导使中国革命获得辉煌的胜利而成为全党全军全国人民的伟大领袖的同时，对毛泽东的个人崇拜也渐渐产生了。毛泽东曾经规定不给领导人做寿送礼，不以人名来命名地名、工厂、学校等，这是十分英明的。但《东方红》的歌声在其后28年中响遍中国大地。1951年7月1日，彭德怀在朝鲜听到志愿军庆祝建党30周年时唱了《国际歌》和《东方红》，他"感到《东方红》这歌中有一句——'他是人民大救星'，这同《国际歌》的——'全靠自己救自己'（原歌词译文——编者注），似乎有些抵触"。他觉得改为"他是人民的好领导""领导我们向前进"更好些（见彭德怀笔记）。尽管这个想法他并未向别人谈起过，仅仅在以后的关于唱歌的建议中透露了这一心迹，竟成为他后来受批判的罪状之一。他和毛泽东等中央领导人都住在中南海，但去见毛泽东需要先打电话约定时间，日常的接触割断了，称呼也起了变化，过去是老彭、老毛，现在"称呼主席，觉得不习惯"（据彭德怀回忆）。毛泽东1959年4月在上海会议上号召在座的中央委员提意见时，要他们学习海瑞给皇帝提意见的榜样。事情在发生变化，毛泽东在党内处于至高无上的地位，而和过去的战友拉开了一个大的距离。彭德怀感到了这样一种趋向，内心不赞成、不习惯。他认为，毛泽东是英明的领袖，但也是人。"毛泽东同志有百分之九十九点九是正确的，难道就没有百分之零点一的错误吗？"这是彭德怀在延安整风时说过的一句话。

在庐山会议上，他看到要真正扭转当时的局面，关键在毛泽东，他决定写一封信把意见提给毛泽东。毛泽东对彭德怀的信的处理方式完全出乎彭德怀意料之外。3天后，这封信被冠以《彭德怀同志的意见书》的标题发到各组讨论。讨论中多数人基本同意彭德怀的看法，完全同意和基本反对的都只有几个人。23日，毛泽东召集会议，说："现在党内外夹攻我们。"党外之攻指1957年的"右派"言论，党内之攻是指彭德怀的《意见书》和那些同意彭德怀看法的发言。

毛泽东23日的发言，除批判彭德怀的意见外，把问题提高到"你独裁，不如我独裁"，"人民解放军跟你走，我就上山打游击"的与彭势不两立的程度。他还提出，反"左"必出右，现在不是反"左"而是反右。于是形势急转，会议转入批右，批彭、黄、张、周，并为此而举行了八届八中全会。

在23日被召上山的林彪，提出要"相信党，相信毛主席""只有中央和毛主席的一套正确""只有毛主席能当大英雄"。

为了维护党的团结，彭德怀作了违心的检讨。

庐山罢官后不久，在北京，毛泽东邀彭德怀共餐，并希望彭承认错误。彭德怀默默不语。

"彭德怀也是海瑞"（毛泽东语）。1959年因此而批判彭德怀，今天人们却因此而怀念彭德怀。海瑞的刚直不阿是值得景仰的。不同的是，海瑞是中国历史上忠君的榜样："文死谏"。彭德怀却是对"忠君"思想的反叛，他基于对人民和党的高度责任感，敢于与正在一步步被神化、"君"化了的领袖据理力争。

1959年10月，彭德怀从中南海迁居北京西郊吴家花园，一边读书、反省，一边开荒种地，心情处于极度的痛苦与矛盾之中。

在八届八中全会上，彭德怀作了检讨，承认自己犯了"右倾机会主义"错误，检讨自己在7月14日写的信是向总路线"进行了攻击"，"打击了广大干部和群众的积极性，损害了党中央和毛泽东同志的威信"，是"对轰轰烈烈的建设社会主义群众运动大泼冷水"。然而这个检讨是违心的。他在一则笔记中写道，"其实，这些检讨是言不由衷的"，"我在小组会上作了言不由衷的检讨后，心情十分不安，多么难过呵！真如万箭穿心似的"。使他更加难过的是，他清楚地看到"庐山会议时'左'的现象虽然纠正了一些，但浮夸、虚报、对群众的强迫命令，不仅存在，而且还在发展，蒙蔽着真相，使一世英明伟大的毛主席也难以洞察。这一下不仅在政治上要打死一些人，而且会打出一个大马鞍形"（见彭德怀笔记）。而毛泽东的看法是："采纳你的意见，会混乱一个时期，又要来纠正。"

彭德怀的这种心情，和一些关心他的同志对他的劝告南辕北辙。这些战友劝告他，为了大局——党的团结、毛泽东的威信，不仅要任劳，而且要任怨。而他的苦恼却在于："今天不是耐怨的问题，而是是非问题。"这个是非是关心着他的战友们尚未深刻意识到的另一个大局：国民经济的灾难性前景。然而为了防止这种灾难前景的一封信，引出了"团结"或"威信"这样的另一个大局。为了引出的问题，又不得不牺牲本意要解决的问题。真理只得向谬误低头了。

在吴家花园，彭德怀更加焦虑地看到，毛泽东在全国进一步发动了一场声势浩大的反右倾机会主义运动，全党全国都在批判彭德怀，从中央机关到地方各级，揪出了不少大大小小的右倾机会主义分子。1960年4月，在全国继续"大跃进"的声浪中，彭德怀重读了八届八中全会的决议。

经过半年的学习与反省，他看到了什么呢？他看到的是，大反右倾使本来已经存在的"左"倾错误更加严重。他满腔愤懑，违心检讨、委曲求全对党对人民并没有带来好的结果。他的许多看法，无处可诉，无人可诉，只能诉之笔端，诉之未来。他无保留、无顾忌地写下了对那个曾被誉为具有"重大意义"的八届八中全会决议的看法。今天读来，他写下的这个看法，竟是我们迄今看到的对那个已被历史证明错误了的决议的第一个直接的批判。

他写道：1958年北戴河会议，对于发展工矿企业、农业交通运输和文化教育事业等，都是高指标的，超过了客观的可能性，主要原因有三。第一是对粮食、棉花、钢铁这样的基本产品的估产过高而导致"全民大办钢铁"等各种"大办"和"吃饭不要钱"，到庐山会议时，比例失调已成为突出矛盾，既不正视事实之严重，又不悬崖勒马进行有效调整，而想从反右倾机会主义打开一条出路。结果事与愿违，愈陷愈深，人民付出很大代价，然后才能改正这个错误。第二是对社会主义建设缺乏经验，在取得伟大胜利后骄傲自满。他认为：我们在社会主义经济建设中，严重的教训是，关于社会主义经济法则，即对有计划按比例的法则重视不够。1958年以后，在某些问题上忽视了这一法则，恰当地说，理论上承认它，实际对有计划按比例重视得很不够。第三是对"一穷二白"的现实情况缺乏全面认识。在穷字方面的反映，即穷则思变，应是全国绝大多数人民的行动要求，人民群众这种要求是正确的，共产党应当积极领导群众尽可能以快的速度发展国民经济，适当地满足群众的要求。同时也应当看到我国工业落后，科学技术落后，因此工农业生产水平都很低。要改变我国落后面貌，无疑需要几十年，至少也需要五个五年计划的时间，才能改变国民经济的全部落后面貌，而不是什么三年苦战就可以做得到的。这可以说明，在社会主义建设时期资金积累、物资分配必须适当，生产关系和生产力必须相适应。

他认为，从1958年下半年起，我国生产关系的变革远远地走在了生产力发展的前面。这是错误的。

在彭德怀的笔记中可以看到，他对当时盛行的许多错误口号和做法都提出批评，如对"三年苦战改变落后面貌""'左'比右好""'左'是方法问题，右是立场问题""矫枉必须过正""成绩和缺点只是九个指头和一个指头的问题"等。对于当时各种大办、大搞群众运动，他尖锐指出："这不是群众运动而是运动群众。"对于要求工人劳动不计报酬，取消计件工资，商店实行无人售货，农村推行公共食堂，把富队和穷队拉平，等等。他都认为是政策上的"左"的蛮干，是"党的各级机关的有些领导同志一意孤行，脱离群众，违反社会主义阶段现在时期的经济法则，企图跳进共产主义的主观主义的问题"。

当我们读到彭德怀当年写下的这些看法时，不禁要想，如果他的这些意见当时能为毛泽东所接受，能够及时纠正当时的错误，我们的国家就会少受多少损失，我们的人民就会少受多少痛苦！不幸的是，彭德怀当时却处在举国上下党内党外的批判之中。

有人说，庐山会议本来是要反"左"的，因彭德怀突然向党中央进攻，因此中央不能不调动力量，反对以彭德怀为首的右倾机会主义反党集团。彭德怀在重读八届八中全会决议后写道："这真是一种奇怪的逻辑。如果真的当时中央是反'左'，那么我的《意见书》和在西北小组会上一开始就有一些发言，也是反'左'，那么我同中央意见就是一致了。为什么把我的《意见书》当作右倾机会主义反党纲领来反对呢？"

事实是，庐山会议初期，毛泽东的本意虽是要反"左"，但在毛泽东说来，并不是心甘情愿的。他认为："群众兴高采烈，叫下马，血淋淋的。"他当时已对需要降低经济指标感到不快，看作是一种"泄气"。他提出的对当时形势的总看法是："成绩伟大，问题不少，经验丰富，前途光明。"而其中的"问题不少"，不过是十个指头中的一个指头问题。尽管会议初期毛泽东和彭德怀都反"左"，但确实存在着原则性的分歧，这种认识上的分歧也可从当时两个人的心情上看出来。

1958年和1959年，毛泽东和彭德怀都有故乡之行。尽管时间相去不远，地点都在湖南，其感受是大不相同的。毛泽东在《到韶山》诗中写下了"喜看稻菽千重浪，遍地英雄下夕烟"的名句，他看到的是故乡的一片丰腴和大搞群众运动的景象。彭德怀不是诗人，但深深印在他脑海里的是另一首诗中描绘的景象："谷撒地，薯叶枯，青壮炼铁去，收获童与姑，来年日子怎过？请为人民鼓咙胡。"（鼓咙胡，《古诗源》注："不敢公言，私咽语。"）这是平江县一个红军残废战士在递给他的一张纸条上写的。在重读八届八中全会的决议的笔记中，彭德怀引录了这首诗，并深深感叹说："这是群众多么沉痛的呼声！"

在乌石、韶山两个公社和平江县参观之后，彭德怀就"为人民鼓咙胡"，小声说了一点话。他发现这几个地方实际收获的粮食没有公布的数字多，有的作了假。他感到："这样的造假数字真是令人可怕的。"（彭写的《八万言书》中的话）在株洲与薄一波讨论之后，彭就给中央写信建议，把当年的征购粮从1200亿斤减到900亿斤。庐山会议上的《意见书》已是他第二次"为人民鼓咙胡"了。他是在对"左"的错误造成的严重局面深怀忧虑中登上庐山的。而毛泽东称第一阶段的会议为神仙会，即兴吟诗：冷眼向洋，热风吹雨，追思陶令，问询桃源。两者也是大异其趣的。

其实，1958年9月，彭德怀开始到各地视察时，他对"大跃进"和人民公社化是十分热衷的。走的地方多了，才渐渐发现了问题。到了湖南，他就有意识地寻根究底，弄清真实情况。而他一旦采取了求实的态度，就完全同情群众遭受的"大跃进""共产风"之苦。群众也把心里话和事情真相通通倾泻在他的面前：为实行"共产主义"，新居民点还没建立起来就拆房子；为放"卫星"，生产指标层层加码；打人成风；劳动中不照顾妇女生理特点；等等。不少农民到彭德怀处申诉告状。

彭德怀在《意见书》和重读八届八中全会决议的笔记中，对"左"的错误能具慧眼，就是本着这种彻底的求实态度和对人民疾苦不能忍受的切肤痛感。说起来简单，历史却为此付出了多么沉重的代价！

1960年11月，党中央发布了《关于农村人民公社当前政策问题的紧急指示信》，同时提出对国民经济实行"调整、巩固、充实、提高"的八字方针，开始纠正"左"的错误。1962年形势迅速好转，彭德怀感到由衷的高兴，认为这封信的精神基本上是好的，只在公共食堂等问题上解决得还不彻底。1962年9月，他给毛泽东写信，要求回乡作一段调查，得到批准。为革命征战辛劳半世，他实在不堪忍受闲居隐逸的生活。他认为，他和毛泽东的意见已在实践中趋向一致。

他没有料到，在经过一段短暂的经济复苏之后，一个更大的"左"的狂潮席卷全国，又造成10年灾难。他终于没有能够活到我们党彻底纠正"左"的错误的那一天。[18]

逄先知也回忆说：

庐山会议的这场斗争，是田家英一生中经历的第一次大的政治风浪。在这次错误进行的党内斗争中，他没有"揭发"别人，而且还保护了同志。他对一些善于窥测政治气候，寻机显示自己很"革命"或者在"大跃进"中一贯表现极左，而对别人乱批乱揭的人，是很厌恶的。当然，由于主客观条件的限制，在那一边倒的政治大潮中，田家英对庐山会议的是非不可能像后来认识得那样清楚，对三面红旗也不可能否定，他向毛泽东当面作了检讨，得到毛的谅解。毛泽东对他说："照样做你的秘书工作。"

田家英在庐山会议上作检讨，是在极左思潮的强大压力下不得已而为之。事后他向人表示，他在第一次庐山会议时的检讨是言不由衷的。那时，他确实感到，毛泽东已离开了他曾经全力提倡和实行的实事求是的原则，头脑已经不那么很清醒了，听不得不同意见的情绪也越来越明显。田家英还多次向我流露他在会议后期的心情，感到已无回天之力了。

显然，田家英在庐山会议期间的遭遇并不是个别的。在庐山会议前期，参加会议的多数人意见是基本一致的，到了后期，他们也都不得不进行这样那样的检讨，但是形式可能很不一样。

田家英在庐山会议上被毛泽东保护过关了。会议之后,毛泽东特地让田家英参加他所领导的苏联《政治经济学(教科书)》第三版读书小组,从1959年12月10日到1960年2月9日,历时2个月。这表明,毛泽东对田家英仍是信任的,但是毋庸讳言,他们之间在政治上已经开始出现裂痕。[19]

八届八中全会于8月16日闭幕。同日,毛泽东写了《机关枪和迫击炮的来历及其他》一文,提出:"庐山上出现的这一场斗争,是一场阶级斗争,是过去10年社会主义革命过程中资产阶级与无产阶级两大对抗阶级的生死斗争的继续。"并说:"在中国,在我党,这一类斗争,看来还得斗下去,至少还要斗20年,可能要斗半个世纪。总之要到阶级完全消灭,斗争才会止息。"

八届八中全会最后通过《关于以彭德怀同志为首的反党集团的错误的决议》《为保卫党的总路线,反对右倾机会主义而斗争》等文件。决议中决定把彭德怀、黄克诚、张闻天、周小舟等同志分别调离国防、外交、省委第一书记等工作岗位,但仍然保留他们的中央委员、候补中央委员、中央政治局委员、政治局候补委员的职务。

八届八中全会后,全党、全军、全国开展了历时半年左右的"反右倾"运动。到1961年,有很多干部和群众受到批判、处分和其他处理。据1962年进行甄别平反时的统计,几年中被作为重点批判对象或被划为右倾机会主义分子的党员干部,有300余万人之多。

庐山会议"反右倾斗争"的后果极为严重。在经济上中断了纠"左"的工作,新的"大跃进"又在全国兴起,并部署由基本队向基本社过渡,导致共产风重新刮起,还强化了人民公社的公共食堂制度,直接造成连续3年严重的经济困难;在政治上阶级斗争理论不断升级,由社会发展到党内,又逐步指向中央领导层,最终产生"党内走资本主义道路的当权派"和"中央出修正主义"的判断。

会见贺子珍

庐山会议前期,毛泽东还亲自安排同贺子珍见面。尽管他早已同江青结了婚,但仍在尽自己所能关心贺子珍的生活。这是两位曾经倾心相爱,并且共过患难的战友之间的崇高情谊。

当年受毛泽东委托接贺子珍上山的水静(江西省委第一书记杨尚奎的夫人)回忆说:

一辆"吉姆"径直驶进"180"院子,缓缓地停在台阶下面。已经在那里等候的毛主席贴身卫士封耀松,为我们打开车门,小心翼翼地扶出贺子珍大姐。我利索地跳下车,与小封一左一右地把大姐搀进屋,直上二楼。楼上共有三间房,毛主席住了两间,外面是会客室和办公室,里间是毛主席的卧室。紧靠楼口右侧有一间小房,是卫士的值班室。小封送大姐进里间时,我便到值班室稍事休息。

我靠在沙发上,长长地嘘了一口气,总算把大姐顺利地接来了。然而,这次会面会有什么样的结果呢?难说呀!我一边品味小封给我泡好的云雾茶,一边漫无边际地作出种种猜测。最终我默默地摇摇头,更坏的结果是不可能的了,喜剧性的结果也不会有。因为行前我听到主席自言自语地说过一句话,而对贺子珍大姐的现状我又非常了解。

我在好几年前就认识她了,而最近的一年多交往更加频繁,因为现在她就住在南昌。

……

小封走进值班室,给我换了一杯水,接了一个电话,又出去了。我看看手表,主席和贺子珍已经谈了半个多小时了。我为大姐暗暗祝福,希望他们能够谈得来,因为毕竟20多年没有见面了,而且她的身心健康又受到了很大的损害。至于主席,据我了解,他对大姐一直是很关心的,在一些事情上,还是很尊重的。10年患难夫妻留下的感情不是可以轻易抹去的,或者说,是永远抹不掉的。

贺子珍到江西之后,她的亲生女儿娇娇,多次到南昌来看她。据娇娇说,每次都是主席让她来的,而且总要带些贺子珍喜欢吃的东西和难买的药品。

有一回,娇娇带了一个年轻小伙子一同来看妈妈,看那神态,我估计他可能是娇娇的男朋友。娇娇已经二十二三岁了,到了谈朋友的年龄了。

一般说来,母女之间的感情是最为深厚的,何况娇娇是贺子珍的唯一亲骨肉,且又在异国落难时朝夕相处,相依为命。所以娇娇一来,贺子珍便显得非常高兴,而这一次则似乎有些兴奋。我去看她时,她主动告诉我:那个小伙子叫孔令华,是娇娇的同学。

"他们相爱了很长时间,现在要结婚了。"大姐笑嘻嘻地对我说,"主席写信来,让他们征求我的意见。"

"那是应该的。"我说,"女儿出嫁,不能没有母亲的意见。"

"嘿,他们彼此相爱,而且主席也同意了,我还能有什么意见?"她开心地笑道。停了一会儿,她又说:"小孔各方面都好,就是有点胃病。"

我说:"那不要紧,在饮食上注意一点,很快就可以治好的。"

"我也这样想。"她点点头说,"主席考虑问题总是很周到的,身体是很重要的条件，他不会想不到。"

毛主席是个坚强的人，轻易不落泪，但是，为贺子珍就落过两次泪。一次是1937年底，贺子珍执意要去苏联，主席怎么劝说都没有用，终于走了，于是他哭了。另一次是1954年，贺子珍在广播中听到他的声音，引爆了在心中积抑多年的思念、痛苦与悲伤，严重损坏了神经系统，导致了精神分裂症。得知这个消息后，他又落泪了。这种眼泪，应该说是一种压缩在心的深层的被液化了的感情。

据我所知，主席曾多次给贺子珍写信，有时贺子珍还亲口告诉我，主席让娇娇带信来了，并且也会谈及信中的某些内容，如嘱咐她治好病、养好身体，征求她对女儿婚姻的意见等。这些一般听过就算了，但有一回在她身边的一位近亲告诉我一件事，却使我感触至深。那位近亲说，娇娇每次来南昌，都带了主席的亲笔信，而且信的抬头总是"桂妹"两个字，这是因为贺子珍是在1909年桂花飘香的日子出生的，小名就叫桂花。可以想象，一声"桂妹"，足以使贺子珍回到几十年前井冈山苍松翠竹所掩映的脉脉柔情之中。由此我又想到毛主席的著名的词作《蝶恋花·答李淑一》，"吴刚捧出桂花酒"句中的"桂花"，是不是贺子珍这枝桂花呢？我想是的。这首词里的杨、柳、桂都是用以喻人的，杨、柳分别指杨开慧、柳直荀两位烈士，已为世人所知，但人们却忽略了桂是何人。因为文艺评论家们从未提及，这也许是因为他们不知道贺子珍的小名，或者有碍于江青的忌讳吧。

至于贺子珍对毛主席的感情，更是一往情深、至死不渝。在苏联时，同志们都已经知道主席和江青结婚，有的便向她表示爱意。当她回国之前，又有人重提此事。她毫不考虑地说："我一生只爱过一个人，他就是毛泽东。我不会有第二次爱情了。"

互相思念而又不能相见，是十分痛苦的，贺子珍的病，就是这棵扭曲的感情之树的苦果。那么毛主席呢？难道就不难受吗？我曾经对尚奎说："主席为什么不跟贺子珍见一面呢？这对他来说是件非常容易的事。"尚奎摇摇头，很严肃地说："你不要把见见面这种事看得太简单了。毛主席是全党全国的领袖，他的一举一动都应该是人民的表率；他也要受中央的约束，而他的纪律性是很强的。再说，一旦江青知道了，即使只是见见面，也会大吵大闹，那影响多坏呀！"我仔细想了想，尚奎说的是有道理的。作为一个领袖，他的感情要受到多方面的制约，从这一点来说，远不如普通老百姓自由。

然而，毛主席到底也是人，并不是神，而且是一个感情极为丰富的人，他终于决定撇开一切有形无形的障碍，和贺子珍这位曾和他共同度过了最艰难的历史时期的妻子，共同经历了10年峥嵘岁月的战友——尽管现在她已经不是他的夫人——见上一面。

这个使人振奋的消息，是尚奎告诉我的，同时交给我一个不同寻常的任务……

"水静，你马上收拾一下，今天下午就动身回南昌。"7月7日中午，尚奎郑重地对我说。

"什么事？怎么这么急？"我问。

"去把贺子珍同志接到庐山来，和朱旦华一道去。"尚奎说得很严肃，"毛主席要见她。"

我瞪大眼睛看着他，半天才反应过来。这本来是情理中的事，一旦成为事实，又觉得有些突然了。

"啊，这可太好了！"我几乎叫了起来。

"你听我说，"尚奎做了一个制止我大声说话的手势，说道，"这是一个特殊任务，主席强调要绝对保密。汽车上山之后，不要到这边别墅区来，要直接开到我们安排好的住处去。"又如此这般地作了许多具体的交代。

下午2点多钟，我便和朱旦华同志一道乘车下山。在车上，我们商量了一下用什么理由请贺子珍上山，并且统一说话的口径，以免节外生枝。因为尚奎叮嘱：在见到主席之前，不要让大姐知道是主席要见她，主要是怕她过于激动而触发旧疾。并且说，这也是主席亲自交代的。

不到6点，我们便到了南昌。车过八一桥，便直向三纬路贺大姐的住所驶去。

大姐恰好在厅堂休息，一见我们进屋，又是让座，又是倒茶，非常热情。在问过大姐的生活起居之后，我便"言归正传"了。

"大姐，今年南昌太热，省委请你到庐山去休息几天。"我用一种传达指示的口气说，"我们俩刚从庐山下来，省委特地派我们来接你。"

大姐很高兴，说了一些感谢省委关心之类的话。见她欣然同意，我心里一块石头才落了地。

"那就请你准备一下，大姐。"我说，"明天下午3点我们来接你好吗？"

第二天，我们准时把车开到大姐住处，大姐上车后，我们便向庐山飞驰。一路之上，我们和大姐尽谈些轻松、高兴的事，说说笑笑，非常愉快。汽车在成熟中的田野起伏，只觉得芬芳扑鼻，满眼金辉。一片丰收的景象，跟着我们风驰电掣，更使我们心花怒放。几乎在不知不觉间，便到了庐山牯岭。

按照尚奎事先的安排，我们把车子直接开到特地为大姐准备的住处：涵洞左侧的"28"号房。这里附近只有几幢房子，都没有住与会议有关的人员，服务员也只有一人，不会引起别人注意。

朱旦华已经回到自己的住处，只留下我陪同贺子珍大姐。我们住的房间，摆了两张床，电话、卫生间一应齐全。吃过饭，安排好大姐休息之后，我先给尚奎挂了电话，报告我们到达的消息。尚奎叫我陪着大姐，不要随便离开。接着，我又和主席联系上了。

"客人的情况怎么样？"主席问道。他好像有些激动。

"一切都好。"我回答说。

"那好，你等着我的安排。"主席说。

次日中午，我趁大姐午睡的机会，独自乘尚奎的车，到了"180"。主席坐在沙发上吸烟，正在等我。我把如何接大姐上山的事，简略汇报了一下，并且告诉主席，大姐情绪很好，记忆力也还可以，能回忆许多往事。

"很好。"主席点点头说，"今天晚上9点钟，你坐尚奎同志的车，送她到我这里来。"

"好的。"我说。

"这里已经安排好了，身边的几个同志都有事下山去了，只有小封留下值班。"主席又说，"门哨认得尚奎同志的车号，不会过问的，开进来就是了。"

我想起旦华是原毛泽民的夫人，她们之间的感情会更亲近些。而且我又是和旦华一同接大姐上山的，便问主席："要不要找朱旦华同志一道陪大姐来！"

"不用了，你一个人就可以。"主席回答说。

显然，主席很谨慎，想要尽量缩小知情面。一切问清楚了，我便起身告辞："主席，如果没有别的事，我就走了。"

主席紧锁着眉头，使劲抽着烟，心事重重的样子。他没有直接回答我的问话，像自言自语似的说："喀，希望能一拍即合。"

我不知道主席这句话的内涵，也不敢多问，只是说："再见，主席，晚上9点我一定陪大姐来。"

待我赶回"28"号时，大姐午睡还未醒。

我很困，但是睡不着，直到我坐在"180"值班室等候大姐时，仍然处在一种十分兴奋的状态之中。

"铃、铃、铃……"

清脆的铃声把我从回忆中拽了出来。这是主席召唤小封。我看看手表，已经过了1个多小时了，我捉摸，也许谈得不错吧，要不怎么谈这么久呢。人哪，总是把事情往好处想。

一会儿，小封把贺大姐扶进值班室，让大姐坐下，然后对我说："主席请你去一下。"

我走进主席房间时，只见他手里夹着烟，脸色很不好。

"不行了，脑子坏了，答非所问。"他像是对我说，又像是自言自语。

我盯着他苍白的脸，不知说什么好。

"她很激动，你要注意她的情绪。"他夹着烟的手朝我点了一下，说，"明天你就送她下山，下山以前，你一步也不要离开她。现在她已经知道我在山上，怕她出去碰到熟人，那不好。延安时期的熟人很多呀，有些就住在你们附近。"

我已经注意到了，在离"28"号不远的河南路，就住了不少参加会议的领导人和工作人员，康生也住在那里。我想，主席考虑问题真周到，连这样一些细枝末节都了解到了。

"主席，请放心，我保证不会离开她一步。"我说。

"还有一件事，最好回去就办。"主席加重语气说，"她拿走了我三小瓶安眠药，很厉害的，吃多了会出事。你要想办法从她手里拿下来。"

"好，我会办妥的。"我说。

我很清楚，这是一件颇为棘手的事。我怎么开这个口呢？大姐是很敏感的，如果说话不当，引起她的怀疑，那就糟了。要是不能从她手里拿下来，后果更为严重。主席睡眠不好，有个吃安眠药的习惯，他吃的安眠药是高效的，如果服用不当，特别是在精神失常的时候，肯定要出问题。否则，主席也不会这么着急呀。

从主席房间出来，到陪大姐回住所，我脑子不停地转，可就是想不出一点办法。

大姐一直处于兴奋状态，睡到床上了，还一直说个不停，如果突然插进一个毫不相干的安眠药问题，非得把事办砸不可。于是，我只好在一旁静静地躺着，偶尔说一两个字表示我在听。至少她现在还没有想到吃安眠药，真要吃了，我再制止不迟。两张床相隔不过二三尺，彼此的一举一动，互相都看得清清楚楚。

当她又一次提到主席的生活时，我不经意地问了一声："大姐，你觉得毛主席的变化大吗？"

"别的都和以前一样，就是老多了。"她回答说，"我看他很疲倦，烟抽得很厉害，安眠药也吃得很多。"

听她提到了安眠药，我灵机一动，立即抓住这个话题不放。

"是呀，主席太忙了，休息不好，听说要吃两次安眠药才能入睡哩。"我紧接着说，"尚奎也是这样，工作一紧张，没有安眠药就睡不着觉。"我像忽然想到似的说："对了，听说大姐在主席那里拿了几瓶安眠药是吗？能不能给我看看，主席吃的是哪一种，我好给尚奎搞一点。"

大姐待人一向很客气，而且我们之间交往很多，已经建立了感情，所以听我这么一说，马上找出那三瓶安眠药，侧过身子递给我，说："你看嘛，就是这种。"

"这种呀，我还没见过哩。"我接过药瓶，边看边说，然后坐了起来，侧过身去说道，"哎，大姐，这药给我好不好？我给尚奎吃吃看，不知效果好不好。"

"好嘛，你拿去就是了。"大姐说。

我暗暗地嘘了一口气。

第二天一早我给小封挂了一个电话，告诉他安眠药已经拿到了，请主席放心。[20]

近年来，这段曾经鲜为人知的往事被披露出来，成了文学作品的热门话题，也被蒙上了一层神秘的色彩，以致以讹传讹。

水静根据自己的亲身经历，对一些误传作了澄清。她写道：

近些年来，由于种种原因，说的人越来越多了，贺子珍成了一些文章作者的热门题材，许多报告文学陆续问世。关于贺子珍庐山见毛主席一事，成了必不可少的章节。我也曾接待过几个作者的采访，所以好几个作品里都有水静的名字。我认为，写老一辈革命家，写贺子珍这样的老同志，写他们走过的坎坷道路，写他们对生活的态度，是应该提倡的好事。但是，必须严肃认真，必须实事求是。遗憾的是，有些作者却没有遵循这个起码的原则。

我早就想对这个问题表示自己的看法了。因为，一些作品中既然提到我的名字，实际上是告诉读者，我是材料的提供者。既如此，对于其中真伪，我就不能保持缄默。再则，作为一个知情人，我有责任把真相告诉人们，以正视听。

本着对事不对人的态度，我觉得至少有几桩事情需要澄清。

一、贺子珍到达庐山之后，接触面极窄，顺序为我、朱旦华、"28"号房服务员、司机、卫士小封和毛主席，除此之外，没有见任何人。尚奎和省委其他负责同志都没有去看她，为的是缩小知情面。而有的文章却任意给贺子珍"增加"护士、女伴，还"设计"了包括彭德怀在内的交谈对象，显然是与事实不符的。

二、贺子珍会见毛主席的那个晚上，"180"里面只留下了小封一人值班，连卫士长李银桥都出去了。我陪大姐进屋时，没有见到任何别的人。大姐到室内与主席谈话，我一直在值班室等候，也不见任何人来访。可是有的文章却说，贺子珍听到彭德怀用"雷鸣般的吼声"和毛主席"争吵"。彭德怀出来的时候,还"很紧""很久"地与贺子珍握手。这是根本没有的事。

三、有的文章还写到,毛主席那天晚上请贺子珍吃了饭,喝了酒,然后又趁着"皎洁"的"明月",陪贺子珍观赏庐山夜景。所有这些,包括每一句对话,每一个细节都是毫无根据的,连一点影儿都没有的事。

四、这次庐山会议期间,江青一直在北戴河避暑,是主席亲口说的,而且有据可查。而有些文章却说,当时江青正在杭州,接到庐山一个秘密电话,便立即赶来,大闹一番。其实这年江青根本没有上庐山。有的文章还说,王光美"邀了蔡畅、邓颖超、康克清、曾志、郝治平、水静等夫人,打算到美庐(即'180号'房)来向'江大姐'问候",结果吃了闭门羹;于是第二天又再次去拜会。这是很荒谬的。1961年庐山会议时,江青才上了庐山。王光美与江青的关系已是众所周知的了,她会组织这种"夫人造访团"吗?而蔡、邓、康、曾这些德高望重的大姐,会一而再地结伴去"问候"那个"江大姐"吗?就是像我和佳楣、胡明、余叔这批较为年轻的夫人,也不愿和江青往来,觉得她太傲慢了,而夫人们之间的交往,应该是建立在平等的基础之上。因此,一些作者的那种写法,不仅无视事实,且有损于几位大姐和夫人们的声誉。

五、贺子珍患有精神分裂症,平时,头脑很清楚,记忆力也蛮好。一旦发病了,便畏惧、怀疑,总觉得有人在害她。这一点是无须回避的,否则,好多事就说不清楚;同时,这也不会损害大姐的形象。有的作者是出自好意而隐讳,这还情有可原;而有的则是基于某种政治褒贬的需要,那就不足取了。[21]

注 释

[1] 应为29日。

[2] 李银桥:《在毛泽东身边十五年》,河北人民出版社1991年6月版,第257—260页。

[3] 这是湖南省委第一书记周小舟对1958年工作作总结时得出的结论。毛泽东对湖南印象较好,对周小舟这三句话颇为称赞,并予以采纳,作为庐山会议的方针。

[4] 李锐:《庐山会议实录》,春秋出版社、湖南教育出版社1989年5月版,第26—32页。

[5] 李锐:《庐山会议实录》,春秋出版社、湖南教育出版社1989年5月版,第72—82页。

[6] 静川:《彭德怀在庐山》,载《党的文献》1990年第5期,第24—

30页。

〔7〕《彭德怀自述》，人民出版社1981年12月版，第269—270，275—276页。

〔8〕李银桥：《在毛泽东身边十五年》，河北人民出版社1991年6月版，第261页。

〔9〕李锐：《庐山会议实录》，春秋出版社、湖南教育出版社1989年5月版，第87—93页。

〔10〕平反后才知道罗瑞卿带李锐来小组会，是为了高岗的事，黄克诚当时是误会了。——原注

〔11〕《黄克诚自述》，人民出版社1994年10月版，第248—262页。

〔12〕李维民：《万毅将军在庐山会议》，载《炎黄春秋》1995年第3期。

〔13〕李锐：《庐山会议实录》，春秋出版社、湖南教育出版社1989年5月版，第94页。

〔14〕《回忆张闻天》，湖南人民出版社1985年7月版，第313—316页。

〔15〕李锐：《庐山会议实录》，春秋出版社、湖南教育出版社1989年5月版，第164—176页。

〔16〕〔17〕《彭德怀自述》，人民出版社1981年12月版，第276—277页。

〔18〕何定：《巨星的陨落与重新升起》，载《党的文献》1988年第5期，第29—33页。

〔19〕逄先知：《毛泽东和他的秘书田家英》，中央文献出版社1989年12月版，第37页。

〔20〕水静：《特殊的交往》，江苏文艺出版社1992年9月版，第208—209，213—221页。

〔21〕水静：《特殊的交往》，江苏文艺出版社1992年9月版，第226—228页。

五、主权之争

赫鲁晓夫首次访华

1953年3月5日斯大林逝世,由苏共中央书记马林科夫接任部长会议主席。9月,苏共召开中央全会,赫鲁晓夫当选为苏共第一书记。

第二年我国5周年国庆前夕,赫鲁晓夫率苏联政府代表团于9月29日抵京。对赫鲁晓夫这次访华的过程,当时担任翻译的师哲作了如下回忆:

赫鲁晓夫率苏联政府代表团于9月29日到达北京。代表团成员由部长会议第一副主席布尔加宁、部长会议副主席米高扬、全苏工会主席什维尔尼克、文化部部长亚历山大罗夫、真理报总编辑谢皮洛夫、莫斯科市委书记福尔采娃、乌兹别克加盟共和国建材部部长纳斯里金诺娃、苏共中央工作人员斯捷潘诺夫和大使尤金十人组成。亚历山大罗夫是文学家,谢皮洛夫是哲学家,这两个人是赫鲁晓夫在理论、宣传上的左右手。后来他们不同意赫鲁晓夫反对斯大林,认为这种做法不仅诬蔑斯大林,而且诬蔑共产党,甚至列宁。赫鲁晓夫因此将这两个人从中央赶走。他也想赶走苏斯洛夫,但是苏斯洛夫资格老,弄不掉。

1953年3月5日斯大林去世,由苏共中央书记马林科夫接任部长会议主席。10天之后,马林科夫被解除中央书记的职务,实际上就由赫鲁晓夫负责党中央的工作。

9月,苏共召开中央全会,在会上赫鲁晓夫当选为苏共第一书记。

……

赫鲁晓夫亲自率政府代表团参加我国国庆5周年的庆典活动,10月2日参加苏联经济及文化建设成就展览会的开幕式,10月3日开始与我国领导人会谈,10月12日会谈结束,发表了《中华人民共和国和苏联政府关于中苏关系和国际形势各项问题的联合宣言》及《关于对日本关系的联合宣言》,同时签署了7个文件:(1)苏军从旅顺口海军根据地撤退,1955年5月31日之前将该基地交由中国完全支配。（2）将1950年、1951年创办的4个中苏股份公司中的苏联股份自1955年1月1日起完全交给中国。这4个公司是在新疆境内开采有色及稀有和贵重金属的公司，在新疆境内开采和提炼石油的公司，在大连建造和修理轮船的公司和民航公司。在这些公司中的苏方股份用我国出口货物在数年内还清。（3）签订中苏科学技术合作协定。（4）中苏修建兰州——乌鲁木齐——阿拉木图铁路并组织联运的协定。（5）中苏蒙修建集宁到乌兰巴托铁路并组织联运的协定。（6）苏联为中国提供5.2亿卢布长期贷款的协定。（7）帮助中国新建15个工业企业和扩大原有的141项企业的供应范围的议定书。这样在第一个五年计划期间苏联共援建我国156项大型企业。这一切都已公布于报端，不再详述。

10月3日，在中南海颐年堂举行了中苏两国最高级会谈。中方参加会谈的有毛主席、朱德副主席、刘少奇委员长、周恩来总理及陈云、彭德怀、邓小平、邓子恢、李富春5位副总理。苏方有赫鲁晓夫、布尔加宁、米高扬。我和费德林担任翻译，我负责俄译中，费德林负责中译俄。

在会谈中，毛泽东首先发言。他说：今天我们可以谈谈，交流一下意见。一般地说，我们之间的问题或意见都是随时提出，随时解决，没有积累下什么问题。今天我们有这个极好的机会，再交换点意见。国际形势总的说来对我们是有利的。首先是各国人民积极地行动起来了，抬起头来了。帝国主义的威风被煞下去了好多，不再像以前那样嚣张、盛气凌人、轻举妄动。实际上，他们的日子越来越不好过了。

赫鲁晓夫接着说，帝国主义却没有睡大觉，而是天天在蠢蠢欲动，在图谋不轨，想达到他们的罪恶目的。诚然，他们的气焰的确没有以往那么嚣张，但他们确实还在活动着。

毛主席说，十根指头被切去了一两根，而且切去的是大拇指，手力毕竟不如从前了，大大削弱了，甚至是减去了一半的力量。总之，形势是好了，对我们是有利的。自然，我们在任何时候也不应放松自己的警惕性。我们现在有一个和平建设时期，应充分利用它，进行经济建设，大力发展生产力。不过，这个时期究竟有多长很难说，因为这不是由我们的主观愿望所能决定的。如果我们能有20年的和平建设时期来发展经济，那么，战争的危险性就会减少很多，甚至可能打不起来了。过二三十年后，如果帝国主义要打，那就是结束帝国主义存在的时候了。但究竟是经过一场大战来结束战争，还是由于人民力量、和平力量强大，从此战争打不起来，这还要看看。

接着，双方分别介绍了自己国内的一般形势、中心工作及其进展、成绩、缺点和生产发展、各项建设等情况。苏方介绍说，他们的工作一般还比较顺利，但没有达到预期的指标和进度。

赫鲁晓夫主动问道：你们对我方还有什么要求？

毛主席答道：关于这方面的事，双方的专家们天天在接触和交谈。他们相互协作，交换意见，协商解决问题，事情能办通。我们对原子能、核武器感兴趣。今天想同你们商量，希望你们在这方面对我们有所帮助，使我们有所建树。总之，我们也想搞这项工业。

赫鲁晓夫听到这里愣住了，因为他不曾考虑过这个问题，思想毫无准备。他稍停了一下说：搞那个东西太费钱了。我们这个大家庭有了核保护伞就行了，无须大家都来搞它。须知那东西既费钱费力，又不能吃，不能用。生产出来后还得储存起来，不久又过时了，还得重造，太浪费了。我们的想法是，目前你们不必搞这些东西，还是集中力量搞经济建设，发展与国计民生有关的生产，改善人民的福利。提高人民的生活水平比搞原子弹好。假使目前要搞核武器，把中国的全部电力集中用在这方面是否足够还很难说。那么，其他各项生产事业怎么办？国计民生怎么办？但如果你们十分想办这件事，而且是为了进行科研、培训干部、为未来新兴工业打基础，那么我们可以帮助先建设一个小型原子堆。这比较好办，花钱也不太多。这是一个比较切实可行的办法。借这个条件培训干部，也可以派一些有基础的人员到苏联学习、实习和深造。你们以为如何？

毛主席回答：也好，让我们考虑考虑再说。

赫鲁晓夫说：我们听说，中国劳动人民在新中国成立后，生活上都有了保障，这是可喜的一面。但人的欲望是无止境的，要求是与日俱增的。我经常想，你们这么多的人口，如果人们在衣食住行方面都伸手向国家要，我看很难应付得了。然而不管怎样，这的确是国家应该解决好的首要问题。在西方，这个问题如果不能摆在首要位置加以妥善解决，那日子是过不好的，甚至是过不下去的。

毛主席说：我们之间在对外方面和国际活动中，多进行磋商，协调步调，一致对外；在对内方面和生产建设上，则互相帮助，互通有无，互相协作，这不很好么！

赫鲁晓夫等苏方客人听后喜形于色，很满意。他们兴高采烈，气氛也随之活跃起来。

会谈中，服务员端上了湖南腊肉、松烟熏制的火腿、烤面包和茶水等。客人们觉得这些食品的味道既非常独特，又十分鲜美，不一会儿便将它们一扫而光。宾主双方就这样愉快而满意地度过了一个上午。

会谈结束时，毛主席问道：你们是否准备到我国某些地方，特别是南方去看看？

赫鲁晓夫答道：一定要出去走一走，看一看。你们这里的一切对我们都是生疏的、新鲜的。我们想去的地方很多，但看来只能在沿海的南北方走走。

毛主席高兴地说：那你们就到各地去走走看看，随你们的便，愿意去哪儿都可以，就像在你们自己家里一样。我们也不准备做什么特殊安排。我喜欢自由自在、随心所欲地去活动，不喜欢被别人牵着鼻子走。

毛主席知道赫鲁晓夫对中国不大放心，因而决定对赫鲁晓夫的参观游览不作规定和安排，由他们随意与我方干部往来。

在这次会谈之后，中苏双方又进行了3次会谈。在这些会谈中，双方再三表达了互助合作和团结友好的愿望。两党对国际问题的意见也是完全一致的。正如联合公报中所讲的，"会谈是在真诚友好和互相谅解的气氛中进行的"。在这个时期，中苏友谊确实进入了高潮。

……

10月12日，苏联代表团在苏联展览馆（即北京展览馆）举行答谢宴会。这次宴会经他们精心安排，具有相当的规模。宴会前，周总理前去万寿路宾馆拜会赫鲁晓夫，告诉他我方主要领导人，包括毛主席，都将出席他们的招待会。周总理还向他谈到东北等地参观游览的安排事宜，并征询了他的意见。

离开赫鲁晓夫的寓所后，总理驱车直奔展览馆宴会厅。

我们走进大厅，还未来得及浏览，赫鲁晓夫和毛主席的汽车也几乎同时到了。他们在正厅中握手、寒暄，并交谈起来。摄影记者把这个场面摄入镜头，变成了一张艺术高超的照片，广为流传。

当毛主席从门厅进入宴会厅时，迎面走来了福尔采娃、谢皮洛夫、亚历山大罗夫。他们向毛主席问好，然后要求同毛主席合影，毛主席欣然满足了他们的要求。[1]

师哲还回忆说：

在旅途中，赫鲁晓夫曾谈到他想邀请中国参加东欧经互会组织，说这是沟通欧亚经济合作，互相协助、互相配合、互相发展和加速经济繁荣的渠道之一。他说：从欧亚各国的情况看，无论是经济结构、体系、发展条件及速度，还是具体要求和生活条件，都有相当大的差距。在经济领域互相配合、互相协作的设想是好的，但在实际上应如何具体实现，目前还没有一个成熟的考虑。不知道毛泽东有什么看法，有机会很想同他交换一下意见。

我一回到北京，就把上述情况向毛主席作了汇报。主席听后马上回答说：他这个想法不实际。他们同我们之间的差距太大，困难很多，如果稀里糊涂挂上钩，将来的麻烦会不堪设想。

过了两天，赫鲁晓夫会见毛主席时，正式提出了他的那个想法。毛主席不容置疑地回答说：没有这个必要，这对中国的发展建设没有多大实际意义。相反，可能麻烦很多，纠缠不清，还会妨碍建设的进展。

赫鲁晓夫听后，立即改变了腔调，完全否定了自己原来的想法。他说：中国是个大国，具备独立发展的一切条件，而且发展前途广阔。不像东欧那些小国，虽然有发展各项经济和工业企业的能力，却常常受到这样或那样的条件限制。如人力和物力资源、销售市场等，无法独立自主地大规模发展若干部门的工业生产，如汽车、航空、航海、大型机器工业。他们只能通过经互会的协作，进行平衡和调剂，互通有无，同舟共济。如果东欧各国都独立自主地发展各自的全套工业，用不了多久，产品就会充斥市场、互相竞争、互相排挤，从而使自己陷入不堪设想的境地。[2]

赫鲁晓夫后来回顾这次访华时说：

自我第一次认识毛泽东起，我就认定并告诉我们的同志，他绝不会听从于国际共运内部超过他自己的党之上的任何别的共产党，他绝不会容忍这样的事。要是斯大林多活几年，我们和中国的争吵还会早些时候出现，而且会采取关系完全破裂的形式。

我记得1954年我从中国回来以后曾告诉过我的同志："同中国人的冲突恐怕难以避免了。"我是根据毛泽东的各种言论得出这个结论的。在我访问北京时，气氛是典型的东方式的。每个人都殷勤、巴结到了令人难以相信的程度，但我还是看穿了他们的虚伪。我到北京以后，毛泽东和我互相热烈拥抱，互相亲昵。我们经常在一个游泳池旁躺着，像最要好的朋友那样谈论着各种各样的事情。但这实在甜得有点令人恶心。当时的气氛是令人作呕的。另外，毛泽东讲的某些事情引起了我的戒备。我始终也没有搞清楚他讲的到底是什么意思。我当时想，这大概是因为中国人的性格和思想方法有点特别吧！[3]

苏共二十大前后

1956年2月14日至26日，苏共第20次全国代表大会在莫斯科召开。这是斯大林去世后召开的第一次苏共全国代表大会，中共派以朱德为团长的代表团出席了大会。

在大会闭幕前夕，赫鲁晓夫作了题为《关于个人崇拜及其后果》的秘密报告，全盘否定斯大林。他在作这个报告时，没有邀请各国共产党代表团参加，事后才向中共代表团通报了报告的内容。

这篇报告很快就由西方媒体传播出来，在全世界引起轩然大波。东欧一些社会主义国家发生动荡，以至产生波兰和匈牙利事件。西方政界则抓住斯大林问题大做文章，对"秘密报告"如获至宝。

毛泽东获悉"秘密报告"，及时作出反应，接连主持起草了《论无产阶级专政的历史经验》（"一论"）和《再论无产阶级专政的历史经验》（"再论"）两篇理论文章，旗帜鲜明地表明了中共的原则立场，稳定了人心。

吴冷西回忆说：

1956年3月17日，晚饭后，我乘车从国会街的新华社总部出发，沿着华灯初上的西长安街东驶，由新华门进入中南海。汽车沿着南海西岸往北开。沿湖灯光水影，很是别致。北京3月，寒冬将尽。我在丰泽园下车时，已感早春在即。

……

我从南面走过一个不大的门廊，进入开阔的庭院。东西两面是厢房和回廊，北面是高大的正堂，这就是颐年堂。毛主席经常在这里召开中央书记处和政治局会议。这是我第一次来参加毛主席亲自主持的中央书记处会议。党的八大前的中央书记处，相当于八大后的中央政治局常委会。

在这以前，我作为新华社社长，曾经常参加少奇同志主持的政治局会议（在中南海西门附近的西楼会议厅）和邓小平同志主持的秘书长会议（在丰泽园北面的居仁堂），也参加过毛主席主持的党的中央全会和中央工作会议（一般在怀仁堂）以及最高国务会议（大多数在勤政殿），但从未到颐年堂参加过他主持的中央书记处会议，这是党的最高领导核心会议。

颐年堂由中央一个大厅，东西两个小厅组成，均以紫檀木雕刻装饰。大厅约70平方米，正面是一个镏金的大屏风，中间摆着足够二三十人开会的大长桌，铺着深绿色的呢绒。整个布置朴素大方。毛主席召开政治局会议就在这里。政治局委员和列席会议的有关负责人一般达20多人。西边的小厅，一般是毛主席召开中央书记处会议和后来的中央政治局常委会议的地方，那里有12张沙发围成一圈。东边的小厅一般是毛主席请客人吃饭的地方。我先后几次陪斯特朗等美国朋友出席毛主席的便宴就在那里。

颐年堂东边有一小门，通毛主席的住所菊香书屋。毛主席来颐年堂开会时，走出菊香书屋的西门，便到颐年堂的东门。

毛主席主持这次书记处会议，议题是赫鲁晓夫在苏共二十大上的反斯大林报告。这个报告是在苏共二十大的最后一次秘密会议上作的。我党参加苏共二十大的代表团没有参加那次会议。苏共中央是在会后派人向我代表团通报的。所谓通报就是只向我们把报告宣读一遍就拿走了。但是，在苏共二十大结束不久，西方通讯社就陆续透露了这个报告的内容。《纽约时报》在3月10日发表了报告的全文，距苏共二十大结束不到半个月。新华社收到《纽约时报》后马上组织大量人员翻译，译出一部分即印出一部分，全部译完后再装订成本，按照中共中央办公厅开列的名单，分送中央负责同志。这是新华社一贯的做法。我们广泛收集各外国通讯社的电讯和报刊文章，尽到了中央耳目的职责。毛主席和周总理多次说过，新华社汇集这些材料的每日两大本《参考资料》（上午版和下午版），是他们每天必读的。

当我到达颐年堂时，杨尚昆（时任中央办公厅主任）、胡乔木（中央宣传部副部长）、张闻天（外交部常务副部长）、王稼祥（中央联络部部长）已经坐在西边小厅里，少奇同志、周总理、朱总司令、小平同志、彭真同志也陆续到来。

毛主席在8点左右来到颐年堂。毛主席刚坐下就问我赫鲁晓夫报告全文已分发给哪些同志。我向他报告，已分发了所有政治局同志和有关负责同志。他接着又问大家看了没有，好几位中央负责同志都说看到了但没有看完。毛主席也说，他刚开始看，很费力，还没有看完。他问大家看了有什么意见。

小平同志接着谈了我党代表团在莫斯科参加苏共二十大时听到苏共中央联络部一位联络员通报赫鲁晓夫秘密报告的情况。他说，当时只听翻译读了一遍，感到内容很乱，逻辑性差，说了一大堆关于斯大林破坏法制、肃反中杀错了很多人、对苏德战争毫无准备、在战争中靠地球仪指挥等，还讲了一个南斯拉夫问题，其他政策性的问题无甚印象。当时，他向苏共中央联络员表示，此事关系重大，要报告中央，没有表态。他说，现在再看全文，还没有看完，印象还是不好。现在全世界都议论这个报告，许多兄弟党已表示了态度，恐怕我们党也要表态，采取什么方式可以考虑。

会上大家议论纷纷。首先对苏共事先不同兄弟党商量就批判斯大林这位国际共产主义运动的重要人物很不满，认为这是对各国党的突然袭击，使他们在毫无准备的情况下出现严重混乱；同时认为赫鲁晓夫报告中全盘否定斯大林是严重错误。

毛主席说，我们党从一开始就对苏共二十大有保留的。我们《人民日报》发表了两篇社论。第一篇是根据大会开始时赫鲁晓夫的公开报告写的。那时我们不晓得他会大反斯大林，从大局考虑给予支持。但社论中只谈了和平共处与和平竞赛问题，没有谈和平过渡问题，因为我们对这个问题有不同意见。苏共二十大结束的第二天，中央收到代表团发来电报，报告赫鲁晓夫大反斯大林，但不了解详细内容，不好仓促发表意见。所以在第二篇社论中，我们采取王顾左右而言他的方针，只讲他们的第六个五年计划，笼统地表示支持。

毛主席说，赫鲁晓夫的秘密报告值得认真研究，特别是这个报告所涉及的问题以及它在全世界所造成的影响。现在全世界都在议论，我们也要议论。

现在看来，至少可以指出两点：一是他揭了盖子，一是他捅了娄子。说他揭了盖子，就是讲，他的秘密报告表明，苏联、苏共、斯大林并不是一切都是正确的。这就破除了迷信。说他捅了娄子，就是讲，他作的这个秘密报告，无论在内容上或方法上，都有严重错误。是不是这样，大家可以研究。大家昨天才拿到全文，还没有看完。希望仔细看一看，想一想，过一两天再来讨论。

17日晚上的书记处会议就这样结束。可以说，对赫鲁晓夫的秘密报告，毛主席的两点意见作了"破题"。

《人民日报》1956年4月5日发表的《关于无产阶级专政的历史经验》一文，是由毛主席主持的中央政治局会议多次讨论和修改写成的。

在3月17日的中央书记处会议后，毛主席在3月19日和3月24日先后召开了中央政治局会议，全体政治局委员都出席了会议，列席的除上次参加中央书记处会议的王稼祥、杨尚昆、胡乔木和我外，又增加了陆定一、陈伯达、邓拓、胡绳等。

在这两次中央政治局扩大会议上，大家就赫鲁晓夫报告的内容及其影响、斯大林的错误、中苏两党的关系、个人迷信等问题展开了讨论。少奇同志对斯大林主要的错误作了系统的发言，周总理讲了斯大林同我党历史上几次重大错误有关，小平同志着重谈了反对个人迷信问题，王稼祥同志详细分析了赫鲁晓夫报告内容矛盾百出。

毛主席也谈到了斯大林在抗日战争开始时支持王明的"一切通过统一战线""一切服从统一战线"的右倾路线，在抗日战争结束后又要中国党不要反击国民党发动的内战，在他1949年底访苏期间开始时不愿签订中苏友好同盟条约，直到中国志愿军抗美援朝后才相信中国党是国际主义的共产党。

毛主席在会上着重讲了四点意见：

第一，共产主义运动，从马克思和恩格斯发表《共产党宣言》算起，于今只有一百年多一点。无产阶级专政的历史，从十月革命算起，还不到40年。实现共产主义是空前伟大又空前艰巨的事业。不艰巨就不能说伟大，因为很艰巨才很伟大。在这艰巨斗争的过程中，不犯错误是不可能的。因为我们走的是前无古人的道路。我历来是"难免论"。斯大林犯错误是题中应有之义。赫鲁晓夫同样也要犯错误。苏联要犯错误，我们也要犯错误。问题在于共产党能够通过批评和自我批评克服自己的错误。

第二，社会主义社会，仍然存在着矛盾。否认存在矛盾就是否认唯物辩证法。矛盾无所不在，无时不在。斯大林的错误正证明了这一点。有矛盾就有斗争，只不过斗争的性质和形式不同于阶级社会而已。

第三，斯大林犯过严重错误，但他有伟大功绩。他在某些方面违背马克思主义的原则，但他仍然是一位伟大的马克思主义者。他的著作虽然包含某些错误，但仍然值得我们学习，只不过在学习时要采取分析的态度。

第四，赫鲁晓夫这次揭了盖子，又捅了娄子。他破除了那种认为苏联、苏共和斯大林一切都是正确的迷信，有利于反对教条主义。不要再硬搬苏联的一切了，应该用自己的头脑思索了。应该把马列主义的基本原理同中国革命和建设的具体实际结合起来，探索在我们国家里建设社会主义的道路了。至于赫鲁晓夫秘密报告的失误，我们要尽力加以补救。

会议结束前，毛主席提出，对于赫鲁晓夫大反斯大林，我们党应当表示态度，方式可以考虑发表文章，因为发表声明或作出决议都显得过于正式，苏共还没有公布赫鲁晓夫的秘密报告而且此事的后果仍在发展中。政治局全体成员表示赞成。

毛主席最后说，这篇文章可以以支持苏共二十大反对个人迷信的姿态，正面讲一些道理，补救赫鲁晓夫的失误；对斯大林的一生加以分析，既要指出他的严重错误，更要强调他的伟大功绩；对我党历史上同斯大林有关的路线错误，只从我党自己方面讲，不涉及斯大林；对个人迷信作一些分析，并说明我党一贯主张实行群众路线，反对突出个人。他说，文章不要太长，要有针对性地讲道理。他要求一个星期内写出来。

会议决定由陈伯达执笔，中宣部和新华社协助。会后，我帮助陈伯达收集和整理一些西方国家官方人士和共产党的议论。

文章的初稿在3月29日写出。小平同志要陈伯达邀集陆定一、胡乔木、胡绳和我一起讨论。我们在3月29日和30日开会议论，最后又由陈伯达修改，4月1日送毛主席和中央其他同志。

4月3日下午，少奇同志在西楼会议厅主持召开政治局扩大会议。会议开始时，少奇同志说，毛主席委托他召开这次会议，要大家充分讨论如何修改。大家在会上提了很多意见，主要的有：

（1）少奇同志提出，文章在谈到错误不可免时，应补充领导人的责任是力求使某些个别的、局部的、暂时的错误不至于变成全国性的、长时期的错误。还要指出剥削阶级无法克服它的错误直到最后灭亡，无产阶级能够克服自己的错误不断前进。

（2）少奇同志提出，斯大林的错误不能统统归结为个人崇拜，从根本上说还是主观不符合客观，脱离实际和脱离群众，是思想方法问题。现在翻译用"个人崇拜"这个词，从贬义上说，用"个人迷信"更贴切，但现在报上已习惯用"个人崇拜"，不改也可以。（按：这篇文章发表时仍用"个人崇拜"，后来写《再论无产阶级专政的历史经验》才改用"个人迷信"。）

（3）周总理提出，谈到反对教条主义时，只讲中国党自己反对教条主义，避免使人认为我们广泛号召反教条主义。但可以批判斯大林提出的中间势力是基本打击方向的观点，并说明中国党受王明路线统治时曾因搬用这个观点吃了大亏。

（4）小平同志提出，对个人崇拜应多加分析，强调我党一贯提倡群众路线和集体领导，反对个人突出和独断独行。

（5）朱总司令认为对斯大林的历史功勋，还要写得充实些。全文的主要锋芒不是针对苏联，而是回击帝国主义。

除以上意见外，会上还提了许多文字上的意见。

会议结束时，少奇同志要求起草小组赶快根据大家意见修改，改完后重排清样，将修改的地方画出送毛主席审阅。

会后，陈伯达、陆定一、胡乔木、胡绳和我，连夜修改，于4月4日凌晨打出清样送毛主席。

毛主席在审阅过程中作了多处重要修改。一是明确指出斯大林的主要错误，并且指出产生这些错误是由于他思想方法上的主观主义和片面性，脱离实际和脱离群众，违背群众路线和集体领导；二是加强了关于社会主义社会仍然存在矛盾一段；三是在有关中国党历史上的路线错误段落中，突出了两次王明路线和新中国成立后高饶反党集团；四是强调应以历史的观点看待斯大林，对他的正确方面和错误方面作全面的分析，明确指出斯大林是伟大的马列主义者，是一个犯了几个严重错误而不自觉其为错误的马列主义者。我们应从中吸取教训。

4月4日下午，毛主席召开中央书记处会议。他首先解释他对稿子的修改，然后征求大家还有什么意见。会上少奇同志、周总理、朱总司令和小平同志都提了一些修改意见，毛主席要我们在会上边讨论边修改。会议讨论结束不久，我们就修改完毕，因为这些意见大多数是属于文字性质的，实质性的意见在上次政治局会议已经谈过，而且已吸收在稿子中了。

在会议快结束的时候，毛主席还说了一番话。他说，发表这篇文章，我们对苏共二十大表示了明确的但也是初步的态度。议论以后还会有。问题在于我们自己从中得到什么教益。他认为最重要的是要独立思考，把马列主义的基本原理同中国革命和建设的具体实际相结合。民主革命时期我们在吃了大亏之后才成功地实现了这种结合，取得了中国新民主主义革命的胜利。现在是社会主义革命和建设时期，我们要进行第二次结合，找出在中国怎样建设社会主义的道路。这个问题我几年前就开始考虑，先在农业合作化问题上考虑怎样把合作社办得又多又快又好，后来又在建设上考虑能否不用或者少用苏联的拐杖，不像第一个五年计划那样照搬苏联的一套，自己根据中国的国情，建设得又多又快又好又省。现在感谢赫鲁晓夫揭开了盖子，我们应从各方面考虑如何按照中国的情况办事，不要再像过去那样迷信了。其实，过去我们也不是完全迷信。有自己的独创。现在更要努力找到中国建设社会主义的具体道路。

应当说，当时毛主席自己正在实践他自己提出的任务。他在1956年初找中央十几个部的同志谈话。他根据这些调查研究，在这篇《论无产阶级专政的历史经验》一文完成后不久，就发表了著名的《论十大关系》的讲话；在《再论无产阶级专政的历史经验》一文完成之后，1957年2月又发表了《关于正确处理人民内部矛盾的问题》的讲话。

毛主席看了我们的修改，将文章的题目改为《关于无产阶级专政的历史经验》，并且在题目的下面加上"（这篇文章是根据中国共产党中央政治局扩大会议的讨论，由人民日报编辑部写成的）"，不用社论的形式，改用"人民日报编辑部"署名。这种方式很特别，更加引人注意。

毛主席决定这篇文章由新华社在当天晚上广播，《人民日报》第二天（4月5日）发表。因为米高扬将在4月6日率苏联政府代表团到达北京。[4]

"再论"对"一论"作了重要补充。这种补充，并不是中共中央和毛泽东在斯大林问题上的原则立场有了变化，而是因为其间国际共运形势发生了十分重要的变化，出现了波兰、匈牙利事件等一系列政治动荡，西方集团则趁机压制苏联在一系列问题上让步。后来，毛泽东曾把这段时间称作"多事之秋"。

对毛泽东在波匈事件中的态度，吴冷西回忆说：

1956年10月20日上午，我接到中央办公厅会议科通知，要我参加下午在颐年堂召开的政治局会议。这是党的八大以后我第一次参加新选出来的中央政治局会议。

我估计这次会议可能讨论苏联和波兰的紧张关系。因为在这之前三四天，从10月17日开始，外国通讯社就传说，苏波关系突趋紧张，波境苏军调动频繁，苏波边境地区苏军向波兰东部移动，苏联波罗的海舰队正向波兰海域前进，华沙空气非常紧张。

当时任中央办公厅主任的杨尚昆同志（他在八大被选为中央委员，一中全会被选为中央书记处候补书记）18日曾打电话通知我，要新华社注意收集这方面的消息，迅速报告中央。从这一天起，我布置新华社社长办公室、参考资料编辑部、国际部、对外部一天24小时加强值班，一有重要消息，马上报告总理办公室和中央办公厅，然后译出，打清样送中央领导同志。

20日我得到中央办公厅的会议通知后，马上到参编部去了解当天收到的最新消息，下午3时提前到达颐年堂。除新选出的政治局委员和候补委员大部分到会外（林彪、林伯渠、刘伯承、康生因病长期请假），王稼祥、胡乔木、杨尚昆、田家英和我列席。

毛主席主持会议。他身穿睡衣，一开始就说明：苏共中央给我党中央发来一份电报，说波兰反苏势力嚣张，要苏军撤出波兰。苏联根据华沙条约有权利驻兵波兰，有义务保卫东欧社会主义国家的安全。苏联不能允许反苏事件继续发展，准备调动军队来解决问题。苏共在通知中表示想知道我们党对此有何意见。毛主席说，看来苏联要对波兰实行武装干涉，但还没有下最后决心。情况很严重，很紧急，所以召开政治局会议，讨论如何答复苏共中央。

毛主席接着问我：有什么新消息？我汇报当天上午收到外国通讯社的消息，说波兰军队已动员，保安部队也处于紧急状态，华沙工人也纷纷拿起武器。同时从斯德哥尔摩、赫尔辛基传出消息，苏联军舰已到达波兰港口格但斯克港外，原驻在苏联西部和民主德国东部的苏军也在调动中。

毛主席听后说，现在情况非常紧急，我们要早定方针。儿子不听话，老子打棍子。一个社会主义大国对另一个社会主义邻国武装干涉，是违反最起码的国际关系准则，更不用说违反社会主义国家相互关系的原则，是绝对不能允许的。这是严重的大国沙文主义。

这时会上议论纷纷。大家一致认为这是亲痛仇快的严重事件。我党中央一定要坚决反对，尽最大努力加以制止。大家一致建议中央采取紧急措施，向苏共中央发出严重警告，表明我党中央坚决反对苏联武装干涉波兰。

在会议进行中，我又接到我的秘书从新华社打来的电话，说外国通讯社报道苏联一个代表团到达华沙与波兰谈判。（后来才知道这个代表团是以赫鲁晓夫为首，包括苏共中央主席团的主要成员。）我马上把这个消息告诉毛主席。毛主席说，事不宜迟，我们应马上警告苏方，坚决反对他们对波兰动武。会议一致同意这个决定。毛主席即说，会议到此结束，马上约见苏联驻华大使。他要胡乔木和我留下作陪。

毛主席这时仍穿着睡衣，乔木建议他是不是换穿中山装。毛主席说，就这样也没什么关系。

约半个小时后，毛主席在菊香书屋的卧室里接见苏联大使尤金。尤金原是毛主席的朋友，过去两人多次在一起讨论哲学问题。现在两人都表情严肃，尤金似乎预感到这次紧急接见非比寻常。

毛主席直截了当地对尤金说：我们的政治局刚才开过会，讨论了你们中央发来的通知。我们政治局一致认为，苏联武装干涉波兰是违反无产阶级国际主义原则的。中共中央坚决反对苏共中央这样做，希望你们悬崖勒马。如果你们不顾我们的劝告，胆敢冒天下之大不韪，中共中央和中国政府将公开谴责你们。就是这几句话，请你立即打电话告诉赫鲁晓夫同志。情况紧急，时间无多，谈话就此结束。请你赶紧去办。

尤金满头大汗，连声"да"！"да"！迅速退走。

最后，毛主席对我们说：你们也没事了。新华社要密切注意情况发展，有新消息随时报告。

20日整夜，我守候在新华社办公室，直到21日凌晨6时（那是华沙时间20日午夜）才回家睡觉。

从这时起，几乎每天下午或晚上，毛主席都在他卧室召集政治局常委会议。苏共中央21日来电邀请我党派代表团去莫斯科，参加苏共中央和波党中央会谈。常委决定派少奇同志和小平同志于22日前往，任务是调解；方针是着重批评苏共的大国沙文主义，同时也劝说波党顾全大局；方式是只分别同苏共或波党会谈，不参加他们两党会谈。代表团22日晨即乘苏方派来的专机去莫斯科。从此每天周总理都同代表团通电话，代表团也来电报告会谈进展情况。每天毛主席召开常委会，决定给代表团的指示。经过激烈的辩论和耐心的说服，代表团终于完成了劝和的任务。苏波双方一致同意：尽快举行两党正式会谈，改善和加强波苏关系，苏联政府单独发表改进社会主义国家关系的宣言（即10月30日发表的宣言），承认苏联过去在这方面的错误，并决心加以改进。我党代表团同苏波两方商定，一旦苏方发表宣言，我政府将发表声明予以支持。这就是我国政府于11月2日发表的声明。

然而，无独有偶，国际形势的发展不以人们意志为转移。正当苏波两党在我党从旁劝说下趋向和解之际，又发生了匈牙利事件。从10月下旬起，匈牙利局势混乱，军警同示威群众不断发生冲突。反革命分子乘机挑拨；国外帝国主义势力也大肆鼓噪，情况越来越复杂而紧张。匈牙利政府出于无奈，邀请驻匈境内苏军协助恢复秩序。这时，国内外反革命势力进一步策动匈牙利军队叛乱，到处发生反革命复辟。在这严重的局势面前，苏共领导决定从匈牙利撤出苏军。我代表团在莫斯科获悉此事后，在向北京报告苏波达成协议的同时，也报告了苏共决定撤退驻匈境苏军。

毛主席在10月30日晚召开常委会时，除同意中国政府发表声明支持苏方外，还特别电告我代表团：立即约见苏共中央主席团，声明受中共中央委托，反对苏军从匈牙利撤退。少奇同志在10月31日会见苏共中央主席团全体成员时，严厉地指出：苏共这个决定是对匈牙利人民的背叛。苏共中央如果抛弃社会主义匈牙利，将成为历史罪人。苏共中央当时仍坚持要撤退驻匈境苏军。第二天，11月1日，赫鲁晓夫在送少奇同志去飞机场的汽车上，眉飞色舞地告诉少奇同志：苏共中央主席团开了一整夜的会，最后决定苏军仍然留在匈牙利，帮助匈牙利党和人民保卫社会主义。在我党代表团上飞机之前，苏共中央主席团全体成员到机场热烈欢送，纷纷感谢中国党先在波兰问题上帮助他们，现在又在匈牙利问题上帮助他们。

11月2日晚，毛主席在颐年堂召开政治局会议，听取刚从莫斯科回北京的少奇同志和小平同志汇报。我在南苑机场参加迎接代表团后就直奔颐年堂。这次会议同几次会议的严肃紧张完全不同。整个会议过程洋溢着兴高采烈的气氛。少奇同志首先汇报赫鲁晓夫送他去飞机场路上在汽车上的谈话和上飞机前热烈的欢送场面。然后，他和小平同志着重谈了访苏10天的观感。

少奇同志指出，这10天的活动中，感到苏联同志的大国沙文主义由来已久，表现十分突出，由此而引起兄弟党对他们的强烈不满。东欧国家的民族主义情绪也由来已久，于今尤烈。苏共二十大大反斯大林带来的恶劣影响，现在已相当充分地暴露出来。

小平同志说，波兰同志在莫斯科向我们诉苦，情绪激动，有时简直有点像我们土改时贫雇农"吐苦水"。从波兰和匈牙利的情况看，已经出现了否定苏联的一切以至否定十月革命的倾向。各自夸大民族特性，否定国际共性。苏共领导人虽然开始感到过去大国主义一套不灵，但并未觉悟到必须改辕易辙。我们帮人要帮到底，今后还需要向两方面多做工作。

这次会议时间不长。因代表团长途飞行劳累，毛主席宣布暂时休会，改日再开。

11月4日，毛主席又在颐年堂召开政治局会议，讨论匈牙利局势。这时，苏军已重新返回布达佩斯，协助匈牙利政府恢复秩序。

会上，周总理首先谈了当前西方世界利用匈牙利事件大肆反苏反共，各兄弟党内出现动摇分子以至变节分子。总理认为，苏共领导人表现软弱无力。我们党应作中流砥柱，力挽狂澜。

毛主席在会上强调：我们早就指出，苏共二十大揭了盖子，也捅了娄子。揭了盖子之后，各国共产党人可以破除迷信，努力使马列主义的基本原理同本国革命和建设的具体实际相结合，寻求本国革命和建设的道路。我们党正在探索，其他兄弟党也没有解决。捅了娄子的后果是全世界出现反苏反共高潮。帝国主义幸灾乐祸，国际共产主义队伍思想混乱。我们要硬着头皮顶住，不仅要顶住，而且要反击。

毛主席说，苏共二十大后，我们4月间曾经写过一篇《关于无产阶级专政的历史经验》的文章，回答当时已经暴露出来的问题。现在，经过半年之后，事实证明我们的观点是正确的，但又出现许多新的问题需要回答。可以考虑再写一篇文章。

毛主席提出这个问题后，会上发言活跃，大家纷纷提出当前需要回答的问题，有一些是西方宣传机器污蔑攻击的问题，有一些是属于国际共产主义队伍内部的问题。大家还发表了不少好的见解。

毛主席说，赫鲁晓夫秘密报告泄露后，各兄弟党先后发表声明和文章，或作出决议。我们已收集起来出版两本集子。这些都是正式表达他们的观点的，我们可以仔细研究。还有最近波兰和匈牙利问题发生后又有许多材料需要研究，看看有哪些主要问题需要回答和如何回答，以后再开会讨论。

毛主席在会议结束时交代胡乔木、田家英和我，要我们预先准备，开过二中全会（11月10日至15日举行）之后再议。

在二中全会期间，在一次会议中间休息的时候，我到政治局常委休息室去，毛主席正同常委议论铁托在普拉（南斯拉夫西部沿海城市）的演说（11月11日），胡乔木也在座。毛主席叫我要新华社把铁托的讲话全文译出来（当时在《参考资料》上只刊出西方通讯社的摘要报道），并要胡乔木和我研究起草文章回答。铁托在普拉的演说中，从匈牙利事件讲起，大肆攻击所谓"斯大林主义"和所谓"斯大林主义分子"，并号召把各国党的"斯大林主义分子"赶下台。[5]

1956年11月25日起，毛泽东连续召开中央政治局常委会议，研究半年来国际共运出现的新情况。在与会者的发言中，以及毛泽东本人的思考中，"再论"的基本框架逐渐酝酿成熟，其中包含了不少在原有基础上根据变化了的情况引发出的更加深入的思考。正确处理人民内部矛盾这个命题，就是毛泽东在这个期间形成并明确提出的。

吴冷西回忆说：

从11月25日起，毛主席差不多每天都召开政治局常委会议。会议大多数在菊香书屋毛主席卧室举行，有时也在颐年堂西边小会议厅。在毛主席卧室开会时，毛主席通常都是穿着睡衣，靠着床头，半躺在床上。中央其他常委在床前围成半圆形。一般习惯是，靠近床头右边茶几坐的是小平同志，他耳朵有点背，靠近便于听主席说话；依次从右到左是彭真、少奇、总理、王稼祥、张闻天、陈伯达、胡乔木等，我坐在最左边，靠着毛主席床脚的小书桌。一般都是10人左右。这些常委会，朱总司令一般不参加，他年纪大，早睡早起，会议多在晚间召开；陈云同志主持经济工作，一般也不参加。（林彪那时还不是八大选出的常委，没有参加，1958年5月五中全会增选为常委后，长期请病假，很少参加常委会议。我参加的常委会议一次也没有见过他。）

在11月25日、27日、28日、29日这4天的常委会议上，广泛议论当前国际形势，从匈牙利事件到英法侵略埃及（10月底），从东欧党到西欧党，从铁托到杜勒斯，认真研究对各种现象和观点如何分析和回答。大家认为，英法侵略埃及激起全世界人民反对，苏军帮助匈牙利平息叛乱，两台锣鼓一起敲，都是好事。现在帝国主义和反动派极力攻击苏联，共产党内也有人把英法侵略埃及和苏联帮助匈牙利混为一谈，不分敌我，不分是非。一些国家的共产党员发生动摇甚至变节。这些是坏事。但是坏事也不见得完全没有一点好处。一旦思想混乱得到澄清，动摇分子吸取教训，变节分子离开了党，党的队伍不是更弱而是更强了。

大家还认为，铁托提出的反对"斯大林主义"和"斯大林主义分子"完全搬用了西方资产阶级的污蔑，是完全错误的。这种污蔑，是帝国主义分裂共产党、分裂社会主义阵营的阴谋。毛主席指出，所谓斯大林主义，无非是斯大林的思想和观点。所谓斯大林主义分子，也无非是指赞同斯大林的人。那么请问，斯大林的思想和观点怎样？我们认为斯大林的思想和观点基本上是符合马克思列宁主义的，虽然其中有些错误，但主要方面是正确的。斯大林的错误是次要的。因此，所谓斯大林主义，基本上是正确的；所谓斯大林主义分子，基本上也是正确的，他们是有缺点有错误的共产党人，是犯错误的好人。必须把铁托的观点彻底驳倒，否则共产主义队伍就要分裂，自家人打自家人。斯大林主义非保持不可，纠正它的缺点和错误，就是好东西。这把刀子不能丢掉。

经过4天的讨论，毛主席把大家意见归纳为以下的要点：

第一，十月革命的道路是各国革命的共同道路，它不是个别民族现象，而是具有时代特征的国际现象。谁不走十月革命道路，谁就不是马克思主义者。

第二，各国有不同的具体情况，因此各国要用不同方法解决各自的问题。这正如每个人的面目不一样，每棵树长的也不一样。要有个性，没有个性，此路不通。但条条道路通莫斯科。所有道路都有它们的共性，这就是苏联的基本经验，即十月革命的道路。

第三，苏联建设时期，斯大林的基本路线、方针是正确的，应加以明确的肯定。他有缺点、错误是难免的，可以理解的。斯大林过分强调专政，破坏了一部分法制，但他没有破坏全部法制，破坏了部分宪法，但没有破坏全部宪法，民法、刑法也没有全部破坏，专政基本上还是对的。民主不够，但也有苏维埃民主。有缺点，有官僚主义，但他终究把苏联建设成为一个工业化的国家，毕竟打败了希特勒。如果都是官僚主义，都是官僚机构，能够取得这么大的成功吗？说苏联都是官僚阶层是不能说服人的。

第四，区别敌我矛盾，不能用对待敌人的方法对待自己的同志。斯大林过去对南斯拉夫犯了错误，把对待敌人的方法对待铁托同志。但后来苏共改正了，用对待自己同志的方法对待铁托同志，改善了苏南关系。现在铁托同志不能采取过去斯大林对他的方法对待犯错误的同志。在我们共产党人之间，在社会主义社会内部，存在着矛盾，这是人民内部矛盾，不能用处理敌对矛盾的方法处理。

毛主席说，文章的题目可以考虑用"全世界无产者联合起来"，这是马克思、恩格斯在《共产党宣言》中提出的口号，现在仍有重大现实意义。我们的目的是加强全世界工人阶级和共产党人的团结。

这时毛主席以深沉的语调说了一大段话。他说：现在还是离不开斯大林问题，我一生写过三篇歌颂斯大林的文章。头两篇都是祝寿的，第一篇在延安，1939年斯大林60寿辰时写的；第二篇在莫斯科，是1949年他70大寿时的祝词；第三篇是斯大林去世之后写的，发表在苏联《真理报》，是悼词。这三篇文章，老实说，我都不愿意写。从感情上来说我不愿意写，但从理智上来说，又不能不写，而且不能不那样写。我这个人不愿意人家向我祝寿，也不愿意向别人祝寿。第一篇我抛弃个人感情，向世界上第一个社会主义国家的领袖祝寿。如果讲个人感情，我想起第一次王明"左"倾路线和第二次王明右倾路线都是斯大林制定和支持的，想起来就有气。但我以大局为重，因为那时欧战已经爆发，苏联为和缓苏德关系而同希特勒德国签订了互不侵犯条约，受到西方国家舆论的攻击，很需要我们支持。因此那篇文章写得比较有生气。抗日战争结束后，国民党发动内战，斯大林要我们不要自卫反击，否则中华民族会毁灭。新中国成立之后，斯大林还怀疑我们是不是第二个铁托。1949年我去莫斯科祝贺斯大林70大寿，不歌颂他难道骂他吗？我致了祝词，但斯大林仍对我们很冷淡。后来我生气了，大发了一顿脾气，他才同意签订中苏友好互助同盟条约。斯大林去世以后，苏联需要我们支持，我们也需要苏联支持，于是我写了一篇歌功颂德的悼文。斯大林一生，当然是丰功伟绩，这是主要的一面，但还有次要的一面，他有缺点和错误。但在当时情况下，我们不宜大讲他的错误，因为这不仅是对斯大林个人的问题，更重要的是对苏联人民和苏联党的问题，所以还是理智地那样写了。现在情况不同了，赫鲁晓夫已经揭了盖子，我们在4月间的文章，就不单是歌功颂德，而是既肯定了斯大林主要的正确方面，又批评他次要的错误方面，但并没有展开讲。现在要写第二篇文章，就是进一步把问题讲透，既肯定他的功绩，也分析他的错误，但又不是和盘托出，而是留有余地。

毛主席最后说，以上意见请大家考虑。过几天再来讨论。他交代胡乔木先起草一个提纲给他看看。

过了3天，12月2日晚上，毛主席又召开政治局常委会。会议在颐年堂西边小会议厅举行。毛主席一上来就系统地提出他对整篇文章的设想。他说，文章的题目可以仍然是"全世界无产者联合起来！"，也可以考虑同4月间写的文章衔接，用《再论无产阶级专政的历史经验》，表明我们的观点是一贯的，是4月间文章的续篇。

毛主席又说，胡乔木拟的提纲使他的想法进了一步，整篇文章可以更富理论色彩，但政论的形式不变。接着他提出以下要点：

（一）要讲世界革命的基本规律、共同道路。先讲一定要遵循十月革命的基本规律，然后讲各国革命的具体道路，讲马列主义基本原理同各国革命具体实际相结合。二者不可偏废，但十月革命的基本规律是共同的。

（二）讲清楚什么是"斯大林主义"，为什么把共产党人分为"斯大林分子"和"非斯大林分子"是错误的。应明确指出，如果要讲"斯大林主义"，那它就是马克思主义，确切地说是有缺点的马克思主义。所谓"非斯大林主义化"就是非马克思主义化，就是搞修正主义。

（三）讲清沙文主义。大国有沙文主义，小国也有沙文主义。大国有大国沙文主义，小国对比自己小的国家也有大国沙文主义。要提倡国际主义，反对民族主义。

（四）首先要分清敌我，然后在自己内部分清是非。整篇文章可以从国际形势讲起，讲苏波关系、匈牙利事件，也讲英法侵略埃及事件。要分清两种事件的性质根本不同，说明当前反苏、反共浪潮是国际范围的阶级斗争尖锐化的表现。要区别敌我矛盾和我们内部是非两者性质不同，要采取不同的方针和不同的解决办法。

（五）既要反对教条主义，也要反对修正主义。要指出，斯大林的著作仍然要学，苏联的先进经验还要学，但不能用教条主义的方法学。可以讲中国党吃过教条主义的大亏，不讲别人如何。我们党一贯反对教条主义，同时也反对修正主义。苏共二十大大反斯大林的某些观点和做法，助长了国际范围内修正主义的泛滥。

（六）文章从团结讲起，以团结结束。没有理由不团结，没有理由不克服妨碍团结的思想混乱。

毛主席最后说，整篇文章包含着肯定与否定这两个方面，肯定正确的，否定错误的。对敌对营垒好办，问题是内部是非，要讲究方法。比如对斯大林和铁托，都要加以批评，达到团结的目的，我们的批评要合乎实际，有分析，还要留有余地。这里用得着中国古人做文章的方法。一个叫作"欲抑先扬"，一个叫作"欲扬先抑"。所谓"欲抑先扬"，就是说，你要批评他的错误时，先肯定他的正确方面，因为批评的目的还是要他变好，达到团结的目的。对铁托适宜采取这个方法。对于斯大林，现在全世界都骂斯大林，我们要维护他，但方法宜于"先抑后扬"，即在论述他的功绩以回答对他全盘否定时，先要讲斯大林有哪些错误，这样才能说服人，使人易于接受。

会议结束前，毛主席在征求大家意见后，指定胡乔木和我起草这篇文章，田家英也参加，在12月12日前写出初稿。

会后我们3人先商量好分工，分头各写一部分，然后由胡乔木通篇修改一遍。由于事前议论多时，又有毛主席揭示要点，写起来比较容易，终于在12月11日印出了初稿。

12月13日下午，毛主席主持政治局会议，讨论初稿。大家对初稿意见较多，主要是：正面阐述不充分，辩解过多。

大家认为，正面论述中对十月革命的共同道路没有讲清楚，不能给人以鲜明的深刻的印象。会上大家建议把苏联的基本经验明确概括为几条，作为十月革命的基本规律和共同道路。

对于铁托，大家认为文中多处引用他的普拉演说，然后加以反驳，给人印象不仅太重视了铁托，而且显得我们似乎很被动。毛主席指出，其实我们不过是以铁托演说为由头，批判当前国际上比较流行的谬论。铁托提出反斯大林主义，当然应当批判，但他的话不宜引用过多。

大家还指出，对斯大林的评价，应比4月间的文章讲得深一些，要分析错误的原因，要进一步讲思想原因，还要讲社会历史原因。

大家也认为，文章对教条主义和修正主义都讲得不充分，这一部分应多费些笔墨。少奇同志提出，修正主义者现在大讲"社会主义民主"，其实他们是不要无产阶级专政。也有把马克思主义当作教条主义加以反对的，要把这个问题说透。

大家还认为，在加强团结方面，应充分利用苏联10月30日的对外关系宣言，大讲社会主义国家和各国共产党关系准则，要展开讲独立、平等、互不干涉内政等，讲爱国主义和国际主义相结合。

会上这些意见，比较原则，也比较重要。胡乔木、田家英和我，经过四五天的努力，拿出修改稿。

毛主席在12月19日、20日两天的下午和晚上连续召开政治局会议讨论修改稿。政治局和书记处的大多数成员都出席了。会上大家发表了很多意见，有原则性的，也有文字表述的。主要的意见集中在以下五个问题上：

第一，关于匈牙利事件，不宜写得太细，不必在文章中就这个问题展开辩论，否则就转移了文章的重心，减弱了文章的理论价值。对于匈牙利事件是否可以避免，这个问题的提出和分析显得脱离现实，过于"事后诸葛亮"。须知，匈牙利事件是由各种内外因素形成的，是国内外反革命势力利用群众的不满，煽动闹事直至策动叛乱。工人、学生和其他群众是无罪的。如果匈牙利党始终坚强，不自乱阵脚，10月23日的事件也许可以避免，也许可以不用请求苏军协助平叛。华沙条约有规定可以派兵援助，这也要看具体情况，不是什么时候都要派兵。但是，有些重要因素却不是匈牙利党自己可以决定的，国外帝国主义势力和国内反革命势力是匈牙利党指挥不了的，阶级斗争是不以人们意志为转移的客观存在。总之，对匈牙利事件，只作总的性质论定就行，不必为每一件事情辩论。

第二，关于苏共二十大，应该肯定这次大会有积极意义，批判斯大林的错误是对的，但是赫鲁晓夫全盘否定斯大林是错误的。不肯定斯大林的正确方面，就造成了右倾危险。结果果然来了修正主义思潮的大泛滥。因此对苏共二十大应有分析。当前的问题是教条主义还没有肃清，又来了修正主义思潮，而且来势凶猛。毛主席强调，文章的主要锋芒是反对修正主义，捍卫马列主义的基本原则，捍卫十月革命的共同道路。

第三，文章要从当今世界两大基本矛盾——帝国主义阵营和社会主义阵营的矛盾讲起，分清敌我矛盾和人民内部矛盾。毛主席反复谈到，4月间的文章中讲了社会主义社会存在矛盾，现在的文章要进一步讲分清两类性质不同的矛盾应当采取不同的方法解决，指出社会主义国家之间和共产党之间的矛盾应当采取处理人民内部矛盾的方法解决，以便协同一致地反对帝国主义侵略势力。文章的出发点是站在社会主义立场上向帝国主义斗争，在这个大前提下讨论各国共产党之间的内部是非问题。

第四，要充分论述苏联革命和建设的基本经验是各国革命和建设的共同道路。先要明确指出苏联的基本经验是合乎马克思主义基本原理的，是正确的，然后又指出苏联在建设社会主义过程中有曲折，有错误。要批评教条主义不承认有错误，不接受教训，不纠正错误，不考虑历史和民族的特点而全盘照搬。也要批判修正主义只讲苏联的错误，不讲苏联的建设基本上是成功的，不讲它的基本经验是值得学习的，从而否定一切。

第五，关于斯大林问题。当前全世界议论纷纭繁杂，但焦点都离不开斯大林问题。对苏联的评价，也就是对斯大林的评价。文章应毫不含糊地肯定斯大林的伟大功绩，因为这是历史事实。当然也要指出他有唯心主义、形而上学的思想方法和个人专断的工作方法所造成的不少错误。现在世界上议论最多的，一是肃反扩大化，一是大国沙文主义。但无论在对待反革命分子问题上或对外关系方面，斯大林都有他正确的方面。人杀多了，但对那些真正的反革命分子是杀对了，错在扩大化，错杀了好人。在对外关系方面，多数情况下，斯大林还是实行国际主义的，他援助兄弟党和兄弟国家，援助全世界被压迫民族和人民。大量历史事实都证明这一点。当然在这方面也无须掩饰他有大国沙文主义的错误。苏联政府10月30日声明已自己承认了。在这里，文章特别要讲清楚斯大林的错误不是社会主义制度造成。当然应当承认社会主义制度很年轻因而不完善，但制度不是万能的，它要人们运用，运用的结果因各人的思想方法和工作方法的不同而不同。因此要着重分析斯大林的错误在思想方法和工作方法上的原因，然后讲社会根源。

毛主席特别指出，对斯大林要作认真分析，第一，先讲他的正确方面，不能抹杀；第二，再讲他的错误，强调必须纠正；然后，第三讲实事求是，不能全盘否定，这叫作"三娘教子"，三段论法。对他犯错误的社会原因，如搞社会主义没有先例，国内外情况复杂等，但不宜过分强调。因为列宁在世时的社会条件不比斯大林好，但他没有犯斯大林那样的错误。同样的社会条件下，有人可能多犯错误，有人可能少犯错误。这里，个人的因素，个人主观是否符合客观，起着重大作用。赫鲁晓夫一棍子把斯大林打死，结果他搬起石头打了自己的脚，帝国主义乘机打他一棍子，无产阶级又从另一边打他一棍子，还有铁托和陶里亚蒂也从中间打他一棍子。斯大林这把刀子，赫鲁晓夫丢了，别人就捡起来打他，闹得四面楚歌。我们现在写这篇文章，是为他解围，方法是把斯大林这把刀子捡起来，给帝国主义一刀，给修正主义一刀，因为这把刀子虽然有缺口，但基本上还是锋利的。

这两天政治局会议，讨论得比较详细和深入。根据大家的意见，乔木同志精心设计了修改方案，先按原来的分工分头修改。然后由乔木同志凭他擅长的逻辑思维和辞章功力通改一遍。

12月22日，毛主席主持政治局常委会议，对修改稿提了一些意见后，认为基本可以，决定提交政治局再加讨论。

12月23日和24日，毛主席又在颐年堂主持政治局会议，讨论经过修改的稿子。会上采取读一段讨论一段的方法，原则性的意见和文字上的意见都在读完一段之后提出来。因为大家都认真斟酌、仔细推敲，意见还是不少。归纳起来有以下几个方面：

关于反对教条主义和修正主义问题。大家强调：教条主义还相当顽固，一定要继续反。各国革命基本点相同，但各有民族特色，应有自己的具体道路，不能照搬苏联那些具有民族特色的做法，更不能照搬那些已证明为错误的做法。毛主席说：人家犯了的错误你还要犯吗，人家丢掉不要的坏东西你还要捡起来吗？今后不要迷信苏联一切都是正确的了，凡事都要开动自己的脑筋想一想了。别人有无教条主义，我们不讲，只讲我们自己要吸收我党历史上犯教条主义错误的教训。大家又认为，修正主义也不能听任泛滥。他们集中攻击无产阶级专政和民主集中制，其结果必然导致瓦解社会主义国家和共产党。匈牙利事件，不是因为实行无产阶级专政，而恰恰是因为无产阶级专政软弱无力，没有肃清反革命势力，也没有能力制止反革命势力挑动群众闹事。斯大林的错误，恰恰在于他没有执行民主集中制，实行个人专断，不是因为民主集中制本身不对。在这些问题上，要批判修正主义，讲清楚无产阶级专政包括在人民内部实行民主和对阶级敌人实行专政两个方面。

关于加强社会主义阵营和国际共产主义运动的团结问题。大家认为，赫鲁晓夫大反斯大林以来，在不少人心目中，社会主义阵营是否以苏联为首，国际共运是否以苏共为中心，都成了疑问。文章中对大国沙文主义要批判，但对苏联为首和苏共为中心应加肯定。因为这是历史形成的事实和当前的现实的需要。当然，文章也应说明，"为首"和"中心"不是领导者与被领导者的关系，不是父子党的关系，要强调相互之间独立、平等、互不干涉内政、互相帮助和支援。要讲清国际主义和爱国主义相结合。可以稍微点一下有些党的同志对待苏联、苏共不公平。

关于从历史长河的观点来考察当前国际共产主义运动的问题。大家指出，在4月间的文章中，提到国际共运的历史还比较短，比较年轻，前途光明。现在这篇文章还可以把这个观点进一步发挥，说明国际共运发展中遇到暂时的挫折并不奇怪，资产阶级革命在历史上也经过多次复辟而后取得成功，无产阶级在经过不可避免的波折之后会变得更加强大。要使人看了文章之后信心倍增。

毛主席在这两天会议上着重讲了两个问题。一是上层建筑与经济基础的矛盾，生产关系与生产力的矛盾。他说，上篇文章讲社会主义社会存在矛盾，现在的文章要进一步讲这些矛盾不仅存在，而且在一定条件下可能从非对抗性矛盾转化为对抗性矛盾，苏波关系和匈牙利事件都证明了这一点。二是我们要为苏联两个阶段的历史辩护，不仅要维护苏联革命阶段的伟绩，还要维护苏联建设阶段的伟绩。苏联的革命和建设，不仅是一国的民族现象，而且是具有时代特点的国际现象。它的伟大意义远远超出了一国范围，是马克思主义和国际共运的财富。既然苏联的革命与建设取得伟大的成就，如果说它是斯大林主义的，那么，这个斯大林主义就是好的主义，斯大林主义分子就是好的共产党人。

提交政治局会议讨论的修改稿中，有一段专门讲和平过渡问题，因为这个问题是赫鲁晓夫在二十大的正式报告中提出来的，我们党一开始就对他的观点有不同意见。几次会议上对这一段都没有意见。但毛主席考虑再三，认为这个问题是中苏两党的重要分歧之一，在目前情况下，中苏要共同对敌，不宜向全世界公开这个分歧，最后还是决定删去了这一段。毛主席说，要留有余地，以后还有机会提出来。

政治局会议最后原则通过这篇文章，要求我们根据两天会议提出的意见修改后，提交政治局常委最后审定。会议还同意毛主席建议文章的题目为《再论无产阶级专政的历史经验》。

两天会议之后，胡乔木、田家英和我抓紧用一天一夜的时间在乔木家中共同对稿子逐段修改。因为毛主席交代，这篇文章要在今年内发表，把1956年的事作个了结。

12月27日下午，毛主席召开政治局常委会，讨论我们再度修改的稿子。常委提了一些意见，大多是文字上的。毛主席已在稿子上修改了三四段。毛主席最后说，两篇文章都是围绕斯大林问题。这个问题的争论还没有完，估计本世纪内，甚至21世纪还有争论，因为这是关系到马列主义基本原理问题，我们要准备长期论战。

毛主席要我们马上动手修改，修改一段送他一段，今晚要定稿，明日登报，今年的事今年了。我们三人在会议结束后没有回家，就在中南海食堂吃了饭，立刻到毛主席住所背后的居仁堂（当时是中央书记处的办公楼），开始工作。我们修改完一段，由田家英给毛主席送一段。毛主席一直在卧室等着我们修改的稿子，随到随看随定稿。就这样紧张地工作了一个通宵。最后我们三人一同到毛主席卧室，把最后几段送毛主席审定。毛主席只改了几个字，对最后的结束语特别满意。他交代，要马上将修改处告诉翻译同志，中文已定稿，译文也可定稿。他还确定，新华社于28日晚发稿，中英文广播也同时播出，《人民日报》在12月29日见报。

我们从毛主席卧室出来，已是上午9点多了。迎面一阵寒风，倒也觉得凉爽。[6]

在"一论"和"再论"之间，毛泽东曾经会见率苏共代表团出席中共八大的米高扬，同他坦率地谈了对中苏两党历史问题的一些看法。

担任谈话翻译的师哲回忆说：

在大会结束前几天的一个下午，散会后我刚回到家，就被突然叫到政协礼堂的小会议室（八大主席团的临时餐厅）。我走进餐厅，只见杯盘狼藉、剩菜剩饭堆放满桌，只有毛泽东、米高扬、马列三人围坐在桌旁，正在谈话。我向他们致意后，就坐在一旁。

马列忽然问我："盲动主义"这个词怎么译？

我向他解答了。蓦地，主席回过头来，要我继续翻译。本来我想说，让马列继续翻译，我从旁协助，但我发现谈话气氛有点异乎寻常，而且从主席的神情可以看出，他似乎有不寻常的话要谈，所以我没有讲出口来。

我到达时，毛主席正谈到我党各个时期的斗争、关于党内"左"右倾机会主义的表现和各种不正之风给党带来的危害，特别是对党的正确路线的干扰与冲击、对正确的同志进行的打击等。我就是接着这样的话题翻译下去的。以后的话题不时涉及国际方面，包括苏联在内。谈话中，毛主席带着不满的口气说：对当年共产国际和苏共的做法我们是有一些意见的，过去我们不便讲，现在就要开始讲了，甚至还要骂人了。我们的嘴巴，你们是封不住的。

毛主席谈话的主要内容是：

中国党在它发展的各个阶段，由于最初时期的幼稚和缺少经验，老是左右摇摆，时而犯右倾错误，时而犯"左"倾错误，但"左"倾机会主义路线统治时期较长，因而它给党带来的危害和损失也最大。特别是第三次"左"倾路线使我们的革命根据地，即苏区，损失了90%，党组织以及党在白区即国民党统治地区的工作也遭受严重损失，以致临时中央被迫于1933年初撤离上海，迁入江西中央根据地。

这都是由于不相信自己，而一味盲听盲从盲动的结果，也由于国际共产主义运动中出现的好似老子党与儿子党之分的不正常的党与党之间的关系的结果。不管口头上怎么称作兄弟党，事实上一个党竟可以凌驾于其他党之上，形成了老子党与儿子党的局面，破坏了兄弟党之间的正常关系。我发号施令，你得听话、服从，不管我说得对不对。国际共产主义运动中这种要一个平等的兄弟党听从另一个兄弟党的话，服从另一个兄弟党的政策、策略和利益，跟着另一个兄弟党的屁股后面跑的坏习气、坏传统，是一种极为严重的不正之风。试想，怎么可以根据一个党的具体条件、具体需要、具体利益出发而制定出来的方针、政策，就是绝对正确的，而去要求处在另一种情况、环境条件下的党去听从，或照搬、硬套呢？怎么可以以一个党的利益替代另一个党的利益呢？客观实际、血的教训已证明这种做法是极端错误的，对革命是有百害而无一利的。

"左"倾机会主义分子的最严重、最根本的错误是打击、排挤正确领导，否定、抛弃从实际出发制定出来的正确路线，使革命一而再、再而三地蒙受损失，最后不得不丢开了革命根据地，跑了二万五千里。敌人教育了我们党员中的顽固分子。挫折和损失才使他们的头脑清醒过来。符合实际的话，对革命是有益的话，过去他们是听不进去的。他们把耳朵拉得长长的，只听外国的话，不相信自己的眼睛和大脑，也不愿倾听其他同志的正确意见和劝告。

听不进正确意见，这固然是由于他们的愚昧无知、一味盲从、只相信别人，不相信自己，同时也夹杂着许多不正之风：主观主义、教条主义、宗派主义、经验主义，而后者（指经验主义）又作了前者（指教条主义）的俘虏，实际上起了帮凶的作用，亦即起了削弱党的战斗力的作用。

我们党在它的成长过程中，在革命发展的曲折道路上，不仅要对付强大、狡猾而凶恶的中外敌人（帝国主义和国内封建势力与反动派），在极其艰苦条件下进行斗争，而且还要与党内各种机会主义者、投机分子、愚昧无知作斗争，不断端正我们前进的方向，因而我们每前进一步都要付出双倍的努力和代价。

我们党的幼稚、缺乏经验，主要表现为一些人的无知、愚顽和刚愎自用。他们不相信自己而只一味听从别人的、远处的、外来的、奇异的、不切实际而耸人听闻的东西。只要是外来的，不管正确与否，对我国革命有用与否，不分青红皂白，他们都一概当作圣物接受下来，照搬、照套、照用、照行，却不管其后果如何。这种盲从行为的责任当然不能由别人来负，而应由我们自己负责。但对这种盲从、盲目听信别人所造成的后果，却不能不说清楚、讲明白。不说清楚，不讲明白，怎么吸取经验和教训呢？盲目听信和服从别人，这确实是幼稚无知的表现。

披虎皮、拉大旗，借以吓人，是另一种幼稚无知的表现。对此，我们在实际工作中不能不加注意、不加分析、不加思考，并且还要从中找出所以然来。空吼空叫、虚张声势、讲大话、借势凌人等也都是幼稚无知的表现。这些幼稚无知于实际毫无裨益，只能贻害无穷。他们简直不懂得干革命是要老老实实、诚诚恳恳、脚踏实地、实事求是、埋头苦干，来不得半点虚假，才能做出成绩，获得成功。一切浮夸、说大话、弄虚作假，都是有害无益的。

但是，当我们党一旦克服了这些弱点，走上正确的康庄大道，就可以显示出不可限量的强大力量。这就是我国革命胜利、稳步前进的可靠保障，也是在实践中付出了高昂代价后而获得的宝贵经验。但更可贵的是现在人们开始懂得了这点，重视了这点。这真是用血汗换来的，用无数的牺牲换来的最宝贵、最值得珍惜的收获。固然，要革命就难免有牺牲。但是由于自己的愚蠢、无知和主观上的种种错误而造成的损失，即本来可以避免，而仅仅由于自己的疏忽、盲目轻信而使革命蒙受的重大牺牲，是最令人痛心的。我们今天活着的人，对牺牲在我们前头的人，心里感到特别沉痛的原因也就在这里。

这些教训和经验是不能不予以认真检查和总结的。只有对以往走过的道路、所遇到的事件、所犯的错误或成功作个认真负责的检查和总结，从中吸取应有的教训，得出正确的结论，对革命才会有益，才有助于革命事业的进一步发展。

关于这一切，我们将要在适当的时候、适当的场合，讲明我们自己的观点和以高昂代价得来的经验教训。这就是说，我们要发言，要讲话，还要写文章，或许还要骂人。我是说，假如没有地方讲话，就写文章；假如憋不住气了，就会骂人的。我们有这个民主权利，就要使用它，谁也封不住我们的嘴。我们中国有一句古话，叫作"不平则鸣"。我们要说话，要写文章，也就是本着这个意思而来的。总之，气不平，理不顺，就要出气，就要讲道理。

毛主席讲了很长一段大道理。米高扬没有发表任何意见，也没有表明自己的态度、看法，而只是认真地倾听。他究竟听懂了多少，明白了多少，无从知晓。不过我想，米高扬从毛泽东的一些用语的措辞上，如"老子党""儿子党"，"一方发号施令，另一方得俯首帖耳、唯命是从"，"往往危言耸听，借以吓人"，以及"过去我们憋了满肚子气，有气无处出；现在就要出气了"等，总可以体会到什么的。可以肯定，对毛泽东谈话的基本精神，米高扬还是能够领会的。但是，我估计，他既不深知我们两党之间往来关系的历史，也未认真读过《论无产阶级专政的历史经验》一文。

这次谈话的内容和所涉及各个方面的问题自然是毛主席早已筹思好了的。遗憾的是，我在思想上、精神上事先毫无准备，只是在谈话中才揣摩、体会其语意之所指。这次谈话的具体时间是1956年9月下旬，亦即在1956年4月5日发表《关于无产阶级专政的历史经验》一文之后，又在1956年12月29日发表《再论无产阶级专政的历史经验》之前。我想，这两个文件也可以帮助研究人员联系起来，推敲和探讨毛泽东当时的思想情况，以及他当年所关注的问题。

写到这里，我想起50年代初期，毛泽东一再地想向斯大林、莫洛托夫谈他的心事，或者说是内心的积郁吧，但都没有如愿。这回同米高扬的谈话很可能包括了他原来想对斯大林、莫洛托夫讲的若干内容。

我党八大同1954年五周年国庆的时间相距并不远，仅仅两年。但是这两年间，在国际共产主义运动中发生了很多重大的事件，政治气氛因此发生了很大、很深刻的变化。这些变化不仅影响中苏两党两国的关系，而且也影响了世界革命的进程和世界政治格局的变化。[7]

第二次访苏

毛泽东对赫鲁晓夫的"秘密报告"所造成的严重后果十分不满，为日后中苏两党论战埋下了隐线。但是，毛泽东和中共中央从团结的大局出发，始终真心诚意地维护苏共中央的威信，真诚地希望尽自己所能帮助苏联摆脱困境。正是出于这样的考虑，毛泽东决定于1957年11月再次访苏，使中苏关系达到了最高点。

卫士长李银桥在回忆录中透露,毛泽东开始时并不想去苏联。他写道:

1957年11月2日,毛泽东率领中国共产党代表团,去苏联参加莫斯科会议。

开始,毛泽东本不想去参加这次会议。那天在汽车上,周恩来对毛泽东说:"赫鲁晓夫来电报了,约请主席去莫斯科。"

毛泽东听了,没有作声。

周恩来劝道:"你是党魁么,还得去。"接着,周恩来又告诉毛泽东:"铁托也要到莫斯科参加会议。"

"嗯,那就去吧。"毛泽东说。

"那就定下吧?"

"好。"

行前,毛泽东对我说:"你去一个,张仙朋去一个,你们准备一下。我的衣服就不做什么了,你们的衣服可以做两套去。"

我和张仙朋按规定每人做了500元钱的制服和大衣,毛泽东就是多少年来一直穿着的那套衣服,就这样到了莫斯科。[8]

当时随行的翻译李越然对毛泽东此次访苏作了详细的回忆。其中回忆了行前毛泽东对赫鲁晓夫的评论。他写道:

"你了解赫鲁晓夫这个人吗?"毛泽东忽然问我。

"不太熟悉,只是跟总理和彭真同志出访时,和他接触过几次。给我的印象是思想敏锐,很精明,比较开朗,有时容易锋芒外露。据说这个人脾气是比较暴躁的。"

"赫鲁晓夫有胆量。"毛泽东不无赞赏地说,"不过这个人也能捅娄子,可能日子不大好过,是多灾多难的。"毛泽东的举止总是高度的镇静,走路很慢,步伐稳健。他时常停立在一个地方沉思着什么。[9]

毛泽东率领的中国党政代表团的主要任务,一是参加苏联十月革命40周年庆典,二是出席世界各国共产党和工人党在莫斯科举行的代表会议。代表团主要成员有:宋庆龄、邓小平、李先念、乌兰夫、陈伯达、杨尚昆、胡乔木等。

1957年11月2日上午8时,毛泽东登机赴苏。下午3点左右,飞机抵达莫斯科。李银桥回忆了刚到莫斯科的一些情况。他写道:

在机场,举行过简单的欢迎仪式后,赫鲁晓夫陪毛泽东乘车进莫斯科。路上,赫鲁晓夫告诉毛泽东:"铁托不来了。他说腰疼。"

毛泽东停顿一下,说:"他是'政治腰疼'。"

毛泽东住在克里姆林宫里过去沙皇住过的房间。但是,毛泽东郑重对我们讲过:"我不是皇帝,我是国家主席,是人民的公仆。"

毛泽东住下后,去拜访了越南共产党主席胡志明。两位领袖一见如故,非常亲密,用中国话互相问候交谈。[10]

在莫斯科,中国代表团出席了11月6日苏联最高苏维埃庆祝十月革命40周年大会,毛泽东讲了话。他说:

苏联的面貌在40年间完全改变了。在革命以前,俄国的经济力量和技术力量曾经是比较落后的。现在苏联已经成为世界上第一等强大的工业国家。苏联人民的生活水平不断地提高。苏联的教育、科学、文化事业的发展规模远远超过了资本主义国家。苏联建立了世界上第一个原子能发电站,制成了世界上第一批喷气式客机,制成了世界上第一批洲际弹道火箭,发射了世界上第一个和第二个人造卫星。全世界公认:苏联两次发射人造卫星的成就,开辟了人类征服自然界的新纪元。所有这些,不但是苏联人民的骄傲,而且是全世界无产阶级的骄傲,而且是全人类的骄傲。对此感到不高兴的,只是一些反动派。

苏联共产党创造性地运用马克思列宁主义的理论来解决实践中的任务,保证了苏联人民的建设事业不断取得胜利。苏联共产党第二十次代表大会为苏联的共产主义建设所提出的奋斗纲领,就是一个范例。苏联共产党中央委员会在克服个人崇拜,在发展农业,在改组工业和建设的管理,在扩大加盟共和国和地方机构的权限,在反对反党集团、巩固党的团结,在改善苏联陆海军中党和政治工作等问题上所采取的明智措施,将毫无疑问地促成苏联各种事业的进一步巩固和进一步发展。

毛泽东还指出:

中国共产党所领导的人民革命,从来就是十月革命所开始的世界无产阶级社会主义革命的一个组成部分。中国革命有自己民族的特点,估计到这些特点是完全必要的。但是不论在革命事业中和社会主义建设事业中,我们都充分地利用了苏联共产党和苏联人民的丰富经验。中国人民感到幸运,因为有十月革命和苏联社会主义建设的经验,使自己可以减少或者避免许多错误,可以比较顺利地进行自己的事业,虽然中国人民面前的困难还很多。

事情很明显,在十月革命以后,各国无产阶级的革命家如果忽视或者不认真研究俄国革命的经验,不认真研究苏联无产阶级专政和社会主义建设的经验,并且按照本国的具体条件,有分析地、创造性地利用这些经验,那么,他就不能通晓作为马克思主义发展新阶段的列宁主义,就不能正确地解决本国的革命和建设的问题;那么,他就会或者陷入教条主义的错误,或者陷入修正主义的错误。我们需要同时反对这两种错误倾向,而在目前,反对修正主义的倾向尤其是迫切的任务。

……

社会主义各国的政府和人民是和平的新生活的建设者。我们完全不需要战争,并且坚决反对新的世界大战。苏联、中国和其他社会主义国家一贯地为和缓国际紧张局势而努力。苏联在裁军问题上,在禁止制造、使用和试验大规模毁灭性武器的问题上,所一再提出的建议,代表着社会主义各国的共同主张,同时也符合世界各国人民的利益。我们坚决主张,社会主义国家和资本主义国家实行和平竞赛,各国内部的事务由本国人民按照自己的意愿解决。我们坚决主张,一切国家实行互相尊重主权和领土完整、互不侵犯、互不干涉内政、平等互利、和平共处这样大家知道的五项原则。

……

中国的社会主义建设得到了苏联的多方面的兄弟般的援助。在庆祝十月社会主义革命四十周年的时候,请让我们对于给予中国这种友好援助的苏联共产党、苏联政府和苏联人民,致以衷心的谢意!

中华人民共和国早在成立的初期,就同苏联缔结了友好同盟互助的条约。这是两个伟大社会主义国家的伟大同盟。我们同苏联和整个社会主义阵营共命运,同呼吸。我们认为,增强以苏联为首的社会主义各国的团结,是一切社会主义国家的神圣的国际义务。[11]

庆典结束后,毛泽东率代表团出席了11月14日至16日举行的12个社会主义国家共产党和工人党代表会议,又出席了16日至19日举行的64个共产党和工人党代表会议。在这两个会议上,毛泽东于11月14日、16日和18日共作了3次讲话。

在11月14日的讲话中,毛泽东主要谈了"以苏联为首"的问题。他说:

我想谈一谈"以苏联为首"的问题。我们这里这么多人,这么多党,总要有一个首。就我们阵营的内部事务说,互相调节,合作互助,召集会议,需要一个首。就我们阵营的外部情况说,更需要一个首。我们面前有相当强大的帝国主义阵营,它们是有一个首的。如果我们是散的,我们就没有力量。即使党的一个小组,如果不举出一个小组长,那么这个小组也就开不成会。我们面前摆着强大的敌人。世界范围内的谁胜谁负的问题没有解决。还有严重的斗争,还有战争的危险。要防备疯子。当然,世界上常人多,疯子少,但是有疯子。偶然出那么一个疯子,他用原子弹打来了你怎么办?所以,我们必须有那么一个国家,有那么一个党,它随时可以召集会议。为首同召集会议差不多是一件事。既然需要一个首,那么,谁为首呢?苏联不为首哪一个为首?

对于毛泽东提出的这个意见,南斯拉夫党是断然不同意的。波兰党第一书记哥穆尔卡开始也不赞成,后经毛泽东做了工作,就同意了。

11月16日,毛泽东在讲话中评价了会议通过的《社会主义国家共产党和工人党代表会议宣言》。他说,他认为这个宣言是好的。"我们用了一个很好的方法达到目的,这就是协商的方法。坚持了原则性,又有灵活性,是原则性、灵活性的统一。这么一种进行协商的气氛现在形成了。在斯大林的后期不可能。"他还说:"这个宣言是正确的。它没有修正主义或者机会主义的因素。""我们力求和平,力求团结,看不见冒险主义。"

在11月18日的讲话中,毛泽东谈了形势问题和团结问题。

谈到形势问题时他指出:

现在我感觉到国际形势到了一个新的转折点。世界上现在有两股风:东风,西风。中国有句成语:不是东风压倒西风,就是西风压倒东风。我认为目前形势的特点是东风压倒西风,也就是说,社会主义的力量对于帝国主义的力量占了压倒的优势。

毛泽东列举了10件大事论证他的见解,如美苏钢产量、中国革命、朝鲜战争、越南战争、苏伊士运河事件、苏联两颗卫星上天等。其中谈到对核战争问题的看法时,他说:"问题要放在最坏的基点上来考虑。""我和一位外国政治家辩论过这个问题。他认为如果打原子战争,人会死绝的。我说极而言之,死掉一半,还有一半人,帝国主义打平了,全世界社会主义化了,再过多少年,又会有27亿,一定还要多。我们中国还没有建设好,我们希望和平。但是如果帝国主义硬要打仗,我们只好横下一条心,打了仗再建设。"毛泽东还谈了纸老虎问题。

谈到团结问题时,毛泽东着重讲了团结问题上的辩证方法。他说:

在团结问题上我想讲一点方法问题。我说对同志不管他是什么人,只要不是敌对分子、破坏分子,那就要采取团结的态度。对他们要采取辩证的方法,而不应采取形而上学的方法。什么叫辩证的方法?就是对一切加以分析,承认人总是要犯错误的,不因为一个人犯了错误就否定他的一切。列宁曾讲过,不犯错误的人全世界一个也没有。我就是犯过许多错误的,这些错误对我很有益处,这些错误教育了我。任何一个人都要人支持。一个好汉也要三个帮,一个篱笆也要三个桩。这是中国的谚语。中国还有一句谚语,荷花虽好,也要绿叶扶持。你赫鲁晓夫同志这朵荷花虽好,也要绿叶扶持。我毛泽东这朵荷花不好,更要绿叶扶持。我们中国还有一句谚语,三个臭皮匠,合成一个诸葛亮。这合乎我们赫鲁晓夫同志的口号——集体领导。单独的一个诸葛亮总是不完全的,总是有缺陷的。你看我们这十二国宣言,第一、第二、第三、第四次草稿,现在文字上的修正还没有完结。我看要是自称全智全能,像上帝一样,那种思想是不妥当的。因此,对犯错误的同志应该采取什么态度呢?应该有分析地采取辩证的方法,而不是采取形而上学的方法。我们党曾经陷入形而上学——教条主义,对自己不喜欢的人就全部毁灭他。后来我们批判了教条主义,逐步地多学会了一点辩证法。辩证法的基本观点就是对立面的统一。承认这个观点,对犯错误的同志怎么办呢?对犯错误的同志第一是要斗争,要把错误思想彻底肃清;第二,还要帮助他。一曰斗,二曰帮。从善意出发帮助他改正错误,使他有一条出路。

对待另一种人就不同了。像托洛茨基那种人,像中国的陈独秀、张国焘、高岗那种人,对他们无法采取帮助态度,因为他们不可救药。还有像希特勒、蒋介石、沙皇,也都是无可救药,只能打倒,因为他们对于我们说来,是绝对地互相排斥的。在这个意义上来说,他们没有两重性,只有一重性。对于帝国主义制度、资本主义制度在最后说来也是如此,它们最后必然要被社会主义制度所代替。意识形态也是一样,要用唯物论代替唯心论,用无神论代替有神论。这是在战略目的上说的。在策略阶段上就不同了,就有妥协了。在朝鲜三八线上我们不是同美国人妥协了吗?在越南不是同法国人妥协了吗?

在各个策略阶段上,要善于斗争,又善于妥协。现在回到同志关系。我提议同志之间有隔阂要公开谈判。

毛泽东最后表示赞成苏共中央解决莫洛托夫问题。他说:

我还要讲几句。我赞成苏共中央解决莫洛托夫问题,这是个对立面的斗争,事实证明它是不能统一,它是一方排斥一方。莫洛托夫集团举行进攻,乘赫鲁晓夫同志到外国去了,措手不及,来一个突然袭击。但是我们赫鲁晓夫同志也不是一个蠢人,他是个聪明人,立即调动了队伍,举行反攻,取得胜利。这个斗争是两条路线的斗争:一条是错误的路线,一条是比较正确的路线。斯大林死后这四五年,苏联的内政、外交有很大的改善,这就证明赫鲁晓夫同志所代表的路线比较正确,而反对这样的路线是错误的。莫洛托夫同志是一位老同志,有很长的斗争历史,但是这一件事他是做错了。苏共党内这两条路线的斗争带着对抗的性质,因为是互不相容,互相排斥,一个排斥一个。处理得好,可以不出乱子;处理得不好,有出乱子的危险。

斯大林领导苏联党做了伟大的工作,他的成绩是主要的,缺点错误是第二位的。但是他在一个长时间内发展了形而上学,损害了辩证法。个人崇拜就是形而上学,任何人不能批评他。我看苏联的40年是一个辩证法的过程。列宁的辩证法。斯大林有许多形而上学观点。这些观点见之行动,达于极点,势必走到它的反面,再来一个辩证法。我很高兴赫鲁晓夫同志在十月革命四十周年纪念会上讲了社会主义社会存在着矛盾。我很高兴苏联哲学界产生了许多篇文章谈社会主义社会的内部矛盾问题。有些文章还谈到了社会主义和资本主义的矛盾问题。这是两类性质不同的矛盾问题。

对于毛泽东的讲话，尤其是11月18日的讲话，并非每个党的代表都完全同意，作为"阵营之首"的苏共中央领导人，则更有异议。参加会议亲自听了毛泽东讲话并注意观察会场情形的南斯拉夫驻苏大使米丘诺维奇，在1957年11月19日的日记中写道：

毛一度在没有特别准备的情况下谈到，苏联党的领导中发生了"两个不同集团"之间的冲突，"以赫鲁晓夫为首的一派取得了胜利"。翻译就是这样翻他的话的。……

毛泽东在讲话中，把莫洛托夫、马林科夫、卡冈诺维奇反党集团同被他称为另一集团的苏联共产党等同起来，而且他是在世界各国共产党会议上的发言中说这番话的，这使得有几百人在场的格奥尔基大厅变得死一般的寂静。米高扬示威性地从椅子上站了起来，脸上露出一副绝不是友好的表情……[12]

在这个会议上，赫鲁晓夫等对毛泽东讲话中关于核战争的看法不太满意。赫鲁晓夫后来回忆这件事时说：

在会议进行期间，已经出现了某些迹象，表明这种摩擦可能会采取何种形式表现出来。当出席会议的80多个代表团谈到热核战争的可能性时，毛发表了一次演说……那时，除了毛以外，大家都在想着如何避免战争。我们的主要口号是："继续为和平与和平共处而斗争！"可是突然来了个毛泽东，说我们不应该害怕战争。[13]

此外，还有中国代表团在签署社会主义国家共产党和工人党代表会议宣言的同时，向苏共交了一份《关于和平过渡问题的意见提纲》，也是苏共领导人极为不满的一件事。在起草会议宣言时，苏共原提出的草案采用苏共二十大的提法，只提从资本主义向社会主义和平过渡，根本不提非和平过渡，并把和平过渡解释为"在议会中争取多数，把议会从资产阶级专政的工具，变为人民政权的工具"。中共代表团不同意这个论点。经过争论，会议最后通过的宣言作了重大修改。同时，中共代表团又通过《关于和平过渡问题的意见提纲》，全面阐述了中共对这个问题的观点，作为备忘录，提交苏共存案备查。双方在这个问题上的分歧，日后也发展成为两党关于国际共运论战的内容之一。

在会议期间，毛泽东于11月17日会见了在莫斯科的中国留学生、实习生。人民日报驻莫斯科记者对此作了如下报道：

毛主席首先向留学生、实习生问好，然后向他们说：世界是你们的，也是我们的，但归根结底是你们的。你们青年人朝气蓬勃，正在兴旺时期，好像早晨八九点钟的太阳，希望寄托在你们身上。毛主席非常有风趣的话引起了大家的笑声和掌声。

接着毛主席在讲话中给大家谈了当前国际形势,他首先指出,十月社会主义革命是人类历史上一个转折点;两个人造卫星上了天,68个国家的共产党到莫斯科来庆祝十月革命节,这是一个新的转折点。社会主义力量超过了帝国主义力量。我们社会主义阵营要有个头,这个头就是苏联,敌人也有一个头,就是美国。如果没有头,力量就会削弱,毛主席说,世界的风向变了。社会主义阵营和资本主义阵营之间的斗争不是西风压倒东风,就是东风压倒西风。现在全世界共有27亿人口,社会主义各国的人口将近10亿,独立了的旧殖民地国家的人口有7亿多,正在争取独立或者争取完全独立以及不属于帝国主义阵营的资本主义国家人口有6亿,帝国主义阵营的人口不过4亿左右,而且他们的内部是分裂的。那里会发生"地震"。现在不是西风压倒东风,而是东风压倒西风。毛主席说到这里,大厅里响起了一阵暴风雨般的掌声。

然后毛主席又谈了国内的情况。他说:真正的彻底的社会主义革命不是一朝一夕可以成功的。在我国真正的社会主义革命的胜利,有人认为在1956年,我看实际上是在1957年。1956年改变了所有制,这是比较容易的,1957年才在政治上、思想上取得了社会主义革命的胜利。他说,现在右派是打垮了,我们工作中的缺点还是有的。这次整风是件很大的事,我们要认真地改。世界上怕就怕"认真"二字,共产党就最讲"认真"。

最后,毛主席再次祝贺大家,向大家说,世界是属于你们的。中国的前途是属于你们的。

……

毛主席走到后院的学生俱乐部,那里聚集着大礼堂容纳不下的中国留学生。毛主席向他们问好。这时几百双眼睛望着毛主席,好像同时在说:我们刚才只能从麦克风里听到你的讲话,现在再给我们讲两句吧!"我只给你们讲三句,"毛主席望着大家微笑地说,"第一,青年人既要勇敢又要谦虚;第二,祝你们身体好、学习好、将来工作好;第三,和苏联朋友要亲密团结。"[14]

随从毛泽东去莫斯科的卫士张仙朋,回忆了11月17日毛泽东会见中国留学生的情景。他说:

1957年11月17日晚,我亲自听了毛主席在莫斯科会见我国留学生和实习生的谈话。

这次会见是在莫斯科大学的礼堂。大家为了聆听毛主席的教诲,很早就来到了这里。当毛主席红光满面健步登上讲台时,台下立时沸腾起来,爆发出经久不息的掌声。毛主席看到台下欢腾的青年一代,心情非常兴奋,不断挥手向大家致意。台下传来衷心的问候:"毛主席身体好吧!"毛主席笑着说:"还可以。"又是一阵热烈的掌声。接着毛主席问:"有没有湖北人?"台下人群中答道："有。"毛主席风趣地说："我游过你们的长江。"毛主席又问："有没有湖南人？""有。"毛主席又说："我游过你们的湘江。"毛主席再问："有没有广东人？""有。"毛主席又说："我游过你们的珠江。"

随后，在雷鸣般的掌声中，毛主席发表了著名的谈话。毛主席说："世界是你们的，也是我们的，但归根结底是你们的。你们青年人朝气蓬勃，正在兴旺时期，好像早晨八九点钟的太阳。希望寄托在你们身上。""世界是属于你们的，中国的前途是属于你们的。"礼堂里震耳欲聋的掌声一阵接一阵。当时，莫斯科的天气是冰冷冰冷的，但中国留学生和实习生的心，却像火一样地热。

毛主席从莫斯科大学回来后，对我说："明天要开大会，我要在会上讲话，今天争取早点睡觉。现在我还得看个文件，过一会儿，你就来催我。"一个小时后，我去催主席睡觉，他说还没睡意，让我陪他说说话。当他听说我还在写日记时，就要我的日记看。主席翻看了我的几篇日记，随即拿起钢笔在我的日记本上写了几首古典诗词，两首是王昌龄的《从军行》，一首是辛弃疾的《摸鱼儿》，还向我讲解了诗词的意思。这时，已是下半夜了，我看主席有些困倦，又劝他休息。他摇摇头，又继续看我的日记。我11月7日写一则《心愿》，其中有"当明月刚入晨霞，毛主席方才睡下。但愿他，梦中无忧，醒后精神焕发……"的句子。主席看到这里，不禁笑了，诙谐地说："这是你的心愿，那好吧，现在就睡觉。"我给他关灯时，他又关切地说："你也抓紧去睡。今天晚上开会我讲话，你也去听听。"〔15〕

11月20日，苏方安排毛泽东和宋庆龄副主席在克里姆林宫同苏联各界著名人士会见。同日，苏共中央主席团在克里姆林宫叶卡捷琳娜大厅为各国党的代表团举行隆重的送别宴会，气氛非常热烈。毛泽东与赫鲁晓夫在主宾席正中并坐。

毛泽东祝酒说："谢谢苏共中央和苏联政府的邀请。谢谢今天招待我们这么多好吃的东西。我们开了两个很好的会，大家要团结起来，这是历史的需要，是各国人民的需要。"毛泽东略一停顿，用诗词比喻了共产党人的团结。他说："中国有首古诗：两个泥菩萨，一起都打碎，用水调和，再做两个。我身上有你，你身上有我。"

宴会厅响起热烈掌声。赫鲁晓夫举起酒杯，一边喝彩，一边在毛泽东的酒杯上碰出清脆的一声响。

毛泽东在第二次访苏期间，在各种场合同赫鲁晓夫的交谈是比较多的。他从历史的需要和当时形势的需要出发，站在各国人民利益的高度，对赫鲁晓夫既有适当的支持，也有中肯的批评。

毛泽东还讲，"赫鲁晓夫有胆量，敢去碰斯大林"，"尽管他们采取的方法不好，可是揭了盖子，搬掉了多年来压在人们头上的大石头"，"这确实需要点勇气"。同时认为，"赫鲁晓夫这个人也能捅娄子"，"多灾多难"，"可能日子也不太好过"。

当时也在苏联访问的海军司令员萧劲光大将回忆说：

11月7日是苏联十月革命40周年的纪念日。中共中央决定由毛泽东主席率领党政代表团赴莫斯科参加庆祝活动。党政代表团的主要成员有宋庆龄、邓小平、李先念、乌兰夫、杨尚昆、胡乔木、陆定一等同志。同时，还派出了军事友好代表团。军事友好代表团是10月下旬组成的。团长彭德怀，副团长叶剑英，成员有总参谋长粟裕、总政治部主任谭政、装甲兵司令员许光达、空军司令员刘亚楼、炮兵司令员陈锡联、总后勤部长洪学智、总政副主任刘志坚、军委办公厅主任肖向荣、空军副司令员刘震等同志和我。

我们军事友好代表团组成后，先到东北地区参观了苏联帮助援建的大型工业项目，这对代表团的南方人来说也是适应一下北方的气候。代表团于11月初抵达莫斯科，此时，莫斯科的天气已经是滴水成冰了，比起北京来更是寒冷异常。

我们代表团到达莫斯科之时，毛主席率领的中国党政代表团和其他各社会主义国家的代表团也都先后到达。6日，中国党政代表团和军事友好代表团参加了庆祝十月革命40周年纪念大会。会上，毛主席讲了话。主席的讲话获得了阵阵热烈掌声。7日上午，在红场上举行了盛大的阅兵典礼，我们军事友好代表团成员都参加观礼。阅兵式上展现了苏军的建设成就，特别是各式导弹，使我们代表团成员们大开眼界。这使我更加感到由列宁缔造的第一个社会主义国家在战后十余年的恢复和建设中，尤其是与我1952年访苏看到的情况相比，近几年国防力量发展的速度确实是惊人的，昔日那种落后的景象已一扫而光了。相比之下，我们虽然取得了不小的成绩，但差距仍然是很大的。当时我曾暗下决心，一定要努力奋斗，尽快缩短差距。红场阅兵的当天晚上，苏联领导人在克里姆林宫举行盛大招待会。毛主席率领的中国党政代表团和彭德怀、叶剑英率领的中国军事友好代表团，还有中国劳动人民代表团的全体成员均参加了此次盛大国宴。

……

我们军事代表团在苏联期间，正值毛主席率中国代表团参加莫斯科64国共产党和工人党会议。当时，我和空军司令刘亚楼到毛主席的住处看望了他老人家。记得主席正在吃饭，他指着桌子上的牛排问：你们吃不吃？我说我已经吃过饭了。之后，毛主席问我：你还晕船吗？问刘亚楼：你还晕飞机吗？我说好多了。毛主席风趣地说：海军司令晕船，空军司令晕飞机，这就是我的干部政策。后来才知道，在这次莫斯科会议上，毛主席率领的中共代表团与苏联领导人赫鲁晓夫发生了重大矛盾，为争取在马克思列宁主义基础上的无产阶级国际团结做了大量工作。

结束在苏联访问之后，我们于12月1日返回北京。

回到北京后，我即将这次访问苏联期间与苏海军方面商谈的情况向海军常委们作了汇报。大家一致认为，尽快获得新技术对于我们海军建设来说已成为极为重要的问题，而且事不宜迟，越快越好。于是，我们经过认真讨论研究、仔细论证之后，在1958年4月，以我、政委苏振华、副司令员罗舜初3人的名义向国防部长彭德怀和军委写了报告。我们在报告中提出：目前，苏联已有若干的舰艇，如潜艇、鱼雷艇、反潜艇的动力和结构已有新的改进，已试验成功几种潜艇、鱼雷艇用的火箭、导弹武器。在我国第一个五年计划期中，苏联所供给的五种舰艇基本由新的设计所代替。在目前的情况下，我们基本上已不宜继续按照这些老资料进行建造，而急需获得苏联建造新的舰艇设计图纸及建造各种新的机械武器的资料，以便使我们少走弯路，避免某些不必要的浪费，并尽早获得较新较现代化的装备，可携带火箭、导弹的潜艇、快艇。同时建议以我国政府名义向苏联政府提出请求。

彭德怀和军委其他领导同意我们的意见并很快将报告转呈周总理。总理十分关心海军建设，对我们所提建议给予了很大的支持。他亲自给苏联领导人赫鲁晓夫发了电报。总理在电报中提出：希望苏联政府对我国海军建设上给予新的技术援助。在可能的条件下，有计划地有步骤地供给我们建造新型的战斗舰艇和可以携带火箭、导弹武器的舰艇的设计图纸，以及制造这些舰艇的有关机械部件、材料、无线电技术器材和新武器等设计图纸、必需的计算资料。

9月8日，苏联领导人赫鲁晓夫给总理回电，同意给我国今后海军建设事业提供技术援助，并提议派代表团进行商谈。

根据赫鲁晓夫致总理的电报，我们进行了认真讨论研究，确定了代表团赴苏谈判的原则，应本着毛主席的指示精神，以自力更生为主、争取外援为辅的方针，凡自己能够解决的问题，自己解决。新的海军尖端武器，目前我们尚不能解决，须请求苏联给予技术援助，并拟定了代表团赴苏商谈的主要内容及代表团成员名单。经报请总理批准后，于1958年11月派出了以海军政治委员苏振华为团长，一机部副部长张连奎、二机部副部长刘杰、海军副司令员方强为副团长的专家代表团赴苏谈判。

代表团在苏振华领导下，在苏联期间经过三个多月的紧张工作，与苏方人员进行了数次商谈后，其中一些重大问题及时报告了军委和中央领导，并经毛主席和周总理批准,于1959年2月4日与苏联签订了海军技术协定,这就是海军通常所说的"二四"协定。[16]

长波电台和共同舰队风波

1958年是中苏关系破裂的开端。毛泽东后来说过:事实上同苏联闹翻是1958年,他们要在军事上控制中国,我们不干。

1957年11月彭德怀率军事代表团赴莫斯科,主要的目的是想与苏方把1955年以来同赫鲁晓夫商谈的中苏军事合作的某些主要问题落实下来,以加速国防现代化。其中主要包括建立中国原子能工业、生产原子武器、原子武器运载工具即导弹,建立军事航空工业及舰艇建造等。赫鲁晓夫与彭德怀谈话,基本同意了彭的要求,并商定,由双方有关军事部门协商解决,原则上决定苏联在远东的海、空军将同中国合作。

但是,赫鲁晓夫却将中国希望合作的愿望当作插足中国的机会。

1958年4月,苏联国防部长马利诺夫斯基致函彭德怀,提出在中国建立用于潜艇舰队海上通讯联络的长波电台,苏联出费用7000万卢布,中国出3000万卢布,建成后归苏联控制。6月,中共中央复电苏方,表示建台可以,一切费用由中国负担,可以共同使用,但所有权为中国。

7月,苏驻华大使尤金在答复中国希望苏联提供原子潜艇问题时,又提出了要搞中苏共同舰队的意见,同刘少奇谈了又同毛泽东谈。毛泽东当场拒绝了这一无理要求,他生气地说:打起仗来,苏联军队可以过来,中国的军队也可以到苏联去,我们是同盟国,可是搞共同舰队,就是要控制,要租借权。提出所有权各半,是政治问题。要讲政治条件,半个指头也不行。你们可以说我们是民族主义,又出现了第二个铁托。如果你们这样说,我也可以讲,你们要把俄国的民族主义扩大到中国的海岸。毛泽东要尤金大使把他的话如实地向赫鲁晓夫汇报,不要粉饰。

赫鲁晓夫收到尤金的报告后,急忙于7月31日来到中国,同毛泽东会谈。当时负责翻译工作的李越然,回忆了毛泽东同赫鲁晓夫这次会谈的整个过程。会谈中毛泽东断然拒绝了长波电台和共同舰队的提议。两人还谈了国际形势及中国正在展开的"大跃进"等问题。李越然写道:

1958年7月29日,阎明复从居仁堂那边给我打来一个电话。他是中办翻译组长。我在国务院外事办公室,地点在中南海丙区,就是紫光阁那边。

"李兄,有要紧事情。"我比明复年龄大些,他称我李兄,"你赶紧过来。"

"什么事？"我问。

"有重要工作。你赶紧过来，杨主任找你。"

我赶到居仁堂，明复同志向我介绍情况：

苏联方面通过驻华大使尤金求见毛泽东，表达了苏联领导的一个意思：希望与中国搞个联合舰队。尤金第一次来谈，毛泽东便严肃地问他："你们是什么意思？为什么要这么个搞法？"尤金解释不清。毛泽东有些恼火，谈话的情绪是激烈的。

尤金把毛泽东的反应即刻报告了莫斯科。接到尤金的报告后，赫鲁晓夫决定自己来北京。

他走得相当匆匆，直至到莫斯科机场前，才通知中国大使去送行。

阎明复告诉我说："尤金两次来，都没有讲清楚，主席很火。赫鲁晓夫马上就要到，杨主任让你参加翻译工作，所以找你来。"

我们一道来到中共中央办公厅主任杨尚昆办公室。杨主任把主席和尤金的谈话过程又介绍一遍。

听了情况介绍，我预感到将有一场大的争论。

隔一天，7月31日，赫鲁晓夫便来了。我随毛泽东到南苑机场，参加迎接的还有刘少奇、周恩来、邓小平等中央领导人。

在候机室等候时，气氛比较严肃，不像过去那么轻松愉快。大家很少说话，毛泽东也不像过去喜欢和尤金谈论哲学，这次没多少话谈。

赫鲁晓夫乘坐的"图104"客机缓缓落下，我方领导人迎上去。没有红地毯，没有仪仗队，也没有拥抱。毛泽东只是同赫鲁晓夫握手致意，互相寒暄着走进会客室。

在会客室稍坐片刻，毛泽东一般介绍一下国内情况，记得只说了一句："我们现在确实是出现了大跃进，农村形势很好。"

刘少奇同志接过来说："我们现在发愁的不是粮食不够吃，而是粮食多了怎么办？"

赫鲁晓夫露出一种异样的笑容，眯细了眼说："那好办，粮食多了你们不好办，可以给我们。"

没多谈，宾主便乘车从南苑直接驶入中南海。

毛泽东陪赫鲁晓夫走进颐年堂，邓小平和杨尚昆参加会谈，刘少奇和周恩来没参加。

"路上还好吧？"毛泽东随便问一声。

"还好。"赫鲁晓夫点头，"你健康吧？"

"自我感觉良好。"毛泽东请赫鲁晓夫坐下，自己也坐下，点燃一支烟后，说，"尤金向我讲了，你们有那么个意思，但说不清你们究竟是出于什么考虑。所以我想听听你的想法。你自己来了，这很好，我们欢迎。我们一起谈谈好。"

回忆这次会谈，大致的内容如下：

"尤金没讲清楚。"赫鲁晓夫首先埋怨尤金，说他可能没有听明白苏联领导的意思。然后说明自己的想法。意思是：根据一项协定，苏联的飞机可以在中国的机场停留加油。现在苏联的远程潜艇开始服役了，而且苏联的舰队现在正在太平洋活动，而他们的主要基地在符拉迪沃斯托克（海参崴）。此前中国已经提出要求，请苏联把潜艇的设计图纸交给中国，并教会中国同志建造潜艇的技术。现在台湾海峡局势紧张，美国第七舰队活动猖狂，苏联舰队进入太平洋活动是为了对付美国的第七舰队。远程潜艇服役后，需要在中国建一个长波电台云云。赫鲁晓夫打着手势讲了有十几分钟，加上我们翻译，就讲了有半个多钟点。毛泽东神色肃穆地静听。赫鲁晓夫以为毛泽东听得仔细，越讲情绪越高，有些得意。

突然，毛泽东抬手做个果断而简洁的打住的手势，只说了一句话："你讲了很长时间，还没说到正题。"

赫鲁晓夫一怔，随即显出尴尬："是呀是呀，你别忙，我还要继续讲，继续讲下去……"他强作笑脸，有些不自然。"尤金告诉我了，您很火。尤金没讲清楚。我们只是有个想法，想跟你们商量……"

毛泽东不耐烦赫鲁晓夫的遮遮掩掩，绕山绕水，便语锋犀利地直戳要害："请你告诉我，什么叫共同舰队？"

"嗯、嗯，"赫鲁晓夫支支吾吾，憋出一句显然是不着边际的解释，"所谓共同嘛，就是共同商量商量的意思……"

"请你说明什么叫共同舰队。"毛泽东抓住要害不放。

"毛泽东同志，我们出钱给你们建立这个电台。这个电台属于谁对我们无关紧要，我们不过是用它同我们的潜水艇保持无线电联络。我们甚至愿意把这个电台送给你们，但是希望这个电台能尽快地建起来。我们的舰队现在正在太平洋活动，我们的主要基地……"

毛泽东越听越恼火，愤然立起身，指着赫鲁晓夫的鼻子，声色俱厉："你讲的这一大堆毫不切题。我问你，什么叫联合舰队？"

我见此情景，在译语的使用上力求准确地表达主席的情感，使赫鲁晓夫充分感到问题的严肃性。

赫鲁晓夫脸涨红了。看得出，他心里很不是滋味，可又不能自圆其说，始终处于答辩地位，仍然搪塞道："我们不过是来跟你们共同商量商量……"

"什么叫共同商量,我们还有没有主权了?你们是不是想把我们的沿海地区都拿去?"毛泽东愤怒之中不乏自信的嘲意,"你们都拿去算了!"

陪同赫鲁晓夫参加会谈的苏联副外长费德林用俄语从旁提醒赫鲁晓夫:"毛泽东可真动火了!"

赫鲁晓夫耸耸他的双肩,一双细小而敏锐的眼睛眨两下,锋芒稍纵即逝,摊开了两只胖而小的手,带着鼻音嘟囔着:"我们没有这个意思,不要误解。我们在家里已经商量过了,现在是和我们的中国同志商量,就是要共同加强防御力量……"

"你这个意思不对。"毛泽东重新坐下,他至此还没有附和过赫鲁晓夫一句。去年的莫斯科会议上,毛泽东还注意选择一些有共同点的问题谈谈。这次不然,抓住要害不放。"你明明是搞联合舰队!"

赫鲁晓夫皱起眉头,提高一些音调:"我们只不过是来跟你们一块商量商量,没想到引起你们这么大误解。"说着,赫鲁晓夫愤怒地连连摇头:"这就不好商量不好办了。"

毛泽东去年对哥穆尔卡说过:"苏联有多少力量,你我有多少力量?"中国海军创建不到10年,还只处于沿海防御阶段,怎么可能平等地和苏联搞什么联合舰队?何况,苏联如果在中国搞海军基地,这是关系到国家主权的大问题!中国自己的事要自己做主,任何外国的一兵一卒也不许在中国的土地上立足。这是我们党一贯的鲜明立场。

赫鲁晓夫曾多次责怪埋怨尤金不会办事,现在这样收场他大约也感到不好下台,想了想,又建议:"毛泽东同志,我们能不能达成某种协议,让我们的潜水艇在你们的国家有个基地,以便加油、修理、短期停留等?"

"不行!"毛泽东断然拒绝,把手从里向外拂开,"我不想再听到这种事!"

"毛泽东同志,大西洋公约组织国家在互相合作和供应方面没有什么麻烦,可是我们这里竟连这样的一件事情都达不成协议!"赫鲁晓夫微露愤懑,他在不高兴或愤怒时,眼睛便眯细成一条线,目光像被聚光之后凝成犀利的一束。

毛泽东反而坦然了,甚至轻悠悠地吸起了香烟。大概他的目的达到了:弄清苏联人的真实想法,并且抓住时机把态度明确告诉他们,涉及主权的大事,是不行的!

赫鲁晓夫已经不再眯眼,表情恢复了平和。毕竟是位大国领导人,他的意志也足够坚强,他忽然一笑:"为了合情理,假如你愿意的话,毛泽东同志,你们的潜艇也可以使用我们的摩尔曼斯克作基地。"

"不要！"毛泽东吮吮下唇，淡淡一笑，换了一种慢条斯理的声音说，"我们不想去你们的摩尔曼斯克，不想在那里搞什么名堂，也不希望你们来我们这儿搞什么名堂。"经过这场激烈的争论，结果赫鲁晓夫表示："你们不理解，我们也不提了。"

"不同意就不同意吧。"赫鲁晓夫不再抱任何希望，但是心里又憋得发胀，兀自用抱怨的口气嘟哝着，"为什么要这样误解我们呢？毛泽东同志，你是知道的，我们苏联是对你们中国做出了许多援助的。1954年我到这里来，我们把旅顺港归还中国，放弃了在新疆成立的联合股份公司中的股份，这比你和斯大林所签协定规定的日期提前了25年，而且我们还增加了对你们的经济援助……"

"这是另一个问题。"毛泽东口气也变得缓和了，"我们感谢你们的援助，但这是另一个问题。"

在颐年堂的这次会谈是一下飞机就开始的，可见毛泽东的重视。他对中国的主权问题毕生都格外珍重。

第二天，毛泽东在游泳池等候赫鲁晓夫，准备第二次会谈。

我先到了，见毛泽东已经换了游泳裤，穿了一件浴衣正在做准备活动。我走过去问候，在谈起昨天的现场气氛时，主席说："对赫鲁晓夫这个人，该碰的地方就得碰碰他，当然也不是什么都去碰他。"

这是室外游泳池，白瓷砖在阳光下亮得耀眼。旁边摆了藤椅。藤桌上有茶水和香烟，藤椅摆放的格式是准备会谈的样子。

刘少奇、周恩来、邓小平等中央首长来了，他们显然也是来参加会谈的，阵容比昨天大。毛泽东随便穿一件浴衣，光脚踩一双拖鞋，另外三位首长衣着整齐。

毛泽东聊天中照例是讲辩证法，那段时间他经常讲辩证法："我们都要学点唯物论、辩证法。这里可有学问哩！客观事物复杂着呢，一切都处于运动中，一切都在变化，一成不变的东西是没有的……"

聊天一般毛泽东讲的多些，其他人偶尔插几句话。

赫鲁晓夫到了。

毛泽东就那么穿着浴衣，踩着拖鞋同他握手寒暄几句。赫鲁晓夫知道毛泽东有夜里工作的习惯，问："你睡了会儿吗？"

毛泽东不加掩饰地说："心里有事，睡不着。"

他们在藤椅上坐下来，开始第二次会谈。

关于建长波电台和共同舰队的问题已经在昨天被毛泽东断然拒绝了，今天未再谈这个事，转而谈国际形势，对于国际形势的看法双方不是分歧很大，反对帝国主义双方是共同的。赫鲁晓夫既然不再要求建联合舰队，无求于人便主动许多，谈话口气也比昨天大了。

谈到苏共二十大批判斯大林的事，赫鲁晓夫对中共就此事所做的反应不满，说："你们为什么往我们后院抛石头？"

毛泽东微笑着，心平气和又十分坚定地说："我们不是抛石头，我们是抛金子。"

赫鲁晓夫表现出同样的坚定，断然道："别人的金子我们是不要的！"

毛泽东仍然是面带微笑，平声静气："不是你要不要别人的金子的问题，是我们要助你们一臂之力！"

赫鲁晓夫没再说什么。

从国际形势又谈到中国国内形势，谈到中国的"大跃进"。

赫鲁晓夫摇头说："你们这个大跃进，我们还是不理解。我们认为有超越阶段，忽视规律的情况。"

从大跃进谈到人民公社。毛泽东说："人民公社一大二公。大，就是联合的生产合作社多，人多力量大；公，就是社会主义因素比合作社多，把资本主义的残余逐步去掉。这是人民群众自发搞起来的，不是我们从上面布置的。"

赫鲁晓夫仍然摇头。"这些我们就搞不清楚了，只有你们自己清楚。总之你们这儿搞的一切都是中国式的，你们比我们更清楚。"讲到这里，赫鲁晓夫将话锋一转，说，"对亚洲，对东南亚，应该说你们比我们清楚。我们对欧洲比较清楚。如果分工，我们只能多考虑考虑欧洲的事情，你们可以多考虑考虑亚洲的事情。"

这种近乎"划分势力范围"的谈话，自然又遭到毛泽东的反对。他做个手势说："这样分工不行，各国有各国的实际情况，有些事你们比我们熟悉一些，但各国的事情主要还是靠本国人民去解决。每个国家都有各自的实际情况，别的国家不好去干涉。"

赫鲁晓夫无奈地又望着毛泽东，无论如何，他们始终谈不到一起。

"今天就谈到这里吧？"毛泽东提议，"我们游游泳，凉快凉快。"[17]

8月3日，赫鲁晓夫返回莫斯科。毛泽东到机场送行。

"长波电台"和"共同舰队"事件，集中反映了苏共的大国主义和老子党作风恶习未改。在中苏两党的长期历史积怨没有得到彻底了结之前，这一事件的发生无疑起了雪上加霜的作用，严重地伤害了中国人民的民族感情。

这一事件受挫，也使赫鲁晓夫大为恼火。他在东西方的多方斡旋中稳住了阵脚之后，自认为可以无求于中国，便采取了政治高压和经济高压并用的惯技，企图使中共和毛泽东就范，从而导致了中苏两党、两国关系的破裂。

中苏破裂

1959年9月底10月初，赫鲁晓夫来中国出席国庆10周年招待会，并同毛泽东等中国领导人举行会谈。这次会谈不但未能解决双方任何分歧，反而加深了矛盾。

关于1959年这次会谈，毛泽东在1963年回顾说，1959年赫鲁晓夫在印度问题上对我们施加压力，他们单独发表了一个声明，名义上是中立，实际上是偏袒印度，谴责中国。他从戴维营回来就来教训我们，那一次也是谈得不欢而散。

中苏关系在1959年继续走下坡路。

6月20日，苏共中央致函中共中央，以当时苏联与美国等西方国家正在日内瓦谈判关于禁止试验核武器的协议，怕西方国家知悉苏联正在新技术方面援助中国，"有可能严重地破坏社会主义国家为争取和平，缓和国际紧张局势所作的努力"为"理由"，提出中断向中国提供原子弹样品和生产原子弹的技术资料，从而单方面撕毁了1957年10月15日签订的国防新技术协定。停止向中国提供原子弹样品和资料，实质上是赫鲁晓夫对1958年毛泽东拒绝苏方在中国建立长波电台和共同舰队要求的报复，同时也是赫鲁晓夫即将访问美国，同艾森豪威尔总统会谈进行交易的需要。

9月，苏联在中印边界冲突问题上将中苏分歧公开化。1959年中国发生西藏武装叛乱事件后，达赖喇嘛逃往印度。中国边防军平叛作战进驻山南边境要地。印军于8月越过麦克马洪线的实际控制线，向北面中国西藏境内推进，与中国边防部队发生了武装冲突。苏联为了其自身南亚战略的需要，不顾事实真相与是非，由塔斯社于9月9日发表关于中印边境事件的声明，对中印冲突表示遗憾，从而把中苏分歧公开于世。

当时，印度已经取得独立，得到苏联的全力支持和援助。毛泽东在处理中印问题时，十分谨慎，力避使冲突升级和扩大化。苏联则利用这一事件大做文章，企图陷中国于被动。

吴冷西回忆说：

1959年4月19日是星期日，天和日暖，我大清早就同家人一起去香山郊游，中午在香山饭店吃饭和休息。

……

正在这时候，服务员来要我接电话。我一时有些纳闷，怎么电话打到香山来找我了？我接上电话，才知道是中南海总机打来的，说毛主席的秘书罗光禄同志找我说话。这时我心里想，中南海的总机话务员真了不起，居然能打听到我在香山饭店。罗光禄同志的电话很快接通，他通知我说，毛主席要我马上回城参加会议。这样一来，午睡不成了，我马上坐车回城，直奔中南海。这时已是下午3点多了。

当我走进颐年堂的时候，毛主席冲着我说：一说曹操，曹操就到。你到哪里去了？上午通知下午3点开会，找了半天才找到你。我赶忙说：我一清早上香山去了，刚才接到开会的通知就马上回来。

毛主席接着说：昨天（4月18日）印度官员散发了一个达赖喇嘛关于西藏叛乱的《声明》，我们要抓住这个机会开始反击，找你来是要你立即起草一篇评论。我问：评论着重讲哪些观点？毛主席说，刚才同总理他们议了议，可以着重从三个方面批驳所谓"达赖喇嘛声明"：

第一，《声明》从"西藏独立"说起，反映了英帝国主义历来的梦想，要把西藏从中国分裂出去。

第二，《声明》说人民解放军在西藏违反1951年关于西藏和平解放的十七条协议，但又举不出任何事实。我们要指出，过去8年中，西藏地区的一切政治制度、社会制度和宗教制度，仍然同和平解放以前一样，没有任何改变；西藏内部的事务，几乎没有一件不是经由原西藏地方政府负责进行的；中央人民政府还宣布1962年以前不进行民主改革。

第三，《声明》歪曲了3月10日至19日发动叛乱的经过。我们可以根据达赖喇嘛3月10日以后给中央驻藏代表谭冠三将军的三封信来说明：达赖喇嘛是被反动分子包围，并在3月17日被劫持走的。《声明》中也说是"顾问们认识到"达赖喇嘛及其家属和官员"离开拉萨成为十分紧迫"。

周总理还补充说，《声明》行文不用第一人称"我"，而用第三人称"他"，完全不是西藏文体，而是像英皇诰示那样的文体；《声明》用的某些观念和词句也是外国的；散发这声明的又是印度官员。我们要指出，这些都表明《声明》不是达赖喇嘛本人的，而是别人强加于他的。评论中可以揭露这点。

少奇同志还谈到，评论要提出质问：现在发表这个声明，究竟想干什么？可以点出他们这样做是下决心同中国对抗。

会上还提出有关西藏叛乱和中印关系的一些其他意见。最后毛主席提出，时间不早，会议至此结束。他要我当天晚上把评论起草出来，他夜里等着看。

我散会后即回新华社起草评论，晚饭后继续写，完稿并打出清样送中南海，已是20日凌晨3点多了。

第二天（4月20日）下午，毛主席找我和胡乔木一起到他家里去，先把他修改过的清样给我们看，其中主要是加了一段话，即："现在西藏的这一个叛乱班子，完全是英国人培养起来的。印度的扩张主义分子继承了英国的这一份不光彩的遗产，所以这个班子中的人们的心思，是里通外国，向着印度，背着祖国的。你看，他们双方是何等亲热呵？简直是卿卿我我，难舍难分。"毛主席还要胡乔木和我对评论中的某些措辞再斟酌修改。胡乔木和我在主席的卧室里当场作了一些修改，然后请主席审定。毛主席看了我们的修改，最后提出，这篇评论要今天马上发表，而且可以署名为"新华社政治记者评论"，这样的形式会引起人们的重视。题目仍然是《评所谓"达赖喇嘛的声明"》，由新华社今晚先发，《人民日报》第二天（4月21日）登在第一版头条位置。以达赖名义发表的《声明》也全文发表。我赶紧回新华社布置翻译和发稿。

隔了一天，4月22日，毛主席又在他家里召开政治局常委会议，我也列席了。毛主席在会上说，现在宣传上集中反击印度的反华言行。《人民日报》的版面要调整，集中反映有关西藏叛乱的问题，宣传我们迅速平定叛乱以及目前正在采取的民主改革措施。印度官方的和非官方在西藏叛乱问题的反华言行，都要陆续发表。国际上支持我们的言论也要发表。从3月17日起，尼赫鲁仅在议会中就发表了五六次讲话，我们一直保持沉默，为的是看看他要走多远，有意后发制人，现在可以回答他了。人民日报要抓紧写出评论尼赫鲁讲话的文章，经中央讨论后发表。

毛主席这里提出人民日报抓紧起草的文章，是4月初在杭州一次常委会议上指示我着手准备的。

本来，早在3月10日，西藏少数上层反动分子策动在拉萨聚众闹事，中央得报后指示中央驻西藏工作委员会加强戒备，严阵以待，不打第一枪。毛主席当时不在北京（他在第二次郑州会议后即于3月上旬南下武昌），他在3月12日至15日连续三次打电报向中央提出他的看法，认为拉萨上层反动集团可能认为我们软弱可欺，闹事可能扩大，我们不得不准备提前实行民主改革。他建议我们在西藏军事上采取守势、政治上采取攻势，分化上层、教育下层，准备应对爆发叛乱，并请中央考虑对达赖可能出走采取何种措施。他还赞成中央以中央驻藏代表谭冠三将军名义写信答复达赖在3月10日以后的三次来信，宽大为怀，希望达赖实践历次诺言，与中央同心。

少奇同志于3月17日召开政治局会议，讨论西藏藏军积极准备叛乱的紧急情况和毛主席的建议。会上，少奇同志和小平同志讲到，我们和平解放西藏已经8年。过去没有进行民主改革，主要是等待上层人物觉悟。现在一些上层人物要叛乱，这逼得我们不得不进行改革。当前首先是准备坚决平息叛乱，改组西藏地方政府，改组藏军，实行政教分离，然后全面实行民主改革。会上大家同意中央常委的意见并讨论了对达赖本人的方针。比较一致的意见是：最好设法使达赖留在拉萨，如果做不到，他硬是出走，这也没有什么不得了。因为现在我们工作的立足点已不是等待原来西藏地方政府的一些上层分子觉悟，而是坚决平叛，全面改革。对此，少奇同志、周总理和小平同志着重加以解释。周总理还指出，这次事件同印度当局有关，英国和美国政府在幕后很积极，支持印度当局，把印度推到第一线。叛乱的指挥中心在印度的噶伦堡。在会议结束前，中央得悉达赖已离开拉萨，当即决定增调部队入藏，准备对付可能发生的叛乱，但方针仍是绝不打第一枪。

3月19日晚，西藏叛国集团发动叛乱。中央即指示驻藏人民解放军于3月20日进行坚决反击，迅速平定叛乱，并开始实行民主改革。

毛主席从武昌到上海，先开政治局常委会，然后于3月25日至4月5日召开政治局扩大会议和七中全会。我3月23日到达上海时，大家议论集中于西藏叛乱。会议的第一天，毛主席宣布这次会议着重讨论人民公社和1959年工农业生产计划指标问题，同时要小平同志把中央常委对西藏叛乱和中印关系的意见向会议通报。小平同志传达中央常委的意见是：

第一，要理直气壮，坚持平息叛乱。因为8年来中央和入藏部队执行和平解放西藏的协议，而西藏上层叛乱集团却撕了协议，背叛祖国，武装反抗中央，进攻人民解放军。

第二，要声讨西藏上层叛乱集团，但对达赖还要留有余地，还是用"叛乱集团劫持达赖"的说法，同时宣布由班禅出任西藏自治区筹备委员会的代理主任（原主任为达赖）。

第三，现在我们的口号是建设民主和社会主义的新西藏。要重新起草西藏自治区章程，要进行民主改革，要建设社会主义，这些都要理直气壮地宣传。

第四，现在暂不公开点印度当局（尼赫鲁为代表）的名。毛主席说让它多行不义。中国古语说，"多行不义必自毙"，现在让印度当局多行不义，到一定时候我们再跟它算账。尼赫鲁关于西藏叛乱的一些讲话，也暂不报道，因为报道了就要反驳，现在还不到跟他辩论的时候。要看一看再说，这是留有余地。与此相关，印度噶伦堡是这次叛乱的指挥中心，也暂且不提。这同样也是因为提了就要同印度政府交涉（后来在3月28日的新闻公报中只提到1955年的叛乱分子的活动中心是噶伦堡，印度官方即多方辩解）。

小平同志传达后，就指定我同有关同志起草一个新华社关于西藏叛乱事件的新闻公报。我们起草后经乔木同志修改即送中央常委审阅。毛主席于27日在草稿上作了多处修改，并请其他常委同志以及乔木和我在文字上再加斟酌。新华社在3月28日广播了这份公报，《人民日报》29日刊出。这以后，毛泽东多次批示要我注意印度官方的反应，并考虑加以报道。

上海会议结束后，毛主席到杭州。我随周总理也去杭州，任务是参加修改准备在第二届全国人民代表大会第一次会议上，周总理作的政府工作报告和李先念副总理的预算报告。4月8日，毛主席在杭州西湖的西南岸刘庄别墅，召开中央常委会议。会上，大家对周总理的报告稿意见不多，很快就定稿了。毛主席在会上强调要马上准备对西藏叛乱事件以及印度当局的态度发表评论。他指出，此事国内国外都很关心，估计这次全国人民代表大会中大家要议论。毛主席说，《人民日报》要着手准备一篇比较充分的、把问题展开来讲的社论。现在英国、美国和印度都在吵吵嚷嚷，搞反华大合唱，支持西藏上层叛乱集团，反对我们平叛。我们要沉着应战，要准备在宣传上加以反击。回北京后就着手准备。

4月13日回到北京后，周总理具体布置我着手起草评论，他由此想到并确定成立一个国际问题宣传小组，由我和乔冠华（当时是外交部部长助理）负责，吸收张彦（中央外事办公室副主任）、姚溱（中宣部国际宣传处长）和浦寿昌（总理的外事秘书）等参加，直接归他和小平同志领导，每周或半月在人民日报社开会，讨论有关国际问题的报道和评论，有问题直接向他请示。目前集中力量研究和起草有关西藏叛乱和印度当局态度的报道和评论。由于在上海会议时毛主席指示发表尼赫鲁3月30日的讲话（4月3日在《人民日报》作了详细报道），我先把《人民日报》一篇观察家评论修改好，经周总理审定后于4月15日发表，题目是《不能允许中印友好关系受到损害》。这篇评论，只讲了帝国主义和印度非官方攻击我平叛的言论，而对尼赫鲁演说中说"不可让中印关系恶化"，表示欢迎。但评论中引了《印度快报》对尼赫鲁演说的评论，说尼"在送鲜花方面非常慷慨，右手向西藏大扔鲜花，左手向中国大扔鲜花"，说尼要"保持这两方面的微妙的平衡，那显然是他最为难的时刻"。

4月15日，毛主席主持召开最高国务会议。会议主要讨论第二届全国人民代表大会第一次会议和第三届人民政协第一次会议的议程。毛主席在会上作了长篇发言，其中谈到西藏叛乱问题。4月18日第二届全国人民代表大会第一次会议开幕，人民政协会议也同时举行。西藏叛乱事件成了这两个会议议论的中心之一。

接着就是前面提到的毛主席4月22日在中央政治局常委会上提出在宣传上集中反击印度方面在西藏叛乱事件上的反华言行。我参加会议后回来赶忙向人民日报社和新华社传达和布置。当天夜里,我想到前些时候人民日报和新华社对印方的反华言论极为克制,现在开始反击,应当有一篇解释的文章,于是赶写了一篇题为《予诽谤者以打击》的文章,在23日《人民日报》的国际版发表。4月24日又发表了两篇短评。

4月25日,毛主席给乔木同志、彭真同志和我写了一封信,信是这样写的:
"乔木、冷西、彭真同志:

'帝国主义、蒋匪帮及外国反动派策动西藏叛乱,干涉中国内政',这个说法,讲了很久,全不适当,要立即改过来,改为'英国帝国主义分子与印度扩张主义分子,狼狈为奸,公开干涉中国内政,妄图把西藏拿了过去'。直指英印,不要躲闪。全国一律照18日(按:应为3月20日)政治记者评论的路线说话。今日请乔木、冷西召集北京各报和新华社干部开一次会,讲清道理,统一规格。请彭真招呼人大、政协发言者照此统一规格,理直气壮。前昨两天报纸好了,声势甚大。也有缺点:印度、锡兰、挪威三国向我使领馆示威,特别是侮辱元首这样极好的新闻,不摆到显著地位,标题也不甚有力。短评(按:指《人民日报》4月24日两篇短评)好,不用'本报评论员'署名,则是缺点。昨天评论,《人民日报》的评论(按:指《予诽谤者以打击》)不如光明的评论(按:指《光明日报》4月24日题为《清醒点,印度扩张主义者!》)有力,一个是女孩子,一个是青壮年,我有这种感觉。请注意:不要直接臭骂尼赫鲁,一定要留有余地,千万千万。但尼赫鲁廿四日与达赖会面后放出些什么东西,我们如何评论,你们今天就要研究,可以缓一二天发表。

毛泽东
一九五九年四月廿五日上午六时"

乔木同志和我25日上午看到毛主席的信后,马上照办,召开了会议,统一宣传口径,并研究了尼赫鲁和达赖的谈话。据印度报业托拉斯报道,达赖告诉尼赫鲁,他写给谭冠三的三封信是真的。尼赫鲁说,印度仍然实行和平共处原则。我们后来根据尼赫鲁会见达赖前后几次谈话,4月27日以"本报评论员"名义发表了题为《读尼赫鲁总理的谈话》的评论。国际宣传小组26日讨论毛主席的信时,大家都有这样的感觉:在形势转换的关键时刻,我们的思想总赶不上毛主席。人民日报如此,外事部门也未能例外。

4月25日晚,毛主席又召开常委会议,讨论反击印度反华言行问题。胡乔木和我都列席了。毛主席一上来就问我,文章写得怎样。我回答说正在修改。接着,毛主席提出他的进一步的想法。他说,我们反击印度的反华活动,着重同尼赫鲁大辩论。现在我们对尼赫鲁,要尖锐地批评他,不怕刺激他,不怕跟他闹翻,要斗争到底。其实也不会完全闹翻。我们的方针是以斗争求团结。现在形势对我们有利，叛乱已迅速平定，他再闹也闹不到哪里去，他对西藏局势无能为力。这次斗争只是笔战、舌战，但对澄清是非极为必要，对内对外都是如此，大辩论有极大好处。但是，斗争要有理、有利、有节。有理，就是对尼赫鲁的几次讲话要加以分析，反驳他时要充分讲道理，把西藏叛乱的原因、我平叛和改革的性质、印方过去的干涉、我们为维护中印友好关系的努力等，都讲得清清楚楚。有利，就是有利于印度人民弄清事实真相，有利于围绕西藏叛乱事件的国际斗争，有利于我在西藏平定叛乱和民主改革，也要有利于维护中印友好关系和争取尼赫鲁同我们实行和平共处五项原则。有节，就是要留有余地，对尼赫鲁要有分析，好的要肯定，只批评他不好的，不要把话说绝，还要讲究必要的礼貌，既尖锐又委婉，不谩骂，要给尼赫鲁下楼的台阶。为了表明我们的忍耐和后发制人，新华社和《人民日报》要充分发表印方的反华谬论，也要充分反映西藏人民对平叛和改革的热烈拥护。要发表读者来信和历史资料，充分说明我平叛、改革的正确和外国干涉的无理。

毛主席说，尼赫鲁原来对形势估计错误，误以为我对叛乱没有办法，有求于他。确实我驻藏部队数量很少，入藏时连地方干部共有五万人，1956年撤出三万多人，只留下一万多人。西藏地方很大，边境线很长，没有那么多军队驻守，也很难全都守住，叛乱分子自由进出。但人民解放军还是顶用的，这次驻藏部队稍微增加一点，很快就把叛乱平息了。所以现在印度当局很被动，我们很主动，是反击的好时机。人大、政协正在开会，会上发言理直气壮，声讨西藏上层叛乱集团，反对英帝国主义分子和印度扩张主义分子干涉中国内政。但我们不是执意要跟印度闹翻，不怕闹翻不等于以闹翻为目的，我们是以斗争求团结。对达赖也不是当作叛国者，还是采取争取他回来的方针，人大还要选他当副委员长，跟班禅一样。他是否回来，那是他自己的事。但我们表示这样的态度对国内国外都有必要。因此《人民日报》的文章还是要高举团结的旗帜，这样对内对外都有利无害。

会上其他常委都谈了自己的看法，都同意毛主席的意见。大家都要求抓紧时间把文章写出来。最后毛主席决定，起草小组加以扩大，由胡乔木领头，要我先修改出一个初稿，然后交乔木修改，再提交政治局扩大会议讨论。

这以后的几天，我同人民日报社和国际宣传小组的同志集中时间修改文章，于4月30日修改完毕，即送乔木同志。乔木在5月1日修改了一整天，当晚由中央办公厅印出分送毛主席和中央政治局委员以及有关同志。

5月2日下午，毛主席召开政治局扩大会议，讨论乔木的修改稿。会上毛主席和其他同志讲了不少意见，主要有以下六点：

一、文章应以评论尼赫鲁4月27日的讲话为主。他此前在议会上发表的六次讲话可不涉及,以免分散力量。

二、要高屋建瓴,从西藏人民早已盼望改革农奴制度讲起,一下子把尼赫鲁置于反对社会进步的地位,因此要用相当文字分析西藏的社会制度和政治制度的野蛮和落后。

三、要揭穿尼赫鲁打着"民族感情"和"宗教感情"的幌子干涉中国内政,说明我国政府的民族政策和宗教政策以及在西藏和平解放8年来执行十七条协议。

四、要指出印度历来对中国西藏地区的野心和干涉,着重揭露1950年我进军西藏时和这次叛乱事件中印度政府的所作所为,并联系英帝国主义侵略西藏的历史以及印度扩张主义分子继承了英国人的衣钵。

五、要指出尼赫鲁本人前后自相矛盾,肯定他说过的好话,批评他的坏话,指出他一时承认西藏是中国一部分,一时又要把西藏变为中印缓冲区;一方面同中国一起倡导和平共处五项原则,另一方面又以种种借口干涉中国内政。

六、评论全篇贯彻维护中印友好,并以此收尾。周总理特别指出,要引用尼赫鲁1954年10月访华时说过的好话。

毛主席在会议快结束时,同意会上对文章题目提出的意见,把题目改为《西藏的革命和尼赫鲁的哲学》。他要乔木和我当晚好好想想大家的意见,第二天用一天的时间修改,4日再送政治局扩大会议讨论。

5月3日一整天,乔木同志和我同浦寿昌(周总理的外事秘书)一起修改稿子。乔木同志胸有成竹地提出了系统的修改意见,并亲自动笔进行修改。我同浦寿昌同志从旁提些意见请他斟酌。我们从上午9点到夜里9点,完成了全稿的修改。午餐和晚餐都在乔木同志家中。

5月4日下午,毛主席再次召开政治局扩大会议,讨论《人民日报》评尼赫鲁讲话的文章。会上大家只提了一些有关个别提法和词句的意见,因为原则意见上次会上已提过,并经乔木同志巧妙地综合在一起了。毛主席最后提出,政治局原则上通过这篇文章。署名仍同1956年两论无产阶级专政的历史经验的文章一样,写明是"人民日报编辑部根据中央政治局扩大会议讨论写成的文章"。为慎重起见,他还要我们在第二天再认真从头到尾通改一遍,随修改随送他看。这样,乔木同志同我和浦寿昌同志,5月5日再通读通改一遍。修改不多,毛主席在晚饭前就最后审定了。我在这一天清早,已布置新华社翻译,所以定稿后即迅速中、英文同时播出,《人民日报》5月6日登出。

5月6日夜,毛主席的秘书打电话给我,说毛主席指示:新华社、人民日报、中央人民广播电台从5月7日起一律暂停发表印度和其他外国对西藏问题的言论，也一律暂停发表批评印度、英国等的反华言行的评论，看看印度及其他方面的反应再说。全国各报也照办，由我告诉中宣部发出通知。因此从5月7日起，舆论界一片风平浪静，外交部则开始了一连串的中印之间的"照会战"。

《西藏的革命和尼赫鲁的哲学》一文的发表，在国内外引起强烈的反应。一位外国报纸驻北京记者在报道中评论说："这是一篇马列主义的杰作，它抓住了问题的本质，态度鲜明而坚定，又始终贯彻中印友好的方针。"印度的报界纷纷发表社论。《政治家报》的社论说，《人民日报》文章的"大部分是以温和的和相当讲理的态度来说明中国在西藏问题上的立场"。《国民先驱报》的社论说"《人民日报》文章要求停止印度人和中国人在西藏问题上的争论，它的语气是友好的"。"中国人保证说，民主、繁荣的西藏自治区，必然会成为巩固和加强中印友谊的一个因素，而不会成为，也不可能成为对印度共和国的任何威胁。这种保证将会为人们所接受。"当然，也有一些报纸仍然对《人民日报》的文章横加指责。至于尼赫鲁总理本人，他5月8日在议会中讲话时说："来自中国的言论对大家所知道的事实提出了异议。我对于来自中国的一些有关印度的言论，也不认为是事实。我有时怀疑我们继续进行这种争论会不会有什么用处。"对于尼赫鲁这种似乎他是旁观者的态度，英国《泰晤士报》社论说："尼赫鲁不会再来反驳，而会注意中国方面关于恢复友好关系的说法。"香港一家报纸评论说，文章"说情又说理，委婉又强硬，确实使尼赫鲁颇难回答的"。

毛主席在看到了各方反应之后，于5月11日上午召开政治局常委会议。他说，对尼赫鲁应该有一个正确的方针。尼赫鲁是中间派，不同于右派。他像任何人一样，是可以分析的。他有两面性，有好的一面，又有坏的一面。《人民日报》的文章肯定了他好的一面，但着重批评他坏的一面。这是因为他在前一时期放了很多毒，我们这样做是必要的。但是，要记住，经过这样一次批评以后，我们还是要看到他还有好的一面，他做过好事的一面，所以还应该争取他，给他下楼的机会，不要把事情做绝。

毛主席又说，对达赖目前宜采取不予理睬的方针。不管他发表什么声明，我们都暂不理睬，看一个时期再说，这也是留有余地。因为他毕竟是一位宗教领袖，毕竟在西藏和平解放初期表现还可以，后来到北京当人大副委员长，表现也可以。就是说，达赖有过好的一面。因此，将来他如果想回来，我们还是采取欢迎的态度。只有一个条件，就是他回来之前要发表一个声明，宣布他过去在噶伦堡和其他什么地方说过"西藏独立"之类的话是不对的，一律作废，这样就可以回来。这个条件不算苛刻。我们既往不咎，是够宽大的了。

毛主席还特别对我说，今后关于西藏问题的宣传，数量要减少，正面的和反面的各占一半，不要说一切都好，也不要说一切都坏，总的分量要减少。

在这以后，毛主席和中央同志的主要精力，又重新回到纠正大跃进时期工作中"左"倾的错误了。[18]

1959年，是赫鲁晓夫自认为春风得意的一年。他在访美期间，同美国总统在华盛顿和戴维营多次会谈，达成某些谅解，便开始到处宣传所谓"戴维营精神"，并抱着迫使中国服从其妥协的战略需要的企图，出席中国的国庆庆典活动。这不能不受到坚持独立自主的中国共产党人尤其是毛泽东的抵制。

在会谈中担任翻译的李越然回忆说：

1959年，我参加国庆10周年翻译组的工作。全体工作人员集中于水电部招待所，进行紧张的筹备。9月底，阎明复突然打来电话："李兄吗？主任让我们赶紧回去，参加中苏谈判。赫鲁晓夫要来。"

我同阎明复去见杨尚昆同志。杨主任介绍说：赫鲁晓夫访问美国，同美国总统搞了戴维营会谈。回国途中来北京参加我国国庆10周年的活动，主要目的还是会谈。这次来的规模比较大，苏斯洛夫先到，赫鲁晓夫随后就到，估计会有大的争论，要作好思想准备。

9月27日，苏斯洛夫到达北京，陈云同志去迎接。在汽车上，苏斯洛夫说："中国的大跃进、人民公社是超越社会主义发展的阶段的。"

9月30日，赫鲁晓夫到达时，毛泽东、刘少奇、周恩来、朱德等中央主要领导人都去机场迎接了。赫下榻在钓鱼台。当天晚上，赫鲁晓夫在大会堂国宴上发表讲话说："不要用武力去试验资本主义的稳固性……"

和1958年那次一样，赫到中国的当天便在颐年堂举行了会谈。这次会谈参加的人比较多。中方有政治局常委们及外交部长陈毅元帅。苏方参加的有赫鲁晓夫、苏斯洛夫、波诺马廖夫和葛罗米柯。

赫鲁晓夫介绍他访美的情况，他亮晶晶的眼睛带着发现新大陆的神情和语气说："这次我到美国去是亲眼看了，他们是真富，确实很富。"毛泽东无笑无怒，表情从容地说："去看一看我们还是赞成的，我们不反对。"

赫鲁晓夫兴致很高地介绍了戴维营会谈的情况。他用肯定的口气说："现在资本主义国家政府的领导人已经表现出一些以现实主义态度来了解世界上的既成形势的倾向。在我同艾森豪威尔交谈的时候，我有了这样的印象：得到不少人支持的美国总统是明白的，必须缓和国际紧张局势。"

毛泽东说："你们跟美国人谈，我们不反对。问题是你们有些观点，什么三无世界呀，戴维营精神呀，这怎么可能呢？事实不是这样吗？！"

赫鲁晓夫继续说："许多资本主义国家的领导人士越来越不得不考虑现实，重新建立国际关系。因为在我们的世纪里，除了根据和平共处的原则，是无法成功地解决两个制度之间的关系问题的。"接着，赫鲁晓夫再次向毛泽东表示："希望你们考虑释放唐奈与费克吐两名飞行员。"

"不行。"毛泽东简短果断地回答，"这个事儿不能商量。"

"这两个人是执行侵入我领空的间谍侦察飞行任务的。"陈毅插话，赫鲁晓夫把目光转向陈毅。陈毅说："至于俘虏的其他五名飞行员，我们早已放他们了。"

这次会谈中赫鲁晓夫的发言最多也最长，是关于中印边界问题。

赫鲁晓夫说："尼赫鲁是主张中立和反帝的，社会主义国家应当积极同他搞好团结。苏联不同意采取任何疏远或削弱尼赫鲁在国内地位的政策。"

陈毅马上顶一句："我们对民族主义者的政策是既团结又斗争，而不是采取迁就主义的态度！"

赫鲁晓夫对"迁就主义"的说法很恼火，脸孔涨红了，提高声音说："指责我们是迁就主义，这没有根据。"

"你们塔斯社5月9日的声明，就是证明。"陈毅无须提高嗓门，因为他自来就是声音洪亮，"在中印边境问题上，你们采取了偏袒印度的立场！"

"我们是提醒你们注意团结尼赫鲁。"赫鲁晓夫做个不值得的表情，"你们为了那么块不毛之地跟尼赫鲁搞冲突，那里有什么？那是很不值得的！"赫鲁晓夫又讲了半天他在苏联——阿富汗边界纠纷中如何让步等。

当时林彪插过一句话："社会主义国家办事是有个原则的嘛，不讲原则就不好谈了。"

"8月份发生的郎久事件，是印度单方面越过有争议的麦克马洪线的实际控制线，再向北面中国西藏境内推进，而和中国边防部队发生一些冲突。"陈毅激愤地指出，"但你们由塔斯社发表公开声明，偏袒印度，指责中国。"

赫鲁晓夫竟说什么："西藏与印度毗邻。西藏本身不能对印度构成任何威胁，而中国却为西藏去同印度冲突，难道这是明智的吗？"

"你讲这话是什么意思？"陈毅质问，"你是不是让中国放弃西藏的领土主权？"

赫鲁晓夫发觉自己说走了嘴，东拉西扯起一些遮掩的话题："西藏问题你们不慎重，不该让达赖喇嘛跑走。你们，你们就不应该让他跑掉……"

毛泽东表示说："这么大的边境线我们怎么能看住他呢？"

赫鲁晓夫用抱怨口气说："你们让他跑了，结果又闹了边境冲突，和中立的印度交了火。"

周恩来严肃而平静地问:"赫鲁晓夫同志,你完全是文不对题,达赖叛逃,印度入侵,这明明是对中国的进犯怎么能说放跑了他呢?"

赫鲁晓夫面向周恩来说:"您是世界著名的大外交家,怎么会不理解团结尼赫鲁的意义呢?"

周恩来说:"我们对尼赫鲁做了大量的团结工作,同他一起倡议和平共处五项原则。而他利用达赖反华,挑起边界事件。面对外来的进犯,能讲团结吗?"

赫鲁晓夫自知理亏,一转话题,又说什么周恩来1957年1月到莫斯科去教训了他等。

周恩来反驳他,指出他当时咒骂兄弟党的领导人,违反了兄弟国家共处的准则。

"没有!"赫鲁晓夫企图赖账。

我坐在毛泽东身边,悄悄报告说:"主席,当时他说的话都是我翻译的,我可以做证吗?"

"可以。"毛泽东点头。

我站起身用俄语说:"赫鲁晓夫同志,你是说过的,当时翻译就是我。"我将当时的场景、参加人、及每人的讲话内容说了一遍。

赫鲁晓夫喃喃道:"我记不清了,记不清……"突然话题又转了,说:"你们炮击金门就没和我们打招呼,这符合兄弟国家相处的准则吗?"

"我通知你们了。"陈毅当即驳斥,"你问葛罗米柯,我是不是通知你们了?"

葛罗米柯支支吾吾实际上默认了。

赫鲁晓夫费尽力气而未能摆脱困境。

陈毅对赫鲁晓夫说:"炮击金门这是我们内部的事情,那是中国的领土!中印边境,明明他们是侵略,你却在偏袒。炮击金门,你难道还要替蒋介石和美帝国主义指责我们吗?"

赫鲁晓夫几乎是咆哮,冲着陈毅喊道:"怎么,比军衔,你是元帅,我只是个中将。但我是苏共的第一书记!你对我不礼貌……"

"你是第一书记不错,但你说的对我可以听,你说的不对,我当然要反驳。"

赫鲁晓夫望一眼毛泽东,双手一摊:"你看,你看,你们全体政治局常委都在这里,你们几个人,我这才几个人?这种谈判是不公平不对等的!"云云。

始终沉默的毛泽东微微一笑,声音低沉缓慢:"我听了半天,你给我们扣了好些顶帽子。没有看住达赖呀,没有团结尼赫鲁,不该打炮,大跃进也不对,又说我们要标榜马列主义的正统派等。那么我也送你一顶帽子,就是右倾机会主义。"

会谈就这样不欢而散。

晚上天安门有庆祝活动,赫鲁晓夫没有参加。

第二天国庆检阅,赫鲁晓夫在天安门城楼上对毛泽东说:"关于生产原子弹的事,我们决定把专家们撤回去。"

毛泽东从容道:"需要是需要,也没什么大关系。技术上能帮助我们一下更好,不能帮就由你们考虑决定。"

赫鲁晓夫离京时,毛泽东到机场送行。在贵宾室,主席对赫说:"我向你解释一下,我们的人民公社不是从上面布置下去的,是群众自发搞起来的,应该支持。我们认真地研究过你们集体农庄的章程和制度,我们这里的情况不同,要通过实践取得经验,总结经验……"

赫鲁晓夫再次表示:"这一切都是中国式的,我们搞不清,这是你们自己的事。"[19]

离开北京后,赫鲁晓夫在海参崴说中国像"公鸡好斗那样热衷于战争"。回到莫斯科后,在最高苏维埃会议上,他还说美国总统,"也像我们一样在为保障和平而操心",戴维营会谈"开辟了人类历史的新纪元","没有战争的时代开始了",1960年要成为"没有武器、没有军队、没有战争的世界"的一年。他还说"世界已经进入了谈判解决主要的国际争端以建立持久和平的阶段",要求他国服从于苏联同美国搞裁军和禁止核武器试验协议的谈判。

进入60年代以后,中苏分歧急剧扩大、激化,终于导致了中苏两党关系的中断以及国家关系的紧张化。

1960年2月上旬,在莫斯科召开了华沙条约国政治协商高级会议。会议通过的宣言,说裁军是当今世界的主要问题,苏联在联合国14届大会上提出的全面彻底裁军的建议,"反映了华约缔约国和所有社会主义国家的立场"。中国代表(作为观察员)康生讲了话(讲稿是在国内起草并经中央审定的),2月6日,中国发表了康生的发言。这个发言声明,凡是中国没有参加的有关裁军的国防协议和其他一切国际协议,对中国都没有任何约束力。这一声明的发表,使赫鲁晓夫十分恼火。

4月,我国发表了3篇文章,纪念列宁诞辰90周年,公开批判南斯拉夫"现代修正主义",并对苏共的一些论点和做法作了不点名的批判。实际上,毛泽东在1960年1月至3月间已得出苏联主要领导人是"半修正主义"[20]的看法,苏共也发表文章对我党进行了批评。

对于这些越来越明显的严重分歧，中苏两党及各兄弟党从各自的立场出发，都企图设法解决它。苏共提出召开一次社会主义各国兄弟党的代表会议，我党未同意，主张经过充分准备后再开。后经协商，决定利用6月间罗马尼亚工人党三大的机会，趁各国兄弟党代表团来到布加勒斯特时，就已经出现的分歧和召开兄弟党会议问题，内部交换意见，但不作决定和不发表任何正式文件。

但是，在6月布加勒斯特会议上，苏共领导对中共搞突然袭击。赫鲁晓夫带头发难和直接指挥，对我党展开了猛烈的围攻，从我党的理论观点到我国的内外政策，特别是对4月发表的3篇文章，进行了全面的批驳和指责。赫鲁晓夫等攻击我们党说，在时代问题上重复列宁的论述是"教条主义"；说中共"拒绝和平共处""希望战争""观火""制造紧张局势"，是"左倾冒险主义"；说中共进行"托洛茨基式的分裂活动"；等等。由于苏共历来的地位和威信，绝大多数党跟着苏共跑，只有阿尔巴尼亚党支持我党。中共代表团一时处于十分孤立的地位。但我代表团进行了针锋相对的反击。

在布加勒斯特会议上，赫鲁晓夫没能压服得了中共，反而受到中共的严厉批评。出于恼怒和报复心理，苏共领导人把思想理论上的分歧扩大到国家关系方面，对中国施加压力。7月16日，苏联政府照会中国政府，片面决定在一个月内撤退全部在华的苏联专家，撕毁两国间的几百项协议和合同，接着又赶回我国驻苏使馆的工作人员，挑起边界纠纷，使中苏两国关系面临严重恶化和全面破裂的状态。

9月，中苏举行了内部会谈，苏方同意中共关于经过充分准备开好各国党代表会议的建议，在81国党代表会议之前，首先在10月间在莫斯科举行了26国起草委员会会议，为即将在11月间举行的世界各国兄弟党会议准备文件，我党代表团团长仍是邓小平。

11月初，利用十月革命43周年的机会，召开了世界81国兄弟党代表会议。我党由刘少奇率领代表团参加。会议通过《各国共产党和工人党代会议声明》，论述了时代、世界社会主义体系新的发展阶段、战争与和平、民族解放革命、世界舞台上新的力量对比、世界共产主义运动等问题。这个会议的召开和《声明》的一致通过，使自1959年10月起激化了11个月的中苏两党矛盾缓和了下来，出现了改善关系的转机。

但是，不久之后，随着1961年10月苏共二十二大的召开，中苏两党的矛盾重新加剧，并且日益发展，这一发展又导致了整个国际共运的进一步分裂。中国党走上了坚决反对苏共领导人的所谓"修正主义"之路。

1963年7月14日，苏共中央公开发表了《给苏联各级党组织和全体共产党员的公开信》。随后，苏联所有宣传舆论工具都投入了反华争论。中共中央则从1963年9月至1964年7月，陆续发表了9篇评苏共中央公开信的文章（即"九评"）。双方进行了一场规模空前的关于国际共产主义运动的公开大论战。两党关系陷入僵局。

注　释

〔1〕师哲：《在历史巨人身边》，中央文献出版社1991年12月版，第568—576页。

〔2〕师哲：《在历史巨人身边》，中央文献出版社1991年12月版，第580—581页。

〔3〕《赫鲁晓夫回忆录》，东方出版社1988年2月版，第665—666页。

〔4〕吴冷西：《忆毛主席》，新华出版社1995年2月版，第1—10页。

〔5〕吴冷西：《忆毛主席》，新华出版社1995年2月版，第10—17页。

〔6〕吴冷西：《忆毛主席》，新华出版社1995年2月版，第17—31页。

〔7〕师哲：《在历史巨人身边》，中央文献出版社1991年12月版，第608—613页。

〔8〕李银桥：《在毛泽东身边十五年》，河北人民出版社1991年6月版，第226—227页。

〔9〕李越然：《外交舞台上的新中国领袖》，解放军出版社1989年12月版，第138页。

〔10〕李银桥：《在毛泽东身边十五年》，河北人民出版社1991年6月版，第227页。

〔11〕1957年11月7日《人民日报》。

〔12〕（南）韦利科·米丘诺维奇：《莫斯科的岁月》，生活·读书·新知三联书店1980年9月版，第453—454页。

〔13〕赫鲁晓夫：《最后的遗言》，东方出版社1988年5月版，第394—395页。

〔14〕1957年11月20日《人民日报》。

〔15〕《毛泽东的哲学活动——回忆与评述》，中共中央党校科研办公室1985年11月版，第296—297页。

〔16〕《萧劲光回忆录》（续集），解放军出版社1989年2月版，第174—184页。

〔17〕李越然：《外交舞台上的新中国领袖》，解放军出版社1989年12月版，第166—175页。

〔18〕吴冷西：《忆毛主席》，新华出版社1995年2月版，第115—131页。

〔19〕李越然:《外交舞台上的新中国领袖》,解放军出版社1989年12月版,第178—183页。

〔20〕"半修正主义"一词,出现在毛泽东的批语:《关于反华问题》(1960年3月22日)。

六、"乱云飞渡仍从容"

哲人的沉思

庐山会议之后,毛泽东重新陷入沉思。

他以哲人的目光,审视这风云变幻的世界,思考着中国的未来。

1959年11月,毛泽东在杭州召开的一次小范围的会议上,提出防止西方和平演变战略的警告。

当时担任毛泽东秘书的林克回忆说:

50年代末期,毛泽东在新华社编发的《参考资料》上看到杜勒斯的有关言论之后,给予了高度的重视。1958年11月30日,他在对各协作区主任的一次谈话中说:杜勒斯比较有章程,是美国掌舵的。这个人是个想问题的人,要看他的讲话,一个字一个字地看,要翻英文字典。杜勒斯是真正掌舵的,省委要指定专人看《参考资料》。

1959年11月,毛泽东在杭州召开了一次小范围的会议,讨论当时的国际形势。在开会之前,他要我找出杜勒斯关于和平演变的一些讲话,送给他看。我选了三篇杜勒斯的有关讲话送给他。这三篇讲话是:1958年12月4日杜勒斯在加利福尼亚州商会发表的题为《对远东的政策》的演说;1959年1月28日杜勒斯在美国众议院外交委员会的一次秘密会议上提出的证词;1959年1月31日杜勒斯在纽约州律师协会授奖宴会上发表的题为《法律在和平事业中的作用》的演讲。毛泽东以前曾看过这些讲话和其他一些材料,这次他又重新看了这几篇讲话。他和我谈了他对这几篇讲话的看法,随后他让我根据他的谈话内容,在杜勒斯的每篇讲话前拟一个批注送给他。于是我根据他的意见照办了。毛泽东即指示将批注连同杜勒斯三次讲话的全文印发给与会同志。以下是对杜勒斯三次言论的批注全文。

(一)对杜勒斯1958年12月4日在加利福尼亚州商会发表的题为《对远东的政策》的演说的批注:

杜勒斯在这篇演说中对东风压倒西风,对世界力量对比越来越不利于帝国主义的形势表示惊恐,但美国不仅没有打算放弃实力政策,而且作为实力政策的补充,美国还企图利用渗透、颠覆的所谓"和平取胜战略"摆脱美帝国主义"陷入无情包围"的前途,从而想达到:保存自己(保存资本主义)和逐渐消灭敌人(消灭社会主义)的野心。

(二)对杜勒斯1959年1月28日在美国众议院外交委员会一次秘密会议上提出的一篇证词的批注:

杜勒斯说:"基本上,我们希望鼓励苏联世界内部的演化,从而使它不再成为对世界的自由的威胁,只管他自己的事情,而不去设法实现共产主义化的目标和野心。"这段话是杜勒斯的证词的主旨。这表明美帝国主义企图用腐蚀苏联的办法,阴谋使资本主义在苏联复辟,而达到美帝国主义用战争方法所达不到的侵略目的。杜勒斯在证词中虽然流露了怕打世界大战,但是,这并不意味着美国要搞和平共处。因为就在同一天,杜勒斯在众议院外委会的另一次发言中叫喊"绝不能结束冷战",否则帝国主义就要遭受失败。

(三)对杜勒斯1959年1月31日在纽约律师协会授奖宴会上发表的题为《法律在和平事业中的作用》演讲的批注:

杜勒斯说,要以"法律和正义"代替武力。但又强调说:"在这方面极为重要的是认识到:在这种情况下放弃使用武力并不意味着维持现状,而是意味着和平的演变。"杜勒斯这段话表明:由于全世界社会主义力量日益强大,由于世界帝国主义力量越来越陷于孤立和困难的境地,美国目前不敢贸然发动世界大战。所以,美国利用更富有欺骗性的策略来推行它的侵略和扩张的野心。美国在标榜希望和平的同时,正在加紧利用渗透、腐蚀、颠覆种种阴谋手段,来达到挽救帝国主义的颓势,实现它的侵略野心的目的。

11月12日,毛泽东在这次杭州会议上对杜勒斯的讲话和上述批注作了进一步的分析和阐述。

毛泽东说:林克同志为我准备了三个材料——杜勒斯1958年、1959年的三篇演讲。这三个材料都是关于杜勒斯讲对社会主义国家和平演变问题的。比如杜勒斯今年1月28日在众议院外交委员会做证时说:基本上我们希望鼓励苏联世界内部起变化。这个所谓苏联世界,并不是讲苏联一个国家,是社会主义阵营,是(希望)我们内部起变化。从而使苏联世界不再成为对世界的自由的威胁,只管他们自己的事情,而不去设想实行共产主义化的目标和野心。他在众议院外交委员会另一次发言中讲:绝不结束冷战。看来,冷战要全部结束,对他们是不利的。

毛泽东继续说:

还是这一次演说，杜勒斯说：要用正义和法律代替武力。仗不打，要搞法律同正义。杜勒斯又说："在这方面极为重要的，是要认识到，在这种情况下放弃使用武力并不意味着维持现状，而是意味着和平的转变。"（笑声）和平转变谁呢？就是要转变我们这些国家，搞颠覆活动，内容转到合乎他的那个思想。杜勒斯这段话表明，由于全世界社会主义力量日益强大，世界帝国主义阵营陷于孤立和困难的境地……所以，美国企图利用更富有欺骗性的策略来推行它的侵略和扩张的野心。帝国主义，资本主义，它不侵略呀！美国在标榜希望和平的同时，正在加紧利用渗透、腐蚀、颠覆种种阴谋手段来达到挽救帝国主义的颓势，实现它的侵略野心的目的。就是说，它那个秩序要维持，不要动，要动我们，用和平转变，腐蚀我们。

毛泽东最后说：

去年这一年……世界力量对比越来越不利于帝国主义……但美国不仅没有打算放弃实力政策，而且作为实力政策的补充，美国还企图利用渗透、颠覆的所谓和平取胜战略……。它也是要和平取胜呢！摆脱美帝国主义陷入无情包围，这个"陷入无情包围"是杜勒斯自己讲的话，"从而想保存自己"，保存资本主义，"和逐渐消灭敌人"，消灭社会主义。无非保存自己，消灭敌人嘛，资产阶级要消灭无产阶级的革命力量嘛，而我们要消灭他那个反革命力量嘛！这是杜勒斯的演说，希望大家看一看印的这个文件。[1]

为了防止干部发生脱离群众的问题，毛泽东还提议制定了《党政干部三大纪律、八项注意》。

孙钢在一篇文章中写道：

60年代初期，在毛泽东的主持下，党中央制定了《党政干部三大纪律、八项注意》，下发全党贯彻实施。这份文件，对当时干部队伍的建设发挥了重要作用。在新的形势下，它对于加强党政干部与人民群众的密切联系也具有现实意义。现将这份文件的形成情况简述如下。

1960年底，针对当时城乡干部队伍的状况和存在的问题，毛泽东指示胡乔木起草一个适用于党政干部的"三大纪律八项注意"。1961年1月8日，胡乔木把拟定的初稿报送毛泽东，并在信中写道："关于在全国党政干部中适用的'三大纪律八项注意'，研究了各省的一些类似的规定和宪法、刑法草案、党章等，并与许多同志交换了意见，现在拟了一个稿子送上。"

胡乔木起草的初稿内容是，三大纪律：（一）有事同群众商量，永远同群众共甘苦；（二）重要问题事先请示，事后报告；（三）自己有错误要检讨改正，别人做坏事要批评揭发。八项注意：（一）保护人民安全，打人要法办，打死人要抵命；（二）保护人民自由，随便罚人抓人关人搜查要法办；

（三）保护人民财产，侵占损害人民财产要赔偿；（四）保护公共财产，贪污盗窃假公济私要赔偿；（五）用人要经过组织，不许任用私人；（六）对人要讲公道，不许陷害好人包庇坏人；（七）对上级要讲实话，不许假报成绩隐瞒缺点；（八）对下级要讲民主，不许压制批评压制上告。

毛泽东对胡乔木提出的初稿进行了修改。他在1月9日听取中央工作会议汇报时说："关于干部的三大纪律八项注意，要写得简单明了，使人容易记忆，同时要避免反面作用。想了一下，提出第一次修正稿。""题目叫《党政干部三大纪律、八项注意》，以区别于军队的三大纪律、八项注意。"

毛泽东修改后的内容是，三大纪律：（一）一切从实际出发；（二）提高政治水平；（三）实行民主集中制。八项注意：（一）同劳动；（二）同食堂；（三）说话和气；（四）买卖公平；（五）借东西要还；（六）坏了东西要赔；（七）没有调查没有发言权；（八）工作要同群众商量。

经过中央工作会议的讨论，对个别条款进行了调整，1月27日中共中央发出了《关于〈党政干部三大纪律、八项注意（草案第二次修正稿）〉的指示》，将第二次修正稿发至党内支部，要求全党"立即照此实行"。

第二次修正稿内容是，三大纪律：（一）一切从实际出发；（二）正确执行党的政策；（三）实行民主集中制。八项注意：（一）同劳动同食堂；（二）待人和气；（三）办事公道；（四）买卖公平；（五）如实反映情况；（六）提高政治水平；（七）工作要同群众商量；（八）没有调查没有发言权。

1962年9月27日，中共八届十中全会通过的《农村人民公社工作条例修正草案》将《党政干部三大纪律、八项注意》最后定稿为，三大纪律：（一）认真执行党中央的政策和国家的法令，积极参加社会主义建设；（二）实行民主集中制；（三）如实反映情况。八项注意：（一）关心群众生活；（二）参加集体劳动；（三）以平等的态度对人；（四）工作要同群众商量，办事要公道；（五）同群众打成一片，不特殊化；（六）没有调查，没有发言权；（七）按照实际情况办事；（八）提高无产阶级的阶级觉悟，提高政治水平。[2]

在庐山会议之后，党内错误地开展所谓"反右倾"斗争，使急躁冒进的"左"倾情绪更加滋长。但在统战工作方面，毛泽东仍然保持头脑冷静，采取了稳健的方式。

李维汉回忆说：

从1958年底到1959年7月，毛泽东和党中央召开了两次郑州会议，八届六中全会、七中全会，采取许多措施，积极纠正"大跃进"和人民公社化运动中已经察觉的"左"的错误，同时在对资产阶级人们和民主党派的关系上，提出一张一弛，强调要把紧张的关系弛下来，着重推动他们参加社会主义建设和文化、技术革命的实践，为社会主义建设服务；在对知识分子工作上，提出要端正方向，争取一切可能争取的教授、讲师、助教、研究人员，为无产阶级的教育事业和文化科学事业服务。7月，毛泽东在中央政治局庐山会议后期错误地发动了对彭德怀同志的批判，进而在全党错误地开展了"反右倾"运动。但是在对待党外人士和民主党派的关系上，采取了慎重的和比较稳妥的方针。9月15日，毛泽东在各民主党派负责人座谈会上提出分批给右派分子摘掉帽子和对国民党战犯实行特赦，同时明确指出：知识分子大有进步，民主党派大有进步，工商界也大有进步。但不是什么问题都解决了，比如世界观的问题，洗脑子不容易一下子洗得那么干净，慢慢来。他正式宣布，在党外人士中现在不搞运动。实践表明，毛泽东和党中央对统战工作的这些方针政策和指示，是适合当时形势发展的要求的。在这期间，我因病休养，由徐冰代理中央统战部部长。他和部的其他领导同志积极贯彻执行中央的这些方针政策和指示，做了不少工作，是有成绩的。

第一，宣布"五不变"的政策。

1958年底至1959年初，民主新中国成立会、全国工商联召开中执委联席会议。会上反映出工商界担心党改变赎买政策和安排政策的思想顾虑，同时也反映出厌倦改造的情绪。徐冰根据少奇同志的指示，在招待民建、工商联与会人员的元旦宴会的祝酒词中，宣布了"五不变"的政策，即：定息政策不变，领不领听便；高薪不变；政治上适当安排的方针不变；学衔制不变；根本改造的政策不变。这对工商界和知识界、民主党派都起到了团结稳定作用。

第二，进一步贯彻"弛"的方针。

在1959年1月7日和8日，徐冰在讨论民族、宗教工作的第十一次全国统战工作会议上着重讲了对阶级关系"一张一弛"的体会和当前贯彻缓和阶级关系的"弛"的方针的必要。他说："现在的情况是资产阶级厌倦改造，厌倦批评。厌倦是不对的，但厌倦的情况应加以分析。对资产阶级改造的方针不能改变，但顶牛也不好。因此，目前应改变斗争的方法、改造的方法，由批判斗争改变为正面的说服教育的方针。""弛下来并不是没有阶级斗争了，而是进行说服教育，说理也是阶级斗争的一种形式，总的是阶级斗争，改造政策必须根据情况应紧就紧，应松就松。"今天对资产阶级人们的"工作重点不应放在整风上，不应该放在不断斗争上"，"要让他们多做工作，帮助他们做出成绩，在工作中调动他们的积极性，并在服务中进行改造"。

5月上旬，中央统战部召开各省、市委统战部部长座谈会，继续贯彻"弛"的方针。经过座谈，思想逐步取得一致，认为阶级斗争总的形势是逐步趋于缓和。提出当前统战部门的工作是：继续深入地贯彻去年两次统战会议的方针，充分调动资产阶级分子、从旧社会来的知识分子和民主党派成员的积极性，为社会主义建设服务，在服务中进行改造，使服务与改造密切结合起来。概括地说，就是："贯彻政策，调整关系，调动服务，继续改造。"对党外人士的政治思想工作应当是更加和风细雨地进行正面教育，一般不进行群众性的批判和斗争。会议还针对当时有的省、市对民主人士安排的人数减少过多，比例下降过大的情况，强调继续贯彻政治安排不变的方针。会议还认为，应该让资产阶级分子、从旧社会来的知识分子同职工一道参加评选先进生产（工作）者，符合条件的，应和职工一样出席全国先进生产（工作）者代表大会。会后，全国选举了62名资产阶级工商业者作为特邀代表出席11月召开的全国群英会。这对于调动工商业者的积极性产生了很好的影响。

第三，在党外人士中不开展"反右倾"运动。

1959年9月15日，毛泽东在各民主党派负责人座谈会上已经宣布，现在不是1957年那样的形势，也不是1952年"三反""五反"那样的形势，知识分子大有进步，民主党派大有进步，工商界也大有进步，在党外不搞运动。然而当时中央统战部的某些领导同志在这些问题上认识并不一致，一度发生摇摆。

9月、10月间，中央统战部连续召开多次部务会议，学习党的八届八中全会决议。在讨论当时阶级斗争形势和资产阶级动向时，还邀请北京、上海、天津、广东等省市委统战部部长或副部长廖沫沙、冯国柱、王笑一、罗范群等同志参加。由于庐山会议后错误地在党内普遍开展反右倾运动，强调资产阶级同无产阶级两大对抗阶级的生死斗争"至少还要斗20年，可能要斗半个世纪"，阶级斗争扩大化的错误思想在党内又进一步滋长。会上绝大多数同志认为，当前无产阶级和资产阶级之间的斗争出现了小波浪。有的同志认为出现了小浪头，主张对资产阶级分子不应再贯彻"弛"的方针，应是"弛"中有"张"，还是要强调改造，以改造为主。我认为，应遵照毛泽东9月15日在各民主党派负责人座谈会上讲话所宣布的，在党外人士中不开展"反右倾"运动。

11月13日，部里根据中央书记处的指示，起草了一个文件，报送中央。这个文件明确指出，现在不同于1957年资产阶级右派猖狂进攻的那种形势。根据毛主席9月15日在党派座谈会上提出的对党外不搞运动的指示，在各民主党派、资产阶级分子和从旧社会来的知识分子中间不采取大鸣、大放、大字报、大辩论等群众性的斗争，不进行反右派运动，不进行重点批判，不搞交心运动。还提出，在组织党外人士学习八中全会决议和有关文件时，要贯彻自我教育的精神，着重正面教育。

11月21日，中央批转了中央统战部上述文件，并加了一个很长的批语。指出：这次反右整风运动，不要在民主人士中进行，即不要在各民主党派、工商界和老的高级知识分子中进行。此事，毛泽东在中央9月15日召开的党派会议上已经宣布过，望各地遵照执行（现在已经开始进行的单位，应该采用适当方式加以结束）。中央这个批示，纠正了"左"的思想，稳定了党外这条战线，是适时的和正确的。

第四，给右派分子摘帽子、特赦第一批战犯。

1959年9月17日，中央发出关于摘掉确实悔改的右派分子的帽子的指示，指出："党中央根据毛泽东同志的建议，决定在庆祝新中国成立10周年的时候，摘掉一批确实改好了的右派分子的帽子。""摘掉帽子的右派分子数目，以控制在全国右派分子的10%左右为好。今后，根据右派分子的表现，对那些确实改好了的人，还准备分批、分期摘掉他们的帽子。"《指示》下达后，全国各地开始分期分批给右派分子摘帽子。中央统战部和地方各级统战部门在贯彻中央指示，给右派分子摘帽子的工作中，做了大量具体工作。

12月4日，经中央批准，第一批特赦了王耀武、爱新觉罗·溥仪等33名战犯，并对他们在工作上和生活上作了妥善安置。这些人改造成了新人，充分说明党的政策的威力和对人的改造工作的巨大成绩，对国际、国内产生了很好的影响。[3]

善于从历史反思中进行理论总结，是毛泽东的一大特色。1960年6月上海中共中央政治局扩大会议期间，毛泽东写了《十年总结》一文，回顾了新中国成立以来经济建设的历程，提出对社会主义革命和建设还有很大的盲目性，必须以第二个10年的时间去调查研究，找出固有的规律。

毛泽东写道：

前八年照抄外国的经验。但从1956年提出十大关系起，开始找到自己的一条适合中国的路线。1957年反右整风斗争，是在社会主义革命过程中反映了客观规律，而前者则是开始反映中国客观经济规律。1958年5月党大会[4]制定了一个较为完整的总路线，并且提出了打破迷信、敢想敢说敢做的思想。这就开始了1958年的大跃进。是年8月发现人民公社是可行的。赫然挂在河南新乡县七里营的墙上的是这样几个字："七里营人民公社"。我到襄城县、长葛县看了大规模的生产合作社。河南省委史向生同志，中央《红旗》编辑部李友九同志，同遂平县委、嵖岈山乡党委会同在一起，起草了一个嵖岈山卫星人民公社章程。这个章程是基本正确的。8月在北戴河，中央起草了一个人民公社决议，9月发表。几个月内公社的架子就搭起来了，但是乱子出得不少，与秋冬大办钢铁同时并举，乱子就更多了。于是乎有11月的郑州会议，提出了一系列的问题，主要谈到价值法则、等价交换、自给生产、交换生产。又规定了劳逸结合，睡眠、休息、工作；一定要实行生产、生活两样抓。12月武昌会议，作出了人民公社的长篇决议，基本正确，但只解决了集体和国营两种所有制的界线问题、社会主义与共产主义的界线问题，一共解决两个外部的界线问题，还不认识公社内部的三级所有制问题。1958年8月北戴河会议提出了3000万吨钢在1959年一年完成的问题，1958年12月武昌会议降至2000万吨，1959年1月北京会议是为了想再减一批而召开的，我和陈云同志对此都感到不安，但会议仍有很大的压力，不肯改，我也提不出一个恰当的指标来。1959年4月上海会议规定一个1650万吨的指标，仍然不合实际。我在会上作了批评。这个批评之所以作，是在会议开会之前两日，还没有一个成文的盘子交出来，不但各省不晓得，连我也不晓得，不和我商量，独断专行，我生气了，提出了批评。我说：我要挂帅。这是大家都记得的。下月（5月）北京中央会议规定指标为1300万吨，这才完全反映了客观实际的可能性。5月、6月、7月出现了一个小小马鞍形。7月、8月两月在庐山基本上取得了主动。但在农业方面仍然被动，直至于今。管农业的同志和管工业的同志、管商业的同志，在这一段时间内，思想方法有一些不对头，忘记了实事求是的原则，有一些片面思想（形而上学思想）。1959年夏季庐山会议，右倾机会主义猖狂进攻。他们教育了我们，使我们基本上清醒了。我们举行反击，获得胜利。1960年6月上海会议规定后三年[5]的指标，仍然存在一个极大的危险，就是对于留余地、对于藏一手、对于实际可能性，还要打一个大大的折扣，当事人还不懂得。1956年周恩来同志主持制定的第二个五年计划，大部分指标，如钢等，替我们留了三年余地，多么好啊！农业方面则犯了错误，指标高了，以至不可能完成。要下决心改，在今年7月的党大会[6]上一定要改过来。从此就完全主动了。

同志们，主动权是一个极端重要的事情。主动权，就是"高屋建瓴""势如破竹"。这件事来自实事求是，来自客观情况对于人们头脑的真实反映，即人们对于客观外界的辩证法的认识过程。我们过去十年的社会主义革命和社会主义建设，就是这样一个过程。中间经过许多错误的认识，逐步改正这些错误，以归于正确。现在就全党同志来说，他们的思想并不都是正确的，有许多人并不懂得马列主义的立场、观点和方法。我们有责任帮助他们，特别是县、社、队的同志们。我本人也有过许多错误，有些是和当事人一同犯的。例如，我在北戴河同意1959年完成3000万吨钢，12月又在武昌同意了可以完成2000万吨，又在上海会议同意了1650万吨。例如，1959年3月在第二次郑州会议上，主张对一平二调问题的账可以不算；到4月，因受浙江同志和湖北同志的启发，才坚决主张一定要算账。如此等类。看来，错误不可能不犯。如列宁所说，不犯错误的人从来没有的。郑重的党在于重视错误，找出错误的原因，分析所以犯错误的主观和客观的原因，公开改正。我党的总路线是正确的，实际工作也是基本上做得好的，有一部分错误大概也是难于避免的。哪里有完全不犯错误、一次就完成了真理的所谓圣人呢？真理不是一次完成的，而是逐步完成的。我们是辩证唯物论的认识论者，不是形而上学的认识论者。自由是必然的认识和世界的改造。由必然王国到自由王国的飞跃，是在一个长期认识过程中逐步地完成的。对于我国的社会主义革命和建设，我们已经有了十年的经验了，已经懂得了不少的东西了。但是我们对于社会主义时期的革命和建设，还有一个很大的盲目性，还有一个很大的未被认识的必然王国。我们还不深刻地认识它。我们要以第二个十年时间去调查它，去研究它，从其中找出它的固有的规律，以便利用这些规律为社会主义的革命和建设服务。对中国如此，对整个世界也应当如此。

我试图做出一个十年经验的总结。上述这些话，只是一个轮廓，而且是粗浅的，许多问题没有写进去，因为是两个钟头内写出的，以便在今天下午讲一下。[7]

1961年9月，英国蒙哥马利元帅访问中国。毛泽东接见了他，还在谈话中提到了自己的继承人问题。这在当时是一个重要的举动。

当年参加会见的熊向晖回忆说：

1961年9月22日上午，浦寿昌打电话给我，要我在北京饭店等他。不久，他提着皮包来了。他说："毛主席决定明天在武昌会见蒙哥马利，周总理要你和我（浦寿昌）马上坐专机去武昌，让你先向主席汇报主要情况和主要问题，让我明天给主席当翻译。"

这天下午，我和浦寿昌飞抵武昌。机场上停着一辆汽车，把我们送到东湖毛泽东主席的住处。

在向毛泽东汇报时，我先提到蒙哥马利对主席很钦佩，对中国很友好，但也在对我们进行战略观察。然后讲了我向周恩来总理汇报过的情况和迹象。

毛泽东连续抽烟，有时插几句。我讲完后，他问英文里"继承人"是什么。我说"Successor"。毛泽东叫我在一张纸上写出来。他看了一会儿说："Success"这个字我知道，意思是"成功"，怎么加上"or"就变成"继承人"了？

浦寿昌作了解释。毛泽东说：这个名词不好，我一无土地，二无房产，银行里也没有存款，继承我什么呀？"红领巾"唱歌，"我们是共产主义接班人"。叫"接班人"好，这是无产阶级的说法。

浦寿昌说：英文里没有同"接班人"意思相近的字，"接班人"翻译英文，还是"Successor"，习惯上理解为继承人。

毛泽东说：这个元帅讲英语，不懂汉语，他是客人，就用"继承人"吧。

毛泽东说：这个元帅过去打仗很勇敢，打败了隆美尔。这次在北京也很勇敢，讲了三原则。谁是我的继承人，为什么他不敢问呀？是不是也像中国人那样怕犯忌讳。

我说也许是。

毛泽东说：你讲他是来搞战略观察的。我看，他对我们的观察不敏锐。这也难怪，他是英国元帅，是子爵，不是共产党，对共产党的事情不那么清楚。共产党没有王位继承法，但也并非不如中国古代皇帝那样聪明。斯大林是立了继承人的，就是马林科夫。不过呢，他立得太晚了。蒙哥马利讲的也有点道理，斯大林生前没有公开宣布他的继承人是马林科夫，也没有写遗嘱。马林科夫是个秀才，水平不高。1953年斯大林呜呼哀哉，秀才顶不住，于是乎只好来个三驾马车。其实，不是三驾马车，是三马驾车。三匹马驾一辆车，又没有人拉缰绳，不乱才怪。赫鲁晓夫利用机会，阴谋篡权，此人的问题不在于用皮鞋敲桌子，他是两面派：斯大林活着的时候，他歌功颂德；死了，不能讲话了，他做秘密报告，把斯大林说得一塌糊涂，帮助帝国主义掀起12级台风，全世界共产党摇摇欲坠。这股风也在中国吹，我们有防风林，顶住了。

毛泽东说：这位元帅不了解，我们和苏联不同，比斯大林有远见。在延安，我们就注意这个问题，1945年七大就明朗了。当时延安是穷山沟，洋人的鼻子嗅不到。1956年开八大，那是大张旗鼓开的，请了民主党派，还请了那么多洋人参加。从头到尾，完全公开，毫无秘密。八大通过的新党章里有一条：必要时中央委员会设名誉主席一人。为什么要有这一条呀？必要时谁当名誉主席呀？就是鄙人。鄙人当名誉主席，谁当主席呀？美国总统出缺，副总统当总统。我们的副主席有5个，排头的是谁呀？刘少奇。我们不叫第一副主席，他实际上就是第一副主席，主持一线工作。刘少奇不是马林科夫。前年，中华人民共和国主席改名换姓了，不再姓毛名泽东，换成姓刘名少奇，是全国人民代表大会选出来的。以前，两个主席都姓毛，现在，一个姓毛，一个姓刘。过一段时间，两个主席都姓刘。要是马克思不请我，我就当那个名誉主席。谁是我的继承人？何需战略观察！这里头没有铁幕、没有竹幕，只隔一层纸，不是马粪纸、不是玻璃纸，是乡下糊窗子的那种薄薄的纸，一捅就破。我们没有搞"抽样调查"，英国元帅搞了，一搞，发现了问题，中国一些群众也没有捅破这层纸。这位元帅讲了三原则，又对中国友好，就让他来捅。捅破了有好处，让国内国外都能看清楚。什么长生不老药！连秦始皇都找不到。没有那回事，根本不可能。这位元帅是好意，我要告诉他，我随时准备见马克思。没有我，中国照样前进，地球照样转。

9月23日中午，蒙哥马利在李达上将等陪同下，从北京坐专机抵达武汉，住在汉口胜利饭店。晚上6时30分，毛泽东主席在东湖会见他，并共进晚餐。

蒙哥马利赠送给毛泽东主席一盒"三五牌"香烟,提出许多问题,其中包括:1949年新中国成立时,毛主要考虑的是哪些头痛的问题,现在考虑的又是哪些问题,对解放以后的中国怎么看,"枪杆子里面出政权"现在是否还适用,社会主义和共产主义有何区别,对他提出的三原则有何意见……

毛泽东逐一回答。谈到9时30分,蒙哥马利说:"今天谈话使我学到很多东西。""我想主席一定很忙,还有别的事情要做。我能否明晚再来谈谈?"毛泽东说:"明晚我到别处去了。"谈话就此结束,互相道别。尽管谈话中彼此问过年龄(这年毛泽东68岁,蒙哥马利74岁),但蒙哥马利并没有问毛泽东主席的继承人是谁。我想,我向周总理和毛主席汇报时所作的揣测,是完全错了。

没有料到,24日凌晨5时左右,浦寿昌通知说,主席改变了计划,决定当天下午再同蒙哥马利谈一次,并共进午餐。这使蒙哥马利喜出望外。

这次追加的谈话是从下午2时30分开始的。寒暄几句后毛泽东就说:"元帅是特别人物,相信能活到100岁再去见上帝。我不能。我现在只有一个五年计划,到73岁去见上帝。我的上帝是马克思,他也许要找我。"蒙哥马利说:"马克思可以等一等,这里更需要你。"

毛泽东说:"中国有句话,73、84,阎王爷不请,自己去。"蒙哥马利借机提出:"我认识世界各国的领导人。我注意到他们很不愿意说明他们的继承人是谁,比如像麦克米伦、戴高乐等。主席现在是否已经明确,你的继承人是谁?"

毛泽东说:"很清楚,是刘少奇,他是我们党的第一副主席。我死后,就是他。"蒙哥马利又问:"刘少奇之后是周恩来吗?"

毛泽东说:刘少奇之后的事我不管……[8]

同甘共苦

1959年到1961年,中国面临前所未有的严重困难。毛泽东和全国人民一道,度过了这三年艰苦的日子。

李银桥回忆说:

这一天是1960年12月26日,毛泽东虽然眼望文件,却是一副若有所思的神情,他其实是在想心事。后来,他将文件放在床上的书籍堆上,小声招呼值班卫士:"小封啊,我起来吧。"

这一天是封耀松值正班。他照顾毛泽东穿衣起床。毛泽东没有出去散步,直接走到沙发那里坐下来,仍然是心事重重地在那里沉思默想,不时呼出一口沉闷的粗气。

"主席,给你煮一缸麦片粥吧?"封耀松小声请示。

毛泽东摇头,靠在沙发上,只用手朝办公桌上的烟盒指了指。封耀松帮他取来烟,划燃火柴。

毛泽东吸燃香烟,吸得很深,然后重新靠在沙发上。工夫不大,他便被一团弥漫的青烟笼罩了。

烟雾中,传出毛泽东一字一板的声音:"小封,你去把子龙、银桥、高智、敬先、林克和东兴同志叫来。今天在我这里吃饭。"

下午,我们7个人同毛泽东围在一张饭桌上吃饭,没有酒,没有肉,只是油多放了一些。毛泽东的竹筷子伸向菜盘,没等夹起菜忽然又放下了,用目光扫视我们7个人。于是,我们也放下了筷子。

"现在老百姓遭了灾。你们都去搞些调查研究。那里到底有什么问题啊?把情况反映上来。"毛泽东的声音沉重缓慢,停顿一下又说,"人民公社,大办食堂,到底好不好?群众有什么意见?告诉我。要讲实话。"

我们都无声地点头,神情肃然。

毛泽东用手指指叶子龙,又指指我:"子龙,银桥,你们下去,不去山东,改去河南广泛调查研究,把真实情况反映给我。"

我和叶子龙说:"是。主席。"

毛泽东转脸望着封耀松:"小封啊,你去不去?"

封耀松说:"去。"

毛泽东点头:"那好,那好。"

毛泽东重新环顾饭桌上的7个人,目光忽然变锐利,声音变严厉:"要讲实话,不许说假话,不许隐瞒欺骗!"

我和同志们用力点头:"主席,我们讲实话。"我在那一刻,想起了毛泽东有一次批评那些有意无意说了假话的同志:"你们是放卫星还是放空炮?你们那个10万斤,我当时就讲了不可能,你们还是在报纸上捅出去!……"

这一顿饭,毛泽东没吃几口便放下了筷子。他吃不下去。我们也吃不下去,纷纷放了筷子。

夜里,封耀松用电炉子替毛泽东煮一茶缸麦片粥,劝说毛泽东喝下去,然后劝毛泽东睡一觉。

"睡不着啊!"毛泽东声音悲凉,"全国人民遭了灾,我哪里睡得着啊!"他又讲起历史上一些大灾荒,讲了当年红军吃树皮、啃草根的斗争生活,说了他的理想和追求。

毛泽东多次谈过他的理想。参加十三陵水库工地的义务劳动时,他就曾说过，不但要改造自然，更要改造人类自身。他说：人不应该自私自利，为自己干活就有劲，为人民服务就缺少热情和干劲。他希望能教育出大公无私的新人来，都能具有为人民服务的自觉性和积极性。他说人类有几千年的私有制，要改变私有观念是很难很难的啊。越是难我们越要做，否则还要我们共产党人干什么？

也许，毛泽东为实现他的理想有些急躁了？超越了物质条件允许的范围，超越了社会发展的客观规律？但是，我始终认为他的理想是伟大而高尚的。

毛泽东睡不着觉，下床走到办公桌前，坐下来给我们7个人写了一封信。是用铅笔写的，写了3页。

林克、高智、子龙、李银桥、王敬先、小封、汪东兴七同志认真一阅。

除汪东兴外，你们6人都下去，不去山东，改去信阳专区。那里开始好转，又有救济粮吃，对你们身体会要好些。我给你们每人备一份药包，让我的护士长给你们讲一次，如何用药法。淮河流域气候暖些，比山东好。1月2日去北京训练班上课两星期，使你们有充分的精神准备。请汪东兴同志作准备（原文如此）。你们如果很饥饿，我给你们送牛羊肉去。

信阳报告一件，认真一阅。

毛泽东

12月26日，我的生辰，明年我就有67岁了，老了，你们大有可为。

我们一行6人去了河南。省委没有分配我们去信阳专区，安排我们去了许昌地区鄢陵县。走前，毛泽东同我们集体合影。半年后我们回来汇报了真实情况：大办食堂并不好。之后，我们又去江西贵溪县劳动半年。到江西时，中央已经发下指示：解散大食堂。

还在1956年，毛泽东给章士钊先生写了封信，又叫我从中南海供应站取了两只鸡，送到章士钊家中。

章士钊正坐在门口的一张躺椅上，我把信和鸡交给了他。

他拆开信看后，笑了笑，问道："主席身体怎样？他还那么忙吗？"说罢，进屋写了封信，让我捎给毛泽东。

1961年，我国经济处于困难时期。有一次，毛泽东对章士钊说："共产党不会忘记为她做过好事的爱国人士。当初你支援留法勤工俭学的那笔款两万元，是我经手借的，一部分给了去欧洲的同志，一部分带回湖南开展革命活动。"毛泽东又诙谐地说："现在有稿费可以还债了。"

打这以后，每年农历正月初二，毛泽东总要让秘书送两千元人民币到章士钊家中，直到1971年，整整10年。后来停了一年，毛泽东发现了，又对左右的同志说："这个钱不能停，还要还利息呢！"于是1973年春节，秘书又送去了两千元。这时章士钊住在北京医院，接到这份礼物时，激动地对家人说："主席想得真周到，他是要在经济上帮助我，怕我钱不够用。主席怕我好面子，不肯收，故意说是还钱还利。其实这笔钱在当时是向社会名流募捐的，我不过是尽了一份力罢了。"

毛泽东所说的"借债"那是1920年春，毛泽东在上海为留法勤工俭学学生筹备旅费，向章士钊求援。章士钊即向上海工商界名流募捐了两万元相助，表示了对勤工俭学的支持。[9]

毛泽东一生严于律己，容不得一丝以权谋私的事。当他得知身边工作人员作风不纯时，立即召回汪东兴，在中南海搞了一次小整风。

汪东兴回忆说：

1958年3月，毛主席要我下到江西工作。走时订了一个"君子协定"，下去工作3年，然后回主席身边工作。

我到江西担任副省长、省委常委，并兼农垦厅厅长，协助省委书记刘俊秀同志分管农林牧渔及农林垦殖场。对这项工作我是很有兴趣的。一年到头有2/3的时间在下面搞调查研究，解决一些实际问题。1960年9月底，我正在九江地区参加农林垦殖座谈会，突然接到江西省委办公厅的电话。电话说："北京中央公安部徐子荣（副部长）同志来电话，要东兴同志回北京一趟。中央负责同志有事与他商谈。"

我接到电话后立即回到南昌，当天晚上去邵式平省长家里问明情况。邵说："我听说了，要你去北京一趟，什么事不清楚。既然是中央负责同志找你，你应立即去。"于是，我买了第二天（9月26日）的火车票，于9月28日清晨到达北京，在中直招待所住下。当天上午，我先与徐子荣同志通了电话。他告诉我："你直接与毛主席处联系。"随后，我打电话给毛主席处值班室联系，他们报告了毛主席。主席说："通知他马上来中南海，我要见他。"

我由中直招待所派车送到中南海东门，下车步行到中南海宝光门中海室外游泳池，见毛主席正在看书，还未睡觉。我走近主席身边，轻声地说："主席，还没有休息呀！"主席抬头看见是我，很高兴，说："睡不着，出来晒晒太阳。你坐吧！"

我坐下后，主席问："你什么时候到的呀？"

我说："今天早晨6时左右。"

主席问："住在什么地方？"

我答："住在中直招待所。"

主席又问："是谁通知你来的？"

我答："公安部徐子荣同志。"

主席点点头，若有所思地说："君子协定，下放3年，现在多久了？"

我说："我是1958年3月10日到达江西的，至今两年半，到1961年3月满3年。"

主席微笑地说："还差半年时间，怎么办呀？！"

我回答："听中央、主席的。"

主席听了我的回答，又点点头，表示满意，然后缓缓地说："有的同志向我建议要你提前回来。"讲完后，眼睛看着我，像是听取我的意见。

我又明确回答："工作上需要可以提前回来！"

主席见我作了肯定的回答，就说了目前有三件事待我回来办。

第一件事，我们和北边的关系紧张，超级大国威胁我们，要准备打仗，还可能打原子弹。目前我们还没有原子弹，将来会有的。现在中央决定要搞国防工程，防原子弹工程。有关首脑机关的工程，你要过问和参加。

第二件事，有人揭发中央警卫团外围警卫部队中有一个反动组织，是真是假，你回来抓紧调查处理。

第三件事，我身边工作人员中有些作风不正，存在一些不健康的思想，需要进行教育，进行一次小整风，展开自我批评和批评，搞好团结，做好工作，遵守三大纪律八项注意。这一件事待你回来负责抓。

我听了以后对主席说："我回江西交代一下工作就回来。"

主席问："要多久时间交代完？"

我计算了一下，来回路上4天，交代工作时间大约1周，共10天左右时间就可以了。

主席站起身来，说："好，你明天回江西。"

我向主席握手道别。刚走到勤政殿后面路上，一个骑自行车的人赶到我身边，说主席叫我回去，还有话要谈。

我又回到主席处。主席说他讲的那三件事要抓紧办，要我不必回去交代工作了，打个电话给江西省委杨尚奎（省委书记）或邵式平同志，要他们把我担负的工作指定别人管，以后再抽出时间回去交代工作。并说：你今天回中直招待所休息，过了国庆就搬回中南海来住。

事后我把主席交办的事，分别向公安部罗瑞卿部长、中央办公厅杨尚昆主任、中央组织部安子文部长和周总理作了报告。

1960年10月2日，我搬进中南海南楼的一层房子住下。10月3日下午见了毛主席。我把如何办好三件事的想法和对主席身边工作人员进行小整风的安排，向毛主席作了汇报。我说：进行小整风，首先，学习主席《党委会的工作方法》《三大纪律八项注意》《在中共七届二中全会的报告》等文件，从思想上提高认识；其次，坚持正面教育，采取漫谈的方法，互相谈心，互相启发；然后从团结的愿望出发，和风细雨地进行自我批评和批评，不戴帽子，不打棍子，把思想作风整顿好。每天搞半天，照顾到工作。时间安排：50天（实际上25天），争取完成小整风任务。主席听后，对这样安排表示满意，说：这样做方向明确，办法对头。你召集他们开一个会，宣布做法。

1960年10月6日，在毛主席身边工作人员的会上，我宣布了开展小整风的安排，要求同志们除了值班的人外，希望每次都能按时到会。在这次会上，我传达了毛主席的讲话。毛主席说："你们没有犯什么路线错误，只是生活作风、思想意识上的缺点，只要认真进行批评和自我批评，检查一下就完了嘛。如果有人对你批评尖锐一些，也没有什么不好。就是让你不舒服几天、几十天，将来你会感觉到对自己有帮助。"毛主席还说："我在井冈山时，被撤销中央临时政治局候补委员职务，还传说开除了党籍，后来说我是狭隘经验论、右倾机会主义、指责枪杆里会出什么政权、不懂马列主义等。这对我很有教育，使我看了很多书，后来还写了《中国革命战争的战略问题》《实践论》《矛盾论》等书。我感谢这些同志，他们逼我读了些马列主义的书。"大家听了毛主席亲切诚恳和富有深刻哲理的讲话，都积极地参加了小整风。

在毛主席的关怀下，经过小整风，大家精神面貌有较大改观，达到了团结的目的。

毛主席对我们这次小整风的成果是满意的。为了巩固这个成果，进一步提高大家的认识，1960年12月25日中午，他请身边工作人员聚餐。参加聚餐的除毛主席的女儿李敏、李讷、侄子毛远新和江青的侄子王博文外，还有叶子龙、王敬先、吴旭君、张仙朋、林克、高智、李银桥、封耀松和我。

大家兴高采烈地祝贺毛主席67岁寿辰。边吃饭，毛主席边谈话。他从我们小整风说起，要我们从高从严要求自己，正确对待批评与自我批评。他引经据典，联系他亲身的经历，说明"人没有压力是不会进步的"，鼓励我们认真改进思想作风，积极做好工作。许多同志放下筷子，用心聆听毛主席的谈话。毛主席边说，边催促："你们吃，你们吃呀！"这顿聚餐吃了两个小时。毛主席感人肺腑的谈话使大家深受教育和感动。大家认为，毛主席席间的谈话，不仅是对我们小整风的高度总结，而且也是鞭策我们今后不断进步的动力。聚餐结束后，我们立即把毛主席谈话记录整理出来，作为今后学习材料。

26日清晨，毛主席又给林克、高智、叶子龙、李银桥、王敬先、封耀松和我7位同志写了一封信。他语重心长地写道："明年我就有68岁了，老了，你们大有可为。"

毛主席在这次聚餐会上谈话的记录整理材料，一直保存在我身边。毛主席说的"人没有压力是不会进步的"这句话，永远铭刻在我的心中。今年[10]是毛主席诞辰100周年，为了继承和发扬党的优良传统作风，我建议发表毛主席这次谈话记录。毛主席在这次谈话中，虽然批评了我和其他一些同志，但原文发表我认为不会损害这些同志，反而会使我们感到毛主席对身边工作人员是如此坦诚相见，如此关怀，亲如手足。

毛主席这次谈话后，不久外出，由北京出发到浙江住10天。他要我回江西交代工作，只限5天完成，待主席专列路过江西南昌时上车，然后一同到广东开会讨论农业六十条。

这次小整风后，毛主席不仅要求大家吸取经验教训，而且要求以实际行动改正错误，从他自己以身作则做起。他宣布，从1961年1月1日起，"我不吃猪肉和鸡了，因为猪肉和鸡要出口换机器。我们欠人家的债要还给人家的，我看有米饭、有青菜和油、盐就可以了"。"买东西一定要给人家钱，一张纸、一支笔也如此，千万不能向地方要东西。""过去向各省市要的东西，照价付款，钱由我稿费内开支。"

我们认真按照毛主席的要求做了。记得当时各种实物付款有1万多元人民币。[11]

大兴调查研究之风

1959年下半年起，"大跃进"造成的严重后果逐渐显露出来。国民经济比例严重失调，重工业畸形发展，积累率居高不下，农副产品产量急剧下降，国家出现巨额财政赤字，市场极度匮乏，非正常死亡人数猛增。据正式统计，1960年全国总人口比上年减少了1000万，远高于正常年景。

面对严重的困难，毛泽东的心情极为沉痛，决心重新调整各方面的政策，刹住重新泛滥的"左"倾之风。同前一次纠"左"一样，他所采取的紧急措施，首先从农业开始，从大兴调查研究之风开始。

逄先知在《毛泽东和他的秘书田家英》一文中写道：

1960年冬，农村中的严重问题已经大量暴露。11月3日，中央发出《关于农村人民公社当前政策问题的紧急指示信》（简称"十二条"），提出彻底纠正"一平二调"的错误，开展整风整社。12月24日至1961年1月13日，毛泽东主持中央工作会议，作出《关于农村整风整社和若干政策问题的讨论纪要》。就在会议的最后一天，1月13日，毛泽东提出：大兴调查研究之风，使1961年成为实事求是年。这次会议为14日至18日召开的九中全会作了准备。……

正在中央全会结束的时候，一篇题名《调查工作》的文章，出现在毛泽东面前，毛非常高兴，这是他30年前写的一篇文章，早已丢失，多年来一直念念不忘。这篇文章是田家英亲自送给他的。文章的发现经过是这样的：1959年中国革命博物馆建馆，到各地收集革命文物，他们在福建龙岩地委收集到这篇文章的石印本。1960年中央政治研究室的同志从革命博物馆借来。……这个文献被田家英知道，立即送给了毛泽东。

对这篇文章，毛泽东在1961年3月11日专门写了一个批语，接着在3月广州会议的两次讲话中又都提到它，并作了说明和解释。从批语和两次讲话中可以使人们了解，这篇文章是为着什么写的，是怎样写出来的，以及毛泽东是如何地喜爱它。

1961年3月11日的批语写道：

"这是一篇老文章，为了反对当时红军中的教条主义思想而写的。那时没有'教条主义'这个名称，我们叫'本本主义'。写作时间大约在1930年春夏，已经30年不见了。1961年1月，忽然从中央革命博物馆里找到，而中央革命博物馆是从福建龙岩地委找到的。看来还有些用处，印若干份供同志们参考。"

在1961年3月13日广州会议上说：

找出了30年前我写的一篇关于调查工作的文章，我自己看看还有点道理，别人看怎样不知道。"文章是自己的好"。我对自己的文章有些也并不喜欢，这篇我是喜欢的。这篇文章是经过一番大斗争写出来的。1929年冬天，红军第四军第九次党的代表大会对这场斗争作了结论。这以后，也就是1930年春天，写了这篇文章。前几年到处找这篇文章，找不到，今年1月找出来了。请大家研究一下，提出意见，哪些赞成，哪些不赞成。如果基本赞成，就照办，不用解释了。

在1961年3月23日广州会议上说：

这篇文章是1930年春季写的，总结那个时期的经验。这篇文章之前，还有一篇短文，题目叫反对本本主义，现在找不到了。这篇文章是最近找出来的。别的东西找出来我不记得，这篇文章我总是记得就是了。忽然找出来了，我是高兴的。[12]

《调查工作》恰好在刚刚提倡大兴调查研究之风的时候，被重新发现，成为推动全党大兴调查研究之风、转变思想作风的有力武器。

这篇文章尽管如此重要，但毛泽东对于是否公开发表持谨慎态度。逄先知回忆说：

毛泽东在3月23日的会议上说：我不赞成现在发表，只在内部看一看就是了。他说：现在的作用在什么地方呢？这个文章会有些人不懂得。为什么呢？

因为讲的是当时民主革命的问题，民主革命是反帝反封建的问题。现在的问题是搞社会主义革命和社会主义建设，必须向看文章的人说明这一点。他再三提醒人们说：这篇文章发下去的时候，有些要解释一下，主要是讲基本方法。民主革命时期要进行调查研究，社会主义建设阶段仍要进行调查研究，一万年还要进行调查研究。这个方法是可取的。这个文章是为解决资产阶级民主革命的问题，现在的问题就不是这个问题。就讲清楚这一点。

毛泽东这些话本身就包含着辩证法的精神和反对教条主义的精神。

1961年3月11日毛泽东将《调查工作》印发参加广州会议的同志时，把题目改为《关于调查工作》，作了少量文字修改，如把"布尔什维克"改为"共产党人"，把"苏维埃"改为"政府"，把"六次大会"改为"党的第六次大会"等。

随着时间的推移，《关于调查工作》一文的作用和意义被越来越多的人所了解，党内许多同志要求公开发表。1964年经毛泽东同意，在《毛泽东著作选读》甲种本和乙种本中首次公开发表了。

此文收入选读本时，田家英又作了一些文字修订。为了确定文章写作时间，他3月25日晚送请毛泽东最后审定这篇文章时，写信说："这篇文章的写作时间，希望主席再回忆一下，如果能记起在什么地方写的，或者写作前后有什么较大事件，我们便可以根据这些线索，考订出比较准确的写作时间。"

毛泽东当晚将定稿退田家英，把文章题目又改为《反对本本主义》，写了一个批语："此文是在1929年写的，地点记不清楚。先写了一篇短文，题名'反对本本主义'，是在寻乌县写的。后来觉得此文太短，不足以说服同志，又改写了这篇长文，内容基本一样，不过有所发挥罢了。当时两文都有油印本。"这里要请读者注意，毛泽东在这个最后的定稿上，亲笔加了一句话："马克思主义的本本是要学习的，但是必须同我国的实际情况相结合。我们需要'本本'，但是一定要纠正脱离实际情况的本本主义。"这是毛对这篇文章所作的唯一的一处涉及实质内容的改动。这无疑是一个很重要的增补。但是通观全文，这个思想原本就有的，不过没有作出这样概括性的表述罢了。

把文章写作时间定为1929年，田家英表示怀疑，请中央政治研究室的一位同志将毛泽东1929年1月至1930年8月这段时间的活动搞了一个详细材料送给毛泽东。毛泽东看后将写作时间最后定为1930年5月。

《反对本本主义》是一篇重要历史文献，对研究中共党史和毛泽东思想发展史有重大意义；它又是一篇具有科学价值和现实意义的著作，那些具有普遍意义的思想将永远闪耀着它的光芒。读者可以看到，毛泽东思想的活的灵魂，即实事求是、群众路线、独立自主这三个方面的基本内容，在这篇文章里都有了。这篇文章被寻找出来，受到重视，并能公之于世，这要感谢当年文献的收藏者和收集者福建龙岩地委的同志、革命博物馆的同志和中央政治研究室的同志，特别要感谢田家英。[13]

1961年初，毛泽东要田家英组织一个调查组去浙江农村调查。1月20日，田家英接到毛泽东的一封信。

田家英同志：

（一）《调查工作》这篇文章，请你分送陈伯达、胡乔木各一份，注上我请他们修改的话（文字上，内容上）。

（二）已告陈胡，和你一样，各带一个调查组，共3个组，每组组员六人，连组长共七人，组长为陈、胡、田。在今、明、后3天组成。每个人都要是高级水平的，低级的不要。每人发《调查工作》（1930年春季的）一份，讨论一下。

（三）你去浙江，胡去湖南，陈去广东。去搞农村。6个组员分成两个小组，1人为组长，2人为组员。陈、胡、田为大组长。一个小组（3人）调查一个最坏的生产队，另一个小组调查一个最好的生产队。中间队不要搞。时间10天至15天。然后去广东，3组同去，与我会合，向我作报告。然后，转入广州市作调查，调查工业又要有1个月，连前共两个月。都到广东过春节。

毛泽东
1月20日下午4时

此信给3组21个人看并加讨论，至要至要！！！

毛泽东又及

逄先知是田家英调查组的成员之一，他详细记叙了调查的过程及毛泽东的具体指示：

田家英领导的浙江调查组，迅速组成，第二天离开北京，22日到达杭州。

这次调查，是在国民经济持续恶化、接近崩溃的地步，是在毛泽东面临严重经济困难头脑比较冷静的时候，也是在毛泽东大兴调查研究之风、决心扭转困难局面的情况下进行的。一贯热心作农村调查、对国家困难深为忧虑的田家英，此时此刻被委以重任，能为国家和人民奉献一点力量，自然感到高兴。

浙江调查组，经与浙江省委商量，按照毛泽东抓两头的调查方法，决定在嘉善县（后同嘉兴合并）选一个差的生产队，在富阳县选一个好的生产队。我被指派到那个差的生产队，叫和合生产队，是田家英重点抓的点。当时所说的生产队，就是后来的生产大队，大略相当于现在的大自然村。调查组有省里的同志参加，当时任浙江省委副秘书长的薛驹，自始至终地参加了这次调查。毛泽东住在杭州，随时听取调查组的汇报并给予指导。

……

　　说实在的，当时下去调查，只要态度端正，发现问题并不困难，实在是问题成堆，俯拾即是。但要说容易，也并不那么容易。关键在于能不能冲破思想束缚，有没有提出问题的勇气。经过反右倾运动，大家的思想被束缚得紧紧的，真是不敢越雷池一步。有一些问题明知不对不敢说，也有一些则是把错误的误认为是正确的。就拿食堂问题来说，调查组的两个点就有两种不同的看法。一个点上的调查，由于没有深入下去，仍然受旧框框的束缚，得出的结论是应该如何把食堂办好；另一个点上的调查，由于真正了解到群众对食堂的强烈不满情绪，认为食堂难以为继，应当解散。田家英参加了那后一个点的调查，赞成他们的意见。但是，善于不善于发现问题是一回事，敢于不敢于向毛泽东反映像食堂这个特别敏感的问题又是一回事。当时，主张维护食堂的人，包括一些高级负责人，包括其他一些调查组，还大有人在；过去有些人因食堂问题被打成"右倾机会主义分子"的事，人们记忆犹新；中央刚刚发出的"十二条"指示信明文规定，必须"坚持食堂"；等等。所有这些，田家英不是没有考虑，但最后还是向毛泽东反映了真实情况并陈述了自己的意见。田家英敢于直言的精神，在重要关节上又一次显示出来。还有一个问题，即造成农业大幅度减产的原因究竟是什么？就我们所调查的地方来说（有相当的代表性），既不是天灾，更不是民主革命不彻底、阶级敌人复辟，完全是"五风"造成的。田也向毛陈述了这个意见。我参加调查的那个位于杭嘉湖平原鱼米之乡的和合生产队，水稻亩产通常是600多斤，1960年竟只有291斤。这个数字深深地触动了毛泽东，他找来那个县的县委书记，深谈了一次，并批评了他。

　　田家英很重视作历史的调查。他直接指导我的调查工作，让我和省里的一位同志对和合生产队的生产情况，从土改后到公社化的全部历史，作了详细调查。参加的人不多，请来一位老贫农、一位老雇农、一位老中农和生产队队长，共四人。我们促膝交谈，有问有答，既是调查会，又是讨论会，连续谈了五六天。这样，对这个生产队的历史及现状了解得比较透彻，这对于了解土改后中国农村各个历史发展阶段的情况，大有益处。有了历史的比较，哪些东西是好的应当恢复，哪些东西是不好的应当抛弃，以及现在存在的问题是什么，就看得比较清楚了。田家英把这个生产队的情况，从历史到现状（包括规模、体制、生产等），向毛泽东作了汇报。

　　就在这次汇报中，田家英建议中央搞一个人民公社工作条例，被采纳了。后来，毛泽东在广州会议上提到这个工作条例的由来时，是这样说的："我是听了谁的话呢？就是听了田家英的话，他说搞条例比较好。我在杭州的时候，就找了江华同志、林乎加同志、田家英同志，我们商量了一下，搞这个条例有必要。搞条例不是我创议的，是别人创议的，我抓住这个东西来搞。"

2月6日，毛泽东在听取田家英等人的汇报时，提出一些重要意见。现根据我当时听传达的记录，将要点记载于下：

一、怎样克服"五风"改变面貌问题。问题主要是"五风"，瞎指挥。除自留地、蔬菜地以外，再留百分之三的土地归小队（按：即后来的生产队）机动使用，可以多种多样。

二、退赔问题。要决心赔，破产赔。谁决定的由谁退赔。要使干部懂得，剥夺农民是不行的。这种做法是反动的，是破坏社会主义而不是建设社会主义。

三、自留地问题。几放几收，都有道理。两个道理归根是一个道理——还是给农民自留地。要把反复的原因向农民交代清楚，基层干部要从反复中取得经验，作对比，就有了理论上的根据了。再反复，搞下去就是饿、病、逃、荒、死。

四、起草一个工作条例。规定公社三级怎么做工作。调查时，看看坏的，也看看好的，不然就要钻牛角尖。（田家英着重汇报的是和合生产队的情况，这是一个工作差的队。毛泽东是针对这一点讲的。）

五、规模问题。和合生产队太大了，是否分成3个，或者把小队当基本核算单位，生产队变大队，明升暗降。小队变成生产单位和消费单位。几个小队差距大，拉平分配，破坏积极性。基本原则是增产。

六、食堂问题。按群众要求办事，可以多种多样。单身汉、劳力强没有做饭的，要求办常年食堂，多数人要求办农忙食堂，少数人要求自己做饭。这个问题要调查研究一下，使食堂符合群众的需要。三十户中有五户要求办常年食堂的，那就要办。养猪的要求在家里做饭，是可以的。总之，要符合群众的要求，否则总是要垮台的。

七、干部手脚不干净的问题。百分之三四十的贪污面，百分之七八十的手脚不干净。统统撤掉不行。处理要按群众意见办，群众允许过关的就放过，不允许的就撤职。

以上这些，大体反映了毛泽东当时对人民公社以及农村政策问题的一些基本看法，有些是已经明确了的，有些是正在酝酿之中。后来他又听了湖南、广东等调查组的汇报。这就为广州会议的召开和主持起草《人民公社工作条例（草案）》（简称"六十条"）作了准备。

2月21日，田家英和我遵照毛泽东的指示，离开杭州去广州。23日，三个调查组在广州会合，准备起草人民公社工作条例。

起草工作一直是在毛泽东的指导下进行的。2月26日起草委员会召开会议，主要是确定条例的框架和基本内容。出席会议的有陶铸、陈伯达、胡乔木、田家英、廖鲁言、赵紫阳、邓力群、许立群、王力、王鲁，我也参加了会议。从27日起，进入具体起草阶段，主要由廖鲁言、田家英、王鲁、赵紫阳分别起草。

3月10日，由毛泽东主持的"三南"会议在广州开幕，参加会议的是中南、华东、西南三个大区的中央局书记和各省、市、自治区书记，主要讨论公社工作条例和农业问题。与此同时，由刘少奇主持的"三北"（指华北、东北、西北三个大区）会议，在北京召开。

3月13日，毛泽东在"三南"会议发表重要讲话，主题是反对两个平均主义，即人与人之间、队与队之间分配上的平均主义。这是他根据三个调查组的调查得出的一个基本思想，成为人民公社工作条例的核心和基石。

反对两个平均主义，在今天看来，似乎没有什么了不起。但是，我们对待任何一个问题都不能离开当时当地的具体条件。这个问题，浙江调查组没有提出来，湖南调查组没有提出来，广东调查组没有提出来，其他众多的调查组都没有提出来，尽管各个调查组都各自提出了一些好的、有价值的意见和建议。而这个思想是由毛泽东根据大量调查材料概括出来的。它使人们思想豁然开朗，不能不对他的高度概括能力和善于抓住问题本质的洞察能力表示钦佩。当然，他提出反对两个平均主义，既受当时客观历史条件的限制，也受他自己主观认识的限制，所以还是不彻底的。但无论如何这是一个重要的进步，它是党在一段时间内解决农村问题的指导思想。

3月14日，"三北""三南"两个会议合并召开，在广州继续进行。

3月15日，工作条例经过修改，写出第二稿。第二天，送给毛泽东。当天下午3时，毛泽东召集陈伯达、胡乔木、田家英、廖鲁言谈条例问题，决定将条例印发会议讨论。会议共讨论了两天，有一个争论的问题，就是关于是否以生产小队（即后来的生产队）为基本核算单位，会议没有作出结论。

3月15日，刘少奇在中南、华北小组会上有一段插话。他说：（一）对"五保户"实行部分供给制，实际上是社会保险，农民是赞成的。但其余的统统要按劳分配，多劳多得，多劳多吃。活劳动转化为死劳动，劳动力就是钱，就是物资。所谓经济工作越做越细，就是要节约劳动时间，提高劳动效率，所以加班加点一定要给钱。（二）搞家庭副业、自留地，这是经济民主。刘少奇这段话很重要，蕴含着深刻的思想。这表明当时刘少奇已经对平均主义的供给制持否定态度。

3月19日，开始修改工作条例第二稿，吸收每一个大区1至3人参加。华北是陶鲁笳，西北是白治民，东北是冯纪新，中南是王延春、赵紫阳，华东是林乎加、薛驹、魏文伯，西南是黄流。胡乔木向起草组传达了毛泽东当天中午的谈话。根据我当时的记录引证如下：

这个条例怎么样？没有危险吗？农业问题抓得晚了一些。这次下定决心解决问题。第二次郑州会议，问题解决得不彻底，只开了3天会，而且是一批一批地开，开会的方法也有问题。庐山会议本应继续解决郑州会议没有解决的问题，中间来了一个插曲，反右，其实应该反"左"。1960年上海会议对农村问题也提了一下，但主要讨论国际问题。北戴河会议也主要是解决国际问题。"十二条"起了很大作用，但只是解决了"调"的问题，没有解决"平"的问题。12月中央工作会议，只零碎地解决了一些问题。农村问题，1959年即已发生，庐山会议反右，使问题加重，1960年更严重。饿死人，到1960年夏天才反映到中央。

3月22日，中央工作会议通过《农村人民公社工作条例（草案）》。同日，党中央发出《关于讨论农村人民公社工作条例草案给全党同志的信》，要求各地对条例进行认真讨论，在总结经验的基础上，切实解决人民公社中的问题。

3月23日，中央工作会议最后的一天，通过《中共中央关于认真进行调查工作问题给各中央局，各省、市、区党委的一封信》。这封信是胡乔木代中央起草的。信很长，别的内容人们大概都忘了，但有一句话比较不容易忘记："在调查的时候，不要怕听言之有物的不同意见，更不要怕实践检验推翻了已经作出的判断和决定。"通过这封指示信的时候，毛泽东把田家英请到主席台上，坐在他的旁边，田家英一面读，毛泽东一面解释。最后，毛泽东专门对《调查工作》（即《反对本本主义》）一文作了说明、讲解和发挥。当天晚上，毛找田谈话，指示把调查工作延长到5月，再到江苏去调查二十几天，搞三个点。后来，我们没有去江苏，而是继续在浙江调查。

广州会议是一次重要的会议，用毛泽东的话来评价，这是公社化以来中央同志第一次坐下来一起讨论和彻底解决农业问题。广州会议的主要成果就是制定了人民公社"六十条"。

"六十条"集中了广大群众和干部的意见和要求。但是，它是不是正确？是不是符合实际？行得通行不通？还有一些什么问题需要解决？这就需要再拿到群众中去征求意见，放到实践中去检验一番。这就是毛泽东历来倡导的群众路线的工作方法。

……

浙江调查和"六十条"试点工作，4月中旬告一段落。调查组全体成员搬到杭州刘庄，同毛泽东住在一起。

4月23日，毛泽东找田家英谈话，研究下一步的调查工作，既有谈到全党范围的，也有谈到浙江调查组的。4月25日，他写信给当时在杭州的邓小平，提出5月召开中央工作会议，继续广州会议尚未完成的工作——修改人民公社"六十条"和继续整顿"五风"，并要求到会同志利用这一段时间，对农村中的若干关键问题[14]进行重点调查。请邓小平找田家英一起起草中央通知。当天上午，田把写好的通知送邓审定。晚上，田参加了毛泽东召集的会议，会议开到次日凌晨2时。在这次会上，决定浙江调查组继续就上述问题进行调查。第二天，调查组分赴三个地点，又投入了新的紧张的工作。我们这次调查，是党中央布置各地作重点调查的一个组成部分。所有这些调查，为5月北京会议作了准备。

……

1961年5月21日到6月12日，中共中央在北京举行会议。会议根据中央和各地区、各部门的调查，对《农村人民公社工作条例（草案）》进行修改，制定了工作条例的"修正草案"。修改部分主要是取消了原草案中关于食堂和供给制的规定。会议还讨论了商业工作和城市手工业工作。

会议期间，田家英根据毛泽东提出的4个问题（调查研究、群众路线、退赔、甄别平反），为中央起草了《关于讨论和试行农村人民公社工作条例修正草案的指示》。指示提出，对几年来受批判处分的党员和干部进行实事求是的甄别平反。其中特别规定，以后在不脱产干部和群众中，不再开展反右倾反"左"倾的斗争，也不许戴政治帽子。这是一个很重要的规定。鉴于几年来在政治运动中，动不动反右倾，随意地给人戴上右倾机会主义帽子，伤了许多人，其中也有不脱产干部和一般群众。这是一个严重教训。反倾向斗争，不论是右倾还是"左"倾，本来是共产党解决党内问题使用的概念，即使在党内也不能随意使用，何况对不脱产干部和一般群众呢。

毛泽东在会议上作了自我批评，对党所犯的错误承担了主要责任。他说："违反客观事物的规律，要受惩罚，要检讨。"五月会议以后，全国经济形势继续好转，党内民主生活进一步恢复正常。[15]

"六十条"是毛泽东提出大兴调查研究之风结出的第一个硕果。这个文件对于扭转农业局势以至整个国民经济的困难局面，起了重大作用。在它的带动下，全国各条战线相继制定工作条例，形成一整套比较符合当时实际情况的具体政策。"六十条"集中了全党的智慧，体现了毛泽东当时的农业政策思想，其中也包含着田家英的一份贡献。[16]

"六十条"解决的是农业战线上的问题。随后，毛泽东又着手解决工业、教育、科学等战线的问题。此刻，毛泽东的心情并不轻松。

逄先知回忆说：

"六十条"在全国范围的宣讲和试行，在农民中引起强烈反响，收到很好的效果，农业很快开始复苏。毛泽东很高兴。这时，中央又着手系统地解决工业、教育、科学等战线的问题。1961年8月至9月召开的第二次庐山会议就是为了解决这些方面的政策问题。上山之前，毛泽东曾对田家英说："要开一个心情舒畅的会。"

召开第二次庐山会议，不能不联想到第一次庐山会议。第一次庐山会议引起的灾难性后果，毛泽东的感受不会比别人小。从1960年夏天起，农村中的严重情况逐渐反映到中央，反映到毛泽东那里。他的心情沉重起来。在那些日子里，他常常闷闷不乐，沉默寡言，有时长时间地呆坐在那里，凝视不动。这种情况在过去是少有的。到1960年11月初，他亲自主持起草中央"十二条"指示信，首先下决心解决农业问题。

毛泽东说：

庐山会议的估计不灵了。当时认为一年之内形势可以好转，以为右倾压下去了，"共产风"压下去了，加上几个"大办"就解决问题了。当时有人说：逢单年不利，逢双年有利。今年是双年，要说逢双年有利，实际上并不是这样，"共产风"比1958年刮得还厉害。原来估计1960年会好一些，但没有估计对。1960年有天灾又有人祸，敌人的破坏尚且不说，我们工作上是有错误的，突出的是大办水利，大办工业，调劳动力过多。（1960年12月30日在听取各中央局汇报时的插话）

郑州会议的召开是为了反"左"的，由3月到6月只反了3个月。如果继续反下去就好了。谁知道彭德怀在中间插了一手，我们就反右。反右是正确的，但带来一个高估产、高征购、高分配。这个教训值得我们记取。庐山会议反右这股风把反"左"打断了。（1961年3月5日对几位中央领导人的谈话）[17]

第二次庐山会议，的确开成了"舒心的会"。参加了这次会议的逄先知回忆说：

果然，这一次会议没有紧张的气氛，没有批判的场面，大家的心情平静而舒坦，比较敢于批评和议论工作中的问题和失误，又产生了几个好的文件，如《中共中央关于当前工业问题的指示》《工业七十条》《高教六十条》。田家英在第一次庐山会议后期是受压的，参加这次会议却是另一种心境。但是有一点使田感到不安。当时毛泽东对国内经济形势的估计是已经到了"锅底"。田认为，在农业方面可以这样说，在工业方面就不能这样说，因为工业生产仍在继续下降。他半夜里睡不着觉，便到梅行（当时参加起草《工业问题的指示》和《工业七十条》）的卧室去讨论这个问题，直至天亮。

第二次庐山会议主要讨论工业问题和财贸、教育等问题，但毛泽东的兴趣仍然在农村方面。他始终关注着公社"六十条"的命运，关心着"六十条"的执行情况。

我们党在1959年走了一段曲折的路程，这个教训深深地印在毛泽东的心里。他对于"六十条"能不能得到贯彻执行，"六十条"是否能真正彻底解决问题，会不会再来一个反复，是担着心的。1961年8月23日，第二次庐山会议的第一天，他在中央和各大区负责人的会议上，讲了一篇话，大体上反映了他的这种心态。他说：

讲到社会主义，不甚了了。"六十条"都是社会主义，这个问题究竟如何，你们说有一套了，我还不大相信。不要迷信广州会议、北京会议搞了一套，认为彻底解决问题了。我看还要碰三年，还要碰大钉子。会不会遭许多挫折和失败？一定会。现在遭了挫折和失败，碰了钉子，但还碰得不够，还要碰。再搞两三年看看能不能搞出一套来。对社会主义，我们现在有些了解，但不甚了了。我们搞社会主义是边建设边学习。搞社会主义，才有社会主义经验，"未有学养子而后嫁者也"。郑州会议犯了错误，分三批开，一批开一天，我打你通，略知梗概，不甚了了，经过6个月，到庐山会议。会议顶住了彭德怀的那股风，是对的，不顶不行。但也犯了错误，不应一直传达下去。现在搞了"六十条"，不要认为一切问题都解决了。搞社会主义，我们没有一套，没有把握。

我国在社会主义建设方面的挫折，教育了全党，也教育了毛泽东。到1960年冬，他已经开始冷静下来，觉悟到："看来建设社会主义只能逐步地搞，不能一下子搞得太多太快。我设想，社会主义建设大概要搞半个世纪。"（1960年12月30日的一次谈话）。1962年七千人大会上，毛泽东在总结我国社会主义建设经验时指出："在社会主义建设上，我们还有很大的盲目性。社会主义经济，对于我们来说，还有许多未被认识的必然王国。拿我来说，经济建设工作中间的许多问题，还不懂得。工业、商业，我就不大懂。对于农业，我懂得一点。"但是，"我注意得较多的是制度方面的问题，生产关系方面的问题。至于生产力方面，我的知识很少"。他的这段总结讲得很坦率，也很中肯。毛泽东在战争问题上，在民主革命问题上，经验丰富，可以说一帆风顺。但在建设问题上，以及在社会主义革命的若干问题上，自己的知识和经验比较缺乏，对别人以及党的领导集体的知识和经验又不善于尊重，所以在工作指导上常常发生错误。毛泽东不很赞成照搬苏联的经验，强调要结合中国实际，走出一条中国的路子，这是对的。但是没有达到预期的目的。这里面有很多经验教训值得总结。

就在这次会上，中南的同志（陶铸、王任重等）谈到"六十条"解决了生产队的问题，但土地、耕畜、劳力归生产队所有，而分配则以大队为核算单位，所有权与分配有矛盾。毛泽东很重视这个意见，提出应当加以研究。其实，这个矛盾毛泽东早已发觉，在3月广州会议上，他曾批给与会同志阅看一份反映这个矛盾的材料，想在"全国各地推行"，结果没有被通过。对于人民公社体制上存在的这个问题，毛泽东一直揣在心里。第二次庐山会议后，他仍是沿着这条思路，继续为纠正人民公社内部的平均主义而进行探索。

1961年9月27日，毛泽东召集邯郸谈话会，就基本核算单位问题亲自作调查。29日，他写信给中央常委及有关同志，明确表明了自己的意见：人民公社的基本核算单位应是生产队而不是大队。他说："我们对农业方面的严重的平均主义的问题，至今还没有完全解决，还留下一个问题。农民说，'六十条'就是缺了这一条。这一条是什么呢？就是生产权在小队（按：即生产队），分配权却在大队。"

改变基本核算单位，是公社体制上的重大调整，是对"六十条"的重要突破。（实际上，就经营规模的大体而论，这是正确地退回到初级合作社，只是还保留政社合一这个僵硬的外壳罢了，这个外壳仍然是农业生产发展的严重障碍。）毛泽东虽然作出了决策，但他认为，要把他的这个决策变为全党实行的政策，还需要有一个过程，需要全党各级领导干部经过调查研究，在基本上取得一致的认识。在这个重要的时刻，毛泽东又把协助自己解决这个问题的重任交给田家英。一方面，要他为中央起草一个指示，把这个问题提到全党面前进行研究；另一方面，派他下去专就这个问题进行调查。田家英选定了山西长治地区的一个农村，作为调查地点。经过调查，他认为毛的意见完全正确，遂即带着几位同志，为中央起草《中共中央关于改变农村人民公社基本核算单位问题的指示》草案。在这个文件里，有针对性地批评了一些人在这个问题上采取不热心、不积极的态度；同时也反对了认为基本核算单位越小越好的意见，而主张大体相当于初级社的规模，就全国大多数地区来说，以二三十户左右为宜。毛泽东对这个文件看得很细心，画了很多杠杠。田家英高兴地拿给董边看，说："我自己认为写得好的地方，主席都画了杠杠。"毛泽东将文件提交给1962年1月至2月间召开的七千人大会讨论。

在讨论中间，一个重要意见，就是要规定生产队为基本核算单位40年不变（我记得这是毛泽东提的，现在一时没有查到根据）。有一位中央负责人建议将40年改为"至少20年内"，请毛斟酌。毛将"至少20年内"改为"至少30年内"，并且批了一段话："以改为'至少30年'为宜。苏联现在45年了，农业还未过关，我们也可能需要几十年，才能过关。"从这个修改和批语中可以看到，此时毛泽东在农业问题上是比较冷静和谨慎的。从此以后，"30年不变"

的提法，成了一个重要公式，经常出现在党中央的有关文件里。不管30年，还是40年，无非是表示：生产关系应当较长期地稳定，不能频繁地变动了，这表达了人心思定的愿望。历史经验证明，有了稳定的条件，才有利于生产的发展。由于随意改变生产关系，两度大刮"共产风"，造成严重损失，这个痛苦教训毛泽东是记取了。1962年十中全会开过不久，他在视察工作时，曾向一位省委书记嘱咐说："万万不能再搞一平二调，不要把农民养的猪调上来，调一头也要受处分！"在"文化大革命"中不管怎么动乱，不管张春桥还有别的什么人怎么鼓吹穷过渡，毛泽东始终纹丝不动，以生产队为基本核算单位的体制始终没有改变。不过，从1963年的"四清"运动开始，直至"文化大革命"结束，在农村中大搞"割资本主义尾巴"使得农民愈割愈穷，这就不是以生产队为基本核算单位所能解决的了。[18]

在严峻的形势面前，毛泽东并没有退缩。他一面领导全国人民顶住苏联撤走专家、撕毁合同、索取借款的巨大压力，一面痛定思过，总结经验教训。

毛泽东多次主动承担了失误的责任，表示同那些愿意改正错误的同志同呼吸，共命运。在1960年上海会议中写的《十年总结》一文中，他还坦率地承认，对社会主义建设规律的认识，还处在必然王国向自由王国过渡的探索之中。

同时，毛泽东还积极支持刘少奇、周恩来、陈云、邓小平等同志实行国民经济调整的"八字方针"，力争国民经济的迅速好转。这是党的领导集体相互信任、默契配合的较好时期之一。

七千人大会

1962年1月11日至2月7日，中共中央在北京召开扩大的工作会议，史称"七千人大会"。这次大会一扫以往浮夸之风，比较实事求是地分析问题，主动承担责任，对统一全党思想，认识和纠正工作中的"左"倾错误，起了积极作用。在毛泽东的主持下，这次大会发扬民主，开展批评和自我批评，开成了一个空前规模的总结经验的大会。

薄一波回忆说：

由于"大跃进"、人民公社化运动连续3年多的失误，国家生产建设和人民生活都出现了严重困难。中央领导同志头脑逐渐冷静下来，开始在一系列会议上总结教训。1961年5月、6月间召开的北京中央工作会议，就是在"七千人大会"之前总结教训的一次重要会议。会上，少奇同志以沉重的语气说："我看在座的同志应该是有经验了吧！饿了两年饭还没有经验？铁路还要修几万公里吗？'小洋群'还要搞那么多吗？工厂还要开那么多吗？还舍不得关厂吗？还舍不得让一部分工人回去吗？招待所还要盖那么多吗？恐怕应该得到经验教训了。农民饿了一两年饭，害了一点浮肿病，死了一些人，城市里面的人也饿饭，全党、全国人民都有切身的经验了。回过头来考虑考虑，总结经验，我看是到时候了，再不能继续这样搞下去了。"（《刘少奇选集》下卷第338页）。毛主席在会上指出，如果违背了客观规律，就一定要受惩罚，我们就是受惩罚，最近3年受了大惩罚，土地瘦了，人瘦了，牲畜瘦了。"三瘦"不是惩罚是什么？这个社会主义谁也没有干过，没有先学会社会主义的具体政策而后搞社会主义的。我们搞了11年，现在要总结经验。

到1961年底，总结教训、纠正错误已经做了大量工作，主要是调整政策和调整经济，使农业形势开始露出了好转的苗头，工业的滑坡也已停止。但由于党内思想认识不统一，调整工作遇到一些阻力，深入不下去，国民经济仍很困难。

1961年10月苏共二十二大后，赫鲁晓夫掀起了新的反华浪潮，中苏两党、两国的关系面临破裂。毛主席认为：我们坚持的是马克思主义立场，站在95%以上的人民一边，是不会受孤立的，天塌不下来。但是，这几年我们在工作中犯了错误，心情比较沉闷，一定要有紧迫感，做好工作，摆脱困境。12月20日晚上，毛主席同小平同志谈话，流露了这种心情。第二天，小平同志在为"七千人大会"作准备的中央工作会议上说：毛主席去年（1960年）、前年（1959年）心情不那么愉快，今年（1961年）很高兴，因为具体政策都见效了。过去几年，包括"大跃进"3年，总的来说，我们办的好事是基本的，也出了些毛病，也有缺点错误。这些缺点错误，我们要把它总结起来，好的、成功的、错误的，统统总结起来，变成财富，使我们的工作一天一天走上轨道。毛主席在无锡找华东几个省的同志也谈了，明年（1962年）要抓工、农、兵、学、商、政、党七个字，要大抓一年，这几个方面都要理出一个头绪来。毛主席还说，明年这一年的工作很重要，这次会议（指中央工作会议和接着召开的"七千人大会"——作者注）要好好议一下过去的经验教训，要有个统一的看法，要步调一致，以便在这个基础上前进。这样，召开一次全党性的大会，集中总结经验教训，统一认识，就势在必行了。

1961年12月20日至1962年1月10日，召开了中央工作会议。1962年1月9日，会议分组讨论了为少奇同志准备的在"七千人大会"上的《书面报告》第一稿。1月10日会议结束，1月11日"七千人大会"即开幕。会议原定1月28日结束，只开18天。因《书面报告》的讨论、修改延长了一些时间，还因毛主席1月29日讲话中提出了开"出气会"的建议，故会议延长，一直开到2月7日才闭幕。

周总理说：这次会议有两个"高潮"。"第一个高潮"，从1月11日开幕到29日上午，主要是围绕少奇同志代表中央作的《书面报告》，进行分组讨论和提出修改意见。《书面报告》第一稿写出来之后，还没有经过政治局讨论，毛主席即提议直接印发大会，和大家见面。毛主席认为：参加会议的有各方面人员，多数接近实际和基层，能够从各个角度提出意见来，能更好地集思广益。在大会分组讨论的同时，由少奇同志组织了一个层次很高的21人《报告》起草委员会，参加的有政治局成员、各大区书记，进行更加深入的讨论和研究，经过8天修改，于22日拿出第二稿。24日，毛主席看过后，找少奇、小平同志谈话，表示"赞成这个方向"。25日，在中南海怀仁堂，由少奇同志主持召开了中央政治局第102次扩大会议，讨论《书面报告》第二稿。大家表示基本上赞成这个稿子，同意提交大会。

1月27日，毛主席主持召开全体大会，把印好的《书面报告》第二稿发给与会者。《报告》共分三个部分，第一部分是"关于目前形势和任务"，第二部分是"关于集中统一"，第三部分是"关于党的问题"。少奇同志在会上没有照本宣读，而是在大家阅读、讨论《报告》的基础上，从国际形势、国内形势、集中统一和党的作风四个方面，作了一些更具体、更深入的解释、说明和补充。

会议的"第二个高潮"，从1月29日下午毛主席提议开"出气会"到2月7日闭幕，中心就是"出气"。会议原安排1月30日或31日结束，31日晚即可离京回各地过春节。可是，到29日下午，许多人反映，话还没有说完，还憋着一肚子气。有的组还反映，会上还有人压制民主，不让讲话。毛主席和政治局常委同志商量，决心让大家把要讲的话都讲出来，把"气"出完。于是提议延长会期，在北京过一个革命化的春节。毛主席说：

这次用这么个方式，在北京开这么个会，要解决问题。现在，要解决的一个中心问题是，有些同志的一些话没有讲出来，觉得不大好讲。这就不那么好了。要让大家讲话，要给人家有机会批评自己。你自己不批评自己，也可以，得让人家批评你。最好的办法还是自己来批评自己！有许多地方的同志是作了准备的，而且有的作检讨作了几年了——1959年、1960年、1961年。有好几个省，从1959年起就自我批评，不止一次、两次、三次、四次，而是五次、六次。自我批评的结果，人家就不爱听了，说："请你不要再讲了，老讲那一套！"这个时候你就可以不讲了，这才取得了主动。我看是不是在这次会议上就解决这个问题。县、地、省都有同志在这里，不要等回去了再解决。

为什么一定要回到你们家里过春节才算舒服？为什么我们在北京7000人

一道过一个春节不好？我主张集体在北京过一个春节。有这么几天，我相信能够解决上下通气的问题。有一个省的办法是白天"出气"，晚上看戏，两干一稀，大家满意。我建议让大家"出气"。不"出气"，统一不起来。没有民主，就不可能有正确的集中。因为"气"都没有出嘛！积极性怎么调动起来。到中央开会，还不敢讲话，回到地方就更不敢讲话。我们常委几个同志商量了一下，希望解决"出气"的问题。有什么"气"出什么"气"；有多少"气"出多少"气"；不管正确之"气"，还是错误之"气"；不挂账，不打击，不报复。

毛主席讲话后，当晚各中央局召开会议，迅速部署如何开好"出气会"。1月30日上午，各省召开动员会，号召大家打消顾虑，趁热打铁，把"气"出完，重点是对省委的工作提出批评。晚上，毛主席又在各中央局书记会上，对如何开好"出气会"作了指示。1月31日到2月7日，主要是召开小组会议，对省委、中央局、国家机关、中央机关及负责同志提出批评意见；这些负责同志在会上发言，对这几年工作中的失误进行认真检讨和自我批评。2月4日，毛主席和大家一起看戏。5日，进行春节团拜活动，毛主席和大家一起过春节。

召开"出气会"的同时，还穿插了几次大会，由中央政治局几位常委讲话。1月29日下午，林彪讲了关于党的工作和军事工作两个问题。1月30日，毛主席发表重要讲话，共讲六点，中心是讲民主集中制和认识客观世界的问题。2月6日，小平同志讲党的建设问题，重点是讲如何恢复党的优良传统和健全党内生活，包括坚持民主集中制、建立经常工作、培养和选拔干部、学习马列理论和毛主席著作等四个方面的内容。同日，朱德同志着重讲了反对现代修正主义的问题。2月7日，周总理讲了1958年以来计划工作的失误，作了自我批评，并分析了国民经济存在的困难和克服困难的办法。陈云同志没有在大会上讲话，但在2月8日陕西组会议上讲了发扬民主和怎样使认识比较正确的问题。会后，毛主席、少奇、周总理、小平、林彪的讲话经过反复修改后，分别以中央文件的形式发到各省、市、自治区党委。

2月7日闭会。8日，又召开中央工作会议，少奇同志讲了如何修改《书面报告》的意见。2月17日改出第三稿送毛主席审阅。毛主席于2月23日在审读稿上批复少奇同志："修改得很好了，即请你处理。"第三稿于2月26日印发到各省、市、自治区。第三稿与第一、二稿相较，有两点比较大的变化：一是在"形势和任务"部分增写了"基本经验教训"；二是在"关于集中统一"部分，加进了毛主席在1月30日讲话中所阐述的关于民主集中制的重要内容，题目改为"加强民主集中制，加强集中统一"。

关于会议精神的传达和贯彻，毛主席在1月30日的讲话中指出：同志们回去后，一定要把民主集中制健全起来。要发扬民主，采取主动，作自我批评。有什么就检讨什么，倾箱倒箧而出。白天"出气"，晚上不看戏，白天晚上都请你们批评。让人讲话，采取主动好，天不会塌下来，自己也不会垮台。不让人讲话，那就难免有一天要垮台。小平同志在讲话中也谈到，回去后，个别的也可以开"出气"大会，这几年工作搞得不好的领导同志要进行自我批评，检讨一次不够就检讨几次。2月8日，小平同志在中央工作会议上讲了会议精神的传达和文件阅读的问题。2月12日，中央书记处召开第314次会议，决定：中央和国家机关17级以上、司局长级以下的干部，根据《报告》传达讨论；司局长级以上的干部除了传达《报告》外，还传达毛主席和政治局其他常委同志的讲话。各省、市、自治区都分别在2至4月间，按党中央规定的范围，传达、讨论和贯彻会议精神，在各级党组织内发扬民主，开展批评和自我批评，总结经验教训。

……

"七千人大会"上对于1958年以来所犯缺点、错误的责任，形成了统一的认识：首先要负责任的是中央，其次要负责任的是省、市、自治区一级党委，再次是省以下的各级党委。各有各的账，都有责任。

《书面报告》提到，"有些事情，是经过中央政治局的，中央政治局应该担负责任"。在承担责任的问题上，中央领导同志表现出了应有的风格。

这里我说一个小插曲。在1月18日召集的《报告》起草委员会上，彭真同志发言：我们的错误，首先是中央书记处负责，包括不包括主席、少奇和中央常委的同志？该包括就包括，有多少错误就是多少错误。毛主席也不是什么错误都没有。三五年过渡问题和办食堂，都是毛主席批的。小平同志插话说：我们到主席那儿去，主席说，你们的报告把我写成圣人，圣人是没有的，缺点错误都有，只是占多少的问题。不怕讲我的缺点，革命不是陈独秀、王明搞的，是我和大家一起搞的。彭真同志接着说：毛主席的威信不是珠穆朗玛峰，也不是泰山，拿走几吨土，还是那么高；是东海的水（拉走几车，还有那么多）。现在党内有一种倾向，不敢提意见，不敢检讨错误。一检讨就垮台。如果毛主席的1%、1‰的错误不检讨，将给我们党留下恶劣影响。省市要不要把责任都担起来？担起来对下面没有好处，得不到教训。各有各的账，从毛主席直到支部书记。次日，陈伯达发言说：彭真同志昨天关于毛主席的话，值得研究。我们做了许多乱七八糟的事情，是不是要毛主席负责？是不是要检查毛主席的工作？彭真同志不得不进行解释：关于毛主席的问题，要说清楚。似乎彭真讲毛主席可以批评，是不得人心的。我的意思是不要给人一个印象：别人都可以批评，就是毛主席不能批评，这不好。很显然，彭真同志的意见是对的，是有道理的，符合实事求是精神和唯物辩证法观点。他当时敢于这样披肝沥胆直言，是很不简单的。30年过去了，经得起时间检验的是彭真同志的这些话。至于陈伯达的发言，当时貌似"忠心"一片，而他后来的所作所为，人们已很清楚。忠奸之分，正邪之别，历史会做出最公正的评判。毛主席在会上不仅作了自我批评，而且带头承担所犯错误的责任，体现了党的领袖的广阔胸怀。小平同志插话讲到的毛主席的态度就很感人。在1月30日的讲话中，毛主席还说：

去年6月12日，在中央北京工作会议的最后一天，我讲了自己的缺点和错误。我说，请同志们传达到各省、各地方去。事后知道，许多地方没有传达。似乎我的错误就可以隐瞒，而且应当隐瞒。同志们，不能隐瞒。凡是中央犯的错误，直接的归我负责，间接的我也有份，因为我是中央主席。我不是要别人推卸责任，其他一些同志也有责任，但是，第一个负责的应当是我。

周总理在"七千人大会"以前的多次讲话中都已讲到，这几年所犯错误，国务院要负主要责任。在"七千人大会"上，他再一次说：对于缺点和错误，在中央来说，国务院及其所属的各综合性的委员会、各综合口子和各部，要负很大责任。计划上的估产高、指标高、变动多、缺口大，基本建设战线过长，权力下放过多、过散，不切实际的、过多过早过急的大办、大搞，等等，国务院及其所属部门，都是有责任的。他还检查了自己所犯的两个错误：一是，1959年8月26日在人大常务委员会上，提出了超过实际可能的关于跃进、大跃进、特大跃进的标准（即规定农业每年增产超过10%是跃进，超过15%是大跃进，超过20%是特大跃进；工业每年增产超过20%是跃进，超过25%是大跃进，超过30%是特大跃进——作者注）；一是，1958年6月2日主持起草了一个关于将轻工业下放98.5%、重工业下放76%的文件。他认为，这是"权力下放过多过散"，"形成分散主义的根源之一"。他在会上还说：这些问题，我还要在3月的人大、政协会议上作适当的解释，这是我的账，要交代。毛主席插话说：交代一回也就好了。可见周总理对错误勇于承担责任的精神。

小平同志在1961年3月的广州会议，在8月、9月间的庐山会议，在年底的中央工作会议上，也多次表示：中央书记处要负错误的主要责任。在"七千人大会"上，他又说：关于这几年工作中的缺点和错误的责任……首先应该由做具体工作的中央书记处负主要责任。中央书记处给毛主席和中央政治局常委写了一个报告，对这几年中央的文件，作了检查。后来，小平同志在1980年4月1日对起草《关于建国以来党的若干历史问题的决议》的同志说："讲错误，不应该只讲毛泽东同志，中央许多负责同志都有错误。'大跃进'，毛泽东同志头脑发热，我们不发热？刘少奇同志、周恩来同志和我都没有反对，陈云同志没有说话。在这些问题上要公正，不要造成一种印象，别的人都正确，只有一个人犯错误。这不符合事实。中央犯错误，不是一个人负责，是集体负责。"这些话讲得很公正，很中肯，充分体现了实事求是的态度。1992年7月下旬，小平同志在审阅党的十四大报告稿时，再一次回忆起"七千人大会"，他说：在那次会上，大家都作了检讨嘛！总之，在我们党的历史上，像"七千人大会"这样，党的主要领导人带头作自我批评，主动承担失误的责任，这样广泛地发扬民主和开展党内批评，是从未有过的，所以它的意义和作用，在我们这些亲身经历过的人当中，永远不会忘怀，而且我相信会历时愈久，影响愈深。[19]

注　释

〔1〕林克：《回忆毛泽东对杜勒斯和平演变言论的评论》，载《党的文献》1990年第6期，第44—46页。

〔2〕孙钢：《〈党政干部三大纪律、八项注意〉的提出》，载《党的文献》1990年第3期，第57页。

〔3〕李维汉：《回忆与研究》（下），中共党史资料出版社1986年4月版，第852—856页。

〔4〕指1958年5月召开的党的八大二次会议。——原注

〔5〕指第二个五年计划的后三年。——原注

〔6〕指原准备1958年7月召开的党的八大三次会议。此会后因故未召开。——原注

〔7〕载《党的文献》1992年第3期。

〔8〕熊向晖：《毛泽东主席对蒙哥马利谈"继承人"》，载《新中国外交风云》，世界知识出版社1990年5月版，第53—57页。

〔9〕李银桥：《在毛泽东身边十五年》，河北人民出版社1991年6月版，第268—272页。

〔10〕指1993年。

〔11〕汪东兴：《毛主席关怀身边工作人员的成长》，载《中共党史资料》第46辑。

〔12〕逄先知：《毛泽东和他的秘书田家英》，中央文献出版社1989年12月版，第36—38页。

〔13〕逄先知：《毛泽东和他的秘书田家英》，中央文献出版社1989年12月版，第40—42页。

〔14〕毛泽东提出的这些问题是：食堂问题，粮食问题，供给制问题，自留山问题，山林分级管理问题，耕牛、农具〔归〕大队所有好还是〔归〕队所

有好的问题，一二类县、社、队全面整风和坚决退赔问题，反对恩赐观点、坚决走群众路线问题，向群众请教、大兴调查研究之风问题，恢复手工业问题，恢复供销社问题。——原注

〔15〕顺便说，这次会议期间，胡乔木因患严重的神经衰弱，中途请病假，直至田家英含冤去世和十年浩劫开始，没有恢复工作。从此，田家英和他在工作上的交往就基本上中断了。——原注

〔16〕逄先知：《毛泽东和他的秘书田家英》，中央文献出版社1989年12月版，第42—55页。

〔17〕逄先知：《毛泽东和他的秘书田家英》，中央文献出版社1989年12月版，第56—57页。

〔18〕逄先知：《毛泽东和他的秘书田家英》，中央文献出版社1989年12月版，第57—62页。

〔19〕薄一波：《若干重大决策与事件的回顾》下卷，中共中央党校出版社1993年6月版，第1021、1025—1029页。

七、重提阶级斗争

八届十中全会

1962年9月在北京召开的中共八届十中全会，使中国的政治生活再度出现波澜。

同年8月，中共中央在北戴河召开工作会议。会议原定议题是讨论农业、财贸等方面的工作。会议一开始，毛泽东发表长篇讲话，提出阶级、形势、矛盾三个题目要与会同志讨论，从而改变了会议议题。

在八届十中全会上，毛泽东继续联系对苏联赫鲁晓夫实行的政策的批评，提出国内的阶级斗争问题。在全会公报上，他还特地写进了这样一段话：

"在无产阶级革命和无产阶级专政的整个历史时期，在由资本主义过渡到共产主义的整个历史时期（这个时期需要几十年，甚至更多的时间）存在着无产阶级和资产阶级之间的阶级斗争，存在着社会主义和资本主义这两条道路的斗争。"

毛泽东在会上还提出，对阶级斗争和资本主义复辟的危险性问题，我们从现在起，必须年年讲，月月讲。这个观点，是他在1957年八届三中全会上关于社会主义主要矛盾的错误论点的进一步发展。

毛泽东在1962年夏季重提阶级斗争，不是没有原因的。其中一个重要原因，是他对党内政治生活状况和国内阶级斗争状况的错误观察。

在八届十中全会上，毛泽东把党的其他领导同志比较符合客观情况的一些意见，斥之为"黑暗风""单干风"和"翻案风"。他甚至认为，邓子恢等人的"包产到户"主张是站在地主富农资产阶级的立场上反对社会主义。

关于中共八届十中全会的情况，薄一波回忆说：

新中国成立以后，我们党在领导经济建设中有个毛病，就是当经济形势比较好的时候，或实际上并不怎么好而误以为很好的时候，就容易头脑发涨，不那么谦逊谨慎，或在思想政治上出现"左"倾，或在经济建设上出现盲目冒进。八届十中全会在思想政治上再次出现"左"倾，就是突出的一例。1962年上半年，党中央连续召开了"七千人大会"、西楼会议和五月北京中央工作会议，采取了比较实事求是的、各方面都退够的调整方针。到下半年，由于形势开始好转，也由于从年初以来在恢复农业生产和整个国民经济调整中存在意见分歧，还由于国际社会出现了一些变故、争端，国内一定范围内的阶级斗争在某些方面有些激化，毛主席又重新提出阶级和阶级斗争的问题。

八届十中全会正式会议只开了4天（9月24日至27日），但预备会议开了29天（8月26日至9月23日），预备会议之前还开了北戴河中央工作会议（7月25日至8月24日），为全会准备文件。所以，毛主席在全会第一天说，这次会议实际上已经开了2个月。

7月25日开始的北戴河会议，按原定计划主要是讨论农业、粮食、商业和国家支援农业等问题，重点是围绕讨论《关于进一步巩固人民公社集体经济、发展农业生产的决定（草案）》《农村人民公社工作条例修正草案》《关于商业工作问题的决定》等文件进行的。到8月5日，毛主席在华东、华中组会议上吹风；8月6日，他正式在大会上作了关于阶级、形势、矛盾问题的讲话；又在8月9日、11日、13日、15日、17日、20日的六次中心小组会上多次插话，继续阐发他讲话中的观点，会议也就转为着重讨论阶级斗争问题和批判"黑暗风""单干风"。

8月26日开始的预备会议，头一个多星期重点是讨论上述两个农业文件，批评邓子恢同志的所谓"单干风"；还讨论了国际形势和《关于有计划有步骤地交流各级党政主要领导干部的决定》《关于加强党的监察机关的决定》等文件。到9月6日、7日，六个小组先后转入批判彭德怀、习仲勋同志的所谓"翻案风"，一直到预备会议结束。

八届十中全会的4天会议，基本上是大会发言。第一天毛主席作关于阶级、形势、矛盾问题的报告。然后，陈伯达、李先念、董必武、薄一波、朱德、刘少奇、邓小平、周恩来、柯庆施、刘澜涛、李富春、彭真等同志先后在会上发言。会议最后一天下午，除通过上面提及的五个文件外，还通过了《中央监察委员会原有的委员、候补委员和增选的委员、候补委员的名单》《关于撤销和补选书记处书记的建议》《关于组织"关于以彭德怀同志为首的反党集团问题的专案审查委员会"的通知》《关于组织"清查习仲勋等同志反党活动的专案审查委员会"的通知》和《全会公报》五个文件。

毛主席说，这次长达2个月的会议，讨论的是两项性质的问题：一项是工作问题；一项是阶级斗争的问题，就是马克思主义同修正主义斗争的问题。实际上，由于毛主席提出了阶级、形势、矛盾等问题，从8月6日起，会上大部分时间是讨论阶级斗争问题和批"三风"，只用了很少时间研究和讨论工作问题。[1]

党内存在"黑暗风""单干风"和"翻案风",是毛泽东重提阶级斗争的基本依据。同时,他又判定苏联出了修正主义,发生了"资本主义复辟"。这又促使他进一步想到国内阶级斗争的国际背景,从而提出在国内也要反修防修、防止资本主义复辟的问题。

关于所谓"黑暗风"的由来,薄一波回忆说:

> 对于1958年以来三年"大跃进"造成的困难和经济形势的估计,在党内是有不同看法的。一些思想比较"左"的同志,认为困难并不大,形势仍然是好的。华东局的柯庆施同志就是代表。毛主席曾一度认为,我们违背了客观规律,"最近三年受了大惩罚",碰了钉子,"碰得头破血流"。但在更多的情况下,他又比较同情"左"的观点。1961年9月庐山中央工作会议上,在周总理发言时,毛主席曾插话说:错误就那么一点,没有什么了不得。随后他又形象地说,现在是退到谷底了,形势到了今天是一天天向上升了。1961年底,在召开"七千人大会"的前夕,毛主席又说:国内形势总的是不错的。前几年有点灰溜溜的,心情不那么愉快。到1961年,心情高兴些了,因为在农村搞了"六十条",工业搞了"七十条",还提出了"三级所有,队为基础",这些具体政策都见效了。他在无锡找华东几个省的同志谈话时,表示1962年要抓工、农、兵、学、商、政、党七个方面的工作,大抓一年,工作要一天一天上轨道。1962年初"七千人大会"后,毛主席到上海、山东、杭州、武汉等地视察,听到一些地方负责人讲的都是形势去年比前年好,今年又比去年好,比较乐观。

> "七千人大会"后,接着召开了西楼会议和五月中央工作会议。这两个会议很重要的一个内容,就是强调当时是一种困难的形势,要把困难估计够。但是,党内的认识并不一致。陈云同志在国务院各部、委党组成员会上讲话指出,"对于困难的程度,克服困难的快慢,在高级干部中看法并不完全一致","农业恢复的速度是快还是慢? 也有不同的估计","不要掩盖这种不一致"。"我相信,大家的认识,在实践的过程中,可以逐步地一致起来。"这些话把这种"不一致"已经挑明了。到八届十中全会前后,毛主席就把这两次会议对形势和困难实事求是的估计当作"黑暗风"来批判了。

> 针对这两次会议对形势的估计,8月5日毛主席在华东、中南组说:我周游了全国,从中南到西南,找各大区的同志谈话,每个省都说去年比前年好,今年比去年好,看来并非一片黑暗。有的同志把情况估计得过分黑暗了。8月6日毛主席在讲话中批评说:现在有一部分同志把形势看成一片黑暗了,没有好多光明了,引得一些同志思想混乱、丧失前途、丧失信心了。8月9日在中心小组

会上，毛主席又说：1960年下半年以来，大家只讲黑暗，不讲光明，已经有两年了。我在周游"列国"时，在光明、黑暗的问题上只是露了一点，提了个题目。这两年讲困难讲黑暗合法，讲光明不合法了。这次会上就是要解决这个问题。

针对两会要把困难估计够的说法，8月15日毛主席批评说：有那么一些人，没有干劲了，怎么办？他们鼓单干之劲，鼓黑暗之劲，鼓讲缺点错误之劲。讲光明、讲成绩、讲集体经济，他们就没劲了，怎么办？8月20日他又说：讲困难、讲黑暗已经讲了两年多了，讲光明不合法了。毛主席多次批评以后，少奇同志不得不就5月中央工作会议对困难估计的说法进行解释和自我批评。在8月11日中心小组会上，少奇同志说：五月会议我对困难有两点估计过分了，一是说1962年夏收减产已成定局，一是说单干在全国估计已占20%。9月26日，少奇同志在全会上讲话，着重谈了如何对待困难的问题。他说：前些年困难是不可避免的；要实现国家工业化和农业集体化，就要花一些代价，吃一些苦，死一些人，都是合乎规律的，比起列宁在十月革命后遇到的困难要小得多。他还把对待困难的态度分作三种：一是被困难所吓倒，动摇（这是指邓子恢同志）；一是利用困难向党进攻（这是指彭德怀同志）；一是充分估计困难，坚持社会主义道路（这是指西楼会议、五月会议）。少奇同志是维护两会的正确性的，但他也不得不承认：两会对困难估计得多了一些。"现在我们受到的困难到底有多大？我看，现在就是这样大"，"就是如此而已"。不过他还是认为，在宣传上不要把形势说得太好了，"还是有困难，还要继续克服"，毛主席接受了这个看法，插话说：公报要改一下，改成去年比前年好一些，今年又比去年将会要好一些。这也是当时对形势、对困难估计的两句有代表性的用语。

针对两会关于农业恢复的速度不能够很快的说法，在8月11日中心小组会上，毛主席批评说：农业恢复要五年、八年，讲得那样长，就没有希望了。如果那样讲，就是说我们的政策如"六十条"、"七十条"、精减两千万人、减少征购等都不灵，或者说，这些政策要长期才能见效，那就需要另搞一套。在8月13日中心小组会上，军队一位负责同志发言也批评说：农业恢复的时间越说越长，工业指标也越讲越少，我们一辈子没有希望了，还有什么搞头。还有的同志在小组会上发言说：现在整个国民经济的中心不是个恢复问题，工业、农业、交通运输业都不是个恢复问题。在十中全会最后一天，有的同志发言批评说：现在是越低越好，越少越好，越慢越好，越黑暗越好，把大跃进说得越不像话越好，越松劲、越单干越好。今后五年不能光讲是恢复。毛主席插话说：今后五年不只是恢复，一定要有所发展。

针对两会提出的"争取快,准备慢",把十年规划分为前五年恢复,后五年发展的决策,在8月15日的中心小组会上,李富春同志发言说:五月会议提出争取快、准备慢,问题是有些同志把重点放在准备慢上了。毛主席插话说,"争取快、准备慢",哪一方面也适用。快了,头一句灵;慢了,后一句灵。谭震林同志发言也不赞成说农业的恢复要五年。他说:实际上,"五风"纠正了,搞了"十二条""六十条",恢复就会很快,只要两年就达到1957年3700亿斤的水平。毛主席插话说:恐怕再有两年差不多,主要是今明两年,1964年扫尾。无非是刮"五风"、瞎指挥不干了,高征购减少了,现在这些因素没有了嘛!有的同志在小组会上还说:"大跃进的形势,肯定会很快重新到来的。"并认为,这是社会主义建设发展的客观规律。

从五月会议到北戴河会议,时间仅隔两个多月,对形势的看法为什么那样悬殊?毛主席为什么要批判"黑暗风"?我认为,这还是反映了中央领导同志中间对如何进行国民经济调整有不同看法。毛主席是同意进行调整的,但前提是:必须首先肯定1958年以来提出的路线、方针、政策的正确性,不容许有什么触动;对前几年所犯错误的分析,对困难的分析和克服困难的办法,必须与之合拍。西楼会议、五月中央工作会议使调整工作大大深入了一步,在某些方面触动了这个大前提。因而,毛主席就要出来干预和纠正了。在8月11日中心小组会上,毛主席说:现在不赞成总路线、"三面红旗"的人,把形势说成一片黑暗。就像有些小说,如《官场现形记》等,揭露黑暗,人们是不喜欢看的,鲁迅把它叫作谴责小说。《红楼梦》《西游记》人们爱看,因为它有希望嘛。《金瓶梅》没有传开,不只是因为它的淫秽,主要是因为它只揭露黑暗。会上,有的同志说:"三面红旗"究竟打不打?现在似乎理不直、气不壮了。有的同志说,大跃进似乎很难开口了,简直就不好提了。东北有个同志说,现在似乎总路线不好讲了,大跃进也不能讲了,成绩不能讲了,一讲成绩就受讽刺。在8月9日中心小组会上,有人说到,现在有人怕说光明,说光明就感到有压力。毛主席插话道:说压力,那你先压我嘛!你压了我几年了嘛!你们黑暗讲了几年了嘛!越讲越没有前途了。说集体没有优越性了,这不是压我?压力总是有的。这段话很能反映毛主席对西楼会议、五月中央工作会议的看法,也很能反映他对1960年底以来的调整工作的一些看法。[2]

关于所谓"单干风"的由来,薄一波回忆说:

1961年、1962年,在全国一些农村,群众创造并实行了包产到户这种比较符合农村生产力水平的农业生产责任制。它是对"一大二公"的人民公社经营方式的自发的否定,也是为克服农村遇到的严重困难应运而生的。它一问世就很受农民欢迎,全国不少地方都程度不同地实行起来。比如,当时搞各种形式包产到户的,安徽全省达80%,甘肃临夏地区达74%,浙江新昌县、四川江北县达70%,广西龙胜县达42.3%,福建连城县达42%,贵州全省达40%,广东、湖南、河北和东北三省也都出现了这种形式。据估计,当时全国实行包产到户的约占20%。但是,由于认识上的不一致,它长期得不到肯定。而且在这两年时间里围绕它发生了一场争论,八届十中全会上,把它作为"单干风"进行了批判。

我们党领导农民群众走农业集体化的道路,这个大方向是对的,是应该坚持的。但是,对集体化的内容和具体发展路子的理解,在相当长的时间内存有片面性和局限性,而且在生产管理上也长时间没有找到一种好的形式。自1960年冬季开始,党中央在调整农村政策中,先后制定了"十二条""六十条"和《关于改变农村人民公社基本核算单位问题的指示》,逐步纠正了"共产风""瞎指挥",基本结束了队与队之间的平均主义。但是,户与户之间的平均主义问题还没有解决。平均主义对生产力的破坏极为严重,农民群众最厌恶的就是干活大呼隆,分配一拉平。基本核算单位下放到生产队以后,农民形容说:"大呼隆"变成了"二呼隆","大锅饭"变成了"二锅饭"。

1961年,在一位老农的启发下,安徽创造了在计划、分配、大农活、用水、抗灾等方面实行统一管理(即:"五统一")下的"责任田",实际上就是包产到户的形式。这年3月,安徽省委作出决定,在全省普遍实行这种生产形式。因怕被人误解说成是"单干",他们把这种形式叫作"包产到队、定产到田、责任到人"的责任制。实行"责任田"确实很见效,能够大幅度增产,提高农民的生产积极性。当时一个干部给毛主席写的一封信,就举了这样一个生动例子:安徽太湖县徐桥实行了"责任田",附近的宿松县没有实行。徐桥嫁到宿松县的姑娘们三五天跑回娘家一趟,为的是多吃几餐饱饭,回去还要带些粮食走。做母亲的叹息道:"唉,你们宿松县不实行责任田,真急人。"

但是,对这种受欢迎的责任制形式,中央和华东局的态度是不明确的。安徽省委书记曾希圣同志向华东局柯庆施同志汇报,柯的态度暧昧,说这个办法不要推广,可以试验。1961年2月,柯庆施同志去安徽,途经全椒县古河镇,几位老农当面提出要求实行"责任田",并问:"为什么不相信我们?"3月10日,在广州中央工作会议华东组会上,曾希圣同志介绍了这种办法,大家一般地表示试验可以,推广值得考虑。

曾希圣同志于3月15日、16日向毛主席汇报这个问题时,毛主席说:"你们试验嘛!搞坏了检讨就是了。"曾立即打电话告诉省委:"现在已经通天了,可以搞。"广州会议尚未结束,毛主席又通过柯庆施同志转告曾希圣同志说：可以在小范围内试验。3月20日，曾希圣同志又给毛主席并少奇、恩来、小平、彭真、庆施同志写信，如实分析了实行"责任田"的好处和坏处，认为好处明显，大于坏处。毛主席未表态。1961年7月，曾又赶到蚌埠向毛主席汇报，毛主席勉强说了一句："你们认为没有毛病就可以普遍推广。"到了这年12月，毛主席思想上起了变化，认为农村实行以生产队为基本核算单位以后，这是最后的政策界限，不能再退了。他在无锡，把曾希圣同志找去，用商量的口气说：生产恢复了，是否把"责任田"这个办法变过来。曾希圣同志提出：群众刚刚尝到甜头，是否让群众再搞一段时间。

1962年初，曾希圣同志在"七千人大会"上因安徽在"大跃进"中刮"五风"严重而受到批判，也把实行"责任田"作为一个问题提出来进行批判，说他搞"责任田"是"犯了方向性的严重错误"，"带有修正主义色彩"。他被撤了职。新省委作出改正"责任田"的决定，认为"责任田""在方向上是错误的，与中央提出的'六十条'和关于改变农村人民公社基本核算单位问题的指示是背道而驰的"，要求在1962年内大部分改过来，1963年扫尾。

至此问题并没有解决。因为"责任田"是一种联产计酬的生产责任制，适应农村生产力的发展要求和广大农民的需要，有强大的生命力，广大农民群众不愿意改变。1962年6月14日，中央农村工作部副部长王观澜同志致函邓子恢同志并转谭震林同志说：安徽群众"特别强烈要求的，是'责任田'三年不变，人大代表李有安（劳模）甚至代表群众说话，提出三年又三年不变"。6月，李富春同志也致函少奇、小平并书记处诸同志，说他本月16日途经安徽一些地方，看到农民生活好了，没有浮肿病和逃荒要饭的了。同农民谈话，农民都说，"实行包产到户好，积极性比过去高了"，"现在自己种自己收，多种就多收，多收就多吃"。6月29日，他还致函正在湖南农村和田家英同志一起做调查工作的梅行同志说：农业问题恐需"在政策上要活些，要以退为进"。

1962年4月至7月，中央的一些领导同志对这个问题思考甚多。

（1）邓子恢同志的主张。他很早就重视在农业合作社建立生产责任制的问题，同时他是主张巩固集体经济，反对单干的。1962年上半年，安徽强行纠正"责任田"。4月初，宿县符离区委书记给邓子恢同志写信反映群众的意见，认为"责任田"坚持"五统一"，就是坚持了土地等主要生产资料集体所有的原则，方向是正确的。这封信引起了邓子恢同志的重视，他让中央农村工作部派工作组去安徽一些县作调查。6月中旬和7月18日，工作组先后给他发来《当涂县责任田的情况调查》《宿县王楼公社王楼大队实行责任田的情况》《宿县城关区刘合大队实行包产到户责任田的情况调查》。这些材料都是肯定"责任田"的，认为是"在集体农业生产的经营管理上找出了一条出路"，群众说："越干越有奔头，最好一辈子不要再变。"

在5月中央工作会议上，邓子恢同志赞成在有些地区适合搞包产到户的就让农民搞。5月24日，他给党中央、毛主席写了《关于当前农村人民公社若干政策问题的意见》，主张给农民多一点"小自由、小私有"，强调建立生产责任制是"今后搞好集体生产、巩固集体所有制的根本环节"。5月底至7月中旬，邓子恢同志还先后应邀在军委总后勤部、解放军政治学院、中央高级党校等单位作过多次长篇报告。这些报告分析了在三年困难时期，粮食产量连续下降，农村元气大伤的原因是：所有制变动太大、分配上搞平均主义、瞎指挥、经营管理没有上轨道、干部中存在特殊化作风、工农业发展比例失调等。他详细比较了个体经济、集体经济的优缺点，结论是集体经济的优越性大。但是因为经营管理没做好，优越性没有发挥出来。因而，他主张除固定所有制、做好经济工作以外，主要是搞好经营管理，也就是"必须有严格的责任制"。他主张搞联产计酬的包产到户。他说："农活生产责任制不和产量结合是很难办的。因此有的地方包产到户，搞得很好，全家起早摸黑都下地了。"他认为，不能把"包产到户"说成是单干，因为"土地、生产资料是集体所有，不是个体经济"。7月2日，安徽宿县符离区党委全体同志又给邓子恢同志并党中央寄来《关于"责任田"问题的汇报》，列举了七条理由证明"责任田"方向是对的，列举了十个变化说明它确实好。

在这种情况下，邓子恢同志坚信"责任田"的办法是正确的，决心把中央农村工作部的调查材料和安徽来信都送给毛主席看。农村工作部的同志劝他暂时缓一缓，等中央态度明朗以后再说。他毫不含糊地说：应该实事求是地向中央陈述意见。共产党员时时刻刻想到的是老百姓的利益，不怕丢"乌纱帽"。

在我们党内，邓子恢同志是对农业、农村和农民问题非常了解和深有研究的一位老同志。在那些年，我们常常可以听到看到他在这方面的一些真知灼见。更可贵的是，他能够始终如一地坚持党的实事求是的原则，如实地反映农村情况，如实地陈述自己对农村问题的看法，只要事实证明他的看法是合乎农民群众的要求和愿望的，他就毫不动摇地加以坚持，不管别人怎么看，不管是否受到批评，也不管是否丢掉"乌纱帽"。其识其胆，我以为是足堪激励同辈，鞭策后人的。

（2）中央几位领导同志对田家英同志湖南调查结果的不同态度。"七千人大会"后，毛主席南下，派秘书田家英同志率调查组到湖南农村调查如何尽快恢复农业生产问题。田家英同志在1961年的广州会议上，是不赞成安徽等地包产到户的做法的。1962年3月、4月份,他率调查组来到湖南韶山南岸生产队、毛主席的外祖家棠佳阁生产队、湘乡县大坪大队和少奇同志故乡宁乡县炭子冲大队,经过两个多月深入调查,发现农民对包产到户呼声极高,过去搞"大呼隆",大家责任心不强,误工、不出活、农活质量低、干部开销大,因而粮食产量从1955年开始到1961年几乎连年下降。农民对这种状况很不满意,强烈要求工作组"帮个全忙,把田分到户",中央"只应当大家,莫当小家","小家让农民自己去当"。田家英同志深受感染,态度也发生了转变,赞成农村可以搞包产到户。

田家英同志到上海去汇报,陈云同志称赞他"观点鲜明"。他向毛主席汇报群众欢迎包产到户,而毛主席认为"包产到户"是一种后退,反映了落后群众的要求,并说:我们是要走群众路线的,但有的时候,也不能完全听群众的,比如要搞包产到户就不能听。田家英同志又回到湖南作了一段时间的调查研究。7月初回北京,田家英同志又向少奇同志汇报,少奇同志说:要使包产到户合法起来,可以把调查得出的结论在"秀才"中间酝酿。他向小平同志汇报时,小平同志很明确地表示:赞成。7月上旬,毛主席从邯郸回到北京,田家英同志被召见。田表示:全国各地出现包产到户、分田到户,与其自发地搞,不如有领导地搞,全国农村可以60%的搞包产到户,40%的仍集体统一经营、统一分配。当时毛主席没有搭理。后来在八届十中全会上,因为这一条,田家英同志也一再受到批评。

(3)邓小平同志的意见。6月下旬,中央书记处听取华东局农村办公室汇报,华东局认为安徽搞"责任田"就是单干,是方向性错误。会上赞成和反对的各占一半。小平同志说:在农民生活困难的地区,可以采取各种办法,安徽省的同志说"不管黑猫黄猫,能逮住老鼠就是好猫",这话有一定的道理。"责任田"是新生事物,可以试试看。7月7日,小平同志在接见出席共青团三届七中全会全体同志的讲话中,主张使包产到户合法化。他说:

生产关系究竟以什么形式为最好,恐怕要采取这样一种态度,就是哪种形式在哪个地方能够比较容易比较快地恢复和发展农业生产,就采取哪种形式;群众愿意采取哪种形式,就应该采取哪种形式,不合法的使它合法起来。……刘伯承同志经常讲一句四川话:"黄猫、黑猫,只要捉住老鼠就是好猫。"……现在要恢复农业生产,也要看情况,就是在生产关系上不能完全采取一种固定不变的形式,看用哪种形式能够调动群众的积极性就采用哪种形式。……现在要冷静地考虑这些问题。过去就是对这些问题考虑得不够,轻易地实行全国统一。有些做法应该充分地照顾不同地区的不同条件和特殊情况,我们没有照顾,太轻易下决心,太轻易普及。

（4）陈云同志的意见。1962年春夏之交，陈云同志在上海、杭州。他看了安徽"责任田"的材料，认为是非常时期必须采取的办法。他打算向毛主席进言。7月初回京，与几位常委同志交换意见，看法基本一致。7月6日，他给毛主席写信说："对于农业恢复问题的办法，我想了一些意见，希望与你谈一谈，估计一小时够了。我可以走路了，可以到你处来。"毛主席从邯郸回来，当夜就约陈云同志谈话。陈云同志阐述了个体经营与合作经济在我国农村相当长的时期内还要并存的问题。当前要注意发挥个体生产积极性，以克服困难。当时毛主席未表态。第二天传出，毛主席很生气，严厉批评说："分田单干"是瓦解集体经济，是修正主义。陈云同志闻讯，沉默不语。北戴河会议初期，他写信给小平同志并转毛主席，说明因身体状况不好，要求请假，并表示："7月24日《关于巩固人民公社集体经济、发展农业生产》的决定草案，我已看过，我完全同意中央作这样一个决定。"陈云同志未参加八届十中全会的全过程。

1962年7月上旬，毛主席从邯郸回来，主意已定，对邓子恢、田家英同志主张"包产到户"（他认为这就是"单干"）十分反感，对少奇、陈云、小平同志没有抵制甚至赞同也不满意。9日、10日、11日连续三天下午他分别把河南的刘建勋、耿其昌同志，山东的谭启龙同志，江西的刘俊秀同志招来北京商谈农村工作问题。针对各地出现"包产到户"，他提议以党中央名义起草一个关于巩固人民公社集体经济、发展农业生产的决定，改由陈伯达主持，不让田家英同志参与其事。毛主席后来在北戴河会议上说：为什么搞这么一个文件，讲巩固集体经济呢？就是因为现在这股闹单干的风，越到上层风就越大。毛主席态度明确以后，大家不能不跟着转变态度。7月18日，少奇同志在对下放干部的讲话中，专门讲了巩固集体经济问题，批评包产到户，批评从高级干部到基层干部"对集体经济的信念有所丧失"。7月17日文件初稿拿出，7月19日、20日，由陈伯达主持，在中南海怀仁堂召开有各大区书记参加的起草委员会会议，座谈这个决定。会上对包产到户取否定态度。柯庆施同志发言说：现在看，单干不行，这个方向必须批判。刘澜涛同志发言介绍了西北局围绕"包产到户"展开争论的情况。陶铸、王任重同志曾到广西龙胜县调查座谈过包产到户问题，毛主席对他们的"座谈记录"评价甚高，认为"分析是马克思主义的，分析之后所提出的意见也是马克思主义的"。陶铸同志发言还是坚持划清单干与集体的界限，认为在单门独户、分散居住的地方可以搞包产到户。

中央的决定发下去后，各省、市、自治区和各部委写出61篇讨论的"书面报告"，基调是批评包产到户，但也有的发表了赞成包产到户的意见。北戴河会议初期的讨论也大体如此。

8月5日、6日，毛主席在北戴河会议讲话后，形成了一边倒，对"单干风"（实际是包产到户）进行严厉批判。8月5日，毛主席说：一搞包产到户，一搞单干，半年的时间就看出农村阶级分化很厉害。有的人很穷，没法生活。有卖地的，有买地的，有放高利贷的，有娶小老婆的。8月6日毛主席讲话强调：还是到社会主义，还是到资本主义，农村合作化还要不要？还是搞分田到户、包产到户，还是集体化？主要就是这样一个问题。8月9日在中心小组会上，毛主席又插话说：单干从何而来？在我们党内相当数量的小资产阶级成分，包括许多农民，其中大部分是贫农和下中农，有一部分富裕中农家庭出身的，或者本人就是富裕中农，也有地富家庭出身的，也有些知识分子家庭，是城市小资产阶级出身，或者是资产阶级子弟。另外，还有封建官僚反动阶级出身的。党内有些人变坏了，贪污腐化，讨小老婆，搞单干，招牌还是共产党，而且是支部书记。这些人很明显，把群众当奴隶。有些同志马克思主义化了，化的程度不一样，有的化得不够。我们党内有相当多的同志，对社会主义革命缺乏精神准备。

批"单干风"重点是批评邓子恢同志。会上把他夏天的几次报告和安徽省太湖县委宣传部一位同志给毛主席写的《关于保荐责任田办法的报告》都拿来批判。会上说邓子恢同志在困难面前发生动摇，是代表富裕农民阶层搞资本主义农业的要求。8月12日，毛主席在一个文件上批示，严厉批评邓子恢同志"动摇了，对形势的看法几乎是一片黑暗，对包产到户大力提倡。这是与他在1955年夏季会议以前一贯不愿搞合作社；对于搞起来了的合作社，下令砍掉几十万个（实际上，那次整顿，只减少了两万多个合作社——作者注），毫无爱惜之心；而在这以前则竭力提倡四大自由，所谓'好行小惠，言不及义'，是相联系的"。"他没有联系1950年至1955年他自己还是站在一个资产阶级民主主义者的立场上，因而犯了反对建立社会主义集体农业经济的错误"。这种批评显然是不对的。9月25日，董必武同志在八届十中全会讲话谈到"单干风"时，毛主席又插话说：邓子恢同志曾当面和我谈过保荐责任田，我跟他谈了一个半钟头的话，我就受了一个半钟头的训，不是什么谈话，是受他的训。接着，毛主席问道：邓子恢同志还跟别的同志谈了没有？少奇、恩来同志不得不进行解释。毛主席多次说到建议可以，但不能采纳。话中隐含着批评少奇等同志没有抵制包产到户的意见。他在会上还多次批评田家英同志60%的包产到户、40%搞集体的主张；批评中央农村工作部搞资本主义，邓子恢同志是"资本主义农业专家"。这一天，我在会上也发了言，虽然主要谈的是工农业关系问题，但在开头的表态中，我对邓子恢同志也是作了不恰当的批评的。随后，中央撤销了邓子恢同志任部长的中央农村工作部，调他任国家计委副主任。[3]

关于田家英向毛泽东建议实行部分包产到户办法的前后情况，逄先知有过详尽的回忆。他说：

"七千人大会"闭幕不久，毛泽东就离开北京到南方去了。临走前，他要田家英整理一下他在大会上的讲话。2月下旬，田带着整理稿和我一起到了杭州。毛对田整理的稿子不太满意，写了一个批条，语气很婉转，说还是他自己整理的那个稿子好。毛自己整理的稿子，是在录音记录稿上略作了一些文字修改，完全保持了原来的样子。后来，他又一遍一遍地修改，润色，并加写了几大段话。每改一遍，都送给田校阅，还要他帮助查阅了一些历史书籍。

这时，毛泽东仍关注着农业，不放松对农村情况的了解。2月25日，他把田家英叫去，要田再组织一个调查组，到湖南作调查，主要了解贯彻执行"六十条"的情况和问题。

毛泽东总是这样，对任何一个问题，不抓则已，一抓就抓住不放，一抓到底。"抓而不紧，等于不抓"，这是他的名言，也是他的一个重要工作方法。农民问题，在毛泽东的思想中，始终占着特殊重要的地位，民主革命时期是这样，社会主义时期同样如此。他在1961年曾经这样说过："中国有五亿农民，如果不团结他们，你有多少工业，鞍钢再大，也不行的，也会被推翻的。"（1961年3月23日在广州会议的讲话）又说："中国这个国家，离开农民休想干出什么事情来。"（1961年5月21日与各中央局负责同志谈话）

毛泽东给田家英指定了4个调查地点：湘潭的韶山（毛的家乡）、湘乡的唐家圫（毛的外祖家）、宁乡的炭子冲（刘少奇的家乡）、长沙的天华大队（刘1961年3月、4月间蹲点的地方）。他特别嘱咐田家英，要向刘少奇报告一下，问他有什么指示，他那里有什么人要参加调查。田家英回到北京向刘少奇作了汇报，刘除了表示同意外，还很关心调查组，说湖南3月天气还很冷，可以向省委借些棉大衣给大家穿。

田家英组织了一个17人的调查组，兵分3路，去韶山大队、大坪大队（即唐家圫）、炭子冲大队。天华大队没有去。

毛泽东对这次调查寄予厚望。有了前次成功的浙江调查，他相信田家英领导的这次调查同样会给他很大的帮助。他接见了调查组全体成员。时间：3月22日；地点：武昌东湖招待所。当时的湖北省委第一书记王任重参加了这次接见。那天下午，大家听说毛主席要接见，都很兴奋。毛先是一个一个地问每个人的名字，接着讲了一些当时流传的政治笑话，谈笑风生。最后向调查组提了几点希望：第一，要同当地干部，省、地、县、社各级干部相结合。第二，不要乱指挥。第三，头脑里不要带东西（指思想框框）下去，只带一件东西，就是马克思主义。第四，要作历史的调查，这是马克思主义的历史主义观点。第五，看到坏人坏事不要乱说，好的可以说。第六，参加点轻微的劳动。毛泽东当时亲切、温和而又轻松的谈话情景，至今还给我留下清晰的印象。

田家英把这次调查的重点放在如何恢复农业生产这个问题上。当时，陈云正在组织人力调查和深入研究这个问题。这也是全党各级组织都在研究的一个题目。田计划在这次调查的基础上为中央起草一个《恢复农村经济的十大政策》的文件。

……

经过一段调查，田家英的思想起了变化，他认真听取和思考农民的意见，觉得很有道理。调查组内也有人主张实行包产到户，田便组织全体同志进行讨论，鼓励大家畅所欲言，充分发表意见。双方争论非常热烈，但都是心平气和地讲道理，没有任何棍子、帽子之类的东西，田认真冷静地听取双方阐述的理由。当时不赞成包产到户的意见占着上风，但是他仍鼓励少数几位主张包产到户的同志继续进行研究。

田家英心里很矛盾。他认为，从实际情况看，搞包产到户或分田到户明显地对恢复生产有利。另一方面，他又觉得，事关重大，在这个问题上不能轻举妄动，特别在韶山这个特殊地方，以他这样的身份（人们都知道他是毛主席的秘书，是毛主席派来作调查的），更应谨慎从事。这里一动，势必影响全省，会给省里的工作造成困难（实际上，早在1961年3月，湖南的有些农村已经实行暗分明不分，不过还没有波及长沙、湘潭这样的重要地方）。他在私下多次对我说，在手工劳动的条件下，为了克服当时的严重困难，包产到户和分田到户这种家庭经济还是有它的优越性，集体经济现在"难以维持"，已经萌生用包产到户和分田到户渡过难关的思想。但在公开场合，在农民和干部面前，对包产到户的要求他丝毫也不松口。

田家英就是带着这种矛盾的心情，同我一起到上海向毛泽东汇报的。当时，陈云也在上海，我们将三个点的调查报告同时送给他们两人。得到的反应迥然不同。陈云读后很称赞，说"观点鲜明"。在这之前，田已将炭子冲大队的调查报告寄给了刘少奇，刘认真地看了，认为很好。毛泽东却很冷漠，大概没有看，只听了田的口头汇报。毛对田说："我们是要走群众路线的，但有的时候，也不能完全听群众的，比如要搞包产到户就不能听。"这是毛泽东对包产到户问题的又一次明确表态。后来的实践表明，包产到户即家庭联产承包责任制，仍然保存了集体所有制的部分优点，在这个基础上仍然可以实行双层经营、双向承包、以工补农直至在条件具备时发展为规模经营，与分田到户不同，是适应我国大部分农村的生产情况的。

在上海期间，杨尚昆从北京打电话给田家英："总理要我问你一下，可不可以把农村的私有部分放宽一些？"田家英当即表示同意。

……

我们回到北京已经是6月底。在北京听到的关于包产到户的声音，跟我们在下面听到的几乎一样，不过这些言论更带理论性和系统性。

回到北京后，田家英立即向刘少奇作汇报。汇报刚开了个头，就被刘打断了。刘说，"现在情况已经明了了"，接着就提出关于实行包产到户的主张，并且详细讲了对当时形势的看法。田问："少奇同志这些意见可不可以报告主席？"刘说："可以。"刘少奇又吩咐田家英把他的意见在"秀才"中间酝酿一下，听听反应。他为慎重起见，并且希望能够真正听到"秀才"们的真实意见，嘱咐田不要说是他的意见。接着，田又向邓小平报告关于起草《恢复农村经济的十大政策》的设想。邓的话不多，很干脆："赞成。"田家英立即组织起草班子。他的指导思想就是，当前在全国农村应当实行多种多样的所有制形式，包括集体、半集体、包产到户、分田单干，以便迅速恢复和发展农业生产。与此同时，田家英还向其他几位中央领导人陈述了自己的观点和主张，得到一致赞同。

看来，事情进行得很顺利。但是，中央究竟是否确定推行包产到户，还要通过关键的一个关口，那就是毛泽东的同意。田家英似乎觉得比较有把握，因为中央常委的几位同志几乎都支持搞包产到户，至少是不反对；但是心里又有些嘀咕，不知道毛现在的态度究竟怎样。他知道提这样的建议是要担风险的，但他不顾个人得失，终于下决心，以秘书的身份向毛泽东进言。这时，毛正在河北邯郸视察工作，田家英打长途电话要求面陈意见。那边传来电话说："主席说不要着急嘛！"从这句话里，我们已经微微感觉出毛的不耐烦的心情了。

过了两天，毛泽东回到北京，田家英被召见，地点在中南海游泳池。田家英系统地陈述了自己的意见和主张。大意是：现在全国各地已经实行包产到户和分田到户的农民，约占30%，而且还在继续发展。与其让农民自发地搞，不如有领导地搞。将来实行的结果，包产到户和分田单干的可能达到40%，另外60%是集体的和半集体的。现在搞包产到户和分田单干，是临时性的措施，是权宜之计，等到生产恢复了，再把他们重新引导到集体经济。

毛泽东静静地听着，一言不发。这种情况，同刘少奇性急地打断田家英的汇报，滔滔不绝、毫无保留地讲出自己的意见，完全不同。最后，毛突然向田提出一个问题：你的主张是以集体经济为主，还是以个体经济为主？一下子把他问住了。对于这突如其来的提问，他毫无准备。毛接着又问："是你个人的意见，还是有其他人的意见？"田答："是我个人的意见。"当时，毛没有表示意见。没有表态,这就是一种态度,不过没有说出来而已。

田家英从游泳池回来,情绪不大好。他说:"主席真厉害。"意思是说,毛主席把问题提得很尖锐,使他当场不知如何回答是好。毛泽东善于抓住对方谈话的要害,出其不意地提出问题,迫使对方无法含糊其词,无法回避问题的实质,非把自己的观点确定而鲜明地摆出来不可。

大概是第二天,毛泽东召集会议,田参加了,还有陈伯达。毛终于说话了,批评田家英回到北京不修改"六十条",却搞什么包产到户、分田单干。(大意)会上,毛指定陈伯达为中央起草关于巩固集体经济,进一步发展农业生产的决定。

毛泽东对人民公社"六十条"好像有些偏爱。他多次说:人还是那些人,地还是那些地,有了"六十条",农村形势就大不一样。在他看来,有了"六十条",再加上基本核算单位下放这一条,农村的问题,就调整生产关系方面来说,已基本上解决。以生产队为基本核算单位,是毛调整农村政策的最后界限,如再进一步调整,搞包产到户什么的,就认为是走资本主义道路。[4]

薄一波还回忆了所谓"翻案风"的由来。他说:

在调整政策,为"反右倾"中被错误批判、打击的干部和群众进行甄别平反的过程中,由于毛主席坚持认为庐山会议没有错,问题只是不该传达到县以下,彭德怀同志的问题仍没有得到平反。在1962年1月召开的"七千人大会"上,少奇同志在讲话中说:1959年7月14日,彭德怀同志给主席写信反映意见,"信中所说到的一些具体事情,不少还是符合事实的","一个政治局委员向中央主席写一封信,即使信中有些意见是不对的,也并不算犯错误"。那么,为什么要批判他?为什么要肯定"这场斗争是完全必要的"呢?少奇同志列举了四点理由。一是在党内有一个小集团,是高、饶反党集团的主要成员。毛主席插话补充说,彭和高岗,实际上的领袖是彭。二是彭和高"都有国际背景","同某些外国人在中国搞颠覆活动有关"。三是阴谋篡党,背着中央在党内进行派别活动。四是他1959年的信早不写、晚不写,恰在他率军事代表团出访几个月回来后急急忙忙写,是以为时机已到,利用工作中的缺点错误向党进攻。

彭德怀同志没有参加"七千人大会"。会前三天(1月7日),他给中央办公厅主任杨尚昆同志写信说:"六日午前,中央办公厅同志电话通知十日参加扩大会议,烦请代我请假。一、二月拟继续读哲学和政治经济学,三月去太行山区,四月去冀南区各调查一两个大队。"后来当他知道会上再次受到了批判,他不得不进行辩解和申诉。1962年6月16日,他向毛主席和党中央交了一封很长的申诉信(即所谓"八万言书")。

这封信共分五个部分，大体上是围绕少奇同志在"七千人大会"的讲话中对他的批评来写的。第一部分，他与黄克诚、张闻天、周小舟等人之间是同志关系，没有什么不可告人的秘密，不存在"阴谋篡党"的问题。庐山会议上，他对一些问题的看法，曾在会前和会中都讲过，不存在等待时机问题。第二部分，回顾同高岗、饶漱石的接触和来往情况，承认听到高岗议论少奇同志，没有及时向中央报告，是不对的，但绝不存在"彭、高联盟"。第三部分，回顾1936年至1958年之间，九次同外国人的接触，每次同外国人谈话，都有翻译和外交人员在场，有案可查，不存在"同某些外国人在中国搞颠覆活动"的问题。第四部分，回顾他本人入党、平江起义、上井冈山、长征、抗日战争等情况。第五部分，针对有人说他执行了资产阶级军事路线，他说，自己在主持中央军委日常工作期间，在建军原则、领导制度、战略方针、民兵制度等方面，都是遵循党中央、毛主席的原则办事的，"不能得出什么'资产阶级军事路线'的结论"。他特别申明，说他阴谋篡党和有国际背景，"实在腹怀委屈"，是莫须有的罪名，如果发现事实确凿，他宁愿"按以叛国论罪，判处死刑无怨"。

8月22日，北戴河会议结束前两天，他再次给毛主席和党中央写信，重申不存在反党小集团篡党和同外国人在中国搞颠覆活动的问题。他说："我带着苦闷的沉重的心情，再次请求对我所犯的错误，进行全面的审查，作出正确的处理。"

两封信送上去以后，被认为这是彭德怀同志利用当前国际阶级斗争激烈的形势和国内发生了困难而闹翻案，是根本否认他1959年所犯的错误，根本否认"反党集团"问题，是向党进行的新的进攻。在北戴河会议期间，毛主席就已多次在讲话、插话中批评彭德怀同志。8月5日，毛主席说：1959年反右倾斗争，大多数是搞错了。彭德怀要翻案、要求平反，我看1959年反右倾不能一风吹。8月11日，毛主席在中心小组会上说：不是东风压倒西风，就是西风压倒东风，彭德怀写信，把过去说的统统推翻。8月13日又说：我们只坚决反对背后捣鬼的，不怕搞阴谋的。9月24日，毛主席在八届十中全会上又说：近来有股平反之风，无论什么都要平反，那也是不对的。我们的方针应当是：真正搞错了的，要平反；部分搞错的，部分平反；没有搞错，搞对了的，不能平反。这里说的没有搞错、不能平反，就是针对彭德怀同志说的。

彭德怀同志8月22日的信发出以后，一些同志认为，这是逼着中央全会来讨论他的问题，是向中央挑战。在八届十中全会前的预备会议上，9月3日毛主席曾召集小范围会议，布置要把彭的两封信拿到全会各小组会上讨论。一直到全会结束，小组发言，大会发言，都充满了对彭德怀同志的批判。黄克诚、张闻天、周小舟、谭政、邓华、甘泗淇、洪学智等同志，也都一一检讨和受到批评。

　　这次批彭，声势也是很大的，不亚于1959年庐山会议那一次。批判主要集中在这样几个方面：彭写此信是1962年夏天刮的"翻案"阴风，是配合"三尼"（当时把肯尼迪、尼基塔·赫鲁晓夫、尼赫鲁和铁托简称为"三尼一铁"公司——作者注）反华，利用我们暂时的困难，向党发起新的进攻，一百多页信纸里面埋的是"炸弹"，是反党纲领；彭一贯反对毛主席，一贯支持、执行错误路线，是"野心家、阴谋家"；不但是彭、高联盟，而且在六届五中全会上，彭就被选为中央委员，认识了王明，因而，中国的反党集团，不是一个小集团，而是大集团；算历史旧账，说彭参加革命是来"入股"，是资产阶级民主派，极端个人主义，用资产阶级世界观改造党，在历史上屡犯错误；说彭德怀同志是"里通外国"，是"国际反动别动队"。陈伯达则从"理论"高度强调："在社会主义制度下，也会出现张邦昌、石敬瑭。"就这样，发言者都把"信"上升到敌对分子搞篡党夺权阴谋的高度去批判。9月24日，八届十中全会召开的第一天，康生就提议，被列为审查对象的彭德怀等五位同志不必要再出席全会，国庆节也不上天安门。9月27日，中央全会正式通过组成对彭德怀同志的专案审查委员会，进一步进行审查。

　　……

　　在预备会议批判彭德怀同志所谓"翻案风"的过程中，又发生了一件事，就是批判小说《刘志丹》（上册）。小说初稿写出来以后，作者请当年担任过陕甘苏维埃政府主席、刘志丹的战友习仲勋同志审阅。习仲勋同志认为小说没有写好，于1960年春天，两次约作者谈了自己对书稿的意见，指出：要把刘志丹放到大革命整个时代去写，要体现毛主席领导革命的正确思想。小说中有一处说到高岗当时在一个问题上的主张是对的，习仲勋同志指出不要写高岗。1962年夏天，作者根据广泛征集的意见进行了修改，出版社印出送审稿。

　　云南省委第一书记阎红彦同志不同意出版这部书。北戴河会议期间，他看到有些报刊已开始连载部分章节，一面打电话提出停止连载，一面报告康生。康生如获至宝，立即要中宣部通知各报刊不准发表。8月24日，康生给杨尚昆同志写信，说小说"带有政治倾向性"问题，要中央书记处处理这个问题。

　　1962年9月8日，预备会议上各组已开始批彭两三天，阎红彦在西南组会上首先提出小说问题，说在当前国内国外的气候下，各路人马都借机出动闹"翻案"，小说《刘志丹》是习仲勋同志"主持"写的（后来又说是"第一作者"），"是利用宣传刘志丹来宣传高岗"。康生接着提出："现在的中心问题，为什么要在这个时候来宣传高岗？"他们的发言在全会"总72号"简报上登出，引起了爆炸性轰动。于是，批判"翻案风"又多了一个靶子。

9月中旬开始，各组在批彭的过程中对小说《刘志丹》也展开了批判。在批判中，把习仲勋、贾拓夫、刘景范等同志打成"反党集团"，而且还升级为"彭、高、习反党集团""西北反党集团"，说小说就是他们的"反党纲领"。9月24日，毛主席在八届十中全会上讲话时，康生递了一张条子说："利用小说进行反党活动，是一大发明。"毛主席在会上念了这张条子，接着说：近来出现了好些利用文艺作品进行反革命活动的事。用写小说来反党反人民，这是一大发明。凡是要推翻一个政权，总要先造成舆论，总要先做意识形态方面的工作。不论革命、反革命，都是如此。毛主席后来说过：利用小说反党，是康生发现的。9月27日，全会决定成立审查习仲勋等同志的专案审查委员会。[5]

中共八届十中全会对中国政局产生了极为严重的影响。它表明，毛泽东在指导思想上已逐步转向以阶级斗争为纲的轨道，并为全党所接受。从此，党和国家沿着阶级斗争扩大化的错误道路走下去，越走越窄，愈陷愈深，直至发生"文化大革命"的全局性失误。只是由于毛泽东在这次全会上吸取了刘少奇的意见，不要因为强调阶级斗争而放松经济工作，这一恶果在当时才没有立即显露出来。

城乡社会主义教育运动

城乡社会主义教育运动，是中共八届十中全会的直接结果。

1963年2月，毛泽东在中央会议上，总结湖南、河南等地经验，决定在农村开展"四清"，在城市开展"五反"[6]。他还提出："阶级斗争，一抓就灵"。

同年5月，毛泽东在杭州主持制定了《关于目前农村工作中若干问题的决定（草案）》（即"前十条"）。从此，城乡社会主义教育运动正式展开。

关于这场运动的酝酿过程，薄一波回忆说：

对广大农村干部和群众进行社会主义教育，一直是毛主席关心的一个大问题。早在1957年7月，即反右派斗争开始后不久，他就表示"赞成迅即由中央发一个指示，向全体农村人口进行一次大规模的社会主义教育"。8月8日，中央发出《关于向全体农村人口进行一次大规模的社会主义教育的指示》。1959年庐山会议以后，中央再一次提出要在农村中进行一次社会主义教育。从1960年起，先后在农村开展"三反"（反贪污、反浪费、反官僚主义）运动和整风整社运动。1961年11月13日，中央又一次发出《关于在农村进行社会主义教育的指示》。在八届十中全会上,毛主席为了"反修防修",突出地强调阶级斗争,再次提出要进行社会主义教育。

但是八届十中全会后,许多地方并没有立即开展社会主义教育运动。1962年冬到1963年初,毛主席外出视察工作,到了不少地方,只有湖南省委王延春同志、河北省委刘子厚同志,分别在长沙、邯郸向他汇报了这个问题。毛主席认为这个问题还没有引起全党的重视,决定在1963年2月召开的中央工作会议上,重点讨论农村社会主义教育和城市"五反"问题。

为了引起与会同志的重视,毛主席接连将湖南、河北省委关于社会主义教育和整风整社运动的两个报告批印会议讨论。2月25日在少奇同志的讲话时,毛主席插话说:我国出不出修正主义,两种可能,一种是可能,一种是不可能。现在有的人三斤猪肉,几包纸烟,就被收买。只有开展社会主义教育,才可以防止修正主义。2月28日,毛主席又在会上强调:要把社会主义教育好好抓一下。社会主义教育、干部教育、群众教育,一抓就灵。对于毛主席的这些意见,当时大家都是拥护的。

经过讨论,会议通过了《中共中央关于厉行增产节约、反对贪污盗窃、反对投机倒把、反对铺张浪费、反对分散主义、反对官僚主义运动的指示》。这个指示规定,运动只在县(团)级以上的党政军民机关、国营和合作社营企业事业单位、物资管理部门、文教部门中进行。至于在农村人民公社和县级以下的工商企业中如何开展运动,将另行安排。根据党中央的部署,中央各部和各省、市、自治区机关立即在会后组织领导干部"洗手洗澡",开展运动。与此同时,各地农村的社会主义教育也进行试点。

会后,毛主席便着重研究农村如何开展社会主义教育的问题。1963年4月,他首先发现了东北局宋任穷同志和河南省委的报告,随后又发现了河北保定地委关于进行"四清"和邢台地委关于建立贫下中农组织的报告。4月25日,毛主席在上海对周总理说:这几个文件值得注意。不久,他又让彭真同志去上海,起草中央转发这些文件的批语。5月2日,彭真同志起草了对东北、河南两个报告的批语。毛主席亲自将批语修改定稿,肯定了两个报告中所说的做法。指出"社会主义教育是一件大事",各地要"检查一下自己在这方面的认识和工作,检查一下是不是抓住了要点和采取的方法是否适当,查一查是否还有很多的地、县、社没有抓住这方面的工作。如果有的话(看来一定是有的),应当在农忙间隙,在不误生产的条件下,抓住进行","特别要注意分步骤的办法、试点的方法和团结大多数、孤立极少数的政策"。

5月2日以后,毛主席把各中央局书记召集到杭州,举行包括部分政治局委员参加的小型会议,研究关于农村社会主义教育的文件。文件在5月2日前已由彭真同志主持写出第一稿。各大区书记到后，彭真同志和他们一起讨论、修改了两次。毛主席看了以后，觉得不够尖锐，没有提到马列主义理论的高度，于5月7日指出，"可以不要那么长，短些，严肃些。要写些这样的问题，如认识不一致问题"，"要点就是阶级、阶级斗争，社会主义教育，依靠贫、下中农，四清，干部参加劳动这样一套"。5月8日，毛主席连续批印了湖南省委的两个报告和原载《中南通讯》的河南、湖北、湖南的四个文件，认为是"四个好文件"，并在会上再次讲了认识问题。5月9日，毛主席又批了浙江省七个关于干部参加劳动的材料，并写了很长的批语，强调了阶级斗争的严重性、防止修正主义的重要性以及社会主义教育的重大意义。陈伯达根据这些意见又将文件作了修改，并将毛主席对浙江省七个材料的批语放在文件的最后。5月10日，毛主席将这个稿子作了反复修改，主要是在前边加上了关于人的正确思想是从哪里来的一大段话，并将题目改为《中共中央关于目前农村工作中若干问题的决定（草案）》。毛主席批示过的20份材料，作为文件的附件。

毛主席看到与会同志对社会主义教育的认识统一了，便在11日晚的讲话中，着重强调不要性急，要搞稳一点，不要伤人过多。这样说了还不放心，一夜未睡，12日凌晨又把各大区书记找去，再次强调说，不要一哄而起，要准备好了再发动，要有强的领导，不打无把握之仗，并说干部行不行，好不好，"这次是一次大考哩"。

中央《关于目前农村工作中若干问题的决定（草案）》一共十条，经5月18日中央政治局会议讨论通过，5月20日正式发出，后来把它称为"前十条"。

毛主席在杭州会议上的四次讲话，在这前后写的许多批语以及"前十条"，归纳起来主要有这样一些内容：（1）坚持马克思主义的认识论，深入调查研究。（2）强调阶级斗争，认为中国社会中出现了严重的尖锐的阶级斗争，有些地方社队的领导权实际上已落在地主富农分子手里，其他机关的有些环节也有他们的代理人，提出"阶级斗争，一抓就灵"。（3）防止出现修正主义。5月9日毛主席对浙江省七个材料的批语，明确提出如果不搞阶级斗争、生产斗争和科学实验，那就不要很长时间，马列主义的党就一定会变成修正主义的党，整个中国就要改变颜色。（4）充分发动群众，依靠贫下中农，建立贫下中农阶级组织和革命队伍。（5）进行"四清"，解决干群之间的矛盾，但在运动中要团结大多数，使多数人"洗手洗澡"，轻装上阵，退赔要合情合理。关于团结的比例，毛主席原来一般是讲90%以上，后经周总理提示，毛主席同意改为团结95%以上，所以"前十条"中明确提出要团结95%以上的群众、95%以上的干部。（6）干部参加劳动，转变工作作风。（7）不要性急，要训练干部,经过试点,有领导、有步骤地进行社会主义教育。(8)开展运动的目的是要建设一个好的党、好的干部队伍和美好的社会。

可以看出,毛主席发动这场运动,是为了防止发生修正主义和"和平演变",巩固社会主义制度;是为了整顿干部作风,解决干部群众之间的矛盾,把党、干部队伍和社会主义建设搞得更好。这些,是符合广大干部群众的愿望的。关于开展运动的方式方法,在原则规定上也大都是正确的。但是,这场运动是在八届十中全会关于阶级斗争要"年年讲、月月讲、天天讲"的"左"的思想理论指导下开展的,对于当时的阶级斗争形势看得过于严重了,甚至把党变修、国变色、全国发生反革命复辟看成已是面临的现实危险,这就严重脱离了当时的党内实际和社会实际。在"阶级斗争,一抓就灵"的声浪下开展大规模群众运动,势必走偏方向,混淆两类不同性质的矛盾,扩大打击面,难于达到运动预期的目的。[7]

在指导"四清"运动的过程中,中共中央先后制定了"前十条""后十条"和"二十三条"。对此,逄先知回忆说:

十中全会以后,在全国农村陆续开展社会主义教育,1963年2月,毛泽东召开中央工作会议,议题之一就是讨论农村社会主义教育问题。这次会议提出,要求在农村中搞"四清",组织贫下中农队伍,在城市中搞"五反",以及在党内反对修正主义等问题。

1963年5月,毛泽东在杭州召集有部分政治局委员和大区书记参加的小型会议,中心议题是农村社教问题。亲自主持起草了《关于目前农村工作中若干问题的决定(草案)》,即"前十条"。这是一个贯彻"以阶级斗争为纲"精神、指导农村社教的纲领性文件。

……

"前十条"下发以后,各地即按照文件的精神开展社教试点工作。在试点中,普遍发生打击面过宽、混淆政策界限等"左"的偏向,各地都有材料反映。有鉴于此,在1963年9月中央工作会议期间,由邓小平、谭震林主持起草《关于农村社会主义教育运动中一些具体政策的规定(草案)》,即"后十条"。

田家英是主要起草者之一,我作为他的助手参加了文件的起草。

……

"后十条"(草案)出来以后,就听到党内有些人,包括某些地方上相当负责的人的议论,说是右了。这对田家英无疑形成一种压力。正在这时,从武汉传来了毛泽东亲自为中共中央起草的关于要在全国宣讲两个"十条"(即"双十条")的指示。当我们听到这个消息时,心里真是一块石头落了地,

"后十条"（草案）得到毛主席的认可了！这是10月下旬的事。"后十条"（草案）于11月14日经政治局会议讨论通过发出。

"后十条"（草案）的下发，并没有也不可能阻挡社教运动的继续"左"倾，反而受到党内新的更加尖锐的责难，例如说："'后十条'是反对'前十条'的"。1964年8月，刘少奇要田家英同他一道到南方去修改"后十条"（草案）。田感到非常为难，因为他不太赞成刘对农村形势和基层干部的过"左"估计以及对"四清"运动的一些"左"的做法，但是他又很尊重刘少奇，也不能不服从组织，最后勉为其难地参加了文件的修改工作。

离北京南下的前一天，田家英报告了毛泽东，问他对修改文件有什么指示。毛讲了两点：第一，不要把基层干部看得漆黑一团；第二，不要把大量工作队员集中在一个点上。第二天清早，我们随刘少奇登上专机，经武汉一站，然后到广州。在飞机上，田家英将毛泽东的两点意见转告了刘少奇。

到了广州，开始修改文件。刘少奇亲自主持修改，并且加写了一些十分尖锐的内容和语言。这次修改文件，田感到很难，因为要他按照自己没有想通的意见去修改，自然十分吃力，很不顺手，难以落笔。

修改以后的"后十条"，叫"修正草案"，即第二个"后十条"，于1964年9月18日由中共中央发出。第二个"后十条"对形势的估计更加严重，认为这次运动，"是一次比土地改革运动更为广泛、更为复杂、更为深刻的大规模的群众运动"；改变了原来依靠基层组织和基层干部开展运动的规定，强调把放手发动群众放在第一位，并规定整个运动都由工作队领导，造成了对基层干部打击过宽、打击过重，以致发生混淆敌我界限的"左"的错误。

"前十条"——这个指导社教运动的纲领性文件，毛泽东未让田家英参与其事；"后十条"草案——这个带有一定反"左"防"左"意义的文件，田家英主动地承担了主要起草者的责任；"后十条"修正草案——这个有严重"左"倾错误的文件，田家英是在无可奈何的情况下参加修订并在思想上有保留的。从这三个文件起草、修改的过程中，可以看出田对社会主义教育运动中的"左"的做法，是不赞成的。

毛泽东出于对"后十条"修正草案的不满（这种不满当时在党内已经广泛存在），从1964年12月15日至28日召集中央工作会议。会议通过了《农村社会主义教育运动中目前提出的一些问题》，简称"二十三条"，意在纠正前者的错误。"二十三条"的下发，一时对缓和农村紧张空气，稳定广大基层干部起了一定作用。但是，它不仅仍然错误地估计了国内社会政治形势，并且提出了这次运动的重点是整"党内那些走资本主义道路的当权派"的错误纲领，这个错误形成了"文化大革命"的"理论根据"。这是后话。[8]

八届十中全会的不良影响，也扩展到统战工作方面。李维汉回忆说：

1962年下半年，经过全党和全国人民两年多的努力，认真贯彻了调整、巩固、充实、提高的八字方针，我国国民经济的严重困难，逐步得到克服，经济形势有了明显好转。这时，党内"左"的思想重新抬头。毛泽东在当年9月召开的党的八届十中全会上，"把社会主义社会中一定范围内存在的阶级斗争扩大化和绝对化，发展了他在1957年反右派斗争以后提出的无产阶级同资产阶级的矛盾仍然是我国社会的主要矛盾的观点，进一步断言在整个社会主义历史阶段资产阶级都将存在和企图复辟，并成为党内产生修正主义的根源"（《关于建国以来党的若干历史问题的决议》），强调阶级斗争"必须年年讲，月月讲，天天讲"。在这种"左"的思想指导下，十中全会错误地批判了所谓的"单干风"（指包产到户）和"翻案风"，错误地批判了邓子恢同志和习仲勋同志等。也有同志在会上批评中央统战部，说"统战部要把民主党派改造成社会主义政党和社会主义领导核心"。这是一个误会。徐冰同志在小组会上发言作了解释。我在会上作了书面发言，对自己在历史上参加反邓、毛、谢、古的错误，作了自我批评。还说到统战工作也有一些错误，要回到部里进行检查。

在1962年9月八届十中全会之后，到1964年期间，在毛泽东"左"的错误思想指导下，中央统战部对我开展了两场批判，给我强加了种种"修正主义""投降主义"的罪名，颠倒了理论政策的是非，使统战工作中的"左"的错误更加发展。

第一场批判从1962年10月开始，在所谓政策思想检查的名义下，在部务会议范围内进行。对1956年以来我在政策研究过程中提出过的一些理论政策性意见，如争取5年或者更多一点时间使对资产阶级分子的改造实际达到消灭阶级的水平（简称5年消灭阶级）；把民主党派根本改造成为社会主义政党（简称社会主义政党）和使民主党派从中央到基层建立起社会主义的领导核心、左派在政治立场上是工人阶级的一部分；人民民主统一战线实际上已经是社会主义统一战线（简称社会主义统一战线）和我国各民族已经成为社会主义民族等，不点名地提出了批评。会议开了40多次，历时半年多。作为这场批判的结果，是1963年5月27日将《关于中央统战部几年来若干政策理论性问题的检查总结》（简称"专题报告"）报送中央，而告一段落。毛泽东审阅了这个"专题报告"，对报告的第一部分"关于消灭资产阶级的问题"作了具体修改，把消灭资产阶级的时间说得更长了，把几十年改为"甚至几百年的时间"。这就使理论上"左"的失误更加发展了。

1964年5月中旬到6月17日，中央举行工作会议。毛泽东在会上提出了中国会不会出修正主义，会不会出赫鲁晓夫和出了赫鲁晓夫怎么办的问题。8月间，中央统战部召开部务会议，传达学习中央工作会议精神，由此又开始了对我的第二次批判，给我扣上反党反中央反毛主席的罪名，是非更加颠倒。

1964年11月25日，中央决定撤掉我的中央统战部部长职务，随后在三届人大和四届政协的会议上，撤掉了我的全国人大常委会副委员长、全国政协副主席、人大常委和政协常委的职务。

在第二次批判期间，我在部务会议上作过两次检查，最后被迫承认犯了反党反中央反毛主席的严重错误。当时我觉得自己已是快70岁的人了，如果硬顶着不检查，被开除党籍，再为党做工作的机会就没有了。自己作了3天思想斗争，才下决心上这个纲，并且用主席讲的动机与效果统一论，来为自己的违心检查作解释。当时的决心是一句也不声辩，希望中央处理能够宽一点。我在党内几十年，对党是很有感情的，总想留在党里边为党做些工作。

……

1962年和1964年两次批判，把社会主义统一战线的提法说成是抹杀阶级矛盾、取消阶级斗争，是阶级斗争熄灭论和投降主义。这种批判是不符合实际的，是错误的。第一，当时所讲的社会主义统一战线，是讲统一战线的性质问题，就是在统一战线中工人阶级同资产阶级、社会主义同资本主义这一对主要矛盾哪一方处于主导地位和起决定作用的问题，而不是讲统一战线内部有无阶级矛盾和阶级斗争的问题，这两个问题有联系又有区别，不能完全混为一谈。我在1962年写的《关于统一战线的形势和任务的书面意见》，对于统一战线内部还有阶级斗争，已经讲得很充分了，怎么能说是阶级斗争熄灭论呢？第二，当时所讲的社会主义统一战线，是讲社会主义制度基本建立后的统一战线的性质。在这个历史时期，社会上和统一战线内部，阶级矛盾和阶级斗争仍然存在，但它已不再是主要矛盾。过去批判时，把阶级矛盾说成始终是整个社会主义历史阶段的主要矛盾，把民族资产阶级的消灭说成遥遥无期，是违反马克思列宁主义的基本原理的，也是违反毛泽东思想科学体系的基本观点的。第三，从中央统战部的实际工作来说，从来是讲阶级斗争的，从来是强调工人阶级的领导权和工农联盟，从来是坚持对资产阶级人们的教育和改造，根本不存在抹杀阶级矛盾和取消阶级斗争的问题。如果有错误的话，是有时把阶级斗争讲多了，讲过头了，而不是什么不讲阶级斗争。第四，全国解放以来，在党和工人阶级的领导下，依靠巩固的工农联盟和强大的人民民主专政，经过统一战线，对民族资产阶级实现了和平改造，消灭了这个阶级，怎能说是向资产阶级投降呢？！如果说有投降的话，只能说是资产阶级向工人阶级屈服投降，这正是党的统一战线政策的要求和目的。[9]

从总体来说，毛泽东发动"四清""五反"，是以阶级斗争为纲的"左"

倾指导思想的产物。但是也不容否认，毛泽东的确看到了干部脱离群众，甚至腐化堕落的某些严重问题，试图通过群众政治运动的方式解决这些问题。

当时在山西省委主持工作的陶鲁笳回忆说：

1957年中共中央发出了干部参加劳动的指示后，昔阳县委在贯彻中央指示的头两年，只做了一般的动员布置，成效不大。1959年县委大抓干部参加劳动，针对性地解决干部中存在抵触情绪，批判"当干部就是为了不参加劳动"的谬论；发现、宣传、推广沾上公社和大寨大队干部参加劳动的先进典型；同时县委书记以身作则带动县级干部到基层参加集体生产劳动。从此，经过4年多时间，干部参加劳动一年好于一年，以至形成了县、社、大队、生产队四级干部参加劳动的新风尚。1963年1月29日山西省委批转了晋中地委农村工作部《关于昔阳县干部参加劳动已形成社会风尚的考察报告》，并同时转报中央。中共中央于3月23日批转全国，直至公社党委。在经毛泽东圈阅的中央批语中说："干部参加劳动，是党的优良传统之一，是党在社会主义建设时期的一项极为重要的政策。……农业合作化以来的无数事例证明：凡是办得好的社、队，无例外的都具备社、队的领导干部和社员在一起积极参加劳动的特点。反之，凡是办得不好的社、队，往往具有一个相反的特点，即这些社、队的领导干部，不愿意和社员在一起积极参加劳动，因而脱离群众，不能抵抗剥削阶级思想的侵袭，生活特殊化，贪污多占群众的劳动果实，有的甚至逐步蜕化变质，堕落成为富裕农民和资本主义分子利益的代言人，修正主义的社会基础。"

中央这个文件下发后，反响不大。同年5月，毛泽东在中央召开的杭州会议期间，重谈干部参加劳动问题。他十分重视昔阳县创造的经验，并在浙江省7个关于干部参加劳动的好材料上亲自批示说："中央曾在今年3月23日发出山西昔阳县全县四级干部无例外地参加生产劳动的模范事例，并作了批语。对于这个重大问题，有些同志是注意了，例如浙江，在全省党代表大会上着重讨论了并且作了具体安排，其他地方，则反映尚少。建议各级领导同志利用适当机会，对于干部参加劳动这个极端重大的问题，在今年内进行几次讨论，并普遍宣读山西昔阳县那个文件……我们希望争取在3年内能使全国全体农村支部书记认真参加生产劳动，而在第一年，能争取有1/3的支部书记参加劳动，那就是一个大胜利。城市工厂支部书记也应是生产能手。"这里值得注意的是，毛泽东把干部参加劳动看作是一个极端重大的问题。

谁都知道，早在革命战争年代，毛泽东同志就身体力行地和中央其他领导同志一起参加著名的延安大生产运动。他提出的"自己动手，丰衣足食"的口号，由延安迅速推广到敌后各个抗日根据地。党领导的各个根据地的党政军民学所有干部无例外地投身到大生产运动中去，充分发挥了干部参加劳动的强大威力。从1941年到1943年战胜了日本侵略者的"三光政策"和国民党"断饷绝粮"所造成的极端困难。和敌人的愿望相反，各个抗日根据地不但没有被敌人困死，反而由于实现了丰衣足食的口号，使我们的军队、我们的党，以及党所领导的各项事业，获得了由弱到强、由小到大的发展。这个在战争年代干部参加劳动的伟大创举，值得在抗日战争史上大书特书。新中国成立后，1958年5月八大二次会议期间，毛泽东在一次大区书记会议上说：像我们这些人是否每年可体力劳动一个月，分几次，目的主要是锻炼思想意识，也可锻炼身体，增长知识。我理解他这段话的意思，不仅把干部参加体力劳动看作是密切联系群众的一件大事，而且也是和干部德智体全面发展直接相关的一件大事。所以，虽然那时他已是64岁的高龄了，还在参加体力劳动上如此严格地要求自己。就在这次会议期间，他和其他中央领导同志一道，率领出席党的八大二次会议的全体人员到十三陵水库施工现场参加劳动。当时的情景，真是"天连五岭银锄落，地动三河铁臂摇"，直到现在我还记忆犹新。

在1963年杭州会议上，毛泽东几次讲话赞扬昔阳县干部参加劳动，并说：我又看了一次山西昔阳县那个文件，很好。干部不参加劳动无非是怕耽误工作，昔阳经验恰恰相反：干部参加劳动不但没有耽误工作，而且各项工作都搞得更好了。支部书记不参加劳动还不是"保甲长"？！干部不参加劳动就可能变成国民党。很多问题，一参加劳动都可以解决，至少可以减少一些贪污、多吃多占，可以向上反映一些真实情况，整党整团就好办了，就能把我们的支部放到劳动者积极分子手里。所以干部参加劳动是百年大计，是保证领导权始终掌握在劳动者手中的大问题。县社两级干部也都要参加劳动，我们希望几年之内分期分批都搞到昔阳县的程度。他还风趣地说：《红楼梦》第二回中，冷子兴说，荣宁两府"主仆上下都是安富尊荣，运筹谋划的尽无一个"，贾家不就是这样垮下来的吗？在这里，毛泽东把干部参加劳动看作是无产阶级政党同一切资产阶级政党相区别的标志之一，因而把它同加强党的建设联系起来。

就在这次杭州会议上，党中央决定在农村开展以"四清"为内容的社会主义教育运动。根据毛泽东的建议，把干部参加劳动列为社教运动的重要内容之一。这次运动，由于指导思想上把社会主义社会中一定范围内存在的阶级斗争扩大化和绝对化，因而在实践上造成了对基层干部打击面过宽、打击过重，以至混淆敌我界限的"左"的错误；在理论上，不仅提出要以"阶级斗争为纲"，并且提出了"这次运动的重点是整党内那些走资本主义道路的当权派"，这就成为后来错误地发动"文化大革命"的重要原因。以上这些就是

1981年党的十一届六中全会通过的《关于建国以来党的若干历史问题的决议》对于这次社教运动所作的结论。对此我完全同意。但这里有个问题，即在正确地否定了这次社教运动的"左"的错误之后，有些人对向干部、党员和广大群众进行社会主义教育运动的必要性忽视了；对干部参加劳动这个党的优良传统也淡忘了，甚至丢掉了。这是一个值得深思和研究的问题。他们不了解，干部参加劳动这个极端重大的问题同社教运动的"左"的错误并无必然的联系。相反，有些地方由于在社教运动中强调干部参加劳动，把增产还是减产作为衡量运动搞得好坏的标准之一，因而不但在一定程度上减轻了"左"的错误所造成的损失，而且对于解决干部作风和经营管理等方面存在着的许多严重问题也起了一定作用。这些在《决议》中是予以肯定了的。由此也可说明，只要指导思想在阶级斗争问题上不犯"左"的错误，把社会主义教育运动和干部参加劳动结合起来进行是完全必要的。

值得提起注意的是，毛泽东在上面所说的那个批示中，就要求通过社会主义教育运动，逐步加深广大干部对于参加生产劳动的伟大革命意义的认识。为此，他高瞻远瞩、居安思危地指出："阶级斗争、生产斗争和科学实验是建设社会主义强大国家的三项伟大革命运动（当周恩来同志问及三者排列次序时，毛泽东同志说，按社会科学来说，首先应是生产斗争，而后是阶级斗争、科学实验），是使共产党人免除官僚主义、避免修正主义和教条主义，永远立于不败之地的可靠保证，是使无产阶级和广大劳动群众联合起来实行民主专政的可靠保证。不然的话，让地、富、反、坏、牛鬼蛇神一齐跑了出来，而我们的干部则不闻不问；有许多人甚至敌我不分，互相勾结，被敌人腐蚀侵袭，分化瓦解；拉出去，打进来；许多工人、农民和知识分子也被敌人软硬兼施。照此办理，那就不要很多时间，少则几年，多则几十年，就不可避免地要出现全国性的反革命复辟，马列主义的党就一定会变成修正主义的党，变成法西斯党，整个中国就要改变颜色了。请同志们想一想，这是一种多么危险的情景啊！"

接着毛泽东又满怀信心、胸怀博大地指出，这次运动"是重新教育人的斗争……又是干部和群众一道参加劳动和科学试验，使我们的党进一步成为更加光荣、更加伟大、更加正确的党，使我们的干部成为既懂政治、又懂业务、又红又专，不是浮在上面，做官当老爷，脱离群众，而是同群众打成一片，受群众拥护的真正的好干部。这一次教育运动完成以后，全国将会出现一种欣欣向荣的气象。差不多占地球四分之一的人类出现了这样的气象，我们的国际主义的贡献也就会更大了"。

据我的理解，毛泽东以上这些论述，是他在1959年以后一个相当长时期内，针对杜勒斯对社会主义国家的和平演变战略和赫鲁晓夫的修正主义路线所作的如何防止和平演变的一系列理论阐述中的一个重要内容。同时，从毛泽东这些论述中我还理解到，只有把干部参加劳动同阶级斗争、生产斗争和科学实验这三者联系起来去看，才能认识它的伟大革命意义。昔阳县全县四级干部参加劳动之所以能够形成新风尚，从阶级斗争来看，他们结合社会主义思想教育，坚决清除"当干部就是为了不参加劳动"的陈腐观念，也即几千年来封建社会遗留下来的"劳心者治人，劳力者治于人"的剥削阶级观念，因而才能提高干部的社会主义觉悟和参加生产劳动的自觉性，才能使干部在参加生产劳动中同广大劳动群众保持血肉关系，抵抗资本主义思想的侵袭，避免浮在上面做官当老爷而脱离群众，避免腐败成风而堕落成为修正主义或资产阶级自由化的社会基础。这种危险性在当前我们坚持改革开放中，比过去不是减少了而是增加了，因此强调干部参加劳动，防止腐化变质就更为必要了。从生产斗争来看，昔阳县群众普遍反映说："干部参加了劳动，能看到、能听到、能做到、能说到，生产还能搞不好？"所以毛泽东很赞赏昔阳县提出的干部参加生产、领导生产的口号。他说，这就好比过去战争时期，你不参加打仗，就不会打仗，不管你读了多少军事书，只能纸上谈兵，毫无用处。从科学实验来看，毛泽东同志说，他看过科学家在实验室工作，这是很紧张的劳动，而且是脑力劳动和体力劳动紧密结合的劳动。科学实验归根到底是为生产斗争服务的。现在我们在农村还没有条件搞科学实验室，但在生产斗争中搞科学试验，如许多农村搞科学试验田，是完全可能的必要的。所以干部参加劳动应该包括参加科学试验在内。把上面这三方面综合起来看，干部参加劳动可在直接推动生产斗争向前发展的同时，有必要也有可能把政治思想工作的威力和科学技术是第一生产力的威力有效地发挥出来，做到生产、政治、科技三胜利。……

毛泽东还从消灭"三大差别"在社会主义历史时期为共产主义准备条件的理论高度，论证干部参加劳动的伟大意义。他认为，消灭"三大差别"是相互联系的。而消灭体力劳动和脑力劳动的差别则是最困难的，是需要很长时间的。他说：如何消灭体力劳动和脑力劳动的差别？一个是要不断提高劳动者的文化水平，一个是要知识分子通过参加体力劳动工农化。社会主义社会人们在劳动中的相互关系，其中有领导与被领导的关系，有工程技术人员、熟练工人、普通工人之间的关系，而最主要的是领导与被领导的关系。干部参加劳动，工人参加管理，体现了他们之间的平等关系。厂长下车间和工人一道参加劳动，生产就大大提高，没有改变所有制，没有改变分配制度，只是真正体现了平等互助关系就产生了新的生产力。消灭体力劳动与脑力劳动的差别，不断提高文化水平很重要。但仅靠提高文化水平还不够，还要采取其他许多措施，如干部参加劳动，群众参加管理，坚持社会主义教育，不断提高干部、群众的共产主义觉悟和道德水平。在社会主义社会，绝不允许无偿占有他人劳动，这是最起码的道德要求。

上述毛泽东关于坚持干部参加劳动的指导思想，是对马克思主义劳动观、世界观的继承和发展。马克思主义认为，劳动由体力劳动和脑力劳动相结合的原始的低级状态，发展到脑力劳动从体力劳动分离出来成为对立的对抗状态，由此再发展到二者相结合的新的高级状态。这就是人类社会漫长的劳动形态变化和发展的历史画卷。现在，我国社会主义制度已经消除了体力劳动和脑力劳动的阶级对抗状态，但还存在着二者的差别和旧的社会分工。这种分工和差别是"社会生产力发展又不甚发展的历史产物"。社会主义革命和建设的深远目标之一就是要随着社会生产力的高度发展，逐步消灭旧的社会分工，逐步把体力劳动和脑力劳动在一切劳动过程中有机地结合起来。这是实现共产主义的一个必要条件。正如恩格斯在描述共产主义社会时所说："旧的生产方式必须彻底改革，特别是旧的分工必须消灭。在新的生产组织中，一方面，任何人都不能把自己在生产劳动这个人类生存的自然条件中所应参加的部分推到别人身上；另一方面，生产劳动给每一个人提供全面发展和表现自己全部的即体力的和脑力的能力的机会，这样，生产劳动就不再是奴役人的手段，而成了解放人的手段，因此生产劳动就从一种负担变成一种快乐。"以马克思主义上述关于劳动的理论，来分析当前流行的认为"现代工业、现代农业的机械化、自动化、电脑化程度越来越高，用不着干部参加劳动"的观点，显然这种观点是站不住脚的。只有站在共产主义的高度，才能真正认识在整个社会主义历史时期干部参加劳动对于消灭体力劳动和脑力劳动差别的深远的革命意义。

写到这里，我记起了在1964年5月、6月间中央工作会议上刘少奇提出的两种劳动制度和两种教育制度的观点，受到了毛泽东的称赞。根据我的记录，少奇同志讲了这样一段话：参加体力劳动这个问题，要从我们这一代开始。否则，我们这一代不开头，下一代也难以开始。先从中央、省市两级开始。……通过两种教育制度和两种劳动制度的改革，经过50年到100年，争取工人有70%到80%，农民半数以上，达到中等以上的文化水平。这样，使工人、农民既是体力劳动者，又是有知识的脑力劳动者。社会主义革命最重要的是改造人。无论是干部、工人、农民还是知识分子，将来都不是现在这个样子，而是把体力劳动和脑力劳动结合起来全面发展的人。[10]

意识形态领域的风波

从1963年起,文化艺术和思想理论等意识形态领域,一波未平,一波又起,再也没有平静过。在"左"的思潮下,许多作品都被贴上"封、资、修"的标签,横遭批判。主管这方面工作的负责同志,不少也受到了指责。

这些过火的批判,和毛泽东对文艺工作的两个批示有密切的关系。今天看来,这些总的估量,都是在"以阶级斗争为纲"的错误指导下得出的错误结论。

薄一波回忆说:

文化领域的大批判,虽然从党的八届十中全会以后就已经逐步展开,但在全国大规模地开展,还是在毛主席作出关于文艺工作的两个批示之后。

第一个批示写在中央宣传部1963年12月9日编印的《文艺情况汇报》第116号上。这期情况汇报登载的《柯庆施同志抓曲艺工作》一文,介绍了上海抓评弹的长编新书目建设和培养农村故事员的做法。毛主席看后,于1963年12月12日将此件批给北京市委的彭真、刘仁同志,并写了这样一段批语:

此件可一看。各种艺术形成——戏剧、曲艺、音乐、美术、舞蹈、电影、诗和文学等,问题不少,人数很多,社会主义改造在许多部门中,至今收效甚微。许多部门至今还是"死人"统治着。不能低估电影、新诗、民歌、美术、小说的成绩,但其中的问题也不少。至于戏剧等部门,问题就更大了。社会经济基础已经改变了,为这个基础服务的上层建筑之一的艺术部门,至今还是大问题。这需要从调查研究着手,认真地抓起来。

在《柯庆施同志抓曲艺工作》一文的下面,毛主席还作了如下的批注:

许多共产党人热心提倡封建主义和资本主义的艺术,却不热心提倡社会主义的艺术,岂非咄咄怪事。

后来公开发表时,删去了前一段批语的第一句,将两段话联在一起,题为毛主席《关于文学艺术的批示》,毛主席把这个材料批给彭真、刘仁同志,说明他对文艺工作特别是北京文艺工作的不满意。

第二个批示写在中央宣传部《关于全国文联和各协会整风情况的报告》草稿上。第一个批示作出后,文化部党组立即检查近几年的工作,并于1964年3月下旬决定在全国文联和各协会全体干部中进行整风。5月8日,中央宣传部写出《关于全国文联和各协会整风情况的报告》。这个报告还未定稿,江青就抢先把它送给毛主席。6月27日,毛主席在这个报告草稿上写下了如下的批示:

这些协会和他们所掌握的刊物的大多数(据说有少数几个好的),15年来，基本上（不是一切人）不执行党的政策，做官当老爷，不去接近工农兵，不去反映社会主义的革命和建设。最近几年，竟然跌到了修正主义的边缘。如不认真改造，势必在将来的某一天，要变成像匈牙利裴多菲俱乐部那样的团体。

毛主席的这两个批示，对我国的文学艺术界，对文联所属各个协会和他们掌握的大多数刊物，提出了尖锐的批评。应该说，我国的文学艺术，当时确实存在着这样那样的缺点。就拿戏剧来说，新中国成立以后虽然创作了不少反映革命斗争和社会主义新生活的新剧目，并对一些旧剧目作了整理和改编，但与舞台上大量演出的基本原封不动的旧戏相比，还是显得太少。当然，对于旧戏不能一概否定，其中有不少内容是健康的，有的是宣传爱国主义精神和民族的传统美德的，有的还含有治理社会、治理国家的深刻启示，对人们有积极的教育作用。有些虽然没有什么教育作用，也没有明显的不健康的内容，可以调节群众的文化生活，使群众在劳动、工作之余得到娱乐。特别是有一些剧目，经过长期的千锤百炼和艺术家们的不断创造，具有优美的唱腔、音乐、舞蹈和脍炙人口的唱词，可以作为一种高雅的艺术品来欣赏，使人们得到美的享受。但是，在社会主义的戏剧舞台上，旧戏毕竟不应占据主导地位，应该多创作反映人民革命斗争和社会主义新生活的新剧目，以满足人民群众日益增长和提高的文化生活的需要，以激励人民的斗志，使他们为推动经济的发展和社会的进步而开拓、创新，不断地团结奋斗。就文联所属各协会和他们掌握的一些刊物来说，工作中确实也存在着这样那样的缺点。毛主席对这些缺点提出批评，是应该的。

但是，毛主席的批评显然把问题看得过于严重了。新中国成立以后，文联所属各协会和广大的文艺工作者，努力按照党的政策进行工作，各个方面都出了不少先进人物和先进事迹。总的来说，我国的文艺队伍是好的，各个艺术部门的成就是巨大的、主要的。然而，由于毛主席对"修正主义上台""资本主义复辟"的危险看得过于严重，两个批示对各个文艺部门和新中国成立以来的文艺工作基本上采取了否定的态度，认为社会主义改造在许多部门中"收效甚微"，15年来基本上"不执行党的政策"，最近几年"竟然跌到了修正主义的边缘"，如不认真改造势必变成"裴多菲俱乐部"那样的团体。这就不符合客观实际了。另外，批示中对一些问题的性质也过分夸大了，没有作出实事求是的分析，好像旧戏等过去的文艺统统是封建主义的，外国的文艺统统是资本主义的，反映这些东西就是"死人"统治着。这样，就把古代的、外国的文学艺术完全否定了。采取这种态度，必然导致否定一切、横扫一切的"左"的错误。

本来，毛主席历来提倡实事求是，一切从实际出发；提倡具体问题具体分析，认为讲分析大有益；提倡历史地全面地看问题，主张多一点唯物辩证法，少一点形而上学，反对肯定一切和否定一切。这些倡导都是很必要很正确的，并且在党内教育和影响了一批又一批干部和党员。然而，他在作两个文艺批示时，由于不适当地强调阶级斗争，根本的指导思想上发生了失误，观察问题的方法也就随之扭曲了，离开了科学的方法论轨道，自己违反了自己所倡导的正确原则和方法。这个不幸的教训，是很深刻的。

这两个批示作出以后，文艺界立即掀起一股大批判的浪潮，一大批电影、小说、戏剧、美术、音乐作品被否定，一大批文艺界的代表人物和领导干部如夏衍、田汉、阳翰笙、邵荃麟、齐燕铭等同志受到批判。

文艺界的大批判，很快扩展到其他领域。从1964年起，哲学界批判了杨献珍同志的"合二而一"论、冯定同志的《平凡的真理》和《共产主义人生观》；经济学界批判了孙冶方同志的生产价格论和企业利润观；史学界批判了翦伯赞同志的"历史主义"，以及农民战争史研究中的"让步政策"论；等等。一时间，大批判的浪潮遍及整个文学艺术和哲学社会科学领域。

现在重新回顾这个问题，可以看出，两个批示是强调"以阶级斗争为纲"所导致的必然结果。

毛主席历来认为，历史是劳动人民创造的，他们是历史的主角，因而他们在文艺舞台上也应该是主角。可是在旧戏中，帝王将相、老爷太太、少爷小姐们成了主角，劳动人民只是配角，只能跑龙套，有的甚至被丑化了。他认为这是不公正的，应该随着人民革命的胜利把这种局面改变过来，对旧戏加以改造。早在1944年1月9日，他在延安看了新编历史剧《逼上梁山》之后，写给作者杨绍萱、齐燕铭同志的信中，就明确地提出了这个问题：

历史是人民创造的，但在旧戏舞台上（在一切离开人民的旧文学旧艺术上）人民却成了渣滓，由老爷太太少爷小姐们统治着舞台，这种历史的颠倒，现在由你们再颠倒过来，恢复了历史的面目，从此旧剧开了新生面，所以值得庆贺。……你们这个开端将是旧剧革命的划时期的开端。我想到这一点就十分高兴。希望你们多编多演，蔚成风气，推向全国去！

从这之后，他一有机会，就阐述这个观点。这个观点，总的是符合历史唯物主义的，为戏剧事业的发展指出了一个新的正确的方向。

在一个较长的时期中，毛主席对旧戏并没有一概否定。他对于《西厢记》《白蛇传》《宝莲灯》《十五贯》《打金枝》《刘三姐》《生死牌》等剧，都曾加以肯定甚至表扬过。直到1962年12月21日，他在同华东省市委书记的谈话中，在批评"帝王将相、才子佳人多起来，有点西风压倒东风"，提出"东风要占优势",表扬"过去的文工团只有几个人,反映现代生活,不错"的同时,还认为"有害的戏少",《杨门女将》《罢宴》还是好的。

但是,随着国际反修斗争的开展和国内对"黑暗风""单干风""翻案风"的批判,阶级斗争的弦越绷越紧,毛主席就逐渐把文学艺术中存在的问题,直接同阶级斗争和所谓修正主义联系起来了。在1962年8月、9月间召开的北戴河会议和八届十中全会上,他在强调大抓阶级斗争的时候,就提出要加强意识形态领域的工作,尖锐地指出有人"利用写小说搞反党活动"的问题。

八届十中全会以后,毛主席到各地视察工作,在了解各地贯彻八届十中全会精神时,又提出文化领域的问题,并首先对戏剧提出批评。12月21日,他在同华东省市委书记谈话时指出:"对修正主义有办法没有?要有一些人专门研究。宣传部门应多读点书,也包括看戏。"

后来,随着国内农村"四清"、城市"五反"运动的发动,毛主席对文艺界的问题看得越来越重了。1963年5月8日,在制定"前十条"的杭州会议期间,他说:"有鬼无害论"是农村、城市阶级斗争的反映。9月27日,他在中央工作会议的讲话中明确提出:反对修正主义要包括意识形态方面,除了文学之外,还有艺术,比如歌舞、戏剧、电影等,都应该抓一下。要"推陈出新","陈"就是封建主义、资本主义,要把封建主义、资本主义推出去,出社会主义的东西,就是要提倡新的形式。旧形式要搞新内容,形式也得有些改变。11月,毛主席又对《戏剧报》和文化部接连进行了两次尖锐的批评,他说:一个时期《戏剧报》尽宣传牛鬼蛇神。文化部不管文化,封建的、帝王将相的、才子佳人的东西很多,文化部不管。要好好检查一下,认真改正,如不改变,就改名"帝王将相部""才子佳人部",或者"外国死人部"。

根据毛主席对文艺界的这种批评和认识,他作出两个批示也就不难理解了。

两个批示作出以后,毛主席对文艺界和文化部继续进行了多次批评。1964年7月5日,他在同毛远新的谈话中说:文化部是谁领导的?电影、戏剧都是为他们服务的,不是为多数人服务的。8月20日,我向毛主席汇报计划工作方法革命化问题时,他又说:文化团体也要赶下去。文化部可以改为"帝王部",最好取消。农村工作部可以取消,为什么文化部不可以取消?11月26日,他在听取西南三线工作汇报时插话说:文化系统究竟有多少在我们手里,20%?30%?或者是一半?还是大部分不在我们手里?我看至少一半不在我们手里。他甚至说:整个文化部都垮了。

对于文艺界的问题,毛主席认为中央有责任,他也有责任,因为他是主席嘛,所以提出不应责备陆定一同志。1964年9月4日,他在接见老挝爱国战线党文工团时说：我这个人有缺点，有错误。20年前我就讲过，文艺界要为工农兵服务。可是这15年我们没有很好抓，这还不是怪我不行？现在我改正错误。1965年6月11日，毛主席在同华东局委员们的谈话中指出：对中央部门，我们这些人抓迟了。唱京戏，文艺工作，在20多年前我放过空炮，这只能怪我，谁叫你放了空炮，不实际抓呢。结果文艺为资产阶级服务，帝王将相在台上乱跑，劳动人民在台上只能打旗子跑龙套。现在可要改一改，让劳动人民在台上跑，让劳动人民当主角。要根本一风吹，把旧戏里帝王将相吹掉。由于毛主席认为过去自己没有很好抓，没有抓紧，文艺界才发生了那么多问题，现在要"改正错误"，要亲自抓，要抓紧，于是接连作出了两个批示。[11]

在意识形态的过火批判中，人民日报也受到毛泽东的批评，认为他们的工作很不得力。

吴冷西回忆说：

1964年1月7日，元旦刚过，毛主席在颐年堂西厅召开政治局常委会议。这次会议主要是讨论七评苏共中央公开信的文章。在会议过程中，毛主席提出人民日报的问题。他说，《人民日报》要发表学术方面的文章，包括哲学、经济学、历史学、文学、艺术等方面的文章，抓活的哲学。现在报上政治新闻太多，尽是送往迎来，这个会议那个会议。这些事情完全不登也困难，但可以少登。如果要登，可以增加一两个版，多登学术方面的文章。

毛主席提出这个问题，我当时感到是完全正常的，加强学术宣传是很必要的。我向人民日报编委会传达了毛主席的意见。编委会认真讨论并决定采取措施增加学术文章。为此编委会给中央写了一个关于加强学术讨论的报告，并请求中央帮助增调搞学术理论工作的干部。

毛主席2月3日在人民日报的报告上写了批语："少奇、小平同志：人民日报历来不重视思想理论工作，哲学社会科学文章很少，把这个阵地送给光明日报、文汇报和新建设月刊。这种情况必须改过来才好。现在他们有了改的主意了，请书记处讨论一下，并给他们解决干部问题。"小平同志主持书记处会议讨论此事，责成中宣部和中组部帮助人民日报增调干部。人民日报即着手筹备开辟《学术研究》专刊。

3月21日，毛主席召开政治局常委会议，讨论八评苏共中央公开信的文稿时，我趁机谈了人民日报筹备《学术研究》专刊的情况。毛主席又一次强调，人民日报要抓理论工作，不能只搞政治。毛主席问到史学方面的情况，我汇报史学方面的争论颇多。毛主席说，不要怕争论，把争论双方的意见都发表出来，让大家讨论。不少学术问题（他举出关于中国古代奴隶社会和封建社会分期的问题）争论多年，还得不出各方一致同意的结论。

我们当时理解，毛主席要人民日报抓学术理论工作，就是要我们组织学术问题的讨论。为此我们在4月间召集了有各方面著名学者参加的座谈会，传达了毛主席的指示，请大家帮助人民日报办好《学术研究》专刊（3月26日开始）。会上大家发言踊跃，赞成开展学术讨论。

但是，出乎我们的理解，到了5月、6月间中央工作会议之后不久，毛主席6月21日在人民大会堂福建厅召开一次政治局常委会议。我到达会场时陆定一同志已经在座，少奇同志、周总理、小平同志陆续来到，彭真同志也参加。会议一开始，毛主席就对着我说：今天找你来是要批评你，批评人民日报提倡鬼戏。他说，《人民日报》1961年发表了赞扬京剧《李慧娘》的文章，一直没有检讨，也没有批判"有鬼无害"论。1962年八届十中全会就提出抓阶级斗争，但《人民日报》对外讲阶级斗争，发表同苏共领导论战的文章；对内不讲阶级斗争，对提倡鬼戏不作自我批评，这就使报纸处于自相矛盾的地位。毛主席指着我说：你搞中苏论战文稿，一年多没有抓报社工作。你一定要到报社去开个会，把这个问题向大家讲一讲，也同新华社讲一讲。毛主席还说，人民日报的政治宣传和经济宣传是做得好的，国际宣传也有成绩。但是，在文化艺术方面，人民日报的工作做得不好。人民日报长期不抓理论工作，从报纸创办开始我就批评这个缺点，但一直没有改进，直到最近才开始重视这个问题。你们的《学术研究》专刊是我逼出来的。过去人民日报不抓理论工作，说是怕犯错误，说报上发表的东西都要百分之百正确。据说这是学苏联《真理报》。事实上，没有不犯错误的人，也没有不犯错误的报纸。《真理报》现在正走向反面，不是不犯错误，而是犯最大的错误。人民日报不要怕犯错误，犯了错误就改，改了就好。

毛主席这里批评人民日报宣传鬼戏的文章，是《人民日报》1961年12月28日发表的题为《一朵鲜艳的红梅》赞扬京剧《李慧娘》的文章。该文认为这出戏改编得好，并批评那种把鬼戏一律看作迷信的观点。后来报社文艺部收到一篇批评"有鬼无害"论的文章，我审看时认为不必由人民日报出头大张挞伐，而且毛主席指定袁水拍（曾任人民日报文艺部主任）编辑的《不怕鬼的故事》才出版不久，也不宜此时发表批评鬼戏的文章，于是把此文转给《文艺报》处理了。因此《人民日报》一直没有认为发表赞扬《李慧娘》的文章是错的，也没有批评"有鬼无害"论。编辑部一直认为，不能说一切鬼戏都是坏的，禁止一切鬼戏也是不对的。

……

就在6月21日福建厅批评人民日报不抓阶级斗争之后一个星期，毛主席6月27日在中宣部一份关于全国文联和各协会整风情况的材料上写了批语，说这些协会的大多数"15年来基本上不执行党的政策","最近几年竟然跌到修正主义的边缘,如不认真改造,势必要变成像匈牙利裴多菲俱乐部那样的团体"。到了7月2日,毛主席主持政治局常委会议,决定文化部和全国文联以及各协会重新整风,并决定成立一个五人小组(组长为彭真同志,副组长为陆定一同志,成员有康生、周扬和我,后来叫作文化革命小组)领导这一工作。这就是说,号称反修防修的文化革命,首先从文艺领域开始了。

值得注意的是,1964年7月间,中苏关于国际共产主义运动总路线的大论战接近尾声。九评苏共中央公开信的文章《关于赫鲁晓夫的假共产主义及其在世界历史上的教训》7月14日发表。毛主席从中苏论战中越来越强烈地认为,社会主义国家产生修正主义并非是偶然的现象,而是有深刻社会根源的规律性的事件。因此他到1964年就更加肯定地认为,社会主义国家必须加强反修防修的斗争,从国际斗争联系到国内斗争。也正在这时,国民经济的调整工作取得巨大成就,调整与恢复的任务预计1964年底可以完成。正是在这种情况下,毛主席从农村基层发起的"四清运动",就扩展为上层建筑的"文化革命"。

从1964年夏天起,逐渐形成新的形势。从人民日报到全国各地报刊,错误的批判从文艺领域批电影《北国江南》和《早春二月》、京剧《李慧娘》开始,逐渐扩大到其他意识形态领域。杨献珍的"合二而一"、周谷城的时代精神、冯定的共产主义人生观、孙冶方的价值法则观等,都成了吹毛求疵、颠倒是非的批判对象,而根本不是什么学术讨论。这些错误的批判,都同康生有关,他当时是中央理论小组组长。

1964年底,江青约中宣部5位副部长(周扬、许立群、林默涵、姚臻和我)座谈,要求中宣部通知全国报刊批判10部影片。我记得,她要批判的影片有《不夜城》《林家铺子》《舞台姐妹》《红日》《逆风千里》《兵临城下》,以至《白求恩》等。当时大家都没有同意,认为要慎重考虑。事后江青就到上海去,上海报纸就陆续批判这些影片,全国其他地方也相继仿效。在这样的压力下,中宣部被迫要人民日报批判《不夜城》和《林家铺子》。

鉴于这些错误的批判有大泛滥之势,中央书记处于1965年3月初开会讨论此事。小平同志和彭真同志都主张赶快"刹车",学术讨论要"降温"。之后,《人民日报》先后发表编者评论和文章,提出不要否定古典文学作品,也不要否定有缺点的现代文艺作品。[12]

自从中共八届十中全会重提阶级斗争以后,中国政局发生了急剧的变化。城乡社会主义教育运动和意识形态领域的过火批判,犹如两套锣鼓,一阵紧似一阵。在这些运动和批判中,毛泽东对国内和党内的阶级斗争状况估计日益严重,同中央其他领导同志在认识上的差距愈拉愈大。这种认识上的分歧和距离本来是正常的,而在毛泽东眼里却是不正常的,最终酿成了他同刘少奇等人的一场政治冲突。

投了"不信任票"

从1963年起至1965年间,毛泽东同一些外国领导人反复地谈中国党内的所谓"三和一少""三自一包"的"修正主义路线"问题。

丛进在《曲折发展的岁月》一书中写道:

1963年5月22日,毛泽东在武汉同新西兰共产党总书记威尔科克斯谈话说,我们党内有些人主张三和一少:对帝国主义和气一点,对反动派和气一点,对修正主义和气一点,对亚非拉人民斗争的援助少一些。这就是修正主义的路线。

1964年2月9日,毛泽东在北京再次同威尔科克斯谈话时,又讲了这个内容。他说:我们党内有少数人主张三和一少。三和就是对帝国主义和、对修正主义和、对各国反动派和,一少就是少援助反对帝国主义的国家和党。这实质上就是修正主义的思想。他们联络部(按:指中共中央联络部)里就有少数这样的人。另一个是统战部,它是同国内资产阶级打交道的,但是里面却有人不讲阶级斗争,要把资产阶级的政党变成社会主义的政党[13]。每个部都找得出这样的人。例如农村工作部里面就有一个邓子恢,他是中央委员,还是副总理,却主张单干,实际上是不要社会主义农业。这一股风,即三和一少风、单干风等,在前年上半年刮得很厉害。从国外来说,被美帝国主义和苏联修正主义吓倒了,在国内由于天灾人祸,经济受到损失,于是修正主义就露头了。有一阵子可猖狂啦。毛泽东还说:针对三和一少,我们的方针就是三斗一多,这就是对帝国主义要斗、对修正主义要斗、对各国反动派要斗,要多援助反对帝国主义的、革命的和马列主义的政党和马列主义派别。三和一少是赫鲁晓夫的口号,三斗一多是我们的口号。[14]

1964年2月金日成到中国来,毛泽东同他进行了更深一层的谈话。

毛泽东说:天下大事分则必合,合则必分。一个党也是如此。我们同高岗、彭德怀也是如此,他们是我们的敌人,也是你们的敌人。毛泽东接着说:动摇分子总是会有的。1962年上半年我们党内有些人主张三和一少。什么是三和一少呢?就是对帝国主义要和,对修正主义要和,对反动的民族资产阶级要和,就像对尼赫鲁那样的反动派也要和。一少是,对支持民族解放运动要少一点,要少支持世界革命。这是修正主义的路线。这些人在国内也主张三自一包。三自是自留地、自由市场、自负盈亏;一包是包产到户。目的是要解散社会主义的农村集体经济，要搞垮社会主义制度。三和一少是他们的国际纲领，三自一包是国内纲领。这些人中有中央委员、书记处书记，还有副总理。他们在1962年上半年到处宣传。夏季我们开了一个会议，是工作会议，中央委员、省委书记都来参加，把这些问题都抖搂出来了。然后，又开了中央全会，开了两个月——8月到9月。

毛泽东继续说：这个会议开过以后，这些犯错误的同志都检讨了，说自己不对了。有一个同志是主张三自一包的，就是邓子恢，他是长期搞农村工作的，是农村工作部长，是副总理。除此以外，每个部都有，每个省都有，支部书记里头更多。所以说"天下太平"，没有这么回事。我说不太平是正常的。清一色，也是不会有的。所以，要有意识地保持对立面。例如王明和赫鲁晓夫一样，彭德怀是赫鲁晓夫的人，是我们党的中央委员、政治局委员、副总理，现在仍然保持原有职务。但是王明不同。这种政策将来可能危害我们，也可能危害你们。譬如，彭德怀像赫鲁晓夫那样掌握了党、军队和政权，那么，今天我们就可能和莫洛托夫、马林科夫、卡冈诺维奇他们的处境一样，也可能被杀掉了。这些人总是想复辟的，所以要提高警惕。

毛泽东问金日成：中国变成修正主义，你们怎么办？

金日成答道：那我们就更困难了。

毛泽东说：总会比阿尔巴尼亚好一些。这些话我和好多人都讲过，如日本的宫本，新西兰的威尔科克斯，还有印尼的同志，但还没有得到机会同越南同志讲。如果中国变成修正主义，天就黑暗了，你们怎么办？要作思想准备，要高举马列主义的旗帜反对中国的修正主义，这样中国人民是会感谢你们的。假如中国出现了修正主义，也是搞不久的，最多也不过是几年。中国地方大、人多、解放军觉悟高，就是他们掌握了一部分军队，也不要紧。

金日成问：你不是说防止5代不出修正主义吗？

毛泽东回答说：是打了预防针。向全体人民进行了反对修正主义的教育，要反对新的资产阶级，新出来的资产阶级分子。他们进行贪污盗窃、投机倒把，这号人虽然为数不多，但很厉害，神通广大，他们能够从广州弄到自行车用飞机运到河北高价出卖，这个人还是一个县的农村工作部长。在座有不少朝鲜的年轻同志，你们不要把中国的一切都看成是好的，这样就不对了。中国有光明的一面，这是主要的一面，同时还有黑暗的一面，搞"地下工作"的大约有1000万人。我计算了一下，在6亿5000万人口中，这种人就占1/65，就是65个人中有一个。如果现在不加注意，他们就会泛滥起来。苏联现在不就泛滥起来了吗？〔15〕

1964年三四月间，毛泽东同日本共产党访华代表团袴田里见等人谈话，也讲了这个方面的内容。

3月23日,毛泽东在北京对袴田里见说:王稼祥也被拉到右边去了。他是联络部长,现在没有管事。他主张三和一少。什么叫三和一少,你们知道吗?三和就是对帝国主义、对修正主义、对反动民族主义要和,一少就是少支持民族解放斗争、少支持革命的工人阶级、少支持革命的党。他认为当时中国很困难,拿钱去支持别国的斗争,不合算。

4月10日,毛泽东在武汉再次见到袴田里见等人,又对他们说:就在那年(1962年)8月,我们讨论了整个路线,包括国内的和国际的,开了一次十中全会,发表了十中全会公报。当时我们党内有一部分同志同赫鲁晓夫的调子一样,即强调三和一少。在国内问题上提出三自一包。即强调自由市场、自留地,把集体经济、社会主义市场放在第二位,把私有经济放在第一位,农民的自留地放在第一位。第三就是自负盈亏,小商人做生意要自负盈亏,就是发展资本主义。这就是三自。还有一包是主张把土地包到各家去种,不搞集体。当时是一股风,1962年很猖狂。

毛泽东还说:中央联络部部长就主张三和一少。他本来害病,那年春季,他突然积极起来了。此外还有统战部,一部分人主张把几个资产阶级政党在几年内改变为无产阶级的政党。这只是两个例子,其他还不止。中央各部,每个部都不是太平的。每个部都可以一分为二。地方上也不是太平的。我们的中央委员、中央候补委员中,就有十几个人是修正主义者。

直到1965年8月11日,毛泽东在谈关于诱敌深入和援助越南问题时,更明确地批评说:修正主义是一种瘟疫。1962年在国际上在外交上,主张三和一少是王稼祥,在国内主张三自一包是陈云,而且对我们讲,不仅要包产到户,还要分田到户。说这样4年才会恢复,解放军也会拥护。邓子恢到处乱窜,刮单干风。陈云还守纪律,但是最厉害。毛泽东强调地说:领导人、领导集团很重要,1962年刮歪风如果我和几个常委顶不住,点了头,不用好久,只要熏上半年,就会变颜色。许多事情都是这样,领导人一变,就都变了。[16]

应当说明的是,尽管毛泽东提出了"防止中央出修正主义"的问题,并且逐渐把它作为反修防变的中心问题,但是还没有确切所指的对象。然而,从讨论"二十三条"引发的那场著名的争论开始,毛泽东同刘少奇之间的分歧逐步突出出来。而在毛泽东看来,这是两个阶级两条道路斗争在党内和中央的反映。后来,当斯诺问起他是什么时候起决心从政治上把刘少奇搞倒的,毛泽东回答是从讨论"二十三条"开始。

历史已经判明,毛泽东对刘少奇投的这个"不信任票",是日后一系列重大失误的开端。这是一个历史性的失误,也是一个历史的遗憾。

薄一波回忆说：

1964年12月，第三届全国人民代表大会第一次会议在北京召开。党中央原想在会议期间请各地与会的一些领导同志讨论一下社会主义教育运动的问题，后来实际上开成了长达一个月的中央政治局工作会议。

这次工作会议的主要任务，是制定一个关于农村社会主义教育运动的文件，解决前段运动中出现的一些问题。会议先讨论了少奇同志在12月15日提出的关于农村"四清"、城市"五反"的几个问题，然后起草文件。12月23日写出文件的第一稿，内容比较简单，共六十条。根据会上讨论的意见，又反复修改为17条。毛主席批示"照办""照发"。12月28日，由彭真同志批发了中央811号文件，印发了这个"十七条"，会议就准备结束了。

但是，在这段时间，毛主席和少奇同志之间发生了严重的分歧。分歧主要表现在两个问题上：一是当时的主要矛盾和社会主义教育运动的性质，二是运动的搞法。

关于主要矛盾和社会主义教育运动的性质，从运动一开始就提出来了。少奇同志认为是"四清"与"四不清"的矛盾，或人民内部矛盾与敌我矛盾交织在一起。毛主席则把问题的性质看得严重得多。1964年12月12日，他在我报送的陈正人同志在洛阳拖拉机厂蹲点报告上的批示中，认为已经形成了一个"官僚主义者阶级"，这个阶级"已经变成或正在变成吸工人血的资产阶级分子"，是"斗争对象，革命对象"。

在12月20日政治局扩大会议上，少奇同志说：陶铸同志提出，当前农村的主要矛盾是富裕农民阶层跟广大群众、贫下中农的矛盾，是这样提，还是说原来的地富反坏跟蜕化变质的有严重错误的坏干部结合起来跟群众的矛盾？毛主席说，地富反坏是后台老板，四不清干部是当权派。地富反坏那些人已经搞臭过一次了，所以不要管下层，就是要发动群众整我们这个党，先搞豺狼，后搞狐狸，这就抓到了问题。少奇同志提出：主要矛盾就是四清与四不清的矛盾。陶铸同志表示赞成。毛主席则说：不以人的意志为转移。他还引用杜甫"挽弓当挽强，用箭当用长，射人先射马，擒贼先擒王"的诗句，说明就是要搞大的，大的倒了，狐狸慢慢清。群众就怕搞不了大的。但是，少奇同志仍然坚持：四清与四不清的矛盾是主要的，运动的性质就是人民内部矛盾跟敌我矛盾交织在一起。毛主席反问道：什么性质？反社会主义就行了，还有什么性质？

根据毛主席的意见，"十七条"中明确指出，关于运动性质的几种提法，即四清和四不清的矛盾，党内外矛盾的交叉或者是敌我矛盾和人民内部矛盾的交叉，社会主义和资本主义的矛盾，"后一种提法较适当，概括了问题的性质"，"重点是整那些走资本主义道路（包括贪污盗窃、投机倒把）的当权派"。但是在讨论中，与会同志的意见仍然不一致。针对这种情况，毛主席在12月28日的讲话中强调说："我们常委会谈过，也跟几位地方的同志谈过，恐怕还是以第三种提法较好。因为我们这个运动，它的名称就叫作社会主义教育运动，不是叫作什么四清四不清教育运动，不是什么党内外矛盾交叉或者敌我矛盾和人民内部矛盾交叉的教育运动。1962年，北京一个月，北戴河一个月，搞出一个公报，就是讲要搞阶级斗争，要搞社会主义，不要搞那个资本主义。"1965年1月5日，当陶铸同志谈到形势的新特点时，毛主席又说，从七届二中全会以来，一直是讲国内主要矛盾是资产阶级同无产阶级、资本主义同社会主义的矛盾，从杭州会议以来整个运动是搞社会主义教育，"怎么来了个四清与四不清的矛盾，敌我矛盾与人民内部矛盾的交叉？哪有那么多交叉？什么内外交叉？这是一种形式，性质是反社会主义嘛！重点是整党内走资本主义道路的当权派"。

关于社会主义教育运动的搞法，前面已说过，少奇同志强调秘密扎根串联，实行大兵团作战，对干部开始不能依靠等，结果导致了一系列"左"的做法。对少奇同志的这些主张，毛主席在会上从一开始就表示了不同意见。在12月20日中央政治局扩大会议上，毛主席虽然说，"现在还是反右"，"不可泼冷水"，但又强调"不可搞得打击面太宽了"，要"把那些几十块钱、一百块钱、一百几十块钱的大多数四不清干部先解放"。他说："我提这个问题有点'右'。我就是怕搞得太多了，搞出那么多地主、富农、国民党、反革命、和平演变，划成百分之十几二十，如果二十，7亿人口就是1亿4000万，那恐怕会要发生一个'左'的潮流。结果树敌太多，最后不利于人民。"

在此期间，还发生了三件事，给我印象很深。一件事是毛主席过生日。在12月26日这一天，毛主席邀请部分中央领导同志、各大区主要负责同志及少数部长、劳模、科学家，在人民大会堂过了生日。毛主席让几位科学家和劳动模范跟他坐在一桌，其他中央常委和政治局同志坐在别的桌子上。他一开始就讲：今天我没有叫我的子女们来，因为他们对革命没有做什么工作。随后他就陆续批评社教运动中的一些错误认识和提法，说什么四清四不清，党内外矛盾交叉？这是非马克思主义的；指责中央有的机关搞"独立王国"；还谈到党内产生修正主义的危险。席间鸦雀无声。

第二件事是毛主席在12月28日的讲话。他是自己拿着《党章》和《宪法》到会的。在讲了社会主义教育运动的性质和工作态度这两个问题之后，他接着说：请你们回去也找《党章》和《宪法》看一下，那是讲民主自由的。不要犯法呀，自己通过的，又不遵守。还说：我们这些人算不算中华人民共和国的公民？如果算的话，那么有没有言论自由？准不准许我们和你们讲几句话？

　　第三件事是"十七条"的停发。12月30日，毛主席将"十七条"中关于走资本主义道路的当权派的一段话作了如下修改："这些当权派有在幕前，有在幕后"，"在幕后的，有在下面的，有在上面的"，"在下面的，有已经划了的地主、富农、反革命分子和其他坏分子，也有漏划了的地主、富农、反革命分子和其他坏分子"。同时批示："照改的（第二面倒数三行）文字，重印。请少奇同志阅后交机要室办。这是伯达同志建议的，我同意。如你也同意，则请交办。"12月31日经少奇同志同意，中央办公厅发出814号文件，通知停止执行中央811号文件，指出这个文件"中央尚在修改中，请停止下发，并自行销毁"。由于这个文件停发，会议又继续开了下去。

　　1965年1月3日晚，毛主席在一个小型会议上不点名地批评了少奇同志。他说："四清"工作队集中大批人员，是搞"人海战术"；学习文件四十天不进村，是搞"繁琐哲学"；反人家的右倾，实际"自己右倾"；不依靠群众，扎根串联，结果"冷冷清清"；第二个十条"太长了，太繁了"；提出"四清"运动"一是不要读文件，二是不要人多，三是不要那样扎根串联"，要依靠群众，清少数人，"有则清清，无则不清。没有虱子就不要硬找"。根据毛主席讲话的精神，将文件作了大的修改，内容变为二十三条，题为《农村社会主义教育运动中目前提出的一些问题》。在修改过程中，毛主席加写了一些很严厉的话，如："不说是什么社会里四清四不清矛盾，也不说是什么党的内外矛盾交叉。从字面上看来，所谓四清四不清，过去历史上什么社会里也能用；所谓党内外矛盾交叉，什么党派也能用；都没有说明今天矛盾的性质，因此不是马克思列宁主义的。"1月14日，由彭真同志将文件送毛主席审阅后，正式发出，会议至此结束。

　　毛主席对少奇同志的批评这样尖锐，除了在主要矛盾、社会主义教育运动的性质及如何搞法这些问题上发生了严重分歧这个主要原因外，与当时正在召开的三届全国人大一次会议和各地反映的情况，以及陈伯达在其间所起的不好作用有关。在这次人大会议上，周总理在《政府工作报告》中，充分肯定了调整国民经济以来取得的巨大成就，代表们也普遍认为各方面的形势越来越好。1964年12月27日下午，朱德同志在会上说，"对基层政权也要一分为二，有好的有坏的。当权派，点上摸的情况是好的不多，应该还是好的多"，"这次人代会反映的问题也很多。两个会议两种反映，一分为二"。1965年1月5日，在宋任穷同志讲到现在形势一年比一年好，生产一年比一年好时，毛主席插话说："在人代大会上讲得一片光明，在工作会议上讲得一片黑暗，对不起头来嘛！"三届全国人大一次会议的这种气氛，各地对"四清"运动中"左"的做法的反映，都很容易引起毛主席对少奇同志的不满。而陈伯达看到毛主席对少奇同志不满意，便在1964年12月27日下午的发言中，顺着毛主席的话，从"理论"上加以发挥说：所谓清不清，历代就有这个问题，不能说明矛盾的性质。国民党也说有党内外矛盾的交叉，因而人民内部矛盾与敌我矛盾交叉也不能概括矛盾的性质，所以主席的概括是正确的，性质不清楚，就会迷失方向。他这个发言，受到毛主席的欣赏。后来毛主席修改"二十三条"时，特别把这个意思写了进去。原来制定的17条的停发，也是由陈伯达建议的。很显然，陈伯达的发言和建议在毛主席和少奇同志已发生的分歧中，起了不良的加剧作用。

党内高层领导中发生的这些思想分歧，影响是深远的。最严重的是使毛主席产生了对少奇同志的不信任，从而埋下了发动"文化大革命"的种子。毛主席1966年8月5日在八届十一中全会上写的那张《炮打司令部——我的一张大字报》中，就把"一九六四年形'左'实右的错误倾向"，作为少奇同志的一条罪状。10月25日，毛主席在中央工作会议上还回顾说，在制定"二十三条"的时候，就引起了他的"警惕"。1970年12月18日，当斯诺问毛主席从什么时候明显感觉到必须把刘少奇从政治上搞掉时，毛主席也回答说是制定"二十三条"那个时候。[17]

毛泽东同刘少奇之间的分歧和冲突，并非像某些肤浅的西方学者所津津乐道的那样起因于"权力之争"。在毛泽东看来，他的一切努力，都是为了捍卫马克思主义的纯洁性，防止出现像苏联那样的"资本主义复辟"所必需的。他一向寄厚望于刘少奇。如今，刘少奇却在这个重大原则问题上与他产生了严重分歧。这既使他痛心，也使他有大权旁落之感。于是，他开始寻找新的力量帮助他把这场关系党和国家命运的斗争推向前进。

刘少奇作为在第一线主持中央全面工作的负责人，曾经力图跟上毛泽东的步伐和思想，也真心希望毛泽东的这些努力有利于反修防修。但是，他更清楚地看到，"以阶级斗争为纲"会给国家的经济工作造成多么严重的干扰。他从党和国家的最高利益出发，试图把这种干扰减少到最低限度。他是一个耿直的人，也是一个勇于坚持真理的人。这也就决定了他同毛泽东的意见分歧采取了冲突的方式。

两个始终从党和国家的最高利益出发的革命家，终于因意见分歧和误会而分手。这场悲剧的深刻背景及其影响，远远超过西方所谓"权力之争"。

从此，中国政局"左"倾思潮大泛滥的动乱时期迅速来临。

"山雨欲来风满楼"

1965年11月10日,上海《文汇报》发表姚文元的《评新编历史剧〈海瑞罢官〉》一文,成为发动"文化大革命"的导火索。

此后,围绕着对《海瑞罢官》一剧及文艺批判,形成了两种不同的意见和处理,毛泽东对刘少奇等中央负责同志的不满情绪迅速增强。江青、康生等人则推波助澜,事态的发展很快到了不可收拾的地步,促使毛泽东下定了发动"文化大革命"、自下而上地解决"黑暗面"的决心。

薄一波回忆说:

从1965年11月10日姚文元在《文汇报》发表《评新编历史剧〈海瑞罢官〉》开始,文化领域的大批判进入新阶段。

在此之前开展的大批判,虽然已带有浓厚的政治色彩,但基本上还限于文学艺术和哲学社会科学领域。对《海瑞罢官》的批判,性质则完全不同了。

事情的始末是这样的。

1959年4月5日,毛主席在上海召开的党的八届七中全会上,提出要敢于讲真话,敢于批评他的缺点。为此专门讲了海瑞的故事。他说:海瑞写给皇帝的那封信,那么尖锐,那是很不客气的。海瑞比包文正不知道高明多少,广东出了个海瑞(海瑞是海南岛人,当时属广东省——作者注),很有荣誉。我们的同志哪有海瑞那样的勇敢。毛主席还说,他已把《明史·海瑞传》送给彭德怀同志看了,并劝周总理也看一看。会后,胡乔木同志把这个精神告诉了吴晗,鼓励他写有关海瑞的文章。于是,吴晗同志很快写成《海瑞骂皇帝》一文,登在1959年6月26日的《人民日报》上。9月17日,他又在《人民日报》上发表《论海瑞》一文(此文经胡乔木同志审阅修改——作者注)。这时庐山会议已开过,他还专门在末尾加了一段批判"右倾机会主义分子"的文字。在这之后,北京京剧团团长马连良,请吴晗同志把海瑞的事迹编成一出戏。吴本来不会写戏,但盛情难却,于1960年3月写成五场新编历史京剧《海瑞》。这出戏根据戏剧界的意见七易其稿,剧名也根据他的一位朋友的意见改为《海瑞罢官》,于1961年初由北京京剧团上演。

这说明,吴晗同志当时写关于海瑞的文章及《海瑞罢官》一剧,与庐山会议罢彭德怀同志的"官"并无联系。毛主席当时也没有指出有什么问题。可是在姚文元的文章里,却说《海瑞罢官》塑造了一个"假海瑞","用地主资产阶级的国家观代替了马克思列宁主义的国家观,用阶级调和论代替了阶级斗争论",并无中生有地把剧中写的"退田""平冤狱",与1961年、1962年的

"单干风""翻案风"联系起来,说"'退田''平冤狱'就是当时资产阶级反对无产阶级专政和社会主义革命的斗争焦点","《海瑞罢官》就是这种阶级斗争的一种形式反映","《海瑞罢官》并不是芬芳的香花,而是一株毒草"。

对于姚文元的这种政治陷害,当时许多历史学家极为气愤。而康生却从政治方面"发现"问题,把《海瑞罢官》同庐山会议联系起来,说这出戏的"要害"是"罢官"。于是,便引出了毛主席1965年12月21日在杭州同陈伯达、关锋等人的如下谈话:戚本禹的文章(指发表于12月6日出版的《红旗》杂志第13期的《为革命而研究历史》,该文不点名地批判了以翦伯赞同志等为代表的"反动历史观"——作者注)写得好,缺点是没有点名。姚文元的文章,好处是点了名,但是没有打中要害。要害是"罢官",嘉靖皇帝罢了海瑞的官,1959年我们罢了彭德怀的官。彭德怀也是海瑞。第二天,毛主席在同彭真同志等人的谈话中,又讲了这个看法。这样,经过康生的"发明",毛主席的肯定,《海瑞罢官》这出戏,不仅成了所谓代表地主、资产阶级和一切牛鬼蛇神向党向社会主义进攻,而且升级为所谓直接代表彭德怀等党内的"右倾机会主义分子"向党进攻的严重政治问题了。在这种思想的影响下,顺藤摸瓜,批判的范围越来越大,揭出的"问题"越来越重,被打倒的人越来越多。由批判吴晗发展到批判"三家村",由批判"三家村"又发展到批判全国各地的"黑店""黑帮"。"山雨欲来风满楼",一场"横扫一切牛鬼蛇神"的"文化大革命"也就由此引发了。

需要指出的是,对《海瑞罢官》的批判,是江青在极不正常的情况下精心策划的。1964年,她曾在北京找人写批判文章,但遭到拒绝。于是,1965年2月,她又跑到上海找张春桥,在柯庆施同志的支持下,由姚文元着手撰写批判文章,并对绝大多数中央领导同志实行保密。1967年2月3日,毛主席在会见阿尔巴尼亚卡博、巴卢库时,谈及批判《海瑞罢官》时说:开头我也不知道,是江青他们搞的。搞出了稿子交给我看。同年5月他在会见阿尔巴尼亚军事代表团时又说:那个时候,我们这个国家在某些部门、某些地方被"修正主义"把持了。真是水泼不进,针插不进。当时我建议江青组织一下文章批判《海瑞罢官》,就在这个红色城市(指北京——作者注)无能为力,无奈只好到上海去组织。最后文章写好了,我看了三遍,认为基本可以,让江青回去发表,我建议再让中央领导同志看一下。但江青建议:"文章就这样发表的好,我看不用叫恩来同志、康生同志看了。"因为如果"给他们看,就得给刘少奇、邓小平、彭真、陆定一这些人看,而刘、邓这些人是反对发表这篇文章的"。这说明,批判《海瑞罢官》的这篇文章,是在毛主席的支持下,由江青一手组织的。

关于这种情况，江青1967年4月12日在军委扩大会议上的讲话中，还曾炫耀过。她说："在文教方面我算一个流动的哨兵。就是这样盯着若干刊物报纸，这样翻着看，把凡是我认为比较值得注意的东西，包括正面的、反面的材料，送给主席参考。"关于批判《海瑞罢官》，她说，"因为主席允许，我才敢于去组织这篇文章"，这"也是柯庆施同志支持的。张春桥同志、姚文元同志为了这个担了很大的风险呵，还搞了保密"，"保密了七八个月"。

按照正常情况，对北京市的一位副市长和著名学者、明史专家在报刊上公开点名批判，应该事先同北京市委和中央宣传部打个招呼。但江青组织文章批判《海瑞罢官》，一直对彭真、陆定一同志，对北京市委及中央宣传部严加保密，发表前也没有同他们打招呼。因此，姚文元文章的发表，无疑是对中央许多领导同志和北京市委、中央宣传部的一次"突然袭击"。

正因为如此，彭真、陆定一等同志对姚文元的文章进行了抵制，18天内北京各报刊没有转载。毛主席看到北京按兵不动，立即指示上海把姚文元的文章印成小册子。由于不明真相，北京市新华书店没有立即表示订购。11月29日、30日，《北京日报》《人民日报》在被迫转载姚文元的文章时，由彭真同志和周恩来同志分别审阅定稿的编者按，也都把《海瑞罢官》的问题看作学术问题，认为有不同意见可以讨论。与此同时，彭真同志还让邓拓同志以向阳生的笔名写了一篇《从〈海瑞罢官〉到道德继承论》的文章，让吴晗同志写了一篇自我批评，分别发表在12月12日、27日的《北京日报》上，力图把对《海瑞罢官》的政治批判拉回到学术讨论的范围之内，并保吴晗同志过关。这更激起了毛主席的不满。12月21日、22日，毛主席在杭州作了关于《海瑞罢官》的"要害"问题的谈话。后来，这些分歧直接导致了《二月提纲》和《五一六通知》的产生，导致了"文化大革命"的发动。[18]

1966年2月3日，由彭真主持文化革命小组拟定了《关于当前学术讨论的汇报提纲》，即《二月提纲》。《提纲》试图把日益猛烈的文化批判作种种规范，使其引向正常的学术批评的轨道，不要搞成严重一边倒的政治批判。

这个提纲遭到毛泽东的反对，并号召地方造反，向地方进攻。不久，他又"放火烧荒"，制定了针锋相对的《五一六通知》，为"文化大革命"的发动奠下了理论基础。

薄一波继续回忆说：

《二月提纲》，即由彭真同志主持制定的《文化革命五人小组关于当前学术讨论的汇报提纲》，与毛主席当时的谈话精神有明显的不一致。那么为什么会产生这个提纲呢？这要从1965年底毛主席与彭真同志的谈话说起。

上面已经说过，1965年12月22日，毛主席曾向彭真同志等明确指出，《海瑞罢官》的要害是"罢官"。但是，彭真同志不同意这种看法。他向毛主席说：根据调查，吴晗同彭德怀没有联系，《海瑞罢官》同庐山会议没有关系。由于彭真同志的坚持，毛主席只好说吴晗的问题两个月之后再作政治结论。12月26日彭真同志由杭州到上海后，向张春桥等人转达了毛主席的这个意思。

正因为毛主席同意（尽管比较勉强）先不对吴晗的问题作政治结论，所以才有1966年2月3日彭真同志召集的文化革命五人小组会议。这个五人小组，是1964年夏天由毛主席提议成立的。当时，在毛主席那里召开了一次会，有彭真、陆定一等同志和康生参加。毛主席批评了文化部的工作，也批评了中央宣传部和周扬同志，提出要彻底整顿文化部，并指定由陆定一、彭真、周扬同志3人组成领导小组，由陆定一同志主持。陆定一同志当场以"见事迟"为由，表示不宜由他主持，建议彭真同志挂帅。彭真同志没有表示不同意见，毛主席也表示同意。过了一会儿，康生也谈到了文化部的事情，毛主席接着要康生和吴冷西同志也参加小组工作。在7月7日召开的中央书记处会议上，彭真同志汇报了毛主席要成立五人小组的事情，会议决定，根据毛主席的提名，由彭真、陆定一、康生、周扬、吴冷西同志组成五人小组，"并以彭真同志为组长，负责领导各有关方面，贯彻执行中央和主席关于文学艺术和哲学社会科学问题的指示"。

在1966年2月3日的文化革命五人小组会议（许立群、胡绳同志等7人列席了会议——作者注）上，彭真同志提出了"放"的方针，同时指出：已经查明吴晗同彭德怀没有关系，因此不要提庐山会议，不要谈《海瑞罢官》的政治问题。彭真同志还说：像郭（沫若）老这样的人都很紧张了，学术批判不要过头，要慎重。"左派"也要整风，不要当学阀。许立群同志在发言中谈到关锋1962年写的几篇杂文也有错误，应该批评。康生在会上发表了完全相反的意见，主张谈吴晗的政治问题、要害问题，要把斗争锋芒针对吴晗，并批评许立群同志为什么那么有兴趣搜集"左派"的材料，认为关锋等人是"左派"，必须保护，并且要依靠他们做骨干，组织队伍，积极地写批判吴晗的文章。

这次会议，可以说是当时两种思想的初步交锋。会后，彭真同志不顾康生的反对，要中央宣传部副部长许立群、姚溱同志起草给中央的《汇报提纲》，并由他修改定稿。2月5日，他在中央政治局常委开会前将《汇报提纲》送给常委同志，并让许立群同志在会上作了汇报，他插话作了说明。2月8日，彭真同志又和陆定一、许立群同志专程到武汉向毛主席汇报。毛主席当时没有表示不同意，只是一连问了两次吴晗是不是反党反社会主义。当谈到"左派"也要整风时,毛主席说:这样的问题,三年以后再说。当许立群同志谈到关锋的杂文时,毛主席说:写点杂文有什么关系,何明(即关锋)的文章我早就看过,还不错。回北京后,彭真同志让许立群同志代中央起草了一个批语。2月12日,由小平同志批发,中央正式批转了《文化革命五人小组关于当前学术讨论的汇报提纲》。

在当时的形势下,这个《汇报提纲》不可避免地也带有一些"左"的提法。但是,《汇报提纲》的基本指导思想和重点是:强调学术争论要"用摆事实、讲道理的方法";"要坚持实事求是,在真理面前人人平等的原则,要以理服人,不要像学阀一样武断和以势压人";"要有破有立(没有立,就不可能达到真正、彻底的破)";"要准许和欢迎犯错误的人和学术观点反动的人自己改正错误";"对于吴晗这样用资产阶级世界观对待历史和犯有政治错误的人,在报刊上的讨论不要局限于政治问题,要把涉及各种学术理论的问题,充分地展开讨论";"报刊上公开点名作重点批判要慎重,有的人要经过有关领导机关批准"。另外《汇报提纲》还提出:"即使是坚定的左派(从长期表现来看),也难免因为旧思想没有彻底清理或者因为对新问题认识不清,在某个时候说过些错话,在某些问题上犯过大大小小的错误,要在适当的时机,用内部少数人学习整风的办法,清理一下,弄清是非……"很明显,《汇报提纲》是针对当时那些"左"的主要观点而写的,是想将这场大批判尽量加以限制,以避免发展成为严重的政治斗争,避免发生更大的社会混乱,其基本内容是正确的。

但是,《汇报提纲》的指导思想和其中的许多提法,是同毛主席的意愿不相符合的。2月8日彭真等同志向毛主席汇报时,毛主席虽然没有明确表示不同意见,但实际上是不同意的。1966年3月28日、29日,毛主席对康生说:《二月提纲》是错误的,是非不分,当时我没有明确指出,以为是常委讨论过的。4月22日,毛主席在杭州的讲话中又说:2月3日、4日、5日、6日、7日——5天嘛,不忙那么不忙,一忙那么忙。2月3日急于搞一个五人小组文件,迫不及待。在武汉谈整左派,我不同意。由于《二月提纲》这件事,毛主席进一步加深了对彭真同志的不满。

至于江青、康生等人,对《二月提纲》更是不能容忍。在彭真同志主持制定这个提纲的同时,江青到苏州请求林彪支持,她后来说是请无产阶级专政的"尊神",来支持她发动进攻。然后,她在上海召开了部队文艺工作座谈会,会后写成纪要送给毛主席,这就是所谓《林彪同志委托江青同志召开的部队文艺工作座谈会纪要》(以下简称《纪要》)。《纪要》对新中国成立以来的文艺工作予以全盘否定,认为文艺界"被一条与毛主席思想相对立的反党反社会主义的黑线专了我们的政。这条黑线就是资产阶级的文艺思想、现代修正主义的文艺思想和所谓三十年代文艺的结合",一定要"坚持进行一场文化战线上的社会主义大革命,彻底搞掉这条黑线"。并说,"这是关系到我国革命前途的大事,也是关系到世界革命前途的大事"。毛主席亲自对《纪要》修改了三遍,作了11处修改,加写了如下的一些话:"搞掉这条黑线之后,还会有将来的黑线,还得再斗争";"过去十几年的教训是:我们抓迟了。毛主席说,他只抓过一些个别问题,没有全盘地系统地抓起来。而只要我们不抓,很多阵地就只有听任黑线去占领,这是一个严重的教训";等等。4月10日,党中央根据毛主席的意见,将《纪要》批发全国,指出,"这一文件很好、很重要","抓住了当前文艺工作上一些根本性的问题","不仅适合于军队,也适合于地方,适合于整个文艺战线",各级党委要"认真研究、贯彻执行"。这个《纪要》的发出,明显是对《二月提纲》的否定,表明毛主席已下决心采取更大的行动。

3月17日至20日,毛主席在杭州召开中央政治局常委扩大会议,专门研究如何进一步开展批判的问题。他在讲话中说:我们在解放以后,对知识分子实行包下来的政策,有利也有弊。现在学术界和教育界是资产阶级知识分子掌握实权。社会主义革命越深入,他们就越抵抗,就越暴露出他们的反党反社会主义的面目。现在许多地方对于这个问题认识还很差,学术批判还没有开展起来。各地都要注意学校、报纸、刊物、出版社掌握在什么人的手里,要对资产阶级的学术权威进行切实的批判。我们要培养自己年轻的学术权威。不要怕青年人犯"王法",不要扣压他们的稿件。中宣部不要成为农村工作部(农村工作部在1962年被撤销,意思是中宣部不要像农村工作部一样因"犯错误"而被撤销——作者注)。

3月28日至30日,毛主席在上海接连同康生谈了两次话,同康生、江青、张春桥等人谈了一次话,批评彭真同志、中宣部和北京市委包庇坏人,说如果再包庇坏人,中宣部要解散,北京市委要解散,"五人小组"要解散。他还针对3月11日许立群同志根据彭真同志意见向上海市委宣传部部长杨永直打电话的问题(许立群同志在电话中讲了"学阀"问题并问发表姚文元的文章为什么不给中宣部打招呼——作者注),批评说:八届十中全会作出了进行阶级斗争的决议,为什么吴晗写了那么多反动文章,中宣部都不要打招呼,而发表姚文元的文章偏偏要跟中宣部打招呼,难道中央的决议不算数吗?什么叫学阀?那些包庇反共知识分子的人就是学阀,包庇吴晗、翦伯赞这些"中学阀"的人是"大学阀",中宣部是"阎王殿",要"打倒阎王,解放小鬼"。毛主席还说:我历来主张,凡中央机关做坏事,我就号召地方造反,向中央进攻,各地要多出些"孙悟空",大闹天宫。去年9月会议,我就问各地同志,中央出了"修正主义",你们怎么办?很可能出,这是最危险的。要支持左派,建立队伍,走群众路线。他还要康生告诉彭真同志,要就许立群的问题打电话向上海道歉。

从这几次谈话,可以看出毛主席已下决心批判彭真、陆定一等同志,彻底解决北京市委、中央宣传部和五人小组的"问题",由此发动"文化大革命"。于是形势急转直下。

3月31日,康生回北京向周总理、彭真同志详细地传达了毛主席的这三次谈话。4月9日到12日,中央书记处召开会议,康生传达了毛主席的谈话。彭真同志表示了自己的态度。会议对彭真同志进行批评,康生系统地批评彭真同志在这次学术批判中的"严重错误",陈伯达从民主革命和社会主义革命的问题上、从政治路线方面批评彭真同志的"严重错误"。会议决定:(一)起草一个通知,彻底批判五人小组汇报提纲的错误,并撤销这个提纲;(二)成立文化革命文件起草小组,报毛主席和政治局常委批准。

4月12日,陈伯达起草好撤销《二月提纲》的《通知》草稿,送毛主席及其他领导人。14日,毛主席对《通知》草稿作了重大的修改,加上了"撤销原来的'文化革命五人小组',重新设立'文化革命文件起草小组',隶属于政治局常委之下"等话。

4月22日至24日,毛主席在杭州召开中央政治局常委扩大会议。他在22日下午的讲话中说:我不相信只是吴晗的问题,这是触及灵魂的斗争,意识形态的,触及得很广泛。吴晗问题之所以严重,是因为"朝里有人",中央有,各区、各省、市都有,军队也有,出修正主义,不只文化出,党政军也要出,主要是党、军。真正有代表性的,省、市都要批评一两个。毛主席还针对《二月提纲》关于"有破有立"的观点说:先破后立,不破不立,破中有立,破就要讲道理,讲道理就是立,要彻底地破。24日,会议通过了由毛主席反复审改的《通知》修改稿。

4月28日、29日,毛主席又讲了两次话,对彭真同志和北京市委提出了更加严厉的批评。他说:北京市一根针也插不进去,一滴水也泼不进去,彭真要按他的世界观来改造党,事物走向反面,他已为自己准备了垮台的条件,对他的错误要彻底攻。并说,阶级斗争是不依人的意志为转移的,"西风吹渭水,落叶下长安","灰尘不扫不少","阶级斗争,不斗不倒"。至此。彭真同志的被打倒以及"文化大革命"的全面发动,已是无可挽回了。

根据毛主席的安排,从5月4日至26日中央政治局召开扩大会议,集中揭发和批判彭真、陆定一、罗瑞卿、杨尚昆同志的"问题",并于5月16日通过了陈伯达起草、毛主席作了八次修改的《通知》（习惯上称为《五一六通知》——作者注）。这个《通知》宣布撤销《二月提纲》和原来的"文化革命五人小组"，宣布文化革命要彻底揭露反党反社会主义的所谓"学术权威"，批判学术界、教育界、新闻界、文艺界、出版界的资产阶级反动思想，夺取在这些文化领域中的领导权。毛主席在修改时加上了这样几段特别尖锐的也是全面发动"文化大革命"带指针性的话：

"中央和中央各机关，各省、市、自治区，都有这样一批资产阶级代表人物。"

"必须同时批判混进党里、政府里、军队里和文化领域的各界里的资产阶级代表人物，清洗这些人，有些则要调动他们的职务。尤其不能信用这些人去做领导文化革命的工作，而过去和现在确有很多人是在做这种工作，这是异常危险的。"

"混进党里、政府里、军队里和各种文化界的资产阶级代表人物，是一批反革命的修正主义分子，一旦时机成熟，他们就会要夺取政权，由无产阶级专政变为资产阶级专政。这些人物，有些已被我们识破了，有些则还没有被识破，有些正在受到我们信用，被培养为我们的接班人，例如赫鲁晓夫那样的人物，他们现正睡在我们的身旁，各级党委必须充分注意这一点。"

"无产阶级对资产阶级斗争，无产阶级对资产阶级专政，无产阶级在上层建筑其中包括在各个文化领域的专政，无产阶级继续清除资产阶级钻在共产党内打着红旗反红旗的代表人物等，在这些基本问题上，难道能够容许有什么平等吗？"

"同这条修正主义路线作斗争，绝对不是一件小事，而是关系到我们党和国家的命运，关系到我们党和国家的前途，关系到我们党和国家将来的面貌，也是关系世界革命的一件头等大事。"

这样，批判和夺权就不再限于文化领域，进一步扩大到党、政府和军队等各个方面，而且斗争的矛头直接指向中央一些主要领导同志，"文化大革命"的纲领完整地制定出来了。所以这个《通知》一发出，一场"政治大革命"即十年动乱就全面爆发了。[19]

在这场风波中，《人民日报》因为对姚文元的批判文章持消极态度，也受到毛泽东的警告，直至后来被迫改组。

当时主持人民日报工作，并且是文化革命五人小组成员的吴冷西回忆说：

以彭真同志为首的文化革命五人小组，1966年2月初开会研究当时学术讨论的情况，认为要把这场批置于党中央的领导下，要降温，要真正做到"百家争鸣、百花齐放"，因而起草了向中央政治局常委汇报的提纲。当时在北京的政治局常委（少奇同志、周总理和小平同志）开会讨论并认可了这个提纲中提出的意见，同意在学术讨论的文章中不涉及庐山会议，并且要五人小组去武昌向毛主席汇报，最后由毛主席作决定。2月8日我们飞武汉，从机场直去毛主席住处汇报。汇报后毛主席同意以中央名义批发这个汇报提纲，后来被称为《二月提纲》。

后来才知道，差不多与此同时，江青受林彪的委托，在上海起草要彻底搞掉所谓文艺黑线的《部队文艺工作座谈会纪要》。这个《纪要》在4月初中央批发全党之前经毛主席看过。而毛主席在这之前，在《二月提纲》之前，1965年12月在杭州同陈伯达等谈话时就说，姚文元文章没有打中要害，要害是罢官，嘉靖皇帝罢了海瑞的官，我们罢了彭德怀的官。这些情况，不仅我们，而且连中央其他领导同志都被蒙在鼓里。人民日报还是按照《二月提纲》的精神组织学术讨论，凡是涉及庐山会议的文章都被删改或不发。

人民日报这样做，又招致毛主席的严厉批评。1966年3月18日至20日，毛主席在杭州召开政治局常委扩大会议。这次会议比较特别。到会的常委除主席外只有少奇同志（他正在准备出访巴基斯坦等国）和周总理，没有过半数。小平同志在西北三线视察，请假，未到会。其他参加会议的有各中央局书记和中央有关负责人。会议议题事先没有通知，只在开会时说要讨论我党是否派代表团参加苏共"二十三大"，还有什么其他问题也可以谈谈。18日下午，毛主席在西湖西南岸的住地刘庄召开一个小会，到会的有少奇同志和周总理，彭真、康生、陈伯达和我列席。会议结束前，毛主席突然批评我说：《人民日报》登过不少乌七八糟的东西，提倡鬼戏，捧海瑞，犯了错误。我过去批评你们不搞理论，从报纸创办时起就批评，批评过多次。我说过我学蒋介石，他不看《中央日报》，我也不看《人民日报》，因为没有什么看头。你们的《学术研究》是我逼出来的。我看你是半马克思主义，三十未立，四十半惑，五十能否知天命，要看努力。要不断进步，否则要垮台。批评你是希望你进步。我对一些没有希望的人，从来不批评。毛主席又说：你们的编辑也不高明了，登了那么多坏东西，没有马克思主义，或者只有三分之一甚至四分之一的马克思主义。不犯错误的报纸是没有的。人民日报要从错误中吸取教训。可能以后还会犯错误，说从此不犯错误是不可能的。问题在于错了就改，改了就好。《人民日报》还是有进步，现在比过去好，我经常看。但要不断前进。

从会议厅出来，我向周总理说：主席这次批评很重，我要好好检讨。总理对我说：不光是批评你，也是对我们说的。回到西泠饭店，我又对彭真同志谈了这事，他也说：主席的批评不仅对你，也是对我们说的。他们两位的话可以说是安慰我，但我隐约感到，一场暴风雨即将来临。

毛主席这次批评，是我最后一次直接听到他的谈话。距离我在1956年春初进颐年堂，刚好10年。

回想起来，毛主席把注意力集中在国内问题上来，实行他称之为防修反修的部署，是在赫鲁晓夫下台（1964年10月）之后，也是在国民经济全面恢复之后。当然，在这之前，6月在批评人民日报的同时，他也在1964年5月、6月间的中央工作会议上提出中国会不会出修正主义的问题。但是，下决心大搞防修、反修是在1964年底和1965年初的中央工作会议上起草"二十三条"的过程中。毛主席在会议的最后阶段，同少奇同志发生争论，认定社教运动的性质是解决社会主义和资本主义的矛盾，运动的重点是"整党内走资本主义道路的当权派"；同时还指责中央机关有两个"独立王国"（当时没有点名。后来在人数很少的常委会上说，一个是中央书记处，一个是国家计委）。

姚文元的政治诬陷文章发表的同一天，中央发出通知，把杨尚昆同志调离中央办公厅主任的职务。这不是偶合。一个月后，1965年12月，又发生林彪向毛主席诬告总参谋长罗瑞卿同志"篡军反党"。为此毛主席从杭州到上海，紧急召开政治局常委扩大会议（各兵种和各大军区司令员和政委都参加，我也列席了），其后中央军委又在北京召开扩大会议，错误地"揭批"罗瑞卿同志。随着这样的形势的发展，斗争已从意识形态领域完全转入政治领域。

中国政局紧锣密鼓地进入1966年。3月的杭州政治局常委扩大会议，3月底毛主席指责彭真同志和中宣部的谈话，5月的政治局扩大会议，林彪对陆定一同志的诬陷，批判《二月提纲》的《五一六通知》，这一系列事件，无中生有地制造一个所谓"彭、罗、陆、杨反党集团"，其后又上升为"刘、邓资产阶级司令部"。

在这种情况下，人民日报无论如何也跟不上形势。《人民日报》1966年4月在突出政治问题上同《解放军报》的论战，很难说究竟是政治家办报还是书生办报。

在5月政治局扩大会议之后，5月31日，经过毛主席批准，中央宣布由陈伯达带领工作组进驻人民日报，实行夺权。用陈伯达自己的话来说，他在人民日报搞了一个"小小的政变"。6月1日，《人民日报》发表了他主持起草的题为《横扫一切牛鬼蛇神》的社论。从此，不仅人民日报，全国新闻界大难临头，遭到空前浩劫。所谓"文化大革命"从此开始，我不久即被捕入狱。[20]

至此，刘少奇等人为阻止事态由意识形态领域的过火批判演变成全面的政治大批判运动所作的一切努力，都归于失败。一场为期10年的动乱和浩劫，终于席卷了中国大地。

注 释

〔1〕薄一波：《若干重大决策与事件的回顾》下卷，中共中央党校出版社1993年6月版，第1070—1072页。

〔2〕薄一波：《若干重大决策与事件的回顾》下卷，中共中央党校出版社1993年6月版，第1072—1077页。

〔3〕薄一波：《若干重大决策与事件的回顾》下卷，中共中央党校出版社1993年6月版，第1078—1089页。

〔4〕逄先知：《毛泽东和他的秘书田家英》，中央文献出版社1989年12月版，第62—68页。

〔5〕薄一波：《若干重大决策与事件的回顾》下卷，中共中央党校出版社1993年6月版，第1090—1096页。

〔6〕"四清"，指清理账目，清理仓库，清理财物，清理工分。"五反"，指反对贪污盗窃，反对投机倒把，反对铺张浪费，反对分散主义，反对官僚主义。

〔7〕薄一波：《若干重大决策与事件的回顾》下卷，中共中央党校出版社1993年6月版，第1106—1110页。

〔8〕逄先知：《毛泽东和他的秘书田家英》，中央文献出版社1989年12月版，第73—77页。

〔9〕李维汉：《回忆与研究》（下），中共党史资料出版社1986年4月版，第875—880页。

〔10〕陶鲁笳：《忆毛泽东同志论干部参加劳动》，《党史文汇》1991年第10期，第3—6页。

〔11〕薄一波：《若干重大决策与事件的回顾》下卷，中共中央党校出版社1993年6月版，第1220—1228页。

〔12〕吴冷西：《忆毛主席》，新华出版社1995年2月版，第143—149页。

〔13〕这里是指李维汉。李维汉在1956年后研究统战工作理论政策的过程中，提出过：争取5年或者更多一点时间使对资产阶级分子的改造实际达到消灭阶级的水平（简称5年消灭阶级）；把民主党派根本改造成为社会主义政党（简称社会主义政党）。他还提过：人民民主统一战线实际上已经是社会主义统一战线（简称社会主义统一战线）和我国各民族已经成为社会主义民族。这些，在1962年10月的中央统战部会议上受到批判。——原注

〔14〕丛进：《曲折发展的岁月》，河南人民出版社1989年12月版，第

576—577页。

〔15〕丛进：《曲折发展的岁月》，河南人民出版社1989年12月版，第577—579页。

〔16〕丛进：《曲折发展的岁月》，河南人民出版社1989年12月版，第579—580页。

〔17〕薄一波：《若干重大决策与事件的回顾》下卷，中共中央党校出版社1993年6月版，第1128—1134页。

〔18〕薄一波：《若干重大决策与事件的回顾》下卷，中共中央党校出版社1993年6月版，第1230—1235页。

〔19〕薄一波：《若干重大决策与事件的回顾》下卷，中共中央党校出版社1993年6月版，第1235—1244页。

〔20〕吴冷西：《忆毛主席》，新华出版社1995年2月版，第150—154页。

第八编
"烈士暮年,壮心不已"

一、发动"文化大革命"的失误

炮打"司令部"

"文化大革命",被毛泽东视为一生做过的两件大事之一。1967年2月,他在会见外宾时说:"过去我们搞了农村的斗争、工厂的斗争、文化界的斗争,进行了社会主义教育运动,但不能解决问题,因为没有找到一种形式、一种方式,公开地、全面地、由下而上地发动广大群众来揭露我们的黑暗面。"这概括了他自1962年夏季以来的主要思索过程。

毛泽东的主观意图,在很大程度上是为了捍卫马克思列宁主义的纯洁性,同时也含有对党内和国家政治生活状况及社会阶级斗争状况的错误观察(这是主要的)。然而,实践证明,毛泽东发动"文化大革命"的理论依据及其实践,都是错误的。离开以经济建设为中心,脱离社会主义法制这个根本手段,去搞政治运动和阶级斗争,清除腐败现象,只能给党和国家带来无休止的动乱。这是沉痛的历史教训,也是毛泽东晚年的一大悲剧。

毛泽东发动"文化大革命"的主要论点,集中体现在1966年5月16日中共中央政治局扩大会议通过的《中共中央通知》上。当时,毛泽东正在杭州,没有出席会议,但他自始至终亲自主持制定了这个通知。

《通知》开头几段是针对《二月提纲》的,并且说:"所谓'五人小组'的汇报提纲,实际上只是彭真一个人的汇报提纲。""彭真根本没有在'五人小组'内讨论过、商量过","更没有得到中央主席毛泽东同志的同意"。而且上纲说:"这个提纲站在资产阶级的立场上,用资产阶级世界观来看待当前学术批判的形势和性质,根本颠倒了敌我关系。"

关于《五一六通知》的酝酿和起草过程,穆欣回忆说:

3月17日至20日,毛泽东在杭州召开的中央政治局常委扩大会议上,专门就学术批判问题讲了话。讲话中指出:要用5年到10年的工夫,对资产阶级的学术权威进行切实的批判。这是一场严重的阶级斗争,不能指望那些老教授,要培养我们的年轻的学术权威。不要怕年轻人犯"王法",不要扣压他们的稿件。中宣部不要成为"农村工作部"。现在,全国只有15个省市参加批判吴晗,还有13个省、市也要动起来。各地都要注意学校、报纸、刊物、出版社掌握在什么人手里。我们在解放以后,对知识分子实行包下来的政策,有利也有弊。现在学术界和教育界是资产阶级分子掌握了实权。社会主义革命越深入,他们就越抵抗,就越暴露出他们的反党反社会主义的目的。吴晗、翦伯赞是共产党员,也反共,实际上是国民党。有些共产党员也反共,搞的是修正主义。他们培养的人也要搞修正主义。现在许多地方对于这个问题认识还很差,学术批判还没有开展起来。

3月28日至30日,毛泽东在上海3次同康生、江青、张春桥等人谈话,严厉指责北京市委、中央宣传部包庇坏人,不支持左派,说:北京市针插不进,水泼不进,要解散市委;中宣部是"阎王殿",要"打倒阎王,解放小鬼"。说吴晗、翦伯赞是学阀,上面还有包庇他们的大党阀(指彭真),并点名批评邓拓、吴晗、廖沫沙担任写稿的《三家村札记》和邓拓写的《燕山夜话》是反党反社会主义。毛泽东还号召地方造反,向中央进攻,说各地应多出一些孙悟空,大闹天宫。毛泽东这一谈话,预示着"文化大革命"的风暴日益迫近。

4月9日至12日,在中共中央书记处会议上,传达、讨论了毛泽东有关文化大革命的指示。会议决定:一、起草一个通知,彻底批判《二月提纲》的错误。二、成立文化革命文件起草小组,报毛泽东和政治局常委批准。

4月15日,文化革命文件起草小组的成员全部到达上海,住在锦江饭店南楼。就当时的条件而言,算是相当阔绰的宾馆。这天由陈伯达在饭店召开第一次会议,宣布了4月9日至12日中共中央书记处会议决定成立的文化革命起草小组名单(根据当时的笔记本:是从印出的名单过录的):组长陈伯达,顾问康生,副组长江青、刘志坚,组员王力、关锋、戚本禹、穆欣、吴冷西、陈亚丁、尹达、张春桥。(其后,中共中央于5月28日发出《关于中央文化革命小组名单的通知》说:"中央决定设立中央文化革命小组,隶属于政治局常委领导下。现将中央文化革命小组名单通知你们:组长陈伯达,顾问康生,副组长江青、王任重、刘志坚、张春桥,组员谢镗忠、尹达、王力、关锋、戚本禹、穆欣、姚文元。"《通知》还说:"华北、东北、西北、西南四大区参加的成员〔4人〕确定后,另行通知。"8月2日,中央通知:陶铸兼任顾问;8月30日,中央通知由第一副组长代理组长、四大区确定的成员为华北郭影秋、东北郑季翘、西北杨植霖、西南刘文珍。至1967年8月,陶铸、王任重、刘志坚、谢镗忠、尹达、穆欣等人受到迫害都离开了这个小组,而四大区的成员只在初期参加过中央文革小组的几次会议,先后在各地受到迫害和批斗。)

《通知》的草稿早在北京已经写出并已印出。这个文件是4月初旬陈伯达和王力"关起门来制造"出来的，对原先的五人小组绝对保密。《通知》之外，根据康生的意见，适应他在政治上的需要，由他主持还编造了一份《1965年9月到1966年5月文化战线上两条道路斗争大事记》，作为《通知》的附件。康生提出编造《大事记》的意图时说"错误不能人人有份"，他就利用这个《大事记》去讲在《通知》中不便讲的话，来为自己的错误开脱。将错误推给别人，把功劳留给自己。通过《通知》和《大事记》，把自己洗刷得干干净净。《大事记》的记述背离实事求是的原则，许多地方牵强附会，无限上纲；或者指鹿为马，是非颠倒。

4月16日，毛泽东在杭州召集中央政治局常委扩大会议，讨论撤销《文化革命五人小组的汇报提纲》、撤销原来的文化革命五人小组，重新设立文化革命小组等问题。

从4月14日到18日，毛泽东对《通知》草稿作过多次修改，增添了许多尖锐的词句。这些经他修改、增添的地方，有些印件都用黑体字标示出来了。4月24日，中央政治局扩大会议基本上通过了这个《通知》的草稿，决定提交将于北京召开的中央政治局扩大会议讨论。4月28日，毛泽东同康生、陈伯达谈道："你们写了《通知》，我逐次地增加，加油加醋。……"

毛泽东的修改稿，有的是在杭州修改后交陈伯达、康生带回或派人送来上海的，有些是由秘书徐业夫用电话从杭州传到上海来的。根据笔者当时未必完整的记载，几次修改的情况是：

4月14日修改的地方主要是第9段和文件末尾部分。第9段增加两处，一处说"绝大多数党委对于这场伟大斗争的领导还很不理解，很不认真，很不得力……"；一处是指责五人小组，"他们对于一切牛鬼蛇神却放手让其出笼，多年来塞满了我们的报纸、广播、刊物、书籍、教科书、讲演、文艺作品、电影、戏剧、曲艺、美术、音乐、舞蹈等，从不提倡要受无产阶级的领导，从来也不要批准……"。文件末尾倒数第2、3段，几乎全是毛泽东添加的。其中最令人震惊的，是说"混进"来的"资产阶级人物"有的还未识破，有的仍在信用，被培养为"接班人"的"赫鲁晓夫那样的人物，他们正睡在我们的身旁"这句话，不仅使人震惊，同时引起种种猜想。就连康生也说："林总（指林彪）叫这一段是惊心动魄的一段。"——不过起初人们还猜不到刘少奇身上。

4月17日修改的是第1段和第3段中的3处。第1段增添的是批评《二月提纲》"（特别是模糊了这场大斗争的目的是对）吴晗及其他一大批反党反社会主义的资产阶级代表人物（中央和中央各机关，各省、市、自治区，都有这样一批资产阶级代表人物）的批判"。第3段增添两处，前面是引毛泽东说的强调思想战线要进行"长期的斗争"和"放"；后者是在同资产阶级"根本谈不上什么平等"之后直至这段末尾的一大段话。

4月18日增添的是第7段一句话。毛泽东添加的原话比较简单:"那些钻进党内保护资产阶级学阀的资产阶级代表人物,才是窃取党的名义的大党阀。"经过康生和陈伯达"加油加醋",结果变成了后来完全用黑体字排出的这样的长句:"其实,那些支持资产阶级学阀的党内的走资本主义道路的当权派,那些钻进党内保护资产阶级学阀的代表人物,才是不读书、不看报、不接触群众、什么学问也没有、专靠'武断和以势压人'、窃取党的名义的大党阀。"其中的"不读书、不看报、什么学问也没有"的话,暴露出这两个"理论权威"以"大学问家"自诩的心态,以后成为"大批判中"不分对象胡乱指责"走资派"的口头禅、套话。

还有未见用黑体字排印过的《通知》最末一段,是毛泽东于4月17日添加的:"这个通知,可以连同中央今年2月12日发出的错误文件,发到县委、文化机关党委和军队团级党委,请他们展开讨论,究竟哪一个文件是错误的,哪一个文件是正确的,他们自己的认识如何,有哪些成绩,有哪些错误。"关于这一点,联系《通知》这个文件的名称,康生5月5日在中央政治局扩大会议发言时说:"《通知》可以议一下。可以说原《提纲》是对的,《通知》是不对的。顺便解释一下:这么重要的一个文件,叫《通知》好不好?我同伯达考虑过。少奇同志和陈总等都考虑过。问主席,主席讲还是叫《通知》。他没有解释,但他反复讲过,要大家议论:两个文件,哪一个是对的,哪一个是错的。22日会上,主席讲可以允许推翻《通知》,赞同彭真的文件。允许讲彭真那一套是对的,是马克思主义的。可能是主席考虑,大家不容易一下子认识问题的严重性。这样,更容易使大家发表意见。"实际上,这时对毛泽东的个人崇拜已发展到十分严重的程度。几乎全党对毛泽东都有个人崇拜,上层也只有少数例外。就在通过这个《通知》的政治局扩大会议上,林彪5月18日讲话时就说:"毛主席的话,句句是真理,一句超过我们一万句。""谁反对他,全党共诛之,全国共讨之。"以后不久,林彪又在中央工作会议说:"我们对主席的指示要坚决执行,理解的要执行,不理解的也要执行。"对于毛泽东亲自主持制定的《通知》,还有谁能说它"是不对的"、谁敢"推翻"呢?所以5月16日在中央政治局扩大会议上,这个《通知》没有进行认真的讨论就通过了。

历史的实践已对这个问题作出正确的回答。《通知》从批判《二月提纲》入手,提出在文化领域各界和党、政、军各个领域都混进一批资产阶级代表人物的问题。它对《二月提纲》作了种种歪曲和指责,说提纲掩盖了这场学术批判的"严重的政治性质",是"为资产阶级复辟作准备"的修正主义纲领。它还根据党、政、军都混进了资产阶级代表人物的估计,发出将要出现资产阶级复辟的危险警号。"这个通知集中反映了毛泽东对当时党和国家政治形势的严重错误估计。"[1]

4月24日，中央政治局常委扩大会议基本上通过了《通知》草稿后，起草文件的工作告一段落。4月30日，文化革命文件起草小组成员大都离开上海，飞回北京（只江青、张春桥留在上海）。[2]

在彭真等人受到严厉指责的同时，刘少奇也感到前所未有的压力。黄峥在《刘少奇与"文化大革命"》一文中认为，此时的刘少奇是在缺乏思想准备的情况下，被迫推上运动的第一线的。他写道：

1965年11月姚文元《评新编历史剧〈海瑞罢官〉》一文的发表以及随之而来的在文学艺术领域里的批判运动，是"文化大革命"全面展开的序幕。现在看得很清楚，"文化大革命"一剧中的许多情节和人物活动，包括发动"文化大革命"的毛泽东的某些意图，都已经在这场序幕里显露端倪。由于种种原因，刘少奇对这场序幕中的许多主要事件却不知情。

1965年，江青在上海与张春桥秘密策划，由姚文元执笔写批判《海瑞罢官》的文章，并且得到毛泽东的支持。这篇文章从写作到发表，刘少奇一无所知。

1966年2月2日至20日，江青与林彪互相勾结，由江青在上海召开部队文艺工作座谈会，宣称新中国成立以来文艺界被一条反党反社会主义的黑线专了政。此中内情，刘少奇无从知晓。

1966年2月3日，彭真召集"中央文化革命五人小组"会议，会后起草了《关于当前学术讨论的汇报提纲》，试图限制当时的过火倾向。2月5日刘少奇主持的中央政治局常委会议在听取汇报后表示同意。这个提纲在彭真等专程去武汉向毛泽东报告之后，在刘少奇、邓小平支持下于2月12日作为中共中央文件批发全党。《二月提纲》的发出，算是刘少奇在"文化大革命"序幕期间唯一了解和经手的大事。但不久此事又发生突变。

1966年3月25日至4月20日，刘少奇出访巴基斯坦、阿富汗、缅甸。就在这近1个月时间里，国内发生了一系列重要事情：

1966年3月底，毛泽东在上海几次同康生等人谈话，说《二月提纲》是错误的，指责北京市委、中宣部不支持"左派"，是"阎王殿"，并严厉批评说："再不支持，就解散五人小组、中央宣传部、北京市委。"毛泽东还提倡各地应多出一些大闹天宫的孙悟空，号召地方造反，向中央进攻。毛泽东的谈话，不但是针对彭真、陆定一的，同时表明毛泽东下决心要发动一场清算中央内部的"修正主义"的"革命"。

4月上旬，林彪、江青合伙搞的《部队文艺工作座谈会纪要》，经过毛泽东审阅修改，作为中共中央文件批发全党。其中说："要坚决进行一场文化战线上的社会主义大革命，彻底搞掉这条黑线。"与此同时康生在中央书记处会议上传达了毛泽东几次谈话的内容。在会上，康生和陈伯达一起批判彭真在批《海瑞罢官》以来的所谓错误和"一系列罪行"。会议决定成立"文化革命文件起草小组"，批判《二月提纲》。4月16日，毛泽东召集政治局常委扩大会议，用林彪的说法，"集中解决彭真的问题，揭了盖子"。

在此期间，由陈伯达、康生、江青等组成的"文化革命文件起草小组"在毛泽东主持下，加紧起草《中国共产党中央委员会通知》（即后来的《五一六通知》），除点名批判彭真外，宣布撤销"文化革命五人小组"，重新设立直属政治局常委的"中央文化革命小组"。

这样，等到刘少奇出访回国，摆在他面前的既成事实是：彭真已经打倒，《五一六通知》已经定稿，"中央文革小组"已经成立。与此相联系的还有：中宣部、北京市委由于挨批而瘫痪，陆定一以及邓拓、吴晗等一大批人挨整，思想文化领域里的极左倾向迅速泛滥，而江青、陈伯达、康生等人则心怀叵测，唯恐天下不乱。全国已呈山雨欲来风满楼之势。

4月下旬，刘少奇回到北京。由于毛泽东仍在外地，按惯例，中央日常工作由刘少奇主持。这使他不得不处在"文化大革命"运动的第一线。当时的处境，正如他在5月26日召开的中央政治局扩大会上所说："在我们这次讨论发言中，对文化革命问题讲得比较少。对这个问题，我们过去也是糊涂的，很不理解，很不认真，很不得力，包括我在内。我最近这个时期对于文化革命的材料看得很少。生了一次病，出了一次国，很多材料没有看，接不上头。"

5月4日至26日，中央政治局扩大会议在北京举行。会议由刘少奇主持，并由康生负责向外地的毛泽东汇报会议情况。如前所述，人事处理等决议，实际上已经定案，会上只不过是办理一个通过手续。提交会议的《五一六通知》（草案），通过时一字未改。

在《五一六通知》中，有一些重要的段落是毛泽东亲自写的。例如："赫鲁晓夫那样的人物，他们现正睡在我们的身旁，各级党委必须充分注意这一点。"像这样的话，刘少奇应该是注意到的，但是他显然并没有能理解其真实含义。

6月1日，毛泽东没有通过刘少奇等中央常委而直接下令将康生送去的北京大学聂元梓等的大字报向全国广播。其后短短几天，在"中央文革小组"的推波助澜下，造反浪潮在全国迅速蔓延，"文化大革命"哄然而起，局面混乱，难以驾驭。出现这种形势，对本来就缺乏思想准备的刘少奇来说，显然是难以理解的。6月20日，他在听取北师大附中工作组汇报时说："当前，主要问题是不知怎么搞，我们也是第一次，不知怎么搞。"7月29日，他在人民大会堂举行的"文化革命积极分子大会"上说，怎么进行无产阶级文化大革命，"我也不晓得。我想党中央其他许多同志、工作组成员也不晓得"。8月，刘少奇在同一位老同志谈话时说，他把北京大学聂元梓等的大字报反复看了几遍，实在看不出它的意义为什么比巴黎公社宣言还要大。刘少奇的这些表露，足以说明他当时的困惑心境。

刘少奇的这种思想状况，同他处在主持中央日常工作的岗位，自然是巨大矛盾。但是又哪里能回避？在他几次请求毛泽东回京主持工作未果的情况下，只能按照自己的极力理解和真诚愿望，小心翼翼地对待这场"史无前例"的运动。[3]

《通知》的直接批判对象是《二月提纲》，但还包含着远为深刻的构想。毛泽东在《通知》里特意写了这样一段话："混进党里、政府里、军队里和各种文化界的资产阶级代表人物，是一批反革命的修正主义分子，一旦时机成熟，他们就会要夺取政权，由无产阶级专政变为资产阶级专政。这些人物，有些已被我们识破了，有些则还没有被识破，有些正在受到我们信用，被培养为我们的接班人，例如赫鲁晓夫那样的人物，他们现正睡在我们的身旁，各级党委必须充分注意这一点。"这些耐人寻味的话，表明这场运动绝不仅仅是针对彭真等人的。

人们事后才了解到，共和国主席、中共第2号人物刘少奇是这场运动的首当其冲的人物。然而，在1966年5月，连刘少奇本人也没有察觉到这一点。他仍然按照以往的经验，派出工作组来领导这场群众运动。

黄峥在《刘少奇与"文化大革命"》一文中继续写道：

随着"文化大革命"的急剧发展，反常现象频频出现，形势一天天恶化。几乎所有大中学校的党组织陷于瘫痪，挨批挨斗的人日益增多，自杀和打死人的事件到处发生，告急的报告从四面八方涌到中南海刘少奇的办公桌上。可以设想一下，在这样错综复杂的局势面前，刘少奇该怎么办？

首先，作为受毛泽东委托领导运动的中共中央副主席，他必须努力按照毛泽东的意图处理运动中的问题。对这场由毛泽东亲自发动的"文化大革命"，刘少奇当然不能自行其是。其次，作为中共中央日常工作的主持者，他必须根据民主集中制的原则，按照集体讨论中多数人的意见作出决定。再次，作为一名具有长期领导工作经历和丰富实践经验的老共产党人，对眼前的运动一定也会有他自己的想法，在处理问题中难免自觉不自觉地运用他本人的某些经验。在正常情况下，这三者应当是能够统一的，刘少奇在实际工作中也正是这样做的。由上级党委派工作组到下级进行工作，这是党过去经常采用的一种工作方法。"文化大革命"一开始,鉴于有些单位的领导班子已无法继续行使领导职能,刘少奇以及其他中央领导同志很自然地考虑沿用这种方法。5月30日,在北京主持工作的三位政治局常委刘少奇、周恩来、邓小平研究后提议向人民日报社派驻工作组,毛泽东当日即批示"同意这样做"。6月3日,毛泽东对北京新市委向北京大学派出工作组的做法表示同意。这时,许多部门、单位和群众纷纷要求党中央和北京新市委派工作组。主持中央、国家机关各部门工作的领导同志对运动中出现的动乱也极为忧虑,要求政治局采取措施维持正常的工作秩序和社会秩序。在这种情况下,刘少奇、邓小平(这时周恩来已出国访问)等开会研究后,同意参照北京大学的做法,向北京各大学、中学派工作组,并要中央有关部委和共青团中央抽调干部作为工作组成员,由新市委介绍到学校。此后,许多省市也学习北京的做法,相继向当地一些学校派了工作组。

对运动中出现的过火行为和混乱现象,在刘少奇看来,理所当然地要加以制止、约束和引导。6月20日,刘少奇将驻北京大学工作组关于制止乱打乱斗事件的简报转发全国,他在为中共中央写的批语中说:"中央认为北大工作组处理乱斗现象的办法,是正确的,及时的。各单位如果发生这种现象,都可参照北大的办法处理。"6月21日,刘少奇在他主持的政治局常委扩大会议上说:运动的整个过程,要抓生产、工作、生活,恢复星期日,注意劳逸结合,注意反革命的破坏,禁止打人、污辱人和变相的体罚。这以后,刘少奇还几次接见北师大附中工作组成员和学生代表,要求他们引导学生讲究政策,反复向他们讲述马克思关于"无产阶级只有解放全人类才能最后解放无产阶级自己"的道理。

刘少奇历来重视经济建设。不难想象,当运动已经妨碍生产的时候,他作为国家主席、几亿人口的"当家人"是何等焦急。"文化大革命"开始不久,工业交通和基本建设就受到影响,钢、钢材、煤的产量和外贸都开始下降,质量下降尤为突出。刘少奇清楚地看到,如果再让"造反"浪潮刮进这些部门,生产将更大幅度下降。而要防止这种状况的出现,只有在这些生产部门停止"文化大革命"。6月30日,刘少奇、邓小平联名致信毛泽东说:"在京同志讨论之后认为在文化革命运动的部署方面,重点放在文化教育部门、党政机关。对于工业交通、基建、商业、医院等基层单位,仍按原定的四清部署和二十三条结合文化大革命进行……这是一个重要决定,请主席考虑决定。"毛泽东于7月2日复信表示同意。这样,《中共中央、国务院关于工业交通企业和基本建设单位如何开展文化大革命运动的通知》于当日迅速发出,指示这些单位的运动要"按照原来确定的部署,分期分批地有领导有计划地进行"。并明确提出要"由上级派出工作队领导进行"。在"文化大革命"初期，刘少奇同大多数干部群众一样，对运动怀有许多美好的期望，希望通过它克服党自身的缺点，改革不合理体制，纠正干部中的官僚主义作风。"文化大革命"开始后，刘少奇真诚地希望，这将是一次克服党内阴暗面的好机会。1966年6月27日，他在民主人士座谈会上说，"这次大革命在历史上是空前的，来势很猛，对资产阶级、封建阶级的文化来了一个很大的冲击"，"有了这个大革命运动可以来个突变，来个大变化"。

对于运动本身的部署，刘少奇也有他自己的设想。6月12日，在杭州毛泽东主持的讨论会上，刘少奇就提出："学校如何搞法？有的是夺权，有的是批判学术权威，然后就搞教学制度改革，解决考试和教材等一连串的问题。城市工厂和农村文化革命运动，是不是同四清结合起来搞。"7月13日，他在听取团中央关于中学文化革命规划的汇报时说，"第一阶段的工作，初中在八九月底搞完，争取十月开学上课，高中在九十月搞完"，第二阶段的教学改革转入正常工作中逐步解决。从刘少奇的许多讲话中可以看出，他主张运动要有领导有步骤地进行，时间不能拖得太长，并主张尽快恢复正常的工作、生活秩序。

然而，刘少奇的上述想法和做法，尽管代表了从中央到地方的大多数干部的意见，在有的具体问题上也得到毛泽东的同意，但实际上同毛泽东的"天下大乱达到天下大治"的设想大相径庭。再加上居心险恶的林彪、江青一伙暗中捣鬼，使刘少奇根本无法正常行使自己的职权，动辄得咎。毛泽东对刘少奇早已存在的不满，终于借工作组问题而全面爆发了。

1966年7月18日，毛泽东回到北京，江青、陈伯达、康生一伙恶人先告状，向毛泽东谎报情况，给工作组加上种种罪名，毛泽东对刘少奇、邓小平强烈不满。7月24日、25日，毛泽东在接见各中央局书记和"中央文革小组"成员时，指责"工作组一不会斗，二不会改，起坏作用，阻碍运动"，"工作组捣了很多乱，要它干什么？"，从而否定了政治局常委的决定。随后，毛泽东又严厉指责派工作组是犯了方向、路线错误，"实际上是站在资产阶级立场，反对无产阶级革命"。

应该说，对毛泽东的这些指责，刘少奇在思想上是不通的。这从他偶尔吐露的一些言谈中就可以看出。在7月24日毛泽东严厉批评工作组的小会上，刘少奇表示服从毛泽东的决定，但仍提出，马上把全部工作组撤出会引起混乱。他还对身边的工作人员说："我不理解，但我要跟上形势。"直到1967年4月14日，他在回答造反派责问他"为什么提出和推行资产阶级反动路线"时，还坦率地说："我现在也还不知道为什么，也没有看到一篇能够完全说清楚为什么犯路线错误的文章。在八届十一中全会批判了我的错误之后，又有人犯有同类性质的错误，可见他们也不知道为什么。"

尽管刘少奇并不理解为什么派工作组就好像犯了弥天大罪，但在当时的情况下，他只能放弃自己的意见，服从毛泽东的决定。刘少奇当然清楚，这样一来，势必会牵连到一大批领导干部和工作组成员。因此，任凭问题一再升级，刘少奇对指责他工作中犯有这样那样错误的"批判"都表示接受，多次表示要一个人把这些错误的责任都承担起来。这是他的良苦用心。在当时的情况下，他只能用这种方式来保护干部，使其他同志尽量得到解脱。

在公开的场合，他一再说明工作组是中央决定派的，尽量为工作组成员开脱。1966年7月29日，他在人民大会堂万人大会上说："派工作组是中央决定、中央同意的。现在发现，工作组这个方式不适合于当前无产阶级文化大革命运动的需要，中央决定撤退工作组。"8月2日他在北京建工学院辩论工作组问题的群众大会上说："错误也不能完全由工作组负责，我们党中央和北京新市委也有责任。派工作组是党中央同意的。"在党内，刘少奇反复表示派工作组的责任在他。8月1日，刘少奇在八届十一中全会开幕的头一天就在大会上说："最近主席不在家，中央常委的工作我在家主持。主席回来，发现派工作组的方式不好，责任主要在我。"

八届十一中全会期间，毛泽东于8月5日写了《炮打司令部——我的一张大字报》。这以后，派工作组的问题升格为"资产阶级司令部"的错误了。既称"司令部"，就不应是一个人，但刘少奇明显地不愿意牵连别人。一次在会议休息时，当一位老同志走来向他表示同情时，刘少奇当即会意地对在场的同志说："错误与同志们无关，我一个人负责，请大家放心。"在当年10月的中央工作会议上，刘少奇正式向大会提出："这个错误的主要责任应该是由我来负担。……第一位要负责任的，就是我。"

随着运动的疯狂发展，对刘少奇的攻讦不断加码升级。1966年10月中央工作会议之后，刘少奇被指控为推行"资产阶级反动路线"；1967年以后，又接二连三地升格为"党内最大的走资派""中国的赫鲁晓夫"等。看到那些毫无根据的诬陷诽谤，眼见一大批久经考验的老干部被安上"刘少奇代理人"这类莫须有的罪名纷纷打倒，刘少奇意识到林彪、江青之流根本不是在进行严肃的党内斗争，而是怀有不可告人的阴谋，进行一场"专打从中央到地方主持工作的一二把手的政变"。尽管刘少奇已经无力扭转这种局面，但他还是想通过自己承担一切责任的方式，使广大干部得以解脱，使运动尽早结束。1967年1月，他利用毛泽东召见的机会，提出了自己的两点要求：一、这次路线错误的责任在我，广大干部是好的，特别是许多老干部是党的宝贵财富，主要责任由我来承担，尽快把广大干部解放出来，使党少受损失；二、辞去国家主席、中央常委和《毛选》编委会主任职务，和妻子儿女去延安或老家种地，以便尽早结束"文化大革命"，使国家少受损失。

由于"文化大革命"发动的本身就是错误的，"天下大乱"的结果，使"打倒一切，全面内战"的局势发展到了连毛泽东也无法控制的地步。而林彪、江青之流，则是醉翁之意不在酒，在他们篡夺党和国家最高权力的目的没有完全得逞之前，是决不会鸣金收兵的。所以，刘少奇一次又一次地出来承担责任的良苦用心和不懈努力，自然没有能够起到应有的作用。[4]

毛泽东的看法与刘少奇恰好相反。他在1967年说过，在5月政治局扩大会议上，多数人不同意他的意见，有时只剩下他自己。在他看来，在他回北京之前的若干天里，5月政治局扩大会议后刚刚兴起的"大革命"被工作组压了下去。为了排除"阻力"，他决心召开中央全会，再作一次全面发动。

1966年8月1日至12日，中共八届十一中全会在北京举行。毛泽东在会议期间严厉指责派工作组是镇压学生运动，是路线错误。还说：牛鬼蛇神，在座的就有。8月7日，全会印发了毛泽东的《炮打司令部——我的一张大字报》，指明了运动的锋芒所向。在这次全会上，刘少奇由第2位降至第8位，林彪上升为第2位。原来的中央副主席刘少奇、周恩来、朱德、陈云的任职不再提起，林彪实际上成为唯一的中央副主席。这些变动，以及全会作出的关于"文化大革命"的16条决定，为这场运动的全面发动铺平了道路。

关于中共八届十一中全会的情况，王年一在《大动乱的年代》一书中写道：

八届十一中全会是仓促召开的，1966年7月24日才发出召开全会的通知。中央委员、候补中央委员141人到会，有关负责人和首都高等学校"革命师生"代表（包括聂元梓）47人列席会议。从7月27日开始，开了几天预备会，主要内容是传达毛泽东7月24日、25日的讲话。

8月1日，八届十一中全会开幕。毛泽东主持，邓小平、刘少奇、陈伯达先后讲话。邓小平说："会议的开法刚才主席讲了，要开5天，今天算第一天，正式开会的第一天，以后开三天小组会；最后一天再议一下，通过文件。""这次会议主要的工作是：一、通过关于无产阶级文化大革命的决定。二、讨论和批准十中全会以来中央在国内、国际问题上的重大措施。三、全会要搞公报，最后要通过公报。……四、就是法律手续的问题。中央政治局曾经决定撤销彭、罗、陆、杨中央书记处和政府的职务，决定补充陶铸同志为中央书记处常务书记，叶剑英同志为中央书记处书记。按法律手续要在这一次全会上决定。"刘少奇主要讲了两大问题：一是工作组问题。他叙述了陈伯达提出意见、多数人不同意他的意见的经过，然后说："在文化大革命时期，北京的情况,一星期向主席汇报一次。这一段我在北京文化革命中有错误,特别是工作组问题上出了问题,责任主要由我负。"二是简要地叙述了十中全会以来中央在国内、国际问题上的重大措施。陈伯达主要讲了两点:一是工作组做了坏事;二是官做大了不要脱离群众。

在这次全会上,有五件大事:

第一件,毛泽东支持红卫兵。

8月1日,全会印发了毛泽东给清华大学附属中学红卫兵的信,附清华附中红卫兵的两份大字报。1966年5月29日,清华附中一些学生为保卫毛泽东、保卫红色政权而组织了全国第一支红卫兵。[5]6月初,北大附中、地质附中、石油附中、北京二十五中、矿院附中也相继成立了类似的组织。6月24日,清华附中红卫兵贴出大字报《无产阶级的革命造反精神万岁》,认为:"革命就是造反,毛泽东思想的灵魂就是造反。"宣称:"我们就是要抡大棒、显神通、施法力,把旧世界打个天翻地覆,打个人仰马翻,打个落花流水,打得乱乱的,越乱越好!对今天这个修正主义的清华附中,就要这样大反特反,反到底!搞一场无产阶级的大闹天宫,杀出一个无产阶级的新世界!"7月4日,又贴出大字报《再论无产阶级的革命造反精神万岁》。[6]这张大字报引用了毛泽东1939年12月21日《在延安各界庆祝斯大林六十寿辰大会上的讲话》中的一段话:"马克思主义的道理千条万绪,归根到底,就是一句话:造反有理。……根据这个道理,于是就反抗,就斗争,就干社会主义。"工作组是反对这两张大字报的。7月28日,清华附中红卫兵在海淀区的一次文化革命工作大会上,请那天到会的江青把两张大字报转给毛泽东。毛泽东8月1日在给清华附中红卫兵的信中肯定了"对反动派造反有理",说:"……我向你们表示热烈的支持。同时我对北京大学附属中学红旗战斗小组说明对反动派造反有理的大字报和由彭小蒙同志于7月25日在北京大学全体师生员工大会上,代表她们红旗战斗小组所作的很好的革命演说,表示热烈的支持。……不论在北京,在全国,在文化大革命运动中,凡是同你们采取同样革命态度的人们,我们一律给予热烈的支持。""我们支持你们,我们又要求你们注意争取团结一切可以团结的人们。"8月3日,王任重把清华附中红卫兵召到钓鱼台,让他们看了这封信,清华附中红卫兵惊喜万分。此后这封信在全国不胫而走。毛泽东支持红卫兵,支持造反,显然也是为了要天下大乱。

第二件,毛泽东指责中央。

在8月2日下午、3日下午大会上,有的同志在发言中就工作组问题勉强地作了自我批评;更多的同志在发言中谈了自己对工作组问题的认识,实际上对撤工作组搞不通。8月4日,全会发生了异常情况。原定下午召开大会,与会者到会后改开小组会。下午召开了中央政治局常委扩大会议,毛泽东在会上讲话,主要内容是:在前清时代,以后是北洋军阀,后来是国民党,都是镇压学生运动的。现在到共产党也镇压学生运动。中央自己违背自己命令。中央下令停课半年,专门搞文化大革命,等到学生起来了,又镇压他们。说得轻一些,是方向性的问题,实际上是方向问题,是路线问题,是路线错误,违反马克思主义的。这次会议要解决问题,否则很危险。所谓走群众路线,所谓相信群众,所谓马列主义等,都是假的。已经是多年如此,凡碰上这类的事情,就爆发出来。明明白白站在资产阶级方面反对无产阶级。说反对新市委就是反党,新市委镇压学生群众,为什么不能反对!我是没有下去蹲点的,有人越蹲越站在资产阶级方面反对无产阶级。规定班与班、系与系、校与校之间一概不准来往,这是镇压,是恐怖,这个恐怖来自中央。有人对中央6月20日的批语有意见,说不好讲。北大聂元梓等7人的大字报,是20世纪60年代的巴黎公社宣言——北京公社。〔7〕贴大字报是很好的事,应该给全世界人民知道嘛!而雪峰报告中却说党有党纪,国有国法,要内外有别。团中央,不仅不支持青年学生运动,反而镇压学生运动,应严格处理。当刘少奇说到我在北京,要负主要责任时,毛泽东说:你在北京专政嘛,专得好!当叶剑英说到我们有几百万军队,不怕什么牛鬼蛇神时,毛泽东说:牛鬼蛇神,在座的就有。

毛泽东的讲话,使人感到震惊。这番话显然不是摆事实、讲道理的。他如此严厉指责中央集体,与他认为"已经是多年如此"密切关联,也与与会者多数人实际上对全盘否定派工作组很不理解密切关联。

毛泽东在会上提出,各组传达、讨论他的讲话。全会议程为之改变。

8月5日,根据毛泽东的意见,中共中央发出文件宣布:"中央1966年6月20日批发北京大学文化革命简报(第9号)是错误的,现在中央决定撤销这个文件。"同日,毛泽东对人民日报评论员文章《欢呼北大的一张大字报》作了如下批注:"危害革命的错误领导,不应当无条件接受,而应当坚决抵制,在这次文化大革命中广大革命师生及革命干部对于错误的领导,就广泛地进行过抵制。这个批注,也是全会的一个文件。"(《红旗》杂志1966年第11期转载《欢呼北大的一张大字报》,加上了:"对一切危害革命的错误领导,不应当无条件接受,而应当坚决抵制。")

第三件,毛泽东在全会上发表了《炮打司令部——我的一张大字报》。

8月4日至6日,小组会上没有重要的发言——没有有分量的自我批评、批评、评论,没有对毛泽东8月4日讲话的热烈拥护。8月7日,全会印发了使与会的大多数感到骇然的毛泽东的《炮打司令部——我的一张大字报》,并附聂元梓等7人的大字报。毛泽东的大字报全文如下:

全国第一张马列主义的大字报和人民日报评论员的评论写得何等好呵!请

同志们重读一遍这张大字报和这个评论。可是在五十多天里，从中央到地方的某些领导同志，却反其道而行之，站在反动的资产阶级立场上，实行资产阶级专政，将无产阶级轰轰烈烈的文化大革命运动打下去，颠倒是非，混淆黑白，围剿革命派，压制不同意见，实行白色恐怖，自以为得意，长资产阶级的威风，灭无产阶级的志气，又何其毒也！联系到1962年的右倾和1964年形"左"而实右的错误倾向，岂不是可以发人深省的吗？

这张大字报是毛泽东8月5日写的，写在6月2日《北京日报》头版转载的《人民日报》社论《横扫一切牛鬼蛇神》的左面，下书"1966年8月5日"，无标题。毛泽东的秘书徐业夫作了誊清。毛泽东在誊清稿上加了标题，并把"长资产阶级的志气，灭无产阶级的威风"改为"长资产阶级的威风，灭无产阶级的志气"，又在"左"字的前后加上引号。在铅印件上，毛泽东又作了修改和添加："是何等写得好啊"改为"写得何等好呵"，"可是在五十多天里，中央到地方的某些大领导人"改为"可是在五十多天里，从中央到地方的某些领导同志"，加"请同志们重读一遍这张大字报和这个评论"，加"压制不同意见"。

在这张大字报印发给与会者的前夕，即8月6日晚，毛泽东要徐业夫通知在大连养病的林彪到会。林彪在吴法宪陪同下，乘专机返京。

毛泽东的大字报，把党中央内部关于"文化大革命"指导思想的分歧，以及1962年、1964年工作指导方针上的分歧，都说成两条路线、两个司令部的斗争。它不仅明显地针对以刘少奇为代表的中央第一线，而且明确指出党中央内部有个所谓"资产阶级司令部"[8]。这张大字报标志着对党中央状况估计错误、阶级斗争"左"倾理论、个人专断作风急剧发展，标志着毛泽东与中央第一线在政治上的决裂。以这张大字报在全会的发表为开端，"文化大革命"把斗争的锋芒指向所谓"以刘少奇为首的资产阶级司令部"。

康生、江青、张春桥等人在小组会上不仅对《炮打司令部——我的一张大字报》作了发挥，而且乘机猖狂攻击刘少奇。在小组会上唯一攻击邓小平的是谢富治，他说邓小平在全国解放后变了。值得注意的是，出席全会的多数人，对毛泽东的大字报没有表示拥护，没有紧跟。这与许多人对这张大字报不理解有关，也与这张大字报的打击面相当大、许多人搞不通有关。实际上多数人对它有意见，不过不敢表示罢了。

第四件，全会通过了《中国共产党中央委员会关于无产阶级文化大革命的决定》（即《十六条》）。

《十六条》是在毛泽东主持下拟定的。陈伯达、王力等人7月初就开始起草，改了二十几稿。毛泽东委托陶铸、王任重、张平化加以修改，陶铸等与周恩来商量，删去了"黑帮""黑线"等提法和若干内容，增加了一些限制性的规定。全会于8月8日上午通过的是毛泽东8月7日定稿的第31稿。

《十六条》指出，"在当前，我们的目的是斗垮走资本主义道路的当权派，批判资产阶级的反动学术'权威'，批判资产阶级和一切剥削阶级的意识形态，改革教育，改革文艺，改革一切不适应社会主义经济基础的上层建筑"。"广大的工农兵、革命的知识分子和革命的干部，是这场文化大革命的主力军……他们的革命大方向始终是正确的。这是无产阶级文化大革命的主流。""无产阶级文化大革命，只能是群众自己解放自己，不能用任何包办代替的办法。""不要怕出乱子。毛主席经常告诉我们，革命不能那样雅致、那样文质彬彬，那样温良恭俭让。""要充分运用大字报、大辩论这些形式，进行大鸣大放"。"集中力量打击一小撮极端反动的资产阶级右派分子、反革命修正主义分子"，"这次运动的重点，是整党内那些走资本主义道路的当权派"。"在辩论中，必须采取摆事实、讲道理，以理服人的方法。""在进行辩论的时候，要用文斗，不用武斗。""不许用任何借口，去挑动群众斗争群众，挑动学生斗争学生"。"干部大致可以分为四种：（一）好的。（二）比较好的。（三）有严重错误，但还不是反党反社会主义的右派分子。（四）少量的反党反社会主义的右派分子。在一般情况下，前两种人（好的，比较好的）是大多数。""文化革命小组、文化革命委员会和文化革命代表大会……是无产阶级文化革命的权力机构。""文化革命小组、文化革命委员会、文化革命代表大会不应当是临时性的组织，而应当是长期的常设的群众组织。""文化革命小组、文化革命委员会的成员和文化革命代表大会的代表，要像巴黎公社那样，必须实行全面的选举制。""要组织对那些有代表性的混进党内的资产阶级代表人物和资产阶级的反动学术'权威'，进行批判。""在报刊上点名批判，应当经过同级党委讨论，有的要报上级党委批准。""大中城市的文化教育单位和党政领导机关，是当前无产阶级文化革命运动的重点"。"抓革命，促生产"。"要高举毛泽东思想的伟大红旗，实行无产阶级政治挂帅。……开展活学活用毛主席著作的运动，把毛泽东思想作为文化革命的行动指南。"

《十六条》有一些比较正确的规定，如：把干部分为四类，认为好的和比较好的干部是大多数；指出必须严格分别两类不同性质的矛盾，严格区别反党反社会主义的右派分子同拥护党和社会主义但有错误的人，严格区别反动学阀、反动"权威"同具有一般的资产阶级学术思想的人。明确规定："在报刊上点名批判，应当经过同级党委讨论，有的要报上级党委批准。"毛泽东加上的"要用文斗，不用武斗"，也有正确的一面。但是《十六条》的基本方面是高度评价"革命青少年"的"革命大方向",充分肯定正在开展的"文化大革命",确定了让群众"自己教育自己""自己解放自己"的方针,规定了"一斗二批"的任务,强调指出"运动的重点"是"整党内那些走资本主义道路的当权派"(与会者有些人要求说明什么是"党内走资本主义道路的当权派",《十六条》没有对"党内走资派"定出判别标准),要"把那里的领导权夺回到无产阶级革命派手中",要求"坚决依靠"同样没有定出判别标准的"左派",规定采取"四大"的形式,区分干部和群众为左、中、右三派,还确定"文化革命小组"等为"文化大革命"的"权力机构",根本没有说明党组织与"文化革命小组"等组织的关系,对于"文化大革命"中如何实现党的领导未作规定。这样,《十六条》在主导方面是错误的,它明确确认了"左"倾指导思想。《十六条》中比较正确的规定,从来没有被遵守。[9]《十六条》要求"像巴黎公社那样,必须实行全面的选举制",产生"文化革命小组、文化革命委员会和文化革命代表大会",作为"无产阶级文化革命的权力机构"。如上所述,由于"文化大革命"所支持的各行其是等原因,各地、各部门、各单位普遍地难以实行巴黎公社式的选举,这类群众组织普遍未能成立。

8月9日,《十六条》公开发表。8月10日,毛泽东来到中共中央群众接待站对广大群众说:"你们要关心国家大事,要把无产阶级文化大革命进行到底!"

8月8日晚,林彪在接见中央文革小组成员时讲话,表示坚决支持毛泽东发动"文化大革命",指出"这次文化大革命最高司令是我们毛主席"。他说:"这次经过大震动、大战役,打下基础,是很必要的。""要弄得翻天覆地,轰轰烈烈,大风大浪,大搅大闹,这半年就要闹得资产阶级睡不着觉,无产阶级也睡不着觉。"林彪的讲话,在全会上作了传达。8月11日,全会又印发了林彪"五一八"讲话。

第五件,全会改组了中央领导机构。

出乎中央第一线和到会的绝大多数人的意外,毛泽东突然提出了改组中央领导机构的意见,并且提出了中央政治局常务委员会委员候选人名单。

8月12日下午召开大会,大会内容有四项:

一是通过了杨得志、韦国清、罗贵波、张经武、谢觉哉、叶飞六名候补中央委员依次递补为中央委员。[10]

二是通过了《关于撤销和补选书记处书记的决定》。《决定》全文如下:"(一)十一中全会批准1966年5月23日政治局扩大会议关于停止彭真、陆定一、罗瑞卿的中央书记处书记的职务,停止杨尚昆的中央书记处候补书记的职务的决定。(二)从已揭发的大量事实证明,彭真、陆定一、罗瑞卿、杨尚昆的错误性质是极端严重的,是反党反社会主义反毛泽东思想的,因此,全会决定撤销彭真、陆定一、罗瑞卿的中央书记处书记的职务,撤销杨尚昆的中央书记处候补书记的职务。(三)批准1966年5月23日政治局扩大会议关于调陶铸担任中央书记处常务书记,调叶剑英担任书记处书记的决定。"

三是选举。补选了中央政治局委员六人:陶铸、陈伯达、康生、徐向前、聂荣臻、叶剑英。补选了中央政治局候补委员三人:李雪峰、宋任穷、谢富治。选举了中央政治局常务委员会委员十一人:毛泽东、林彪、周恩来、陶铸、陈伯达、邓小平、康生、刘少奇、朱德、李富春、陈云。补选了中央书记处书记二人:谢富治、刘宁一。全会并未重选党中央副主席,林彪却于会后成为党中央唯一的副主席。

这次改组中央领导机构的实质,是毛泽东对中央第一线不满;否定和取消了中央第一线。毛泽东1966年10月25日在中央工作会议上说:"十一中全会以前,我处在第二线……处在第一线的同志处理得不那么好。现在一线、二线的制度已经改变了。"利用个人权威,通过合法程序否定和取消中央第一线,把大权集中到个人手中[11],是后来"文化大革命"不可收拾的一个极其重要的原因。

四是通过了《中国共产党第八届中央委员会第十一次全体会议公报》。这个公报,值得注意的地方是很多的。突出阶级斗争,突出"三面红旗",突出毛泽东和林彪,用了"天才地、创造性地、全面地"三个状语,给"毛泽东思想"下了新定义,肯定了林彪提出的学习毛泽东著作的"三十字方针",都很值得注意。

在这之后,全会举行闭幕式。毛泽东在闭幕式上讲话,他说:"关于第九次大会的问题,恐怕要准备一下。……九次大会大概在明年一个适当的时候再开。""这回组织有些改变,政治局委员、政治局候补委员、书记处书记、常委的调整,就保证了中央这个决议以及公报的实行。"周恩来在闭幕式上讲了若干具体事项。林彪在闭幕会上说:"这一次会议,从头到尾,都是主席亲自领导的。""在这次规模宏大的文化革命进行的过程中间,发生了严重的路线错误,几乎扼杀这一个革命,……主席出来扭转了这种局势,使这次文化革命能够重整旗鼓,继续进攻,打垮一切牛鬼蛇神,破'四旧',立'四新',使我们社会主义的建设除了物质的发展以外,精神上、思想上得到健康的发展。"

《关于建国以来党的若干历史问题的决议》指出:"1966年5月中央政治局扩大会议和同年8月八届十一中全会的召开,是'文化大革命'全面发动的标志。"这两次会议的实际情况说明:毛泽东的"左"倾错误的个人领导实际上取代了党中央的集体领导。好多人思想不通。陈伯达1967年3月10日在军以上干部会议上讲到八届十一中全会时说:"事实上文件只是在会议上通过了一下,有相当数量的同志有抵触。"毛泽东1967年5月与外宾谈话时说道:……我只好将我的看法带到八届十一中全会上去讨论。通过争论我才得到半数多一点的同意,当时是有很多人仍然不通的。毛泽东说"得到半数多一点的同意",实际情形未必如此;"很多人仍然不通"则是符合事实的。不通尽管不通,人们还是投了赞成票。由于复杂的社会历史原因,全会不可能制止"文化大革命"的全面发动。当时全会设想的"文化大革命",与后来实际进行的"文化大革命"有很大的不同。

全会8月12日闭幕,8月13日至17日召开中央工作会议。中央工作会议与全会是不同的,全会在名义上是集体议事、决定问题。中央工作会议则是贯彻中央精神。这次中央工作会议的主要内容是解决思想不通的问题。毛泽东找一些人谈话,打通思想。林彪则在会议的第一天讲话,讲了两大问题:"文化革命问题"和"干部问题"。在第一个问题里,他说:"不要走过场,干脆大闹几个月,弄得人们睡不着觉。"在第二个问题里,他说:"我们对干部,要来个全面考察,全面排队,全面调整。我们根据主席讲的无产阶级革命事业接班人的五条原则,提出三条办法,主席同意了。

"第一条,高举不高举毛泽东思想红旗。反对毛泽东思想的,罢官。

"第二条,搞不搞政治思想工作。同政治思想工作捣乱的,同文化大革命捣乱的,罢官。

"第三条,有没有革命干劲。完全没有干劲的罢官。

"这三条,同主席的五条原则是完全一致的。我们要按主席的五条和这三条,特别是第一条,作为识别、选拔和使用干部的标准。

"这次要罢一批人的官,升一批人的官,保一批人的官。组织上要有个全面的调整。"

林彪在结尾部分还说:"我们对主席的指示要坚决执行,理解的要执行,不理解的也要执行。"毛泽东8月16日对这个讲话批示"赞成"。这个讲话印发全党。它宣称在组织上采取"罢官"的措施,作"全面的调整",这并不符合八届十一中全会精神,显然是施加压力。三条又没有确定的标准,可以任意解释,野心家们得以打击和诬陷别人。[12]

林彪是毛泽东看中的人物之一。但是,毛泽东对林彪的某些做法,也表示了担心。这种担心集中地表现在1966年7月8日毛泽东给江青的信中。这封信是毛泽东回北京之前在武汉写的。据王年一《大动乱的年代》一书记载,信中说:

"天下大乱，达到天下大治。过七八年又来一次。牛鬼蛇神自己跳出来。他们为自己的阶级本性所决定，非跳出来不可。"

"我的朋友的讲话[13]，中央催着要发，我准备同意发下去，他是专讲政变问题的。这个问题，像他这样讲法过去还没有过。他的一些提法，我总感觉不安。我历来不相信，我那几本小书，有那样大的神通。现在经他一吹，全党全国都吹起来了，真是王婆卖瓜，自卖自夸。我是被他们逼上梁山的，看来不同意他们不行了。"

"我猜他们的本意，为了打鬼，借助钟馗。我就在20世纪60年代当了共产党的钟馗了"。

"我是自信而又有些不自信。我少年时曾经说过：自信人生二百年，会当水击三千里。可见神气十足了，但又不很自信，总觉得山中无老虎，猴子称大王，我就变成这样的大王了。但也不是折中主义，在我身上有些虎气，是为主，也有些猴气，是为次。"

"全世界100多个党，大多数的党不信马列主义了，马克思、列宁也被人们打得粉碎了"。

"有些反党分子……他们是要整个打倒我们的党和我本人"。"现在的任务是要在全党全国基本上（不可能全部）打倒右派，而且在七八年以后还要有一次横扫牛鬼蛇神的运动，尔后还要有多次扫除"。

"中国如发生反共的右派政变，我断定他们也是不得安宁的，很可能是短命的，因为代表90%以上人民利益的一切革命者是不会容忍的。那时右派可能利用我的话得势于一时，左派则一定会利用我的另一些话组织起来，将右派打倒。这次文化大革命，就是一次认真的演习。有些地区（例如北京市），根深蒂固，一朝覆亡。有些机关（例如北大、清华），盘根错节，顷刻瓦解。凡是右派越嚣张的地方，他们失败就越惨，左派就越起劲。这是一次全国性的演习，左派、右派和动摇不定的中间派都会得到各自的教训。"

这封信是写给江青的，与远非中央领导人的江青谈论党内如此重大的问题，极不正常。这封信写成后，在武汉给周恩来、王任重看过，却没有给中央第一线的其他同志看过。信中对林彪有所批评，周恩来经毛泽东同意曾转告林彪，林彪不安而又有悔改的表示，毛泽东将原件销毁。[14]

尽管毛泽东把刘少奇作为党内"修正主义"的头号人物，但在一段时期里仍表明要作为人民内部矛盾来处理。

刘少奇的机要秘书刘振德回忆说：

社会上越来越混乱，少奇同志也越来越不安了，他多么想让这场无为的大动乱早日结束啊。但被剥夺了一切权力的他只能看在眼里，急在心头，而无能为力。

1967年1月13日夜，毛主席的秘书徐业夫来电话说："主席叫我去接刘少奇同志来大会堂谈一谈。我坐华沙牌小车去，你们就不要给他要车了。告诉你们门口的哨兵，不要挡我。"

我同他开玩笑说："现在少奇同志的家，就像开了门的菜园子，谁都可以随便进出，更何况是你呀。"

为什么他要华沙牌车来接少奇同志？我不理解。但毛主席要找少奇同志谈话总是个好消息。我还是从心眼里感到高兴的。

我向少奇同志报告了徐业夫的电话内容，但他没有听懂。"你再说一遍，我没有听懂。"他提高声音对我说。这时光美同志又将我的话重复了一遍。"那好。"少奇同志说着就站了起来。

徐业夫来后，先到了我们办公室。因为少奇同志搬到福禄居后，他还没来过。

我问他："为什么你坐华沙车来接？"

"少奇同志的车子目标大，不安全。"

我领他到少奇同志办公室时，少奇同志已在门口等着。徐业夫说："主席请你到他那里谈一谈，跟我一起坐车去吧。"少奇同志顺手装上香烟和火柴就出来了。光美同志跟在少奇同志身后，用手捋捋刚穿上的干净衣服，把上衣往下抻了抻，这样一直送少奇同志上了车。看得出，光美同志这样做，是为了掩饰内心的不安。

少奇同志走后，光美同志问我："为什么叫徐业夫来接？"我说："刚才徐业夫说少奇同志的车子目标大，怕不安全。""中央领导人是不是都换车了？"她又问。我说："不知道。"我安慰她说："不管坐什么车子，但愿这次能带来好消息。毛主席对少奇同志目前的处境可能还不大了解。""不会不知道吧，会有人报告的，但怎么报告就不清楚了。"她心中无数。

第二天，当其他工作人员知道昨晚毛主席找少奇同志谈话时，都很关心，问我知道不知道谈了些什么。我说不知道。大家猜测，这次谈话可能对少奇同志的错误交了底。别看造反派叫喊得凶，毛主席要保他只要一句话就行了。

我也急切地想知道谈了些什么。我给光美同志送抄来的大字报内容和搜集到的一些小报、印刷品时，问她："不知道毛主席同少奇同志谈了些什么？"

光美同志神情黯然地说："少奇同志回来没有多说，只说他向毛主席提出两点要求：一是他承担这次路线错误的责任，尽快把受到冲击的广大干部解放出来工作，特别是许多老干部，他们是党和国家的宝贵财富；二是他请求辞去国家主席、中央常委等一切职务，携带妻子儿女去延安或者湖南老家种地，以便尽快结束文化大革命，使国家少受损失。前一段时间少奇同志就给毛主席写过一个东西，其中就有这些内容。少奇同志还说，毛主席见到他第一句话就问平平的腿好了没有，可见毛主席对我们这里的事还是很了解的。少奇同志告辞时，毛主席还送到门口，并要他保重身体。"

说到这里，她从抽屉里拿出一页纸，说："毛主席建议少奇同志读几本书。有三本还没找到，咱们分头找找吧。"我接过来一看，一本叫《机械唯物主义》，作者是海格尔（法）；一本叫《机械人》，作者是狄德罗（法）；另一本是中国的《淮南子》。

我先在少奇同志的书房里找，但一本也没找到。我又到了中央办公厅的一个图书室找，正在那里值班的机要室档案处的小李同志也帮我找。但也只找到一本《淮南子》。

剩下的两本书，我想再到大图书馆去找找，光美同志说："不用了，少奇同志说也可能书名不对。"

从此，少奇同志埋头读书，他想从书中吸收更多的知识。

但我却始终没有搞清楚，毛主席同少奇同志谈话的用意是什么，虽然我也知道从讲话的内容看，毛主席并没有打倒少奇同志的意思。但为什么毛主席就不能说句话，使这位老战友得到解放呢？

后来，我才明白，当时局势的发展就连毛主席本人也无法控制了。而林彪、江青之流在没有篡夺到党和国家最高领导权前，是绝不会鸣金收兵的，更不会对少奇同志刀下留情的！〔15〕

"天下大乱"

八届十一中全会后，红卫兵运动和大串联在全国迅速兴起，成为导致社会大动乱的一个严重步骤。

从1966年8月18日到11月26日，毛泽东先后8次接见红卫兵和大中学校师生1100多万人次，对运动起了推波助澜的作用。

中央文革小组乘机煽动"造反"狂热，大批红卫兵冲向文化教育界，冲向党政机关，冲向社会。正常的工作秩序和法制被打乱，许多地方陷入无政府的状态，一大批党政军负责人被游街、揪斗。

当时担任中共中央军委副主席的徐向前元帅回忆说：

"文化大革命"伊始，急风暴雨，铺天盖地，火药味浓极。《五一六通知》，批判"彭、罗、陆、杨"，红卫兵破"四旧"，学生"造反"，横扫一切"牛鬼蛇神"，揪斗"走资派""黑帮""反革命修正主义分子"，毛主席

"炮打司令部"，林彪当"接班人"，全国学生大串联，批判刘邓"资产阶级反动路线"……仅半年时间，闹得天下大乱，完全破坏了党和国家的正常法规、秩序与生活。

我和许多同志一样，对这场突如其来的"文化大革命"，缺乏准备，很不理解。但有一条，军队的地方不同，不能乱。叶剑英当时任军委秘书长，我们的看法是一致的。可是，1966年10月5日，根据林彪的意见发出的《关于军队院校无产阶级文化大革命的紧急指示》，却规定取消院校党委领导，强调"必须把那些束缚群众运动的框框统统取消，和地方院校一样，完全按照16条的规定办，要充分发扬民主，要大鸣、大放、大字报、大辩论，在这方面，军队院校要作出好的榜样"。文件下达后，军队院校和机关开始动乱，地方和军队院校的学生冲击军事机关的事件，不断发生。我们搞了一辈子军事，晓得军队乱套不得了，涉及国家安全，担忧得很。

11月间，总政治部主任肖华在天安门城楼上对我说：最近我们准备召开一次军队院校的大会，请总理、陶铸和几位老帅接见、讲话。我说：你们起草个稿子，请叶帅代表军委讲讲就行啦！强调一下军队担负着备战任务，军队要稳定，不能乱。他说：还是请老帅们都讲一讲，这样更好些。我点了点头，表示同意。会前，肖华来我家一趟，送来了讲话稿，我看后略作修改，加了点加强战备的话。11月13日，我们去北京工人体育场，出席军队院校和文体单位来京人员大会，会场里不下10万人，又唱歌又呼口号的。周总理和陶铸和大家见面后即退席，陈毅、叶剑英、贺龙和我讲了话。那时，我们都不同意搞乱军队，不同意乱冲军事机关，希望军队院校和文体单位的人员以大局为重，做出好样子。陈毅说：今天来体育场，就是要泼冷水。"泼冷水是不好的，可是有时候有的同志头脑很热，太热了，给他一条冷水的毛巾擦一擦有好处"。他还说：我不赞成"逐步升级"的办法，口号提得越高越好，越"左"越好；搞倒几个校长、处长、副处长不过瘾，搞倒几个部长也不过瘾，还要升级。他提醒大家，不要犯简单化、扩大化的错误。我在讲话中指出："我们的陆、海、空军必须经常保持战备状态，随时准备对付敌人的突然袭击，做到一声令下，立即行动。""一刻也不要忘记我们周围还存在着强大的敌人，我们必须经常保持高度的警惕，不容丝毫的松懈。"贺龙也讲了话。他当时已遭林彪诬陷，处境岌岌可危，能出席大会，就是对林彪一伙的有力回击。叶剑英也强调指出："真理是真理，跨过真理一步，就是错误，就变成了谬误。""学毛著，不是学耶稣基督教的圣经，不是迷信。不要光注意背书，不会行动，那样就会变成教条了。"叶帅讲话时，兽医大学的一名学生，递了张条子，质问今天的会议经过林彪批准没有。言外之意是会议不合法。叶帅看了条子很气愤，当场念给大家听，说：他怀疑我们偷偷开会，大家相信吗？上次开会，总理和陶铸同志都来了嘛，4位军委副主席的讲话，我们是集体讨论过的，这能说是背着军委开会吗？我们的讲话，语重心长，完全是从爱护我党我军，爱护广大干部和群众出发的，谁知后来竟变成了一大"罪状"。

11月29日，军委文革又安排第二次接见。陈毅、叶剑英和我，又去工人体育场出席军队院校和文体单位来京人员大会。踏上主席台，就看到会场上的醒目标语，写着要批判陈、叶13日的讲话，还有什么"炮轰""火烧"之类的。我因头天晚上睡眠不好，头痛、疲劳，没有准备在会上讲话。陈毅讲话较长，针对少数人说上次大会四位军委副主席给群众泼冷水的论调，规劝大家正确对待"路线斗争"。我因头疼加剧，提前退场，未听完陈毅的讲话。

体育场的两次接见是个导火线，招来了麻烦。觊觎军权的江青一伙，趁势叫嚣军内有"资产阶级反动路线"，要"改组军委文革"。组长刘志坚被撤职、揪斗，陈毅、叶剑英遭到"炮轰"。军队越来越乱，许多人晕头转向，无所适从，不知道听谁的好。

1967年1月6日，杨成武从总参五所打电话给黄杰，说有要事找我谈，但他来我家不方便，要我和黄杰去五所谈。见面后他即向我传达了毛主席的指示：由向前同志担任全军文革小组组长。我有点吃惊，万万没想到这副担子要我来挑。沉默了一会儿，我说："我多年有病，身体不好，对干部情况不了解，请转告毛主席，这个工作我干不了！"他说："不行啊，这是江青提议，毛主席批准的。"听到是江青提议，我愈加莫名其妙，就说："我的确干不了，你还是把我的意见报告主席吧！"杨成武大概很为难，说他马上要去开会，便夹起皮包，匆忙告辞了。回来我和黄杰反复琢磨，怎么也理不出个因由来。江青其人，我们对她不了解，平时毫无往来，只是在延安住柳树店和枣园时，见面打打招呼而已。她那时照顾毛主席的生活，毛主席找我谈工作，她极少在场。现在她忽然提议我当全军文革组长，不知出于什么用心。想来想去，觉得既然主席已经决定，恐怕推是推不掉的，只好硬着头皮干。后来，我见到毛主席，当面又表示过自己确实干不了，请主席另选贤能。毛主席说：天塌不下来，你就干吧！

1月10日，江青派人送来全军文革小组名单及改组军委文革的通知，征求我的意见，并说：中央文革对这个名单也很关心，也想看看，已送他们征求意见。我阅后提了三条：（一）新的全军文革未组成前，是否请中央文革出面，先与各派群众代表座谈，交代一下政策。（二）要讲革命性、科学性、纪律性。军队搞"文化大革命"，不要党的领导不行，尤其是海、空军，担负保卫海空防的任务，要随时准备战斗，指挥失灵了不好。现在有些机关干部，要求成立"战斗组织",机关如果形成几派,就不好办了。(三)部队中哪些人是"牛鬼蛇神",建议在适当范围内讲一讲。北京军区抓了廖汉生,又要抓杨勇、郑维山;空军也把王辉球、成钧、常乾坤抓走。这个问题应研究解决,否则大家没有底。我提出这三条的基本想法,就是部队的"文化大革命"要有党的领导,要保持军队的稳定,不能像地方上那样,无法无天,乱揪、乱斗、乱冲。11日,又送来正式通知:全军文革小组名单已经"军委通过,中央批准"。12日,新的全军文革小组正式成立,成员共18人。组长徐向前,顾问江青,副组长肖华、杨成武、王新亭、徐立清、关锋、谢镗忠、李曼村。组员:王宏坤、余立金、刘华清、唐平铸、胡痴、叶群、王蜂、张涛、和谷岩。下设秘书组、简报组、机关组、院校组和联络站,办公地点在三座门。[16]

1966年8月,武汉军区司令员陈再道匆匆结束在北戴河的休养,赶回武汉。他回忆说:

我一回到武汉军区,精神上的"弦",立即绷得紧紧的。

那时候,全国的政治形势急转直下。军区机关和部队的事情,处理起来还不算棘手,可那些紧跟形势的工作,却使人疲于应付,你不理解也得硬着头皮去干,否则,就会犯下天大的罪过。哪个当领导的敢有半点怠慢啊!

各种消息不断从北京传来。

9月初,首先传出了毛泽东的最新指示:"凡是镇压学生运动的人都没有好下场!"接着,又传来毛泽东的一封信,信中说:"……组织工农反学生,这样下去是不能解决问题的。似宜中央发一指示,不准各地这样做,然后再写一篇社论,劝工农不要干预学生运动。"

不久,中共中央发出指示,要求各地不准用任何借口、任何方式挑动和组织工人、农民、市民反学生。在毛泽东第三次接见红卫兵的大会上,林彪在讲话中指出:"要坚决站在革命学生一边,支持他们的革命行动,做他们的强大后盾。"此后,一连几天的报纸、广播,对以上内容作了大量宣传。

10月1日,在国庆17周年的群众大会上,林彪在讲话中再次指出:"在无产阶级文化大革命中,以毛主席为代表的无产阶级革命路线同资产阶级反动路线的斗争还在继续。"号召同刘少奇的所谓"资产阶级反动路线"继续斗争下去。

这之后,北京红卫兵第三司令部主持召开了有10万人参加的"全国在京革命师生向资产阶级反动路线猛烈开火誓师大会"。在会上,江青发表了"坚决和你们站在一起"的讲话,张春桥宣读了中央军委的《紧急指示》,大会还通过了《大会通电》,呼吁全国各地向资产阶级反动路线猛烈开火!

10月9日,毛泽东主持召开了中央工作会议。林彪在会上说:"这次文化大革命运动的错误路线主要是刘、邓发起的。"明确地指出了"刘少奇、邓小平，他们搞了另一条路线"。这就是毛泽东在大字报中所说的"站在反动的资产阶级立场上，实行资产阶级专政"的路线。

11月1日，《红旗》杂志发表了题为《以毛主席为代表的无产阶级革命路线的胜利》的社论，公开披露了中央工作会议的主要精神，指出"无论什么人，无论过去有多大功绩，如果坚持错误路线，他们同党同群众的矛盾的性质就会起变化，就会从非对抗性矛盾变成为对抗性矛盾，他们就会滑到反党反社会主义的道路上去"。

紧接着，在北京街头出现了指责刘少奇、邓小平的大字报，出现了"打倒刘少奇、打倒邓小平"的大幅标语。从此，"打倒刘少奇、打倒邓小平"的口号便公之于世了。

随后，在武汉的街头巷尾，在武汉军区大院内，也出现了"打倒刘少奇、打倒邓小平"的大幅标语。

对此，我当时的看法是，刘少奇和邓小平是党和国家的领导人，且不说他们对革命的贡献，就他们担负的工作任务来说，是在党中央和毛泽东领导下进行的，如果认为他们在工作中有某些失误，违背了党中央和毛泽东的意图，那也是人民内部矛盾，不应该把他们打倒。况且，实际情况又不尽如此，就更不应该把他们打倒了。

俗话说，山河易改，禀性难移。说来真是这样。我这个人说话，总是口对着心，厌恶那种看风使舵的做法，也不愿为顺逆荣辱所动。因此，我的这个看法，曾经向一些同志讲过。他们听了我的看法，都为我捏一把汗，劝我不要向外人讲，更不要在公开场合流露，免得惹出"罪该万死，罄竹难书"之祸。可是，我有时候在一些场合，仍然自觉或不自觉地"走火"。

有的老同志对我说："你这个人啊，参加革命这么多年了，又因此吃过了苦头，老毛病还是没有改……"

有的老同志对我说："你呀，对于想不通的事情，还是硬得像大别山的石头，犟得像大别山的牛……"

每当我听到这些话，心里就觉得热乎乎的，也曾多次下决心改掉它，可就是说什么也改不掉。

谁知，我的这个看法，后来真的成了被打倒的材料。

林彪、江青等人制造"七二〇"事件，罗织我的种种罪名的时候，从成都跑到武汉的王力，曾经对北航"红旗"来武汉的造反派说："陈再道在1967年，还在保刘少奇，说刘少奇是人民内部矛盾。"[17]

尽管毛泽东对党内分歧产生了错误的估量，采取了不正常的处理，但也在力所能及的范围内保护了一批领导干部免受冲击。

时任海军司令员的萧劲光回忆说：

1966年8月18日，毛泽东在天安门接见红卫兵。我、苏振华、李作鹏、王宏坤、张秀川都上了天安门。毛主席看见我们以后，主动过来和我们握手、交谈，要我们团结起来，毛主席对李作鹏、王宏坤等说："萧劲光是老同志、苏振华是好同志，你们整萧劲光、苏振华做什么？"毛主席还与我在天安门上合照了一张相。这张我拿着红皮毛主席语录、苦笑表情的相片，是那时我的精神面貌的最好反映，如今已有了历史意义。以后李作鹏说，凡是毛主席在天安门握过手的人，都是毛主席要保的人。据说，毛主席几次听了林彪等人告状，要对我罢官夺权时，讨嫌了，说了海军司令还要萧劲光来当，萧劲光是终身海军司令的话。我想，这些也许就是"文化大革命"中林彪、"四人帮"一伙多次想打倒我而不敢明目张胆搞的主要原因吧！[18]

"文化大革命"的混乱局面，也影响到外事活动。当时在中共中央对外联络部工作的伍修权回忆说：

我第二次去阿尔巴尼亚，正是我国的"文化大革命"席卷全国并震惊世界的时候。那是1966年10月，我国派出党的代表团，去参加阿尔巴尼亚劳动党的第五次代表大会和建党25周年庆祝活动。我党代表团团长是康生，副团长是李先念，成员有刘晓、我和彭绍辉。由于国内到处"造反"，影响到同外国的关系也有点紧张，出国时就没有发消息，10月28日到达地拉那后才予公布。到达当天，霍查、谢胡等阿党领导人就会见了我们，同我们"进行了十分热烈和亲切友好的谈话"。阿党代大会11月初才开，我们就应邀先去各地参观访问。由于卡博同我们在布加勒斯特会议上有过战友之谊，就由他陪同我们出去参观。我们参观了中国援建的拖拉机配件厂，听他们大加赞美我国援助阿尔巴尼亚建设的重大成就。又访问了阿最大的海港都拉斯，那城市本来人口不多，可是却组织了9000人的队伍，夹道欢迎我们代表团，还举行了盛大的欢迎大会，康生在大会上发表了长篇讲话。康生此人本来就爱卖弄他的知识和口才，当时又因成为"文化大革命"的"暴发户"而正红得发紫，他扬扬得意地一边抽烟一边信口开河地讲，一讲就是好长时间。正好阿尔巴尼亚人也有发表演说的爱好，主客轮番在讲坛上滔滔不绝地讲，翻译再依次照说一遍，大会一开就是几个小时，把我们搞得十分疲倦。

……

10月31日，地拉那市举行盛大的群众集会和游行，庆祝阿党五大开幕。我们和朝鲜、越南、罗马尼亚和印尼等29国党的代表团和观察员应邀参加了这次会议。当天下午，霍查等阿党领导人又会见了各国党的代表和观察员。11月1

日，阿党五大正式开幕。当大会主席介绍到中共代表团时，全场都起立，一面热烈鼓掌，一面欢呼"恩维尔—毛泽东！"，成为当天会议的高潮。

11月2日，康生代表中共中央向大会致贺词，并宣读了毛泽东同志署名的贺电。当康生向大会展示贺电上毛泽东同志的亲笔签名时，全场简直沸腾了，一次又一次地欢呼、鼓掌和起立，有时鼓掌10来分钟都不停息。在这份贺电中，阿尔巴尼亚及其领导人被称为"欧洲的一盏伟大的社会主义的明灯""耸入云霄的高山""大无畏的无产阶级革命家"，在另一份贺电中又说阿尔巴尼亚是"伟大的、不可战胜的红色根据地"，是世界革命的"光辉榜样"等。现在看来，这些话都成了对霍查和我们自己的讽刺，但是在当时却是很有鼓动性的热烈语言。康生致辞和宣读贺电完毕，又代表中共中央向大会赠送了巨幅锦旗，上面用金线绣着中阿两种文字："中阿两党两国人民的革命团结和战斗友谊万岁！"霍查亲自接了旗，又同康生长时间地热烈拥抱，全场欢呼鼓掌又一次达到了高潮。实际上，那时这些吹捧虚夸之词，都是康生制造出来的，他当时已经一手把持了我党的对外联络工作。[19]

在庐山会议上蒙受冤屈的彭德怀元帅，"文化大革命"中也未能幸免。红卫兵把他从成都"押送"北京，成为"批斗"的重点对象。

彭德怀是1965年9月到西南三线担任第三副总指挥职务的。郝和国、侯俊智在《彭德怀去西南三线的前前后后》一文中写道：

1965年9月11日，庐山会议后被解职在北京挂甲屯吴家花园"赋闲"的彭德怀，被召到人民大会堂。当他走进江苏厅时，彭真会见了他，并向他转达了中央和毛泽东关于调他去西南三线任第三副总指挥工作的决定，征求他的意见。彭德怀感到很突然，当即坦率地表示："我是共产党员，应该服从组织的决定。但这个工作对我有困难，一是缺乏自然科学知识；一是我缺乏这方面工作经验；一是政治上犯了错误，说错了人怀疑，说对了人也会怀疑，说话没有人听，出了问题不只是我一个人的事，会使工作受损失。我以前几次表示过，愿到农村一个生产队去做些调查研究工作。这个意见希望向中央反映一下。"彭真解释道："这不是让你去具体搞设计、施工的技术工作，而是参加三线总指挥部的领导组织工作，那里有很多人，有总指挥李井泉，有二副总指挥，还有中央一些部门的部长、副部长，要靠集体领导。三线地区有矿山、工厂、铁路、国防工业，也有农村，你想下去，到处是基层单位。虽然你犯了这么大错误，但你改正了错误，你的意见正确，人家还是会听的。"然后彭真又说："你错了别人会提意见的，至于给工作造成多少损失，也不一定。工作就这样定下来，你的意见，给你反映。"

这次会见后，彭德怀仍对接受此项任务顾虑重重。9月24日，他给毛泽东写了一封信，再次陈述自己的一些想法。

主席：

八中全会已经过去6年多了，常在电视中看到您的身体很健康，实在高兴。我这6年中除读些书报外，还学点园艺，初步掌握了果木嫁接等技术。并从书报杂志上收集了一些有关农业生产、管理和作物栽培等材料，增加了一点农业生产知识。

十中全会时，中央办公厅转来了政治局常委会的通知，言对我的问题正在审查，因而这三年中除1963年3月写过一次简短的信给中央，请求允许我下乡长期蹲点，此信未蒙示复后，也就没有再向中央请求工作，以免增加中央同志麻烦。

彭真同志于本月11日在人民大会堂约见了我，转告了中央意见，要我去西南地区参加第三线工作，当时觉得突然，有些疑惧。国防工业与其他工业或多或少有一定的联系，我对此行本来就无知，又离开中央工作已6年之久，特别近三年以来，一切文件均已停止发我，对国民经济情况也就更无知了。……我对这些问题是有顾虑的，这些顾虑我已向彭真和贾震同志谈过，并请转报中央，是否能分配我去范围更小些的地方去做点基层工作，例如去农村蹲点或到一个厂矿中去做部分工作，我愿意在这样基层工作岗位上做到最后一天。但是一个共产党员接受党分配的工作，应该是完全无条件的。上述情况，经中央考虑后，对分配我的工作之事，无论改变或不改变决定，我都服从。在对我的工作决定后，希望主席或者刘、周、邓副主席（当时邓小平任国防委员会副主席——引者注）约谈一次，给予教益。

谨致

敬礼！

彭德怀

1965年9月24日

第二天，毛泽东就约见了彭德怀。当彭德怀来到中南海毛泽东住所时，已经工作了一个通宵的毛泽东笑着迎了上来，说道："早在等着，还没有睡。昨天下午接到你的信，也高兴得睡不着，你这个人有个犟脾气，几年也不写信，要写就写八万字。今天还有少奇、小平、彭真同志，等一会儿就来参加，周总理因去接西哈努克，故不能来。我们一起谈谈吧！"谈话很快转到去三线的问题上。毛泽东说："现在要建设大小三线，准备战争。按比例西南投资最多，战略后方也特别重要，你去西南区是适当的。将来还可带一点兵去打仗，以便恢复名誉。"他又对在座的人说："沿海各省搞小三线，西南区、西北区搞大三线，华北区、中南区、东北区也搞大三线与小三线的结合。但最重要的是西南区，它有各种资源，地理也适宜，大有作为。彭德怀同志去也许会搞出一点名堂来。建立党的统一领导，成立三线建设总指挥部，李井泉为主，彭为副，还有程子华。"针对彭的顾虑，毛泽东说："彭去西南，这是党的政策，如有人不同意时，要他同我来谈。我过去反对彭德怀同志是积极的，现在要支持他也是诚心诚意的。对老彭的看法应当是一分为二，我自己也是这样。在立三路线时，三军团的干部反对过赣江，彭说要过赣江，一言为定，即过赣江。在粉碎蒋介石的一、二、三次'围剿'时，我们合作得很好。……反对张国焘的分裂斗争也是坚定的。解放战争，在西北战场成绩也是肯定的，那么一点军队，打败国民党胡宗南等那样强大的军队，这件事使我经常想起来，在我的选集上，还保存你的名字。为什么一个人犯了错误，一定要否定一切？！"最后，他亲切地对彭德怀说："你还是去西南吧！让少奇、小平同志召集西南区有关同志开一次会，把问题讲清楚，如果有人不同意，要他找我谈。"会见后，毛泽东又招待彭德怀吃饭。

　　这次会见，进行了五个多小时，打消了彭德怀的一切顾虑。当他乘车离开中南海时，高兴地对他的警卫员说："毛主席点了我的将，我同意去西南。"

　　3天以后，彭德怀带着司机、警卫员、机要秘书3人，乘上了开往成都的列车。

　　……

　　彭德怀在近10个月的参观视察调查研究中，已经掌握了不少情况，开始形成了一套如何更好地进行西南三线，尤其是西南基础工业建设的思路。如果假以时日，彭德怀定能像当年带兵打仗那样，在西南经济建设中打一个漂亮仗。可惜，历史的脚步已经跨进了1966年，一个大动乱的年代开始了。是非混淆，人妖颠倒，一切善良人们的美好愿望都被无情地打破了。就在彭德怀正满怀信心勾画他心目中的三线建设图景的时候，等待着他的，却是林彪、江青反革命集团对他的诬陷、诋毁和长达8年的铁窗生涯。

　　1966年《五一六通知》发表后，"文化大革命"便在全国范围内轰轰烈烈开展起来。这股无所不至的风暴，很快就刮到了西南。5月27日，正在四川大足重型汽车厂视察的彭德怀突然接到三线建委的电话，要他回成都学习。次日，彭德怀就匆匆返回成都。

　　彭德怀一到成都，就参加了西南局三线建委召开的副局长以上干部学习小组会。"文化大革命"的导火线是姚文元臭名昭著的文章《评新编历史剧〈海瑞罢官〉》，而毛泽东则称"彭德怀也是'海瑞'"。此时彭德怀正在成都，当然首当其冲。于是这个所谓学习小组会很快就转成对彭德怀的围攻会议。会议从6月初开始，开了近一个星期。彭德怀在6月6日、8日、11日作了3次发言，谈了自己的一些思想认识，对一些问题作了辩解。6月17日，西南局紧接着又召开了三线建委18级以上干部会议，专门讨论彭德怀的问题。会议宣读并印发了彭德怀在不久前的3次发言和一次插话。据当时印发的一份《会议情况简报》记载："会后分组讨论，参加讨论的同志情绪激愤，发言踊跃。"6月25日，西南局还转发了一份三线建委办公室编印的《关于彭德怀同志半年来的主要情况简报》，对彭德怀在西南半年来的视察工作和言论进行批判。

也就在这个时候，一封信送到了陈伯达、康生、江青等人的手里。信是关锋、戚本禹于1966年6月16日写的，他们极尽诬蔑诽谤之能事。信中写道："上次来上海，曾经对彭德怀担任三线副总指挥事，提出了我们的担心。我们觉得，彭德怀到三线以后，还在积极进行不正当的活动。因此，我们再一次提出意见，希望中央考虑撤销他的三线副总指挥职务。从这次文化大革命运动中揭发的许多事实看，彭德怀直到现在还是修正主义的一面黑旗。为了在广大群众中揭穿他的丑恶面目，为了彻底消除这个隐患，我们希望中央能够考虑在适当时机在群众中公布彭德怀的反党、反社会主义的罪恶活动。"陈伯达、康生、江青等人圈阅了这封信。其实，在他们划入打倒之列的一大批党政军领导干部名单中，又怎么能少得了彭德怀的名字。但这封信无疑加快了他们打倒彭德怀的步伐。

自8月下旬起，彭德怀每天坚持晚7时30分至10时，到成都街头看大字报，拾传单，听演讲。9月1日，西南三线建委办公厅两次打电话给彭德怀，要他立即离开成都。彭德怀不明白为什么，省委办公厅同志说："红卫兵闹事，很严重，很紧张，也很乱。"但彭德怀胸怀坦荡，他说："群众我不怕，你们看了报纸没有？一个共产党员能躲开党中央发动的群众运动吗？"他没有离开成都，继续看大字报，分析当时的形势。不久，不少红卫兵开始"光顾"彭德怀的住所，彭德怀一律予以接待。

进入11月、12月份以后，当时的西南局已经无法正常工作了，彭德怀更无事可做，每天白天在家看书，晚上看大字报。11月16日，彭德怀给西南局写了一封信，要求到綦江、红安、遵义等地参观，但未获回音。

12月4日，困惑中的彭德怀起草了一封致毛泽东的信，他写道："我到西南区工作已经过了一年，在京临行前，承约谈数小时，给予很多教益，并嘱常写信给您，愧无工作成绩，致未提笔。今值您73岁寿辰不远之际，谨祝您健康！乘此，对西南区建设的某些看法和体会奉告如下。"信中汇报了他在西南三线视察、开会的情况。信末，他表示："西南局和三线建委对我很不信任，怕我扩大个人影响，既然如此，请求去参加农业生产。"这封信并没有寄出，十几天后的16日，彭德怀修改了此信，把"对西南区建设的某些看法和体会"改为"我对无产阶级文化大革命的体会和看法"。通篇谈了对"文化大革命"的认识。对这封信彭德怀十分重视，他一再嘱咐警卫员要把信亲自送到省委有关部门转呈北京，当警卫员送信回来，他忙问信送到了没有。警卫员看他口气有些紧张，就问："后悔了？"彭德怀说："什么后悔！我是觉得我要给毛主席说的话没说完。"他又长叹道："我现在能见着毛主席就好了。"

信到北京，毛泽东看了此信，并批示"送陈伯达同志阅存"。

此时，在江青的指挥下，戚本禹给"五大学生领袖"之一的韩爱晶打电话说："现在文化大革命深入，你们可以到四川把'海瑞'揪回北京。"一个"揪彭兵团"成立了，很快到了成都。

12月24日晨5时，天气阴冷漆黑，刚到成都的北京航空学院红旗战斗队的学生闯入彭德怀的住所，把他从家里绑架到了成都地质学院。中午，三线建委立即给中央打电话，汇报了情况。很快，周恩来得知此事，批示："通知总参，如带来京，应乘火车，不乘飞机。"为了保证安全，他还对护送和接待彭德怀来京做了周密的布置。当天下午，在成都的北京地质学院的"红卫兵"把彭德怀从北航"红卫兵"手中夺去，关押进了四川省地质局。

25日，西南局与红卫兵进行了交涉。晚10时，彭德怀及秘书、警卫员3人与北京地质学院的42名红卫兵、成都军区协同护送的6名军人，一同乘34次特快列车，离开了成都。火车载着离开北京一年的彭德怀再次向着已经处于动乱中的政治中心急驰。

1967年元旦，彭德怀在北京的关押地给毛泽东写了一封简短的信：

主席：

您命我去三线建委，除任第三副主任外，未担任其他任何工作，辜负了您的期望。

12月22日晚在成都住地被北京航空学院红卫兵抓到该部驻成都分部，23日转到北京地质学院东方红红卫兵，于27日押解到北京，现被关在中央警卫部队与该红卫兵共同看押。向您最后一次敬礼！祝您万寿无疆！

彭德怀
1967年1月1日

从这以后，到1974年11月29日，彭德怀心脏停止跳动的那一天，他就再也未能获得工作和自由生活的权利。在长达8年的铁窗生活中，彭德怀还重新阅读了毛泽东的著作，写了许多篇读书心得。即使重病在身的时候，他也一刻没有停止思考，没有停止对于真理的追求。[20]

全面夺权

1967年1月,张春桥、姚文元同王洪文策划发起上海"一月夺权"。毛泽东大力支持这个夺权行动,把它称为"从党内一小撮走资本主义道路当权派手里夺权,是在无产阶级专政条件下,一个阶级推翻一个阶级的革命"。

随后,全国掀起一场由造反派夺取党和政府各级领导权的狂暴行动。不少地方的造反派还围绕权力纷争,大动干戈,爆发出一起起武斗事件。

按照毛泽东的设想,这场全面夺权斗争,大致在1967年2月、3月、4月间要看出眉目来,其标志是成立"大联合"和"三结合"的"革命委员会"。然而,"全面夺权"一经开始,就变得越发不可收拾,为林彪、江青、康生等人打倒一大批革命干部提供了千载难逢的时机。

王年一在《对上海"一月革命"的几点看法》一文中,详细说明了这场"夺权斗争"的由来:

1966年11月10日发生了王洪文等人卧轨拦车的"安亭事件"。张春桥在处理这一事件中的表现极不寻常,这为"一月革命"埋下了伏笔。

事件发生后,上海市委即向周恩来作了报告。陈伯达根据周恩来的指示,做了两件事:(一)电告华东局第三书记韩哲一,要华东局和上海市委顶住,不能承认"上海工人革命造反总司令部"(简称"工总司")是合法的组织,不能承认卧轨拦车是革命的行动。中央文革决定派张春桥回沪说服工人。(二)致在安亭的上海工人电。电文指出:"你们这次的行动,不但影响本单位的生产,而且大大影响全国的交通,这是一个非常大的事件。希望你们现在立即改正,立即回到上海去,有问题就地解决。"又说:中央文革派张春桥即日回沪处理此事。

张春桥离京前,陈伯达把致工人电原稿给了他,陶铸指示:中央不同意工人成立全国、全市性的组织,决不能承认"工总司"和肯定他们的行动。11月12日,张春桥飞抵上海,即去安亭,与王洪文等几个头头打得火热,并在大会上当众答应第二天回上海解决问题。11月13日,从下午1点开始,张在上海文化广场与工人座谈,他说:"这是我个人的意见:如果工厂文化大革命不搞,即使导弹上了天,卫星上了天,生产大发展,中国还会变颜色。""安亭事件向主席报告了。""上海工人起来了,这是好事,这是中央希望的。……上海的工人文化大革命可能走在全国的前面,上海应该创造好的经验。""工人同志要开大会,批判资产阶级反动路线,完全是革命的。""上海工人革命造反总司令部,工人认为要存在,可以存在下去。"下午3点30分,张讲话,完全同意

"工总司"提出的五项要求，还在书面五项要求上写上"同意"并签名，五项要求是："（1）承认上海市工人革命造反总司令部是合法的组织。（2）承认'一一·九'大会以及被迫上北京控告是革命的行动。（3）这次所造成的后果，由华东局、上海市委负完全责任。（4）曹荻秋必须向群众作公开检查。（5）对上海市工人革命造反总司令部今后工作提供各方面方便。"

这与周恩来、陈伯达、陶铸和华东局、上海市委的意见截然相反，与中央一系列文件的精神截然相反。耐人寻味的是：张春桥是先斩后奏的，而中央文革迅速同意了他的处理。张春桥说过："我组织手续并不完备，没有和华东局同志商量，也没有和市委同志商量，更没有和中央文革小组打电话，因为来不及就下了决心。然后从文化广场回到我住处，才给陈伯达同志打电话……把五条协议以及对这个问题的认识报告给了他。这样文革小组就讨论我在文化广场所讲的五条。到了晚上，文革小组给我打电话来，认为我在文化广场对这个问题的判断是完全正确的。"

张春桥这一手确实不同凡响，阴险诡谲表现得淋漓尽致。他深知毛泽东要把"文化大革命"进行到底的决心、支持造反派的态度和要把"文化大革命"引向工矿的意向，因而忽出"奇招"，顺水推舟地提供了全国第一个强有力的工人造反派。他深知批判所谓"资产阶级反动路线"使各种矛盾激化，全国和上海的形势名曰"大好"，实则大为不妙，因而只要工人回到上海，出现工人造反派正是求之不得的事，绝不会因支持工人造反派而获罪。他之所以先斩后奏，绝不是因为"来不及"，而是要露一手。他之所以敢于别出心裁，不仅因为中央文革里大都是他的同伙，而且因为他后面有着几千名工人造反者和卧轨玩命的亡命之徒王洪文之流，他以上海的事态压北京。他的卑鄙目的，不仅在于把上海市委置于群众的对立面，给上海市委强加以顽固推行"资反路线"的罪名，不仅在于扶植反对市委的力量，不仅在于为自己培植反革命帮派势力，而且在于把"文化大革命"的邪火迅速烧到工矿，造成全国动乱，以便实行夺权。他的诡计得逞了。11月16日，毛泽东批准了他的处理，并且指出：可以先斩后奏，总是先有事实，后有概念。毛泽东为什么批准，我们在下文再说。张春桥踌躇满志，他说："这一段时间内，虽然时间不长……对我来说，也会成为永远忘记不了的事情。""工总司"得到如此的支持，在全国也属罕见。支持在"造反宣言"中声称要"夺权"的"工总司"就意味着迟早要否定上海市委，也就是埋下了"一月革命"的定时炸弹。

中央文革一伙人此后放肆地煽动工人"造反"。11月16日，戚本禹对来自全国各地的工人造反派讲话，他说："上海市工人要成立团体，不让他们成立……轰起来了，闹起来了，解决了。""我教你们办法……你们把3000多人分成3班，包围省委。他不答复你们的要求，你们就不走。"如此等等，不一而足。

毛泽东批准了张春桥对安亭事件的处理，这不仅与"工总司"有关，更与工矿开展"文化大革命"有关。而工矿开展不开展与如何开展"文化大革命"，正是"文化大革命"如何发展的关键问题。

中央原先确定工矿原则上不开展"文化大革命"。1966年6月30日，刘少奇、邓小平请毛泽东审批中共中央、国务院《关于工业交通企业和基本建设单位如何开展文化大革命的通知》，并给毛泽东写信，说明文件的基本精神在于："文化大革命""重点放在文化教育部门、党政机关。对于工业交通、基建、商业、医院等基层单位，仍按原定的四清部署和二十三条结合文化大革命进行"。毛泽东7月2日复信同意，同日通知下达。《十六条》的有关规定，与通知的精神一致。为了制止"造反"浪潮对工矿的波及，9月14中共中央下达《关于抓革命、促生产的通知》，规定"在党委统一领导下""进行充分的正面教育"。当周恩来后来在一个会议（1966年12月6日中央常委会议）上说到"过去我们批准的，工厂、农村不能搞（文化大革命）"时，林彪还插了话："我们也是同意的。"但是，10月间，在猛烈批判"资反路线"的刺激、诱发下，工矿人数极少的造反派开始"造反"，这正中中央文革的下怀。11月8日，张春桥与"北航红旗"五人谈话，说："搞工厂是个方向问题。我们打算下一步应该这样走。"11月下旬，正当张春桥去上海、安亭、苏州时，陈伯达等人草拟了《关于工厂文化大革命的十二条指示》，11月17日还拿到工人代表座谈会上去征求意见。《十二条》基本精神有两个：一是"工人群众起来进行文化大革命……好得很"；一是"各级党委、工矿领导要认真贯彻执行毛主席、党中央关于'抓革命、促生产'的指示"。有了张春桥对"工总司"的支持和毛泽东的批准，"左"的《十二条》被认为"右"了，被推翻了。张春桥说："《十二条》要大修改，根本不是正式文件。"

以张春桥支持"工总司"为契机，毛泽东把希望寄托在工人造反派身上。当时形势严峻。这里有两个重要情况：（1）批判"资反路线"使种种矛盾激化。群众中两派的矛盾到了水火不容的程度，混淆两类不同性质的矛盾到了冲击一切的程度，无政府主义到了炮打所谓"无产阶级司令部"的程度，生产下降到了难以制止的程度。（2）"文化大革命"的错误做法遭到广泛的抵制。陈毅等老帅实际上代表老一辈无产阶级革命家，于11月间两次在数万人大会上大声疾呼，反对错误做法。上海市民在"《解放日报》事件"中反对"工总司"等造反派的胡作非为。广大干部、群众内心对造反派不满，毛泽东和中央文革支持的造反派仍然是少数派。在这种情况下，张春桥别有用心地通过支持"工总司"提供了解决问题的药方，这就是今后主要依靠工人造反派。这本来是火上加油，饮鸩止渴，但是毛泽东既想彻底改变社会面貌，也指望通过工人阶级走上"文化大革命"的舞台来摆脱重重矛盾，就把希望寄托在工人造反派身上。

在工矿开展"文化大革命"的问题上，中央、国务院、中央文革内部有过尖锐的斗争，这集中反映在11月下旬的工交座谈会上。陶铸鲜明地站在正确方面。王力说过，陶铸"千方百计地阻止对刘邓反动路线的批判，……特别是工农运动起来，更是沉不住气了。工人农民刚起来，形势好得很，他认为不得了了，一定要压下去"。"陶铸还反对提'反动路线'这个词呢！"周恩来也力图阻止错误的发展。工交座谈会上对"文化大革命"种种错误做法的不满，周恩来11月22日如实向毛泽东作了汇报。他要谷牧搞了一个汇报提纲，反映工交战线的真实情况。陈伯达指责汇报提纲，被周恩来顶了回去。参加工交座谈会的部长们也站在正确方面。周恩来12月6日在中央常委会议上说过："这次座谈会……讨论伯达同志的《十二条》，批判得体无完肤，一无是处。""中央各部的同志说了很多意见。说到什么问题时，几个部长一哄而起，站起来围着我，说明大家的抵触情绪不小。""林总问我有没有一个通的，我说我接触到的没有，多数不通。"

林彪、江青、康生等人站在错误方面，他们利用与助长"左"倾错误，提出"工矿问题比文教战线更加严重"的荒谬观点。林彪10月25日在中央工作会议上还说："我们平常抓经济建设是抓得紧的，这是好的。"这时却说：一定要彻底打破"工矿比较纯洁"和"工矿是高举毛泽东思想红旗的"的估计，在工矿把"文化大革命"搞彻底。康生12月4日在中央常委会议上说："资本主义复辟，在工厂方面，关系很大，因为它是经济基础。"他在会上还胡扯了一番"理论"："社会主义工业向着资本主义发展的情况：它们形式上是'公'，实际上是'私'；形式上是'新'，实际上是'旧'；形式上是社会主义，实际上是资本主义。"康生还提出了批判所谓"生产力论"的口号。更加严重的是，为了证明在工矿开展"文化大革命"的必要，林彪作出了"刘、邓不仅是50天的问题，而是10年、20年的问题。工交战线受刘、邓的影响很大"的荒谬论断，还把"文化大革命"说成是"对全党的批判运动，批判干部的运动"。

12月初的中央常委会议在工矿开展"文化大革命"问题上作出了完全错误的结论。"左"倾的《十二条》变成更加"左"倾的《十条》〔即《关于抓革命、促生产的十条规定（草案）》〕。毛泽东批准了《十条》，不久又批准了《关于农村无产阶级文化大革命的指示（草案）》。确定在工矿、农村开展"文化大革命"，这是一个严重的步骤。这固然是批判"资反路线"的恶果，也与张春桥支持"工总司"有着难解难分的因缘。随之而来的是全国动乱，正是全国动乱孕育了"一月革命"。

1966年12月,形势险恶。一大批党政军领导人被冲击、被打倒,甚至被囚禁,群众之间的矛盾尖锐,无政府主义猖獗,社会主义民主和法制几乎荡然无存,生产继续下降,人民惊慌地注视着"文化大革命"。"文化大革命"骑虎难下,进退维谷。

在这个月里,毛泽东有一些重要言论。他对张春桥等人说,要批判《论共产党员的修养》,要进行全国性的大批判。他对一个兄弟党的领导人说,两条路线的斗争,实际上是在"文化大革命"中,更加尖锐更加集中地暴露出来罢了,其实它是长期存在的东西。他还说过:"单反赫鲁晓夫修正主义是不够的,还要反我们党内的修正主义,不然的话,再过多少年,中国的颜色就会变了,到那时候就晚了。过去做了一些,只是修修补补,没有当作整个阶级斗争去做。"毛泽东在12月25日对中央文革成员说:"上海的形势大有希望,工人起来了,学生起来了,机关干部起来了,'内外有别'的框框可以打破。"并且估计1967年将是"全国全面开展阶级斗争的一年"。毛泽东12月下旬审阅姚文元的《评反革命两面派周扬》时在文末加了一段话:"无产阶级文化大革命是触及人们灵魂的大革命。它触动到人们根本的政治立场,触动到人们世界观的最深处,触动到每个人走过的道路和将要走的道路,触动到整个中国革命的历史。这是人类从未经历过的最伟大的革命变革,它将锻炼出整整一代坚强的共产主义者。"他还审定了《人民日报》《红旗》杂志1967年元旦社论《把无产阶级文化大革命进行到底》。1967年1月2日,他说:开展全国全面的阶级斗争,重点是北京、上海、天津、东北。

从这些文献资料中可以清楚地看出,毛泽东执着于他的建设社会主义的"左"倾空想,坚持"文化大革命"的错误。他不能面对现实,不能接受实践给予的启迪和警告,这样就没有别的选择,只有在"全国全面开展阶级斗争"。他为了证明坚持"文化大革命"的正确,一方面毫无根据地对党内路线斗争作了新的解说,一方面毫无根据地给予"文化大革命"无以复加的高度评价。他决心大干一场以彻底改变现状,对未来抱有更多更大的幻想,"左"倾错误急剧升级。

1966年的实践充分说明,毛泽东并不知道"文化大革命"怎么革("文化大革命"的发动是主观主义的,本来就没有正确的方法、步骤),只是一味支持"造反"而已。从1967年元旦社论提出的1967年四项任务中可以看出,还是既提不出任何积极的主张,也提不出"文化大革命"如何发展的意见。尽管"一月革命"的怪胎已躁动于全国动乱的局势和大干一场的决心的母腹之中,但是这时并没有提到也没有想到"全面夺权"。

既然寄希望于上海的造反派特别是上海的工人造反派，江青一伙就开始做文章了。在他们无法无天地打倒陶铸（他因正确地反对批判刘少奇和邓小平、反对批判"资反路线"、反对在工矿和农村开展"文化大革命"而获罪）的同一天，张春桥、姚文元赶回上海策划夺权，为他们制造的怪胎催生。在1966年12月，张春桥就秘密策动上海市委机关徐景贤等人"杀出来"。12月下旬，他又制造了"康平路事件"，镇压上海"工人赤卫队"，进而把上海市委和各级组织搞瘫痪。1967年1月1日，他在致上海电中公然宣称：曹荻秋不能出来了，陈丕显的账要清算。1月2日，他指使"工总司"等造反组织成立了"打倒上海市委大会筹委会"。凡此种种，导致了文汇报社和解放日报社的夺权。"上海的桃子熟了。"1月4日张、姚回到上海后，找"工总司"的头头和徐景贤等人谈话，透露了毛泽东1月2日指示，策划夺权。1月6日，他们主要依靠"工总司"和上海市委机关造反组织，召开了"彻底打倒以陈丕显、曹荻秋为首的上海市委大会"，宣布不再承认曹荻秋为上海市委书记、市长，勒令陈丕显交代所谓"罪行"。会后，全市的实际权力落到张、姚等人手中。张春桥说过："一月六日的大会上就夺了权了。"会前是报告了中央的，中央默许而未明确表态。

张、姚很明白，开一次大会还不够，要牢牢地在实际上控制上海，特别是控制上海的经济部门，这样才能得到承认。从来只抓"革命"，破坏生产的张、姚，旋即指使造反派成立"上海市抓革命促生产火线指挥部"。这是一箭三雕：一是"坚决响应"毛泽东的号召，"高举"抓革命、促生产的旗帜，上可以取悦毛泽东，下可以讨好上海市民；二是把破坏生产的罪名强加给上海市委，置上海市委于死地，不动声色地取代上海市委；三是颇为"正当"地扶植和支持造反派。1月8日这个指挥部成立后，夺取了许多局的领导权。张春桥说："我和姚文元商量，……搞了个联合指挥部，这才夺了权。……我们把这些情况报告了毛主席，毛主席从文汇报的夺权肯定了这是必要的。"毛泽东1月8日同中央文革成员谈话中所说"不要相信，死了张屠夫，就吃活毛猪"等内容，就在实际上表示了这种肯定。

这个谈话根据此写成、又经毛泽东审定的《人民日报》1月9日编者按语相当微妙：它在实际上号召全国进行全面夺权，却无号召夺权的语句；它在实际上肯定了上海的夺权，但也无明确肯定的字样。《人民日报》1月9日转载《告上海全市人民书》，还删去了"以曹荻秋为代表的上海市委"一语。无论就全国还是就上海全市来说，在夺权问题上，毛泽东大概还要看一看。

当时，陈丕显支持而张春桥反对那个反经济主义的《紧急通告》。《紧急通告》1月9日在《文汇报》发表，毛泽东因其切中时弊而大为赞赏，要中央文革代拟中央致上海市各革命造反团体的贺电。中央于1月11日发出贺电。张春桥却把自己装扮成反经济主义的"英雄",把大搞经济主义的罪名栽在陈丕显、曹荻秋头上,翻云覆雨,莫此为甚。……《紧急通告》已经指出"上海市委被打倒",但它毕竟不是夺权的通告;中央贺电高度评价了《紧急通告》,但其主旨是反经济主义,而不是号召夺权。事实上已经同意上海夺权,但尚无明确表示;这实际上已经含蓄地号召全国夺权,但尚未明确提出。毛泽东知道事件的分量,要明确支持与号召夺权,尚费踌躇。

老奸巨猾的张春桥,很能揣摩毛泽东的思虑,这时不失时机地提出了所谓"大联合"问题。这是在1月12日上海"欢呼中央贺电,彻底粉碎资产阶级反动路线新反扑大会"上,通过"工总司"等组织发起建立全市性的"造反派组织联络站"提出的。所谓"大联合"实质上是大分裂,但是这个提法有种种妙用:既可以用以冒充民意,又可以用以使造反派聚集在自己周围,还可以用以约束和压制反对自己的群众。尽管如此,"大联合"毕竟是正面的、动听的提法,所以迅速被采纳和推广。1月15日,上海市"红卫兵第三司令部"夺了市委、市人委的权。张、姚以不是"大联合"为由未予承认,并花言巧语地报告了中央,还说什么"群众"要求张春桥、姚文元主持"上海新市委"工作。张春桥说过:"主席看见我们的报告后,对我们行动非常支持。主席连夜召开政治局会议,认为上海这个办法好。以前北京由中央决定自上而下改组,没有解决问题。由群众提出,哪些人可以当领导,担任什么工作,这个办法好。"还说:"1月16日,主席批准夺旧市委、旧人委的权。"

1月16日批准之说可信。周恩来1967年1月26日在工交各部造反派座谈会上说过,"到1月16日决策了"。就在这一天,《人民日报》刊登《红旗》杂志评论员文章《无产阶级革命派联合起来》,文章引用了毛泽东的"最新指示":"从党内一小撮走资本主义道路当权派手里夺权,是在无产阶级专政条件下,一个阶级推翻一个阶级的革命,即无产阶级消灭资产阶级的革命。"文章高度赞扬上海的夺权,号召"坚决向党内一小撮走资本主义道路的当权派夺权"。文章是毛泽东审定的。这是"文化大革命"中第一次明白无误地号召全国全面夺权。至此,历史性的错误铸成。[21]

上海夺权行动,不仅搞乱全国,而且波及军队。一些军队机关、院校的造反组织也跃跃欲试,企图夺权。

为了稳定军队局势,主持全军文革小组工作的徐向前提议,经毛泽东批准,1967年1月28日发布了《中央军委命令》。

关于《中央军委命令》产生的背景,胡长水在《中央军委〈八条命令〉的产生》一文中写道:

1967年1月10日，中央文革小组成员关锋、王力等人起草了一个《关于解放军报宣传方针问题的建议》，提出"彻底揭穿军队一小撮走资本主义道路的当权派"的口号。当天晚上，江青将这个报告送林彪。第二天，林彪批示"完全同意"。1月14日，《解放军报》社论公开了这一口号。次日，《人民日报》转载了这篇社论。"揪军内一小撮"的口号迅速流传全国，军队的高级干部纷纷被揪斗、戴高帽、挂黑牌，甚至遭到打骂。

面对这混乱的局面，老帅们力挽狂澜于既倒。1月10日，江青派人给即将担任新的全军文革小组组长的徐向前送来改组全军文革小组的通知和新的全军文革小组名单，征求意见。徐帅阅后提出三条：1. 新的全军文革小组未组成前，是否请中央文革小组出面，先与各派群众代表见面，交代一下政策。2. 要讲革命性、科学性、纪律性。军队搞"文化大革命"，不要党的领导不行。3. 部队中哪些人是"牛鬼蛇神"，建议在适当范围内讲一讲。三条意见的基本思想，"就是部队的'文化大革命'要有党的领导，要保持军队的稳定"。1月11日，叶剑英在政治局会议上作了一个关于稳定军队的专题发言，指出地方越乱，军队越要稳。不然，敌人乘虚而入怎么办？叶剑英以大量事实说明，稳定军队迫在眉睫。1月14日，中央发出《关于不得把斗争锋芒指向军队的通知》。

然而，混乱仍在继续。老帅们为稳定军队也在继续努力。

1月19日下午，在京西宾馆召开的军委碰头会上，围绕军队要不要开展"四大"的问题，叶剑英、徐向前、聂荣臻，与江青、陈伯达、康生、姚文元争论起来。江青一伙认为军队不能搞特殊，应和地方上一样，开展"四大"。老帅们则认为军队是无产阶级专政的柱石，战备任务很重，和地方不同，不能搞"四大"。两种意见针锋相对，斗争十分激烈。这时，叶群突然拿出发言稿，点名攻击总政治部主任肖华。接着，江青、陈伯达也进行了一连串的攻击，说肖华"已经使我们的军队变成了修正主义的军队"。还有几个人的发言也有发言稿。显然，这是江青、叶群等人预谋的，其目的是企图从总政打开缺口，搞乱军队，以便从乱中夺取军权。当晚，肖华的家被抄。次日，江青、陈伯达、叶群继续纠缠肖华问题。盛怒之下，徐向前气得拍了桌子，茶杯盖子摔到了地下。叶剑英也气愤地拍了桌子，把手骨都拍伤了。这就是轰动一时的所谓"大闹京西宾馆"事件。

1月22日，毛泽东接见军委碰头会扩大会议人员。受到接见的军队领导人情绪激昂，在毛泽东讲话时纷纷插话，向毛泽东汇报挨整被斗的情况。毛泽东在讲话中，一方面要求军队"要站在革命左派方面"，"不要吃老本"，"要有新贡献，在这场斗争中立新功"。同时，明确表示："搞'喷气式'，一斗四五个钟头,侮辱人格,体罚,这个方式不文明。造反派造反有理嘛,搞'喷气式,干什么!这是天津工人斗资本家的方式,这样不行。""随便抓人,省委书记也抓,军队干部也抓,许世友也抓,到处抓人怎么行。""不能犯了错误就一棍子打死。都不用,这还得了。哪个不犯错误,我也犯过,犯了应该改"。"要允许工作,不能过头了,不能搞逼供信"。毛泽东还提出一大批当时挨斗的干部要保,说:"江渭清、谭启龙、江华、韦国清、刘俊秀、张体学、张平化、李丰平要保。""杨勇还是要保。"毛泽东还特别指出,朱德"这个人不保不行,我要保他,他在国际国内有影响。还是按照延安整风的办法,'惩前毖后,治病救人'"。

1月23日,参加军委碰头会扩大会议的全体军队干部,向毛泽东、林彪写出"请示报告",就军以上(不含军)领导机关的"文化大革命",提出六条建议,内容如下:

一、大军区、省军区机关的无产阶级文化大革命运动,要分期、分批进行,要同地方文化大革命错开。何时开始,要经中央军委批准。目前,尚未开始文化大革命运动的大军区、省军区,宣传、文化、报社等重点部门的文化大革命,一律暂停,将来同机关其他部门一块搞。

二、坚决按十六条办事,坚持文斗,不用武斗。一定要遵照主席指示的摆事实,讲道理,惩前毖后,治病救人的方针进行。不许抓人,不许动手打人,不许戴高帽,不许游街,不许抄家。

三、军队不准夺权。如确有需要改组的,要经中央军委批准,按中央军委指示进行。罢官问题一律放到运动后期处理。

四、在外地串联的院校师生和文艺团体的革命群众,一律于1967年春节回到本单位,搞本单位的斗批改。

五、运动一定要坚持党委领导的原则。如个别单位或个别成员问题严重,需要改组或撤换的,群众可以提出意见,但必须按照组织手续审批。

六、除坚决贯彻中央1967年1月14日关于不得把斗争锋芒指向军队的通知外,军队院校、文艺单位、医院、工厂、科研单位的革命群众,一律不许冲击和占领领导机关,以保证战备、指挥和日常工作的正常进行。

不难看出,六条"建议"的基本思想是稳定军队,并且提出了坚持党委领导、军队不准夺权等有重要意义的意见。如果把六条"建议"和几天后的《八条命令》比较一下,可以说,"六条"和"八条"的基本思想完全一致,是"八条"的雏形。

《八条命令》正是在这种背景下产生的。[22]

关于"军委八条"产生的经过,徐向前回忆说:

我刚刚上任，正赶上"一月风暴"，局面混乱不堪，简直没法收拾。以上海"造反派"领头掀起的"夺权"浪潮，波及全国各地区、各行业、各部门，并得到毛主席的肯定和支持。他说："这是一个大革命，是一个阶级推翻一个阶级的大革命。这件大事对于整个华东，对于全国各省市的无产阶级文化大革命运动的发展，必将起着巨大的推动作用。"林彪则鼓吹对军队领导干部要普遍地"烧"，说："真金不怕火炼，不是真金烧掉了更好。"军队院校的"造反"组织，纷纷夺权，两派群众开始武斗；解放军报社"小将"掌权，总部机关的战斗组织出现；各军兵种和各大军区、省军区相继受到猛烈冲击，领导同志被揪斗的事件越来越多；全军文革被"造反派"包围，有些文革小组成员被揪走挨斗，不知下落；上访的群众一批又一批，少则几人、几十人，多则数百人、上千人，有时一天达二百余批。各单位的告急电话不断，我家原有两部电话，又增加两部，还是不够用的。5个工作人员日夜轮流值班，忙得不可开交。我除了开会，还要接见"造反派"。不论白天、晚上，一纠缠就是好几个小时，害得我的头疼病经常发作。我那时常感疲劳，火气也大，说话难免"出格"。周总理对我说："你和他们打交道，要掌握八个字，就是多听少说，多问少答。"后来接见群众组织，我就采取这种对策。

1月中旬，围绕批判和揪斗肖华问题，发生了"大闹"京西宾馆事件。

起因是有一天陈伯达接见某派群众组织代表时，公开点了总政治部主任肖华的名。他说："肖华不像个战士，倒像个绅士。"当即在总政造成混乱，有人贴出大字报，要揪斗、打倒肖华同志。周总理很生气，出来辟谣，说这是谣言。消息传到毛主席那里，江青很紧张，派人连夜覆盖大字报。我们以为这事已平息下去，便未再追究。

1月19日下午，在京西宾馆召开军委碰头会。会上，围绕军队要不要开展"四大"的问题，叶剑英、聂荣臻和我，与江青、陈伯达、康生、姚文元争论起来。他们认为军队不能搞特殊，应和地方上一样，开展"四大"。我们则认为军队是无产阶级专政的柱石，战备任务很重，和地方不同，不能搞"四大"。争来争去，僵持不下。这时，叶群说她要发言，只见她从口袋里掏出一份发言稿，念了起来。内容是什么呢？批判肖华。她说：肖华反对林副主席，破坏文化大革命，必须公开向军队院校师生作检查等。陈伯达、江青在一边帮腔，说了肖华同志许多坏话。江青说，肖华是总政主任，发文件，把总政和军委并列，是什么意思？还有几个人发言批肖，也都有讲话稿。显而易见，这次"批肖"，是江青、叶群等人会前预谋的，对我们搞突然袭击。因军委从未讨论过批判肖华的问题，我们又不知道江青、叶群代表谁的旨意，事关重大，所以我在散会时郑重宣布：今天的会议要严格保密，不准外传，这是一条纪律。

但散会后,杨勇同志回北京军区作了传达,风漏出去了。总政副主任袁子钦的记录本未保存好,被群众组织偷看,知道了会议内容。于是,当晚北京军区战友文工团和总政文工团的一些人,便抄了肖华的家,抢走不少文件。肖华同志从后门走脱,跑来找我,因见我家门口有两卡车群众,又转到傅钟同志那里,坐车去西山住下,才免遭揪斗。我得知这些事后,当晚令全军文革立即追查。发现杨勇传达了会议内容,我打电话找他,他表示诚恳接受教训。

次日上午,继续在京西宾馆开军委碰头会。杨勇同志来到后,我又当面说了他。江青阴阳怪气地问道:"总政治部主任怎么不见了?他躲到哪里去了?"在那里火上加油。这时,肖华来了,并讲了昨晚被抄家的经过。我气得拍了桌子,茶杯盖子摔到了地上。叶帅气愤地说:肖华是我保护起来的,如果有罪,我来承担!他也拍了桌子,把手骨都拍伤了。所谓"大闹"京西宾馆的事件,就是这样。事后,成了"二月逆流"的一条主要"反党罪行"。

接下来又发生揪斗杨勇同志的事件。北京军区政委廖汉生因所谓"二月兵变"问题被揪出后,杨勇同志主持军区的工作,担子很重,也很尽职,有事及时向我们请示报告。杨勇是个好同志,是员战将。对党忠诚,待人诚恳,善于团结干部,对下级从来不摆架子,不论在战争年代或和平建设时期,均作出了重要贡献。1月间,叶剑英同志忽然告诉我说:杨勇恐怕保不住了。我问他是怎么回事。他说:上峰的意思,对杨勇要"烧而焦"。我猜想,这位"上峰"大概是林彪。因为我听林彪说过,杨勇从来不单独向他汇报工作,每次通知他汇报,他都拖上廖汉生一起去。还说:杨勇对反彭黄不积极。这就说明林彪早就记了杨勇的账,一直耿耿于怀。杨勇同志传达批判肖华的会议内容,恰好给林彪以收拾他的借口。我们批评杨勇,要他检讨,目的是帮他"过关"。可是,林彪一伙不会放过他的。京西宾馆的会议刚刚结束,北京军区的"造反派"就掀起了揪斗、打倒杨勇的浪潮。1月23日,战友文工团一些人来我家门口,高呼"打倒杨勇"的口号,要我接见、表态,不接见就不走。我接见他们,说:杨勇同志有错误可以揭发,但要掌握政策,"烧而不焦",不能打倒他。但那时说这些话,根本没有人听,已经不起作用了。

全军文革成立时,林彪曾规定:全军文革属军委和中央文革双重领导,主要是中央文革领导,有事要先请示中央文革,然后报告他。我上任之初,针对各单位乱揪乱斗领导干部的不正常状况,请出顾问江青来,陪我去讲话,保干部,不准乱揪乱斗。去了两三次,江青就不干了,她说:"这样下去,我变成军队的消防队了!"以后连我的电话都不接。你要找她,工作人员不是说她不在,就是说她刚吃完安眠药入睡。全军文革向中央文革请示问题,不论书面的或电话的,犹如泥牛入海,有去无回。林彪更鬼,躲在家里观察动静,极少出面答复问题。

叶剑英是军委秘书长，我是全军文革组长，被推在第一线，"坐蜡"的是我们，还有徐立清、李曼村等同志。当时，军队乱得一塌糊涂。各大军区的主要领导同志纷纷来京，住在京西宾馆"避难"。驻京部队的许多领导干部，有的被一派揪走，有的被一派藏起，不知下落。各地的"造反派"无法无天，到处哄抢档案、查抄文件、冲击军事机关、抢劫武器弹药……军队指挥失灵，无法担负战备任务，我们叫天天不应，叫地地不灵，当然着急。为了应付这种混乱状况，我和叶剑英、聂荣臻同志多次开会研究，有几次还请陈毅和刘伯承同志参加，大家除了担心、气愤之外，想不出什么扭转局势的良策。那时，离开中央文革和林彪，军委对重大问题不能作出任何决定；即便就一些具体问题作了决定，又有谁听你的！

连续发生批判肖华、揪斗杨勇的事件后，我们心急如焚，几次打电话找林彪，他都不见。我实在憋不住了，干脆去"闯宫"。1月24日晚饭后，坐车直趋林彪住地毛家湾。林彪的秘书见我突然到来，不便阻挡，领我去会客室，林彪、陈伯达正在交谈。我开门见山，向林彪讲了目前军队的混乱状况，说：军队要稳定，这样乱下去不行，要搞几条规定，如不能成立战斗组织、不能随意揪斗领导干部、不准夺权等。林彪连连点头，说：是的，军队不能乱，我同意军委发一个文件。当即由他口述，秘书记录，整理了七条。接着，他说请叶、聂来研究一下。陈伯达便起身告辞。叶、聂来后，都赞成七条。确定由叶、聂和我去钓鱼台，征求中央文革的意见。我还特意打电话给陈毅同志，请他到钓鱼台开会，多一个人多一份力量嘛。

我们到钓鱼台，中央文革的人都在，陈伯达也在。他们把周总理也请来了。我讲了产生这个文件的因由，让人念了文件内容，经反复讨论获得通过。江青坐在一个角落里说："向前同志老了，不能工作了！"明显流露出她的不满情绪。我想，看来我刚上台，就要下台啦！陈伯达把文件塞到我的口袋里，对我说：已经通过，你快点走吧！我便起身告辞，将文件送到林办，回家已经是凌晨4时了。"七条"送到毛主席那里审批，毛主席提议交住京西宾馆的各大军区负责同志讨论一下，征求意见。大家讨论中，鉴于昆明军区曾反映过有的高干子女参与抄民主人士的家，影响不好，建议增加一条严格管教子女的内容。我们采纳，"七条"遂变成了"八条"。1月28日下午5时，林彪和我一起去中南海将"八条"送毛主席审批。毛主席完全同意，当场批示："所定八条，很好，照发。"林彪拿到批示后，对毛主席说："主席，你批了这个文件，真是万岁万岁万万岁啊！"据我观察，林彪当时有自己的算盘。他是国防部长，主持军委工作，军权在握，军队大乱特乱，向毛主席交不了账，对他不利嘛！

回来我们即以"军委八条命令"正式下达文件。具体内容是:

一、必须坚决支持真正的无产阶级革命派,争取和团结大多数,坚决反对右派,对那些证据确凿的反革命组织和反革命分子,坚决采取专政措施。

二、一切指战员、政治工作人员、勤务、医疗、科研和机要工作人员,必须坚守岗位,不得擅离职守。要抓革命,促战备,促工作,促生产。

三、军队内部开展文化大革命的单位,应该实行大鸣、大放、大字报、大辩论,充分运用摆事实、讲道理的方法。严格区别两类矛盾。不允许用对付敌人的方法来处理人民内部矛盾,不允许无命令自由抓人,不允许任意抄家、封门,不允许体罚和变相体罚,例如戴高帽,挂黑牌,游街,罚跪,等等。认真提倡文斗,坚决反对武斗。

四、一切外出串联的院校师生、文艺团体、体工队、医院和军事工厂的职工等,应迅速返回本地区、本单位进行斗批改,把本单位被一小撮走资本主义道路当权派篡夺的权夺回来,不要逗留在北京和其他地方。

五、对于冲击军事领导机关问题,要分别对待。过去如果是反革命冲击了,要追究,如果是左派冲击了,可以不予追究。今后则一律不许冲击。

六、军队内部战备系统和保密系统,不准冲击,不准串联。凡非文化大革命的文件、档案和技术资料,一概不得索取和抢劫。有关文化大革命的资料暂时封存,听候处理。

七、军以上机关应按规定分期分批进行文化大革命。军、师、团、营、连和军委指定的特殊单位,坚持采取正面教育的方针,以利于加强战备,保卫国防,保卫无产阶级文化大革命。

八、各级干部,特别是高级干部,要用毛泽东思想严格管教子女,教育他们努力学习毛主席著作,认真与工农相结合,拜工农为师,参加劳动锻炼,改造世界观,争取做无产阶级革命派。干部子女如有违法乱纪行为,应该交给群众教育,严重的,交给公安和司法机关处理。[23]

关于毛泽东对军委"七条"的修改批阅情况,胡长水在《中央军委〈八条命令〉的产生》一文中说:

1月25日,林彪将"七条"呈送毛泽东审阅,并给毛泽东一信,报告了"七条"产生的过程。

毛泽东对林彪的信和"七条"十分重视,审阅得十分认真,在林彪的信上多处划了着重号。林彪在给毛泽东的信中,同时附有五个附件。这些附件同样引起了毛泽东的重视。

附件一是1月25日上午10时全军文革办公室一工作人员的电话记录,内容是:"乌鲁木齐第二造反司令部、军区步校造反团、新疆军区参加五大的代表共五六百人，1月23日到司令部大楼，要开大会，罢官夺权。"

附件二是1月25日上午，南京军区许世友司令员及其秘书的电话记录。9时，许世友的电话内容是："现在军区很乱。全国三军院校各造反团体，都在南京闹。军区3个常委被罚了跪，政治部正副主任都罚了跪，后勤部正副政委被拳打脚踢。司令部把张才千副司令抓走了，现在下落不明。"10时，许世友秘书报告了"昨天下午，军区首长被罚跪、撕掉帽徽、领章"的具体人员名单。这个电话记录引起了毛泽东的很大关注，多处都划了杠杠。

附件三是1月25日下午1时40分南京军区王必成副司令员的电话记录，内容有二：一、许司令来电话说，可调一个营的部队，保护军区机关，如果有坏人来搞，可以自卫。二、如果有人来搞我们军区的指挥所，如何处理。

附件四是邱会作给林彪、叶群的信和邱会作老婆胡敏的电话记录，反映了邱会作被总后造反派揪斗的情况。

附件五是前述徐向前于25日上午10时给林彪的信。

无疑，部队反映的情况是严重的，发布"七条"命令是军队高级领导人的一致意见，这和两天前军委碰头会扩大会上军队领导干部的情绪、思想是一致的。为了使部队能保持一种战备的状态，也为了使"文化大革命"能比较稳定地进行，毛泽东对"七条"采取了支持的态度。1月26日，毛泽东作了批示："所定七条，很好，照发。"并在林彪的信上作了旁批："附件都已看过。"同时毛泽东还以"又及"的形式作了补充："再加上一条关于管教干部子女问题……冲击领导机关问题。过去如果是反革命冲击了，要追究，如果左派冲击了，不追究。今后右派冲击，要抵制，左派冲击，要欢迎。此文件经过讨论修改后，再发出。来北京开会的同志，停一周后再回去。"

根据毛泽东的意见，经过在京的军队领导干部的认真讨论，"七条"很快修改成"八条"。新增加的第八条的内容是："各级干部，特别是高级干部，要用毛泽东思想严格管教子女，教育他们努力学习毛主席著作，认真与工农相结合，拜工农为师，参加劳动锻炼，改造世界观，争取做无产阶级革命派。干部子女如有违法乱纪行为，应该交给群众教育，严重的，交给公安和司法机关处理。"同时，第五条修改为："对于冲击军事领导机关问题，要分别对待。过去如果是反革命冲击了，要追究，如果是左派冲击了，可以不予追究。今后右派冲击，要抵制，左派冲击，要欢迎。"1月28日，毛泽东、周恩来审阅了修改稿。在修改稿上，毛泽东又将第五条的"今后右派冲击，要抵制，左派冲击，要欢迎"，修改为"今后则一律不许冲击"。同时，将打印稿上的"所定七条，很好，照发"的"七"字改成"八"字，变成"所定八条，很好，照发"。原落款的"一月二十六日"的"六"字，改为"八"字，变成"一月二十八日"。第二天，军委

《八条命令》发出。军委办公厅在通知中要求广为张贴,并要印成材料,做到每个指战员人手一份。[24]

林彪、江青、康生等人搞乱全国、搞乱全军的举动,引起人们的普遍不满。一些老一辈革命家挺身而出,爆发了"二月抗争"。他们提出一连串令人不解、又引人深省的问题,集中到一点,就是还要不要党的领导。

亲身参加这场抗争的徐向前回忆说:

1967年2月8日开始,周恩来同志在怀仁堂召开中央政治局碰头会议,吸收有关负责人参加,研究"抓革命,促生产"问题。出席会议的有:周恩来、李富春、陈毅、叶剑英、徐向前、聂荣臻、谭震林、李先念、余秋里、谷牧、陈伯达、康生、张春桥、姚文元、王力、关锋等。规定每两三天开一次会,时间在下午。会上,以我们这些老同志为一方,中央文革陈伯达、康生等人为一方,展开了激烈斗争。

那时,地方上的混乱程度比军队更甚。"造反派"全面夺权,大批老干部被打倒,国务院系统受到猛烈冲击,国家政治和经济生活,已处于瘫痪状态。老同志不约而同,憋着一肚子气,忧党忧国忧民嘛。19日的会上,我和陈伯达为刘志坚的问题争论起来。他说刘志坚是"叛徒",对抗中央文革,破坏"文化大革命"。我听了很反感,觉得他是无中生有,信口雌黄。因为刘志坚在冀南打游击时,虽曾受伤被俘,但于第二天押解途中,即被我军抢回,根本不存在叛变问题。此事冀南根据地一二九师的许多同志都清楚。我对他讲了这个情况,说"刘志坚不是叛徒。"陈伯达竟蛮横无理地说:"刘志坚叛徒的案已经定了,再也不能改变了!"我气愤地质问他:"你凭什么给他定案?没有证据怎么定案?"我还针对他前几天在三座门一次接见群众时,曾假惺惺地说"我不光保你们也得保徐向前"的话,拍着桌子问他:"谁要你保,我有什么要你保的?"11日下午继续开会,叶剑英同志在发言中强调军队不能乱,成立战斗组织不好。他质问陈伯达、康生、张春桥:"你们把党搞乱了,把政府搞乱了,把工厂、农村搞乱了,还嫌不够,还一定要把军队搞乱啊!"我说:"军队是无产阶级专政的柱石,军队这样乱下去,还要不要支柱?如果不要,我们这些人干脆回家种地去!"会议不欢而散。

16日的会议是斗争高潮,我没有参加。会后看到简报,知道了会议内容。

那天的会议,本来是准备研究地方上"抓革命,促生产"问题的。正式开会前,谭震林同志要张春桥保陈丕显,张借口要回上海后同群众商量一下再说。谭就冒火了,说:"什么群众,老是群众群众,还有党的领导哩!不要党的领导,一天到晚,老是群众自己解放自己,自己教育自己,自己搞革命。这是什么东西?这是形而上学!"你们的目的,就是要整掉老干部,你们把老干部,一个一个打光,把老干部都打光。老干部一个一个被整,40年的革命,落得家破人亡,妻离子散。"黑五类,有人讲话;高干子弟,怎么没人说话!高干子弟往往挨整,见高干子弟就揪,这不是反动血统论是什么?这是用反动的血统论,来反对反动的血统论。这不是形而上学吗?"又说:"蒯大富,是什么东西?就是个反革命!搞了个百丑图。这些家伙就是要把老干部统统打倒。""这一次,是党的历史上斗争最残酷的一次。超过历史上任何一次。""江青要把我整成反革命,就是当着我的面讲的!……我就是不要她保!我是为党工作,不是为她一个人工作!"这时,谭震林拿起文件、衣服,要退出会场,说:"让你们这些人干吧,我不干了!""砍脑袋,坐监牢,开除党籍,也要斗争到底!"周总理要谭回来。陈毅同志说:"不要走,要留在里边斗争!"谭震林才没有退出会场。

接着,陈毅说:"这些家伙上台,就是他们搞修正主义。"又讲了延安整风,说他和周总理当时都挨过整。还说:"斯大林不是把权交给了赫鲁晓夫搞修正主义了吗?"余秋里同志也拍了桌子,说:"这样对老干部,怎么行!计委不给我道歉,我就不去检讨!"因谢富治一再插话,说什么中央文革经常保谭震林,李先念同志说:"你不要和稀泥!"又说:"现在是全国范围的大逼供信。联动怎么是反动组织哩,十七八岁的娃娃,是反革命吗?"还说:"就是从《红旗》13期社论开始,那样大规模在群众中进行两条路线斗争,还有什么大串联,老干部统统打掉了。"谭震林同志说:"我看10月5日的紧急指示,消极面是主要的。"

这次会议,康生、张春桥、谢富治等人坐在"被告"席上,狼狈不堪。会后,张春桥、王力、姚文元去向江青汇报,炮制了份黑材料,向毛主席告我们的状。我后来听说,毛主席开始听了,只是笑笑,没说什么。当听到16日陈毅同志关于延安整风问题的说法时,变了脸色,说:难道延安整风也错了吗?还要请王明他们回来吗?后来还说什么,那就叫陈毅上台,我下台,我和林彪上井冈山,江青枪毙,康生充军去!政治局常委碰头会上连续发生激烈争论,江青一伙恶人先告状,把周总理搞得很被动。

毛主席对"大闹"怀仁堂事件表了态,江青一伙得意忘形。接着即在中南海召开政治局生活会,批判我们,开了个把星期。康生首先拿我开刀,气势汹汹地说:"军队是你徐向前的?"同时,在社会上掀起反击"二月逆流"的浪潮,"炮轰""火烧""打倒"所谓"二月逆流的黑干将",成立揪谭、揪陈联络站,还要"揪出二月逆流的黑后台!"。谁是"黑后台"?显然是指周总理。陈伯达在3月份于京西宾馆召开的一次会上说:徐向前是打头炮的!还说:"二月逆流"打乱了毛主席的战略部署,毛主席原来设想"文化大革命"在1967年2月、3月、4月要看出个眉目,但他们把运动打下去了。此后,周恩来同志主持的政治局碰头会议,干脆被取消。

1967年3月24日，肖华"过关"后，确定由他主持全军文革的工作。听到这一决定，我真是谢天谢地。担任全军文革组长不到3个月，弄得我焦头烂额，昼夜不得安宁，每天抽两盒烟都不够，比过去打仗还疲劳。不干这份差事，正合我意。

卸掉全军文革的包袱，本以为会轻松些，其实不然。接踵而至的，是大规模反击"二月逆流"，一浪接一浪，压得人透不过气来。

1967年4月上旬，决定召开军委扩大会议。各总部，各军兵种，各大军区负责同志及中央文革的康生、陈伯达、谢富治、关锋等，均出席会议。有天晚上，在人民大会堂，周恩来同志对叶剑英、聂荣臻和我说，由于三支两军是仓促上阵，大家没有思想准备，没有经验，难免犯错误。这次开会，着重总结前一段的经验教训，以利改进工作，不辜负毛主席对部队的期望。还说：不要追究个人责任，希望大家共同努力，把会议开好。7日下午突然通知，要我8日在大会上作检查。我说：那也得做点准备嘛，明天不行，推迟两天吧。这时才明白，中央文革和林彪等人，要联合起来整我。11日下午，我在大会上作了检讨发言，内容无非是担任全军文革组长的近3个月里，思想上怕乱，跟不上形势，工作没有做好；对毛主席的三支两军指示，领会不深，贯彻不力，像青海、四川、内蒙古、福建、河南等地发生的事件，认为自己管不了，也不想去管；军内共抓了700多人，取消战斗组织100多个，打击了"造反派"；积极争取中央文革的支持、帮助不够，有抵触情绪；等等。陈伯达、康生、关锋等人在大会上讲话。肖华同志主持会议，也讲了话。陈伯达调门最高，给我扣上"刘邓资产阶级反动路线的总代表""对抗中央文革""搞独立王国"等帽子。谢富治发了脾气，说你的问题远不止这些。我说："富治同志啊，错误路线我都承认了，你还要怎么样啊！难道还要把我打成叛徒、特务吗？"12日至16日是小组发言，天天出简报，罗织我的"罪状"，无限上纲上线。康生、关锋、黄永胜、吴法宪、邱会作等人，在小组里窜来窜去，煽风点火，说我的检讨"没有触及灵魂""不像样子""极不深刻"。康生说："徐向前算什么？他代表谁？能代表解放军啊！"还说："徐向前带头冲击林副主席住地。"（指1月24日我去林彪家一事）会内会外配合，社会上"反击二月逆流"，打倒陈、徐、叶的大标语，满街张贴。16日、17日两天，军内"造反派"200多人，两次抄我的家，门窗玻璃被砸碎，室内翻得一塌糊涂，将我保存多年的资料、信件、作战日记抢去不少。抄家前我在家里，一点消息也不知道。幸好叶剑英同志关心我的安全，听到点风声，晚上打电话来，要我去西山，这才免遭揪斗。

住在西山，"闭门思过"，心绪不佳。看看书报、文件，散散步，有时和叶帅、聂帅聊聊天。7月间，武汉"七二〇"事件发生。我又变成陈再道、钟汉华的"幕后操纵者",武汉事件的"黑后台"。其实,天晓得,我住在西山,与外界隔绝,怎么会去制造武汉事件呢?"打倒徐向前"的浪潮,又一次掀起。叶群公然对三军"无产阶级革命派"的负责人说:"徐向前还有什么值得保的嘛!"他们把陈再道、钟汉华等同志揪到北京批斗,追查和我的关系,结果什么也没捞着。7月29日夜,清华大学蒯大富手下的一批人,又抄了我的家,抢走五铁柜机密文件。我的秘书向周总理办公室报告后,总理指示:(一)所进人员全部撤走;(二)保证徐向前同志及其家属子女和工作人员的安全;(三)东西一律不准拿走,已抢走的文件柜和材料责成卫戍区到清华大学全部追回。这样,抄家的风波才告平息。

"八一"建军节在即,"二月逆流"的成员和一些被揪斗的老同志,能否出席"八一"招待会,亮亮相,成了斗争焦点。周恩来同志用心良苦,坚持几个老帅和尽可能多的老干部出席,而林彪、江青等则极力反对。7月31日下午5时左右,周总理打电话给叶帅,让他转告我,准备出席招待会。剑英在电话里对我说:总理说出席招待会的名单,讨论了一下午,争论不休,他准备请示毛主席,待主席决定后正式通知。过了一会儿,剑英来到我的住处,还带了个理发员来,要我一边理发,一边等通知。刚理完发,总理来了电话:毛主席指示,今天的招待会,朱德要出席,徐向前要出席,韩先楚也要出席。剑英接完电话,高兴地说:为了保证安全,总理亲自布置了你的行车路线,加强了沿线警卫。我出席招待会回来,黄杰说:你刚刚走,总理就来电话,问走了没有?他还说:"你和徐帅要多多保重啊!"患难见真情。周总理和剑英对我无微不至的关怀,使我深受感动。[25]

一波未平,一波又起。1967年7月20日,在毛泽东巡视湖北期间,又发生了"陈再道事件"。中央文革小组乘机再次搞乱军队,掀起"揪军内一小撮"的狂潮。

从1967年7月到9月,毛泽东先后视察华北、华南和华东地区,意在约束动乱局面,制止派别斗争。他多次发表讲话,号召实现革命的大联合,正确地对待干部,扩大教育面,缩小打击面。这对稳定局势起到一定的作用。

然而,也正在这时,唯恐天下不乱的林彪、江青、康生等人又抓住毛泽东坐镇武汉解决湖北地区两派对立纠纷的机会,先是通过谢富治、王力作打一派、拉一派的讲话,然后又推波助澜,扩大事端,终于酿成围困中央文革小组代表王力和数十万军民示威游行的武汉"七二〇"事件。

陈再道将军曾经回忆起毛泽东视察湖北以及所谓的武汉"七二〇"事件。他说:

"走,到武汉去,保陈再道去!"这是在发生"七二〇"事件前夕,毛泽东对周恩来说的话。

为了说清事情的缘由，我还得从头讲起。

按照6月26日中央文革小组办事组和全军文革小组办公室的电报，"将请武汉军区和各派群众组织的代表来京汇报"的精神，军区领导同志经过研究，立即让各派群众组织选出了代表，军区也确定了赴京人员名单，很快做好了赴京汇报的准备工作。

7月初，我给周恩来总理打电话，电话很快就接通了。

我在电话中汇报说，近20多天以来，经过"支左"人员的工作，武汉没有发生什么事，两派之间的武斗已经停止，武斗器械也上交了。

周恩来说，好，这样有利于武汉问题的解决。

我接着说，按照6月26日的电报精神，各派群众组织已经选出代表，军区也确定了赴京人员名单，作好了赴京汇报的准备，可以到北京解决问题了。

周恩来说，等我们研究以后，再打电话告诉你们。

这期间，周恩来曾对办公室的秘书们说，陈（再道）、钟（汉华）可以控制武汉的局势，解决武汉问题，依靠力量还是武汉军区。

我给周恩来打完电话，又过了七八天，大约在7月10日，周恩来打来了电话。

他在电话中告诉我们，各派群众组织的代表，可以不到北京来了，我们要到武汉去，在武汉解决问题。

他在电话中还说，主席可能要到武汉游泳，要我们作好准备。

接完电话，我们立即着手进行各方面的准备，对于各群众组织的渡江活动，也一一作了安排。

后来得知，毛泽东此行，要视察大江南北，要到长江游泳。

我们作好准备之后，等待着中央首长的到来。可是，他们的具体到达时间却迟迟没有接到通知，不知这是为了什么？

直到7月14日早晨，我们才接到武空刘丰的电话。他说，周总理早晨已到武汉，现在武汉空军休息，让我们到武汉空军来。

接完电话，我心里很纳闷：周恩来总理来武汉，是吴法宪安排的飞机，不知他们为什么有意不让我们事先知道？直到周恩来总理提出要见我们，武空的刘丰才给我们打电话。

我们到武汉空军驻地得知，随同周恩来到武汉的，还有李作鹏和海军、空军的作战部部长。

一进门，只见周总理正在用早餐。他看我们急匆匆赶来，猜定我们没吃早餐，就连忙吩咐接待人员，给我们拿来了餐具，让我们一起用早餐。

周恩来边吃边问："东湖怎么样？"

我回答说："东湖宾馆乱得很！服务人员分成了两派，把房子搞得不像样子了。"

周恩来点了点头，说："把它打扫出来。"

周恩来吃罢早餐，就先到东湖宾馆去了。后来得知，周恩来到武汉，是为毛泽东打前站的。毛泽东来武汉后，要住在东湖宾馆。

等我们随后赶到东湖宾馆，周恩来已把两派服务人员召集起来，动员他们赶快行动，把房子打扫出来。

周恩来非常会做群众工作。那天讲的话并不多，很快就把冤家对头的两派说服了，说笑了，忙着分头去寻找工具，高高兴兴地打扫房间去了。

当时，看见周恩来亲自做这些琐事，我真是从心眼里过意不去。可是，当时地方机关处于瘫痪状态，我们事先又没有得到任何通知，无法对住房问题作出安排。

到了中午，谢富治和王力带着北航"红旗"的四个造反派，也由成都赶到了武汉。还有一些同志与他们同行来到武汉。

当天晚上，毛泽东到达武汉。

毛泽东住在东湖宾馆的梅岭一号，周恩来住在百花一号，谢富治和王力则住在百花二号。

一切都安排停当了，我们才算喘了一口气。

由于东湖宾馆的服务人员分成两派，这使我们对毛泽东、周恩来的安全十分担心。

为了工作方便和在安全方面不出意外，我和钟汉华经过商量，也搬到了东湖宾馆乙所。这是一排平房建筑，地点在南山附近。我和钟汉华住在那里，可以随时处理可能出现的意外情况。

据说，周恩来亲自为毛泽东打前站，是为了保证毛泽东的安全。同时，他还想借机会了解一下武汉的情况，通过武汉军区的努力，做好两派群众组织的工作，尽快地促进他们大联合，稳定武汉地区的局势。这样，既为毛泽东横渡长江创造了条件，也可以利用毛泽东在武汉的机会，把武汉的问题解决好。这对于解决好其他省的问题，对于稳定全国的形势，无疑都有很大的推动作用。

在安排好住处和警卫工作之后，周恩来把我和钟汉华叫到了他的住地百花一号，让我们作好汇报的准备，并语重心长地告诉我们："要你们作检讨，不是要打倒你们，而是要保你们……"

周恩来看我们思想不通，情绪不好，又给我们进一步解释说："我们临行前，主席对我说，'走，到武汉去，保陈再道去。'你们放心吧，不要有顾虑。"

那时候，我并不是怕丢掉乌纱帽，而是真的想不通错在哪里，听了周恩来的话，我表示一定如实汇报情况，听从党中央作出的一切决定。

这一夜，我住在东湖宾馆乙所，只觉得脑子里头乱成了一锅粥。武汉的实际情况，周恩来的谈话，轮番出现在我的眼前，响在我的耳边，搅得我一夜没有合上眼。

7月15日和16日的两个上午，毛泽东召集周恩来、谢富治、王力、李作鹏等，在梅岭一号开会，听取谢富治、王力汇报云南、贵州、四川和武汉问题，议论解决武汉问题的方针、办法。

对于如何处理武汉问题，毛泽东最后指示：要给"工人总部"平反，把朱鸿霞放掉。"百万雄师"是群众组织，让谢富治、王力派出专人，做好他们的工作。军区对两派都要支持。陈再道支持造反派，造反派会拥护陈再道。并让周恩来在武汉多留几天，做好武汉军区的工作。

从7月15日开始，一直到7月18日，在每天下午的时间里，周恩来召集武汉军区的领导同志及驻武汉部队师以上"支左"单位的负责同志，在百花一号开会，听取了武汉地区"支左"情况的汇报。谢富治、王力一直参加了这个汇报会。随同毛泽东来武汉的一些同志，在我们汇报的时候，时来时走，进进出出，没有参加汇报的全过程。

到7月18日下午，我们的汇报全部结束。周恩来发表了总结讲话，据说，周恩来的这个讲话提纲，是他自己亲手拟定的。并且，经过毛泽东审阅。

周恩来表情严肃地说，武汉军区在"支左"工作中有错误，甚至错误是很严重的。但是，责任由军区主要领导同志来承担。建议陈再道、钟汉华同志，主动承认在"支左"工作中犯了方向路线错误。

接着，周恩来说，军区要给"工总"平反，迅速放掉朱鸿霞，支持造反派。估计"工总"起来之后，可能对"百万雄师"进行报复，这个工作由中央来做。

周恩来继续说，军区要对部队进行教育，各群众组织都要进行整风，好好学习，提高认识，认真执行中央的指示。

周恩来在讲话中，还肯定了军区抓革命、促生产的成绩，并主动为武汉军区承担责任。他说军区决定解散"工总"是受了他一次讲话的影响。

最后，周恩来还苦口婆心地说，文化大革命是史无前例的，没有经验，因此犯了错误。错了就检查，就改正，改了就好……

听了周恩来的讲话，我深深地受到感动，更加了解了周恩来总理。我觉得周恩来品格高尚、胸怀豁达，特别是那严于律己、宽以待人的话语，是我终生难以忘记的。

7月18日晚上，周恩来带领我和钟汉华来到了毛泽东的住地梅岭一号。毛泽东正在客室里等候。谢富治、王力也在客室里，坐在毛泽东的对面。

毛泽东一见我们，和我们一一握手，让我们坐在他的旁边，问道："你们怎么样呀？武汉的形势还不错嘛！"

"我们不承认犯了方向路线错误。"我这个人有话就直说，不会藏着掖着，也不会拐弯抹角。由于当时我的思想不通，说话时有点气呼呼的。

"方向路线错误怕什么？现在他们一提就是方向路线错误，都是方向路线错误。"毛泽东笑着解释说。

"要是犯了方向路线错误，我们马上开大会检查。"听毛泽东这么一说，我的沉重的心情轻松了许多，赶忙向他表态。

"那可不行，你可不能开大会。你一开大会，就下不了台了。你就写个东西，到处去发。"毛泽东笑着给我们出主意。

这时候，坐在我们对面的谢富治，莫名其妙地摆了摆手。我们不知道他是什么意思，继续听毛泽东谈话。

毛泽东嘱咐我们："要做好工作，慢慢来，不要着急，首先把部队的工作做好，把'百万雄师'的工作做好。"

我直来直去地说："中央文革有威信，解决武汉问题，希望中央文革能讲话。"

坐在我们对面的王力，以为我是在将他的军，一副满脸不高兴的样子，说："'百万雄师'就不听中央文革的。"

毛泽东明白了我的意思，说："他们要打倒你们，我要他们做工作，要做到不仅不打倒你们，而且要做到拥护你们为止。"

毛泽东讲到这里，告诉谢富治和王力，要设立一个接待站，专门接待群众组织来访，做好思想工作。

谢富治和王力阳奉阴违，当着毛泽东的面，他们一一点头称是，后来并没有去落实这项工作。

毛泽东还说："武汉的形势还不错嘛！你们想一想，一个工厂，这一派是革命的，那一派就不革命，你们相信吗？"

毛泽东停顿了一下，又说："在工人阶级内部，没有根本的利害冲突。在无产阶级专政下的工人阶级内部，更没有理由一定要分裂成为势不两立的两大派组织。"

大约到10点钟，我们告别了毛泽东。他很客气地把我们送到走廊上。

这时候，正巧遇到几位服务人员站在走廊里。毛泽东一看见他们，就把他们招呼过来了，要他们一一同我们握手。

毛泽东笑着对他们说："再不能打倒你们的司令了吧？我是不打倒他的。"

接着，毛泽东又对我说："他们要打倒你，我要他们不打倒你！"

大家听了毛泽东的话，在互相握手的同时，都忍不住地笑了起来。

在我们离开梅岭一号的时候，周恩来也要乘飞机离开武汉。我们送周恩来上了车，然后信步向乙所走去。

我在回乙所的路上，回想着毛泽东的谈话。当时，尽管我领会了他的谈话精神，知道他是不主张打倒我的，从心眼里感激他的一番好意，但是，对于为什么说我们"犯了方向路线错误"，我仍然没有真正从思想上搞清楚。在路上，我还琢磨着，谢富治摆手到底是什么意思，一路上也没想出个头绪……

……

就在7月20日上午，林彪避开回到北京的周恩来，亲自给毛泽东写了一封信。写完信，叶群叫秘书把信送给戚本禹修改，并让秘书转告戚本禹：这封信是林彪的意思。

戚本禹看完这封信后，觉得"这是大事"，不敢擅自做主，就找到陈伯达、关锋一起修改。最后，在这封信的落款之处，不知为什么，竟签上了江青的名字。

经过林彪、江青的一番策划，决定派邱会作、张春桥分别乘专机飞往武汉、上海。在邱会作临行前，江青向他交代说："你的脑袋在，这封信就要在！"邱会作听了江青的话，为了防止万一出现情况，把这封信放在贴身的汗衫内，于下午2点10分赶到武汉。乘另一架专机的张春桥，也于下午4点20分赶到上海，精心安排了如何"迎接"毛泽东。

邱会作赶到武汉之后，立即展开了"外围战"。他先在毛泽东身边的工作人员中，商量毛泽东转移到哪里最合适。由于邱会作早已胸有成竹，商量的结果自然是把毛泽东转移到上海最安全。

下午5点多钟，邱会作见到了毛泽东，说明来意，他把那封信交给了毛泽东。他还告诉毛泽东，外面形势不好，林彪、江青为毛泽东的安全担心，请毛泽东转移到别的地方去。

毛泽东打开那封信，一边看信一边笑了。显然，毛泽东是将信将疑的，对于是否立即由武汉转移，一时没有拿定主意。如果走，到哪里去？是到长沙？是到上海？还是到南昌？

一直拖延到晚上8点多钟，毛泽东才同意去上海。

翌日凌晨2点钟，毛泽东坐着武汉空军的汽车，在武空刘丰等人的秘密护送下，离开了东湖宾馆梅岭一号，踏上了赴上海的行程。

在即将离开武汉前，毛泽东又问邱会作，为什么要从武汉转移？想到长江去游泳，现在也游不成了……

从这些话可以看出，毛泽东是不情愿离开武汉的。

他们给毛泽东的那封信，到底写的是什么内容，一直是个不解之谜。

到了1974年，张春桥在空军的一次讲话中，才不打自招地道出了实情。他说毛泽东到上海后，一夜没有睡觉，把身边的人叫来说，不是他们说的那样吧？如果陈再道搞兵变，我们走得出来吗？这都是他们搞的，我在那里，为什么不和我通气呢……

十年之后，我在一本书上看到，当时毛泽东在上海，一天夜晚散步时，又对一位陪同他的同志说过类似的话。书中是这样写的：

"毛泽东同志问：'你认识陈再道吗？'

"'原先不认识，新中国成立之后才认识的。'

"'他会反对我吗？'

"'军队的老同志都是跟你干革命的。'

"'是啊，我想，陈再道也不会反对我。他要反对我，我们就从武汉出不来了。'"

看来，当时毛泽东谈这个问题的具体情况，似乎是无法进行考证了。但他对武汉"七二〇"事件的看法，大概不会错。

我想，当时毛泽东对林彪、江青等人是存有戒心的。如果毛泽东没有戒心，同意林彪、江青等人的"兵变"之说，那么，这件事的后果将是不堪设想的。

……

然而，不管林彪、江青等人对"揪军内一小撮"的口号怎样推崇，还是很快受到了毛泽东的严厉批评。

当初，中央文革小组开会研究"七二〇"事件的宣传口径时，康生曾经穷凶极恶地叫嚷："为什么不能提军内一小撮？"并亲口告诉王力说，他打电话给汪东兴，请示了毛主席，毛主席同意开欢迎大会，也同意"军内一小撮"的提法。

8月1日，《红旗》杂志发表了由关锋主持起草、王力看过以后经陈伯达签发的两篇社论，内容都是煽动"揪军内一小撮"的。

8月中旬，毛泽东看了这两篇社论，批示这两篇社论是"大毒草"。同时，在林彪送审的下发部队的文件上，划掉了多处"军内一小撮"的字样，并批示"不用"两个字，退给了林彪的办公室。

毛泽东的批示传来，林彪、江青等人慌作一团。

叶群把毛泽东退回的文件，悄悄地锁进了保险柜。然后，让林立果给江青写信，说明"红尖兵"文章中"揪军内一小撮"的提法，是后来别人加上去的。

江青和康生也找到了"理由"。他们先说《红旗》上发表的两篇社论，是陈伯达负责签发的，主要责任在陈伯达身上。

后来，毛泽东要追究责任，他们又觉得推到陈伯达身上不妥，江青便改变口气说，不能错误人人有份，不能怪陈伯达，想把责任往下推。而康生更是出尔反尔，赖得一干二净。他说在请示毛主席时，毛主席只同意开欢迎大会，根本就没有同意过"军内一小撮"的提法，声称"军内一小撮"的提法是王力等人私自提出来的……[26]

毛泽东巡视大江南北前后，全国政局跌宕起伏，险象环生。但是，最后的结局仍然使林彪、江青一伙损兵折将，不得不有所收敛。

穆欣回忆说：

那个时候，由于"一月夺权"掀起新的风暴以后，"文化大革命"不断地加温，整个运动像一匹脱缰的野马任性奔驰，完全失掉了控制。虽然林彪8月9日接见武汉军区新任司令员曾思玉、政治委员刘丰的时候，故意闭着眼睛瞎吹："这次文化大革命胜利很大，真是代价最小最小最小，胜利最大最大最大。"（毛泽东当时视察各地途中也说过"形势大好，不是小好"的话）。实际上，全国已经陷入空前的混乱状态。各地普遍出现打、砸、抢、抄、抓的歪风，林彪、江青挑起的武斗达到骇人的规模，大局已经失控，乱到"亲自发动和领导"这场"文化大革命"的毛泽东也驾驭不了的程度。正像以后毛泽东同斯诺谈话时说的那样："1967年7月和8月不行了，天下大乱了。"[27]因此，有人将这年的7月、8月、9月三个月叫作"失控的三个月"。内政、外交都已失去控制，整个形势到了崩溃的边缘。

周恩来和毛泽东曾经一再采取措施，想设法把局势稳住，但都没有取得预期的效果。这年6月6日，中共中央、国务院、中央军委、中央文革小组发出《通令》（即有名的《六六通令》），严格规定："一、除国家专政机关奉命依法执行必要的逮捕拘留任务外，任何团体和个人，都不准抓人，都不准私设公堂和变相地私设公堂。二、各级党政军机关的档案文件和印章，任何团体和个人，都不准抢夺、窃取和破坏。……"《通令》共有7条，有1条专门规定"严禁武斗，严禁行凶打人"。

6月25日，《人民日报》在一篇文章的编者按中发表毛泽东的最新指示："必须善于把我们队伍中的小资产阶级思想引导到无产阶级革命的轨道，这是无产阶级文化大革命取得胜利的一个关键问题。"

7月18日，毛泽东在武汉视察，针对当地两大派工人组织的势不两立、武斗一触即发的严峻形势指出："在工人阶级内部没有根本的利害冲突。在无产阶级专政下的工人阶级内部，更没有理由一定要分裂为势不两立的两大派组织。"

但因林彪、江青一伙唯恐天下不乱，极力挑动内战，不论是党中央的"通令"，或是毛泽东的"最高指示"，全都失灵。7月20日，由于谢富治、王力在武汉不顾周恩来的指示，悍然宣布"武汉军区犯了方向、路线错误"，触发了"七二〇"事件。25日在天安门广场举行号称百万军民的支持武汉"造反派"的群众大会，林彪在天安门城楼上对红卫兵"五大领袖"中的蒯大富、韩爱晶谈话，提出要批判"带枪的刘邓路线"。当天晚上，在新华社送审的会议新闻稿上，由关锋执笔，伙同康生加上了"坚决打倒党内军内一小撮走资本主义道路的当权派"，26日开始批斗武汉军区司令员陈再道；27日由王力、关锋起草的中央《给武汉市革命群众和广大指战员的一封信》中，开头就说："你们英勇地打败了党内、军内一小撮走资本主义道路当权派的极端进攻。"8月1日《红旗》杂志社论，公然鼓吹"揪军内一小撮"。从此开始，全国大揪军内一小撮、带枪的刘邓路线，各个部队都要抓当地的"陈再道"。北京红卫兵"三司司令"蒯大富向全国派出40多个"联络站""记者站"，策划冲击各大军区。与此同时，谢富治、戚本禹从7月份组织成千上万的造反派在中南海大门外搭设帐篷，"安营扎寨"，围困中南海，称作"揪刘火线"；戚本禹又在8月初煽动北京外国语学院和外交部系统的造反派，在外交部门前"安营扎寨"，静坐绝食，要揪出陈毅批斗，构成北京的两个动乱中心。8月7日，自吹"毛主席和总理要我过问外交部"的王力，向姚登山和外交部"革命造反联络站"代表发表煽动夺外交部大权的"王八七讲话"。他们还煽动一些人火烧了英国代办处。就在"王八七讲话"出笼的同一天，谢富治在公安部全体工作人员大会上公然发表了"砸烂公、检、法"的讲话，彻底破坏社会主义法制。公安部、检察院、法院都被"砸烂"了，进一步使全国各地陷于严重的动乱局面。

中央文革小组乃是这一切混乱的总根子。这个时候，要想稳定北京的局势，就必须对中央文革小组采取相应的措施。毛泽东在上海看到《红旗》煽动"揪军内一小撮"的社论，曾批示它是"大毒草"。周恩来把"王八七讲话"记录稿和整个局势的极端严重性报告毛泽东，敦促他下决心采取断然措施，结束这种乱到几乎不可收拾的局面。

毛泽东在上海接到周恩来的报告后，指示要追究责任，责成周恩来总理严肃处理。——5年以后，1972年6月28日毛泽东会见斯里兰卡总理班达拉奈克夫人的时候,提起这些事情来还很生气。他说:"我们的左派是什么一些人呢?就是火烧英国代办处的那些人。今天要打倒总理,明天要打倒陈毅,后天要打倒叶剑英。这些所谓左派现在都在班房里头。""几年过去了,总后台的人现在也过去了,叫林彪。坐一架飞机往苏联去,其目的是想见上帝。"

1967年8月下旬,周恩来即照毛泽东的指示进行处理。在追查中发现,不只7月25日给武汉军民的公开信中写有"揪军内一小撮",早在1月《解放军报》印发的《宣传要点》,便有"彻底揭露军内一小撮走资本主义道路的当权派"的话。这份《宣传要点》的清样上,排印有王力、关锋的名字。当时王力是中央文革新成立的宣传组负责人,兼有总政治部副主任头衔的关锋分管《解放军报》。江青和康生、陈伯达一伙,看到毛泽东的盛怒,决定采取"丢车保帅"的手段,抛出王力、关锋,把"八一"社论的责任推到王、关头上。

8月30日上午,关锋还想赖掉给武汉军民公开信中"揪军内一小撮"的责任,10点多钟,气急败坏地跑到中央文革办事组,"脸不是脸"地厉声质问王光宇、矫玉山:"你们好大胆子,你们把文件自己改了?"说完扭头就走。本来这是绝不会有的事,矫玉山马上派通讯员从中央办公厅印刷厂取回原稿,向王、关指着王力的笔迹给他们看,两人沉默无语。

当天晚上,周恩来到钓鱼台来。中央文革小组召开了生活会,康生和陈伯达都把责任推给王力和关锋,对他们进行了批判。最后宣布自即日起对王、关隔离审查。会后即将王、关软禁到钓鱼台2号楼,派卫兵看起来。[28]

从1967年冬到1968年春,社会动乱局势相对趋于缓和。不少地区成立了"三结合"的"革命委员会",大多数地方实行了表面的大联合。然而,1968年3月,林彪与江青合伙又制造了"杨余傅事件"。林彪集团乘机控制了军委办事组等重要权力。

王年一在《大动乱的年代》一书中写道:

1968年3月22日,中共中央、国务院、中央军委、中央文革小组发布《命令》,全文如下:"根据毛主席、林副主席的决定:(一)杨成武犯有极严重错误,决定撤销其中国人民解放军代总参谋长职务,并撤销其中共中央军委常委、军委副秘书长、总参党委第一书记职务。(二)余立金犯有极严重错误,又是叛徒,决定撤销其空军政治委员、空军党委第二书记职务。(三)傅崇碧犯有严重错误,决定撤销其北京卫戍区司令员职务。此命令发到团,传达到全体指战员。"同日,又发布命令,任命黄永胜为总参谋长,任命副总长温玉成兼任北京卫戍区司令员。

时至20年后的今日,许多同志仍然感到"杨、余、傅事件"扑朔迷离。报刊上早就发表了不少文章,揭开了所谓"武装冲击中央文革"等事件的真相[29],这类事件澄清得好;但是人们何以依然对"杨、余、傅事件"感到不解呢?因为"武装冲击中央文革"等无非是江青等人当时制造出来故意用来转移人们视线的谎言,并非制造"杨、余、傅事件"的实质。毛泽东1973年12月21日同参加中央军委会议的同志谈话时说:"杨、余、傅也要翻案呢,都是林彪搞的。我是听了林彪一面之词,所以我犯了错误。"

……

"杨、余、傅事件"究竟怎么一回事?

"奥秘"之一就是全国刮起了"右倾翻案风"。

列宁说过:"在分析任何一个社会问题时,马克思主义理论的绝对要求,就是要把问题提到一定的历史范围之内。"弄清制造"杨、余、傅事件"的背景,才能正确认识这个事件。背景是什么呢?就是全国刮起了所谓"右倾翻案风"。

江青等人对于所谓"为二月逆流翻案的妖风"十分敏感,他们要抓一个"典型"整一下,以反击这股所谓"妖风"。他们会按照自己的立场、观点向毛泽东报告情况,提出处理意见。应该说明江青特别卖力。张春桥1968年3月29日在上海人民广场大会上说到此事时说过:"在这一个伟大的斗争中间,江青同志作出了卓越的贡献。""亲自领导""文化大革命"的毛泽东,对于危及"文化大革命"的所谓"右倾翻案风"的出现,当然不会漠然置之。显然,他同意抓一个"典型"整一下。不如此不足以反击"妖风"。顺便说一句,"抓典型"也是老办法。1959年,在党内党外对"三面红旗"议论纷纷的时候,就抓了彭德怀这个"典型",以反击所谓"右倾"。

"奥秘"之二是:杨成武、余立金、傅崇碧不被"无产阶级司令部"所信任,被"无产阶级司令部"怀疑为"异己"。

这是由非常特别的原因造成的。在全面夺权异常艰难而天下大乱的局面已经造成的情况下,在几乎所有大军区在支左中都支持了所谓"保守组织"因而被认为犯了"路线错误"的情况下,"无产阶级司令部"有一个秘而不宣的决策:借重林彪及其老部下吴法宪、李作鹏、邱会作等人,稳定北京军内的局势。意图是:通过稳定北京军内的局势,达到稳定全军的局势的目的;通过稳定全军的局势,达到稳定全国的局势的目的。所谓"稳定",指的是不失控制,保证夺权的胜利。从"无产阶级司令部"坚持全面夺权来考虑,不能不说这个决策十分必要。

大概以1967年5月13日为起点,实行了这个决策。那一天,北京军内两大派为毛泽东《在延安文艺座谈会上的讲话》发表25周年纪念演出问题发生争执,武斗起来,这就是"五一三"事件。这不是群众组织之间一般的武斗事件,而是李作鹏等人故意违反周恩来关于"联合演出"的指示而制造出来的事件。事件发生后,林彪、江青出面支持吴法宪、李作鹏、邱会作所掌握的一派(在北京军内是大派),这一派就成为"林副主席所支持的三军无产阶级革命派",吴法宪、李作鹏、邱会作就成为"三军无产阶级革命派"的领袖。在5月13日以后,"三军无产阶级革命派"消灭了它的对立面组织(这些组织原先是中央文革小组或明或暗地支持的,是反对吴法宪、李作鹏、邱会作的)。中央文革小组的办事人员几乎全部换成"三军无产阶级革命派"的人(原先是中国科学院哲学社会科学部的人)。人民解放军总政治部、总后勤部、空军、海军先后为吴法宪、李作鹏、邱会作所牢牢掌握,北京军内的局势很快稳定下来。一说"林彪一伙在北京军内疯狂地夺权",这是表象之谈;没有毛泽东的授意、批准或默许,任何人绝不可能夺得军内大权。这个决策,多少还有点效果。在武汉"七二〇"事件发生以后,毛泽东自然更肯定这个决策了。

杨成武、傅崇碧早先在晋察冀工作,被认为是晋察冀山头的。晋察冀的最高首长是聂荣臻,他在1967年被诬为"二月逆流"的"黑干将",在1968年又被误认为是"多中心"论者,殃及杨成武、傅崇碧。余立金原是新四军的,老首长是陈毅。陈毅在1967年被诬为"二月逆流"的"黑干将",在1968年又为外交部91人的大字报所拥戴,也就殃及余立金。

……

那时整到杨成武、余立金、傅崇碧头上,自然还有他们本人方面的原因。总的说来,在军队担任重要职务的杨成武、余立金、傅崇碧,当时在若干问题上坚持了党的原则,在一定程度上抵制了"左"倾错误,抵制了江青一伙的倒行逆施,为所谓"无产阶级司令部"所不容。为了反击在全国到处刮起的所谓"右倾翻案风",就整了杨成武、余立金、傅崇碧。制造这个事件,既是"左"倾错误的一个突出表现,又是因"文化大革命"的需要而排除异己的一个突出表现。

"文化大革命"中,杨成武因身居代总长要位,深受各方注目。当年江青一伙猖獗一时,杨成武当然也有历史的局限,说过错话,做过错事,但后来他看不惯他们所为,每每暗中掣肘。当时王力、关锋、戚本禹出面四下里煽风点火,制造动乱,周恩来深为忧虑,杨成武奉周恩来的密令到上海向毛泽东如实报告。毛泽东视察三大区时,杨成武随行。返京后,杨成武把毛泽东在外地的谈话向几位老帅作了传达,但没有告诉林彪。叶群多次追问毛主席对林副主席怎样评价,杨成武一直回避着没有回答。"无产阶级司令部"要杨成武对几位老帅停发文件,杨成武一直没有照办,按照规定照旧发出。凡此种种,都为江青一伙所忌恨。

余立金的秘书,被空军党委办公室王飞等人诬陷为有不正当的男女关系。王飞等人要吴法宪立即逮捕余立金的秘书,吴法宪没有同意。周宇驰报告了叶群,叶群在电话里把吴法宪痛骂了一顿。吴法宪即按叶群的旨意,逮捕了余立金的秘书。杨成武认为这种做法不妥,在电话上要吴法宪放人,吴法宪不放。杨成武向林彪提出,他想和吴法宪单独谈话;林彪表示同意,又向吴法宪面授机宜,要他在同杨成武谈话时"坚持原则,做到不低头,不让步,不认错"。林彪又对吴法宪说,余立金是个叛徒(按:余立金在新四军皖南事变突围中英勇作战,最后突围。"文化大革命"中却被诬陷为叛徒)。杨成武与吴法宪谈了一个多小时,毫无结果。余立金也是派往武汉处理问题的"中央代表团"成员之一,他在武汉没有支一派压一派。

傅崇碧在"文化大革命"中,遵照周恩来的指示,尽心尽力地保护了一些老革命家。且举二例[30]:1967年"八一"建军节前后,林彪、江青一伙掀起了冲击中央军委领导同志的恶浪。"八一"招待会前夕,周恩来告诉傅崇碧,徐向前必须去参加招待会,你们一定要保证他路上不出事!傅崇碧把徐帅护送到招待会上。周恩来又嘱托,一定要保证徐帅在回家的路上不出事,回去的路上出事的可能性更大些。傅就增派了警卫,协同有关单位,用三辆警卫车跟着他,并兜了个大圈子,把徐向前安全地送回家。1967年夏天,住在中直招待所的李井泉等几位老同志,先后被人抓走游斗,傅崇碧把这个情况报告了周恩来,周恩来很为他们的安全担心,指示派出部队,保护他们的安全,还让把住在招待所的王任重、江渭清等二十多位大区和省、市委负责同志,立即送到卫戍区部队的一个安全的住所保护起来,并嘱咐要严格保密。傅崇碧坚决执行周恩来的指示。江青一伙听说找不到这些人了,竟当着周恩来的面声色俱厉地问傅崇碧,把人弄到哪里去了?接连两天吵吵闹闹,周恩来不理睬他们,傅崇碧也就不吭声,追问紧了,傅崇碧就说了句:"上面知道。"后来,傅崇碧见到毛泽东,向他报告了对这些同志的保护措施,毛泽东赞同说:"周恩来做得好!他们卫戍区保护得好!"第二天,江青一伙又来拍着桌子追问,傅崇碧理直气壮地说:你们去问主席吧!他们一听,不敢再追问了,只问傅崇碧为什么不早说。傅崇碧说我不是早就说过上面指示的吗!事后傅崇碧把向毛泽东汇报的情况报告了周恩来,周恩来爽朗地大笑起来。那20多位大区和省、市委的负责同志被保护在卫戍区部队营房以后,周恩来还专门指派了一位同志每隔一天去探望一次,了解他们的生活情况,给他们送文件,发现问题,及时解决。傅崇碧按照周恩来指示,保护大批老干部、老同志,还如实向上报告彭德怀被残酷批斗、打断肋骨的情形,就成了江青一伙的眼中钉。

总之,杨成武、余立金、傅崇碧挨整的原因之一是他们比较正确。在那个

"人妖颠倒是非混淆"的年代，正确就是错误。

……

1968年3月24日夜，在北京人民大会堂召开军队干部大会。与会者准时到会，等了两个小时左右才开会。在开会以前，主席台上一下子多放几把椅子，一下子撤去几把椅子，看来临时确定了哪些人上主席台。在主席台就座的有林彪、周恩来、康生、陈伯达、江青、姚文元、谢富治、叶群。陈毅等老帅坐在台下。

林彪首先在会上讲话。3月24日下午，毛泽东要林彪讲三个问题：一是反对宗派主义，二是反对两面派，三是哲学上的"相对和绝对"。林彪大体上讲了这些问题。他说：

"今天这个会是要向同志们宣布中央最近的一个重要决定。最近我们党的生活中间又出现了新的问题，发生了新的矛盾，发生了阶级斗争中间新的情况。这个问题虽然没有像刘少奇、邓小平、陶铸、彭、罗、陆、杨那样大，但是也比一般的其他的问题要大一些。主席说，就是这样一个不大、不很小的问题。这就是最近从空军里面发生了杨成武同余立金勾结，要篡夺空军的领导权，要打倒吴法宪；杨成武同傅崇碧勾结，要打倒谢富治。杨成武的个人野心，还想排挤许世友、排挤韩先楚、排挤黄永胜以及与他地位不相上下的人。中央在主席那里最近接连开会，开了四次会，主席亲自主持的。会议决定撤销杨成武的代总长的职务。要把余立金逮捕起来法办。撤销北京的卫戍司令傅崇碧的职务。"

"杨成武的错误，主要是山头主义、两面派和曲解马克思主义。"

"傅崇碧前一个时期，带了几辆汽车，全副武装冲进中央文革的地点去抓人。"

林彪还以很多语言从哲学上讲了相对真理和绝对真理的关系，批判了杨成武发表于《红旗》杂志1967年第16期（11月23日出版）的长篇文章《大树特树伟大统帅毛主席的绝对权威，大树特树伟大的毛泽东思想的绝对权威——彻底清算罗瑞卿反对毛主席、反对毛泽东思想的滔天罪行》[31]。

周恩来接着讲话，表示"完全拥护林副主席刚才宣布的我们伟大领袖、伟大统帅的英明的决定和命令"。

……

江青接着讲话。她说："我完全拥护我们的伟大领袖毛主席的英明决定！"她在讲话中制造了杨成武三次指示傅崇碧"武装冲击中央文革"的谎言，既诬陷杨成武、傅崇碧，又故意转移人们的视线，掩盖问题的实质。她还说，王、关、戚是"我们把他们端出来"的。

陈伯达接着讲话，表示"完全拥护林彪同志宣布的我们伟大统帅毛主席的命令"。他说，在文化大革命中，第一次伟大胜利是"揭发了彭、罗、陆、杨"；第二次伟大胜利是"打倒刘、邓、陶"；第三次伟大胜利是"把'二月逆流'击溃了"；第四次伟大胜利是"把刘、邓、陶留下的一些爪牙，隐藏在文化革命小组里面的小爬虫——关、王、戚或者王、关、戚揭露出来了"；第五次伟大胜利"就是把杨成武、余立金、傅崇碧揭露出来了"。陈伯达在讲话中还就发表杨成武关于"大树特树"的文章作了一点"自我批评"，说由于杨成武"不断催"，也就"让它发表了"。

康生接着讲话，表示"完全拥护我们的伟大领袖毛主席及时的既严肃又宽大的英明决定"，认为"应当说江青同志起了巨大的作用，树立了特殊的功绩"，他在肆意攻击污蔑所谓"二月逆流"之后，说道："我相信杨成武背后还有后台的，还有黑后台的。"

姚文元最后讲话，表示"完全拥护我们伟大领袖毛主席的英明决策和各项命令"。

散会前，毛泽东从休息室走上主席台，接见全体到会者。全场沸腾起来，长时间地高呼："敬祝毛主席万寿无疆！万寿无疆！万寿无疆！"齐声高唱《大海航行靠舵手》。

三位高级将领就这样被打倒了！

这件事颇为奇特：第一，3月22日《命令》说是"毛主席、林副主席"决定的，林彪说是在毛泽东那里开会决定的，周恩来、江青、陈伯达、康生、姚文元说是毛泽东决定的，究竟是谁决定的？第二，3月22日《命令》，只说了"极严重错误""严重错误"，没有具体内容。林彪3月24日在大会上所说，不仅向壁虚构、自相矛盾，而且笼而统之。中共中央没有转发林彪的讲话，也没有下发任何具体说明杨成武、余立金、傅崇碧犯了什么错误的文件。杨成武等三人究竟犯了什么错误？如果考虑到这是在极不正常情况下极不正常地制造出来的事件，这些问题也不必深究了。林彪到了3月24日下午还不知道在大会上该讲什么，傍晚传来毛泽东的意见，他才明白该讲些什么。讲不清楚是自然的，因为当时不能透露真情。

制造"杨、余、傅事件"本来就为了反对所谓"右倾"，在这个事件被制造出来以后，在全国范围内开展了反"右倾"，同时开展了所谓"清理阶级队伍"的活动。

……

北京的造反派，主要是"三军无产阶级革命派"，进行了追"杨、余、傅的黑后台"的活动。斗争的矛头直指陈毅、叶剑英、聂荣臻等老帅。叶剑英的住地，遭到了"三军无产阶级革命派"的围攻。人群进入院内，把大标语、大字报贴满院墙，公然叫喊："揪出杨成武的黑后台！"北京"炮轰"聂荣臻。杨成武、傅崇碧被囚禁期间，专案人员一再要他们"老实交代"后台是谁，要他们对陈毅、叶剑英、聂荣臻"反戈一击"。

在1968年3月24日以后，"军委常委全体停止工作"[32]，由黄永胜取代杨成武任军委办事组组长。5月12日，中共中央、国务院、中央军委、中央文革小组发布《命令》，对全国体育系统实行军管。在这个命令中，写有"反革命修正主义分子贺龙"字样。"乒坛三杰"（傅其芳、姜永宁、容国团）先后被打击迫害致死。从5月14日开始，贺龙由中央办公厅保护改为由中央专案第二办公室作为审查对象实行监护。[33]

中共九大

在毛泽东的心目中，召开九大是"文化大革命"胜利结束的标志。因此，从1968年起，他用了很大精力准备召开九大。

为了准备召开九大，1968年10月13日至31日，在北京召开中共八届扩大的十二中全会。这次会议是在极不正常的情况下进行的。原有的中央委员和候补中央委员，有52.7%被剥夺了出席会议的权利。

全会在极不正常的情况下作出决议，宣布把刘少奇"永远开除出党"，"撤销其党内外的一切职务"。在林彪、江青、康生的诬陷下，还把"叛徒、内奸、工贼"的帽子强加在刘少奇头上。

黄峥在《刘少奇与"文化大革命"》一文中写道：

林彪、江青一伙懂得，要想彻底打倒刘少奇，光凭"错误路线""走资派"之类是不行的，只有给他扣上叛徒、阶级敌人这样的帽子才能得逞。所以，他们一方面在背后加紧制造伪证，一方面又将这些诬陷栽赃的材料不断在报刊上抛出，为把刘少奇打倒搞臭大造舆论。

对林彪、江青之流的恶意诬陷，刘少奇极为气愤。凡是他看到了的，他都利用一切可能的方式据理驳斥，捍卫自己的政治生命。

1967年3月，一份小报攻击刘少奇吹捧电影《清宫秘史》。他读到后立即致信毛泽东，澄清事实真相，说明自己根本没有也不可能说过"《清宫秘史》是爱国主义的"这类话，要求中央调查。4月1日，各报发表了戚本禹写的《爱国主义还是卖国主义》一文，对刘少奇进行了肆无忌惮的诬陷攻击。刘少奇读罢，愤怒的心情难以形容，他把登载这篇文章的报纸狠狠一摔说："不符合事实，是栽赃！""我在去年8月的会议上就讲过五不怕，如果这些人无所畏惧，光明正大，可以辩论嘛！在中央委员会辩论，在人民群众中辩论嘛！"4月6日，当一些造反派按照戚本禹的文章责问他所谓"61人叛徒集团"问题时，刘少奇气愤地说："这个问题简直是岂有此理。61人出狱之事，是经过党中央批准的。在日寇就要进攻华北时，必须保护这批干部，不能再让日寇把他们杀了。当时王明路线使白区党组织大部分受到破坏，这些同志是极宝贵的。中央许多领导同志都知道，早有定论嘛。"4月14日，刘少奇就戚本禹文章中提出的"八个为什么"，向造反派交出了一篇答辩材料，澄清部分事实真相。4月20日，刘少奇的夫人王光美给毛泽东写了一封信，信中流露出难以遏制的激动心情，说："我绝不是坏人，刘少奇也绝不会是假革命或反革命。"这也是刘少奇奋力抗争的一部分。

从发表戚本禹的文章起，在全国开展了主要针对刘少奇的所谓"大批判"运动。面对这种铺天盖地而来的蛮不讲理的"批判"，刘少奇决定再一次表明自己的严正态度。1967年8月8日，他又一次提笔给毛泽东并中共中央写信，说："当我看到说我的目的就是要'反党''反社会主义''反毛主席''反毛泽东思想''要在中国复辟资本主义''要阴谋篡党篡国'等，我是不能接受的，因为我从来没有这样想过。而我想的都是同这些相反的。""我没有在党内组织任何派别，没有在党内进行过任何非法的组织活动。"这是他最后一次给毛泽东和中共中央写信，也是他一生中所写的难以数计的信函中的最后一件。

这以后不久，刘少奇被单独关押，使他完全丧失了为自己申辩的机会和条件。

林彪、江青之流早已确定要将刘少奇彻底打倒。1966年底，"中央文革"就决定成立了"王光美专案组"，在审查王光美的名义下秘密搜罗刘少奇的材料。翌年3月，又正式成立了"刘少奇专案组"。这个专案组在江青、康生、谢富治的直接操纵下，采取刑讯逼供、弄虚作假等恶劣手段炮制伪证，终于使毛泽东改变了对刘少奇的看法和态度。随着林彪、江青、康生一伙地位的上升，他们逐渐垄断了处理刘少奇问题的大权。所以，刘少奇一次又一次的抗议和申辩，被置之不理。[34]

继续批判所谓"二月逆流"，也是八届十二中全会的重要内容。

徐向前回忆说：

党的八届十二中全会和九大期间，继续批判"二月逆流"，把斗争矛头指向我们。

1968年10月召开的八届十二中全会，是为九大作准备的。会议议程是：（一）讨论通过九大代表产生的指导思想和方法；（二）讨论通过《中国共产党章程（草案）》；（三）讨论刘少奇专案审查报告。当时，大批中央委员和候补中央委员已被打倒，出席会议的仅59人，不足应出席人数的三分之一；而列席会议的却达74人，大多是"文化大革命"中的风云人物。毛泽东同志在开幕式上讲话，强调了"文化大革命"的重要意义，准备再花三年的时间，将这场运动搞到底。分组讨论时，就转向批判"二月逆流"和其他老同志。这是林彪、江青、康生、陈伯达、张春桥等人预先精心策划的一场斗争。朱德、陈云、叶剑英、陈毅、聂荣臻、李富春、邓子恢等同志和我，分别编入各个小组，遭受围攻和批斗。林彪公然宣称，"二月逆流"是八届十一中全会后发生的"一次最严重的反党事件"。

我被编入全会第5小组，即西北小组。黄永胜、姚文元以中央文革碰头会成员的身份参加会议，组织指挥。林彪的得力干将邱会作也编在这个组，充当急先锋。还有个黄志勇，够卖力气的。他们把历史上张国焘的事、西路军的事，与"文化大革命"里的事联系起来，要跟我算总账。黄永胜狂妄至极，不仅诬蔑我是"张国焘路线的主谋者之一""刘邓反动路线在军内的代表""反党、反毛主席""宗派主义""军阀主义"，而且恶毒攻击朱德、叶剑英、陈毅等同志。邱会作赤膊上阵，咬牙切齿，一再发言、插话，说我是"有意对抗毛主席、林副主席""反无产阶级司令部""打击革命领导干部的凶手""造成总后无产阶级文化大革命的新灾难"。他还不伦不类，抬出江青和我对比，肉麻地吹捧她。黄志勇在延安整风中，就是搞逼供信的专家，声色俱厉，质问我为什么要率四方面军渡河西进？为什么要搞"二月逆流"，对抗"无产阶级司令部"？为什么要"反党乱军"，支持陈再道和"百万雄师"？我天天晚上去开会，往那里一坐，静听"揭发批判"，懒得理他们。没有办法，他们就念语录，还威胁说："你徐向前再不老实，就叫红卫兵来！""你再不说话，就送到大寨去向贫下中农说清楚！"那时一弄就是大半夜，害得我回来没法睡觉，头痛加剧，深感体力不支。我向黄永胜请假，说准备写检讨，黄永胜不准。10多天下来，我就像害了场大病似的。

全会通过了将刘少奇"永远开除出党"的决议，形成我党历史上的一大冤案。少奇同志因长期受监禁、折磨，不久即含冤去世。他是久经考验的党和国家的卓越领导人，伟大的马克思主义者，毕生为中国人民的解放事业奋斗，在民主革命和社会主义建设中，尤其是在白区工作和党的建设中，作出了不可磨灭的贡献。十一届三中全会后，刘少奇的冤案得以昭雪。他将永远受到党和人民的纪念。

毛泽东对"二月逆流"的态度，与林彪、江青是有区别的。

自从掀起反击"二月逆流"的邪风以来，他虽然没有反对"炮轰"，但也没有赞成打倒。1967年"八一"招待会，他同意总理的意见，让我们这些老同志出席。1968年3月27日晚，他在人民大会堂接见几位老帅谈到军委八条命令时说："我们都是事后诸葛亮，现在看来，当时没有个八条是不行的。但是，八条下达后，下面抓人确实多了点，比如四川、武汉。"在八届十二中全会开幕式的讲话里，他没有涉及"二月逆流"问题。闭幕式的讲话中，他一方面说，"二月逆流"他过去不大了解，现在才比较了解，实际上认可了会议的所谓"揭发批判"。但另一方面又说，这些同志是政治局委员、副总理或军委副主席，有意见公开讲出来是党的生活所允许的，不是秘密活动，应该参加九大。这样，就使林彪、江青一伙疯狂陷害"二月逆流"的同志，企图进而剥夺我们出席九大的权利的阴谋，宣告破产。

然而，林彪、江青一伙决不死心。全会结束后，张春桥在《关于传达十二中全会的几个问题的报告》里，提出传达时应点"二月逆流"几个人的名。后来的会议简报里，还点了黄杰、张瑞华（聂帅夫人）二同志的名，诬陷她俩是"叛徒"，要组织专案审查。黄永胜在总参亲自布置，让下面批判我们几个人，包括黄杰和张瑞华在内。我的办公室党支部正式写了报告，请示如何批判徐向前和黄杰。周总理批示："不要搞得过于紧张。"并将报告转呈毛主席。1969年1月3日，毛主席亲笔批示："所有与'二月逆流'有关的老同志及其家属都不要批判，要和他们搞好关系。"林彪无可奈何，只得批示："完全同意主席的意见，希望徐向前同志搞好健康，不要制造新的障碍。"所谓"不要制造新的障碍"，显然是对我进行露骨威胁，与毛主席的批示精神根本不符。林彪一伙在九大前夕起草政治报告时，仍坚持塞进批判"二月逆流"的内容。毛主席说，"我对'二月逆流'的人不一定恨得起来"，"报告上不要讲'二月逆流'了"。林彪、江青、陈伯达、康生他们根本不听，千方百计封锁和抵制毛主席的指示，因而在九大又掀起围攻"二月逆流"的新高潮。

1969年4月1日，党的九大开幕。首先引人注目的，就是大会主席团的座位排列。主席台上，右边全是"二月逆流"的成员，左边全是中央文革和中央碰头会议的成员。这种泾渭分明的精心安排，显然是为了说明我们是右派，他们是左派。会议的议程有三项：（一）林彪代表党中央作政治报告；（二）修改中国共产党章程；（三）选举党的中央委员会。林彪的政治报告，说"二月逆流"是"党内最大的一次反党活动"，"为刘邓翻案"，"破坏新生的红色政权的反党夺权阴谋"等，真是杀气腾腾，誓不两立。在分组讨论政治报告时，即转为批判"二月逆流"。上海组的代表是带着预先准备好的材料来的，围攻陈毅。朱德那个组，逼他作检讨。我在军队组，又遭受批判。

在这种极不正常的气氛下，我们这些人，能不能被选入中央委员会，已成问题。毛泽东觉察到这一点，出面做工作。他在11日的大组召集人会议上，回顾了党的历史上的经验教训，强调注意一种倾向掩盖着另一种倾向，不要打击面过宽，搞扩大化。还讲了"右派"也能进中央委员会，主张这些老同志应继续当选。但在选举时，林彪、江青一伙又玩了鬼把戏。他们采取各组分配票数，指定人投票的办法，对付"二月逆流"的人，票数控制在不超过半数太多的范围，既让你当选，又让你难看。这种肆意践踏党内民主，侵犯党代表民主权利，操纵党代表大会的恶劣手段，充分说明他们是一伙地地道道的野心家、阴谋家。选举中共有1500名代表投票，我得票最少，仅808票，其他老同志多些，但也多不了多少。事后，我说笑话：这次会议我得了"5个鸡蛋（808票）"。

党的九大是林彪、江青等人进一步篡党夺权的一个胜利，同时又是一个暴露。中央常委5人：毛泽东、林彪、周恩来、陈伯达、康生。林彪一伙超过半数。中央政治局委员21人：毛泽东、周恩来、朱德、董必武、叶剑英、李先念、刘伯承、陈锡联、许世友；林彪、陈伯达、康生、江青、叶群、黄永胜、吴法宪、李作鹏、邱会作、张春桥、姚文元、谢富治。林彪、江青一伙占12人，亦超过半数。九大通过的党章规定林彪为法定接班人。这些，都在组织上加强了、巩固了林彪、江青一伙的地位，难道不是他们的胜利吗？的确是胜利。但是，他们不择手段取得的这种胜利，本身就是暴露。特别是林彪在闭幕式的讲话中，大讲贺龙"迫害"他，还流了眼泪，然而却举不出任何迫害的事实来。他的表演，使许多同志不仅反感，而且心里打了问号。他们的胜利是暂时的，失败是必然的、永久的。〔35〕

1969年4月1日，中共九大在北京召开。毛泽东主持大会，希望这次大会开成一次团结的大会，一次胜利的大会。

林彪代表中央作政治报告，全面肯定了"无产阶级专政下继续革命的理论"及其实践。大会通过的党章，还违反党的民主集中制原则，把林彪"是毛泽东同志的亲密战友和接班人"的内容写进党章。

这次大会使林彪、江青帮派体系中的骨干分子进入中央委员会，一大批无产阶级革命家被排斥。实践证明，中共九大的召开，并没有像毛泽东预计的那样，使"文化大革命"结束。恰恰相反，九大之后，党和国家面临着一场惊心动魄的斗争。而这场斗争的始作俑者，正是毛泽东信任并寄予很大希望的林彪。这是毛泽东始料不及的。

注 释

〔1〕中共中央党史研究室著：《中国共产党的七十年》，第489页。——

原注

〔2〕穆欣：《办〈光明日报〉十年自述》，中共党史出版社1994年4月版，第281—285页。

〔3〕黄峥：《刘少奇与"文化大革命"》，载《党的文献》1988年第5期。

〔4〕黄峥：《刘少奇与"文化大革命"》，载《党的文献》1988年第5期，第6—8页。

〔5〕参看《一个红卫兵发起者的自述》，载《中国青年》1986年第10期。——原注

〔6〕7月27日又写出《三论无产阶级的革命造反精神万岁》。《红旗》杂志1966年第11期发表了这三张大字报。——原注

〔7〕伍修权在《往事沧桑》第274页上说：1966年8月18日，在天安门城楼上，刘少奇"他说自己把北大聂元梓的大字报反复看了几遍，实在看不出它的意义为什么比巴黎公社宣言还要重大"。——原注

〔8〕《关于建国以来党的若干历史问题的决议注释本》"党内根本不存在所谓以刘少奇、邓小平为首的资产阶级司令部"条，对毛泽东的大字报所指责的事项作了比较详细的说明。请参看。——原注

〔9〕周恩来1967年2月26日接见《中国建设》一些人员时指出："《十六条》早就被突破了，红卫兵组织，革命造反组织，'四大'变成'五大'（按指'四大'加上'大串联'），就是突破了《十六条》。"——原注

〔10〕中共八届五中全会到十一中全会期间，中央委员林伯渠、陈赓、李克农、罗荣桓、柯庆施、刘亚楼6人病故。——原注

〔11〕陶铸1966年10月在中央、国务院机关干部会上传达中央工作会议精神时，如实地说："十一中全会……把大权集中到主席手里。"——原注

〔12〕王年一：《大动乱的年代》，河南人民出版社1988年12月版，第50—62页。

〔13〕指林彪1966年5月18日在中央政治局扩大会议上的讲话。——原注

〔14〕王年一：《大动乱的年代》，河南人民出版社1988年12月版，第6—7页。

〔15〕刘振德：《我为少奇当秘书》，中央文献出版社1994年8月版，第282—284页。

〔16〕徐向前：《历史的回顾》（下），解放军出版社1987年7月版，第818—823页。

〔17〕《陈再道回忆录》（下），解放军出版社1991年7月版，第294—296页。

〔18〕《萧劲光回忆录》（续集），解放军出版社1989年2月版，第267—

268页。

〔19〕伍修权：《回忆与怀念》，中共中央党校出版社1991年5月版，第393—395页。

〔20〕郝和国、侯俊智：《彭德怀去西南三线的前前后后》，载《党的文献》1990年第5期，第31—36页。

〔21〕王年一：《对上海"一月革命"的几点看法》，载《党史通讯》1986年第2期。

〔22〕胡长水：《中央军委〈八条命令〉的产生》，载《中共党史研究》1991年第6期。

〔23〕徐向前：《历史的回顾》（下），解放军出版社1987年7月版，第823—831页。

〔24〕胡长水：《中央军委〈八条命令〉的产生》，载《中共党史研究》1991年第6期，第57页。

〔25〕徐向前：《历史的回顾》（下），解放军出版社1987年7月版，第831—838页。

〔26〕《陈再道回忆录》（下），解放军出版社1991年7月版，第315—322，331—342，373—374页。

〔27〕《毛主席会见美国友好人士斯诺谈话纪要》（1970年12月18日）。——原注

〔28〕穆欣：《办〈光明日报〉十年自述》，中共党史出版社1994年4月版，第359—362页。

〔29〕请参见张万来《"武装冲击中央文革"事件真相》（载1979年3月15日《人民日报》）、周海婴《揭露江青的丑恶嘴脸——对〈"武装冲击中央文革"事件真相〉的一点说明》（载1979年4月5日《人民日报》）、《北京日报》1979年4月29日关于为"杨、余、傅事件"平反的报道、孙海洋《杨成武洛阳蒙难记》（载《洛阳日报》星期刊试刊号）。——原注

〔30〕傅崇碧在《大树参天护英华——回忆文化大革命初期周总理对老干部的关怀》（载1979年1月7日《人民日报》）中举了许多事例，另见侯秀芬的《胸中自有理想的火焰——访北京军区政委傅崇碧将军》（载1985年4月12日《北京晚报》）。——原注

〔31〕据杨成武本人说，是林彪、陈伯达等人决定用他的名字发表的。请见孙海洋《杨成武洛阳蒙难记》（载《洛阳日报》星期刊试刊号），并参看《杨余傅蒙难记》（载《东方纪事》1988年第1期）。——原注

〔32〕这是粟裕1968年10月在党的八届十二中全会第六组小组会上讲

的。——原注

〔33〕王年一：《大动乱的年代》，河南人民出版社1988年12月版，第285—297页。

〔34〕黄峥：《刘少奇与"文化大革命"》，载《党的文献》1988年第5期。

〔35〕徐向前：《历史的回顾》（下），解放军出版社1987年7月版，第840—845页。

二、惊心动魄的斗争

"大有炸平庐山之势"

中共九大以后,毛泽东重点抓了政府的重建工作。他把下一个目标定在召开四届全国人大上。1970年3月8日,毛泽东正式提出召开四届人大和修改宪法的意见,表示不再设国家主席。

林彪集团把召开四届人大看成夺取更多权力的好时机。此时,林彪集团在党和军队里,已占有很大的权势,并与江青集团产生了尖锐的矛盾。他们把目光集中在国家权力上,企图借修改宪法,由林彪担任国家主席。

1970年8月23日,中共九届二中全会在庐山召开。毛泽东主持会议。林彪抢先发表讲话,坚持设国家主席,宣传"毛主席是天才"的观点,把矛头指向江青集团。

第二天下午,在讨论林彪讲话的分组会议上,陈伯达、叶群、吴法宪、邱会作、李作鹏等在各组发言,煽风点火,造成一种紧张局势,"大有炸平庐山,停止地球转动之势"。

徐向前回忆说:

1970年8月,我去庐山出席党的九届二中全会,见到了几位老元帅,互相问候一番,但不便谈论什么。我被编在中南组,因为不了解情况,只能听听会,一般表个态。这次会上,林彪想当国家主席,鼓吹"天才论",操纵陈伯达和"黄吴叶李邱"为其制造舆论,被毛主席识破,给了他们当头一棒。会后,我仍回开封居住,直至1971年4月,中央决定在京召开批陈整风汇报会,才通知我回京。随着林彪集团罪恶活动的逐步暴露,毛主席彻底认清了他们的庐山真面目。"九一三"事件发生,林彪"折戟沉沙",葬身蒙古温都尔汗,遗臭千古。黄永胜在三座门召集我们传达文件,念着念着,念不下去了,让别人代念,做贼心虚嘛!不久,陈毅同志不幸逝世,毛主席亲自参加追悼会,表示沉痛哀悼。后来他又说:"不要再讲'二月逆流'了!"算是平了反。1973年12月,毛主席把邓小平同志请回来。在接见八大军区司令员时,毛主席紧紧握住我的手说："好人，好人！"心情激动，意在不言中。反"二月逆流"的斗争，先后持续四年半之久。在这场斗争中，毛主席终于认识了林彪，也认识了我们。[1]

参加这次全会的萧劲光回忆说：

九大以后，林彪接班人的地位用党章的形式固定了下来。江青、康生、陈伯达、张春桥、姚文元、王洪文这一批所谓的"左派"人物的地位得到了巩固。可是，事物也正是这样走向了它的反面。在九大刚刚开过不久，权力与野心成正比增长的林彪，便导演了一场夺取党和国家最高权力的闹剧。

1970年8月21日，我和王宏坤、吴瑞林、赵启民4人一起，来到庐山，参加党的九届二中全会。李作鹏已先期到达庐山。我们4人一道去李作鹏的住处，形式上是日常性的来往，实际上想打听一下会议的内容和开法。李作鹏对我们说，在宪法起草委员会中，有人反对以毛泽东思想为指针。还说，你们可以去空军看看，其他哪里也不要去，不要乱跑。当时我听了这些话，不甚了了，不知话的由头是从哪里说起的。因自己所处的地位，也不便打听。

8月23日，会议正式开始，周总理宣布了会议的三项议程（修改宪法、国民经济计划工作、战备问题）。之后林彪在会上作了发言。他以歌颂毛泽东同志为主题，大讲天才问题，论证要设国家主席，请毛主席当国家主席。关于毛主席提出不设国家主席的问题，我听李作鹏在某次会议上说过一次，并说林彪写了一封信给毛主席，希望毛主席当国家主席。但在宪法起草的过程中，我没有参加过有关的会议，不了解在设国家主席问题上所隐藏的奥秘，更没有意识到林彪抢班夺权、自己要当国家主席的险恶用心。我只感觉到了中央内部有意见分歧，因为林彪说了"有人怀疑老三篇"，"中央委员不要迷迷糊糊，要头脑清醒"等。第二天，陈伯达、吴法宪、叶群、李作鹏、邱会作分别在各组宣讲由陈伯达选编的马恩列斯"称天才"的材料，为宪法写上设国家主席作理论准备。这天下午，陈伯达在我们华北组的讲话越来越露骨，他提出有"野心家""阴谋家"，是"没有刘少奇的刘少奇"，要"全党共诛之，全国共讨之"，甚至提出"要打翻在地，再踏上一只脚"。问题便如此严重地摆在与会同志们的面前。在对毛泽东同志狂热的个人崇拜之下，说有人反对毛主席是天才，反对毛主席当国家主席，反对毛泽东思想是一切工作的指针，是很有疑惑性的，特别是对我们这些长期靠边站，毫不了解内情的同志。因此，大家纷纷发言，拥护林彪的讲话，声讨反对派。我也发了言，内容也不外这些。

8月25日，毛泽东同志决定停止讨论林彪的讲话，收回华北组的二号简报，责令陈伯达检讨。之后，毛泽东同志发表《我的一点意见》，只是在这时候，我们才知道上当受骗了。这就是毛泽东同志所说的，200多名中央委员，上了号称懂得马克思而实际根本不懂马克思的人的当。会下，我曾这样想，陈伯达是一个文人，而黄永胜、李作鹏、吴法宪、叶群、邱会作这些人都是军人，如果没有林彪的支持，他们是不会跟着陈伯达这样做的。那么，陈伯达后边就是林彪，这从毛主席《我的一点意见》中也能悟出一点迹象。当然，有这种想法的同志不止我一人，只不过大家都心照不宣罢了。九届二中全会上，批判仅局限于陈伯达，批判的内容也多是陈述理论问题。如唯物论的反映论还是唯心论的先验论，英雄创造历史还是人民创造历史等，而对陈伯达突然袭击的目的是什么，为什么林彪坚持要设国家主席，他们搞的一套如何有计划、有预谋，一直是个谜。这个谜，直到"九一三"事件林彪抢班夺权阴谋彻底败露以后，才解开。[2]

李德生回忆庐山会议期间的斗争说：

从1969年起我曾在毛泽东同志直接领导下工作4年多，这是我一生中难以忘怀的一段经历。

在这篇文章里我将记叙1971年"九一三"林彪出逃前后，毛泽东同志领导粉碎林彪反革命集团的斗争中，我所接触到的一些史实，作为对一代伟人的纪念。

1969年7月党中央决定调我到北京工作。当时我是中央政治局候补委员。开始安排在国务院业务组和军委办事组工作，同时兼任安徽省委第一书记。后又担任总政治部主任。

1970年8月，党的九届二中全会前夕，我到生产落后的安徽淮北去搞调查研究将近一个月，接到会议通知后，就从安徽直接上庐山。

1970年8月23日九届二中全会开幕。那天，是毛主席主持会议，周总理宣布了会议三项议程：讨论修改宪法问题、国民经济计划问题、战备问题。

按宣布的程序，下面应是康生报告"宪法草案"，可是这时林彪讲话了。当时认为，虽然总理宣布的会议程序中没列入这一项，但林彪是党的副主席，他要在康生前面发言，也是正常的事。林彪在讲话中大谈毛主席的天才，说"毛主席的伟大领袖、国家元首、最高统帅的这种地位"是这次宪法的一个"特点"。这种领导地位是"国内国外除极端的反革命分子以外不能不承认的"等。林彪讲话后，当天晚上在政治局讨论国民经济计划纲要的会上，吴法宪突然提出要全会第二天听林彪讲话的录音，学习林彪讲话。会议也就作了这样的安排。

第二天在各组讨论中就出现了问题。林彪一伙按事先密商的口径，照叶群的部署，分别在华北组、中南组、西南组、西北组发言，共同点是要坚持"天才论"，坚持设国家主席，要毛主席当国家主席。

不设国家主席，是毛主席正式提议，并经政治局讨论通过的。政治局的同志都知道，林彪不会不知道，但为什么他在这次会议上又重提此事呢？

为了配合这次行动，陈伯达、叶群很早就作了准备。上庐山后，他们又急急忙忙拼凑了一些语录，经陈伯达选阅后，连夜编成《恩格斯、列宁、毛主席关于称天才的几段语录》，分发给了一些人。林彪讲话后的第二天，除叶群部署她手下几员大将在各组鼓动外，陈伯达在华北组作了一个发言，其中讲道："竟然有个别人把毛泽东同志天才地、创造性地、全面地继承捍卫和发展了马克思列宁主义这句话说成'是一种讽刺'。""有人想利用毛主席的伟大和谦虚，妄图贬低毛主席、贬低毛泽东思想。""有的反革命分子听说毛主席不当国家主席，手舞足蹈，非常高兴，像跳舞一样高兴！"陈伯达为了尽快配合行动，将发言稿作为华北组2号简报，于25日一早就发到了与会者手上。林彪是党的副主席，大家都以为林的讲话是经过毛主席同意的，陈伯达是中央常委，他的发言分量很重。所以这份简报一出，会议整个气氛都变了。会上会下议论纷纷，会议日程全被打乱。而且矛盾激化到要毛主席亲自作出裁决的地步。

会议下一步如何进行？大家十分关心。

25日下午中央政治局召开常委扩大会，各大组长也参加。毛主席采取断然措施，在会上作了三项指示：

第一，立即休会，停止讨论林彪在开幕式的讲话。第二，收回华北组2号简报。第三，不要揪人，要按九大精神团结起来，陈伯达在华北组的发言是违背九大方针的。毛主席十分严厉地说：你们继续这样，我就下山，让你们闹。设国家主席的问题不要再提了，谁坚持设国家主席，谁就去当，反正我不当！他还对林彪说：我劝你也别当国家主席，谁坚持设谁去当！

几天后总理向我传达毛主席的指示：要我回北京主持军委办事组的工作，把黄永胜换上山来开会。李先念同志也回北京，换回纪登奎同志上山参加会。

回北京后，山上的有些情况当时不太了解，我是后来才知道的。9月1日毛主席在庐山写的《我的一点意见》送到北京后，我仔细看了几遍。毛主席的这篇文章，点出了事情的性质，公开批判了陈伯达，但对林彪还是采取"保"的态度，给他以觉悟认错的机会。

12月16日，中央政治局根据毛主席的意见决定召开华北会议，进一步揭发陈伯达的问题。华北会议从1970年12月22日开至1971年1月24日闭。会上周总理代表党中央，系统地揭发了陈伯达的罪行，并宣布了党中央关于改组北京军区的决定：任命我为北京军区司令员，纪登奎为政委。毛主席在我的任命宣布前亲自和我谈了话。

在华北会议基础上，中央准备召开批陈整风汇报会。周总理带着我和黄、吴、李、邱去北戴河看林彪。总理告诉我,此行的目的,是毛主席要林彪出来参加一下即将召开的批陈整风汇报会,讲几句话,给他个台阶下。

到北戴河见了林彪以后,他只是表面上叫黄、吴、李、邱检讨错误,而他自己却不表态认错,也不愿出席会议。

从北戴河回北京后,总理又带我们一起去见了毛主席,汇报了北戴河之行的情况。毛主席听了汇报后,当面指着黄、吴、李、邱十分严厉地批评道:"你们已经到了悬崖的边沿了!是跳下去?还是推下去?还是拉回来的问题。能不能拉回来全看你们自己了!"对林彪的态度,毛主席满脸不高兴,但当时因有黄、吴、李、邱在场,他没有说什么。[3]

庐山会议期间,华北组首当其冲。当时在华北组参加讨论的吴德回忆说:

1970年8月,九届二中全会前夕,我突然接到通知,要我带着北京市的中委和候补中委去庐山开会。这种正常的通知,反倒使我有如获意外的感受,舒了口气,心中真有些激动。我记得同我一起去的有吴忠、杨俊生、黄作珍、倪志福、刘锡昌、张世忠、聂元梓等。

初到庐山,气氛并不紧张,我万没有料到会有一场巨大的风波。

大会编组是按六个大区来混合编的。华北组的组长是李雪峰,我是副组长,其余的副组长还有天津的解学恭,山西的陈永贵,内蒙古的吴涛,军队的郑维山。编在华北组的还有陈伯达、汪东兴等。

九届二中全会的议程有两个内容:讨论修改宪法和国民经济计划。毛主席会前又提出了讨论形势的问题,大会结束时还通过了关于战备问题的报告。

为了修改宪法,中央成立了一个宪法起草委员会,毛主席是主任,林彪是副主任,委员会下设有一个小组,成员可能是康生、陈伯达、吴法宪、张春桥等政治局和军委办事组的人员。宪法中有一条重要的修改就是改变国家体制,不设国家主席。改变国家体制,不设国家主席的建议,最早是毛主席向中央政治局提出来的。毛主席以后为此又打过招呼,提出过意见。我记得最清楚的是两次,一次是汪东兴传达的,毛主席说不设国家主席,他不担任国家主席,具体时间记不清了;一次是在林彪提出还是设国家主席,要毛主席当国家主席之后,毛主席有一个批示,认为"此议不妥"。汪东兴传达的时间是在林彪坚持提出设国家主席之前。

8月23日下午3点,毛主席宣布九届二中全会开幕,林彪讲话。

林彪是党中央的副主席、副统帅,是毛主席的接班人,我当时认为林彪是代表中央讲话的,没有觉出他的讲话有什么特别的意思。

8月24日上午,政治局通知我们听林彪的讲话录音,反复听了两遍。

8月24日下午,华北组开第一次小组会,讨论林彪讲话。这个会我没有参加。好像是林彪办公室通知让几个省、市分别整理出一份学习毛主席著作、毛泽东思想的材料，北京市也在被通知之列。因为催得很急，要求限时送到，我对情况又不了解，市委秘书长黄作珍提出由几个人凑一凑，整理出一个材料来。于是，我和黄作珍，还有我们带到庐山去工作的市委办公厅主任陈一夫，一起凑材料。

8月24日下午的华北组讨论会，陈伯达迫不及待首先发言，说：在宪法中肯定毛主席的伟大领袖、国家元首、最高统帅的地位，非常重要，是经过很多斗争的。他还讲了一通"天才论"和设国家主席问题，并闪烁其词地提出有人反对毛主席，"利用毛主席的谦虚，妄图贬低毛泽东思想"。他并且说有人听说毛主席不做国家主席了，就高兴得手舞足蹈了。这个讲话很有煽动性。

汪东兴跟着讲了话，主要的意思是设国家主席，由毛主席担任国家主席，他也讲了有人反对毛主席的问题。

散会后，吴忠告诉我发言的情况，他说陈伯达、汪东兴讲了话，提出有人反对毛主席。

我急忙问，是谁反对毛主席。

吴忠说，他们没有点名，不知道是谁。

这时，大家议论纷纷了。

晚上，我和李雪峰在会场碰到了汪东兴，我问汪东兴，有人反对毛主席，是什么人。

汪东兴说："有人。枪杆子、笔杆子。"

我问李雪峰，李雪峰说他也不清楚。

我更不明白这是指什么人了。

晚上11点多钟时，我和李雪峰、解学恭吃夜餐，李雪峰的秘书黄道霞在华北组的简报组，他参加了整理简报的工作，他把整理好的简报稿子拿来送审。简报的内容就是陈伯达和汪东兴的讲话内容。解学恭拿着稿子看了一遍，改了几个字。我没有参加会议，发言的具体情况也不了解，对李雪峰说：印发简报你们签字就行了，我就不签字了。

李雪峰说：简报是本着有文必录的原则整理的，签字付印是照例工作，你就签个字吧。这样，我也就在要付印的简报稿子上签了个"吴"字。

我们签完字后，简报就送中央办公厅了，很快印好就发了。这个简报就是华北组的第2号简报，全会的第6号简报。

8月25日上午，华北组继续开会。经过一夜的沸沸扬扬，人们的发言都集中到了所谓有人反对毛主席的问题上。部队同志的发言更激动气愤。连陈毅同志也说，不论在什么地方，就是有人在墙旮旯里反对毛主席，我陈毅也要把他揪出来。

当时，北京组的聂元梓又显示出了"造反派"的能量，极其活跃，到处串联，她找了河北的同志、找了军队后勤部门的同志，一直串联到了吴忠。她对吴忠说有人反对毛主席，要把反对毛主席的人揪出来。吴忠问她是谁反对毛主席，聂元梓也不说具体人。吴忠对聂元梓其人是有警惕的，他说他不清楚情况，也不清楚是什么人反对毛主席，表示不愿意与聂元梓谈这样的问题。吴忠随即把这个情况告诉了我，说聂元梓在串联。

这时，一些工人中选出来的中委和候补中委也找我说，别人都表态了，他们也要发言表态。

我对这些同志说：这个态你们怎么表呢？假如问题涉及中央的负责人，按照党的原则，应该先报告毛主席，毛主席就在庐山啊。

这时，叶群、吴法宪、李作鹏、邱会作也分别在华北组、中南组、西南组、西北组发了言，到处点火，气氛相当紧张。我还发现王洪文和上海组的人在到处探听消息。

8月25日，我给周总理写了一封信，信是我和陈一夫同志商量后由他起草的。信的内容是反映聂元梓在到处串联，揪所谓反对毛主席的人，会议有些不正常。我把这些情况报告周总理后，还请示周总理以后的会议怎样开下去。

8月25日下午，华北组继续开会。李雪峰接到通知，到毛主席处开会去了，华北组的会议改由我主持。河北省四名劳动模范出身的候补中委先后发言，对新宪法不设国家主席问题提出质疑，认为宪法起草小组和委员会有问题，点了康生的名字。他们的发言，口径完全一致。

他们讲完后不久，李雪峰就回来了。李雪峰告诉我，会议立刻停止。我问他为什么要停止，李雪峰说这是中央的决定，详情以后再谈。李雪峰当场宣布会议停止。

在散会回来的路上，我又问李雪峰出了什么事情，会议为什么停止了。

李雪峰说毛主席召开了政治局常委扩大会议，他在会上批评了天才问题、设国家主席问题。是毛主席提出中央全会分组会议立即停止的。

我对李雪峰说：这是中央全会，中央委员和候补委员有什么意见，可以自由发言。

8月25日晚上，我正在看电影，周总理派人找到我，要我去谈话。

周总理说：我已把你的信在政治局传阅了。

周总理指示我回去以后，组织代表中的工人同志开会，批评聂元梓，解决她串联的问题。

我向周总理汇报了河北省几位同志发言批评宪法起草委员会的情况。周总理说：可能是关于三个副词（天才地、创造性地、全面地）的问题，在纪念列宁诞辰100周年发表的社论上，毛主席删去了这个内容。我已经要北京查一下档案。对这个问题，你为什么不在会场上对他们进行反驳？我说：我不了解情况，不好发言。周总理说：不是很好讲的吗？宪法起草委员会的主任是毛主席嘛！副主任是林彪嘛！你们反对宪法起草委员会，不是反对毛主席吗？你为什么不讲？

周总理批评了我。

我向周总理提出小组会如何开下去的问题，周总理说，按原计划继续开。

我从周总理处回来，就开了批评聂元梓的会。会上批评了聂元梓的非组织活动。

我们把批评聂元梓会议的情况，手写了一份情况简报，报送给周总理。周总理批示政治局传阅了。我记得林彪还在简报上画了圈。后来出现了林彪问题，我才意识到我们写的这个简报有多大风险。

这时，听到他们说反对毛主席的是张春桥，也是对着江青、康生等人。

停止小组会后，政治局作了一个决定，要陈伯达、吴法宪、李作鹏、邱会作、汪东兴检讨，还决定收回6号简报。

开检讨会时，周总理、康生主持，各大组组长参加。我不是组长，但周总理通知让我听他们检讨。陈伯达是第一个检讨的，吴法宪、李作鹏等也检讨了。陈伯达等人的检讨很不像样子。

汪东兴找李雪峰和我谈过一次，他说是毛主席让他找华北组的几个组长谈一谈的，他犯了错误，毛主席讲过不设国家主席和他不当国家主席的意见，这个意见还是他传达的，但在这次会上，他又提出了与毛主席相反的意见。汪东兴还在华北组检讨过一次。

汪东兴讲话的内容与陈伯达讲话的思想有所不同，他是听了陈的讲话说有人反对毛主席，一时激愤的发言，他是被人利用了。后来调查，也没有发现他参与林彪集团的活动。

毛主席对汪东兴一直是保护的。汪东兴回北京后在机关检讨了几次，后来就不再检讨了。

8月31日，毛主席发表《我的一点意见》，批判了陈伯达。这以后，宪法问题不讨论了，计划问题也不讨论了，大家都转到学习毛主席的《我的一点意见》。

9月6日，九届二中全会闭幕。毛主席讲了话，讲话着重强调了对干部进行路线教育、学习马列、加强团结等问题。周总理和康生也讲了话。周总理是部署批陈整风的工作，康生是从理论上分析"天才论"等问题。中央宣布了对陈伯达进行审查。会议通过了《中华人民共和国宪法》修改草案，批准了国务院关于全国计划会议和1970年国民经济计划的报告，批准了中央军委关于加强战备工作的报告。

9月，毛主席从外地回北京。我被通知同纪登奎、陈先瑞、吴忠到丰台车站去，等候毛主席与我们谈话。

我们到丰台时，毛主席的专列已经到达，毛主席在火车上与我们谈了话，汪东兴也参加了。整个谈话内容，总的意思基本上是《我的一点意见》上的内容。我记得最清楚的有两点：一点是说共产党要搞唯物论，不能搞唯心论；另一点是说陈伯达是船上的老鼠，看见这条船要沉了，就跑到那条船上去了。

毛主席这么说，使我意识到了陈伯达后边还有人，不仅是吴法宪、李作鹏、邱会作这些军委办事组的人，而是地位更高的人。我想到了林彪。

毛主席的谈话进行了两个小时。我记得谈话结束时，陈先瑞还高喊了毛主席万岁、万万岁的口号。毛主席继续坐火车回北京。我们是坐汽车回来的。

从庐山回来后不久，周总理把我找去，他把我写给他的信和那份批评聂元梓的简报交给我，他要我把它处理掉。我一回来就把这两个材料处理掉了。这时，我更意识到了这里边的问题，周总理想得周到。

1970年12月，召开了华北会议。召开华北会议，表明问题日趋严重了。华北会议好像是由黄永胜、李作鹏、纪登奎主持的。会前，周总理找我们几个人谈话，他先谈了毛主席对38军报告的指示，然后要我、李雪峰、解学恭、郑维山检讨，揭批陈伯达。

我们几个人在会议上检讨了，华北组在庐山时有两个问题，一个是6号简报，一个是跟着陈伯达起哄。吴忠等人也在华北会议上检讨了在庐山上的错误表态等问题。[4]

批陈整风

中共九届二中全会上，宣布对陈伯达进行审查。为了扼制林彪集团的势力，毛泽东采取一系列果断措施。

1971年8月、9月间，毛泽东在南巡时谈道："对路线问题、原则问题，我是抓住不放的。重大原则问题，我是不让步的。庐山会议以后，我采取了三项办法，一个是甩石头，一个是掺沙子，一个是挖墙脚。"

这里说的"甩石头"，是指在一些文件上加上批语；"掺沙子"，是指在军委办事组增加林彪帮派体系以外的人；"挖墙脚"，是指改组北京军区。这些措施使林彪集团陷入极大的恐慌，也使许多不明真相的领导干部逐渐警觉起来。

王年一在《大动乱的年代》一书中，谈到毛泽东采取的上述措施时写道：

1970年10月，毛泽东对贵州关于"三支两军"问题的报告作了批示：进行一次思想和政治路线方面的教育。11月6日，中共中央经毛泽东批阅发出《关于高级干部学习问题的通知》，传达了毛泽东在九届二中全会上关于党的高级干部要挤时间读一些马列主义著作的指示，建议各单位第一次读6本马、恩、列著作和5本毛泽东著作。11月16日，经毛泽东批准，中共中央作出《关于传达陈伯达反党问题的指示》并转发《我的一点意见》（附《恩格斯、列宁、毛主席关于称天才的几段语录》），指出陈伯达在九届二中全会上进行了阴谋活动，有反党、反马克思列宁主义毛泽东思想的严重罪行，是假马克思主义者、野心家、阴谋家。中央在指示中号召全党对陈伯达进行检举和揭发。全党全军立即开展了"批陈整风"运动。

"批陈整风"的第一项活动就是按照中央要求，学习与批判。

1970年10月30日，《人民日报》发表社论《认真学习毛主席的哲学著作》。《红旗》杂志1970年第12期发表评论员文章《在学习中提高执行毛主席革命路线的自觉性》。1971年1月6日，中共中央印发毛泽东1970年12月29日对姚文元的一个报告的批示。

毛泽东在批示中说："你的学习进程较好较快，坚持数年，必有好处。我的意见是274个中央委员，及100位以上的高、中级在职干部都应程度不同地认真看书学习，弄通马克思主义，方能抵制王明、刘少奇、陈伯达一类骗子。"3月15日，毛泽东对《无产阶级专政胜利万岁》一稿写了批语，指出："我党多年来不读马、列，不突出马、列，竟让一些骗子骗了多年，使很多人甚至不知道什么是唯物论，什么是唯心论，在庐山闹出大笑话。这个教训非常严重，这几年应当特别注意宣传马、列。"

……

1970年11月6日，中共中央经毛泽东批准作出《关于成立中央组织宣传组的决定》。决定说：为了党在目前进行的组织宣传工作，实施统一管理，中央决定在中央政治局领导下，设立中央组织宣传组。中央组织宣传组权力很大，它管辖中央组织部、中央党校、人民日报、红旗杂志、新华总社、中央广播事业局、光明日报、中央编译局的工作，以及中央划归该组管辖单位的工作。工、青、妇中央一级机构和它们的五七干校，均划归中央组织宣传组管辖。决定说："中央组织宣传组设组长1人，由康生同志担任，设组员若干人，由江青、张春桥、姚文元、纪登奎、李德生同志担任。"这个决定大大加强了江青等人的力量，也就在实际上削弱了林彪一伙的力量。……

1971年1月24日，周恩来根据毛泽东的指示，在华北会议上讲话，宣布了中共中央的决定：李德生任北京军区司令员，谢富治任北京军区第一政委，纪登奎任第二政委；谢富治任北京军区党委第一书记，李德生任第二书记，纪登奎任第三书记。……

1971年4月7日，毛泽东、党中央派纪登奎、张才干参加军委办事组，对黄永胜、吴法宪把持的军委办事组"掺沙子"。

1970年12月10日，中共陆军第三十八军委员会写了《关于检举揭发陈伯达反党罪行的报告》，送军委办事组并报中共中央。……

12月16日，毛泽东对这个报告作了批示，以中共中央文件下发。毛泽东批示：

"林、周、康及中央、军委各同志：此件请你们讨论一次，建议北京军区党委开会讨论一次，各师要有人到会，时间要多一些，讨论为何听任陈伯达乱跑乱说，他在北京军区没有职务，中央也没有委托他解决北京军区所属的军政问题，是何原因使陈伯达成了北京军区及华北地区的太上皇？林彪同志对我说，他都不便找38军的人谈话了。北京军区对陈伯达问题没有集中开过会，只在各省各军传达，因此没有很好打通思想，全军更好团结起来。以上建议，是否可行，请酌定。"

林彪对毛泽东所说，纯系捏造。"太上皇"一说，也非事实。12月18日，中央政治局会议传达和讨论了毛泽东对38军报告的批示。华北到会的有郑维山（北京军区司令员）、李雪峰（北京军区政委、河北省革命委员会主任）等九人，北京卫戍区到会的有吴德、吴忠等3人。大家一致拥护毛泽东的意见，决定先开北京军区党委常委会，后开北京军区党委扩大会。12月19日，周恩来将18日开会所议给毛泽东、林彪写了请示报告。同日，毛泽东批示："照办。要有认真的批评，以批评达到团结的目的。建议李德生、纪登奎二同志参加会议。永胜、作鹏应同德生、登奎一道参加华北会议。这次会议在全军应起重大作用，使我军作风某些不正之处转为正规化。同时对两个包袱和骄傲自满的歪风邪气有所改正。"

12月22日，华北会议召开，揭发批判陈伯达，株连到李雪峰、郑维山。1971年1月8日，毛泽东在济南军区政治部《关于学习贯彻毛主席"军队要谨慎"指示的情况报告》上批示："此件很好，从理论和实践的结合上讲清了问题。""我军和地方多年没有从这一方面的错误思想整风，现在是进行一场自我教育的极好时机了。"这一批示也列为华北会议的学习文件。1月24日，周恩来根据毛泽东的指示，代表党中央在华北会议上作了重要讲话。这个讲话，揭露了陈伯达，宣布了中央的决定："将李、郑两同志调离原职，继续进行检查学习，接受群众教育，待有成效后，再由中央另行分配工作。"1月26日，郑维山、李雪峰作了检查。

……

1970年10月14日，毛泽东在吴法宪的书面检讨上批判了吴法宪等人。毛泽东指出："作为一个共产党人，为什么这样缺乏正大光明的气概。由几个人发难，企图欺骗200多个中央委员，有党以来没有见过。""办事组各同志（除个别同志如李德生外）忘记了九大通过的党章"，"又找什么天才问题，不过是一个借口"。毛泽东还指出，陈伯达"是个可疑分子。我在政治局会议上揭发过，又同个别同志打过招呼"。"个别同志"就是指林彪，这里说的就是批评林彪不听招呼。当吴法宪说到陈伯达说"中央委员会也有斗争"时，毛泽东批示："这句话并没有错，中央委员会有严重的斗争，有斗争是正常生活。"毛泽东还批示："我愿意看见其他宣讲员的意见。"所谓"其他宣讲员"，就是叶群、李作鹏、邱会作等人。10月15日，毛泽东在叶群的书面检讨上作了批示。当叶群虚伪地说她犯了"路线性"错误时，毛泽东指出："思想上政治上的路线正确与否是决定一切的。"毛泽东批评叶群"爱吹不爱批，爱听小道消息，经不起风浪"，"一个倾向掩盖着另一个倾向。九大胜利了，当上了中央委员不得了了，要上天了，把九大路线抛到九霄云外，反九大的陈伯达路线在一些同志中占了上风。请同志们研究一下是这样吗？"。当叶群说到他们搞天才语录问题时，毛泽东指出："多年来不赞成读马列的同志们为何这时又向马列求救，题目又是所谓论天才，不是在九大论过了吗？为何健忘若此？"毛泽东驳斥了叶群所说的与陈伯达"斗争不够有力"的谎言，指出："斗争过吗？在思想上政治上听他的话，怎么会去同他斗争？"毛泽东批评叶群"不提九大，不提党章，也不听我的话，陈伯达一吹就上劲了，军委办事组好些同志都是如此。党的政策是惩前毖后，治病救人，除了陈待审查外，凡上当者都适用"。

12月18日，毛泽东会见美国友好人士斯诺时说道："什么'四个伟大'（伟大导师、伟大领袖、伟大统帅、伟大舵手），讨嫌！"斯诺说："我有时不知那些搞得很过分的人是不是真心诚意。"毛泽东说："有三种，一种是真的，第二种是随大流，'你们大家叫万岁嘛'，第三种是假的。你才不要相信那一套呢。""四个伟大"是林彪提出来的，这里显然批评了林彪。（按：毛泽东1967年2月3日会见卡博、巴卢库时就已说过："又给我封了好几个官，什么伟大导师、伟大领袖、伟大统帅、伟大舵手，我就不高兴。"）

1971年1月9日，中央军委召开了有143人参加的座谈会。从1月9日起，出席军委座谈会的人参加了华北会议。在军委座谈会期间，黄永胜、吴法宪、叶群、李作鹏、邱会作未批陈，也未检讨。2月19日，中央政治局传达了毛泽东对计划会议的指示："请告各地同志，开展批陈整风运动时，重点在批陈！其次才是整风。不要学军委座谈会，开了一个月，还根本不批陈。更不要学华北前期，批陈不痛不痒，如李、郑主持时期那样。"2月20日，军委办事组对毛泽东批评军委座谈会不批陈的问题，写了一个检讨报告。毛泽东在报告上批示："你们几个同志，在批陈问题上为什么老是被动，不推一下，就动不起来。这个问题应该好好想一想，采取步骤，变被动为主动。"当他们说到"对'批陈'的重要性的认识不足"时，毛泽东批示："为什么老是认识不足？38军的精神面貌与你们大不相同，原因何在？应当研究。"

2月，《外交活动简报》第29期所刊《古巴驻华临时代办加西亚访问外地的几点反映》的第4条中反映：加西亚在井冈山参观时，对讲解员不提南昌起义和朱德上井冈山提出意见。毛泽东阅后批示："第（四）条提得对，应对南昌起义和两军会合作正确解说。"这显然是对林彪一伙篡改党史的批评。

3月24日，毛泽东在黄永胜等人的检讨上批示："以后是实践这些申明的问题。"又在他们的检讨上加了一段话："陈伯达早期就是一个国民党反共分子。混入党内以后，又在1931年被捕叛变，成了特务，一贯跟随王明、刘少奇反共。他的根本问题在此。所以他反党乱军，挑动武斗，挑动军委办事组干部及华北军区干部，都是由此而来。"

1971年4月15日至29日，中共中央召开批陈整风汇报会。29日，周恩来代表中央作总结讲话。他指出，黄、吴、叶、李、邱在政治上犯了方向路线错误，组织上犯了宗派主义错误，站到反九大的陈伯达分裂路线上去了。他表示希望这些人实践自己的申明，认真改正错误。[5]

林彪集团从中共九届二中全会突然发难、抢班夺权开始，搬起石头砸自己的脚，遭到应有的惩罚。然而，这是一伙利令智昏的人，是一伙在"文化大革命"特殊条件下权力欲恶性膨胀而又结党营私的人，他们绝不会就此善罢甘休。他们不顾毛泽东的挽救，执意要照自身的发展逻辑走到底，直至跌入罪恶的深渊。

"弹指一挥间"

直到批陈整风期间，毛泽东一直在挽救林彪，没有直接点名批评。但林彪心里十分清楚，批陈实际上就是批林。林彪集团见形势日益不利，便铤而走险，利用军权在握的机会，加紧策划反革命武装政变。

早在1969年10月，空军司令员吴法宪任命林彪的儿子林立果为空军司令部办公室副主任兼作战部副部长。

中共九届二中全会后，林立果认为黄、吴、李、邱政治水平低，指挥军事战役可以，指挥政治战役不行。于是，从1970年10月起，他利用职权秘密组织武装政变的骨干力量，代号为"联合舰队"。

1971年8月14日至9月中旬，毛泽东去南方巡视，对林彪的野心给予充分的揭露。林彪通过死党得知谈话内容，于9月8日在北戴河下达政变手令："盼照立果、宇驰同志传达的命令办。"

具有丰富政治斗争经验的毛泽东临危不惧，从容镇定地粉碎了林彪集团的政变阴谋。

当年随同毛泽东出巡并负责警卫工作的汪东兴回忆了这场斗争的全过程。他说：

毛主席身体健康的时候，每年都要外出巡视工作，返程时间一般在9月底。1971年8月15日13点，我们陪着已经78岁高龄的毛主席又出巡了。16日到武昌。在武汉，毛主席同武汉军区兼湖北省负责人刘丰谈话一次；同刘丰及河南省负责人刘建勋、王新谈话一次；同已调国务院工作仍兼湖南省负责人的华国锋谈话一次。离武汉前，还同刘丰谈话一次。28日到长沙。在长沙，毛主席同华国锋和湖南省负责人卜占亚谈话一次；同广州军区兼广东省负责人刘兴元、丁盛，广西壮族自治区负责人韦国清谈话一次。后又同华国锋、卜占亚、刘兴元、丁盛、韦国清集体谈话一次。31日到南昌。在南昌，毛主席同南京军区兼江苏省负责人许世友，福州军区兼福建省负责人韩先楚、江西省负责人程世清谈话两次。毛主席沿途的历次谈话，我都参加了。在湖南，毛主席还同我单独谈话一次。一路上，毛主席在谈话中多次强调："要搞马克思主义，不要搞修正主义；要团结，不要分裂；要光明正大，不要搞阴谋诡计。"他反复讲：我们这个党已经有五十年的历史了，大的路线斗争有十次。这十次路线斗争中，有人要分裂我们这个党，都没有分裂成。这个问题，值得研究。1970年庐山会议，他们搞突然袭击，搞地下活动，为什么不敢公开呢？可见心里有鬼。他们先搞隐瞒，后搞突然袭击，五个常委瞒着三个，也瞒着政治局的大多数同志，除了那几位大将以外。那些大将，包括黄永胜、吴法宪、叶群、李作鹏、邱会作。他们这样搞，总有个目的嘛！我看他们的突然袭击、地下活动，是有计划、有组织、有纲领的。纲领就是设国家主席，就是称"天才"。有人急于想当国家主席，要分裂党，急于夺权。林彪那个讲话，没有同我商量，也没有给我看。他们有话，事先不拿出来，大概总认为有什么把握了，好像会成功了。可是一说不行，就又慌了手脚。这次庐山会议，只提出陈伯达的问题。保护林副主席，没有作个人结论，他当然要负一些责任。对这些人怎么办？还是教育的方针，就是"惩前毖后，治病救人"。对林还是要保。回北京以后，还要再找他们谈谈。不过，犯了大的原则错误，犯了路线、方向错误，为首的，改也难。

当时，我意识到毛主席的这些谈话，是要帮助一些地方的党、政、军负责同志，提高对1970年发生在庐山九届二中全会上斗争的认识，争取团结和尽力挽救在庐山会议上犯了错误的人，其中也想挽救林彪和黄永胜等人。

9月3日，毛主席到达杭州。下车之前，毛主席同浙江省的党、政、军负责人南萍、陈励耘、熊应堂谈话。在40分钟的谈话中，毛主席询问了他们几个对庐山会议的认识，并对他们说："你们有什么错？吴法宪在庐山找陈励耘等人谈了他们搞的那一套，上庐山在空军8个中央委员内部有通知啊！"陈励耘说："在庐山吴法宪找我谈时，阴一句、阳一句，这个人说话是不算数的。"毛主席说："过去我讲过，一个倾向，掩盖着另一个倾向，谁知掩盖着一个庐山会议的主要倾向！"接着，毛主席说明了他们是受骗、受蒙蔽的；并说明党对犯错误的人，还是采取"惩前毖后，治病救人"的方针，不能抓住辫子不放。毛主席说：庐山会议，主要就是两个问题，一个是设国家主席问题，一个是称"天才"问题。说反天才就是反对我。那几个副词，我圈过几次了〔6〕。毛主席又说，庐山这件事，还没有完，还不彻底，还没有总结。

不出毛主席所料，在庐山会议上遭到挫败的林彪一伙不但不思悔改，反而开始了谋害毛主席、策动反革命武装政变的阴谋活动。

1971年2月，林彪、叶群和林立果在苏州密谋后，派林立果到上海，召集"联合舰队"的主要成员周宇驰、于新野、李伟信在秘密据点开会，从3月21日至24日，制订了反革命武装政变计划——《"571工程"纪要》。3月31日深夜，林立果在上海召开了有江腾蛟、王维国、陈励耘、周建平参加的所谓"三国四方会议"，指定南京以周建平为头，上海以王维国为头，杭州以陈励耘为头，江腾蛟"进行三点联系，配合、协同作战"。

在毛主席此次南巡期间，林彪一伙千方百计刺探毛主席的行踪和毛主席同沿途各地负责人的谈话内容。9月5日，广州部队空军参谋长顾同舟听到毛主席在长沙谈话内容后，立即密报给林立果。9月6日，武汉部队政委刘丰违背毛主席的叮嘱，把毛主席在武汉的谈话内容告诉了陪外宾到武汉访问的李作鹏。李作鹏当天回到北京就告诉了黄永胜。当晚，黄永胜又将毛主席的谈话内容密报给在北戴河的林彪和叶群。

林彪、叶群、林立果等人接到顾同舟、刘丰的密报后，感到自己暴露无遗了，决计铤而走险，对在旅途中的毛主席采取谋害行动。

9月7日，林彪指示林立果，向"联合舰队"下达"一级战备"的命令。

9月8日，林彪写下手令："盼照立果、宇驰同志传达的命令办。"

这样一来，危险便时刻向毛主席逼近。当时，陈励耘掌握着杭州的警备大权，直接指挥毛主席住所的警卫工作。我们住在杭州，无异于进了虎穴。

在九届二中全会上，毛主席已识破了林彪的阴谋。这次南巡，毛主席从北京到杭州沿途同当地负责人的谈话中又了解到叶群、林立果阴谋活动的一些情况。9月8日晚上毛主席又得到新的消息说：杭州有人在装备飞机；还有人指责毛主席的专列停在杭州笕桥机场支线碍事，妨碍他们走路。这种情况，过去是从来没有的。一些多次接待过毛主席的工作人员，在看望他老人家时反映了一些可疑的情况。毛主席当机立断，采取措施，对付林彪一伙的阴谋，首先把我找去，提出要把专列转移。

我问毛主席：专列是向后转移，还是向前转移？向后是转到金华，向前是转到上海。我还建议，也可以转向绍兴，即转向杭州到宁波的一条支线上。

毛主席说："可以。那样就可以少走回头路了。"

当时，毛主席还不知道林彪有个手令，也没掌握林彪一伙进行武装政变的计划。但是，毛主席根据了解到的种种情况，思想上、行动上已有了充分准备。

我从毛主席住地出来，马上就打电话找当时负责毛主席在杭州警卫工作的陈励耘。接电话的是陈励耘的秘书。他接到电话后，马上就跑到我的办公室来，说："陈政委有事，您有什么事请跟我讲。"

我说："专列要转移，这个事对你讲，你能办成？"

秘书说："能。"

我就说："你可以试着办一下，不过还是要找到陈政委。"

我得到这个情况后，就找张耀祠交代："赶快去找专列乘务组同志。将火车马上开走。"当时，天气太热，我还要求在专列转移到新的停车地点后，给毛主席的主车和餐车上面搭个棚子，以便防晒。张耀祠很快就落实了。

这些情况，我都报告了毛主席。毛主席同意这么办，并说这个办法好。

毛主席的专列9日凌晨转到靠近绍兴的一条专线上。

10日中午，毛主席对我说："走啊！不要通知陈励耘他们。"

我说："主席，不通知他们不行。"

毛主席问："为什么呀？"

我说："不通知不行，您不是一般人。来的时候，都通知了；走的时候，不通知不好。路上的安全，还是要靠地方保卫。"

毛主席又说："那就不让陈励耘上车来见，不要他送。"

我说："那也不行，会打草惊蛇。"

毛主席考虑了我的建议，接着又问我："你的意见是……"

我说："您看，是不是请南萍、陈励耘……"

我刚说到这里，毛主席打断我的话说："还有一个，就是空五军的军长白宗善，这个人也请来。为什么这次没有请他见面？"

我回答说："马上就通知他。"

南萍等人被请来以后，毛主席在自己休息的房间里又同他们谈了一次话。当毛主席见到白宗善，同他握手时便问："你为什么不来看我？"陈励耘连忙解释说："他那天在值班。"

这次谈话，讲了庐山九届二中全会的问题，党的历史上几次路线斗争的问题，军队干部的团结问题，战备问题。谈话中，毛主席还说："不要带了几个兵就翘尾巴，就不得了啦。打掉一条军舰就翘尾巴，我不赞成，有什么了不起。三国关云长这个将军，既看不起孙权，也看不起诸葛亮，直到麦城失败。"毛主席在谈话中，再一次批评了林彪、黄永胜。他还针对当地领导人闹不团结，讲了一个春秋时代齐鲁两国长勺之战的故事，寓意深长。他说，齐国和鲁国打仗，我是帮鲁国，还是帮齐国啊？鲁国小，人少，只是团结得好。齐国向鲁国进攻，鲁国利用矛盾，把齐国打败了。

在他们谈话的时候，我就布置专列作开车的准备。毛主席同他们谈了半个小时。谈完后，我请他们到我的房间里休息。

我回到毛主席那里，请示说："到上海后停在哪里？"

毛主席说："停在上海郊外虹桥机场专用线，顾家花园就不进去了。"

我说："上海那边的通知，是不是通知王洪文？"

毛主席说："是。这个电话由你们打。"

当时，陈励耘在我的房子里，我就只好在毛主席那里给王洪文打了一个电话。

10日13点40分专列由绍兴返回，14点50分抵达杭州站。在离开杭州去上海的时候，我们没有通知其他的人送，陈励耘却来了。陈励耘到车站后，不敢同毛主席握手，也不敢接近毛主席。他心里有鬼，当时神情很不自然。

他跟我握手时问我："车开后，要不要打电话通知上海？"

我说："你打电话给王洪文或者王维国，这两个人都可以，就说我们的车出发了，还是在那个支线上停住。"以后我了解，陈励耘确实打电话通知了王洪文。

后来据陈励耘交代，8日晚上他有事，就是因为于新野到了杭州。于新野是找陈励耘布置任务的，但于新野有一些疑惑，不知道出了什么事。于新野还追问毛主席到底在杭州讲了些什么话，陈励耘就把毛主席同他们的谈话内容报告了于新野。当时,于新野告诉陈励耘,要在杭州、上海、南京之间谋害毛主席。据我们后来了解到的情况,陈励耘在接待于新野的房子里,挂着一张毛主席像,陈励耘一看到毛主席像就发愁。

从后来"联合舰队"成员的供述和我们调查得到的材料看,他们准备采用多种办法来谋害毛主席。

第一种办法:如果专列停在上海虹桥机场专用线上,就由负责南线指挥的江腾蛟指挥炸专用线旁边飞机场的油库,或者向油库纵火。据王维国交代,他们安排由王维国以救火的名义带着"教导队"冲上火车,趁混乱的时候,先把汪东兴杀死,然后杀害或绑架毛主席。

第二种办法:是准备在第一种办法失败后采用的。就是在毛主席的专列通过硕放铁路桥时炸桥和专列,制造第二个"皇姑屯事件"。然后他们再宣布是坏人搞的。硕放桥在苏州到无锡之间,他们已经到那里看了地形,连炸药怎么安放,都测量和设计好了。

第三种办法:如果硕放炸桥不成,就用火焰喷射器在路上打火车。周宇驰讲,火焰喷射器可以烧透几寸厚的钢板。朝火车喷射,很快就会车毁人亡。王维国、周宇驰等人也到铁路沿线看过地形了。他们准备从外地调火焰喷射器部队。由于我们行动提前,这个部队没有来得及调来。

第四种办法:是要陈励耘在杭州用改装的伊尔-10飞机轰炸毛主席的专列,由陈励耘负责在飞机上装炸弹。据陈励耘后来供述:于新野找他布置任务时,他曾提出杭州没有可靠的飞行员,于新野答应回去向领导上汇报,派一个飞行员来。他们准备派谁呢?派鲁珉。鲁珉当时是空军司令部的作战部部长。陈励耘说:"那就好,那就干!"陈励耘还说,用飞机轰炸专列的办法是可靠的。9月9日,于新野在上海对王维国说:"我们这次出动飞机炸,除飞机上的武器外,还要再加配高射机关枪,用来扫射从火车上跑下来的人。"

从这几种办法可以看出,林彪一伙谋害毛主席的手段是何等阴险毒辣!

当于新野同王维国一起策划时,王维国又提出,如果毛主席下车住在顾家花园怎么办。于新野说,他看了地形,如果毛主席住在顾家花园,可以把王维国的"教导队"带上去,在住地附近埋伏好,用机枪把前后堵死,先把警卫部队消灭,再冲进去。王维国还向于新野表态说:"首长(指林彪)的命令,我一定执行。"于新野、王维国都认为,在上海动手,地形比杭州要好,对他们更有利。9日下午,于新野坐飞机回北京前,王维国同他一起看过一次地形,他们决定就在上海谋害毛主席。

于新野一回北京,就到西郊机场向林立果汇报。林立果在西郊机场的平房和它旁边的空军学院里都有办公室,那里是他的据点。林立果马上将谋害毛主席活动的进展情况报告给了在北戴河的林彪和叶群。这时，林立果和周宇驰对江腾蛟说：北线由王飞指挥，南线由你指挥，你要赶快回南方去。

王飞当时是空军司令部的副参谋长，是"联合舰队"的骨干成员。他们在北线预谋的行动，是要把在京的周总理、朱委员长、叶帅、聂帅、徐帅、刘帅等人都害死，也包括江青、张春桥、姚文元。王飞等人把钓鱼台、中南海的地形都看了。周总理当时就住在中南海。他们打算用坦克冲中南海。王飞说，北京上空是禁飞的，用坦克可以把中南海的墙撞开。在他们密谋的过程中，还有人提议用导弹打中南海。他们说来说去，找不到一个合适的方案。

林彪知道搞政变的行动已经全面展开了，他有带兵的经验，怕单靠"联合舰队"这几个人没有把握，他要亲自指挥一个大"舰队"，他通过叶群把黄永胜、吴法宪、李作鹏、邱会作都调动起来了。那几天，他们的电话联系十分频繁，常常两三部电话机同时讲话，一讲就半个小时、1个小时。据调查：9月10日，黄永胜同叶群通话5次。其中两次通话时间竟长达90分钟和135分钟。同日，林彪给黄永胜写信说："永胜同志，很惦念你，望任何时候都要乐观，保护身体，有事时可与王飞同志面洽。"他们称毛主席为"B-52"。当叶群给吴法宪打电话问B-52的情况时，吴法宪向她报告了毛主席在杭州同陈励耘等人的谈话内容。

现在想来，那时的形势是极其危险的。但毛主席并没有把他掌握的危急情况全部告诉我，他老人家沉着地待机而动。当时，我也发现有些现象不正常，我们不能再在杭州住下去了，便转往上海。由于我们行动快，使得陈励耘、王维国等人措手不及。10日15点35分，我们从杭州发车，18点10分就到了上海。这次随毛主席外出，我带着中央警卫团干部队100人，前卫、本务列车都上了部队。专列一到上海，我就把当地的警卫部队全部撤到外围去了，在毛主席的主车周围全换上中央警卫团。离我们的专列150米远的地方是虹桥机场的一个油库，要是油库着火了，专列跑都跑不掉，所以特别派了两个哨兵在那里守卫。

到上海安排好后，我去见毛主席。毛主席说，要南京部队司令员许世友来上海谈话。我们就打电话找许世友，不巧，许世友下乡去了。

10日晚上，毛主席同上海负责人王洪文见面，但没有谈几句话。王洪文住在车下的房子里，他还要我也搬到车下来住，我谢绝了。

第二天上午，许世友来了。毛主席与许世友、王洪文和我，谈了两个小时的话。毛主席说：犯点错误是不要紧的，有的属于认识问题。现在有的同志有些认识不到嘛，那就等待，而且要耐心地等待嘛。毛主席又说：要争取主动，有了错误，不认识，不改正，在那里顶着不好，这会加重错误，包袱越背越重，甩掉包袱，轻装上阵，人就舒服了。他还指出：有人在搞阴谋诡计，不搞光明正大；在搞分裂，不搞团结。许世友表示，庐山会议问题，按毛主席的指示办。

谈到中午，毛主席说："到吃中午饭的时间啦！今天，我就不请你们在车上吃饭了。王洪文，你请许世友到锦江饭店去吃饭，喝几杯酒。"

许世友说："汪主任，你也去。"

我说："不去了，谢谢。"

毛主席当着他们的面对我说："汪主任，你把他们送走以后，再回来一下。"

我送许世友、王洪文下车时，看到王维国也来了，他一直在休息室里等着毛主席召见，然而毛主席没有找他谈话。王维国见我们时，表情异样。王洪文把他拉上车，与毛主席在车厢门口握了一下手，就被我送下了车。

我下车送走许世友、王洪文、王维国等人后，马上回到车上去见毛主席。

毛主席问："他们走了没有？"

我说："走了。"

毛主席马上说："我们走，你立即发前卫车。"

我说："不通知他们了吧？"

毛主席说："不通知。谁都不通知。"

我们执行毛主席的命令，立即发了前卫车。13点12分，我们的车也走了。

专列开动时，车站的警卫员马上报告了在锦江饭店吃饭的王洪文。王洪文小声告诉许世友说："毛主席的车走了。"

许世友很惊讶地问："哎呀！怎么走了？"

王洪文对许世友说："既然走了，我们还是吃饭吧！"

王洪文、许世友、王维国等人吃了两个多小时的中午饭，吃完饭时已经是下午了。许世友便乘一架伊尔-14赶回南京，然后到车站接我们。

我们专列18点35分到南京，在南京站停车15分钟。许世友在南京站迎接，毛主席说："不见，什么人都不见了，我要休息。"

我下车见了许世友，我跟他说："毛主席昨天晚上没睡，现在休息了。毛主席还说，到这里就不下车了。"

许世友说："好！"他接着问我："路上要不要我打电话？"

我说："不用了，我们打过了。"

许世友又问："蚌埠停不停？"

我说："还没有最后定。一般的情况，这个站是要停的，但主席没定。"

专列从南京开出后，到蚌埠车站是21点45分，停车5分钟。9月12日零点

10分到徐州，停车10分钟。到兖州时是2点45分，没有停车。到济南时是5点，停车50分钟。在济南车站，我打电话给中办值班室。要他们通知纪登奎、李德生、吴德、吴忠到丰台站，毛主席要找他们谈话。专列到德州时是7点40分，停车20分钟。11点15分到天津西站，停车15分钟。

12日13点10分，专列在丰台停车。毛主席与纪登奎、李德生、吴德、吴忠和我谈了话，一直谈到下午3点多钟才结束。在谈话中，毛主席谈了党史上历次路线斗争，谈了1970年庐山会议上的斗争，以及庐山会议后采取的甩石头、掺沙子、挖墙脚的做法，谈了华北批陈整风汇报会及黄、吴、叶、李、邱等人的检讨。继续强调：要搞马克思主义，不要搞修正主义；要团结，不要分裂；要光明正大，不要搞阴谋诡计。要坚持"惩前毖后，治病救人"的方针，要"团结起来，争取更大的胜利"。

过去，毛主席从来没有白天到北京站下车的，这次是个例外。15点36分，专列由丰台开出，16点5分到北京站。毛主席下火车后坐汽车回到中南海。

从杭州动身到这时，毛主席已经3天没有休息好了。到中南海，我对毛主席说："您睡吧。"

毛主席对我说："你也睡一睡吧。"

我说："我也回去睡一睡。"

回来后，我打电话给周总理，周总理还不知道出了什么问题，感到诧异。他问："你们怎么不声不响地就回来了，连我都不知道。路上怎么没有停？原来的计划不是这样的呀。"

我回答总理说："计划改了。"我还说，电话上不好细说，以后当面汇报。

这时，林立果等人正在加紧策划和实施谋害毛主席和党中央其他领导同志的阴谋，突然接到王维国从上海打来的电话，报告毛主席的专列已经离开上海。这帮家伙被吓坏了，林立果连声说："糟糕！糟糕！"

林立果探听到毛主席确实于9月12日下午回到中南海的消息后，深感谋害毛主席的阴谋已经破产。他在惊恐之余，给北戴河的叶群打电话，说情况紧急，两小时以后飞往北戴河，并说，他走后北京由周宇驰指挥。林立果还对周宇驰等人说，现在情况变了，我们要立即转移，赶紧研究一个转移的行动计划。

他们要转移到哪里去呢？他们要按照早在《"571工程"纪要》中密谋的方案，即谋害毛主席不成，就转移到广州去另立中央政府，分裂国家。这就是审判林彪反革命集团时所说的"两谋"——一个是阴谋杀害毛主席；另一个是阴谋带领黄永胜、吴法宪、李作鹏和邱会作南逃广州，另立中央政府，分裂国家。

为了转移,他们安排了5架飞机飞往广州:一架256号三叉戟,是林彪的专机;另外再安排一架三叉戟给黄永胜等乘坐;第三架是伊尔-18;第四架是安-12运输机,可以装汽车;第五架是安-24,也可以装防弹车。此外,他们还打算为林彪再准备一架伊尔-18。林立果在电话中把这些安排都报告了林彪。林彪说:"立即转移。"随后。林立果传达给王飞说:"你这样安排对。林副主席决定立即去广州。"

据后来调查得知,林彪他们有一个先谈判、后动武的计划,他们想到了广州以后,先提出条件同北京谈判。但他们估计谈判成功的可能性小。这样,他们就计划在广州立即召开师以上干部会议,进行动员,并宣布成立中央政府。要动武,就联合苏联,南北夹击。林立果要求通知广州部队空军参谋长顾同舟,要他安排好车辆和房子。林立果还对于新野说,马上打电话给上海的王维国,通知他9月13日早上有一架伊尔-18飞机在上海着陆,把警卫团二中队换下来,让王维国的空四军"教导队"和上海的"联合舰队"成员作好准备,搭乘这架飞机去广州。林立果还要求于新野给空军军务部打电话,通知马上准备好30支手枪,2支冲锋枪,并多准备一些子弹。这些策划布置下去后,于新野立即去空军大院协助江腾蛟、王飞组织人员转移。周宇驰挥着胳膊对江腾蛟和王飞说:"他妈的,成败在此一搏!"

12日晚8点钟左右,周宇驰在空军学院召集王飞、于新野一伙开了一个秘密会议。会上确定,由王飞、于新野负责组织人员,保护林彪一伙南逃。他们计划:13日早晨8点钟,林彪由山海关机场直飞广州;13日早晨7点钟,黄永胜、吴法宪、李作鹏、邱会作等人则由北京西郊机场直飞广州。

然而,事与愿违。玩火者必自焚。历史无情地证明:林彪的"两谋",不过是一伙阴谋家的垂死挣扎而已,他们是逃不脱失败的命运的。[7]

吴德也是1971年9月12日毛泽东丰台谈话的参加者。他回忆当时的情景说:

毛主席在每年的国庆节前出巡各地然后回北京是有规律的。1971年这一次南巡是经津浦路回来的,在途中到达济南时通知李德生、纪登奎、我和吴忠到丰台谈话。

1971年9月12日下午,我们在丰台上了毛主席的专列。毛主席与我们谈话时,汪东兴也参加了。谈话开始,李德生向毛主席汇报了他去阿尔巴尼亚的情况。李德生汇报时,我们就看出毛主席显得很不耐烦。毛主席说霍查"他是左派,我是右派"。这样,李德生不再汇报了。

毛主席的谈话,内容很多,讲了党的历史上历次路线斗争的情况;讲了去年庐山会议的问题;还讲了庐山会议后的甩石头、掺沙子、挖墙脚等措施,以及华北会议问题。

毛主席讲过党的历次路线斗争后说:"我们这个党已经有50年的历史了,大的路线斗争有过十次,张国焘搞分裂后,党内多次有人搞分裂,但都未能把党分裂了。"毛主席说路线决定一切,党的路线正确,就有一切;路线不正确,有了也可以丢掉。

毛主席说庐山会议是搞突然袭击,五个常委隐瞒着三个,出简报煽风点火。大有炸平庐山,停止地球转动之势。庐山会议显然是一次有计划、有组织的行动,他们的纲领就是设国家主席、"称天才",毛主席说:"什么'顶峰'啦,'一句话顶一万句'啦,你说过了头嘛!不设国家主席,我不当国家主席,我讲了六次,他们都不听嘛,半句也不顶,等于零。"毛主席还说,庐山会议的事情还未完结,黑手不止陈伯达一个,陈伯达后面还有人。毛主席还向我们说,这第十次不是路线的问题。

毛主席说他在陈伯达搞的论天才的材料上加批语,在济南军区、38军的报告和其他文件上加批语是甩石头;从中央和各大军区调人参加军委办事组是掺沙子;派李德生、纪登奎到北京军区是挖墙脚。

毛主席批评了把自己的老婆安排为自己的办公室主任的做法,虽然没有点名,但完全可以听出是指林彪的。

毛主席还点名批评了黄永胜。

在谈话中,毛主席说庐山会议的6号简报是反革命简报。

我一听毛主席这样说,就赶紧检讨。我说:"主席,我还在6号简报印发前签了名字。6号简报是反革命简报,我犯了错误。"

毛主席挥着手说:"没你的事,吴德有德。"

毛主席随后的谈话好像是说这是个反革命集团或是个反革命的行动这样一类的话,因为紧张,没有听得很准。这时,吴忠说:"主席,可能有坏人吧?"

毛主席说:"你讲得对,吴忠有忠。"

毛主席还询问了北京市批陈整风的情况,我们简要地汇报了一下。

毛主席反复地说:"我们要搞马列主义,不要搞修正主义;要团结,不要分裂,不要搞宗派主义、山头主义;要光明正大,不要搞阴谋诡计。"

毛主席最后说:"要抓路线教育,方针还是惩前毖后,治病救人,团结起来,争取更大的胜利。"

毛主席是坐火车回北京的。我们坐汽车回北京,下车时,纪登奎禁不住跟我说:"这个问题大了!我们都感到很紧张。"

从丰台回来后,我到吴忠家谈了很长时间。我和吴忠交换了意见。我们讨论了对毛主席提出的第十次路线斗争应该怎样认识等问题,还考虑是否把毛主席说的十次路线斗争的问题传达一下。我提出虽然毛主席没有点林彪的名字，但提陈伯达后边是谁已经很明白了，这样，是不是需要将毛主席的谈话先给市委常委或者市委书记们吹吹风，以免将来问题出来了大家没有思想准备。但是，怎么传达呢？毛主席终究没有点林彪的名字啊！我们俩商量到后半夜1点多钟，也没有考虑好怎么传达毛主席的讲话。我说，今天恐怕议不出来妥善办法了，明天再说吧。

回到家，我就吃了安眠药休息了。[8]

李德生也参加了丰台谈话会。他回忆说：

通过了蚌埠、济南到了天津。毛主席叫停车，嘱咐随行的张耀祠："打电话通知李德生、纪登奎、吴德、吴忠到丰台火车站来见我。"我们在1971年9月12日12点，在丰台火车站专列上见到了毛主席。汪东兴也在座。毛主席长途南巡归来虽然一路疲劳，而且思虑着同林彪一伙斗争的大事，但他精神很好，和往常一样，谈话十分幽默。他说："这次庐山会议搞突然袭击，大有炸平庐山，停止地球转动之势。……天才问题是理论问题，他们搞唯心论。……天才就是比较聪明一点……天才是靠群众路线，集体智慧。……什么顶峰啦，一句顶一万句啦……不设国家主席，我讲了六次，一次就算一句，顶六万句，他都不听，半句也不顶。等于零。"这时，毛主席对着我说："他们在庐山搞的那个材料，你向他们要，一年说三次，'你们那个宝贝为什么不给我？'，看他们怎么说！"毛主席指的是他们不发"天才论"语录给我的事。我在一次会上提起过，毛主席当时就说："你向他们要呀！"他一直记得这件事。毛主席又说："黑手不止陈伯达一个，还有黑手。"这句话已等于点林彪了，最后毛主席要我去执行一项任务——调一个师来南口。当时毛主席不但十分警惕，而且已作了具体部署，对林彪一伙可能搞武装政变的最坏的情况都估计到了。离开毛主席，我立即部署了一个师的调动。[9]

毛泽东安全回到北京，使林彪集团惊恐万状，慌作一团。林彪、叶群、林立果等少数人撇下死党不管，于1971年9月13日零时32分仓皇出逃，自我爆炸，叛党叛国，最终摔死在蒙古温都尔汗。

这一富有戏剧性的事件，经过西方某些人的着意渲染，更显得有些扑朔迷离。然而，事实终归是事实。它尽管简单明了，却寓意深刻，是任何人也篡改不了的。

以下就是几位见证人的回忆。

汪东兴写道：

离北戴河西海滩两公里处的联峰山松树丛中，有一栋两层小楼，这就是当时林彪、叶群住的中央疗养院62号楼（原为96号楼）。1971年9月12日天色渐黑时，林彪、叶群在这里正忙着调兵遣将。可表面看来，62号楼却是十分平静。林彪、叶群在接到林立果马上要飞到北戴河的电话后，还要了一个花招，宣布当天晚上要为他们的女儿林立衡与她的恋爱对象张清霖举行订婚仪式。叶群指示秘书和工作人员说，不请人吃饭，但要准备好烟、糖果、茶等，另外再准备两部电影招待大家。他们这样做，显然是要转移工作人员的注意力，掩盖他们的阴谋活动。

晚间，叶群还与林立衡一起看电影，电影的名字叫《甜甜蜜蜜》。8点多钟，林立果乘专机飞到山海关机场，9点钟到了林彪住地。林立果送了一束鲜花给林立衡，表示祝贺。林彪、叶群搞阴谋的事，林立衡当时不知道。林立衡与叶群平时就有矛盾，叶群有事总是背着她。林立衡是个很聪明的人，她看出林立果到这里后，家里好像有事不让她知道。叶群一退场，她也从电影室出来，到林彪的房间外边去听。她听到林彪、叶群、林立果三个人在一起谈话，隐隐约约地说要去什么地方。林立衡听到这些话，心里很紧张。她马上去向当时在北戴河保卫林彪的8341部队的副团长张宏和二大队的队长姜作寿报告。

晚上9点20分左右，张宏、姜作寿听到林立衡的报告，姜作寿立即打电话将情况报告给在北京的中央警卫局副局长张耀祠。张耀祠立即赶到我的办公室，说："情况很紧急，怎么办？"我马上打电话找周总理，周总理当时正在人民大会堂福建厅开会，主持讨论将在四届全国人大会上作的《政府工作报告》的草稿。

我将林立衡报告的情况向周总理报告后，周总理问我："报告可靠吗？"

我回答说："可靠。"

周总理还对我说："你马上打电话通知张宏，如果有新的情况，立即报告。"

我和张耀祠当时都守在我的办公室里。这时，张宏又来电话说："林立衡还报告，她听接林立果的汽车司机讲，林立果是乘专机从北京来的，这架专机现在就停在山海关机场。"我马上又将这个情况报告给周总理。

这时，周总理已经不能继续主持开会了，他来到东大厅的一间小房子里处理北戴河的问题。他打电话要我别离开电话机。我说，不会离开，我就在电话机旁边等着。周总理随后打电话把正在大会堂参加《政府工作报告》稿讨论会的吴法宪找来，问他知道不知道有一架飞机到北戴河去了，吴法宪说不知道，并说他要问一问空军调度室。周总理要求吴法宪立即去问。吴法宪就到另一个房间打电话去了。周总理这时又打电话给我，让我立即转告北戴河的张宏，让张宏去查一查，山海关机场是不是有一架专机，并要求我如果有什么新情况，马上向他报告。我从张宏那里很快就得到答复说，他已问过山海关机场，确实有一架专机，专机的机组人员正在休息，这个机场归海军管理。我立刻将这一情况报告了周总理。

晚上11点30分，周总理亲自打电话给叶群，周总理问叶群："林副主席好不好？"

叶群说："林副主席很好。"

周总理问叶群知道不知道北戴河有专机，叶群一开始时骗周总理说她不知道。

稍微停一下，叶群又说："有，有一架专机，是我儿子坐着来的。他父亲说，如果明天天气好，要上天转一转。"

周总理又问叶群："是不是要去别的地方？"

叶群脑子反应很快，回答周总理说："原来想去大连，这里的天气有些冷了。"

周总理说："晚上飞行不安全。"

叶群说："我们晚上不飞，等明天早上或上午天气好了，再飞。"

周总理又说："别飞了，不安全，一定要把气象情况掌握好。"

周总理还说："需要的话，我去北戴河看一看林彪同志。"

周总理提出要去北戴河，这一下子叶群警觉了，她慌了。周总理要是一来，林彪南逃广州，另立中央政府的阴谋也就破产了。叶群劝周恩来不要到北戴河来，她说："你到北戴河来，林彪就紧张，更不安。总之，总理不要来。"

这时，周总理在人民大会堂，我在中南海南楼，都忙得不可开交。周总理派李德生到空军司令部作战值班室去协助他临时负责指挥，还派杨德中陪吴法宪去了西郊机场。

林彪听了叶群的汇报，得知周总理要来北戴河。他说："我也不休息了，今晚反正睡不着觉了。你们赶快准备东西，我们马上走。"此时，叶群更加惊慌，也说："越快越好。"

这样的命令一下，62号楼的人就忙开了，但是他们都不知为什么要走得这样快。林彪的汽车立刻被调到了他的住房门口。林彪快要上车时，叶群派人找过林立衡。

林立衡自从报告了林彪要去外地的情况后已经不敢再回去了。这时，二大队执勤的哨兵也向大队部报告，说林彪住地很乱，搬东西的人来来往往。

林彪和叶群、林立果先后上了汽车。林彪问林立果和警卫秘书："去伊尔库茨克要飞多少时间？"

林立果说："很快就到。"

林彪问完后，汽车就开动了。林彪的警卫秘书坐在前座上，后边是林彪、叶群、林立果等人。汽车冲过岗哨时，哨兵拦阻，叶群命令司机冲过去。警卫秘书突然改变主意，叫一声"停车"司机没有听，只是将车速稍微慢了一下，警卫秘书就打开车门跳下车。汽车里有人向他开了枪。张宏、姜作寿等看到这些，坐车追上去。

　　林彪的红旗牌轿车时速开到100公里左右，张宏他们乘坐的吉普车根本追不上，等追到山海关机场的时候，林彪已经上了飞机。由于紧张和慌乱，林彪的帽子和叶群的围巾都掉在地上。飞机还未加完油就起飞了，专机的两个驾驶员，只上去一个，领航员、通讯报务员都没有来得及登上飞机。

　　张宏他们在机场上把林立果找对象选来的几个"美女"拘留了。这些"美女"当时都领了枪，她们拿着枪不让我们警卫战士进屋。张宏对她们说："你们这是干什么？我们是保卫林副主席的，你们怎么这个样子！"警卫战士一进去就把她们的枪缴了。

　　13日零点32分左右，我接到张宏从山海关机场打来的电话，说林彪等强行登上飞机，已经起飞了。

　　与此同时，林立衡也打电话对我说："听到飞机响了，好像是上天了。"

　　我对她说："你报告得迟了一点。"

　　她对我说："刚听到飞机声。"

　　我对她说："我现在没有时间接你的电话。"就把电话挂了。

　　我立即打电话给周总理，说："毛主席还不知道这件事。您从人民大会堂到毛主席那里，我从中南海南楼到毛主席那里，我们在主席那里碰头。"我叫张耀祠同我一起去，我说："你要去主席那里守电话。"我们和周总理几乎是同时到了毛主席那里。

　　我们正向毛主席汇报时，吴法宪从西郊机场打电话找我，说林彪的专机已经起飞30多分钟了，飞机在向北飞行，即将从张家口一带飞出河北，进入内蒙古。吴法宪请示，要不要派歼击机拦截。我说："我立即去请示毛主席，你不要离开。"

　　当时，毛主席的房子里没有电话，电话在办公室里，离我们向毛主席作汇报的房间还有几十米远。我马上跑步回去，报告毛主席和周总理。毛主席说："林彪还是我们党中央的副主席呀。天要下雨，娘要嫁人，不要阻拦，让他飞吧！"周总理同意毛主席的意见，让我马上去传达给吴法宪。我又跑回值班室，只告诉了吴法宪一句话，就是不要派飞机阻拦，没有告诉他其他内容。

　　这时是9月13日凌晨1点12分。林彪专机从起飞时算起，已经飞了40分钟，快要飞出国境了。把这架专机放过去，这是毛主席、周总理的意见。这个意见是对的。要是把这架专机拦截下来，那可不得了！会在全国造成不好影响。林彪是党的副主席，我们当时并不知道他要飞到哪里去，做什么事。拦截专机，我们怎么向全国人民交代！后来才知道，当时的实际情况是林彪、叶群经过长期策划，认为只要毛主席健在，无论是威望，还是文的、武的方面，他林彪都不是对手。所以林彪想出三个计策，即：上策是谋害毛主席，夺取党和国家最高领导权；中策是南逃广州，另立中央政府；下策是北飞叛逃国外。

9月13日凌晨3点多，我们还没有离开毛主席住地，空军司令部又打来了电话，说调度室报告，北京沙河机场有一架直升机飞走了，机号是3685，机上有周宇驰、于新野、李伟信和正副驾驶员共5人，直升机向北飞行。我马上将这个情况报告毛主席和周总理，毛主席和周总理异口同声地说："下命令，要空军派飞机拦截。"空军的歼击机升空以后，由于天空很黑，直升机又没有开航行灯，歼击机没有找到目标。

驾驶直升机的飞行员是陈修文。这个同志很好，后来被追认为烈士，他当时装着很焦急的样子，喊叫说没有油了，要降落下去加油。其实油是够的。周宇驰说不能降落，降落下去，大家就都别想活了。周宇驰还谎称，林副主席已经坐三叉戟专机在乌兰巴托降落了，你们不要害怕，出了国境就行。

陈修文听周宇驰这样一讲，便操纵飞机摇晃了一下，然后利用飞机晃动的机会改变了航向。这时，天已经发亮，陈修文看到头顶上的歼击机了。周宇驰他们也看到了，很紧张。陈修文这时开始往回飞，并将罗盘破坏了。周宇驰发现后，问陈修文为什么改变飞机的航向。陈修文说，头上有歼击机，如果不机动飞行的话，可能要被打下来。周宇驰又问陈修文，罗盘怎么不对。陈修文说罗盘早就出了故障。这样一来，周宇驰只能感觉航向有变化，而不知道飞机往哪里飞。陈修文知道方向，他驾驶飞机经张家口、宣化等地又飞回北京。直升机在怀柔沙峪的一个空地上空盘旋了5圈后开始降落。当直升机降落在离地还有20米时，周宇驰开了两枪，把陈修文打死了。陈修文旁边的副驾驶员陈士印，将陈修文身上流出来的血抹在自己的脸上，躺在飞机上装死，否则他也被害了。

周宇驰、于新野、李伟信从直升机上爬下来后，就往山上跑，一直跑到累得跑不动时才停下来。周宇驰说："这样不行，早晚都是死，跑是跑不了的，咱们今天就死在这里吧。"他还说："有两种死法，第一种是如果你们怕死，我就先把你们打死，然后我再自杀；第二种是如果你们不怕死，那就自己死。"说完这些话，周宇驰就把带在他身上的林彪的手令和林彪给黄永胜的亲笔信撕了。这两个被撕的罪证，后来都找到了。

于新野说："我们还是自己死，不用你打，你喊'一、二、三'我们同时开枪。"当周宇驰喊过"一、二、三"后就听"砰！砰！砰！"三声枪响，可是倒下的只有两具尸体。李伟信怕死，他把枪弹射向了天空。看到周宇驰和于新野两个人都躺在地上死了，李伟信爬起来就跑。这时，民兵已经赶到，就地把李伟信抓起来了。当时，李伟信还喊：我要找卫戍司令。

9月14日上午8时30分，蒙古人民共和国外交部打电话通知中国驻蒙古大使馆，说副外长额尔敦比列格约见中国驻蒙古大使，要通报一架中国喷气式飞机在蒙古失事的情况。中午12时20分，中国驻蒙古大使将飞机失事的情况报告中国外交部。外交部在代外长姬鹏飞主持下召开了党组会，并将这个情况很快报告给党中央。当时，我们都在人民大会堂东大厅开会，是中央办公厅副主任王良恩接到的报告。

周总理看到报告后，在会场上对我说："得到了一个重要消息，你是不是马上去报告毛主席。"

我说："我马上就回去报告毛主席。"随后，我就把这个消息报告了毛主席。

毛主席想了一下，问我："这个消息可靠不可靠？为什么一定要在空地坠下来？是不是没有油了？还是把飞机看错了？"

我说："飞机到底是什么情况，现在不清楚，大使准备去实地勘察。目前还不知道飞机是什么原因坠落下来的。"

毛主席又问我："飞机上有没有活着的人？"

我说："这些情况都不清楚，还要待报。"

这个消息虽然很不具体，但它却使毛主席、周总理和参加会议的中央政治局大多数同志心里的石头落了地。

我国驻蒙古大使后来到飞机失事的现场去了解了情况，飞机坠毁在蒙古温都尔汗附近肯特省贝尔赫矿区南10公里处，是中国民航256号三叉戟飞机，机上8男1女，全部死亡。关于飞机坠毁的情况和外交部交涉的情况，大使和经办的外交官已都有文章发表，是可靠的。

不久，我们把降落在怀柔的直升机上缴获的林彪的一些文件，如林彪的手令、给黄永胜的信等调出来看时，在场的黄永胜、吴法宪、李作鹏、邱会作等都惊呆了。

林彪叛逃后，就如何处理同林彪有密切关系的黄永胜、吴法宪、李作鹏、邱会作等人的问题，毛主席对周恩来说："看他们十天，叫他们坦白交代，争取从宽处理。老同志，允许犯错误，允许改正错误，交代好了就行。"

但是，黄永胜这些人，在十天中既不揭发林彪的罪行，又不交代自己的问题，什么都不坦白。十天后，毛主席把我找到他的住处说："黄永胜他们怎么处理了？你去问一问总理。"

于是，我马上赶到人民大会堂新疆厅向周总理汇报，说毛主席催问对黄永胜等人的处理情况。

周总理让我等一下，待他接见完外宾后，同他一起乘车去见毛主席。当我同周总理到达中南海毛主席住所后，周总理向毛主席报告说，他们在拼命烧材料。

毛主席说："是啊，那是在毁灭证据嘛。这些人在活动，是要顽抗到底了！"

周总理对毛主席说："我马上办，今天晚上办不成，明天早上一定办成。"

周总理和我从毛主席那里出来后，周总理对我说："你不能离开中南海，要严加保卫毛主席的安全。我们有事时可以找张耀祠、杨德中，必要时找你。"我当时向周总理建议不要在集体开会时解决，要分开来，一个人一个人地办。

后来是在人民大会堂福建厅，向黄永胜等人宣布中央对他们实行隔离审查的决定的。当时，怕他们反抗，把福建厅的烟缸、茶杯都端走了。周总理对他们宣布说："限你们十天坦白交代，争取从宽处理，你们不听。这个事还小呀，还有什么事比这个事更大！你们对党对人民是犯了罪的。现在宣布对你们实行隔离审查。"

一场阴险狠毒的反革命政变就这样被彻底粉碎了。人民终于将这伙野心家、阴谋家押上了审判台，永远钉在历史的耻辱柱上。

中共中央在1981年所作的《关于建国以来党的若干历史问题的决议》中指出："1970年至1971年间发生了林彪反革命集团阴谋夺取最高权力，策动反革命武装政变的事件。""毛泽东、周恩来同志机智地粉碎了这次叛变。"历史的事实确实是这样的。

毛主席在与林彪反革命集团的斗争中，以他异常丰富的斗争经验，成功地识破、挫败了林彪集团在庐山九届二中全会上阴谋夺取最高权力的宗派活动。此后，他采取了一系列措施，逐步削弱了林彪集团的势力。1971年南巡期间，毛主席又以其伟大的政治家、战略家的胆识，成功地挫败了林彪反革命集团策划的暗杀、分裂等一系列阴谋，在与林彪反革命集团策动的反革命武装政变与分裂活动的殊死搏斗中，夺取了全面胜利。中国共产党没有被分裂，中华人民共和国没有被分裂，中国的历史避免了一次大倒退。[10]

当年坐镇空军司令部协助周恩来指挥的李德生回忆说：

9月12日晚上，我正在人民大会堂福建厅开会，会议由总理主持，讨论他即将在四届人大上作的《政府工作报告》。黄、吴、李、邱也参加了会议。

10点多钟，北戴河林彪驻地的警卫部队直接给总理打来电话，说林豆豆报告：林彪、叶群、林立果要坐山海关的飞机外出，时间是明天（13日）早上6：00，目的地是广州……黄、吴、李、邱是他们一伙，预定明天上午从北京同时起飞。总理对这一情况的出现，也十分意外，他紧皱眉头，叫警卫部队密切注意情况，随时报告。总理立即向吴法宪查问：空军一架三叉戟飞机到了山海关是怎么回事？并要飞机马上回来，不准带任何人回北京。吴法宪支吾回答，向总理报告了假情况，说那架飞机是夜航试飞，出了故障飞不回来了。总理命令："飞机就停在那里不准动，修好马上回来。"

这时林彪、叶群得知总理查问三叉戟飞机的事，更加惊慌，为了掩盖他们南逃广州的阴谋，在晚上11：22，叶群故意给总理打电话说："林副主席想动一动。"总理问："是空中动，还是地下动？"叶群答："空中动。"总理又问："你那里有飞机吗？"叶群答："没有。"叶群一句话露了马脚。总理这时已知道山海关不但有256号三叉戟，还有几天前他们调去的一架伊尔-14。叶群的撒谎，证实了他们企图南逃的阴谋。总理立即打电话给李作鹏：（因山海关机场归海军管）"停在山海关机场的256号专机不要动，要动的话，必须有我、黄永胜、吴法宪和你，四个人一起下的命令才能飞行。"而李作鹏却将总理指示篡改为："四个首长其中一个首长指示放飞才放飞。"这时总理不断进进出出，我知道有些新的情况发生了。

到9月13日零点32分，北戴河的警卫部队报告，林彪不顾警卫部队阻拦，已乘三叉戟飞机强行起飞了！山海关机场曾三次报告李作鹏，飞机强行起飞怎么办。李作鹏竟然没有下令阻止起飞。总理一听这个消息，马上出去打电话报告了毛主席，并请示了一些事情，回来后立即对我说，林彪乘飞机逃跑了，命令我马上到军委空军司令部，代替他坐镇指挥，随时报告情况。总理指示我24小时都不能离开。实际上，我5天5夜都没有离开空军司令部。同时，总理派杨德中同志随吴法宪（监视他）去西郊机场掌握情况。派纪登奎同志去北京空军司令部。总理还发布了"禁空令"："关闭全国机场，所有飞机停飞，开动全部雷达监视天空。"我的汽车急驰空军司令部，下车后我快步进入作战部指挥所，并找来空军参谋长梁璞，一起注视着整幅墙壁大的雷达屏幕。这时，我看到屏幕上清楚地显示出那架飞机标志的亮点正向北移动。位置在承德和蒙古人民共和国国境线之间。

总理曾问调度员："用无线电向256号飞机呼叫，他们能不能听到？"

调度员回答说："能听到。"

总理说："我要对潘景寅（已知潘为此机驾驶员）讲话，请给我接上。"

调度员说："他开着机器，但不回答。"

总理说:"那就请你向256号飞机发出呼号,希望他们飞回来,不论在北京东郊机场或西郊机场降落,我周恩来都到机场去接。"

调度员报告总理:"他不回答。"

飞机耍了个花招,是先向西飞了一段,又调转方向往北飞的。

我和梁璞紧张地注视着荧光屏。梁璞说:"这架飞机飞航不一般,情况异常。"我问他:"有什么特点?"梁说:"第一,飞的不是国际航线;第二,方向往北,马上要出国境到蒙古了;第三,飞的是低空。"我坐在一张很大的写字台前。这是空军指挥所,桌上装有直通总理的红机子专线电话,我不断将飞机的位置、高度、方向、到达地点等情况向总理汇报。当我向他请示处置办法时,总理告诉我,已请示了毛主席,主席说:天要下雨,娘要嫁人,由他去吧。

9月13日凌晨那架飞机出了国境。

我及时报告了总理。

凌晨3:15,沙河机场报告:"起飞了一架直升机,北上向张家口飞去。"我立即报告总理,他请示毛主席后,指示说:"要它迫降,不听就打下来,绝不能让它飞走!"我命令北空起飞了8架"歼6"拦截,迫使直升机回头,迫降在怀柔境内。周宇驰打死了驾机回返的陈修文同志后,与于新野自杀了,李伟信被活捉。

林彪乘的飞机飞出国境以后,将会有什么结果?当时估计林彪会逃往苏联,毛主席、周总理都商量好了应付一切由此而引起的事件。

林彪出了事,必须以最快速度告诉各地领导,方能应付意外事故的发生。总理亲自向各大军区、各省、市、自治区主要领导人打电话通报情况,讲得既清楚又含蓄。

待一切安排妥当,总理已50多个小时没休息了,到了9月14日下午2点,总理刚睡着,外交部送来我驻蒙使馆特急电报,只好把总理又叫醒。总理叫秘书念电报,当他听到林彪所乘256号三叉戟飞机,已于13日凌晨2时30分在蒙古温都尔汗附近坠毁后,立即将这一消息报告了毛主席。

我连夜组织搞清查工作。根据李伟信的供词,在他的住处搜查出了大批林彪反革命集团的罪证。其中有谋害毛主席的计划——《"571工程"纪要》,另立中央南逃人员编组名单等重大罪证,我即派专人送给了总理转呈毛主席。

这时空军成立了曹里怀同志等组成的五人小组协助我工作。

在清查工作中,毛主席十分强调掌握政策,再三指出死党只有那么几个人,对犯错误的同志要分析历史条件,林彪当时是副统帅,大家搞不清他的阴谋。对犯错误的同志,要采取惩前毖后、治病救人的方针,改了就欢迎。

甚至具体地说："比如对林彪下面的几十个工作人员和秘书，那些人都不用了？我看那不行吧，要搞清楚，要教育，给他们工作做，不能不用，他们是组织派到那里去工作的嘛。"

毛主席的这些指示，使清查工作得以顺利进行。

"九一三"事件后，毛主席对"文化大革命"以来所发生的种种事情进行了严肃的思考，亲自着手纠正一些过"左"行为，如指示尽快尽多地解放干部。林彪搞"战备疏散"给弄到外地去的老帅和老同志们，也都先后请回了北京。

这之后，毛主席又亲自批示了大量解放老干部的信件和申诉给我，让总政办理。在周总理、叶帅领导下，我们做了艰巨的工作，顶住了"四人帮"的阻挠，使军队大批高级将领得到解放。[11]

林彪集团的自我爆炸，客观上宣告了"文化大革命"理论及其实践的破产，具有极大的讽刺意味。这件事对毛泽东本人的打击是很大的。不久，他的身体每况愈下。但是，毛泽东毕竟是一个久经磨炼的无产阶级伟大革命家。他从党和国家的最高利益出发，果断地对各方面政策作较大幅度的调整，并全力支持周恩来主持中共中央的日常工作，使国内局势出现新的转机。

注　释

〔1〕徐向前：《历史的回顾》（下），解放军出版社1987年7月版，第849—850页。

〔2〕《萧劲光回忆录》（续集），解放军出版社1989年2月版，第282—284页。

〔3〕李德生：《从庐山会议到"九·一三"》，载1994年1月23日《人民日报》。

〔4〕吴德：《庐山会议和林彪事件》，载《当代中国史研究》1995年第2期。

〔5〕王年一：《大动乱的年代》，河南人民出版社1988年12月版，第407—415页。

〔6〕1968年9月，《人民日报》为纪念1962年9月18日毛泽东给日本工人的题词，发表了《世界革命人民胜利的航向》的社论。毛泽东删去了社论草稿中的"毛泽东同志天才地、创造性地、全面地继承、捍卫和发展了马克思列宁主义，把马克思列宁主义提高到了一个新的阶段"等文字。1969年，毛泽东删去了九大《政治报告》初稿和提交九大通过的《党章》初稿中"天才地、创造性地、全面地"三个副词等文字。1970年4月，毛泽东在修改纪念列宁诞辰100周年的两报一刊社论《列宁主义，还是帝国主义？》的初稿时，删去了"毛泽东

同志全面地总结了无产阶级专政的正反两个方面的历史经验,天才地创造性地运用唯物辩证法,分析了社会主义的矛盾"等文字。——原注

〔7〕汪东兴:《毛主席在粉碎林彪反革命政变阴谋的日子里》,载《中共党史资料》第49辑。

〔8〕吴德:《庐山会议和林彪事件》,载《当代中国史研究》1995年第2期。

〔9〕李德生:《从庐山会议到"九·一三"》,载1994年1月23日《人民日报》。

〔10〕汪东兴:《毛主席在粉碎林彪反革命政变阴谋的日子里》,载《中共党史资料》第49辑。

〔11〕李德生:《从庐山会议到"九·一三"》,载1994年1月23日《人民日报》。

三、开创外交新格局

国际形势座谈会

"文化大革命"给中国外交带来的损失同样十分严重。极左的一套做法,如唯我独革、输出革命、强加于人等,一度日益严重。在"文化大革命"初期1年多时间里,与我国有外交关系的40多个国家,有近30个国家同我国发生外交纠纷。我国的国际形象受到损害,外事工作陷入困境。

与此同时,中苏关系在1969年春"珍宝岛事件"后日趋紧张。在国庆20周年的宣传口号中,出现了要准备打核大战的口号。不少重要设施都在战备动员中向大三线迁移。

为了打开中国外交的新格局,毛泽东认真思考对策,慎重地选择突破口。1969年"五一"劳动节,毛泽东在天安门城楼上会见了一些外国使节,同他们进行友好交谈,传达中国愿意同世界各国改善和发展关系的信息。不久,他又责成陈毅、徐向前、聂荣臻、叶剑英等人研究国际战略问题。老帅们经过认真研究,提出打开中美关系的大胆设想。这与毛泽东的考虑不谋而合。

熊向晖在《打开中美关系的前奏》一文中回忆说:

根据毛泽东主席的意见,自1967年所谓"二月逆流"以来一直靠边站的4位老帅被选为中共九届中央委员;在九届一中全会上,叶帅又被选为政治局委员。会后,毛主席交给四位老帅两项任务:一是分别在北京四家工厂"蹲点";二是共同研究国际形势,由陈总负责,提出书面看法。

按照毛主席的意图,周恩来总理进行了周到的安排。他指示外交部和其他外事部门将涉外电文及时分送四位老帅;亲自选定四家靠得住的工厂,然后向各厂负责人就四位老帅"蹲点"时的劳动、休息、饮食、安全及职工应持的态度等作了细致交代;他让四位老帅每星期二至星期四在工厂"蹲点"三天——陈总在南口机车车辆修配厂,叶帅在新华印刷厂,徐帅在"二七"机车车辆厂,聂帅在化工三厂。其余时间由老帅自行支配,看看有关国际问题的材料,再由陈总主持,每月讨论两三次。

四位老帅很不理解：经毛主席审定的九大政治报告刚刚发表，其中对国际形势作了详细阐述，为什么还要他们研究？如果照抄照搬，算不上研究。如果提出某些不同看法，那又谈何容易？即使能够，会不会被认为是同九大政治报告唱反调？

总理对四位老帅说，主席交给你们这个任务，是因为主席认为还有继续研究的必要。主席的一贯思想是，主观认识应力求符合客观实际，客观实际不断发展变化，主观认识也应随着发展变化，对原来的看法和结论要及时作出部分的甚至全部的修改，所以你们不要被框住。现在国际斗争尖锐复杂，各部门集中力量进行"斗、批、改"，只能应付"门市"，熟悉国际问题的干部大部分尚未解放，我一天到晚忙于处理日常工作，实在挤不出时间过细地考虑天下大事。主席没有让你们回到原岗位，除了"蹲点"，你们可以不受行政事务的干扰，每星期有几天时间专心考虑国际形势。你们都是元帅，都有战略眼光，可以协助主席掌握战略动向，供主席参考。这个任务很重要，不要看轻了。你们也不要因为我这样讲就去拼老命，要注意身体，量力而行。世界风云天天变，但战略格局不是天天变，一个月讨论两三次就可以了。有了比较成熟的看法，请陈总归纳几条送给我，我帮你们参谋参谋再转呈主席。但讨论的内容要保密。

……

6月7日下午3时30分，四位老帅在中南海武成殿开会，姚广同志和我列席。

陈总讲了"开场白"。他说：主席指定我们议议天下大事，让我牵头。平时各人看材料，用不着我"牵"。上次我们谈过，材料很多，有价值的不多。一些单位的调研报告，差不多都是上面怎么说，自己做注脚。这种"二路货"可以不看。要重视第一手材料。《参考资料》每天两大本，内容很丰富。香港、台湾的几家报纸杂志，有时透露一些内幕消息。对有用的材料要认真看、过细看。对这些材料要按照主席的教导，去粗取精，去伪存真，由此及彼，由表及里，形成看法，开会的时候交换意见。总理让我们每个月讨论2到3次。地点就在武成殿，或者紫光阁。时间一般定在礼拜六，下午3点开始，讨论半天。每次开会之前，由我这个牵头的人打电话分别通知。我们这个会，就叫"国际形势座谈"，在沙发上"座"而谈之。上次开的会不算，今天重打锣鼓另开张，算做第一回。我们四个老家伙，增加两位"壮丁""强劳力"：一位是熊向晖同志，他不再当驻英代办，总理让他专门协助我们，包括从英文书报里选择材料；另一位是姚广同志，他的工作比较忙，不一定每次都参加，他可以向我们通通情况，提供外交动态。开会的时候，每人清茶一杯，我请客，算是一点"物质刺激"，"刺激"大家踊跃发言。欢迎长篇大论，也欢迎三言两语。现在开不得"神仙会",我们就来个"自由谈"。不拘体、不限韵,鸣放一通。可以插话,可以打断,可以质问,也可以反驳,讲错了允许收回。"自由"不能漫无边际,国际形势千头万绪,什么都议也不行,鸡毛蒜皮可以不管。要抓重点,抓要害。现在北边苏修磨刀霍霍,会不会向我们发动大规模进攻?南边美国虎视眈眈,会不会把侵略越南的战火向中国烧?这是关系党和国家安危的大事,我们要做出明确回答,不能模棱两可,含糊其词。总理的指示很重要:第一,脑袋里不要有框框;第二,要密切注意世界战略格局的发展变化。一次议不出名堂,就多议几次。由向晖同志做记录,议有所得,加以整理,再请大家复议。意见比较一致,上报总理。总理为我们把关。如果总理认为有可取之处,他会呈送主席参考。讨论的过程和内容要保密,这是总理规定的纪律,大家都要遵守。

陈总讲完"开场白",4位老帅一个接一个地发言,毫不冷场。他们没有稿子,没有提纲,侃侃而谈,高瞻远瞩,语言生动,条理分明,显然事先都作了认真准备。这年叶帅72岁,聂帅70岁,陈总和徐帅都是68岁,但他们精神都很好,连续讨论3个半小时,中间不曾休息。此后每次开会,他们都提前几分钟到达。讨论的次数也超过了预先计划的次数,有时星期天也开会讨论。从6月7日至7月10日,他们进行了6次共19小时的讨论,并写出了第一次书面报告,题为《对战争形势的初步估计》,由陈总定稿,上报总理。

……

在《对战争形势的初步估计》中,四位老帅全面分析"中、美、苏三大力量之间的斗争",指出反华大战不致轻易发生,判定中苏矛盾大于中美矛盾,美苏矛盾大于中苏矛盾,明确提出"苏修扩张是挤美帝的地盘","它们的斗争是经常的,尖锐的",从而勾画出刚刚形成并延续10余年的国际战略格局,为打开中美关系提供了依据。从7月29日至9月16日,四位老帅对相继发生的重大新情况又进行了10次共29个半小时的讨论,概述如下:

(一)7月11日,苏联外长葛罗米柯在最高苏维埃作报告,一方面倡议苏美举行最高级会晤,以发展两国间的"广泛合作",并在国际问题上"寻求一致的立场";一方面大肆攻击中国。7月21日,美国和柬埔寨恢复代办级外交关系(1965年柬国家元首西哈努克因美对柬进行军事威胁和政治挑衅,宣布与美绝交)。同日,美国国务院宣布:放宽对美国旅游者购买中国货物的限制;放宽美国公民去中国旅行的限制。7月25日,尼克松在观看了美国首次进行登月飞行的宇宙飞船"阿波罗"号返回舱溅落后,在关岛发表谈话,承认在越南战争中"受挫",宣布将在印度支那收缩兵力,使战争"越南化"。7月26日,尼克松动身访问菲律宾、印尼、南越、泰国、巴基斯坦和罗马尼亚。就在这一天,发生两件事：（1）苏联外交部第一副部长突然约见我驻苏代办，面交苏联部长会议给中国国务院的内部声明（未公布），要求举行中苏高级会谈。（2）西哈努克派人见我驻柬大使，面交美国参议院民主党领袖曼斯菲尔德6月17日写给周总理的信，要求访华，会见周总理或其助手，信中说，中美"20年长期交恶"不应继续下去了。

　　4位老帅立即进行研究。叶帅说，美帝不得不从南越逐步撤军，苏修却在大力推动建立"亚洲安全体系"，尼克松访问亚洲五国，是怕苏修接管"真空"。同时，曼斯菲尔德乘美、柬复交转来信件，苏修可能侦悉此事；美国国务院宣布"两个放宽"，步子虽然不大，但表明尼克松想拉中国、压苏修。聂帅说，葛罗米柯反华的调子那么凶，刚刚半个月，就来个180度大转弯，要求举行中苏高级会谈，它是害怕中美和缓。徐帅说，尼克松访问罗马尼亚，在东欧会引起连锁反应，苏修怕后院出问题，不得不向我们递出橄榄枝。陈总说，"20年长期交恶"，真是慨乎言之！美国人可以上月球，就是接近不了中国，接近中国比登天还难，这是美帝自己造成的。现在美帝憋不住了，苏修也憋不住了，它们的矛盾不可开交，都向中国送秋波，都向对方打中国牌。局势到了转折关头，后面还会有文章，我们要继续观察，必要时向中央提点参考性的建议。

　　（二）据外电报道：（1）尼克松在出访中，多次表示美国准备开始同北京交往，反对苏联建立"亚洲安全体系"。并说，如果让中国继续处于"孤立"状态，亚洲就不能"向前进"。他出访罗马尼亚时强调不应孤立中国，并称，美国愿意同苏联和中国都建立友好关系。回国后，尼克松表示，明年春天以前不再出国。外电评论，这意味着尼克松不愿匆忙与苏联举行最高级会晤。一家英国报纸认为，尼克松此次出访6国，是要利用中苏矛盾，改善欧洲局势。（2）8月8日，美国国务卿罗杰斯在堪培拉发表演说，声称，"台湾的中华民国和大陆上的共产党中国都是生活中的现实"，"大陆中国终有一天会在亚洲和太平洋事务中起重要作用"，"这就是我们在一直寻求打开来往渠道的一个原因"。（以上各点，以及美国宣布在有关中国问题上两个"放宽"，新华社均未报道）。（3）原定1968年5月举行的"中苏国境河流第十五次航行例会"，因苏方破坏，延至1969年6月18日至8月8日在苏联伯力举行。8月11日新华社报道："中国代表团本着开好会议、解决问题的精神，同苏方进行了耐心的协商，就中苏国境河流航行的某些具体问题达成了协议，并签订了会议纪要。"（我代表团未带密码，八岔岛事件后，苏修在伯力搞示威游行，他们打电报要求回来。总理指示用明电回答，要沉住气，争取达成一两条协议）。

　　4位老帅讨论时认为：（1）在总理指导下，就中苏国境河流航行达成若干协议，具有重要意义，一方面可以驳斥苏修说我"好战"的谰言，表明我在坚持原则下谋求和缓；另一方面使美国担心中苏改善关系，有利于增强我在对美斗争中的地位。（2）美要利用中苏矛盾，苏要利用中美矛盾，我应有意识地利用美苏矛盾。苏渴望同美举行首脑会晤，尼克松迄今未同意。苏要同我举行高级会谈，目的之一是想捞取资本压美。它知道我不会当砝码，因此没有声张。我不宜急于表态，以免造成我屈服于其武力威胁的错觉。可拖些时候答复，指出举行高级会谈条件不成熟，可举行部长或副部长级会谈，只谈中苏边界问题。苏坚持顽固立场，谈判难以有成果，但抓住和谈旗帜对我有利，力争避免边界武装冲突，维持较正常的国家关系对我有好处，这也可加快美接近中国的步伐。（3）对曼斯菲尔德的访华要求不予置理。美急于同我接触，我应保持高姿态，再憋它一个时候。第135次中美大使级会谈原定1968年5月28日举行，由于美扩大侵越等，我借故三次延期。中苏边界谈判开始后，可恢复华沙谈判。

（三）4位老帅的建议未及写出，局势出现重大变化：（1）8月13日，我外交部照会苏联驻华大使馆，指出该日上午苏军侵入新疆裕民县铁列克提地区制造新的流血事件，中国政府为此向苏联政府提出强烈抗议。（2）8月15日，《人民日报》以《苏修头目声嘶力竭发出反华战争叫嚣》为题，刊载新华社的报道说："勃列日涅夫诬蔑中国'策划武装冲突'，叫嚷要'把防御能力保持在最高水平'，猖狂地对我国进行战争威胁。苏修军事头目格列奇科、雅库鲍夫斯基更是歇斯底里地叫嚷什么'军事威力'，公然威胁要进行核战争。""最近，苏修在中苏、中蒙边境地区不断大量增兵，并且肆无忌惮地不断进行各种'军事演习'。目前，苏修还在接近中国边境的地区赶修战略公路和铁路"，"把住在靠近中苏边境的苏联居民赶走，沿边界线建立一条宽达20公里的无人地带"。（3）8月16日，《人民日报》以《苏修美帝紧锣密鼓大搞反革命全球勾结》为题，刊载新华社的报道说，"对于苏修的步步加紧反华，尼克松政府欢迎唯恐不及"，"苏修叛徒集团抛出的所谓'亚洲集体安全体系'的黑货"，"苏修这个黑货也是同尼克松近年来一直在鼓吹的加紧拼凑反华军事联盟、用亚洲人打亚洲人的罪恶阴谋遥相呼应的"。（4）8月18日，外电报道苏驻美大使馆一官员询问美国一专家："如果苏联袭击中国核设施，美国将作何反应？"8月27日外电报道，美国中央情报局局长赫尔姆斯向记者透露，"苏联可能就它对中国的核设施发动先发制人的打击问题，向其东欧共产党同伙进行试探"。（5）8月28日，苏联《真理报》发表编辑部文章恶毒反华，诬我对苏进行武装挑衅，要求全世界在为时不太晚之前认识到中国的危险，并说："在当前拥有最现代化的技术、有效的致命武器和发射这些武器的现代化手段的条件下，如果爆发战争，哪一个大陆也不能幸免。"（6）8月28

日，中共中央下达加强战备的命令，包括赶修防核工事，但未公布。

4位老帅讨论时，一致认为：（1）在《对战争形势的初步估计》中提出的看法没有错，苏修不会发动大规模侵华战争。（2）中央决定加强战备非常必要，无论何时都不能放松战备，要立足于打，有备无患。（3）毛主席说，中央领导同志都集中在北京不好，一颗原子弹就会死很多人，应该分散些，一些老同志可以疏散到外地。主席从最坏处打算，我们拥护。

4位老帅还反复研究万一苏修对我发动大规模战争，我们是否从战略上打美国牌。叶帅说，魏、蜀、吴三国鼎立，诸葛亮的战略方针是"东联孙吴，北拒曹魏"，可以参考。陈总说，当年斯大林同希特勒签订互不侵犯条约，也可以参考。姚广汇报指出，外交部研究了尼克松的对华政策，已上报中央。概括起来，就是：玩弄"遏制不予孤立，压力加劝说"的既定两手方针，把中国看作潜在威胁，对台湾问题一直不松口，加紧对我军事包围，同时搞些假和缓姿态，意欲做一张牌压苏修；希望同我接触，妄图软化我们，争取喘息时间，消除"潜在威胁"。姚广还说，外交部主要领导同志希望4位老帅向中央提建议时，可以原则上讲要利用美苏矛盾，如何利用，不宜具体。在美、越和谈期间，恢复中美大使级会谈也不适宜。

陈总说：外交部的老同志关心我们，怕我们又犯"右倾"错误。我们尊重外交部领导同志的意见。

（四）胡志明主席于9月3日逝世。越南党和政府决定9月9日举行国葬和追悼会。以周总理为团长、以叶帅为副团长的中共代表团于4日到河内吊唁，当晚回国。外电猜测，周总理此行是为了避免与参加胡志明葬礼的苏联领导人见面。9月8日，李先念副总理率领中国党政代表团去河内，9日在胡志明追悼会上未与苏联党政代表团团长柯西金交谈，10日回京。柯西金通过越方向我方传话，希望路过北京时在机场会晤周总理。越方因故延误，苏驻华代办向我外交部紧急提出，经报毛主席同意后，柯西金已离越回到塔吉克首府杜尚别（现为塔吉克斯坦共和国首都——编者注），知我答复后绕道于9月11日上午9时许飞抵北京，周总理在机场同他会谈。新华社11日发布低调的简短消息："国务院总理周恩来今天在首都机场会见了从河内参加胡志明主席葬礼回国途经北京的苏联部长会议主席柯西金。双方进行了坦率的谈话。"

9月13日，4位老帅集体阅读了周总理同柯西金的谈话记录。总理谈话的要点是：

（1）理论和原则问题的争论，不应影响两国的国家关系。两国的问题，只要心平气和地处理，总可找到解决办法。

（2）在边界冲突问题上，中国是被动的。今年发生冲突的地方都是争议地区。你们说我们要打仗，我们现在国内的事情还搞不过来，为什么要打仗？我们领土广大，足够我们开发，我们没有军队驻在国外，不会侵略别人，而你们调了很多军队到远东。你们说我们想打核大战，我们核武器的水平，你们清楚。你们说，你们要用先发制人的手段摧毁我们的核基地，如果你们这样做，我们就宣布，这是战争，这是侵略，我们就要坚决抵抗，抵抗到底。

（3）中苏之间的原则争论不应妨碍两国关系正常化，中苏不应为边界问题而打仗。中苏边界谈判应在不受任何威胁的情况下举行。中苏双方先应就维持边界现状，避免武装冲突，双方武装力量在边界争议地区脱离接触的临时措施等问题达成协议。

此外，双方还就重派大使，恢复两国间政务电话，扩大贸易及改善通车通航等问题达成协议。周总理并告诉柯西金，准备恢复中美大使级谈判。

在讨论时，4位老帅认为，总理对柯西金的谈话很典范，充分体现了主席的战略和策略。现在柯西金屈尊就教，主要原因是想同我们缓和一下，借中国压美帝，同时也摸摸我们的底。总理请他吃了一顿饭，同他恳切地谈，称他为同志，还转达主席对他的问候，这是高姿态。美国情报部门限期搜集柯西金在中国3小时的详细情况。可见美帝很着急。尼克松一定会急起直追。陈总说，中苏首脑会谈震动全世界。一旦举行中美首脑会谈，一定更会震动全世界。

（五）为时不久，战争的空气又甚嚣尘上。对柯西金北京之行，有些人认为是苏修大举侵华前施放的烟幕，有如珍珠港事变前日本派特使来栖去美迷惑罗斯福。根据是：（1）柯西金在同周总理谈话中，并未否认苏修向我挥舞核武器，更未保证今后不向我发动核战争。（2）柯西金返回莫斯科时，苏修的主要头目均未出场，只派二三流人物到机场接。说明柯西金所作的若干缓和承诺不代表苏修政治局的意见。（3）外电报道，9月10日苏联驻联合国代表团一位成员对美国一位代表说，苏联在军事上具有对中国的压倒优势，如果中国对苏联的敌对态度继续下去，一场军事较量无法避免。（4）9月12日《人民日报》在题为《核讹诈救不了新沙皇的命》的文章中揭露，苏国防部第一副部长扎哈罗夫说，苏"战略火箭部队""随时准备立即行动"，"出其不意地进行打击"，"使敌人措手不及"。（5）9月16日，伦敦《新闻晚报》刊载苏联"自由撰稿者"，经常透露苏联重大决策的维克托·路易斯的文章。文中说，如果中苏爆发战争，"世界只会在战争爆发以后才会知道"，并说，苏可能对新疆罗布泊的核试验基地进行空袭。

4位老帅紧急讨论后，写出《对目前局势的看法》，由陈总定稿，9月17日报送周总理。

4位老帅在《对目前局势的看法》中首先指出："国际阶级斗争错综复

杂，中心是中、美、苏三大力量的斗争。目前压倒一切的问题是苏修会不会大举进攻我国。正当苏修剑拔弩张，美帝推波助澜，我国加紧备战的时候，柯西金突然绕道来京，向我表示希望缓和边境局势，改善两国关系。其意何居，值得研究。"然后，提出以下几点：

（一）"苏修确有发动侵华战争的打算"，"苏修的战略目标是同美帝重新瓜分世界。它妄想把我国纳入其社会帝国主义的版图"。"最近苏修变本加厉地制造反华战争舆论，公然对我进行核威胁，阴谋对我核设施发动突然袭击"，表明"苏修领导集团中的一批冒险分子，想乘我国文化大革命尚未结束，核武器尚在发展，越南战争尚未停止时，依靠导弹和'乌龟壳'，对我打一场速战速决的战争，幻想把我搞垮，消除其心腹大患"。

（二）"苏修虽有发动侵华战争的打算，并且作出了相应的军事部署，但它下不了政治决心"，因"对华作战是有关生死存亡的大问题，苏修感到并无把握"。"苏修对侵华战争的决策，在很大程度上取决于美帝的态度。迄今美帝的态度不但未能使它放心，而且成为它最大的战略顾虑"。美帝"绝不愿苏修在中、苏战争中取胜，建立资源、人力超过美帝的大帝国"，"美帝多次表示要同中国改善关系，这在尼克松访问亚洲前后达到高潮"，苏修"生怕我国联合美帝对付它。7月26日尼克松出访亚洲的第一天，苏修迫不及待地向我方交出其部长会议给我国政府的声明，充分表现了苏修惶惑不安的心情"。"它对中、美可能联合的担心，增加了它大举进攻我国的顾虑"。文中还列举其他"种种因素"，判定"苏修不敢挑起反华大战"。

（三）"柯西金的北京之行"，是"基于反革命实用主义的需要，试图改变对我国的战争边缘政策，打出和谈旗帜，借此摆脱内外困境"，并"探询我方意图，作为苏修决策的依据"。"估计苏修可能同我谈判，要我基本上按照它的主张暂维边界现状或解决划界问题；在继续反华的同时，缓和并改变同我国的国家关系，以便争取时机，堵塞国内漏洞，稳定东欧形势，巩固和扩展在中东及在亚洲等处的阵地；特别是想利用对我国的反革命两手政策，在同美帝的争夺中，增加一点资本，求得一些主动"。

（四）"周总理会见柯西金的消息，轰动了全世界，使美帝、苏修和各国反动派的战略思想发生混乱"。"我们坚持打倒美帝、苏修，柯西金反而亲来北京讲和，尼克松反而急于同我们对话，这都是中国的伟大胜利"。"在中、美、苏三大力量的斗争中，美对中、苏，苏对中、美，都要加以运用，谋取他们最大的战略利益。"而我们"对美、苏进行针锋相对的斗争，也包括用谈判方式进行斗争。原则上坚定，策略上灵活"。"苏修要求举行边境会谈，我已表示同意；美帝要求恢复大使级会谈，我也可以选择有利时机给予答复。这种战术上的行动，可能收到战略上的效果。"

在这个报告定稿后，陈总提出他对打开中美关系的设想。

陈总说，这个报告，主要是分析柯西金来华意图和苏修会不会大举进攻我国的问题，对恢复华沙中美大使级会谈没有多讲，只从战略意义上点了一笔。关于打开中美关系，我考虑了很久。华沙会谈谈了十几年，毫无结果，现在即使恢复，也不会有什么突破。我查了资料：1955年10月27日，我们提议举行中美外长会议，协商解决缓和与消除台湾地区紧张局势问题。1956年1月18日和24日，我外交部发言人两次发表声明，指出：中美大使级会谈已经证明不能解决像缓和消除台湾地区紧张局势这样重大的实质问题，必须举行中美外长会议才是解决这个问题的切实可行的途径。这一重大建议被美国拒绝。现在情况发生变化，尼克松出于对付苏修的战略考虑，急于拉中国。我们要从战略上利用美、苏矛盾，有必要打开中美关系，这就必须采取相应的策略。我有一些"不合常规"的想法：

第一，在华沙会谈恢复时，我们主动重新提出举行中美部长级或更高级的会谈，协商解决中美之间的根本性问题和有关问题。我们只提会谈的级别和讨论的题目，不以美国接受我们的主张为前提。我估计美国会乐于接受。如果我们不提，我估计美国也会向我们提出类似的建议。如果这样，我们应该接受。

第二，只要举行高级会谈，本身就是一个战略行动。我们不提先决条件，并不是说我们在台湾问题上改变立场。台湾问题可以在高级会谈中逐步谋求解决，还可以商谈其他带战略性的问题，这不是大使级会谈所能做到的。

第三，恢复华沙会谈不必使用波兰政府提供的场所，可以在中国大使馆里谈，以利保密。

陈总说，他决定将这些"不合常规"的设想向总理口头汇报。

……

1971年7月9日至11日，尼克松派他的国家安全事务助理基辛格秘密来京，周总理同他会谈，叶帅以中央军委副主席的名义协助，总理让我作为他的助理参加。7月16日双方同时发表公告，宣布周总理代表中国政府"邀请尼克松总统于1972年5月以前的适当时间访问中国"，"中美两国领导人的会晤，是为了谋求两国关系正常化，并就双方关心的问题交换意见"。

事后，我对叶帅说，实践证明，4位老帅1969年对国际形势的判断是正确的。叶帅说：当时九大政治报告刚发表，主席指定我们研究国际形势，我们很不理解，总理作了指示，我们才明白主席的深意。我们共同提出了书面看法，陈总向总理口头汇报了他对打开中美关系的设想。这些看法和设想事关重大。

美国长期敌视中国，苏联又不断挑起边界冲突，国际斗争错综复杂，主席在慎重考虑、反复观察之后才作出决定，这个决定是不容易的。可惜陈总患了癌症，大概看不到尼克松访华了。

我到301医院看望陈总，他对中美关系终于打开感到兴奋。他说：尼克松为了美国的利益，居然比我的设想更"不合常规"，这倒出我意外。陈总还说，只有主席才会下这个决心，只有主席才敢于打美国这张战略牌。主席下了这着棋，全局都活了。[1]

与尼克松握手

1970年国庆节，毛泽东特意同美国记者、中国人民的老朋友斯诺一起在天安门城楼上合影，向大洋彼岸发出意味深长的信号。

同年12月18日，毛泽东又会见斯诺，同他进行长时间的谈话，表示："如果尼克松愿意来，我愿意和他谈。谈得成也行，谈不成也行；吵架也行，不吵架也行；当作旅行者来也行，当作总统来谈也行。总而言之，都行。"

与此同时，美国总统尼克松也从自身的战略需要出发，向中国作出种种试探。

1972年2月21日上午11时30分，美国总统尼克松的专机抵达中国首都北京。2月21日下午，毛泽东会见尼克松。这标志着一个充满敌意的时代的结束，一个新的友好的时代从此开始。

外交部外交史编辑室在《打开中美关系的历史进程》一文中写道：

基辛格在飞往北京的旅途中就向乔冠华表示，他想在午后3时单独会见周总理，谈谈活动安排问题。尼克松表示他要同毛主席谈哲学问题。在客人刚吃完午饭不久，毛主席突然决定，要立即会见尼克松。下午2时许，周总理急忙亲自找基辛格说，毛主席想很快见到尼克松总统，并问美方谁一同去。基辛格答，他去，让洛德去作记录。基辛格报告尼克松后，即去中南海。

2时40分，毛主席在他书房里会见了尼克松。中方参加会见的有周恩来、翻译唐闻生、记录王海容；美方在场的有基辛格和记录洛德。这次会见因毛主席大病初愈，时间不长，到下午3时50分即结束。谈话时间虽短，但谈笑风生，寓意深刻。毛主席向尼克松表示欢迎和寒暄后风趣地说："今天你在飞机上给我们出了一个难题，要我们谈的问题限于在哲学方面。"尼克松即说："我之所以这样说，是因为读了主席的诗词和讲话，我知道主席是一位思想深刻的哲学家。"毛主席指着基辛格说："他是博士，今天主讲要看他。"基辛格马上说："我过去在哈佛大学教书时，指定我的学生要读主席的文选。"毛主席说:"我那些东西算不得什么。"尼克松称赞说:"主席的著作感动了全国,改变了世界。"毛主席说:"没有改变世界,只改变了北京附近几个地方。"接着说:"我们共同的老朋友,就是说蒋委员长,他不赞成。他说我们是'共匪'。其实我们跟他做朋友的时间比你们长得多。"主席话锋一转,很自然地引出了台湾问题。

然后,毛主席又转向基辛格说:"你跑中国跑出了名嘛,头一次来,公告发表以后,全世界都震动了。"基辛格很得体地称赞了尼克松的大胆决策。毛主席又幽默地说基辛格:"他不像个特务。"实际是称赞他秘密访华的保密工作做得好。尼克松笑道:"但只有他能够在行动不自由的情况下去巴黎12次,来北京1次,而没有人知道——除非可能有两三个漂亮的姑娘。"基辛格忙解释:"她们不知道,我是利用她们做掩护的。"毛主席问:"是在巴黎吗?"尼克松又说:"凡是能用漂亮姑娘作掩护的,一定是有史以来最伟大的外交家。"毛主席反问:"这么说,你们的姑娘常被利用啊?"尼克松申辩说:"他的姑娘,不是我的。如果我用姑娘作掩护,麻烦可就大了。"周总理点上一句:"特别是大选的时候。"引起大家哈哈大笑。

接着大选的话题,毛主席说:"讲老实话,这个民主党如果再上台,我们也不能不同他打交道。"尼克松说:"这个我们懂得,我们希望我们不会使你们遇到这个问题。"毛主席爽朗地说:"你当选我是投了一票的。"尼克松说:"我想主席投我一票是在两个坏家伙中间选择好一点的一个。"毛主席说:"我喜欢右派。人家说你们是右派,你们共和党是右派。""我比较高兴这些右派当政。"尼克松说:"我想重要的是,在美国,左派只能夸夸其谈,右派却能做到,至少目前是如此。"

随后在谈到这次会晤的历史背景时,毛主席说:"是巴基斯坦总统把你介绍给我们的。当时,我们驻巴基斯坦的大使不同意我们同你们接触。他说,尼克松总统跟约翰逊总统一样坏。不过我们是不大喜欢从杜鲁门到约翰逊你们这几位总统。中间有8年是共和党任总统。然而在那段时间,你们也没有想通。"尼克松说:"主席先生,我知道多少年来我对人民共和国的态度是主席和总理完全不能同意的。把我们带到一起来的是,认识到世界上出现了新的形势。在我们这方面还认识到,事关紧要的不是一个国家内部的哲学,主要是它对世界其他部分和对我们的政策。"

尼克松想接着谈中国台湾、越南、朝鲜、日本、苏联等问题,毛主席打断他的话说:"这些问题我不感兴趣,那是他(指周总理)跟你谈的事。"接着说:"来自美国方面的侵略,或者来自中国方面的侵略,这个问题比较小,也可以说不是大问题,因为现在我们两个国家不存在打仗的问题。你们想撤一部分兵回国,我们的兵也不出国。所以我们两家也怪得很，过去22年总是谈不拢，现在从打乒乓球起不到10个月，如果从你们在华沙提出建议算起2年多了。""我们办事也有官僚主义，你们要搞人员来往这些事，搞点小生意，我们就是死不干，包括我在内。后来发现还是你们对，所以就打乒乓球。"

随后毛主席说，"你们下午还有事"，"吹到这里差不多了吧"。

这时，尼克松又说，他这次应邀来访是冒了很大风险的。作出这个决定实属不易。他还表示：他读过毛主席的一些著作，懂得"只争朝夕"。毛主席指着基辛格说"只争朝夕就是他"。"大概我这种人放空炮的时候多。无非是全世界人民团结起来，打倒帝、修、反，建设社会主义这一套。"尼克松微笑着说："就是像我这样的人，还有匪徒。"毛主席说："就个人来说，你可能不在打倒之列。可能他（指基辛格）也不在内。都打倒了，我们就没有朋友了嘛。"最后，毛主席也称赞尼克松的《六次危机》写得不错。尼克松说："你读得太多了。"毛主席说："读得太少，对美国了解太少了，对美国不懂。要请你派教员来，特别是历史和地理教员。"然后他又说："我跟早几天去世的记者斯诺说过，我们谈得成也行，谈不成也行，何必那么僵着呢？一定要谈成。""一次没有谈成，无非是我们的路子走错了。那我们第二次又谈成了，你怎么办啊？"这时双方已经站了起来，尼克松握着毛主席的手说："我们在一起可以改变世界。"毛主席对尼克松这句话未置可否，只说："我就不送你了。"

嗣后，基辛格单独与周总理商定了会谈安排和发布毛主席会见尼克松的消息问题。下午6至7时举行双方全体会议，商讨和宣布了会谈办法和公报的形式与内容。会上，周总理很艺术和自然地解释了毛主席突然会见和没有让其他美国客人参加的原因。[2]

当年在毛泽东身边担任医护工作的吴旭君认为，在打开中美关系上，毛泽东走了五步高棋。她说：

第一着棋：毛主席放了个试探气球。

毛主席要向世界表明他的新姿态。这个新姿态就是在1970年10月1日，主席把美国记者埃德加·斯诺夫妇请上天安门，并让他们站在自己身边。一同分享中国人民的伟大领袖所享有的无上的荣耀与崇敬。

在当时的"无产阶级文化大革命"中，在与美帝国主义相互敌视、谩骂了二十几年中，这个举动的确非同寻常，也只有毛主席能这么干，换任何一个人都是无法想象的。

1970年10月1日上午，去天安门之前，在中南海游泳池主席的住处，我们帮他穿衣服的时候，他的心情显得格外激动。他说："今天要接待老朋友美国作家斯诺和他的妻子。"

上车之后,他便什么也不说了,正襟危坐,两眼注视着前方。他坐在后排坐的右侧位,我和张玉凤坐在他旁边,徐业夫机要秘书和周福明同志则坐在中排的副座上,前排还有司机张正吉同志和贴身警卫。车从中南海东门出来,向东开去,在故宫的午门前向南一直开到天安门城楼下面。几位中央的常委都已经在那儿等主席。他一下车,大家便一同步入电梯(全国解放初期,并没有电梯,那时上天安门要步行拾级而上)。我们出了电梯,登上天安门城楼,就在主席临近观礼台的石阶时,正是北京时间上午10点整。这时,广场四面八方的高音喇叭里传出《东方红》那激动人心的乐曲声,广场上和东西两侧的观礼台上立刻沸腾了,"毛主席万岁"的欢呼声,响彻云霄。

主席在天安门城楼上缓步向观礼台正中央走,边向两边的贵宾招手致意。我当时跟着他,心里紧张极了,眼睛不停地环顾四周及地上,怕地上的电线绊着他,怕哪儿冒出个台阶,还要注意两边的贵宾情况。也不知什么时候,斯诺夫妇出现了,主席和他们夫妇并排站在观礼台的正中央。

从观礼台向下看去,那是一片红旗的海洋,也是群众的海洋,声情沸腾的海洋。

观礼结束,我们带着天安门的热闹回到中南海主席的住处。这里安静极了,简直判若两个世界。

主席更完衣,脸上仍然泛着红光,心里的激情仿佛还在燃烧着。我趁他高兴,就问:

"主席,斯诺是老朋友,但他不过只是一个外国记者,为什么你给他那样好、那么高的待遇?"

要知道,在我印象中,这是破天荒头一次呀。

主席笑了。他说:"醉翁之意不在酒。我先放个试探气球,触动触动美国的感觉神经。"

新中国成立后,美国对中国实行经济封锁、军事包围的政策,企图置年轻的中华人民共和国于死地。美国先后发动了朝鲜战争,武装台湾并在台湾海峡进行挑衅,以及发动越南战争。在外交上美国也同样实行孤立中国的政策。中国也针锋相对,坚持反对美国的霸权主义,同时在任何外交场合对美国人也采取同样的态度。但是,这一切是在中苏友好的背景下,是苏、美冷战最激烈的年代。

然而,历史发展到60年代中期前后,发生了变化。特别是1969年3月珍宝岛事件之后,苏联在中苏边境陈兵百万,两国不断交火。这一切都触动了大洋彼岸的美国政治家的敏感神经,当时的美国总统尼克松决心走向一个"新世界"。他认为国际风云的变幻将存在着美、中、苏三国均衡的新局面产生的可能性。这样一个世界是否正是毛主席的设想呢？这样一个局势的存在是不是对中国更有利呢？

中华人民共和国的成立，向世界庄严地宣告，任人欺凌和宰割的时代将一去不复还了！新中国将会以巨人的实力出现于世界之林！于是，毛泽东自豪地着手开始了由新民主主义过渡到社会主义的一系列建设，与此同时，他努力开展和创造一个良好的国际环境为中国的建设服务。可是，事与愿违，他幽默地说："你想一心一意地搞建设吗？偏不让你搞。世界上的事有时是不能按自己的主观意志去行事的。那好，要斗就斗，奉陪到底，边斗边搞建设。"毛泽东受不了这种欺辱，不管是50年代来自美帝国主义的，或是60年代来自苏联老子党的。毛泽东认为这两个大国都没有把他放在眼里，更没有把新中国存在的价值和深远的意义予以重视，这些都深深地刺痛了他。作为中国人、中国人民的领袖，他对我说："我咽不下这两口气。彻底的唯物主义者是无所畏惧的！不能让别人牵着鼻子走，既要对付正面的敌人，还要防止背后射来的冷箭，所以，看来我得像鲁迅说的那样，我也得横过身来战斗，才能有效地进行两面出击。一手对付美国，一手对付苏联。"显然，毛泽东懂得，这样横着站久了是吃不消的，何况，这仅仅是一种手段而不是目的。如果能够采取主动利用美苏之间的矛盾，使我们自己从中获得主动，岂不更好？主席虽然从没有这样明确地对我说过，但他决心改变中美关系的事实正是如此，使中国在不利于自己的世界环境中争取主动，发展自己。

第二天，10月2日，各大报纸都在头版显著位置刊登了主席和斯诺在天安门城楼上的照片。

第二着棋：火力侦察。

国庆节后的两个多月，时间是1970年12月18日，毛主席又与斯诺进行了一次长谈。这是第五次谈话，也是最后一次。

第二天下午，我照例去和他谈"参政"。这是从1957年开始的，主席曾告诉我，你的知识面要广，不要只限于搞医疗护理工作，要关心国内外大事，要认真看《参考消息》，要善于摆出自己的观点等。从这时候起，我便有意识地多注意《参考消息》中的一些事，和主席见面时有时也谈谈。后来一直延续到了60年代初，自从主席让他的国际问题秘书林克同志深入到基层去搞社会调查之时起，主席就要求我学着搞些国际问题，兼做部分国际问题秘书的工作，比如，他给我专门订了一份中文版的《参考资料》，后来又增订了一份英文版的 *News* 供我阅读，每天必须去向他汇报；在他接见外宾时，主席有时认为需要，专门批准我可以留在现场聆听他和外宾的会谈内容；有时主席还给我看一些外交部和中联部的有关文件；有时他让我和他一起读英文；有时他让我骑着自行车去西花厅把文件直接交给周总理等。我深知他老人家的苦心，是想让我这个新手的功底打得厚实些，因此，我也很努力地在攻克这个新堡垒。

我们看的"参考"分两种。一种是现在一般人都可以看到的小开张的《参考消息》；另一种是《参考资料》其内容比前者多，是供首长们看的，有上午版、下午版各一本，还有一本是国际共产主义运动，每天定时送来新出版的当天资料，这三本加起来可能不止十几万字。从此，我便开始每天把《参考资料》当成教科书一样认真阅读，然后，每天找到适当的时间去向主席汇报。在交谈中，我发现他对国际上每个国家以及每个地区的问题了如指掌，非常熟悉，来龙去脉讲得头头是道。我问他："主席，外交方面的事已经分工有人管了，你还这么操心干吗？"

主席说："我一直没有放松对国际问题的关注，当个主席哪能只顾国内不顾国外，要兼顾。以后，我要多抓抓国际外交上的大事，否则，时间就来不及了。你以后在这些方面也要多看些东西和我多交谈，我们就有共同语言了。"

从50年代末到70年代，在主席的言传身教之下，我已经多少学会了一点从《参考资料》中看出点国际上的重要问题、微妙问题、苗头问题，并且知道在哪一个时期、主席关注哪些问题。

这天下午我进了游泳池的大厅，主席正在看书，我说："主席，你休息一会儿吧！"

一般他不想跟人讲话，他就继续看书，要是他想讲话，就抬起头来看你一眼，听听你讲什么，感不感兴趣。我给他讲了一段参考消息。然后我说：

"昨天你和斯诺谈了那么长时间，一定很累吧？"

主席放下手里的书说："我和斯诺谈话不累。别看他是个高鼻子，我们早就有交往，比较熟悉，深谈过多次。从1936年在陕北时，这个年轻的外国记者就闯进了中国红色政权首府的所在地，他在那里自由自在地转了好几个月，后来他还写了本《西行漫记》呢。让外国人对外国人进行宣传，这种做法，有时说服力比我们自己在那里吹作用还大呢。"

"1939年他又来见我时，他能针对当时国共合作中的问题站在共产党的立场上作宣传，表明澄清当时的舆论混乱。这种做法我是欣赏的。所以我和他谈了抗日战争中我们党的内外政策，并且作好了打持久战的准备，一直打到中国取得全面胜利。当时我还对我们的邻国日本向他作了深刻的分析。我告诉他，'害人之心不可有，防人之心不可无啊。'"

如果主席把书放在茶几上，不停地讲话，连烟都忘了抽，这说明他谈兴正浓。我过去把他脑后那个落地灯关了，免得灯烤他。我说："斯诺对中国革命是有所了解的了？"

"不只是了解皮毛，而是有比较深入的接触。"

"四五十年代你们来往过吗？"

"没有，各忙各的。新中国刚成立就忙抗美援朝，搞第一、第二个五年计划。那时真正是百废待兴，要做的事堆成山。我们刚推翻三座大山，前面又出现无数的山等着去推平，这就是历史。"说到这儿，他咯咯地笑起来，好像历史在跟他闹着玩似的，告诉他过了这个山就到平原了，可好不容易翻过去，发现前面还是山，主席看着这些山只好笑了。

"主席，你们又相见是什么时候，我怎么想不起来啦？"

"就在我们的困难时期，1960年。那次我和他谈了9个小时，谈了我们分别20年来中国发生的重大变化，也谈到了中国的未来。他受到了新中国变化的震动，在我们分别的时候，他认为这次是满载而归的。我想大概差不多，否则他写不出《大河彼岸》这本书的。"

我开玩笑地说："知我者，斯诺也。"

主席说："非也。"

我说："是也。我记得1964年国庆节后到1965年初，在那段时间里，你又见了斯诺，谈的内容相当广泛对吗？"

"那是，谈了举世闻名的中苏、中美关系，还和他提到'第三世界'的问题。从1960年到1964年只有17个国家承认了中华人民共和国。看来中国不被别人了解而受到冷淡。可是世界总不能永远让美苏一直霸占下去，我们的革命道路与经验对'第三世界'是有用的，这个工作需要做。另外，还谈了原子弹。我们一定会有的。联合国也一定要进去的，但我们需要时间。"

"主席，我发现了你一个秘密。"我说，"你为什么对斯诺那么感兴趣，并且把这种友谊保持了40年之久。我想试着猜猜主席的用心可以吗？"

主席听了我的话，眼睛一亮，显得有些意外，他歪着头看着我，然后笑着说："请讲。"

我说："你是在放长线钓大鱼呢。我发现你每次和斯诺的交谈都是为着实现某个远大的目标而展开的，并不是为了让他单纯地了解你，而是通过让他对你的了解逐步深入地理解、消化中国为什么要革命和中国如何搞革命，以及中国共产党领导的重要性等。再通过他去向世界介绍、宣传新中国，而斯诺对中国的知晓，以及得到主席如此这般地信任与厚爱，在世界上又会产生非同一般的反响。在斯诺的身心里接受到你身上放射出的吸引力，吸住他向往中国并乐于为中国办事。"说到这儿，我有点儿不好意思地问："我讲得对不对？"

"请接着讲。"

我说："你在许多结识的青年人中选中斯诺这个思维敏捷，有头脑，有抱负，能说会道的对手，你们谈得废寝忘食，谈得投机，亲如兄弟，使你们的友谊很自然地得以发展，结果把世界的注视从四面八方引到中国来。"

"看来你是读过斯诺的书喽？"

"读过，没研究过。我是在说你对斯诺的研究呢。"

"接着讲。"

"身为记者的斯诺有职业特权在各阶层人士中穿梭，与持不同观点的大大小小人物交谈。选这样一个人为中美关系公开牵线搭桥比任何人都合适。他熟悉中国，又了解美国，办得成就办，办不成小事一桩，不犯太多的嫌疑，何况斯诺是在按您的意图行事。这本身就具有百分之九十以上的成功率。请问，您的秘密我破得怎么样？"

"不错喽，起码你是个勇敢者，采取主动进攻喽。"

主席跟我说那次他对斯诺讲："如果尼克松愿意来，我愿意和他谈，谈得成也行，谈不成也行。吵架也行，不吵架也行。总而言之都行。"最后他又风趣地加了一句："我在和尼克松吊膀子，要找红娘啊。"

我说："你的这个红娘找得不错，他的交往还挺广。"

主席说："在我的试探气球放过以后，我还要创造条件，我现在就是在搞火力侦察，这一排子弹放出去，对方会待不住的。"

主席说的"火力侦察"是指如何突破中美关系的僵局。因为二十几年来两国的关系已经僵到极点。

毛主席有时喜欢把自己的用意通过同外国人在谈笑中用他们的嘴传出去。

1959年3月主席在武昌东湖宾馆住着时就接见了老朋友斯特朗和黑人朋友杜波依斯夫妇。交谈后送走他们，主席的兴致很好，当时天气又晴，我就提议出去散散步。他欣然同意。

从住地走过一片梅林，顺小径转向东湖边，他突然问我：

"你敢到密西西比河里游泳吗？"

我对这个突如其来的问题弄得莫名其妙。我没有直接回答，而是说："那是条闻名的大河，在美国。你怎么想去？"

主席兴致勃勃地说："我刚才告诉了外国朋友，我想去密西西比河游泳，尤其是到宽大的河口附近游泳会更有意思。"

"那好呀，我也跟你去。"

我当时傻乎乎的，想不到主席这句话有深刻的政治含义。实质上，他是在向大洋彼岸发出一个信号，我们应该改善彼此间的关系了，这对我们都有好处。

主席这种东方式的、隐晦而精于谋略的信息一直没有受到美国人的重视，西方人在这方面的粗疏真是到了极蠢的地步。从1956年2月苏共二十大以后，中苏关系恶化到70年代主席把美国记者斯诺请上天安门，美国人都不明白毛泽东要干什么。

基辛格曾在自己的回忆录里这样写道："我们这些粗心大意的西方人完全不了解其中的真意……这位高深莫测的主席是想传达点什么。"斯诺自己后来谈论"这一事情过后我才终于明白毛是想以此作为象征，表示现在他亲自掌握对美关系"。斯诺在作上述这个判断的时候，他理解毛泽东本人亲自掌握中美关系的真实时间，已晚了十几年。

是啊，现在人们不妨细想想，毛主席那时为什么不说去游尼罗河、亚马逊河，而非要游密西西比河呢？

第三着棋：毛主席在捕捉战机。

一年以后，也就是1971年3月21日，由毛主席决定派出的我国乒乓球代表团抵达日本名古屋，准备参加于28日开始的第31届世界乒乓球锦标赛。

代表团一离开北京，主席就对我说：

"你每天要把各通讯社对于我们派出去的代表团的反应逐条地对我讲。"

3月21日这一天，主席像着了魔似的躺在床上三四个小时睡不着。平时起床总有一堆事要做，比如穿衣服、擦脸、漱口、吸烟、喝茶等。这些天他觉得做这些事是多余的浪费时间，马马虎虎地做完就看文件。这天，他因为几个小时睡不着，决心不睡了。我来到他的卧室，刚打开台灯，他就说话了，只一个字"讲"。

"讲"是"开讲"的简单说法。所谓"开讲"就是让我向他报告《参考资料》中一些国际上的大事。我把我看过的参考的内容一一说给他听。他认真地听着，两眼看着我。我坐在他床对面的椅子上。我讲的这些只是昨天下午版的情况，当天的参考还没送来。因为当时还是早晨6点钟，人们还没上班呢。听完我的汇报，他不耐烦地说：

"告诉徐秘书，催催新华社的参考清样一出来立即就送来，我等着看。"

这时，他才心事重重地起床，穿上睡袍，擦脸，漱口。我给他服当天上午该吃的药，他用手掌握成勺状，我把药往"勺"里一倒，他看了一眼，送到嘴里，喝口水一仰头全吞了下去。

这时我给他打开床头的壁灯。屋内的光线立刻亮了一倍，然后把要急办的传阅件递给他，给他点上一支雪茄烟，紧接着我就去给徐秘书打电话，催"清样"。

机要秘书徐业夫同志是位长征干部，我们都称他为徐老。他是位憨厚、老实、兢兢业业、言语不多的老同志，有时讲几句话也都是大实话。

我打电话把他叫来。一进值班室的门他就冲着我说道：

"好家伙，护士长，主席怎么还不睡觉？你们怎么了，打了差不多一夜的电话，一个劲催文件，催清样，主席怎么这么急？"说着，他摘下眼镜揉揉红肿的眼睛，显然这几天他也没睡好。

我跟他开玩笑说："你去问问主席急什么。我想，昨晚主席准是想你了，所以才让我给你打了差不多一夜的电话。"我说："你就别走了，就在这儿等着，主席有事不就不用打电话了。"

"不行。"老实的徐秘书连连摇头说，"我这几天都没睡好，我得赶快回去睡一会儿，要不然送文件的一来我又睡不成了。嗯……这样吧，"他想了一下说，"我交代新华社，清样一出来就立即送西门收发室，你让值班的警卫他们去取，比送到我办公室，我再骑车送来要快些，行不行？帮个忙吧。"

我感到此时徐老正在跟他的瞌睡虫奋力拼搏。看着他那双因缺觉而昏昏的眼睛我说：

"听你的，你说的还有不行的？就这么办，祝你做个好梦。我尽量不打搅你。我是不是该告诉主席，你缺觉缺得厉害？"

"你真顽皮。你这个护士长，可不能这么讲。"

徐老走了，我回到主席卧室见他正靠在床头抽烟。我禁不住好奇地问：

"主席，你怎么这么关心乒乓球代表团的反应？"

主席说："这件事事关重大，非同一般呀！这是在火力侦察以后，我要争取主动，选择有利时机。让人们看看中国人不是铁板一块。"

这次派出的球队是六年来第一次在世界上露面。

果然，中国队重返世界乒坛，立即引起了世界舆论的关注。

第四着棋：毛主席下了决心，邀请美国乒乓球队访华。

世乒赛期间，主席说了，要我认真看参考，把全部情况及时向他汇报。那阵子我每天跟他谈参考和有关的情况反映材料，直谈得口干舌燥，嗓子疼。

有一次参考里有这么一段，我觉得挺有意思，就跟主席说了。这条消息的大意是说4月4日，美国队3号选手格伦·科恩去场馆练球，出来之后找不到车，结果上了中国队的汽车。科恩吃惊地看着一车中国人有些尴尬地说："我知道我的帽子、头发、衣服让人看了好笑。"科恩是个嬉皮士，留着长发。当时中国的乒乓球队队员庄则栋站起来说："我们中国人民和美国人民一直是友好的，今天你来我们车上，我们大家都很高兴。我代表同行的中国运动员欢迎你。为表达感情，我送给你一件礼物。"于是庄则栋把一尺多长的杭州织锦送给了科恩。科恩也非常高兴,想回赠什么,可发现什么也没带。

那时候中美关系十分僵,双方都处于敌对状态,庄则栋的举动可以说是相当勇敢的。

就这么一条花絮,主席听后眼睛一亮,立刻让我原原本本地把这条消息念了两遍。听完了,他脸上带着满意的笑容说:"这个庄则栋不但球打得好,还会办外交。此人有点政治头脑。"

听了主席的话,我心里也挺高兴,心想,这条消息我算选对了。国际上的事很微妙,但这件事看来办到了主席的心坎上。

4月6日这一天,世乒赛就要结束了。毛主席递给我一份文件让我看。这是一份由外交部和国家体委联合起草的"关于不邀请美国乒乓球队访华的报告"。文件上周总理已经圈阅,并批了"拟同意"三个字和一些批语。毛主席在自己的名字上也亲自画了圈。这说明大局已定,意见一致,不邀请美国队访华。主席要我立即把文件退给外交部办理。

那些天,我的直觉告诉我主席总是有些心事。文件退走后的当天晚上,主席提前吃了安眠药要睡觉。晚上11点多,我和张玉凤陪主席吃饭。吃完饭时,由于安眠药的作用他已经困极了,趴在桌子上似乎要昏昏睡去。但他突然说话了,嘟嘟哝哝的,我听了半天才听清他要我给王海容打电话(王海容同志当时是外交部副部长),声音低沉、含糊地说:"邀请美国队访华。"如果是平时跟他不熟悉的人是根本听不懂的。

我一下子愣了。我想,这跟白天退走的批件意思正相反呀!再说,还有十几分钟就到4月7日凌晨,世乒赛已经结束了。说不定外交部早已把意思传给美国人,人家已经回国了。假如我按主席现在说的办,显然与已批的文件精神不符合,完全有可能会办错,主席平时曾交代过,即:他"吃过安眠药以后讲的话不算数"。现在他说的算不算数?我当时很为难,去也不是,不去也不行。你想,假如我把主席的意思传错了,人家美国队真来了,怎么办?更糟糕的是第二天主席醒过来说我没说要这么办,那还了得?我岂不是"假传圣旨"?可一想到这些天他苦苦思索中美关系,关注世界对我们派团的反应,又觉得很有可能他在最后一刻作出了新决定。我如果不办,误了时机那还了得?怎么区别?怎么办?我又无人再请示,又不能说"主席,你给我写个字据,免得你不承认"。当时,也没录音机,再说,即使有录音机,谁敢录音呀!请与不请,只有一字之差,办对了是应该的,办错了,后果不堪设想。我当时只有一个念头:我必须证实主席现在是不是清醒,怎么证实呢?我得想办法让他再主动讲话。

当时,主席坐在床边上,两手重叠趴在胸前的饭桌上,头枕在胳膊上,我坐在主席的对面。张玉凤坐在他的左边。

　　我决心冒一次险。我故意装作若无其事的样子继续吃饭，同时观察他到底清醒不清醒。过了一小会儿，主席抬起头来使劲睁开眼睛对我说："小吴，你还坐在那里吃呀，我让你办的事你怎么不去办？"

　　主席平时一般都叫我"护士长"，只有谈正经事或十分严肃时才叫我"小吴"。

　　我故意大声地问："主席，你刚才和我说什么呀？我尽顾吃饭了没听清楚，你再说一遍。"

　　于是，他又一字一句，断断续续、慢吞吞地把刚才讲的话又重复了一遍。我还是不太放心，反问他："主席，白天退给外交部的文件不是已经办完了吗？你亲自圈阅的，不邀请美国乒乓球队访华了，怎么现在又提出邀请呢？你都吃过安眠药了，你说的话算数吗？"我急着追问。

　　主席向我一挥手说："算！赶快办，要来不及了。"

　　听了这话我可真急了，拔腿就往值班室跑，去给王海容打电话。电话通了，我把主席的决定告诉了她。她听完之后也急了，在电话里大声喊道："护士长，白天你们退给外交部的批件我们都看了，主席是画了圈的，怎么到晚上又变了呢？"

　　"就是变了！"

　　"他吃过安眠药，这话算不算数？"

　　"算。"我肯定地说。

　　"你怎么证明真算数？"

　　"我又反复问过了，赶快办，要不然来不及了。"我也冲着电话大声嚷。时间马上就到午夜12点了。

　　"哎呀！现在都快12点了，说不定有些国家已经提前走了，美国队走没走我还不知道呢，得赶快想办法抓住他们。我马上办！"

　　天知道！可怜的王海容那一夜会忙成什么样子。

　　通完电话，我赶紧跑回去，只见主席仍坐在饭桌前，硬撑着身体。张玉凤扶着他。见我进来，主席抬起头看着我，在等待。

　　我把刚才的情况向主席作了汇报，听完以后他点头表示："好，就这样。"

　　然后，他才上床躺下。这消息好像比安眠药还灵。

　　第二天主席醒后刚一按电铃，我迫不及待地大跨步第一个跑进他卧室去，要和他核对这件事。我真怕他说："我不知道，我什么也没说。"

　　"主席，昨晚你叫我办的事你还记得吗？"我问。

　　"记得清清楚楚。"

"你说清清楚楚指的是什么？"

"你瞧你紧张的样子！"主席并不着急。

"你快说呀！"

"当然是邀请美国队访华喽。"

听到这句话我才长长地出了一口气，膨胀了一夜的脑子都快炸了，这时才松了下来。我对主席笑着说：

"唉，主席，你可真行。你的决定突然转了个180度。你睡了一个好觉，吓得我一夜都没睡。"

主席咯咯地笑出了声。他说："你这个人呀，已经为中国办了件大事可是你自己还不知道呢。"

毛主席确实为中国人民、为中美两国人民办了一件特别重要的大事。

毛主席事后曾说："决定邀请美国乒乓球队访华我是从大局考虑的。这是中美两国人民的心愿。人民之间的友好往来是势不可当的。你看庄则栋与科恩的接触极其自然。他们之间没有往事的纠葛，不存在什么恩恩怨怨的问题。即使有某种顾虑和猜疑也是长期以来人为的。中国人，中国共产党人到底是不是像人们所宣传的三头六臂、青面獠牙那样的凶神凶煞，可以请他们来看看嘛。不请，别人怎么好意思来啊！又没有外交关系。眼见为实嘛。年轻人容易接受新事物，有一定的代表性。中华人民共和国到底在这个世界上已经存在了20多年，还是有吸引力的。"

历史的经历常是微妙的，有时偶然的事件，又引出必然的重要结果。非常有意思，如果美国乒乓球队队员科恩不上错中国的汽车，会有"乒乓外交"吗？看来，在五彩缤纷的国际舞台上，只有巨人的慧眼才能捕捉到这看似平常而实际上是十分精彩的瞬间。

第五着棋：毛主席选择了反共总统尼克松。

1968年，以美国头号反共人物著称的共和党尼克松登上了总统的"宝座"。

在谈参考时，主席曾多次问过我："美国新换总统了，你有什么想法？"有一次我给他读了一段尼克松在就职演说中有关中国的话。尼克松说："让一切国家都知道在本政府当政时期，我们的通话线路是敞开的。我们寻求一个开放的世界——对思想开放、对货物和人员的交流开放。一个民族不管其人口多少，都不能生活在愤怒的孤独状态中。"

"你把这段话好好记住。"主席说，"从1949年起到现在，他们尝到了我们这个愤怒的孤独者给他们的真正滋味。"

一年之后，1969年，中苏在珍宝岛发生武装冲突。主席看完当时的一份有关报告，意味深长地自言自语道："中苏发生交战了，给美国人出了个题目，好做文章了。"

"你是指中苏分裂了,美国人高兴吧?"我问。我很想知道根据主席的分析,美国人如何作文章。

主席说:"美国的全球战略理论不是已经提出了信号吗?他要打'两个半战争',如果他缩减到了一个半战争,你联系起来想想他们会怎么样?"

"是的,美国原来打算打'两个半战争'。第一战场在欧洲,对付苏联的进攻。第二战场在亚洲,对付东南亚或朝鲜民主主义共和国,防止社会主义国家的进攻,主要是防中国的进攻。最后的半个战争是那些不测的局部战争,诸如中东冲突。中苏分裂,大大减少了欧亚两个大国对美国的压力及联合向美国进攻的可能性。这就会改变美国现有的战略理论,从而最终会影响其外交政策及对中国的态度,对吗?中、美、苏三国看来不可能搞等距离外交,对吗?"

"又等,又不等。"主席说,"随机应变。这是需要由双方的利益来决定的,不能脱离现实。"

这次谈话使我明确了一个想法:美国人会利用中苏分裂,以使国际局势对美国更有利;而毛主席也没放弃利用美苏的矛盾为中国在国际舞台上争取更多的生存空间,突破美国对中国的长期封锁。这三国之间中国和谁"亲近"就意味着哪方较量的实力增强。毛主席巧妙地利用了美苏之间的矛盾,他从没想过要先发制人,但他总是处处争取主动,把不利因素变成有利因素。

1972年美国总统竞选期间,主席特别关注竞选情况。有一次他问我:"你选谁?"

我说:"民主党比较温和些。"

主席说:"我的看法正好跟你相反。共和党是靠反共起家的,我还要选共和党的尼克松。而且我已经投了尼克松一票。"

"为什么?"

主席说:"民主党在台上的时间比较长了,从30年代算起,罗斯福、杜鲁门、肯尼迪、约翰逊一直到60年代后期。民主党在台上长达30多年。为了顺应美国民意,共和党在大选中赢了,尼克松政府在国内搞些平衡,哪怕暂时作出亲共姿态也是可以利用的。看来,尼克松意识到中国的存在具有一定的威胁性。这一点,他比民主党的各届领袖们略高一筹。"

"你估计谁当选的可能性大呢?"主席问我。

我考虑了一下说:"这个问题很难说。我了解的背景资料不多。你说呢?"

主席没直接回答,而是说:"你天天跟我吹参考,你怎么就估计不到呢?"

"有的材料从参考里是看不到的，很难说谁当选。"

主席让我到他桌上拿几份外交部的文件，在我拿来递给他的时候，他没接，而是望着我说："这是给你看的，你现在就看。"

我把这些文件看完，然后放在沙发边的茶几上。

"心里有数了吗？说说看。"主席鼓励我说。

"我估计可能尼克松会再次当选。"我谨慎地说。因为这些文件中也没明确提出尼克松当选的可能，只是提供了些背景材料。

主席用斩钉截铁的话说："肯定是尼克松。我要请他到北京来，你看怎么样？"

我考虑了一下，反问道："跟一个反共老手会谈？你不考虑舆论界对你施加的压力？你不考虑自己的形象是否会受到影响？这些毕竟是个新事物。"

"你又不懂了，先啃那些啃不动的骨头，好啃的放在一边留着，那是不用费力的。"

说着，主席笑了，我不明白他笑什么，对他说的也似懂非懂。他说："你给我背杜甫的《前出塞》。"显然，主席看出了我的迷惑。

"哪一首？"我问。我当时觉得背诗词比搞外交容易多了。

他先背了一句："挽弓当挽强。"

我接着往下背道：

> 挽弓当挽强，
>
> 用箭当用长。
>
> 射人先射马，
>
> 擒贼先擒王。
>
> 杀人亦有限，
>
> 列国自有疆。
>
> 苟能制侵陵，
>
> 岂在多杀伤？

我流畅地背完了。

听完了我背的诗，主席说："在保卫边疆，防止入侵之敌时，要挽强弓，用长箭。这是指武器在战争中的重要性，但不是决定的因素，决定的因素是人。射人先射马，擒贼先擒王。这是民间流传的一句极为普通的话。杜甫看出了它的作用，收集起来写在诗中。这两句表达了一种辩证法的战术思想。我们要打开中美的僵局，不去找那些大头头，不找能解决问题的人去谈行吗？选择决策人中谁是对手这点很重要。当然，天时、地利、人和都是不可排除的诸因素。原先中美大使级会谈，马拉松，谈了15年，136次，只是摆摆样子。现在是到亮牌的时候啦！"说到这儿，主席显得精神抖擞，眼睛闪着光，连烟都忘了抽。这些不假思索，出口成章的话看来在他心中已经捉摸得非常透彻。我连连点头，表示同意他的说法。

我说："那么说，非尼克松不行？"

主席说："把共和党这个最大的反共阻力挖掉，事情就好办了，非找尼克松不可。"

果不出主席所料，美国竞选总统的结果表明：尼克松以绝对多数票连任。

主席教我懂得：在国际风云变幻的舞台上，谁能掌握主动权，谁就是强者。中国从来不让别人牵着鼻子走，在处理大国之间的关系上，毛主席不仅在战略上争取了主动，在战术上他也一次次赢得主动。

他在美国这两个字上横向划了一道，一边是大多数美国人民，另一边是美国统治集团。他看清前者是可信的，并寄希望于他们。然后，他又在统治集团这边又划了一道，一分为二，分析民主、共和两党的矛盾。他十分懂得，只要不同利益集团能弄到一起，都是相互需要。主席的策略从某种意义上讲并非铁板一块，有时很富有弹性。

尼克松访华，也受到国内反对派，特别是反共派的强大压力。同时，有的外电评论，说尼克松是打着白旗到北京来的。

主席听了我对他说的这条消息笑了，他说："我来给尼克松解解围。"

我当时也还没弄清他用什么妙法解围。我在静静地等待观察。

主席对尼克松作了两点出人意料的决定。

第一，在主席见尼克松的时间上，外交部一直没作具体安排，看来有可能不好肯定毛主席何时接见。就在总统座机将在北京机场着陆时，主席对我说："你给周总理打个电话，告诉他，请总统从机场直接到游泳池，我立刻见他。"外国首脑一到达北京机场时就立即受到接见，这种情况，在以往的外交礼遇上还是较少见的。

主席想用自己的行动表明他对尼克松的诚意和对他的重视。

第二，在会谈的时间上，原来只安排15分钟，可主席和尼克松却聊了65分钟。

主席是想给美国的反对派看看，中国人办事是有理有情的。

这两个时间问题，不仅仅是"时间"，而是体现外交上的微妙与策略。

在中美建交的全过程中，包括从法国、罗马尼亚、巴基斯坦三条渠道建立之日起，和紧接着的基辛格博士秘密来华的谈判，到尼克松总统公开访华，以及后来的中美双方公开谈判的整个期间，周总理经常带着王海容、唐闻生一起反反复复、来来往往，频繁地到毛主席中南海游泳池的住地。每次，他们除了向主席汇报之外,还要同时磋商下次谈判的对策。那一时期,周总理和主席一样睡得非常少,可是总理仍然那样精神抖擞。我经常看到总理在前面大步流星地走,王海容和唐闻生紧跟在总理的身后一路小跑。使人感到精神振奋。

人们哪里想得到,在接见尼克松之前,主席患了一场大病,接见当时是大病初愈。就在最近的十几天,他还躺在床上,很少下地活动。我们在与接见大厅只有一门之隔的地方准备了一切急救用品,处于"一级战备"状态。连强心剂都抽到了针管里,以防万一。而毛主席与衰老、与疾病作斗争的惊人毅力是无法用语言形容的。他那种不达目的誓不罢休的顽强精神令人敬佩与感动。

接见尼克松的事过去以后,主席曾高兴地对我说:"中美建交是一把钥匙,这个问题解决了,其他的问题就迎刃而解了。"[3]

的确,毛泽东从中美关系中找到了一个巨大的杠杆。他用这个杠杆轻轻一拨,整个世界都飞快地运转起来,转瞬之间就发生了有利于中国的巨大变化。

"不要强加于人"

中美关系的缓和,直接推动了中日关系的改善。基辛格和尼克松先后访华的消息,在日本朝野引起很大反响。

1972年9月25日,日本政府首相田中角荣来华访问。毛泽东高兴地会见了田中角荣、大平正芳等日本客人。9月29日,中日双方签署建立外交关系的联合声明,宣告结束中日之间的不正常状态。日本方面痛感过去由于战争给中国人民造成重大损失的责任,表示深刻的反省。

1973年初,中日两国互设大使馆。从1975年起,又开始进行缔结中日和平友好条约的谈判。

与此同时,中国同西欧许多国家出现建交高潮。在北美和西南太平洋地区,中国同加拿大、澳大利亚、新西兰也先后建立外交关系。

西方世界终于放弃了敌视和封锁政策,向中国打开了大门。为了适应迅速变化的国际形势,广交朋友,毛泽东明确提出在外交方面纠正"左"倾失误的问题。

王年一在《大动乱的年代》一书中写道:

1973年春,经毛泽东和中共中央批准,全国外事工作会议在北京召开。会议的任务是:以批林整风为纲,联系外事工作实际,彻底批判林彪集团煽动的极左思潮和无政府主义,研究和解决外事工作中的一些迫切问题。会议的主要精神是纠"左"。到会同志学习了毛泽东几年来关于外事工作的一系列有关批示和耿飙关于外事工作中存在的问题的调查报告。这次会议因为指导思想比较正确，开得比较成功。

到会同志学习了毛泽东关于对外宣传工作的批示，部分如下：

（一）澳大利亚人大卫·库普1967年在中国写了一张题为《让我们"治病救人"》的大字报，分析了西安市两派对立、由群众大会开除党员党籍、打砸抢和游街盛行等一系列情况，认为这是"左"倾机会主义的影响，并受坏分子的操纵。他提出："要把那些存心把我们引上背离无产阶级革命道路的人清除出去，然后我们才能搞造反派、革命干部和解放军的三结合。"3月20日，毛泽东对这张大字报作了批示："这个外国人很能看出问题，分析得很不错。总理阅后，送文革小组一阅。"

（二）1967年8月14日，毛泽东在《桑穆加塔桑就发表主席内部谈话问题的一封信》上批示："康生同志，这类事，不要去责备发表的同志。""一般谈话，公布也不要紧。"桑穆加塔桑在这封信中说："现在，有人告诉我，同毛泽东谈话的内容未经同意不得公布。"

（三）1967年11月27日，毛泽东对中共中央对外联络部外宾简报《安斋等人认为日本不能走农村包围城市的道路》作批示："康生同志：这个问题值得注意。我认为安斋的意见是正确的。你的看法如何，望告。"

（四）1967年12月1日，姚文元传达了毛泽东对安斋库治等人关于日本革命道路问题的意见。毛泽东说："我认为安斋等同志的意见是正确的。我在1938年对资本主义国家无产阶级政党的任务的论述，仍然有效。"

（五）1968年3月7日，毛泽东在一个拟在援外物件上喷刷毛泽东语录的请示报告上批示："不要那样做，做了效果不好。国家不同，做法也不一样。"

（六）1968年3月10日，毛泽东对关于开好1968年春季出口商品交易会的通知，作了修改。在"必须高举毛泽东思想伟大红旗，突出无产阶级政治，把宣传毛泽东思想，宣传我国无产阶级文化大革命和社会主义建设的伟大胜利，当作首要任务"之后，增加了"但应注意，不要强加于人"。

（七）1968年3月12日，毛泽东删去了我援外机场移交问题的请示报告中的一段话："举行移交仪式时，应大力宣传战无不胜的毛泽东思想，说明我援×修建××××工程的成绩，是我们忠实地执行伟大领袖毛主席关于国际主义教导的结果，是伟大的毛泽东思想的胜利。"并批示："这些是强加于人的，不要这样做。"

（八）1968年3月17日，毛泽东在关于答复新共威尔科克斯对我对外宣传工作的批评的请示报告上批示："此事我已说了多次。对外（对内也如此）宣传应当坚决地有步骤地予以改革。"

（九）1968年3月27日，毛泽东对中联部起草的致××共产党武装斗争××周年的贺电，作了修改和批示。贺电中多次提到"毛泽东思想"，毛泽东批示："有修改，请注意。以后不要在任何对外文件和文章中提出所谓毛泽东思想这样的自我吹嘘，强加于人。"毛泽东将"马克思列宁主义、毛泽东思想的伟大胜利"，改为"马克思列宁主义与××情况相结合的伟大胜利"；将无产阶级文化大革命"对于全世界被压迫人民和被压迫民族的革命斗争也具有伟大的意义"，改为"对于全世界被压迫人民和被压迫民族的革命斗争在某一方面也将具有一定的意义"。毛泽东将贺电中"经过无产阶级文化大革命锻炼的中国人民一定按照毛主席的伟大教导，坚决支持××人民和世界人民的革命斗争"这一段删掉，将口号中"战无不胜的马克思列宁主义、毛泽东思想万岁"这一句删掉，将"伟大领袖毛主席"的"伟大领袖"删掉。

（十）1968年3月29日，毛泽东在发表关于××武装斗争××周年的声明的请示报告上批示："一般地说，一切外国党（马列主义）的内政，我们不应干涉。他们怎样宣传，是他们的事。我们应该注意自己的宣传，不应吹得太多，不应说得不适当，使人看起来好像有强加于人的印象。"

（十一）1968年4月6日，毛泽东在中央联络部、总参谋部起草的一个文件中，将"主要是宣传全世界革命人民的伟大导师毛主席和战无不胜的马克思主义、列宁主义、毛泽东思想"一句中的"全世界革命人民的伟大导师毛主席和战无不胜的"21字删掉，并批示："这些空话，以后不要再用。"

（十二）1968年5月16日，毛泽东批评一个文件中"世界革命的中心——北京"这种提法。毛泽东再次指出："这种话不应由中国人说出，这就是所谓'以我为中心'的错误思想。"

（十三）1968年5月29日，毛泽东对外交部关于加强宣传主席思想和支持××、××革命群众斗争的建议，作了重要批示："第一，要注意不要强加于人；第二，不要宣传外国的人民运动是由中国影响的，这样的宣传容易为反动派所利用，而不利于人民运动。"

（十四）1968年6月12日外交部一个接待外宾的计划中规定，群众在同外宾接触时可"自发地分别赠送毛主席像章"。毛泽东批示"不要"。

（十五）1968年7月、8月间，毛泽东在中联部一个请示报告上批示"删去了几个字"。报告中两处提到希望外国某党"在马克思主义、列宁主义、毛泽东思想的原则基础上"解决党内分歧，"毛泽东思想"都删去了。

（十六）1968年8月，毛泽东在军委办事组《关于更改援外军事专家名称》的报告和电报稿上批示："名称问题关系不大，可以缓议。""资产阶级传下来东西很多，例如共和国、工程师等不胜枚举，不能都改"。"此件缓发"。

（十七）1968年9月18日，毛泽东在《人民日报》社论《世界革命人民胜利的航向》初稿上批示："把离开主题的一些空话删掉。不要向外国人自吹自擂。"毛泽东删去的有："伟大的战无不胜的毛泽东思想，是马克思列宁主义在当代的新发展"；"毛泽东同志天才地、创造性地、全面地继承、捍卫和发展了马克思列宁主义，把马克思列宁主义提高到了一个新的阶段。毛泽东同志是理论联系实际的伟大典范"；"毛泽东思想在日本得到日益广泛的传播"；"我们的时代，是以毛泽东思想为伟大旗帜的新的时代，是伟大的毛泽东思想和各国革命的实践相结合的新时代。毛泽东思想正在亚洲、非洲、拉丁美洲以及世界各地广泛地传播。毛泽东思想指引下的人民革命，是历史前进的火车头。在伟大的马克思主义、列宁主义、毛泽东思想的光辉照耀下，世界各国人民必将朝着胜利的航向，继续奋勇前进！"。删去的还有"马克思主义、列宁主义、毛泽东思想"中的第一个"主义"和"毛泽东思想"等。

（十八）1968年9月，毛泽东对中央文革小组起草的《庆祝中华人民共和国成立19周年的标语口号（送审稿）》批示："去掉第11条，不应用自己名义发出的口号称赞自己。"送审稿的第11条是："向立下丰功伟绩的中央文革致敬！"

（十九）1968年9月，外交部《关于巴基斯坦政府友好代表团访华接待计划的请示》中有"通过安排参观访问，突出宣传伟大的毛泽东思想和毛主席一系列最新指示，我无产阶级文化大革命全面胜利以及工农业生产的大好形势"。毛泽东将"伟大的毛泽东思想和毛主席一系列最新指示"删去了，并指示"对这些不应如此做"。原文所附迎送的标语口号19条，毛泽东注"去掉三条"。去掉的三条是："毛主席的无产阶级革命路线胜利万岁！""战无不胜的马克思主义、列宁主义、毛泽东思想万岁！""毛主席万岁！万岁！万万岁！"

（二十）1969年6月，毛泽东对《人民日报》、《红旗》杂志、《解放军报》、社论《中国共产党万岁——纪念中国共产党诞生48周年》送审稿批示"可发"。文中有"20年……把一个贫穷落后的旧中国，变成一个繁荣昌盛的社会主义强国"一句，毛泽东的"繁荣昌盛"前加"有了初步"，将"强国"改为"国家"，并批示："请注意：以后不要这种不合实际情况的自己吹擂。"

（二十一）1969年9月，毛泽东将外交部《关于给日中友协（正统）各地组织庆祝我国庆集会发感谢电》中的"使我们的国家发生了翻天覆地的变化"，改为"使我们国家的面貌发生了重大的变化"。

（二十二）1970年12月6日，毛泽东在中央联络部《关于邀请荷兰共产主义统一运动（马列）派代表团访华的请示》上作了批示："对于一切外国人，不要求他们承认中国人的思想，只要求他们承认马、列主义的普遍真理与该国革命的具体实践相结合。这是一个基本原则。我已说了多遍了。至于他们除马、列主义外，还杂有一些别的不良思想，他们自己会觉悟，我们不必当作严重问题和外国同志交谈。只要看我们党的历史经过多少错误路线的教育才逐步走上正轨，并且至今还有问题，即对内对外都有大国沙文主义，必须加以克服，就可知道了。"〔4〕

上述批示，都是毛泽东早已作出的，但在极"左"思潮横行的年月里，落实起来阻力极大。如今，周恩来抓住中美建交和批判林彪的机会，全力纠正外交战线的极"左"错误，使中国的外交工作再度出现勃勃生机，为日后的对外开放奠定了良好的基础。这在"文化大革命"时期，是极为艰难的。为此，周恩来费尽了最后的心血，竭尽了最后一点努力。

注　释

〔1〕熊向晖：《打开中美关系的前奏》，载《中共党史资料》第42辑。

〔2〕外交部外交史编辑室：《打开中美关系的历史进程》，载《党的文献》1991年第3期。

〔3〕吴旭君：《毛主席的心事》，载《缅怀毛泽东》（下），中央文献出版社1993年12月版，第629—649页。

〔4〕王年一：《大动乱的年代》，河南人民出版社1988年12月版，第455—460页。

四、重病的日子里

出席陈毅追悼会

"九一三"事件对毛泽东是一个沉重的打击，况且他已近80高龄，从此身体每况愈下。通过林彪的自我暴露，使毛泽东想到了许多问题。他思念那些同甘苦、共患难的战友，通过各种方式表达自己的歉疚之情。

1972年1月6日，陈毅元帅因患肠癌，在北京病逝，终年71岁。陈毅是毛泽东的患难战友，早在井冈山时期就在一起并肩战斗。他性情耿直，敢于直言，也勇于承担责任，在"文化大革命"中屡遭磨难，并且因为所谓"二月逆流"受到围攻和迫害。

陈毅逝世的消息传来，毛泽东十分悲痛，不顾医生劝阻，抱病出席陈毅同志追悼会，使在场的老同志感动不已。

《陈毅传》写道：

"九一三"事件发生，林彪、叶群等出逃，摔死在温都尔汗。在中央召集的老同志座谈会上，陈毅带着病痛两次作长篇发言，满腔义愤地将红军创建初期林彪的历史真实面目作了系统、全面的揭发！经过这次竭尽生命全力的搏斗，陈毅躺倒了，从此再没下过床。

为了挽救陈毅的生命，保证治疗效果，周恩来亲自批示：将陈毅转到北京日坛医院，并亲笔批准日坛医院为陈毅作胃肠短路手术。

陈毅病重的消息在老同志中传开了。

周恩来走进陈毅病房，宽慰病人沉重的心。刘伯承被人搀扶着走进病房，他以手代眼，紧握了陈毅的手。朱德夫妇、聂荣臻夫妇、徐向前、李富春都来看望。王震经常逗留在陈毅床边，他怕陈毅寂寞，总是带着小孙女。乔冠华带来联合国遇到的老朋友的问候。叶剑英几乎每天来探望。李先念看罢陈毅退出病房时泪流满面。

1972年1月4日，陈毅体温略微下降，神志恢复清醒，他认出守在床边的妻子和4个孩子，嘴唇翕动着，女儿姗姗把耳朵贴近爸爸唇边，终于听清了：

"……一直向前……战胜敌人……"这是陈毅留给妻子儿女唯一的遗言。

1972年1月6日深夜11时55分,陈毅永远停止了呼吸和心跳。

哭声骤然四起……

放下电话,望着桌上的政治局委员一一圈阅的文件,周恩来沉重地叹息一声。按照文件上所定的规格:陈毅的追悼会由军委出面组织,悼词连头带尾仅600字,简历还占去一半篇幅。

宋庆龄副主席、西哈努克亲王,以及许多民主人士都要求参加陈毅的追悼会。但是当时由王、张、江、姚控制的政治局规定不允许,周恩来无权改动。

1月10日,中南海"游泳池"。午饭后,照例午睡的毛泽东突然缓缓坐起身:"调车,我要去参加陈毅同志的追悼会。"

"游泳池"打来的电话,驱散了周恩来的满脸阴云,他立即拨通中央办公厅的电话,声音洪亮有力:"凡是提出参加陈毅同志追悼会要求的,都能去参加。"周恩来的"大红旗"风驰电掣超过毛泽东专车。待毛泽东主席在八宝山下车时,周恩来已用电话调来报社、电台的记者和摄影师。

八宝山休息室里,毛泽东清泪两行,他握着张茜的手,话语格外缓重、沉痛:"我也来悼念陈毅同志,陈毅同志是一个好同志!"又对陈毅的孩子们说:"要努力奋斗哟!陈毅为中国革命、世界革命作出贡献,立了大功劳的,这已经作了结论了嘛!"

张茜搀扶着毛泽东走进会场。

在鲜红党旗覆盖下的陈毅骨灰盒前,毛泽东深深地三鞠躬。会场里呜咽之声骤然形成高潮,是为陈毅,也是为"文化大革命"以来蒙受屈辱的所有同志。

陈毅逝世的讣告向全国全世界公布了。在陈毅遗像前,毛泽东臂缠黑纱与张茜亲切握手的大幅照片刊登在《人民日报》头版。倾注深情和思念的唁电、唁函立刻从世界各个大洲和全国四面八方纷纷飞往北京。

张茜曾彻夜不眠,回忆整理出毛泽东主席在追悼会时的全部说话内容。

张茜被确诊为肺癌晚期,手术后,她毅然选择了自己生命的最后战斗岗位:把陈毅用鲜血和生命写成的大量诗词整理出来。是非功过,人民评说!

铅印本、油印本、复写本、抄写本,终于把陈毅那一首首用血与火凝练而成的诗章,在中国大地上传开了。张茜握着全国各地寄来的慰问信,苍白浮肿的脸上呈现出宽慰的笑容。1974年3月她默默地永远地闭上了眼睛!

陈毅的精神、张茜的微笑永远留驻在中国的大地上![1]

陈毅传记组成员铁竹伟在《霜重色愈浓》一书中,对毛泽东出席陈毅元帅追悼会作了更详细的描写:

10日下午3点,陈毅的追悼会将在八宝山烈士公墓举行。中午12点,周恩来面前的饭菜几乎没动。往日宁静的西花厅里,一直响着周恩来沉重的长时间的踱步声。

中南海,"游泳池"。

身穿淡黄色睡衣的毛泽东,在一侧堆满线装书的卧床上辗转不宁。他面色略显憔悴,腮边胡须很长。1971年11月下旬,毛泽东曾患重病,经医生全力抢救,方才脱离危险。一个半月来,他的身体一直没有恢复元气。双脚严重浮肿,原先的布鞋、拖鞋都穿不上,工作人员赶制了两双特别宽大的拖鞋,让毛泽东穿着散散步。当然,受健康状况限制,他已经长久足不出户,杜门谢客了。

卧室没有日历,床头没放手表。自从8日圈发了陈毅追悼会文件后,没有任何人提醒他,今天是10日,下午3时,陈毅追悼会将在八宝山举行。中饭后,毛泽东照例午休,宽敞的卧室里,寂静无声,只间或听见他窸窣翻身的声音。

突然,毛泽东缓缓坐起身,他摸索着穿上拖鞋,向进来的工作人员说:

"调车,我要去参加陈毅同志的追悼会。"说着,人向门口走去。

工作人员熟悉毛泽东主席的脾气:一旦决定去做的事情,抗争是无济于事的。因此,有两位抱大衣扶毛泽东上车,有一位快速拨通了西花厅的电话。

"游泳池"打来的电话,像严冬刮起一阵东风,驱散了周恩来的满脸阴云,他立即拨通中央办公厅的电话,声音洪亮有力:

"我是周恩来,请马上通知在京政治局委员、候补委员,务必出席陈毅同志追悼会;通知宋庆龄副主席的秘书,通知人大、政协、国防委员会,凡是提出参加陈毅同志追悼会要求的,都能去参加。"

"康矛召同志吗?我是周恩来,请转告西哈努克亲王,如果他愿意,请他出席陈毅外长追悼会,我们将有国家领导人出席。"

周恩来依据毛泽东参加陈毅追悼会的举动,迅速作出了提高追悼会规格的决定,这既是周恩来真实感情的流露,也是他机敏过人的决断。

搁下电话,周恩来的"大红旗"风驰电掣,迅速超过毛泽东的专车。

周恩来赶到八宝山休息室,激动地通知张茜:毛主席要来。张茜听后,双泪长流。周恩来安慰道:

"张茜,你要镇静些。"

张茜忍住抽泣询问:"毛主席他老人家为什么要来啊?"

周恩来慨然说:"他一定要来。井冈山上的战友就是他了。"临走时,他问在场的粟裕:"你是什么时候到井冈山的?"粟裕回答:"我是和陈总一起到的。"

待毛泽东走下车时,周恩来已用电话调来了十几只电热炉;调来了新影厂的摄影师,报社、电台的记者。顷刻之间,冷冷清清的礼堂内外,放电线的,挂聚光灯的,架摄影机的,人出人进,川流不息。

休息室里,落座在沙发上的毛泽东,看见张茜进来,脸上显出激动的神情,他两手撑住沙发扶手,努力想站起来迎接。

张茜快步上前扶住毛泽东,满脸热泪哽咽着问道:"主席,您怎么也来了?"

毛泽东泪流两行,他握着张茜的手,话语格外缓慢、沉重:"我也来悼念陈毅同志嘛!陈毅同志是一个好同志。"

然后,毛泽东与后进来的四个孩子昊苏、丹淮、小鲁和姗姗一一握手,询问了各人的工作单位和情况,最后深情勉励:"要努力奋斗哟!陈毅为中国革命、世界革命作出贡献,立了大功劳的,这已经作了结论了嘛!"

孩子们离开后,西哈努克亲王和莫尼克公主赶到了。毛泽东开始与西哈努克亲王谈话。张茜坐在他的旁边。陆续来到的几位老帅和中央其他领导人倾听着毛泽东的谈话。

毛泽东对西哈努克亲王说:"今天向你通报一件事,我们那位'亲密战友'林彪,去年9月13日,坐一架飞机要跑到苏联去,但在温都尔汗摔死了。"

"林彪是反对我的,陈毅是支持我的。"

西哈努克亲王面部紧张地望着毛泽东。林彪出逃,中国还未向国外公开发布消息,西哈努克亲王是毛泽东亲自告知林彪摔死消息的第一个外国人。

"我就一个'亲密战友'还要暗害我,阴谋暴露后,他自己叛逃摔死了。难道你们在座的不是我的亲密战友吗?"

毛泽东停了一会儿,又接着说:"陈毅同志是一个反对帝国主义的英勇战士,在长期革命斗争中,是一个忠诚的爱国主义者,是给中国人民立了功的。他是我们党的一个好党员、好同志。他能团结人。他跟我吵过架,但我们在几十年的相处中,一直合作得很好。"

西哈努克亲王频频点头。

毛泽东看着西哈努克亲王坦率地说:"我们家里有时也发生吵架,吵架是难免的。你们家里不也是常吵架吗?但你们推翻朗诺反动集团是团结一致的。……"

毛泽东移动一下身体，面向在座的中央领导人说："林彪是要打倒你们老帅的，我们的老帅他一个也不要。你们不要再讲他们'二月逆流'了，'二月逆流'是什么性质？是陈老总他们对付林彪、陈伯达、'王、关、戚'的。都是政治局委员在一起议论一下有什么不可以，又是公开的。当时你们（指在座的叶剑英、徐向前、聂荣臻）为什么不找我谈谈呢？"

在毛泽东与西哈努克亲王继续交谈时，叶剑英轻轻走到周恩来身旁，递过去几页稿纸，周恩来接到手中，不解地抬头望望叶剑英，叶剑英拱手再三，未语而退。这样，致悼词者便由叶剑英换成了周恩来。

在毛泽东谈话即将结束时，张茜真诚地请求说："主席，您坐一下就回去吧！"

毛泽东微微摇头，说："不，我也要参加追悼会，给我一个黑纱。"

张茜忍着泪连连摆手："那怎么敢当呢！"

毛泽东说："你们把它套在我大衣的袖子上。我今天是穿着白色衣服，为陈毅同志致哀。"

张茜搀扶着毛泽东走进会场。毛泽东已经穿上那件银灰色的夹大衣，衣袖上缠着一道宽宽的黑纱。

会场内没有奏哀乐的军乐队，只有一架破旧的留声机。恐怕已是年久失修、唱针磨秃或唱片受损，放出的哀乐还夹杂着小刀刮玻璃似的"吱、吱"声，一遍未完，戛然而止。这一切像钢刀刺痛着礼堂内100多位党和国家、政府部门领导人（当然除去鼓着金鱼眼表情淡漠的张春桥与始终不脱帽、昂着脖子的江青）和礼堂外越聚越多的悼念群众。

周恩来站在陈毅遗像前致悼词。他读得缓慢、沉重，不足600字的悼词，他曾两次哽咽失语，几乎读不下去。这样的感情失控，出现在素有超人毅力和克制力的周恩来身上，实属罕见，陡然增添了会场里的悲痛气氛，硬压在心底的呜咽声、抽泣声顿时响成一片。

在鲜红党旗覆盖下的陈毅骨灰盒前，毛泽东深深地三鞠躬。会场里呜咽之声再次形成高潮，是为陈毅，也是为"文化大革命"以来蒙受屈辱的一切同志。一个强烈的共同感慨在人们心头共鸣：毛泽东主席没有忘掉老干部，颠倒了的黑白还有希望澄清。直声满天下的陈毅元帅，您九泉之下可以安息了。

毛泽东握着张茜的手，久久没有松开。张茜搀扶着毛泽东，一直送到汽车前。望着毛泽东主席的"大红旗"驶出院门，强压在心头的痛苦和激奋的感情猛然迸发出来，张茜紧紧抱着陈毅的骨灰盒，放声痛哭，频频呼唤。她多么盼望用自己的哭声，用自己的体温，将刚才发生的一切都告诉陈毅；她多么希望用心灵的呼唤，驱散陈毅直至去世仍凝聚在眉宇间的悲愤和忧虑；她多么希望再听一次陈毅豪爽开朗的笑声！[2]

第二天，北京各大报在头版头条报道了毛泽东出席陈毅同志追悼会的消息，还刊登了毛泽东臂缠黑纱，在陈毅同志遗像前，同张茜亲切握手的照片。拍摄这幅照片的摄影师杜修贤回忆说：

1月8日，毛泽东签发了陈毅的悼词。

身为国务院副总理的追悼会只是军队元老一级的规格。

我们这些曾在陈老总身边工作过的人一听，谁不为可敬的老帅这种不公道的盖棺而难过？可这是毛泽东签发的，谁又能改变呢？

元老一级的追悼会，照片一般不会上报纸的头版头条，毛泽东又不去，自然就没我的拍摄任务。可是不去参加陈毅的追悼会我是不会心安的。我将10日的工作安排了一下，上午冒着严寒驱车到八宝山殡仪馆。

我一走进追悼大厅，心似揪着般地疼痛……因为规格问题，陈毅的遗像也缩小了一圈。遗像两旁排了十几个花圈，大厅的后面燃着两个烤火炉，整个大厅显得空空落落凄凄凉凉。我一看，这样简单清冷的追悼会，拍摄方面几乎没有什么要准备的。

追悼会安排在下午3点开始。

吃过午饭，我在休息室里围着火炉打个盹。蒙眬间，耳边有人叫："快快……快，毛主席要来参加追悼会……"我还以为是梦呓，没有理会又迷糊起来。

一阵杂乱的脚步声搅得我心烦意乱，挤开眼睛问："你们干什么？吵死人了。"

"总理来了。"

我一看表，才2点，这么早！

我赶快起身，到殡仪馆的门口。总理已经站在台阶上正指挥人去找电炉，看见我，高声叫道："老杜，你也来了？正好正好。"

什么正好？我一点摸不着头脑。看着总理调兵遣将忙得不亦乐乎，我又插不上嘴问。过了一会儿见到了总理的卫士长，我一把拉住他："哎，老张，总理今天怎么这么早就来了？"

"啊呀！你不知道？"

我知道什么？

"主席要来参加陈老总的追悼会。"卫士长一字一顿告诉我。谁？主席！我一惊，真的吗？真叫人意外。

"主席说是不来的吗，怎么又来了？"我刨根问底。

"中午1点，总理服了点安眠药才睡下。老总死后，总理几天没有好好睡觉了，我们都瞅着心痛，又没有办法。总理心里有事，连午饭也没吃，就一个人在院里踱步，我们见离追悼会还有一个多小时，就劝他休息一会儿。没想到……哎，人家夜长梦多，这可好，夜短也梦多，总理这才刚刚睡下，电话铃响了，我一接，你知是哪儿？'游泳池'的，我的妈呀，主席要去参加追悼会，而且已经起床了，正调车往八宝山去呢。这还了得，我忙去叫醒总理。总理这时药性刚刚上来，你说这时让人立即醒过来该有多难受。总理迷迷蒙蒙听我说完，二话没说，'呼'地从床上跳起来，穿着睡衣赶向电话机，叫中央办公厅立即通知在京的政治局委员和候补委员参加陈毅的追悼会，并且通知西哈努克亲王可以参加追悼会，又请宋庆龄参加追悼会……我在一边呆了，安眠药的作用力还没有过去，总理却以他惊人的毅力迅速地摆脱了困倦，不过几分钟的时间，总理就把一切都料理好了，就像这突如其来的事情早在他预料中似的，反应异常敏捷。你瞧……"

原来如此。我折身回到大厅，刚才还空空荡荡的大厅里，像从天上掉下来许多人，架灯的，安电炉的，整理花圈的……我也赶快检查了一遍照相机。

没想到我这次竟"歪打正着"，派上用场。

十几只电炉在休息室里发出通红的电光，热气弥漫，整个房子变得暖洋洋的。

总理来时，八宝山通往殡仪馆的路上还阒无一人。转眼，警卫人员已立柱般地守在路的两旁……刚把安全工作布置好，毛泽东的"吉斯"车就驶进了人们的视线里……

主席的车一停，我连忙举起相机，我的天！主席这是穿的什么呀？

灰色的呢大衣下面……露着一大截睡衣下摆，再下面是灯笼似的绒裤，脚上一双"老头鞋"。

怎么回事？主席怎么这身打扮？我想问问他的秘书，可没找到。

这时毛泽东已被大家簇拥着来到燃着电炉的休息室里，他的悲切和疲倦显而易见地印在他明显苍老、憔悴的脸上。我们知道主席才大病初愈，身体还很虚弱，他能来参加追悼会已是一件很不容易的事了，所以大家也没过多地惊讶他穿睡衣。

后来我才知道穿睡衣出门的不仅仅是毛泽东一人，周恩来也是穿着睡衣坐进"大红旗"里的，所不同的是，毛泽东将睡衣穿进了追悼会的会场，而周恩来在汽车里换下了睡衣。

"总理打完电话，也忘了身上还穿着睡衣，就匆匆往外走。我们几个卫士七手八脚抱着总理的衣服，提着鞋，叫总理，总理却说，上车穿！上车时我们还绞了把热毛巾，好给总理擦把脸，或许头脑会舒服些。坐在车里，总理也不忙换衣服，一个劲地叫司机快快……车子跑得都快飞起来了。车厢里小，人窝着换衣服，真不得劲！把总理折腾得够呛，我们也忙了一头汗。"

张茜的脸色憔悴、苍白，见到毛泽东时令人心碎地惨然一笑，多时的委屈化成苦涩的泪花在眼眶里盘旋，呜咽喑哑："主席，您怎么来了？"

"我也来悼念陈毅同志嘛，陈毅是个好同志。"

宽慰和喜悦如温暖的春风从每个人心头吹过，张茜激动地挽住毛泽东的胳膊，这肺腑之言虽然姗姗来迟，可它毕竟来了！

我这时按下快门，留下了这个独特的瞬间。

有人进来说，西哈努克亲王和夫人来了。主席稍稍地一怔，立刻转身朝门外望。西哈努克亲王久久地握着张茜的手，竟怆然泪下……问站在一边的总理为什么这么晚才通知他，下午就是陈毅老朋友的追悼会，而他才接到通知！总理笑笑，向他作了解释。

西哈努克和陈毅相识了10多年，交往颇多，对陈毅的感情很深。陈毅去世后，他几次向周恩来提出要亲自来八宝山，参加追悼会。总理没法答复他，当时连中央政治局委员都不参加，怎能同意一个外国人参加呢？

毛泽东一出现，情况立刻发生了戏剧性的转变，令总理为难棘手的问题也就迎刃而解了。原来不能来参加追悼会的老战友、老同事和老部下这时纷纷从各自的部门，赶到殡仪馆，悼念他们可敬可亲、可歌可泣的陈毅老帅。

"老总，您可以安然瞑目了！"我望着会场里一张张陈毅所熟悉的脸庞，心里说。

毛泽东和西哈努克在休息室里交谈了一会儿。因我要照相，不太注意他们谈话的内容，无意间见翻译用惊讶的表情看着毛泽东，毛泽东点点头，示意翻译按原话翻译。翻译将话译完，西哈努克神情挺怪，眼睛瞪得大大的，紧张地望着毛泽东。我只听见片言只语："林彪……跑苏联……摔死了……反对我……陈毅是个好同志，他是支持我的。"

只有最后一句我听清了，的的确确，这是主席对陈毅一生最公道、最正确的评价！

林彪摔死的消息，还从没有向国外报道过。西哈努克是第一个知道这消息的外国人，也是唯一参加陈毅追悼会的外国人。

后来又听见他们谈论"二月逆流"，好像主席不同意这样讲"二月逆流"，口气挺气愤的，手不停地舞来舞去……

哀乐悲伤沉哀的旋律，在八宝山回荡。人们深深地沉浸在巨大的悲痛之中。

毛泽东向工作人员要了一个黑纱佩戴上，这时我注意到他移动双脚时，步子显得很沉沓、吃力。隆出鞋面的脚背鼓亮鼓亮的，可能是浮肿。

他肃穆地站立在陈毅遗像前，视线就再没移开过，他心里想着什么，谁也无法知晓。

周恩来站在原来是叶剑英致悼词的位子上，素来克制力很强的总理，念几百字的悼词竟哽咽停顿了好几次……

抽泣声在100多人中间蔓延……流动……

毛泽东不太明显的喉结在颈部明显地滚动着……

照片冲洗出来后，我用4张不同方位的照片拼接了一张全景。毛泽东的睡衣怎么办？想来想去只好从大衣下摆处裁去，这样就看不出毛泽东穿睡衣的痕迹了。

第二天，陈毅追悼会的照片和消息发在全国各大报上。反响非同寻常，毛泽东的一席话无疑是给受"二月逆流"冤屈的老干部们带来了希望。

这是毛泽东最后一次参加追悼会。[3]

"组阁"风波

林彪事件后，毛泽东支持周恩来主持中央日常工作，使各方面工作出现转机，一批领导干部重新走上工作岗位。在1973年8月召开的中共十大上，邓小平、王稼祥、乌兰夫、李井泉、谭震林、廖承志等被排斥在第九届中央委员会之外的老干部，重新当选中央委员。与此同时，中共十大继续坚持"文化大革命"的错误理论和实践，江青集团的骨干分子更多地进入中央委员会。

就在同江青集团斗争的关键时刻，周恩来积劳成疾，身染重病。江青、张春桥等人借机发难，在1974年1月掀起所谓"批林批孔"运动，锋芒指向周恩来等老一辈革命家，企图搞乱全国，在四届全国人大上取得"组阁"的权力。

毛泽东支持"批林批孔"运动，但也不愿重新出现社会大动乱。他对江青等人利用"批林批孔"另搞一套的图谋有所察觉，多次提出批评。1974年7月17日，毛泽东在政治局会议上批评江青，要她"不要设两个工厂，一个叫钢铁工厂，一个叫帽子工厂，动不动就给人戴大帽子"。他还当众宣布："她并不代表我，她代表她自己。"他警告江青、张春桥、姚文元、王洪文说："你们要注意呢，不要搞成四人小宗派呢！"

毛泽东的严肃批评，使江青集团不能不有所顾忌。但是，他们并不甘心，而是在伺探时机。

王年一在《大动乱的年代》一书中写道：

1974年10月4日，毛泽东提议邓小平任国务院第一副总理。10月11日，中共中央发出通知，决定在最近期间召开第四届全国人民代表大会。通知传达了毛泽东的意见："无产阶级文化大革命，已经8年。现在，以安定为好。全党全军要团结。"四届人大召开在即，在酝酿国家机构的人事安排期间，江青等人加紧了活动。江青妄图由她来"组阁"，她主演了一出闹剧。

江青一伙还是用老办法：先制造舆论。《红旗》杂志1974年第10期发表了姚文元策划和修改定稿的《研究儒法斗争的历史经验》。从6月5日姚文元布置写这篇文章，到10月1日刊出，历时近4个月。红旗编辑部贯彻姚文元的意图，说文章的主题应放在"研究儒法斗争对无产阶级革命和专政的意义"上，文章的目的是"为了现实的阶级斗争"，所以要"针对当前的主要问题来写"，要着重写"复辟反复辟"的"经验教训"。姚文元8月5日说，"索性改为儒法斗争对今天的意义"。文章借研究秦汉儒法斗争历史经验之名，借古喻今。文章说："新兴地主阶级能不能保持政权，关键在于能不能保证继续执行法家路线。"又说，秦始皇"陶醉于'黔首安宁，不用兵草'这种太平景象的时候，奴隶主复辟势力的代表人物赵高已经披着法家的外衣钻进了秦王朝的心脏，对地主阶级政权进行'挖心战'。秦始皇一死，赵高立即发动沙丘反革命政变，用一条'收举余民，贱者贵之，贫者富之，远者近之'的儒家路线代替了秦始皇的法家路线，对地主阶级的政治代表实行血腥的阶级报复"。文章说"西汉王朝的前期和中期之所以能在反复辟斗争中取得胜利"，就是因为汉高祖死后"法家路线却历经吕后、文、景、武、昭、宣六代基本上得到了坚持"。"由于在中央有了这样一个比较连贯的法家领导集团，才保证了法家路线得到坚持。"而"清君侧"的策略就是要通过"搞垮中央的法家领导集团"改变法家路线。文章进而点明本意，"在无产阶级专政条件下，那些钻进党内的资产阶级代表人物，也往往采取这种'清君侧'的反革命策略"，"打击坚持毛主席正确路线的革命力量"。他们的用意，跃然纸上：一为影射攻击周恩来、邓小平等是钻进党内的赵高、刘濞；一为标榜他们是坚持毛主席革命路线的"中央法家领导集团"，要让法家人物"在中央主持工作"。在这以后，上海市和"两校"等写作班子发表的多篇文章，为所谓"中央法家领导集团"鼓吹。这些文章，既是给老百姓看的，更是给毛泽东看的。他们向毛泽东进言：只有让"中央法家领导集团"主政，才能够坚持毛主席的革命路线。毛泽东心中有数，知道江青"积怨甚多"，对此并不理睬。

1974年10月12日，《文汇报》和《解放日报》在头版发表评论员文章，借国产万吨轮"风庆"号远航归来为题，影射攻击周恩来和中央有关领导同志。

……

不仅如此，江青一伙还在中央政治局挑起事端。6月1日，周恩来因病住院以后，江青、张春桥、姚文元、王洪文在中央政治局有预谋地对邓小平进行了多次挑衅。10月4日，毛泽东提议邓小平任国务院第一副总理，实际上主持国务院的工作，"四人帮"更加紧了对邓小平的攻击。10月17日晚，"四人帮"在中央政治局会议上，有预谋地提出所谓"风庆轮"事件"崇洋媚外"问题，要邓小平立即表态，对邓小平发动突然袭击。江青挑衅性地问邓小平："你对这个问题是什么态度？"邓小平严正地回击江青："我要调查。"江青等人大吵大闹。邓小平说："政治局讨论问题要平等，不能用这样态度待人。"江青等4人一拥而上说："早就知道你要跳出来，今天你果然跳出来了。"邓小平蔑视他们，离开了会场。

江青、张春桥、姚文元、王洪文当晚在北京钓鱼台紧急策划，进行阴谋活动。18日，派王洪文到长沙向毛泽东汇报。王洪文完全按江青等人的意图，诬陷周恩来、邓小平，偏袒江青，目的是阻止邓小平出任第一副总理。王洪文汇报说："北京现在大有庐山会议的味道。""在政治局会议上，为了这件事，江青同邓小平同志发生了争吵，吵得很厉害。""邓有那样大的情绪，是与最近在酝酿总参谋长人选一事有关。"他还说："总理现在虽然有病，住在医院，还忙着找人谈话到深夜。几乎每天都有人去。经常去总理那里的有小平、剑英、先念等同志。""他们这些人在这时来往得这样频繁和四届人大的人事安排有关。"他还吹捧江青、张春桥、姚文元，妄图由他们"组阁"。毛泽东当即告诫他："你回去多找总理和剑英同志谈，不要跟江青搞在一起，你要注意她。"

同日，江青把王海容和唐闻生找去，嘱她们报告毛泽东：在10月17日晚上，政治局讨论"风庆轮"问题的会议上，邓小平和江青发生争吵，事后扬长而去，使得政治局的会议开不下去了。她还诬陷说，国务院的领导同志经常借谈工作搞串联，总理在医院也很忙，并不全是在养病。小平和总理、叶帅都是在一起的，总理是后台。当晚，江青、张春桥、姚文元又把唐闻生、王海容找去，张春桥说，国内财政收支和对外贸易中出现的逆差，是国务院领导同志"崇洋媚外"所造成的。他还把邓小平在"风庆轮"问题上的抵制比作"二月逆流"。10月19日，唐闻生、王海容到医院将谈话情况向周恩来作了汇报，周恩来说，他已知道政治局会议的问题，经过他的了解，事情并不像江青等人所说的那样，而是他们4个人事先就计划好要整邓小平，他们已多次这样搞过邓小平，邓小平已忍了他们很久。10月20日，毛泽东指示唐闻生、王海容回北京转告周恩来和王洪文：总理还是总理，四届人大的筹备工作和人事安排问题要总理和王洪文一起管。建议邓小平任党的副主席、第一副总理、军委副主席兼总参谋长。毛泽东还指示唐闻生、王海容转告王洪文、张春桥、姚文元，叫他们不要跟在江青后面批东西。

11月12日，江青写信给毛泽东，提出，谢静宜任全国人大副委员长，迟群当教育部长，乔冠华当副总理，毛远新、迟群、谢静宜、金祖敏列席政治局，作为"接班人"来培养。江青在这里野心毕露，要由她"组阁"。当天，毛泽东在信上批示："不要多露面，不要批文件；不要由你组阁（当后台老板），你积怨甚多，要团结多数。至嘱。人贵有自知之明。又及。"11月19日，江青又向毛泽东写信，说："一些咄咄怪事，触目惊心，使我悚然惊悟。""自九大以后，我基本上是闲人，没有分配我什么工作，目前更甚。"这是一封伸手要官的信。11月20日，毛泽东再次批评她："你的职务就是研究国内外动态，这已经是大任务。此事我对你说了多次，不要说没有工作。此嘱。"江青不听劝诫，又托人向毛泽东提出要王洪文当全国人大副委员长。毛泽东立即尖锐指出："江青有野心。她是想叫王洪文做委员长，她自己做党的主席。"

……

在毛泽东的支持下，周恩来带病主持国家人事安排工作。12月23日，周恩来、王洪文到长沙向毛泽东汇报，23日、24日、25日和27日，毛泽东同他们作了四次谈话。毛泽东再次告诫王洪文："不要搞四人帮，团结起来，4个人搞在一起不好！"说他们"在批林批孔运动中立了功，但不要搞宗派，搞宗派要摔跤的"。毛泽东批评江青说："江青有野心，你们看有没有？我看是有。"又说，对江青"当然要一分为二，她在批刘批林问题上是对的，说总理的错误是第十一次路线错误就不对了"。又说："批林批孔，批走后门，成了三个主题，搞乱了。搞乱了，也不告诉我。""说批林批孔是第二次文化大革命是不对的。"毛泽东再次提出："我看小平做个军委副主席、第一副总理兼总参谋长。"并对邓小平高度评价："人才难得""政治思想强"。"政治比他（指王洪文）强，他没有邓小平强。"毛泽东还说："你们留在这里谈谈，告诉小平在京主持工作。"毛泽东还提名陈锡联为副总理，说张春桥有才干。1974年12月末至1975年初，周恩来在政治局常委会上传达了毛泽东的上述谈话要点。在当时党和国家政治生活极不正常的情况下，毛泽东对"四人帮"的批评和对周恩来、邓小平的工作的支持，对于挫败"四人帮"的"组阁"阴谋，保证四届人大的召开，起了十分重要的作用。江青的"组阁"未成，把政治局的许多委员都骂了。毛泽东批示："她看得起的没有几个，只有一个，她自己。""将来她要跟所有的人闹翻，现在人家是敷衍她。""我死了以后，她会闹事。"

1975年1月5日，中共中央发出第一号文件，任命邓小平为中共中央军委副主席兼中国人民解放军总参谋长,任命张春桥为中国人民解放军总政治部主任。1月8日至10日,党的十届二中全会在北京召开,周恩来主持。会议讨论了第四届全国人民代表大会的准备工作,决定将《中华人民共和国宪法修改草案》《关于修改宪法的报告》《政府工作报告》和全国人民代表大会常务委员会、国务院成员的候选人名单,提请全国人民代表大会讨论。会议选举邓小平为中共中央副主席、中央政治局常务委员;批准李德生关于免除他所担任的中共中央副主席、中央政治局常委的请求。会议期间,毛泽东再一次提出,还是安定团结为好,还说"要把国民经济搞上去"。10日深夜,江青到北京卫戍区某部一个连队"看望"指战员。在谈话中,她歌颂吕后,吟哦唐人李商隐的诗:"宣室求贤访逐臣,贾生才调更无伦。可怜夜半虚前席,不问苍生问鬼神。"用以发泄她对中央人事安排的不满。

1月13日至18日,全国人民代表大会第四届第一次会议在北京举行。出席大会的代表2864人。大会议程是:(一)修改宪法;(二)审议《政府工作报告》;(三)选举和任命国家领导工作人员。朱德主持了大会,张春桥代表中共中央作《关于修改宪法的报告》,周恩来代表国务院作《政府工作报告》。周恩来在报告中重申了1965年初三届人大提出的"在本世纪内,全面实现农业、工业、国防和科学技术的现代化,使我国国民经济走在世界前列"的宏伟目标,重申了党和毛泽东关于以农业为基础、工业为主导等一系列经济建设的方针。大会通过了宪法,批准了《政府工作报告》。选举朱德继续担任全国人民代表大会常务委员会委员长,选举董必武、宋庆龄、康生、刘伯承、吴德、韦国清、赛福鼎、郭沫若、徐向前、聂荣臻、陈云、谭震林、李井泉、张鼎丞、蔡畅、乌兰夫、阿沛·阿旺晋美、周建人、许德珩、胡厥文、李素文、姚连蔚为副委员长,任命周恩来继续担任国务院总理,任命邓小平、张春桥、李先念、陈锡联、纪登奎、华国锋、陈永贵、吴桂贤、王震、余秋里、谷牧、孙健为国务院副总理。四届人大的召开,是党和毛泽东在"文化大革命"8年动乱之后,为了稳定政治局势,使国家的政治生活逐步转上正常轨道所作的一次努力。大会确定了以周恩来、邓小平为核心的国务院领导机构,使江青等人的"组阁"阴谋终于未能得逞。[4]

支持邓小平工作

请邓小平重新主持中央日常工作,是毛泽东晚年作出的重要决定之一。

早在邓小平被打倒之后,毛泽东多次表示,邓小平与刘少奇是有区别的。在江青等人要开除邓小平党籍时,毛泽东再次保护了他。

1972年1月，毛泽东在陈毅同志追悼会上，对张茜等人表示，邓小平的问题属于人民内部矛盾。这些话通过一些渠道，很快传到正在江西下放的邓小平那里，给他以莫大的安慰。

同年8月14日，毛泽东在邓小平的来信上批示说："邓小平同志所犯错误是严重的。但应与刘少奇加以区别。"他一面坚持"文化大革命"的错误结论，同时对邓小平的历史功绩加以肯定。根据毛泽东的批示，1973年3月10日，中共中央发出文件，决定恢复邓小平党的组织生活和国务院副总理职务。

在周恩来重病住院后，毛泽东又进一步决定，把主持党政军日常工作的重任托付给邓小平。这对气焰正盛的江青集团，无疑是个打击。

范硕在《叶剑英在1976》一书中写道：

1973年4月，邓小平被解除"流放"，从江西回到北京。叶剑英便主动去看望邓小平，问寒问暖，并亲自给他安排医生、护士和司机，解决生活上的困难，为他创造良好的工作条件。然后他去毛泽东那里，建议说："小平同志回来了，我提一个要求，让他来参加和主持军委工作。"

这一年12月12日，毛泽东亲自主持召开中央政治局会议，他在会上提出了大军区司令员相互对调的建议。他说："我和剑英同志请邓小平同志参加军委，当委员。是不是当政治局委员，以后开二中全会报告追认。"接着他提议，讨论一个军事问题，即全国各个大军区司令员互相调动，并指着叶剑英说："你是赞成的，我赞成你的意见。我代表你讲话。"毛泽东还说，他找了周恩来，他也赞成。最后毛泽东向叶剑英说："你把大军区司令员、政治委员都找来吧，参加议军。"

12月15日，毛泽东又一次同政治局有关同志和几个大军区负责人谈话，他介绍邓小平时说："我们现在请了一位总参谋长。他呢，有些人怕他，但是办事比较果断。他一生大概也是三七开。你们的老上司，我请回来了，政治局请回来了，不是我一个人请回来的……"他还送给邓小平两句话："柔中寓刚，绵里藏针。外面和气一点，内部是钢铁公司。"

毛泽东的话音刚落，满室生辉，在座的老同志都为请回邓小平这位总参谋长欢欣鼓舞。

叶剑英听了更是十分高兴。他深深知道"得贤则昌，失贤则亡"。在张春桥等人觊觎总参谋长要职已久、迫不及待的关键时刻，这个任命的意义有多么重大！他到邓小平住处，同他商议军机大事，研究加强军队革命化、现代化建设的措施，并组织总部领导和机关人员向他汇报军委工作和部队的情况。

邓小平的复出并重任要职，对"四人帮"来说是个晴天霹雳，他们又怕又恨，阴谋再次打倒他。

……

叶剑英和邓小平一方面领导军队建设、指挥作战、巩固国防，另一方面坚持同"四人帮"进行各种形式的斗争。1974年，在一次中央政治局会议上，毛泽东批评江青不要开两个工厂，一个是钢铁工厂，一个是帽子工厂。江青当着众人的面，表示"不开"了，她故意把矛头引向邓小平，说："钢铁工厂送给小平同志吧！"众人没有搭理她。毛泽东继续批评江青一伙说："她算上海帮呢！你们要注意呢，不要搞成四人小宗派呢……"叶剑英听了，觉得毛泽东对江青一伙"上海帮"批得非常痛快。散会以后，他一再问邓小平听清楚了没有，一路上继续交谈对"上海帮"的看法。

……

1974年10月4日，毛泽东提议邓小平担任国务院第一副总理，实际上是要他在周恩来生病期间，由他来主持中央工作。这使"四人帮"更为不满，于是加紧攻击，要把他赶下台。他们躲在钓鱼台，经过密议，有计划有准备地在中央政治局对邓小平进行多次挑衅和攻击。最突出的是，无端制造所谓"风庆轮"事件，攻击国务院和交通部"崇洋媚外""搞卖国主义"。在政治局会议上，江青一伙以此为题，向邓小平发动突然袭击和围攻，逼他表态。邓小平义正词严，据理驳斥。江青、张春桥、王洪文等竟然辱骂他"又跳出来了"。邓小平愤然离开会场。在这场风波中，叶剑英完全站在邓小平一边，支持他同"四人帮"斗争。邓小平的实事求是态度、坚强的党性原则和大无畏的革命精神，使叶剑英敬佩不已。

1974年11月，在江青阴谋"组阁"失败之后，邓小平到长沙去看望在那里养病的毛泽东，汇报前一段工作。他还没有谈到江青一伙有意制造困难，毛泽东倒先点破了，说：

"你开了一个钢铁公司！"

邓小平坦率地说："我实在忍不住了，他们在政治局搞了七八次了。"

毛泽东说："我赞成你！他们强加于人，我也是不高兴的。"

"我主要是感觉政治局的生活不正常。最后我到江青同志那里去谈了一下。"邓小平风趣地说，"我这是钢铁公司对钢铁公司！"

毛泽东露出满意的表情，连声说："这个好。"

这次谈话结束时，邓小平表示，一定挑起重担，把工作做好。

叶剑英得知这次谈话内容，欣喜异常，他相信中国的事情会有转机，对前途充满了信心。

1975年，春回大地。1月5日，邓小平被正式任命为中共中央军委副主席兼中国人民解放军总参谋长，在党的十届二中全会上又被选为中共中央副主席、中央政治局常委。四届人大批准了周恩来所作的《政府工作报告》，选出了以朱德为委员长的全国人大常委组成人员，任命周恩来为总理、邓小平等为副总理的国务院组成人员，挫败了"四人帮"的组阁阴谋。会后，周恩来总理病重住院，在毛泽东的支持下，邓小平代总理主持中央的党政日常工作。叶剑英被任命为国防部长，继续主持中央军委日常工作。

邓小平受命于危难之时，根据毛泽东主席、周恩来总理的指示，在叶剑英等许多同志的支持和协助下，以非凡的革命胆略和雷厉风行的作风，坚决果断，克服巨大阻力，着手全面整顿，纠正"文化大革命"的错误，同"四人帮"进行了不屈不挠的斗争。

最使叶剑英敬佩的是邓小平敢于"捅马蜂窝"，大胆揭露批判江青。4月间，他就江青、张春桥、姚文元蓄意制造的以打击老干部为目的的所谓"反经验主义"问题，采取向毛泽东请教的方式，提出自己的看法。毛泽东同意邓小平的观点，认为"反经验主义"干扰了他倡导的学习理论运动，多次批评江青等人的错误。根据毛泽东的意图，邓小平继4月27日中央政治局开会批评江青等人"反经验主义"之后，又于5月27日和6月3日主持政治局会议，集中解决"四人帮"的问题。

5月27日，在人民大会堂东大厅举行的会议上，邓小平针对江青等人搞所谓"第十一次路线斗争""批林批孔又批走后门"和"反经验主义"等三件事，提出质问和批评。他说："主席提三个问题，钻出三件事。倒是要问一问，为什么？……你们批周总理、批叶帅，无限上纲，提到对马列的背叛，当面点了那么多人的名。来势相当猛。别的事不那么雷厉风行，这件事就那么雷厉风行！……"

江青玩弄故技，反唇相讥，诬蔑这是搞"围攻"和"突然袭击"。邓小平毫不退让，拍着桌子，据理相争，继续对江青等人进行严厉批评。

邓小平反复申明，这次会议是根据毛主席的批示和讲话精神召开的。要安定团结，要"三要三不要"（即"要搞马列主义，不要搞修正主义；要团结，不要分裂；要光明正大，不要搞阴谋诡计"），首先政治局的同志要做到。主席多次批评宗派主义、搞"四人帮"。他问我们讨论得怎么样，有没有结果，要我们好好讨论。邓小平针对"四人帮"攻击"4月27日会上的讲话过了头"，是"突然袭击、围攻"等，激动地说："我看，连百分之四十也没有讲到。有没有百分之二十，也难讲。谈不上突然袭击，过头了……"

李先念发言说："我认为4月27日会议没有过分，没有越轨！主席谈到'四人帮'不要搞，但有人还要搞。"

6月3日继续开会。一开始就冷场，长时间地沉默。叶剑英打破僵局，作了长篇发言。

他说，政治局讨论主席的批示和指示，是非常正确的，"三要三不要"。接着他谈了三点体会：

第一点，要学马列。他说，3月1日出现"反经验主义"。全国报纸跟着来了，用"反经"代替"反修"。主席提出批评，不要只提一个（经验主义），放过另一个（教条主义）。我党真懂马列的不多，有些人自以为懂了，其实不大懂，自以为是，动不动就训人，这也是不懂马列的一种表现。主席批评得很尖锐。这个问题很重要，马列弄通可是难。一定要学习。非常必要。不学好就没有武器。今后中央要带头学。

第二点，要团结，不要分裂。他严厉批评，借口所谓"对付林彪"搞小宗派，而大搞"四人帮"。他说，团结的方法：一手是批评，一手是团结。过去一个时期不正常。如果保持非法的小组织存在，搞"四人帮"，就有害团结，分裂党。

第三点，要请示报告，严守纪律。他指名道姓地说，几乎重大的问题都不请示。主席、小平同志的批评是完全对的。你们搞所谓"十一次路线斗争"，事先未请示；"批走后门"，也是事先未请示；"批经验主义"，又是不请示，要主席来纠正。要正确对待个人和组织的关系问题，严守纪律。以后凡是重大问题，都要提交政治局讨论。过去的错误，要引起严重注意。为什么不请示？使主席有感觉？事先不请示，事后来纠正。不要干扰主席，这是最大的干扰。他最后激动地说："什么是背叛马列主义？搞得村村点火，处处冒烟！"

在叶剑英发言之后，王洪文被迫假惺惺地检讨说："一年多来，总理生病，我主持工作，政治局发生的问题，主要由我来负责。"他还摆出貌似公允的姿态，谈到1974年11月，江青、张春桥等与邓小平发生争论时，只听江、张意见，没听小平的意见，有片面性。表面上他接受批评，但对会上提出的"形势一塌糊涂"和"十一次路线斗争"仍有保留，说："决不能因为批评江青，而否定11月会议，会议大方向没有错。"这实际上继续对抗批评。不过，经过这次会议，王洪文主持中央日常工作的空名也由此结束了。

最后，江青在强大的批评压力下，摆出"弱者"的姿态，承认自己在4月27日的会议上，"自我批评不够，又有新的不恰当的地方"。"还要加深认识。"她强调客观说："上次会，有体会。我得消化一下。还得看一点东西。再作进一步检讨。"可是，事后她到处造谣说，邓小平开会斗了她几个月。

这次会议之后，毛泽东听说批了江青，对人说："好呀！这个会开得好呀！就是要斗她一斗，她是从来不接受批评的。"

不久，邓小平向毛泽东汇报政治局开会批评"四人帮"的情况。

毛泽东点点头说:"我看有成绩。把问题摆开了。"

邓小平说:"最后他们否认有'四人帮'。"

毛泽东说:"他们过去有功劳,现在就不行了,反总理、反邓小平、反叶帅……在政治局,风向快要转了。"他鼓励邓小平说:"没有大问题。你要把工作干起来。"

邓小平坚定地表态:"这方面我还有决心就是了。反对的人总有,一定会有。"

毛泽东笑笑说:"那好,木秀于林,风必摧之。"

邓小平感到担子很重,说:"工作开始时,主席给我这个工作岗位,我说主席是把我放在刀尖上了。"

毛泽东再次说:"这是叶帅提议的,我赞成的。"

这就是邓小平复出以后,在毛泽东支持下,主持政治局批评"四人帮"的大致情形,这也是"文化大革命"以来,中央政治局第一次与"四人帮"交锋,敢于在"太岁"头上动土。江青、王洪文等慑于毛泽东和政治局的压力,被迫采取"以守为攻"的战略,交出书面"检讨"。[5]

最后的抉择

毛泽东在其晚年陷入了复杂的矛盾之中。他深信邓小平的能力和魄力,真心支持他主持中央日常工作,却又不能容忍邓小平系统地纠正"文化大革命"的错误。对"文化大革命",毛泽东多次表示要"三七开",并且承认"全面内战"和"打倒一切"是两个最大的失误。但他始终认为"文化大革命"的理论和实践都是正确的,把它视为自己一生干的两件大事之一。他对江青集团夺取党和国家最高权力的野心有所警觉,始终不让他们的图谋得逞,但在一些时候又不能不倚重他们。这使他陷入两难的困境之中。

1975年底,毛泽东又面临他一生中最后的一次抉择。他终于下了最后的决心,发动所谓"批邓、反击右倾翻案风",使全国再度陷入混乱之中。

范硕在《叶剑英在1976》一书中写道:

"四人帮"从1975年下半年起,就酝酿继"反经验主义"之后,利用"评《水浒》"攻击周恩来和邓小平。8月,姚文元抓住毛泽东同北大中文系教师芦荻谈论《水浒》一事大做文章,给毛泽东写信提议,"充分发挥这部(反面教材)的作用",于是经过毛泽东批准,在全国范围内又开展了轰轰烈烈地"评《水浒》"的运动。其主题就是批判"架空晁盖"(暗喻毛泽东),批否定"文化大革命"的"投降派"。甚至用身材黑矮的"孝义黑三郎"(宋江)的漫画来影射邓小平。江青一改受到政治局批评后"意志消沉"的姿态，立即猖狂反扑。这个1973年还曾吹捧宋江的"旗手"，钻到文艺界，蹿到大寨，召集100余人谈话，借评《水浒》为自己挨批搞反攻倒算，造谣说："最近，有那么一些人，把主席批评我的一封信，江某人向政治局传达的，政治局没有讨论，给传出去了。""我这个人天天挨骂，修正主义骂我，共产党员还怕骂吗？"江青竟要求在全国农业学大寨的大会上放她的讲话录音，印发她的讲话稿。后来，反映到中央，毛泽东严厉批道："放屁，文不对题。""稿子不要发，录音不要放，讲话不要印。"

阴谋家的可爱之处，就在于变着花样玩弄阴谋。"四人帮"看到自己在毛泽东那里连连挨批，日渐"失宠"，又利用毛泽东的侄儿毛远新告"御状"，向"伟大领袖"吹阴风。

……

对于毛远新进中南海并在毛泽东身边工作，当时许多政治局委员不以为然。这种党内生活的不正常状况是从来没有过的。叶剑英虽然反感，但无力去制止。正如他后来所说，毛主席病重以后，除了"四人帮"之外，又来了一个所谓"联络员"毛远新。政治局的情况由他上传，毛主席的指示由他下达。当时政治局的同志为照顾大局，为了毛主席的健康，对这种不正常的情况一直采取克制的态度。

11月，北京已进入冬季，冻手冻脚。中南海游泳池旁的毛泽东卧室内，已经生起暖气，但是年迈多病的室主人仍然感到身体不适，不能出外活动。

11月2日上午10时，毛泽东醒来，听到室外风声阵阵，轻轻移动身子，干咳数声。

在这里扶持他的有女秘书和医护、服务人员。但亲人之中除毛远新外，再没有别人。儿子、女儿和儿媳、孙儿都在很远的地方，只有经过"批准"，才能来探视。那个久已分居的夫人，早已在钓鱼台独享清福，即使回中南海，也有她单独的住处，而且也是不经"批准"，不为要钱和找别扭，绝不前来的。

"外面很冷吗？……又是狂风大作？……"

声音很小、很慢，且含混不清。毛远新听惯了，也听懂了，但他不想在自然气候上谈论太多，而是想遵照江青"妈妈"早已吩咐过数次的话题，谈谈政治气候。

"主席，今天外面的风不大，但令人感到有另外一股风。"

"什么风啊？"

毛泽东虽然听力下降，但那惯于思考的头脑依然很清醒，很敏感。他立刻嗅到这可能是一种新的政治动向。

"这股风，我在省里工作时就感觉到了，主要是否定文化大革命。"

毛泽东一听是"文化大革命"，立刻警觉起来。这是他一生中所作的两件大事的最后一件，而且是他晚年的"得意之作"。虽然他已觉察有些问题，但毕竟功大于过，不失为惊天动地"史无前例"的"反修防修"的成功之举。即使有错，也要由他自己来承认，不许别人指责，更不许别人纠正！他挪动了一下身躯，半卧半坐，让毛远新细说下去，认真倾听起来。

"联络员"难得这样的机会，于是将准备已久的"状纸"，逐条地和盘托出：

"第一，对文化大革命怎样看？主流、支流，十个指头，三七开还是倒三七，肯定还是否定？

"第二，对批林批孔运动怎么看？主流、支流，似乎迟群、小谢讲了走后门的错话干扰，就不讲批林批孔的成绩了。口头上也说两句，但阴暗面讲得一大堆。

"第三，对刘少奇、林彪的路线还需不需要继续批，刘少奇的路线似乎也不大提了。

"工业现代化主要强调加强企业管理，规章制度，但工交战线主要矛盾是什么？

"农业、财贸战线也有类似问题，教育革命主流、成绩是什么？……文艺革命主流、支流等，总之，文化大革命中批判了刘少奇、林彪的路线，批判了17年各条战线的修正主义路线还应不应该坚持下去？"

毛泽东听到这里，已经感到问题严重，但他多年养成分析问题的习惯，还想了解风势的来头、规模有多大。

"这股风刮得厉害吗？"

"这股风似乎比1972年批极左还凶些。"

毛泽东自然清楚1972年这股风指的是周恩来。他听说比那次还凶，就习惯地紧蹙眉头，双目贯注，让毛远新继续说下去。

"我很注意小平同志的讲话，"毛远新压低声音，神情紧张地说出了关键的话，"我感到一个问题，他很少讲文化大革命的成绩，很少提刘少奇的修正主义路线。"

"主席讲的三项指示，"毛远新停一停说，"其实只剩下一项指示，即生产上去了。"最后他说出了自己的忧虑："外面担心中央，怕出反复。"

毛泽东的心跳加速，脸发涨，开始喘粗气。

……

毛泽东自言自语地说："有两种态度，一个呢，是对文化大革命不满意；另一个呢，是要算账，算文化大革命的账。究竟是哪一种呢？"他还要看一看。

毛泽东命令式地对毛远新说：

"你找邓小平、汪东兴、陈锡联谈一下，就说是我让你找他们。当面讲，不要吞吞吐吐，开门见山，把意见全讲出来！"谈完之后，他又考虑了一下，说："这样吧，你先找小平、锡联、东兴几个开个小会吧，把你的意见全讲出来，讲完了再来。"

"联络员"奉"最新"指示，立即办理。

不料，在当晚的会议上，邓小平仍然坚持自己的观点，并不认错。

毛远新开过会，又向毛泽东作了加油添醋的汇报。

过了两天，11月4日晚，毛泽东又找毛远新去，布置中央政治局开会。

毛泽东定了调子："对文化大革命，总的看法：基本正确，有所不足，现在要研究的是在所不足方面，看法不见得一致……"

毛远新领会了意图，核对式地请示："这次会议争取在对文化大革命这个问题上能初步统一认识，对团结有利。目的是通过讨论，团结起来，搞好工作。是这样吧？"

毛泽东点头："对。"然后特意嘱咐说："这个不要告诉江青，什么也不讲。"

毛远新却火速将毛泽东的"最新指示"透露给江青一伙。"四人帮"就好像掉在深潭里的人抓住了稻草，庆幸自己从政治危机中再次得救。于是，在钓鱼台连夜开会，商议怎样在邓小平身上再"踏上一只脚"，让他彻底垮台，"永世不得翻身"。

中央政治局根据"联络员"传达毛泽东的指示，召开紧急会议，对邓小平进行错误的批评。

"四人帮"摇身一变，一跳三丈，成了批邓的急先锋。

按照毛泽东的本意，仍然希望在"文化大革命"问题上能够统一认识，来个"三七开"（七分成绩，三分错误）。毛泽东提出由邓小平主持作一个决议，肯定"文化大革命"的成绩。邓小平在原则问题上是不肯让步的。他说：我是桃花源中人，"不知有汉，无论魏晋"。表示由他来写这个决议是不适宜的，婉言拒绝了。

在"四人帮"的攻击下，中央政治局停止了邓小平的工作。

几乎就在这同一时间，由清华大学开始转向全国，掀起了一个更大的政治风波。11月初，在江青一伙的推动和操纵下，清华大学党委召开常委扩大会议传达毛泽东对刘冰等4人信件的批示。在那批件上用铅笔写道："清华大学刘冰等人来信告迟群和小谢。我看信的动机不纯，想打倒迟群和小谢。他们信中的矛头是对着我的。"以后毛泽东又批评："我在北京，写信为什么不直接给我，还要小平转？小平偏袒刘冰。清华所涉及的问题不是孤立的，是当前两条路线斗争的反映。""四人帮"如获至宝，欣喜若狂，抓住"鸡毛当令箭"，以传达这个批示为起点，开始了所谓"反击右倾翻案风"和所谓"教育革命大辩论"。北京市委负责人亲自坐镇指挥，分管教育工作的副总理张春桥责令周荣鑫作检查。清华先召开了有1300多人参加的党委扩大会议和全校大会，批判周荣鑫和刘冰等，把矛头对着邓小平。公开提出："邓小平是刘冰的总后台，刘冰是邓小平在清华的代理人。"霎时间，狂风大作，"反击右倾翻案风"的大字报铺天盖地而来，美丽的清华园顿时成了"批邓"的战场。"四人帮"迅速组织干部和群众去参观。

1975年11月下旬，中央政治局根据毛泽东的指示，在北京召开了有130多名党政军机关负责的老同志参加的"打招呼"会议，宣读了由毛远新整理、毛泽东批准的《打招呼的讲话要点》。《讲话要点》传达了毛泽东关于刘冰信件的上述讲话，并且提出，"这是一股右倾翻案风"。说"有些人总是对文化大革命不满意，总是要算文化大革命的账，总是要翻案"。紧接着，中共中央向各省市自治区党委第一书记、各大军区党委第一书记、中央和国家机关各部党委的负责人、军委各总部和各军兵种党委第一书记，发出《关于转发〈打招呼的讲话要点〉的通知》，通报了"打招呼"会议情况，转发了《打招呼的讲话要点》，要求在党委常委中传达讨论。

于是"打招呼"成了最流行的政治术语。全国上下都在"打招呼"，人人都忙于"打招呼""听招呼"。

"打招呼"成了"批邓"的代名词，在全国吹响了"批邓"的号角。

周恩来总理逝世以后，"四人帮"肆无忌惮地掀起了更大的"批邓"风暴。在周恩来治丧期间，一天也没有停止"反击右倾翻案风"，而且步步加紧。[6]

在"批邓"的同时，毛泽东也在为接班人问题作最后一次抉择。尤其在周恩来去世之后，这个问题更是迫在眉睫。

经过认真考虑，毛泽东把目光放在忠厚老实的华国锋身上。1976年10月的事件表明，他的这个抉择不失政治家的高明之处，使党和国家避免了一场大灾难。

范硕在《叶剑英在1976》一书中继续写道：

重病中的毛泽东也正在为国务院总理的人选大伤脑筋。他经过反复观察思考，既不满意同他一起战斗多年、曾为他器重的邓小平，更不放心被他多次批评有野心的"四人帮"。最后这位善于解决矛盾的辩证法大师，出人意料地选中了另外一个人。

这个人就是华国锋。1976年1月21日，毛远新向毛泽东汇报，谈到华国锋、纪登奎等提出国务院请主席确定一个主要负责同志牵头，他们做具体工作。毛泽东回答说："就请华国锋带个头，他自认为是政治水平不高的人。小平专管外事。"至少，从这以后，华国锋已经开始主持国务院工作了。

2月2日，中央发出"一号文件"，通知全党：

"经伟大领袖毛主席提议，中央政治局一致通过，由华国锋任国务院代总理。"

对于当时这一决定的政治背景，一位外国的传记作家写道："妄图操纵患病的毛泽东的'四人帮'，当然不是想为华国锋这位人们不大熟悉的'外地'政治家掌权铺平道路。但是，他们疯狂地反对邓小平无疑有利于华国锋的晋升。邓小平坚定不移的务实精神使毛泽东感到不安，因此，从1975年秋起再次把矛头指向邓小平。但他清楚地了解其夫人以及上海的意识形态的支持者在幕后搞阴谋活动，并有政治野心。'四人帮'垮台后公布的语录证实了这一点。在这种情况下，华国锋的有利条件正是在于他不参加任何一派，而是长期无限忠于毛主席。"这位作家列举了华国锋的身世和职务之后，特别提到："重要的是，他是务实派和激进派都能接受的人。因此，4月间，党的主席委托他负责审查'邓小平案件'。"

……

华国锋的任命，对"四人帮"是当头一棒。王洪文一气之下，把自己长时间准备的讲话提纲（第3稿），连翻也不翻，扔进了抽斗，后来竟成了他的"罪状"之一。自以为十拿九稳爬上总理"宝座"的张春桥怨恨至极，写下了《2月3日有感》：

"又是一个1号文件。

"去年发了一个1号文件。

"真是得志更猖狂。

"来得快、来得凶，垮得也快。

"错误路线总是行不通的。可以得意于一时，似乎天下就是他的了，要开始一个什么新时代了。他们总是过高地估计自己的力量。

"人民是决定性的因素。

"代表人民的利益，为大多数人谋利，在任何情况下，都站在人民群众一

边。站在先进分子一边,就是胜利。反之必然失败。正是:

"'爆竹声中一岁除,春风送暖入屠苏。

"'千门万户曈曈日,总把新桃换旧符。'"

……

2月16日,中共中央下达"3号文件",经毛主席批示同意批转中央军委2月6日关于停止学习贯彻执行1975年7月邓小平、叶剑英在军委扩大会议上的讲话的报告。

2月25日,在"四人帮"的鼓动下,经过毛泽东批准,党中央召开各省、市、自治区和各大军区负责人会议。会议传达了《毛主席重要指示》,即由毛远新整理的毛泽东自1975年10月至1976年1月多次关于"批邓、反击右倾翻案风"的谈话。

3月3日,中共中央发出学习《毛主席重要指示》的通知,要求组织县团以上干部认真学习,深刻领会,坚决贯彻执行。

毛泽东这篇语录式的涉及各个方面问题的18条重要指示,包括的内容很广,特摘录几段:

"社会主义社会有没有阶级斗争?什么'三项指示为纲',安定团结不是不要阶级斗争,阶级斗争是纲,其余都是目。斯大林在这个问题上犯了大错误。列宁则不然,他说小生产每日每时都产生资本主义。列宁说建设没有资本家的资产阶级国家,为了保障资产阶级法权。我们自己就是建设了这样一个国家,跟旧社会差不多,分等级,有八级工资,按劳分配,等价交换。要拿钱买米、买煤、买油、买菜。八级工资,不管你人少人多。"

"一些同志,主要是老同志思想还停止在资产阶级民主革命阶段,对社会主义革命不理解、有抵触,甚至反对。对文化大革命两种态度,一是不满意,二是要算账,算文化大革命的账。"

"一百年后还要不要革命?一千年后要不要革命?总还是要革命的。总是一部分人觉得受压,小官、学生、工、农、兵,不喜欢大人物压他们,所以他们要革命呢。一万年以后矛盾就看不见了?怎么看不见呢?是看得见的。"

"对文化大革命,总的看法:基本正确,有所不足。现在要研究的是在有所不足方面。三七开,七分成绩,三分错误,看法不见得一致。文化大革命犯了两个错误:1. 打倒一切,2. 全面内战。打倒一切其中一部分打对了,如刘、林集团;一部分打错了,如许多老同志,这些人也有错误,批一下也可以。无战争经验已经十多年了，全面内战，抢了枪，大多数是发的，打一下，也是个锻炼。但是把人往死里打，不救护伤员，这不好。"

"不要轻视老同志，我是最老的，老同志还有点用处。对造反派要高抬贵手，不要动不动就'滚'。有时他们犯错误，我们老同志就不犯错误？照样犯。要注意老中青三结合。有些老同志七八年没管事了，许多事情都不知道，桃花源中人，不知有汉，何论魏晋。有的人受了点冲击，心里不高兴，有气，在情理之中，可以谅解。但不能把气发到大多数人身上，发到群众身上，站在对立面去指责。周荣鑫、刘冰他们得罪了多数，要翻案，大多数人不赞成，清华两万多人，他们孤立得很。"

"小平提出'三项指示为纲'，不和政治局研究，在国务院也不商量，也不报告我，就那么讲。他这个人是不抓阶级斗争的，历来不提这个纲。还是'白猫、黑猫'啊，不管是帝国主义还是马克思主义。"

"说每次运动往往伤害老工人和有经验的干部，那么反对陈独秀、瞿秋白、李立三、罗章龙，反对王明、张国焘，反对高岗、彭德怀、刘少奇、林彪都伤害了吗？说教育有危机，学生不读书，他自己就不读书，他不懂马列，代表资产阶级。说是'永不翻案'，靠不住啊。"

"他还是人民内部问题，引导得好，可以不走到对抗面去，如刘少奇、林彪那样。邓与刘、林还是有一些区别的，邓愿作自我批评，而刘、林则根本不愿。要帮助他，批他的错误就是帮助，顺着不好。批是要批的，但不应一棍子打死。对犯有错误和缺点的人，我们党历来有政策，就是惩前毖后，治病救人。要互相帮助，改正错误，搞好团结，搞好工作。"〔7〕

1976年4月5日发生的"天安门广场事件"，加速了中央人事安排的进程，但结果仍然使江青集团大失所望。

范硕在《叶剑英在1976》一书中写道：

4月7日晨8时05分。

太阳慢慢从东方升起，沉着面孔，爬过中南海的围墙，照进游泳池旁边的一所宅院。

毛泽东，中国的巨人，人民爱戴的领袖，此刻躺在床上，动作困难。他用困惑的眼光望着坐在床前穿着军装的年轻人。

这个年轻人便是"联络员"毛远新。他正在向伯父汇报4月6日平息天安门事件的情况和6日晚中央政治局讨论的几件事。

其中一件是：华国锋建议将北京发生的事通报全国，起草了北京市委的报告，中央要发个文件。

毛远新话音刚落，毛泽东好像早已想好，说出了四个字："公开发表。"

毛远新似乎未听懂，小心地问："是要登报吗？"

毛泽东指着桌子上放着的《人民日报》的三份《情况汇编》回答："是的。发表人民日报记者写的现场报道。"

毛远新又问："北京市委的报告不发了？"

毛泽东明确回答："不发。"接着好像早已打好腹稿，一字一句地作出新的指示："据此开除邓的一切职务，保留党籍，以观后效。"稍稍停一停，又交代："以上待三中全会审议批准。"

……

当时毛远新听了毛泽东的话，高兴地说："太好了！"他赞成待将来召开三中全会时补手续，似乎还不放心，接着半带建议半发问："是否由中央作个决议，也公开发表？"

毛泽东肯定地回答："中央政治局作决议，登报。"

毛远新高兴地说："好。"继续编造情况告状："上次开会，春桥同志当邓小平面说：'你看看天安门前的情况，人家要推你来当纳吉。'"

谈话已经持续一小时，毛泽东感到累了，但他仍然坚持打起精神，点点头，表示同意："是的。"然后，掰着指头，归纳说："这次，一、首都，二、天安门，三、烧、打这三件事，性质变了，据此，赶出去！"他的话很简短，说到最后挥挥手，表示要"赶出去"。

毛远新感到既兴奋又紧张，立即应声道："应该赶出去了！"然后灵机一动，站起来说："我马上找华国锋同志去。"

毛泽东叮嘱说："小平不参加。你先约几个人谈一下。不要约苏振华。"

毛远新随机应变，马上列出要找的政治局委员名单（其中包括叶剑英，只邓小平、苏振华除外），用双手捧到毛泽东面前。

毛泽东慢慢地睁开眼睛，扫视了一下，指着一个人的名字说："叶不找。"

毛远新会意，用铅笔划掉叶剑英的名字，然后又核对一遍："除这三个人外，其他同志都参加。"

毛泽东说："好。"接着又交代："华国锋任总理。"

这句话太突然了，毛远新一下子愣住了，他心目中的张春桥为什么又一次换成了华国锋？但他仍然迎合地提议说："国锋同志的任命和中央决议也一起登报。"

毛泽东答:"对。"

毛远新刚向华国锋等传达过毛泽东的最新指示。下午,毛泽东又作了补充指示:

"华国锋还要任党的第一副主席,并写在决议上。"第一副主席在党史上是个破例,从未有过。这使毛远新等更加不解了。其实毛泽东作出这个决定是针对"四人帮"来的。因为王洪文、张春桥曾经给他一再出过难题:不愿意参加接待外宾。他们摆出的理由是"不好见报"。华国锋代总理,他二人,一个是党的副主席,一个是常委,名次不好排。有的省给中央写报告也写王洪文副主席,不写华代总理。毛泽东想到王、张之外,还加个江青,都看不起华国锋,而大权又不能交给"上海帮",于是下了这个决心,在副主席前面加个"第一"。

当晚,中央政治局开会,宣读并通过了中共中央的两个决议:

第一个是中共中央九号文件,《关于华国锋任中国共产党中央委员会第一副主席、中华人民共和国国务院总理的决议》:"根据伟大领袖毛主席提议,中共中央政治局一致通过,华国锋同志任中国共产党中央委员会第一副主席、中华人民共和国国务院总理。"

第二个是中共中央十号文件,《关于撤销邓小平党内外一切职务的决议》:"中共中央政治局讨论了发生在天安门广场的反革命事件和邓小平最近的表现,认为邓小平问题的性质已经变为对抗性的矛盾。根据伟大领袖毛主席提议,政治局一致通过,撤销邓小平党内外一切职务,保留党籍,以观后效。"[8]

病逝北京

1976年的毛泽东,已经临近人生旅途的尽头。他的一生是伟大而辉煌的。回首往事,他为中国人民的解放事业立下了不朽的功绩。人民会原谅他的过失,怀念他的业绩。

此刻,毛泽东正受着病痛的折磨。他以惊人的毅力,忍受着肉体的痛苦。

秘书张玉凤回忆说:

1974年春,毛主席又添了一种严重的疾病。他开始觉得自己的眼睛看东西模糊,吃力了。对于一个多年亲自批阅文件、亲自动手写文章的人,一位手不释卷的人来说,没有比这更痛苦更难忍的了。但主席不仅对战争和恶劣的环境曾以超人的毅力去克服和战胜,对待疾病,他也同样忍受得住。他挺着,不让我急急忙忙为他请医生查病,也不让我告诉别人他看不见了。

面对将要失去阅读能力的问题,他不得不考虑,怎么批阅文件。他自己一生带头保守国家机密,遵守纪律和制度。凡是送给他的文件、报告、信件,只有他和他的机要秘书可以看,未经他本人指示,其他任何人都不能私自翻阅。对自己身边的工作人员这样要求,对他的亲属及孩子也同样不例外。

当时,给他担任机要秘书工作的是徐业夫同志。他是位红军干部,为人憨直、诚恳,跟随主席多年,对工作认真负责、兢兢业业。徐秘书此时患着不治之症,住院治疗,这更牵动着主席的心。他总希望徐秘书能康复,回来继续工作。所以这个时期的秘书工作(收发文件)由我代理。

主席由于视力原因,开始让我为他读文件、读书、读信、读报给他听。也就是从这时起,我开始代他在他所批示的文件上、照他的意见签署。

1974年8月,毛主席在湖北武汉他下榻的东湖宾馆检查眼睛时,确诊为"老年性白内障",两只眼睛轻重不一。这种病是在黑眼珠的瞳孔位出现白色反光,使晶状体变混浊。主席的病发现和确诊后,没有快速见效的治疗办法,从医学上讲,经过几个阶段,初发期、膨胀期、成熟期和过熟期。经过几个时期,根据病人的身体情况才能考虑治疗措施。这就是说得了这种病只能等待,待其成熟了才能采取手术措施。

毛主席患眼病,中央委员会乃至政治局成员,只有负责领导主席医疗组工作的周总理和汪东兴等极少几个人知道,全国人民就更不知道这一情况了。他们几人了解情况后都关心和支持主席这里的工作,特别是周总理,非常着急。他除了及时了解病情和指导眼科专家的会诊外,还将自己使用多年的一副眼镜送给了主席,并给我写了一封信。他说:"这副眼镜是我戴了多年,较为合适的一副。送给主席试戴,如果不合适,告诉我,给主席重配。"

总理处处为主席着想,处理各种事情都是那么入微入细。这类事说也说不完,由于篇幅的原因我这里就不一一举例了。

毛主席患病期间,为了加强领导医疗组的工作,在周总理治病期间,由邓小平同志领导医疗组的工作。可以说他们无论工作多忙,都用很多精力抓主席疾病的治疗工作。中央办公厅和中央警卫团的领导对主席的每一次治疗和医疗组的工作都是全力以赴地支持,为保证主席的健康做了许多工作。

主席生病的这几年,他从不给工作人员、医护人员以痛苦、阴沉、悲观的表情。他尽量不使病痛给他带来的痛苦让别人知道。在医生给他看病时,他总是以幽默风趣的谈话解除医生的紧张和顾虑。也喜欢讲点题外的话,问问姓甚名谁及什么地方的人等,讲个笑话或是别的什么,事实上他用风趣和幽默的方式忍受着病痛的折磨,以他那特有的刚强和忍耐同疾病斗争着。

他的这些举止言行确实消除了医生见到他或给他看病的紧张情绪,使医生、护士们感到领袖是他们亲密的朋友，差不多每次治疗都是在一种和谐愉快的气氛中进行的。

1975年，一个春光明媚、柳絮飘飞的日子，主席的保健大夫请来了北京著名的中医和西医的眼科专家为主席会诊。我带他们同主席见面时，主席以微弱的视力扫视着大家，并且一一同大夫们握手，其中有一位是广安门医院的眼科大夫唐由之，他40开外，身材高大，但看上去却是位名副其实的白面书生。主席边同他握手边问他叫什么名字。唐大夫以洪亮的声音告诉主席："唐由之。"这三个字读音刚落，毛主席的兴致即刻表现出来，他认真地又费力地说："这个名字好，你的父亲一定是位读书人，他可能读了鲁迅先生的诗，为你取了这个'由之'的名字。"此时主席双目虽然呆滞，但背起诗来抑扬顿挫，富有感情。他背诵鲁迅悼杨铨的诗："岂有豪情似旧时，花开花落两由之。何期泪洒江南雨，又为斯民哭健儿。"他虽然年逾古稀又在病中，但记忆力仍不减当年。他竟出口一字不漏地背出这首诗，令在场的专家们惊叹不已。

主席背诵时湖南口音重，加上讲话不清楚，这首诗完完整整地听清，是不可能的。在唐由之大夫的请求下，毛主席在一张白纸上亲手写下鲁迅先生的这首诗，赠给唐大夫。

主席以顽强的毅力，乐观地对待疾病。在这漫漫的"黑夜"中，他的右眼白内障已经到了成熟期。1975年8月，医疗组根据主席当时的身体状况提出了实施手术的意见和方案。这个方案经中央领导医疗组工作的同志审阅批示后，又报告了主席本人同意，便开始做必要的准备工作。这种手术属一般性的小手术，但这手术是给伟大领袖做的，手术刀就变得那么沉重，责任太大。为此，医生们慎之又慎。

为使主席方便，手术室就设在主席住处的卧室和客厅中间的一间小厅内，经过严格的消毒，摆放几样必要的医疗器械，即成了一间清洁、安静的小手术室。

8月中旬的一天傍晚，主席睡了一个好觉，醒来后情绪很好。等在外面的医生、护士还有主席身边的工作人员都在讨论这次手术的有关问题。大家最关心的还是成功率能不能达到百分之百。给主席做眼睛手术的主刀是唐由之大夫，他是医术严谨又熟练的名家，他知道大家的心情以及对他的期望。但他冷静对待这一切，他对这次手术不打包票，不把话说满。他说："有百分之七八十的把握，顶多有90%的把握。"说实在的，当时我很幼稚，特别希望他说100%的把握，那多好哇。

当我把要做眼睛手术的事，婉转地告诉主席以后，主席欣然接受了。这真是一件喜事。大家开始忙碌了。

对于生老病死，主席总是抱着乐观、自然的态度。他从没有因为这些年病魔缠身而失去信心和力量。就在他将要做眼睛手术时，他仍给人以满怀信心和壮志凌云的感觉。他让我去放一首曲子：岳飞的《满江红》。

这首曲子是上海昆曲剧院演员岳美缇同志演唱的。她演唱的《满江红》高亢、有力，充分表达了一个爱国志士的宽广胸怀和伟大抱负。

主席特别喜欢这首词，他听着铿锵乐曲，迈着蹒跚的步子来到手术室坐下。"怒发冲冠，凭栏处，潇潇雨歇。抬望眼，仰天长啸，壮怀激烈。三十功名尘与土，八千里路云和月。莫等闲，白了少年头，空悲切……"

此时此刻，主席神情镇定，从容乐观。他在想些什么？是对事业的未竟而抒发豪情，还是对医生手术的美好期望？看来他正以伟大革命家的胸怀和气魄对待疾病对待现实。乐曲表达了他乐观的情绪和无所畏惧的精神，也驱散了医护人员给伟大领袖实施手术的紧张气氛。他边听乐曲，医生边给他做手术。满身披挂的唐大夫从容不迫地为毛主席做了白内障针拨手术。手术虽然只有七八分钟，但这把小手术刀的分量，却重似千斤。

在给主席做手术之前，我们已用电话报告了正在病中的周总理，还有其他几位负责主席医疗工作的领导同志。他们得知后都来到主席住处。特别是周总理当时的病情已经很重了，但他听说主席要做眼睛手术，便将自己的病置之度外，坚持要到手术现场。当我在游泳池的大厅见到周总理时，我问他："总理，您有病，怎么还来呢？"他笑着说："我的病不要紧，应该以主席的健康为主。"和总理一起来的还有邓小平副总理、汪东兴同志等。他们亲临主席住处坐镇。他们怕干扰主席的手术，提出不到手术室，不与主席打招呼，几个人坐在手术室外面的大厅里，一直等主席手术做完之后才离去。

这次手术正如我们大家所期望的那样，非常成功。一周后，当主席摘掉蒙在眼睛上的纱布，他眨眨眼，看着看着，突然激动地指着在场的一位工作人员的衣服，准确地说出了颜色和图案。

毛主席的一只眼睛复明了，从此结束了他经受的600多个不明的日日夜夜。在场的人都为这次眼睛的针拨手术的成功而高兴。

1975年10月下旬，周总理做完最后一次手术，病况日渐加重。毛主席的身体状况也是令人担心。他讲话困难，只能从喉咙内发出一些含混不清的声音字句。由于长时间在他身边工作，我还能听懂主席的话。每当主席同其他领导同志谈话时，我就得在场，学说一遍。但到了他讲话、发音极不清楚时，我只能从他的口形和表情来揣摸，获得他点头认可。当主席的语言障碍到了最严重的地步时，他老人家只好用笔写出他的所思所想了。后来，主席的行动已经很困难,两条腿不能走路。如果没有人搀扶,连一步都走不动了。

1976年1月8日上午10点,毛主席几乎一夜未合眼,此时他正卧床,侧身听着文件。负责主席身边工作的张耀祠同志急匆匆地赶到游泳池毛主席卧室,将周总理逝世的噩耗报告了毛主席。

主席听后许久一言未发,只是点点头表示知道了。对于周总理的逝世,主席显然早已料到了。在近几年的医生报告中,早有所觉,长期的伤感,使他的眼泪枯竭了。此时,他已无法向这位患难与共的同志、战友表露他内心的痛苦和悲伤。

几天后,中央拟好了有关周总理追悼会的规格,参加追悼会的政治局及党、政、军负责人的人数和悼词一并送主席审阅。

中央考虑到主席病重,便没有安排毛主席参加有关周总理逝世后的一切活动。

毛主席审阅这个报告时,我一直守候在侧,不知道为什么,在我这个普通人的心里,一直存有一线希望,或许会有四年前参加陈毅同志追悼会那样的突然决定,或许也能去参加周总理的追悼会。一句憋在我心里许久的话,不由自主地脱口而出,像孩子般地冒昧地问主席:"去参加总理的追悼会吗?"一直处于悲伤中的主席,这时,一只手举着还没来得及放下的文件,另一只手拍拍略微翘起的腿,痛苦而又吃力地对我说:"我也走不动了。"

毛主席在党的第十次全国代表大会以后多次回避不愿意让人们看见他的老态的做法使我意识到他是不愿意,也不忍心让人们看到他晚年那病态和痛苦的心境。

主席不无歉意地说:"那几个人的追悼会,我也没能去。"那几个人,我理解可能指1975年4月去世的和他一起参加第一次党的全国代表大会的代表董必武,以及其他几个老同志的追悼会。

他让我送给他用惯了的那支红铅笔,在送审报告上写有"主席"二字的地方端端正正画了一个圆圈。悼词千言,这个圆圈寄托了主席对总理深切的哀思。这个圆圈表达了毛主席对总理的深厚情谊。可是在人民的心目中,它确实是弱了,太弱了……这一笔怎么能表达得了对与自己风雨同舟几十年的战友的离别之情呢!

十里长街的悲恸,代表了亿万人民的感情。众多的人民是多么希望毛主席能在总理的追悼会上出现呀!然而,如果人民知道主席当时的境况,一定会嘱咐工作人员,现在要保护好主席。

我将主席圈阅的有关周总理追悼会和悼词的文件办完之后,对张耀祠说:"我们是不是也去参加总理的追悼会?"张耀祠嘱咐我说:"你们就不要去了,由我代表了。现在,你们照顾好主席更重要。"

周总理逝世以后,毛主席情绪十分不好,烦躁,不愿讲话。只是借助刚刚治好的一只眼睛,不停地阅读。这时,他虽然能自己看书、看文件,但由于他的身体过于虚弱,两只手颤抖,已经没有举起文件的力量了。为了满足老人家那艰难的阅读需要,我们在场的每一位工作人员都要帮他举着书或文件。看得出来,此时他似乎只能从书本和文件上摆脱病魔缠身的痛苦。

为了保护主席刚刚治愈的眼睛,医生嘱咐他,不要过多地看书,不要使眼睛太疲劳。对于这些劝告,他一点也听不进去,而我也只好按着老人家的意愿,或是文件或是书籍让他无休止地阅读着……

1976年的春节,无论是气温还是现实都让人感到不寒而栗。那个寒冷的冬夜,天空星光暗淡,中南海游泳池,毛主席住处外面一片昏暗。只有那一排整齐的路灯闪着微弱的亮光。这里除了悲凉的风声,再也听不到别的什么。除夕的夜晚,游泳池是那么寂寞、冷清。

毛主席这里没有客人,也没有自己家的亲人,只有身边几个工作人员陪伴着他,度过了他生命的最后一个春节。

年饭是我们一勺勺喂的。此时的主席不仅失去了"饭来伸手"之力,就是"饭来张口"吞咽也十分艰难了。他在这天,依然像往常一样在病榻上侧卧着吃了几口历来喜欢吃的武昌鱼和一点米饭。这就是伟大领袖的最后一次年饭。

饭后,我们把他搀扶下床,送到客厅。他坐下后头靠在沙发上休息,静静地坐在那里。入夜时隐隐约约听见远处的鞭炮声,他看看眼前日夜陪伴他的几个工作人员。远处的鞭炮声,使他想起了往年燃放鞭炮的情景。他用低哑的声音对我说:"放点爆竹吧。""你们这些年轻人也该过过节。"就这样,我通知了正在值班室的其他几名工作人员。他们准备好了几挂鞭炮在房外燃放了一会儿。此刻的毛主席听着这爆竹声,在他那瘦弱、松弛的脸上露出了一丝笑容。我们心里都明白,主席的这一丝笑容,是在宽慰我们这些陪伴他的工作人员。这是毛主席他老人家经历了几十年的战火硝烟,带领苦难的中国人民创建了中华人民共和国之后,听到的最后一次"炮声"。这个爆竹是他为我们放的。他在生命的最后时刻,仍然鼓励我们去除旧迎新。[9]

毛泽东在临终之际,仍然惦念着他所开创的事业。

范硕在《叶剑英在1976》一书中写道:

毛泽东在病重期间,有一次深情地望着华国锋、王洪文、张春桥、汪东兴等4个担任常务看护的政治局委员,回顾自己的一生,感叹地说:"人生七十古来稀,我80多岁了,人老总想后来。中国有句古语叫盖棺定论,我虽未盖棺也快了，总可以定论了吧！我一生干了两件事。一是与蒋介石斗了那么几十年，把他赶到那么几个海岛上去了。抗战8年，把日本人请回老家去了。打进北京，总算进了紫禁城。对这些事持异议的人不多，只有那么几个人，在我耳边叽叽喳喳，无非是让我及早收回那几个海岛罢了。另一件事你们都知道，就是发动文化大革命。这事拥护的人不多，反对的人不少。这两件事没有完，这笔遗产得交给下一代。怎么交？和平交不成就动荡中交，搞得不好，后代怎么办？就得血雨腥风了。你们怎么办，只有天知道。"

  毛泽东讲这段话，虽然叶剑英没有在场，但他事后听说，深为感动。他知道毛泽东在交代后事，难过得他独自落泪，忧心积虑，寝食不安。但作为常务看护人员之一的张春桥、王洪文却无动于衷，若无其事。张春桥值班看护时，很少进病房，也很少过问病情，有时病情突然变化，他却擅自离开，连人影也找不到。他口口声声"忠于"毛泽东，却对垂危的毛泽东一点感情也没有。

  而那个"花花太岁"王洪文则照样到北海公园打鸟寻开心，在中南海、钓鱼台钓鱼取乐。一到晚间就躲在房间里下棋、打扑克、看电影、寻开心。这个毛泽东一手提拔起来的"接班人"，全无感恩之意。他本来和毛泽东就离心离德，早就要往毛泽东身边安插他的人，被毛主席发现了，批评他："你王洪文竟然要干涉我的内政！"毛泽东多次批评他"两边倒"，跟江青搅在一起……他怀恨在心，随着毛泽东病情越来越重，前去看望的次数越来越少，而催促上海武装民兵的次数却越来越多。

  9月5日，毛泽东病危。叶剑英和其他中央领导同志非常着急，准备安排后事。晚间9时30分，中央紧急通知江青火速从大寨回京。工作人员一听这消息，好像天快塌下来似的，慌恐万状，去叫醒江青，声音都发抖了，但江青却若无其事，慢慢悠悠地起床，高高兴兴地打扑克，从阳泉上火车，打到石家庄，从石家庄改乘飞机，一直打到北京城。

  9月7日，江青回到毛泽东身边。在202号一间宽阔的房间里，笼罩着一种可怕的不祥气氛。医护人员急得团团转，束手无策；政治局委员来去匆匆，忙着料理后事。几乎所有的人都提着一颗心，泪流满面，沉浸在悲痛之中。但是，江青一进门却连声说"应当高兴"。一忽儿又歇斯底里大发作，高叫："不值班的，都出去！"她不顾医生劝阻，恶作剧式地给病人擦背、翻身、打粉，搜钥匙、找文件、发脾气，还给病人插上助听耳机，在一旁哇哇叫……像个女巫一样，继续折磨毛泽东。医生急得直哭，苦苦哀求她不要这样做。她一意孤行，毫不理睬。她当着众人大吃其"文冠果"。说什么"文冠果"另一个名字叫"文官果"，象征着"文官掌权"，文官也就是："王、张、江、姚"，就是他们四人掌权。

9月8日，毛泽东在江青的折腾中，病情笃重，再次进入弥留状态。清晨，江青又窜到北京新华印刷厂，继续请工人吃厚皮的"文冠果"，然后又去抓她的所谓"特务"去了。

医生发出最后病情通报。

毛泽东的生命烛光已燃到最后，在灰暗中抖颤。

连日来，政治局委员们守候在毛泽东的卧室，排着队走到病榻前，一个一个看望老人家，准备最后诀别。

叶剑英走过来了。他默默地深情地望着这位自己跟随多年的领袖，想不到昔日那高大魁梧的身躯，变得如此消瘦；昔日那满面红光的容颜，变得如此憔悴。那蜡黄发灰的脸上，流露出难过的表情，黯然失神的大眼淌着伤感的泪水，半张开的嘴角抽搐着，似乎要作新的指示……叶剑英多么想多看他一眼，但又不忍多看。一股股热泪夺眶而出，一阵阵悲痛袭上心头，顿时涌出千言万语又无从倾诉。

这时，意识仍然清醒的毛泽东双目微睁，看到了站在他面前的叶剑英，眼睛突然睁大，并且试图活动指挥不灵的手臂，轻轻相招。可是，叶剑英只顾伤心，泪眼模糊，并未察觉。待他走出病房时，毛泽东再次吃力地以手示意，招呼他回去。一位护士见此情景，马上跑到休息室找到叶剑英说："首长，主席招呼您呢！"

叶剑英霍地站起来立刻转身回到病榻前："主席，我来了，您还有什么吩咐？"他凝神贯注，准备聆听最后遗教。只见毛泽东睁开双眼，嘴唇微微张合，呼吸急促，想要说什么，只是说不出来。叶剑英握着他逐渐变冷的右手，又急又悲，淌着热泪，断断续续地说："主席，您多保重啊！……您会好起来的！……"他在床边伫立良久，觉得毛泽东的右手在用力握自己的手，还想用力抽出左手来。那平静的面孔，因为用力涨得发紫，那宽阔的额头下面紧锁着双眉，吃力地转动着双眼。那眼神虽然已经失去往日的光彩，但依然发出异样的光芒。看到毛泽东如此激动，叶剑英不好再待下去了，他依依不舍地移动沉重的脚步，蹒跚离开病房。回到休息室，大家围过来，探询病情。叶剑英一言不发，陷入了沉思：主席的心脏还没有停止跳动，头脑还在思考。为什么特意招呼我呢？要说什么呢？还有什么嘱托？……他的心情十分沉痛，感到肩上的担子更重了。

叶剑英离开病房不久，毛泽东的意识完全失去了自我控制。9月9日零时10分，一颗伟大的心脏终于停止了跳动。[10]

1976年9月18日下午3时，在北京天安门广场举行隆重的追悼大会，沉痛悼念毛泽东——这位党、军队和国家的缔造者，伟大的马克思主义者，伟大的无产阶级革命家、战略家和理论家。

同年10月6日晚，华国锋、叶剑英代表中央政治局，执行党和人民的意志，对江青、张春桥、王洪文、姚文元实行审查。

历史终于翻过了沉重的、发人深省的一页，揭开了充满希望和光明的新篇章。

1981年6月27日，中共十一届六中全会通过《关于建国以来党的若干历史问题的决议》，对历史上的重大问题作出实事求是的评价，全面论述了毛泽东的历史地位。

1980年8月，邓小平在接受意大利记者采访时，充满感情地说："没有毛主席，至少我们中国人民还要在黑暗中摸索更长的时间。"

"尽管毛主席过去有段时间也犯了错误，但他终究是中国共产党、中华人民共和国的主要缔造者。拿他的功和过来说，错误毕竟是第二位的。他为中国人民做的事情是不能抹杀的。从我们中国人民的感情来说，我们永远把他作为我们党和国家的缔造者来纪念。"

这充分表达了中国共产党人和中国人民对毛泽东这位伟人的敬仰和怀念之情。

如今，中国的社会主义事业正在迅速发展。毛泽东使社会主义中国富强昌盛的遗愿正在逐步实现。

中国人民将永远牢记使民族独立、摆脱贫困并获得新生的社会主义基业的创始人——毛泽东的英名和伟绩，坚定不移地沿着毛泽东思想和邓小平建设有中国特色社会主义理论指引的道路，豪迈地走在充满希望的21世纪。

注　释

〔1〕《陈毅传》：当代中国出版社1991年8月版，第625—627页。

〔2〕铁竹伟：《霜重色愈浓》，解放军文艺出版社1986年6月版，第317—322页。

〔3〕顾保孜：《红墙里的瞬间》，解放军文艺出版社1992年5月版，第102—107页。

〔4〕王年一：《大动乱的年代》，河南人民出版社1988年12月版，第505—513页。

〔5〕范硕：《叶剑英在1976》，中共中央党校出版社1990年1月版，第47—53页。

〔6〕范硕：《叶剑英在1976》，中共中央党校出版社1990年1月版，第56—63页。

〔7〕范硕：《叶剑英在1976》，中共中央党校出版社1990年1月版，第64—65，68，74—76页。

〔8〕范硕：《叶剑英在1976》，中共中央党校出版社1990年1月版，第107—110页。

〔9〕张玉凤：《毛泽东晚年二三事》。

〔10〕范硕：《叶剑英在1976》，中共中央党校出版社1990年1月版，第179—182页。

附 录：

毛泽东生平大事年表

1893年
12月26日，诞生在湖南省湘潭县韶山冲一个农民家庭。

1910年
秋，入湖南湘乡县立东山高等小学堂读书。在此期间受康有为、梁启超改良主义思想的影响。

1911年
春，到长沙入湘乡驻省中学读书。10月，响应辛亥革命，投笔从戎，在湖南新军当列兵。

1913年
春，入湖南省立第四师范学校预科读书。

1914年
秋，编入湖南省立第一师范学校本科第八班。在校期间，受杨昌济等进步教师的影响，成为《新青年》杂志的热心读者，崇拜陈独秀、胡适。

1918年
4月14日，同萧子升、蔡和森等发起组织新民学会。6月，在湖南省立第一师范学校毕业。8月，为组织湖南赴法勤工俭学运动第一次到北京。在北京期间，担任北京大学图书馆管理员，得到李大钊等人帮助，开始接受俄国十月革命的思想。

1919年
4月6日，从上海回到长沙。5月，响应五四运动，发起成立湖南学生联合会，领导湖南学生反帝爱国运动。7月14日，主编的湖南学生联合会会刊《湘江评论》在长沙创刊。7月和8月，连续发表《民众的大联合》长文。12月，为领导驱逐湖南军阀张敬尧的运动，第二次到北京。在京期间，读了《共产党宣言》等马克思主义书籍。

1920年
5月、6月间，在上海会见陈独秀，同他讨论读过的马克思主义书籍等问题。7月，同易礼容等在长沙发起文化书社，传播马克思主义和新文化。12月，在长沙筹建社会主义青年团。冬，同杨开慧结婚。

1921年

7月23日至8月初，同何叔衡作为湖南代表出席在上海召开的中国共产党第一次全国代表大会。8月回长沙后，创办湖南自修大学。10月10日，建立中共湖南支部，任书记。

1922年

5月，中共湘区执行委员会成立，任书记。9月至12月，组织领导粤汉铁路工人罢工、安源路矿工人罢工等，推动湖南工人运动迅速走向高潮。

1923年

4月，离开长沙到达上海，在中共中央工作。6月，在广州出席中国共产党第三次全国代表大会，被选为中央执行委员、中央局委员，并任中央局秘书。

1924年

1月，在广州出席中国国民党第一次全国代表大会，被选为候补中央执行委员。2月，到上海，任国民党上海执行部委员、组织部秘书等职。12月，回湖南养病。

1925年

2月，回到韶山，一面养病，一面开展农民运动。10月，在广州任国民党中央宣传部代理部长。12月1日，发表《中国社会各阶级的分析》一文。12月5日，主编的国民党中央宣传部刊物《政治周报》创刊。

1926年

1月，出席中国国民党第二次全国代表大会，继续被选为候补中央执行委员。5月至9月，主办国民党第六届农民运动讲习所，任所长。11月，到上海任中共中央农民运动委员会书记。不久到武汉，创办国民党中央农民运动讲习所。

1927年

1月4日至2月5日，回湖南考察湘潭、湘乡、衡山、醴陵、长沙五县农民运动。3月，发表《湖南农民运动考察报告》；在武汉出席国民党二届三中全会。4月27日至5月10日，出席中国共产党第五次全国代表大会，被选为候补中央委员。8月7日，出席中共中央紧急会议，提出"枪杆子里面出政权"的思想，被选为临时中央政治局候补委员。会后到湖南领导湘赣边界秋收起义。9月，秋收起义受挫后，率起义部队向罗霄山脉中段进军。10月，到达江西宁冈县茅坪，开始创建井冈山革命根据地。

1928年

4月，在江西宁冈县砻市同朱德、陈毅率领的部队会师。5月，任两支部队合编成的工农革命军（后改称中国红军）第四军党代表、中共军委书记。7月，在中国共产党第六次全国代表大会上被选为中央委员。10月，为中共湘赣边界第二次代表大会起草决议案，提出"工农武装割据"的思想。12月，主持制定井冈山《土地法》。

1929年

1月，同朱德、陈毅率红四军主力进军赣南、闽西，至1930年春，赣南、闽西两块革命根据地初步形成。4月，主持制定兴国《土地法》。12月，中共红四军第九次代表大会在福建上杭县古田村召开，在会上作政治报告，并起草大会决议案。

1930年

1月，写《星星之火，可以燎原》一文，阐述关于农村包围城市、武装夺取政权的中国革命道路的理论。5月，在江西寻乌作调查；同时撰写《反对本本主义》一文，提出"没有调查，没有发言权"。8月，任红一方面军总政治委员和中共总前敌委员会书记。9月，在中共六届三中全会上被选为政治局候补委员。12月30日至次年1月3日，同朱德等指挥红一方面军粉碎国民党军第一次"围剿"。

1931年

4月至5月，同朱德等指挥红一方面军粉碎国民党军第二次"围剿"。7月至9月，粉碎国民党军第三次"围剿"。11月，在中华苏维埃第一次全国代表大会上作政治报告；在中央执行委员会第一次会议上当选为中华苏维埃共和国中央执行委员会主席。

1932年

10月，在宁都召开的中共苏区中央局会议上，受到"左"倾错误领导的打击。会后，被撤销红一方面军总政治委员职务，前往福建长汀养病。

1933年

8月，在瑞金召开的中央苏区南部十七县经济建设大会上作《粉碎五次"围剿"与苏维埃经济建设任务》的报告。10月，写《怎样分析农村阶级》一文，成为划分农村阶级成分的标准。冬，先后写出《长冈乡调查》和《才溪乡调查》。

1934年

1月，在中共六届五中全会上被选为政治局委员。同月，在中华苏维埃第二次全国代表大会上作工作报告。会后继续当选为中华苏维埃共和国中央执行委员会主席。10月18日，从江西于都出发开始长征。

1935年

1月，出席在贵州遵义召开的中共中央政治局扩大会议，被增选为政治局常委，会议实际确立以毛泽东为代表的新的中央领导。3月，同周恩来、王稼祥组成三人军事指挥小组。3月至5月，同周恩来等指挥红一方面军四渡赤水、巧渡金沙江、飞夺泸定桥，取得战略转移中具有决定意义的胜利。6月，率红一方面军同红四方面军在四川西部会合，不久同张国焘的逃跑主义、分裂主义进行斗争。10月19日，率领中国工农红军陕甘支队到达陕北吴起镇，胜利完成长征。12月，出席在陕北瓦窑堡召开的中共中央政治局会议，会议确定建立抗日民族统一战线的策略。12月27日，在党的活动分子会议上作《论反对日本帝国主义的策略》报告，阐发抗日民族统一战线的策略方针。

1936年

2月至5月，同彭德怀率领红一方面军主力渡黄河东征。3月，向南京当局提出停止内战、一致抗日的五点意见。7月至10月，在陕北保安多次会见美国记者斯诺，回答他提出的有关中国革命和工农红军等多方面的问题，并介绍了自己的经历。12月7日，任中共中央革命军事委员会主席。12月，撰写《中国革命战争的战略问题》。

1937年

1月13日，同中共中央和中央军委进驻延安。4月至7月，在抗日军政大学讲授辩证法唯物论，其中的两节后来整理成《实践论》和《矛盾论》。5月，在中国共产党全国代表会议上作《中国共产党在抗日时期的任务》的报告和《为争取千百万群众进入抗日民族统一战线而斗争》的总结性报告。8月，出席在陕北洛川召开的中共中央政治局扩大会议，强调统一战线中的独立自主原则，阐明独立自主山地游击战的战略方针，任新组成的中共中央革命军事委员会的书记（实际称主席）。11月12日，作《上海太原失陷以后抗日战争的形势和任务》的报告。

1938年

5月，写《抗日游击战争的战略问题》一文。5月26日至6月3日，在延安抗日战争研究会作《论持久战》讲演。9月29日至11月6日，出席中共扩大的六届六中全会，作《论新阶段》政治报告和会议结论。会议批准以毛泽东为首的中央政治局的路线。

1939年

2月，在延安党政军生产动员大会上讲话，号召自己动手，克服经济困难。9月16日，同中央社、《扫荡报》、《新民报》三记者谈话，提出"人不犯我，我不犯人；人若犯我，我必犯人"的自卫原则。10月4日，发表《〈共产党人〉发刊词》,阐明统一战线、武装斗争、党的建设是中国革命克敌制胜的三大法宝。12月1日,为中共中央起草《大量吸收知识分子》的决定。同月,和其他同志合作撰写《中国革命和中国共产党》。12月至次年3月,领导打退第一次反共高潮。

1940年

1月,发表《新民主主义论》,系统论述新民主主义革命的理论和纲领。3月6日,为中共中央起草《抗日根据地的政权问题》的指示,提出实行"三三制"。3月,作《目前抗日统一战线中的策略问题》的报告,总结打退第一次反共高潮的经验,提出一些新的策略思想。

1941年

1月20日,为中共中央军委起草重建新四军军部的命令,并对新华社记者发表关于皖南事变的谈话。5月8日,起草《关于打退第二次反共高潮的总结》的党内指示。5月19日,在延安干部会上作《改造我们的学习》的报告,提出反对主观主义,阐明实事求是的思想原则。9月10日至10月22日,出席中共中央政治局扩大会议,作《反对主观主义和宗派主义》的报告。9月26日,中共中央作出《关于高级学习组的决定》,成立以毛泽东为组长的中央学习组。

1942年

2月1日,作《整顿党的作风》的报告,8日作《反对党八股》的讲话。5月,在延安文艺座谈会上发表讲话并作结论。9月7日,为延安《解放日报》撰写社论,论述精兵简政是一个极其重要的政策。12月,向中共中央西北局高干会议提交《经济问题与财政问题》长篇书面报告,论述"发展经济,保障供给"的财政工作总方针。

1943年

3月20日,在中共中央政治局会议上被推定为中央政治局主席和中央书记处主席。5月26日,在中共中央书记处召开的干部大会上作《关于共产国际解散问题的报告》。6月1日,为中共中央起草《关于领导方法的决定》。7月12日,为延安《解放日报》撰写《质问国民党》的社论,揭露国民党顽固派企图进攻陕甘宁边区的阴谋。9月上旬至10月上旬,主持中共中央政治局在这一期间召开的会议,批评王明(陈绍禹)的错误,在会上多次发言并作小结。

1944年

4月12日和5月20日,先后在中共中央西北局高干会议和中央党校第一部作《学习和时局》的讲演。5月21日,在中共扩大的六届七中全会上被推举为中央委员会主席和七中全会主席团主席。9月8日,在张思德追悼会上发表《为人民服务》的讲话。11月,和周恩来等同美国总统罗斯福的私人代表赫尔利多次会谈国共关系。

1945年

4月20日，出席中共六届七中全会最后一次会议，会议基本通过经毛泽东多次作重要修改的《关于若干历史问题的决议》。4月23日至6月11日，主持召开中国共产党第七次全国代表大会，致开幕词（《两个中国之命运》）和闭幕词（《愚公移山》），向大会提交《论联合政府》书面政治报告。大会确定以毛泽东思想作为自己一切工作的指针。6月19日，在中共七届一中全会上当选为中央委员会主席。8月13日，发表《抗日战争胜利后的时局和我们的方针》的讲演。8月28日至10月11日，赴重庆谈判，同国民党政府达成《双十协定》。12月28日，起草《建立巩固的东北根据地》的指示。

1946年

4月，撰写《关于目前国际形势的几点估计》。7月20日，起草《以自卫战争粉碎蒋介石的进攻》的党内指示。8月6日，会见美国记者斯特朗，提出"一切反动派都是纸老虎"的著名论断。9月16日，为中共中央军委起草《集中优势兵力，各个歼灭敌人》的指示。10月1日，为中共中央起草党内指示，总结三个月战争的经验。

1947年

3月18日，率中共中央和人民解放军总部撤离延安，开始历时一年的陕北转战。7月21日至23日，在陕北靖边县小河村主持召开中共中央会议，提出对蒋介石的斗争用五年时间（从1946年7月算起）解决的设想。在此前后，部署刘邓、陈粟、陈谢三路大军渡过黄河，转入战略进攻。10月，起草《中国人民解放军宣言》，提出"打倒蒋介石，解放全中国"的口号。12月25日至28日，在陕北米脂县杨家沟主持召开中共中央会议，向会议提交《目前形势和我们的任务》的书面报告。

1948年

1月18日，为中共中央起草《关于目前党的政策中的几个重要问题》的决定草案。3月23日，结束陕北转战，东渡黄河，前往华北解放区。4月1日，在晋绥干部会议上发表重要讲话，阐明党的新民主主义革命总路线和土地改革总路线。4月底至5月初，在河北阜平县城南庄主持召开中共中央书记处会议，提出把战争引向国民党统治区、发展生产、加强纪律性问题。9月，在河北平山县西柏坡主持召开中共中央政治局会议，作关于战争、新中国成立、财经等问题的重要报告。9月至次年1月，组织指挥辽沈、淮海、平津三大战略决战，将国民党军主力聚歼在长江以北。12月30日，为新华社写1949年新年献词《将革命进行到底》。

1949年

3月，主持召开中共七届二中全会，提出实现党的工作重心转移、夺取全国胜利以及关于新中国建设的指导方针和基本政策。3月25日，率中共中央和人民解放军总部进驻北平。4月21日，和朱德发布《向全国进军的命令》。7月1日，发表《论人民民主专政》一文。9月21日至30日，出席中国人民政治协商会议第一届全体会议，当选为中央人民政府主席。10月1日，主持中华人民共和国开国大典。12月16日，抵达莫斯科，首次访问苏联。

1950年

6月6日至9日，主持召开中共七届三中全会，提交《为争取国家财政经济状况的基本好转而斗争》的书面报告，并作《不要四面出击》的讲话。6月28日，主持召开中央人民政府委员会第八次会议，通过《中华人民共和国土地改革法》。10月上旬，主持中共中央政治局会议，作出"抗美援朝，保家卫国"的决策。10月8日，发布《给中国人民志愿军的命令》，命令志愿军迅即向朝鲜境内出动，援助朝鲜人民。并任命彭德怀为志愿军司令员兼政治委员。

1951年

2月，在中共中央政治局扩大会议上提出"三年准备、十年计划经济建设"的思想。5月24日，设宴庆贺《关于和平解放西藏办法的协议》签订。9月，主持制定《中共中央关于农业生产互助合作的决议（草案）》。10月12日，《毛泽东选集》第一卷出版发行（第二卷和第三卷分别于1952年4月和1953年4月出版发行）。12月，发动反贪污、反浪费、反官僚主义的"三反"运动。

1952年

1月26日，为中共中央起草关于开展"五反"运动的指示。4月6日，为中共中央起草《关于西藏工作方针的指示》。8月9日，发布《中华人民共和国民族区域自治实施纲要》。9月，开始酝酿提出过渡时期总路线。

1953年

1月13日，中华人民共和国宪法起草委员会成立，任主席。3月26日，为中共中央起草《关于反对大汉族主义思想的指示》。6月15日，在中共中央政治局会议上，对党在过渡时期的总路线作比较完整的表述。9月7日，同民主党派和工商界部分代表谈话，指出国家资本主义是改造资本主义工商业的必经之路。

1954年

1月，开始在杭州主持起草《中华人民共和国宪法》。3月23日，主持宪法起草委员会第一次会议，代表中国共产党提出《中华人民共和国宪法（草案）》初稿。9月15日至28日，出席一届全国人大一次会议，致开幕词，当选中华人民共和国主席。10月16日，给中共中央政治局及有关同志写《关于红楼梦研究问题的信》。

1955年

3月，在中国共产党全国代表会议上致开幕词并作结论，号召干部要钻研社会主义工业化问题，成为这方面的内行。5月12日，在最高国务会议上提出肃反工作方针。7月31日，在中共中央召集的省委、市委、自治区党委书记会议上作《关于农业合作化问题》的报告。10月4日至11日，主持召开中共七届六中全会，通过《关于农业合作化问题的决议》。10月29日，邀集全国工商联执行委员座谈私营工商业的社会主义改造问题。

1956年

1月20日，在中共中央召开的关于知识分子问题的会议上讲话，号召为迅速赶上世界科学先进水平而奋斗。4月初，审改《关于无产阶级专政的历史经验》。4月25日，作《论十大关系》的报告。4月28日，提出"百花齐放，百家争鸣"的方针。9月15日至27日，主持召开中国共产党第八次全国代表大会，致开幕词。9月28日，在中共八届一中全会上当选为中央委员会主席。12月，审改《再论无产阶级专政的历史经验》。

1957年

2月27日，作《关于正确处理人民内部矛盾的问题》讲话，提出两类矛盾学说。5月15日，写《事情正在起变化》一文，随后发动反右派斗争，发生严重扩大化的错误。11月，率中国党政代表团访问苏联，参加十月革命40周年庆祝活动，出席共产党和工人党的代表会议。

1958年

1月，主持召开中共中央南宁会议，起草《工作方法六十条（草案）》。3月，主持召开中共中央成都会议，多次发表讲话。5月5日至23日，主持召开中共八大二次会议，通过"鼓足干劲、力争上游、多快好省地建设社会主义"的总路线。8月17日至30日，在北戴河主持中共中央政治局扩大会议，通过《关于在农村建立人民公社问题的决议》。10月，主持召开第一次郑州会议，开始纠正"大跃进"和人民公社化运动中的"左"倾错误。11月至12月，在武汉主持召开中共八届六中全会，通过《关于人民公社若干问题的决议》。

1959年

2月27日至3月5日主持召开第二次郑州会议，3月25日至4月5日在上海召开中共中央政治局扩大会议和八届七中全会，继续纠正"左"倾错误。6月25日至28日，回故乡韶山。7月2日至8月16日，在庐山主持召开中共中央政治局扩大会议和八届八中全会。从政治局扩大会议后期开始，错误地发起对彭德怀等人的批判。

1960年

3月,在广州审定《毛泽东选集》第四卷,并于9月出版发行。6月14日至18日,在上海主持召开中共中央政治局扩大会议,写《十年总结》一文,重新强调实事求是原则,提出要认真研究社会主义革命和建设的规律。7月5日至8月10日,主持在北戴河召开的中共中央工作会议,研究国际问题和国内经济调整问题。

1961年

1月14日至18日,主持召开中共八届九中全会,号召大兴调查研究之风。会后组织和领导三个调查组,深入浙江、湖南、广东农村调查研究。3月,在广州召开部分大区负责人会议和中央工作会议,讨论和制定《农村人民公社工作条例(草案)》。8月23日至9月16日,在庐山主持中共中央工作会议,讨论工业、粮食、财贸、教育等问题。9月29日,再次提出将农村人民公社的基本核算单位下放到生产队。

1962年

1月11日至2月7日,主持召开中共扩大的中央工作会议,作关于民主集中制问题的重要讲话。9月24日至27日,主持中共八届十中全会,作关于阶级、形势、矛盾和党内团结问题的讲话,进一步发展了关于阶级斗争是社会主义社会的主要矛盾的错误论点。

1963年

2月11日至28日,召开中共中央工作会议,会议确定在农村普遍进行"四清"运动和在城市开展"五反"运动。5月,主持制定《中共中央关于目前农村工作若干问题的决定(草案)》。12月16日,听取聂荣臻关于科学技术十年规划的汇报,指出:不搞科学技术,生产力无法提高。

1964年

2月13日,召集教育工作座谈会,提出改革教育体制的设想。6月15日和16日,观看北京、济南部队军事训练汇报表演。6月16日,在北京十三陵召开的小型会议上,作《关于培养无产阶级革命事业接班人》的讲话。6月,再次对文艺工作作批示,导致文艺界错误的过火的政治批判。12月15日至28日,主持中共中央政治局召开的中央工作会议,讨论制定《农村社会主义教育运动中目前提出的一些问题》。

1965年

5月22日至29日,重上井冈山。7月27日,会见从海外归来的原国民党政府代总统李宗仁和夫人。11月初,批准发表《评新编历史剧〈海瑞罢官〉》一文,揭开"文化大革命"的序幕。

1966年

5月16日，中共中央政治局扩大会议通过毛泽东主持制定的《中国共产党中央委员会通知》。8月1日至12日，主持召开中共八届十一中全会，通过《关于无产阶级文化大革命的决定》。这两次会议的召开，是"文化大革命"全面发动的标志。8月18日至11月26日，在北京先后八次接见来自全国各地的院校师生和红卫兵。

1967年

1月，对上海"一月革命"风暴表示支持。此后夺权之风遍及全国，"天下大乱"的局面逐渐形成。1月28日，批准下达中央军委的《八条命令》。7月至9月，视察华北、中南和华东地区，号召"实现革命的大联合"，"正确地对待干部"。

1968年

1月16日，对江青等人送来的所谓"伍豪等脱离共产党启事"等材料作重要批示："此事早已弄清，是国民党造谣污蔑。"使他们诬陷周恩来的图谋未能得逞。10月13日至31日，主持召开中共八届十二中全会，在极不正常的情况下，通过诬陷刘少奇并开除他的党籍的错误决定。

1969年

4月1日至24日，主持召开中国共产党第九次全国代表大会，批准"文化大革命"的错误理论和实践，并把林彪定为"接班人"写入党章。4月28日，在中共九届一中全会上当选为中央委员会主席。

1970年

5月20日，发表《全世界人民团结起来，打败美国侵略者及其一切走狗！》的声明。8月23日至9月6日，在庐山主持召开中共九届二中全会，撰写《我的一点意见》，揭露林彪、陈伯达抢班夺权的阴谋。12月18日，会见美国朋友斯诺，表示欢迎美国总统尼克松来华访问。

1971年

8月至9月，在南方巡视期间，同当地党政军负责人多次谈话，揭露林彪的阴谋。9月12日，返抵北京，机智果断地粉碎林彪集团的政变阴谋。11月14日，接见参加成都地区座谈会的同志，为"二月逆流"平反。

1972年

1月10日，参加陈毅追悼会。2月21日，会见来华访问的美国总统尼克松，双方决定实现中美两国关系正常化。9月27日，会见日本内阁总理大臣田中角荣，双方决定实现中日两国邦交正常化，正式建立外交关系。

1973年

3月，提议恢复邓小平的国务院副总理职务。8月24日至28日，主持召开中国共产党第十次全国代表大会，使一批老一辈无产阶级革命家重新进入中央委员会，同时江青集团的势力也得到加强。8月30日，在中共十届一中全会上当选为中央委员会主席。12月，在中共中央政治局会议上，提出请邓小平担任政治局委员、人民解放军总参谋长。

1974年

2月22日，会见赞比亚总统卡翁达，提出"三个世界"划分的思想。7月17日，在中共中央政治局会议上批评王洪文、张春桥、江青、姚文元搞帮派活动，第一次提出"四人帮"问题。9月29日，经毛泽东批准，中共中央为贺龙平反。11月12日，对江青来信作批示，批评她的"组阁"野心，明确指出"不要由你组阁（当后台老板）"。

1975年

5月3日，召集在北京的中共中央政治局委员谈话，强调要搞马列主义，要团结，要光明正大，再次批评"四人帮"。7月14日，对文艺问题发表谈话，指出党的文艺政策应该调整一下。11月下旬，审阅批准《打招呼的讲话要点》，错误地发动所谓"批邓、反击右倾翻案风"运动。

1976年

1月21日、28日，先后提议华国锋任国务院代总理和主持中央日常工作。9月9日，在北京逝世，终年83岁。

图书在版编目（CIP）数据

实录毛泽东：全四册：精装典藏版 / 李捷，于俊道主编. -- 北京：北京联合出版公司，2025.6.
ISBN 978-7-5596-7843-0

Ⅰ.A752

中国国家版本馆 CIP 数据核字第 2024DF9599 号

实录毛泽东：全四册：精装典藏版

作　　者：李　捷　于俊道
出 品 人：赵红仕
责任编辑：徐　樟　高霁月　张　萌　夏应鹏

北京联合出版公司出版
（北京市西城区德外大街83号楼9层　100088）
北京盛通印刷股份有限公司印刷　新华书店经销
字数2266千字　710毫米×1000毫米　1/16　121印张
2025年6月第1版　2025年6月第1次印刷
ISBN 978-7-5596-7843-0
定价：598.00元（全4册）

版权所有，侵权必究

未经书面许可，不得以任何方式转载、复制、翻印本书部分或全部内容
如发现图书质量问题，可联系调换。质量投诉电话：010-82069336